구체적인 사실관계에 대한 법원의 견해를 수록한

채권자와 채무자의 법률적 이해관계 연구

편저 : 이종욱

☆채권자와 채무자 사이의 법률관계에 대한
전체적인 법리해설과 더불어 소송과 집행에
이르기까지 과정을 체계적으로 서술!!

대한민국 법률지식의 중심

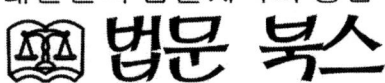

차 례

제1편 채권일반

제1장 채권의 의의·목적·효력 등

제1절 채권의 의의 등 ··· 3
Ⅰ. 채권의 의의 ··· 3
Ⅱ. 채무의 의의 ··· 3
Ⅲ. 채권의 발생원인 ·· 3
  1. 계 약 ·· 3
  2. 사무관리 ·· 5
  3. 부당이득 ·· 6
  4. 불법행위 ·· 6
제2절 채권의 목적 ··· 7
Ⅰ. 의 의 ·· 7
Ⅱ. 채권의 목적의 요건 ··· 7
  1. 확정성 ·· 7
  2. 적법성 ·· 7
  3. 사회적 타당성 ·· 7
  4. 실현가능성 ··· 7
  【쟁점사항】 건축하도급계약시 사업계획승인과 계약목적실현가능성 여부 ····· 8
  5. 금전적 가치 ··· 8

Ⅲ. 채권의 목적(급부의) 종류 : 강학상 분류 ·· 8
　1. 작위급부·부작위급부 ··· 8
　2. 주는 급부·하는 급부 ··· 8
　3. 특정물 급부·불특정물 급부 ·· 8
　4. 가분급부·불가분급부 ··· 9
　5. 일시적 급부·계속적 급부·회귀적 급부 ·································· 9
Ⅳ. 민법상 채권의 목적의 분류 ··· 9
　1. 특정물채권 ·· 9
　2. 종류채권 ··· 10
　【쟁점사항】주식을 담보로 제공하는 것이 특정인도채무인지 여부 ············ 11
　【쟁점사항】제한종류채권에 있어 급부목적물의 특정방법 ························ 12
　3. 금전채권 ··· 12
　【쟁점사항】외화채권의 환산시기 ··· 14
　4. 이자채권 ··· 15
　<Q & A> 이자부채권 양도 시 변제기에 도달한 이자채권도 양도되는지 여부
　·· 17
　<Q & A> 상인간 이자약정 없는 1주일 기한의 대여금채권의 이자 ············ 19
　♣핵심판례 ··· 20
　5. 선택채권 ··· 21
제3절 채권의 효력 ·· 22
Ⅰ. 서 설 ·· 22
Ⅱ. 채권의 대내적 효력 ·· 22
　1. 청구력과 급부보유력 ·· 22
　2. 강제력 ··· 22
　3. 손해배상의 청구 ·· 25
Ⅲ. 제3자에 의한 채권침해 : 채권의 대외적 효력 ······················ 26
　1. 의 의 ··· 26
　2. 유 형 ··· 26
　3. 제3자의 채권침해에 대한 구제 ·· 27
　♣핵심판례 ··· 28
　【중요사건의 사실관계 및 대법원의 판단】 ···························· 29

제2장 수인의 채권자 및 채무자

제1절 분할채권관계 ·· 32
  Ⅰ. 분할채권관계의 의의 ·· 32
  Ⅱ. 분할채권관계의 성립 ·· 32
    1. 요 건 ··· 32
    2. 실제 사례 ··· 32
  <Q & A> 1매의 어음을 각자의 임금액으로 나누어 할인받은 경우 채권관계
  ·· 34
  Ⅲ. 분할채권관계의 효력 ·· 35
    1. 대외적 효력 ··· 35
    2. 당사자의 1인에 대하여 발생한 사유 ··················· 35
    3. 대내관계 ··· 35
    4. 소송관계에의 적용 여부 ··· 35
  ♣핵심판례 ·· 36
제2절 불가분채권관계 ·· 37
  Ⅰ. 의 의 ··· 37
  Ⅱ. 불가분채권 ··· 37
  Ⅲ. 불가분채무 ··· 38
  【쟁점사항】불가분채무에 해당하는 사례 ······················· 39
  <Q & A> 여러 사람이 공동으로 발생시킨 부당이득반환채무의 성질 ········ 40
제3절 연대채무 ·· 41
  Ⅰ. 연대채무의 의의 ·· 41
  Ⅱ. 연대채무의 성립 ·· 41
    1. 법률행위에 의한 성립 ··· 41
    2. 법률의 규정에 의한 성립 ······································· 42
  Ⅲ. 연대채무의 효력 ·· 42
    1. 대외적 효력 ··· 42
    2. 1인의 연대채무자에게 생긴 사항의 효력 ··········· 42
  【쟁점사항】연대보증에서 보증인에 대한 채무면제의 효력 ······················· 44

【쟁점사항】채권포기의 상대적 효력 ·· 46
    3. 출재채무자의 구상권 : 연대채무의 대내적 효력 ································ 46
  Ⅳ. 부진정연대채무 ·· 49
    1. 의의 및 성질 ·· 49
    2. 부진정연대채무가 성립하는 경우 ·· 49
    3. 효력 ·· 50
  <Q & A> 부진정연대채무자 중 일방에 대한 청구포기 약정의 다른 채무자에
  대한 효력 ·· 51
    4. 구상권의 인정 여부 ·· 52
  【쟁점사항】연대채무자의 구상권 행사 ·· 52
제4절 보증채무 ·· **53**
  Ⅰ. 의의 및 성질 ·· 53
    1. 보증채무의 의의 ·· 53
    2. 보증채무의 성질 ·· 53
  【쟁점사항】외화채무인 경우 원화로 보증채무를 이행하기로 한 약정 ········ 53
  Ⅱ. 보증채무의 성립 : 보증계약에 의해 성립 ·· 54
    1. 보증계약의 의의 ·· 54
  <Q & A> 차용증서에 갈음한 어음·수표발행에 배서한 자가 원인채무도 보증
  한 것인지 ·· 56
    2. 보증계약의 요건 ·· 57
  【쟁점사항】계속적 보증 ·· 58
  <Q & A> 보증한도 정함 없는 계속적 보증계약의 보증인 사망 시 상속인의
  보증승계 여부 ·· 59
  Ⅲ. 보증채무의 범위 ·· 60
  1. 보증채무가 담보하는 채무의 범위 ·· 60
  <Q & A> 보증계약 후 채무자와 채권자간 손해배상액을 예정한 경우 보증인
  의 책임범위 ·· 61
    2. 보증인의 부담이 주채무의 목적이나 형태보다 중한 경우 ···················· 62
  ♣핵심판례 ·· 63
  <Q & A> 보증인 동의 없이 주채무의 목적이나 형태가 변경된 경우 보증채무
  의 범위 ·· 65

Ⅳ. 보증계약의 효력 ·· 66
　1. 채권자의 권리 ··· 66
　2. 보증인의 권리 ··· 66
　【쟁점사항】 채권자의 상계처리와 보증채무자의 채무이행거부 ······· 67
　3. 주채무자 또는 보증인에 대해 생긴 사항의 효력 ······················· 69
<Q & A> 확정채무에 관하여 보증인의 동의 없이 대출기간을 연장할 수 있는지 ··· 70
<Q & A> 연대보증인 1인에 대한 채권포기의 효력이 주채무자 등에게 미치는지 ·· 72
　4. 보증인의 구상권 ··· 73
♣핵심판례 ··· 74
Ⅴ. 특수한 보증 ·· 76
　1. 공동보증 ··· 76
　2. 연대보증 ··· 78
♣핵심판례 ··· 79
<Q & A> 동일 채무에 대하여 연대보증과 근저당권설정등기를 해준 경우 그 효력 ··· 80
　3. 손해담보계약 ··· 81
　4. 근보증(신용보증) ··· 82
♣핵심판례 ··· 83
<Q & A> 계속적 보증계약의 주계약상 거래기간 연장 시 보증기간도 연장되는지 ·· 84
　5. 신원보증 ··· 85
♣핵심판례 ··· 86
<Q & A> 신원보증인이 사망한 경우 상속인에게 그 보증책임이 있는지 ··· 89

제3장 채권양도와 채무인수

제1절 채권양도 ·· 91
Ⅰ. 채권양도의 의의 및 법적 성질 ·· 91
　1. 의 의 ··· 91

2. 법적 성질 ·· 91
Ⅱ. 지명채권의 양도 ·· 91
　　1. 지명채권의 양도성 ·· 91
　　2. 지명채권 양도의 제한 ··· 92
　　【쟁점사항】양도성 여부가 문제되는 채권 ······················· 93
　<Q & A> 소유권이전등기청구권 양도 시 채무자에 대한 양도통지로 대항력 있는지 여부 ·· 94
　<Q & A> 양도금지특약이 있는 채권을 양도한 경우 그 효력이 있는지 여부
·· 96
　　3. 지명채권의 양도로 채무자나 제3자에게 대항하기 위한 요건 ········· 97
　<Q & A> 채권양수인이 양도인의 대리인으로서 채권양도 통지를 할 수 있는지 여부 ·· 98
　　【쟁점사항】채권양도통지와 관련된 문제 ······················· 99
　　【쟁점사항】확정일자 있는 증서에 의한 통지에 해당되는지 여부 ············ 102
　♣핵심판례 ·· 102
　<Q & A> 다른 채무 담보로 채권양도된 때 피담보채무 소멸로 양수금청구를 거절할 수 있는지 여부 ··· 104
　<Q & A> 채권이 이중으로 양도된 경우 누가 우선권자가 되는지 ············ 106
　♣핵심판례 ·· 108
　【중요사건의 사실관계 및 대법원의 판단】······················· 109
제2절 채무의 인수 ·· 110
Ⅰ. 의의 및 법적 성질 ·· 110
　　1. 의 의 ·· 110
　　2. 법적 성질 ··· 110
Ⅱ. 채권자와 제3자간의 계약에 의한 채무인수 ······················· 110
　　1. 원 칙 ·· 110
　　2. 예 외 ·· 110
Ⅲ. 채무자와 제3자간의 계약에 의한 채무인수 ······················· 110
　　1. 효력발생요건 ·· 111
　　2. 승낙 여부의 최고 ·· 111
　　3. 채무인수의 철회·변경 ·· 111

  4. 채무인수의 소급효 ·· 111
Ⅳ. 채무인수의 효과 ·· 112
  1. 채권자와 채무자 사이의 효과 ································· 112
  2. 채권자와 인수인 사이의 효과 ································· 112
Ⅴ. 채무인수와 유사한 제도 ·· 113
  1. 병존적 채무인수 ·· 113
♣핵심판례 ·· 113
  2. 이행인수 ··· 114
  【중요사건의 사실관계 및 대법원의 판단】 ················· 116
  3. 계약인수 ··· 116
♣핵심판례 ·· 117
  4. 계약가입 ··· 117
제3절 관련사례 ·· 118

제4장 채권의 소멸

제1절 채권소멸의 의의 ·· 129
Ⅰ. 채권소멸의 의의 ·· 129
Ⅱ. 채권의 소멸과 구별되는 개념 ······································ 129
  1. 채권의 양도 ··· 129
  2. 채권이 항변권의 행사를 받는 경우(채권의 효력정지) ········· 129
제2절 채권의 소멸원인 ·· 130
Ⅰ. 채권소멸원인의 분류 ··· 130
  1. 채권법상의 소멸원인 ··· 130
  2. 기타의 소멸원인 ·· 130
Ⅱ. 변 제 ·· 130
  1. 변제의 의의 및 법적 성질 ······································ 130
  2. 변제의 제공 ··· 131
  【쟁점사항】 변제의 제공이 있었다고 볼 수 있는지 여부 ········ 133
  3. 변제자 ··· 137
  4. 변제수령자 ··· 139

5. 표현수령권자에 대한 변제의 효력 ·· 140
【쟁점사항】사채알선업자에 대한 변제가 채권자에 대한 변제로서 유효한 지
여부 ·· 143
6. 변제의 목적물(대상) ·· 143
7. 변제의 장소 ·· 144
8. 변제의 시기 ·· 145
【쟁점사항】변제기 전에 변제한 경우 ·· 146
9. 변제비용의 부담 ·· 146
10. 변제의 증거 ·· 146
【쟁점사항】채무자의 착각에 따른 변제의 변제사실 인정여부 ··· 147
11. 변제의 충당 ·· 148
<Q & A> 국내통화로 외화채권에 변제충당할 경우 그 환산기준시점 ······ 149
【쟁점사항】변제충당 약정과 다른 내용의 지정변제충당 가부 ··· 151
♣핵심판례 ·· 152
12. 변제자대위 ·· 154
♣핵심판례 ·· 155
<Q & A> 채권자의 고의·과실로 담보 상실 된 경우 법정대위권자의 면책 범
위 ·· 158
【중요사건의 사실관계 및 대법원의 판단】································ 159
Ⅲ. 대물변제 ·· 161
1. 대물변제의 의의 ·· 162
2. 대물변제의 요건 ·· 162
3. 대물변제의 효과 ·· 162
4. 관련문제 ·· 163
Ⅳ. 공 탁 ·· 164
1. 공탁의 의의 ·· 164
2. 공탁의 요건 ·· 164
3. 공탁의 당사자 및 대상 ·· 166
4. 공탁의 절차 ·· 166
5. 공탁의 효과 ·· 167
<Q & A> 형사사건의 가해자가 합의금조로 공탁한 돈을 찾을 경우 그 효력

··· 168
　【쟁점사항】 공탁의 효력과 관련된 문제 ································· 169
　6. 공탁물의 회수 ··· 170
Ⅴ. 상 계 ·· 171
　1. 상계의 의의 ·· 171
　【중요사건의 사실관계 및 대법원의 판단】 ······························ 172
　2. 상계의 요건 ·· 173
　3. 상계가 허용되지 않는 경우 ··· 174
　【쟁점사항】 상계가능여부가 문제되는 경우 ···························· 176
　4. 상계의 방법 ·· 176
　5. 상계의 효과 ·· 177
Ⅵ. 경 개(更改) ·· 177
　1. 경개의 의의 ·· 177
　2. 경개의 요건 ·· 177
　【쟁점사항】 채권의 양도와 경개의 판단기준 ·························· 178
　3. 경개의 방법 ·· 178
　4. 경개의 효과 ·· 179
　5. 관련문제 ·· 179
Ⅶ. 면 제 ·· 180
　1. 의 의 ··· 180
　2. 면제의 요건 ·· 180
　3. 면제의 효과 ·· 180
Ⅷ. 혼 동 ·· 180
　1. 의 의 ··· 180
　2. 효 과 ··· 180
♣핵심판례 ·· 181
제3절 관련사례 ··· 182

제2편 채권각론

제1장 계약총론

제1절 계약의 의의 ·· 193
제2절 계약의 종류 ·· 194
 Ⅰ. 전형계약·비전형계약 ·· 194
 Ⅱ. 쌍무계약·편무계약 ·· 194
 Ⅲ. 유상계약·무상계약 ·· 194
 Ⅳ. 낙성계약·요물계약 ·· 194
 Ⅴ. 계속적 계약·일시적 계약 ··· 195
 Ⅵ. 본계약·예약 ·· 195
제3절 계약의 성립 ·· 196
 Ⅰ. 의 의 ·· 196
 Ⅱ. 계약의 성립요건 ·· 196
  1. 합 의 ·· 196
 ♣핵심판례 ·· 196
 <Q & A> 타인의 이름으로 계약을 체결한 경우 계약당사자 확정방법 ···· 198
  2. 불합의와 착오 ··· 199
 Ⅲ. 청약과 승낙에 의한 계약 성립 ·· 200
  1. 청약 ·· 200
 ♣핵심판례 ·· 201
  2. 승낙 ·· 203
 ♣핵심판례 ·· 204
  3. 승낙의 효력 발생기기 ·· 204
 ♣핵심판례 ·· 205
 Ⅳ. 기타의 계약 성립 ·· 206
  1. 의사실현에 의한 계약의 성립 ··· 206
 ♣핵심판례 ·· 207

2. 교차청약에 의한 계약의 성립 ·· 208
Ⅴ. 사실적 계약관계론 ··· 209
  1. 개념 ··· 209
  2. 이론의 배경 ··· 209
  3. 인정여부 ·· 209
Ⅵ. 약관에 의한 계약의 성립 ·· 210
  1. 약관의 의의 ··· 210
  2. 약관의 구속력의 근거 ··· 210
  3. 약관의 명시·설명의무 ··· 210
  4. 명시·설명의무가 면제되는 경우 ·· 210
  5. 효력유지적 축소해석 ·· 210
Ⅶ. 계약체결상의 과실책임 ··· 211
  1. 의의 ··· 211
  2. 요 건 ··· 212
  3. 효 과 ··· 212
  【쟁점사항】 원시적 불능인 경우 전보배상청구 가능여부 ······················ 212
  4. 체약상 과실책임에 대한 검토 ··· 212
  【중요사건의 사실관계 및 대법원의 판단】 ··· 215
제4절 계약의 효력 ··· 218
Ⅰ. 계약의 일반적 효력요건 ··· 218
Ⅱ. 쌍무계약의 특수한 효력 ··· 218
  1. 견련성 ·· 218
  2. 동시이행의 항변권 ··· 219
<Q & A> 부가세를 포함한 매매대금 지급의무와 소유권이전등기의무가 동시이행 관계인지 ··· 222
  【쟁점사항】 쌍무계약이 아니지만 동시이행의 항변권이 인정되는 경우 ··· 224
<Q & A> 쌍무계약상 선이행의무 지체자의 동시이행항변권 ························ 226
♣핵심판례 ·· 228
  3. 위험부담 ·· 229
Ⅲ. 제3자를 위한 계약 ·· 232
  1. 의의 ··· 232

2. 제3자를 위한 계약인지 여부가 문제되는 경우 ································· 233
  3. 성립요건 ·· 234
  4. 효과 ·· 234
  【중요사건의 사실관계 및 대법원의 판단】 ·· 236
제5절 계약의 해제와 해지 ··· 238
 Ⅰ. 계약의 해제 ·· 238
  1. 의의 ·· 238
  2. 해제와 구별되는 개념 ·· 238
  3. 해제권에 관한 민법의 규정 ·· 240
  4. 해제권의 발생원인 ·· 240
  【쟁점사항】 사정변경을 이유로 계약을 해제할 수 있는지 여부 ········ 241
  5. 계약일반에 공통적인 채무불이행을 이유로 하여 발생하는 해제권 ······ 241
  <Q & A> 실제채무를 초과한 이행최고에 터 잡은 계약해제의 효력 ········ 243
  <Q & A> 매수인의 잔금 이행지체로 인한 계약해제 시의 법률관계 ········ 245
  <Q & A> 매매목적물이 가압류된 사유로 매매계약을 해제할 수 있는지 247
  6. 해제권의 행사방법 ·· 248
  7. 해제의 효과 ·· 249
  <Q & A> 매매계약 해제 전 목적물에 가압류한 채권자에 대한 대항 여부
  ·· 255
  8. 해제권의 소멸 ·· 255
 Ⅱ. 계약의 해지 ·· 256
  1. 해지권에 관한 민법의 규정 ·· 256
  2. 해지권의 발생 ·· 257
  3. 해지권의 행사방법 ·· 258
  4. 해지의 효과 ·· 258

제2장 계약각론

제1절 증여 ·· 261
제2절 매매 ·· 268
<Q & A> 매도인의 하자담보책임에 관한 권리행사기간의 성질 ················ 270

<Q & A>완전물 급부의무 불능으로 인한 손해배상청구권의 행사기간 ···· 271
【중요사건의 사실관계 및 대법원의 판단】 ·· 273
제3절 교 환 ·· **290**
<Q & A>교환받은 토지에 건축 제한이 있는 경우 계약취소 여부 ·········· 291
제4절 소비대차 ··· **295**
Ⅰ. 소비대차 ·· 295
Ⅱ. 준소비대차 ··· 295
제5절 사용대차 ··· **300**
<Q & A> 기간을 정하지 않은 사용대차에서 사용수익에 충분한 기간 ···· 301
제6절 임대차 ·· **302**
<Q & A> 토지가 양도된 경우 등기하지 않은 토지임차권의 보호 여부 ··· 303
<Q & A> 토지인도 및 건물철거소송에서 패소한 경우의 지상물매수청구권
·· 304
【중요사건의 사실관계 및 대법원의 판단】 ·· 305
<Q & A> 수급인의 과실로 인한 임대인의 손해배상책임 여부 ················ 306
【중요사건의 사실관계 및 대법원의 판단】 ·· 307
【중요사건의 사실관계 및 대법원의 판단】 ·· 309
제7절 고 용 ·· **325**
제8절 도 급 ·· **326**
<Q & A> 자기의 비용과 재료로 건물을 신축한 수급인의 권리 ·············· 327
<Q & A> 도급계약의 해제방법과 내용증명우편의 효력 ··························· 328
제9절 현상광고 ··· **340**
제10절 위 임 ·· **341**
<Q & A> 명시적 약정 없는 경우의 변호사보수는 어떻게 결정되는지 ···· 342
<Q & A> 법무사의 등기신청 위임자에 대한 권리보호의무의 정도 ········· 344
제11절 임 치 ·· **348**
제12절 조 합 ·· **355**
<Q & A> 동업계약 결렬 후 출자금 반환청구 가능 여부 ························· 356
<Q & A> 낙찰계가 파계된 경우 계원의 불입금에 대한 계주의 책임 ······ 357
제13절 종신정기금계약 ·· **358**
제14절 화 해 ·· **359**

<Q & A> 화해계약 불이행 시 화해계약 해제하고 양보한 부분의 청구도 가능한지 ··· 360
<Q & A> 합의의 중요부분에 착오가 있는 경우 합의의 취소가 가능한지 361

제3장 사무관리

제1절 사무관리일반 ··· 367
  Ⅰ. 의의 ··· 367
  Ⅱ. 사무관리의 성립요건 ·· 368
    1. 타인의 사무일 것 ·· 368
    2. 타인을 위하여 관리할 것 ·· 369
    3. 관리자에게 법률상의 관리의무가 없을 것 ·································· 369
    4. 관리가 본인에게 불리하거나 본인의 의사에 반한다는 것이 명백하지 아니할 것 ··· 370
  Ⅲ. 효과 ··· 370

제2절 준사무관리 ··· 372
  Ⅰ. 개념 ··· 372
  Ⅱ. 인정여부 ··· 372
    1. 오신사무관리 ··· 372
    2. 무단(불법)사무관리 ··· 372

제4장 부당이득

제1절 부당이득 일반론 ··· 373
  Ⅰ. 의의 및 법적 성질 ··· 373
    1. 의의 ··· 373
    2. 법적성질 ··· 373
  Ⅱ. 부당이득의 성립요건 ·· 373
    1. 타인의 재산 또는 노무에 의하여 이익을 얻었을 것(수익) ········· 373
    2. 그 이득으로 인해 타인에게 손해를 주었을 것(손해) ·················· 375
    3. 이득과 손해 사이에 인과관계가 있을 것 ··································· 375

4. 법률상 원인이 없을 것 ………………………………………… 375
　Ⅲ. 부당이득의 효과 ………………………………………………… 375
　　1. 이익의 반환 ……………………………………………………… 375
　　2. 반환방법 ………………………………………………………… 376
　　3. 반환범위 ………………………………………………………… 377
제2절 특수부당이득 …………………………………………………… 379
　Ⅰ. 비채변제 ………………………………………………………… 379
　Ⅱ. 불법원인급여 …………………………………………………… 379
　　1. 총 설 …………………………………………………………… 379
　　2. 요건 ……………………………………………………………… 379
　　3. 제746조의 적용범위 …………………………………………… 380
　　4. 효과 ……………………………………………………………… 381

제5장 불법행위

제1절 불법행위 일반론 ……………………………………………… 383
　Ⅰ. 불법행위의 개념 ………………………………………………… 383
　Ⅱ. 불법행위의 일반적 성립요건 …………………………………… 383
　　1. 행위자에게 고의 또는 과실이 있을 것. …………………… 383
　　2. 행위자에게 책임능력이 있을 것. …………………………… 383
　　3. 그 행위가 위법한 것일 것. ………………………………… 383
　　4. 손해가 발생하였을 것. ……………………………………… 384
　　5. 가해행위와 손해 사이에 인과관계가 있을 것. …………… 384
　Ⅲ. 불법행위의 효과 ………………………………………………… 384
제2절 특수한 불법행위 ……………………………………………… 385
　Ⅰ. 책임무능력자의 감독자책임 …………………………………… 385
　　1. 법정감독의무자의 책임의 의의 ……………………………… 385
　　2. 법정감독의무자의 책임의 요건 ……………………………… 385
　　3. 효과 ……………………………………………………………… 385
　Ⅱ. 사용자책임 ……………………………………………………… 386
　　1. 의의 ……………………………………………………………… 386

2. 사용자 책임의 발생요건 ··· 386
  3. 효과 ··· 390
 Ⅲ. 도급인의 책임 ··· 391
  1. 원 칙 ··· 391
  2. 예 외 : 도급인이 사용자책임을 지는 경우 ·· 391
 Ⅳ. 공작물의 점유자 및 소유자의 책임 ·· 393
  1. 공작물 책임의 의의 ··· 393
  2. 국가배상책임과의 관계 ·· 393
  3. 공작물책임의 요건 ·· 393
  4. 효과 ··· 394
 Ⅴ. 동물점유자의 책임 ··· 395
  1. 동물점유자의 책임의 의의 및 성질 ·· 395
  2. 동물점유자의 책임의 요건 ··· 395
  3. 손해배상책임자 ·· 396
 Ⅵ. 공동불법행위 ·· 396
  1. 공동불법행위의 의의 ··· 396
  2. 공동불법행위의 태양 ··· 397
  3. 공동불법행위자의 책임 ·· 398
제3절 불법행위로 인한 손해배상청구권 ·· 400
 Ⅰ. 손해배상의 범위 ·· 400
  1. 통상손해 ··· 400
  2. 특별손해 ··· 400
 Ⅱ. 손해배상의 방법 : 금전배상주의 ··· 400
 <Q & A> 불법행위로 인한 손해배상청구 시 정기금 또는 일시금의 선택기준
 ··· 401
 Ⅲ. 손해배상액의 산정 ··· 402
  1. 의의 ··· 402
  2. 배상액 산정의 기준시기 : 불법행위시 ·· 402
  3. 손해의 종류(손해3분설) ··· 402
 <Q & A> 불법행위로 인한 물적 피해를 입은 경우 위자료청구가 가능한지
 ··· 403

4. 배상액의 산정방법(특히 생명침해 또는 신체상해의 경우) ·················· 404
Ⅳ. 과실상계 ··· 407
　1. 의의 ··· 407
　2. 피해자의 과실 ·· 407
　3. 피해자 이외의 자(피해자측)의 과실 ·· 407
　4. 효과 ··· 407

제3편 채권확보의 방법

제1장 담보물권(저당권)의 설정

제1절 저당권의 설정절차 ·· 411
Ⅰ. 채권확보를 위한 담보방법 ·· 411
Ⅱ. 저당권의 의의 ··· 411
Ⅲ. 저당권의 성립 ··· 412
　1. 저당권설정계약 ·· 412
　2. 저당권설정등기 ·· 412
Ⅳ. 저당권의 객체 ··· 413
Ⅴ. 저당권의 피담보채권 ·· 413
<Q & A> 피담보채권의 소멸시효 완성 시 저당권등기 말소청구 여부 ····· 414
Ⅵ. 저당권의 효력 ··· 415
　1. 저당권의 본질적 효력 ··· 415
　2. 저당권의 효력이 미치는 목적물의 범위 ·· 415
<Q & A> 저당된 건물 철거 후 신축된 건물을 철거 전 저당권으로 경매 가능한지 ·· 416
　3. 저당권의 피담보채권의 범위 ··· 417
Ⅶ. 저당권자가 자기 채권의 변제를 받는 방법 ··· 418
　1. 저당권에 기초하여 우선변제를 받는 방법 ··· 418
　2. 일반채권자로서 변제를 받는 방법 ··· 419
Ⅷ. 근저당권 ·· 420

1. 의의 및 특성 ··· 420
<Q & A> 은행의 포괄근저당권이 미치는 범위 ······························ 421
2. 근저당권의 성립 ··· 423
3. 근저당권의 효력 ··· 423
제2절 보증채무의 설정 ··· 458
Ⅰ. 보증채무·보증 ··· 458
Ⅱ. 보증채무의 성립 ··· 458
1. 보증계약 ·· 458
2. 보증인을 세울 때 유의할 점 ··· 458
3. 보증을 부탁받고 보증인이 될 때 주의할 점 ························· 459
<Q & A> 보증한도 정함 없는 계속적 보증계약의 보증인 사망 시 상속인의 보증승계 여부 ··· 460
Ⅲ. 보증채무의 범위 ··· 461
Ⅳ. 보증채무의 효력 ··· 461
1. 채권자의 권리 ·· 461
2. 보증인의 권리 ·· 461
Ⅴ. 연대보증 ··· 462
<Q & A> 연대보증인 1인에 대한 채권포기의 효력이 주채무자 등에게 미치는지 ··· 463
Ⅵ. 보증인 보호를 위한 특별법 ·· 464
1. 제정이유 ·· 464
2. 주요내용 ·· 464
제3절 관련 사례 ··· 466

제4편 채무불이행시의 구제방법

제1장 채무불이행

제1절 채무불이행의 의의 및 유형 ·· 521
Ⅰ. 채무불이행의 의의 및 유형 ·· 521
　1. 채무불이행의 의의 ··· 521
　2. 채무불이행의 유형 ··· 521
Ⅱ. 이행지체 ·· 521
　1. 이행지체의 의의 ··· 521
　2. 요 건 ··· 522
　3. 이행지체의 효과 ··· 525
　4. 이행지체의 종료 ··· 526
　5. 이행보조자의 고의·과실 ·· 526
　【쟁점사항】 이행보조자는 종속적 관계에 있어야 하는지 여부 ············ 527
Ⅲ. 이행불능 ·· 528
　1. 의 의 ··· 528
　2. 이행불능의 요건 ··· 528
　【쟁점사항】 이행불능에 해당하는지 여부가 문제되는 경우 ················· 529
　3. 이행불능의 효과 ··· 530
　【쟁점사항】 이행지체로 인한 전보배상에서 손해액산정의 기준시점 ······· 530
Ⅳ. 불완전이행 ·· 531
　1. 불완전이행의 의의 ··· 531
　2. 불완전이행의 유형 ··· 531
　3. 불완전이행의 효과 ··· 532
제2절 관련사례 ·· 533

제2장 채무불이행으로 인한 손해배상의 청구

제1절 손해배상 일반 ·· 575
  Ⅰ. 손해의 의의 및 종류 ··· 575
    1. 손해의 의의 ··· 575
    2. 손해의 분류 ··· 575
  【쟁점사항】채무불이행에 따른 위자료청구 가부 ······················· 575
  Ⅱ. 손해배상의 범위 ··· 576
    1. 통상손해 ·· 577
    2. 특별손해 ·· 578
  <Q & A> 이행지체 중의 양도소득세 부과분에 대한 매수인의 책임여부
  ··· 580
  Ⅲ. 손해배상의 방법 ··· 581
  Ⅳ. 손해배상액의 산정 ··· 581
    1. 의 의 ··· 581
    2. 과실상계 ·· 581
  ♣핵심판례 ·· 583
    3. 손익상계 ·· 585
  Ⅴ. 금전채무불이행에 대한 특칙 ··· 585
    1. 민법 제379조의 취지 ·· 585
    2. 관련문제 ·· 586
  Ⅵ. 손해배상액의 예정 ··· 587
    1. 손해배상액의 예정의 의의 및 목적 ·· 587
    2. 손해배상액의 예정의 요건 ·· 588
    3. 손해배상액의 예정의 효과 ·· 588
    4. 관련문제 ·· 589
  Ⅶ. 손해배상자의 대위 ··· 591
    1. 손해배상자의 대위의 의의 ·· 591
    2. 손해배상자의 대위의 요건 ·· 592
    3. 손해배상의 대위의 효과 ··· 592
    4. 관련문제 ·· 593

Ⅷ. 채권자지체 ·· 593
 1. 채권자지체의 의의 ··· 593
 2. 채권자지체의 요건 ··· 594
 3. 채권자지체의 효과 ··· 595
 <Q & A> 채권자지체 중 물건이 멸실된 경우의 책임 ························ 597
 4. 채권자지체의 종료 ··· 598
 5. 관련문제 ·· 598
제2절 관련사례 ·· 600

제3장 채권회수를 위한 소송
(채권을 법률적으로 확정하는 절차)

제1절 채권을 법률적으로 확정하는 절차 ·· 625
Ⅰ. 채무이행의 법률적 확보 ·· 625
Ⅱ. 소송절차 일반 ··· 625
 1. 민사소송의 의의 ··· 625
 2. 소(訴)의 의의 및 종류 ··· 625
 3. 관 할 ·· 627
 <Q & A> 대여금청구소송을 채권자의 주소지 관할법원에 제기할 수 있는지
 ·· 633
 <Q & A> 계약서상의 관할합의가 당사자 일방에게 불리한 경우 그 효력 637
 4. 소송요건 ·· 639
Ⅲ. 채권채무 소의 제기 ··· 641
 1. 채권채무 소의 제기방식 ··· 641
 2. 채권채무 소장의 기재사항 ··· 642
 3. 채권채무 소장의 첨부서류 ··· 661
Ⅳ. 채권채무 소송에 갈음하는 분쟁해결제도 ······································ 828
 1. 제소전 화해 ·· 828
 <Q & A> 편면적 강행법규에 반하는 제소전화해조서의 효력 ············ 832
 2. 민사조정 ·· 834
 ◘ 【서식】 조정신청서 표지 ··· 841

- ◎【서식】대여금 반환 조정신청서 ··· 842
- ◎【서식】매매대금 조정신청서 ·· 844
- ◎【서식】화해신청서(임차권양도 등에 관한 화해신청) ···················· 846
- ◎【서식】화해합의서(실용신안권침해금지 등에 관한 화해합의) ······· 849
- ◎【서식】화해문안 ··· 851
- ◎【서식】화해조서경정신청서 ·· 852
- ◎【서식】제소명령신청서(화해불성립으로 인한 제소신청) ··············· 853
- ◎【서식】조정신청서(지연손해금에 관한 조정신청) ························· 855
- ◎【서식】조정신청서(임차보증금에 관한 조정신청) ························· 857
- ◎【서식】조정신청서(전세금 반환청구에 관한 조정신청) ················· 860
- ◎【서식】조정결정에 대한 이의신청서
  (임대차보증금 반환청구에 관한 조정결정에 대한 이의신청) ········ 863

Ⅴ. 간이한 소송절차 ·· 864
1. 소액사건심판절차 ·· 864
- ◎【서식】소액사건 소장 표지 ··· 866

<Q & A> 이행권고결정의 효력 ··· 871

2. 독촉절차 ·· 873
- ◎【서식】지급명령신청서 ··· 877

Ⅵ. 채권채무 소송비용 ··· 887
1. 채권채무 소송비용의 의의 ·· 887
2. 채권채무 소송비용의 구분 ·· 887
3. 채권채무 소송비용의 부담 ·· 887
4. 채권채무 소송비용의 범위와 액수 ··· 889
5. 채권채무 소송비용의 확정결정 ··· 889
- ◎【서식】소송비용액확정신청서 ·· 890
- ◎【서식】소송비용계산서(진술서의 별지목록) ································ 892
- ◎【서식】즉시항고장(소송비용액확정결정에 대한 불복) ················· 893
- ◎【서식】제3자에 대한 소송비용액상환신청서(법원사무관의 과실로 인한 비용발생) ····· 895
- ◎【서식】즉시항고장(소송비용상환명령결정에 대한 불복) ············· 897

제2절 관련사례 ·· 899

제5편 채권의 보전절차

제1장 책임재산의 보전

제1절 채권자대위권과 채권자취소권 ·· 925
Ⅰ. 채권자대위권 ··· 925
 1. 의 의 ·· 925
 2. 요 건 ·· 925
 【쟁점사항】 채권자대위권 행사와 제3채무자에 대한 대항가능성 ············ 926
 <Q & A> 재산분할청구권의 보전을 위하여 채권자대위권을 행사할 수 있는지
  ··· 928
 【쟁점사항】 채권자가 대위행사할 수 있는지 여부가 문제되는 경우 ········ 929
 3. 채권자대위권의 행사 ·· 930
 <Q & A> 제3채무자가 채권자대위소송의 채권자에게 바로 이행하도록 할 수
 있는지 ·· 931
 4. 채권자대위권 행사의 효과 ·· 933
 【쟁점사항】 채권자대위소송의 판결의 효력이 채무자에게도 미치는지 여부
  ··· 934
 5. 채권자대위소송과 관련된 문제 ·· 934
Ⅱ. 채권자취소권 ··· 936
 1. 의 의 ·· 936
 2. 요 건 ·· 937
 <Q & A>채무자가 연속하여 수 개의 재산 처분행위를 한 경우 사해행위인지
  ··· 939
 <Q & A>공동상속재산의 분할협의가 채권자취소권의 대상이 되는지
  ··· 943
 【쟁점사항】 채무자와 채권자가 통모할 경우 증명책임의 소재 ················ 945
 3. 보전될 수 있는 채권자의 채권의 범위 ··································· 945
 【쟁점사항】 사해행위 당시 아직 성립되지 않은 채권은 채권자취소권의 피보전채권
 이 될 수 없는지 여부 ·· 946

4. 채권자취소권의 행사 ·· 946
  5. 채권자취소권 행사의 효과 ·· 949
  6. 채권자취소권의 소멸 ·· 949
 제2절 관련사례 ·· 981

제2장 강제집행의 보전

제1절 가압류, 가처분 ·· 1027
 Ⅰ. 보전처분 총설 ·· 1027
  1. 집행보전절차의 의의 ·· 1027
  2. 보전절차의 종류 ·· 1027
  3. 보전절차의 구조 ·· 1028
 Ⅱ. 가압류 ·· 1028
  1. 의 의 ·· 1028
  2. 가압류의 요건 ·· 1029
  3. 가압류 소송절차 ·· 1029
  4. 가압류명령의 취소 ·· 1070
  5. 가압류의 집행 ·· 1086
 Ⅲ. 가처분 ·· 1094
  1. 가처분의 유형 ·· 1094
  2. 가처분의 요건 ·· 1095
  3. 가처분의 소송절차 ·· 1098
  4. 가처분명령의 취소 ·· 1126
  5. 가처분의 집행 ·· 1146
제2절 관련사례 ·· 1149

제6편 강제집행과 경매

제1장 총론

제1절 강제집행 총설 ·· 1175
Ⅰ. 채무불이행에 대한 구제로서의 강제집행 ································· 1175
　1. 강제이행의 의의 ··· 1175
　2. 강제이행의 방법 ··· 1175
　3. 강제이행과 손해배상의 청구 ··· 1176
Ⅱ. 민사집행의 의의 ·· 1176
　1. 민사집행법 ··· 1177
　2. 민사집행의 의의 ··· 1178
　3. 강제집행의 의의 ··· 1178
　4. 강제집행의 종류 ··· 1179
Ⅲ. 민사집행의 주체 ·· 1185
　1. 집행기관 ··· 1185
　2. 집행당사자 ··· 1196
　【쟁점사항】 채권자대위권에 기한 확정판결의 집행력의 범위 ········· 1198
Ⅳ. 민사집행에서의 불복방법 ·· 1200
　1. 즉시항고 ··· 1200
　◘【서식】 즉시항고장(집행방법에 관한 이의신청의 기각결정) ·········· 1203
　2. 집행에 관한 이의신청 ··· 1205
　【쟁점사항】 집행권원의 실체관계관련 사유와 집행에 관한 이의신청 ···· 1207
　◘【서식】 집행에 관한 이의신청서 ····································· 1208
Ⅴ. 집행비용 ··· 1211
　1. 의 의 ··· 1211
　2. 집행비용의 범위 ··· 1211
　3. 집행비용의 부담 ··· 1211
　4. 집행비용의 예납 ··· 1212
　5. 집행비용의 추심 ··· 1214

◎ 【서식】 집행비용계산서 ·· 1217
Ⅵ. 집행에 관한 담보·보증·공탁 ·· 1236
　1. 의 의 ·· 1236
　2. 집행에 관한 담보제공의 방법 ·· 1236
　3. 집행에 관한 공탁의 방법 ··· 1237
　4. 담보물에 관한 권리 ·· 1238
제2절 관련사례 ··· 1244

제2장 금전채권에 기초한 강제집행 총설

제1절 총 설 ··· 1253
Ⅰ. 금전채권집행의 단계 ··· 1253
Ⅱ. 강제집행의 요건 ·· 1253
　1. 의 의 ·· 1253
　2. 집행당사자 ·· 1253
　3. 집행권원 ·· 1257
　4. 집행문 ··· 1265
Ⅲ. 강제집행 개시의 요건 ··· 1271
　1. 의 의 ·· 1271
　2. 일반적 요건과 특별요건 ··· 1271
　3. 소극적 요건(집행장애사유) ·· 1274
Ⅳ. 강제집행의 개시 및 종료 ··· 1275
　1. 강제집행의 개시 ··· 1275
　2. 강제집행의 종료 ··· 1275
Ⅴ. 강제집행의 정지·제한·취소 ·· 1276
　1. 강제집행의 정지와 제한 ··· 1276
　2. 강제집행의 취소 ··· 1280
Ⅵ. 금전채권의 실효성 확보를 위한 제도 ······························ 1281
　1. 재산명시절차 ··· 1281
　　◎ 【서식】 재산명시신청서 ·· 1284
　　◎ 【서식】 재산관계명시신청서 ·· 1285

| ◎ 【서식】 재산명시명령신청서 ··· 1290
| ◎ 【서식】 결　정 ·· 1293
| ◎ 【서식】 재산명시명령신청서 ··· 1294
| ◎ 【서식】 재산목록열람·복사청구서 ··· 1298
| ◎ 【서식】 재산명시명령에 대한 이의신청서 ··· 1300
| ◎ 【서식】 재산명시결정에 대한 이의신청서 ··· 1302
| ◎ 【서식】 재산명시신청기각결정에 대한 즉시항고장 ··························· 1304
| ◎ 【서식】 재산명시명령 취하신청서 ·· 1306
| ◎ 【서식】 감치재판개시결정 ··· 1309
| ◎ 【서식】 불처벌결정 ··· 1310
| ◎ 【서식】 감치결정 ··· 1311
| ◎ 【서식】 감치집행명령서 ··· 1313
| ◎ 【서식】 감치집행장 ··· 1314
| ◎ 【서식】 감치집행통지서 ··· 1316
　2. 채무불이행자명부제도 ·· 1317
| ◎ 【서식】 채무불이행명부 등재신청서 ··· 1319
| ◎ 【서식】 결정문 ··· 1321
| ◎ 【서식】 채무불이행자명부열람·복사청구서 ······································· 1323
| ◎ 【서식】 채무불이행자명부말소신청서 ··· 1325
　3. 재산조회제도 ·· 1327
| ◎ 【서식】 재산조회신청서 ··· 1330
Ⅶ. 강제집행절차에서의 구제제도 ·· 1337
　1. 집행문부여절차와 관련된 구제제도 ·· 1337
| ◎ 【서식】 집행문부여거절처분에 대한 이의신청서 ······························· 1339
| ◎ 【서식】 집행문에 대한 이의신청서 ··· 1343
| ◎ 【서식】 집행문부여 소장 ··· 1348
【쟁점사항】 조건성취의 승계와 이의사유 ·· 1351
| ◎ 【서식】 집행문부여에 대한 이의의 소장 ··· 1353
　2. 청구에 관한 이의의 소 ·· 1355
| ◎ 【서식】 청구에 관한 이의의 소장 ··· 1360
　3. 제3자의 이의의 소 ·· 1363

【쟁점사항】 제3자 이의의 소의 원인이 되는 권리에 해당하는지 여부 ········ 1364
 ◎ 【서식】 제3자 이의의 소장 ··· 1367
 ◎ 【서식】 제3자이의의 소(유체동산의 가압류집행에 대한) ············· 1371

제2절 관련사례 ··· 1374

제3장 금전채권에 기초한 부동산에 대한 강제집행

제1절 부동산에 대한 강제집행 ·· 1399
Ⅰ. 부동산집행 총설 ·· 1399
 1. 집행방법 ··· 1399
 2. 집행법원 ··· 1399
 3. 집행의 대상 ·· 1400
 【쟁점사항】 강제집행의 대상이 되는지 여부가 문제되는 경우 ········· 1401
Ⅱ. 강제경매 ··· 1406
 1. 경매절차의 이해관계인 ·· 1406
 2. 강제경매의 신청 ·· 1408
 ◎ 【서식】 부동산 강제경매신청서 ··· 1412
 【쟁점사항】 건축물사용승인서가 채무자소유임을 증명하는 서류에
해당 되는지 여부 ··· 1416
 3. 압류절차 ··· 1417
 ◎ 【서식】 부동산강제경매개시결정에 대한 이의신청서(1) ············· 1422
 ◎ 【서식】 부동산강제경매개시결정에 대한 이의신청서(2) ············· 1424
 ◎ 【서식】 강제경매개시결정에 대한 이의신청에 기한 잠정처분신청서 ··· 1426
 ◎ 【서식】 부동산경매취하서 ··· 1431
 ◎ 【서식】 매각취하동의서 ·· 1432
 4. 매각절차(현금화절차) ·· 1434
 ◎ 【서식】 재평가신청서 ··· 1439
 ◎ 【서식】 매각기일공고 및 공고게시보고서 ······························· 1442
【쟁점사항】 매각물건명세서 공신력 효력이 인정되는지 여부 ············· 1444

- ◎【서식】위임장 양식 ·· 1449
- ◎【서식】공동입찰신고서 ·· 1451
- ◎【서식】기일입찰표(흰색) ·· 1453
- ◎【서식】기간입찰표(연두색) ·· 1463
- ◎【서식】이해관계신고인 ·· 1474
- ◎【서식】매각허가에 관한 이의신청서 ·· 1477
- ◎【서식】매각불허가에 신청서 ·· 1479
- ◎【서식】매각허가결정에 대한 즉시항고장 ···································· 1483
- ◎【서식】채무인수신청서 ·· 1487
- ◎【서식】채무인수에 관한 승낙서 ·· 1488
- ◎【서식】부동산인도명령신청서 ·· 1492
- ◎【서식】인도명령문 ·· 1493
- 5. 배당절차 ·· 1494
- ◎【서식】배당요구신청서 ·· 1496
- ◎【서식】채권계산서 ·· 1498
- ◎【서식】배당표 ·· 1504
- 제2절 관련사례 ·· 1508

제4장 동산에 대한 강제집행

제1절 강제집행절차 ·· 1531
Ⅰ. 동산에 대한 강제집행 통칙 ·· 1531
 1. 총 설 ·· 1531
 2. 집행방법 ·· 1531
 3. 압류의 범위 ·· 1531
Ⅱ. 유체동산에 대한 강제집행 ·· 1531
 1. 유체동산의 의의 및 집행절차 개요 ·· 1532
 2. 압 류 ·· 1532
  ◎【서식】유체동산강제집행신청서 ·· 1533
 【쟁점사항】압류물이 제3자의 소유로 밝혀진 경우의 구제방법 ············· 1535
  ◎【서식】압류물의 압류취소신청서 ·· 1538

3. 매각(현금화절차) ··· 1541
　◎【서식】평가감정촉탁서 ·· 1544
　◎【서식】감정조서 ··· 1545
　◎【서식】금·은붙이매각조서 ··· 1546
4. 배당절차 ··· 1549
　◎【서식】배당요구신청서 ·· 1550
　◎【서식】배당협의서 ··· 1552
　◎【서식】배당협의기일통지서 ··· 1554
Ⅲ. 채권과 그 밖의 재산권에 대한 강제집행 ······························ 1556
1. 총 설 ··· 1556
　◎【서식】급여압류가능 금액 ··· 1558
2. 채권과 그 밖의 재산권에 관한 집행절차 개요 ······················ 1560
　◎【서식】채권압류명령신청서(임대차보증금반환채권에 대한) ···· 1561
　◎【서식】채권압류명령신청서(물품대금청구) ···························· 1565
　◎【서식】채권압류명령신청서(급료 등 채권에 대한) ················· 1568
Ⅳ. 금전채권에 대한 강제집행 ·· 1571
1. 의 의 ··· 1571
2. 압 류 ··· 1571
　◎【서식】채권압류 및 추심명령 신청서 ··································· 1573
　◎【서식】압류할 채권의 표시례 ·· 1576
3. 현금화 ··· 1581
　◎【서식】채권압류 및 추심명령 신청서 ··································· 1584
　◎【서식】채권압류 및 전부명령 신청서 ··································· 1590
　◎【서식】채권특별현금화명령신청서 ··· 1598
제2절 관련사례 ·· 1600

부 록 ·· 1625
색 인 ·· 1731

제1편　채권일반

제1장 채권의 의의·목적·효력 등 ································· 3

제2장 수인의 채권자 및 채무자 ································· 31

제3장 채권양도와 채무인수 ·· 91

제4장 채권의 소멸 ··· 129

제1장 채권의 의의·목적·효력 등

제 1 절 채권의 의의 등

Ⅰ. 채권의 의의

채권은 '특정인이 다른 특정인에 대하여 특정의 행위를 요구할 수 있는 권리'로, '채무자의 행위'를 목적으로 한다. 예컨대 주택임대차에 있어서 채권(임차권)의 목적은 임차인이 주택을 사용·수익할 수 있도록 임대인(채무자)이 주택을 임차인에게 인도하고 사용·수익에 필요한 상태를 유지하는 행위이다. 이 때의 주택은 그 인도행위의 대상 내지 목적물에 불과하다. 또한 채권은 채무자라는 '특정인'에 대한 권리이다(상대권). 반면에 물권은 모든 사람에게 그 권리를 주장할 수 있는 절대권이다. 채권은 상대권이므로 배타성이 없고, 같은 내용을 가진 채권이 동시에 둘 이상 병존할 수 있으며, 이들 사이에는 우열의 차이가 없다. 그리고 채권은 채무자의 행위를 '청구할 수 있는 권리'이다. 이 점에서 물권과 구별되는데, 물권은 물건을 직접 지배하여 만족을 얻는 권리이다.

Ⅱ. 채무의 의의

채무란 채무자가 채권자에게 일정한 행위, 즉 급부(給付)를 하여야 할 의무와 그것을 제대로 이행하기 위해 요청되는 '부수적 주의의무'를 말한다. 부수적 주의의무는 예컨대 매매계약서에서 목적물이 훼손되지 않도록 보관하며 또 목적물의 사용방법을 매수인에게 알려주어야 할 의무를 말한다.

Ⅲ. 채권의 발생원인

채권의 발생원인은 ① 계약, ② 사무관리, ③ 부당이득, ④ 불법행위, ⑤ 개개의 규정에 의거한 것 등의 다섯 가지가 있다. 그 중에서 가장 중요한 것은 계약과 불법행위이다.

1. 계 약

계약은 채권발생원인 중 가장 중요한 지위를 차지하는 것으로서, 채권법각론의 대부분은 계약에 관한 규정으로 이루어져 있다. 채권에 있어서는 사적 자치의 원칙이 지배하기 때문에 공서양속에 반하지 않는 한, 어떠한 내용의 계약이라도 체결할 수 있지만 민법전은 14개의 전형적인 계약에 대해서 규정하고 있다.

① 증여 ② 매매 ③ 교환 ④ 소비대차 ⑤ 사용대차 ⑥ 임대차 ⑦ 고용 ⑧ 도급 ⑨ 현상광고 ⑩ 위임 ⑪ 임치 ⑫ 조합 ⑬ 종신정기금 ⑭ 화해의 14개의 계약이 그것이다.

가. 계약은 법률행위의 하나의 태양이다. 법률행위에는 단독행위, 합동행위, 계약의 3종이 있으며, 계약은 법률행위로서는 가장 주요한 지위를 차지하고 있다. 민법은 당사자의 합의에 의해 성립하는 법률행위를 모두 계약으로 하고 있다. 즉, 채권계약 외에 물권변동을 일으키는 물권계약(예 : 지상권·저당권의 설정계약·소유권이전계약 등), 물권 이외의 권리의 변동을 일으키는 준물권계약(예 : 채권양도계약) 및 신분관계의 변동을 일으키는 신분적 계약이 있다.

계약은 법률행위이기 때문에 계약으로 인해 발생한 채권관계는 법률행위에 의거한 채권관계로서, 사무관리·부당이득·불법행위에 의하여 발생한 채권관계와 같이 직접 법률의 규정에 의거하여 발생하는 이른바 법정채권관계와 대립된다.

그러나 채권계약은 채권·채무관계를 발생시키는 계약으로서 특히 주요한 지위를 차지하고 있다. 채권계약은 하나의 법률행위이며, 법은 당사자가 의욕한 효과의사에 의거하여 법률행위의 효과로서 채권·채무관계를 발생시킨다.

나. 계약에는 쌍무계약과 편무계약, 유상계약과 무상계약, 유명계약(전형계약)과 무명계약(비전형계약), 낙성계약과 요물계약, 본계약과 예약 기타의 구별이 있다.

(ㄱ) 쌍무계약

쌍무계약이라 함은 계약의 효과로서 쌍방의 당사자가 대가적 의의를 갖는 채무를 부담하는 것을 말하고, 편무계약이란 그렇지 않은 것을 말한다. 여기에서 대가적 의의를 갖는다는 것은 쌍방이 급부해야 하는 것을 상호의존하고 있는 관계를 말한다. 매매·임대차·도급·유상임치·유상위임 등은 전자에 속하고, 증여·무상위임 등은 후자에 속한다.

사용대차에 있어서도 대주는 사용하게 할 의무를 부담하지만, 차주의 반환의무와 대가적 의의를 갖는 것은 아니기 때문에 사용대차는 편무계약이 된다. 또 이자부소비대차는 유상계약이지만 쌍무계약은 아니다. 양자를 구별하는 것은 동시이행의 항변권(민법 제536조)·위험부담(민법 제537조, 제538조)의 문제는 오직 쌍무계약에 대해서 발생하고, 해제(민법 제543조 이하)도 주로 쌍무계약에 적용되기 때문이다.

(ㄴ) 유상계약

유상계약이란 쌍방 당사자가 서로 대가적 의의를 갖는 재산상의 출연을 하는 계약을 말하고, 무상계약이란 당사자 일방만이 급부를 함에 그친다든가, 쌍방이 급부를 하더라도 그 급부사이에 대가적 의의가 없는 것을 말한다. 쌍무계약은 언제나 유상계약이지만, 유상계약이 반드시 쌍무계약인 것은 아니다. 예컨대, 이자부소비대차는 상술한 바와 같이 유상계약이지만 편무계약이다. 또 부담부증여에 있어서는 쌍방 당사자가 함께 급부를 할 의무를 부담하지만, 그 급부 사이에는 대가적인 관계가 없기 때문에 부담부증여는 유상계약은 아니다.

이 구별의 실익은 유상계약에 대해서는 매매에 관한 규정이 준용되고(민법 제567조) 채무자의 회생 및 파산에 관한 법률상 부인권 행사에 있어서도 특별취급 된다는 데에 있다.

㈐ 낙성계약

낙성계약이란 당사자의 의사표시의 합치 즉, 당사자의 합의만으로 성립하는 계약이며, 매매·증여·임대차 등 대부분의 전형계약이 이에 속한다. 이에 반하여 요물계약이란 당사자의 합의 외에 물건의 인도 기타의 급부를 해야만 성립하는 계약으로서, 천성계약이라고도 한다. 비대차·사용대차·임치 등은 이에 속한다.

㈑ 예약·본계약

장래 일정한 계약을 체결할 채무를 성립시키는 계약을 예약이라고 하고, 이 예약에 기하여 장래 체결될 계약을 본계약이라고 한다.

본계약이 불능·불법 등을 이유로 하여 무효가 되는 때에는 그 예약도 또한 무효가 된다. 본계약이 요식계약인 경우 예약도 또한 방식을 요하는가에 대해서는 본계약이 요식계약으로 된 이유여하에 따라서 달라진다. 즉, 당사자로 하여금 신중하게 고려하게 할 취지에서라면 예약도 본계약과 같은 방식을 필요로 하지만, 기타의 경우에는 이를 필요로 하지 않는다.

예약에는 당사자 일방만이 채무를 부담하는 일방적 예약(편무예약)과 당사자 쌍방이 채무를 부담하는 쌍방예약(쌍무예약)이 있다. 다만, 민법은 매매의 일방적 예약에 관하여 계약상의 권리자가 본계약인 매매의 성립을 의욕한다는 뜻의 의사표시를 한 때, 즉 매매완결권을 행사할 때에는 상대방의 승낙없이 매매가 성립하는 것으로 하고(민법 제564조), 이 규정을 매매 이외의 유상계약에 대해서도 준용한다(민법 제567조).

다. 계약에는 1회의 인도로 완료하는 채권을 발생시키는 것과, 계속적 채권관계를 발생시키는 것이 있다. 전자의 전형적인 것은 물건의 매매이다. 그러나 전력공급의 매매는 계속적 채권관계를 발생시킵니다. 후자의 전형적인 예는 고용·임대차 등이다.

2. 사무관리

채권의 발생 원인으로서의 사무관리는 계약 또는 법규에 의거한 의무가 아니며, 타인을 위해 그의 사무를 관리하는 행위이다(민법 제734조 이하). 원래 의무 없는 자는 타인의 사무에 함부로 간섭해서는 안 되지만, 타인의 이익을 꾀하는 것은 사회생활에 있어서의 상호부조의 이상에서 보아 어느 정도 장려할 사항이다. 그런데도 이를 불법행위라 하여 처음부터 행위자에게 불법행위에 의한 책임을 부담시키는 것은 사람으로 하여금 긴급한 사정하에도 그 부조에 두려움을 갖게 하는 결과가 되므로, 상호부조의 이상에 반한다. 그러므로 민법에서는 사무관리를 적법한 해우이로 하여 본인과 관리인의 이익의 공평을 꾀하기 위해 본인과 관리인 사이에 일정한 채권관계를 발생시킨다고 규정하고 있다. 즉, 관리자가 일단 타인을 위한 사무관리를 시작한 이상, 관리자에게 그 관리를 적당하게 수행할 의무를 부담시킴과 동시에 본인에게도 또한 관리자가 지출한 비용의 상환 의무를 부과하고 있다(민법 제739조).

3. 부당이득

채권 발생원인으로서의 부당이득은 법률상의 원인 없이 타인의 재산 또는 노무에 의해 이익을 얻고 그로 말미암아 타인에게 손해를 준 자에 대하여, 그 이득과 손해 사이에 상당인과관계가 있는 경우 그 이득의 반환의무를 부담시키는 제도이다. 즉, 사회적으로 인정할 수 없이 부당하다고 판단되는 경우에 그 이득을 반환시키는 것으로 이득자가 선의인 때에는 현재이익의 반환의무만을 부담하고, 악의인 경우에는 받은 이익에 이자를 붙여 반환해야 한다(민법 제748조). 그러나 채권이 존재하지 않음을 알면서 변제로서 급부한 비체변제 또는 불법원인급여에 의한 경우에는, 급부한 것의 반환을 청구할 수 없다(민법 제742조 내지 제746조).

4. 불법행위

채권발생원인으로서의 불법행위란 고의 또는 과실에 의한 위법으로 타인의 권리 또는 법익을 침해하고 타인에게 손해를 주는 행위로서, 채무불이행과 함께 하나의 위법행위이다. 이러한 불법행위에 의거하여 피해자는 불법행위자에 대한 손해배상청구권을 취득한다. 불법행위는 손해의 공평한 분담을 규정한 제도이기 때문에 불법행위가 성립하기 위해서는 가해행위에 의해 손해가 발생해야 한다. 손해는 재산적 손해뿐 아니라 정신적 손해도 포함된다(민법 제751조). 그리고 손해배상은 위법한 행위와 상당인과관계에 있는 손해의 범위에 한정된다.

제 2 절 채권의 목적

Ⅰ. 의 의

 채권은 채권자가 채무자에게 일정한 행위를 청구하는 것을 내용으로 하는 권리이므로, 결국 채권의 목적은 '채무자의 행위(급부)'로 귀결된다. 예컨대 매매에 있어서 채권의 목적은 매도인이 매매의 목적물의 권리를 이전하는 행위이며, 매수인이 그 대금을 지급하는 행위이다.

 채권의 목적은 금전적 가치를 갖는 것이 아니면 안 되는가에 관해서는 독일보통법시대의 학자들 사이에 다툼이 있었던 문제이다.

 민법 제373조는 「채권은 금전으로 가액을 산정할 수 없는 것이라도 그 목적으로 할 수 있다」라고 하는 규정을 두어 이 점을 명백히 했다. 즉 금전적 가치 없는 급부에 대해서도 채무로서의 법률적 구속을 발생케 할 수 있다는 소극적 원칙을 밝히고 있다.

Ⅱ. 채권의 목적의 요건

1. 확정성

 채권의 목적인 급부는 확정할 수 있는 것이어야 한다. 다만 채권의 목적인 급부는 이행기를 기준으로 구체적으로 실현되는 것이므로 채권이 성립할 당시에 미리 성립되어 있어야 하는 것은 아니고 이행기까지 급부를 확정할 수 있으면 된다.

2. 적법성

 급부는 적법한 것이어야 한다. 즉 강행법규에 위반하지 않아야 한다. 예컨대 법률상 인도가 금지된 물건을 인도한다는 급부 등은 강행법규에 위반하는 급부로서 적법성이 없으며, 채권은 성립하지 않는다.

3. 사회적 타당성

 급부는 사회적 타당성이 있어야 한다. 즉 사회질서에 위반하지 않는 것이어야 하며, 이에 위반하는 때에는 법률상 급부로서 인정되지 않으며, 그 채권은 무효이다.

4. 실현가능성

 급부는 그 실현이 가능한 것이어야 하며, 불가능한 급부를 목적으로 하는 채권은 무효이다. 채권의 목적으로서의 급부의 가능이라 함은 채권의 성립시를 표준으로 하며, 채권이 성립할 때에 가능한 것이어야 한다는 것을 의미한다. 따라서 원시적 불능의 급부를 목적으로 하는 계약은 무효이며, 그에 따라 채권도 성립하지 않는다. 그러나 채권이 성립한 후에 급부가 불능으로 된 후발적 불능의 경우에는 그 채권은 유효이다.

> **【쟁점사항】**
> 건축하도급계약 당시 그 건축공사에 대한 건설부장관의 사업계획승인 등이 갖추어지지 않은 경우 그 계약이 목적실현가능한 것이어서 무효인지 여부
> **건축하도급계약 당시 그 건축공사에 대한 건설부장관의 사업계획승인, 원도급인의 하도급에 대한 승인, 건축부지의 확보 등이 갖추어져 있지 않았다 하더라도 그 계약의 목적이 된 토지상에 아파트건축공사를 하는 것이 법률상 금지 내지 제한되어 있었다는 특단의 사정이 없는 이상 계약 후 이를 보완할 수 있는 것이므로 그와 같은 사유만으로써는 위 하도급계약이 계약 당시 그 계약목적이 실현 불가능한 것이어서 무효라고 할 수 없다**(대결 1989. 11. 18. 89다카11777).

5. 금전적 가치

제373조는 "금전으로 가액을 산정할 수 없는 것이라도 채권의 목적으로 할 수 있다"고 규정하고 있다. 본조는 금전적 가치가 없는 급부에 대해서도 채무로서의 법률적 구속을 발생케 할 수 있다는 소극적 원칙을 밝히고 있다.

Ⅲ. 채권의 목적(급부의) 종류 : 강학상 분류

1. 작위급부 · 부작위급부

급부의 내용이 작위이냐 부작위이냐에 의한 구분이다. 채권의 목적은 작위가 보통이지만 부작위도 채권의 목적이 될 수 있다(제393조 3항 참조). 부작위에는 '단순부작위'(예 ; 건축을 하지 않는 것)와 채권자가 일정한 행위를 하는 것을 방해하지 않을 '인용'(예 : 임대인이 임대물을 수선하는 것을 임차인이 방해하지 않는 것)이 있다. 작위급부와 부작위급부는 채무불이행이 있는 때에 그 강제이행의 방법을 달리한다.

2. 주는 급부 · 하는 급부

작위급부를 그 내용에 따라 구분한 것이다. 작위가 물건의 인도인 때에는 이를 '주는 급부'라 하고, 물건의 인도 이외의 작위를 내용으로 하는 것을 '하는 급부'라고 한다. 전자는 물건의 인도라는 결과에 중점을 두는 데 비해, 후자는 채무자 자신의 행위에 중점을 두는 점에서 차이가 있다. '주는 급부'와 '하는 급부'는 강제이행의 방법도 달리한다.

3. 특정물 급부 · 불특정물 급부

주는 급부에서 인도의 목적물이 특정되어 있느냐 여부에 의한 구분이다. 불특정물 급

부에는 인도하여야 할 물건이 종류에 의하여 정하여 지는 것과 금전인 경우가 있으며, 후자는 물건(즉 금전)에 대한 관계가 희박하고 오히려 일정액의 가치라는 관념이 더 강하다. 양자는 특정을 요하느냐, 이행의 방법, 이행의 장소, 쌍무계약에 있어서 위험부담의 적용 여부 등에서 구별의 실익이 있다.

4. 가분급부·불가분급부

급부의 본질 또는 가치를 손상하지 않고서 급부를 분할적으로 실현할 수 있느냐 여부에 의한 구별이다. 급부의 가분·불가분의 그 급부의 성질이나 당사자의 의사표시에 의해 정해진다(제409조).

가분급부·불가분급부의 구별은 채권자 또는 채무자가 다수 있는 경우에 특히 그 실익이 있다.

5. 일시적 급부·계속적 급부·회귀적 급부

이것은 급부를 실현하는 모습에 의한 구분이다. 급부가 계속적·반복적으로 행하여지느냐 여부에 따라 일시적 급부(예: 매매에 따른 물건의 인도와 대금의 지급)와 계속적 급부(예: 고용에 따른 노무의 제공)로 나누어진다. 그리고 회귀적 급부는 이 양자를 합한 것으로서 일정한 시간적 간격을 두고 일정한 행위를 반복하여야 하는 급부이다(예: 신문구독계약에 따라 매일 신문을 배달하는 것). 계속적 급부와 회귀적 급부에 있어서는 당사자 사이에 계속적 관계가 생기는 결과 신의칙이나 사정변경의 원칙이 지배하는 정도가 강하게 된다.

IV. 민법상 채권의 목적의 분류

1. 특정물채권

(1) 의 의

특정물채권이란 '특정물의 인도'를 목적으로 하는 채권을 말한다. 이는 종류물의 인도를 목적으로 하는 종류채권(불특정물채권)과 구별된다. 그러나 종류채권이 특정된 후에는 그 때부터는 특정물채권으로 다루어진다.

(2) 특정물인도채무자의 선관주의의무

민법 제374조는 채권의 목적인 특정물의 보관의무에 관해서「채무자는 인도하기까지 선량한 관리자의 주의로써 그 물건을 보존하여야 한다」고 규정하고 있다.

특정물이라 함은 당사자가 어디의 몇 번지의 토지라든가 이 책상과 같이 그 개성에 착안하여 거래의 목적으로 한 물건을 말한다.

선량한 관리자의 주의란 채무자의 지위·직업에 의해 요구되는 일반적·객관적인 주의의 의미이다. "자기재산과 동일한 주의"(민법 제695조), "자기의 재산에 관한 행위와 동일한 주의"(민법 제922조), "고유재산에 대하는 것과 동일한 주의"(민법 제1022조) 등과 같이 행위자의 능력에 따른 구체적인 주의의무에 대한 개념으로서 더 고도의 주의의무가 요구되고 있다. 이것은 예컨대 무상수치인에게는 선량한 관리자의 주의의무가 요구된다는 점에서도 이해할 수 있다.

이 주의의무에 위반하여 목적물을 멸실·훼손한 때에는 손해배상의 책임을 진다(제390조). 선량한 관리자의 주의를 태만히 할 경우에는 추상적 과실(객관적 과실), 자기를 위하여 하는 것과 동일한 주의를 게을리 한 경우에는 구체적 과실(주관적 과실)이라고 한다.

선량한 관리자의 주의의무는 이행기까지가 아닌 인도하기까지이다. 그러나 이행기를 초과한 것이 채무자의 귀책사유에 기인된 때에는 이후에는 이행지체가 되고 채무자는 불가항력에 대해서도 책임을 부담하게 된다(제392조 참조).

또 이행기에 채무자가 목적물을 제공하였으나 채권자의 수령지체가 된 경우에는 그 이후 채무자에게는 그 주의의무가 경감되므로 자기를 위해서 하는 것과 동일한 주의의무를 하면 된다(제401조 참조). 따라서 이행기 이후에도 채무자가 선량한 관리자의 주의의무를 부담하는 것은 이행지체도 수령지체도 아닌 경우이다.

채무자는 선량한 관리자의 주의로써 보존한 후에 그 목적물을 이행하기에 인도할 때에는 현상 그대로 인도하여야 하며, 그것만으로 충분하다(제462조).

2. 종류채권

(1) 의 의

종류채권이란 일정종류에 속하는 물건의 일정수량의 급부를 목적으로 하는 채권이다. 예컨대 쌀 열 포대 등과 같이 종류와 분량만이 정하여져 있고 어디에 있는 쌀이라고 특정되지 않은 「불특정물」의 인도를 목적으로 하는 채권이다. 종류채권의 목적물은 대체물인 것이 보통이지만, 부대체물인 건물·자동차·말 등도 그 개성이 아니라 공통성·수량에 중점을 두는 경우에는 종류채권의 목적물로 할 수 있다. 즉 종류물의 여부는 거래의 일반관념에 의하여 객관적으로 정하여지는 것이 아니라, 당사자의 의사를 표준으로 하여 정하여진다.

(2) 제한종류채권

종류 이외에 다시 일정한 제한을 두어서 일정량의 물건의 급부를 약속하는 경우가 있다. 예컨대 특정 창고 속의 쌀 50가마를 매수하기로 계약하는 경우가 이에 해당된다.

> **【쟁점사항】**
> 보유주식 일정량을 담보제공하기로 한 약정의 성질과 그에 기한 채무가 특정인도채무인지 여부
> **보유주식 일정량을 담보로 제공하기로 한 담보제공약정은 특정한 "주권"에 대한 담보약정이 아니라 기명의 "주식"에 관한 담보약정이고 다만 그 담보약정의 이행으로서 약정한 기명주식을 표창하는 주권을 인도할 의무가 있는 것인데, 주식은 동가성이 있고 상법 등의 규정에 따른 소각, 변환, 병합 등 변화가능성이 있으며 담보약정에 이르게 된 경위 등에 비추어 볼 때, 담보약정 후 주권의 이행제공 전에 갖고 있던 주식에 대한 처분이나 새로운 주식의 취득이 있더라도 약정된 수의 기명주식을 표창하는 주권만 인도하면 되고 인도할 주권의 특정은 쌍방 어느 쪽에서도 할 수 있는 것으로서 담보약정에 기한 채권은 일종의 제한종류채권이다**(대판 1994. 8. 26. 93다20191).

(3) 목적물의 품질

종류채권에 있어서 같은 종류에 속하는 물건의 품질에 상·중·하의 차등이 있는 경우에는 채권자는 다음의 3가지 표준에 의하여 이행하여야 한다.

가. 법률행위의 성질에 의한 경우

소비대차(제598조)·소비임치(제702조)에서 차주와 수치인은 그가 처음에 받은 물건과 동일한 품질의 것을 반환하여야 한다.

나. 당사자의 의사에 의하는 경우

당사자의 의사가 관습에 의하여 인정되는 경우(제106조 참조)에는 그에 따른다.

다. 중등품질의 물건으로 이행하는 경우

당사자의 의사해석에 의하여서는 정하여지지 않는 경우에는 채무자는 중등의 품질을 가지는 물건을 급부하여야 한다(제375조 1항).

(4) 종류채권의 특정

가. 특정의 방법

1) 채무자가 이행에 필요한 행위를 완료한 때

물건을 급부하는데 있어서 채무자가 하여야 할 모든 행위를 완료한 때에 특정이 있게 된다.

2) 채권자의 동의를 얻어 이행할 물건을 지정한 때

여기서 채권자의 동의란 채무자가 어떤 물건을 특정한 데에 대한 동의가 아니라 채무자에게 지정권을 준다는 데에 대한 동의라고 해석하는 것이 통설이다. 따라서 '채권자의 동의를 얻어 이행할 물건을 지정한 때'란 채무자가 그 지정권을 행사하여 지정한 경우를 말한다. 그러므로 채무자가 이행할 물건을 지정한 때, 즉 특정의 물건을 지정·분리한 때에 특정이 생긴다.

【쟁점사항】
<제한종류채권에 있어 급부목적물의 특정방법>
제한종류채권에 있어 급부목적물의 특정은 원칙적으로 종류채권의 급부목적물의 특정에 관하여 민법 제375조 제2항이 적용되므로, 채무자가 이행에 필요한 행위를 완료하거나 채권자의 동의를 얻어 이행할 물건을 지정한 때에는 그 물건이 채권의 목적물이 되는 것이나, 당사자 사이에 지정권의 부여 및 지정의 방법에 관한 협의가 없고, 채무자가 이행에 필요한 행위를 하지 아니하거나 지정권자로 된 채무자가 이행할 물건을 지정하지 아니하는 경우에는 선택채권의 선택권 이전에 관한 민법 제381조를 준용하여 채권의 기한이 도래한 후 채권자가 상당한 기간을 정하여 지정권이 있는 채무자에게 그 지정을 최고하여도 채무자가 이행할 물건을 지정하지 아니하면 지정권이 채권자에게 이전한다(대판 2003. 3. 28. 2000다24856).

3) 당사자의 합의

당사자의 합의로 목적물을 특정할 수 있으며, 이때에는 그 합의에서 정하여진 방법에 따라 특정이 이루어진다.

나. 특정의 효과 : 종류채권이 특정물채권으로 전환

종류채권의 목적물이 특정되면 그 후로는 그 특정된 물건이 채권의 목적물이 된다. 즉 종류채권은 목적물의 특정으로 그 동일성을 해하지 않고 특정물채권으로 전환한다. 따라서 특정된 물건이 그 후 어떤 사정으로 멸실한 경우에는 채무자는 다른 종류물 중에서 다시 이행하여야 할 의무를 지지는 않으며, 그 인도의무를 면한다. 또 특정된 물건이 훼손된 경우에도 그 상태대로 인도하면 된다.

3. 금전채권

(1) 금전채권의 의의

금전채권은 일정액의 금전의 급부를 목적으로 하는 채권이다. 매매와 같은 유상의 쌍무계약에 있어서는 일방이 물건을 인도할 채무를 부담하고, 다른 일방은 대가를 지불하여야 하는데, 이 대가의 지불이 금전채권이다. 금전채권은 종류채권의 일종으로 볼 수도 있으나 수량으로 표시된 일정한 추상적인 화폐가치를 목적으로 하고, 이를 실현하는 구체적인 물건(화폐)에 대한 관계가 희박하다. 이 점에서 금전채권을 금전 이외의 급부를 목적으로 한 채권과 다른 여러 가지 특질을 가지고 있다.

(2) 금전채권의 특칙

금전에 있어서는 어떤 돈으로 지급한다고 하는 것처럼 개성이 문제가 되는 일이 없으므로 금전채권의 이행에 대해서는 특수한 취급을 받는다. 예를 들어서 금전채권에 대하여 이행불능이 생기지 않는 것이 그 하나인데, 채무자가 자력(資力)이 없어서 지급하지 못한다든가 또는 돈을 도난당하여 지급할 수가 없다든가 하는 것은 이행불능이 되지 않는다. 따라서 금전채권에 대해서는 이행지체(履行遲滯)가 문제가 되며, 이행기에 이행하지 못할 때는 언제나 이행지체의 책임이 생깁니다. 여기서 채무자의 과실이나 실손해(實損害)의 유무에 관계없이 손해배상은 법정이율에 의한 지연이자(遲延利子)라는 형태를 취하고 있다.

(3) 금전채권의 종류

가. 금액채권

금액채권이란 '일정금액의 금전'의 지급을 목적으로 하는 채권을 말한다. 보통 금전채권이라고 하면 이 금액채권을 의미한다. 금전은 강제통용력을 가지는 한, 금전의 종류는 묻지 않으며 그 결과 위험의 문제도 생기지 않는다.

나. 금종채권

금종채권이란 일정한 종류의 통화로 지급하기 정한 채권을 말한다(예컨대 5천원권으로 5백만원을 지급하기로 약정하는 것). 이러한 약정이 있는 때에는 채무자는 그 약정에 따라서 변제하여야 한다. 다만 그 종류의 통화가 변제기에 강제통용력을 잃은 때에는 금전채권의 일반적 성질로 돌아가 다른 종류의 통화로 변제하여야 한다(제376조).

다. 특정금전채권

이것은 '특정의 금전'의 급부를 목적으로 하는 채권이다. 예컨대 전시할 목적으로 특정화폐를 급부하는 경우 등이 이에 해당된다. 이 특정금전채권은 특정물채권에 지나지 않으며, 금전채권으로서의 특질은 전혀 없다.

라. 외화채권

외화채권이란 다른 나라의 통화, 즉 외화로 지급하기로 한 채권을 말한다.

1) 외화채권의 변제방법

금전채권은 일정액의 화폐가치를 목적으로 하는 것이므로, 당사자가 화폐의 종류를 특정하더라도 그것은 어디까지나 2차적인 의미를 갖는데 지나지 않는다. 외국의 통화로 지급하도록 정한 경우에도 민법 제376조의 표준에 따른다. 즉, 특약이 없으면 채무자는 자기의 선택에 따라 당해 외국의 각종 화폐로써 변제하면 되고 어떤 종류의 다른 나라 통화로 지급할 것인 경우에 그 특종통화가 변제기에 강제통용력을 잃은 때에는 그 나라의 다른 통화로 변제하여야 한다(민법 제377조).

2) 대용급부권

채권액이 다른 나라 통화로 지정된 때에는 채무자는 지급할 때에 있어서의 이행지의 환금시가에 의하여 우리나라 통화로 변제할 수 있다(민법 제378조).

민법 제378조는 외화채권의 경우에 채무자가 우리나라 통화로 변제할 수 있다는 대용급부권을 인정하고 있다. 외국의 통화로 금액을 결정하였다 할지라도 지급할 때의 이행지의 환금시가에 의하여 환산에 우리나라 통화를 지급하여도 유효하다.

본조는 채무자에게만 대용급부권을 인정하는데, 해석상 채권자도 우리나라 통화로 변제할 것을 채무자에게 청구할 수 있는지, 즉 대용급부청구권을 가지는가 문제된다. 대용급부가 연혁적으로 채무자의 편의를 위하여 인정되는 것이기는 하지만, 공평의 관념상 또는 화폐거래가 자유롭게 유통되는 성질상 채권자에게도 대용급부청구권을 인정하는 것이 타당하다고 해석하는 것이 통설·판례[대판(전원합의체) 1991. 3. 12, 90다2147]의 태도이다.

【쟁점사항】

외화채권의 환산시기

판례는 "채권액이 외국통화로 지정된 금전채권인 외화채권을 채무자가 우리나라 통화로 변제함에 있어서는 민법 제378조가 그 환산시기에 관하여 외화채권에 관한 같은 법 제376조, 제377조 제2항의 "변제기"라는 표현과는 다르게 "지급할 때"라고 규정한 취지에서 새겨 볼 때 그 환산시기는 이행기가 아니라 현실로 이행하는 때 즉 현실이행시의 외국환시세에 의하여 환산한 우리나라 통화로 변제하여야 한다고 풀이

> 함이 상당하므로 채권자가 위와 같은 외화채권을 대용급부의 권리를 행사하여 우리나라 통화로 환산하여 청구하는 경우에도 법원이 채무자에게 그 이행을 명함에 있어서는 채무자가 현실로 이행할 때에 가장 가까운 사실심 변론종결 당시의 외국환 시세를 우리나라 통화로 환산하는 기준시로 삼아야 한다."고 하였다(대판 1991. 3. 12, 90다2147).

4. 이자채권

(1) 이자채권의 의의

이자채권이라 함은 이자의 지급을 목적으로 하는 채권이다. 이자란 원본사용의 대가로서 그 액과 존속기간에 비례하여 지급되는 금전 기타의 대체물이다. 이자는 원본사용의 대가로서 지급되는 것이므로 원본채권과 밀접한 관계를 가지고 있다. 여기에서 말하는 원본채권은 특정물의 반환을 목적으로 하는 것이 아니며, 동일 종류의 물건을 반환시킬 것을 요한다. 따라서 이자는 소비대차 및 소비임치에 의한 것이 가장 많으나 매매대금을 유예함으로써 부과하는 것도 있다. 이에 대하여 토지·가옥의 사용에 따라 발생한 지대·가임 또는 할부상환금은 이자가 아니다.

이자채권은 당사자의 계약 또는 법률의 규정에 의해 발생한다(민법 제598조, 제600조, 제612조 참조). 전자를 약정이자, 후자를 법정이자라 한다. 법정이자의 이율은 법정이율(민사 연5분·상사 연6분)에 의한다. 이자채권은 원본채권에 부종하는 것을 그 성질로 하고 있다. 이자채권은 기본적인 이자채권과 지분적인 이자채권으로 나뉘며, 각각 다른 성질을 가지고 있다.

가. 기본적인 이자채권

기본적인 이자채권은 원본에 대하여 일정률의 이자를 발생시키는 것을 목적으로 하며, 그 발생에 관해서는 원본채권의 존재를 전제로 한다. 따라서 원본채권이 무효인 때에는 이자채권은 발생하지 않는다. 또 원본채권이 소멸하는 경우에는 이자채권도 그와 함께 소멸하고 그 후에는 이자가 발생하지 않는다. 원본채권과 처분은 이자채권의 처분을 수반하는 것이 원칙이다.

장래 발생할 이자채권은 이미 발생한 이자채권과는 달리 원본채권에 종속하여 그것과 운명을 같이하는 것을 원칙으로 하고 있기 때문에, 원본채권에 수반하여 전부명령이 있는 경우에는 그 효력이 이자채권에도 미친다. 이 때 그 이자가 특정되어 있는가 법정이자인가를 불문하고 이자채권도 압류채권자에게 이전한다. 또 이미 발생한 자연이자채권도 원본채권에 부수하여 발생된 권리에 지나지 않기 때문에 원본채권이 양도되면 반대증거가 없는 한, 그 이전에 발생한 자연이자채권도 동시에 양도되는 것으로 인정해야 한다.

나. 지분적인 이자채권

지분적인 이자채권은 변제기에 도달한 각기의 이자를 목적으로 한다. 그 발생에 대해서는 원본채권 및 기본적인 이자채권을 전제로 하지만 이미 발생한 후에는 독립하여 존재한다. 민법 제479조에서는 채무자가 이자 및 원본으로 볼 수 없는 변제를 한 경우에는 먼저 이자에 충당할 것을 규정하고 있고, 이자만의 변제를 할 수 있다고 규정하고 있는 것은 변제기에 도달한 이자채권이 원본채권과 독립한 것임을 나타내고 있다고 할 수 있다. 따라서 원본채권과 분리하여 양도되고 별개로 변제할 수 있으며, 또 별개로 시효에 의해 소멸한다. 원본채권이 변제·면제 등으로 인해 소멸하더라도 이미 발생한 이자는 존속한다. 다만, 변제기에 도달한 지분적 이자채권이라고 하더라도 독립성에는 일정한 한계가 있다. 즉, 원본채권이 무효, 취소로 부존재하는 경우에는 변제기 후에도 이자채권은 발생하지 않는다. 또한 원본채권이 시효로 소멸한 경우 이자채권은 소멸시효 기간이 경과하지 않더라도 모두 소멸한다. 이는 민법 제183조에 따라 주된 권리의 소멸시효가 완성되면, 종속된 권리에 그 효력이 미치기 때문이다.

원본채권의 양도는 특별한 의사표시가 없는 한, 이자채권의 양도를 동반하지 않는다. 이자를 발생시키는 채권은 그 채권의 교환가치에 영향을 받지만 이미 변제기에 도달한 자연이자채권이 있다는 것은 고려되지 않는 것이 통례이기 때문이다. 그러나 채권자가 만족을 얻을 수 있다는 입장에서 본다면 이 지분적 이자채권은 원본채권의 확장으로서의 성질을 가지는 것으로 보아야 하므로, 원본채권의 담보는 당연히 이 지분적 이자채권까지도 담보하고(민법 제334조, 제360조, 제429조 참조), 이자를 제외한 원본만의 제공은 채권의 내용에 좇은 변제의 제공이 되지 않는다.

> **<Q & A>**
> **이자부채권 양도 시 변제기에 도달한 이자채권도 양도되는지 여부**
>
> Q) A는 甲에게 1,500만원을 1년 후 받기로 하면서 이자는 월 2푼으로 하여 빌려주었다. 그러나 변제기일이 지나서도 위 돈을 받지 못하던 중, 마침 乙에게 지급해야 할 물품대금채무 1,500만원의 지급조로 위 대여금반환채권을 乙에게 양도하면서 甲에게는 내용증명우편으로 그 양도통지를 하였다. 그런데 <u>위 채권을 양도할 당시 이자채권에 대하여는 아무런 약정을 하지 않았다.</u> 이 경우 A는 변제기까지의 이자를 甲에게 청구할 수도 있는가?

A)
1. 문제점
 채권양도에 있어서 이자채권도 당연히 양도되는지가 문제된다.
2. 판례의 태도
 판례는 "이자채권은 원본채권에 대하여 종속성을 갖고 있으나, 이미 변제기에 도달한 이자채권은 원본채권과 분리하여 양도할 수 있고 원본채권과 별도로 변제할 수 있으며, 시효로 인하여 소멸되기도 하는 등 어느 정도 독립성을 갖게 되는 것이므로, <u>원본채권이 양도된 경우 이미 변제기에 도달한 이자채권은 원본채권의 양도 당시 그 이자채권도 양도한다는 의사표시가 없는 한 당연히 양도되지는 않는다.</u>"라고 하였다(대법원 1989. 3. 28. 선고 88다카12803 판결).
3. 결론
 따라서 위 사안에 있어서 A가 乙에게 위 대여금반환청구채권을 양도하면서 이자채권까지도 양도한다는 특약이 없었던 경우라면, 변제기까지의 이자채권이 당연히 양도되었다고 볼 수 없으므로, A는 甲에게 1,500만원에 대한 변제기까지의 이자를 청구할 수 있을 것이다.

(2) 이 율

 이자란 '금전 기타 대체물의 사용의 대가로서 원본액과 사용기간에 비례하여 지급되는 금전 기타의 대체물'을 말한다.

 이자는 일정기간을 단위로 원본액에 대한 일정한 이율에 의해 산정되는데, 이율에는 법률이 정하는 '법정이율'과 당사자의 약정에 의해 정해지는 '약정이율'이 있다.

가. 법정이율

이자 있는 채권의 이율은 다른 법률의 규정이나 당사자의 약정이 없으면 연 5푼으로 한다(민법 제379조). 다만 상행위로 인한 채무의 법정이율은 연 6푼이다(상법 제397조 1항).

법정이율은 금전채무의 불이행으로 인한 손해배상액을 산정하는 데에도 적용된다(민법 제397조 1항).

금전채무불이행의 경우의 손해배상(지연이자)도 법정이율보다 높은 약정이율의 약속이 없는 때에는 법정이율에 의한다(제397조 1항 전단). 그러나 금전채무의 이행명령판결을 선고할 경우 이율은 대통령령으로 정하도록 되어 있고(소송촉진등에 관한 특례법 제3조·연20%) 공탁금의 이율은 대법원규칙으로 정한다(공탁법 제5조·일변 3리).

<Q & A>
상인간 이자약정 없는 1주일 기한의 대여금채권의 이자

Q) A는 옷가게를 운영하는 자로서, 이웃에서 슈퍼를 운영하는 甲이 슈퍼에서 판매할 물품을 구입하기 위하여 자금이 필요하다고 하여 1,300만원을 빌려주고 차용증을 받았다. 그 당시 甲이 일주일 내로 갚겠다고 하여 이자를 정하지 않았는데, 아직까지 갚지 않고 차일피일 미루고만 있다. 이에 A는 대여금청구소송을 준비중인데, 이자를 정하지 않은 경우에도 이자를 청구할 수 있는가?

A)
1. 문제점

위 사안에서는 상인간에 이자의 약정이 없이 금전 소비대차가 이루어진 경우에 그 이자를 청구할 수 있는지가 문제된다.

2. 상법의 태도

「상법」 제55조 제1항은 "상인간에서 금전의 소비대차를 한 때에는 대주(貸主)는 법정이자를 청구할 수 있다."라고 규정하고 있다. 그리고 상인이 영업을 위하여 하는 행위는 상행위로 보고, 상인의 행위는 영업을 위하여 하는 것으로 추정된다(같은 법 제47조 제1항, 제2항). 그러므로 슈퍼를 운영하는 甲이 물품구입자금을 빌리는 행위는 반증이 없는 한, 영업을 위한 것으로 추정되어 상행위로 인정받을 수 있을 것이며, 상법상 상행위로 인한 채무의 법정이율은 연 6푼으로 한다고 규정되어 있으므로, 이자를 정하지 않은 경우에도 상사법정이율인 연 6푼의 이자청구는 가능하다고 할 것이다(같은 법 제54조).

3. 결론

따라서 A는 甲에게 대여한 1,300만원과 이에 대한 상사법정이자 연 6푼의 비율에 의한 이자 및 지연손해금을 청구할 수 있으며, 또한 대여금청구의 소장이 상대방에게 송달된 다음 날부터는 연 2할의 비율에 의한 지연손해금을 청구할 수 있을 것이다(소송촉진 등에 관한 특례법 제3조). 참고로 사례에서와 같은 상인간의 거래가 아닌 경우에는 민법이 적용되게 되는데, 민법상의 소비대차는 무상계약임이 원칙이므로 이자약정 없이 금전을 대여한 경우 이자청구는 불가능하다. 그러나 이 경우에도 변제기 이후의 지연손해금은 민사법정이율인 연 5푼의 비율에 의하여 청구할 수 있을 것이다(민법 제397조, 제379조).

나. 약정이율

약정이율은 당사자가 자유로이 정할 수 있다.

핵심판례

- **가. 건설회사가 이자 약정하에 금원을 차용하였다가 아파트로 일부변제에 충당하고 채무액을 새로 정하여 정산합의를 한 경우에 있어 잔존채무와 종전채무와의 관계나 잔존채무의 지연손해금에 종전 약정이율이 적용되지 않을 이유를 설시하지도 않은 채 민사법정이율을 적용한 원심판결에 이유불비 또는 심리미진의 위법이 있다고 한 사례**

  건설회사가 갑으로부터 수회에 걸쳐 합계 금 120,000,000원을 차용하였다가 원리금의 변제를 제대로 하지 못하자 갑으로 하여금 4세대분의 아파트를 임의로 타인에게 처분하여 위 채무원리금에 충당하도록 하고, 갑이 부담하게 될 위 아파트 등에 대한 제 세금과 은행융자금에 대한 이자 등을 합한 채무원리금 변제에 충당하고도 남는 채무액은 이를 금 40,000,000원으로 하여 정산합의를 한 경우에 있어 건설회사가 갑으로부터 위 금 120,000,000원을 차용할 때 이자의 약정이 있었던 사실을 인정하였음에도 위 정산합의에 의한 잔존채무가 종전의 채무와 어떠한 관계에 있는 것인지를 밝히지도 아니하고 또 위 잔존채무에 대한 지연손해금에 대하여 종전의 약정이율이 적용되지 않을 이유를 명백히 설시하지도 않은 채 민사법정이율인 연 5푼의 이율을 적용한 원심판결에 이유불비 또는 심리미진의 위법이 있다.

- **나. 위 "가"항의 경우 약정이율이 적용되지 않는다 하더라도 잔존채무에 대한 정산약정은 상인인 건설회사가 그 영업을 위하여 한 상행위로 추정되므로 상사법정이율에 의하여야 할 것이라고 한 사례**

  위 "가"항의 경우 약정이율이 적용되지 않는 것이 정당하다고 하더라도 위 잔존채무에 대한 정산약정은 상인인 건설회사가 그 영업을 위하여 한 상행위로 추정된다고 할 것이어서 연 6푼의 상사법정이율에 의하여야 할 것이다(대판 1992. 7. 28. 제1부 판결, 92다10173,부동산소유권이전등기말소등, 10181).

(3) 이자의 제한

2007년 3월 29일 이자의 적정한 최고한도를 정함으로써 국민경제생활의 안정과 경제정의 실현을 목적으로 이자제한법이 제정되어, 2007년 6월 30일부터 시행되고 있다. 이 법은 1997년 외환위기 직후의 비정상적인 고금리시기에 IMF의 고금리 정책 권고를 배경으로 하여 지난 1998년 1월 13일 "자금의 수급상황에 따라 금리가 자유롭게 정해질 수 있도록 함으로써 자원 배분의 효율성을 도모"한다는 이유로 폐지되었으나, 현행 「대부업의 등록 및 금융이용자보호에 관한 법률」만으로는 사채업의 폐해를 해결할 수 없다는 인식하에 다시 이 법을 제정하여 이자의 적정한 최고한도를 정함으로써 국민경제생활을 보호하기 위한 최소한의 사회적 안전장치를 마련하기 위한 취지로 다시 제정된 것이다. 그 주요내용은 다음과 같다.

가. 이자의 최고한도(법 제2조)

금전대차에 관한 계약상의 최고이자율을 제한하되, 최고이자율은 연 40퍼센트를 초과하지 아니하는 범위 안에서 대통령령으로 정하도록 하고, 계약상의 이자로서 이자의 최고한도를 초과하는 부분은 무효로 하며, 이미 초과 지급된 이자 상당금액은 원본에 충당되도록 하였다. 현재 「이자제한법」 제2조제1항에 따른 금전대차에 관한 계약상의 최고이자율은 연 30퍼센트이다(이자제한법 제2조제1항의 최고이자율에 관한 규정).

나. 간주이자(법 제4조)

이자의 최고한도를 면탈하려는 탈법행위를 방지하기 위해 채권자가 할인금·수수료·공제금 등 명칭에 불구하고 금전대차와 관련하여 채무자로부터 받은 것은 이자로 보도록 하였다.

다. 적용범위(법 제7조)

자금시장의 급격한 혼란을 방지하기 위해 다른 법률에 따라 인가·허가·등록을 마친 금융업 및 대부업에는 이 법을 적용하지 않도록 하였다.

5. 선택채권

선택채권은 수개의 급부 중에서 선택에 의하여 결정된 1개의 급부를 목적으로 하는 채권이다.

A가옥을 주든지 아니면 현금 2억원을 준다는 등이 그 예이다.

선택채권은 증여계약에 의하여 발생하는 경우가 비교적 많다. 선택채권은 수개의 급부가 각각 그 개성에 착안되어 개별적으로 예정되어 있는 점에서 종류채권과 다르다. 그 결과 어떤 급부에 대해서 채권을 실현할 것인가를 결정하는 일이 가장 중요하다. 이것이 선택채권의 특정이다. 선택채권의 특정은 선택채권의 선택에 의하여 성립되는 것이 보통이나, 수개의 급부 가운데 일부가 불능이 됨으로써 성립되는 경우도 있다.

선택채권이 선택권자의 선택에 의하여 특정되는 경우에 그 선택권은 특약이 없으면 채무자에게 속한다. 특약으로 채권자 또는 제3자를 선택권자로 하는 것도 물론 가능하다.

제 3 절 채권의 효력

Ⅰ. 서 설

 채권이란 채권자가 채무자에 대하여 특정한 행위(급부)를 하도록 하는 것을 내용으로 하고 그 작용으로서 채무자에 대해 급부를 청구할 수 있는 권리를 말한다. 이 권리는 채무의 본지에 따른 채무자의 이행이 있어야 비로소 그 실효를 거둘 수 있다. 따라서 채무자로부터의 급부가 있을 때 채권자는 적어도 이 급부를 수령할 수 있는 권한을 가지고 있어야 하는데, 이것을 채권이 갖는 최소한도의 효력이라고 할 수 있을 것이다. 또한 채무자로부터의 임의의 급부가 없거나 채권의 실현을 방해하는 장해가 있는 때에는 원칙적으로 그 장해를 제거할 수 있는 적극적인 법률적 보호까지도 주어져야 한다. 그런데 채권의 실현을 방해하는 장해에는 채무자만이 관계하는 것과 채무자 이외의 제3자도 관계하는 것이 있다. 그에 따라 채권자에게 주어진 보호의 태양도 채무자에게만 효력을 미치는 것과, 채무자 이외의 제3자에 대해서도 효력을 미치는 것의 두 가지로 나눌 수 있다. 전자가 이른바 채권의 대내적 효력이고, 후자가 이른바 채권의 대외적 효력이다.

Ⅱ. 채권의 대내적 효력

1. 청구력과 급부보유력

 채권은 채권자가 채무자에 대하여 일정한 급부를 청구하는 권리이므로 채무자가 채무의 내용에 좇아 급부를 함으로써 채권의 내용이 실현된다. 따라서 채권의 기본적 효력은 채무자에 대해 급부를 청구하고(청구력) 채무자가 한 급부를 수령하여 이를 적법하게 보유하는 데 있다(급부보유력). 채권은 채권자의 청구에 따라 채무자가 임의로 채무의 내용에 좇은 급부를 함으로써 만족을 얻게 된다.

2. 강제력

(1) 의 의

 채무자가 임의로 채무를 이행하지 않는 때에는 채권의 실현을 보장하기 위해 강제력이 인정된다.
 즉 채권은 본래 채무자의 자유로운 의사에 의해 만족되어야 할 것이지만 채무자로부터 임의의 급부가 없을 때, 채권자는 우선 채무자에 대해 그 이행을 청구하고 다음에는 국가 권력의 조력에 의해 채무자를 강제하여 급부하게 할 수 있다. 강제집행은 채무자의 의사에 반하더라도 이행을 강제하는 것이기 때문에, 이것이 허용되기 위해서는 강제에 의해 채권내용이 실현될 수 있어야 한다. 예컨대 연주를 목적으로 하는 채무와 같이 그 실현이 채무자의 자유로운 의사에 의해서만 가능한 경우에는 강제이행을 할 수 없다. 즉 현실적 이행의 강제에는 한계가 있다. 이때에는 현실적 이행에 갈음하여 손해배상으로써 채권을 만족시키는 방법 외에 채권자를 보호할 수 있는 방법이 없다.

강제이행의 경우까지 포함하여, 채무자로부터의 급부가 있더라도 그것이 기한에 늦었다거나, 또는 하자있는 급부이기 때문에 추완을 필요로 하는 것과 같은 경우에는 채권자에게 통상적으로 손해가 발생하고 이러한 손해도 보상되어야 한다. 이리하여 채권자는 채무자에 대하여, 채무자가 채권의 내용에 좇은 이행을 하지 않은 때에는 본래의 급부를 청구할 수 있으며 이것은 국가권력에 의한 강제라는 보장에 의해 보증된다.

(2) 자연채무

가. 의 의

우리 민법은 자연채무에 관하여 규정하고 있지 않지만 학설은 이를 인정하는 데에 일치하고 있다.

자연채무란 채무자가 임의로 이행을 하지 않는 경우에도 채권자가 그 이행을 소로써 구하지 못하는 채무를 가리킨다. 자연채무라는 용어는 로마법에서 유래하는 것인데(obligatio naturalis), '소권이 있는 곳에 권리가 있다'는 소권법체계를 취하였던 로마법에서는 소권이 없는 자연채무가 발생하는 경우가 많았다.

나. 자연채무로 인정되는 경우

1) 약혼당사자가 부담하는 혼인체결의무

민법 제803조는 "약혼을 강제이행을 청구하지 못한다"고 규정하고 있다. 이 규정은 약혼의 당사자는 서로 혼인체결의무를 부담하나, 이 혼인체결의무의 불이행이 있더라도, 그것을 소구하거나 강제집행하지는 못한다. 따라서 약혼당사자가 부담하는 혼인체결의무는 자연채무라고 할 수 있다.

2) 부제소의 합의가 있는 경우

채무자가 이행을 하지 않더라도 소로써 이행을 청구하지 않기로 하는 부제소의 합의가 있는 경우도 자연채무가 발생한다. 이는 계약자유의 원칙상 당연하다.

3) 채권은 존재하고 있는데도 채권자의 패소판결이 확정되는 경우

4) 채권자의 승소의 종국판결을 받은 후 소를 취하한 경우의 채무

본안에 대한 종국판결이 있은 후 소를 취하한 자는 동일한 소를 제기하지 못하기 때

문이다.

　5) 파산절차에서 면책된 경우(채무자회생 및 파산에 관한 법률 제564조·제565조 등)

다. 자연채무로 인정되지 않는 경우

　1) 소멸시효가 완성된 채무

　소멸시효 완성의 효과에 대해서는 상대적 소멸설과 절대적 소멸설이 대립된다. 절대적 소멸설에 의하면 시효의 완성으로 이미 채무는 소멸하고 있으므로 자연채무의 관념을 인정할 수 없다. 또 상대적 소멸설에 의하더라도 시효의 원용이 있기까지는 완전한 채무이므로 자연채무의 관념을 인정할 수 없고, 시효의 원용이 있은 후에는 채무 자체가 소멸하므로 자연채무가 인정되지 않는다. 즉, 어느 견해에 의하더라도 자연채무도 되지 않는다.

　2) 불법원인급여

　민법 제746조는 "불법의 원인으로 인하여 재산을 급여하거나 노무를 제공한 때에는 그 이익의 반환을 청구하지 못한다"고 규정하고 있는데, 이는 자연채무를 인정한 것이 아니다. 즉, 제746조는 불법원인에 의하여 급여를 한 자는, 본래 그 계약은 무효이므로(제103조) 채무가 없음에도 채무가 있다고 믿고서 변제를 한 것이 되어, 비채변제로서 그 반환을 청구할 수 있겠지만, 스스로 반사회적 행위를 한 자가 그것을 이유로 행위를 복구하려고 할 때에는 민법 제103조의 취지에 비추어 법이 그 협력을 거절한다는 입법정책상의 고려에서 두게 된 것이다. 따라서 수익자는 종국적으로 그 이익을 보유할 권리를 가리고 반환채무를 지지 않으므로 수익자에게 부당이득의 반환에 관한 자연채무가 인정되지 않는다.

　3) 제한초과의 이자채무

　이자제한법의 최고이율을 넘는 이자채무를 채무자가 임의로 지급한 경우에 그 반환 여부에 관하여는 견해가 대립된다. 제746조 본문을 적용하여 이를 부정하는 견해와 제746조 단서를 적용하여 이를 긍정하는 견해로 나누어져 있는데, 어느 견해에 의하든 자연채무가 되지 않는다.

(3) 채무와 책임

가. 책임의 의의

　채무에 대립되는 개념으로서 책임이란 급부를 강제적으로 실현하기 위하여 행사되는 강제, 즉 급부강제력을 말한다. 원래 채무는 채무자가 채권자에 대하여 일정한 급부를 하여야 할 구속 내지 의무에 지나지 않으며, 그 자체가 강제를 내포하는 것은 아니다. 근대법은 채권이 청구력에 의하여 실현되지 못하는 경우에 강제적으로 실현할 수 있는 힘 내지 수단을 채권자에게 주는데, 이 채권자의 강제력에 복종하는 것이 '책임'이다. 그런데, 근대법은 채권자의 강제력은 채무자의 일정한 재산에 대해서만 행사할 수 있도록 하므로, 채무자의 책임이란 채무자의 일반재산이 채권자의 강제집행의 목적으로 되는 것을 말한다.

나. 채무와 책임의 분리

책임은 채무에 수반되는 것이 원칙이지만 다음과 같은 경우에는 예외적으로 채무와 책임이 분리된다.

1) 책임 없는 채무

당사자 사이에 채권을 발생시키면서 강제집행을 하지 않는다는 특약을 한 경우에 '책임 없는 채무'가 발생한다. 만일 채권자가 그 특약에 위반하여 강제집행을 하는 경우에는 채무자는 집행에 관한 이의를 신청할 수 있다.

2) 책임이 한정되는 채무

채무자는 채무의 전액에 관하여 그의 전 재산으로써 책임을 지는 것이 원칙이다(무한책임·인적책임). 그러나 책임이 채무자의 일정한 재산에 한정되어 채권자는 그의 일정한 재산에 대하여만 강제집행을 할 수 있는 경우가 있다. 예컨대 상속의 한정승인에 있어서는 책임을 상속재산이라는 일정한 범위의 재산의 한도에 한정된다. 즉 상속으로 인하여 취득할 재산의 한도에서 피상속인의 채무와 유증을 변제할 것을 조건으로 상속을 승인할 수 있는데(제1028조), 이 경우 상속인은 상속받은 재산의 한도에서만 책임을 진다.

3) 채무없는 책임

물상보증인이나 저당부동산의 제3취득자 등은 채무가 없는데도 책임을 부담한다. 그러나 이 경우는 채무자가 전혀 존재하지 않고 오직 책임만이 있는 것은 아니며, 채무의 주체와 책임의 주체가 분리되어서 채무자 이외의 자가 책임만을 지는 것임을 유의하여야 한다.

3. 손해배상의 청구

강제이행이 불능한 경우, 혹은 이행이 있더라도 채권의 목적을 달성할 수 없는 때에는 급부에 갈음한 손해배상(損害賠償)을, 그리고 이행을 지체한 때에는 본래의 급부와 함께 배상(지연배상)을 청구할 수 있다. 손해는 금전으로 평가하여 배상해야 하고, 채무자의 일반재산이 그 담보가 된다. 즉 채권은 강제집행에 의해 채무자의 일반재산을 금전으로 바꾸어 그로부터 만족을 얻는 것으로써 최후의 보장을 한 것이다.

III. 제3자에 의한 채권침해 : 채권의 대외적 효력

1. 의 의

채권의 목적이 실현이 방해되는 것을 채권침해라고 하는데, 이 채권침해는 그 침해자가 누구냐에 따라서 채무자에 의한 채권침해와 제3자에 의한 채권침해로 나누어 볼 수 있다. 채무자에 의한 채권침해는 이른바 채무불이행이다.

2. 유 형

제3자에 의한 채권침해는 채권의 귀속자체를 침해하는 경우와 채권의 목적인 급부를 침해하는 경우의 두 가지로 구별할 수 있다.

(1) 채권의 귀속 자체를 침해한 경우

예컨대 변제를 수령할 정당한 권한 없는 제3자가 영수증소지자로서 채무자로부터 변제를 받은 때(민법 제471조)나, 상품권을 습득하여 그것을 선의의 제3자에게 양도한 경우와 같이 직접 채권을 행사하거나 처분하여 진실한 채권자로 하여금 그 채권 자체를 상실케 한 경우이다.

이 때, 불법행위성립의 일반적 요건을 충족시키는 것에는 의문이 없다. 이러한 경우 채권자는 부당이득(민법 제741조)을 이유로 하여(경우에 따라서는 채무불이행을 이유로 하여) 그 손실에 대한 변제를 받을 수도 있겠지만, 청구권이 경합한다는 입장을 시인할 때에도 불법행위의 성립을 인정하는 데는 지장이 없다.

(2) 채권의 목적인 급부를 침해한 경우

특정물의 인도를 목적으로 하는 채권에 대해서 제3자가 그 목적물을 멸실 또는 훼손한 때에는 채무자가 자기의 책임 없는 이행불능을 이유로 하여 그 책임에서 벗어나지만(민법 제390조 참조). 그것이 쌍무계약에 의한 채권인 때에는 채권자는 자기의 채권을 행사할 수 없음에도 불구하고 반대채무의 이행을 면할 수 없다(민법 제537조). 이러한 경우 채권자는 제3자에 의한 채권침해(불법행위)로써 구제받을 수 있다. 채무자가 제3자에 대하여 불법행위를 이유로 손해배상을 청구할 수 있는가 하는 문제와는 관계없이 채권자는 자기의 채권침해로써 구제받을 수 있다. 이것은 채무자에 대한 채권이 소멸하지 않고 존속하는 경우 예컨대 제3자가 채무자와 공모하여 급부의 목적물을 멸실케 한 경우와 마찬가지이다. 이 경우에 채무자는 그 책임을 면할 수 없으므로 채무불이행의 책임을 부담해야 하고 채권은 손해배상청구권으로 전화하여 존속한다.

3. 제3자의 채권침해에 대한 구제

(1) 불법행위

가. **불법행위의 성립여부**

제3자에 의한 채권침해가 불법행위를 성립케 하느냐라는 문제에 관하여 학설은 불법행위의 성립을 인정하는데 완전히 일치하고 있다. 판례도 "일반적으로 채권에 대하여는 배타적 효력이 부인되고 채권자 상호간 및 채권자와 제3자 사이에 자유경쟁이 허용되는 것이어서 제3자에 의하여 채권이 침해되었다는 사실만으로 바로 불법행위로 되지는 않는 것이지만, 거래에 있어서의 자유경쟁의 원칙은 법질서가 허용하는 범위 내에서의 공정하고 건전한 경쟁을 전제로 하는 것이므로, 제3자가 채권자를 해한다는 사정을 알면서도 법규에 위반하거나 선량한 풍속 또는 사회질서에 위반하는 등 위법한 행위를 함으로써 채권자의 이익을 침해하였다면 이로써 불법행위가 성립한다고 하지 않을 수 없다"고 하였다(대판 2003. 3. 14, 2000다32437).

나. **위법성**

채권침해가 불법행위로 되려면 그 침해행위가 위법한 것이어야 한다. 여기에서 채권침해의 위법성은 침해되는 채권의 내용, 침해행위의 태양, 침해자의 고의 내지 해의의 유무 등을 참작하여 구체적, 개별적으로 판단하되, 거래자유 보장의 필요성, 경제·사회정책적 요인을 포함한 공공의 이익, 당사자 사이의 이익균형 등을 종합적으로 고려하여야 한다(대판 2003. 3. 14, 2000다32437).

판례는 "특정기업으로부터 특정물품의 제작을 주문받아 그 특정물품을 그 특정기업에게만 공급하기로 약정한 자가 그 특정기업이 공급받은 물품에 대하여 제3자에게 독점판매권을 부여함으로써 제3자가 그 물품에 대한 독점판매자의 지위에 있음을 알면서도 위 약정에 위반하여 그 물품을 다른 곳에 유출하여 제3자의 독점판매권을 침해하였다면, 이러한 행위는 특정기업에 대한 계약상의 의무를 위반하는 것임과 동시에 제3자가 특정기업으로부터 부여받은 독점판매인으로서의 지위 내지 이익을 직접 침해하는 결과가 되어, 그 행위가 위법한 것으로 인정되는 한, 그 행위는 그 특정기업에 대하여 채무불이행 또는 불법행위가 됨과는 별도로 그 제3자에 대한 관계에서 불법행위로 된다"고 하였다(대판 2003. 3. 14, 2000다32437).

다. **효 과**

제3자에 의한 채권침해가 불법행위가 되면, 피해자인 채권자는 제3자에게 손해배상을 청구할 수 있다(제750조).

(2) 방해배제청구권

제3자가 채권자의 권리행사를 방해하는 경우에, 친권자는 채권의 효력으로서 제3자에 대하여 방해의 배제를 청구할 수 있느냐가 문제된다. 절대권인 물권과 달리 상대권인 채권의 성질에 기초하여 이를 부정하는 견해가 통설이다. 다만 공시방법(주택의 인도와 주민등록)을 갖춘 부동산임차권의 경우에 한해서는 이를 제한적으로 인정하자는 것이 일반적 견해이다.

핵심판례

- **제3자에 의한 채권침해가 불법행위로 되는 경우 및 그 위법성 판단 기준**

    제3자의 행위가 채권을 침해하는 것으로서 불법행위에 해당한다고 할 수 있으려면, 그 제3자가 채권자를 해한다는 사정을 알면서도 법규를 위반하거나 선량한 풍속 기타 사회질서를 위반하는 등 위법한 행위를 함으로써 채권자의 이익을 침해하였음이 인정되어야 하고, 이 때 그 행위가 위법한 것인지 여부는 침해되는 채권의 내용, 침해행위의 태양, 침해자의 고의 내지 해의의 유무 등을 참작하여 구체적·개별적으로 판단하되, 거래자유 보장의 필요성, 경제·사회정책적 요인을 포함한 공공의 이익, 당사자 사이의 이익균형 등을 종합적으로 고려하여 판단하여야 한다(대판 2007. 9. 21. 2006다9446).

중요사건의 사실관계 및 대법원의 판단

【사실관계】 한국도로공사와 정유업체 甲사이에 고속도로상의 특정 주유소에 대한 甲의 석유제품공급권을 부여하는 계약이 체결되었다. 그러나 한국도로공사로부터 위 주유소의 운영권을 임차한 자가 甲과의 관계가 악화되자 다른 정유업체로부터 석유제품을 공급받아 판매하고 다른 정유업체의 상호와 상표를 사용하여 주유소를 운영하면서, 한국도로공사의 고속도로 주유소에 대한 석유제품 공급업체 지정행위가 불공정거래행위라는 공정거래위원회의 시정권고에 따라 한국도로공사와 석유제품 공급업체 지정조항을 삭제하는 주유소운영계약을 체결하였다.

【대법원의 판단】 독립한 경제주체간의 경쟁적 계약관계에 있어서 제3자에 의한 채권침해가 불법행위가 되기 위한 요건

[1] 정유업체 갑이 한국도로공사와의 계약에 따라 고속도로상의 특정 주유소에 자사의 상표를 표시하고 자사의 석유제품을 공급할 권리를 취득하였다 하더라도 이는 채권적 권리에 불과하여 대세적인 효력이 없으므로 한국도로공사와 위 주유소에 관한 운영계약을 체결한 제3자가 위 주유소에 정유업체 을의 상호와 상표를 표시하고 그 석유제품을 공급받음으로써 갑의 권리를 사실상 침해하였다는 사정만으로 갑이 제3자인 주유소 운영권자에게 을과 관련된 시설의 철거나 상호·상표 등의 말소 및 을 석유제품의 판매금지 등을 구할 수는 없다고 한 사례.

[2] 제3자에 의한 채권침해가 불법행위를 구성할 수는 있으나 제3자의 채권침해가 반드시 언제나 불법행위가 되는 것은 아니고 채권침해의 태양에 따라 그 성립 여부를 구체적으로 검토하여 정하여야 하는바, 독립한 경제주체간의 경쟁적 계약관계에 있어서는 단순히 제3자가 채무자와 채권자간의 계약내용을 알면서 채무자와 채권자간에 체결된 계약에 위반되는 내용의 계약을 체결한 것만으로는 제3자의 고의·과실 및 위법성을 인정하기에 부족하고, 제3자가 채무자와 적극 공모하였다거나 또는 제3자가 기망·협박 등 사회상규에 반하는 수단을 사용하거나 채권자를 해할 의사로 채무자와 계약을 체결하였다는 등의 특별한 사정이 있는 경우에 한하여 제3자의 고의·과실 및 위법성을 인정하여야 한다.

[3] 주유소 운영자의 위와 같은 주유소 운영행위 및 계약체결행위가 갑의 석유제품공급권을 침해하기 위해 한국도로공사와 적극적인 공모에 의해 이루어진 것도 아니고 그 수단이나 목적이 사회상규에 반하는 것도 아니어서 위법하지 않다(대법원 2001. 5. 8. 선고 99다38699 판결).

제 2 장 수인의 채권자 및 채무자

「수인의 채권자 또는 채무자」 또는 「다수 당사자의 채권관계」라 함은 채권관계의 당사자, 즉 채권자와 채무자에 관하여 채권자 또는 채무자 혹은 그 쌍방이 2인 이상 있는 경우의 채권관계를 가리키는 것이다. 민법이 인정하는 것으로는 분할채권관계, 불가분채권관계, 연대채무 및 보증채무의 네 가지가 있다.

우리 민법은 다수당사자의 채권관계에서는 분할채권관계를 원칙으로 한다(대판 1992. 10. 27. 90다13628. 공보(29) 1992, 3232). 즉 급부가 가분이고 특별한 의사표시가 없으면 각 채권자 또는 채무자는 균등한 비율로 권리를 갖고 의무를 진다(민법 제408조).

제 1 절 분할채권관계

Ⅰ. 분할채권관계의 의의

분할채권관계는 1개의 '가분급부(可分給付)'에 관하여 채권자나 채무자가 수인일 경우에 각 채권자 또는 채무자가 균등한 비율로 분할된 채권을 가지고 또는 분할된 채무를 지는 다수당사자의 채권관계이다.

예컨대 A, B, C 세 사람이 상속받은 부동산을 3천만원에 매각한 경우에 각각 1천만원의 대금채권을 갖는 관계가 여기에 해당된다.

Ⅱ. 분할채권관계의 성립

1. 요 건

(1) 급부가 분할할 수 있는 것일 것

분할채권관계가 성립하기 위해서는 급부가 분할할 수 있는 것이어야 한다. '가분급부'란 급부의 성질상 급부의 본질을 훼손함이 없이 수개의 급부로 나눌 수 있는 것을 말한다. 금전급부가 대표적으로 여기에 속한다.

(2) 수인의 채권자 또는 채무자가 있을 것

(3) 당사자 사이에 분할채권관계를 배제하려는 특별한 의사표시가 없을 것

2. 실제 사례

(1) 분할채권이 성립하는 경우

분할채권을 발생시키는 실제상의 사례는 많지 않다. 판례는 ① 2인의 공동매수인 각자가 그 2분의 1 지분권에 기해 가지는 소유권이전등기청구권(대판 1981. 4. 15. 79다14), ② 공유물에 대한 제3자의 불법행위 내지는 부당이득에 의한 손해배상청구권 또는 부당이득반환청구권에 대해 공유자 각자가 그 지분비율에 따라 가지는 권리(대판 1970. 4. 14. 70다171 등)가 분할채권에 해당한다고 하였다.

(2) 분할채무가 성립하는 경우

분할채무를 발생시키는 사례는 실제상 상당히 많다. 공동으로 재산을 빌린 때, 공동으로 물건을 구입한 때, 공유물의 보관료채무를 발생시킨 때, 공동임차인의 임차료채무, 타인의 사무관리에 의해 수인이 이익을 얻고 비용상환채무를 부담한 때, 수인이 공동으로 타인의 재산 또는 노무에 의해 부당이득을 한 때 등이다. 다만, 이러한 경우에도 불가분

채무(또는 연대채무)의 성립을 인정하는 것이 적당한 경우도 많이 있다.

 판례가 분할채무가 성립하는 것으로 본 사례는 ① 금전소비대차에서 수인의 채무자가 각기 일정한 돈을 빌리는 경우(대판 1985. 4. 23. 84다카2159), ② 공동상속인이 상속분에 따라 부담하는 피상속인의 국세 등의 납부의무(대판 1983. 6. 14. 82누175), ③ 수인의 채권자가 채무자에게 별개로 금전을 대여하고 채무자 소유의 토지에 대해 담보목적으로 공동으로 소유권이전등기를 한 후 담보권의 실행을 위해 분필을 하고서 처분을 한 경우의 정산금반환채무(대판 1987. 5. 26. 85다카1146) 등이 있다.

<Q & A>
1매의 어음을 각자의 임금액으로 나누어 할인받은 경우 채권관계

Q) A·B·C는 사용자 D로부터 3인의 임금합계액으로 액면금 600만원인 약속어음 1매를 교부받아 E로부터 각자의 몫의 금액으로 나눈 여러 매의 약속어음으로 할인받았다. 그러나 D로부터 교부받은 최초의 어음이 지급거절 되었다. 이 때 위 3인은 E에 대하여 600만원의 채무전액을 부담하는가, 아니면 각자 자기 몫으로 받은 어음금액상당의 채무만 부담하는가?

A)
1. 문제점

다수당사자 채권관계에 관하여「민법」제408조는 "채권자나 채무자가 수인인 경우에 특별한 의사표시가 없으면 각 채권자 또는 각 채무자는 균등한 비율로 권리가 있고 의무를 부담한다."라고 규정하고 있으며, 같은 법 제409조는 "채권의 목적이 그 성질 또는 당사자의 의사표시에 의하여 불가분인 경우에 채권자가 수인인 때에는 각 채권자는 모든 채권자를 위하여 이행을 청구할 수 있고 채무자는 모든 채권자를 위하여 각 채권자에게 이행할 수 있다."라고 규정하고 있다. 위 사안에서와 같이 수인이 그 임금합계액으로 발행받은 1매의 어음을 각자 받을 몫의 임금액으로 나눈 여러 매의 어음으로 할인받은 경우 그 채권관계가 분할채권관계인지 불가분채권관계인지 문제된다.

2. 판례의 태도

이에 관하여 판례는 "금전소비대차에 있어 수인의 채무자가 각기 일정한 돈을 빌리는 경우에 특별한 의사표시가 없으면 이 채무는 분할채무라 할 것이고, 이와 같은 특별한 의사표시가 있거나 채권의 목적이 그 성질상 불가분인 경우에 한하여 불가분채권이 성립되는 것이며, 이와 같은 법리는 수인의 채무자가 채무 전부를 각자 이행할 의무가 있는 경우에도 또한 같다고 할 것이므로, 수인의 골재운송업자들이 그 운임합계액으로 소외회사로부터 약속어음 1매를 발행 받아 그 어음을 각자 받을 몫의 금액으로 나눈 수매의 어음으로 할인 받은 것이라면 위 소비대차관계는 그 성질상 불가분채무 또는 연대채무라고 볼 수 없어 당사자간에 특별한 의사표시가 없는 한 채무자 각자가 각각 자기 몫으로 받은 어음액면금액 상당의 채무변제책임만 지는 분할채무라고 함이 상당하다."라고 판시하였다(대법원 1985. 4. 23. 선고 84다카2159 판결).

> 3. 결론
> 따라서 위 사안의 경우 A·B·C는 E에 대하여 각자 자기 몫으로 받은 어음액면금액 상당의 채무변제책임만을 진다고 할 수 있다.

Ⅲ. 분할채권관계의 효력

1. 대외적 효력

각 채권자 또는 각 채무자는 특별한 의사표시가 없으면 균등한 비율로 분할된 채권을 가지고 채무를 부담한다(민법 제408조). 각 채권자의 권리 및 각 채무자의 채무는 각각 독립한 것으로서, 그 청구·이행은 다른 채권자 또는 채무자의 존재와 관계가 없다. 그러나 1개의 계약에서 분할채권관계가 발생한 경우에는 해제권불가분의 적용을 받으므로 계약의 해제는 전원으로부터 또는 전원에 대하여 행사해야 한다(민법 제547조).

2. 당사자의 1인에 대하여 발생한 사유

1인의 채권자 또는 1인의 채무자에 대해서 발생한 이행불능·이행지체·면제·혼동 등은 다른 채권자 또는 채무자에게 하등의 영향을 미치지 않는다.

3. 대내관계

민법 제408조는 분할채권자 또는 분할채무자와 그 상대방인 채무자 또는 채권자 사이의 효력에 대해서만 규정한 것이고, 분할채권자 또는 분할채무자 상호간의 내부관계까지 규정한 것은 아니다. 그러나 일반적으로는 대외관계와 마찬가지로 대내관계에 있어서도 평등을 원칙으로 한다. 그러나 양자가 일치하지 않는 경우에는 외부적으로는 평등하게 취급되더라도 내부적으로는 자기가 취득할 채권·채무의 비율에 따라 청산되게 된다.

4. 소송관계에의 적용 여부

수인의 공동피고에 대해 일정금액을 청구하는 소는 연대채무 내지 불가분채무로서 평등하게 분할된 금액을 청구하는 것으로 볼 수 있다. 공동피고에 대하여 일정액의 지불을 명하는 판결은 각자에게 대해 인원수의 비율에 따라 분할된 금액의 지불을 명한다는 내용을 갖는다. 따라서 그것을 집행함에 있어서 1인에 대한 금액을 압류하는 것은 위법이 되므로, 이의의 소(민집법 제44조)로써 저지할 수 있다.

핵심판례

■ **매도인 및 매수인이 수인인 매매계약이 무효인 경우 계약금 상당액의 부당이득반환채권이 분할채권관계인지 여부**

채권자나 채무자가 여러 사람인 경우에 특별한 의사표시가 없으면 각 채권자 또는 각 채무자는 균등한 비율로 권리가 있고 의무를 부담한다고 할 것이므로, 피고를 포함한 4인의 매도인이 원고를 포함한 4인의 매수인에게 임야를 매도하기로 하는 계약을 체결한 경우 매매계약의 무효를 원인으로 부당이득으로서 계약금의 반환을 구하는 채권은 특별한 사정이 없으면 불가분채권채무관계가 될 수 없으므로 매도인 중의 1인에 불과한 피고가 매수인 중의 1인에 불과한 원고에게 위 계약금 전액을 반환할 의무가 있다고 할 수 없다(대판 1993. 8. 14. 91다41316).

제 2 절 불가분채권관계

Ⅰ. 의 의

불가분급부를 목적으로 하여 성립한 다수당사자의 채권관계를 불가분채권관계라 하고, 채권자가 다수인 경우를 불가분채권, 채무자가 다수인 경우를 불가분채무라 한다. 불가분채권과 불가분채무를 합해서 광의로 불가분채권이라고 한다.

불가분급부에는 두 가지 종류 즉 성질상의 불가분급부와 의사표시에 의한 불가분급부가 있다(민법 제409조).

ⅰ) 성질상의 불가분급부란 급부의 목적물이 성질상 불가분인 것이다. 예컨대 공유지상에 지역권을 설정하는 것, 강연을 하는 것, 공동임차인의 임차물 반환, 입목공유자의 입목인도 등과 같은 것이다.

ⅱ) 의사표시에 의한 불가분급부는 성질상 가분인 것을 당사자의 합의로써 분할할 것을 허용하지 않는 급부이다. 예컨대 갑·을·병 3인이 20ton의 석탄을 구입함에 있어서, 수송상의 편의에서 분할급부를 하지 않는다는 특약을 한 경우와 같은 것이다.

불가분채권관계는 그 주체에 따른 독립 및 복수의 채권·채무이며, 단순히 급부가 불가분이기 때문에 각 채권·채무가 구속을 받는 것에 불과하다. 따라서 급부가 불가분에서 가분으로 변경되면, 채권·채무도 당연히 분할된다(민법 제412조).

Ⅱ. 불가분채권

각 채권자는 모든 채권자를 위하여 이행을 청구할 수 있고, 채무자는 모든 채권자를 위하여 각 채권자에게 이행할 수 있다(민법 제409조).

그 결과, 1인의 채권자가 이행을 청구하면 이행지체 혹은 시효중단의 효과는 다른 모든 채권자를 위해 발생한다. 또 1인의 채권자에 대한 이행 또는 변제제공이 있으면 채권의 소멸 또는 수령지체의 효과는 모든 채권자에 대해서 일어난다. 또한 상술한 바와 같이 청구와 이행(또는 변제의 제공)은 절대적 효력을 발생시키지만, 그 이외에 불가분채권과 1인에 대하여 발생한 사유는 다른 채권자에게 영향을 미치지 않는다(상대방 효력 : 민법 제410조 1항). 그러므로 1인의 채권자(갑)와 채무자(병)와의 사이에 면제 또는 경개(更改)가 행해진 경우에도 다른 채권자(을)은 채무 전부의 이행을 청구할 수 있다(민법 제410조 2항).

다만 이러한 경우에 을이 이행을 받으면, 을은 갑에게 그 이익을 분급하고, 갑은 면제 또는 경개에 의해 받은 병의 이익을 병에게 반환해야겠지만, 민법은 이 순환적 관계를 간이하게 결제하기 위해, 을이 병에게 직접 병의 이익분을 반환하는 것을 인정하고 있다(민법 제410조 2항). 그리고 단독으로 이행을 받은 채권자는 다른 채권자에게 내부관계의 비율에 따라 분급해야 하며, 특별한 사정이 없는 한 이 내부적 비율은 평등하다.

Ⅲ. 불가분채무

불가분채무에서는 대외적 효력과 내부관계는 연대채무의 규정에 따르고, 불가분채무의 1인에 대해 발생한 사유의 효력만이 불가분채권과 같이 취급된다.

ⅰ) 대외적 효력 : 채권자는 1인의 채무에 대해, 또는 모든 채무자에 대해 동시나 순차로 전부의 이행을 청구할 수 있다(민법 제411조에 의한 제414조의 준용).

ⅱ) 불가분채무자의 1인에 대해 발생한 사유 중 이행은 절대적 효력을 일으키지만 그 이외의 사유는 상대적 효력을 발생시킴에 그친다(민법 법 제411조에 의한 제422조의 준용). 면제 또는 경개가 있었던 경우의 순환적 관계의 간이결제도 마찬가지로 인정되어 있다(민법 제411조에 의한 제410조 2항의 준용).

ⅲ) 이행한 불가분채무자의 1인은 다른 채무자에 대한 내부관계 즉 부담부분에 따라 구상할 수 있다(민법 제제411조에 의한 제424조 내지 제427조의 준용).

ⅳ) 그 밖에 민법 제413조의 연대채무의 내용, 제415조의 어느 연대채무자에 생긴 무효와 취소 등에 관한 규정이 불가분채무에 준용한다.

【쟁점사항】

<불가분채무에 해당하는 사례>

㈀ 공동상속인들의 건물철거의무

　공동상속인들의 건물철거의무는 그 성질상 불가분채무라고 할 것이고 각자 그 지분의 한도 내에서 건물 전체에 대한 철거의무를 지는 것이다(대판 1980. 6. 24, 80다756).

㈁ 공동의 점유·사용으로 인한 부당이득 반환채무

　여러 사람이 공동으로 법률상 원인 없이 타인의 재산을 사용한 경우의 부당이득 반환채무는 특별한 사정이 없는 한 불가분적 이득의 반환으로서 불가분채무이고, 불가분채무는 각 채무자가 채무전부를 이행할 의무가 있으며, 1인의 채무이행으로 다른 채무자도 그 의무를 면하게 된다(대판 2001. 12. 11, 2000다13948).

㈂ 공동의 점유 사용으로 인한 부당이득반환채무

　공동의 점유 사용으로 말미암아 부담하게 되는 부당이득의 반환채무는 불가분적 이득의 상환으로서 특별한 사정이 없는 한 채무자들이 각자 채무 전부를 이행할 의무가 있는 불가분채무이다(1991. 10. 8. 제2부 판결, 91다3901 담장철거 등).

㈃ 산업재해보상보험에 있어서 공동사업자의 보험료채무의 성격

　산업재해보상법 제6조 제1항의 규정에 의하여 보험가입자가 되는 사업의 사업주가 여러 사람인 경우에는 산업재해보상보험이 강제보험인 성질과 사회거래관념 등에 비추어 볼 때 그 보험료채무는 그 채무의 성질상 불가분채무로서 각각의 사업자는 보험료채무의 전액에 대하여 책임을 부담하는 것으로 보아야 한다.

\<Q & A\>
여러 사람이 공동으로 발생시킨 부당이득반환채무의 성질

Q) B와 C가 공유하는 건물이 A소유 토지의 일부를 점유하고 있었다. 이에 A는 B와 C를 상대로 위 토지의 인도 및 인도시까지의 임료상당의 부당이득반환을 청구하고자 한다. 이때 부당이득부분에 있어서 B와 C에게 그들의 공유지분에 따른 비율에 의한 금액을 청구하여야 하는가, 아니면 전액을 청구할 수 있는가?

A)

1. 문제점

여러 사람이 공동으로 법률상 원인 없이 타인의 재산을 사용한 경우의 부당이득반환채무의 성질이 문제된다.

2. 판례

이와 관련하여 대법원은 "여러 사람이 공동으로 법률상 원인 없이 타인의 재산을 사용한 경우의 부당이득의 반환채무는 특별한 사정이 없는 한 불가분적 이득의 반환으로서 불가분채무이고, 불가분채무는 각 채무자가 채무 전부를 이행할 의무가 있으며, 1인의 채무이행으로 다른 채무자도 그 의무를 면하게 된다."라고 판시하고 있다(대법원 1991. 10. 8. 선고 91다3901 판결, 2001. 12. 11. 선고 2000다13948 판결).

3. 민법의 태도

그리고 「민법」제411조는 '수인이 불가분채무를 부담한 경우에는 제413조 내지 제415조, 제422조, 제424조 내지 제427조 및 전조의 규정을 준용한다.'고 규정하고 있으며, 제413조는 "수인의 채무자가 채무전부를 각자 이행할 의무가 있고 채무자 1인의 이행으로 다른 채무자도 그 의무를 면하게 되는 때에는 그 채무는 연대채무로 한다."라고 규정하고 있다. 또한 제414조에 의하면 "채권자는 어느 연대채무자에 대하여 또는 동시나 순차로 모든 연대채무자에 대하여 채무의 전부나 일부의 이행을 청구할 수 있다."라고 규정하고 있다.

4. 결론

따라서 위 사안의 경우 A는 B와 C에 대하여 부당이득금액 전액을 청구할 수 있을 것이다.

제 3 절 연대채무

Ⅰ. 연대채무의 의의

 연대채무란 수인의 채무자가 동일한 내용의 급부에 관하여 각각 독립해서 전부의 급부를 하여야 할 채무를 부담하고, 그 중 1인이 전부에 대한 급부를 하면 채권이 소멸하고, 그 결과 다른 채무자도 채무에서 벗어나는 다수당사자의 채무이다.
 그 성질에 관하여는 독일 보통법 이래로 여러 가지의 논의가 있으나, 민법상 보통 다음과 같이 해석하고 있다.
 ⅰ) 연대채무는 채무자의 수만큼 다수의 채무가 있고, 각 채무자의 채무는 보증채무의 경우와 달리 주종의 관계에 있지 않고, 각각 독립한 것이다. 그러므로 채무자의 1인에 대한 채권만을 양도할 수 있고, 채무자의 1인에 대해서만 보증인을 세울 수도 있다. 그리고 각 채무자의 채무가 모습을 달리하는 것은 상관없다. 예컨대 상인과 아닌 자가 연대하여 금전을 차용한 경우, 상인인 자의 채무와 상인 아닌 자의 채무는 소멸시효의 기간이 다르다. 또한 각 채무자의 채무에 관해서 기한 또는 조건을 달리할 수도 있고, 채무액이 같지 않더라도 상관없다. 그리고 1개의 계약으로 연대채무를 부담한 경우에도 채무자 1인에 대한 법률행위의 무효 또는 취소의 원인이 있더라도 다른 채무자의 채무에는 영향을 미치지 아니한다.
 ⅱ) 각 채무자의 채무는 전부의 급부를 할 것을 본래의 내용으로 한다. 불가분채무에 있어서와 같이, 급부가 불가분이기 때문에 부득이 전부의 급부를 하는 것이 아니라 급부는 가분이더라도 전부의 급부를 하는 것이다.
 ⅲ) 채무자의 급부가 있으면 전부의 채무가 소멸한다. 각 채무자의 채무는 객관적으로 단일한 목적을 달성하기 위한 수개의 수단으로 볼 수 있기 때문이다.
 ⅳ) 각 채무자의 채무는 주관적으로 공동의 목적에 의하여 서로 관련되어 있다. 따라서 채무자의 1인에 관하여 발생한 사유는 일정한 범위에서 다른 채무자에게도 그 효력을 발생시킨다. 또 채무자의 대내관계에 있어서는 언제나 부담부분이 있고, 1인의 채무자가 공동의 면책을 받은 경우에는 구상의 문제를 일으킨다.

Ⅱ. 연대채무의 성립

1. 법률행위에 의한 성립

 연대채무가 발생하는 가장 중요한 원인은 법률행위이다. 계약이 보통이지만 유언과 같은 단독행위도 성립케 할 수 있다.

  2. 법률의 규정에 의한 성립

  민법은 다음과 같은 경우에 연대채무가 성립하는 것으로 규정하고 있다.

  ⅰ) 법인의 목적 범위 외의 행위로 인하여 타인에게 손해를 가한 경우에 그 사상의 의결에 찬성하거나 그 의결을 집행한 사원·이사 기타 대표자의 연대책임(민법 제35조 2항).

  ⅱ) 임무를 해태한 이사의 연대책임(민법 제65조)

  ⅲ) 사용대차 또는 임대차에서 발생하는 채무에 있어서 공동차주 또는 공동임차인의 연대채무(민법 제616조·제654조)

  ⅳ) 공동불법행위자의 연대책임(민법 제760조)

  ⅴ) 일상가사로 인한 채무에 대한 부부의 연대책임(민법 제832조)

Ⅲ. 연대채무의 효력

  1. 대외적 효력

  채권자는 그 선택에 따라 연대채무자의 1인에 대하여, 또는 동시 혹은 순차적으로 모든 채무자에 대하여, 전부 또는 일부의 이행을 청구할 수 있다(민법 제414조).

  이미 1인에 대하여 전부를 소구한 후에 그것이 소송관계 중인가의 여부를 불문하고, 다른 채무자에 대하여서도 소송을 제기할 수 있다.

  연대채무는 채무자의 수만큼의 다수의 채무이고, 각 채무는 독립한 것이기 때문에 재차 소송을 제기하여도 무방한 것이다.

  연대채무도 급부는 하나이므로, 채권자가 급부를 받은 한도에서는 다른 채무자의 채무도 소멸한다. 따라서 이후에는 채권자는 채무의 잔액에 대해서만 청구할 수 있다.

  2. 1인의 연대채무자에게 생긴 사항의 효력

  (1) 절대적 효력이 있는 사항

  가. 변제·대물변제·공탁

  이에 관해서는 민법에 명문규정이 없지만, 하나의 급부실현이라는 점에서 당연히 절대적 효력이 있다.

  나. 이행청구

  어느 연대채권자에 대한 이행청구는 다른 연대채무자에게도 효력이 있다(민법 제416

조).

　연대채무자는 각자 독립하여 하나의 채무를 부담하는 것이며, 또 한편으로는 각 채무기간에도 연대책임인 채무의 관계가 존재하는 것이므로 채권자가 채무자 중의 1인에 대하여 이행을 청구하면 그 청구의 효력, 예컨대 이행지체, 시효중단 같은 것은 모두 채무자에 대하여 청구한 것과 같이 채무자 전원에 대하여 효력이 생긴다. 이것은 채권의 효력을 강화하기 위한 취지이다.

　민법 제416조는 연채무자의 채무가 모두 이행기에 도달하고 있음을 전제로 하는 것이므로, 연대채무 등에 아직 이행기가 도래하지 않은 채무자에 대하여는 그 효력이 없다.

다. 경개

　경개는 채무의 중요한 부분을 변경함으로써 신채무를 성립시키는 동시에 구채무를 소멸시키는 채권자와 채무자 사이의 계약이다(제500조).

　채권자가 연대채무에 관하여 어느 연대채무자와의 사이에 경개를 한 때에는 그 경개의 효력은 모든 연대채무자에게 미치게 되며 그 경개계약의 성립에 의하여 연대채무는 소멸한다(민법 제417조).

라. 상계

　연대채무는 어느 연대채무자가 연대채무전부의 변제를 하면 그것으로써 다른 연대채무자도 채권자에 대하여 채무를 면하는 것이다. 그러므로 연대채무자 중의 1인이 채권자와 상계를 한 때에는 그 상계한 부분에 한하여 다른 채무자도 채무가 소멸한다. 상계는 실질적으로 변제와 동일시할 수 있기 때문이다. 만약 상계할 채권을 가진 연대채무자가 상계를 하지 않는 때에는 그 자와 부담 부분만에 한하여 다른 연대채무자가 상계할 수 있다(민법 제418조).

마. 면제

　채권자가 어느 연대채무자에 대하여 채무를 면제한 경우, 그 면제를 받은 연대채무자는 전적으로 채무를 면하고 다른 연대채무자는 채권의 전액에서 채무의 면제를 받은 연대채무자의 부담부분을 공제한 잔액부분에 관하여서만 채무를 부담한다(민법 제419조). 다만 채무자간에 부담부분이 균등하지 않은 특수한 경우에는 채권자가 그 부담부분의 비율을 안 때에만 본조의 적용이 있다고 보는 것이 통설이다.

【쟁점사항】

㈀ 채권자가 연대보증인에 대하여 한 채무면제의 효력이 주채무자에 대하여 미치는지 여부

연대보증인이라고 할지라도 주채무자에 대하여는 보증인에 불과하므로 연대채무에 관한 면제의 절대적 효력을 규정한 민법 제419조의 규정은 주채무자와 보증인 사이에는 적용되지 아니하는 것이니, 채권자가 연대보증인에 대하여 그 채무의 일부 또는 전부를 면제하였다 하더라도 그 면제의 효력은 주채무자에 대하여 미치지 아니한다.

㈁ 채권자가 수인의 연대보증인 중 1인에 대하여 한 채무면제의 효력이 다른 연대보증인에 대하여 미치는지 여부

수인의 연대보증인이 있는 경우, 연대보증인들 사이에 연대관계의 특약이 있는 경우가 아니면 채권자가 연대보증인이 1인에 대하여 채무의 전부 또는 일부를 면제하더라도 다른 연대보증인에 대하여는 그 효력이 미치지 아니한다 할 것이다.

㈂ 부진정연대채무자 중 1인에 대한 채무면제가 다른 채무자에 대하여 효력이 미치는지 여부

충돌사고로 승객이 피해를 입은 경우 가해자들이 피해자에 대하여 부담하는 각 손해배상책임은 서로 부진정연대채무관계에 있다고 볼 것이고, 이러한 부진정연대채무자 상호간에 있어서 채권의 목적

을 달성시키는 변제와 같은 사유는 채무자 전원에 대하여 절대적 효력을 발생시키지만 그 밖의 사유는 상대적 효력을 발생하는 데에 그치는 것이므로 피해자가 채무자 중의 1인에 대하여 손해배상에 관한 권리를 포기하거나 채무를 면제하는 의사표시를 하였다 하더라도 다른 채무자에 대하여 그 효력이 미친다고 볼 수 없다 할 것이고, 이러한 법리는 채무자들 사이의 내부관계에 있어 1인이 피해자로부터 합의에 의하여 손해배상채무의 일부를 면제받고도 사후에 면제받은 채무액을 자신의 출재로 변제한 다른 채무자에 대하여 다시 그 부담부분에 따라 구상의무를 부담하게 된다 하여 달리 볼 것은 아니다(1993. 5. 27. 제3부 판결, 93다6560 손해배상(자)).

바. 혼동

혼동의 경우 예컨대, 어느 연대채무자가 상속 또는 양도로 채권자의 지위를 얻게 되거나, 또는 반대로 채권자가 연대채무자의 지위를 얻게 되면 채권자와 채무자의 지위는 동일인에게 귀속하게 되고 따라서 채무는 소멸한다(민법 제420조).

사. 소멸시효

어느 연대채무자에 대하여 소멸시효가 완성한 경우 그 시효가 완성한 연대채무자의 부담부분의 한도에서 다른 연대채무자도 채무를 면한다(민법 제421조). 따라서 소멸시효가 완성된 채무자만이 그 전액의 부담을 지는 경우에는 연대채무 전부가 소멸하게 된다. 이 소멸시효의 완성에 절대적 효력을 인정하는 것은 시효가 완성된 채무자로 하여금 시효의 이익을 얻게 하고 아울러 당사자 사이의 법률관계를 간략히 처리하려는 것이다.

아. 채권자지체

어느 연대채무자에 대한 채권자의 지체는 다른 연대채무자에게도 효력이 있다(민법 제422조).

연대채무자중의 1인이 채무의 내용에 적합한 변제의 제공을 하였는데도 채권자가 고의로 받지 않았거나 과실로 받을 수 없게 된 때에는 그 연대채무자의 이익을 위하여 채권자지체의 효력이 생기는 것은 물론, 그 효력은 다른 연대채무자의 전원에 대하여도 미치는 것이다.

(2) 상대적 효력이 있는 사항

연대채무의 상대적 효력을 발생시키는 사유는 절대적 효력을 발생시키는 사유(이행의 청구·경개·상계·면제·혼동·소멸시효·채권자지체) 이외의 사유이나, 특히 문제되는 것은 시효의 중단·정지·포기, 채권자의 과실·이행지체·이행불능, 연대채무자의 일부의 자에 대한 채무자의 양도·전부, 채권자와 연대책임자 중의 1인과의 사이에 확정판결의 효력 등이다.

다만 본조는 강행규정이 아니므로 당사자의 특약으로 이를 절대적 효력이 있는 것으로 정할 수 있다.

> **[쟁점사항]**
>
> <상대적 효력이 있는 사항>
> ㉠ 연대보증인 1인에 대한 채권포기의 효력
>   연대보증인 1인에 대한 채권포기는 주채무자나 다른 연대보증인에게는 효력이 미치지 아니한다(대판 1994. 11. 8. 94다37202).
> ㉡ 부진정연대채무에 있어서 채권포기
>   부진정연대채무에 있어서 채권자가 어느 채무자에 대하여 그의 부담부분이나 또는 이를 초과하는 전채권액을 포기하는 의사표시를 하였다고 해도 다른 채무자들에게는 상대적 효력밖에 없다(1981. 6. 23. 제1부 판결, 80다1796 손해배상)

3. 출재채무자의 구상권 : 연대채무의 대내적 효력

(1) 구상권의 의의

연대채무는 채권자에 대한 관계에서는 각 채무자가 채무의 전액을 변제할 의무를 부담하는 것이지만, 연대채무의 내부관계에서는 부담할 비율이 정해져 있다. 이를 부담부분이라 한다. 이것이 연대채무의 하나의 특색으로든 주관적 관계에 있어서 부진정연대채무와 다른 점이다. 따라서 연대채무자가 그 부담부분 이상의 변제를 하는 것은 채권자 상호간의 내부관계에서는 흡사 위탁을 받고 보증인이 된 자가 한 변제와 마찬가지로 타인의 채무에 대한 변제가 되므로, 다른 채무자에 대하여 구상권을 발생시키며(민법 제425조 1항), 이 구상권에 대해서도 법정대위권을 발생시키는 것이다(민법 제481조). 구상권에 의한 경우와 대위에 의한 청구권자로서의 청구권은 청구권경합의 관계에 있는 것으로 해석되고 있다.

부담부분을 결정하는 표준에 관해서는 특약이 있으면 특약에, 특약이 없더라도 받은 이익이 다르면 그 비율에 따르지만, 특약도 이익비율도 없는 경우에는 평등한 비율로 추정(민법 제424조)하는 것으로 하고 있다.

(2) 구상권의 성립요건

가. 공동면책이 있을 것

어느 연대채무자가 모든 채무자를 위하여 채무를 소멸케 하거나 또는 감소케 하는 것, 즉 공동의 면책이 있어야 한다. 보증채무에서는 일정한 경우에 보증인이 사전구상권을 행사할 수 있으나, 연대채무에 있어서는 공동면책이 있기 전에는 구상권이 인정되지 않는다.

나. 공동면책은 어느 연대채무자의 변제 기타 자기의 출재로 인한 것일 것

공동면책은 어느 연대채무자의 변제 기타 자기의 출재로 인한 것이어야 한다. 따라서 면제나 시효의 완성은 부담부분의 범위에서는 절대적 효력이 있지만, 그것은 출재로 인한 것이 아니므로 구상권은 발생하지 않는다.

출재 내지 출연이란 자기 재산의 감소로 타인의 재산을 증가케 하는 것이다. 채무자가 기존의 그의 재산을 적극적으로 지출하는 것이 보통이나, 소극적으로 새로운 채무를 부담하는 것도 출재가 된다.

(3) 구상권의 범위

가. 출재액

다른 채무자의 부담부분을 한도로 하여 출재액을 구상할 수 있다. 그러나 출재액이 채무액을 넘은 경우에는 채무액까지만, 반대로 출재액이 채무액보다 적은 때에는 실제의 출재액이 구상액이 된다. 예컨대 5천만원의 연대채무에 대해 어느 연대채무자가 1억원 상당의 토지로 대물변제한 경우에는 5천만원이 구상액이 된다.

나. 면책된 날 이후의 법정이자

위의 구상액에는 면제 기타 공동면책이 있었던 날 이후의 법정이자가 가산된다.

다. 필요비·기타의 손해

변제 기타 공동면책을 위하여 피할 수 없었던 비용(예 : 운반비·포장비 등)도 가산된다. 그리고 이 필요비에 대하여도 면책일 이후의 법정이자를 가산하여야 한다. 또 공동면책을 위하여 피할 수 없었던 손해(예 : 채권자로부터 소구를 당한 경우의 소송비용)도 구상액에 포함된다.

(4) 통지를 하지 아니한 경우의 구상권의 제한

가. 사전통지를 하지 않은 경우

어느 연대채무자가 다른 연대채무자에게 통지하지 아니하고 변제 기타 자기의 출재로 공동 면책된 경우에 다른 연대채무자가 채권자에게 대항할 수 있는 사유가 있었을 때에는 그 부담부분에 한하여 이 사유로 면책행위를 한 연대채무자에게 대항할 수 있고 그 대항사유가 상계인 때에는 상계로 소멸할 채권은 그 연대채무자에게 이전된다(민법 제426조 1항).

나. 사후통지를 하지 않은 경우

어느 연대채무자가 변제 기타 자기의 출재로 공동 면책되었음을 다른 연대채무자에게 통지하지 아니한 경우에 다른 연대채무자가 선의로 채권자에게 변제 기타 유상의 면책행위를 한 때에는 그 연대채무자는 자기의 면책행위의 유효를 주장할 수 있다(민법 제426조 1항).

(5) 구상권의 확장

연대채무자 중에 상환의 자력이 없는 자가 있었던 경우에는 그 부분은 구상권자 및 다른 자력 있는 자 사이에서 각자의 부담부분에 비례하여 분담한다(민법 제427조 1항). 이것을 구상권의 확장이라고 한다.

다만 구상권자에게 과실이 있는 경우에는 다른 채무자에 대하여 부담을 청구할 수 없다.

(6) 연대의 면제

가. 의 의

연대채무에 있어서의 채무자는 채권자에 대하여 각자 전부의 급부를 할 의무를 부담하는 것이지만, 내부관계에 있어서는 부담부분이 있으므로 자기의 출연으로 공동의 면책을 얻은 채무자는 다른 채무자에 대해 부담부분에 따라 구상권을 행사할 수 있다. 그리하여 채권자는 연대채무자가 부담하는 이러한 전부급부의 의무를 그 부담부분에 상당하는 범위에서 제한하는 행위를 할 수 있는데, 채권자의 이러한 행위를 연대의 면제라 한다. 연대의 면제는 전부급부의무를 부담부분 상당의 급부의무로 감축하는 것이기 때문에 일종의 채무면제이다. 따라서 연대의 면제는 채권자의 단독행위로 할 수 있다(민법 제506조).

나. 종 류

연대의 면제는 두 가지 경우가 있다. 그 하나는 모든 채무자에 대하여 연대의 면제를 하는 것인데 이를 절대적 연대의 면제라고 한다. 이 경우에 연대채무는 부담부분에 비례한 분할채무가 되고, 부담부분이 없어진 채무자가 있으면 그는 완전히 채무를 면하게 된다. 다른 하나는 연대채무자의 일부의 자에 대해서만 연대의 면제를 하는 것으로서 상대적 연대면제라 한다. 이 경우에는 면제를 받은 채권자만이 분할채무를 부담하고, 다른 채무자는 전과 다름없이 전부급부를 부담하는 연대채무로 잔존한다.

주의할 것은 연대의 면제는 연대채무 그 자체를 면제하는 연대채무의 면제와는 다르다는 것이다. 예컨대 갑에 대해 을·병·정 3인이 900만원의 연대채무를 부담한 경우에, 갑이 을의 채무를 면제한 때에는 병과 정도 을의 부담부분인 300(부담부분평등으로 가정)에 대해서 채무를 면한다. 결국, 병·정 양인이 600만원의 연대채무를 부담하는 것이 된다. 이에 반하여 갑이 을에 대하여 연대의 면제를 하면, 을은 갑에 대하여 300만원의 보통 채무를, 병·정은 갑에 대하여 900만원의 연대채무를 부담하는 것이 된다.

다. 효 과

상환할 자력이 없는 채무자의 부담부분을 분담할 다른 채무자가 채권자로부터 '연대의 면제'를 받은 때에는 그 채무자가 분담할 부분은 채권자의 부담으로 한다(민법 제427조 2항). 이를 구상권의 인적 확장이라 한다.

예컨대 을·병·정 3인이 갑에 대해 300만원의 연대채무를 부담하는 경우에(부담부분 평등으로 가정), 갑이 을에 대하여 연대의 면제를 했다고 가정하면, 병이 전액의 변제를 하고 을과 정에게 구상한 경우에 정이 무자력인 것이 판명되었다고 하면, 정의 무자력 때문에 을이 새롭게 부담할 50만원은 채권자 갑이 부담부분이 된다(결국 을이 100만원, 갑이 50만원, 병이 150만원을 부담). 원래 연대채무자 중 무자력자가 있으면 무자력자의 상환불능부분은 다른 자력 있는 연대채무자가 그 부담부분에 따라 부담해야 하고, 따라서 을은 150만원을, 병은 150만원을 부담(민법 제427조 1항)하지만 이 원칙을 관철하면 연대의 면제를 받은 을은 실질적으로 실익이 없게 된다. 이 때문에 민법은 제427조 2항의 특별한 규정을 둔 것이다.

그러나 연대의 면제를 한 갑의 의사는 보통 자기로부터 을에 대해서는 100만원 밖에 청구하지 않는다고 할 뿐이므로, 그 이상의 내부관계에 대해서도 책임을 부담하는 것은 아니라고 할 수 있다. 따라서 통설은 입법론상 제427조 2항의 당부는 커다란 의문으로 하고 있고, 해석론으로서도 범위를 좁혀 이해해야 할 것으로 하고 있다. 그리하여 본조는 임의규정으로 해석되고 있고, 또 시효완성 등의 경우에 준용되어야 하는 것은 아니라고 하는 것이다.

IV. 부진정연대채무

1. 의의 및 성질

부진정연대채무는 수인의 채무자가 동일한 내용의 급부에 관하여 전부를 이행할 의무를 부담하고 한 사람의 채무자가 변제하면 전채무자가 채무를 면하는 점에 있어서는 연대채무와 동일하지만, 각 채무자의 채무는 주관적으로 공동의 목적을 가지고 있지 않기 때문에 그 사이에 관련이 없다는 점에서 연대채무와 다르다.

2. 부진정연대채무가 성립하는 경우

부진정연대채무는 주로 동일한 손해에 관하여 다수인이 각각의 입장에서 보전할 의무를 부담하는 경우에 성립한다. 예컨대 타인의 가옥을 소실케 한 자기의 불법행위에 의거한 배상의무와 보험회사의 보험계약에 의거한 손해전보의무, 부주의로 인해 제3자로 하여금 임치물을 훼손케 한 수치인의 채무불이행에 의거한 배상의무와 훼손한 자의 불법행위에 의거한 배상의무, 피용자의 가해행위에 대한 피용자 자신의 배상의무(민법 제750조)와 사용자 또는 감독의무자의 배상의무(민법 제756조), 책임무능력자의 가해행위에 대한 법정감독의무자의 배상의무와 대리감독자의 배상의무(민법 제755조), 동물의 가해행위에 대한 점유자의 배상의무와 보관자의 배상의무(민법 제759조), 법인의 불법행위에 의한 배상책임과 대표자 개인의 배상책임(민법 제35조), 공동불법행위자의 배상의무(민법 제760조) 등이 주요한 예이다.

3. 효 력

부진정연대채무에서도 급부는 1개이기 때문에, 급부의 실현을 가져오는 사항은 절대적 효력이 있다. 절대적 효력이 있는 것으로는 변제, 대물변제, 공탁 등 3가지가 있다.

상계의 경우 종전의 판례는 상계로 인한 채무소멸의 효력이 다른 부진정연대채무자에게 미치지 않는 것으로 보았다(대판1996. 12. 10. 95다24364). 다만, 최근에는 상계에 절대효를 인정하는 듯한 판례(대판 1999. 11. 26. 99다34499)가 있어 부진정연대채무의 경우에도 상계에 절대효를 인정하는 것으로 판례의 태도가 변경된 것은 아닌지 문제된다. 그러나 이 판례는 책임보험에서 보험회사와 가해자의 피해자에 대한 배상책임이 문제된 사안으로서 이 경우 보험회사와 가해자의 관계가 연대채무인지, 아니면 부진정연대채무인지에 따라서 판례에 대한 평가가 달라진다. 이와 관련하여 상법에서는 이 둘의 관계를 부진정연대채무로 보는 견해가 다수의 견해이나, 대법원은 보험회사가 피해자에게 직접 배상책임을 지는 근거에 대하여 '병존적 채무인수'로 이해하고 있다(대판 2000. 12. 8. 99다37856). 그리고 병존적 채무인수의 경우 채무자와 병존적 채무인수인의 관계에 대하여 학설 대립이 있으나, 대법원은 이를 연대채무의 관계로 이해하고 있다(대판 1997. 4. 22. 96다56443). 따라서 이러한 대법원의 논리에 의하면 위 99다34499는 책임보험에서 보험회사는 가해자의 피해자에 대한 손해배상채무를 병존적으로 채무인수한 것이고, 따라서 채권자인 피해자에 대하여 보험회사도 연대채무를 지는 사안이다. 따라서 위 판례는 양자의 관계가 연대채무임을 전제로 하여 상계의 절대효를 인정한 것이지, 부진정연대채무에서 그 동안의 태도를 변경하여 상계의 절대효를 인정한 것은 아닌 것이다. 따라서 대법원은 여전히 부진정연대채무의 경우 상계에 상대효를 인정하고 있는 것으로 이해해야 한다.

<Q & A>
부진정연대채무자 중 일방에 대한 청구포기 약정의 다른 채무자에 대한 효력

Q) 甲회사에 근무하던 A는 회사 내에서 작업 중 동료직원 乙의 잘못으로 사고가 발생하여 부상을 입었다. A는 당시 돈이 필요하여 乙로부터 1,000만원을 지급받고 일체의 청구를 포기하기로 합의하였다. 그러나 A가 알아본 바로는 2,000만원정도는 충분히 더 받을 수 있는 것이었다. 현재 A는 치료결과 향후 장해가 남고 현재는 거동이 불편한 상태인데, 乙을 고용한 甲회사에 대하여도 추가로 손해배상을 청구할 수는 없는가?

A)

1. 문제점

위 사안은 피용자의 배상의무(민법 제750조)와 사용자의 배상의무(민법 제756조)에 관한 문제로서, 이러한 공동불법행위자들의 책임관계는 이른바 부진정연대채무(不眞正連帶債務)관계라고 한다. 그런데 부진정연대채무에 있어서의 채무자 일방의 일부변제가 타방의 채무를 소멸시키는지의 여부 및 일방에 대한 청구포기약정이 타방에 대해서도 포기한 것으로 볼 수 있느냐의 문제가 있다.

2. 판례의 태도

판례는 "피용자의 사무집행에 관한 불법행위로 인한 피해자가 피용자 자신으로부터의 배상에 의하여 일부 또는 전부의 '현실적 만족'을 얻었을 때에는 그 범위 내에서 사용자의 배상책임도 소멸하나, 현실적 만족 이외의 '채무면제나 합의의 효력' 등은 그 피해자가 나아가 다른 손해배상의무자(사용자)에 대하여는 더 이상의 손해배상청구를 하지 아니할 명시적 또는 묵시적 의사표시를 하는 등의 다른 특별한 사정이 없는 한 사용자에 대하여는 그 효력이 미칠 수 없다."라고 하였다(대법원 1997. 10. 10. 선고 97다28391 판결, 1997. 12. 12. 선고 96다50896 판결, 2006. 1. 27. 선고 2005다19378 판결).

3. 결론

그러므로 A와 乙이 합의할 때 乙이 甲회사를 대리하여 합의했다는 증명이 없는 한, 乙에 대한 포기약정이 甲회사에 대해서까지 포기한 것으로 볼 수는 없다고 할 것이다. 따라서 A의 경우도 위와 같은 경우라면, A는 나머지 손해배상금에 대하여 甲회사를 상대로 추가청구가 가능할 것이다. 다만, 그 손해배상금은 A가 입은 손해를 산정하여 A에게도 과실이 있다면 그 과실비율에 의한 과실상계 후 A가 乙로부터 받은 1,000만원을 손익상계한 금액에 위자료가 더해져서 산출될 것이다.

4. 구상권의 인정 여부

　부진정연대채무자 사이에는 주관적 공동관계가 없기 때문에 부담부분이 없고, 따라서 원칙적으로 구상관계가 발생하지 않는다. 다만, 부진정연대채무에 있어서도 변제한 채무자가 다른 채무자에 대하여 구상권을 행사할 수 있는 경우가 적지 않다. 그러나 그것은 부진정연대채무자 사이에 존재하는 특별한 법률관계(고용·위탁 기타) 또는 각자의 채무가 가진 특별한 성질(예컨대 보험회사의 채무)에 기하여 발생한 것으로서, 부진정연대채무를 부담하는 것 자체를 이유로 한 것은 아니다. 따라서 이 구상권에 관해서는 연대채무자간의 구상권에 대한 규정(민법 제425조 내지 제427조)을 적용해서는 안 된다.

【쟁점사항】
　수인의 불법행위로 인한 부진정연대채무에 있어 공동면책시킨 연대채무자는 다른 연대채무자의 채무를 연대보증한 연대보증인에게도 구상권을 행사할 수 있는지 여부
　수인의 불법행위로 인한 손해배상책임은 부진정연대채무이나 그 구상권 행사에 있어서는 성질상 연대채무에 관한 규정이 준용된다고 할 것인데 그 구상권에 관하여 규정한 민법 제425조 제1항의 규정에 의한 구상권 행사의 상대방은 공동면책이 된 다른 연대채무자에 한하는 것이며 다른 연대채무자가 그 채권자에게 부담하는 채무를 연대보증한 연대보증인은 그 연대채무자와 연대하여 채권자에게 채무를 변제할 책임을 지는데 불과하고 채무를 변제한 연대채무자에게까지 그 연대보증한 연대채무자의 부담부분에 관한 채무를 변제할 책임을 부담하는 것은 아니라고 할 것이다(대판 1991. 10. 22. 90다20244).

제 4 절 보증채무

Ⅰ. 의의 및 성질

1. 보증채무의 의의

보증채무는 주된 채무와 동일한 내용의 급부를 목적으로 하는 종된 채무로서, 주된 채무가 이행되지 않는 경우에 있어서 그 이행의 책임을 지고, 그럼으로써 주된 채무를 담보하는 것이다. 민법은 그 법적 구성에 관해서는 보증채무를 다수당사자 채권관계의 하나로 받아들이고 있으나, 그 기능은 오로지 채권의 담보이며 가장 전형적인 인적 담보의 설정으로서 주된 채무의 이행으로 실현되어야 할 채권의 가치를 별개의 채무에 의해 외부에서 보장하는 작용을 한다.

2. 보증채무의 성질

(1) 독립성

보증인은 주된 채무자의 채무(주된 채무)와 별개의 채무(보증채무)를 부담한다. 이것을 보증채무의 독립성이라고 한다. 주된 채무는 민사채무, 보증채무는 상사채무이기 때문에 소멸시효의 기간이 다른 것도 있을 수 있고, 보증채무에 대해 재차 보증하는 것(부보증)도 있을 수 있다.

【쟁점사항】
<채무가 외화채무인 경우 원화로 보증채무를 이행하기로 약정할 수 있는지 여부>
보증채무는 채권자와 보증인 간의 보증계약에 의하여 성립하고, 주채무와는 별개독립의 채무이지만 주채무와 동일한 내용의 급부를 목적으로 힘이 원칙이라고 할 것이나 채권자와 보증인은 보증채무의 내용, 이행의 시기, 방법 등에 관하여 특약을 할 수 있고, 그 특약에 따른 보증인의 부담이 주채무의 목적이나 형태보다 중하지 않는 한 그러한 특약이 무효라고 할 수도 없으므로(민법 제430조 참조), 주채무가 외화채무인 경우에도 채권자와 보증인 사이에 미리 약정한 환율로 환산한 원화로 보증채무를 이행하기로 약정하는 것도 허용된다(대판 2002. 8. 27. 2000다9734).

(2) 내용의 동일성

보증채무는 주된 채무와 동일한 내용을 가진다. 따라서 주된 채무는 대체적 급부를 내용으로 하는 것이 보통이다.

그러나 특정물을 급부하는 채무와 같이 보통으로는 주된 채무자만이 실현할 수 있는 것이라 하더라도 다른 자도 실현할 가능성이 있는 것이면 그것에 대해 보통의 보증의 성립을 인정하여 보증인은 본래의 급부를 실현해야 하나, 그것이 불가능한 경우에는 채무불이행에 의한 손해배상을 해야 할 것이다.

(3) 부종성

보증채무는 주채무의 이행을 담보하는 것을 목적으로 하는 점에서 주채무와 주종관계에 선다.

따라서 보증채무는 주채무의 존재를 전제로 하고 주된 채무와 운명을 같이 한다. 따라서 주된 채무가 무효 또는 취소된 경우에는 보증채무도 무효가 되고, 주된 채무가 소멸하면 보증채무도 소멸한다. 주된 채무가 동일성을 잃지 않고 그 목적·범위·태양에 변경을 일으키면 보증채무도 또한 그에 따라 변경된다. 단, 보증채무의 내용을 주된 채무의 내용보다 가중할 수 없고, 또 주된 채무자와 채권자의 계약으로서 주된 채무의 내용을 가중하더라도 보증채무에 영향을 미치지 않는다. 한편 보증인은 주된 채무자의 항변권을 채용할 수 있다. 즉 동시이행의 항변권·주된 채무가 소멸시효에 걸렸을 때의 원용권·상계권·취소권·해제권 등을 행사할 수 있다.

(4) 수반성

주채무자에 대한 채권이 이전하면 보증인에 대한 채권도 함께 이전하는데, 이를 수반성이라 한다. 다만 주채무를 제3자가 인수하는 때에는 보증채무는 소멸하는 것이 원칙이다.

(5) 보충성

보증채무는 보충성을 가진다. 즉 주된 채무가 이행되지 않는 경우에만 이행의무를 진다. 주된 채무의 불이행이 보증채무의 청구에 대한 적극적 요건이 되어 있는 것은 아니지만, 보증인에 대한 청구는 최고 및 검색의 항변권에 의해 대항된다. 따라서 연대보증에는 이러한 항변권이 없다.

Ⅱ. 보증채무의 성립 : 보증계약에 의해 성립

1. 보증계약의 의의

보증채무는 채권자와 보증인 사이의 '보증계약'에 의해 성립한다. 연대채무와는 달리 법률의 규정에 의해 보증채무가 성립하는 경우는 없다.

보증계약이라 함은 보증채무를 성립시키기 위한 계약으로서 주된 채무를 담보하기 위한 채권자 보증인 사이에 체결되는 낙성·불요식의 계약이다. 제3자가 채무자에 대하여 보증을 한다는 취지를 약속하더라도 민법상의 이른바 보증채무를 발생시키지 않는다.

　보증인은 보증계약을 체결함에 있어서 채무자의 부탁을 받고 하는 것이 보통이지만 그것이 보증계약의 요건은 아니다. 부탁이 무효라 하더라도 보증계약의 효력에는 영향이 미치지 않는다. 보증계약의 당사자는 채권자와 보증인이기 때문이다. 따라서 가령 보증인이 계약서에 날인하여 채무자에게 교부하고, 채무자를 통하여 채권자에게 전달한 경우에도 보증인·채무자 사이에서의 보증의 범위제한에 관한 특약은 보증채무의 효력에 영향을 미치지 않는다. 보증계약서가 채권자에게 제출되기 전에 채무자에 대하여 보증의 의사를 철회하더라도 채권자가 선의로써 증서를 수령한 이상, 철회는 효력을 발생시키지 않는다. 또 채무자의 사기에 의해 보증인이 된 경우라 하더라도 그것은 제3자의 사기에 그칠 뿐이다.

　보증계약은 채무자의 부탁이 없는 때뿐만 아니라, 채무자의 의사에 반하더라도 체결할 수 있다. 다만 보증인의 구상권은 부탁의 유무에 따라 그 범위를 달리한다.

<Q & A>
차용증서에 갈음한 어음·수표발행에 배서한 자가 원인채무도 보증한 것인지

Q) A는 3년 전 甲에게 400만원을 대여하면서 甲으로부터 차용증서에 갈음하여 乙이 배서한 액면금 100만원의 약속어음 1매와 乙이 그 이면에 기명·날인한 액면금 150만원의 당좌수표 2매를 교부받았다. 그런데 乙은 甲이 타인으로부터 돈을 빌리고 그 차용증서에 갈음하여 자신이 배서한 위 어음과 수표가 교부되는 것을 알고 있었다. 이 경우 A는 乙이 甲의 위 대여금채무의 보증인임을 주장하여 위 대여금의 변제를 청구할 수 있는가?

A)
1. 문제점

이 사안에서 문제되는 것은 <u>타인이 발행한 약속어음에 배서인이 된 자가 배서행위로 인한 어음법상의 채무 이외에 그 어음발행의 민사상의 원인채무에 대한 보증책임까지도 부담하는 것인지</u>에 관한 것이다.

2. 판례의 태도

판례는 "금전대여계약을 체결함에 있어서 그 대여금채무지급을 확보하기 위하여 채무자가 발행하는 약속어음에 배서인이 그러한 사실을 알면서 보증의 취지로 배서하였다고 하더라도 그러한 사실만으로는 원인채무인 대여금채무에 대하여 보증계약이 성립된 것으로 볼 수 없고, 이 경우 대여금채권자가 배서인과 직접 교섭하여 배서를 요구하였기 때문에 배서인이 약속어음발행원인이 된 소비대차계약의 내용을 상세히 알게 되었고 또 대여금채권자의 면전에서 직접 그의 요구에 응하여 배서하였다고 하더라도, 이러한 사실들은 배서인이 원인관계상의 채무에 대하여도 보증할 의사가 있었다고 인정하는데 유력한 증거가 될 수 있을 뿐이고, 그러한 사실들이 존재한다고 하여 원인관계상의 채무에 대한 보증계약성립이 추정된다고는 볼 수 없으며, 대여금채권자가 배서인에게 배서를 요구할 때 어음발행의 원인이 된 대여금채무까지도 보증할 것을 요구하는 의사를 가지고 있었고 배서인도 대여금채권자의 그러한 의사를 인식하면서 배서에 응하였다는 사실, 즉 배서인이 소구의무를 부담한다는 형태로 대여금채권자에게 신용을 공여한 것이 아니라 원인관계상의 채무에 대하여도 신용을 공여한 것이라는 점이 배서를 전후한 제반 사정과 대여금채권자와 배서인이 처한 거래계의 실정 등에 의하여 추정되어 알 수 있는 정도에 이르러야만 원인관계상의 대여금채무에 대한 보증계약성립을 인정할 수 있다."라고 하였다(대법원 1997. 12. 9. 선고 97다37005 판결, 1998. 6. 26. 선고 98다2051 판결).

3. 결론

위 사안에서 乙은 甲이 다른 사람으로부터 돈을 차용하면서 그 차용증서에 갈음하여 약속어음과 수표를 교부하는 것이라는 점을 알았다고 하더라도 약속어음과 수표의 배서인으로서 어음금·수표금채무의 보증인이 되는 이외에 원인채무인 대여금채무까지 보증한 것이라고 볼 수는 없다고 할 것이므로 <u>A는 乙에 대하여 어음·수표법상의 책임을 묻는 것과는 별도로 甲의 대여금채무에 대한 보증인으로서의 책임까지 청구하기는 어려울 것</u>으로 보인다.

2. 보증계약의 요건

(1) 주채무에 관한 요건

가. 주채무가 유효하게 성립·존재할 것

보증계약이 유효하게 성립하기 위해서는 보증될 채무(주채무)가 존재해야 한다. 보증채무는 주된 채무에 엄격하게 부종하는 것이기 때문이다.

주된 채무의 목적은 보증인이 대신하여 급부할 수 있는 것이어야 한다. 따라서 부대체적 급부 및 일신전속급부를 목적으로 한 채무의 보증은 성립할 수 없다. 그러나 이러한 급부를 목적으로 한 채무에 관한 보증이 완전히 무효가 되는 것은 아니다. 다만 주된 채무가 불이행으로 인한 손해배상채무로 변경될 것을 조건으로 한 보증채무에 그친다.

나. 장래의 채무에 대한 보증

보증채무는 주된 채무의 담보를 목적으로 하는 종된 채무이므로 주된 채무에 부종한다. 따라서 주된 채무의 존재를 전제하지 않는 보증채무는 있을 수 없고, 주된 채무가 전혀 존재하지 않는 경우의 보증채무는 무효가 된다. 그러나 주된 채무가 아직 현존하지 않는다 하더라도 장래에 성립할 가능성이 있으면 이러한 장래의 특정채무를 담보하기 위한 보증계약자체를 무효로 할 필요는 없다. 보증채무의 부종성이 설사 불확정한 것이라 하더라도 담보목적이 존재하는 한 보증계약자체까지도 부정하는 것은 아니기 때문이고, 또한 그것이 거래계에 요청에 부합하는 것이기 때문이다.

장래 채무의 보증은 장래 발생할 특정채권을 담보하는 것으로서, 계속적 거래관계에서 생긴 일단의 채권을 일정한 결산기에서 보증하는 근보증과는 성질을 달리하지만 양자를 일괄하여 논하는 일도 많다. 모두 주된 채무의 현존을 필요로 하지 않기 때문이다.

민법은 보증은 장래의 채무에 대하여도 할 수 있다고 규정하고 있다(민법 제428조 2항). 주채무가 이미 발생한 경우에만 보증계약을 체결할 수 있는 것은 아니고, 주채무가 장래에 발생할 것인 때에도 이를 담보하기 위해 보증계약을 체결할 수 있으며, 이 경우 보증채무는 장래에 주채무가 성립한 때에, 성립하게 된다. 장래의 결산기를 정하여 불특정다수의 채무를 담보하는 '계속적 보증'이 이에 해당된다.

【쟁점사항】

<계속적 보증과 관련된 문제>

㈀ 기간의 정함이 없는 계속적 보증계약에 있어서의 보증인이 일방적으로 계약을 해지할 수 있는지 여부

 기간의 정함이 없는 이른바 계속적 보증계약에 있어서는 보증인의 주채무자에 대한 신뢰가 깨지는 등 보증인으로서 보증계약을 해지할 만한 상당한 이유가 있는 경우에 보증인으로 하여금 그 보증계약을 그대로 유지·존속케 한다는 것은 사회통념상 바람직하지 못하므로 그 계약해지로 인하여 상대방이 채권자에게 신의칙상 묵과할 수 없는 손해를 입게 하는 등 특단의 사정이 있는 경우를 제외하고 보증인은 일방적으로 이를 해지할 수 있다고 할 것이고, 이 경우 보증인은 해지 이후에 발생한 채무에 대해서는 보증책임을 부담하지 않는다(2002. 2. 26, 2000다48265).

㈁ 보증기간과 보증한도액의 정함이 없는 계속적 보증계약의 보증인이 사망한 경우, 그 상속인이 보증인의 지위를 승계하는지 여부

 보증한도액이 정해진 계속적 보증계약의 경우 보증인이 사망하였다 하더라도 보증계약이 당연히 종료되는 것은 아니고 특별한 사정이 없는 한 상속인들이 보증인의 지위를 승계한다고 보아야 할 것이나, 보증기간과 보증한도액의 정함이 없는 계속적 보증계약의 경우에는 보증인이 사망하면 보증인의 지위가 상속인에게 상속된다고 할 수 없고 다만, 기왕에 발생된 보증채무만이 상속된다(대판 2001. 6. 12, 2000다47187).

<Q & A>
보증한도 정함 없는 계속적 보증계약의 보증인 사망 시 상속인의 보증승계 여부

Q) A는 B주식회사의 실질적 경영자로서 B주식회사와 C금융기관 사이에 B주식회사가 C금융기관에 대하여 현재 및 장래에 부담하는, 어음대출, 어음할인, 당좌대출, 지급보증 등 여신거래에 관한 모든 채무에 관하여 연대보증책임을 지되, 보증한도액과 보증기간은 따로 정하지 아니하였다. 다만, 보증약정일로부터 2년이 경과한 때에는 보증인인 A는 서면에 의하여 보증약정을 해지할 수 있다는 내용의 근보증약정을 체결하였다. 그런데 수개월 전 A는 사망하였고, 최근에 B주식회사가 부도 되었다. 이에 C금융기관에서는 A의 상속인 D에게 A의 사망 후 발생된 B주식회사의 채무를 포함한 채무전액에 관하여 보증채무를 이행하라고 하고 있다. 이 경우 D로서는 B주식회사의 채무전액에 대하여 보증책임을 지게 되는가?

A)
1. 문제점

채권자와 주채무자 사이의 계속적 거래관계로 인하여 현재 및 장래에 발생하는 불확정적 채무에 관하여 보증책임을 부담하기로 하는 보증계약을 이른바 '계속적 보증계약'이라고 한다. 이 때 보증기간과 보증한도액이 정해져 있지 않은 경우에 보증인이 사망할 경우 상속인이 보증인의 지위를 승계 하는지가 문제된다.

2. 판례의 태도

(1) 보증한도액이 정해진 계속적 보증계약의 보증인이 사망한 경우, 그 상속인들이 보증인의 지위를 승계 하는지에 관하여 판례는 "보증한도액이 정해진 계속적 보증계약의 경우 보증인이 사망하였다 하더라도 보증계약이 당연히 종료되는 것은 아니고, 특별한 사정이 없는 한 상속인들이 보증인의 지위를 승계 한다고 보아야 한다."라고 하였다(대법원 1999. 6. 22. 선고 99다19322, 19339 판결).

(2) 그러나 사안과 같이 보증기간과 보증한도액의 정함이 없는 계속적 보증계약의 보증인이 사망한 경우, 그 상속인이 보증인의 지위를 승계 하는지에 관하여는 "보증한도액이 정해진 계속적 보증계약의 경우 보증인이 사망하였다 하더라도 보증계약이 당연히 종료되는 것은 아니고 특별한 사정이 없는 한 상속인들이 보증인의 지위를 승계 한다고 보아야 할 것이나, 보증기간과 보증한도액의 정함이 없는 계속적 보증계약의 경우에는 보증인이 사망하면 보증인의 지위가 상속인에게 상속된다고 할 수 없고 다만, 기왕에 발생된 보증채무만이 상속된다."라고 하였다(대법원 2001. 6. 12. 선고 2000다47187 판결).

> 3. 결론
> 위 사안은 보증기간과 보증한도액의 정함이 없는 계속적 보증계약의 경우로서 <u>D는 A의 사망 이전에 발생된 채무에 대해서만 보증책임을 부담하게 된다</u>고 할 것이다.

다. 취소할 수 있는 채무를 보증한 경우

주된 채무가 전혀 존재하지 않는 경우에는 보증채무는 무효이고, 또 주된 채무가 취소되면 보증계약도 소급하여 무효가 된다. 그러나 취소의 원인 있는 채무를 보증한 자는 보증계약당시 그 취소의 원인을 알고 있었던 이상, 주채무의 불이행 또는 취소가 있는 때에는 주된 채무와 동일한 목적의 독립채무를 부담한 것으로 간주된다(민법 제436조).

(2) 보증인에 관한 요건

보증인이 될 수 있는 자격에는 원칙적으로 제한이 없다. 다만 채무자가 보증인을 세울 의무를 부담하는 경우에는 보증인은 능력자이며, 동시에 변제의 자력이 있어야 한다(민법 제431조 1항). 보증인이 변제자력이 없게 된 때에는 채권자는 그 요건을 갖춘 자로 보증인을 변경할 것을 청구할 수 있다(동조 2항). 보증계약 후에 보증인이 능력을 상실해도 계약의 효력에는 영향이 없다. 그러나 이것은 채권자 보호의 규정이므로, 채권자가 보증인을 지명한 경우에는 적용되지 않는다(동조 3항).

Ⅲ. 보증채무의 범위

1. 보증채무가 담보하는 채무의 범위

(1) 주채무, 주채무의 이자, 위약금, 손해배상 기타 주채무에 종속한 채무

보증채무의 범위는 주채무에 대한 부종성을 토대로 보증계약에 의해 구체적으로 정해지지만, 계약으로 특별히 정하지 않은 경우에는 민법 제429조가 적용된다. 보증채무가 주채무를 담보하는 것은 당연하고, 이외에 민법 제429조 제1항은 '보증채무는 주채무의 이자, 위약금, 손해배상 기타 주채무에 종속한 채무를 포함한다'고 규정하고 있고, 제2항은 '보증인은 그 보증채무에 관한 위약금 기타 손해배상액을 예정할 수 있다'고 규정하고 있다.

> **<Q & A>**
> **보증계약 후 채무자와 채권자간 손해배상액을 예정한 경우 보증인의 책임범위**
>
> Q) A는 임대인 乙에게 임차인 甲의 농지원상회복의무에 대하여 보증을 섰다. 그 후 甲은 A와 한마디 상의도 없이 '농지의 원상회복채무를 이행하지 않을 경우에는 乙에게 1,200만원을 지급한다'는 약정을 乙에게 해주었다. 위 농지의 원상회복에 소요되는 비용은 300만원 정도이다. 만일, 甲이 위 농지를 원상회복하지 않으면, 보증인인 A도 甲과 乙의 위 약정에 따른 1,200만원을 부담할 책임이 있는가?

A)
1. 문제점

甲과 乙의 위와 같은 약정은 농지의 원상회복의무를 불이행한 경우 손해에 대한 예정으로 볼 수 있다. 이러한 손해배상의 예정이 보증인의 관여 없이 행하여진 것이므로 보증인에게 어떠한 효력을 미치느냐 문제된다.

2. 판례의 태도

판례는 "보증인은 특별한 사정이 없는 한 채무자가 채무불이행으로 인하여 부담하여야 할 손해배상채무에 관하여도 보증책임을 진다고 할 것이고, 따라서 보증인으로서는 채무자의 채무불이행으로 인한 채권자의 손해를 배상할 책임이 있다고 할 것이나, 원래 보증인의 의무는 보증계약 성립 후 채무자가 한 법률행위로 인하여 확장, 가중되지 아니하는 것이 원칙이므로, 채무자의 채무불이행시의 손해배상의 범위에 관하여 채무자와 채권자 사이의 합의로 보증인의 관여 없이 그 손해배상 예정액이 결정되었다고 하더라도, 보증인으로서는 위 합의로 결정된 손해배상 예정액이 채무불이행으로 인하여 채무자가 부담할 손해배상 책임의 범위를 초과하지 아니한 한도 내에서만 보증책임이 있다."라고 하였다(대법원 1996. 2. 9. 선고 94다38250 판결).

3. 결론

판례에 의할 때 A도 위 훼손된 농지의 원상회복에 소요되는 비용에 대하여는 보증책임을 부담하여야 하겠지만, A의 관여 없이 甲과 乙이 약정한 1,200만원 전부에 대하여 책임을 지지는 않을 것이다.

(2) 관련문제

ⅰ) 보증계약서의 문언상 주채무자가 부담하는 모든 채무를 보증하는 것으로 되어 있더라도 그 보증책임의 범위를 제한할 수 있는지 여부

보증계약서의 문언상 보증기간이나 보증한도액을 정함이 없이 주채무자가 부담하는

모든 채무를 보증인이 보증하는 것으로 되어 있다 하더라도 그 보증을 하게 된 동기의 목적, 피보증채무의 내용, 거래의 관행 등 제반 사정에 비추어 당사자의 의사가 계약문언과는 달리 일정한 범위의 거래의 보증에 국한시키는 것이었다고 인정할 수 있는 경우에는 그 보증책임의 범위를 제한하여 새겨야 한다(대판 1993. 9. 28. 92다8651).

ii) 계속적 보증계약의 문언상 주채무 전액에 관하여 보증하는 것으로 되어있는 경우 보증책임의 범위를 제한할 수 있는지 여부

계속적 보증계약은 보증책임의 한도액이나 보증기간에 관하여 아무런 정함이 없는 경우에는 보증인은 원칙적으로 변제기에 있는 주채무 전액에 관하여 보증책임을 부담하는 것이나, 그 보증을 하게 된 동기와 목적, 피담보채무의 내용, 거래의 관행 등 제반 사정에 비추어 당사자의 의사가 계약문언과는 달리 일정한 범위의 거래의 보증에 국한시키는 것이었다고 인정할 수 있는 경우에는 그 보증책임의 범위를 당사자의 의사에 따라 제한하여 새겨야 한다(대판 1994. 6. 24. 94다10337).

iii) 보증한도액을 정한 근보증에서 보증채무 자체의 이행지체로 인한 지연손해금에 대해 주채무에 관해 약정된 연체이율이 당연히 적용되는지 여부

보증채무는 주채무와는 별개의 채무이기 때문에 보증채무의 자체의 이행지체로 인한 지연손해금은 보증한도액과 별도로 부담하고, 이 경우 보증채무의 연체이율에 관하여 특별한 약정이 없는 경우라면 그 거래행위의 성질에 따라 상법 또는 민법에서 정한 법정이율에 따라야 하며, 주채무에 관하여 약정된 연체이율이 당연히 여기에 적용되는 것은 아니지만, 특별한 약정이 있다면 이에 따라야 한다(대판 2000. 4. 11. 99다12123).

2. 보증인의 부담이 주채무의 목적이나 형태보다 중한 경우

보증인의 부담이 주채무의 목적인 형태보다 중한 때에는 주채무의 한도로 감축한다(민법 제430조). 이는 보증채무의 목적·형태상의 부종성에 관한 규정이다.

보증채무는 주채무의 이행을 담보하는 것이므로, 그 내용, 즉 목적이나 형태가 주채무보다 무거울 수는 없다. 보증계약에서 주채무보다 무겁게 약정한 경우에 그 전부가 무효로 되는 것이 아니라, 주채무의 한도로 당연히 감축되어 유효한 것으로 존속하게 되는 것이다.

핵심판례

- **보증계약의 성립 후 보증인의 동의 없이 주채무의 목적이나 형태가 변경된 경우, 보증채무의 범위**
  보증계약이 성립한 후에 보증인이 알지도 못하는 사이에 주채무의 목적이나 형태가 변경되었다면, 그 변경으로 인하여 주채무의 실질적 동일성이 상실된 경우에는 당초의 주채무는 경개로 인하여 소멸하였다고 보아야 할 것이므로 보증채무도 당연히 소멸하겠지만, 그 변경으로 인하여 주채무의 실질적 동일성이 상실되지 아니하고 동시에 주채무의 부담 내용이 축소·감경된 것에 불과한 경우에는 보증인은 그와 같이 축소·감경된 주채무의 내용에 따라 보증책임을 진다고 할 것이다(대판 2001. 3. 23. 2001다628).

- **상품에 대한 계속적 공급판매계약을 체결함에 있어 주채무자의 모든 채무에 대하여 책임을 진다고 기명날인을 한 연대보증인에게 계약서상의 계약기간의자동연장에 관한 조항까지도 효력이 있는지 여부**
  상품에 대한 계속적 공급판매계약을 체결함에 있어 쌍방간에 계약갱신통보가 없을 때에는 그 계약기간은 자동연장되는 것으로 한다는 조항이 포함되어 있었고 그 후 이 계약이 자동연장되어 존속되어 왔다면 특별한 사정이 없는 한 계약기간의 자동연장에 관한 위 조항을 포함한 계약서의 전조항이 위 계약을 체결함에 있어서 연대보증인으로서 주채무자의 모든 채무에 대하여 책임을 진다고 기명날인한 연대보증인에게도 효력이 있다(1991. 10. 22. 제1부 판결, 91다25932 물품대금).

- **이른바 '계속적 보증'에 있어서 보증인의 책임범위와 그 제한**
  채권자와 주채무자 사이의 계속적인 거래관계에서 발생하는 불확정한 채무를 보증하는 이른바 '계속적 보증'의 경우에도, 보증인은 주채무자가 이행하지 아니하는 채무를 전부 이행할 의무가 있는 것이 원칙이고, 다만 보증인이 보증을 할 당시 주채무의 범위를 예상하였거나 예상할 수 있었는데 주채무가 그 예상범위를 훨씬 초과하여 객관적인 상당성을 잃을 정도로 과다하게 발생하였고, 또 그와 같이 주채무가 과다하게 발생한 원인이, 채권자가 주채무자의 자산상태가 현저히 악화된 사정을 잘 알고 있으면서도(중대한 과실로 알지 못한 경우도 마찬가지다) 그와 같은 사정을 알 수 없었던 보증인에게 아무런 통지나 의사타진도 하지 아니한 채 고의로 거래의 규모를 확대하였기 때문인 것으로 인정되는 등, 채권자가 보증인에게 주채무의 전부이행을 청구하는 것이 신의칙에 반하는 것으로 판단될 만한 특별한 사정이 있는 경우에 한하여 보증인의 책임을 합리적인 범위 내로 제한할 수 있다(1992. 7. 28. 제2부 판결 91다35816 대여금).

- **보증인의 관여없이 손해배상 예정액이 결정된 경우 보증인이 그에 대해 보증책임이 있는지 여부**
  채무자의 채무불이행시의 손해배상의 범위에 관하여 채무자와 채권자 사이의 합의로 보증인의 관여 없이 그 손해배상 예정액이 결정되었다고 하더라도, 보증인으로서는 위 합의로 결정된 손해배상 예정액이 채무불이행으로 인하여 채무자가 부담할 손해배상책임의 범위를 초과하지 아니한 한도 내에서만 보증책임이 있다(대판 1996. 2. 9. 94다38250).

- **보증계약 성립 후 채무자와 채권자 사이에 채무불이행시의 손해배상액을 예정한 경우, 보증인의 보증책임의 범위**

보증인은 특별한 사정이 없는 한 채무자가 채무불이행으로 인하여 부담하여야 할 손해배상채무에 관하여도 보증책임을 진다고 할 것이고, 따라서 보증인으로서는 채무자의 채무불이행으로 인한 채권자의 손해를 배상할 책임이 있다고 할 것이나, 원래 보증인의 의무는 보증계약 성립 후 채무자가 한 법률행위로 인하여 확장, 가중되지 아니하는 것이 원칙이므로, 채무자의 채무불이행시의 손해배상의 범위에 관하여 채무자와 채권자 사이의 합의로 보증인의 관여 없이 그 손해배상 예정액이 결정되었다고 하더라도, 보증인으로서는 위 합의로 결정된 손해배상 예정액이 채무불이행으로 인하여 채무자가 부담할 손해배상 책임의 범위를 초과하지 아니한 한도 내에서만 보증책임이 있다(1996. 2. 9. 판결, 94다38250 보증채무금).

<Q & A>
보증인 동의 없이 주채무의 목적이나 형태가 변경된 경우 보증채무의 범위

Q) 甲은 乙이 丙회사와 계속적 물품거래계약을 하는데 연대보증을 서주었다. 그런데 그 후 乙과 丙은 위 계약서의 내용이 공정거래위원회로부터 시정권고를 받을 염려가 있다는 이유로 甲도 모르게 새로운 양식의 거래신청서를 작성하였다. 그들은 당시 甲의 소재를 파악하지 못하여 연락이 되지 않았다고 한다. 그 약정내용을 보면 종전의 물품공급계약과 비교하여 채무의 발생원인, 채권자, 채무자, 채권의 목적 등 채무의 중요한 내용에 있어서는 변경이 없고, 오히려 거래신청인이나 연대보증인에게 유리한 내용의 신청서 양식으로 바꾸었지만 위 새로운 계약서상에는 연대보증인인 甲의 서명날인이 없다. 이 경우 甲의 보증책임은 어떻게 되는가?

A)

1. 문제점

「민법」제428조, 제429조 및 제430조는 보증인은 주채무자가 이행하지 아니하는 채무를 이행할 의무가 있고, 보증채무는 주채무의 이자, 위약금, 손해배상 기타 주채무에 종속한 채무를 포함하며, 보증인의 부담이 주채무의 목적이나 형태보다 중한 때에는 주채무의 한도로 감축한다고 규정하고 있다. 그러므로 연대보증인은 주채무의 한도 내에서 보증책임이 있다 할 것이다. 그런데 위 사안에서와 같이 <u>보증계약이 성립한 후 그 내용의 일부를 변경하는 새로운 계약서를 작성하면서 보증인의 서명날인을 받지 아니한 경우에도 보증인의 책임을 그대로 인정할 수 있을 것인지</u> 문제된다.

2. 판례의 태도

대법원은 "보증계약이 성립한 후에 보증인이 알지도 못하는 사이에 주채무의 목적이나 형태가 변경되었다면, 그 변경으로 인하여 주채무의 실질적 동일성이 상실된 경우에는 당초의 주채무는 경개로 인하여 소멸하였다고 보아야 할 것이므로 <u>보증채무도 당연히 소멸하겠지만, 그 변경으로 인하여 주채무의 실질적 동일성이 상실되지 아니하고 동시에 주채무의 부담내용이 축소·감경된 것에 불과한 경우에는 보증인은 그와 같이 축소·감경된 주채무의 내용에 따라 보증책임을 진다고 할 것이다."라고 판시하였다 (대법원 2000. 1. 21. 선고 97다1013 판결, 2001. 3. 23. 선고 2001다628 판결).

> 3. 결론
> 위 사안에서 乙과 丙회사간에 새로이 작성된 거래신청서의 내용으로 보아 기존의 거래신청서와 그 실질적인 동일성을 유지하는 것으로 볼 수 있는 것이라면, 甲의 서명날인이 누락되었다고 하더라도 기존 거래신청서상의 보증책임도 소멸되지 않고 그대로 존재한다고 볼 수 있을 것이다.

IV. 보증계약의 효력

1. 채권자의 권리

채권자는 변제기가 되면 주채무자와 보증인에게 동시에 또는 순차로 채무의 이행을 청구할 수 있다. 주채무자가 이행을 하지 않는 경우에만 보증인에 대해 청구할 수 있는 것은 아니다. 다만 채권자가 보증인에게 먼저 이행을 청구한 경우에는 보증인은 보증채무의 보충성에 기한 항변권을 가질 뿐이다.

2. 보증인의 권리

(1) 주채무자의 항변권의 행사

보증인은 주채무자의 항변으로 채권자에게 대항할 수 있다. 주채무자의 항변포기는 보증인에게 효력이 없다(민법 제433조).

보증인은 주된 채무자의 항변권을 원용할 수 있다. 즉, 주채무자가 채권자에 대해 가지는 항변사유, 예컨대 주채무의 무효·취소·동시이행의 관계·변제기의 미도래·변제 등으로 인한 주채무의 소멸 등의 사유를 보증인은 채권자에게 주장할 수 있다.

그리고 주채무자의 항변포기는 보증인에게 효력이 없다(제433조 2항). 이는 보증인을 보호하기 위한 것으로서, 따라서 주채무자가 기한의 이익이나 시효이익을 포기하더라도 보증인은 변제기의 미도래 및 주채무의 시효소멸에 따른 보증채무의 소멸을 주장할 수 있다. 판례도 '주채무가 시효로 소멸한 대에는 보증인도 그 시효소멸을 원용할 수 있으며, 주채무자가 시효의 이익을 포기하더라도 보증인에게는 그 효력이 없다'고 하였다(대판 1991. 1. 29. 89다카1114).

(2) 주채무자의 상계권의 행사

보증인은 주채무자의 채권에 의한 상계로 채권자에게 대항할 수 있다(민법 제434조). 이것은 보증인을 보호하기 위해 보증인이 주채무자의 채권자에 대한 채권으로 직접 상계할 수 있는 것으로 정하고 있는 것이다.

이 상계권은 보증채무의 부종성에서 당연히 파생되는 것은 아니지만, 보증인의 보호와 법률관계의 간략한 결제를 위하여 인정된 것이다.

> **【쟁점사항】**
> 채권자가 주채무자에 대하여 상계적상에 있는 자동채권을 상계처리 하지 아니한 것을 이유로 보증채무자가 채무이행을 거부할 수 있는지 여부
> **상계는 단독행위로서 상계를 하는 여부는 채권자의 의사에 따르는 것이고 상계적상에 있는 자동채권이 있다 하여 반드시 상계를 하여야 할 것은 아니므로 채권자가 주채무자에 대하여 상계적상에 있는 자동채권을 상계처리하지 아니하였다 하여 이를 이유로 보증채무자가 신용보증한 채무의 이행을 거부할 수 없으며 나아가 보증채무자의 책임이 면책되는 것도 아니다(대판 1987. 5. 12. 86다카1340).**

(3) 채무이행의 거절

주채무자가 채권자에 대하여 취소된 또는 해제권이나 재지권이 있는 동안은 보증인은 채권자에 대하여 채무의 이행을 거절할 수 있다(민법 제435조).

주채무자가 취소권 등을 가지는 경우에 보증인이 무조건 보증채무를 이행하여야 한다는 것은 보증채무가 주채무보다 중하게 되는 것일 수 있고, 보증인이 보증채무를 이행한 후에 주채무가 취소되면 보증인이 채권자에게 부당이득의 반환청구를 하는 등 법률관계가 복잡해지기 때문에 민법 제435조는 보증인에게 이행거절권을 인정한 것이다.

(4) 보증인의 최고·검색의 항변권

가. 의 의

1) 최고의 항변권

채권자가 보증인에게 채무의 이행을 청구한 때는 보증인은 먼저 주채무자가 자력이 있다는 사실 및 그 집행이 용이하다는 것을 증명하여 먼저 주채무자에게 청구할 것을 항변할 수 있는 권리이다(민법 제437조). 보증인의 1차적 항변권으로서 검색의 항변권과 함께 보증채무의 보충성을 기하는 항변권이다.

다만, 이 항변은 채권자가 주채무자에게 최고하면 효력을 상실하게 되므로 유력한 항변이라고 할 수 없다. 주채무자가 파산한 때·행방불명의 경우(구민법 제452조 단서) 또는 보증인이 연대보증인인 때에는 예외적으로 이 항변권이 인정되지 않는다.

2) 검색의 항변권

채권자가 보증인에게 채무의 이행을 청구한 경우에 보증인은 주채무자에게 변제력이 있다는 사실 및 집행이 용이함을 증명하여, 먼저 주채무자에게 집행하라고 그 청구를 거

절할 수 있는 권리이다. 이것은 보증채무의 보충성에 입각하여 최고의 항변권과 함께 인정된 것이다. 따라서 보충성이 인정되지 않는 연대보증인에 대하여서는 검색의 항변권이 인정되지 않는다.

나. 최고·검색의 항변권 행사의 요건

보증인이 최고·검색의 항변권을 행사하려면 '주채무자에게 변제자력이 있는 사실' 및 '그 집행이 용이하다는 것' 두 가지 모두를 증명하여야 한다. 여기에 변제자력이라는 것이 채무의 전액을 변제하는데 있어서 충분한 자력인지의 여부에 대하여는 학설이 일치하지 않으나, 채무를 변제하는 데 상당한 정도에 이르면 충분하다는 것이 통설이다. 다음에 집행이 용이하다는 것은 채권자가 집행을 위하여 현저한 시일과 비용을 요함이 없이 용이하게 그 채권을 실행할 수 있다는 것을 말한다. 일반적으로 말한다면 금전·유가증권 등은 집행이 용이하지만 부동산은 그렇지 않다고 할 수 있다. 검색의 항변을 하게 되면 채권자는 먼저 주채무자의 재산에 대해서 집행해야 한다.

다. 최고·검색의 항변권 행사의 효과

1) 보증인의 이행지체책임 면제

최고·검색의 항변권은 동시이행의 항변권과 같은 일종의 연기적 항변권에 속하므로, 이행기가 경과하더라도 보증인은 이행지체의 책임을 지지 않는다.

2) 채권자의 채권행사방법

보증인은 최고·검색의 항변권을 행사하면, 채권자는 먼저 주채무자에게 청구하고 그 재산에 대하여 집행을 하여야 하며, 그 집행 후 변제를 받지 못한 부분에 한하여 보증인이 그 책임을 지게 된다.

이 최고·검색의 항변권은 한번 행사하면 소멸하며, 채권자가 보증인에게 청구를 하기 전에 주채무자에 대해 청구 및 집행을 한 사실이 있는 때에는 보증인은 위 항변권을 행사할 수 없는 것으로 해석된다.

3) 채권자가 최고·검색을 해태한 경우의 효과

보증인이 최고·검색의 항변권을 행사하였음에도 불구하고 채권자의 해태로 인하여 채무자로부터 전부나 일부의 변제를 받지 못한 경우에는 채권자가 해태하지 아니하였으면 변제받았을 한도에서 보증인은 그 의무를 면한다(민법 제438조).

4) 상계한 제한

보증인이 최고·검색의 항변권을 가지는 동안은 채권자는 보증인에 대해 지는 자신의 채무와 보증채권을 상계하지 못한다.

3. 주채무자 또는 보증인에 대해 생긴 사항의 효력

(1) 주된 채무자에게 생긴 사항의 효력

가. 보증채무 성립 후 채권자와 주채무자의 합의로 주채무를 변경한 경우

주된 채무자에 관하여 생긴 사유는 모두 보증인에게 그 효력을 마친다. 보증채무는 주된 채무에 부종하기 때문이다. 다만 주된 채무의 성립 후에 채권자와 주된 채무자와의 합의로써 변경을 가하게 하는 경우, 주된 채무의 목적 또는 태양을 가볍게 하는 것은 보증인에게 효력을 미치므로 그 책임을 가볍게 하지만, 보증채무를 가중하는 것은 보증인에게 효력을 미치지 않는다(대판 1974. 11. 22. 74다533). 이 점에서는 보증채무의 부종성도 제한되는 것이다.

판례는 보증계약체결 후에 채권자가 보증인의 승낙 없이 주채무자에 대하여 '변제기를 연장'해 준 경우에 그것이 보증인의 책임을 가중하는 것은 아니므로 보증인에게도 그 효력이 미친다고 하였다(대판 1996. 2. 23. 95다49141).

\<Q & A\>
확정채무에 관하여 보증인의 동의 없이 대출기간을 연장할 수 있는지

 Q) A는 3년 전 친구 甲이 乙은행으로부터 1,500만원을 대출기간을 1년으로 하여 대출 받는데 연대보증을 서주었다. 그 후 乙은행은 A의 동의도 없이 甲의 대출기간을 1년 연장해 주었다. 그런데 최초의 대출기간이 만료되었을 때에는 甲의 경제사정이 위 대출금을 갚고도 남을 상태였지만, 그 후로 甲의 경제사정이 악화되어 이자를 연체하자 A의 동의도 없이 대출기간을 1년 연장해 준 乙은행은 A에게 위 대출금 등을 갚으라고 하고 있다. A는 대출금을 갚아야만 하는가?

A)
1. 문제점

 연대보증이란 보증인이 주채무자와 연대하여 채무를 부담함으로써 주채무의 이행을 담보하는 보증채무를 의미한다. 채권자는 연대채무자 중 임의의 1인 혹은 수인 또는 전원에 대하여 급부의 전부 또는 일부를 청구할 수 있고(민법 제413조), 수인 또는 전원에 대하여 청구할 때에는 동시에 청구할 수도 있고 순차적으로도 청구할 수 있다(민법 제414조, 제437조의 단서). 그런데 보증인인 A의 동의 없이 주채무자의 변제기를 연장해 준 경우 A의 책임이 감액 또는 면제되는 효력은 없는지 문제된다.

2. 판례의 태도

 이에 관하여 판례는 "채무가 특정되어 있는 확정채무에 대하여 보증한 연대보증인으로서는 자신의 동의 없이 피보증채무의 이행기를 연장해 주었느냐의 여부에 상관없이 그 연대보증채무를 부담한다."라고 하였고(대법원 2002. 6. 14. 선고 2002다14853 판결), 보증계약체결 후 채권자가 보증인의 승낙 없이 주채무자에 대하여 변제기를 연장하여 준 경우, 그것이 반드시 보증인의 책임을 가중하는 것이라고는 할 수 없으므로 원칙적으로 보증채무에 대하여도 그 효력이 미친다고 하면서, 채권자의 청구가 연대보증인에 대하여 그 보증채무의 이행을 구하고 있음이 명백한 경우에는, 손해배상책임의 유무 또는 배상의 범위를 정함에 있어 채권자의 과실이 참작되는 과실상계의 법리는 적용될 여지가 없다고 하였다(대법원 1996. 2. 23. 선고 95다49141 판결).

> 3. 결론
> 따라서 위 사안과 같은 확정채무의 보증에 있어서는 보증인의 동의 없이 대출기간을 연장해주었다는 점으로 A의 책임기간이 다했다고 다툴 수 없을 것으로 보인다. 다만, 이와는 다른 계속적 보증의 경우에는 확정채무의 보증과는 달리 보증계약의 묵시적 갱신을 인정하지 않고 있음을 주의해야 한다(대법원 1999. 8. 24. 선고 99다26481 판결).

나. 주채무자에 대한 시효중단

주채무자에 대한 시효의 중단은 보증인에 대하여 그 효력이 없다(민법 제440조). 시효의 중단은 당사자 및 그 승계인 사이에만 효력이 있는 것이지만 민법 제440조는 채권자 보호를 위해 특별히 규정한 것이다. 주된 채무의 시효의 중단을 가져오는 사유에는 아무 제한이 없으므로, 청구·압류(가압류·가처분)·승인이 있으면 보증채무의 소멸시효도 중단된다.

(2) 보증인에게 생긴 사항의 효력

보증인에 관해 생긴 사유는 이행 기타 이에 동시할 수 있는 것(예 : 변제·대물변제·공탁·상계 등)을 제외하고는 주된 채무자에 대해 효력을 미치지 않는다.

> **\<Q & A\>**
> **연대보증인 1인에 대한 채권포기의 효력이 주채무자 등에게 미치는지**
>
> Q) 甲은 乙과 함께 丙의 丁에 대한 대여금채무에 대하여 연대보증을 하였다. 그런데 丙은 변제기간이 지났음에도 위 채무를 변제하지 않았다. 이에 丁은 甲의 임금채권에 가압류를 하였다. 이에 甲은 은행으로부터 대출을 받아 돈을 마련하여 丁에게 변제제공하면서 가압류를 취소하도록 요청하였다. 그러자 丁은 甲의 연대보증채무 중 이자채권을 포함한 채무일부를 면제해주고 임금채권에 대한 가압류도 취소해주었다. 이 경우 주채무자인 丙과 다른 연대보증인인 乙의 채무에도 위 면제의 효력이 미치는가?

A)

1. 문제점

연대채무자에 대한 채무면제와 관련하여 「민법」제419조는 "어느 연대채무자에 대한 채무면제는 그 채무자의 부담부분에 한하여 다른 연대채무자의 이익을 위하여 효력이 있다."라고 규정하고 있다. 물론 이 규정은 임의규정이라고 할 것이므로 채권자가 의사표시 등으로 위 규정의 적용을 배제하여 어느 한 연대채무자에 대하여서만 채무면제를 할 수는 있을 것입니다. 그런데 사례에서 문제가 되는 것은 연대채무자에 대한 채무면제가 아니라 연대보증인에 대한 채무면제가 주채무자와 다른 연대보증인에게도 효력이 미치는가에 관한 것이다.

2. 판례의 태도

채권자가 연대보증인에 대하여 한 채무면제의 효력이 주채무자에 대하여 미치는지에 관하여 판례는 "연대보증인이라고 할지라도 주채무자에 대하여는 보증인에 불과하므로 연대채무에 관한 면제의 절대적 효력을 규정한 민법 제419조의 규정은 주채무자와 보증인 사이에는 적용되지 아니하는 것이니, 채권자가 연대보증인에 대하여 그 채무의 일부 또는 전부를 면제하였다 하더라도 그 면제의 효력은 주채무자에 대하여 미치지 아니한다."라고 하였으며, 채권자가 수인의 연대보증인 중 1인에 대하여 한 채무면제의 효력이 다른 연대보증인에 대하여 미치는지에 관하여도 "수인의 연대보증인이 있는 경우, 연대보증인들 사이에 연대관계의 특약이 있는 경우가 아니면 채권자가 연대보증인의 1인에 대하여 채무의 전부 또는 일부를 면제하더라도 다른 연대보증인에 대하여는 그 효력이 미치지 아니한다 할 것이다."라고 하였다(대법원 1992. 9. 25. 선고 91다37553 판결, 1994. 11. 8. 선고 94다37202 판결).

3. 결론

따라서 채권자 丁이 연대보증인 중 1인인 甲의 채무를 일부 면제해 주었다고 하여도 주채무자인 丙과 다른 연대보증인 乙의 채무에는 면제의 효력이 미치지 않을 것이고, 따라서 丁은 丙과 乙에 대하여는 甲에게 면제해준 부분의 청구가 가능할 것이다.

4. 보증인의 구상권

(1) 의 의

자기의 출현으로 주된 채무자를 면책한 보증인은 주된 채무자에 대하여 구상권을 취득한다.

물론 보증인은 자기의 채무를 변제한 것이지만, 주된 채무자에 대한 관계에서는 타인의 채무를 변제한 성질을 갖기 때문이다.

(2) 수탁보증인의 구상권

가. 구상권의 성립요건

주채무자의 부탁으로 보증인이 된 자를 수탁보증인이라 한다.

수탁보증인의 구상권이 성립하기 위해서는 ① 보증인이 주채무의 전부나 일부를 소멸시켜야 하고, ② 주채무의 소멸이 보증인의 출재로 인한 것이어야 하며, ③ 부탁을 받은 보증인은 주채무자에 대한 관계에서 위임에 유사한 의무를 지므로, 보증인의 출재에 과실이 없어야 한다.

나. 구상권의 범위

주채무를 한도로 한 출재액 외에, 면책된 날 이후의 법정이자 및 기타 피할 수 없는 비용 기타의 손해배상을 포함한다(민법 제441조 2항).

다. 구상권의 행사시기 : 사후구상이 원칙

주채무자의 부탁으로 보증인이 된 자는 자기의 출재로 주채무를 소멸하게 한 후에 구상하는 것이 원칙이다(민법 제441조 1항).

라. 사전구상을 할 수 있는 경우

수탁보증인에 한해서 아래와 같은 사유가 생긴 때에는 미리 구상권을 행사할 수 있다(민법 제442조).

ⅰ) 보증인이 과실없이 채권자에게 변제할 재판을 받은 때 : 보증인의 과실로 패소의 판결을 받은 경우 채무자에게 사전구상권이 없다.

ii) 주채무자가 파산선고를 받은 경우에 채권자가 파산재단에 가입하지 아니한 때 : 채권자가 미리 파산재단의 배당에 가입한 때에는 보증인은 구상을 받을 필요가 없으므로 이 경우에는 구상권을 행사할 수 없다.

iii) 채무의 이행기가 확정되지 아니하고 그 최장기도 확정될 수 없는 경우에 보증계약 후 5년을 경과한 때 : 언제 이행기가 되는 것인지 불분명하고 보증인은 무한정책임을 부담하여야 한다고 함과 같으므로 이 경우에는 보증계약 후 5년을 경과한 때에는 변제기가 도래하지 않아도 채무자에 대하여 미리 구상할 수 있다.

iv) 채무자의 이행기가 도래한 때 : 채무의 이행기가 도래한 때에는 그 채무자에 대하여 미리 구상할 수 있다. 이 경우에 주채무자는 채권자로부터 이행기한의 연장을 허여받은 것을 이유로 하여 보증인에게 대항할 수 없으므로 보증인의 사전 구상권에 응하여야 한다.

> **핵심판례**
>
> ■ **사전구상권을 행사하여 구상금을 수령한 수탁보증인의 의무**
>
> 수탁보증인이 사전구상권을 행사하여 사전구상금을 수령하였다면 비록 그 사전구상의 사유가 구상금채무의 연대보증인 겸 물상보증인에 대하여 발생한 것이더라도 이는 결국 사전구상 당시 채권자에 대하여 보증인이 부담할 원본채무와 이미 발생한 이자, 피할 수 없는 비용 및 기타의 손해액을 선급받은 것이므로 주채무자로부터 구상금을 사전 상환받은 것과 다름없고, 이 금원은 주채무자에 대하여 수임인의 지위에 있는 수탁보증인이 위탁사무의 처리를 위하여 선급받은 비용의 성질을 가지는 것이므로 보증인은 이를 선량한 관리자의 주의로서 위탁사무인 주채무자의 면책에 사용하여야 할 의무가 있다(대판 1989. 9. 29. 88다카10524).
>
> ■ **수탁보증인의 사전구상권과 사후구상권의 소멸시효 기산점**
>
> 수탁보증인의 사전구상권과 사후구상권은 그 종국적 목적과 사회적 효용을 같이하는 공통성을 가지고 있으나, 사후구상권은 보증인이 채무자에 갈음하여 변제 등 자신의 출연으로 채무를 소멸시켰다고 하는 사실에 의하여 발생하는 것이고 이에 대하여 사전구상권은 그 외의 민법 제442조 제1항 소정의 사유나 약정으로 정한 일정한 사실에 의하여 발생하는 등 그 발생원인을 달리하고 그 법적 성질도 달리하는 별개의 독립된 권리라고 할 것이므로, 그 소멸시효는 각각 별도로 진행되는 것이고, 따라서 사후구상권의 소멸시효는 사전구상권이 발생되었는지 여부와는 관계없이 사후구상권 그 자체가 발생되어 이를 행사할 수 있는 때로부터 진행된다(대판 1992. 9. 25. 91다37553).

마. 사전구상에 의해 주채무자가 보증인에게 배상한 경우의 주채무자의 면책청구

사전구상에 의하여 주채무자가 보증인에게 배상하는 경우에 주채무자는 자기를 면책

하거나 자기에게 담보를 제공할 것을 보증인에게 청구할 수 있고 또는 배상할 금액을 공탁하거나 담보를 제공하거나 보증인을 면책하게 함으로써 그 배상의무를 면할 수 있다(민법 제443조).

여기서 담보라 함은 수탁보증인이 사전구상한 것을 주채무의 변제에 사용하여야 할 채무의 담보를 의미한다.

(3) 부탁 없는 보증인의 구상권

가. 주채무자의 부탁이 없는 경우

주채무자의 부탁을 받지 않고 보증인이 된 자가 변제 기타 자기의 출재로 주채무를 소멸하게 한 때에는 주채무자는 그 당시에 이익을 받은 한도에서 배상하여야 한다(민법 제44조 1항).

주채무자의 부탁을 받지 않았던 경우에 구상권의 범위는 사무관리의 경우와 마찬가지로 보증인이 된 것이 채무자의 의사에 반하지 아니한 때에는 주된 채무자가 보증인의 면책행위시에 받은 이익의 한도 내에서 배상하여야 한다. 따라서 출재금액과 면책금액이 다른 때에는 그 중 적은 쪽의 금액을 구상할 수 있고, 수탁보증인의 경우와는 달리 면책일 이후의 법정이자와 손해배상은 구상액에 포함되지 않는다.

나. 주채무자의 의사에 반하는 경우

주채무자의 의사에 반하여 보증인이 된 자가 변제 기타 자기의 출재로 주채무를 소멸하게 한 때에는 주채무자는 현존이익의 한도'에서 배상하여야 한다(민법 제444조 3항). 현존이익의 유무와 범위를 정하는 시점은 면책행위를 한 때가 아니라 구상권을 행사한 때이다. 또한 주채무자는 보증인의 면책행위 후 구상권을 행사하기까지 채권자에 대해 가지는 항변사유로 보증인에게 대항할 수 있다. 여기서 민법은 주채무자가 보증인이 구상한 날 이전에 상계원인이 있음을 주장한 때에는 그 상계로 소멸한 채권은 보증인에게 당연히 이전하는 것으로 정한다(민법 제444조 3항).

(4) 구상권의 제한

가. 보증인의 통지의무

보증인은 변제하기 전에 그리고 변제를 한 후에 그 사실을 주채무자에게 통지하여야 하며 이에 대한 통지를 게을리하면 구상권의 제한을 받게 된다.

1) 사전통지의무

보증인이 주채무자에게 통지하지 아니하고 변제 기타 자기의 출재로 주채무를 소멸하게 한 경우에 주채무자가 채권자에게 대항할 수 있는 사유가 있었을 때에는 그 사유로 보증인에게 대항할 수 있고 그 대항사유가 상계인 때에는 상계로 소멸할 채권은 보증인에게 이전된다(민법 제445조 1항).

2) 사후통지의무

보증인이 변제 기타 자기의 출재로 면책되었음을 주채무자에게 통지하지 아니한 경우에 주채무자가 선의로 채권자에게 변제 기타 유상의 면책행위를 한 때에는 주채무자는 자기의 면책행위의 유효를 주장할 수 있다(민법 제445 2항).

보증인이 변제 기타의 출재로 인하여 채무를 면한 것을 주채무자에게 통지하지 않았기 때문에 주채무자가 그것을 알지 못하고 채권자에게 이중으로 변제 기타 유상의 면책행위를 한 때에는, 주채무자는 자기의 변제 기타의 면책행위를 유효한 것으로 보증인에게 대항할 수 있으며, 따라서 그 구상을 거절할 수 있다. 이 경우에는 변제 기타의 면책행위를 한 보증인은 통지를 태만히 하였기 때문에 그 구상권을 잃는 것이다. 그러나 이것은 이중의 변제를 받는 채권자의 부당이득을 보호하는 것이 아니므로 보증인은 별도로 채권자에 대하여 그 부당이득의 반환을 청구할 수 있다.

나. 주채무자의 통지의무

주채무자가 자기의 행위로 면책하였음을 그 부탁으로 보증인이 된 자에게 통지하지 아니한 경우에 보증인이 선의로 채권자에게 변제 기타 유상의 면책행위를 한 때에는 보증인은 자기의 면책행위의 유효를 주장할 수 있다(민법 제446조).

주채무자는 보증인과 달리 사전통지의무를 지지 않고, 변제를 한 후에 하는 사후통지의무만을 질뿐이다. 또 수탁보증인에 대해서만 통지의무를 진다.

V. 특수한 보증

1. 공동보증

(1) 공동보증의 의의

공동보증이란 동일한 주채무에 관하여 수인이 보증채무를 부담하는 것을 말한다. 수인이 하나의 계약으로 동시에 보증을 하거나 별개의 계약으로 각각 보증을 하거나, 각 보증인이 다른 보증인의 존재를 알고 있었는지를 묻지 않고, 수인이 보증하면 공동보증이 된다. 또한 보증인 전원이 채무전부에 대해 보증한 경우뿐만 아니라, 어느 보증인이 채무의 일부에 대해 보증을 한 경우에도 공통된 부분에 대해서는 공동보증이 성립한다.

(2) 공동보증인의 채권자에 대한 관계

가. 분별의 이익이 있는 경우

수인이 보증인이 하나의 계약으로 보증인이 된 경우는 물론이고, 별개의 계약으로 보증인이 된 경우에도, 특별한 의사표시가 없으면 각 보증인은 주채무를 균등한 비율로 분할한 부분에 대해서만 보증채무를 부담한다(민법 제439조). 이를 '분별의 이익'이라 한다.

공동보증인이 분별의 이익을 가지는 경우, 각 공동보증인은 자기가 부담하는 분별보증 채무액에 관해서만 변제하면 충분하고, 또 그것을 변제하더라도 주된 채무자에 대하여서만 구상권을 취득하며, 다른 보증인에 대한 구상관계는 발생하지 않는다. 단, 보증인의 1인이 이러한 이익을 가지고 있음에도 불구하고, 부담부분을 넘는 액을 변제한 경우에는 주된 채무자에게 구상할 수 있는 것은 당연하지만, 본조는 단지 이 초과부분에 대하여 다른 보증인에 대하여서도 부탁없는 보증인의 규정에 준하여 구상할 수 있는 것으로 규정하였다. 이 변제가 다른 보증인에 대해서도 책임을 면하게 하여 사무관리의 관계를 발생시키므로 그 범위 내에서는 부탁없는 보증인의 변제에 유사하기 때문이다.

나. 분별의 이익이 없는 경우

다음의 경우에는 분별의 이익이 없고 보증인 각자가 주채무 전액에 대한 보증책임을 진다(제448조 2항).

ⅰ) 주채무의 내용이 성질상 또는 당사자의 의사표시에 의해 '불가분적 급부'를 목적으로 하는 경우

ⅱ) 보증인의 주채무자와 연대하여 채무를 부담하기로 하는 연대보증의 경우

ⅲ) 보증인간에 연대하여 보증채무를 이행하기로 하는 한 보증연대의 경우

(3) 공동보증인 사이의 구상권

공동보증인 중 1인이 변제를 한 때에는 주채무자에게 구상할 수 있다. 그런데 그 보증인이 자기의 부담부분을 넘어 변제한 때에는 다른 공동보증인에 대해서도 구상할 수 있다. 즉, 공동보증인이 분별의 이익을 가지지 않는 경우, 각 공동보증인은 전액 변제의 의무를 부담한다. 따라서 1인의 보증인이 전액 또는 자기의 부담부분을 넘는 액을 변제한 때에는 주된 채무자에 대하여 보증인으로서의 구상권을 갖는 것은 당연하나, 본조는 다시 다른 공동보증인에 대해서도 연대채무의 규정에 준용하여 구상할 수 있는 것으로 규정했다.

이러한 공동보증인은 채권자에 대한 관계에 있어서는 전액변제의 의무를 부담하며, 주된 채무자에 대하여 구상할 수 있는 점을 제외하면 연대채무자 상호간의 관계와 대단히

유사하다. 다만 주의할 것은 연대채무에 있어서는 판례 및 통설이 구상권을 성립시키기 위한 요건으로서 부담부분을 넘는 변제를 요건으로 하고 있지 않는 것에 대하여, 공동보증의 경우에는 부담부분을 넘는 변제가 명문으로 규정되어 있다는 점이다. 공동보증인은 분별의 이익을 갖지 않는 경우에도 내부관계에 있어서는 분할된 일정액의 보증채무를 부담하는 것으로 볼 수 있고, 연대채무와 같은 밀접한 공동관계는 없기 때문이다.

2. 연대보증

(1) 의 의

연대보증이란 보증인이 주채무자와 연대하여 채무를 부담함으로써 주채무의 이행을 담보하는 보증채무를 말한다. 채권의 담보를 목적으로 하는 것은 보증채무와 마찬가지이나 보통의 보증채무에서와 같은 보충성이 없기 때문에 채권자의 권리가 특히 강력하다.

연대보증은 다음과 같은 점에서 보증채무와 차이가 있다.

ⅰ) 연대보증에는 보통성이 인정되지 않으므로 연대보증인은 최고·검색의 항변권을 갖지 못한다(제437조 단서).

ⅱ) 연대보증인이 수인 있는 경우에도 공동보증에서와 같은 분별의 이익을 갖지 못하고 각자 주채무 전액을 지급하여야 한다(제448조 2항).

(2) 연대보증의 성립

가. 연대보증계약에 의하는 경우

연대보증채무는 보증인이 주채무자와 연대하여 보증할 것을 채권자와의 사이에서 맺어지는 보증계약에서 약정하는 경우에 성립한다.

나. 상법의 규정에 의하는 경우

보증인이 있는 경우에 그 보증이 상행위이거나 주채무자가 상행위로 인한 것인 때에는 연대보증이 성립한다(상법 제57조 2항).

(3) 연대보증의 효력

가. 대외적 효력

채권자가 연대보증인에 대하여 가지는 권리는 연대채무자에 대한 권리와 다름이 없다. 연대보증인은 채권자의 청구에 대하여 최고·검색의 항변권을 가지지 않는다. 그러나 연대보증도 보증채무의 일종이므로, 연대보증인은 보통의 보증인과 마찬가지로 주채무자가 채권자에 대하여 가지는 항변 및 항변권을 주장할 수 있다. 또한 연대보증채무의 목적·범위·태양에 관하여서도 제429조·제430조가 적용된다.

나. 주채무자·연대보증인에 관하여 생긴 사유의 효력

연대보증도 그 본질은 보증이므로, 주채무자 또는 연대보증인에 관하여 생긴 사유의 효력은 보통의 보증채무에서와 같다.

다. 대내적 효력

주채무자와 연대보증인 사이의 구상관계는 보통의 보증과 같으며, 따라서 제441조 이하의 규정이 그대로 적용된다.

핵심판례

- **연대보증인 제외 요청에 대하여 금융기관이 승낙 여부의 통지를 하지 않았다 하여 그 요청을 승낙한 것으로 볼 수 있는지 여부(소극)**

  통상의 금융거래에 있어서 연대보증인에서 제외시켜 달라는 채무자측의 요청은, 채권자인 금융기관의 입장에서 볼 때 이미 다른 확실한 물적·인적 담보가 확보되어 있다거나 또는 그 연대보증에 대신할 만한 충분한 담보가 새로이 제공된다는 등의 특별한 사정이 없는 한 그에 대한 승낙이 당연히 예상된다고 할 수는 없기 때문에, 위와 같은 특별한 사정이 없는 연대보증인 제외 요청에 대하여 금융기관이 승낙 여부의 통지를 하지 않았다고 하여 상법 제53조에 따라 금융기관이 그 요청을 승낙한 것으로 볼 수는 없다(대판 2007. 5. 10. 2007다4691, 4707).

- **수인의 연대보증인 상호간의 구상관계**

  연대보증인 가운데 한 사람이 채무의 전액이나 자기의 부담부분 이상을 변제하였을 때에는 다른 보증인에 대하여 구상을 할 수 있고 다만 다른 보증인 가운데 이미 자기의 부담부분을 변제한 사람에 대하여는 구상을 할 수 없다(대판 1993. 5. 27. 93다4656).

> **<Q & A>**
> **동일 채무에 대하여 연대보증과 근저당권설정등기를 해준 경우 그 효력**
>
> Q) A는 1년 전 친구 甲이 乙로부터 2,000만원을 차용할 때 丙과 함께 연대보증을 서주면서 자신 소유 부동산에 채권최고금액 2,000만원인 근저당권을 설정해주었다. 그런데 甲은 위 채무를 단 한푼도 갚지 않았고, 乙은 위 근저당권을 실행하여 A의 부동산을 경매처분하면서 그 매각대금으로부터 2,000만원을 배당 받았다. 그러나 乙은 A에게 연대보증책임을 물어 2,000만원이 초과된 지연이자에 대하여도 다시 청구하겠다고 한다. 이 경우 A는 2000만원을 초과한 지연이자에 대하여도 책임이 있는가?

A)
1. 문제점

보증인의 채무 범위에 관하여「민법」제429조는 "①보증채무는 주채무의 이자, 위약금, 손해배상 기타 주채무에 종속한 채무를 포함한다. ②보증인은 그 보증채무에 관한 위약금 기타 손해배상액을 예정할 수 있다."라고 규정하고 있다. 그런데 위 사안의 경우와 같이 보증인으로서의 지위를 가짐과 동시에 보증인소유 부동산에 근저당권을 설정해 줌으로써 그 채무범위가 달라질 수 있는지 문제될 수 있다.

2. 판례의 태도

판례는 "동일한 사람이 동일채권의 담보를 위하여 연대보증계약과 근저당권설정계약을 체결한 경우라 하더라도, 위 두 계약은 별개의 계약이므로, 연대보증책임의 범위가 근저당권의 채권최고금액의 범위 내로 제한되기 위해서는 이를 인정할 만한 특별한 사정의 존재가 입증되어야 하는 것이다."라고 하였다(대법원 1993. 7. 13. 선고 93다17980 판결).

3. 결론

따라서 A는 연대보증책임의 범위가 근저당권의 채권최고금액의 범위 내로 제한되는 특별한 사정의 존재를 입증하지 못하는 한 그 지연이자에 대하여서도 변제할 수 밖에 없을 것이다. A가 변제한 경우 甲에게 A가 변제한 금전 등의 구상을 청구할 수 있음은 물론이고, 다른 연대보증인인 丙에게는 특별히 정한 바가 없다면 변제금의 절반을 구상할 수 있을 것이다.

3. 손해담보계약

(1) 의 의

손해담보계약이란 계약의 일방 당사자가 타방의 당사자에 대하여 일정한 사항에 관한 위험을 인수하고, 그로부터 생기는 손해를 전보하는 것을 목적으로 하는 계약이다. 이와 같은 경우 손해담보계약은 그 효용에 있어서 보증채무와 유사한 점을 가지고 있으나 그 성질은 전혀 다르다. 이것은 보증에 있어서는 주된 채무의 보충적 의미에서 담보책임을 지는 것이지만 손해담보계약에 있어서는 주된 채무에 해당하는 것이 없고, 담보책임은 완전히 독립하고 있기 때문이다.

(2) 신원인수계약

일정한 채권관계에 있는 구체적 당사자가 있는 경우, 제3자가 그 채권자에 대하여 그 채무관계에서 생길 일정의 손해를 담보한다는 손해담보계약에 있어서는 주된 채무자에 대비될 채무자가 존재할 수 있는 것이므로 성질상 보증채무와 전혀 다른 것이면서도 실제상 커다란 유사점을 가지고 있다. 예컨대 고용계약에서 그에 동반하는 신원보증인의 채무내용은 피용자의 그것(일정한 노무를 제공하는 것)과 동일한 것은 아니므로 통상의 보증이 아니다. 그러나 그 내용이 고용계약에 관련하여(계약의 내용에 좇은 일을 하지 않은 경우, 고용주의 소유물을 훼손하는 경우, 소비해서는 안 될 금전을 써버리는 경우 등) 피용자가 부담해야 할 손해배상채무를 부담함에 그칠 때에는 일종의 정지조건부 보증계약으로서 보증의 일종을 구성할 것이다(협의의 신원보증계약).

이에 반하여 그 내용이 피용자로서 배상의무를 부담하는가의 여부에 관계없이, 고용주가 받을 일절의 손해(예컨대 피용자의 질병 등으로부터 생기는 손해까지도 포함)를 담보하는 것이면 보증 아닌 손해담보계약에 속하는 것이다. 이 경우는 주된 채무가 없기 때문이다. 그리하여 학자들은 이것을 신원인수계약이라 하여(협의), 신원보증계약과 구별한다.

(3) 보증계약과의 구별

손해담보계약과 보증계약과의 근본적인 차이는 전자에는 부종성이 없다는 점이다. 실제의 경우에 어느 쪽의 계약이 성립하는가는 해석상의 문제이나, 민법 제436조는 이 점이 일종의 추정규정임과 동시에 여기에서 성립하는 채무부담은 일종의 손해담보계약에 의거한 것이라고 한다.

즉 취소의 원인 있는 채무를 보증한 자가 보증계약당시 그 취소원인을 알고 있었던 경우에 주채무의 불이행 또는 취소가 있는 때에는 주채무와 동일한 목적의 독립채무를 부담한 것으로 간주된다.

(4) 효 력

이상과 같이 손해담보계약은 완전히 독립적인 손해전보의무를 발생시키는 것이므로, 가령 주된 채무와 유사한 채무가 있다고 하더라도 그 사이에 부종적 관계는 없다. 최고·검색의 항변권도 물론 인정되지 않는다. 손해담보계약은 불요식·무상·편무계약이지만, 담보자는 피담보자의 출연 혹은 반대급부를 대가로 하여 손해전보의무를 부담하는 것도 물론 가능하다. 이러한 의미에서 손해담보계약도 일종의 담보계약을 구성한다고 할 수 있을 것이다.

담보자가 어떠한 손해를 담보하는가는 물론 당사자의 합의로써 정해지지만, 불가항력에 의해 발생할 손해를 담보하는 계약도 유효하다. 그러나 피담보자의 고의·과실에 의한 손해가 있는 경우, 담보책임을 발생시킬 것인가에 관해서는 문제가 있다.

4. 근보증(신용보증)

(1) 의 의

근보증이란 계속적인 계약관계(주로 은행거래)에서 발생하는 불확정적 근보증으로는 세 가지 종류를 생각할 수 있다. 첫째 당좌대월계약·어음할인계약·계속적 공급계약에서 발생하는 채무의 보증 요컨대 신용보증, 둘째 임대차계약에 의한 임차인의 채무보증, 셋째 고용계약에 의한 피용자의 채무보증 요컨대 신원보증이 그것이다.

판례는 '계속적 거래의 도중에 매수인을 위하여 보증의 범위와 기간의 정함이 없이 보증인이 된 자는 특별한 사정이 없는 한 계약일 이후에 발생되는 채무뿐 아니라 계약일 현재 이미 발생된 채무도 보증하는 것으로 보는 것이 상당하다'고 하여 근보증의 유효성을 인정한다.

(2) 보증인의 책임범위

근보증에서 보증의 대상·보증기간·보증한도액 등을 전혀 정하지 않고 보증하는 것을 포괄근보증이라 하고, 그 중의 일부를 정한 것을 한정근보증이라 한다.

근보증의 경우 보증인의 책임범위가 지나치게 확대되므로 판례는 그것을 합리적으로 제한하려고 한다. 즉, 보증책임의 범위를 제한하거나 보증인에게 사정변경을 이유로 한 보증계약 해지권을 부여하고(대판 1998. 6. 26. 98다11826), 또 보증인이 사망한 경우 보증기간과 보증한도액의 정함이 없는 계속적 보증계약의 보증인의 지위가 상속인에게 상속되지 않는다고 하였다(대판 2001. 6. 12. 2000다47187).

핵심판례

■ **채무자가 부담하는 모든 채무를 포괄보증하는 것으로 되어 있는 어음거래약정서의 문언에 불구하고 그 보증책임의 범위를 제한할 수 있는 경우**

어음거래상의 채무를 위한 보증계약에 있어서 어음거래약정서의 문언상 기간을 정함이 없이 채무자가 부담하는 어음의 계속적 거래로 인한 현재 및 장래의 모든 채무를 포괄하여 보증하는 것으로 되어 있다면, 동 약정서가 처분문서인 점에 비추어 특별한 사정이 없는 한 그 계약문언대로 해석하여야 함이 원칙이기는 하나, 다만 동 약정서가 금융기관 등에서 일률적으로 일반거래약관의 형태로 부동문자로 인쇄해 두고 사용하는 것인 경우에 그 보증을 하게 된 동기와 목적, 피보증채무의 내용, 금융기관의 담보가치판단관계, 그 밖에 거래의 관행 등 제반사정에 비추어 당사자의 의사가 계약문언과는 달리 일정범위의 거래의 보증에 국한시키는 것이었다고 해석함이 합리적인 것으로 인정되는 경우에는 계약서의 피담보채무에 관한 포괄적 기재는 일반거래약관의 예문에 불과한 것으로 보아 그 구속력을 배제함으로써 보증책임의 범위를 제한하도록 새김이 상당하다(대판 1991. 7. 23. 91다12776).

■ **계속적 보증계약에 있어서 보증인이 일방적 의사표시에 의하여 보증계약을 해지하기 위한 요건 및 이사의 지위에 있었기 때문에 부득이 회사와 은행 사이의 계속적 거래로 인한 회사의 채무에 대하여 연대보증인이 된 자가 그 후 퇴사하여 이사의 지위를 상실한 경우, 사정변경을 이유로 연대보증계약을 일방적으로 해지할 수 있는지 여부 (적극)**

계속적 거래관계로 인하여 발생하는 불확정한 채무를 보증하기 위한 이른바 계속적 보증에 있어서는 보증계약 성립 당시의 사정에 현저한 변경이 생겨 보증인에게 계속하여 보증책임을 지우는 것이 당사자의 의사해석 내지 신의칙에 비추어 상당하지 못하다고 인정되는 경우에는, 상대방인 채권자에게 신의칙상 묵과할 수 없는 손해를 입게 하는 등의 특별한 사정이 없는 한 보증인은 일방적인 보증계약해지의 의사표시에 의하여 보증계약을 해지할 수 있다고 보아야 할 것이고, 회사의 이사라는 지위에 있었기 때문에 부득이 회사와 은행 사이의 계속적 거래로 인한 회사의 채무에 연대보증인이 된 자가 그 후 회사로부터 퇴직하여 이사의 지위를 상실하게 된 때에는 사회통념상 계속 보증인의 지위를 유지케 하는 것이 부당하므로, 연대보증계약 성립 당시의 사정에 현저한 변경이 생긴 것을 이유로 그 보증계약을 일방적으로 해지할 수 있다(대판 2000. 3. 10, 99다61750).

<Q & A>
계속적 보증계약의 주계약상 거래기간 연장 시 보증기간도 연장되는지

Q) 甲은 乙이 丙은행으로부터 자동대출방식의 카드론 거래에 의하여 丙은행으로부터 발급받은 신용카드와 연결된 결제계좌에서 차용한도액인 800만원의 범위 내에서 금원을 인출하되, 지급금액이 예금잔고를 초과하는 경우에는 그 날 丙은행이 그 초과금액을 乙에게 자동대여하는 것으로 금원을 차용함에 있어서 丙은행에 대한 乙의 차용금반환채무를 연대보증하였다. 그런데 그 차용계약 및 연대보증약정을 체결하면서 丙은행은 부동문자로 인쇄하여 준비해두었다가 대출관계자의 인적사항만을 기입하도록 하고 있는 '카드론 거래약정서' 양식을 사용하였으며, 그 약정서에는 주채무자의 별도 의사표시가 없는 한 은행이 정하는 바에 의하여 당초 약정기간을 포함하여 1년 단위로 최장 3년까지 자동으로 기한을 연장할 수 있으며, 연대보증인은 주채무자가 위 약정에 의하여 부담하는 모든 채무에 관하여 연대책임을 지도록 정하고 있었다. 丙은행은 차용기간 1년 만료 후 乙이 별다른 의사표시를 하지 아니하자 그 차용기간을 1년간 연장하였으나, 甲의 동의를 받지 아니하였고, 그 후 乙의 차용금채무가 차용한도액을 초과하게 되자, 대출약관에 따라 기한의 이익을 상실하였음을 통지한 다음 甲에게 乙의 채무 전체를 청구하고 있다. 이 경우 甲으로서는 乙의 채무 전체에 대하여 보증책임을 져야 하는가?

A)
1. 문제점
 위 사안에서 주채무의 거래기간이 연장되면 연대보증기간도 자동적으로 연장되는 것으로 규정한 소비대차약정상의 약관조항이 유효할 것인지 문제된다.

2. 판례의 태도
(1) 대법원은 "약관의규제에관한법률 제9조 제5호의 규정취지에 비추어, 연대보증기간 자동연장조항에 계약기간 종료시 이의통지 등에 의해 보증인의 지위에서 벗어날 수 있다는 규정이 없고, 새로운 계약기간을 정하여 계약갱신의 통지를 하거나, 그것이 없으면 자동적으로 1년 단위로 계약기간이 연장되도록 규정하고 있다면, 이는 계속적인 채권관계의 발생을 목적으로 하는 계약에서 묵시의 기간연장 또는 갱신이 가능하도록 규정하여 고객인 연대보증인에게 부당하게 불이익을 줄 우려가 있다고 보여지므로 연대보증기간 자동연장조항은 약관의규제에관한법률 제9조 제5호에 위반되어 무효라고 봄이 상당하다."라고 판시하였다(대법원 1998. 1. 23. 선고 96다19413 판결).

따라서 위 사안과 같이 주채무의 거래기간이 연장되면 연대보증기간도 자동적으로 연장되는 것으로 규정한 소비대차약정상의 약관조항은 「약관의 규제에 관한 법률」 제9조 제5호의 규정에 위반되어 효력이 없다고 할 것이다. 그렇다면 甲의 보증기간은 최초의 차용기간 1년이 만료된 시점에서 종료되므로 주계약상의 거래관계는 기간연장이 되었지만, 보증기간은 연장되지 아니한 것이 된다.

(2) 또한 판례는 "계속적 채권관계에서 발생하는 주계약상의 불확정 채무에 대하여 보증한 경우의 보증채무는 통상적으로는 주계약상의 채무가 확정된 때에 이와 함께 확정되는 것이지만, 채권자와 주채무자와 사이에서는 주계약상의 거래기간이 연장되었으나 보증인과 사이에서 보증기간이 연장되지 아니함으로써 보증계약관계가 종료된 때에는, 보증계약 종료시에 보증채무가 확정되므로 보증인은 그 당시의 주계약상의 채무에 대하여는 보증책임을 지나, 그 후의 채무에 대하여는 보증계약 종료 후의 채무이므로 보증책임을 지지 않는다고 보아야 한다."라고 하였다(대법원 1999. 8. 24. 선고 99다26481 판결).

3. 결론

따라서 위 사안에 있어서 甲은 乙의 차용금채무 중 최초의 차용기간이 만료하는 시점 즉, 보증계약 종료시에 확정된 乙의 채무에 대해서만 보증책임을 부담하게 된다고 할 수 있다.

5. 신원보증

(1) 의 의

신원보증이라 함은 노무자가 고용계약상의 손해배상채무(채무불이행에 의한 것뿐 만 아니라 노무급부에 관련한 불법행위에 의한 것도 포함)를 부담하는 경우에 이것을 보증하는 것을 말한다. 넓은 의미에서는 노무자가 질병으로 노무에 종사할 수 없는 경우에 그 신원을 인수하는 책임을 부담하는 채무까지도 포함하여 사용되는 일이 있으나, 이것은 정확하게 말하면 일종의 손해담보계약으로, 신원보증과는 구별해야 하는 것이다(이것은 신원인수라고 하는 것이 정확하지만 실제에서는 구별없이 사용되고 있다).

(2) 신원보증법

신원보증은 신원보증계약에 의해 성립하나, 그 계약의 내용은 일반적으로 보증하는 책임의 범위가 극히 넓고 기한의 정함이 없기 때문에 신원보증인이 괴로움을 당하는 일이 많다. 신원보증인의 책임을 완화하기 위해 우리나라는 법률 제449호로 신원보증법(1957. 10. 5)을 제정하여 시행하고 있었는데, 이 법은 피용자의 행위로 인해 결과적으로 사용자가 받은 일체의 손해를 신원보증인이 배상하는 것으로 하였기 때문에 신원보증인이 지나치게 광범위한 책임을 진다는 지적이 있어 왔다.

이에 따라 2002년에 신원보증법이 전문개정되었는데, 그 핵심은 피용자의 고의 또는 중과실에 의한 행위로 인하여 발생한 손해에 대해서만 신원보증인이 배상책임을 지는 것으로 하여, 종래의 손해담보계약에서 부종적인 보증계약으로 변경하였다. 그리고 피용자의 경과실로 인한 손해는 보증책임에서 제외하여 신원보증인의 책임범위를 줄였다.

(3) 신원보증계약의 의의

신원보증계약은 피용자가 업무를 수행하는 과정에서 그의 책임 있는 사유로 사용자에게 손해를 입힌 경우에 그 손해를 배상할 채무를 부담할 것을 약정하는 계약이다(신원보증법 제2조).

핵심판례

■ 신용협동조합의 이사장을 피보증인으로 하여 체결된 신원보증계약에 구 신원보증법이 적용되는지 여부

구 신원보증법 제1조는 그 법에서 신원보증계약이라 함은 피용자의 행위로 인하여 사용자가 받은 손해를 배상하는 것을 약정하는 계약을 말한다고 규정하고 있으므로, 신용협동조합 이사장이 재직중 신용협동조합에 입힌 손해를 보증인이 배상하는 것을 내용으로 하는 신원보증계약에 위 법률이 바로 적용될 수는 없는 것이나, 신용협동조합의 이사장은 비록 고용계약에 근거한 피용자는 아니라고 하더라도 약정에 근거하여 일정한 기간 동안 계속적으로 경영 등의 사무를 수행하고 정해진 보수를 받는다는 점에서 피용자와 유사한 점이 있고, 신원보증인의 입장에서 볼 때 이사장의 재직중 불법행위에 대하여 그 손해배상책임을 부담하는 것이어서 계약의 목적이나 내용의 면에서 피용자에 대한 신원보증계약과 유사한 점이 있으므로 신용협동조합의 이사장을 피보증인으로 하여 체결된 신원보증계약에도 위 법률이 유추적용된다(대판 2003. 5. 16. 2003다5344).

(4) 신원보증계약의 기간 : 2년

ⅰ) 기간을 정하지 아니한 신원보증계약은 그 성립일로부터 2년간 효력을 가진다(신용보증법 제3조 1항).

ⅱ) 신원보증계약의 기간은 2년을 초과하지 못한다. 이보다 장기간으로 정한 경우에는 그 기간을 2년으로 단축한다(동조 3항).

ⅲ) 신원보증계약은 이를 갱신할 수 있다. 다만 그 기간은 갱신할 날로부터 2년을 초과하지 못한다(동조 3항).

(5) 사용자의 통지의무

가. 통지의무가 발생하는 경우

사용자는 다음 중 어느 하나에 해당하는 경우에는 지체 없이 신원보증인에게 통지하여야한다(신원보증법 제4조 1항).

ⅰ) 피용자가 업무상 부적격자이거나 불성실한 행적이 있어 이로 말미암아 신원보증인의 책임을 야기할 염려가 있음을 안 때

ⅱ) 피용자의 업무 또는 업무수행의 장소를 변경함으로써 신원보증인의 책임을 가중하거나 그 감독이 곤란하게 된 때

나. 통지의무를 위반한 경우의 효과

사용자가 고의 또는 중과실로 통지의무를 게을리하여 신원보증인이 계약해지권을 행사하지 못한 경우 신원보증인은 그로 인하여 발생한 손해의 한도에서 의무를 면한다(신원보증법 제4조 2항).

(6) 신원보증인이 신원보증계약을 해지할 수 있는 경우

신원보증인은 다음 중 어느 하나에 해당하는 사유가 있을 때에는 계약을 해지할 수 있다(신원보증법 제5조).

ⅰ) 사용자로부터 신원보증법 제4조 1항의 통지를 받거나 신원보증인이 스스로 그 사유를 안 때

ⅱ) 피용자의 고의 또는 과실이 있는 행위로 발생한 손해를 신원보증인이 배상한 경우

ⅲ) 신원보증계약의 기초되는 사정에 중대한 변경이 있는 경우

(7) 신원보증인의 책임 범위

가. 피용자의 고의 또는 중과실에 의한 행위로 인하여 발생한 손해

신원보증인은 피용자의 고의 또는 중과실에 의한 행위로 인하여 발생한 손해에 대해 배상할 책임이 있다(신원보증법 제6조 1항). 그러나 피용자의 경과실로 인한 손해에 대하여는 배상책임을 부담하지 않는다.

나. 신원보증인이 2인 이상인 경우

신원보증인이 2인 이상인 경우에는 특별한 의사표시가 없으면 각 신원보증인은 균등한 비율로 의무를 부담한다(신원보증법 제6조 2항).

다. 배상책임의 한도의 결정기준

법원은 신원보증인의 손해배상액을 산정함에 있어, 피용자의 감독에 관한 사용자의 과실의 유무, 신원보증을 하게 된 사유 및 이를 함에 있어서 주의를 한 정도, 피용자의 업무 또는 신원의 변화 그 밖의 사정을 참작하여야 한다(신원보증법 제6조 3항).

(8) 신원보증계약의 종료

신원보증계약은 신원보증인의 사망으로 종료한다(신원보증법 제7조). 즉 상속되지 않는다. 다만 신원보증인이 사망하기 전에 이미 발생한 신원보증채무는 상속된다.

<Q & A>
신원보증인이 사망한 경우 상속인에게 그 보증책임이 있는지

Q) A의 아버지 甲은 2년 전 A의 사촌형인 乙이 丙회사의 조사과에 취직하는데 기간을 정하지 않은 신원보증을 서준 후 얼마 전 사망하였다. 그런데 丙회사에서는 乙이 A의 아버지가 사망하시기 전에 2,000만원을 횡령하고 행방불명되었으니 이를 배상하라고 요구하고 있다. 그러나 乙이 사고를 낸 것은 경리과로 자리를 옮긴 후이고, 丙회사에서는 이러한 업무변경사실에 대하여 아무런 통지도 하지 않았는데, A가 신원보증인의 상속인으로서 丙회사에 대하여 책임이 있는가?

A)
1. 문제점

신원보증인이 사망한 경우에도 상속인에게 보증책임이 있는지가 문제된다. 또한 사용자의 통지의무 위반에 해당하는 것은 아닌지에 대한 것도 문제된다.

2. 신원보증법의 규정

신원보증인의 책임을 합리적으로 조정하기 위하여 신원보증법이 제정되어 있다.

(1) 「신원보증법」 제2조에 의하면 신원보증계약기간을 정하지 않은 경우에는 보증계약기간을 2년으로 보게 되므로 甲이 乙의 丙회사에 대한 손해배상책임을 지는 기간은 2년이다. 그리고 같은 법 제7조에서 "신원보증계약은 신원보증인의 사망으로 종료한다."라고 규정하고 있다.

(2) 다만, A의 책임범위에 있어서는 「신원보증법」상 피용자가 불성실하거나, 업무 또는 업무수행의 장소를 변경하여 신원보증인의 책임을 가중하게 하거나, 그 감독이 곤란하게 될 때에는 사용자는 신원보증인에게 이러한 사실을 통지해야 하고, 사용자가 고의 또는 중과실로 이러한 통지의무를 게을리 한 경우 그로 인하여 발생한 손해의 한도에서 손해배상책임 의무를 면할 수 있도록 규정하고 있다(같은 법 제4조, 제5조).

3. 결론

甲이 丙회사에 대해서 부담하는 <u>신원보증계약상의 책임은 보증기간인 2년이 되기 이전일지라도 甲이 사망한 때에 소멸된다고 할 것이다.</u> 그러나 <u>乙이 丙회사에 손해를 입힌 시점이 甲의 사망 전이므로 그때에 이미 발생된 손해배상책임은 없어지는 것이 아니어서 상속인인 A는 丙회사에 대해 배상할 책임이 있다고 할 것이다.</u> 다만, <u>乙이 조사과에서 경리과로 부서를 옮긴 것은 위 통지사유에 해당되는 것으로 볼 수 있으므로</u>, 사용자로서 고의 또는 중과실로 이러한 통지의무를 게을리 한 경우 <u>A는 丙회사에 대해 손해배상책임의 감면을 주장해볼 수 있을 것이다.</u>

(9) 신원보증법에 반하는 특약의 효력

  신원보증법의 규정에 반하는 특약은 어떠한 명칭이나 내용으로든지 신원보증인에게 불리한 것은 효력이 없다(신원보증법 제8조).

제 3 장 채권양도와 채무인수

제 1 절 채권양도

Ⅰ. 채권양도의 의의 및 법적 성질

1. 의 의

　채권의 양도란 채권의 동일성을 유지하면서 채권을 이전할 것을 목적으로 하는 구양도인과 양수인 사이의 계약을 말한다. 채권의 양도는 원칙적으로 인정되고 있다(제449조~제452조). 예외적으로 채권양도가 금지되는 경우가 있다. 첫째, 법률에 의하여 금지되고 있는 경우(예를 들면 친족간의 부양청구권 및 연금청구권 등)이고 둘째, 채권의 성질로 미루어 허용될 수 없는 경우(예 : 사용차주의 채권 제610조, 제629조)이며, 셋째, 채권자와 채무자 사이에 미리 양도하지 않는다는 특약이 있는 경우(단, 이 특약은 선의의 제3자에게 주장할 수 없다)이다.

2. 법적 성질

　채권양도는 채권의 이전을 목적으로 하는 양도인과 양수인 사이의 계약이다. 채무자는 계약의 당사자가 아니다. 또한 일정한 방식을 요하는 요식행위가 아니며, 채권증서가 있더라도 그 교부가 요건이 되는 것은 아니다. 채권양도는 채권의 이전을 종국적으로 가져오는 법률행위로서 처분행위에 속하므로 양도인은 처분권한을 가지고 있어야 한다.

　따라서 채권이 압류되거나(민집 제227조), 채권자가 파산한 경우에는 그 채권을 양도할 수 없다. 또 양수인이 양도인에게 처분권한이 있는 것으로 믿었더라도 선의취득이 인정되지 않는다.

Ⅱ. 지명채권의 양도

1. 지명채권의 양도성

　채권자가 특정되어 있는 채권이 지명채권이며, 증권적 채권에 속하지 않는 보통의 채권을 말한다. 지명채권은 원칙적으로 양도성을 갖는다. 채권을 양도하기 위해서는 양도의 대상인 채권이 존재하여야 하고, 또 특정할 수 있어야 한다. 따라서 종류채권이나 선택채권도 특정할 수 있기 때문에 그 양도가 가능하다. 조건부·기한부채권도 양도할 수 있다. 또한 장래 발생할 채권이라도 현재 그 권리의 특정이 가능하고 가까운 장래에 발생활 것임이 상당한 정도로 기대되는 경우에는 채권양도의 대상이 될 수 있다(대판 1991. 6. 25. 88다카6358).

2. 지명채권 양도의 제한

지명채권은 양도성을 그 본질로 하는 증권적 채권과는 달라서 상당히 광범위하게 그 양도성이 제한된다.

(1) 채권의 성질에 의한 제한

채권의 성질이 양도를 허용하지 않는 경우, 즉 채권이 급부의 성질상 원채권자에게만 급부되어야 할 것으로 인정되는 경우에는 양도성은 허용되지 않는다.

ⅰ) 채권자가 변경되면 그 급부의 내용이 전혀 달라지는 채권, 예컨대 화가에게 자기의 초상을 그리게 하는 채권 등에는 절대로 양도성이 없다. 부작위채권이 대체로 이에 속한다.

ⅱ) 특정의 채권자에 대해서만 채무자가 급부의무를 부담하고 있다고 보아야 할 채권, 예컨대 사용자의 채권(제657조 1항 참조), 임차인의 채권(제629조 2항 참조) 등은 원칙적으로 개인적인 관계에서 의거한 것이기 때문에, 채무자의 승낙 없이도 양도할 수 있다고 되어 있다.

ⅲ) 특정의 채권자와의 사이에서 결제되어야 할 특별한 이유가 있는 채권에도 양도성은 인정되지 않는다. 그러나 성질상 양도성이 없는 이와 같은 채권도 경제조직의 발전과 함께 개인적 요소를 잃고 획일적인 내용을 갖게 된 오늘날의 거래관계에 있어서는 점차 양도성을 인정하는 경향을 띠고 있다.

【쟁점사항】

<양도성 여부가 문제되는 채권>

㈀ 부동산 매매로 인한 소유권이전등기청구권의 양도성 및 양도의 대항요건

　　부동산의 매매로 인한 소유권이전등기청구권은 물권의 이전을 목적으로 하는 매매의 효과로서 매도인이 부담하는 재산권이전의무의 한 내용을 이루는 것이고, 매도인이 물권행위의 성립요건을 갖추도록 의무를 부담하는 경우에 발생하는 채권적 청구권으로 그 이행과정에 신뢰관계가 따르므로, 소유권이전등기청구권을 매수인으로부터 양도받은 양수인은 매도인이 그 양도에 대하여 동의하지 않고 있다면 매도인에 대하여 채권양도를 원인으로 하여 소유권이전등기절차의 이행을 청구할 수 없고, 따라서 매매로 인한 소유권이전등기청구권은 특별한 사정이 없는 이상 그 권리의 성질상 양도가 제한되고 그 양도에 채무자의 승낙이나 동의를 요한다고 할 것이므로 통상의 채권양도와 달리 양도인의 채무자에 대한 통지만으로는 채무자에 대한 대항력이 생기지 않으며 반드시 채무자의 동의나 승낙을 받아야 대항력이 생긴다(대판 2005. 3. 10, 2004다67653, 67660)

㈁ 전세금반환채권

　　전세권은 전세금을 지급하고 타인의 부동산을 그 용도에 따라 사용·수익하는 권리로서 전세금의 지급이 없으면 전세권은 성립하지 아니하는 등으로 전세금은 전세권과 분리될 수 없는 요소일 뿐 아니라, 전세권에 있어서는 그 설정행위에서 금지하지 아니하는 한 전세권자는 전세권 자체를 처분하여 전세금으로 지출한 자본을 회수할 수 있도록 되어 있으므로 전세권이 존속하는 동안은 전세권을 존속시키기로 하면서 전세금반환채권만을 전세권과 분리하여 확정적으로 양도하는 것은 허용되지 않는 것이며, 다만 전세권 존속 중에는 장래에 그 전세권이 소멸하는 경우에 전세금 반환채권이 발생하는 것을 조건으로 그 장래의 조건부 채권을 양도할 수 있을 뿐이라 할 것이다(대판 2002. 8. 23. 2001다69122).

\<Q & A\>
소유권이전등기청구권 양도 시 채무자에 대한 양도통지로 대항력 있는지 여부

> Q) 甲은 乙의 丙에 대한 부동산소유권이전등기청구권에 대하여 가압류를 하였다. 그런데 甲의 가압류 이전에 丁이 乙로부터 위 부동산소유권이전등기청구권을 양도받고 乙이 그 양도의 통지를 丙에게 하였다. 이 경우 채무자 丙에 대하여 위 양도사실을 통보함으로써 대항력이 생겨 그 후 발생한 甲의 부동산소유권이전등기청구권에 대한 가압류는 효력이 없는 것인가?

A)
1. 문제점
채권의 양도성에 관하여 「민법」 제449조 제1항은 "채권은 양도할 수 있다. 그러나 채권의 성질이 양도를 허용하지 아니하는 때에는 그러하지 아니하다."라고 규정하고 있으며, 지명채권양도의 대항요건에 관하여 같은 법 제450조는 "①지명채권의 양도는 양도인이 채무자에게 통지하거나 채무자가 승낙하지 아니하면 채무자 기타 제3자에게 대항하지 못한다. ②전항의 통지나 승낙은 확정일자 있는 증서에 의하지 아니하면 채무자 이외의 제3자에게 대항하지 못한다."라고 규정하고 있다. 그런데 부동산의 매매로 인한 소유권이전등기청구권의 양도성도 이와 같이 볼 수 있는지 문제된다.

2. 판례의 태도
이에 관하여 판례는 "부동산의 매매로 인한 소유권이전등기청구권은 물권의 이전을 목적으로 하는 매매의 효과로서 매도인이 부담하는 재산권이전의무의 한 내용을 이루는 것이고, 매도인이 물권행위의 성립요건을 갖추도록 의무를 부담하는 경우에 발생하는 채권적 청구권으로 그 이행과정에 신뢰관계가 따르므로, 소유권이전등기청구권을 매수인으로부터 양도받은 양수인은 매도인이 그 양도에 대하여 동의하지 않고 있다면 매도인에 대하여 채권양도를 원인으로 하여 소유권이전등기절차의 이행을 청구할 수 없고, 따라서 매매로 인한 소유권이전등기청구권은 특별한 사정이 없는 이상 그 권리의 성질상 양도가 제한되고 그 양도에 채무자의 승낙이나 동의를 요한다고 할 것이므로 통상의 채권양도와 달리 양도인의 채무자에 대한 통지만으로는 채무자에 대한 대항력이 생기지 않으며 반드시 채무자의 동의나 승낙을 받아야 대항력이 생긴다."라고 하였다(대법원 2001. 10. 9. 선고 2000다51216 판결, 2005. 3. 10. 선고 2004다67653, 67660 판결).

3. 결론

따라서 위 사안의 경우 丁은 丙이 위 부동산소유권이전등기청구권의 양수를 사전에 동의하거나 사후에 승낙한 사실이 없다면, 위 부동산소유권이전등기청구권의 양수를 乙에게 대항하기 어려울 것이므로, 甲의 위 부동산소유권이전등기청구권에 대한 가압류는 유효하다고 할 수 있다.

(2) 당사자의 의사표시에 의한 제한

채권자와 채무자가 반대의 의사표시, 즉 양도금지의 특약을 하면 채권의 양도성은 없어진다. 그러나 이 특약에 절대적인 효력을 확정하면, 선의로 그 채권을 양수하거나 또는 그 위에 질권을 취득한 제3자에게 불측의 손해를 입히게 할 우려가 있기 때문에 민법 제449조 2항은 이 양도금지특약은 선의의 제3자에게 대항할 수 없다고 하고 있다.

따라서 선의의 양수인은 유효하게 채권을 취득할 수 있을 뿐만 아니라, 악의의 양수인으로부터 재차 그 채권을 양수한 선의의 제2의 양수인의 경우에도 마찬가지이다.

양도금지의 특약이 있는 채권을 질권의 목적으로 한 경우에 그 효력은 질권자의 선의·악의에 따라 좌우된다.

> **＜Q & A＞**
> **양도금지특약이 있는 채권을 양도한 경우 그 효력이 있는지 여부**
>
> Q) A는 甲으로부터 대여금 3,000만원의 변제조로 甲의 乙에 대한 상가임차보증금반환청구채권 3,000만원을 양도받고, 甲은 乙에게 그 사실을 내용증명우편으로 통지까지 하였다. 그 후 乙로부터 위 상가임차보증금반환청구채권은 甲과 乙 사이에 양도할 수 없다는 양도금지특약이 있었다는 사실을 듣게 되었다. 이 경우 甲이 위 상가를 乙에게 명도 한 후에도 A는 乙에 대하여 양수금의 청구를 할 수 없는 것인가?

A)
1. 문제점

임차보증금반환청구채권은 임대차계약 자체와 분리하여 양도할 수 있고(대법원 1969. 12. 23. 선고 69다1745 판결), 양도인 甲이 乙에게 내용증명우편으로 양도통지를 하였으므로 A는 乙에 대하여도 위 채권양도를 일응 주장할 수 있다고 할 것이다(민법 제450조). 그러나 「민법」제449조 제2항은 "채권은 당사자가 반대의 의사를 표시한 경우에는 양도하지 못한다. 그러나 그 의사표시로써 선의의 제3자에게 대항하지 못한다."라고 규정하고 있으므로, 위 사안의 경우에도 甲과 乙 사이에 양도금지의 특약이 있었으므로 A와 甲 사이의 임차보증금반환청구채권의 양도로 乙에 대하여 대항할 수 있을 것인지 문제된다.

2. 판례의 태도

이에 관하여 판례는 "당사자의 의사표시에 의한 채권의 양도금지는 채권양수인인 제3자가 악의인 경우이거나 악의가 아니라도 그 제3자에게 채권양도금지를 알지 못한 데에 중대한 과실이 있는 경우 채무자가 위 채권양도금지로써 그 제3자에 대하여 대항할 수 있다."라고 하였으며, "임직원이 부도위기에 처한 회사로부터 임금 등 채권을 확보하기 위하여 양도금지특약이 있는 회사의 임대차보증금반환채권을 양수한 경우, 양도금지특약이 기재된 임대차계약서가 존재하고 양수인이 회사의 임직원들이며 특히 일부는 전무 등 핵심지위에 있었다는 사정만으로는 양수인의 악의나 중과실을 추단할 수 없다."라고 한 사례가 있다(대법원 2000. 4. 25. 선고 99다67482 판결). 그리고 "당사자의 의사표시에 의한 채권양도금지는 제3자가 악의의 경우는 물론 제3자가 채권양도금지를 알지 못한 데에 중대한 과실이 있는 경우 그 채권양도금지로써 대항할 수 있다 할 것이나, 제3자의 악의 내지 중과실은 채권양도금지의 특약으로 양수인에게 대항하려는 자가 이를 주장·입증하여야 한다."라는 것이 판례의 태도이다(대법원 1999. 12. 28. 선고 99다8834 판결).

> 3. 결론
> 따라서 乙이 A가 甲과 乙 사이에 양도금지특약이 있었음을 알고서도 위 채권을 양수받았다는 악의가 있다거나, 그러한 사실을 알지 못한 점에 중대한 과실이 있음을 입증하지 못한다면 A는 乙에 대하여 위 채권양도를 주장하여 양수금청구가 가능할 것이다.

(3) 법률의 규정에 의한 제한

법률상 양도를 금지한 채권은 양도할 수 없다. 일반거래관계로부터 발생된 채권과 구별하여, 어떤 특정한 채권자 자신에게 변제시키도록 하는 취지의 채권, 예컨대 부양청구권, 이혼으로 인한 위자료 청구권, 파양으로 인한 위자료 청구권 등에 대해서도 양도를 금하고 있다.

또한 근로기준법에 의한 보상청구권(동법 제89조), 형사보상청구권(형사보상법 제22조) 등도 양도할 수 없다.

3. 지명채권의 양도로 채무자나 제3자에게 대항하기 위한 요건

(1) 채무자에 대한 대항요건

지명채권의 양도는 양도인이 채무자에게 통지하거나 채무자가 승낙하지 않거나 채무자 기타 제3자에게 대항하지 못한다(민법 제450조 1항).

가. 채무자에 대한 통지

1) 통지의 성질 : 관념의 통지

채무자에 대해서는 양수인은 채권양도의 통지 또는 승낙이 없으면 대항할 수 없다. 채권양도의 통지는 채권의 양도가 있었다고 하는 사실을 알리는 행위로서, 이른바 관념의 통지이다.

채권양도의 통지는 채무자에게 도달됨으로써 효력을 발생하는 것이고, 여기서 도달이라 함은 사회관념상 채무자가 통지의 내용을 알 수 있는 객관적 상태에 놓여졌다고 인정되는 상태를 지칭한다고 해석되므로, 채무자가 이를 현실적으로 수령하였다거나 그 통지의 내용을 알았을 것까지는 필요로 하지 않는다(대판 1997. 11. 25, 97다31281).

2) 통지의 당사자 : 양도인이 채무자에게 통지

이 통지는 반드시 양도인으로부터 채무자에 대하여 행해져야 하며 양수인이 대위하는 것은 허용되지 않는다. 또 통지는 반드시 채권양도와 동시에 할 필요는 없고 채권양도 이후에 하여도 좋으나 사전에 반드시 하는 것은 인정되지 않는다.

> **<Q & A>**
> **채권양수인이 양도인의 대리인으로서 채권양도 통지를 할 수 있는지 여부**
>
> Q) A는 甲으로부터 지급받지 못한 임금채권 300만원에 기하여 甲이 乙로부터 지급받을 물품대금채권 300만원을 양도받기로 약정하였다. 그러나 甲은 위 채권의 양도통지를 차일피일 미루다가 해외에 출국하면서 위임장을 작성해주고 그 양도통지를 A보고 하라고 하였다. 이 경우 A가 甲의 대리인으로서 채권양도통지를 하여도 유효한가?

A)
1. 문제점
채권은 성질이 허용하고 당사자간에 양도금지의 특약이 없으면 양도할 수 있으며(민법 제449조), 지명채권의 양도는 양도인이 채무자에게 통지하거나 채무자가 승낙하지 아니하면 채무자 기타 제3자에게 대항하지 못하고, 그 통지나 승낙은 확정일자 있는 증서에 의하지 않으면 채무자이외의 제3자에게 대항하지 못한다(민법 제450조). 그런데 사례와 같이 채권양도의 통지는 양도인이 하여야 함에도 이를 게을리 하고 양수인에게 위임하였을 경우, 채권양도통지의 성질이 법률행위가 아닌 관념의 통지이므로 대리인이 하여도 무방한지 문제된다.

2. 판례의 태도
판례는 "채권양도의 통지는 양도인이 채무자에 대하여 당해 채권을 양수인에게 양도하였다는 관념의 통지이고, 법률행위의 대리에 관한 규정은 관념의 통지에도 유추적용된다고 할 것이어서, 채권양도의 통지도 양도인이 직접 하지 않고 사자(使者)를 통하거나 나아가서 대리인으로 하여금 하게 하여도 무방하다고 할 것이고, 또한 그와 같은 경우에 양수인이 양도인의 사자 또는 대리인으로서 채권양도통지를 하였다 하여 민법 제450조의 규정에 어긋난다고 볼 수도 없고 달리 이를 금지할 근거도 없다."라고 하였다(대법원 1994. 12. 27. 선고 94다19242 판결, 1997. 6. 27. 선고 95다40977, 40984 판결, 2004. 2. 13. 선고 2003다43490 판결).

3. 결론
따라서 A는 乙에게 甲의 대리인임을 표시하여 내용증명우편으로 채권양도통지를 하고서 乙에게 양수금청구를 하면 될 것이다.

3) 통지의 방식 : 반드시 양수인을 명시

통지에는 특별한 방식을 요하지 않으나, 반드시 양수인을 명시하여야 한다. 양수인은 통지가 행해지지 않고 있는 동안에는 채무자(악의의 채무자도 포함한다)에 대하여 채권자임을 주장하지 못한다. 다시 말해서 채무자는 변제의 청구를 거절할 수 있음은 물론, 양수인은 시효의 중단·파산신청·저당권의 실행 등을 행사할 수 없다.

이에 반하여, 통지를 한 이후에는 양수인만이 진정한 권리자가 된다. 그리고 채무자로부터 양도인이나 양수인 어느 쪽에 대하여 승낙을 하면, 양수인은 대항할 수 있다(대판 1986. 2. 25, 85다카1529).

【쟁점사항】
<채권양도통지와 관련된 문제>
㈀ 채권양도의 통지는 양도인이 직접 하여야만 하는지 여부
　민법 제450조에 의한 채권양도 통지는 양도인이 직접하지 아니하고 사자를 통하여 하거나 대리인으로 하여금 하게 하여도 무방하고, 채권의 양수인도 양도인으로부터 채권양도 통지권한을 위임받아 대리인으로서 그 통지를 할 수 있다(대판 2004. 2. 13, 2003다43490).
㈁ 양수인이 대리행위로서 채권양도통지를 할 수 있는지 여부
　관념의 통지에도 법률행위에 관한 규정이 유추적용되므로, 양도인으로부터 통지의 대리권을 수여받아 양수인이 대리행위로서 통지하는 것은 무방하다. 판례는 "채권양도통지 권한을 위임받은 양수인이 양도인을 대리하여 채권양도통지를 함에 있어서는 민법 제114조 제1항의 규정에 따라 양도인 본인과 대리인을 표시하여야 하는 것이므로, 양수인이 서면으로 채권양도통지를 함에 있어 대리관계의 현명을 하지 아니한 채 양수인 명의로 된 채권양도통지서를 채무자에게 발송하여 도달되었다 하더라도 이는 효력이 없다고 할 것이다"고 하였다(대판 2004. 2. 13, 2003다43490).
㈂ 채권양도가 있기 전에 미리 하는 사전 통지가 허용되는지 여부
　민법 제450조 제1항 소정의 채권양도의 통지는 양도인이 채무자에 대하여 당해 채권을 양수인에게 양도하였다는 사실을 통지하는 이른바 관념의 통지로서, 채권양도가 있기 전에 미리 하는 사전 통지는 채무자로 하여금 양도의 시기를 확정할 수 없는 불안한 상태에 있게 하는 결과가 되어 원칙적으로 허용될 수 없다(대판 2000. 4. 11, 2000다2627).

나. 채무자의 승낙

승낙은 채권양도의 사실에 대한 인식을 표명하는 채무자의 행위이다. 법적 성질은 관

념의 통지이다. 승낙이 상대방에 대해서는 민법에 규정이 없으나 양도인 또는 양수인 어느 쪽에 대해 하더라도 무방하다(대판 1986. 2. 25, 85다카1529).

항변권을 유보한 승낙은 통지와 마찬가지의 효력밖에 없으나, 이의를 유보하지 아니하고 승낙한 경우에는 그 채권양도에 일종의 공신력이 인정되고 그 유통성이 보호된다. 따라서 채무자는 양도인에 대한 항변권 등을 일체 주장할 수 없게 되고, 제3자도 또한 항변할 수 없게 된다.

다. 채권양도의 통지방법으로서의 내용증명

1) 내용증명의 역할 및 효력

내용증명은 채권·채무관계에서 채무자에게 일정한 내용의 최고를 하는 경우에 최고장으로서의 역할을 하고 법적으로도 최고의 효력이 발생한다.

2) 내용증명우편의 형식

특별한 형식을 요하지 않으며, 원본을 복사하여 3통을 우체국에 제출하면 우체국에서는 서신의 끝에 '내용증명 우편으로 제출하였다는 것을 증명한다'는 도장을 날인하여 1통은 우체국에 보관하고 1통은 상대방에게 발송하며, 다른 1통은 발송인에게 반환해 준다.

3) 내용증명의 공증력의 범위 : 발송일자

우체국이 내용증명우편물을 접수할 때에는, 내용문서 원본과 등본을 대조하여 서로 부합함을 확인한 후 내용문서 원본과 등본의 각 1통에 발송연월일 및 그 우편물을 내용증명우편물로 발송한다는 뜻과 우체국명을 기재하고 통신일부인을 찍도록 되어 있다(우편법시행규칙 제60조 1항).

따라서 공증력을 갖는 것은 발송일자에 관해서만이고, 도달일시의 증명은 포함되지 않는다.

4) 내용증명의 작성방법

내용증명의 작성내용에는 청구하는 요점만을 가제하는 것이 좋다. 특히 소송에 있어서 결정적인 증거가 되는 경우가 있는 만큼 내용증명의 기재내용을 신중히 생각하여 기재하는 것이 중요하다.

5) 내용증명의 발송방법

내용증명을 발송할 때는 반드시 등기우편으로 발송해야 한다. 즉 내용증명은 최고의 효력을 얻고자 하는 것이므로 등기우편을 하여야 객관적으로 최고를 하였다는 것을 알 수 있고 상대방에게 통지가 도착하였음을 입증할 수 있기 때문이다.

6) 내용증명을 분실한 경우

내용증명을 분실하였을 경우에 대비하여 우체국에 보관한 1통은 우체국에서 2년간 보관하게 되어 있으므로 내용증명우편을 분실한 경우 제출한 지 2년 이내인 경우에는 우체국에 그 등본의 교부를 청구할 수 있다. 단, 이 등본의 교부는 본인만이 신청할 수 있다.

7) 내용증명우편을 수령하는 경우

내용증명우편은 채권자가 최고의 효력을 객관적으로 얻기 위한 방법이다. 따라서 내용증명을 채무자가 수령하게 되면 이미 우체국에서 배달증명을 작성해 놓기 때문에 수령하지 않았다고 부인할 수 없다.

다만, 내용증명을 받는다고 해서 바로 상대방이 법률적인 효력으로 권리행사를 할 수 있는 것은 아니다. 그리고 상대방이 보낸 내용증명을 받은 쪽에서 오히려 유리한 증거자료로 활용할 수도 있으므로 발송하는 쪽에서는 역이용당하는 일이 없도록 그 작성내용을 잘 살펴보아야 한다.

또한 상대방의 주장이 사실이 아닌 경우 그대로 방치하면 상대방의 주장을 인용한 것으로 인정되는 경우가 있으므로 반드시 상대방에게 자기 주장을 내용증명으로 발송해 두는 것이 좋다.

(2) 제3자에 대한 대항요건

지명채권의 양도는 양도인이 채무자에게 통지하거나 채무자가 승낙하지 아니하면 제3자에게 대항하지 못한다(제450조 1항).

가. 제3자의 의의

이 경우의 제3자라 함은 그 채권에 관하여 양수인의 지위와 양립할 수 없는 법률상의 지위를 취득한 자를 말한다. 채권을 이중으로 양수한 자 외에 그 채권을 압류한 자가 대표적인 예이다.

이에 반하여 그 채권양수인으로 하여 간접적으로 영향을 받은 자, 예컨대 양수인이 양수한 채권을 가지고 채무자에 대한 자기의 채무와 상계한 경우의 수동채권의 양수인과 그것을 압류한 채권자는 제3자에 해당하지 않는다.

나. 확정일자 있는 증서에 의한 통지·승낙

채권양도의 통지나 채권양도에 대한 채무자의 승낙은 확정일자 있는 증서에 의하지 아니하면 채무자 이외의 제3자에게 대항하지 못한다(민법 제450조 2항).

1) 확정일자 있는 증서

여기서 확정일자란 증서에 대하여 그 작성한 일자에 관한 완전한 증거가 될 수 있는 것으로 법률상 인정되는 일자를 말하며 당사자가 나중에 변경하는 것이 불가능한 확정된 일자를 가리킨다(대판 2000. 4. 11, 2000다2627).

공증인 또는 법원서기에 확정일자인이 있는 사문서상의 그 일자, 공정증서에 기입한 일자, 공무소에서 사문서에 어느 사항을 증명하고 기입한 일자가 이에 해당한다.

[쟁점사항]

<확정일자 있는 증서에 의한 통지에 해당하는지 여부가 문제되는 경우>

㈀ 채권양도통지를 배달증명의 방법으로 한 경우

　이에 대해서 판례는 그 배달증명은 확정일자 있는 증서에 의한 통지에 해당하지 않는다고 하였다. 즉 "특별배달증명은 배달사실만을 증명하기 위하여 집배원이 증명서에 그 배달사항을 기재하고 서명날인한 것에 불과하므로 확정일자 있는 증서가 아니다"고 하였다(대판 1988. 4. 12, 87다카2429).

㈁ 채권자가 채권양도통지서에 공증인가 합동법률사무소의 확정일자 인증을 받은 후 그 자리에서 채무자에게 교부한 경우

　이에 대해서 판례는 하나의 행위로 확정일자 인증과 채권양도의 통지가 이루어진 것으로 보아, 확정일자 있는 증서에 의한 채권양도의 통지가 이루어진 것으로 보았다(대판 1986. 12. 9, 86다카858).

2) '대항하지 못한다'의 의미

대항하지 못한다는 것은 채권이 존재하고 그 채권 위에 양립할 수 없는 권리가 존재하는 경우를 전제로 하는 것이다. 따라서 채무자가 이미 양수인에게 변제한 후에는, 제2양수인의 확정일자 있는 증서에 의한 통지를 이유로 그 변제를 청구하더라도 대항력의 문제는 발생할 여지가 없고, 이미 한 변제는 그대로 유효하다.

핵심판례

■ 지명채권의 양도통지가 확정일자 없는 증서에 의하여 이루어져 제3자에 대한 대항력을 갖추지 못했으나 그 후 확정일자를 얻은 경우 대항력을 갖는지 여부

지명채권의 양도통지가 확정일자 없는 증서에 의하여 이루어짐으로써 제3자에 대한 대항력을 갖추지 못하였으나 그 후 그 증서에 확정일자를 얻은 경우에는 그 일자이후에는 제3자에 대한 대항력을 취득한다(대판 1988. 4. 12, 87다카2429).

■ 채무자가 주소 변동 등의 신고의무를 게을리하여 채권자로부터 채권양도통지를 수령하지 못하면 그 통지가 채무자에게 도달한 것으로 간주하는 합의의 효력
　민법 제450조 제1항에서 "지명채권의 양도는 양도인이 채무자에게 통지하거나 채무자가 승낙하지 아니하면 채무자 기타 제3자에게 대항하지 못한다"고 규정하고 있으나, 위 규정이 채권자가 채권양도의 통지를 하였으나 채무자가 변동된 주소의 신고의무를 게을리하는 등의 귀책사유로 인하여 위 통지를 수령하지 못할 경우 위 통지가 채무자에게 도달한 것으로 간주하기로 하는 합의의 효력까지 부정하게 하는 것은 아니라 할 것이다(대판 2008. 1. 10. 2006다41204).

■ 채권의 성질 또는 당사자의 의사표시에 의하여 채권 양도가 제한되는 경우, 채권 양도의 통지만으로 대항력이 생기는지 여부(소극)
　채권 양도시 채무자에 대한 대항요건으로서 하는 채권 양도의 통지는 양도인이 채무자에 대하여 당해 채권을 양수인에게 양도하였다는 사실을 알리는 관념의 통지인데, 채권의 성질상 또는 당사자의 의사표시에 의하여 권리의 양도가 제한되어 그 양도에 채무자의 동의를 얻어야 하는 경우에는, 통상의 채권 양도와 달리 양도인의 채무자에 대한 통지만으로는 채무자에 대한 대항력이 생기지 않으며 반드시 채무자의 동의를 얻어야 대항력이 생긴다(대판 1996. 2. 9. 판결, 95다49325).

■ 채권양도가 다른 채무의 담보조로 이루어진 경우, 양도채권의 채무자가 그 피담보채무가 변제로 소멸되었다는 이유로 채권양수인의 양수금 청구를 거절할 수 있는지 여부(소극)
　채권양도가 다른 채무의 담보조로 이루어졌으며 또한 그 채무가 변제되었다고 하더라도, 이는 채권 양도인과 양수인 간의 문제일 뿐이고, 양도채권의 채무자는 채권 양도·양수인 간의 채무 소멸 여하에 관계없이 양도된 채무를 양수인에게 변제하여야 하는 것이므로, 설령 그 피담보채무가 변제로 소멸되었다고 하더라도 양도채권의 채무자로서는 이를 이유로 채권양수인의 양수금 청구를 거절할 수 없다(대판 1999. 11. 26. 99다23093).

■ 무현명의 양수인이 한 채권양도통지가 민법 제115조 단서의 규정에 의하여 유효하게 될 수 있는지 여부(적극)
　채권의 양수인이 양도인으로부터 채권양도통지 권한을 위임받아 대리인으로서 그 통지를 함에 있어서 그 통지가 본인인 채권의 양도인을 위한 것임을 표시하지 아니한 경우라도 채권양도통지를 둘러싼 여러 사정에 비추어 양수인이 대리인으로서 통지한 것임을 상대방이 알았거나 알 수 있었을 때에는 민법 제115조 단서의 규정에 의하여 유효하게 되나(대법원 2004. 2. 13. 선고 2003다43490 판결 참조), 이는 채권의 양수인이 양도인으로부터 채권양도통지 권한을 위임받아 그에 대한 대리권을 가지고 있음을 전제로 하는 것이다(대판 2008. 2. 14. 2007다77569).

<Q & A>
다른 채무 담보로 채권양도된 때
피담보채무 소멸로 양수금청구를 거절할 수 있는지 여부

Q) 甲은 乙에게 대여금채무 3,000만원의 담보조로 甲이 임차한 주택의 임차보증금반환채권 3,000만원을 乙에게 양도하고, 그 채권양도통지를 내용증명우편으로 임대인 丙에게 하였다. 그런데 그 후 甲은 乙에게 위 대여금채무를 변제하였으며, 위 아파트의 임대차기간이 만료되어 아파트를 丙에게 명도하고 임차보증금 3,000만원을 반환할 것을 丙에게 요구하였으나, 丙은 3,000만원의 변제영수증을 확인하고서도 위 임차보증금이 乙에게 양도되었으므로 甲에게 위 임차보증금을 지급할 수 없다고 한다. 이 경우 甲은 어떻게 하여야 하는가?

A)
1. 문제점
채권양도가 다른 채무의 담보조로 이루어진 경우 채권양도인이 그 피담보채무를 변제 한 후에 양수인이 아니라 양도인이 채무자에게 채무이행을 받으려면 어떻게 하야야 하는지가 문제된다.

2. 판례의 태도
(1) 채권양도가 다른 채무의 담보조로 이루어진 경우, 양도채권의 채무자(丙)가 그 피담보채무가 변제로 소멸되었다는 이유로 채권양수인(乙)의 양수금청구를 거절할 수 있는지에 관하여 판례는 "채권양도가 다른 채무의 담보조로 이루어졌으며 또한 그 채무가 변제되었다고 하더라도, 이는 채권 양도인과 양수인간의 문제일 뿐이고, 양도채권의 채무자는 채권 양도·양수인간의 채무소멸 여하에 관계없이 양도된 채무를 양수인에게 변제하여야 하는 것이므로, 설령 그 피담보채무가 변제로 소멸되었다고 하더라도 양도채권의 채무자로서는 이를 이유로 채권양수인의 양수금청구를 거절할 수 없다."라고 하였다(대법원 1979. 9. 25. 선고 79다709 판결, 1999. 11. 26. 선고 99다23093 판결). 그러므로 위 사안에서 채무자인 丙은 채권 양수인인 乙이 피담보채무를 변제받았음에도 양수금청구를 해온다면 3,000만원을 지급할 수밖에 없게 된다.
(2) 그런데 「민법」 제452조 제2항에서 양도인이 채무자에게 채권양도를 통지한 때에 그 통지는 양수인의 동의가 없으면 철회하지 못한다고 규정하고 있다. 그리고 채권양도통지를 한 양도인이 양수인의 동의 없이 한 채권양도통지 철회의 효력에 관하여 판례는 "채권양도인이 양수인에게 전대차계약상의 차임채권 중 일부를 양도하고 전차

인인 채무자에게 위 양도사실을 통지한 후에 채무자에게 위 채권양도통지를 취소한다는 통지를 하였더라도 양수인이 양도인의 위 채권양도통지철회에 동의하였다고 볼 증거가 없다면 위 채권양도통지철회는 효력이 없다."라고 하였다(대법원 1993. 7. 13. 선고 92다4178 판결).

3. 결론

따라서 채권 양도인인 甲은 채권 양수인인 乙의 동의를 얻어 위 채권양도통지를 철회한 후에야 채무자인 임대인 丙으로부터 위 임차보증금의 반환을 받을 수 있을 것이다.

(3) 채권양수인과 제3자간의 우열

가. 채권양수인과 동일 채권에 대하여 가압류명령을 집행한 자 사이의 우열결정기준

채권이 이중으로 양도된 경우의 양수인 상호간의 우열은 통지 또는 승낙에 붙여진 확정일자의 선후에 의하여 결정할 것이 아니라, 채권양도에 대한 채무자의 인식, 즉 확정일자 있는 양도통지가 채무자에게 도달한 일시 또는 확정일자 있는 승낙의 일시의 선후에 의하여 결정하여야 할 것이고, 이러한 법리는 채권양수인과 동일 채권에 대하여 가압류명령을 집행한 자 사이의 우열을 결정하는 경우에 있어서도 마찬가지이므로, 확정일자 있는 채권양도 통지와 가압류결정 정본의 제3채무자(채권양도의 경우는 채무자)에 대한 도달의 선후에 의하여 그 우열을 결정하여야 한다(대판 1994. 4. 26. 93다24223).

나. 제1의 양도는 단순통지, 제2의 양도는 확정일자 있는 증서에 의한 통지의 경우

제2의 양도가 우선한다.

다. 제1, 제2 양도 모두 확정일자 있는 증서에 의한 통지인 경우

확정일자 있는 양도통지가 채무자에게 도달한 일시의 선후에 의하여 우열이 결정된다(대판 1994. 4. 26. 93다24223).

라. 채권양도 통지와 가압류결정 정본이 같은 날 도달된 경우 동시 도달 추정 여부

채권양도 통지와 채권가압류결정 정본이 같은 날 도달되었는데 그 선후관계에 대하여 달리 입증이 없으면 동시에 도달된 것으로 추정한다(대판전원합의체 1994. 4. 26. 93다24223).

> **\<Q & A\>**
> **채권이 이중으로 양도된 경우 누가 우선권자가 되는지**
>
> Q) A는 2007. 4. 5. 甲에게 700만원을 빌려준 후 변제기일인 2007. 6. 5. 지급청구를 하였으나, 당시 돈이 궁해진 甲은 자신이 乙에게 700만원을 받을 것이 있는데 그 채권을 양도해줄테니 乙에게 그 돈을 받으라고 하여 이를 승낙하면서 乙명의로 된 차용증을 甲으로부터 받았다. 그리고 A는 2007. 6. 12. 乙에게 甲으로부터 채권을 양도받았으니 자신에게 지급할 것을 통지하였으나, 乙은 甲으로부터 丙에게 그 채권을 양도했음을 2007. 6. 10.자 내용증명우편으로 받았다고 하면서 A에게 지급할 수 없다고 한다. A는 차용증서도 가지고 있으며 丙보다 먼저 채권양도를 받았는데, 이런 경우 A와 丙은 누가 우선권을 갖게 되는가?

A)
1. 문제점

「민법」제450조는 "지명채권의 양도는 양도인이 채무자에게 통지하거나, 채무자가 승낙하지 아니하면 채무자 기타 제3자에게 대항하지 못하고, 이러한 통지나 승낙은 확정일자 있는 증서에 의하지 아니하면 채무자 이외의 제3자에게 대항하지 못한다."는 규정을 두고 있다. 확정일자라 함은 '사문서에 공증인 또는 법원서기가 일정한 절차에 따라 확정일자인을 찍은 경우의 일자, 공정증서에 기입한 일자, 그리고 공무소에서 사문서에 어느 사항을 증명하고, 기입한 일자 등'으로서(민법 부칙 제3조), 증서에 대하여 '그 작성한 일자에 관한 완전한 증거가 될 수 있는 것으로 법률상 인정되는 일자'를 말하며 당사자가 나중에 변경하는 것이 불가능한 확정된 일자를 가리킨다. 사례에서처럼 채권이 이중으로 양도된 경우에 누가 우선권자가 되는지는 채권양도의 대항요건을 갖추고 있는지를 우선 살펴보아야 한다.

2. 판례의 태도

(1) 위 사례에서 채권양도인 甲은 乙에 대하여 가지고 있는 700만원의 채권을 A에게 양도한 사실에 대하여는 직접 乙에게 통지하지 않았을 뿐만 아니라 확정일자 있는 증서로 통지하지도 않았음에 반하여, 丙에게 위 채권을 양도한 사실에 대하여는 확정일자 있는 증서인 내용증명우편으로 통지한 것이므로, 실제로는 A가 丙보다 먼저 채권의 양도를 받았더라도 甲이 乙에 대하여 가지고 있던 채권은 丙에게 양도된 것으로 보게 된다.

(2) 그러나 판례는 "채무자가 채권자에게 채무변제와 관련하여 다른 채권을 양도하는 것은 특별한 의사표시가 없는 이상 '채무변제를 위한 담보' 또는 '변제의 방법'으로 양도되는 것으로 추정할 것이지 '채무변제에 갈음한 것'으로 볼 것은 아니어서, 채권 양도만 있으면 바로 원래의 채권이 소멸한다고 볼 수는 없으며, 채무자는 채권자가 양도받은 채권을 변제 받음으로써 그 범위 안에서 면책되므로, 채무자가 면책 받기 위해서는 양도채권의 변제에 관한 주장·입증책임이 있다."라고 하였다(대법원 1994. 2. 8. 선고 93다50291 판결, 1995. 9. 15. 선고 95다13371 판결).
 3. 결론
 따라서 A는 원래의 채권을 행사하여 甲을 상대로 빌려준 돈을 받아야 할 것이다.

(4) 채권 양도 · 승낙의 효과
가. 이의를 보류하지 않은 승낙

채무자가 이의를 보류하지 아니하고 채권양도의 승낙을 한 때에는 양도인에게 대항할 수 있는 사유로서 양수인에게 대항하지 못한다. 그러나 채무자가 채무를 소멸하게 하기 위하여 양도인에게 급여한 것이 있으면 이를 회수할 수 있고 양도인에 대하여 부담한 채무가 있으면 그 성립되지 아니함을 주장할 수 있다(민법 제451조 1항).

여기서 "양도인에게 대항할 수 있는 사유"란 채권의 성립, 존속, 행사를 저지·배척하는 사유를 가리킬 뿐이고, 채권의 귀속(채권이 이미 타인에게 양도되었다는 사실)은 이에 포함되지 아니한다(대판 1994. 4. 29. 93다35551).

민법 제451조 1항에 의하여 채무자의 이의를 보류하지 않은 승낙을 신뢰한 선의의 양수인은 채권의 성립·존속·내용의 하자로부터 안전하게 보호된다. 따라서 양수인이 선의의 이상, 비록 그 양수인으로부터 다시 채권을 양수한 전득자가 악의이더라도 채무자는 항변사유를 가지고 그 전득자에게 대항하지 못한다. 또한 양수인이 악의이더라도 전득자가 선의이면, 역시 채무자는 선의전득자에게 대항하지 못한다.

나. 양도통지와 금반언

양도인이 채무자에게 채권양도를 통지한 때에는 아직 양도하지 아니하였거나 그 양도가 무효인 경우에는 선의의 채무자는 양수인에게 대항할 수 있는 사유로 양도인에게 대항할 수 있다(민법 제452조 1항).

즉, 채무자가 채무자에 대하여 그 채권을 제3자(양수인)에게 양도할 것을 통지하였으나 사실상 그 채권을 아직 양도하지 아니하였거나 그 양도가 무효인 때에도 채무자에게 그 채권의 불양도 또는 양도행위의 무효를 주장해서 자기에게의 변제를 청구할 수 없다.

그러나 아무리 선의의 채무자를 보호한다고 하더라도 사실에 있어서 채권이 양도하지 아니하였거나 그 양도가 무효이거나 기타의 사유로 그 채권양도를 철회할 수 없다고 하면 채권자에 대하여 너무 가혹한 것이므로 이러한 경우 제3자(양수인)의 동의를 얻어 이를 철회할 수 있다(민법 제452조 2항).

핵심판례

- **채권양도통지를 한 양도인이 양수인의 동의 없이 한 채권양도통지 철회의 효력**
  채권양도인이 양수인에게 전대차계약상의 차임채권 중 일부를 양도하고 전차인인 채무자에게 위 양도사실을 통지한 후에 채무자에게 위 채권양도통지를 취소한다는 통지를 하였더라도 양수인이 양도인의 위 채권양도통지철회에 동의하였다고 볼 증거가 없다면 위 채권양도통지철회는 효력이 없다(대판 1993. 7. 13, 92다4178).

- **채권양도통지 후 양도계약이 해제된 경우 양도인이 채무자에게 대항하기 위한 요건**
  지명채권의 양도통지를 한 후 그 양도계약이 해제된 경우에, 양도인이 그 해제를 이유로 다시 원래의 채무자에 대하여 양도채권으로 대항하려면 양수인이 채무자에게 위와 같은 해제사실을 통지하여야 한다(대판 1993. 8. 27. 제3부 판결, 93다17379).

중요사건의 사실관계 및 대법원의 판단

【사실관계】

소외 A가 1993. 8. 16. 피고로부터 그 소유의 상가건물 1층 40평을 임차보증금 8천만 원, 월 차임 2백4십만 원, 임차기간 1993. 9. 27.부터 24개월간으로 정하여 임차하는 내용의 임대차계약을 체결하고, 그 무렵 피고에게 임차보증금 전액을 지급하였다. A는 1995. 6. 30. 원고에게 이 사건 임대차계약의 종료시 피고로부터 돌려받을 임차보증금 8천만 원 중 3천6백만 원의 반환채권을 양도하고, 그 이튿날 내용증명우편으로 피고에게 양도통지를 하여 그 무렵 도달하였다. 1996. 12. 말경 A가 피고와 이 사건 임대차계약을 합의해지하고 임차 목적물을 피고에게 명도하였다. 한편 A가 원고에게 임차보증금 반환채권을 양도한 것은 원고로부터 차용한 금 3천만 원에 대한 원리금 지급채무의 담보를 위한 것이고, A가 원고에게 1995. 7. 27.부터 같은 해 9. 25.까지 사이에 그 중 금 2,911만 원을 변제하였다. 그리고 원고는 피고에게 3천6백만원의 반환을 청구하고 있고, 피고는 원고가 A로부터 변제받은 2911만원을 제외한 689만원만을 반환하면 된다고 항변하고 있다.

【대법원의 판단】 채권양도가 다른 채무의 담보조로 이루어진 경우, 양도채권의 채무자가 그 피담보채무가 변제로 소멸되었다는 이유로 채권양수인의 양수금 청구를 거절할 수 있는지 여부(소극)

채권양도가 다른 채무의 담보조로 이루어졌으며 또한 그 채무가 변제되었다고 하더라도, 이는 채권 양도인과 양수인 간의 문제일 뿐이고, <u>양도채권의 채무자는 채권 양도·양수인 간의 채무 소멸 여하에 관계없이 양도된 채무를 양수인에게 변제하여야 하는 것</u>이므로, 설령 그 피담보채무가 변제로 소멸되었다고 하더라도 양도채권의 채무자로서는 이를 이유로 채권양수인의 양수금 청구를 거절할 수 없다(대법원 1999. 11. 26. 선고 99다23093 판결).

제 2 절 채무의 인수

Ⅰ. 의의 및 법적 성질

1. 의 의

채무의 인수라 함은 채무의 동일성을 유지하면서 그 채무를 그대로 채무자로부터 인수인에게 이전하는 것을 목적으로 하는 계약을 말한다. 즉 갑의 을에 대한 채무를 인수인인 병에게 이전하는 계약이다.

채무인수인에 의해 종전의 채무자는 채무를 면하고 인수인이 채무를 진다. 채무인수에 의해 채무자는 변경되지만 종전의 채무는 그 동일성을 유지하면서 인수인에게 이전된다. 이 점에서 채무자의 변경으로 인해 종전의 채무가 소멸되는 경개와 다르다.

2. 법적 성질

채무인수는 계약에 의해 이루어지고, 그 계약은 낙성·불요식의 계약이다. 채무인수계약이 성립하였는지는 당사자의 의사해석을 통해 정해지는데, 여기에는 종전의 채무자를 면책시키려는 의사가 있었는지가 고려되어야 한다.

Ⅱ. 채권자와 제3자간의 계약에 의한 채무인수

1. 원 칙

제3자는 채권자와의 계약으로 채무를 인수하여 채무자의 채무를 면하게 할 수 있다. 그러나 채무의 성질이 인수를 허락하지 아니하는 때에는 그러하지 아니하다(민법 제453조 1항).

위 계약에 관해 채무자의 동의를 얻을 필요는 없다.

2. 예 외

이해관계 없는 제3자는 채무자의 의사에 반하여 채무를 인수하지 못한다(민법 제453조 2항).

채무자의 의사에 반한다는 사실은 이를 주장하는 자가 입증하여야 한다(대판 1966. 2. 22. [65다2512]).

불가분채무자, 연대채무자, 보증인, 물상보증인, 담보물의 제3취득자 등은 이해관계 있는 제3자이므로 채무자의 의사에 반해서도 채무를 인수할 수 있다.

Ⅲ. 채무자와 제3자간의 계약에 의한 채무인수

1. 효력발생요건

(1) 채권자의 승낙

제3자가 채무자와의 계약으로 채무를 인수한 경우에는 채권자의 승낙에 의하여 그 효력이 생긴다.

채권자의 승낙 또는 거절의 상대방은 채무자나 제3자이다(민법 제454조).

채권의 가치는 채무자의 자력에 의존하는 일이 많으므로, 채무자가 변경되고 따라서 책임재산의 변경이 있더라도 채권자에게 경제상의 불이익을 주지 않기 위하여 채권자의 승낙을 채무인수계약의 효력발생요건으로 한 것이다.

채무인수의 효력이 생기기 위하여 채권자의 승낙을 요하는 것은 면책적 채무인수의 경우에 한하고, 채무인수가 면책적인가 중첩적인가 하는 것은 채무인수계약에 나타난 당사자 의사의 해석에 관한 문제이다(대판 1998. 11. 24. 98다33765).

(2) 승낙을 거절한 채권자가 그 후 다시 승낙을 할 경우 채무인수의 효력이 생기는지 여부

채권자가 승낙에 의하여 채무인수의 효력이 생기는 경우, 채권자가 승낙을 거절하면 그 이후에는 채권자가 다시 승낙하여도 채무인수로서의 효력이 생기지 않는다(대판 1998. 11. 24, 98다33765).

2. 승낙 여부의 최고

제3자나 채무자는 상당한 기간을 정하여 승낙여부의 확답을 채권자에게 최고할 수 있다. 채권자가 그 기간내에 확답을 발송하지 아니한 때에는 거절한 것으로 본다(민법 제455조).

여기서 상당한 기간은 채권자가 제3자의 신용관계의 검토 기타 이해를 고려해서 회답하는데 필요한 기간이라야 한다. 최고기간 경과 후에는 채권자가 승낙하여도 채무인수로서의 효과가 생기지 않는다.

3. 채무인수의 철회·변경

제3자와 채무자 간의 계약에 의한 채무인수는 채권자의 승낙이 있을 때까지 당사자는 이를 철회하거나 변경할 수 있다(민법 제456조).

그러나 채권자가 채무의 인수를 승낙한 후의 철회 또는 변경은 채권자의 이익을 해할 염려가 있으므로 채권자의 승낙 없이는 이를 할 수 없다(대판 1962. 5. 17, 62다161).

4. 채무인수의 소급효

채권자의 채무인수의 승낙과 동시에 그 효력발생에 관하여 다른 의사표시를 하지 않는 한 그 채무를 인수한 때에 소급하여 효력이 생긴다. 즉 이때에는 승낙에 소급효가 인정되어 계약 당시에 채권자의 승낙이 있었던 것으로 다루어진다. 그러나 승낙의 소급효는 제3자의 권리를 해하지 못한다(민법 제457조). 바꾸어 말해서 제3자의 권리를 해하는 범위에서 소급효가 제한된다. 여기서 제3자란 인수계약 후 채권자의 승낙이 있기 전까지 종전의 채무자에 대해 이해관계를 가지는 자를 말하는데, 채권자대위권을 행사하여 채무자의 재산을 압류한 채권자의 채권자가 여기에 해당된다.

IV. 채무인수의 효과

1. 채권자와 채무자 사이의 효과

채무인수가 이루어지면 채무는 그 동일성을 유지하면서 종전의 채무자로부터 인수인에게 이전한다. 따라서 종전의 채무자는 채무를 면하고 인수인이 그 채무를 부담한다.

2. 채권자와 인수인 사이의 효과

채무인수에 의해 채무는 그 동일성을 유지하면서 종전 채무자로부터 인수인에게 이전되므로, 채권자는 인수인에 대해 채권을 행사할 수 있다.

(1) 채무의 이전

채무인수에 의해 채무는 그 동일성을 유지하면서 종전의 채무자로부터 인수인에게 이전된다.

채무뿐만 아니라 채무에 종된 채무도 원칙적으로 이전한다. 예컨대 이자채무·위약금채무 등도 이전한다. 그러나 이미 발생하고 있는 이자는 독립성을 가지게 되므로 당연히 이전하는 것은 아니다.

(2) 항변권의 이전

인수인은 전채무자의 항변할 수 있는 사유로 채권자에게 대항할 수 있다(민법 제458조). 즉 전채무자의 항변은 당연히 인수인에게 이전한다. 따라서 채무의 성립·존속 또는 이행을 저지·배척하는 모든 사유(예 : 채무의 불성립·무효·취소·동시이행의 항변 등)는 인수인도 주장할 수 있다.

그러나 채무의 발생원인이 되는 계약의 취소권·해제권 및 상계권은 이전하지 않는다.

(3) 담보 · 보증의 존속 여부

채무인수의 경우 전채무자의 채무에 부종하는 담보도 그대로 이전하는지가 문제된다. 법정담보물권인 유치권·법정질권·법정저당권 등은 특정채무의 보전을 위하여 법률상 당연히 성립하는 것이므로 채무와 같이 이전된다.

그러나 약정담보물권에 관해서는 그 담보가 채무자 스스로 설정한 것이냐, 또는 제3자가 설정한 것이냐에 따라 다르다.

가. 제3자가 제공한 담보

제3자가 제공한 담보는 그것이 보증이든 물상보증이든 채무인수로 인하여 소멸한다(민법 제459조 본문).

채무인수로 채무자가 변경되고 따라서 책임재산에 변경이 생기기 때문이다. 그러나 보증인 또는 물상보증인이 채무인수에 동의한 때에는 이들을 보호할 필요가 없으므로 그 보증이나 담보는 소멸하지 않는다(민법 제459조 단서).

나. 채무자가 설정한 담보

민법은 이에 관해서 아무런 규정을 두고 있지 않다. 통설은 인수계약이 채권자·인수인 사이에 체결된 경우에는 담보는 소멸하고, 채무자·인수인 사이에 또는 채권자·채무자·제3자의 3면계약에 의해 체결된 때에는 채무자인 담보제공자가 채무인수에 동의한 것으로 보아 민법 제459조 단서를 유추적용하여 담보가 존속하는 것으로 해석한다.

V. 채무인수와 유사한 제도

1. 병존적 채무인수

(1) 의 의

병존적 채무인수는 기존의 채무관계는 그대로 유지되면서 제3자(인수인)가 채무자로 들어와 종전의 채무자와 더불어 동일한 내용의 채무를 부담하는 계약을 말한다. 중첩적 채무인수라고도 한다. 이에 대하여 앞에서 설명한 '본래의 채무인수'는 '면책적 채무인수'라고 부르기도 한다.

> **핵심판례**
>
> ■ **채무인수에 있어서 당사자 의사가 분명하지 않은 경우, 중첩적 채무인수인지 여부(적극)**
>
> 채무인수가 면책적인가 중첩적인가 하는 것은 채무인수계약에 나타난 당사자 의사의 해석에 관한 문제이고, 채무인수에 있어서 면책적 인수인지, 중첩적 인수인지가 분명하지 아니한 때에는 이를 중첩적으로 인수한 것으로 볼 것이다(대판 2002. 9. 24. 2002다36228).

(2) 요 건

가. 병존적 채무인수의 대상이 될 수 있는 채무

인수인에 의해서도 이행될 수 있는 성질의 채무이어야 한다. 따라서 전속적·부대체적 급부를 목적으로 하는 채무는 제3자가 인수할 수 없다.

나. 인수계약의 당사자

ⅰ) 채권자·채무자·인수인 사이의 3면계약으로 할 수 있다.

ⅱ) 채권자와 인수인 사이의 계약으로도 할 수 있다. 면책적 채무인수의 경우와 달리 이해관계 없는 제3자는 채무자의 의사에 반하여서도 병존적 채무인수는 순전히 채무자의 채무의 담보를 그 목적으로 하기 때문이다.

ⅲ) 채무자와 인수인 사이의 계약에 의해서도 병존적 채무인수를 할 수 있다. 이 때의 계약은 제3자를 위한 계약이다(대판 1995. 5. 9. 94다47469), 따라서 채권자가 수익의 의사표시(예 : 청구 기타 권리행사)를 하여야 한다(민법 제539조 2항).

(3) 효 과

병존적 채무인수의 효과로서, 종래의 채무자는 그의 채무를 면하지 않으며, 인수인은 채무자의 채무와 동일한 내용의 채무를 부담한다.

종전의 채무는 그대로 존속하므로 그 담보도 그대로 존속한다. 또 인수인은 종전의 채무와 동일한 채무를 부담하므로 채무자가 채권자에게 가지는 항변사유로 채권자에게 대항할 수 있다.

2. 이행인수

(1) 의 의

인수인이 채무자에 대하여 그 채무를 이행할 것을 약정하는 채무자·인수인 사이의 계약을 이행인수라 한다. 이행인수는 채무자와 인수인 사이의 계약이며, 채무자·인수인 사이의 계약에 의한 채무인수와 유사하다. 그러나 이행인수에 있어서는, 인수인은 채무자에 대하여 그 채무를 변제할 의무를 부담하는데 그치며, 직접 채권자에 대하여 의무를 지지 않는다. 즉 채무의 이전이 없다. 따라서 인수인이 채권자에게 이행하지 않는 때에는, 채무자에 대하여 채무불이행의 책임을 지게 될 뿐이다. 이행인수는 원칙적으로 제3자를 위한 계약이 되지 않는 것이다.

(2) 이행인수에 해당하는 사례

ⅰ) 부동산의 매수인이 매매목적물에 관한 채무를 인수하는 한편, 그 채무액을 매매대금에서 공제하기로 약정한 경우

부동산의 매수인이 매매목적물에 관한 근저당권의 피담보채무, 가압류채무, 임대차보

증금 반환채무를 인수하는 한편 그 채무액을 매매대금에서 공제하기로 약정한 경우, 다른 특별한 사정이 없는 이상, 이는 매도인을 면책시키는 채무인수가 아니라 이행인수로 보아야 하고, 매수인이 그 채무를 현실적으로 변제할 의무를 부담한다고 해석할 수 없으며, 특별한 사정이 없는 한 매수인이 매매대금에서 그 채무액을 공제한 나머지를 지급함으로써 잔금지급의무를 다한 것으로 보아야 하고, 또한 이 약정의 내용은 매도인과 매수인과의 계약으로 매수인이 매도인의 채무를 변제하기로 하는 것으로서 매수인은 제3자의 지위에서 매도인에 대하여만 그의 채무를 변제할 의무를 부담함에 그치며, 한편 이와 같이 부동산매매계약과 함께 이행인수계약이 이루어진 경우 매수인이 인수한 채무는 매매대금 지급채무에 갈음한 것으로서 매도인이 매수인의 인수채무불이행으로 말미암아 또는 임의로 인수채무를 대신 변제하였다면 그로 인한 손해배상채무 또는 구상채무는 인수채무의 변형으로서 매매대금 지급채무에 갈음한 것의 변형으로 보아야 한다(대판 2002. 5. 10. 2000다18578).

ii) 부동산의 매수인이 매매목적물에 관한 가등기담보채무, 임대차보증금반환채무를 인수하고 그 채무액을 매매대금에서 공제하기로 약정한 경우

부동산의 매수인이 매매목적물에 관한 가등기담보채무, 임대차보증금반환채무를 인수하는 한편 그 채무액을 매매대금에서 공제하기로 약정한 경우, 다른 특별한 약정이 없는 이상 이는 이행인수로서, 매수인은 매매대금에서 그 채무를 공제한 나머지를 지급함으로써 잔대금지급의무를 다한 것으로 된다(대판 1994. 5. 13. 94다2190).

> **중요사건의 사실관계 및 대법원의 판단**
>
> 【사실관계】
> 원고가 2001. 11. 7. 피고로부터 서울 중랑구 묵동 165 대 4,537.5㎡ 및 그 지상 동양쇼핑센터건물을 90억 1,500만 원에 매수하는 매매계약을 체결하고 피고에게 계약금 및 중도금 16억 5,000만 원을 지급하면서, 이 사건 부동산에 관한 임대차보증금 10억 원의 반환채무 및 근저당권의 피담보채무인 농업협동조합중앙회에 대한 대출금 40억 원의 상환채무를 원고가 인수하고, 잔금 23억 6,500만 원을 소유권이전등기서류와 상환하여 지급하기로 하였다.
>
> 【대법원의 판단】 **부동산의 매수인이 매매목적물에 관한 근저당권의 피담보채무를 인수하는 한편, 그 채무액을 매매대금에서 공제하기로 약정한 경우 그 채무인수의 성질(=이행인수) 및 매수인은 매매대금에서 그 채무액을 공제한 나머지를 지급함으로써 잔금지급의무를 다하게 되는 것인지 여부(적극)**
> 부동산의 매수인이 매매목적물에 관한 근저당권의 피담보채무를 인수하는 한편, 그 채무액을 매매대금에서 공제하기로 약정한 경우, 다른 특별한 약정이 없는 이상 이는 매도인을 면책시키는 채무인수가 아니라 이행인수로 보아야 하고, 매수인이 위 채무를 현실적으로 변제할 의무를 부담한다고 해석할 수 없으며, 특별한 사정이 없는 한 매수인은 매매대금에서 그 채무액을 공제한 나머지를 지급함으로써 잔금지급의무를 다하였다고 할 것이다(대법원 2004. 7. 9. 선고 2004다13083 판결).

3. 계약인수

(1) 의 의

예컨대 매매계약에서 매도인 또는 매수인의 지위, 임대차에서 임대인이나 임차인의 지위 등과 같이 계약당사자의 지위를 승계할 목적으로 하는 계약을 가리켜 계약인수라고 한다.

계약인수에 의해 종래의 계약당사자의 일방이 가지고 있던 일체의 권리·의무가 그대로 승계인에게 이전한다.

(2) 계약인수의 당사자

계약당사자로서의 지위의 승계를 목적으로 하는 계약인수는 그로부터 발생하는 채권·채무의 이전 이외에 계약관계로부터 상기는 해제권 등 포괄적인 권리·의무의 양도를 포함하는 것으로서, 그 계약은 양도인과 양수인 및 잔류당사자의 동시적인 합의에 의한 3변 계약으로 이루어지는 것이 통상적이다. 또 계약관계자 3인 중 2인의 합의와 나머지 당사자의 동의 내지 승낙의 방법으로도 가능하다(대판 1996. 2. 27. 95다21602).

(3) 효 과

계약인수가 적법하게 이루어지면 양도인은 계약관계에서 탈퇴하게 되고, 계약인수 후에는 특별한 사정이 없는 한 잔류당사자와 양도인 사이에 계약관계가 존재하지 않게 되며, 그에 따른 채권채무관계도 소멸한다(대판 1992. 3. 13. 91다32534).

핵심판례

■ **회사 상호간에 주택 분양자로서의 지위 승계약정이 있고 이에 피분양자가 동의를 함으로써 유효한 계약인수가 이루어졌다고 보아, 이를 배척한 원심판결을 파기한 사례**
회사가 공사 도중 자금난으로 부도가 나자 그 회사의 채권자들이 자신들의 대여금 채권의 확보를 위하여 신설 회사를 설립하여 기존 회사가 분양계약에 따라 피분양자들에 대하여 부담하는 소유권이전등기 채무의 이행뿐만 아니라 잔대금 채권까지도 함께 양수하기로 하는 약정을 하였다면, 이는 분양계약의 분양자로서의 지위의 승계를 목적으로 하는 이른바 계약인수 약정을 한 것으로 보는 것이 경험칙상 상당하고, 신설 회사가 피분양자들에게 공사를 인수하였다면서 준공검사가 나면 소유권이전등기를 해주겠으니 준공검사 동의서에 날인해 달라고 요청하여 피분양자들이 이에 응한 행위는 바로 신설 회사와 기존 회사 사이의 계약인수에 동의한 것으로 볼 수 있으므로, 기존 회사의 분양계약상의 지위는 신설 회사에 의해 유효하게 인수되었다고 보아야 한다(대판 1996. 2. 27, 95다21662).

4. 계약가입

계약당사자는 그대로 있고 여기에 제3자가 그 계약관계에 가입해서 계약의 당사자로 추가되는 경우를 계약가입이라고 한다. 마치 채무인수의 경우 병존적 채무인수를 인정하는 것과 같이, 계약인수에 있어서의 병존적 채무인수라고 볼 수 있는 것이 계약가입이다. 민법에는 명문규정이 없지만 계약자유의 원칙상 계약가입도 유효하다는 것이 판례의 태도이다(대판 1982. 10. 26. 82다카508).

제 3 절   관련사례

> 채권을 양도받은 사람이 채권추심을 전적으로 담당하는 사건브로커인 경우, 그 채권양도는 유효한가?

변호사법에 위반되어 그 채권양도는 무효이다.

【해 설】

1. 채권의 양도

(1) 채권양도의 의의

채권양도는 채권자(양수인)와 양수인간의 계약으로 채권자의 채권을 양수인에게 이전하는 것을 말한다. 채권양도에 의하여 채권은 그 동일성을 유지하면서 양수인에게 이전된다. 따라서 채권에 부종하는 권리, 즉 이자채권, 위약금채권·보증채권 등도 원칙적으로 양수인에게 이전된다. 다만 변제기가 도래한 지분적 이자채권처럼 독립성이 인정되는 경우에는 예외이다. 채권자가 특정되어 있는 채권이 지명채권이며, 증권적 채권에 속하지 않는 보통의 채권을 말한다.

민법은 지명채권의 양도성을 인정하여 '채권은 양도할 수 있다. 그러나 채권의 성질이 양도를 허용하지 아니하는 때에는 그러하지 아니하다. 채권은 당사자가 반대의 의사를 표시한 경우에는 양도하지 못한다. 그러나 그 의사표시로써 선의의 제3자에게 대항하지 못한다'라고 규정하고 있다(민법 제449조).

(2) 지명채권양도의 대항요건

지명채권의 양도는 양도인이 채무자에게 통지하거나 채무자가 승낙하지 아니하면 채무자 기타 제3자에게 대항하지 못한다. 그리고 채권양도의 통지나 승낙은 확정일자 있는 증서에 의하지 아니하면 채무자 이외의 제3자에게 대항하지 못한다(민법 제450조).

2. 변호사법상 권리의 양도·양수

변호사법 제109조 제1호는 '변호사가 아니면 금품·향응 기타 이익을 받거나 받을 것을 약속하고 또는 제3자에게 이를 공여하게 하거나 공여하게 할 것을 약속하고 소송사건, 비송사건, 가사조정 또는 심판사건, 소원 또는 심사의 청구나 이의 신청 기타 행정기관에 대한 불복신청사건, 수사기관에서 취급중인 수사사건 또는 법령에 의하여 설치된 조사기관에서 취급 중인 조사사건에 관하여 감정·대리·중재·화해 또는 청탁을 하거나 이러한 행위를 알선한 자'는 7년 이하의 징역이나 5천만원 이하의 벌금에 처한다고 명시하고 있고, 동법 제112조 제1호에서는 '타인의 권리를 양도하거나 양수를 가장하여 소송·조정 또는 화해·기타 방법으로 그 권리를 실행함을 업으로 할 수 없다'고 규정하고 있다.

따라서 위 사례에서 사건브로커가 채무자로부터 받게 되는 돈 가운데서 몇 할을 받는 조건으로 채권을 양도받은 경우라면, 이는 변호사법 제109조 제1호에 위반되는 것이고, 채권추심을 목적으로 하고 채권양도를 받아 채권자가 된 것이라면, 동법 제112조 제1호에 위반되어 그 채권양도는 무효로 된다.

> 채권자가 채권양도통지서에 공증인가 합동법률사무소의 확정일자 인증을 받은 후 그 자리에서 채무자에게 교부한 경우 확정일자 있는 증서에 의한 채권양도 통지가 이루어진 것으로 볼 수 있는가?

하나의 행위로 확정일자 인증과 채권양도 통지가 이루어진 것이 되어, 확정일자 있는 증서에 의한 채권양도의 통지가 이루어진 것으로 본다(대판 1986. 12. 9. 86다카858).

【해 설】

지명채권의 양도는 양도인이 채무자에게 통지하거나 채무자가 승낙하지 아니하면 제3자에게 대항하지 못한다(민법 제450조 1항).

여기서 제3자란 그 채권에 관하여 양수인이 지위와 양립할 수 없는 법률상의 지위를 취득한 자를 말한다. 예컨대 채권의 이중양수인·채권의 질권자·채권을 압류 또는 가압류한 양도인의 채권자·채권의 양도인이 파산한 경우의 파산채권자 등이 이에 해당된다.

주의할 것은, 양수인이 이들 제3자에 대해 자신이 채권자라고 주장하기 위해서는 채권양도의 통지나 승낙을 확정일자 있는 증서에 의하여야 한다는 것이고, 이들 제3자도 그러한 요건을 갖추어야 한다는 것은 아니다.

채권양도의 통지행위 또는 승낙행위 자체는 확정일자 있는 증서로 하여야 한다. 그렇게 해야만 통지일시와 승낙일시의 진정성이 보장되기 때문이다.

여기서 '확정일자'란 증서에 대하여 그 작성한 일자에 관한 완전한 증거가 될 수 있는 것으로 법률상 인정되는 일자를 말하는데(대판 1988. 4. 12. 87다카2429), 공증인 또는 법원서기가 확정일자인이 있는 사문서상의 그 일자, 공정증서에 기입한 일자, 공무소에서 사문서에 어느 사항을 증명하고 기입한 일자가 이에 해당한다(민법 부칙 제32조). 채권양도의 통지를 할 경우 보통 '내용증명'의 방법을 이용한다.

위 사례에 의하여 법원은 하나의 행위로 확정일증 인증과 채권양도 통지가 이루어진 것으로 보아, 확정일자 있는 증서에 의한 채권양도의 통지가 이루어진 것으로 보았다(대판 1986. 12. 9. 86다카858).

<blockquote>채권양수인이 양도인의 대리인으로서 채권양도통지를 할 수 있는가?</blockquote>

할 수 있다(대판 1997. 6. 27. 95다40977, 40984).

【해 설】

채권은 성질이 허용하고 당사자간에 양도금지의 특약이 없으면 양도할 수 있으며(민법 제449조), 지명채권의 양도는 양도인이 채무자에게 통지하거나 채무자가 승낙하지 아니하면 채무자 기타 제3자에게 대항하지 못하고, 그 통지나 승낙은 확정일자 있는 증서에 의하지 않으며 채무자 이외의 제3자에게 대항하지 못한다(민법 제450조).

그런데 채권양도의 통지는 양도인이 하여야 함에도 이를 게을리 하고 양수인에게, 위임하였을 경우, 채권양도통지의 성질이 법률행위가 아닌 관념의 통지이므로 대리인이 하여도 무방하지 문제된다. 이에 관한 판례는 "채권양도의 통지는 양도인이 채무자에 대하여 당해 채권을 양수인에게 양도하였다는 관념의 통지이고, 법률행위의 대리에 관한 규정은 관념의 통지에도 유추적용 된다고 할 것이어서, 채권양도의 통지도 양도인이 직접 하지 않고 사자(使者)를 통하거나 나아가서 대리인으로 하여금 하게 하여도 무방하다고 할 것이고, 또한 그와 같은 경우에 양수인이 양도인의 사자 또는 대리인으로서 채권양도 통지를 하였다 하여 민법 제450조의 규정에 어긋난다고 볼 수도 없고 달리 이를 금지할 근거도 없다."라고 하였다(대판 1997. 6. 27. 95다40977, 40984).

<blockquote>아내에게 대여금 청구소송을 하게 할 목적으로 채권양도를 한 경우 그 채권양도의 효력은 어떠한가?</blockquote>

무효가 된다.

【해 설】

대여금청구소송을 하려고 하지만 남편이 사업상 바빠서 소송수행이 어렵고, 변호사를 수임하면 수임료가 과다하고, 사안이 단순하여 변호사 선임의 필요성도 별로 없기 때문에 채권을 아내에게 양도하여 소송행위를 하려는 경우가 있을 수 있다.

민법상 채권은 그 성질이 허용되고 당사자간에 양도금지의 특약이 없다면 양도할 수 없다고 규정하고 있으나(민법 제449조), 신탁법 제7조에 의하면 "수탁자로 하여금 소송행위를 하게 하는 것을 주목적으로 하는 신탁은 무효이다."라고 규정하고 있다.

판례도 "소송행위를 하게 하는 것을 주목적으로 채권양도 등이 이루어진 경우 그 채권양도가 신탁법상의 신탁에 해당하지 않는다고 하여도 신탁법 제7조가 유추적용되므로 무효라고 할 것이고, 소송행위를 하게 하는 것이 주목적인지의 여부는 채권양도계약이 체결된 경위와 방식, 양도계약이 이루어진 후 제소에 이르기까지의 시간적 간격, 양도인과 양수인간의 신분관계 등 제반사항에 비추어 판단하여야 할 것이다."라고 하였다(대판 2002. 12. 6. 선고 2000다4210, 1997. 5. 16. 95다54464).

따라서 오로지 소송수행을 하게 할 목적으로 처에게 채권양도를 한다면 그 효력은 무효라 할 것이다.

채권자가 직접 소송수행을 하든지 아니면 변호사를 선임하여 소송을 위임할 수 밖에 없을 것이다.

참고로 민사소송법 제87조에 의하면 "법률에 따라 재판상 행위를 할 수 있는 대리인 이외에는 변호사가 아니면 소송대리인이 될 수 없다."라고 규정하고 있으며, 같은 법 제88조에 의하면 "① 단독판사가 심리·재판하는 사건 가운데 그 소송목적의 값이 일정한 금액 이하인 사건에서, 당사자와 밀접한 생활관계를 맺고 있고 일정한 범위 안의 친족관계에 있는 사람 또는 당사자와 고용계약 등으로 그 사건에 관한 통상사무를 처리·보조하여 오는 등 일정한 관계에 있는 사람이 법원의 허가를 받은 때에는 제87조를 적용하지 아니한다. ② 제1항의 규정에 따라 법원의 허가를 받을 수 있는 사건의 범위, 대리인의 자격 등에 관한 구체적인 사항을 대법원규칙으로 정한다. ③ 법원은 언제든지 제1항의 허가를 취소할 수 있다."라고 규정하고 있으므로, 민사 및 가사소송의 사물관할에 관한 규칙 제2조에서 단독판사가 심판할 것으로 정하는 사건(판사 1명이 심판하는 사건으로서 소송 목적의 가액이 1억원 이하 사건 등이 해당됨)에 있어서는 처가 소송대리허가를 받아 소송을 수행할 수 있다.

> 채권양도 승낙 후 취득한 채권으로 양도된 채권과 상계할 수 있는가?

상계할 수 없다.

【해 설】

예컨대 A가 자기 소유의 주택을 B에게 보증금 3천만원에 임대하고 있던 중 B가 자기

채권자 C에게 위 보증금을 양도하겠다고 하여 A가 이를 승낙한 사실이 있고, 그 후 A가 B에게 5백만원을 빌려 주었다. 이 경우 위 보증금에서 채권양도승낙 후 빌려 준 오백만원을 공제할 수 있는가가 문제된다.

민법은 채권의 양도를 허용하고 있으며, 지명채권의 양도시에 그 양도사실을 양도인이 확정일자 있는 증서에 의하여 채무자에게 통지하거나, 채무자가 승낙한 때에는 채무자 기타 제3자에게도 대항력이 있음을 규정하고 있으므로, 위 사안에서 C는 A의 승낙에 의하여 유효하게 임차보증금반환채권을 양수 받았다고 할 것이다(민법 제449조, 제450조).

그런데 위 사안에서 A가 B와 C사이에 이루어진 임차보증금반환채권의 양도·양수행위에 대하여 승낙을 하였으나 아직 양수금을 지급하지 아니한 상태에서 양도인 B에 대하여 새로운 대여금채권이 발생한 경우, A가 이 대여금채권을 상계한 후 나머지만 양수인 C에게 지급하여도 되는가가 문제된다.

이에 관하여 민법 제451조의 의하면 채권 양도시에 양도인이 양도통지만을 하였을 경우에는 양도통지를 받을 때까지 양도인에 대하여 유보한 경우에 한하여 양도인에 대하여 발생한 사유로써 양수인에게 대항할 수 있다고 규정하고 있다.

판례도 승낙 당시 이미 상계를 할 수 있는 원인이 있었던 경우에는 아직 상계적상에 있지 아니하였다 하더라도 그 후에 상계적상이 생기면 채무자는 양수인에 대하여 상계로 대항할 수 있으나(대판 1999. 8. 20. 99다18039), 채무자가 채권양도를 승낙한 후에 취득한 양도인에 대한 채권으로 양수인에 대하여 상계로써 대항하지 못한다고 하였다(대법원 1984. 9. 11. 선고 83다카2288 판결).

따라서 A는 채권양도 승낙 후에 발생한 B에 대한 대여금채권을 가지고는 위 임차보증금에서 상계할 수 없다.

채권양도통지를 주채무자에게만 한 경우 보증인에게 대항할 수 있는가?

보증채무의 경우에는 그 부종성에 의해 채권양도의 사실을 주채무자에게 통지하면 보증인에게 대하여 따로 통지하지 않더라도 보증인에게 대항할 수 있다.

【해 설】

채권의 양도성에 관하여 민법 제449조 제1항에 의하면 "채권은 양도할 수 있다. 그러나 채권의 성질이 양도를 허용하지 아니하는 때에는 그러하지 아니하다."라고 규정하고 있으며, 지명채권양도의 대항요건에 관하여 민법 제450조에 의하면 "① 지명채권의 양도는 양도인이 채무자에게 통지하거나 채무자가 승낙하지 아니하면 채무자 기타 제3자에게 대항하지 못한다. ② 전항의 통지나 승낙은 확정일자 있는 증서에 의하지 아니하면 채무자 이외의 제3자에 대항하지 못한다."라고 규정하고 있다.

보증채무의 경우 채권자가 채권양도의 사실을 주채무자 외에 보증인에게도 통지하여야 보증인에게 대항할 수 있는지가 문제된다.

이에 대하여 판례는, "보증채무는 주채무에 대한 부종성 또는 수반성이 있어서 주채무자에 대한 채권이 이전되면 당사자 사이에 별도의 특약이 없는 한 보증인에 대한 채권도 함께 이전하고, 이 경우 채권양도의 대항요건도 주채권의 이전에 관하여 구비하면 족하고, 별도로 보증채권에 관하여 대항요건을 갖출 필요는 없다"라고 하고 있는 바 채권양도에 있어서 주채무자에 대한 채권양도통지 등 대항요건을 갖추었으면 보증인에 대하여도 그 효력이 미친다고 할 것이다(대판 2002. 9. 10. 2002다21509).

> 장래 채권의 양도인이 채권양도 통지 전에 채무자로부터 채권을 추심하여 금전을 수령한 경우, 양도인과 양수인 사이에서 그 금전의 소유권은 누구에게 귀속하는가?

채권양도의 대항요건을 갖추지 아니한 이상 양도인에 대하여 한 변제는 유효하지만, 양도인은 채권을 이미 양도하여 그 채권에 관하여 아무런 권한도 가지지 아니하므로, 금전의 소유권은 채권양수인에게 귀속한다(대판 2007. 5. 11. 2006도4935).

【해 설】

채권양도의 대상이 되는 채권은 특정할 수 있는 것이면 된다. 따라서 종류채권이나 선택채권도 특정할 수 있기 때문에 양도할 수 있고, 조건부·기한부 채권도 양도할 수 있다. 또한 예컨대 당좌대월계약에 기해 장래 성립할 채권도 양도할 수 있다(통설).

이에 관해서 판례는 '채권양도는 채권을 하나의 재화로 다루어 이를 처분하는 계약으로서, 채권 자체가 그 동일성을 잃지 아니한 채 양도인으로부터 양수인에게로 바로 이전하고, 이 경우 양수인으로서는 채권자의 지위를 확보하여 채무자로부터 유효하게 채권의 변제를 받는 것이 그 목적인바, 우리 민법은 채무자와 제3자에 대한 대항요건으로서 채무자에 대한 양도의 통지 또는 채무자의 양도에 대한 승낙을 요구하고, 채무자에 대한 통지의 권능을 양도인에게만 부여하고 있으므로, 양도인은 채무자에게 채권양도 통지를 하거나 채무자로부터 채권양도 승낙을 받음으로써 양수인으로 하여금 채무자에 대한 대항요건을 갖출 수 있도록 해 줄 의무를 부담하며, 양도인이 채권양도 통지를 하기 전에 타에 채권을 이중으로 양도하여 채무자에게 그 양도통지를 하는 등 대항요건을 갖추어 줌으로써 양수인이 채무자에게 대항할 수 없게 되면 양수인은 그 목적을 달성할 수 없게 되므로, 양도인이 이와 같은 행위를 하지 않음으로써 양수인으로 하여금 원만하게 채권을 추심할 수 있도록 하여야 할 의무도 당연히 포함되고, 양도인의 이와 같은 적극적·소극적 의무는 이미 양수인에게 귀속된 채권을 보전하기 위한 것이고, 그 채권의 보전 여부는 오로지 양도인의 의사에 매여 있는 것이므로, 채권양도의 당사자 사이에서는 양도인은 양수인을 위하여 양수채권 보전에 관한 사무를 처리하는 자라고 할 수 있고, 따라서 채권양도의 당사자 사이에는 양도인의 사무처리를 통하여 양수인은 유효하게 채무자에게 채권을 추심할 수 있다는 신임관계가 전제되어 있다고 보아야 할 것이고, 나아가 양도인이 채권양도 통지를 하기 전에 채무자로부터 채권을 추심하여 금전을 수령한 경우, 아직 대항요건을 갖추지 아니한 이상 채무자가 양도인에 대하여 한 변제는 유효하고, 그 결과 양수인에게 귀속되었던 채권은 소멸하지만, 이는 이미 채권을 양도하여 그 채권에 관한 한 아무런 권한도 가지지 아니하는 양도인이 양수인에게 귀속된 채권에 대한 변제로서 수령한 것이므로, 채권양도의 당연한 귀결로서 그 금전을 자신에게 귀속시키기 위하여 수령할 수는 없는 것이고, 오로지 양수인에게 전달해 주기 위하여서만 수령할 수 있을 뿐이어서, 양도인이 수령한 금전은 양도인과 양수인 사이에서 양수인의 소유에 속하고, 여기에다가 위와 같이 양도인이 양수인을 위하여 채권보전에 관한 사무를 처리하는 지위에 있다는 것을 고려하면, 양도인은 이를 양수인을 위하여 보관하는 관계에 있다고 보아야 할 것인바(대법원 1999. 4. 15. 선고 97도666 전원합의체 판결 참조), 위와 같은 법리는 유효한 장래채권의 양도의 경우에 있어서도 마찬가지라 할 것이다.'라고 하였다(대판 2007. 5. 11. 2006도4935).

> 양도금지특약이 있는 채권을 양도할 경우 채무자는 채권자불확지를 원인으로 하여 변제공탁을 할 수 있는가?

할 수 있다.

【해 설】

채권의 양도에 관하여 민법 제449조에 의하면 "① 채권은 양도할 수 있다. 그러나 채권의 성질이 양도를 허용하지 아니하는 때에는 그러하지 아니하다. ② 채권은 당사자가 반대의 의사를 표시한 경우에는 양도하지 못한다. 그러나 그 의사표시로써 선의의 제3자에게 대항하지 못한다."라고 규정하고 있다. 그리고 변제공탁의 요건 및 효과에 관하여 민법 제487조에 의하면 "채권자가 변제를 받지 아니하거나 받을 수 없는 때에는 변제자는 채권자를 위하여 변제의 목적물을 공탁하여 그 채무를 면할 수 있다. 변제자가 과실

없이 채권자를 알 수 없는 경우에도 같다."라고 규정하고 있다.

그런데 양도금지특약이 붙은 채권이 양도된 경우에 채무자가 민법 제487조 후단의 채권자 불확지를 원인으로 하여 변제공탁을 할 수 있는지에 관하여 판례를 보면, "민법 제487조 후단의 '변제자가 과실 없이 채권자를 알 수 없는 경우'라 함은 객관적으로 채권자 또는 변제수령권자가 존재하고 있으나 채무자가 선량한 관리자의 주의를 다하여도 채권자가 누구인지를 알 수 없는 경우를 말하는 것이며, 채권양도금지특약에 반하여 채권양도가 이루어진 경우, 그 양수인이 양도금지특약이 있음을 알았거나 중대한 과실로 알지 못하였던 경우에는 채권양도는 효력이 없게 되고, 반대로 양수인이 중대한 과실 없이 양도금지특약의 존재를 알지 못하였다면 채권양도는 유효하게 되어 채무자로서는 양수인에게 양도금지특약을 가지고 그 채무이행을 거절할 수 없게 되어, 양수인의 선의, 악의 등에 따라 양수채권의 채권자가 결정되는바, 이와 같이 양도금지의 특약이 붙은 채권이 양도된 경우에 양수인의 악의 또는 중과실에 관한 입증책임을 채무자가 부담하지만(대법원 1999. 12. 28. 선고 99다8834 판결), 그러한 경우에도 채무자로서는 양수인의 선의 등의 여부를 알 수 없어 과연 채권이 적법하게 양도된 것인지에 관하여 의문이 제기될 여지가 충분히 있으므로 특별한 사정이 없는 한 민법 제487조 후단의 채권자 불확지(不確知)를 원인으로 하여 변제공탁을 할 수 있다."라고 하였다(대판 2000. 12. 22. 2000다55094).

그리고 양도금지특약이 기재된 채권증서의 존재만으로 곧바로 그 특약의 존재에 관한 채권양수인의 악의나 중과실을 추단할 수 있는지에 관하여 판례를 보면, "일반적으로 지명채권의 양도거래에 있어 양도대상인 지명채권의 행사 등에 그 채권증서(계약서 등)의 소지·제시가 필수적인 것은 아닌 만큼 양도·양수 당사자 간에 그 채권증서를 수수하지 않는 경우도 적지 아니한 실정이고(특히 양수인이 채권양도 거래의 경험이 없는 개인이라면 더욱 그렇다.), 또한 수수하더라도 양수인이 그 채권증서의 내용에 대한 검토를 아예 하지 아니하거나 혹은 통상의 주된 관심사인 채권금액, 채권의 행사시기 등에만 치중한 채 전반적·세부적 검토를 소홀히 하는 경우가 있을 수 있으며, 그 밖에 전체 계약조항의 수, 양도금지 특약조항의 위치나 형상 등에 따라서는 채권증서의 내용을 일일이 그리고 꼼꼼하게 검토하지 않은 채 간단히 훑어보는 정도만으로는 손쉽게 그 특약의 존재를 알 수 없는 경우도 있을 수 있음에 비추어, 나아가 양도금지 특약이 기재된 채권증서가 양도인으로부터 양수인에게 수수되어 양수인이 그 특약의 존재를 알 수 있는 상태에 있었고 그 특약도 쉽게 눈에 띄는 곳에 알아보기 좋은 형태로 기재되어 있어 간단한 검토만으로 쉽게 그 존재와 내용을 알아차릴 수 있었다는 등의 특별한 사정이 인정된다면 모르되, 그렇지 아니하는 한 양도금지 특약이 기재된 채권증서의 존재만으로 곧바로 그 특약의 존재에 관한 양수인의 악의나 중과실을 추단할 수는 없다."라고 하면서 임직원이 부도 위기에 처한 회사로부터 임금 등 채권을 확보하기 위하여 양도금지 특약이 있는 회사의 임대차보증금반환채권을 양수한 경우, 양도금지 특약이 기재된 임대차계약서가 존재하고 양수인이 회사의 임직원들이며 특히 일부는 전무 등 핵심 지위에 있었다는 사정만으로는 양수인의 악의나 중과실을 추단할 수 없다고 한 사례가 있습니다(대판 2000. 4. 25. 99다67482).

> 채권이 이중으로 양도된 경우, 제1양도와 제2양도 모두 확정일자 있는 증서에 의한 통지인 경우 그 우열은 어떻게 정해지는가?

확정일자 있는 양도통지가 채무자에게 도달한 일시의 선후에 의해 결정된다(대판(전원합의체) 1994. 4. 26. 93다24223).

【해 설】

채권의 양도는 양도인과 양수인 사이의 계약에 의해서 이루어진다. 따라서 채권양도에 관여하지 않은 채무자와 채권양도의 사실을 알지 못하기 때문에 불측(不測)의 손해를 입을 염려가 있게 되어 채무자와 제3자를 보호할 필요가 생기게 되는데, 이에 관하여 민법은 제450조에서 "지명채권의 양도는 양도인이 채무자에게 통지하거나, 채무자가 승낙하지 아니하면 채무자 기타 제3자에게 대항하지 못하고, 이러한 통지나 승낙은 확정일자 있는 증서에 의하지 아니하면 채무자 이외의 제3자에게 대항하지 못한다."는 규정을 두고 있다.

채권이 이중으로 양도된 경우 다음과 같이 그 우열이 정해진다.

ⅰ) 제1의 양도는 단순통지이고, 제2의 통지는 확정일자 있는 증서에 의한 통지인 경우

제2의 양도가 우선한다(대판 1972. 1. 31. 71다2697).

ⅱ) 제1·제2 양도 모두 확정일자 있는 증서에 의한 통지인 경우

통설은 '확정일자의 선후'에 의해 그 우열을 정하는 것으로 해석하지만, 판례는 확정일자 있는 양도통지가 채무자에게 도달한 일시의 선후에 의하여 결정되는 것으로 해석한다(대판 1994. 4. 26. 93다24223).

ⅲ) 위 (2)의 경우에 그 통지가 동시에 도달한 경우

판례는 제1·제2 양수인 모두 채무자에 대하여 완전한 대항력을 갖추었으므로, 양수인 각자는 채무자에 대하여 그 채권 전액에 대해 이행청구를 하고, 그 변제를 받을 수 있으며, 채무자도 그에게 변제를 함으로써 다른 양수인에 대한 관계에서 면책되지만, 양수인 간에 그 지위가 대등하므로 변제를 받은 양수인은 공평의 원칙상 다른 양수인에 대해 그 채권액에 안분하여 정산할 의무를 진다고 한다.

iv) 제1·제2 양도 모두 단순한 통지인 경우

이에 관해서는 견해가 대립되는데, ① 양수인 상호간에는 우열이 없지만 채무자는 양수인 중 한 사람을 선택하여 변제를 할 수 있다는 견해와, ② 통지가 채무자에게 도달한 일시의 선후에 따라 그 우열을 정해야 한다는 견해가 그것이다.

채무인수시 인수자가 무자력자인 경우의 위험을 예방하기 위한 방법이 있는가?

채무인수방법으로 병존적 채무인수방법을 택하도록 한다.

【해 설】

채무인수는 채무자의 동일성을 유지하면서 채무자 종전의 채무자로부터 제3자(인수인)에게 이전되는 것을 말한다. 채무인수에 의해 종○전의 채무자는 채무를 면하고, 인수인이 그 동일한 채무를 지는 점에서 민법이 규정하는 채무인수는 '면책적 채무인수'이다.

1. 면책적 채무인수

면책적 채무인수는 종래의 채무자가 채무관계로부터 이탈하고 새로운 채무자가 채무를 인수함으로써 채무가 동일성을 잃지 않고 구채무자로부터 신채무자에게 이전하는 계약이지만, 종래의 구채무자에 붙어 있었던 담보나 보증은 담보제공자나 보증인의 승낙을 받지 않고는 신채무로 이전하지 않는다는 점에 특징이 있다. 그러나 보증인이나 물상보증인이 채무인수에 동의한 경우에는 그 보증이나 담보는 소멸하지 않는다(민법 제459조).

2. 병존적 채무인수

병존적 채무인수는 기존의 채무관계는 그대로 유지되면서 여기에 제3자가 채무자로 들어와 종래의 채무자와 더불어 동일한 내용의 채무를 부담하는 것으로서, 중첩적 채무인수라고도 한다. 병존적 채무인수는 채무자가 추가되어 채권의 담보기능을 수행한다는 점에서 실제로는 면책적 채무인수보다 더 많이 이용된다.

병존적 채무인수는 종전의 채무는 그대로 존속하므로 종래의 채무에 붙어 있는 담보나 보증은 그대로 존속하며, 인수인은 종전의 채무와 동일한 채무를 부담하므로, 채무자가 채권자에 대해 가지는 항변사유로 채권자에게 대항할 수 있다.

3. 채무인수가 면책적인지 병존적인지의 결정 기준

당사자의 의사해석에 의해서 결정된다. 면책적 채무인수의 경우에는 제3자가 제공한 담보가 소멸되어 채권자에게 불리하고(민법 제459조), 또 실제 거래에서는 채무인수가 채권담보의 목적으로 이용된다는 점에서, 어느 것인지가 분명히 않은 때에는 병존적 채무인수로 보아야 한다(대판 1962. 4. 4. 429민상1087).

제 4 장 채권의 소멸

제 1 절 채권소멸의 의의

Ⅰ. 채권소멸의 의의

채권의 소멸이라 함은 채권이 객관적으로 존재하지 않게 되는 것을 말한다. 채권소멸의 원인이 발생하면, 그때부터 채권은 법률상 당연히 소멸하며, 채무자가 채권이 소멸되었다고 주장하여야 채권이 소멸되는 것은 아니다.

채권이 본래의 목적대로 만족을 얻는 경우뿐만 아니라 그 밖의 원인에 의해서도 채권은 소멸한다. 채권이 소멸하면 그에 부수되는 청구권·담보권·보증채무 등도 소멸한다.

Ⅱ. 채권의 소멸과 구별되는 개념

1. 채권의 양도

채권양도의 경우에 전 채권자의 입장에서 주관적으로 본다면 채권이 소멸한 것이 되지만, 객관적으로는 채권이 소멸하지 않고 다만, 그 귀속의 주체에 변경이 생겼을 뿐이다. 즉, 채권양도의 경우에 양도인은 채권을 잃지만 채권은 동일성을 유지하면서 양수인에게 이전하는 것이므로, 채권의 소멸이 아니다.

2. 채권이 항변권의 행사를 받는 경우(채권의 효력정지)

채권의 행사에 대하여 그 작용을 저지하는 권리를 가리켜 항변권이라고 한다.

채권이 항변권의 행사를 받는 경우에는 그 행사가 저지될 뿐 채권 자체가 소멸하는 것은 아니다.

제 2 절 채권의 소멸원인

Ⅰ. 채권소멸원인의 분류

 1. 채권법상의 소멸원인

 채권의 소멸원인에는 여러 가지가 있는데 민법은 변제·대물변제·공탁·상계·경개·면제·혼동 등 일곱 가지의 채권의 일반적 소멸원인에 관하여 규정하고 있다.

 (1) 목적 달성으로 소멸하는 경우

 채권의 목적인 급부가 실현되어 채권자가 이를 수령하는 때에는 채권은 그 존재의의를 다하고 소멸한다. 이것이 채권 본래의 소멸원인이며, 변제가 그 전형적인 것이고, 대물변제·공탁·상계가 이에 준하는 것이다.

 (2) 목적달성 이외의 사유로 소멸하는 경우

 경개·면제·혼동의 경우는 채권의 목적 달성을 가져오는 것이 아니지만 다음과 같은 이유에서 채권이 소멸한다.

 경개는 구채무를 소멸시키고 새로운 채무를 성립시키고자 하는 당사자의 의사표시에 의해서 채권이 소멸하고 면제는 채권의 포기라는 채권자의 의사표시에 의해 그리고 혼동은 채권과 채무가 동일인에게 귀속하여 채권을 존속시킬 필요가 없다는 점에 기초하여 각각 채권이 소멸한다.

 2. 기타의 소멸원인

 채권도 하나의 권리이므로 그 밖에도 권리의 일반적 소멸원인의 발생으로 당연히 소멸하게 된다. 예컨대 목적의 소멸, 소멸시효의 완성, 권리의 존속기간의 도래 등에 의하여서도 소멸한다. 또한 법률행위에 의하여 발생한 채권은 그 법률행위의 취소, 해제조건의 성취, 종기의 도래, 계약의 해지나 해제 등에 의하여 소멸한다. 그리고 계약사유의 원칙상 채권의 소멸을 목적으로 하는 반대계약도 유효하며 그러한 계약으로 채권이 소멸하기도 한다.

Ⅱ. 변 제

 1. 변제의 의의 및 법적 성질

 (1) 의 의

 변제란 채무의 내용인 급부를 실현하는 채무자 기타의 자의 행위를 말한다. 변제가 있으면 채권자는 목적을 달성하고 채권은 소멸한다. 다시 말하면 변제란 채무의 내용인 급부가 실현됨으로써 채권이 만족을 얻어 소멸하는 경우를 말한다.

변제와 채무의 이행은 그 실질에 있어서 같은 것이다. 즉 이행은 채권을 소멸케 하는 행위의 면에서 본 것이고, 변제는 채권의 소멸이라는 측면에서 본 경우의 호칭인 것이다.

그리고 금전채무의 변제는 특히 이를 '지급'이라고 한다.

변제로 되기 위해서는 급부결과가 실현되어야 한다. 채무자 단독으로 급부결과를 실현할 수 있는 경우(예 : 부작위채무·의사표시를 해야 할 채무 등)에는 채무자의 급부행위만으로 변제가 이루어지지만, 채권자의 수령 등 협력이 필요한 채무(예 : 금전채무의 수령 등)에서는 채권자의 수령이 잇을 때에 비로소 변제가 있은 것으로 본다.

(2) 법적 성질

종래에는 변제자에게 변제의사가 필요한지 여부가 논란이 되었으나 현재는 채권의 목적달성이라는 사실(실현된 급부와 채무의 내용이 객관적으로 합치하는 사실)에 의해 변제가 된다고 보는, 즉 사실행위설이 통설이다. 변제로 채권이 소멸하는 것은 변제의사의 효과가 아니며, 그것은 채권이 변제로 목적을 달성하였기 때문에 소멸하는 것이고, 또 변제와 그 변제를 위한 급부행위는 구별되어야 한다는 점을 이유로 한다. 따라서 변제에는 변제의사나 이를 전제로 한 행위능력은 문제되지 않는다.

2. 변제의 제공

(1) 의 의

채무자가 단독으로 완료할 수 없는 채무, 예컨대 채권자가 미리 지정하는 일시 또는 장소에서 이행하여야 할 채무·추심채무·물건의 인도나 금전의 지급처럼 채권자의 수령을 요하는 채무 등에 관하여 그 급부의 실현에 필요한 준비를 하고 채권자의 협력을 요구하는 것을 변제의 재공이라고 한다.

(2) 변제제공의 방법 : 현실의 제공과 구두의 제공

변제는 채무내용에 좇은 현실제공으로 이를 하여야 한다. 그러나 채권자가 미리 변제받기를 거절하거나 채무의 이행에 채권자의 행위를 요하는 경우에는 변제준비의 완료를 통지하고 그 수령을 최고하면 된다(민법 제460조).

가. 현실의 제공(사실상의 제공)

1) 의 의

변제는 채무의 내용에 따라 현실제공으로 이를 하여야 하는 것이 원칙이다. 현실의 제공이란 채무자로서 하여야 할 행위를 완료하여 채권자의 협력만 있으면 곧 급부결과를 실현할 수 있는 상태로 만드는 것이다. 현실의 제공은 채무자로서 하여야 할 행위를 완료하는 것이므로, 사실상 제공을 하는 것만으로 충분하며, 그 밖에 사전 또는 사후에 채권자에게 수령 또는 협력할 것을 최고할 필요는 없고, 어느 경우가 채무의 내용에 좇은 현실제공인지는 구체적인 채무의 내용에 따라 결정된다.

2) 금전채무의 경우

ⅰ) 일부제공의 경우 : 채무액의 전액을 제공하여야 하며, 일부만을 제공하는 것은 채무자의 승낙이 없는 한, 채무의 내용에 좇은 제공이 되지 않는다(대판 1984. 9. 11. 84다카781). 본문 외에도 이자·비용도 지급하여야 할 경우에는 원본뿐만 아니라 이자·비용 등을 합한 전액을 제공하여야 하고, 이행을 지체한 경우에는 지연배상도 함께 제공하여야 한다.

ⅱ) 채무액의 전액을 제공하여야 하는 것이 원칙이지만, 부족액이 아주 근소한 경우에는 신의칙상 유효한 제공으로 인정하여야 한다.

ⅲ) 금전이 아닌 어음으로 제공한 경우 : 금전채무의 변제는 통화로써 하여야 한다(민법 제376조). 금전이 아닌 어음으로 교부하는 것은 채무의 내용에 좇은 것이 아니므로 채권자는 그 수령을 거절할 수 있다.

ⅳ) 금액을 지참하고 채권자의 주소지에 가면 현실적으로 채권자의 면전에 제시하지 않더라도 그 수령을 최고하는 것으로 충분하다. 또한 채권자의 주소에 갔으나 채권자의 부재로 제시할 수 없더라도 변제의 제공이 된다.

약정장소에 출두한 바, 채권자가 나오지 않은 경우에도 마찬가지로 다시 채권자에게 수령을 최고할 필요는 없다. 채무자가 스스로 금전을 지참하지 않더라도 금전을 지참한 전매인을 동행한 경우에는 현실의 제공이 된다.

【쟁점사항】

<변제제공이 있었다고 볼 수 있는지 여부가 문제되는 경우>

㈀ 기존채무의 이행을 위하여 수표를 제공한 경우

채무자가 채권자에게 기존채무의 이행에 관하여 수표를 교부하는 경우 다른 특별한 사정이 없는 한 이는 '지급을 위하여' 교부된 것으로 추정할 것이고, 따라서 기존의 원인채무는 소멸하지 아니하고 수표상의 채무와 병존한다고 보아야 한다(대판 2003. 5. 30. 2003다13512).

㈁ 임차인이 임차목적물에서 퇴거하기는 하였으나 그 사실을 임대인에게 통지하지 아니한 경우

임차인이 임차목적물 명도의무와 임대인의 보증금 반환의무는 동시이행의 관계에 있다 하겠으므로, 임대인의 동시이행의 항변권을 소멸시키고 임대보증금 반환 지체책임을 인정하기 위해서는 임차인이 임대인에게 임차목적물의 명도의 이행제공을 하여야만 한다 할 것이고, 임차인이 임차목적물에서 퇴거하면서 그 사실을 임대인에게 알리지 아니한 경우에는 임차목적물의 명도의 이행제공이 있었다고 볼 수 없다(대판 2002. 2. 26. 2001다77697).

㈂ 토지매매계약의 이행으로서 보증서 용지에 보증인들의 날인만 받고 인감증명서를 첨부하여 소유권이전등기 소요서류 작성을 위임한 사법서사에 교부한 경우

토지매매계약의 이행으로서 매도인이 등기권리증에 갈음하는 부동산등기법 제49조 소정의 보증으로서 인쇄된 보증서용지에 보증인들의 날인을 받고 서명은 받지 않은 채 보증인 본인들이 보증용으로 발급받은 각 인감증명서를 첨부하여 소유권이전등기 소요서류작성을 위임한 사법서사 사무소에 교부한 경우에는 이러한 정도이면 일반적으로 사법서사 사무소에 백지 기재사항을 보충하고 서명을 대행하여 보증서를 완성한 후 등기신청에 사용하는 것을 보충하고 서명을 대행하여 보증서를완성한 후 등기신청에 사용하는 것이 관례이므로 매도인은 자기채무의 이행제공을 한 것으로 보아야 한다(대판 1990. 2. 27. 89다카999).

㈃ 채무자가 제3자 명의의 개설된 예금계좌에 현금을 입금시킨 경우

채권자가 아닌 제3자 명의로 개설된 예금계좌에 채무자가 현금을 입금시켰다고 하더라도 예금명의자인 제3자가 당해 금전채권에 대한 변제의 재공을 받을 수 있는 지위에 있지 아니하는 한 그 입금이 채무 내용에 좇은 현실의 제공이라고 볼 수 없을 것이지만, 채권자가 금융기관으로서 채무자에게 금전채무의 이행방법으로 제3자명의로 개설된 예금계좌에 입금할 것을 요청하였고, 그 예금계좌가

> 채권자의 관리하에 있어 채권자가 즉시 인출할 수 있는 지위에 있는 경우에는, 채권자 명의로 개설된 예금계좌에 아무런 유보 없이 입금시킨 경우와 마찬가지로, 채무자가 입금한 금원이 그 예금계좌에 들어가 입금기재된 때에 그에 따른 변제의 효력이 발생한다(대판 1998. 7. 24. 고98다7698).

나. 구두의 제공

다음의 두 가지 경우에는 구두제공으로, 즉 변제준비의 완료를 통지하고 그 수령을 최고하면 된다(민법 제460조 단서).

1) 채권자가 미리 수령을 거절하고 있는 경우

수령의 거절은 묵시로 하더라도 무방하다. 예컨대 채권자가 이유없이 수령기일을 연기를 요구하거나, 자기가 부담하는 반대급부의 이행을 거절하거나 또는 계약을 해제하고 싶다는 의사를 표시하는 것과 같은 경우이다. 그리고 채권자가 수령을 거절한 때의 변제의 준비정도는 채권자의 태도와의 관계에서 신의칙에 따라 정해진다.

2) 채무의 이행에 채권자의 행위를 요하는 경우

채권자가 수령행위 이외의 협력을 하여야 할 경우로는 채권자가 채무자의 주소에 가서 급부를 수령할 채무, 즉 추심채무, 채권자가 공급하는 재료에 가공하여야 할 채무, 등기하여야 할 채무, 채권자가 지정하는 장소 또는 기일에 이행하여야 할 채무 등이 이에 속한다.

이러한 채무에 관하여 구두의 제공으로 충분하다는 것을 먼저 채권자의 협력이 없으면 채무자는 그 이상 급부의 완료에 접근할 수 없기 때문이다. 그러나 이 경우에도 신의칙이 중대한 역할을 한다. 예컨대 채무자가 지정하는 장소 도는 기일에 인도하여야 할 채무에 관해서 채무자의 지정이 불명확한 때에는 채권자는 스스로 그 장소나 기일을 명확하게 하기 위한 문의를 하는 등의 협력은 하여야 한다.

채권자가 지정한 장소나 기일에 이행하여야 채무에 있어서도 마찬가지이다.

다. 구두의 제공도 요하지 않는 경우

1) 회귀적 분할채무에서 채권자가 수령지체에 있는 경우

예컨대 지료·차임·월부금 등의 회귀적 분할채무에서, 채무자가 1회분의 제공을 하였음에도 채권자가 수령을 거절하여 수령지체에 빠진 경우, 채무자는 그 이후의 지분채무의 제공을 하지 않더라도 채무불이행책임을 면하느냐 하는 문제이다. 통설은 채권자가

전회분에 대하여 채권자지체에 빠져서 그 상태가 계속되고 있는 동안에는 채무자는 차회분의 채무의 구두제공을 하지 않더라도 채무불이행책임을 지지 않는다고 한다.

2) 채권자의 수령거절의 의사가 명백한 경우

제460조 단서에서 채권자가 미리 변제받기를 거절한 경우에도 구두제공을 하게 한 것은, 수령을 거절한 채권자라도 그 후에 번의하여 수령하는 경우를 예상하여 정한 것이므로, 채권자가 변제를 수령하지 않을 의사가 명백하여 전의 수령거절의사를 번의할 가능성이 보이지 않는 경우에까지 구두제공을 하여야 한다는 취지는 아니라는 것이 판례의 태도이다(대판 1976. 11. 9. [76다2218]).

(3) 변제제공의 방법과 관련된 문제

ⅰ) 기존 채무의 지급을 위하여 또는 지급확보를 위하여 어음이 교부된 후 어음채권이 변제·상계 등에 의하여 소멸된 경우, 기존 채권이 소멸되는지 여부

기존 채무의 지급을 위하여 또는 지급확보를 위하여 어음이 교부되어 기존 채권과 어음채권이 병존하는 경우 어음채권이 변제나 상계 등에 의하여 소멸하면 기존 채권 또한 그 목적이 달성되어 소멸하는 것이고, 이러한 법리는 채권자가 어음을 제3자에게 배서·양도한 후 그 어음소지인과 채무자 사이에서 어음채권의 변제나 상계 등이 이루어진 경우도 마찬가지이다(대판 2000. 2. 11. 99다56437).

ⅱ) 기존 채무의 이행을 위하여 수표를 교부한 경우 채무자는 수표의 반환 없는 기존 채권의 지급청구를 거절할 수 있는지 여부

기존의 원인채무와 수표상의 채무가 병존하고 있는 한에서는 채무자로서는 그 수표상의 상환의무를 면하기 전까지는 이중으로 채무를 지급하게 될 위험을 피하기 위하여 원인관계상의 채권자에 대하여 수표의 반환 없는 기존채권의 지급청구를 거절할 수 있다고 할 것이고, 한편 후일 수표금이 지급되는 등 채무자가 그 수표상의 상환의무를 면할 경우 비로소 기존 원인관계상 채무도 소멸한다고 볼 것이므로 채무자는 원인관계상의 채권자에 대하여 수표상의 상환의무를 면하였음을 사유로 하여 그 원인관계상 채무의 소멸을 주장할 수 있다(대판 2003. 5. 30. 2003다13512).

ⅲ) 기존채무의 지급을 위하여 수표를 교부하였는데 채권자가 수표와 분리하여 기존 원인채권만을 제3자에게 양도한 경우 채무자는 채권양수인에 대해 수표의 반환 없는 기존 원인채무의 이행을 거절할 수 있는지 여부

채무자가 기존채무의 지급을 위하여 채권자에게 수표를 교부하였는데 채권자가 그 수표와 분리하여 기존 원인채권만을 제3자에게 양도한 경우, 채무자는 기존 원인채권의 양

도인에 대하여 채권자가 위 수표의 반환 없는 기존 원인채무의 이행을 거절할 수 있는 항변권을 그 채권양도통지를 받기 이전부터 이미 가지고 있었으므로 채권양수인에 대하여도 이와 같은 항변권을 행사할 수 있다.

기존채무의 지급을 위하여 수표를 교부받은 채권자가 그 수표와 분리하여 기존 원인 채권만을 제3자에게 양도한 경우, 기존채무의 지급을 위하여 수표를 교부하였다는 것은 채무자와 기존채권의 양도인 사이에서는 그 수표금이 지급되는 등 채무자가 그 수표상의 상환의무를 면하게 되면 원인채무 또는 소멸할 것을 예정하고 있었던 것으로 보아야 할 것인데, 수표금의 지급으로써 기존 원인채무도 소멸할 것을 예정하고 있었던 사정은 그 채권양도통지 이전에 이미 존재하고 있었던 것이므로, 그 채권양도통지 후에 수표금의 지급이 이루어지더라도 이는 양도통지 후에 새로이 발생한 사유로 볼 수 없다고 할 것이니, 따라서 채무자로서는 기존 원인채권의 양수인에 대하여 기존채무의 지급을 위하여 교부한 수표가 양도통지 이후에 결제되었다는 사유로써 그 기존채무의 소멸을 주장할 수 있다(대판 2003. 5. 30. 2003다13512).

ⅳ) 기존채무의 이행을 위하여 교부된 약속어음의 소지인인 은행이 어음 되막기 방법에 의하여 약속어음을 결제된 것으로 처리하는 경우 기존채무가 당연히 소멸하는지 여부

기존채무의 이행을 위하여 교부된 약속어음의 소지인인 은행이 어음 되막기 방법에 의하여 그 약속어음을 결제된 것으로 처리하는 경우 외관상 그 은행에 위 어음금 상당의 금액이 입금된 것으로 보이고, 또 어음 발행인 등은 종전의 어음금채무 대신 새로운 어음에 의하여 또 다른 어음금채무를 부담하게 되는 것이므로 은행은 이미 결제된 것으로 처리되어 소멸된 종전 어음 자체의 어음금청구는 할 수 없을 것이고, 새로운 어음에 기한 어음금청구만을 할 수 있을 것이나, 그 기존채무는 쌍방간의 약정에 따라 새로운 어음의 지급기일까지 그 지급을 유예해 준 것일 뿐 기존채무가 소멸되는 것은 아니고, 새로운 어음이 만기에 지급되어야만 기존채무가 소멸되는 것이다(대판 1992. 2. 25. 94다14192).

ⅴ) 매도인이 대금지급기일에 인감증명서, 등기권리증, 인감도장 등을 준비하였다면 위 인감증명서에 기재된 매도인 및 가등기명의자의 주소가 각자의 등기부상 주소와 일치하지 않더라도, 매도인은 일응 자기 채무의 이행제공을 하였다고 볼 수 있는지 여부

매도인이 대금지급기일에 매도인의 부동산 매도용 인감증명서와 위 부동산에 대한 가등기말소용 인감증명서 및 그 외 각 등기권리증, 인감도증 등을 준비하였다면 비록 매도

인이 준비한 위 각 인감증명서에 기재된 매도인 및 가등기명의자의 주소와 각자의 등기부상 주소와 일치하지 않더라도 매수인이 요구하는 매도증서, 매매예약해제증서나 위임장 등은 매도인이 준비해 간 인감도장과 법무사 사무실에 비치된 용지를 이용하여 그 자리에서 쉽게 마련할 수 있는 것들이고, 위와 같은 등기부상 주소와 인감증명서상 주소의 불일치는 매수인이 매도인 및 가등기명의자의 주민등록표등본을 발급받아 표시변경등기를 함께 신청하는 방법으로 쉽게 해결할 수 있으니, 신의칙에 비추어 볼 때 매도인은 자신과 가등기명의자의 각 인감증명서와 등기권리증 및 인감도장을 준비함으로써 비록 완전하다고는 할 수 없지만 일응 자기 채무의 이행제공을 하였다고 봄이 상당하다(대판 1992. 7. 24. 91다15614).

ⅵ) 매수인이 계약의 이행에 비협조적인 태도를 취하면서 잔대금의 지급을 미루는 등 소유권이전등기서류를 수령할 준비를 아니한 경우 매매계약해제를 위하여 필요한 매도인의 이행제공의 정도

매수인이 계약의 이행에 비협조적인 태도를 취하면서 잔대금의 지급을 미루는 등 소유권이전등기서류를 수령할 준비를 아니한 경우에는 매도인으로서도 그에 상응한 이행의 준비를 하면 족하다 할 것이며, 이 경우 매도인이 부동산매도용 인감증명서를 발급받아 놓고 인감도장과 등기권리증 등을 준비하여 잔대금수령과 동시에 법무사 등에게 위임하여 소우권이전등기신청행위에 필요한 서류를 작성할 수 있도록 준비하였다면 이행의 제공은 이로써 충분하다(대판 1992. 11. 10. 92다36373).

(4) 변제제공의 효과

채무자가 제공한 것만으로는 채무의 변제를 완료하는 것이 아니기 때문에 채무자는 여전히 채무를 면할 수 없다. 그러나 제공에 의하여 다음과 같은 효과가 발생한다.

ⅰ) 채무자는 채무불이행의 책임을 면한다. 따라서 채무불이행을 이유로 한 손해배상·지연이자·위약금의 청구를 받지 않으며, 또 담보권도 실행당하지 않는다.

ⅱ) 변제의 제공이 있더라도 급부결과가 실현되지 않은 이상 채무는 그대로 존속한다. 따라서 채무는 여전히 본래의 채무를 이행할 의무를 진다.

ⅲ) 특정이자는 그 발생을 정지한다.

ⅳ) 쌍무계약에 있어서는 상대방은 동시이행의 항변권을 잃게 된다. 그러나 제공은 계속되어야 한다는 것이 판례의 입장이다(대판 1972. 3. 28. [72다163], 대판 1972. 11. 14. [72다1513, 1514]).

3. 변제자

(1) 채무자

본래의 변제자는 채무자이다. 채무자는 변제를 하여야 할 의무를 지는 동시에, 변제를 할 수 있는 권한을 가진다. 급부가 법률행위인 때에는 대리인에 의해서도 변제할 수 있다.

(2) 제3자

가. 원 칙

채무의 변제는 제3자도 할 수 있다. 그러나 채무의 성질 또는 당사자의 의사표시는 제3자의 변제를 허용하지 아니하는 때에는 그러하지 아니하다(민법 제486조 1항).

제3자의 변제라 함은 제3자가 타인(채무자)의 채무를 변제하는 것을 말한다.

채무자의 변제에만 국한시켜야 할 이유가 없을 뿐만 아니라, 제3자에 의하여 채권의 내용이 실현되어도 채권자에게는 불이익이 없기 때문에 제3자도 원칙적으로 변제를 할 수 있도록 한 것이다.

나. 제3자의 변제를 허용하지 않는 경우

1) 채무의 성질로 인한 경우

채무의 성질상 제3자의 변제를 허용하지 않는 것(일신전속적 급부), 예컨대 예술품의 제작·배우의 연기 등은 제3자가 변제하지 못한다.

2) 당사자가 반대의 의사표시를 한 경우

당사자가 반대의 의사표시를 한 때에는 제3자는 변제하지 못한다(민법 제469조 1항 단서). 계약에 의해 성립한 채권은 계약에서, 단독행위에 의해 성립한 채권은 단독행위에서 제3자의 변제를 금지할 수 있다.

3) 이해관계 없는 제3자의 경우

이해관계 없는 제3자는 채무자의 의사에 반하여 변제하지 못한다(민법 제469조 2항). 따라서 채무의 변제에 관하여 법률상의 이행관계가 있는 제3자, 예컨대(연대채무자, 보증인, 물상보증인, 담보부동산의 제3취득자, 후순위담보권자 등은 채무자의 의사 여하에 관계없이 유효한 변제를 할 수 있으나, 이해관계 없는 제3자는 채무자의 의사에 반하여 유효한 변제를 할 수 없게 하고 있는 것이다.

(3) 관련문제

ⅰ) 제3자를 이행보조자로 사용하여 대위변제할 수 있는지 여부

채무의 변제를 원칙적으로 채무자뿐만 아니라 제3자도 할 수 있고, 채무의 성질상 반드시 변제자 본인의 행위에 의해서만 가능한 것이 아닌 이상 제3자를 이행보조자 내지 이행대행자로 사용하여 대위변제할 수도 있다(대판 2001. 6. 15. 99다13515).

ⅱ) 건물의 매수인 겸 임차인이 건물의 공사금채무의 변제에 대하여 채무를 변제할 이해관계 있는 제3자이자 변제할 정당한 이익이 있는 자에 해당하는지 여부

건물을 신축한 자가 건물을 매도함과 동시에 소유권이전등기 전까지 그 건물을 매수인에게 임대하기로 하였는데 그 건물의 건축공사수급인이 공사금 일부를 지급받지 못하였다는 이유로 건물의 매수인 겸 임차인의 입주를 저지하자 건물의 매수인 겸 임차인이 매도인에게 지급할 매매대금의 일부를 건축공사수급인에게 공사금채무 변제조로 지급한 경우, 건물의 매수인 겸 임차인은 그 권리실현에 장애가 되는 위 수급인의 건물에 대한 유치권 등의 권리를 소멸시키기 위하여 매도인의 공사금채무를 대신 변제할 법률상 이해관계 있는 제3자이자 변제할 정당한 이익이 있는 자라고 볼 것이므로 위 변제는 공사금채무의 범위 내에서는 매도인의 의사에 반하여도 효력이 있다(1993. 10. 12. 93다9903 건물명도, 93다9910).

4. 변제수령자

(1) 채권자

변제수령권한은 원칙적으로 채권자가 가진다. 그러나 예외적으로 채권자 이외의 자도 수령권한을 가지는 경우가 있다. 대리인·관리인·채권추심의 수임인·채권대위권자 등이 그 예이다.

(2) 수령권한이 없는 채권자

다음의 경우에는 채권자라 하더라도 변제수령권한을 가지지 못하며, 채권자에게 변제하더라도 그 변제는 무효가 된다.

가. 채권자가 압류를 당한 때

채권자로부터 그 채권을 압류당한 때에는 제3채무자는 채무자(제3채무자의 입장에서 채권자)에게 지급하는 것이 금지된다(민사소송법 561조·709조 3항).

나. 채권의 입질(入質)의 경우

채권자가 그 채권을 입질하여 대항요건을 갖춘 때에는 그 후 변제수령의 권한을 질권자에게 전속하여 질권자만이 변제수령권한을 가진다(민법 제349·352조~355조). 따라서 제3채무자가 그의 채권자(즉 질권설정자)에게 변제하여도 그 변제는 질권자에게 대항하

지 못한다.

다. 채권자가 파산한 경우

채권자가 파산선고를 받은 때에는 채권자는 그의 채권을 추심할 권한을 잃게 되고, 파산관재인만이 변제수령권한을 가진다.

5. 표현수령권자에 대한 변제의 효력

변제수령권한은 없지만, 마치 수령권한이 있는 것처럼 보이는 표현수령권자에 대한 변제에 대해, 민법은 변제의 안전을 보호하기 위하여 일정한 요건하에 그 변제를 유효한 것으로 인정된다.

(1) 채권의 준점유자에 대한 변제의 효력

채권의 준점유자에 대한 변제는 변제자가 선의이며 과실없는 때에 한하여 효력이 있다(민법 제470조).

가. 채권의 준점유자의 의의

채권의 준점유자라 함은 채권을 사실상 행사하는 자를 말한다. 변제자의 입장에서 볼 때 일반의 거래관념상 채권을 행사할 정당한 권한을 가진 것으로 믿을 만한 외관을 가지는 사람을 말하므로 준점유자가 스스로 채권자라고 하여 채권을 행사하는 경우뿐만 아니라 채권자의 대리인으로 하면서 채권을 행사하는 때에도 채권의 준점유자에 해당한다(대판 2004. 4. 23. 2004다5389).

반드시 채권증서를 점유하고 있어야 하는 것이 아니며, 또한 채권자로서의 행위를 계속할 필요도 없다. 예컨대 채권의 사실상의 양수인·표현상속인·무기명채권증서의 소지인, 예금증서 기타의 채권증서와 그 변제를 수령함에 필요한 인장을 소지한 자 등은 모두 여기에서 말하는 이른바 채권의 준점유자이다.

나. 채권의 준점유자에 대한 변제의 유효요건

채권의 준점유자에 대한 변제가 유효하려면 변제자가 선의·무과실이어야 한다. 즉 변제자가 준점유자에게 수령권한이 있다고 믿어야 하고, 그렇게 믿은 데에 과실이 없어야 한다.

예금증서와 인장이 위조된 경우처럼 채권자에게 아무런 귀책사유가 없는 경우에도 변제자가 선의·무과실로 변제하면 그 변제가 유효한가가 문제되는데, 판례는 채권자의 귀책사유를 따로 요구하지 않는다.

「채권의 준점유자가 될 수 있는가의 여부는 오로지 채권자임을 사칭하는 자에 있어서 한 행위가 변제자의 입장에서 볼 때에 사회일반의 거래관념상 진실한 채권을 가진 자라고 믿을 만한 외관을 구비하였는가의 여부로써 결정하여야 할 것이므로 채권자임을 사칭한 자가 채권자의 인장 및 채권자명의를 문서를 위조하여 그로 인하여 유죄의 판결을 받았다 하여도 그 유죄판결을 받았다는 사실만으로써는 채권의 준점유가 아니라고 할 수 없다」(대판 1963. 10. 10. 63다384).

다. 효 과

준점유자에 대한 변제가 유효한 때에는 그로 인하여 채권은 소멸하고, 채무자는 채무를 면한다. 따라서 변제자는 점유자에 대하여 변제한 것의 반환을 청구할 수 없다. 다만 진정한 채권자만이 수령자에 대하여 부당이득의 반환청구권을 취득할 뿐이다.

라. 관련문제

ⅰ) 채권자의 대리인이라고 하면서 채권을 행사하는 경우에는 채권의 준점유자에 해당하는지 여부

예금주의 대리인이라고 주장하는 자가 예금주의 통장과 인감을 소지하고 예금반환청구를 한 경우, 은행이 예금청구서에 나타난 인영과 비밀번호를 신고된 것과 대조 확인하는 외에 주민등록증을 통하여 예금주와 청구인의 호주가 동일인이라는 점까지 확인하여 예금을 지급하였다면 이는 채권의 준점유자에 대한 변제로서 유효하다(대판 2004. 4. 23. 2004다5389).

ⅱ) 정기예금거래약관 중 예금 지급시 예금청구서에 날인된 인감과 암부호를 이미 계출한 것과 대조하여 틀림없다고 인정하고 취급한 경우에는 어떤 경우에도 유효한 것으로 보기로 하는 특약이, 은행이 통상의 주의를 다하지 못한 것으로 인정된 경우에까지 은행의 면책을 인정하는 근거가 될 수 있는지 여부(소극)

정기예금거래약관에 예금 지급시 예금청구서에 날인된 인감과 암부호를 이미 계출한 것과 대조하여 틀림없다고 인정하고 취급한 경우에는 어떤 경우에도 유효한 취급으로 보기로 하는 특약이 있다 하더라도 이러한 특약이 은행이 통상의 주의를 다하지 못한 것으로 인정된 경우에까지 은행의 면책을 인정하는 근거가 될 수 없다(대판 1992. 6. 23, 91다14987).

(2) 영수증소지자에 대한 변제의 효력

영수증은 소지한 자에 대한 변제는 그 소지자가 변제를 받을 권한이 없는 경우에도 효력이 있다. 그러나 변제자가 그 권한없음을 알았거나 알 수 있었을 경우에는 그러하지 아니하다(민법 제471조).

가. 영수증의 요건

영수증이라 함은 변제의 수령을 증명하는 문서를 말한다. 영수증의 소지자에 대한 변제가 유효하기 위해서는 그 영수증이 진정하게 성립한 것이어야 하는가에 관하여, 거래의 안전을 강조하고 보호하려는 입장에서 위조된 영수증이라도 무방하다고 하겠지만, 진정한 채권자의 이익이 부당하게 침해될 우려가 있기 때문에, 진정한 채권자의 정적안전과 조화시키기 위하여 영수증은 반드시 진정하게 성립한 것이어야 한다는 데에 학설은 일치하고 있다.

영수증이 진정한다는 것은 작성의 권한있는 자가 작성한 것이어야 한다는 의미이므로, 대리권 있는 자가 대리인으로서 작성한 것은 물론 대리권 없는 자가 작성한 것이더라도 그 작성에 관하여 표현대리의 요건(제125조, 제126조, 제129조 참조)을 충족시킨 경우에는 그 영수증도 또한 진정한 것으로 간주되어야 한다. 또 진정한 영수증이면 소지인이 이를 압수한 이유는 묻지 않는다.

나. 변제의 유효조건

영수증의 소지인에 대한 변제가 유효하기 위한 다른 요건으로 영수증의 소지인이 수령권한 없는 자에 대하여 변제자의 선의·무과실을 요한다.

즉, 영수증의 소지자에게 변제수령의 권한이 없음을 변제자가 알았거나 알 수 있었을 경우에는 변제는 효력이 없다.

다. 효 과

변제수령의 정당한 권한이 없는 영수증의 소지인에 대한 변제가 유효하게 된 때에는 채권은 소멸하고 채무자는 채권을 멸한다. 따라서 진실한 채권자는 채무자에 대하여 그 이행을 청구할 수 없는 대신 수령자에 대하여 부당이득반환청구권을 취득하는 것은 채권의 준점유자에 대한 변제의 경우와 마찬가지이다.

(3) 증권적 채권의 소지인에 대한 변제의 효력

증권적 채권에서 증서의 소지인에게 변제하는 때에는, 변제자는 악의 또는 중대한 과실이 없는 한 보호된다(민법 제514·518조).

증권적 채권이란 채권의 성립,·존속·양도·행사 등을 그 채권을 표창하는 증권에 의하여 하영 하는 채권으로서, 유가증권의 일종이다.

(4) 변제받을 권한이 없는 자에 대한 변제의 효력

표현수령권자를 제외하고는 변제받을 권한없는 자에 대한 변제는 채권자가 이익을 받은 한도에서 효력이 있다(민법 제 472조).

표현수령권자를 제외하고는 변제수령의 권한없는 자에 대한 변제는 변제로서의 효력이 생기지 않는다.

그러나 채권자가 그로 인하여 사실상 이익을 받은 때에는 그 한도에서 채권은 소멸한다. 예컨대 무권대리인에 대한 변제는 무효이지만 그 급부가 채권자에게 인도되면 그 한도에서는 변제는 유효한 것이 되고 채권은 소멸한다. 채권은 이로써 그 목적을 달성하는 것이 되기 때문이다.

【쟁점사항】
사채알선업자에 대한 변제가 채권자에 대한 변제로서 유효한 지 여부
사채알선업자는 채권자측에 대하여는 채무자의 대리인이 되고 채무자측에 대하여는 채권자측의 대리인이 되는 것이므로 사채알선업자에 대한 채무변제는 채권자 대리인에 대한 변제로서 유효하다(대판 1981. 2. 24. 제1부 판결, 80다1759).

6. 변제의 목적물(대상)

(1) 특정물의 인도

특정물의 인도가 채권의 목적인 때에는 채무자는 이행기의 형상대로 그 물건을 인도하여야 한다(민법 제462조).

채무자는 선량한 관리자의 주의로써 보존한 후에 그 목적물을 이행기에 인도할 때에는 현상 그대로 인도하여야 하며, 그것만으로 충분하다. 따라서 이행기까지에 목적물이 훼손된 경우에는 훼손된 채로 인도하고, 멸실한 때에는 인도의 의무를 면하게 된다. 멸실했는가의 여부는 목적물이 거래관념상 동일성을 잃고 있는가의 여부에 따라 결정된다.

(2) 타인의 물건의 인도

가. 채무자의 반환청구의 제한

채무자의 변제로 타인의 물건을 인도한 채무자는 다시 유효한 변제를 하지 아니하면 그 물건의 반환을 청구하지 못한다(민법 제463조).

처분권한이 없는 타인의 물건을 인도하여도 그것으로 유효한 변제가 되지 않으며, 다만 그 회수가 제한될 뿐이다. 즉, 다시 자기의 물건을 인도하여야만 그 타인의 물건의 반환을 청구할 수 있다.

채무자가 타인의 물건으로 변제한 경우에는 무효이어서 그 물건의 반환을 청구할 수 있다고 보아야 하지만, 이를 인정하게 되면 채권자가 반대급부를 한 경우 등에 그 이익

이 부당하게 침해될 소지가 있어, 채무자가 다른 물건(불특정물)으로 변제하지 않는 한 종전의 물건의 반환청구를 허용하지 않는 것이다.

채무자가 제3자로부터 대여받아 보관하고 있는 물건임을 알면서도 채무자로부터 담보의 의미로 제공받아 이를 보관, 은닉한 행위는 제3자에 대하여 불법행위를 구성한다(대판 1993. 6. 8. 93다14998·15007).

나. 그 물건 소유자의 반환청구의 가부

채무의 변제로 타인의 물건을 인도한 채무자는 다시 유효한 변제를 하지 아니하면 그 물건의 반환을 청구하지 못한다는 민법 제463조는 채무자만이 그 물건의 반환을 청구할 수 없다는 것에 불과할 뿐 채무자가 아닌 다른 권리자까지 그 물건의 반환을 청구할 수 없다는 취지는 아니다(1993. 6. 8, 93다14998, 15007).

(3) 양도능력이 없는 자가 양도한 경우

양도할 능력 없는 소유자가 채무의 변제로 물건을 인도한 경우에는 그 변제가 취소된 때에도 다시 유효한 변제를 하지 아니하면 그 물건의 반환을 청구하지 못한다(민법 제464조).

양도할 능력없는 소유자, 즉 무능력자의 변제는 이것을 취소할 수 있으나, 이 경우에는 다시 유효한 변제를 하지 않고서는 먼저 인도한 물건의 반환을 청구할 수 없다.

무능력자가 그가 행한 변제뿐만 아니라 그 채무를 발생케한 원인행위 자체를 취소한 경우에는 채무 자체가 존재하지 않으므로 비채변제의 문제가 된다. 따라서 '그 변제가 취소된 때'의 의미는 채무의 발생원인을 채권관계(예 : 매매)는 그대로 두면서 급부인 물건의 인도행위만을 취소한 것으로 해석할 수밖에 없다. 본조는 특정물인도채권에 관하여는 그 적용이 없다.

7. 변제의 장소

(1) 변제의 장소의 결정

채무를 이행하여야 할 장소가 변제의 장소이다. 변제의 장소는 당사자의 의사표시 또는 채무의 성질에 의하여 정하여진다(민법 제467조).

변제하여야 할 장소 이외의 장소에서의 제공은 채무의 내용에 좇은 제공이 되지 않는다는 점과 변제의 장소는 재판관할을 정하는 기준으로서도 중요한 의의를 갖는다는 점을 주의하여야 한다.

(2) 변제의 장소를 정하지 아니한 경우

변제의 장소는 명시 또는 묵시의 의사표시나 채무의 성질에 의하여 정해지는 경우가 대부분이나, 이들 표준에 의하여 정해지지 않는 경우에 관하여 민법은 보충적인 규정을 두고 있다.

가. 특정물의 인도채무

특정물의 인도는 채권성립 당시에 그 물건이 있던 장소에서 하여야 한다(민법 제467조 1항).

나. 특정물의 인도 이외의 채무를 목적으로 하는 경우

특정물인도 이외의 채무변제는 채권자의 현주소에서 하여야 한다. 그러나 영업이 관한 채무의 변제는 채권자의 현영업소에서 하여야 한다(민법 제467조 2항).

채권자의 '현주소'란 현실적으로 채무를 이행할 때의 채권자의 주소를 말한다. 채권이 성립한 때 또는 이행기에 있어서의 주소가 아니라, 따라서 변제를 하기 전에 채권자가 주소를 변경한 때에는 그 신주소가, 채권이 양도된 때에는 신채권이 주소가 변제의 장소이다.

매매대금에 관해서는 예외가 있다. 즉 목적물의 인도와 동시에 대금을 지급하여야 하는 때에는 그 인도장소가 지급지가 된다(민법 제586조).

8. 변제의 시기

(1) 변제기의 결정

변제기는 당사자의 의사표시·채무의 성질 또는 법률의 규정에 의하여 정하여진다. 채무자가 그 채무를 변제하려면 변제하여야 하는 것이 일반적인 원칙이다.

(2) 변제기 전의 변제

당사자의 특별한 의사표시가 없으면 변제기 전이라도 채무자는 변제할 수 있다. 그러나 상대방의 손해는 배상하여야 한다(민법 제468조).

그러므로 변제기는 채무자의 이익을 위하여 존재하는 것이므로 채무자는 기한의 이익을 포기하여 기한의 도래전이라도 언제든지 변제하고 채무를 소멸시킬 수 있다.

변제기 전의 변제로 채권자가 손해를 입은 때에는 이를 배상하여야 한다. 이것은 변제기에 받는 것이 채권자에게도 이익이 되는 것, 즉 채권자도 기한의 이익을 가지는 경우에 이를 보호하기 위한 것이다.

> **【쟁점사항】**
> 담보조로 가등기를 경료해 주고 사채업자를 통해 금원을 차용한 채무자의 변제기 전의 변제에 있어서 취할 사전조치
> **자기 소유 부동산에 가등기를 경료해 주고 사채업자를 통하여 타인으로부터 금원을 차용한 채무자가 그 변제기 전에 원리금 전부를 변제할 경우에는 그 취지를 사채업자를 통하여 미리 채권자에게 알리고 담보권말소절차를 준비하도록 하는 것이 통례라 할 것이다**(1983. 6. 28, 82다카742).

9. 변제비용의 부담

(1) 변제비용을 부담하는 자

변제비용은 다른 의사표시가 없으면 채무자의 부담으로 한다. 그러나 채권자의 주소이전 기타의 행위로 인하여 변제비용이 증가된 때에는 그 증가액은 채권자의 부담으로 한다(민법 제473조).

주의할 것은 채권자의 부담이 되는 경우에 채무자의 변제를 한 후에 그 구상을 하든가 또는 변제액에서 이를 공제할 수 있을 뿐이고, 동시이행을 주장하지 못하는 점이다. 바꾸어 말하면 증가액의 지급이 없다고 해서 변제를 거절하지는 못한다.

(2) 관련문제

가. 담보권실행에 필요한 비용을 부담하는 자 : 채무자

판례는 '채무자가 피담보채무를 이행하지 않아 담보권자가 담보권을 실행하였을 때에는 그 실행에 필요한 상당한 비용은 채무불이행으로 인하여 발생한 비용이다 할 것이므로 당사자간에 특약이 없는 한 채무자가 부담함이 상당하다'고 하였다(대판 1976. 12. 14. 76다957).

나. 양도담보 목적물의 소유권이전등기 비용 등의 부담자

양도담보의 경우에 있어서 담보목적물의 소유권이전등기비용이나 이에 따르는 취득세 등 세금은 일반적으로 채권자가 담보권을 확보하기 위하여 지급한 것이라고 볼 것이어서 특별한 약정이 없는 한 채무자에게 부담시킬 것이 아니다(1982. 4. 13. 81다531).

10. 변제의 증거

(1) 영수증청구권

변제자는 변제를 받는 자에게 영수증을 청구할 수 있다(민법 제474조).

영수증이란 변제수령의 사실을 증명하는 문서로서 그 형식에는 제한이 없다. 변제자가 후일 다시 변제의 청구를 받은 경우에 이미 변제한 것을 증명하여 거절함에 필요한 것이다. 그리고 그 변제는 전부변제뿐만 아니라 일부변제, 대물변제도 상관없다. 영수증은 변제와 동시이행의 관계에 있는 것이며, 따라서 채무자는 변제와 동시에 상환으로 영수증을 청구할 권리가 있다. 만약 이것이 없으면 채권자의 악의 또는 착오로 인하여 다시 청구를 받고 이중의 변제를 하여야 할 위험이 있으므로 본조는 이러한 경우의 변제자를 보호하기 위하여 영수증교부청구권을 인정한 것이다.

【쟁점사항】
채무자가 고액의 채무를 여러 차례 변제하면서 영수증을 받거나 채권증서인 어음을 회수 또는 개서하지 아니하였을 뿐 아니라 변제되지 않은 것으로 착각하고 2년간 이자를 계속 지급하였다는 경우에 변제사실을 인정함이 경험칙에 반하는지 여부
채무자가 5,000,000원 또는 10,000,000원 단위의 큰 돈을 여러차례에 걸쳐 변제하면서 영수증을 받거나 채권증서인 어음을 회수 또는 개서하지 아니하였을 뿐 변제되지 않은 것으로 착각하여 2년여간이나 이자를 계속 지급하였다는 것은 일반인으로서는 상상하기 어려운 일이므로 영수증을 받거나 채권증서를 회수 또는 개서하지 못한 채 변제를 할 수 밖에 없었음과 이미 변제하고도 변제되지 않은 것으로 착각할 수 밖에 없었음을 수긍할 만한 특별한 사정이 인정되지 않는 한 그 변제사실을 인정하는 것은 경험칙에 반한다(대판 1990. 2. 27. 88다카11916).

(2) 채권증서의 반환청구권

채권증서가 있는 경우에 변제자가 채무 전부를 변제한 때에는 채권증서의 반환을 청구할 수 있다. 변제 이외의 사유로 전부 소멸한 때에도 같다(민법 제475조).

민법 제475조는 변제자는 영수증만으로 변제를 증명할 수 없게 되기 때문에 채권의증서가 있는 경우에는 영수증 외에 채권증서의 반환을 청구할 수 있도록 한 것이다. 보통은 채권증서와 여백에 영수증의 내용을 기입하여서 반환하는 것이나, 채권증서와 영수증을 별도로 작성하는 것도 무방하다. 채권증서의 반환증서의 반환채무자의 채권자의 부담이 된다.

채권이 변제 이외의 사유로 채권의 전부가 소멸한 때에도 채무자는 채권증서의 반환을 청구할 수 있다. 채권증서의 반환과 변제는 동시이행의 관계에 서지 않는다는데 학설은 일치한다. 문제가 되는 것은 일부변제의 경우로 변제자는 이 반환청구권이 없다.

그러나 그 채권증서에 일부변제의 뜻을 기재한 것을 청구할 수 있다는 데에 이설이

없다. 그리고 채권자가 채권증서를 분실한 경우에 명문의 규정이 없으나, 변제자는 채권증서분실의 뜻을 기재한 문서를 청구할 수 있다고 본다.

11. 변제의 충당

(1) 변제충당의 의의

채무자가 동일한 채권자에 대하여 같은 종류를 목적으로 한 '수개의 채무(예 : 수개의 금전채무)'를 지는 경우, 변제의 제공이 그 채무 전부를 소멸하게 하지 못한 때에는, 그 중 어느 채무의 변제에 충당할 것인가를 정할 칠요가 있는데, 이것을 '변제충당'이라고 한다.

> **<Q & A>**
> **국내통화로 외화채권에 변제충당할 경우 그 환산기준시점**
>
> Q) 甲회사는 乙회사로부터 물건을 구입하면서 그 대금을 미화(美貨)로 지급하기로 약정하였다. 그런데 甲회사에서는 위 물건대금을 우리나라 통화로 지급하려고 한다. 이 경우 우리나라 통화를 외화채권에 변제할 경우 그 환산기준시점은 어느 시점으로 하여야 하는가?

A)

1. 문제점

「민법」제378조는 "채권액이 다른 나라 통화로 지정된 때에는 채무자는 지급할 때에 있어서의 이행지의 환금시가에 의하여 우리나라 통화로 변제할 수 있다."라고 규정하고 있다. 그런데 <u>우리나라 통화를 외화채권에 변제충당 할 경우에 그 환산기준시점을 어느 시점으로 하여야 할 것인지</u>가 문제된다.

2. 판례의 태도

(1) 채권액이 외국통화로 지정된 금전채권인 외화채권을 <u>채권자가</u> 우리나라 통화로 환산하여 <u>청구하는 경우의</u> 환산기준시기

이에 대하여 판례는 "채권액이 외국통화로 지정된 금전채권인 외화채권을 채무자가 우리나라 통화로 변제함에 있어서는 민법 제378조가 그 환산시기에 관하여 외화채권에 관한 민법 제376조, 제377조 제2항의 '변제기'라는 표현과는 다르게 '지급할 때'라고 규정한 취지에서 새겨 볼 때 그 환산시기는 이행기가 아니라 현실로 이행하는 때 즉 현실이행시의 외국환시세에 의하여 환산한 우리나라 통화로 변제하여야 한다고 풀이함이 상당하므로 채권자가 위와 같은 외화채권을 대용급부의 권리를 행사하여 우리나라 통화로 환산하여 청구하는 경우에도 법원이 채무자에게 그 이행을 명함에 있어서는 <u>채무자가 현실로 이행할 때에 가장 가까운 사실심 변론종결 당시의 외국환 시세를</u> 우리나라 통화로 환산하는 기준시로 삼아야 한다."라고 하였다(대법원 1991. 3. 12. 선고 90다2147 판결).

(2) 채권액이 외국통화로 정해진 금전채권인 외화채권을 <u>채무자가</u> 우리나라 통화로 <u>변제하는 경우에</u> 그 환산시기

판례는 "채권액이 외국통화로 정해진 금전채권인 외화채권을 채무자가 우리나라 통화로 변제하는 경우에 그 환산시기는 이행기가 아니라 현실로 이행하는 때, 즉 <u>현실이행시의 외국환시세</u>에 의하여 환산한 우리나라 통화로 변제하여야 하고, 우리나라 통화

를 외화채권에 변제충당 할 때도 특별한 사정이 없는 한 현실로 변제충당할 당시의 외국환시세에 의하여 환산하여야 한다."라고 하였다(대법원 2000. 6. 9. 선고 99다56512 판결).

3. 결론

따라서 <u>甲회사는 현실로 이행할 때의 외국환시세로 물건대금을 우리나라 통화로 환산하여 乙회사에게 지급하여야 할 것</u>이다.

(2) 변제충당의 적용범위

변제충당은 변제뿐만 아니라 공탁·상계(상계충당 : 제499조)의 경우에도 적용된다. 판례는 채무자 소유의 부동산에 대한 경매의 경우에도 채권자에 대한 배당금은 변제충당의 규정에 의해 충당되어야 하는 것으로 해석된다(대판 1991. 12. 10. 91다17092).

(3) 변제충당의 방법

다음과 같은 순서로 변제충당이 이루어진다.

가. 계약에 의한 변제충당

변제충당에 관한 제476조·제477조·제479조는 임의규정이므로, 당사자 사이에 별도의 합의가 있으면 그 합의에 따라 충당된다.

변제충당지정은 상대방에 대한 의사표시로서 하여야 하는 것이기는 하나, 채권자와 채무자 사이에 미리 변제충당에 관한 약정이 있고, 그 약정내용이 변제가 채권자에 대한 모든 채무를 소멸시키기에 부족한 때에는 채권자가 적당하다고 인정하는 순서와 방법에 의하여 충당하기로 한 것이라면, 변제수령권자가 위 약정에 터잡아 스스로 적당하다고 인정하는 순서와 방법에 좇아 변제충당을 한 이상 변제자에 대한 의사표시와 관계없이 그 충당의 효력이 있다(대판 1991. 7. 23. 제1부 판결, 90다18678).

> **【쟁점사항】**
> <채권자와 채무자 사이에 변제충당의 약정이 있는 경우, 채무자가 그 약정과 달리 지정변제충당을 할 수 있는지 여부>
> **채권자와 채무자 사이에 미리 변제충당에 관한 약정이 있고, 그 약정 내용이 변제가 채권자에 대한 모든 채무를 소멸시키기에 부족한 때에는 채권자가 적당하다고 인정하는 순서와 방법에 의하여 충당하기로 한 것이라면, 변제수령권자가 위 약정에 터잡아 스스로 적당하다고 인정하는 순서와 방법에 좇아 변제충당을 한 이상 그 충당은 효력이 있는 것이므로, 위와 같이 미리 변제충당에 관한 별도의 약정이 있는 경우에는 채무자가 변제를 하면서 위 약정과 달리 특정 채무의 변제에 우선적으로 충당한다고 지정하더라도, 그에 대하여 채권자가 명시적 또는 묵시적으로 동의하지 않는 한 그 지정은 효력이 없어 채무자가 지정한 채무가 변제되어 소멸하는 것은 아니다**(대판 1999. 11. 26. 98다27517).

나. 지정변제충당

합의가 없는 때에는 변제가 또는 변제수령권자의 일방적 지정에 의해 충당된다(민법 제476조).

제476조는 채무자가 동일한 채권자에 대하여 같은 종류의 목적으로 한 수개의 채무를 부담한 경우에 변제로서 제공한 목적물이 채무의 전부를 소멸하는데 부족한 때에 당사자의 의사에 의하여 그 충당을 정할 것을 규정한 것이다.

1) 변제자 충당

변제자는 급부를 할 때에 변제수령자에 대한 의사표시로서 변제에 충당할 채무 또는 급부를 지정할 수 있다.

2) 변제수령자 충당

변제자가 급부시에 변제의 충당에 관한 지정을 하지 아니한 때에는 변제수령자는 수령할 때에 변제자에 대한 의사표시로서 채무를 지정하여 변제의 충당을 할 수 있다.

여기에서「변제받는…당시」라고 하는 것은 수령 후 지체 없이 라는 의미이다. 다만 이 변제수령자의 충당에 대하여 변제자의 즉시 이의를 제기한 때에는 그 충당은 효력이 없다.

이 의의의 결과 충당지정권이 변제자에게 이전하는가 혹은 법정충당을 하게 되는가에 대해서는 다툼이 있었으나, 오늘날의 학설은 법정충당에 의하여야 한다는 데에 일치되어 있다.

3) 지정의 제한

채무자 1개 또는 수개의 채무의 비용 및 이자를 지급할 경우에 변제자가 그 전부를 소멸하게 하지 못한 급여를 한 때에는 비용, 이자, 원본의 순서로 변제에 충당하여야 한다(민법 제479조 1항).

원래 비용과 이자는 그 성질상 원본보다 먼저 지급되어야 하며, 비용상호간·이자상호간 및 원본상호간에 있어서는 채무자에게 가장 유리한 것에 충당하는 것이 당사자의 의사에도 합치하고 합리적이어서, 일방당사자의 의사로 이 순서를 변경하는 것이 허용되지 아니하기 때문이다. 물론 당사자 사이에 충당순서에 관한 합의가 있거나, 일방적인 지정에 대하여 상대방이 지체없이 이의를 제기하지 않음으로써 묵시적인 합의가 있었다고 볼 수 있는 경우에는 지정충당에 대한 규정은 적용되지 않는다(대판 1981. 5. 26. 80다3009).

핵심판례

- **경매절차에 있어서 당사자 사이의 합의에 의한 변제충당의 지정이나 민법 제476조의 규정에 의한 지정변제충당이 허용되는지 여부**

    민사소송법 소정의 부동산강제경매제도의 목적이나 성질 그리고 그 절차에 관한 여러 규정의 내용에 비추어 볼 때 부동산강제경매절차에 있어서는 변제자가 임의로 변제하는 경우의 변제자와 수령자 사이에 합의에 의한 변제충당의 지정이나 민법 제476조의 규정에 의한 지정변제충당은 허용될 수 없고, 1990.1.13. 법률 제4201호로 폐지되기 전의 경매법에 의한 경매의 경우에 있어서도 위 지정변제충당은 허용될 수 없으나, 당사자 사이에 변제충당에 관한 별도의 합의가 있었다면 그 합의를 무효로 보아야 할 다른 사유가 있다면 모르되 그렇지 않는 한 이 합의에 의한 충당을 무효로 볼 것까지는 아니다(대판 1991. 7. 23. 90다18678).

- **당사자가 변제에 충당할 채무를 지정하지 아니한 경우, 변제충당의 주장입증책임**

    채무자가 동일한 채권자에 대하여 같은 종류를 목적으로 한 수개의 채무를 부담한 경우에 변제의 제공에 있어서 당사자가 변제에 충당할 채무를 지정하지 아니한 때에는 민법 제477조의 규정에 따라 법정변제충당 되는 것이고 특히 민법 제477조 제4호에 의하면 법정변제충당의 순위가 동일한 경우에는 각 채무액에 안분비례하여 각 채무의 변제에 충당되는 것이므로, 위 안분비례에 의한 법정변제충당과는 달리, 그 법정변제충당에 의하여 부여되는 법률효과 이상으로 자신에게 유리한 변제충당의 지정, 당사자 사이의 변제충당의 합의가 있다거나 또는 당해 채무가 법정변제충당에 있어 우선순위에 있어서 당해 채무에 전액 변제충당되었다고 주장하는 자는 그 사실을 주장입증 할 책임을 부담한다(1994. 2. 22. 93다49338).

- **비용, 이자, 원본에 대한 변제충당에 있어서 충당의 순서 및 당사자 사이의 묵시적 합의에 의한 임의충당을 인정할 수 있는지 여부(적극)**

    비용, 이자, 원본에 대한 변제충당에 있어서는 민법 제479조에 그 충당 순서가 법정되어 있고 지정 변제충당에 관한 같은 법 제476조는 준용되지 않으므로 당사자 사이에 특별한 합의가 없는 한 비용, 이자, 원본의 순서로 충당하여야 할 것이고, 채무자는 물론 채권자라고 할지라도 위 법정 순서와 다르게 일방적으로 충당의 순서를 지정할 수는 없다고 할 것이지만, 당사자의 일방적인 지정에 대하여 상대방이 지체없이 이의를 제기하지 아니함으로써 묵시적인 합의가 되었다고 보여지는 경우에는 그 법정충당의 순서와는 달리 충당의 순서를 인정할 수 있는 것이다(대판 2002. 5. 10. 2002다12871, 12888).

다. 법정변제충당

1) 요 건

당사자가 충당의 지정을 하지 않은 때, 그리고 지정은 하였으나 상대방의 이의로 실효한 때에는 민법 제477조의 법정충당에 의한다. 따라서 민법 제477조의 적용을 배제하기 위해서는, 법정변제충당에 의하여 부여되는 법률효과 이상으로 자신에게 유리한 변제충당의 지정, 당사자 사이의 변제충당의 합의가 있다거나 또는 당해 채무가 법정변제충당에 있어 우선순위에 있어서 당해 채무에 전액 변제충당되었다고 주장하는 자는 그 사실을 주장입증할 책임을 부담한다(대판 1994. 2. 22. 93다49338).

2) 충당순서

ⅰ) 채무 가운데에 이행기가 도래한 것과 도래하지 아니한 것이 있으면 먼저 이행기가 도래한 채무의 변제에 충당한다.

ⅱ) 채무전부의 이행기가 도래하였거나 또는 도래하지 아니한 때에는 채무자에게 변제이익이 많은 채무의 변제에 먼저 충당한다.

예컨대 무이자채무보다 이자부채무, 저이율의 채무보다 고이율의 채무, 무담보채무보다 담보부채무, 연대채무보다 단순채무가 원칙적으로 채무자를 위한 변제이익이 많다. 이에 대하여 보증채무는 단순채무와 비교하여 채무자를 위한 변제이익이 많은 것이라고 할 수 없다.

특별한 사정이 없는 한, 변제자가 타인의 채무에 대한 보증인으로서 부담하는 보증채무(연대보증채무도 포함)는 변제자 자신의 채무에 비하여, 연대채무는 단순채무에 비하여 각각 변제자에게 그 변제의 이익이 적다(대판 1997. 7. 9. 98다55543). 또한 이자의 약정이 있는 금전채무와 이자의 약정이 없는 약속어음금채무는 전자가 변제이익이 많다(대판 1971. 11. 23. 71다1560).

ⅲ) 채무자에게 변제이익이 같으면 이행기가 먼저 도래한 채무 또는 먼저 도래할 채무의 변제에 충당한다.

ⅳ) 이상과 같은 표준으로도 선후가 정하여지지 않는 채권상호간에 있어서는 그 채무액에 비례하여 각 채무의 변제에 충당한다.

12. 변제자대위

(1) 의 의

제3자 또는 공동채무자(연대채무자·보증인·불가분채무자 등)의 한 사람이 채무자를 위하여 변제를 하는 때에는 그 변제자는 채무자에 대하여 구상권을 취득한다. 이 경우 그 구상권의 범위 내에서 종전의 채권자가 채무자에 대하여 가졌던 채권 및 그 담보에 관한 권리가 법률상 당연히 채권자에게 이전하는 것을 가리켜 변제에 의한 대위(변제자의 대위 또는 대위변제)라고 한다.

(2) 요 건

가. 변제 기타의 방법으로 채권자에게 만족을 줄 것

변제자가 자기의 출재로 채무자(또는 공동채무자)를 위하여 채권자에게 만족을 주는 면책행위를 하였어야 한다. 따라서 변제는 물론이며, 대물변제·공탁 기타 자기의 출재로 채무자의 채무를 면하게 한 경우에도 대위변제가 성립한다. 채권의 일부에 대해 변제 등을 한 경우에도 그 일부의 범위에서는 대위변제가 성립한다.

나. 변제기가 채무자에 대해 구상권을 가질 것

본래 대위는 변제자의 구상권을 확보하는 제도이므로, 구상권이 없으면 대위는 성립하지 않는다. 따라서 증여로서 변제한 때에는 대위변제는 성립하지 않는다.

다. 채권자의 승낙이 있거나 변제할 정당한 이익이 있을 것

변제자는 채권자의 승낙이 있어야 대위할 수 있지만, 변제할 정당한 이익을 가지는 자는 그 승낙이 없이도 당연히 대위할 수 있다. 전자가 본 민법 제480조의 임의대위이고, 제481조의 법정대위이다.

(3) 변제자의 임의대위

변제함에 있어서 정당한 이익을 가지지 않는 자가 채무자를 위하여 변제함과 동시에 채권의 승낙을 얻어 채권자를 대위하는 경우(민법 제480조 1항)를 임의대위라고 한다. 변제에 정당한 이익을 가지지 않는 자가 변제시 채권자의 승낙을 얻지 못하면 대위의 효과가 생기지 않는다. 따라서 채권양도의 경우와 동일한 대항요건, 즉 채무자에의 통지와 승낙을 요한다.

여기서 민법 제480조는 채무자의 보호를 위하여 채권양도의 대항요건과 그 효력에 관한 규정(제450조 내지 제452조)을 준용하고 있다. 따라서 채무자에 대하여 대위를 가지고 대항하려면 채권자의 채무자에 대한 대위통지 또는 채무자의 대위승낙을 필요로 하며 채무자 이외의 제3자에 대하여는 확정일자 있는 증서로써 하여야 한다.

(4) 변제자의 법정대위

변제할 정당한 이익이 있는 자는 변제로 당연히 채권자를 대위한다(민법 제481조).

변제를 함에 있어서 정당한 이익을 갖는 자가 변제에 의하여 당연히 채권자에 대위하는 경우를 법정대위라고 한다(대판 1990. 4. 10. 89다카24834, 1990, 1051). 즉 변제할 정당한 이익이 있는 자는 변제로 법률상 당연히 채권자를 대위한다. 여기서 변제를 함에 있어서 정당한 이익을 가족 있는 자란 변제를 하지 않으면 채권자로부터 집행을 받게 되거나 또는 채무자에 대한 자기의 권리를 잃게 되는 지위에 있기 때문에 변제를 함으로써 당연히 대위의 보호를 받아야 할 법률상의 이익을 가지는 자를 말한다. 물상보증인·담보부동산의 제3취득자·보증인·연대채무자 등이 여기에 해당한다. 따라서 사실상의 이해관계를 가지는 것만으로는 이에 해당되지 않는다(대판 1990. 4. 10. 89다카24834). 이들은 채무자를 위하여 변제를 하기만 하면 대위가 되며, 그 결과로서 채무자 또는 다른 공동채무자에 대하여 구상권을 가지게 된다.

핵심판례

- **변제에 사실상 이해관계를 가지는 자가 법정대위권이 있는 변제할 정당한 이익이 있는 자에 포함되는지 여부(소극)**

    대위변제는 변제할 정당한 이익이 있는 자가 변제하는 경우에 한하여 법률상 당연히 채권자를 대위하게 되는 것이고(민법 제481조) 여기에서 변제할 정당한 이익이 있는 자란 변제를 하지 않으면 채권자로부터 집행을 받게 되거나 또는 채무자에 대한 자기의 권리를 잃게 되는 지위에 있기 때문에 변제함으로써 당연히 대위의 보호를 받아야 할 법률상의 이익을 가지는 자를 가리키는 것이지 채무자와 연립주택건설 사업을 같이 하고 있어 채무자가 수사기관에서 조사를 받음으로 인하여 연립주택건설사업에 지장을 받을 우려가 있는 사실상의 이해관계를 가지는 자는 여기에 포함된다고 할 수 없다(대판 1990. 4. 10. 89다카24834).

- **근저당권의 피담보채권이 확정되기 전에 그 채권의 일부를 양도하거나 대위변제한 경우, 그 양수인이나 대위변제자가 근저당권의 이전을 구할 수 있는지 여부(소극)**

    근저당권이라고 함은 계속적인 거래관계로부터 발생하고 소멸하는 불특정다수의 장래채권을 결산기에 계산하여 잔존하는 채무를 일정한 한도액의 범위 내에서 담보하는 저당권이어서, 거래가 종료하기까지 채권은 계속적으로 증감변동되는 것이므로, 근저당 거래관계가 계속 중인 경우 즉 근저당권의 피담보채권이 확정되기 전에 그 채권의 일부를 양도하거나 대위변제한 경우 근저당권이 양수인이나 대위변제자에게 이전할 여지가 없다(대판 1996. 6. 14. 95다53812).

(5) 대위의 효과

가. 대위자·채무자 사이의 효과

대위변제자와 채무자와의 사이에 있어서는 그 채권 및 담보에 관하여 채권자가 가지고 있던 일체의 권리가 구상권의 범위내에서 법률상 당연히 대위변제자에게 이전한다.

「채권에 관한 권리」라 함은 채권자의 권리를 가리키는 것으로서 이행청구권·손해배상청구권·채권자대위권·채권자취소권 등을 말하며, 요컨대 채권 그 자체가 이전한다는 의미이다. 따라서 채권자가 계약당사자의 지위에서 가지는 취소권·해제권·해지권 등은 이전하지 않는다.

「채권의 담보에 관한 권리」는 인적 담보권과 물적 담보권을 포함함은 물론이다. 담보물권은 원래 보증인에 대한 권리까지도 포함하기 때문이다. 이외에 이자채권·연대채무자에 대한 권리 등도 이와 같이 대위된다.

이론적으로 말하자면 제3자의 변제에 의하여 채권은 당연히 소멸하지만 대위변제가 발생하는 경우에는 그 소멸의 효과가 일어나지 않고, 채권자의 채권은 부종적인 권리와 함께 변제자에게 이전하는 것이다.

또 변제자가 대위변제의 이익을 받는 경우에도 채권자에 대하여 가지는 구상권자체는 아무런 영향을 받지 않는다. 따라서 대위하여 채권자의 권리를 행사하든, 또는 자기의 구상권을 행사하든 그것은 변제자의 자유이다.

나. 대위자와 채권자 사이의 효과

1) 일부대위의 경우

ⅰ) 일부대위란 채권의 일부에 대하여 변제가 있었을 경우에 생기는 대위이다. 이 경우에는 대위자는 그 변제한 가액에 비례하여 채권자와 함께 그 권리를 행사한다(민법 제483조 1항). 그러나 이러한 경우에도 채무불이행을 원인으로 하는 계약의 해제 또는 해지는 채권자만이 할 수 있고 채권자는 대위자에게 그 변제한 가액과 이자를 상환하여야 한다.

'채권자와 함께 그 권리를 행사한다'의 의미에 관해 통설은 채권자의 의사를 고려하고 또 담보물권의 불가분성의 원칙에 의해 변제자가 단독으로 담보권을 행사할 수 있는 것이 아니라, 채권자가 담보권을 행사하는 경우에 한해 변제자가 함께 그 권리를 행사할 수 있는 것으로 해석한다.

ⅱ) 채권의 일부에 대한 대위변제가 있는 때에는 채권자는 채권증서에 그 대위를 기

입하고, 자기가 점유한 담보물의 보존에 관하여 대위자의 감독을 받아야 한다(민법 제484조 2항). 담보물이 부동산인 때에는 대위의 부기등기에 협력하여야 하고, 또 임의대위의 경우에는 대위의 통지를 할 의무를 진다.

2) 전부대위의 경우

채권 전부의 대위변제를 받은 채권자는 그 채권에 관한 증서 및 점유한 담보물을 대위자에게 교부하여야 한다(민법 제484조 1항). 즉, 채권자는 대위자에 대하여 대위한 권리의 행사를 용이하게 할 의무를 진다.

3) 법정대위자의 면책

민법 제481조의 규정에 의하여 대위할 자가 있는 경우에 채권자의 고의나 과실로 담보가 상실되거나 감소된 때에는 대위할 자는 그 상실 또는 감소로 인하여 상환을 받을 수 없는 한도에서 그 책임을 면한다(민법 제485조).

본조는 모든 법정대위자를 위하여 채권자에게 담보보존의 의무를 규정한 것이다.

ⅰ) 면책이 인정되는 것은 담보를 상실·감소시킨 때이며, 인적·물적 담보를 포함한다(예 : 담보의 포기, 담보물의 훼손 또는 반환·보증채무의 면제 등). 따라서 채권자가 채무자의 일반재산을 압류하였다가 이를 해제한 때에는 본조가 적용되지 않는다.

ⅱ) 채권자의 고의·과실로 담보를 상실·감소케 하고, 그로 인해 법정대위자가 상환을 받을 수 없는 인과관계가 성립하여야 한다.

ⅲ) 채권자의 담보보존의무를 규정한 민법 제485조의 규정은 임의규정이므로 당사자간의 합의(특약)에 의하여 위 규정의 적용을 배제할 수도 있다(대판 1987. 3. 24. 84다카1324).

> **<Q & A>**
> **채권자의 고의·과실로 담보 상실 된 경우 법정대위권자의 면책 범위**
>
> Q) 연대채무자인 甲은 주채무자인 乙의 어음할인채무를 변제할 정당한 이익이 있는 자로서 변제로 당연히 채권자인 丙을 대위하는데, 채권자인 丙의 고의나 과실로 주채무자인 乙이 어음할인채무에 대한 담보로 제공하여 乙이 보관중인 생선 10,000상자를 丙이 임의로 출고를 허용하여 담보물을 멸실시킴으로써 위 채권을 상환받을 수 없게 된 경우 甲이 면책되는 범위는 어떻게 되는가?

A)
1. 문제점

「민법」제481조는 "변제할 정당한 이익이 있는 자는 변제로 당연히 채권자를 대위한다."라고 규정하고 있으며, 같은 법 제485조는 "제481조의 규정에 의하여 대위 할 자가 있는 경우에 채권자의 고의나 과실로 담보가 상실되거나 감소된 때에는 대위 할 자는 그 상실 또는 감소로 인하여 상환을 받을 수 없는 한도에서 그 책임을 면한다."라고 규정하고 있다. 위 사안에 있어서도 채권자 丙이 채무자 乙로 하여금 위 담보물을 출고할 수 있도록 허용함으로써 담보가 멸실되었으므로, 법정대위권자 甲이 면책될 수 있는 범위를 어느 시점을 기준으로 정하여야 하는지 문제된다.

2. 판례의 태도

이에 관하여 대법원은 "채권자의 고의나 과실로 담보가 상실된 경우 법정대위권자가 면책되는 범위는 채권자가 담보를 취득할 당시가 아니라, 그 담보상실 당시의 교환가치 상당액이다."라고 판시하였다(대법원 2001. 10. 9. 선고 2001다36283 판결).

3. 결론

따라서 위 사안에서 甲은 위 담보물이 출고되어 담보가 상실될 당시의 교환가치 상당액의 범위에서 면책될 수 있을 것이다.

중요사건의 사실관계 및 대법원의 판단

【사실관계】
이삭종합건설 주식회사가 주식회사 대한상호신용금고로부터 금원을 차용하면서, 대한금고의 대표이사 및 원고와 사이에 대출채무자의 명의만 원고로 하되 그 대출금채무에 대하여 원고에게 책임을 지우지 않기로 합의하였다. 이삭건설의 이사이자 지배주주인 김○철과 그 처인 백○순이 이 사건 대출금채무 등의 이행을 담보하기 위하여 그들 소유의 부동산에 원고 등을 채무자로 한 근저당권을 설정해 주었는데, 대한금고가 그 부동산 중 일부에 대한 근저당권설정등기의 말소등기를 경료해 주었다. 그리고 위 말소등기 직후 이삭건설에 부도가 발생하였고 이어서 대한금고 역시 파산선고를 받아 피고가 파산관재인으로 선임되었다.

【대법원의 판단】 파산자의 파산 전 담보상실을 이유로 그 범위 내에서 형식상 대출채무자의 파산관재인에 대한 면책을 인정한 원심의 판단을 수긍한 사례

[1] 파산자가 파산선고 전에 상대방과 통정한 허위의 의사표시를 통하여 가장채권을 보유하고 있다가 파산이 선고된 경우, <u>파산관재인은 민법 제108조 제2항의 제3자에 해당하므로 상대방이 파산관재인에게 통정허위표시임을 들어 그 가장채권의 무효임을 대항할 수 없다</u> 할 것이지만, 위 민법 제108조 제2항과 같은 특별한 제한이 있는 경우를 제외하고는 <u>채무의 소멸 등 파산 전에 파산자와 상대방 사이에 형성된 모든 법률관계에 관하여 파산관재인에게 대항할 수 없는 것은 아니라</u> 할 것이며, 그 경우 파산자와 상대방 사이에 일정한 법률효과가 발생하였는지 여부에 대하여는 <u>파산관재인의 입장에서 형식적으로 판단할 것이 아니라 파산자와 상대방 사이의 실질적 법률관계를 기초로 판단하여야 한다.</u>

[2] 대출절차상의 편의를 위하여 <u>대출채무자의 명의를 빌려준 자는 채권자의 파산관재인에 대하여는 통정허위표시로 대항하지 못하므로 대출금채무를 변제할 의무를 직접 부담하고, 그 채무를 변제할 경우 채권자인 파산자가 실채무자에 대하여 가지는 채권 및 이에 관한 담보권을 당연히 대위행사할 수 있는 지위에 있으므로, 채권자가 파산 전에 위 채무에 관한 근저당권을 고의 또는 과실로 소멸시킨 경우, 형식상 주채무자는 근저당권의 소멸로 인하여 상환을 받을 수 없는 범위에서 채무를 면한다</u>(대법원 2005. 5. 12. 선고 2004다68366 판결).

> <해설> 원고는 파산관재인인 피고에 대하여는 위 통정허위표시로 대항하지 못하므로 파산재단에 속한 이 사건 대출금채무를 변제할 의무를 직접 부담하여 이를 변제할 정당한 이익이 있는 자에 해당하고, 나아가 변제할 정당한 이익이 있는 원고가 채무를 변제하는 경우에는 대한금고가 실채무자인 이삭건설에 대하여 가지는 채권 및 이에 관한 담보권을 당연히 대위행사할 수 있을 것인데, 대한금고가 위와 같이 이 사건 대출금채무에 관한 담보권인 근저당권을 고의 또는 과실로 소멸시킴으로써 원고가 채무를 변제하더라도 근저당권을 대위할 수 없게 되었으므로, 결국 원고는 위 근저당권의 소멸로 인하여 상환을 받을 수 없는 범위에서 대한금고에 대한 채무를 면한다.

다. 법정대위자 상호간의 효과

대위의 이익을 받는 자가 수인 있는 때에는 상호간에 문제가 생기는 일이 있다. 예컨대 갑의 을에 대한 권리에 대하여 병이 보증인, 정이 물상보증인이 된 경우에 병이 변제하면 정의 부동산 저당권을 행사하여 손실을 면할 수 있고, 정이 변제를 하면 병의 재산을 집행하여 손해를 면할 수 있는 것으로 한다면 먼저 변제한 자가 유리하다는 불공평한 결과가 된다. 그리하여 민법은 본조 제2항에서 대위변제자 상호간의 혼란을 피하고 공평을 꾀하기 위하여 그들 사이의 보호의 필요에 따라 대위의 순서와 비율을 자세히 규정한 것이다.

1) 보증인과 제3취득자 사이

ⅰ) 보증인은 미리 전세권이나 저당권의 등기에 그 대위를 부기하지 아니하면 전세물이나 저당물에 권리를 취득한 제3자에 대하여 채권자를 대위하지 못한다(민법 제482조 2항 1호). 여기서 '미리'라는 것이 어느 시점을 가리키는가에 대해서는 학설의 대립이 있는데, '보증인의 변제 후 제3취득자의 등기 전'이라고 해석하는 것이 통설이다.

ⅱ) 제3취득자는 보증인에 대하여 채권자를 대위하지 못한다(민법 제482조 2항 2호).

2) 제3취득자 상호간

제3취득자 중 1인은 각 부동산의 가액에 비례하여 다른 제3취득자에 대하여 채권자를 대위한다(민법 제482조 2항 3호).

3) 물상보증인 상호간

물상보증인이란 자기의 재산을 타인의 채무의 담보로 제공한 자를 말한다(민법 제482조 2항 4호). 물상보증인이 수인 있는 경우에는 각 담보재산의 가액에 비례하여 다른 물상보증인에 대하여 채권자를 대위한다.

4) 물상보증인과 보증인 사이

자기의 재산을 타인의 채무의 담보로 제공한 자와 보증인간에는 그 인원수에 비례하여 채권자를 대위한다. 그러나 자기의 재산을 타인의 채무의 담보로 제공한 자가 수인인 때에는 보증인의 부담부분을 제외하고 그 잔액에 대하여 각 재산의 가액에 비례하여 대위한다. 이 경우에 그 재산이 부동산인 때에는 민법 제482조 2항 1호의 규정에 준용한다(민법 제482조 2항 5호).

(6) 관련문제

ⅰ) 대위변제자의 다른 공동저당물 소유자에 대한 변제청구권을 갖는지 여부

공동저당물중의 하나의 소유자가 다른 공동저당물의 부담부분을 대위변제한 때 그는 다른 공동저당물의 소유자에 대하여 채권자의 채권 및 그 담보에 관한 권리를 실행하여 변제받을 수 있을 뿐, 다른 공동저장물의 부담 부분에 해당하는 금원의 변제청구권을 갖는 것은 아니다(대판 1983. 3. 22. 81다43).

ⅱ) 갑을 주채무자로 하고 을을 연대보증인으로 한 채무를 담보하기 위하여 갑과 을의 공동소유인 부동산 전체에 관하여 근저당권이 설정된 후 갑 소유의 지분에 대하여만 후순위의 저당권을 취득한 자가 선순위의 근저당 채무를 변제한 경우, 선순위 근저당권자는 대위변제자인 후순위 근저당권자에게 갑과 을의 공동소유인 부동산 전체에 대한 저당권이전의 부기등기의무를 부담하는지 여부

채무자 소유의 부동산에 대한 후순위 저당권자에게 자신의 담보권을 보전하기 위하여 채무자의 선순위 저당권자에 대한 채무를 변제할 정당한 이익이 인정되고, 한편 민법 제482조 제1항은 변제할 정당한 이익이 있는 자가 채무자를 위하여 채권을 대위변제한 경우에는 대위변제자는 자기의 권리에 기하여 구상할 수 있는 범위에서 채권자의 채권 및 담보에 관한 권리를 행사할 수 있다고 규정하고 있으므로 갑을 주채무자로 하고, 을을 연대보증인으로 한 채무를 담보하기 위하여 갑과 을의 공동소유인 부동산 전부에 관하여 선순위의 저당권이 설정된 후 갑 소유의 지분에 대하여서만 후순위 저당권을 취득한 자기 자신의 담보권을 보전하기 위하여 선순위 저당권자에게 당해 피담보채무를 변제한 경우에는 종전의 채권자인 선순위 저당권자의 채권 및 그 담보는 모두 대위변제를 한 후순위 저당권자에게 이전되고, 따라서 선순위 저당권자는 대위변제자인 후순위 저당권자에게 갑과 을의 공동소유인 부동산 전체에 대하여 대위변제로 인한 저당권이전의 부기등기를 마쳐주어야 할 의무가 있다(대판 2002. 12. 6. 2001다2846).

Ⅲ. 대물변제

1. 대물변제의 의의

대물변제라 함은 채무자가 채권의 승낙을 얻어, 채무자가 부담한 본래의 급부에 갈음하여 다른 급부를 함으로써 채권을 소멸시키는 채권자·채무자 사이의 계약을 말한다. 예컨대 금일만원의 급부에 갈음하여 손목시계 1개를 급부하는 경우와 같은 것이 이에 해당한다.

대물변제는 본래의 급부와 상이한 다른 급부를 함으로써 채권을 소멸시킨다는 점에서 경개에 유사한 것이지만, 대물변제는 본래의 급부에 갈음한 다른 급부가 현실적으로 행해질 것을 요한다는 점에서 단순히 다른 급부를 하여야 할 새로운 채무를 부담함에 그치는 경개와 차이가 있다.

2. 대물변제의 요건

채무자가 채권의 승낙을 얻어 본래의 채무이행에 갈음하여 다른 급부를 한 것이 대물변제의 요건이 된다(제466조 전문).

(1) 당사자 사이에 합의 내지 계약이 있을 것

채무자의 대물변제의사와 채권자의 대물변제 수령의사가 합치하고 있어야만 한다. 이러한 합의 내지 계약은 묵시적인 것이라도 상관없으나 '이행에 갈음하여'하는 것이라는 것이 밝혀져 있어야만 한다.

(2) 채권이 존재할 것

대물변제는 어떤 채권의 목적인 급부에 갈음하여 다른 급부를 함으로써 그 채권을 소멸케 하는 것이므로, 당연히 채권이 존재하여야 한다. 채권자가 채무자의 승낙을 얻어 본래의 채무이행에 갈음하여 부동산으로 대물변제를 하였으나 본래의 채무가 존재하지 않았던 경우에는, 당사자가 특별한 의사표시를 하지 않는 한, 대물변제는 무효로서 부동산의 소유권이 이전되는 효과가 발생하지 않는다(대판 1991. 11. 12. 91다9503).

(3) 본래의 급부에 갈음하여 다른 급부가 현실적으로 행하여질 것

본래의 급부와 다른 급부를 하여야 하나 그 '다른 급부'의 내용이나 종류는 이를 묻지 않는다. 다만 금전채무에 대신하여 어음·수표를 교부한 경우에는, 그 지급이 확실하지 않는 점에서 변제를 갈음하는 것이 아니라 이는 '지급을 위하여' 교부된 것으로 추정되고, 따라서 기존의 원인채무는 소멸하지 아니하고 어음·수표상의 채무와 병존한다(대판 2003. 5. 30. 2003다13512).

3. 대물변제의 효과

대물변제는 변제와 동일한 효력이 있기 때문에, 채권 및 그 책임을 담보하는 담보권은 소멸한다. 그리고 대물변제도 채권의 만족을 얻는 점에서 변제와 마찬가지이므로 변제에 관한 규정(본관)은 대물변제에도 일반적으로 적용된다고 해석하여야 한다(이설없음).

4. 관련문제

ⅰ) 채무변제에 관하여 다른 채권을 양도하면 원래의 채권이 소멸되는지 여부

채무자가 채권자에게 채무변제와 관련하여 다른 채권을 양도하는 것은 채무변제를 위한 담보 또는 변제의 방법을 양도되는 것으로 추정할 것이지 채무변제에 갈음한 것으로 볼 것은 아니어서 채권양도만 있으면 바로 원래의 채권이 소멸한다고 볼 수 없다(대판 1995. 9. 15. 95다13371).

ⅱ) 부동산으로 대물변제하는 경우 부동산의 취득시기(=소유권이전등기시) 및 대물변제약정의 일부만이 이행된 경우 일부에 관하여 유효한 변제가 되는지 여부

대물변제는 채무자가 채권자의 승낙을 얻어 본래의 채무의 이행에 갈음하여 다른 급여를 현실적으로 한 때에 변제와 같은 효력이 있는 것으로서 다른 급여가 부동산의 소유권을 이전하는 것일 때에는 소유권이전등기를 하여야만 대물변제가 성립되어 본래의 채무가 소멸하는 것이므로 채권자의 입장에서는 소유권이전등기된 날이 부동산의 취득일이 되는 것이고, 채무자가 채권자와 대물변제하기로 약정하였던 급여의 일부만을 이행하는 경우에도 채권자가 이를 수령하면 채무의 일부에 관하여 유효한 변제를 한 것으로 보아야 한다(대판 1993. 5. 11. 92누11602).

ⅲ) 채권자 앞으로 경료된 소유권이전등기가 대물변제조인가 종전채무의 담보인가의 구별기준

채무와 관련하여 채무자 소유의 부동산이 채권자 앞으로 소유권이전등기가 경료된 경우, 그것이 대물변제조로 이전된 것인가, 아니면 종전채무의 담보를 위하여 이전된 것인가의 문제는 소유권이전 당시의 당사자 의사해석에 관한 문제인 것이고, 이점에 관하여 명확한 증명이 없는 경우에는(담보목적임을 주장하는 측에 그 입증책임이 있다) 소유권이전 당시의 채무액과 부동산의 가액, 채무를 지게 된 경위와 그 후의 과정(가등기의 경료관계), 소유권이전 당시의 상황, 그 이후에 있어서의 부동산의 지배 및 처분관계 등 제반 사정을 종합하여 담보목적인지 여부를 가려야 할 것이다(대판 1993. 6. 8. 92다19880).

ⅳ) 가집행선고에 기한 강제집행을 면하기 위하여 대물변제가 이루어졌으나 그 후 가집행선고가 실효되고 본래의 채무가 존재하지 않음이 밝혀진 경우 대물변제의 효력은

어떻게 되는가?

가집행선고에 기한 강제집행이 종료된 경우 그 후 가집행선고가 실효되더라도 강제집행의 효력이 여전히 유지되는 것은 그것이 집행 당시의 유효하였던 채무명의의 집행력에 기한 강제집행의 결과일 뿐만 아니라 강제집행의 결과 이해관계를 맺게 되는 제3자를 보호할 필요가 있기 때문이고, 이와 같은 채무명의에 기한 강제집행이 아닌 채무자가 가집행선고에 기한 강제집행을 면하기 위하여 채권자의 승낙을 얻어 한 대물변제의 경우에는 그와 같은 필요성이 있다고 할 수 없으므로 가집행선고가 실효되고 원래의 채무가 존재하지 않음이 밝혀진 경우에까지 그 대물변제를 유효한 것으로 인정할 수는 없다(대판 1993. 4. 23. 92다19163).

IV. 공 탁

1. 공탁의 의의

공탁이란 금전·유가증권 기타의 물건을 공탁소에 임치하는 것, 다시 말하면 공탁자와 법률이 정하는 공탁기관 사이에 맺어지는 임치계약을 말한다. 공탁제도는 변제의 담보 또는 보관 등의 여러 목적으로 이용된다.

공탁을 하게 되면 3면관계가 발생한다. 즉 공탁에 의하여 공탁소는 공탁자에 대하여 보관의무를 지고, 채권자는 공탁물출급청구권을 가지며, 채무자는 채무를 면하게 된다.

2. 공탁의 요건

공탁제도는 채무자로 하여금 채무를 면하게 하려는데 그 궁극의 목적이 있는 것이지만 공탁에 의하여 채무를 면할 수 있기 위해서는 일정한 원인, 즉 공탁원인이 있어야 한다.

(1) 채권자가 변제를 받지 아니하거나 받을 수 없는 때(민법 제487조)

이것은 채권자체의 요건과 같다(제400조 참조). 다만 공탁은 채권자에게 어떤 불이익을 주지 않으므로, 채권자의 귀책사유가 있는 것을 요하지 않고, 위 사유가 객관적으로 존재하기만 하면 공탁을 할 수 있다(통설). 판례는 채권자의 태도로 보아 채무의 이행제공을 하였더라도 그 수령을 거절할 것이 명백한 경우에는 채무자의 이행의 제공을 하지 않고 바로 변제공탁을 할 수 있다고 하였다(대판 1994. 8. 26. 93다42276).

그리고 채권자가 객관적으로 변제를 받을 수 없는 사정이 있으면 변제공탁을 할 수 있다.

(2) 변제자가 과실없이 채권자를 알 수 없는 때(민법 제487조)

제487조 후단의 '변제자가 과실 없이 채권자를 알 수 없는 경우'라 함은 객관적으로 채권자 또는 변제수령자가 존재하고 있으나 채무자가 선량한 관리자의 주의를 다하여도 채권자가 누구인지를 알 수 없는 경우를 말한다(대판 2004. 11. 11. 2004다37737).

(3) 채권자 불확지를 원인으로 변제공탁을 할 수 있는지 여부가 문제되는 경우

ⅰ) 예금계약의 출연자와 예금명의자가 서로 다르고 양자 모두 예금채권에 관한 권리를 적극 주장하고 있는 경우

예금계약의 출연자와 예금명의자가 서로 다르고 양자 모두 예금채권에 관한 권리를 적극 주장하고 있는 경우로서 금융기관이 그 예금의 지급시는 물론 예금계약 성립시의 사정까지 모두 고려하여 선량한 관리자로서의 주의의무를 다하여도 어느 쪽이 진정한 예금주인지에 관하여 사실상 혹은 법률상 의문이 제기될 여지가 충분히 있다고 인정되는 때에는 채무자인 금융기관으로서는 민법 제487조 후단의 채권자 불확지를 원인으로 하여 변제공탁을 할 수 있다고 보아야 한다(대판 2004. 11. 11. 2004다37737).

ⅱ) 양도금지특약이 붙은 채권이 양도된 경우

채권양도금지특약에 반하여 채권양도가 이루어진 경우, 그 양수인이 양도금지특약이 있음을 알았거나 중대한 과실로 알지 못하였던 경우에는 채권양도는 효력이 없게 되고, 반대로 양수인이 중대한 과실 없이 양도금지특약의 존재를 알지 못하였다면 채권양도는 유효하게 되어 채무자로서는 양수인에게 양도금지특약을 가지고 그 채무이행을 거절할 수 없게 되어 양수인의 선의, 악의 등에 따라 양수채권의 채권자가 결정되는바, 이와 같이 양도금지의 특약이 붙은 채권이 양도된 경우에 양수인의 악의 또는 중과실에 관한 입증책임은 채무자가 부담하지만, 그러한 경우에도 채무자로서는 양수인의 선의 등의 여부를 알 수 없어 과연 채권이 적법하게 양도된 것인지에 관하여 의문이 제기될 여지가 충분히 있으므로 특별한 사정이 없는 한 민법 제487조 후단의 채권자 불확지를 원인으로 하여 변제공탁을 할 수 있다(대판 2000. 12. 22. 2000다55904).

ⅲ) 확정일자 있는 채권양도 통지와 가압류명령이 제3채무자에게 동시에 도달된 경우

확정일자 있는 채권양도 통지와 채권가압류명령이 제3채무자에게 동시에 도달된 경우에도 제3채무자는 송달의 선후가 불명한 경우에 준하여 채권자를 알 수 없다는 이유로 변제공탁을 할 수 있다. 그리고 확정일자 있는 채권양도 통지와 채권가압류명령이 동시에 도달됨으로써 제3채무자가 변제공탁을 하고, 그 후에 다른 채권압류 또는 가압류가 이루어졌다 하더라도 채권양수인과 선행가압류채권자 사이에서만 채권액에 안분하여 배당하여야 한다(대판 2004. 9. 3. 2003다22561).

3. 공탁의 당사자 및 대상

(1) 공탁의 당사자

가. 공탁자

공탁을 하는 자는 변제자이다. 따라서 채무자는 물론 제3자도 공탁을 할 수 있다.

나. 공탁소

공탁을 받는 자는 채무이행지의 공탁소이다(제488조 1항). 공탁사무는 지방법원장의 감독하에 그가 지정하는 법원서기관 또는 법원사무관이 공탁사무를 집행한다(공탁법 제2조).

공탁소는 단순히 공탁사무를 집행할 뿐이고(공탁법 제2조), 실제로 공탁물을 보관하는 자는 법령의 법정에 의하여 대법원장이 지정하는 은행 또는 창고업자이다(공탁법 제3조).

(2) 공탁의 대상

가. 물건

공탁의 대상은 변제의 목적물이며, 그 종류는 묻지 않는다.

나. 자조매각

변제의 목적물이 공탁에 적당하지 아니하거나 멸실 또는 훼손될 염려가 있거나 공탁에 과다한 비용을 요하는 경우에는 변제자는 법원의 허가를 얻어 그 물건을 경매하거나 시가로 방매하여 대금을 공탁할 수 있다(민법 제490조). 이것을 '자조매각'이라고 한다.

4. 공탁의 절차

(1) 공탁서 제출

공탁을 하려는 자는 공탁서 2통(정본과 부본)을 제출하여야 한다(공탁사무처리규칙 제19조). 공탁서에는 채권자에게 송부할 공탁통지서를 첨부하여야 한다(동규칙 제22조).

(2) 공탁금납입서와 공탁서 정본의 교부

공탁공무원이 공탁을 수리할 것으로 인정한 때에는 공탁금납입서와 함께 공탁서의 정본을 공탁자에게 교부하고, 공탁물을 납입기일까지 지정된 공탁물보관자에게 납입케 한다(동규칙 제25조).

(3) 공탁물의 납입 및 통지

공탁자는 그에 따라 납입하고, 공탁물보관자는 이 사실을 공탁공무원에게 통지한다.

이 통지를 받은 공탁공무원은 공탁통지서를 채권자에게 통지한다(동규칙 제27조).

5. 공탁의 효과

(1) 채권의 소멸

공탁에 의하여 채무는 소멸한다(제487조). 변제공탁이 적법한 경우에는 채권자가 공탁물 출급청구를 하였는지의 여부와는 관계없이 그 공탁을 한 때에 변제의 효력이 발생한다(대판 2002. 12. 6. 2001다2846). 채권자에 대한 공탁통지나 채권자의 수익의 의사표시가 있은 때에 공탁의 효력이 생기는 것은 아니다.

그리고 공탁에 의해 채무가 소멸하는 결과, 그 채무를 담보하는 저당권·보증채무 등도 소멸하며, 이자채무도 소멸한다.

> **<Q & A>**
> **형사사건의 가해자가 합의금조로 공탁한 돈을 찾을 경우 그 효력**
>
> Q) 형사사건의 가해자가 일방적으로 결정한 금액을 합의가 되지 않음을 이유로 변제공탁 하였는데, 피해자가 그 공탁금을 찾을 경우 법적으로 어떤 효과가 있는 것인가?
>
> A)
> 1. 문제점
> 교통사고나 폭행사고 등이 발생한 경우 그 가해자는 피해자와 합의가 성립되지 않으면 일정금액을 일방적으로 공탁하고 그 공탁통지서를 받은 피해자는 그 공탁금이 자기의 손해를 충분히 배상할 만큼이라면 별 문제가 없겠으나, 그 이상의 손해배상을 청구하고자 하는 경우에는 공탁금을 찾아야 할지 여부를 놓고 망설이는 경우가 있을 것이다. 이 경우 피해자가 그 공탁금을 수령하게 되면 어떠한 효과가 발생하는지가 문제된다.
>
> 2. 판례의 태도
> 주의할 점은 가해자가 채무를 전부 갚는다는 조건 즉, 채무의 전부변제임을 밝히고 공탁한 경우 피해자가 채권의 일부로 수령한다는 등의 특별한 유보의사표시를 하지 않고 공탁금을 수령하게 되면 채무자의 의도대로 전부변제의 효과가 발생하게 된다(대법원 1983. 6. 28. 선고 83다카88, 89 판결).
>
> 3. 결론
> 그러므로 피해자는 이러한 전부변제의 효과가 발생하는 것을 방지하기 위해서 공탁금을 찾을 때, 공탁관이나 채무자에 대하여 적극적으로 손해배상금의 일부변제로서 수령한다는 내용 등의 '이의유보의사표시'를 하여야 한다.

【쟁점사항】
<공탁의 효력과 관련된 문제>
㈀ 채무의 일부변제공탁의 효력
　채무의 일부변제공탁은 그 채무를 변제함에 있어서 일부의 제공이 유효한 제공이라고 시인할 수 있는 특별한 사정이 있는 경우를 제외하고는 채권자가 이를 수락하지 아니하는 한 유효한 변제공탁이라고 할 수 없다(대판 1992. 7. 28. 91다13380).
㈁ 채무의 일부 변제공탁이 일부 변제로서 유효하게 되는 경우
　변제공탁이 유효하려면 채무 전부에 대한 변제의 제공 및 채무전액에 대한 공탁이 있음을 요하고 채무 전액이 아닌 일부에 대한 공탁은 그 부분에 관하여서도 효력이 생기지 않으나, 채권자가 공탁금을 채권의 일부에 충당한다는 유보의 의사표시를 하고 이를 수령한 때에는 그 공탁금은 채권의 일부의 변제에 충당된다(대판 1996. 7. 26. 96다14616).
㈂ 수령거절이 명백히 예상되는 경우 변제공탁하기 위하여 이행제공이 필요한지 여부
　채권자의 태도로 보아 채무자가 설사 채무의 이행제공을 하였더라도 그 수령을 거절하였을 것이 명백한 경우에는 채무자는 이행의 제공을 하지 않고 바로 변제공탁할 수 있다(대판 1994. 8. 26. 93다42276).

(2) 채권자의 공탁물출급청구권

가. 공탁물수령과 상태의무이행

　공탁에 의하여 채권자는 공탁소에 대하여 공탁물출급청구권을 취득하며, 이를 행사함으로써 공탁물을 수령할 수 있다(제491조).

　채무자가 채권자의 상대의무이행과 동시에 변제할 경우에는 채권자는 그 의무이행을 하지 아니하면 공탁물을 수령하지 못한다(민법 제491조).

　즉, 채권자의 공탁물출급청구권은 본래의 급부청구권과 동일한 것이므로 본래의 급부청구권에 선이행 또는 동시이행의 항변권이 붙어 있는 경우와 같이 채무자가 채권자의 급부에 있는 때에 그에 대응하여 변제하여야 할 경우에는 채권자는 자기의 급부를 하지 않고서는 공탁물을 수령하지 못한다(공탁법 제9조 참조).

나. 이의를 유보한 채 공탁금을 수령한 경우의 효과

　채권자가 단지 채무액에 대해서만 이의를 유보한 것이 아니라 채무자의 공탁원인이

부당이득반환 채무금과 다른 손해배상 채무금으로서 공탁금을 수령한다는 이의를 유보한 때에는, 그 공탁금 수령으로 채무자의 공탁원인인 부당이득반환채무의 일부소멸의 효과가 발생하지 않음을 당연하고, 채권자가 공탁금을 수령함에 있어 유보한 취지대로 손해배상채무가 인정되지도 않는 이상 그 공탁의 하자가 치유되어 손해배상채무의 일부변제로서 유효하다고 할 수도 없다(대판 1996. 7. 26. 판결, 96다14616 매매대금반환).

다. 이의유보 없이 공탁물을 수령한 경우의 효과

ⅰ) 공탁자가 공탁원인으로 들고 있는 사유가 법률상 효력이 없는 것이어서 공탁이 부적법하다고 하더라도, 그 공탁서에서 공탁물을 수령할 자로 지정된 피공탁자가 그 공탁물을 수령하면서 아무런 이의도 유보하지 아니하였다면, 특별한 사정이 없는 한 공탁자가 주장한 공탁원인을 수락한 것으로 보아 공탁자가 공탁원인으로 주장한 대로 법률효과가 발생한다고 볼 것이다(대판 1992. 5. 12. 91다44698).

ⅱ) 채무자가 채무의 내용에 좇은 공탁을 하지 않았음에도 채권자가 이를 수령한 경우 예컨대 채무금액에 관해 다툼이 공탁하였는데, 채권자가 아무런 이의 없이 이를 수령한 때에는 채무 전액에 대한 공탁으로서의 효력이 생긴다(대판 1983. 6. 28. 83다카88, 89).

(3) 공탁물의 소유권이전

가. 공탁물이 소비물인 경우

공탁물이 금전 기타 소비물인 경우에는 공탁에 의하여 소비임차가 성립하므로(민법 제702조), 공탁소가 우선 공탁물의 소유권을 취득하고, 채권자가 공탁소로부터 동종·동질·동량의 물건을 수령한 때에 그 소유권을 취득한다.

나. 공탁물이 특정물인 경우

변제자가 공탁을 한 때에 소유권이전의 청약이 있는 것으로 보고, 채권자가 인도청구를 한 때에 그 승낙이 있는 것으로 하여, 물권적 합의가 성립한 것으로 본다. 따라서 동산인 경우에는 인도를, 부동산인 경우에는 등기를 함으로서 소유권을 취득한다(통설).

6. 공탁물의 회수

(1) 공탁물 회수권의 의의

채권자가 공탁을 승인하거나 공탁소에 대하여 공탁물을 받기를 통고하거나 공탁유효의 판결이 확정되기까지는 변제자는 공탁물을 회수할 수 있다. 이 경우에는 공탁하지 아니한 것으로 본다(민법 제489조 1항).

원래 공탁은 채무자의 보호를 목적으로 하는 제도이므로, 채권자나 제3자에게 불이익을 주지 않는 한 공탁물을 회수하여 채권을 부활시켜도 무방하기 때문에 민법은 이러한 견지에서 공탁물회수를 인정하고 있는 것이다.

(2) 공탁물회수권이 인정되지 않는 경우

가. **채권자가 공탁을 승인하거나 공탁소에 대하여 공탁물 받기를 통고한 때**(제489조 1항).

나. **공탁유효의 판결이 확정된 때**(제489조 1항)

여기서의 '판결'은 공탁의 유효를 확인하는 것만을 목적으로 하는 것에 한하지 않는다. 예컨대 채권자로부터 변제를 청구하는 소송이 제기되었을 때 채무자가 공탁을 하였다는 항변을 하고, 이에 기초하여 그 소를 기각한 경우도 포함한다.

다. **질권 또는 저당권이 공탁으로 인하여 소멸한 때**(제489조 2항)

공탁으로 채무는 소멸하므로, 그 채무에 수반하는 질권·저당권도 당연히 소멸한다. 그런데 공탁물의 회수를 인정하게 되면 채무는 소멸하지 않게 되고, 그에 따라 질권·저당권도 소멸하지 않게 되어, 예컨대 공탁으로 채무가 소멸한 줄 알고 그 부동산에 저당권을 설정한 자는 그 회수에 의해 후순위 저당권자로 밀리게 됨으로써 불측의 손해를 입게 된다. 그리하여 제3자를 보호하기 위해 질권·저당권의 공탁으로 소멸한 때에는 회수권 자체를 부정한 것이다.

(3) 공탁물회수권 행사의 효과

공탁물이 회수된 때에는 채권은 소급하여 소멸하지 않았던 것, 즉 공탁이 없었던 것으로 된다. 따라서 일단 공탁이 행해진 후에도 변제자는 공탁물을 회수할 수 있기 때문에 공탁의 효력은 불확정적이다.

V. 상 계

1. 상계의 의의

상계라 함은 채무자가 그의 채권자에 대하여 자기도 또 같은 종류의 채권을 가진 경우에 변제에 갈음하여 그 채권과 채무를 대등액에 있어서 소멸케 하는 채무자의 일방적 의사표시이다.

예컨대 갑에 대하여 100만원의 채무를 부담한 을이 갑에 대하여 자기도 50만원의 채권을 가진 경우에 을의 갑에 대한 의사표시로써 을의 채권을 소멸시킴과 동시에 갑의 채권도 50만원으로 감소되는 것과 같은 경우가 그 예이다.

중요사건의 사실관계 및 대법원의 판단

【사실관계】
원고는 소외 주식회사 대전백화점의 부도로 인하여 대전백화점이 발행한 약속어음의 가치가 현저하게 하락된 사정을 잘 알면서 오로지 자신이 대전백화점에 대하여 부담하는 임대차보증금반환채무와 상계할 목적으로 대전백화점이 발행한 약속어음 20장을 액면가의 40%에도 미치지 못하는 가격으로 할인·취득하고, 그 약속어음채권을 자동채권으로 하여 상계를 하였다.

【대법원의 판단】 상계권의 행사가 신의칙에 반하거나 상계에 관한 권리남용에 해당하기 위한 요건

일반적으로 당사자 사이에 상계적상이 있는 채권이 병존하고 있는 경우에는 이를 상계할 수 있는 것이 원칙이고, 이러한 상계의 대상이 되는 채권은 상대방과 사이에서 직접 발생한 채권에 한하는 것이 아니라, 제3자로부터 양수 등을 원인으로 하여 취득한 채권도 포함한다 할 것인바, 이러한 상계권자의 지위가 법률상 보호를 받는 것은, 원래 상계제도가 서로 대립하는 채권, 채무를 간이한 방법에 의하여 결제함으로써 양자의 채권채무관계를 원활하고 공평하게 처리함을 목적으로 하고 있고, 상계권을 행사하려고 하는 자에 대하여는 수동채권의 존재가 사실상 자동채권에 대한 담보로서의 기능을 하는 것이어서 그 담보적 기능에 대한 당사자의 합리적 기대가 법적으로 보호받을 만한 가치가 있음에 근거하는 것이므로 당사자가 상계의 대상이 되는 채권이나 채무를 취득하게 된 목적과 경위, 상계권을 행사함에 이른 구체적·개별적 사정에 비추어, 그것이 위와 같은 상계 제도의 목적이나 기능을 일탈하고, 법적으로 보호받을 만한 가치가 없는 경우에는, 그 상계권의 행사는 신의칙에 반하거나 상계에 관한 권리를 남용하는 것으로서 허용되지 않는다고 함이 상당하고, 상계권 행사를 제한하는 위와 같은 근거에 비추어 볼 때 일반적인 권리 남용의 경우에 요구되는 주관적 요건을 필요로 하는 것은 아니다(대법원 2003. 4. 11. 선고 2002다59481 판결).

<해설> 원고가 위 약속어음 채권을 취득한 목적과 경위, 그 대가로 지급한 금액, 상계권을 행사하게 된 위와 같은 사정에 비추어, 원고의 상계권 행사는 상계제도의 목적이나 기능을 일탈하는 것이고, 법적으로 보호받을 만한 대립하는 채권, 채무의 담보적 기능에 대한 정당한 기대가 없는 경우에 해당하여 신의칙에 반하거나 상계에 관한 권리를 남용하는 것으로서 허용되지 않는다고 할 것이다.

2. 상계의 요건

(1) 상계적상의 현존

가. 동일당사자간의 채권의 대립이 있을 것.

당사자 쌍방이 서로 채권을 가지고 있어야 한다. 상계를 하는 채무자가 채권자에 대해 가지는 채권이 자동채권이고, 자신이 지는 채무가 수동채권이다. 즉, 을이 갑에 대하여 부담하는 채무(갑이 가진 수동채권)를 소멸시키기 위해서는 을이 갑에 대하여 채권(자동채권)을 가지고 있어야 하는 것이 원칙이다.

그러나 이 원칙에는 예외가 있다. 연대채무(제418조 2항), 보증채무(제434조)의 경우에는 타인이 가지는 채권으로써 상계할 수 있고, 또 연대채무(제426조 1항)·보증채무(제445조 2항)·채권양도(제451조 2항)의 경우에는 타인에 대한 채권으로써 상계할 수 있다.

즉 상기의 경우, 을은 제3자 병이 갑에 대하여 가지는 채권으로써, 또 을이 병에 대한 채권으로써 상계할 수 있는 것이 그 예외적인 경우이다. 이에 대해 갑이 병에 대하여 가지는 채권을 수동채권으로 하여 을이 자기의 채권으로 상계하는 것은 허용되지 않는다(이설없음).

나. 대립하는 양채권이 동종의 목적을 가질 것.

따라서 상계할 수 있는 것은 종류채권에 한하며, 그 중에서 금전채권이 상계에 가장 적합하다. 채권액이 동일할 필요는 없으며, 양채권의 이행지가 다르더라도 상계할 수 있다(제494조).

다. 양채권이 변제기에 있을 것.

이 점은 자동채권에 관하여는 당연하다. 그러나 수동채권에 있어서는 상계자가 기한의 이익을 포기하면 변제기전이라도 상계할 수 있다(대판 1979. 6. 12. 79다662).

(2) 소멸시효가 완성된 채권에 대한 특칙

상계적상은 상계할 당시에 유지되고 있어야 한다. 따라서 일단 상계적상에 있었으나 상계를 하지 않는 동안에 일방의 채권이 변제 등으로 소멸한 때에는 상계할 수 없는 것이 원칙이다.

그러나 민법은 자동채권이 시효로 소멸한 경우에는 위 원칙에 대한 예외를 인정한다. 즉, 자동채권이 시효로 인하여 소멸한 경우, 이 경우에도 그 소멸 이전에 상계할 수 있었던 것이면 그 채권자는 상계할 수 있다(민법 제495조).

상계적상에 달한 경우에는 특별히 의사표시를 하지 않더라도 채권이 소멸한 것으로 관념되는 것이므로 그 신뢰를 보호하려고 한 것이다.

3. 상계가 허용되지 않는 경우

(1) 채권의 성질이 현실의 이행을 요하고, 상계로서는 채권의 목적을 달성할 수 없는 것.

예컨대 갑과 을이 서로 교대로 3일간씩 건축일을 돕겠다고 하는 것과 같이 노무의 급부를 목적으로 한 채무는 상계할 수 없다. 부작위채무도 또한 마찬가지이다.

(2) 당사자가 상계금지의 의사를 표시한 채무

그러나 그 금지를 알지 못하고 채권을 양수한 제3자는 여전히 그 채권을 상계할 수 있다(민법 제492조 2항).

(3) 자동채권에 대한 제한사유

ⅰ) 자동채권은 변제기가 도래해야 하므로 아직 자동채권의 변제기가 도래하지 않은 경우에는 상계가 허용되지 않는다. 단, 수동채권은 이행기가 도래하지 않았어도 상계할 수 있다. 이는 기한이익의 포기이기 때문이다.

ⅱ) 자동채권에 항변권이 붙어 있는 때에는 상계가 허용되지 않는다. 예컨대 자동채권이 매매대금 채권임에도 불구하고 상계하려는 자가 아직 상품을 제공하지 아니한 것과 같은 경우가 이에 해당한다(대판 1969. 10. 20. [69다1084], 대판 1975. 10. 21. [75다48]).

이것은 민법에 규정된 바 없으나 공평의 관념에서 해석상 일반적으로 인정하고 있으며 판례도 이에 따른다.

(4) 수동채권에 대한 제한사유

ⅰ) '고의'의 불법행위로 인한 손해배상청구권을 수동채권으로 하여, 다시 말해 불법행위의 가해자는 피해자에 대한 손해배상채무에 대하여 자신이 피해자에 대해 가지고 있는 채권으로 상계할 수 없다(민법 제496조). 다만, 당사자들이 상계의 합의를 하는 것은 상계계약으로서 가능하다고 본다. '중과실'에 의한 불법행위의 경우에도 이러한 제한이 있는지 문제되는데, 대법원은 이에 대하여 민법 제496조가 고의를 요건으로 규정하고 있으므로 중과실로 인한 불법행위 손해배상채무로는 상계가 가능하다는 입장이다(대판 1994. 8. 12. 93다52808).

ⅱ) 압류금지채권을 수동채권으로 하는 상계는 허용되지 않는다(민법 제497조). 이러한 채권은 채권자의 최소한의 생활을 보장해 주려는 것이기 때문이다. 압류금지채권이

무엇인지는 민사집행법 제246조, 기타 법률에 규정되어 있다.

ⅲ) 임금채권의 경우 임금채권을 수동채권으로 하여서는 전액에 대하여 상계할 수 없다는 것이 판례(대결 1994. 3. 16. 93마1822)이다. 다만, 예외적으로 사용자는 초과지급한 임금의 반환청구권으로 임금채무와 상계하는 것은 제한된 범위 내에서 허용될 수 있다는 것이 판례의 태도이다(대판 1995. 12. 21. 94다26721).

(5) 자동채권의 수동채권에 공통된 상계제한사유

ⅰ) 지급이 금지된 채권(가압류 또는 압류된 채권)과 관련하여 지급금지명령을 받은 채권의 채권자가 지급금지채권을 자동채권으로 하여 채무자에 대한 채무와 상계할 수 없음은 당연하다. 지급금지명령을 받은 채권이란 압류 또는 가압류된 채권이기 때문이다.

ⅱ) 그런데 지급금지명령을 받은 채권을 수동채권으로 하는 경우에는 어떠한지 문제된다. 즉, 지급금지명령을 받은 채권의 채무자가 지급금지채권을 수동채권으로 하여 상계하는 것이 가능한지 문제되는 것이다. 이에 대하여 민법 제498조에서는 지급금지명령을 받은 제3채무자는 지급금지명령이 있은 후에 그의 채권자에 대하여 취득한 채권을 가지고 지급금지된 채권과 상계하더라도 이 상계를 가지고 지급금지명령을 신청한 채권자에게 대항하지 못한다고 규정하고 있다. 그러므로 이를 반대해석하면 지급금지명령이 있을 당시에 지급금지채권의 채무자가 이미 상계할 자동채권을 취득하고 있었던 경우에는 상계할 수 있게 되는 것이다. 다만, 이 경우 그 상계할 자동채권이 아직 변제기가 도래하지 않은 경우에는 어떠한지가 문제되는데, 이에 대하여 대법원은 이른바 변제기 선도래설을 취하고 있다. 즉, 지급금지명령 당시 그 채권이 변제기가 도래하지 않았더라도 후에 지급금지채권인 수동채권의 변제기보다 먼저 도래하거나 동시도래 한 때에는 상계로써 지급금지명령을 신청한 채권자에게 대항할 수 있다고 하였다(대판 1987. 7. 7. 86다카2762). 또한 압류나 가압류된 채권과 자동채권이 동시이행관계인 경우에는 채권의 압류나 가압류 당시 자동채권이 발생하지 않은 경우에도 상계로써 대항가능하다는 것이 판례이다(대판 2005. 11. 10. 2004다37676).

【쟁점사항】

<상계를 할 수 있는지 여부가 문제되는 경우>

㈀ 항변권이 붙어 있는 채권을 자동채권으로 하는 상계

　항변권이 붙어 있는 채권을 자동채권으로 하여 타의 채무와의 상계를 허용한다면 상계자 일방의 의사표시에 의하여 상대방의 항변권행사의 기회를 상실케 하는 결과가 되므로 이와 같은 상계는 그 성질상 허용될 수 없다(대판 2002. 8. 23. 2002다25242).

㈁ 수탁보증인의 주채무자에 대한 사전 구상권을 자동채권으로 하는 상계

　수탁보증인이 주채무자에 대하여 가지는 민법 제442조의 사전구상권에는 민법 제443조의 담보제공청구권이 항변권으로 부착되어 있는 만큼 이를 자동채권으로 하는 상계는 허용될 수 없으며, 다만 민법 제443조는 임의규정으로서 주채무자가 사전에 담보제공청구권의 항변권을 포기한 경우에는 보증인은 사전구상권을 자동채권으로 하여 주채무자에 대한 채무와 상계할 수 있다(대판 2004. 5. 28. 2001다81245).

㈂ 확정된 벌금채권을 자동채권으로 하여 하는 상계

　상계는 쌍방이 서로 상대방에 대하여 같은 종류의 급부를 목적으로 하는 채권을 가지고 자동채권의 변제기가 도래하였을 것을 그 요건으로 하는 것인데, 벌금형이 확정된 이상 벌금채권의 변제기는 도래한 것이므로 달리 이를 금하는 특별한 법률상 근거가 없는 이상 벌금채권은 적어도 상계의 자동채권이 되지 못할 아무런 이유가 없다(대판 2004. 4. 27. 2003다37891).

4. 상계의 방법

(1) 상대방에 대한 의사표시

상계는 상대방에게 대한 의사표시로 한다. 상계적상에 달한 때에 법률상 당연히 상계의 효과가 생기는 것은 아니다. 상계의 의사표시 단독행위이므로 조건을 붙이지 못하며, 소급효를 갖기 때문에 기한을 붙이지 못한다.

(2) 채권의 일부 양도가 이루어진 경우, 채무자의 양도인에 대한 채권을 자동채권으로 하는 상계의 방법

채권의 일부 양도가 이루어지면 특별한 사정이 없는 한 각 분할된 부분에 대하여 독립한 분할채권이 성립하므로 그 채권에 대하여 양도인에 대한 반대채권으로 상계하고자

하는 채무자로서는 양도인을 비롯한 각 분할채권자 중 어느 누구도 상계의 상대방으로 지정하여 상계할 수 있고, 그러한 채무자의 상계 의사표시를 수령한 분할채권자는 제3자에 대한 대항요건을 갖춘 양수인이라 하더라도 양도인 또는 다른 양수인에 귀속된 부분에 대하여 먼저 상계되어야 한다거나 각 분할채권액의 채권 총액에 대한 비율에 따라 상계되어야 한다는 이의를 할 수 없다(대판 2002. 2. 8. 2000다50596).

5. 상계의 효과

(1) 채권의 소멸

수동채권과 자동채권은 그 대등액에 있어서 소멸한다. 양채권의 액수가 동일하지 않는 때에는 일부의 상계가 있게 되고, 다액의 채권은 그 채권은 그 차액이 남게 된다.

(2) 상계의 소급효

상계의 의사표시가 행해지면 그 효과는 각 채무가 상계할 수 있는 때에 대등액에 관하여 소멸한 것으로 본다. 상계적상에 달한 때에 양당사자는 채무관계를 결제했다고 생각하는 것이 보통이기 때문에 소급효를 인정한 것이다. 그 결과 상계적상 이후에는 이자가 발생하는 일이 없으며, 의사표시시가지에 이행지체가 있었더라도 이것은 지체가 되지 않는다. 그러나 상계에 소급효를 인정하더라도 상계의 의사표시 이전에 발생한 사실을 번복할 수는 없다. 즉 상계적상 이후 일방의 채권이 변제되거나, 채무불이행을 이유로 하여 계약이 해제된 경우에는 이제는 상계하는 것이 허용되지 않는다.

Ⅵ. 경 개(更改)

1. 경개의 의의

경개라 함은 채무의 중요한 부분을 변경함으로써 신채무를 성립시키는 동시에 구채무를 소멸케 하는 유상계약이다. 구채무의 소멸과 신채무의 성립은 경개계약의 내용을 이루는 것이며, 양자는 인과관계를 가진다. 즉 구채무가 존재하지 않는 때에는 신채무도 성립하지 않고, 신채무가 성립되지 않거나 취소된 때에는 구채무는 소멸하지 않는다.

2. 경개의 요건

신채무는 구채무와 요소를 달리하여야 한다. 민법은 이를 「채무의 중요한 부분의 변경」이라 하고 있다. 채권자·채무자, 채권의 목적의 발생원인 중에서 어느 것인가를 변경하는 것은 채무의 요소의 변경, 즉 중요부분의 변경이 될 수 있다.

채권자 혹은 채무자의 변경이 있더라도 당사자가 항변권이나 담보를 수반하지 않은 새로운 채권을 성립시키려는 의사가 있다고 인정할 수 없는 때에는 일반적으로 오히려 채권양도 혹은 채무인수이며 경개는 아니라고 보아야 한다.

> **【쟁점사항】**
> <채권이 제3자에게 이전된 경우, 이를 채권의 양도로 볼 것인지 아니면 경개로 볼 것인지의 판단 기준>
> 기존의 채권이 제3자에게 이전된 경우 이를 채권의 양도로 볼 것인가 또는 경개로 볼 것인가는 일차적으로 당사자의 의사에 의하여 결정되고, 만약 당사자의 의사가 명백하지 아니할 때에는 특별한 사정이 없는 한 동일성을 상실함으로써 채권자가 담보를 잃고 채무자가 항변권을 잃게 되는 것과 같이 스스로 불이익을 초래하는 의사를 표시하였다고는 볼 수 없으므로 일반적으로 채권의 양도로 볼 것이다(대판 1996. 7. 9. 96다16612).

3. 경개의 방법

(1) 채무자변경으로 인한 경개

채무자의 변경으로 인한 경개는 채권자와 신채무자간의 계약으로 이를 할 수 있다. 그러나 구채무자의 의사에 반하여 이를 하지 못한다(민법 제501조).

(2) 채권자변경으로 인한 경개

가. 요 건

채권자의 변경으로 인한 경개는 확정일자 있는 증서로 하지 아니하면 이로써 제3자에게 대항하지 못한다(민법 제502조).

채권자변경에 의한 경개는 신·구 양채권자와 채무자와의 3면계약이다(이설없음). 이 계약에는 특별한 방식을 필요로 하지 않으나 제3자에게 대항함에는 확정일자 있는 증서가 필요하다. 채무자도 반드시 계약당사자가 되어야 하는 점에서 채권양도와 다르다.

나. 채권양도와 경개의 판단 기준

기존의 채권이 제3자에게 이전된 경우 이를 채권의 양도로 볼 것인가 또는 경개로 볼 것인가는 일차적으로 당사자의 의사에 의하여 결정되고, 만약 당사자의 의사가 명백하지 아니할 때에는 특별한 사정이 없는 한 동일성을 상실함으로써 채권자가 담보를 잃고 채무자가 항변권을 잃게 되는 것과 같이 스스로 불이익을 초래하는 의사를 표시하였다고는 볼 수 없으므로 일반적으로 채권의 양도로 볼 것이다(대판 1996. 7. 9. 판결, 96다16612).

4. 경개의 효과

(1) 구채무의 소멸과 신채무의 성립

경개에 의하여 구채무는 소멸하고 그것과 동일성이 없는 신채무가 성립한다. 구채무가 소멸하는 결과, 그에 관하여 존재하였던 담보권·보증채무·위약금 등의 종된 권리관계도 모두 이와 함께 소멸한다.

(2) 신채무로의 담보 이전

구채무의 소멸과 함께 구채무에 붙어 있던 담보·보증채무·위약금 등 기타 종된 권리도 소멸한다. 그러나 경개의 당사자는 특약으로 구채무의 담보를 그 목적의 한도에서 신채무의 담보로 할 수 있다. 다만 제3자가 제공한 담보는 그의 승낙을 얻어야 한다(제505조).

5. 관련문제

ⅰ) 신채무의 불이행을 이유로 경개계약을 해제할 수 있는지 여부

경개계약은 신채권을 성립시키고 구채권을 소멸시키는 처분행위로서 신채권이 성립되면 그 효과는 완결되고 경개계약 자체의 이행의 문제는 발생할 여지가 없으므로 경개에 의하여 성립된 신채무의 불이행을 이유로 경개계약을 해제할 수는 없다(대판 2003. 2. 11. 2002다62333).

ⅱ) 경개계약을 합의해제하여 구채권을 부활시킬 수 있는지 여부

계약자유의 원칙상 경개계약의 성립 후에 그 계약을 합의해제하여 구채권을 부활시키는 것은 적어도 당사자 사이에서 가능하다(대판 2003. 2. 11. 2002다62333).

ⅲ) 은행이 채무자의 채무에 해당하는 금원을 형식상 신규대출하여 기존채무의 변제에 충당한 "대환"으로 구채무가 소멸하고 신채무가 발생하는지 여부

은행이 채무자의 채무에 해당하는 금원을 신규대출하여 기존채무의 변제에 충당한 "대환"은 형식적으로는 별도의 대출에 해당한다 할 것이나 실질적으로는 기존채무의 변제기의 연장에 불과하므로 구 채무는 소멸하고 새로운 채무가 발생하였다고 볼 수 없다(대판 1990. 10. 30. 90다카23271).

ⅳ) 대환의 경우 기존채무에 대한 보증인의 보증책임이 소멸하는지 여부

현실적인 자금의 수수 없이 형식적으로만 신규대출을 하여 기존채무를 변제하는 이른바 대환은 특별한 사정이 없는 한 형식적으로는 별도의 대출에 해당하나 실질적으로는 기존채무의 변제기의 연장에 불과하므로 그 법률적 성질을 기존채무가 여전히 동일성을

유지한 채 존속하는 준소비대차로 보아야 한다.

　대환의 경우 채권자와 보증인 사이에 보증인의 보증책임을 면제하기로 약정을 한 경우 특별한 사정이 있는 경우를 제외하고는 기존채무에 대한 보증책임이 존속된다(대판 1994. 6. 10. 94다3445).

Ⅶ. 면 제

1. 의 의

　면제란 채권자가 채무자에 대한 일방적인 의사표시에 의하여 채권을 무상으로 소멸시키는 것이다. 즉 면제는 채권자의 단독행위이며 그것은 채권의 포기에 지나지 않는다. 그러나 계약에 의한 면제도 유효하며 이것을 면제계약이라고 한다.

2. 면제의 요건

　면제를 하려면 채권을 포기하겠다는 의사가 채무자에 대하여 표시되었다면 어떤 방법이든 무방하다(대판 1979. 7. 10. 79다705). 예컨대 명확히 면제하겠다는 통지를 할 뿐만 아니라 채권증서를 흑으로 말소하여 이것은 채무자에게 보내면 면제한 것으로 본다. 또한 일부면제나 조건을 붙이는 것이 가능하다. 그러나 만약에 채권에 질권이 설정되어 있으면 면제를 할 수 없으며, 면제에 의하여 제3자의 권리를 해할 때는 면제는 허용되지 않는다.

3. 면제의 효과

　채권자가 채무자에게 채무를 면제하는 의사를 표시한 때에는 채권은 소멸한다. 그러나 면제로써 정당한 이익을 가진 제3자에게 대항하지 못한다(민법 제506조).

　일부면제도 유효하며, 그 범위에서 채권은 소멸한다. 채권이 전부 소멸한 때에는 그에 수반하는 담보물권·보증채무 등의 종된 권리도 소멸한다.

Ⅷ. 혼 동

1. 의 의

　혼동이라 함은 채권 및 채무가 동일인에게 귀속하는 사실을 말한다. 즉 혼동은 하나의 사실이며, 행위가 아닌 것에 주의할 필요가 있다.

　예컨대 채무자가 채권을 상속하거나 채무자가 채권을 양수하는 것과 같은 경우에 혼동은 일어난다.

2. 효 과

채권과 채무가 동일한 주체에 귀속한 때에는 채권은 소멸한다. 그러나 그 채권이 제3자의 권리의 목적인 때에는 그러하지 아니하다(민법 제507조).

핵심판례

- **자동차 운행 중 사고로 인하여 구 자동차손해배상보장법 제3조에 의한 손해배상채권과 채무가 상속으로 동일인에게 귀속하는 경우 피해자의 운행자에 대한 손해배상청구권이 상속에 의한 혼동으로 소멸되는지 여부(한정 소극)**

  자동차 운행 중 사고로 인하여 구 자동차손해배상보장법(1999. 2. 5. 법률 제5793호로 개정되기 전의 것) 제3조에 의한 손해배상채권과 채무가 상속으로 동일인에게 귀속하더라도 교통사고의 피해자에게 책임보험 혜택을 부여하여 이를 보호하여야 할 사회적 필요성은 동일하고 책임보험의 보험자가 혼동이라는 우연한 사정에 의하여 자신의 책임을 면할 합리적인 이유가 없다는 점 등을 고려할 때 가해자가 피해자의 상속인이 되는 등 특별한 경우를 제외하고는 피해자의 보험자에 대한 직접청구권의 전제가 되는 위 법 제3조에 의한 피해자의 운행자에 대한 손해배상청구권은 상속에 의한 혼동에 의하여 소멸되지 않는다(대판 2003. 1. 10. 2000다41653, 41660).

제 3 절 관련사례

> 고문변호사의 잘못된 법률자문을 듣고 무효인 전부채권자에게 전부금을 지급한 경우, 채권자의 준점유자에 대한 변제로서 효력이 있는가?

변제의 효력이 인정되지 않는다(대판 2000. 10. 27. 2000다23006).

【해 설】

예컨대 갑은 을에 대한 물품대금 2천만원의 채무가 있는데, 그의 채권자 병이 2천만원의 채권을 피보전권리로 하여 채권가압류를 한 후 을의 채권자인 정이 2천만원의 채권에 기하여 채권압류 및 전부명령을 받았다 그러므로 고문변호사에게 전화로 문의하면서 정의 채권압류 및 전부명령의 효력에 대해 구체적으로 질의하였으나, 병의 가압류에 대하여는 제대로 설명을 하지 못하였고, 그에 따른 고문변호사의 답변을 들은 후 위 정에게 지급을 한 경우 갑은 채권의 준점유자에 대한 변제로써 책임을 면하게 되는가가 문제된다.

채권가압류 후 발하여진 채권압류 및 전부명령의 효력에 관하여 살펴보면, 전부명령이 제3채무자에게 송달될 때까지 그 금전채권에 관하여 다른 채권자가 압류·가압류 또는 배당요구를 한 경우에는 그 전부명령은 효력이 없고 다만 압류의 효력만 있다(민사집행법 제229조 제5항).

그런데 채권의 준점유자에 대한 변제에 관하여 민법 제470조에 의하면 "채권의 준점유자에 대한 변제는 변제자가 선의이며 과실없는 때에 한하여 효력이 있다."라고 규정하고 있다.

그러므로 위 사안에서 병이 채권가압류 후 정의 채권압류 및 전부명령이 발하여졌으므로 정의 전부명령은 효력이 없게 되고 정의 채권압류만이 효력이 있으나, 정은 추심권한은 없음에도 갑이 사안이 제대로 설명되지 못한 상태의 고문변호사와의 전화상담만을 믿고 위 채권을 정에게 지급하였으므로 이 경우 채권의 준점유자에 대한 변제로서의 효력이 인정될 수 있는지 문제된다.

이에 관련된 판례를 보면, "채권가압류나 압류가 경합되어 전부명령이 무효인데 제3채무자가 고문변호사에게 전화로 법률관계를 문의하면서 그 압류의 경합상태 등에 관하여 제대로 설명하지 못한 채 제3채권자들의 압류금액 등을 제외하고도 지급할 채권액이 있다는 취지로 질의를 하고 이를 기초로 한 고문변호사의 답변을 들은 후 전부채권자에게 전부금을 변제한 경우, 그 법률관계 문의과정에서 사실관계에 대한 설명과 자료의 제공을 제대로 하지 못한 제3채무자 때문에 고문변호사도 충분한 자료검토와 신중한 판단을 하지 못하게 되어 잘못된 답변을 함으로써 이를 참고로 제3채무자가 전부금을 지급하기로 결정한 것이어서 제3채무자에게 과실이 있다"는 이유로 그 변제의 효력을 부인한 사례가 있으며(대법원 1995. 4. 7. 선고 94다59868 판결, 1997. 3. 11. 선고 96다44747 판결), "채권가압류나 압류가 경합되어 전부명령이 무효인데 제3채무자가 고문변호사에게 전화로 법률관계를 문의하면서 그 압류의 경합상태 등에 관하여 제대로 설명하지 못한 채 제3채권자들의 압류금액 등을 제외하고도 지급할 채권액이 있다는 취지로 질의를 하고 이를 기초로 한 고문변호사의 답변을 들은 후 전부채권자에게 전부금을 변제한 경우, 그 법률관계 문의과정에서 사실관계에 대한 설명과 자료의 제공을 제대로 하지 못한 제3채무자 때문에 고문변호사도 충분한 자료검토와 신중한 판단을 하지 못하게 되어 잘못된 답변을 함으로써 이를 참고로 제3채무자가 전부금을 지급하기로 결정한 것이어서 제3채무자에게 과실이 있다"는 이유로 그 변제의 효력을 부인한 사례가 있다(대법원 2000. 10. 27. 선고 2000다23006 판결).

따라서 위 사안에 있어서도 갑은 병에게 위 보증금을 반환하여서는 아니 될 것이며, 민사집행법 제248조에 의한 집행공탁을 함으로써 채무를 면할 수 있을 것으로 보인다.

> 사채업자가 담보로 제공된 부동산을 헐값에 취득할 목적으로 돈을 갚으려 해도 변제기일에 일부러 만나주지 않는 경우 어떻게 대처해야 하는가?

법원에 변제공탁을 하면 된다.

【해 설】

일부 사채업자 중에는 담보물을 헐값에 취득할 목적으로 변제기일에 일부러 만나주지 않거나 무리한 요구를 내세우는 등의 수법으로 채무자로 하여금 변제기일을 넘기게 하여 담보물을 처분하는 경우가 있는데, 이러한 경우 변제공탁(辨濟供託)제도를 이용하여 그 곤경에서 벗어날 수 있다.

1. 변제공탁의 의의

변제공탁이라 함은 채권자가 변제를 받지 아니하거나 받을 수 없는 때 또는 변제자의 과실 없이 채권자를 알 수 없는 경우에 채권자를 위하여 변제의 목적물을 공탁소에 임치(任置)하여 채무를 면하는 제도를 말한다(민법 제487조).

채권자가 변제를 받을 수 없는 때라 함은 예컨대, 채권자가 무능력자이거나 그 능력을 보충할 법정대리인이 없는 경우, 채권이 압류 또는 가압류되어 채권자에 대한 변제가 금지된 경우 등이고, 변제자가 과실 없이 채권자를 알 수 없는 경우라 함은 예컨대, 상속 또는 채권양도의 유무·효력 등에 관하여 법률상·사실상 의문이 있는 경우, 채권자라고 칭하는 자가 여러 명인 경우 등이다.

2. 공탁의 목적물

　변제공탁의 목적물로는 동산·부동산을 불문하고, 변제의 목적물이 공탁에 적당하지 아니하거나 멸실 또는 훼손될 염려가 있거나 공탁에 과다한 비용을 요하는 경우에는 변제자는 법원의 허가를 얻어 그 물건을 경매하거나 시가로 방매하여 대금을 공탁할 수 있다(민법 제490조).

3. 공탁의 절차

　ⅰ) 공탁을 하려는 자는 공탁서 2통(정본과 부본)을 제출하여야 하고(공탁사무처리 규칙19조), 여기에는 채권자에게 송부할 공탁통지서를 첨부하여야 한다(동 규칙 22조).

　ⅱ) 공탁공무원이 공탁을 수리할 것으로 인정한 때에는 공탁금납입서와 함께 공탁서의 정본을 공탁자에게 교부하고, 공탁물을 납입기일까지 지정된 공탁물보관자에게 납입케 한다(동 규칙 25조).

　ⅲ) 공탁자는 그에 따라 납입하고, 공탁물보관자는 이 사실을 공탁공무원에게 통지한다. 이 통지를 받은 공탁공무원은 공탁통지서를 채권자에게 발송한다(동 규칙 27조).

　ⅳ) 대법원의 '금전변제공탁의 경우 관할공탁소 이외의 공탁소에서의 공탁사건처리지침'은 '금전변제공탁'을 하는 경우에 한하여 공탁자의 주소지를 관할하는 공탁소에 공탁신청을 할 수 있도록 하였으며, 형사사건과 관련하여 공탁하고자 하는 경우에는 형사사건이 계류되어 있는 경찰서·검찰청(지청)·법원(지원) 소재지를 관할하는 공탁소에서도 공탁신청을 할 수 있도록 하였는데, 이 경우 공탁자는 공탁서 제출시 공탁서 및 첨부서류 원본을 관할공탁소에 등기속달 우편으로 송부하기 위한 우표를 붙인 봉투를 제출하여야 한다(1999. 9. 16. 행정예규 제392호).

4. 공탁의 효과

　변제공탁의 효과로는 변제가 있었던 것과 같이 채무는 소멸하고, 채권자는 공탁물인도청구권을 취득한다. 공탁물인도청구권은 본래의 급부청구권에 갈음하는 것이므로, 그 권리의 성질·범위는 본래의 급부청구권과 동일해야 하고, 따라서 본래의 급부에 선이행 또는 동시이행의 항변권이 부착된 경우는 채권자가 먼저 자기의 급부를 해야 공탁물을 수령할 수 있다(민법 제491조, 공탁법 제9조).

그리고 질권·저당권이 공탁으로 인하여 소멸한 때를 제외하고는 채권자가 공탁을 승인하거나 공탁소에 대하여 공탁물을 받기를 통고하거나 공탁유효의 판결이 확정되기까지 변제자는 공탁물을 회수할 수 있고(민법 제489조), 착오로 공탁을 한 때나 공탁의 원인이 소멸한 때에도 공탁물을 회수할 수 있다(공탁법 제8조 제2항).

채무액일부의 변제공탁의 효력에 관하여 판례는 "변제공탁이 유효하려면 채무전부에 대한 변제의 제공 및 채무전액에 대한 공탁이 있어야 하고, 채무전액이 아닌 일부에 대한 공탁은 그 부족액이 아주 근소하다는 등의 특별한 사정이 있는 경우를 제외하고는 채권자가 이를 수락하지 않는 한 그 공탁부분에 관하여서도 채무소멸의 효과가 발생하지 않는바, 근저당권의 피담보채무에 관하여 전액이 아닌 일부에 대하여 공탁한 이상 그 피담보채무가 계속적인 금전거래에서 발생하는 다수의 채무의 집합체라고 하더라도 공탁금액에 상응하는 범위에서 채무소멸의 효과가 발생하는 것은 아니다."라고 하였다(대법원 1998. 10. 13. 선고 98다17046 판결, 1992. 7. 28. 선고 91다13380 판결, 1983. 11. 22. 선고 83다카161 판결). 또한, "채권자에 대한 변제자의 공탁금액이 채무의 총액에 비하여 아주 근소하게 부족한 경우에는 당해 변제공탁은 신의칙상 유효한 것이라고 보아야 한다."라고 하면서 채무총액 69,384,761원에서 248,816원이 부족한 69,135,945원을 공탁하였는데, 집행비용의 차이, 계산상 과오 등으로 인하여 근소한 부족금액이 발생하였던 것이고, 그 부족비율이 0.35%에 지나지 않는 경우 그 공탁은 그 공탁시점에서 신의칙상 유효한 것으로 볼 수 있다고 한 사례가 있다(대판 2002. 5. 10. 2002다12871, 12888 판결).

그리고 조건부변제공탁을 할 경우 중 채권자가 조건의 이행의무가 있는 경우에는 조건부변제공탁도 유효하다. 예컨대, 동시이행의 관계에 있는 반대급부를 조건으로 하는 변제공탁은 유효하다(대판 1992. 12. 24. 선고 92다38911). 그리고 이러한 경우 공탁물수령자가 그 출급을 받으려고 한다면 붙여진 조건을 이행하였음을 증명하여야 공탁물의 출급을 청구할 수 있다.

그러나 공탁에 있어서 채권자에게 반대급부 기타 조건의 이행의무가 없음에도 불구하고 채무자가 이를 조건을 공탁한 때에는 채권자가 이를 수락하지 않은 한 그 공탁은 무효이다(대판 2002. 12. 6. 2001다2846).

> 공탁금수령에 관한 이의유보의 의사표시를 공탁공무원에게 하려고 하였으나 이를 받아 주지 않는 경우 다른 방법은 없는가?

상대방에게 이의유보 의사표시를 내용증명으로 통보하면 된다.

【해 설】

공탁의 원인(민법 제487조) 없이 공탁을 하면 무효이다. 그러나 채권자가 아무런 이의 없이 이를 수령한 경우에는 그 공탁은 유효한 것으로 되고, 채무는 소멸한다(대판 1989. 11. 28. 88다카34148).

또한 채무자가 채무의 내용에 좇은 공탁을 하지 않았음에도 채권자가 이의 없이 이를 수령한 경우, 예컨대 채무금액에 관하여 다툼이 있는 채권에 관하여 채무자가 채무 전액의 변제임을 밝히고 공탁하였는데, 채권자가 아무런 이의 없이 이를 수령한 때에는 채무전액에 대한 공탁으로서의 효력이 생긴다(대판 1983. 6. 28 [88다카88, 89]).

따라서 채무금액에 다툼이 있는 채권에 관하여 채무자가 채무전액의 변제임을 공탁원인 중에 밝히고 공탁한 경우 채권자가 그 공탁금을 수령할 때 채권의 일부로서 수령한다는 등 특단의 유보의사표시를 하여야 한다.

그러나 위 사안과 같이 공탁공무원이 그러한 유보의사표시는 할 수 없다고 할 경우에 대한 판례를 보면 "공탁금수령에 관한 이의 유보의 의사표시는 그 공탁원인에 승복하여 공탁금을 수령하는 것이 아님을 분명히 함으로써 공탁한 취지대로 채권소멸의 효과가 발생함을 방지하기 위한 것이므로, 그 의사표시의 상대방은 반드시 공탁공무원에 국한할 필요가 없고, 채무자에 대하여 이의유보의 의사표시를 하는 것도 가능하다."라고 하였다(대판 1982. 11. 9. 82누197).

따라서 공탁공무원에게 이의유보의 의사표시를 할 수 없는 경우에는 채무자에 대하여 내용증명우편으로 일부변제로서 위 금원을 수령한다는 의사표시를 분명히 하고, 공탁금을 수령한다면 공탁공무원에게 이의유보를 하는 것과 마찬가지의 효과를 얻을 수 있다.

별도로 제기된 소송에서 판결에 의하여 확정된 채권을 자동채권으로 하여 상계항변을 할 수 있는가?

상계항변을 할 수 있다(대판 2000. 10. 6. 2000다39049).

【해 설】

1. 상계의 의의

상계는 채무자가 채권자에 대하여 자기도 또한 동종의 채권을 가지는 경우에 그 채권과 채무를 대등액에서 소멸시키는 채무자의 일방적 의사표시이다.

민법 제492조에 의하면 "① 쌍방이 서로 같은 종류의 목적으로 한 채무를 부담한 경우에 그 쌍방의 채무의 이행기가 도래한 때에는 각 채무자는 대등액에 관하여 상계할 수 있다. 그러나 채무의 성질상 상계를 허용하지 아니할 때에는 그러하지 아니하다. ② 전항의 규정은 당사자가 다른 의사를 표시한 경우에는 적용하지 아니한다. 그러나 그 의사표시로써 선의의 제3자에게 대항하지 못한다."라고 규정하고 있으며, 같은 법 제493조에 의하면 "① 상계는 상대방에 대한 의사표시로 한다. 이 의사표시에는 조건 또는 기한을 붙이지 못한다. ② 상계의 의사표시는 각 채무가 상계할 수 있는 때에 대등액에 관하여 소멸한 것으로 본다."라고 규정하고 있다.

그리고 민사소송법 제216저 제2항에 의하면 "상계(相計)를 주장한 청구가 성립되는지 아닌지의 판단은 상계하자고 대항한 액수에 한하여 기판력을 가진다."라고 규정하고 있다.

그런데 별도로 제기된 소송에서 판결에 의하여 확정된 채권을 자동채권으로 하여 상계항변을 할 수 있는지에 관하여 판례를 보면, "별도로 제기된 소송에서 판결에 의하여 확정된 채권을 자동채권으로 하여 상계항변을 할 수 있음은 당연하다."라고 하였다(대판 2000. 10. 6. 산거2000다39049).

2. 상계가 금지되는 경우

(1) 당사자의 의사표시에 의해 금지하는 경우

당사자는 상계를 반대하는 의사표시를 할 수 있다. 그러나 그 의사표시로써 선의의 제3자에게 대항하지는 못한다(민법 제492조 2항).

(2) 법률에 의한 금지

다음의 경우와 같이 채무자가 실제로 변제를 하여야 할 특별한 사정이 있는 '수동채권'에 대해서는 법률은 상계의 수동채권으로 삼는 것을 금지한다. 그러나 그 수동채권의 채권자가 이를 자동채권으로 하여 상계하는 것은 무방하다.

ⅰ) 고의의 불법행위로 인한 손해배상채권

채무가 고의의 불법행위로 인한 것인 때에는 그 채무자는 상계로 채권자에게 대항하지 못한다(민법 제496조). 예컨대 A가 B에 대하여 5백만원 채권을 가지고 있는데, 그 후 B를 폭행하여 5백만원의 손해배상채무를 지게 된 경우, 이 채권과 채무를 상계하지는 못한다.

이는 그 자동채권이 동시에 행하여진 싸움에서 서로 상해를 가한 경우와 같이 동일한 사안에서 발생한 고의의 불법행위로 인한 손해배상채권인 경우에도 마찬가지이다(대판 1994. 2. 25. 93다38444).

ⅱ) 압류금지채권

채권이 압류하지 못한 것인 때에는 그 채무자는 상계로 채권자에게 대항하지 못한다(민법 제497조).

부양청구권·구호사업 또는 제3자의 악의에 의하여 받는 계속수입·병의 급료와 급여채권(급료·연금·봉급·상여금·퇴직금·퇴직연금)의 2분의 1 상당액은 압류하지 못한다(민사소송법 579조).

ⅲ) 지급금지채권

지급을 금지하는 명령을 받은 제3채무자는 그 후에 취득한 채권에 의한 상계로 그 명령을 신청한 채권자에게 대항하지 못한다(민법 제498조). 지급금지명령을 받은 채권이란 압류 또는 가압류를 당한 채권으로서, 압류의 효력을 유지하기 위해서 상계를 금지하는 것이다.

ⅳ) 질권이 설정된 채권

질권이 설정된 채권은 질권의 효력으로서 지급금지의 효력이 생기므로 지급금지명령을 받은 채권과 마찬가지로 상계가 금지된다. 즉 채권에 대한 질권 설정 후에 제3채무자가 채무자에 대해 취득한 채권을 가지고 입질채권과 상계할 수 있다.

> 채무를 이중으로 변제받았다고 형사고소 당하여 검사의 신문을 받던 중, 대여금채권의 일부를 면제할 수도 있다고 진술하여 그것이 검사작성의 피의자신문조서에 기재되었는데, 기재부분이 채무면제의 처분문서에 해당하는가?

채무면제의 처분문서에 해당한다고 보기 어렵다(대판 1998. 10. 13. 98다17046).

【해 설】

채무면제는 채권자가 채무자에 대한 일방적 의사표시로 채권을 무상으로 소멸시키는 것이다.

채무면제의 요건과 효과에 관하여 민법 제506조 본문에서는 "채권자가 채무자에게 채무를 면제하는 의사를 표시한 때에는 채권은 소멸한다."라고 규정하고 있다.

그리고 처분문서는 그 진정 성립이 인정되면 특별한 사정이 없는 한 그 처분문서에 기재되어 있는 문언의 내용에 따라 당사자의 의사표시가 있었던 것을 객관적으로 해석하여야 한다(대판 2001. 2. 27. 99다23574, 2002. 6. 28. 2002다23482).

그런데 위 사안에 있어서 검사작성 피의자신문조서 중 아직 변제 받지 못한 여러 건의 대여금채권의 일부를 면제할 수도 있다는 진술부분이 처분문서에 해당되어 그 진술부분의 채무를 면제한 것으로 되는지 문제된다.

이에 관하여 판례를 보면, "민법상 채무면제는 채권을 무상으로 소멸시키는 채권자의 채무자에 대한 단독행위이고 다만 계약에 의하여도 동일한 법률효과를 발생시킬 수 있는 것인 반면, 검사 작성의 피의자신문조서는 검사가 피의자를 신문하여 그 진술을 기재한 조서로서 그 작성형식은 원칙적으로 검사의 신문에 대하여 피의자가 응답하는 형태를 취하므로, 비록 당해 신문과정에서 다른 피의자나 참고인과 대질이 이루어진 경우라고 할지라도 피의자 진술은 어디까지나 검사를 상대로 이루어지는 것이므로 그 진술기재 가운데 채무면제의 의사가 표시되어 있다고 하더라도 그 부분이 곧바로 채무면제의 처분문서에 해당한다고 보기 어렵다."라고 하였다(대판 1998. 10. 13. 98다17046, 1999. 3. 12. 선고 98다18124).

따라서 위 사안의 경우에서도 검사작성 피의자신문조서 중 아직 변제 받지 못한 여러 건의 대여금채권의 일부를 면제할 수도 있는 진술부분이 있다고 하여도 그것으로써 그 진술부분의 채무가 면제되었다고는 말할 수 없다.

제2편 채권각론

제1장 계약총론 …………………………………… 193

제2장 계약각론 …………………………………… 261

제3장 사무관리 …………………………………… 367

제4장 부당이득 …………………………………… 373

제5장 불법행위 …………………………………… 383

제1장   계약총론

제 1 절   계약의 의의

계약(contract, Vertrag, contrat)이란 일정한 법률효과의 발생을 목적으로 하는 서로 대립된 두 개 이상의 의사표시의 합치에 의하여 성립하는 법률행위이다. 계약은 하나의 법률행위이다. 본인의 의사표시에 의하여 권리의무를 발생시키거나 변경하는 행위를 법률행위라고 하는데 계약은 단독행위와 같이 그의 일부에 속한다. 그러므로 계약에는 민법의 법률행위에 관한 여러 규정들이 적용된다. 그런데 민법 제3편 제2장의 계약은 채권관계를 발생시키는데 한정되고 있는 소위 채권계약으로서 공법상의 계약(관할의 합의나 행정주체간의 계약) 및 물권계약(지상권설정계약이나 저당권설정계약), 그리고 준물권계약(채권양도와 같이 즉시 채권이전의 효과를 발생시킨 뒤에 채무의 이행의 문제를 남기지 않는 계약)과 신분계약(혼인이나 입양)과는 다르다. 계약은 서로 대립하고 있는 의사표시의 합치에 의해서 성립한다. 보통은 청약·승낙이라고 하는 서로 대립하고 있는 두 개의 의사표시의 합치로 성립한다. 단 예외로서 청약만으로써 즉 호텔방을 예약해 둔다든가(의사실현), 양쪽의 당사자가 동일내용의 청약(교차청약)을 하는 경우에 계약이 성립한다고 한다(제533조).

제 2 절 계약의 종류

I. 전형계약·비전형계약

민법 제3편 2장 2절 이하에서 규정하는 14가지 종류의 계약을 '전형계약'이라 하고, 계약의 명칭이 정해져 있는 점에서 이를 '유명계약'이라고도 한다. 민법에는 증여·매매·교환·소비대차·사용대차·임대차·고용·도급·위임·임치·조합·종신정기금·화해·현상광고의 14종이 규정되어 있다.

한편 민법에 규정되어 있지 않은 그 밖의 계약을 비전형계약 또는 무기명계약이라 한다. 계약자유의 원칙이 인정되므로 민법전에 규정되어 있는 14종의 전형계약은 예시에 지나지 않고, 당사자가 새로운 종류의 계약(비전형계약)을 창설할 수 있다.

II. 쌍무계약·편무계약

계약이 성립한 때에 각 당사자가 서로 대가적 의미를 가지는 채무를 부담하느냐 않느냐에 의한 구별이다. 쌍무계약(雙務契約)이란 계약의 당사자가 서로 대가적인 채무를 부담하는 계약을 말한다. 매매, 교환, 임대차, 고용, 도급, 화해와 유상인 소비대차·위임·임치 등은 쌍무계약에 속한다. 반면에 편무계약(片務契約)이란 일방당사자만이 채무를 부담하거나, 양 당사자가 채무를 부담하더라도 그 채무가 계약 당사자간에 서로 대가적인 채무를 부담하지 않는 계약을 말한다. 증여·사용대차와 무상인 소비대차·위임·임치 등은 무상계약에 속한다. 양자를 구별하는 실익은 쌍무계약에서는 양 당사자의 채무가 상호의존관계(견련관계)가 있으므로 ㄱ) 동시이행의 항변권(제536조), ㄴ) 위험부담(제537조, 제538조)의 문제가 발생한다.

III. 유상계약·무상계약

계약의 전과정을 통해 당사자가 대가성을 갖는 출연(경제적 손실)을 하는 경우를 유상계약이라 한다. 매매, 교환, 임대차, 고용, 도급, 현상광고 등이 유상계약에 속한다. 편무계약이란 일방당사자만이 출연의무를 지는 경우, 또는 쌍방당사자가 출연의무를 지지만 그들 사이에 대가성이 존재하지 않는 경우를 말한다. 증여, 사용대차 등은 무상계약에 속한다. 양자를 구별하는 실익은 유상계약은 매매에 관한 규정이 준용(제567조)되는 데 있다.

IV. 낙성계약·요물계약

당사자의 합의만에 의해 계약이 체결되는 경우를 낙성계약(諾成契約)이라 한다. 전형계약 중 현상광고를 제외한 나머지는 모두 낙성계약이다. 한편 요물계약(要物契約)이란 일방당사자가 목적물의 인도, 대가의 지급, 일의 완성 등 계약에 필요한 행위를 일부 또는 전부 완료한 때에 계약이 체결되는 경우를 말한다. 그리고 전형계약 중 현상광고(제675조)만이 요물계약이며 비전형계약 중에는 계약금교부계약, 대물변제 등이 요물계약에 속한다.

V. 계속적 계약·일시적 계약

급부의 실현이 시간적 계속성을 갖느냐에 따른 구분이다. 임대차, 고용 등과 같이 일정기간 동안 계속하는 급부를 목적으로 하는 계약이 계속적 계약이다. 반면에 매매, 교환, 증여 등은 목적물의 인도나 대금의 지불이 있으면 계약의 목적을 달성하여 종료하는데 이와 같은 계약을 일시적 계약이라 한다.

계속적 계약의 특질은 ㄱ) 기본채권과 지분채권이 존재하여, ㄴ) 계약의 당사자 사이에는 상호신뢰성이 중요하고, ㄷ) 시간적 계속성으로 인해 사정변경의 원칙이 고려되며, ㄹ) 당사자간에 명령·복종관계(지배관계)가 이루어지기 쉽고, ㅁ) 계속적 계약의 해소는 장래에 대해서 효력을 가지는 해지(解止)에 의한다는 점이다.

VI. 본계약·예약

예약(豫約)이란 당사자간에 장래 일정한 계약을 체결한 것을 미리 약정하는 계약을 말하고, 이 예약에 기초하여 장래에 체결된 계약이 본계약(本契約)이다. 예약은 언제나 채권계약이지만 본계약은 채권계약에 한하지 않고 물권계약, 가족법상 계약 등도 포함한다.

제 3 절 계약의 성립

I. 의 의

계약은 당사자의 의사표시의 합치, 즉 합의에 의하여 성립한다. 이러한 합의는 청약과 승낙으로 성립한다. 바꾸어 말하면 계약은 청약과 승낙으로 성립하는 것이 보통이다. 그리고 청약과 승낙에 의한 계약의 성립이 반드시 두 사람 사이에서만 행하여지는 것이 아니다. 조합계약과 같이 수인이 하나의 계약을 체결하는 경우도 적지 않다. 본관은 이러한 청약과 승낙에 의한 계약의 성립뿐만 아니라 교차청약, 의사실현에 의한 계약의 성립에 관하여서도 규정하고 있다. 계약이 성립하는 모습에는 그밖에 몇 가지 예외가 있다. 이들에 관하여 각각 설명하기로 한다.

II. 계약의 성립요건

1. 합 의

민법은 계약 성립의 모습으로서 청약에 대한 승낙(제527조 이하), 교차청약(제533조), 의사실현(제532조)의 3가지를 인정하지만 어느 것이든 당사자간에 서로 대립하는 의사의 합치, 즉 합의를 요구하는 점에서 공통된다. 그런데 이 합의가 성립하기 위해서는 객관적 합치와 주관적 합치가 있어야 한다.

> **핵심판례**
>
> **일반거래 약관의 구속력의 근거**
> 보통보험약관을 포함한 이른바 일반거래약관이 계약의 내용으로 되어 계약당사자에게 구속력을 갖게 되는 근거는 그 자체가 법규범 또는 법규범적 성질을 갖기 때문은 아니며 계약당사자가 이를 계약의 내용으로 하기로 하는 명시적 또는 묵시적 합의를 하였기 때문이다(대판 2004. 11. 11, 2003다30807).

(1) 객관적 합치

당사자의 의사표시가 내용적으로 일치하는 것이 객관적 합치이다.

계약이 성립하기 위하여는 당사자의 서로 대립하는 수개의 의사표시의 객관적 합치가 필요하고 객관적 합치가 있다고 하기 위하여는 당사자의 의사표시에 나타나 있는 사항에 관하여는 모두 일치하고 있어야 하는 한편, 계약 내용의 '중요한 점' 및 계약의 객관적 요소는 아니더라도 특히 당사자가 그것에 중대한 의의를 두고 계약성립의 요건으로 할 의사를 표시한 때에는 이에 관하여 합치가 있어야 계약이 적법·유효하게 성립한다

(대판 2003. 4. 11, 2001다53059).

(2) 주관적 합치

당사자의 의사표시가 서로 상대방에 관한 것으로서 상대방이 누구냐에 관해 잘못이 없는 것이 주관적 합치이다.

예컨대 갑이 을에 대한 청약에 대해 병이 갑에게 승낙을 하여도 갑·병간에 계약이 성립하지 않는다.

> **<Q & A>**
> **타인의 이름으로 계약을 체결한 경우 계약당사자 확정방법**
>
> Q) A는 사업을 하다가 자금회전이 되지 않아서 약속어음부도를 내는 등 자신의 명의로는 사업을 계속할 수 없게 되자, 이전에 같은 직장에서 근무한 적이 있었던 B의 승낙을 받아 B명의로 새로이 사업자등록을 하였다. 또한 대외적으로는 B의 이름으로 종전의 영업을 계속하여 왔다. 그런데 C는 위와 같은 사정을 알지 못하고서 기계를 제작하여 납품하기로 하는 제작물공급계약을 체결하였다. 그런데 A는 어음부도 등이 해결되자 B명의의 영업을 포괄적으로 양도받는 형식을 취하고 B명의의 사업자등록의 폐업신고를 한 후 종전과 같은 상호로 자신을 대표자로 새로이 사업자등록을 하였다. 그리고 A는 C에게 위 기계공급계약을 그대로 이행할 의사를 밝혔고, C 또한 종전 사업자등록 명의자인 B가 기계제작기술자로서 A의 직원으로 A의 사업장에 계속 근무하면서 위 기계의 제작·설치작업에 참여하는 것으로 알았기 때문에, 별다른 인수계약 등을 체결하지는 않았다. 이러한 상황에서 이 계약이 불이행된 경우 C는 누구에게 책임을 물어야 하는가?

A)
1. 문제점
행위자가 타인의 이름으로 계약을 체결한 경우, 계약당사자의 확정방법이 문제된다.
2. 판례의 태도
(1) 판례는 "계약을 체결하는 행위자가 타인의 이름으로 법률행위를 한 경우에 행위자 또는 명의인 가운데 누구를 계약의 당사자로 볼 것인가에 관하여는, 우선 행위자와 상대방의 의사가 일치한 경우에는 그 일치한 의사대로 행위자 또는 명의인을 계약의 당사자로 확정해야 하고, 행위자와 상대방의 의사가 일치하지 않는 경우에는 그 계약의 성질·내용·목적·체결경위 등 그 계약체결 전후의 구체적인 제반 사정을 토대로 상대방이 합리적인 사람이라면 행위자와 명의자 중 누구를 계약 당사자로 이해할 것인가에 의하여 당사자를 결정하여야 한다."라고 하였다(대법원 2003. 12. 12. 선고 2003다44059 판결).
(2) 또한 행위자가 타인의 이름으로 계약을 체결한 후 그 타인의 사업자등록명의를 자기 앞으로 변경한 경우 그 타인의 채무를 중첩적(重疊的)으로 인수한 것으로 본 경우가 있다(대법원 2001. 5. 29. 선고 2000다3897 판결).
(3) 그리고 "제3자에게 자기명의로 계약을 체결하도록 승낙하여 그에 따라 계약이 체결되었다면 그 계약체결에 따른 법률상의 효과를 자신에게 귀속시키지 아니하겠다

는 의사로 승낙을 하였고, 그 계약의 상대방도 그와 같은 점에 대하여 양해하고 계약을 체결하였다는 등의 특별한 사정이 없는 한 그 계약의 법률상 효과는 승낙을 한 본인에게 귀속된다."라고 하였다(대법원 1999. 5. 11. 선고 98다56874 판결).

3. 결론

이러한 판례의 입장에 의할 때 사안에서 위 기계의 제작·설치에 관한 계약의 당사자는 B로 볼 수 있을 것이나, A는 B의 C에 대한 채무를 중첩적으로 인수한 것으로 볼 수 있을 것이다. 따라서 C는 A·B에게 연대하여 채무불이행으로 인한 책임을 부담할 것을 요구할 수 있을 것으로 보인다.

2. 불합의와 착오

(1) 불합의

계약의 성립에는 '합의'가 필요하므로, 만일에 두 개 이상의 의사표시가 그 내용에 있어서 전면적으로 또는 부분적으로 일치하지 않는 때에는, 계약은 성립하지 않는다. 이러한 의사표시의 불합치가 불합의이다. 불합의에는 '의식적 불합의'와 '무의식적 불합의'가 있다. 전자는 청약에 조건을 붙이거나 변경을 가하여 승낙을 하는 것처럼 당사자가 의식적으로 불일치를 초래하는 경우이다. 후자는 사실상 어떤 점에 대해 불일치가 있는데, 이것을 당사자가 모르는 경우이다. 어느 경우이든 합의가 없는 점에서 계약은 성립하지 않는다.

(2) 무의식적 불합의와 착오

무의식적 불합의는 계약이라는 단위를 놓고 그 요소인 두 개의 의사표시가 서로 일치하지 않는 것으로서, 그것을 당사자가 모르는 경우이다. 이 경우 계약은 당연히 성립하지 않는다. 무의식적 불합의는 어떤 하나의 의사표시의 성립과정에 있어서 의사와 표시 사이에 불일치가 있는 경우인 착오와 구별된다. 착오의 경우는 계약은 성립하지만, 표의자가 계약의 중요부분에 착오를 일으킨 때에는 그 의사표시 내지 계약을 취소할 수 있는 점에서 무의식적 불합의와 차이가 있다.

달리 말하면 양당사자간의 의사표시가 합치되어 계약이 성립된 것으로 볼 수 있을 경우에 한하여 착오인지 여부가 문제되고, 합치된 표시를 기준으로 이것이 일방 당사자의 내심적 효과의사와 일치하는지 여부를 판단하여 일치하지 않는 경우에 착오가 되는 것이다. 즉 불합의는 양자의 의사표시를 비교하는 것임에 반하여, 착오는 일방 당사자의 의사표시에 의사와 표시의 불일치가 있는 경우이다. 반면, 착오가 문제되려면 항상 규범적 해석이 있는 경우이어야 하므로 당사자의 진의를 묵살하고 표시대로 효과를 발생시킬 수 있는 이러한 기재가 있는지 여부를 살피는 것도 양자를 구별하는 방법이 된다.

III. 청약과 승낙에 의한 계약 성립

1. 청약

(1) 청약의 개념 및 성질

청약이란 승낙과 함께 일정한 내용의 계약을 성립시킬 것을 목적으로 하는 일방적 의사표시이다. 청약만으로는 계약이 성립하지 않으므로 법률행위가 아니라 법률사실이다. 승낙으로써 계약은 곧 성립하므로 청약을 할 자를 유인하는 청약의 유인과는 다르다. 청약은 일반불특정인에 대하여서도 행할 수 있다(예 : 현상광고).

(2) 청약의 의사표시의 방법과 내용

계약이 성립하기 위한 법률요건인 청약은 그에 응하는 승낙만 있으면 곧 계약이 성립하는 구체적·확정적 의사표시여야 하므로, 청약은 계약의 내용을 결정할 수 있을 정도의 사항을 포함시키는 것이 필요하다(대판 2003. 4. 11, 2001다53059).

(3) 청약의 효력발생시기

청약의 효력발생 시기는 의사표시의 효력발생시기에 관한 일반원칙(즉 도달주의)에 의한다(제111조 제1항). 따라서 청약의 도달 전에 청약자가 사망하거나 능력을 잃더라도 효력발생에 영향이 없는 것이 원칙이지만(제111조 제2항), 청약자가 반대의 의사를 표시하거나 또는 상대방이 사망·능력상실의 사실을 알았을 때에는 영향을 받는다고 볼 것이다.

(4) 청약의 유인

상대방에게 청약을 하게끔 하려는 의사의 표시이다. 그러나 청약의 유인에 따라 청약의 의사표시를 하여도 그것만으로 계약이 바로 성립하는 것은 아니고, 청약을 유인한 자가 다시 승낙을 함으로써 비로소 계약이 성립된다. 따라서 청약을 유인한 자는 상대방의 의사표시에 대하여 낙부를 결정할 자유를 가진다. 이와 같이 청약은 청약의 유인과는 이론상 다르지만, 실제상 양자를 구별한다는 것은 곤란한 경우가 있다. 대가라고 하는 표시, 상품목록의 배부, 정찰부상품의 진열, 「셋집구함」의 신문광고 등의 경우가 그 예이다. 그 구별의 표준은 대체로 그 행위가 계약의 내용을 지지하고 있느냐 어떠냐, 계약의 당사자가 누구라도 상관이 없는 성질의 것이냐 어떠냐, 거래의 관습은 어떠하냐 등이다.

(5) 청약의 구속력

청약은 그것만으로는 상대방을 구속하는 효력을 가지지 않는다. 그러나 청약을 받은 상대방은 승낙여부를 결정하기 위하여 준비를 하는 것이 보통이므로 청약자가 임의로 철회하는 것을 인정하면 상대방에게 부당한 손해를 입히게 되므로 민법은 승낙기간을 정한 청약은 철회할 수 없으며(제528조 제1항), 승낙기간을 정하지 않은 청약은 승낙을 얻는데 상당한 기간 동안은 철회할 수 없는 것으로 하였다(제529조). 이를 청약의 구속력이라고 한다. 또한 승낙은 청약이 승낙적격을 가지는 동안에 하지 않으면 안 된다. 즉 승낙기간을 정한 청약은 그 기간 내에 한하여 승낙할 수 있다. 승낙기간을 정하지 않은 청약의 승낙적격에 대하여서는 규정이 없으나 청약자가 철회하지 않는 한 무제한으로 승낙적격을 가진다는 것은 타당하지 않으며 상당한 기간을 경과한 후에는 승낙적격을 잃는다고 해석하여야 한다.

핵심판례

[계약의 청약의 구속력]

1. 청약자가 미리 정한 기간 내에 이의를 하지 아니하면 승낙한 것으로 간주한다는 뜻을 청약시 표시한 경우 그 효력

청약이 상시거래관계에 있는 자 사이에 그 영업부류에 속한 계약에 관하여 이루어진 것이어서 상법 제53조가 적용될 수 있는 경우가 아니라면, 청약의 상대방에게 청약을 받아들일 것인지 여부에 관하여 회답할 의무가 있는 것은 아니므로, 청약자가 미리 정한 기간 내에 이의를 하지 아니하면 승낙한 것으로 간주한다는 뜻을 청약시 표시하였다고 하더라도 이는 상대방을 구속하지 아니하고 그 기간은 경우에 따라 단지 승낙기간을 정하는 의미를 가질 수 있을 뿐이다(대법원 1999. 1. 29, 98다48903).

2. 사직의 의사표시 후 의원면직처분 전에 이를 철회할 수 있는지 여부

공무원이 한 사직의 의사표시는 그에 터잡은 의원면직처분이 있을 때까지는 원칙적으로 이를 철회할 수 있는 것이지만, 다만 의원면직처분이 있기 전이라도 사직의 의사표시를 철회하는 것이 신의칙에 반한다고 인정되는 특별한 사정이 있는 경우에는 그 철회는 허용되지 아니한다(1993. 7. 27. 제1부 판결, 92누16942 의원면직처분취소).

3. 한국토지개발공사의 이주자택지 공급대상자에 대한 이주자택지 공급계약체결통보가 계약의 청약에 해당하지 않는다고 본 사례

한국토지개발공사는 택지개발예정지구 내의 이주자택지 공급대상자의 선정기준에 따라 대상가옥, 대상소유자, 거주사실 등을 조사 확인한 뒤 대상적격 여부를 가옥소유자에게 개별 통지함과 동시에 공고, 이해관계인에 대한 열람, 이의 및 시정조치 등의 절차를 취한 뒤 이주자택지 공급대상자를 확정하여 그 대상자에게 통보하고 1개월 이상의 분양신청 기간을 정하여 분양신청할 것을 통지 및 공고하여 그 기간 내에 분양신청이 없으면 이를 포기한 것으로 처리하고 이주자택지 공급대상자로 확정된 후에도 관계법규 위반사항이나 제출서류의 위조, 변조 등 결격사유가 발견될 때에는 대상자에서 제외하며, 계약은 쌍방이 계약서에 서명날인함으로써 확정되는 것이라면 한국토지개발공사의 이주자택지 공급대상자에 대한 이주자택지 계약체결통보는 계약의 요소가 되는 내용을 명시하고 있어 구체적이기는 하나 공급대상자의 승낙에 의하여 계약이 바로 성립되는 확정적인 것이라고 볼 수 없으므로 이는 계약상 청약이 아니라고 볼 것이다(1993. 10. 22. 제3부 판결, 93다32507 계약체결이행).

4. 계약당사자의 확정
가. 행위자가 타인의 이름으로 계약을 체결한 경우 계약당사자 확정방법
계약을 체결하는 행위자가 타인의 이름으로 법률행위를 한 경우에 행위자 또는 명의인 가운데 누구를 계약의 당사자로 볼 것인가에 관하여는, 우선 행위자와 상대방의 의사가 일치한 경우에는 그 일치한 의사대로 행위자 또는 명의인을 계약의 당사자로 확정해야 하고, 행위자와 상대방의 의사가 일치하지 않는 경우에는 그 계약의 성질·내용·목적·체결 경위 등 그 계약 체결 전후의 구체적인 제반 사정을 토대로 상대방이 합리적인 사람이라면 행위자와 명의자 중 누구를 계약 당사자로 이해할 것인가에 의하여 당사자를 결정하여야 한다.

나. 대리인을 통하여 계약을 체결하는 경우 계약당사자의 확정
일방 당사자가 대리인을 통하여 계약을 체결하는 경우에 있어서 계약의 상대방이 대리인을 통하여 본인과 사이에 계약을 체결하려는 데 의사가 일치하였다면 대리인의 대리권 존부 문제와는 무관하게 상대방과 본인이 그 계약의 당사자이다(대판 2003. 12. 12, 2003다44059).

5. 영업허가권 및 시설 일체를 매매하면서 매수인이 잔금지급 이전에 목적물을 인도받아 사용·수익하는 대신 잔금에 대한 이자 상당액 등을 매월 지급하기로 한 경우, 그 계약의 법적 성질(혼합계약) 및 그 계약해제시의 법률관계
영업허가권 및 시설물 일체를 매매함에 있어 매수인이 계약금을 지급하고 그 잔금지급 이전에 그 목적물을 인도받아 이를 사용·수익하면서 잔금에 대한 이자 상당액으로서 매월 일정 금액 및 그 인도받은 날로부터 그 업소와 관련하여 아직 영업허가 등의 명의가 매도인에게 남아 있는 관계로 매도인 앞으로 부과되는 제세공과금, 임대료 및 관리비 등 건물주가 청구하는 일체의 금원을 지급하기로 한 경우, 그 계약의 법적 성격은 단순한 매매가 아니라 매매계약과 매매계약금을 임차보증금으로 하고 월 차임을 잔금에 대한 이자 상당액으로 하는 임대차계약이 혼합된 계약으로 봄이 상당하므로, 그 계약이 매도인의 귀책사유로 이행불능되어 매수인이 이를 해제하였다 하더라도 그 계약으로 생겼던 법률효과가 모두 소급적으로 소멸한다고는 할 수 없고, 그 계약 중 임대차계약의 성질을 가진 부분은 그 이행불능시까지 이미 완전히 목적을 달성하고 있었으므로 그 이행불능으로 해지된 것으로서 장래에 향해서만 계약관계가 종료되었다고 보아야 한다(대법원 1996. 7. 26. 선고 96다14616 판결).

6. [1] 예금계약의 성립 요건 및 금융기관의 직원이 받은 돈을 입금하지 않고 횡령한 경우 예금계약의 성립 여부
예금계약은 예금자가 예금의 의사를 표시하면서 금융기관에 돈을 제공하고 금융기관이 그 의사에 따라 그 돈을 받아 확인을 하면 그로써 성립하며, 금융기관의 직원이 그 받은 돈을 금융기관에 입금하지 아니하고 이를 횡령하였다고 하더라도 예금계약의 성립에는 아무런

소장이 없다

[2] 예금주가 예금유치인을 통하여 추가금리를 지급받기로 하고 예금한 경우, 예금주와 은행 간의 예금계약의 성립 여부

예금주가 예금에 있어 그 대가로 은행 소정 금리 외에 예금유치인을 통하여 추가금리를 지급받기로 하였다 하더라도 그것이 은행직원과 예금유치인들 간에 은행의 예금고를 높임으로써 그 은행직원의 실적을 올리기 위한 방편으로 이루어진 것으로서 예금주에게 통장까지 전달된 것이라면 예금주와 은행 간의 예금계약의 성립을 부인할 수는 없다(대법원 1996. 1. 26. 선고 95다26919 판결).

7. [1] 계약의 성립을 위한 당사자 사이의 '의사의 합치'의 정도

계약이 성립하기 위하여는 당사자 사이에 의사의 합치가 있을 것이 요구되고 이러한 의사의 합치는 당해 계약의 내용을 이루는 모든 사항에 관하여 있어야 하는 것은 아니나 그 본질적 사항이나 중요 사항에 관하여는 구체적으로 의사의 합치가 있거나 적어도 장래 구체적으로 특정할 수 있는 기준과 방법 등에 관한 합의는 있어야 한다.

[2] 당사자가 의사의 합치가 이루어져야 한다고 표시한 사항에 대하여 합의가 이루어지지 아니한 경우의 계약의 성립 여부(소극)

당사자가 의사의 합치가 이루어져야 한다고 표시한 사항에 대하여 합의가 이루어지지 아니한 경우에는 특별한 사정이 없는 한 계약은 성립하지 아니한 것으로 보는 것이 상당하다(대법원 2001. 3. 23. 선고 2000다51650 판결).

8. 분양광고의 내용이 계약의 내용으로 되지 않았다고 본 사례

상가를 분양하면서 그 곳에 첨단 오락타운을 조성·운영하고 전문경영인에 의한 위탁경영을 통하여 분양계약자들에게 일정액 이상의 수익을 보장한다는 광고를 하고, 분양계약 체결시 이러한 광고내용을 계약상대방에게 설명하였더라도, 체결된 분양계약서에는 이러한 내용이 기재되지 않은 점과, 그 후의 위 상가 임대운영경위 등에 비추어 볼 때, 위와 같은 광고 및 분양계약 체결시의 설명은 청약의 유인에 불과할 뿐 상가 분양계약의 내용으로 되었다고 볼 수 없고, 따라서 분양 회사는 위 상가를 첨단 오락타운으로 조성·운영하거나 일정한 수익을 보장할 의무를 부담하지 않는다고 한 사례(대법원 2001. 5. 29. 선고 99다55601,55618 판결).

9. 명예퇴직신청의 법적 성질 및 명예퇴직 신청 후 사용자의 승낙이 있기 전에 근로자가 임의로 그 의사표시를 철회할 수 있는지 여부(적극)

명예퇴직은 근로자가 명예퇴직의 신청(청약)을 하면 사용자가 요건을 심사한 후 이를 승인(승낙)함으로써 합의에 의하여 근로관계를 종료시키는 것으로, 명예퇴직의 신청은 근로계약에 대한 합의해지의 청약에 불과하여 이에 대한 사용자의 승낙이 있어 근로계약이 합의해지되기 전에는 근로자가 임의로 그 청약의 의사표시를 철회할 수 있다(대법원 2003. 4. 25. 선고 2002다11458 판결).

2. 승낙

(1) 의의

승낙이란 청약의 상대방이 청약에 응하여 계약을 성립시킬 목적으로 청약자에 대하여 행하는 의사표시이다.

(2) 상대방

승낙은 특정의 청약에 대하여 행하는 것이므로 청약에서와 달리 불특정 다수인에 대한 승낙은 있을 수 없다.

(3) 승낙기간

민법의 규정에 의하면 승낙의 기간을 정하여 청약이 행해진 경우에는 승낙은 그 기간 내에 도달하여야 한다(민법 제528조 1항). 그러나 승낙의 통지가 보통 승낙기간 내에 도달할 수 있도록 발신되었음에도 불구하고 특별한 사정으로 인하여 지연되어 승낙기간 경과 후에 도달한 경우에는 청약자는 지체없이 상대방에게 그 연착의 통지(승낙기간 내에 승낙의 통지를 받지 않았음을 이미 통지한 경우를 제외함)를 하여야 한다(민법 제528조 2항). 그리고 만일 청약자가 이 통지를 하지 아니한 때에는 승낙의 통지는 연착되지 않았던 것으로 간주되어 계약이 성립할 수 있게 된다(민법 제528조 3항). 승낙의 기간을 정하지 아니한 계약의 청약은 청약자가 상당한 기간 내에 승낙의 통지를 받지 못한 때에는 그 효력을 잃는다(민법 제529조).

연착된 승낙은 청약자가 이를 새 청약으로 볼 수 있다(민법 제530조).

핵심판례

[승낙기간을 정한 계약의 청약]

가. 확정매도신청(Firm Offer) 형식의 거래제의문상의 유효기간을 58분 경과한 후 승낙의 의사표시가 있은 경우 청약의 효력이 상실되었다고 본 사례

유효기간을 1990.8.8. 18:00까지로 하는 청약의 취지가 담긴 상품거래제의문을 교부받은 일방 당사자가 같은 날 18:00를 58분 경과한 18:58에 그 거래제의문에 의한 청약을 아무런 수정 없이 승낙한다는 취지에서 거래제의문의 중요 부분을 그대로 기재한 상품매매기본계약서를 타방 당사자에게 교부한 경우, 그 유효기간으로 기재된 18:00는 청약의 효력이 유지되는 최종시점이며 그 시각이 경과하면 거래제의문에 의한 청약은 그 효력이 상실된다고 봄이 신의칙에 합당하다 하여, 청약의 효력이 유효기간 경과 후 58분의 시점까지도 여전히 유지되었다고 본 원심판결을 파기한 사례.

나. 법관의 제척원인이 되는 전심관여에 포함되지 않는 경우

법관의 제척원인이 되는 전심관여라 함은 최종변론과 판결의 합의에 관여함을 말하는 것이고 그 전의 변론이나 증거조사에 관여한 경우는 포함되지 아니한다(1994. 8. 12. 제3부 판결, 92다23537 유체동산가압류이의).

3. 승낙의 효력 발생기기

원칙적으로 승낙은 청약자에게 도달한 때에 효력이 발생하므로 청약자에게 도달한 때에 계약이 성립한다. 그러나 격지자간의 계약성립시기에 대하여 민법 제531조는 격지자간에 있어서는 승낙의 통지를 발송한 때에 합의가 성립한다고 규정하고 있다. 즉 민법은 의사표시의 효력발생시기에 관하여 도달주의를 취하고 있으나(제111조 제1항), 격지자간의 계약의 성립에 관하여 도달주의에 대한 예외로서 발신주의를 취하고 있다. 제531조와 이를 제한하고 있는 제528조 1항과 제529조를 조화롭게 해석하는 문제에 관하여 학설이 대립하고 있다. 통설이 취하는 해제조건설은 승낙기간 내에 부도달을 해제조건으로 승낙의 통지 발송시에 계약이 성립한다고 한다. 이에 의하면 승낙통지의 부도달의 입증책임은 청약자가 부담하게 된다. 반면 정지조건설에 의하면 승낙기간 내에 도달을 정지조건으로 하여 승낙의 통지 발송시에 소급하여 계약이 성립한다고 한다. 이에 의하면 도달의 입증책임을 승낙자가 부담하게 된다. 주의할 것은 어느 견해에 의하더라도 승낙기간 내에 도달하면 승낙의 통지 발송시에 계약은 성립하고, 기간 내에 도달하지 않으면 계약은 성립하지 않는다는 점이다.

핵심판례
[격지자간의 계약성립시기]

1. 가. 제1심에서 원고의 청구 일부가 기각되었으나 원고가 항소나 부대항소를 제기하지 아니한 경우 제1심에서의 청구기각부분에 대하여 원고가 상고할 수 있는지 여부(소극)

    원고의 청구 일부를 기각하는 제1심판결에 대하여 피고는 항소를 하였으나 원고는 항소나 부대항소를 하지 아니한 경우 제1심판결에서의 원고 패소부분은 피고의 항소로 인하여 원심에 이심은 되었으나 원심의 심판대상은 되지 않았다 할 것이고, 따라서 원심이 피고의 항소를 인용하여 제1심판결 중 피고 패소부분을 취소하고 그 부분에 대한 원고의 청구를 기각하였다면 이는 제1심에서의 피고 패소부분에 한정된 것이며 제1심 판결 중 원고 패소부분에 대하여는 원심이 판결을 한 바 없어 이 부분은 원고의 상고대상이 될 수 없다.

   나. 갑과 을 사이에 갑이 금형제작비를 출연하면 을이 제품을 개발하여 갑에게 공급하되 제품의 개발, 생산의 전과정에서 갑에게 손해가 발생하였을 경우 을이 배상하기로 하는 계속적 계약으로서의 기본계약이 성립하였고, 다만 구체적인 공급물량은 갑과 을이 별개의 개별계약에 의하여 확정하기로 한 것으로 본 사례

    갑과 을 사이에 갑이 금형제작비를 출연하면 을이 제품을 개발하여 갑에게 공급하되 제품의 개발, 생산의 전과정에서 갑에게 손해가 발생하였을 경우 을이 배상하기로 하는 계속적 계약으로서의 기본계약이 성립하였고, 다만 구체적인 공급물량은 갑과 을이 별개의 개별계약에 의하여 확정하기로 한 것으로 본 사례.

   다. 위 "나"항에 있어 을이 기본계약상 약정된 제품의 개발의무를 이행하지 못하는 경우 갑이 그로 인한 손해배상을 을에게 청구할 수 있는지 여부(적극)

위 "나"항의 기본계약이 성립한 이상 을이 기본계약상 약정된 제품의 개발의무를 제대로 이행하지 못하는 경우 갑은 그로 인하여 생긴 손해의 배상을 을에게 청구할 수 있고, 구체적인 생산량에 관한 합의가 존재하여야만 손해배상을 청구할 수 있는 것이 아니다(1992. 11. 27. 제3부 판결, 92다14892 손해배상(기)).

2. [1] 화해계약을 체결하기 위한 청약이 실효되는 경우

민법 제527조, 제528조 제1항 및 상법 제52조의 규정에 의하면, 각기 다른 보험회사의 보험에 가입한 피보험차량들이 일으킨 교통사고로 제3의 피해자가 손해를 입어 어느 한 보험회사가 손해 전액을 배상한 경우에 그 보험회사가 함께 손해배상책임을 부담하는 다른 피보험차량의 운행자나 그 보험회사와 사이에 쌍방의 손해분담비율에 관하여 화해계약을 체결하기 위한 청약을 함에 있어서도 그 청약은 원칙적으로 철회하지 못하는 것이나, 청약시 승낙기간을 정한 경우에는 그 승낙기간, 그렇지 아니한 경우에는 상당한 기간이 도과하면 그 청약은 실효되고, 이때의 상당한 기간은 청약이 상대방에게 도달하여 상대방이 그 내용을 받아들일지 여부를 결정하여 회신을 함에 필요한 기간을 가리키는 것으로, 이는 구체적인 경우에 청약과 승낙의 방법, 계약 내용의 중요도, 거래상의 관행 등의 여러 사정을 고려하여 객관적으로 정하여지는 것이다.

[2] 청약자가 미리 정한 기간 내에 이의를 하지 아니하면 승낙한 것으로 간주한다는 뜻을 청약시 표시한 경우 그 효력

청약이 상시거래관계에 있는 자 사이에 그 영업부류에 속한 계약에 관하여 이루어진 것이어서 상법 제53조가 적용될 수 있는 경우가 아니라면, 청약의 상대방에게 청약을 받아들일 것인지 여부에 관하여 회답할 의무가 있는 것은 아니므로, 청약자가 미리 정한 기간 내에 이의를 하지 아니하면 승낙한 것으로 간주한다는 뜻을 청약시 표시하였다고 하더라도 이는 상대방을 구속하지 아니하고 그 기간은 경우에 따라 단지 승낙기간을 정하는 의미를 가질 수 있을 뿐이다(대법원 1999. 1. 29. 선고 98다48903 판결).

IV. 기타의 계약 성립

1. 의사실현에 의한 계약의 성립

(1) 의 의

청약자가 승낙의 통지를 필요로 하지 않는다는 뜻의 의사표시를 하거나 거래상의 관습에 의하여 승낙의 통지가 필요하지 아니한 경우에 있어서의 계약은 「승낙의 의사표시로 인정되는 사실이 있는 때」에 성립하는데 이를 의사실현에 의한 계약의 성립이라고 한다(민법 제531조).

예컨대 호텔예약주문을 받고 특정의 객실을 청소하는 행위, 누구나 볼 수 있을 만한 크기로 '포장지를 열어 사용하면 매매를 승낙한 것으로 간주한다'는 문구를 포장지에 기입하여 상품을 우송한 경우 상품을 받은 자가 포장을 열고 상품을 사용한 경우 등이다.

(2) 요 건

의사실현에 의한 계약이 성립하기 위해서는 다음의 두 요건이 필요하다. ① 승낙의 통지가 필요하지 아니한 경우이어야 한다. 민법 제532조는 그러한 경우로서 청약자의 의사표시와 관습의 두 가지를 든다. ② 승낙의 의사표시로 인정되는 사실이 행해져야 한다.

가. 청약자의 의사표시

청약자가 청약을 하면서 승낙의 통지가 필요없다고 정하는 것은 본조에 의해 유효하다.

이 경우는 승낙의 의사표시로 인정되는 사실이 있는 때에 계약이 성립한다. 예컨대 청약과 함께 송부된 물품을 처분하는 것과 같이 계약에 기하여 취득하게 될 권리를 실행하는 행위나, 위임청약의 편지를 받고 즉시 수임사무의 처리를 개시하거나, 전보로 객실예약청약을 받은 여관이 특정한 객실을 준비하는 것과 같이 계약에 의하여 부담하게 될 채무의 이행에 착수하는 행위가 이에 해당한다.

여기에 반하여 예컨대 청약과 동시에 송부된 물품에 대한 대금을 송부하는 행위는 이에 해당하는 것이 아니며 이러한 행위는 묵시의 승낙이라고 보아야 할 것이다.

나. 관 습

관습 또는 거래행위에 의해 승낙의 통지가 필요 없는 경우이다. 예컨대 유료주차장에 차를 주차시키는 행위, 버스나 택시에 승차하는 행위 등이 이에 속한다.

(3) 효 과

의사실현이 있으면, 계약은 '승낙의 의사표시로 인정되는 사실이 있는 때'에 성립한다(제532조). 상대방에 대한 표시 및 도달을 필요로 하지 않고, 청약자가 그 사실의 발생을 몰랐다고 하더라도, 그 사실이 있는 때에 당연히 계약이 성립하는 것으로 간주되는 점에서 보통의 계약의 성립과 구별된다.

핵심판례

[의사실현에 의한 계약성립]

1. 가. 예금계약 성립시기 및 금융기관의 직원이 그 받은 돈을 입금치 아니한 경우에 그 예금계약의 성립여부

    예금계약은 예금자가 예금의 의사를 표시하면서 금융기관에 돈을 제공하고 금융기관이 그 의사에 따라서 그 돈을 받아 확인을 하면 그로써 성립하며 금융기관의 직원이 그 받은 돈을 금융기관에 입금하지 아니하고 이를 횡령하였다고 하더라도 예금계약의 성립에는 아무 소장이 없다.

나. 수기식 통장에 의한 예금계약이 무효인지 여부

통장은 예금계약사실을 증빙하는 증표일 뿐이므로 그 통장이 수기식이라고 하여 이미 성립한 예금계약이 소급하여 무효가 된다고는 할 수 없다(대판 1984. 8. 14, 84도1139).

2. [1] 청약내용의 확정정도

청약은 그에 대한 승낙에 의하여 곧바로 계약의 성립에 필요한 의사합치에 이를 수 있을 정도로 내용적으로 확정되어 있거나 해석에 의하여 확정될 수 있어야 한다.

[2] 토지구획정리사업의 시행으로 인하여 당초 오피스텔 부지로 예정되어 있던 토지의 일부에 대한 소유권을 이전받지 못한 오피스텔 수분양자들이 분양자에게 미이전 토지에 관한 대토를 포기하는 반면 이를 수분양자들에게 부과될 환지청산금과 상계되도록 처리해 달라는 내용의 통지서 및 그와 같은 취지가 기재된 환지계획의견서 양식을 송부한 행위(청약)에 대하여 분양자가 수분양자들의 요청대로 토지구획정리사업시행자에게 위 환지계획의견서를 제출(승낙)함으로써 약정이 성립되었다고 한 사례

토지구획정리사업의 시행으로 인하여 당초 오피스텔 부지로 예정되어 있던 토지의 일부에 대한 소유권을 이전받지 못한 오피스텔 수분양자들이 분양자에게 보낸 통지서 및 이에 첨부된 환지계획의견서 양식에 나타난 수분양자들의 분양자에 대한 요구 내용은, 분양자가 분할 후 위 미이전 토지에 대하여 환지 대신 환지청산금을 교부받아 그 금원으로 수분양자 등에게 부과될 환지청산금을 처리하여 달라는 것으로서, 이는 분할 후 위 미이전 토지에 대하여 환지 대신 환지청산금이 교부되는 것을 조건으로 하여 분양자가 교부받는 환지청산금 상당을 수분양자 등이 부과받을 환지청산금 범위 내에서 지급하여 달라는 의사표시이고, 당시 환지청산금의 구체적인 금액은 정하여지지 않았지만 그 대상 토지가 특정된 이상 장래 환지처분 공고시 그 금액은 자연히 확정될 수 있는 것이어서 수분양자 등이 분양자에게 보낸 통지서에 나타난 위 의사표시는 상대방의 승낙이 있으면 곧바로 의사의 합치에 이를 수 있는 정도로 내용적으로 확정될 수 있는 청약에 해당하고, 분양자가 수분양자들로부터 위 통지서를 받고 수분양자들이 요청한 대로 그에 첨부된 위 환지계획서의견 양식 말미에 서명·날인하여 이를 토지구획정리사업시행자에게 제출한 행위는 민법 제532조에 따라 승낙의 의사표시로 인정될 수 있다고 한 사례(대법원 2003. 5. 13. 선고 2000다45273 판결).

---

2. 교차청약에 의한 계약의 성립

(1) 의 의

갑이 을에 대하여 어떤 물건을 1,000원에 팔겠다는 청약을 하고, 을이 그 청약을 수령하기 전에 그 물건을 1,000원에 사겠다고 갑에 대하여 청약한 경우와 같이 2인이 서로 합치하는 내용의 청약을 한 경우를 교차청약 또는 청약의 교차라고 한다.

승낙은 청약에 의하여 행해져야 하기 때문에 뒤에 행해진 청약을 먼저 행해진 청약에 대한 승낙이라고 볼 수 없으므로 이 경우에는 청약과 승낙에 의한 합의의 성립이라고 할 수는 없다.

그러나 교차청약은 2개의 의사표시가 대립하면서도 객관적으로는 동일내용을 지향하며(객관적 합치) 동시에 양표의자는 상대방과 같은 내용의 계약을 체결하려는 의사를 가지고 있으므로(주관적 합치), 청약과 승낙에 의한 합의의 성립과 달리 취급하여야 할 이유는 없다고 하겠다.

구민법은 이에 관한 명문의 규정을 두지 않아 학설상으로만 인정되어 왔으나, 현행민법 제533조는「당사자간에 동일한 내용의 청약이 상호교차된 경우에는 양청약이 상대방에게 도달한 때에 계약이 성립한다」고 규정하여, 명문으로 교차청약에 의한 계약의 성립을 인정하고 있다.

(2) 계약의 성립시기

교차청약에서는 양청약이 상대방에게 도달한 때에 계약이 성립한다(제533조). 따라서 두 청약이 동시에 도달하지 않는 한 나중의 청약이 도달된 때에 계약이 성립한다.

V. 사실적 계약관계론

1. 개념

통신이나 교통수단, 수도 또는 가스의 공급 등과 같이 일상생활에서 대량으로 반복해서 이루어지는 계약유형에 있어서는 당사자의 사실적 행위만으로 계약관계가 성립한다는 이론을 뜻한다.

2. 이론의 배경

ⅰ) 무능력자제도의 배제

ⅱ) 명시적인 승낙의 거절이 있어도 급부를 수령하면 계약의 성립을 긍정

ⅲ) 법률행위에 무효나 취소원인이 있더라도 이미 존재한 사실에는 법률효과를 인정

3. 인정여부

사실적 계약관계론을 인정할 것인지에 대하여 긍정설과 부정설의 대립이 있다. 사실적 계약관계론을 긍정하는 견해도 무능력자보호제도는 민법의 기본이념으로 이를 배제할 수 없다고 한다. 다만 처분이 허락된 재산의 처분(제6조) 등으로 취소를 제한할 수는 있다고 하고, 그 외에 취소가 되는 경우에는 부당이득으로 해결한다. 부정설은 제109조의 착오요건 충족시에 취소가 가능하다고 한다. 명시적인 승낙의 거절이 있어도 급부를 받은 경우 사실적 계약관계론에 의해 계약이 성립한다기 보다는 묵시적 의사표시에 의해 계약은 성립하되, 다만 신의칙에 의해 승낙거절의 이의를 무시해야 한다는 견해와 계약의 성립을 부정하고 부당이득이나 불법행위로 해결하여야 한다는 견해 등이 주장된다.

VI. 약관에 의한 계약의 성립

1. 약관의 의의

약관이란 계약의 일방당사자가 특정 종류의 계약을 불특정 다수의 상대방과 계속, 반복하여 체결할 것을 약정하고, 이에 대비하여 미리 작성하여 둔 계약조항을 말한다(약관의규제에관한법률 제2조 1항).

2. 약관의 구속력의 근거

종래 규범설이 주장되었으나 통설과 판례는 계약당사자인 작성자와 상대방의 합의에 의해 약관이 구속력을 갖는다는 계약설을 취하고 있다.

3. 약관의 명시·설명의무

사업자는 약관에 정하여져 있는 중요한 내용을 고객이 이해할 수 있도록 설명하여야 한다(약관규제법 제3조 2항). 사업자가 명시·설명의무를 위반하여 계약을 체결한 때에는 당해 약관을 계약의 내용으로 주장하지 못한다(약관규제법 제3조 3항). 다만 고객측에서 편입된 약관조항의 효력을 주장하는 것은 무방하다.

4. 명시·설명의무가 면제되는 경우

계약의 성질상 설명이 현저하게 곤란한 경우에는 명시, 설명의무가 면제된다(약관규제법 제3조 2항 단서). 또한 약관에 정하여진 사항이라고 하더라도 1) 거래상 일반적이고 공통된 것이어서 보험계약자가 별도의 설명 없이도 충분히 예상할 수 있었던 사항, 2) 이미 법령에 의하여 정하여진 것을 되풀이하거나 부연하는 정도에 불과한 사항, 3) 보험계약자나 그 대리인이 이미 약관의 내용을 충분히 알고 있는 경우에는 보험자로서는 보험계약자 또는 그 대리인에게 약관의 내용을 따로 설명할 필요가 없다. 또한 4) 어느 약관 조항이 당사자 사이의 약정의 취지를 명백히 하기 위한 확인적 규정에 불과한 경우에도 설명의무는 면제된다는 것이 대법원의 태도이다(대판 2005.8.25. 2004다18903).

5. 효력유지적 축소해석

어느 하나의 약관조항에 대한 내용통제를 하면서 그 조항 전부를 무효로 선언하지 아니하고, 일부만을 무효로 선언하는 것이 허용되는가에 대해서 이른바 효력유지적 축소해석이라 하여 논의된다. 이에 대해 대법원은 "약관의규제에관한법률 제6조 제1항, 제2항, 제7조 제2, 3호가 규정하는 바와 같은 약관의 내용통제원리로 작용하는 신의성실의 원칙은 보험약관이 보험사업자에 의하여 일방적으로 작성되고 보험계약자로서는 그 구체적 조항내용을 검토하거나 확인할 충분한 기회가 없이 보험계약을 체결하게 되는 계약 성립의 과정에 비추어, 약관 작성자는 계약 상대방의 정당한 이익과 합리적인 기대 즉 보험의 손해전보에 대한 합리적인 신뢰에 반하지 않고 형평에 맞게끔 약관조항을 작성하여야 한다는 행위원칙을 가리키는 것이며, 보통거래약관의 작성이 아무리 사적자치의 영역에 속하는 것이라고 하여도 위와 같은 행위원칙에 반하는 약관조항은 사적자치의 한계를 벗어나는 것으로서 법원에 의한 내용통제 즉 수정해석의 대상이 되는 것은 당연하며, 이러한 수정해석은 조항 전체가 무효사유에 해당하는 경우뿐만 아니라 조항 일부가 무효사유에 해당하고 그 무효부분을 추출배제하여 잔존부분만으로 유효하게 존속시킬 수 있는 경우에도 가능하다(대법원 1991.12.24. 선고 90다카23899 전원합의체 판결)"고 판시하여 효력유지적 축소해석에 대해 긍정적인 입장을 취하고 있다.

Ⅶ. 계약체결상의 과실책임

1. 의의

계약의 내용이 계약체결 당시부터 객관적으로 불능인 때에는 그 계약은 무효로 된다. 그렇게 되면 당사자는 그 계약에서 의도된 채무를 부담하지 않게 된다.

어떤 자가 무효인 계약을 체결함에 있어서 상대방에게 불측의 손해를 준 경우에 상대방이 아무런 구제를 받지 못한다는 것은 타당성이 없다.

이러한 시점에서 고려되어 나타난 것이 계약체결상의 과실에 기한 책임을 인정하려고 하는 설이다. 즉 계약이 원시적 불능으로 인하여 무효가 된 경우에 계약체결시 그것을 과실(계약체결상의 과실)로 알 수 없었던 당사자는 상대방이 그 계약을 유효한 것으로 오신함으로써 받은 손해를 배상할 책임을 부담한다고 하는 설이다. 이 제도는 Jhering의 제창(계약체결상의 과실 : Culpa in contrahendo, 1861)에 의한 것으로서 원시적 불능인 계약을 무효로 함으로써 발생하는 선의의 상대방을 보호하여야 할 필요에 따른 것이라고 할 수 있다.

독일민법은 이 제도를 명문으로 인정하고 있다. 우리 구민법은 계약체결상의 과실에 관한 일반적 규정을 두고 있지는 않았으나 학설상 그 책임을 인정하는 것이 통설이었으며, 현행법도 이러한 통설을 계승하여 원시적 불능인 경우에만 체결상의 과실을 인정하는 규정을 두고 있을 뿐이므로 이 문제는 결국 학설·판례에 일임하고 있다. 즉, 우리 민법은 원시적 불능(건물에 대한 매매계약의 체결 전에 그 물건이 소실된 경우)에 대해서만 이를 규정하고 있으나(제535조), 학설은 그 적용범위를 확대하여 인정하고 있다. 즉 계약체결을 위한 준비단계, 계약이 성립된 후의 고지의무의 위반, 성립된 계약이 무효나 취소되었을 때에도 계약체결상의 과실책임을 인정하고 있다.

2. 요 건

계약체결상의 과실에 기한 책임을 인정하는 민법 제53조의 요건은 다음과 같다.

ⅰ) 체결된 계약의 내용이 원시적·객관적으로 불능이기 때문에, 그 계약이 무효이어야 한다(그러나 일부불능인 경우에는 담보책임에 관한 민법의 규정에 의한 책임이 발생되는 한, 계약체결상의 과실에 기한 책임은 문제되지 않는다).

ⅱ) 무효인 계약이 유효하였다면 급부를 하였어야 할 자가 그 불능을 알았거나 또는 알 수 있었어야 한다.

ⅲ) 상대방은 그 불능에 대해 선의·무과실이어야 한다.

3. 효 과

위와 같은 요건을 갖춘 경우, 책임이 있는 자는 상대방의 손해를 배상해야 한다. 따라서 과실 있는 당사자는 상대방이 그 계약의 유효를 믿었기 때문에 받은 손해 즉, '신뢰이익'을 배상하여야 한다. 신뢰이익이란 목적물에 대한 조사비용, 금융비용, 제3자로부터 유리한 청약을 거절한 경우 등의 손해가 그 예이다.

그러나 그 배상액은 계약의 유효로 상대방이 얻었을 이익, 즉 '이행이익'을 초과하지 못한다. 이행이익이란 계약이 이행되었더라면 얻을 수 있었던 이익으로서, 예를 들면 목적물의 이용이나 전매로 인한 이익 등을 말한다.

【쟁점사항】

<당사자 일방의 채무가 원시적 불능인 경우 손해배상 대신 전보배상을 청구할 수 있는지 여부>
당사자 일방의 채무가 원시적 이행불능이면 계약은 무효이므로 상대방은 계약체결에 있어서의 과실을 이유로 하는 신뢰이익 손해배상을 구할 수 있을지언정 이행에 대신하는 전보배상을 구할 수는 없고 또 후발적 이행불능의 경우에 이행에 대신하는 전보배상은 이행불능이 된 시기의 손해액이다(대법원 1975. 2. 10, 74다584).

4. 체약상 과실책임에 대한 검토

(1) 의의 및 기능

계약체결을 위한 준비단계 또는 성립과정에서 당사자 일방이 그에게 책임있는 사유로 상대방에게 손해를 준 때에 이를 배상해야 할 책임을 포괄적으로 지칭한 개념을 의미한다. 불법행위책임의 경우와 비교해 볼 때 입증책임, 보조자의 과실에 대한 면책여부, 소멸시효기간 등에서 불법행위책임보다는 계약책임을 묻는 것이 더 유리하다. 따라서 양당사자간 공평을 기하기 위해 계약책임으로 구성할 여지를 두자는 것이 체약상의 과실책임론을 제기하는 이유이다.

(2) 인정여부

판례는 아직 제535조 이외에 체약상의 과실책임을 인정한 예는 없다. 학설은 독일민법과 달리 불법행위법이 완비된 우리 민법상 인정할 필요가 없다는 견해도 있으나 대체적으로 제535조 이외의 경우에도 인정하는 것이 일반적이다. 다만 인정할 경우에도 그 법적 성질이나 인정범위에 관하여는 학설상 차이가 있다.

(3) 법적 성질

가. 계약책임설(곽윤직 등 다수설)

계약상의 의무에는 주된 급부의무 외에 부수적 주의의무, 보호의무 등 신의칙상의 의무도 포함되고, 이러한 주의의무는 계약체결을 위한 준비단계에서도 인정되어야 하기 때문에 계약책임으로 구성할 수 있다고 보는 견해이다.

나. 불법행위책임설(양창수, 윤진수, 김준호)

계약체결시에 무효인 계약에 의해 상대방에게 불측의 손해를 주지 않도록 하는 것은 사회생활상의 의무이고, 이를 위반하여 손해를 준 자는 불법행위책임을 진다는 견해이다.

다. 법정책임설(이영준, 김형배)

계약체결을 위한 협의의 개시시부터 법적 특별구속관계가 발생하고 이는 보호의무를 내용으로 하는 법정의 채권채무관계로 보아 계약책임과 유사한 독자적인 책임을 진다고 한다.

(4) 유형

가. 준비단계에 있어서의 체약상 과실책임

이 유형에 속하는 경우로 계약외적 법익인 생명, 신체, 재산에 대한 보호의무를 위반한 경우와 계약교섭을 부당하게 파기한 경우 등을 들 수 있다. 이와 관련하여 판례는 "어느 일방이 교섭단계에서 계약이 확실하게 체결되리라는 정당한 기대 내지 신뢰를 부여하여 상대방이 그 신뢰에 따라 행동하였음에도 상당한 이유 없이 계약의 체결을 거부하여 손해를 입혔다면 이는 신의성실의 원칙에 비추어 볼 때 계약자유원칙의 한계를 넘는 위법한 행위로서 불법행위를 구성한다(대법원 2004. 5. 28. 선고 2002다32301 판결)"

고 판시한 바 있다.

나. 계약이 무효 또는 취소된 경우의 체약상 과실책임

이 유형에 속하는 경우로 원시적 불능의 경우(제535조), 착오 취소의 경우, 무능력 취소의 경우, 강행법규 위반을 이유로 무효로 된 경우 등을 들 수 있다.

다. 계약이 유효한 경우의 체약상 과실책임

1) 의의

계약이 유효하게 성립하였으나, 계약체결시에 필요한 고지의무나 설명의무를 위반하여 상대방에게 손해가 발생한 경우에도 계약체결상 과실책임을 인정할 수 있는지가 문제된다.

2) 인정여부

설명의무위반이 계약체결 전에 있는 경우 계약체결상의 과실책임을 긍정하는 견해(곽윤직, 김증한, 김주수)와 계약의 목적인 급부가 있게 되면 계약성립 전 통지의무의 위반 등도 실질적으로 계약과 일체를 이루고 있으므로 계약이 유효하게 성립한 경우에는 채무불이행, 특히 불완전이행의 문제가 발생할 뿐이라는 견해(양창수)가 대립하고 있다.

중요사건의 사실관계 및 대법원의 판단

【사실관계】

피고가 무역센터 부지 내에 수출 1,000억 $ 달성을 기념하는 영구조형물을 건립하기로 하고 그 건립방법에 관하여 분야별로 5인 가량의 작가를 선정하여 조형물의 시안 제작을 의뢰한 후 그 중에서 최종적으로 1개의 시안을 선정한 다음 그 선정된 작가와 이 사건 조형물의 제작·납품 및 설치계약을 체결하기로 하였다. 피고는 원고 등 조각가 4인에게 시안의 작성을 의뢰하면서 시안이 선정된 작가와 조형물 제작·납품 및 설치계약을 체결할 것이라는 사실을 알렸으나 당시 이 사건 조형물의 제작비, 제작시기, 설치장소를 구체적으로 통보하지는 않았다. 피고는 작가들이 제출한 시안 중 원고가 제출한 시안을 당선작으로 선정하고 원고에게 그 사실을 통보하였고, 그 후 피고는 여러 가지 피고 협회의 내부적 사정과 외부의 경제여건 등으로 원고와 사이에 그 제작비, 설치기간, 설치장소 및 그에 따른 제반사항을 정한 구체적인 이 사건 계약을 체결하지 아니하고 있다가 당선사실 통지시로부터 약 3년이 경과한 시점에 원고에게 이 사건 조형물의 설치를 취소하기로 하였다고 통보하였다.

【대법원의 판단】 계약교섭의 부당한 중도파기가 불법행위를 구성하는지 여부(적극)

[1] 어느 일방이 교섭단계에서 계약이 확실하게 체결되리라는 정당한 기대 내지 신뢰를 부여하여 상대방이 그 신뢰에 따라 행동하였음에도 상당한 이유 없이 계약의 체결을 거부하여 손해를 입혔다면 이는 신의성실의 원칙에 비추어 볼 때 계약자유원칙의 한계를 넘는 위법한 행위로서 불법행위를 구성한다.

[2] 계약교섭의 부당한 중도파기가 불법행위를 구성하는 경우 그러한 불법행위로 인한 손해는 일방이 신의에 반하여 상당한 이유 없이 계약교섭을 파기함으로써 계약체결을 신뢰한 상대방이 입게 된 상당인과관계 있는 손해로서 계약이 유효하게 체결된다고 믿었던 것에 의하여 입었던 손해 즉 신뢰손해에 한정된다고 할 것이고, 이러한 신뢰손해란 예컨대, 그 계약의 성립을 기대하고 지출한 계약준비비용과 같이 그러한 신뢰가 없었더라면 통상 지출하지 아니하였을 비용상당의 손해라고 할 것이며, 아직 계약체결에 관한 확고한 신뢰가 부여되기 이전 상태에서 계약교섭의 당사자가 계약체결이 좌절되더라도 어쩔 수 없다고 생각하고 지출한 비용, 예컨대 경쟁입찰에 참가하기 위하여 지출한 제안서, 견적서 작성비용 등은 여기에 포함되지 아니한다.

[3] 침해행위와 피해법익의 유형에 따라서는 계약교섭의 파기로 인한 불법행위가 인격적 법익을 침해함으로써 상대방에게 정신적 고통을 초래하였다고 인정되는 경우라

면 그러한 정신적 고통에 대한 손해에 대하여는 별도로 배상을 구할 수 있다(대법원 2003. 4. 11. 선고 2001다53059 판결).
<해설>
1. 원고와 피고간에 계약이 성립되었는지 여부
 피고가 작가들에게 시안 제작을 의뢰할 때 시안이 당선된 작가와 사이에 이 사건 계약을 체결할 의사를 표명하였다 하더라도 그 의사표시 안에 이 사건 조형물의 제작·납품 및 설치에 필요한 제작대금, 제작시기, 설치장소를 구체적으로 명시하지 아니하였던 이상 피고의 원고 등에 대한 시안제작 의뢰는 이 사건 계약의 청약이라고 할 수 없고, 나아가 원고가 시안을 제작하고 피고가 이를 당선작으로 선정하였다 하더라도 원고와 피고 사이에 구체적으로 이 사건 계약의 청약과 승낙이 있었다고 보기는 어렵다고 할 것이다.

2. 계약체결을 위한 교섭의 부당한 파기가 불법행위를 구성하는지 여부
 비록 원·피고 사이에 이 사건 계약에 관하여 확정적인 의사의 합치에 이르지는 못하였다고 하더라도 그 계약의 교섭단계에서 피고가 원고 등 조각가 4인에게 시안의 작성을 의뢰하면서 시안이 선정된 작가와 조형물 제작·납품 및 설치에 관한 이 사건 계약을 체결할 것을 예고한 다음 이에 응하여 작가들이 제출한 시안 중 원고가 제출한 시안을 당선작으로 선정하고 원고에게 그 사실을 통보한 바 있었으므로 당선사실을 통보받은 시점에 이르러 원고로서는 이러한 피고의 태도에 미루어 이 사건 계약이 확실하게 체결되리라는 정당한 기대 내지 신뢰를 가지게 되었다고 할 것이고 그 과정에서 원고는 그러한 신뢰에 따라 피고가 요구하는 대로 이 사건 조형물 제작을 위한 준비를 하는 등 행동을 하였을 것임에도, 피고가 원고와는 무관한 자신의 내부적 사정만을 내세워 근 3년 가까이 원고와 계약체결에 관한 협의를 미루다가 이 사건 조형물 건립사업의 철회를 선언하고 상당한 이유 없이 계약의 체결을 거부한 채 다른 작가에게 의뢰하여 해상왕 장보고 상징조형물을 건립한 것은 신의성실의 원칙에 비추어 볼 때 계약자유원칙의 한계를 넘는 위법한 행위로서 불법행위를 구성한다고 할 것이다.

3. 계약교섭의 부당파기로 인한 손해배상의 유형과 범위
(1) 정신적 손해
 피고의 계약교섭의 부당파기는 조형물 작가로서의 원고의 명예감정 및 사회적 신용과 명성에 대한 직간접적인 침해를 가한 불법행위에 해당된다고 할 것이므로 피고는

그로 인하여 원고가 입은 정신적 고통에 대하여 이를 금전으로 위자할 책임이 있다.
(2) 재산적 손해

 원고가 재산적 손해라고 주장하는 추정 총 제작비 20% 상당의 창작비 3억 원의 손해는 결과적으로 이 사건 계약이 정당하게 체결되어 그 이행의 결과에 따라 원고가 얻게 될 이익을 상실한 손해와 같은 성질의 것이어서 계약교섭이 중도 파기되었을 뿐 종국에 가서 적법한 계약이 체결되지 아니한 이 사건에 있어서 원고로서는 계약의 이행을 청구할 수도 없고 또한 그 불이행책임을 청구할 아무런 법적 지위에 놓여 있지 아니하게 된 이상 계약의 체결을 전제로 한 이와 같은 손해의 배상을 구할 수는 없다고 할 것이고, 또한 이 사건 조형물의 제작을 준비하기 위하여 지출하였다는 비용 중 피고의 공모에 응하여 시안을 제작하는 데 소요된 비용은 아직 피고로부터 계약체결에 관한 확고한 신뢰가 부여되기 이전 상황에서 지출된 것으로서 원고로서는 그 대가로 500만 원을 지급받는 것에 만족하고 그 공모에 응하여 당선되지 않더라도 무방하다고 생각하고 지출한 비용에 불과하여 이 사건에서 용인될 수 있는 신뢰손해의 범위에 속한다고 볼 수도 없다.

제 4 절 계약의 효력

I. 계약의 일반적 효력요건

계약은 법률행위 가운데에서도 가장 중요한 것이므로 그것이 효력이 발생하려면 일반적 요건으로서 당사자가 권리능력 및 행위능력을 가지고 있어야 하고, 의사표시의 의사와 표시가 일치하고 하자가 없어야 하며, 또한 그 내용이 확정·가능·적법하고 사회적 타당성이 있어야 한다. 그리고 보통의 경우에는 계약은 성립과 동시에 효력을 발생하나 정지조건, 시기와 같은 효력의 발생을 막게 하는 사유가 있으면 계약의 성립시기와 효력발생시기가 달라질 수 있다. 계약은 일반적인 여러 요건을 갖추면 그 효력을 발생한다. 그리고 유효한 계약에서 생기는 구체적 법률효과는 계약의 종류·내용에 따라 각각 다르다. 그런데 민법은 본절에서 「계약의 효력」이라 하여 동시이행의 항변권(제536조)·위험부담(제537조, 제538조) 그리고 제3자를 위한 계약(제539조~제542조)에 관하여 규정하고 있다.

II. 쌍무계약의 특수한 효력

1. 견련성

쌍무계약이란 각 당사자가 대가적 의미를 갖는 채무를 부담하는 계약을 말한다. 쌍무계약으로부터 생기는 양 당사자의 채무는 서로 대립적·대가적·교환적인 의의를 갖고, 서로 밀접하여 분리할 수 없는 상호의존관계에 서는데 이를 채무의 '견련성'이라 한다. 이러한 쌍방의 채무의 상호의존관계(견련성)는 세 가지 방향, 즉 성립·이행·존속상에서 운명을 같이한다. 이를 구체적으로 살펴보면 다음과 같다.

(1) 성립상의 견련성

일방 채무가 성립하지 못하는 때에는 타방의 채무도 성립하지 않는다. 즉 쌍무계약에 의해 발생한 일방의 채무가 원시적 불능·불법 등으로 성립하지 않으면, 그 대가적 의미를 갖는 타방의 채무도 성립하지 않는다. 예컨대, 이미 멸실된 건물에 대해 매매계약을 체결한 경우, 매도인의 소유권이전 채무가 무효가 되어 성립하지 않는 것에 대응하여 상대방의 대금지급채무도 성립하지 않는다.

(2) 이행상의 견련성

일방의 채무가 이행될 때까지 상대방도 자신의 채무의 이행을 거절할 수 있다. 이와 관련하여 우리 민법은 "쌍무계약의 당사자 일방은 상대방이 그 채무이행을 제공할 때까지 자기채무의 이행을 거절할 수 있다"고 하는 '동시이행의 항변권'을 규정하고 있다(제536조).

(3) 존속상의 견련성

일방의 채무가 채무자의 책임 없는 사유로 후발적으로 이행불능이 되어 소멸한 경우에 타방의 채무도 소멸하느냐가 문제된다. 이와 관련하여 우리 민법은 쌍무계약의 당사자 일방의 채무가 당사자 쌍방의 책임 없는 사유로 이행할 수 없게 된 때에는 채무자는 상대방의 이행을 청구하지 못한다고 규정하여 '채무자위험부담주의'를 원칙으로 채택하고 있다(제537조 내지 제538조). 그 결과 채무자는 목적물을 잃으면서도 상대방으로부터 대가를 받지 못하는 위험을 부담하게 되는데, 이것이 '위험부담'의 문제이다.

2. 동시이행의 항변권

(1) 의의

가. 동시이행의 항변권의 개념

동시이행의 항변권이라함은 쌍무계약의 당사자 일방이 그 채무의 이행 또는 이행의 제공을 할 때까지 타방 당사자가 자기채무의 이행을 거절할 수 있는 권리로서 이행상의 관련을 인정하려는 제도이다.

매매의 경우를 예로 들면, 매도인은 매수인이 대금을 제공할 때까지는 목적물의 인도를 거절할 수 있고, 또 매수인은 매도인이 목적물을 제공할 때까지는 대금지급을 거절할 수 있는 것이다. 즉, 동시이행의 항변권은 공평의 원칙에 입각하여 쌍무계약에서 생기는 대립하는 채무 사이에 이행상의 견련관계를 인정하려는 제도이다.

나. 동시이행의 항변권과 유치권의 차이점

구 분	동시이행의 항변권	유치권
성질	동시이행의 항변권은 쌍무계약에서 발생하는 채무에 따르는 단순한 권능에 지나지 않기 때문에 계약당사자 사이에서만 주장할 수 있다(대인적·상대적 효력).	유치권은 물권으로써 누구에 대해서나 주장할 수 있다(대세적 효력).
목적	동시이행의 항변권은 당사자 일방은 상대방이 그 채무이행을 제공할 때까지 자기의 채무이행을 거절할 수 있는데 지나지 않는다(연기적 항변권).	유치권은 유치권자의 채권담보를 목적으로 한다.
거절할 수 있는 급부	동시이행의 항변권에서 거절할 수 있는 급부에는 제한이 없다.	유치권은 타인의 물건을 유치할 뿐이므로 거절할 수 있는 급부는 목적물의 인도에 한한다.
대담보의 허용여부	동시이행의 항변권에서는 대담보권이 인정되지 않는다.	유치권에서는 채무자가 상당한 담보를 제공하고 그 소멸을 청구할 수 있다.
경매권	없다.	있다.

(2) 성립요건

가. 대가적인 의미가 있는 채무의 부담

먼저 1개의 쌍무계약에 의하여 당사자 쌍방이 서로 대가적인 의미가 있는 채무를 부담하고 있어야 한다. 채권양도 또는 채무인수 등으로 당사자가 변경되더라도 채무가 동일성을 유지하는 한 그 항변권도 존속한다. 그러나 경개가 있으면 채권의 동일성을 상실하므로 그 항변권은 소멸한다. 그리고 당사자 쌍방이 서로 채무를 부담하더라도 그 채무가 다른 법률상의 원인에 의해 발생한 경우에는 동시이행의 항변권은 인정되지 않는다(대판 1989. 2. 14 88다카10753).

1) 동시이행의 관계에 있는 채무

ⅰ) 임대차계약의 종료에 의하여 발생된 임차인의 목적물 반환의무와 임대인의 연체차임을 공제한 나머지 보증금의 반환의무(대판1977. 9. 28. 77다1241·1242)

ⅱ) 동시이행의 관계에 있는 쌍방의 채무 중 어느 한 채무가 이행불능이 됨으로 인하

여 발생한 손해배상채무도 여전히 다른 채무와 동시이행의 관계에 있다(대판 2000. 2. 25. 97다30066).

ⅲ) 가압류등기가 되어 있는 부동산의 매매계약에 있어서 매도인의 소유권이전등기의무 및 가압류등기의 말소의무와 매수인의 대금지급의무(대판 2001. 7. 27. 2001다27784·27791)

ⅳ) 말소되지 않은 근저당권등기가 남아 있는 부동산 매매에 있어서 매도인의 소유권이전등기의무 및 근저당권설정등기 말소의무와 매수인의 대금지급의무(대판 1979. 11. 13. 79다1562)

ⅴ) 매매계약이 취소된 경우 당사자 쌍방의 원상회복의무(대판 2001. 7. 10. 2001다3764)

ⅵ) 부동산의 매수인이 매매목적물에 관한 근저당권의 피담보채무를 인수하는 한편 그 채무액을 매매대금에서 공제하기로 약정한 경우, 매수인이 인수하기로 한 채무는 매매대금 지급채무에 갈음한 것으로서 매도인이 그 채무를 대신 변제하였다면 그로 인한 매수인의 매도인에 대한 구상채무는 인수채무의 변형으로서 매매대금 지급채무에 갈음한 것의 변형이므로, 매수인의 구상채무와 매도인의 소유권이전의무는 대가적 의미가 있어 이행상 견련관계에 있다고 인정되고, 따라서 양자는 동시이행의 관계에 있다고 해석함이 공평의 관념 및 신의칙에 합당하다 할 것이다(대판 2007. 6. 14. 2007다3285).

> **<Q & A>**
> **부가세를 포함한 매매대금 지급의무와 소유권이전등기의무가 동시이행 관계인지**
>
> Q) A는 분양업을 하면서 甲에게 매매대금 1억원에 분양하기로 하는 아파트 분양계약을 체결하면서 甲이 부가가치세 1,000만원까지 납부하기로 약정을 하였다. 그러나 甲은 위 부가가치세 1,000만원은 지급하지 아니하고, 매매대금 1억원만 지급한 채 위 아파트에 대한 소유권이전등기를 해달라고 요구하고 있다. 이에 A는 부가가치세까지 납부하여야 소유권이전등기를 해 줄 수 있다고 하자, 甲은 매매대금을 모두 지급하였으므로 이와 동시이행관계에 있는 A는 소유권이전등기의무를 해주어야 한다면서 A를 상대로 소유권이전등기청구의 소를 제기하였다. A가 부가가치세 1,000만원을 지급받지 아니한 상태에서 소유권이전등기를 해주어야 하는 것인가?

A)

1. 문제점

부동산 매매계약에 있어 부가세를 포함한 매매대금 지급의무와 소유권이전등기의무가 동시이행 관계에 있는 것인지가 문제된다.

2. 판례의 태도

(1) 쌍무계약에서 동시이행의 항변권은 공평의 관념과 신의칙에 입각하여 각 당사자가 부담하는 채무가 서로 대가적 의미를 가지고 관련이 되었을 때 그 이행에 있어서 견련관계를 인정하여, 당사자 일방은 상대방이 채무를 이행하거나 이행제공을 하지 아니한 채 당사자 일방의 채무의 이행을 청구할 때에는 자기의 채무이행을 거절할 수 있도록 하는 제도인바(민법 제536조), 이러한 제도의 취지에서 볼 때 <u>당사자가 부담하는 각 채무가 쌍무계약에 있어 고유의 대가관계가 있는 채무가 아니라고 하더라도 구체적인 계약관계에서 각 당사자가 부담하는 채무에 관한 내용에 따라 그것이 대가적 의미가 있어 이행상의 견련관계를 인정하여야 할 사정이 있는 경우에는 동시이행항변권을 인정할 수 있다</u>(대법원 1992. 8. 18. 선고 91다30927 판결).

(2) 한편 부동산 매매계약에 있어 <u>매수인이 부가가치세를 부담하기로 약정한 경우 부가가치세를 매매대금과 별도로 지급하기로 했다는 등의 특별한 사정이 없는 한 부가가치세를 포함한 매매대금 전부와 부동산소유권이전등기의무가 동시이행의 관계에 있다고 보아야 한다는 것이 판례이다</u>(대법원 2006. 2. 24. 선고 2005다58656, 58663 판결).

3. 결론

사례에서 甲이 부가가치세를 매매대금과 별도로 지급하기로 하였다는 특별한 사정이 없는 한 甲의 부가가치세 1,000만원 및 매매대금 1억원 합계 1억 1,000만원을 지급할 의무와 A의 소유권이전등기의무는 동시이행관계에 있는 것으로 볼 수 있다. 따라서 위 소송에서 甲이 부가가치세를 매매대금과 별도로 지급하기로 하였다는 <u>특별한 사정이 밝혀지지 않는 이상</u>(물론 그러한 특별한 사정에 대하여는 甲이 입증) A의 소유권이전등기의무와 甲의 부가가치세 지급의무는 동시이행관계에 있다고 할 것이다. 따라서 <u>A는 甲으로부터 부가가치세 1,000만원을 지급받음과 동시에 甲에게 소유권이전등기를 해주면 될 것이다.</u>

2) 동시이행의 관계가 인정되지 않는 채무

ⅰ) 임대차계약 해제에 따른 임차인의 목적물 인도의무와 임대인이 임차인에게 건물을 사용·수익케 할 의무를 불이행한데 대하여 손해배상을 하기로 한 각서에 기해 발생한 약정지연손해배상의무는 하나의 임대차계약에서 이루어진 것이 아니고 그 발생원인을 달리하고 있어, 양자 사이에 이행상의 견련관계는 없다(대판 1990. 12. 26. 90다카25383).

ⅱ) 건물매수인이 아직 건물의 소유권을 취득하지 못한 채 매도인의 동의를 얻어 제3자에게 임대하였으나 매수인(임대인)의 채무불이행으로 매도인이 매매계약을 해제하고 임차인에게 건물의 명도를 구하는 경우, 임차인의 건물명도의무와 매수인(임대인)의 보증금반환의무를 동시이행관계에 두는 것은 오히려 공평의 원칙에 반한다 할 것이다(대판 1990. 12. 7. 90다카24939).

> **【쟁점사항】**
>
> <쌍무계약이 아니지만 동시이행의 항변권이 인정되는 경우>
> (1) 민법 및 민사특별법에서 준용하는 경우
> ㉠ 전세권 소멸시 전세권자의 목적물인도 및 전세권설정등기 말소의무와 전세권설정자의 전세금반환의무(제317조)
> ㉡ 계약해제로 인한 쌍방의 원상회복의무(제549조)
> ㉢ 부담부 증여에서 쌍방의 의무(제561조)
> ㉣ 매도인의 담보책임을 물어 계약을 해제한 경우의 쌍방의 원상회복의무(제583조)
> ㉤ 도급에 있어서 완성된 목적물에 하자가 있는 경우에 이를 보수할 수급인의 의무와 도급인의 보수지급의무(제667조)
> ㉥ 종신정기금계약의 해제에 따른 쌍방의 채무(제728조)
> ㉦ 가등기담보에서 채권자의 청산지급의무와 채무자의 목적부동산에 대한 본등기 및 인도의무(가등기담보 등에 관한 법률 제4조 3항)
> (2) 판례가 인정하는 경우
> ㉠ 원인채무의 지급확보를 위해 어음·수표가 교부된 경우 그 어음·수표의 반환의무와 원인채무의 변제의무(대판 1993. 11. 9. 93다11203·11210)
> ㉡ 계약의 무효 또는 취소된 경우에 당사자 상호간의 반환의무(대판 1996. 6. 14. 95다54693)
> ㉢ 민법 제571조(선의 매도인의 담보책임)에 의한 해제의 경우에 매도인의 손해배상의무와 매수인의 목적물 및 그 사용이익의 반환의무(대판 1993. 4. 9. 92다25994)
> ㉣ 동시이행의 항변권을 비쌍무계약에 확장하기 위한 요건
> 원래 쌍무계약에서 인정되는 동시이행의 항변권을 비쌍무계약에 확장함에 있어서는 양 채무가 동일한 법률요건으로부터 생겨서 공평의 관점에서 보아 견련적으로 이행시킴이 마땅한 경우라야 한다(대판 2000. 10. 27. 2000다36118).

나. 상대방의 채무가 이행기에 있을 것

쌍무계약에서 당사자 일방이 선이행의무를 부담하고 있는 때에는 그 자는 상대방 채무의 이행기가 도래한 때까지 동시이행의 항변권을 가지지 않지만, 선이행의무자가 이행하지 않고 있는 동안에 상대방의 채무의 변제기가 도래한 경우에는 선이행의무자도 동

시이행의 항변권을 갖는다(대판 1970. 5. 12. [70다344]). 또한 당사자 일방이 상대방에게 먼저 이행하여야 할 경우에도 '상대방의 이행이 곤란한 현저한 사유가 있는 때'에는 선이행의무자는 그 채무이행을 제공할 때까지 자기의 채무이행을 거절할 수 있는 동시이행의 항변권을 가진다(제536조 2항). 이를 '불안(不安)의 항변권'이라고도 한다. 이와 관련하여 판례는 "민법 제536조 제2항에서의 '상대방의 채무이행이 곤란할 현저한 사유'라 함은 계약 성립 후 상대방의 신용불안이나 재산상태의 악화 등 사정으로 반대급부를 이행받을 수 없게 될지도 모를 사정변경이 생기고 이로 인하여 당초의 계약 내용에 따른 선이행의무를 이행하게 하는 것이 공평의 관념과 신의칙에 반하게 되는 경우를 말하는 것이고 이와 같은 사유는 당사자 쌍방의 사정을 종합하여 판단하여야 할 것이다(대법원 2002. 9. 4. 선고 2001다1386 판결)"라고 판시한 바 있다.

> **\<Q & A\>**
> **쌍무계약상 선이행의무 지체자의 동시이행항변권**
>
> Q) A는 공작기계 제작업체를 운영하는데, 甲에게 기계 2대를 각 1,000만원에 매도하기로 계약하면서, 계약 10일 후 A가 먼저 기계를 인도하고 대금은 계약일로부터 15일 후 지급받기로 하였다. 그런데 A의 공장사정으로 기계 제작이 늦어져 甲의 대금지급기일에 이르러서야 기계의 인도가 가능하게 되었다. 그러나 甲은 현금준비가 덜 되었다면서 현금 1,000만원과 1개월 후 만기인 액면금 1,000만원인 약속어음을 대금으로 지급하면서 기계 2대의 인도를 요구하고 있다. 이 경우 A는 甲의 요구를 거절할 수 있는가?

A)
1. 문제점

원칙적으로 상대방의 채무가 변제기에 있지 않은 경우, 예를 들어 선이행의무를 지는 경우에는 동시이행항변권이 발생하지 않는다(민법 제536조 1항 단서). 다만, 당사자의 일방이 선이행의무를 부담하더라도 예외적으로 동시이행의 항변권이 인정되는 경우가 있는데 위 사안이 그에 해당하는지 문제된다.

2. 판례의 태도

동시이행의 항변권은 쌍방의 채무가 모두 변제기에 있어야 성립하는 것이지만, 변제기의 도래는 동시이행의 항변권을 행사할 때에 상대방의 채무가 변제기에 있으면 되고 처음부터 변제기가 같아야 한다는 것은 아니므로, 선이행의무자가 이행하지 않고 있는 동안에 상대방의 채무가 이행기에 달한 경우에는 선이행의무자도 상대방의 청구에 대하여 동시이행의 항변권을 주장할 수 있다(대법원 2001. 7. 27. 선고 2001다27784, 27791 판결).

3. 결론

위 사안의 경우 A의 이행지체 중에 甲의 대금지급기일이 도래하여 甲이 현금 1,000만원과 액면금 1,000만원인 약속어음을 대금으로 지급하고 기계의 인도를 요구한 것인바, 약속어음에 의한 지급은 그 어음의 결제가 완료하기까지 채무변제의 효력은 생기지 않으며, 또한 선이행의무자인 A도 甲의 변제기가 도래하였으면 甲의 기계인도청구에 대해 동시이행의 항변권을 행사할 수 있는 것이므로, 甲이 어음금을 지급할 때까지 A는 기계의 인도를 거절할 수 있다 할 것이다. 그러나 A는 기계 2대를 매매하는 계약에서 1대의 대금에 해당하는 1,000만원을 지급 받았는바, 이러한 일부이행의 경우에 어느 범위까지 동시이행의 항변권을 행사할 수 있는지가 문제되는데, 상대방으로부터 청구받은 채무가 가분급부이냐 불가분급부이냐에 따라서 동시이행의 항변권의 범위가 달라진다. 즉, 가분급부인 때에는 원칙적으로 상대방이 아직 이행하지 않거나 그 이행이 불완전한 부분에 상당한 범위에서 채무의 이행을 거절할 수 있고, 불가분급부인 때에는 불이행 또는 불완전한 부분이 계약의 취지와 공평의 원칙에 비추어 중요하냐 아니냐에 따라 급부전체의 거절권을 인정하든가 아니면 전혀 인정하지 아니하든가 하게 될 것이다. 위 사안에서 <u>A의 기계인도채무는 가분급부에 해당하므로 A는 기계 1대는 인도해야 하고, 1대에 대해서는 어음금을 지급받을 때까지 인도를 거절할 수 있다고 할 것이다.</u>

다. 상대방이 자기의 채무 또는 그 제공을 하지 않고서 이행을 청구하였을 것

상대방이 자기의 채무 또는 그 제공을 하지 않고서 이행을 청구하였을 것을 요한다. 이와 관련하여 일부이행 또는 불완전이행의 경우가 문제된다.

상대방이 일부의 이행(혹은 제공) 또는 불완전한 이행(혹은 그 제공)을 한 후에 청구를 한 경우 이행이 청구된 채무가 가분인 때에는 원칙적으로 잔여부분 또는 불완전한 부분에 부담하는 만큼의 채무의 이행만을 거절할 수 있는 것으로 해석되고 있다(통설, 판례).

판례는 도급인이 하자보수에 갈음하여 손해배상을 청구한 경우, 도급인은 그 손해배상의 제공을 받을 때까지 손해배상액에 상당하는 보수액의 지급만을 거절할 수 있는 것이고 그 나머지 보수액의 지급은 이를 거절할 수 없다고 한다(대판 1990. 5. 22. 90다카230).

그러나 잔여의 부분 또는 불완전한 부분이 근소·경미하여 동시이행의 항변권을 인정하는 것이 신의·공평의 이념에 반하고 부당하다고 인정될 때에는 이 항변권은 인정되지 않는다고 하여야 할 것이다(독일민법 제320조 2항 참조). 반대로 잔여의 부분 또는 불완전한 부분이 중요한 것이면 전부에 관한 항변권을 인정하여야 할 것이다. 또 이행이 청구된 채무가 불가분인 때에는 잔여의 부분 또는 불완전한 부분이 근소한 것이 아닌 한 전부에 대하여 동시이행의 항변권을 인정하여야 할 것이다.

잔여부분 또는 불완전한 부분이 근소한 것인가 중요한 것인가는 계약의 취지를 검토하여 신의성실의 원칙에 따라 판단하여야 한다.

또 상대방이 일단 채무의 내용에 좇아 이행의 제공을 하였음에도 불구하고 수령하지 않음으로써 수령지체에 빠진 당사자도, 그 후 상대방이 자기의 채무의 이행을 다시 하지 않고서 이행을 청구하여 온 것에 대하여 동시이행의 항변권을 행사할 수 있다고 보는 것이 다수설 및 판례이다. 즉 판례는 쌍무계약에 있어 당사자 일방이 먼저 한번 현실의 제공을 하고, 상대방을 수령지체에 빠지게 하였다 하더라도 그 이행의 제공이 계속되지 않는 경우에는 과거에 이행의 제공이 있었다는 사실만으로 상대방이 가진 동시이행의 항변권이 소멸한다고 볼 수 없다고 하였다(판례 1972. 11. 14. 72다1513·1514).

핵심판례

쌍무계약의 일방 당사자가 선이행의무를 부담하고 그와 대가관계에 있는 상대방의 채무가 아직 이행기에 이르지 아니하였으나 그 이행기의 이행이 현저히 불투명하게 된 경우, 선이행의무의 이행을 거절할 수 있는지 여부

가. 쌍무계약의 당사자 일방이 계약상 선이행의무를 부담하고 있는데, 그와 대가관계에 있는 상대방의 채무가 아직 이행기에 이르지 아니하였지만 이행기의 이행이 현저히 불투명하게 된 경우에는 민법 제536조 제2항의 신의칙에 의하여 그 당사자에게 반대급부의 이행이 확실하여질 때까지 선이행의무의 이행을 거절할 수 있다.

나. 토지매수인, 시공회사 신탁회사 간에 신탁방식에 의한 오피스텔 신축 및 분양사업에 관한 기본약정을 맺은 후 외환위기로 신탁회사가 사업자금 차입 곤란 등으로 공사선급금 등의 지급확보책을 제시하지 못한 경우, 시공회사가 이를 이유로 자신의 선이행의무인 토지대금의 대여 및 지급보증의무의 이행을 거절할 수 있다(대판 2003. 5. 16. 2002다2423).

(3) 효 과

가. 이행거절의 항변권

동시이행의 항변권은 상대방의 채무이행이 있기까지 자신의 채무이행을 거절할 수 있는 권리, 즉 이행거절권능이 그 중심적 효력이다. 이행거절을 위해서는 동시이행의 항변권을 실제로 행사하여야 한다.

동시이행항변권은 상대방이 채무를 이행하거나 또는 이행의 제공을 할 때까지 자기의 채무를 거절할 수 있는 '연기적 항변권'일 뿐, 상대방의 청구권을 영구적으로 부인하는 것은 아니다. 한편, 동시이행의 항변권을 가지는 채무자는 비록 이행기에 이행을 하지 않더라도 채무불이행, 즉 이행지체가 되지 않는다. 이행지체 저지효는 동시이행의 항변권을 실제로 행사하지 않더라도 항변권의 존재만으로 당연히 생긴다(통설과 판례). 즉 이행기가 도과하더라도 동시이행의 항변권만 있으면 이행지체책임이 당연히 면제된다.

나. 소송상의 효력

이행의 청구를 받은 자가 동시이행의 항변권을 가지고 있더라도 이를 주장(원용)하지 않는 한 법원은 그 존재를 고려하여야 하는 것은 아니지만 원고의 청구에 대하여 피고가 동시이행의 항변권을 원용한 경우에는 법원은 원고패소의 판결을 내릴 것이 아니라, 피고에 대하여 원고의 급부와 상환으로 급부하라는 상환급부를 명하는 판결(일부승소판결)을 하여야 하는 것으로 해석하고 있다(이설없음, 독일민법 제322조 1항 참조).

상환급부의 판결에 기하여 원고가 강제집행을 함에 있어서는 자기채무의 이행을 하지 않으면 안되며, 이 때 원고가 하는 급부(정확하게 말하면 그 증명)는 집행문부여의 요건이 아니고, 집행개시의 요건이다. 따라서 채권자 쪽의 반대급부의 이행 또는 제공의 유무는 집행관 기타의 집행기관이 심사하게 된다(대결 1977. 11. 30. 77마371 공보④ 1978. 10548).

다. 기타의 효과

1) 이행지체책임의 면제

쌍무계약에서 쌍방의 채무가 동시이행관계에 있는 경우 일방의 채무의 이행기가 도래하더라도 상대방 채무의 이행제공이 있을 때까지는 그 채무를 이행하지 않아도 이행지체의 책임을 지지 않는 것이며, 이와 같은 효과는 이행지체의 책임이 없다고 주장하는 자가 반드시 동시이행의 항변권을 행사하여야만 발생하는 것은 아니므로, 동시이행관계에 있는 쌍무계약상 자기채무의 이행을 제공하는 경우 그 채무를 이행함에 있어 상대방의 행위를 필요로 할 때에는 언제든지 현실로 이행을 할 수 있는 준비를 완료하고 그 뜻을 상대방에게 통지하여 그 수령을 최고하여야만 상대방으로 하여금 이행지체에 빠지게 할 수 있는 것이다(대판 2001. 7. 10. 2001다3764).

2) 상계의 금지

동시이행의 항변권이 붙은 채권은 이를 자동채권으로 하여 상계하지 못한다(제492조 1항 단서).

항변권이 붙어 있는 채권을 자동채권으로 하여 타의 채무와의 상계를 허용한다면 상계자 일방의 의사표시에 의하여 상대방의 항변권행사의 기회를 상실케 하는 결과가 되므로 이와 같은 상계는 그 성질상 허용될 수 없다(대법원 1969. 10. 28, 69다1084).

3. 위험부담

(1) 위험부담의 의의

쌍무계약의 각 채무가 완전하게 이행되기 전에 일방의 채무가 채무자의 책임없는 사유로 이행불능이 되어 소멸한 경우에 그에 대응하는 타방의 채무의 운명은 어떻게 되는가(예컨대 매매계약성립 후에 목적물인 가옥이 소훼·멸실하여 매도인의 가옥인도 채무가 소멸한 경우에 매수인의 대금채무는 소멸하는가)하는 문제를 위험부담의 문제라 한다. 즉 유효하게 성립한 채권관계에 있어서 채무자의 귀책사유 없이 급부가 후발적으로 불능이 된 경우 이에 따른 불이익을 누구에게 귀속시킬 것인가의 문제를 말한다. 위험에는 '급부위험'와 '반대급부위험(대가위험)'이 있는데 위험부담에서 말하는 위험이란 대가위험을 의미한다. 다시 말하면 급부가 소멸하였을 경우 반대급부도 소멸하여 채무자가 대가지급청구권을 상실하는지, 아니면 여전히 대가지급청구권을 행사할 수 있는지 여부의 문제가 위험부담의 문제인 것이다.

(2) 입법주의

상기의 경우에 타방의 채무도 소멸한다면 이행불능으로 인하여 일방의 채무가 소멸하는 것에 대한 위험은 그 소멸한 채무의 채무자(상기 예에서 매도인)가 부담하게 되지만, 반대로 타방의 채무는 소멸하지 않고 존속한다면 상기의 위험은 채권자(상기 예에서 매수인)가 부담하게 될 뿐이다. 전자를 '채무자주의'(독일민법 제323조 1항)라 하고 후자를 '채권자주의'(로마법, 프랑스민법 제1138조 2항, 스위스민법 제119조 2항)라 한다.

'소유자주의'는 물건이 소멸된 당시의 소유자가 손실을 부담한다는 입법주의로, 영미법계에서 유래한다.

우리 민법은 위험부담에서 채무자가 채권자에게 반대급부를 청구하지 못하는 채무자위험부담주의를 채택하고 있다(제537조). 다만 제538조는 예외적으로 채권자주의를 채택하고 있다. 위험부담에 관한 우리 민법 제537조와 제538조는 강행규정은 아니므로 특약으로 달리 정할 수 있다(통설).

(3) 채무자위험부담주의의 원칙(제537조)

민법 제537조는 "쌍무계약의 당사자 일방의 채무자 당사자 쌍방의 책임 없는 사유로 이행할 수 없게 된 때에는 채무자는 상대방의 이행을 청구하지 못한다"고 규정하여 채무자 위험부담주의를 채택하고 있다.

가. 요건

쌍무계약에서 당사자 일방의 채무가 당사자 쌍방의 책임 없는 사유로 이행할 수 없게 된 경우(급부불능)이여야 한다.

즉, 당사자 일방의 채무의 후발적 이행불능이 당사자 쌍방에게 책임이 없는 사유로 발생하였어야 한다. 그 사유는 자연력이든 또는 사람의 행위이든 이를 묻지 않는다.

나. 효과 : 반대급부청구권의 소멸

위 요건이 있으면 채무자는 그 채무를 면하나 동시에 채권자에 대한 반대급부청구권을 잃는다(제537조). 즉, 채무자는 상대방의 이행을 청구하지 못한다. 따라서 채권자가 이미 일부를 이행한 경우에는 채무자는 그것을 부당이득으로서 반환하여야 한다(제741조).

1) 전부불능의 경우

쌍무계약의 당사자 일방의 채무가 후발적 불능으로 당사자 쌍방의 책임 없는 사유로 이행할 수 없게 된 때에 채무자는 자신의 채무를 면하지만 동시에 채권자에 대한 반대급부를 청구할 권리가 당연히 소멸한다(제537조). 예컨대 매매의 경우 매도인(채무자)은 목적물인도채무를 면하고, 매수인(채권자)도 대금지급채무를 면한다. 만일에 채권자(상대방)가 반대급부를 이미 이행하였다면 채권자는 그 반환을 청구할 수 있다.

2) 일부불능의 경우

일부불능의 경우에는 원칙적으로 그로 인해 계약의 목적을 달성할 수 없는 경우가 아니면, 발생한 불능의 범위에서 매도인(채무자)은 목적물인도채무를 면하고, 그 대응되는 범위에서 매수인(채권자)에게 이행을 청구하지 못한다. 다만 예외적으로 임차물의 일부가 임차인의 과실 없이 멸실 기타 사유로 인하여 사용·수익할 수 없는 때에는 당연히 차임이 감액되지 않고 임차인은 그 부분의 비율에 의한 차임의 감액을 청구할 수 있을 뿐이다(제627조 제1항).

(4) 채권자위험부담주의가 적용되는 경우(제538조)

쌍무계약의 당사자 일방의 채무가 '채권자의 책임 있는 사유'로 이행할 수 없게 된 때, 또는 '채권자 수령지체 중에 당사자 쌍방의 책임 없는 사유로 이행할 수 없게 된 때'에는 채무자는 상대방의 이행을 청구할 수 있다(제538조 1항).

가. 요 건

1) 채권자의 책임 있는 사유로 인한 이행불능이 되었을 것

채권자의 책임 있는 사유로 인해 채무자가 이행할 수 없게 된 것이어야 한다. 여기서 '채권자의 책임 있는 사유'라고 함은 채권자의 어떤 작위나 부작위가 채무자의 이행의 실현을 방해하고 그 작위나 부작위는 채권자가 이를 피할 수 있었다는 점에서 신의칙상 비난받을 수 있는 경우를 의미한다(대판 2004. 3. 12. 2001다79013).

2) 채권자의 수령지체로 인해 이행불능이 되었을 것

채권자의 수령지체 중에 당사자 쌍방의 책임 없는 사유로 채무자가 이행할 수 없게

된 경우이어야 한다. 채권자의 수령지체 중에는 채무자는 고의 또는 중과실이 없으면 그 책임을 부담하지 않으므로(제401조), 채무자에게 경과실이 있는 때에도 그에게 책임이 없는 것으로 된다.

나. 효과

1) 채무자의 반대급부청구권

채무자는 자신의 급부의무를 면하고, 채권자에 대해서는 본래의 반대급부를 청구할 수 있다(제538조 1항). 예를 들면 매매계약을 체결한 후 매수인(채권자)의 고의 또는 과실로 인해 불타버린 경우에 매도인은 매매대금을 청구할 수 있다. 이 경우 채권자의 반대급부의무는 목적물의 멸실에 따른 손해배상의무가 아니라, 채권자가 본래의 쌍무계약에서 부담하였던 자신의 채무이다.

2) 채무자의 이익상환의무

채무자가 자기의 채무를 면함으로써 이익을 얻은 때에는 이를 채권자에게 상환하여야 한다(제538조 2항).

예컨대 채권자의 귀책사유로 해고된 근로자가 해고기간중에 다른 직장에서 지급받은 임금은 이를 공제하여야 한다. 다만 판례는 근로기준법의 적용을 받는 '근로관계'에 한해서는 동법 제38조가 규정하는 '휴업수당'은 최소한 보장되어야 하므로, 다른 직장에서 받은 임금이 휴업수당 범위 내인 경우에는 이를 공제할 것이 아니고, 휴업수당을 초과한 경우에 한해 그 초과 부분만을 공제하여야 한다고 하였다(대판 1993. 11. 9. 93다37915).

III. 제3자를 위한 계약

1. 의의

제3자를 위한 계약이라 함은 통상의 계약이 그 효력을 당사자 사이에서만 발생시킬 의사로 체결되는 것과는 달리 계약 당사자가 자기들 명의로 체결한 계약에 의하여 제3자로 하여금 직접 계약 당사자의 일방에 대하여 권리를 취득하게 하는 것을 목적으로 하는 계약을 말한다. 어떤 계약이 제3자를 위한 계약에 해당하는지 여부는 당사자의 의사가 그 계약에 의하여 제3자에게 직접 권리를 취득하게 하려는 것인지에 관한 의사해석의 문제로서 이는 계약 체결의 목적, 계약에 있어서의 당사자의 행위의 성질, 계약으로 인하여 당사자 사이 또는 당사자와 제3자 사이에 생기는 이해득실, 거래관행, 제3자를 위한 계약제도가 갖는 사회적 기능 등 제반사정을 종합하여 계약 당사자의 합리적 의사를 해석함으로써 판별할 수 있다(대판 1997. 10. 24. 97다28698).

민법이 제3자를 위한 계약의 효력을 인정하는 것은 당사자 및 제3자의 의사를 기초로 하면서도 제3자에게 급부청구권이라는 권리를 부여하는 것을 한도로 하는 것이다.

2. 제3자를 위한 계약인지 여부가 문제되는 경우

(1) 병존적 채무인수

채무자와 인수인의 계약으로 체결되는 병존적 채무인수는 채권자로 하여금 인수인에 대하여 새로운 권리를 취득하게 하는 것으로 제3자를 위한 계약의 하나로 볼 수 있다 (대판 1997. 10. 24. 97다28698).

(2) 이행인수

병존적 채무인수와 비교하여 이행인수는 채무자와 인수인 사이의 계약으로 인수인이 변제 등에 의하여 채무를 소멸케 하여 채무자의 책임을 면하게 할 것을 약정하는 것으로 인수인이 채무자에 대한 관계에서 채무자를 면책케 하는 채무를 부담하게 될 뿐 채권자로 하여금 직접 인수인에 대한 채권을 취득하게 하는 것이 아니므로 제3자를 위한 계약이 아니다. 결국 제3자를 위한 계약과 이행인수의 판별기준은 계약 당사자에게 제3자 또는 채권자가 계약 당사자 일방 또는 인수인에 대하여 직접 채권을 취득케 할 의사가 있는지 여부에 달려 있다 할 것이고, 구체적으로 계약체결의 동기, 경위 및 목적, 계약에 있어서의 당사자의 지위, 당사자 사이 및 당사자와 제3자 사이의 이해관계, 거래관행 등을 종합적으로 고려하여 그 의사를 해석하여야 한다(대판 1997. 10. 24. 97다28698).

(3) 면책적 채무인수

면책적 채무인수는 종전의 채무가 동일성을 유지하면서 채무가 종전의 채무자로서 인수인에게 이전되는 것에 불과하므로, 즉 채권자로 하여금 새로운 채권을 취득케 하는 것이 아니므로 제3자를 위한 계약에 해당되지 않는다.

(4) 변제를 위한 공탁

채권자가 변제를 받지 아니하거나 받을 수 없는 때에 또는 과실없이 채권자를 알 수 없는 때에는, 변제자는 채권자를 위하여 변제의 목적물을 공탁하여 채무를 면할 수 있다 (제487조). 이 변제공탁의 경우 변제자와 공탁소간의 임치계약에서 공탁물에 대한 출급청구권을 채권자에게 부여하기로 한 점에서 제3자를 위한 계약에 속한다고 보는 것이 통설이다.

(5) 타인을 위한 보험계약

부가 생명보험을 체결하면서 보험사고 발생시에 보험금을 그의 자에게 지급하도록 약정하는 것과 같이, 보험계약자가 자신의 이름으로 타인을 위하여 즉, 보험수익자를 타인으로 지정하여 보험계약을 체결할 수 있다(상법 제639조 1항). 이 타인을 위한 보험계약은 제3자를 위한 계약에 해당되고 다만, 이 경우 그 타인은 당연히 그 계약의 이익을 받는 점에서, 즉 민법에서처럼 수익의 의사표시를 권리취득의 요건으로 하지 않는 점에서 차이가 있다.

3. 성립요건

(1) 요약자와 낙약자간에 유효한 계약이 성립할 것

요약자와 낙약자 사이(보상관계)에 유효한 계약이 성립하여야 한다. 이는 제3자의 권리가 유효하게 성립하기 위한 절대적 요건이다. 위 당사자간(요약자와 낙약자)의 계약이 무효나 취소 등으로 선의의 제3자에게 대항할 수 없는 경우에도(제107조 내지 제110조) 수익자는 선의의 제3자로서 보호받지 못한다. 그 이유는 수익자는 요약자와 낙약자간의 계약을 기초로 해서 새로운 이해관계를 가진 자가 아니기 때문이다.

(2) 제3자로 하여금 직접 권리를 취득하게 한다는 내용의 '제3자약관'이 있을 것

제3자는 계약당사자 이외의 자를 총칭하며, 자연인·법인을 불문한다. 또한 제3자는 계약 당시에 현존하거나 특정되어 있지 않더라도 무방하다. 태아나 설립 중의 법인도 제3자가 될 수 있다.

(3) 제3자가 취득할 수 있는 권리의 종류

제3자에게 취득시키는 권리는 채권에 한하지 않으며, 물권 기타 어떠한 권리이더라도 상관없다.

4. 효과

(1) 제3자의 권리취득

제3자(수익자)가 수익의 의사표시를 하기 전이라도 제3자를 위한 계약은 성립하고 효력이 발생하나, 수익의 의사표시를 함으로써 제3자가 권리를 취득한다. 즉, 수익자는 채무자에 대하여 수익의 의사표시를 하여야 권리를 취득한다(제539조 2항). 수익의 의사표시는 제3자를 위한 계약의 성립요건이나 효력발생요건이 아니고 수익자가 권리를 취득하기 위한 요건이라는 것이 통설적 견해이다. 이러한 수익의 의사표시는 낙약자에게 해야 한다. 낙약자가 수익자에게 상당기간을 정하여 수익할 것인가의 여부에 대한 확답을 회고하였으나, 그 기간 내에 확답을 받지 못한 경우 수익을 거절한 것으로 본다(제540조).

(2) 요약자, 낙약자, 수익자의 권리

가. 수익의 의사표시와 권리의 확정

수익의 의사표시에 의하여 수익자는 계약상의 권리를 확정적으로 취득한다. 그러므로 제3자가 수익의 의사표시를 한 후에는 계약의 당사자가 수익자의 권리를 변경하거나 소멸시키지 못한다(제541조). 다만, 이러한 제541조의 제한은 제3자를 위한 계약에 기하여 발생한 권리에 관하여 당사자가 임의로 변경하지 못한다는 것일 뿐, 요약자나 낙약자가 계약당사자의 지위에서 계약 자체를 취소하거나 해제하는 권리가 있는 경우에는 이러한 권리를 행사하는 것은 가능하다고 본다. 다시 말해, 수익자의 수익의 의사표시 후에도 요약자와 낙약자가 채무불이행을 이유로 법정해제를 하는 것은 민법 제541조와 상관없이 가능하다. 다만, 요약자와 낙약자가 법정해제가 아닌 계약의 합의해제를 하는 것은 제541조에 의하여 허용되지 않는다고 할 것이다.

나. 해제권

제3자가 수익의 의사표시를 한 후에 요약자가 계약을 해제하기 위하여 수익자의 동의를 요하지 않는다는 것이 다수설과 판례(대판1970. 2. 24. 69다1410)이다. 그리고 제3자를 위한 계약의 당사자가 아닌 수익자는 계약의 해제권이나 해제를 원인으로 한 원상회복청구권이 없다는 것이 판례(대판 1994. 8. 12. 92다41559)이다.

다. 손해배상청구권

제3자가 수익의 의사표시를 한 후에는 낙약자의 채무불이행의 경우 제3자가 손해배상청구권을 갖는 것이 원칙이다.

중요사건의 사실관계 및 대법원의 판단

【사실관계】
원고들과 경신건설 사이의 아파트 분양계약에 의하여 경신건설이 인천 서구 왕길동 295-1 외 5필지 지상에 검단 경신아파트 5개동 608세대를 건축하여 원고들 각자에게 분양계약서에서 약정한 개별 아파트 호수와 대지 지분을 이전하고 그에 대하여 원고들은 경신건설에게 일정한 분양대금을 지급하기로 약정하였다. 그리고 주택사업공제조합이 1996. 2. 7. 경신건설 주식회사를 위하여 주택분양보증을 하였고, 주택분양보증약관 제6조 제3항은 공제조합이 분양이행으로 보증채무를 이행할 경우 잔여 분양대금은 승계시공자에게 납부하여야 한다고 규정하고 있는데, 위 약관에 의한 납부 의무의 주체는 수분양자인 원고들이다. 주택사업공제조합은 경신건설이 아파트 건설 중 재정악화를 보이자 약관에 따라 유승종합건설을 승계시공자로 선정하여 잔여 공사를 시공하게 하였다. 그리고 이 때 원고들은 이에 대하여 명시적으로 이의를 제기하지 아니하였다. 한편, 분양자인 경신건설의 채권자인 피고들은 경신건설이 수분양자인 원고들에게 그 기성고에 따라 이미 취득한 분양대금 채권을 압류 또는 가압류하였다.

【대법원의 판단】 주택분양보증의 법적 성질(=조건부 제3자를 위한 계약) 및 제3자를 위한 계약의 수익의 의사표시의 방법

[1] 주택분양보증은 구 주택건설촉진법(2003. 5. 29. 법률 제6916호 주택법으로 전문 개정되기 전의 것) 제33조의 사업계획승인을 얻은 자가 분양계약상의 주택공급의무를 이행할 수 없게 되는 경우 주택사업공제조합이 수분양자가 이미 납부한 계약금 및 중도금의 환급 또는 주택의 분양에 대하여 이행책임을 부담하기로 하는 조건부 제3자를 위한 계약인데, 제3자 지위에 있는 수분양자는 수익의 의사표시에 의하여 권리를 취득함과 동시에 의무를 부담할 수 있고, 제3자를 위한 계약의 수익의 의사표시는 명시적으로뿐만 아니라 묵시적으로도 할 수 있다.

[2] 주택사업공제조합이 주택분양보증의 이행으로 승계시공자를 선정하여 잔여 공사를 시공하게 한 사안에서, 수분양자들의 묵시적인 수익의 의사표시가 있었고, 이로써 수분양자들은 주택분양보증약관에 따라 분양이행청구권을 취득함과 동시에 잔여 분양대금 지급채무를 부담한다고 한 사례.

[3] 주택분양보증약관에 의해 승계시공자가 수분양자에게 미지급 분양대금 채권을 갖게 된다고 하더라도 그 중 분양자의 기성고에 상응하는 분양대금 채권은 원래 분양자가 이미 취득한 채권으로서 수분양자의 수익의 의사표시에 의하여 승계시공자에게 양

도되는 실질을 갖는 것이므로, 분양자·수분양자·승계시공자가 <u>그 채권의 양도를 제3자에 대한 관계에서 대항하기 위해서는 민법 제450조 제2항을 준용하여 확정일자 있는 증서에 의한 수익의 의사표시 또는 승낙이 있어야 한다.</u>

[4] 아파트 분양계약에 따라 분양자가 수분양자에게 완전한 아파트 대지 지분 및 아파트 특정 호수의 아파트 건물 부분을 모두 이전하고 분양대금을 지급받는 관계에 있는 경우, 분양계약이 묵시적으로 해제된 시점에 분양자의 수분양자들에 대한 분양대금 채권액을 산정하기 위해서는 대지 지분의 잔존가치나 등기이전의무의 이행가능성, 아파트 건물의 완성도, 대지와 건물의 아파트 전체 가치에 대한 상대적 비율 등을 종합 평가하여 분양계약의 이행정도를 도출하고 전체 분양대금 중 그 이행정도에 비례한 분양대금 부분을 산출하여 분양대금 채권액을 특정한 후 수분양자가 이미 지급한 분양대금이 이에 달하는지 비교하여 그 미지급 차액이 있을 경우만 수분양자의 분양자에 대한 분양대금 채무가 존재한다고 한 사례(대법원 2006.5.25. 선고 2003다45267 판결).

<해설> 이 사건의 경우 분양자인 경신건설이 수분양자인 원고들에게 그 기성고에 따라 이미 취득한 분양대금 채권을 압류 또는 가압류한 피고들에 대하여 위 약관 조항에 의한 양도의 효력을 주장하기 위해서는 확정일자 있는 수익의 의사표시 또는 승낙이 있어야 할 것이나, 사안에서는 이를 인정할 만한 증거가 없는 이상, 경신건설이 이미 취득한 기성고 상당의 분양대금 채권까지 위 약관 조항에 의하여 승계시공자인 유승종건에게 모두 귀속되었다고 주장할 수 없다고 판시하였다.

제 5 절 계약의 해제와 해지

Ⅰ. 계약의 해제

1. 의의

　계약의 해제(cancelation, rescission : Rucktritt ;résolution)라고 함은 일단 유효하게 성립한 계약을 소급적으로 소멸시키는 일방적인 의사표시이다. 계속적 채권관계의 효력을 장래에 대하여 소멸시키는 해지, 일정한 사실의 발생에 의하여 계약이 당연히 소멸한다고 하는 실권약관, 당사자의 합의에 의하여 계약의 효력을 소멸시키는 합의해제와는 각각 약간의 차이가 있다. 채무자가 채무를 이행하지 않았을 때와 그 밖에 특별한 경우(법정해제권·약정해제권)에는 계약을 해제할 수 있다. 해약의 의사표시는 이것을 표시한 이상 철회하지 못한다(제543조 2항).

　계약당사자가 수인이 있는 경우에는 그 전원이 해제의 의사표시를 하여야 하며, 상대방이 수인인 경우에는 그 전원에 대하여 의사표시를 하여야 한다(제547조 1항). 이것을 해제권의 불가분의 원칙이라고 한다. 계약이 해제되면 계약으로써 생긴 법률적 효과는 계약당시에 소급하여 소멸된다(해제의 소급효). 따라서 아직 이행하지 않은 부분에 대하여서는 채무가 소멸하고 이행을 한 부분에 관하여는 상대방에게 부당이득반환의무의 일종인 원상회복의무가 생긴다(제548조). 또 계약을 해제하여 손해가 있을 때에는 손해배상의 청구를 할 수 있다(제551조). 해제를 하여도 계약이 있었다는 사실을 부정할 수 있는 것은 아니므로 이행의 준비로써 지출된 비용이나 이행기가 경과함으로써 목적물의 가격이 변동되어 손해를 보는 경우 등이 있으므로 원상회복의무 외에 손해배상이 인정되는 것이다.

2. 해제와 구별되는 개념

(1) 해제계약

　계약의 합의해제 또는 해제계약이라 함은 해제권의 유무를 불문하고 계약 당사자 쌍방이 합의에 의하여 기존의 계약의 효력을 소멸시켜 당초부터 계약이 체결되지 않았던 것과 같은 상태로 복귀시킬 것을 내용으로 하는 새로운 계약을 말한다. 계약이 합의해제 되기 위하여는 일반적으로 계약이 성립하는 경우와 마찬가지로 계약의 청약과 승낙이라는 서로 대립하는 의사표시가 합치될 것을 그 요건으로 하는 것이지만, 계약의 합의해제는 명시적인 경우뿐만 아니라 묵시적으로도 이루어질 수 있는 것이므로, 계약 후 당사자 쌍방의 계약 실현 의사의 결여 또는 포기가 쌍방 당사자의 표시행위에 나타난 의사의 내용에 의하여 객관적으로 일치하는 경우에는, 그 계약은 계약을 실현하지 아니할 당사자 쌍방의 의사가 일치됨으로써 묵시적으로 해제되었다고 해석함이 상당하다(대법원 1998. 1. 20, 97다43499).

(2) 취소

권리자의 일방적 의사표시에 의하여 법률행위의 효력을 소멸시키는 점에서 해제와 취소는 같다. 그러나 양자는 다음과 같은 점에서 다르다.

취소는 모든 법률행위에 인정되며, 취소권의 발생사유는 무능력·사기·강박·착오 등으로 법률상 규정에 의한다. 그러나 해제는 계약에만 인정되며, 해제사유는 채무불이행에 관한 법률의 규정에 의하는 경우(법정해제)와 당사자의 약정에 의하는 경우(약정해제)가 있다.

구 분	해 제	취 소
적용범위	계약에 특유(일시적 계약관계)	모든 법률행위에 인정
발생사유	·법정해제사유(채무불이행) ·약정해제사유(특약)	법률규정에 의해서만 취소사유가 발생(행위무능력자, 착오, 사기, 강박)
행사기간	형성권으로서 10년간 행사하지 않으면 소멸	추인할 수 있는 날로부터 3년, 법률행위를 한 날로부터 10년
효 과	·원상회복의무가 발생 ·손해배상의 문제가 발생	·부당이득반환의무가 발생 ·손해배상의 문제가 발생하지 않음

(3) 해지

해지는 임대차와 같은 계속적 계약을 대상으로 일방적 의사표시에 의해 장래에 향하여 그 계약관계를 종료하게 하는 것이므로, 소급효가 있는 해제와 구별된다.

구 분	해 제	해 지
발생범위	일시적 계약관계	계속적 계약관계
소급효	있음	없음 : 장래효
원상회복의무	있음	없음 : 청산의무

(4) 해제조건

계약의 해제는 해제권을 가지는 자가 해제권을 행사한 때, 즉 상대방에 대해 해제의 의사표시를 한 때에 한해 비로소 그 효력이 발생하고, 이 경우 계약이 성립한 때에 소급하여 실효된다. 이에 대해 해제조건은 계약의 당사자가 일정한 조건이 성취되면 계약이 자동적으로 실효되는 것으로 정한 경우로서, 즉 해제의 의사표시가 없어도 조건의 성취라는 사실만으로 계약이 실효되고 또 장래에 향하여 그 효력이 발생하는 점에서 해제와 구별된다.

3. 해제권에 관한 민법의 규정

유효하게 성립된 계약을 당사자 일방의 의사표시만으로 이를 해소시키기 위해서는 당사자 일방에게 해제권이 주어져야 한다.

민법은 이러한 해제권의 발생원인으로 당사자의 약정에 의해 생기는 약정해제권과 법률의 규정에 의해 당연히 생기는 법정해제권 두 가지를 인정한다(제543조 1항).

법정해제권 발생원인으로는 채무불이행으로서 이행지체와 이행불능을 두 가지를 들면서 해제의 요건을 따로 규정하고 있다(제544~제546조). 그리고 해제권의 행사방법(제543조·제547조), 효과(제548조·제549조·제551조)·소멸(제552조~553조)에 관해서 규정한다.

4. 해제권의 발생원인

해제권이 발생하는 경우는 두 가지이다. 하나는 계약당사자의 약정에 의해서 발생하는 것이고(약정해제권), 다른 하나는 법률의 규정에 의해 발생하는 것이다(법정해제권).

(1) 약정해제권

약정해제권은 대부분 당사자가 명확하게 해제권을 유보한 경우에 발생되지만 명확하게 유보하지 않았더라도 법률의 규정에 의하여 유보한 것으로 되는 경우가 있다. 계약금의 수수가 그 대표적인 예이다(제565조 참조).

(2) 법정해제권

법정해제권에는 매매(제570조 내지 제580조)나 도급(제668조·제670조)에서 볼 수 있는 것과 같은 각종의 계약에 특수한 해제권과 계약일반에 공통적인 채무불이행을 이유로 하여 발생하는 해제권이 있다. 이하에서는 계약일반에 공통적인 채무불이행을 이유로 하여 발생하는 해제권에 대하여 살펴본다.

【쟁점사항】

<사정변경을 이유로 계약을 해제할 수 있는지 여부>

판례는 일시적 계약에서는 사정변경을 이유로 해제권을 인정하지 않고 있다. 그러나 최근 이와 관련하여 일시적 계약의 경우에도 사정변경을 이유로 해제권 발생되기 위한 요건을 검토한 판례가 있다. 다만, 이 판례의 사안에서는 결론적으로 요건을 충족하지 못하여 해제권을 인정하지는 않았다(2007. 3. 29. 2004다31302).

▶ 일시적계약의 경우 사정변경을 이유로 해제권이 인정되기 위한 요건

이른바 사정변경으로 인한 계약해제는, 계약성립 당시 당사자가 예견할 수 없었던 현저한 사정의 변경이 발생하였고 그러한 사정의 변경이 해제권을 취득하는 당사자에게 책임 없는 사유로 생긴 것으로서, 계약내용대로의 구속력을 인정한다면 신의칙에 현저히 반하는 결과가 생기는 경우에 계약준수 원칙의 예외로서 인정되는 것이고, 여기에서 말하는 사정이라 함은 계약의 기초가 되었던 객관적인 사정으로서, 일방당사자의 주관적 또는 개인적 사정을 의미하는 것은 아니다. 또한, 계약의 성립에 기초가 되지 아니한 사정이 그 후 변경되어 일방당사자가 계약 당시 의도한 계약목적을 달성할 수 없게 됨으로써 손해를 입게 되었다 하더라도 특별한 사정이 없는 한 그 계약내용의 효력을 그대로 유지하는 것이 신의칙에 반한다고 볼 수도 없다(대법원 2007.3.29. 선고 2004다31302 판결).

5. 계약일반에 공통적인 채무불이행을 이유로 하여 발생하는 해제권

(1) 이행지체와 해제

이행지체로 인한 해제권 발생에는 보통의 이행지체(제544조), 정기행위(제545조)의 둘로 나뉜다. 전자는 계약을 해제하기 위해서는 별도의 최고를 필요로 하나, 후자는 이를 필요로 하지 않는다는 점에서 차이가 있다.

당사자의 일방이 책임 있는 사유로 이행을 지체한 때에는 상대방은 상당한 기간을 정하여 그 이행을 최고하였음에도 불구하고 그 기간 내에 이행하지 아니한 때에는 채권자는 계약을 해제할 수 있다(제544조). 보통의 이행지체를 이유로 계약을 해제하기 위해서는 다음의 요건이 요구된다.

가. 채무자의 귀책사유에 의해 이행이 지체되었을 것

제544조는 당사자의 일방이 그 채무를 이행하지 아니하여야 한다고 규정하고 있는데, 이것은 이행지체를 의미한다.

그 외에 채무자의 귀책사유가 요구되는지 문제되는데, 이행지체에 채무자의 귀책사유가 당연히 요구된다고 해석하는 것이 통설이다.

나. 상당한 기간을 정하여 이행을 최고 할 것

1) 의의

계약의 일방당사자가 그의 채무의 이행을 지체하고 있는 때에는 상대방은 상당한 기간을 정하여 그 이행을 최고하고, 그 기간 내에 이행이 없으면 해제권이 발생한다(제544조 본문). 최고기간을 정하지 않거나, 상당한 기간에 해당하지 않는 경우라 할지라도 최고로서의 효력은 있다. 다만, 최고로부터 상당한 기간이 경과한 후에 해제권이 발생한다. 상대방이 미리 이행을 거절한 경우에는 최고 없이 해제권이 발생한다(제544조 단서).

2) 관련문제

ⅰ) 계약해제를 위한 이행최고로서의 효력을 갖기 위한 요건

단지 언제까지 이행하여야 한다는 최고만 하였다고 하여 곧바로 그 이행최고를 계약해제를 위한 이행최고로서의 효력이 없다고 볼 수는 없는 것이고, 채권자가 위와 같은 최고를 한 경우에는 채무자로서도 채권자에게 문의를 하는 등의 방법으로 확정적인 이행일시 및 장소의 결정에 협력하여야 한다 할 것이며, 채무자가 이와 같이 하지 아니하고 만연히 최고기간을 도과한 때에는, 그에 이르기까지의 채권자와 채무자의 계약이행을 위한 성의(誠意), 채권자가 채무자에게 구두로 연락을 취하여 이행일시와 장소를 채무자에게 문의한 적이 있는지 등 기타 사정을 고려하여, 위의 최고도 유효하다고 보아야 할 경우가 있을 수 있다(대판 2002. 4. 26. 2000다50497).

ⅱ) 본래의 급부에 비하여 과다한 급부의 실현을 요구하는 최고의 효력 여부

채권자의 이행최고가 본래 이행하여야 할 채무액을 초과하는 금액의 이행을 요구하는 내용일 때에는, 그 과다한 정도가 현저하고 채권자가 청구한 금액을 제공하지 않으면 그것을 수령하지 않을 것이라는 의사가 분명한 경우에는 그 최고는 부적법하고, 이러한 최고에 터잡은 계약해제는 그 효력이 없다(대판 1995. 9. 5, 95다19898).

또한 이행의 최고는 채권자가 채무자에 대하여 채무의 내용인 급부를 실현할 것을 요구하는 의사의 통지에 불과하므로, 본래의 급부에 비하여 과다한 급부의 실현을 요구하는 최고를 한 경우라 하더라도 그에 따른 법적 효과가 발생하지 아니함에 그치는 것이지 그 과다한 최고로 인하여 바로 채무자의 재산상 또는 비재산상 이익이 침해된다고 할 수 없다(대판 1999. 12. 10. 99다31407).

> **\<Q & A\>**
> **실제채무를 초과한 이행최고에 터 잡은 계약해제의 효력**
>
> Q) 甲은 乙소유 부동산을 매수하기로 하는 계약을 체결하고 계약금을 지급한 후 중도금지급기일에 중도금의 일부를 지급하였으나, 중도금 중 350만원을 미지급하였다. 그런데 乙은 중도금의 이행을 최고하면서 1,000만원의 지급을 청구하고 그것을 이행하지 않으면 계약을 해제하겠다고 한다. 이 경우 위 계약이 해제될 수 있는가?
>
> A)
> 1. 문제점
> 계약의 이행이 지체되면 곧바로 계약을 해제할 수 있는 것은 아니고, 상당한 기간을 정하여 그 이행을 최고하고 그 기간 내에 이행하지 아니한 때에는 계약을 해제할 수 있는 것인데, 그 이행최고에 있어서 위 사안에서와 같이 본래의 채무액을 초과하는 과다한 금액을 청구하는 이행최고를 하고서도 상당기간이 경과되면 계약을 해제할 수 있는지 문제된다.
>
> 2. 판례의 태도
> 판례는 "채권자의 이행최고가 본래 이행하여야 할 채무액을 초과하는 금액의 이행을 요구하는 내용일 때에는, 그 과다한 정도가 현저하고 채권자가 청구한 금액을 제공하지 않으면 그것을 수령하지 않을 것이라는 의사가 분명한 경우에는 그 최고는 부적법하고, 이러한 최고에 터잡은 계약해제는 그 효력이 없다."라고 하였다(대법원 1995. 9. 5.선고, 95다19898 판결).
>
> 3. 결론
> 따라서 乙의 중도금이행의 최고로부터 상당한 기간이 경과되었다고 하더라도 계약해제의 효력은 발생하지 않을 것으로 보이므로, 甲은 지금이라도 미지급중도금을 지급하고, 수령거절 시에는 변제공탁을 하여 계약을 이행할 수 있을 것이다.

iii) 당사자의 일방이 이행거절의 의사표시를 하였다가 그것을 철회한 경우에 이행을 최고하지 아니하고 계약을 해제할 수 있는지 여부

쌍방의 채무가 동시이행관계에 있는 쌍무계약에 있어서 당사자의 일방이 미리 채무를 이행하지 아니할 의사표시를 한 때에는 상대방이 이행의 최고를 하지 아니하고 바로 계약을 해제할 수 있으나 그 이행거절의 의사표시가 적법하게 철회한 경우 상대방으로서는 자기채무의 이행을 제공하고 상당한 기간을 정하여 이행을 최고한 후가 아니면 채무불이행을 이유로 계약을 해제할 수 없다(대판 2003. 3. 26. 2000다40995).

ⅳ) 최고한 기간의 경과로 계약이 해제된 것으로 보는 경우

일정한 기간을 정하여 채무이행을 최고함과 동시에 그 기간 내에 이행이 없을 때에는 계약을 해제하겠다는 의사를 표시한 경우에는 그 기간의 경과로 그 계약은 해제된 것으로 보아야 한다(대판 1979. 9. 25. 79다1135).

다. 최고기간 내에 이행을 하지 아니할 것

채무자가 최고기간내에 이행을 하지 않았어야 계약을 해제할 수 있다.

다만 쌍무계약에서는 채무자를 이행지체에 빠지게 하려면 채권자가 자기채무의 이행을 제공하여야 하는데, 이것이 최고기간 동안에도 계속되어야 하는지가 문제 된다 판례는 쌍무계약에서 채무자를 이행지체에 빠지게 하는 채권자의 이행제공과 그 후 최고기간 동안의 이행제공의 정도를 달리 파악하여, 부동산 매매의 사안에서 매도인은 최고기간 동안 등기서류를 자신의 집에 소지하고 있는 것으로 충분하다고 하였다(대판 1992. 7. 14. 92다5713).

또한 동시이행관계에 있는 의무자 일방이 상대방이 이행지체를 이유로 한 해제권을 취득하기 위하여는 그 이행청구에 표시된 '이행기가 일정한 기간'내로 정하여진 경우라면 이행청구 한 자가 원칙으로 그 기간 중 이행제공을 계속해야 하지만, '일정한 일시' 등과 같이 기일로 정하여진 경우에는 그 기일에 이행제공이 있으면 족한 것이어서 상대방의 이행제공없이 위 기간이나 기일이 도과됨으로써 해제권이 발생한다(대판 1981. 4. 14. 80다2381).

> **<Q & A>**
> **매수인의 잔금 이행지체로 인한 계약해제 시의 법률관계**
>
> Q) A는 한달 전 甲에게 A소유 주택을 1억원에 매도하기로 계약을 하면서 계약당일 계약금 1,000만원을 받았고, 중도금 3,000만원은 계약 10일 후, 잔금은 계약 25일 후에 소유권이전 및 주택의 인도와 동시에 지급 받기로 하였다. 그러나 甲은 중도금만 지급하고 잔금 지급기일에 이르러, 당초 자기소유 주택을 매도하여 A에게 지급할 잔금을 마련하려고 했는데 개인사정이 생겨 당장 잔금을 지급키 어렵다면서 A에게 기다려 달라고만 하고 있다. 계약서상으로는 甲이 위약하면 계약금을 몰수당하고 A가 위약하면 교부받은 계약금의 배액을 상환하기로 하는 특약을 하였다. A도 급히 돈이 필요하여 주택을 매도하기로 한 것이라 난감한 상태인데, 이러한 경우 A가 취할 수 있는 구제방안은 무엇인가?

A)
1. 문제점
위 사안의 경우 甲의 이행지체로 인한 계약해제 또는 잔금지급청구가 문제된다.
2. A가 취할 수 있는 구제방안
(1) 이행지체로 인한 해제
이행지체로 인한 해제권은 계약일반의 공통적인 법정해제권이며, 이는 계약당사자의 일방이 채무를 이행하지 않을 경우에 상대방에게 계약의 구속을 받게 함은 부당하므로 계약을 파기해서 그 구속으로 부터 벗어나게 하는데 의의가 있는 것이다. 따라서 <u>A는 甲의 잔금이행지체를 이유로 계약을 해제하고 다른 사람에게 다시 매도할 수 있다.</u> 여기서 잔금지급기일에 그 이행이 없다고 하여 바로 계약을 해제할 수 있는 것은 아니고, <u>A는 상당기간을 정하여 甲에게 잔금이행의 최고(催告)를 하고 甲이 그 기간 내에 이행하지 아니하면 계약을 해제할 수 있는 것이다(민법 제544조).</u> 최고방법에는 특별한 제한이 없고, 채무의 동일성을 표시하여 일정한 시일 또는 일정한 기간 내에 이행할 것을 요구하는 것으로 충분한데, 향후 이러한 최고여부가 당사자간에 다툼이 될 경우를 대비하여 그 증거로 삼기 위해 배달증명부 내용증명우편을 보내는 경우가 많다.
<u>A의 이행최고에도 불구하고 甲이 잔금을 지급하지 않아 A가 매매계약을 해제 하면 계약의 효력은 소급적으로 소멸하여 계약이 처음부터 존재하지 않았던 것과 같은 상태로 복귀하게 되며, 원상회복의무(민법 제548조) 및 손해배상청구권(민법 제 551조)</u>이 발생한다. 즉, <u>A는 위약금으로 약정한 계약금 1,000만원을 제외한 중도금 3,000만원 및

그 받은 날로부터의 이자를 더하여 甲에게 반환해야 한다. 계약의 해제는 손해배상의 청구에 영향을 미치지 아니하고(민법 제551조), 이행지체의 경우에 채권자는 이행에 갈음한 손해배상을 청구할 수 있으나(민법 제395조), A와 甲간에 계약금을 수수(授受)하면서 위약금약정을 하였고, 위약금의 약정은 손해배상 액의 예정으로 추정되므로(민법 제398조 제4항), 甲의 이행지체로 인한 손해액이 이미 지급 받은 계약금 1,000만원을 초과하더라도 그 초과액을 청구할 수 없으며(대법원 1988. 5. 10. 선고 87다카3101 판결), 마찬가지 이유로 A는 실제 손해액을 증명할 필요 없이 계약금을 위약금으로 몰수할 수 있는 것이다.

(2) 본래의 매매계약의 목적 달성을 위한 방법

A는 계약을 해제하지 않고, 甲을 상대로 소유권이전과 상환으로 잔금을 지급하라는 소송을 제기하여 승소판결을 얻은 뒤 강제집행을 하면 본래의 매매계약의 목적을 달성할 수도 있다. 참고로 매수인의 잔대금지급의무와 매도인의 소유권이전등기의무는 동시이행의 관계에 있으므로 매도인이 잔대금지급기일에 소유권이전등기에 필요한 서류를 준비하여 매수인에게 알리는 등 이행의 제공을 하여 매수인으로 하여금 이행지체에 빠지게 하여야 하는데, 그러한 이행제공의 방법과 그 정도에 관하여 판례는 "쌍무계약에 있어서 당사자의 채무에 관하여 이행의 제공을 엄격하게 요구하면 불성실한 상대당사자에게 구실을 주게 될 수도 있으므로 당사자가 하여야 할 제공의 정도는 그의 시기와 구체적인 상황에 따라 신의성실의 원칙에 어긋나지 않게 합리적으로 정하여야 하는 것이며, 부동산매매계약에서 매도인의 소유권이전등기절차이행채무와 매수인의 매매잔대금지급채무가 동시이행관계에 있는 한 쌍방이 이행을 제공하지 않는 상태에서는 이행지체로 되는 일이 없을 것인바, 매도인이 매수인을 이행지체로 되게 하기 위해서는 소유권이전등기에 필요한 서류 등을 현실적으로 제공하거나 그렇지 않더라도 이행 장소에 그 서류 등을 준비하여 두고 매수인에게 그 뜻을 통지하고 수령하여 갈 것을 최고하면 되는 것이어서, 특별한 사정이 없으면 이행장소로 정한 법무사 사무실에 그 서류 등을 계속 보관시키면서 언제든지 잔대금과 상환으로 그 서류들을 수령할 수 있음을 통지하고 신의칙상(信義則上) 요구되는 상당한 시간간격을 두고 거듭 수령을 최고하면 이행의 제공을 다한 것이 되고 그러한 상태가 계속된 기간 동안은 매수인이 이행지체로 된다 할 것이다."라고 하였다(대법원 2001. 5. 8. 선고 2001다 6053, 6060, 6077 판결, 2002. 2. 26. 선고 2001다77697 판결).

(2) 이행불능과 해제

채무자의 책임 있는 사유로 이행이 불능하게 된 때에는 채권자는 계약을 해제할 수 있다(제546조). 본조는 채무의 이행이 불능으로 되었을 경우에는 이행기를 기다릴 필요도 없이, 또한 최고도 없이 계약을 해제할 수 있음을 규정한 것이다. 즉, 채무자의 귀책사유에 의하여 이행이 불능하게 된 때에는 채권자는 그것이 이행기전이라 하더라도 즉시 계약을 해제할 수 있다. 이행지체와는 달리 최고를 요하지 아니한다. 일부불능인 경우에는 계약의 일부의 이행이 불능인 경우에는 가능한 나머지 부분만의 이행으로 계약의 목적을 달할 수 없을 경우에만 계약 전부의 해제가 가능하다(대판 1996. 2. 9. 94다57817). 따라서 일부 불능의 경우에 나머지 부분만으로 계약의 목적을 달성할 수 있는 때에는 그 일부불능 부분에 대한 일부 해제도 가능하다(대판 1996. 12. 10. 94다56098).

<Q & A>
매매목적물이 가압류된 사유로 매매계약을 해제할 수 있는지

Q) A는 甲소유 대지를 7,000만원에 매수하기로 매매계약을 체결하고 계약금 및 중도금을 지급하였다. 그리고 잔금을 지급하기 전에 위 토지의 등기부등본을 열람해본 결과 甲의 채권자 乙이 위 토지에 가압류를 해둔 것을 알게 되었다. 이러한 경우 A가 위 계약을 해제할 수 있는가?

A)
1. 문제점

「민법」제546조는 "채무자의 책임 있는 사유로 이행이 불능하게 된 때에는 채권자는 계약을 해제할 수 있다."라고 규정하고 있다. 그런데 위 사안에서와 같이 <u>매매목적물에 가압류 또는 가처분이 된 경우 그것이 위 규정의 이행불능사유에 해당하여 계약해제가 가능할 것인지</u>가 문제된다.

2. 판례의 태도

판례는 "매수인은 매매목적물에 대하여 가압류집행이 되었다고 하여 매매에 따른 소유권이전등기가 불가능한 것도 아니므로, 이러한 경우 매수인으로서는 신의칙(信義則) 등에 의해 대금지급채무의 이행을 거절할 수 있음은 별론으로 하고, <u>매매목적물이 가압류되었다는 사유만으로 매도인의 계약위반을 이유로 매매계약을 해제할 수는 없다.</u>"라고 하였다(대법원 1999. 6. 11. 선고 99다11045 판결).

3. 결론

따라서 A는 <u>매매목적물이 가압류된 상태만으로는 계약을 해제할 수 없을 것이고,</u> 다만 잔금의 지급을 거절할 수는 있을 것이다.

6. 해제권의 행사방법

(1) 해제권 행사의 자유

해제권이 발생한 경우에도 이를 행사할 것인지 여부는 해제권자의 자유이다. 따라서 채권자는 계약을 해제하지 않고 자신의 의무를 부담하면서 채무자에게 채무의 이행을 청구할 수 있다.

(2) 해제권의 행사방법

해제권을 행사하는 경우에는 상대방에 대한 의사표시로써 한다(제543조 1항). 따라서 상대방에게 도달한 때로부터 그 효력이 생긴다(제111조 1항).

해제는 단독행위인 점에서 해제의 의사표시에는 조건 또는 기한을 붙이지 못한다. 다만 조건을 붙이더라도 문제가 없는 경우에는 허용된다.

(3) 철회의 제한

해제의 의사표시가 그 효력을 발생한 이후에는 이를 철회하지 못한다(법 제543조 2항). 이는 계약이 해제되었다고 신뢰한 상대방을 보호하기 위한 취지이므로, 상대방이 승낙하면 철회할 수 있다고 해석된다.

(4) 해제의 불가분성

가. 행사의 불가분성

당사자의 일방 또는 쌍방이 수인인 경우에 계약의 해제 또는 해지를 함에 있어서 해제 또는 해지의 의사표시는 그 전원으로부터 또는 전원에 대하여 하여야 한다(제547조 1항). 그러나 그것이 공동으로 동시에 하여야만 하는 것은 아니다.

이것을 해지·해제권의 불가분의 원칙이라고 한다. 수인이 공동으로 1개의 물건을 매입하거나 또는 수인이 공유하는 1개의 물건을 매각하는 것과 같은 경우에 그 계약을 해제 또는 해지하기 위해서는 매수인 전원으로부터 또는 수인의 매도인 전원에 대하여 하여야 한다는 것이다. 그렇지 않으면 법률관계가 복잡하게 될 우려가 있고, 또 무엇보다도 계약의 당사자는 보통 상기와 같은 경우에 매도인 또는 매수인의 일부만으로는 계약을 존속시키려는 의사를 가지고 있지 않기 때문이다. 그러나 당사자가 일부의 자만으로도 계약을 존속시키려고 하는 때에는 굳이 금지할 필요가 없다. 왜냐하면 해지·해제권을 불가분으로 한 본조 제1항은 강행규정이 아니기 때문이다.

또한 본조는 계약으로 발생하는 채무가 분할채무이든, 불가분채무이든, 연대채무이든 이를 묻지 않고 모두 적용된다.

해지 또는 해제의 의사표시가 전원으로부터 또는 전원에 대하여 동시에 행해지거나 각원으로부터 또는 각원에 대하여 때를 같이하여 개별적으로 행해진 경우에는 그 해지 또는 해제의 효력은 동시에 발생한다. 이 때 '전원'의 의미는 반드시 공동으로 동시에 행사하여야 한다는 의미가 아니다. 순차적으로 행사했을 때 마지막 자에 대한 해제의 의사표시가 행하여진 경우에 비로소 해제의 효과가 발생한다.

당사자 쌍방이 수인인 경우에도 같다. 당사자의 일방이 수인인 경우에 해지 또는 해제권이 그 가운데의 1인에 관하여 소멸한 때에는 다른 당사자에 대하여서도 소멸한다.

나. 소멸의 불가분성

해지나 해제권이 당사자 가운데의 1인에 관하여 소멸하더라도 전원에 대하여 해지나 해제권이 소멸하지 않는 한, 해지나 해제권은 존속하는가 또는 반대로 1인에 관하여 소멸하면 전원에 관해서도 소멸한다고 보여야 하는가 하는 문제는 입법정책상의 문제이다.

우리 민법은 해지권이나 해제권을 존속시키지 않는 입장을 취하여 해지나 해제의 권리가 당사자 1인에 대하여 소멸한 때에는 다른 당사자에 대하여도 소멸한다고 규정한다(제547조 2항).

7. 해제의 효과

(1) 계약해제의 일반적 효과

가. 총설

채무불이행에 따른 법정해제의 효과는 계약이 처음부터 존재하지 않았던 것과 같은 법률관계의 소급적 소멸, 원상회복의무(제548조), 및 손해배상청구권(제551조)의 발생이라는 기본적인 효과가 발생한다.

반면에 약정해제의 효과는 약정해제권을 유보한 계약의 내용에 따라 결정된다. 당사자 사이에 특약이 없으면 법정해제의 효과에 관한 규정에 따르게 되나, 채무불이행에 의한 것은 아니기 때문에 손해배상청구권의 규정은 적용되지 않는다.

나. 소급효

1) 계약의 소급적 실효

계약을 해제하면 계약은 소급하여 그 효력을 잃는다. 즉 해제된 계약 자체로부터 발생한 효과는 처음부터 존재하지 않았던 것처럼 소급적으로 소멸한다. 따라서 당사자는 계약의 구속으로부터 해방되어, 이행하지 않은 채무는 이행할 필요가 없고, 이미 이행된 급부는 서로 원상회복을 하여야 할 의무가 발생한다.

다만, 계약의 이행으로써 등기 또는 인도를 갖추어 물권이 이전된 경우, 계약해제에 의하여 그 물권이 등기 또는 인도 없이도 당연히 복귀하느냐가 문제되는데, 이에 관해서는 학설이 대립된다.

ⅰ) 채권적 효과설(통설)

물권행위의 독자성과 무인성을 인정하는 입장에서, 계약을 해제하면 원상회복시킬 채무는 발생하지만 이행행위 자체는 그대로 효력을 유지하므로 이전된 물권이 당연히 복귀하지는 않는다고 한다. 따라서 채권적 효과설은 제548조 1항의 단서규정은 주의적 규정에 불과하다고 본다.

ⅱ) 물권적 효과설(소수설·판례)

물권행위의 유인성을 인정하는 입장에서, 원인행위인 채권계약이 해제되면 이전하였던 등기 또는 인도없이도 당연히 복귀한다고 해석하는 견해이다. 판례는 "우리의 법제가 물권행위의 독자성과 무인성을 인정하고 있지 않는 점과 민법 제548조 1항 단서가 거래안전을 위한 특별규정이란 점을 생각할 때 물권적 효과설이 타당하다"고 하여 물권적 효과설을 취한다(대판 1977. 5. 24. 75다1394). 따라서 원상회복청구권(예컨대 등기의 말소 또는 점유의 이전)은 소유권에 기한 물권적 청구권이므로 소멸시효에 걸리지 않는다고 한다(대판 1982. 7. 27. 80다2968).

2) 소급효의 제한

민법 제548조 제1항 단서는 "해제는 제3자의 권리를 해하지 못한다"고 규정하고 있다. '채권적 효과설'은 이 규정을 단순한 주의적 규정으로 보나, '물권적 효과설'은 이 규정을 거래의 안전을 위해 제3자를 특별히 보호하기 위한 특별규정으로 보고 있다.

(2) 원상회복의무

가. 의의

계약이 해제된 때에는 계약은 처음부터 존재하지 않았던 것과 동일한 상태가 되고, 각 당사자는 상대방을 계약이 행하여지지 않았던 것과 같은 상태에 복귀케 할 의무를 부담한다. 이것이 원상회복의무이다. 계약의 효력은 해제에 의하여 소급적으로 소멸하기 때문에 당사자가 아직 채무를 이행하고 있지 않으면 그 이행의 책임을 면하고, 이미 채무를 이행하고 있는 경우에는 급부를 수령한 것을 반환하여야 한다. 즉 원상회복의 범위는 현존하는 이익에 관해서뿐만 아니라 이미 받은 급부의 전부에 관해서이다.

나. 성질

여기에서 해제에 의한 원상회복의무와 부당이득을 원인으로 하는 이득의 반환의무와의 이동이 문제된다.

해제의 효과에 대한 물권적 효과설을 채택한 학설·판례에 의하면 해제에 의하여 각 당사자가 부담하는 본래의 채무는 소멸한다고 해석되기 때문에 각 당사자가 채무의 이행으로서 이미 수령한 것은 법률상 원인없는 수익이 되므로 해제에 의한 원상회복의무는 부당이득반환의무로서의 성질을 갖는다고 한다. 그러나 여기에는 반대설(최식)이 있다.

판례도 원상회복의무의 성질은 부당이득으로서의 반환의무이지만, 이에 관해서는 부당이득의 반환범위에 관한 제748조가 적용되는 것이 아니라 본조가 그 특칙으로서 적용된다고 한다(대판 1962. 3. 29. 4294민상1429).

다. 원상회복의 범위

1) 원칙

원물반환을 원칙으로 한다. 즉, 원물이 존재하면 그 물건을 상대방에게 반환하여야 한다. 특히 금전의 경우에는 그 받은 날부터 이자를 가산하여 반환하여야 한다(제548조 2항).

2) 가액반환

원물의 멸실·훼손 등으로 인해 원물을 반환할 수 없는 경우에 채무자의 책임 있는 사유로 생긴 때에만 '가액반환', 즉 그 급부의 객관적 가격을 반환하면 된다. 노무를 급부받은 경우에는 급부 당시에 있어서의 그 객관적인 가격을 반환해야 한다.

3) 과실, 사용이익의 반환

한편 채무자가 목적물로부터 과실을 취득하거나 목적물을 사용한 경우에는 과실 및 반환까지의 그 사용에 의한 대가도 반환하여야 한다.

(3) 손해배상

가. 의의

계약의 해지 또는 해제는 손해배상의 청구에 영향을 미치지 아니한다(제551조). 본조는 계약의 해지 또는 해제와 손해배상청구와의 관계를 규정한 것이다. 계약이 체결된 후에 당사자 일방의 의사표시에 의하여 계약의 효력을 소급적으로 소멸케 하여, 계약이 처음부터 존재하지 않았던 것과 같은 상태를 발생시키는 것이 계약의 해제이며, 그 가장 큰 실익은 당사자(특히 해제자)로 하여금 그 채무가 이행되지 않고 있는 때에는 이행을 요하지 않고 이미 상대방에게 급부한 경우에는 그 반환청구를 인정케 하는데 있다. 그러나 이것만으로는 상대방의 불이행으로 인하여 받은 해제자의 손해를 완전히 구제할 수 없게 되는 경우가 발생할 수 있다. 이 때문에 본조는「해제는 손해배상의 청구에 영향을 미치지 아니한다」고 규정하고 있는 것이다.

나. 손해배상의 범위

1) 의의

제551조가 정하는 손해배상은 채무불이행에 기초하므로, 그 손해배상은 계약의 성립을 전제로 하여 당사자가 계약상의 채무를 이행하였더라면 상대방이 얻었을 이익, 즉 '이행이익의 배상'이어야 한다. 종전의 판례는 당사자가 계약이 유효하게 성립할 것으로 믿고 지출한 소위 '신뢰이익의 배상'은 인정할 수 없다고 보았으나(대판 1983. 5. 24. 82다카1667), 그 후의 판례에서는 신뢰이익의 배상도 포함하는 것으로 보고 있다.

2) 판례의 태도

ⅰ) 이행이익의 배상만을 인정한 사례

계약 당사자의 일방이 그 해제권을 행사하여 그 계약을 해제하였을 경우에는 그 해제의 효력은 당사자 간의 채권·채무관계를 소멸케 하는 것이므로 채무불이행으로 인한 손해배상의 문제는 발생할 여지가 없다고 할 것이나, 채권자보호라는 입장에서 민법 제551조는 이와 같은 경우에도 손해배상의 청구를 할 수 있음을 명시하고, 이 경우 손해배상의 청구도 채무불이행으로 인한 손해배상과 다를 것이 없으므로 전보배상으로서 그 계약의 이행으로 인하여 채권자가 얻을 이익, 즉 소위 이행이익을 손해로써 청구하여야 하고, 그 계약이 해제되지 아니하였을 경우 채권자가 그 채무의 이행으로 소요하게 된 비용, 즉 소위 신뢰이익의 배상은 청구할 수 없다. 동업계약으로 인한 의무를 이행하지 아니하여 그 동업계약을 해지한 경우에 있어서 일방이 출자의무의 이행으로 소요된 비용에 대해 조합계약의 해지에 따른 청산을 구함은 별론으로 하고 채무불이행으로 인한 손해의 배상을 구할 수는 없다(대판 1983. 5. 24. 82다카1667).

ⅱ) 신뢰이익의 배상도 인정한 사례

계약의 일방 당사자가 상대방의 이행을 믿고 지출한 비용인 이른바 신뢰이익의 손해도 그러한 지출 사실을 상대방이 알았거나 알 수 있었고 또 그것이 통상적인 지출비용의 범위 내에 속한다면 그에 대하여도 이행이익의 한도 내에서 배상을 청구할 수 있다. 한편 부동산매매에 있어서 매수인이 소유권이전등기비용을 지출하리라는 것은 특별한 사정이 없는 한 매도인이 알았거나 알 수 있었다고 보아야 할 것이고, 원고가 청구하고 있는 위 소유권이전등기비용의 내용은 법무사보수·등록세·교육세·인지대·채권구입비 등으로서 통상적인 지출비용의 범위 내에 속한다고 할 것이다(대판 1999. 7. 27. 99다13621).

(4) 해제와 제3자 보호

가. 의의

제548조 1항 단서는 계약의 해제는 제3자의 권리를 해하지 못한다고 규정하고 있다.

예컨대 갑이 그의 부동산을 을에게 매각하고, 을은 다시 병에게 매각하여 그 소유권이전등기가 경료된 후에, 갑이 을의 채무불이행을 이유로 매매계약을 해제하더라도 병의 소유권 취득에는 영향을 주지 못한다.

나. 계약해제로 인한 법률효과의 영향을 받지 않는 제3자의 범위

제548조 제1항 단서에서 말하는 제3자란 일반적으로 그 해제된 계약으로부터 생긴 법률효과를 기초로 하여 해제 '전'에 새로운 이해관계를 가졌을 뿐 아니라 등기, 인도 등으로 완전한 권리를 취득한 자를 말한다(대판 2000. 4. 11. 99다51685)(해제 전은 선,악 불문). 나아가 계약해제 '후' 원상회복 등기 등이 이루어지기 이전에 계약의 해제를 주장하는 자와 양립되지 아니하는 법률관계를 가지게 되었고 계약해제 사실을 몰랐던 '선의'의 제3자에 대하여는 계약해제를 주장할 수 없다(대판 2002. 10. 11. 2002다33502).

제3자에 해당하는지 여부가 문제되는 경우는 다음과 같다.

ⅰ) 계약상의 채권을 양수한 자

제548조 제1항을 단서에서 규정하는 제3자라 함은 그 해제된 계약으로부터 생긴 법률적 효과를 기초로 하여 새로운 이해관계를 가졌을 뿐 아니라 등기나 인도 등으로 완전한 권리를 취득한 자를 지칭하는 것이고, 계약상의 채권을 양도받은 양수인은 특별한 사정이 없는 이상 이에 포함되지 않는다(대법원 1996. 4. 12, 95다49882).

ⅱ) 소유권을 취득하였다가 계약해제로 인해 소유권을 상실하게 된 임대인으로부터 그 계약이 해제되기 전에 주택을 임차받아 대항요건을 갖춘 임차인.

민법 제548조 제1항 단서의 규정에 따라 계약해제로 인하여 권리를 침해받지 않는 제3자라 함은 계약목적물에 관하여 권리를 취득한 자 중 계약당사자에게 권리취득에 관한 대항요건을 구비한 자를 말한다 할 것인 바, 임대목적물이 주택임대차보호법 소정의 주택인 경우 같은 법 제3조 제1항이 임대주택의 인도와 주민등록이라는 대항요건을 갖춘 자에게 등기된 임차권과 같은 대항력을 부여하고 있는 점에 비추어 보면, 소유권을 취득

하였다가 계약해제로 인하여 소유권을 상실하게 된 임대인으로부터 그 계약이 해제되기 전에 주택을 임차받아 주택의 인도와 주민등록을 마침으로써 같은 법 소정의 대항요건을 갖춘 임차인은 등기된 임차권자와 마찬가지로 민법 제548조 제1항 단서 소정의 제3자에 해당된다고 봄이 상당하고, 그렇다면 그 계약해제 당시 이미 주택임대차보호법 소정의 대항요건을 갖춘 임차인은 임대인의 임대권원의 바탕이 되는 계약의 해제에도 불구하고 자신의 임차권을 새로운 소유자에게 대항할 수 있다(대판 1996. 8. 20. 96다17653).

iii) 해제된 계약에 의하여 채무자의 책임재산이 된 계약의 목적물의 가압류채권자

해제된 계약에 의하여 채무자의 책임재산이 된 계약의 목적물을 가압류한 가압류채권자는 그 가압류에 의하여 당해 목적물에 대하여 잠정적으로 그 권리행사만을 제한하는 것이나 종국적으로는 이를 환가하여 그 대금으로 피보전채권의 만족을 얻을 수 있는 권리를 취득하는 것이므로, 그 권리를 보전하기 위하여서는 위 조항 단서에서 말하는 '제3자'에는 위 가압류채권자도 포함된다고 보아야 한다(대판 2000. 1. 14. 99다40937).

> **\<Q & A\>**
> **매매계약 해제 전 목적물에 가압류한 채권자에 대한 대항 여부**
>
> Q) A는 부동산 매도인으로서 대금을 모두 지급받지 못한 상태에서 등기를 매수인 甲에게 넘겨주었다. 하지만 甲이 부동산에 대한 매매계약이 체결된 이후에 대금을 완납하지 아니하므로 甲의 채무불이행을 이유로 매매계약을 해제하려고 하였으나, 등기부등본을 떼어보니 甲의 채권자 乙이 매매목적물에 가압류를 한 상태이다. A는 매매계약을 해제하고 가압류 해제를 구할 수 있는가?

A)
1. 문제점

「민법」제548조 제1항은 "당사자 일방이 계약을 해제한 때에는 각 당사자는 그 상대방에 대하여 원상회복의 의무가 있다. 그러나 제3자의 권리를 해하지 못한다."라고 규정하고 있다. 위 단서에서 말하는 제3자는 일반적으로 그 해제된 계약으로부터 생긴 법률효과를 기초로 하여 해제 전에 새로운 이해관계를 가졌을 뿐 아니라 등기, 인도 등으로 완전한 권리를 취득한 자를 말하는데(대법원 2002. 10. 11. 선고 2002다33502 판결), 계약을 체결한 이후 해제의 의사표시 이전에 가압류가 된 경우 가압류를 한 자를 위 단서에서 말하는 제3자에 해당한다고 볼 수 있을 것인지가 문제된다.

2. 판례의 태도

판례는 "민법 제548조 제1항 단서에서 말하는 제3자란 일반적으로 해제된 계약으로부터 생긴 법률효과를 기초로 하여 별개의 새로운 권리를 취득한 자를 말하는 것인바, 해제된 계약에 의하여 채무자의 책임재산이 된 계약의 목적물을 가압류한 가압류채권자는 그 가압류에 의하여 당해 목적물에 대하여 잠정적으로 그 권리행사만을 제한하는 것이나 종국적으로는 이를 환가하여 그 대금으로 피보전채권의 만족을 얻을 수 있는 권리를 취득하는 것이므로, 그 권리를 보전하기 위하여서는 위 조항 단서에서 말하는 제3자에는 위 가압류채권자도 포함된다고 보아야 한다."라고 하였다(대법원 2000. 1. 14. 선고 99다40937 판결, 2005. 1. 14. 선고 2003다33004 판결).

3. 결론

따라서 A의 경우 채무불이행을 이유로 한 해제로 인한 효과를 가압류권자인 乙에게 주장하기는 어렵다고 할 것이다.

8. 해제권의 소멸

(1) 해제권 행사 여부의 최고권

해제권 행사에 대한 기간의 정함이 있으면 그 기간의 경과로 해제권은 소멸한다. 반면, 기간의 정함이 없을 때, 상대방은 해제권자에 대하여 상당한 기간을 정해서 그 기간 내에 해제하느냐 않느냐를 확답할 것을 최고할 수 있으며, 그 기간 내에 해제의 의사표시가 도달하지 아니한 때에는 해제권은 소멸한다(제552조). 이것은 해제권자 상대방의 불안정한 지위를 고려하여 그를 보호하기 위한 것으로서 무능력자나 무권대리인의 상대방에게 최고권을 인정한 것(제15조, 제131조)과 같은 성질의 것이다. 최고에 의하여 해제권을 상실하더라도 계약상 본래의 채권, 채무에는 영향이 없으므로, 채권자는 본래의 급부 또는 전보배상을 청구할 수 있는 권리를 잃지 않는다.

(2) 훼손 등으로 인한 해제권의 소멸

해제권자의 고의나 과실로 인하여 계약의 이행으로서 급부된 목적물이 현저히 훼손되거나 이를 반환 할 수 없게 된 때 또는 가공이나 개조로 인하여 다른 종류의 물건으로 변경된 때에는 해제권은 소멸한다(제553조). 이와 같은 경우에 가격에 의한 원상회복의무를 인정하는 것은 당사자의 공평을 잃게 하기 때문이다. 따라서 해제권자의 고의 또는 과실에 의하지 아니하고 발생한 멸실, 훼손인 경우에는 해제권은 소멸하지 아니한다. 이 해제권의 소멸은 상대방을 원상에 복귀시키는 데에 손해배상의 방법에 의하는 외에 적당하게 그 목적을 달성할 수 없는 경우를 상정한 것이기 때문에 훼손, 가공, 개조, 반환불능이 목적물의 근소한 부분에 관하여 생긴 데 불과한 때에는 전부에 관하여 그 해제권이 소멸하지 아니한다고 할 것이다.

II. 계약의 해지

계약의 해지라 함은 계속적 계약관계를 당사자의 일방적 의사표시에 의하여 장래에 대하여 소멸시키는 것이다. 소급효를 가지지 않고 장래에 대하여서만 효력을 가진다는 점에서 해제와 다르다.

1. 해지권에 관한 민법의 규정

해지권의 발생원인은 계약과 법률의 규정이 있다. 민법이 규정하고 있는 해지권의 발생사유로는

ⅰ) 존속기간의 약정이 없는 경우에는 비교적 용이하게 해지권을 인정하지만(제603조 2항, 제613조 2항, 제635조, 제660조, 제689조, 제699조), 존속기간의 약정이 있는 경우에는 일정한 요건 하에서 해지권을 인정하였으며(제659조, 제661조, 제698조),

ⅱ) 중대하게 신의칙에 반하는 사유가 있었거나(제625조, 제640조, 제641조, 제658조), 계약관계를 존속시키는 것이 중대하게 신의칙에 반하게 되는 경우(제614조, 제627조 2

항, 제637조) 등에 해지권을 인정하였다. 해지권은 장래에 대한 채권관계의 소멸이므로 원상회복의 의무는 발생시키지 않지만 손해배상청구에는 영향을 미치지 않는다(제551조).

당사자 일방 또는 양쪽이 수인인 경우에는 해지의 의사표시는 그 전원으로부터 또는 전원에 대하여라는 점은 해제에 있어서와 동일하다(제547조). 혼인이나 입양 등 신분상의 계약관계를 장래에 향하여 무효로 하는 이혼이나 파양도 그 성질은 해지와 같다.

2. 해지권의 발생

(1) 해지의 의의

임대차·고용·위임과 같은 이른바 계속적 계약관계에 있어서 일방 당사자의 의사표시에 의하여 계약의 효력을 장래에 향하여 소멸시키는 것을 계약의 해지라 한다.

매매와 같은 교환형의 계약에 있어서는 보통 일회의 급부로써 채권의 목적이 달성되므로, 채무자의 불이행은 전계약관계에 영향을 미친다. 그렇기 때문에 그 불이행을 이유로 한 해제는 계약의 효력을 소급적으로 소멸케 하는 것이 된다. 이에 대하여 임대차와 같은 계속적 계약관계에 있어서는 계약내용은 전기간에 걸쳐 실현되어 가는 것이며, 이미 급부가 행해진 부분에 관해서는 그 효력을 반드시 상실해야 할 필요는 없다. 뿐만 아니라 계약을 소급적으로 소멸시키면 이행한 부분에 관해서는 원상회복의무가 생기게 되어 법률관계를 복잡하게 할 뿐 실익이 없다.

그 때문에 계속적 계약관계에 대해서는 소급적으로 계약의 효력을 소멸시키는 해제와는 달리, 장래에 향하여서만 계약의 효력을 소멸케 하는 해지가 필요하게 된 것이다.

(2) 해지권의 발생요인

해지는 당사자 일방의 의사표시로써 계약의 효력을 장래에 향하여 소멸케 하는 것이기 때문에 해지하기 위해서는 해지할 수 있는 권리, 즉 해지권이 필요하다. 해지권은 해제권과 마찬가지로 계약 또는 법률규정에 의해서 발생한다.

가. 약정해지권

당사자는 계속적 계약에서 당사자의 일방 또는 쌍방이 해지권을 유보하기로 약정할 수 있다(제543조 1항). 민법은 특히 임대차에 관하여 이 점을 규정하고 있지만 다른 계속적 계약에서도 마찬가지이다.

나. 법정해지권

민법은 계약총칙에서 일시적 계약 모두에 공통되는 법정해지권의 발생원인으로 이행지체와 이행불능을 규정하고 있지만, 계속적 계약 모두에 공통되는 법정해지권의 발생원인에 대해서는 아무런 규정이 없다. 다만, 계속적 계약에 개별적으로 그 해지권의 발생원인을 규정하고 있다. 사용대차(제610조 3항), 임대차(제625조, 제627조 등), 고용(제657조~제663조), 위임(제689조), 임치(제698조~제699조)에 관한 규정이 그것이다.

3. 해지권의 행사방법

해지권의 행사방법에 관한 내용은 해제권의 경우와 동일하다. 즉 해지권의 행사는 상대방에 대한 의사표시로 하고(제543조 1항), 그 의사표시는 철회하지 못한다(제543조 2항).

4. 해지의 효과

(1) 비소급적계약효력 상실

계약을 해지한 때에는 해지한 때로부터 '장래에 대하여' 그 효력을 잃는다(제550조). 따라서 해지 이전의 계약관계에는 영향을 미치지 않는다. 즉 이미 이행된 급부는 수령자가 그대로 보유할 권리를 갖는다. 다만 해지 이전에 발생한 채무는 해지 이후에도 그대로 존속한다.

해지는 계약관계의 효력을 장래에 향하여 소멸시키는 당사자의 의사표시이기 때문에 계약관계의 효력을 소급하여 소멸시키는 해제와 구별된다. 이와 같이 해지는 소급효가 없다는 점에서 해제와 근본적으로 다르다. 즉 해지는 임대차, 고용, 위임, 조합 등의 계속적인 채권관계에 있어서 오래도록 계속된 법률관계의 결과 당사자 및 제3자의 채권과 채무가 집적되어 있으므로 만약 이것을 장래에 향하여서가 아니고, 과거에 소급하여서 효력을 잃게 한다면 그 당사자는 물론 당사자와 거래하는 제3자의 권리도 침해하게 된다. 이러한 경우 야기되는 법률관계의 혼잡을 피함과 아울러 거래의 안전을 도모하기 위하여 계속적인 채권관계의 효력은 특별히 장래에 향하여서만 효력을 잃게 하여 과거에 소급하여 잃는 일이 없도록 한 것이다.

(2) 청산의무

계약을 해지하면 그 때부터 계약은 그 효력을 잃는다. 임대차의 경우 계약이 해지되면 임차인은 더 이상 목적물을 사용, 수익할 권리를 잃게 되므로 목적물을 임대인에게 반환할 의무를 지게 된다(민법 제615조·제654조). 이것은 계약을 해제한 경우에 계약이 당연히 소급적으로 실효되어 원상회복의무를 지는 경우와는 그 성질이 다르므로, '청산의무'라고도 부른다.

(3) 손해배상의 청구

계약의 해지는 손해배상의 청구에 영향을 미치지 아니한다(제551조). 이 경우의 손해배상은 상대방의 채무불이행을 이유로 하는 것이다.

제 2 장   계약각론

제 1 절 증 여

증여(donato, gift, Schenkung, doncation)라 함은 한쪽 당사자(贈與者)가 대가없이 자기의 재산을 상대방(수증자)에게 주겠다는 의사를 표시하고 상대방이 이를 승낙함으로써 성립하게 되는 계약이다(제554조~제562조). 증여는 낙성계약이며, 또 무상·편무계약이다.

증여계약의 성립에는 따로 방식을 요하지 않으나, 서면에 의하지 않은 증여는 아직 이행하지 않은 부분에 대하여 언제라도 각 당사자가 이를 해제할 수가 있다(제555조, 제558조). 이것은 증여자에게 신중을 기하게 함과 동시에 그 진의를 명확히 하고 증거의 확실을 도모하기 위한 제도이다. 또 수증자가 증여자에 대하여 중대한 망은행위를 한 때, 또는 증여계약 후에 증여자의 재산상태가 현저히 악화하여 그 이행으로 생계에 중대한 영향을 미칠 경우에는 증여자는 아직 이행하지 아니한 부분에 대하여 해제할 수 있다(제556조~제558조). 또한 증여는 무상계약이므로 증여자는 담보책임을 지지 않는 것(제559조)이 원칙이지만, 특약이 있을 경우, 증여자가 하자·흠결을 알고서 고지하지 아니한 경우(악의의 경우) 및 부담부증여의 경우에는 예외로서 담보책임을 진다(제559조 1항 단서·2항). 증여의 특수한 형태로는 부담부증여·현실증여·사인증여가 있다.

[채권의 증여를 목적으로 하는 증여계약서]

증 여 계 약 서

증여자 ○○○(이하 "갑"이라 한다)와 수증자인 ◎◎◎(이하 "을"이라 한다)은 아래 표시의 채권에 관하여 다음과 같이 합의하여 증여계약을 체결한다.

증여 채권의 표시

갑이 채무자(성명:□□□, 주소:○○시 ○○구 ○○동 ○○번지)에 대하여 20○○년 ○월 ○일 대여한 금 ○○○만원의 대여금반환 청구채권

제1조 위 증여채권은 본 증여계약서 작성과 동시에 갑으로부터 을에게 이전한다.
제2조 위 채권을 증여함에 있어 갑은 확정일자있는 증서로서 채무자 □□□에게 증여계약사실을 통지하거나, 채무자 □□□로부터 승낙을 얻어 민법 제450조 지명채권양도의 대항요건을 갖추기로 한다.
제3조 위 계약을 증명하기 위하여 본 계약서를 2통 작성하여 갑과 을이 이의 없음을 확인하고 서명·날인한 후 각각 1통씩 보관하기로 한다.

20○○년 ○월 ○일

증여인	주 소				
	성 명 또 는 상 호	인	주민등록번호 또 는 사업자등록번호	-	전 화 번 호
수증인	주 소				
	성 명 또 는 상 호	인	주민등록번호 또 는 사업자등록번호	-	전 화 번 호

[증여계약서(부담부 조건)]

계 약 서

증여자 ○○○(이하 "갑"이라고 함)와 수증자 ◎◎◎(이하 "을"이라고 함)은 다음내용과 같이 증여계약을 체결한다.

내 용

1. 갑은 별지 목록 기재 동산을 을과 함께 계속 사용, 수익할 수 있음을 조건으로 하여 20○○년 ○월 ○일 같은 동산을 을에게 증여한다.

2. 을이 위 동산에 대한 갑의 사용, 수익을 방해하거나 거부할 경우 갑은 위 증여계약을 해제할 수 있고 해제 후 을은 즉시 위 동산을 갑에게 인도하여야 한다.

3. 을이 위 2항의 인도의무를 불이행할 경우 을은 갑에게 손해배상액으로 매월 금○○원을 지급하기로 한다.

20○○년 ○월 ○일

증여자	주 소				
	성 명 또는 상 호	인	주민등록번호 또는 사업자등록번호	-	전 화 번 호
수증자	주 소				
	성 명 또는 상 호	인	주민등록번호 또는 사업자등록번호	-	전 화 번 호

[별 지]

동 산 목 록

품 명	수 량(개)	제작회사	고유번호
전기용접기	5	○○○	○○○
산소용접기	5	○○○	○○○
그라인다	2	○○○	○○○

[부담부 부동산증여계약서]

부담부 부동산증여계약서

증여자 ○○○(이하 "갑"이라고 한다)와 수증자 ◎◎◎(이하 "을"이라 한다)은 아래 표시의 부동산(이하 "표시 부동산"이라고 한다)에 관하여 다음과 같이 증여계약을 체결한다.

[부동산의 표시]
  ○○도 ○○군 ○○면 ○○리 산○○ 임야 250,000㎡

제1조(목적) 갑은 갑 소유 표시 부동산을 이하에서 정하는 약관에 따라 을에게 증여하고, 을은 이를 승낙한다.

제2조(증여시기) 갑은 을에게 20○○년 ○월 ○일까지 표시 부동산의 소유권이전등기와 동시에 인도를 한다.

제3조(부담부분) 을은 표시 부동산의 증여를 받는 부담으로 갑 및 갑의 배우자가 생존하는 동안 부양의무를 지고, 갑 선조의 제사 봉행을 성실히 수행한다.

제4조(계약의 해제) 을이 다음 각 호에 해당할 경우, 갑은 본 계약을 해제할 수 있다.
  1. 본 계약서에 의한 부양의무를 이행하지 아니한 때
  2. 갑 또는 그 배우자나 직계혈족에 대한 범죄행위를 한 때
  3. 생계유지에 지장을 줄 만한 도박, 음주 등에 의해 재산을 낭비할 염려가 있는 때

제5조(계약의 해제 후 조치) 제4조에 의한 본 계약의 해제가 되었을 경우, 을은 갑에 대해 지체 없이 표시 부동산의 소유권이전등기와 동시에 인도를 해야한다.
  이 경우 계약해제일까지 을이 지출한 부양비용은 그때까지 표시부동산을 사용, 수익한 대가와 상계 된 것으로 한다.

제6조(비용 및 제세공과금의 부담) 표시 부동산의 소유권이전과 관련한 제반 비용 및 조세공과금 등은 을이 부담한다.

제7조(담보책임) 표시 부동산의 증여는 제2조에 의한 등기 및 인도일의 상태를 대상으로 하며, 갑은 표시부동산의 멸실, 훼손에 대하여 책임을 지지 아니한다.

이 계약을 증명하기 위하여 계약서2통을 작성하여 갑과 을이 서명·날인한 후 각각 1통씩 보관한다.

20○○년 ○월 ○일

	주　소						
증여자	성　명 또는 상　호		인	주민등록번호 또　　는 사업자등록번호	-	전　화 번　호	
	주　소						
수증자	성　명 또는 상　호		인	주민등록번호 또　　는 사업자등록번호	-	전　화 번　호	
	주　소						
입회인	성　명 또는 상　호		인	주민등록번호 또　　는 사업자등록번호	-	전　화 번　호	

[부동산증여계약서]

부 동 산 증 여 계 약 서

부동산의 표시
1.　○○시　○○구　○○동　○○
　　　　대 300㎡

2.　위 지상
　　시멘트 벽돌조 슬래브지붕 2층주택
　　1층 100㎡
　　2층 100㎡

 위 부동산은 증여인의 소유인 바 이를 수증인 ○○○에게 증여할 것을 약정하고 수증인은 이를 수락하였으므로 이를 증명하기 위하여 각자 서명·날인하다.

20○○년 ○월 ○일

증여인	주　소					
	성명 또는 상호		인	주민등록번호 또　　는 사업자등록번호	-	전화 번호
수증인	주　소					
	성명 또는 상호		인	주민등록번호 또　　는 사업자등록번호	-	전화 번호

제 2 절 매 매

매매(emptio venditio, (contract of) sale, kauf, vente)는 당사자의 일방(매도인)이 어떤 재산권을 상대방에게 이전할 것을 약정하고 상대방(매수인)은 이에 대하여 그 대금을 지급할 것을 약정함으로써 성립하는 낙성·쌍무·불 요식의 유상계약이다(제563조). 민법은 매매를 채권관계상 유상계약의 전형적인 것으로서 상세한 규정을 두어(제563조~제589조), 그 규정들을 다른 유상계약에 준용하고 있다. 매도인은 목적물을 완전히 매수인에게 인도할 의무를 부담한다. 즉 (1) 소유권 그 자체를 이전해야 한다. (2) 권리변동의 효력발생요인으로서의 등기를 이전해 주어야 한다. (3) 모든 권리증서와 그 밖에 이에 속한 서류를 인도하여야 한다. 여기서 특히 중요한 것은 매도인의 담보책임이다. 이것은 매매의 목적물인 물건 또는 권리에 불완전한 점이 있는 경우에 매도인이 대금을 감액하고 계약의 해제를 당하고 손해배상을 부담해야 하는 책임이다. 매수인은 대금을 지급하고 그 지급이 지체되었을 때에는 이자를 지급하여야 한다. 단 목적물의 인도가 지체되었을 때에는 그러하지 아니하다(제587조).

* 매도인의 담보책임 *

담보책임원인	매수인의 선의·악의	책임의 내용(매수인의 권리)		
		대금감액 청구권	해제권	손해배상청구권
전부타인의 권리 (제570조)	선의		있음	있음
	악의		있음	없음
일부타인의 권리 (제572조)	선의	있음	일정한 경우에만 있음	있음
	악의	있음	없음	없음
수량부족, 일부멸실 (제574조)	선의	있음	일정한 경우에만 있음	있음
	악의	없음	없음	없음
용익권에 의한 제한 (제575조)	선의		목적을 달성할 수 없는 경우에만 있음	있음
	악의		없음	없음
저당권, 전세권에 의한 제한(제576조)	선의		일정한 경우에 있음	일정한 경우에 있음
	악의		일정한 경우에 있음	일정한 경우에 있음
특정물 하자의 경우 (제580조)	선의		목적을 달성할 수 없는 경우에만 있음	있음
	악의		없음	없음
종류물 하자의 경우 (제581조)	선의		목적을 달성할 수 없는 경우에만 있음	손해배상청구권 또는 완전물급부청구권
	악의		없음	없음

> **\<Q & A\>**
> **매도인의 하자담보책임에 관한 권리행사기간의 성질**
>
> Q) A는 1년 전 甲회사로부터 온수기를 구입하였는데, 그 온수기의 온수가 사용할 수 없을 정도로 혼탁하여 甲회사에 수리를 요청하여 수차에 걸쳐 수리를 하였으나, 근본적인 결함을 제거하지 못하였으므로 구입 후 5개월쯤 경과된 시점에서 내용증명우편으로 위 매매계약의 해제와 손해배상을 요구하였다. 그러나 甲회사는 전혀 반응이 없어 현재는 소송을 제기하고자 하는바, 이러한 경우 기간의 제한이 있는가?

A)

1. 문제점

「민법」 제580조 제1항은 매매의 목적물에 하자(瑕疵)가 있는 때에는 같은 법 제575조 제1항의 규정을 준용하도록 규정하고 있으므로 매수인이 매매목적물의 하자 있음을 알지 못한 때에는 그로 인하여 계약의 목적을 달성할 수 없는 경우에 한하여 계약을 해제할 수 있고, 기타의 경우에는 손해배상만을 청구할 수 있다. 따라서 위 사안의 경우 A가 매수한 온수기가 수차에 걸친 수리에도 불구하고 근본적인 결함이 제거되지 못하였다면 A는 위와 같은 매도인의 하자담보책임을 물어 계약을 해제할 수 있을 것이다. 그런데 같은 법 제582조는 위와 같은 매도인의 하자담보책임을 물을 권리는 매수인이 그 사실을 안 날로부터 6월내에 행사하여야 한다고 규정하고 있다. 그리고 이 기간은 제척기간(除斥期間)으로 보고 있으므로 그 기간 내에 재판을 청구하여야 하는 출소기간(出訴期間)인지 문제된다.

2. 판례의 태도

이에 관하여 판례는 "민법 제582조 소정의 매도인의 하자담보책임에 관한 매수인의 권리행사기간은 재판상 또는 재판 외의 권리행사기간이고 재판상 청구를 위한 출소기간은 아니다."라고 하였다(대법원 1985. 11. 12. 선고 84다카2344 판결, 1990. 3. 9. 선고 88다카31866 판결).

3. 결론

따라서 A가 위 온수기의 하자 수리를 구두상 요청하여 甲회사에서 수차에 걸쳐 수리를 해준 사실이 있을 뿐만 아니라, 6월이 경과되기 이전에 내용증명우편으로 하자담보책임을 물어 위 계약의 해제와 손해배상을 청구해둔 바 있으므로 위 제척기간은 A가 소송을 제기함에 영향을 미치지 못할 것이다.

\<Q & A\>
완전물 급부의무 불능으로 인한 손해배상청구권의 행사기간

Q) A는 1년 전 甲으로부터 농기계부품을 구입하였으나 그 부품에 하자가 있어 사용할 수 없는 것이므로 곧 그 교환을 요구하였으나, 甲은 차일피일 미루던 중 위 농기계구입시로부터 6개월이 지난 후에는 부도상태로서 더 이상 교체를 기대할 수 없는 형편이다. 따라서 A는 乙로부터 그 부품을 구입하여 사용하고 있으므로 그 구입비용 상당의 손해배상을 甲에게 청구하려고 한다. 그런데 이러한 경우에도 청구기간의 제한이 있는가?

A)
1. 문제점

「민법」제581조 제1항에서 매매의 목적물을 종류로 지정한 경우에도 그 후 특정된 목적물에 하자가 있는 때에는 같은 법 제580조의 규정을 준용하여 매수인이 매매목적물의 하자있음을 알지 못한 때에는 그로 인하여 계약의 목적을 달성할 수 없는 경우에 한하여 계약을 해제할 수 있고, 기타의 경우에는 손해배상만을 청구할 수 있도록 규정하고 있으나, 같은 법 제581조 제2항에서 매수인은 계약의 해제 또는 손해배상의 청구를 하지 아니하고 하자 없는 물건을 청구할 수 있다고 규정하고 있다. 그리고 같은 법 제582조에 의하면 위와 같은 매도인의 하자담보책임을 물을 권리는 매수인이 그 사실을 안 날로부터 6월내에 행사하여야 한다고 규정하고 있다. 그러나 이러한 권리행사기간은 제척기간(除斥期間)이지만 그 기간 내에 소송을 제기하여야 하는 출소기간(出訴期間)은 아니고 재판상 또는 재판 외의 권리행사기간이다(대법원 1985. 11. 12. 선고 84다카2344 판결, 1990. 3. 9. 선고 88다카31866 판결). 이 때 완전물급부청구권은 6월 내에 행사하였으나, 매도인이 이를 이행하지 않고 기간이 흘러 1년이 지난 시점에서 매수인은 완전물 급부의무 불능으로 인한 손해배상청구권을 행사할 수 있는 것인지 문제된다.

2. 판례의 태도

그런데 판례는 "甲은 물품의 하자에 대하여 민법 제581조 제2항이 규정하는 완전물급부청구권 또는 그에 포함되는 것으로 볼 수 있는 하자보수청구권을 행사하다가 소외회사의 부도와 개인업체의 폐업이라고 하는 매도인 측의 사정으로 그 이행을 기대할 수 없게 되자, 甲 스스로 하자 없는 물건을 구입하고, 매도인인 소외회사에 대하여 그 대금상당액의 지급을 구하고 있는바, 이러한 내용을 가지는 甲의 이 사건 손해배상청구권은 민법 제581조가 규정하는 종류매매에서 매도인이 부담하는 하자담보책임의한가지이므로 민법 제582조의 규정상 특정된 목적물에 하자가 있음을 안 날로부터 6개월 내에 행사하여야 할 것이지만, 이 사건 손해배상청구권은 동시에 완전물급부의무의 이행불능으로 인한 손해배상청구권과 같은 내용을 가지고 있는 것으로서 완전물급부청구권의 변형물로 볼 수도 있으므로, 일단 매수인인 甲이 그 권리행사기간 안에 완전물급부청구권을 행사한 이상, 이 사건 손해배상청구권은 민법 제582조가 정하는 제척기간에 걸리지 아니한다고 보아야 할 것이다."라고 하였다(대법원 2000. 2. 11. 선고 97다7202 판결).

3. 결론

 따라서 A는 6월내에 위 부품의 하자에 대하여 교환을 요청하였다면 A가 위 부품을 다시 구입하여 사용하고 그 손해배상을 6월이 지난 시점에서 청구한다고 하여도 위 기간의 제한을 받지는 않을 것이다.

중요사건의 사실관계 및 대법원의 판단

【사실관계】

원고가 1979. 8. 23. 피고 이택형, 소외 망 이광석, 소외 유명규와 사이에 이 사건 토지에 관하여 매매예약을 체결하고, 같은 해 9. 7. 위 3인 앞으로 위 매매예약을 원인으로 한 소유권이전청구권보전의 가등기를 경료하여 주었다. 그 후 원고가 1989. 7. 28. 피고 이택형, 소외 망 이광석에게 이 사건 토지에 대한 그들의 지분을 인정하는 합의각서를 작성하여 주었다. 그 후 1990. 2. 1. 원고는 피고에게 가등기의 말소를 청구하였고, 이에 대하여 피고는 원고의 각서로 예약완결권의 행사시간이 중단되었다고 주장하면서, 1990. 5. 1. 가등기에 의한 본등기를 청구하고 있다.

【대법원의 판단】 제척기간의 중단 여부(소극)

[1] <u>복수의 권리자가 소유권이전청구권을 보존하기 위하여 가등기를 마쳐 둔 경우 특별한 사정이 없는 한 그 가등기의 말소청구소송은</u> 권리관계의 합일적인 확정을 필요로 하는 필수적 공동소송이 아니라 <u>통상의 공동소송</u>이다.

[2] 매매의 일방예약에서 예약자의 상대방이 매매예약 완결의 의사표시를 하여 매매의 효력을 생기게 하는 권리, 즉 <u>매매예약의 완결권은 일종의 형성권</u>으로서 당사자 사이에 그 <u>행사기간을 약정한 때에는 그 기간 내에</u>, <u>그러한 약정이 없는 때에는 그 예약이 성립한 때로부터 10년 내에 이를 행사하여야 하고</u>, <u>그 기간을 지난 때에는 예약 완결권은 제척기간의 경과로 인하여 소멸</u>한다.

[3] <u>제척기간에 있어서는</u> 소멸시효와 같이 <u>기간의 중단이 있을 수 없다</u>(대법원 2003. 1. 10. 선고 2000다26425 판결).

<해설> 위 매매예약완결권은 위 예약일인 1979. 8. 23.부터 10년이 되는 1989. 8. 23.이 경과함으로써 그 제척기간이 경과되어 소멸되었다 할 것이다. 제척기간은 기간의 중단이 있을 수 없으므로, 비록 원고가 1989. 7. 28. 피고 이택형, 소외 망 이광석에게 이 사건 토지에 대한 그들의 지분을 인정하는 합의각서를 작성하여 준 사실이 있다고 하더라도, 위 매매예약완결권은 위 예약일인 1979. 8. 23.부터 10년이 되는 1989. 8. 23.이 경과함으로써 그 제척기간이 경과되어 소멸되었다고 보아야 할 것이다.

[토지건물매매계약서(임차인이 있는 경우)]

부 동 산 매 매 계 약 서

매도인 ○○(이하 '갑'이라 한다)과 매수인 ◎◎ (이하 '을'이라 한다)은 아래 표시의 부동산에 관하여 다음과 같이 합의하여 계약을 체결한다.

<부동산의 표시>

소 재 지					
토 지	지 목		면 적	m²(	평)
건 물	구조 및 용도		면 적	m²(	평)

제1조(목적) 갑은 그 소유의 위 부동산을 을에게 매도하고 을은 이를 매수한다.

제2조(매매대금) ① 매매대금은 금_____원으로 하고 다음과 같이 지급하기로 한다.

계 약 금	금	원은 계약체결시에 지급하고
중 도 금	금	원은 년 월 일에 지급하며
잔 금	금	원은 년 월 일에 지급하기로 함.

② 제1항의 계약금은 잔금 수령시에 매매대금의 일부로 충당한다.

제3조(소유권 이전 및 매매물건의 인도) 갑은 을의 잔금지급과 동시에 소유권 이전등기에 필요한 일체의 서류를 을에게 교부하고 이전등기절차에 협력하여야 하며 갑의 비용과 책임으로 매매부동산을 을에게 인도하여야 한다.

제4조(저당권 등의 말소) 갑은 제3조의 인도전에 매매부동산상의 저당권, 질권, 전세권, 지상권, 임차권 기타 소유권의 행사를 제한하는 일체의 권리를 말소 시켜야 한다.

제5조(임대차의 인수) 위 매매부동산상의 임대차는 소유권 이전 후에도 매수인과 유효한 계약으로 존속하며, 임차료는 매매부동산의 인도일을 기준으로 인도일 전까지는 매도인에게 귀속하고, 그 이후에는 매수인에게 귀속한다.

제6조(부속물의 이전) 제3조의 인도시 매매부동산에 부속된 물건은 매매목적물에 포함된 것으로 한다.

제7조(매도인의 담보책임) 매매부동산은 계약시의 상태를 대상으로 하며, 공부상의 표시와 실제가 부합하지 아니하여도 쌍방이 이의를 제기하지 않기로 한다.

제8조(위험부담) ① 매매부동산의 인도 이전에 불가항력으로 인하여 매매부동산이 멸실 또는 훼손되었을 경우에는 그 손해는 갑의 부담으로 한다.
② 제1항의 경우에 을이 계약을 체결한 목적을 달성할 수 없을 때에는 을은 계약을 해제할 수 있으며, 이 때 갑은 이미 수령한 대금을 을에게 반환하여야 한다.

제9조(계약의 해제) ① 제2조의 중도금 지급시까지 을은 계약금을 포기하고 갑은 계약금의 배액을 상환하고 계약을 해제할 수 있다.
② 당사자 어느 일방이 이 계약을 위반하여 이행을 태만히 한 경우, 상대방은 1주간의 유예기간을 정하여 이행을 최고하고, 일방이 이 최고기간 내에 이행을 하지 않을 경우에, 상대방은 계약을 해제할 수 있다.

제10조(위약금) 제8조 제2항에 의하여 일방이 계약을 해제하였을 때에는 상대방은 계약금 상당액을 손해배상금으로 지급하여야 한다.

제11조(비용) 매도증서 작성 비용 및 이에 부대하는 비용은 갑이 부담하고 소유권이전등기에 필요한 등록세 등의 비용은 을이 부담한다.

제12조(공과금 등) 매매토지에 부과되는 조세공과금·제비용 및 매매토지에서 발생하는 수익은 모두 인도일을 기준으로 하여 그 전일까지 생긴 부분은 갑에게 귀속하고 그 이후부터는 을에게 귀속한다.

제13조(관할법원) 이 계약에 관한 소송의 관할법원은 매매부동산의 소재지를 관할하는 법원으로 한다.

이 계약을 증명하기 위하여 계약서 2통을 작성하여 갑과 을이 각 1통씩 보관한다.

20○○년 ○월 ○일

매도인	주소					
	성명 또는 상호		인	주민등록번호 또는 사업자등록번호	-	전화번호
매수인	주소					
	성명 또는 상호		인	주민등록번호 또는 사업자등록번호	-	전화번호
입회인	주소					
	성명 또는 상호		인	주민등록번호 또는 사업자등록번호	-	전화번호

[토지·건물 매매계약서(임차인이 없는 경우)]

부 동 산 매 매 계 약 서

매도인(○○○)을 甲, 매수인(○○○)을 乙이라 하여 양 당사자는 다음과 같이 부동산 매매계약을 체결한다.

※부동산의 표시

○○시 ○○구 ○○동 ○○번지

대지 ○○㎡

위 지상건물 ○○㎡

제1조(매매대금) 위 부동산의 매매에 있어 매수인 乙은 매매대금을 아래와 같이 지불하기로 한다.

  매매대금 금 ○○○○원정(₩   원정)
  계 약 금 금 ○○○원정(계약시 지불)
  중 도 금 금 ○○○원정(지급기일 : 20○○년 ○월 ○일)
  잔   금 금 ○○○원정(지급기일 : 20○○년 ○월 ○일)

제2조(소유권이전 및 매매물건의 인도) 이 매매계약의 이행기일인 20○○년 ○월 ○일에 매도인 甲은 매수인 乙로부터 잔금을 수령함과 동시에 소유권이전등기에 필요한 모든 서류를 교부하고 이전등기에 협력하여야하며, 또한 위 부동산을 인도하여야 한다.

제3조(저당권 등의 말소) 매도인 甲은 이건 부동산에 설정된 저당권 지상권 임차권 등 소유권행사를 제한하는 사유가 있거나 조세공과 기타 부담금의 미납금 등이 있을 때에는 잔금 지급기일까지 그 권리의 하자 및 부담 등을 제거하여 완전한 소유권을 매수인 乙에게 이전하여야 한다. 다만 승계하기로 합의하는 권리 및 금액은 그러하지 아니하다.

제4조(계약의 해제) ① 만일 매수인 乙이 잔금 지급기일을 지체하여 이행하지 않을 경우 매도인 甲은 즉시 계약을 해제할 수 있으며, 손해배상금은 총 매매대금의 10%로 정한다.

② 만일 매도인 甲이 중도금 지급기일 후 잔금지급기일 전에 저당권, 가압류, 가처

분 가등기 등의 일체의 처분행위를 하지 못하며 하자가 발생하여 잔금지급기일에 완전한 소유권이전을 받지 못할 경우 매수인 乙은 즉시 계약을 해제할 수 있으며 손해배상금은 총 매매대금의 10%로 정한다.

③ 매수인 乙이 매도인 甲에게 중도금을 지급할 때까지는 매도인은 계약금의 배액을 상환하고, 매수인은 계약금을 포기하고 이 계약을 해지할 수 있다.

제5조(공과금 등) 위 부동산에 관하여 발생한 수익과 조세공과 등의 부담금은 위 부동산의 인도일을 기준으로 하여 그 전일까지의 것은 매도인에게, 그 이후의 것은 매수인에게 각각 귀속한다.

제6조(비용) 이건 부동산의 소유권이전등기에 소요되는 등록세 및 등기절차에 관한 비용 기타 이 계약에 관한 비용은 모두 매수인 乙이 이를 부담한다.

이상의 계약을 증명하기 위하여 본 계약서 3통을 작성하고 서명·날인 한 다음 각 1통씩 보존한다.

20○○년 ○월 ○일

매도인	주소				
	성명 또는 상호		인	주민등록번호 또는 사업자등록번호	-	전화번호	
매수인	주소				
	성명 또는 상호		인	주민등록번호 또는 사업자등록번호	-	전화번호	
입회인	주소				
	성명 또는 상호		인	주민등록번호 또는 사업자등록번호	-	전화번호	

[토지매매계약서(피담보채무 인수조건)]

토 지 매 매 계 약 서

매도인 ○○○를 갑으로 하고, 매수인 ○○건설주식회사를 을로 하여, 갑·을 간에 아래 표시의 토지에 대하여 다음과 같이 매매계약을 체결한다.

【 토지의 표시 】
소재지 : ○○도 ○○시 ○○동
지 번 : ○번
지 목 : 공장용지
지 적 : ○○○m²

제1조(목적) 갑은 을에게 위 표시의 토지를 매도하고 을은 이를 매수한다.

제2조(매매대금) 매매대금은 금○○○만원으로 하고 을은 갑에게 매매대금을 아래와 같이 지급한다. (단, 실측 면적이 등기부상의 면적에 비해 과부족이 5% 이상인 경우 1평방미터 당 금○○원으로 매매대금을 재 산정 한다.)
 1. 계약금으로 금일 ○○만원을 지급한다.
 2. 잔금 ○○○만원은 20○○년 ○월 ○일까지 위 토지의 소유권이전등기신청과 교환하여 지급한다.

제3조(소유권의 이전) 갑은 을에 대해 위 토지에 대해 잔금지급기일 20○○년 ○월 ○일까지 잔금 지급과 동시에 소유권이전등기신청을 하기로 하고, 소유권이전의 등기 비용은 을이 부담한다.

제4조(부동산의 인도) 갑은 20○○년 ○월 ○일까지 위 표시의 토지를 현 상태 그대로 을에게 인도한다.

제5조(저당권의 부담) 위 표시 토지는 아래 내용의 채권을 담보하는 저당권을 부담하는 조건으로 매매한다.
 1. 채권자 : ○○은행주식회사 (병)
 2. 채무자 : ○○○
 3. 채권최고액 : ○○○원
 4. 채무현재액 : ○○○원

5. 변제기 : 20○○년 ○월 ○일
6. 대여금 약정이자 : 년24%

제6조(저당채무의 인수) ① 위 표시 토지 소유권이전 시까지 을은 면책적 채무인수를 하여 갑의 병에 대한 채무를 소멸시켜야 한다.

② 을이 위 항의 의무를 해태하여 갑에게 손해를 입힌 경우, 을은 즉시 갑에게 배상하여야 한다.

제7조(위험부담) 위 표시 부동산이 제4조에 의한 인도이전에 당사자의 책임으로 돌릴 수 없는 이유로 멸실 또는 훼손된 경우에는 그 손해는 갑이 부담한다.

제8조(비용부담) 위 표시 부동산의 제세공과금은 제4조에 의한 인도일을 기준으로 당일까지의 비용은 갑이 부담하고, 그 다음날 이후의 비용은 을이 부담한다.

제9조(계약 해제) ① 갑 또는 을의 계약불이행이 있는 경우는 상대방에게 1주일 전에 계약이행을 최고한 후, 계약을 해제할 수 있다.

② 갑의 귀책사유로 계약이 해제된 경우 갑은 을에게 이미 받은 매매대금을 반환하고 금○○○만원을 손해배상금으로 지급한다.

③ 을의 귀책사유로 계약이 해제되는 경우 갑은 이미 받은 매매대금 중 금○○○만원을 손해배상금으로 충당하고 잔액을 을에게 반환한다.

제10조(소송) 이 계약에 관한 소송의 관할 법원은 '을'의 주소지 법원에 따르기로 한다.

20○○년 ○월 ○일

매도인	주 소					
	성 명 또는 상 호		인	주민등록번호 또 는 사업자등록번호	-	전 화 번 호
매수인	주 소					
	성 명 또는 상 호		인	주민등록번호 또 는 사업자등록번호	-	전 화 번 호

[토지매매계약서(지상권설정조건)]

토 지 매 매 계 약 서

매도인 ○○○를 갑으로 하고, 매수인 ○○○를 을로 하여, 갑, 을 간에 아래 표시의 토지에 대하여 다음과 같이 매매계약을 체결한다.

  【 토지의 표시 】
  소재지 : ○○시 ○○구 ○○동 ○○
  지 번 : ○○번
  지 목 : 임야
  지 적 : ○○○○m²

제1조(목적) 갑은 을에게 위 표시의 토지를 매도하고 을은 이를 매수한다.

제2조(매매대금) 매매대금은 금○○○만원으로 하고 을은 갑에게 매매대금을 아래와 같이 지급한다. (단, 실측 면적이 등기부상의 면적에 비해 과부족이 5% 이상인 경우 1평방미터당 금○○원으로 하여 매매대금을 재산정 한다.)
 1. 계약금으로 금일 ○○만원을 지급한다.
 2. 잔금 ○○○만원은 ○년 ○월 ○일까지 위 토지의 소유권이전등기신청과 교환하여 지급한다.

제3조(소유권의 이전) 갑은 을에 대해 위 토지에 대해 잔금지급기일 ○년 ○월○일까지 잔금지급과 상환하여 소유권이전등기신청을 하기로 하고, 소유권이전의 등기비용은 을이 부담한다.

제4조(지상권의 부담) 을은 갑에게 위 표시 토지에 아래 내용의 지상권을 설정해 주는 조건으로 매매한다.
 1. 지상권자 : ○○○ (갑)
 2. 지상권설정자 : ○○○ (을)
 3. 지상권기간 : 10년
 4. 지 료 : 월 ○○만원
 5. 지료 지급일 : 매월말

제5조(지상권 등기) 을은 갑에게 위 표시 토지 소유권이전 등기를 마친 후 즉시지상권 등기에 필요한 서류를 양도하여 지상권등기에 협조한다.

제6조(위험부담) 위 표시 부동산이 갑이 소유권 이전등기 서류를 양도하기 이전에 당사자의 책임으로 돌릴 수 없는 이유로 멸실 또는 훼손된 경우에는 그 손해는 갑이 부담한다.

제7조(비용부담) 위 표시 부동산의 제세공과금은 갑이 을에게 소유권이전등기서류를 양도하는 날을 기준으로 당일까지의 비용은 갑이 부담하고, 그 다음날 이후의 비용은 을이 부담한다.

제8조(계약 해제) ① 갑 또는 을의 계약불이행이 있는 경우는 상대방에게 1주일 전에 계약이행을 최고한 후, 계약을 해제할 수 있다.

② 갑의 귀책사유로 계약이 해제된 경우 갑은 을에게 이미 받은 매매대금을 반환하고 금○○○만원을 손해배상금으로 지급한다.

③ 을의 귀책사유로 계약이 해제되는 경우 갑은 이미 받은 매매대금 중 금○○○만원을 손해배상금으로 충당하고 잔액을 을에게 반환한다.

제9조(소송) 이 계약에 관한 소송의 관할 법원은 '을'의 주소지 법원에 따르기로 한다.

20○○년 ○월 ○일

매도인	주 소					
	성명 또는 상호		인	주민등록번호 또는 사업자등록번호	-	전화번호
매수인	주 소					
	성명 또는 상호		인	주민등록번호 또는 사업자등록번호	-	전화번호

[토지매매계약서 (일반)]

토 지 매 매 계 약 서

매도인 ○ ○ ○를 갑으로 하고 매수인 ○ ○ ○를 을로 하여 갑, 을 간에 다음과 같이 토지매매계약을 체결한다.

1. 부동산의 표시

소재지			
면 적	m²	지 목	

2. 계약내용

제1조(계약의 성립) 갑은 을에 대해 위 표시 토지를 현상대로 매도하고 을은 이를 매수한다

제2조(매매대금) 위 표시 토지의 매매에 대하여 을은 갑에 대하여 다음과 같이 대금을 지급하기로 한다.

대 금 총 액	일금	원정(₩ 원)
계 약 금	일금 원정	20○○년 ○○월 ○○일 지급
중 도 금	일금 원정	20○○년 ○○월 ○○일 지급
잔 금	일금 원정	20○○년 ○○월 ○○일 지급

제3조(계약의 이행) 갑은 소유권이전등기에 필요한 일체의 서류를 갖추어 소유권 이전등기를 신청함과 동시에 매매대금의 잔금을 수령하여야 하며, 이를 수령하였을 때에는 위 부동산을 을에게 인도하여야 한다.

제4조(매도인의 책임) 위 부동산에 관하여 소유권의 행사를 제한하는 권리가 설정되어 있을 경우에는 갑은 제한권리를 소멸시켜 소유권을 을에게 이전하여야 한다. 단, 소유권을 제한하는 권리를 을이 승계하기로 합의한 때에는 이에 상당하는 금액을 잔금 중에서 공제하고 지급하기로 한다.

제5조(수익과 비용부담) ①위 부동산에 발생한 수익과 조세공과금 등의 부담금은 부동산인도일을 기준으로 그 전일까지의 것은 갑에게, 이후의 것은 을에게 각각 일수의 계산에 따라 귀속하기로 한다.

②제1항의 정산은 매매대금 잔금지급시에 하기로 한다.

③위 부동산의 소유권 이전등기에 필요한 등록세 등 등기신청에 필요한 제비용은 을이 부담한다.

제6조(위험부담) 갑 또는 을의 책임이 아닌 사유로 위 부동산이 멸실 또는 훼손되었을 경우에 그 부담은 갑에게 귀속되고, 자동적으로 본계약은 해제되며 갑은 을에게 계약보증금을 즉시 반환하기로 한다.

제7조(계약의 해제) ①갑에게 계약불이행의 귀책사유가 있는 때에는 계약금의 배액을 을에게 지급하고, 을에게 계약불이행의 귀책사유가 있는 때에는 계약금을 포기하기로 한다.

②을이 갑에게 중도금(중도금이 없는 경우는 잔금)을 지급할 때까지는 갑은 계약금의 배액을 상환하고 을은 계약금을 포기하여 계약을 해제할 수 있다.

이상과 같이 계약이 성립되었으므로 이 계약을 증명하기 위하여 본 계약서 2통을 작성하고 갑과 을은 각 1통씩을 보관한다.

20○○년 ○월 ○일

갑	주 소					
	성명 또는 상호		인	주민등록번호 또는 사업자등록번호	-	전화번호
을	주 소					
	성명 또는 상호		인	주민등록번호 또는 사업자등록번호	-	전화번호

[상품매매계약서]

상 품 매 매 계 약 서

매도인 ○○(이하 갑이라 한다)과 매수인 ◎◎(이하 을이라 한다)는 제1조에 정하는 물품의 매매를 위하여 다음 계약을 체결한다

제1조(조건)
1. 품   명
2. 수   량
3. 금   액
4. 인도기일
5. 인도장소
6. 대금총액
7. 지급기한
8. 지급방법

제2조(소유권이전) 물품의 소유권은 물품의 인도가 있은 때에 갑으로부터 을에게 이전한다.

제3조(위험부담) 물품의 인도전에 발생한 물품의 멸실, 훼손, 감량, 변질, 기타 일체의 손해는 그 원인이 을의 귀책사유인 것을 제외하고는 갑이 부담하며, 물품의 인도 후에 발생한 이들의 손해는 그 원인이 갑의 귀책사유인 것을 제외하고는 을이 부담한다.

제4조(검사 및 수령) ① 갑은 을의 지시에 따라 약정기일에 약정인도장소에 물품을 지참하며, 을은 물품 수령 후 ○일 이내에 물품을 검사하여야 한다.
② 물품의 수령은 을의 검사종료와 동시에 완료한다. 검사지연으로 인하여 갑에게 발생한 손해는 을이 부담한다.

제5조(목적물 인수 등) ① 갑은 불합격품 또는 계약수량을 초과한 부분 및 계약을 해제당한 물품 기타 을로부터 반환되는 물품을 자기의 비용으로 을의 통지 발송일로부터 ○일 이내에 인수하여야 한다.
② 전항의 기간 경과 후에도 갑의 인수가 없을 경우에는 을은 갑의 비용으로써 물품을 반송, 공탁하거나 물품을 매각하여 그 대금을 보관하거나 공탁할 수 있다.

제6조(지연손해금) 을이 매매대금채무의 변제를 하지 아니할 때에는 갑에게 지급기일의 다음 날부터 다 갚는 날까지 연 24%의 비율에 의한 지연손해금을 지급하여야 한다.

제7조(하자담보) 갑은 물품이 계약조건과 상이하거나 또는 인도전의 원인에 의하여 발생한 물품의 품질불량, 수량부족, 변질, 기타의 하자에 관하여 책임을 부담하며, 을은 대금인도나 하자보수 또는 대금감액을 청구할 수 있다. 그 하자의 존재로 인하여 계약의 목적을 달성할 수 없을 경우에 을은 본 계약을 해제할 수 있으며 갑은 어떠한 경우에도 손해배상청구에 응하여야 한다. 단, 을은 곧 발견할 수 있는 하자에 관하여는 물품수령 후 검사를 한 날로부터 ○일 이내에 통지를 하지 아니할 경우 그 해제권 또는 청구권을 상실한다.

제8조(불가항력의 면책) 천재지변, 전쟁, 폭동, 내란, 법령의 개폐, 제정, 공권력에 의한 명령, 처분, 동맹파업, 기타의 쟁의행위, 수송기관의 사고, 기타 불가항력에 의하여 계약의 전부나 일부의 이행지연 또는 인도불능 사태가 발생하였을 경우에는 갑은 그 책임을 부담하지 아니한다.

제9조(합의관할) 본 계약에서 발생하는 권리의무에 관한 소송에 대하여는 ○○지방법원을 관할법원으로 한다.

위 계약체결의 증서로써 본증서 2통을 작성하여 서명·날인하고 각자 1통씩 보관한다.

20○○년 ○월 ○일

갑	주 소				
	성 명 또는 상 호		인	주민등록번호 또 는 사업자등록번호	-	전 화 번 호
을	주 소				
	성 명 또는 상 호		인	주민등록번호 또 는 사업자등록번호	-	전 화 번 호

[부동산매매계약서(일반)]

부동산매매계약서

매도인 ○ ○ ○(이하 "갑"이라 한다)과 매수인 ○ ○ ○(이하 "을"이라 한다)은 아래 표시의 부동산에 관하여 다음과 같이 합의하여 계약을 체결한다.

<부동산의 표시>

소 재 지					
토 지	지 목		면 적	m² (	평)
건 물	구조 및 용도		면 적	m² (	평)

제1조(목적) 갑은 그 소유의 위 부동산을 을에게 매도하고 을은 이를 매수한다.

제2조(매매대금) ① 매매대금은 금○○○원으로 하고 다음과 같이 지급하기로 한다.

계 약 금	금	원은 계약체결시에 지급하고
중 도 금	금	원은 년 월 일에 지급하며
잔 금	금	원은 년 월 일에 지급하기로 함.

② 제1항의 계약금은 잔금수령시에 매매대금의 일부로 충당한다.

제3조(소유권이전 및 매매물건의 인도) 갑은 을의 잔금지급과 동시에 소유권이전등기에 필요한 서류를 을에게 교부하고 이전등기절차에 협력하여야 하며 갑의 비용과 책임으로 매매부동산을 을에게 인도하여야 한다.

제4조(저당권 등의 말소) 갑은 위 제3조의 인도전에 매매부동산상의 저당권, 질권, 전세권, 지상권, 임차권 기타 소유권의 행사를 제한하는 일체의 권리를 말소 시켜야 한다.

제5조(부속물의 이전) 위 제3조의 인도시 매매부동산에 부속된 물건은 매매목적물에 포함된 것으로 한다.

제6조(매도인의 담보책임) 매매부동산은 계약시의 상태를 대상으로 하며 공부상의 표시와 실제가 부합하지 아니하여도 쌍방이 이의를 제기하지 않기로 한다.

제7조(위험부담) ① 매매부동산의 인도 이전에 불가항력으로 인하여 매매부동산이 멸실 또는 훼손되었을 경우에는 그 손해는 갑의 부담으로 한다.

② 제1항의 경우에 을이 계약을 체결한 목적을 달성할 수 없을 때에는 을은 계약을 해제할 수 있으며 이때 갑은 이미 수령한 대금을 을에게 반환하여야 한다.

제8조(계약의 해제) ① 위 제2조의 중도금 지급(중도금약정이 없을 때에는 잔금)전까지 을은 계약금을 포기하고, 갑은 계약금의 배액을 상환하고 계약을 해제할 수 있다.

② 당사자 어느 일방이 본 계약을 위반하여 이행을 태만히 한 경우 상대방은 1주간의 유예기간을 정하여 이행을 최고하고, 일방이 이 최고의 기간내에 이행을 하지 않을 경우에 상대방은 계약을 해제할 수 있다.

제9조(위약금) 위 제8조 제2항에 의하여 갑이 본 계약을 어겼을 때에는 계약금으로 받은 금액의 2배를 을에게 주기로 하고, 을이 본 계약을 어겼을 때에는 계약금은 갑에게 귀속되고 돌려달라는 청구를 할 수 없다.

제10조(비용) 매도증서작성비용 및 이에 부대하는 비용은 갑이 부담하고 소유권이전등기에 필요한 등록세 등의 비용은 을이 부담한다.

제11조(공과금 등) 매매물건에 부과되는 조세공과·제비용 및 매매물건에서 발생하는 수익은 모두 인도일을 기준으로 하여 그 전일까지 생긴 부분은 갑에게 귀속하고 그 이후부터는 을에게 귀속한다.

제12조(관할 법원) 이 계약에 관한 분쟁이 발생할 시에는 소송의 관할법원은 매매부동산의 소재지를 관할하는 법원으로 한다.

이 계약을 증명하기 위하여 계약서 2통을 작성하여 갑과 을이 서명·날인한 후 각각 1통씩 보관한다.

20○○년 ○월 ○일

매도인	주 소						
	성명 또는 상호		인	주민등록번호 또는 사업자등록번호	-	전화번호	
매수인	주 소						
	성명 또는 상호		인	주민등록번호 또는 사업자등록번호	-	전화번호	
입회인	주 소						
	성명 또는 상호		인	주민등록번호 또는 사업자등록번호	-	전화번호	

[부동산매매검인계약서]

부동산매매계약서

검 인
접수번호
부동산등기 특별조치 법 제3조 규정에 따라 검인함

매도인과 매수인은 다음과 같이 매매 계약을 체결한다.
1. 부동산의 표시

2. 매매대금 및 지급방법

매매대금		원정	지급장소	
계약금	원정	영수함㊞		
중도금	원정은 . . .까지 지급		. . . 영수함 ㊞	
잔대금	원정은 . . .까지 지급		. . . 영수함 ㊞	

3. 매도인은 매매대금 전액을 영수함과 동시에 매수인에게 이 부동산에 대한 소유권이전등기 절차를 이행하고 이 부동산을 명도 및 인도한다.
4. 소유권이전등기 절차를 위한 부속등기 절차비용은 매도인이 부담하고 소유권이전등기 절차 비용은 매수인이 부담한다.
5. 이 부동산의 명도 및 인도때까지 발생한 제세공과금은 매도인이 부담하고 그 후에 발생한 제세공과금은 매수인이 부담한다.
6. 매도인이 위약한 때에는 위약금으로 계약금의 배액을 매수인에게 배상하고 매수인이 위약한 때에는 계약금을 위약금으로 보고 그 반환 청구권이 상실된다. 계약이행 착수후에도 또한 같다.

특약 사항	

이 계약의 성립을 증명하기 위하여 이 계약서 5통을 작성하고 계약 당사자가 이의 없음을 확인하고 각각 서명·날인하다.

년   월   일

당사자표시

매도인		주민등록번호		주소	
매 수 인		주민등록번호		주소	

검 인 신청인	성명		주 소 사무소	

[매매계약해제통지서]

해 제 통 지 서

수 신 : △△△ 귀하

주 소 : ○○시 ○○구 ○○동 ○○

20○○년 ○월 ○일 귀하와 체결한 ○○계약에 의한 귀하의 ○○채무는 20○○년 ○월 ○일까지는 이행되어야 할 것임에도 불구하고 아직까지 이행하지 않았으므로 오는 20○○년 ○월 ○일까지는 반드시 이행하여 주시기 바랍니다. 만일 위 기일까지 이행이 없는 경우는 별도로 해제의 통지가 없더라도 계약은 해제된 것이라고 지득하여 주시기 바랍니다. 최고를 겸하여 통지합니다.

20○○년 ○월 ○일

통 지 인(매도인) ○ ○ ○ (인)

제 3 절 교 환

　교환은 당사자 양쪽이 금전의 소유권 이외의 재산권을 상호 이전할 것을 약정함으로써 성립하는 계약이다(제596조). 유상·쌍무의 계약이며 일반적으로 매매에 관한 규정이 준용된다(제567조). 그러나 현재로는 물물교환은 거의 중요성이 없다. 토지의 교환 등의 경우 이외에는 거의 행하여지지 않는다. 이런 경우에도 각각 특별법이나 관습이 우선하여 민법의 규정은 오히려 보충적 의미를 가질 뿐이다. 자기의 물건이 상대방의 물건보다 가격이 쌀 때에는 재산권이전과 동시에 금전에 의한 보충지급을 한다. 갑의 토지와 을의 가옥에 30만원을 현금으로 가산하여 교환하는 경우 등이다. 이런 경우의 30만원을 금전의 보충지급이라고 한다. 금전의 보충지급에 대하여는 매매대금에 관한 규정을 준용한다(제597조). 유상계약이므로 서로 담보책임이 있다.

> **<Q & A>**
> **교환받은 토지에 건축 제한이 있는 경우 계약취소 여부**
>
> Q) 甲은 시가지에 A대지를 소유하고 있었고, 乙은 교외의 B대지를 소유하고 있다. 甲과 乙은 계약으로 A·B대지를 교환하였다. 그리고 乙은 얼마 후 A대지를 丙에게 매각하고 그 등기를 마쳤다. 그 후 甲은 B대지 위에 주택을 건축하기 위하여 건축업자에게 상의한 결과, B대지는 법률상의 제한이 있어서 주택을 건축할 수 없다고 한다. 이러한 경우 甲·乙·丙 3자간의 법률관계는 어떻게 되는가?

A)
1. 문제점
위 사안과 관련하여 <u>법률상의 제한을 받는 물건의 매매의 경우 구체적으로 담보책임에 관한 규정 중 어느 규정의 적용을 받느냐</u>는 점이 문제된다.

2. 법률상의 제한을 받는 물건의 매매
매도인의 담보책임은 권리의 하자에 대한 담보책임과 물건의 하자에 대한 담보책임의 둘로 나눌 수 있다. 벌채의 목적으로 매수한 산림이 보안림구역이어서 벌채하지 못하게 된 경우, 또는 공장부지로서 매수한 토지가 하천법의 적용구역이어서 공장을 세울 수 없는 경우 등에 있어 이를 권리의 하자로 볼 것인지, 아니면 물건의 하자로 볼 것인지에 따라 적용되는 민법 규정에 차이가 있게 된다.

(1) 다수설
<u>다수설은 이러한 경우 권리의 하자로 보아 용익적(用益的) 권리에 의하여 제한되어 있는 경우인「민법」제575조를 적용</u>한다. 이에 따르면 매수인이 선의인 경우에 한하여 그 사실을 안 날로부터 1년 이내에 손해배상을 청구할 수 있고, 그러한 제한으로 인해 계약목적을 달성할 수 없는 경우에는 계약을 해제할 수 있다.

(2) 판례
판례는 "매매의 목적물이 거래통념상 기대되는 객관적 성질·성능을 결여하거나, 당사자가 예정 또는 보증한 성질을 결여한 경우에 매도인은 매수인에 대하여 그 하자로 인한 담보책임을 부담한다 할 것이고, 한편 <u>건축을 목적으로 매매된 토지에 대하여 건축허가를 받을 수 없어 건축이 불가능한 경우, 위와 같은 법률적 제한 내지 장애 역시 매매목적물의 하자에 해당한다</u> 할 것이나, 다만 위와 같은 하자의 존부는 매매계약 성립시를 기준으로 판단하여야 할 것이다(대법원 2000. 1. 18. 선고 98다18506 판결)."라고 판시하여 <u>물건의 하자</u>로 보고 있다.

3. 결론

 위 사안의 경우와 같은 교환계약은 유상계약이므로 매매에 관한 규정이 준용되며 법률상의 제한으로 주택을 신축할 수 없는 것은 다수설에 의하면 권리의 하자로 보여지고 甲은 법률상의 제한으로 주택을 신축할 수 없다라는 사실을 교환계약 후에 알게 되었으므로 선의라고 여겨지는바, 주택을 건축할 수 없다는 사실을 안 날로부터 1년 이내에 乙을 상대로 손해배상을 청구할 수 있고, 또 대지에 건축을 할 수 없다고 하는 것은 중대한 제한이므로 계약을 해제할 수 있을 것이다. 다만, 계약의 해제는 제3자의 권리를 해하지 못하므로 丙으로부터 A대지를 반환받을 수는 없을 것이다. 결국, 甲은 乙을 상대로 손해배상청구 및 A대지의 반환불능에 따른 전보배상(塡補賠償)을 청구할 수 있다. 물론, 그에 대응하여 甲은 乙에게 그 대지를 인도하여야 하고, 양자는 동시이행의 관계에 서게 된다고 할 것이다.

 이에 반하여 판례와 같이 물건의 하자로 보게 되면 담보책임을 묻기 위해서는 甲은 선의 뿐만 아니라 무과실이어야 한다(민법 제580조 1항). 또한 권리행사기간도 1년이 아니라 6월내에 행사하여야 한다(민법 제582조).

[교환계약서]

부동산교환계약서

【교환부동산의 표시】
 갑(○○○) : ○○시 ○○구 ○○동 ○○○-○○
       대 ○○○ 평방미터(금 삼억원)
 을(○○○) : ○○시 ○○구 ○○동 ○○○-○○
       대 ○○○ 평방미터(금 이억오천만원)

제1조 (계약목적) 갑과 을은 위 부동산을 쌍방 합의 하에 아래와 같이 교환계약을 체결한다.
제2조 (대금지급) 을은 위 부동산의 교환에 차액을 갑에게 아래와 같이 지불키로 한다.
 - 교 환 대 금 : 금 오천만원(50,000,000원)
 - 계   약   금 : 금 오백만원(5,000,000원)은 계약시 지불하고 갑은 이를 영수함.
 - 잔   금 : 금 사천오백만원(45,000,000원)은 200○년 ○○월 ○○일 지불한다.
제3조 (평가액) 교환물건에 설정된 피담보채권, 임차보증금 등은 다른 약정이 없는 한 평가액에 포함한다.
제4조 (완전한 권리이전 의무) 교환물건에 관하여 제한물건이 설정되어 있거나 불법점유 등 하자가 있는 때에는 소유권이전등기 일까지 이를 제거하여 완전한 소유권을 이전하여야 한다.
제5조 (제세공과금) 교환물건에 관하여 발생한 수익과 제세공과금은 소유권이전등기일을 기준으로 각 부담한다. 다만, 교환물건의 인도를 지체한 경우에 발생한 것은 인도를 지체한 자의 부담으로 한다.
제6조 (계약해제 사유) 교환의 목적을 달성할 수 없는 때에는 계약을 해제할 수 있으며 기수령한 대금은 반환한다.
제7조 (소유권이전시기) 소유권이전등기신청은 잔대금과 동시에 관할 등기소에서 한다.
제8조 (인도시기) 교환물건은 계약당시의 현상대로 계약기일에서 정한 인도일에 각각 인도하여야 한다.

이 계약을 증명하기 위하여 계약서 2부를 작성하여 계약당사자가 이의없음을 확인하고 각자 서명·날인한다.

20○○년 ○월 ○일

갑	주 소					
	성 명 또는 상 호		인	주민등록번호 또 는 사업자등록번호	-	전 화 번 호
을	주 소					
	성 명 또는 상 호		인	주민등록번호 또 는 사업자등록번호	-	전 화 번 호

제 4 절 소비대차

Ⅰ. 소비대차

소비대차(mutuum, loan for consumption, Darlehn, pret de consommation)는 당사자의 일방(대주)이 금전 기타의 대체물의 소유권을 상대방(차주)에게 이전할 것을 약정하고 상대방은 그것과 동종·동질·동량의 물건을 반환할 것을 약정함으로써 성립하는 계약이다(제598조~608조). 금전이나 미곡 등의 대차가 대표적인 것이다. 소비대차는 임대차와 사용대차가 목적물 그 자체를 반환하는 것과는 달리 차주가 목적물의 소유권을 취득하여 이를 소비한 후에 다른 동가치의 물건을 반환하는 점에 특색이 있다. 법률상은 무이자의 무상계약이 원칙이지만 실제로는 이자있는 유상계약이 많다(상법 제55조 참조). 차주의 이자지급의무는 특약에 의하여 발생하기로 되어 있는데 상인간의 금전소비대차에 있어서는 특약이 없어도 대주는 법정이자(년 6분)를 청구할 수 있다(상법 제54조). 그러나 이자율에 관한 제한은 이자제한법과 이에 근거한 대통령령에 의하여 정하여지고 있다.

Ⅱ. 준소비대차

당사자 쌍방이 소비대차에 의하지 아니하고 금전 기타의 대체물을 지급할 의무가 있는 경우에 당사자가 그 목적물을 소비대차의 목적으로 할 것을 약정한 때에는 소비대차의 효력이 있다. 이것을 준소비대차라고 한다. 즉 준소비대차는 기존의 채무를 소멸케 하고 기존채무에 관하여 소비대차와 동일한 효력을 발생하게 하는 신채무를 성립시키는 계약이다.

준소비대차는 소비대차를 요물계약으로 하였던 구민법하에서는 소비대차의 요물성을 완화한 목적에서 인정된 제도이나, 오늘날에는 당사자의 편의를 위하여 이용되고 있다.

준소비대차는 소비대차로 간주되기 때문에 소비대차와 동일한 효력이 생긴다. 다만 이 계약의 기초가 된 채무와 이 채무에 의하여 발생한 소비대차상의 채무와의 관계가 문제가 된다.

기존채무의 소멸은 준소비대차계약이 유효하게 성립한 것을 전제로 하기 때문에 신채무가 무효이거나 취소된 경우에는 기존채무는 소멸하지 않았던 것이 된다. 또 소비대차는 기존채무의 존재를 전제로 하므로 구채무가 무효이면 신채무도 성립하지 않고, 구채무가 취소 또는 해제된 경우에는 신채무는 소급적으로 효력을 상실한다. 따라서 이자제한법의 제한을 초과한 부분에 관해 체결된 준소비대차와 채권양수의 사실이 없는 자를 채권자로 한 준소비대차 등은 모두 유효하게 성립할 수 없다.

[금전소비대차 계약서]

금전소비대차 계약서

차용금원 금 ○○○원

채무자는 채권자로부터 위 금원을 아래와 같은 조건으로 차용한다.

제1조(대여일시) 채무자는 채권자로부터 20○○년 ○월 ○일 금 ○○○원을 차용하며 채권자는 이 금액을 즉시 채무자에게 지급한다.

제2조(변제기일 및 변제장소) 채무자는 위 금원의 차용금 원금을 20○○년 ○월 ○일까지 채권자의 주소지에서 채권자에게 변제한다.

제3조(이자의지급등) 위 차용금의 이자는 연 ○○%로 하고 지급은 매월 ○일에 채권자의 주소지에서 지급하거나 또는 채권자가 고지한 은행 계좌로 입금한다. 만일 ○회 이상의 이자 지급을 지체한 때에는 채무자는 기한의 이익을 상실하고 즉시 위 차용 금원을 변제하여야 한다.

제4조(지연손해금) 위 차용금을 위 2조의 이행기일까지 변제하지 않을 경우 또는 채무자가 기한의 이익을 상실할 경우에는 그 다음날부터 채무자는 위 차용금액에 대하여 연○○%의 비율로 1년을 365일로 보고 1일단위로 계산한 지체일수에 해당하는 지연손해금을 채권자에게 지급한다.

이 금전소비대차 약정서는 채무자가 위 차용원금을 지급 받았음을 증명하는 영수증에 갈음한다.

20○○년 ○월 ○일

채권자	주 소					
	성 명		인	주민등록번호	–	전화번호
채무자	주 소					
	성 명		인	주민등록번호	–	전화번호

[약속어음금채무를 지급목적으로 하는 준소비대차계약서]

준 소 비 대 차 계 약 서

채권자 ○○○을 갑으로 하고, 채무자 △△△을 을로 하고, 연대보증인 □□□을 병으로 하여 갑, 을, 병간에 다음의 준소비대차계약을 체결한다.

제1조(목적) 갑이 을에 대하여 가지는 아래의 약속어음금에 대하여 금일 갑, 을, 병 당사자는 아래 어음금액을 준소비대차의 목적으로 할 것에 합의하고, 을은 제2조 이하의 조건으로 이것을 변제하기로 약속한다.

- 아　　래 -

1. 금　　액 : 금○○○원정
2. 발 행 지 : ○○시
3. 지 급 지 : ○○시
4. 지급장소 : 주식회사 ○○은행 ○○지점
5. 발 행 일 : 20○○년 ○월 ○일
6. 만　　기 : 20○○년 ○월 ○일
7. 발 행 인 : △△△
8. 수 취 인 : ○○○

제2조(변제일) 차용금 변제일은 2001년 12월 31일로 한다.

제3조(이자) 이자는 연 10%의 비율로, 매월 말일까지 지급하고, 을이 원리금 변제를 지체했을 때는 을은 금 원의 비율로 연체손해금을 가산하여 지급하지 않으면 안 된다.

제4조(변제장소) 채무의 변제는 갑의 주소지 또는 지정장소에 지참 또는 송부한다.

제5조(기한의 이익상실) 을은 다음의 경우 갑으로부터의 어떤 통지 또는 최고 등을 요하지 않고 당연히 기한의 이익을 잃고, 남아있는 채무 전부를 즉시 지급하지 않으면 안 된다.

1. 을이 이자 지급을 2회 이상 지체했을 때
2. 을 또는 병이 제3자로부터 가압류, 가처분, 강제집행을 받고 또는 파산, 화의신청을 받았을 때
3. 을 또는 병이 주소변경하고 그 내용을 갑에게 알리지 않을 때

제6조(보증책임) 병은 본 채무를 보증하고 을과 연대하여 을과 병 사이의 보증위탁 계약의 효력 여하에 관계없이 채무이행의 책임을 진다.

이 계약의 성립을 증명하기 위해 본 증서 3통을 작성하고 갑, 을, 병은 각기 서명·날인한 후 각 1통씩 보관한다.

20○○년 ○월 ○일

채권자	주 소					
	성 명		인	주민등록번호	-	전화번호
채무자	주 소					
	성 명		인	주민등록번호	-	전화번호
연대보증인	주 소					
	성 명		인	주민등록번호	-	전화번호

제 5 절 사용대차

사용대차(commodatum, Leihe, prusage, commodat)는 당사자의 일방(貸主)이 상대방(借主)에게 무상으로 사용·수익하게 하기 위하여 목적물을 인도할 것을 약정하고 상대방은 이것을 사용·수익한 후 그 물건을 반환할 것을 약정함으로써 성립되는 계약이다(제609~제617조). 친구로부터 교과서를 차용하는 경우와 같은 것이 이것이며, 실제경제상의 효용은 별로 크지 않다. 이것은 차용물 이용 후에 그 물건(동일물)을 반환하는 점에 특색이 있으며, 이 점에서 소비대차와 다르며 임대차와 비슷하다. 그러나 사용대차는 물건의 이용이 대가의 지급을 하지 않는 무상인 점에서 임대차와도 본질적으로 다르다(제612조, 제623조 참조).

차주의 사용·수익은 그 목적물의 성질에 의하여 정하여진 용법에 좇아서 하여야 하며, 대주의 승낙이 없으면 제3자에게 그 차용물을 사용·수익시킬 수 없다(제610조). 차주가 이에 반하는 행위를 한 때는 대주는 즉시 계약을 해지할 수 있다. 사용대차에 있어서 목적물의 반환의 시기를 정한 경우에는 차주는 그 시기에 반환을 하여야 하며 반환시기를 정하지 않는 경우일지라도 목적물의 성질에 의한 사용수익이 종료되면 이를 반환해야 한다. 반환시기를 정하지 않는 경우에는 차주가 소정의 목적에 따라서 사용수익을 하는 데 족한 기간이 경과한 때에는 대주는 언제든지 계약을 해지할 수 있다. 무상계약인 사용대차는 개인적인 색채가 강하므로 차주의 사망 또는 파산선고로 인하여 대주가 계약을 해지할 수 있다는 규정은 이에 대한 표현이라고 할 수 있다.

<Q & A>
기간을 정하지 않은 사용대차에서 사용수익에 충분한 기간

> Q) 甲은 그의 아버지의 권유에 따라서 동생인 乙에게 甲소유의 토지를 사용기간을 정하지 않은 채 무상으로 사용하도록 허락하였다. 乙은 그 토지 상에 벽돌조 건물인 주택을 신축하여 사용하고 있었다. 그런데 40년이 지난 지금 甲은 직장에서 정리해고를 당하여 위 토지를 매도하여 사업자금을 마련하고자 하지만, 乙이 위 토지의 인도를 거부하고 있다. 이 경우 乙에게 위 토지의 인도를 청구할 수 있는가?

A)
1. 문제점

「민법」 제609조는 "사용대차는 당사자 일방이 상대방에게 무상으로 사용, 수익하게 하기 위하여 목적물을 인도할 것을 약정함으로써 상대방은 이를 사용, 수익한 후 그 물건을 반환할 것을 약정함으로써 그 효력이 생긴다."라고 하였다. 사안의 경우가 바로 이러한 사용대차에 해당한다. 여기에서 그 반환시기에 대하여 민법 제613조 제2항은 "시기의 약정이 없는 경우에는 차주는 계약 또는 목적물의 성질에 의한 사용, 수익이 종료한 때에 반환하여야 한다. 그러나 사용, 수익에 족한 기간이 경과한 때에는 대주는 언제든지 계약을 해지할 수 있다."라고 하였다. 그런데 「민법」 제613조 제2항 소정의 사용·수익에 충분한 기간이 경과하였는지 여부의 판단 기준이 무엇인지가 문제된다.

2. 판례의 태도

이에 관하여 판례는 "민법 제613조 제2항에 의하면, 사용대차에 있어서 그 존속기간을 정하지 아니한 경우에는, 차주는 계약 또는 목적물의 성질에 의한 사용·수익이 종료한 때에 목적물을 반환하여야 하나, 현실로 사용·수익이 종료하지 아니한 경우라도 사용·수익에 충분한 기간이 경과한 때에는 대주는 언제든지 계약을 해지하고 그 차용물의 반환을 청구할 수 있는 것인바, 민법 제613조 제2항 소정의 사용·수익에 충분한 기간이 경과하였는지의 여부는 사용대차계약 당시의 사정, 차주의 사용기간 및 이용상황, 대주가 반환을 필요로 하는 사정 등을 종합적으로 고려하여 공평의 입장에서 대주에게 해지권을 인정하는 것이 타당한가의 여부에 의하여 판단하여야 할 것이다."라고 하였다(대법원 1995. 3. 14. 선고 94다56371 판결, 2001. 7. 24. 선고 2001다23669 판결).

3. 결론

따라서 위 사안의 경우 乙이 위 토지를 40년 간 무상으로 사용·수익하였고, 현재 甲이 정리해고로 실직하여 생활이 곤궁해진 상황 등을 고려할 때 甲은 乙에게 위 토지의 인도를 청구해볼 수 있을 것으로 보인다.

제 6 절 임대차

임대차(locatio conductio rei, miete und Pacht, louage des choses)는 당사자의 일방(임대인)이 상대방(임차인)에 대하여 어떤 물건을 사용·수익하게 할 것을 약정하고, 상대방이 이에 대하여 차임을 지급할 것을 약정함으로써 성립하는 계약(제618조~제654조)이다. 유상·쌍무·낙성계약이다. 임차인은 물건의 사용·수익을 내용으로 하나 차용한 물건자체를 반환하지 않으면 안 되는 점에서 소비대차와 다르고 사용대차에 유사하나, 차임의 지급이 요소로 되어 있는 점에서 사용대차와도 다르다. 임대차 중에서 중요한 사회적 기능을 지니고 있는 것은 택지·건물의 임대차이다.

타인의 토지를 이용하는 제도로서는 임대차 이외의 지상권(제279조)·전세권(제303조) 등이 있다. 존속기간의 약정이 없을 경우에는 당사자는 언제든지 해지통고를 할 수 있고(고지기간의 경과를 요한다<제635조 2항>), 갱신의 제도도 인정되는 바, 그 기간은 갱신한 날로부터 10년을 초과하지 못한다(제651조 2항).

임대차에 있어서 임대인은 목적물을 임차인의 사용수익에 필요한 상태를 유지하게 할 적극적 의무를 부담하며, 임차인은 임차물을 반환할 때까지 「선량한 관리자의 주의」로 그 목적물을 보존하고 계약 또는 임차물의 성질에 의하여 정한 용법에 따라서 사용수익하여야 한다. 또한 민법은 임차인이 임대인의 승낙 없이 임차인으로서의 권리, 즉 임차권을 양도하거나 임차물을 전대하는 것을 금하고 만약에 임차인이 이에 반하여 무단히 제3자에게 임차물의 사용수익을 하게 하면 임대차를 해지할 수 있다고 정하고 있다.

<Q & A>
토지가 양도된 경우 등기하지 않은 토지임차권의 보호 여부

Q) A는 6년 전 甲소유 토지를 임차하여 그 위에 건물 3동을 짓고 살면서 그 중 1동을 丙에게 임차보증금 2,000만원으로 하여 임대해 주었다. 그런데 최근 甲이 A도 모르게 위 토지를 乙에게 매도하였고 乙은 A에게 건물 3동의 철거를 요구하고 있다. 甲은 위 토지임대차계약체결 당시 A에게 '토지 위로 도로가 개설될 때까지 계속 사용하라.'면서 약속을 하였고, 아직까지 도로가 개설되지 않았다. 또한, 위 토지는 도시계획상 도로부지로 지정되었기 때문에 위 건물 3동은 건축허가가 나지 않아 현재까지 무허가미등기건물이다. A는 약속을 믿고 1년 전 5,000만원을 투자하여 위 건물 3동을 증·개축까지 하였는데, 甲의 요구대로 철거를 해야 하는지, 그렇다면 증·개축비는 누구에게 받아야 하며 또한 건물에 대한 매수청구권을 행사할 수는 없는지, 그리고 丙의 임차보증금은 A가 반환해야 하는가?

A)
1. 문제점
일반적으로 임차권은 채권에 불과하므로 그 임차권을 등기하지 아니한 경우에는 매수인에게 대항할 수 없다. 따라서 사안의 경우 토지임차권이 보호가 될 수 있는지가 문제된다.

2. 토지임차권의 보호여부
(1) 주택임대차에 한해서는 등기를 하지 않았더라도 입주와 주민등록전입신고의 요건을 갖추면 매수인에게 대항할 수 있다. 그러나 위 사안은 토지임대차로 대항력을 취득하기 위해서는 임차권등기를 마쳐야 하나, A는 토지임차권에 대하여 등기를 하지 않았기 때문에 비록 전입신고(주민등록)와 입주를 하고 토지를 점유하고 있다고 하더라도 새로운 소유자인 乙에게 대항할 수 없는 것이고, 건물을 철거하고 토지를 인도해 주어야 한다.

(2) 다만, 「민법」 제622조 제1항은 "건물의 소유를 목적으로 한 토지임대차는 이를 등기하지 아니한 경우에도 임차인이 그 지상건물을 등기한 때에는 제3자에 대하여 임대차의 효력이 생긴다."라고 규정하고 있기 때문에 만약 A가 이 사건 토지가 매매되기 전에 건물 3동에 대한 보존등기를 하였더라면 비록 토지에 대해 임차권등기를 하지 않았더라도 대항력이 있어 토지임대차기간동안 즉, 토지에 도로가 개설될 때까지 甲에게 토지를 인도해 주지 않아도 될 것이다.

3. 결론
사안에서 A는 건물에 대한 보존등기도 하지 않았기 때문에 민법 제622조 1항에 의해서도 乙에게 대항력을 주장할 수 없다고 할 것이고, 따라서 증·개축비 5,000만원에 대한 반환청구권, 건물에 대한 지상물매수청구권도 乙에게 행사할 수 없다. 물론 丙의 임차보증금도 A가 반환할 책임을 부담하여야 할 것이다. 다만, 甲이 도로가 개설되기도 전에 아무런 이유 없이 일방적으로 임대차계약을 해지하였기 때문에 이는 임대차계약의 채무불이행에 해당한다고 할 것이고, 따라서 A는 甲에게 그로 인한 손해배상을 청구할 수 있을 것이다.

> **<Q & A>**
> **토지인도 및 건물철거소송에서 패소한 경우의 지상물매수청구권**
>
> Q) A는 10년 전 甲의 승낙을 받아 甲소유 토지상에 주택을 신축한 후 토지 사용료로 매년 1,200만원을 지급하면서 사용하였다. 그러나 얼마 전 甲이 위 토지인도 및 건물철거소송을 제기하여 A가 패소하였다. A는 그 당시 소송에서 위 건물의 매수청구를 하지 못하였는데, 지금이라도 매수청구를 할 수 있는가?
>
> A)
> 1. 문제점
> 「민법」 제643조는 건물의 소유를 목적으로 한 토지임대차기간이 만료한 경우에 건물이 현존한 때에는 같은 법 제283조의 지상권자의 매수청구권에 관한 규정을 준용하도록 규정하고 있고, 같은 법 제652조는 위 규정에 위반하는 약정으로서 임차인에게 불리한 것은 그 효력이 없다고 규정하고 있다. 그러나 위 사안은 <u>임차인이 임대인의 건물철거소송에 임하여 이를 행사하지 않은 경우로서 이러한 경우에도 지상물매수청구권을 행사할 수 있는지</u>가 문제된다.
>
> 2. 판례의 태도
> 이와 관련하여 판례는 "건물의 소유를 목적으로 하는 토지임대차에 있어서, 토지임차인의 지상물매수청구권은 기간의 정함이 없는 임대차에 있어서 임대인에 의한 해지통고에 의하여 그 임차권이 소멸한 경우에도, 임차인의 계약갱신청구의 유무에 불구하고 인정된다."라고 하였고, "건물의 소유를 목적으로 하는 토지임대차에 있어서, <u>임대차가 종료함에 따라 토지의 임차인이 임대인에 대하여 건물매수청구권을 행사할 수 있음에도 불구하고 이를 행사하지 아니한 채, 토지의 임대인이 임차인에 대하여 제기한 토지인도 및 건물철거청구소송에서 패소하여 그 패소판결이 확정되었다고 하더라도, 그 확정판결에 의하여 건물철거가 집행되지 아니한 이상, 토지의 임차인으로서는 건물매수청구권을 행사하여 별소(別訴)로써 임대인에 대하여 건물매매대금의 지급을 구할 수 있다.</u>"라고 하였다(대법원 1995. 12. 26. 선고 95다42195 판결).
>
> 3. 결론
> 따라서 위 사안에 있어서도 <u>A는 건물의 매수청구권을 행사할 수 있을 것이다.</u>

중요사건의 사실관계 및 대법원의 판단

【사실관계】 이 사건 토지는 원래 박두만의 소유이었는데, 원고는 1996. 4. 6. 창원지방법원 거창지원으로부터 처분금지의 가처분결정을 받고 같은 달 9. 그 기입등기를 마쳤다. 원고는 그 후 위 박두만을 상대로 소유권이전등기청구의 본안소송을 제기하여 1997. 11. 14. 승소확정판결을 받은 다음, 1998. 8. 28. 그 이전등기를 마쳤다. 한편 피고는 위 가처분의 기입등기가 경료된 후인 1996. 7. 15. 이 사건 토지상의 건물에 관하여 그 명의로 소유권보존등기를 마쳤다.

【대법원의 판단】 건물 소유를 목적으로 하는 토지 임차인이 그 지상건물을 등기하기 전에 제3자가 토지에 관하여 물권취득의 등기를 한 경우, 그 이후에 그 지상건물을 등기한 임차인의 제3자에 대한 임대차의 효력 발생 여부(소극)

민법 제622조 제1항은 '건물의 소유를 목적으로 하는 토지임대차는 이를 등기하지 아니한 경우에도 임차인이 그 지상건물을 등기한 때에는 제3자에 대하여 임대차의 효력이 생긴다.'고 규정하고 있는바, 이는 건물을 소유하는 토지임차인의 보호를 위하여 건물의 등기로써 토지임대차 등기에 갈음하는 효력을 부여하는 것일 뿐이므로 <u>임차인이 그 지상건물을 등기하기 전에 제3자가 그 토지에 관하여 물권취득의 등기를 한 때에는 임차인이 그 지상건물을 등기하더라도 그 제3자에 대하여 임대차의 효력이 생기지 아니한다</u>(대법원 2003. 2. 28. 선고 2000다65802,65819 판결).

<해설>
피고가 위 박두만으로부터 이 사건 토지를 임차하고 그 지상에 이 사건 건물을 신축함으로써 이를 원시취득하였다고 하더라도, 그 건물의 보존등기를 하기 이전에 이미 이 사건 토지에 관하여 처분금지가처분등기를 마친 원고에 대하여는 그 토지임대차의 효력이 생기지 아니한다고 할 것이다.

<Q & A>
수급인의 과실로 인한 임대인의 손해배상책임 여부

Q) 甲은 乙로부터 창고를 임차하여 쓰고 있었는데 창고시설이 노후하여 임차한 목적대로 창고로 쓰기 어렵게 되었다. 이에 甲은 임대차계약의 내용에 따라 임대인인 乙에게 창고를 수선해 줄 것을 요구하였고, 乙은 창고를 전면적으로 보수하기로 하고 丙회사에 보수 공사도급을 줬다. 그러나 丙회사의 소속 직원들이 창고의 누수부위를 수선하기 위하여 화재예방조치를 하지 않은 채 용접을 하다가 잘못하여 화재가 발생한 경우 甲은 임대인인 乙에게 손해배상을 청구할 수 있는가?

A)
1. 문제점

「민법」제391조는 "채무자의 법정대리인이 채무자를 위하여 이행하거나 채무자가 타인을 사용하여 이행하는 경우에는 법정대리인 또는 피용자의 고의나 과실은 채무자의 고의나 과실로 본다."라고 규정하고 있다. 따라서 채무자는 일정한 범위 안에서 그의 이행보조자의 고의 또는 과실에 의해 발생한 결과에 대해 책임을 진다. 사안의 경우 임대인인 乙이 수급인의 과실에 대하여도 임차인에게 책임을 져야 하는 것인지 문제된다.

2. 판례의 태도

채무자가 자신의 이행보조자의 행위에 대해 책임을 지는 범위에 대하여 판례는 "민법 제391조에서의 이행보조자로서의 피용자라 함은 일반적으로 채무자의 의사관여 아래 그 채무의 이행행위에 속하는 활동을 하는 사람이면 족하고, 반드시 채무자의 지시 또는 감독을 받는 관계에 있어야 하는 것은 아니므로 채무자에 대하여 종속적인가 독립적인 지위에 있는가는 문제되지 않는 것이어서, 임대인이 임차인과의 임대차계약상의 약정에 따라 제3자에게 도급을 주어 임대차목적 시설물을 수선한 경우에는, 그 수급인도 임대인에 대하여 종속적인지 여부를 불문하고 이행보조자로서의 피용자라고 보아야 할 것이고, 이러한 수급인이 시설물 수선 공사 등을 하던 중 수급인의 과실로 인하여 화재가 발생한 경우에는, 임대인은 민법 제391조에 따라 위 화재발생에 귀책사유가 있다 할 것이어서 임차인에 대한 채무불이행상의 손해배상책임이 있다 할 것이다."라고 하였다(대법원 2002. 7. 12. 선고 2001다44338 판결).

3. 결론

따라서 위 사안의 경우 乙의 이행보조자인 丙의 과실로 화재가 발생하여 손해가 생겼으므로 임차인인 甲은 임대인인 乙에게 손해배상을 청구할 수 있을 것이다.

중요사건의 사실관계 및 대법원의 판단

【사실관계】
원고가 임대차계약기간이 만료한 후 보증금을 반환받지 못한 상태에서 어머니의 병간호를 위하여 이 사건 임차주택 내에 가재도구의 일부를 남겨둔 채 문을 잠그고, 1999. 3. 8. 어머니가 거주하는 곳으로 이사를 하였는데, 그 후 관할 동사무소에서 주민등록일제정리계획에 의거하여 주민등록법 소정의 절차에 따라 공고를 한 후 1999. 4. 17. 원고의 주민등록을 직권 말소하였다. 그 후 원고가 그러한 사실을 뒤늦게 알고 이의를 제기하여 1999. 7. 9. 이 사건 건물로 재등록이 이루어졌다. 한편 피고는 직권말소 이전에 이 사건 건물 중 하층 부분에 대하여 임차권을 취득한 후순위 임차인으로서 재등록 후 이 사건 건물을 낙찰받았다.

【대법원의 판단】 주민등록이 직권말소된 경우, 주택임대차보호법상 주택임차인의 대항력이 상실되는지 여부

[1] 주택임대차보호법이 제3조 제1항에서 주택임차인에게 주택의 인도와 주민등록을 요건으로 명시하여 등기된 물권에 버금가는 강력한 대항력을 부여하고 있는 취지에 비추어 볼 때 달리 공시방법이 없는 주택임대차에 있어서 주택의 인도 및 주민등록이라는 대항요건은 그 대항력 취득시에만 구비하면 족한 것이 아니고 그 대항력을 유지하기 위하여서도 계속 존속하고 있어야 한다.

[2] 주택임차인의 의사에 의하지 아니하고 주민등록법 및 동법시행령에 따라 시장 군수 또는 구청장에 의하여 직권조치로 주민등록이 말소된 경우에도 원칙적으로 그 대항력은 상실된다고 할 것이지만, 주민등록법상의 직권말소제도는 거주관계 등 인구의 동태를 상시로 명확히 파악하여 주민생활의 편익을 증진시키고 행정사무의 적정한 처리를 도모하기 위한 것이고, 주택임대차보호법에서 주민등록을 대항력의 요건으로 규정하고 있는 것은 거래의 안전을 위하여 임대차의 존재를 제3자가 명백히 인식할 수 있게 위한 것으로서 그 취지가 다르므로, 직권말소 후 동법 소정의 이의절차에 따라 그 말소된 주민등록이 회복되거나 동법시행령 제29조에 의하여 재등록이 이루어짐으로써 주택임차인에게 주민등록을 유지할 의사가 있었다는 것이 명백히 드러난 경우에는 소급하여 그 대항력이 유지된다고 할 것이고, 다만, 그 직권말소가 주민등록법 소정의 이의절차에 의하여 회복된 것이 아닌 경우에는 직권말소 후 재등록이 이루어지기 이전에 주민등록이 없는 것으로 믿고 임차주택에 관하여 새로운 이해관계를 맺은 선의의 제3자에 대하여는 임차인은 대항력의 유지를 주장할 수 없다고 봄이 상당하다

(대법원 2002. 10. 11. 선고 2002다20957 판결).

<해설>
원고가 주민등록이 직권말소된 후 이의를 제기하여 이 사건 건물에 재등록이 이루어졌고, 피고는 직권말소 이전에 이 사건 건물 중 하층 부분에 대하여 임차권을 취득한 후순위 임차인으로서 재등록 후 이 사건 건물을 낙찰받은 사실을 알 수 있으므로, 피고에 대한 관계에서 원고의 대항력은 계속 유지되었다고 보아야 할 것이다.

중요사건의 사실관계 및 대법원의 판단

【사실관계】
A는 서울 소재의 X토지 위의 Y주택에 지난 2005. 4. 1. 건물주 B와 임대차계약을 체결하고 위 주택의 일부에서 거주하고 있다. 보증금은 3000만원이고 확정일자는 없다. 그런데 Y주택은 미등기 건물이고, B는 X토지 위에 Y주택을 신축한 후인 지난 2004. 3. 2. 경 미등기인 주택을 제외하고 X토지에만 최고액 1억 원의 근저당권을 설정하였다. 그 후에 X토지만 경매가 되었다.

【대법원의 판단】 미등기 주택의 임차인이 임차주택 대지의 환가대금에 대하여 주택임대차보호법상 우선변제권을 행사할 수 있는지 여부(적극)

[1] 대항요건 및 확정일자를 갖춘 임차인과 소액임차인은 임차주택과 그 대지가 함께 경매될 경우뿐만 아니라 임차주택과 별도로 그 대지만이 경매될 경우에도 그 대지의 환가대금에 대하여 우선변제권을 행사할 수 있고, 이와 같은 우선변제권은 이른바 법정담보물권의 성격을 갖는 것으로서 임대차 성립시의 임차 목적물인 임차주택 및 대지의 가액을 기초로 임차인을 보호하고자 인정되는 것이므로, 임대차 성립 당시 임대인의 소유였던 대지가 타인에게 양도되어 임차주택과 대지의 소유자가 서로 달라지게 된 경우에도 마찬가지이다.

[2] 주택임대차보호법은 주택의 임대차에 관하여 민법에 대한 특례를 규정함으로써 국민의 주거생활의 안정을 보장함을 목적으로 하고 있고, 주택의 전부 또는 일부의 임대차에 관하여 적용된다고 규정하고 있을 뿐 임차주택이 관할관청의 허가를 받은 건물인지, 등기를 마친 건물인지 아닌지를 구별하고 있지 아니하므로, 어느 건물이 국민의 주거생활의 용도로 사용되는 주택에 해당하는 이상 비록 그 건물에 관하여 아직 등기를 마치지 아니하였거나 등기가 이루어질 수 없는 사정이 있다고 하더라도 다른 특별한 규정이 없는 한 같은 법의 적용대상이 된다.

[3] 대항요건 및 확정일자를 갖춘 임차인과 소액임차인에게 우선변제권을 인정한 주택임대차보호법 제3조의2 및 제8조가 미등기 주택을 달리 취급하는 특별한 규정을 두고 있지 아니하므로, 대항요건 및 확정일자를 갖춘 임차인과 소액임차인의 임차주택 대지에 대한 우선변제권에 관한 법리는 임차주택이 미등기인 경우에도 그대로 적용된다. 이와 달리 임차주택의 등기 여부에 따라 그 우선변제권의 인정 여부를 달리 해석하는 것은 합리적 이유나 근거 없이 그 적용대상을 축소하거나 제한하는 것이 되어 부당하고, 민법과 달리 임차권의 등기 없이도 대항력과 우선변제권을 인정하는 같은 법의 취지에 비추어 타당하지 아니하다. 다만, 소액임차인의 우선변제권에 관한 같은 법 제8

조 제1항이 그 후문에서 '이 경우 임차인은 주택에 대한 경매신청의 등기 전에' 대항요건을 갖추어야 한다고 규정하고 있으나, 이는 소액보증금을 배당받을 목적으로 배당절차에 임박하여 가장 임차인을 급조하는 등의 폐단을 방지하기 위하여 소액임차인의 대항요건의 구비시기를 제한하는 취지이지, 반드시 임차주택과 대지를 함께 경매하여 임차주택 자체에 경매신청의 등기가 되어야 한다거나 임차주택에 경매신청의 등기가 가능한 경우로 제한하는 취지는 아니라 할 것이다. 대지에 대한 경매신청의 등기 전에 위 대항요건을 갖추도록 하면 입법 취지를 충분히 달성할 수 있으므로, 위 규정이 미등기 주택의 경우에 소액임차인의 대지에 관한 우선변제권을 배제하는 규정에 해당한다고 볼 수 없다(대법원 2007.6.21. 선고 2004다26133 전원합의체 판결).

<해설>
대법원은 종전에 미등기 주택 대지의 환가대금에 대한 소액임차인의 우선변제권에 관하여 '그 임대목적물인 주택에 대해서 그 임대차 후에라도 소유권등기가 거쳐져서 경매신청의 등기가 된 경우이어야 한다.'고 판시하였었다. 그러나 위 전원합의체 판결은 미등기주택에 대한 임차인도 그 임대차의 대항력과 우선변제권이 있으면, 그 건물이 등기되지 않아도 우선변제권과 대항력이 있다고 판단하였다. 따라서 이와 견해를 달리한 대법원 2001. 10. 30. 선고 2001다39657 판결은 변경되었다.

[건물임대차계약서]

임 대 차 계 약 서

임대인(이하"갑(甲)"이라고 함)과 임차인(이하"을(乙)"이라고 함)은 서로간 합의 하에 다음과 같이 부동산 임대차계약을 체결한다.

1. 부동산의 표시

소 재 지				
건 물	용도 :	구조 :	면적 :	m^2/(평)
임대할 부 분				

2. 계약내용(약정사항)

제1조(보증금) 을(乙)은 상기 표시 부동산의 임대차보증금 및 차임(월세)을 다음과 같이 지불하기로 한다.
  ○ 보증금 : 금○○○원(₩○○○)
  ○ 계약금 : 금○○○원은 계약시에 지불한다.
  ○ 중도금 : 금○○○원은 20○○년 ○월 ○일에 지불한다.
  ○ 잔 금 : 금○○○원은 건물명도와 동시에 지불한다.
  ○ 차임(월세금) : 금○○○원은 매월 말일에 지불한다.

제2조(임대차기간) 임대차 기간은 20○○년 ○월 ○일부터 20○○년 ○월 ○일까지 ○○개월로 한다.

제3조(건물의 인도) 갑(甲)은 상기 표시 부동산을 임대차 목적대로 사용·수익할 수 있는 상태로 하여 20○○년 ○월 ○일까지 을(乙)에게 인도한다.

제4조(구조변경, 전대등의 제한) 을(乙)은 갑(甲)의 동의 없이 상기 표시 부동산의 용도나 구조 등의 변경, 전대, 양도, 담보제공 등 임대차 목적 외에 사용할 수 없다.

제5조(계약의 해제) 을(乙)이 갑(甲)에게 중도금(중도금 약정이 없는 경우에는 잔금)을 지불하기 전까지는 본 계약을 해제할 수 있는바, 갑(甲)이 해약할 경우에는 계약금의 2배액을 상환하며 을(乙)이 해약할 경우는 계약금을 포기하는 것으로 한다.

제6조(원상회복의무) 乙은 존속기간의 만료, 합의해지 및 기타 해지사유가 발생하면 즉시 원상회복하여야 한다.

제7조(민법의 적용) 본 계약에서 정하지 아니한 사항에 대해서는 민법의 규정을 적용토록 한다.

위 계약을 증명하기 위하여 계약서 2통을 작성하고, 각 서명·날인하여 각자 1통씩 보관한다.

20○○년 ○월 ○일

임대인	주 소					
	성 명		인	주민등록번호	-	전화번호
임차인	주 소					
	성 명		인	주민등록번호	-	전화번호

[토지임대차계약서(건물소유목적)]

토 지 임 대 차 계 약 서

○○○을 갑, ◎◎◎을 을로 하여 갑, 을 사이에 갑 소유의 별지목록1 기재 토지(이하 '이건 토지'라 함)의 임대차에 관하여 다음과 같이 계약한다.

다   음

제1조(계약목적) 갑은 이건 토지를 을에게 임대하고, 을은 이건 토지를 임차하며 차임을 지급할 것을 약정한다.

제2조(사용목적) ① 을은 이건 토지 위에 별지목록2 기재 건물(이하 '이건 건물'이라 함)을 건축하고 소유할 수 있다.

② 을이 이건 건물에 대하여 증축을 하거나 개축을 하고자 할 때에는 사전에 갑의 서면에 의한 승낙을 얻어야 한다.

③ 을이 위 항을 위반하였을 때에는 갑은 최고 없이 이건 계약을 해지할 수 있다.

제3조(기간) 이건 계약의 기간은 20○○년 ○월 ○일부터 20○○년 ○월 ○일까지 사이 ○○년으로 한다.

제4조(차임) ① 을은 계약 체결 후 즉시 금○○○원을 권리금으로 갑에게 지급한다.(임차보증금은 금○○○원으로 한다.)

② 차임은 월 금○○○원으로 하기로 하되 매달 말일에 지급하기로 한다. 지급 방법은 을이 갑에 대하여 송금(지참) 방식에 의하여 지급하기로 한다.

③ 을이 제1항의 금원을 지급하지 않거나, 제2항의 금원을 연속 여부에 관계없이 2회 이상 연체하였을 때에는 갑은 아무런 최고 없이 이 계약을 해제, 해지할 수 있다.

제5조(전대 등) ① 을은 사전에 갑의 서면에 의한 승낙 없이 이건 토지임차권을 제3자에게 양도하거나 이건 토지를 무단으로 제3자에게 사용케(제3자에게 전대) 하여서는 아니 된다.

② 을이 위 항의 규정을 위반하였을 때에는 갑은 아무런 최고 없이 이 계약을 해지할 수 있다.

제6조(계약의 실효 등) ① 천재지변, 토지수용 등 갑, 을 누구의 책임으로도 돌릴 수 없는 사유에 의해 이건 토지를 사용치 못하게 되었을 때에는 이 계약은 해지된 것으로 본다.

② 위 항의 경우에는 당사자 상호간 손해배상의 청구를 하지 않기로 한다.

제7조(상린관계) 을은 건물을 짓고 본 건 토지를 이용함에 있어서는 이웃과의 조화로운 이용을 도모하고, 타인에게 일체의 불쾌감을 주는 행위를 하여서는 아니된다.

제8조(계약종료후의 조치) ① 이 계약이 종료된 때에는 을은 즉시 이건 토지를 원상복구한 뒤 갑에게 반환하여야 한다. 다만, 을이 지상물매수청구권을 행사하고, 갑이 건물을 매입할 의무가 있을 때에는 을은 갑에 대해 이건 토지를 그 건물과 함께 인도함으로써 족한 것으로 한다.

② 을이 위 항 본문의 의무를 이행하지 않을 경우 갑은 을의 비용으로 이건 토지를 원상복구할 수 있다.

제9조(기타) 갑, 을은 성실하게 이 계약을 이행하기로 하며, 이 계약이 정하지 않은 사항이 발생했을 때나, 이 계약 각 조항의 해석에 이의가 있을 때에는 상호간에 성심성의껏 협의하여 해결한다.

이상과 같이 계약했으므로 계약서 2통을 작성하고, 갑과 을이 서명·날인한 후 각자 1통을 보관하기로 한다.

20○○년 ○월 ○일

임대인	주 소				
	성 명	인	주민등록번호	-	전화번호
임차인	주 소				
	성 명	인	주민등록번호	-	전화번호

[별지1]

부 동 산 목 록

○○시 ○○구 ○○동 ○○
대 ○○○○평방미터. 끝.

[별지2]

부 동 산 목 록

○○시 ○○구 ○○동 ○○
위 지상
철근콘크리트조 슬래브지붕 2층 주택
1층 80.35㎡
2층 50㎡. 끝.

[임대차계약서(임대인 부재)]

부동산(상가)임대차계약서

임대인 ○○○(이하 '갑'이라 한다.)과 임차인 ○○○(이하 '을'이라 한다.)은 아래 표시 부동산에 관해 '갑'은 '을'에게 목적 부동산을 임대하고 '을'은 '갑'에게 임차보증금을 지급하기로 하는 임대차계약을 다음과 같이 체결한다.
단, 본 임대차계약의 체결은 '갑'의 위임을 받은 대리인○○○(이하 '병'이라 한다.)이 '갑'을 대리하여 수행한다.

제1조(부동산의 표시)
  소재지 : ○○도 ○○시 ○○구 ○○동 ○○번지 2층
  구 조 : 철근콘크리트조 슬래브지붕
  용 도 : 근린생활시설(상가)
  면 적 : 53.2㎡

제2조(임차보증금 및 월차임 지급방법) '을'은 임차보증금 및 월차임을 다음 각 호에 정한 금액과 지급방법에 따라 '갑'에게 지급하여야 한다.
 1. 임차보증금은 금○○○만원으로 한다.
 2. 계약금은 금○○○만원으로 하고 계약 체결시 지불한다.
 3. 잔금 금○○○만원은 ○○년 ○월 ○일 지불한다.
 4. 월차임은 금○○만원으로 정하여 매월 ○일까지 지급하기로 한다.

제3조(임대차기간) 임대차기간은 20○○년 ○월 ○일부터 20○○년 ○월 ○일까지 2년으로 한다.

제4조(목적물의 인도) '갑'은 위 부동산을 임대차목적대로 사용 수익할 수 있는 상태로 하여 20○○년 ○월 ○일까지 '을'에게 인도한다.

제5조(전대 및 양도 등의 금지) '을'은 '갑'의 동의 없이 위 부동산의 용도나 구조를 변경하지 못하고 임차목적물을 전대 또는 임대차 목적 이외의 용도에 사용하지 못하며 임차권을 양도할 수 없다.

제6조(재세공과금 등의 부담) '을'이 입주 후 발생되는 부담금, 제세공과금, 관리비등은 '을'이 부담한다.

제7조(차임연체로 인한 해지) '을'이 차임을 2기에 달하도록 지불하지 않은 경우 '갑'은 최고 없이 임대차 계약을 해지하고 위 부동산의 반환을 요구할 수 있다.

제8조(계약기간만료로 인한 해지) 임대차계약기간이 만료한 경우 '을'은 위 부동산을 원상으로 회복하여 '갑'에게 인도하여야 하며 '갑'은 임차보증금을 반환하여야 한다.

제9조(이행전의 해제) '을'이 '갑'에게 중도금(중도금이 없을 때에는 잔금)을 지불할 때까지는 '갑'은 계약금의 배액을 상환하고 '을'은 계약금을 포기하고 이 계약을 해제할 수 있다.

제10조(권리금 등) 기간만료로 인해 본 임대차계약이 해지될 경우 '을'은 '갑'에게 권리금 및 시설비등을 요구할 수 없다. 단, 계약기간 중 '갑'이 '을'의 동의 없이 매매 하거나 기타 '갑'의 귀책사유에 의해 임대차 계약이 해지될 경우 '갑'은 '을'에게 권리금 및 시설비를 지급하여야 하며 기타 손해가 있으면 그 배상을 하여야 한다.

※ 이하 기타 특약사항 기재

20○○년 ○월 ○일

임대인 (갑)	주 소				전화번호	
	성 명		인	주민등록번호	-	
임차인 (을)	주 소				전화번호	
	성 명		인	주민등록번호	-	
(갑)의 대리인 (병)	주 소				전화번호	
	성 명		인	주민등록번호	-	

첨 부 : '갑'의 인감도장이 날인된 위임장.
　　　　'갑'의 인감증명 1통.

[첨부]

위 임 장

위임인 ○ ○ ○ (인)
        주 소 : ○○시 ○○구 ○○동 ○○
        전화번호 : ○○○ - ○○○○
        주민등록번호 : 111111 -1111111

수임인 ○ ○ ○ (인)
        주 소 : ○○시 ○○구 ○○동 ○○
        전화번호 : ○○○ - ○○○○
        주민등록번호 : 111111 -1111111

위임인 ○○○은 ○○도 ○○시 ○○동 ○○○-○○소재 부동산에 관하여 임대인으로서의 임대차계약체결에 관한 권한 일체를 수임인 ○○○에게 위임한다.

20○○년 ○월 ○일

위임인 ○ ○ ○ (인)

첨부 : 위임인 ○○○의 인감증명 1통.

[임대차계약서(자동판매기)]

임 대 차 계 약 서

○○주식회사를 갑으로 하고, ○○상점을 을로 하여 양 당사자간에 자동판매기의 임대차에 관하여 아래와 같이 계약을 체결한다.

제1조(목적물) 이 계약에서 물건이란 별표에 기재된 것을 말한다.

제2조(계약조건) 물건의 계약기간, 설치장소 및 사용료는 다음과 같이 한다.

  1. 계약기간 : 20○○년 ○월 ○일부터 20○○년 ○월 ○일까지

  2. 설치장소 : 서울시 ○○구 ○○동 ○○번지 ○○호 ○○상점 내

  3. 사 용 료 : 1대당 월 ○○○원

제3조(용도변경의 금지 등) ①을은 물건을 별표에 기재된 물품의 판매 이외의 용도로 사용할 수 없으며 타인에게 매도, 전대, 저당에 제공할 수 없다.

제4조(반환의무) 제2조의 계약기간 경과 후에는 을은 갑에게 즉시 물건을 반환한다.

제5조(설치장소변경금지 등) ①갑은 물건의 설치공사를 갑의 비용으로 하며 을은 설치에 필요한 사항에 협조한다.

  ②을은 갑의 승낙 없이 물건을 무단으로 제2조의 설치장소가 아닌 곳에 설치할 수 없다.

제6조(관리의무와 비용부담) ① 을은 천재지변 등 불가항력의 경우를 제외하고 물건의 분실과 훼손에 대하여 책임을 지며 계약기간 중 선량한 관리자의 주의의무로써 이를 사용토록 한다.

  ② 물건에 발생한 고장에 대하여는 갑이 수리하기로 하고, 을의 관리상의 부주의로 인한 경우에는 그 수리비용은 을이 부담한다.

제7조(사용료의 지급) ① 을은 물건의 사용료를 매월 1일에 갑이 지정하는 통장계좌로 입금하도록 한다.

  ② 을이 기일까지 사용료 지급을 2기 이상 연체할 경우 갑은 을에게 물건의 사용정지 혹은 반환요구를 할 수 있으며 이 경우 을은 계약기간중이라도 갑의 요구에 따른다.

제8조(규정 외 사항) 이 계약에 명시하지 않는 사항은 관례에 의한다.

이 계약을 보증하기 위해 본서 2통을 작성하고, 갑·을 각 1통을 보관한다.

20○○년 ○월 ○일

	주 소					
임대인	성 명		인	주민등록번호	-	전화번호
	주 소					
임차인	성 명		인	주민등록번호	-	전화번호

[별 표]

기계번호	형 식	판매품목	비 고
B123	KS○○	○○	
B124	KS○○	○○	
B125	KS○○	○○	

[임대차계약갱신청구서]

임대차계약갱신청구서

20○○년 ○월 ○일자로 임대인 ○○○와 체결한 식목을 목적으로 한 토지 임대차계약에 따라, 임차하고 있는 ○○시 ○○구 ○○동 소재 ○○○평방미터 토지에 대해 임차인의 임차권이 20○○년 ○월 ○일자로 존속기간이 만료되어 소멸예정입니다. 그러나, 위 토지 상에는 본인이 식재한 수목이 현존하고 있으므로 계약의 갱신을 청구합니다.

20○○년 ○월 ○일

임차인 ○ ○ ○
○○시 ○○구 ○○동 ○○번지

임대인 ○ ○ ○ 귀하
○○시 ○○구 ○○동 ○○번지

[임대차계약갱신거절통지서]

<h3 style="text-align:center;">임대차계약갱신거절통지서</h3>

본인 소유의 ○○도 ○○군 ○○면 ○○리 ○○대지 300평방미터에 대한 귀하와의 3년의 토지임대차계약이 20○○년 ○월 ○일 기간만료로써 소멸되었으나 귀하는 위 대지를 더 사용할 사정이 있다는 이유로 위 계약의 갱신을 요청하였는바, 본인은 조만간 위 지상에 주택을 건립할 예정에 있으므로 귀하의 갱신청구를 거절합니다.

20○○년 ○월 ○일

○○시 ○○구 ○○동 ○○

토지임대인 : ○ ○ ○ (인)

○○시 ○○구 ○○동 ○○
토지임차인 양 ○ ○ 귀하

[임대차계약해지통지]

임대차계약해지통지

수 신 인 임 대 인 ○ ○ ○
                  주소 : ○○시 ○○구 ○○동 ○○

발 신 인 임 차 인 ○ ○ ○
                  주소 : ○○시 ○○구 ○○동 ○○

목적물 : ○○시 ○○구 ○○동 ○○○번지 ○○호 철근콘크리트 기와지붕 4층 건물 중 3층 302호

제목 : 임대차계약해지

상기 물건지에 대해서 임대인과 임차인은 20○○년 ○월 ○일부터 20○○년 ○월 ○일까지 ○년간 임대차계약을 체결하였는바, 20○○년 ○월 ○일에 계약이 종료되므로 이에 계약을 해지하고자 본 통지서를 보냅니다. 20○○년 ○월 ○일까지 건물을 비우겠사오니 이때에 맞추어 임대차보증금 전액을 반환해주시기를 부탁드립니다.

20○○년 ○월 ○일

임차인 ○ ○ ○ (인)

[부속물매수청구서]

<h2 style="text-align:center;">부 속 물 매 수 청 구 서</h2>

본인이 20○○년 ○월 ○일 귀하 소유의 ○○시 ○○구 ○○동 ○○번지 대지에 관하여 계약기간 2년의 토지임대차계약이 기간만료로써 소멸하고 또한 본인의 계약갱신청구에 대한 귀하의 갱신거절통지를 받았는바, 위 대지상에 존재하는 본인 소유의 별지 기재의 건물 및 본인의 근원에 의하여 위 대지에 부속시킨 것을 시가로 매수하여 주실 것을 청구합니다.

20○○년 ○월 ○일

임 차 인　○　○　○ (인)

임대인(토지소유자)　○　○　○　귀 하
　　　　　　　　　○○시 ○○구 ○○동 ○○

제 7 절 고 용

고용(locatio conduction operatum, Dienstvertrag, louage de services, contrat de travail)이라 함은 당사자일방(노무자)이 상대방(사용자)에 대하여 노무를 제공할 것을 약정하고, 상대방이 이에 대하여 보수를 지급할 것을 약정함으로써 성립하는 계약을 말한다(제655조). 낙성의 유상·쌍무계약이다. 노무공급계약의 일종이기는 하지만 사용자의 지휘에 따라서 노무자체의 공급을 목적으로 하는 점에서 도급 또는 위임과 다르다.

고용의 기간은 장기에 관하여는 직접의 재한이 없으나 보통 3년을 넘거나, 또는 당사자의 일방 또는 제3자의 종신을 기간으로 하는 때에는 각 당사자는 3년을 경과한 후에는 언제든지 해지할 수 있다(제659조 1항). 일용고용도 가능하다. 노무자는 스스로 노무를 제공할 의무가 있으며, 사용자의 동의없이 제3자로 하여금 자기에 갈음하여 노무를 제공하게 하지 못한다(제657조 2항). 이에 위반한 때에는 사용자는 계약을 해지할 수 있다(제657조 3항).

노무자는 사용자에 대해서만 노무를 제공할 의무를 진다. 즉 사용자는 노무자의 동의없이 노무청구권을 제3자에게 양도하지 못한다(제657조 1항). 사용자는 계약으로 정한 보수를 지급할 의무가 있다. 보수 또는 보수액의 약정이 없는 때에는 관습에 의하여 지급해야 한다(제656조 1항). 보수는 약정한 시기에 지급해야 하며, 시기의 약정이 없으면 관습에 의하고, 관습이 없으면 약정한 노무를 종료한 후 지체없이 지급해야 한다(제656조 2항).

노무기간의 약정이 있는 때에는 그 기간의 만료로 인하여 고용계약은 종료하는데 그 기간만료 후 노무자가 계속하여 그 노무를 제공하는 때에는 임대차의 경우와 동일한 묵시의 갱신이 인정된다(제662조). 고용기간의 약정이 없는 때에는 당사자는 언제든지 계약해지의 통고를 할 수 있다(제660조 1항). 이 경우에는 상대방이 해지의 통고를 받은 날로부터 1월이 경과하면 해지의 효력이 생긴다(제660조 2항).

기간으로 보수를 정한 때에는 상대방이 해지의 통고를 받은 당기초의 1기를 경과함으로써 해지의 효력이 생긴다(제660조 3항). 그러나 고용에 관한 특별법이라고 할 수 있는 근로기준법은 거의 모든 고용관계에 대해서 민법상의 고용에 관한 규정에 수정을 가하고 있다.

제 8 절 도 급

도급(locatio conductio operis, Wdrkvertrag, louage d'industrie, louage d'ouvrage)은 당사자의 일방(수급인)이 어느 일을 완성할 것을 지정하고 상대방(도급인)이 그 일의 결과에 대한 보수지급을 약정하는 계약(제664조~제674조)이다. 상법상 운송계약은 도급의 특수한 경우의 것이다(상법 제114조~제150조).

도급의 성질은 유상·쌍무·불요식의 낙성계약으로서 광의의 노무공급계약이지만 고용에 있어서와 같이 노무제공 그 자체가 목적이 아니고 노무로써 일을 완성시키는 점에 본질적인 특징이 있다.

수급인은 일의 완성과 목적물의 인도의무를 지며(가옥의 수리 등은 인도를 요하지 않는다), 도급인은 보수지급의 의무를 지닌다. 특약이 없는 한 일의 완성까지는 보수를 받을 수 없고, 수급인이 목적물인도의 의무를 질 때에는 인도와 보수지급은 동시이행의 관계에 선다(제665조). 일의 완성 전의 위험(재해)은 수급인의 부담으로 돌아가지만 일의 완성 후, 인도 전에 생긴 위험은 보통 도급인이 부담한다. 그리고 일의 결과에 하자가 있을 때에는 수급인은 그 유책사유유무에 불구하고 도급인에 대한 담보책임을 진다(제671조). 수급인이 아직 일을 완성하지 않은 동안에는 도급인은 손해를 배상하고 언제든지 계약을 해제할 수 있다(제673조). 또한 도급인이 파산선고를 받은 때에는 수급인 또는 파산관재인은 계약을 해제할 수 있다(제674조 1항 전단). 그리고 완성된 목적물의 하자로 인하여 계약의 목적을 달성할 수 없는 때에는 도급인은 계약을 해제할 수 있다(제668조 본문).

<Q & A>
자기의 비용과 재료로 건물을 신축한 수급인의 권리

Q) 甲은 乙로부터 상가신축공사를 도급받아 甲의 노력과 재료로써 공정 90%를 완성하였는데, 마무리공사를 남겨두고 자금사정이 어려워져 공사를 지연하고 있던 사이에 도급인 乙은 계약위반을 이유로 계약을 해제하고는 스스로 잔여공사를 완성하였다. 그런데 甲은 아직도 공사대금을 전혀 받지 못하고 있다. 이 경우 甲의 비용·재료로 건물을 거의 완성하였으므로, 甲이 건물의 소유권을 주장할 수는 없는가?

A)
1. 문제점

수급인의 비용과 재료로 신축한 건물의 소유권은 누구에게 귀속되는 것인지가 문제된다.

2. 판례의 태도

이에 관하여 판례는 "수급인이 자기의 재료와 노력으로 건물을 신축한 경우에 특별한 의사표시가 없는 한 도급인이 도급대금을 지급하고 건물의 인도를 받기까지는 그 소유권은 수급인에게 있다."라고 하였으나(대법원 1980. 7. 8. 선고 80다1014 판결, 1997. 5. 30. 선고 97다8601 판결), 또 다른 판례는 "일반적으로 노력과 재료를 들여 건물을 건축한 사람은 그 건물의 소유권을 원시취득 하는 것이고, 다만 도급계약에 있어서 수급인이 자기의 노력과 재료를 들여 건물을 완성하였더라도 도급인과 수급인 사이에 도급인 명의로 건축허가를 받아 소유권보존등기를 하기로 하는 등 완성된 건물의 소유권을 도급인에게 귀속시키기로 합의한 것으로 보여질 경우에는 그 건물의 소유권은 도급인에게 원시적으로 귀속된다."라고 하였다(대법원 1992. 8. 18. 선고 91다25505 판결, 2001. 6. 26. 선고 99다47501 판결). 그리고 건축공사도급계약에 있어 수급인이 공사를 완성하지 못한 상태로 계약이 해제되어 도급인이 그 기성고에 따라 수급인에게 공사대금을 지급하여야 할 경우 그 공사비 액수는 공사비지급방법에 관하여 달리 정한 경우 등 다른 특별한 사정이 없는 한, 당사자 사이에 약정된 총 공사비에 공사를 중단할 당시의 공사기성고비율을 적용한 금액이고, 기성고비율은 이미 완성된 부분에 소요된 공사비에다 미시공부분을 완성하는데 소요될 공사비를 합친 전체공사비 가운데 완성된 부분에 소요된 비용이 차지하는 비율이 될 것이다(대법원 1989. 4. 25. 선고 86다카1147, 1148 판결).

3. 결론

따라서 위 사안에서 甲과 乙이 체결한 도급계약의 내용에 따라서 소유권귀속 여부가 결정될 것이다. 그리고 甲은 공사기성고 비율에 해당하는 보수를 지급받을 수 있다고 보인다. 그러나 도급인인 乙이 甲에게 공사지연으로 인한 손해배상을 청구해 올 수는 있을 것이다.

> **<Q & A>**
> **도급계약의 해제방법과 내용증명우편의 효력**
>
> Q) A는 건축업자 甲과 A소유 주택의 증축공사계약을 체결하면서 공사대금 2,500만원, 공사기간 2개월로 약정하고 계약금 800만원을 지급하였다. 그런데 甲은 공사도중에 재료비 및 인건비가 많이 올랐다는 이유로 공사금액을 올려주지 않으면 건축을 할 수 없다고 한다. 이 경우 내용증명우편으로 계약을 해제하고 다른 사람에게 공사를 맡길 수 있는가?

A)
1. 문제점
 내용증명우편이란 어떠한 내용의 우편물을 수신인에게 틀림없이 전달하였다는 것을 국가기관인 우체국에서 증명해주는 우편제도를 말하며, 채무이행의 최고와 계약의 해제, 채권양도의 통지, 임대차계약의 해지, 기타 법적인 의의를 지닌 의사의 통지 등을 할 경우에 많이 이용된다. 내용증명우편은 일단 당사자의 의사를 상대방에게 강력히 표시하고 의사표시가 상대방에게 도달하였는지 여부가 문제로 되었을 경우 내용증명과 함께 배달증명까지 받아둠으로써 명확한 증거로 남는다는 의미가 있다. 이러한 <u>내용증명우편을 이용한 도급계약의 해제</u>가 가능한지 문제된다.

2. 판례의 태도
 판례도 "최고의 의사표시가 기재된 내용증명 우편물이 발송되고 반송되지 아니하였다면 특별한 사정이 없는 한 이는 그 무렵에 송달되었다고 볼 것이다."라고 하였다(민법 제111조, 대법원 1997. 2. 25. 선고 96다38322 판결, 2002. 7. 26. 선고 2000다25002 판결). 그리고 위 사안과 같은 공사도급계약의 해제에 관하여 판례는 "공사도급계약에 있어서 수급인의 공사중단이나 공사지연으로 인하여 약정된 공사기한 내의 공사완공이 불가능하다는 것이 명백한 경우에는 도급인은 그 공사기한이 도래하기 전이라도 계약을 해제할 수 있지만, 그에 앞서 수급인에 대하여 위 공사기한으로부터 상당한 기간 내에 완공할 것을 최고하여야 하고, 다만, 예외적으로 수급인이 미리 이행하지 아니할 의사를 표시한 때에는 위와 같은 최고 없이도 계약을 해제할 수 있다."라고 하였다(대법원 1996. 10. 25. 선고 96다21393, 21409 판결).

3. 결론
 따라서 A의 경우 <u>상당한 유예기간을 두고 공사를 진행하지 않을 경우 계약을 해제한다는 내용의 배달증명부 내용증명우편을 보내면</u> 차후 <u>상대방 측에서 계약해제사실을 다툴 경우에 증거로 삼을 수 있을 것이다.</u>

[건물신축공사 도급계약서]

건물신축공사도급계약서

제1조 신축할 건물의 표시

○○시 ○○구 ○○동 ○○○의 ○○

철근콘크리트조 슬래브지붕 주택 1동 건평 75m^2

단, 설계도 및 도면은 별지와 같다.

제2조 도급금의 지급방법

공사대금 금 100,000,000원 (₩ 일억원)

계약시 선급금으로 금 20,000,000원을 지급하고,

중도금은 40,000,000원은 공사진척이 70%가 진행되었을 때 지급하고,

잔금 40,000,000원은 건물의 완성인도시에 지급한다.

제3조 수급인 △△△(이하 수급인이라 함)은 20○○년 ○월 ○일에 착공하여 20○○년 ○월 ○일까지 완공함과 동시에 도급인 ○○○(이하 도급인이라 함)에게 인도한다.

제4조 공사에 요하는 재료, 노무, 공임 및 인원 등은 수급인이 일체 이를 부담한다.

제5조 도급인은 수급인이 필요한 부지를 무상으로 사용하게 한다.

제6조 공사중 도급인은 설계 또는 재료의 변경 등을 청구할 수 있으나 이로 인하여 생긴 비용은 모두 도급인이 부담한다. 또한 이로 인하여 공사완료가 지연됨으로 인한 손해는 도급인이 부담하기로 한다.

제7조 갑은 다음 각호의 경우에 최고없이 즉시 계약을 해제하거나 을에게 손해배상을 청구할 수 있다.

1. 을이 정당한 이유없이 착공을 지체하였을 때
2. 을이 정당한 이유가 없는데도 공사기간내 또는 공사기간후의 상당 기간동안에 공사를 완성할 전망이 보이지 않는다고 인정할만한 객관적인 사유가 있을 때
3. 을이 이 계약조항에 정하는 사항에 위반하고 갑의 최고가 있는데도 계속 이를 성실히 이행하지 않을 때

제8조 을은 다음 각 호의 경우에 최고 없이 즉시 계약을 해제하고 갑에게 손해배상을 청구할 수 있다.

1. 공사변경으로 인하여 도급대금이 3분의 2 이상 감소한 때

2. 갑에게 도급대금의 지급능력이 없음이 분명해졌을 때
3. 갑에게 채무불이행이 있으며 최고하여도 여전히 그 이행을 하지 않을 때

제9조 을은 정당한 이유없이 공사를 완성하고도 인도를 지체하였을 때에는 갑에게 지체일수 1일당 도급금액의 1,000분의 1 이내의 위약금을 지급한다. 단 공기내에 부분인도를 하였을 때에는 도급금액에서 인도된 부분의 공사대금을 감한 액에 대하여 위약금을 산정한다.

제10조 건물을 인도한 후일지라도 수급인은 공사의 하자에 대하여 법규가 정하는 바에 따라 책임을 부담한다.

제11조 도급인은 공사의 하자를 발견한 경우 수급인에게 상당한 기간을 정하여 그 하자보수를 청구할 수 있다.

제12조 도급인은 하자 보수에 갈음 또는 그 보수와 동시에 손해배상을 청구할 수 있으며, 단 이 경우에는 민법 제677조의 규정에 따른다.

제13조 전2항은 공사의 하자가 도급인의 지시에 따라 발생하였을 경우에는 예외로 하며, 단 수급인이 도급인의 지시가 부적당한 것임을 알면서 통고하지 않았을 때에는 예외로 한다.

제14조 전3항에 규정한 하자보수 또는 손해배상은 건물의 인도로부터 2년 이내에 청구하여야 한다.

20○○년 ○월 ○일

도급인	주 소					
	성 명 또는 상 호		인	주민등록번호 또는 사업자등록번호	—	전화번호
수급인	주 소					
	성 명 또는 상 호		인	주민등록번호 또는 사업자등록번호	—	전화번호

[주택신축공사를 목적으로 하는 도급계약서]

건축도급계약서

1. 공 사 명 : 주택신축공사
2. 현장위치 : ○○시 ○○구 ○○동 ○○
3. 공사기간 :
   - 착공 연월일 : 20○○년 ○월 ○일
   - 준공 연월일 : 20○○년 ○월 ○일
4. 도 급 금 액 : 일금 ○○○원정
   · 공 급 금 액 : 일금 ○○○원정
   · 부가가치세액 : 일금 ○○○원정
5. 선 급 금 : 일금 ○○○원정
6. 기성 부분급의 시기 및 방법 : 공사진척이 50%가 진행되었을 때 일금 ○○○원정을 지급
7. 잔금의 지급 시기 및 방법 : 완성인도시
8. 하자담보책임기간 : 준공일 부터 2년간
9. 하자보수보증금율 : 도급 액의 3/100
10. 지 체 상 금 율 : 도급 액의 3/1,000
11. 기 타 사 항 :

 건축주와 시공자는 이 계약서 및 별첨설계도와 시방서에 의하여 공사계약을 체결하고 그 증거로 이 계약서 및 관련문서를 2통 작성하여 각 1통씩 보관한다.

20○○년 ○월 ○일

건축주	주 소					
	성 명 또는 상 호		인	주민등록번호 또는 사업자등록번호	-	전 화 번 호
시공자	주 소					
	성 명 또는 상 호		인	주민등록번호 또는 사업자등록번호	-	전 화 번 호

제1조(총칙) 건축주(이하 "갑"이라 한다)와 시공자(이하 "을"이리 한다)는 대등한 입장에서 서로 협력하여 신의에 따라 성실히 계약을 이행한다.

제2조(계약보증) ① "갑"과 "을"은 계약상의 의무이행을 보증하기 위해 계약보증금 을 계약체결 전까지 상호 교부하도록 하되, 계약보증금액이 계약금액에서 차지하는 비율은 갑·을 상호간에 협의하여 정한다.

② 제1항의 계약보증금은 당사자의 협의에 따라 제24조1항 각호의 보증기관이 발행한 보증서로 갈음할 수 있다.

제3조(보증인) 이 계약에 관하여 보증인을 세우는 경우에 그 보증인은 당사자의 계약불이행으로 인한 손해에 대하여 당사자와 연대하여 책임을 진다.

제4조(공사감독원) ① "갑"은 자신을 대리하여 다음 각호의 사항을 행하는 자 (이 "공사감독원"이라 한다)를 선임할 수 있다.

1. 시공일반에 대하여 감독하고 입회하는 일
2. 공사의 재료와 시공에 대한 검사 또는 시험에 입회하는 일
3. 공사의 기성부분 검사, 준공검사 또는 공사목적물의 인도에 입회하는 일
4. 기타 공사감독에 관하여 "갑"이 위임하는 일

② "갑"은 제1항의 규정에 의하여 공사감독원을 선임한 때에는 그 사실을 즉시 "을"에게 통지하여야 한다.

③ "을"은 공사감독원의 감독 또는 지시사항이 공사수행에 현저히 부당하다고 인정할 때에는 "갑"에게 그 사유를 명시하여 필요한 조치를 요구할 수 있다.

제5조(현장대리인) ① "을"은 착공 전에 현장대리인을 임명하여 이를 "갑"에게 통지하여야 한다.

② 현장대리인은 공사현장에 상주하여야 하며 시공에 관한 일체의 사항에 대하여 "을"은 대리한다.

③ "갑"은 제1항의 규정에 의하여 임명된 현장대리인이 신체의 허약, 시공능력 부족 등으로 인하여 업무수행의 능력이 없다고 인정할 때에는 "을"에게 현장 대리인의 교체를 요청할 수 있으며 이 경우에 "을"은 정당한 사유가 없는 한 이에 응하여야 한다.

제6조(공사예정공정표와 공사가격 내역서) ① "을"은 계약체결 후 착공신고서 제출 시까지도 설계도서(설계도면. 공사시방서 등 건축법 제2조제14호의 규정에 의한 설계도서와 현장설명서를 말한다. 이와 같다)를 기초로 작성한 공사예정 공정표와 내역서를 "갑"에게 제출하여야 한다.

② 제1항의 규정에 불구하고 총액단가 계약과 같이 공사물량이 기재된 산출 내역서를 제시하고 이에 따라 계약금액을 정한 경우에는 동 산출내역서는 제1항의 설계도서에 포함되며, 이 경우 "을"은 착공신고서 제출 시까지 공사예정 공정표를 "갑"에게 제출하여야 한다.

제7조(선금) ① "갑"이 선금을 지급한 경우 "을"은 이를 도급목적 외에 사용할 수 없으며, 노임지급 및 자재확보에 우선 사용하여야 한다.

② 선금은 기성부분의 대가를 지급할 때에는 다음과 같은 방법으로 정산한다.

기성부분의 대가
선금정산액 = 선 금액 * 계 약 금 액

제8조(재료의 검사등) ① 공사에 사용할 재료 중에서 "갑"이 품목을 지정하여 검사를 요구하는 경우에는 "을"은 사용 전에 "갑"의 검사를 받아야 하며, 설계도서와 상이하거나 품질이 현저히 저하되어 불합격된 재료는 즉시 대품으로 대체하여 다시 검사를 받아야 한다.

② "을"은 제1항의 재료 검사에 소요되는 비용을 부담하여야 하며, 검사 또는 재검사 등을 이유로 계약기간의 연장을 요구할 수 없다.

③ 공사에 사용하는 재료 중 조립 또는 시험을 요하는 것은 갑의 입회하에 그 조립 또는 시험을 하여야 한다.

④ 수중 또는 지하에서 행하여지는 공사나 준공 후 외부에서 확인할 수 없는 공사는 "갑"의 입회하에 시공하여야 한다.

제9조(지급재료와 대여품) ① 계약에 의하여 "갑"이 지급하는 재료와 대여품은 공사예정공정표에 의한 공사일정에 지장이 없도록 적기에 인도되어야 하며, 그 인도장소는 시방서 등에 따로 정한 바가 없으면 공사현장으로 한다.

② "을"은 지급재료 및 대여품의 품질 또는 규격이 시공에 적당하지 아니하다고 인정할 때에는 즉시 "갑"에게 이를 통지하고 그 대체를 요구할 수 있다.

③ 재료지급의 지연으로 공사가 지연될 우려가 있을 때에는 "을"은 "갑"의 서면 승낙을 얻어 자기가 보유한 재료를 대체 사용할 수 있다. 이 경우 "갑"은 현품 또는 사용당시 가격을 지체 없이 "을"에게 지급하여야 한다.

④ "을"은 "갑"이 지급한 재료와 기계기구 등 대여품을 선량한 관리자의 주의로 관리하여야 하며, 계약의 목적을 수행하는 데에만 사용하여야 한다.

⑤ "을"은 공사내용의 변경으로 인하여 필요 없게 된 지급재료 또는 사용 완료된 대여 품을 지체 없이 "갑"에게 반환하여야 한다.

제10조(상세시공도면작성) ① "을"은 건축법 제19조의2제4항에따라 공사감리자로부터 상세시공

도면의 작성을 요청 받은 경우에는 상세시공도면을 작성하여 공사감리자의 확인을 받아야 하며, 이에 따라 공사를 하여야 한다.

② "갑"은 상세시공도면의 작성범위에 관한 사항을 설계자 및 공사감리자의 의견과 공사의 특성을 감안하여 계약서상의 시방에 명시하고, 상세시공도면의 작성비용을 공사비에 반영한다.

제11조(안전관리 및 재해보상) ① "을"은 산업재해를 예방하기 위하여 안전시설의 설치 및 보험의 가입 등 적정한 조치를 하여야 한다. 이때 "갑"은 계약금액에 안전관리비 및 보험료 상당액을 계상하여야 한다.

② 공사현장에서 발생한 산업재해에 대한 책임은 "을"에게 있다. 다만, 설계상의 하자 또는 "갑"의 요구에 의한 작업으로 인한 재해에 대하여는 그러하지 아니한다.

제12조(응급조치) ① "을"은 재해방지를 위하여 특히 필요하다고 인정될 때에는 미리 긴급조치를 취하고 즉시 이를 "갑"에게 통지하여야 한다.

② "갑"은 재해방지 기타 공사의 시공상 긴급 부득이하다고 인정할 때에는 "을"에게 긴급조치를 요구할 수 있다.

③ 제1항 및 제2항의 응급조치에 소요된 경비에 대하여는 제14조 제2항의 규정을 준용한다.

제13조(공사기간의 연장) ① "갑"의 책임 있는 사유 또는 천재지변, 불가항력의 사태 등 "을"의 책임이 아닌 사유로 공사수행이 지연되는 경우 "을"은 공사기간 연장을 "갑"에게 요구할 수 있다.

② 제1항의 규정에 의거 공사기간이 연장되는 경우 이에 따르는 현장관리비등 추가경비는 제18조의 규정을 적용하여 조정한다.

제14조(부적합한 공사) ① "갑"은 "을"이 시공한 공사 중 설계도서에 적합하지 아니한 부분이 있을 때에는 이의 시정을 요구할 수 있으며, "을"은 지체 없이 이에 응하여야 한다.

② 제1항의 경우 설계도서에 적합하지 아니한 공사가 "갑"의 요구 또는 지시에 의하거나 기타 "을"의 책임으로 돌릴 수 없는 사유로 인한 때에는 "을"은 그 책임을 지지 아니한다.

제15조(불가항력에 의한 손해) ① "을"은 검사를 마친 기성부분 또는 대여품에 대하여 천재지변 기타 불가항력에 의한 손해가 발생한 때에는 즉시 그 사실을 "갑"에게 통지하여야 한다.

② "갑"은 제1항의 통지를 받은 경우 즉시 그 사실을 조사, 확인하고 그 손해의 보전에 관하여 "을"과 협의하여야 한다.

③ 제2항의 합의가 성립되지 않은 때에는 제32조의 규정에 의한다.

제16조(설계변경으로 인한 계약금액의 조정) ① 설계서의 내용이 공사현장의 상태와 일체하지

않거나 불분명, 누락, 오류가 있을 때 또는 시공에 관하여 예기하지 못한 상태가 발생되거나 사업계획이 변경된 때에는 설계를 변경한다.

② 제1항의 설계변경으로 인하여 공사량의 증감이 발생한 때에는 다음 각 호의 기준에의 하여 계약금액을 조정한다.

  1. 증감된 공사의 단가는 제6조의 규정에 의한 공사가격 내역서 상의 단가를 기준으로 한다.

  2. 공사가격 내역서에 포함되어 있지 아니한 신규비목의 단가는 설계변경 당시를 기준으로 한다.

  3. 증감된 공사에 대한 일반관리비 및 이윤은 산출내역서상의 율을 적용한다.

제17조(물가변동으로 인한 계약금액의 조정) ① 계약체결 후 120일 이상 경과한 경우에 잔여공사에 대하여 공사가격 내역서에 포함되어 있는 품목 또는 비목의 가격 등의 변동으로 인한 등락액이 잔여공사에 해당하는 계약금액의 100분의 5 이상인 때에는 계약금액을 조정한다.

② 제1항의 규정에 의한 계약금액의 조정은 공사예정공사표상으로 물가변동이 있는 날 이후에 이행되어야 하는 부분의 대가에 적용하되, 물가변동이 있는 날 이전에 이미 계약이행이 완료되어야 할 부분에 대하여는 적용하지 아니한다.

다만, "갑"의 책임이 있는 사유 또는 천재지변 등 불가항력으로 인하여 지연된 경우에는 그러하지 아니하다.

제18조(기타 계약내용의 변경으로 인한 계약금의 조정) 제16조 및 제17조에 의한 경우이외에 계약내용의 변경으로 계약금액을 조정하여야 할 필요가 있는 경우에는 그 변경된 내용에 따라 계약금액을 조정하며, 이 경우 제16조 제2항 제3호를 준용한다.

제19조(기성부분지급) ① 계약서에 기성부분 지급에 관하여 명시한 때에는 "을"은 이에 따라 기성부분에 대한 검사를 요청할 수 있으며, 이때 "갑"은 지체 없이 검사를 하여야 한다.

② "을"은 제1항의 검사결과와 제6조의 공사가격 내역서의 단가에 의하여 산출 한 기성금액을 요구할 수 있으며 "갑"은 계약서에 명시한 바에 따라 지급하여야 한다.

③ "갑"이 제2항의 규정에 의한 기성금액의 지급을 지연하는 경우에는 제22조 제4항의 규정을 준용한다.

제20조(부분사용) ① "갑"은 공사목적물의 인도전이라 하더라도 "을"의 동의를 얻어 공사목적물의 전부 또는 일부를 사용할 수 있다.

② 제1항의 경우 "갑"은 그 사용부분을 선량한 관리자의 주의로써 사용한다.

③ "갑"은 제1항에 의한 사용으로 "을"에게 손해가 있거나 "을"의 비용을 증가 하게 한 때는 그 손해를 배상하거나 증가된 비용을 부담한다.

제21조(준공) ① "을"은 공사를 완성한 때에는 "갑"에게 통지하여야 하며 "갑"은 통지를 받은 후 지체 없이 "을"의 입회하에 검사를 하여야 한다.

② "을"은 제1항의 검사에 합격하지 못한 때에는 지체 없이 이를 보수 또는 개조하여 다시 검사를 받아야 한다.

③ "을"은 검사의 결과에 이의가 있을 때에는 재검사를 요구할 수 있으며, "갑"은 이에 응하여야 한다.

제22조(대가지급) ① "을"은 "갑"의 준공검사에 합격한 후 즉시 잉여자재, 폐물, 가설물 등을 철거, 반출하는 등 공사현장을 정리하고 공사대금의 지급을 "갑"에게 청구할 수 있다.

② "갑"은 특약이 없는 한 계약의 목적물을 인도 받음과 동시에 공사대금을 지급하여야 한다.

③ "갑"이 공사대금을 어음으로 지급하는 경우 그 어음은 금융기관에서 할인이 가능한 것에 한하며, 공사대금 지급기일로부터 어음만기일까지의 할인료는 어음을 교부하는 날 "을"에게 지급하여야 한다.

④ "갑"은 공사대금을 지급기한 내에 지급하지 못하는 경우에는 그 미지급금액에 대하여 지급기한의 다음날부터 지급하는 날까지의 일수에 시중은행의 일반 대출시 적용되는 연체이자율을 적용하여 산출한 이자를 지급하여야 한다.

제23조(하자담보) ① "을"은 계약서에 정한 하자보수 보증금 율을 계약금액에 곱하여 산출한 금액(이하 "하자보수보증금"이라 한다)을 준공검사 후 그 공사의 대가를 지급할 때까지 현금 또는 다음 각 호의 증거로서 "갑"에게 납부하여야 한다.

1. 건설공제조합의 보증서
2. 보증보험증권
3. 은행의 지급보증서
4. 은행의 정기예금증서
5. 신탁회사의 수익증권
6. 증권회사의 수익증권
7. 전문건설공제조합의 보증서
8. 신용보증기금의 보증서

② "을"은 준공검사를 마친 날로 부터 계약서에 정한 하자담보 책임기간 중 당해 공사에 발생하는 일체의 하자를 보수하여야 한다. 다만, 공사목적물의 인도 후에 천재지변 등 불가항력이나 "을"의 책임이 아닌 사유로 인하여 발생한 것일 때에는 그러하지 아니하다.

③ "을"이 "갑"으로부터 제2항의 규정에 의한 하자보수의 요구를 받고 이에 응하지 아니하는 경우 "갑"은 "을"의 부담으로 직접 하자보수를 행할 수 있다. 이때 발생하는 비용은 하자보수 보증금으로 우선 충당하며, 부족액이 있는 경우에는 "을"에게 이를 청구할 수 있다.
④ 제1항의 규정에 의한 하자보수 보증금은 하자담보 책임기간이 종료한 후 "을"의 청구에 의하여 반환한다. 다만, 제3항의 규정에 의하여 "갑"이 직접 이행한 하자보수 비용은 공제한다.

제24조(이행지체) ① 을이 계약서에서 정한 준공기한내에 공사를 완성하지 못하였을 때에는 계약금액에 계약서에 정한 지체상금율과 지체일수를 곱한 금액 (이하 "지체상금"이라 한다)을 갑에게 현금으로 납부한다.
② 제1항의 경우 기성부분에 대하여 검사를 거쳐 이를 인수한 때에는 그 부분에 상당하는 금액을 계약금액에서 공제한 금액을 기준으로 지체상금을 계산한다. 이 경우 기성부분의 인수는 성질상 분할할 수 있는 공사의 완성부분으로서 인수하는 것에 한한다.
③ 다음 각호의 1에 해당되는 사유로 공사가 지체되었다고 인정될 때에는 그 해당일수에 상당한 일수를 지체일수에 산입하지 아니한다.
1. 태풍, 홍수, 기타 악천후, 전쟁 또는 사변, 지진, 화재, 폭동, 항만봉쇄, 방역 및 보안상 출입제한 등으로 인한 경우
2. 갑이 지급하기로 한 지급재료의 공급이 지연되어 공사진행이 불가능하였을 경우
3. 갑의 귀책사유로 인하여 착공이 지연되거나 시공이 중단된 경우
4. 기타 을의 책임에 속하지 아니하는 사유로 인하여 지체된 경우
④ 갑은 제1항의 지체상금을 을에게 지급하여야 할 공사비 또는 기타 예치금에서 공제할 수 있다.

제25조(하도급의 제한) ① "을"은 계약된 공사의 일부를 제3자에게 하도급 하고자 할 때에는 "갑"의 서면승인을 받아야 한다. 다만, 건설업법의 규정에 의하여 전문공사를 당해 전문공사업자에게 하도급 하는 경우에는 "갑"에 대한 통지로 갈음할 수 있다.
② "갑"은 제1항의 규정에 의한 통보된 하도급업자가 부적당하다고 인정될 때에는 "을"에 대하여 하도급자의 교체를 요구할 수 있다. 이 경우 "을"은 특별한 사유가 없는 한 하도급자를 교체하여야 한다.

제26조("갑"의 계약해제등) ① "갑"은 다음 각 호의 1에 해당하는 경우에는 계약의 전부 또는 일부를 해제 또는 해지할 수 있다.
1. "을"이 정당한 사유 없이 약정한 착공기일을 경과하고도 공사에 착수하지 아니한 경우

2. "을"이 책임 있는 사유로 인하여 준공기일내에 공사를 완성할 가능성이 없음이 명백한 경우
   3. 기타 "을"의 계약조건 위반으로 인하여 계약의 목적을 달성할 수 없다고 인정되는 경우
   ② 제1항의 규정에 의한 계약의 해제 또는 해지는 그 이유를 명시하여 "을"에게 통지함으로써 효력이 발생한다.
   ③ "을"은 제2항의 규정에 의한 통지를 받은 때에는 다음의 사항을 준수하여야 한다.
   1. 당해공사를 지체 없이 중지하고 모든 공사기구들을 공사장으로부터 철거한다.
   2. 제9조의 규정에 의한 지급재료의 잔여분과 대여품은 지체 없이 "갑"에게 반환한다.
제27조("을"의 계약해제등) ① "을"은 다음 각 호의 1에 해당하는 경우에는 계약의 전부 또는 일부를 해제 또는 해지할 수 있다.
   1. 공사내용을 변경함으로써 계약금액이 100분의 40이상 감소된 때
   2. "갑"의 책임 있는 사유에 의한 공사의 정지기간이 90일을 초과하거나 계약서상 공사기간의 100분의 50을 초과한 때
   3. "갑"이 적당한 이유 없이 계약내용을 이행하지 아니함으로써 공사의 적정 이행이 불가능하다고 명백히 인정되는 때
   ② 제1항의 규정에 의한 계약의 해제 또는 해지는 그 사유를 명시하여 "갑"에게 통지함으로써 효력이 발생한다.
제28조(손해배상등) ① 제26조 및 제27조의 규정에 의하여 계약이 해지된 때에는 "갑"과 "을"은 지체 없이 기성부분의 공사금액을 청산하여야 한다.
   ②제26조 및 제27조의 규정에 의하여 계약의 해제 또는 해지로 인하여 손해가 발생한 때에는 상대방에게 그에 대한 배상을 청구할 수 있다.
제29조(권리의무의 양도) 이 계약에 의하여 발생하는 권리 또는 의무는 제3자에게 양도하거나 위임할 수 없다.
   다만, 상대방의 서면승낙과 보증인의 동의를 얻었을 때에는 그러하지 아니하다.
제30조(법령의 준수) ① "갑"과 "을"은 이 공사의 시공 및 계약의 이행에 있어서 건설업법등 관계법령의 제규정을 준수한다.
   ② "을"은 도급 받은 공사에 대하여 하도급 하는 경우에도 건설업법 및 하도급 거래 공정화에 관한 법률 등 관계법령의 제 규정을 준수한다.
제31조(적용의 완화) 건설업법의 적용을 받지 않는 건축물에 대하여는 "갑"과 "을"의 합의에 따라 제4조, 제5조, 제6조, 제10조, 제11조, 제17조, 제24조, 제30조제2항의 규정을 완화하여 정할 수 있다.

제32조(분쟁의 해결) ① 계약에 별도로 규정된 것을 제외하고는 계약에서 발생하는 문제에 관한 분쟁은 계약당사자가 쌍방의 합의에 의하여 해결한다.

② 제1항의 합의가 성립되지 못할 때에는 당사자의 관련법령에 의하여 설치된 조정 또는 중재기관의 조정 또는 중재에 의하여 해결할 수 있다.

제33조("갑"으로볼수있는자) 제8조, 제12조, 제14조, 제19조제1항, 제21조, 제25조의 규정을 적용함에 있어 공사감리계약에 따라 공사감리자를 "갑"으로 볼 수 있다.

제34조(특약사항) 기타 이 계약에서 정하지 아니한 사항에 대하여는 "갑"과 "을"이 합의하여 별도의 특약을 정할 수 있다.

특 약 사 항

1) 동 계약서 제34조 특약사항에 의거 추가 특약사항은 본 계약보다 우선한다.
2) 동 계약서
3) 동 계약서
4) 동 계약서
5) 분쟁 발생시 관할법원 : 동 계약서 제32조에 의거 관할법원은 ○○지방법원으로 한다.

특 약 사 항

1) 동 계약서 제34조 특약사항에 의거 추가 특약사항은 본 계약보다 우선한다.
2) 동 계약서
3) 동 계약서
4) 동 계약서
5) 분쟁 발생시 관할법원 : 동 계약서 제32조에 의거 관할법원은 ○○지방법원으로 한다.

제 9 절 현상광고

현상광고(Auslobung, promesse publique)는 광고자가 어느 행위를 한 자에게 보수를 지급할 의사를 표시하고, 응모자가 그 광고에 정한 행위를 완료함으로써 성립하는 계약(제675조)이다, 가출인의 수배, 유실물의 수배, 학술적 발명 등에 널리 쓰이는 방법이다. 민법상 전형계약의 일종이다. 현상광고는 일종의 요물계약이며 또 유상·편무계약이다. 광고자는 광고에 정한 행위완료자에 대하여 광고소정의 보수를 지급할 의무를 진다(제675조). 광고에 정한 행위를 한 자가 수인인 때에는 먼저 그 행위를 완료한 자가 보수를 받을 권리를 취득하는 것이 원칙이지만, 만약 보수가 그 성질상 분할할 수 없거나, 광고에 1인만이 보수를 받을 것으로 정한 때에는 추첨에 의한다(제676조 2항). 특히 문제되는 것은 광고가 있음을 알지 못하고 광고에 지정한 행위를 완료한 경우인바, 이 경우에는 청약에 대하여 승낙을 한 것은 아니므로 계약은 성립되었다고 볼 수 없다. 그러나 민법은 이 경우에도 계약의 성립을 인정하여 보수청구권을 갖는다고 특별규정을 두고 있다. 광고자가 광고에 지정행위의 완료기간을 정한 때에는 그 기간만료 전에는 광고를 철회하지 못한다(제679조 1항). 광고에 행위의 완료기간을 정하지 아니한 때에는 지정행위의 완료 전에 자유로 철회할 수 있으나, 그 방법은 전의 광고와 동일한 방법에 의함을 요한다. 동일한 방법으로 철회할 수 없을 때에는 그와 유사한 방법으로 철회할 수 있으나, 이 철회는 철회한 것을 알지 못한 제3자에 대하여는 철회로서의 효력이 생기지 아니한다(제679조 1항·2항).

제 10 절 위 임

위임(mandatum, mandate, Auftrag, mandat)은 사법상 당사자의 일방(위임자)이 상대방을 신뢰하여 사무의 처리를 위탁하고 상대방(수임인)이 그것을 수락함으로써 성립되는 계약(제680조~제692조)이다. 노무공급계약의 일종이지만, 일정한 사무의 처리라고 하는 통일된 노무를 목적으로 하는 점에 특색이 있다. 사무의 내용은 매매·임대차 등의 법률행위인 경우도 있고 그렇지 않은 경우도 있다.

위임의 성질은 원칙적으로 무상·편무계약이지만 보수의 특약이 있는 경우가 많고 이 경우에는 유상·쌍무계약이 된다. 그리고 위임은 낙성·불요식의 계약이지만 실제에 있어서는 위임장이 교부되는 예가 많다. 이것은 성약서에 불과하나 보통 대리권 수여의 증거로 쓰인다. 위임자는 보수의 유무에 관계없이 위임의 본지에 따라 선량한 관리자의 주의를 가지고 위임사무를 처리해야 하며(제681조), 사무처리상황의 보고의무(제683조), 사무처리에 당하여 수취한 금전 그 밖의 물건 및 과실의 인도의무(제684조 1항), 위임자를 위하여 취득한 권리의 이전의무(제684조 2항), 자기를 위하여 사용한 금전의 이자지급 및 손해배상의무 등을 진다(제685조).

위임자는 보수지급의무(유상의 경우)를 지는 외에 비용선급의 의무, 지출비용 및 이자의 상환의무 등 민법소정의 의무를 진다(제686조, 제687조, 제688조). 위임은 당사자 간의 신뢰에 기초하는 것이므로 그 신뢰가 무너지면 각 당사자는 언제든지 그 이유를 제시하지 않고 해지할 수 있다(제689조). 또한 위임은 위임인 또는 수임인의 사망, 파산이나 수임인의 금치산선고에 의해서도 종료한다(제690조). 또한 위임종료의 경우에 급박한 사정이 있는 때에는 수임인·그 상속인이나 법정대리인은 위임인·그 상속인이나 법정대리인이 위임사무를 처리할 수 있을 때까지 그 사무의 처리를 계속하여야 한다(제691조). 위임종료의 사유는 이를 상대방에게 통지하거나 상대방이 이를 안 때가 아니면, 이로써 상대방에게 대항하지 못한다(제692조).

\<Q & A\>
명시적 약정 없는 경우의 변호사보수는 어떻게 결정되는지

> Q) A는 변호사 甲에게 교통사고로 인한 손해배상청구소송을 위임하였으나, 계약 당시 변호사보수액 등을 특별히 약정하지는 않았다. 이런 경우 그 보수는 甲이 요구하는 대로 지급해야 하는가?

A)
1. 문제점

위임(委任)은 당사자 일방이 상대방에 대하여 사무의 처리를 위탁하고 상대방이 이를 승낙함으로써 그 효력이 생기는 계약이며(민법 제680조), 수임인의 보수청구권에 관하여「민법」제686조 제1항은 "수임인은 특별한 약정이 없으면 위임인에 대하여 보수를 청구하지 못한다."라고 규정하고 있다. 그리고 소송사건을 수임하기 전 변호사의 보수 지급방법 및 액수에 관하여 구체적으로 약정하는 것이 일반적이다. 그러나 위 사안에서는 변호사보수를 지급할 것인지 또한 지급한다면 그 액수를 어느 정도로 할 것인지 등에 관하여 전혀 약정함이 없이 소송사건을 위임한 경우이다. 이러한 경우에 변호사보수는 어떻게 결정되는 것인지가 문제된다.

2. 판례의 태도

판례는 "변호사는 당사자 기타 관계인의 위임 또는 공무소의 위촉 등에 의하여 소송에 관한 행위 및 행정처분의 청구에 관한 대리행위와 일반 법률사무를 행함을 그 직무로 하고 사회통념에 비추어 현저히 부당한 보수를 받을 수 없을 뿐이므로, 변호사에게 계쟁사건의 처리를 위임함에 있어서 그 보수지급 및 수액에 관하여 명시적인 약정을 아니하였다 하여도, 무보수로 한다는 등 특별한 사정이 없는 한 응분의 보수를 지급할 묵시의 약정이 있는 것으로 봄이 상당하다."라고 한 바 있으며(대법원 1993. 11. 12. 선고 93다36882 판결), "변호사에게 계쟁사건의 처리를 위임함에 있어서 그 보수지급 및 수액에 관하여 명시적인 약정을 아니하였다 하여도, 무보수로 한다는 등 특별한 사정이 없는 한 응분의 보수를 지급할 묵시의 약정이 있는 것으로 봄이 상당하고, 이 경우 그 보수액은 사건수임의 경위, 사건의 경과와 난이 정도, 소송물가액, 승소로 인하여 당사자가 얻는 구체적 이익과 소속변호사회 보수규정(이 규정은 2000.1.1.부터 폐지되었음) 및 의뢰인과 변호사간의 관계, 기타 변론에 나타난 제반 사정을 참작하여 결정함이 상당하다."라고 하였다(대법원 1995. 12. 5. 선고 94다50229 판결).

3. 결론

그러므로 A의 경우에도 위 판례와 같은 기준에서 변호사보수를 결정하여야 할 것이며, 甲이 청구한다고 하여도 적정치 못한 경우에는 다투어 볼 수 있을 것이다.

참고로 변호사의 소송위임사무처리에 대한 보수에 관하여 의뢰인과의 사이에 약정이 있는 경우에 판례는 "변호사의 소송위임사무처리에 대한 보수에 관하여 의뢰인과의 사이에 약정이 있는 경우에 위임사무를 완료한 변호사는 특별한 사정이 없는 한 약정된 보수액을 전부 청구할 수 있는 것이 원칙이기는 하지만, 의뢰인과의 평소부터의 관계, 사건 수임의 경위, 착수금의 액수, 사건처리의 경과와 난이도, 노력의 정도, 소송물의 가액, 의뢰인이 승소로 인하여 얻게 된 구체적 이익과 소속 변호사회의 보수규정(이 규정은 2000.1.1.부터 폐지되었음), 기타 변론에 나타난 제반 사정을 고려하여 약정된 보수액이 부당하게 과다하여 신의성실의 원칙이나 형평의 원칙에 반한다고 볼 만한 특별한 사정이 있는 경우에는 예외적으로 상당하다고 인정되는 범위 내의 보수액만을 청구할 수 있다고 보아야 한다."라고 하였다(대법원 2002. 4. 12. 선고 2000다50190 판결).

> **\<Q & A\>**
> **법무사의 등기신청 위임자에 대한 권리보호의무의 정도**
>
> Q) A는 乙회사로부터 아파트를 분양받아 분양대금을 완납한 후 법무사 甲에게 소유권이전등기신청절차를 위임하였으나, 법무사 甲이 그 절차를 경료하기 전에 乙회사로부터 그 아파트의 소유권보존등기절차를 이행하고 보관 중이던 등기권리증을 반환함으로써 乙회사가 A가 분양받은 아파트에 근저당권을 설정하였고, 위 아파트는 그 근저당권의 실행으로 인하여 매각되어 A는 소유권을 잃게 되었다. 이러한 경우 법무사 甲에게 손해배상청구를 할 수 있는가?

A)
1. 문제점

위임은 당사자 일방이 상대방에 대하여 사무의 처리를 위탁하고 상대방이 이를 승낙함으로써 그 효력이 생기는 계약이며(민법 제680조), 수임인의 선관의무(善管義務)에 관하여「민법」제681조는 "수임인은 위임의 본지(本旨)에 따라 <u>선량한 관리자의 주의로써 위임사무를 처리하여야 한다.</u>"라고 규정하고 있다. 위 사안과 관련하여 <u>법무사 甲에게 이러한 주의의무위반을 이유로 손해배상을 청구할 수 있는지</u>가 문제된다.

2. 판례의 태도

판례는 "구분건물의 수분양자로부터 소유권이전등기신청절차를 위임받은 법무사가 그 절차를 경료하기 전에 건축주로부터 구분건물의 소유권보존등기절차를 이행하고 보관 중이던 등기권리증의 반환을 요구받은 경우, <u>수분양자가 매수인으로서의 의무이행을 완료한 사실을 알고 있었고, 건축주가 등기권리증을 이용하여 구분건물을 담보로 제공하고 금원을 차용하려 한다는 것을 예상할 수 있었다면, 건축주의 요청을 거부하거나 그 취지를 수분양자에게 통지하여 권리보호를 위한 적당한 조치를 취할 기회를 부여할 의무가 있다.</u>"라고 하였다(대법원 2001. 2. 27. 선고 2000다39629 판결).

3. 결론

따라서 위 사안에 있어서도 법무사 甲이 A와 사이에 위임계약을 체결하고 A로부터 등기비용과 수수료를 모두 지급받은 이상 乙회사로부터 위임받은 소유권보존등기절차를 이행하여 아파트의 등기권리증을 교부 받아 보관하고 있던 중 A로부터 위임받은 소유권이전등기절차가 끝나기 전에 소유권이전등기의무자인 乙회사로부터 아파트의 등기권리증을 교부하여 달라는 요청을 받은 경우, A가 매수인으로서의 의무이행을 완료하였다는 점을 알고 있으면서 한편으로는 乙회사가 교부받은 등기권리증을 이용하여 각 구분건물을 담보로 제공하고 금원을 차용한다는 것을 예상할 수 있었던 법무사로서는 그러한 요청을 거부하거나 최소한 그 사실을 A에게 알려주어 A가 권리보호를 위하여 적당한 조치를 취할 기회를 부여할 위임계약상 의무가 있다 할 것임에도 그러한 조치를 취하지 아니하고 아파트의 등기권리증을 乙회사에 교부하고 A에게 아무런 통지도 하지 아니함으로써 A의 아파트에 근저당권이 설정되게 하고 그에 기한 경매절차에서 A의 아파트가 매각되었으므로 <u>법무사 甲은 그로 인하여 A가 입은 손해를 배상할 책임이 있다고 할 수 있을 것이다.</u>

[위임계약서(일반)]

위 임 계 약 서

제1조(위임계약) 위임인 ○○○을 「갑」으로 하고 수임인 ○○○을 「을」로 하여 「갑」・「을」간에 아래와 같은 내용으로 위임계약을 체결한다.
  1. ○에 있어서 「○○○」을 하는 것
  2. 위의 ○○에 관하여 ○○을 하는 것

제2조(수임인의 보고의무)
  수임인 「을」은 위의 ○○을 한 결과 ○○의 조치를 하며 이를 지체 없이 위임인 「갑」에게 보고하여야 한다.

제3조(위임사무처리비용)
  위임사무처리에 관한 비용은 위임인「갑」의 부담으로 하며 위임인 「갑」은 수임인 「을」의 청구가 있었을 때는 곧 수임인 「을」에게 선급하여야 한다.

제4조(보수의 약정 및 지급)
  수임인 「을」에 대한 보수는 금○○○원으로 하며 위에서 기술한 사무처리 완료 후 위임인 「갑」은 지체 없이 지급하여야 한다.

제5조(복대리인)
  수임인「을」은 부득이한 경우에 수임인의 책임으로 복대리인을 선임할 수 있다.

위의 계약을 증명하기 위하여 본 증서 2통을 작성, 성명 날인한 후 각각 1통씩을 소지한다.

20○○년 ○월 ○일

위임인	주 소					
	성 명		인	주민등록번호	-	전화번호
수임인	주 소					
	성 명		인	주민등록번호	-	전화번호

[위임계약서(건물매도)]

위 임 계 약 서

위임인 ○○○(이하 "갑"이라 한다)와 수임인 ○○○(이하 "을"이라 한다)는 다음과 같이 합의하여 위임 계약을 체결한다.

▷ 다 음 ◁

제1조[계약의 목적] 갑은 을에게 갑 소유의 ○○시 ○○구 ○○동 ○○소재 철근콘크리트조 ○○평의 건물 1동을 대금 ○○○원 이상으로 매각하는 일과 이에 관련된 일체의 행위를 위임한다.

제2조[계약기간] 계약기간은 20○○년 ○월 ○일까지로 한다.

제3조[비용의 부담] 위임사무에 관한 비용은 위임자가 부담하고 수임자의 청구가 있을 때에는 이를 선급한다.

제4조[보 수] 수임자에대한 보수는 금○○○원으로하고 위임사무가 완결한때에 이를 지급한다.

제5조[복대리인] 수임자는 필요 있을 경우에는 수임자의 책임으로 복대리인을 선임할 수 있다.

제6조[계약의 해지] ① 갑 또는 을은 언제든지 계약을 해제할 수 있다.

제7조[을의 보고의무] 을은 갑의 청구가 있는 때에는 위임사무의 처리상황을 보고하고 위임이 종료한 때에는 지체 없이 그 전말을 보고하여야 한다.

제8조[규정외 사항] ① 이 계약에 정하지 않은 사항 또는 이 계약조항의 해석에 대하여 이의가 발생한 때에는 갑과 을이 협의하여 해결하기로 한다.

② 당사자간에 협의가 이루어지지 아니할 경우에는 일반적인 상관례에 따른다.

본 계약에 대하여 계약당사자가 이의 없음을 확인하고 각자 기명·날인(서명)한다.

200○년 ○월 ○일

위임인	주 소					
	성 명		인	주민등록번호	-	전화번호
수임인	주 소					
	성 명		인	주민등록번호	-	전화번호

제 11 절 임 치

임치(depositum, deposit, verwahrung,)는 당사자의 일방(수치인)이 상대방(임치인)을 위하여 금전이나 유가증권 기타 물건을 보관하는 계약이다(제693조~제702조). 구민법은 이것을 기탁이라고 하고, 요물계약으로 하였으나, 현행의 민법은 임치계약을 낙성계약으로 하였다. 보관료를 지급하는 경우와 그렇지 않은 경우가 있는 바, 전자는 유상·쌍무계약이고, 후자는 무상·편무계약이다. 목적물은 동산인 경우가 많지만 부동산일 수도 있다.

상법상의 임치에 대하여서는 특칙이 있으며(상법 제62조, 제152조~제154조), 특히 그 특수형태인 창고업에 대하여서는 상세한 규정이 구비되어 있다(상법 제155~제168조). 임치물의 보관은 무상임치의 경우에는 [자기재산과 동일한 주의]를 가지고 보관하면 충분하지만(제695조), 유상임치의 경우에는 선량한 관리자의 주의를 가지고 보관하지 않으면 안 된다(상법상으로는 비록 무상이라 하더라도 선관의무를 진다<상법 제62조>). 임치인은 반환시기를 정하였다 하더라도 언제든지 계약을 해지할 수 있으며, 수치인도 부득이한 경우에는 기한전이라도 계약을 해지할 수 있다(제698조, 제699조).

[임치계약서(일반)]

임 치 계 약 서

임치인 ○○○(이하 '갑'이라 칭함)와 수치인 △△△(이하 '을'이라 칭함)은 다음과 같은 내용의 임치계약을 체결한다.

제1조(임치계약의 약정) '갑'은 그가 소유하는 아래 물품을 제2조 이하의 내용에따라 '을'에게 임치하고, '을'은 이를 보관할 것을 수락한다.

〈아　　　　래〉

　　　가. 물 품 명 : ○○○○
　　　나. 수　　량 :　　○개

제2조(보관일시) : 20○○년 ○월 ○일
제3조(보관장소) : ○○시 ○○구 ○○동 ○○
제4조(보관비용지급) 임치물품의 보관비용은 매일 금 ○○○원으로 정하고 임치물반환시 '을'의 주소에 지참하여 지급한다.
제5조(계약의 해지) '을'은 '갑'이 계약상의 의무를 위반하였을 경우, 즉시 계약을 해지할 수 있다.
제6조(계약의 종료) 계약의 해제 또는 해지로 인한 경우 이외에 '갑'이 사망하거나,금치산, 파산의 선고 등을 받은 경우에는 본 계약이 당연히 종료된 것으로 본다.
제7조(임치인의 의무) 본 계약이 해제 또는 해지된 경우 '갑'은 신속히 보관소재지를 변경하는 절차를 마치고 물품을 반출하여야 한다. 만일 '갑'이 물품을 반출하지 아니하는 경우 소정보관료상당의 손해금을 '을'에게 지급하여야 한다.
제8조(수치인의 의무)
　가. '을'은 '갑'이 보관을 의뢰한 물품의 보전을 위해 적극적으로 협력할 의무가 있다.
　나. '갑' 또는 '갑'의 사용인 및 그 지정인은 전호에 필요한 조치를 강구하기 위 하여 수시로 보관장내에 출입할 수 있다.

제9조(통지의무) '갑'과 '을'은 본 계약을 해약하고자 할 경우에는 1일전 구두나 서면으로 그 통지를 하여야한다.

제10조(보증인의 책임) '갑'의 보증인은 '갑'과 연대하여 본 계약에 기인한 '을'에 대한 채무이행에 대한 책임을 부담한다.

제11조(성실의무등) 본 계약의 해석운영에 관한 의문이 생겼을 때 또는 본 계약의 규정에 없는 사항에 관하여는 쌍방이 성의를 가지고 협력하며 상관습 등에 의하고, 법적분쟁 발생시 소송법원은 '을'의 주소지를 관할하는 법원으로 한다.

본 계약의 성립을 증명하기 위하여 본 증서 2통을 작성 서명·날인한 후 각 1통씩 보관하기로 한다.

20○○년 ○월 ○일

임치인	주 소					
	성 명		인	주민등록번호	-	전화번호
수치인	주 소					
	성 명		인	주민등록번호	-	전화번호
연대보증인	주 소					
	성 명		인	주민등록번호	-	전화번호

[임치계약서]

임 치 계 약 서

위 임치인(이하 "갑"이라 칭함)과 수치인 (이하 "을"이라 칭함) 당사자간 다음과 같이 농산물 임치계약을 체결한다.

제1조 "갑"은 그 소유인 아래 표시의 농산물을 "을"에게 임치하고 "을"에게 보관에 따른 보관료를 지급할 것을 약정한다.

아 래

건고추 : 4000 킬로그램

(10 킬로그램들이 400포)

제2조(임치기간) 본 임치계약성립일인 20○○년 ○월 ○일부터 20○○년 ○월 ○일까지, 12개월간

제3조(보관료) 보관료는 월 200,000원으로 하고 "갑"은 매월 말일까지 당해 월분을 "을"의 사업장에 지참하여 지급하여야 한다.

제4조(임치물가격) "갑"이 임치청약신청당시 농수산물 도매단가에 의한 가격으로 명시한 금 14,000,000원으로 정하고 이를 보관증에 명기한다. 단, "갑"은 임치물의 가격이 현저하게 변동되었을 때는 지체없이 임치물의 가격의 변경을 "을"에게 통지 하여야하며, 이 경우 보관증을 제출하여야 하고 이 경우 "을"이 "갑"과 협의하여 적정하다고 인정되는 가격으로 변경할 수 있다.

제5조(보관방법) ① "을"은 임치물의 입고당시 상태로 을이 정한 방법에 따라 보관한다.

② "을"은 "갑"의 동의 없이도 임치물의 입고당시의 보관장소 또는 보관시설의 변경, 이적, 혼적, 환적 또는 보관방법을 변경할 수 있다.

제6조(재임치) "을"은 부득이 한 사유로 임치물을 보관할 수 없을 경우에 "갑"의 동의없이 "을"의 비용으로 다른 창고업자의 창고에 재임치할 수 있다. 이 경우, "갑"에게 그 취지를 통지하여야 한다.

제7조 (보관증등의 발행) "을"은 보관증 또는 입고 통지서를 발행하여야 하고 "갑"은 보관증 등을 타에 양도하거나 담보물로 제공하지 못한다.

제8조(보관증의 멸실등) ① "갑"이 보관증을 도난, 분실 또는 멸실한 경우에는 "을"에 서면신고와 동시에 관할법원에 공시최고 절차를 취하고 제권을 받아야 한다.

① "갑"은 전항의 절차를 필하고 "을"이 타당하다고 인정하는 담보물을 제공한 후에 임치물의 출고 또는 보관증 재발행을 청구할 수 있다.

제9조(임치물의 검사) "을"은 임차물의 입고시 또는 보관중이더라도 의심이 갈 때에는 "갑"의 승인과 비용부담으로 임치물의 전부 또는 일부의 내용을 검사 할 수 있다. 다만, "갑"의 동의를 얻을 시간적 여유가 없을 때에는 임의로 검사할 수 있으며, 이후 검사취지를 통지하여야 한다.

제10조(임치물 출고) ① "갑"이 임치물의 전부 또는 일부를 계약만료전 출고 청구하고자 할 때에는 소정의 양식에 의한 청구사항을 기재하고 서명·날인 후 보관증 기타 임치를 증명하는 서류를 첨부하여 "을"에게 제출한다.

② 전항의 경우, "갑"은 임치기간에 비례하여 발생한 보관료, 작업료 및 기타 제비용을 을에게 지급하여야 한다.

③ 임치물에 대한 출고수속을 필한 "갑"은 지체없이 임치물을 인수하여야 하고, "갑"은 출고에 관한 서류를 타에 양도하거나 담보물로 제공하지 못한다.

④ "갑"이 보관료, 기타 제 비용을 지불하지 아니할 경우에는 "을"은 출고의 청구에 불응할 수 있다.

⑤ "을"은 임치기간 만료 후에는 "갑"에게 임치물의 출고 또는 임치기간의 갱신절차에 대하여 일정한 기간을 정하여 최고할 수 있고 일정한 최고기간 내에 인수하지 않거나, 아무런 조치가 없을 때에는 임치물 인수를 거부하는 것으로 간주할 수 있다.

⑥ 전항의 출고최고에도 불구하고 "갑"이 임치물의 인수를 하지 않을 경우 "을"은 상법 제165조 및 민사집행법에 의하여 경매할 수 있고, 경매하였을 경우 경매대금에서 보관료, 경매비용, 기타 제비용을 공제한 잔액은 "갑"에게 지불하고 그러하지 못할 경우에는 공탁하여야 한다.

제11조(보험가입) "을"은 임치물에 대한 화재, 도난으로 입은 "갑"의 재산상 피해를 보상하기 위하여 보험에 가입하여야 하고 보험금액은 임치 청약서에 표시된 임치금액인 14,000,000원을 보험금액으로 정하며 보험에 부보한 후 임치물의 일부를 출고할 때에는 재고 임치물에 대한 가격을 보험금액으로 정하고 보험사고발생시 "갑"은 "을"을 경유하여 보험금을 수령한다.

제12조(임치물의 손해배상) ① "을"의 임치물에 대한 책임은 임치물을 인수받을 때에 발생하여 임치물을 인도하였을 때에 끝난다.
② "을"은 제6조에 의하여 타 창고업자에 임치물을 재임치 했을 경우에 있어서도 이 약관에 의하여 그 임치물에 관한 책임을 진다.
③ 천재지변, 기타 불가항력으로 인하여 재해사고가 발행한 때나 임치물의 성질의 하자 또는 포장의 불완전 등으로 인하여 손해가 발생한 때 화재로 인한 손해의 경우 보험자가 보험금을 지불하였을 때에는 "을"은 손해배상의 책임을 지지 아니한다.
④ 임치물의 멸실 또는 훼손 등으로 인하여 발생한 손해에 대한 배상금액의 산정기준은 손해발생당시의 농수산물 도매단가에 의하여 손해의 정도에 따라서 산정한다. 단, 시가가 임치가격에 의한 금액을 한도로 손해의 정도에 따라 산정한다.
⑤ 손해배상은 현금 또는 현물로서 이를 변제할 수 있다.

제13조(임치계약의 해지) ① "갑"이 임치물의 보관료를 3회 이상 연체하고 임치물의 가격이 보관료, 기타 제비용을 지급함에 부족하거나, 정당한 이유 없이 임치물의 검사에 불응할 때,
② "갑"이 임치 계약만료 전 일부 출고청구를 하였음에도 불구하고 부득이한 사유 없이 출고를 7일 이상 지연할 경우 당사자는 각 임치계약을 해지할 수 있다.
③ 임치계약을 해지할 경우 이로 인한 손해배상의 책임은 유책당사자에게 있다.

제14조(소송)
이 계약에 관한 소송의 관할 법원은 "갑"과 "을"이 합의하여 결정하는 관할법원으로 하며, "갑"과 "을"간에 합의가 이루어지지 아니한 경우에는 위 임치물의 보관장소 소재지 관할법원으로 한다.

이를 증명하기 위하여 계약서 2부를 작성하여 "갑"과 "을"이 각각 서명·날인한 후 각 1부씩 보관한다.

20○○년 ○월 ○일

임치인	주소					
	성명 또는 상호		인	주민등록번호 또는 사업자등록번호	-	전화번호
수치인	주소					
	성명 또는 상호		인	주민등록번호 또는 사업자등록번호	-	전화번호

[임치물반환청구서]

임 치 물 반 환 청 구 서

청 구 인(임치인) : ○ ○ ○
주   소 : ○○시 ○○구 ○○동 ○○

　위 청구인(임치인)은 20○○년 ○월 ○일 수치인에게 임치한 아래 물건의 반환을 청구하오니 반환하여 주시기 바랍니다.

　　　　　가. 물 품 명 : ○○○○
　　　　　나. 수   량 :   ○개

　　　　　　　　　20○○년 ○월 ○일

　　　　　　　　위 청구인(임치인)   ○　○　○ (인)

수치인 ○　○　○ 귀하

제 12 절 조 합

조합(societas, partnership, Gesellschaft, socit)은 2인 이상의 당사자가 상호출자하여 공동사업을 경영할 것을 약정하는 계약(제703조~제724조)이다. 출자는 그 종류·성질에 제한이 없고 금전 그 밖의 재산·노무·신용 등 재산적 가치가 있는 것이면 된다(제703조 2항). 사업은 영리를 목적으로 하지 않는 것이거나 일시적인 것(당좌조합)이어도 좋다. 그러나 공동으로 경영하는 것이어야 하므로 이익은 전원이 받는 것이어야 한다. 따라서 한 사람만이 이익을 보는 독자조합이나 익명조합은 민법상의 조합이 아니다. 조합계약은 낙성계약으로 각 조합원이 지는 출자의무는 대가관계에 있으므로 유상·쌍무계약이다. 쌍무계약이라고는 하지만 보통의 쌍무계약과는 달리 각 조합원의 채무는 모두 공동목적을 위하여 결합되어 있는 점에 특색이 있어, 쌍무계약에 관한 일반적인 규정을 조합에 적용함에 있어서는 일정한 제한을 받는다.

첫째, 동시이행의 항변에 관한 것으로 각 조합원은 업무집행자로부터 출자를 청구당하면 자기 이외에도 출자를 하지 아니한 조합원이 있다는 이유로 동시이행의 항변을 제출하지 못한다.

둘째, 위험부담에 있어서도 어느 조합원의 출자의무가 불능으로 되어도 그 조합원이 조합관계로부터 탈퇴할 뿐이고, 다른 조합원간의 조합관계는 존속한다. 조합은 공동목적을 가진 인적 결합체로서 일종의 단체성을 가지며, 사단과 대비된다. 그러나 조합은 사단과는 달리 단체로서의 단일성이 약하고 각 조합원의 개성이 강하며, 각 조합원이 공동목적에 의하여 결합되는데 불과하다. 대외적으로는 사단이 법인격(사단법인)을 갖는데 대하여 조합은 법인격을 갖지 않는 것이 보통인데, 내부관계에서 오는 단체의 유형과 법인격은 반드시 일치하지 않고, 법인이 아닌 사단(권리능력 없는 사단)이 있는가 하면 반면에 조합의 실체를 갖는 법인(합명회사)도 있다. 또 민법상의 조합은 아니나 조합의 이름을 갖는 특별법상의 법인이 있다(예 : 노동조합·협동조합·공공조합 등).

> **<Q & A>**
> **동업계약 결렬 후 출자금 반환청구 가능 여부**
>
> Q) A는 호프집 운영 중 미성년자 출입으로 영업정지를 당한 친구 甲의 권유로 A명의로 사업자 등록을 하고 A가 시설비 45%를 투자하여 이익금 45%를 배당받기로 하고 주점을 공동운영하기로 하였다. 그런데 A가 출자하기로 한 금액에 대해 다툼이 일어나 주점영업이 개시되기도 전에 동업관계는 결렬되었다. 그런데 甲은 그 이후 A명의로 영업을 강행하였고 A의 이익 배당요구도 거절하였으며 영업장부조차도 보여주지 않고 있다. A는 위 동업계약을 없던 것으로 하고 그동안의 출자금을 반환받고 싶은데 가능한가?

A)
1. 문제점
 두 사람으로 된 동업관계 즉, 조합관계에서 그 중 1인이 탈퇴한 경우의 법률관계가 어떠한지 문제된다.
2. 판례의 태도
 두 사람으로 된 동업관계 즉, 조합관계에서 그 중 1인이 탈퇴하면 조합관계는 해산됨이 없이 종료되어 청산이 뒤따르지 아니하며 조합원의 합유에 속한 조합재산은 남은 조합원의 단독 소유에 속하고 탈퇴자와 남은 자 사이에 탈퇴로 인한 계산을 하여야 한다.
 (1) 판례도 "동업계약과 같은 조합계약에서는 조합의 해산을 청구하거나 조합으로부터 탈퇴하거나 또는 다른 조합원을 제명할 수 있을 뿐이지 일반계약에 있어서처럼 조합계약을 해제하고 상대방에게 원상회복의 의무를 부담지울 수는 없다."라고 하면서(대법원 1987. 5. 12. 선고 86도2566 판결, 1994. 5. 13. 선고 94다7157 판결), 동업관계의 종료에 따른 청산절차를 거쳐 출자지분의 반환을 구함은 별론, 동업계약을 해제하면서 그 원상회복의 명목으로 자신의 출자금 전액의 반환을 청구하는 것을 불허하였다. 즉 조합원은 다른 조합원을 상대로 자신의 출자금 전액을 반환하라는 청구를 할 수는 없고 동업관계 탈퇴 당시 조합재산을 평가하여 지분의 환급을 구하여야 한다.
 (2) 다만, 위 사안과 같이 조합의 공동사업이 개시되기 전에 동업관계가 결렬된 경우, 그 이후에 위 출자 의무를 이행한 조합원이 동업관계에서 전적으로 배제된 채 나머지 조합원에 의하여 업무가 처리되어 온 경우, 부득이한 사유로 인한 해산청구가 가능하며, 출자의무를 이행한 조합원은 탈퇴로 인한 계산으로서 자기가 출자한 금원 전액의 반환을 구할 수도 있다고 하였다(대법원 1999. 3. 12. 선고 98다54458 판결). 즉 공동사업이 개시되기 전에 조합원이 탈퇴한 경우에는 탈퇴로 인한 계산으로서 (지분을 환급해 주는 것이 아니라) 출자금 전액을 환급하여야한다고 판단한 것이다.
3. 결론
 결국 A의 경우 공동사업이 개시되기 전에 탈퇴하였기 때문에 甲을 상대로 출자금 전부를 반환받을 수 있을 것으로 보인다.

<Q & A>
낙찰계가 파계된 경우 계원의 불입금에 대한 계주의 책임

Q) A는 개인적으로 친분 있는 甲의 권유로 甲이 운영하는 낙찰계에 가입하여 계불입금 500만원을 불입하였다. 그런데 위 낙찰계의 계원들간에는 잘 알지도 못하였고 아무런 교류도 없던 중 계(契)가 파계되었다. A는 위 불입금 중 400만원 밖에 받지 못하였는데 그 차액을 계주였던 甲에 대하여 청구할 수 있는가?

A)
1. 문제점
사안에서 문제되는 낙찰계의 법적성질이 무엇인지 검토를 요한다.
2. 판례의 태도
계(契)는 다같이 금전을 급부물(給付物)로 하는 것이라도 그것을 조직한 목적과 방법, 급부물의 급여방법과 급부 전·후의 계금지급방법, 계주의 유무 및 계주와 계원 또는 계원상호간의 관계 등에 의하여 법률적 성질을 달리하므로, 그 계가 조합적 성질을 지닌 것인지, 소비대차적 성질을 지닌 것인지, 무명계약적 성질을 지닌 것인지는 종합적으로 검토하여 판단하여야 한다. 그런데 낙찰계의 성질에 관하여 판례는 "낙찰계는 각 계원이 조합원으로서 상호 출자하여 공동사업을 경영하는 이른바 민법상 조합계약의 성격을 띠고 있는 것이 아니라, 계주가 자기의 개인사업으로 계를 조직 운영하는 것이라 할 것이고, 계금 및 계불입금 등의 계산관계는 오직 계주와 각 계원 사이에 개별적으로 존재하는 것이므로, 계가 깨어졌다고 그 계가 조합적 성질을 띠고 있음을 전제로 한 해산이나 청산의 문제는 생길 여지가 없다."라고 하였으며(대법원 1994. 10. 11. 선고 93다55456 판결), 또한, "낙찰계는 계주의 개인사업으로 운영되는 상호신용금고법(현행 상호저축은행법) 제2조 소정의 상호신용계에 유사한 무명계약의 일종이다."라고 하였다(대법원 1993. 9. 10. 선고 93다21705 판결).
3. 결론
따라서 위 사안의 상황만으로는 A가 가입한 낙찰계의 법률적 성질을 정확히 판단키는 어려우나, 위 낙찰계가 상호저축은행법 제2조 소정의 신용계에 유사한 무명계약적 성질을 지닌 것이라면, 계불입금 및 계금 등의 계산관계가 계주와 계원간에 개별적으로 존재하므로, A는 계주였던 甲에 대하여 위 차액을 청구해볼 수 있을 것이다(대법원 1983. 3. 22. 선고 82다카1686 판결).

제 13 절 종신정기금계약

　종신정기금(life annuity, Leibrentenvertrag, contrat de rente viagère)은 한 쪽 당사자가 자기, 상대방 또는 제3자의 종신까지 정기로 금전 기타의 물건을 상대방 또는 제3자에게 지급할 것을 약정함으로써 성립하는 계약(제725조)이다. 정기에 지급하는 금전 기타 물건을 정기금이라 한다. 이 계약의 특색은 특정인의 종신, 즉 사망시까지 정기금 채권이 존속하는 것이며, 사망이라는 불확정적인 우연한 사실에 계약의 존속이 좌우된다는 점에서 일종의 사행계약이라는 데에 있다. 이 계약의 성질은 정기금채무를 부담함에 있어서 아무 대가없이 증여로 할 경우에는 무상계약이고, 외상채무·소비대차채무 기타 원본을 수취하여 종신정기금으로 하는 경우는 유상계약이며, 모두 제3자를 위한 계약이다. 그리고 당사자의 의사의 합치만으로 성립하고, 또한 아무런 방식도 요하지 아니하므로 낙성·불요식계약이다.

　정기금의 목적물은 보통 금전이고 그 외에 「기타의 물건」도 될 수 있으나 이는 대체물임을 요한다. 「정기로 지급한다」함은 매년·매월처럼 일정한 기간을 두고 규칙적으로 돌아오는 시기마다 지급함을 말하며, 매기에 지급하는 금액은 동일함을 요하지 않는다. 정기금채무의 불이행에는 채무불이행의 일반원칙이 적용되지만, 특히 정기금채무자가 원본을 수취한 경우에는 정기금채권자는 최고 없이 계약을 해제하여 원본의 반환을 청구할 수 있고, 또한 손해가 있으면 그 배상도 청구할 수 있다.

　그러나 이미 수취한 정기금이 있는 경우에는 원본의 이자를 공제한 금액을 정기금 채무자에게 반환하여야 한다(제727조). 채권자의 사망으로 종신정기금계약은 종료되지만, 그 사망이 정기금채무자의 귀책사유로 인한 때에는 정기금채권자 또는 그 상속인은 제727조에 의하여 계약해제·손해배상의 청구를 하던지 법원에 최종생존연한을 인정받든지 할 수 있다(제729조 1항·2항). 종신정기금계약은 보험적 작용을 하는데, 실제로 사인끼리 적용되는 일은 드물고 국민생명보험법·우편연금법 등에 의한 공공의 제도로 이용되는 일이 많다.

제 14 절 화 해

화해(transactio, compromise, Vergleich, transaction)는 분쟁당사자가 서로 양보하여 당사자 사이의 분쟁을 종지할 것을 약정함으로써 성립하는 계약(제731조)이다. 재판상의 화해(소송상의 화해 및 제소 전의 화해)에 대하여 재판외의 화해라고도 한다. 양쪽 당사자가 주장을 포기·변경하여 양보할 채무를 진다는 점에서 쌍무계약이며, 양쪽 모두 양보로써 제공을 받는 점에서 유상계약이다. 법률관계는 화해의 결과에 따라 정하여지며(제732조), 후에 화해의 내용에 반하는 확증이 나타나더라도 화해의 결과는 상실되지 아니한다. 그러나 친족관계의 분쟁과 같이 당사자가 임의로 처분할 수 없는 분쟁에 대하여서는 화해할 수 없다(제846조 참조). 그리고 화해계약의 의사표시에 착오가 있어도 화해계약을 취소하지 못한다(제733조 본문). 그것은 화해로 인하여 법률관계가 창설적 효력을 가지기 때문이다. 그러나 화해당사자의 자격 또는 화해의 목적인 분쟁 이외의 사항에 착오가 있는 때에는 예외로 한다(제733조 단서).

<Q & A>
화해계약 불이행 시 화해계약 해제하고 양보한 부분의 청구도 가능한지

> Q) A는 甲으로부터 폭행을 당하여 전치 5주의 상해를 입었는데, 甲의 간청으로 그 치료비의 일부금 120만원만을 지급받기로 합의하였다. 그러나 甲은 치료비를 주기로 약정한 날로부터 1개월이 지나도 단 한 푼의 치료비도 지급하지 않고 있으므로 위 합의를 파기하고 치료비 전액과 기타 일실수익 및 위자료까지도 청구하고자 한다. 가능한가?

A)

1. 문제점

위 사안에서 A와 甲은 화해계약(和解契約)을 한 것으로 보이며, 화해계약은 당사자 일방이 양보한 권리가 소멸되고 상대방이 화해로 인하여 그 권리를 취득하는 효력이 있고, 화해계약은 착오를 이유로 취소하지 못하나, 화해당사자의 자격 또는 화해의 목적인 분쟁 이외의 사항에 착오가 있는 때에는 그러하지 아니하다고 규정하고 있다(민법 제732조, 제733조). 여기서 '화해의 목적인 분쟁 이외의 사항'이라 함은 분쟁의 대상이 아니라 분쟁의 전제 또는 분쟁의 기초가 된 사항으로서, 쌍방당사자가 예정한 것이어서 상호양보의 내용으로 되지 않고 다툼이 없는 사실로 양해된 사항을 말한다(대법원 2004. 6. 25. 선고 2003다32797 판결). 그러므로 이러한 '화해의 창설적 효력'으로 인하여 원칙적으로 화해의 내용에 따른 청구만을 할 수 있을 것이다. 그러나 <u>화해도 계약이므로 이를 해제할 수 있을 것인지 문제된다.</u>

2. 판례의 태도

<u>화해도 계약이므로 계약해제에 관한 통칙적 규정이 모두 화해계약에 그대로 적용된</u>다고 할 것이고, 판례는 "계약당사자의 일방이 그 채무를 이행하지 않는 때에는 특별한 사정이 없는 한 상대방은 상당한 기간을 정하여 그 이행을 최고하고 그 기간 내에 이행하지 않는 때에 계약을 해제할 수 있는 바이므로, 그 이행의 최고 여부를 심리판단하지 아니하고 화해계약의 해제를 인정함은 잘못이다."라고 하였다(민법 제544조, 제545조, 대법원 1971. 2. 23. 선고 70다1342, 1343 판결).

3. 결론

따라서 화해 당시 해제권에 대해 특약을 해두었다면 그에 따른 해제가 가능할 것이나, 위 사안의 <u>甲이 변제기가 지나도 채무를 이행하지 않을 경우에는 상당한 기간을 정하여 그 이행을 최고하고, 그 기간 내에 이행하지 아니한 때에는 화해계약을 해제하고 치료비전액과 일실수익 및 위자료까지도 청구할 수 있을 것이다.</u>

<Q & A>
합의의 중요부분에 착오가 있는 경우 합의의 취소가 가능한지

Q) A의 아들 甲이 교통사고로 의식불명상태에 있는 동안 가해차량 보험회사의 직원이 위 교통사고가 오로지 A의 아들 甲의 과실로 인하여 발생한 것이라고 하였다. A는 그 말만 믿고 사고 10일 후 치료비 일부만을 받고는 일체의 손해배상청구권을 포기하기로 합의하였으나, 그 후 가해자의 과실이 경합되어 발생하였다는 사실이 밝혀졌다. 이러한 경우 착오를 이유로 위 합의를 취소할 수 있는가?

A)
1. 문제점
「민법」상 법률행위내용의 중요한 부분에 착오가 있는 경우 의사표시자의 중대한 과실이 없는 한 착오로 취소할 수 있으나(민법 제109조), 화해계약에 있어서는 착오를 이유로 취소하지 못하고 다만, 화해당사자의 자격 또는 화해의 목적인 분쟁 이외의 사항에 착오가 있는 때에 한하여 취소할 수 있다(민법 제733조). 사안의 경우 이에 해당하여 합의를 취소할 수 있을지가 문제된다.

2. 판례의 태도
판례는 "민법상의 화해계약을 체결한 경우 당사자는 착오를 이유로 취소하지 못하고, 다만 화해 당사자의 자격 또는 화해의 목적인 분쟁 이외의 사항에 착오가 있는 때에 한하여 이를 취소할 수 있으며, 여기서 '화해의 목적인 분쟁 이외의 사항'이라 함은 분쟁의 대상이 아니라 분쟁의 전제 또는 기초가 된 사항으로서, 쌍방 당사자가 예정한 것이어서 상호 양보의 내용으로 되지 않고 다툼이 없는 사실로 양해된 사항을 말하고, 교통사고에 가해자의 과실이 경합되어 있는데도 오로지 피해자의 과실로 인하여 발생한 것으로 착각하고 치료비를 포함한 합의금으로 실제 입은 손해액보다 훨씬 적은 금원만을 받고 일체의 손해배상청구권을 포기하기로 합의한 경우, 그 사고가 피해자의 전적인 과실로 인하여 발생하였다는 사실은 쌍방 당사자 사이에 다툼이 없어 양보의 대상이 되지 않았던 사실로서 화해의 목적인 분쟁의 대상이 아니라 그 분쟁의 전제가 되는 사항에 해당하는 것이므로 피해자측은 착오를 이유로 화해계약을 취소할 수 있다."라고 하였다(대법원 1997. 4. 11. 선고 95다48414 판결, 2002. 9. 4. 선고 2002다18435 판결).

3. 결론
따라서 위 사안의 경우 A도 위 합의를 취소하고 추가로 손해배상을 청구할 수 있을 것이다.

[화해계약서(임대가옥명도)]

화 해 계 약 서

임대인 ○○○을 「갑」, 임차인 ○○○을 「을」이라 하여 당사자 간에 다음과 같이 합의가 성립되어 화해계약서를 작성한다.

제1조(임대차계약의 종료) 갑 소유의 수원시 ○○구 ○○동 ○○번지 소재 주상복합 건물의 1층 부분(갑과 을간의 20○○년 ○월 ○일자 점포임대차계약 제1조 기재한 부분)에 대한 을의 임차기간은 그 만료일인 20○○년 ○월 ○일에 종료되었음을 당사자들은 확인한다.

제2조(유예기간) 갑은 을에 대해 본 건 가옥의 명도를 20○○년 ○월 ○일까지 유예하고, 을은 같은 날에 본 건 가옥을 명도한다.

제3조(유예기간중 사용료) 위 명도유예기간 중 을은 갑에게 임대료 상당액을 손해금으로 지급해야 하며 본 계약월의 다음달부터 매월 15일에 금○○○원을 지참 또는 송금하여 지급한다.

제4조(유예기한의 이익상실) 을은 다음 각 호의 1에 해당하는 사유 발생시 제2조 명도유예기한의 이익을 상실하고 즉시 본 건 가옥으로부터 퇴거하여 갑에게 명도한다.
 1. 제3조의 손해금의 지급을 ○회 이상 게을리 했을 때
 2. 본 건 가옥을 ○○업 이외의 영업용도로 사용한 때
 3. 본 건 가옥의 원상태를 변경할 때
 4. 본 건 가옥의 일부 또는 전부를 제3자에게 점유 이전했을 때(이유 불문)
 5. 을이 사용한 수도·전기·가스요금 등 공과금 지급을 게을리 했을 때

제5조(합의관할) 갑과 을은 본 건 합의에 대한 분쟁이 발생할 경우 ○○법원에서 소를 제기하기로 한다.

이상과 같은 합의를 증명하기 위해 본 증서 2통을 작성하고 각자 1통씩을 보관한다.

20○○년 ○월 ○일

임대인	주 소					
	성 명		인	주민등록번호	-	전화번호
임차인	주 소					
	성 명		인	주민등록번호	-	전화번호
입회인	주 소					
	성 명		인	주민등록번호	-	전화번호

[화해계약서(빌딩명도)]

화 해 계 약 서

명도인(갑)　주　　소 : ○○시 ○○구 ○○동 ○○번지
　　　　　　성　　명 : 주식회사 ○○
　　　　　　　　　　　대표이사 ○ ○ ○
　　　　　　전화번호 : ○○○-○○○-○○○○

인수인(을)　주　　소 : ○○시 ○○구 ○○동 ○○번지
　　　　　　성　　명 : ○○건설 주식회사
　　　　　　　　　　　대표이사 ○ ○ ○
　　　　　　전화번호 : ○○○-○○○-○○○○

　○○시 ○○구 ○○동 ○○번지 소재 주식회사 ○○ 빌딩을 신축하는데 있어서 동 건물 15층의 ○○○평방미터를 임차사용중인 ○○주식회사(이하 갑)와 ○○건설 주식회사(이하 을)는 아래와 같이 계약을 체결한다.

- 아　　래 -

제1조(명도의 승인) 갑은 을이 주식회사 ○○ 건물을 철거하여 신축하기 위해 현재 임차 사용 중인 동 건물 15층 ○○○평방미터의 사무실을 다음과 같은 조건하에 을에게 완전히 명도하는 것을 승인한다.

제2조(명도대금) 갑의 명도와 관련된 보상비용 등을 총 금액 ○○○○원으로 정하고, 을로부터 위 금원을 지급 받음과 동시에 15층 빌딩을 을에게 완전히 명도하는 것을 승인하고 을은 갑에게 전체 금액 중 금 ○○○○원을 교부한다. 특히 잔금 ○○○○원에 있어서는 명도절차 완료와 동시에 을은 갑에게 지급하는 것으로 한다.

제3조(명도기한) 갑의 전 조항에 규정하는 명도의 기한은 20○○. ○. ○.까지로 한다.

제4조(권리의 포기) 갑은 ○○○으로부터 양도받은 본 건 건물 15층의 임차권 외에 모든 것을 을을 위해 포기하고 을을 위한 기한까지 완전하게 명도하는 것을 승인함과 동시에 이후 본 건 빌딩 15층에 대한 임차권과 관련해서는 제3자로부터 이의나 불만 등이 있어도 모든 것을 갑이 해결하고 을에 대해서는 일체의 피해가 없도록 약속한다.

제5조(위험부담) 천재지변이나 화재로 인한 소실로 인해 본 건 빌딩 15층 ○○○평방미터가 명도 절차완료 전에 불의의 재난을 만나더라도 본 계약은 효력을 가지며 을은 본 계약대금을 지급해야 한다.

제6조(인수인의 의무) 을은 갑이 본 건 빌딩 15층에서 이전한 후에 갑의 앞으로 배달되는 각종 우편물, 화물 등에 대해서는 지체 없이 갑의 이전지로 전송해주어야 할 책임을 지며, 갑을 찾아오는 내방객들에 대해서도 갑의 이전지 및 약도를 명기한 간판을 알아보기 쉬운 장소에 게시하며 내방객들의 질문에 대해서도 친절하게 가르쳐 주어야 한다.

이상 이 계약의 성립을 증명하기 위해 본 계약서 3통을 각자가 서명·날인한 후에 갑·을·입회인이 각각 한 장씩 보관한다.

20○○년 ○월 ○일

명도인	주소				
	성명	인	주민등록번호	-	전화번호
인수인	주소				
	성명	인	주민등록번호	-	전화번호
입회인	주소				
	성명	인	주민등록번호	-	전화번호

[화해계약서(교통사고, 물적손해)]

합 의 서

피해자 (갑) 주   소 : ○○시 ○○구 ○○동 ○○번지
　　　　　　성   명 : ○ ○ ○(주민등록번호)
　　　　　　전화번호 : ○○○-○○○-○○○○
가해자 (을) 주   소 : ○○시 ○○구 ○○동 ○○번지
　　　　　　성   명 : ○ ○ ○(주민등록번호)
　　　　　　전화번호 : ○○○-○○○-○○○○

제1조(사건발생 개요) 가해자 을은 20○○. ○. ○. 10:00경 을 소유의 자동차를 운전해서 ○○시 ○○구 ○○동 ○○번지 횡단보도를 접어들려고 할 때 갑자기 뛰어 든 성명불상의 무단횡단자를 피하려다 같은 방향으로 진행하던 피해자 갑 소유의 승용차의 옆면을 충돌하여 수리비 등 금○○○○원의 피해가 발생하였다.

제2조(손해배상금) 이에 을은 을의 과실을 인정하고 위 차량수리비 등의 물적피해에 대한 손해배상금 ○○○○원 중 ○○○원을 20○○. ○. ○.까지 갑에게 지급할 것을 약속한다.

제3조(청구의 포기) 위의 손해배상금은 갑 소유의 자동차 수리비등 일체의 손해를 포함하는 것으로 향후 물적피해에 대하여서는 상호 이의를 제기하지 않을 것을 확인한다. 단, 위 물적피해를 제외한 인적피해가 밝혀지는 경우에는 추후 별도로 갑과 을이 상호 협의를 통하여 해결하도록 한다.

20○○. ○. ○.

피해자	주 소					
	성 명	인	주민등록번호	-	전화번호	
가해자	주 소					
	성 명	인	주민등록번호	-	전화번호	
입회인	주 소					
	성 명	인	주민등록번호	-	전화번호	

제 3 장　사무관리

제 1 절　사무관리일반

Ⅰ. 의의

　사무관리라 함은 법률상 의무 없이 타인을 위하여 그의 사무를 처리하는 행위이다. 예컨대 을의 부재중에 을의 가옥이 태풍에 의하여 파손되었다고 하자, 이웃사람 갑이 을로부터 부재중의 자기 가옥의 관리를 부탁받고 있었던 경우는 별도로 하고, 그렇지 아니한 경우에는 갑은 을을 위하여 그의 가옥을 수리하여야 할 아무런 의무가 없으므로 을의 파손된 가옥을 그대로 방치해 두어도 책임을 져야 할 하등의 이유가 없다.

　그러나 갑이 방치해 두면 가옥의 파손이 더 심해질 것을 우려하여 응급수리를 하였기 때문에 을의 가옥의 파손증대를 면할 수 있었다고 가정하자. 그리고 수리에는 비용의 지출이 있는 것이 당연하다. 그런데 이에 대하여 을이, 갑에게 가옥수리를 위탁한 사실이 없음을 이유로 그 비용의 상환을 거절하였다면 어떻게 될까?

　이와 같은 갑의 행위에 관하여 아무런 규정도 없다면, 갑은 을에 대하여 부당이득을 이유로 한 이득의 반환을 청구할 수 있을 뿐이며, 만약 을에게 현존이익이 없으면 을이 갑에 대하여 어떠한 상환에도 응하지 않아도 무방하다는 결과가 될 뿐이다(제741조).

　원래 아무런 권리의무 없이 함부로 타인의 사무에 간섭하는 것은 허용될 수 없다. 그러나 인간이 사회공동생활을 영위하고 있는 이상 상호부조의 이상에서 본다면, 아무런 권리의무가 없다고 하더라도 타인의 이익을 고려하여 행한 행위가 반드시 비난될 수만은 없는 것이다.

　물론 그 타인의 입장에서 보면, 그의 의사에 의하지 아니하고 무제한 간섭받는 것은 부정되어야 함은 당연하다.

　그 때문에 민법은 사무관리제도를 두어 일정한 제한하에서 관리의 권리의무가 없는 자에 대해서도 타인의 사무를 관리하는 행위를 적법한 행위로 인정함으로써 타인(본인)에게는 관리에 의한 이익을 받게 하고, 반면 관리자에게는 본인에 대한 관리비용의 상환청구권을 인정하여 양자의 관계를 타당하게 규율하고 있는 것이다.

　즉 사무관리란 의무 없이 타인을 위하여 사무를 관리하는 것을 말하며, 타인을 위한 사무관리행위를 기초로 하여 일정요건하에서 발생하는 법률관계이다.

사무관리라고 할 수 있기 위해서는 관리자에게 본인의 이익을 꾀한다는 의사가 있어야 하나, 그 의사는 본인에게 사실상의 이익을 주려는 의사가 있으면 충분하다.

그리고 사무관리의 법률효과는 관리자의 효과의사에 의거하여 주어진 것이 아니라 법률이 관리행위 그 자체의 가치를 인정하여 특수한 효과로서 부여한 것이다. 따라서 사무관리는 법률행위가 아닌 이른바 준법률행위라고 할 수 있다.

이와 같이 사무관리는 법률행위와는 그 성질을 달리하며, 법률행위에 관한 규정으로 규율할 수 없는 것이 대부분이다.

비진의 의사표시(제107조), 허위표시(제108조), 착오(제109조), 사기·강박(제110조), 대리(제114조 이하) 등의 규정은 사무관리에 적용되지 않는다.

Ⅱ. 사무관리의 성립요건

사무관리가 성립하기 위하여는 그 사무가 타인의 사무이고 타인을 위하여 사무를 처리하는 의사, 즉 관리의 사실상의 이익을 타인에게 귀속시키려는 의사가 있어야 함은 물론, 나아가 그 사무의 처리가 본인에게 불리하거나 본인의 의사에게 반한다는 것이 명백하지 아니할 것을 요한다(대판 1997. 10. 10. 97다26326).

1. 타인의 사무일 것

사무관리의 대상이 되는 사무는 '타인의 사무'이다.

사무라 함은 사람의 생활상의 이익에 널리 영향을 미치는 일로서, 노무에 의하여 관리되는 일체의 일이다. 따라서 사실적 사항이든, 법률적 사항이든, 경제적 사항이든, 또는 일시적인 것이든, 계속적인 것이든, 정신적인 것이든, 기계적인 것이든 묻지 않고 모두 사무관리의 목적이 될 수 있다. 그러나 사무는 반드시 타인의 것이어야 한다.

자기의 사무를 타인의 사무로 오신하고 관리하여도 사무관리는 일어나지 않는다. 타인의 채무가 존재한다고 믿고 변제한 때에도 그 채무가 이미 시효원용에 의하여 소멸한 것인 때에도 사무관리는 성립하지 않는다.

타인의 사무는 적법한 것을 전제로 하며, 또 사무관리에 적합한 것, 즉 본인에 갈음하여 타인도 처리할 수 있는 대체성 있는 것이어야 한다. 따라서 단순한 부작위나 본인의 일신에 전속하는 사무(예컨대 신분행위)에는 사무관리가 성립할 수 없다.

사무의 일부만이 타인의 사무이고 일부는 자기의 사무인 경우 타인의 사무인 부분에 대해서만 사무관리가 성립한다.

타인의 사무에는 갑이 을의 지붕을 수리하고 있는 경우와 같이 타인의 사무인 것이 명백한 경우도 있고, 아직 수리재료를 구입했을 뿐 자기를 위한 것인가, 타인을 위한 것인가가 객관적으로 보아 불분명하지만 갑이 그 의사에 의하여 관리의 이익을 을에게 귀속시키려고 하는 경우도 있다. 양쪽 모두 사무관리의 목적이 되는 데에 지장이 없다.

2. 타인을 위하여 관리할 것

사무를 관리함으로써 생기는 사실상 이익을 타인에게 귀속시키려는 의사가 있어야 한다.

대리에 있어서와 같이 효과의사일 것을 요하지 아니한다. 지붕을 수리할 때에는 지붕으로서의 역할을 하게 한다는 의사이면 충분하다.

사무의 성질상 타인의 사무임이 명확한 때에는 특별한 반대의 의사를 인정할 수 없는 한 타인을 위하여 하는 의사라고 추정되어야 하지만, 사무의 성질상 자기의 사무인지 타인의 사무인지 판단할 수 없는 경우에는 타인을 위하여 하는 의사를 적극적으로 가짐으로써 사무관리는 성립한다.

관리자는 타인을 위하여 하는 의사로써 관리하면 충분하고, 그 타인이 누구인가를 알 필요는 없다. 갑이 을의 가옥이라고 믿고 수리하였던 바, 그것이 사실은 병의 가옥이었다고 하더라도 병에 대한 사무관리가 성립하는데는 아무 상관이 없다. 사무관리는 원래 관리행위 그 자체에 가치를 인정하는 것이기 때문이다.

또 타인을 위하여 하는 의사가 요구되기 때문에 적어도 관리자에게 의사능력이 있어야 하는 것은 당연하다.

3. 관리자에게 법률상의 관리의무가 없을 것

관리자가 본인에 대하여 당해 사무를 처리할 계약상(위임, 도급, 고용 등)의 의무를 지거나 법률의 규정(친권, 후견 등)에 의해 의무를 부담하는 경우에는 사무관리는 성립하지 않는다.

관리자에게 관리의무가 있는 때에는 양자의 관계는 의무의 기초인 법률관계에 의하여 규율된다. 그러나 그 의무의 범위 외, 예컨대 갑·을간의 위임계약의 내용이 벽의 수리만이었다면 지붕의 수리에 대해서는 사무관리의 성립을 인정하는 것은 무방하다.

관리자가 본인을 위해서는 아무런 의무도 부담하지 않지만 제3자에 대한 관계에서는 사무를 관리할 의무를 부담하고 있는 경우에는 사무관리가 성립하지 않는다. 즉 관리자가 제3자의 위임 등을 받아서 사무를 처리하는 경우 관리자는 의무 없이 사무를 관리하는 것이 아니고, 사무관리의 존부는 위임인과 본인 사이에 위임인이 본인의 사무를 관리할 의무가 있는가의 여부에 따라서 결정된다.

  4. 관리가 본인에게 불리하거나 본인의 의사에 반한다는 것이 명백하지 아니할 것

  이것은 제737조 단서로 이루어 보아 사무관리의 성립요건으로 되어 있다.

  본인의 의사에 반하는 경우에도 사무관리가 성립할 수 있다는 것은 제739조 3항에서도 알 수 있으나, 처음부터 본인의 의사에 반한다는 것이 명백한 때에는 사무관리는 성립하지 않는다는 것이다.

  결국 사무관리가 성립하는 경우는 선량한 관리자의 주의로써 관리하더라도 관리자가 본인을 위해 불리하거나 본인의 의사에 반한다는 것을 명백하게 알지 못한 때이다.

  본인의 의사에 반한다는 것이 명백하지 아니하다는 것은 본인에게 관리를 원하지 않는다는 의사가 있음을 알지 못하고, 선량한 관리자의 주의를 하여도 그 의사를 알 수 없는 것을 말한다. 사무관리는 의사표시를 요소로 하는 법률행위가 아니므로 사무관리의 목적이었던 사무를 본인이 직접 관리하려면 사무관리자에게 그 관리를 종료하여 줄 것을 내용으로 하는 의사표시를 하여야 하는 것은 아니고 본인 자신이 직접 관리하겠다는 의사가 외부적으로 명백히 표현된 경우에는 사무관리는 더 이상 성립할 수 없게 된다(대판 1975.4.8. 75다254).

Ⅲ. 효과

  원래 사무관리가 사회공동생활의 상호부조의 이념에서 인정된 것인 이상 관리행위는 위법성을 조각한다.

  을의 가옥의 지붕을 수리하기 위하여 을의 가옥에 들어가도 불법행위의 책임을 추궁당하는 것은 아니다.

  사무관리자는 법률상 의무 없음을 이유로 하여 관리를 개시한 후 마음대로 중지할 수 있다고 하면 본인은 오히려 사무관리가 개시되었기 때문에 손해를 입는 수가 있기 때문에 본인이나 그 상속인이 그 사무를 관리하는 때까지 관리를 계속하여야 한다.

  또 관리자는 본인의 의사를 알고 있거나, 알 수 있는 때에는 그 의사에 적합하도록 관리하여야 한다.

  본인의 의사가 객관적으로 보아 가장 본인의 이익에 적합하다고 인정되지 아니하는 때에도 그 본인의 의사에 따라서 관리하여야 한다. 그 이외의 경우에는 그 사무의 성질에 따라 객관적으로 가장 본인에게 이익이 되는 방법으로 관리하여야 한다.

이상과 같은 표준에 위반하여 사무를 관리한 결과, 본인에게 손해가 발생하면 관리자는 그에게 과실이 없는 때에도 그 손해를 배상하여야 한다. 그러나 관리행위가 위의 표준에 위반하는 것이더라도 그것이 공공의 이익에 적합한 때에는 중대한 과실이 있는 경우에만 배상책임이 있다.

제 2 절 준사무관리

Ⅰ. 개념

사무관리자에게 사무관리의사가 없는 경우가 준사무관리인데 이에는 타인의 사무를 자기의 사무로 잘못 알고 관리하는 오신사무관리와 타인의 사무인 줄 알면서도 자기의 사무처럼 부당하게 행하는 무단(불법)사무관리가 있다.

Ⅱ. 인정여부

1. 오신사무관리

통설은 이 경우 준사무관리를 인정하여 이득 전부를 반환하도록 하는 것은 선의자 보호에 반한다는 이유로 준사무관리로 인정하지 않는다. 이 경우 부당이득이나 불법행위의 문제로 해결한다.

2. 무단(불법)사무관리

(1) 준사무관리 긍정설

운용이익 등을 본인에게 반환시키기 위해서 준사무관리를 인정해야 한다는 견해이다. 그러나 부당이득이나 불법행위로 해결하는 것을 막지는 않는다.

(2) 준사무관리 부정설(곽윤직)

본인을 지나치게 보호하는 것이므로 준사무관리를 부정하는 견해이다. 따라서 운용이익을 반환하지 않아도 된다. 이 견해에 의하면 부당이득이나 불법행위로 처리한다.

(3) 사무관리설(귀속성설)

사무관리에 사무관리의사가 필요없다는 견해에 따르면 이도 그냥 보통의 사무관리로 취급된다.

제 4 장 부당이득

제 1 절 부당이득 일반론

I. 의의 및 법적 성질

1. 의의

부당이득(condictio, unjust dnrichment, ungerechfertige Burei-cherung, enrichissement sans cause, enrichissement, injuste ouillégitime)은 법률상의 원인 없이 타인의 재산이나 노무 등의 손실에 의하여 이익을 얻는 것이다. 예를 들면 채무자가 이중변제를 한다든가, 타인의 산림을 자기의 산림으로 오인하여 수목을 벌채하였을 경우이다.

형평의 이념에 입각하여 부당한 이득자는 손실자에게 그 이득을 반환하여야 한다는 것이 이 제도의 취지이다. 즉 부당이득은 손실자의 급부행위에 의하여 발생하는 경우도 있고 첨부와 같이 손실자의 급부행위 없이 발생하는 경우도 있지만 일반적으로 부당이득의 반환의무를 부담하게 하는 것은 권리자의 의사에 반하는 재산적 이득을 인정할 수 없다는 근대법의 원리에서 유래하고 있다.

2. 법적성질

부당이득은 법률상 원인 없는 이득이 생겼다는 사실 자체에 기해 부당이득반환의무의 효과가 발생하는 점에서, 그 성질을 사람의 행위와는 관계없는 사건이다. 이 점에서 계약이 법률행위이고, 사무관리는 준법률행위이며, 불법행위가 위법한 행위인 것과 다르다.

II. 부당이득의 성립요건

1. 타인의 재산 또는 노무에 의하여 이익을 얻었을 것(수익)

이득은 재산이 증가하는 것과 같은 적극적 이득은 물론이고 재산의 감소를 면하는 경우(당연히 부담하여야 할 채무를 면한 것)의 양자를 포함한다. 그리고 이것은 타인의 재산 또는 노무로 인하여 생긴 것이어야 하며, 수익의 방법에는 제한이 없다.

이득의 판정여부는 구체적 사안에 따라 개별적으로 결정하여야 한다. 판례는 부당이득 반환에 있어서 이득이란 실질적인 이익을 가리키는 것이라고 하였다(대판 1984. 5. 15. 84다카108).

(1) 실질적 이득을 얻은 바 없어 부당이득반환의무가 성립하지 않는 사례

ⅰ) 법률상 원인 없이 건물을 점유하고 있지만 이를 사용・수익하지 못한 경우

부당이득반환에 있어서 이득이라 함은 실질적인 이익을 가리키는 것이므로, 법률상 원인 없이 건물을 점유하고 있다고 하여도 이를 사용・수익하지 못하였다면 실질적인 이익을 얻었다고 볼 수 없다(대판 1984. 5. 15. 84다카108).

ⅱ) 전세권자로부터 전세권 목적물을 인도받은 전세권설정자가 전세권자에 대하여 전세권설정등기의 말소와 동시이행을 주장하면서 전세금의 반환을 거부하는 경우

전세권설정자는 전세권이 소멸한 경우 전세권자로부터 그 목적물의 인도 및 전세권설정등기의 말소등기에 필요한 서류의 교부를 받는 동시에 전세금을 반환할 의무가 있을 뿐이므로, 전세권자가 그 목적물을 인도하였다고 하더라도 전세권설정등기의 말소등기에 필요한 서류를 교부하거나 그 이행의 제공을 하지 아니하는 이상, 전세권설정자는 전세금의 반환을 거부할 수 있고, 이 경우 다른 특별한 사정이 없는 한 그가 전세금에 대한 이자상당액의 이득을 법률상 원인 없이 얻는다고 볼 수 없다(2002. 2. 5. 2001다62091).

ⅲ) 임차인이 임대차 종료 후 임차 건물을 계속 점유하였으나 본래 임대차계약상의 목적에 따라 사용・수익하지 아니한 경우

임차인이 임대차계약 종료 이후에도 동시이행의 항변권을 행사하는 방법으로 목적물의 반환을 거부하기 위하여 임차건물 부분을 계속 점유하기는 하였으나 이를 본래의 임대차계약상의 목적에 따라 사용・수익하지 아니하여 실질적인 이득을 얻은 바 없는 경우에는 그로 인하여 임대인에게 손해가 발생하였다 하더라도 임차인의 부당이득반환의무는 성립되지 아니한다(2003. 4. 11. 2002다59481).

(2) 부당이득을 얻고 있어 이를 반환할 의무가 성립하는 사례

ⅰ) 공유자가 배타적으로 점유・사용하고 있는 경우

토지의 공유자는 각자의 지분 비율에 따라 토지 전체를 사용・수익할 수 있지만, 그 구체적인 사용・수익 방법에 관하여 공유자들 사이에 지분 과반수의 합의가 없는 이상, 1인이 특정 부분을 배타적으로 점유・사용할 수 없는 것이므로, 공유자 중의 일부가 특정 부분을 배타적으로 점유・사용하고 있다면, 그들은 비록 그 특정 부분의 면적이 자신들의 지분 비율에 상당하는 면적 범위 내라고 할지라도, 다른 공유자들 중 지분은 있으나 사용・수익은 전혀 하지 않고 있는 자에 대하여는 그 자의 지분에 상응하는 부당이득을 하고 있다고 보아야 할 것인바, 이는 모든 공유자는 공유물 전부를 지분의 비율로 사용・수익할 권리가 있기 때문이다(2001. 12. 11. 2000다13948).

ⅱ) 대지권이 없는 아파트 소유자가 아파트 부지를 불법점유하는 경우

대지권이 없는 아파트 소유자는 아무런 법률상의 원인 없이 위 아파트 부지를 불법점유하고 있다고 할 것이며, 위 불법점유로 인하여 위 아파트 소유자는 아파트의 대지 중 자신의 아파트의 대지권으로 등기되어야 할 지분에 상응하는 면적에 대한 임료 상당의 부당이득을 얻고 있다 할 것이다(1992. 6. 23. 91다40177).

2. 그 이득으로 인해 타인에게 손해를 주었을 것(손해)

부당이득자의 이득은 타인의 손해에 기초한 것임을 요한다. 수익이 있더라도 타인이 그로 인해 손해를 입지 않은 경우에는 부당이득은 성립하지 않는다.

손해는 위 이득과 표리의 관계에 있는 것이다. 그렇다면 이득에 관해 판례가 실질적인 이득을 요구하는 것과 마찬가지로 손해도 실제의 손해에 한정되는가가 문제되는데, 통설은 그러한 이득에 대응하여 통상 생길 수 있는 손해이면 충분한 것으로 해석한다. 판례도 손해의 실제 여부를 충분히 요구하지 않는다(대판 1981. 10. 24. 81다96).

3. 이득과 손해 사이에 인과관계가 있을 것

이득과 손해 사이에는 인과관계가 있어야 한다. 다만 그 인과관계는 사회관념상 그 연결이 인정되는 것으로 충분하며 직접적인 것임을 요하지는 않는다(통설).

4. 법률상 원인이 없을 것

부당이득이 성립하려면 이득이 '법률상 원인 없이' 생긴 것이어야 한다. 여기서 법률상의 원인은 수익자에 의한 일정한 이익의 취득을 법률상 정당화하는 이유, 즉 그의 수익을 그대로 보유하는 것을 법률상 정당화하는 권원을 의미한다고 할 수 있다. 따라서 '법률상 원인의 유무'는 결국 '수익을 보유할 권한의 유무'를 의미하고, 수익의 전제가 되는 법률상 권리의 유무를 의미하지 않음을 유의하여야 한다. 예컨대 유치권이나 동시이행의 항변권에 기하여 목적물을 사용하는 행위는 정당한 행위로서 불법행위를 구성하지 않으나 그 사용에 따른 이득은 법률상 원인이 없는 것에 해당하므로 그 대가상당액은 부당이득이 된다(대판 1977. 1. 25. 76다2096).

Ⅲ. 부당이득의 효과

1. 이익의 반환

부당이득이 성립하면 수익자는 손실자에 대하여 부당하게 취득한 이익을 반환할 의무를 부담한다. 여기서 이익이 무엇을 의미하느냐에 관하여 차액설과 취득이익설의 견해가 대립하나 판례는 기본적으로 차액설을 따른다.

2. 반환방법

선의의 수익자는 그 받은 이익이 현존하는 한도에서 반환하면 된다.

(1) 원물반환

이득의 원물을 수익자가 그대로 가지고 있는 때에는 그 원물을 반환하여야 한다. 그것이 훼손되어 있더라도 훼손된 그대로 반환하면 된다.

(2) 가액반환

가. 의의

수익자가 법률상 원인 없이 이득한 재산을 처분하여 원물을 반환할 수 없는 때에는 그 가액을 반환하여야 한다(제747조 1항). 이 경우 반환하여야 할 가액은 특별한 사정이 없는 한 그 처분 당시의 대가이다(대판 1995. 5. 12. 94다2555).

나. 관련문제

ⅰ) 부당이득 반환의 범위에서 지출비용 및 운용이익이 공제되어야 하는지 여부

일반적으로 수익자가 법률상 원인 없이 이득한 재산을 처분함으로 인하여 원물반환이 불가능한 경우에 있어서 반환하여야 할 가액은 특별한 사정이 없는 한 그 처분 당시의 대가이나, 이 경우에 수익자가 그 법률상 원인 없는 이득을 얻기 위하여 지출한 비용은 수익자가 반환하여야 할 이득의 범위에서 공제되어야 하고, 수익자가 자신의 노력 등으로 부당이득한 재산을 이용하여 남긴 이른바 운용이익도 그것이 사회통념상 수익자의 행위가 개입되지 아니하였더라도 부당이득된 재산으로부터 손실자가 당연히 취득하였으리라고 생각되는 범위 내의 것이 아닌 한 수익자가 반환하여야 할 이득의 범위에서 공제되어야 한다. 따라서 정당한 권원 없이 타인 소유 임야에서 굴취한 토석을 제방성토 작업장에 운반·사용하고 그 재료비, 노무비, 경비 등을 합하여 토석성토대금으로 받은 경우, 노무비, 경비 명목 부분을 반환이득의 범위에서 제외된다(대판 1995.5.12. 94다25551).

ⅱ) 반환할 물건의 가격이 오른 경우 오른 가격으로 계산하여 가액반환을 하여야 하는지 여부

부당이득의 반환청구에 있어서 반환할 물건은 현물반환을 원칙으로 하나, 현물반환이 불능일 때에는 그 가격을 반환할 것이며(반환할 물건이 대체물인 경우에도 마찬가지이다), 그 반환의무의 범위는 특별한 사정이 없는 한 그 매각대금이라 할 것이고, 그 후에 물건의 가격이 앙등하였다고 하며 앙등한 가격으로 계산한 금액이 이득이라고 할 수 없

다(대판 1965. 4. 27. 65다181).

(3) 수익자가 그 이익을 반환할 수 없는 경우

원물반환이 불가능한 경우에 그 수익자가 원물을 무상으로 제3자에게 양도하였고, 또한 그 양수인이 악의인 때에는 그 제3자(양수인)는 원물을 손실자에게 반환하여야 한다.

따라서 그러한 악의의 전득자는 원물을 반환할 수 있으면 원물을, 그것이 불가능하면 그 가액을 반환할 의무가 당연히 있게 된다. 그러한 악의의 제3자는 보호할 필요가 없기 때문이다.

3. 반환범위

반환의무의 범위는 이익자가 선의냐 악의냐에 따라 다르다.

(1) 선의의 수익자의 반환범위

선의의 수익자의 반환범위의 범위는 본조 1항에 의하여 「이익이 현존하는 한도」, 즉 현존이익에 한정된다. 그리고 여기에서 선의라 함은 법률상의 원인 없음을 알지 못한 것을 의미하며 과실 유무는 불문한다.

한편 법인이 수익자인 경우에 선의 혹은 악의의 판단은 법률상 원인 없음에 대한 대표기관의 지 혹은 부지를 기준으로 한다(대판 2002.2.5. 2001다66369). 비록 수익 당시에는 선의였다고 하더라도 그 후 법률상 원인이 없음을 알게 된 때에는 그때부터 악의의 수익자가 되고(제749조 1항), 부당이득반환청구소송에서 패소한 때에는 소를 제기한 때로 소급하여 악의의 수익자로 취급된다(본조 2항).

가. 현존이익의 의의

반환하여야 할 현존이익이란 수익으로서 받은 목적물 자체 또는 그 가액으로서 남아 있는 것을 말한다. 예컨대 급부받은 물건을 매각하여 그 대금을 가지고 있거나 금전을 이득하여 은행에 예금한 경우에는 현존이익이 있다고 판단된다.

나. 현존이익의 기준시기

어느 때를 기준으로 현존이익을 정할 것인지가 문제되는데, 악의의 수익자와 구별되어지는 때, 즉 부당이득반환을 청구하거나 또는 그 소를 제기한 때를 기준으로 하여야 한다고 해석하는 것이 통설이다. 현존이익의 반환청구를 받은 때로부터 지체책임을 진다(대판 1995. 11. 21. 94다45753).

다. 반환하여야 할 현존이익의 범위

ⅰ) 현존이익을 정하는 데 있어서 수익자가 그 이득을 얻기 위하여 지출한 비용을 공

제하여야 하고, 또 수익자가 부당이득한 재산을 이용하여 남긴 운용이익도 그것이 통상 발생할 것이 아닌 한 공제하여야 한다(대판 1995. 5. 12. 94다2551).

ⅱ) 선의의 점유자는 점유물의 과실을 취득하므로 '원물반환'을 하는 때에는 과실을 반환할 필요가 없다. 따라서 과실에 준하는 사용이익도 반환할 필요가 없다(대판 1981. 9. 22. 81다233).

ⅲ) 부당이득은 타인의 손해를 한도로 그 이익을 반환하는 것이므로(제741조), 손해이익이 이득액보다 적을 경우에는 손해액의 한도에서만 반환하면 된다(대판 1982. 5. 25. 81다카1061). 반대로 손해액이 이득액보다 많더라도 이득액만 반환하면 된다.

라. 이익의 현존의 입증책임

다수설은 이익의 현존은 추정되므로 수익자가 현존이익이 없음을 입증해야 한다고 한다. 판례는 이익의 현존은 추정될 수 없어 반환청구권자에게 입증책임이 있으나, 금전인 경우에는 이익의 현존이 추정된다고 한다(대판 1970.2.10. 69다2171).

(2) 악의의 수익자의 반환범위

부당이득에 있어서 법률상 원인 없이 어떤 이익을 취득하고 있음을 알면서 수익을 한 자이다. 악의의 수익자의 이득반환의 범위는 선의의 수익자의 경우보다 넓어서, 그 받은 이익에 이자를 붙여 반환하고 손해가 있으면 이를 배상하여야 한다.

제 2 절 특수부당이득

Ⅰ. 비채변제

비채변제라 함은 채무가 없음에도 불구하고 변제로서 어떤 급부를 하는 것을 말한다. 이러한 급부는 법률상의 원인인 채무를 결하고 있는 까닭에 변제자는 부당이득으로서 그 급부의 목적물의 반환을 청구할 수 있음은 제741조의 일반원칙으로 미루어 보아 당연한 것이다. 그러나 민법은 이 비채변제에 관하여 특칙을 두고 반환의 청구에 대하여 제한하고 있다. 채무가 없음에도 불구하고 채무자로서 변제하는 경우(이것을 협의의 비채변제(제742조, 제744조)라고 한다), 진정한 채무자가 기한 전에 변제하는 경우(제743조), 제3자가 채무자인데 자기가 채무자로서 변제하는 경우(제745조)의 세 가지가 그것이다.

Ⅱ. 불법원인급여

1. 총 설

불법원인급여라 함은 불법한 원인에 기하여 행해진 급여를 말한다.

예컨대 도박에 진 자가 이긴 자에게 금액을 지급한다거나 인신매매의 대가를 지급하는 경우이며, 민법은 제746조에서 「불법의 원인으로 인하여 재산을 급여하거나 노무를 제공한 때에는 그 이익의 반환을 청구하지 못한다. 그러나 그 불법원인이 수익자에게만 있는 때에는 그러하지 아니하다」라고 규정하고 있다. 본조는 제103조와 표리관계에 있다는 것이 통설과 판례의 입장이다. 즉 103조는 반사회질서의 법률행위를 무효로 정하는데, 제746조는 제103조에 기해 급부가 이루어진 경우에 법적 보호, 즉 무효를 이유로 한 부당이득의 반환청구를 거절함으로써 제103조의 취지를 실현하는 것(소극적으로 법적 정의를 유지하는 관계)을 목적으로 한다(대판 1994. 12. 22. 93다55234).

2. 요건

(1) 「불법」한 원인이 있을 것.

먼저 「불법」이란 무엇을 의미하는 가에 관하여 학설이 대립하고 있다. ① 선량한 풍속 기타 사회질서 위반뿐만 아니라 강행법규 위반을 포함한다는 견해(이은영), ② 선량한 풍속 위반만을 의미한다는 견해, ③ 선량한 풍속 기타 사회질서 위반만을 의미한다는 견해가 그것이다. 통설과 판례는 제103조와 같이 선량한 풍속 기타 사회질서 위반만을 불법으로 이해한다. 즉 강행법규에 위반하는 경우라도 그것이 선량한 풍속 기타 사회질서에 위반하지 않는 경우에는 이는 불법원인급여에 해당하지 않는다고 한다(대판 1983.11.22. 83다430).

본조는 제103조에 대응하는 규정이며, 본조는 급부를 받은 자로 하여금 그 급부를 보류시키는 결과를 인정하는 것이기 때문에 제103조 보다도 그 범위가 좁다고 할 수 있다.

따라서 본조에서 이른바「불법」이란 제103조의「선량한 풍속 기타 사회질서」의 위반, 즉 사회질서위반을 의미하며 강행법규위반은 포함되지 않는다고 해석할 수 있다. 따라서 강행법규에 위반하는 경우에도 그것이 사회질서에 위반되는 것으로 평가되는 것에 한해 본조가 적용된다. 이것이 통설·판례(대판 2004. 9. 3. 2004다27488·27495)의 입장이다.

(2) 급부의「원인」이 불법일 것.

일반적으로 어떤 급부가 행해짐에 있어서는 먼저 그에 선행하는 기본행위가 존재하고, 급부는 이 선행하는 법률행위에 기하여 행해지는 것이 보통이다. 그리고 이 경우 이 기본행위가 급부의 원인이 되기 때문에 기본행위가 선량한 풍속 기타 사회질서에 위반하는 때에는 그 이행을 위하여 행하여진 급부는 불법원인급여가 된다.

(3) 현실적으로「급부」가 행해질 것

급부가 완료된 것이어야 한다. 따라서 단지 채무를 부담하는 것만으로는 이에 해당하지 않는다. 동산의 경우에는 점유의 이전이, 부동산은 소유권이전등기가 이루어진 때에 급부가 있는 것으로 된다. 부동산 등기가 경료된 때에도 그것이 무효의 등기인 때에는 급부가 있었다고 할 수 없다(대판 1966. 5. 31. 66다531).

여기에서 급부라 함은 반환을 청구하려고 하는 자의 자유의사에 의하여 행해진 재산적 가치의 출연이다.

재산적 가치란 물권·채권 등의 권리의 이전 외에 무형의 이익, 예컨대 가옥에 거주하는 이익, 교통기관을 이용하거나 연극을 관람하는 이익 등 적어도 금전으로 평가할 수 있는 이익을 포함한다.

3. 제746조의 적용범위

민법 제746조는 불법행위에 기한 손해배상의 청구라는 형식으로 그 회복을 청구하는 경우에도 적용되는가가 문제된다.

예컨대 지폐위조의 비법을 알고 있다는 속임수에 빠져 공동으로 위조하기로 하고 자금을 제공하였으나, 그 자금을 편취당한 경우에 편취당한 자가 편취자에 대하여 사기에 의한 손해배상을 청구하는 경우와 같이 타인의 불법행위를 주장하여 손해배상을 청구함에 있어서, 자기도 불법한 급부를 하였다는 것을 진술하여야 하는 경우가 이에 해당한다.

본조가 사회적 타당성이 없는 행위를 한 자에게는 그 회복의 청구를 허용하지 않으려는 취지라고 한다면 이 경우에도 본조를 적용하여 그 배상청구를 거절하여야 할 것이다.

한편 소유권에 기한 반환청구도 부정되는지가 문제되는바 이와 관련하여 판례는 "민법 제746조는 단지 부당이득제도만을 제한하는 것이 아니라 동법 제103조와 함께 사법의 기본이념으로서, 결국 사회적 타당성이 없는 행위를 한 사람은 스스로 불법한 행위를 주장하여 복구를 그 형식 여하에 불구하고 소구할 수 없다는 이상을 표현한 것이므로, 급여를 한 사람은 그 원인행위가 법률상 무효라 하여 상대방에게 부당이득반환청구를 할 수 없음은 물론 급여한 물건의 소유권은 여전히 자기에게 있다고 하여 소유권에 기한 반환청구도 할 수 없고 따라서 급여한 물건의 소유권은 급여를 받은 상대방에게 귀속된다(대판 1979.11.13. 79다483)."고 판시한 바 있다.

4. 효과

(1) 원칙 : 급부의 반환청구 불가

급부자는 그의 급부로 수령자가 받은 「이익」의 반환을 청구하지 못한다(제746조 본문).

(2) 예외(제746조 단서)

가. 불법원인이 수익자에게만 있는 경우

본조 단서는 「그 불법원인이 수익자에게만 있는 때에는 그러하지 아니하다」라고 규정하여, 이러한 경우에는 일반적인 원칙에 의하여 급부한 것의 반환청구를 인정하고 있다. 이 단서가 적용되는 경우는 법률행위의 당사자 일방에게만 있는 반사회적인 이유 때문에 행위의 내용이 반사회적 색채를 띠게 된다거나, 제103조에 의하여 행위 전체가 무효로 취급되는 경우이다. 예컨대 범죄를 범하려는 자에게 이를 막기 위하여 금전을 준다거나, 혹은 공무원으로 하여금 정당한 직무를 행하게 하기 위하여 금전을 지급한다는 계약과 같은 경우가 이에 해당한다.

그런데 이러한 경우에 있어서는 법률행위 전체로서는 반사회성을 가지고 있기 때문에 제103조가 적용되어야 함에도 불구하고, 그것이 반사회성을 띠게 된 이유가 수령자측에 있고, 그 급부를 급부자에 결부시켜 보더라도 거기에 반사회성이 있다고는 할 수 없으며, 그 심정에서도 비난할 만한 것을 발견할 수 없기 때문에 급부자에게 회복을 인정하는 것으로 한 것이나, 어떠한 경우에「불법원인이 수익자에게만 있다」고 할 것인가에 관해서는 대략 다음과 같은 기준으로 나누어 볼 수 있다.

ⅰ) 급부자측에 불법의 인식이 있는가의 여부,

ⅱ) 불법원인급여가 되는 근거는 급부자를 보호하는데 있기 때문에 반환청구를 거절하고서는 그 목적을 달성할 수 없게 되는 경우인가의 여부,

ⅲ) 급부자와 수익자 쌍방의 불법성을 고려하여 수익자의 불법성이 급부자의 불법성에 비하여 현저하게 크다고 볼 수 있는가 하는 등이다.

나. 급부자에게도 불법원인이 있지만 수익자의 불법성이 현저히 큰 경우

1) 판례의 태도

판례는 "민법 제746조에 의하면 급여가 불법원인급여에 해당하고 급여자에게 불법 원인이 있는 경우에는 수익자에게 불법 원인이 있는지의 여부나 수익자의 불법 원인의 정도 내지 불법성이 급여자의 그것보다 큰지의 여부를 막론하고 급여자는 그 불법원인급여의 반환을 구할 수 없는 것이 원칙이나, 수익자의 불법성이 급여자의 그것보다 현저히 크고 그에 비하면 급여자의 불법성은 미약한 경우에도 급여자의 반환 청구가 허용되지 않는다고 하는 것은 공평에 반하고 신의성실의 원칙에도 어긋나므로 이러한 경우에는 민법 제746조 본문의 적용이 배제되어 급여자의 반환 청구는 허용된다고 해석함이 상당하다"고 한다(대판 1997. 10. 24. 95다49530・49547).

2) 수익자의 불법성 급부자에 비해 현저히 크다고 하며 제746조 단서를 적용하여 반환청구를 인정한 사례

ⅰ) 사기로 인한 내기도박에 져 주택을 양도한 경우

급여자가 수익자에 대한 도박 채무의 변제를 위하여 급여자의 주택을 수익자에게 양도하기로 한 것이지만 내기바둑에의 계획적인 유인, 내기바둑에서의 사기적 행태, 도박자금 대여 및 회수 과정에서의 폭리성과 갈취성 등에서 드러나는 수익자의 불법성의 정도가 내기바둑에의 수동적인 가담, 도박 채무의 누증으로 인한 도박의 지속, 도박 채무 변제를 위한 유일한 재산인 주택의 양도 등으로 인한 급여자의 불법성보다 훨씬 크다고 보아 급여자로서는 그 주택의 반환을 구할 수 있다(대판 1997. 10. 24. 95다19530・49547).

ⅱ) 명의신탁된 토지임을 알면서 수탁자를 권유하여 매매계약을 체결하고, 그 대금을 지급하였는데, 수탁자가 그 계약을 체결할 당시의 명의신탁 해지를 원인으로 신탁자로부터 소유권이전등기의 청구의 소를 제기당하여 패소판결을 받은 경우(대판 1993. 12. 10. 93다12947).

제 5 장　　불법행위

제 1 절 불법행위 일반론

Ⅰ. 불법행위의 개념

　불법행위라 함은 타인에게 손해를 주는 위법한 행위이며, 가해자는 피해자에 대하여 그 행위로 말미암아 생긴 손해를 배상하여야 할 채무를 부담하는 것이라고 설명하는 것이 일반적이다.

　법문에서도 행위자의 고의 또는 과실로 인한 위법행위로 타인에게 손해를 가한 자는 그 손해를 배상할 책임이 있다고 규정하고 있다.

　어쨌든 타인의 신체를 상해한다거나 타인의 물품을 파괴함으로써 타인에게 손해를 가하는 것이 그 예이며, 이러한 경우에 가해자는 피해자에 대하여 손해배상채무를 부담하게 된다. 이러한 의미에서 불법행위는 손해배상채무의 발생원인인 것이다.

　민법은 채권발생원인으로서 계약·사무관리·부당이득·불법행위의 4종을 들고 있으나, 특히 불법행위는 계약 다음으로 중요한 채권발생원인이다.

Ⅱ. 불법행위의 일반적 성립요건

　일반 불법행위의 성립요건을 약술하면 다음과 같다.

　1. 행위자에게 고의 또는 과실이 있을 것.

　이것은 과실책임의 원칙을 나타낸 것이나, 민법이 고의와 과실을 구별하지 아니하고 동일한 책임을 지게 하는 것은, 민사책임이 손해의 전보를 중요한 목적으로 하고 있기 때문이다.

　이 민사책임의 목적은 최근 위험한 기업이 성행함에 따라 강조되어, 무과실책임의 주장이 현저해진 것은 이미 전술한 바이다.

　2. 행위자에게 책임능력이 있을 것.

　의사능력 없는 미성년자나 심신상실자는 불법행위의 책임을 지지 아니하고(제753조, 제754조) 감독의무자가 대신 책임을 진다(제755조).

　3. 그 행위가 위법한 것일 것.

민법은 고의 또는 과실로 인한 위법행위로 타인에게 손해를 가한 때에 불법행위가 성립한다고 하고 있다.

위법성은 피해이익의 종류와 침해행위의 모습으로부터 상대적으로 판단하여야 한다. 정당행위・긴급피난(제761조) 기타 이른바 위법성조각사유가 있는 것도 위법성을 판정하는 자료가 된다.

4. 손해가 발생하였을 것.

손해는 재산적 손해뿐만 아니라 정신적 손해도 포함된다(제751조, 제752조)

5. 가해행위와 손해 사이에 인과관계가 있을 것.

이것은 상당인과관계로 충분하다(제763조에 의한 제393조의 준용). 이러한 인관관계의 입증책임은 피해자에게 있다. 그러나 판례는 주로 공해소송, 의료소송, 제조물책임 소송 등 고도의 전문적인 지식을 요하는 현대형 불법행위의 유형에서는 입증책임을 완화하는 해석을 하는 바 종래 '개연성설'을 채택하여 입증정도를 상당정도의 가능성이 있다는 입증을 하면 족하다는 판시를 해 온 적이 있다. 이에 더 나아가 일응 추정이론을 채택하여 인과관계에 대한 입증책임을 합리적으로 분배하려는 판시를 하고 있다(대판 2005.9.30. 2004다52576).

III. 불법행위의 효과

불법행위의 효과는 다음과 같다. 즉 가해자 기타의 책임자는 피해자에 대하여 손해배상채무를 부담한다. 손해배상의 방법은 재산적 손해에 대해서는 물론이고, 정신적 손해에 대해서도 금전배상의무를 원칙으로 한다.

명예훼손의 경우에는 법원은 피해자의 청구가 있을 때에 손해배상에 갈음하여, 또는 손해배상과 함께「명예회복에 적당한 처분」을 명할 수 있다(제764조). 또 정신적 손해에 대한 금전배상(제751조, 제752조)을 일반적으로 위자료라고 한다.

이 모든 경우를 통하여 피해자에게 과실이 있는 때에는 과실상계(제763조, 제396조)가 적용되며 또한 피해자가 받은 이익은 손익상계에 의하여 공제된다. 불법행위로 인한 손해배상청구권은 피해자나 그 법정대리인이 그 손해 및 가해자를 안 날로부터 3년, 불법행위를 한 날로부터 10년 내에 행사하지 아니하면 시효로 인하여 소멸한다(제766조).

계속적인 불법행위에 관해서는 날마다 새로운 손해가 발생하는 것이므로 그것을 안 때로부터 개별적으로 소멸시효가 진행된다고 보아야 한다.

제 2 절 특수한 불법행위

I. 책임무능력자의 감독자책임

1. 법정감독의무자의 책임의 의의

　법정감독의무자의 책임이라 함은 책임무능력자가 책임능력없음을 이유로 하여 불법하게 타인에게 손해를 가하더라도 배상책임을 부담하지 않는 경우에 그 책임무능력자를 감독할 법정의무 있는 자가 부담하는 책임을 말한다.

　우리민법은 제755조에서 이에 관한 규정을 두어, 자기의 행위에 대한 책임을 변식할 수 있는 지능이 없는 미성년자 또는 심신상실상태에 있는 자가 불법하게 타인에게 손해를 가하더라도 각각 제753조 및 제754조의 행위에 따라 책임능력이 없기 때문에, 책임무능력자로서 배상책임을 부담하지 않는 때에는「이를 감독할 법정의무 있는 자」(예컨대 친권자·후견인) 또는「감독의무자에 갈음하여 무능력자를 감독하는 자」(예컨대 유치원의 원장·정신병원의사)는 그 감독을 게을리 하지 않았음을 입증하지 못하면 스스로 배상책임을 부담한다.

2. 법정감독의무자의 책임의 요건

　책임의 요건으로는 첫째, 책임무능력자가 객관적으로 위법한 행위를 하여 손해를 가하였어야 한다. 둘째, 감독의무자 또는 이에 갈음하여 감독하는 자가 감독의무를 게을리 하였어야 한다.

　이 감독의무를 게을리 하였음은 피해자가 입증할 필요는 없고, 감독자가 의무를 게을리 하지 않았음을 입증해서 책임을 면할 수 있을 뿐이다. 또한 감독의무자가 감독을 게을리 하지 않았더라도 가해행위가 행해졌을 것을 입증하여 그 책임을 면할 수 있느냐 하는 문제에 대해서는 학설이 나뉘어 있으나, 본조 1항 단서를 유추하여 책임을 면할 수 있는 것으로 본다(동지, 곽윤직).

3. 효과

　위 요건을 갖춘 때에는 법정감독의무자 또는 그에 갈음하여 감독하는 자가 배상책임을 진다. 다만 감독의무를 해태하지 않았음을 입증한 때에는 면책한다.

(1) 법정감독의무자의 손해배상책임

　책임무능력자를 감독할 법정의무있는 자가 배상책임을 진다(제755조 1항). 미성년자의 경우에는 친권자(제913조) 또는 후견인(제945조)이, 심신상실자로서 금치산선고를 받은 때에는 후견인(제947조)이 법정감독의무자가 된다.

감독의무자는 감독을 해태하지 않았음을 입증함으로써 면책될 수 있다(제755조 1항 단서). 손해배상의 범위에 있어서 제393조 2항의 특별손해의 예견가능성은 감독의무자를 기준으로 판단한다(통설, 대판 1968.6.11. 68다639).

(2) 대리감독자의 책임

법정감독의무자에 갈음하여 책임무능력자를 감독하는 자도 배상책임을 진다(제755조 2항). 탁아소의 보모, 유치원과 학교의 교사 및 교장, 정신병원의 의사 등이 이에 해당한다. 대리감독자가 피용자인 경우에는 다시 그 사용자가 제756조의 책임을 부담하게 된다.

(3) 양자의 책임관계

법정감독의무자와 대리감독자의 책임은 병존할 수 있으며, 즉 양자에게 각각 감독의무 위반이 있는 때에는 그 책임은 각각 인정된다. 이때에 양자의 책임은 부진정연대로서, 피해자는 전부의 배상을 받을 때까지 어느 쪽에 대하여도 책임을 물을 수 있다. 특히 법정감독의무자로서 공동으로 친권을 행사하는 부모의 경우도 마찬가지이다(제909조 2항).

판례는 학교폭력 가해학생들의 부모의 과실과 담임교사, 교장의 과실이 경합하여 피해학생의 자살 사건이 발생하였다는 이유로, 부모들과 지방자치단체에게 공동불법행위자로서의 손해배상책임을 인정하였다(대판 2007. 4. 26. 2005다24318).

Ⅱ. 사용자책임

1. 의의

사용자책임은 사용자가 자기의 행위가 아닌 타인, 즉 자기가 사용하고 있는 자(피용자)의 행위에 대하여 배상책임을 진다는 점에서 특수한 불법행위의 하나로 인정된 것이다.

이 점에 있어서 사용자책임은 책임무능력자의 행위에 대한 감독의무자의 책임과 같은 것이다. 또 우리민법이 규정한 사용자책임은 사용자에게 면책사유를 인정하고 있어 절대적 무과실책임이 아니란 점을 주의할 필요가 있다.

2. 사용자 책임의 발생요건

(1) 「어떤 사무에 종사시키기 위하여 타인을 사용할 것」

가. 사무

여기에서 「사무」라고 하는 것은 통속적으로 일이라고 하는 것과 같으며, 매우 넓은 개념이다.

사무는 계속적인 것과 계획적인 것·일시적인 것을 불문하며, 또한 영리적인 것에 한하지 않는다.

단순한 개인의 가정생활에 관한 일도 여기에서 말하는 사무에 포함된다. 또 국가나 공공단체는 그 공무원이 공권력의 행사로 보이는 행위를 함에 있어서 시민에 대하여 불법행위를 한 경우에는 국가배상법에 의한 배상책임을 부담하게 되어 있으나, 공권력의 행사라고 할 수 없는 행위에 대해서는 국가 또는 공공단체도 민법상의 사용자책임을 부담한다.

나. 사용관계

「타인을 사용한다」라 함은 사실상 타인으로 하여금 위와 같은 사무를 행하게 하는 것이며, 그 사용관계가 고용·위임 또는 조합 등의 계약에 기인하였는가를 불문한다. 따라서 그 계약이 반드시 유효하여야 하는 것도 아니다. 또한 보수의 유무나 기간의 장단도 불문한다(대판 1960. 12. 8. 4292 민상 977).

그러나 사용자라고 하기 위하여서는 사용자의 선임에 따라 그 지휘·감독에 복종하는 관계에 있어야 한다.

사용관계와 관련하여 다음과 같은 점이 문제된다.

ⅰ) 사용자와 피용자의 관계는 반드시 유효한 고용관계가 있는 경우에 한하는지 여부

민법 제756조의 사용자와 피용자의 관계는 반드시 유효한 고용관계가 있는 경우에 한하는 것이 아니고, 사실상 어떤 사람이 다른 사람을 위하여 그 지휘·감독 아래 그 의사에 따라 사업을 집행하는 관계에 있을 때에도 그 두 사람 사이에 사용자, 피용자의 관계가 있다고 할 수 있으며, 피용자의 불법행위가 외형상 객관적으로 사용자의 사업활동 내지 사무집행행위 또는 그와 관련된 것이라고 보일 때에는 행위자의 주관적 사정을 고려함이 없이 이를 사무집행에 관하여 한 행위로 볼 것이고, 외형상 객관적으로 사용자의 사무집행에 관련된 것인지의 여부는 피용자의 본래 직무와 불법행위와의 관련 정도 및 사용자에게 손해발생에 대한 위험 창출과 방지조치 결여의 책임이 어느 정도 있는지를 고려하여 판단하여야 한다(대판 2003. 12. 26. 2003다49542).

ⅱ) 명의대여자가 사용자책임을 지는지 여부

타인에게 어떤 사업에 관하여 자기의 명의를 사용할 것을 허용한 경우에 그 사업이 내부관계에 있어서는 타인의 사업이고 명의자의 고용인이 아니라 하더라도 외부에 대한 관계에 있어서는 그 사업이 명의자의 사업이고 또 그 타인은 명의자의 종업원임을 표명

한 것과 다름이 없으므로, 명의사용을 허용받은 사람이 업무수행을 함에 있어 고의 또는 과실로 다른 사람에게 손해를 끼쳤다면 명의사용을 허용한 사람은 민법 제756조에 의하여 그 손해를 배상할 책임이 있다고 할 것이고, 명의대여관계의 경우 민법 제756조가 규정하고 있는 사용자책임의 요건으로서의 사용관계가 있느냐 여부는 실제적으로 지휘·감독을 하였느냐의 여부에 관계없이 객관적·규범적으로 보아 사용자가 그 불법행위자를 지휘·감독해야 할 지위에 있었느냐의 여부를 기준으로 결정하여야 할 것이다(대판 2005. 2. 25. 2003다36133).

iii) 운송인 및 국내 선박대리점이 영업용 보세창고업자에 대하여 사용자의 지위에 있다고 볼 수 있는지 여부

영업용 보세창고업자가 수입화물의 실수입자와의 임치계약에 의하여 수입화물을 보관하게 되는 경우, 운송인 또는 그 국내 선박대리점의 입장에서 수입화물이 자신들의 지배를 떠나 수하인에게 인도된 것은 아니고 보세창고업자를 통하여 수입화물에 대한 지배를 계속하고 있다고 볼 수 있으므로, 보세창고업자는 수입화물에 대한 통관절차가 끝날 때까지 수입화물을 보관하고 적법한 수령인에게 수입화물을 인도하여야 하는 운송인 또는 그 국내 선박대리점의 의무이행을 보조하는 지위에 있다고 할 수 있으나, 영업용 보세창고업자는 일반적으로 독립된 사업자로서 자신의 책임과 판단에 따라 화물을 보관하고 인도하는 업무를 수행하고 운송인 또는 그 국내 선박대리점의 지휘·감독을 받아 수입화물의 보관 및 인도업무를 수행하는 것이라고는 할 수 없으므로 특별한 사정이 없는 한 운송인 및 그 국내 선박대리점이 영업용 보세창고업자에 대하여 민법상 사용자의 지위에 있다고 볼 수 없다(대판 2001. 1. 16. 99다67192).

iv) 동업관계

동업관계에 있는 자들이 공동으로 처리하여야 할 업무를 동업자 중 1인에게 맡겨 그로 하여금 처리하도록 한 경우 다른 동업자는 그 업무집행자의 동업자인 동시에 사용자의 지위에 있다 할 것이므로, 업무집행과정에서 발생한 사고에 대하여 사용자로서 손해배상책임이 있다(대법원 2006.3.10. 선고 2005다65562 판결).

(2) 피용자가 사무집행에 관하여 손해를 주었을 것.

제756조에 규정된 사용자 책임의 요건인 '사무집행에 관하여'라는 뜻은 피용자의 불법행위가 외형상 객관적으로 사용자의 사업활동 내지 사무집행행위 또는 그와 관련된 것이라고 보여질 때에는 주관적 사정을 고려함이 없이 이를 사무집행에 관하여 한 행위로 본다는 것이고, 여기에서 외형상 객관적으로 사용자의 사무집행에 관련된 것인지 여부는

피용자의 본래 직무와 불법행위와의 관련 정도 및 사용자에게 손해발생에 대한 위험창출과 방지조치 결여의 책임이 어느 정도 있는지를 고려하여 판단하여야 할 것이다(대판 2001. 3. 9. 2000다66119).

(3) 「제3자」에게 손해를 주었을 것.

여기에서 제3자라 함은 사용자와 가해행위를 한 피용자를 제외한 그 밖의 모든 자를 말한다(대판 1966. 10. 21. 65다825). 따라서 피해자가 가해행위를 한 피용자와 동일한 사용자에게 고용되어 있는 경우에도 사용자는 본조에 의한 사용자책임을 부담하게 된다(대판 1964. 11. 30. 64다1232).

(4) 피용자의 가해행위는 그 자체로서 불법행위의 일반요건을 구비할 것.

피용자의 고의 또는 과실로 인한 위법한 행위에 의하여 타인에게 손해를 가하였어야 한다.

(5) 사용자가 면책사유 있음을 입증하지 못할 것.

가. 면책사유

ⅰ) 「사용자가 피용자의 선임 및 그 사무감독에 상당한 주의를 한」 것을 입증하면 책임을 면한다. 선임 또는 감독의 어느 쪽에 과실이 있으면 책임을 면할 수 없음을 주의할 필요가 있다.

ⅱ) 사용자는 「피용자의 선임 및 그 사무감독에 상당한 주의를 하여도 손해가 있을 경우」를 입증하면 책임을 면한다.

상기와 같은 면책사유를 인정하고 있다는 점에서 보면 본조의 사용자책임은 피용자가 불법행위를 하였으므로 사용자도 무조건 책임을 부담한다는 의미의 사용자로서의 무과실책임을 부담하는 것이 아니라, 피용자의 선임이나 감독이 불충분하였다는 과실을 이유로 하여 부담하게 되는 책임이라는 데 그 의미가 있다. 다만 과실에 관한 입증책임이 전환되어 있다는 점에서 다음에서 언급하는 중간적 책임으로서의 성격을 가지고 있다.

나. 사용자 책임의 면책사유인 '피해자의 중대한 과실'의 의미

사용자 책임이 면책되는 '피해자의 중대한 과실'이라 함은 거래의 상대방이 조금만 주의를 기울였더라면 피용자의 행위가 그 직무권한 내에서 적법하게 행하여진 것이 아니라는 사정을 알 수 있었음에도 만연히 이를 직무권한 내의 행위라고 믿음으로써 일반인에게 요구되는 주의의무에 현저히 위반되는 것으로 거의 고의에 가까운 정도의 주의를 결여하고, 공평의 관점에서 상대방을 구태여 보호할 필요가 없다고 봄이 상당하다고 인

정되는 상태를 말한다. 따라서 일반적인 거래관행과 상이하다는 것을 잘 알고 있음에도 불구하고 명의사용자의 불법적 행위에 편승하여 계약을 체결한 거래의 상대방에게 일반적으로 요구되는 주의의무를 현저히 위반한 중과실이 인정된다(대판 2005. 2. 25. 2003다36133).

다. 입증책임

상기의 면책사유에 관한 입증책임은 사용자에게 있다. 사용자는 피용자의 선임·감독을 게을리 하지 않았음을 입증하고 책임을 면할 수 있는 것으로 입증책임을 사용자에게 전환시키고 있다.

3. 효과

(1) 사용자의 손해배상책임과 대리감독자의 책임

본조가 규정하고 있는 책임을 부담하는 자는 사용자, 즉「타인을 사용하여 어느 사무에 종사하게 한 자」와 대리감독자, 즉「사용자에 갈음하여 그 사무를 감독하는 자」이다.

여기서 제756조 2항에서 정한 사용자에 갈음하여 사무를 감독하는 자란 객관적으로 볼 때 사용자에 갈음하여 현실적으로 구체적인 사업을 감독하는 지위에 있는 자를 뜻한다. 따라서 회사의 대표이사가 타인에게 회사의 사장 직함을 사용하면서 회사 명의로 고철 관련 사업을 전담하되 사업 경비는 회사가 부담하고 이익금은 서로 분배하며 타인에게 급여는 따로 지급하지 아니하기로 하여 그 사무를 집행하도록 하는 한편, 업무에 관하여 타인으로부터 보고를 받고 이를 지휘한 경우, 대표이사는 회사에 갈음하여 현실적으로 타인을 선임 및 감독하는 지위에 있었던 자라 할 것이므로, 타인의 불법행위에 대하여 민법 제756조 제2항 소정의 사용자책임이 있다(대법원 1998. 5. 15. 선고 97다58538 판결).

(2) 피용자의 손해배상책임

사용자가 책임을 부담하는 경우에도 피용자 자신은 책임을 면할 수 없다(대판 1969. 6. 24. 69다441).

피용자의 가해행위는 그 자체가 불법행위의 일반적 성립요건을 충족시킬 뿐만 아니라 본조가 사용자 책임을 인정한 것만으로 피용자의 대외적 책임을 면제하는 취지라고 해석할 근거가 될 수는 없기 때문이다. 그리고 사용자의 책임과 피용자의 책임과의 관계는 부진정연대채무라고 보는 것이 타당하다(판례). 판례는 "고의 또는 과실로 인한 위법행위로 타인에게 직접 손해를 가한 피용자 자신의 손해배상의무와 그 사용자의 손해배상의무는 별개의 채무일 뿐만 아니라 불법행위로 인한 손해의 발생에 관한 피해자의 과실을 참작하여 과실상계를 한 결과 피용자와 사용자가 피해자에게 배상하여야 할 손해액의 범위가 각기 달라질 수 있다(대법원 1994.2.22. 선고 93다53696 판결)"고 한다.

(3) 구상권

피용자와 제3자가 공동불법행위로 피해자에게 손해를 가하여 그 손해배상채무를 부담하는 경우에 피용자와 제3자는 공동불법행위자로서 서로 부진정연대관계에 있고, 한편 사용자의 손해배상책임은 피용자의 배상책임에 대한 대체적 책임이어서 사용자도 제3자와 부진정연대관계에 있다고 보아야 할 것이므로, 사용자가 피용자와 제3자의 책임비율에 의하여 정해진 피용자의 부담부분을 초과하여 피해자에게 손해를 배상한 경우에는 사용자는 제3자에 대하여도 구상권을 행사할 수 있으며, 그 구상의 범위는 제3자의 부담부분에 국한된다고 보는 것이 타당하다(대법원 1992.6.23. 선고 91다33070 전원합의체 판결).

Ⅲ. 도급인의 책임

1. 원 칙

도급에서 수급인은 도급인의 피용자가 아니다. 즉 도급에서 수급인은 도급계약에서 정해진 일을 자기의 판단에 따라 완성할 의무를 질 뿐이고(제664조), 도급인은 수급인을 선임·감독하는 관계에 있지는 않다. 따라서 민법 제757조 본문에서 "도급인은 수급인이 그 일에 관하여 제3자에게 가한 손해를 배상할 책임이 없다"고 정한 것은 도급인은 수급인의 사용자가 아니므로 사용자 책임을 부담하지 않는다는 취지를 주의적으로 규정한 것이라고 해석하는 것이 통설의 입장이다.

2. 예 외 : 도급인이 사용자책임을 지는 경우

(1) 의의

민법 제757조 단서는 도급 또는 지시에 관하여 도급인에게 중대한 과실이 있는 때에는 도급인이 그 책임을 진다고 규정하고 있다. 이 책임의 성질에 관해서는 도급인이 예외적으로 사용자책임을 지는 경우의 요건이라고 해석하는 견해와 도급인의 과실과 손해 사이에 인과관계가 있으면 제750조의 일반불법행위 책임을 지는 점에서 이를 주의적 규정으로 보는 견해가 대립한다.

(2) 요건

도급에서도 실질적으로 지휘·감독관계가 인정되는 경우, 즉 사용관계가 인정되는 경우에는 도급인이 사용자책임을 지게 될 수 있다.

가. 사용관계가 인정되는 사례

ⅰ) 노무도급의 경우

도급인이 수급인에 대하여 특정한 행위를 지휘하거나 특정한 사업을 도급시키는 경우와 같은 이른바 노무도급의 경우에 있어서는 도급인이라고 하더라도 민법 제756조가 규정하고 있는 사용자 책임의 요건으로서 사용관계가 인정된다(대판 1996. 6. 26. 97다58170).

ⅱ) 건설공사현장에서 구체적인 공사를 지휘·감독한 경우

공사의 도급계약 체결 당시 수급인의 현장대리인이 공사현장에서 도급인의 현장감독관의 감독 또는 지시에 따라 공사에 관한 모든 사항을 처리하고, 위 현장감독관은 공사의 대행을 지휘·감독하고 공사에 사용될 재료 또는 공작물을 검사·시험하며, 수급인은 재해 방지를 위하여 필요하다고 인정할 때에는 미리 도급인의 현장 감독관의 의견을 들어 임기의 조치를 취하기로 하는 등의 약정을 하였고, 위 약정에 따라 도급인의 현장감독관이 공사현장에 상주하면서 구체적인 공사를 지휘·감독하였다면, 도급인은 단순히 감리의 권한만을 유보한 취지라고는 보기 어려우므로 도급인과 수급인 사이에는 실질적인 지휘·감독관계가 있으며, 수급인의 불법행위에 대해 도급인이 사용자로서 배상책임을 진다(대판 1992. 6. 23. 92다2615).

나. 사용관계가 인정되지 않는 사례

ⅰ) 도급인의 지시·감독하에 선박 수리작업을 하던 노무수급인이 인근에 있는 다른 선박에 대한 수리를 독자적으로 의뢰받아 작업을 하다 사고를 낸 경우

위 경우, 그 당시 노무수급인이 도급인을 대리하여 수리계약을 체결할 권한이 있는 것과 같은 외관을 보였다거나 도급인과 사이에 명의대여의 관계에 있었던 것이 아닌 이상, 그 수리작업이 외형적으로 관찰할 때 도급인의 직무범위 내에 속하는 것으로 볼 수 없다(대판 1998. 6. 26. 97다5870).

ⅱ) 공사 '감리'의 경우

사용자 및 피용자 관계 인정의 기초가 되는 도급인의 수급인에 대한 지휘·감독은 건설공사의 경우에는 현장에서 구체적인 공사의 운영 및 시행을 직접 지휘·감독하고 감시·독려함으로써 시공 자체를 관리함을 말하는 것이고, 단순히 공사의 운영 및 시공의 정도가 설계도 또는 시방서대로 시행되고 있는가를 확인하여 공정을 감독하는 데에 불과한 이른바 감리는 여기에 해당하지 않는다(대판 1922. 6. 23. 92다2615).

Ⅳ. 공작물의 점유자 및 소유자의 책임

1. 공작물 책임의 의의

공작물의 설치 또는 보존의 하자로 인하여 타인에게 손해를 가한 경우에 그 공작물의 점유자·소유자가 부담할 특수한 배상책임을 공작물책임이라고 한다.

즉 공작물의 설치 또는 하자로 인하여 타인에게 손해를 가한 때에는 그 공작물의 점유자가 제1차적으로 배상책임을 지고, 그가 손해의 방지에 필요한 주의를 게을리 하지 아니한 때에는 제2차적으로 소유자가 배상책임을 진다.

소유자에게는 면책사유가 인정되지 않는다. 그리고 수목의 식재 또는 보존에 하자가 있는 경우에도 마찬가지의 책임이 인정된다.

2. 국가배상책임과의 관계

공작물이 사인의 것이 아닌 국가 또는 지방자치단체가 설치하여 관리하는 것인 때에는, 그 하자로 인해 타인에게 가한 손해에 대해서는 국가 등이 본조(제758조)가 아닌 국가배상법 제5조에 의해 배상책임을 지며 이 경우 면책이 허용되지 않는 무과실책임으로 구성되어 있는 점에서 특색이 있다.

3. 공작물책임의 요건

공작물책임은 공작물의 설치 또는 보존에 하자가 있었기 때문에 타인에게 손해를 가하였을 것을 그 요건으로 한다.

(1) 공작물로부터 손해가 발생하였을 것

공작물이라 함은 인공적 작업에 의하여 만들어진 물건을 말하는 것으로서 전기 그 자체는 여기에서 말하는 공작물에 해당되지 않는다(대판 1993. 6. 29. 93다11913).

공작물에는 토지상의 공작물(예컨대 도로·건물·탑·교량·육교·제방·저수지·우물·담·전주·축대·놀이터의 놀이기구) 뿐만 아니라 건물내의 설비(예 : 천정·계단·엘리베이터)와 건물 외벽에 부착된 물적 설비(예 : 간판)도 이에 포함된다. 또한 자동차 등과 같은 동적인 기업설비도 공작물에 포함된다(대판 1998. 3. 13. 97다34112).

(2) 공작물의 설치 또는 보존에 하자가 있음으로써 손해가 생겼을 것

가. '공작물의 설치 또는 보존의 하자'의 의미

제758조에 정한 '공작물의 설치 또는 보존의 하자'라 함은 공작물이 그 용도에 따라 갖추어야 할 안전성을 갖추지 못한 상태에 있음을 말하고, 안전성을 갖추지 못한 상태, 즉 타인에게 위해를 끼칠 위험성이 있는 상태라 함은 당해 공작물을 구성하는 목적 시

설 그 자체에 있는 물리적·외형적 흠결이나 불비로 인하여 그 이용자에게 위해를 끼칠 위험성이 있는 경우뿐만 아니라, 그 공작물이 이용됨에 있어 그 이용상태 및 정도가 일정한 한도를 초과하여 제3자에게 사회통념상 수인할 것이 기대되는 한도를 넘는 피해를 입히는 경우까지 포함된다고 보아야 하고, 이 경우 제3자의 수인한도의 기준을 결정함에 있어서는 일반적으로 침해되는 권리나 이익의 성질과 침해의 정도뿐만 아니라 침해행위가 갖는 공공성의 내용과 정도, 그 지역 환경의 특수성, 공법적인 규제에 의하여 확보하려는 환경기준, 침해를 방지 또는 경감시키거나 손해를 회피할 방안의 유무 및 그 난이 정도 등 여러 사정을 종합적으로 고려하여 구체적 사건에 따라 개별적으로 결정하여야 한다(대판 2007. 6. 15. 2004다37904, 37911).

나. 하자판단의 기준

ⅰ) 그 공작물의 위험성에 비례하여 사회통념상 일반적으로 요구되는 정도의 방호조치를 다하였는지 여부

공작물의 설치 또는 보존상의 하자란 공작물이 그 용도에 따라 통상 갖추어야 할 안전성을 갖추지 못한 상태에 있음을 말하는 것으로서, 이와 같은 안전성의 구비 여부를 판단함에 있어서는 당해 공작물의 설치보존자가 그 공작물의 위험성에 비례하여 사회통념상 일반적으로 요구되는 정도의 방호조치의무를 다하였는지 여부를 기준으로 삼아야 한다(대판 1996. 2. 13. 95다22351).

ⅱ) 공작물 등의 안전에 결함이 생긴 경우, 그 결함을 제거할 수 있었음에도 이를 방치하였는지 여부

도로의 설치 후 집중호우 등 자연력이 작용하거나 또는 제3자의 행위에 의하여 통행상의 안전에 결함이 발생한 경우, 그 도로의 점유·관리자가 그 결함을 제거할 수 있었음에도 이를 방치하였는지 등 여러 사정을 종합하여 도로의 보존상의 하자 여부를 결정하여야 한다(대판 1998. 2. 13. 97다49800).

다. 입증책임

공작물의 하자의 존재에 관한 입증책임은 피해자에게 있다(대판 1982. 8. 24. 82다카348).

4. 효과

위 요건이 구비되면 제1차적으로 공작물의 점유자가 손해배상책임을 지고, 점유자가 면책되면 소유자가 그 책임을 진다(제758조 1항).

(1) 점유자의 책임

제758조 제1항의 소정의 '공작물 점유자'라 함은 공작물을 사실상 지배하면서 그 설치 또는 보존상의 하자로 인하여 발생할 수 있는 각종 사고를 방지하기 위하여 공작물을 보수·관리할 권한 및 책임이 있는 자를 말한다(대판 2000. 4. 21. 2000다386).

(2) 소유자의 책임

점유자가 면책된 때 또는 점유자와 소유자가 동일인인 때에는 소유자가 최종적으로 책임을 진다. 소유자는 점유자와 달리 손해의 방지에 필요한 주의를 다하였더라도 면책이 인정되지 않고, 공작물의 하자로 인해 손해가 생긴 것인 한 그 책임을 지는 무과실책임으로 구성되어 있다. 주의할 것은 이때의 소유자는 법률상의 소유자를 말하는 것이고, 매수인이 이전등기를 하고 있지 않은 동안은 매도인이 소유자로서 책임을 지게 된다.

(3) 점유자·소유자의 구상권

점유자 또는 소유자가 배상을 한 경우에는 그 손해의 원인에 대해 책임이 있는 자에 대하여 구상권을 행사할 수 있다(제758조 3항). 다만 이들은 손해의 원인에 대해 책임, 즉 과실이 있을 것을 요건으로 한다.

V. 동물점유자의 책임

1. 동물점유자의 책임의 의의 및 성질

동물점유자의 책임이란 동물이 타인에게 손해를 가한 경우에 그 동물의 점유자 또는 보관자가 부담하는 손해배상책임(민법 제759조)을 말하며, 본조에서 규정한 이와 같은 동물점유자의 무과실책임은 로마법에서도 널리 인정되어 있었으나, 게르만법에서는 더욱 더 넓게 인정하였다.

동물의 점유자 또는 그에 갈음하여 동물을 보관하는 자는 상당한 주의를 하였음을 입증하면 면책되기 때문에 동물점유자의 책임도 사용자책임 등과 마찬가지로 과실의 입증책임을 전환한 이른바 중간적 책임이라고 볼 수 있다. 그리고 이 책임의 가중은 일종의 위험책임에 근거를 둔 것이다.

2. 동물점유자의 책임의 요건

우선 동물이 손해를 가했어야 한다. 동물의 종류는 묻지 않는다. 개·소·말·닭 등의 가축은 물론, 가축 아닌 동물도 포함한다. 그러나 동물의 종류·성질에 따라 점유자의 주의의 정도는 달라지게 될 것이다.

(1) 타인에게 가한 손해

동물이 「타인에게 가한 손해」가 배상의 대상이 된다. 인체에 가한 손해뿐만 아니라 물건을 파괴한 경우와 같이 타인의 소유물 등에 가한 손해도 포함한다.

그러나 동물 자체의 동작에 의한 것이 아니라, 사람이 동물을 성나게 해서 손해를 발생시킨 경우에는 제750조에 의한 일반 불법행위로서의 책임을 진다.

(2) 면책사유가 없을 것

면책사유에 대한 입증이 없어야 한다.「동물의 종류 및 성질에 따라 그 보관에 상당한 주의를 게을리 하지 아니한 때」가 면책사유가 된다.

상당한 주의를 했음에도 불구하고 손해가 생겼을 경우에는 면책이 된다고 하여야 할 것이다. 이 면책사유의 입증책임자는 동물점유자이다.

3. 손해배상책임자

손해배상의 책임자는「동물의 점유자」와「점유자에 갈음하여 동물을 보관한 자」이다.

전자는 소유자 자신이 점유하는 경우의 소유자·임차인 등이고, 후자는 임치인이다.

이 보관자는 규정상 독립한 점유자로서 당연히 본조 1항의 점유자에 포함된다고 생각할 수 있으므로 본조 2항은 특별규정으로서의 의미는 없고, 단지 하나의 주의적 규정에 불과하다 할 것이다.

이에 대하여 점유보조자가 보관자에 포함되느냐에 관하여는 독립한 지위에 있지 아니한 점유보조자에게 무거운 책임을 부담하게 하여서는 아니되므로 제759조 2항의 보관자에 포함되지 않는다고 본다.

직접점유자에게만 본조가 적용된다면 점유자와 보관자가 동시에 책임을 부담하게 되는 일은 있을 수 없으나, 간접점유를 시키고 있는 본인이 일반불법행위책임을 부담하는 때에는 양자의 책임이 경합하게 된다.

그리고 이 경우에 있어서의 양자의 책임은 사용자와 피용자의 책임과 마찬가지로 부진정연대채무관계가 되어 어느 쪽도 전부의 배상의무를 지게 되는 것으로 해석한다.

본조에 의하여 배상을 한 점유자·보관자는 손해의 원인에 대한 책임을 져야 할 자가 따로 있는 경우에는 그 자에 대하여 구상권을 행사할 수 있다. 이 점에 관하여는 명문의 규정이 없으나 당연한 것으로 해석하여야 할 것이다.

VI. 공동불법행위

1. 공동불법행위의 의의

복수의 사람이 공동으로 불법행위를 하여 타인에게 손해를 가한 경우를 공동불법행위라 하며, 민법 제760조가 이를 규정한 것이다. 본조의 규정을 분석하면 이하의 세 경우를 포함한다.

즉 ① 수인이 「공동의 불법행위」에 의하여 타인에게 손해를 가한 때에는 「연대하여」 그 손해를 배상할 책임이 있다고 하고, ② 「수인의 행위 중 어느 자의 행위가 그 손해를 가한 것인지 알 수 없는 때」에도 마찬가지로 다루어지며, ③ 「교사자」 및 「방조자」는 「공동행위자」로 본다는 것이다.

2. 공동불법행위의 태양

(1) 협의의 공동불법행위(제760조 1항)

「수인이 공동의 불법행위로 타인에게 손해를 가한 때」, 예컨대 수인이 공동하여 타인을 구타한다거나 혹은 수인이 공동으로 강도·절도를 하는 경우와 같이 복수의 사람의 행위가 서로 관련·공동하여 하나의 위법행위를 구성하는 때에 이를 「협의의 공동불법행위」라고 한다.

협의의 공동불법행위가 성립하려면 다음의 요건을 갖추어야 한다.

ⅰ) 각 행위자의 행위가 독립하여 불법행위의 요건을 갖출 것

가해자 각자가 각기 독립하여 불법행위의 요건을 갖추어야 한다는 것이 통설이다. 즉 각 가해자에게 고의 또는 과실이 있어야 하고, 책임능력이 있어야 한다. 그렇다면 각자의 행위와 손해발생 사이에 인과관계가 있어야 하는가? 이에 대해 학설은 대립하고 있는데, 판례는 각자의 행위와 손해발생 사이에 있어 개별적 인과관계까지는 불필요하고 공동불법행위자 전체의 행위와 손해발생 사이에만 인과관계가 있으면 족하다는 판례(대판 1997.11.28. 97다18448)와 각자의 행위와 손해발생 사이에 개별적 인과관계를 요구하는 판례도 다수 있어(대판 1998.11.24. 98다32045 등) 현재 판례의 태도는 두 가지 형태가 모두 존재하고 있다고 평가된다.

ⅱ) 수인이 공동으로 불법행위를 하였을 것

여기서 '공동'의 의미에 관해서는 견해가 대립된다.

① 주관적 공동설

협의의 공동불법행위의 성립에는 '주관적 공동관계'를 필요로 하며, 따라서 행위자 사이에는 공모 또는 공동의 인식이 필요하다는 견해로, 공모 등이 있는 경우에는 제760조 1항을 적용하고, 그 외의 경우에는 제2항을 적용하자고 한다. 이 견해에 의하면 과실의 불법행위가 경합한 때에는 제2항이 적용되지만, 각자가 손해발생과 직결되어 있는 경우

에는 손해배상책임을 진다고 한다.

② 객관적 공동설

행위자(가해자) 사이에 공모 내지 의사의 공통이나 공동의 인식은 필요 없으며, 그 행위가 객관적으로 관련·공동되어 있으면 된다고 하는 견해로, 각 행위가 손해발생에 대하여 공통의 원인이 되었다고 인정되면(객관적 공동관계) 충분하다고 한다(통설). 판례는 제760조의 공동불법행위의 경우 행위자 상호간의 공모는 물론 공동의 인식을 필요로 하지 아니하고, 객관적으로 그 공동행위가 관련되어 있으면 족하며, 그 관련 공동성 있는 행위에 의하여 손해가 발생함으로써 공동불법행위가 성립한다고 한다(대판 2003. 1. 10. 2002다35850).

(2) 가해자 불명의 공동불법행위(제760조 2항)

즉「공동아닌 수인의 행위 중 어떤 자의 행위가 그 손해를 가한 것인지를 알 수 없는 때」, 예컨대 수인이 공동으로 타인을 구타하고 있는 동안에 그 중 1인이 칼로 상해를 하였다거나, 또는 수인이 투석으로 상해를 가하였다고 할 때에 이들 상해가 누구의 것인지 알 수 없는 불명한 경우가 이에 해당한다.

이러한 경우는 상해를 주는 것 자체에는 객관적 공동성이 없는 점에서 협의의 공동불법행위와 다르다.

(3) 교사·방조(제760조 3항)

교사자나 방조자는 공동행위자로 본다.

가. 교사

교사는 타인으로 하여금 불법행위에 대한 의사결정을 하도록 만드는 것으로, 교사의 수단·방법에는 아무런 제한이 없다(예 : 강박·기망·애원·감언에 의한 유도, 촉탁, 지시, 시사 등).

나. 방조

제760조 제3항은 교사자나 방조자는 공동행위자로 본다고 규정하여 교사자나 방조자에게 공동불법행위자로서 책임을 부담시키고 있는 바, 방조라 함은 불법행위를 용이하게 하는 직접, 간접의 모든 행위를 취하지 아니하는 부작위로 인하여 불법행위자의 실행행위를 용이하게 하는 경우도 포함한다(대판 2007. 5. 10. 2005다55299).

3. 공동불법행위자의 책임

(1) 연대책임

제760조에서 정하는 3가지 유형에 속하는 공동불법행위자는 타인이 입은 손해에 대해 연대하여 배상할 책임을 진다. 여기서 '연대'는 부진정연대채무로 해석하는 것이 통설, 판례(대판 1992. 6. 23. 91다33070)의 태도이다.

(2) 배상의 범위

공동불법행위와 상당인과관계에 있는 모든 손해를 배상하여야 한다. 그러나 특별사정에 의한 손해에 관하여는 예견가능성을 가진 불법행위자만이 배상책임을 지는 것으로 보아야 한다.

(3) 구상관계

가. 의의

부진정연대채무에서는 채무자간에 주관적 공동관계가 없기 때문에 부담부분이 없고, 따라서 원칙적으로 구상관계가 발생하지 않는다. 그런데 판례는 공평한 손해분담의 차원에서 공동불법행위자가 상호간에 그 과실의 비율에 따라 부담부분을 가지는 것으로 보아, 그 전부를 변제한 자는 다른 공동불법행위자의 부담부분 즉, 손해발생에 기여한 과실의 정도에 따라 구상권을 행사하는 것을 인정한다(대판 1992. 3. 31. 91다39849).

나. 공동불법행위자 상호간의 부담부분의 산정방법

공동불법행위자는 채권자에 대한 관계에서는 연대책임(부진정연대채무)을 지되, 공동불법행위자들 내부관계에서는 일정한 부담 부분이 있고, 이 부담 부분은 공동불법행위자의 과실의 정도에 따라 정하여지는 것으로서 공동불법행위자 중 1인이 자기의 부담부분 이상을 변제하여 공동의 면책을 얻게 하였을 때에는 다른 공동불법행위자에게 그 부담부분의 비율에 따라 구상권을 행사할 수 있다(대판 2002. 9. 24. 2000다69712).

다. 구상권의 행사요건과 범위

공동불법행위자 상호간에 따른 구상권 행사를 위하여는 전체 공동불법행위자 가운데 구상의 상대방이 부담하는 부분의 비율을 정하여야 하므로 단순히 구상의 당사자 사이의 상대적 부담비율만을 정하여서는 아니되며, 또한 피해자가 여럿이고 피해자별로 공동불법행위자 또는 공동불법행위자들 내부관계에 있어서의 일정한 부담 부분이 다른 경우에는 피해자별로 구상관계를 달리 정하여야 한다(대판 2002. 9. 24. 2000다69712).

제 3 절 불법행위로 인한 손해배상청구권

I. 손해배상의 범위

채무불이행으로 인한 손해배상의 범위를 정한 제393조는 불법행위로 인한 손해배상에도 준용되므로(제763조), 통상손해와 특별손해의 두 가지 기준에 의해 그 배상범위가 결정된다.

1. 통상손해

불법행위로 인한 손해배상은 통상의 손해를 그 한도로 한다(제393조 1항). 즉 불법행위가 있으면 일반적으로 발생하는 손해에 대해서는 가해자는 그 전부를 배상하여야 한다.

2. 특별손해

특별한 사정으로 인한 손해는 가해자가 그 사정을 알았거나 알 수 있었을 때에 한하여 배상의 책임이 있다(제393조 2항).

즉, 불법행위로 인해 일반적으로 발생하는 손해가 아니라 피해자에게만 존재하는 특별한 사정에 기초하여 발생한 손해에 대해서는 가해자가 그 특별한 사정을 알았거나 알 수 있었을 때에 한해서만 배상책임을 진다. 판례는 차량이 전신주를 들이받아 전선이 절단됨으로써 그 전선으로부터 전력을 공급받아 비닐하우스를 가동하던 피해자가 입은 손해를 특별한 사정으로 인한 손해라고 하였다(대판 1995. 12. 12. 95다11344).

II. 손해배상의 방법 : 금전배상주의

손해배상의 방법으로는 원상회복주의와 금전배상주의가 있는데, 우리 민법은 금전배상주의를 취하고 있다(제763조, 제394조).

재산적 손해뿐만 아니라 정신적 손해의 배상(위자료)도 금전으로 평가해서 배상해야 한다. 다만, 민법은 명예훼손의 경우에는 법원은 피해자의 청구가 있을 때에, 손해배상에 갈음하여 또는 손해배상과 함께 '명예회복에 적당한 처분'을 명할 수 있도록 하여(제764조), 예외적으로 원상회복의 방법을 인정하고 있다.

> **\<Q & A\>**
> **불법행위로 인한 손해배상청구 시 정기금 또는 일시금의 선택기준**
>
> Q) 불법행위로 입은 상해의 후유장애로 인하여 장래에 계속적으로 치료비나 개호비 등을 지출하여야 할 손해를 입은 피해자가 그 손해배상을 청구하게 되면, 어느 경우에 정기금에 의한 지급을 명할 수 있고, 어느 경우에 일시금의 지급을 명하게 되는가?

A)
1. 문제점
불법행위로 인한 손해배상청구 시 정기금 또는 일시금의 선택기준이 어떠한지가 문제된다.

2. 판례의 태도
판례는 "불법행위로 입은 상해의 후유장애로 인하여 장래에 계속적으로 치료비나 개호비 등을 지출하여야 할 손해를 입은 피해자가 그 손해배상을 정기금지급과 일시금지급 중 어느 방식에 의하여 청구할 것인지는 원칙적으로 손해배상청구권자 자신이 임의로 선택할 수 있는 것으로서, 다만 식물인간 등의 경우와 같이 그 후유장애의 계속기간이나 잔존여명이 단축된 정도 등을 확정하기 곤란하여 일시금지급방식에 의한 손해배상이 사회정의와 형평이념에 비추어 현저하게 불합리한 결과를 초래할 우려가 있다고 인정될 때에는, 손해배상청구권자가 일시금지급을 청구하였더라도 법원이 재량에 따라 정기금지급을 명하는 판결을 할 수 있다."라고 하였으며(대법원 1996. 8. 23. 선고 96다21591 판결), "향후 치료비와 개호비 손해를 산정함에 있어서 피해자의 여명예측(餘命豫測)이 불확실한 경우에는 피해자가 확실히 생존하고 있으리라고 인정되는 기간 동안의 손해는 일시금의 지급을 명하고, 그 이후의 기간은 피해자의 생존을 조건으로 정기금의 지급을 명할 수밖에 없으므로, 그와 같은 산정방식을 두고 법원의 재량의 범위를 넘어섰다고 할 수는 없다."라고 하였고(대법원 2000. 7. 28. 선고 2000다11317 판결), 또한, 교통사고로 입은 중증 뇌좌상과 그 후유증인 우측완전반신마비, 언어불능 등으로 인하여 잔존여명이 10년 정도 단축된 것으로 인정되고, 향후치료비 등 손해에 대하여 일시금지급을 명하는 것이 사회정의와 형평이념에 비추어 현저하게 불합리한 결과를 초래할 우려가 있다고 인정할 수 없다는 이유로 정기금지급을 명한 원심판결을 파기한 판례가 있다(대법원 1995. 6. 9. 선고 94다30515 판결).

3. 결론
따라서 피해자는 정기금지급 및 일시금지급을 임의로 선택할 수 있으나, 일시금지급 범위에 의한 손해배상이 현저하게 불합리한 결과를 초래할 우려가 있다고 인정된 때에는 법원의 재량에 의해 정기금지급을 명할 수 있을 것이다.

III. 손해배상액의 산정

1. 의의

손해배상은 금전으로 배상하는 것이 원칙이므로(제763조, 제394조) 배상되어야 할 손해를 금전으로 평가하는 과정이 요구되는데, 이를 '손해배상액의 산정'이라고 한다.

2. 배상액 산정의 기준시기 : 불법행위시

손해배상의 산정은 불법행위 당시를 기준으로 한다. 판례는 불법행위로 인한 손해배상채권은 불법행위시에 발생하고 그 이행기가 도래하는 것이므로, 장래 발생할 소극적, 적극적 손해의 경우에도 불법행위시가 배상액 산정의 기준시기가 되고, 이때부터 장래의 손해발생시점까지의 중간이자를 공제한 금액에 대하여 다시 불법행위시부터의 지연손해금을 부가하여 지급을 명할 것이 원칙이라고 하였다(대판 1994. 2. 25. 93다38444).

3. 손해의 종류(손해3분설)

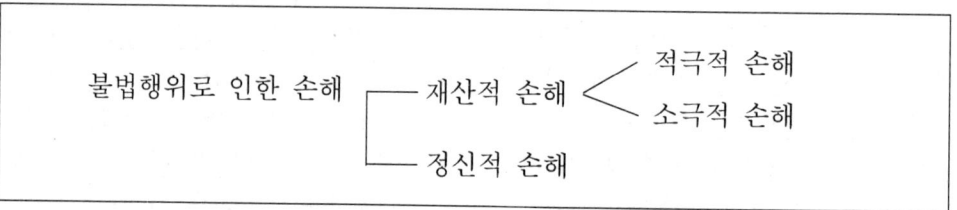

(1) 재산적 손해

불법행위로 인한 재산적 손해는 위법한 가해행위로 인하여 발생한 재산상의 불이익, 즉 그 위법행위가 없었더라면 존재하였을 재산 상태와 그 위법행위가 가해진 현재의 재산상태의 차이를 말하는 것이고, 그것은 기존의 이익이 상실되는 적극적 손해와 장차 얻을 수 있는 이익을 얻지 못하는 소극적 손해를 포함하는 것이다(대판 1996. 2. 9. 94다53372).

(2) 정신적 손해

민법은 불법행위로 정신적 고통을 준 때에는 이를 배상할 책임을 규정하는데, 이러한 정신적 손해를 '재산 이외의 손해'라고 칭하며(제751조 1항), 이에 대한 금전배상을 위자료라고 한다.

<Q & A>
불법행위로 인한 물적 피해를 입은 경우 위자료청구가 가능한지

Q) 甲은 주택의 신축공사를 하면서 지반붕괴에 대한 방지조치를 제대로 하지 않아 인접한 A 소유의 주택의 일부가 붕괴되었고, A는 그 주택이 완전 붕괴할 위험이 있어 친척집에서 거주하고 있다. 이러한 경우 A는 주택붕괴로 인한 재산상 손해배상청구뿐만 아니라, 이로 인한 정신적 고통에 대한 위자료도 청구할 수 있는가?

A)
1. 문제점
사안과 같은 물적 침해에 대한 손해배상청구에 있어서 위자료청구가 가능한지가 문제된다.

2. 판례의 태도
이에 관하여 판례는, 불법행위로 인하여 물건이 훼손된 경우 그 손해는 수리가 가능하면 그 수리비가, 수리가 불가능하면 그 교환가치의 감소가 통상의 손해에 해당하므로 지하굴착공사로 건물이 파손·균열됨에 따른 재산상 손해로 보수 등 공사비와 아울러 구하는, 그 보수 후 건물의 교환가치 감소액 상당의 손해는 특별사정으로 인한 손해라 할 것이고(대법원 1991. 6. 11. 선고 90다20206 판결), 일반적으로 타인의 불법행위로 인하여 재산권이 침해된 경우에는 그 재산적 손해배상에 의하여 정신적 고통도 회복된다고 보아야 하므로 이를 이유로 위자료청구권을 행사하는 것은 특별손해로서 허용되지 아니하나, 재산상 손해의 배상이 이루어진다고 하여도 그것만으로 회복될 수 없는 정신적 손해가 남는 경우라고 인정된다면 그 물적 침해로 인한 정신적 고통에 대한 위자료청구를 인정할 수 있다고 하였으며(대법원 1995. 5. 12. 선고 94다25551 판결), 재산상의 손해 이외에 명예나 신용의 훼손 등으로 재산적 손해의 배상만으로는 회복할 수 없는 정신적 손해가 있는 경우에는 그로 인한 정신적 고통에 대하여 위자료를 지급하여야 한다고 하였다(대법원 1997. 2. 14. 선고 96다36159 판결).

3. 결론
따라서 위 사안의 경우에 있어서는 A소유의 주택이 완전붕괴의 위험을 느낄 정도라면 그 충격과 주거생활의 불안 등으로 상당한 정신적 고통을 받았을 것이 경험칙상 인정된다고 할 것이므로, 甲은 그로 인하여 A가 받은 정신적 고통에 대하여도 배상하여야 할 것이다.

4. 배상액의 산정방법(특히 생명침해 또는 신체상해의 경우)

아래에서는 재산적 손해배상의 산정방법에 대해서 설명하기로 한다.

(1) 적극적 손해

불법행위로 인하여 상실되는 기존의 이익이 적극적 손해이다.

가. 치료비

상해를 치료하는데 있어서 드는 각종 비용(입원비·약대·진료비)이 포함된다. 부상으로 인한 후유증으로 사망할 때까지 개호인을 필요로 하는 때에는 그 비용도 포함되고, 그 외에 장차 사용하여야 할 의수·의족 등의 구매비용도 현재의 가격을 기준으로 산정하여 배상하여야 한다.

나. 장례비 등

고의 또는 과실에 의하여 타인의 생명을 해한 사람은 그 장례에 관한 비용을 손해로서 배상할 의무가 있고, 누구든지 사망은 피할 수 없는 것이고 그 비용은 사망자의 친족이 당연히 부담할 것이라는 이유로 그 배상의무를 면할 수 없다(대판 1966. 10. 11. 66다1456). 한편, 장례에서 조객으로부터 받는 부의금은 손실을 전보하는 성질의 것이 아니므로 배상액에서 공제할 것이 아니다(대판 1976. 2. 24. 75다1088).

(2) 소극적 손해(일실이익)

장차 얻을 수 있는 이익을 얻지 못하는 것을 소극적 손해(일실이익)라 한다.

가. 일실이익의 산정기준

불법행위로 인한 피해자의 일실이익을 산정함에 있어서는 사고 당시의 피해자의 소득을 기준으로 하여 산정할 수도 있고 추정소득에 의하여 이를 평가할 수도 있는 것이며, 이와 같은 일실이익의 산정은 불확정한 미래사실의 예측이므로 당해 사건에 현출된 구체적 사정을 기초로 하여 합리적이고 객관성 있는 기대수익을 산정하면 족하다(1991. 10. 8. 90다19039).

나. 수입액

봉급생활자의 경우에는 그 임금을 기준으로 산정하는데, 봉급이 증가될 것을 예측할 수 있는 객관적인 자료가 있는 때에는 이를 통상손해로 보아 가해자의 예견 여부를 묻지 않고 일실수입에 포함시킨다(대판(전원합의체) 1989. 12. 26. 88다카6761).

다. 수입이 가능한 기간

ⅰ) 기간산출방법 : 통계에 의한 생명표로부터 사망한 사람의 생존을 측정하는 연수,

이른바 평균(기대)여명을 알 수 있다. 이를 기초로 하여 사망한 사람의 직업·건강상태 등을 고려하여 수입 내지 소득이 가능한 기간이 산출된다.

ⅱ) 피해자의 수입이 가능한 최초의 시기 : 원칙적으로 만20세부터라는 것이 판례의 입장이다. 다만 남자로서 군복무중인 때에는 제대하여 노동에 실제로 종사할 수 있는 때를 기준으로 한다(대판 1966. 7. 26. 66다1077).

ⅲ) 수입이 가능한 최종의 시기 : 수입이 가능한 최종의 시기는 피해자의 직업이나 건강상태에 따라 다르다

㈀ 그 직업이 정년이 정하여져 있는 때에는 그것에 의하여 수입가능연령을 인정하여야 한다(대판 1969. 9. 30. 69다1070).

㈁ 판례는 일비노동에 종사하는 사람은 만 60세에 이르기까지 가동할 수 있다고 보는 것이 경험칙상 타당하다고 보았다(대판 1991. 3. 27. 90다11400).

㈂ 또한 대법원은 일반육체노동의 가동연한을 55세로 본 종전의 판례를 폐기하면서, 일반적으로 55세가 넘어서도 가동될 수 있다고 보되, 그 한계연령은 피해자의 연령, 직업, 건강상태 등 구체적인 사정을 고려하여 정하도록 했다(대판(전원합의체) 1989. 12. 26. 88다카16867).

㈃ 정신노동자는 일반적으로 육체노동자보다 가동기간이 긴데, 그러나 특수한 사정을 고려하지 않고 일률적으로 65세로 보아서는 안 된다(대판 1984. 4. 10. 83다카614).

라. 노동능력상실률

ⅰ) 노동능력상실로 인한 일실이익의 산정방법 : 노동능력 상실로 인하여 종전의 직장에 계속 종사할 수는 없으나 노동능력이 남아 있어 다른 직업에 종사할 수 있는 경우, 그 일실이익을 산정하는 방법에는 다음과 같은 것이 있다.

㈀ 평가설(노동능력 상실설) : 정상수입× 상실률

㈁ 차액설(수입상실설) : 현재수입액-남은노동력으로 재취업이 가능한 직업상의 수입

판례는 종전에는 차액설의 입장을 일관하였으나 그 후의 판례에서는 두 가지 방식 중 어느 방식에 의하더라도 무방하다고 한다(대판 1986.3. 25. 85다카538).

ⅱ) 노동력 상실률의 결정방법 : 노동력 상실률의 결정에는 보통 의사의 감정의견을 기초로 하여 각종 법령에 의한 기준표(자동차손해배상보장법시행령·산업재해보험법시행령·국가배상법시행령 등)나 이들 기준표가 적용되지 않는 경우에는 맥브라이드(Mcbride) 기준표(부상의 등급을 백분율로 세밀하게 분류)를 이용한다.

마. 생활비 등의 공제

 피해자는 생명침해에 의하여 얻을 수 있는 이익을 상실하는 동시에 생존한다면 장래 지출하여야 할 생활비를 면하게 되므로, 피해자의 장래에 얻을 수 있는 수익으로부터 생활비를 공제하여야 한다(대판 1966. 3. 22. 66다116). 그러나 피해자가 사망하지 않고 부상을 입은 때에는 생활비를 공제하여서는 안 된다. 생활비에는 단순한 식생활에 드는 비용뿐만 아니라 피복비·주택비·교통비·문화비 등 생활에 필요한 여러 비용을 포함한다.

 한편 미성년자가 성년이 되어 수입이 가능할 때까지의 생활비는 그 친권자나 부양의무자의 부담에 속하는 것이므로, 불법행위로 사망한 미성년자의 일실이익을 산정함에 있어서는 그의 성년에 이르기까지의 생활비는 그 일실이익에서 공제할 것이 아니다(대판 1970. 2. 24. 69다1388).

바. 중간이자의 공제

 손해배상액을 정기적으로 지급하지 않고 현재 일괄지급하기 위해서는 중간이자를 공제하여야 한다. 금전은 이자를 낳은 자본이므로 미리 받는 배상금은 배상을 할 때부터 피해자가 실제로 이익을 얻을 수 있을 때까지 이자가 생기게 되어, 피해자는 실제로 입은 손해보다 많은 부당이득을 하는 결과가 되기 때문이다.

 그 공제방식에는 다음의 세 가지가 있다. 즉 장래 취득할 총 금액을 A, 그 현가를 X, 노동가능기간(연수)을 n, 이율을 i 라고 하면

① Hoffmann식 : $X = \dfrac{A}{1+ni}$

② Leibniz식 : $X = \dfrac{A}{(1+i)n}$

③ Garpzow식 : $X = A(1-ni)$ 이다.

 판례는 종래 Hoffmann식을 사용하였는데, 그 후에는 법원이 자유로운 판단에 따라 Hoffmann식이나 Leibniz식 어느 방식에 의하여도 무방하다고 한다. 호프만식은 공제되는 중간이자가 단리 방식인데 비해, 라이프니쯔식은 복리방식인 점에서, 손해배상액은 공제되는 중간이자의 액수가 상대적으로 적은 전자의 경우가 후자에 비해 많게 된다.

Ⅳ. 과실상계

1. 의의

채무불이행에 있어서 인정되는 과실상계에 관한 제396조는 불법행위에도 준용된다(제763조). 따라서 손해배상의 책임 및 금액을 정할 때에 피해자의 과실도 이를 참작하여야 한다.

2. 피해자의 과실

피해자의 과실은 가해자의 과실과 같은 정도의 것은 아니고, 다만 그것이 손해배상액 산정에 참작된다는 점에서 적어도 신의칙상 요구되는 결과발생 회피의무, 즉 일반적으로 예견가능한 결과발생을 회피하여 피해자가 자신의 불이익을 방지할 주의를 게을리 하는 것을 말한다(대판 1999. 9. 21. 99다31667).

3. 피해자 이외의 자(피해자측)의 과실

신의칙 또는 손해부담의 공평이라는 손해배상제도의 이념에 비추어 볼 때, 피해자의 과실에는 피해자 본인의 과실뿐만 아니라 그와 신분상 내지는 사회생활상 일체를 이루는 관계에 있는 자의 과실도 피해자의 과실로서 참작되어야 한다(대판 1999. 7. 23. 98다31868).

4. 효과

피해자에게 과실이 인정되면 법원은 손해배상의 책임 및 그 금액을 정함에 있어 이를 참작하여야 하고, 배상의무자가 피해자의 과실에 관하여 주장하지 않는 경우에도 소송자료에 의하여 과실이 인정되는 때에는 이를 법원이 직권으로 심리 판단하여야 한다(대판 1996. 10. 25. 96다30113). 과실상계사유에 관한 사실인정이나 그 비율을 정하는 것은 그것이 형평의 원칙에 비추어 현저히 불합리하다고 인정되지 아니한 한 사실심의 전권사항에 속한다(대판 1991. 7. 23. 89다카1275). 과실상계의 비율은 재산상 손해나 정신상 손해에 일률적으로 적용되어야 한다(대판 1979. 12. 11. 79다1733).

제3편　채권확보의 방법

제1장 담보물권(저당권)의 설정 ··· 411

제 1 장　담보물권(저당권)의 설정

제 1 절　저당권의 설정절차

Ⅰ. 채권확보를 위한 담보방법

　금전거래에 있어서 채무자가 갚을 날짜에 갚지 않을 경우 채권자는 돈을 받기 위하여 법원에 소송을 제기하여 판결을 받아 강제집행을 하여야 하는데, 이것은 많은 시간과 비용이 들고, 나아가 이러한 절차를 밟고도 돈을 받지 못하는 경우가 많다.

　그러나 사회생활상 빈번히 발생하는 금전거래는 피할 수 없는 것으로써 이로 인한 채권확보방법 등에 주의를 기울일 필요가 있다.

　채권확보를 위한 담보방법에는 인적 담보(보증·연대보증)와 물적 담보가 있는데, 물적 담보로는 대표적인 것이 저당권 설정이고, 유치권이나 질권을 설정하기도 한다.

　특히 돈을 빌려주는 경우의 채권확보방법을 보면, ① 채무자 갑의 부동산에 저당권을 설정하는 방법, ② 갑의 동산이나 부동산에 양도담보를 설정하는 방법, ③ 갑의 부동산에 대하여 대물변제예약을 하는 방법, ④ 금전소비대차계약공정증서 또는 약속어음공정증서를 작성하는 방법 등이 있다.

　이와 같은 방법들 중에서 당사자의 사정에 맞추어 선택하면 될 것이다. 위 방법들 중에서 저당권설정, 부동산양도담보, 대물변제예약의 경우에는 당사자 사이에 설정계약을 한 후 등기를 하여야 하고, 동산양도담보 및 금전소비대차계약공증, 약속어음공증의 경우에는 공증인사무소에서 공증의뢰를 하면 된다.

　이하에서는 저당권의 설정절차에 관해서 살펴보기로 한다.

Ⅱ. 저당권의 의의

　저당권이란 채무자 또는 제3자(이를 물상보증인이라 함)가 점유를 이전하지 않고 종전대로 사용·수익하면서 채무의 담보로 제공한 부동산 기타의 목적물로부터 우선변제를 받을 수 있는 권리를 말한다(민법 제356조).

　저당권은 채권의 담보로 채무자 또는 제3자가 제공한 물건으로부터 우선변제를 받는 점에서는 질권자 같지만, 질권에서는 질권자가 그 담보물을 점유하는 데 반해, 저당권에서는 그 점유의 이전 없이, 즉 채무자가 종전대로 목적물을 점유하여 사용·수익하고 저당권자는 그 목적물이 가지는 교환가치만을 파악하는 점에서 질권과 결정적인 차이가 있다.

Ⅲ. 저당권의 성립

저당권은 채권자와 저당권설정자(채무자·물상보증인) 사이의 저당권설정계약과 저당권설정등기에 의하여 성립하는 것이 원칙이다.

1. 저당권설정계약

저당권설정계약은 저당권의 설정 자체를 목적으로 하는 계약이다. 통상 저당권설정계약서를 작성한다. 저당권설정계약의 당사자는 저당권자와 저당권설정자이다.

(1) 저당권자

저당권자는 채권자에 한한다. 민법은 채권자가 아닌 자에게 저당권을 인정하지 않는다.

(2) 저당권설정자

가. 채무자 또는 제3자(물상보증인)

저당권설정자는 채무자인 것이 보통이지만 제3자일 수도 있다(민법 제356조). 이때에 제3자를 물상보증인이라고 한다. 물상보증인이 채무를 변제하거나 저당권의 실행으로 인하여 저당물의 소유권을 잃은 때에는 채무자에 대하여 구상권을 가진다(민법 제341조·제370조).

나. 저당권설정자의 처분권

저당권설정계약은 일종의 처분행위이므로 저당권설정자는 목적물에 대해 처분권을 가져야만 한다. 처분권한이 없이 맺은 저당권설정계약은 무효이다. 따라서 자기의 소유가 아닌 물건 위에 저당권을 설정하지 못하며, 또 소유자라 하더라도 파산선고·압류·가압류·가처분을 받은 경우 등과 같이 법률상 처분권능을 제한당한 때에는 저당권을 설정하지 못한다.

2. 저당권설정등기

저당권의 설정은 법률행위로 인한 부동산물권의 변동이므로 등기하여야 효력이 생긴다(민법 제186조).

저당권은 저당권자와 저당권설정자 사이의 설정계약에 의하여 성립되지만 등기를 하지 않으면 제3자에 대하여 저당권을 주장할 수 없다. 등기하면 저당권설정자가 그 후 목적부동산을 제3자에게 양도해도 저당권을 실행할 수 있으며, 또한 저당권이 설정되어 있는 부동산에 대하여는 지상권이나 임차권을 취득해도 저당권자에 대하여는 대항할 수 없다.

저당권설정등기는 저당권설정자와 저당권자가 직접 등기소에 출석하여 공동으로 신청함이 원칙이다. 등기신청서에는 채권액과 채무자를 기재하여야 하고, 등기원인에 변제기, 이자 및 그 발생기·지급시기, 원본 또는 이자의 지급장소, 채무불이행으로 인한 손해배상에 관한 약정이나 채권이 조건부인 때에는 이를 기재하여야 한다(민법 제140조 1항).

IV. 저당권의 객체

저당권은 목적물을 점유하지 않으면서 우선변제권을 확보하는 것이므로 그 대상은 저당권의 존재를 공동 장부에 공시(등기 또는 등록)할 수 있는 것에 해당한다.

민법이 인정하는 것은 토지나 건물 등의 부동산(민법 제356조)·전세권·지상권 등의 부동산 물권에 한하지만, 특별법에 의하면 입목에 대해서도 저당권을 설정할 수 있다(입목에 관한 법률 제3조 2항).

상법은 등기선박을 저당권의 목적으로 할 수 있는 것으로 규정하고 있으며(상법 제871조), 그 밖에 어업권(수산업법 제24조), 광업권(광업법 제13조) 등의 권리, 각종 재산저당법에 의하여 재단, 이륜자동차를 제외한 자동차(자동차저당법), 건설기계(건설기계저당법), 항공기(항공기저당법 제3조) 등도 저당권의 목적물로 인정하고 있다. 이중 등기선박, 자동차, 항공기, 건설기계 따위는 질권자에게 점유를 이전함으로써 유치시키는 것을 방지하고 권리자 스스로가 사용·수익하도록 하기 위한 취지에서 질권에서 제외하여 저당권의 목적으로 삼고 있다.

V. 저당권의 피담보채권

ⅰ) 저당권을 설정하여 담보할 수 있는 채권자의 채권에는 아무런 제한이 없다(민법 제356조). 금전채권이 보통이지만 금전 이외의 급부를 목적으로 하는 채권도 무방하다. 다만, 금전 이외의 급부를 목적으로 하는 채권의 담보를 위해 저당권설정등기를 신청하는 경우에는 그 채권의 가격을 기재하여야 한다(부동산등기법 제143조).

ⅱ) 장래에 성립하는 조건부·기한부 채권에 대해서도 저당권을 설정할 수 있다. 또 담보할 채무의 최고액만을 정하고 채무의 확정을 장래에 보류하여 저당권을 설정할 수도 있는데, 이를 근저당(민법 제357조)이라 한다.

<Q & A>
피담보채권의 소멸시효 완성 시 저당권등기 말소청구 여부

Q) A는 甲으로부터 300만원을 빌리면서 자신소유 토지에 저당권을 설정해주었고, 15년 전 변제기일에 채무전액을 변제하였으나, 당시 부주의로 저당권을 말소하지 않았다. 최근 위 토지를 매도하려고 보니, 甲은 이미 사망하였고, 그 상속인들에게 위 저당권의 말소를 요구하였으나, 자신들은 모르는 일이라며 협조하지 않고 있다. A로서는 오랜 시일이 지나서 변제영수증도 찾을 수 없는데, 이러한 경우 대처방법은 무엇인가?

A)
1. 문제점

위 사안과 같이 오랜 시일이 지나서 甲에게 채무전액에 대한 변제사실을 입증하기 곤란한 경우에는 채무변제를 원인으로 즉, 피담보채무소멸을 원인으로 한 저당권의 말소를 구하는 것은 승소가능성이 없다고 할 것이다. 따라서 이러한 경우 대처방법은 무엇이 있는지 문제된다.

2. 판례의 태도

「민법」 제162조 제1항은 "채권은 10년간 행사하지 않으면 소멸시효가 완성한다."라고 규정하고 있으며, 같은 법 제369조는 "저당권으로 담보한 채권이 시효의 완성 기타 사유로 인하여 소멸한 때에는 저당권도 소멸한다."라고 규정하고 있다. 또한, 판례는 "저당권은 그 피담보채권을 물적으로 보증하기 위하여 설정하는 것이므로 그 피담보채권이 존재하지 아니한 때에는 그 저당권설정등기는 원인무효라 아니할 수 없고, 변제 또는 소멸시효 등에 의하여 소멸된 때에는 담보물권의 부종성에 의하여 그 저당권설정등기 역시 원인이 없는 것이라고 해석하여야 할 것이며, 채무자가 채권자를 상대로 그 피담보채권 부존재확인청구소송을 하여 그 피담보채권이 부존재하다는 확정판결이 있었다면 채무자는 실체법상에 있어서 채권자에 대하여 그 채무가 존재하지 아니한다는 사실을 주장·항변할 수 있고, 물상보증인인 저당권설정자는 담보물권의 부종성에 의하여 위와 같은 채무자의 항변사유를 원용할 수 있다고 해석하여야 할 것이다."라고 하였다(대법원 1969. 3. 18. 선고 68다2334 판결).

3. 결론

따라서 A는 저당권말소등기절차에 협력하지 않는 甲의 상속인들을 상대로 위 대여금 채무의 변제사실을 입증할 수 없더라도 피담보채권의 시효소멸을 이유로 저당권말소등기절차 이행청구소송을 제기해볼 수 있을 것이다.

Ⅵ. 저당권의 효력

1. 저당권의 본질적 효력

채무자가 변제기에 변제하지 않는 때에는 목적물에서 우선적으로 변제받게 되는 것이 저당권의 본질적 효력이다. 즉, 피담보채권의 변제기가 도래하였음에도 불구하고 채무자가 변제하지 않는 경우에, 채권자는 경매절차를 거쳐서 매각, 현금화 하고 그 대금으로부터 다른 채권자에 우선해서 채권의 변제를 받을 수 있다.

저당권이 우선변제의 효력을 갖는다고 하여 채권자가 저당 부동산의 현금화한 금전으로부터 채권 전부의 만족을 얻는다는 보장은 없고, 만약 만족을 얻지 못한 부분에 대하여 채권자는 일반 채권자로 "채무명의"(대표적인 것이 채무의 이행을 명하는 확정판결이다)를 얻어 채무자의 일반재산에 대하여 강제집행을 할 수 있다.

저당권자(채권자)는 자신이 직접 우선변제권을 행사하기 위한 경매절차를 신청할 수도 있고, 후순위전당권자가 경매절차나 일반채권자에 의한 강제집행절차에서도 이를 행사할 수 있다.

2. 저당권의 효력이 미치는 목적물의 범위

(1) 저당부동산

가. 부합물·종물

저당권의 효력은 저당권부동산에 부합된 물건과 종물에 미친다. 그러나 법률에 특별한 규정 또는 설정행위에 다른 약정이 있으면 그러하지 아니하다(민법 제358조).

토지에 대한 수목이나, 건물에 대한 증축건물·부속건물 등은 부합물의 예이며, 부합의 시기를 가리지 않는다. 즉 저당권설정 후에 부합된 경우에도 효력이 미친다. 한편 저당부동산에 대해 종물에 준하는 권리, 이를테면 토지임차권이 있는 건물에 대한 저당권은 그 임차권에도 그 효력이 미친다(대판 1993. 4. 13. 92다24950).

나. 과실(果實)

저당권은 목적물을 점유하지 않고 설정자가 점유하면서 그가 사용 수익하기 때문에, 저당권의 효력은 과실, 즉 천연과실·법정과실에는 미치지 않는다. 그러나 저당권의 실행에 착수한 경우, 즉 저당권부동산에 대한 압류가 있은 후에 저당권설정자가 그 부동산으로부터 수취한 과실 또는 수취할 수 있는 과실에는 저당권의 효력이 미친다.

저당권자가 위 압류로써 저당부동산에 대해 소유권·지상권·전세권을 취득한 제3자에 대해 대항하기 위해서는, 위 압류의 사실을 제3자에게 통지하여야만 한다(민법 제359조 단서).

<Q & A>
저당된 건물 철거 후 신축된 건물을 철거 전 저당권으로 경매 가능한지

Q) A는 甲에게 돈을 빌려주면서 甲소유의 대지와 건물을 공동담보로 저당권을 설정하였으나, 甲은 저당된 건물을 철거하고 새로이 건물을 신축하면서 구 건물에 대한 멸실등기를 하지 않고, 신축건물을 보존등기 한 후 乙에게 새로운 고액의 저당권을 설정해주어 건물은 하나임에도 등기부상은 두 채의 건물로 된 상태이다. A는 대지만의 경매로는 자신이 빌려준 돈을 다 받을 수 없으므로, 구 건물에 대한 저당권으로 신축건물까지 경매하려고 하는데 가능한가?

A)
1. 문제점

저당권이 설정된 건물을 수리 또는 증축함에 있어서 그 증축부분이 구조상·이용상으로 기존건물과 구분되는 독립성이 없어 독립한 소유권의 객체가 되지 않는 경우와 같이 기존건물과 현존건물의 동일성이 인정되는 때에는 현존건물이 다시 보존등기 되었다 하여도 후에 등기한 보존등기는 무효인 것이고, 기존건물에 설정된 저당권의 효력이 현존건물에도 미치게 된다(대법원 1967. 6. 15.자 67마439 결정). 그러나 위 사안과 같이 기존건물을 철거하고 새로이 건물을 신축한 경우에 신축된 건물에 그 저당권의 효력이 미치는지가 문제된다.

2. 판례의 태도

판례는 건물이 멸실된 경우에 멸실된 건물에 대한 등기용지는 폐쇄될 운명에 있으며(대법원 1994. 6. 10. 선고 93다24810 판결), 멸실된 건물과 신축된 건물이 위치나 기타 여러 가지 면에서 서로 같다고 하더라도 그 두 건물이 동일한 건물이라고는 할 수 없으므로, 신축건물의 물권변동에 관한 등기를 멸실건물의 등기부에 등재하여도 그 등기는 진실에 부합하지 아니하는 것으로서 무효이고, 비록 신축건물의 소유자가 멸실건물의 등기를 신축건물의 등기로 전용(轉用)할 의사로서 멸실건물의 등기부상 표시를 신축건물의 내용으로 표시변경등기를 하였다고 하더라도 그 등기가 무효임에는 변함이 없으며(민법 제186조, 대법원 1980. 11. 11. 선고 80다441 판결, 1992. 3. 31. 선고 91다39184 판결), 구 건물 멸실 후에 신축건물이 신축되었고 구 건물과 신축건물 사이에 동일성이 없는 경우 멸실된 구 건물에 대한 근저당권설정등기는 무효이며, 이에 기하여 진행된 임의경매절차에서 신축건물을 매수하였다고 하더라도 그 소유권을 취득할 수 없다고 하였다(대법원 1976. 10. 26. 선고 75다2211 판결, 1993. 5. 25. 선고 92다15574 판결).

3. 결론

그러므로 신축건물과 멸실된 건물이 그 재료, 위치, 구조 기타의 면에서 유사하다고 하여도 양자가 동일성이 인정되는 건물이라고 할 수는 없으므로, 신축건물에 대하여는 기존건물에 설정되었던 저당권의 효력이 미치지는 않는다고 할 것이다. 다만, 대지에 대한 저당권은 그대로 유효한 것이므로「민법」제365조(저당지상의 건물에 대한 경매청구권)에 의하여 대지에 대한 경매신청과 함께 저당권이 설정된 이후에 저당대지에 신축된 건물에 대하여는 경매를 신청할 수 있다. 판례도 민법 제365조에 기한 일괄경매청구권은 '저당권설정자가 건물을 축조하여 소유하고 있는 경우'에 한하지만(대법원 1999. 4. 20.자 99마146 결정), 토지와 그 지상건물의 소유자가 이에 대하여 공동저당권을 설정한 후 건물을 철거하고 그 토지상에 새로이 건물을 축조하여 소유하고 있는 경우에는 건물이 없는 나대지(裸垈地)상에 저당권을 설정한 후 그 설정자가 건물을 축조한 경우와 마찬가지로 저당권자는 민법 제365조에 의하여 그 토지와 신축건물의 일괄경매를 청구할 수 있다고 하였다(대법원 1998. 4. 28.자 97마2935 결정). 이러한 경우 A는 대지의 매각대금에 대하여만 저당권설정 당시의 순위에 따른 우선변제를 받을 수 있을 뿐, 건물의 매각대금에 대하여는 우선변제를 받을 수 없으며, 대지의 매각대금을 넘는 채권액에 대하여는 다른 일반채권자와 동일하게 가압류를 하거나 집행권원을 확보하여 배당요구를 할 수 있을 것이다.

(2) 물상대위

저당권은 저당물의 멸실·훼손·공용징수로 인하여 저당권설정자가 받을 금전 기타 물건에 대하여도 이를 행사할 수 있는데, 이 경우에는 그 지급 또는 인도 전에 압류하여야 한다.

물상대위권의 행사방법에는, 저당권자가 그 대위물에 대해 권리를 행사하는 것과 다른 채권자의 집행에 대해 저당권자로서 배당요구를 하는 것의 두 가지가 있다.

그런데 경매개시결정등기 전에 등기부에 기재된 저당권의 경우에는 다른 채권자에 의해 경매가 진행되는 때에 저당권자가 배당요구를 하지 않더라도 당연히 그의 채권액이 우선변제를 받게 되는데 반해, 물상대위권에 기한 경우에는 저당권자가 배당요구를 하는 것을 전제로 우선배당을 받는 점에서 차이가 있음을 유의하여야 한다(대판 1999. 5. 14. 98다62688). 즉 배당요구의 종기까지 배당요구를 하지 않는 한 당연히 우선변제를 받지는 못한다.

3. 저당권의 피담보채권의 범위

저당권은 원본, 이자, 위약금, 채무불이행으로 인한 손해배상 및 저당권의 실행비용을 담보한다. 그러나 지연배상에 대하여는 원본의 이행기일을 경과한 후의 1년분에 한하여 저당권을 행사할 수 있다(민법 제360조).

지연배상의 범위를 제한하는 이유는 후순위저당권자를 비롯하여 다른 채권자의 이익을 보호하기 위해서이다.

Ⅶ. 저당권자가 자기 채권의 변제를 받는 방법

저당권자가 자기의 채권을 변제받는 방법으로 ① 저당권에 기초하여 우선변제를 받는 방법과 ② 일반채권의 자격으로 변제받는 방법의 두 가지가 있다.

1. 저당권에 기초하여 우선변제를 받는 방법

(1) 저당권의 실행 : 저당물의 경매 청구

저당권자는 그 채권의 변제를 받기 위하여 저당물의 경매를 청구할 수 있다. 저당물의 소유권을 취득한 제3자도 경매인이 될 수 있다(민법 제363조).

저당권을 실행하기 위해서는 채권이 존재하고, 채무자가 변제기에 채무를 이행하지 않아야 한다. 이 경우 저당권자는 그 채권의 변제를 받기 위하여 저당물의 경매를 청구할 수 있다(민법 363조 1항).

경매절차는 민사집행법에서 규율한다.

한편, 설정자가 파산한 때에도 저당권자는 별제권, 즉 파산절차에 의하지 않고 저당권을 실행할 수 있다.

저당부동산에 대해 다른 일반채권자가 강제집행을 하거나 다른 담보권자가 경매를 신청한 경우, 그 부동산 위의 모든 저당권은 그 매각으로 인해 소멸한다.

(2) 배당절차 참가

법원은 매각대금이 지급되면 배당절차를 밟아야 한다. 경매절차는 목적 부동산을 압류한 후 입찰·경매에 의하여 현금화하고, 그 대금으로 채권자의 채권변제에 충당하는 절차이다.

매각대금이 집행비용 및 각 채권자의 채권을 만족시키기에 충분한 경우에는 그 채권액을 교부하고 잔액을 채무자·소유자에게 교부하면 되나, 배당에 참가한 모든 채권자를 만족하게 할 수 없는 때에는 법원은 민법·상법 기타의 법률에 의한 우선순위에 따라 배당하여야 한다.

등기된 저당권처럼 채권의 존부와 그 액수를 알 수 있는 때에는 배당요구 없이도 당연히 그 순위에 따라 우선배당을 받는다.

(3) 저당권자의 우선순위

저당부동산에 대해 경매가 진행되어 배당이 실시되는 경우, 저당권과 다른 권리간의 우선순위는 관계 법률에 의해 정해진다. 예컨대, '저당부동산에 대해 조세채권의 법정기일 전에 저당권·전세권이 설정되어 있는 경우', 그 배당의 우선순위는 다음과 같이 정해진다.

가. 제1순위

① 보증금 중 일정액(주택임대차보호법 8조 1항, 국세기본법 35조 1항 4호), ② 최종 3개월분 임금·최종 3년간의 퇴직금·재해보상금(근로기준법 37조 2항, 국세기본법 35조 1항 5호). 이들 상호간에는 같은 순위로 채권액에 비례하여 배당한다.

나. 제2순위

저당목적물 자체에 부과된 국세·지방세·가산금(당해세로서, 상속세·재산세·자동차세 등이 이에 해당함)(국세기본법 35조 1항 3호, 지방세법 31조 2항 3호).

다. 제3순위

① 국세 및 지방세의 법정기일 전에 설정된 저당권·전세권으로 담보되는 채권(국세기본법 35조 1항 3호, 지방세법 31조 2항 3호), ② 그 법정기일 전에 주택임차권의 대항요건과 임대차계약증서상에 확정일자를 갖춘 임차보증금채권(주택임대차보호법 3조의 2 제2항). 이들 상호간에는 등기일자의 선후, 등기일자와 대항력의 선후에 의해 그 우열이 정해진다.

라. 제4순위

근로기준법 제37조 2항의 임금 등을 제외한 임금(근로기준법 37조 1항).

마. 제5순위

국세와 지방세(국세기준법 35조 지방세법 31조).

바. 제6순위

공과금(의료보험료·연금보험료)(국민건강보험법 73조, 국민연금법 81조).

사. 제7순위

일반채권자의 채권.

2. 일반채권자로서 변제를 받는 방법

저당권자는 저당물에 의하여 변제를 받지 못하는 부분의 채권에 한하여 채무자의 다른 재산으로부터 일반채권자의 가격에서 변제를 받을 수 있다. 이 경우 집행권원을 얻어 스스로 강제집행을 하거나, 타인의 강제집행에 일반 채권자로부터 배당요구를 하는 방식으로 변제받을 수 있다.

저당물보다 먼저 다른 재산에 관한 배당을 실시하는 경우에는 저당권자는 일반채권자의 자격에서 그의 채권 전액을 가지고 배당에 참가할 수 있지만, 다른 채권자는 저당권자에게 배당금액의 공탁을 청구할 수 있다.

Ⅷ. 근저당권

1. 의의 및 특성

(1) 의 의

근저당권은 은행과 상인간에 체결한 당좌대월계약이나 도매상과 소매상인간의 어음계약과 같이 당사자 사이의 계속적인 거래관계로부터 발생하는 불특정채권을 어느 시기에 계산하여 잔존하는 채무를 일정한 한도액 범위 내에서 담보하는 저당권이다. 보통의 저당권과 달리 발생 및 소멸에서 피담보채무에 대한 부종성이 완화되어 있는 점에 그 특색이 있다(대판 1999. 5. 14. 97다15777, 15784).

<Q & A>
은행의 포괄근저당권이 미치는 범위

Q) A는 乙은행의 포괄근저당권(채권최고액 : 3,000만원)이 설정된 甲소유 주택을 보증금 4,500만원에 임차하여 전입신고와 확정일자를 모두 갖추고 입주하였다. 그런데 그 후 甲은 乙은행으로부터 2,000만원을 추가로 신용대출을 받았으나 이를 갚지 못하였고, 乙은행은 위 포괄근저당권을 실행하여 위 주택이 매각되었다. 이 경우 乙은행은 A의 임대차가 대항요건을 갖춘 이후 발생시킨 신용대출금에 대하여도 위 근저당권에 기한 우선변제권을 주장할 수 있는가?

A)
1. 문제점
근저당권은 장래 증감변동하는 불특정 다수의 채무를 담보하는 것이기는 하나 그 피담보채무를 발생시키는 계속적 거래관계는 보통 특정(예 : 당좌대월계약, 차용금대출 등)되어 있는 것이 일반적이다. 그런데 A의 경우와 같이 은행에서 관례적으로 사용되는 근저당권설정계약서에는 그 피담보채무로서 근저당권 설정 당시의 차용금채무 뿐만 아니라 기타 각종원인으로 인해 장래 은행에 대하여 부담하게 될 모든 채무까지 담보한다고 기재되어 있고 이를 강학상 '포괄근저당'이라고 한다. 이러한 포괄근저당의 경우 그 피담보채무의 범위를 어느 범위까지 인정할 것인지가 문제된다.

2. 판례의 태도
(1) 포괄근저당에 관하여 판례는 "은행과의 근저당권설정계약서에 그 피담보채무를 특정하지 아니하고, 그 범위를 현재 및 장래에 부담하는 보증채무 등 여신거래로 인한 모든 채무로 정하고 있는 경우, 이는 이른바 포괄근저당권을 설정한다는 문언임이 명백하므로, 채무자의 당초 대출금채무뿐만 아니라, 근저당권설정등기를 마친 이후에 채무자가 채권자에게 추가로 부담하게 된 연대보증채무까지도 그 피담보채무에 속한다고 보아야 하고, 그로 인하여 채무총액이 근저당권의 채권최고액을 초과하게 되어 채권자인 은행의 내부적 경영지침으로 정한 담보비율을 유지할 수 없게 된다는 사유가 있다는 것만으로 이러한 채권자의 담보취득행위가 이례(異例)에 속하는 것이라거나, 근저당권의 피담보채무를 당초 대출원리금으로 제한하기로 하는 개별약정이 있었다고 할 수는 없다."라고 하였다(대법원 2001. 1. 19. 선고 2000다44911 판결, 2003. 4. 11. 선고 2001다12430 판결).

(2) 다만, "근저당권설정계약서가 부동문자로 인쇄된 일반거래약관의 형태를 취하고 있어도 이는 처분문서이므로 그 진정성립이 인정되는 때에는 특별한 사정이 없는 한

그 계약서의 문언에 따라 의사표시의 내용을 해석하여야 하는 것이나, 그 계약체결의 경위와 목적, 피담보채무액, 근저당설정자와 채무자 및 채권자와의 상호관계 등 제반 사정에 비추어 당사자의 의사가 계약서 문언과는 달리 일정한 범위 내의 채무만을 피담보채무로 약정한 취지라고 해석하는 것이 합리적이라고 인정되는 경우에는 당사자의 의사에 따라 그 담보책임의 범위를 제한할 수 있다."라고 하였다(민법 제105조, 제357조 제1항, 제360조, 약관의규제에관한법률 제5조, 대법원 2000. 3. 28. 선고 99다32332 판결, 2001. 9. 18. 선고 2001다36962 판결).

3. 결론

따라서 위 사안의 경우에도 위 근저당권의 담보범위에 관하여 근저당권설정계약 당시의 제반 사정 즉, 甲과 은행간의 피담보채무 범위에 대한 구체적 의사, 체결경위 등에 따라 합리성이 인정될 수 있는 범위 내에서 개별·구체적으로 결정되어져야 할 것이다.

(2) 특성 : 근저당권과 보통의 저당권과의 차이점

가. 장래 증감변동하는 불특정의 채권을 담보

근저당도 미확정채권의 담보라는 면에서 장래의 채권을 확보하기 위한 저당권의 일종으로 볼 수 있지만, 장래의 특정 채권의 담보가 아니며 계속적으로 증감·변동하는 일단의 불특정한 채권을 일정한 한도까지 담보하려는 성질을 가지고 있다. 그러므로 단순히 장래의 채권을 위한 저당권과도 구별된다.

나. 채무의 성립과 소멸에서 있어 부종성의 완화

근저당권에서는 피담보채무가 확정될때까지의 채무의 소멸 또는 이전은 근저당권에 영향을 미치지 않는다(민법 357조 1항 2문).

보통의 저당권에서는 변제에 의하여 피담보채권이 소멸하면 저당권도 소멸하지만(민법 369조), 근저당권에서는 6개월의 기간 동안에 채무가 없게 되더라도 저당권은 결산기까지 그대로 존속하고, 기간 내에 채무가 다시 발생하면 그 채권을 담보한다.

다. 피담보채권의 범위

보통의 저당권에서는 민법 제360조에 의해 피담보채권의 범위가 결정되어, 저당권은 원본, 이자, 위약금, 채무불이행으로 인한 손해배상 및 저당권실행비용 그리고 1년분의 지연배상을 담보한다.

그러나 근저당권에서는 채권최고액을 한도로 하여 일정시점에 확정된 채권을 담보한다. 후순위저당권자 등 제3자와의 이해는 채권최고액에 의해 조절되고, 따라서 제360조 단서에서 정하는 1년분의 지연배상까지만 담보된다는 제한을 받지 않는다.

2. 근저당권의 성립

근저당권을 설정하려면 보통의 저당권과 같이 설정계약과 등기를 요한다.

(1) 근저당권설정계약

설정계약에서는 근저당권에 의해 담보될 채권을 발생케 하는 계속적 계약관계(이를 실무상 '기본계약'이라고 함)를 먼저 결정한다.

그리고 이를 토대로 근저당권의 피담보채무를 확정하는 데 필요한 요소, 즉 채권최고액과 위 계속적 계약의 결산기를 약정하는 것이 보통이다.

(2) 등 기

근저당권설정자(등기의무자)와 근저당권자(등기의무자)가 등기소에 출석하여 공동으로 신청함이 원칙이다. 근저당권설정등기신청서에는 근저당권의 설정등기를 신청하는 경우에는, 신청서에 등기원인이 근저당권설정계약이라는 뜻과 채권의 최고액 및 채무자를 기재하여야 한다(부동산등기법 140조 2항 본문). 즉 근저당권의 존속기간 내지 결산기는 필요적 등기사항은 아니다. 한편 채무의 이자는 최고액 중에 산입한 것으로 보므로(민법 357조 2항), 이자에 관해 따로 등기하지는 못한다.

3. 근저당권의 효력

근저당권에 의해 담보되는 피담보채무가 확정되면 채권최고액을 한도로 하여 그 확정된 금액에 대해 우선변제권을 가지게 된다. 다시 말해 확정된 이후에 발생한 채권은 이제는 저당권에 의해 담보되지 않는다.

[저당권설정계약서]

저당권설정계약서

○○○을 「갑」으로 하고, ○○○을 「을」로 하여 「갑」·「을」 사이에 다음과 같이 저당권설정계약을 체결한다.

제1조(금전소비대차) 「을」은 「갑」에게 ○○년 ○월 ○일자 금전소비대차계약에 따라 아래의 채무를 지고 있음을 확인한다.
<아　래>
① 채권액 금○○만원
② 변제기 ○○년 ○월 ○일
③ 이　자 연○할○푼(단, 이자는 매월○일에 채권자의 주소지에서 지급한다.)

제2조(저당권설정)
1. 「을」은 제1조의 금전소비대차상의 채무이행을 담보하기 위하여 자신 소유의 말미 기재 부동산에 대하여 「갑」을 저당권자로 하는 순위번호 제1번의 저당권을 설정한다.
2. 저당권설정 등기절차에 필요한 비용은 「을」이 부담한다.

제3조(기한의 이익상실) 「을」이 다음 사유에 해당할 경우, 「을」은 「갑」으로부터의 통지나 최고 없이 기한의 이익을 상실하고, 즉시 저당권을 실행당하더라도 이의를 제기하지 아니한다.
1. 이자지급을 2회 연체한 때
2. 채무자가 다른 채권자로부터 저당부동산에 대하여 가압류, 가처분 또는 강제집행을 받았을 때

제4조(관할법원) 본 건에 관한 다툼이 있는 경우 관할법원은 채권자의 주소지를 관할하는 법원으로 한다.

본 계약의 성립을 증명하기 위하여 본 증서 2통을 작성하고, 서명날인한 후 각자 1통씩 보관한다.

년 월 일

저당권설정자(을) ○ ○ ○ ㊞
시 구 동 번지
저 당 권 자(갑) ○ ○ ○ ㊞
시 구 동 번지

부 동 산 의 표 시

【근저당권설정등기신청서】

<table>
<tr><td colspan="10" align="center">근저당권설정등기신청</td></tr>
<tr><td rowspan="2">접
수</td><td colspan="2">년 월 일</td><td rowspan="2">처
리
인</td><td colspan="2">접 수</td><td>기 입</td><td>교 합</td><td>각종 통지</td></tr>
<tr><td colspan="2">제 호</td><td colspan="2"></td><td></td><td></td><td></td></tr>
<tr><td colspan="10" align="center">① 부동산의 표시</td></tr>
<tr><td colspan="10">
1. 서울특별시 서초구 서초동 100
    대 300 ㎡
1. 서울특별시 서초구 서초동 100
    시멘트 벽돌조 슬래브지붕 2층 주택
      1층 100 ㎡
      2층 100 ㎡

                이   상
</td></tr>
<tr><td colspan="3">② 등기원인과 그 연월일</td><td colspan="7">2007 년 9 월 1 일 근저당권설정계약</td></tr>
<tr><td colspan="3">③ 등기의 목적</td><td colspan="7">근저당권 설정</td></tr>
<tr><td colspan="3">④ 채 권 최 고 액</td><td colspan="7">금 30,000,000 원</td></tr>
<tr><td colspan="3">⑤ 채 무 자</td><td colspan="7">이대백 서울 서초구 서초동 200</td></tr>
<tr><td colspan="3">⑥ 설 정 할 지 분</td><td colspan="7"></td></tr>
<tr><td colspan="2">구분</td><td colspan="2">성 명
(상호·명칭)</td><td colspan="3">주민등록번호
(등기용등록번호)</td><td colspan="3">주 소(소 재 지)</td></tr>
<tr><td colspan="2">⑦ 등기의무자</td><td colspan="2">이 대 백</td><td colspan="3">730320-1617312</td><td colspan="3">서울특별시 서초구 서초동 200</td></tr>
<tr><td colspan="2">⑧ 등기권리자</td><td colspan="2">김 갑 돌</td><td colspan="3">480412-1011289</td><td colspan="3">서울특별시 종로구 원서동 9</td></tr>
</table>

⑨ 등 록 세	금	○○○,○○○ 원
⑨ 교 육 세	금	○○○,○○○ 원
⑩ 세 액 합 계	금	○○○,○○○ 원
⑪ 등 기 신 청 수 수 료	금	28,000 원
⑫ 국 민 주 택 채 권 매 입 총 액	금	○○○,○○○ 원
⑬ 국 민 주 택 채 권 발 행 번 호	○ ○ ○	

⑭ 등기의무자의 등기필정보			
부동산고유번호	1102-2006-002905		
성명(명칭)	일련번호		비밀번호
이대백	Q77C-LO71-35J5		40-4636

⑮ 첨 부 서 면			
· 근저당권설정계약서	1통	<기 타>	
· 등록세영수필확인서	1통		
· 인감증명서	1통		
· 등기필증	1통		
· 주민등록등(초)본	1통		
삭1행 · ~~위임장~~	~~통~~		

2008 년 10월 1일

⑬ 위 신청인　　이　대　백　(인)　(전화 : 200-7766)
　　　　　　　　김　갑　돌　(인)　(전화 : 300-7766)

(또는)위 대리인　　　　　(전화 :　　　)

서울중앙 지방법원　　　등기과 귀중

- 신청서 작성요령 및 등기수입증지 첨부란 -

* 1. 부동산표시란에 2개 이상의 부동산을 기재하는 경우에는 그 부동산의 일련번호를 기재하여야 합니다.
  2. 신청이란 등 해당란에 기재할 여백이 없는 경우에는 별지를 이용합니다.
  3. 등기신청수수료 상당의 등기수입증지를 이 난에 첨부합니다.

등기신청안내서 - 근저당권설정등기신청

■ 근저당권 설정등기란

계속적인 거래관계로부터 발생하는 다수의 불특정 채권을 담보하는 것을 목적으로 저당권을 설정한 후 결산기에 이르러 채권최고액의 한도 내에서 우선 변제를 받을 수 있는 특수한 저당권의 일종으로서 이를 등기하는 것입니다.

■ 등기신청방법

① 공동신청

증여계약서에 의한 등기신청인 경우에는 증여자와 수증자가 본인임을 확인할 수 있는 주민등록증 등을 가지고 직접 등기소에 출석하여 공동으로 신청함이 원칙입니다.

② 단독신청

판결에 의한 등기신청인 경우에는 승소한 등기권리자 또는 등기의무자가 단독으로 신청할 수 있습니다.

③ 대리인에 의한 신청

등기신청은 반드시 신청인 본인이 하여야 하는 것은 아니고 대리인이 하여도 된다. 등기권리자 또는 등기의무자 일방이 상대방의 대리인이 되거나 쌍방이 제3자에게 위임하여 등기신청을 할 수 있으나, 변호사 또는 법무사가 아닌 자는 신청서의 작성이나 그 서류의 제출대행을 업(業)으로 할 수 없습니다.

■ 등기신청서 기재요령

신청서는 한글과 아라비아 숫자로 기재한다. 부동산의 표시란이나 등기의무자란, 등기권리자란 등이 부족할 경우에는 별지를 사용하고, 별지를 포함하여 신청서가 여러 장인 때에는 각 장 사이에 간인을 하여야 합니다.

① 부동산의 표시란

근저당권을 설정하는 부동산을 기재하되, 등기부상 부동산 표시와 일치하여야 한다. 토지는 소재, 지번, 지목, 면적 순으로 기재하고, 건물은 소재, 지번, 구조, 종류, 면적 순으로 기재한다.

② 등기원인과 그 연월일

등기원인은 "근저당권설정계약"으로, 연월일은 근저당권설정계약의 체결일을 기재합니다.

③ 등기의 목적란

"근저당권설정"이라고 기재합니다.
④ 채권최고액란
아라비아 숫자로 "금 ○ ○ ○ 원"으로 기재합니다.
⑤ 채무자란
채무자의 성명(명칭)과 주소를 기재합니다. 근저당권설정자와 채무자가 동일인인 경우에도 채무자의 표시를 반드시 하여야 합니다.
⑥ 설정할 지분란
근저당권을 소유권 등의 일부지분의 경우에만 그 지분을 기재합니다.
(예) " ○○○지분 전부" 또는 " ○번 ○○○지분 ○분의 ○ 중 일부(○분의 ○)"
⑦ 등기의무자란
근저당권설정자의 성명, 주민등록번호, 주소를 기재하되, 등기부상 소유자 표시와 일치하여야 합니다. 그러나 법인인 경우에는 상호(명칭), 본점(주사무소 소재지), 등기용등록번호를 기재하고, 법인 아닌 사단이나 재단인 경우에는 상호(명칭), 본점(주사무소 소재지), 등기용등록번호 및 대표자(관리인)의 성명, 주민등록번호, 주소를 각 기재한다.
등기의무자의 등기부상 주소와 현재의 주소와 다른 경우, 등기명의인표시변경(또는 경정)등기를 신청하여 등기의무자의 주소를 변경한 후 설정등기를 하여야 합니다.
⑧ 등기권리자란
근저당권자를 기재하는 란으로, 그 기재방법은 등기의무자란과 같다.
⑨ 등록세·교육세란
등록세영수필확인서에 의하여 기재한다.
⑩ 세액합계란
등록세액과 교육세액의 합계를 기재한다.
⑪ 등기신청수수료란
부동산 1개당 14,000원의 등기수입증지금액을 기재한다(등기수입증지는 등기과·소 및 지정금융기관에서 판매). 다만, 등기신청수수료가 10만원 이상인 경우 지정금융기관에 현금으로 납부할 수 있으며, 현금납부 후 교부받은 '영수필확인서'와 '영수필통지서'를 등기신청서에 첨부하시면 됩니다.
⑫ 국민주택채권 매입금액란
채권최고액이 2,000만원 이상인 경우에는 채권최고액의 1,000분의 10에 해당하는 국민주택채권매입금을 기재합니다.

⑬ 국민주택채권 발행번호란

국민주택채권 매입시 국민주택채권사무취급기관(국민은행, 농협, 우리은행)에서 고지하는 채권발행번호를 기재합니다.

⑭ 등기의무자 등기필정보란

㉠ 전자신청 지정등기소에서 소유권 취득에 관한 등기를 완료하고 등기필정보를 교부받은 경우, 그 등기필정보 상에 기재된 부동산고유번호, 성명, 일련번호, 비밀번호를 각 기재(등기필정보를 제출하는 것이 아님)한다. 다만 교부받은 등기필정보를 멸실한 경우에는 부동산등기법 제49조에 의하여 확인서면이나 확인조서 또는 공증서면 중 하나를 첨부한다.

㉡ 등기신청서에 등기필증이나 확인서면 등을 첨부한 경우 이 란은 기재할 필요가 없다.

⑮ 첨부서면란

등기신청서에 첨부한 서면을 각 기재한다.

⑯ 신청인등란

㉠ 등기의무자와 등기권리자의 성명 및 전화번호를 기재하고, 각자의 인장을 날인하되, 등기의무자는 그의 인감을 날인한다. 그러나 신청인이 법인 또는 법인아닌 사단이나 재단인 경우에는 상호(명칭)와 대표자(관리인)의 자격 및 성명을 기재하고, 법인이 등기의무자인 때에는 등기소의 증명을 얻은 그 대표자의 인감, 법인아닌 사단이나 재단인 경우에는 대표자(관리인)의 개인인감을 날인한다.

㉡ 대리인이 등기신청을 하는 경우에는 그 대리인의 성명 및 전화번호를 기재하고 대리인의 인장을 날인 또는 서명을 한다.

■ 등기신청서에 첨부할 서면

<신청인>

① 위임장

등기신청을 법무사 등 대리인에게 위임하는 경우에 첨부한다.

② 근저당권설정계약서

등기원인을 증명하는 서면으로 첨부합니다.

③ 등기필증

등기의무자의 소유권에 관한 등기필증으로서 등기의무자가 소유권 취득시 등기소로부터 교부받은 등기필증을 첨부한다. 단 전자신청 지정등기소에서 등기를 완료하고 등기필정보를 교부받은 경우에, 그 등기필정보 상에 기재된 부동산고유번호, 성명, 일련번호, 비밀번호를 각 기재(등기필정보를 제출하는 것이 아님)한다.
　다만, 등기필증(등기필정보)을 멸실하여 첨부(기재)할 수 없는 경우에는 부동산등기법 제49조에 의하여 확인서면이나 확인조서 또는 공증서면 중 하나를 첨부한다.
<시·구·군청·동사무소>
① 등록세영수필확인서
　시장, 구청장, 군수 등으로부터 등록세납부서(OCR용지)를 발급받아 납세지를 관할하는 해당금융기관에 세금을 납부한 후 등록세영수필확인서와 영수증을 교부받아 영수증은 본인이 보관하고, '등록세영수필확인서'만 신청서의 등록세액표시란의 좌측상단 여백에 첨부한다.
② 인감증명서
　등기의무자의 인감증명서(발행일로부터 3월 이내)를 첨부한다.
③ 주민등록표등(초)본
　등기의무자 및 등기권리자의 주민등록표등본 또는 초본(각, 발행일로부터 3월 이내)을 첨부한다.
< 기　타 >
신청인이 재외국민이나 외국인 또는 법인아닌 사단 또는 재단인 경우에는 신청서의 기재사항과 첨부서면이 다르거나 추가될 수 있으므로, 【별표5】, 【별표6】을 참고하고 기타 궁금한 사항은 전문가나 민원담당자에게 문의하시기 바랍니다.
■ 등기신청서류 편철순서
신청서, 등록세영수필확인서, 등기수입증지, 위임장, 인감증명서, 주민등록등(초)본, 근저당권설정계약서, 등기필증 등의 순서로 편철해 주시면 업무처리에 편리합니다.

【근저당권설정등기신청서】 : 구분건물의 경우

접수	년 월 일 제 호	처리인	접 수	기 입	교 합	각종 통지
\multicolumn{7}{c}{근저당권설정등기신청}

① 부동산의 표시

1. 1동 건물의 표시
    서울특별시 서초구 서초동 100
    서울특별시 서초구 서초동 100 샛별아파트 가동
  전유분의 건물의 표시
    건물의 번호 1-101
    구   조 철근콘크리트조
    면   적 1층 101호 86.03㎡
  대지권의 표시
    토지의 표시
      서울특별시 서초구 서초동 100   대 1,400㎡
      서울특별시 서초구 서초동 101   대 1,600㎡
    대지권의 종류 소유권
    대지권의 비율 1.2 : 3,000분의 500
<div style="text-align:right">이   상</div>

② 등기원인과 그 연월일	2007 년 9 월 1 일 근저당권설정계약
③ 등기의 목적	근저당권 설정
④ 채 권 최 고 액	금 30,000,000 원
⑤ 채 무 자	이대백 서울 서초구 서초동 200
⑥ 설 정 할 지 분	

구분	성 명 (상호·명칭)	주민등록번호 (등기용등록번호)	주 소(소 재 지)
⑦ 등기의무자	이 대 백	730320-1617312	서울특별시 서초구 서초동 200
⑧ 등기권리자	김 갑 돌	480412-1011289	서울특별시 종로구 원서동 9

⑨ 등　　록　　　　세	금	○○○,○○○ 원
⑨ 교　　육　　　　세	금	○○○,○○○ 원
⑩ 세　액　합　　　계	금	○○○,○○○ 원
⑪ 등 기 신 청 수 수 료	금	○○○,○○○ 원
⑫ 국민주택채권매입총액	금	14,000 원
⑬ 국민주택채권발행번호	○ ○ ○	

⑭ 등기의무자의 등기필정보		
부동산고유번호	1102-2006-002905	
성명(명칭)	일련번호	비밀번호
이대백	Q77C-LO71-35J5	40-4636

⑮ 첨　부　서　면

		<기 타>
・근저당권설정계약서	1통	
・등록세영수필확인서	1통	
・인감증명서	1통	
・등기필증	1통	
・주민등록등(초)본	1통	
삭1행 ・<s>위임장</s>	<s>통</s>	

2008 년　　10월　　1일

⑬ 위 신청인　　이　　대　　백　(인) (전화 : 200-7766)
　　　　　　　김　　갑　　돌　(인) (전화 : .00-7766)

(또는)위 대리인　　　　(전화 :　　　　)

서울중앙 지방법원　　　　등기과 귀중

- 신청서 작성요령 및 등기수입증지 첨부란 -

* 1. 부동산표시란에 2개 이상의 부동산을 기재하는 경우에는 그 부동산의 일련번호를 기재하여야 합니다.
2. 신청이란 등 해당란에 기재할 여백이 없는 경우에는 별지를 이용합니다.
3. 등기신청수수료 상당의 등기수입증지를 이 난에 첨부합니다.

【근저당권변경등기신청서】

			근저당권변경등기신청				
접수	년 월 일 제 호	처리인	접 수	기 입	교 합	각종 통지	

① 부동산의 표시
1. 서울특별시 서초구 서초동 100 　　대 300 ㎡ 1. 서울특별시 서초구 서초동 100 　　시멘트 벽돌조 슬래브지붕 2층 주택 　　　1층 100 ㎡ 　　　2층 100 ㎡ 　　　　　　　　　　이　　　　상

② 등기원인과 그 연월일	2007 년 9 월 1 일 계약인수
③ 등기의 목적	근저당권 변경
④ 변경할 사항	2005년 3월 2일 접수 제1128호로 경료한 등기사항중 구채무자 "이대백, 서울 서초구 서초동 200"를 신채무자 "홍길동, 서울 용산구 청파동 8"로 변경

구분	성 명 (상호·명칭)	주민등록번호 (등기용등록번호)	주　　소(소 재 지)
⑦ 등기의무자	이 대 백	730320-1617312	서울특별시 서초구 서초동 200
⑧ 등기권리자	김 갑 돌	480412-1011289	서울특별시 종로구 원서동 9

⑦ 등　　록　　　　세	금	6,000 원
⑦ 교　　육　　　　세	금	1,200 원
⑧ 세　액　　합　　계	금	7,200 원
⑨ 등　기　신　청　수　수　료	금	6,000 원

⑩ 등기의무자의 등기필정보		
부동산고유번호	1102-2006-002905	
성명(명칭)	일련번호	비밀번호
이대백	Q77C-LO71-35J5	40-4636

⑪ 첨　부　서　면	
・변경계약서　　　　　1통	<기 타>
・등록세영수필확인서　1통	
・등기필증　　　　　　1통	
・인감증명서　　　　　1통	
삭1행 ・위임장　　　　　　통	

2008 년　10월　1일

⑫ 위 신청인　　이　대　백　(인) (전화 : 200-7766)
　　　　　　　김　갑　돌　(인) (전화 : 234-1245)

(또는)위 대리인　　　　(전화 :　　　)

서울중앙 지방법원　　　등기과 귀중

- 신청서 작성요령 및 등기수입증지 첨부란 -

* 1. 부동산표시란에 2개 이상의 부동산을 기재하는 경우에는 그 부동산의 일련번호를 기재하여야 합니다.
  2. 신청이란 등 해당란에 기재할 여백이 없는 경우에는 별지를 이용합니다.
  3. 등기신청수수료 상당의 등기수입증지를 이 난에 첨부합니다.

등기신청안내서 - 근저당권변경등기신청

■ 근저당권변경등기신청
　근저당권의 피담보채권이 확정되기 전에 근저당권의 기초가 되는 기본계약상의 채무자 지위의 전부 또는 일부를 제3자가 계약에 의하여 인수한 경우에 채무자변경 등을 내용으로 하는 근저당권변경등기 신청에 관한 것입니다.

■ 등기신청방법
　① 공동신청
　　근저당권자(등기권리자)와 부동산 소유자(등기의무자)가 본인임을 확인할 수 있는 주민등록증 등을 가지고 직접 등기소에 출석하여 공동으로 신청함이 원칙입니다.
　② 단독신청
　　판결에 의한 등기신청인 경우에는 승소한 등기권리자 또는 등기의무자가 단독으로 신청할 수 있습니다.
　③ 대리인에 의한 신청
　　등기신청은 반드시 신청인 본인이 하여야 하는 것은 아니고 대리인이 하여도 된다. 등기권리자 또는 등기의무자 일방이 상대방의 대리인이 되거나 쌍방이 제3자에게 위임하여 등기신청을 할 수 있으나, 변호사 또는 법무사가 아닌 자는 신청서의 작성이나 그 서류의 제출대행을 업(業)으로 할 수 없습니다.

■ 등기신청서 기재요령
　신청서는 한글과 아라비아 숫자로 기재한다. 부동산의 표시란이나 등기의무자란, 등기권리자란 등이 부족할 경우에는 별지를 사용하고, 별지를 포함하여 신청서가 여러 장인 때에는 각 장 사이에 간인을 하여야 합니다.
　① 부동산의 표시란
　　변경할 근저당권의 목적부동산을 기재하되, 등기부상 부동산 표시와 일치하여야 합니다. 부동산의 토지인 경우에는 토지의 소재와 지번, 지목, 면적을 기재하고, 건물인 경우에는 건물의 소재와 지번, 건물의 종류, 구조, 면적 건물의 번호가 있는 때에는 그 번호, 부속건물이 있는 때에는 그 종류, 구조와 면적을 기재합니다.
　② 등기원인과 그 연월일
　　등기원인은 그 변경사유에 따라 "계약인수", "계약의 일부인수", "중첩적 계약인수" 등으로, 그 연월일은 위 계약서 작성일 등을 기재합니다.
　③ 등기의 목적란

"근저당권변경"으로 기재합니다.
④ 변경할 사항란
변경할 근저당권등기의 접수연월일, 접수번호를 기재하여 변경할 등기를 특정하고, 채무자 변경 등 변경되는 사항을 기재합니다.
(예) 2005년 3월 2일 접수 제1128호로 경료한 등기사항 중 구 채무자 "김을동, 서울 중구 필동 5"를 신채무자 "홍길동, 서울 용산구 청파동 8"로 변경
⑤ 등기의무자란
부동산소유자의 성명, 주민등록번호, 주소를 기재하되, 등기부상 소유자 표시와 일치하여야 합니다. 그러나 법인인 경우에는 상호(명칭), 본점(주사무소 소재지), 등기용등록번호를 기재하고, 법인 아닌 사단이나 재단인 경우에는 상호(명칭), 본점(주사무소 소재지), 등기용등록번호 및 대표자(관리인)의 성명, 주민등록번호, 주소를 각 기재한다.
⑥ 등기권리자란
근저당권자를 기재하는 란으로, 그 기재방법은 등기의무자란과 같다.
⑦ 등록세·교육세란
부동산 1개당 등록세 3,000원 교육세 600원으로 계산하여 기재합니다.
⑧ 세액합계란
등록세액과 교육세액의 합계를 기재한다.
⑨ 등기신청수수료란
부동산 1개당 3,000원의 등기수입증지금액을 기재한다(등기수입증지는 등기과·소 및 지정금융기관에서 판매). 다만, 등기신청수수료가 10만원 이상인 경우 지정금융기관에 현금으로 납부할 수 있으며, 현금납부 후 교부받은 '영수필확인서'와 '영수필통지서'를 등기신청서에 첨부하시면 됩니다.
⑩ 등기의무자 등기필정보란
㉠ 전자신청 지정등기소에서 소유권 취득에 관한 등기를 완료하고 등기필정보를 교부받은 경우, 그 등기필정보 상에 기재된 부동산고유번호, 성명, 일련번호, 비밀번호를 각 기재(등기필정보를 제출하는 것이 아님)한다. 다만 교부받은 등기필정보를 멸실한 경우에는 부동산등기법 제49조에 의하여 확인서면이나 확인조서 또는 공증서면 중 하나를 첨부한다.
㉡ 등기신청서에 등기필증이나 확인서면 등을 첨부한 경우 이 란은 기재할 필요가 없다.

⑪ 첨부서면란

등기신청서에 첨부한 서면을 각 기재한다.

⑫ 신청인등란

㉠ 등기의무자와 등기권리자의 성명 및 전화번호를 기재하고, 각자의 인장을 날인하되, 등기의무자는 그의 인감을 날인한다. 그러나 신청인이 법인 또는 법인아닌 사단이나 재단인 경우에는 상호(명칭)와 대표자(관리인)의 자격 및 성명을 기재하고, 법인이 등기의무자인 때에는 등기소의 증명을 얻은 그 대표자의 인감, 법인아닌 사단이나 재단인 경우에는 대표자(관리인)의 개인인감을 날인한다.

㉡ 대리인이 등기신청을 하는 경우에는 그 대리인의 성명 및 전화번호를 기재하고 대리인의 인장을 날인 또는 서명을 한다.

■ 등기신청서에 첨부할 서면

<신청인>

① 위임장

등기신청을 법무사 등 대리인에게 위임하는 경우에 첨부한다.

② 근저당권설정계약서

등기원인을 증명하는 서면으로 첨부합니다.

③ 등기필증

등기의무자의 소유권에 관한 등기필증으로서 등기의무자가 소유권 취득시 등기소로부터 교부받은 등기필증을 첨부한다. 단 전자신청 지정등기소에서 등기를 완료하고 등기필정보를 교부받은 경우에, 그 등기필정보 상에 기재된 부동산고유번호, 성명, 일련번호, 비밀번호를 각 기재(등기필정보를 제출하는 것이 아님)한다.

다만, 등기필증(등기필정보)을 멸실하여 첨부(기재)할 수 없는 경우에는 부동산등기법 제49조에 의하여 확인서면이나 확인조서 또는 공증서면 중 하나를 첨부한다.

<시·구·군청·동사무소>

① 등록세영수필확인서

시장, 구청장, 군수 등으로부터 등록세납부서(OCR용지)를 발급받아 납세지를 관할하는 해당금융기관에 세금을 납부한 후 등록세영수필확인서와 영수증을 교부받아 영수증은 본인이 보관하고, '등록세영수필확인서'만 신청서의 등록세액표시란의 좌측상단 여백에 첨부한다.

② 인감증명서

등기의무자의 인감증명서(발행일로부터 3월 이내)를 첨부한다.

< 기 타 >
신청인이 재외국민이나 외국인 또는 법인 아닌 사단 또는 재단인 경우에는 신청서의 기재사항과 첨부서면이 다르거나 추가될 수 있으므로, 【별표5】, 【별표6】을 참고하고 기타 궁금한 사항은 전문가나 민원담당자에게 문의하시기 바랍니다.

■ 등기신청서류 편철순서

신청서, 등록세영수필확인서, 등기수입증지, 위임장, 인감증명서, 주민등록등(초)본, 근저당권설정계약서, 등기필증 등의 순서로 편철해 주시면 업무처리에 편리합니다.

【근저당권이전등기신청서】

접수	년 월 일 제 호	처리인	접 수	기 입	교 합	각종 통지

<table>
<tr><td colspan="5" align="center">① 부동산의 표시</td></tr>
<tr><td colspan="5">
서울특별시 서초구 서초동 100
시멘트 벽돌조 슬래브지붕 2층 주택
   1층 100 ㎡
   2층 100 ㎡

이   상
</td></tr>
<tr><td colspan="2">② 등기원인과 그 연월일</td><td colspan="3">2007 년 9 월 1 일 확정채권양도</td></tr>
<tr><td colspan="2">③ 등기의 목적</td><td colspan="3">근저당권이전</td></tr>
<tr><td colspan="2">④ 이전할 지분</td><td colspan="3">2005년 10월 6일 접수 제38271호 순위 제1번으로 등기한 근저당권 설정등기. 단, 근저당권은 채권과 함께 이전함.</td></tr>
<tr><td>구분</td><td>성 명
(상호·명칭)</td><td>주민등록번호
(등기용등록번호)</td><td>주   소(소 재 지)</td><td>지 분
(개인별)</td></tr>
<tr><td>⑤ 등기의무자</td><td>이 대 백</td><td>730320-1617312</td><td>서울특별시 서초구 서초동 200</td><td></td></tr>
<tr><td>⑥ 등기권리자</td><td>김 갑 돌</td><td>480412-1011289</td><td>서울특별시 종로구 원서동 9</td><td></td></tr>
</table>

⑦ 등　　록　　　세	금	○○○,○○○ 원
⑦ 교　　육　　　세	금	○○○,○○○ 원
⑧ 세　액　합　계	금	○○○,○○○ 원
⑨ 등 기 신 청 수 수 료	금	14,000 원
⑩ 국 민 주 택 채 권 매 입 총 액	금	○○○,○○○ 원
⑪ 국 민 주 택 채 권 발 행 번 호		○ ○ ○

⑫ 등기의무자의 등기필정보		
부동산고유번호		1102-2006-002905
성명(명칭)	일련번호	비밀번호
이대백	Q77C-LO71-35J5	40-4636

⑬ 첨　부　서　면

- 채권양도계약서　　　　1통
- 등록세영수필확인서　　1통
- 등기필증　　　　　　　1통
- 주민등록등(초)본　　　1통
- 위임장　　　　　　　　통

<기 타>

삭1행

2008 년　　 10월　　 1일

⑭ 위 신청인　　이　대　백　(인) (전화 : 200-7766)
　　　　　　　김　갑　돌　(인) (전화 : 300-7766)

(또는)위 대리인　　　　　(전화 :　　　)

서울중앙 지방법원　　　　등기과 귀중

- 신청서 작성요령 및 등기수입증지 첨부란 -

* 1. 부동산표시란에 2개 이상의 부동산을 기재하는 경우에는 그 부동산의 일련번호를 기재하여야 합니다.
  2. 신청이란 등 해당란에 기재할 여백이 없는 경우에는 별지를 이용합니다.
  3. 등기신청수수료 상당의 등기수입증지를 이 난에 첨부합니다.

등기신청안내서 - 근저당권이전등기신청

■ 확정채권양도에 의한 근저당권이전등기란
 근저당권의 피담보채권이 확정된 후에 채권이 제3자에게 전부 양도된 경우에 하는 등기입니다.
■ 등기신청방법
 ① 공동신청
  양수인(등기권리자)과 양도인(등기의무자)이 본인임을 확인할 수 있는 주민등록증 등을 가지고 직접 등기소에 출석하여 공동으로 신청함이 원칙입니다.
 ② 단독신청
  판결에 의한 등기신청인 경우에는 승소한 등기권리자 또는 등기의무자가 단독으로 신청할 수 있습니다.
 ③ 대리인에 의한 신청
  등기신청은 반드시 신청인 본인이 하여야 하는 것은 아니고 대리인이 하여도 된다. 등기권리자 또는 등기의무자 일방이 상대방의 대리인이 되거나 쌍방이 제3자에게 위임하여 등기신청을 할 수 있으나, 변호사 또는 법무사가 아닌 자는 신청서의 작성이나 그 서류의 제출대행을 업(業)으로 할 수 없습니다.
■ 등기신청서 기재요령
 신청서는 한글과 아라비아 숫자로 기재한다. 부동산의 표시란이나 등기의무자란, 등기권리자란 등이 부족할 경우에는 별지를 사용하고, 별지를 포함하여 신청서가 여러 장인 때에는 각 장 사이에 간인을 하여야 합니다.
 ① 부동산의 표시란
  변경할 근저당권의 목적부동산을 기재하되, 등기부상 부동산 표시와 일치하여야 합니다. 부동산의 토지인 경우에는 토지의 소재와 지번, 지목, 면적을 기재하고, 건물인 경우에는 건물의 소재와 지번, 건물의 종류, 구조, 면적 건물의 번호가 있는 때에는 그 번호, 부속건물이 있는 때에는 그 종류, 구조와 면적을 기재합니다.
 ② 등기원인과 그 연월일
  등기원인은 "확정채권양도", 그 연월일은 위 계약서 작성일 등을 기재합니다.
 ③ 등기의 목적란
  "근저당권이전"으로 기재합니다.
 ④ 이전할 근저당권

이전할 근저당권은 그 등기신청의 접수연월일과 접수번호로서 표시하고 저당권이 채권과 함께 이전한다는 뜻을 기재합니다.
⑤ 등기의무자란
근저당권설정자의 성명, 주민등록번호, 주소를 기재하되, 등기부상 소유자 표시와 일치하여야 합니다. 그러나 법인인 경우에는 상호(명칭), 본점(주사무소 소재지), 등기용등록번호를 기재하고, 법인아닌 사단이나 재단인 경우에는 상호(명칭), 본점(주사무소 소재지), 등기용등록번호 및 대표자(관리인)의 성명, 주민등록번호, 주소를 각 기재한다.
⑥ 등기권리자란
저당권양수인을 기재하는 란으로, 그 기재방법은 등기의무자란과 같다.
⑦ 등록세·교육세란
부동산 1개당 이전하는 채권최고액의 1,000분의 2에 해당하는 등록세 및 등록세의 100분의 20에 해당하는 교육세를 납부합니다.
⑧ 세액합계란
등록세액과 교육세액의 합계를 기재한다.
⑨ 등기신청수수료란
부동산 1개당 14,000원의 등기수입증지금액을 기재한다(등기수입증지는 등기과·소 및 지정금융기관에서 판매). 다만, 등기신청수수료가 10만원 이상인 경우 지정금융기관에 현금으로 납부할 수 있으며, 현금납부 후 교부받은 '영수필확인서'와 '영수필통지서'를 등기신청서에 첨부하시면 됩니다.
⑩ 국민주택채권 매입금액란
채권최고액이 2,000만원 이상인 경우에는 채권최고액의 1,000분의 10에 해당하는 국민주택채권매입금을 기재합니다.
⑪ 국민주택채권 발행번호란
국민주택채권 매입시 국민주택채권사무취급기관(국민은행, 농협, 우리은행)에서 고지하는 채권발행번호를 기재합니다.
⑫ 등기의무자 등기필정보란
 ㉠ 전자신청 지정등기소에서 소유권 취득에 관한 등기를 완료하고 등기필정보를 교부받은 경우, 그 등기필정보 상에 기재된 부동산고유번호, 성명, 일련번호, 비밀번호를 각 기재(등기필정보를 제출하는 것이 아님)한다. 다만 교부받은 등기필정보를 멸실한 경우에는 부동산등기법 제49조에 의하여 확인서면이나 확인조서 또

는 공증서면 중 하나를 첨부한다.
  ㉡ 등기신청서에 등기필증이나 확인서면 등을 첨부한 경우 이 란은 기재할 필요가 없다.
⑬ 첨부서면란
  등기신청서에 첨부한 서면을 각 기재한다.
⑭ 신청인등란
  ㉠ 등기의무자와 등기권리자의 성명 및 전화번호를 기재하고, 각자의 인장을 날인하되, 등기의무자는 그의 인감을 날인한다. 그러나 신청인이 법인 또는 법인 아닌 사단이나 재단인 경우에는 상호(명칭)와 대표자(관리인)의 자격 및 성명을 기재하고, 법인이 등기의무자인 때에는 등기소의 증명을 얻은 그 대표자의 인감, 법인 아닌 사단이나 재단인 경우에는 대표자(관리인)의 개인인감을 날인한다.
  ㉡ 대리인이 등기신청을 하는 경우에는 그 대리인의 성명 및 전화번호를 기재하고 대리인의 인장을 날인 또는 서명을 한다.

■ 등기신청서에 첨부할 서면
<신청인>
 ① 위임장
   등기신청을 법무사 등 대리인에게 위임하는 경우에 첨부한다.
 ② 근저당권설정계약서
   등기원인을 증명하는 서면으로 첨부합니다.
 ③ 등기필증
   등기의무자의 근저당권에 관한 등기필증으로서 등기의무자가 근저당권 설정등기시 등기소로부터 교부받은 등기필증을 말합니다. 단 전자신청 지정등기소에서 등기를 완료하고 등기필정보를 교부받은 경우에, 그 등기필정보 상에 기재된 부동산고유번호, 성명, 일련번호, 비밀번호를 각 기재(등기필정보를 제출하는 것이 아님)합니다. 다만, 등기필증(등기필정보)을 멸실하여 첨부(기재)할 수 없는 경우에는 부동산등기법 제49조에 의하여 확인서면이나 확인조서 또는 공증서면 중 하나를 첨부한다.

<시·구·군청·동사무소>
 ① 등록세영수필확인서
   시장, 구청장, 군수 등으로부터 등록세납부서(OCR용지)를 발급받아 납세지를 관할하는 해당금융기관에 세금을 납부한 후 등록세영수필확인서와 영수증을 교부받아 영수증은 본인이 보관하고, '등록세영수필확인서'만 신청서의 등록세액표시란의 좌

측상단 여백에 첨부한다.
② 주민등록표등(초)본
등기권리자의 주민등록표등본 또는 부동산등기용등록번호를 증명하는 서면으로, 발행일로부터 3월이내의 것을 첨부하며 주민등록증사본으로도 가능합니다. 법원인 경우 법인등기부등본 또는 초본(각, 발행일로부터 3월 이내)을 첨부합니다.
< 기 타 >
신청인이 재외국민이나 외국인 또는 법인 아닌 사단 또는 재단인 경우에는 신청서의 기재사항과 첨부서면이 다르거나 추가될 수 있으므로, 【별표5】, 【별표6】을 참고하고 기타 궁금한 사항은 전문가나 민원담당자에게 문의하시기 바랍니다.
◩ 등기신청서류 편철순서
신청서, 등록세영수필확인서, 등기수입증지, 위임장, 인감증명서, 주민등록등(초)본, 근저당권설정계약서, 등기필증 등의 순서로 편철해 주시면 업무처리에 편리합니다.

【추가근저당권설정등기신청서】 : 구분건물의 경우

추가근저당권설정등기신청

접수	년 월 일 제 호	처리인	접 수	기 입	교 합	각종 통지

① 부동산의 표시

추가할 부동산
  1동의 건물의 표시
    서울특별시 서초구 서초동 100
    샛별아파트 가동
  전유부분의 건물의 표시
    건물의 번호 1-101
    구   조 철근콘크리트조
    면   적 1층 101호 91㎡
  대지권의 표시 토지의 표시
    서울특별시 서초구 서초동 100
    대 1,800㎡
    대지권의 종류 1.소유권
    대지권의 비율 1,800분의 180
전에 등기한 부동산 표시
  서울특별시 서초구 서초동 200
    대 200㎡
                     이   상

② 등기원인과 그 연월일	2007년 9월 1일 추가설정계약
③ 등기의 목적	근저당권설정
④ 채 권 최 고 액	금 30,000,000 원
⑤ 채 무 자	이대백 서울 서초구 서초동 200
⑥ 전에등기한근저당	2005년 4월 7일 접수 제135호로 등기한 순위 1번 근저당권

구분	성 명 (상호·명칭)	주민등록번호 (등기용등록번호)	주 소(소 재 지)
⑦ 등기의무자	이 대 백	730320-1617312	서울특별시 서초구 서초동 200
⑧ 등기권리자	김 갑 돌	480412-1011289	서울특별시 종로구 원서동 9

⑨ 등 록 세	금	○○○,○○○ 원
⑨ 교 육 세	금	○○○,○○○ 원
⑩ 세 액 합 계	금	○○○,○○○ 원
⑪ 등 기 신 청 수 수 료	금	14,000 원

⑫ 등기의무자의 등기필정보		
부동산고유번호	1102-2006-002905	
성명(명칭)	일련번호	비밀번호
이대백	Q77C-LO71-35J5	40-4636

⑬ 첨 부 서 면

- 추가근저당권설정계약서   1통   <기 타>
- 등록세영수필확인서   1통
- 인감증명서   1통
- 등기필증   1통
- 주민등록등(초)본   1통

삭1행 ・ ~~위임장~~   ~~통~~

2008년 10월 1일

⑭ 위 신청인   이 대 백 (인) (전화 : 200-7766)
                김 갑 돌 (인) (전화 : 234-1245)

(또는)위 대리인   (전화 :   )

서울중앙 지방법원   등기과 귀중

- 신청서 작성요령 및 등기수입증지 첨부란 -

* 1. 부동산표시란에 2개 이상의 부동산을 기재하는 경우에는 그 부동산의 일련번호를 기재하여야 합니다.
  2. 신청이란 등 해당란에 기재할 여백이 없는 경우에는 별지를 이용합니다.
  3. 등기신청수수료 상당의 등기수입증지를 이 난에 첨부합니다.

등기신청안내서 - 추가근저당권설정등기신청

■ 추가근저당권설정등기란

　일부의 부동산에 대하여 근저당권설정등기를 한 후 동일한 채권을 담보하기 위하여 다른 부동산에 대하여 추가로 근저당권을 설정하는 경우에 하는 등기신청입니다.

■ 등기신청방법

　① 공동신청

　　근저당권설정자 즉 소유자(등기의무자)와 근저당권자(등기권리자)가 본인임을 확인할 수 있는 주민등록증 등을 가지고 직접 등기소에 출석하여 공동으로 신청함이 원칙입니다.

　② 단독신청

　　판결에 의한 등기신청인 경우에는 승소한 등기권리자 또는 등기의무자가 단독으로 신청할 수 있습니다.

　③ 대리인에 의한 신청

　　등기신청은 반드시 신청인 본인이 하여야 하는 것은 아니고 대리인이 하여도 된다. 등기권리자 또는 등기의무자 일방이 상대방의 대리인이 되거나 쌍방이 제3자에게 위임하여 등기신청을 할 수 있으나, 변호사 또는 법무사가 아닌 자는 신청서의 작성이나 그 서류의 제출대행을 업(業)으로 할 수 없습니다.

■ 등기신청서 기재요령

　신청서는 한글과 아라비아 숫자로 기재한다. 부동산의 표시란이나 등기의무자란, 등기권리자란 등이 부족할 경우에는 별지를 사용하고, 별지를 포함하여 신청서가 여러 장인 때에는 각 장 사이에 간인을 하여야 합니다.

　① 부동산의 표시란

　　추가근저당권을 설정하는 부동산을 기재하되, 등기부상 부동산 표시와 일치하여야 합니다. 토지는 소재, 지번, 지목, 면적 순으로 기재하고, 건물은 소재, 지번, 구조, 종류, 면적 순으로 기재한다.

　② 등기원인과 그 연월일

　　등기원인은 "추가설정계약"으로, 연월일은 추가근저당권설정계약의 체결일을 기재합니다.

　③ 등기의 목적란

　　"근저당권설정"이라고 기재합니다.

④ 채권최고액란

아라비아 숫자로 "금 ○ ○ ○ 원"으로 기재합니다.

⑤ 채무자란

채무자의 성명(명칭)과 주소를 기재합니다. 근저당권설정자와 채무자가 동일인인 경우에도 채무자의 표시를 반드시 하여야 합니다.

⑥ 전에 등기한 근저당권란

전에 등기한 근저당권을 기재합니다.

(예 : 2005년 4월 7일 접수 제135호로 등기한 순위 1번 근저당권)

⑦ 등기의무자란

소유자의 성명, 주민등록번호, 주소를 기재하되, 등기부상 소유자 표시와 일치하여야 합니다. 그러나 법인인 경우에는 상호(명칭), 본점(주사무소 소재지), 등기용등록번호를 기재하고, 법인 아닌 사단이나 재단인 경우에는 상호(명칭), 본점(주사무소 소재지), 등기용등록번호 및 대표자(관리인)의 성명, 주민등록번호, 주소를 각 기재한다.

등기의무자의 등기부상 주소와 현재의 주소와 다른 경우, 등기명의인표시변경(또는 경정)등기를 신청하여 등기의무자의 주소를 변경한 후 설정등기를 하여야 합니다.

⑧ 등기권리자란

근저당권자를 기재하는 란으로, 그 기재방법은 등기의무자란과 같다.

⑨ 등록세・교육세란

등록세영수필확인서에 의하여 기재한다.

⑩ 세액합계란

등록세액과 교육세액의 합계를 기재한다.

⑪ 등기신청수수료란

근저당권설정등기신청 수수료액(14,000원)에 새로이 추가되는 부동산 개수를 곱한 금액을 기재합니다(등기수입증지는 등기과・소 및 지정금융기관에서 판매). 다만, 등기신청수수료가 10만원 이상인 경우 지정금융기관에 현금으로 납부할 수 있으며, 현금납부 후 교부받은 '영수필확인서'와 '영수필통지서'를 등기신청서에 첨부하시면 됩니다.

⑫ 등기의무자 등기필정보란

㉠ 전자신청 지정등기소에서 소유권 취득에 관한 등기를 완료하고 등기필정보를 교부받은 경우, 그 등기필정보 상에 기재된 부동산고유번호, 성명, 일련번호, 비밀

번호를 각 기재(등기필정보를 제출하는 것이 아님)한다. 다만 교부받은 등기필정보를 멸실한 경우에는 부동산등기법 제49조에 의하여 확인서면이나 확인조서 또는 공증서면 중 하나를 첨부한다.
　㉡ 등기신청서에 등기필증이나 확인서면 등을 첨부한 경우 이 란은 기재할 필요가 없다.
⑬ 첨부서면란
　등기신청서에 첨부한 서면을 각 기재한다.
⑭ 신청인등란
㉠ 등기의무자와 등기권리자의 성명 및 전화번호를 기재하고, 각자의 인장을 날인하되, 등기의무자는 그의 인감을 날인한다. 그러나 신청인이 법인 또는 법인 아닌 사단이나 재단인 경우에는 상호(명칭)와 대표자(관리인)의 자격 및 성명을 기재하고, 법인이 등기의무자인 때에는 등기소의 증명을 얻은 그 대표자의 인감, 법인 아닌 사단이나 재단인 경우에는 대표자(관리인)의 개인인감을 날인한다.
㉡ 대리인이 등기신청을 하는 경우에는 그 대리인의 성명 및 전화번호를 기재하고 대리인의 인장을 날인 또는 서명을 한다.

■ 등기신청서에 첨부할 서면
<신청인>
① 위임장
　등기신청을 법무사 등 대리인에게 위임하는 경우에 첨부한다.
② 추가근저당권설정계약서
　등기원인을 증명하는 서면으로 첨부합니다.
③ 등기필증
　추가되는 부동산에 대한 등기의무자의 소유권에 관한 등기필증으로서 등기의무자가 소유권 취득시 등기소로부터 교부받은 등기필증을 첨부합니다. 단 전자신청 지정등기소에서 등기를 완료하고 등기필정보를 교부받은 경우에, 그 등기필정보 상에 기재된 부동산고유번호, 성명, 일련번호, 비밀번호를 각 기재(등기필정보를 제출하는 것이 아님)한다.
　다만, 등기필증(등기필정보)을 멸실하여 첨부(기재)할 수 없는 경우에는 부동산등기법 제49조에 의하여 확인서면이나 확인조서 또는 공증서면 중 하나를 첨부한다.
<시·구·군청·동사무소>
① 등록세영수필확인서

시장, 구청장, 군수 등으로부터 등록세납부서(OCR용지)를 발급받아(정액등록세의 경우에는 지방세인터넷납부시스템을 이용하여 납부한 후 출력한 납부서를 첨부하거나 또는 대법원 인터넷등기소의 정액등록세납부서 작성기능을 이용해 작성 출력할 수 있음) 납세지를 관할하는 해당금융기관에 세금을 납부한 후 등록세영수필확인서와 영수증을 교부받아 영수증은 본인이 보관하고, '등록세영수필확인서'만 신청서의 등록세액표시란의 좌측상단 여백에 첨부한다.

② 인감증명서
   등기의무자의 인감증명서(발행일로부터 3월 이내)를 첨부한다.
③ 주민등록표등(초)본
   등기의무자 및 등기권리자의 주민등록표등본 또는 초본(각, 발행일로부터 3월 이내)을 첨부한다.

< 기 타 >
신청인이 재외국민이나 외국인 또는 법인 아닌 사단 또는 재단인 경우에는 신청서의 기재사항과 첨부서면이 다르거나 추가될 수 있으므로, 【별표5】, 【별표6】을 참고하고 기타 궁금한 사항은 전문가나 민원담당자에게 문의하시기 바랍니다.

■ 등기신청서류 편철순서
신청서, 등록세영수필확인서, 등기수입증지, 위임장, 인감증명서, 주민등록등(초)본, 근저당권설정계약서, 등기필증 등의 순서로 편철해 주시면 업무처리에 편리합니다.

【근저당권말소등기신청서】

접 수	년 월 일 제 호	처리인	접 수	기 입	교 합	각종 통지

<table>
<tr><td colspan="5" align="center">① 부동산의 표시</td></tr>
<tr><td colspan="5">

1. 서울특별시 서초구 서초동 100
　　　대 300㎡

2. 서울특별시 서초구 서초동 100
　　시멘트 벽돌조 슬래브지붕 2층 주택
　　　1층 100㎡
　　　2층 100㎡

　　　　　　　　　이　　　　　　　상

</td></tr>
<tr><td>② 등기원인과 그 연월일</td><td colspan="4">2007 년 9 월 1 일 일부포기</td></tr>
<tr><td>③ 등기의 목적</td><td colspan="4">근저당권등기말소</td></tr>
<tr><td>④ 이전할 지분</td><td colspan="4">2005년 3월 2일 접수 제1128호로 경료한 근저당권 설정등기</td></tr>
<tr><td>구분</td><td>성 명
(상호·명칭)</td><td>주민등록번호
(등기용등록번호)</td><td>주　소(소 재 지)</td><td>지 분
(개인별)</td></tr>
<tr><td>⑤ 등기의무자</td><td>이 대 백</td><td>730320-1617312</td><td>서울특별시 서초구
서초동 200</td><td></td></tr>
<tr><td>⑥ 등기권리자</td><td>김 갑 돌</td><td>480412-1011289</td><td>서울특별시 종로구 원서동 9</td><td></td></tr>
</table>

⑦ 등　　록　　　　세	금	6,000 원
⑦ 교　　육　　　　세	금	1,200 원
⑧ 세　액　　합　　계	금	7,200 원
⑨ 등 기 신 청 수 수 료	금	6,000 원

⑩ 등기의무자의 등기필정보		
부동산고유번호	1102-2006-002905	
성명(명칭)	일련번호	비밀번호
이대백	Q77C-LO71-35J5	40-4636

⑪ 첨　　부　　서　　면	
· 포기증서　　　　　　　　　1통 · 등록세영수필확인서　　　　1통 · 등기필증　　　　　　　　　1통 <small>삭1행</small> · ~~위임장~~　　　　　　　　~~통~~	\<기 타\>

2008 년　　10월　　1일

⑫ 위 신청인　　　이　　대　　백　　(인)　(전화 : 200-7766)
　　　　　　　　　김　　갑　　돌　　(인)　(전화 : 234-1245)

(또는)위 대리인　　　　(전화 :　　　)

서울중앙 지방법원　　　　등기과 귀중

- 신청서 작성요령 및 등기수입증지 첨부란 -

* 1. 부동산표시란에 2개 이상의 부동산을 기재하는 경우에는 그 부동산의 일련번호를 기재하여야 합니다.
2. 신청이란 등 해당란에 기재할 여백이 없는 경우에는 별지를 이용합니다.
3. 등기신청수수료 상당의 등기수입증지를 이 난에 첨부합니다.

등기신청안내서 - 근저당권말소등기신청

■ 근저당권말소등기란

본 등기신청서는 동일채권을 담보하는 공동저당권의 목적인 부동산 중 일부 부동산에 대하여 근저당권을 포기할 경우에 등기의무자와 등기권리자가 공동으로 신청하는 근저당권말소등기의 예입니다. 이 신청에서는 근저당권설정자(또는 부동산소유자)를 등기권리자, 근저당권자를 등기의무자라고 합니다.

■ 등기신청방법

① 공동신청

근저당권설정자(소유자)와 근저당권자 본인임을 확인할 수 있는 주민등록증 등을 가지고 직접 등기소에 출석하여 공동으로 신청함이 원칙입니다.

② 단독신청

판결에 의한 등기신청인 경우에는 승소한 등기권리자 또는 등기의무자가 단독으로 신청할 수 있습니다.

③ 대리인에 의한 신청

등기신청은 반드시 신청인 본인이 하여야 하는 것은 아니고 대리인이 하여도 된다. 등기권리자 또는 등기의무자 일방이 상대방의 대리인이 되거나 쌍방이 제3자에게 위임하여 등기신청을 할 수 있으나, 변호사 또는 법무사가 아닌 자는 신청서의 작성이나 그 서류의 제출대행을 업(業)으로 할 수 없습니다.

■ 등기신청서 기재요령

신청서는 한글과 아라비아 숫자로 기재한다. 부동산의 표시란이나 등기의무자란, 등기권리자란 등이 부족할 경우에는 별지를 사용하고, 별지를 포함하여 신청서가 여러 장인 때에는 각 장 사이에 간인을 하여야 합니다.

① 부동산의 표시란

변경할 근저당권의 목적부동산을 기재하되, 등기부상 부동산 표시와 일치하여야 합니다. 부동산의 토지인 경우에는 토지의 소재와 지번, 지목, 면적을 기재하고, 건물인 경우에는 건물의 소재와 지번, 건물의 종류, 구조, 면적 건물의 번호가 있는 때에는 그 번호, 부속건물이 있는 때에는 그 종류, 구조와 면적을 기재합니다.

② 등기원인과 그 연월일

등기원인은 그 원인에 따라 일부포기 등으로, 연월일은 근저당권설정계약 일부포기 연월일 등을 기재합니다.

③ 등기의 목적란

"근저당권등기말소"라고 기재합니다.

④ 말소할 등기란

말소할 근저당권의 접수연월일, 접수번호 등을 기재하여 말소할 등기를 특정합니다.

⑤ 등기의무자란

근저당권설정자의 성명, 주민등록번호, 주소를 기재하되, 등기부상 소유자 표시와 일치하여야 합니다. 그러나 법인인 경우에는 상호(명칭), 본점(주사무소 소재지), 등기용등록번호를 기재하고, 법인아닌 사단이나 재단인 경우에는 상호(명칭), 본점(주사무소 소재지), 등기용등록번호 및 대표자(관리인)의 성명, 주민등록번호, 주소를 각 기재한다.

⑥ 등기권리자란

근저당권설정자(또는 소유자)를 기재하는 란으로, 그 기재방법은 등기의무자란과 같다.

⑦ 등록세·교육세란

부동산 1개당 등록세 3,000원, 교육세 600원으로 계산하여 기재합니다.

⑧ 세액합계란

등록세액과 교육세액의 합계를 기재한다.

⑨ 등기신청수수료란

부동산 1개당 3,000원의 등기수입증지금액을 기재한다(등기수입증지는 등기과·소 및 지정금융기관에서 판매). 다만, 등기신청수수료가 10만원 이상인 경우 지정금융기관에 현금으로 납부할 수 있으며, 현금납부 후 교부받은 '영수필확인서'와 '영수필통지서'를 등기신청서에 첨부하시면 됩니다.

⑩ 등기의무자 등기필정보란

㉠ 전자신청 지정등기소에서 소유권 취득에 관한 등기를 완료하고 등기필정보를 교부받은 경우, 그 등기필정보 상에 기재된 부동산고유번호, 성명, 일련번호, 비밀번호를 각 기재(등기필정보를 제출하는 것이 아님)한다. 다만 교부받은 등기필정보를 멸실한 경우에는 부동산등기법 제49조에 의하여 확인서면이나 확인조서 또는 공증서면 중 하나를 첨부한다.

㉡ 등기신청서에 등기필증이나 확인서면 등을 첨부한 경우 이 란은 기재할 필요가 없다.

⑪ 첨부서면란
　등기신청서에 첨부한 서면을 각 기재한다.
⑫ 신청인등란
　㉠ 등기의무자와 등기권리자의 성명 및 전화번호를 기재하고, 각자의 인장을 날인하되, 등기의무자는 그의 인감을 날인한다. 그러나 신청인이 법인 또는 법인아닌 사단이나 재단인 경우에는 상호(명칭)와 대표자(관리인)의 자격 및 성명을 기재하고, 법인이 등기의무자인 때에는 등기소의 증명을 얻은 그 대표자의 인감, 법인아닌 사단이나 재단인 경우에는 대표자(관리인)의 개인인감을 날인한다.
　㉡ 대리인이 등기신청을 하는 경우에는 그 대리인의 성명 및 전화번호를 기재하고 대리인의 인장을 날인 또는 서명을 한다.

■ 등기신청서에 첨부할 서면
<신청인>
① 위임장
　등기신청을 법무사 등 대리인에게 위임하는 경우에 첨부한다.
② 포기증서
　해지 등과 같이 근저당권등기말소 사유에 관한 증서가 있는 경우에는 그 증서를 첨부합니다.
③ 등기필증
　등기의무자의 근저당권에 관한 등기필증으로서 등기의무자가 근저당권 설정등기시 등기소로부터 교부받은 등기필증을 말합니다. 단 전자신청 지정등기소에서 등기를 완료하고 등기필정보를 교부받은 경우에, 그 등기필정보 상에 기재된 부동산고유번호, 성명, 일련번호, 비밀번호를 각 기재(등기필정보를 제출하는 것이 아님)합니다. 다만, 등기필증(등기필정보)을 멸실하여 첨부(기재)할 수 없는 경우에는 부동산등기법 제49조에 의하여 확인서면이나 확인조서 또는 공증서면 중 하나를 첨부한다.

<시·구·군청·동사무소>
　등록세영수필확인서
　　시장, 구청장, 군수 등으로부터 등록세납부서(OCR용지)를 발급받아 납세지를 관할하는 해당금융기관에 세금을 납부한 후 등록세영수필확인서와 영수증을 교부받아 영수증은 본인이 보관하고, '등록세영수필확인서'만 신청서의 등록세액표시란의 좌측 상단 여백에 첨부한다.

<등기과·소>

법인등기부등(초)본
　　등기권리자 또는 의무자가 법인인 경우에는 법인등기부등본 또는 초본(각, 발행일로부터 3월 이내)을 첨부합니다.
< 기　타 >
① 신청인이 재외국민이나 외국인 또는 법인아닌 사단 또는 재단인 경우에는 신청서의 기재사항과 첨부서면이 다르거나 추가될 수 있으므로, 【별표5】, 【별표6】을 참고하고 기타 궁금한 사항은 전문가나 민원담당자에게 문의하시기 바랍니다.
② 일부포기할 근저당권을 목적으로 한 등기상 이해관계인(근저당권에 대한 가압류권자 등)이 있는 경우에는 그 이해관계인의 승낙서 및 인감증명서(발행일로부터 3월 이내)를 첨부하여야 합니다.

■ 등기신청서류 편철순서
신청서, 등록세영수필확인서, 등기수입증지, 위임장, 인감증명서, 주민등록등(초)본, 근저당권설정계약서, 등기필증 등의 순서로 편철해 주시면 업무처리에 편리합니다.

제 2 절 보증채무의 설정

Ⅰ. 보증채무·보증

　보증채무란 주채무가 그의 채무를 이행하지 않는 경우에 이를 이행할 채무를 말한다. 즉 채권자와 보증인 사이에서 맺어지는 보증계약에 의하여 성립하는 채무로서, 주채무자가 그의 채무를 이행하지 않는 경우에 보증인이 이를 이행할 책임을 지고, 그렇게 함으로써 주채무에 대한 채권을 담보하는 것이 보증채무이다.

　보증채무는 '보증'과 별개의 개념이다. 즉, 주채무자(주된 채무자) 이외에 동일한 내용의 채무를 부담하는 종된 채무자(부종적 채무자)를 두고, 주채무자의 채무(주채무)에 대한 채권을 담보하는 제도를 가리켜 '보증'이라고 한다.

　그리고 이 경우 부종적 채무자가 보증인이고, 그가 부담하는 채무는 보증채무이며, 보증채무를 발생케 하는 계약이 보증계약이다.

　보증채무는 그 법률적 구성에 있어서는 다수당사자의 채무관계이나, 그 작용은 전적으로 채권의 담보에 있다.

　보증채무는 물적 담보제도와 함께 채권의 담보수단으로 널리 활용되고 있으며, 보증인의 일반재산이 강제집행의 대상이 된다는 점에서 이를 인적 담보라고 한다.

Ⅱ. 보증채무의 성립

1. 보증계약

　보증채무는 채권자와 보증인 사이의 '보증계약'에 의하여 성립한다.

　보증계약의 당사자는 채권자와 보증인이며, 주채무자의 부탁을 받고 보증을 하였는지 또는 주채무자의 의사에 반하는 것인지의 여부는 보증계약의 성립에 영향을 주지 않고 다만 구상권의 범위에 차이가 있을 뿐이다.

　보증계약이 유효하기 위해서는 보증의 의사표시가 서면으로 행해질 것이 요구된다.

2. 보증인을 세울 때 유의할 점

ⅰ) 보증인을 세울 때는 그 보증인의 자력이나 신용을 조사하여야 한다.

　　또한 보증인의 주소가 먼 곳에 있으면, 보증인의 신분이나 자력에 변동이 있어도 모르는 일이 많으며, 소송을 제기하거나 강제집행을 하는데 여러 가지 장애가 있을 수 있다.

ⅱ) 보증인을 회사로 할 때는 그 보증인이 회사정관에 기재된 회사목적의 범위 내인가 아닌가를 미리 조사해야 한다.

그 회사목적의 범위 외인 경우에는 주식회사의 경우에는 주주총회의 특별결의를 요하고, 합명회사인 때에는 총사원의 동의를 요한다.

ⅲ) 자력이 별로 없는 보증인을 여럿 세우는 것보다 자력이 충분한 보증인 1명을 세우는 것이 채권회수의 보장도가 높다.

3. 보증을 부탁받고 보증인이 될 때 주의할 점

(1) 보증의 종류와 책임범위를 확인할 것

보증서를 작성할 때에 보증서의 종류 및 책임범위를 확인하여 이를 확실히 하여 두어야 한다. 보증에는 특정대상 및 금액에 대해서만 보증하는 특정채무보증과 현재 및 장래의 증감변동하는 불확정채무를 보증하는 근보증(신용보증)이 있다.

(2) 대출기관에 가서 직접 자필서명할 것

보증을 부탁한 사람이 대출금액, 이름 등을 기재한 것을 먼저 확인하고 보증서에 보증금액, 보증기간 등을 직접 자필서명하여야 한다. 또한 보증서를 직접 작성하는 경우에도 보증금액 등을 공란으로 두고 단순히 서명만 해서는 매우 위험하다.

(3) 보증기간은 단기로 할 것

보증기간은 짧을수록 좋다. 주채무이자인 보증을 부탁한 사람의 직업이나 재산상태가 좋더라도 보증기간이 길면 사정이 급변하여 보증인이 책임질 일이 일어날 위험이 높기 때문이다.

<Q & A>
보증한도 정함 없는 계속적 보증계약의 보증인 사망 시 상속인의 보증승계 여부

Q) 甲은 乙주식회사의 실질적 경영자로서 乙주식회사와 丙금융기관 사이에 乙주식회사가 丙금융기관에 대하여 현재 및 장래에 부담하는, 어음대출, 어음할인, 당좌대출, 지급보증(사채보증 포함) 등 여신거래에 관한 모든 채무에 관하여 연대보증책임을 지되, 보증한도액과 보증기간은 따로 정하지 아니하고 다만, 보증약정일로부터 3년이 경과한 때에는 보증인인 甲은 서면에 의하여 보증약정을 해지할 수 있다는 내용의 근보증약정을 체결하였다. 그런데 수개월 전 甲이 사망하였고, 최근에 乙주식회사가 부도 되었으며, 丙금융기관에서는 甲의 상속인 丁에게 甲의 사망 후 발생된 乙주식회사의 채무를 포함한 채무전액에 관하여 보증채무를 이행하라고 하고 있다. 이 경우 丁으로서는 乙주식회사의 채무전액에 대하여 보증책임을 지게 되는가?

A)
1. 문제점
채권자와 주채무자 사이의 계속적 거래관계로 인하여 현재 및 장래에 발생하는 불확정적 채무에 관하여 보증책임을 부담하기로 하는 보증계약을 이른바 '계속적 보증계약'이라고 한다. 그런데 보증한도액이 정해진 계속적 보증계약의 보증인이 사망한 경우, 그 상속인들이 보증인의 지위를 승계 하는지가 문제된다.

2. 판례의 태도
(1) 보증한도액이 정해진 계속적 보증계약의 경우
이에 관하여 판례는 "보증한도액이 정해진 계속적 보증계약의 경우 보증인이 사망하였다 하더라도 보증계약이 당연히 종료되는 것은 아니고, 특별한 사정이 없는 한 상속인들이 보증인의 지위를 승계 한다고 보아야 한다."라고 하였다(대법원 1999. 6. 22. 선고 99다19322, 19339 판결).

(2) 보증기간과 보증한도액의 정함이 없는 계속적 보증계약의 경우
"보증한도액이 정해진 계속적 보증계약의 경우 보증인이 사망하였다 하더라도 보증계약이 당연히 종료되는 것은 아니고 특별한 사정이 없는 한 상속인들이 보증인의 지위를 승계 한다고 보아야 할 것이나, 보증기간과 보증한도액의 정함이 없는 계속적 보증계약의 경우에는 보증인이 사망하면 보증인의 지위가 상속인에게 상속된다고 할 수 없고 다만, 기왕에 발생된 보증채무만이 상속된다."라고 하였다(대법원 2001. 6. 12. 선고 2000다47187 판결).

3. 결론
따라서 위 사안은 보증기간과 보증한도액의 정함이 없는 계속적 보증계약의 경우로서 丁은 甲의 사망 이전에 발생된 채무에 대해서만 보증책임을 부담하게 될 것으로 보인다.

(4) 주채무자의 직업 및 재산상태를 확인할 것

주채무자, 즉 보증을 부탁하는 사람이 직업 및 재산상태를 반드시 확인하고, 보증을 할 것인지의 여부를 결정해야 한다. 돈을 빌리는 목적이 사업자금을 위한 것이라면 위험부담이 높고, 전세자금이나 주택구입자금 등의 용도라면 상대적으로 위험부담이 적다고 볼 수 있다.

Ⅲ. 보증채무의 범위

보증채무의 범위는 보증계약에 의해 구체적으로 정해지지만, 계약으로 정하지 않은 경우에 보증채무는 주채무와 이자·위약금·손해배상·기타 주채무에 종속한 채무도 담보한다(민법 제429조).

Ⅳ. 보증채무의 효력

1. 채권자의 권리

변제기가 도래하면 채권자는 주채무자와 보증인에게 동시에 또는 순차로 채무의 이행을 청구할 수 있다. 주채무자가 이행을 하지 않아야만 보증인에게 청구할 수 있는 것은 아니다. 다만 채권자가 보증인에게 먼저 채무의 이행을 청구한 경우에는 보증인은 보충성에 기한 항변권을 가진다.

2. 보증인의 권리

(1) 주채무자의 항변권의 행사

보증인은 주채무자의 항변으로 채권자에게 대항할 수 있다. 주채무자의 항변의 포기는 보증인에게 효력이 없다(민법 제433조).

주채무자가 채권자에 대하여 가지는 항변사유, 예컨대 주채무의 무효, 취소, 동시이행의 관계, 변제기의 미도래, 변제 등으로 인한 주채무의 소멸 등의 사유를 보증인은 채권자에게 주장할 수 있다.

(2) 주채무자의 상계권의 행사

보증인은 주채무자의 채권에 의한 상계로 채권자에게 대항할 수 있다(민법 제434조). 보증인을 보호하기 위해 보증인이 주채무자의 채권자에 대한 채권으로 직접 상계할 수 있도록 규정한 것이다.

(3) 채무이행의 거절

주채무자가 채권자에 대하여 취소권 또는 해제권이나 해지권이 있는 동안은 보증인은 채권자에 대하여 채무의 이행을 거절할 수 있다(민법 제435조).

(4) 보증인의 최고 · 검색의 항변권

최고·검색의 항변권이란 채권자가 먼저 주채무자에게 청구하지 않고서 곧바로 보증인에게 이행하라고 하는 경우에, 먼저 주채무자에게 청구하라고 항변하거나 또는 주채무자의 재산에 대하여 집행하라고 보증인이 항변할 수 있는 권리를 말한다.

보증인이 최고·검색의 항변권을 행사하려고 '주채무자에게 변제자력이 있는 사실과 그 집행이 용이한 사실' 두 가지를 모두 증명하여야 한다. 주채무자가 채무 전액을 변제할 자력이 있어야만 되는 것은 아니고, 채무를 변제하는데 상당한 정도에 이르면 충분하다.

V. 연대보증

연대보증이란 보증인이 주채무자와 연대하여 채무를 부담함으로써 주채무의 이행을 담보하는 보증채무를 말한다. 채권의 담보를 목적으로 하는 점은 보통의 보증채무와 같으나, 보통의 보증채무에 있어서와 같은 보증성이 없기 때문에 연대보증인은 최고·검색의 항변권을 갖지 못한다(민법 제437조 단서). 또 연대보증인이 수인 있는 경우에도 공동보증에 있어서의 분별의 이익을 갖지 못하고 각자 주채무자의 전액을 지급하여야 한다(민법 제448조 2항).

> **<Q & A>**
> **연대보증인 1인에 대한 채권포기의 효력이 주채무자 등에게 미치는지**
>
> Q) 甲은 乙과 함께 丙의 丁에 대한 대여금채무에 대하여 연대보증을 하였다. 그런데 丙은 변제기간이 훨씬 지났음에도 위 채무를 변제하지 않았으므로 丁은 甲의 임금채권에 가압류를 하였다. 이에 甲은 어려운 형편임에도 은행으로부터 대출을 받는 등의 방법으로 돈을 마련하여 丁에게 변제제공하면서 가압류를 취소하도록 요청하였다. 그러자 丁은 甲의 연대보증채무 중 이자채권을 포함한 채무일부를 면제해주고 임금채권에 대한 가압류도 취소해주었다. 이 경우 주채무자인 丙과 다른 연대보증인인 乙의 채무에도 위 면제의 효력이 미치는가?

A)
1. 문제점
 연대채무자의 경우 면제의 절대적 효력에 관하여 「민법」 제419조는 "어느 연대채무자에 대한 채무면제는 그 채무자의 부담부분에 한하여 다른 연대채무자의 이익을 위하여 효력이 있다."라고 규정하고 있으며, 이 규정은 임의규정이라고 할 것이므로 채권자가 의사표시 등으로 위 규정의 적용을 배제하여 어느 한 연대채무자에 대하여서만 채무면제를 할 수는 있을 것이다. 그런데 채권자가 연대보증인에 대하여 한 채무면제의 효력이 다른 연대보증인과 주채무자에 대하여 미치는지 문제된다.

2. 판례의 태도
 이에 관하여 판례는 "연대보증인이라고 할지라도 주채무자에 대하여는 보증인에 불과하므로 연대채무에 관한 면제의 절대적 효력을 규정한 민법 제419조의 규정은 주채무자와 보증인 사이에는 적용되지 아니하는 것이니, 채권자가 연대보증인에 대하여 그 채무의 일부 또는 전부를 면제하였다 하더라도 그 면제의 효력은 주채무자에 대하여 미치지 아니한다."라고 하였으며, 채권자가 수인의 연대보증인 중 1인에 대하여 한 채무면제의 효력이 다른 연대보증인에 대하여 미치는지에 관하여도 "수인의 연대보증인이 있는 경우, 연대보증인들 사이에 연대관계의 특약이 있는 경우가 아니면 채권자가 연대보증인의 1인에 대하여 채무의 전부 또는 일부를 면제하더라도 다른 연대보증인에 대하여는 그 효력이 미치지 아니한다 할 것이다."라고 하였다(대법원 1992. 9. 25. 선고 91다37553 판결, 1994. 11. 8. 선고 94다37202 판결).

3. 결론
 따라서 위 사안에서 채권자 丁이 연대보증인 중 1인인 甲의 채무를 일부 면제해 주었다고 하여도 주채무자인 丙과 다른 연대보증인 乙의 채무에는 면제의 효력이 미치지 않을 것으로 보이고, 따라서 丁은 丙과 乙에 대하여는 甲에게 면제해준 부분의 청구가 가능할 것이다.

VI. 보증인 보호를 위한 특별법

1. 제정이유

우리나라 특유의 인정주의에 따라 특별한 대가를 받지 아니하고 경제적 부담에 대한 합리적 고려 없이 호의로 이루어지는 보증이 만연하고 채무자의 파산이 연쇄적으로 보증인에게 이어져 경제적·정신적 피해와 함께 가정파탄 등에 이르는 등 보증의 폐해가 심각하므로 보증채무의 범위를 특정하고, 보증인에게 정신적 고통을 주는 불법적 채권추심행위를 금지하며, 금융기관과 보증계약을 체결할 때에는 채무자의 신용에 대한 정보를 보증인이 제공받도록 함으로써 합리적인 금전거래를 확립하기 위하여 2008. 3. 21. 본 법이 제정되었고, 2008. 9. 22.부터 시행되고 있다.

2. 주요내용

(1) 보증의 방식(법 제3조)

거래의 실제에 있어서 보증계약이 서면에 의하여 명시적으로 행하여지지 않는 경우가 많아서 보증의사 및 보증의 범위 등에 관한 분쟁이 다수 발생하고 있다. 본 법에서는 보증은 그 의사가 보증인의 기명날인 또는 서명이 있는 서면으로 표시되어야 효력이 발생하는 것으로 규정하였다. 이에 따라 거래당사자간의 분쟁발생을 줄이고 보증인보호 및 거래의 명확성을 제고할 수 있을 것으로 기대된다.

(2) 근보증(법 제6조)

현실적으로 근보증이 많이 이루어지고 있음에도 근보증에 관한 일반규정이 없어 무제한적 포괄근보증 등이 사회 문제로 대두됨에 따라 이를 개선하고자 하는 것이다. 보증은 채권자와 주채무자 사이의 특정한 계속적 거래계약 그 밖의 일정한 종류의 거래로부터 발생하는 채무 또는 특정한 원인에 기하여 계속적으로 발생하는 채무에 대하여도 할 수 있도록 하되, 보증하는 채무의 최고액을 서면으로 특정하지 않은 보증계약은 효력이 없는 것으로 규정하였다. 이에 따라 근보증인의 책임범위가 지나치게 확대되는 것을 방지하여 보증인의 보호에 기여할 것으로 기대된다.

(3) 금융기관 보증계약의 요건 엄격화(법 제8조)

채무자가 과다한 채무로 사실상 변제능력이 없음에도 보증인은 이를 알지 못한 채 보증계약을 체결하고, 일부 금융기관은 채무자에 대한 신용분석을 소홀히 한 채 보증인의 자력만 믿고 대출하는 경우가 있다. 본 법에서는 금융기관이 보증계약을 체결할 때에는 보증인에게 채무자의 신용정보를 제시하여 보증인의 기명날인이나 서명을 받도록 하고,

이에 위반한 계약은 보증인이 해지할 수 있도록 하였다. 이에 따라 보증인은 채무자의 정확한 신용상태를 확인한 후 보증여부를 결정하게 되고, 금융기관은 철저한 채무자의 신용분석에 기초하여 대출사무를 취급할 것으로 기대된다.

(4) 보증인에 대한 불법적 채권추심행위 금지(법 제9조 및 제10조)

재산적 손해 외에도 무차별적인 채무변제의 독촉으로 인하여 보증인이 입게 되는 정신적 고통이 심각함에도 현행법은 대부업자 또는 채권추심업자가 불법적으로 채권자를 찾아가 돈을 받아내는 불법적 추심행위(推尋行爲)만 금지하고 있어 보증인 보호에 미흡하였다. 이에 본 법에서는 보증인의 친족 등에게 보증인을 대신하여 보증채무를 변제할 것을 요구할 수 없도록 하는 등 보증인을 괴롭히는 채권자의 불법적 추심행위를 금지하고, 이에 위반하는 채권자는 형사처벌하도록 하였다. 이에 따라 보증채무로 인하여 무차별적인 변제독촉에 시달리는 보증인의 정신적 고통을 완화할 것으로 기대된다.

제 3 절 관련 사례

> 저당권설정계약 체결시 저당권설정의무를 확실히 이행시키기 위한 방법이 있는가?

저당권설정계약서를 작성하거나 차용증을 작성할 때에 목적 부동산의 지번, 가옥번호, 건평 등을 정확히 기입하고 이것을 채권의 담보로 하고 순위 1번저당권으로 설정한다고 기재하여 날인케 한다.

【해 설】

예컨대 자기 집을 담보로 하여 저당권을 설정하여 주기로 약속하고 돈을 빌리고 나서 채무자가 저당권설정등기의무에 협조하지 않는 경우가 있다.

이를 방지하기 위해서는 저당권설정계약서를 작성하거나 차용증을 작성할 때에 차용증서상에 목적 부동산의 지번, 건물번호, 건평 등을 정확히 기입하고 이것을 채무의 담보로 하고 순위 1번 저당권으로 설정한다고 기재한 다음 채무자가 날인하도록 하여, 저당권설정계약이 성립되었음을 확실히 한다.

그리고 저당권설정계약이 성립되었음이 확실한데도 채무자를 저당권설정등기를 이행하지 않는 경우에는 가등기처분이라는 절차에 의해서 법원의 명령에 의해 목적 부동산에 저당권설정등기를 할 수 있다.

여기서 가등기라 함은 형식적으로나 실질적으로나 본등기(질문의 경우, 저당권설정등기)를 하기 위한 요건이 갖추어지지 않았으나 요건이 갖추어져 장래에 하게 될 본등기의 순위보전을 위하여 미리 하여 두는 등기를 말하며, 가등기가처분이란 가등기를 하는데 있어서도 물론 쌍방협력이 필요한데 상대방이 가등기신청에 동의하지 않는 경우, 법원에 대하여 가등기를 필해야 한다는 취지의 가처분명령을 신청하고, 이 명령에 의거하여 일방적으로 행하는 가등기를 말한다.

가등기를 하려는 자는 그 부동산소유지를 관할하는 지방법원에 신청하고 매매계약서나 농지매매계약서 등 상대방이 당연히 가등기에 응할 의무가 있다는 것을 소명한 서면 등을 제출하면 보증금의 공탁 등이 필요없이 가등기를 해야한다는 가처분명령정본을 교부하여 준다. 그것을 등기소에 제출하면 권리증이나 상대방의 날인없이 일방적으로 가등기를 할 수 있다. 이처럼 채권자는 먼저 가등기가처분절차를 실행한 후에 소송을 제기하여 저당권설정등기이행청구를 할 수가 있다.

> 저당권설정계약만 체결하고 설정등기를 하지 않은 경우 우선변제권을 행사할 수 있는가?

저당권설정등기를 하여야만 저당권의 효력이 생기고, 채권의 집행보전이나 우선변제권을 확보할 수 있다.

【해 설】

저당권은 저당권설정계약과 저당권의 설정등기에 의하여 성립한다. 즉 저당권의 설정은 법률행위로 인한 부동산물권의 변동이므로 등기하여야 그 효력이 생긴다(민법 제186조).

저당권설정계약만 체결하고 저당권설정등기를 하지 않으면 저당권이 성립되지 않았으므로 일반채권자와 동등한 지위에 서기 때문에 우선변제권을 주장할 수 없을 뿐만 아니라, 채무자가 채무를 이행치 않을지라도 채무자의 부동산에 대하여 담보권실행 등을 위한 경매를 신청할 수 없다.

여기서 우선변제란 다수의 채권자 가운데서 어떤 자가 다른 채권자에 우선하여 변제받을 수 있는 권리를 말한다. 물론, 채무자의 재산이 전 채무를 변제하는데 부족할 경우에 의미가 있다. 채권은 상대권으로서 배타성이 없고, 채권자 사이에는 우열의 차이가 없고 평등한 지위에서 채권액에 비례하여 변제받는 것을 원칙으로 하는데, 이를 채권자평등의 원칙이라고 한다. 따라서 우선변제권은 예외적으로 법률이 인정한 권한이다.

> 부동산을 담보로 저당권을 설정할 조사하여야 할 사항은 무엇인가?

저당권의 목적인 부동산의 등기부 등본을 떼어 가등기나 압류·가압류·가처분·저당권 등이 되어 있는지 살펴보고, 등기부에 기재된 소유자가 진정한 소유자인지 여부를 조사하고, 그가 진정으로 저당권을 설정할 의사가 있는지를 확인해야 한다.

【해 설】

<저당권을 설정할 때 채권자가 주의할 사항>

건물이나 토지 등을 담보로 저당권을 설정할 경우에는 다음과 같은 사항에 주의를 기울여야 한다.

1. 등기부의 열람

목적 부동산의 등기부등본을 떼어 가등기나 압류·가압류·가처분·저당권 등이 있는지를 살펴보아야 한다. 가등기가 되어 있는 경우에는 나중에 본등기가 행해지면 담보권은 없어지고(압류·가압류·가처분을 받은 때에는 법률상 처분권능을 제한당하기 때문이다), 선순위 저당권이 있으면 그 후의 순위로 되어 나중에 경매절차에서 배당받을 금액이 적어지기 때문이다. 그리고 부동산소재지 등기소에서, 담당직원에게 자문을 구해보는 것도 좋은 방법이다.

2. 담보물의 확인

등기부에 등기된 토지평수와 실제 토지평수가 다른 경우가 일반적이며, 특히 건물등기부에서는 심한 차이가 있으므로 반드시 실제 평수를 조사해야만 한다. 또한 토지나 건물에 지상권이나 전세권이 있으면 담보가치에 중대한 영향을 미치므로 지상권·전세권 등의 유무도 반드시 조사해야 한다.

3. 등기부에 기재된 소유자가 진정한 소유자인지 여부의 확인

사기꾼들이 위조문서를 만들어 자기 명의로 등기를 해놓거나 부동산의 소유명의자로부터 권리증(등기필증)·위임장·인감증명 등을 담보로서 맡아두게 된 점을 악용하여 자기 명의로 등기를 이전하고 소유자인 것처럼 행동하는 사례가 종종 있으므로 등기부에 소유자가 기재되어 있다고 해서 무조건 믿어서는 안 된다.

우리 민법은 부동산물권변동에 있어서는 공신의 원칙을 인정하지 않아서 등기부의 기재를 믿고 거대한 선의의 제3자를 보호하지 않기 때문이다.

특히 건물이나 목적물이 없는 토지를 담보로 할 때에는 특히 주의를 해야 한다.

4. 소유자가 진실한 담보의사를 가지고 있는지 여부의 확인

저당권설정계약은 일종의 처분행위이므로 저당권설정자는 목적물에 대해 처분권을 가져야만 한다. 처분권 없이 맺은 계약은 무효이다. 즉, 자기 소유가 아닌 물건 위에 저당권을 설정하지 못한다. 따라서 부동산의 소유권자와 직접 접촉하는 것이 가장 안전하다.

만약, 상대방이 소유자가 아닐 때는 소유자의 인감이나 위임장만을 확인하지 말고 대리인인지를 반드시 확인해야 한다. 예외적으로 이 경우에도 법률상, 표현대리인이라고 하여 소유자 본인이 책임지는 경우도 있으나 그렇게 되자면 소유자가 많은 피해를 입을 분만 아니라, 또한 소송문제로 발전되어 채권자도 피해를 입는 경우도 있으므로 주의해야 한다.

> 저당권이 설정된 토지가 수용된 경우 토지수용보상금에 대해서 저당권을 행사할 수 있는가?

저당권은 저당물의 멸실·훼손·공용징수로 인하여 저당권설정자가 받을 금전 기타 물건에 대하여 이를 행사할 수 있다. 이 경우에는 그 지급 또는 인도 전에 압류하여야 한다.

【해 설】
저당권자의 물상대위

1. 의 의

약정담보물권에 있어서 그 목적물의 멸실·훼손 또는 공용징수(公用徵收)로 인하여 보험금지급청구권·손해배상청구권·보상금청구권 등으로 변하는 경우에는 이 보험금지급청구권·손해배상청구권·보상금청구권 등에 담보물권의 효력이 미치는데, 이를 물상대위(物上代位)라 하며, 이는 우선변제적 효력이 있는 담보물권 즉 질권과 저당권에 한하여 인정되는 것으로서, 민법은 이를 질권(質權)에서 규정하고 저당권(抵當權)에 준용하고 있다.

민법 제370조 및 제342조에 의하면 저당권자는 저당물의 멸실, 훼손 또는 공용징수로 인하여 저당권설정자가 받을 금전 기타 물건에 대하여도 이를 행사할 수 있고, 이 경우에는 그 지급 또는 인도 전에 압류하여야 한다고 규정하고 있으며, 담보물권과 보상금에 관하여 공익사업을위한토지등의취득및보상에관한법률 제47조에 의하면 "담보물권의 목적물이 수용 또는 사용된 경우 당해 담보물권은 그 목적물의 수용 또는 사용으로 인하여 채무자가 받을 보상금에 대하여 행사할 수 있다. 다만, 그 지급 전에 이를 압류하여야 한다."라고 규정하고 있다.

2. 물상대위권의 행사방법

관련 판례를 보면 "민법 제370조, 제342조에 의한 저당권자의 물상대위권(物上代位權)의 행사는 민사소송법 제733조(현행 민사집행법 제273조)에 의하여 담보권의 존재를 증명하는 서류를 집행법원에 제출하여 채권압류 및 전부명령을 신청하거나, 민사소송법 제580조(현행 민사집행법 제247조)에 의하여 배당요구를 하는 방법에 의하여 하는 것이고, 이는 늦어도 민사소송법 제580조(현행 민사집행법 제247조) 제1항 각 호 소정의 배당요구의 종기까지 하여야 하는 것으로 그 이후에는 물상대위권자로서의 우선변제권을 행사할 수 없다고 하여야 할 것이고, 위 물상대위권자로서의 권리행사의 방법과 시한을 위와 같이 제한하는 취지는 물상대위의 목적인 채권의 특정성을 유지하여 그 효력을 보전하고 평등배당을 기대한 다른 일반 채권자의 신뢰를 보호하는 등 제3자에게 불측의 손해를 입히지 아니함과 동시에 집행절차의 안정과 신속을 꾀하고자 함에 있다."라고 하였다 (대법원 2000. 5. 12. 선고 2000다4272판결).

또한 "저당권자의 물상대위권은 어디까지나 그 권리실행의사를 저당권자 스스로 법원에 명확하게 표시하는 방법으로 저당권자 자신에 의하여 행사되어야 하는 것이지, 저당권자 아닌 다른 채권자나 제3채무자의 태도나 인식만으로 저당권자의 권리행사를 의제할 수는 없으므로, 저당권자 아닌 다른 채권자나 제3채무자가 저당권의 존재와 피담보채무액을 인정하고 있고, 나아가 제3채무자가 채무액을 공탁하고 공탁사유를 신고하면서 저당권자를 피공탁자로 기재하는 한편 저당권의 존재를 증명하는 서류까지 제출하고 있다 하더라도 그것을 저당권자 자신의 권리행사와 같이 보아 저당권자가 그 배당절차에서 다른 채권자들에 우선하여 배당 받을 수 있는 것으로 볼 수 없으며, 저당권자로서는 제3채무자가 공탁사유신고를 하기 이전에 스스로 담보권의 존재를 증명하는 서류를 제출하여 물상대위권의 목적채권을 압류하거나 법원에 배당요구를 한 경우에 한하여 공탁금으로부터 우선배당을 받을 수 있을 뿐이다."라고 하였다(대법원 1999. 5. 14. 선고 98다62688 판결)

따라서 저당권자는 물상대위권자로 담보권의 존재를 증명하는 서류를 첨부하여 집행법원에 담보권의 존재를 증명하는 서류를 첨부하여 집행법원에 수용보상채권에 대한 채권압류 및 전부명령을 신청하거나, 위 수용보상금이 공탁된 경우에는 강제집행절차상 늦어도 배당요구의 종기까지 배당요구를 하는 방법에 의함으로써 우선배당을 받을 수 있다.

> 저당된 토지의 수용보상금에 대해 저당권자의 압류 전에 채권압류 및 전부명령을 받은 경우에도 저당권자는 토지수요보상금에 대해 우선변제권을 행사할 수 있는가?

저당권의 변형물인 보상금이 특정성을 유지하는 한 물상대위권을 행사하여 우선변제를 받을 수 있다.

【해 설】

저당권자는 저당물의 멸실, 훼손 또는 공용징수로 인하여 저당권설정자가 받을 금전 기타 물건에 대하여도 이를 행사할 수 있고, 이 경우에는 그 지급 또는 인도 전에 압류하여야 한다(민법 제370조, 제342조). 담보물권과 보상금에 관하여 공익사업을원한토지등의취득및보상에관한법률 제47조에 의하면 "담보물권의 목적물이 수용 또는 사용된 경우 당해 담보물권은 그 목적물의 수용 또는 사용으로 인하여 채무자가 받을 보상금에 대하여 행사할 수 있다. 다만, 그 지급 전에 이를 압류하여야 한다."라고 규정하고 있다.

관련 판례를 보면 "민법 제370조, 제342조에 의한 저당권자의 물상대위권(物上代位權)의 행사는 민사소송법 제733조(현행민사집행법 제273조)에 의하여 담보권의 존재를 증명하는 서류를 집행법원에 제출하여 채권압류 및 전부명령을 신청하거나, 민사소송법 제580조에 의하여 배당요구를 하는 방법에 의하여 하는 것이고, 이는 늦어도 민사소송법 제580조(현행민사집행법 제247조) 제1항 각 호 소정의 배당요구의 종기까지 하여야 하는 것으로 그 이후에는 물상대위권자로서의 우선변제권을 행사할 수 없다"라고 하였다(대법원 2000. 5. 12. 선고 2000다4272 판결).

그러므로 저당권자는 물상대위권자로서 담보권의 존재를 증명하는 서류를 집행법원에 제출하여 채권압류 및 전부명령을 신청하거나, 늦어도 배당요구의 종기까지 배당요구를 하는 방법에 의함으로써 우선배당을 받을 수 있다.

그런데 위 사안과 같이 물상대위권자의 압류 전에 다른 채권자에 의하여 수용보상금에 대한 전부명령이 있을 경우 물상대위권자가 물상대위권을 행사할 수 있을 것인지 문제된다.

이에 관하여 판례는 "물상대위권자의 압류 전에 양도 또는 전부명령 등에 의하여 보상금 채권이 타인에게 이전된 경우라도 보상금이 직접 지급되거나 보상금지급청구권에 관한 강제집행절차에 있어서 배당요구의 종기에 이르기 전에는 여전히 그 청구권에 대한 추급이 가능하다."라고 하였다(대법원 2000. 6. 23. 선고 98다31899 판결, 1998. 9. 22. 선고 98다12812 판결).

그러므로 저당권의 변형물인 보상금이 특정성을 유지하는 한 물상대위권을 행사하여 우선변제를 받을 수 있고, 토지수용에 있어 기업자가 보상금을 변제공탁 하였다고 하더라도 공탁금이 출급되어 수용대상 부동산소유자의 일반재산에 혼입(混入)되기까지는 토지수용법 제69조 단서가 규정하는 지불이 있었다고 볼 수 없으므로, 민사집행법 제273조에 의하여 집행권원 없이 담보권의 존재를 증명하는 서류를 제출하여 채권압류 및 전부명령으로 채권의 만족을 얻을 수 있다. 또한, 그 이전에 다른 채권자가 보상금에 대하여 압류 및 전부명령을 받았다고 하더라도 '배당요구의 종기' 즉, '제3채무자의 공탁사유신고시'까지는 저당권의 물상대위권을 행사할 수 있다.

> 토지수용보상금 중 담보물권자의 채권을 공제한 잔액에 대해서만 압류를 한 경우, 담보권자가 압류 등을 않았다면 토지수용보상금 전액에 대해 압류의 효력이 미치는가?

압류의 효력은 담보물권의 담보채권액을 공제한 잔액에 한하여 미친다.

【해 설】

예컨대 A에 대한 대여금 1천만원의 채권으로 A소유 토지의 수용으로 인한 손실보상금에 대하여 채권압류 및 전부명령을 신청하면서 압류될 채권의 범위를 선순위로 설정된 B의 근저당권에 의하여 담보되는 금액을 공제한 잔액으로 하였는데, 근저당권자가 B가 근저당권 등기만을 믿고서 공익사업을위한토지등의취득및보상에관한법률에 의한 압류 등을 하지 않은 경우 A의 채권압류 및 전부명령의 효력범위는 어떻게 되는가가 문제된다.

공익사업을위한토지등의취득및보상에관한법률 제47조에 의하면 "담보물권의 목적물이 수용 또는 사용된 경우 당해 담보물권은 그 목적물의 수용 또는 사용으로 인하여 채무자가 받을 보상금에 대하여 행사할 수 있다. 다만, 그 지급 전에 이를 압류하여야 한다."라고 규정하고 있다.

판례도 "토지수용법 제69조(현행 공익사업을위한토지등의취득및보상에관한법률 제47조)가 담보물권의 목적물이 수용되었을 경우 보상금에 대하여 당해 담보물권을 행사하기 위한 요건으로서 그 지불 전에 압류할 것을 요구하는 이유는 보상금이 소유자의 일반 재산에 혼입되기 전까지, 즉 특정성이 유지·보전되고 있는 한도안에서 우선변제권을 인정하고자 함에 있고(대법원 1992. 7. 10. 자 92마380, 92마381 결정), 민사소송법 제733조(현행 민사집행법 제273조), 제580조(현행 민사집행법 제247조)의 각 규정의 취지에 비추어 보면 위와 같은 방법의 물상대위권의 권리실행은 늦어도 민사소송법 제580조(현행 민사집행법 제247조)에서 규정하고 있는 배당요구의 종기(즉, 제3채무자의 공탁사유신고시)까지 하여야만 물상대위권자의 우선변제권이 확보되는 것이고, 그 이후에는 그런 권리가 없다고 봄이 상당하다."라고 하였다(대법원 1994. 11. 22. 선고 94다25728판결).

그러므로 이것을 고려하여 일반채권자가 채무자의 부동산수용에 따른 손실보상금에 대한 채권압류 및 전부명령신청시 피전부채권의 표시에서 담보물권자의 담보채권액을 공제한 잔액만을 피전부채권으로 하였으나, 담보물권자가 담보채권에 기한 채권압류 등을 하지 않았을 경우에도 일반채권자의 채권압류 및 전부의 범위를 담보채권액을 공제한 잔액에 한정하여야 하는지 문제된다.

제1장 담보물권(저당권)의 설정 **473**

그러나 위 사안과 관련된 판례를 보면, "채권 압류 및 전부명령의 피전부채권의 표시를 '채무자가 제3채무자에 대하여 가지는 이 사건 부동산에 따른 손실보상금 청구채권 중 이 사건 부동산에 관하여 경료된 담보목적 가등기에 의하여 담보된 채권금을 공제한 나머지 금액 중 청구금액에 이르기까지의 금액'으로 하고 있는 경우, 그 채권 압류 및 전부명령에 의하여 압류 및 전부된 채권은 가등기담보권자가 토지수용법 제69조 소정의 압류를 하였는지 여부에 관계없이 그 명령의 문면 자체가 표현하고 있는 바에 따라 이 사건 손실보상금에서 이 사건 가등기에 의하여 담보되는 채권액을 공제한 금액이라고 보아야 할 것이지, 가등기담보권자가 토지수용법 제69조에 따른 압류를 한 경우에는 위 손실보상금에서 이 사건 가등기에 의하여 담보되는 가등기담보권자의 채권액을 공제한 금액이 압류 및 전부되지만 그러한 압류를 하지 아니한 경우에는 가등기담보권자의 채권액을 공제하지 아니한 금액이 압류 및 전부된다고 해석할 수는 없다."라고 하였다(대법원 1995.9.15. 선고 93다48458 판결).

따라서 위 사안에서도 귀하의 채권압류 및 전부의 효력은 담보물권자의 담보채권액을 공제한 잔액에 한하여 미칠 수밖에 없다.

> 1번 저당권등기·임차권등기, 2번 저당권등기의 순서로 등기가 되어 있는 부동산에 대해, 2번 저당권자의 신청으로 경매가 행해진 경우 등기된 임차권은 어떻게 되는가?

경매를 통해 매각부동산 위의 모든 저당권은 매각으로 소멸하기 때문에, 저당권 이전의 성립된 용익물권인지의 여부는 경매를 신청하는 저당권자를 기준으로 하는 것이 아니라 최선순위 저당권을 기준으로 결정된다.

따라서 위 사례의 경우 결국 1번 저당권의 실행이 있었던 것으로 되기 때문에, 그 후에 대항력을 갖춘 임차권은 매수인에게 인수되지 않고 매각으로 소멸한다.

【해 설】

저당권과 용익물권과의 관계

저당권이 설정된 후에도 목적물을 점유하여 이를 사용·수익하는 것은 저당권설정자가 한다. 문제는 그 지상에 지상권을 설정한 경우 나중에 저당권을 실행하는 경우이다. 이것은 결국 물권의 우선적 효력, 즉 '저당권과 용익권의 성립의 선후' 문제도 귀착된다.

1. 저당권설정 전에 설정된 용익권 등

저당권을 설정하기 전에 이미 제3자가 목적물에 대하여 지상권·지역권·전세권·대항력 있는 임차권 등 용익권을 가지고 있는 경우, 후에 저당권이 설정되고 그 저당권에 기하여 경매가 이루어지더라도 위 용익권은 아무런 영향을 받지 않는다. 즉 위 용익권은 매수인이 이를 인수한다(민사집행법 제268조, 91조 4항).

저당권은 매각으로 인해 항상 소멸하지만(민사집행법 91조 2항). 전세권과 대항력 있는 임차권의 경우에는 용익권으로서의 성질도 있기 때문에 저당권 또는 압류채권에 대항할 수 있는 경우, 즉 먼저 설정되거나 대항력을 갖춘 때에는 소멸되지 않고 매수인이 이를 인수한다(민사집행법 91조 4항, 주택임대차보호법 3조의 5). 다만 이 경우에도 전세권자가 배당요구를 하면 그 전세권은 매각으로 소멸되며(민사집행법 91조 4항 단서), 주택임차권의 경우에도 같은 취지의 규정이 있다(주택임대차보호법 3조의 5).

2. 저당권 설정 후에 설정된 용익권 등

저당권이 설정된 후에도 설정자는 제3자에게 용익권을 설정하거나 소유권을 이전할 수 있다. 그러나 후에 저당권이 실행되면, 제3자의 용익권은 소멸하거나 그가 취득한 소유권은 매수인에게 이전된다(민사집행법 제268조·제91조 3항). 이러한 제3자를 민법은 '제3취득자'라고 하는데, 이들은 변제권(민법 제364조)과 비용상환청구권(민법 제367조)을 가진다.

> 토지에 대해 저당권을 설정한 후에 설정자가 그 토지에 건물을 지은 경우, 토지저당권에 기해 경매를 신청하는 경우 그 건물에 대해서도 경매를 청구할 수 있는가?

토지의 목적으로 저당권을 설정한 후 그 설정자가 그 토지에 건물을 축조한 때에는 저당권자는 토지와 함께 그 건물에 대하여도 경매를 청구할 수 있다. 그러나 그 건물의 경매대가에 대하여는 우선변제를 받을 권리가 없다(민법 제365조).

【해 설】

<저당토지 위의 건물에 대한 일괄경매청구권>

1. 의 의

우리 법제는 토지와 건물을 독립된 부동산으로 다루므로, 동일인에게 속하는 토지와 건물 중 어느 하나에만 저당권이 설정될 수 있고, 또 양자 위에 설정되더라도 그 경매를 통해 토지의 소유자와 건물의 소유자가 다를 수 있게 된다. 이렇게 되면 건물의 소유자는 그 대지에 대한 이용권이 없으므로 종국적으로는 철거될 수밖에 없게 되는데, 이러한 결과는 사회·경제적으로 커다란 손실을 가져온다.

그러므로 민법은 '저당물의 경매로 인하여 토지와 그 지상건물이 다른 소유자에게 속한 경우에는 토지소유자는 건물소유자에 대하여 지상권을 설정한 것으로 본다.'고 규정하고 있는데, 이를 법정지상권이라고 한다.

　토지를 목적으로 저당권을 설정한 후에 설정자가 그 토지에 건물을 축조한 때에는, 토지저당권에 기해 경매가 실행되는 경우에 건물을 위한 법정지상권은 인정되지 않는다(민법 366조). 그런데 그에 따라 건물을 철거하여야 한다면 사회경제적으로 막대한 손실이 생기고 저당건자에게도 저당토지상의 건물의 존재로 인해 경매가 사실상 어려워져 토지의 교환가치를 감소시킨다. 그래서 토지저당권자는 토지에 대해서만 경매를 청구할 수 있음에도 불구하고(민법 363조 1항), 민법은 위와 같은 이유 때문에 저당토지상의 건물에 대하여도 일괄하여 경매를 청구할 수 있는 것으로 정한 것이다.

2. 요 건

(1) 건물은 저당권 설정 후에 신축된 것일 것

　건물은 토지에 대해 저당권이 설정된 후에 신축된 것이어야 한다. 토지에 대해 저당권을 설정할 당시에 건물이 이미 존재하고 있는 경우에는 건물소유자에게 토지용익권이 있거나 민법 제366조의 법정지상권이 인정될 것이므로 일괄경매청구권이 인정되지 않는다.

(2) 건물은 저당권설정자가 축조하여 소유하고 있는 것일 것

　위 건물은 '저당권설정자가 축조하여 소유'하고 있는 경우에 한한다. 일괄경매청구권을 인정하는 취지는, 저당권은 담보물의 교환가치의 취득을 목적으로 할 뿐 담보물의 이용을 제한하지 아니하여 설정자는 토지에 저당권을 설정한 후에도 그 지상에 건물을 신축할 수 있는데, 후에 토지저당권의 실행으로 이를 철거하여야 한다면 사회경제적으로 현저한 불이익이 생기고, 저당권자에게도 저당토지상의 건물의 존재로 인한 경매의 어려움을 해소하여 저당권의 실행을 쉽게 할 수 있도록 하려는 데 있다(대판 1999. 4. 20. 99마146).

　따라서 토지소유자가 저당권을 설정해 준 후 그 지상에 건물을 축조하여 소유권보존등기를 마침과 동시에 이를 제3자에게 매도한 경우에는, 토지에 대한 저당권자는 그 건물에 대해 일괄하여 경매를 청구할 수 없다.

　저당권설정자가 아닌 토지소유자(예 : 토지의 양수인)나 저당권설정자로부터 토지의 용익권을 취득하여 건물을 지은 경우에는 일괄경매 청구권이 인정되지 않는다. 건물은 원래 저당권의 목적물이 아닐 뿐만 아니라, 설정자 아닌 제3자의 소유에 속하는 것을 강제로 처분하는 것은 부당하기 때문이다.

3. 효 과

토지에 대한 저당권자는 토지와 함께 그 건물에 대하여도 경매를 청구할 수 있다(민법 365조 본문). 이 경우 법원은 토지와 건물을 일괄하여 매각토록 하여야 한다. 이 점에서 과잉경매금지의 규정(민사집행법 124조)은 적용되지 않는다(대결 1967. 12. 22 [67마1162]).

토지에 대한 저당권자는 그 물건의 경매대가에 대하여는 우선변제를 받을 권리가 없다(민법 365조 단서). 따라서 토지와 건물을 일괄하여 매각하더라도 토지와 건물의 매각대금은 따로 결정할 필요가 있다.

> 공장저당권의 목적부동산이 저당권자의 동의를 받지 않고 공장으로부터 반출된 경우 저당권자는 자신에게 반환할 것을 청구할 수 있는가?

저당권자는 점유권이 없기 때문에 자신에게 반환할 것을 청구할 수 없다(대판 1996. 3. 22. 95다55184).

【해 설】

저당권 침해에 대한 구제방법

1. 저당권 침해의 의의

저당산림의 벌채 등과 같이 저당권자가 목적물로부터 우선변제를 받는 것에 장애를 가져오는 것은 저당권의 침해가 된다.

그러나 저당 부동산에 전세권이나 임차권을 설정하는 것은 저당권의 침해가 되지 않는다. 저당 목적물은 설정자가 점유하여 사용 수익하는 것을 예정하고 있기 때문이다.

그리고 공장저당이란 공장저당법의 적용을 받는 공장에 저당권을 설정하는 것으로서, 공장저당권을 설정하는 경우에는 그 토지 또는 건물에 설치된 기계·기구에도 저당권의 효력이 미치는 점에서 민법상의 저당권과 차이가 있다. 공장저당권의 목적동산을 저당권자의 동의 없이 반출하는 것은 저당권침해에 해당된다.

2. 구제방법

(1) 물권적 청구권 행사

소유권에 기한 방해제거·방해예방청구권(민법 214조)은 저당권에 준용된다(민법 370조). 따라서 저당권의 침해가 있거나 그 염려가 있는 때에는 저당권자는 그 제거나 예방을 청구할 수 있다. 예컨대 저당산림의 수목을 부당하게 벌채하여 교환가치의 감소를 가져오는 때에는 그 행위의 중지를 청구할 수 있다.

그러나 저당권은 목적물을 지배하는 것을 내용으로 하지 않기 때문에 반환청구권은 인정되지 않는다.

판례는 위 사례에 대해서 '저당권자는 물권에 기하여 그 침해가 있는 때에는 그 제거나 예방을 청구할 수 있다고 할 것인바, 공장저당권의 목적 동산이 저당권자의 동의를 얻지 아니하고 설치된 공장으로부터 반출된 경우에는 저당권자는 점유권이 없기 때문에 설정자로부터 일탈한 저당목적물을 저당권자 자신에게 반환할 것을 청구할 수는 없지만, 저당목적물이 제3자에게 선의취득되지 아니하는 한 원래의 설치 장소에 원상회복할 것을 청구함은 저당권의 성질에 반하지 아니함은 물론 저당권자가 가지는 방해배제권의 당연한 행사에 해당한다.'고 하였다(대판 1996. 3. 22. 95다55184).

(2) 손해배상청구

저당권의 침해가 있을 경우에는 불법행위를 이유로 손해배상을 청구할 수 있다(민법 750조).

(3) 저당물의 보충 청구

저당권설정자의 책임 있는 사유로 인하여 저당물의 가액이 현저히 감소된 때에는 저당권자는 저당권설정자에 대하여 그 원상회복 또는 상당한 담보제공을 청구할 수 있다(민법 362조). 이 청구권을 행사하는 경우에는 손해배상청구권이나 기한의 이익의 상실에 의한 즉시변제청구권은 행사하지 못한다(통설).

(4) 기한의 이익 상실

채무자가 담보를 손상·감소 또는 멸실시킨 때에는 채무자는 기한의 이익을 주장하지 못한다(민법 388조 1호). 따라서 저당권자는 곧 변제를 청구할 수 있고, 저당권을 실행할 수 있다.

저당권은 처분할 수 있는가?

저당권은 그 담보한 채권과 분리하여 타인에게 양도하거나 다른 채권의 담보로 하지 못한다(민법 제361조).

【해 설】

1. 저당권의 처분제한

저당권자는 피담보채권을 변제받거나 채무자가 변제하지 않는 경우에는 저당권을 실행하여 빌려준 금전을 회수할 수 있지만, 변제기 이전에 그러한 결과를 얻으려면 저당권을 처분하는 수밖에 없다.

이와 관련하여 민법 제361조는 '저당권은 그 담보한 채권과 분리하여 타인에게 양도하거나 다른 채권의 담보로 하지 못한다'고 규정하고 있다. 즉 저당권은 물권으로서 처분할 수 있는 것이지만, 그것은 채권의 담보를 위해 존재한다는 종속성 때문에, 저당권만을 양도하거나 담보로 제공할 수는 없고, 언제나 피담보채권과 함께 처분하여야 한다는 것을 의미한다.

2. 저당권부 채권의 양도방법

저당권부 채권의 양도란 저당권에 의해 담보된 채권과 저당권을 함께 양도한 것을 말한다. 이것은 채권양도일 뿐만 아니라 저당권양도도 포함되기 때문에 그 양도에 따른 각각의 요건을 갖추어야 한다.

(1) 저당권이전등기를 할 것

저당권양도는 법률행위에 의한 부동산물권의 변동이므로, 양수인 앞으로 저당권이전등기를 하여야 그 효력이 발생하는데(민법 제186조), 저당건양도의 물권적 합의는 채권양도의 의사표시와 합체되어서 하나의 행위로 행해지는 것이 보통이다.

(2) 채권양도의 대항요건을 갖출 것

채권의 양도에 관해서는 그 대항요건을 갖추어야 한다(민법 450조). 즉 양수인이 채무자에게 대항하기 위해서는 양도인이 채무자에게 통지하거나 채무자가 승낙하여야 하고(민법 제450조 1항), 채무자 이외의 제3자에게 대항하기 위해서는 위 통지나 승낙은 확정일자 있는 증서에 의하여야 한다(민법 450조). 그 밖에 통지·승낙의 효과도 생긴다(민법 451조).

> 돈을 빌리면서 저당권을 설정한 후 채무전액을 변제하였으나 부주의로 저당권을 말소하지 않았는데, 저당권의 상속인들이 저당권 말소 요구에 협조하지 않는 경우 구제방법은 있는가?

저당권말소등기절차 이행청구소송을 제기할 수 있다.

【해 설】

위 사안과 같이 오랜 시일이 지나서 채무전액에 대한 변제사실을 입증하기 곤란한 경우에는 채무변제를 원인으로 즉, 피담보채무소멸을 원인으로 한 저당권의 말소를 구하는 것은 승소가능성이 없다고 할 것이다.

그러나 민법 제162조 제2항에 의하면 "채권은 10년간 행사하지 않으면 소멸시효가 완성한다."라고 규정하고 있으며, 민법 제369조에서 "저당권으로 담보한 채권이 시효의 완성 기타 사유로 인하여 소멸한 때에는 저당권도 소멸한다."라고 규정하고 있다.

또한, 위 사안과 관련된 판례를 보면 "저당권은 그 피담보채권을 물적으로 보증하기 위하여 실정하는 것이므로 그 피담보채권이 존재하지 아니한 때에는 그 저당권설정등기는 원인무효라 아니할 수 없고, 변제 또는 소멸시효 등에 의하여 소멸된 때에는 담보물권의 부종성에 의하여 그 저당권설정등기 역시 원인이 없는 것이라고 해석하여야 할 것이며, 채무자가 채권자를 상대로 그 피담보채권 부존재확인청구소송을 하여 그 피담보채권이 부존재한다는 확정판결이 있었다면 채무자는 실체법상에 있어서 채권자에 대하여 그 채무가 존재하지 아니한다는 사실을 주장·항변할 수 있고, 물상보증인인 저당권설정자는 담보물권의 부종성에 의하여 위와 같은 채무자의 항변사유를 원용할 수 있다고 해석하여야 할 것이다."라고 하였다(대판 1969. 3. 18. 68다2334).

따라서 저당권말소등기절차에 협력하지 않는 저당권자의 상속인들을 상대로 위 대여금채무의 변제사실을 입증할 수 없더라도 피담보채권의 시효소멸을 이유로 저당권말소등기절차 이행청구소송을 제기해볼 수 있을 것이다.

참고로 소멸시효제도에 있어서는 채권의 소멸시효가 완성되었다고 하더라도 당사자가 이를 항변사유로 주장하는 원용(援用)이 없는 이상 채권자는 해당 권리로 집행에까지 나아갈 수 있다(대판 1982. 3. 9. 80다2115).

> 근저당권의 피담보채무를 연대보증한 자가 그 일부를 대위변제한 경우 연대보증인은 근저당권의 일부이전을 청구할 수 있는가?

근저당권의 피담보채권이 확정되기 전에는 일부대위변제를 이유로 근저당권의 일부이전을 청구할 수 없다(대판 2000. 12. 26. 2000다54451).

【해 설】

1. 대위변제

채무의 변제는 채무자 아닌 제3자나 공동채무자(불가분채무자·연대채무자·보증인 등)도 할 수 있는데, 이 경우 변제를 한 제3채무자나 공동채무자는 종전의 채권자가 채무자에 가졌던 채권 및 담보에 관한 권리를 행사할 수 있는데, 이를 변제자대위 또는 대위변제라고 한다.

대위변제에는 변제할 정당한 이익이 없는 제3자가 변제하고 채권자의 승낙을 얻어 채권자를 대위하는 임의대위(민법 제481조)와, 변제할 정당한 이익이 있는 자(예 : 불가분채무자·연대채무자·보증인·물상보증인 등)가 변제로 당연히 채권자를 대위하는 법정대위(민법 제481조)가 있다.

채권의 일부에 대하여 대위변제가 있는 때에는 대위자는 그 변제한 가액에 비례하여 채권자와 함께 그 권리를 행사한다(민법 제483조 1항). 이를 일부대위라고 한다.

2. 일부대위의 경우 근저당권의 변제자에의 이전 여부

민법 제357조 제1항에 의하면 "저당권은 그 담보할 채무의 최고액만을 정하고 채무의 확정을 장래에 보류하여 이를 설정할 수 있다. 이 경우에는 그 확정될 때까지의 채무의 소멸 또는 이전은 저당권에 영향을 미치지 아니한다."라고 규정하고 있는데, 이를 근저당권이라고 한다.

그러므로 위 사안과 같이 근저당부채관계가 계속됨으로 인하여 그 피담보채권이 확정되지 아니하는 동안에 채권의 일부 대위변제로 근저당권이 대위변제자에게 이전되는지 문제된다.

관련 판례를 보면 "변제할 정당한 이익이 있는 자가 채무자를 위하여 채권의 일부를 대위변제할 경우에 대위변제자는 변제한 가액의 범위 내에서 종래 채권자가 가지고 있던 채권 및 담보에 관한 권리를 법률상 당연히 취득하게 되는 것이므로, 채권자가 부동산에 대하여 근저당권을 가지고 있는 경우에는, 채권자는 대위변제자에게 일부 대위변제에 따른 저당권의 일부 이전의 부기등기를 경료해 주어야 할 의무가 있다 할 것이나, 이 경우에도 채권자는 일부 변제자에 대하여 우선변제권을 가지고 있다 할 것이고, 근저당권이라고 함은 계속적인 거래관계로부터 발생하고 소멸하는 불특정다수의 장래채권을 결산기에 계산하여 잔존하는 채무를 일정한 한도액의 범위 내에서 담보하는 저당권이어서, 거래가 종료하기까지 채권은 계속적으로 증감변동하는 것이므로, 근저당 거래관계가 계속중인 경우 즉, 근저당권의 피담보채권이 확정되기 전에 그 채권의 일부를 양도하거나 대위변제한 경우 근저당권이 양수인이나 대위변제자에게 이전할 여지는 없다 할 것이나, 그 근저당권에 의하여 담보되는 피담보채권이 확정되게 되면, 그 피담보채권액이 그 근저당권의 채권최고액을 초과하지 않는 한 그 근저당권 내지 그 실행으로 인한 경락대금에 대한 권리 중 그 피담보채권액을 담보하고 남는 부분은 저당권의 일부이전의 부기등기의 경료 여부와 관계없이 대위변제자에게 법률상 당연히 이전된다."라고 하였다(대판 2002. 7. 26. 2001다53929).

또한 "근저당권은 계속적인 거래관계로부터 발생·소멸하는 불특정다수의 채권 중 그 결산기에 잔존하는 채권을 일정한 한도액의 범위 내에서 담보하는 것으로서 그 거래가 종료하기까지 그 피담보채권은 계속적으로 증감·변동하는 것이므로, 근저당 거래관계가 계속되는 관계로 근저당권의 피담보채권이 확정되지 아니하는 동안에는 그 채권의 일부가 대위변제되었다 하더라도 그 근저당권이 대위변제자에게 이전될 수 없다."라고 하였다(대판 2000. 12. 26. 선고 2000다54451).

따라서 위 사안에 있어서도 근저당권의 피담보채권이 확정되기 전에 행해진 일부대위변제를 이유로 위 근저당권의 일부 이전을 청구할 수 없다.

> 근저당권에 있어서 채무의 총액이 채권최고액을 초과한 경우, 채권최고액만 변제하면 근저당권의 말소등기를 청구할 수 있는가?

근저당권에 있어서 채무의 총액이 채권최고액을 초과하는 경우에 근저당권자로서는 그 채무의 일부인 채권최고액과 지연손해금 및 집행비용만을 받고 근저당권을 말소시켜야 할 이유가 없다(대판 2001. 10. 12. 2000다59081).

【해 설】

근저당권에 관하여 민법 제357조에 의하면 "① 저당권은 그 담보할 채무의 최고액만을 정하고 채무의 확정을 장래에 보류하여 이를 설정할 수 있다. 이 경우에는 그 확정될 때까지의 채무의 소멸 또는 이전은 저당권에 영향을 미치지 아니한다. ② 전항의 경우에는 채무의 이자는 최고액 중에 산입한 것으로 본다."라고 규정하고 있으며, 저당권의 피담보채권의 범위에 관하여는 민법 제360조에서 "저당권은 원본, 이자, 위약금, 채무불이행으로 인한 손해배상 및 저당권의 원본, 이자, 위약금, 채무불이행으로 인한 손해배상 및 저당권의 실행비용을 담보한다. 그러나 지연배상에 대하여는 원본의 이행기일을 경과한 후의 1년분에 한하여 저당권을 행사할 수 있다."라고 규정하고 있다.

보통의 저당권에서는 민법 제360조에 의해 피담보채권의 범위가 정해지는데, 근저당권에서는 채권최고액을 한도로 하여 일정시점에 확정된 채권을 담보한다.

그런데 위 사안에서와 같이 근저당권의 채권총액이 채권최고액을 초과하는 경우, 채무자 겸 근저당권설정자가 위 채권최고액만을 변제하면 근저당권말소등기청구가 가능한지 문제된다.

이에 관하여 판례를 보면, "원래 저당권은 원본, 이자, 위약금, 채무불이행으로 인한 손해배상 및 저당권의 실행비용을 담보하는 것이며, 채권최고액의 정함이 있는 근저당권에 있어서 이러한 채권의 총액이 그 채권최고액을 초과하는 경우, 적어도 근저당권자와 채무자 겸 근저당권설정자와의 관계에 있어서는 위 채권 전액의 변제가 있을 때까지 근저당권의 효력은 채권최고액과는 관계없이 잔존채무에 여전히 미친다고 할 것이고, 근저당에 의하여 담보되는 채권액의 범위는 차순위 담보권자, 담보물의 제3취득자 및 단순한 물상보증인으로서의 근저당권설정자에 대한 관계에서 거론될 수 있을 것이다."라고 하였다(대법원 2001. 10. 12. 선고 2000다59081 판결, 1981. 11. 10. 선고 80다2712 판결).

따라서 위 사안에서 위 근저당권최고액만을 변제하고 위 근저당권의 말소등기절차이행청구를 할 수 없다.

> 근저당권자가 경매신청을 한 이후에 발생한 채권에 대해서도 근저당권에 의해 담보되는가?

근저당권자가 경매신청을 한 때에는 채무자와 더 이상의 거래관계를 계속하지 않겠다는 의사로 보아야 하므로, 그 경매신청시에 근저당권의 피담보채무는 확정되고, 그 이후에 발생하는 채권은 근저당권에 의해 담보되지 않는다(대판 1989. 11. 28. 89다카15601).

【해 설】

예컨대 은행이 A에게 1천만원을 대출하면서, 현재 및 장래에 부담하는 여신거래상의 일체의 채무를 채권최고액 5천만원을 한도로 담보하기 위해 A 소유 부동산에 대해 근저당권설정등기를 하였다. A가 변제를 하지 않자 은행이 경매를 신청하여 경매개시결정이 있었으나, A가 그 채무를 모두 변제하여 위 경매신청이 취하되었다. 그 후 B가 A로부터 위 부동산을 매수하여 소유권이전등기를 하였다. 은행은 그 후 다시 A에게 1천만원을 대출하였는데, A가 변제를 하지 않자, 은행은 위 근저당권에 기초하여 B가 소유권을 취득한 위 부동산에 대해 경매를 신청할 수 있는가가 문제된다.

판례는 근저당권자가 경매신청을 한 때에는 채무자와 더 이상의 거래관계를 계속하지 않겠다는 의사로 보아야 하므로 그 경매신청시에 근저당권의 피담보채무는 확정되고, 그 이후에 발생하는 채권은 근저당권에 의해 담보되지 않는 것으로 본다(대판 1989. 11. 28. [89다카15601)].

따라서 위 사례에서 은행의 경매신청으로 근저당권의 피담보채무는 확정되었는데 이를 채무자가 변제하였으므로 근저당권은 소멸한 것으로 볼 것이다. 그런데 그 후 B가 그 부동산을 매수한 것이므로, 은행이 추후 다시 대출을 하면서 말소되지 않은 종래의 근저당권등기를 활용하는 것은 이미 저당권이 소멸되었다는 점과, 또 설사 무효인 저당권등기를 유용하더라도 이미 그 전에 B와 같은 이해관계인이 생긴 이상 그러한 유용은 허용되지 않는다. 결국 은행의 경매신청은 인용될 수 없다.

> 근저당권에 있어서 피담보채무는 언제 확정되는가?

존속기간이나 결산기를 정한 경우에는 그것이 도래한 때에, 존속기간이나 결산기를 정하지 않은 때에는 해지의 의사표시를 함으로써 피담보채무를 확정시킬 수 있다.

【해 설】
근저당권의 피담보채무의 확정
1. 근저당권의 의의
 근저당권은 당사자 사이의 계속적인 거래관계로부터 발생하는 불특정채권을 어느 시기에 계산하여 잔존하는 채무를 일정한 한도액 범위 내에서 담보하는 저당권이다. 현대의 채무관계는 계속적 거래가 예상되는 경우가 많은데, 그 거래에서 채권이 발생할 때마다 일일이 저당권을 설정하여야 한다면 매우 불편하고 번잡하므로, 하나의 저당권으로 다수의 불특정채권을 일괄하여 담보한 것이 요청되는데, 이것이 바로 근저당제도이다.
2. 근저당권의 피담보채무의 확정
 근저당권에 의해 담보되는 피담보채무가 확정되면 채권최고액을 한도로 하여 그 확정된 금액에 대해 우선변제권을 가지게 된다. 즉 확정된 이후에 발생한 채권은 더 이상 저당권에 의해 담보되지 않는다. 따라서 피담보채무가 어느 때에 확정되는지는 근저당권자를 비롯하여 후순위저당권자 등 제3자에게도 이해관계가 적지 않다. 그러나 민법은 이에 관해 규정하고 있지 않은데, 판례·학설상 다음의 경우에 확정되는 것으로 해석한다.
 (1) 존속기간이나 결산기의 도래
 근저당권설정계약에서 근저당권의 존속기간이나 정하거나 근저당권으로 담보되는 기본적인 거래계약에서 결산기를 정한 경우에는 원칙적으로 존속기간이나 결산기가 도래한 때에 확정된다.
 (2) 근저당권설정계약의 해지
 존속기간을 정하였고, 그 기간 경과 전이라도, 근저당권의 피담보채권이 전부 소멸하고 채무자가 채권자로부터 새로이 금원을 차용하는 등 거래를 계속할 의사가 없는 경우에는, 근저당권설정자는 계약을 해지하고 근저당권설정등기의 말소를 구할 수 있다.

(3) 존속기간이나 결산기를 정하지 않은 경우

존속기간이나 결산기를 정하지 않은 때에는 근저당권설정자가 근저당권자를 상대로 언제든지 해지의 의사표시를 함으로써 피담보채무를 확정시킬 수 있다(대판 2001. 11. 9. 2001다47528).

> 동일한 채권의 담보로 부동산과 선박에 근저당권을 설정한 경우 위 선박의 후순위 근저당권자는 공동저당의 차순위자 대위에 관한 규정에 의해 선순위자를 대위하여 근저당권을 행사할 수 있는가?

대위행사할 수 없다.

【해 설】

예컨대 동일한 채권의 담보로 A가 C의 부동산과 선박에 대해 1번 근저당권을 설정하고, B가 C의 선박에 2번 근저당권을 설정하였는데, A가 C의 선박에 대해서만 경매신청을 하여 채권전액을 변제받았으나, B는 자기 채권의 2분의 1만 배당받은 경우, B는 C의 부동산에 설정한 A의 1번 근저당권을 대위행사할 수 있는가가 문제된다.

이에 대해 판례는 B는 A의 토지에 대한 근저당권을 대위행사할 수 없다고 하였다.

1. 공동저당의 의의

공동저당이란 동일한 채권의 담보로 여러 개의 부동산(수필의 토지와 그 지상의 건물 등) 위에 설정된 저당권을 말한다(민법 제368조).

예컨대 A가 B에 대해 2천만원의 금전채권을 가지고 있는데, 그 채권을 담보로 B 소유의 토지(2천만원 상당)와 건물(3천만원 상당)에 대해 저당권을 설정하는 것이다.

공동저당의 법률관계는 여러 개의 부동산 위에 1개의 저당권이 있는 것이 아니라 각 부동산별로 저당권이 성립하지만, 그것이 피담보채권을 공동으로 하는 점에서 일정한 제약을 받을 뿐이다. 즉 어느 부동산으로부터 채권의 변제를 다 받은 때에는 다른 부동산에 대한 공동저당권은 당연히 소멸한다.

2. 공동저당의 성립

(1) 설정계약

동일한 채권의 담보로서 수개의 부동산 위에 저당권이 설정되면 공동저당권이 성립한다. 추가담보로서 때를 달리하여 설정되어도, 수개의 목적물의 소유자가 달라도, 수개의 저당권의 순위가 달라도, 또 저당권의 종류가 달라도 무방하다(예컨대 민법상의 저당권과 공장저당법에 의한 저당권).

(2) 등 기

공동저당은 각 부동산 위에 성립하는 것으로, 각 부동산별로 저당권설정등기를 하여야 한다(부동산등기법 제145조). 이 경우 그 부동산의 등기용지 중 해당구 사항란에 다른 부동산에 관한 권리의 표시를 하고, 그 권리가 함께 저당권의 목적이 된 점을 기재하여야 한다(동법 제1495조). 그리고 공동담보 부동산이 5개 이상인 때에는 공동담보목록을 첨부하고 위와 같은 절차를 밟는다(동법 제146조, 제150조, 제151조).

3. 공동저당권의 효력

(1) 원 칙

저당권자는 임의로 어느 저당목적부동산으로부터도 채권의 전부나 일부의 우선변제를 요구할 수 있다.

(2) 후순위저당권자와의 관계

가. 동시에 배당하는 경우

공동저당권의 목적물을 전부 경매하여 그 경매대가를 동시에 배당하는 때에는, 각 부동산의 경매대가에 비례하여 그 채권의 분담을 정한다(민법 제368조 1항). 예컨대 채무자 소유의 1천 5백만원, 1천만원, 5백만원 상당의 갑, 을, 병 3개의 부동산에 대해 A가 1천 5백만원 1번 공동저당권을 가지고 있고, B가 갑.부동산에 대해 7백오십만원, C가 을.부동산에 대해 5백만원, D가 병.부동산에 2백오십만원의 채권으로 각각 2번 저당권을 가지고 있는 경우에 위 갑, 을, 병 3개의 부동산을 동시에 경매하는 경우 A의 1천오백만원의 채권에 대해 갑.부동산이 750만원, 을.부동산이 5백만원, 병.부동산이 2백오십만원을 각각 분담하게 된다. 그 결과 2번 저당권자는 B, C, D도 위 3개의 부동산의 경매대가의 잔액에서 채권의 만족을 얻을 수 있다.

나. 이시(異時)에 배당하는 경우

공동저당권의 목적물 중 일부에 대해 경매를 하여 그 대가를 배당하는 경우에는, 공동저당권자는 그 대가에서 그 채권 전부의 변제를 받을 수 있다(민법 제368조 2항 1문). 이 경우 그 경매한 부동산의 차순위저당권자는 선순위저당권자가 규정에 의하여 다른 부동산의 경매대가에서 변제를 받을 수 있는 금액의 한도에서 선순위자를 대위 하여 저당권을 행사할 수 있다(동조 2항 후문).

그런데 동일채권의 담보로 부동산과 선박에 대하여 저당권이 설정된 경우 민법 제368

조 제2항 후문이 적용 또는 유추적용 되는 자에 관하여 판례를 보면, "동일한 채권의 담보로 부동산과 선박에 대하여 저당권이 설정된 경우에는 민법 제368조 제2항 후문의 규정이 적용 또는 유추적용되지 아니하므로 동일한 채권을 담보하기 위하여 부동산과 선박에 선순위 저당권이 설정된 후 선박에 대하여서만 후순위 저당권이 설정된 경우 먼저 선박에 대하여 담보권 실행절차가 진행되어 선순위 저당권자가 선박에 대한 경매대가에서 피담보채권 전액을 배당받음으로써 선박에 대한 후순위 저당권자가 부동산과 선박에 대한 담보권 실행절차가 함께 진행되어 동시에 배당을 하였더라면 받을 수 있었던 금액보다 적은 금액만을 배당받게 되었다고 하더라도 선박에 대한 후순위 저당권자는 민법 제368조 제2항 후문의 규정에 따라 부동산에 대한 선순위 저당권자의 저당권을 대위할 수 없다고 할 것이다."라고 하였다(대판 2002. 7. 12. 2001다53264).

> 돈을 빌려주고 그 담보로 채무자 소유의 부동산에 대해 소유권이전등기청구권가등기를 설정한 경우, 어떤 방법으로 채권을 회수할 수 있는가?

가등기담보의 실행방법에는 '권리취득에 의한 실행'과 '경매에 의한 실행'의 두 가지 방법이 있고, 가등기 담보권자는 둘 중의 하나를 임의로 선택할 수 있다.

【해 설】

가등기담보

1. 가등기담보의 의의

채권, 특히 금전채권을 담보할 목적으로, 채권자와 채무자(또는 제3자) 사이에서 채무자(또는 제3자) 소유의 부동산을 목적물로 하는 대물변제예약 또는 매매예약 등을 하고, 동시에 채무자의 채무불이행시에 채권자가 그의 예약완결권을 행사함으로써 발생하게 될 장래의 소유권이전청구권을 보전하기 위한 가등기를 하는 경우를 통틀어 가등기담보라고 한다. 가등기담보를 규율하기 위해서 가등기담보 등에 관한 법률이 제정되어 있다.

2. 가등기담보권의 실행방법

가등기담보권자는 저당권자와 유사한 지위를 가진다.

(1) 권리취득에 의한 실행

가등기담보권자는 자신의 목적 부동산의 소유권을 취득하는 소위 '귀속청산'의 방식을 통해 담보권을 실행할 수 있다.

가. 담보권의 실행통지와 청산기간

채권자가 담보계약에 의한 담보권을 실행하여 그 담보목적부동산의 소유권을 취득하기 위해서는, 그 채권의 변제기 후에 청산금의 평가액(통지 당시의 목적부동산의 가액에서 민법 제360조에 규정된 채권액과 만일 선순위담보권 등의 권리가 있을 때에는 그 채권액을 공제한 금액)을 채무자 등에게 통지하고, 그 통지가 채무자 등에게 도달한 날로부터 2월(이를 청산기간이라 함)이 경과하여야 한다(동법 제3조 1항, 제4조 1항).

가등기담보권자가 담보권실행을 위하여 담보목적 부동산의 소유권을 취득하기 위해서는 그 채권의 변제기 후에 소정의 청산금평가액 또는 청산금이 없다고 하는 뜻을 채무자 등에게 통지하여야 하고, 이때의 채무자 등에는 채무자와 물상보증인분만 아니라 담보가등기 후 소유권을 취득한 제3자가 포함되는 것이므로, 위 통지는 이들 모두에게 하여야 하는 것으로서 채무자 등의 전부 또는 일부에 대하여 통지를 하지 않으면 청산기간이 진행할 수 없게 되고, 따라서 가등기담보권자는 그 후 적절한 청산금을 지급하였다 하더라도 가등기에 기한 본등기를 청구할 수 없으며, 양도담보의 경우에는 그 소유권을 취득할 수 없다(대판 1995. 4. 28. 94다36162).

나. 청산금의 지급

채권자는 청산금을 채무자 등에게 지급하여야 한다(동법 제4조 1항 전달). 채무자 등의 일반채권자가 청산금채권을 압류 또는 가압류한 경우에는, 채권자는 청산기간이 경과한 후 청산금을 채무이행지를 관할하는 지방법원 또는 지원에 공탁하여 그 채무를 면할 수 있다(동법 제8조 1항).

다. 소유권의 취득

담보가등기가 경료된 경우에는 청산기간이 경과하여야 그 가등기에 기한 본등기를 청구할 수 있다(동법 제4조 2항 후단). 청산금이 없는 때에는 소유권이전의 본등기를 갖춘 때에 소유권을 취득한다. 그러나 청산금이 있는 때에는 그 청산금을 지급하거나 공탁을 한 때에 본등기를 청구할 수 있다.

(2) 경매에 의한 실행

가등기담보권자는 위와 같은 절차를 밟지 아니하고 법원에 담보가등기된 목적부동산의 경매를 청구할 수 있고, 이 경우 가등기담보권을 저당권으로 본다(동법 제12조 1항).

가등기담보권이 경료된 부동산에 대하여 경매가 개시된 경우에는 가등기담보권자는 다른 채권자보다 자기 채권의 우선변제를 받을 수 있다. 이 경우 그 순위에 관하여는 가등기담보권을 저당권으로 보고, 그 가등기가 경료된 때에 저당권의 설정등기가 경료된 것으로 본다(동법 제13조).

> 채권자가 아닌 제3자 명의로 설정된 담보가등기도 유효한가?

유효하다.

【해 설】

　부동산권리자명의등기에관한법률 제4조에 의하면 명의신탁약정의 효력에 관하여 "① 명의신탁약정은 무효로 한다. ② 명의신탁약정에 따라 행하여진 등기에 의한 부동산에 관한 물권변동은 무효로 한다. 다만, 부동산에 관한 물권을 취득하기 위한 계약에서 명의수탁자가 그 일방당사자가 되고 그 타방당사자는 명의신탁약정이 있다는 사실을 알지 못한 경우에는 그러하지 아니하다."라고 규정하고 있다.

　그런데 채권자 아닌 제3자 명의로 설정된 저당권 또는 채권담보목적의 가등기의 효력에 관한 판례를 보면, "채권담보의 목적으로 채무자 소유의 부동산을 담보로 제공하여 저당권을 설정하는 경우에는 담보물권의 부종성의 법리에 비추어 원칙적으로 채권과 저당권이 그 주체를 달리할 수 없는 것이지만, 채권자 아닌 제3자의 명의로 저당권등기를 하는 데 대하여 채권자와 채무자 및 제3자 사이에 합의가 있었고, 나아가 제3자에게 그 채권이 실질적으로 귀속되었다고 볼 수 있는 특별한 사정이 있거나, 거래경위에 비추어 제3자의 저당권등기가 한낱 명목에 그치는 것이 아니라 그 제3자도 채무자로부터 유효하게 채권을 변제받을 수 있고 채무자도 채권자나 저당권 명의자인 제3자 중 누구에게든 채무를 유효하게 변제할 수 있는 관계 즉 묵시적으로 채권자와 제3자가 불가분적 채권자의 관계에 있다고 볼 수 있는 경우에는, 그 제3자 명의의 저당권등기도 유효하다고 볼 것인바, 이러한 법리는 저당권의 경우뿐 아니라 채권 담보를 목적으로 가등기를 하는 경우에도 마찬가지로 적용된다고 보아야 할 것이고, 이러한 법리가 부동산실권리자명의등기에관한법률에 규정된 명의신탁약정의 금지에 위반된다고 할 것은 아니다."라고 하였다(대판 2000. 12. 12. 선고 2000다49879, 1995. 9. 26. 94다33583).

> 보증인을 세울 때 채권자는 어떤 점에 유의하여야 하는가?

변제자력이 넉넉한 자를 보증인으로 세워야 하고, 보증에 있어서 보증의사의 유무가 문제되는 경우가 많으므로, 보증인으로 하여금 보증서에 서명·날인시키거나 보증인을 직접 만나 보증의사를 확인하는 것이 안전하다.

【해 설】

보증인은 주채무자가 이행하지 아니하는 경우, 자기의 자력으로 채권을 이행하여야 하므로 넉넉한 자력을 가진 자를 보증인으로 세워야 한다.

채권자가 보증인을 지정한 경우를 제외하고 채무자가 계약상이나 법률상으로 보증인을 세우는 의무를 부담하고 있을 경우에는 보증인은 당연히 능력자이어야 하며 동시에 변제능력을 가지는 자임을 요한다.

다음으로 보증에는 보증당사자의 의사가 있고 없음이 흔히 문제로 되기 때문에 보증인의 보증의사의 확인에 주의해야 한다.

그런데 친구라든가 동거의 친족 등이 차금할 때에 본인이 알지 못하는 사이에 그 인감을 사용하여 보증서를 작성해 버리는 예가 흔히 발생하는데 이 점에 주의하여야 할 것이다. 이러한 경우에 인감을 사용한 자가 본인으로부터 보증행위의 대리권을 부여받고 있다거나 대리권이 있는 상태를 만들고 있는 경우에 그 보증행위에는 효력이 있지만 이러한 경우를 제외한 모든 보증행위에는 여기서 그 효력이 없는 것이다.

보증채무는 채권자와 당사자 사이의 '보증계약'에 의하여 성립하고, 보증계약이 유효하기 위해서는 보증의 의사표시가 서면으로 행해질 것이 요구된다.

보증인의 보증의사의 유무를 확실히 파악하기 위해서는 보증인으로 하여금 보증서에 서명·날인시키거나 아니면 보증인을 직접 만나 보증의사를 확인하는 것이 안전하다.

또 보증인을 세울 때에는 그 보증인의 자력이나 신용을 조사할 필요가 있다. 또한 보증인의 주소가 먼 곳에 있으면, 보증인의 신분이나 자력에 변동이 있어도 모르는 경우가 많으며, 소송을 제기하거나 강제집행을 하는데 여러 가지 장애가 있을 수 있다는 정도 유의하여야 한다.

> 신규대출형식에 의한 이른바 '대환'의 경우 기존채무를 위한 담보나 보증채무는 소멸하는가?

대환은 실질적으로 기존채무의 변제기의 연장에 불과하여 이로써 기존채무는 소멸하고 다시 새로운 채무가 성립하는 것은 아니므로, 기존채무를 위한 담보나 보증채무는 유효하게 존속한다(대판 1991. 3. 14. 90가합2845).

【해 설】

보증채무에 있어서 주채무자에게 생긴 사유는 보증채무의 부종성에 의해 보증인에게 그 효력이 미친다. 보증채무가 성립한 후에 채권자와 주채무자 사이의 합의로 주채무자

목적이나 형태를 변경한 경우, 그것이 종전의 보증채무보다 부담이 감축된 것인 때에는 부종성에 의해 보증채무도 변경되지만, 반대로 부담을 가중하는 것일 때에는 보증채무에 그 효력을 미치지 않는다(대판 1974. 11. 12. 74다533).

판례는 보증계약체결 후 채권자가 보증인의 승낙 없이 주채무자에 대하여 변제기를 연장해 준 경우에 그것이 보증인의 책임을 가중하는 것은 아니므로 보증인에게도 그 효력이 미친다고 하였다9대판 1996. 2. 23. 95다49141). 그러나 보증인이 임대인의 임대차보증금반환채무를 연체차임을 상계하기로 약정하는 것은 보증인에게 불리한 것으로 보증인에 대하여는 그 효력을 주장할 수 없다고 하였다(대판 1999. 3. 26. 98다22918).

신규대출형식에 의한 이른바 '대환'의 경우 기존채무를 위한 담보나 보증채무의 존속여부가 문제된다. 판례는 이에 관해서 '은행이 채무자에게 기존채무에 해당하는 금원을 신규대출하여 기존채무의 변제에 충당하는 이른바 "대환"은 형식적으로는 신규대출에 해당하나 실질적으로는 가존채무의 변제기 연장에 불과하여 이로써 기존채무는 소멸하고 다시 새로운 채무가 성립되는 것은 아니므로, 그러한 경우 기존채무를 위한 담보나 보증채무 역시 유효하게 존속한다고 보아야 한다'고 하였다(대판 1991. 3. 14. 90가합2845).

> 아내가 남편의 동의 없이 남편 명의로 보증계약서의 보증인란에 기명날인한 경우 남편은 보증책임을 져야만 하는가?

처의 그와 같은 행위는 민법상의 일상가사의 대리행위(민법 제827조).도 아니고 또한 표현대리(민법 제126조. 제127조. 제129조)에도 해당되지 않으므로 남편은 책임을 지지 않는다.

【해 설】

보증채무는 채권자와 보증인 사이의 보증계약에 의하여 성립한다. 보증계약의 당사자는 채권자와 보증인이며, 주채무자의 부탁을 받고 보증을 하였는지, 또는 주채무자의 의사에 반하는 것인지의 여부는 보증계약의 성립에 영향을 주지 않고, 다만 구상권의 범위에 차이가 있을 뿐이다(민법 제441조, 제444조).

판례는 부부의 일방이 다른 일방 명의의 재산(부동산)을 처분하거나 담보로 제공하는 행위는 그 목적과 관계없이 일상가사에 포함되지 않는다고 본다(대판 1993. 9. 28. 93다16369). 또 부부의 일방이 대리권 없이 다른 일방을 대리하여 자신의 채무나 타인의 채무를 연대보증한 경우에도, 부부의 일방이 다른 일방에게 그 행위에 관한 대리권을 주었다고 상대방이 믿었을 정당화할 객관적인 사정이 있어야 민법 제126조의 표현대리가 성립되어 남편이 처의 행위에 대해 책임을 진다고 한다. 즉, '타인의 채무에 대한 보증행위는 그 성질상 아무런 반대급부 없이 오직 일방적으로 불이익을 입는 것인 점에 비추어 볼 때, 남편이 처에게 타인의 채무를 보증함에 필요한 대리권을 수여한다는 것은 사회통념상 이례에 속하는 것이므로, 처가 특별한 수권 없이 남편을 대리하여 위와 같이 하였을 경우에 그것이 민법 제126조 소정의 표현대리가 되려면 처에게 일상가사대리권이 있었다는 것만이 아니라 상대방이 처에게 남편이 그 행위에 관한 대리의 권한을 주었다고 믿었음을 정당화할 만한 객관적인 사정이 있어야 한다'고 판시하였다(대판 1998. 7. 10. 98다18988).

따라서 위 사례에서 처가 남편의 명의로 한 보증채무의 약정은 무효가 되어 남편은 법률상 책임을 지지 않게 된다.

그러나 만약에 채권자에게 보증채무를 부담하여야 한다고 주장한다면, 남편은 보증채무의 부담에 대하여 처에게 대리권을 준 사실이 없음을 주장하여야 한다.

> 차용증에 갈음한 어음·수표 발행에 배서한 자는 원인채무도 보증한 것으로 되는가?

그 어음상의 채무만을 부담하게 된다.

【해 설】

위 사안은 타인이 발행한 약속어음에 배서인이 된 자가 배서행위로 인한 어음법상의 채무 이외에 그 어음발행의 민사상의 원인채무에 대한 보증책임까지도 부담하는 것인지에 관한 문제이다.

판례는 "금전대여계약을 체결함에 있어서 그 대여금채무지급을 확보하기 위하여 채무자가 발행하는 약속어음에 배서인이 그러한 사실을 알면서 보증의 취지로 배서하였다고 하더라도 그러한 사실만으로는 원인채무인 대여금채무에 대하여 보증계약이 성립된 것으로 볼 수 없고, 이 경우 대여금채권자가 배서인과 직접 교섭하여 배서를 요구하였기 때문에 배서인이 약속어음발행원인이 된 소비대차계약의 내용을 상세히 알게 되었고 또 대여금채권자의 면전에서 직접 그의 요구에 응하여 배서하였다고 하더라도, 이러한 사실들은 배서인이 원인관계상의 채무에 대하여도 보증할 의사가 있었다고 인정하는데 유력한 증거가 될 수 있을 뿐이고, 그러한 사실들이 존재한다고 하여 원인관계상의 채무에 대한 보증계약성립이 추정된다고는 볼 수 없으며, 대여금채권자가 배서인에게 배서를 요구할 때 어음발행의 원인이 된 대여금채무까지도 보증할 것을 요구하는 의사를 가지고 있었고 배서인도 대여금채권자의 그러한 의사를 인식하면서 배서에 응하였다는 사실, 즉 배서인이 소구의무를 부담한다는 형태로 대여금채권자에게 신용을 공여한 것이 아니라 원인관계상의 채무에 대하여도 신용을 공여한 것이라는 점이 배서를 전후한 제반 사정과 대여금채권자와 배서인이 처한 거래계의 실정 등에 의하여 추정되어 알 수 있는 정도에 이르러야만 원인관계상의 대여금채무에 대한 보증계약성립을 인정할 수 있다."라고 하였다(대판 1997. 12. 9. 97다37005, 1998. 6. 26. 98다2051).

또한 "다른 사람이 발행 또는 배서양도하는 약속어음에 배서인이 된 사람은 그 배서로 인한 어음상의 채무만을 부담하는 것이 원칙이고, 특별히 채권자에 대하여 자기가 그 발행 또는 배서양도의 원인이 된 채무까지 보증하겠다는 뜻으로 해석한 경우에 한하여 그 원인채무에 대한 보증책임을 부담한다."는 판결도 있다(대법원 2002. 4. 12. 선고 2001다55598).

그렇다면 위 사안에서 다른 사람으로부터 돈을 차용하면서 그 차용증서에 갈음하여 약속어음과 수표를 교부하는 것이라는 점을 알았다고 하더라도 약속어음과 수표의 배서인으로서 어음금·수표금채무의 보증인이 되는 이외에 원인채무의 대여금채무까지 보증한 것이라고 볼 수 없다고 할 것이다.

> 보증계약체결 후 채권자인 은행이 보증인의 승낙 없이 주채무자에 대해 변제기를 연장해 준 경우 보증인에게도 그 효력이 미치는가?

변제기의 연장은 보증인의 책임을 가중하는 것은 아니므로 보증인에게도 그 효력이 미친다(대판 1996. 2. 23. 95다49141).

【해 설】

보증채무가 성립한 후에 채권자와 주채무자 사이의 합의로 주채무자의 목적이나 형태를 변경한 경우에, 그것이 종전의 보증채무보다 부담이 감축된 것인 때에는 부종성에 의해 보증채무도 변경되지만, 반대로 부담을 가중하는 것일 때에는 보증채무에 그 효력을 미치지 않는다(대판 1974. 11. 12. 74다533).

그런데 보증인의 동의 없이 주채무자의 변제기를 연장해준 경우 책임이 감액 또는 면제되는 효력은 없는지 문제된다.

판례를 보면, "채무가 특정되어 있는 확정채무에 대하여 보증한 연대보증인으로서는 자신의 동의 없이 피보증채무의 이행기를 연장해 주었느냐의 여부에 상관없이 그 연대보증채무를 부담한다."라고 하였으며(대법원 2002. 6. 14. 선고 2002다14853 판결), 보증계약체결 후 채권자가 보증인의 승낙 없이 주채무자에 대하여 변제기를 연장하여 준 경우, 그것이 반드시 보증인의 책임을 가중하는 것이라고는 할 수 없으므로 원칙적으로 보증채무에 대하여도 그 효력이 미친다고 하면서, 채권자가 청구가 연대보증인에 대하여 그 보증채무의 이행을 구하고 있음이 명백한 경우에는, 손해배상책임의 유무 또는 배상의 범위를 정함에 있어 채권자의 과실이 참작되는 과실상계의 법리는 적용될 여지가 없다고도 한 바 있다(대판 1996. 2. 23. 95다49141).

또한, "현실적인 자금의 수수 없이 형식적으로만 신규 대출을 하여 기존 채무를 변제하는 이른바 대환을 특별한 사정이 없는 한 형식적으로는 별도의 대출에 해당하나, 실질적으로는 기존 채무의 변제기 연장에 불과하므로, 그 법률적 성질은 기존 채무가 여전히 동일성을 유지한 채 존속하는 준소비대차로 보아야 하고, 이러한 경우 채권자와 보증인 사이에 사전에 신규 대출 형식에 의한 대환을 하는 경우 보증책임을 면하기로 약정하는 등의 특별한 사정이 없는 한 기존 채무에 대한 보증책임이 존속된다."라고 하였다(대판 2002. 10. 11. 2001다7445). 다만, 계속적 보증의 경우에는 확정채무의 보증과는 달리 보증계약의 묵시적 갱신을 인정하지 않고 있다(대판 1999. 8. 24. 99다26481).

> 금융기관에 대하여 연대보증을 하는 경우에 한 사람이 보증할 수 있는 보증총액은 얼마인가?

개인마다 총액하다고 다르다. 그 이유는 금융기관이 보증총액의 한도를 보증인의 자산에서 부채를 제외한 순자산과 연간소득, 직업별 신용등급을 감안하여 결정하기 때문이다.

【해 설】

1. 보증총액한도제

보증총액한도제란 한 사람이 연대보증을 할 수 있는 총액을 말하는 것으로 은행들이 자율적으로 정하며 보증인의 자산에서 부채를 제외한 순자산과 연간소득, 직업별 신용등급 등을 감안하여 정한다. 예컨대, 은행이 정한 A의 보증총액한도가 5천만원일 경우에 현재까지 보증을 한 금액이 3천만원이 되면 장래에 보증할 수 있는 금액은 2천만원이다. 보증총액 한도제는 타인을 위하여 보증을 하는 경우뿐만 아니라 본인이 신용대출을 받을 때에도 이 기준이 적용된다.

2. 연대보증

그리고 연대보증이란 보증인이 채권자와 보증계약에서 주채무자와 연대하여 채무를 부담하기로 하는 보증채무를 말한다. 연대보증은 다음과 같은 점에서 보통의 보증채무와 차이가 있다. 즉, ① 연대보증에는 보충성이 인정되지 않으므로 연대보증인은 최고·검색의 항변권을 갖지 못한다(민법제 437조 단서). ② 연대보증인이 수인 있는 경우에도 공동보증에서의 분별의 이익을 갖지 못하고, 각자 주채무 전액을 지급하여야 한다.

또한 보증인의 부담을 덜어주기 위한 것으로, 채무자의 신용한도를 초과하는 대출금액에 대해서만 보증을 하는 제도가 있는데, 이를 부분연대보증이라고 한다.

예컨대 A가 은행에서 3천만원을 대출받으려고 하는 A의 신용한도가 2천오백만원이라면, A는 신용한도를 초과하는 500만원에 대하여는 보증인을 세워야 하며, 보증인은 사고발생시 5백만원에 대해서만 책임을 진다.

3. 채무자의 신용정보에 대한 보증인의 통보·설명의무

금융기관은 채무자가 현재까지 받은 대출금의 규모와 연체 및 신용불량자인지의 여부를 통보하여야 한다. 또 보증을 한 때에는 아무런 하자가 없었으나 채무자의 신용상태가 악화하여 대출기한 전에 대출금을 회수할 경우에는 보증인의 통지신청이 없더라도 금융기관을 이에 대하여 보증인에게 통보를 하여야 한다. 또한 연대보증을 할 때 보증인에게 채무자의 부채현황, 연체유무, 신용불량 정보 등을 설명하여야 한다.

> 보증채무 자체에 대한 지연손해금에 대해서도 주채무에 관하여 약정된 연채이율이 적용되는가?

보증채무 자체의 이행지체로 인한 지연손해금은 보증한도액과 별도로 부담하고, 그 이율은 특별한 약정이 없는 경우 그 거래행위의 성질에 따라 민법 등이 정한 법정이율을 따르고, 주채무에 관하여 약정된 연체이율이 적용되는 것은 아니다(대판 1998. 2. 27. 97다 1433).

【해 설】

민법 제428조 제1항에 의하면 보증채무의 내용에 관하여 "보증인은 주채무자가 이행하지 아니하는 채무를 이행할 의무가 있다."라고 규정하고 있다.

그리고 보증한도액을 정한 보증에 있어서 그 한도액을 주채무의 원금만을 기준으로 정한 것인지 아니면 주채무에 대한 이자·지연손해금 등 부수채무까지 포함하여 정한 것인지의 여부는 먼저 계약당사자의 의사에 따라서 결정하여야 하나, 특별한 약정이 없으면 그 한도액은 주채무에 대한 이자·지연손해금 등 부수채무까지 포함하여 정한 것으로 보아야 한다(대판 1999. 3. 23. 98다64639).

그런데 보증채무 자체의 이행지체로 인한 지연손해금은 보증한도액과 별도로 부담하는 것인지에 관하여 판례를 보면 "보증채무는 주채무와는 별개의 채무이기 때문에 보증채무 자체의 이행지체로 인한 지연손해금은 보증한도액과는 별도로 부담하고, 이 경우 보증채무의 연체이율에 관하여 특별한 약정이 없는 경우라면 그 거래행위의 성질에 따라 상법 또는 민법에서 정한 법정이율에 따라야 하며, 주채무자에 관하여 약정된 연체이율이 당연한 여기에 적용되는 것은 아니지만, 특별한 약정이 있다면 이에 따라야 한다."라고 하였다(대판 2000. 4. 11. 99다12123).

참고로 보증채무의 연체이율에 관한 판례를 보면, "보증채무 자체의 이행지체로 인한 지연손해금을 지급보증한도액과 별도로 부담하는 경우, 보증채무의 연체이율에 관하여 특별한 약정이 없는 경우라면 그 거래행위의 성질에 따라 상법 또는 민법에서 정한 법정이율에 따라야 할 것인지, 주채무에 관하여 약정된 연체이율이 당연히 여기에 적용된다고 볼 것은 아니다."라고 하였다(대판 1998. 2. 27. 97다1433).

> 주채무자 A가 채권자 B에게 변제하고도 그 사실을 수탁보증인 C에게 통지하지 않아, 보증인 C는 그 사실을 모르고 변제하였는데, 사전에 A에게 변제하겠다는 사실을 통지하지 않았다. 이 경우 C는 A에게 구상권을 가지는가?

보증인은 변제를 하고자 할 때에는 사전과 사후 두 번의 주채무자에 대한 통지의무를 지고, 이에 위반한 때에는 구상권을 행사할 수 없다. 따라서 위 사례에서 보증인 C는 이중변제를 받은 채권자 B를 상대로 부당이득반환을 청구할 수 있을 뿐이다.

【해 설】
<보증인의 구상권>

보증인은 채권자에 대한 관계에서는 자기의 채무(보증채무)를 이행하는 것이지만, 주채무자에 대한 관계에서는 타인의 채무를 변제하는 것이 되어, 보증인은 주채무자에 대하여 구상권을 가진다.

1. 수탁보증인의 구상권

주채무자의 부탁으로 보증인이 된 자가 과실 없이 변제 기타의 출재로 주채무를 소멸하게 한 때에는 주채무자에 대하여 구상권이 있다(민법 제441조 1항).

(1) 구상권의 성립요건

수탁보증인이 구상권을 행사하려면 다음의 요건을 갖추어야 한다.

① 보증인이 주채무의 전부나 일부를 소멸시켜야 한다. 주채무의 일부를 소멸시키면 그 한도에서 구상권이 생긴다.

② 보증인의 출재로 인하여 주채무가 소멸하였어야 한다. 보증인이 채권자에게 부탁하여 주채무를 면제받게 한 경우에는 출재가 없으므로 구상권이 발생하지 않는다.

③ 부탁을 받은 보증인은 주채무자에 대한 관계에서 위임에 유사한 의무를 지므로, 보증인의 출재에 과실이 없어야 한다. 보증인이 주채무자의 항변권을 원용하지 못한 경우에는 그와 인과관계가 있는 범위에서는 구상권이 발생하지 않는다.

(2) 구상권의 범위

주채무를 한도로 한 출재액 외에, 면책된 날 이후의 법정이자 및 피할 수 없는 비용 기타의 손해배상을 포함한다(민법 제441조 2항).

2. 부탁 없는 보증인의 구상권

(1) 주채무자의 부탁이 없이 보증인이 된 경우

주채무자의 부탁 없이 보증인이 된 자가 변제 기타 자기의 출재도 주채무를 소멸하게 한 때에는 주채무자는 '그 당시에 이익을 받을 한도'에서 배상하여야 한다(민법 제441조 1항). 따라서 출재금액과 면책금액이 다른 경우에는 그 중 적은 쪽의 금액을 구상할 수 있고, 수탁보증인의 경우와는 달리 면책일 이후의 법정이자와 손해배상은 구상액에 포함되지 않는다.

(2) 주채무자의 의사에 반하여 보증인이 된 경우

주채무자의 의사에 반하여 보증인이 된 자가 변제 기타 자기의 출재로 주채무를 소멸하게 한 때에는, 주채무자는 '현존이익의 한도'에서 배송하여야 한다(민법 제444조 2항). 현존이익의 유무와 범위를 정하는 시점은 면책행위를 한 때가 아니라 구상권을 행사한 때이다.

주채무자는 보증인의 면책행위 후 구상권을 행사하기까지 채권자에 대해 가지는 항변사유로 보증인에게 대항할 수 있다.

3. 구상권의 제한

(1) 보증인의 통지의무

보증인은 변제를 하고자 할 때에 주채무자에게 통지를 하여야 하고, 변제를 한 후에는 그 사실을 통지하여야 한다. 즉 사전과 사후 두 번의 통지의무를 진다.

주채무자로부터 부탁을 알았는지 여부를 묻지 않고 보증인은 이 통지의무를 진다.

① 보증인이 주채무자에게 통지하지 아니하고 변제 기타 자기의 출재로 주채무를 소멸하게 한 경우에, 주채무자가 채권자에게 대항할 수 있는 사유(예 : 소멸시효의 완성, 동시이행의 항변권 등)가 있었을 때에는 이 사유로 보증인에게 대항할 수 있다. 특히 그 대항사유가 상계인 때에는 상계로 소멸할 채권은 보증인에게 이전된다(민법 제445조 1항).

② 보증인이 변제 기타 자기의 출재로 면책되었음을 주채무자에게 통지하지 아니한 경우에, 주채무자가 선의로 채권자에게 변제 기타 유상의 면책행위를 한 때에는 주채무자는 자기의 면책행위의 유효를 주장할 수 있다(민법 제445조 2항). 보증인이 변제를 한 후에 주채무자가 이중의 변제를 한 것이므로 원칙적으로 주채무자의 변제가 유효할 수 없지만, 보증인과 주채무자 사이의 내부관계에서는 나중에 변제한 변제를 유효한 것으로 보는 것이다. 따라서 보증인은 주채무자에게 구상권을 행사하지 못하고, 이중으로 변제를 받은 채권자를 상대로 부당이득반환청구를 할 수 있을 뿐이다.

(2) 주채무자의 통지의무

주채무자는 보증인과 달리 사전통지의무를 지지 않고, 사후통지의무만 진다. 즉 변제를 한 후에 통지하면 된다. 그리고 수탁보증인에 대해서만 통지의무를 진다(민법 제446조).

판례는 민법 제446조가 주채무자가 자기의 행위로 면책하였음을 그 부탁으로 보증인이 된 자에게 통지하지 아니한 경우, 보증인이 선의로 채권자에게 변제 기타 유상의 면책행위를 한 때에는 보증인은 자기의 면책행위의 유효를 주장할 수 있다(민법 제446조).

위 사례에서는 주채무자가 먼저 변제하였는데 주채무자가 그 사실을 수탁보증인에게 통지하지 않고, 그 후 보증인은 그 사실을 모르고 이중으로 변제하였는데, 사전에 변제를 하겠다는 사실을 주채무자에게 통지하지 않았다. 이 경우 보증인의 변제가 민법 제446조에 의해 유효한 것이 되는지가 문제된다.

이에 관해 판례는 보증인은 사건과 사후의 두 번의 통지의무를 지므로, 민법 제446조가 적용되기 위해서는 즉 선의로 변제를 한 보증인이 보호받기 위해서는 주채무자에 대한 사전통지를 한 것을 전제로 한다고 하였다(대판 1997. 10. 10. 95다46265).

따라서 위 사례에서 주채무자의 A의 변제만이 유효한 것이 되고, 보증인인 C는 A에게 구상권을 행사할 수 없고, 이중변제를 받은 채권자 B를 상대로 부당이득반환청구를 하여야 한다.

형식상 주채무자가 보증채무를 이행한 연대보증인에 대한 구상의무의 범위는 얼마인가?

변제한 채무의 2분의 1이다.

【해 설】

실제 사례인데. 갑·을·병은 친구 사이이고, 병의 간청에 못 이겨 갑과 을은 연대보증에 필요한 서류를 교부하였고, 병은 갑을 주채무자로 하여 자기와 을을 연대보증인으로 하여 금융기관으로부터 3천만원을 대출받았으나, 변제하지 않았다. 그런데 을은 위 보증인으로서 위 채무를 변제한 후 갑이 보증의 의사로 서류를 교부하였다는 것을 알고 있었음에도 불구하고 갑에게 채무 전액에 대한 구상금청구소송을 제기하였는바, 이러한 경우 갑의 을에 대한 책임범위가 어떻게 되는가가 문제된다.

형식상의 주채무자가 실질적으로는 실질적인 주채무자를 연대보증한 경우 다른 연대보증인으로 구상권에 관하여 판례를 보면, "채권자와 소비대차계약을 체결한 자로서 채권자에 대한 관계에서는 주채무자로서의 책임을 지는 자라고 하더라도 내부관계에서 실질상의 주채무자가 아닌 경우에는 연대보증책임을 이행한 연대보증인에 대하여 당연히 구상의무를 부담하는 것은 아니지만, 실질상의 주채무자, 연대보증인, 형식상의 주채무자 3자간의 실질적인 법률관계에 비추어 형식상의 주채무자가 실질상의 주채무자를 연대보증 한 것으로 인정할 수 있는 경우에는, 그 형식상의 주채무자는 공동보증인간의 구상권행사의 법리에 따라 연대보증인에 대하여 구상의무를 부담한다 할 것이고, 한편 구상권 범위산정이 기준이 되는 부담부분은 그에 관한 특약이 없는 한 균등한 것으로 추정된다."라고 하면서 "병과 친분관계에 있던 갑과 을이 병의 부탁으로 아무 대가없이 병의 자금조달을 위하여 금융기관과의 어음거래약정상 갑은 형식상의 주채무자가 되고 을은 그 연대보증인이 되었는데, 갑, 을은 서로 그 사정을 알고 있었던 경우, 갑이 대외적인 관계에서는 위 어음거래약정의 주채무자로서 어음할인금을 변제할 의무를 부담하지만, 갑과을 및 병 사이의 내부관계에서는 궁극적으로 병이 어음 할인금을 변제할 의무를 부담하는 것이므로, 을이 연대보증인으로서 어음할인금을 변제하였다 하더라도 갑이 형식상의 주채무자에 불과함을 알고 있는 이상 갑에게 이를 구상할 수는 없으나, 다만 갑과 을 사이에서 위 어음거래약정에 따른 어음할인금채무의 보증책임 또는 이행책임을 을만이 부담하며 갑은 이를 부담하지 않기로 하는 특약이나 그러한 취지의 명시적 내지 묵시적 양해가 있지 않은 이상, 대외적인 관계에서 연대보증인이 된 을과 주채무자가 된 갑으로서는 적어도 그들 내부관계에서는 실질상의 주채무자인 병의 어음할인금채무의 상환을 각기 연대보증 한다는 취지의 양해가 묵시적으로나마 있었던 것으로 봄이 상당하여 을로서는 공동보증인간의 구상범위는 부담부분이 균등한 것으로 되어 갑으로서는 을이 대위변제 한 금액의 1/2에 대한 구상의무가 있다."라고 하였다.

그리고 위와 같은 경우 연대보증인의 변제자대위와 구상권의 관계에 관하여는 "연대보증인의 자신의 출재로 채무자를 대신하여 주채무자를 변제하면 채권자가 주채무자 및 다른 연대보증인에 갖고 있던 채권(원채권) 및 담보권이 연대보증인에게 법률상 당연히 이전되지만, 변제자대위는 주채무를 변제함으로써 주채무자 및 다른 연대보증인에 대하여 갖게 된 구상권의 효력을 확보하기 위한 제도인 관계상, 대위에 의한 원채권 및 담보권의 행사범위는 구상권의 범위로 확정된다."라고 하였다(대법원 1999. 10. 22. 선고 98다22451 판결).

따라서 위 사안의 경우에도 을은 갑에 대하여 변제한 채무 1/2의 한도에서 구상권을 행사할 수 있음에 그친다고 할 것이다.

> 연대보증인이 채무를 상환한 경우 다른 연대보증인에게 구상할 수 있는 범위는 얼마인가?

다른 연대보증인의 부담부분에 대하여 구상권을 행사할 수 있다.

【해 설】

1. 연대보증과 분별의 이익

수인의 보증인이 하나의 계약으로 보증인이 된 경우는 물론, 별개의 계약으로 보증인이 된 경우에도, 특별한 의사표시가 없으면 각 보증인은 주채무를 균등한 비율로 분할할 부분에 대해서만 보증채무를 부담한다. 이를 '분별의 이익'이라고 한다.

그러나 보증인이 주채무자와 연대하여 채무를 자기로 한 연대보증의 경우에는 분별의 이익이 없다. 연대보증의 경우에는 보증인이 주채무 전액을 변제하기로 약정한 것이므로, 연대보증인이 수인인 때에도 마찬가지이다.

즉, 연대보증인은 주채무자와 동일한 의무를 지는 것이므로 보증인의 수에 따라 변제하여야 할 채무액이 줄어들지 않는다. 실무에서도 은행은 대출금을 상환받는게 목적이므로 연대보증인 모두에게 가압류를 하고 채무 전액에 대하여 소송을 제기하여 대출금을 상환받는다. 이때 은행은 소송비용을 줄이기 위해 담보능력이 충분한 사람에게 먼저 소송을 제기하는 경우가 대부분이다. 또한 경매를 통하여서도 연대보증인 1인에게 대출금 전액을 상환받지 못할 때에는 다른 연대보증인에게 청구한다.

2. 구상권의 행사방법

구상권을 행사하기 위해서는 대출금을 상환한 채권자(예컨대 금융기관)가 발행하는 대위변제증서와 대출약정서 등 관련서류를 모두 갖추어야 한다. 채무자가 재산을 가지고 있다면 법원에 가압류신청을 하여야 한다.

구상권의 범위는 주채무를 한도로 한 출재액 외에 면책된 날 이후의 법정이자 미 피할 수 없는 비용 기타의 손해배상을 포함한다.

어느 불가분채무자나 어느 연대채무자를 위하여 보증인이 된 자는 다른 불가분채무자나 다른 연대채무자에 대하여 그 부담부분에 한하여 구상권이 있다(민법 제447조).

> 동일 채무에 대해 연대보증과 근저당권 설정을 해 준 경우, 채무불이행으로 근저당권을 실행할 때 근저당권의 채권최고액 외에 지연이자에 대해서도 변제하여야 하는가?

지연이자도 변제하여야 한다.

【해 설】

보증인의 채무 범위에 관하여 민법 제429조에 의하면 "① 보증채무는 주채무의 이자, 위약금, 손해배상 기타 주채무에 종속한 채무를 포함한다. ② 보증인은 그 보증채무에 관한 위약금 기타 손해배상액을 예정할 수 있다."라고 규정하고 있다.

그런데 위 사안의 경우와 같이 보증인으로서의 지위를 가짐과 동시에 보증인소유 부동산에 근저당권을 설정해 줌으로써 그 채무범위가 달라질 수 있는지 문제될 수 있다.

이에 대한 판례를 보면, "동일한 사람이 동일채권의 담보를 위하여 연대보증계약과 근저당권설정계약을 체결한 경우라 하더라도, 위 두 계약은 별개의 계약이므로, 연대보증책임의 범위가 근저당권의 채권최고금액의 범위 내로 제한되기 위해서는 이를 인정할만한 특별한 사정이 존재가 입증되어야 하는 것이다."라고 하였다(대판 1993. 7. 13. 선고 93다17980 판결).

그리고 연대보증채무는 분별의 이익(공동보증에 있어서 공동보증인은 주채무액을 분할한 그 일부분에 대해서만 채무를 부담하는 보증인의 이익)이 없으므로 연대보증인이 수인일지라도 그 1인이 주채무의 전부를 변제할 의무가 있다.

따라서 위 사례의 경우 그 지연이자에 대하여서도 변제할 수 밖에 없을 것이며, 주채무자에게 연대보증인이 변제한 금전 등의 구상을 청구할 수 있음은 물론이고, 다른 연대보증인인 병에게는 특별히 정한 바가 없다면 변제금의 절반을 구상할 수 있을 뿐이다.

어음보증은 어떠한 방법으로 하는가?

어음이나 어음의 등본 또는 보전에 보증이라고 기재하고 서명날인 하여야 한다.

【해 설】

1. 어음보증의 의의

어음보증이란 어음의 발행인이나 배서인 등의 신용만으로 불충분한 경우에 그 신용이 부족한 특정한 채무자에 대한 어음금의 지급을 담보하기 위하여 다른 사람이 동일한 내용의 어음채무를 부담하는 것을 목적으로 행해지는 부속적인 어음행위를 말한다.

환어음의 채무자는 인수인과 발행인 및 배서인 등이고 약속어음의 채무자로는 발행인과 배서인이 있으나 어음보증을 한 경우에는 그 보증인도 어음채무자가 된다.

보증인은 어음채무에 대하여 일반적으로 보증하는 것이 아니라 어음채무자 중의 1인을 위하여 보증하는 것이다. 어음보증인은 피보증인과 함께 피보증인의 모든 채무에 관하여 책임을 지게 된다. 어음보증의 방식으로는 어음이나 어음의 등본 또는 보전에 보증이라 기재하고 보증인이 서명날인 한다. 그리고 어음보증을 함에 있어서는 누구를 위한 것인가를 표시하여야 한다. 어음보증은 어음금의 일부에 대하여도 할 수 있다.

2. 어음보증의 방법

어음보증의 방법은 어음이다. 어음의 등본 또는 보전에 보증이라고 기재하고 서명날인 하여야 한다. 보증을 받은 어음은 발행인이 변제를 하지 않을 경우 발행인과 동일하게 보증인에게 어음금 변제의 청구를 할 수 있다.

3. 어음보증의 효력

어음보증도 보증으로서 다른 어음상의 채무를 담보할 것을 목적으로 하는 것이므로 주채무의 존재를 전제로 하여 이에 부종한다. 그러므로 주채무가 존재하지 않는 때에는 어음보증도 무효가 된다. 그러나 주채무인 피보증채무가 형식상 유효한 경우에는 그것이 성질상 무효이더라도 보증채무는 유효하다.

보증의 부종성에 의하여 어음보증인은 피보증인과 동일한 책임을 진다. 따라서 그 책임내용과 범위는 피보증인이 발행인인가 배서인인가 인수인인가에 따라 다르다. 즉, 피보증인이 상환의무자인 경우에는 이에 대하여 권리보전절차를 취하면 보증인에 대하여 절차를 반복할 필요가 없고, 피보증인의 채무가 소멸하면 보증인의 채무도 소멸한다. 또한 피보증인이 인수인이나 발행인인 때에는 보증인 역시 권리보전절차에 관계없이 어음채무를 부담한다.

  약속어음에 어음보증을 한 사람은 그 어음상의 채무 외에 원인채권까지 보증하는 것인지가 문제되는데, 판례는 다른 사람이 발행하는 약속어음에 명시적으로 어음보증을 하는 사람은 그 어음보증으로 인한 어음상의 채무만을 부담하는 것이 원칙이고, 특별히 채권자에 대하여 자기가 그 약속어음 발행의 원인이 된 채무까지 보증하겠다는 뜻으로 어음보증을 한 경우에 한하여 그 원인채무에 대한 보증책임을 부담하게 되므로, 타인이 물품공급계약을 맺은 공급자에게 물품대금 채무의 담보를 위하여 발행·교부하는 약속어음에 어음보증을 한 경우에도 달리 민사상의 원인채무까지 보증하는 의미로 어음보증을 하였다고 볼 특별한 사정이 없는 한, 단지 어음보증인으로서 어음상의 채무를 부담하는 것에 의하여 신용을 부여하려는 데에 지나지 아니하는 것이고, 어음보증 당시 그 어음이 물품대금 채무의 담보를 위하여 발행·교부되는 것을 알고 있었다 하여도 이와 달리 볼 수가 없다(대판 1998. 6. 26. 98다2051).

> '연대보증책임까지 부담한다는 사실을 고지받지 않고 근저당권설정자는 앞으로 채무자가 채권자에게 부담하는 모든 채무에 대하여 연대보증한다'라고 인쇄된 근저당권설정계약서에 서명·날인한 경우 연대보증책임을 져야 하는가?

연대보증책임을 지지 않는다.

【해 설】

  다른 사람의 채무를 담보하기 위한 방법으로서 많이 사용되는 것으로서 연대보증계약과 같은 인적 담보제도와 근저당권설정계약과 같은 물적 담보제도가 많이 사용되고 있으나, 연대보증계약과 근저당권설정계약은 전혀 별개의 계약이므로 근저당권설정계약을 체결하였다고 하여 연대보증책임까지 지는 것은 아니다.

  그런데 근저당권설정자가 연대보증책임을 지기로 하는 내용이 포함되어 있는 근저당권설정계약서에 서명·날인을 하였기 때문에 근저당권설정계약 이외에 연대보증계약도 함께 체결하였는지가 문제된다.

  계약서와 같은 처분문서에 서명·날인을 하였다면 그 문서성에 기재되어 있는 내용이 그대로 인정되는 것이 원칙입니다. 그렇지만 그 처분문서의 내용과 다른 특별한 사정이 있었다면 그 처분문서의 내용과 다른 특별한 사정이 있었다면 그 처분문서의 내용과 다른 사실을 인정할 수 있다.

  그런데 서명한 계약서는 제목이 '근저당권설정계약서'이고, 계약의 당사자란에도 '근저당권설정자'라고만 되어 있고 '연대보증인'이라는 기재가 없었으며, 채권자와 연대보증계약을 체결한다는 말도 전혀 없었는데, 위 계약서의 조항 중에 근저당권설정자가 연대보증인으로서의 책임을 진다는 문구가 기재되어 있었으므로, 위 조항은 근저당권설정계약에 관한 약정조항이 아니라 실질적으로는 근저당권설정계약과 독립된 별도의 연대보증계약을 체결한다는 내용이라 할 것이다.

그렇다면 당사자인 채권자가 근저당권설정자가 담보책임뿐만 아니라 연대보증책임까지도 부담한다는 사실을 알려주지 않았다면 근저당권설정자가 근저당권설정계약 이외에 연대보증계약까지도 아울러 체결하였다고 단정하기는 어려울 것이다. 그리고 위 근저당권설정계약서는 이미 채권자가 약정조항을 부동문자(不動文字)로 기재하여 놓은 양식을 이용하여 작성한 것이므로 위 계약서의 조항은 약관규제에관한법률의 적용을 받게 되는 약관이라고 볼 수 있고, 위 연대보증책임부담약관은 계약의 중요한 내용이라 할 것이다. 그런데 약관규제에관한법률 제3조 제2항에 따르면 약관의 중요한 내용을 고객에게 설명하여 주지 않는 경우에는 그 조항을 계약의 내용으로 삼을 수 없도록 하고 있다.

그러므로 근저당권설정자로서는 근저당권설정계약 당시 연대보증계약을 체결할 의사가 전혀 없었다는 것, 위 계약당시 채권자로부터 연대보증책임부담에 대한 설명을 전혀 들은 바가 없었다는 사실 등 처분문서인 근저당권설정계약서에 기재된 내용과는 달리 근저당권설정자가 체결한 것은 근저당권설정계약뿐이고 연대보증계약은 체결하지 않았다고 인정할 만한 특별한 사정이 있었다는 점에 대하여 주장과 입증을 하여(대법원 1994. 9. 30. 선고 94다13107 판결), 채권자의 청구를 배척하는 주장을 해보아야 할 것이다.

보증계약 후 채무자와 채권자간에 손해배상액 예정을 한 경우 보증인의 책임범위는 어떻게 되는가?

위 손해배상 예정액이 채무불이행으로 인하여 채무자가 부담할 배상책임의 범위를 초과하지 않는 한도 내에서 보증책임이 있다(대판 1996. 2. 9. 94다38250).

【해 설】

손해배상의 예정이 보증인의 관여 없이 행하여진 경우 보증인에게 어떠한 효력을 미치느냐가 문제된다.

그런데 이에 관련된 판례를 보면, "보증인은 특별한 사정이 없는 한 채무자가 채무불이행으로 인하여 부담하여야 할 손해배상채무에 관하여도 보증책임을 진다고 할 것이고,

따라서 보증인으로서는 채무자의 채무불이행으로 인한 채권자의 손해를 배상할 책임이 있다고 할 것이나, 원래 보증인의 의무는 보증계약 성립 후 채무자가 한 법률행위로 인하여 확장, 가중되지 아니하는 것이 원칙이므로, 채무자의 채무불이행시의 손해배상의 범위에 관하여 채무자와 채권자 사이의 합의로 보증인의 관여 없이 그 손해배상 예정액이 결정되었다고 하더라도, 보증인으로서는 위 합의로 결정된 손해배상 예정액이 채무불이행으로 인하여 채무자가 부담할 손해배상 책임의 범위를 초과하지 아니한 한도 내에서만 보증책임이 있다."라고 하였다(대판 1996. 2. 9. 94다38250).

또한 "보증계약이 성립한 후에 보증인이 알지도 못하는 사이에 주채무의 목적이나 형태가 변경되었다면, 그 변경으로 인하여 주채무의 실질적 동일성이 상실된 경우에는 당초의 주채무는 경개로 인하여 소멸하였다고 보아야 할 것이므로 보증채무도 당연히 소멸하겠지만, 그 변경으로 인하여 주채무의 실질적 동일성이 상실되지 아니하고 동시에 주채무의 부담 내용이 축소·감경된 것에 불과한 경우에는 보증인은 그와 같이 축소·감경된 주채무의 내용에 따라 보증책임을 진다고 할 것이다."라고 하였다(대판 2001. 3. 23. 2001다628).

근저당권부 채권의 담보목적물이 경매되었으나 채권자의 잘못으로 실제 채권액보다 적은 금액을 배당한 경우, 위 차액에 대해 연대보증인에게 청구할 수 있는가?

청구할 수 있다.

【해 설】

예컨대 갑은 을에 대한 근저당권부 채권이 있는데, 담보목적물이 경매되었으나 그 경매절차에서 착오로 실제 채권액보다 적은 금액을 채권계산서에 기재하여 제출함으로써 그 차액부분을 배당받지 못한 경우, 갑의 위 차액채권이 소멸되는지, 그리고 위 차액채권이 소멸되지 않는다면 을의 연대보증인 병에 대하여 위 차액채권을 청구할 수 있는지가 문제된다.

민법 제485조(채권자의 담보상실, 감소행위와 법정대위자의 면책)에서는 "제481조의 규정에 의하여 대위 할 자가 있는 경우에 채권자의 고의나 과실로 담보가 상실되거나 감소된 때에는 대위할 자는 그 상실 또는 감소로 인하여 상환을 받을 수 없는 한도에서 그 책임을 면한다."라고 규정하고 있다.

그런데 위 사안과 관련된 판례를 보면, "경매절차에서 채권자가 실제 채권액보다 적은 금액을 채권계산서에 기재하여 경매법원에 제출하였다고 하여 채권자의 나머지 채권액이 소멸되는 것은 아니다."라고 하였으며, "담보권실행을 위한 경매에서 배당된 배당금이 담보권자가 가지는 수 개의 피담보채권 전부를 소멸시키기에 부족한 경우에는 민법 제476조에 의한 지정변제충당은 허용될 수 없고, 채권자와 채무자 사이에 변제충당에 관한 합의가 있었다고 하여 그 합의에 따른 변제충당도 허용될 수 없으며, 획일적으로 가장 공평·타당한 충당방법인 민법 제477조 및 제479조의 규정에 의한 법정변제충당의 방법에 따라 충당하여야 하는 것이고, 이러한 법정변제충당은 이자 혹은 지연손해금과 원본간에는 이자 혹은 지연손해금과 원본의 순으로 이루어지고, 원본 상호간에는 그 이행기의 도래여부와 도래시기, 그리고 이율의 고저와 같은 변제이익의 다과에 따라 순차적으로 이루어지나, 다만 그 이행기나 변제이익의 다과에 있어 아무런 차등이 없을 경우에는 각 원본 채무액에 비례하여 안분 하게 되는 것이다."라고 하였고, "경매절차에서 채권자가 착오로 실제 채권액보다 적은 금액을 채권계산서에 기재하여 경매법원에 제출함으로써 배당 받을 수 있었던 채권액을 배당 받지 못한 경우, 채권자가 채권계산서를 제대로 작성하였다면 배당을 받을 수 있었는데 이를 잘못 작성하는 바람에 배당을 받지 못한 금액 중 연대보증인이 연대보증 한 채무에 충당되었어야 할 금액에 대하여는 채권자의 담보상실, 감소에 관한 민법 제485조를 유추하여 연대보증인으로 하여금 면책하게 함이 상당하다 할 것이므로, 이와 같은 경우 연대보증인이 채권자에게 부담할 채무액은, 채권자가 채권계산서를 제대로 작성하였더라면 배당을 받을 수 있었던 금액을 법정충당의 방법으로 채권자의 각 채권에 충당한 다음 연대보증인이 연대보증한 채권 중 회수되지 못한 잔액이 있다면 그 금액이 된다고 할 것이다."라고 하였다(대법원 2000. 12. 8. 선고 2000다51339 판결).

따라서 위 사안의 경우 채권자 갑이 채권계산서를 제대로 작성하였다면 배당을 받을 수 있었는데 이를 잘못 작성하는 바람에 배당을 받지 못한 금액 중 연대보증인 병이 연대보증 한 채무에 충당되었어야 할 금액에 대하여는 갑의 담보상실, 감소에 관한 민법 제485조가 유추적용 된다할 것이므로 갑이 병에게 청구할 수 없을 것으로 보인다.

> 이사가 회사의 은행과의 거래약정에 따른 불확정채무에 대하여 근보증을 한 경우, 그 이사가 퇴직한 후에 은행이 회사에 대해 대출한 금액에 대해서도 책임을 지는가?

이사가 재직 중에 생긴 채무만을 보증하는 것으로 본다(대판 1987. 4. 28. 82다카789).

【해 설】

예컨대 A회사가 은행과 은행거래를 약정하였고, 그에 관한 불확정채무에 대해 A회사의 이사가 은행이 마련한 서식에 보증기간과 보증한도액을 정하지 않고, 연대보증채무를 자기로 하는 근보증을 하였다. 은행의 대금에 의하면, 회사에 대출을 할 경우에 그 회사의 보증서를 받도록 되어 있고, 그에 따라 보증을 하게 된 것이다. 그 후 그 이사가 퇴직을 하였는데, 은행은 이사가 퇴직한 후에도 A회사에 대출을 하였고, 이에 대해 그 당시 재직하던 이사들이 근보증을 하였다. 그런데 이 대출금을 A회사가 변제하지 않자, 은행은 퇴직한 이사가 보증기간과 보증한도액을 정하지 않고 근보증한 것을 이유로 보증채무의 이행을 청구할 수 있는가가 문제된다.

이에 대해 그 당시 재직하던 이사들이 근보증을 하였다. 그런데 이 대출금을 A회사가 변제하지 않자, 은행은 퇴직한 이사가 보증기간과 보증한도액을 정하지 않고 근보증한 것을 이유로 보증채무의 이행을 청구할 수 있는가가 문제된다.

이에 대해 판례는 이사가 개인적으로 포괄근보증을 하는 것은 이사의 지위에 있기 때문에 자의에 의해서 하는 것이 아니라는 점, 은행과의 거래시마다 그 당시 회사의 이사의 연대보증을 새로 받은 점을 감안할 때, 회사의 이사가 근보증을 하였을 경우에는 근보증계약서의 문언에 불구하고 그가 재직 중에 생긴 채무만을 보증하는 것으로 봄이 보증계약 당사자의 의사라고 하였다(대판 1987. 4. 28. 82다카789).

그리고 여기서 근보증이란 주로 은행거래에서 생기는 현재 및 장래의 증감변동하는 불확정채무를 보증하는 것을 말한다. 신용보증이라도 한다. 판례는 근보증의 유효성을 인정하여 계속적 거래의 도중에 매수인을 위하여 보증의 범위와 기간의 정함이 없이 보증인이 된 자는 특별한 사정이 없는 한 계약일 이후에 발생되는 채무뿐 아니라 계약일 현재 이미 발생된 채무도 보증하는 것으로 봄이 상당하다고 하였다(대판 1995. 9. 15. 94다41485).

> 피용자의 경과실로 인하여 손해가 발생한 경우에도 신원보증인이 책임을 지는가?

신원보증인은 피용자의 고의 또는 중과실에 의한 행위로 인하여 발생한 손해에 대하여 배상할 책임이 있다(신원보증법 제6조 1항).

【해 설】

1. 신원보증계약

신원보증계약은 피용자가 업무를 수행하는 과정에서 그의 책임 있는 사유로 사용자에게 손해를 입힌 경우에 그 손해를 배상할 책임을 부담할 것을 약정하는 계약을 말한다. 즉 피용자에게 귀책사유가 있어 그가 사용자에게 배상채무를 지는 것을 전제로 신원보증인이 그 책임을 지는 부종적인 보증계약이다.

2. 신원보증계약의 존속기간

기간을 정하지 아니한 신원보증계약은 그 성립일부터 2년간 효력을 가지고, 신원보증계약의 기간을 2년을 초과하지 못한다. 이보다 장기간으로 정한 경우에는 그 기간을 2년으로 단축한다. 신원보증계약은 이를 갱신할 수 있고, 다만 그 기간은 갱신한 날부터 2년을 초과하지 못한다(신원보증법 제3조).

3. 사용자의 통지의무

사용자는 다음 중 어느 하나에 해당하는 경우에는 지체 없이 신원보증인에게 통지하여야 하고, 이를 위반하여 신원보증인이 계약해지권을 행사하지 못한 경우, 신원보증인이 그로 인하여 발생한 손해의 한도에서 의무를 면한다(신원보증법 제4조, 제5조).

① 피용자가 업무상 부적격자이거나 불성실한 행적이 있어 이로 말미암아 신원보증인의 책임을 야기할 염려가 있음을 안 때

② 피용자의 업무 또는 업무수행의 장소를 변경함으로써 신원보증인의 책임을 가중하거나 그 감독이 곤란하게 될 때

4. 신원보증인의 책임

신원보증인은 피용자의 '고의 또는 중과실'에 의한 행위로 인하여 보상한 손해에 대하여 배상할 책임이 있다(신원보증법 제6조 제1항). 피용자의 경과실로 인한 손해에 대하여는 신원보증인은 그 책임을 부담하지 않는다.

> 보증한도를 정하지 않은 계속적 보증계약의 보증인이 사망한 경우, 그 보증인의 지위가 상속인에게 승계되는가?

보증인의 지위가 상속인에게 상속되지 않고, 다만 기왕에 발생된 보증채무만이 상속된다(대판 2001. 6. 12. 2000다47187).

【해 설】

채권자와 주채무자 사이의 계속적 거래관계로 인하여 현재 및 장래에 발생하는 불확정적 채무에 관하여 보증책임을 부담하기로 하는 보증계약을 이른바 '계속적 보증계약'이라고 한다.

그런데 보증한도액이 정해진 계속적 보증계약의 보증인이 사망한 경우, 그 상속인들이 보증인의 지위를 승계 하는지에 관하여 판례를 보면, "보증한도액이 정해진 계속적 보증계약의 경우 보증인이 사망하였다 하더라도 보증계약이 당연히 종료되는 것은 아니고 특별한 사정이 없는 한 상속인들이 보증인의 지위를 승계한다고 보아야 한다."라고 하였다(대판 1999. 6. 22. 99다19322,19339).

그러나 보증기간과 보증한도액의 정함이 없는 계속적 보증계약의 보증인이 사망한 경우, 그 상속인이 보증인의 지위를 승계하는 지에 관하여는 "보증한도액이 정해진 계속적 보증계약의 경우 보증인이 사망하였다 하더라도 보증계약이 당연히 종료되는 것은 아니고 특별한 사정이 없는 한 상속인들이 보증인의 지위를 승계한다고 보아야 할 것이나, 보증기간과 보증한도액의 정함이 없는 계속적 보증계약의 경우에는 보증인이 사망하면 보증인의 지위가 상속인에게 상속된다고 할 수 없고 다만, 기왕에 발생된 보증채무만이 상속된다."라고 하였다(대판 2001. 6. 12. 2000다47187).

> 신원보증계약에 있어서 피용자의 퇴직금 중간정산 요청에 따라 퇴직금을 지급하고, 서류상으로 일시퇴직, 신규입사의 형식을 취한 경우, 신원보증계약의 효력은 어떻게 되는가?

신원보증계약은 피용자의 퇴직사실로 인하여 당연 해지되어 그 효력은 상실한다.

【해 설】

갑이 을 주식회사에 입사함에 있어서 병이 신원보증계약을 체결해준 사실이 있는데, 갑이 입사한지 1년 후 을 주식회사가 경영합리화차원에서 퇴직금중간정산 및 성과급제도를 도입하여 직원들로부터 그 적용신청을 받았고, 갑도 위 신청을 하여 중간퇴직금을 수령한 뒤 그 때부터 성과급적용직원이 되었는데, 그 후 갑이 을 주식회사에 손해를 끼친 사실이 있다. 을 회사는 신원보증계약기간이 경과되지 않았다고 그 손해에 대해 신원보증인인 병이 배상을 청구할 수 있는지가 문제된다.

'신원보증계약'이라 함은 인수, 보증 기타 명칭의 여하를 불문하고 피용자의 행위로 인하여 사용자가 받은 손해를 배상하는 것을 약정하는 계약을 말한다.

그러나 신용보증계약기간이 만료되지 않았다고 하더라도 퇴직금이 피용자의 행위로 인한 신원보증인이 신원보증채무의 구상권에 대한 담보적 구실도 한다는 점에서 볼 때 퇴직금이 지급된 경우에도 신원보증인의 보증책임이 그대로 존속한다고 볼 수 있는지가 문제된다.

이에 관련된 판례를 보면, "신원보증계약은 피용자의 행위로 인하여 사용자가 받은 손해를 배상함을 내용으로 하는 사용자와 신원보증인 사이의 계약이므로 약정한 신원보증기간이 종료되기 전이라 하더라도 피보증인인 피용자가 사용자와의 고용계약이 합의해지되어 고용관계가 소멸하면 그때부터 신원보증계약의 효력은 상실된다 할 것인바 원심은, 피고는 1978.3.15 원고와 향후 5년간 소외인이 원고회사에 재직 중 고의 과실로 인하여 원고에게 손해를 입힌 경우 위 소외인과 연대하여 이를 배상하기로 하는 신원보증계약을 체결한 사실과 소외인이 판시 신원보증기간내에 판시와 같은 금원을 횡령한 사실을 확정하고 피고에게 그 손해를 배상할 책임이 있음을 인정하고 소외인을 1981.7.14자, 인사발령으로 퇴직처리 하였으니 위 신원보증계약은 위 퇴직일자에 당연 해지되어 그 효력이 상실하였다."라고 하였다(대판 1986. 2. 11. 85다카2195, 2000. 3. 14. 99다68676).

따라서 위 사안의 경우에도 귀하가 별도로 갑이 퇴직금을 수령한 후에도 신원보증계약이 존속된다는 점에 대하여 동의를 해주는 등의 특별한 사정이 없었다면 갑의 퇴직금 수령후의 행위에 대한 보증책임을 부담하지 않게 된다.

> A와 B를 공동채무자로 하고, C를 보증인으로 하여 사업자금을 빌려 주었는데, A가 돈을 갚지 못하는 경우 B와 C의 책임범위는 어떻게 되는가?

연대하여 변제하여야 한다.

【해 설】

민법상으로는 채무자가 2명 이상인 경우 특별한 의사표시가 없으면 각 채무자는 균등 비율로 채무를 부담하는 분할채무로 보고 있으며(민법 제408조), 그 보증인이 있을 경우 보증인은 최고·검색(催告·檢索)의 항변권과 분별의 이익을 가지는 것이 원칙이다(민법 제437조, 제439조).

최고·검색의 항변권이란 채권자가 보증인에게 이행을 청구한 때에 보증인은, 주채무자가 변제자력이 있는 사실과 그 집행이 용이하다는 사실을 증명하여 먼저 주채무자에게 최고할 것을 항변하고 주채무자의 재산에 대하여 집행할 것을 항변할 수 있는 권리를 말한다.

그리고 '분별의 이익'이란 보증인이 여러 명인 경우, 특별한 의사표시가 없으면, 각 보증인은 주채무를 균등한 비율로 분할한 부분에 대해서만 보증채무를 부담하는 것을 말한다.

이에 대하여 상법상에는 특별한 규정이 있는바, 수인이 그 1인 또는 전원에게 상행위가 되는 행위로 인하여 채무를 부담할 때 특약이 없는 한 연대하여 변제할 책임이 있으며, 그 보증인이 있는 경우에 그 보증이 상행위이거나 또는 주채무가 상행위로 인한 것인 때에는 주채무자와 보증인은 연대하여 책임을 지게 된다(상법 제57조).

위 사안의 경우를 민법상의 채무로 본다면 A와 B의 채무는 분할채무로 보아 A와 B는 균분하여 채무를 부담하고, 보증인C는 최고·검색의 항변권을 행사할 수 있을 것이지만, 사업자금을 위한 금전소비대차행위는 상법 제47조의 규정에 의해서 상행위로 보아야 할 것이다.

그러므로 위 사안에 상법이 적용되어 B와 C는 연대하여 변제할 책임이 있으며, 이자에 대하여 특별히 정하지 않았다면 연 6푼의 상사법정이율이 적용되고(상법 제54조), 5년의 상사시효의 적용을 받게 될 것으로 보인다(상법 제64조).

> 연대보증인 1인에 대해 채권자가 채권을 포기하면, 그 효력이 주채무자 등에게도 미치는가?

미치지 않는다.

【해 설】

연대채무자의 경우 면제의 절대적 효력에 관하여 민법 제419조에 의하면 "어느 연대채무자에 대한 채무면제는 그 채무자의 부담부분에 한하여 다른 연대채무자의 이익을 위하여 효력이 있다."라고 규정하고 있다. 채무면제에 대하여 상대적 효력을 인정한다면, 전부의 이행을 한 채무자가 면제받은 채무자에게 구상할 것이고, 구상의 순환이 있게 되므로, 이를 피하기 위해 면제받은 채무자의 부담부분에 한해 절대적 효력이 있는 것으로 정한 것이다.

민법 제419조는 임의규정이라고 할 것이므로 채권자가 의사표시 등으로 위 규정의 적용을 배제하여 어느 한 연대채무자에 대하여서만 채무면제를 할 수 있을 것이다.

그런데 채권자가 연대보증인에 대하여 한 채무면제의 효력이 주채무자에 대하여 미치는지에 관하여 판례를 보면, "연대보증인이라고 할지라도 주채무자에 대하여는 보증인에 불과하므로 연대채무에 관한 면제의 절대적 효력을 규정한 민법 제419조의 규정은 주채무자와 보증인 사이에는 적용되지 아니하는 것이니, 채권자가 연대보증인에 대하여 그 채무의 일부 또는 전부를 면제하였다 하더라도 그 면제의 효력은 주채무자에 대하여 미치지 아니한다."라고 하였으며, 채권자가 수인의 연대보증인 중 1인에 대하여 한 채무면제자의 효력이 다른 연대보증인에 대하여 미치는지에 관하여도 "수인의 연대보증인이 있는 경우, 연대보증인들 사이에 연대관계의 특약이 있는 경우가 아니면 채권자가 연대보증인의 1인에 대하여 채무의 전부 또는 일부를 면제하더라도 다른 연대보증인에 대하여는 그 효력이 미치지 아니한다 할 것이다."라고 하였다(대판 1992. 9. 25. 91다37553, 1994. 11. 8. 94다38202).

따라서 채권자가 연대보증인 중 1인에 대해 채무를 일부 면제해 주었다고 하여도 주채무자와 다른 연대보증인의 채무에는 면제의 효력이 미치지 않는다.

> 보증계약이 성립된 후 그 내용의 일부를 변경하는 새로운 계약서를 작성하면서, 그 보증인의 서명날인을 받지 않는 경우, 보증인의 책임은 면책되는가?

주채무의 실질적인 동일성이 상실되지 아니하고 동시에 주채무의 부담내용이 축소·감경된 것에 불과한 경우에는 면책되지 않는다(대판 2001. 3. 23. 2001다628).

【해 설】

예컨대 병은 갑이 을 회사와 계속적 물품거래계약을 하는데 연대보증을 서주었는데, 그 후 갑과 을은 위 계약서의 내용이 공정거래위원회로부터 시정권고를 받을 염려가 있다는 이유로 병도 모르게 새로운 양식의 거래신청서를 작성하였습니다. 그들은 당시 병의 소재를 파악하지 못하여 연락이 되지 않았다고 하며, 그 약정내용을 보면 종전의 물품공급계약과 비교하여 채무의 발생원인, 채권자, 채무자, 채권의 목적 등 채무의 중요한 내용에 있어서는 변경이 없고, 오히려 거래신청이나 연대보증인에게 유리한 내용의 신청서 양식으로 바꾸었지만 위 새로운 계약서상에는 연대보증인인 병의 서명날인이 없는데, 이 경우 병의 보증책임은 소멸된 것이 아닌가가 문제된다.

민법 제428조 및 제429조, 제430조에 의하면 보증인은 주채무자가 이행하지 아니하는 채무를 이행할 의무가 있고, 보증채무는 주채무자의 이자, 위약금, 손해배상 기타 주채무에 종속한 채무를 포함하며, 보증인의 부담이 주채무의 목적이나 형태보다 중한 때에는 주채무의 한도로 감축한다고 규정하고 있다.

그러므로 연대보증인은 주채무의 한도 내에서 보증책임이 있다 할 것이나, 위 사안에서와 같이 보증계약이 성립한 후 그 내용의 일부를 변경하는 새로운 계약서를 작성하면서 보증인의 서명날인을 받지 아니한 경우에도 보증인의 책임을 그대로 인정할 수 있을 것인지 문제된다.

관련 판례를 보면 "보증계약이 성립한 후에 보증인이 알지도 못하는 사이에 주채무의 목적이나 형태가 변경되었다면, 그 변경으로 인하여 주채무의 실질적 동일성이 상실된 경우에는 당초의 주채무는 경개로 인하여 소멸하였다고 보아야 할 것이므로 보증채무도 당연히 소멸하겠지만, 그 변경으로 인하여 주채무의 실질적 동일성이 상실되지 아니하고 동시에 주채무의 부담 내용이 축소·감경된 것에 불과한 경우에는 보증인은 그와 같이 축소·감경된 주채무의 내용에 따라 보증책임을 진다고 할 것이다."라고 하였다(대판 2001. 3. 23. 2001다628, 2000. 1. 21. 97다1013).

따라서 위 사례의 경우에도 갑과 을회사간에 새로이 작성된 거래신청서의 내용으로 보아 기존의 거래신청서와 그 실질적인 동일성을 유지하는 것으로 볼 수 있는 것이라면, 연대보증인 병의 서명날인이 누락되었다고 하더라도 기존 거래신청서상의 보증책임도 소멸되지 않고 그대로 존재한다.

> 예금증서에 질권을 설정하려고 하는 경우, 그 방법과 향후 질권의 효력 및 실행방법은 어떻게 되는가?

은행의 승낙을 받아 질권을 설정할 수 있고, 질권설정금액을 한도로 하여 피담보채권 및 그에 대한 약정연체이율에 의한 지연손해금까지 직접 추심할 수 있다.

【해 설】

정기예금증서는 명의자(예금자)만이 환불을 요구할 수 있다는 점에서 일종의 지명채권(채권자가 특정되어 있는 채권으로, 증권적 채권에 속하지 않는 보통의 채권)이고 따라서 채권에 질권을 설정하는 방식으로 담보를 설정할 수 있으나, 통상적으로 은행은 약관으로 예금에 대한 질권설정을 금지하고 있다. 이때는 일단 증서를 넘겨받고 은행에 질권설정 승낙청구서를 제출하여 승낙을 받아야 하고 승낙을 받은 후에는 확정일자를 붙여야만 후에 다른 사람이 예금채권에 대한 권리를 주장하는 경우 자신이 권리자임을 주장할 수 있다(민법 제347조 참조).

그리고 질권의 목적이 된 채권이 금전채권인 때에는 질권자는 자기채권의 한도에서 질권의 목적이 된 채권을 직접 청구할 수 있고(민법 제353조 제1항, 제2항), 채권질권의 효력은 질권의 목적이 된 채권의 지연손해금 등과 같은 부대채권에도 미치므로 채권질권자는 질권의 목적이 된 채권과 그에 대한 지연손해금채권을 피담보채권의 범위에 속하는 자기채권액에 대한 부분에 한하여 직접 추심하여 자기채권의 변제에 충당할 수 있다(대법원 2005. 2. 25. 선고 2003다40668판결).

따라서 은행의 승낙을 받아 질권을 설정받을 수 있고 질권설정금액을 한도로 하여 피

제1장 담보물권(저당권)의 설정 513

담보채권 및 그에 대한 약정연체이율에 의한 지연손해금까지 직접 추심을 할 수 있을 것으로 보인다.

> 신용보증서상의 대출과목과 실제 대출과목이 상이한 경우 보증책임이 면책되는가?

대출과목이 우선신용보증을 하기 위하여 기재된 경우라면 면책약관이 적용될 것이고, 단순히 보증채무의 동일성 여부를 확인하기 위하여 기재된 경우라면 대출과목이 다르다고 하더라도 보증채무의 동일성이 인정되는 한 보증인은 보증책임을 진다.

【해 설】

예컨대 갑 은행은 을 회사에 대출을 하면서 그 이행을 보증하기 위하여 병 신용보증기금으로부터 신용보증서를 받아 대출을 하였으나, 병 신용보증기금이 발행한 신용보증서의 대출과목과 실제 갑 은행에서 대출한 대출과목이 상이하여 병신용기금의 면책약관에 의하여 보증책임을 지지 못한다고 하고 있다. 이러한 경우 병신용보증기금의 주장대로 병 신용보증기금이 면책되는가가 문제된다.

처분문서는 그 진정 성립이 인정되면 특별한 사정이 없는 한 그 처분문서에 기재되어 있는 문언의 내용에 따라 당사자의 의사표시가 있었던 것으로 객관적으로 해석하여야 하고, 당사자 사이에 계약의 해석을 둘러싸고 이견이 있어 처분문서에 나타난 당사자의 의사해석이 문제되는 경우에는 문언의 내용, 그와 같은 약정이 이루어진 동기와 경위, 약정에 의하여 달성하려는 목적, 당사자의 진정한 의사 등을 종합적으로 고찰하여 논리와 경험칙에 따라 합리적으로 해석하여야 한다(대판 2003. 1. 24. 선고 2000다5336, 5343, 2005. 5. 27, 2004다60065).

그런데 신용보증기금이 발행한 신용보증서상의 대출과목과 실제 대출과목이 상이한 경우 보증책임의 면책 여부에 관하여 판례는 "신용보증약관에 금융기관이 신용보증서 앞면의 기재 내용과 특약사항에 위반하여 대출을 실행하였을 경우에는 신용보증기금은 보증채무 전부에 대하여 책임을 지지 않는다고 규정하고 있고, 신용보증서 앞면에는 보증금액, 피보증인, 보증기한, 보증방법, 대출과목, 특약에 관한 사항을 기재하도록 되어 있는 경우, 신용보증서 앞면에 기재되는 대출과목은 보증인이 우선신용보증을 하기 위하여 기재된 경우와 단순히 신용보증채무의 동일성 여부를 확인하기 위하여 기재된 경우로 구분할 수 있다고 할 것이고, 대출과목이 우선신용보증 대상으로서 기재된 경우에는 금융기관이 신용보증서의 대출과목과 달리하여 대출을 한 때에는 원칙적으로 면책약관이 그대로 적용되어 보증인은 보증책임을 면하되, 보증인이 당초 신용보증을 함에 있어 피보증인이 대출과목을 달리하여 대출을 받은 경우에도 보증인으로부터 그 보증여부나 보증한도 등에 관하여 동일한 조건으로 보증을 받을 수 있었다고 볼 수 있는 사정이 있는 때에는 면책을 규정한 약관에도 불구하고 보증책임을 진다고 볼 것이고, 또한 대출과목이 단순히 보증채무의 동일성 여부를 확인하기 위하여 기재된 경우에는 대출과목이 다르다고 하더라도 보증채무의 동일성이 인정되는 한 보증인은 보증책임을 지고 면책약관은 적용되지 않는다."라고 하였다(대법원 2001. 2. 27. 선고 99다23574 판결).

그러므로 위 사안에 있어서도 대출과목이 우선신용보증을 하기 위하여 기재된 경우라면 면책약관이 적용될 것이고, 단순히 보증채무의 동일성 여부를 확인하기 위하여 기재된 경우라면 대출과목이 다르다고 하더라도 보증채무의 동일성이 인정되는 한 보증인은 보증책임을 지고 면책약관은 적용되지 않는다고 할 것이다.

> 당사자간 사회질서에 반하지 않는 '보증책임면책특약'은 유효한가?

유효하다.

【해 설】

갑 신용보증기금은 을 회사의 병 은행간의 대출원리금채무를 보증함에 있어 병 은행과 사이에서, "당해 시설 준공 즉시 주담보를 취득하고 공장용지의 소유권 이전 즉시 추가담보 취득하여 본 보증을 우선해지 할 것"이라는 특약사항(신용보증서 특약란 기재)과 병 은행이 위 특약사항을 위배하였을 때에는 보증책임의 전부 또는 일부에 대하여 책임을 지지 아니한다는 사항(신용보증서 이면 약관 제16조)을 신용보증서에 기재하였습니다. 그러나 병 은행이 그 후 주담보만 취득하고 추가담보를 취득하지 못한 상태에서 보증채무금청구소송을 제기하여 왔습니다. 이 경우 주담보 취득 범위 내에서 갑신용보증기금의 보증책임이 면제된다고 볼 수 있는가가 문제된다.

「민법」 제105조는 "법률행위의 당사자가 법령 중의 선량한 풍속 기타 사회질서에 관계없는 규정과 다른 의사를 표시한 때에는 그 의사에 의한다."라고 규정하고 있고, 같은 법 제428조는 "① 보증인은 주채무자가 이행하지 아니하는 채무를 이행할 의무가 있다. ② 보증은 장래의 채무에 대하여도 할 수 있다."라고 규정하고 있으며,「신용보증기금법」 제23조 제1항은 "기금은 이 법의 목적을 달성하기 위하여 다음 각호의 업무를 행한다…2. 신용보증(信用保證)…"이라고 규정하고 있다.

그러므로 위 사안에서 갑신용보증기금과 병 은행간에 체결된 특약이 법령 중의 선량한 풍속 기타 사회질서에 관계없는 경우에는 당사자간의 의사표시대로 해석할 수 있을 것이다. 관련판례는 "신용보증기금이 피보증인의 금융기관에 대한 대출원리금채무를 보증함에 있어 금융기관과의 사이에서, "당해 시설 준공 즉시 주담보 취득하고 공장용지의 소유권이전 즉시 추가담보 취득하여 본 보증을 우선해지 하실 것"이라는 특약을 체결하였고, 금융기관이 위 특약사항을 위배하였을 때에는 보증책임의 전부 또는 일부에 대하여 책임을 지지 아니한다는 사항을 신용보증서에 기재한 취지는 금융기관이 원래 예상했던 담보를 모두 취득하지 못한 경우라 하더라도 금융기관이 실제로 취득한 담보의 가치만큼은 보증계약을 해지하도록 하기 위한 것이므로 취득한 주담보가액에 해당하는 만큼 신용보증기금의 책임을 면제하여야 한다."라고 하였다(대법원 2001. 8. 21. 선고 99다53964 판결).

따라서 위 갑신용보증기금과 병 은행간의 보증계약우선해지특약은 그 문언의 취지대로 해석하더라도 선량한 풍속 등에 반하지 않는 것으로 볼 수 있어 확보된 주담보가액의 범위 내에서라도 보증해지를 주장할 수 있을 것으로 보인다.

> 보증을 서 주었는데, 채무자가 파산선고를 받은 후 면책신청을 하여 면책결정을 받은 경우 보증인의 책임도 면제되는가?

파산자의 면책은 채무자의 보증인과 물상보증인이 제공한 담보 등에 영향을 미치지 않는다.

【해 설】

1. 파산선고와 파산자가 부담하던 기존채무 관계

파산선고를 받은 경우에도 파산절차에 의하여 채권자가 배당받지 못한 잔존 채무에 대하여는 파산선고를 받은 채무자, 즉 파산자가 변제할 책임을 면하는 것은 아니다. 따라서 채권자는 잔존채권에 기하여 파산자가 파산선고 후에 취득한 재산에 대하여 강제집행을 할 수도 있다. 다만, 파산자가 면책신청을 하여, 법원으로부터 면책을 허가받아 그 결정이 확정되면 파산자가 파산선고 전에 부담하고 있던 채무에 대하여 조세·세금 등 일부 예외를 제외하고는 변제할 책임을 면하게 된다.

2. 면책의 보증인 등에 대한 효과

면책절차(免責節次)는 자연인 중에 자신의 잘못이 아닌 자연재해나 경기변동과 같은 불운으로 인하여 파산한 채무자에게 새로운 출발의 기회를 주기 위한 것으로서, 파산절차에 의하여 배당되지 아니한 잔여 채무에 대하여 그 변제책임을 면제시킴으로써 파산자의 경제적 갱생을 도모하는 절차이다.

면책신청은 파산선고시부터 파산절차의 해지시까지 할 수 있고, 채무자는 파산신청일부터 파산선고가 확정된 날 이후 1개월 이내에 법원에 면책신청을 할 수 있다. 면책을 받은 채무자는 파산절차에 의한 배당을 제외하고는 파산채권자에 대한 채무의 전부에 대하여 그 책임이 면제된다(채무자회생 및 파산에 관한 법률 제566조).

그런데 이 면책결정의 효력이 보증인에 대하여도 미치는지 대해서 문의하는 사람이 많다. 그것은 민법상 주채무와 연대보증채무의 관계에서 보증채무의 부종성(附從性)에 기하여 주채무가 면책되었으니 보증채무도 면책되어야 하지 않느냐는 관점에서 그렇게 생각하고 있는 것으로 보인다.

이에 관해서 채무자 회생 및 파산에 관한 법률 제567조는 "면책은 파산채권자가 파산자의 보증인 기타 채무자와 더불어 채무를 부담하는 자에 대하여 가지는 권리와 파산채권자를 위하여 제공한 담보에 영향을 미치지 아니한다."라고 규정하고 있다. 즉 파산선고를 받은 채무자(파산자)가 면책을 받더라도, 채무자도 보증인, 기타 파산선고를 받은 채무자와 공동으로 채무를 부담하는 공동채무자, 중첩적 채무인수인 등의 변제책임과 물상보증인이 제공한 담보에는 아무런 영향을 미치지 않는다. 일반적으로 인적·물적 담보가 제 기능을 발휘하는 주채무자가 무자력인 경우이므로 면책의 효과가 보증채무에 미치지 않는 것은 당연하다고 할 것이다. 또 면책결정의 확정으로 파산채권은 자연채무로 남게 되고, 당해 채권의 책임재산이 파산재단에 한정되는데 불과하므로, 보증채무 또는 담보권의 부종성에 반하는 것도 아니다.

> 사망한 채권자·채무자의 상속인임을 확인하기 위하여 증명서 등의 발급을 받고자 하는 경우에 첨부하여야 할 소명자료는 무엇인가?

사망기재 말소된 채권자·채무자의 주민등록등·초본과 채권·채무관계를 소명하는 채권자와 채무자가 기재된 차용증서, 채권양도증서 또는 대출서류 등이다.

【해 설】

종전 호적법령에서는 성명과 본적을 기재하여 청구하면 부당한 목적이 아닌 청구사유를 소명하면 누구든지 호적(제적)등·초본을 발급받을 수 있었다. 그러나 가족관계등록제도에서는 개인정보 보호를 위하여 발급청구인의 자격을 제한하였으며 특히 채권·채무와 관련하여 사망한 채권자·채무자의 상속인을 확인하기 위하여 증명서 등의 발급을 받고자 하는 경우에 첨부해야 할 소명자료로는 사망기재 말소된 채권자·채무자의 주민등록등·초본을 첨부하여야 하고, 또한 채권·채무관계를 소명하는 채권자와 채무자가 기재된 차용증서, 채권양도증서 또는 대출서류 등의 소명자료가 사본인 때에는 발급 담당공무원은 그 원본도 함께 신청인에게 제시하도록 하여 원본대조확인인을 날인하는 등 원본과 동일함을 확인하여야 한다(가족관계의 등록 등에 관한 규칙 제19조 제2항, 가족관계등록예규 제12호 제2조 제3항).

제4편   채무불이행시의 구제방법

제1장 채무불이행 ··521
제2장 채무불이행으로 인한 손해배상의 청구 ·····················575
제3장 채권회수를 위한 소송(채권을 법률적으로 확정하는 절차) ······625

제 1 장　채무불이행

제 1 절　채무불이행의 의의 및 유형

Ⅰ. 채무불이행의 의의 및 유형

1. 채무불이행의 의의

채무자는 채무의 내용에 좇아 이를 실현(변제·이행)하여야 한다.

채무의 내용에 좇은 이행이란 법률의 규정, 계약의 취지, 거래관행, 신의성실의 원칙에 비추어 합당하다고 생각되는 이행을 말한다.

채무자가 이러한 채무의 내용에 좇은 이행을 하고 있지 않은 객관적 상태가 넓은 의미에서의 채무불이행이다.

좁은 의미의 채무불이행은 넓은 의미의 채무불이행 중에서, 채무자에게 고의 또는 과실이 있고, 그 채무의 내용에 좇은 이행을 하지 않은 것이 위법한 것이어야 한다.

일반적으로 채무불이행이라고 할 때에는 좁은 의미의 채무불이행의 의미로 사용하는 것이 보통이다. 민법 제390조는 '채무자가 채무의 내용에 좇은 이행을 하지 아니한 때에는 손해배상을 청구할 수 있다. 그러나 채무자의 고의나 과실없이 이행할 수 없게 된 때에는 그러하지 아니하다.'고 규정하고 있다.

2. 채무불이행의 유형

민법 제390조에 의하면 '채무의 내용에 좇은 이행을 하지 아니한 것'이 채무불이행이다. 민법은 채무불이행의 유형으로 '이행지체'와 '이행불능'의 두 가지만을 규정하고, 그 중에서도 이행지체를 중심으로 규정하고 있다. 즉 채권총칙에서 채무불이행의 유형으로 명시적으로 규정하고 있는 것은 이행지체이고, 채권각칙에서는 계약을 해제할 수 있는 원인으로 이행지체와 이행불능의 두 가지만을 규정하고 있다.

이에 대하여 통설은 '불완전이행'도 채무불이행의 유형으로 들고 있는데 불완전이행이란 채무자가 이행기에 이행을 하였으나 그것이 불완전한 경우를 말한다.

Ⅱ. 이행지체

1. 이행지체의 의의

이행지체라 함은 채무가 이행기에 있고, 동시에 이행이 가능함에도 불구하고 채무자가 자기의 귀책사유로 인하여 이행하지 아니하고 이행기를 초과한 도과한 것을 말한다. 채무자 지체라고도 하며 지연배상을 발생시키는 원인이다.

2. 요 건

이행지체가 성립하기 위해서는 다음과 같은 요건을 필요로 한다.

(1) 이행기에 있어서 이행이 가능할 것

이행기를 도과한 후에 이행이 불능하게 되면 그 때부터 이행불능을 일으킨다. 여기에서 가능하다는 것은 물리적으로 가능할 뿐만 아니라, 사회통념상으로도 가능한 것을 의미한다.

(2) 이행기가 도래하였을 것

그러나 이행기가 도래한 것만으로 반드시 이행지체를 발생시키는 것은 아니므로, 이행기의 종류가 다름에 따라 다음과 같이 구별된다.

가. 확정기한부 채무

ⅰ) 원 칙

채무이행의 확정기한이 있는 경우에는 채무자가 기한이 도래한 때로부터 지체책임이 있다(민법 제387조 1항 1문). 그 기한이 도래한 다음날부터 이행지체의 책임을 진다(대판 1988. 11. 8. 88다3253).

ⅱ) 예외 : 그러나 다음과 같은 예외가 있다.

㈀ 추심채무와 같이 채무의 이행에 있어서 먼저 채권자의 협력을 필요로 하는 경우에는 채권자가 먼저 필요한 협력행위를 하고 이행을 최고하지 않으면 확정기한이 도래한 것으로만 지체가 되지 않는다.

㈁ 지시채권과 무기명채권과 같은 긍정적 채권에서는, 그 확정기한이 도래한 후 소지인이 그 증서를 제시하여 이행을 청구한 때로부터 이행지체가 된다(민법 제517조·제524조).

㈂ 쌍무계약에 의한 채무의 이행에서는 당사자간에 동시이행의 항변권이 인정되므로(민법 제536조), 상대방으로부터 이행의 제공을 받으면서 자기의 채무를 이행하지 않는 경우에 비로소 이행지체가 된다.

ⅲ) 관련문제

㈀ 매수인이 선의이행의무인 중도금 지급의무를 불이행한 상태에서 매도인의 소유권

이전등기 소요서류의 제공 없이 잔대금 지급기일이 도과된 경우, 매수인이 중도금 미지급에 대한 지체책임을 지는지 여부

　매수인이 선이행의무 있는 중도금을 지급하지 않았다 하더라도 계약이 해제되지 않은 상태에서 잔대금 지급일이 도래하여 그때까지의 중도금과 잔대금이 지급되지 아니하고 잔대금이 동시이행관계에 있는 매도인의 소유권이전등기 소요서류가 제공된 바 없이 그 기일이 도과하였다면, 다른 특별한 사정이 없는 한, 매수인의 중도금 및 잔대금의 지급과 매도인의 소유권이전등기 소요서류의 제공은 동시이행관계에 있다 할 것이어서 그때부터는 매수인은 중도금을 지급하지 아니한 데 대한 이행지체의 책임을 지지 아니한다(대판 2002. 3. 29. 2000다577).

　㈑ 매수인이 매도인과 사이의 물품대금 지급방법에 관한 약정에 따라 그 대금의 지급을 위하여 지급기일이 물품 공급일자 이후로 된 약속어음을 발행·교부한 경우, 물품대금 지급채무의 이행기

　매수인이 매도인으로부터 물품을 공급받은 다음 그들 사이의 물품대금 지급방법에 관한 약정에 따라 그 대금의 지급을 위하여 물품 매도인에게 지급기일이 물품공급일자 이후로 된 약속어음을 발행·교부한 경우 물품대금 지급채무의 이행기는 그 약속어음의 지급기일이고, 위 약속어음이 발행인의 지급정지의 사유로 그 지급기일 이전에 지급거절되었더라도 물품대금 지급채무가 그 지급거절된 때에 이행기에 도달하는 것은 아니다(대판 2000. 9. 5. 2000다26333).

　㈒ 수취인란이 기재되지 않은 어음을 지급제시한 경우 발행인이 이행지체에 빠지는지 여부

　수취인은 어음요건의 하나로서 그 기재를 결한 어음은 완성된 어음으로서 효력이 없어 어음상의 권리가 적법하게 성립되지 않으므로, 이러한 미완성어음으로 지급제시를 하였다고 하여도 적법한 지급제시의 효력이 없어 발행인을 이행지체에 빠뜨릴 수 없다(대판 1992. 3. 10. 91다28313).

　㈓ 원인채무의 이행의무와 어음 반환의무가 상호 동시이행의 관계에 있는 경우, 원인채무의 채무자는 어음을 반환받을 때까지는 이행지체책임을 지지 않는지 여부

　채무자가 어음의 반환이 없음을 이유로 원인채무의 변제를 거절할 수 있는 것은 채무자로 하여금 무조건적인 원인채무의 이행으로 인한 이중지급의 위험을 면하게 하려는 데에 그 목적이 있는 것이지, 기존의 원인채권에 터잡은 이행청구권과 상대방의 어음 반환청구권이 민법 제536조에 정하는 쌍무계약상의 채권채무관계나 그와 유사한 대가관계

가 있어서 그러는 것은 아니므로, 원인채무 이행의무와 어음 반환의무가 동시이행의 관계에 있다 하더라도 이는 어음의 반환과 상환으로 하지 아니하면 지급할 필요가 없으므로 이를 거절할 수 있다는 것을 의미하는 것에 지나지 아니하는 것이며, 따라서 채무자가 어음의 반환이 없음을 이유로 원인채무의 변제를 거절할 수 있는 권능을 가진다고 하여 채권자가 어음의 반환을 제공하지 아니하면 채무자에게 적법한 이행의 최고를 할 수 없다고 할 수는 없고, 채무자는 원인채무의 이행기를 도과하면 원칙적으로 이행지체의 책임을 진다(대판 1999. 7. 9. 98다47542, 47559).

나. 불확정기한부 채무

불확정기한부 채무의 경우에는 채무자가 기한의 도래를 안 때로부터 지체의 책임을 진다(민법 제387조 1항 2문).

다. 기한이 정함이 없는 채무

1) 지체 책임을 지는 시기

채무의 이행에 관하여 기한을 정하지 않은 때에는 채무자는 이행의 청구, 즉 채권자의 최고를 받은 때로부터 지체책임이 있다(민법 제387조 2항). 그 이행의 청구를 받은 다음날부터 이행지체의 책임을 진다(대판 1988. 11. 8. 88다3253). 기한이 없는 채무는 그 채무가 발생함과 동시에 이행기에 있는 것이 되며, 따라서 채권자는 언제든지 이행을 청구할 수 있지만, 그때부터 채무자에게 지체책임을 묻는 것은 가혹하므로, 채무자가 채권자의 이행청구를 받은 때로부터 지체책임을 지게 한 것이다.

2) 관련문제

(ㄱ) 금전채무의 확정된 지연손해금채무에 대하여 지체책임이 발생하는지 여부

금전채무의 지연손해금채무는 금전채무의 이행지체로 인한 손해배상채무로서 이행기의 정함이 없는 채무에 해당하므로, 채무자는 확정된 지연손해금채무에 대하여 채권자로부터 이행청구를 받은 때로부터 지체책임을 부담하게 된다(대판 2004. 7. 9. 2004다11582).

(ㄴ) 임대기한을 '본건 토지를 임차인에게 매도할 때까지'로 약정한 경우에 기간의 약정이 없는 임대차계약인가 여부

임대차계약을 체결함에 있어서 임대기한을 "본건 토지를 임차인에게 매도할 때까지"로 정하였다면 별다른 사정이 없는 한 그것은 도래할지의 여부가 불확실한 것이므로 기한을 정한 것이라고 볼 수 없으니 위 임대차계약은 기간의 약정이 없는 것이라고 해석함이 상당하다(대판 1974. 5. 14. 73다631).

(3) 이행이 늦은 데 대하여 채무자에게 귀책사유가 있을 것

민법은 이행불능에 관하여는 채무자의 '고의나 과실' 또는 '책임 있는 사유'를 요건으로 하면서, 이행지체에 관하여는 채무자의 귀책사유가 그 요건인지에 관하여는 규정하고 있지 않다. 그러나 우리 민법은 과실책임을 원칙으로 하고, 이행지체와 이행불능을 구별하여야 할 근거가 없는 점 등을 들어 이행지체에 관하여는 채무자의 귀책사유를 요건으로 하여야 한다는 데 학설이 일치하고 있다.

채무의 이행이 지체된 경우에 그 귀책사유에 관한 입증책임은 채무자에게 있으므로 채무자는 이행을 지체한 이상 그 이행지체가 자기에게 귀책할 수 없는 사유로 말미암은 것임을 입증할 책임이 있다(대판 1984. 11. 27. 80다177).

3. 이행지체의 효과

(1) 이행의 강제

이행지체의 경우에는 이행은 가능한 것이므로, 채권자는 채무자에 대한 본래의 채무의 이행을 청구할 수 있다. 이 청구에 대해 채무자가 이행하지 않는 때에는 채권자는 소를 제기하여 급부를 강제적으로 실현할 수 있다.

(2) 손해배상

채권자는 채무자의 이행지체로 인해 입은 손해에 대해 그 배상(지연배상)을 청구할 수 있다(민법 제390조).

(3) 전보배상

채권자는 이행지체의 효과로서 계약을 해제할 수 있다. 그리고 계약을 해제한 때에는, 이행에 갈음하는 손해의 배상, 즉 전보배상을 청구할 수 있다(민법 제548조 참조). 또한 제395조에 의해 채권자가 상당한 기간을 정하여 이행청구를 하였음에도 채무자가 이행하지 않거나, 또는 지체후의 이행이 채권자에게 이익이 없는 때에는, 채무자가 그 후에 이행을 하더라도 채권자가 그 수령을 거절하고 그 이행에 갈음한 손해배상, 즉 전보배상을 청구할 수 있다.

(4) 책임가중

채무자는 자기에게 과실이 없는 경우에는 그 이행지체 중에 생긴 손해를 배상하여야 한다. 그러나 채무자가 이행기에 이행하여도 손해를 면할 수 없는 경우에는 그러하지 아니하다(민법 제392조).

(5) 계약해제권

계약에서 생긴 채무에 관하여는, 채무자가 이행지체에 빠진 때에는, 채권자를 위하여 계약해제권이 발생한다.

4. 이행지체의 종료

채권의 소멸, 채권자의 지체면제, 이행의 제공, 지체 후의 이행 등으로 종료된다.

5. 이행보조자의 고의·과실

(1) 이행보조자의 의의

이행보조자라 함은 채무자가 채무이행을 위하여 사용하는 자를 말한다.

채권자는 채무자를 신뢰하여 채권관계를 체결하는 것이기 때문에 채무의 이행에 있어서도 채무자 자신이 직접 그에 임하는 것이 가장 바람직하다.

그러나 채무자 자신의 능력에 한계가 있을 뿐만 아니라 현대의 거래관계는 복잡하여 광범위하게 미치기 때문에 채무자는 타인을 사용하여 채무의 이행에 임하게 하여야 할 필요가 생겼다.

뿐만 아니라 일반적으로 채무의 내용에 따른 이행이 있기만 하면 채권은 만족되는 것이기 때문에 반드시 항상 채무자 자신이 이행에 직접 임하지 않으면 안 될 필요는 없다. 이와 같은 경우에 채권자를 도와 이행에 임하는 것이 이행보조자이며 그 보조는 일시적이든 계속적인 것이든 묻지 아니한다.

(2) 이행보조자의 종류

가. 협의의 이행보조자

본래의 의미의 이행보조자로서 채무자의 손발이 되어 채무의 이행에 임하는 자를 협의의 이행보조자라고 한다.

채무의 이행에 대하여 독립한 지위를 갖는 것이 아니며, 그 행위는 당연히 채무자 자신의 행위로 간주되어야 할 것이기 때문에, 채무자는 일신전속인 급부를 함에 있어서도 이를 사용할 수 있다.

운송인이 물건을 운반함에 있어서 사용하는 인부와 같은 것이 이 종류의 이행보조자이고, 채무자는 이행보조자의 고의 또는 과실과 동일하게 책임을 부담하여야 하는 것이다.

> **【쟁점사항】**
> <이행보조자는 채무자의 지시 또는 감독을 받는 종속적 관계에 있어야 하는지 여부>
> 제391조에서의 이행보조자로서의 피용자라 함은 일반적으로 채무자의 의사관여 아래 그 채무의 이행행위에 속하는 활동을 하는 사람이면 족하고, 반드시 채무자의 지시 또는 감독을 받는 관계에 있어야 하는 것은 아니므로 채무자에 대하여 종속적인가 독립적인 지위에 있는가는 문제되지 않는다(2002. 7. 12. 2001다44338).

나. 이행대행자

단순히 채무자의 행위에 협력하는 데 그치지 않고, 채무자와는 독립한 지위를 가지고 채무자에 갈음하여 이행하는 자를 말한다.

예컨대 수치인에 갈음하여 임치물을 보관하는 자이다. 채무자에게 이행대행자의 사용이 허용되어 있는 경우와 허용되어 있지 아니한 경우가 있고, 그에 따라 채무자의 책임도 또한 달라진다.

첫째, 이행대행자의 사용이 명문상(제120조, 제682조, 제701조, 제1103조 2항 등), 급부의 성질상 또는 특약에 의하여 금지되어 있는데도 불구하고 사용한 경우에는 그것만으로 곧 채무불이행이 되므로 채무자는 대행자의 행위일체에 대해서 책임을 부담하지 않으면 안 된다.

둘째, 특약으로써 사용이 허용된 경우와 법정대리인에게 부득이한 사유가 있고(제122조) 또 노무자가 사용자의 승낙을 얻은 대(제657조)와 같이 명문상 사용이 인정되어 있는 경우에는 대행자를 선임·감독함에 있어서 과실이 있는 때에만 채무자는 책임을 부담하면 된다.

셋째, 특약이 별도로 있는 것도 아니고, 또 명문상 대행자를 사용하는 것이 금지되어 있는 것도 아니지만 급부의 성질로 보아 대행자의 사용을 인정하여도 상관없다고 해석하여 대행자를 사용한 경우에는 채무자는 대행자의 책임을 자기의 책임과 동일하게 보아야 한다.

(3) 이행보조자의 고의·과실에 대한 책임

가. 채무자의 책임

채무의 이행에 관해 이행보조자에게 과실이 있는 때에는 곧 채무자에게 과실이 있는 것이 되고(민법 제391조), 그에 따라 채무자는 채무불이행 책임을 진다. 채무자가 민법

제319조에 의해 책임을 지기 위해서는 이행보조자에게 고의나 과실이 있어야 하고, 귀책사유가 없는 경우에는 채무자의 책임도 발생하지 않는다.

판례는 '임대인이 임차인과의 임대차계약상의 약정에 따라 제3자에게 도급을 주어 임대차목적 시설물을 수선한 경우에는 그 수급인도 임대인에 대하여 종속적인지 여부를 불문하고 이행보조자로서의 피용자라고 보아야 할 것이고, 이러한 수급인이 시설물 수선공사 등을 하던 중 수급인의 과실로 인하여 화재가 발생한 경우에는 임대인은 민법 제391조에 따라 위 화재발생에 귀책사유가 있다 할 것이어서 임차인에 대한 채무불이행상의 손해배상책임이 있다.'고 하였다(대판 2002. 7. 12, 2001다44338).

나. 이행보조자의 책임

이행보조자는 채권관계의 당사자가 아니므로 채권자에 대한 관계에서 채무불이행책임을 지지 않는다. 다만 민법 제750조의 불법행위에 해당할 때에는 그 책임을 질 수는 있다. 채무자에 대한 관계에서는 양자간의 계약 등을 기초로 그 위반에 따른 책임을 질 수 있다.

Ⅲ. 이행불능

1. 의 의

이행불능이란 채권이 성립한 후에 채무자에게 책임 있는 사유로 채무이행이 불가능하게 된 경우를 말한다. 이행불능은 사회의 거래관념에 따라 정할 것이며, 반드시 물리적 불능에 한할 것이 아니고 일반 거래사정에서 이행하는 것이 극히 곤란한 사정이 있다면 또한 불능이라 할 것이다.

판례는 부동산의 매도인이 목적물을 제3자에게 양도하고 이전등기를 마친 경우, 매도인이 제3자에게 지상권 및 저당권을 설정하고 등기를 마친 경우에는 매도인의 채무는 이행불능에 빠졌다고 한다(대판 1974. 5. 28. 73다1133).

2. 이행불능의 요건

(1) 채권의 성립 후에 이행이 불능으로 되었을 것

가. 이행의 불능

채무의 이행의 불능이라는 것은 채무자의 이행을 기대할 수 없는 것을 말하는데, 이것은 종국적으로는 사회통념에 따라 결정하여야 한다는 것이 통설·판례의 입장이다. 특정물인도채무에서 목적물의 멸실이나 분실 등의 경우에는 불능에 해당한다고 볼 것이다.

【쟁점사항】

<이행불능에 해당하는지 여부가 문제되는 경우>
㈀ 소유권이전득이의무자가 그 부동산상에 가등기를 경료한 경우
　가등기는 본등기의 순위보전의 효력을 가지는 것에 불과하고 또한 그 소유권이전등기 의무자의 처분권한이 상실되지도 아니하므로, 그 가등기만으로는 소유권이전등기의무가 이행불능이 된다고 할 수 없다(대판 1991. 7. 26. 91다8104).
㈁ 부동산소유권이전등기 의무자가 그 부동산상에 제3자에게 채무담보를 위한 소유권이전등기를 경료한 경우
　부동산소유권이전등기 의무자가 그 부동산에 관하여 제3자 앞으로 비록 채무담보를 위하여 소유권이전등기를 경료하였다고 할지라도 그 의무자가 채무를 변제할 자력이 없는 경우에는 특단의 사정이 없는 한 그 소유권이전등기의무는 이행불능이 된다(대판 1991. 7. 26. 91다8104).
㈂ 매매목적 토지가 수용된 경우
　매매목적토지가 나라에 의하여 수용되면, 매도인의 매수인에 대한 소유권이전등기의무는 이행불능이 되는 동시에 토지수용의 성질상 매도인은 채무불이행의 책임을 면한다. 다만 부당이득반환의무는 면할 수 없다(대판 1972. 2. 22. 71다2115).
㈃ 임대인이 임차목적물의 소유권을 상실한 경우
　계약의 이행불능 여부는 사회통념에 의하여 이를 판정하여야 할 것인바, 임대차계약상의 임대인의 의무는 목적물을 사용·수익케 할 의무로서 목적물에 대한 소유권 있음을 성립요건으로 하지 아니하며, 임대인이 소유권을 상실하였다는 이유만으로 그 의무가 불능하게 된 것이라고 단정할 수 없다(대판 1994. 5. 10. 93다37977).

나. 후발적 불능

　불능에는 원시적불능과 후발적불능이 있다. 예컨대 건물매매계약을 체결하였는데, 그 건물이 계약체결 전에 불이 나서 소실된 경우가 원시적 불능이고, 계약체결 후에 소실된 경우가 후발적 불능이다. 불능한 급부를 목적으로 하는 채권은 성립할 수 없다. 따라서 채권이 성립하기 전에 급부가 불능인 때, 즉 원시적 불능인 때에는 그것은 채권불성립의 문제가 된다. 그러므로 이행불능의 요건으로서의 불능은, 채권이 성립한 때에는 가능하였으나 후에 불능으로 된 경우, 즉 후발적 불능에 한한다. 후발적 불능의 경우에는 매매계약은 유효하고, 다만 그 불능에 채무자의 귀책사유가 있느냐 여부에 따라 채무불이행

책임(민법 제390조) 또는 쌍무계약에서 위험부담(민법 제537조·제538조)의 문제도 귀착된다.

(2) 이행불능의 채무자의 귀책사유로 인한 것일 것

채무자의 고의 또는 과실로 인하여 이행할 수 없게 되었어야 한다(민법 제390조 단서). 법정대리인이나 이행보조자의 고의·과실에 의한 이행불능도 채무자의 귀책사유에 포함된다. 예컨대 A가 자기 소유의 가옥을 B에게 3월말에 인도하기로 하였으나 A의 사정으로 인도를 1개월 지연하고 있던 차에, A의 가옥에 화재가 나서 소실된 경우와 같이, 이행지체 후에 이행불능이 생긴 때에는 채무자는 자기에게 과실 없음을 주장하지 못한다(민법 제392조 본문). 다만, 이행지체가 없었다고 하더라도 역시 이행불능이 생겼으리라는 것을 입증한 경우에는 면책된다(민법 제392조 단서).

3. 이행불능의 효과

(1) 손해배상(전보배상)의 청구

이행불능으로 인해 손해가 발생한 경우에 채권자는 그 배상을 청구할 수 있으며(민법 제390조), 이때의 손해배상을 이행지체에서의 '지연배상'과 구별하여 '전보배상'이라고 한다. 즉 채무의 전부가 불능으로 된 때에는 본래의 급부를 목적으로 하는 청구권은 소멸하고, 그에 갈음하여 손해배상청구권이 성립한다. 이것은 채무의 내용의 변경으로서 채무는 그 동일성을 유지한다.

채무의 일부만이 불능으로 된 때에는, 채권자는 잔존 부분의 급부청구와 함께 불능 부분의 전보배상을 청구할 수 있다. 그러나 잔존 부분의 이행이 채무자에게 아무런 이익이 없고, 또 그것을 제공하는 것이 신의칙에 반하는 것인 때에는, 채권자는 그 이행을 거절하고 전부의 이행에 갈음하는 전보배상을 청구할 수 있다고 하여야 한다.

【쟁점사항】

<이행지체로 인한 전보배상에 있어 손해액 산정의 기준 시점>

이행지체에 의한 전보배상 청구에 있어서는 다른 특별한 사정이 없는 한, 채권자는 채무자에게 상당한 기간을 정하여 그 본래의 의무 이행을 최고하고 그 이행이 없는 경우에 그 본래 의무의 이행에 대신하여 전보배상을 청구할 수 있고, 그 전보배상에 있어서의 손해액 산정의 표준시기는 원칙적으로 최고하였던 '상당한 기간'이 경과한 당시의 시가에 의하여야 한다(대판 1997. 12. 26. 97다24542).

(2) 계약해제권

채무자의 책임 없는 사유로 이행이 불능으로 된 때에는 채권자는 최고 없이 계약을 해제할 수 있다(민법 제546조). 계약해제권을 행사하더라도 손해배상의 청구에는 영향을 미치지 않는다(민법 제551조).

(3) 대상(代償)청구권

채무의 목적물을 제3자가 파괴하였기 때문에, 이행불능이 생기는 동시에 채무자가 손해배상청구권을 취득하거나 또는 보험청구권을 취득하는 경우처럼, 이행불능을 발생케 한 것과 동일한 원인에 의하여 채무자가 이행의 목적물의 대상이 되는 이익을 취득하는 수가 있다. 이러한 경우에, 채권자가 채무자에 대하여 그러한 이익의 상환을 청구하는 권리를 가리켜 대상청구권이라고 한다. 이에 관해서는 민법에 규정이 없지만, 학설과 판례(대판 1992. 5. 12. 92다4581)는 이를 긍정한다. 즉, A소유의 토지를 매수하기로 매매계약을 체결한 후, 그 토지가 공공용지의 취득 및 손실보상에관한특례법에 의해 수용되어져 보상금이 A에게 지급되고, 이에 A가 B를 상대로 그 보상금의 반환을 청구한 사안에서 '우리 민법에는 대상청구권을 규정하지 않고 있으나 이를 부정할 이유가 없다'고 하면서 위 청구를 인용하였다(대판 1992. 5. 12. 92다4581).

IV. 불완전이행

1. 불완전이행의 의의

불완전이행이란 채무자가 채무를 이행하기는 하였으나 그것이 채무의 내용에 좇은 완전한 이행이 아니라 불완전한 이행이었기 때문에 채권자에게 손해가 생긴 경우를 말한다. 예컨대 가구를 매도한 경우에 가구를 매수인 집으로 옮기는 과정에서 매수인의 카펫을 손상한 경우가 여기에 해당한다.

2. 불완전이행의 유형

(1) 채무의 이행이 불완전한 경우

이행행위가 있었으나 그것이 채무의 내용에 좇은 것이 아닌 불완전한 경우이다. 예컨대 의자 100개를 인도할 의무를 지는 자가 90개만을 인도한 경우가 그것이다.

(2) 불완전한 이행으로 인한 채권자에게 부가적 손해를 준 경우

불완전한 이행을 하였기 때문에 채권자에게 그 불완전이행 자체로 인한 손해 외에 다른 부가적 손해를 준 경우이다. 예컨대 병든 가축을 인도하여 매수인의 다른 가축에 전염시킨 경우, 물건 사용의 특별한 방법을 알려 주지 않아 그로 인해 피해가 발생한 경우 등을 들 수 있다.

3. 불완전이행의 효과

(1) 완전이행이 가능한 경우

불완전이행은 채무의 내용에 좇은 이행이 아니므로, 비록 채권자가 그것을 수령하였다 하더라도 그로 인하여 채권이 소멸하지는 않으며, 채권자는 완전이행청구권을 가진다고 하여야 한다. 따라서 불완전한 이행의 제공이 있으면, 채권자는 그 수령을 거절할 수 있으나, 수령한 후에도 완전한 급부를 청구할 수 있다.

(2) 불완전한 이행으로 인해 부가적 손해를 준 경우

불완전한 이행으로 인해 부가적 손해가 발생한 경우, 그것은 결국 채무의 불이행으로 인해 발생한 것이므로, 채무자가 손해배상책임을 진다고 한다. 다만 손해배상의 범위에서, 이때의 그 부가적 손해는 보통 특별한 사정에 의한 손해에 해당하므로, 채무자가 그 특별한 사정에 대한 예견가능성이 있는 것을 전제로 해서 그 배상책임을 진다고 한다. 그리고 불법행위의 요건을 충족하는 때에는 불법행위로 인한 손해배상청구권도 경합한다고 한다.

제 2 절 관련사례

> 채무불이행 상태에 빠진 다음에 기존 채무의 이행을 위하여 어음을 발행한 경우, 기존채무의 변제기가 어음에 기재된 만기일로 변경되는가?

변경되지 않는다(대판 2000. 7. 28. 2000다16367).

【해 설】

채무이행의 확정한 기한이 있는 경우에는 채무자는 기한이 도래한 때로부터(그 기한이 도래한 다음날부터) 지체책임이 있고, 채무이행의 불확정한 기한이 있는 경우에는 채무자는 기한이 도래함을 안 때로부터 지체책임이 있다.

채무이행의 기한이 없는 경우에는 채무자는 이행청구를 받은 때로부터(그 이행의 청구를 받은 다음날부터) 지체책임이 있다(민법 제387조).

이행지체가 되려면 이행기가 되었음에도 이행을 하지 않아야 하므로, 이행지체를 발생케 하는 '이행기'의 확정이 중요하다. 이행기는 당사자의 약정이나 법률의 규정에 의해 정해지고, 민법 제387조는 이행기를 확정하는 방법에 관해 규정하고 있는 것이다.

채무자가 기존 채무의 이행기에 채무를 변제하지 아니하여 채무불이행 상태에 빠진 다음에 기존 채무의 지급을 위하여 어음을 발행한 경우, 기존 채무의 변제기가 어음에 기재된 만기일로 변경되었는지 여부가 문제되는데, 판례는 '채권자가 기존 채무의 지급을 위하여 그 채무의 이행기가 도래하기 전에 미리 그 채무의 변제기보다 후의 일자가 만기로 된 어음의 교부를 받은 때에는 묵시적으로 기존 채무의 지급을 유예하는 의사가 있었다고 볼 경우가 있을 수 있고 이 때 기존 채무의 변제기는 어음에 기재된 만기일로 변경된다고 볼 것이나, 특별한 사정이 없는 한 채무자가 기존 채무의 이행기에 채무를 변제하지 아니하여 채무불이행 상태에 빠진 다음에 기존 채무의 지급을 위하여 어음이 발행된 경우까지 그와 동일하게 볼 수는 없다.'고 하였다(대판 2000. 7. 28. 2000다16367).

> 채무자가 채무를 이행하지 않는 경우 어떤 방법으로 계약을 해제할 수 있는가?

상당한 기간을 정하여 이행을 최고하고, 그 기간 내에 이행하지 아니한 때에는 계약을 해제할 수 있다. 그러나 채무자가 이행하지 아니할 의사를 표시한 경우에는 최고를 하지 않아도 된다(민법 제544조).

【해 설】

　채무자가 이행기에 이행을 하지 않아 이행지체가 성립하면 손해배상책임이 발생하지만(민법 제390조), 이행지체와 동시에 채권자가 계약을 체결한 목적을 잃는다고 보기는 어렵다. 이행기를 지나 며칠 후에 이행을 하더라도 통상적으로는 큰 문제가 없기 때문이다. 따라서 민법 제544조는 해제의 요건으로서 채무자의 이행지체 외에 채권자가 이행의 '최고'를 하여야 하고, 이 최고가 있음에도 채무자가 채무를 여전히 이행하지 않을 때에 한해 채권자가 비로소 계약을 해제할 수 있는 것으로 정한 것이다.

　예컨대 부동산매매계약에서 계약을 체결하고 계약금·중도금이 지불된 상태라면 계약의 구속력은 강하게 유지된다. 그러나 계약금만 지불된 상태라면 이미 받은 계약금의 배액을 지급하고, 상대방은 지불한 계약금을 포기하고 매매계약을 해제할 수 있다.

　이 경우에도 상대방이 계약해제의 사실을 알도록 매매계약의 해제를 통지하여야 한다. 그런데 계약금은 물론 중도금까지 지불된 상태에서는 상대방이 잔금을 정해진 기일에 지불하지 않는다고 하여 매매계약을 곧바로 해제할 수는 없다.

　이 경우에는 상당한 기간을 정하여 잔금의 이행을 최고하고, 그래도 잔금을 지불하지 아니한 때에 비로소 그 매매계약을 해제할 수 있게 된다.

　위와 같이 잔금의 이행을 최고할 때에는 상대방이 잔금을 지불하면 즉시 소유권이전등기에 필요한 서류들(등기필증·인감증명·주민등록등본·검인계약서 등)을 준비하지 않으면 안 된다.

　이행을 최고하거나 계약을 해제하는 경우에는 내용증명우편을 이용하는 것이 훗날의 분쟁에 대비할 수 있다.

　따라서 이행을 최고하지 않거나 소유권이전등기에 필요한 서류들을 준비하지 아니한 채 이행을 최고하여 해제하더라도 계약해제의 효력은 발생하지 않고 매매계약의 효력이 그대로 유지된다.

　매매계약을 유효하게 해제하지 않은 상태에서 다른 사람과 매매계약을 체결하는 경우 형사상 배임죄의 책임을 면할 수 없으니 주의를 요한다.

　해제권은 해제권자의 일방적인 의사에 의하여 계약의 효력을 상실케 합니다. 해제권을 행사할 것이냐의 여부는 해제권자가 자유로이 정할 수 있다. 민법은 해제권이 발생요건을 채무불이행이 이행불능인가 아니면 이행지체 등 기타의 채무불이행인가에 따라 달리 정하고 있다.

이행불능의 경우에는 채무자에게 상당한 기간을 정하여 그 이행을 최고할 필요 없이 바로 해제권이 발생하고(민법 제546조, 이미 이행할 수 없게 되었으므로 채권자가 이행을 최고할 필요가 없기 때문이다), 이행지체 등 기타의 경우에는 채무자에게 "상당한 기간을 정하여 그 이행을 최고하고", 그 기간 내에 이행하지 아니한 때에 비로소 해제권이 발생한다(민법 제544조). 당사자 일방이 그 채무를 이행하지 아니한다고 하여 즉시 계약을 해제할 수 있는 것이 아니다.

"상당한 기간"이란 채무자가 이행을 준비하고 이를 이행하는데 필요한 기간을 뜻하며, 이행하여야 할 채무의 성질 등 객관적 사정을 고려하여서 결정된다.

"이행의 최고"란 채무자에게 채무의 내용인 급부를 실현할 것을 요구하는 것으로 그 방법에는 특별한 제한이 없으나, 내용증명으로 하는 것이 좋다.

이행의 최고와 관련하여 채무자가 본래 급부하여야 할 것보다 과대하게 한 '과대최고'의 경우, 채무자가 본래의 급부를 하여도 채권자가 이를 수령하지 않을 것이 예상되는 때에는 최고로서의 효력이 없다(대판 1995. 9. 5. 95다19886).

실제로 이행의 최고를 할 때에는 최고와 동시에 최고기간 내에 이행하지 않으면 다시 해제의 의사표시를 하지 않더라도 당연히 해제된다고 하는 최고기간 내의 불이행을 정지조건으로 하는 해제의 의사표시를 하는 경우가 많다.

위와 같이 최고와 해제의 의사표시라는 두 개의 행위를 하나로 결합하여 하는 경우에는 위 기간 내에 이행이 없을 때에는 위 기간 경과로 인하여 그 계약은 해제된 것으로 해석한다.

채권의 일부만 청구한 경우 채권 전부에 대해 소멸시효중단의 효력이 미치는가?

일부만을 청구한 경우에도 그 취지로 보아 채권 전부에 관하여 판결을 구하는 것으로 해석되는 경우에는 그 동일성의 범위 내에서 그 전부에 관하여 시효중단의 효력이 발생한다(대판 2001. 9. 28. 99다72511).

【해 설】

A가 교통사고로 인해 2년 이상 입원치료를 받던 중 변호사를 선임하여 민사소송을 제기하였다. 청구금액에 대하여는 소장 제출시 추후 신체감정에 따라 확장할 것임을 명시하면서 위자료조로 1,000만원을 청구하였고, 소송진행 중 신체감정결과를 토대로 청구취지를 확장하여 제1심 판결에서 상당한 금액을 인정받았다. 그런데 항소한 상대방측은

느닷없이 확장된 청구취지부분에 대한 소멸시효의 항변을 해 왔는바, 이 경우 상대방측의 주장이 정당한 것인지가 문제된다.

민법 제766조에 의하면 불법행위로 인한 손해배상청구권은 피해자나 그 법정대리인이 그 손해 및 가해자를 안 날로부터 3년, 불법행위를 한 날로부터 10년이 지나면 시효로 인하여 소멸한다고 규정하고 있으며, 민법 제168조에 의하면 '청구'를 소멸시효중단사유로 규정하고 있다. 그러므로 위 사안과 같이 '일부청구'의 경우에 그 '나머지 부분의 청구'까지 시효중단의 효력이 미치는가가 문제된다.

관련 판례를 보면, "청구의 대상으로 삼은 채권 중 일부만을 청구한 경우에도 그 취지로 보아 채권 전부에 관하여 판결을 구하는 것으로 해석되는 경우에는 그 동일성의 범위 내에서 그 전부에 관하여 시효중단의 효력이 발생하고, 이러한 법리는 특정 불법행위로 인한 손해배상채권에 대한 지연손해금청구의 경우에도 마찬가지로 적용된다."라고 하였다(대법원 2001. 9. 28. 선고 99다72521 판결).

또한 "한 개의 채권 중 일부에 관하여만 판결을 구한다는 취지를 명백히 하여 소송을 제기한 경우에는 소제기에 의한 소멸시효중단의 효력이 그 일부에 관하여만 발생하고, 나머지 부분에는 발생하지 아니하지만 비록 그중 일부만을 청구한 경우에도 그 취지로 보아 채권 전부에 관하여 판결을 구하는 것으로 해석된다면 그 청구액을 소송물인 채권의 전부로 보아야 하고, 이러한 경우에는 그 채권의 동일성의 범위 내에서 그 전부에 관하여 시효중단의 효력이 발생한다고 해석함이 상당하다고 하면서, 신체의 훼손으로 인한 손해의 배상을 청구하는 사건에서는 그 손해액을 확정하기 위하여 통상 법원의 신체감정을 필요로 하기 때문에, 앞으로 그러한 절차를 거친 후 그 결과에 따라 청구금액을 확장하겠다는 뜻을 소장에 객관적으로 명백히 표시한 경우에는, 그 소제기에 따른 시효중단의 효력은 소장에 기재된 일부 청구액뿐만 아니라 그 손해배상청구권 전부에 대하여 미친다."라고 하였다(대법원 1992.4.10. 선고 91다43695 판결, 1992. 12. 8. 선고 92다29924 판결).

따라서 A의 경우에도 소장 제출시 추후 신체감정결과에 따라 청구취지를 확장할 것을 명시하였다면 채권전부에 대하여 시효중단의 효력이 발생하므로 상대방의 소멸시효 항변을 받아들여지지 않으리라 생각된다.

그리고 시효가 중단된 때에는 중단까지에 경과한 시효기간은 이를 산입하지 아니하고 중단사유가 종료한 때로부터 새로이 진행한다. 재판상의 청구로 인하여 중단한 시효를 재판이 확정된 때로부터 새로이 진행한다(민법 제178조).

여기서 '중단사유가 종료한 때'가 언제인지가 문제된다.

재판상청구의 경우에는 재판이 확정된 때로부터 시효가 진행한다는 명문의 규정을 따로 두고 있다(민법 제178조 2항). 따라서 10년의 시효기간이 임박하여서 강제집행을 할 필요가 있고, 이때에는 중복제소금지의 규정(민사소송법 제234조)에 위반하는 것은 아니다(대판 1987. 11. 10. 87다카1761).

다른 채무의 담보로 채권이 양도된 때 피담보채무소멸을 이유로 양수금청구를 거절할 수 있는가?

양수금청구를 거절할 수 없다(대판 1999. 11. 26. 99다23093).

【해 설】

갑은 을에게 대여금채무 2,500만원의 담보조로 갑이 임차한 주택의 임차보증금 2,500만원을 을에게 양도하고, 그 채권양도통지를 내용증명우편으로 임대인 병에게 하였다. 그런데 그 후 갑은 을에게 위 대여금채무를 변제하였으며, 위 아파트의 임대차기간이 만료되어 아파트를 병에게 명도하고 임차보증금 2,500만원을 반환할 것을 병에게 요구하였으나, 병은 2,500만원의 변제영수증을 확인하고서도 위 임차보증금이 을에게 양도되었으므로 갑에게 위 임차보증금을 지급할 수 없다고 한다. 이 경우 갑은 어떻게 하여야 하는지가 문제된다.

채권양도가 다른 채무의 담보조로 이루어진 경우, 양도채권의 채무자가 그 피담보채무가 변제로 소멸되었다는 이유로 채권양수인의 양수금청구를 거절할 수 있는지에 관하여 판례를 보면, "채권양도가 다른 채무의 담보조로 이루어졌으며 또한 그 채무가 변제되었다고 하더라도, 이는 채권 양도인과 양수인 간의 문제일 뿐이고, 양도채권의 채무자는 채권 양도·양수인 간의 채무 소멸 여하에 관계없이 양도된 채무를 양수인에게 변제하여야 하는 것이므로, 설령 그 피담보채무가 변제로 소멸되었다고 하더라도 양도채권의 채무자로서는 이를 이유로 채권양수인의 양수금 청구를 거절할 수 없다."라고 하였다(대법원 1999. 11. 26. 선고 99다23093 판결, 1979. 9. 25. 선고 79다709 판결).

그러므로 위 사안에서 병은 을이 양수금청구를 해온다면 2,500만원을 지급할 수밖에 없을 것이다.

그런데 민법 제452조 제2항에서 양도인이 채무자에게 채권양도를 통지한 때에 그 통지는 양수인의 동의가 없으면 철회하지 못한다고 규정하고 있다. 그리고 채권양도통지를 한 양도인이 양수인의 동의 없이 한 채권양도통지 철회의 효력에 관하여 판례를 보면,

"채권양도인이 양수인에게 전대차계약상의 차임채권 중 일부를 양도하고 전차인인 채무자에게 위 양도사실을 통지한 후에 채무자에게 위 채권양도통지를 취소한다는 통지를 하였더라도 양수인이 양도인의 위 채권양도통지철회에 동의하였다고 볼 증거가 없다면 위 채권양도통지철회는 효력이 없다."라고 하였다(대법원 1993.7.13. 선고 92다4178 판결).

따라서 갑은 채권자 을의 동의를 얻어 위 채권양도통지를 철회한 후 임대인 병으로부터 위 임차보증금의 반환을 받아야 할 것으로 보인다.

> **매매계약 체결 전에 토지가 수용된 경우 이행불능이 성립하는가?**

매매계약 체결 전에 토지가 수용된 경우에는, 그것은 원시적 불능으로서 따라서 계약의 성립을 전제로 하는 이행불능은 성립하지 않는다.

【해 설】

이행불능이란 채권이 성립한 후에 채무자의 귀책사유로 그 이행이 불가능하게 된 경우를 말한다. 불능에는 원시적 불능과 후발적 불능이 있다. 예컨대 가옥의 매매계약을 체결하였는데, 그 가옥이 계약체결 전에 이미 소실된 경우가 원시적 불능이고, 계약체결 후에 소실된 경우가 후발적 불능이다. 이 중 법률행위가 무효로 되는 것은 원시적 불능에 한한다. 후발적 불능의 경우에는 매매계약은 유효하고, 다만 그 불능에 채무자의 귀책사유가 있느냐 여부에 따라 채무불이행책임 내지는 쌍무계약에서의 위험부담의 문제도 귀착된다.

이행불능의 효과로는 첫째, 이행불능으로 인해 손해가 발생한 경우에 채권자는 그 배상을 청구할 수 있으며(민법 제390조), 이때의 손해배상을 이행지체에서의 '지연배상'과 구별하여 '전보배상'이라 한다. 즉 이행의 전부가 불능으로 된 때에는 본래의 급부를 목적으로 하는 청구권은 소멸하고, 그에 갈음하여 손해배상청구권이 성립한다.

둘째, 채권·채무가 계약에 의해 발생한 경우에 그 채무의 이행이 불능하게 된 때에는 채권자는 최고 없이 그 계약을 해제할 수 있다.

셋째, 이행불능을 발생케 한 것과 동일한 원인에 의하여 채무자가 이행의 목적물의 대상이 되는 이득을 취득하는 경우가 있다. 예컨대 채무의 목적물을 제3자가 파괴하였기 때문에 이행불능이 생기는 동시에, 채무자가 손해배상청구권을 취득하거나 또는 보험청구권을 취득하는 것이 그 예이다. 이런 경우 채권자가 채무자에 대하여 그러한 이익의 상환을 청구하는 권리를 대상청구권이라고 한다. 판례는 대상청구권을 인정한다(대판 1992. 5. 12. 92다4581).

| 매도인의 계약금반환약정이 계약해지로 인한 손해배상채권의 포기에 해당하는가? |

손해배상채권을 포기하였다고 단정할 수 없다(대판 1987. 3. 24. 86다카1907).

【해 설】

갑은 을에게 부동산을 매도하기로 매매계약을 체결하면서 갑이 위약(違約) 하는 경우에는 계약금의 배액을 상환하며, 을이 위약 하는 경우에는 계약금을 포기하기로 약정하고 계약금 500만원을 받았습니다. 그런데 을은 계약을 이행하지 않고 중도금 및 잔금지급기일이 모두 지난 후에서야 위 계약을 해약하겠다고 하면서 위 계약금의 반환을 강요하면서 반환하지 않으면 소송까지 불사하겠다고 하므로 그 강요에 못 이겨 위 계약금을 반환하기로 약정하였다. 그러나 갑으로서는 위 계약금을 반환하기는 하였지만, 매매계약에 의하더라도 당연히 위 계약금을 손해에 충당할 수 있는 것이고, 또한 부동산중개수수료 등의 실질적으로 발생된 손해는 분명히 있는 것이므로 지금이라도 을을 상대로 손해배상을 청구하려고 하는데, 그것이 가능한지가 문제된다.

채무면제의 요건과 효과에 관하여 민법 제506조 본문에서는 "채권자가 채무자에게 면제하는 의사를 표시한 때에는 채권은 소멸한다."라고 규정하고 있다.

그런데 매도인이 계약금을 매수인에게 반환하기로 약정한 사실만으로 그 매매계약불이행으로 인한 손해배상채권을 포기한 것으로 볼 수 있는지에 관하여 판례를 보면, "채권의 포기(또는 채무의 면제)는 반드시 명시적인 의사표시만에 의하여야 하는 것이 아니고 채권자의 어떠한 행위 내지 의사표시의 해석에 의하여 그것이 채권의 포기라고 볼 수 있는 경우에도 이를 인정하여야 할 것이기는 하나 이와 같이 인정하기 위하여는 당해 권리관계의 내용에 따라 이에 대한 채권자의 행위 내지 의사표시의 해석을 엄격히 하여 그 적용여부를 결정하여야 하는 것이며 상대방에 대한 반대채권이 있음에도 불구하고 자신의 채무이행을 약정하였다는 사실만으로는 반대채권을 포기한 것으로 볼 수는 없으므로 건물매도인이 매수인의 매매계약불이행으로 인한 손해배상채권에 충당할 수 있는 계약금을 매수인에게 반환하기로 약정한 사실만으로는 그 손해배상채권을 포기하였다고 단정할 수 없다."라고 하였다(대법원 1987. 3. 24. 선고 86다카1907, 86다카1908 판결).

또한, "채권의 포기는 반드시 명시적인 의사표시만에 의하여야 하는 것이 아니고 채권자의 어떠한 행위 내지 의사표시의 해석에 의하여 그것이 채권의 포기라고 볼 수 있는 경우에도 이를 인정하여야 할 것이나, 그와 같이 인정하기 위해서는 당해 권리관계의 내용에 따라 채권자의 행위 내지 의사표시의 해석을 엄격히 하여 그 적용여부를 결정하여야 하고, 상대방에 대한 반대채권이 있음에도 불구하고 자신의 채무이행을 약정하였다는 사실만으로는 반대채권을 포기한 것으로 볼 수 없다."라고 하였다(대법원 2001. 12. 11. 선고 99다62272 판결).

따라서 위 사안의 경우에 있어서도 갑이 을의 강요에 못 이겨 계약금을 을에게 반환하기로 약정하였다고 하여도 반드시 그것만으로 을의 계약불이행으로 인한 손해배상청구를 포기하였다고 할 수는 없을 듯하다.

국내통화로 외화채권의 변제충당을 할 경우 그 환산기준시점은 언제인가?

현실로 이행할 때이다.

【해 설】

갑 회사는 을 회사로부터 유류를 구입하면서 그 대금을 미화(美貨)로 지급하기로 약정하였다. 그런데 갑 회사에서는 위 유류대금을 우리나라 통화로 지급하려고 합니다. 이 경우 우리나라 통화를 외화채권에 변제할 경우 그 환산기준시점은 어느 시점으로 하여야 하는지가 문제된다.

민법 제378조에 의하면 "채권액이 다른 나라 통화로 지정된 때에는 채무자는 지급할 때에 있어서의 이행지의 환금시가에 의하여 우리나라 통화로 변제할 수 있다."라고 규정하고 있다.

그런데 채권액이 외국통화로 지정된 금전채권인 외화채권을 채권자가 우리나라 통화로 환산하여 청구하는 경우의 환산기준시기에 관하여 판례를 보면, "채권액이 외국통화로 지정된 금전채권인 외화채권을 채무자가 우리나라 통화로 변제함에 있어서는 민법 제378조가 그 환산시기에 관하여 외화채권에 관한 같은 법 제376조, 제377조 제2항의 "변제기"라는 표현과는 다르게 "지급할 때"라고 규정한 취지에서 새겨 볼 때 그 환산시기는 이행기가 아니라 현실로 이행하는 때 즉 현실이행시의 외국환시세에 의하여 환산한 우리나라 통화로 변제하여야 한다고 풀이함이 상당하므로 채권자가 위와 같은 외화채권을 대용급부의 권리를 행사하여 우리나라 통화로 환산하여 청구하는 경우에도 법원이 채무자에게 그 이행을 명함에 있어서는 채무자가 현실로 이행할 때에 가장 가까운 사실심 변론종결 당시의 외국환 시세를 우리나라 통화로 환산하는 기준시로 삼아야 한다."라고 하였다(대법원 1991. 3. 12. 선고 90다2147 판결).

또한 우리나라 통화를 외화채권에 변제충당 할 경우에 그 환산기준시점을 어느 시점으로 하여야 할 것인지에 관하여 판례를 보면, "채권액이 외국통화로 정해진 금전채권인 외화채권을 채무자가 우리나라 통화로 변제하는 경우에 그 환산시기는 이행기가 아니라 현실로 이행하는 때, 즉 현실이행시의 외국환시세에 의하여 환산한 우리나라 통화로 변제하여야 하고, 우리나라 통화를 외화채권에 변제충당 할 때도 특별한 사정이 없는 한 현실로 변제충당할 당시의 외국환시세에 의하여 환산하여야 한다."라고 하였다(대법원 2000. 6. 9. 선고 99다56512 판결).

따라서 갑 회사는 현실로 이행할 때의 외국환시세로 유류대금을 우리나라 통화로 환산하여 을 회사에게 지급하여야 할 것이다.

> 증권회사와 고객 사이에 고객이 주식매수대금결제일까지 매수대금을 납부하지 아니한 때에는 회사가 임의로 매수주식을 처분하여 미수금에 충당할 수 있다는 내용의 약정이 체결된 경우 증권회사가 고객에게 기한을 지정하여 매수대금을 납부하도록 최고하고 그 기한까지 매수대금을 납부하지 않으면 주식을 처분하겠다는 뜻을 통지하였다면 기한이 도과한 후에는 지체 없이 매수주식을 처분할 의무를 부담하는가?

처분할 의무를 부담하는 것은 아니다(대판 1993. 2. 23. 92다35004).

【해 설】

증권회사가 고객과의 사이에서 체결한 매매거래계좌설정약정서에서 고객이 주식매수대금결제일까지 매수대금을 납부하지 아니한 때에는 증권회사는 임의로 매수주식을 처분하여 그 처분대금을 미수금에 충당할 수 있다고 규정한 취지는 고객이 주식매수대금을 납부하지 아니한 경우에 그로 인하여 증권회사가 손해를 입게 되는 것을 방지하기 위하여 증권회사에게 매수주식의 처분권한을 부여한 취지이지 증권회사에게 이를 처분할 의무를 부과한 취지는 아니라고 할 것이므로, 증권회사가 고객에 대하여 일정한 기한을 지정하여 매수대금을 납부하도록 최고하고 그 기한까지 매수대금을 납부하지 않을 경우에 매수주식을 처분하겠다는 뜻을 통지하였다고 하여도 증권회사는 특별한 사정이 없는 한 위 기한이 도과된 후에 지체 없이 매수주식을 처분할 의무를 부담하는 것은 아니다(1993. 2. 23. 제1부(나) 판결, 92다35004).

> 채무자가 이행기에 이행을 하지 않아 이행지체 중에 있던 중, 채무자의 과실 없이 이행불능으로 된 경우에도 채무자는 손해배상책임을 지는가?

채무자가 이행기에 이행하여도 손해를 면할 수 없는 경우에는 손해배상책임을 지지 않는다(민법 제392조 단서).

【해 설】
이행지체 중의 손해배상책임

1. 의 의

채무자는 자기에게 과실이 없는 경우에도 그 이행지체중에 생긴 손해를 배상하여야 한다. 그러나 채무자가 이행기에 이행하여도 손해를 면할 수 없는 경우에는 그러하지 아니한다(민법 제392조).

먼저 이행지체가 있은 후 채무자의 과실로 인하여 이행불능이 발생한 경우에는 이행불능에 따라 처리되고 민법 제392조가 적용되지 않는다. 본조는 이행지체가 있은 후에 채무자의 과실 없이 급부불능이 된 경우에, 만일 제때에 이행되어 그 급부가 채권자의 수중에 놓였다면 그러한 사태가 발생하지 않았을 것이라면, 그러한 급부불능은 결국 이행지체가 원인이 되어 발생한 것이기 때문에 설사 채무자에게 과실이 없는 경우에도 책임을 지는 것이 타당하다는, 소위 위험분배의 사상에 기초하고 있다.

2. 요 건

이행지체가 있어야 하고, 이행지체 중에 채무자의 과실 없이 손해가 발생하여야 하며, 제 때에 이행되었더라면 그러한 손해가 발생하지 않았을 경우라야 한다.

3. 효 과

채무자는 이행지체에 의한 손해가 채무자의 귀책사유로 인하여 발생된 경우에만 책임을 지는 것을 원칙이지만, 지체 후에는 채무자의 책임없는 사유에 의한 손해(예를 들면 지체 후에 채무자의 책임없는 사유에 의하여 급부불능을 일으킨 경우에 있어서의 손해)에 대하여서도 그 책임을 진다. 이행기에 이행을 하였더라도 생겼을 손해인 경우에 있어서는 그 손해와 지체 사이에 인관관계가 없으므로 채무자는 책임을 면한다.

채무자가 특히 고의 중과실에 대해서만 책임을 지는 경우이더라도 지체 후에는 경과실에 대해서도 책임을 져야 한다. 왜냐하면 이것도 지체의 결과이기 때문이다.

그러나 채무자가 이행기에 이행을 하였더라도 손해를 면할 수 없는 경우에는 그 급부불능에 따른 손해배상책임을 지지 않는다(제392조 단서).

【최고서】

최 고 서

수신 : 서울 동작구 동작동 ○○번지
      홍 길 동

  2008. 6. 5. 귀하와 체결한 부동산 매매계약의 잔금 5,000만원을 2008. 12. 31까지 이행하여야 함에도 불구하고 아직 이행하지 않고 있는바, 더 이상은 기다릴 수 없는 형편이오니 2009. 2. 28까지는 반드시 이행하여 주시기 바랍니다.

  만일 위 기일까지 이행하지 않을 때에는 위 계약은 별도의 해제의 의사표시없이 당연히 해제된 것으로 하겠으니 양지하시기 바랍니다.

2008. 9. 25.

서울 서초구 서초동 ○○번지

김 갑 돌 ㉑

【채무불이행으로 인한 손해배상 청구의 소】

<h2 style="text-align:center;">소　　　　장</h2>

원　고　○○마을 ○○아파트 입주자대표회의
　　　　○○시 ○○구 ○○동 ○의 ○
　　　　대표자　이 ○ ○
　　　　소송대리인 변호사 ○ ○ ○
　　　　○○시 ○○구 ○○동 ○의 ○ ○○빌딩 ○호
　　　　전화(휴대폰)번호(02)530-1111, (017)2217-1111
　　　　팩스번호(02)3480-1111, e-mail 주소 :
　　　　우편번호 : ○○○-○○○

피　고　주식회사 ○○
　　　　○○시 ○○구 ○○동 ○의 ○
　　　　○○마을 ○○아파트 상가 지층 ○호
　　　　대표이사　윤 ○ ○
　　　　전화(휴대폰)번호(02)530-1111, (017)2217-1111
　　　　팩스번호(02)3480-1111, e-mail 주소 :
　　　　우편번호 : ○○○-○○○

손해배상(기) 청구의 소

<h3 style="text-align:center;">청　구　취　지</h3>

1. 피고는 원고에게 금 ○○○원 및 이에 대하여 이 사건 소장 송달 익일부터 완제일까지 연 2할의 비율에 의한 금원을 지급하라.
2. 소송비용은 피고의 부담으로 한다.
3. 제1항은 가집행할 수 있다.
라는 판결을 구합니다.

청 구 원 인

1. 당사자의 지위

    원고는 주택건설촉진법 제38조 제7항의 규정 및 공동주택관리령 제10조의 규정에 의거 아파트 자치회의 발전과 효율적인 관리운영을 통하여 입주민들의 권익을 옹호하고 공동생활의 질서유지와 주거생활의 향상을 위하여 구성된 입주자 단체이며, 피고는 위 아파트 단지내에서 "○○스포츠클럽"이라는 상호로 스포츠센터를 운영하고 있는 자입니다.

2. 사실관계

    가. 스포츠센터 설립계약의 체결

    　피고는 소외 ○○건설(주)과 아파트 단지 상가내 지하에 대하여 분양계약을 체결(당초 볼링장으로 건축허가를 득하고 이후 수영장 등 스포츠센터로 용도를 변경함)하고 이에 따른 부대공사 및 내부공사를 진행하였습니다.

    나. 스포츠센터 공사의 문제점

    (1) 스포츠센터에 수영장과 헬스장을 시설할 경우 지하수영장의 담수로 인한 습기발생에 따른 구조물손상 및 균열이 우려되고 있었습니다.

    (2) 단지내 소외 한국난방공사 ○○지사는 위 아파트 단지 각 세대에 열공급을 위해 매설한 열 공급배관선에서 피고의 수영장과 스포츠센터에 열 공급을 하기 위하여 분배관공사를 할 경우 이에 따른 열 손실과 난방불량, 이에 따른 연료비 증가의 부담이 예상된다는 문제점을 지적하였습니다.

    (3) 스포츠센터 이용 고객 차량들이 스포츠센터가 충분한 주차공간을 마련하지 못한 상태에서 고객들이 아파트 단지 내에 주차를 하고 이에 따른 차량증가로 인한 입주민들의 불편 등이 예상되었습니다.

    　이상의 이유로 스포츠센터 입점하는 것을 반대하고, 위와 같은 문제들을 해결하여 줄 것을 요구하며 공사를 반대하였습니다.

3. 합의서 작성 및 의무 불이행

    가. 위와 같은 문제점이 제기되자 원고와 피고는 20○○.○.○.경 합의서(갑 제1호증)를 작성하였으며, 이후 피고는 공사완료 하고 입점하여 현재 "○○스포츠클럽"이라는 상호로 운영을 하고 있습니다.

    나. 그러나 피고는 합의서 내용대로 성실히 이행하여야 할 의무가 있음에도 불구

하고 이를 이행하지 않고 있습니다.
  다. 즉, 원고는 당초 합의서 내용에 기인하여 주차장에 CCTV설치 및 화단조경대 등을 시설 설치하여 주고 이행하여 줄 것을 요구하였으나, 피고는 이행치 않고 있는 실정입니다.
4. 결 어
  따라서 피고는 원고에게 채무불이행으로 인한 손해배상금 ○○○원 및 이에 대하여 이 소장 송달익일로부터 완제일까지 소송촉진등에관한특례법 제3조가 정하는 연 2할의 비율에 의한 지연손해금을 지급할 의무가 있다 할 것이므로 원고는 이 사건 소 제기에 이르게 된 것입니다.

입 증 방 법

1. 갑 제1호증   합의서
1. 갑 제2호증   견적서
1. 갑 제3호증   내용증명 사본

첨 부 서 류

1. 위 입증방법   각 1통
1. 법인등기부 등본   1통
1. 소장 부본   1통
1. 소송위임장   1통

20○○. ○. ○.

위 원고 소송대리인

변호사 ○ ○ ○ ㊞

○ ○ 지방법원 귀중

【계약불이행 손해배상 청구의 소】

소　　장

원　고　학교법인　○○재단
　　　　○○시　○○구　○○동　○○번지
　　　　대표자　이사장　○　○　○
　　　　위 원고 소송대리인 변호사　○　○　○
　　　　○○시　○○구　○○동　○○번지
　　　　전화(휴대폰)번호(02)530-1111, (017)2217-1111
　　　　팩스번호(02)3480-1111, e-mail 주소 :
　　　　우편번호 : ○○○-○○○
피　고　○○ 생약협동조합
　　　　○○시　○○구　○○동　○○번지
　　　　○○마을　○○아파트 상가 지층 ○호
　　　　대표이사　○　○　○
　　　　전화(휴대폰)번호(02)530-1111, (017)2217-1111
　　　　팩스번호(02)3480-1111, e-mail 주소 :
　　　　우편번호 : ○○○-○○○

손해배상 청구의 소

청 구 취 지

1. 피고는 원고에게 금 ○○○원 및 이에 대하여 이 사건 소장 송달 다음날부터 완제일까지 연 2할의 비율에 의한 금원을 지급하라.
2. 소송비용은 피고의 부담으로 한다.
3. 제1항은 가집행할 수 있다.
라는 판결을 구합니다.

청 구 원 인

1. 원고 재단은 ○○대학교 등을 설립·경영하는 학교법인인데 20○○.○.○. 원고 재단은 피고 조합과 한약제 공급계약을 체결한 바 있으며 그 내용은,
    가. 원고가 필요로 하는 한약재의 생산·채집 및 공급을 피고가 책임지기로 하고,
    나. 그 연간 생산계약과 공급가격 및 품질검사 방법에 관하여는 매년 상호합의하에 결정하기로 한 것이었습니다.
    그 후 20○○.○.○. 원고 재단이 설립·경영하는 ○○대학교 부설 ○○의학연구소장○○○, 같은 사무국장 ○○○은 원고 재단의 대표자를 대리하여 피고의 위 계약에 기한 구체적인 한약재 수요공급계약을 체결한 바 있는데 그 주요 내용은,
    가. 피고는 20○○.○.○.까지 한약재인 ○○○을 근당 가격을 금 ○○천원에 원고에게 공급하기로 하고,
    나. 원고는 피고에게 계약금으로 ○○만원을 지급하고,
    다. 정당한 이유없이 상호간의 계약을 위약하면 서로 상당한 손해액을 사회상례에 따라 배상하기로 한 바 있는 것입니다.
2. 그 후 계약조항에는 없으나 피고 조합의 자금이 부족하다는 간절한 요청에 따라 원고는 20○○.○.○.에 금 ○○만원, 20○○.○.○.에 금 ○○만원 도합 금 ○○만원을 위 ○○○근 대금의 선도금조로 피고에게 지급한 바 있으나 피고는 아무런 정당한 이유없이 공급하기로 한 약정기일인 20○○.○.○.까지 ○○○근만을 원고에게 공급하고 위 대금 ○○○만원을 수령하여 간 후 원고 재단의 수차에 걸친 이행최고에도 불구하고 약정 공급수량인 ○○○근 중 약 ○○○근에 대한 공급을 지체하고 있는 것입니다.
    그러므로 원고 재단은 피고에게 위와 같은 귀책사유를 원인으로 20○○.○.○.에 위 계약의 해제를 통고한 바 있는 것입니다.
3. 피고 조합의 위와 같은 채무불이행으로 인하여 원고가 입은 손해는
    가. 계약금 ○○○만원
    나. 20○○.○.○. 및 20○○.○.○.에 피고에게 지급한 선도금 ○○○만원
    다. 위 계약금 상당액의 사회상례에 따른 약정위약금 ○○○만언(원고는 이 한약재를 약품화하기 위하여 기계시설을 한 바 있으나 이로 인한 손해배상의 청구는 일단 보류한다)

합계 금 ○○○만원인 바, 원고는 피고에게 위 손해액의 배상을 구하기 위하여 이 소에 의한 청구에 이른 것입니다.

첨 부 서 류

1. 법인등기부 사본	2통
1. 위임장	1통
1. 납부서	1통

20○○. ○. ○.

위 원고 소송대리인

변호사 ○ ○ ○ ㊞

○ ○ 지방법원 귀중

주

1. 채무불이행으로 인한 손해배상청구에 있어서 그 손해의 확정은 특별한 사정이 없는 한 채무불이행시기를 표준으로 할 것이다.
2. 손해배상액을 예정한 경우에 있어서 계약의 이행이 불능되면 특별한 사정이 없는 한 그 예정한 손해배상액만을 청구할 수 있다.

【계약해제로 인한 손해배상 청구의 소】

소　　　　　장

원　　고　김 ○ ○(주민등록번호 :　　　　　)
　　　　　○○시 ○○구 ○○동 ○ ○○아파트 ○동 ○호
　　　　　송달장소 ○○시 ○○구 ○○동 ○의 ○ ○○스튜디오
　　　　　전화(휴대폰)번호(02)530-1111, (017)2217-1111
　　　　　팩스번호(02)3480-1111, e-mail 주소 :
　　　　　우편번호 : ○○○-○○○
피　　고　○○ 기업 주식회사
　　　　　○○시 ○○구 ○○동 ○의 ○
　　　　　대표이사 ○ ○ ○
　　　　　전화(휴대폰)번호(02)530-1111, (017)2217-1111
　　　　　팩스번호(02)3480-1111, e-mail 주소 :
　　　　　우편번호 : ○○○-○○○

손해배상 청구의 소

청　구　취　지

1. 피고는 원고에게 금 ○○○원 및 이에 대하여 이 사건 소장 송달 다음날부터 완제일까지 연 2할의 비율에 의한 금원을 지급하라.
2. 소송비용은 피고의 부담으로 한다.
3. 제1항에 한하여 가집행할 수 있다.
라는 판결을 구합니다.

청 구 원 인

1. 피고는 ○○시 ○○구 ○○동 ○의 ○ 주소지에서 "○○예식장"이라는 상호로 예식장업에 종사하고 있고 원고는 ○○스튜디오 라는 상호로 사진 및 비디오 촬영을 하는 업체를 운영하며 20○○.○.○.부터 원고 운영의 예식장내에서의 행사(결혼식 및 각종 피로연)의 사진촬영을 전담하기로 하고 보증금으로 금 ○○○원을 20○○.○.○. 지급한 사실이 있습니다(갑 제1호증 참조).
2. 20○○.○.○.일에 피고는 회사광고 홍보를 하며 선전비로 금 ○○○원을 요구하여 원고는 피고회사에 지불을 하였습니다.
   그러던 중 피고는 20○○.○.○. 사전에 아무런 통보도 없이 일방적으로 앞으로 예식장내에서의 사진촬영을 하지 말라며 제지를 하여 원고는 사진촬영을 하지 못하였습니다.
3. 원고는 각종 피로연 및 결혼식을 유치하기 위하여 피고회사를 홍보하였으며, 원활한 촬영일자를 맞추기 위하여 각종 장비를 보완하고 인원을 증원하는 등의 노력을 기울여 왔습니다.
   원고는 보관금 금 ○○○원 및 광고선전비로 납부한 금 ○○○원에 대하여 반환하여 줄 것을 요구하였으나, 피고는 현재까지도 이행치 않고 있는 실정이고 원고는 피고의 일방적인 계약해제로 인하여 새로운 거래처를 알선해야 하는 등 시간적, 정신적으로 많은 손실을 입었다 할 것입니다.
4. 따라서 피고는 원고에게 금 ○○○원(보관금 ○○○원 + 광고선전비 ○○○원 + 위자료 금 ○○○원) 및 이에 대하여 소송촉진등에관한특례법 제3조가 정하는 연 2할의 비율에 의한 지연손해금을 지급할 의무가 있다 할 것이므로 원고는 이 사건 소제기에이르게 된 것입니다.

입 증 방 법

1. 갑 제1호증   차용증 사본
1. 갑 제2호증의 1 내지 3   내용증명 사본

첨 부 서 류

1. 위 입증방법   각 1통
1. 소장부본   1통

              20○○. ○. ○.

                                              위 원고 소송대리인

                                              변호사 ○ ○ ○ ㊞

○ ○ 지방법원 귀중

[매매대금 청구의 소(계약해제)]

소 장

원 고   주식회사 세방유통
　　　　이사 ○ ○ ○ (000000 - 0000000)
　　　　○○시 ○○구 ○○동 ○○번지
　　　　전화 02-1234-4567   휴대폰 010-1234-5678
　　　　팩스 02-9876-5432   이메일 : lawb@lawb.co.kr
　　　　원고 소송대리인 변호사 ○ ○ ○
　　　　○○시 ○○구 ○○동 ○○번지

피 고   주식회사 신영
　　　　대표이사 ○ ○ ○ (000000 - 0000000)
　　　　○○시 ○○구 ○○동 ○○번지
　　　　전화 02-1234-4567   휴대폰 010-1234-5678
　　　　팩스 02-9876-5432   이메일 : lawb@lawb.co.kr

매매대금 청구의 소

청 구 취 지

1. 피고는 원고에게 금 29,871,000원 및 이에 대하여 이 사건 소장부본 송달 다음날부터 완제일까지 연 20%의 비율에 의한 금원을 지급하라.
2. 소송비용은 피고의 부담으로 한다.
3. 위 제1항은 가집행할 수 있다.
라는 판결을 구합니다.

청 구 원 인

1. 원고는 2007. 7. 5. 피고와 사이에, 피고가 시행사, 한라건설 주식회사(이하 '한라건설'이라 한다)가 시공 및 보증사로 건축하는 성남시 분당구 구미동 18 지상 시그마 Ⅱ 오피스텔 비(B)동 2층 1호를 총 공급금액 금 119,484,000원에 매수하는 계약(이하 '이 사건 계약'이라 한다)을 약관("시그마 Ⅱ 공급계약서", 이하 '계약서'라 한다)에 의하여 체결하고, 피고에게 계약당일 계약금 11,948,000원, 2007. 11. 10., 2008. 3. 10., 2008. 7. 10., 2008. 11. 10., 2009. 3. 10. 각 1 내지 5차 중도금으로 각 금 17,923,000원, 입주시에 잔금 17,921,000원을 각 지급하기로 하고, 위 계약금 및 1차 중도금을 각 그 약정기일에 지급하였습니다.
2. 이 사건 계약에 의하면, 원고가 중도금 및 잔금을 약정기일 내에 납부하지 못할 경우에는 그 체납액에 대하여 연 17%의 연체요율(시중은행 일반대출 연체금리)을 적용하여 연체일수에 따라 산정된 연체료를 납부하여야 하고(계약서 제2조 제2항), 피고는 원고가 계속해서 중도금 3회분을 체납하였을 경우 1회 이상 최고한 후 이 사건 계약을 해제할 수 있으며(계약서 제3조 제1항), 이러한 사유로 계약이 해제되었을 경우 원고가 납부한 대금 중 총 공급금액의 10%를 위약금으로 피고에게 귀속처리하고 차감액은 원고에게 환불하되(계약서 제4조 본문), 미납된 연체료는 추가로 공제하기로 하였습니다(계약서 제4조 단서).
3. 한라건설이 2007. 12. 초경 부도를 내고 위 건물 건축공사를 일시 중단하자, 원고는 2007. 12. 23. 피고에게 '삼성, 대우, 현대 등 계열사의 신용보증회사 발행의 계약이행 보증서(금 1억 5천만 원 상당)를 2008. 1. 10.까지 보완하지 않으면 이 사건 계약을 해제하겠다.'는 내용의 통지를 하였고, 2008. 3. 3. 피고에게 이 사건 계약을 해제한다고 재차 통지하여 이는 그 무렵 피고에게 도달되었습니다.
4. 한라건설은 부도 후 곧바로 서울지방법원 동부지원에 화의 신청을 하여 회사 경영을 정상화시키고 공사를 계속하였고, 2008. 5. 7.에 위 법원 2007거13호로 화의개시결정을 받아 2008. 9. 16. 화의인가결정을 받

은 후 현재는 화의에서 벗어났으며, 같은 달 24일경에는 위 건물의 공정 중 43.5% 정도를 완성하였다가 2009. 8. 26.경 위 건물을 완공하여 사용 승인을 받았고, 2009. 9. 15.부터 입주가 시작되었습니다.

5. 피고는 2009. 3. 13. 원고에게 미납금 최고통지를 한 후, 한라건설과 함께 2009. 9. 8. 원고에게 이 사건 계약을 해제한다고 통지하여 이는 그 무렵 원고에게 도달되었습니다.

6. 피고는 ○○○에게 위 오피스텔 2층 1호를 매도하고 2009. 11. 5. 그 소유권이전등기를 경료해 주었습니다.

7. 따라서 원고는, 피고가 위 건물을 2009. 4. 또는 늦어도 2009. 6.경까지는 완공하기로 약정하였음에도 2009. 8. 26.에야 완공하였으므로 그 이행지체를 이유로 이 사건 계약을 해제할 의무가 있다 할 것이므로 이 사건 소를 제기합니다.

입 증 방 법

1. 갑 제1호증   매매계약서
2. 갑 제2호증   최고통지서
3. 갑 제3호증   부동산등기부등본
4. 갑 제4호증 ~ 갑 제18호증(생략)

그 밖의 것은 변론에 따라 수시로 제출하겠음.

첨 부 서 류

1. 위 입증방법   각1통
2. 소송위임장   1통
3. 소장부본   1통
4. 납부서   1통

20○○. ○. ○.

원고 소송대리인 변호사 ○ ○ ○ (날인 또는 서명)

○○지방법원 귀중

> **주** <소송 전 확인, 준비사항>
> 1. 접수 : 일반사건으로 종합민원실에 접수한다.
> 2. 소가 : 소가는 청구금액에 의한다.(손해금등 부대청구는 소가에 해당하지 않는다)
> 3. 관할 : 피고의 주소지 관할법원
> 4. 인지 : 소가 1천만원미만 → 소가×10,000분의 50
>   소가 1천만원이상 1억원미만 → 소가×10,000분의45 + 5,000원
>   소가 1억원이상 10억원미만 → 소가×10,000분의40 + 55,000원
>   소가 10억원이상 → 소가×10,000분의35 + 555,000원
>   (최하 1천원이고 100원미만은 버림)
> 5. 소장부본 : 소장부본은 법원 1부 + 상대방 숫자만큼 제출한다.
> 6. 청구취지는 정확하게 기재하여야 한다. 이것이 바로 판결의 주문이 되어 실행이 이루어지는 것이다(간략하고, 투명하고, 정확하게 기재).
> 7. 청구원인은 권리주장의 근거를 설명식으로 기재한다.(반드시 주장의 핵심적인 요건사실이 들어가야 함)
> 8. 청구원인의 결론, 부본은 청구취지를 다시 언급하되 보다 자세히 근거법령 및 원인 관련을 기재한다.
> 9. 날인은 인감이 아니어도 상관없다.

【참조조문】

〔약관의규제에관한법률 제8조〕
제8조 (손해배상액의 예정) 고객에 대하여 부당하게 과중한 지연손해금등의 손해배상의무를 부담시키는 약관조항은 이를 무효로 한다.
제9조

제9조 (계약의 해제·해지) 계약의 해제·해지에 관하여 정하고 있는 약관의 내용 중 다음 각 호의 1에 해당되는 내용을 정하고 있는 조항은 이를 무효로 한다.
1. 법률의 규정에 의한 고객의 해제권 또는 해지권을 배제하거나 그 행사를 제한하는 조항
2. 사업자에게 법률에서 규정하고 있지 아니하는 해제권·해지권을 부여하거나 법률의 규정에 의한 해제권·해지권의 행사요건을 완화하여 고객에 대하여 부당하게 불이익을 줄 우려가 있는 조항
3. 계약의 해제 또는 해지로 인한 고객의 원상회부의무를 상당한 이유 없이 과중하게 부담시키거나 원상회부청구권을 부당하게 포기하도록 하는 조항
4. 계약의 해제·해지로 인한 사업자의 원상회부의무나 손해배상의무를 부당하게 경감하는 조항
5. 계속적인 채권관계의 발생을 목적으로 하는 계약에서 그 존속기간을 부당하게 단기 또는 장기로 하거나 ?시의 기간연장 또는 갱신이 가능하도록 정하여 고객에게 부당하게 불이익을 줄 우려가 있는 조항

【상기사건의 핵심】

> 수분양자가 중도금 납부를 지체하면 분양자는 그에 대한 이자금 상당의 손해를 입게 된다고 할 것이나, 계약상 총 공급금액의 10%를 위약금으로 분양자에게 귀속시키기로 한 점, 분양자로서는 수분양자의 위약시 계약을 해제하고 다른 사람과 다시 계약을 체결함으로써 위 손해를 줄일 수 있는 점, 연체료는 본래 계약의 존속을 전제로 그 이행지체에 대한 책임을 묻는 성질의 것인 점, 기타 당사자의 지위, 계약의 목적과 내용, 손해배상액을 예정한 동기와 경위, 손해배상 예정액의 비율, 예상 손해액의 크기, 그 밖의 거래관행 등 여러 사정에 비추어 볼 때, 수분양자의 귀책사유로 계약이 해제되는 경우에 위약금을 분양자에게 귀속시키는 외에 연체료를 추가로 공제하도록 규정한 계약 조항은 고객에 대하여 부당하게 과중한 손해배상의무를 부담시키거나 분양자와 같은 사업자에게 계약의 해제로 인한 원상회복의무를 부당하게 경감하는 조항으로서 신의성실의 원칙에 반하여 공정을 잃은 약관 조항에 해당하여 무효라고 본 사례.

【원고의 주장과 피고의 항변】

【원고의 주장】

원고는, 피고가 위 건물을 2009. 4. 또는 늦어도 2009. 6.경까지는 완공하기로 약정하였음에도 2009. 8. 26.에야 완공하였으므로 그 이행지체를 이유로 이 사건 계약을 해제한다고 주장한다.

【피고의 항변】

원고가 2 내지 5회분 중도금 납부를 지체하자, 피고는 원고에게 2009. 3. 13. 미납금 최고통지를 한 후, 2009. 9. 13. 이 사건 계약을 해제한다고 통지하였으므로, 그 무렵 이 사건 계약은 적법하게 해제되었다고 할 것이다.

【법원판단】

그렇다면 피고는 원고에게 금 17,923,000원 및 이에 대하여 원고가 구하는 바에 따라 이 사건 소장부본 송달 다음날인 1999. 8. 4.부터 피고가 그 이행의무의 존부 및 범위에 관하여 항쟁함이 상당하다고 인정되는 이 판결 선고일인 2000. 9. 21.까지 민법상의 연 5%, 그 다음날부터 완제일까지 소송촉진등에관한특례법상의 연 25%의 각 비율에 의한 지연손해금을 지급할 의무가 있으므로, 원고의 청구는 위 인정범위 내에서 이유 있어 인용하고 나머지 청구는 이유 없어 기각할 것인바, 원심판결 중 이와 일부 결론을 달리하는 부분은 부당하여 취소하고 원고의 나머지 항소를 기각한다(서울지법 2000. 9. 21. 선고 2000나101 판결).

[계약금 반환 청구의 소]

소 장

원 고 ○○주식회사
    대표이사 ○ ○ ○ (000000 - 0000000)
    ○○시 ○○구 ○○동 ○○번지
    전화 02-1234-4567   휴대폰 010-1234-5678
    팩스 02-9876-5432   이메일 : lawb@lawb.co.kr
    원고 소송대리인 변호사 ○ ○ ○
    ○○시 ○○구 ○○동 ○○번지

피 고 ○ ○ ○ (000000 - 0000000)
    ○○시 ○○구 ○○동 ○○번지
    전화 02-1234-4567   휴대폰 010-1234-5678
    팩스 02-9876-5432   이메일 : lawb@lawb.co.kr
    피고 소송대리인 변호사 ○ ○ ○
    ○○시 ○○구 ○○동 ○○번지

계약금반환 청구의 소

청 구 취 지

1. 피고는 원고에게 100,000,000원 및 이에 대한 이 사건 소장 부본 송달 다음날부터 완제일까지 연 20%의 비율로 계산한 금원을 지급하라.
2. 소송비용은 피고의 부담으로 한다.
3. 위 제1항은 가집행할 수 있다.

라는 판결을 구합니다.

청 구 원 인

1. 원고는 부동산 개발, 매매, 임대업 등을 영위하는 회사인데 2007. 8. 13. 피고와 사이에 대전 유성구 용산동 (지번 생략)대 635.7㎡(이하 '이 사건 토지'라 한다)를 매매대금 20억 6,000만 원에 매수하는 매매계약을 체결하였고(이하 '이 사건 매매계약'이라 한다), 매매대금은 계약 당일 계약금 1억 원, 2007. 9. 30. 중도금 4억 원, 2007. 10. 10. 잔금 15억 6,000만 원을 지급하기로 정하였으며, 피고는 계약 당일 원고로부터 계약금 1억 원을 지급받았습니다.
2. 원고와 피고는 이 사건 매매계약 당시 매매대금을 원래 매매대금에서 4억 2,800만 원 감액한 16억 3,200만 원, 잔금을 11억 3,200만 원으로 기재한 매매계약서(갑 2호증)를 작성하였고, 감액된 4억 2,800만 원에 대하여는 원고가 피고에게 잔금 지급기일인 2007. 10. 10. 지급하겠다는 내용의 확약서(갑 3호증)를 작성하여 주었습니다.
3. 원고는 2007. 9. 11. 피고에게 이미 피고에게 이 사건 매매계약의 중도금 및 잔금 지급을 위한 은행 대출을 받기 위해 실거래가 계약서 작성을 요구하였는데 피고가 거부하여 대출이 불가능해졌다는 이유로 중도금 및 잔금 지급 이행을 거부할 의사를 표시하고 계약금 반환을 요구하는 내용증명우편을 발송한 것을 비롯하여 2007. 10. 16.까지 여러 차례에 걸쳐 실제 거래가격을 기재한 계약서 작성을 요구하며 이 사건 매매계약 해제 주장을 하면서 계약금 반환을 요구하였습니다. 이에 대하여 피고는 원고에게 이 사건 매매계약에 따른 중도금 및 잔금 지급의 이행을 요구하였습니다.
4. 부동산 관련 법규에서 부동산 거래에 관하여 실거래가 신고를 강제하고 있고, 이에 위반할 경우 위반자를 처벌하는 규정까지 두고 있음에 비추어 볼 때 매매계약의 당사자는 위와 같은 법규의 내용에 따라 실거래가 신고를 하기 위한 전제로서 실거래가에 의한 매매계약서를 작성할 의무가 있습니다.

5. 비록 명시적인 법규정이 없더라도 매매계약의 당사자는 신의성실의 원칙상 매매상대방에 대하여 이러한 실거래가 매매계약서의 작성에 협조할 의무가 있고 매매당사자 어느 일방이 이러한 실거래가 계약서 작성을 위한 협조의무를 이행하지 않는 경우에는 상대방은 이를 이유로 매매계약을 해제할 수 있습니다.
6. 피고는 원고로부터 실거래가 매매계약서 작성을 요구받았음에도 그 이행을 거부하였으므로 이 사건 매매계약은 원고의 해제 의사표시에 의하여 해제되었다고 할 것입니다.
7. 따라서 피고는 원고에게 원상회복의무의 이행으로 계약금 1억 원을 반환할 의무가 있다 할 것이므로 이 사건 소를 제기합니다.

입 증 방 법

1. 갑제1호증　　　　　　　　　　내용증명
2. 갑제2호증　　　　　　　　　　매매계약서
3. 갑제3호증　　　　　　　　　　확약서
4. 갑제4호증 ~ 갑 제21호증(생략)

그 밖의 것은 변론에 따라 수시로 제출하겠음.

첨 부 서 류

1. 위 입증방법　　　　　　　　　각1통
2. 소송위임장　　　　　　　　　1통
3. 소장부본　　　　　　　　　　1통
4. 납부서　　　　　　　　　　　1통

20○○. ○. ○.

원고 소송대리인 변호사 ○ ○ ○ (날인 또는 서명)

○○지방법원 귀중

주 <소송 전 확인, 준비사항>
1. 접수 : 일반사건으로 종합민원실에 접수한다.
2. 소가 : 소가는 청구금액에 의한다.(손해금등 부대청구는 소가에 해당하지 않는다)
3. 관할 : 피고의 주소지 관할법원
4. 인지 : 소가 1천만원미만 → 소가×10,000분의 50
   소가 1천만원이상 1억원미만 → 소가×10,000분의45 + 5,000원
   소가 1억원이상 10억원미만 → 소가×10,000분의40 + 55,000원
   소가 10억원이상 → 소가×10,000분의35 + 555,000원
   (최하 1천원이고 100원미만은 버림)
5. 소장부본 : 소장부본은 법원 1부 + 상대방 숫자만큼 제출한다.
6. 청구취지는 정확하게 기재하여야 한다. 이것이 바로 판결의 주문이 되어 실행이 이루어지는 것이다(간략하고, 투명하고, 정확하게 기재).
7. 청구원인은 권리주장의 근거를 설명식으로 기재한다.(반드시 주장의 핵심적인 요건사실이 들어가야 함)
8. 청구원인의 결론, 부본은 청구취지를 다시 언급하되 보다 자세히 근거법령 및 원인 관련을 기재한다.
9. 날인은 인감이 아니어도 상관없다.
10. 기본적 요건 사실 및 입증방법
    ㄱ. 계약체결 - 계약서 등
    ㄴ. 금원지급 - 영수증 등
    ㄷ. 상대방 계약위반 - 증인, 관련서류 등
    ㄹ. 계약해제 - 내용증명 등

【참조조문】

〔민법 제563조〕

제563조 (매매의 의의) 매매는 당사자일방이 재산권을 상대방에게 이전할 것을 약정하고 상대방이 그 대금을 지급할 것을 약정함으로써 그 효력이 생긴다.

〔공인중개사의 업무 및 부동산 거래신고에 관한 법률 제27조 제1항〕
　　제27조 (부동산거래의 신고)
① 거래당사자(매수인 및 매도인을 말한다. 이하 이 조에서 같다)는 다음 각 호의 어느 하나에 해당하는 부동산 또는 부동산을 취득할 수 있는 권리에 관한 매매계약을 체결한 때에는 부동산 등의 실제 거래가격 등 대통령령이 정하는 사항을 거래계약의 체결일부터 60일 이내에 매매대상부동산(권리에 관한 매매계약의 경우에는 그 권리의 대상인 부동산) 소재지의 관할 시장·군수 또는 구청장에게 공동으로 신고하여야 한다. 다만, 거래당사자 중 일방이 신고를 거부하는 경우에는 국토해양부령으로 정하는 바에 따라 상대방이 단독으로 신고할 수 있다. 〈개정 2006. 12. 28, 2008. 6. 13〉
　　1. 토지 또는 건축물
　　2.「도시 및 주거환경정비법」제48조의 규정에 따른 관리처분계획의 인가로 인하여 취득한 입주자로 선정된 지위
　　3.「주택법」제16조의 규정에 따른 사업계획승인을 얻어 건설공급하는 주택의 입주자로 선정된 지위
② 중개업자가 제26조제1항의 규정에 의하여 거래계약서를 작성·교부한 때에는 제1항의 규정에 불구하고 당해 중개업자가 제1항의 규정에 의한 신고를 하여야 한다.
③ 제1항 또는 제2항의 규정에 의하여 신고를 받은 시장·군수 또는 구청장은 그 신고내용을 확인한 후 신고필증을 신고인에게 즉시 교부하여야 한다.
④ 중개업자 또는 거래당사자가 제3항에 따른 신고필증을 교부받은 때(제1항 단서에 따라 매도인이 신고필증을 교부받은 때를 포함한다)에는

매수인은 「부동산등기 특별조치법」 제3조제1항에 따른 검인을 받은 것으로 본다. 〈개정 2008. 6. 13〉

⑤ 거래당사자는 중개업자로 하여금 제2항의 규정에 의한 부동산거래신고를 하지 아니하게 하거나 거짓된 내용을 신고하도록 요구하여서는 아니된다.

⑥ 「주택법」 제80조의2에 따른 주택거래신고지역의 주택에 대하여 중개업자가 주택거래계약서를 작성하여 교부한 경우에는 중개업자가 제1항 및 제2항에 따라 신고하여야 한다. 이 경우 제1항에도 불구하고 그 신고기간은 주택거래계약의 체결일부터 15일 이내로 한다. 〈개정 2008. 6. 13〉

⑦ 제6항에 따라 중개업자가 주택거래계약서를 작성하여 교부한 경우에 그 계약을 체결한 당사자에게는 「주택법」 제80조의2제1항을 적용하지 아니한다. 〈신설 2008. 6. 13〉

⑧ 「주택법」 제80조의2제1항에 따른 주택거래신고를 한 경우(이 법 제27조제6항에 따라 신고하여야 하는 경우를 제외한다)에는 제1항 및 제2항을 적용하지 아니한다. 〈신설 2008. 6. 13〉

⑨ 제1항·제2항 및 제6항에 따른 신고의 절차 그 밖에 필요한 사항은 국토해양부령으로 정한다. 〈개정 2008. 2. 29, 2008. 6. 13〉

〔공인중개사의 업무 및 부동산 거래신고에 관한 법률 제51조 제2호〕

제51조 (과태료)

① 제27조의2를 위반하여 거래대금지급증명자료를 제출하지 아니하거나 그 밖의 필요한 조치를 이행하지 아니한 자에게는 2천만원 이하의 과태료를 부과한다.

② 다음 각 호의 어느 하나에 해당하는 자에게는 500만원 이하의 과태료를 부과한다.

  1. 제24조제3항을 위반하여 운영규정의 승인 또는 변경승인을 얻지 아니하거나 운영규정의 내용을 위반하여 부동산거래정보망을 운영한 자

2. 제27조제1항 또는 제2항을 위반하여 부동산거래의 신고를 하지 아니한 자(공동신고를 거부한 자를 포함한다)
3. 제27조제5항을 위반하여 중개업자로 하여금 부동산거래신고를 하지 아니하게 하거나 거짓된 내용을 신고하도록 요구한 자
4. 제27조제6항을 위반하여 부동산거래의 신고를 하지 아니하거나 게을리 한 자
5. 제27조의2를 위반하여 거래대금지급증명자료 외의 자료를 제출하지 아니하거나 거짓으로 자료를 제출한 자
6. 제37조제1항에 따른 보고, 자료의 제출, 조사 또는 검사를 거부·방해 또는 기피하거나 그 밖의 명령을 이행하지 아니하거나 거짓으로 보고 또는 자료제출을 한 거래정보사업자
7. 제42조제5항을 위반하여 공제사업 운용실적을 공시하지 아니한 자
8. 제42조제6항에 따른 시정명령을 이행하지 아니한 자
9. 제44조제1항에 따른 보고, 자료의 제출, 조사 또는 검사를 거부·방해 또는 기피하거나 그 밖의 명령을 이행하지 아니하거나 거짓으로 보고 또는 자료제출을 한 자

③ 다음 각 호의 어느 하나에 해당하는 자에게는 100만원 이하의 과태료를 부과한다.
1. 제17조를 위반하여 중개사무소등록증 등을 게시하지 아니한 자
2. 제18조제1항 또는 제3항을 위반하여 사무소의 명칭에 "공인중개사사무소", "부동산중개"라는 문자를 사용하지 아니한 자 또는 옥외 광고물에 성명을 표기하지 아니하거나 거짓으로 표기한 자
3. 제20조제1항을 위반하여 중개사무소의 이전신고를 하지 아니한 자
4. 제21조제1항을 위반하여 휴업, 폐업, 휴업한 중개업의 재개 또는 휴업기간의 변경 신고를 하지 아니한 자
5. 제30조제5항을 위반하여 손해배상책임에 관한 사항을 설명하지 아니하거나 관계 증서의 사본 또는 관계 증서에 관한 전자문서를 교부

하지 아니한 자

6. 제35조제3항 또는 제4항을 위반하여 공인중개사자격증을 반납하지 아니하거나 공인중개사자격증을 반납할 수 없는 사유서를 제출하지 아니한 자 또는 거짓으로 공인중개사자격증을 반납할 수 없는 사유서를 제출한 자
7. 제38조제4항을 위반하여 중개사무소등록증을 반납하지 아니한 자

④ 제27조제1항·제2항 또는 제6항을 위반하여 부동산거래의 신고를 거짓으로 한 자에게는 해당 토지 또는 건축물에 대한 취득세(취득세가 비과세·면제·감경되는 경우에는 비과세·면제·감경되지 아니하는 경우에 납부하여야 할 취득세의 상당액을 말한다)의 3배(토지 또는 건축물을 취득할 수 있는 권리의 경우에는 권리 취득가액의 100분의 5) 이하에 상당하는 금액의 과태료를 부과한다.

⑤ 제2항제1호 및 제6호부터 제9호까지에 따른 과태료는 국토해양부장관이, 제3항제6호에 따른 과태료는 시·도지사가, 제1항·제2항제2호부터 제5호까지 및 제4항에 따른 과태료는 제27조제1항에 따라 신고를 받는 관청(이하 이 조에서 "신고관청"이라 한다)이, 제3항 제1호부터 제5호까지 및 제7호에 따른 과태료는 등록관청이 대통령령으로 정하는 바에 따라 각각 부과·징수한다.

⑥ 제5항에 따른 과태료 처분에 불복하는 자는 그 처분을 고지받은 날부터 30일 이내에 국토해양부장관, 시·도지사, 신고관청 또는 등록관청에 이의를 제기할 수 있다.

⑦ 제5항에 따른 과태료 처분을 받은 자가 제6항에 따라 이의를 제기한 때에는 국토해양부장관, 시·도지사, 신고관청 또는 등록관청은 지체 없이 관할 법원에 그 사실을 통보하여야 하며, 그 통보를 받은 관할 법원은 「비송사건절차법」에 따른 과태료 재판을 한다.

⑧ 제6항에 따른 기간 이내에 이의를 제기하지 아니하고 과태료를 납부하지 아니한 때에는 국세 또는 지방세 체납처분의 예에 따라 징수한다.

⑨ 제1항부터 제4항까지에 따른 과태료의 부과기준은 대통령령으로 정한다.
⑩ 제5항에 따라 신고관청이 중개업자에게 과태료를 부과하는 경우에는 부과일부터 10일 이내에 중개사무소(법인의 경우에는 주된 중개사무소를 말한다)를 관할하는 등록관청에 과태료 부과사실을 통보하여야 한다.

〔공인중개사의 업무 및 부동산 거래신고에 관한 법률 시행규칙 제17조 제1항〕

제17조 (부동산거래의 신고절차 등)

① 법 제27조제1항의 규정에 따라 부동산거래의 신고를 하고자 하는 거래당사자는 시장·군수 또는 구청장에게 별지 제21호서식의 부동산거래계약신고서(전자문서로 된 신고서를 포함한다. 이하 제2항에서 같다)에 매수인 및 매도인이 공동으로 서명 또는 날인(전자인증의 방법을 포함한다. 이하 제2항에서 같다)을 하여 거래당사자 중 1인이 제출하여야 한다. 이 경우 거래당사자 중 1인이 부동산거래계약신고서에 서명 또는 날인을 거부하는 때에는 거래당사자 중 다른 1인이 단독으로 부동산거래계약신고서에 서명 또는 날인을 한 후 그 사유서를 첨부하여 이를 제출할 수 있다.〈개정 2006. 3. 13〉

② 법 제27조제2항의 규정에 따라 부동산거래계약의 신고를 하고자 하는 중개업자는 시장·군수 또는 구청장에게 별지 제21호서식의 부동산거래계약신고서에 서명 또는 날인을 하여 제출하여야 한다.〈개정 2006. 3. 13〉

③ 제1항 및 제2항의 규정에 따라 부동산거래의 신고를 하고자 하는 자는 주민등록증 등 신고인의 신분을 확인할 수 있는 신분증명서를 시장·군수 또는 구청장에게 내보여야 한다. 다만, 전자문서로 신고를 하고자 하는 자에 대하여는 전자인증의 방법에 따른다.

④ 법 제27조제3항의 규정에 따른 신고필증은 별지 제22호 서식에 따른다.

⑤ 삭제〈2006.3 . 13〉

⑥ 제1항의 규정에 따른 부동산거래계약에 관한 신고(전자문서에 의한 신고를 제외한다)는 거래당사자 중 1인의 위임을 받은 자가 이를 대리할 수 있다. 이 경우 대리인은 주민등록증 등 대리인의 신분을 확인할 수

있는 신분증명서를 시장·군수 또는 구청장에게 내보이고, 대리권을 증명하는 서면 및 대리행위를 위임한 거래당사자의 인감증명서를 제출하여야 한다.
⑦ 제2항의 규정에 따른 부동산거래의 신고(전자문서에 의한 신고를 제외한다)는 소속공인중개사가 이를 대리할 수 있다. 이 경우 소속공인중개사는 제8조의 규정에 따른 고용신고를 한 자에 한하며, 대리인은 주민등록증 등 대리인의 신분을 확인할 수 있는 신분증명서를 시장·군수 또는 구청장에게 내보이고, 대리권을 증명하는 서면(중개업자가 제9조의 규정에 따라 신고한 인장을 날인하여야 한다)을 제출하여야 한다.
⑧ 제1항 또는 제2항의 규정에 따라 부동산거래계약에 관한 내용을 신고한 후 그 거래계약이 무효 또는 취소·해제(이하 "해제 등"이라 한다)된 경우에는 거래당사자 또는 중개업자(제6항 및 제7항의 규정에 따라 신고를 대리한 자를 포함한다)는 별지 제23호서식의 부동산거래계약해제등신고서(전자문서로 된 신고서를 포함한다)에 서명 또는 날인(전자인증의 방법을 포함한다)을 하여 시장·군수 또는 구청장에게 제출할 수 있다.
⑨ 제8항의 규정에 따라 거래계약 해제 등의 신고를 받은 시장·군수 또는 구청장은 그 내용을 확인한 후 별지 제24호 서식에 따른 부동산거래계약해제등확인서를 신고인에게 즉시 교부하여야 한다.
⑩ 거래당사자 또는 중개업자는 법 제27조제1항 또는 제2항에 따라 부동산거래계약에 관하여 신고한 내용 중 잔금지급일이 변경되거나 다음 각 호의 어느 하나에 해당하는 내용이 잘못 기재된 경우 발급받은 부동산거래계약신고필증에 해당 내용을 수정하여 거래당사자(중개거래인 경우 중개업자를 포함한다) 모두가 서명 또는 날인한 후 관련 증빙서류를 첨부하여 시장·군수 또는 구청장에게 정정신청을 할 수 있다. 〈신설 2007. 6. 29〉
  1. 매수인 및 매도인의 주소, 국적 및 거래 지분

> 2. 건축물의 종류
> 3. 소재지의 지목, 토지면적, 대지권 비율
> 4. 계약대상 면적
> 5. 중개업자의 사무소 소재지
> ⑪ 제10항에 따른 정정신청을 받은 시장·군수 또는 구청장은 제출한 증빙서류를 확인한 후 잘못 기재된 것이 명백한 경우 즉시 해당 내용을 수정하고 수정한 내용에 따른 신고필증을 재교부하여야 한다. 〈신설 2007. 6. 29〉

【상기사건의 핵심】

> 매매는 일방 당사자가 어떤 재산권을 상대방에게 이전할 것을 약정하고 상대방은 이에 대하여 대금을 지급할 것으로 약정함으로써 성립하는 것으로 당사자의 의사표시의 합치만으로 성립하고 특별한 방식을 요하지 아니하며 계약서는 계약의 성립 사실을 증명하는 하나의 방법에 불과한 것이므로, 매매계약의 효력으로서 매도인은 매수인에게 재산권이전의무를 부담하고 매수인은 대금지급의무가 발생할 뿐 매매계약 당사자에게 매매계약의 효력으로서 어떤 계약서 작성의무가 발생한다고 볼 수 없다. 또한, 공인중개사의 업무 및 부동산 거래신고에 관한 법률 제27조 제1항, 제51조 제2호, 같은 법 시행규칙 제17조 제1항의 규정들을 종합적으로 살펴보면, 위 규정들에서 거래당사자에게 부과한 의무는 실제 거래가격 신고의무이지 실제 거래가격 계약서 작성의무는 아니며, 위 규정들의 취지에 따르면 매매계약의 매수인은 설사 매도인이 협력을 거부하더라도 매매계약의 실제 거래가격을 행정청에 단독으로 신고할 수 있으므로, 위 규정들에 의거하여 매도인에게 실거래가에 따른 계약서 작성의무가 있다고 볼 수는 없다.

【원고의 주장과 피고의 항변】

【원고의 주장】
(가) 부동산 관련 법규에서 부동산 거래에 관하여 실거래가 신고를 강제하고 있고, 이에 위반할 경우 위반자를 처벌하는 규정까지 두고 있음에 비추어 볼 때 매매계약의 당사자는 위와 같은 법규의 내용에 따라 실거래가 신고를 하기 위한 전제로서 실거래가에 의한 매매계약서를 작성할 의무가 있다.
(나) 비록 명시적인 법규정이 없더라도 매매계약의 당사자는 신의성실의 원칙상 매매상대방에 대하여 이러한 실거래가 매매계약서의 작성에 협조할 의무가 있고 매매당사자 어느 일방이 이러한 실거래가 계약서 작성을 위한 협조의무를 이행하지 않는 경우에는 상대방은 이를 이유로 매매계약을 해제할 수 있다.
(다) 피고는 원고로부터 실거래가 매매계약서 작성을 요구받았음에도 그 이행을 거부하였으므로 이 사건 매매계약은 원고의 해제 의사표시에 의하여 해제되었다고 할 것이다.
(라) 따라서 피고는 원고에게 원상회복의무의 이행으로 계약금 1억 원을 반환할 의무가 있다.

【피고의 항변】

(가) 계약이 성립된 후에 당사자는 임의로 자기의 청약 또는 승낙의 의사를 철회하여 계약을 없었던 것으로 할 수 없고 계약상의 의무를 이행할 채무를 진다고 할 것이며, 당사자의 합의에 의해 성립한 계약은 당사자의 합의에 의해서만 변경될 수 있다.

(나) 원고와 피고 사이의 이 사건 매매계약에 있어 실거래가 계약서 작성은 매매계약의 내용으로 한 사실이 없음에도 원고가 실거래가 매매계약서 작성의무 위반을 이유로 이 사건 매매계약의 해제 주장을 하는 것은 이유가 없다.

(다) 또한, 피고는 원고가 중도금 및 잔금을 지급하면 원고의 요구대로 실거래가 매매계약서를 작성해 줄 의사를 밝히기도 하였으나 원고는 중도금 및 잔금 지급을 거부하고 계약금 반환만을 요구하였다.

【법원판단】

부동산 거래의 투명성 확보와 실거래 가격 확보를 통한 부동산 투기 방지 및 공평과세라는 입법 목적에 따라 위 법은 거래당사자에게 실제 거래가격을 신고하도록 의무를 부과하고 있는 점과 분쟁의 방지라는 공익상 견지에서 매매계약의 당사자는 계약서를 작성하는 경우 실제 거래가격을 매매대금으로 기재한 계약서를 작성하는 것이 바람직함은 이의가 있을 수 없다고 보인다. 그러나 위에서 본 바와 같이 원고가 주장하는 실거래가 계약서 작성의무라는 것은 법적 근거가 없어 이를 인정할 수 없는 것이므로, 피고에게 매매계약의 효력으로서 실거래가 매매계약서 작성의무가 있음을 전제로 한 원고의 이 사건 매매계약 해제 주장은 이유 없다.

또한, 비록 명시적인 법규정이 없더라도 매매계약의 당사자는 신의성실의 원칙상 매매상대방에 대하여 실거래가 매매계약서의 작성에 협조할 의무가 있고 매매당사자 어느 일방이 이러한 실거래가 계약서 작성을 위한 협조의무를 이행하지 않는 경우에는 상대방은 이를 이유로 매매계약을 해제할 수 있다는 원고의 주장도 독자적인 견해에 불과하여 이를 받아들일 수 없다〔한편 원고는, 피고가 양도소득세를 회피하기 위하여 다운계약서 작성을 요구하였고, 위 규정이 효력규정이라고 주장하는바, 위 주장을 이 사건 매매계약이 무효라는 주장으로 선해하여 보건대, 위 규정의 취지와 입법 목적 등에 비추어 위 규정이 사법상 계약의 효력을 좌우할 효력규정이라고 볼 수 없고, 원고의 주장과 같이 피고가 양도소득세를 회피할 의도로 매매계약서에 실제로 거래한 가액을 매매대금으로 기재하지 아니하고 그보다 낮은 금액을 매매대금으로 기재하였다 하여, 그것만으로 그 매매계약이 사회질서에 반하는 법률행위로서 무효로 된다고 할 수는 없으므로(대법원 2007. 6. 14. 선고 2007다3285 판결 참조), 원고의 위 주장도 이유 없다〕.

그렇다면 원고의 청구는 이유 없으므로 이를 기각하기로 하여 주문과 같이 판결한다.

- 주 문 -
1. 원고의 청구를 기각한다.
2. 소송비용은 원고가 부담한다.
  (대전지법 2008. 5. 13. 선고 2007가단76334 판결)

제 2 장 채무불이행으로 인한 손해배상의 청구

제 1 절 손해배상 일반

Ⅰ. 손해의 의의 및 종류

1. 손해의 의의

채무자의 채무불이행으로 인해 채권자에게 손해가 발생한 때에는 채권자는 그 손해배상을 청구할 수 있다(제390조).

여기서 '손해'란 채무의 이행이 있었더라면 채권자가 받았을 이익과 불이행으로 채권자가 현재 받고 있는 이익의 차액을 말한다(통설).

2. 손해의 분류

(1) 재산적 손해 · 비재산적 손해

재산에 관하여 생긴 손해가 재산적 손해이고, 생명·신체·자유·명예 등 비재산적 법익에 대해 발생한 손해가 비재산적 손해이다. 후자를 정신적 손해라고도 하고, 그 손해에 대한 배상을 '위자료'라고 한다.

【쟁점사항】

<채무불이행을 이유로 위자료를 청구할 수 있는지 여부>

채무불이행에 의한 손해에는 재산적 손해뿐만 아니라 정신적 손해도 포함되느냐에 관하여는 명문규정이 없어서 문제가 되고 있다. 이는 불법행위에 관해 재산적 손해에 대한 배상청구권과 위자료 청구권도 인정하고, 나아가 피해자가 아닌 일정한 친족에게도 위자료청구권도 명문규정으로 인정하는 것과 대비가 된다.

㈀ 학설의 입장

이에 관해 학설은 채무불이행으로 인한 손해에는 재산적 손해뿐만 아니라 비재산적 손해도 포함되는 것으로 보고, 다만 그것은 특별한 사정으로 인한 손해에 해당되는 것으로 해석하는 것이 통설이다.

㈁ 판 례

판례도 채무불이행으로 인한 재산적 손해를 특별손해에 해당하는 것으로 보면서도 그 사정에 대한 예견가능성이 없다는 점을 들어 배상책임을 부정하면서도

> 그 사정에 대한 예견가능성이 없다는 점을 들어 배상책임을 부정하는 경향이 있다. 예컨대 위임계약에 있어 수임인의 채무불이행으로 손해가 발생한 경우에 관한 판례에서 "일반적으로 위임계약에 있어서 수임인의 채무불이행으로 인하여 위임의 목적을 달성할 수 없게 되어 손해가 발생한 경우, 그로 인하여 위임인이 받은 정신적인 고통은 그 재산적 손해에 대한 배상이 이루어짐으로써 회복된다고 보아야 하고, 위임인이 재산적 손해에 대한 배상만으로는 회복될 수 없는 정신적 고통을 입었다는 특별한 사정이 있고, 수임인이 그와 같은 사정을 알았거나 알 수 있었을 경우에 한하여 정신적 고통에 대한 위자료를 인정할 수 있다"고 하였다(대판 1996. 12. 10. 96다36289).

(2) 적극적 손해 · 소극적 손해

기존재산(이익)의 멸실 또는 감소가 적극적 손해이고, 장래 얻을 수 있었던 이익을 받을 수 없게 되는 것이 소극적 손해이다. 채무불이행에 있어서는 불이행에 의한 채권침해가 적극적 손해이고, 채무가 이행되었더라면 채권자가 목적물을 전매해서 얻었을 이익의 상실이 소극적 손해이다. 이 구별의 실익은 적극적 손해는 '통상의 손해'이나, 소극적 손해는 특별손해로 되는 경우가 많다.

(3) 이행이익의 손해와 신뢰이익의 손해

이행이익의 손해란 이미 유효하게 성립된 채권의 존재를 전제로 하여 채무가 이행되었더라면 얻었을 이익의 상실을 말하고, 신뢰이익의 손해란 채무가 이행되라고 믿고 채권자가 지출한 비용을 말한다(예 : 계약체결을 위한 각종 비용과 수수료·교통비 등).

민법 제535조(계약체결상의 과실)는 목적이 불가능한 계약을 체결하여 그 계약이 무효인 경우에 관해, '계약이 유효함으로 인하여 생길 이익'을 이행이익이라 하고, '그 계약의 유효를 믿었음으로 인하여 생길 이익'을 '신뢰이익'이라고 표현하면서, 신뢰이익은 이행이익을 넘지 못한다고 규정하고 있다. 채무불이행에서의 손해는 이행이익의 손해를 내용으로 하는 것이다.

II. 손해배상의 범위

채무불이행으로 인해 손해가 발생한 경우에 그 발생된 손해 전부가 모두 배상되는 것은 아니다. 왜냐하면 채무불이행으로 인한 손해는 무한히 확대될 수 있는데, 이러한 손해 전부를 채무자가 배상해야 한다는 것은 채무자에게 너무 가혹하기 때문이다. 따라서 어떤 기준에 의해 배상범위를 합리적으로 결정할 필요가 있게 된다.

민법에서는 채무불이행에 의한 손해배상의 범위를 규정하는 것이 본조이다. 본조는 배상하여야 할 손해의 범위로서 ① 그 계약불이행으로 발생하는 통상의 손해와 ② 채무자가 알았거나 알 수 있었을 특별한 사정으로부터 일어난 손해를 규정한다.

1. 통상손해

(1) 의 의

통상손해란 채무불이행이 있으면 일반적으로 발생하는 것으로 여겨지는 손해를 말한다. 손해배상은 일방 당사자가 입은 손해를 타방 당사자에게 전보시켜 당사자간의 공평을 꾀하려고 하는 제도이기 때문에 통상의 경우에 발생할 손해를 전보시키는 것이 그 목적에 가장 적합하다.

(2) 통상손해의 범위에 관한 사례

ⅰ) 경매절차에 부당한 정지로 인하여 경매 채권자가 입게 되는 통상손해

부당한 경매절차의 정지로 인하여 경매 채권자가 입게 된 손해는, 그 정지된 기간 동안 경매 목적물의 가격에 현저한 등락이 있었다는 등의 특별한 사정이 없는 한, 경매절차가 정지되지 않았더라면 일찍 받았을 배당금의 수령이 지연됨에 따른 손해라 할 것인데, 경매 채권자에 대한 배당은 경매절차가 정지된 날부터 본안소송의 패소 판결이 확정되어 다시 경매절차가 진행되기 전날까지의 기간에 해당하는 일수만큼 지연된 것으로 봄이 상당하며, 한편 금원의 수령이 지체되어 이를 이용하지 못함으로 인하여 생기는 통상손해는 이용하지 못한 기간 동안의 법정이자 상당액이라 할 것이다(대판 2001. 2. 23. 98다26484).

ⅱ) 휴업손해

불법행위로 영업용 물건이 멸실된 경우, 이를 대체할 다른 물건을 마련하기 위하여 필요한 합리적인 기간 동안 그 물건을 이용하여 영업을 계속하였더라면 얻을 수 있었던 이익, 즉 휴업손해는 그에 대한 증명이 가능한 한 통상의 손해로서 그 교환가치와는 별도로 배상하여야 하고, 이는 영업용 물건이 일부 손괴된 경우, 수리를 위하여 필요한 합리적인 기간 동안의 휴업손해와 마찬가지라고 보아야 할 것이다(대판 2004. 3. 18. 2001다82507).

ⅲ) 임대차목적물인 건물이 훼손된 경우의 통상손해

임대차목적물인 건물이 훼손된 경우에 그 수리가 불가능하다면 훼손 당시의 건물의 교환가치가 통상의 손해일 것이고 수리가 가능한 경우에는 그 수리비가 통상의 손해일

것이나 그것이 건물의 교환가치를 넘는 경우에는 형평의 원칙상 그 손해액은 그 건물의 교환가치 범위 내로 제한되어야 한다(대판 1994. 10. 14. 94다3964).

ⅳ) 소유권이전등기의무가 이행불능이 된 경우의 통상손해

매도인의 매매목적물에 관한 소유권이전등기 의무가 이행불능이 됨으로 말미암아 매수인이 입는 손해액은 원칙적으로 그 이행불능이 될 당시의 목적물이 시가 상당액이고, 그 이후 목적물의 가격이 등귀하였다 하여도 그로 인한 손해는 특별한 사정으로 인한 것이어서 매도인이 이행불능 당시 그와 같은 특수한 사정을 알았거나 알 수 있었을 때에 한하여 그 등귀한 가격에 의한 손해배상 청구를 할 수 있다 함은 대법원의 확립된 판례이고, 이러한 법리는 이전할 토지가 환지 예정이나 환지확정 후의 특정 토지라고 하여도 다를 바 없으며, 그 배상금의 지급이 자체되고 있다고 하여도 그 배상금에 대한 법정이자 상당의 지연손해금을 청구하는 외에 사실심 변론종결시의 시가에 의한 손해배상을 청구할 수 있게 되는 것은 아니다(대판 1996. 6. 14. 94다61359).

ⅴ) 임대차목적물인 건물이 훼손된 경우의 통상손해

임대차의 목적물이고 건물이 훼손된 경우에 그 수리가 불가능하다면 훼손 당시의 건물의 교환가치가 통상의 손해일 것이고, 수리가 가능한 경우에는 그 수리비가 통상의 손해일 것이나 그것이 건물의 교환가치를 넘는 경우에는 형평의 원칙상 그 손해액은 그 건물의 교환가치의 범위내로 제한되어야 한다.

2. 특별손해

특별한 사정으로 인한 손해는 채무자가 그 사정을 알았거나 알 수 있었을 때에 한하여 배상의 책임이 있다(제393조 2항).

(1) 의 의

특별손해란 통상적으로 발생하는 손해가 아니라 채권자에게만 존재하는 개별적·특수적 사정에 기초하여 발생하는 손해를 말한다.

즉「특별한 사정으로 인하여 발생한 손해」라 함은「통상 발생되는 손해」에 대한 개념으로서 채권자가 이익을 얻고 개인에게 전매계약을 한 것과 같은 채권자 개인사정으로 인한 손해와 채무불이행 이후의 경제사정의 격변과 같은 객관적 사정으로 인한 손해를 포함한다. 원래 이러한 손해는 상당인과관계의 범위에 포함되어야 할 손해는 아니지만 채권자가 예견 또는 예견할 수 있었던 사정을 특별한 것으로서 상당인과관계의 범위에 포함시킨 것이라 할 수 있다. 그리고 이 예견 혹은 과실에 의한 부지는 계약불이행의 시를 기준으로 하여 결정되고, 그 입증책임은 채권자에게 있다고 하는 것이 일반적으로

학설·판례상 인정되고 있다(이설없음).

(2) 특별손해의 범위에 관한 사례

ⅰ) 재산권 침해로 인한 정신적 손해

재산권 침해로 인한 정신적 손해는 특별사정으로 인한 손해(재산적 침해에 관련되는 일반적인 정신적 고통은 그 재산적 손해의 배상에 의하여 회복되는 것이라고 할 것이다)라고 볼 것이므로 그 손해에 대한 위자료는 침해자가 그 특별사정을 알았다거나 적어도 그 사정을 예견할 수 있었을 것이라고 인정되는 경우에 한하여 이를 인용할 것이다(대판 1971. 2. 9. 70다2826).

ⅱ) 목적물의 가격이 등귀한 경우, 그 목적물의 현재시가

이행불능 이후에 목적물의 가격이 등귀한 경우, 그 목적물의 현재시가는 물가등귀라는 특별한 사정에 의한 손해이다(대판 1967. 11. 21. 67다2158).

ⅲ) 불법행위의 직접적 대상에 대한 손해가 아닌 간접적 손해

불법행위의 직접적 대상에 대한 손해가 아닌 간접적 손해는 특별한 사정으로 인한 손해로서 가해자가 그 사정을 알았거나 알 수 있었을 것이라고 인정되는 경우에만 배상책임이 있다(대법원 1996. 1. 26. 94다5472).

ⅳ) 매수인의 대금 지급 지연으로 인한 손해

매수인이 약정된 기일에 매매대금을 지급하지 못한 결과 매수인이 제3자와 매매계약을 체결하여 이득을 얻거나 혹은 계약을 이행하지 못하게 되어 손실을 입게 되는 것을 특별손해에 해당한다(대판 1991. 1. 11. 90다카1606, 대판 1991. 10. 11. 91다25369).

ⅴ) 토지 매도인이 매매 당시 매수인이 그 토지를 매수하여 그 위에 건물을 신축할 건물이라는 사정을 알고 있었고 매도인의 채무불이행으로 인하여 매수인이 신축한 건물이 철거될 운명에 이른 경우 매수인이 입게 된 손해가 특별한 사정으로 인한 것인지 여부

토지 매도인의 소유권이전등기의무가 이행불능상태에 이른 경우, 매도인이 매수인에게 배상하여야 할 통상의 손해배상액은 그 토지의 채무불이행당시의 교환가격이나, 만약 그 매도인이 매매 당시 매수인이 이를 매수하여 그 위에 건물을 신축할 것이라는 사정을 이미 알고 있었고 매도인의 채무불이행으로 인하여 매수인이 신축한 건물이 철거된 운명에 이르렀다면, 그 손해는 적어도 특별한 사정으로 인한 것이고, 나아가 매도인은 이러한 사정을 알고 있었으므로 위 손해를 배상할 의무가 있다(대판 1992. 8. 14. 92다2028).

<Q & A>
이행지체 중의 양도소득세 부과분에 대한 매수인의 책임여부

 Q) 甲은 A토지에 관하여 乙과 매매계약을 체결하였는데, 乙은 甲과 약정한 잔금지급기일에 잔금을 지급하지 않았다 하지만 甲은 乙의 잔금지급 지체를 이유로 매매계약을 해제하지는 않았다. 그런데 乙이 잔금지급을 지체하고 있는 사이에 A토지의 개별공시지가는 급등하였고, 이로 인하여 甲은 추가로 양도소득세를 부담하게 되었다. 이에 甲은 乙로부터 乙의 잔금지급 지체로 인하여 추가로 부담하게 된 양도소득세의 차액부분을 지급받을 수 있는가?

A)
1. 문제점
「민법」은 채무불이행으로 인한 손해배상은 통상의 손해를 그 한도로 하고, 특별한 사정으로 인한 손해는 채무자가 그 사정을 알았거나 알 수 있었을 때에 한하여 배상의 책임이 있다고 규정하고 있다(같은 법 제393조). 통상손해란 채무불이행이 있으면 일반적으로 발생하는 것으로 여겨지는 손해를 말하고, 특별손해란 채무불이행으로 인해 일반적으로 발생하는 손해가 아닌 채권자에게 존재하는 특별한 사정에 기초하여 발생하는 손해를 뜻한다. 따라서 채무자는 채무불이행으로 인하여 채권자가 입게 된 통상손해에 대해서는 그 전부에 대하여 배상책임을 부담하게 되지만, 특별손해에 대해서는 채권자에게 존재하는 특별한 사정에 관하여 채무자가 '알았거나 알 수 있었을 때'에 예외적으로 배상책임을 부담하게 된다. 위 사안에서 甲이 추가로 부담한 양도소득세가 통상손해인지, 특별손해인지가 문제된다.

2. 판례의 태도
판례는 "매수인의 잔금지급 지체로 인하여 계약을 해제하지 아니한 매도인이 지체된 기간 동안 입은 손해 중 그 미지급 잔금에 대한 법정이율에 따른 이자 상당의 금액은 통상손해라고 할 것이지만, 그 사이에 매매대상 토지의 개별공시지가가 급등하여 매도인의 양도소득세 부담이 늘었다고 하더라도 그 손해는 사회일반의 관념상 매매계약에서의 잔금지급의 이행지체의 경우 통상 발생하는 것으로 생각되는 범위의 통상손해라고 할 수는 없고, 이는 특별한 사정에 의하여 발생한 손해에 해당한다고 할 것이다."라고 하였다(대법원 2006. 4. 13. 선고 2005다75897 판결).

3. 결론
따라서 甲은 乙로부터 乙의 지체기간 동안의 미지급 잔금에 대한 법정이율에 따른 이자 상당의 금액을 통상손해로서 배상받을 수 있을 것으로 보이나, 乙의 잔금지급 지체로 인하여 추가로 부담하게 된 양도소득세 차액부분을 배상받기 위해서는 乙이 A토지의 개별공시지가의 급등이라는 특별한 사정을 알았거나 알 수 있었다는 사실을 입증하여야만 할 것이다.

III. 손해배상의 방법

손해배상의 방법에는 두 가지가 있다. 그 하나는 손해가 발생하지 않았던 원상에 회복하는 것, 즉 원상회복이고 다른 하나는 손해를 금전으로 평가하여 그 액을 지불하는 것 즉 금전배상이다. 민법은 당사자 사이에 특별한 의사표시가 없는 한 금전배상을 원칙으로 한다(민법 제394조).

정신적 손해도 금전으로 배상하는 것이며, 이 점에 있어서는 다른 종류의 손해와 구별되는 것이 아니다. 어쨌든 현재에 있어서는 금전의 지급에 의하는 것이 채권의 내용을 실현함에 있어서 가장 유효적절한 수단이라고 이해되는 것이다.

IV. 손해배상액의 산정

1. 의 의

손해배상은 다른 의사표시가 없으면 금전으로 배상하는 것이 원칙이므로(민법 제394조), 배상되어야 할 손해를 금전으로 평가하여야 하는데, 이를 '손해배상액'의 산정이라 한다.

(1) 기준가격 : 통상의 가격

재산적 손해의 배상액은 재산적 가치의 평가액이고, 그것은 통상가격 내지 통상교환가격을 표준으로 한다.

(2) 기준시기

이행불능의 경우에는 그 목적물의 가액이 손해의 내용이 된다. 그런데 이행불능 이후에 목적물의 가격이 오른 경우 어느 시기를 기준으로 배상액을 산정할 것인지가 문제된다. 이에 관해서는 견해가 대립되는데, ① 손해배상책임이 발생한 때를 기준으로 그 당시의 가격을 적용하여야 하고, 그 후의 가격등귀는 특별손해의 법리에 의해 처리되어야 한다는 책임원인발생시설과 ② 손해배상채권발생시에 확정되는 것은 손해뿐이고, 그 평가는 언제든지 할 수 있으므로 그 청구를 소송으로 할 때에는 결국 구두변론종결시를 기준으로 하여야 한다는 사실심의 구두변론종결시설이 대립된다. 판례는 책임원인발생시설을 취하고 있다(대판 1996. 6. 14. 94다61359).

(3) 기준장소

특약 또는 특별한 규정이 없는 채무의 이행지에서 가격을 표준으로 하여 배상하여야 할 통상가격을 정한다.

2. 과실상계

(1) 과실상계의 의의

채무불이행에 관하여 채권자에게도 과실이 있는 경우에는 법원은 손해배상책임의 유무 및 그 배상액을 정함에 있어서 채권자의 과실도 이를 참작하여야 한다는 것이 과실상계이다.

법률관계를 순수하게 개인적 관계로 구성하고 다시 법률관계를 모두 개인의 의사적 관계에 한정하려고 하는 근대법에서 책임이란 것은 행위자의 주체적인 의사를 매개로 하여 행위자와 행위의 결과를 결합시키는 것이기 때문에 그것은 우선 고의를, 다음에 과실을 요건으로 하게 된다.

따라서 불법행위책임에 대해서도 원칙적으로 고의와 과실의 존재를 요건으로 하는 것은 당연한 것이지만 이러한 원리를 전제로 한 때, 채무불이행의 발생에 대하여 채권자의 주체적인 의사가 개제한 경우에 있어서는 당연히 채무자가 책임에 영향을 초래하게 되는 것이므로, 과실상계란 바로 이러한 경우를 말하는 것이다.

이것을 구체적으로 말하지만 채무불이행의 경우에 대한 배상의무자인 채무자는 원칙적으로 자기고유의 과실 또는 자기의 귀책사유로 생긴 결과 이상의 손해에 대하여 책임을 져야 할 이유가 없다. 또한 배상권리자인 채권자도 자기의 행위로 생긴 결과를 타인에게 전가할 수 있는 이유가 없기 때문에 손해배상책임의 원인, 또는 그 결과인 손해의 발생에 관하여 배상권리자의 행위도 가담한 때에는 손해배상책임의 유무 및 배상액 산정에 있어서 이 점을 참작하지 않으면 안 되는 것으로 하고 있는 것이다.

과실상계제도는 공평의 원칙에서 보더라도 당연하고 불법행위에 의한 손해배상에도 준용된다(민법 제763조).

(2) 과실상계의 요건 및 적용범위

가. 요 건

우선 채무불이행에 의한 손해배상청구권이 성립하기 위하여 필요한 통상의 요건, 즉 채무불이행·손해의 발생·상당인과관계가 구비되어 있어야 한다. 또한「채무의 불이행에 관하여」채권자에게 과실이 있어야 한다.

그리고 이것은 채무불이행 그 자체에 관하여 채권자에게 과실이 있는 경우뿐만 아니라 손해의 발생 혹은 손해의 확대에 관하여 채권자에게 과실이 있는 경우를 포함한다고 해석하고 있다(대판 1957. 6. 29. [4290 민상 238], 대판 1959. 11. 19. [4290 민상 530]).

과실상계제도는 불법행위자에 대하여 적극적으로 손해배상책임을 지게 하는 것과는 그 취지가 달라 피해자가 사회공동생활을 함에 있어서 신의칙상 요구되는 주의를 다하지 아니한 경우에 불법행위자의 손해배상의 책임 및 배상하여야 할 손해의 금액을 정함에 있어서 손해배상제도의 지도원리인 공평의 원칙에 따라 손해의 발생에 관한 피해자의 그와 같은 부주의를 참작하게 하려는 것이므로, 피해자가 불법행위의 성립에 요구되는 엄격한 의미의 주의의무를 위반한 경우뿐만 아니라 단순한 부주의로 인하여 손해가 발생 확대되게 한 경우에도 피해자에게 과실이 있는 것으로 보아 과실상계를 할 수 있다(대판 1992. 5. 12. 92다6112).

채권자에게 고의·과실이 있다고 하기 위해서는 채권자에게 책임능력이 있어야 함은 말할 필요도 없다. 채무자의 고의·과실에 대해서도 마찬가지이다.

핵심판례

■ **불법행위에 있어서 과실과 과실상계에 있어서의 과실의 비교**

불법행위에 있어서 과실상계는 공평 내지 신의칙의 견지에서 손해배상액을 정함에 있어 피해자의 과실을 참작하는 것으로서, 그 적용에 있어서는 가해자와 피해자의 고의 과실의 정도, 위법행위의 발생 및 손해의 확대에 관하여 어느 정도의 원인이 되어 있는가 등의 제반 사정을 고려하여 배상액의 범위를 정하는 것이며, 불법행위에 있어서의 가해자의 과실이 의무위반의 강력한 과실임에 반하여 과실상계에 있어서 과실이란 사회통념상, 신의성실의 원칙상, 공동생활상 요구되는 약한 부주의까지를 가리키는 것이라 할 것이다(대판 2001. 3. 23. 99다33397 판결).

나. 적용범위

과실상계는 채무불이행 내지 불법행위로 인한 손해배상 책임에 대한 인정되는 것이고, 채무내용에 따른 본래의 급부의 이행을 구하는 경우에는 적용될 것이 아니다(대판 1996. 5. 10. 96다8469). 그리고 손해배상액을 예정한 경우에도 과실상계는 적용되지 않는다(대판 1972. 3. 31. 72다108).

(3) 과실상계사유의 유무의 판단기준

민법상의 과실상계제도는 채권자가 신의칙상 요구되는 주의를 다하지 아니한 경우 공평의 원칙에 따라 손해의 발생에 관한 채권자의 그와 같은 부주의를 참작하게 하려는 것이므로, 단순한 부주의라도 그로 말미암아 손해가 발생하거나 확대된 원인을 이루었다면 피해자에게 과실이 있는 것으로 보아 과실상계를 할 수 있고, 채무불이행으로 인한 손해배상책임의 범위를 정함에 있어서의 과실상계사유의 유무는 개별사례에서 문제된 계약의 체결 및 이행경위와 당사자 쌍방의 잘못을 비교하여 종합적으로 판단하여야 한다(대판 1993. 5. 27. 92다20163).

(4) 과실상계의 효과

법원은 채무자의 배상액을 감경할 수 있을 뿐만 아니라 책임 자체를 부정할 수도 있다.

그러나 법원은 채권자에게 과실이 있다고 인정한 이상 반드시 이를 참작하여야 하며, 만일 참작하지 않으면 위법한 판결로서 상고의 이유가 된다(대판 1966. 7. 26. [66다937]).

어느 정도 참작하여야 하는가는 법원의 자유재량에 맡겨져 있으나, 과실의 대소, 그 원인의 강약 기타 제반사정을 고려하여 결정하는 것이 타당하다.

(5) 과실상계의 관련된 사례

ⅰ) 보증보험계약에서 보험자가 피보험자에게 보험금을 지급함으로써 보험계약자에 대한 구상권을 취득하고서 보증인에게 이를 통지할 의무를 게을리하여 지연손해가 확대된 경우 과실상계사유가 되는지 여부(대판 1992. 5. 12. 92다4345).

일반적으로 보증보험계약에서 보험계약자를 위하여 그 상환채무의 보증인이 된 자는 보험사고인 지급계약의 불이행사실이나 보험자의 보험금 지급사실을 바로 알 수 있는 위치에 있지 않으므로, 보험자가 피보험자에게 보험금을 지급함으로써 보험계약자에 대한 구상권을 취득할 때에는 보증인에게 이를 지체 없이 통지하여 상환의무의 발생을 알려 줌으로써 지연손해의 확대를 방지할 신의칙상 의무가 있다고 할 것이고, 이러한 통지를 게을리 함으로써 지연손해가 확대된 경우에는 그 손해의 확대에 대하여 보험자의 과실이 경합되었다고 볼 것이어서 과실상계사유가 된다(대판 1992. 5. 12. 92다4345).

ⅱ) 이중매수인이 매매목적부동산에 관하여 처분금지가처분등기가 기입된 사실을 알았으나 매도인으로부터 자기 책임하에 가처분등기를 청산, 정리한다는 취지의 약속을 받음에 따라 매매대금을 전부 지급한 행위는 과실상계사유가 되는지 여부

이중매수인이 매매목적부동산에 관하여 처분금지가처분등기가 기입된 사실을 알았으나 매도인으로부터 자기 책임하에 가처분등기를 청산, 정리한다는 취지의 약속을 받음에 따라 매매대금을 전부 지급한 행위는 과실상계사유가 되지 아니한다(1993. 5. 27. 제3부 판결, 92다20163 손해배상(기)).

ⅲ) 보증보험계약에서 보험계약자의 연대보증인이 보증인으로서의 의무이행을 거부하고 있다는 사실만으로 보험자의 통지 해태가 지연손해의 확대에 아무런 관련이 없다고 단정할 수 있는지 여부

보증보험계약에서 보험계약자의 연대보증인이 보증인으로서의 의무이행을 거부하고 있다면 보험자의 보험금 지급사실의 통지 해태는 지연손해의 확대에 아무런 영향이 없다고 볼 여지가 없지 않으나, 연대보증인이 뒤늦게 보험자의 보험금 지급사실을 알았기 때문에 그 사이에 지연손해금이 감당키 어려운 정도로 불어나서 선뜻 상환에 응하지 못하는 경우도 있을 수 있으므로 연대보증인이 의무이행을 거부하고 있다는 사실만으로 보험자의 통지 해태가 지연손해의 확대에 아무런 관련이 없다고 단정하기는 어렵다 (1992. 5. 12. 제1부 판결 92다4345 구상금).

3. 손익상계

(1) 의 의

채무불이행으로 인하여 채권자에게 손해가 발생한 경우에 채무자가 채무를 이행하였더라면 채권자가 지출하였을 비용을 손해배상액에는 공제되어야 하는데, 이를 손익상계라고 한다. 손익상계는 민법에 규정이 없지만 실손해의 배상이라는 관점에서 당연한 것으로 인정된다.

(2) 과실상계와 손익상계의 순서

불법행위로 인하여 손해가 발생하고 그 손해발생으로 이득이 생기고 동시에 그 손해발생에 피해자에게도 과실이 있어 과실상계를 하여야 할 경우에는 먼저 산정된 손해액에서 과실상계를 한 다음에 위 이득을 공제하여야 한다.

V. 금전채무불이행에 대한 특칙

1. 민법 제379조의 취지

금전채무불이행의 손해배상액은 법정이율에 의한다. 그러나 법령의 제한이 위반하지 아니한 약정이율이 있으면 그 이율에 의한다(민법 제397조 1항).

본조는 금전을 목적으로 하는 채무불이행으로 인한 손해배상에 관하여 규정한 것이다.

ⅰ) 금전채무에는 특정이 없다. 따라서 완전하게 이행을 종료할 때까지는 채무자의 책임없는 사유로 인하여 이행불능상태를 발생시키는 일이 없으며, 다만 이행지체가 될 뿐이다. 본조 제2항 후단에서「채무자는 과실없음을 항변하지 못한다」라고 규정하고 있는 것은 바로 이러한 취지에서이다.

금전채권의 이행지체에 대한 손해배상액은 특약이 없거나 법류에 특별한 규정(제705조 참조)도 없으면, 법정이율 - 민사 연5푼(제379조), 상사 연6푼(상법 제54조) - 에 의하여 결정하도록 되어 있다.

금전은 이자에 의해 과실을 얻는 것이 보통인 점에서 특칙을 정한 것이다. 즉, 이행기에 이행하지 아니하면 이행불능으로 인정하지 않고 즉시 이행지체로서의 책임을 묻는 대신에 그 책임의 범위를 획일적으로 정해 두려고 하는 취지에서이다.

ⅱ) 채권자는 이행지체에 의한 손해의 발생을 증명할 필요가 없다.

이것은 금전채권의 불이행의 경우에는 이자만의 손해는 언제나 반드시 발생하고, 또 이보다 많은 손해는 발생하지 않는다고 간주하는 것이 공평하다고 하는 점에 그 바탕을 두고 있다.

위와 같이 금전채권의 불이행에 대해서 채무자는 불가항력으로 항변할 수 없는 것이지만, 천재지변이나 경제공황 등을 이유로 하여 거래가 일반적으로 핍박하게 되는 것과 같은 경우에는 법령에 의하여 일정기간 그 지불유예를 인정할 수 있다.

이것을 Moratorium(지급유예)라고 일컫는다(우리나라에서는 통화개혁시에 이 조치를 취한 바 있다. 1962년 긴급통화조치법 제15조, 제16조).

지불유예의 이익을 받는 채무는 그 기간 내에는 지불하지 않더라도 위법이라고 할 수 없기 때문에 채무자는 그 기간 중에는 이행지체의 책임을 부담하지 않는다.

2. 관련문제

ⅰ) 금전채무 불이행을 원인으로 한 손해배상청구에 있어 법원이 채권자의 주장도 없이 민법 제397조 소정의 지연이자 상당의 손해를 인용할 수 있는지 여부

금전채무 불이행에 관한 특칙을 규정한 민법 제397조는 그 이행지체가 있으면 지연이자 부분만큼의 손해가 있는 것으로 의제하려는 데에 그 취지가 있는 것이므로 지연이자를 청구하는 채권자는 그 만큼의 손해가 있었다는 것을 증명할 필요가 없는 것이나, 그렇다고 하더라도 채권자가 금전채무의 불이행을 원인으로 손해배상을 구할 때에 지연이자 상당의 손해가 발생하였다는 취지의 주장은 하여야 하는 것이지 주장조차 하지 아니하여 그 손해를 청구하고 있다고 볼 수 없는 경우까지 지연이자 부분만큼의 손해를 인용해 줄 수는 없는 것이다(대판 2000. 2. 11. 99다49644).

ⅱ) 이자부 소비대차에서 이자약정이 없는 변제기 후의 이자약정이 없는 경우 변제기가 지난 후에도 약정이자를 지급하여야 하는지 여부

소비대차에서 변제기 후의 이자약정이 없는 경우 특별한 의사표시가 없는 한 변제기가 지난 후에도 당초의 약정이자를 지급하기로 한 것으로 보는 것이 당사자의 의사이다(대판 1981. 9. 8. 80다2649).

ⅲ) 제소전화해의 창설적 효력 및 제소전화해조항에 변제기 후의 지연손해에 대하여 별도의 정함이 없는 경우 지연손해에 대해 적용되는 이율

소비대차채권의 담보를 확보할 목적으로 일단 제소전화해를 한 경우 그 화해는 창설적 효력을 가지게 되므로 화해 전의 사유를 가지고 화해의 효력을 다툴 수 없고 화해가 이루어지면 종전의 법률관계를 바탕으로 한 권리의무관계는 소멸한다고 할 것이므로 변제기 후의 지연손해에 대하여 화해조항에 별도의 정함이 없으면 변제기 후의 지연손해는 법정이율에 의하여야 한다(대판 1981. 9. 8. 80다2649).

Ⅵ. 손해배상액의 예정

1. 손해배상액의 예정의 의의 및 목적

(1) 의 의

ⅰ) 손해배상액의 예정이라 함은 채무불이행의 경우에 채무자가 지급하여야 할 손해배상액을 미리 정하여 둘 것을 내용으로 하는 채권자·채무자 사이의 계약을 말한다.

그 목적으로 하는 것은 채권자가 채무불이행에 의한 손해배상을 청구하기 위하여 필요한 것인 손해의 발생 및 그 액을 입증함에 있어 수반되기 곤란함을 배제하고, 손해배상에 관한 법률관계의 간략화를 꾀하려고 하는 경우도 있고, 또 불이행에 관한 제재의 의미를 갖는 일종의 위약벌을 약속하고 그 위협으로서 이행을 심리적으로 강제하려고 하는 경우도 있으며, 이상의 두 가지 목적이 혼합하고 있는 경우가 있는 것도 주의하지 않으면 안 된다.

판례는 이 제도의 목적이 "손해의 발생사실과 손해액의 입증의 곤란을 덜고, 분쟁의 발생을 미리 방지하여 법률관계를 쉽게 해결할 뿐 아니라, 채무자에게 심리적 경고를 함으로써 채무의 이행을 확보하려는 데 있다."고 하였다(대판 1993. 4. 23. 92다41719).

당사자는 법률의 규정 또는 선량한 풍속 기타 사회질서에 위반하지 않는 한, 자유롭게 배상액예정계약을 체결할 수 있다.

이러한 손해배상액의 예정은 계약자유의 원칙에서도 당연히 허용되어야 하는 것이지만 민사법의 자유로서 이자의 자유와 함께 근대거래법이 획득한 계약자유의 원칙의 구체적인 내용의 하나인 점에서 역사적인 의의가 있다고 하겠다.

배상액의 예정은 일정액의 금전으로써 하는 것이 보통이지만 금전 이외의 것으로써 한 경우라도 본조 제1항 내지 제4항에 관한 규정이 준용된다. 또 위약금이라 불리우는 것은 배상액의 예정으로 추정되는 것이다.

ⅱ) 배상액예정계약은 그 성질상 채무불이행을 정지조건으로 하는 조건부계약이며, 원채권관계에 종된 계약이라고 할 수 있다. 따라서 원채권관계와 법률상의 운명을 같이 하며 원채권의 담보는 배상예정액까지도 담보한다고 해석한다.

(2) 목 적

민법 제398조에서 손해배상액의 예정에 관하여 규정한 목적은 손해의 발생사실과 손해액에 대한 곤란을 덜고 분쟁의 발생을 미리 방지하여 법률관계를 쉽게 해결할 뿐 아니라 채무자에게 심리적 경고를 함으로써 채무의 이행을 확보하려는 것이고, 한편 제2항에 규정된 손해배상예정액의 감액제도는 국가가 계약 당사자들 사이의 실질적 불평등을 제거하고 공정을 보장하기 위하여 계약의 내용에 간섭한다는 데에 그 취지가 있다(대판 1993. 4. 23. 92다41719).

2. 손해배상액의 예정의 요건

ⅰ) 배상액의 예정은 채권이 존재할 것, 또는 존재하게 될 것을 전제로 한다. 배상액을 예정할 수 있는 채권에 관해서는 특별한 제한은 없으나 금전소비대차에 기한 채권에 관한 배상액에 있어서는 이자제한법 제4조 규정에 의한 제한이 있는 것을 주의하여야 한다.

ⅱ) 배상액을 예정하는 계약은 손해가 발생하기 이전에 체결하여야 한다. 불이행 후에 체결한 계약도 계약자유의 원칙에서 보아 계약으로서의 효력이 부정되는 것은 아니나, 그것으로서 배상액의 예정이라고 할 수는 없다.

ⅲ) 배상액의 예정은 배상액에 관한 합의가 있으면 그것으로도 충분하다. 단 단순하게 배상액만을 예정한 때에는 손해의 발생에 관한 추정을 포함하여 채무자의 귀책사유로 인한 불이행에 관한 것으로 해석한다.

ⅳ) 배상액은 금전가액으로써 표시되고 금전으로 배상하여야 한다. 당사자가 금전이 아닌 것으로 손해의 배상에 충당할 것을 예정한 경우에도 위약금에 관한 규정이 준용된다.

ⅴ) 어떤 종류의 계약, 예컨대 노동계약에 있어서 사용자는 노동자의 노동계약 불이행에 대한 위약금 또는 손해배상액을 예정하는 계약을 해결하는 것을 금지한다(근로기준법 제27조).

3. 손해배상액의 예정의 효과

ⅰ) 채권자는 채무불이행의 사실을 증명하면 손해의 발생 및 그 액을 증명할 필요없

이 배상액예정의 특약 자체에 기하여 예정배상액을 청구할 수 있다. 즉, 채권자와 채무자 사이에 채무불이행을 원인으로 한 손해배상액을 예정한 경우에는 손해발생 및 손해액에 대한 입증은 필요하지 아니하고, 그 예정액이 과다하여 감액될 사정이 없는 한 채무불이행 사실만으로 채권자는 채무자에 대하여 손해배상예정액을 지급할 것을 청구할 수 있다(대판 1991. 1. 11. 90다8053).

현실적으로 발생한 손해의 액이 예정배상액보다 많거나 적은 경우 모두 채권자는 예정배상액만을 청구할 수가 있다.

본조는「손해배상액」만을 규정하고 있으나, 일반적으로 학설은「손해의 발생」의 예정까지도 포함하는 것이라고 해석한다(곽윤직).

ⅱ) 손해배상의 예정액이 부당히 과다한 경우에는 법원은 적당히 감액할 수 있다(제398조 2항). 그러나 예정배상액이 과소하다고 하여 법원이 이를 증명할 수는 없다.

여기서 '부당히 과다한 경우'라 함은 채권자와 채무자의 각 지위, 계약의 목적 및 내용, 손해배상액을 예정한 동기, 채무액에 대한 예정액의 비율, 예상손해액의 크기, 그 당시의 거래관행 등 모든 사정을 참작하여 일반 사회관념에 비추어 그 예정액의 지급이 경제적 약자의 지위에 있는 채무자에게 부당한 압박을 가하여 공정성을 잃는 결과를 초래한다고 인정되는 경우를 뜻하는 것으로 보아야 한다(대판 2002. 1. 25. 99다57126).

과다여부 및 감액의 범위에 대한 판단기준시기는 사실심의 변론종결시를 기준으로 하여야 하고(대판 2000. 12. 8. 2000다35771), 손해배상의 예정액이 부당하게 과다한 사실을 채무자가 이를 입증하여야 한다(대판 1995. 11. 10. 95다33658).

ⅲ) 손해배상액의 예정은 이행의 청구나 계약의 해제에 영향을 미치지 아니한다.

배상액의 예정은 손해배상청구권의 내용을 특정함에 그치고 그 손해배상청구권과는 별도의 권리인 본래의 급부의 이행청구권이나 계약해제권 등과 서로 관련하는 바가 없기 때문이다.

그러나 손해배상청구권에는 구체적으로 볼 때 여러 가지 성질의 것이 있기 때문에 실제에 있어서 예정배상액의 청구와 이와 같은 권리와의 관계는 반드시 같은 것은 아니다.

4. 관련문제

ⅰ) 손해배상의 예정액이 부당히 과다한지 여부의 판단기준

민법 제398조 제2항에 의하여 법원이 예정액을 감액할 수 있는 "부당히 과다한 경우"라 함은 손해가 없다든가 손해액이 예정액보다 적다는 것만으로는 부족하고, 계약자의

경제적 지위, 계약의 목적, 손해배상액예정의 경위 및 거래관행 기타 제반사정을 고려하여 그와 같은 예정액의 지급이 경제적 약자의 지위에 있는 채무자에게 부당한 압박을 가하여 공정성을 잃는 결과를 초래한다고 인정되는 경우를 뜻하는 것으로 보아야 한다(대판 1991. 3. 27. 90다14478).

　ⅱ) 지체상금이 손해배상의 예정으로 인정되어 이를 감액시 채권자의 과실 등을 이유로 따로 감경할 수 있는지 여부

　지체상금이 손해배상의 예정으로 인정되어 이를 감액함에 있어서는 채무자가 계약을 위반한 경위 등 제반사정이 참작되므로 손해배상액의 감경에 앞서 채권자의 과실 등을 들어 따로 감경할 필요는 없다(대판 2002. 1. 25. 99다57126).

　ⅲ) 도급계약서상 계약이행보증금과 지체상금이 함께 규정되어 있는 것만으로 계약이행보증금을 위약벌로 볼 수 있는지 여부

　도급계약서 및 그 계약내용에 편입된 약관에 수급인의 귀책사유로 인하여 계약이 해제된 경우에는 계약보증금이 도급인에게 귀속한다는 조항이 있을 때 이 계약보증금이 손해배상액의 예정인지 위약벌인지는 도급계약서 및 위 약관 등을 종합하여 구체적 사건에서 개별적으로 결정할 의사해석의 문제이고, 위약금은 민법 제398조 제4항에 의하여 손해배상액의 예정으로 추정되므로 위약금이 위약벌로 해석되기 위해서는 특별한 사정이 주장·입증되어야 하는바, 당사자 사이의 도급계약서에 계약보증금 외에 지체상금도 규정되어 있다는 점만을 이유로 하여 계약보증금을 위약벌로 보기는 어렵다(대판 2000. 12. 8. 2000다35771).

　ⅳ) 법원이 손해배상의 예정액을 감액한 경우 손해배상액의 예정에 관한 약정 중 감액부분의 효력

　법원이 손해배상의 예정액이 부당하게 과다하다고 하여 감액을 한 경우 손해배상액의 예정에 관한 약정 중 감액부분에 해당하는 부분은 처음부터 무효라고 할 것이다(대판 2000. 12. 8. 2000다35771).

　ⅴ) 손해배상의 예정에 관한 민법 제398조 제2항을 유추 적용하여 위약벌을 감액할 수 있는지 여부

　위약벌의 약정은 채무의 이행을 확보하기 위하여 정해지는 것으로서 손해배상의 예정과는 그 내용이 다르므로 손해배상의 예정에 관한 민법 제398조 제2항을 유추 적용하여 그 액을 감액할 수는 없고 다만 그 의무의 강제에 의하여 얻어지는 채권자의 이익에 비하여 약정된 벌이 과도하게 무거울 때에는 그 일부 또는 전부가 공서양속에 반하여 무

효로 된다(대판 1993. 3. 23. 92다46905).

ⅵ) 백화점 수수료위탁판매매장계약에서 임차인이 매출신고를 누락하는 경우 판매수수료의 100배에 해당하고 매출신고누락분의 10배에 해당하는 벌칙금을 임대인에게 배상하기로 한 위약벌의 약정이 공서양속에 반하지 않는다고 한 사례

백화점 수수료위탁판매매장계약에서 임차인이 매출신고를 누락하는 경우 판매수수료의 100배에 해당하고 매출신고누락분의 10배에 해당하는 벌칙금을 임대인에게 배상하기로 한 위약벌의 약정이 공서양속에 반하지 않는다(대판 1993. 3. 23. 92다46905).

ⅶ) 손해배상의 예정액이 부당히 과다한지 여부에 대한 판단기준

법원이 손해배상의 예정액을 부당히 과다하다 하여 감액하려면 채권자와 채무자의 경제적 지위, 계약의 목적과 내용, 손해배상액을 예정한 경위(동기), 채무액에 대한 예정액의 비율, 예상 손해액의 크기, 당시의 거래 관행과 경제상태 등을 참작한 결과 손해배상 예정액의 지급이 경제적 약자의 지위에 있는 채무자에게 부당한 압박을 가하여 공정을 잃는 결과를 초래한다고 인정되는 경우라야 할 것이다(대판 1993. 4. 23. 92다41719).

ⅷ) 계약 당시 손해배상액을 예정하였으나 손해가 예정액을 초과하는 경우 초과부분을 청구할 수 있는지 여부

계약 당시 손해배상액을 예정한 경우에는 다른 특약이 없는 한 채무불이행으로 인하여 입은 통상손해는 물론 특별손해까지도 예정액에 포함되고 채권자의 손해가 예정액을 초과한다 하더라도 초과부분을 따로 청구할 수 없다(대판 1993. 4. 23. 92다41719).

ⅸ) 계약금은 특약이 없는 경우에도 위약금의 성질을 갖는지 여부

유상계약을 체결함에 있어서 계약금이 수수된 경우 계약금은 해약금의 성질을 가지고 있어서, 이를 위약금으로 하기로 하는 특약이 없는 이상 계약이 당사자 일방의 귀책사유로 인하여 해제되었다 하더라도 상대방은 계약불이행으로 입은 실제 손해만을 배상받을 수 있을 뿐 계약금이 위약금으로서 상대방에게 당연히 귀속되는 것은 아니다(대판 1996. 6. 14. 95다54693).

Ⅶ. 손해배상자의 대위

1. 손해배상자의 대위의 의의

채권자가 손해배상으로서 그 채권의 목적인 물건 또는 권리에 관하여 당연히 채권자를 대위한다(민법 제399조).

이것은 손해배상자의 대위 또는 배상자의 대위라고 한다. 예컨대 위임계약에 의거하여

임치물을 보관할 의무를 부담하고 있는 수치인이 그의 과실로 인하여 임치물을 도난당한 경우에 채권자인 임치인에게 목적물의 가액을 전부 배상한 때에는 임치인은 그것으로서 완전하게 그 손실을 전보받는 것이 된다.

이 경우 만약 임치인이 여전히 그 임치물의 소유권을 보유한다고 하면, 임치인은 수치인의 채무불이행으로 인하여 부당이득을 얻는 결과가 되어 이러한 이득은 실손해를 배상하게 한다는 손해배상제도의 목적에 반하게 됨과 동시에 공평의 이념에 비추어서도 타당하다고 할 수 없을 것이다.

본조는 이러한 문제를 해결하기 위한 것으로서 이것을 위의 예에 적용시켜 보면 수치인이 임차인에 대하여 전보배상, 즉 임치물의 가액을 전부 지급함으로써 임치물의 소유권을 취득하는 것이 된다.

이 제도는 채무불이행이 아닌 전보배상에 그 실질적인 기초를 두고 있는 것이기 때문에 불법행위로 인한 손해배상의 경우에도 같은 결과가 승인될 것이 요청된다.

따라서 불법행위에 관해서도 규정은 없으나 같은 결과가 승인하여야 하는 것으로 해석되고 있는 것이다.

2. 손해배상자의 대위의 요건

위에서 본 바와 같은 손해배상자의 대위가 성립하기 위한 요건으로서는 ① 채권자가 채권의 목적인 물건 또는 권리의 가액의 전부에 대한 배상을 받을 것, 즉 전보배상의 전부를 받아야만 한다. 일부의 배상이 행해졌다 하더라도 물건 또는 권리에 대하여 일부 대위를 일으키는 것은 아니다(상법 제682조).

또한 이 제도는 이행불능인 경우를 주로 하나, 이행지체로 인하여 전보배상을 하는 경우도 포함한다.

② 그리고 여기에서 받았다고 하는 것은 변제 기타 이와 동일시 할 수 있는 사유(공탁·대물변제·상계 등)로써 채권의 만족을 얻을 수 있는 것을 말한다.

3. 손해배상의 대위의 효과

본조는 채무자는 배상한 이익인 물건 또는 권리에 관하여 당연히 채권자를 대위한다고 규정하고 있다. 당연히 대위한다고 함은 양도행위도, 양도에 필요한 대항요건(예컨대 동산의 인도, 채권양도의 통지 또는 승인)도 요하지 아니하고(대판 1977. 9. 13. 76다1699, 공보③ 1977, 10287) 채권의 목적인 물건 또는 권리가 법률상 당연히 채무자에게 이전하는 것을 의미한다. 채무자의 과실과 함께 제3자의 고의·과실이 함께 경합된 경우에도 마찬가지이다.

다시 말해서 이 경우에는 법률의 규정에 의하여 권리이전의 효과를 일으키는 것이다. 또 본조에서 물건 또는 권리라고 하는 것은 채권의 객체인 물건 또는 기타의 권리 혹은 그 과실, 기타 거래상 그에 갈음하는 경제적 대위물을 의미하는 것으로 해석한다.

4. 관련문제

ⅰ) 보험자가 보험금액을 지급하기 전에 피보험자 등이 손해를 발생시킨 제3자에 대한 손해배상청구권을 행사하거나 처분한 경우에 보험자의 제3자에 대한 보험대위의 가부

상법 제682조에 의하여 손해가 제3자의 행위로 인하여 생긴 경우에 보험금액을 지급한 보험자는 그 지급한 금액의 한도에서 그 제3자에 대한 보험계약자 또는 피보험자의 권리를 취득하나, 보험자가 보험금액을 지급하여 위 대위의 효과가 발생하기 전에 피보험자 등이 제3자에 대한 권리를 행사하거나 처분한 경우에는 그 부분에 대하여는 보험자가 이를 대위할 수 없다(대판 1981. 7. 7. 80다1643).

ⅱ) 배상자 대위는 양도 등의 절차 필요한지 여부

민법상 손해배상자의 대위의 취지는 채권자가 채권의 목적이 되는 물건 또는 권리의 가격 전부를 손해배상으로 받아 그 만족을 얻었을 때에는 그 물건 또는 권리에 관한 권리는 법률상 당연히 채무자에게 이전되는 것이고 그에 관하여 채권자나 채무자의 양도 기타 어떤 특별한 행위를 필요로 하는 것이 아니다(대판 1977. 7. 12. 76다408).

Ⅷ. 채권자지체

1. 채권자지체의 의의

채권자지체라 함은 채무자로부터 채무의 내용에 좇은 이해의 제공이 있었음에도 불구하고 채권자가 이행의 완료에 필요한 협력을 필요로 하지 아니한 것을 말하고, 수령지체라고도 일컬어지고 있다.

민법 제400조는 '채권자가 이행을 받을 수 없거나 받지 아니한 때에는 이행의 제공있는 때로부터 지체책임이 있다'고 하여 채권자지체에 대해 규정하고 있다.

채무자가 일방적으로 이행의 제공에 관하여 할 수 있는 범위의 것을 하고, 채권자가 수령협력을 촉구하였음에도 불구하고, 채권자가 책임을 면제하고, 반대로 채권자의 책임을 인정하지 않으면 공평의 이념에 반한다. 여기에 채권자지체제도의 존재이유가 있는 것으로서 채권자의 협력없이 채무자의 행위만으로 이행을 완료할 수 있는 경우(예컨대

부작위채권의 경우)에는 채권자지체는 존재하지 않는다.

2. 채권자지체의 요건

(1) 급부의 실현에 채권자의 협력을 요하는 채무일 것

채무자의 이행행위만으로써 이행이 완료되고, 채권자의 협력을 요하지 않는 경우(예 : 건물을 증축하지 않겠다는 부작위채무)에는 채권자지체가 생길 여지가 없다.

(2) 채무의 내용에 좇은 이행의 제공이 있을 것

채권자지체가 성립하기 위해서는 민법 제460조 소정의 채무자의 변제 제공이 있어야 하고, 변제 제공은 원칙적으로 현실 제공으로 하여야 하며 다만 채권자가 미리 변제받기를 거절하거나 채무의 이행에 채권자의 행위를 요하는 경우에는 구두의 제공으로 하더라도 무방하고, 채권자가 변제를 받지 아니할 의사가 확고한 경우(이른바, 채권자의 영구적 불수령)에는 구두의 제공을 한다는 것조차 무의미하므로 그러한 경우에는 구두의 제공조차 필요 없다고 할 것이지만, 그러한 구두의 제공조차 필요 없는 경우라고 하더라도, 이는 그로써 채무자가 채무불이행책임을 면한다는 것에 불과하다(대판 2004. 3. 12. 2001다79013).

(3) 채권자의 수령거절 또는 수령불능이 있을 것

채권자가 채무자의 제공을 수령할 것을 거부하거나 수령이 불능이어야 한다. 수령거절 또는 수령불능의 이유는 묻지 않는다.

예컨대 사용자가 공장을 폐쇄하여 근로자의 취업을 거절하거나 의사가 수술을 하여야 할 채무에 있어서 환자에게 가지 않은 것과 같은 경우에는 채권자지체가 됨에 의문이 없으나, 공장이 소실하였거나 환자가 사망한 경우에는 이행불능이 되느냐, 채권자지체가 되느냐에 있어 판단하기 곤란한 문제를 일으킨다.

독일에서의 종래의 통설은 급부가 불능한 채권자지체를 배제하였으나, 최근에 이르러 대부분의 학자는 이행의 장해가 채권자 또한 채무자 어느 쪽의 영향범위 내에 원인을 가지고 있는가, 또는 결과를 일으켰는가를 표준으로 하여 그것이 채무자측에 있는 때(예컨대 채무자의 질병 등)에는 이행불능이 되고, 채권자측에 있는 때(예컨대 채권자의 질병, 채권자의 사망 등)에는 채권자지체가 되는 것으로 이해하고 있고 학자들도 이것을 지지한다(곽윤직, 김기선, 최식, 김현태, 현승종).

(4) 채권자의 수령거절 또는 수령불능이 그의 귀책사유에 기할 것

이 요건은 채권자지체를 채무불이행으로 보는 견해를 전제로 하는 것이다(동지 ; 곽윤

직). 채권자지체를 채무불이행으로 보지 않는 학설은 채권자의 책임있는 사유에 기할 것을 요건으로 하지 않으며, 채무자의 손해배상청구권 및 계약해제권도 인정하지 않는다(최식).

3. 채권자지체의 효과

(1) 변제제공을 하면 채무불이행책임 면제

채권자지체가 성립하면 그 때로부터 채무자는 채무불이행책임을 면하게 된다(민법 제461조). 따라서 채무불이행을 전제로 하는 책임, 즉 손해배상·위약금·담보권의 실행·계약의 해제 등이 발생하지 않는다.

그러나 변제의 결과를 가져 온 것은 아니므로 채무는 그대로 존속한다. 다만 금전 또는 물건의 인도채무에 관해서는 변제공탁을 함으로써 채무를 면할 수 있다(민법 제487조).

(2) 이자지급의무의 면제

채권자가 채무자의 이행의 제공을 고의로 수령을 거부하거나 과실로 수령이 불가능하게 된 경우에는 채무자는 이자있는 채권이라도 이자를 지급할 의무가 없다(민법 제402조). 이자있는 채권 이행기가 도래하여도 채무자가 이행을 하지 않는 때에는 보통의 경우에는 채권자는 약정이자를 받을 수 있다. 그러나 채권자지체의 경우에 채권자가 고의나 과실로 채무자의 이행을 수령하지 않는 것이므로 채무자가 이행한 것과 같은 것이 되는 것이다.

그러므로 채무자는 본래의 급부만을 이행하게 되고 이행기가 아무리 경과하여도 이자를 지급할 의무는 없다.

다만, 변제기 이후에는 이자가 아니라 손해배상이며, 채무자가 변제의 제공을 한 대에는 그때부터 변제제공의 효과로서 손해배상책임을 지지 않는 것으로 처리된다.

(3) 증가비용의 부담

채권자지체로 인하여 채무자가 목적물을 보관하는데 비용을 지출하였거나, 또는 그 후에 변제하기 위하여 비용을 지출한 때에는 이 증가된 보관, 변제의 비용은 당연히 채권자가 부담하여야 한다(민법 제403조). 그것은 이 증가된 보관·변제의 비용은 채권자에게 부담시키는 것이 당사자 사이의 공평을 기할 수 있기 때문이다.

(4) 채무자의 책임 경감

채무자가 이행의 제공을 하였음에도 불구하고 채권자가 수령을 거절하거나 수령불능으로 인하여 변제의 목적을 달성하지 못한 때에는 채무자의 책임은 경감되며, 고의 또는 중대한 과실로 인하여 채권자를 해한 경우가 아니면 책임을 부담하지 않는다(민법 제401조).

> **<Q & A>**
> **채권자지체 중 물건이 멸실된 경우의 책임**
>
> Q) 甲은 고추상인 乙에게 건고추 2,900근을 매각 위탁하였고, 乙은 위 고추시세가 상당히 상승하여 매각처분할 수 있을 때까지 무상으로 보관하여 주기로 약정하였다. 乙은 위 건고추를 보관하면서 甲에게 수시로 고추시세를 알려주고 수차 매각을 권유하였으나, 甲은 시세가 맞을 때까지 편의를 봐 달라며 거절하여 왔다. 그 후 2006년 5월경 乙은 甲에게 위 건고추를 속히 처분하지 않으면 7월경부터 벌레가 먹어 못쓰게 되니 빨리 처분하던지 아니면 인도받아 가라고 까지 하였으나 갑은 '시세가 싸다, 또는 보관 장소가 없다' 등 이런 저런 이유를 대며 거절하여 왔다. 그러던 같은 해 9월경 위 고추가 변질되고 벌레가 먹어 상품가치가 전혀 없게 되자 甲은 乙에게 위 고추시가 상당의 손해배상을 청구하였는바, 乙은 甲에게 손해를 배상할 의무가 있는가?

A)
1. 문제점

채무자가 채무의 내용에 따른 이행을 완료하기 위해서는 채권자의 수령 기타 협력이 필요한 경우에, 채무자는 채무의 내용에 따른 제공을 하였음에도 불구하고 채권자가 그것을 수령하지 않거나 기타 협력을 하지 않기 때문에 이행에 완료되지 못하는 상태에 놓이는 것을 채권자지체라고 한다. 이러한 채권자지체가 있는 경우에 채무자는 채권자지체로 생긴 손해의 배상을 청구할 수 있고(민법 제390조, 제393조), 채권자의 수령이 가능한 때에는 상당한 기간을 정하여 수령을 최고하고 그 기간 내에 수령하지 않으면 계약을 해제할 수 있고(민법 제544조), 채무자는 고의 또는 중대한 과실이 없으면 불이행으로 인한 모든 책임이 없고(민법 제401조), 채권자지체 중에는 이자있는 채권이라도 채무자는 이자를 지급할 의무가 없으며(민법 제402조), 채권자지체로 인하여 그 목적물의 보관 또는 변제의 비용이 증가된 때에는 그 증가액은 채권자가 부담하게 된다(민법 제403조). 위 사안과 관련하여 채권자지체 중 물건이 멸실된 경우에 채무자는 이에 대하여 채권자에게 책임을 져야 하는 것인지가 문제된다.

2. 판례의 태도

판례는 "상인이 그 영업범위내에서 물건의 임치를 받은 경우에는 보수를 받지 아니하는 때에도 선량한 관리자의 주의로 보관할 의무가 있으므로 이를 게을리 하여 임치물이 멸실 또는 훼손된 경우에는 채무불이행으로 인한 손해배상책임을 면할 수 없으나, 다만 수치인이 적법하게 임치계약을 해지하고 임치인에게 임치물의 회수를 최고하였음에도 불구하고 임치인의 수령지체로 반환하지 못하고 있는 사이에 임치물이 멸실 또는 훼손된 경우에는 수치인에게 고의 또는 중대한 과실이 없는 한 채무불이행으로 인한 손해배상책임이 없다고 할 것이다. 수치인이 임치인에게 보관중인 건고추를 속히 처분하지 않으면 벌레가 먹어 못쓰게 되니 빨리 처분하든지 인도받아 가라고 요구하였다면 이는 임치계약을 해지하고 임치물의 회수를 최고한 의사표시라고 볼 여지가 있고 이에 대하여 임치인이 시세가 싸다는 등 이유로 그 회수를 거절하였다면 이때로부터 수령지체에 빠진 것이라고 하겠다."라고 하였다(대법원 1983. 11. 8. 선고 83다카1476 판결).

3. 결론

따라서 위 사안에서 甲의 고추가 乙이 보관하고 있던 중에 변질되고 벌레가 먹어 상품가치가 상실되었다고 하더라도 이는 甲이 처분과 인수를 지체하는 중 발생한 것이므로 고추의 변질과 상품가치의 상실이 乙의 고의 또는 중과실에 의해 발생한 것이 아닌 한, 乙은 甲에게 손해배상책임을 부담한다고 보기는 어려울 것이다.

4. 채권자지체의 종료

(1) 채권의 소멸

채무의 면제, 변제의 수령, 공탁, 채권자·채무자 쌍방에 책임 없는 사유에 기한 이행불능 등으로 채권이 소멸하면 채권자지체도 소멸한다.

(2) 채권자지체의 면제

채무자가 채권자에 대하여 지체를 면제한 때에는 채권자지체는 종료한다.

(3) 채무불이행의 발생

채권자지체 후에 채무자에게 책임 있는 사유로 이행불능이 되면 지체는 종료한다.

(4) 채권자의 수령의 의사표시

채권자가 수령에 필요한 준비를 하고 또한 지체 중의 모든 효과를 승인하여 수령의 의사표시를 한 때에도 채권자지체는 종료한다.

5. 관련문제

ⅰ) 수령지체로 미반환된 임치물이 훼손된 경우에 있어서 수치인의 배상책임요건

수치인이 적법하게 임치계약을 해지하고 임치인에게 임치물의 회수를 최고하였음에도 불구하고 임치인의 수령지체로 반환하지 못하고 있는 사이에 임치물이 멸실 또는 훼손

된 경우에는 수치인에게 고의 또는 중대한 과실이 없는 한 채무불이행으로 인한 손해배상책임이 없다.

 수치인이 임치인에게 보관중인 건고추를 속히 처분하지 않으면 벌레가 먹어 못쓰게 되니 빨리 처분하든지 인도받아 가라고 요구하였다면 이는 임치계약을 해지하고 임치물의 회수를 최고한 의사표시라고 볼 여지가 있고 이에 대하여 임치인이 시세가 싸다는 등 이유로 그 회수를 거절하였다면 이때로부터 수령지체에 빠진 것이라고 하겠다(대판 1983. 11 .8. 83다카1476).

 ⅱ) 수급인의 기성부분 인도최고에 도급인이 아무런 이유 없이 수령을 거절하던 중 쌍방이 책임질 수 없는 제3자의 행위로 기성부분이 철거된 경우 도급인의 공사대금지급채무의 존부

 수급인이 도급인에게 공사금을 지급하고 기성부분을 인도받아 가라고 최고하였다면 수급인은 이로써 자기 의무의 이행 제공을 하였다고 볼 수 있는데 도급인이 아무런 이유 없이 수령을 거절하던 중 쌍방이 책임질 수 없는 제3자의 행위로 기성부분이 철거되었다면 도급인의 수급인에 대한 공사대금지급채무는 여전히 남아 있다(대판 1993. 3. 26. 91다14116).

제 2 절 관련사례

> 채무불이행을 이유로 계약해제와 아울러 손해배상을 청구하는 경우, 신뢰이익의 배상을 청구할 수 있는가?

신뢰이익의 배상도 청구할 수 있다(대판 2003. 10. 23. 2001다75295).

【해 설】

이행이익이란 이미 유효하게 성립된 채권의 존재를 전제로 하여 채무자가 이행되었더라면 얻었을 이익을 말하고, 신뢰이익이란 채권의 유효를 믿었음으로 인하여 생길 이익을 말한다.

이행이익과 신뢰이익의 구별은 계약의 유효·무효를 기준으로 나눈 것인데, 신뢰이익은 법률행위가 무효인 경우를 전제로 하는 것이어서 채권·채무가 성립할 수 없는 것이므로, 결국 채무불이행에서의 손해는 이행이익의 손해를 내용으로 하는 것이다.

채무불이행을 이유로 계약해제와 아울러 손해배상을 청구하는 경우 이행이익 외에 신뢰이익의 배상도 청구할 수 있는지가 문제되는데, 판례는 채무불이행을 이유로 계약해제와 아울러 손해배상을 청구하는 경우에 그 계약이행으로 인하여 채권자가 얻을 이익 즉 이행이익의 배상을 구하는 것이 원칙이지만, 그에 갈음하여 그 계약이 이행되리라고 믿고 채권자가 지출한 비용 즉 신뢰이익의 배상을 구할 수도 있다고 할 것이고, 그 신뢰이익 중 계약의 체결과 이행을 위하여 통상적으로 지출되는 비용은 통상의 손해로서 상대방이 알았거나 알 수 있었는지의 여부와는 관계없이 그 배상을 구할 수 있고, 이를 초과하여 지출되는 비용은 특별한 사정으로 인한 손해로서 상대방이 이를 알았거나 알 수 있었던 경우에 한하여 그 배상을 구할 수 있다고 하였다(대판 2003. 10. 23. 2001다75295).

> 채무불이행으로 인해 전매이익을 상실한 경우 그 전매이익에 대해서도 손해배상청구를 할 수 있는가?

채무자가 전매사실을 알고 있었거나 알 수 있었을 경우에 손해배상을 청구할 수 있다.

【해 설】

갑은 지목이 택지로 변경된 A지구 임야지 2필지를 소유자 을로부터 사기로 계약을 체결하였는데 그 후 병이 1필지를 팔라고 간청하므로 부득이 매입가격보다 금 300만원을 더 올려받고 전매하였는데, 매도인 을은 이행시기에 토지인도와 이전등기를 하지 않아 친구 병과의 계약을 해제한 경우에 전매이익을 손해배상으로 청구할 수 있는지가 문제된다.

매매계약에 의해 매도인은 토지소유권을 약정한 기한에 매수인에게 인도하는 동시에 인도하면 매수인은 새로 다른 매수인에게 이전등기와 인도를 할 수 있는데, 이것은 부동산거래에서 흔히 볼 수 있는 중간생략등기로서 판례는 이를 유효하다고 인정하고 있다. 즉, 갑을 빼고 최초의 매도인으로부터 최종 매수인에게 소유권이전등기를 할 수도 있는데, 이것이 순조롭게 진행되면 중간인은 전매에 의한 이익금을 얻게 되지만 최초의 매도인이 이행하지 않았기 때문에 갑은 전매의 이익을 보지 못하게 된 것이다.

이와 같은 갑의 손해는 갑이 쓸모없이 지급한 비용과 같은 경우와는 달라서 통상적인 손해는 아니다. 다시 말하면 갑이 매도인으로부터 그 토지에 대한 이전등기를 받지 못했을 경우에 매매를 위해 지급한 조사비용은 매도인이 토지매매계약을 이행하지 않음으로써 발생한 통상적인 손해라 할 수 있다.

하지만 토지전매를 하지 못함으로써 발생한 손해는 매입한 토지를 소유권이전등기를 마치기 전에 제3자에게 전매하는 것이라고 할 수 없으므로 통상적인 손해가 아니라 민법 제393조 제2항이 규정하고 있는 '특별한 사정'으로 인한 손해이다. 특별손해는 채무불이행으로 인해 일반적으로 발생하는 손해가 아닌 것, 즉 채권자에게만 존재하는 특별한 사정에 기초하여 발생하는 손해를 말한다. 위 사례와 같은 전매차익의 손해가 그 대표적 예이다. 이와 같은 특별한 손해배상청구는 할 수 없는 것이 원칙이나, 다만 채무자가 그 사정을 알았거나(악의) 알 수 있었을 때(과실)에 한하여 손해배상청구를 할 수 있다.

따라서 갑이 최로의 매도인에게 그 계약서를 보여 주면서 매매계약의 목적물인 토지 중 일부를 제3자인 병에게 전매하기로 되어 있다. ○○○만원을 더 받고 판 것을 강조하면서 빠른 시기에 소유권이전등기를 하여 줄 것을 요구했다면 갑은 최초의 매도인에 대해 전매이익에 대해서도 손해배상청구가 가능한데 이는 최초의 매도인이 자기가 불이행을 하면 전매에 의한 이익을 귀하가 얻지 못한다는 것을 충분히 알고 있었을 것이기 때문이다.

비록 매수인이 최초의 매도인에게 구입한 토지를 전매하겠다는 것을 명백하게 이야기하지 않았더라도 최초의 매도인이 매수인이 전매할 것이며, 만일 내가 채무를 이행하지 않으면 매수인은 전매이익을 얻지 못할 것이라고 예상할 수 있을 때에도 매수인은 최초의 매도인에게 채무불이행을 이유로 손해배상청구를 할 수 있다.

매수인이 전매이익을 상실하였을 경우 최초의 매도인에 대해 손해배상청구를 할 수 있는지 여부는 매수인이 전매한 사실을 최초의 매도인이 알고 있었느냐, 또는 알 수 있었느냐에 따라 결정된다.

판례는 매수인이 상인이어서 전매할 것이라는 점을 매도인이 안 경우에도 그 전매차액을 통상손해로 보지 않고 특별손해로 보면서, 다만 채무자의 예견가능성을 이유로 배상책임을 인정하였다(대판 1967. 5. 30. 67다466).

돈을 이용하지 못함으로써 생기는 통상손해액은 얼마인가?

돈을 이용하지 못한 기간 동안의 이자 상당액이다.

【해 설】

채무불이행으로 인한 손해배상은 통상의 손해를 한도로 한다(민법 제393조 1항).

통상손해란 채무불이행이 있으면 일반적으로 발생하는 것으로 생각되는 손해를 말한다. 이중매매로 인한 이행불능의 경우에는 물건의 시가에서 매매대금을 공제한 금액, 금전채무의 이행지체에서는 지연된 기간 동안의 이자에 상당하는 금액이 각각 통상의 손해에 해당된다.

그리고 채무자가 부동산을 타인에게 매각함으로서 소유권이전등기의무가 이행불능이 된 경우에 통상의 손해는 이행불능 당시의 가격이다(대판 1967. 11. 21. 67다2158). 민사소송법 제99조의 2는 채무불이행에 의한 손해배상을 청구하는 소송을 제기하기 위해서 변호사에게 의뢰한 경우, 그에게 지급한 비용을 별도로 손해배상으로서 청구할 수 있는지에 대해, 대법원규칙으로 정하는 범위 안에서 이를 소송비용으로 인정한다.

통상의 손해에 관해서는 채무자의 예견가능성의 유무를 묻지 않고 그 전부에 대해 배상을 청구할 수 있다.

돈을 이용하지 못함으로써 사회통념상 통상 생기는 것으로 인정되는 통상손해는 이용하지 못한 기간 동안의 이자 상당액이라 할 것이고, 그 돈을 특수한 용도에 사용하여 이자상당액을 넘는 특별한 이득을 보았을 것인데 이를 얻지 못하게 되었다는 사정은 이른바 특별사정으로서 그로 인한 손해를 배상받자면 가해자가 그 특별사정을 알거나 알 수 있었어야 할 경우에 한하는 것이다(대판 1991. 1. 11. 90다카16006).

> 공장지대에 위치한 전신주를 충격하여 인근 공장에 전력공급이 중단됨으로써 피해자가 영업상 소극적 손해 및 기계 고장 등 적극적 손해를 입은 경우, 가해자는 피해자의 영업상의 손실도 배상하여야 하는가?

전력공급 중단으로 공장의 가동이 중지되어 영업상의 손실을 입게 될지는 불확실하며 또 가해행위와 너무 거리가 먼 손해라고 할 것이므로 배상하지 않아도 될 것이다.

【해 설】

특별한 사정으로 인한 손해는 채무자가 그 사정을 알았거나 알 수 있었을 때에 한하여 배상의 책임이 있다(민법 제393조 2항).

특별손해란 채무불이행으로 인해 일반적으로 발생하는 손해가 아닌 것, 즉 채권자에게만 존재하는 특별한 사정에 기초하여 발생하는 손해를 말한다. 예컨대 매도인의 이행불능으로 매수인이 전매를 하지 못해 입은 전매차익의 손해, 다른 목적물을 구입하기 위하여 지출한 비용 등이 그 예이다.

통상손해에 대해서는 채무자는 원칙적으로 배상책임을 부담하지 않는다. 다만 채권자에게 존재하는 특별한 사정의 존재에 관해 채무자가 '알았거나 알 수 있었을 때'에는 예외적으로 배상책임을 부담한다.

채무자가 배상책임을 지는 데에는 그 특별사정의 존재에 관한 예견가능성이 있으면 되고 그 결과인 손해에 대해서까지 예견가능성이 요구되는 것은 아니다. 특별사정에 대한 채무자의 예견가능성의 유무는 이행기를 기준으로 한다.

위 사례에서 가해자가 공장지대에 위치한 전신주를 충격하여 전선이 절단된 경우, 그 전선을 통하여 전기를 공급받아 공장을 가동하던 피해자가 전력공급의 중단으로 공장의 가동이 상당한 기간 중지되어 영업상의 손실을 입게 될지는 불확실하며 또 이러한 손실은 가해행위와 너무 먼 손해라고 할 것이므로, 전주 충격사고 당시 가해자가 이와 같은 소극적인 영업상 손실이 발생할 것이라는 것을 알거나 알 수 있었다고 보기 어렵지만, 이 경우 그 전신주를 통하여 전력을 공급받고 있는 인근 피해자의 공장에서 예고 없는 불시의 전력공급의 중단으로 인하여 갑자기 공장의 가동이 중단되는 바람에 당시 공장 내 가동 중이던 기계에 고장이 발생한다든지, 작업 중인 자료가 못쓰게 되는 것과 같은 등의 적극적인 손해가 발생할 수 있을 것이라는 사정은 가해자가 이를 알거나 알 수 있었을 것이라고 봄이 상당하다(대판 1996. 1. 26. 94다5472).

손해배상의 예정액이 부당히 과다한 경우에도 그 금액을 전부 지급하여야 하는가?

손해배상의 예정액이 부당히 과다한 경우에는 법원은 적당히 감액할 수 있다(민법 제398조 2항).

【해 설】

채권자가 채무자의 채무불이행을 이유로 손해배상을 청구하려면 손해의 발생과 그 금액을 입증하여야 한다(민법 제390조 본문).

그러나 그 입증이 쉽지 않고, 조사 입증을 하더라도 채무자는 그에 관해 다투는 수가 많다. 따라서 당사자는 장차 채무불이행이 있게 되면 일정한 금액을 손해배상액으로 하기도 미리 약정하는 수가 있는데, 이를 손해배상액의 예정이라 한다. 이 제도의 목적은 손해의 발생사실과 손해액에 대한 입증의 곤란을 덜고, 분쟁의 발생을 미리 방지하여 법률관계를 쉽게 해결할 뿐만 아니라, 채무자에게 심리적 경고를 함으로써 채무의 이행을 확보하려는 데에 있다(대판 1993. 4. 23. 92다41719).

민법 제398조 제1항은 당사자는 채무불이행에 관한 손해배상액의 예정액이 부당히 과다한 경우에는 법원은 적당히 감액할 수 있다'고 규정하고 있다.

판례는 '법원이 민법 제398조 소정의 손해배상의 예정액을 부당히 과다하다 하여 감액하려면 채권자와 채무자의 경제적 지위·계약의 목적과 내용, 손해배상액을 예정한 경위(동기), 채무액에 대한 예정액의 비율, 예상 손해액의 크기, 당시의 거래 관행과 경제상태 등을 참작한 결과, 손해배상예정액의 지급이 경제적 약자의 지위에 있는 채무자에게 부당한 배상예정액의 지급이 경제적 약자의 지위에 있는 채무자에게 부당한 압박을 가하여 공정을 잃는 결과를 초래한다고 인정되는 경우라야 한다고 하였다(대판 2000. 12. 8. 2000다50350).

손해배상의 예정액이 부당하게 과다한 사실은 채무자가 이를 입증하여야 한다(대판 1995. 11. 10. 95다33658).

불공정하고 부당한 손해배상액을 예정한 경우 계약을 취소할 수 있는가?

폭리행위를 이유로 무효를 주장하거나 법률행위 내용의 중요부분에 착오가 있다는 이유로 계약의 취소를 주장할 수 있다.

【해 설】

예컨대 주택을 마련할 계획으로 광고를 보고 분양지를 보러 가서는 업자의 말주변에 넘어가 계약서에 날인하였다. 계약을 한 후에 입지여건을 조사한 후 건축구상에 맞지 않아 계약을 취소하려 하자 업자들은 대금의 2할을 상당하는 손해배상액이 예정되어 있다는 이유로 200만원을 청구하는데 어떻게 대처할지가 문제된다.

손해배상액의 예정이란 채무불이행의 경우에 채무자가 지급해야 할 손해배상액을 당사자 사이의 계약으로 미리 정하여 두는 것을 말한다(민법 제398조 제1항).

흔히 분양토지의 매매계약서 속에 기재되어 있는 조항은 손해배상액의 예정인데 보통은 매매대금의 총액 가운데 2할에 해당하는 상당한 고액·고율로 되어 있다. 악질적인 분양업자는 이와 같은 고액·고율의 손해배상의 예정을 하고 쓸모가 별로 없는 토지를 매우 비싼 가격으로 판매한다. 즉, 분양업자는 분양지에 대해 온갖 거짓말을 하면서 손님으로부터 계약서에 인감을 찍게 하여 비싼 토지를 억지로 구입하게 하거나 또는 다액의 배상금을 지불하게 하는 폭리를 취한다.

사례의 경우 A가 분양업자와 맺은 민사상 손해배상액의 예정액은 당사자간에 유효하며, 그 손해배상액의 예정액이 부당히 과다하다고 판단한 경우를 제외하고는 이 액수를 늘리거나 줄일 수는 없다. 따라서 분양업자가 A에게 채무불이행을 이유로 매매대금총액 중 2할에 해당하는 200만원을 지급하라고 할 때에 그 금액이 부당히 과다하다고 주장하는 것만을 가지고는 법원은 분양업자의 청구액을 감액할 수는 없다. A는 법원이 납득할 수 있는 주장을 강구해야 한다.

A가 할 수 있는 것은, 2할이라는 고율의 손해배상액을 미리 예정하는 약정은 폭리행위이며, 사회질서에 위반되는 행위로 민법 제103조에 의해 무효라고 주장하는 것이다.

법원에다 감액을 청구하는 방법도 생각할 수 있으며 금전대차계약에서 돈에 쪼들리고 있는 사람의 약점을 이용하는 것으로 생각되어지나 토지매매계약서에서는 돈에 쪼들린다든가 하는 따위의 핍박상태가 전제되는 것이 아니므로 법원의 구제를 위한 열의는 크게 기대할 수 없기 때문에 이는 그다지 효과적인 방법이 아니다.

입증자료를 가능한 한 많이 수집하여 분양업자의 사기적이며 악질적인 관계를 폭로하여 반대로 공격하여 패소시키는 것이 오히려 효과적인 방법일 것이다.

그리고 광고한 분양지가 거리가 먼 곳이라면 민법 제110조 제1항의 사기에 의한 취소나 민법 제109조의 중요부분에 대한 착오에 의한 취소를 주장할 수 있을 것이다.

> 위약금특약이 없는 경우에도 계약금을 수령한 자가 계약을 해제할 때에 계약금의 배액을 받을 수 있는가?

받을 수 있다.

【해 설】

을은 갑으로부터 대지 70평을 5,000만원에 매수하기로 하는 계약을 체결하고 계약금 500만원을 지급하였는데, 갑은 중도금지급기일 이전에 위 대지를 너무 싼값에 계약하였다고 하면서 위 계약을 해제하겠다고 한다. 계약서에는 위약시 위약금 등에 관한 약정이 전혀 없는데, 이러한 경우 을은 갑으로부터 계약금의 배액을 받을 수 있는지가 문제된다.

계약금은 ① 단순한 계약성립증거인 증약금, ② 해제권보유로서의 해약금, ③ 채무불이행시 교부자는 그것을 몰수당하고, 교부받은 자는 그 배액을 상환하여야 하는 것처럼 손해배상액예정인 위약금(민법 제398조 제4항은 위약금약정은 손해배상예정으로 추정)으로서의 성질을 가지는 경우 등이 있다.

그런데 민법은 해약금에 관하여 매매의 당사자일방이 계약당시 금전 기타 물건을 계약금·보증금 등의 명목으로 상대방에게 교부한 때에는 당사자간에 다른 약정이 없는 한, 당사자일방이 이행에 착수할 때까지 교부자는 계약금을 포기하고, 수령자는 그 배액을 상환하여 매매계약을 해제할 수 있다고 하면서, 이 경우 별도의 손해배상청구권은 발생하지 않도록 규정하고 있다(민법 제565조 제1항, 제2항).

여기서 계약시 계약금이 수수되고 계약금교부자가 위약하였을 경우는 계약금을 포기하고 계약금을 교부받은 자가 위약하였을 경우는 그 배액을 상환한다는 특약이 있는 경우와 없는 경우를 비교해볼 필요가 있다.

첫째, 특약이 없는 경우에도 계약금은 민법 제565조 해약금으로서의 성질을 가지게 되므로(대법원 1994. 8. 23. 선고 93다46742 판결), 당사자일방이 계약이행에 착수할 때까지 교부자는 계약금을 포기하고, 수령자는 그 배액을 상환하고 계약을 해제할 수 있습니다. 이 경우에 별도의 손해배상청구권은 발생하지 않습니다. 그러나 당사자 일방이 계약이행에 착수한 후에는 비록 계약금이 교부되었다 하더라도 계약금이나 계약금 배액의 지급으로 당연히 계약을 해제할 수 없고(대법원 1994. 11. 11. 선고 94다17659 판결), 여기에서 말하는 '당사자의 일방'이라는 것은 '매매쌍방 중 어느 일방'을 지칭하는 것이고 상대방이라 국한하여 해석할 것이 아니므로, 비록 상대방인 매도인이 매매계약의 이행에는 전혀 착수한 바가 없다 하더라도 매수인이 중도금을 지급하여 이미 이행에 착수한 이상 매수인은 민법 제565조에 의하여 계약금을 포기하고 매매계약을 해제할 수 없으며(대법원 2000. 2. 11. 선고 99다62074 판결), 계약내용대로 이행하지 않는 자는 계약내용대로의 이행을 청구 당하거나, 실제로 발생된 손해배상 및 계약금반환 등의 원상회복을 청구 당하게 되며, 또한 계약금이나 계약금배액이 당연히 상대방에게 귀속되는 것도 아니다.

판례도 "유상계약을 체결함에 있어서 계약금 등 금원이 수수되었다고 하더라도 이를 위약금으로 하기로 하는 특약이 있는 경우에 한하여 민법 제398조 제4항에 의하여 손해배상액의 예정으로서의 성질을 가진 것으로 볼 수 있을 뿐이고, 그와 같은 특약이 없는 경우에는 그 계약금 등을 손해배상액의 예정으로 볼 수 없다."라고 하였고(대법원 1996. 6. 14. 선고 95다11429 판결), "유상계약을 체결함에 있어서 계약금이 수수된 경우 계약금은 해약금의 성질을 가지고 있어서, 이를 위약금으로 하기로 하는 특약이 없는 이상, 계약이 당사자일방의 귀책사유로 인하여 해제되었다 하더라도 상대방은 계약불이행으로 입은 실제손해만을 배상 받을 수 있을 뿐, 계약금이 위약금으로서 상대방에게 당연히 귀속되는 것은 아니다."라고 하였다(대법원 1996. 6. 14. 선고 95다54693 판결).

둘째, 특약이 있는 경우에는 계약금이 해약금, 손해배상액의 예정인 위약금의 성질을 겸하여 가지게 되므로(대법원 1992. 5. 12. 선고 91다2151 판결), 당사자일방이 계약이행에 착수한 후 당사자 일방이 계약불이행으로 위약 하였을 경우에도 교부자는 계약금을 포기하고 수령자는 그 배액을 상환함으로써 계약불이행이 있게 되면 손해배상예정액은 당연히 상대방에게 귀속되고 특약이 없는 한 통상손해는 물론 특별손해까지도 예정액에 포함되며, 손해가 예정액을 초과하여도 그 초과부분을 따로 청구할 수는 없으나(대법원 1993. 4. 23. 선고 92다41719 판결), 손해배상예정액이 부당히 과다한 경우는 법원은 적당히 감액할 수 있다(민법 제398조 제2항).

그리고 손해배상예정액은 이행의 청구나 계약의 해제에 영향을 미치지 아니하므로(민법 제398조 제3항0, 계약당사자일방이 위약이 있을 경우 상대방은 손해배상예정액을 자기에게 귀속시킴은 물론이고, 그와는 별도로 계약이행청구가 가능할 뿐만 아니라 계약을 해제할 수도 있다.

그런데 을의 경우에는 계약금을 위약금으로 한다는 특약이 없는 경우이며, 민법 제565조에 의하여 그 계약금을 해약금으로 볼 수 있기 때문에, 갑은 을이 계약이행에 착수하기 전까지는 계약금 배액을 상환하고, 계약을 해제할 수 있으나, 갑이 계약금만 반환하고 계약을 해제하겠다고 할 경우에는 계약금 배액의 이행제공이 있었다고 볼 수 없으므로 계약은 해제되지 않은 상태이며(대법원 1966. 7. 5. 선고 66다736 판결, 1973. 1. 30.

선고 72다2243 판결), 이 경우 귀하는 계약내용대로의 이행을 청구할 수 있을 뿐만 아니라, 상대방이 계약을 계속 이행하지 않으면 채무불이행책임을 물어 계약해제와 함께 실질적으로 발생된 손해배상을 청구할 수도 있을 것이다.

> 채무를 변제하였다고 해도 채권자가 수령을 지체하여 채무관계에서 벗어날 수 없는 경우, 어떤 대처방법이 있는가?

변제공탁을 하면 된다.

【해 설】

공탁의 종류로는 변제공탁, 보증공탁, 집행공탁, 보관공탁, 몰취공탁이 있다.

1. 변제공탁

(1) 의 의

변제공탁이란, 채무자가 변제를 하려고 하여도 채권자가 변제를 받지 아니하거나, 변제를 받을 수 없는 경우 또는 과실 없이 채권자가 누구인지 알 수 없는 경우에 채무자가 채무이행에 갈음하여 채무의 목적물을 공탁소에 맡김으로써 그 채무를 면할 수 있는 제도이며, 채권자의 협조 없이도 채무자가 채무를 청산하고 채무자의 지위에서 가지게 되는 여러 가지 부담(이자를 물어야 하는 점, 근저당권을 소멸시키지 못하는 점 등)에서 벗어나게 함으로써 채무자를 보호하고자 하는 제도이다(민법 제487조).

(2) 요 건

첫째 법령에 '공탁할 수 있다' 또는 '공탁하여야 한다'는 근거규정이 있어야 한다. 둘째 변제공탁의 목적인 채무가 현존하고 확정된 것이어야 한다. 셋째 채무자(변제자)가 채무의 내용에 따른 변제의 제공을 하였음에도 불구하고 채권자가 받기를 거절 하거나, 변제의 제공을 하려고 해도 채권자측의 사유로 채권자가 수령할 수 없거나 또는 객관적으로 채권자가 존재하나 변제자가 선량한 관리자의 주의를 다하여도 주관적으로 채권자가 누구인지 알 수 없는 경우이어야 한다(대판 1996. 4. 26. 96다2583).

2. 담보공탁

통상적으로 담보공탁이란, 특정의 상대방이 앞으로 받을 수 있는 손해를 담보하기 위한 공탁을 말하며 손해담보공탁이라고 말한다. 예컨대 갑이 을에 대하여 금전채권이 있다고 주장하면서 을의 부동산을 가압류하고자 할 경우 법원에서는 갑이 제출하는 소명자료만에 의하여 을의 부동산에 가압류등기를 하게 한다. 그런데, 만약 갑이 을에 대하여 아무런 금전채권이 없음에도 불구하고 을의 부동산에 대하여 이와 같이 가압류를 하였다면, 을은 자기의 부동산이 갑에 의하여 부당하게 가압류되었기 때문에 그 부동산을 처분하지 못함은 물론 담보로 잡히고 금융기관에서 대출을 받기도 어려운 점이 있는 등 손해를 볼 우려가 있다. 따라서 법원에서는 갑이 제출하는 소명자료만에 의하여 을의 부동산을 가압류 할 수 있도록 조치하는 한편, 장차 을에게 발생할 수 있는 손해를 담보하기 위하여 갑으로 하여금 일정금액을 법원에 공탁하게 하여 갑과 을의 이해를 조절하고 있는 것이다. 이를 가압류담보공탁이라고 하며 그 외에도 가처분담보, 가압류취소담보, 가처분취소담보, 강제집행 정지의담보, 강제집행취소의담보, 소송비용담보, 가집행담보, 가집행을면하기위한담보 등 재판상 담보공탁외에 영업보증공탁, 납세담보공탁 등 여러 가지 보증공탁이 있다.

3. 집행공탁

민사소송법상의 강제집행이나 보전집행절차의 어느 단계에서 집행기관이나 집행당사자 또는 제3채무자가 강제집행법상의 권리·의무로서 집행의 목적물을 공탁소에 맡겨 그 목적물의 관리와 집행당사자에의 교부를 공탁절차에 따라 이행하도록 하기 위한 공탁을 말한다. 예를 들면, 갑이 을에 대하여 500만원의 대여금 채권이 있는데, 갑에 대하여 각각 500만원, 1,000만원의 채권을 가지고 있는 병과 정이 그들의 채권을 확보하기 위하여 갑의 을에 대한 채권(500만원)전액에 대하여 채권압류를 하였고 위 두 채권압류명령이 을에게 송달되었을 경우, 을은 누구에게 얼마의 돈을 주어야 할지 판단하기가 어려울 것입니다. 이때 을은 민사집행법 제248조 제1항에 따라 변제기에 위 500만원을 법원에 맡겨(공탁) 법원에서 정당한 권리자에게 나누어주게 함으로써 자기의 책임을 면할 수 있는 것이다.

그 외에도 민사집행법 등에는 집행공탁을 할 수 있는 여러 규정을 두고 있다.

상대방이 계약을 어길 경우 발생할 손해에 대해 미리 대비해 둘 방법이 있는가?

손해배상액의 예정을 하면 된다.

【해 설】

예컨대 A는 다세대 주택을 신축하여 분양할 목적으로 건물을 신축하고 있는데, 준공일이 늦어지면 입주예정자들에게 손해배상을 할 처지에 놓여 있다. 수급인은 약속된 기일안에 틀림없이 준공시키겠다고 말하지만 A로서는 불안하지 않을 수 없다. 이런 경우 수급인의 이행을 확보하기 위해서는 계약위반시에는 일정 액수의 손해배상액을 미리 약정해두는 손해배상액의 예정을 해 두면 안전하다.

1. 손해배상액의 예정의 의의

채권자가 채무자의 채무불이행을 이유로 손해배상을 청구하려면 손해의 발생과 그 금액을 입증하여야 한다(민법 제309조 본문).

그러나 손해배상을 청구하려면 개별적·구체적 사정에 따라 손해의 발생사실과 발생액을 입증해야 하는데 이는 실제적으로 매우 어렵고 힘든 일이고, 설사 입증을 하더라도 채무자가 그에 관해 다투는 수가 있다. 또 손해배상금액에 관하여도 다툼이 생긴다면 이것 역시 곤란한 일이다. 그러므로 입증상의 곤란함을 배제하고 다툼을 예방하여 손해배상법률관계를 간소화시킬 목적과 또 채무이행을 확고히 하려는 목적 아래 채무불이행의 경우 채무자가 지급해야 할 손해배상액을 당사자 사이의 계약으로 미리 정하는 수가 있는데, 이를 손해배상액의 예정이라고 한다(민법 제398조).

손해배상액의 예정 제도는 '손해의 발생사실과 손해액에 대한 입증의 곤란을 덜고, 분쟁의 발생을 미리 방지하여 법률관계를 쉽게 해결할 뿐 아니라 채무자에게 심리적 경고를 함으로써 채무의 이행을 확보하려는데' 있다(대판 1993. 4. 23. 92다41719).

배상액 예정계약의 법정 성질은 채무불이행을 정지조건으로 하는 조건부계약이며 원 채권계약에 종된 계약이다. 따라서 기본적 채권관계와 법률적 운명을 같이 하며 기본채권담보는 배상예정액도 아울러 담보하는 것으로 본다.

2. 요 건

민법 제398조 제1항은 '당사자는 채무불이행에 관한 손해배상액은 예정할 수 있다'고 규정하고 있다. 이 규정이 적용되는 배상액 예정은 채무불이행이 있기 전에 맺은 약정에 국한된다.

채무불이행이 발생한 후에 당사자의 합의로 손해배상액을 정하는 경우를 배상액합의라 하고, 이에 관해서는 민법 제392조가 적용되지 않는다. 근로기준법은 근로자의 보호를 위해 위약금 또는 손해배상액을 예정하는 계약을 체결하지 못하는 것으로 규정하고 있다. 그러나 그 의의 경우에는 그것이 사회질서에 위반되지 않는 한 당사자는 자유로이 손해배상액을 예정할 수 있다.

3. 방 법

손해배상액을 예정할 때에는 일정 금액을 정하는 수가 많으나 채무액에 대한 일정 비율로 정하는 것도 상관없으며, 금전 이외의 것으로 하는 것도 무방하다(민법 제398조 5

항). 당사자는 법률의 규정이나 공서양속에 어긋나지 않는 한 얼마든지 손해배상액 예정 계약을 맺을 수 있다.

4. 효 과

손해배상액을 예정하는 계약을 맺으면 다음과 같은 효과가 발생한다.

(1) 손해발생 및 그 액수를 입증하지 않고 예정된 배상액 청구

채권자는 채무불이행사실을 증명하면 손해의 발생과 그 금액을 입증할 필요없이 예정된 배상액을 채무자에게 청구할 수 있다. 채무자는 손해가 없다거나 적다는 사실을 주장할 수 없고, 채권자도 손해가 많다고 하여 더 청구할 수 없다. 배상액예정의 존재와 그 내용에 관해서는 배상액예정에 의해 그 지급을 청구하는 채권자가 입증하여야 한다.

(2) 배상액의 감액

손해배상액의 예정액이 부당히 과다한 경우에는 법원은 적당히 감액할 수 있다(민법 제398조 2항). 그리고 채무자의 경솔함을 이용하여 폭리행위를 했다고 생각될 때에는 배상액의 예정은 무효라고 해야 할 것이다. 다만, 예정배상액이 과소하다고 하여 법원이 이를 증액할 수는 없다.

법원이 손해배상액의 예정액이 부당히 과다하다 하여 감액하려면 채권자와 채무자의 경제적 지위, 계약의 목적과 내용, 손해배상액을 예정한 경위(동기). 채무액에 대한 예정액의 비율, 예상 손해액의 크기, 당시의 거래관행과 경제상태 등을 참작한 결과, 손해배상예정액의 지급이 경제적 약자의 지위에 있는 채무자에게 부당한 압박을 가하여 공정성을 잃는 결과를 초래한다고 인정되는 경우라야 한다(대판 2000. 12. 8. 2000다50350).

손해배상의 예정액이 부당하게 과다한 사실은 채무자가 이를 입증하여야 한다(대판 1995. 11. 10. 95다33658).

(3) 이행청구, 계약해제

손해배상액의 예정은 이행청구권이나 계약해제권의 포기를 의미하는 것은 아니므로, 배상액의 예정은 이행의 청구나 계약의 해제에 영향을 미치지 않는다(민법 제398조 3항). 그러나 계약관계를 청산하기 위해 배상액이 예정된 경우에는 채무불이행이 있으면 채권자는 계약해제를 하지 않고 곧 예정액을 청구할 수 있으며, 이로써 당사자 사이의 본래의 채무는 소멸하게 된다.

손해배상액의 예정과 위약벌은 어떤 차이가 있는가?

손해배상액의 예정은 장래의 채무불이행시 발생할 손해배상액을 미리 약정하는 것이고, 위약벌은 채무의 이행을 확보·강제할 목적으로 채무불이행시 실손해의 배상과 별도로 채무불이행에 대한 일종의 제재금으로 따로 받는 것을 말한다.

【해 설】

1. 손해배상액의 예정

손해배상액의 예정은 채무불이행의 경우에 채무자가 배상해야 할 금액을 미리 당사자 사이에 약정하여 두는 계약으로서 인정근거는 손해와 그 금액을 미리 입증하지 않으면 안 되는 번거로움을 피하는 데 있는바 그로부터 생기는 분쟁을 예방하기 위하여 흔히 이용되고 있다. 특약이 있는 경우를 제외하고 채무자가 손해에 대한 자기책임이 없다든가, 손해가 발생하지 않았다든가 또는 실손해액이 배상예약액보다 적다는 것을 주장할 수 없으며, 채권자도 실손해액이 배상예정액보다 크다고 입증해도 더 이상은 청구할 수 없다.

그러나 손해배상액이 부당히 많을 경우에는 법원은 적당히 감액할 수 있으며(민법 제398조), 사회질서를 위반한 법률행위와 불공정한 법률행위 등의 경우 그 위반한도 내에서 무효가 된다. 그리고 일반적으로 손해배상이 예약되어 있는 경우라도 이행청구나 계약해제에는 영향을 미치지 못한다.

2. 위약벌

위약벌은 채무의 이행을 확보할 목적으로 채무불이행시의 실손해의 배상과는 별도로 채무불이행에 대한 일종의 제재금으로 따로 받는 것을 말한다.

위약벌에서는 손해배상의 예정에 관한 민법 제398조 제2항을 유추적용하여 그 액을 감액할 수 없고, 다만 그 의무의 강제에 의하여 얻어지는 채권자의 이익에 비하여 벌이 과도하게 무거울 때에는 그 일부 또는 전부가 공서양속에 반하여 무효로 되는 효과상의 차이를 가져 온다(대판 1993. 3. 23. 92다46905).

3. 양자의 구별

위약금의 약정은 손해배상액의 예정대로 추정한다(민법 제398조 4항).

당사자가 손해배상액의 예정을 맺었는지 여부는 종국적으로 계약의 내용 등을 종합하여 결정할 당사자가 의사해석에 의하여 결정된다. 민법은 위약금의 손해배상의 예정으로 추정하고 있으므로, 채권자는 반증을 들어서 위약벌이라고 주장할 수 있다.

공사도급계약에서의 계약이행보증금의 성질은 손해배상액의 예정인가 아니면 위약벌인가?

계약의 내용 및 그 밖의 구체적인 사정을 종합하여 결정하여야 한다.

【해 설】

1. 의 의

공사도급계약에서 수급인이 도급인에게 교부하는 계약이행보증금의 성질을 어떻게 볼 것인지가 문제된다. 즉 손해배상액의 예정인지 아니면 위약벌인지가 문제된다. 위약벌로 본다면 보증금 외에 실제로 손해 전부를 따로 청구할 수 있고, 법원은 손해배상의 예정에 관한 민법 제398조 제2항을 유추적용하여 그 액을 감액조치할 수 없다. 계약이행 보증금인지 아니면 위약벌인지의 여부는 종국적으로는 계약의 내용 및 그 밖의 구체적인 사정을 종합하여 결정하여야 할 당사자의 의사해석의 문제에 속하는 것이다.

2. 계약이행보증에 관한 약정의 유형

공사도급계약과 관련하여 체결되는 계약이행보증금에 관한 약정에 다음의 세 가지 유형이 있다.

첫째, 수급인의 의무불이행으로 계약의 목적을 달성할 수 없게 되면 도급인은 계약을 해제 또는 해지할 수 있고, 이 때 계약이행보증금은 당연히 도급인에게 귀속된다고만 약정하는 것이다. 판례는 이런 경우는 손해배상액을 예정한 것으로 본다.

둘째, 수급인의 계약불이행시 계약이행보증금을 도급인에게 귀속시키되, 보증금을 초과하는 손해가 있으면 그 초과분의 손해배상을 청구할 수 있는 것으로 약정하는 것이다. 이 경우는 배상액 예정과 더불어 당사자간에 특별한 약정을 하는 것이다. 즉, 실제의 손해액이 보증금에 미달한 때에는 보증금의 몰취로써 그 배상에 갈음하고(이 경우는 배상액의 예정에 해당됨), 실제의 손해액이 보증금을 초과할 때에는 도급인은 이를 입증하여 그 초과부분에 대해 따로 손해배상을 청구할 수 있다(이 경우 미리 교부된 보증금은 손해배상의 일부에 충당되는 일종의 손해담보로서 기능을 하는 것으로 봄)

셋째는, 수급인에게 책임 있는 사유로 계약이 해제 또는 해지된 때에는 계약이행보증금을 몰취하는 것은 물론 실제로 발생한 손해 전부에 대해 손해배상을 청구할 수 있는 것으로 약정하는 것이다. 판례는 이 경우 종전에는 계약이행보증금을 위약벌로 보았지만(대판 1997. 10. 28. 97다21932) 최근에는 손해배상액의 예정으로 보고 있다(대판 2002. 12. 8. 2000다35771).

채무이행 인수계약의 불이행으로 인한 손해배상책임의 범위는 어디까지인가?

채무이행인수계약의 불이행으로 인한 손해배상의 범위는 채무자가 그 채무의 내용에 좇은 이행을 하지 아니함으로써 생긴 통상의 손해를 한도로 한다(대판 1976. 10. 29. 76다 1002).

【해 설】

1. 이행인수

이행인수란 채무자와 인수인 사이의 계약으로 채무자가 지는 채무를 인수인이 이행할 것을 채무자에게 약속하는 것을 말한다. 따라서 인수인은 그 계약에 따라 채무자에 대한 내부관계에서 그의 채무를 변제할 의무를 지는 데 그치며, 직접 채권자에게 대해 의무를 지지 않는다. 즉 채권자는 인수인에게 그 이행을 청구할 권리를 갖지 못한다.

2. 채무이행인수계약의 불이행으로 인한 손해배상책임의 범위

예컨대 을의 병 조합에 대한 원리금채무를 변제함으로써 그의 채무 일체를 면책시키기로 인수계약을 맺은 갑이 이를 이행하지 않은 경우 손해배상액은 얼마인가가 문제된다.

민법 제393조 1항은 채무불이행으로 인한 손해배상은 통상의 손해를 그 한도로 한다'고 규정하고 있다. 여기서 '통상의 손해란 채무불이행이 있으면 일반적으로 발생하는 것으로 여겨지는 손해를 말하고, 통상의 손해에 관하여는 채무자의 예견가능성의 유무를 묻지 않고, 그 전부에 대해 배상을 청구할 수 있다.

또 민법 제393조 2항은 특별한 사정으로 인한 손해는 채무자가 그 사정을 특별 손해란 채무불이행으로 인해 일반적으로 발생하는 손해가 아닌 것, 즉 채권자에게만 존재하는 특별한 사정에 기초하여 발생하는 손해를 말한다.

채무이행인수계약의 불이행으로 인한 손해배상책임의 범위에 관해 판례는 '채무이행인수계약의 불이행으로 인한 손해배상의 범위는 채무자가 그 채무의 내용에 좇은 이행을 하지 아니함으로써 생긴 통상의 손해를 함으로써 원고의 채무 일체를 면책시키기로 한 본건 이행인수계약을 맺은 피고가 이를 즉시 변제하지 않아서 늘어난 1974. 12. 31. 현재의 원리금이 피고의 본건 이행인수계약불이행으로 인한 통상적 손해액이 되는 것이다'라고 하였다(대판 1976. 10. 29. 76다1002).

분양자가 특정 수분양자에게 아파트 상가에서 슈퍼마켓 업종을 독점적으로 운영할 수 있도록 하겠다고 약정하고, 다른 수분양자의 슈퍼마켓 영업을 방치한 것이 채무불이행에 해당되는가?

채무불이행에 해당된다(대판 2000. 10. 6. 2000다22515).

【해 설】

채무자는 채무의 내용에 좇아 이를 실현(변제·이행)하여야 한다. 채무자의 내용에 좇은 이행이란 계약의 취지·거래관행·신의성실의 원칙 등에 비추어 적당하다고 생각되는 이행을 말한다. 채무자가 이러한 채무의 내용에 좇은 이행을 하고 있지 않은 객관적 상태가 넓은 의미에서의 채무불이행이고, 이 광의의 채무불이행 가운데서, 특히 채무자에게 고의나 과실이 있고, 또한 위법한 것으로 평가되는 경우가 협의의 채무불이행이라고 한다. 일반적으로 채무불이행이라고 말할 때는 협의의 채무불이행의 의미로 사용한다.

위 사례에 대해서 판례는 '분양자가 아파트 상가를 분양하면서 수분양자에게 그 상가에서는 그 수분양자만이 슈퍼마켓을 운영할 수 있도록 하겠다고 약정하고, 나머지 상가를 다른 수분양자에게 분양하면서는 타인과 중복되는 업종으로 영업하지 않고 이를 위반할 경우 분양자가 계약을 해제할 수 있다는 약정을 받은 경우, 분양자가 한 슈퍼마켓 영업보장 약정은 그 상가의 다른 점포에서 그 수분양자의 슈퍼마켓에서 판매하는 물품과 중복되는 물품을 판매하는 경우가 없도록 하여 주겠다는 의미가 아니라, 나머지 점포를 제3자에게 분양함에 있어 중복되는 업종 즉 슈퍼마켓 업종으로 분양하지 않겠고 다른 수분양자가 임의로 슈퍼마켓으로 변경할 경우에는 그 분양계약을 해제함으로써 그 수분양자만이 그 상가에서 슈퍼마켓 업종을 독점적으로 운영하도록 보장한 취지'라고 하였다.

또 '분양자가 아파트 상가를 분양하면서 수분양자에게 그 상가에서는 그 수분양자만이 슈퍼마켓을 운영할 수 있도록 하겠다고 약정하고, 나머지 상가를 다른 수분양자에게 분양하면서는 타인과 중복되는 업종으로 영업하지 않고 이를 위반할 경우 분양자가 계약을 해제할 수 있다는 약정을 받은 경우, 분양자가 임의로 슈퍼마켓으로 업종을 변경한 다른 수분양자에게 그 분양계약을 해제한다는 통지만을 하고 그 점포의 명도나 소유권이전등기말소청구 등의 후속조치를 취하지 아니한 채 다른 수분양자의 슈퍼마켓 영업을 방치한 것은 실제로는 그 분양계약을 해제하지 아니한 것과 동일하다는 이유로, 당초 분양자가 특정 수분양자에게 그 상가에서 슈퍼마켓 업종을 독점적으로 운영하도록 보장한 약정을 이행한 것으로는 볼 수 없다'고 하였다(대판 2001. 10. 6. 2000다22515).

> **매매계약이 이행불능이 된 경우, 이행불능 당시의 시기가 계약 당시의 그것보다 현저히 앙등된 경우 그 가격은 특별사정으로 인한 손해인가?**

매매계약의 이행불능으로 인한 전보배상책임의 범위는 이행불능 당시의 매매목적물의 시가에 의하여야 하므로, 이행불능 당시의 시가가 계약 당시의 그것보다 현저하게 가격이 올랐더라도 그것을 특별사정으로 인한 손해라고 볼 수 없다(대판 1993. 5. 27. 92다20163).

【해 설】

<채무불이행으로 인한 손해배상의 범위>

1. 통상손해 : 통상손해는 전부 배상하여야 한다.

채무불이행으로 인한 손해는 통상의 손해를 그 한도로 한다(민법 제393조 1항). 통상손해란 채무불이행이 있으면 일반적으로 발생하는 것으로 여겨지는 손해를 말한다. 채무자가 부동산의 타인에게 매각함으로써 소유권이전등기의무가 이행불능이 된 경우 통상의 손해는 이행불능 당시의 가격이고(대판 1967. 11. 21. 67다2158), 금전채무의 이행지체에서는 지연된 기간 동안의 이자에 상당하는 금액이 각각 통상의 손해에 해당한다.

통상의 손해에 관하여는 채무자의 예견가능성의 유무를 묻지 않고 그 전부에 대해 배상을 청구할 수 있다.

2. 특별손해 : 특별손해는 채무자가 그 사정을 알았거나 알 수 있었을 때에 한하여 배상책임이 있다.

민법 제393조 2항은 '특별한 사정으로 인한 손해는 채무자가 그 사정을 알았거나 알 수 있었던 때에 한하여 배상의 책임이 있다'고 규정하고 있다.

특별손해는 채무불이행으로 인해 일반적으로 발생하는 손해가 아닌 것, 즉 채권자에게만 존재하는 특별한 사정이 기초하여 발생하는 손해를 말한다. 매도인의 이행불능으로 매수인이 전매를 하지 못하여 입은 전매차익의 손해 등이 여기에 해당된다.

특별손해에 대해서는 채무자는 원칙적으로 배상책임을 부담하지 않고, 다만 채권자에게 존재하는 특별사정에 관해 채무자가 알았거나 알 수 있었을 때(예견가능성)에는 예외적으로 배상책임을 진다.

채무불이행자 또는 불법행위자는 특별한 사정의 존재를 알았거나 알 수 있었으면 그러한 특별사정으로 인한 손해를 배상하여야 할 의무가 있는 것이고, 그러한 특별한 사정에 의하여 발생한 손해의 액수까지 알았거나 알 수 있었어야 하는 것은 아니다(대판 1990. 5. 8. 88다카4574, 88다카4581).

위 사례에 관하여 판례는 '매매계약의 이행불능으로 인한 전보배상책임의 범위는 이행불능 당시의 매매목적물의 시가에 의하여야 하고 그와 같은 시가 상당액이 곧 통상의 손해라 할 것이고, 그 후 시가의 등귀는 채무자가 알거나 알 수 있었을 경우에 한하여 이를 특별사정으로 인한 손해로 보아 그 배상을 청구할 수 있는 것이므로 이행불능 당시의 시가가 계약 당시의 그것보다 현저하게 앙등되었다 할지라도 그 가격을 이른바 특별사정으로 인한 손해라고 볼 수 없다'고 하였다(1993. 5. 27. 92다20163).

> **금전채무의 불이행을 원인으로 손해배상 청구를 하는 경우 지연이자 상당의 손해가 발생하였다는 주장을 반드시 하여야 하는가?**

지연이자 상당의 손해가 발생하였다는 취지의 주장은 하여야 하고 주장조차 하지 아니하여 그 손해를 청구하고 있다고 볼 수 없는 경우까지 지연이자 부분만큼의 손해를 인용해 주지 않는다(대판 2000. 2. 11. 99다49644).

【해 설】

<금전채무불이행에 대한 특칙>

금전채무불이행의 손해배상액은 약정이율에 의해 산정하고, 그 약정이율이 없는 때에는 법정이율에 의해 산정한다(민법 제397조 1항). 금전은 이자에 의해 그 과실을 얻는 것이 보통인 점에서 특칙을 정한 것이다. 다만 법률에 특별한 규정이 있거나 당사자간에 특약이 있는 경우, 또는 배상액의 예정(민법 제398조)이 있는 때에는 그에 의한다.

위 사례에 대해 법원은 금전채무 불이행에 관한 특칙을 규정한 민법 제397조는 그 이행지체가 있으면 지연이자 부분만큼의 손해가 있는 것으로 의제하려는 데 그 취지가 있는 것이므로 지연이자를 청구하는 채권자는 그 만큼의 손해가 있었다는 것을 증명할 필요가 없는 것이나, 그렇다고 하더라도 채권자가 금전채무의 불이행을 원인으로 손해배상을 구할 때에 지연이자 상당의 손해가 발생하였다는 취지의 주장은 하여야 하는 것이지 주장조차 하지 아니하여 그 손해를 청구할 수 있다고 볼 수 없는 경우까지 지연이자 부분만큼의 손해를 인용해 줄 수는 없는 것이다(대판 2000. 2. 11. 99다49644).

채무불이행으로 인한 손해배상 예정액의 청구에 채무불이행으로 인한 손해배상액의 청구가 포함되었다고 볼 수 있는가?

채무불이행으로 인한 손해배상 예정액의 청구와 채무불이행으로 인한 손해배상액의 청구는 그 청구원인을 달리 하는 별개의 청구이다(대판 2000. 2. 11. 99다49644).

【해 설】

채권자가 채무자의 채무불이행을 이유로 손해배상을 청구하려면 손해의 발생과 그 금액을 입증하여야 한다(민법 제390조 본문).

그러나 그 입증은 쉽지 않을 뿐만 아니라, 설사 입증을 하더라도 채무자가 그에 관해 다투는 수가 있다. 따라서 당사자는 장차 채무불이행이 있게 되면 일정한 금액을 손해배상으로 하기로 미리 약정하는 경우가 있는데, 이를 손해배상액의 예정이라고 한다.

손해배상액의 예정을 해두면 후에 채무불이행이 있게 되면 채권자는 손해의 발생과 그 금액을 입증할 필요도 없이 예정된 배상액을 채무자에게 청구할 수 있다.

채무불이행으로 인한 손해배상 예정액의 청구와 채무불이행으로 인한 손해배상액의 청구는 그 청구원인을 달리 하는 별개의 청구이므로 손해배상 예정액의 청구 가운데 채무불이행으로 인한 손해배상액의 청구가 포함되어 있다고 볼 수 없고, 채무불이행으로 인한 손해배상액의 청구에 있어서 손해의 발생 사실과 그 손해를 금전적으로 평가한 배상액에 관하여는 손해배상을 구하는 채권자가 주장·입증하여야 하는 것이므로, 채권자가 손해배상책임의 발생원인 사실에 관하여는 주장·입증을 하였더라도 손해의 발생 사실에 관한 주장·입증을 하지 아니하였다면 변론주의의 원칙상 법원은 당사자가 주장하지 아니한 손해의 발생 사실을 기초로 하여 손해액을 산정할 수는 없다(대판 2000. 2. 11. 99다49644).

지급을 위하여 제3자 발행의 수표를 교부받은 채권자가 지급기일에 수표를 지급제시하지 않는 경우, 채무자는 채권자에게 손해배상을 청구할 수 있는가?

채무자에게 손해를 입혔으므로 채권자는 손해를 배상하여야 한다.

【해 설】

다음과 같은 사례의 경우 채무자가 채권자에게 손해배상청구를 할 수 있는지가 문제된다.

갑은 A에게 연근해어업용 면세유류를 외상으로 공급하는 내용의 계약을 체결하였으며, 그 후부터 갑은 A에게 유류를 공급하였다. 그런데 A는 위 유류대금의 지급을 위하여 을로부터 선박매매대금의 일부조로 교부받은 을 발행의 당좌수표를 갑에게 교부하였고, 갑은 을에게 위 수표를 취득한 사실을 알리고 지급제시 기간 내에 정상적으로 결제할 수 있는지 문의하자, 을은 위 수표의 지급제시기간 내에 정상적으로 결제할 자금이 부족하다고 답변하였고, 갑은 을의 자력에 관한 아무런 조사도 하지 않은 채 을의 무자력으로 위 수표가 지급제시기간 내에 정상적으로 결제되지 않으리라고 속단하고는 을로부터 별도의 어음을 받고 대신 위 수표를 그 적법한 지급제시기간에 지급제시하지 않았으며, 그러한 사실을 A에게 알리지도 않았다. 그러나 을은 위 수표의 지급제시기간 무렵에는 선박 2척을 소유하여 수산업에 종사하고 있었으나 그 이후 자력이 점점 악화되어 부도를 맞아 그 이후로는 무자력 상태에 이르게 되었다. 그럼에도 불구하고 갑은 A에게 유류대금청구의 소송을 제기해왔다. 이 경우 A가 갑에게 손해배상을 청구할 수 있는지가 문제된다.

수표법 제39조에 의하면 "적법한 기간 내에 제시한 수표의 지급을 받지 못한 경우에 소지인이 다음의 어느 하나의 방법에 의하여 지급거절을 증명한 때에는 소지인은 배서인, 발행인 기타의 채무자에 대하여 소구권을 행사할 수 있다.

1. 공정증서(거절증서)
2. 수표에 제시의 날을 기재하고 일자를 부기한 지급인의 선언
3. 적법한 시기에 수표를 제시하였으나 지급이 없었던 뜻을 증명하고 일자를 부기한 어음교환소의 선언"이라고 규정하고 있다.

그리고 수표소지인의 발행인에 대한 소구권행사의 요건에 관한 판례를 보면, "수표는 그 제시기간 내에 지급을 위한 제시를 하지 아니하면 동 수표에 관한 이득상환청구권 또는 원인관계상의 채권은 별론으로 하고 그 수표발행인에 대하여 수표금채권을 가진다고 볼 수 없다."라고 하였으며(대법원 1974. 7. 26. 선고 73다1922 판결), 또한 "수표의 발행인은 환어음의 인수인이나 약속어음의 발행인이 어음금을 절대적으로 지급할 의무를 부담하는 것과는 달리 수표금의 지급을 담보하는 책임을 지는 것으로서(수표법 제12조) 수표가 지급거절된 경우 소구의무를 부담할 뿐인바(수표법 제39조), 수표의 소지인이 발행인에 대하여 소구권을 행사하기 위하여는 수표법 제1조 소정의 법정기재사항이 기재된 수표에 의하여 적법한 기간내에 지급제시할 것을 요하고, 위 법정기재사항의 일

부라도 기재되지 아니한 수표에 의하여 한 지급제시는 수표법 제2조의 규정에 의하여 구제되지 않는 한 적법한 지급제시로서의 효력이 없는 것이므로 그와 같은 경우에는 소구권을 상실한다."라고 하였다(대법원 1994. 9. 30. 선고 94다8754 판결).

그렇다면 위 사안에서 갑이 을 발행인의 수표를 제시기간 내에 지급제시하지 않음으로 인하여 갑은 물론 A도 을에 대하여 수표금 청구를 할 수 없게 되었다.

또한 판례를 보면, "부정수표단속법 제2조 제2항은 수표를 발행한 자가 그 수표발행 후에 거래정지 처분 등으로 인하여 제시기일에 지급되지 아니하게 한 때를 범죄구성요건으로 하고 있는 것이므로 같은 조항의 범죄가 성립되기 위하여는 그 수표가 적법한 제시기간내에 제시되어야만 할 것이다."라고 하였으므로(대법원 1982. 9. 14. 선고 82도1531 판결), 위 사안에서 을은 부정수표단속법 위반으로 처벌될 수도 없다.

그러므로 위 사안에서 A가 갑에게 수표의 적법한 지급제시를 하지 않은 행위에 대하여 손해배상을 청구할 수 있을 것인지 문제된다.

민법 제750조에 의하면 "고의 또는 과실로 인한 위법행위로 타인에게 손해를 가한 자는 그 손해를 배상할 책임이 있다."라고 규정하고 있는데, 지급을 위하여(기존 원인채무를 존속시키면서 그에 대한 지급방법으로서 교부하는 경우) 제3자 발행의 수표를 교부받은 채권자가 적법한 지급제시를 하지 아니한 경우 채무자가 그로 인한 손해배상을 청구할 수 있을 것인지에 관하여 판례를 보면, "지급을 위하여 제3자 발행의 수표를 교부받은 채권자가 수표의 발행일 이후 수표발행인의 자력이 악화될 것임을 알았거나 적어도 이를 알 수 있었으면서도 수표를 지급기일에 지급제시하지 않아 발행인에 대한 소구권을 상실하는 한편, 그와 같은 사정을 채무자에게 고지하지도 않아 그로 하여금 적절한 시기에 발행인에 대해 수표발행의 원인이 된 채권을 행사하거나 그 채권을 보전할 기회조차 가지지 못하게 하여 채권의 만족을 얻지 못하게 하는 손해를 입혔다."라고 하였다(대법원 2001. 7. 13. 선고 2000다55324 판결).

따라서 위 사안에서 갑이 을의 자력이 악화될 것임을 알았거나 적어도 이를 알 수 있었으면서도 수표를 지급기일에 지급제시하지 않아 A의 을에 대한 소구권을 상실하도록 하였고, 한편 그와 같은 사정을 귀하에게 고지하지도 않아 A로 하여금 적절한 시기에 을에 대해 수표발행의 원인이 된 채권(선박매매대금채권)을 행사하거나 그 채권을 보전할 기회조차 가지지 못하게 하여 채권의 만족을 얻지 못하게 하였으므로 귀하에게 손해를 배상할 책임을 부담하여야 할 것으로 보인다.

다만, 위와 같은 손해배상책임이 인정된다고 하여도 갑이 수표에 대하여 지급제시기간

내에 지급제시를 하지 아니한 점만으로 귀하가 위 유류공급계약에 따른 채무를 모두 면하는 것은 아니고, 갑의 과실비율에 따라 정해지는 손해배상액 만큼의 위 유류공급계약에 기한 채무액에서 상계할 수도 있을 것이다.

> **원인채무이행과 어음반환의무가 상호 동시이행의 관계에 있는 경우 원인채무의 채무자는 어음을 반환받을 때까지 이행책임을 부담하지 않는가?**

채무자는 원인채무의 이행기를 도래하면 원칙적으로 이행지체의 책임을 지고, 채권자로부터 어음·수표를 반환받지 않았더라도 그것을 이유로 동시이행의 항변권을 행사하여 지급을 거절하고 있는 것이 아닌 한 이행지체의 책임을 면할 수 없다(대판 1999. 7. 9. 98다47542).

【해 설】

A는 갑에 대한 1,500만원의 물품대금채무에 대하여 발행인이 을인 약속어음을 교부하였고, 그 지급기일은 물품대금채무의 변제기보다 1개월 후로 정하였다. 그런데 갑은 위 물품대금채무의 변제기에 위 금원의 지급을 청구하였다가 A가 위 물품대금채무의 변제기가 약속어음의 지급기일로 유예된 것이라고 주장하자 아무런 말이 없었다. 갑은 그 후 지급기일에 위 약속어음을 지급제시 하였다가 을의 부도로 지급거절 되자 A에게 청구하였으나 A는 재정형편이 어려워 지급하지 못하였는데, 수개월이 경과된 후 A에게 물품대금청구를 하면서 물품대금채무의 최초 변제기부터의 지연손해금까지 청구하고 있습니다. 이 경우 갑이 위 약속어음을 반환하지 않았음에도 A가 갑의 주장대로 최초 변제기로부터의 지연손해금을 지급할 의무가 있는지가 문제된다.

1. 기존채무의 이행을 위하여 어음을 교부한 경우의 법률관계

기존채무의 이행을 위하여 어음을 교부한 경우의 법률관계에 관하여 판례를 보면, "채무자가 채권자에게 기존채무의 이행에 관하여 어음이나 수표를 교부할 때 당사자의 의사는, (1) 기존의 원인채무를 소멸시키고 새로운 어음, 수표채무만을 존속시키고자 할 경우로서 "지급에 갈음하여" 또는 "변제에 갈음하여"하는 경우, (2) 어음, 수표를 기존 원인채무에 대한 지급수단 그 자체로서 주고 받고자 하는 경우로서 "지급을 위하여" 또는 "지급의 방법으로"하는 경우, (3) 기존원인채무의 지급을 담보하기 위하여 그에 덧붙여 어음, 수표상의 권리를 부여하고자 할 경우로서 "지급확보를 위하여" 또는 "담보를 위하여"하는 경우의 세 가지 형태가 있다고 할 것이고, 기존채무의 이행에 관하여 어음, 수표를 교부하는 목적은 원칙적으로 당사자의 의사를 기준으로 하여 판단하여

야 할 것이므로 당사자사이에 약정이 있는 경우에는 그에 따르면 되고, 특약이 없는 경우에는 "지급을 위하여" 또는 "지급확보를 위하여" 교부된 것으로 추정할 것이고, 따라서 특별한 사정이 없는 한 기존의 원인채무는 소멸하지 아니하고 어음, 수표상의 채무와 병존한다고 보아야 한다."라고 하였다(대법원 1993. 11. 9. 선고 93다11203, 11210 판결).

또한 "기존채무의 이행을 위하여 어음을 교부한 경우 어음상의 주채무자(발행인)가 원인관계상의 채무자와 동일하지 아니한 때에는 제3자인 어음상의 주채무자(발행인)에 의한 지급이 예정되고 있으므로 이는 '지급을 위하여' 교부된 것으로 추정하여야 한다."라고 하였다(대법원 1996. 11. 8. 선고 95다25060 판결, 1998. 3. 13. 선고 97다52493 판결).

그리고 판례는 "기존의 원인채권과 어음, 수표채권이 병존하는 경우에 채권자가 원인채권을 행사함에 있어서는 어음, 수표의 반환이 필요하고, 이는 채무자의 채무이행과 동시이행의 관계에 있다고 할 것이고, 따라서 채무자는 어음, 수표와 상환으로 지급하겠다고 하는 항변으로 채권자에게 대항할 수 있고, 이와 같은 항변이 있을 때에는 법원은 어음, 수표와 상환으로 지급하라는 취지의 상환이행의 판결을 하여야 할 것이다."라고 하였다(대법원 1993. 11. 9. 선고 93다11203, 11210 판결).

따라서 위 사안에 있어서도 특별한 사정이 없는 한 A가 갑에 대하여 물품대금조로 교부한 을이 발행인인 위 약속어음을 교부한 것은 물품대금채무의 '지급을 위하여' 교부한 것으로 보아야 할 것이며, 갑은 A에 대한 물품대금채권과 발행인을 및 배서인 귀하에 대한 어음금채권을 병존하여 가진다고 하여야 할 것이고, 다만 이 경우 귀하의 물품대금채무이행과 갑의 위 약속어음반환의무는 동시이행관계에 있다고 할 것이다.

2. 원인채무의 이행의무와 어음반환의무가 동시이행관계에 있는 경우 채무자는 이행지체 책임을 부담하지 않는지 여부

그런데 원인채무의 이행의무와 어음반환의무가 상호 동시이행관계에 있는 경우에 원인채무의 채무자는 어음을 반환 받을 때까지는 이행지체책임을 부담하지 않는지에 관하여 판례를 보면, "채무자가 어음의 반환이 없음을 이유로 원인채무의 변제를 거절할 수 있는 것은 채무자로 하여금 무조건적인 원인채무의 이행으로 인한 이중지급의 위험을 면하게 하려는 데에 그 목적이 있는 것이지, 기존의 원인채권에 터잡은 이행청구권과 상대방의 어음 반환청구권이 민법 제536조에 정하는 쌍무계약상의 채권채무관계나 그와 유사한 대가관계가 있어서 그러는 것은 아니므로, 원인채무 이행의무와 어음 반환의무가 동시이행의 관계에 있다 하더라도 이는 어음의 반환과 상환으로 하지 아니하면 지급을

할 필요가 없으므로 이를 거절할 수 있다는 것을 의미하는 것에 지나지 아니하는 것이며, 따라서 채무자가 어음의 반환이 없음을 이유로 원인채무의 변제를 거절할 수 있는 권능을 가진다고 하여 채권자가 어음의 반환을 제공하지 아니하면 채무자에게 적법한 이행의 최고를 할 수 없다고 할 수는 없고, 채무자는 원인채무의 이행기를 도과하면 원칙적으로 이행지체의 책임을 지고, 채권자로부터 어음·수표의 반환을 받지 아니하였다 하더라도 그 어음·수표를 반환하지 않음을 이유로 위와 같은 항변권을 행사하여 그 지급을 거절하고 있는 것이 아닌 한 이행지체의 책임을 면할 수 없다."라고 하였다(대법원 1999. 7. 9. 선고 98다47542 판결, 1993. 11. 9. 선고 93다11203, 11210 판결).

그러므로 위 사안에 있어서 A는 갑이 위 약속어음을 반환하지 않았다고 하더라도 동시이행의 항변을 하지 않았다면 지급기일 후 변제시까지는 이행지체로 인한 지연손해금을 부담하여야 할 것이다.

위와 같이 A가 지체책임을 진다고 하더라도 다만 그 책임질 기간에 관한 판례를 보면, "채권자가 기존채무의 지급을 위하여 그 채무의 변제기보다 후의 일자가 만기로 된 어음의 교부를 받은 때에는 묵시적으로 기존채무의 지급을 유예하는 의사가 있었다고 보는 것이 상당하므로 기존채무의 변제기는 어음에 기재된 만기일로 변경된다고 볼 것이다."라고 하였으므로(대법원 1999. 8. 24. 선고 99다24508 판결), 물품대금채무의 최초 변제기로부터 위 약속어음의 지급기일까지는 지연손해금 지급책임이 없고 그 이후 부분에 한해 지연손해금 지급책임이 있는 것으로 보인다.

제 3 장 채권회수를 위한 소송 (채권을 법률적으로 확정하는 절차)

제1절 채권을 법률적으로 확정하는 절차

I. 채무이행의 법률적 확보

채무의 이행이 가능함에도 불구하고 채무자가 자발적으로 채무를 이행하지 않는 경우에는, 채권자는 국가권력에 의하여 강제적으로 자기의 권리를 실현할 수 있다. 채무불이행에 대한 구제방법으로는 손해배상의 청구 외에 국가권력에 의한 강제이행도 허용된다. 그런데 현실적으로 채무의 이행을 강제하려면 구체적으로 이행판결(이행을 하여야 한다는 명령을 얻는 판결)을 얻거나 기타의 집행권원에 의거하여 민사집행법에 따라 강제이행을 신청하게 된다.

민사재판은 판결과 강제이행의 두 기능을 가지고 있으나, 이들 두 절차는 그 성격이 전혀 다르다. 즉 판결절차는 권리의 확정을 목적으로 하고, 강제집행절차는 권리의 신속·확실한 실현과 채권자의 이익 보호가 요청된다. 따라서 양자는 별개의 독립된 기관이 관장한다. 본서에서도 판결절차와 강제집행절차를 구분하여, 이행판결을 얻는 절차는 본장에서 다루고, 강제집행절차는 제5편에서 다루기로 한다.

II. 소송절차 일반

1. 민사소송의 의의

민사소송은 사권(私權)의 존재를 확정하여 사인을 위하여는 사권을 보호하고, 국가적 견지에서는 사법질서의 유지를 목적으로 하는 재판절차이다. 민사소송은 사법상의 권리관계의 확정·보전·실현 등 세 가지를 과제로 하는 절차이다. 권리의 확정절차가 재판절차이고, 권리의 보전절차가 가압류·가처분 절차이며, 권리의 실현절차가 강제집행절차이다. 넓은 의미의 민사소송에는 이 세 가지 절차를 모두 포함하나, 좁은 의미의 민사소송이라 할 때에는 판결절차만을 의미한다.

2. 소(訴)의 의의 및 종류

(1) 소의 의의

소는 법원에 대하여 일정한 내용의 판결을 해달라는 당사자의 신청이다. 즉, 원고가 법원에 대하여 피고와의 관계에 있어서 일정한 권리주장을 제시하고, 그 당부에 대한 심판을 구하는 신청(소송행위)이다.

소는 법원에 대하여 권리보호 또는 판결을 구하는 신청의 일종인데, 이에 그치지 않고 소장에 표시된 권리를 피고에 대하여 행사하는 행위이기도 하다. 이 원고의 권리 주장이 피고에 의한 방어의 표적이 되는 것이다.

소의 제기에 의하여 제1심 소송절차가 개시된다.

소의 제기는 보통 소장이라는 서면을 제출하여 하는데, 이 소장에 청구의 취지·청구원인을 기재하는 것에 의하여, 원고의 피고에 대한 관계에서의 권리주장과 그 주장을 인용하는 특정한(이행, 확인, 형성) 심리·판결을 구하는 것으로, 법원에 대한 요구를 구체적으로 특정·표시하게 된다.

소는 원고가 재판을 신청하는 소송행위이고, 소송은 소제기로 시작하여 종국판결의 확정 등으로 끝나는 절차를 의미한다.

(2) 소의 종류

원고가 소를 제기할 때 선택할 소의 종류에는 다음과 같은 것이 있다.

가. 이행의 소

이행의 소는 이행청구권의 확정과 피고에 대한 이행명령을 요구하는 소송이다. 따라서 이 소송은 다툼이 있거나 불확정한 청구권을 확정받는 한편, 피고에 대한 이행명령의 선고를 받아 강제집행의 방법으로 청구권을 실현시키는 것을 목적으로 한다.

이행의 소는 현재의 이행의 소와 아직 이행기가 도래하지 않은 이행청구권이 청구의 내용으로 되어 있는 장래의 이행을 청구하는 소로 나누인다.

이행의 소에 있어서는 실체법상의 청구권이 그 바탕이 되어야 한다. 비단 사업상의 청구권뿐만 아니라 공법상의 청구권이라도 민사소송사항청구권이면 금전의 지급, 물건의 인도, 작위, 부작위, 인용 등 그 어느 것을 내용으로 하여도 무방하다.

채무불이행으로 인하여 채권을 소송에 의하여 강제회수하려면 이행의 소를 제기하여야 한다.

나. 확인의 소

확인의 소는 특정한 권리 또는 법률관계의 존재 또는 부존재를 주장하는 소이다. 판결로 권리 또는 법률관계의 존부를 관념적으로 확정함으로써 당사자 사이의 분쟁을 해결하고, 더 나아가 후일에 파생되는 분쟁을 예방하는 예방적 기능이 있다. 확인의 소는 원칙적으로 권리 또는 법률관계만이 대상적격이 인정된다. 적극적 확인의 소와 소극적 확인의 소가 있으며 예외적인 경우로 사실관계의 확인을 구하는「증서의 진부 확인의 소」가 있다.

다. 형성의 소

형성의 소는 기존 법률관계의 변경 또는 형성을 요구하는 소송이다. 지금까지 존재하지 아니하였던 새로운 법률관계를 발생시키고, 기존의 법률관계를 변경·소멸시키는 내용의 판결을 해달라고 요구하는 것이다.

이 형성의 소는 창설적 효과를 목적으로 한다. 법은 권리관계를 다수의 이해관계인 사이에서 명확히 획일적으로 하고자 하는 경우 또는 법적 안정을 도모할 필요가 있을 경우에 대하여는 오로지 소로써만 형성요건에 해당하는 사실이 존재하는 것을 주장시켜, 법원이 그 존재를 확정하고, 판결에 의하여 비로소 권리 또는 법률관계의 변경·소멸을 하고자 한다. 이것이 형성의 소이고, 신분관계나 회사관계소송 등의 영역에 많으며, 아울러 제소기간이나 제소권자도 한정되는 경우가 많다. 형성의 소는 명문의 규정으로 허용되는 경우에만 인정되고, 그러한 특별한 규정이 없이 제기된 형성의 소는 부적법하다. 판례는, '기존 법률관계의 변경·형성을 목적으로 하는 형성의 소는 법률에 명문의 규정이 있는 경우에 한하여 제기할 수 있는바, 조합의 이사장 및 이사가 조합업무에 관하여 위법행위 및 정관위배행위 등을 하였다는 이유로 그 해임을 청구하는 소송은 형성의 소에 해당하는데, 이를 제기할 수 있는 법적 근거가 없으므로, 조합의 이사장 및 이사 직무집행정지 가처분은 허용될 수 없다.'고 하였다(대판 2001. 1. 16. 선고 2000다45020).

3. 관 할

(1) 의 의

관할이란 재판권을 행사하는 여러 법원 사이에서 어느 법원이 어떤 사건을 담당처리 하느냐의 재판권의 분쟁관계를 정해놓은 것을 말한다.

(2) 관할의 종류

ⅰ) 관할결정의 근거를 표준으로 한 분류 : 법정관할 · 재정관할 · 당사자의 거동에 의한 관할

㈀ 법정관할 : 법률에 의하여 직접 정하여진 관할로서 직분관할, 사물관할, 토지관할이 있다.

㈁ 재정관할(지정관할) : 관할이 어디인지 불명한 경우에 관계법원의 바로 상급법원의 결정에 의하여 정하여지는 관할을 말한다(법28조).

㈐ 당사자의 거동에 의한 관할 : 당사자의 합의에 의한 합의관할과 피고의 응소에 의한 변론관할로 나누어진다.

ⅱ) 소송법상의 효과에 의한 분류 : 전속관할·임의관할

㈀ 전속관할 : 법정관할 가운데 재판의 적정·신속 등 고도의 공익적 요구에 기하여 특정한 법원에만 관할을 인정하고 그 밖의 관할을 일체 배제하는 것을 말한다.

전속관할의 예로서는 직분관할, 법률이 전속한다는 취지를 정한 사물관할 및 토지관할이 있다.

전속관할에 있어서는 다른 일반규정에 의한 관할의 경합이 생길 수 없으며(즉 보통재판적, 특별재판적의 적용이 없다. 단, 전속관할 자체의 경합은 가능. 따라서 법28조의 지정관할은 전속관할에서도 가능) 따라서 관할위반의 경우를 제외하고는 소송이송이 허용되지 않는다. 전속관할 위배는 상속의 이유가 되고, 재심사유로는 되지 않는다.

㈁ 임의관할 : 임의관할은 주로 당사자의 편의와 공평을 도모하기 위한 취지에서 정하여진 법정관할로서, 당사자간의 합의나 피고의 응소에 의하여 다른 법원에 관할을 발생시킬 수 있는 것을 말한다. 사물관할과 토지관할은 원칙적으로 임의관할이다. 임의관할 위배는 이를 항소심에서 주장할 수 없다.

(3) 법정관할

가. 적분관할

담당직분의 차이를 표준으로 하여 여러 법원 사이에, 여러 종류 작용의 재판권의 분담관계를 정해 놓은 것이다. 전속관할이며 직권조사사항이다.

1) 수소법원과 집행법원

ⅰ) 수소법원이라 함은 특정한 사건의 판결절차를 담당하는 법원으로서 장래 계속될 것이거나(법 제62조) 현재 계속중에 있거나(법 제297조, 제298조), 혹은 과거에 계속되었던 법원(민집 260, 261조 참조)을 말한다.

ⅱ) 강제집행절차는 집행법원의 직분에 속한다. 집행법원은 지방법원 단독판사와 사법보좌관으로 볼 수 있다.

2) 지방법원단독판사와 지방법원합의부 그리고 사법보좌관

간이한 사항, 신속을 요하는 사항에 대하여는 지방법원 단독판사와 사법보좌관의 특별한 직분으로 하고 있다. 제소전 화해절차, 독촉절차 등이 있다.

3) 심급관할

심급관할이란 서로 종류를 달리하는 법원 사이에서 어느 법원이 제1심·제2심·제3심 중 어떠한 심급의 재판을 분담할 것인가를 정해놓은 것이다.

판결절차에 관한 직분관할 가운데 가장 중요한 관할로서 원칙적으로 전속관할이고 다만 비약상고의 합의가 인정되는 한도에서만 임의관할이다.

나. 사물관할

1) 의 의

사물관할이란 제1심 소송사건을 그 경중을 기준으로 하여 지방법원합의부와 단독판사의 어느쪽에 분담시킬 것인가를 정해놓은 것을 말한다. 이 양자의 재판권의 분담관계는 사무분담의 문제가 아니라 관할의 문제이다. 법원조직법은 단독판사를, 소송법은 지방법원합의부를 중시하는 규정을 두고 있다.

2) 단독판사의 관할

ⅰ) 원고가 소로 주장하는 이익(訴價)을 기준으로 소송목적의 값(訴價)이 1억원을 넘지 않는 사건. 소가 2,000만원 이하의 소액사건도 단독판사의 관할에 속하지만 시·군법원 관할구역내의 사건은 시·군법원만이 배타적 사물관할권을 갖는다(법원조직법 제34조 2항).

ⅱ) 소송목적의 값이 1억원을 초과하더라도 ㈎ 수표금, 어음금청구사건, ㈏ 금융기관 등이 원고인 대여금, 구상금, 보증금 청구사건, ㈐ 자동차, 철도 운행 및 근로자의 업무상재해로 인한 손해배상청구사건 및 채무부존재확인 사건 등은 단독판사의 사물관할에 속한다.

ⅲ) 재정단독사건(민사 및 가사소송의 사물관할에 관한 규칙 2조 4호)과 본소가 단독판사의 관할일 때 이에 병합 제기하는 독립당사자참가, 청구의 변경, 반소, 중간확인의 소 등 관련청구도 단독판사의 관할이다.

3) 합의부의 관할

소가 1억원을 넘는 민사사건 중 단독판사의 관할에 속하지 않는 사건 및 민사소송등인지법 2조 4항의 규정에 해당하는 사건(재산권상의 소로 소가를 산정할 수 없는 것과 비재산권상의 소)을 제1심사건으로 심판한다.

ⅰ) 비재산권상의 소 : 인격권에 관한 소, 그 소가 2천만 1백원으로 하는 해고무효확인의 소, 소가를 5천만 1백원으로 하는 상법의 규정에 의한 회사관계 소송 등을 관할한다.

ⅱ) 재산권상의 소로서 소송목적의 값을 산출할 수 없는 경우 : 상호사용금지의 소, 구거지와 같이 기준시가가 없는 토지에 관한 소, 주주의 대표소송 또는 유지청구 소송, 무채재산권에 관한 소, 낙찰자 지위확인의 소, 소음·악취·일조방해 등 생활방해금지청구의 소송(민 217조 참조) 등

ⅲ) 합의부에서 심판할 것으로 합의부가 스스로 결정한 사건(법 34조 2·3항, 「법관의 사무분담 및 사건배당에 관한 예규」 재판예규 제1097호, 12조)과 관련청구도 합의부 관할 사건이다.

4) 소송목적의 값(訴價)

ⅰ) 소가란 소송물 즉 원고가 소로써 달성하려는 목적이 갖는 경제적 이익을 화폐단위로 평가한 금액(전부 승소할 경우에 직접적으로 받게 될 경제적 이익을 객관적으로 평가한 것)이다.

민사소송법 제26조 1항의 '소로 주장하는 이익'이 이에 해당된다.

제소시를 표준으로 관할이 정하여지므로(관할의 항정) 이 소가의 산정시기도 제소시를 기준으로 한다. 그러나 단독사건에서 청구의 확장이 있어 소가가 1억원을 초과하게 되었을 경우에는 변론관할이 생기지 않으면 합의부로 이송하여야 한다.

ⅱ) 소가 산정의 기본원칙

㈀ 청구가 병합된 경우에는 그 여러 청구의 값을 모두 합하여 정한다(27조 1항). 원고가 제기한 여러 청구의 병합에 한하므로(소의 주관적, 객관적병합이든 혹은 원시적이든 후발적이든 불문한다) 피고 제기의 반소는 본소에 합산되지 않고, 또 법원이 변론의 병합을 명한 경우에도 소가의 영향이 없다.

㈁ 그러나 청구의 선택적·예비적 병합이나, 물건의 인도 및 그 대상청구를 병합하거나, 보증인과 주채무자 또는 여러 연대채무자에 대한 청구의 병합, 같은 권원에 기한 확인 및 이행청구의 병합은 중복청구로서 그 중 다액인 청구가액을 소가로 본다.

㈂ 부대청구도 불산입한다. 즉 주된 청구와 그 부대 목적인 과실(법정과실 포함), 손해배상금(지연손해금, 지연이자 등), 위약금, 비용(최고비용 등)의 청구는 별개의 소송물이나 이 두 가지를 1개의 소로써 청구하는 때에는 이 부대청구의 가액은 소가에 산입하지 않는다.

㈃ 수단인 청구의 흡수, 예컨대 건물 철거 청구가 토지인도의 수단에 지나지 않을 때에는 건물의 가액에 불구하고 토지만의 가액으로 소가를 산정한다.

[법원행정처, 인지실무(2006)]
다. 시·군법원의 관할

대법원장은 지방법원 또는 그 지원 소속 판사 중에서 그 관할구역 안에 위치한 시·군법원의 판사를 지명하여 시·군법원의 관할사건을 심판하게 한다(법원조직법 33조 1항).

법원조직법 34조 1항은 시·군법원의 민사소송 관할사건으로 ① 소액사건심판법의 적용을 받는 민사사건(소송목적의 값이 2000만원을 초과하지 아니하는 금전 기타 대체물이나 유가증권의 일정한 수량의 지급을 목적으로 하는 제1심 민사사건, 소액규칙 1조의 2), ② 화해·독촉 및 조정에 관한 사건을 규정하고 있다.

라. 토지관할

1) 의 의

토지관할이란 소재지를 달리하는 동종의 법원 사이에 재판권(특히 (제1심 사건)의 분장관계를 정해놓은 것을 말한다. 다시 말하면 제1심 사건을 어느 지역의 지방법원이 담당하느냐는 토지관할에 의하여 정하여진다.

이 토지관할을 정하는 기준으로 되는 관련지점(장소)을 「재판적」이라고 한다.

이 토지 관할은 당사자의 이익에 영향을 미치는 바가 크다

재판적은 1개의 사건에서 예컨대 피고의 주소, 소송물인 의무의 이행지, 불법행위지 등 여러 개가 발생하고 이것이 경합되므로 토지관할도 경합이 있게 된다.

2) 보통재판적

사건의 종류·내용과 상관없이 일반적으로 인정되는 재판적이 보통재판적이다.

모든 사건에 토지관할권을 생기게 하는 보통재판적은 피고와 관계있는 곳을 기준으로 하여 정해진다(법원조직법 제2조 일반관할). 피고의 응소의 편의와 경제를 고려한 것이다. 피고가 누구인가에 따라 보통재판적이 달라진다.

ⅰ) 피고가 자연인인 경우 : 피고가 자연인이면 보통재판적은 제1차적으로 그 주소에 의한다. 그리고 2차적으로는 거소, 최후의 주소 순으로 결정된다.

ⅱ) 피고가 법인 등 단체인 경우 : 피고가 법인 등 단체인 때에는 제1차적으로 그 주된 사무소 또는 영업소가 있는 곳에 따라 정하고, 영업소가 없는 경우에는 주된 업무담당자의 주소에 따라 정한다(민사소송법 제5조 1항).

외국법인이나 외국의 단체의 보통재판적은 대한민국에 있는 이들의 사무소·영업소

또는 업무담당자의 주소에 따라 정한다(동조 2항).

ⅲ) 피고가 국가인 경우 : 국가의 보통재판적은 그 소송에서 국가를 대표하는 관청이 있는 곳인 법무부장관 소재지인 수원 또는 대법원이 있는 곳으로 한다(민사소송법 제6조 2항).

ⅳ) 위의 기준에 따라 보통재판적을 정할 수 없는 경우 : 예컨대 대한민국에 최후의 주소지도 없었던 재외동포·외국인·외국법인 등을 피고로 하는 때에는 대법원 소재지를 보통재판적으로 한다(민사소송규칙 6조 이하).

3) 특별재판적

특별한 사건에 대하여는 보통재판적이 없는 곳, 즉 피고의 주소나 본점이 있는 곳이 아닌 다른 곳의 법원에서 토지관할이 생기도록 특별관할을 마련하였다. 민소법 제7조 이하 제24조까지의 특별재판적에 관한 규정은 예시적인 것으로서 다른 법률로 정하는 특별재판적이 많이 있다. 주요한 특별재판적에 다음과 같은 것이 있다.

ⅰ) 재산권상의 금전채무에 관한 소 : 의무이행지

재산권에 관한 소를 제기하는 경우에는 의무이행지의 법원에 제기할 수 있다(민소법 제8조 후단).

실체법이 특정물의 인도 청구 이외의 채무에 대하여는 지참채무의 원칙을 채택하고 있기 때문에(민법 제467조 2항) 채권자인 원고의 주소지가 의무이행지가 된다.

<Q & A>
대여금청구소송을 채권자의 주소지 관할법원에 제기할 수 있는지

Q) A는 몇 년 전 서울에서 살았는데, 당시 이웃에 사는 甲에게 500만원을 빌려준 일이
있다. 그 후 A는 그 돈을 받지 못한 채 부산으로 이사를 왔는데, 지금이라도 소송을 제기하여 그 돈을 받으려고 한다. 소송은 甲의 주소지인 서울에 있는 법원에 제기해야 하는가?

A)
1. 문제점
사람의 보통재판적에 관하여 「민사소송법」 제2조 및 제3조는 "소는 피고의 보통재판적이 있는 곳의 법원이 관할한다. 사람의 보통재판적은 그의 주소에 따라 정한다. 다만, 대한민국에 주소가 없거나 주소를 알 수 없는 경우에는 거소에 따라 정하고, 거소가 일정하지 아니하거나 거소도 알 수 없으면 마지막 주소에 따라 정한다."라고 규정하고 있다. 그러므로 소(訴)는 피고의 보통재판적(普通裁判籍)이 있는 곳의 법원이 관할하고, 사람의 보통재판적은 주소에 따라 정하며, 민사소송은 피고의 주소지를 관할하는 법원에 제기하는 것이 원칙이다. 그런데 「민사소송법」은 위 원칙을 엄격히 관철할 경우 사건의 내용이나 성질상 전혀 관계가 없는 곳이 관할로 되는 경우가 있어 사건의 내용이나 성질에 비추어 합당한 곳을 관할로 인정하는 특별재판적제도를 두고 있다. 사안의 경우 특별재판적제도에 해당하여 다른 곳에 소를 제기할 수 있는지 문제된다.

2. 특별재판적
(1) 민사소송법의 규정
재산권에 관한 소에 관하여 「민사소송법」 제8조는 "재산권에 관한 소를 제기하는 경우에는 거소지 또는 의무이행지의 법원에 제기할 수 있다.!"라고 규정하여 거소지 또는 의무이행지의 법원에 제기할 수 있다고 규정하고 있다. 그리고 채무변제의 장소에 관하여 「민법」 제467조는 "①채무의 성질 또는 당사자의 의사표시로 변제장소를 정하지 아니한 때에는 특정물의 인도는 채권성립 당시에 그 물건이 있던 장소에서 하여야 한다. ②전항의 경우에 특정물인도 이외의 채무변제는 채권자의 현주소에서 하여야 한다. 그러나 영업에 관한 채무의 변제는 채권자의 현영업소에서 하여야 한다."

라고 규정하고 있다.
 (2) 판례의 태도
 관련 판례는 "보통재판적에 의하여 생기는 토지관할과 특별재판적에 의하여 생기는 토지관할이 경합되는 경우에는 원고는 그 중 아무 곳이나 임의로 선택하여 제소 할 수 있다."라고 하였으며(대법원 1964. 7. 24.자 64마555 결정), "재산권에 관한 소는 의무이행지의 법원에 특별재판적이 인정되고 특정물인도 이외의 채무에 관한 채무이행지는 당사자의 특별한 의사표시가 없는 한 채권자의 현주소라고 할 것이다."라고 하였다(민법 제467조, 대법원 1969. 8. 2.자 69마469 결정).
3. 결론
 그러므로 위 사안에 있어서 특별히 A가 甲의 주소지에 가서 위 대여금을 변제 받기로 약정한 사정이 없는 한, A는 甲의 주소지 관할법원(서울)과 의무이행지 관할 법원(부산) 중에서 임의로 선택하여 소송을 제기할 수 있다. 따라서 A의 현주소지인 부산에서도 소송을 제기할 수 있다고 할 것이다.

ⅱ) 불법행위에 관한 소 행위지

불법행위에 관한 소를 제기하는 경우에는 행위지의 법원에 제기할 수 있다(민소법 제18조 1항).

민법상의 불법행위 뿐만 아니라 국가배상, 자동차 손해배상 보장법 등 특별법에 의한 배상도 포함한다. 문제는 채무불이행에 기한 소해배상청구이다. 본조를 유추적용할 것이라는 것이 다수설이다. 불법행위지는 가해행위지와 손해발생지가 각각 여러 곳이면 그곳 모두에 재판적을 인정한다.

ⅲ) 부동산에 관한 소 : 부동산이 있는 곳

부동산에 관한 소를 제기하는 경우에는 부동산이 있는 곳의 법원에 제기할 수 있다(민소법 제20조).

부동산 자체에 관한 물권에 관한 소와 채권에 관한 소가 포함된다. 그러나 부동산의 계약에 기한 매매대금, 차임(임대료) 등의 지급을 구하는 소는 부동산에 관한 소에 해당되지 않는다.

ⅳ) 등기·등록에 관한 소 : 등기 또는 등록할 공공기관이 있는 곳의 법원 등기·등록에 관한 소를 제기하는 경우에는 등기 또는 등록할 공공기관이 있는 곳의 법원에 제기할 수 있다.

ⅴ) 지적재산권등에 관한 특별재판적

지적재산권과 국제법례에 관한 소를 제기하는 경우에는 21조 내지 23조의 규정에 따른 관할법원소재지를 관할하는 고등법원이 있는 곳의 지방법원에 제기할 수 있다는 특별재판적을 신설하였다. 경합적 도역관할권을 규정한 것이다. 전문재판부를 염두에 둔 입법이다. 그러나 심결 등 취소소송(협의의 특허소송)은 특허법원의 전속관할이고, 이 규정의 적용은 없다.

4) 관련재판적

특별재판적의 하나인 관련재판적은 원고가 하나의 소로서 여러 청구를 하였을 때 그 중 하나의 청구에 관하여 토지관할이 있으면 본래 그 법원에 법정관할이 없는 나머지 청구도 그 곳에 재판적이 생기는 것을 말한다.

이 관련재판적은 '재판적'에 관한 규정이므로 청구를 병합 제기하는 경우의 사물관할에 관하여는 적용이 없다. 그러나 본래의 관할권이 있는 청구는 2조 내지 24조의 경우에 한정할 필요는 없고 합의관할이나 변론관할이라도 지장은 없다. 또 병합의 시기나 모습도 상관없다. 다만 다른 법원의 전속관할에 속하는 청구는 관련재판적이 생길 수 없다.

마. 지정관할(재정관할)

법률에 관할에 관한 규정이 없어 재판권행사가 불가능하게 되었거나 사실상 장애가 생긴 경우에 관계된 법원의 공통되는 바로 위의 상급 법원에서 결정으로 관할을 정하는 것이다. 실무상 활용되는 예가 거의 없다고 한다.

바. 합의관할

1) 의 의

합의관할이란 당사자의 합의에 의하여 생긴 관할을 말한다.

당사자의 합의에 의하여, 존속관할을 제외한 법정관할인 토지관할·사물관할은 이와 다른 관할을 정하더라도 법원사이의 공평한 사무분담이라는 법정관할의 취지를 해칠 염려가 없으므로 이를 인정하는 것이다.

2) 요 건

ⅰ) 제1심법원의 임의관할에 한하여 할 것(민소법 제29조 1항)

제1심법원에 한하기 때문에 지방법원단독판사와 지방법원 합의부의 관할에 한하여 합의할 수 있다.

ⅱ) 합의 대상인 소송이 특정되었을 것(민소법 제29조 2항)

피고의 관할의 이익을 침해할 염려 때문이며 당사자간에 앞으로 있을 모든 법률관계에 관한 소송에 대한 합의 즉 포괄적 관할의 합의는 인정되지 않는다.

iii) 합의는 서면으로 할 것(민소법 제29조 2항)

iv) 일정한 법원은 관할법원으로 정할 것

합의 취지로 보아 관할법원은 특정할 수 있어야 한다. 반드시 1개의 법원으로 특정할 필요는 없으나 예컨대 원고가 지정하는 법원, 모든 법원에 관할을 인정하는 합의 등은 피고에게 심히 불공평하므로 무효라고 할 것이다.

v) 합의의 시기

합의의 시기에는 제약이 없다. 다만 법정관할법원에 소제기 후에 하는 관할의 합의는 소송이송(법34조)의 전제로서만 의미가 있다.

<Q & A>
계약서상의 관할합의가 당사자 일방에게 불리한 경우 그 효력

Q) 甲은 서울에 주영업소를 둔 乙주식회사가 지방에서 신축하여 분양하는 아파트를 분양받기 위하여 아파트분양계약을 체결하였는데, 그 계약서상 당해 계약에서 발생하는 분쟁에 관하여는 서울중앙지방법원을 그 관할법원으로 한다는 조항이 있다. 그런데 乙주식회사의 재정악화로 입주시기가 지체되어 위 아파트분양계약을 해제하기로 합의하였으나, 乙주식회사는 이미 납부한 분양대금 3,500만원을 반환하지 않고 차일피일 미루기만 하므로 소송을 제기하려고 하는데, 甲은 위 관할합의에 따라 서울중앙지방법원에만 소송을 제기하여야 하는가?

A)
1. 문제점
합의관할에 관하여 「민사소송법」 제29조 제1항은 "당사자는 합의로 제1심 관할법원을 정할 수 있다."라고 규정하고 있다. 그리고 「약관의 규제에 관한 법률」 제14조는 "고객에 대하여 부당하게 불리한 소제기의 금지조항 또는 재판관할의 합의조항이나 상당한 이유 없이 고객에게 입증책임을 부담시키는 약관조항은 이를 무효로 한다."라고 규정하고 있다. 사안의 경우 이에 해당하여 관할합의가 무효가 되는 것은 아닌지 문제된다.

2. 판례의 태도
그런데 판례는 "대전에 주소를 둔 계약자와 서울에 주영업소를 둔 건설회사 사이에 체결된 아파트공급계약서상의 '본 계약에 관한 소송은 서울민사지방법원을 관할법원으로 한다.'라는 관할합의조항은 약관의규제에관한법률 제2조 소정의 약관으로서 민사소송법상의 관할법원 규정보다 고객에게 불리한 관할법원을 규정한 것이어서, 사업자에게는 유리할지언정 원거리에 사는 경제적 약자인 고객에게는 제소 및 응소에 큰 불편을 초래할 우려가 있으므로 약관의규제에관한법률 제14조 소정의 '고객에 대하여 부당하게 불리한 재판관할의 합의조항'에 해당하여 무효라고 보아야 한다."라고 한 바 있다(대법원 1998. 6. 29.자 98마863 결정). 또한, 당사자 중 일방이 지정하는 법원에 관할권을 인정한다는 관할합의 조항의 효력에 관하여 "당사자 중 '일방이 지정하는 법원을 관할법원으로 한다.'는 내용의 관할에 관한 합의는 피소자의 권리를 부당하게 침해하고 공평의 원칙에 어긋나는 결과가 되어 무효이다."

라고 하였다(대법원 1997. 9. 9. 선고 96다20093 판결, 1977. 11. 9.자 77마284 결정).
 3. 결론
 따라서 위 사안에 있어서도 甲은 위 판례의 취지에 비추어 보아 그의 주소지가 서울과 원거리에 위치하여 소송수행에 큰 불편을 초래하는 경우라면 甲의 주소지 관할법원(의무이행지 관할법원)에 제소한 후 그에 대하여 乙회사에서 관할위반의 문제를 제기하면 관할합의조항의 무효를 주장해 보아야 할 것이다.

사. 변론관할

1) 의 의

변론관할이란 원고가 관할권 없는 법원에 소를 제기하였는데 피고가 관할위반이라고 항변하지 않고 본안에 대하여 변론하거나 변론준비기일에서 진술함으로 생기는 관할이다. 사후적 묵시적인 관할의 합의라고 할 수 있다.

2) 요 건(민소법 제30조)

ⅰ) 소가 관할권 없는 제1심법원에 제기 되었을 것

제1심의 토지관할과 사물관할 등 임의관할을 어긴 경우에 인정된다. 전속관할 위반의 경우는 변론관할이 생기지 않는다. 소제기 당초에 사물관할권이 있었으나 청구취지의 확장, 반소의 제기 등으로 관할위반이 된 경우라도 변론관할이 생길 수 있다. 다만 청구취지 확장신청서를 피고에게 송달하기 전에 단독판사가 행한 합의부로의 이송결정은 적법하다(대결 1983. 6. 21. 83마214).

ⅱ) 피고가 관할위반이라고 항변하지 아니하고 본안에 대하여 변론하거나 변론준비기일에서 진술할 것

관할위반 항변의 실질은 이송신청으로서의 의미를 가진다. 항변이 있은 후에는 본안에 관하여 변론 또는 진술이 있어도 변론관할은 생기지 않는다. 이 항변은 묵시적이라도 상관없다.

3) 효 과

관할위반이라고 항변하지 아니하고 본안에 대하여 변론 또는 변론준비기일에서 진술한 때에는 그 시점에서 변론관할이 발생한다. 따라서 그 소에 관하여 관할위반의 문제는 생기지 않으며, 그 이후 피고의 관할위반의 항변은 허용되지 않는다. 관할은 그 사건에 한하여 발생하기 때문에 소의 취하 혹은 부적법 각하된 뒤에 다시 제기하는 재소에까지 그 효력이 지속되는 것은 아니다. 반소의 사물관할 때문에 이송해야 하는 경우에도 반소

에 대하여 변론관할이 생기면 이송하지 않는다(민소법 제269조).

(4) 관할권의 조사

가. 직권조사

관할권의 존재는 소송요건이 하나이므로, 관할권의 유무는 직권조사사항이다. 피고의 관할위반의 항변이 없어도 법원은 이를 조사할 의무를 진다. 전속관할을 제외한 임의관할에서 변론관할이 생기면 조사할 필요가 없게 된다. 관할원인을 이루는 사실의 유무에 대하여는 관할권의 존재에 대하여 이익을 가지는 원고가 이를 주장·증명하여야 하는데 본안과 달리 법원은 관할에 관한 사항을 직권으로 조사할 수 있다(민소법 제32조).

나. 관할의 표준이 되는 시기 : 소를 제기한 때

법원의 관할은 소를 제기한 때를 표준으로 정한다(민소법 제33조).

소제기시에 관할이 인정되는 이상 그 뒤에 사정변경이 있어도 관할에 아무런 영향이 없다(관할의 항정). 관련재판적으로 관할이 인정된 경우에 관할원인이 된 그 청구의 취하, 반소에 있어서 본소의 취하, 독립당사자참가소송에서 본소의 취하 등은 각 남아 있는 소의 관할에 영향이 없다.

소제기시에 관할이 없는 경우라도 사실심의 변론종결시까지 사이에 관할원인이 생겼으면 관할위반의 흠은 치유된다.

다. 조사의 결과

관할권의 존재에 대하여 당사자 사이에 다툼이 있으면 중간의 다툼의 하나로 보아 중간판결 혹은 종국판결의 이유에서 판단하면 된다. 관할위반이 인정될 경우 소각하 판결을 할 것이 아니고, 법원의 직권으로 관할법원에 이송하는 결정을 하여야 한다(민소법 제34조 1항). 전속관할 위반의 경우에도 마찬가지이다(동조 4항).

관할위반을 간과하고 본안판결을 하였을 때에는 당연무효는 아니다. 임의관할 위반의 경우에는 그 흠이 치유되어 항소심에서 다투지 못하고, 전속관할위반의 경우에는 상속의 이유가 되어, 상소심에서 이를 다툴 수 있다.

제1심 법원의 관할판단이 부당하다 하여도 전속관할이 아닌 이상 항소심에서 제1심의 관할권 없음을 주장할 수 없다(대판 2001. 12. 28. 2001다61838).

4. 소송요건

(1) 의 의

소송요건이란 법원에 소가 제기된 경우에 본안판결을 받기 위하여 필요한 요건으로서,

소가 적법한 취급을 받기 위하여 구비하여야 할 상법요건을 말한다.

만일 소송요건이 구비되지 않았으면 법원은 본안판결이나 본안심리를 해서는 안되며, 이런 의미에서 소송요건은 본안판결의 요건인 동시에 본안심리의 요건이다.

소송요건을 갖추지 못한 소는 부적법 원칙적으로 각하된다.

(2) 소송요건의 종류

가. 법원에 관한 것

ⅰ) 피고에 대한 재판권이 있을 것, 그 사건에 대하여 국제재판관할권이 있을 것

ⅱ) 민사소송사항일 것, 즉 행정·가사소송사항이 아닐 것

ⅲ) 법원에 관할권이 있을 것(토지·사물 및 직분관할권)

나. 당사자에 관한 것

ⅰ) 당사자가 실재할 것

ⅱ) 당사자능력이 있을 것

ⅲ) 당사자적격을 가질 것

ⅳ) 소송능력을 가질 것(변론능력은 아님)

ⅴ) 대리권을 가질 것, 즉 당사자가 소송능력이 없으면 자격있는 법정대리인에 의하여 대리될 것, 소송위임에 의한 대리의 경우에는 소송대리인의 대리권이 유효하게 존재할 것

ⅵ) 원고가 소송비용의 담보로 제공할 필요가 없을 것, 그 필요가 있을 경우에는 원고가 필요한 담보를 제공할 것(민소법 제117조)

다. 소송물에 관한 것

ⅰ) 동일한 사건이 다른 법원에 계속되어 있지 않을 것(법 259조, 중복소제기의 금지)

ⅱ) 재소금지에 저촉되지 않을 것(법 267조 2항)

ⅲ) 청구가 소의 이익(권리보호의 자격과 이익·필요)을 가질 것

ⅳ) 기판력 있는 재판이 존재하지 않을 것

라. 특수소송에 관한 것

ⅰ) 병합소송, 예컨대 청구의 병합, 청구의 변경, 반소, 중간확인의 소, 공동소송, 예비적·선택적 공동소송, 당사자참가, 필수적 공동소송인의 추가에 있어서는 각 그 필요요건을 구비할 것. 장래 이행의 소에서「미리 청구할 필요」, 확인의 소에서 확인의 이익,

상소에서 상소요건 등

　ⅱ) 소제기간이 정해진 경우 그 기간을 지킬 것(대판 1988. 5. 24. 87누990)

　ⅲ) 선행절차가 요하는 경우 그 절차를 거칠 것(예 : 반론보도청구는 언론중재위언회의 중재를 먼저 거쳐야 한다. 정기간행물의 등록에 관한 법률 19조)

(3) 소송요건의 조사

가. 소송요건 존부 판단의 표준시

　소송요건은 본인판결의 요건이기 때문에 본안판결에 앞서 미리 조사하여야 한다. 소송요건이 존재하는지 여부에 대한 판단의 표준시는 원칙적으로 사실심 변론종결시이다. 따라서 제소 당시에는 소송요건이 부존재하여도 이때까지 갖추게 되거나 보정하면 적법한 소로 되고, 가령 제소 당시에는 구비하였으나 변론 종결시 전에 소멸되면 본안판결을 할 수 없다.

　다만, 예외적으로 ① 관할은 소를 제기한 때를 표준으로 정하고 그 뒤 관할원인이 소멸하여도 관할이 없어지는 것은 아니다(관할의 항정), ② 당사자능력·소송능력·법정대리권의 소송계속중 소멸 등은 소각하사유가 아니고 소송중단사유로 되는 것에 그친다. 또한 ③ 법정대리인, 소송대리권 또는 소송행위에 대한 특별한 권한의 수여에 흠이 있는 때의 추인은 상고심에서도 할 수 있으므로(민소법 제424조 2항) 이 대리권의 존부라는 소송요건은 상고심의 심리종결시가 그 표준시가 된다고 할 것이다.

나. 조사의 결과

　조사의 결과 소송요건을 갖추지 못한 것이 판명되면 법원은 본안에 들어가 판단을 할 것 없이 종국판결로 소를 부적법 각하한다. 단 관할위반의 경우에는 관할이 있는 법원으로 이송한다.

　그러나 일반적으로 소송요건은 그 흠을 보정할 수 있는 것이면 일단 보정명령을 내리고(민소법 제59조), 만약 보정이 불가능하면 변론 없이 즉시 소각하의 판결을 선고하고(민소법 제219조), 그 이상 심리에 들어가는 것을 정지한다.

Ⅲ. 채권채무 소의 제기

1. 채권채무 소의 제기방식

(1) 소장 제출주의

　소를 제기함에는 원칙적으로 소장이라는 서면을 제1심 법원에 제출하여야 한다. 독립의 소와 소송중의 소외 경우에는 소장에 준하는 서면을 제출하여야 한다.

소송서류의 일종인 소장은 정당한 이유 없이 접수를 거부하여서는 안된다. 다만, 법원사무관 등은 접수된 소장의 보완을 위하여 필요한 사항을 지적하고 보정을 권고 할 수 있을 뿐이다(민사소송규칙 제5조).

(2) 소가 제기된 것으로 간주되는 경우

ⅰ) 지급명령에 대하여 채무자의 적법한 이의신청이 있거나, 채권자가 소제기 신청이 있는 경우, 지급명령을 공시송달에 의하지 않고는 송달할 수 없거나 외국으로 송달하여야 할 경우에 법원이 직권으로 사건을 소송절차에 부치는 결정을 할 때(민소법 제466조 1항)에는 지급명령신청의 청구목적의 값에 대하여 지급명령을 신청한 때에 소를 제기한 것으로 본다(민소법 제472조).

ⅱ) 소제기전 화해사건에서 화해가 성립되지 아니한 때에는 당사자는 소제기신청을 할 수 있으며(민소법 제388조 1항), 당사자로부터 적법한 소제기신청이 있는 때에는 처음 화해신청을 한 때의 소송목적의 값에 대하여 소가 제기된 것으로 본다(동조 2항).

ⅲ) 조정사건에 관하여 민사조정법 26조의 규정에 의하여 조정을 하지 아니하기로 하는 결정이 있거나 제27조의 규정에 의하여 조정이 성립되지 아니한 것으로 종결된 경우 또는 제30조나 32조의 규정에 의한 조정에 갈음하는 결정이 이의신청에 의하여 효력을 상실하여 소송으로 이행된 경우에는 조정신청을 한 때의 소송목적의 값에 대하여 소가 제기된 것으로 본다(민소법 제36조 1항).

ⅳ) 배상명령신청도 민사소송에 있어서의 소제기와 같은 효력이 있다(소촉법 제26조 1항).

2. 채권채무 소장의 기재사항

(1) 필요적 기재사항

당사자·법정대리인·청구취지·청구원인 소장에는 당사자와 법정대리인, 청구의 취지와 원인을 적어야 한다(민소법 제249조 1항). 이것들은 소장의 필수적 기재사항이다.

가. 당사자·법정대리인

1) 당사자와 법정대리인의 주소 등

소장에는 당사자와 법정대리인 이름을 기재해야 하고, 또한 당사자와 법정대리인의 주소를 적어야 하며, 소송대리인이 있는 때에는 그의 이름과 주소기재를 하여야 한다.

2) 당사자 표시의 정도

소장의 당사자표시에는 주민등록번호를 적어야 하며, 주민등록번호를 알 수 없는 때에는 한글 이름 옆에 한자 이름을 함께 적어야 한다[재판서 양식에 관한 예규(재일 2003-12)].

3) 원고나 대리인에 대한 연락방법

소장에는 원고나 그 대리인에 대한 간편한 연락방법으로 전화번호·팩스번호 또는 e-mail 주소 등을 적어야 한다(규칙 제2조 1항 2호). 이것은 소송절차의 각 단계에서 당사자 또는 대리인에 대한 통지 등이 우편송달의 방법에 국한되지 아니하고 전화, 팩스, e-mail 등 다양한 수단이 활용되기 때문이다(규칙 제45조, 제46조 등 참조).

4) 당사자의 기재방법

ⅰ) 당사자의 기재방법은 자연인 경우에는 주소와 성명을, 회사인 경우에는 본점소재지와 상호를, 그 밖의 법인인 경우에는 주사무소와 명칭을 적는다.

ⅱ) 당사자가 미성년자, 금치산자 등 소송무능력자인 경우에 법정대리인인 친권자 부와 모, 또는 후견인의 주소와 자격, 성명을 기재하여야 한다. 송달은 법정대리인에게 한다.

ⅲ) 당사자가 법인, 국가, 지방자치단체 또는 민사소송법 제52조(법인 아닌)의 사단이나 재단인 경우에는 그 대표자나 관리인을 기재하여야 한다. 당사자가 국가, 지방자치단체일때는 대표자의 자격과 성명만(피고 대한민국 법률상 대표자 법무부장관 000, 피고 서울시 대표자 사장 000, 피고 경기도 대표자 경기도교육위원회 교육감 000)을 표시하고 당사자의 주소와 대표자의 주소 표시않는 경우 있음. 국가에 대한 소송송달은 소송수행자 또는 소송대리인이 있는 때는 소송수행자나 소송대리인에게 한다.

5) 예 시

① 기본형

```
원고 ○ ○ ○ (000000-0000000) 전화번호  휴대폰번호  e-메일  팩스
서울 서초구 서초동 10
피고 ○ ○ ○ (000000-0000000)
서울 서초구 서초동 11
```

※ 전화번호, 휴대폰, 번호, e-메일, 팩스 이하 같음

② 미성년자인 경우

```
원고 ○ ○ ○ (000000-0000000)
서울 서초구 서초동 10
미성년자이므로 법정대리인 친권자 부 ○ ○ ○  모 ○ ○ ○
위 같은 곳        전화번호    휴대폰번호    e-메일    팩스
```

③ 피고가 소재불명인 경우 ; 피고 ○ ○ ○ 현재 소재불명, 최후주소기재[주소와 거소(생활근거지는 아니지만 다소의 기간을 정해 거주하고 있는 장소) 모두 불명인 때]

④ 파산관재인의 경우

```
원고 파산자 ○ ○ ○ 파산관재인 ○ ○ ○
서울 서초구 서초동 10
```

⑤ 선정당사자의 경우

```
원고 파산자 ○ ○ ○
서울 서초구 서초동 33
```

※ 이 경우 당사자 선정서를 소장 뒤에 첨부하여야 한다. 원고가 선정당사자인 경우 원고를 포함한 당사자 선정서 제출 및 당사자선정서와 선정자목록 일치여부를 소장 심사단계에서 확인해야 한다. 당사자 선정서에는 선정자 본인도 포함되어야 하며, 어떤 사건에 관하여 어떤 이유로 선정당사자를 선정한다는 내용을 기재하고 선정자의 성명과 주소를 쓴 후 날인한다.

⑥ 부재자로서 재산관리인이 있는 경우

```
원고 ○ ○ ○
현재 소재불명
최후주소  서울 서초구 서초동 33
부재자이므로 법정대리인 재산관리인 ○ ○ ○
서울 서초구 서초동 32
```

⑦ 원고가 주식회사 또는 유한회사인 경우

```
원고 ○ ○ ○ 주식회사
서울 서초구 서초동 10
대표이사 ○ ○ ○
서울 서초구 서초동 200(대표이사 주소없는 경우 회사주소로 송달함)
```

※ 회사 등 법인인 경우에는 대표자의 주소, 거소에 송달하는 것이 원칙이므로, 대표자의 개인 주소를 표시하여야 한다(이하 법인체도 같음, 76다170 판결).

⑧ 등기부상 본점소재지와 송달장소가 다른 경우

```
피고 ○ ○ ○ 주식회사
서울 서초구 서초동 10
송달장소 서울 서초구 우면동 33
대표이사 ○ ○ ○,    주소기재
```

⑨ 채무자(정리회사) 관리인인 경우

```
원고 채무자(정리회사) ○ ○ 주식회사 관리인 ○ ○ ○
서울 서초구 서초동 10
```

※ 채무자회생 및 파산에 관한 법률 제78조(구 회사정리법 제96조)는 채무자(회사)의 재산에 관한 소에 있어서는 관리인이 원고 또는 피고가 된다고 규정하고 있다.

⑩ 당사자가 국가 또는 지방자체단체인 경우

```
원고 대한민국
법률상 대표자 법무부장관 ○ ○ ○
경기 과천시 관문로 88
피고 경기도
대표자 도지사 ○ ○ ○
경기 수원시 팔달구 도청앞길 63
```

※ 서초구청은 관서를 의미하는 것으로 당사자능력이 없고, 서초구청장은 행정청으로 행정소송의 당사자는 될 수 있지만 민사소송의 당사자가 될 수는 없다.

⑪ 사단법인인 경우(비법인 재단으로는 육영회, 대학교 장학회, 유치원)

```
    피고 사단법인 ○ ○ ○
    서울 서초구 서초동 33
    대표자 이사장 ○ ○ ○
```

⑫ 당사자가 학교법인(설립자)인 경우 : 피고 학교법인 ○ ○ 학원 주소기재, 대표자 이사장 ○ ○ ○ (판례는 학교는 단순한 교육목적시설로 재단이 아니므로 당사자능력부인)

⑬ 법인 아닌 사단인 경우

```
    피고  ○ ○ 아파트입주자대표회의(노동조합, 채권청산위원회)
    서울 서초구 서초동 33 재건축조합, 지역주택조합은 법인화규정)
    대표자 회장 ○ ○ ○
    서울 강남구 대치동 30
```

※ 법인 아닌 사단이란 일정한 단체성을 가지고 정관·규약이나 의사결정기관 또는 대표기관이 있는 경우로 그 조직에 대표의 방법 및 총회나 이사회운영, 자본의 구성·재산관리 기타 단체로서 중요사항이 확정되어 있는 경우를 말한다. 설립중 회사, 학회, 동창회, 종중, 자연부락(수하리), 불교신도회, 채권청산위원회, 하부조직으로 인정된 것 - 전국출판노동조합지부, 전국해운노동조합 목포지부 등이 여기에 해당된다.

⑭ 소송대리인이 있는 경우

```
    원고  ○ ○ ○
    서울 서초구 서초동 33
    소송대리인 변호사 ○ ○ ○
    서울 서초구 서초동 10
```

※ 소송복대리인이 있는 경우 기재하고 법무법인은 담당변호사를 기재한다.

⑮ 특별대리인이 있는 경우

```
    피고  사단법인 연정회
    서울 강남구 대치동 10
    특별대리인  ○ ○ ○
    서울 서초구 서초동 20
```

⑯ 송달영수인 신고를 한 경우

> 원고 ○ ○ ○
> 서울 중구 서소문동 10
> 송달 영수인 ○ ○ ○
> 서울 중구 서소문동 30

⑰ 독립당사자참가를 하는 경우

> 원고 ○ ○ ○
> 서울 중구 서소문동 10
> 피고 ○ ○ ○
> 서울 중구 서소문동 30
> 독립당사자참가인 ○ ○ ○
> 서울 은평구 갈현동 9

나. **청구취지**

1) 청구취지의 의의

청취한 취지란 원고가 당해 소송에 있어서 소로써 청구하는 판결내용을 말하는 것으로서, 소의 결론 부분을 말한다. 여기에 원고가 소로써 달성하려는 목적이 표현된다. 따라서 청구취지에는 판결의 주문에 대응되는 것으로서, 원고가 어떤 종류의 어떤 내용과 범위의 판결을 구하는가를 구체적으로 특정하여 간결·명료하게 표시하여야 한다.

청구취지는 소송물 동일성을 가리는 기준이고, 처분권주의 적용, 소가의 산정, 사물관할, 상소이익의 유무, 소송비용분담비율, 시효중단범위 등을 정하는 표준이 된다.

2) 청구취지의 기재사항

청구 취지에는 보통 본안, 소송비용, 가집행선고에 관한 것 3가지를 기재한다.

3) 청구취지의 기재방법

'민사소송에 있어서 청구의 취지는 그 내용 및 범위가 명확히 알아 볼 수 있도록 구체적으로 특정되어야 하고 명확히 적어야 한다. 청구취지의 특정여부는 직권조사사항이라고 할 것이므로 청구취지가 특정되지 않은 경우에는 법원은 피고의 이의 여부에 불구하고 직권으로 그 보정을 명하고, 이에 응하지 않을 때에는 소를 각하하여야 한다.(대판 1981. 9. 8. 80다2904)'

또한 청구취지는 확정적인 신청이어야 한다. 따라서 어느 때까지 판결해달라는 기한부의 청구취지는 언제나 허용되지 아니한다. 또 조건을 붙이는 것도 원칙적으로 불가능하나 이른바 소송내의 조건은 가능하다. 이것이 예비적 청구, 예비적 반소와 같은 예비적 신청이다. 예비적 공동소송도 가능하다.

4) 금전지급을 청구하는 경우의 청구취지 기재방법

① 기본형(보통 지연이자는 소장부본송달 다음날부터 또는 변제기에 따름)

　「피고는 원고에게 금 1,000,000원을 지급하라.」

② 부대청구가 있는 경우(원금에 이자청구 또는 지연 손해금 청구가 있는 경우)

　「피고는 원고에게 금 1,000,000원 및 이에 대한 2004. 2. 1.부터 완제일까지 연 20%의 비율에 의한 돈을 지급하라.」

③ 부대청구의 이율이 기간별로 각각 다른 경우(약정이자의 경우)

　「피고는 원고에게 금 1,000,000원 및 이에 대한 2000. 7. 15.부터 2003. 4. 23.까지는 연 25%의, 2003. 4. 24.부터 2003. 5. 31.까지는 연 5%의, 2003. 6. 1.부터 완제일까지 연 20%의 각 비율에 의한 돈을 지급하라.」

　※ 2003. 4. 24. 헌법재판소의 위헌결정으로, "소송촉진등에 관한 특례법 제3조제1항 본문의 법정이율에 관한 규정"이 개정되어 2003. 6. 1.부터 시행

④ 수인의 원고가 1인의 피고에게 다른 금액의 지급을 구하는 경우

　「피고는 원고 갑에게 금 5,000,000원, 원고 을에게 금 3,000,000원 원고 병, 정에게 각 금 1,000,000원 및 위 각 금원에 대한 2000, 5, 31까지는 연 5%의. 2003. 6. 1.부터는 완제일까지는 연 20%의 각 비율에 의한 돈을 지급하라,」

⑤ 금액이 피고별로 달라 중첩부분과 중첩되지 않는 부분이 있는 경우

　[피고 갑이 차용금채무 5,000,000원과 물품대금 1,000,000원을 부담하고 피고 을이 차용금부분에 연대보증을 한 경우임]

　「원고에게, 피고들은 연대하여 금 5,000,00원을, 피고 갑은 금 1,000,000을 각 지급하라.」 [부진정연대채무(공동불법행위책임)·불가분채무·단순보증 ; 각자 연대채무(연대하여), 합동채무(어음·수표금채무, 합동하여), 각(개개인) 등]

　※ 피고가 2명인 경우 상호의무의 범위

　㈀ '피고들은 원고에게 1,000만원을 지급하라'하면 분할채무의 원칙에 따라 원고는 피고 1인당 500만원씩 1,000만원을 청구할 수 있다.

㈏ '피고들은 원고에게 각 1,000만원을 지급하라'하면 원고는 피고 1인당 1,000만원씩 2,000만원 청구를 할 수 있다.

㈐ '피고들은 원고에게 각자 1,000만원을 지급하라'하면 피고들 중 어느 한사람이라도 1,000만원을 지급해야 하지만 원고는 합계 1,000만원을 받을 수 있다는 것임.

'각'과 '각자'는 그 의미에 차이가 크므로 정확히 구분하여야 하며, 독립적 채무분담을 의미하는 취지로 '각' 또는 '각각'만을 사용하거나, '각자'라는 표현 대신에 채무에 따라 '공동하여' 또는 '합동하여' '연대하여'라고 사용할 수 있다.

⑥ 한정승인을 한 경우

「피고는 원고에게 금 5,000,000원 및 이에 대한 2004년 2. 1.부터 완제일까지 연 20%의 비율에 의한 돈을 피고가 피상속인 망 ○ ○ ○로부터 상속받은 재산의 한도 내에서 지급하라.」

⑦ 정기적 급부를 청구하는 경우(정기금의 시기, 종기, 지급일자, 금액 등 표시)

「피고는 원고에게 2004. 2. 1.부터 2020. 1. 31.까지 원고의 생존을 조건으로 매년 2월 20일 금 5,000,000원씩을 지급하라.」

5) 토지·건물의 인도를 청구하는 경우의 청구취지의 기재방법

ⅰ) 기재방법

㈀ 인도란 물건에 대한 직접적 지배, 즉 점유를 이전하는 것을 의미하므로, 목적물이 동산이든, 토지, 건물이든 가리지 않고 언제나 인도의 용어를 사용할 수 있다. 인도는 건물(이미 비워있는 집), 토지, 대지에 사용하고, 예전에 명도는 주로 건물에 사용하며 살림살이를 모두 옮기는 경우에 사용한다.

㈁ 인도는 강제집행에 있어서 현상 그대로의 점유이전을 의미한다는 점에서 현상의 변경(예컨대, 지상건물 철거)을 수반하는 점유이전의 집행을 위해서는 반드시 그 점에 관한 별도의 집행권한을 요하므로 현상의 변경을 명하는 청구취지를 기재하여야 한다.

㈂ 퇴거는 주로 건물에 대해 임차인에 주로 사용

퇴거란 건물 점유자의 점유를 풀어 그 건물로부터 점유자를 쫓아내고 아울러 그 건물 내에 있는 점유자의 살림 등 물품을 반출하는 것을 의미

따라서 점유의 해제만으로 집행이 종료되고 점유의 이전으로까지 나아가지 아니한다는 점에서 인도와 다름

㈃ 주의 할 것은 건물의 인도 또는 철거의 경우, 등기부상의 표시에 따라 부지의 지번

(지목, 토지면적의 표시는 원칙적으로 필요하지 않다) 및 건물의 구조(○○조 ○○지붕), 층수(단층, 2층 등), 용도 (주택, 창고, 영업소 등), 건축면적(○○평, 또는 ○○㎡) 등을 빠짐없이 기재하여야 한다.

ⅱ) 예 시

㈀ 기본형(토지인도는 등기부상 표시에 따라 지번, 지목, 지적을 표시함)

「피고는 원고에게 서울 강남구 대치동 101 대330㎡를 인도하라.」

㈁ 건물이 등기부상 표시와 현황이 다른 경우 괄호안에 등기부상 표시를 병기

「피고는 원고에게 서울 강남구 대치동 79 지상목조 기와지붕 단층 점포 100㎡ (등기부상 표시 같은 번지 지상 목조 기와지붕 2층 점포 1층 100㎡ 2층 100㎡)를 인도하라.」

㈂ 건물이 양 지상에 걸쳐 있고 건물의 철거 및 대지의 일부에 인도를 구하는 경우

「피고는 원고에게 서울 강남구 대치동 79 대 100㎡ 및 같은 동 78 대200㎡ 양 지상 철근콘크리트조 슬래브지붕 단층주택 150㎡를 철거하고 위 각 대지를 인도하라」

※ 건물·토지 일부 인도·철거시 도면을 첨부할 때는 방위, 축적(거리)을 표시해야 한다.

㈃ 토지·건물의 일부만을 청구하는 경우

[예시 1]

「피고는 원고에게 서울 강남구 대치동 79 대200㎡ 중 별지도면 표시 1, 3, 7, 8, 10, 13, 18, 1의 각 점을 차례로 연결한 선내부분 120㎡를 인도하라.」

[예시 2]

「1. 원고에게, 별지 목록 기재 건물 중,

가. 피고 갑은 별지 도면 표시 1, 2, 3, 4, 1의 각 점을 차례로 연결한 선내 (가)부분 방 30㎡를,

나. 피고 을은 같은 도면 표시 5, 6, 7, 8, 5의 각 점을 차례로 연결한 선내 (나)부분 창고 30㎡를 각 인도하라.」

6) 동산 등의 인도를 청구하는 경우의 청구취지 기재방법

ⅰ) 기재방법

㈀ 동산 등의 소재지와 외형상의 특징(기계류의 경우에 기관번호, 제작연도, 제작업체

등이 새겨져 있는 경우에는 그에 의한다) 등을 구체적으로 명시하여야 한다.

㈁ 자동차, 건설기계와 같이 등록된 물건인 경우에는 그 등록원부의 표제부에 등재된 사항을 명시하여 주문만에 의하여 그 물건을 특정할 수 있도록 기재하여야 한다.

ii) 예 시

㈎ 자동차의 경우

「피고는 원고에게 별지 목록 기재 자동차를 인도하라.」

[별지목록 기재례]

별지목록

등록번호   서울 48다 7156   차 명   마르샤
형식 및 연식   YR0L 1996
차대번호   KMHBF21DPLU220226   원동기의 형식   G4CM
사용본거지   서울 서초구 서초동 262   등록연월일   1999. 4. 20. 끝

㈏ 기계류의 경우

「피고는 원고에게 별지 목록 기재 기계를 인도하라.」

별 지 목 록

번호	품명	수량	제작회사	고유번호	소재지
1	불반		(주)대우	DW-1200-85-B	안산시 초지동
2.	프래서		(주)대우	SY-12-5-23	광명시 하안동 1. 끝.

㈐ 입목의 경우

「피고는 원고에게 별지 목록 기재 입목을 인도하라.」

별 지 목 록

소재지   강원 평창군 봉평면 백운리 333   수 종   리기다소나무
수 령   20년생   수 고   5미터
흉고직경 30cm 이상   주 수 300주. 끝.

7) 소유권이전등기를 청구하는 경우의 청구취지 기재방법

i) 기재방법

㈎ 의사의 진술을 명하는 판결은 확정되면 그 의사의 진술이 있는 것으로 보기 때문

에(민사집행법 236조 1항), 가집행선고를 붙이지 못한다.

(ㄴ) 토지의 인도 및 건물철거 등과는 달리 등기부상 표시와 실제의 현상이 다른 때에도 특별한 경우가 아닌 한 등기부상 표시로써 족하고, 실제의 현상을 병기할 필요가 없다.

(ㄷ) 등기부상 표시가 토지대장, 임야대장 등의 표시와 다른 경우에도 등기부상 표시에 따라 부동산의 표시를 하고 괄호 등을 이용하여 대장상의 표시를 병기하는 것이 원칙이다.

(ㄹ) 제한물권·임차권의 설정등기 및 이전등기는 등기의 종류 및 등기원인과 그 연월일을 명시하고 각 등기별로 부동산등기법이 정하는 등기사항을 표시한다.

ⅱ) 예 시

(ㄱ) 기본형(이전등기 절차이행을 구하는 청구취지에는 등기원인과 그 연월일을 표시함)

「피고는 원고에게 별지 목록 기재 부동산에 관하여 2004. 4. 4. 매매(또는 증여, 교환, 취득시효완성 등)를 원인으로 한 소유권이전등기 절차를 이행하라.」

※ 이미 발생한 권리변동의 원인인 법률행위 내지 권리관계를 판결에 의해 확인하고 그에 따른 등기의무의 이행을 명하는 경우 : 등기원인은 당해 판결이 아니고 그 판결에서 인정한 권리변동의 원인인 법률행위 그 자체이다.

판결주문에 의해 등기원인과 그 연월일이 표시됨이 바람직하나, 주문에 없으면 이유중에 명시되면 된다.

(ㄴ) 1필의 토지 중 일부만 청구

「피고는 원고에게 별지 목록 기재 토지 중 별지 도면 표시 1, 2, 3, 1의 각 점을 차례로 연결한 선내 (가)부분 150㎡에 관하여 2004. 4. 4. 매매(또는 증여, 교환, 양도약정, 신탁해지 등)를 원인으로 한 소유권이전등기 절차를 이행하라.」

(ㄷ) 매도인 사망으로 공동상속인에게 청구

「1. 원고에게, 별지 목록 기재 부동산 중,

    가. 피고 갑은 6/10 지분에 관하여,

    나. 피고 을은 4/10 지분에 관하여

각 2004. 4. 4. 매매(또는 증여, 교환 등)를 원인으로 한 소유권이전등기 차를 이행하라.」 (각 이 사건 소장부본 송달일자 명의신탁해지를 원인으로 한)

(ㄹ) 대위에 의한 소유권이전등기

[갑 소유의 부동산이 을, 병을 거쳐 원고에게 순차 매도되었으나 등기명의는 아직 갑에게 남아 있는 경우임]

「1. 별지 목록 기재 부동산에 관하여,

　　가. 피고 갑은 피고 을에게 2002. 3. 31. 매매를 원인으로 한,

　　나. 피고 을은 피고 병에게 2003. 4. 4. 매매를 원인으로 한,

　　다. 피고 병은 원고에게 2003. 11. 15. 매매를 원인으로 한

　　각 소유권이전등기 절차를 이행하라.」

(갑 소유의 부동산이 을, 병을 거쳐 원고에게 순차 매도되었으나 등기명의는 아직 갑에게 남아있는 경우, 원고는 병에 대한 등기청구권에 기하여 병의 을에 대한 등기청구권을 대위행사할 수 있고, 다시 이에 기하여 을의 갑에 대한 등기청구구권을 대위행사 할 수 있음)

(ㅁ) 피대위자인 채무자가 피고로 되지 아니한 경우

[피대위자인 채무자가 피고로 되지 아니한 경우에는 그의 주소와 주민등록번호 등을 표시해 주어야 함] (직접 원고에게 이행할 것을 청구 못함이 원칙)

「피고는 소외 을(561027-1690211, 주소 : 서울 성북구 삼선동 2가 251)에게 별지 목록 기재 부동산에 관하여 2002. 11. 15. 매매를 원인으로 한 소유권 이전등기 절차를 이행하라.」

※ 대위청구의 이행판결 : 채권자가 채권자 대위권에 의하여 채무자의 권리에 관한 소송상의 청구를 하는 경우에는 피고(제3채무자)로 하여금 소외 채무자에게 이행할 것을 청구하여야 하고 직접 원고에게 이행할 것을 청구하지 못함이 원칙(금전지급의 변제수령시에 채무자가 수령거절한 때는 가능)

(ㅂ) 제한물권·임차권설정등기 및 그 이전등기(제한물권은 그 내용까지 기재요)

〈전세권설정등기 : 목적물범위, 전세금, 존속기간 등〉

「피고는 원고에게 별지 목록 기재 부동산에 관하여 2004. 4. 10. 전세권설정 계약을 원인으로 한 전세금 10,000,000원, 존속기간 2006. 4. 9.까지의 전세권설정등기절차를 이행하라.」

〈저당권설정등기 : 채권액, 채무자, 변제기, 이자, 원본 및 이자지급장소(약정시)〉

「피고는 원고에게 별지 목록 기재 부동산에 관하여 2004. 4. 10. 저당권설정계약을 원인으로 한 채권액 금 20,000,000원, 채무자 갑(700120-0000000, 주소 서울 강남구

대치동) 변제기 2005. 5. 10. 이자 연 20%, 이자 지급시기 매월 1일의 저당권설정등기 절차를 이행하라.」

<근저당권설정등기 : 채권최고액, 채무자>

「피고는 원고에게 별지 목록 기재 부동산에 관하여 2004. 4. 10. 근저당권설정계약을 원인으로 한 채권최고액 금 50,000,000원 채무자 을(700221-0000000, 주소 서울 강남구 대치동 10번지의 근저당권설정등기 절차를 이행하라.」

<근저당권 이전등기>

「피고는 원고에게 별지 목록 기재 부동산에 관하여 서울지방법원 2004. 4. 10. 접수 제15701호로 등기한 근저당권에 대하여 2004. 11. 15. 확정채권양도를 원인으로 한 근저당권이전등기 절차를 이행하라.」

8) 말소등기 및 회복등기 청구시 청구취지 기재방법

ⅰ) 기재방법

(ㄱ) 말소나 회복등기를 구하는 청구취지는 목적 부동산과 말소 또는 회복의 대상이 되는 등기를 표시하여야 한다.

(ㄴ) 말소·회복 대상인 등기의 표시를 위하여는 그 등기의 관할등기소, 접수연월일, 접수번호, 등기종류만으로써 족하고 그 밖에 등기원인, 내용까지 표시할 필요는 없다.

(ㄷ) 다만, 후발적 실효사유(변제, 해제 등)에 의하여 장래에 향하여 실효됨을 원인으로 말소등기를 할 경우, 예컨대, 변제에 의한 저당권의 소멸, 소멸청구에 의한 전세권·지상권의 소멸, 임대차 해지에 의한 임차권의 소멸, 설정계약 해지에 의한 근저당권의 소멸 등의 경우에 그 실효사유를 말소등기의 원인으로 기재하여야 한다.

ⅱ) 예 시

(ㄱ) 기본형

「피고는 원고에게 별지 목록 기재 부동산에 관하여 정주지방법원 음성등기소 2004. 4. 4. 접수 제16785호로 마친 소유권이전등기(소유권보존등기)의 말소등기절차를 이행하라.」(말소·회복등기는 법원 판결 자체가 등기원인이 됨)

「피고는 원고에게 별지 목록 기재 부동산에 관하여 청주지방법원 음성등기소 2004. 4. 4. 접수 제16785호로 마친 근저당권설정등기에 대하여 2004. 6. 6. 해지(확정채권 변제)를 원인으로 한 말소등기절차를 이행하라.」

(ㄴ) 순차로 된 여러 등기의 말소등기

「1. 원고에게, 별지 목록 기재 부동산에 관하여,

　　　가. 피고 갑은 청주지방법원 음성등기소 2000. 5. 15. 접수 제1235호로 마친 소유권이전등기의,

　　　나. 피고 을은 같은 등기소………소유권이전등기의,

　　　다. 피고 병은 같은 등기소………소유권이전등기의

　　　　각 말소등기절차를 이행하라.」

　　(원인이 없는 갑의 등기에 이어 을, 병의 등기가 순차로 경료된 경우에, 진정한 소유자인 원고가 갑, 을, 병을 상대로 말소등기 청구하는 경우의 말소등기 청구권은 말소의 대상으로 된 등기의 전자가 아니라 원고에게만 있으므로 각 말소등기의 이행상대방은 말소의 대상으로 된 등기의 전자가 아니라 모두 원고로 된다.)

　㈐ 대위에 의한 말소등기

　　[원고가 피고 갑으로부터 부동산을 매수하여 소유권이전등기청구권을 가지고 있는데 등기하지 않은 사이에 피고 을이 원인 없이 피고 을 앞으로 등기를 마친 후 병, 을을 거쳐 순차 이전등기된 경우에 채권자대위권을 행사하여 말소등기를 청구한 경우의 말소등기의 이행상대방은 피대위자로 기재하여야 함.]

「1. 별지 목록 기재 부동산에 관하여,

　　　가. 피고 갑에게,

　　　　(1) 피고 을은 수원지방법원 2000. 8. 9. 접수 제1234호로 마친 소유권이전등기의,

　　　　(2) 피고 병은 같은 법원………소유권이전등기의,

　　　　(3) 피고 정은 같은 법원………소유권이전등기의

　　　　　각 말소등기절차를 이행하고,

　　　나. 피고 갑은 원고에게 2000. 4. 5. 매매를 원인으로 한 소유권이전등기절차를 이행하라.」

　㈑ 진정명의회복

　　「피고는 원고에게 별지 목록 기재 부동산에 관하여 진정명의회복을 원인으로 한 소유권이전등기절차를 이행하라.」

　　(무효의 등기가 행해진 경우, 최종 등기명의자와 중간 등기명의자 전원을 상대

로 각 등기의 말소를 구하는 대신, 최종 등기명의자만을 상대로 '진정명의회복'을 원인으로 직접 이전등기를 구할 수도 있음.)

9) 확인소송에 있어서 청구취지 기재방법

ⅰ) 기재방법

㈀ 확인의 소는 다툼이 있는 권리 또는 법률관계에 관하여 법원에 대하여 그 존부의 확정 선언을 구하는 소이지 피고에 대하여 그 확인 내지 승인을 명할 것을 구하는 소가 아니다. 따라서 청구취지도 권리 또는 법률관계의 존부에 관한 법원의 판단을 선언하는 형태를 취하여야 하고, 피고에 대하여 그 확인 내지 승인을 명하는 태도를 취하여서는 안된다.

㈁ 확인의대상이 되는 권리 또는 법률관계가 특정될 수 있도록 그 종류, 범위, 발생원인 등을 명확히 하고 목적물도 특정하여 표시한 후 그 존재나 부존재의 확인을 구하는 취지를 기재하여야 한다.

㈂ 물권의 확인을 구하는 경우에는 목적물과 주체 및 종류(제한물권의 경우에는 내용까지)만 명백히 하는 것으로 충분하다. 물권의 경우에 동일주체가 동일 목적물에 대하여 가지는 동일 종류의 권리가 여러 개 있을 수 없기 때문이다.

㈃ 미등기 토지의 소유권확인 : ⅰ) 토지대장·임야대장상 소유자를 상대로 확인소송(국가상대 확인이익 없음) ⅱ) 토지가 미등기이고 대장상 등록명의자가 없거나 알 수 없는 경우와 국가가 등록명의자의 소유부인하며 소유권주장시 국가상대확인소송

㈄ 채권의 존재 또는 채무 부존재의 확인을 구하는 경우에는 채권의 목적, 범위 뿐만 아니라 발생원인까지도 명백히 하여야 한다. 왜냐하면 채권의 경우에는 동일 당사자 사이에 동일한 내용의 권리가 발생원인을 달리하여 여러 개 존재할 수 있기 때문이다.

ⅱ) 예 시

㈀ 기본형 : 확인대상 특정

　　　　<물권의 경우> : 목적물, 주체, 종류, 제한물권은 그 내용까지

　　　　「별지 목록 기재 토지에 관하여 철근콘크리트조 건물의 소유를 목적으로 하는 존속기간 ○○년 ○월 ○일부터 30년의 지상권이 원고에게 있음을 확인한다.」

　　　　<채권의 경우> : 채권의 목적, 범위, 발생원인

　　　　「별지 목록 기재 건물에 관하여 원고와 피고 사이의 ○○년 ○월 ○일 임대차계약에 기한 임차권이 원고에게 있음을 확인한다.」

「원고와 피고에 대한 2004. 10. 15.자. 금 10,000,000원의 대여금 채무가(금전소비대차에 계약에 기한 원고 채무는) 존재하지 아니함을 확인한다.」

<지위확인의 경우>

「원고가 피고 어촌계의 계원임을 확인한다.」

㈐ 공동소송(확인판결은 그 기판력이 미치는 주관적 범위를 알 수 있게 기재)

「원고 갑과 피고 을, 병 사이에 있어서 별지 목록 기재 부동산이 원고 갑의 소유임을 확인한다.」

㈑ 증서진부확인(확인의 대상이 되는 증서의 작성일자와 그 내용을 명확히 함)

「원고를 매도인, 피고를 매수인으로 하여 ○○년 ○월 ○일 자로 작성된 별지사본과 같은 매매계약서는 진정하게 성립된 것이 아님을 확인한다.」

10) 기 타

ⅰ) 형성소송의 경우

형성소송은 일정한 권리 또는 법률관계의 내용을 특정을 목적으로 하는 소송으로서, 경계확정, 공유물분할, 청구이의, 제3자의 의의, 사해행위취소, 재심사건 등이 여기에 해당된다.

「원고와 피고는 이혼한다.」

「피고의 주주총회가 2005. 3. 1.에 한 별지 기재 결의를 취소한다.」

ⅱ) 청구이의사건의 경우

집행권원 자체의 집행력을 배제하므로 집행권원의 내용을 명확히 기재한다.

「피고의 원고에 대한 부산지방법원 2004. 5. 1. 선고 2003가합 1255 판결에 기한 강제집행을(일시적 배제는 2004. 12. 1.까지 불허한다. 금 1,000,000원을 초과하는 부분에 한하여 이를 불허한다). 불허한다.」

ⅲ) 채권양도 통지

「피고는 소외 갑(701020-1690212, 주소 : 서울 송파구 문정동 123)에게, 별지목록 기재채권을 1999. 3. 21. 원고에게 양도하였다는 취지의 통지를 하라.」

ⅳ) 수분양자 명의변경

「피고는 원고에게 별지 목록 기재 부동산에 관하여 2002. 1. 7. 매매를 원인으로 한 ○○시 보관 ○○시영아파트 수분양자 대장상의 수분양자 명의변경절차를 이행하라.」

※ 기타 참고사항으로 재산권의 명의변경에 관한 의사 진술로 허용되는 경우는 등재된 권리의 양도 또는 명의변경이 허용되는 경우로 ① 건축중 건물의 건축주 명의변경, ② 농어촌진흥공사 매도토지의 매수인 명의변경, ③ 이주택지의 수분양자대장 명의변경, ④ 토지개발공사 토지피공급자명부 명의변경, ⑤ 아파트 수분양자대장 명의변경 등이 있음.

ⅴ) 장래이행판결

「피고는 2002. 2. 21.이 도래하면 원고에게 금 500,000,000원 및 이에 대한 1999. 12. 1.부터 갚는날까지 연 20%의 비율에 의한 금원을 지급하라.」

「피고는 별지 목록 기재 건물에 관해 원고와 소외 갑 사이의 서울지방법원 1999. 4. 2.자 99카합54 소유권이전등기청구권 가압류결정에 의한 집행이 해제되면 원고에게 1998. 8. 15. 매매를 원인으로 한 소유권이전등기절차를 이행하라.」

※ 참고로 도로의 경우 도로사용 종료시까지 또는 원고의 소유권상실시까지는 장래이행청구 가능하나, 시가 위 토지를 매수할 때까지 또는 인도하는 날까지 청구는 각하대상이 된다.

ⅵ) 공유물 분할판결(필수적 공동소송 : 원고를 제외한 모든 공유자를 피고로 함)

「별지 목록 기재 토지를, 별지 도면 표시 ㄱ, ㄴ, ㄷ, ㄹ, ㄱ의 각 점을 순차 연결한 선내 (가)부분 57.8㎡는 피고의 소유로 분할한다.」

※ 참고로 형성판결의 종류 : 경계확정, 공유물분할, 청구이의, 제3자 이의, 재심, 제권판결 및 그에 대한 불복사건, 사해행위취소, 배당이의

ⅶ) 부작위 : 부작위 내용을 구체적으로 기재한다.

「피고는 별지 목록 기재 대지 중 별지 도면 표시 1, 2, 3, 4, 1의 각 점을 차례로 연결한 선내 (가) 부분 57.8㎡에 대한 원고의 통행을 방해하는 일체의 행위를 하여서는 아니된다.」

「피고는 피고가 제조, 판매하는 의약품에 별지 제1도면 표시의 포장을 사용하여서는 아니된다.」

ⅷ) 반론보도

「피신청인은 이 판결 송달 후 피신청인이 최초로 발행하는 ○○신문 제3면 우측 상단에 별지 기재 반론보도문을, 제목은 24급 고딕 활자로, 내용은 18급 명조활자로 2단에 걸쳐 게재하라.」

ⅸ) 토지거래허가신청

「피고는 원고에게, 원고와 피고 사이에 1999. 4. 7. 체결된 별지 목록 기재 부동산의 매매계약에 관하여 토지거래허가 신청절차를 이행하라.」

다. 청구원인

1) 의 의

청구의 원인은 청구취지와 함께 심판의 대상인 청구(소송물)를 특정하기 위한 실체법상의 권리 내지 법률관계를 말하며, 소송상 청구로서 원고가 주장하는 권리 또는 법률관계(소송물)의 성립원인인 사실관계(일시·장소·당사자 등)를 말한다.

다시 말하면 소송물(청구)를 다른 것과 식별시키고 오인혼동 시키지 않을 한도의 사실을 말한다.

2) 청구원인의 기재방법

ⅰ) 청구의 원인에는 청구권원의 발생에 관한 요건사실을 기재하여야 한다.

ⅱ) 2008. 1. 1. 시행 개정 민사소송규칙 제62조(소장의 기재사항)는 소장의 청구원인에는 1. 청구를 뒷받침하는 구체적 사실, 2. 피고가 주장할 것이 명백한 방어방법에 대한 구체적인 진술, 3. 입증이 필요한 사실에 대한 증거방법에 관한 사항을 기재할 것을 규정하고 있다.

ⅲ) 청구의 원인에 기재하는 사실은 역사적 사실이어야 하며, 따라서 작성은 6하원칙에 의하며, 사실과 주장은 모두 특정하여야 한다.

ⅳ) 물권, 그 밖의 특허, 상표, 저작권 등 무체재산권을 소송물로 하는 소송은 원칙적으로 권리내용, 주체, 권리 대상인 객체를 기재하면 족하나, 저당권은 같은 물건에 대하여 순위를 달리하여 병존할 수 있으므로 등기부의 기재에 따라 저당권의 피담보채권과 순위를 기재하여 이를 특정하여야 한다.

ⅴ) 채권과 같은 청구권의 경우에는 같은 내용의 권리가 동일 당사자 사이에 중복하여 성립할 수 있기 때문에 물권과 같이 권리의 주체와 내용이 될 사실만 적어서는 소송물이 특정되지 않으므로, 계약상의 청구권이면 계약의 당사자, 내용, 성립된 일시 또는 장소를 청구원인 사실로 기재한다.

ⅵ) 불법행위에 의한 손해배상의 청구원인에는 손해를 발생케 한 불법행위의 일시, 장소, 내용 및 손해의 내용과 금액을 기재한다.

3) 대여금 청구의 요건사실

ⅰ) 소비대차 성립(원고 + 날짜 + 피고에게 + 금전 + 대여사실)

ⅱ) 목적물 인도 : '대여'라는 표현에 포함됨

ⅲ) 이자 약정(이자까지 청구할 경우에만 기재)

ⅳ) 반환채무의 이행기 도래(지연손해금도 청구시) : 변제기만 기재하는 것이 실무이다.

※ 변제기의 정함이 없으면 최고 후 상당기간이 경과하지 않았다는 점이 항변사유이다.

4) 매매대금 및 지연손해 청구시의 요건사실

ⅰ) 매매계약 체결사실 : 매매대금 원금만 청구시의 요건사실이다.

※ 대금지급기일의 미도래, 목적물의 원고의 소유라는 사실, 동시이행관계는 항변사항이다.

ⅱ) 대금채무의 이행기 도래

ⅲ) 매매계약에 따른 목적물 인도사실. 대금지급이 물품인도보다 소이행일 경우에는 물품인도일가지의 지연손해금만 청구하는 경우에는 인도가 요건사실이 아니다.

ⅳ) 약정이율이 있으면 그 약정이율

(2) 임의적 기재사항

가. 의 의

임의적 기재사항은 기재하지 아니하여도 소장각하명령을 받지 않을 사항이다. 이 점에서 필요적 기재사항과 구별한다. 나중에 원고가 준비서면으로 기재하여 제출하여도 될 것을 소장을 이용하여 미리 기재하는 것이다.

소장에는 준비서면에 관한 규정이 준용되므로 준비서면의 기재사항으로 규정된 사항을 기재하는 것이 요구되는데(민소법 제249조 2항, 274조), 이는 소장으로 하여금 원고의 최초의 준비서면으로서의 역할을 하게 하려는 취지이다.

나. 내 용

소송대리인의 성명과 주소(연락가능한 전화번호, 팩스번호, e-mail주소 등), 사건의 표시, 공격 또는 방어의 방법과 상대방의 청구와 공격·방어방법에 대한 진술, 관할원인의 기초사실, 부속서류의 표시, 작성연월일, 법원의 표시, 작성일자의 기명날인(74다1633 판결), 간인 등이 임의적 기재사항이다.

3. 채권채무 소장의 첨부서류

(1) 소가 산정에 필요한 자료

청구취지와 청구원인만으로 소송물 가액을 산출하기 어려운 사건의 경우에는 소송물 가액의 산출에 필요한 자료를 붙여야 한다(민사소송등인지규칙 8조). 따라서 부동산에 관한 등기청구 또는 인도청구사건에서는 목적물의 개별공시지가 또는 시가표준액을 알 수 있는 토지대장등본(또는 공시지가확인원), 건축물대장등본 등을 첨부하여야 한다.

(2) 대표자 또는 관리인의 자격을 증명하는 서면

당사자가 미성년자·금치산자 등 소송무능력자인 경우에는 법정대리인인 부와 모, 또는 후견인의 주소와 자격·성명을 기재하여야 하는데, 당사자가 소송능력이 없는 때에는 법정대리인, 법인인 때에는 대표자, 법인 아닌 사단이나 재단인 때에는 그 대표자 또는 관리인의 자격을 증명하는 서면을 붙여야 한다(민소법 제64조, 58조, 규칙 63조 1항).

(3) 기본적 서증 및 그 사본

쟁점이 조기에 부각되고 쟁점정리가 효율적으로 이루어지기 위해서는 원고가 소장을 접수할 때부터 청구원인을 명확히 하고 입증자료를 함께 제출하여야 한다. 특히 기본적 서증은 피고가 답변방향을 결정하는데 중요한 단서가 되므로 가능한한 소장 제출 단계에서 그 사본 등을 붙이는 것이 유리하다. 예컨대 부동산에 관한 사건에서는 그 부동산의 등기부등본, 친족·상속관계 사건에서는 가족관계증명서, 어음 또는 수표사건에서는 그 어음 또는 수표의 사본, 계약관계 소송에서는 계약서 등이 여기에 해당될 것이다(규칙 제63조 2항).

또한 원고가 소장에 서증을 인용한 때에는 그 서증의 등본 또는 사본을 붙여 제출하여야 한다(민소법 제254조 4항 참조). 그 밖에도 정기금판결의 변경을 구하는 소의 소장에는 변경을 구하는 확정판결의 사본을, 재심소장에는 재심의 대상이 되는 판결의 사본을 각기 붙여야 하는바(규칙 제63조 3항, 제139조), 이것도 위와 유사한 취지라고 할 수 있다.

【대여금 청구의 소(차용금 ①)】

소　　장

원　　고　○ ○ ○ (주민등록번호 :　　　　　)
　　　　　○○시 ○○구 ○○동 ○○번지
　　　　　전화(휴대폰) 번호(02)530-1111, (017)2217-1111
　　　　　팩스번호(02)3480-1111, e-mail 주소 :
　　　　　우편번호 : ○○○-○○○
피　　고　○ ○ ○ (주민등록번호 :　　　　　)
　　　　　○○시 ○○구 ○○동 ○○번지
　　　　　전화(휴대폰) 번호(02)530-1111, (017)2217-1111
　　　　　팩스번호(02)3480-1111, e-mail 주소 :
　　　　　우편번호 : ○○○-○○○

대여금 청구의 소

청 구 취 지

1. 피고는 원고에게 금 ○○○원 및 이에 대한 20○○.○.○.부터 20○○.○.○.까지는 연 2할, 20○○.○.○.부터 다 갚을 때까지 연 4할의 비율에 의한 금원을 지급하라.
2. 소송비용은 피고의 부담으로 한다.

라는 판결 및 가집행 선고를 바랍니다.

청 구 원 인

1. 원고는 피고에게 20○○.○.○. 변제기일을 20○○.○.○.로 하여 월 이율 3푼 기한 후의 손해금 연 4할로 하여 금 ○○○원을 대여한 바 있습니다.
2. 그러므로 원고는 피고에 대하여 위 원금 ○○○원과 이에 대한 ○○년 ○월 ○일부터 20○○.○.○.까지는 약정이자 중 소송촉진등에관한특례법 소정 제한이율인

연2할의 비율에 의한 이자와, 아울러 20○○.○.○.부터 다 갚을때까지 연 4할의 비율에 의한 손해금의 지급을 구하고자 본 소 청구에 이른 것입니다.

증 거 방 법

1. 갑 제1호증(차용금 증서)

첨 부 서 류

1. 갑 제1호증 사본	2통
1. 소장부본	1통
1. 납부서(송달료)	1통

20○○.○.○.

위 원고 ○ ○ ○ ㊞

○○ 지방법원 귀중

주

1. 위 사례는 이율에 월 3푼 채무불이행에 따른 손해배상의 예약이 4푼으로 정해져 있던 경우이다. 이율이 월 3푼으로 연리는 3할 6푼이 되나 이자제한법 소정이율인 2할을 초과하여 청구할 수는 없다. 하지만 채무불이행에 대한 손해배상의 예정에 관하여는 법률상 아무런 제한이 없으므로 변제시까지 연 4할의 비율에 의한 손해금의 지급을 청구한 것이다. 물론 이 경우 법원이 그 수액이 부당하게 과중하다고 인정한 때에는 상당한 액까지 감액할 수 있다.
2. 원금 및 이자가 모두 변제기일에 있고 채무자가 그 채무전부를 소멸시킴에 부족한 변제를 하

였을 경우에 당사자간 변제충당의 순위에 관한 약정(또는 지정)이 없으면 이자, 원금의 순서로 충당할 것이며 약정이율이 소송촉진등에관한특례법을 초과한 경우에는 동 초과부분은 무효로 하고 동법 소정이율에 의하여 충당하여야 한다.
3. 대여금청구의 소에 있어서 상계의 항변에 의한 경우가 있는데 유의할 점은 이자제한법 소정 범위를 초과한 이자는 무효이므로 이를 자동채권으로 하여 상계의 의사표시를 하였다 하여도 그 효력을 발생할 수 없다는 것이다.
4. 법정변제충당을 할 경우에 당사자 사이의 약정이율이 이자제한법에 규정한 제한이율을 초과하는 경우에는 그 이자액은 약정이율에 의할 것이 아니라 제한이율에 의하여 산정하여야 된다 할 것이다.
5. 이자제한법 소정의 제한이율을 초과한 금액을 제한초과의 약정이자 지급에 충당하기로 한 당사자간의 합의가 있을 때에는 물론 그와 같은 합의가 없다 하여도 채권자가 제한초과의 약정이자지급에 충당하는데 대하여 채무자 또는 변제자가 승낙을 한다거나 묵인하였을 때에는 그 제한초과의 약정이자로서의 변제충당을 무효라 할 수 없다. 따라서 기변제 충당된 부분은 그대로 유효하고 이를 제외한 나머지를 청구할 수 있다.

【대여금 청구의 소(차용금 ②)】

소　장

원　　고　　○ ○ ○ (주민등록번호 :　　　　　)
　　　　　　　○○시 ○○구 ○○동 ○○번지
　　　　　　　전화(휴대폰) 번호(02)530-1111, (017)2217-1111
　　　　　　　팩스번호(02)3480-1111, e-mail 주소 :
　　　　　　　우편번호 : ○○○-○○○
피　　고　　○ ○ ○ (주민등록번호 :　　　　　)
　　　　　　　○○시 ○○구 ○○동 ○○번지
　　　　　　　전화(휴대폰) 번호(02)530-1111, (017)2217-1111
　　　　　　　팩스번호(02)3480-1111, e-mail 주소 :
　　　　　　　우편번호 : ○○○-○○○

대여금 청구의 소

청 구 취 지

　피고는 원고에게 금 ○○○만원 및 이에 대한 소장 송달의 익일부터 완제일까지 2할의 비율에 의한 금원을 지급하라
라는 판결을 구합니다.

청 구 원 인

1. 원고 ○○○는 피고 ○○○에게 20○○.○.○. 금 ○○○원을 다음과 같은 약정으로 대여하였습니다.
　(1) 변제기일 20○○.○.○.
　(2) 이자의 약정은 없습니다.
2. 그런데 피고는 변제기일이 지나서도 약속을 지키지 않고 변제를 하지 않으므로 이 소를 제기합니다.

입증방법 및 첨부서류

1. 갑 제1호증 사본   현금차용증서

                          20○○. ○. ○.

                        위 원고 ○ ○ ○ ㊞

○○ 지방법원 귀중

주

위 사례는 기한의 약정은 있으나 이자의 약정이 없는 경우이다. 확정기한부 채무이므로 기한의 도래시부터 지체책임이 발생하게 된다. 민사의 경우 연 5푼의 비율에 의한 지연 손해금을 청구할 수 있게 되나 소장송달의 익일부터는 소송촉진등에관한법률 제3조의 특별규정에 의해 연 5푼 아닌 연 2할에 의해 청구하게 된다.

【대여금 청구의 소(차용금 ③)】

소 장

원 고 ○ ○ ○ (주민등록번호 :   )
　　　　○○시 ○○구 ○○동 ○○번지
　　　　전화(휴대폰) 번호(02)530-1111, (017)2217-1111
　　　　팩스번호(02)3480-1111, e-mail 주소 :
　　　　우편번호 : ○○○-○○○

피 고 ○ ○ ○ (주민등록번호 :   )
　　　　○○시 ○○구 ○○동 ○○번지
　　　　전화(휴대폰) 번호(02)530-1111, (017)2217-1111
　　　　팩스번호(02)3480-1111, e-mail 주소 :
　　　　우편번호 : ○○○-○○○

대여금 청구의 소

청 구 취 지

　피고는 원고에게 금 ○○○만원 및 이에 대한 20○○.○.○.부터 20○○.○.○.까지는 연 5푼, 이에 대한 소장 송달 익일부터 완제에 이르기까지 연 2할의 비율에 의한 금원을 지급하라
　소송비용은 피고의 부담으로 한다.
라는 판결 및 가집행 선고를 바랍니다.

청 구 원 인

1. 원고는 피고에게 20○○.○.○. 금 ○○○원을 다음과 같이 약정으로 대여하였습니다.
　(1) 변제기일 : 20○○.○.○.
　(2) 이　　율 : 월 3푼

(3) 기한 후의 손해금 : 연 4할
2. 그러므로 원고는 피고에 대하여 위 원금 ○○○원과 이에 대한 20○○.○.○.부터 20○○.○.○.까지는 약정이자 중 이자제한법 소정 제한이율인 연 5푼의 비율에 의한 이자와, 아울러 본 소장 송달 익일부터 다 갚을 때까지 법정이율인 연 2할의 비율에 의한 지급을 구하고자 본 소 청구에 이른 것입니다.

증 거 방 법

1. 갑 제1호증(차용금 증서)

첨 부 서 류

1. 갑 제1호증 사본   2통

20○○.○.○.

위 원고 ○ ○ ○   ㊞

○○ 지방법원 귀중

【대여금 청구의 소(경매잔대금)】

소　　　장

원　　고　　○ ○ ○ (주민등록번호 :　　　　　　)
　　　　　　○○시 ○○구 ○○동 ○ ○○아파트
　　　　　　전화(휴대폰) 번호(02)530-1111, (017)2217-1111
　　　　　　팩스번호(02)3480-1111, e-mail 주소 :
　　　　　　우편번호 : ○○○-○○○

피　　고　　○ ○ ○ (주민등록번호 :　　　　　　)
　　　　　　○○시 ○○구 ○○동 ○ ○○아파트
　　　　　　전화(휴대폰) 번호(02)530-1111, (017)2217-1111
　　　　　　팩스번호(02)3480-1111, e-mail 주소 :
　　　　　　우편번호 : ○○○-○○○

대여금 청구의 소

청 구 취 지

1. 피고는 원고에게 금 ○○○원 및 20○○.○.○.부터 다 갚을 때까지 연 2할의 비율에 의한 금원을 지급하라.
2. 소송비용은 피고의 부담으로 한다.
라는 판결 및 가집행 선고를 바랍니다.

청 구 원 인

1. 원고는 피고 ○○○에게 다음과 같이 약정하여 20○○.○.○.에 금 ○○○원을 대여한 바 있습니다.
　(1) 변제기일 : 20○○.○.○.
　(2) 이　　율 : 월 3푼 5리

2. 그런데 변제기일 경과 후 ○○지방법원 ○○지원 ○타경 ○○부동산 임의경매 신청사건의 근저당권 실행으로 배당절차에서 20○○.○.○.까지의 이전의 원금 중 금 ○○○원을 교부받고 원금 잔액 금 ○○○원이 되었습니다.
3. 그러므로 금 ○○○원 및 이에 대한 20○○.○.○.부터 다 갚을 때까지 연 2할의 비율에 의한 이자의 지급을 받고자 본 소의 청구에 이르렀습니다.

입 증 방 법

1. 현금보관증 1통을 갑 제1호증.
2. 경매대금 교부 부기문 1통을 갑 제2호증으로 각 제출하고, 나머지는 변론시 제출하겠습니다.

첨 부 서 류

1. 납부서   1통
1. 위임장   1통
1. 소장부본   1통

20○○.○.○.

위 원고 ○ ○ ○ ㊞

○○ 지방법원 귀중

주

경락대금에서 대여금의 일부를 배당절차에 참가하여 변제받은 경우 대부일부터 배당일까지의 약정이자 2할에 못미치는 경우에는 2할로 계산되고 2할을 넘는 경우에도 2할로 계산되게 된다.

판례는 나타난 사안으로서 "월 6푼 이자약정에 의한 대부금에 대한 경락대금을 배당한 경우에 있어서 대부일부터 배당일까지의 이자를 마땅히 연 3할 6푼 5리의 비율에 의하여 계산하여야 할 것임에도 연 6푼의 비율에 의한 이자만을 계산하여서 그 대여금의 변제여부를 인정한 것은 잘못이다"라고 한 것이 있는데 이는 당시의 적용된 이자제한법상의 제한이율이 연 3할 6푼 5리였기 때문에 위와 같이 판시한 것이고, 지금은 연 2할의 제한이율에 의한 계산방식이 동일한 방법으로 적용된다 하겠다.

【대여금 청구의 소(원금 및 이자금)】

소　　장

원　　　고　　박 ○ ○ (주민등록번호 :　　　　　)
　　　　　　　　○○시 ○○구 ○○동 ○○번지
　　　　　　　　전화(휴대폰) 번호(02)530-1111, (017)2217-1111
　　　　　　　　팩스번호(02)3480-1111, e-mail 주소 :
　　　　　　　　우편번호 : ○○○-○○○

피　　　고　1. 윤 ○ ○ (주민등록번호 :　　　　　)
　　　　　　　　○○시 ○○구 ○○동 ○○번지
　　　　　　　　전화(휴대폰) 번호(02)530-1111, (017)2217-1111
　　　　　　　　팩스번호(02)3480-1111, e-mail 주소 :
　　　　　　　　우편번호 : ○○○-○○○
　　　　　　2. 윤 ○ ○ (주민등록번호 :　　　　　)
　　　　　　　　○○시 ○○구 ○○동 ○○번지
　　　　　　　　전화(휴대폰) 번호(02)530-1111, (017)2217-1111
　　　　　　　　팩스번호(02)3480-1111, e-mail 주소 :
　　　　　　　　우편번호 : ○○○-○○○

대여금 청구의 소

청 구 취 지

1. 피고들은 연대하여 원고에게 금 ○○○원 및 이에 대하여 이 소장 송달 익일부터 완제일까지 연 2할의 비율에 의한 금원을 지급하라.
2. 소송비용은 피고의 부담으로 한다.
3. 제1항은 가집행할 수 있다.
라는 판결을 구합니다.

청 구 원 인

1. 원고는 피고들에게 20○○.○.○.에 선이자 월 3부를 공제하고 금 ○○○원을 대여하였습니다.
2. 이후 20○○.○.○.에 월 이자를 2할로 약정하고 대여함으로써 합계 금○○○원을 각 변제기는 20○○.○.○.로 정하고 대여하였습니다.
3. 그리고 위 금원 중 ○○년 ○월경 금 ○○○원, 20○○.○.○.경 금 ○○만원, 도합 금 ○○○원을 변제받고 나머지 금 ○○○원을 지불하지 아니하고 있습니다.
4. 따라서 변제기가 경과하여 원고는 수차에 걸쳐 그 변제를 촉구하였으나 이행하지 않으므로 원고는 금원을 대여한 후 ○개월분 이자로 금 ○○○원을 수령하였을 뿐, 그 뒤로는 이자도 지급하지 아니하고 있으므로 이 건 청구를 하오니 청구취지와 같은 판결을 구합니다.

입 증 방 법

1. 갑 제1호증   무통장입금증
1. 갑 제2호증   차용증서

첨 부 서 류

1. 위 입증방법   각 1통
1. 소장부본   2통
1. 납부서   1통

20○○.○.○.
위 원고 ○ ○ ○ ㊞

○○ 지방법원 귀중

주

1. 이 사안의 경우는 두 번에 걸친 대여가 있었다. 첫번째는 선이자를 공제한 대여였고, 두 번째는 월이자를 2할로 한 대여였다. 이와 같이 대여금청구사건은 소비대차계약상 대여자가 반

환청구권을 행사하는 경우로서 이 권리는 같은 사람사이에 같은 내용의 것이 여러개 성립할 수 있는 것이므로, 이를 특정하기 위해서는 계약당사자, 계약날짜, 계약내용, 목적물의 교부 등에 관한 사실의 기재가 필요하다. 금전소비대차계약의 경우 대여장소를 기재하지 않는 것이 보통이고, 계약날짜를 잘 모를 경우 이를 기재하지 않아도 차용증등의 증거자료에 의한 법관의 심증이 가능하므로 기재하지 않아도 무방하다 하겠다.

2. 선이자의 산정을 어떻게 할 것인가에 관하여는 이에 관한 규정이 없어 학설과 판례가 대립하고 있는 실정이다.

판례이론은 현실적으로 받은 금액과 그에 대한 이자제한법의 재한비율에 의한 이자의 합산액이 당사자 사이에 유효하게 성립한 소비대차계약의 원본액이 되므로 차주는 이 금액을 변제기에 변제하면 된다고 한다.

【대여금 청구의 소(원금 및 지연손해금)】

소 장

원 고 ○ ○ ○ (주민등록번호 :   )
        ○○시 ○○구 ○○동 ○○번지
        전화(휴대폰) 번호(02)530-1111, (017)2217-1111
        팩스번호(02)3480-1111, e-mail 주소 :
        우편번호 : ○○○-○○○

피 고 ○ ○ ○ (주민등록번호 :   )
        ○○시 ○○구 ○○동 ○○번지
        전화(휴대폰) 번호(02)530-1111, (017)2217-1111
        팩스번호(02)3480-1111, e-mail 주소 :
        우편번호 : ○○○-○○○

대여금 청구의 소

청 구 취 지

1. 피고는 원고에게 금 ○○○만원에 대한 20○○.○.○.부터 20○○.○.○.까지 연 5푼 비율에 의한 금원 및 소장 송달 익일부터 완제일까지 연 2할의 비율에 의한 금원을 지급하라.
2. 소송비용은 피고의 부담으로 한다.
라는 판결을 구합니다.

청 구 원 인

1. 원고는 20○○.○.○. ○○피고에게 금 ○○○원을 무이자로 변제기의 약정없이 대여하였습니다. 그 후 원고는 20○○.○.○. 피고에 대하여 20○○.○.○.까지 위 대여금을 반환하라고 최고하였습니다. 피고는 위 20○○.○.○.까지 변제하기로 약정하였으나 아직까지 변제하지 않고 있습니다.

2. 따라서 원고는 피고에게 위 대여금 ○○○의 반환을 청구함과 동시에 반환최고일인 20○○.○.○.부터 소장송달일인 20○○.○.○.까지 민법 소정의 연 5푼의 비율에 의한 지연손해금 및 소장 송달 익일부터 완제일까지 연 2할 비율에 의한 손해배상금의 지급을 청구하여 이 사건 소를 제기합니다.

입 증 방 법

1. 갑 제1호증   현금차용증서

첨 부 서 류

1. 소장부본   1통
1. 위 증거서류   1통
1. 납부서

                 1통
             20○○.○.○.
         위 원고   ○ ○ ○   ㊞

○○ 지방법원 귀중

주

위 사안은 변제기 및 이자의 약정이 없는 경우이다. 기한의 약정이 없는 채무는 최고시부터 이행지체에 빠지게 되므로 최고에서 정한 일자에서부터 민사소정의 지연손해금인 연 5푼의 비율을 청구할 수 있다. 그리고 소제기시, 즉 소상제출을 한 후에는 소송촉진등에관한특례법 제3조의 특별규정에 의해 소장송달의 익일부터 연 2할의 비율에 의한 손해배상금청구를 할 수 있다. 이와 같이 기한의 약정이 없는 경우 따로 최고를 하지 않고 소송을 제기한 경우와 소송을 제기하기 전 일정한 최고가 따로 있었던 경우는 차이가 있음에 유의하여야 한다.

【대여금 청구의 소(신용카드대금)】

소　　장

원　　고　○ ○ ○ (주민등록번호 :　　　　　　)
　　　　　○○시 ○○구 ○○동 ○○번지
　　　　　전화(휴대폰) 번호(02)530-1111, (017)2217-1111
　　　　　팩스번호(02)3480-1111, e-mail 주소 :
　　　　　우편번호 : ○○○-○○○

피　　고　1. 주식회사 ○○은행
　　　　　○○시 ○○구 ○○동 ○○번지
　　　　　대표이사 ○ ○ ○
　　　　　○○시 ○○구 ○○동 ○○번지
　　　　　지배인　강 ○ ○(주민등록번호 :　　　　　　)
　　　　　○○시 ○○구 ○○동 ○○번지
　　　　　전화(휴대폰) 번호(02)530-1111, (017)2217-1111
　　　　　팩스번호(02)3480-1111, e-mail 주소 :
　　　　　우편번호 : ○○○-○○○
　　　　　(소관 : ○○지점)
　　　　　송달장소 ○○시 ○○구 ○○동 ○○번지
　　　　2. 이 ○ ○ (주민등록번호 :　　　　　　)
　　　　　　○○시 ○○구 ○○동 ○○번지
　　　　　　전화(휴대폰) 번호(02)530-1111, (017)2217-1111
　　　　　　팩스번호(02)3480-1111, e-mail 주소 :
　　　　　　우편번호 : ○○○-○○○
　　　　3. 이 ○ ○ (주민등록번호 :　　　　　　)
　　　　　　○○시 ○○구 ○○동 ○○번지
　　　　　　전화(휴대폰) 번호(02)530-1111, (017)2217-1111

팩스번호(02)3480-1111, e-mail 주소 :
우편번호 : ○○○-○○○
송달주소 ○○시 ○○구 ○○동 ○○번지 ○○아파트 ○동 ○호

대여금 청구의 소

청 구 취 지

1. 피고들은 연대하여 금 ○○○원 및 그 중 금 ○○○원에 대하여는 20○○.○.○.부터 완제일까지 연 1할 7푼 5리의, 금 ○○○원에 대하여는 20○○.○.○.부터 연 2할 1푼의 각 비율에 의한 이자를 지급하라.
2. 소송비용은 피고들의 부담으로 한다.
3. 위 제1항은 가집행할 수 있다.
라는 판결을 구합니다.

청 구 원 인

1. 원고는 20○○.○.○. 피고 이○○에게 같은 이○○를 연대보증인으로 하여 은행신용카드를 발급하여 준 바 있습니다.
2. 카드를 이용하여 현금서비스 및 물품신용 외상구매에 있어 결제일에 원고가 정하는 이율을 상환하되 이를 1회라도 지체할 시는 약정이율의 이익을 상실하고 원고 은행의 변동최고이율에 의한 연체이자와 원금전액을 일시에 변제키로 약정한 후 피고 이○○은 20○○.○.○.부터 20○○.○.○.까지에 걸쳐 물품신용판매대금 ○○○원 및 현금서비스 금 ○○○원 도합금 ○○○원을 대여받은 바 있습니다.
3. 그런데 피고는 원고의 수차에 걸친 지급독촉에도 위 금원을 변제치 아니하고 있으므로 대여원금 ○○○원 및 연체수수료 금 ○○○원과 20○○.○.○.까지의 연체이자금 ○○○원 도합금 ○○○원과 원금 ○○○원에 대한 20○○.○.○.부터의 이자를 지급받고자 하며,

4. 원고는 20○○.○.○. 피고 이○○에게 같은 이○○○를 연대보증인으로 하여 금 ○○○원을 변제기 20○○.○.○. 이자는 연 1할 3푼 2리로 하여 매 6개월마다 지급받되 이를 지체할 시는 연 1할 9푼의 원고은행의 변동최고이율에 의한 이자를 지급받기로 약정대여하였는 바 그간 20○○.○.○.까지의 이자와 원금 중 금 ○○○원만 변제 후 차일피일 기일만 미루고 있으므로 부득이 청구취지와 같은 판결을 구하고저 본 소 청구에 이른 것입니다.

입 증 방 법

1. 갑 제1호증 은행신용카드 회원입회신청서
1. 갑 제2호증 B/C 개인별 연체조회표
1. 갑 제3호증 금전소비대차약정서
1. 갑 제4호증 공제대출금 원장

첨 부 서 류

1. 법인등기부초본   1통
1. 지배인 등기부초본   1통
1. 위임장   1통
1. 납부서   1통

20○○.○.○.

위 원고 주식회사 ○○은행
지배인 강 ○ ○ ㊞

○○ 지방법원 귀중

【준비서면】

준 비 서 면

원고(피항소인) 주식회사 ○○은행
피고(항 소 인) ○ ○ ○

위 당사자간 귀원 ○○나○○○호 대여금 청구사건에 관하여 원고는 다음과 같이 변론을 준비합니다.

다 음

1. 피고는 이 사건 금전소비대차약정서 및 은행신용카드회원입회신청서상에 자필 서명한 바 없다고 주장하며 연대보증사실을 부인하고 있으나, 위 약정서 및 입회신청서상에 날인된 인영은 피고의 인장에 의한 것이라고 피고가 자인하고 있으며, 또한 위 약정서 작성 당시 제출된 인감증명서는 피고 본인이 직접 발급받은 것으로서 그 용도란에는 분명히 "길○○의 ○○은행 대출보증용"이라고 기재되어 있고, 동 인감증명서의 작성일은 ○○년 ○월 ○일 즉, 위 약정서 작성일인 ○○년 ○월 ○일의 바로 전날로서 피고 주장과 같이 원심 다른 피고 길○○이 피고가 대표이사로 재직하던 소외 주식회사 ○○정밀의 총무과 직원을 재직하고 있으면서 원고 대출관련 업무를 처리 담당하고 있던 관계로 피고의 인감도장과 인감증명서를 보관하고 있던 중 임의사용한 것이 아니라 위 길○○의 원고은행에서의 대출을 보증하기 위하여 피고 본인이 발급받았던 것이 틀림없는 것입니다.
   즉, 위 길○○이 위 소외회사의 총무과 직원이라 하더라도 위 인감증명서의 용도는 위 소외회사 자체의 대출에 관한 것이 아니라 위 길○○ 개인의 대출에 관한 보증용으로 대출 전날 발급받은 것이므로 피고 주장과 같이 피고의 의사와 무관하게 작성되었다고 할 수 없는 것입니다.
2. 피고는 원심 다른 피고 길○○이 피고 승낙없이 임의로 인감증명 및 인장을 사용하였음을 입증하기 위하여 동인의 시인서(을 제2호증의 1)를 제출하고 있으나 동인이 행방불명인 상태에서 동 시인서의 입수 경위도 의심스러울뿐더러 동 시인서는 원심에서 같은 피고 입장인 위 길○○이 작성한 것이므로 피고의 주장을 뒷받침할 수 있는 증거로서의 신빙성이 없는 것입니다.

3. 피고는 원고은행 여신규정에 자필서명을 받도록 되어 있다고 주장하며 보증사실을 부인하는 취지의 주장을 하고 있으나, 가사 피고의 주장이 사실이라 하더라도 원고은행의 여신규정은 원고은행 내부업무처리규정에 불과한 것으로 후일 분쟁의 여지를 없애고 업무처리를 명확히 하기 위하여 자필을 받도록 규정한 것일 뿐 그 규정이 고객에게 효력을 미치는 것은 아니고, 더욱이 이 사건과 같이 피고의 보증의사가 객관적으로 명백한 경우에 피고의 보증행위를 부인할 만한 근거가 되지는 않는 것입니다.
4. 따라서 피고는 제1심 공동피고 길○○을 위하여 이 사건 대출금 및 은행신용카드 대금의 지급을 위한 보증을 할 진정한 의사를 갖고 있었고 동 의사에 따라 적법하게 원고와의 사이에 연대보증계약이 체결된 것이므로 피고는 원고에게 이 사건 대여금을 지급할 의무가 있는 것입니다.

위와 같이 변론을 준비합니다.

20○○. ○. ○.

원고 주식회사 ○○은행

지배인 ○ ○ ○ ㊞

○○ 지방법원 귀중

주

1. 위 사안은 피고 ○○○에 대해서는 소비대차계약을 피고 이○○에게는 연대보증계약을 청구원인으로 하고 있다. 위 사안은 연 1할 7푼 5리의 이자율과 연체당시의 변동되고 이율을 손해배상의 예정으로 하고 있고 연대보증인에게는 연 이자율 1할 3푼 2리의 이자와 연 1할 9푼의 손해배상의 예정이 있다.
2. 일반적으로 은행과의 신용거래의 경우 부동문자로 인쇄된 약관에 의하는 것이 일반이므로 약관해석이 중요한 문제가 되기도 한다. 위 사안의 경우 손해배상의 예정을 피고 ○○○의 경우 지체시의 원고은행의 변동되고 이율인 연 2할 1푼으로 하고 있고, 연대보증인인 이○○은 연 1할 9푼의 비율로 하고 있는데 이와 관련해서 아래와 같은 판례가 있음에 유의하여야 한다.

【대여금 청구의 소(연대보증인에게 동시청구할 경우)】

소　　장

원　　고　　김 ○ ○ (주민등록번호 :　　　　　)
　　　　　○○시 ○○구 ○○동 ○○번지
　　　　　소송대리인 변호사 ○ ○ ○
　　　　　○○시 ○○구 ○○동 ○○번지
　　　　　전화(휴대폰) 번호(02)530-1111, (017)2217-1111
　　　　　팩스번호(02)3480-1111, e-mail 주소 :
　　　　　우편번호 : ○○○-○○○

피　　고　1. 이 ○ ○ (주민등록번호 :　　　　　)
　　　　　○○시 ○○구 ○○동 ○○번지
　　　　　전화(휴대폰) 번호(02)530-1111, (017)2217-1111
　　　　　팩스번호(02)3480-1111, e-mail 주소 :
　　　　　우편번호 : ○○○-○○○
　　　　　2. 박 ○ ○ (주민등록번호 :　　　　　)
　　　　　○○시 ○○구 ○○동 ○○번지
　　　　　전화(휴대폰) 번호(02)530-1111, (017)2217-1111
　　　　　팩스번호(02)3480-1111, e-mail 주소 :
　　　　　우편번호 : ○○○-○○○

대여금 청구의 소

청 구 취 지

1. 원고에게
　가. 피고 김○○는 금 ○○○원 및 이에 대한 소장 부본 송달 익일부터 완제일까지 연 2할의 비율에 의한 금원을 지급하되, 그 중 금 ○○○원은 피고 박○○과 연대하여 지급하고,

나. 피고 ○○○은 위 금 ○○○원 중 금 ○○○원 및 이에 대한 소장 부본 송달 익일부터 완제일까지 연 2할의 비율에 의한 금원을 피고 ○○○와 연대하여 지급하라.
2. 소송비용은 피고들의 부담으로 한다.
3. 제1항은 가집행할 수 있다.
라는 판결을 구합니다.

청 구 원 인

1. 가. 원고는 20○○.○.○.부터 20○○.○.○.까지 사이에 피고 이○○에게 별지목록을 기재와 같이 9차례에 걸쳐 합계 금 ○○○원을, 이율은 금 ○○○원에 대하여 월 ○푼으로 약정하고 대여하였습니다. 당시 위 이○○는 남편의 사업자금 등의 명목으로 위 금원 등을 차용하여 갔습니다.
　나. 피고 ○○○은 위 ○○○ 피고의 남편으로서 20○○.○.○.경 원고에게 위 ○○○의 원고에 대한 위 차용금 채무 중 금 ○○○원에 대해서는 20○○.○.○.까지 위 ○○○와 연대하여 지급하기로 약정하였습니다.
　다. 그런데 피고들은 위 대여금에 대한 지급을 차일피일 미루며 현재까지 그 지급을 지연하고 있습니다.
2. 따라서 원고는 피고 이○○에 대하여 위 연금 ○○○원과 이에 대한 소장부본 송달 익일부터 완제일까지 연 2할의 비율에 의한 지연손해금을 구하되, 그 중 금 ○○○원 및 같은 지연손해금은 피고 박○○과 연대하여 지급하고, 피고 이○○에 대하여 위 금 ○○○원 중 금 ○○○원 및 이에 대한 소장 부본 송달 익일부터 완제일까지 연 2할의 비율에 의한 지연손해금을 피고 박○○와 연대하여 지급할 것을 각 구하고자 이 사건 청구에 이른 것입니다.

입 증 방 법

1. 갑 제1호증의 1 내지 10 차용증   각 1통
1. 갑 제2호증 약정서   1통

부 속 서 류

1. 소송위임장   1통
1. 납부서   1통

20○○. ○. ○.

원고 소송대리인 변호사 ○ ○ ○ ㊞

○○ 지방법원 귀중

【대여금 청구의 소(원금 및 약정이자금)】

소　　장

원　　고　1. 주식회사 ○○토건
　　　　　　　○○시 ○○구 ○○동 ○○번지
　　　　　　대표이사 ○○○, ○○○
　　　　　　　전화(휴대폰) 번호(02)530-1111, (017)2217-1111
　　　　　　　팩스번호(02)3480-1111, e-mail 주소 :
　　　　　　　우편번호 : ○○○-○○○
　　　　　2. ○　○　○ (주민등록번호 :　　　　　　)
　　　　　　　○○시 ○○구 ○○동 ○○번지
　　　　　　소송 대리인 변호사 ○ ○ ○
　　　　　　　전화(휴대폰) 번호(02)530-1111, (017)2217-1111
　　　　　　　팩스번호(02)3480-1111, e-mail 주소 :
　　　　　　　우편번호 : ○○○-○○○
피　　고　　○○건설 주식회사
　　　　　　　○○시 ○○구 ○○동 ○○번지
　　　　　　대표이사 ○ ○ ○
　　　　　　　전화(휴대폰) 번호(02)530-1111, (017)2217-1111
　　　　　　　팩스번호(02)3480-1111, e-mail 주소 :
　　　　　　　우편번호 : ○○○-○○○
　　　대여금 청구의 소

청　구　취　지

1. 피고는
　가. 원고 (주)○○토건에게 금 ○○○원 및 이에 대하여 20○○.○.○.부터 완제일까지 연 2할을,

나. 원고 ㅇㅇㅇ에게 금 ㅇㅇㅇ원 및 그 중 금 ㅇㅇㅇ원에 대하여는 20ㅇㅇ.ㅇ.ㅇ.부터 완제일까지 연 2할을, 금 ㅇㅇㅇ원에 대하여는 20ㅇㅇ.ㅇ.ㅇ.부터 완제일까지 연 2할의 비율에 의한 금원을 각 지급하라.
2. 소송비용은 피고의 부담으로 한다.
3. 위 제1항은 가집행할 수 있다.
라는 판결을 구합니다.

청 구 이 유

1. 원고 (주) ㅇㅇ토건은 20ㅇㅇ.ㅇ.ㅇ. 피고에게 금 ㅇㅇㅇ원을 변제기일 20ㅇㅇ.ㅇ.ㅇ. 이자 월 3부로 하여 대여하여 주었는 바, 피고는 약정이자를 20ㅇㅇ.ㅇ.ㅇ.까지만 지급하였을 뿐 위 변제일 이후부터 현재까지 약정이자는 물론 원금을 변제치 않고 있으며,
2. 원고 ㅇㅇㅇ는 피고에게
  가. 20ㅇㅇ.ㅇ.ㅇ. 금 ㅇㅇㅇ원을 변제기일 20ㅇㅇ.ㅇ.ㅇ. 이자 월 3부로 하여 대여하고,
  나. 20ㅇㅇ.ㅇ.ㅇ. 금 ㅇㅇㅇ원을 변제기일 20ㅇㅇ.ㅇ.ㅇ. 이자 월 3부로 하여 대여하고,
  다. 20ㅇㅇ.ㅇ.ㅇ. 금 ㅇㅇㅇ원을 변제기일 20ㅇㅇ.ㅇ.ㅇ. 이자 월 3부로 하여 대여하였는 바, 피고는 위 각 변제일까지는 위 약정이자를 지급하였으나, 그 이후부터는 약정이자는 물론 원금을 변제치 않고 있습니다.

입 증 방 법

1. 갑 제1호증   입금증(무통장)
1. 갑 제2호증의 1~3   입금증(무통장)
1. 갑 제3호증   당좌수표

첨 부 서 류

1. 위 입증서류   각 1통
1. 위임장   1통
1. 소장부본   1통

                          20○○. ○. ○.

                                              원고들 소송대리인

                                              변호사 ○ ○ ○ ㊞

○○ 지방법원 귀중

【대여금 청구의 소(연대보증인에게 동시청구할 경우)】

소 장

원 고   ○ ○ ○ (주민등록번호 :   )
         ○○시 ○○구 ○○동 ○○번지
         소송대리인 변호사 ○ ○ ○
         ○○시 ○○구 ○○동 ○○번지
         전화(휴대폰) 번호(02)530-1111, (017)2217-1111
         팩스번호(02)3480-1111, e-mail 주소 :
         우편번호 : ○○○-○○○

피 고   ○ ○ ○ (주민등록번호 :   )
         ○○시 ○○구 ○○동 ○○번지
         소송대리인 변호사 ○ ○ ○
         ○○시 ○○구 ○○동 ○○번지
         전화(휴대폰) 번호(02)530-1111, (017)2217-1111
         팩스번호(02)3480-1111, e-mail 주소 :
         우편번호 : ○○○-○○○

매매대금반환 청구의 소

청 구 취 지

1. 피고는 원고에 대하여 금 ○○○만원 및 이에 대한 소장 송달 익일부터 완제에 이르기까지 연 2할의 비율에 의한 금원을 지급하라.
2. 소송비용은 피고의 부담으로 한다.
3. 위 제1항에 한하여 가집행할 수 있다.
라는 판결을 구합니다.

청 구 원 인

 원고는 20○○.○.○. 피고와 ○○시 ○○구 ○○동 ○○번지 대지 ○○○평 및 위 대지 위의 목조기와 평가건 1동, 건평 ○○평 ○홉(미등기)을 금 ○○○만원에 매매계약을 체결하고, 같은 날 계약금 ○○만원과 같은 달 ○일 중도금 ○○만원, 합계금 ○○○만원을 지급하였고 잔금은 20○○.○.○.에 지급하기로 하였습니다. 그 후 원고가 조사해 본 결과 위 대지의 평수가 ○○평에 불과하고 그 대지는 공원용지로서 해제될 가능성이 없으며, 따라서 그 지상물은 가옥대장과 부동산등기부에 기재할 수 없는 것임에도 불구하고 피고는 원고가 재일교포로서 수일 전에 귀국한 것을 기화로 원고를 속여서 위 계약을 체결한 것이 판명되었습니다.

입 증 방 법

1. 매매계약서   1통
1. 최고장 사본   1통
1. 해약통고   1통
1. 기타 변론시 제출코자 한다.   1통

첨 부 서 류

1. 소장부본   1통
1. 납부서   1통
1. 기타 증거서류   각 1통

20○○.○.○.

위 원고 ○ ○ ○ ㊞

○○ 지방법원 귀중

【매매대금반환의 청구의 소(점포 매매대금)】

소 장

원　　고　　○ ○ ○ (주민등록번호 :　　　　　)
　　　　　　○○시 ○○구 ○○동 ○○번지
　　　　　　위 원고 소송대리인 변호사 ○ ○ ○
　　　　　　○○시 ○○구 ○○동 ○○번지
　　　　　　전화(휴대폰) 번호(02)530-1111, (017)2217-1111
　　　　　　팩스번호(02)3480-1111, e-mail 주소 :
　　　　　　우편번호 : ○○○-○○○

피　　고　　○ ○ ○ (주민등록번호 :　　　　　)
　　　　　　○○시 ○○구 ○○동 ○○번지
　　　　　　전화(휴대폰) 번호(02)530-1111, (017)2217-1111
　　　　　　팩스번호(02)3480-1111, e-mail 주소 :
　　　　　　우편번호 : ○○○-○○○

매매대금반환 청구의 소

청 구 취 지

1. 피고는 원고에게 금 ○○○만원 및 위 금원에 대하여 이 건 소장 부본 송달 다음 날부터 완제일까지 연 2할의 비율에 의한 금원을 지급하라.
2. 소송비용은 피고의 부담으로 한다.
3. 위 제1항에 한하여 가집행할 수 있다.
라는 판결을 구합니다.

청 구 원 인

1. 원고는 20○○.○.○. 피고로부터 소외 ○○동 ○○시장 상인조합이 피고에게 분양한 ○○시 ○○구 ○○동 ○○번지 농수산물 도매시장 내 점포 ○도 ○호를 금 ○○○에 원에 양수한 후 그 대금 전부를 지급하고 이를 인도받아 그 날로부터

영업을 해 왔습니다.
2. 그런데 소외 ○○동 ○○시장 상인조합 정관에 조합창립일로부터 1년 이내에 조합원이 분양받은 점포를 양도하지 못하도록 규정되어 있음에도 불구하고 조합원이 피고가 직접 영업을 하지 않고 위 점포를 원고에게 양도하였다 하여 20○○. ○.○. 원고가 영업 중인 점포에 부패성 있는 농산물을 그대로 둔 채 열쇠로 점포를 시정하고 사용을 못하게 하고 분양대금을 분양자인 피고 앞으로 변제 공탁 후 점포를 환수해 갔습니다. 이에 원고는 소외 조합의 부당성을 들어 제소까지 했습니다만 위와 같은 사유로 패소하였습니다.
3. 따라서 피고는 양도할 수 없는 점포를 원고에게 양도하여 이행불능에 이르렀으므로 원고는 이 건 소장 송달로서 위 계약을 해제하고 그 원상회복으로 매매대금의 반환을 구함과 동시 이 건 소장 송달 익일부터 완제일까지 소송촉진등특례법 소정의 연 2할의 비율에 의한 지연손해금의 지급을 구하고자 이 건 청구에 이른 것입니다.

입 증 방 법

1. 양도 양수조서   1통
1. 계약서   1통
1. 정 관   1통

첨 부 서 류

1. 소장부본   1통
1. 위임장   1통

20○○.○.○.

위 원고 소송대리인

변호사 ○ ○ ○ ㊞

○○ 지방법원 귀중

【매매대금반환의 청구의 소(3)(토지 매매대금)】

소　장

원　　고　　○　○　○ (주민등록번호 :　　　　　)
　　　　　　○○시 ○○구 ○○동 ○○번지
　　　　　　위 원고 소송대리인 변호사 ○ ○ ○
　　　　　　○○시 ○○구 ○○동 ○○번지
　　　　　　전화(휴대폰) 번호(02)530-1111, (017)2217-1111
　　　　　　팩스번호(02)3480-1111, e-mail 주소 :
　　　　　　우편번호 : ○○○-○○○
피　　고　　○　○　○ (주민등록번호 :　　　　　)
　　　　　　○○도 ○○군 ○○면 ○○리 ○○번지
　　　　　　전화(휴대폰) 번호(02)530-1111, (017)2217-1111
　　　　　　팩스번호(02)3480-1111, e-mail 주소 :
　　　　　　우편번호 : ○○○-○○○

매매대금반환 청구의 소
소송물 가격 금 ○○○원

청　구　취　지

1. 피고는 원고에게 금 ○○○만원 및 위 금원에 대하여 이 건 소장 부본 송달 다음 날부터 완제일까지 연 2할의 비율에 의한 금원을 지급하라.
2. 소송비용은 피고의 부담으로 한다.
라는 판결을 구합니다.

청　구　원　인

1. 원고는 20○○.○.○. 피고로부터 ○○도 ○○군 ○○면 ○○번지 대 60평을 매수하는 계약을 체결하고 계약당일 계약금으로 ○○만원을 지급하였으며, 잔금 ○○만원은 ○.○.에 지급하기로 하였습니다.

2. 위 매매계약 당시 피고는 이 건 부동산의 등기부상 소유권자 명의는 타인명의로 되어 있으나 실제 소유자는 자신이라고 하면서 매매대금을 모두 지불하면 즉시 원고명의로 소유권이전등기를 하여 주기로 하였습니다.
3. 원고는 피고와의 위 약정에 따라 20○○.○.○. 잔대금 ○○만원을 피고에게 지불하였으나 매매대금 수령 후 피고는 태도를 돌변하여 ○○만원을 더 내어 놓지 않으면 원고명의로 이전등기를 하여 줄 수 없다고 하고 있습니다.
4. 따라서 원고는 위 매매계약에 따른 피고의 채무불이행을 원인으로 이 건 소장의 송달로서 위 매매계약을 해제하고 매매대금의 반환을 구하고자 본 건 청구에 이른 것입니다.

입 증 방 법

1. 등기부등본   1통
1. 부동산매매계약서   1통
1. 대지 매매계약서   1통
1. 나머지는 구두 변론시 수시로 제출하고자 합니다.

첨 부 서 류

1. 위 입증방법 서류   각 1통씩
1. 소장부본   1통
1. 위임장   1통

20○○.○.○.

위 원고 소송대리인

변호사 ○ ○ ○ ㊞

○○ 지방법원 귀중

[대여금 청구의 소(의료법인)]

소　장

원　고　　　○ ○ ○ (000000 - 0000000)
　　　　○○시 ○○구 ○○동 ○○번지
　　　　전화 02-1234-4567　　휴대폰 010-1234-5678
　　　　팩스 02-9876-5432　　이메일 : lawb@lawb.co.kr
　　　　원고 소송대리인 변호사 ○ ○ ○
　　　　○○시 ○○구 ○○동 ○○번지

피　고　의료법인 ○○
　　　　대표이사 ○ ○ ○ (000000 - 0000000)
　　　　○○시 ○○구 ○○동 ○○번지
　　　　전화 02-1234-4567　　휴대폰 010-1234-5678
　　　　팩스 02-9876-5432　　이메일 : lawb@lawb.co.kr
　　　　피고 소송대리인 변호사 ○ ○ ○
　　　　○○시 ○○구 ○○동 ○○번지

대여금 청구의 소

청 구 취 지

1. 피고는 원고에게 300,000,000원 및 이에 대하여 2005. 6. 1.부터 2006. 11. 30.까지는 연 12%, 2006. 12. 1.부터 다 갚는 날까지는 연 24%의 각 비율에 의한 금원을 지급하라.
2. 소송비용은 피고의 부담으로 한다.
3. 위 제1항은 가집행할 수 있다.
라는 판결을 구합니다.

청 구 원 인

1. 부산 동구 수정동 (번지 생략)에 있는 (병원명 생략) 병원에서 약사로 근무하던 원고는 2003. 10. 23.경 위 병원을 인수하여 의료재단을 설립하려는 소외 1에게 설립 및 운영 자금 등으로 200,000,000원을 투자하면서 5년간 월 10,000,000원씩의 수익금을 지급받고 5년의 투자기간이 끝나면 위 투자금을 반환받기로 약정하였습니다.
2. 이어 원고는 2004. 5. 3.경 소외 1에게 역시 위와 같은 명목으로 30,000,000원을 변제기는 2004. 8. 11.까지로 정하여 추가로 대여하였습니다.
3. 그 후 소외 1은 2004. 12. 24.경 피고 재단을 설립하여 대표권을 가진 이사에 취임한 뒤, 피고 재단을 대표하여 2005. 5. 31. 원고와 사이에 위 투자 및 차용 원리금에 대하여 원금을 300,000,000원으로 하되, 이자는 연 12%, 변제기는 2006. 11. 30.로 하고, 변제기 이후의 지연손해금은 연 24%로 정하여 차용하는 것으로 약정하였습니다.
4. 위 사실에 의하면, 피고 재단은 특별한 사정이 없는 한, 원고에게 위 차용금 300,000,000원 및 이에 대한 이자 및 지연손해금을 지급할 의무가 있다 할 것이므로 이 사건 소를 제기합니다.

입 증 방 법

1. 갑제1호증   차용증
2. 갑제2호증   투자약정서
3. 갑제3호증   법인등기부등본
4. 갑제4호증 ~ 갑 제13호증(생략)

그 밖의 것은 변론에 따라 수시로 제출하겠음.

첨 부 서 류

1. 위 입증방법   각1통
2. 소송위임장   1통
3. 소장부본   1통
4. 납부서   1통

20○○. ○. ○.

원고 소송대리인 변호사 ○ ○ ○ (날인 또는 서명)

○○지방법원 귀중

주 <소송 전 확인, 준비사항>
1. 접수 : 일반사건으로 종합민원실에 접수한다.
2. 소가 : 소가는 청구금액에 의한다.(손해금등 부대청구는 소가에 해당하지 않는다)
3. 관할 : 피고의 주소지 관할법원
4. 인지 : 소가 1천만원미만 → 소가×10,000분의 50
   소가 1천만원이상 1억원미만 → 소가×10,000분의45 + 5,000원
   소가 1억원이상 10억원미만 → 소가×10,000분의40 + 55,000원
   소가 10억원이상 → 소가×10,000분의35 + 555,000원
   (최하 1천원이고 100원미만은 버림)
5. 소장부본 : 소장부본은 법원 1부 + 상대방 숫자만큼 제출한다.
6. 청구취지는 정확하게 기재하여야 한다. 이것이 바로 판결의 주문이 되어 실행이 이루어지는 것이다(간략하고, 투명하고, 정확하게 기재).
7. 청구원인은 권리주장의 근거를 설명식으로 기재한다.(반드시 주장의 핵심적인 요건사실이 들어가야 함)
8. 청구원인의 결론, 부본은 청구취지를 다시 언급하되 보다 자세히 근거법령 및 원인 관련을 기재한다.
9. 날인은 인감이 아니어도 상관없다.

【참조조문】

〔민법 제60조〕
제60조 (이사의 대표권에 대한 제한의 대항요건) 이사의 대표권에 대한 제한은 등기하지 아니하면 제삼자에게 대항하지 못한다.

〔민법 제107조〕
제107조 (진의 아닌 의사표시)
① 의사표시는 표의자가 진의아님을 알고한 것이라도 그 효력이 있다. 그러나 상대방이 표의자의 진의아님을 알았거나 이를 알 수 있었을 경우에는 무효로 한다.
② 전항의 의사표시의 무효는 선의의 제삼자에게 대항하지 못한다.

【참조판례】

대법원 1992. 2. 14. 선고 91다24564 판결(공1992, 1022), 대법원 2004. 3. 26. 선고 2003다34045 판결(공2004상, 712)

【상기사건의 핵심】

1. 재단법인의 대표자가 그 법인의 채무부담행위를 함에 있어서 이사회의 결의와 주무관청의 허가를 얻도록 정관에 규정되어 있는 경우 이는 법인 대표권의 제한에 관한 규정으로서 이를 등기하지 아니하면 그와 같은 정관의 규정에 관하여 선의·악의에 관계없이 제3자에 대항할 수 없다.
2. 민법상 법인의 대표자가 대표권의 범위 내에서 한 행위는 설사 대표자가 자기 또는 제3자의 이익을 도모할 목적으로 그 권한을 남용한 것이라 할지라도 일단 법인의 행위로서 유효하고, 다만 그 행위의 상대방이 대표자의 진의를 알았거나 알 수 있었을 때 비로소 법인에 대하여 무효가 된다.
3. 의료법인의 대표자가 법인의 설립 전에 그 설립 및 운영자금의 용도로 제3자로부터 투자받거나 차용한 금원에 대하여 법인이 설립되면 이를 법인의 채무로 하기로 약정한 경우, 위 법인에게 그 효력이 미친다고 한 사례.

【원고의 주장과 피고의 항변】

【원고의 주장】

 피고 재단은 특별한 사정이 없는 한, 원고에게 위 차용금 300,000,000원 및 이에 대한 이자 및 지연손해금을 지급할 의무가 있다.

【피고의 항변】

 피고 재단의 당시 대표자였던 소외 1은 원고에게 위와 같이 채무를 부담함에 있어 의료법이 정한 관할관청의 허가를 얻지 않았을 뿐만 아니라 피고 재단의 정관에서 정한 이사회의 결의를 거치지 아니하였고, 원고로서도 이러한 절차를 거치지 않았음을 알았거나 알 수 있었을 것이므로, 소외 1의 원고에 대한 위 채무부담행위는 피고 재단에 대한 관계에서 효력이 없다는 취지로 주장한다.

【법원판단】

 민법상 법인의 대표자가 대표권의 범위 내에서 한 행위는 설사 대표자가 자기 또는 제3자의 이익을 도모할 목적으로 그 권한을 남용한 것이라 할지라도 일단 법인의 행위로서 유효하고, 다만 그 행위의 상대방이 대표자의 진의를 알았거나 알 수 있었을 때에 비로소 법인에 대하여 무효가 되는바(대법원 2004. 3. 26. 선고 2003다34045 판결 등 참조), 설령 소외 1이 원고로부터 투자받거나 차용한 금원을 개인적인 용도로 사용하였다 하더라도, 원고가 이를 알았거나 알 수 있었다는 점에 관하여 앞서 믿기 어려운 을 제6호증의 기재 및 증인 소외 4의 증언 외에 달리 이를 인정할 만한 증거가 없으므로, 피고 법인의 주장은 받아들일 수 없다.

 따라서 피고는 원고에게 위 차용금 300,000,000원 및 이에 대하여 원고가 구하는 차용일 다음날인 2005. 6. 1.부터 변제기인 2006. 11. 30.까지는 연 12%, 그 다음 날부터 다 갚는 날까지는 연 24%의 각 약정이율에 의한 이자 및 지연손해금을 지급할 의무가 있다.

그렇다면 원고의 이 사건 청구는 이유 있으므로, 이를 인용하기로 하여 주문과 같이 판결한다.

- 주 문 -

1. 피고는 원고에게 300,000,000원 및 이에 대하여 2005. 6. 1.부터 2006. 11. 30.까지는 연 12%, 2006. 12. 1.부터 다 갚는 날까지는 연 24%의 각 비율에 의한 금원을 지급하라.
2. 소송비용은 피고가 부담한다.
3. 제1항은 가집행할 수 있다.

(부산지법 2007. 12. 12. 선고 2007가합3219 판결)

[대여금 청구의 소(연대보증)]

소　　장

원　고　　　○ ○ ○ (000000 - 0000000)
　　　　　○○시 ○○구 ○○동 ○○번지
　　　　　전화 02-1234-4567　　휴대폰 010-1234-5678
　　　　　팩스 02-9876-5432　　이메일 : lawb@lawb.co.kr
　　　　　원고 소송대리인 변호사 ○ ○ ○
　　　　　○○시 ○○구 ○○동 ○○번지
피　고 1. ○ ○ ○ (000000 - 0000000)
　　　　　○○시 ○○구 ○○동 ○○번지
　　　　　전화 02-1234-4567　　휴대폰 010-1234-5678
　　　　　팩스 02-9876-5432　　이메일 : lawb@lawb.co.kr
　　　　2. ○ ○ ○ (000000 - 0000000)
　　　　　○○시 ○○구 ○○동 ○○번지
　　　　　전화 02-1234-4567　　휴대폰 010-1234-5678
　　　　　팩스 02-9876-5432　　이메일 : lawb@lawb.co.kr
　　　　3. ○ ○ ○ (000000 - 0000000)
　　　　　○○시 ○○구 ○○동 ○○번지
　　　　　전화 02-1234-4567　　휴대폰 010-1234-5678
　　　　　팩스 02-9876-5432　　이메일 : lawb@lawb.co.kr
　　　　　피고 소송대리인 변호사 ○ ○ ○
　　　　　○○시 ○○구 ○○동 ○○번지

대여금 청구의 소

청 구 취 지

1. 피고 1, 2는 연대하여 2억 원 및 이에 대하여 2006. 4. 8.부터 다 갚는 날까지 월 5.5%의 비율로 계산한 돈을 지급하고, 피고 3은 피고 1, 2와 연대하여 위 가.항의 돈을 지급하라.
2. 소송비용은 피고의 부담으로 한다.
3. 위 제1항은 가집행할 수 있다.
라는 판결을 구합니다.

청 구 원 인

1. 소외 1은 별지 목록 기재 각 토지의 처분권자로서 그 지상에 빌라를 신축하면서 공사대금 마련을 위하여 2004. 7.경부터 피고 3으로부터 합계 1억 1,000만 원을 차용하고 그 담보로 2004. 7. 13. 별지 목록 1, 2, 3 기재 각 토지의 소유권을 피고 3에게 이전하여 주었고, 공사업자인 피고 2에 대한 공사대금채무를 담보하기 위하여 2004. 7. 13. 별지 목록 4, 5, 6 기재 각 토지의 소유권을 피고 2와 사실혼 관계에 있던 피고 1에게 이전하여 주었습니다.
2. 그 후 소외 1과 피고 2는 추가 공사대금 마련을 위하여 피고 3과 피고 1 명의로 등기된 별지 목록 기재 각 토지를 담보로 돈을 차용하여 빌라공사를 완공한 후 피고 3에 대한 채무를 변제하기로 하였습니다.
3. 피고 1과 피고 2는 소개업자인 소외 2를 통하여 생활정보지 광고를 보고 찾아온 원고를 소개받아, 2004. 9. 15. 원고로부터 주채무자를 피고 1로 하여 2억 원을 변제기 2005. 3. 15, 이자 월 2.5%, 지연손해금 월 5.5%로 정하여 차용(이하 '이 사건 대여금'이라 한다)하였고, 피고 2, 3이 위 채무를 연대보증하였습니다.
4. 원고는 위 대여금채권을 담보하기 위하여 같은 날 피고 1, 3으로부터 그

들 명의의 별지 목록 기재 각 토지에 관하여 채권자 원고, 채무자 피고들, 채권최고액 2억 6,000만 원으로 하는 공동근저당권을 설정받았습니다.
5. 그런데 피고 3은 같은 날 특별히 원고로부터 "채무불이행에 따른 강제집행을 채무자들이 담보 제공하는 별지 부동산에 한하며, 만일 위 부동산에 대한 강제경매 결과 채권 부족액이 발생하더라도 채무자 겸 연대보증인인 피고 3의 일반재산에 대하여 법적 조치하지 않을 것을 확약"한다는 내용의 확약서를 작성받았습니다.
6. 2004. 12. 15.경 제1순위 근저당권자인 중소기업은행의 임의경매신청으로 별지 목록 기재 각 부동산에 대한 경매절차(대구지방법원 2004타경91243)가 진행되어 2006. 4. 7.경 별지 목록 기재 각 부동산이 경락되었고, 원고는 배당금 중 145,567,838원을 배당받아 이 사건 대여금의 2006. 4. 7.까지의 이자 및 지연손해금인 170,161,290원〔= (2억 원 × 2.5% × 6개월) + {2억 원 × 5.5% × (12개월 + 23일/31일)}, 원 미만 버림〕 중 일부로 충당하였습니다.
7. 위 사실에 의하면, 피고들은 연대하여 원고에게 이 사건 대여금 2억 원 및 위와 같이 변제 충당되고 남은 지연손해금으로서 원고가 구하는 2006. 4. 8.부터 다 갚는 날까지 월 5.5%의 비율로 계산한 돈을 지급할 의무가 있다 할 것이므로 이 사건 소를 제기합니다.

입 증 방 법

1. 갑제1호증   부동산등기부등본
2. 갑제2호증   확약서
3. 갑제3호증   차용증
4. 갑제4호증 ~ 갑 제17호증(생략)
그 밖의 것은 변론에 따라 수시로 제출하겠음.

첨 부 서 류

1. 위 입증방법   각1통
2. 소송위임장   1통
3. 소장부본   3통
4. 납부서   1통

20○○. ○. ○.

원고 소송대리인 변호사 ○ ○ ○ (날인 또는 서명)

○○지방법원 귀중

주 <소송 전 확인, 준비사항>
1. 접수 : 일반사건으로 종합민원실에 접수한다.
2. 소가 : 소가는 청구금액에 의한다.(손해금등 부대청구는 소가에 해당하지 않는다)
3. 관할 : 피고의 주소지 관할법원
4. 인지 : 소가 1천만원미만 → 소가×10,000분의 50
   소가 1천만원이상 1억원미만 → 소가×10,000분의45 + 5,000원
   소가 1억원이상 10억원미만 → 소가×10,000분의40 + 55,000원
   소가 10억원이상 → 소가×10,000분의35 + 555,000원
   (최하 1천원이고 100원미만은 버림)
5. 소장부본 : 소장부본은 법원 1부 + 상대방 숫자만큼 제출한다.
6. 청구취지는 정확하게 기재하여야 한다. 이것이 바로 판결의 주문이 되어 실행이 이루어지는 것이다(간략하고, 투명하고, 정확하게 기재).
7. 청구원인은 권리주장의 근거를 설명식으로 기재한다.(반드시 주장의 핵심적인 요건사실이 들어가야 함)
8. 청구원인의 결론, 부본은 청구취지를 다시 언급하되 보다 자세히 근거법령 및 원인 관련을 기재한다.
9. 날인은 인감이 아니어도 상관없다.

【참조조문】

> 〔민사집행법 제44조〕
> 제44조 (청구에 관한 이의의 소)
> ① 채무자가 판결에 따라 확정된 청구에 관하여 이의하려면 제1심 판결법원에 청구에 관한 이의의 소를 제기하여야 한다.
> ② 제1항의 이의는 그 이유가 변론이 종결된 뒤(변론 없이 한 판결의 경우에는 판결이 선고된 뒤)에 생긴 것이어야 한다.
> ③ 이의이유가 여러 가지인 때에는 동시에 주장하여야 한다.
>
> 〔민사집행법 제49조〕
> 제49조 (집행의 필수적 정지·제한) 강제집행은 다음 각호 가운데 어느 하나에 해당하는 서류를 제출한 경우에 정지하거나 제한하여야 한다.
> 1. 집행할 판결 또는 그 가집행을 취소하는 취지나, 강제집행을 허가하지 아니하거나 그 정지를 명하는 취지 또는 집행처분의 취소를 명한 취지를 적은 집행력 있는 재판의 정본
> 2. 강제집행의 일시정지를 명한 취지를 적은 재판의 정본
> 3. 집행을 면하기 위하여 담보를 제공한 증명서류
> 4. 집행할 판결이 있은 뒤에 채권자가 변제를 받았거나, 의무이행을 미루도록 승낙한 취지를 적은 증서
> 5. 집행할 판결, 그 밖의 재판이 소의 취하 등의 사유로 효력을 잃었다는 것을 증명하는 조서등본 또는 법원사무관등이 작성한 증서
> 6. 강제집행을 하지 아니한다거나 강제집행의 신청이나 위임을 취하한다는 취지를 적은 화해조서(和解調書)의 정본 또는 공정증서(公正證書)의 정본
>
> 〔민법 제105조〕
> 제105조 (임의규정) 법률행위의 당사자가 법령중의 선량한 풍속 기타 사회질서에 관계없는 규정과 다른 의사를 표시한 때에는 그 의사에 의한다.

〔민사소송법 제208조〕
　제208조 (판결서의 기재사항 등)
① 판결서에는 다음 각호의 사항을 적고, 판결한 법관이 서명날인하여야 한다.
　　1. 당사자와 법정대리인
　　2. 주문
　　3. 청구의 취지 및 상소의 취지
　　4. 이유
　　5. 변론을 종결한 날짜. 다만, 변론 없이 판결하는 경우에는 판결을 선고하는 날짜
　　6. 법원
② 판결서의 이유에는 주문이 정당하다는 것을 인정할 수 있을 정도로 당사자의 주장, 그 밖의 공격·방어방법에 관한 판단을 표시한다.
③ 제2항의 규정에 불구하고 제1심 판결로서 다음 각호 가운데 어느 하나에 해당하는 경우에는 청구를 특정함에 필요한 사항과 제216조제2항의 판단에 관한 사항만을 간략하게 표시할 수 있다.
　　1. 제257조의 규정에 의한 무변론 판결
　　2. 제150조제3항이 적용되는 경우의 판결
　　3. 피고가 제194조 내지 제196조의 규정에 의한 공시송달로 기일통지를 받고 변론기일에 출석하지 아니한 경우의 판결
④ 법관이 판결서에 서명날인함에 지장이 있는 때에는 다른 법관이 판결에 그 사유를 적고 서명날인하여야 한다.

【참조판례】

　대법원 1997. 11. 28. 선고 97다36231 판결(공1998상, 90), 대법원 2004. 2. 13. 선고 2002다43882 판결

제4편 채무불이행시의 구제방법

【상기사건의 핵심】

1. 채권자가 특정 연대보증인과 채무불이행에 따른 강제집행을 채무자들이 담보 제공하는 부동산에 한정하기로 약정한 사안에서, 채권자는 위 연대보증인의 일반재산에 대하여는 강제집행할 수 없다고 본 사례.
2. 근저당설정계약서는 처분문서이므로 특별한 사정이 없는 한 그 계약 문언대로 해석하여야 함이 원칙이지만, 처분문서의 기재 내용이 부동문자로 인쇄되어 있다면 인쇄된 예문에 지나지 아니하여 그 기재를 합의의 내용이라고 볼 수 없는 경우도 있으므로, 처분문서라 하여 곧바로 당사자의 합의의 내용이라고 단정할 수는 없고 구체적 사안에 따라 당사자의 의사를 고려하여 그 계약 내용의 의미를 파악하고 그것이 예문에 불과한 것인지의 여부를 판단하여야 한다.
3. 급부소송의 소송물은 직접적으로는 급부청구권의 존재 및 그 범위이지만, 급부소송에서 채무자가 급부청구권에 관하여 부집행의 합의가 있어 채권자는 강제집행을 할 수 없다는 주장을 제기한 경우에는 강제집행의 가부도 소송물에 준하는 것으로서 심판의 대상이 된다고 하여야 하므로, 법원이 부집행의 합의를 인정하여 위 급부청구권에 기초한 강제집행을 할 수 없다고 인정한 때에는 집행단계에서 당사자 간에 분쟁이 생기는 것을 미연에 방지하기 위해 위 급부청구권에 관하여는 강제집행을 할 수 없다는 것을 판결 주문에서 명확히 함이 상당하다.

【원고의 주장과 피고의 항변】

【원고의 주장】

원고는, 이 사건 확약서에는 강제집행할 수 있는 부동산의 범위에 관하여 막연히 "별지 부동산"이라고만 기재되어 있을 뿐 별지 부동산을 특정하는 기재가 전혀 없으므로 이러한 부집행의 합의는 무효라고 주장한다.

피고들은 연대하여 원고에게 이 사건 대여금 2억 원 및 위와 같이 변제충당되고 남은 지연손해금으로서 원고가 구하는 2006. 4. 8.부터 다 갚는 날까지 월 5.5%의 비율로 계산한 돈을 지급할 의무가 있다.

【피고의 항변】

피고 3은 소외 1로부터 매도담보로 제공받아 자신 명의로 등기된 별지 목록 1, 2, 3 기재 각 토지의 가액에 한정하여 이 사건 대여금채무를 연대보증하였거나, 원고와 사이에 이를 제외한 피고 3의 일반재산에 대하여는 강제집행하지 않기로 합의하였다고 주장한다.

【법원판단】

이 사건 근저당권설정계약서는 부동문자로 인쇄된 것인 점, 원고는 위 근저당권설정계약서와 별도로 수기로 기재된 이 사건 확약서를 작성한 점, 근저당권설정자의 담보물 보충변제의무를 인정하더라도 그의 일반재산에 대한 부집행의 합의를 할 수 있는 점 등에 비추어 보면, 이 사건 근저당권설정계약서 제6조에도 불구하고 이 사건 확약서에 기재된 부집행의 합의는 여전히 유효하다고 할 것이므로, 위 주장은 이유 없다.

그렇다면 원고의 피고들에 대한 이 사건 청구는 이유 있어 이를 모두 인용하기로 하되, 다만 원고는 피고 3에 대하여는 부집행의 합의로 인하여 강제집행을 할 수 없음을 선언하기로 하여(급부소송의 소송물은 직접적으로는 급부청구권의 존재 및 그 범위이지만 급부소송에서 채무자가 급부청구권에 관하여 부집행의 합의가 있으므로 채권자는 강제집행을 할 수 없다는 주장을 제기한 경우에는 강제집행의 가부도 소송물에 준하는 것으로서 심판의 대상이 된다고 하여야 하므로, 법원이 부집행의 합의를 인정하여 위 급부청구권에 기초한 강제집행을 할 수 없다고 인정한 때에는 집행단계에 있어서 당사자 간에 분쟁을 미연에 방지하기 위해 위 급부청구권에 관하여는 강제집행을 할 수 없다는 것을 판결 주문에서 명확히 함이 상당하다) 주문과 같이 판결한다.

- 주 문 -

1. 원고에게,

가. 피고 1, 2는 연대하여 2억 원 및 이에 대하여 2006. 4. 8.부터 다 갚는

날까지 월 5.5%의 비율로 계산한 돈을 지급하고,
　나. 피고 3은 피고 1, 2와 연대하여 위 가.항의 돈을 지급하라.
2. 제1의 나.항은 강제집행을 할 수 없다.
3. 소송비용은 피고들이 부담한다.
4. 제1의 가.항은 가집행할 수 있다.
　(대구지법 2007. 3. 29. 선고 2005가합15813 판결)

[대여금 청구의 소(성매매)]

소　장

원　고　　　파산자 甲 신협
　　　　　파산관재인 예금보험공사
　　　　　이사장 ○ ○ ○ (000000 - 0000000)
　　　　　○○시 ○○구 ○○동 ○○번지
　　　　　전화 02-1234-4567　휴대폰 010-1234-5678
　　　　　팩스 02-9876-5432　이메일 : lawb@lawb.co.kr
　　　　　원고 소송대리인 변호사 ○ ○ ○
　　　　　○○시 ○○구 ○○동 ○○번지
피　고 1. ○ ○ ○ (000000 - 0000000)
　　　　　○○시 ○○구 ○○동 ○○번지
　　　　　전화 02-1234-4567　휴대폰 010-1234-5678
　　　　　팩스 02-9876-5432　이메일 : lawb@lawb.co.kr
　　　　2. ○ ○ ○ (000000 - 0000000)
　　　　　○○시 ○○구 ○○동 ○○번지
　　　　　전화 02-1234-4567　휴대폰 010-1234-5678
　　　　　팩스 02-9876-5432　이메일 : lawb@lawb.co.kr
　　　　3. ○ ○ ○ (000000 - 0000000)
　　　　　○○시 ○○구 ○○동 ○○번지
　　　　　전화 02-1234-4567　휴대폰 010-1234-5678
　　　　　팩스 02-9876-5432　이메일 : lawb@lawb.co.kr
　　　　4. ○ ○ ○ (000000 - 0000000)
　　　　　○○시 ○○구 ○○동 ○○번지
　　　　　전화 02-1234-4567　휴대폰 010-1234-5678

팩스 02-9876-5432 　 이메일 : lawb@lawb.co.kr
5. ○ ○ ○ (000000 - 0000000)
○○시 ○○구 ○○동 ○○번지
전화 02-1234-4567 　 휴대폰 010-1234-5678
팩스 02-9876-5432 　 이메일 : lawb@lawb.co.kr
피고 소송대리인 변호사 ○ ○ ○
○○시 ○○구 ○○동 ○○번지

대여금 청구의 소

청 구 취 지

1. 피고들은 연대하여 원고에게 3,000만 원과 이에 대하여 2002. 11. 24.부터 갚는 날까지 연 36%의 비율로 계산한 돈을 지급하라.
2. 소송비용은 피고의 부담으로 한다
3. 위 제1항은 가집행할 수 있다
라는 판결을 구합니다.

청 구 원 인

1. 피고 2, 3은 부부로서, 울산 (상세 주소 생략)에 있는 乙유흥주점(이하 '乙주점'이라 한다)의 실제 운영자입니다.
2. 피고 1은 2002. 10. 3.부터 2003. 8. 7.까지 乙주점에서 근무하였는데, 그 무렵 주점에는 여종업원이 8명 있었습니다.
3. 소외 '甲 신협'이 2002. 10. 1. 피고 1에게 3,000만 원을 상환기일 2003. 4. 1., 이자 연 36%로 정하여 대출해 주고, 나머지 피고들이 피고 1의 甲신협에 대한 위 대출금채무를 연대보증한 사실, 甲신협은 피고 2로부터 2002. 11. 23.까지의 이자만 지급받고 대출원금 및 그 이후의 이자는 지급

받지 못한 사실, 甲신협은 2003. 5. 16. 이 법원에서 파산선고를 받고 원고가 파산관재인으로 선임결정된 사실을 인정할 수 있습니다.

4. 먼저, 이 사건 대출 당시 피고 1은 성매매업소 종사자가 아니라 단순히 유흥주점의 종업원에 불과하여 성매매알선등 행위에 관한 법률 4조에서 규정하고 있는 '성매매행위를 하는 자'에 해당하지 아니하였고, 마찬가지로 피고 2, 3도 단순히 유흥주점의 운영자에 불과하지 '성매매행위를 하도록 알선하는 행위 등을 하는 자'에 해당하지 아니하였습니다.

5. 또한, 甲신협은 이 사건 대출 당시 정해진 대출규정에 따라 상당한 연대보증인을 세우고 공정증서까지 작성받은 후 피고 1에게 대출금을 지급한 단순한 금융기관에 불과하고, 이 사건 대출금이 피고들 사이에서 어떠한 용도로 사용될 것인지에 관하여 전혀 알지 못했으며, 설령 대출담당자가 그 용도에 대하여 아는 바가 있었더라도 그것만으로는 甲신협이 이 사건 대출금약정이 윤락행위를 하도록 알선하는 행위 등에 협력하였다거나 민법 제103조의 선량한 풍속 기타 사회질서에 위반하여 무효라고 할 수 없습니다.

6. 피고 2는 2003. 3. 18.부터 같은 해 8. 6.까지 乙주점에서 피고 1외 7명의 여종업원으로 하여금 총 166회(피고 1은 14회의 윤락행위를 하였다.)에 걸쳐 1인당 화대 20만 원을 받고 성매매행위를 하도록 알선하였다는 범죄사실로 벌금 300만 원의 유죄판결이 선고되었고((사건번호 생략)사건), 피고 3은 2002. 4. 10.부터 2003. 3. 25.까지 소외 1외 11명에게 한 달에 약 30여 회 가량 위와 같은 범죄사실로 벌금 500만 원의 유죄판결이 선고되었으며(2003. 7. 2. 발령된 (사건번호 생략)호 약식명령 사건이다), 그 후 다시 약식명령일 다음날인 2003. 7. 3.부터 같은 해 8. 6.까지 소외 2등 여종업원에게 51회에 걸쳐 위와 같은 범죄사실로 벌금 300만 원의 유죄판결이 선고되었습니다(1심인 (사건번호 생략)사건에서는 면소판결이 선고되었으나, 항소심인 (사건번호 생략)사건에서는 1심판결이 파기되어 유죄로 인정되었습니다).

7. 위 사실에 의하면, 특별한 사정이 없는 한, 피고들은 주채무자 및 연대보

증인으로써 연대하여 대출원금 3,000만 원과 이에 대한 이자 또는 지연손해금을 지급할 의무가 있다 할 것이므로 이 사건 소를 제기합니다.

입 증 방 법

1. 갑제1호증 ~ 갑 제29호증(생략)

그 밖의 것은 변론에 따라 수시로 제출하겠음.

첨 부 서 류

1. 위 입증방법   각1통
2. 소송위임장   1통
3. 소장부본   5통
4. 납부서   1통

20○○. ○. ○.

원고 소송대리인 변호사 ○ ○ ○ (날인 또는 서명)

○○지방법원 귀중

주 <소송 전 확인, 준비사항>
1. 접수 : 일반사건으로 종합민원실에 접수한다.
2. 소가 : 소가는 청구금액에 의한다.(손해금등 부대청구는 소가에 해당하지 않는다)
3. 관할 : 피고의 주소지 관할법원
4. 인지 : 소가 1천만원미만 → 소가×10,000분의 50
   소가 1천만원이상 1억원미만 → 소가×10,000분의45 + 5,000원

소가 1억원이상 10억원미만 → 소가×10,000분의40 + 55,000원

소가 10억원이상 → 소가×10,000분의35 + 555,000원

(최하 1천원이고 100원미만은 버림)

5. 소장부본 : 소장부본은 법원 1부 + 상대방 숫자만큼 제출한다.
6. 청구취지는 정확하게 기재하여야 한다. 이것이 바로 판결의 주문이 되어 실행이 이루어지는 것이다(간략하고, 투명하고, 정확하게 기재).
7. 청구원인은 권리주장의 근거를 설명식으로 기재한다.(반드시 주장의 핵심적인 요건사실이 들어가야 함)
8. 청구원인의 결론, 부본은 청구취지를 다시 언급하되 보다 자세히 근거법령 및 원인 관련을 기재한다.
9. 날인은 인감이 아니어도 상관없다.

【참조조문】

〔민법 제103조〕

제103조 (반사회질서의 법률행위) 선량한 풍속 기타 사회질서에 위반한 사항을 내용으로 하는 법률행위는 무효로 한다.

〔성매매알선 등 행위의 처벌에 관한 법률 제10조〕

제10조 (불법원인으로 인한 채권무효)

① 성매매알선등행위를 한 자, 성을 파는 행위를 할 자를 고용·모집하거나 그 직업을 소개·알선한 자 또는 성매매 목적의 인신매매를 한 자가 그 행위와 관련하여 성을 파는 행위를 하였거나 할 자에게 가지는 채권은 그 계약의 형식이나 명목에 관계없이 이를 무효로 한다. 그 채권을 양도하거나 그 채무를 인수한 경우에도 또한 같다.

② 검사 또는 사법경찰관은 제1항의 불법원인과 관련된 의심이 있는 채무의 불이행을 이유로 고소·고발된 사건을 수사할 때에는 금품 그 밖의 재산상의 이익 제공이 성매매의 유인·강요나 성매매 업소로부터의 이탈방지수단으로 이용되었는지 여부를 확인하여 수사에 참작하여야 한다.

③ 검사 또는 사법경찰관은 성을 파는 행위를 한 자나 성매매피해자를 조사할 때에는 제1항의 채권이 무효인 사실과 지원시설 등을 이용할 수 있음을 본인 또는 법정대리인 등에게 고지하여야 한다.
〔성매매알선 등 행위의 처벌에 관한 법률 제4조〕
제4조 (금지행위) 누구든지 다음 각호의 어느 하나에 해당하는 행위를 하여서는 아니된다.
  1. 성매매
  2. 성매매알선등행위
  3. 성매매 목적의 인신매매
  4. 성을 파는 행위를 하게 할 목적으로 타인을 고용·모집하거나 성매매가 행하여 진다는 사실을 알고 직업을 소개·알선하는 행위
  5. 제1호·제2호 및 제4호의 행위 및 그 행위가 행하여지는 업소에 대한 광고행위

【참조판례】

대법원 2004. 9. 3. 선고 2004다21688 판결, 대법원 2004. 9. 3. 선고 2004다27488, 27495 판결(공2004하, 1650)

【상기사건의 핵심】

1. 영리를 목적으로 성매매행위를 하도록 권유·유인·알선 또는 강요하거나 이에 협력하는 것은 선량한 풍속 기타 사회질서에 위반되므로, 그러한 행위를 하는 자(즉, 윤락행위를 하도록 알선 등의 행위를 하는 것에 협력하는 자를 포함한다.)가 영업상 관계있는 성매매행위를 하는 자에 대하여 가지는 채권은 계약의 형식에 관계없이 무효라고 보아야 할 것이다.
2. 금융기관이 유흥업소의 여종업원에게 한 대출행위가 유흥업소의 업주가

여종업원에게 성매매행위를 하도록 권유·유인·알선 또는 강요하기 위한 선불금으로 사용된다는 사실을 인식하고도 이에 협력한 것으로서 그 대출금채권이 영업상 관계있는 성매매행위를 하는 자에 대하여 가지는 채권으로서 무효라고 한 사례.

【원고의 주장과 피고의 항변】

【원고의 주장】
① 먼저, 이 사건 대출 당시 피고 1은 윤락업소 종사자가 아니라 단순히 유흥주점의 종업원에 불과하여 성매매알선등 행위의 처벌에 관한 법률 제4조에서 규정하고 있는 '성매매행위를 하는 자'에 해당하지 아니하였고, 마찬가지로 피고 2, 3도 단순히 유흥주점의 운영자에 불과하지 '성매매행위를 하도록 알선하는 행위 등을 하는 자'에 해당하지 아니하였다.
② 또한, 甲신협은 이 사건 대출 당시 정해진 대출규정에 따라 상당한 연대보증인을 세우고 공정증서까지 작성받은 후 피고 1에게 대출금을 지급한 단순한 금융기관에 불과하고, 이 사건 대출금이 피고들 사이에서 어떠한 용도로 사용될 것인지에 관하여 전혀 알지 못했으며, 설령 대출담당자가 그 용도에 대하여 아는 바가 있었더라도 그것만으로는 甲신협이 이 사건 대출금약정이 윤락행위를 하도록 알선하는 행위 등에 협력하였다거나 민법 제103조의 선량한 풍속 기타 사회질서에 위반하여 무효라고 할 수 없다.

【피고의 항변】
이 사건 대출금은 유흥업소 업주인 피고 2, 3이 피고 1로 하여금 윤락행위를 권유·유인·알선 또는 강요(이하 '윤락행위를 하도록 알선하는 행위 등'이라고 한다)하기 위한 선불금으로 사용되어 甲신협이 위 업주들의 윤락행위를 알선하는 행위 등에 협력한 것이어서, 구 윤락행위 등 방지법 제20조, 제4조 제3 내지 5호 및 민법 제103조에 위반되어 무효라고 주장한다(처음에는 성매매알선 등 행위의 처벌에 관한 법률 제10조 1항에 위반되어 무효라고 주장).

【법원판단】

甲신협은 이 사건 대출금이 피고 2, 3이 피고 1의 윤락행위를 권유·유인·알선하기 위한 선불금으로 사용된다는 사실을 인식하고, 선불금 지급자력이 부족한 유흥업소 업주들 대신 피고 1에게 직접 대출한 후 乙주점에서 윤락행위를 하여 수입을 거둘 피고 1로부터 고율의 이자를 상환받음으로써 甲신협의 재정을 더 충실하게 할 의도였던 것으로 보이고 이러한 甲신협의 대출행위는 유흥업소 업주 대신 여종업원들에게 고리의 선불금을 대신 지급하여 개인적으로 이자 수익을 챙기는 전주(錢主)의 행위 그 이상도 이하도 아니라고 할 것이다. 따라서 甲신협이 정상적인 대출규정을 통하여 피고 1에게 대출을 실시한 금융기관에 불과하고 피고들의 내부관계에 대하여는 알지 못하며 대출담당자 개인이 인식하고 있는 사정에 불과하다는 원고의 주장은 받아들이기 어렵다(또한, 원고는 증인 소외 3의 증언은 관련 사건의 당사자의 진술이어서 신빙성이 없다는 것이나, 甲신협의 위 시행세칙 및 대출규정 도입취지, 관련 형사기록 등에 비추어 볼 때 신빙성이 있다고 판단된다).

따라서 피고 1은 구 윤락행위 등 방지법 제20조에서 정한 '윤락행위를 하는 자'에 해당하고, 피고 1을 고용한 피고 2, 3은 영리를 목적으로 구 윤락행위 등 방지법 제4조 제3호에 정한 '윤락행위를 하도록 권유·유인·알선하는 자'에 해당하며, 甲신협과 피고 1사이의 이 사건 대출금약정은, 피고 1로 하여금 乙주점에서 윤락행위를 하도록 권유·유인·알선하고자 하는 피고 2, 3의 의도를 알면서 이에 협력한 것이라고 할 것이므로, 이 사건 대출금약정은 피고 2, 3에게 협력한 甲신협이 영업상 관계있는 윤락행위를 하는 자에 대하여 가지는 채권으로서 그 계약의 형식이나 명목에 관계없이 구 윤락행위 등 방지법 제20조 내지는 민법 제103조에 의하여 무효이고, 피고 4, 5의 연대보증계약 역시 주채무가 무효인 이상 부종성의 원칙에 따라 무효이다. 그러므로 이 점을 지적하는 피고 1, 4, 5의 각 주장은 이유 있다.

그렇다면 피고 2, 3은 연대하여 대출원금 3,000만 원 및 이에 대하여 이자를 마지막으로 지급한 다음날인 2002. 11. 24.부터 다 갚는 날까지 약정이자 연 36%의 비율로 계산한 이자 또는 지연손해금을 지급할 의무가 있으므로, 원고의 피고 2, 3에 대한 각 청구는 모두 이유 있고, 나머지 피고들에 대한 청구는 모두 이유 없다(울산지법 2006. 4. 7. 선고 2004가단41469 판결).

[대여금 청구의 소(대물대차)]

소　장

원　고　○ ○ ○ (000000 - 0000000)
　　　　○○시 ○○구 ○○동 ○○번지
　　　　전화 02-1234-4567　휴대폰 010-1234-5678
　　　　팩스 02-9876-5432　이메일 : lawb@lawb.co.kr
　　　　원고 소송대리인 변호사 ○ ○ ○
　　　　○○시 ○○구 ○○동 ○○번지
피　고　○ ○ ○ (000000 - 0000000)
　　　　○○시 ○○구 ○○동 ○○번지
　　　　전화 02-1234-4567　휴대폰 010-1234-5678
　　　　팩스 02-9876-5432　이메일 : lawb@lawb.co.kr
　　　　피고 소송대리인 변호사 ○ ○ ○
　　　　○○시 ○○구 ○○동 ○○번지

대여금 청구의 소

청 구 취 지

1. 피고는 원고에게 50,000,000원과 이에 대하여 2005. 3. 8.부터 갚는 날까지 연 20%의 비율로 계산한 돈을 지급하라.
2. 소송비용은 피고의 부담으로 한다.
3. 위 제1항은 가집행할 수 있다.
라는 판결을 구합니다.

청 구 원 인

1. 소외 ○○○, ○○○ 부부(夫婦)는 원고로부터 어음을 할인받아 오다가 그 어음들이 부도가 남으로써 원고에게 채무를 지게 되었습니다.
2. 소외인들은 2001. 4. 16. 원고에 대한 채무 합계 1억 550만 원을 2001. 7. 31.까지 변제하기로 하되, 이에 대한 담보로 그들이 운영하던 '동산산업' 내의 기계기구, 재고 안경테 3만 장(일반안경테 2만 장과 중급안경테 1만 장) 등에 대한 처분권한을 원고에게 위임하였습니다.
3. 원고는 다시 소외인들에게 위 채무 중 7,000만 원에 대하여 공증을 요구하여 2001. 4. 17. 공증인가 팔공합동법률사무소 증서 2001년 제6273호로 "소외인들은 연대하여 원고에게 같은 해 7. 31.까지 7,000만 원을 변제하되, 이에 대한 담보로 위 '동산산업' 내의 기계기구, 집기비품 및 위 재고 안경테 3만 장을 양도담보로 제공한다."는 내용의 양도담보부 채무변제계약 공정증서를 작성받았습니다.
4. 한편, 위 '동산산업' 내에 세를 들어 안경제조업을 하던 피고는 원고로부터 사업자금을 차용할 목적으로 위 안경테의 양도담보권자로서 처분권한이 있는 원고의 승낙하에 2001. 5.경부터 2001. 10. 초경까지 위 안경테 중 2만 장을 합계 5,000만 원에 처분하여 사업자금으로 사용하였습니다.
5. 위에서 본 바와 같이 피고는 금전 차용에 갈음하여 원고의 승낙하에 위 안경테 2만 장을 5,000만 원에 처분하여 사용하였으므로, 이는 피고가 원고로부터 대물로 5,000만 원을 차용하였다고 볼 것입니다.
6. 위 사실에 의하면, 특별한 사정이 없는 한, 피고는 원고에게 50,000,000원과 이에 대한 이자 또는 지연손해금을 지급할 의무가 있다 할 것이므로 이 사건 소를 제기합니다.

입 증 방 법

1. 갑제1호증 ~ 갑 제13호증(생략)
그 밖의 것은 변론에 따라 수시로 제출하겠음.

첨 부 서 류

1. 위 입증방법   각1통
2. 소송위임장   1통
3. 소장부본   1통
4. 납부서   1통

20○○. ○. ○.

원고 소송대리인 변호사 ○ ○ ○ (날인 또는 서명)

○○지방법원 귀중

주 <소송 전 확인, 준비사항>
1. 접수 : 일반사건으로 종합민원실에 접수한다.
2. 소가 : 소가는 청구금액에 의한다.(손해금등 부대청구는 소가에 해당하지 않는다)
3. 관할 : 피고의 주소지 관할법원
4. 인지 : 소가 1천만원미만 → 소가×10,000분의 50
   소가 1천만원이상 1억원미만 → 소가×10,000분의45 + 5,000원
   소가 1억원이상 10억원미만 → 소가×10,000분의40 + 55,000원
   소가 10억원이상 → 소가×10,000분의35 + 555,000원
   (최하 1천원이고 100원미만은 버림)
5. 소장부본 : 소장부본은 법원 1부 + 상대방 숫자만큼 제출한다.
6. 청구취지는 정확하게 기재하여야 한다. 이것이 바로 판결의 주문이 되어 실행이 이루어지는 것이다(간략하고, 투명하고, 정확하게 기재).
7. 청구원인은 권리주장의 근거를 설명식으로 기재한다.(반드시 주장의 핵심적인 요건사실이 들어가야 함)
8. 청구원인의 결론, 부본은 청구취지를 다시 언급하되 보다 자세히 근거법령 및 원인 관련을 기재한다.
9. 날인은 인감이 아니어도 상관없다.
10. 기본적으로 기재할 사항은 대여사실이며, 일부 변제등은 상대방이 항변으로 주장할 사항이나 이를 미리 주장할 경우 자인으로 본다.

【참조조문】

〔민법 제606조〕
제606조 (대물대차) 금전대차의 경우에 차주가 금전에 갈음하여 유가증권 기타 물건의 인도를 받은 때에는 그 인도시의 가액으로써 차용액으로 한다.

【상기사건의 핵심】

채무자로부터 담보목적으로 안경테의 처분권한을 위임받고 그 안경테를 양도담보로 제공받은 양도담보권자가 타인에게 금전을 대여하는 대신 그 안경테를 처분하여 사업자금으로 사용하게 한 경우, 양도담보권자와 타인 사이에는 민법 제606조의 대물대차관계가 성립하였다고 본 사례.

【원고의 주장과 피고의 항변】

【원고의 주장】
피고는 금전 차용에 갈음하여 원고의 승낙하에 위 안경테 2만 장을 5,000만 원에 처분하여 사용하였으므로, 이는 피고가 원고로부터 대물로 5,000만 원을 차용하였다고 볼 것이다.

【피고의 항변】
원고가 소외인들로부터 담보로 제공받은 유체동산 중에는 피고 소유의 안경테 332박스가 포함되어 있었는데, 원고가 피고 소유의 위 안경테 332박스를 강제집행 등으로 처분함으로써 5,000만 원 이상을 회수하였으므로, 이로써 상계하면 피고가 원고에게 반환하여야 할 금원이 없다.

【법원판단】

> 피고 주장의 항변사실을 인정할 아무런 증거가 없으므로, 피고의 항변은 이유 없다.
> 그렇다면 피고는 원고에게 50,000,000원과 이에 대하여 원고가 구하는 바에 따라 이 사건 소장 부본 송달 다음날임이 기록상 명백한 2005. 3. 8.부터 갚는 날까지 소송촉진 등에 관한 특례법 소정의 연 20%의 비율로 계산한 지연손해금을 지급할 의무가 있으므로, 원고의 이 사건 청구는 이유 있어 이를 인용하기로 하여 주문과 같이 판결한다.
>
> - 주 문 -
> 1. 피고는 원고에게 50,000,000원과 이에 대하여 2005. 3. 8.부터 갚는 날까지 연 20%의 비율로 계산한 돈을 지급하라.
> 2. 소송비용은 피고의 부담으로 한다.
> 3. 제1항은 가집행할 수 있다.
> (대구지법 2005. 9. 30. 선고 2005가단19047 판결)

[물품대금 청구의 소]

소　장

원　고　○ ○ ○ (000000 - 0000000)
　　　　○○시 ○○구 ○○동 ○○번지
　　　　전화 02-1234-4567　휴대폰 010-1234-5678
　　　　팩스 02-9876-5432　이메일 : lawb@lawb.co.kr
　　　　원고 소송대리인 변호사 ○ ○ ○
　　　　○○시 ○○구 ○○동 ○○번지
피　고　1. ○○주식회사
　　　　대표이사 ○ ○ ○ (000000 - 0000000)
　　　　○○시 ○○구 ○○동 ○○번지
　　　　전화 02-1234-4567　휴대폰 010-1234-5678
　　　　팩스 02-9876-5432　이메일 : lawb@lawb.co.kr
　　　　2. ○○주식회사
　　　　대표이사 ○ ○ ○ (000000 - 0000000)
　　　　○○시 ○○구 ○○동 ○○번지
　　　　전화 02-1234-4567　휴대폰 010-1234-5678
　　　　팩스 02-9876-5432　이메일 : lawb@lawb.co.kr
　　　　3. ○ ○ ○ (000000 - 0000000)
　　　　○○시 ○○구 ○○동 ○○번지
　　　　전화 02-1234-4567　휴대폰 010-1234-5678
　　　　팩스 02-9876-5432　이메일 : lawb@lawb.co.kr

물품대금 청구의 소

청 구 취 지

1. 피고들은 연대하여 1억 2,000만 원 및 이에 대하여 2006. 1. 1.부터 이 사건 소장 부본 송달일까지는 연 5%, 그 다음날부터 다 갚는 날까지는 연 20%의 각 비율로 계산한 돈을 지급하라.
2. 소송비용은 피고의 부담으로 한다
3. 위 제1항은 가집행할 수 있다
라는 판결을 구합니다.

청 구 원 인

1. 원고는 2001. 3.부터 2004. 9. 22.경까지 소외 1 주식회사(이하 '소외 1 회사'라고 한다)에게 섬유원단을 매도한 후 매매잔대금 151,858,622원을 변제받지 못하고 있던 중, 2004. 12. 4. 소외 1 회사이사였던 피고 2와 사이에 (1) 원고는 소외 1 회사의 채무를 1억 2,000만 원으로 감축하고, (2) 피고 2는 장차 설립할 소외 2 주식회사의 대표이사로서 소외 2 주식회사가 소외 1 회사의 원고에 대한 채무 1억 2,000만 원을 인수하여 2005. 12. 31.까지 변제하기로 약정하였습니다(이하 '이 사건 채무인수계약'이라고 한다, 갑 제1호증).
2. 그런데 피고 2는 소외 1 회사감사였던 소외 3과 함께 2004. 12. 22. 피고 1 주식회사(이하 '피고 회사'라고 한다)를 설립하여 소외 3이 대표이사로, 피고 2가 이사로 취임하였는데, 피고 회사는 섬유 제품 제조 및 도매 무역업, 원사 잡화용품 제조 도매 무역업 등을 목적으로 하는 회사로서, 피고 회사 주식 중 40%는 소외 3이, 40%는 피고 2가 각 소유하고 있고, 피고 회사는 원고와 섬유원단 거래를 지속하여 왔습니다.
3. 따라서 원고는, 피고 회사가 이 사건 채무인수계약의 명의자로서 위 계약에 기하여 소외 1 회사의 채무를 인수하였으므로, 그 채무를 변제할 의무가 있다할 것이므로 이 사건 소를 제기합니다.

입 증 방 법

1. 갑제1호증   채무인수계약서
2. 갑 제2호증   거래내역서
3. 갑 제3호증 ~ 갑 제22호증(생략)
그 밖의 것은 변론에 따라 수시로 제출하겠음.

첨 부 서 류

1. 위 입증방법   각1통
2. 소송위임장   1통
3. 소장부본   3통
4. 납부서   1통

20○○. ○. ○.

원고 소송대리인 변호사 ○ ○ ○ (날인 또는 서명)

○○지방법원 귀중

주 <소송 전 확인, 준비사항>
1. 접수 : 일반사건으로 종합민원실에 접수한다.
2. 소가 : 소가는 청구금액에 의한다.(손해금등 부대청구는 소가에 해당하지 않는다)
3. 관할 : 피고의 주소지 관할법원
4. 인지 : 소가 1천만원미만 → 소가×10,000분의 50
   소가 1천만원이상 1억원미만 → 소가×10,000분의45 + 5,000원
   소가 1억원이상 10억원미만 → 소가×10,000분의40 + 55,000원
   소가 10억원이상 → 소가×10,000분의35 + 555,000원
   (최하 1천원이고 100원미만은 버림)
5. 소장부본 : 소장부본은 법원 1부 + 상대방 숫자만큼 제출한다.
6. 청구취지는 정확하게 기재하여야 한다. 이것이 바로 판결의 주문이 되어 실행이 이루어지는 것이다(간략하고, 투명하고, 정확하게 기재).
7. 청구원인은 권리주장의 근거를 설명식으로 기재한다.(반드시 주장의 핵심적인 요건사실이 들어가야 함)
8. 청구원인의 결론, 부본은 청구취지를 다시 언급하되 보다 자세히 근거법령 및 원인 관련을 기재한다.
9. 날인은 인감이 아니어도 상관없다.

【참조조문】

〔민법 제59조 제2항〕
제59조 (이사의 대표권)
  ① 이사는 법인의 사무에 관하여 각자 법인을 대표한다. 그러나 정관에 규정한 취지에 위반할 수 없고 특히 사단법인은 총회의 의결에 의하여야 한다.
  ② 법인의 대표에 관하여는 대리에 관한 규정을 준용한다.

〔민법 제135조 제1항〕
제135조 (무권대리인의 상대방에 대한 책임)
 ① 타인의 대리인으로 계약을 한 자가 그 대리권을 증명하지 못하고 또 본인의 추인을 얻지 못한 때에는 상대방의 선택에 좇아 계약의 이행 또는 손해배상의 책임이 있다.

② 상대방이 대리권 없음을 알았거나 알 수 있었을 때 또는 대리인으로 계약한 자가 행위능력이 없는 때에는 전항의 규정을 적용하지 아니한다.

【상기사건의 핵심】

장래 설립될 법인의 이름으로 법률행위를 하였으나 그 단체가 설립되지 아니하거나 그 법률효과가 법인에게 귀속하지 못한 경우에 민법 제135조 제1항을 유추적용하여 그 법인의 대표자 자격으로 법률행위를 행한 개인에게 계약의 이행 또는 손해배상의 책임을 인정한 사례.

【원고의 주장과 피고의 항변】

【원고의 주장】

피고1 : 원고는, 피고 회사가 이 사건 채무인수계약의 명의자로서 위 계약에 기하여 소외 1 회사의 채무를 인수하였으므로, 그 채무를 변제할 의무가 있다고 주장한다.

피고2 : 원고는 피고 2가 피고 회사를 설립하여 대표이사가 될 것으로 믿고 이 사건 채무인수계약을 체결하였으나, 민법 제135조 제1항을 유추적용하여 그 법인의 대표자 자격으로 법률행위를 행한 개인에게 계약의 이행 또는 손해배상의 책임을 인정함이 상당하다.

피고3 : 원고는, 피고 3이 소외 1 회사의 대표이사로서 소외 1 회사가 원고에 대하여 상당한 매매대금 채무를 부담하고 있었고 소외 1 회사의 자금사정이 악화되어 더 이상 물품대금을 변제할 수 없다는 사정을 잘 알면서도 원고를 기망하여 추가로 섬유원단을 매수한 후 그 대금을 지급하지 않아, 원고에 대하여 불법행위로 인한 손해배상책임을 부담한다고 주장

【피고의 항변】

피고1 : 피고 회사가 이 사건 채무인수계약에 기한 권리의무를 인수하는 등의 특별한 이전행위도 없었으므로, 결국 피고 회사가 소외 1 회사의 채무를 인수하였다고 할 수 없다

피고2 : 이 사건 채무인수계약은 피고 2가 소외 2 주식회사를 설립하여 대표이사로 취임하는 것을 정지조건으로 체결되었는데, 소외 2 주식회사가 설립되지도 아니하였고 피고 2가 대표이사로 취임하지도 아니하였으므로 위 계약은 조건의 불성취로 인하여 효력이 없다고 주장

피고3 : 피고 3은 소외 1 회사의 대표이사로서 피고 3과 그 가족들이 소외 1 회사주식 중 80%를 소유하고 있어 사실상 1인회사와 같이 소외 1 회사를 운영하여 왔던 사실, 소외 1 회사는 2001. 3.경부터 2003. 10.경까지 사이에 원고로부터 섬유원단 9억 3,000만 원 상당을 매수한 후 매매잔대금 중 68,207,020원을 변제하지 않고 있던 중, 다시 2004. 2.경부터 2004. 9.경까지 사이에 섬유원단 256,233야드를 매매대금 합계 245,216,110원으로 정하여 매수한 후 매매대금 중 93,357,488원만을 변제하여 결국 매매잔대금이 151,858,622원 상당 남게 된 사실, 그 후 소외 1 회사는 2004. 12.경 부도로 폐업한 사실을 인정할 수 있으나, 위와 같이 소외 1 회사가 원고와 4년 정도 거래하면서 합계 11억 7,000만 원 이상의 물품을 매수하였는데 그 중 1억 5,000만 원 정도의 잔대금을 제외한 나머지 대금 대부분을 변제한 점에 비추어 보면, 앞선 인정 사실만으로는 피고 3이 원고를 기망하여 이득을 취할 목적으로 원단을 매수하였다고 보기 어렵고 달리 이를 인정할만한 증거가 없다고 주장

【법원판단】

원고의 피고 2에 대한 청구는 이유 있어 이를 인용하고, 원고의 피고 회사 및 피고 3에 대한 청구는 이유 없어 이를 기각하기로 하여 주문과 같이 판결한다.

- 주 문 -

1. 피고 2는 원고에게 1억 2,000만 원 및 이에 대하여 2006. 1. 1.부터 2006. 3. 8.까지는 연 6%, 그 다음날부터 다 갚는 날까지는 연 20%의 각 비율로 계산한 돈을 지급하라.
2. 원고의 피고 1 주식회사, 피고 3에 대한 청구를 모두 기각한다.
3. 원고와 피고 1 주식회사, 피고 3사이에 생긴 소송비용은 원고가 부담하고, 원고와 피고 2사이에 생긴 소송비용은 피고 2가 부담한다.
4. 제1항은 가집행할 수 있다.

(대구지법 2007. 7. 12. 선고 2006가합3107 판결)

[물품대금 청구의 소(공사대금)]

소 장

원 고   ○○주식회사
        대표이사 ○ ○ ○ (000000 - 0000000)
        ○○시 ○○구 ○○동 ○○번지
        전화 02-1234-4567   휴대폰 010-1234-5678
        팩스 02-9876-5432   이메일 : lawb@lawb.co.kr
        원고 소송대리인 변호사 ○ ○ ○
        ○○시 ○○구 ○○동 ○○번지

피 고 1. ○○주식회사
        대표이사 ○ ○ ○ (000000 - 0000000)
        ○○시 ○○구 ○○동 ○○번지
        전화 02-1234-4567   휴대폰 010-1234-5678
        팩스 02-9876-5432   이메일 : lawb@lawb.co.kr
      2. ○○주식회사
        대표이사 ○ ○ ○ (000000 - 0000000)
        ○○시 ○○구 ○○동 ○○번지
        전화 02-1234-4567   휴대폰 010-1234-5678
        팩스 02-9876-5432   이메일 : lawb@lawb.co.kr

물품대금 청구의 소

청 구 취 지

1. 피고는 원고에게 9,600만 원과 이에 대하여 2002. 5. 16.부터 이 사건 소

장부본 송달일까지는 연 5%의, 그 다음날부터 다 갚는 날까지는 연 20%
의 각 비율로 계산한 돈을 지급하라.
2. 소송비용은 피고의 부담으로 한다
3. 위 제1항은 가집행할 수 있다
라는 판결을 구합니다.

청 구 원 인

1. 원고와 소외 2 주식회사사이의 이 사건 공사 계약 및 그 이행
(1) 소외 2 주식회사는 경남 ((상세 주소 생략)지상 (호텔명 생략)호텔 신축공사 및 대전 (상세 주소 생략)지상 주차빌딩 신축공사 중 각 전기공사를 도급받아 시행하였다.
(2) 원고(변경 전 상호 : 생략)와 소외 2 주식회사는 2001. 7. 25. 원고가 위 전기공사에 필요한 전기판넬을 제작하여 소외 2 주식회사가 지정하는 장소에 이를 설치하고(이하 '이 사건 공사'라고 한다), 그 대금으로 소외 2 주식회사로부터 1억 6천만 원(부가가치세 10%는 별도)을 지급받기로 하는 내용의 계약을 체결하였는데, 원고는 같은 날 위 대금 중 선급금조로 4천만 원을 지급받았고, 잔금은 이 사건 공사가 완료된 후 10일 이내에 지급받기로 하였다.
(3) 그 후 원고는 소외 2 주식회사로부터 이 사건 공사대금의 중도금조로 4천만 원을 지급받았고, 2002. 5. 16. 이 사건 공사를 완료하였다.
2. 소외 2 주식회사의 분할에 의한 소외 3 주식회사의 설립
(1) 소외 2 주식회사는 그 영업 부분 중 전기공사업 부분을 분할하여 소외 3 주식회사를 설립하기로 하고 그 분할계획서에서 2002. 12. 31. 현재 대차대조표와 재산목록을 기준으로 하여, 분할되는 전기공사업 부분을 소외 3 주식회사에게 인계하되, 다만 위 전기공사업 부분에 관한 권리·의무 중 권리는 소외 3 주식회사가 승계하나, 의무는 승계하지 않고 소

외 2 주식회사에 존속하며,
소외 3 주식회사는 보통주 20,500주를 발행하고 이를 소외 2 주식회사에 전부 배정하는 것으로 정하였다.
(2) 소외 2 주식회사는 2003. 3. 10. 위 분할계획서에 대하여 소외 2 주식회사 임시주주총회에서 특별결의에 의한 승인을 얻은 후, 2003. 3. 19.자 충청일보에 위 회사분할에 대하여 이의가 있는 채권자는 1개월 이내에 이의를 제출하도록 공고한 다음 이의제기가 없자, 2003. 5. 1. 소외 3 주식회사의 설립등기를 마쳤다(이하 '이 사건 분할'이라고 한다).
3. 소외 3 주식회사의 분할에 의한 피고와의 분할합병
(1) 피고는 1995. 2. 20. 전기공사업, 전기기기 제조 및 판매업 등을 목적 사업으로 하여 설립된 회사이다.
(2) 소외 3 주식회사와 피고는, 소외 3 주식회사가 그 영업 부분 중 전기공사업 부분을 분할하여 피고가 이를 합병하기로 하고(소외 3 주식회사는 목적 사업으로 소방설비공사업, 정보통신공사업 등을 추가하여 존속하는 것으로 하였다.), 그 분할합병계약서에서 소외 3 주식회사는 2003. 5. 31. 현재 대차대조표와 재산목록을 기준으로 전기공사업 부분을 분할하고, 피고는 분할합병을 할 날을 2003. 7. 9.로 하여 위 분할된 전기공사업 부분을 합병하되, 다만 전기공사업 부분에 관한 권리·의무 중 권리 일체는 피고가 승계하나, 의무는 승계하지 않고 소외 3 주식회사에 존속하는 것으로 정하였다.
(3) 소외 3 주식회사와 피고는, 2003. 5. 31. 위 분할합병계약서에 대하여 각 임시주주총회에서 특별결의에 의한 승인을 얻은 후, 2003. 6. 3.자 매일신문과 경상일보에 위 분할합병에 대하여 이의가 있는 채권자는 1개월 이내에 이의를 제출하도록 각 공고한 다음 이의제기가 없자, 소외 3 주식회사는 2003. 7. 9.에, 피고는 2003. 7. 11.에 각 위 분할합병에 따른 등기를 마쳤다(이하 '이 사건 분할합병'이라고 한다).
4. 따라서 원고는, 위 계약 및 사실에 의하여 피고가 채무를 변제할 의무가

있다할 것이므로 이 사건 소를 제기합니다.

입 증 방 법

1. 갑제1호증   공사계약서
2. 갑 제2호증   거래내역서
3. 갑 제3호증 ~ 갑 제16호증(생략)
그 밖의 것은 변론에 따라 수시로 제출하겠음.

첨 부 서 류

1. 위 입증방법   각1통
2. 소송위임장   1통
3. 소장부본   2통
4. 납부서   1통

20○○. ○. ○.

원고 소송대리인 변호사 ○ ○ ○ (날인 또는 서명)

○○지방법원 귀중

> **주** <소송 전 확인, 준비사항>
> 1. 접수 : 일반사건으로 종합민원실에 접수한다.
> 2. 소가 : 소가는 청구금액에 의한다.(손해금등 부대청구는 소가에 해당하지 않는다)
> 3. 관할 : 피고의 주소지 관할법원
> 4. 인지 : 소가 1천만원미만 → 소가×10,000분의 50
>   소가 1천만원이상 1억원미만 → 소가×10,000분의45 + 5,000원
>   소가 1억원이상 10억원미만 → 소가×10,000분의40 + 55,000원
>   소가 10억원이상 → 소가×10,000분의35 + 555,000원
>   (최하 1천원이고 100원미만은 버림)
> 5. 소장부본 : 소장부본은 법원 1부 + 상대방 숫자만큼 제출한다.
> 6. 청구취지는 정확하게 기재하여야 한다. 이것이 바로 판결의 주문이 되어 실행이 이루어지는 것이다(간략하고, 투명하고, 정확하게 기재).
> 7. 청구원인은 권리주장의 근거를 설명식으로 기재한다.(반드시 주장의 핵심적인 요건사실이 들어가야 함)
> 8. 청구원인의 결론, 부본은 청구취지를 다시 언급하되 보다 자세히 근거법령 및 원인 관련을 기재한다.
> 9. 날인은 인감이 아니어도 상관없다

【참조조문】

〔상법 제530조의2〕

제530조의2 (회사의 분할·분할합병)

① 회사는 분할에 의하여 1개 또는 수개의 회사를 설립할 수 있다.

② 회사는 분할에 의하여 1개 또는 수개의 존립중의 회사와 합병(이하 "분할합병"이라 한다)할 수 있다.

③ 회사는 분할에 의하여 1개 또는 수개의 회사를 설립함과 동시에 분할합병할 수 있다.

④ 해산후의 회사는 존립중의 회사를 존속하는 회사로 하거나 새로 회사를 설립하는 경우에 한하여 분할 또는 분할합병할 수 있다.

〔상법 제530조의9〕
제530조의9 (분할 및 분할합병후의 회사의 책임)
① 분할 또는 분할합병으로 인하여 설립되는 회사 또는 존속하는 회사는 분할 또는 분할합병전의 회사채무에 관하여 연대하여 변제할 책임이 있다.
② 제1항의 규정에 불구하고 분할되는 회사가 제530조의3제2항의 규정에 의한 결의로 분할에 의하여 회사를 설립하는 경우에는 설립되는 회사가 분할되는 회사의 채무중에서 출자한 재산에 관한 채무만을 부담할 것을 정할 수 있다. 이 경우 분할되는 회사가 분할후에 존속하는 때에는 분할로 인하여 설립되는 회사가 부담하지 아니하는 채무만을 부담한다.
③ 분할합병의 경우에 분할되는 회사는 제530조의3제2항의 규정에 의한 결의로 분할합병에 따른 출자를 받는 존립중의 회사가 분할되는 회사의 채무중에서 출자한 재산에 관한 채무만을 부담할 것을 정할 수 있다. 이 경우에는 제2항 후단의 규정을 준용한다.
④ 제439조제3항 및 제527조의5의 규정은 제2항의 경우에 이를 준용한다.

【상기사건의 핵심】

상법 제530조의2 제1항, 제2항에 따른 회사의 분할 또는 분할합병에 있어서 신설회사 또는 분할합병의 상대방 회사가 분할 전의 회사의 채무 중에서 출자받은 재산에 관한 채무만을 부담하기로 정한 것이 아니라, 아예 분할 전의 회사의 모든 채무를 승계하지 않기로 정한 경우, 연대책임원칙의 예외를 규정한 상법 제530조의9 제2항, 제3항이 적용되지 않는다고 보아야 하고, 따라서 상법 제527조의5에 정한 채권자보호절차를 취하였는지 여부를 불문하고 상법 제530조의9 제1항에 의하여 분할 전의 회사의 채무에 대하여 연대변제책임을 진다.

【원고의 주장과 피고의 항변】

【원고의 주장】

 소외 2 주식회사의 원고에 대한 이 사건 공사잔대금채무가, 소외 2 주식회사로부터 전기공사업 부분이 분할되어 설립된 소외 3 주식회사에게 승계되고, 다시 소외 3 주식회사의 전기공사업 부분을 분할합병한 피고에게 승계되었으므로, 피고는 원고에게 이 사건 공사잔대금 9,600만 원{(공사대금 1억 6천만 원 + 부가가치세 1,600만 원) - (선급금 4,000만 원 + 중도금 4,000만 원)}과 이에 대한 지연손해금을 지급할 의무가 있다.

【피고의 항변】

 이 사건 분할 및 이 사건 분할합병 당시 소외 3 주식회사와 피고가 각 소외 2 주식회사와 소외 3 주식회사의 채무를 승계하지 않기로 하여, 결국 피고는 소외 2 주식회사의 이 사건 공사잔대금 채무를 승계하지 않았으므로 원고의 청구에 응할 수 없다.

【법원판단】

 피고는 원고에게 이 사건 공사 잔대금 9,600만 원과 이에 대하여 이 사건 공사 완료(2002. 5. 16.) 후 10일이 경과한 2002. 5. 27.부터 이 사건 소장 부본 송달일인 2004. 2. 26.까지는 민법에 정한 연 5%의, 그 다음날부터 다 갚는 날까지는 소송촉진 등에 관한 특례법에 정한 연 20%의 각 비율로 계산한 지연손해금을 지급할 의무가 있으므로, 원고의 이 사건 청구는 위 인정 범위 내에서 이유 있어 이를 인용하고 나머지 청구는 이유 없어 이를 기각한다(대구고법 2006. 4. 14. 선고 2005나1484 판결).

[물품대금 청구의 소(경비과실)]

소 장

원 고   ○ ○ ○ (000000 - 0000000)
    ○○시 ○○구 ○○동 ○○번지
    전화 02-1234-4567   휴대폰 010-1234-5678
    팩스 02-9876-5432   이메일 : lawb@lawb.co.kr
    원고 소송대리인 변호사 ○ ○ ○
    ○○시 ○○구 ○○동 ○○번지

피 고   무림산업 주식회사
    대표이사 ○ ○ ○ (000000 - 0000000)
    ○○시 ○○구 ○○동 ○○번지
    전화 02-1234-4567   휴대폰 010-1234-5678
    팩스 02-9876-5432   이메일 : lawb@lawb.co.kr

물품대금 청구의 소

청 구 취 지

1. 피고는 원고에게 금 65만 원 및 이에 대한 이 사건 소장부본 송달 다음 날부터 완제일까지 연 20%의 비율에 의한 금원을 지급하라.
2. 소송비용은 피고의 부담으로 한다
3. 위 제1항은 가집행할 수 있다
라는 판결을 구합니다.

청 구 원 인

1. 원고가 2007. 1. 15. 22:30경부터 다음날 04:00경 사이 원고가 거주하는 아파트단지 내 지하주차장에 그 소유의 서울 40다5951호 쏘나타 승용차를 주차시켜 두었다가 승용차 내의 카오디오를 도난당하였습니다.
2. 주택관리업자인 피고와 창동 삼성아파트 입주자대표회의 사이에 2005. 6. 22. 피고가 아파트 18개동 1,668세대와 부대시설 및 공용시설(총 관리면적 52,451평)에 관하여 2005. 7. 1.부터 2007. 6. 30.까지 공동주택의 공용부분, 입주자 공동소유인 부대시설 및 복리시설의 유지, 보수와 안전관리 및 공동주택 단지 안의 경비, 청소, 소독, 쓰레기 수거, 관리비의 징수 및 공과금의 납부 대행 등의 관리업무를 대행하기로 하는 아파트관리업무위수탁계약을 체결하였습니다.
3. 아파트 지하주차장은 지하 1층에 위치한 면적 16,462.50㎡의 비교적 넓은 주차장으로, 6개의 구역으로 세분되어 있고, 출입구는 1 내지 5구역이 2개씩, 6구역에 3개가 있으며, 1 내지 5구역에 2대씩, 6구역에 6대의 무인카메라(CCTV)는 벽면 모서리에 고정식으로 설치되어 있다. 무인카메라는 101동, 102동, 104동, 105동, 106동, 110동, 113동, 116동, 117동 경비실 모니터에 연결되어 있다. 피고 소속의 경비원들은 40명으로 20명씩, 18명은 각 동 경비실에 근무하고 2명은 정문과 후문 경비실에 근무하는 형태로 24시간 격일제로 근무하고, 야간에는 순찰조와 구역을 편성하여 지하주차장을 약 1시간 내외의 간격으로 순찰하고 있다. 이 사건 사고 당시, 원고는 그의 승용차를 106동 지하주차장에 주차하여 두었습니다.
4. 주택관리업자로서 원고가 거주하는 서울 도봉구 창동 45 삼성아파트단지의 유지, 보수 및 안전관리를 담당하는 피고는 아파트단지 내의 도난사고를 방지하기 위하여 최선을 다하여야 함에도 불구하고 아파트단지 내의 경비를 소홀히 하여 도난사고가 발생하였으므로, 원고에게 카오디오 설치비용 금 65만 원 상당을 배상할 책임이 있다 할 것이므로 이 사건 소를 제기합니다.

입 증 방 법

1. 갑제1호증 ~ 갑 제16호증(생략)

그 밖의 것은 변론에 따라 수시로 제출하겠음.

첨 부 서 류

1. 위 입증방법   각1통
2. 소송위임장   1통
3. 소장부본   1통
4. 납부서   1통

20○○. ○. ○.

원고 소송대리인 변호사 ○ ○ ○ (날인 또는 서명)

○○지방법원 귀중

> **<소송 전 확인, 준비사항>**
> 1. 접수 : 일반사건으로 종합민원실에 접수한다.
> 2. 소가 : 소가는 청구금액에 의한다.(손해금등 부대청구는 소가에 해당하지 않는다)
> 3. 관할 : 피고의 주소지 관할법원
> 4. 인지 : 소가 1천만원미만 → 소가×10,000분의 50
>   소가 1천만원이상 1억원미만 → 소가×10,000분의45 + 5,000원
>   소가 1억원이상 10억원미만 → 소가×10,000분의40 + 55,000원
>   소가 10억원이상 → 소가×10,000분의35 + 555,000원
>   (최하 1천원이고 100원미만은 버림)
> 5. 소장부본 : 소장부본은 법원 1부 + 상대방 숫자만큼 제출한다.
> 6. 청구취지는 정확하게 기재하여야 한다. 이것이 바로 판결의 주문이 되어 실행이 이루어지는 것이다(간략하고, 투명하고, 정확하게 기재).
> 7. 청구원인은 권리주장의 근거를 설명식으로 기재한다.(반드시 주장의 핵심적인 요건사실이 들어가야 함)
> 8. 청구원인의 결론, 부본은 청구취지를 다시 언급하되 보다 자세히 근거법령 및 원인 관련을 기재한다.
> 9. 날인은 인감이 아니어도 상관없다.

【참조조문】

〔민법 제390조〕
 제390조 (채무부이행과 손해배상) 채무자가 채무의 내용에 좇은 이행을 하지 아니한 때에는 채권자는 손해배상을 청구할 수 있다. 그러나 채무자의 고의나 과실없이 이행할 수 없게 된 때에는 그러하지 아니하다.

【상기사건의 핵심】

 아파트 지하주차장에서 발생한 자동차 카오디오 도난사고에 관하여 사고의 경위 및 절도범의 침투경위와 방법이 밝혀지지 아니한 경우, 아파트관리업무위수탁계약에 의하여 대규모 아파트단지를 관리하는 회사의 경비원에게 경비상의 과실이 있다고 단정하기 어렵다는 이유로 아파트관리회사의 손해배상책임을 부정한다.

【원고의 주장과 피고의 항변】

【원고의 주장】

주택관리업자로서 원고가 거주하는 서울 도봉구 창동 45 삼성아파트단지의 유지, 보수 및 안전관리를 담당하는 피고는 아파트단지 내의 도난사고를 방지하기 위하여 최선을 다하여야 함에도 불구하고 아파트단지 내의 경비를 소홀히 하여 도난사고가 발생하였으므로, 원고에게 카오디오 설치비용 금 65만 원 상당을 배상할 책임이 있다.

【피고의 항변】

아파트관리위수탁계약서(갑 3)에는 입주민이 입은 손해 중 천재지변 등 불가항력에 의한 것이나 입주민의 귀책사유에 의한 입주민 책임 소재 내의 화재, 도난사고 등에 대하여는 책임이 면제된다(제10조)고 규정되어 있으므로, 지하주차장 감시카메라의 위치에서 벗어나서 주차되어 있는 입주자들의 자동차는 입주민의 책임이므로 경비대상에서 제외된다고 본다.

【법원판단】

원고가 피고에게 도난사고로 인한 손해배상을 구하기 위해서는 피고가 위 아파트관리위수탁계약에 의하여 지하주차장 내에 대한 경비책임을 지고, 그러한 경비책임을 고의 또는 과실로 다하지 못하여 도난사고가 발생하였다고 인정되어야 하는데, 이 사건 도난사고가 면책사유에 해당하지 않는 한, 피고는 원고가 입은 손해를 배상할 책임이 있다고 볼 것이다. 원고의 승용차가 사각지대에 위치하여 무인카메라가 작동할 수 없었다고 주장하고, 이에 대하여 원고는 별다른 설명을 하지 못하고 있어, 당시 피고 주장대로 원고의 승용차는 사각지대에 주차되어 있었을 개연성이 높다고 판단된다.

사정이 이와 같다면, 사고의 경위나 절도범의 침투방법이 제대로 밝혀지지 아니한 이 사건에서 막바로 피고 경비원들에게 순찰상의 과실이 있다고 단정하기는 어렵다.

따라서 피고 경비원들에게 경비상의 고의 또는 과실이 있음을 전제로 하는 원고의 주장은 받아들이지 아니한다.

그렇다면 원고의 청구는 이유 없어 기각할 것이므로, 이와 결론을 달리한 원심판결을 취소한다(서울지법 1998. 12. 1. 선고 98나17496 판결).

[물품대금 청구의 소(연대보증)]

소　장

원　고　　　1. 금강제화 주식회사
　　　　　　대표이사 ○ ○ ○ (000000 - 0000000)
　　　　　　○○시 ○○구 ○○동 ○○번지
　　　　　　전화 02-1234-4567　　휴대폰 010-1234-5678
　　　　　　팩스 02-9876-5432　　이메일 : lawb@lawb.co.kr
　　　　　　2. 주식회사 대양
　　　　　　대표이사 ○ ○ ○ (000000 - 0000000)
　　　　　　○○시 ○○구 ○○동 ○○번지
　　　　　　전화 02-1234-4567　　휴대폰 010-1234-5678
　　　　　　팩스 02-9876-5432　　이메일 : lawb@lawb.co.kr
　　　　　　원고 소송대리인 변호사 ○ ○ ○
　　　　　　○○시 ○○구 ○○동 ○○번지
피　고　1. 월드신용판매 주식회사
　　　　　　대표이사 ○ ○ ○ (000000 - 0000000)
　　　　　　○○시 ○○구 ○○동 ○○번지
　　　　　　전화 02-1234-4567　　휴대폰 010-1234-5678
　　　　　　팩스 02-9876-5432　　이메일 : lawb@lawb.co.kr
　　　　　　2. ○ ○ ○ (000000 - 0000000)
　　　　　　○○시 ○○구 ○○동 ○○번지
　　　　　　전화 02-1234-4567　　휴대폰 010-1234-5678
　　　　　　팩스 02-9876-5432　　이메일 : lawb@lawb.co.kr
　　　　　　3. ○ ○ ○ (000000 - 0000000)
　　　　　　○○시 ○○구 ○○동 ○○번지

전화 02-1234-4567   휴대폰 010-1234-5678
팩스 02-9876-5432   이메일 : lawb@lawb.co.kr
피고 소송대리인 변호사 ○ ○ ○
○○시 ○○구 ○○동 ○○번지

물품대금 청구의 소

청 구 취 지

1. 피고들은 연대하여 원고 금강제화 주식회사에게 금 100,000,000원, 원고 주식회사 대양에게 금 50,000,000원 및 위 각 금원에 대하여 2006. 7. 1.부터 이 사건 소장부본 송달일까지 연 5%, 그 다음날부터 완제일까지 연 20%의 각 비율에 의한 금원을 지급하라.
2. 소송비용은 피고의 부담으로 한다
3. 위 제1항은 가집행할 수 있다
라는 판결을 구합니다.

청 구 원 인

1. 원고 금강제화 주식회사(이하 원고 금강제화라고 한다)는 양화, 핸드백 및 의류 제조판매업 등을 목적으로 하는 회사이고, 원고 주식회사 대양(이하 원고 대양이라 한다)은 혁화 및 의류제조판매업을 목적으로 하는 회사이고, 피고 월드신용판매 주식회사(이하 피고 회사라 한다)는 피혁 의류제품 판매업 및 할부판매대행업을 목적으로 하는 회사입니다.
2. 원고 금강제화는 2001. 9. 1. 피고 회사와의 사이에 다음과 같은 내용의 할부전표가맹점계약을 체결하였습니다.
  (가) 원고 금강제화는 피고 회사가 발생한 티켓(할부구매전표) 소지자에게

　　　　　상품을 판매하고, 피고 회사는 티켓 소지자로부터 받은 티켓대금 중 소정의 수수료를 공제한 나머지 금액을 원고 금강제화에게 지급한다.
　　　(나) 원고 금강제화 또는 피고 회사가 부도 처분을 받거나, 금융기관으로부터 거래정지 처분을 받았을 때, 그 상대방은 해지 통보 없이 위 계약을 해지하고 정산할 수 있다.
3. 한편, 피고 ○○○, 같은 ○○○는 같은 날 위 계약에 의하여 피고 회사가 부담하게 되는 채무에 관하여 각 보증한도액을 금 100,000,000원으로 하는 연대보증계약을 각 체결하였습니다.
4. 원고 대양은 2002. 1. 1. 피고 회사와의 사이에 위 (2)의 (가), (나)와 같은 내용의 할부전표가맹점계약을 체결하였고 피고 ○○○, 같은 ○○○는 같은 날 위 계약에 의하여 피고 회사가 부담하게 되는 채무에 관하여 각 보증한도액을 금 50,000,000원으로 하는 연대보증계약을 각 체결하였습니다.
5. 피고 회사는 2006. 6. 30. 부도로 인하여 거래정지 처분을 받았고, 2006. 10. 5. 현재 피고 회사가 원고 금강제화에게 지급하여야 할 물품대금 잔액은 금 142,649,853원이고 원고 대양에게 지급하여야 할 물품대금 잔액은 금 66,768,130원입니다.
6. 상기 사실에 의해서 피고들은 연대하여, 피고 ○○○, 같은 ○○○는 각 보증한도액에 따라, 피고 회사는 원고들이 구하는 바에 따라, 원고 금강제화에게 금 100,000,000원, 원고 대양에게 금 50,000,000원 및 각 이에 대한 지연손해금을 지급할 의무가 있다고 할 것이므로 이 사건 소를 제기합니다.

입 증 방 법

1. 갑제1호증 1, 2　　　할부전표가맹점계약서
2. 갑제2호증　　　　　각 거래내역
3. 갑제3호증 1, 2　　　채권양도계약서

　　　　4. 갑제4호증 1,2,3,4　　　　　　채권내역, 거래내역
　　　　5. 갑제5호증　　　　　　　　　　등기부등본
　　　　6. 갑제6호증 ~ 갑 제16호증(생략)
　　　　그 밖의 것은 변론에 따라 수시로 제출하겠음.

첨 부 서 류

　　　　1. 위 입증방법　　　　　　　　　　각1통
　　　　2. 소송위임장　　　　　　　　　　1통
　　　　3. 소장부본　　　　　　　　　　　3통
　　　　4. 납부서　　　　　　　　　　　　1통

　　　　　　　　　　20○○. ○. ○.

　　　　원고 소송대리인 변호사　 ○ ○ ○ (날인 또는 서명)

　　　　　　　　　　　　　　　　　　　　　　○○지방법원 귀중

주 <소송 전 확인, 준비사항>
1. 접수 : 일반사건으로 종합민원실에 접수한다.
2. 소가 : 소가는 청구금액에 의한다.(손해금등 부대청구는 소가에 해당하지 않는다)
3. 관할 : 피고의 주소지 관할법원
4. 인지 : 소가 1천만원미만 → 소가×10,000분의 50
　　소가 1천만원이상 1억원미만 → 소가×10,000분의45 + 5,000원
　　소가 1억원이상 10억원미만 → 소가×10,000분의40 + 55,000원
　　소가 10억원이상 → 소가×10,000분의35 + 555,000원
　　(최하 1천원이고 100원미만은 버림)
5. 소장부본 : 소장부본은 법원 1부 + 상대방 숫자만큼 제출한다.
6. 청구취지는 정확하게 기재하여야 한다. 이것이 바로 판결의 주문이 되어 실행이 이루어지는 것이다(간략하고, 투명하고, 정확하게 기재).
7. 청구원인은 권리주장의 근거를 설명식으로 기재한다.(반드시 주장의 핵심적인 요건사실이 들어가야 함)
8. 청구원인의 결론, 부본은 청구취지를 다시 언급하되 보다 자세히 근거법령 및 원인 관련을 기재한다.
9. 날인은 인감이 아니어도 상관없다.

<별 지>

목 록

1. 서울 동대문구 신설동 89의 85 대 118㎡

2. 위 지상 벽돌조 평 슬래브 2층 다가구용 단독주택 (5가구)
   1층 61.56㎡
   2층 61.56㎡
   지층 61.56㎡. 끝.

【참조조문】

〔민법 제485조〕
제485조 (채권자의 담보상실, 감소행위와 법정대위자의 면책) 제481조의 규정에 의하여 대위할 자가 있는 경우에 채권자의 고의나 과실로 담보가 상실되거나 감소된 때에는 대위할 자는 그 상실 또는 감소로 인하여 상환을 받을 수 없는 한도에서 그 책임을 면한다.

〔민법 제481조〕
제481조 (변제자의 법정대위) 변제할 정당한 이익이 있는 자는 변제로 당연히 채권자를 대위한다.

〔민법 제482조 제2항 제5호〕
제482조 (변제자대위의 효과, 대위자간의 관계)
① 전2조의 규정에 의하여 채권자를 대위한 자는 자기의 권리에 의하여 구상할 수 있는 범위에서 채권 및 그 담보에 관한 권리를 행사할 수 있다.
② 전항의 권리행사는 다음 각호의 규정에 의하여야 한다.
  1. 보증인은 미리 전세권이나 저당권의 등기에 그 대위를 부기하지 아니하면 전세물이나 저당물에 권리를 취득한 제삼자에 대하여 채권자를 대위하지 못한다.
  2. 제3취득자는 보증인에 대하여 채권자를 대위하지 못한다.
  3. 제3취득자중의 1인은 각부동산의 가액에 비례하여 다른 제3취득자에 대하여 채권자를 대위한다.
  4. 자기의 재산을 타인의 채무의 담보로 제공한 자가 수인인 경우에는 전호의 규정을 준용한다.
  5. 자기의 재산을 타인의 채무의 담보로 제공한 자와 보증인간에는 그 인원수에 비례하여 채권자를 대위한다. 그러나 자기의 재산을 타인의 채무의 담보로 제공한 자가 수인인 때에는 보증인의 부담부분을 제외하고 그 잔액에 대하여 각 재산의 가액에 비례하여 대위한다. 이 경우에 그 재산이 부동산인 때에는 제1호의 규정을 준용한다.

【참조판례】

대법원 1987. 4. 14. 선고 85다카1851 판결(공1987, 777), 대법원 1996. 12. 6. 선고 96다35774 판결(공1997상, 199)

【상기사건의 핵심】

1. 연대보증인은 민법 제481조의 '변제할 정당한 이익이 있는 자'이므로 연대보증인이 채무자를 위하여 채무를 일부 변제할 경우에 그 연대보증인은 연대보증과 공동담보로 설정된 근저당권의 피담보채무 중 그 대위변제금의 비율 범위에서 그 근저당권을 법정대위할 수 있는데, 채권자가 고의로 그 근저당권설정등기를 말소하여 연대보증인의 법정대위권을 침해하였다면, 그 연대보증인은 민법 제485조에 의하여 그 담보의 상실로 인하여 상환을 받을 수 없게 된 한도에서 그 책임을 면한다.
2. 보증인의 보증책임 한도가 처음부터 일정액으로 한정되어 있는 경우에 있어서는 보증채무액이 한정되어 있지 않은 일반적인 인적 보증의 경우처럼 단순히 인원수에 비례하여 대위의 범위를 정할 것이 아니라, 물상보증인 상호간의 경우와 같이 그 보증한도액의 가액에 비례하여 대위한다고 해석하는 것이 보다 공평의 이념 및 민법 제482조 제2항 제5호의 규정 취지에 부합하는 합리적인 해석이다.

【원고의 주장과 피고의 항변】

【원고의 주장】

각 계약은 위 거래정지 처분으로 인하여 그 시경 해지되었다고 할 것이므로, 피고들은 연대하여, 피고 ○○○, 같은 ○○○는 각 보증한도액에 따라, 피고 회사는 원고들이 구하는 바에 따라, 원고 금강제화에게 금 100,000,000원, 원고 대양에게 금 50,000,000원 및 각 이에 대한 지연손해금을 지급할 의무가 있다.

【피고의 항변】

원고들이 고의로 물적 담보를 상실시켜 위 피고의 법정대위권을 침해하였으므로 이로 인하여 상환받을 수 없는 부분에서 책임을 면한다.

피고 ○○○(이하 위 피고라 한다)은 동인의 동생인 소외 ○○○이 피고 회사의 이사로 제작할 당시 위 ○○○의 권유로 위와 같이 보증을 하였으나, 위 ○○○이 2003. 2.경 피고 회사로부터 퇴사함으로써 당연히 보증인의 지위가 소멸되었다.

【법원판단】

원고 주식회사 대양에게, 피고 월드신용판매 주식회사, 같은 ○○○는 연대하여 금 50,000,000원 및 이에 대하여 위 1996. 7. 1.부터 피고 월드신용판매 주식회사는 같은 해 8. 24.까지, 피고 ○○○는 같은 달 2.까지 각 상법 소정의 연 6푼, 각 그 다음날부터 완제일까지 소송촉진등에관한특례법 소정의 연 2할 5푼의 각 비율에 의한 금원을 지급하고, 피고 ○○○은 피고 월드신용판매 주식회사와 연대하여 위 금원 중 금 30,644,125원(50,000,000원-19,355,875원) 및 이에 대하여 위 1996. 7. 1.부터 같은 해 8. 1.까지 상법 소정의 연 6푼, 그 다음날부터 완제일까지 소송촉진등에관한특례법 소정의 연 2할 5푼의 각 비율에 의한 금원을 지급할 의무가 있다 할 것이므로, 원고들의 피고 월드신용판매 주식회사, 피고 ○○○에 대한 청구는 모두 이유 있어 이를 인용하고, 피고 ○○○에 대한 청구는 위 인정 범위 내에서 이유 있어 이를 인용하고, 나머지 청구를 기각하며, 소송비용의 부담에 관하여는 민사소송법 제89조, 제92조 제93조를, 가집행선고에 관하여는 같은 법 제199조를 각 적용하여 주문과 같이 판결한다(서울지법 1997. 4. 16. 선고 96가합53722 판결).

[약속어음금 청구의 소(면제의사)]

소 장

원 고 　　○ ○ ○ (000000 - 0000000)
　　　　○○시 ○○구 ○○동 ○○번지
　　　　전화 02-1234-4567　　휴대폰 010-1234-5678
　　　　팩스 02-9876-5432　　이메일 : lawb@lawb.co.kr

피 고　○ ○ ○ (000000 - 0000000)
　　　　○○시 ○○구 ○○동 ○○번지
　　　　전화 02-1234-4567　　휴대폰 010-1234-5678
　　　　팩스 02-9876-5432　　이메일 : lawb@lawb.co.kr
　　　　피고 소송대리인 변호사 ○ ○ ○
　　　　○○시 ○○구 ○○동 ○○번지

약속어음금 청구의 소

청 구 취 지

1. 피고는 원고에게 금 32,513,003원 및 위 금원 중 금 9,362,250원에 대하여 1997. 7. 11.부터 2003. 5. 31.까지는 연 6%의, 2003. 6. 1.부터 완제일까지는 연 20%의 각 비율에 의한 금원을 지급하라.
2. 소송비용은 피고의 부담으로 한다.
3. 위 제1은 가집행할 수 있다.
라는 판결을 구합니다.

청 구 원 인

1. 소외 합자회사 평안운송사(이하 '평안운송'이라고 한다)는 별지 목록 기재의 약속어음 4매(이하 '이 사건 어음'이라고 한다), 액면 합계 금 25,500,000원을 발행하였고, 피고는 위 각 어음에 대하여 지급거절증서의 작성을 면제하여 배서한 후 이를 원고에게 양도하였습니다.

2. 원고는 배서가 연속된 이 사건 어음의 최종소지인으로서 이 사건 어음 중 별지 목록 기재 순번 제3의 어음은 1991. 12. 23.에, 나머지 각 어음은 1991. 12. 24.에 각 지급제시하였으나, 모두 무거래로 지급이 거절되었습니다.

3. 원고는 1992. 2. 15. 피고로부터 '위 금 25,500,000원의 약속어음금을 1992. 8. 31.까지 매월 3,500,000원씩 지급하여 변제하겠다.'는 지불증(갑7호증)을 받았고, 그 후 피고로부터 위 약속어음금 중 금 7,200,000원을 변제받았습니다.

4. 원고는 피고를 상대로 대전지방법원 92가단10606호로 '피고는 원고에게 미변제 약속어음금 18,300,000원(= 25,500,000원 − 7,200,000원) 및 이에 대한 소장 부본 송달 다음날부터 완제일까지 소송촉진등에관한특례법 소정의 연 25%의 비율에 의한 지연손해금을 지급하라'는 취지의 약속어음금 청구 소송을 제기하여 1992. 9. 15. 위 법원으로부터 '피고는 원고에게 금 18,300,000원 및 이에 대한 1992. 6. 19.부터 완제일까지 연 25%의 비율에 의한 금원을 지급하라'는 전부 승소판결을 선고받았고, 위 판결은 1992. 10. 6. 확정되었습니다.

5. 원고는 1997. 7. 10. 위 평안운송으로부터 위 약속어음금 중 일부인 금 8,937,250원을 변제받으면서, 이 사건 어음을 위 평안운송에 반환하여 주어 현재 이 사건 어음을 소지하고 있지 않습니다.

6. 원고는, 위 판결에 의하여 확정된 피고에 대한 위 약속어음금 채권의 소멸시효 완성이 임박해지자 소멸시효 완성을 차단하고 피고가 1992. 2. 15. 원고에게 '위 금 25,500,000원의 약속어음금을 1992. 8. 31.까지 매월 3,500,000원씩 지급하여 변제하겠다.'는 약속을 하면서 지불증을 교부한 사실이 있으므로, 피고는 원고에게 위 약속에 기한 약정금으로서 미변제된 약속어음금

9,362,250원 및 이에 대한 지연손해금을 지급할 의무가 있다 할 것이므로 이 사건 소를 제기합니다.

입 증 방 법

1. 갑제1호증 ~ 갑 제12호증(생략)
그 밖의 것은 변론에 따라 수시로 제출하겠음.

첨 부 서 류

1. 위 입증방법   각1통
2. 소송위임장   1통
3. 소장부본   1통
4. 납부서   1통

20○○. ○. ○.

원고 소송대리인 변호사 ○ ○ ○ (날인 또는 서명)

○○지방법원 귀중

주 <소송 전 확인, 준비사항>
1. 접수 : 일반사건으로 종합민원실에 접수한다.
2. 소가 : 소가는 청구금액에 의한다.(손해금등 부대청구는 소가에 해당하지 않는다)
3. 관할 : 피고의 주소지 관할법원
4. 인지 : 소가 1천만원미만 → 소가×10,000분의 50
    소가 1천만원이상 1억원미만 → 소가×10,000분의45 + 5,000원
    소가 1억원이상 10억원미만 → 소가×10,000분의40 + 55,000원
    소가 10억원이상 → 소가×10,000분의35 + 555,000원
(최하 1천원이고 100원미만은 버림)
5. 소장부본 : 소장부본은 법원 1부 + 상대방 숫자만큼 제출한다.
6. 청구취지는 정확하게 기재하여야 한다. 이것이 바로 판결의 주문이 되어 실행이 이루어지는 것이다(간략하고, 투명하고, 정확하게 기재).
7. 청구원인은 권리주장의 근거를 설명식으로 기재한다.(반드시 주장의 핵심적인 요건사실이 들어가야 함)
8. 청구원인의 결론, 부본은 청구취지를 다시 언급하되 보다 자세히 근거법령 및 원인 관련을 기재한다.
9. 날인은 인감이 아니어도 상관없다.

【참조조문】

〔어음법 제39조〕

제39조 (상환증권성, 일부지급)

① 환어음의 지급인은 지급을 할 때에 소지인에 대하여 어음에 영수를 증명하는 기재를 하여 교부할 것을 청구할 수 있다.

② 소지인은 일부지급을 거절하지 못한다.

③ 일부지급의 경우에는 지급인은 소지인에 대하여 그 지급한 뜻을 어음에 기재하고 영수증을 교부할 것을 청구할 수 있다.

〔어음법 제77조 제1항 제3호〕
　제77조 (환어음에 관한 규정의 준용)
① 다음의 사항에 관한 환어음에 대한 규정은 약속어음의 성질에 상반하지 아니하는 한도에서 이를 약속어음에 준용한다.
　　　1. 배서(제11조 내지 제20조)
　　　2. 만기(제33조 내지 제37조)
　　　3. 지급(제38조 내지 제42조)
　　　4. 지급거절로 인한 소구(제43조 내지 제50조, 제52조 내지 제54조)
　　　5. 참가지급(제55조, 제59조 내지 제63조)
　　　6. 등본(제67조와 제68조)
　　　7. 변조(제69조)
　　　8. 시효(제70조와 제71조)
　　　9. 휴일, 기간의 계산과 은혜일의 금지(제72조 내지 제74조)
② 제삼자방에서 또는 지급인의 주소지가 아닌 지에서 지급할 환어음(제4조와 제27조), 이자의 약정(제5조), 어음금액의 기재의 차이(제6조), 어음채무를 부담하게 할 수 없는 기명날인 또는 서명의 효과(제7조), 대리권한없는 자 또는 대리권한을 초과한 자의 기명날인 또는 서명의 효과(제8조)와 백지환어음(제10조)에 관한 규정은 약속어음에 준용한다. 〈개정 1995. 12. 6〉
③ 보증(제30조 내지 제32조)에 관한 규정도 약속어음에 준용한다. 제31조제4항의 경우에 누구를 위하여 보증한 것임을 표시하지 아니한 때에는 약속어음의 발행인을 위하여 보증한 것으로 본다.

〔어음법 제39조〕
　제39조 (상환증권성, 일부지급)
① 환어음의 지급인은 지급을 할 때에 소지인에 대하여 어음에 영수를 증명하는 기재를 하여 교부할 것을 청구할 수 있다.

② 소지인은 일부지급을 거절하지 못한다.

③ 일부지급의 경우에는 지급인은 소지인에 대하여 그 지급한 뜻을 어음에 기재하고 영수증을 교부할 것을 청구할 수 있다.

〔어음법 제47조〕

제47조 (어음채무자의 합동책임)

① 환어음의 발행, 인수, 배서 또는 보증을 한 자는 소지인에 대하여 합동하여 책임을 진다.

② 소지인은 전항의 어음채무자에 대하여 그 채무부담의 순서에 불구하고 그 1인, 수인 또는 전원에 대하여 청구할 수 있다.

③ 어음채무자가 그 어음을 환수한 경우에도 전항의 소지인과 동일한 권리가 있다.

④ 어음채무자의 1인에 대한 청구는 다른 채무자에 대한 청구에 영향을 미치지 아니한다. 이미 청구를 받은 자의 후자에 대하여도 같다.

〔어음법 제50조〕

제50조 (소구의무자의 권리)

① 소구를 받은 어음채무자나 받을 어음채무자는 지급과 상환으로 거절증서, 영수를 증명하는 계산서와 그 어음의 교부를 청구할 수 있다.

② 환어음을 환수한 배서인은 자기와 후자의 배서를 말소할 수 있다.

〔어음법 제77조〕

제77조 (환어음에 관한 규정의 준용)

① 다음의 사항에 관한 환어음에 대한 규정은 약속어음의 성질에 상반하지 아니하는 한도에서 이를 약속어음에 준용한다.

    1. 배서(제11조 내지 제20조)

    2. 만기(제33조 내지 제37조)

    3. 지급(제38조 내지 제42조)

    4. 지급거절로 인한 소구(제43조 내지 제50조, 제52조 내지 제54조)

    5. 참가지급(제55조, 제59조 내지 제63조)

        6. 등본(제67조와 제68조)
        7. 변조(제69조)
        8. 시효(제70조와 제71조)
        9. 휴일, 기간의 계산과 은혜일의 금지(제72조 내지 제74조)
 ② 제삼자방에서 또는 지급인의 주소지가 아닌 지에서 지급할 환어음(제4조와 제27조), 이자의 약정(제5조), 어음금액의 기재의 차이(제6조), 어음채무를 부담하게 할 수 없는 기명날인 또는 서명의 효과(제7조), 대리권한없는 자 또는 대리권한을 초과한 자의 기명날인 또는 서명의 효과(제8조)와 백지환어음(제10조)에 관한 규정은 약속어음에 준용한다. 〈개정 1995. 12. 6〉
 ③ 보증(제30조 내지 제32조)에 관한 규정도 약속어음에 준용한다. 제31조제4항의 경우에 누구를 위하여 보증한 것임을 표시하지 아니한 때에는 약속어음의 발행인을 위하여 보증한 것으로 본다.

〔민사소송법 제216조〕
  제216조 (기판력의 객관적 범위)
 ① 확정판결(確定判決)은 주문에 포함된 것에 한하여 기판력(旣判力)을 가진다.
 ② 상계를 주장한 청구가 성립되는지 아닌지의 판단은 상계하자고 대항한 액수에 한하여 기판력을 가진다.

【참조판례】

 대법원 1998. 6. 12. 선고 98다1645 판결(공1998하, 1880), 대법원 2001. 2. 9. 선고 99다26979 판결(공2001상, 598)

【상기사건의 핵심】

1. 약속어음의 소지인이 발행인으로부터 어음금의 일부만 지급받은 상태에서 소지하고 있던 어음을 발행인에게 반환하였다면 이는 약속어음의 제시증권성 및 상환증권성에 비추어 볼 때 발행인의 나머지 약속어음금 채무에 대한 면제의 의사를 표시한 것이다.
2. 합동채무인 어음채무의 성질상 약속어음의 소지인이 주채무자인 발행인의 어음채무를 면제한 경우에는 소구의무자인 배서인에 대한 청구권을 유보할 의사를 갖고 있었는지 여부와는 상관없이 어음관계로 인한 채무는 모두 소멸되어 소구의무자인 배서인도 완전히 면책되는 것으로 보아야 할 것이고, 또한 약속어음의 배서인이 소지인에 대하여 부담하는 어음채무가 판결에 의하여 확정된 채무라고 하더라도 소지인이 발행인에 대하여 한 면제의 의사표시가 위 확정판결의 변론종결 이후에 이루어졌다면 배서인이 위 면제의 효과를 주장하는 것이 확정판결의 기판력에 저촉된다고 볼 수 없다.

【원고의 주장과 피고의 항변】

【원고의 주장】

원고는, 피고가 1992. 2. 15. 원고에게 '위 금 25,500,000원의 약속어음금을 1992. 8. 31.까지 매월 3,500,000원씩 지급하여 변제하겠다.'는 약속을 하면서 지불증을 교부한 사실이 있으므로, 피고는 원고에게 위 약속에 기한 약정금으로서 미변제된 약속어음금 9,362,250원 및 이에 대한 지연손해금을 지급할 의무가 있다는 취지로 주장한다.

【피고의 항변】
　피고의 어음채무가 판결에 의하여 확정된 채무이기는 하지만 원고의 위 면제의 의사표시가 위 확정판결의 변론종결 이후에 이루어진 이상 피고가 위 면제의 효과를 주장하는 것이 확정판결의 기판력에 저촉된다고 볼 수도 없으므로, 결국 피고의 원고에 대한 위 미변제 약속어음금 채무는 원고가 발행인인 위 평안운송에 대하여 한 채무 면제로써 모두 소멸되었다 할 것이다.

【법원판단】

　피고가 지불증(갑7호증)을 작성하게 된 경위 및 그 전후의 사정, 위 지불증의 문구에 비추어 보면, 이는 위 약속어음금의 지급방법에 관한 합의에 불과할 뿐이고 약속어음과는 별도의 새로운 법률관계가 성립되었다거나 또는 위 약속어음 수수의 원인관계를 이루는 것으로 보기는 어려우므로, 피고가 원고에게 위 약속어음채무와는 별도로 위 약정에 따른 금원지급의무를 부담하고 있음을 전제로 하는 원고의 위 주장은 이유 없다.

　그렇다면 원고의 이 사건 청구는 이유 없어 이를 기각하기로 하여, 주문과 같이 판결한다.

　- 주 문 -
　1. 원고의 이 사건 청구를 기각한다.
　2. 소송비용은 원고의 부담으로 한다.
　(대전지법 2003. 8. 20. 선고 2002가단36928 판결)

[약속어음금 청구의 소(물품대금)]

소 장

원 고　　　아남르그랑 주식회사
　　　대표이사 ○ ○ ○ (000000 - 0000000)
　　　○○시 ○○구 ○○동 ○○번지
　　　전화 02-1234-4567　　휴대폰 010-1234-5678
　　　팩스 02-9876-5432　　이메일 : lawb@lawb.co.kr
피 고　○ ○ ○ (000000 - 0000000)
　　　○○시 ○○구 ○○동 ○○번지
　　　전화 02-1234-4567　　휴대폰 010-1234-5678
　　　팩스 02-9876-5432　　이메일 : lawb@lawb.co.kr
　　　피고 소송대리인 변호사 ○ ○ ○
　　　○○시 ○○구 ○○동 ○○번지

약속어음금 청구의 소

청 구 취 지

1. 피고는 원고에게 금 19,724,838원 및 이에 대하여 이 사건 소장 부본 송달 다음날부터 완제일까지 연 20%의 비율에 의한 금원을 지급하라.
2. 소송비용은 피고의 부담으로 한다.
3. 위 제1은 가집행할 수 있다.
라는 판결을 구합니다.

청 구 원 인

1. 원고는 전기장비 및 부품을 생산, 판매하는 회사로서 수년간 피고에게 계전기기 등을 판매하여 왔는데, 2001. 3. 25. 피고가 원고 회사에 물품대금의 변제를 위하여 교부한 액면 금 3,000만 원인 약속어음 1장이 부도처리되고, 다시 같은 해 4. 15. 액면 금 2,000만 원인 약속어음 1장(이하에서는 위 3,000만원권 및 2,000만원권 각 어음을 '이 사건 각 약속어음'이라고 한다)도 부도처리되는 바람에 거래가 중단되었고, 그 무렵까지 피고가 지급하지 않은 물품대금은 금 49,724,838원입니다.
2. 이 사건 각 약속어음은 모두 소외 ○○○이 2000. 12. 소외 한국심야전기보일러 주식회사(이하에서는 '소외 회사'라고 한다)를 수취인으로 하여 발행한 것으로서(3,000만원권은 발행일 2000. 12. 22., 지급기일 2001. 3. 25.이고, 2,000만원권은 발행일 2000. 12. 29., 지급기일 2001. 4. 15.이며, 두 어음 모두 지급지는 진주시, 지급장소 농협중앙회 도동지점이다.), 그 후 소외 회사, 피고, 원고 회사에까지 순차로 배서·양도되었습니다.
3. 원고는 이 사건 각 약속어음이 부도처리된 후, 위 각 어음의 배서인인 소외 회사와 피고에게 위 어음금의 지급을 요구하였으나 소외 회사와 피고가 이에 응하지 않자, 이 사건 각 약속어음금 합계인 5,000만 원을 청구채권으로 하여 2001. 7. 9. 창원지방법원 진주지원 2001카단3271호로 소외 회사의 유체동산에 관하여 가압류결정을 받은 다음 같은 달 19. 심야보일러기 126대에 관하여 가압류집행을 하였고, 2001. 10. 5. 수원지방법원 2001카단26135호로 피고의 소외 주식회사 그랜드코리아에 대한 물품대금채권을 가압류하였으며, 다시 소외 회사를 상대로 위 진주지원 2001가단12221호 약속어음금청구소송을 제기하였습니다.
4. 원고와 소외 회사 사이의 위 약속어음금 청구소송이 진행되던 중 소외 회사는 원고에 대하여 원고가 청구한 어음금 중 2,000만 원은 이미 피고에게 지급하였고, 동절기에 심야보일러를 판매하여야 하는데 원고의 가압류로 인하여 영업에 지장이 있다고 하며 어려움을 호소하였고, 이에

2001. 10. 12. 원고 회사의 대리인으로 출석한 채권담당직원 ○○○과 소외 회사의 공동대표이사 ○○○ 사이에 "소외 회사가 원고 회사에 3,000만 원을 지급하고 원고 회사는 소외 회사에 대하여 더 이상 어음상 책임을 묻지 않는다."는 내용의 합의(이하에서는 '이 사건 합의'라고 한다)가 성립되었으며, 같은 날 원고 회사는 위 소를 취하하였습니다.
5. 위 합의 당시 작성된 합의서(을 제3호증의 2)에는 원고 회사 대표이사의 직인, ○○○, ○○○의 각 서명날인과 함께 그 위쪽에 "₩20,000,000원은 한국심야전기보일러(주)는 배서의무가 없음을 확인함. 2000. 10. 12."이라는 문언이, 아래쪽에 "2000. 10. 12. 부로 50,000만 원(5,000만 원의 오기로 보인다) 어음권은 끝이 났음"이라는 문언이 각 기재되어 있습니다.
6. 따라서 피고는 이 사건 각 약속어음의 원인채무인 물품대금채권 49,724,838원에서 소외 회사로부터 지급받은 3,000만 원을 공제한 금 19,724,838원의 지급할 의무가 있다 할 것이므로 이 사건 소를 제기합니다.

입 증 방 법

1. 갑제1호증 ~ 갑 제24호증(생략)
그 밖의 것은 변론에 따라 수시로 제출하겠음.

첨 부 서 류

1. 위 입증방법   각1통
2. 소송위임장   1통
3. 소장부본   1통
4. 납부서   1통

```
                    20○○. ○. ○.

        원고 소송대리인 변호사 ○ ○ ○ (날인 또는 서명)


                                         ○○지방법원 귀중
```

주 <소송 전 확인, 준비사항>
1. 접수 : 일반사건으로 종합민원실에 접수한다.
2. 소가 : 소가는 청구금액에 의한다.(손해금등 부대청구는 소가에 해당하지 않는다)
3. 관할 : 피고의 주소지 관할법원
4. 인지 : 소가 1천만원미만 → 소가×10,000분의 50
    소가 1천만원이상 1억원미만 → 소가×10,000분의45 + 5,000원
    소가 1억원이상 10억원미만 → 소가×10,000분의40 + 55,000원
    소가 10억원이상 → 소가×10,000분의35 + 555,000원
    (최하 1천원이고 100원미만은 버림)
5. 소장부본 : 소장부본은 법원 1부 + 상대방 숫자만큼 제출한다.
6. 청구취지는 정확하게 기재하여야 한다. 이것이 바로 판결의 주문이 되어 실행이 이루어지는 것이다(간략하고, 투명하고, 정확하게 기재).
7. 청구원인은 권리주장의 근거를 설명식으로 기재한다.(반드시 주장의 핵심적인 요건사실이 들어가야함)
8. 청구원인의 결론, 부본은 청구취지를 다시 언급하되 보다 자세히 근거법령 및 원인 관련을 기재한다.
9. 날인은 인감이 아니어도 상관없다.

【참조조문】

〔민법 제105조〕
제105조 (임의규정) 법률행위의 당사자가 법령중의 선량한 풍속 기타 사회질서에 관계없는 규정과 다른 의사를 표시한 때에는 그 의사에 依한다.

〔민법 제506조〕

제506조 (면제의 요건, 효과) 채권자가 채무자에게 채무를 면제하는 의사를 표시한 때에는 채권은 소멸한다. 그러나 면제로써 정당한 이익을 가진 제삼자에게 대항하지 못한다.

〔어음법 제15조〕

제15조 (배서의 담보적 효력)

① 배서인은 반대의 문언이 없으면 인수와 지급을 담보한다.

② 배서인은 다시하는 배서를 금지할 수 있다. 이 경우에 그 배서인은 어음의 그 후의 피배서인에 대하여 담보의 책임을 지지 아니한다.

〔어음법 제43조〕

제43조 (소구의 실질적 요건) 만기에 지급되지 아니하는 때에는 소지인은 배서인, 발행인 기타의 어음채무자에 대하여 소구권을 행사할 수 있다. 다음의 경우에는 만기전에도 소구권을 행사할 수 있다.

1. 인수의 전부 또는 일부의 거절이 있은 때
2. 인수를 하였거나 하지 아니한 지급인의 파산의 경우 그 지급정지의 경우 또는 그 재산에 대한 강제집행이 주효하지 아니한 경우
3. 인수를 위한 어음의 제시를 금지한 어음의 발행인의 파산의 경우

〔어음법 제77조〕

제77조 (환어음에 관한 규정의 준용)

① 다음의 사항에 관한 환어음에 대한 규정은 약속어음의 성질에 상반하지 아니하는 한도에서 이를 약속어음에 준용한다.

  1. 배서(제11조 내지 제20조)

  2. 만기(제33조 내지 제37조)

  3. 지급(제38조 내지 제42조)

  4. 지급거절로 인한 소구(제43조 내지 제50조, 제52조 내지 제54조)

  5. 참가지급(제55조, 제59조 내지 제63조)

  6. 등본(제67조와 제68조)

  7. 변조(제69조)

8. 시효(제70조와 제71조)
9. 휴일, 기간의 계산과 은혜일의 금지(제72조 내지 제74조)
② 제삼자방에서 또는 지급인의 주소지가 아닌 지에서 지급할 환어음(제4조와 제27조), 이자의 약정(제5조), 어음금액의 기재의 차이(제6조), 어음채무를 부담하게 할 수 없는 기명날인 또는 서명의 효과(제7조), 대리권한없는 자 또는 대리권한을 초과한 자의 기명날인 또는 서명의 효과(제8조)와 백지환어음(제10조)에 관한 규정은 약속어음에 준용한다. 〈개정 1995. 12. 6〉
③ 보증(제30조 내지 제32조)에 관한 규정도 약속어음에 준용한다. 제31조 제4항의 경우에 누구를 위하여 보증한 것임을 표시하지 아니한 때에는 약속어음의 발행인을 위하여 보증한 것으로 본다.

【참조판례】

대법원 2003. 7. 8. 선고 2003다23441 판결

【상기사건의 핵심】

어음상 후자인 제2 배서인이 물품대금채무의 변제를 위하여 약속어음을 소지인에게 교부하였고, 그 후 소지인이 어음상 전자인 제1 배서인의 소구책임을 면제하여 준 경우, 제1 배서인의 소구책임이 종국적으로 면제되기 위해서는 그에 대하여 소구권을 행사할 수 있는 어음상 후자인 제2 배서인의 어음상 책임도 면제되어야 하므로 어음상 후자인 제2 배서인은 위와 같은 사정을 들어 소지인에 대하여 어음금의 지급을 거절할 수 있으나, 그와 같은 사정만으로 곧바로 제2 배서인의 소지인에 대한 약속어음의 원인채무인 물품대금채무까지 그 목적을 달성하여 소멸한다고 할 수는 없다고 한 사례.

【원고의 주장과 피고의 항변】

> 【원고의 주장】
> 피고는 이 사건 각 약속어음의 원인채무인 물품대금채권 49,724,838원에서 소외 회사로부터 지급받은 3,000만 원을 공제한 금 19,724,838원의 지급을 하여야 한다.

> 【피고의 항변】
> 물품대금채권 49,724,838원의 변제를 위하여 이 사건 각 약속어음을 원고에게 배서·양도하였는데, 원고가 이 사건 합의를 통하여 이 사건 각 약속어음의 수취인이자 제1 배서인이 소외 회사에 대한 어음상 권리를 포기한 이상 제2 배서인으로서 소외 회사에 대한 소구권자인 피고에 대하여 어음금 청구를 할 수는 없고, 그 결과 이 사건 각 약속어음채무는 모두 이행된 상태가 되었으므로 원인채무인 위 물품대금채무도 소멸하였다 할 것이고, 나아가 이러한 사정에도 불구하고, 원고가 다시 피고에게 위 어음금 또는 그 원인채무인 물품대금의 지급을 구하는 것은 신의성실의 원칙에 반하는 것이라고 주장

【법원판단】

피고는 원고에게 위 물품대금 19,724,838(=49,724,838-30,000,000)원 및 이에 대하여 원고가 구하는 바에 따라 당심에서 물품대금으로 소를 변경하는 내용이 포함된 항소이유서가 송달된 2002. 11. 8.부터 피고가 그 이행의무의 존부나 범위에 관하여 항쟁함이 상당하다고 인정되는 이 판결 선고일까지는 상법에서 정한 연 6%의, 그 다음날부터 완제일까지는 소송촉진등에관한특례법에서 정한 연 25%의 비율에 의한 지연손해금을 지급할 의무가 있다 할 것이므로 원고의 청구는 위 인정범위 내에서 이유 있어 이를 인용하고, 나머지 청구는 이유 없으므로 이를 기각하기로 하여 주문과 같이 판결한다.

- 주 문 -

1. 당심에서 교환적으로 변경된 청구에 따라, 피고는 원고에게 금 19,724,838원 및 이에 대하여 2002. 11. 8.부터 2003. 4. 3.까지는 연 6%의, 그 다음날부터 완제일까지는 연 25%의 각 비율에 의한 금원을 지급하라.
2. 원고의 나머지 청구를 기각한다.
3. 소송비용은 1, 2심 모두 피고가 부담한다.
4. 제1항은 가집행할 수 있다.

   (수원지법 2003. 4. 3. 선고 2002나13970 판결)

[공사대금 청구의 소]

소　장

원　고　○ ○ ○ (000000 - 0000000)
　　　　○○시 ○○구 ○○동 ○○번지
　　　　전화 02-1234-4567　휴대폰 010-1234-5678
　　　　팩스 02-9876-5432　이메일 : lawb@lawb.co.kr
　　　　원고 소송대리인 변호사 ○ ○ ○
　　　　○○시 ○○구 ○○동 ○○번지

피　고　주식회사 삼원개발
　　　　대표이사 ○ ○ ○ (000000 - 0000000)
　　　　○○시 ○○구 ○○동 ○○번지
　　　　전화 02-1234-4567　휴대폰 010-1234-5678
　　　　팩스 02-9876-5432　이메일 : lawb@lawb.co.kr
　　　　피고 소송대리인 변호사 ○ ○ ○
　　　　○○시 ○○구 ○○동 ○○번지

공사대금 청구의 소

청 구 취 지

1. 피고(반소원고, 이하 '피고'라고 한다)는 원고(반소피고, 이하 '원고'라고 한다)에게 335,827,703원 및 그 중 308,931,018원에 대하여는 2002. 4. 11.부터 2003. 11. 26.까지는 연 5%의, 26,896,685원에 대하여는 2002. 4. 11.부터 이 사건 판결 선고일까지는 연 5%의, 각 그 다음날부터 완제일까지는 연 20%의 각 비율에 의한 금원을 지급하라.
2. 소송비용은 피고의 부담으로 한다.

3. 위 제1항은 가집행할 수 있다.
라는 판결을 구합니다.

청 구 원 인

1. 원고는 토목, 건설 공사의 시공을 주로 하는 태현종합건설 주식회사의 대표이사이고, 피고는 토목, 건설 공사의 수급을 목적으로 하는 회사인데, 원고는 삼광건설중기라는 시공 업체를 만들어 아래와 같이 피고로부터 아파트 신축을 위한 부지토목공사 및 사도개설공사를 하도급받았습니다.

2. 피고는 2001. 4. 11. 성익건설 주식회사(계약서상으로는 성익건설 주식회사의 원도급인으로서 공사시공자인 광도건설 주식회사가 도급인으로 기재되어 있다.)로부터 용인시 구성면 청덕리 산 9-6 외 4필지상 용인 구성 광도 와이드빌 아파트 신축공사 중 사도개설공사(이하 '제1사도 개설공사'라 한다)를 공사대금 520,000,000원, 공사기간 2001. 4. 16.부터 2002. 7. 30.까지로 정하여 도급받아, 2001. 4. 16. 원고에게 위 공사를 공사대금 460,000,000원에 하도급 주었는데, 그 후 설계변경으로 제1사도 개설공사에 대한 원도급 공사대금이 165,688,000원 증액되었습니다.

3. 피고는 2001. 11. 5. 무림종합건설 주식회사로부터 용인시 구성면 보정리 일원에 사도를 개설하는 수지빌라트 사도개설공사(이하 '제2사도 개설공사'라 한다)를 공사대금 495,000,000원, 공사기간 2001. 11. 1.부터 2002. 2. 28.까지로 정하여 도급받아, 그 무렵 원고에게 위 공사를 공사대금 380,000,000원에 하도급 주었습니다.

4. 피고는 2001. 11. 23. 이케이산업 주식회사로부터 위 용인 구성 광도 와이드빌 아파트 신축공사 중 본부지 토목공사(이하 '본부지 토목공사'라 한다)를 공사대금 1,310,000,000원, 공사기간 2001. 11. 23.부터 2002. 12. 31.까지로 정하여 도급받아(광도건설 주식회사는 위 도급계약상의 이케이산업 주식회사의 채무를 보증하였다.), 같은 날 원고에게 위 공사를 공사대금 1,000,000,000원에 하도급 주었는데, 그 후 설계변경으로 본부지

토목공사에 대한 원도급 공사대금이 142,000,000원 증액되었습니다.
5. 원고는 위 각 공사를 진행하다가 2002. 4. 10. 자금부족으로 중단하게 되었고, 원고와 피고는 같은 날 광도건설 주식회사, 이케이산업 주식회사와 사이에, 원고와 피고가 본부지 토목공사 및 제1사도 개설공사를 포기하되 공사대금을 정산하기로 하는 내용의 합의를 하였으며, 원고는 같은 날 피고와 사이에 중단된 제2사도 개설공사 중 나머지 부분에 대하여 피고가 마무리 공사를 하기로 합의하였습니다.
6. 원고는 다음과 같이 본부지 토목공사 및 제1, 2사도 개설공사와 관련하여, 총 1,734,576,856원 상당의 공사를 하였고 피고로부터 그 공사대금으로 합계 1,197,890,850원을 지급받았으므로 미지급공사대금은 536,686,006원입니다.

(가) 본부지 토목공사와 관련하여, 원고의 하도급 공사대금은 1,000,000,000원이었으나, 공사수량 변경 등으로 그 공사대금이 67,390,619원 증액되었고, 원고의 기성고는 757,234,519원(추가공사비 포함)인데, 원고는 그 공사대금으로 329,939,500원을 지급받았으므로 미지급공사대금은 427,295,019원이다.

(나) 제1사도 개설공사와 관련하여, 원고의 하도급 공사대금은 460,000,000원이었으나, 공사수량 변경 등으로 그 공사대금이 54,476,689원 증액되었고, 원고의 기성고는 541,000,000원(추가공사비 포함)이며, 원고는 피고와의 합의에 따라 당초 공사계약에 없던 가감속 차선공사를 하고 그 공사비로 13,916,000원을 지출하였으므로, 원고의 총 공사대금은 554,916,000원인데, 원고는 그 공사대금으로 505,285,510원을 지급받았으므로 미지급공사대금은 49,630,490원이다.

(다) 제2사도 개설공사와 관련하여, 원고의 하도급 공사대금은 380,000,000원이었으나, 설계변경(수량변경, 아스콘 및 폐기물처리비 추가) 등으로 그 공사대금이 12,985,897원 증액되었고, 원고의 기성고는 422,426,337원(추가공사비 포함)인데, 원고는 그 공사대금으로 362,665,840원(= 원고가 직접 지급받은

공사대금 303,000,000원 + 소외 임천석이 원고를 대신하여 주식회사 무림종합건설로부터 지급받은 10,000,000원 + 주식회사 무림종합건설이 지출한 자재대금 49,665,840원)을 지급받았으므로 미지급공사대금은 59,760,497원이다.

7. 한편, 원고는 피고로부터 지급받을 공사비 중 금 144,473,000원을 피고가 공사업자들에게 직접 지급하도록 위임하였고, 또한 청주지방법원 2004타채360호로 피고의 광도건설 주식회사에 대한 공사대금채권에 관하여 채권압류 및 추심명령을 받아 위 법원 2004타기497호 배당절차에서 56,385,300원을 배당받았습니다.

8. 따라서 원고가 피고로부터 지급받아야 할 미지급공사대금 536,686,006원에서 원고가 피고에게 공사업자들에게 지급을 위임한 위 144,473,000원 및 원고가 배당받은 위 56,385,300원을 공제하면 335,827,703원이 되고, 피고는 원고에게 위 335,827,703원을 지급할 의무가 있다 할 것이므로 이 사건 소를 제기합니다.

입 증 방 법

1. 갑제1호증　　　　　　　　　　　공사계약서
2. 갑제2호증　　　　　　　　　　　진술서
3. 갑제3호증　　　　　　　　　　　배당명령서
4. 갑제4호증 ～ 갑 제38호증(생략)

그 밖의 것은 변론에 따라 수시로 제출하겠음.

첨 부 서 류

1. 위 입증방법　　　　　　　　　　각1통
2. 소송위임장　　　　　　　　　　　1통

            3. 소장부본   1통
            4. 납부서   1통

                              20○○. ○. ○.

             원고 소송대리인 변호사 ○ ○ ○ (날인 또는 서명)

                                                    ○○지방법원 귀중

주 <소송 전 확인, 준비사항>
1. 접수 : 일반사건으로 종합민원실에 접수한다.
2. 소가 : 소가는 청구금액에 의한다.(손해금등 부대청구는 소가에 해당하지 않는다)
3. 관할 : 피고의 주소지 관할법원
4. 인지 : 소가 1천만원미만 → 소가×10,000분의 50
   소가 1천만원이상 1억원미만 → 소가×10,000분의45 + 5,000원
   소가 1억원이상 10억원미만 → 소가×10,000분의40 + 55,000원
   소가 10억원이상 → 소가×10,000분의35 + 555,000원
   (최하 1천원이고 100원미만은 버림)
5. 소장부본 : 소장부본은 법원 1부 + 상대방 숫자만큼 제출한다.
6. 청구취지는 정확하게 기재하여야 한다. 이것이 바로 판결의 주문이 되어 실행이 이루어지는 것이다(간략하고, 투명하고, 정확하게 기재).
7. 청구원인은 권리주장의 근거를 설명식으로 기재한다.(반드시 주장의 핵심적인 요건사실이 들어가야 함)
8. 청구원인의 결론, 부본은 청구취지를 다시 언급하되 보다 자세히 근거법령 및 원인 관련을 기재한다.
9. 날인은 인감이 아니어도 상관없다.

【참조조문】

〔민법 제664조〕
제664조 (도급의 의의) 도급은 당사자일방이 어느 일을 완성할 것을 약정하고 상대방이 그 일의 결과에 대하여 보수를 지급할 것을 약정함으로써 그 효력이 생긴다.

〔민법 제460조〕
제460조 (변제제공의 방법) 변제는 채무내용에 좇은 현실제공으로 이를 하여야 한다. 그러나 채권자가 미리 변제 받기를 거절하거나 채무의 이행에 채권자의 행위를 요하는 경우에는 변제준비의 완료를 통지하고 그 수령을 최고하면 된다.

〔민사소송법 제213조〕
제213조 (가집행의 선고)
① 재산권의 청구에 관한 판결은 가집행(假執行)의 선고를 붙이지 아니할 상당한 이유가 없는 한 직권으로 담보를 제공하거나, 제공하지 아니하고 가집행을 할 수 있다는 것을 선고하여야 한다. 다만, 어음금·수표금 청구에 관한 판결에는 담보를 제공하게 하지 아니하고 가집행의 선고를 하여야 한다.
② 법원은 직권으로 또는 당사자의 신청에 따라 채권전액을 담보로 제공하고 가집행을 면제받을 수 있다는 것을 선고할 수 있다.
③ 제1항 및 제2항의 선고는 판결주문에 적어야 한다.

【참조판례】

대법원 1989. 12. 26. 선고 88다카32470, 32487 판결(공1990, 363), 대법원 1992. 3. 31. 선고 91다42630 판결(공1992, 1419), 대법원 1993. 11. 23. 선고 93다25080 판결(공1994상, 179), 대법원 1995. 6. 9. 선고 94다29300, 29317 판결(공1995하, 2371), 대법원 2003. 2. 26. 선고 2000다40995 판결(공2003상, 891)

> 대법원 1990. 5. 22. 선고 90므26, 33 판결(공1990, 1369), 대법원 1993. 10. 8. 선고 93다26175, 26182 판결(공1993하, 3049), 대법원 1995. 12. 12. 선고 95다38127 판결(공1996상, 382), 대법원 2000. 7. 6. 선고 2000다560 판결(공2000하, 1864)

【상기사건의 핵심】

> 1. 건축공사도급계약에 있어서 공사 도중에 계약이 해제되어 미완성 부분이 있는 경우라도 그 공사가 상당한 정도로 진척되어 원상회복이 중대한 사회적·경제적 손실을 초래하게 되고 완성된 부분이 도급인에게 이익이 되는 때에는 도급계약은 미완성 부분에 대해서만 실효되어 수급인은 해제된 상태 그대로 그 건물을 도급인에게 인도하고 도급인은 그 건물의 기성고 등을 참작하여 인도받은 건물에 대하여 상당한 보수를 지급하여야 할 의무가 있고, 도급인이 지급하여야 할 보수액은 다른 특별한 사정이 없는 한 당사자 사이에 약정된 총공사비를 기준으로 하여 그 금액에서 수급인이 공사를 중단할 당시의 공사기성비율에 의한 금액이라고 할 것이며, 기성고 비율은 이미 완성된 부분에 소요된 공사비와 미완성 부분을 완성하는 데 소요될 공사비를 합친 전체 공사비 가운데 이미 완성된 부분에 소요된 비용이 차지하는 비율이라고 할 것이다.
> 2. 제1심판결의 가집행선고에 터잡아 이루어진 채권압류 및 추심명령에 기초하여 소송을 진행하는 과정에서 원고가 배당받은 금원은 제1심판결에 의한 가지급물로서 제1심판결의 실효 여부에 따라 종국적인 변제의 효과가 생기므로(제1심판결 중 항소심판결에 의하여 취소되는 피고 패소 부분에 관하여는 원고가 피고에게 위 배당금을 가지급물로서 반환하여야 한다.), 항소심에서 청구의 당부를 판단함에 있어서는 이를 참작할 수 없다.

【원고의 주장과 피고의 항변】

【원고의 주장】
　원고가 피고로부터 지급받아야 할 미지급공사대금 536,686,006원에서 원고가 피고에게 공사업자들게 지급을 위임한 위 144,473,000원 및 원고가 배당받은 위 56,385,300원을 공제하면 335,827,703원이 되고, 피고는 원고에게 위 335,827,703원을 지급할 의무가 있으므로, 본소로써 피고에 대하여 위 금원의 지급을 구한다.

【피고의 항변】
　피고는 원고에게 본부지 토목공사 및 제1, 2사도 개설공사와 관련한 원고의 기성고 공사대금보다 43,280,418원을 더 지급하여 원고에 지급할 공사잔대금 채무는 남아있지 아니하므로 원고의 본소청구에 응할 수 없고, 오히려 원고가 피고에게 위 초과 지급한 금원을 반환해 줄 의무가 있으므로 반소로써 원고에 대하여 위 금원의 지급을 구한다.

【법원판단】

　채권압류 및 추심명령에 기초하여 소송을 진행하는 과정에서 원고가 배당받은 위 금원은 이 사건 제1심판결에 의한 가지급물로서 이 사건 제1심판결의 실효 여부에 따라 종국적인 변제의 효과가 생기므로(제1심판결 중 이 사건 항소심판결에 의하여 취소되는 피고 패소 부분에 관하여는 원고가 피고에게 위 배당금을 가지급물로서 반환하여야 한다.), 이 사건 항소심에서 청구의 당부를 판단함에 있어서는 이를 참작할 수 없다 할 것이며(대법원 2000. 7. 6. 선고 2000다560 판결 참조), 따라서 원고의 위 주장은 받아들이지 아니한다.
　그렇다면 원고의 본소청구는 위 인정 범위 내에서 이유 있어 이를 인용하고, 원고의 나머지 본소청구 및 피고의 반소청구는 모두 이유 없어 이를 기각할 것인바, 이와 결론을 일부 달리한 제1심판결 중 본소에 관한 피고

패소 부분은 부당하므로 이를 취소하고, 그 부분에 해당하는 원고의 본소청구를 기각하며, 피고의 본소에 관한 나머지 항소 및 반소에 관한 항소는 모두 이유 없어 이를 기각하기로 하여 주문과 같이 판결한다.

- 주 문 -

1. 제1심판결 중 다음에서 인정되는 금원을 초과하는 본소에 관한 피고(반소원고) 패소 부분을 취소하고, 그 부분에 해당하는 원고(반소피고)의 본소청구를 기각한다. 피고(반소원고)는 원고(반소피고)에게 208,584원 및 이에 대하여 2002. 4. 11.부터 2005. 1. 26.까지는 연 5%의, 그 다음날부터 완제일까지는 연 20%의 각 비율에 의한 금원을 지급하라.
2. 피고(반소원고)의 본소에 관한 나머지 항소 및 반소에 관한 항소를 모두 기각한다.
3. 소송비용은 제1, 2심 모두 본소 및 반소를 합하여 이를 5분하여 그 4는 원고(반소피고)의, 나머지는 피고(반소원고)의 각 부담으로 한다

(대전고법 2005. 1. 26. 선고 2004나1095, 1101 판결).

[부당이득금 청구의 소]

소 장

원 고 울산북부신용협동조합
　　　　파산관재인 예금보험공사
　　　　사장 ○ ○ ○ (000000 - 0000000)
　　　　○○시 ○○구 ○○동 ○○번지
　　　　전화 02-1234-4567   휴대폰 010-1234-5678
　　　　팩스 02-9876-5432   이메일 : lawb@lawb.co.kr
　　　　원고 소송대리인 변호사 ○ ○ ○
　　　　○○시 ○○구 ○○동 ○○번지

피 고 주식회사 경남은행
　　　　은행장 ○ ○ ○ (000000 - 0000000)
　　　　○○시 ○○구 ○○동 ○○번지
　　　　전화 02-1234-4567   휴대폰 010-1234-5678
　　　　팩스 02-9876-5432   이메일 : lawb@lawb.co.kr
　　　　피고 소송대리인 변호사 ○ ○ ○
　　　　○○시 ○○구 ○○동 ○○번지

부당이득금 청구의 소

청 구 취 지

1. 피고는 울산지방법원 2004타채6297 채권압류 및 추심명령에 따른 추심금 14,695,885원 및 이에 대하여 2004. 12. 16.부터 이 사건 소장부본 송달일까지는 연 5%의, 그 다음날부터 공탁의무 이행일까지는 연 20%의

각 비율에 의한 금원을 위 법원에 공탁하고, 그 사유를 신고하라.
2. 소송비용은 피고의 부담으로 한다.
3. 위 제1항은 가집행할 수 있다.
라는 판결을 구합니다.

청 구 원 인

1. 파산 전 울산북부신용협동조합(이하 '울산북부신협'이라 한다)은 소외인소유의 울산 북구 화봉동 (지번 생략)답 139평(이하 '이 사건 부동산'이라 한다)에 관하여 위 소외인을 채무자로 하여 1998. 12. 16. 채권최고액 26,000,000원의 근저당권설정계약을 체결한 뒤, 다음날 근저당권설정등기를 마쳤고, 2001. 11. 8. 채권최고액 51,000,000원의 근저당권설정계약을 체결하고, 같은 날 근저당권설정등기를 마쳤습니다.

2. 그 후, 울산북부신협은 2001. 11. 9. 피고에게 55,000,000원을 변제기 2004. 11. 9., 이자율 8.5%, 지연배상금률 22%로 정하여 대출하였습니다.

3. 한편, 소외 대한주택공사는 2004. 12. 7. 울산 화봉 2지구 택지개발사업을 위하여 이 사건 부동산을 수용하였고, 같은 날 위 소외인을 피공탁자로 하여 49,703,000원을 울산지방법원에 공탁하였습니다.
그런데 피고는 2004. 12. 9. 제3채무자를 대한민국으로 하여 이 법원 2004타채6297호로 채권압류 및 추심명령(이하 '이 사건 추심명령'이라 한다)을 받았고, 2004. 12. 15. 위 추심명령에 기하여 제3채무자인 대한민국으로부터 14,695,885원을 추심하였습니다.

4. 원고는 2005. 1. 26. 위 소외인의 근저당권자로서 제3채무자를 대한민국으로 하여 물상대위권에 기하여 이 법원 2005타채477호로 채권압류 및 전부명령을 받은 뒤, 확정된 위 전부명령에 기하여 위 공탁금 중 35,007,115원을 전부금으로 수령하였습니다.

5. 그 후, 원고는 피고가 위와 같이 추심명령에 기해 금원을 추심한 이후에도

추심신고를 하지 아니함에 따라 2007. 6. 1. 물상대위의 법리에 따라 우선변제권을 가지는 채권자로서, 피고가 신청한 이 법원 2004타채6297호 채권집행절차에 배당요구신청을 하였고, 그 배당요구신청서는 2007. 6. 12. 피고에게 도달되었습니다.
5. 추심채권자인 피고는 추심한 채권에 관하여 추심신고를 하기 전까지 배당요구를 한 다른 채권자가 있는 경우에는 추심금 및 이에 대한 지연손해금을 공탁하여야 할 법률상 의무를 부담한다고 할 것이므로 이 사건 소를 제기합니다.

입 증 방 법

1. 갑제1호증   근저당설정계약서
2. 갑제2호증   전부명령서
3. 갑제3호증   배당요구신청서
4. 갑제4호증 ~ 갑 제16호증(생략)

그 밖의 것은 변론에 따라 수시로 제출하겠음.

첨 부 서 류

1. 위 입증방법   각1통
2. 소송위임장   1통
3. 소장부본   1통
4. 납부서   1통

20○○. ○. ○.

원고 소송대리인 변호사 ○ ○ ○ (날인 또는 서명)

○○지방법원 귀중

주 <소송 전 확인, 준비사항>
1. 접수 : 일반사건으로 종합민원실에 접수한다.
2. 소가 : 소가는 청구금액에 의한다.(손해금등 부대청구는 소가에 해당하지 않는다)
3. 관할 : 피고의 주소지 관할법원
4. 인지 : 소가 1천만원미만 → 소가×10,000분의 50
   소가 1천만원이상 1억원미만 → 소가×10,000분의45 + 5,000원
   소가 1억원이상 10억원미만 → 소가×10,000분의40 + 55,000원
   소가 10억원이상 → 소가×10,000분의35 + 555,000원
   (최하 1천원이고 100원미만은 버림)
5. 소장부본 : 소장부본은 법원 1부 + 상대방 숫자만큼 제출한다.
6. 청구취지는 정확하게 기재하여야 한다. 이것이 바로 판결의 주문이 되어 실행이 이루어지는 것이다(간략하고, 투명하고, 정확하게 기재).
7. 청구원인은 권리주장의 근거를 설명식으로 기재한다.(반드시 주장의 핵심적인 요건사실이 들어가야 함)
8. 청구원인의 결론, 부본은 청구취지를 다시 언급하되 보다 자세히 근거법령 및 원인 관련을 기재한다.
9. 날인은 인감이 아니어도 상관없다.
10. 부당이득은 법률상의 원인없이 부당하게 재산적 이득을 얻고, 이로 말미암아 타인에게 손해를 준 자에 대하여 그 이득의 반환을 명하는 제도이다(민법 제742조).

【참조조문】

〔민사집행법 제236조 제2항〕
제236조 (추심의 신고)
① 채권자는 추심한 채권액을 법원에 신고하여야 한다.
② 제1항의 신고전에 다른 압류·가압류 또는 배당요구가 있었을 때에는 채권자는 추심한 금액을 바로 공탁하고 그 사유를 신고하여야 한다.

〔민사집행법제247조 제1항 제2호〕
제247조 (배당요구)
① 민법·상법, 그 밖의 법률에 의하여 우선변제청구권이 있는 채권자와

집행력 있는 정본을 가진 채권자는 다음 각호의 시기까지 법원에 배당요구를 할 수 있다.
1. 제3채무자가 제248조제4항에 따른 공탁의 신고를 한 때
2. 채권자가 제236조에 따른 추심의 신고를 한 때
3. 집행관이 현금화한 금전을 법원에 제출한 때
② 전부명령이 제3채무자에게 송달된 뒤에는 배당요구를 하지 못한다.
③ 제1항의 배당요구에는 제218조 및 제219조의 규정을 준용한다.
④ 제1항의 배당요구는 제3채무자에게 통지하여야 한다.

〔민사집행법 제252조 제2호〕
제252조 (배당절차의 개시) 법원은 다음 각 호 가운데 어느 하나에 해당하는 경우에는 배당절차를 개시한다.
1. 제222조의 규정에 따라 집행관이 공탁한 때
2. 제236조의 규정에 따라 추심채권자가 공탁하거나 제248조의 규정에 따라 제3채무자가 공탁한 때
3. 제241조의 규정에 따라 현금화된 금전을 법원에 제출한 때

〔민법 제379조〕
제379조 (법정이율) 이자있는 채권의 이율은 다른 법률의 규정이나 당사자의 약정이 없으면 연 5분으로 한다.

〔민법 제397조〕
제397조 (금전채무부이행에 대한 특칙)
① 금전채무부이행의 손해배상액은 법정이율에 의한다. 그러나 법령의 제한에 위반하지 아니한 약정이율이 있으면 그 이율에 의한다.
② 전항의 손해배상에 관하여는 채권자는 손해의 증명을 요하지 아니하고 채무자는 과실없음을 항변하지 못한다.

【참조판례】

대법원 2005. 7. 28. 선고 2004다8753 판결(공2005하, 1411)

【상기사건의 핵심】

1. 채권압류 및 추심명령을 받은 채권자가 제3채무자로부터 피압류채권을 추심하였음에도 추심신고를 하지 아니한 경우 민사집행법 제236조 제2항에 따라 추심채권자가 추심의 신고를 하기 전에 다른 압류, 가압류 또는 배당요구가 있었을 때에는 추심채권자는 추심한 금액을 바로 공탁하고 그 사유를 신고하여야 하고, 이때 추심채권자는 제3채무자로부터 지급받은 추심금 외에 추심금을 실제로 공탁하고 그 사유를 신고할 때까지 지연손해금을 부가하여 공탁하여야 할 의무가 있는바, 압류 등의 경합이 있는 경우에 지연손해금의 기산일과 종기는 제3채무자로부터 추심채권자가 추심금을 수령한 후 공탁 및 사유신고에 필요한 상당한 기간이 지난 후부터 공탁 및 사유신고를 할 때까지이다. 그러나 압류 등의 경합이 없이 배당요구채권자만이 있는 경우에는 배당요구통지가 추심채권자에게 도달한 날로부터 공탁 및 사유신고에 필요한 상당한 기간이 지난 때를 지연손해금의 기산일로 보아야 한다. 왜냐하면, 이러한 경우 비록 추심채권자가 배당요구가 있을 때까지 추심신고를 해태하여 추심명령의 채무자나 배당요구채권자가 추심금에 대한 지연손해금 상당의 손해를 입게 되더라도, 추심채권자가 민사집행법 제247조 제1항 제2호 소정의 추심신고를 한 경우에는 다른 채권자들에 의한 배당요구는 더 이상 허용되지 않고 추심채권자가 추심금에 관하여 독점적인 만족을 얻게 되는 점에 비추어 볼 때, 위와 같은 손해는 추심채권자의 추심신고의 해태로 인하여 야기된 것이라고 볼 수 없기 때문이다. 그리고 추심채권자가 추가로 공탁하여야 할 지연손해금을 산정함에 있어 적용되는 이율에 관하여는 위 지연손해금의 추가공탁을 명하는 이론적 근거를 손해배상책임에서 찾는 이상 금전채무불이행에 대한 특칙인 민법 제397조에 따라 민법 제379조의 법정이율인 연 5%가 적용된다.

2. 민사집행법 제247조 제2항이 전부명령이 제3채무자에게 송달된 뒤에는 배당요구를 하지 못한다고 규정하는 취지는 전부명령이 확정된 경우 전부명령이 제3채무자에게 송달된 때에 압류채권은 지급에 갈음하여 압류채권자에게 이전하고 권면액으로 변제된 것으로 보아서 전부명령이 제3채무자에게 송달된 뒤에 제3자가 한 배당요구는 효력이 없다는 것이므로, 전부명령을 받은 채권자가 그 전부명령을 통하여 만족을 얻지 못한 채권에 관하여 추심권자를 상대로 추심신고가 있기 전에 별도의 배당요구를 하는 것을 금하는 것은 아니다.

【원고의 주장과 피고의 항변】

【원고의 주장】

원고는, 추심채권자인 피고는 추심한 채권에 관하여 추심신고를 하기 전까지 배당요구를 한 다른 채권자가 있는 경우에는 추심금 및 이에 대한 지연손해금을 공탁하여야 할 법률상 의무를 부담한다고 할 것이므로, 피고는 추심금 14,695,885원 및 이에 대하여 추심한 날 익일인 2004. 12. 16.부터 이 사건 소장부본 송달일까지는 민법 소정의 연 5%, 그 다음날부터 공탁의무 이행일까지는 소송촉진 등에 관한 특례법이 정하는 연 20%의 비율에 의한 금원을 공탁하고, 그 사유를 신고하여야 한다고 주장한다.

【피고의 항변】

피고는 우선, 피고의 추심 종료 후에 원고의 압류명령이 제3채무자에게 송달된 경우 그 압류의 효력이 추심금에 미치지 아니하고, 그 효력이 없는 압류에 별도의 배당요구로서의 효력도 부인된다고 주장한다.

【법원판단】

원고는 2005. 1. 26. 압류 및 전부명령에 기하여 압류 등이 경합되었음을 이유로 또는 그 압류명령이 추심을 마친 이후에 이루어진 것으로 압류명령으로서는 무효라도 배당요구로서의 효력이 있음을 이유로 이 사건 청구를 하는 것이 아니라 피고의 추심신고 이전에 배당요구를 하였음을 이유로 이 사건 청구를 하는 것이므로, 피고의 위 주장은 원고의 청구를 거절할만한 항변사유가 되지 못한다고 할 것이다.

다음으로 피고는 민사집행법 제247조 제2항이 전부명령이 제3채무자에게 송달된 뒤에는 배당요구를 하지 못한다고 규정하고 있으므로, 원고가 압류 및 전부명령을 받아 집행을 완료한 후 다시 배당요구를 한 것은 부당하고, 가사 그렇지 않다고 하더라도 피고가 위 추심명령에 기한 추심을 종료한 후 피고가 추심하고 남은 금액에 대하여 원고의 압류 및 전부명령이 집행되어 피전부채권이 전부 소멸되었으므로, 원고가 추가로 배당요구를 하는 것은 부당하다고 주장한다.

살피건대, 민사집행법 제247조 제2항에서 규정하는 바는 전부명령이 확정된 경우 전부명령이 제3채무자에게 송달된 때에 압류채권은 지급에 갈음하여 압류채권자에게 이전하게 되어 권면액으로 변제된 것으로 보아서 전부명령이 제3채무자에게 송달된 뒤에 제3자가 한 배당요구는 효력이 없다는 취지이므로, 본 사안처럼 전부명령을 받은 채권자가 그 전부명령을 통하여 만족을 얻지 못한 채권에 관하여 추심권자를 상대로 추심신고가 있기 전에 별도의 배당요구를 하는 것을 금하는 것은 아니라 할 것이다.

그리고 전부명령이 발효하면 피전부채권의 권면액 상당의 집행채권이 전부명령이 제3채무자에게 송달된 때로 소급하여 소멸되는 것일 뿐이고 집행채권 전액이 소멸된 것은 아니라 할 것인데, 갑4호증의 기재에 변론 전체의 취지를 종합하면, 피고가 위 추심명령에 기한 추심을 종료한 후 남은 금원에 대하여 원고가 위 압류 및 전부명령에 기하여 전부금을 수령한 이후인 2005. 3. 10.에도 원고는 위 소외인에 대하여 총 38,495,822원(대출원금 34,339,071원, 이자 4,156,751원)의 대여금채권을 보유하고 있었던 사실을 인정할 수 있고, 이 경우 물상대위의 법리에 따라 우선변제권을 가지는 원고로서는 추심명령에 따른 채권추심 후 추심신고를 마치지 아니한 피고를 상대로 얼마든지 위 대여금채권에 관하여 배당요구를 할 수 있으므로, 피고의 위 주장도 이유 없다.

　그렇다면 원고의 이 사건 청구는 위 인정 범위 내에서 이유 있어 이를 인용하고, 원고의 나머지 청구는 이유 없으므로 이를 기각하기로 하여 주문과 같이 판결한다(울산지법 2008. 9. 12. 선고 2008가단7405 판결).

[근저당권설정말소 청구의 소(이해관계인)]

소 장

원 고 ○ ○ ○ (000000 - 0000000)
　　　○○시 ○○구 ○○동 ○○번지
　　　전화 02-1234-4567　휴대폰 010-1234-5678
　　　팩스 02-9876-5432　이메일 : lawb@lawb.co.kr
　　　원고 소송대리인 변호사 ○ ○ ○
　　　○○시 ○○구 ○○동 ○○번지

피 고 ○ ○ ○ (000000 - 0000000)
　　　○○시 ○○구 ○○동 ○○번지
　　　전화 02-1234-4567　휴대폰 010-1234-5678
　　　팩스 02-9876-5432　이메일 : lawb@lawb.co.kr
　　　피고 소송대리인 변호사 ○ ○ ○
　　　○○시 ○○구 ○○동 ○○번지

근저당권설정말소 청구의 소

청 구 취 지

1. 피고는 원고에게 대전 유성구 계산동 (지번 생략)답 992㎡에 관하여 대전지방법원 2003. 12. 8. 접수 제142199호로 경료된 근저당권설정등기의 말소등기절차를 이행하라.
2. 소송비용은 피고의 부담으로 한다.
3. 위 제1항은 가집행할 수 있다.
라는 판결을 구합니다.

청 구 원 인

1. 이 사건 부동산은 사실상 소외 2가 매매차익을 노리고 소외 1명의로 매수한 것으로서, 소외 2가 이 사건 부동산의 매수대금을 마련하고자 피고로부터 1억 5,000만 원을 차용하면서 그 차용금반환채무의 담보를 위하여 이 사건 등기를 경료하였는데, 소외 2가 이 사건 부동산을 매수한 후 이를 담보로 청주신용협동조합으로부터 1억 5,000만 원을 대출받아 피고에게 변제함으로써 이 사건 등기는 그 피담보채무가 모두 소멸하였습니다.
2. 소외 2가 피고로부터 차용한 위 1억 5,000만 원을 모두 변제하지 아니하였다 하더라도, 피고는 원고로부터 그 중 7,500만 원을 변제받았고, 그로 인하여 이 사건 등기에 관한 피담보채무는 모두 소멸하였습니다.
3. 설령 그 피담보채무가 잔존한다 하더라도 피고는 원고에게 위 피담보채무를 모두 면제하는 한편 이 사건 등기를 말소하여 주기로 약정하였습니다.
4. 한편, 원고는 소외 2와 피고에 기망당하여 소외 2의 피고에 대한 채무를 인수하였는바, 2007. 12. 7.자 준비서면의 송달로 위 채무인수의 의사표시를 취소한다고 피고에게 통지하였습니다.
5. 따라서 위와 같은 이유로 원고는 피고에 대하여 이 사건 등기의 말소를 구하는 이 사건 소를 제기하게 된 것입니다.

입 증 방 법

1. 갑제1호증   부동산매매계약서
2. 갑제2호증   부동산등기부등본
3. 갑제3호증   진술서
4. 갑제4호증 ~ 갑 제21호증(생략)

그 밖의 것은 변론에 따라 수시로 제출하겠음.

첨 부 서 류

1. 위 입증방법   각1통
2. 소송위임장   1통
3. 소장부본   1통
4. 납부서   1통

20○○. ○. ○.

원고 소송대리인 변호사 ○ ○ ○ (날인 또는 서명)

○○지방법원 귀중

주   <소송 전 확인, 준비사항>

1. 접수 : 일반사건으로 종합민원실에 접수한다.
2. 소가 : 소가는 채권최고액
3. 관할 : 피고의 주소지 관할법원
4. 인지 : 소가 1천만원미만 → 소가×10,000분의 50
   소가 1천만원이상 1억원미만 → 소가×10,000분의45 + 5,000원
   소가 1억원이상 10억원미만 → 소가×10,000분의40 + 55,000원
   소가 10억원이상 → 소가×10,000분의35 + 555,000원
   (최하 1천원이고 100원미만은 버림)
5. 소장부본 : 소장부본은 법원 1부 + 상대방 숫자만큼 제출한다.
6. 청구취지는 정확하게 기재하여야 한다. 이것이 바로 판결의 주문이 되어 실행이 이루어지는 것이다(간략하고, 투명하고, 정확하게 기재).
7. 청구원인은 권리주장의 근거를 설명식으로 기재한다.(반드시 주장의 핵심적인 요건사실이 들어가야 함)
8. 청구원인의 결론, 부본은 청구취지를 다시 언급하되 보다 자세히 근거법령 및 원인 관련을 기재한다.
9. 날인은 인감이 아니어도 상관없다.

【참조조문】

[민사소송법 제51조]

제51조 (당사자능력·소송능력 등에 대한 원칙) 당사자능력(當事者能力), 소송능력(訴訟能力), 소송무능력자(訴訟無能力者)의 법정대리와 소송행위에 필요한 권한의 수여는 이 법에 특별한 규정이 없으면 민법, 그 밖의 법률에 따른다.

[민법 제186조]

제186조 (부동산물권변동의 효력) 부동산에 관한 법률행위로 인한 물권의 득실변경은 등기하여야 그 효력이 생긴다.

[민법 제357조]

  제357조 (근저당)

  ① 저당권은 그 담보할 채무의 최고액만을 정하고 채무의 확정을 장래에 보류하여 이를 설정할 수 있다. 이 경우에는 그 확정될 때까지의 채무의 소멸 또는 이전은 저당권에 영향을 미치지 아니한다.

  ② 전항의 경우에는 채무의 이자는 최고액중에 산입한 것으로 본다.

[민법 제369조]

제369조 (부종성) 저당권으로 담보한 채권이 시효의 완성 기타 사유로 인하여 소멸한 때에는 저당권도 소멸한다.

【상기사건의 핵심】

근저당권이 설정된 부동산의 종전 소유자는 근저당권설정계약에 기하여, 또 현재 소유자는 자신의 소유권에 기하여 각기 피담보채무의 소멸이나 원인무효를 원인으로 하여 그 근저당권설정등기의 말소를 청구할 수 있지만, 부동산의 종전 또는 현재의 소유자이거나 근저당권설정계약상 당사자가 아닌 근저당권의 피담보채무에 관한 채무자에 불과한 자는 근저당권의 말소등기에 관하여 직접적인 법률상 이해관계가 있는 등기부상 이해관계인이라 볼 수 없어 위 근저당권설정등기의 말소를 청구할 당사자적격이 없다.

【원고의 주장과 피고의 항변】

【원고의 주장】
원고는 소외 2와 피고에 기망당하여 소외 2의 피고에 대한 채무를 인수하였는바, 2007. 12. 7.자 준비서면의 송달로 위 채무인수의 의사표시를 취소한다는 취지로 주장한다.

【피고의 항변】
원고가 이 사건 부동산의 종전 또는 현재의 소유자라거나 위 근저당권 설정계약상 당사자가 아니므로 원고의 청구는 부당하다고 주장한다.

【법원판단】

근저당권이 설정된 부동산의 종전 소유자는 근저당권설정계약에 기하여, 또 현재 소유자는 자신의 소유권에 기하여 각기 피담보채무의 소멸이나 원인무효를 원인으로 하여 그 근저당권설정등기의 말소를 청구할 수 있지만, 원고가 이 사건 부동산의 종전 또는 현재의 소유자라거나 위 근저당권 설정계약상 당사자라고 볼 만한 아무런 증거가 없고, 오히려 위 인정 사실에 의하면, 원고는 위 근저당권의 피담보채무에 관한 채무자에 불과하여 근저당권의 말소등기에 관하여 직접적인 법률상 이해관계가 있는 등기부상 이해관계인이라 볼 수 없으므로, 원고에게는 이 사건 등기의 말소를 청구할 당사자적격이 없다.

그렇다면 이 사건 소는 당사자적격이 없는 자에 의하여 제기된 것으로서 부적법하므로 이를 각하하기로 하여 주문과 같이 판결한다.

- 주 문 -
1. 이 사건 소를 각하한다.
2. 소송비용은 원고가 부담한다.

(대전지법 2008. 9. 5. 선고 2007가단30192 판결)

[채무존재확인청구의 소(보험금-반소)]

소 장

원 고　　　　○○보험주식회사
　　　　　대표이사 ○ ○ ○
　　　　　○○시 ○○구 ○○동 ○○번지
　　　　　전화 02-1234-4567　　휴대폰 010-1234-5678
　　　　　팩스 02-9876-5432　　이메일 : lawb@lawb.co.kr
　　　　　원고 소송대리인 변호사 ○ ○ ○

피 고 ○ ○ ○
　　　　　○○시 ○○구 ○○동 ○○번지
　　　　　전화 02-1234-4567　　휴대폰 010-1234-5678
　　　　　팩스 02-9876-5432　　이메일 : lawb@lawb.co.kr

채무존재확인 청구의 소

청 구 취 지

1. 기재 각 화재사고와 관련하여, 별지 2. 기재 보험계약에 기한 원고(반소피고)의 피고(반소원고)에 대한 보험금지급채무는 존재하지 아니함을 확인한다.
2. 소송비용은 피고의 부담으로 한다
라는 판결을 구합니다.

청 구 원 인

1. 원고는 2004. 7. 5.경 피고와 사이에 별지 2. 기재와 같이, 보험목적물을 충남 (상세 주소 생략)에 있는 피고 소유의 주택과 그 부속건물인 창고, 곳간(이하 '이 사건 건물'이라 한다) 및 위 주택 내의 가재도구로, 보험기간을 2004. 7. 5.부터 2014. 7. 5.까지로, 보험금액을 이 사건 건물 화재 금 3억 7,000만 원, 가재도구 화재 금 3,000만 원, 가재도구 도난 금 500만 원으로 하여, 이 사건 건물 및 가재도구에 화재가 발생하거나 가재도구를 도난당하는 경우 그로 인하여 발생하는 손해를 원고가 피고에게 보험금으로 지급하는 내용의 무배당 우리집행복지킴이종합보험계약(이하 '이 사건 보험계약'이라 한다)을 체결하고, 피고로부터 제1회 보험료 금 150,000원을 납입받았습니다.

2. 이 사건 보험계약의 내용으로 편입된 보험약관 제24조에 의하면 "계약자 또는 피보험자가 손해의 통지 또는 보험금 청구에 관한 서류에 고의로 사실과 다른 것을 기재하였거나 그 서류 또는 증거를 위조하거나 변조한 경우에는 피보험자는 손해에 대한 보험금청구권을 잃게 된다."고 규정되어 있고, 보험약관 제4조에 의하면 '계약에 관하여 계약자, 피보험자 또는 이들의 대리인의 사기행위가 있었을 경우에는 보험계약을 무효로 한다.'고 규정되어 있습니다.

3. 2004. 8. 24. 01:45경 이 사건 건물 중 주택에서 원인불상의 화재가 발생하여 주택과 이곳에 수용되어 있던 가재도구가 전부 불타고, 곳간이 상당 부분 불타버렸다. 그리고 같은 달 28.부터 29.까지 사이 시각불상경 이 사건 건물 중 창고에서 원인불상의 화재가 발생하여 창고가 상당 부분 불타 버렸습니다(이하 위 2건의 화재를 가리켜 '이 사건 각 화재'라 한다).

4. 살피건대, 이 사건 보험약관 제24조에 의하면, 보험계약자 또는 피보험자가 손해의 통지 또는 보험금 청구에 관한 서류에 고의로 사실과 다른 것을 기재하였거나 그 서류 또는 증거를 위조하거나 변조한 경우에 피보험자는 보험금청구권을 상실한다고 규정되어 있는 사실은 앞서 본 바와 같고, 갑1, 3호증, 갑4호증의 1, 갑6, 7, 10, 13호증, 갑 제14호증의1, 갑15호

증의 4 내지 6, 9, 10의 각 기재와 증인 소외 1, 2의 각 증언에 변론 전체의 취지를 종합하면, 이 사건 보험계약 체결 당시 피고는 2001년경 입은 교통사고로 인하여 지급받는 휴업급여와 처가 식당일을 하여 버는 110만 원으로 생활하며 인천 소재 전용면적 39.8㎡의 다세대주택에 거주하고 있었고, 당시 부채가 8,000여 만 원에 이른 사실, 이 사건 보험계약 체결 당시 피고가 소외 2를 통해 원고 회사의 보험모집인 소외 3에게 이 사건 건물을 별장이라고 하면서 그 가격이 4억 원이고 별도로 1억 원의 공사비가 들었으며 가재도구의 가격은 3,600만 원이라고 말하면서, 보험금액을 건물에 대하여는 3억 7,000만 원, 가재도구에 대하여는 3,000만 원으로 청약하자, 이에 원고 회사는 현장조사 없이 피고가 제안한 보험금액으로 정하여 이 사건 보험계약을 체결하고 월 15만 원의 보험료를 납입받은 사실, 피고는 이 사건 계약 당시 위 인천집에 대하여도 화재보험에 가입하고 월 10만 원의 보험료를 납입하기로 계약 체결한 사실, 피고는 이 사건 각 화재로 전기밥솥, 재봉틀, 가스렌지 등 13개 물품이 불타버려 가재도구에 관하여 합계 금 2,822,000원 상당의 손해를 입은 사실, 피고는 2004. 8. 31. 원고의 의뢰를 받아 손해를 사정하는 주식회사 다스카손해사정에 화재로 불타버린 가재도구의 품목을 기재한 손해명세서를 제출하면서, 위 손해명세서에 이 사건 건물 내에 수용된 바가 전혀 없던 삼성 파브 50인치 텔레비전, 에어컨, 침대 등 총 37개 물품이 소실되어 합계 금 39,068,000원 상당의 손해를 입은 것으로 허위 기재한 사실, 피고는 같은 해 10. 6.경 위 다스카손해사정에 위 손해명세서에 기재된 물품에 대한 구입증빙 및 추가 피해품목에 대한 근거 자료로서, 실제 물품을 구입한 사실이 없음에도 불구하고 인천 부평구에 있는 가전제품대리점과 가구점에 부탁하여 교부받은 허위의 간이영수증을 제출하는 등 이 사건 보험계약상 보험자인 원고에게 집기류 소훼에 대한 손해로만 위 텔레비전, 에어컨, 침대 등 총 42개 품목 합계 금 41,008,000원 상당의 화재보험금을 청구한 사실, 피고는 원고에게 이 사건 각 화재로 인한 보험금을 허위로 과다 청구한 사실로 인하여 2005. 1. 21. 대전지방법원 공주지원에서 사기미수죄로 징역 10월에 집행유예 2년을 선고받아 같은 달 29. 그 판결이 확정된 사실을 인정할 수 있다. 위 인정 사실에 의하면, 피보험자인 피고는 원고에게 보험금청구를 하면서 그에 관한 서류인 손해명세서와 영수증에 고의로 사실과 다른 것을 기재하였다고 할 것이므로, 피고는 이 사건 보험약관 제24조에 의하여 원고에 대한 보험금청구권을 상실하였다고 봄이 상당할 것입니다.

5. 따라서 달리 특별한 사정이 없는 한 원고의 피고에 대한 보험금지급채무는 존재하지 않는다고 할 것이므로 이 사건 소를 제기합니다.

입 증 방 법

1. 갑 제1호증　　　　　　　　　　　　　보험증권
2. 갑 제2호증 1,2　　　　　　　　　　　손해명세서, 영수증
3. 갑 제3호증 ~ 갑제15호증(생략)

그 밖의 것은 변론에 따라 수시로 제출하겠음.

첨 부 서 류

1. 위 입증방법　　　　　　　　　　　　각1통
2. 소송위임장　　　　　　　　　　　　1통
3. 소장부본　　　　　　　　　　　　　1통
4. 납부서　　　　　　　　　　　　　　1통

20○○. ○. ○.

원고 소송대리인 변호사   ○ ○ ○   (날인 또는 서명)

○○지방법원 귀중

주 <소송 전 확인, 준비사항>
1. 접수 : 일반사건으로 종합민원실에 접수한다.
2. 소가 : 소가는 청구금액에 의한다.(손해금등 부대청구는 소가에 해당하지 않는다)
3. 관할 : 피고의 주소지 관할법원
4. 인지 : 소가 1천만원미만 → 소가×10,000분의 50
   소가 1천만원이상 1억원미만 → 소가×10,000분의45 + 5,000원
   소가 1억원이상 10억원미만 → 소가×10,000분의40 + 55,000원
   소가 10억원이상 → 소가×10,000분의35 + 555,000원
   (최하 1천원이고 100원미만은 버림)
5. 소장부본 : 소장부본은 법원 1부 + 상대방 숫자만큼 제출한다.
6. 청구취지는 정확하게 기재하여야 한다. 이것이 바로 판결의 주문이 되어 실행이 이루어지는 것이다(간략하고, 투명하고, 정확하게 기재).
7. 청구원인은 권리주장의 근거를 설명식으로 기재한다.(반드시 주장의 핵심적인 요건사실이 들어가야 함)
8. 청구원인의 결론, 부본은 청구취지를 다시 언급하되 보다 자세히 근거법령 및 원인 관련을 기재한다.
9. 날인은 인감이 아니어도 상관없다.

별지 1. 화재사고의 내용

【화재사고의 내용】
1. 2004. 8. 24. 01:45경 충남 청양군 청남면 천내리 476-1, 2에 있는 피고 소유의 주택에서 화재가 발생하여 주택, 그 안의 가재도구, 곳간 등이 불타 버린 사고
2. 2004. 8. 28.부터 같은 달 29.까지 사이 시각불상경 제1항 기재 장소에 있는 피고 소유의 창고에서 화재가 발생하여 창고가 불타버린 사고. 끝.

별지 2. 보험계약의 내용

【보험계약의 내용】
1. 보험종목 : 무배당 우리집행복지킴이종합보험
2. 증권번호 : 67W3439
3. 보험계약자 및 피보험자 : 피고
4. 보험목적물 : 충남 청양군 청남면 천내리 476-1, 2에 있는 피고 소유의 주택, 그 부속건물인 창고, 곳간 및 위 주택 내의 가재도구
5. 보험기간 : 2004. 7. 5.부터 2014. 7. 5.까지
6. 보험금액 : 건물 화재 금 370,000,000원, 가재도구 화재 금 30,000,000원, 가재도구 도난 금 5,000,000원. 끝.

【참조조문】

〔민법 제105조〕
제105조 (임의규정) 법률행위의 당사자가 법령중의 선량한 풍속 기타 사회질서에 관계없는 규정과 다른 의사를 표시한 때에는 그 의사에 의한다.

〔상법 제658조〕
제658조 (보험금액의 지급) 보험자는 보험금액의 지급에 관하여 약정기간이 있는 경우에는 그 기간내에 약정기간이 없는 경우에는 제657조제1항의 통지를 받은 후 지체없이 지급할 보험금액을 정하고 그 정하여진 날부터 10日내에 피보험자 또는 보험수익자에게 보험금액을 지급하여야 한다.

【상기사건의 핵심】

건물 및 그 건물 내의 가재도구 등을 보험목적물로 하는 손해보험에 따른 보험금을 청구함에 있어 가재도구 손해부분에 대해서 허위의 청구를 한 사안에서, 보험계약을 체결하면서 '건물화재'와 '가재도구 화재 및 도난'으로 항목을 나누어 보험금액을 정하였다고 하더라도 각 항목별로 별개의 보험계약을 체결한 것으로 볼 수는 없는 점 등 제반 사정에 비추어 볼 때, 허위청구의 대상인 '가재도구' 손해 부분뿐만 아니라 나머지 건물 손해 부분에 대한 보험금청구권도 상실한다.

【원고의 주장과 피고의 항변】

【원고의 주장】

원고는 본소 청구원인으로서, (1) 피고는 허위의 손해명세서 및 영수증을 이용하여 원고에게 보험금을 청구하였으므로, 피고는 이 사건 보험약관 제24조에 의하여 보험금청구권을 상실하고, (2) 피고는 이 사건 건물의 보험가액이 금 35,770,267원에 불과함에도 보험금액을 금 3억 7,000만 원으로, 가재도구의 보험가액이 금 2,822,000원에 불과함에도 보험금액을 금 3,000만 원으로 각 정하여 이 사건 보험계약을 체결하였으므로, 이 사건 보험계약은 피고의 사기로 인한 초과보험에 해당하여 상법 제669조 제4항에 의하여 무효이거나, 이 사건 보험약관 제4조에 의하여 무효이며, (3) 이 사건 각 화재가 피고의 방화로 인하여 발생하였으므로, 상법 제659조 제1항에서 정한 보험사고가 피고의 고의로 인하여 생긴 때에 해당하여 보험자인 원고는 면책되므로, 결국 원고는 피고에게 보험금을 지급할 의무가 없다고 주장한다.

【피고의 항변】

이에 대하여 피고는 이 사건 보험계약의 보험기간 내에 이 사건 각 화재가 발생하였으므로, 보험자인 원고는 특별한 사정이 없는 한 피보험자인 원고에게 이 사건 보험계약에 따른 보험금을 지급할 의무가 있다고 주장한다.

【법원판단】

 이 사건에 나타난 모든 사정을 종합하면, 피고는 이 사건 허위청구를 함으로써 보험계약의 선의성 내지 신의성실원칙을 본질적으로 침해하였다고 할 것이므로, 허위청구의 대상인 가재도구 손해 부분뿐만 아니라 이 사건 건물 손해 부분에 대한 보험금청구권까지 상실한다고 하여, 이것이 지나치게 가혹하다거나 형평에 어긋난다고 할 수 없다. 따라서 피고의 위 주장은 이유 없다 할 수 있다.

 그렇다면 피고는 원고에 대한 보험금청구권을 상실하였다고 할 것이어서 이 사건 각 화재사고로 인한 원고의 피고에 대한 보험금지급채무는 존재하지 아니한다 할 것이고, 피고가 반소로서 보험금청구를 하고 있는 이상 그 확인의 이익도 있다 할 것이므로, 위 보험금지급채무의 부존재확인을 구하는 원고의 본소청구는 이유 있어 인용하고, 한편 보험금청구권이 유효하게 존속함을 전제로 이 사건 보험금의 지급을 구하는 피고의 반소청구는 이유 없어 기각하며, 소송비용의 부담에 관하여 민사소송법 제98조를 적용하여 주문과 같이 판결한다.

- 주 문 -

1. 별지 1. 기재 각 화재사고와 관련하여, 별지 2. 기재 보험계약에 기한 원고(반소피고)의 피고(반소원고)에 대한 보험금지급채무는 존재하지 아니함을 확인한다.
2. 피고(반소원고)의 반소청구를 기각한다.
3. 소송비용은 본소, 반소를 합하여 피고(반소원고)가 부담한다.

 (인천지법 2006. 3. 30. 선고 2005가합3270, 8473 판결)

[채무부존재확인 청구의 소(신용카드대금)]

소　　장

원　고　대한민국
　　　　법무부장관 ○ ○ ○ (000000 - 0000000)
　　　　○○시 ○○구 ○○동 ○○번지
　　　　전화 02-1234-4567　　휴대폰 010-1234-5678
　　　　팩스 02-9876-5432　　이메일 : lawb@lawb.co.kr
　　　　원고 소송대리인 변호사 ○ ○ ○
　　　　○○시 ○○구 ○○동 ○○번지

피　고　엘지카드 주식회사
　　　　대표이사 ○ ○ ○ (000000 - 0000000)
　　　　○○시 ○○구 ○○동 ○○번지
　　　　전화 02-1234-4567　　휴대폰 010-1234-5678
　　　　팩스 02-9876-5432　　이메일 : lawb@lawb.co.kr
　　　　피고 소송대리인 변호사 ○ ○ ○
　　　　○○시 ○○구 ○○동 ○○번지

채무부존재확인청구의 소

청 구 취 지

1. 원고(반소피고)의 피고(반소원고)에 대한 신용카드 사용대금 68,433,000원 및 이에 대한 지연이자 채무는 존재하지 아니함을 확인한다.
2. 소송비용은 피고의 부담으로 한다.

청구원인

1. 원고 산하의 공군비행단소속의 인사처장으로서 공군비행단 내부의 인사관리업무를 담당하고 있던 소외 1소령은 2009. 3. 20. 피고의 진주영업소에 방문하여 공군비행단 명의의 법인회원 가입신청서 및 위임장(공군비행단의 관인을 위조하여 작성한 후 가지고 갔다.)을 피고 영업소에 제출함으로써 공군비행단 명의의 법인카드 발급을 신청하였습니다.

2. 당시 법인카드 발급업무를 담당했던 피고의 진주영업소 직원인 ○○○(발급팀장)은 소외 1로부터 공군비행단 명의의 법인회원 가입신청서 및 위임장, 공군비행단의 고유번호증, 소외 1의 신분증 사본 등의 서류를 교부받고 법인카드 발급절차에 착수하였고, 같은 영업소 직원인 ○○○은 2009. 4. 4. 직접 공군비행단을 방문하여 소외 1의 근무사실을 확인하고 소외 1에게 법인카드(이하 '이 사건 법인카드'라 한다)를 교부하였습니다.

3. 그 후, 소외 1은 피고로부터 발급받은 이 사건 법인카드를 사용하여 68,433,000원 상당의 물품을 구매하였으나 그 결제일인 2009. 12. 17.까지 신용카드대금을 결제하지 아니하였습니다.

4. 소외 1은 위와 같이 피고로부터 이 사건 법인카드를 무단으로 발급받아 사용한 것을 비롯하여, 같은 방식으로 다른 신용카드회사로부터도 공군비행단 명의의 법인카드를 발급받아 수십 억 원 상당의 상품권 등을 구입하여 유통시키는 방법으로 돈을 융통한 다음 전역신청을 하고 잠적하였습니다.

5. 공군비행단은 수년 전부터 부대 재무관리의 편의를 위하여 소액의 법인카드(월간 사용한도는 30만 원에서 1,000만 원까지)를 사용하여 왔는데, 공군 부대의 대외적인 재정행위는 부대 재무관인 관리처장이 담당하도록 되어 있으므로, 법인카드의 발급신청 및 대금결제 사무도 관리처장이 담당

하고 있었습니다(이 사건 사고 이후 공군비행단은 이미 발급받은 법인카드를 모두 폐기하고, 자체적으로 법인카드를 발급받지 않고 있습니다).

6. 한편, 피고의 법인카드 규정에 따르면, 법인카드 신청을 내사접수 받는 경우 반드시 업체를 방문하여 실사하도록 되어 있고(제4조), 법인인감이 없는 단체인 공공기관의 경우에는 가입신청서에 단체장의 직인을 날인하고, 영업부서 담당자는 심사부서에서 정한 별도의 절차를 통해 신청 사실을 확인하도록 되어 있으나(제6조 제4항), 피고의 직원들은 소외 1에게 이 사건 법인카드를 발급하여 줌에 있어서 가입신청서와 위임장에 날인된 공군비행단의 관인의 진위 여부를 확인하거나 공군비행단 관리처에 법인카드 발급의사나 소외 1에게 대리권을 수여하였는지 여부에 관하여 확인한 바 없습니다.

7. 피고는 원고에 대하여 이 사건 법인카드 사용대금의 지급을 청구하나 이는 인사처장에 불과한 소외 1이 권한 없이 발급받아 사용한 것이므로 원고는 이에 대하여 아무런 책임도 지지 않는다할 것이므로 이 사건 소를 제기합니다.

입 증 방 법

1. 갑제1호증　　　　　　　　　　　　신용카드결제대금청구서
2. 갑제2호증　　　　　　　　　　　　진술서
3. 갑제3호증 ~ 갑 제14호증(생략)

그 밖의 것은 변론에 따라 수시로 제출하겠음.

첨 부 서 류

1. 위 입증방법　　　　　　　　　　　　각1통

```
            2. 소송위임장                              1통
            3. 소장부본                                1통
            4. 납부서                                  1통


                         20○○. ○. ○.


                  원고 소송대리인 변호사 ○ ○ ○ (날인 또는 서명)


   ○○지방법원 귀중
```

주 <소송 전 확인, 준비사항>
1. 접수 : 일반사건으로 종합민원실에 접수한다.
2. 소가 : 소가는 청구금액에 의한다.
3. 관할 : 피고의 주소지 관할법원
4. 인지 : 소가 1천만원미만 → 소가×10,000분의 50
   소가 1천만원이상 1억원미만 → 소가×10,000분의45 + 5,000원
   소가 1억원이상 10억원미만 → 소가×10,000분의40 + 55,000원
   소가 10억원이상 → 소가×10,000분의35 + 555,000원
   (최하 1천원이고 100원미만은 버림)
5. 소장부본 : 소장부본은 법원 1부 + 상대방 숫자만큼 제출한다.
6. 청구취지는 정확하게 기재하여야 한다. 이것이 바로 판결의 주문이 되어 실행이 이루어지는 것이다(간략하고, 투명하고, 정확하게 기재).
7. 청구원인은 권리주장의 근거를 설명식으로 기재한다.(반드시 주장의 핵심적인 요건사실이 들어가야 함)
8. 청구원인의 결론, 부본은 청구취지를 다시 언급하되 보다 자세히 근거법령 및 원인 관련을 기재한다.
9. 날인은 인감이 아니어도 상관없다.

【참조조문】

〔민법 제126조〕

제126조 (권한을 넘은 표현대리) 대리인이 그 권한외의 법률행위를 한 경우에 제삼자가 그 권한이 있다고 믿을 만한 정당한 이유가 있는 때에는 본인은 그 행위에 대하여 책임이 있다.
〔민법 제756조〕
　　제756조 (사용자의 배상책임)
① 타인을 사용하여 어느 사무에 종사하게 한 자는 피용자가 그 사무집행에 관하여 제삼자에게 가한 손해를 배상할 책임이 있다. 그러나 사용자가 피용자의 선임 및 그 사무감독에 상당한 주의를 한 때 또는 상당한 주의를 하여도 손해가 있을 경우에는 그러하지 아니하다.
② 사용자에 갈음하여 그 사무를 감독하는 자도 전항의 책임이 있다.
③ 전2항의 경우에 사용자 또는 감독자는 피용자에 대하여 구상권을 행사할 수 있다.
〔국가배상법 제2조〕
　　제2조(배상책임)
① 국가나 지방자치단체는 공무원이 직무를 집행하면서 고의 또는 과실로 법령을 위반하여 타인에게 손해를 입히거나,「자동차손해배상 보장법」에 따라 손해배상의 책임이 있을 때에는 이 법에 따라 그 손해를 배상하여야 한다. 다만, 군인·군무원·경찰공무원 또는 향토예비군대원이 전투·훈련 등 직무 집행과 관련하여 전사(戰死)·순직(殉職)하거나 공상(公傷)을 입은 경우에 본인이나 그 유족이 다른 법령에 따라 재해보상금·유족연금·상이연금 등의 보상을 지급받을 수 있을 때에는 이 법 및「민법」에 따른 손해배상을 청구할 수 없다.
② 제1항 본문의 경우에 공무원에게 고의 또는 중대한 과실이 있으면 국가나 지방자치단체는 그 공무원에게 구상(求償)할 수 있다.

【상기사건의 핵심】

1. 신용카드회사가 공군비행단 소속의 인사처장에게 법인카드 발급을 신청할

대리권이 있는지에 관하여 공군비행단에 아무런 확인도 아니한 채 카드명의자가 국가기관으로서 대금 결제능력에 의심이 없고, 발급신청자가 현역 공군 소령이고 부대의 인사처장이므로 일반인에 비하여 그 신뢰도가 높다는 이유만으로 섣불리 그 대리권을 오신하여 법인카드를 발급하여 준 경우, 신용카드회사가 인사처장에게 법인카드 발급신청에 관한 대리권이 있다고 믿었다 하더라도 그와 같이 믿은 데 정당한 사유가 있다고 보기 어려워 국가에게 표현대리의 책임을 물을 수 없다고 한 사례.
2. 공군비행단의 법인카드 발급신청 등의 사무는 재무관인 관리처장이 담당하고 있고, 인사처장은 이와 전혀 관계없는 내부의 인사관리업무만을 담당하므로, 법인카드의 발급신청은 인사처장의 직무권한 내에 속하지 않음은 물론 외관상으로도 그의 직무집행과 관련된 것이라고 볼 수 없어 인사처장이 발급받은 법인카드의 사용대금에 대하여 국가에게 사용자책임 내지 국가배상책임을 물을 수 없다고 한 사례.

【원고의 주장과 피고의 항변】

【원고의 주장】

원고는, 피고는 원고에 대하여 이 사건 법인카드 사용대금의 지급을 청구하나 이는 인사처장에 불과한 소외 1이 권한 없이 발급받아 사용한 것이므로 원고는 이에 대하여 아무런 책임도 지지 않는다고 주장한다.

【피고의 항변】

피고는 소외 1에게 이 사건 법인카드를 발급받을 적법한 대리권이 없었다고 하더라도 소외 1은 공군비행단의 핵심참모인 인사처장으로서 인사처의 업무에 관한 예산집행권이 있으므로 기본대리권이 있고, 피고는 소외 1로부터 공군비행단의 관인이 날인된 가입신청서와 위임장, 고유번호증, 신분증 사본을 제출받아 그 진위 여부를 확인하였고, 피고의 직원이 직접 부대에까지 방문하여 소외 1이 인사처장임을 확인하고 이 사건 법인카드를 교부한 이상 피고로서는 소외 1이 공군비행단을 대리하여 법인카드를 발급받을 권한이 있다고 믿었고 이와 같이 믿을 만한 정당한 사유가 있었으므로 민법 제126조의 표현대리 규정에 따라 원고는 소외 1이 발급받아 사용한 이 사건 법인카드 사용대금 및 지연이자를 지급할 의무가 있고, 설령 표현대리책임이 인정되지 않는다고 하더라도, 원고 소속의 공무원인 소외 1이 아무런 권한 없이 가입신청서와 위임장을 위조하여 신용카드를 발급받고 이를 사용함으로써 피고에게 신용카드 사용대금 상당의 손해를 입혔으므로, 원고는 사용자책임 내지 국가배상책임을 부담한다고 주장한다.

【법원판단】

　피고는 공군비행단에게 법인카드 발급의사 및 소외 1의 대리권 유무를 확인하는 등 조금만 주의를 기울였더라면 소외 1의 행위가 그 직무권한 내에서 적법하게 행하여진 것이 아니라는 사정을 알 수 있었음에도 이를 전혀 확인하지 아니하고 만연히 직무권한 내의 행위라고 믿고 이 사건 법인카드를 발급하여 주었는바, 그렇다면 피고로서는 소외 1의 행위가 정당한 사무집행의 범위에 속하지 아니함을 중대한 과실로 알지 못하였다고 봄이 상당하므로, 결국 피고는 원고에 대하여 사용자책임 내지 국가배상책임을 물을 수 없다.

　그렇다면 원고의 피고에 대한 이 사건 법인카드 사용대금 68,433,000원 및 이에 대한 지연이자 채무는 존재하지 아니하고, 피고가 이 사건 반소로써 원고에 대하여 그 지급을 구하고 있는 이상 그 확인을 구할 이익도 있다고 할 것이므로, 원고의 이 사건 본소청구는 이유가 있으므로 이를 인용하고, 피고의 반소청구는 이유가 없으므로 이를 기각하기로 한다(서울중앙지법 2004. 8. 27. 선고 2004가합23689, 40943 판결).

[보험금지급채무 부존재 확인의 소(손해보험)]

소 장

원 고 ○○손해보험 주식회사
　　　　대표이사 ○ ○ ○ (000000 - 0000000)
　　　　○○시 ○○구 ○○동 ○○번지
　　　　전화 02-1234-4567　휴대폰 010-1234-5678
　　　　팩스 02-9876-5432　이메일 : lawb@lawb.co.kr
　　　　원고 소송대리인 변호사 ○ ○ ○
　　　　○○시 ○○구 ○○동 ○○번지
피 고 ○ ○ ○ (000000 - 0000000)
　　　　○○시 ○○구 ○○동 ○○번지
　　　　전화 02-1234-4567　휴대폰 010-1234-5678
　　　　팩스 02-9876-5432　이메일 : lawb@lawb.co.kr
　　　　피고 소송대리인 변호사 ○ ○ ○
　　　　○○시 ○○구 ○○동 ○○번지

청 구 취 지

1. 별지 1. 기재 각 화재사고와 관련하여, 별지 2. 기재 보험계약에 기한 원고(반소피고)의 피고(반소원고)에 대한 보험금지급채무는 존재하지 아니함을 확인한다.
2. 소송비용은 피고의 부담으로 한다
라는 판결을 구합니다.

청 구 원 인

1. 원고는 2004. 7. 5.경 피고와 사이에 별지 2. 기재와 같이, 보험목적물을 충남 (상세 주소 생략)에 있는 피고 소유의 주택과 그 부속건물인 창고, 곳간(이하 '이 사건 건물'이라 한다) 및 위 주택 내의 가재도구로, 보험기간을 2004. 7. 5.부터 2014. 7. 5.까지로, 보험금액을 이 사건 건물 화재 금 3억 7,000만 원, 가재도구 화재 금 3,000만 원, 가재도구 도난 금 500만 원으로 하여, 이 사건 건물 및 가재도구에 화재가 발생하거나 가재도구를 도난당하는 경우 그로 인하여 발생하는 손해를 원고가 피고에게 보험금으로 지급하는 내용의 무배당 우리집행복지킴이종합보험계약(이하 '이 사건 보험계약'이라 한다)을 체결하고, 피고로부터 제1회 보험료 금 150,000원을 납입받았습니다.
2. 이 사건 보험계약의 내용으로 편입된 보험약관 제24조에 의하면 "계약자 또는 피보험자가 손해의 통지 또는 보험금 청구에 관한 서류에 고의로 사실과 다른 것을 기재하였거나 그 서류 또는 증거를 위조하거나 변조한 경우에는 피보험자는 손해에 대한 보험금청구권을 잃게 된다."고 규정되어 있고, 보험약관 제4조에 의하면 '계약에 관하여 계약자, 피보험자 또는 이들의 대리인의 사기행위가 있었을 경우에는 보험계약을 무효로 한다.'고 규정되어 있습니다.
3. 2004. 8. 24. 01:45경 이 사건 건물 중 주택에서 원인불상의 화재가 발생하여 주택과 이곳에 수용되어 있던 가재도구가 전부 불타고, 곳간이 상당 부분 불타버렸다. 그리고 같은 달 28.부터 29.까지 사이 시각불상경 이 사건 건물 중 창고에서 원인불상의 화재가 발생하여 창고가 상당 부분 불타버렸습니다(이하 위 2건의 화재를 가리켜 '이 사건 각 화재'라 한다).
4. 피고는 허위의 손해명세서 및 영수증을 이용하여 원고에게 보험금을 청구하였으므로, 피고는 이 사건 보험약관 제24조에 의하여 보험금청구권을 상실하고
5. 피고는 이 사건 건물의 보험가액이 금 35,770,267원에 불과함에도 보

험금액을 금 3억 7,000만 원으로, 가재도구의 보험가액이 금 2,822,000원에 불과함에도 보험금액을 금 3,000만 원으로 각 정하여 이 사건 보험계약을 체결하였으므로, 이 사건 보험계약은 피고의 사기로 인한 초과보험에 해당하여 상법 제669조 제4항에 의하여 무효이거나, 이 사건 보험약관 제4조에 의하여 무효이며

6. 이 사건 각 화재가 피고의 방화로 인하여 발생하였으므로, 상법 제659조 제1항에서 정한 보험사고가 피고의 고의로 인하여 생긴 때에 해당하여 보험자인 원고는 면책되므로 원고는 피고에게 보험금을 지급할 의무가 없다 할 것이므로 이 사건 소를 제기합니다.

입 증 방 법

1. 갑제1호증   보험계약서
2. 갑제2호증   보험약관
3. 갑제3호증   손해명세서
4. 갑제4호증   영수증
5. 갑제5호증 ~ 갑 제11호증(생략)

그 밖의 것은 변론에 따라 수시로 제출하겠음.

첨 부 서 류

1. 위 입증방법   각1통
2. 소송위임장   1통
3. 소장부본   1통
4. 납부서   1통

20○○. ○. ○.

원고 소송대리인 변호사 ○ ○ ○ (날인 또는 서명)

○○지방법원 귀중

주 <소송 전 확인, 준비사항>
1. 접수 : 일반사건으로 종합민원실에 접수한다.
2. 소가 : 소가는 청구금액에 의한다.(손해금등 부대청구는 소가에 해당하지 않는다)
3. 관할 : 피고의 주소지 관할법원
4. 인지 : 소가 1천만원미만 → 소가×10,000분의 50
   소가 1천만원이상 1억원미만 → 소가×10,000분의45 + 5,000원
   소가 1억원이상 10억원미만 → 소가×10,000분의40 + 55,000원
   소가 10억원이상 → 소가×10,000분의35 + 555,000원
   (최하 1천원이고 100원미만은 버림)
5. 소장부본 : 소장부본은 법원 1부 + 상대방 숫자만큼 제출한다.
6. 청구취지는 정확하게 기재하여야 한다. 이것이 바로 판결의 주문이 되어 실행이 이루어지는 것이다(간략하고, 투명하고, 정확하게 기재).
7. 청구원인은 권리주장의 근거를 설명식으로 기재한다.(반드시 주장의 핵심적인 요건사실이 들어가야 함)
8. 청구원인의 결론, 부본은 청구취지를 다시 언급하되 보다 자세히 근거법령 및 원인 관련을 기재한다.
9. 날인은 인감이 아니어도 상관없다.

【참조조문】

〔민법 제105조〕
제105조 (임의규정) 법률행위의 당사자가 법령중의 선량한 풍속 기타 사회질서에 관계없는 규정과 다른 의사를 표시한 때에는 그 의사에 의한다.
〔상법 제658조〕
제658조 (보험금액의 지급) 보험자는 보험금액의 지급에 관하여 약정기간이 있는 경우에는 그 기간내에 약정기간이 없는 경우에는 제657조제1항의 통지

를 받은 후 지체없이 지급할 보험금액을 정하고 그 정하여진 날부터 10일내에 피보험자 또는 보험수익자에게 보험금액을 지급하여야 한다.

【판결요지】

건물 및 그 건물 내의 가재도구 등을 보험목적물로 하는 손해보험에 따른 보험금을 청구함에 있어 가재도구 손해부분에 대해서 허위의 청구를 한 사안에서, 보험계약을 체결하면서 '건물화재'와 '가재도구 화재 및 도난'으로 항목을 나누어 보험금액을 정하였다고 하더라도 각 항목별로 별개의 보험계약을 체결한 것으로 볼 수는 없는 점 등 제반 사정에 비추어 볼 때, 허위청구의 대상인 '가재도구' 손해 부분뿐만 아니라 나머지 건물 손해 부분에 대한 보험금청구권도 상실한다고 한 사례.

【원고의 주장과 피고의 항변】

【원고의 주장】

(1) 피고는 허위의 손해명세서 및 영수증을 이용하여 원고에게 보험금을 청구하였으므로, 피고는 이 사건 보험약관 제24조에 의하여 보험금청구권을 상실하고, (2) 피고는 이 사건 건물의 보험가액이 금 35,770,267원에 불과함에도 보험금액을 금 3억 7,000만 원으로, 가재도구의 보험가액이 금 2,822,000원에 불과함에도 보험금액을 금 3,000만 원으로 각 정하여 이 사건 보험계약을 체결하였으므로, 이 사건 보험계약은 피고의 사기로 인한 초과보험에 해당하여 상법 제669조 제4항에 의하여 무효이거나, 이 사건 보험약관 제4조에 의하여 무효이며, (3) 이 사건 각 화재가 피고의 방화로 인하여 발생하였으므로, 상법 제659조 제1항에서 정한 보험사고가 피고의 고의로 인하여 생긴 때에 해당하여 보험자인 원고는 면책되므로, 결국 원고는 피고에게 보험금을 지급할 의무가 없다고 주장한다.

【피고의 항변】
　피고는 이 사건 보험계약의 보험기간 내에 이 사건 각 화재가 발생하였으므로, 보험자인 원고는 특별한 사정이 없는 한 피보험자인 원고에게 이 사건 보험계약에 따른 보험금을 지급할 의무가 있다고 주장한다.

【법원판단】

　이 사건 보험계약 체결 경위에 비추어, 피고가 이 사건 보험계약을 체결하면서 건물화재, 가재도구 화재 및 도난으로 항목을 나누어 보험금액을 정하여 보험계약을 체결하였다고 하여도 각 항목별로 별개의 보험계약을 체결한 것으로 볼 수는 없고, 앞에서 인정한 이 사건 보험계약의 체결 및 보험금청구 경위(이 사건 보험사고 후 손해사정 결과 이 사건 건물의 보험가액이 금 35,770,267원으로 평가됨에도 불구하고 피고가 위 건물의 가액이 보험금액에 상당함을 입증할 만한 개축비용 등에 관한 신빙성 있는 객관적 증거를 제시하지 못하고 있는 점), 피고가 허위로 기재한 과장금액이 실제 손해액의 10배가 넘는 점, 피고가 보험금청구에 관한 서류인 손해명세서 및 영수증에 '고의'로 사실과 다른 것을 기재하였다는 점 등 이 사건에 나타난 모든 사정을 종합하면, 피고는 이 사건 허위청구를 함으로써 보험계약의 선의성 내지 신의성실원칙을 본질적으로 침해하였다고 할 것이므로, 허위청구의 대상인 가재도구 손해 부분뿐만 아니라 이 사건 건물 손해 부분에 대한 보험금청구권까지 상실한다고 하여, 이것이 지나치게 가혹하다거나 형평에 어긋난다고 할 수 없다. 따라서 피고의 위 주장은 이유 없다.
　그렇다면 피고는 원고에 대한 보험금청구권을 상실하였다고 할 것이어서 이 사건 각 화재사고로 인한 원고의 피고에 대한 보험금지급채무는 존재하지 아니한다 할 것이고, 피고가 반소로서 보험금청구를 하고 있는 이상 그 확인의 이익도 있다 할 것이므로, 위 보험금지급채무의 부존재확인을 구하는 원고의 본소청구는 이유 있어 인용하고, 한편 보험금청구권이 유효하게 존속함을 전제로 이 사건 보험금의 지급을 구하는 피고의 반소청구는 이유 없어 기각하며, 소송비용의 부담에 관하여 민사소송법 제98조를 적용하여 주문과 같이 판결한다(인천지법 2006. 3. 30. 선고 2005가합3270, 8473 판결).

[보험금지급채무 부존재 확인의 소(생명보험)]

소 장

원 고 대한생명보험 주식회사
　　　　대표이사 ○ ○ ○ (000000 - 0000000)
　　　　○○시 ○○구 ○○동 ○○번지
　　　　전화 02-1234-4567　　휴대폰 010-1234-5678
　　　　팩스 02-9876-5432　　이메일 : lawb@lawb.co.kr
　　　　원고 소송대리인 변호사 ○ ○ ○
　　　　○○시 ○○구 ○○동 ○○번지

피 고1. ○ ○ ○ (000000 - 0000000)
　　　　○○시 ○○구 ○○동 ○○번지
　　　　전화 02-1234-4567　　휴대폰 010-1234-5678
　　　　팩스 02-9876-5432　　이메일 : lawb@lawb.co.kr
　　　 2. ○ ○ ○ (000000 - 0000000)
　　　　○○시 ○○구 ○○동 ○○번지
　　　　전화 02-1234-4567　　휴대폰 010-1234-5678
　　　　팩스 02-9876-5432　　이메일 : lawb@lawb.co.kr
　　　　피고 소송대리인 변호사 ○ ○ ○
　　　　○○시 ○○구 ○○동 ○○번지

청 구 취 지

1. ○○○(000000-0000000)의 2003. 1. 30. 사망과 관련하여, 증권번호 42650939, 계약자 ○○○, 피보험자 문형희로 된 무배당 대한종신보험계약에 기한 원고(반소피고)의 피고(반소원고)들에 대한 재해사망

보험금 채무는 존재하지 아니함을 확인한다.
2. 소송비용은 피고의 부담으로 한다
라는 판결을 구합니다.

청 구 원 인

1. 보험계약의 체결
(1) ○○○는 2002. 11. 1. 원고와 사이에 다음과 같은 내용의 무배당 대한 종신보험계약(이하 '이 사건 보험계약'이라 한다)을 체결하였다.
　① 보험기간 : 주계약은 종신(특약에 대해서는 80세 만기)
　② 보험료 : 175,900원(20년간 월납)
　③ 가입내용 : 주보험(1억 원), 재해사망보장특약(5천만 원), 재해장해보장특약(5천만 원), 재해의료보장특약(5천만 원), 암보장특약(3천만 원), 성인병보장특약(2천만 원), 입원특약(3천만 원), 수술보장특약(2천만 원)
(2) 이 사건 보험계약의 약관 [별표 3]. 재해분류표는 '29. 외과적 및 내과적 치료중 환자의 재난' 및 '30. 진단 및 치료에 이용되는 의료장치에 의한 부작용'을 보험금 지급 사유가 되는 재해로 규정하고 있다.
2. 1996. 10. 25. 조경원과 결혼한 위 망인은 1998. 4. 17. 난산으로 인해 제왕절개 수술을 통해 피고 조상수를 출산한 후 정신적인 이상 증세를 보이기 시작하여 남편과 자주 다투었으며, 그 증상이 심해져 1998. 7. 20.부터 1998. 8. 25.까지 정신질환인 양극성 장애 조증으로 진단받고 위 순천향대학 부속 서울병원 격리 병동에서 입원 치료를 받았으며, 퇴원 후 2회 정도 외래 방문 후 더 이상의 통원 치료를 중단한 채 한약만을 복용하여 증세가 일시 호전되었으나, 1999. 10. 23. 피고 ○○○을 출산한 후 같은 증상이 재발하여 2000. 1. 18.부터 2000. 2. 2.까지, 그 후 2000. 2. 29.부터 2000. 4. 1.까지 같은 병명으로 위 병원에서 각 입원 치료를 받았으며, 2004. 4. 1 퇴원 후에는 2000. 6. 10.까지 외래 환자로 통원치료를 받던 중 임의로 치료를 중단하였습니다.

3. 양극성 장애 조증은 들뜨고 유쾌하고 자신만만한 기분을 주축으로 하는 각종 정신 활동의 변화를 지칭하는데, 들뜨고 의기양양한 기분, 사고의 비약, 정신운동의 항진 등 세 가지를 기본 증상으로 하며, 조증의 욕동 및 행동 장애 측면에서 지나친 의욕과 과다 행동이 특징이어서 자신의 행동에 반대하는 사람에게는 쉽게 흥분하여 비난하고 구타를 하기까지 해서 종종 형사사건을 일으키기도 하므로, 증상이 심하면 환자 본인 또는 주변 사람이 위험에 이를 가능성이 현저히 높고 격리 이외의 방법으로는 그 위험을 회피하는 것이 뚜렷하게 곤란하다고 판단되는 경우에 그 위험을 최소한도로 줄이고 환자 본인의 치료 및 보호를 목적으로 강박처치가 따를 수 있습니다.

4. 망인은 2002. 8.경 원고 회사에 보험 설계사로 취직하여 근무하던 중 다시 양극성 장애 조증의 증상이 악화되어 2003. 1. 24. 위 병원에 입원하였는데, 그 때 보호자의 부축을 받으며 응급실을 통하여 신경정신과에 입원하면서, 입원을 거부하고, 욕설을 하는 등 공격적인 모습을 보여 같은 달 25. 00:20경 망인의 안전을 위해 당직의사의 지시로 강박처치(사지를 끈으로 침대에 묶어 놓음)를 받은 후 같은 달 29. 13:30경까지 주치의 소외 1의 지시 아래 계속적인 강박처치하에서 치료를 받았습니다.

5. 소외 1은 망인으로 하여금 장시간의 강박처치로 오랫동안 침상 생활을 하게 하는 경우, 혈류의 정체 등으로 망인에게 폐색전증이 발생할 수 있으리라는 점을 충분히 예상하여 강박 및 격리지침에 따라 간호사들로 하여금 30분마다 환자의 상태를 점검하여 보고하도록 하고, 사지 강박상태인 망인의 각 사지를 매 30분마다 풀어주거나 완화하든지, 매 2시간 간격으로 하지거상 및 상하지 관절운동 등으로 폐색전증 예방을 위한 필요한 모든 조치를 취하여야 할 업무상 주의의무가 있음에도 이를 게을리 한 채 위 강박 및 격리지침을 준수하지 아니하고, 빈맥과 같은 폐색전증의 증상이 관찰되었음에도 이를 가볍게 생각한 나머지 혈관 조영술, 씨티촬영, 초음파 검사 등을 실시하지 아니하고 만연히 관찰만 하여 그 치료시

기를 놓친 과실로 망인으로 하여금 같은 달 30. 17:20경 위 병원에서 폐색전증으로 사망에 이르게 하였습니다.

6. 폐색전증은 폐동맥이 혈전으로 막혀 실신, 호흡 곤란과 혈압 저하, 흉통, 기침, 빈맥 등을 나타내는 병으로 색전의 범위 정도에 따라 증상의 경중이 다양하나 혈전이 폐동맥을 막히게 하는 기전은 심부 정맥의 혈전, 암세포덩어리 또는 골절 이후 지방덩어리 등이 정맥으로 떨어져 나가 체내 순환을 거쳐 우심실을 지나 폐동맥을 막히게 하는 것이며, 정확한 발생 비율에 대해서는 조사된 것이 없으나 장기 침상 생활이 폐색전증 발생의 중요한 요인이 됩니다.

7. 이 사건 보험계약의 보통약관에는, 계약자 또는 피보험자는 청약시 청약서에서 질문한 사항에 대하여 알고 있는 사실을 반드시 사실대로 알려야 하며(제20조), 계약자 또는 피보험자가 고의 또는 중대한 과실로 인하여 보험금 지급사유 발생에 영향을 미치는 중요한 사항에 대한 고지의무를 위반하는 경우에는 보험금 지급사유 발생 여부에 관계없이 보험자는 계약을 해지할 수 있으나(제21조 제1항 본문), 보험자가 계약 당시 그 사실을 알았거나 중대한 과실로 인하여 알지 못한 때(제21조 제1항 제1호) 내지 보험자가 그 사실을 안 날로부터 1개월 이상 지났을 때(제21조 제1항 제2호)에 해당하는 경우에는 그러하지 아니하며, 고지의무를 위반한 사실이 보험금 지급사유 발생에 영향을 미쳤음을 보험자가 증명하지 못한 경우에는 해당 보험금을 지급한다(제21조 제5항)라고 규정되어 있습니다.

8. 망인은 이 사건 보험계약의 체결 당시 청약서의 〈계약 전 알릴 의무 사항〉 중 '현재 및 과거의 질병·장애'란 3번 항목의 "최근 5년간 이내에 의사로부터 진찰, 검사를 받고, 그 결과 입원, 수술, 정밀검사(심전도, 방사선, 건강진단 등)를 받았거나 계속하여 7일 이상 치료 또는 30일 이상 투약을 받은 적이 있습니까?" 라는 구체적인 질문에 대해 "없다"라고 답변하였습니다.

9. 원고는 2003. 10. 29. 피고들의 법정대리인인 조경원으로부터 이 사건 보험사고에 따른 보험금 지급을 청구받자, 2003. 12. 1.경 조경원에게 '망인이 이 사건 보험계약 체결 전 3회에 걸쳐 양극성 장애로 입원한 사실이 있음에도 알리지 않은 것은 위 보통약관상 중요한 사항에 대한 고지의무 위반'이라는 이유로 이 사건 보험계약 해지 통보를 하였습니다.
10. 이 사건 사고의 발생

    ○○○는 순천향대학 부속 서울병원에 정신질환인 양극성장애 조증으로 2003. 1. 24. 입원하여 치료를 받던 중 같은 달 30. 17:20경 사망(이하 '이 사건 보험사고'라 한다)하였습니다.
11. 그런데 그 사인은, 다른 혈관에서 형성된 혈전 혹은 전색자가 생성된 혈관에서 떨어져 나와 폐동맥에 걸리면서 폐동맥을 폐쇄하고, 폐의 혈류를 급격히 차단하여 폐고혈압, 급성 우심부전과 같은 순환장애 혹은 급사 등을 일으키는 질환인 폐색전증으로 판명되었다.
12. 그러나 피보험자인 망인이 이 사건 보험계약을 체결하기 전에 이미 양극성 장애로 입원 치료를 받은 병력이 있었음에도 위 보험계약 체결시에 고의 또는 중대한 과실로 원고에게 이를 고지하지 아니하였고, 그에 따라 원고가 위 고지의무 위반을 이유로 위 보험계약을 해지하였으므로 이 사건 보험금을 지급할 의무가 없다 할 것이므로 이 사건 소를 제기합니다.

입 증 방 법

1. 갑제1호증   보험계약서
2. 갑제2호증   보험약관
3. 갑제3호증   사망진단서
4. 갑제4호증 ~ 갑 제21호증(생략)

그 밖의 것은 변론에 따라 수시로 제출하겠음.

첨 부 서 류

1. 위 입증방법   각1통
2. 소송위임장   1통
3. 소장부본   2통
4. 납부서   1통

20○○. ○. ○.

원고 소송대리인 변호사 ○ ○ ○ (날인 또는 서명)

○○지방법원 귀중

> **주** <소송 전 확인, 준비사항>
> 1. 접수 : 일반사건으로 종합민원실에 접수한다.
> 2. 소가 : 소가는 청구금액에 의한다.(손해금등 부대청구는 소가에 해당하지 않는다)
> 3. 관할 : 피고의 주소지 관할법원
> 4. 인지 : 소가 1천만원미만 → 소가×10,000분의 50
>   소가 1천만원이상 1억원미만 → 소가×10,000분의45 + 5,000원
>   소가 1억원이상 10억원미만 → 소가×10,000분의40 + 55,000원
>   소가 10억원이상 → 소가×10,000분의35 + 555,000원
>   (최하 1천원이고 100원미만은 버림)
> 5. 소장부본 : 소장부본은 법원 1부 + 상대방 숫자만큼 제출한다.
> 6. 청구취지는 정확하게 기재하여야 한다. 이것이 바로 판결의 주문이 되어 실행이 이루어지는 것이다(간략하고, 투명하고, 정확하게 기재).
> 7. 청구원인은 권리주장의 근거를 설명식으로 기재한다.(반드시 주장의 핵심적인 요건사실이 들어가야 함)
> 8. 청구원인의 결론, 부본은 청구취지를 다시 언급하되 보다 자세히 근거법령 및 원인 관련을 기재한다.
> 9. 날인은 인감이 아니어도 상관없다.

【참조조문】

[상법 제651조]

제651조 (고지의무위반으로 인한 계약해지) 보험계약당시에 보험계약자 또는 피보험자가 고의 또는 중대한 과실로 인하여 중요한 사항을 고지하지 아니하거나 불실의 고지를 한 때에는 보험자는 그 사실을 안 날로부터 1월내에, 계약을 체결한 날로부터 3년내에 한하여 계약을 해지할 수 있다. 그러나 보험자가 계약당시에 그 사실을 알았거나 중대한 과실로 인하여 알지 못한 때에는 그러하지 아니하다.〈개정 1991. 12. 31〉

[상법 제655조]

제655조 (계약해지와 보험금액청구권) 보험사고가 발생한 후에도 보험자가 제650조, 제651조, 제652조와 제653조의 규정에 의하여 계약을 해지한 때에는 보험금액을 지급할 책임이 없고 이미 지급한 보험금액의 반환을 청구할 수 있다. 그러나 고지의무에 위반한 사실 또는 위험의 현저한 변경이나 증가된 사실이 보험사고의 발생에 영향을 미치지 아니하였음이 증명된 때에는 그러하지 아니하다.〈개정 1962. 12. 12, 1991. 12. 31〉

【참조판례】

대법원 1992. 10. 23. 선고 92다28259 판결(공1992, 3227), 대법원 1997. 10. 28. 선고 97다33089 판결(공1997하, 3640)

【원고의 주장과 피고의 항변】

【원고의 주장】
피보험자인 망인이 이 사건 보험계약을 체결하기 전에 이미 양극성 장애로 입원 치료를 받은 병력이 있었음에도 위 보험계약 체결시에 고의 또는 중대한 과실로 원고에게 이를 고지하지 아니하였고, 그에 따라 원고가 위 고지의무 위반을 이유로 위 보험계약을 해지하였으므로 이 사건 보험금을 지급할 의무가 없다고 주장한다.

【피고의 항변】
망인이 위반한 고지의무의 대상 사실은 망인이 정신질환인 양극성 장애 조증으로 인해 3회에 걸쳐 위 병원에서 입원 및 통원 치료를 받은 사실인데 반하여, 보험금 지급사유가 되는 이 사건 보험사고는 주치의인 소외 1의 업무상 과실로 인한 의료사고로서 양자 사이에는 전혀 인과관계가 없으므로, 위 고지의무 위반 사실이 보험금 지급사유 발생에 영향을 미쳤다고 할 수 없고, 따라서 원고의 위 보험계약 해지는 부적법하다고 주장한다.

【법원판단】

이 사건 보험계약은 약관 제21조에 의하여 망인의 위 고지의무 위반을 이유로 적법하게 해지되었으므로, 2003. 1. 30. 망인의 사망과 관련하여 이 사건 보험계약에 기한 원고의 피고들에 대한 보험금 지급 채무는 존재하지 아니하고, 피고들이 위 채무의 존부를 다투는 이 사건에 있어서 그 확인의 이익도 있다고 할 것이므로, 위 채무부존재의 확인을 구하는 원고의 본소청구는 이유 있어 이를 인용하고, 위 보험계약이 유효함을 전제로 이 사건 보험계약에 따른 약정 보험금의 지급을 구하는 피고들의 반소청구는 이유 없어 이를 각 기각하기로 하여 주문과 같이 판결한다(서울동부지법 2004. 4. 20. 선고 2004가합610, 2890 판결).

[사해행위취소 청구의 소]

소 장

원 고 한국주택금융공사
　　　사장 ○ ○ ○ (000000 - 0000000)
　　　○○시 ○○구 ○○동 ○○번지
　　　전화 02-1234-4567　휴대폰 010-1234-5678
　　　팩스 02-9876-5432　이메일 : lawb@lawb.co.kr
　　　원고 소송대리인 변호사 ○ ○ ○
　　　○○시 ○○구 ○○동 ○○번지

피 고 　○ ○ ○ (000000 - 0000000)
　　　○○시 ○○구 ○○동 ○○번지
　　　전화 02-1234-4567　휴대폰 010-1234-5678
　　　팩스 02-9876-5432　이메일 : lawb@lawb.co.kr
　　　피고 소송대리인 변호사 ○ ○ ○
　　　○○시 ○○구 ○○동 ○○번지

사해행위취소 청구의 소

청 구 취 지

1. 피고는 피고와 소외 1사이에 별지 목록 기재 부동산에 관하여 2005. 9. 12. 체결된 증여계약을 취소하고, 1에게 별지 목록 기재 부동산에 관하여 청주지방법원 2005. 9. 26. 접수 제69209호로 마친 소유권이전등기의 말소

등기절차를 이행하라.
2. 소송비용은 피고의 부담으로 한다.
라는 판결을 구합니다.

청 구 원 인

1. 원고는 한국주택금융공사법에 의해 설립된 특수법인으로서 주택금융신용보증기금의 관리기관인 신용보증기금으로부터 주택금융신용보증업무에 관한 모든 법적 지위를 승계받았습니다.

2. 소외 1은 2001. 11. 15. 주식회사 국민은행(이하 '국민은행'이라 한다)에게 충북 청원군 내수읍 풍정리 (지번 생략)대 542㎡에 관하여 채권최고액 2억 1,710만 원인 근저당권설정등기를 마쳐주고, 2001. 11. 19. 신용보증기금과 사이에 보증원금을 6,000만 원(이후 5,950만 원으로 변경되었다)으로 정하여 주택금융신용보증약정을 체결한 다음, 같은 날 위 신용보증약정에 의하여 교부받은 신용보증서와 함께 위 근저당권을 담보로 국민은행으로부터 주택신축자금으로 1억 6,700만 원을 대출받았고, 2002. 3. 22. 국민은행에게 위 대출금채무의 담보로 위 풍정리 (지번 생략)토지 위에 신축한 건물에 관하여 추가로 근저당권설정등기를 마쳤습니다.

3. 소외 1이 2005. 10. 7. 이후 위 대출금채무의 이자를 지급하지 못하여 2005. 11. 8. 기한의 이익을 상실하고 위 대출금채무를 변제하지도 아니하자, 국민은행의 임의경매신청에 따라 2006. 3. 8. 위 풍정리 (지번 생략)토지와 그 지상 건물에 관하여 청주지방법원 2006타경4109호로 경매개시결정이 내려졌고, 위 경매절차에서 위 경매목적물은 2006. 4. 5. 기준으로 289,574,970원으로 평가되었으나 수차례 유찰되어 155,232,500원에 매각됨에 따라 2007. 3. 14. 국민은행에게 당시 기준 대출금채권액 208,198,858원(원금 166,996,410원, 이자 41,202,448원) 중 선순위채권자(소액임차인 3명, 각 1,200만 원)에게 배당되고 남은 116,642,570원만이 배당되었습니다.

4. 이에 국민은행은 2007. 3. 26. 원고에게 위 신용보증잔존원금 59,496,410원, 이자 6,802,736원, 합계 66,299,146원의 신용보증채무의 이행을 청구하였습니다.

5. 한편, 소외 1은 2005. 9. 26. 남편인 피고에게 별지 목록 기재 부동산(이하 '이 사건 부동산'이라 한다)에 관하여 2005. 9. 12. 증여를 원인으로 한 소유권이전등기를, 2005. 10. 18. 피고의 누나인 소외 2에게 청주시 흥덕구 평동 (지번 생략)대 1,121㎡와 그 지상 건물에 관하여 2005. 10. 15. 매매를 원인으로 한 소유권이전등기를 각 마쳐주었는데, 그 무렵 소외 1의 적극재산으로는 ① 위 풍정리 (지번 생략)토지와 그 지상 건물 289,574,970원 상당, ② 위 평동 (지번 생략)토지와 그 지상 건물 1억 500만 원 상당, ③ 이 사건 부동산 1억 550만 원 상당, 합계 500,074,970원 상당이 있었고, 소극재산으로는 국민은행에 대한 위 대출금채무 166,996,410원을 포함하여 360,996,410원이 있었습니다.

6. 소외 1이 피고에게 이 사건 부동산을 증여할 무렵 원고의 소외 1에 대한 구상금채권이 발생하지는 않았으나 이미 채권 성립의 기초가 되는 법률관계는 성립되어 있었고, 가까운 장래에 그 법률관계에 기하여 채권이 성립되리라는 고도의 개연성이 있었으며, 실제로 불과 1개월여 만인 2005. 11. 8. 소외 1의 국민은행에 대한 대출금채무가 기한의 이익을 상실하여 원고의 사전구상권이 발생하였으므로, 원고의 소외 1에 대한 사전구상권은 채권자취소권의 피보전채권이 될 수 있다 할 것이고, 소외 1이 더 이상 국민은행에 대한 대출금채무 원리금을 변제할 수 없음을 예상하고 남편인 피고에게 이 사건 부동산을 증여하고, 곧바로 피고의 누나인 소외 2에게 위 평동 (지번 생략)토지와 그 지상 건물을 매도함으로써 무자력 상태에 빠지게 되었으므로, 피고와 소외 1사이에 이 사건 부동산에 관하여 2005. 9. 12. 체결된 증여계약은 사해행위로서 취소되어야 할 것입니다.

7. 따라서 원고는 피고와 소외 1사이에 별지 목록 기재 부동산에 관하여 2005. 9. 12. 체결된 증여계약을 취소하고, 소외 1에게 별지 목록 기재 부

동산에 관하여 청주지방법원 2005. 9. 26. 접수 제69209호로 마친 소유권이전등기의 말소등기절차를 이행하도록 하는 이 사건 소를 제기하게 된 것입니다.

입 증 방 법

1. 갑제1호증   부동산등기부등본
2. 갑제2호증   진술서
3. 갑제3호증 ~ 갑 제15호증(생략)

그 밖의 것은 변론에 따라 수시로 제출하겠음.

첨 부 서 류

1. 위 입증방법   각1통
2. 소송위임장   1통
3. 소장부본   1통
4. 납부서   1통

20○○. ○. ○.

원고 소송대리인 변호사 ○ ○ ○ (날인 또는 서명)

○○지방법원 귀중

주 <소송 전 확인, 준비사항>
1. 접수 : 일반사건으로 종합민원실에 접수한다.
2. 소가 : 소가는 목적물가액에 의한다.(토지·건물대장에 의한 과세시가 표준액)

3. 관할 : 피고의 주소지 관할법원
4. 인지 : 소가 1천만원미만 → 소가×10,000분의 50
   소가 1천만원이상 1억원미만 → 소가×10,000분의45 + 5,000원
   소가 1억원이상 10억원미만 → 소가×10,000분의40 + 55,000원
   소가 10억원이상 → 소가×10,000분의35 + 555,000원
   (최하 1천원이고 100원미만은 버림)
5. 소장부본 : 소장부본은 법원 1부 + 상대방 숫자만큼 제출한다.
6. 청구취지는 정확하게 기재하여야 한다. 이것이 바로 판결의 주문이 되어 실행이 이루어지는 것이다(간략하고, 투명하고, 정확하게 기재).
7. 청구원인은 권리주장의 근거를 설명식으로 기재한다.(반드시 주장의 핵심적인 요건사실이 들어가야 함)
8. 청구원인의 결론, 부본은 청구취지를 다시 언급하되 보다 자세히 근거법령 및 원인 관련을 기재한다.
9. 날인은 인감이 아니어도 상관없다.

【참조조문】

〔민법 제406조〕

제406조 (채권자취소권)

① 채무자가 채권자를 해함을 알고 재산권을 목적으로 한 법률행위를 한 때에는 채권자는 그 취소 및 원상회부을 법원에 청구할 수 있다. 그러나 그 행위로 인하여 이익을 받은 자나 전득한 자가 그 행위 또는 전득당시에 채권자를 해함을 알지 못한 경우에는 그러하지 아니하다.

② 전항의 소는 채권자가 취소원인을 안 날로부터 1년, 법률행위있은 날로부터 5년내에 제기하여야 한다.

【상기사건의 핵심】

사해행위취소소송에서 채무자의 자력을 판단할 때 우선변제권이 확보된 피담보채무의 보증인에 대하여 채무자가 부담하는 사전구상채무는 조만간 우선변제권이 확보되지 않은 채무의 발생이 예상되고 이에 대한 사전·사후 구상권의 행사가 급박하다는 등의 특별한 사정이 없는 한 우선변제권이 확

보되는 범위에서는 별도로 소극재산으로 평가할 수 없다.

【원고의 주장과 피고의 항변】

【원고의 주장】
 소외 1이 피고에게 이 사건 부동산을 증여할 무렵 원고의 소외 1에 대한 구상금채권이 발생하지는 않았으나 이미 채권 성립의 기초가 되는 법률관계는 성립되어 있었고, 가까운 장래에 그 법률관계에 기하여 채권이 성립되리라는 고도의 개연성이 있었으며, 실제로 불과 1개월여 만인 2005. 11. 8. 소외 1의 국민은행에 대한 대출금채무가 기한의 이익을 상실하여 원고의 사전구상권이 발생하였으므로, 원고의 소외 1에 대한 사전구상권은 채권자취소권의 피보전채권이 될 수 있다 할 것이고, 소외 1이 더 이상 국민은행에 대한 대출금채무 원리금을 변제할 수 없음을 예상하고 남편인 피고에게 이 사건 부동산을 증여하고, 곧바로 피고의 누나인 소외 2에게 위 평동 (지번 생략) 토지와 그 지상 건물을 매도함으로써 무자력 상태에 빠지게 되었으므로, 피고와 소외 1사이에 이 사건 부동산에 관하여 2005. 9. 12. 체결된 증여계약은 사해행위로서 취소되어야 한다.

【피고의 항변】
 피고는 이 사건 소가 제척기간이 경과한 후에 제기된 것으로서 부적법하다고 항변한다.

【법원판단】

 살피건대, 채무자 소유의 부동산에 관하여 채권자 앞으로 근저당권이 설정되어 있고, 그 부동산의 가액 및 채권최고액이 당해 채무액을 초과하여 채무 전액에 대하여 채권자에게 우선변제권이 확보되어 있다면, 그 피담보채무는 소극재산에서 공제되는 동시에 그 액수만큼 적극재산에서도 제외되어야 하고, 채무자가 자신의 적극재산을 감소시키는 법률행위를 하더라도 채권자에 대하여 사해행위가 성립하지 않는다고 보아야 하는바(대법원 2000. 12. 8. 선고 2000다21017 판결, 대법원 2001. 7. 27. 선고 2000다73377 판결 등 참조), 이러한 경우 채무자가 우선변제권이 확보된 피담보채무의 보증인에 대하여 부담하는 사전구상채무를 별도로 소극재산으로 평가하여 채권자취소권의 피보전채권으로 삼을 수 있는지 여부가 문제된다.

　예컨대, 채무자에게 적극재산으로는 각 1억 원 상당의 제1, 2부동산이 있고, 소극재산으로는 ① 제1부동산을 담보로 한 5,000만 원의 근저당채무(채권최고액은 5,000만 원을 초과한다고 가정함), ② 위 근저당채무의 보증인에 대하여 부담하는 5,000만 원의 사전구상채무, ③ 기타 일반채무 500만 원이 있는 상태에서 채무자가 제2부동산을 처분하였다고 가정해 볼 때, 위 법리에 따라 우선변제권이 확보된 근저당채무 5,000만 원을 소극재산 및 적극재산에서 제외하면 채무자의 적극재산으로는 5,000만 원 상당의 제1부동산만 남게 되므로, 위 5,000만 원의 사전구상채무를 별도로 소극재산으로 평가할 경우 소극재산이 5,500만 원으로서 적극재산을 초과하게 되어 제2부동산의 처분행위가 사해행위에 해당한다고 보게 될 것이나, 위 사례에서 채무자는 여전히 1억 원 상당의 제1부동산을 가지고 있고 실질적인 채무액은 5,500만 원에 불과한 점을 고려하면 법률상 별개의 채무라는 이유만으로 원래 채무의 연장선상에 있는 위 5,000만 원의 사전구상채무를 별도로 소극재산으로 평가하여 위 처분행위가 사해행위에 해당한다고 인정함은 상당히 불합리한 측면이 있고, 보증인으로서는 대위변제를 할 경우에 법정대위에 따라 근저당권을 취득함으로써 우선변제권을 확보할 수 있는 지위에 있다는 점까지 참작하면 더욱 더 그러하다. 따라서 채무자가 우선변제권이 확보된 피담보채무의 보증인에 대하여 부담하는 사전구상채무는 조만간 우선변제권이 확보되지 않은 채무의 발생이 예상되고 이에 대한 사전·사후구상권의 행사가 급박하다는 등의 특별한 사정이 없는 한 일응은 우선변제권이 확보되는 범위를 초과하는 구상채무액만 소극재산으로 반영해야 하고, 우선변제권이 확보되는 범위에서는 별도로 소극재산으로 평가할 수는 없다고 할 것이다.

이 사건으로 돌아와 보건대, 위 인정 사실에 의하면, 국민은행에 대한 위 대출금채무의 담보로 소외 1소유의 위 풍정리 (지번 생략)토지와 그 지상 건물에 관하여 국민은행 앞으로 근저당권이 설정되어 있고, 소외 1이 피고에게 이 사건 부동산을 증여할 무렵 위 담보부동산의 가액 및 채권최고액이 위 대출금채무액을 상당히 초과하여 그 채무 전액에 대하여 국민은행에게 우선변제권이 확보되어 있었으므로(원고 스스로도 위 대출금채무에 관하여 충분한 담보가 확보되어 있어서 2006. 4. 7. 국민은행으로부터 신용보증사고 통지를 받을 때에도 소외 1의 재산을 조사할 필요성이 없었다고 한다), 소외 1이 피고에게 이 사건 부동산을 증여한 행위는 국민은행에 대하여 사해행위가 성립하지 않는다고 보아야 하고, 위 피담보채무의 보증인인 원고에 대한 관계에 있어서도 국민은행에 대한 위 피담보채무에 관하여 우선변제권이 확보되어 있는 이상 원고에 대한 사전구상채무를 별도로 소극재산으로 평가할 수는 없고(원고 스스로도 2007. 7. 20.자 준비서면에서 이를 별도의 소극재산으로 계산하고 있지 않다), 이에 원고로서는 이를 채권자취소권의 피보전채권으로 삼아 채권자취소권을 행사할 수도 없다고 할 것이므로, 결국 원고의 위 주장은 나머지 점에 관하여 살필 필요 없이 이유 없다.

그렇다면 원고의 이 사건 청구는 이유 없어 이를 기각할 것인바, 이와 결론을 달리한 제1심판결은 부당하므로 이를 취소하고, 원고의 청구를 기각하기로 하여 주문과 같이 판결한다.

〔별 지〕: 생 략

(청주지법 2008. 11. 25. 선고 2007나4197 판결)

IV. 채권채무 소송에 갈음하는 분쟁해결제도

1. 제소전 화해

(1) 의 의

화해는 분쟁의 자주적 해결방식으로, 재판 외의 화해와 재판상 화해를 포함한다.

가. 재판 외의 화해

재판 외의 화해는 민법상의 화해계약(민법 제731조 이하)을 뜻하는 것으로, 당사자가 상호 양보하여 당사자간의 분쟁을 끝낼 것을 약정하는 것이다.

나. 재판상 화해

재판상 화해에는 제소 전의 화해와 소송상의 화해가 있다.

1) 제소 전 화해

제소전 화해란 일반 민사분쟁이 소송으로 발전하는 것을 방지하기 위하여 소를 제기하기 전에 지방법원 단독판사 앞에서 화해를 신청하여 해결하는 절차를 말한다. 이는 소송계속 전에 소송을 예방하기 위한 화해인 점에서 소송계속 후에 그 소송을 종료시키기 위한 화해인 소송상의 화해와는 구별되나 그 법적 성질, 요건 및 효력 등에 있어서는 소송상의 화해의 법리가 그대로 적용된다.

2) 소송상 화해

소송상의 화해는 소송계속 중 소송물인 권리관계에 대하여 당사자 쌍방이 양보한 끝에 합의한 결과를 법원에 진술한 것으로, 조서도 작성되면 소송은 판결에 의하지 않고 종료한다.

(2) 제소 전 화해의 관할법원

제소전 화해사건은 상대방의 보통재판적 소재지 지방법원의 토지관할에 속한다(민소법 제385조 1항). 실무상으로 보면 쌍방의 관할합의가 되어 있는 경우가 대부분이라고 한다. 지방법원의 심판권은 법원조직법 제32조에서 합의부 심판사항으로 열거되지 아니한 이상 모두 단독판사가 행하므로(법원조직법 제7조 4항), 제소전 화해사건은 단독판사가 담당하게 되어 있다.

시·군법원 판사도 위 화해사건을 담당할 수 있다(법원조직법 제33조, 제34조 1항 2호).

(3) 제소 전 화해의 신청

가. 신청방식

민사상 다툼에 관하여 당사자는 청구의 취지·원인과 다투는 사정을 밝혀, 상대방의 보통재판적이 있는 곳의 지방법원에 화해를 신청할 수 있다(민소법 제385조 1항).

신청은 서면 또는 구술 어느 방식으로든 할 수 있으며(민소법 제161조), 구술 신청이 있으면 법원사무관 등이 조서에 그 취지를 기재하고 서명 또는 기명날인하여야 한다.

나. 신청서에 명시할 사항

1) 청구취지·청구원인·다투는 사정

신청서에는 청구취지, 청구원인과 다투는 사정을 밝혀 적어야 한다(민소법 제385조 1항). 이 중 청구취지와 청구원인은 필요적 명시사항으로 해석되고 있으나, 쟁의의 실정은 임의의 명시사항, 즉 그 명시가 없다 해서 신청이 부적법한 것으로 되지는 않는다.

청구취지와 청구원인의 의미는 소장 기재사항의 의미와 같다. 다투는 사정은 법원이 화해를 권고함에 있어서 쌍방의 의사접근 정도, 다툼의 내용, 쟁점 등을 알아두는 것이 편리하리라는 관점에서 이를 명시하도록 할 것이다.

2) 당사자와 법정대리인의 성명·주소 등

화해신청에는 소에 관한 규정이 준용된다(민소법 제385조 4항). 따라서 신청서에는 당사자와 법정대리인의 성명, 주소를 명시하고(민소법 제249조 1항), 준비서면에 관한 규정의 준용에 따라(동조 2항) 작성 연월일과 법원을 표시하고 부속서류가 있으면 그것도 표시하여야 한다.

다. 인지의 첨부

화해신청에는 소장에 첨부할 인지액의 5분의 1의 인지를 붙여야 한다(민사소송법 제7조 1항). 즉 그 청구취지와 원인이 소장에 기재된 것으로 가상하여 소송목적의 값을 정하고 이에 따른 인지액을 산출한 후 그 5분의 1에 해당하는 인지를 붙여야 한다.

라. 접 수

제소 전 화해에는 소에 관한 규정이 준용되므로 담당법관은 신청서 또는 구술신청조서를 심사하여 기재사항의 누락, 인지의 부족 등 흠결이 있으면 기간을 정하여 보정을 명하고 이에 불응할 때에는 신청서 또는 구술신청조서를 각하한다(민소법 제254조).

신청서 등을 적법한 것으로 인정한 때에는 즉시 신청서 등의 부본을 피신청인에게 송달하고, 화해기일을 지정하여 쌍방 당사자에게 통지하여야 한다. 송달불능시에는 주소의 보정을 명하고 이에 불응할 때에는 역시 신청서 등을 각하하여야 한다(민소법 제255조, 제258조).

(4) 심 리

지정된 기일에는 법관과 법원사무관 등이 열석(列席)하고 당사자 쌍방을 출석시킨 후 법관이 신청내용을 참작하여 적절한 화해의 권고를 한다. 간이한 절차로 채무명의가 형성되므로 당사자의 확인이 중요하다. 당사자 본인이 신청하는 경우 대개 주민등록증 등으로 확인한다.

(5) 화해의 성립

화해가 성립되면 법원사무관 등은 그 기일 조서에는 화해가 있다는 취지만 적고, 별도의 용지에 화해조서를 작성하여야 한다. 화해조서에는 당사자와 법정대리인의 표시 및 청구취지, 청구원인, 화해조항, 화해 성립 연월일과 법원을 기재하고 판사와 법원사무관 등이 기명날인하여야 한다(민소법 386조, 규칙 제31).

화해조서는 화해성립일로부터 7일 이내에 그 정본을 쌍방 당사자에게 송달하여야 한다(규칙 제56조).

화해조서는 확정판결과 동일한 효력을 갖는다(민소법 제220조).

<Q & A>
편면적 강행법규에 반하는 제소전화해조서의 효력

Q) A는 프랜차이즈 상점을 해보려고 임대할 점포를 구하는 중이다. 맘에 드는 곳을 한 곳 구했는데 임대인이 계약기간을 2년으로 하자고 한다. A는「상가임대차보호법」상 계약기간을 5년까지 연장할 수 있는 것으로 알고 있어 그냥 2년으로 계약을 할까 했는데, 임대인이 임대기간이 끝나고 나서 자기가 비워 달라고 하면 언제든지 비운다는 조건으로 제소전화해를 신청하자고 해서 고민 중이다. 임대인이 비우라고 할 때 당장 비운다는 내용으로 제소전화해를 하게 되면 A가 계약갱신요구권을 행사하더라도 5년 계약기간을 보장받을 수 없는것인가?

A)
1. 문제점

제소전화해라 함은 일반민사분쟁이 소송으로 발전하는 것을 막기 위하여 소제기 전에 지방법원단독판사 앞에서 화해신청을 하여 해결하는 절차로서 소송계속 후에 소송을 종료시키기 위한 화해인 소송상화해와는 다르나, 제소전화해가 성립하면 확정판결과 동일한 효력을 가지고, 기판력과 집행력을 갖는다는 점에 있어서는 소송상화해와 동일하다 할 것이다(민사소송법 제220조 참조). 따라서 제소전화해가 성립한 후 하자가 있는 경우라도 일반적인 절차로는 다툴 수 있는 여지가 없으며, 다만 재심사유에 해당하는 특별한 경우에 한하여 준재심의 소에 의해 다툴 수 밖에 없을 정도로 강력한 효력을 가지고 있다(민사소송법 제461조 참조). 현재 제소전화해는 이미 현존하는 '민사상의 다툼'의 해결보다도 이미 당사자 간에 성립된 다툼 없는 계약 내용을 조서에 기재하여 재판상화해를 성립시키기 위해 많이 이용되고 있다. 한편「상가건물임대차보호법」은 상가건물 임대차 계약에 있어서 경제적인 약자인 '임차인'을 보호하기 위해 법의 취지상 '편면적인 강행규정'으로 규정하여 위 법에 위반하여 임차인에게 불리하게 체결한 약정은 무효로 하고 있다(같은 법 제15조). 또한, 같은 법 제10조 제1항은 "임대인은 임차인이 임대차기간 만료전 6월부터 1월까지 사이에 행하는 계약갱신요구에 대하여 정당한 사유없이 이를 거절하지 못한다."라고 규정하고 있고, 이 경우 임대인은 종전기간을 합산하여 '5년을 초과하지 않는 범위 내'에서 계약기간을 인정해 줘야 하고, 이러한 계약갱신요구권을 인정하지 않기로 당사자간에 합의하였더라도 이는 경제적 약자인 임차인을 심하게 불리하게 하는 것으로 그런 합의는 분명 '무효'라 할 것이다. 그런데, 위와 같이 편면적 강행법규에 반하는 약정이 제소전화해로 성립하는 경우 그 약정의 효력을 인정할 것인가가 문제된다.

2. 판례의 태도

이에 대해 판례는 "(구)민사소송법 제206조 소정의 재판상의 화해가 성립되면 가령 그 내용이 강행법규에 위배된 경우라 하더라도 그것이 단지 재판상화해에 하자가 있음에 지나지 아니하여 재심의 절차에 의하여 구제받는 것은 별문제로 하고 그 화해조서를 무효라고 주장할 수는 없는 것이며 이 법리는 (구)민사소송법 제355조에 의한 화해(제소전화해)에 관하여서도 같다."라고 판시하여 강행법규에 반하는 제조전화해조서의 효력을 인정하고 있다(대법원 1987. 10. 13. 선고 86다카2275판결 참조).

3. 결론

위 판례의 취지상「상가건물임대차보호법」상의 계약 갱신요구권을 포기하는 내용의 제소전화해 조서도 그대로 유효하게 성립한다고 해석될 여지가 많다.

(6) 화해의 불성립

가. 불성립조서의 작성

판사가 화해의 기일에 화해를 권고하였으나 불응하는 경우에는 당사자 간의 다툼의 상황에 따라 새로운 기일을 열어 다시 화해를 시도할 수 있으나 바로 불성립으로 처리할 수도 있다. 또 당사자의 일방 또는 쌍방이 기일에 불출석한 경우도 마찬가지이다.

화해불성립으로 처리된 때에는 법원사무관 등은 그 취지를 조서에 기재하여야 한다(민소법 제387조 1항).

화해불성립조서는 그 등본(정본이 아니다)을 당사자 쌍방에게 송달하여야 한다(동조 3항).

나. 소제기신청

1) 의 의

화해불성립의 경우에 당사자 즉, 신청인은 물론 피신청인 쪽에서도 그 쟁의를 소송으로 해결하기 위하여 소제기신청을 할 수 있다(민소법 제388조 1항). 소제기신청이 있으면 화해신청시로 소급하여 신청인이 소를 제기한 것으로 보게 된다(동조 2항). 어느 쪽에서 소제기신청을 하였든 간에 당초의 화해 신청인이 원고로 되고 화해 피신청인이 피고로 된다.

2) 신청기간

제소신청은 화해불성립의 조서등본을 송달받은 날로부터 2주일 안에 하여야 하는 바, 이 기간은 불변기간이다(민법 제388조 3항·4항).

제소신청은 위 조서등본의 송달 전이라도 할 수 있다.

3) 신청방식

신청방식에 관하여는 특별한 제한이 없으므로 서면이나 구술로 할 수 있다.

화해신청인이 제소신청을 하는 경우에는 제소신청서에 화해신청서에 첨부된 인지액 5분의 1을 제외한 나머지 5분의 4에 대하여 인지를 첨부하여야 한다(민사소송법 제7조 3항), 피신청인이 제소신청한 때에는 1,000원의 인지만 붙이면 된다(동법 제9조 4항 4호).

2. 민사조정

(1) 민사조정제도의 의의

조정이란 법관이나 조정위원회가 분쟁관계인 사이에 개입하여 화해로 이끄는 절차를 말한다. 즉 민사조정제도란 민사에 관한 분쟁을 당사자의 신청에 의하여 또는 소송사건의 조정회부에 의하여 조정담당판사 또는 법원에 설치된 조정위언회가 간이한 절차에 따라 분쟁당사자들로부터 각자의 주장을 듣고 관계자료를 검토한 후 여러 사정을 고려하여 그들에게 상호 양보하여 협의하도록 권유, 주선함으로써 화해에 이르게 하는 제도를 말한다(민사조정법 제1조·제2조·제7조).

조정은 소송에 비하여 비용이 저렴하게 들고 간이·신속하게 처리될 수 있는 이점이 있으며, 제3자의 중개가 필수적이라는 점에서 반드시 중개를 요하지 않는 화해와 차이가 있다.

(2) 관할법원

조정사건은 ① 피신청인에 대한 민사소송법 2조 내지 5조에 의한 보통재판적 소재지(주소지, 대법원 소재지, 주사무소, 영업소, 주된 업무담당자 주소 등), ② 피신청인의 사무소·영업소 소재지, ③ 피신청인의 근무지, ④ 분쟁 목적물 소재지, ⑤ 손해발생지 등을 관할하는 지방법원, 지방법원 지원 또는 시·군법원의 관할로 한다(민사조정법 제3조 1항). 당사자는 합의에 의하여 관할법원을 정할 수도 있다(동조 2항).

(3) 조정기관

가. 조정담당판사

조정사건은 조정담당판사가 이를 처리한다(민사조정법 제7조 1항). 조정담당판사는 고

등법원장, 지방법원장 또는 지방법원 지원장의 지정을 받아 조정사건을 담당하는 판사 또는 스스로 조정을 할 수 있고, 또 조정위원회로 하여금 이를 하게 할 수도 있다(동법 제7조 2항). 다만 당사자가 조정위원회에서 조정하여 줄 것을 신청한 때에는 조정위원회로 하여금 이를 하게 하여야 한다(동조항 단서).

나. 조정위원회

소송물이 다액인 사건, 사안이 비교적 복잡한 사건, 이해관계인이 다수인 사건, 전문가의 지식을 필요로 하는 사건 등은 조정위원회가 조정한다. 건축공사와 관련한 사건, 의료과오가 쟁점인 사건 등 분쟁 해결에 전문적인 지식이 요구되는 사건의 조정을 위하여 필요하다고 인정되는 경우에는 전문분야별 조정위원으로 구성된 조정위원회(예 : 건축관계조정위원회, 의료분쟁조정위원회)를 들 수 있다. 조정위원회는 조정장 1인과 조정위원 2인 이상으로 구성한다(민사조정법 제8조).

다. 수소법원

종전에는 수소법원이 직접 조정할 수 없었으나, 개정 민사조정법(1992. 11. 30.)에서는 수소법원이 직접 조정할 수 있게 하였다. 수소법원 조정사건의 상당부분은 손해배상 전담부에서 이루어지고 있는 손해배상사건에 관한 것이다.

(4) 조정절차의 개시

가. 조정신청에 의한 개시

민사에 관한 분쟁의 당사자는 법원에 조정을 신청할 수 있다(민사조정법 제2조).

1) 신청방식

조정의 신청은 서면 또는 구술로 할 수 있다(동법 제5조 1항).

조정신청에서는 당사자, 대리인, 신청취지, 분쟁의 내용을 명확히 기재하여야 한다.

신청서를 제출함에 있어서, 증거서류가 있는 때에는 신청과 동시에 이를 제출하여야 하며(민사조정규칙 제2조 1항), 피신청인의 수에 상응한 신청서 부본을 제출하여야 한다(동조 2항).

조정신청조서에도 당사자, 대리인, 신청취지, 분쟁내용을 명확히 기재하여야 한다. 증거 서류가 있는 경우에는 신청과 동시에 이를 제출하여야 한다(동규칙 제2조 1항).

2) 수수료의 납부

조정신청을 할 때에는 수수료를 납부하여야 한다(민사조정법 제5조 4항).

구목적가액(소송목적의 값에 해당함)에 따라 민사소송등인지법 제2조 및 제14조에 의하여 제1심 소장에 붙여야 할 인지액의 5분지 1을 수입인지 또는 현금으로 납부하여야 한다(민사조정규칙 제3조 1항·3항).

　조정담당판사는 신청인이 조정수수료(민사조정규칙 제3조)를 납부하지 아니한 때 즉 소정 인지를 붙이지 아니한 때에는 상당한 기간을 정하여, 그 기간 내에 이를 납부할 것을 명하여야 하며(민사소송법 제13조 1항), 신청인이 이 명령을 이행하지 아니한 때에는 조정담당판사는 명령으로 신청서를 각하하여야 한다(동조 2항). 이 각하명령에 대하여는 즉시항고할 수 있다(동조 3항).

　3) 신청대리

　조정사건도 단독사건이므로, 당사자와 친족, 고용 기타 특별한 관계에 있는 자로서 법원의 허가를 얻은 때에는 비변호사라도 대리를 할 수 있으며, 조정담당판사는 언제든지 이 허가를 취소할 수 있다(민사조정법 제38조 1항·민소법 제80조).

　4) 신청의 효력

　조정신청은 시효중단의 효력이 있다(민사조정법 제35조 1항).

　그러나 조정신청이 취하된 때, 조정신청이 취하간주된 때는 1월 이내에 소를 제기하지 아니하면 시효중단의 효력이 없다(동법 제31조 2항, 제35조 2항).

나. 조정회부에 의한 개시

　수소법원은 사건의 내용상 조정가능성이 없거나 당사자가 조정에 응할 의사가 없음을 분명히 하였거나 그 밖에 사건을 조정에 의하여 해결함이 적합하지 아니하였다고 인정되는 사건을 제외하고는 그 계속 중인 사건을 가급적 조정에 회부하여야 한다.

　다음에 열거하는 사건은 조정에 의하여 사건을 해결함에 적합한 것으로 본다.

　ⅰ) 화해를 통하여 분쟁을 해결하거나 당사자 사이의 감정대립을 해소시키는 것이 바람직하여 화해를 권고하였음에도 화해가 이루어지지 아니한 사건(친족 간의 재산다툼, 직장동료 간의 사건, 임대차 또는 권리금사건 등)

　ⅱ) 당사자들이 빠른 해결을 바라는 사건

　ⅲ) 법률만을 적용하여 승패를 가르는 것보다는 상식이나 기타의 사정도 참작하여 중간타협적인 결론을 내리는 편이 당사자들 사이에서나 사회적으로도 바람직한 사건(친구 간의 돈거래나 채무보증사건, 처가 차용한 돈을 남편이 변제할 의무가 있는 지가 다투어지는 사건 등)

　ⅳ) 원고와 피고의 일방만이 책임을 지는 것보다는 쌍방이 나누어 책임을 지는 것이

알맞은 사건(도난수표에 대한 발행인과 취득자 사이의 분쟁, 종업원이 불법행위를 저지른 경우에 피해자와 고용주 사이의 분쟁사건 등)

ⅴ) 전문적인 지식이 요구되어 전문가인 조정위원을 동원하는 것이 바람직한 사건(건축공사와 관련한 분쟁, 의료과오를 원인으로 한 손해배상사건, 환경오염 등 공해사건 등)

ⅵ) 증거가 희미하거나 불명확한 사건(계 사건, 오랜 시일이 흐른 사건 등)

ⅶ) 부상의 정도 및 과실의 정도만 확정되면 손해액 계산 등은 기계적으로 이루어지는 사건

ⅷ) 법률의 해석이 아직 통일되지 아니하여 어느 쪽으로 결론을 내리든 상소심에서 결론이 번복될 염려가 있는 사건

ⅸ) 사건의 결론은 비교적 분명하나 판결 작성에 과다한 사건이 소요되는 사건(교통사고, 산재사고로 인한 손해배상사건, 임금, 퇴직금사건 등)

ⅹ) 민사조정법 제2조는 "민사에 관한 분쟁"을 조정대상으로 하고 있고, 청구이의의 소, 제3자이의의 소, 가압류 이의 등 집행관계소송도 민사에 관한 분쟁임이 분명하므로 민사조정의 대상이 된다고 할 것이다.

(5) 송달·통지 등

가. 신청서 부본 등 송달

조정신청서 부본이나 구술조정신청조서 등본은 바로 피신청인에게 송달하여야 한다(민사조정법 제14조).

나. 조정기일의 통지

조정기일은 이를 당사자에게 통지하여야 한다(민사조정법 제15조 1항).

위 기일통지를 받은 당사자는 기일에 본인이 출석하여야 하나, 특별한 사정이 있는 경우에는 대리인을 출석시키거나, 보조인을 동반할 수 있다(민사조정규칙, 제6조 1항).

(6) 조정의 실시

가. 조정실시담당자

조정사건은 조정담당판사가 이를 처리하는데(민사조정법 제7조 1항), 조정담당판사는 스스로 조정을 하거나, 재량으로 조정위원회로 하여금 조정케 할 수도 있다(동조 2항 본문). 다만, 당사자의 신청이 있는 때에는 조정위원회로 하여금 이를 하게 하여야 한다(동조 2항 단서).

나. 조정장소

조정담당판사 또는 조정위원회는 사건의 실정에 따라 법원 외의 적당한 장소에서 조정을 실시할 수 있다(민사조정법 제19조). 조정은 판사실, 조정실, 준비절차실, 심문실 또는 분쟁에 관련된 현장 기타 적당한 장소에서 할 수 있다.

다. 이해관계인의 참가

조정절차에서도 조정참가인제도가 있는바 조정의 결과에 관하여 이해관계가 있는 자는 조정담당판사나 조정위원회의 허가를 얻어 조정에 참가할 수 있다(민사조정법 제16조 1항).

또 조정담당판사(또는 조정위원회)는 상당하다고 인정하는 때에는 직권으로 조정의 결과에 관하여 이해관계가 있는 자를 조정에 참가케 할 수도 있다(동조 2항).

라. 조정기일과 당사자 출석

조정기일에는 원칙적으로 대리인 이외에 당사자 본인이 출석시키고 가족 등 본인을 보조할 수 있는 자의 동반을 허가한다.

수소법원이 조정회부사건을 스스로 처리할 경우, 조정회부결정을 한 그 기일에 바로 조정하거나 조정기일을 즉시 지정, 고지하여 당사자를 소환한다. 조정기일은 당사자 쌍방이 출석하여야 한다.

1) 신청인의 불출석

신청인이 조정기일에 출석치 아니한 경우에는, 다시 기일을 정하여 이를 통지한다(민사조정법 제31조 1항). 새로운 기일 또는 그 후의 기일에 신청인이 다시 출석을 아니한 때에는 조정신청을 취하한 것으로 본다(동조 2항).

조정기일은 당사자에게 통지하도록 규정하고 있고, 피신청인에게 조정기일의 통지가 되지 아니한 경우에는 조정기일은 성립되지 아니하므로 그러한 기일에 신청인이 2회 불출석하더라도 조정신청의 취하가 된 것으로 간주할 수 없을 것이다(재민 95-1).

2) 피신청인의 불출석

피신청인이 조정기일에 출석하지 아니한 경우 조정담당판사는 상당한 이유가 없는 한 직권으로 조정에 갈음하는 결정을 하여야 한다(민사조정법 제32조).

(7) 조정의 종결

가. 조정종결의 유형

1) 조정불성립 등

ⅰ) 불조정결정

　조정담당판사 또는 조정위원회는 사건이 성질상 조정을 함에 적당하지 아니하다고 인정하거나, 당사자가 부당한 목적으로 조정을 신청한 것임을 인정하는 경우에는 "조정을 하지 아니하는 결정"(불조정결정)으로 사건을 종결시킬 수 있다(민사조정법 제26조 1항). 위 조정을 하지 아니하는 결정에 대해서는 불복의 신청을 하지 못한다(동조 2항).

ⅱ) 조정불성립결정

　조정담당판사 또는 조정위원회 당사자 사이에 합의가 성립되지 아니하거나 성립된 합의의 내용이 상당하지 아니하다고 인정하는 경우에 "조정에 갈음하는 결정"을 하지 아니할 때에는 조정불성립결정으로 사건을 종결시켜야 한다(동법 제27조).

ⅲ) 조정신청 각하결정

　당사자에 대하여 기일을 통지할 수 없는 때에는 조정담당판사 또는 조정위원회는 결정으로 조정신청을 각하할 수 있다(동법 제20조 1항). 이 각하결정에 대하여는 불복신청을 하지 못한다(동조 2항). 조정신청서가 송달불능임에도 신청인이 조정담당판사의 피신청인 주소보정명령에 응하지 아니한 경우 원칙적으로 명령으로 신청서를 각하한다(민사조정규칙 제2조의 2).

2) 조정성립 등

ⅰ) 조정의 성립

　조정이 성립되면 당사자 사이에 합의된 사항을 조서에 기재하고 조정조서 정본을 당사자에게 송달한다(민사조정법 제28조, 제133조 2항). 조정은 재판상화해와 동일한 효력이 있다(동법 제29조). 소송이 계속 중인 사건을 조정에 회부하여 조정이 성립하거나 강제조정이 확정된 때에는 소의 취하가 있는 것으로 보고(민사조정규칙 제4조 3항). 이 경우 조정담당판사는 수소법원에게 조정성립통지서를 지체 없이 송부하여야 한다(동조 4항).

ⅱ) 조정에 갈음하는 결정 : 강제조정

　조정이 성립되지 아니한 사건에 대하여는 당사자가 이의신청할 것임이 명백한 경우를 제외하고는 조정에 갈음하는 결정을 함을 원칙으로 한다.

　조정담당판사 또는 조정위원회는 당사자 사이에 합의가 성립되지 아니하였거나 성립된 합의의 내용이 상당하지 아니하다고 인정한 사건에 관하여 상당한 이유가 없는 한 당사자의 이익 기타 제반사정을 참작하여 신청인의 신청취지에 반하여 아니하는 한도 내에서 직권으로 사건의 공평한 해결을 위한 조정에 갈음하는 결정을 하여야 한다(민사조정법 제30조).

나. 이의신청 등에 의한 소송으로의 이행

1) 이의 신청

"조정에 갈음하는 결정"(민사조정법 제30조, 제32조)에 대하여, 당사자는 조정정본이 송달된 날로부터 2주일 이내에 이의를 신청할 수 있다. 이 기간은 불변기간이다(동법 제34조 1항·5항). 이의신청은 조서정본의 송달 전에도 할 수 있다.

민사조정법 34조 1항의 기간 내에 이의신청이 있는 때에는 조정담당판사는 이의신청의 상대방에게 이를 바로 통지하여야 한다(동조 2항).

이의신청이 적법하지 아니하다고 인정하는 때에는 결정으로 이의신청을 각하 하여야 한다(민사조정규칙 제16조 1항).

위 각하결정에 대해서는 즉시항고할 수 있다. 이 즉시항고는 집행정지의 효력이 있다(동조 2항·3항). 따라서 항고가 있으면 위 이의신청 각하결정은 그 효력이 정지된다.

2) 소송으로의 이행절차

조정신청사건의 경우 민사조정법 제26조의 규정에 의하여 조정을 하지 아니하기로 하는 결정이 있었거나, 동법 제27조의 규정에 의하여 조정이 성립되지 아니한 것으로 종결된 경우 또는 동법 30조 또는 32조의 규정에 의한 조정에 갈음하는 결정에 대하여 동법 34조 1항 규정에 의한 이의신청이 있는 경우에는 조정신청을 한 때에 소가 제기된 것으로 본다(동법 제36조 1항).

【서식】조정신청서 표지

접 수 인

조 정 신 청 서

서울중앙지방법원 귀중

작성일   20 . . .
사건명
신청인

피신청인

신청금액	원	첩용인지	원	송달료	원

【서식】대여금 반환 조정신청서

(대여금 반환신청)

신 청 취 지

1. 신청금액 : (원본)　　　　금　　　　　　　원
　　　　　　 (가산금)　　　　비율　　　　　　푼
　　　　　　　　　　　　　　기간　　　　부터　　　　　까지

2. 피신청인들 상호간의 관계 : 연대(　)/각자(　)/평등분할(　)

신 청 원 인

1. 채권의 내용
　(1) (대여자)　　　　　　　　　　(2) (차용자)
　(3) (공동차용자 상호간의 관계 : 연대(　)/분할(　)
　(4) (대여일자) : ＿＿＿＿＿, ＿＿＿＿＿, ＿＿＿＿＿,
　(5) (금　　액) : ＿＿＿＿원 ＿＿＿＿원 ＿＿＿＿원
　(6) 변제기일 : ＿＿＿＿＿, ＿＿＿＿＿, ＿＿＿＿＿,
　(7) 가 산 금
　　　　1. 기간 : 신청취지와 같음
　　　　2. 비율 : ① 약정이율 ＿＿＿＿＿푼
　　　　　　　　　② 이자약정 없음
　　　　　　　　　　민법상 연 5푼
　　　　　　　　　　신청인 (　)/ 피신청인 (　)이 (영업의 종류)　　　　업을
　　　　　　　　　　하는 상인이므로 상법상 연 6푼

2. 당사자의 지위
   (1) 신청인 : 대여자 본인( ) / 대여자의 상속인( )
       신청인이 대여자의 상속이면 : (대여자 사망일)
       (대여자와의 관계) 신청인은 대여자의
   (2) 피신청인 : 차용자 본인( ) / 차용자의 상속인( )
                연대보증인( ) / 보증인( ) / 연대채무자( )
       피신청인이 차용자의 상속인이면 : (차용자 k망일)
       (차용자와의 관계) 피신청인은 차용자의

위와 같이 주장하여 신청취지와 같은 조정을 구합니다.
(작성일자) _____년 _____월 _____일
신청인(서명) _____(날인)

【서식】 매매대금 조정신청서

(매매대금신청)

신 청 취 지

1. 신청금액 : (기본금액)   금_____원
              (자연손해금) 비율_____푼
                            기간_____부터_____까지

2. 피신청인들 상호간의 관계 : 연대( )/각자( )/평등분할( )

신 청 원 인

1. 매매의 내용
   (거래관계)
   (1) (매매일자) _____ (2) (매 도 인) _____
   (3) (매 수 인) _____ (4) (목 적 물) _____
   (5) (수   량) _____ (6) (대   금) _____
   (7) (대금지급기일 및 지급방법) :

2. 지연손해금
   (1) 기간 : 신청취지와 같음
   (2) 비율 : ① 민법상 연 5푼   ( )
             ② 신청인 ( ) / 피신청인 ( )이(영업의 종류)   업 ( )
                을 하는 상인이므로 상법상 연 6푼
             ③ 특약상의 비율 : 푼   ( )
3. 신청인의 지위 : 매도인 본인 ( ) / 매도인의 상속인 ( )

4. 피신청인의 지위 : 매수인 본인 (　) / 연대보증인 (　) / 보증인 (　) /
　　　　　　　　　매수인의 상속인 (　)
5. 상속관계
　(1) 신청인이 매도인의 상속인일 때 : (매도인의 사망일)
　　　(매도인과의 관계) 신청인은 매도인의
　(2) 피신청인이 매수인의 상속인일 때 : (매수인의 사망일)
　　　(매수인과의 관계) 피신청인은 매수인의

위와 같이 주장하여 신청취지와 같은 조정을 구합니다.
(작성일자) ＿＿＿＿＿＿년 ＿＿＿＿＿＿월 ＿＿＿＿＿＿일
신청인(서명) ＿＿＿＿＿＿＿＿＿＿＿＿＿＿＿＿(날인)

【서식】화해신청서(임차권양도 등에 관한 화해신청)

화 해 신 청 서

사 건   임대차계약상 임차권 양도 등 청구화해사건
신 청 인   ○ ○ ○ (000000 - 0000000)
        ○○시 ○○구 ○○동 ○○번지
        전화 02-1234-4567   휴대폰 010-1234-5678
        팩스 02-9876-5432   이메일 : lawb@lawb.co.kr
        소송대리인 변호사 ○ ○ ○
        ○○시 ○○구 ○○동 ○○번지
피신청인   ○ ○ ○ (000000 - 0000000)
        ○○시 ○○구 ○○동 ○○번지
        전화 02-1234-4567   휴대폰 010-1234-5678
        팩스 02-9876-5432   이메일 : lawb@lawb.co.kr
        소송대리인 변호사 ○ ○ ○
        ○○시 ○○구 ○○동 ○○번지

신청인들은 다음과 같이 민사상 다툼에 관하여 화해를 신청합니다.

화 해 조 항

1. 신청인은 별지목록기재 부동산의 임대주택의 임차권을 피신청인에게 양도한다.
2. 위 부동산에 대한 20○○. ○. ○. ○○주택공사와 신청인간의 임대차 계약서상의 임차인의 지위를 피신청인으로 변경한다.

3. 20○○. ○. ○. 말일부터 매월 임대료 금42,900원씩은 피신청인이 지급하기로 한다.
4. 화해비용은 각자 부담으로 한다.

민사상 다툼의 원인사실

1. 신청인은 신청 외 ○○주택공사와 20○○. ○. ○. 별지목록기재 부동산의 임대주택에 대한 임대차계약을 보증금 3,510,000원 월임대료 42,900원, 임대차기간은 매2년 단위로 재계약하는 임대주택 임대차계약을 체결하고 보증금 전액을 같은 해 ○. ○., ○. ○. 2회에 걸쳐 완납하였습니다.
2. 그런데 신청인과 피신청인은 혼인신고를 마친 법률상 부부로서 가정생활을 유지하였으나 서로간의 성격차이로 더 이상 혼인생활을 할 수 없어 20○○. ○.○. 협의이혼을 하면서 신청인은 유일한 재산인 이 건 임대아파트의 임차권을 취득하는대로 피신청인에게 위자료금으로 양도하기로 약정한 바 있습니다.
3. 그러므로 신청인이 신청 외 ○○주택공사와 체결한 임대아파트 계약서상의 임차인의 지위를 피신청인 앞으로 변경하고 위 임차권을 양도하는 화해를 구하고 화해가 성립된 후부터 임대료는 피신청인의 부담으로 하는 화해신청을 합니다.

20○○. ○. ○.

신청인 ○ ○ ○ (서명 또는 날인)

첨부서류 : 임대주택임대차계약서   1통
　　　　　임대주택보증금납부영수증   1통
　　　　　인감증명(임대아파트 명의이전용)   1통

협의이혼사실확인서	1통
신청서부본	1통
납부서	1통

서울중앙지방법원 ○○지원 귀중

> **주**
> 1. 신청서에는 민사소송등 인지법 제7조에 의하여 제2조 규정액의 인지 1/5을 붙이고 부동산목록 5통을 첨부한다.
> 2. 당사자마다 기일소환장과 화해조서정본의 송달에 필요한 송달료 2회분(6,040원=3,020원×2)을 납부하고 화해신청부본을 첨부한다.
> 3. 화해신청에는 소에 관한 규정이 준용된다. 따라서 신청에는 당사자와 법정대리인의 성명, 주소를 명시하고 준비서면에 관한 규정의 준용에 따라 작성연월일과 법원을 표시하고 부속서류가 있으면 그것도 표시하여야 한다.
> 4. 화해조서는 화해성립일로부터 7일 이내에 그 정본을 쌍방 당사자에게 송달하여야 한다.
> 5. 화해조서는 확정판결과 동일한 효력이 있다.

[서식] 화해합의서(실용신안권침해금지 등에 관한 화해합의)

화 해 합 의 서

사　　건　　　서울○○지방법원 20○○카 제○○호 가처분신청
신 청 인　　　주식회사 ○○부기
　　　　　　　일본국 도쿄도 신쮸꾸시 ○ 정목 ○○-○
　　　　　　　대표이사 니시할 시지꼬
　　　　　　　신청인 대리인 변호사 ○ ○ ○
　　　　　　　○○시 ○○구 ○○동 ○○○
피신청인　　　주식회사 ○○글로리코리아
　　　　　　　○○시 ○○구 ○○동 ○○○
　　　　　　　대표이사 ○ ○ ○ (000000 - 0000000)
　　　　　　　피신청인 대리인 법무법인 ○○법률사무소
　　　　　　　○○시 ○○구 ○○동 ○○○
　　　　　　　담당변호사 ○ ○ ○
　　　　　　　○○시 ○○구 ○○동 ○○○

　위 사건에 대하여 다음과 같이 합의하고 이에 서명날인 한다.

1. 피신청인은 양자의 본 합의내용을 신청인의 위 제1항 권리에 대한 이의를 특허청에 제기했던 ○○문화사 대표이사 ○○○ 외 21인에게 서신으로 통보하며(피신청인이 합의서 체결 후 10일 이내에 통보하지 아니할 경우 신청인이 통보할 수 있다) 상호 각자의 실용신안권리를 존중하고 그 권리의 침해행위를 일체 하지 않으며 서로 협력키로 한다.
2. 피신청인은 실용신안등록 제○○○○호, 제○○○○호, 제○○○○호, 제

○○○○호는 실용신안법에 의한 상기 신청인의 정당한 권리임과 신청인이 위 사건 신청서에서 생산 및 판매금지를 청구한 피신청인의 제품 및 그 구성부분이 신청인의 위 실용신안권을 침해하였음을 인정하고 앞으로는 신청인의 동의없이는 위 제품들이나 그 구성부분이 동일한 다른 제품을 생산판매하지 않는다.

3. 피신청인은 그간 권리를 침해한 위로금조로 일금 200,000원을 본 합의서에 체결직후 신청인에게 지불키로 한다.
4. 피신청인이 제작판매한 실용신안등록 제○○○○호, 제○○○○호, 제○○○○호, 제○○○○호 침해물품의 수량은 20○○. ○.부터 ○.까지 대략 2,000,000원본임을 신청인에게 밝힌다.
5. 신청인은 가처분신청을 취하하고 피신청인은 특허 제○○○○호 관련 심판에 대한 항고를 취하한다.
6. 신청인은 본 합의서 작성일 이전의 피신청인의 위 제1항 침해행위에 대하여 민사사건, 형사사건, 기타 일체의 법률행위나 책임을 재론하지 않는다.

20○○. ○. ○.

신 청 인 ○ ○ ○ (서명 또는 날인)
피신청인 ○ ○ ○ (서명 또는 날인)

서울중앙지방법원 귀중

【서식】 화해문안

화 해 문 안

사　　건　　20○○가단 제○○○호
원　　고　　　○ ○ ○ (000000 - 0000000)
　　　　　　○○시 ○○구 ○○동 ○○번지
　　　　　　전화 02-1234-4567　　휴대폰 010-1234-5678
　　　　　　팩스 02-9876-5432　　이메일 : lawb@lawb.co.kr
피　　고　　　○ ○ ○ (000000 - 0000000)
　　　　　　○○시 ○○구 ○○동 ○○번지
　　　　　　전화 02-1234-4567　　휴대폰 010-1234-5678
　　　　　　팩스 02-9876-5432　　이메일 : lawb@lawb.co.kr

1. 원고에게 피고는 별지목록기재 건물에 관하여 20○○. ○. ○.까지 철거하고,
2. 피고에게 원고는 피고가 위 건물을 철거하면 20○○. ○. ○.까지 금 3,000,000원을 지급한다.
3. 원고의 나머지 청구는 포기하고,
4. 소송비용은 각자 부담으로 한다.

주 위 문안을 미리 2통 작성하여 재판장 1통, 서기 1통을 주면, 화해조서에 정확히 기재되어서 나중에 화해조서, 화해조항에 대하여 시비가 방지될 것이다.

【서식】화해조서경정신청서

화해조서경정신청

사　건　20○○가합 제○○○호 ○○○

원　고　　　○ ○ ○ (000000 - 0000000)
　　　　　○○시 ○○구 ○○동 ○○번지
　　　　　전화 02-1234-4567　휴대폰 010-1234-5678
　　　　　팩스 02-9876-5432　이메일 : lawb@lawb.co.kr

피　고　　　○ ○ ○ (000000 - 0000000)
　　　　　○○시 ○○구 ○○동 ○○번지
　　　　　전화 02-1234-4567　휴대폰 010-1234-5678
　　　　　팩스 02-9876-5432　이메일 : lawb@lawb.co.kr

　위 사건에 관하여 20○○. ○. ○. 성립한 화해조서에 있어서 피고의 주소 '○○시 ○○구 ○○동 ○○○'는 '○○시 ○○구 ○○동 ○○○'의 또는 화해조항 제1항 중 금'○○,○○○,○○○원'은 금'○,○○○,○○○원'의 오류임이 명백하므로 그를 경정하여 주시기 이에 신청합니다.

　　　　　　　　　　20○○. ○. ○.

　　　　　　　　　　위 원고　○ ○ ○　(서명 또는 날인)

○○지방법원　귀중

【서식】 제소명령신청서(화해불성립으로 인한 제소신청)

제 소 명 령 신 청 서

신 청 인　　○ ○ ○ (000000 - 0000000)
　　　　○○시 ○○구 ○○동 ○○번지
　　　　전화 02-1234-4567　　휴대폰 010-1234-5678
　　　　팩스 02-9876-5432　　이메일 : lawb@lawb.co.kr

피신청인　○ ○ ○ (000000 - 0000000)
　　　　○○시 ○○구 ○○동 ○○번지
　　　　전화 02-1234-4567　　휴대폰 010-1234-5678
　　　　팩스 02-9876-5432　　이메일 : lawb@lawb.co.kr

인 지
1,000원

　위 당사자간 귀원 20○○자 제○○호 화해신청사건에 관하여 화해기일인 20○○. ○. ○.에 당사자 사이에 화해가 불성립되었는바, 신청인은 민사소송법 제388조 1항에 의하여 제소신청을 합니다.

　신청인이 화해불성립조서등본을 송달받은 날 : 20○○. ○. ○.

소 명 자 료

20○○. ○. ○.

신청인　○ ○ ○　(날인 또는 서명)

서울중앙지방법원　귀중

◇ 유의사항 ◇

1. 신청인은 연락처란에 언제든지 연락 가능한 전화번호나 휴대전화번호(팩스번호, 이메일 주소 등도 포함)를 기재하기 바랍니다.
2. 이 신청서를 접수할 때에는 당사자 1인당 2회분의 송달료를 송달료 수납은행에 납부하여야 합니다. 다만, 송달료 수납은행이 지정되지 아니한 시, 군법원의 경우에는 송달료를 우편으로 납부하여야 합니다.

[서식] 조정신청서(지연손해금에 관한 조정신청)

조 정 신 청 서

신 청 인   ○ ○ ○ (주민등록번호   -   )
              주 소   ○○시 ○○구 ○○동 ○○○
              전화 02-1234-4567   휴대폰 010-1234-5678
              팩스 02-9876-5432   이메일 : lawb@lawb.co.kr

피신청인   ○ ○ ○ (주민등록번호   -   )
              주 소   ○○시 ○○구 ○○동 ○○○
              전화 02-1234-4567   휴대폰 010-1234-5678
              팩스 02-9876-5432   이메일 : lawb@lawb.co.kr

신 청 취 지

   피신청인은 신청인에게 금 ○○○만원 및 이에 대한 20○○. ○. ○.부터 완제일까지 연 ○%의 비율에 의한 금원을 지급한다.
   라는 조정을 구합니다.

분 쟁 의 요 지

   신청인은 20○○. ○. ○. 피신청인에게 금 ○○○만원을 이자는 월 ○%, 변제기는 20○○. ○. ○.로 정하여 대여하였습니다.
   그러나 피신청인은 사정이 어렵다면서 변제기가 지나도록 원리금을 갚지 아니하므로 원금 및 이에 대한 지연손해금을 지급받기 위하여 조정을 신청합니다.

20○○. ○. ○.

신 청 인 ○ ○ ○ ㊞

○○지방법원 귀중

주 1. 신청서에 첨부하는 인지나 현금 납부하는 인지대는 일반소장의 5분의 1이다.
2. 조정신청은 일반소장 접수방법과 동일하다.
3. 조정의 신청은 서면 또는 구술로 할 수 있다.
4. 조성신청서에는 당사자, 대리인, 신청취지, 분쟁의 내용을 명확히 기재하여야 한다.
5. 신청서를 제출함에 있어서 증거서류가 있는 때에는 신청과 동시에 이를 제출하여야 하며, 피신청인의 수에 상응하는 신청서 부본을 제출하여야 한다.

【서식】 조정신청서(임차보증금에 관한 조정신청)

조 정 신 청 서

사건명   임차보증금

신청인   ○ ○ ○ (000000 - 0000000)
            주 소 ○○시 ○○구 ○○동 ○○○
            전화 02-1234-4567   휴대폰 010-1234-5678
            팩스 02-9876-5432   이메일 : lawb@lawb.co.kr

피신청인   ○ ○ ○ (000000 - 0000000)
            주 소 ○○시 ○○구 ○○동 ○○○
            전화 02-1234-4567   휴대폰 010-1234-5678
            팩스 02-9876-5432   이메일 : lawb@lawb.co.kr

인지검열					
신청금액	원	첨용인지	원	송달료	원

※ 조정신청 인지계산방법

1. 소가 1천만원 미만(소가 × 0.005) × 0.2
2. 소가 1천만원 이상 1억원 미만 (소가 × 0.0045+1,000) × 0.2
3. 소가 1억원 이상 10억원 미만 (소가 × 0.004+11,000) × 0.2
4. 소가 10억원 이상(소가 × 0.0035+111,000) × 0.2

○○ 지방법원

신 청 취 지

청구금액

(기본금액) : 금 ○○○만원

(지연손해금) : 기간 20○○. ○. ○.부터 소장부본 송달일까지 비율 연 ○% 이 사건 소장부본 송달 다음날부터 완제시까지는 비율 연 ○%

신 청 원 인

1. 임대차(채권적 전세) 계약의 내용
    (1) 임대인 : ○ ○ ○
    (2) 임차인 : ○ ○ ○
    (3) 목적물 :
    (4) 보증금 : 금 ○○○만원
    (5) 임대기간 : 20○○. ○. ○. - 20○○. ○. ○.
    (6) 임 료 : 매월 ○○만원
    (7) 기타 약정
2. 임대차(채권적전세) 계약과 종료 사유
    (1) 존속기간의 만료(   )
    (2) 해지의 통고(   )
    (3) 해지(   )
3. 당사자의 지위
(1) 신청인 : 임차인 본인( )/임차인의 상속인( )/임차인의 양수인( )/
    신청인이 임차인의 상속인이면(임차인 사망일)
(2) 피신청인 : 임대인 본인( )/임대인의 상속인( )/임대인의 양수인( )/
    피신청인이 임대인의 상속인이면(임대인 사망일)

위와 같이 주장하여 신청취지와 같은 조정을 구합니다.

20○○. ○. ○.

신 청 인 ○ ○ ○ ㊞

1. 신청서에 첨부하는 인지나 현금 납부하는 인지대는 일반소장의 5분의 1이다.
2. 조정신청은 일반소장 접수방법과 동일하다.
3. 조정의 신청은 서면 또는 구술로 할 수 있다.
4. 조정신청서에는 당사자, 대리인, 신청취지, 분쟁의 내용을 명확히 기재하여야 한다.
5. 신청서를 제출함에 있어서 증거서류가 있는 때에는 신청과 동시에 이를 제출하여야 하며, 피신청인의 수에 상응하는 신청서 부본을 제출하여야 한다.
6. 위 양식은 법원에 비치된 조정신청서 양식이다. 통상 주택임대차보증금에 관하여 조정신청을 하는 경우가 대부분이다.

[서식] 조정신청서(전세금 반환청구에 관한 조정신청)

조 정 신 청 서

신청인   ○ ○ ○ (000000 - 0000000)
             주 소 ○○시 ○○구 ○○동 ○○○
             전화 02-1234-4567   휴대폰 010-1234-5678
             팩스 02-9876-5432   이메일 : lawb@lawb.co.kr

피신청인   ○ ○ ○ (000000 - 0000000)
             주 소 ○○시 ○○구 ○○동 ○○○
             전화 02-1234-4567   휴대폰 010-1234-5678
             팩스 02-9876-5432   이메일 : lawb@lawb.co.kr

전세금반환 청구사건

신 청 취 지

1. 피신청인은 신청인에게 전세보증금 ○○○만원 및 조정신청결정 후부터 완제시까지 연 ○%의 비율에 의한 금원을 지급한다.
2. 조정비용은 각자 부담으로 한다.
라는 조정을 구합니다.

신 청 이 유

1. 신청인은 피신청인의 소유 ○○시 ○○구 ○○동 ○○번지 주택 1층 방1칸을 전세보증금 ○○○만원에 지난 20○○. ○. ○.부터 20○○. ○. ○.까지 1년간 거주를 하다가 보니 ○○병원 영안실 쪽으로 문이 나있고 옆에는 식당이라 사시사철 냄새가 진동을 하고 해서 바람막이장치를

해달라고 해도 말로는 해준다고 하면서도 말뿐이고, 야간에는 취객들이 대문 앞에서 볼일을 보거나 오바이트를 해서 악취가 심해서 살수가 없는데 이사를 가려고 해도 피신청인은 보증금을 빼주질 않고 해서 9년 동안을 이사를 가지 못하고 있습니다.
2. 신청인은 지난 20○○. ○. ○.에 이사를 가려고 법적 수속을 한다고 하니까 피신청인은 ○월 ○일 전세금 ○○○만원을 내어주면서 사정을 해서 다시 계약서를 쓰고서 3개월 만에 2층 화장실 공사로 채권자의 방 천장으로 물이 흘러내려서 벽은 다 썩고 도저히 살 수가 없어서 피신청인에게 수십여차례 수리를 요청했으나 들은 척도 하지 않고 시행에 옮기지 않아 고통을 주고 있습니다.
3. 주택이 낡아서 도둑까지 들어서 컴퓨터를 도난당하고 집수리를 전혀 해주질 않고 있어서 더 이상 거주할 수도 없고 방 천장에서 물이 새고 썩어서 별첨사진과 같이 시커멓고 곰팡이 냄새와 악취가 나고 하여 채권자는 인간적으로는 도저히 견딜수가 없으므로 전세금 ○○○만원을 받고 이사를 가기위해 본건 조정신청에 이른 것입니다.

첨 부 서 류

1. 전세계약서 사본　　　　　　　　　　1통
1. 방 천장과 벽 곰팡이 사진　　　　　　2장
1. 조정신청서 부본　　　　　　　　　　1통

20○○. ○. ○.

위 신청인　○　○　○　㊞

○○지방법원　○○지원　귀중

> **주**
> 1. 신청서에 첨부하는 인지나 현금 납부하는 인지대는 일반소장의 5분의 1이다.
> 2. 조정신청은 일반소장 접수방법과 동일하다.
> 3. 조정의 신청은 서면 또는 구술로 할 수 있다.
> 4. 조정신청서에는 당사자, 대리인, 신청취지, 분쟁의 내용을 명확히 기재하여야 한다.
> 5. 신청서를 제출함에 있어서 증거서류가 있는 때에는 신청과 동시에 이를 제출하여야 하며, 피신청인의 수에 상응하는 신청서 부본을 제출하여야 한다.
> 6. 위 양식은 법원에 비치된 조정신청서 양식이다. 통상 주택임대차보증금에 관하여 조정신청을 하는 경우가 대부분이다.

【서식】 조정결정에 대한 이의신청서(임대차보증금 반환청구에 관한 조정결정에 대한 이의신청)

조정결정에 대한 이의신청

신 청 인　　　　○ ○ ○ (000000 - 0000000)
　　　　　　주 소　○○시 ○○구 ○○동 ○○○
　　　　　　전화 02-1234-4567　　휴대폰 010-1234-5678
　　　　　　팩스 02-9876-5432　　이메일 : lawb@lawb.co.kr

피신청인　　　　○ ○ ○ (000000 - 0000000)
　　　　　　주 소　○○시 ○○구 ○○동 ○○○
　　　　　　전화 02-1234-4567　　휴대폰 010-1234-5678
　　　　　　팩스 02-9876-5432　　이메일 : lawb@lawb.co.kr

위 당사자간의 귀원 20○○머 ○○호 임대차보증금 반환청구 조정사건에 관하여 피신청인은 귀원의 결정에 대하여 불복하므로 이에 이의신청을 하고자 위 신청에 이른 것입니다.

　　　　　　　　　　20○○. ○. ○.

　　　　　　　　　　　　　위 피신청인　○ ○ ○ ㊞

○○지방법원 ○○지원　귀중

주 1. 강제조정에 불복하여 이의를 제기하는 신청으로 이는 조정에 갈음하는 결정조서 정본을 송달받고 2주일 이내에 제출하여야 한다.
2. 위 신청서가 제출되면 조정결정은 효력을 상실하고 조정신청은 일반소송절차로 이행된다.

V. 간이한 소송절차

1. 소액사건심판절차

(1) 소액사건의 의의

소액사건이란 소액의 민사사건을 신속히 처리하기 위하여 민사소송법에 대한 특례를 인정한 것으로, 그 범위는 제소한 때의 소송물가액이 2,000만원을 초과하지 않는 금전 그 밖의 대체물이나 유가증권의 일정한 수량의 지급을 구하는 사건으로, 제1심의 민사사건이다.

여러 개의 소액사건을 법원이 병합하여 그 합산액이 소액사건의 범위를 넘어도 제소시에 이미 결정된 소액사건임에 변함이 없다(대판 1986. 5. 27. 86다137).

(2) 소액사건 심판절차상의 특칙

가. 소액사건심판법의 적용

지방법원 및 지방법원지원 또는 시·군법원에서 소액사건을 간이한 절차에 따라 신속히 처리하기 위하여 소액사건심판에 관한 사항을 소액사건심판법에 규정하고 있으며 민사소송법에 대한 예외가 많이 인정된다. 이 법에 특별한 규정이 있는 경우를 제외하고 민사소송법이 적용된다.

나. 구술제소

소는 말로써 제기할 수 있고, 이 경우에 법원사무관이 면전에서 진술하여야 하고, 법원사무관 등은 제소조서를 작성하여 이에 기명날인한다. 또한 당사자 쌍방은 임의로 법원에 출석하여 소송에 관하여 변론할 수 있으며 이러한 경우에도 소의 제기는 구술에 의한 진술로써 행한다.

다. 분할청구의 금지

금전 기타 대체물이나 유가증권의 일정한 수량의 지급을 목적으로 하는 청구에 있어서 채권자는 소액사건심판법의 적용을 받을 목적으로 청구를 분할하여 그 일부만을 청구할 수 없으며, 이에 위반한 소는 각하된다.

라. 1회 심리의 원칙

소장부본이나 제소조서등본은 지체없이 피고에게 송달하여야 하고, 판사는 민사소송법 256조 내지 258조의 규정에 불구하고 바로 변론기일을 정할 수 있다. 이 경우 판사는 되도록 1회의 변론기일로 심리를 마치도록 하여야 하고 이러한 목적을 달성하기 위하여 판사는 변론기일전이라도 당사자로 하여금 증거신청을 하게 하는 등 필요한 조치를 취할 수 있다.

마. 공휴일·근무시간 외의 개정

판사는 필요한 경우 근무시간의 또는 공휴일에도 개정할 수 있다.

바. 소송대리에 관한 특칙

당사자의 배우자, 직계혈족·형제자매는 법원의 허가 없이 소송대리인이 될 수 없으며, 이러한 소송대리인은 당사자의 신분관계 및 수권관계를 서면으로 증명하여야 한다. 그러나 수권관계에 대하여는 당사자가 판사의 면전에서 말로 소송대리인을 선임하고 법원사무관 등이 조서에 이를 기재한 때에는 그러하지 아니하다.

사. 서면심리에 의한 청구기각

법원은 소장·준비서면 기타 소송기록에 의하여 청구가 이유 없음이 명백한 때에는 변론 없이 청구를 기각할 수 있고, 판사의 경질이 있는 경우라도 변론의 갱신 없이 판결할 수 있다.

아. 판결에 의한 관례

판결의 선고는 변론종결 후 즉시 할 수 있고, 판결을 선고함에는 주문을 낭독하고 주문이 정당함을 인정할 수 있는 범위 안에서 그 이유의 요지를 구술로 설명하여야 한다. 판결에서는 민사소송법 제208조의 규정에 불구하고 이유를 기재하지 아니할 수 있다.

자. 상고 및 재항고의 제한

소액사건에 대한 지방법원 합의부의 제2심판결이나 결정·명령에 대하여는 다음에 해당하는 경우에 한하여 대법원에 상고 또는 재항고를 할 수 있다(소액사건심판법 제3조).

 ⅰ) 법률·명령·규칙 또는 처분의 헌법위반여부와 명령·규칙 또는 처분의 법률위반여부에 대한 판단이 부당한 때

 ⅱ) 대법원의 판례에 상반되는 판단을 한 때

【서식】 소액사건 소장 표지

※ 이 소장표지는 이하 각 소장의 표지와 같다.

접 수 인		. . . 시 변론기일소환장 통 위 서류를 영수함 20 . . . 원고 인

배당순위	
사건번호 담 당	제 단독판사
첫 변론기일 접수구분	1.서면 2.구술 3.우편 4.당직 5.대리

사건명
원고
주소
  1. 피 고
      주 소
  2. 피 고
      주 소

소 가	원	첩용인지	원	송달료	원
(인지첨부란)				위 금액 송달료로써 납부함 년 월 일 성명 인	

서울중앙지방법원 귀중

(3) 이행최고결정

가. 의 의

이행권고결정이라 함은 소액사건의 소가 제기된 때에 법원이 결정으로 소장부본이나 제소증서등본을 붙여서 피고에게 청구취지대로 이행할 것을 권고하는 결정을 말한다(소액사건심판법 제5조의 3 제1항).

이행권고결정제도는 직권으로 지급명령을 발하는 것과 유사한 제도라고 할 수 있다.

즉, 간이한 소액사건에 대하여 직권으로 이행권고결정을 한 후 이에 대하여 피고가 이의하지 않으면 곧바로 변론 없이 원고에게 집행권원을 부여하자는 것이 이 제도의 골자라고 할 수 있다. 이러한 이행권고결정이 확정된 때에는 원칙적으로 별도의 집행문 부여 없이 이행권고결정정본으로 강제집행할 수 있도록 강제집행상의 특례가 인정된다. 다만 변론 없이 원고에게 집행권원을 부여함으로써 피고에게 발생하지 모를 불측의 손해를 예방하기 위하여 청구이의의 사유에 제한을 두지 않은 점은 현행 지급명령과 같다.

나. 이행권고결정절차

ⅰ) 법원은 소액사건의 소가 제기된 때에 결정으로 소장부본이나 소제기조서등본을 붙여서 피고에게 원고가 구하는 청구취지의 이행을 권고할 수 있다(소액사건심판법 제5조의 3 제1항). 이때 이행권고결정의 이행조항은 청구취지와 일치하도록 하여야 한다.

ⅱ) 현행 민사조정법상 조정이 성립된 경우에는 특별한 합의가 없으면 조정절차의 비용은 당사자 각자의 부담으로 하고 있으나(민사조정법 제37조 1항), 직권으로 지급명령을 발하는 것과 같은 취지로서 피고가 다투지 아니하는 자백간주 사건을 변론 없이 원고 승소판결하는 것과 같은 효과를 부여하자는 것이 이 제도의 취지이기 때문에 이행권고결정에 있어서는 소송비용의 전부를 피고가 부담하도록 하여야 한다.

다. 이행권고결정을 할 수 없는 경우

이행권고결정은 원고전부승소판결을 할 수 있는 사건에 한하여 할 수 있다. 그러나 독촉절차 또는 조정절차에서 소송절차로 이행된 때에는 이행권고결정을 할 수 없다(소액사건심판법 제5조의 3 제1항 1호). 즉 지급명령에 대한 이의신청이 있는 경우와 조정이 불성립되어 조정절차에서 소송절차로 이행된 경우는 원·피고 사이에 다툼이 있는 사건이므로, 그리고 지급명령이 송달불능되어 채권자가 소송이행신청을 한 경우에는 이행권고결정을 하는 것은 적절하지 않으므로 모두 이행권고결정을 하여서는 아니 되고, 종래와 같이 곧 바로 변론기일을 지정하여야 한다.

라. 이행권고 결정등본의 송달

　소액사건 법원사무관 등은 이행권고결정이 있으면 바로 그 등본을 피고에게 송달하여야 한다. 이행권고결정등본이 피고에게 송달불능 되면 원고에게 피고의 주소를 보정할 것을 명하여야 한다.

【이행권고결정서】

○ ○ 지 방 법 원
이행권고결정

사 건   20   가소
원 고   ○○○
　　　　　주소 별지 기재와 같다.

피 고   ○○○ | 20 . . . 송달, 20 . . . | 확정 |
　　　　　주소 별지 기재와 같다.

청구취지와 원인   　별지 기재와 같다.
소액사건심판법 제5조의3 제1항에 따라 다음과 같이 이행할 것을 권고한다.

이 행 조 항

1. 피고는 원고에게 별지 청구취지 제1항의 금액을 지급하라.
2. 소송비용은 피고가 부담한다.

20 . . .
판사 ○ ○ ○   ㊞

※ 1. 피고는 위 이행조항의 내용에 이의가 없으면 이 결정을 송달받은 날부터 2주 이내에 이의신청서를 법원에 제출하여야 합니다. 위 기간 안에 이의신청서를 제출하지 않으면 이 결정은 확정판결과 같은 효력을 가집니다.
　2. 피고가 이의신청을 하는 경우에는 이의신청서와 별도로 답변서를 작성하여 함께 제출하거나 늦어도 이행권고결정을 송달받은 날로부터 30일 이내에 답변서를 제출하여야 합니다.

소액사건심판법 5조의3①　　　　　　　　　　　　　　　　　　　　　　　　A2412

마. 이행권고결정에 대한 이의신청

1) 신청기간

피고는 이행권고결정등본을 송달받은 날부터 2주일의 불변기간 안에 서면으로 이의신청을 할 수 있다(소액사건심판법 제5조의 4 제1항). 또한 피고는 이행권고결정등본이 송달되기 전에도 이의신청을 할 수 있고(같은 항 단서), 피고의 이의신청이 있으면 법원은 바로 변론기일을 지정하여야 한다(같은 조 제3항).

2) 이의신청의 방식과 효과

이의신청은 서면으로 하여야 한다(소액사건심판법 제5조의 4 제1항). 이의신청의 양식은 다음과 같다. 피고가 이의신청을 한 때에는 구체적 이의사유를 기재하지 않더라도 원고의 주장사실을 다툰 것으로 본다(동조 5항). 이 점에서 지급명령에 대한 이의신청이 있는 것과 큰 차이가 있다. 즉, 지급명령이의사건에서 피고가 지급명령에 대한 이의신청서를 제출하였지만 별도의 답변서를 제출하지 않고 변론기일에 출석하지 않으면 자백간주를 이유로 승소판결을 할 수 있으나, 이행권고결정에 대한 이의신청이 있으면 피고가 별도의 답변서를 제출하지 않더라도 자백간주에 의한 원고승소판결을 할 수 없는 점을 유의하여야 한다.

> **<Q & A>**
> **이행권고결정의 효력**
>
> Q) A는 채권자인 甲으로부터 돈을 차용하여 변제기에 이를 지급하지 못하자 법원에서 이행권고결정등본을 송달 받았으며, 이의신청기간도 경과되었다. 이행권고결정이 무엇이며, 어떠한 효력이 있는가?

A)
1. 이행권고결정의 의의

 이행권고결정이라 함은 소액사건의 소가 제기된 때에 법원이 결정으로 소장부본이나 제소조서등본을 첨부하여 피고에게 청구취지대로 이행할 것을 권고하는 결정을 말한다(소액사건심판법 제5조의3 제1항). 이행권고결정은 ①피고가 이행권고결정등본을 송달 받은 날부터 2주일 안에 이의신청을 하지 아니한 때, ②이의신청에 대한 각하결정이 확정된 때, ③이의신청이 취하된 때 중 어느 하나에 해당되면 확정된다(같은 법 제5조의7 제1항).

2. 이행권고결정의 효력

 이행권고결정이 확정된 때에는 확정판결과 같은 효력이 있다. 그러나 이행권고결정은 변론을 거치지 않고 확정판결과 같은 효력을 부여하므로 변론종결일의 개념이 없고, <u>피고는 이행권고결정이 확정된 이후에 발생한 사유 이외에, 이의원인이 이행권고결정이 확정되기 이전에 있었다고 하더라도 청구이의의 사유로 삼아 청구이의의 소를 제기할 수 있다</u>(같은 법 제5조의8 제3항). 이행권고결정은 제1심 법원에서 판결이 선고된 때에는 효력을 잃는다(같은 법 제5조의7 제3항).

【이의신청서 양식】

이행권고결정에 대한 이의신청서

사　　건　20　　가소
원　　고　○　○　○
피　　고　○　○　○

　위 사건에 관하여 피고는 20　년　월　일 이행권고결정을 송달받았으나 다음과 같은 이유로 이의신청을 합니다.

이　의　사　유

1 …

20　년 월 일

피고　○　○　○　㊞
(전화번호:　　　　　)

○○지방법원　귀중

3) 이의신청의 각하

법원은 이의신청이 적법하지 아니하다고 인정하는 때에 그 흠을 보정할 수 없으면 결정으로 이를 각하 하여야 한다(소액사건심판법 제5조의 5 제1항). 이의신청을 각하하는 경우는 주로 이의신청기간인 2주일을 경과한 때이거나, 이의신청권이 없는 제3자가 이의신청한 경우이다. 이의신청의 각하결정에 대하여는 즉시항고를 할 수 있다(동조 2항).

바. 이행권고결정의 확정

이행권고결정은 다음 중 어느 하나에 해당되면 확정된다(소액사건심판법 제5조의 7 제1항).

ⅰ) 피고가 이행권고결정등본을 송달 받은 날부터 2주일 안에 이의신청을 하지 아니한 때

ⅱ) 이의신청에 대한 각하결정이 확정된 때

ⅲ) 이의신청이 취하된 때

사. 이행권고결정의 효력

이행권고결정이 확정되면 이는 확정판결과 같은 효력이 있다. 이는 지급명령에 대하여 이의신청이 없거나, 이의신청을 취하하거나, 각하결정이 확정된 때에는 지급명령은 확정판결과 같은 효력이 있다고 규정한 것과 그 취지가 같다고 할 수 있다(민소법 제474조). 다만, 이행권고결정에는 변론종결의 개념이 없으므로 청구이의의 사유에는 어떠한 제한도 없는 것으로 규정하였다(소액사건심판법 제5조의 8 제2항).

아. 이행권고결정의 효력 상실

이행권고결정은 제1심 법원에서 판결이 선고된 때에는 효력을 잃는다(소액사건심판법 제5조의 7). 이는 민사소송법의 화해권고결정이 그 심급에서 판결이 선고된 때에 효력을 잃게 되도록 규정한 것과 그 취지가 같다. 한편 이행권고결정은 제1심 법원에서만 가능하므로, 제1심 법원에서 판결이 선고된 때에 효력을 상실하도록 하였다.

자. 이행권고결정에 기한 강제집행의 특례

이행권고결정에 기한 강제집행은 집행문을 부여받을 필요 없이 이행권고결정서 정본에 의하여 할 수 있다(소액사건심판법 제5조의 8 제1항 본문). 다만, 조건이 있는 채권인 경우와 승계집행문이 필요한 경우에는 재판장의 명을 받아 집행문을 부여받아야 한다(동조 1항 단서).

2. 독촉절차

(1) 의 의

독촉절차란 금전 기타 대체물이나 유가증권의 일정 수량의 지급을 목적으로 하는 청구권에 관하여 채무자가 다툼이 없을 것으로 예상될 경우에 채권자로 하여금 통상의 판결절차보다 간이·신속·저렴하게 집행권원을 얻을 수 있도록 하기 위한 특별소송절차이다. 집행권원을 얻기 위하여 원칙적인 방법인 통상의 소의 제기에 의할 수도 있으나, 상대방(채무자)이 채권의 존부를 다투지 않을 것으로 예상되는 사건에 있어서는 간단한 절차와 소액의 비용으로 신속히 집행권원을 얻을 수 있는 길을 열어줄 필요가 있어 독촉절차가 인정된다.

독촉절차는 지급명령이라는 형식의 재판을 함으로써 진행되며 이 재판은 채무자의 참여 없이 채권자의 일방적인 주장만에 의하여 하게 된다. 지급명령이 송달된 후 채무자는 이의신청을 할 수 있고, 이의신청을 하게 되면 통상의 소송절차로 바뀌게 된다.

독촉절차에서는 신청인은 채권자, 상대방을 채무자라고 한다.

채권자는 통상의 소송절차와 독촉절차 중에서 어느 것이나 자유롭게 선택할 수 있다.

(2) 지급명령의 신청

가. 관할법원

독촉절차는 지급명령 신청시를 기준으로 하여 채무자의 보통재판적(민소법 제3조~제6조) 소재지의 지방법원이나 근무지(민소법 제7조), 거소지 또는 의무이행지(민소법 제8조), 어음·수표의 지급지(동법 제9조), 사무소·영업소가 있는 사람에 대하여 그 사무소·영업소 소재지(동법 제12조), 불법행위지의 지방법원의 전속관할에 속한다(동법 제463조).

구 민사소송법에서의 독촉사건 관할법원을 확대하여 거소지, 의무이행지, 어음·수표의 지급지, 불법행위지를 전속관할에 추가하였다.

다만 예외적으로 방문판매등에관한법률 제57조, 할부거래에관한법률 제16조는 각기 소비자를 보호하기 위하여 소비자(매수인)의 주소, 거소지 관할법원을 전속관할로 규정하고 있으며, 독촉사건의 관할은 전속관할이므로 합의관할은 인정되지 않는다.

청구액에 관계없이 지방법원·지원에서는 단독판사 또는 사법보좌관이(법원조직법 제54조 제2항) 담당하고 시·군법에서도 처리한다.

지급명령의 대상이 될 수 있는 것은 일정한 액의 금전, 일정한 양의 대체물 또는 일정한 양의 유가증권의 지급을 목적으로 하는 청구권에 한한다. 위와 같은 물건이라도 만약 특정성을 띠고 있는 때에는 지급명령의 대상이 될 수 없다. 또한 현재 이행기가 도래되어 즉시 그 지급을 구할 수 있는 것이어야 한다.

나. 신청방식

1) 소에 관한 규정의 준용

지급명령의 신청에는 그 성질에 어긋나지 아니하면 소에 관한 규정을 준용한다(민소법 제464조).

다만 일반의 신청과 마찬가지로 서면 또는 말로 신청할 수 있다(민소법 제161조).

2) 전산정보처리조직을 이용한 지급명령의 신청

지급명령신청서는 대법원규칙이 정하는 바에 따라 전산정보처리조직을 이용하여 전자문서로 작성하여 제출할 수 있다. 독촉절차에서의 전자문서 이용 등에 관한 규칙이 근거법규이다.

그 주요 내용은 다음과 같다(독촉절차에서 전자문서 이용 등에 관한 규칙).

ⅰ) 신청인은 지급명령신청서 등 잔자독촉홈페이지에서 양식을 제공하는 서류는 빈칸 채우기 방식으로, 위임장 등 지급명령신청서에 첨부할 서류는 전자이미지로 변환하여 각 전자문서로 제출한다(제3조 및 제4조).

ⅱ) 전자독촉시스템을 이용하여 지급명령을 신청하고자 하는 자는 개인회원, 법인회원, 대리인회원 및 법무사회원 등 4가지 유형에 따라 일정한 사항을 입력하여 사용자등록을 하여야 한다(제6조).

ⅲ) 신청인이 법원에 제출하는 전자문서에는 공인전자서명(국가 또는 지방자치단체가 신청인인 경우에는 행정전자서명)을, 법관·사법보좌관 또는 법원사무관등이 전자문서를 작성하는 경우에는 행정전자서명을 각 사용한다(제10조).

ⅳ) 신청인에 대한 송달은 전자우편으로 이루어지며, 지급명령정본의 송달은 신청인이 전자독촉시스템에 접속하여 정본파일을 출력하는 방식에 의한다(제11조).

ⅴ) 소송비용 등의 납부는 전자적인 방식에 의하며, 신청인은 일정한 비율의 이용수수료를 지급해야 한다(제12조).

소송비용 등의 전자결제는 신용카드, 금융기관 계좌이체 및 전자화폐를 통한 결제로 이루어진다.

3) 지급명령신청서에 표시할 사항

지급명령신청에는 소장의 기재사항에 준하여 당사자인 채권자, 채무자의 주소, 성명,

법정대리인이 있으면 그 주소, 성명, 청구취지와 청구원인을 표시하여야 한다. 또한 부속서류(대리인 있는 경우의 위임장, 법정대리인의 자격증명서, 채권자, 채무자가 법인이고 지배인이 관여하는 경우 법인등기부등본, 지배인등기부등본)가 있는 때에는 그 표시도 하여야 한다.

4) 인지 첩부·송달료 예납

지급명령신청에는 1심 소장에 붙일 인지의 10분의 1에 해당하는 인지를 붙여야 한다(민사소송법 제7조 2항). 붙여야 할 인지액 계산은 소제기에 준하여 소송목적의 값을 정하고 이에 따른 인지액을 산출한 후 그 10분의 1 해당액의 인지를 붙이면 된다.

또 송달료를 예납하여야 하는바 송달료규칙처리에 따른 예규에 의하면 당사자 1인당 4회분을 예납시키고 있다.

【서식】지급명령신청서

지 급 명 령 신 청

채권자 ○ ○ ○
주 소 ○○시 ○○구 ○○동 ○○번지
채무자 ○ ○ ○
주 소 ○○시 ○○구 ○○동 ○○번지

물품대금지급청구 독촉사건
청구금액 : 금 50,000,000원정

청 구 취 지

1. 채무자는 채권자에게 금 50,000,000원 및 이에 대한 이 사건 지급명령정본 송달일로부터 완제일까지 연 2할 5푼의 비율에 의한 금원을 지급하라.
2. 독촉절차비용은 채무자의 부담으로 한다.
라는 지급명령을 구합니다.

신 청 이 유

1. 채권자는 20○○년 ○월 ○일 채무자에게 기계공구 등 금 50,000,000원 상당을 납품하였으나 채무자는 그에 대한 물품대금을 지급하지 않고 있습니다.
2. 채권자는 수차례 채무자에게 대금지급을 요구하였으나 이에 응하지 아니하여 청구취지기재와 같은 지급명령을 신청합니다.

20○○년 ○월 ○일

위 채권자 ○ ○ ○ ㉞

○○지방법원 귀중

다. 심 리

ⅰ) 지급명령은 채무자를 심문하거나 진술의 기회를 주지 않고, 즉 채무자의 참여없이 채권자의 주장만을 근거로 하여 발하게 된다(민소법 제467조). 그러므로 채권자의 소명도 필요 없으며, 법원으로서는 신청에 표시된 청구취지와 청구원인만에 의하여 지급명령을 발하게 된다.

ⅱ) 지급명령신청에 대한 심리는 주로 서면심리에 의한다. 즉 신청서나 구술신청 조서를 심사하여 기재사항의 누락, 인지, 송달료의 부족 등 흠이 있는 경우 보정할 수 없는 흠에 대하여는 바로, 보정할 수 있는 흠에 대하여는 기간을 정하여 보정을 명하고 불응할 때에는 신청서 또는 구술신청조서를 각하 하여야 한다(민소법 제465조).

(3) 지급명령신청에 대한 재판

가. 신청각하

다음의 경우에는 신청을 각하하여야 한다(민소법 제465조). 각하결정은 채권자에게만 고지하면 된다. 이 각하결정에 대하여는 불복을 하지 못한다(민소법 제465조 2항).

1) 관할에 위반한 때

독촉사건은 채무자의 보통재판적 소재지, 근무지, 거소지 또는 의무이행지, 어음·수표의 지급지, 사무소·영업소가 있는 사람에 대하여 그 사무소 또는 영업소, 불법행위지의 관할법원의 전속관할로 한다(민소법 제463조). 따라서 이에 위반하면 신청은 각하된다.

2) 독촉절차가 적용될 수 없는 청구권에 대한 신청인 때

금전, 그 밖에 대체물이나 유가증권의 일정한 수량의 지급을 목적으로 하는 청구에 대해서만 지급명령을 신청할 수 있으므로(민소법 제462조), 예컨대 특정물 인도청구 또는 의사표시 청구 등에 관하여 신청을 한 때에는 신청이 각하된다.

3) 청구에 정당한 이유가 없는 때

신청의 취지로 보아 청구에 정당한 이유가 없는 것이 명백한 때에는 그 신청을 각하하여야 한다(민소법 제465조). 예컨대 불법원인급여의 반환청구이거나, 조건부 또는 기한 미도래의 채권이거나 예비적 청구인 때에도 각하할 사유에 해당한다. 실무상 지연손해금에 관하여 일부 각하하는 경우가 많다.

청구의 일부에 대하여 지급명령을 할 수 없는 때에는 그 일부에 대하여도 각하하여야 한다.

나. 지급명령

위와 같은 각하사유가 없으면 지급명령을 발한다. 지급명령은 당사자에게 송달하여야 한다(민소법 제469조 1항).

지급명령은 결정의 형식으로 하며, 소정 양식의 용지에 사건번호를 기재하고 신청서(또는 구술신청조서) 사본 1통을 붙인 다음 재판 연월일을 기재하고 판사 또는 사법보좌관이 기명날인하는 방식으로 행한다.

다. 지급명령을 하지 아니하는 경우

ⅰ) 채권자는 법원으로부터 채무자의 주소에 대한 보정명령을 받은 경우에 소 제기신청을 할 수 있고(민소법 제466조), 소 제기신청을 한 경우에는 지급명령을 신청한 때에 소가 제기된 것으로 보고 법원사무관등은 지체 없이 소송기록을 관할법원에 송부하여야 한다. 이러한 경우 독촉절차의 비용은 소송비용의 일부로 한다(동법 제473조 4항).

ⅱ) 지급명령을 공시송달에 의하지 아니하고는 송달할 수 없거나 외국으로 송달하여야 할 때에는 법원은 직권에 의한 결정으로 사건을 소송절차에 부칠 수 있다(민소법 제466조). 이 결정에 대하여는 불복할 수 없다(동조 3항).

(4) 지급명령에 대한 이의신청

가. 의 의

지급명령은 채권자만의 주장에 의하여 편면적인 심리만으로 발하여지는 것이므로 상대방인 채무자에게 다툴 수 있는 기회를 주는 것이 필요한데, 이 취지에서 이의신청을 할 권리가 채무자에게 인정되고 있다(민소법 제469조 2항). 이의신청이 있으면 지급명령은 그 범위 내에서 실효되고(동법 제470조), 이의 신청된 청구목적의 값에 한하여 지급명령신청시에 소의 제기가 있는 것으로 간주하여 바로 소송절차로 옮겨진다(동법 제472조 2항).

나. 이의신청의 방식

ⅰ) 이의신청의 방식에 관해서는 특별한 규정이 없으므로 서면 또는 말로 할 수 있다(민소법 제161조). 신청서에는 지급명령에 응할 수 없다는 취지만 명시되면 족하고, 불복의 이유나 방어방법(부인, 항변 등)까지 표시할 필요는 없다.

ⅱ) 실무에서는 서면으로 이의신청을 하는 경우 반드시 이의라는 문구가 표시되지 않더라도 불복의 취지만 기재되어 있어도 이의신청으로 처리한다.

다. 신청기간

이의신청은 지급명령송달 후 2주 이내에 할 수 있다(민소법 제469조, 제470조). 이의기간 경과 후에 이의신청을 한 경우에는 이의신청이 부적법하다.

이의신청 기간은 불변기간이므로 채무자가 책임 없는 사유로 그 기간을 지킬 수 없는 경우에는 그 사유가 없어진 날로부터 2주 이내에 이의신청을 추후 보완할 수 있다.

라. 이의신청에 대한 법원의 처리

법원이 이의신청을 부적법하다고 인정한 때에는 결정으로 이의신청을 각하하여야 한다(민소법 제471조 1항). 부적법한 경우의 예로서는 지급명령이 실효된 후에 이의신청을 했거나, 지급명령에 대하여 그 송달일로부터 2주일 경과 후에 이의신청을 한 경우 등이다.

이의신청에 대한 각하결정은 이의신청인과 상대방에게 고지하여야 하며, 이에 대하여 이의신청인은 즉시항고를 할 수 있다(동조 2항). 각하결정이 확정되면 당초부터 이의신청이 없었던 것으로 된다.

마. 이의신청의 효과

적법한 이의가 있는 때에는 이의신청을 각하하는 경우 이외는 지급명령은 이의의 범위 내에서 효력을 잃게 되고 독촉절차는 당연히 통상소송절차로 이행하게 되어 지급명령신청 당시로 돌아가 소를 제기한 것으로 본다(민소법 제472조 2항).

바. 인지의 보정

위 마.에 따라 소가 제기된 것으로 보는 경우 지급명령을 발령한 법원은 채권자에게 상당한 기간을 정하여, 소를 제기하는 경우 소장에 붙여야 할 인지액에서 소제기신청 또는 지급명령신청시에 붙인 인지액을 뺀 액수의 인지를 보정하도록 하여야 한다(민소법 제473조 1항).

채권자가 기간 이내에 인지를 보정하지 아니한 때에는 위 법원은 결정으로 지급명령신청서를 각하하여야 한다. 이 결정에 대하여는 즉시항고를 할 수 있다(동조 2항).

사. 이의신청의 취하

지급명령에 대한 이의신청은 이의 각하결정 전 또는 그에 기한 소송으로 이행하기까지는 채무자가 어느 경우나 임의로 취하할 수 있다. 이의신청을 취하한 때에는 지급명령은 확정된다(민소법 제474조).

(5) 지급명령의 효력

지급명령에 대해 2주일 내에 이의신청이 없는 때 또는 이의신청이 있더라도 후에 이의신청이 취하되거나 이의신청 각하결정이 확정된 때에는 지급명령은 확정판결과 같은 효력이 있다(민소법 제474조). 즉, 확정된 지급명령은 확정판결과 동일한 효력이 있다. 채무자가 지급명령에 대하여 이의신청을 하지 않을 경우, 기판력은 인정되지 않으며, 집행력만이 있는 집행권원이 된다(민사집행법 제56조 3호).

확정된 지급명령정본에 의한 강제집행시 원칙적으로 집행문이 필요 없고(다만 조건이 붙은 경우, 승계인을 위하여 또는 승계인에 대하여 집행하는 경우는 집행문 필요, 민사집행법 제58조 1항), 송달증명서나 확정증명도 불필요하다.

(6) 지급명령에 대한 청구이의의 소

확정된 지급명령은 집행력만 인정되고 기판력은 인정되지 아니하는바, 확정된 지급명령에 대한 청구에 관한 이의의 주장에 대하여는 민사집행법 제44조 2항 전단의 제한에 따르지 아니하도록 규정함으로써 채무자가 지급명령 확정 전에 생긴 원인을 이유로 하여 청구이의의 소를 제기할 수 있고 이 때 그 소송은 지급명령을 발한 지방법원이 관할한다. 이 경우 그 청구가 합의사건인 때에는 그 법원이 있는 곳을 관할하는 지방법원의 합의부에서 재판한다(민사집행법 제58조 3항·4항).

[별지양식 1] 독촉절차안내서

독촉절차안내서

1. 이 지급명령은 민사소송법 제467조에 따라 채권자가 제출한 신청서이 기재된 주장만을 근거로 하여 발령한 것입니다. 채권자가 귀하에게 청구하는 금액은 지급명령에 첨부된 지급명령신청서의 「청구취지」란에 기재된 것과 같고, 그와 같이 청구하는 근거는 「청구원인」란에 기재되어 있습니다.
2. 귀하가 이 지급명령에 따를 수 없는 경우에는 이 지급명령정본을 송달받은 날부터 2주 안(예컨대 9월 2일 지급명령 정본을 송달받았으면 9월 16일 24:00까지)에 이 법원에 「이의신청서」라는 서면을 제출하셔야 합니다. 이의신청은 예컨대 귀하가 채권자로부터 채권자의 주장과 같이 돈을 빌린 사실 자체가 없다든지 돈을 빌렸지만 변제하여야 할 돈의 액수가 잘못된 경우에 할 수 있습니다.
3. 만일 귀하가 위 2주의 기간 안에 이의신청을 하지 아니하면 이 지급명령은 확정판결과 동일한 효력이 있으므로 채권자의 신청에 의하여 귀하의 재산에 대한 강제집행이 이루어질 수 있습니다.
4. 이의신청을 하면 일반 민사소송절차에 따라 재판을 받게 됩니다. 일반 민사소송절차에서는 채무자가 구체적 이유를 기재한 답변서를 제출하는 등의 방법으로 채권자의 주장에 대하여 적극적으로 다투지 않으면 법원은 채권자가 주장하는 대로 원고승소판결을 할 수 있습니다.
5. 그 밖에 이의신청 등 독촉절차에 관하여 궁금한 사항이 있으면 아래 문의처로 연락하거나, 인터넷 대법원 홈페이지(http://www.scourt.go.kr)에 접속하여 독촉절차를 안내하는 내용을 참고하시기 바랍니다.

법원 소재지		담당	제	단독	전화	대표전화
						구 내

【별지양식 2】 ○○지방법원 보정명령

○ ○ 지 방 법 원
보 정 명 령

사　건　20　　차　　　　대여금
채 권 자
채 무 자
채무자 ○○○에 대한 지급명령이 송달되지 않습니다.
[송달불능사유 :　　　　　　　　　　　　　　　　　]

　채권자는 이 보정명령을 받은 날로부터 ○일 안에 아래 양식을 이용하여 다음 중 어느 하나의 신청을 하시기 바랍니다.
　송달료나 인지의 추가납부가 필요한 경우에는 그 금액도 납부하여야 합니다. 위 기한 안에 주소보정 등의 신청을 하지 않으면 지급명령신청서가 각하될 수 있음을 유의하시기 바랍니다.

20 . . .
사법보좌관 ○ ○ ○ ㊞

□주소보정서	채무자 ○○○에 대하여 다음 주소로 송달하여 주시기 바랍니다. 추가납부 송달료 : 주소 : (우편번호　　　-　　　)
□재송달신청서	채무자 ○○○(이)가 종전 주소지에 거주하고 있습니다. 같은 주소에 다시 송달하여 주시기 바랍니다.
□특별송달신청서	채무자 ○○○에 대하여 집행관 또는 법정경위로 하여금(□주간, □야간 및 휴일)특별송달을 하도록 하여 주시기 바랍니다.
□소제기신청서	채무자 ○○○의 주소를 알 수 없으므로, 공시송달에 의하여 진행될 수 있도록 민사소송법 제466조 제1항에 따라 소제기신청을 합니다. 추가납부 인지액 :　　　　원 추가납부 송달료 :　　　　원

20 . . .　채권자 ○ ○ ○ ㊞

기재요령 : 1. 송달가능한 채무자의 주소가 확인되는 경우에는 주소보정서란의 □에 ∨표시를 하고 주소를 기재한 후 이 서면을 법원에 제출하시기 바랍니다.
2. 채무자가 종전 주소지에 거주하고 있으면 재송달신청서란에 □에 ∨표시를 하여 제출하시고 주소지에 거주하고 있다는 소명자료를 반드시 첨부하여야 합니다. 송달불능사유가 이사불명, 수취인불명, 주소불명 등인 경우에 소명자료 첨부없이 재송달신청하는 경우에는 주소미보정의 불이익을 당할 수 있습니다.
3. 수취인부재, 폐문부재 등으로 송달되지 않는 경우에 특별송달을 희망하는 때에는 특별송달신청서란에 □에 ∨표시를 한 후 이 서면을 송달비용과 함께 법원에 제출하시기 바랍니다. 송달비용은 지역에 따라 차이가 있을 수 있으므로 우리 재판부 또는 접수계에 문의하시기 바랍니다.
4. 공시송달을 신청하는 경우에는 소제기신청서란의 □에 ∨표시를 한 후 주민등록말소자 등본 등공시송달 요건을 소명하는 자료를 첨부하여 제출하시기 바랍니다.
5. 소송목적의 수행을 위해서는 동사무소 등에 소제기증명, 주소보정명령서 등의 자료를 제출하여 상대방의 주민등록증·초분의 교부를 신청할 수 있습니다(주민등록법 제18조 제2항 제2호, 시행령 제43조 제6항 참조).

[별지양식 3] ○○지방법원 결정

○ ○ 지 방 법 원
결 정

사 건   20   차   대여금
채 권 자
채 무 자

주 문
이 사건을 소송절차에 회부한다.

이 유
이 사건 지급명령은 채무자에게 공시송달에 의하지 아니하고는 송달할 수 없으므로 민사소송법 제466조 제2항에 의하여 주문과 같이 결정한다.

20 . . .

사법보좌관 ○ ○ ○   ㊞

보정명령
위 사건은 위 결정에 의하여 소송절차로 이행하게 되었으므로 채권자는 이 명령을 받은 날로부터 7일 안에 다음 사항을 보정하시기 바랍니다.

보정사항
1. 추가납부하여야 할 인지액 금   원
2. 송달료 금   원

20 . . .

사법보좌관 ○ ○ ○   ㊞

주의사항 1. 만일 부족한 인지액과 송달료를 위 기간 안에 납부하지 않으면 지급명령신청서가 각하될 수 있음을 유의하시기 바랍니다.
   2. 그 밖에 이의신청 등 독촉절차에 관하여 궁금한 사항이 있으면 아래 문의처로 연락하거나, 인터넷 대법원 홈페이지(http://www.scourt.go.kr)에 접속하여 독촉절차를 안내하는 내용을 참고하시기 바랍니다.

법원 소재지		담당	제 단독	전화	대표전화 구 내

【별지양식 4】 지급명령에 대한 이의신청서

지급명령에 대한 이의신청서

사 건 20   차
채 권 자 (이 름)
채 무 자 (이 름)
      (주 소)

  위 독촉사건에 관하여 채무자는 20 . . . 지급명령정본을 송달받았으나 이에 불복하여 이의신청을 합니다.

20 . . .

            이의신청인(채무자)　　　　(날인 또는 서명)
           (연락처　　　　　　　　　　　　　　)

지방법원 귀중

◇ 유 의 사 항 ◇

1. 채무자는 연락처란에 언제든지 연락 가능한 전화번호나 휴대전화번호(팩스번호, 이메일 주소 등도 포함)를 기재하기 바랍니다.
2. 채무자는 위 이의신청서와 별도로 지급명령의 신청원인에 대한 구체적인 진술을 적은 답변서를 함께 제출하거나 늦어도 지급명령 정본을 송달받은 날부터 30일 이내에 제출하여야 합니다.

【별지양식 4】 이의신청통지서

이의신청통지서

○ ○ ○ 귀하

1. 귀하의 신청에 의하여 이 법원에서 200 . . .발령한 지급명령에 대하여 채무자가 200 . . . 이의신청을 제기하였습니다.
2. 채무자가 이의신청을 하면 지급명령은 그 효력을 상실하고 통상의 소송절차로 옮겨져서는 단독사건, 1억원을 초과하는 경우에는 합의사건으로 일반민사소송절차에 따라 재판이 진행됩니다.
3. 그 밖에 이의신청 등 독촉절차에 관하여 궁금한 사항이 있으면 아래 문의처로 연락하거나, 인터넷 대법원 홈페이지(http://www.scourt.go.kr)에 접속하여 독촉절차를 안내하는 내용을 참고하시기 바랍니다.

○ ○ 지 방 법 원
보정명령

사　건　20　　차　　　대여금
채 권 자
채 무 자

　이 사건은 채무자 ○○○이(가) 200 . . .이의신청을 하여 통상의 소송절차에 의하여 재판하게 되었으므로 채권자는 이 명령을 받은 날로부터 7일 안에 다음 사항을 보정하시기 바랍니다.

보정사항

1. 추가납부하여야 할 인지액　금　　　　　원
2. 송달료　금　　　　원

　　　　　　　　　　　20 . . .
　　　　　　　　　사법보좌관　○ ○ ○ ㉑

주의사항　만일 위 기간 안에 부족한 인지액과 송달료를 납부하지 않으면 지급명령신청서가 각하될 수 있음을 유의하시기 바랍니다.

법원 소재지		담당	제　　　단독	전화	대표전화 구　　내

Ⅵ. 소송비용

1. 소송비용의 의의

좁은 의미에서 소송비용이란 당사자가 특정한 소송절차를 수행함에 있어 발생한 모든 비용을 말한다. 여기에는 소송계속중의 비용뿐만 아니라 소제기 전의 준비행위를 위한 비용과 소송의 부수절차에서 발생한 비용이 모두 포함된다.

집행비용은 위에 말한 좁은 의미의 소송비용에 포함되지 아니하고, 항상 이행의무자인 채무자가 부담하게 되어 있으며 본안판결 등 집행권원에 의한 강제집행시에 동시에 변상 받게 된다(민사집행법 제53조).

2. 소송비용의 구분

(1) 재판상비용

재판상비용이란 당사자 등이 소송 그 밖의 절차를 수행하기 위하여 법원에 납부하는 비용으로서 수수료의 성질을 갖는 각종 소 및 신청인지대와 수수료 이외에 송달, 증거조사 등 개개의 절차행위를 행함에 소요되는 비용으로서 법원에 납부하여야 하는 비용(이른바 민사예납금)이 포함된다. 이것은 비용을 요하는 행위를 구하는 사람 또는 그 행위에 의해 이익을 받는 당사자가 법원에 일응 예납하지만, 종국적으로는 비용부담의 재판을 받은 사람으로부터 상환을 받게 되는 비용이다.

(2) 당사자비용

당사자비용이란 당사자가 소송수행을 위하여 법원에 납부하는 비용이 아니라 직접 제3자에게 지출한 비용으로서 예컨대 서류 등의 서기료와 제출비용 및 당사자본인 및 대리인이 기일에 출석한 경우의 여비, 일당, 숙박료 등을 말한다.

3. 소송비용의 부담

(1) 소송비용부담의 재판

당사자가 소송을 수행하기 위하여 우선 필요한 비용을 스스로 지출하지 않으면 안되는바, 법원은 소송 그 밖의 절차를 종국시키는 재판을 함에는 직권으로 어떤 당사자가 어떤 부분의 비용을 부담할 것인가를 정하게 된다(민소법 제104조).

상급법원이 본안의 재판을 변경하는 경우 또는 사건의 환송이나 이송을 받은 법원이 그 사건을 완결하는 재판을 하는 경우에는 소송의 총비용에 대하여 재판하여야 한다(민소법 제105조).

(2) 소송비용부담의 원칙

가. 패소한 당사자 부담의 원칙

소송비용은 패소한 당사자가 부담한다(민소법 제98조).

나. 예 외

1) 승소한 당사자에게도 부담하게 하는 경우

법원은 사정에 따라 승소한 당사자로 하여금 그 권리를 늘리거나 지키는 데 필요하지 아니한 행위로 말미암은 소송비용 또는 상대방의 권리를 늘리거나 지키는 데 필요한 행위로 말미암은 소송비용의 전부나 일부를 부담하게 할 수 있다(민소법 제99조).

2) 소송지연에 책임 있는 당사자에게 부담시키는 경우

당사자가 적당한 시기에 공격이나 방어의 방법을 제출하지 아니하였거나, 기간이나 기일의 준수를 게을리하였거나, 그 밖에 당사자가 책임져야 할 사유로 소송이 지연된 때에는 법원은 지연됨으로 말미암은 소송비용의 전부나 일부를 승소한 당사자에게 부담하게 할 수 있다(민소법 제100조).

다. 일부패소의 경우

일부패소의 경우에 당사자들이 부담할 소송비용은 법원이 정한다. 다만, 사정에 따라 한쪽 당사자에게 소송비용의 전부를 부담하게 할 수 있다(민법 제101조).

라. 공동소송의 경우

공동소송인은 소송비용을 균등하게 부담한다. 다만, 법원은 사정에 따라 공동소송인에게 소송비용을 연대하여 부담하게 하거나 다른 방법으로 부담하게 할 수 있다(민소법 제102조).

마. 화해한 경우의 소송비용의 부담

당사자가 법원에서 화해한 경우에 화해비용과 소송비용의 부담에 관하여 특별히 정한 바가 없으면 그 비용은 당사자들이 각자 부담한다(민소법 제106조).

바. 제3자가 소송비용을 부담하는 경우

ⅰ) 법정대리인·소송대리인·법원사무관 등이나 집행관이 고의 또는 중대한 과실로 쓸데없는 비용을 지급하게 한 경우에는 수소법원은 직권으로 또는 당사자의 신청에 따라 그에게 비용을 갚도록 명할 수 있다(민소법 제107조 1항).

ⅱ) 법정대리인 또는 소송대리인으로서 소송행위를 한 사람이 그 대리권 또는 소송행위에 필요한 권한을 받았음을 증명하지 못하거나 추인을 받지 못한 경우에 그 소송행위로 말미암아 발생한 소송비용에 대하여는 위 ①의 규정을 준용한다(동조 2항).

iii) 위 i) 및 ii)의 결정에 대하여는 즉시항고를 할 수 있다(동조 3항).

4. 소송비용의 범위와 액수

민사소송법의 규정에 의한 소송비용은 소송행위에 필요한 한도의 비용으로 하고, 민사소송비용법 제2조(인지액), 제3조(서기료 등), 제4조(증인, 감정인 등에 대한 일당, 여비 등), 제5조(법관등의 일당, 여비 등) 제6조(감정등에 대한 특별요금), 제7조(통신비), 제8조(공고비)에 의하여 계산한다(민사소송인지법 제1조).

그리고 민사소송비용법에 규정하지 아니한 비용은 그 실비액에 의한다.

5. 소송비용의 확정결정

소송비용부담의 재판을 받은 사람에 대하여 상대방은 소송비용 상환청구권을 취득하게 되며, 이 청구권이 구체적으로 확정되기 위하여는 소송비용액 확정결정절차를 거쳐야 한다. 즉 소송비용의 부담을 정하는 재판에서 그 액수가 정하여지지 아니한 경우에 제1심 법원은 그 재판이 확정되거나 소송비용부담의 재판이 집행력을 갖게 된 후에 당사자의 신청을 받아 결정으로 그 소송비용액을 확정한다(민소법 제110조 1항).

소송비용액 확정결정을 신청한 때에는 비용계산서, 그 등본과 비용액을 소명하는 데 필요한 서면을 제출하여야 한다(동조 2항).

소송비용액 확정결정에 대하여는 즉시항고를 할 수 있다(동조 3항).

【서식】 소송비용액확정신청서

소송비용액확정신청

신 청 인 　　　○ ○ ○ (123456-1234567)
　　　　　주소 ○○시 ○○구 ○○동 ○○○
　　　　　전화 02-1234-4567　　휴대폰 010-1234-5678
　　　　　팩스 02-9876-5432　　이메일 : lawb@lawb.co.kr

피신청인 　　　○ ○ ○ (123456-1234567)
　　　　　주소 ○○시 ○○구 ○○동 ○○○
　　　　　전화 02-1234-4567　　휴대폰 010-1234-5678
　　　　　팩스 02-9876-5432　　이메일 : lawb@lawb.co.kr

수입인지
1000원

신 청 취 지

　위 당사자 사이의 귀원 20○○가합 제○○○호 예금반환청구사건 판결에 의하여 피(원)고가 상환하여야 할 소송비용액은 금○○○원임을 확정한다.
　라는 심판을 신청합니다.

신 청 이 유

　위 당사자간 귀원 20○○가합 제○○○호 예금반환청구사건에 관하여 20○○. ○. ○. 귀원에서 원고들 일부 승소판결이 선고되어 원고들이 불복 항소를 제기하였으나, 서울고등법원 20○○나 제○○○○호는 원고들이 항소를 취하하여 원심판결이 이미 확정되었으므로 피신청인(피고)들이 부담하여야 할 소송비용액을 확정하여 주시기 바라며 별지 비용계산서 및 소명자료를 첨부하여 이에 신청합니다.

소명방법 및 첨부서류

 1. 소송비용 계산서   4통
 1. 판결정본   1통
 1. 판결확정증명원   1통

20○○. ○. ○.

신청인 ○ ○ ○ (날인 또는 서명)

서울중앙지방법원 귀중

◇ 유의사항 ◇

항고인은 연락처란에 언제든지 연락 가능한 전화번호나 휴대전화번호(팩스번호, 이메일 주소 등도 포함)를 기재하기 바랍니다.

> 주
> 1. 신청서에 첨부할 비용계산서 외에 상대방에 부여하여야 할 계산서등본을 제출하고 소송기록에 의하여 비용을 소명할 수 있는 때에는 별도로 소명서류의 첨부를 요하지 아니함.
> 2. 법원은 소송비용액 확정결정을 하기 전 상대방에 비용계산서의 등본을 교부하여 진술을 할 취지와 함께 일정한 기간내에 비용계산서 및 비용의 소명에 필요한 서면을 제출할 것을 최고해야 함.
> 3. 상대방이 기간내에 위의 서면을 제출하지 아니할 때에는 법원은 신청인의 비용만에 대하여 재판을 할 수 있음. 단, 상대방의 비용액의 확정을 구하는 신청을 방해하지는 않음.
> 4. 소송비용액확정신청의 피신청인이 부담하여야 할 소송비용액이 없는 경우에는 송달료 등 소송비용액확정절차에서의 비용은 신청인이 부담할 성질의 것이지 피신청인으로 하여금 이를 부담하게 할 수는 없음.
> 5. 신청서에는 민사소송등인지법의 규정에 의한 인지를 붙이고 송달료를 납부하여야 함.

【서식】 소송비용계산서(진술서의 별지목록)

소송비용계산서

1. 금 1,000,000원정   변호사착수금   20○○. ○. ○.
2. 금 1,000,000원정   변호사착수금   20○○. ○. ○.
3. 금 2,000,000원정   변호사성공보수금   20○○. ○. ○.
4. 금 1,000,000원정   변호사착수금   20○○. ○. ○.
5. 금 1,000,000원정   변호사성공보수금   20○○. ○. ○.

합계금금 6,000,000원정

[서식] 즉시항고장(소송비용액확정결정에 대한 불복)

즉 시 항 고 장

항 고 인   ○ ○ ○
        주소 ○○시 ○○구 ○○동 ○○○
        전화 02-1234-4567   휴대폰 010-1234-5678
        팩스 02-9876-5432   이메일 : lawb@lawb.co.kr

위 항고인은 서울중앙지방법원 20○○카기 제○○호 소송비용액확정결정신청사건에 관하여 동 법원에서 20○○. ○. ○. 소송비용액확정결정을 하였으나, 동 결정에 대하여 불복하므로 다음과 같이 항고를 제기합니다.

원 결정의 표시

위 당사자간 당원 20○○가합 제○○호(서울고등법원 20○○나 제○○호) 손해배상청구사건 판결에 의하여 피신청인(피고)이 상환하여야 할 소송비용액 금 1,139,000원임을 확정한다.

항 고 취 지

원 결정을 취소하고 다시 상당한 재판을 구합니다.

항 고 이 유

항고인은 위 사건의 피신청인으로 신청인 ○○○은 서울중앙지방법원

20○○가합 제○○호(20○○나 제○○호) 손해배상청구사건의 재판의 확정 후 동 법원에 소송비용액확정의 신청을 하여, 20○○. ○. ○. 동 법원은 항고인이 상환하여야 할 소송비용액은 금 1,139,000원임을 확정한다는 재판을 하여 항고인은 20○○. ○. ○. 본 결정의 고지를 받았으나, 소송비용액중 감정인 비용은 원고가 증거신청의 방법에 의하지 아니하고 원고 스스로 감정인에게 감정을 의뢰하여 감정을 시킨 비용인 바, 이 비용은 필요한 소송비용이 되지 않으므로 항고인이 상환하여야 할 비용액이 아님에도 불구하고, 동 법원은 소송비용액 확정결정의 재판을 함에 있어서 원고 스스로의 감정의뢰로 인하여 발생한 비용금 100,000원까지도 항고인이 부담할 비용액중에 계산하였으므로, 이에 대한 취소를 구하기 위하여 본건 항고에 이르렀습니다.

첨 부 서 류

1. 납부서　　　　　　　　　　　　　　　　　　　　1통

20○○. ○. ○.

위 신청인(원고)　○　○　○　(날인 또는 서명)

서울중앙지방법원　귀중

주
1. 항고장에는 민사소송등 인지법 제11조에 의하여 2,000원의 인지를 붙이고 송달료를 납부하여야 함.
2. 항고는 원심법원에 항고장을 제출하여야 함. 항고는 항고대상인 결정을 한 원심법원 또는 명령을 한 재판장이 수속하는 법원에 대하여 항고장을 제출하여야 하며, 재항고의 경우에도 항고법원 또는 고등법원에 재항고장을 제출하여야 함.
3. 즉시항고는 재판의 고지가 있는 날로부터 1주일의 불변기간내에 제기하여야 함.

【서식】 제3자에 대한 소송비용액상환신청서(법원사무관의 과실로 인한 비용발생)

제3자에 대한 소송비용액상환신청

신 청 인   ○○○
    주 소   ○○시 ○○구 ○○동 ○○○
    전화 02-1234-4567   휴대폰 010-1234-5678
    팩스 02-9876-5432   이메일 : lawb@lawb.co.kr

피신청인   ○○○
    주 소   ○○시 ○○구 ○○동 ○○○
    전화 02-1234-4567   휴대폰 010-1234-5678
    팩스 02-9876-5432   이메일 : lawb@lawb.co.kr

  원고 ○○○ 피고 ○○○ 사이의 귀원 20○○가단 제○○호 손해배상청구사건에 관하여 피신청인은 위 사건에 대하여 법원사무관으로서 불완전한 증거조사의 조서를 작성하여 다시 증거조사를 할 수밖에 없었기 때문에 별지 계산서와 같은 비용을 발생하게 하였습니다. 이는 피신청인의 중대한 과실로 인하여 발생한 수익의 비용으로, 그 비용을 피 신청인으로 하여금 상환한다는 결정을 하여 주시기를 바라기에 이에 신청합니다.

첨 부 서 류

1. 비용계산서   1부

20○○. ○. ○.

위 신청인　○　○　○　(날인 또는 서명)

서울중앙지방법원　귀중

 1. 신청서에는 민사소송등 인지법 제9조 4항 4호에 의하여 1,000원의 인지를 붙이고 송달료를 납부하여야 함.
2. 비용계산서를 첨부함.

[서식] 즉시항고장(소송비용상환명령결정에 대한 불복)

즉 시 항 고 장

항 고 인   ○ ○ ○
  주소 ○○시 ○○구 ○○동 ○○○
  전화 02-1234-4567   휴대폰 010-1234-5678
  팩스 02-9876-5432   이메일 : lawb@lawb.co.kr

위 항고인은 서울중앙지방법원 20○○가합 제○○호 부당이득금반환청구 사건에 관하여 동 법원에서 20○○. ○. ○. 소송비용의 상환을 명하게 된 결정을 하였으나, 동 결정에 대하여 불복이므로, 다음과 같이 항고를 제기합니다.

원 결정의 표시

피신청인은 수권없이 본건에 대하여 행한 소송행위로 인하여 생긴 소송비용금 285,000원을 신청인에게 상환하라.

항 고 취 지

원 결정을 취소하고 다시 상당한 재판을 구합니다.

항 고 이 유

항고인은 이 사건의 원고 종중으로부터 대리권 또는 소송행위를 행함에 필요한 수권있는 것을 증명하지 못하고 그 추인을 얻지 못한 이유로, 결국 그 소송행위는 무효가 됨으로써 발생한 소송비용의 상환신청으로 20○○.

○. ○. 서울중앙지방법원은 항고인이 비용 금 285,000원을 상환하라는 결정을 하여 항고인은 20○○. ○. ○. 그 고지를 받았습니다. 그러나 항고인이 이 사건 원고를 대표할 권한이 없는 대리권의 흠결이 있었다고는 하나, 항소심에 이르러 원고의 적법한 대표자 ○○○으로부터 항소심의 소송위임을 받은 소송대리인이 제1심에서의 변론결과를 진술하고 변론을 함으로써 제1심에서 항고인이 행한 소송행위는 이로써 묵시적으로 추인되었다 할 것입니다. 따라서 이 결정에 불복하므로, 다시 심리한 후 상당한 재판을 구하기 위하여 본 항고에 이르렀습니다.

첨 부 서 류

1. 납부서　　　　　　　　　　　　　　　　　　　1통

20○○. ○. ○.

위 신청인(원고)　○　○　○　(날인 또는 서명)

서울고등법원　귀중

주 1. 항고장에는 민사소송등 인지법 제11조에 의하여 2,000원의 인지를 붙이고 송달료를 납부하여야 함.
2. 항고는 원심법원에 항고장을 제출하여야 함. 항고는 항고대상인 결정을 한 원심법원 또는 명령을 한 재판장이 수속하는 법원에 대하여 항고장을 제출하여야 하며, 재항고의 경우에도 항고법원 또는 고등법원에 재항고장을 제출하여야 함.
3. 즉시항고는 재판의 고지가 있는 날로부터 1주일의 불변기간내에 제기하여야 함.

제 2 절 관련사례

> 부인의 남편 명의로 분양받은 아파트의 분양대금을 납입하기 위해 돈을 빌려 분양금을 납입한 경우, 남편에게도 근전채무에 대한 책임을 물을 수 있는가?

위 사례에서 부인이 돈을 빌린 행위는 민법 제832조의 일상가사에 속하므로 남편도 채무에 대해 연대책임을 져야 한다.

【해 설】

일상가사로 인한 채무에 대한 부부의 연대책임

1. 의 의

민법 제832조는 부부의 일방이 일상의 가사에 관하여 제3자와 법률행위를 한 때에는 다른 일방은 이로 인한 채무에 대하여 연대책임이 있다. 그러나 제3자에 대하여 다른 일방의 책임 없음을 명시한 때에는 그러하지 아니하다고 규정하고 있다.

민법 제832조에서 말하는 일상의 가사에 관한 법률행위라 함은 부부의 공동생활을 영위하는데 통상 필요한 법률행위를 말하므로, 그 내용과 범위는 그 부부공동체의 생활구조, 정도와 그 부부의 생활장소인 지역사회의 사회통념에 의하여 결정되며, 문제가 된 구체적인 법률행위가 당해 부부의 일상의 가사에 관한 것인지를 판단함에 있어서는 그 법률행위의 종류·성질 등 객관적 사정과 함께 가사처리자의 주관적 의사와 목적, 부부의 사회적 지위·직업·재산·수입능력 등 현실적 생활상태를 종합적으로 고려하여 사회통념에 따라 판단하여야 한다(대판 1999.3.9.98다46877).

2. 금전차용 행위가 일상가사에 속하는지 여부

판례는 '금전차용행위는 금액, 차용 목적, 실제의 지출용도, 기타의 사정 등을 고려하여 그것이 부부의 공동생활에 필요한 자금조달을 목적으로 하는 것이라면 일상가사에 속한다고 보아야 할 것이므로 아파트 구입비용 명목으로 차용한 경우 그와 같은 비용의 지출이 부부공동체 유지에 필수적인 주거공간을 마련하기 위한 것이라면 일상가사에 속한다고 볼 수 있다.'고 하였다. 그러면서 '부인이 남편명의로 분양받은 45평형 아파트의 분양금을 납입하기 위한 명목으로 금전을 차용하여 분양금을 납입하였고 그 아파트가 남편의 유일한 부동산으로서 가족들이 거주하고 있는 경우, 그 금전차용행위는 일상 가사에 해당한다고 본다'고 하였다(대판 1999.3.9., 98다46877).

또 '처가 경제활동을 하여 남편과의 공동생활에 필요한 비용을 주로 부담하여 오던 중 그러한 사정을 잘 아는 제3자로부터 자기가족의 주택마련에 필요한 자금조달, 생활비부족분보충 또는 장사 자금조달 등에 필요하다고 말하면서 여러 차례에 걸쳐 소액의 금전을 차용하였고 우유배달을 하던 남편이 그 후 주택을 구입하였으며 위 채권의 변제를 독촉하는 그 제3자에게 자기 처가 차용한 위 돈을 위와 같은 용도에 보태어 쓴 바 있다고 시인한 일이 있는 경우라면 이와 같은 부부의 공동생활형태, 각 그 직업과 수입능력, 각 그 차금액수와 용도 등을 종합하여 볼 때에 처가 제3자로부터 위와 같이 여러차례에 걸쳐 금전을 차용한 행위는 일상의 가사에 관하여 제3자와 행한 법률행위라고 보는 것이 상당하다'고 하였다(대판 1985.5.8., 84다1565).

> 채무자가 채무를 이행하지 않는 경우 소송에 의해서 빌린 돈을 받아내려면 어떤 소를 제기하여야 하는가?

이행의 소를 제기하여야 한다.

【해 설】

1. 소(訴)의 의의

소는 법원에 대하여 일정한 내용의 판결을 해달라는 당사자의 신청이다. 즉, 원고가 법원에 대하여 피고와의 관계에서 일정한 권리주장을 제시하고, 그 당부에 대한 심판을 청구하는 신청이다.

소는 법원에 대하여 권리보호 또는 판결을 구하는 신청의 일종인데, 이에 그치지 않고 소장에 표시된 권리를 피고에 대하여 행사하는 행위이기도 하다. 소의 제기에 의하여 제1심의 소송절차가 개시된다.

2. 소의 종류

원고가 소를 제기할 때 선택할 소의 종류에는 다음과 같은 것이 있다.

(1) 이행의 소

이행의 소는 이행청구권의 확정과 피고에 대한 이행명령을 요구하는 소송이다. 따라서 이 소송은 다툼이 있거나 불확정한 청구권을 확정받은 한편, 피고에 대한 이행명령을 선고받아 강제집행의 방법으로 청구권을 실현시키는 것을 목적으로 한다.

채무불이행으로 인하여 채권을 소송에 의하여 강제회수하려면 이행의 소를 제기하여야 한다.

(2) 확인의 소

확인의 소는 특정한 권리 또는 법률관계의 존재 또는 부존재를 주장하는 소이다. 판결로 권리 또는 법률관계의 존부를 관념적으로 확정함으로써 당사자 사이의 분쟁을 해결하고, 더 나아가 후일에 파생되는 분쟁을 예방하는 예방적 기능이 있다.

(3) 형성의 소

형성의 소는 기존 법률관계의 변경 또는 형성을 요구하는 소송이다. 지금까지 존재하지 아니하였던 새로운 법률관계를 발생시키고, 기존의 법률관계를 변경·소멸시키는 내용의 판결을 해달라고 요구하는 것이다.

> 빌린돈을 다 갚았는데도 채권자가 이를 인정하지 않고 담보로 제공한 부동산의 저당권말소등기를 해주지 않는 경우, 어떤 대처방법이 있는가?

채무관계를 명확히 하기 위해 채권자를 상대로 '채무부존재 저당권설정등기말소'의 소를 제기하여야 한다.

【해 설】

예컨대 甲이 乙에게 부동산에 저당권을 설정하여 주고 2천만원을 빌렸다. 甲은 처음에 약속했던 약정이율에 의해 돈을 갚아 나갔는데, 乙이 갑자기 이자를 높여서 甲은 원래의 약정이율을 적용하여 원금과 이자를 상환했다. 그런데 甲이 채무의 전액을 변제한 것이 아니므로 저당권을 말소해 주지 않겠다고 버티는 경우 甲은 어떻게 하는지가 문제된다.

이 사안의 경우 甲의 입장에서는 채무를 변제했지만 채권자인 乙이 이를 인정하지 않고, 채무를 완제하지 않았다고 하면서 저당권의 유효를 주장하고 있는 것이다. 이때에는 甲은 乙을 상대로 '채무부존재확인의 소'를 제기하여 乙에게 채권이 존재하지 않음을 인정하게 한 뒤, 이에 부수하여 저당권설정등기를 말소하도록 하여야 한다.

저당권은 부종성이 있어서 피담보채권과 분리하여 처분할 수 없고, 피담보채권이 변제 등으로 소멸하면 저당권도 소멸하므로 채무부존재확인의 소에서 甲이 승소한다면 당연히 저당권설정등기의 말소를 청구할 수 있는 것이다.

그리고 이자는 당사자의 약정이 있거나 법률에 규정이 있는 때에 발생한다. 따라서 금전소비대차에서도 당사자 사이에 이자에 관한 약정이 없는 때에는 채무자는 이자를 지급할 의무가 없고 원금만 반환하면 되고, 약정된 이자를 채권자가 중도에서 이율을 증가하였다면 이는 당사자간에 약정한 계약내용을 채권자가 일방적으로 변경한 것이므로 채무자는 그 지급을 거부할 수 있다.

그리고 확인의 소를 제기할 때에는 '원고의 피고에 대한 2008. 5. 10.자 금 100만원의 이자채무가 존재하지 아니함을 확인한다'와 같이 권리 또는 법률관계의 존재가 부존재의 확인을 구하는 취지를 기재하여야 한다.

> 법원으로부터 소장부본을 송달받은 피고가 원고의 청구를 다투는 때에는 어떤 조치를 취하여야 하는가?

소장부본을 송달받은 날부터 30일안에 답변서를 제출하여야 한다(민소법 제256조).

【해 설】

법원은 소장이 접수되면 특별한 사정이 없는 한 바로 피고에게 소장부본을 송달하여야 한다(민소법 제255조 1항, 규칙 제64조1항).

소장부본에는 소송절차안내서를 동봉하여 함께 송달한다. 피고에게 소장부본을 송달할 때 소장부본을 송달받은 날부터 30일 이내에 답변서를 제출하여야 한다는 취지를 알려야 한다(민소법 제256조 2항). 원고의 소제기에 대하여 피고는 다음의 4가지 태도를 취할 수 있다.

1. 불(不)방어

민사소송법은 처분권주의를 채택하고 있으므로 치고는 반드시 방어하여야 하는 것은 아니다. 따라서 피고는 소장부본의 송달을 받은 뒤, ① 답변서조차 제출하지 아니할 수 있고, ② 답변서를 제출하였다고 하여도 변론기일 혹은 변론준비기일에 출석하여 원고의 청구를 배척하는 주장을 하지 않고 청구의 인낙(민소법 제220조)을 할 수도 있다. ①의 경우에는 자백간주로 되어 피고는 무변론패소판결의 위험이 있다(동법 제256조, 제257조). 또 신법에서는 기일에 출석하지 않고도 서면에 의한 청구의 인낙(동법 제148조 1,2항)을 가능하게 하였다. 이 경우는 피고패소판결과 같은 효과가 생기며 소송이 종료된다.

2. 방어

원고의 청구를 다투는 피고는 원칙적으로 답변서를 제출하여 아래와 같은 태도를 취할 수 있다.

먼저, 피고는 소송상의 이유를 들어 본안전항변을 하면서 소각하판결을 구할 수 있다. 다음, 피고는 실체상의 이유를 들어 청구기각의 판결을 구할 수 있다. 여기에는 원고의 주장사실에 대하여 i) 전부 自白을 하면서 원고의 청구가 법률상 주장자체로서 이유 없다고 하는 경우, ⅱ) 전부 또는 일부를 否認하는 경우, ⅲ) 모른다, 즉 不知라고 하는 경우, ⅳ) 일응 시인하면서 원고의 주장사실과 양립되는 항변사실을 주장하여 원고의 청구를 배척하고자 하는 경우가 있다.

마지막의 항변에는 권리장애사실·권리멸각사실·권리저지사실의 세 가지가 있는데, 권리멸각사실에 해당하는 상계항변에는 여러 가지의 소송법상 특이한 효과가 있고 법에서도 특수하게 취급한다(민소법 제216조 2항 등).

이러한 원칙적인 방법 외에 피고는 관할위반을 들어 사건을 다른 법원에 이송하여 줄 것을 신청할 수 있다.

3. 공격적 방어, 반소 등

피고는 단순히 방어에만 만족하지 않고 나아가 본소에 편승하여 원고를 상대로 반소 또는 중간확인의 소를 제기할 수도 있다.

가. 반소

반소는 소송계속 중에 피고가 그 소송절차를 이용하여 원고에 대하여 제기하는 소이다. 피고가 제기하는 소송 중의 소로서 이에 의하여 청구의 추가적 병합으로 된다.

반소를 제기하려면 본소의 경우에 있어서 소장처럼 반소장을 제출하지 않으면 안된다. 다만 소액사건에서는 구술에 의한 반소의 제기가 허용된다.

나. 중간확인의 소

중간확인의 소란 소송계속 중 본래의 청구의 판단에 대해 선결관계에 있는 법률관계의 존부에 관하여 그 소송절차에 병합하여 제기하는 확인의 소이다. 예컨대 원고의 가옥소송에서 피고가 선결적 법률관계인 소유권이 원고에게 없다고 다툴 때에, 원고가 가옥명도소송에 편승하여 소유권존재확인의 소를 제기하는 경우가 여기에 해당된다.

4. 화해, 조정

피고는 청구의 인낙도, 청구의 전부의 배척도 아닌 상호간의 양보로 분쟁을 해결하는 이른바 화해적 해결 방법을 취할 수도 있다. 소송상 화해(법 220조)를 하거나, 화해권고결정에 대하여 이의신청을 하지 않거나(법 222조 내지 232조), 서면에 의한 화해(법 148조 1,3항)를 시도할 수도 있고, 또 법원의 조정에 응할 수도 있다.

> 답변서에는 어떤 사항을 기재하여야 하는가?

답변서에는 청구의 취지에 대한 답변과 청구의 원인에 대한 구체적인 진술을 적어

야 한다(민사소송규칙 제65조 1항)

【해 설】

공시송달 외의 답변으로 소장부본을 송달 받은 피고가 원고의 청구를 다투는 때에는 소장부본을 송달받은 날부터 30일 안에 답변서를 제출하여야 한다(민소법 제256조 1항). 답변서는 변론기일에서의 진술을 준비하는 서면인 동시에 변론기일에서의 진술 이전에 그 자체만으로 무변론판결을 저지하는 법적효과를 가진 서류로서의 성격을 가진다.

답변서에는 청구의 취지에 대한 답변과 청구의 원인에 대한 구체적인 진술을 적어야 한다(민사소송규칙 제65조 1항). 청구의 취지에 대한 답변에서는 원고의 청구에 응할 수 있는지 여부를 분명히 밝혀야 하며, 청구의 원인에 대한 진술에서는 원고가 소장에서 주장하는 사실을 인정하는지 여부를 개별적으로 밝히고, 인정하지 않는 사실에 관하여는 그 사유를 구체적으로 적어야 하고, 자신의 주장을 증명하기 위한 증거방법(증거신청)과 상대방의 증거방법에 관한 의견(증거항변 등)을 함께 적어야 하며, 답변사항에 관한 중요한 서증이나 답변서에서 인용한 문서의 사본 등을 붙여야 한다(법 제256조 4항, 274조 2항, 275조). 이러한 기재와 첨부서면 등이 있는 것을 '구체적·실질적 내용이 있는 답변서'로 본다.

법원의 요구가 있는 경우에는 법원에서 송부한 양식인 답변서요약표를 기재하여 제출하여야 한다.

> 새마을금고 이사장이 이사회의 의결 없이 돈을 빌린 경우 새마을금고에 대하여 대여금청구를 할 수 있는가?

청구할 수 없다.

【해 설】

甲은 乙새마을금고의 이사장 丙에게 1억원을 대여하였고, 乙새마을금고가 연대보증을 하였다. 그런데 丙은 이와 같은 채무를 부담하면서 이사회의 결의를 얻지 않았다고 한다면 甲이 乙새마을금고에 위 금원을 청구할 수 있는지의 여부가 문제된다.

새마을금고법 제16조 제3항 제3호에서는 소요자금의 차입은 이사회의 의결을 얻어야 한다고 규정하고 있다.

그런데 새마을금고 이사장이 이사회의 의결 없이 개인으로부터 자금을 차입하거나 채무를 부담한 경우, 그 행위의 효력에 관하여 판례를 보면, "새마을금고는 새마을금고법에 의하여 설립된 비영리법인으로서, 새마을금고법 제16조 제3항 제3호에는 소요자금의 차입에는 이사회의 의결을 얻어야 한다고 규정되어 있고, 새마을금고법 제26조 제1항 제1호는 금고의 신용사업활동의 범위를 회원으로부터의 예탁금·적금의 수납 및 회원에 대한 자금의 대출 등으로 한정하고 있으며, 또한 새마을금고법시행령 제21조에 의하면, 금고는 국가·지방자치단체·금융기관·연합회로부터 소요자금을 차입할 수 있고, 또 금고가 소요자금을 차입하고자 할 때는 연합회장의 승인을 얻어야 한다고 규정하고 있는 점 및 새마을금고법 제8조의 회원의 자격 및 출자에 관한 규정, 같은 조의 금고의 자본금은 회원이 납입한 출자금의 총액으로 하고, 회원의 책임은 그 납입출자금을 한도로 한다는 규정과 새마을금고법의 목적 등에 비추어 볼 때, 새마을금고 이사장이 이사회의 의결 없이 개인으로부터 자금을 차입하거나, 채무를 부담하는 행위는 당연 무효이다."라고 하였다(대판 2002.2.5. 2001다66369, 1999.7.27. 99다6272).

따라서 위 사안의 경우 甲이 乙새마을금고에 대하여 위 대여금을 청구할 수 없을 것으로 보인다.

상인간에 이자를 약정하지 않고 돈을 빌려 주었는데, 채무자가 변제를 하지 않는 경우 이자도 청구할 수 있는가?

청구할 수 있다.

【해 설】

乙은 신발가게를 운영하는 자로서, 이웃에서 슈퍼를 운영하는 甲이 슈퍼에서 판매할 물품을 구입하기 위하여 자금이 필요하다고 하여 1,000만원을 빌려주고 차용증을 받았다. 그 당시 甲이 일주일 내로 갚겠다고 하여 이자를 정하지 않았는데, 아직까지 갚지 않고 차일피일 미루고만 있어 대여금청구소송을 준비중인데, 이자를 정하지 않은 경우에도 이자를 청구할 수 있는가가 문제된다.

상법 제55조 제1항은 "상인간에서 금전의 소비대차를 한 때에는 대주(貸主)는 법정이자를 청구할 수 있다."라고 규정하고 있다. 그리고 상인이 영업을 위하여 하는 행위는 상행위로 보고, 상인의 행위는 영업을 위하여 하는 것으로 추정된다(상법 제47조 제1항, 제2항).

그러므로 슈퍼를 운영하는 甲이 물품구입자금을 빌리는 행위는 반증이 없는 한, 영업을 위한 것으로 추정되어 상행위로 인정받을 수 있을 것으로 보이며, 상법상 상행위로 인정받을 수 있을 것으로 보이며, 상법상 상행위로 인한 채무의 법정이율은 연6푼으로 한다고 규정되어 있으므로, 이자를 정하지 않은 경우에도 상사법정이율인 연 6푼의 이자

청구는 가능하다할 것이다(상법 제54조).

따라서 乙의 경우 甲에게 대여한 1,000만원과 이에 대한 상사법정이자 연6푼의 비율에 의한 이자 및 지연손해금을 청구할 수 있으며, 또한 대여금청구의 소장이 상대방에게 송달된 다음 날 부터는 연 2할의 비율에 의한 지연손해금을 청구할 수 있을 것이다(소송촉진등에관한특례법 제3조).

참고로 민법상의 소비대차는 무상계약임이 원칙이므로 이자약정 없이 금전을 대여한 경우 이자청구는 불가능하다. 그러나 이 경우에도 변제기 이후의 지연손해금은 민사법정이율인 연5푼의 비율에 의하여 청구할 수 있을 것이다(민법 제397조, 제397조).

3명이 1매의 어음을 각자의 임금액으로 나누어 할인받은 경우 이들 3명의 채무부담관계는 어떻게 되는가?

각자 자기 몫으로 받은 어음금액 상당의 채무만 부담할 수 있다.

【해 설】

甲·乙·丙은 사용자 丁으로부터 3인의 임금합계액으로 액면금 600만원인 약속어음 1매를 교부받아 戊로부터 각자의 몫의 금액으로 나눈 여러 매의 약속어음으로 할인받았으나, 丁으로부터 교부받은 최초의 어음이 지급거절이 되었다. 이 경우 위 3인은 戊에 대하여 600만원의 채무전액을 부담하는가 아니면, 각자 자기 몫으로 받은 어음금액상당의 채무만 부담하는가가 문제된다.

여러명의 관련된 채권관계에 관하여 민법 제408조에 의하면 "채권자나 채무자가 수인인 경우에 특별한 의사표시가 없으면 각 채권자 또는 각 채무자는 균등한 비율로 권리가 있고 의무를 부담한다."고 규정하고 있으며, 같은 법 제409조에 의하면 "채권의 목적이 그 성질 또는 당사자의 의사표시에 의하여 불가분인 경우에 채권자가 수인인 때에는 각 채권자는 모든 채권자를 위하여 이행을 청구할 수 있고 채무자는 모든 채권자를 위하여 각 채권자에게 이행할 수 있다."라고 규정하고 있다.

위 사안에서와 같이 수인이 그 임금합계액으로 발행 받은 1매의 어음을 각자 받을 몫의 임금액으로 나눈 여러 매의 어음으로 할인받은 경우 그 채권관계를 분할관계인지 불가분채권관계인지 문제된다.

이에 관하여 판례를 보면, "금전소비대차에 있어 수인의 채무자가 각기 일정한 돈을 빌리는 경우에 특별한 의사표시가 없으면 이 채무는 채권의 목적이 그 성질상 불가분인 경우에 한하여 불가분채권이 성립되는 것이며, 이와 같은 법리는 수인의 채무자가 채무

전부를 각자 이행할 의무가 있는 경우에도 또한 같다고 할 것이므로, 수인의 골재운송업자들이 그 운임합계액으로 소외회사로부터 약속어음 1매를 발행 받아 그 어음을 각자 받을 몫의 금액으로 나눈 수매의 어음으로 할인받은 것이라면 위 소비대차관계는 그 성질상 불가분채무 또는 연대채무라고 볼 수 없어 당사자간에 특별한 의사표시가 없는 한 채무자 각자가 각각 자기 몫으로 받은 어음액면금액 상당의 채무변제책임만 지는 분할채무라고 함이 상당하다."라고 하였다(대판 1985.4.23., 84다카2159).

따라서 위 사안의 경우 甲·乙·丙은 戊에 대하여 각자 자기 몫으로 받은 어음액면금액 상당의 채무변제책임만을 진다고 할 수 있을 것으로 보인다.

乙과 丙이 공유하는 건물이 甲소유의 토지의 일부를 점유하고 있는 경우, 甲은 乙과 丙을 상대로 임료상당의 부당이득반환을 청구하려고 하는 경우 어떤 방법으로 하여야 하는가?

乙과 丙에게 그들의 공유지분에 따른 비율에 의한 부당이득금액을 청구하여야 하는가?

【해 설】

수명이 공동으로 법률상 원인 없이 타인의 재산을 사용한 경우의 부당이득반환채무의 성질에 관하여 판례를 보면, "여러 사람이 공동으로 법률상 원인 없이 타인의 재산을 사용한 경우의 부당이득의 반환채무는 특별한 사정이 없는 한 불가분적 이득의 반환으로서 불가분채무이고, 불가분채무는 각 채무자가 각 채무자가 채무 전부를 이행할 의무가 있으며, 1인의 채무이행으로 다른 채무자도 그 의무를 면하게 된다."라고 하였다(대판 1991. 10. 8., 91다3901, 2001. 12. 11., 2000다13948).

그리고 민법 제411조에서 수인이 불가분채무를 부담한 경우에는 민법 제413조를 준용하도록 규정하고 있는바, 민법 제413조 의하면 "수인의 채무자가 채무전부를 각자 이행할 의무가 있고 채무자 1인의 이행으로 다른 채무자도 그 의무를 면하게 되는 때에는 그 채무는 연대채무로 한다."라고 규정하고 있다. 그리고 민법 제414조에 의하면 "채권자는 어느 연대채무자에 대하여 또는 동시나 순차로 모든 연대채무자에 대하여 채무의 전부나 일부의 이행을 청구할 수 있다."라고 규정하고 있다.

따라서 위 사안의 경우 甲은 乙과 丙에 대하여 부당이득금액 전액을 청구할 수 있을 것으로 보인다.

법률에 명문 규정이 없는 경우에도 형성의 소를 제기할 수 있는가?

형성의 소는 법률에 명문의 규정이 있는 경우에 한하여 제기할 수 있으나, 판례는 명문의 규정이 없는 경우에도 특정 형성소송에 관한 규정을 유추적용하여 형성의 소를 허용하여야 할 경우가 있다고 한다(대판 2000. 5. 26., 2000다2375·2382).

【해 설】

형성의 소는 기존 법률관계의 변경 또는 형성을 요구하는 소송이다.

지금까지 존재하지 아니하였던 새로운 법률관계를 발생시키고, 기존의 법률관계를 변경·소멸시키는 내용의 판결을 해달라고 요구하는 것이다.

형성의 소는 법률에 명문의 규정이 있는 경우에 한하여 제기할 수 있다.

그러나 판례에 의하면 명문의 규정이 없는 경우에도 형성의 소를 허용하여야 할 경우가 있는데 예컨대 민법 제628조에 의한 차임증감청구는 형성권이기는 하지만 재판상 청구할 수 있고 이때의 소송은 성질상 형성소송이 된다고 한다.

즉 판례는 '이 사건 출판허락계약상 약정 인세의 감액을 구하는 부분은 그 성질상 법률에 규정이 있는 경우에 한하여 허용되는 형성의 소에 해당하는바, 이를 허용하는 아무런 법률상의 근거가 없고, 명문의 근거 규정이 없는 경우에도 특정 형성소송에 관한 규정을 유추적용하여 일정한 요건하에 최소한의 범위 내에서 그와 유사한 법률관계에 관하여 형성의 소를 허용하여야 할 경우가 있다고 하더라도, 출판허락계약의 특성과 사회적 기능 특히 원심이 적법히 확정한 바와 같은 이 사건 출판허락계약상 이 사건 저작물의 발행·보급의 목적 등 모든 사정을 고려해 보면, 임대차계약에 관한 민법 제628조 소정의 차임증감청구에 관한 규정을 이 사건 출판허락계약상의 인세에 유추적용할 수는 없다고 봄이 상당하므로, 민법 제628조가 이 사건 출판허락계약상 인세의 감액청구에 유추적용됨을 전제로 그 감액을 구하는 형성소송이 허용되어야 한다는 주장은 이유 없다. 다만 민법 제628조에 의한 차임증감청구권은 재판상 행사할 수 있음에도, 원심이 유지한 제1심판결은 차임증감청구권이 사법상 형성권이어서 재판상 행사할 수 없다는 취지로 설시한 것은 잘못이나, 이는 판결 결과에 영향이 없다.'고 하였다(대판 2000. 5. 26., 2000다2375,2382).

조정제도를 이용하면 어떤 이점이 있는가?

조정은 소송에 비하여 비용이 저렴하게 들고 분쟁을 간이·신속하게 처리할 수 있는 이점이 있다.

【해 설】

1. 민사조정제도의 의의

조정이란 법관이나 조정위원회가 분쟁관계인 사이에 가입하여 화해로 이끄는 절차를 말한다. 즉, 민사조종제도란 민사에 관한 분쟁을 당사자의 신청에 의하여 또는 소송사건의 조정회부에 의하여 조정담당판사 또는 법원에 설치된 조정위원회가 간이한 절차에 따라 분쟁당사자들로부터 각자의 주장을 듣고, 관계자료를 검토한 후 여러 사정을 고려하여 그들에게 상호 양보하여 합의하도록 권유, 주선함으로써 화해에 이르게 하는 제도를 말한다.

소송절차를 이용하면 권리를 보다 강력하게 보호, 실현받는 장점이 있으나 반면 소송절차는 너무 엄격하고 상세하게 규정되어 있고 비용과 시간이 엄청나게 소모되는 단점이 있다.

조정은 소송절차에 비하여 다음과 같은 장점이 있다.

ⅰ) 절차진행에 있어 융통성이 있고 법률지식이 없는 사람도 쉽게 이용할 수 있다.

ⅱ) 단시일 내에 절차가 종료됨이 원칙이고, 조정이 성립되면 재판상 화해와 같은 효력이 있으므로 분쟁이 즉시 종국적으로 해결될 수 있다.

ⅲ) 조정신청수수료가 소송사건의 경우 소장에 붙여야 할 인지액의 5분의 1에 불과하고, 증거조사 기타 절차상의 비용도 절약할 수 있다.

ⅳ) 절차가 비공개로 진행되므로 당사자 사이의 분쟁이 널리 알려지는 것을 방지할 수 있다.

2. 조정의 신청방식

조정의 신청은 서면 또는 구술도 할 수 있다(민사조정법 제5조 1항). 조정신청서에는 당사자, 대리인, 신청취지, 분쟁의 내용을 명확히 기재하여야 한다(민사조정규칙 제2조 1항).

신청서를 제출함에 있어서, 증거서류가 있는 때에는 신청과 동시에 이를 제출하여야 하며, 피신청인의 수에 상응한 신청서 부본을 제출하여야 한다(동규칙 제2조 2항).

> 적은 액수의 돈을 빌려준 경우 정식재판을 거치지 않고 간편하고 신속하게 받을 수 있는 방법이 있는가?

소액심판절차를 이용하면 된다.

【해 설】

1. 소액심판의 의의

소액사건이란 소액의 민사사건을 신속하게 처리하기 위하여 민사소송에 대한 특례를 인정한 것으로, 그 범위는 제소한 때의 소송물가액이 2천만원을 초과하지 않는 금전 그 밖의 대체물이나 유가증권의 일정한 수량의 지급을 구하는 사건으로, 제1심의 민사사건이다.

2. 소액사건심판절차상의 특칙

(1) 소액사건심판법의 적용

지방법원 및 지방법원지원 또는 시·군 법원에서 소액사건을 간이한 절차에 따라 신속히 처리하기 위하여 소액사건심판절차법이 규정되어 있고, 이 법에는 민사소송법에 대한 많은 예외가 인정되고 있다. 소액사건심판법에 특별한 규정이 있는 경우를 제외하고는 민사소송법이 적용된다.

(2) 구술제소

소는 말로써 제기할 수 있고, 이 경우 법원사무관 등의 면전에서 진술하여야 한다. 또한 당사자 쌍방은 임의로 법원에 출석하여 소송에 관하여 변론할 수 있으며, 이러한 경우에도 소의 제기는 구술에 의한 진술로써 행한다.

(3) 분할청구의 금지

금전 기타 대체물이나 유가증권의 일정한 수량의 지급을 목적으로 하는 청구에 있어서 채권자는 소액사건심판법의 적용을 받을 목적으로 청구를 분할하여 그 일부만을 청구할 수 없고, 이에 위반한 소는 각하된다.

(4) 1회 심리의 원칙

소장부본이나 제소조서등본은 지체없이 피고에게 송달하여야 하고, 판사는 바로 변론기일을 정할 수 있다. 이 경우 판사는 되도록 1회의 변론기일로 심리를 마치도록 하여야 하고, 이러한 목적을 달성하기 위하여 판사는 변론기일 전이라도 당사자로 하여금 증거신청을 하게 하는 등 필요한 조치를 취할 수 있다.

(5) 공휴일·근무시간 외의 개정

판사는 필요한 경우 근무시간 외 또는 공휴일에도 개정할 수 있다.

(6) 소송대리에 관한 특칙

당사자의 배우자·직계혈족·형제자매는 법원의 허가없이 소송대리인이 될 수 있으며, 이러한 소송대리인은 당사자와의 신분관계 및 서면으로 증명하여야 한다. 그러나 수권관계에 대하여는 당사자가 판사의 면전에서 말로 소송대리인을 선임하고 법원사무관등이 조서에 이를 기재한 때에는 그러하지 아니하다.

(7) 판결에 관한 특례

판결의 선고는 변론종결 후 즉시 할 수 있다.

이행권고결정이란 무엇인가?

이행권고결정이란 소액사건의 소가 제기된 때에는 법원의 결정으로 소장부본이나 제소조서등본을 붙여서 피고에게 청구취지대로 이행할 것을 권고하는 결정을 말한다.

【해 설】

1. 이행권고결정제도의 취지

이행권고결정제도는 직권으로 지급명령을 발하는 것과 유사한 제도라고 할 수 있다. 즉, 간이한 소액사건에 대하여 직권으로 이행권고결정을 한 후 이에 대하야 피고가 이의하지 않으면 곧바로 변론 없이 원고에게 집행권원을 부여하자는 것이 이 제도의 골자라고 할 수 있다.

이러한 이행권고결정이 확정된 때에는 원칙적으로 별도의 집행문 부여없이 이행권고결정정본으로 강제집행상의 특례가 인정된다.

2. 이행권고결정절차

이행권고결정은 원고전부승소판결을 할 수 있는 사건에 한하여 할 수 있다. 따라서 청구취지 중 지연손해금의 일부를 기각하여야 할 경우에는 일부각하를 할 수 없다.

법원은 소액사건의 소가 제기된 때에는 결정으로 소장부본이나 소제기 조서등본을 붙여서 원고가 구하는 청구취지의 이행을 권고할 수 있다(소액사건심판법 제5조의2 제1항).

소액사건 법원사무관 등은 이행권고결정이 있으면 바로 그 등본을 피고에게 송달하여야 한다.

3. 이행권고결정에 대한 이의신청

피고는 이행권고결정등본을 송달받은 날부터 2주일의 불변기간안에 서면으로 이의신청을 할 수 있다(소액사건심판법 제5조의4 제1항 본문). 또한 피고는 이행권고결정등본이 송달되기 전에도 이의신청을 할 수 있고(같은 항 단서), 피고의 이의신청이 있으면 법원은 바로 변론기일을 지정하여야 한다.

이의신청은 서면으로 하여야 한다(소액사건심판법 제5조의4 제1항). 피고가 이의신청을 한 때에는 구체적 이의사유를 기재하지 않더라도 원고의 주장사실을 다툰 것으로 본다(동조 제5항).

> '월3푼의 이자로 3천만원을 대부하되, 채권의 청구가 있으면 즉시 원금과 이자를 변제한다'는 내용의 계약서를 작성하고 돈을 빌려 주었는데, 채무자가 갚지 않는 경우 어떻게 해야 하는가.

내용증명우편으로 이행을 청구하여 채무자를 이행지체에 빠트린 후 법원에 지급명령을 신청하거나 소를 제기해서 받아낼 수 있다.

【해 설】

1. 기한의 정함이 없는 채무에서의 이행지체 책임을 지는 시기

위 사례의 경우처럼 '채무이행의 기한이 없는 경우에는 채무자는 이행청구를 받은 때로부터 지체책임이 있다.'(민법 제387조 2항).

'이행청구를 받은 때'로부터 지체책임이 있다라고 한 취지는 채무자는 이행의 청구를 받은 날 안으로 이행을 하면 되고, 그 청구를 받은 날을 도과할 때 비로소 지체책임을 진다고 해석된다(대판 1972. 8. 22. 72다1066).

그런데 채무이행의 청구가, 예컨대 채권자가 편지나 전화를 통해 행해졌을 경우에는 채무자가 그런 사실을 적극 부인하고 나온다면 채권자가 이를 입증할 길이 없으므로 내용증명우편을 이용하는 것이 좋다. 언제까지 원금과 이자를 변제해달라는 내용을 내용증명우편으로 발송해두면, 채무자에게 변제의무가 발생했다는 사실을 증거로 남겨 놓을 수 있게 되는 것이다.

2. 지급변경신청 또는 재판청구

채무자가 임의로 변제하지 않으면 채권자는 내용증명우편으로 보낸 청구문서를 첨부하여 관할지방법원에 지급명령을 신청하든가 아니면 대금청구의 정식재판을 청구할 수 있다.

채권자는 통상의 소송절차에 지급명령의 신청에 의한 독촉절차 중 어느 것이나 자유롭게 선택하여 채권을 변제받을 수 있다.

지급명령신청을 하면 통상의 판결절차보다 간이, 신속, 저렴하게 집행권원을 얻을 수 있다.

지급명령의 신청은 신청시를 기준으로 하여 채무자의 보통재판적 소재지의 지방법원 등에 할 수 있다.

지급명령의 신청에는 그 성질에 어긋나지 아니하면 소에 관한 규정을 준용한다(민소법 제464조).

> 채권자로부터 대여금반환청구소송을 제기당하여 제1심에서 패소당한 경우 상소 이외의 다른 방법은 없는가?

채권자와 화해를 하는 방법이 있다.

【해 설】

1. 화해의 의의

화해는 분쟁의 자주적 해결방식으로, 재판 외부화해와 재판상 화해를 포함한다.

재판 외의 화해는 민법상의 화해계약(민법 제731조)을 뜻하는 것으로, 당사자가 상호 양보하여 당사자간의 분쟁을 끝낼 것을 약정하는 것이다.

재판상 화해에는 제소 전의 화해와 소송상의 화해가 있다.

(1) 제소 전 화해

제소 전 화해는 민사분쟁이 소송으로 발전하는 것을 방지하기 위하여 소를 제기하기 전에 지방법원 단독 판사 앞에서 화해를 신청하여 해결하는 절차를 말한다.

민사상 다툼에 관하여 당사자는 청구의 취지·원인과 다투는 사정을 밝혀, 상대방의 보통재판적이 있는 곳의 지방법원에 화해를 신청할 수 있다(민소법 제385조 1항). 화해신청에는 소장에 첨부할 인지액의 5분의 1의 인지를 붙여야 한다(민사소송인지법 제7조 1항). .

(2) 소송상 화해

소송상의 화해는 소송계속 중 소송물인 권리관계에 대하여 당사자 쌍방이 양보한 끝에 합의한 결과를 법원에 진술한 것으로, 조서도 작성되면 소송은 판결에 의하지 않고 종료한다.

소송상 화해는 계속 중인 소송기일에서 할 것을 요하고, 소송비용확정절차, 보전소송절차나 집행법원에 의한 강제집행절차나 집행관계소송절차의 심리기일에서 본안소송의 소송물에 대해서도 소송상의 화해는 허용된다.

2. 화해의 장·단점

화해는 법치주의적 의식을 약화시킨다는 문제점이 있지만, 분쟁의 간이·신속한 해결방법이라는 점에서 소송지연에 대한 강력한 해소책이고 당사자간의 감정을 자극하지 않는 구실을 한다는 점에서 매우 유익한 해결책이 된다.

그뿐만 아니라 판결에 의하게 되면 일도양단적이 되게 마련이지만 화해는 보다 더 중화적, 합리적 해결을 꾀할 수 있다. 즉, 판결이 '판단하는 사법보호'라고 한다면 화해는 '상담하는 사법보호'라고 할 수 있는 것이다.

따라서 소송을 제기당했을 경우에 먼저 화해방법을 고려해보는 것이 좋고, 설사 비록 소송이 제기되어 1심판결이 내려졌어도 항소·상고등 상소절차가 남아있더라도 기회를 보아 원고측과 화해를 시도해보아야 할 것이다. 왜냐하면 화해는 보다 더 합리적이고 그 이후에도 당사자간에 서로의 감정을 자극하지 않을 것이기 때문이다.

제소전 화해를 위하여 대리인을 선임하는 권리를 상대방에게 위임할 수 있는가?

당사자는 제소전 화해를 위해 대리인을 선임하는 권리를 상대방에게 위임할 수 없다(민소법 제385조 2항).

【해 설】

1. 소송상 대리인의 의의

소송상의 대리인은 당사자의 이름으로 소송행위를 하거나 또는 법원·상대방으로부터 소송행위를 받는 제3자이다.

대리인의 행위는 당사자 본인에게만 그 효과가 미치고 대리인에게는 미치지 않는다.

소송대리인은 당사자 본인의 이름으로 소송행위를 하는 자이기 때문에 타인의 권리관계에 관하여 자기의 이름으로 소송수행을 하는 소송담당자(예:선정당사자 등)는 대리인이 아니며, 자기의 이름으로 하는 소송행위가 타인의 소송에 효력이 미치는 보조참가인도 대리인이 아니다.

2. 소송상 대리인의 종류

법정대리인과 임의대리인이 있다.

(1) 법정대리인

법정대리인이란 본인의 의사에 의하지 아니하고 대리인이 된 자를 말한다. 법률에 의하여 자격을 맞게 되었든, 법원등의 선임에 의하여 자격을 갖게 되었든 상관없다.

실체법상의 법정대리인(예:미성년자의 친권자 등), 소송상의 특별대리인, 법인 등 단체 등의 대표자가 여기에 해당된다.

(2) 임의대리인

임의대리인은 대리권의 수여가 본인의 의사에 기한 대리인을 말한다. 이에는 법령상의 특별대리인(예:상법 제11조의 지배인 등)과 소송위임에 의한 소송대리인이 있다. 소송위임에 의한 대리인은 변호사일 것을 원칙으로 한다.

3. 쌍방대리의 금지

소송에 있어서 원·피고는 이해가 대립되는 관계에 있기 때문에 법률행위(민법 제124조)의 경우와 같이 강사자의 일방이 상대방을 대리하거나 또는 동일인이 당사자의 쌍방의 대리인을 겸하는 것이 허용되지 않는다. 화해신청에는 소에 관한 규정이 준용된다(민소법 제385조 4항).

민사소송법 제385조 2항, 3항에 의하면 채권자의 폭리행위나 탈법행위를 합법화하는 수단으로 제소전화해가 활용되는 것을 방지하기 위하여 대리인의 선임권을 상대방에게 위임할 수 없고, 법원은 필요한 경우 대리권의 유무를 조사하기 위하여 당사자 본인 또는 법정대리인의 출석을 명할 수 있도록 되어 있다. 실무에서는 쌍방에 대리인이 선임되어 있는 경우에는 일단 피신청인의 인감증명서를 제출하도록 한 후 인감증명서상의 인영과 위임장상의 인영이 동일한지 여부를 확인하고, 필요한 경우에는 피신청인을 소환, 심문하여 진정한 위임여부를 확인한다.

> 채무자를 상대로 약속어음금 3천만원 청구소송을 제기하려고 하는데, 법원에 출석하지 않고 간편하게 집행권원을 얻을 수 있는 방법이 있는가?

지급명령제도를 이용하면 된다.

【해 설】

당사자간에 금전의 지급을 내용으로 하는 채권채무관계가 있는 경우에 당사자가 법원에 직접 출석하지 않고 집행권원을 확보할 수 있는 방법으로는 지급명령제도가 있으며 이를 독촉절차라고도 한다. 독촉절차에서는 법원이 분쟁당사자를 심문함이 없이 지급명령을 신청한 채권자가 제출한 서류만을 심사하고 지급명령을 발령하는 약식의 분쟁해결절차로서 채무자가 이의신청을 하면 통상의 소송절차로 이행되지만, 만일 이의신청을 하지 아니하여 지급명령이 확정되면 채권자는 확정된 지급명령에 기하여 강제집행을 신청하여 신속하게 자신의 채권을 변제받을 수 있으므로 신속한 분쟁해결이 가능하다.

독촉절차는 한 마디로 말해서 채권자가 법정에 나오지 않고서도 신속하고 적은 소송비용으로 민사분쟁을 해결할 수 있다는데 그 절차적 장점이 있지만, 상대방이 지급명령에 대하여 이의신청을 하면 결국은 통상의 소송절차로 옮겨지는 잠정적 분쟁해결절차의 구조를 가지고 있다.

예컨대 돈을 빌린 사람이 빌린 사실은 인정하면서도 여러 가지 핑계를 대면서 차일피일 빌린 돈을 갚지 않으려고 하는 경우에 독촉절차를 이용하면 신속하고 경제적인 분쟁해결을 기대할 수 있다. 그러나 상대방이 돈을 빌린 기억이 없다든지 이미 갚았다고 말하고 있어 지급명령신청을 하더라도 채무자가 이의신청을 하여 소송절차로 이행될 가능성이 높은 경우에는 독촉절차를 이용하기보다는 직접 소송을 제기하는 편이 더 바람직할 수 있다.

독촉절창의 대상이 될 수 있는 요건은 금전 기타 대체물이나 유가증권의 일정한 수량의 지급을 목적으로 하는 청구에만 한정되고, 건물명도·토지인도, 소유권이전등기청구 등에서는 이용할 수 없게 되어 있다. 또 현재 변제기가 도래하여 즉시 그 지급을 청구할 수 있는 것이어야 하고, 국내에서 공시송달에 의하지 아니하고 송달할 수 있는 경우에 한하여 행해지므로 송달이 확실할 것으로 예상되는 경우에 이용하여야 할 것이다(민사소송법 제462조).

독촉절차는 채무자의 주소지(민사소송법 제3조), 사무소 또는 영업소에 계속하여 근무하는 자에 대하여는 그 사무소 또는 영업소(민사소송법 제7조), 재산권에 관한 청구의 경우 거소지 또는 의무이행지(민사소송법 제8조), 어음·수표의 경우에는 지급지(민사소송법 제9조), 사무소 또는 영업소가 있는 사람에 관하여 그 사무소 또는 영업소(민사소송법 제12조), 불법행위에 관하여는 그 불법행위지(민사소송법 제18조)의 지방법원, 지방법원 지원, 시·군 법원에 신청서를 제출하면 되고 지급명령신청서의 양식은 각 법원 민원실에도 비치되어 있다(민사소송법 제463조).

지급명령을 신청할 때에 법원에 납부하여야 하는 수수료는 청구금액에 비례하여 증액되고 이점은 소송절차와 동일하지만, 기본적으로 소제기시 첨부할 인지액의 1/10이고(민사소송등인지법 제7조 제2항), 예납할 송달료도 당사자 1인당 2회분으로서 소송절차 중 액수가 가장 적은 소액사건(당사자 1인당 8회분임)의 1/4이다.

지급명령이 발령되면 먼저 채무자에게 지급명령정본을 송달한다. 그런데 채권자가 지급명령신청서에 기재한 주소에 채무자가 실제로 거주하지 않는 등의 이유로 지급명령정본이 송달되지 아니하면 법원에서는 채권자에게 일정한 조정기한 내에 송달 가능한 채무자의 주소를 보정하라는 명령을 하게 되고, 채권자가 주소보정을 하면 보정된 주소로 재송달을 하고, 채권자는 법원으로부터 채무자의 주소를 보정하라는 명령을 받은 경우에는 소제기신청을 할 수 있으므로(민사소송법 제466조 제1항), 주소보정이 어려울 때에는 소제기신청을 하면 통상의 소송절차로 이행되어 처음부터 소를 제기한 경우와 같이 재판절차가 진행된다(민사소송법 제472조 제1항). 그러나 채권자가 만일 위와 같은 조치를 취하지 아니한 채 보정기한을 넘긴 경우에는 지급명령신청서가 각하 되므로 채권자는 이점을 주의할 필요가 있다.

한편, 채무자가 지급명령정본을 송달 받고도 이의신청을 하지 아니한 채 2주일이 경과한 때에는 지급명령이 확정되고, 지급명령이 확정되며 확정판결과 같은 효력이 있게 되므로 채무자가 채무를 성실하게 이행하지 아니하면 확정된 지급명령을 집행권원으로 하여 강제집행을 신청할 수 있다. 다만, 확정된 지급명령에는 확정판결과 같은 효력이 인정되지만(민사소송법 제474조), 민사집행법 제58조 제3항에 의하면 지급명령에 의하여 확정된 청구에 관한 이의의 주장에 대하여는 '판결에 의하여 확정된 청구에 관한 이의는 그 이유가 변론이 종결된 뒤(변론 없이 한 판결의 경우에는 판결이 선고된 뒤)에 생긴 것이어야 한다.'는 민사집행법 제44조 제2항의 규정을 적용하지 아니한다고 규정하고 있기 때문에 지급명령 확정 전에 생긴 사유를 원인으로 하여 청구이의의 소를 제기할 수 있다.

따라서 채무자는 지급명령정본을 송달 받으면 신속하게 그 내용을 충분히 검토한 후 불복 여부에 관한 의사를 결정하여 불복이 있으면 2주일이 경과하기 전에 지체 없이 이의신청을 하여야 한다. 채무자의 이의신청은 이의신청서에 지급명령에 응할 수 없다는 취지만 명백히 하면 충분하고, 불복하는 이유를 특별히 기재할 필요가 없다. 그리고 이의신청을 하면 지급명령은 그 효력을 상실하고 통상의 소송절차로 옮겨져서, 그 이후에는 청구금액에 따라 2,000만원 이하의 경우에는 소액심판사건, 1억원 이하인 경우에는 단독심판사건, 1억원을 초과하는 경우에는 합의부사건으로서 소송절차가 진행되어 채무자는 일반 소송절차와 동일하게 피고의 지위에서 자신의 주장을 법원에 충분히 진술할 수 있는 기회를 보장받게 된다. 일단 소송절차로 이행된 이상 채무자는 법원이 쌍방 당사자 주장의 당부를 판단하여 판결을 통한 승패를 결정하게 된다.

그런데 채권자는 지급명령에 대한 이의신청이 있을 경우에는 소송절차로 옮겨지므로 부족인지액 및 송달료를 보정명령에 따라 추가로 납부하여야 하며, 인지보정명령에 응하지 않을 경우에는 지급명령신청이 각하됨을 유의하여야 한다.

> 지급명령신청서의 청구취지에는 기재되어 있지 않고 청구원인에 '수인의 채무자들이 채무자와 연대보증인들'이라고만 기재되어 있는 경우 수인의 채무자에 대하여 청구금원의 연대지급을 구하는 것이라고 볼 수 있는가?

수인을 채무자로 하는 지급명령신청의 청구취지가 수인의 채무자들에 대하여 연대지급 또는 각자 지급을 구하는 것인지의 여부는 지급명령신청서의 청구취지 기재 자체에 의하여 결정된다(대결 1986.11.27. 86그141).

【해 설】

1. 청구취지와 청구원인

(1) 청구취지

청구의 취지는 원고가 당해 소송에 있어서 소로써 청구하는 판결내용을 말하는 것으로서 소의 결론 부분을 말한다. 여기에 원고가 소로써 달성하려는 목적이 표현된다. 따라서 청구취지에는 판결의 주문에 대응하는 것으로서, 원고가 어떤 종류의, 어떤 내용과 어떤 범위의 판결을 구하는가를 구체적으로 특정하여 간결·명료하게 표시하여야 한다.

(2) 청구원인

청구의 원인은 청구취지와 함께 심판의 대상이 청구(소송물)를 특정하기 위한 실체법상의 권리 내지 법률관계를 말하며, 소송상 청구로서 원고가 주장하는 권리 또는 법률관계의 성립원인인 사실관계(일시·장소·당사자 등)를 말한다.

판례는 '수인을 채무자로 하는 지급명령신청의 청구취지가 수인의 채무자들에 대하여 연대지급 또는 각자 지급을 구하는 것인지의 여부는 지급명령신청서의 청구취지기재 자체에 의하여 결정되는 것이므로 그 청구취지에 연대지급 또는 각자 지급을 구하는 문언의 기재가 없는 한 설사 그 수인의 채무자들이 채무자와 연대보증인들이라는 기재가 있다 하더라도 그 청구취지가 수인의 채무자들에 대하여 청구금원의 연대지급 또는 각자 지급을 구하는 것이라고는 볼 수 없다.'고 하였다(대결 1986. 11. 27. 86그141).

2. 전산정보처리조직을 이용한 지급명령의 신청

지급명령신청서는 전산정보처리조직을 이용하여 전자문서로 작성하여 제출할 수 있다. 그 방법은 다음과 같다.

ⅰ) 신청인은 지급명령신청서 등 전자독촉홈페이지에서 양식을 제공하는 서류는 빈칸 채우기 방식으로, 위임장 등 지급명령신청서에 첨부할 서류는 전자이미지로 변환하여 각 전자문서로 제출한다.

ⅱ) 전자독촉시스템을 이용하여 지급명령을 신청하고자 하는 개인회원, 대리인회원 및 법무사회원 등 4가지 유형에 따라 일정한 사항을 입력하여 사용자등록을 하여야 한다.

ⅲ) 신청인이 법원에 제출하는 전자문서에는 공인전자서명을 사용하여야 한다.

ⅳ) 신청인에 대한 송달은 전자우편으로 이루어지며, 지급명령정본의 송달은 신청인이 전자독촉시스템에 접속하여 정본 파일을 출력하는 방식에 의한다.

ⅴ) 소송비용 등의 납부는 전자적인 방식에 의하며, 신청인은 일정한 비율의 이용수수료를 지급해야 한다. 소송비용 등의 전자결제는 신용카드·금융기관 계좌이체 및 전자화폐를 통한 결제로 이루어진다.

지급명령을 받은 채무자는 어떤 방법으로 다툴 수 있는가?

지급명령을 송달받은 후 2주 이내에 법원에 서면 또는 말로써 이의신청를 하면 된다.

【해 설】

<지급명령에 대한 이의신청>

민사소송법 제462조는 '금전 기타 대체물이나 유가증권의 일정한 수량의 지급을 목적으로 하는 청구에 대하여 법원은 채권자의 신청에 의하여 지급명령을 할 수 있다'고 규정하고 있는데, 지급명령은 채무자가 채무에 대해 다툼이 없는 경우에 채권자로 하여금 통상의 판결절차에 비하여 보다 간이·신속하게 채무명의를 얻게 하는 절차이다.

1. 의의

지급명령은 채권자만의 주장에 의하여 편면적인 심리에 의하여 발하여지는 것이므로 상대방인 채무자에게 다툴 수 있는 기회를 주는 것이 필요한데, 이 취지에서 채무자에게 이의신청을 할 권리를 인정하고 있다.

2. 이의신청절차

(1) 이의신청의 방식

ⅰ) 이의신청에 방식에 관해서는 특별한 규정이 없으므로 서면 또는 말로 할 수 있다(민소법 제161조). 신청서에는 지급명령에 응할 수 없다는 취지만 명시되면 족하고, 불복의 이유나 방어방법(부인, 항변 등)까지 표시할 필요는 없다.

ⅱ) 실무에서는 서면으로 이의신청을 하는 경우 반드시 이의라는 문구가 표시되지 않더라도 불복의 취지만 기재되어 있어도 이의신청으로 처리한다.

(2) 신청기간

이의신청은 지급명령송달 후 2주 이내에 할 수 있다(민소법 제469조, 제470조). 이의기간 경과 후에 이의신청을 한 경우에는 부적법하다.

이의신청기간은 불변기간이므로 채무자가 책임없는 사유로 그 기간을 지킬 수 없는 경우에는 그 사유가 없어진 날부터 2주 이내에 이의신청을 추후 보완할 수 있다.

3. 이의신청의 효과

적법한 이의신청이 있는 때에는 이의신청을 각하하는 경우 외에는 지급명령은 이의의 범위 내에서 효력을 잃게 되고 독촉절차는 당연히 통상소송절차도 이행하게 되어 지급명령신청 당시로 돌아가 소를 제기한 것으로 본다(민소법 제472조 2항).

4. 이의신청의 취하

지급명령에 대한 이의신청은 이의 각하결정 전 또는 그에 기한 소송으로 이행하기까지는 채무자가 어느 경우나 임의로 취하할 수 있다. 이의신청을 취하한 때에는 지급명령은 확정된다(민소법 제474조).

> 당사자가 소송절차를 수행함에 있어서 발생한 비용은 모두 소송비용에 해당되는가?

소송비용은 민사소송비용법과 그 의임에 의해 제정된 각종 대법원규칙에 의하여 규정된 범위 내에서만 그 액이 인정되며, 당사자가 실제로 법정액 이상을 지출했다 하더라도 소송비용으로 인정받는 것은 법정액에 한정된다.

【해 설】

소송비용이란 당사자가 특정한 소송절차를 수행함에 있어서 발생한 모든 비용을 말한다. 여기에는 소송계속중의 비용뿐 아니라 소제기 전의 준비행위를 위한 비용과 소송의 부수절차에서 발생한 비용이 모두 포함된다.

　소송비용은 구체적으로 민사소송비용법과 그 위임에 의해 제정된 각종 대법원규칙에 의하여 그 규정된 범위 내에서만 그 액이 인정되며, 따라서 설사 당사자가 실제로 법정액 이상을 지출했다 하더라도 소송비용으로 인정받는 것은 법정액에 한정되는 것이다.

　이것은 당사자가 실제 지출한 모든 비용을 소송비용으로 하게 되면 그 범위가 극히 막연할 뿐 아니라 비용이 과다하게 되어 소송에 따른 비용부담의 위험 때문에 사법제도의 이용을 저해할 우려가 있기 때문이다. 이러한 취지에서 법정된 소송비용의 상환을 위하여 별개의 소를 제기할 이익은 없는 것이나, 법정액 이상의 지출비용은 손해배상청구 등 별 소(訴)로서 청구할 수 있다.

　가압류명령은 그 명령서를 기준으로 그 상태에 대하여 가압류의 당부, 보증액수등을 정하는 것이고, 그 긴급성으로 인하여 집행문 부여없이 집행할 수 있도록 한 것이므로, 발령 후 시일이 지나게 되면 전제된 상황이 변하게 되므로 집행기간을 2주일로 정한 것이다.

제5편 채권의 보전절차

제1장 책임재산의 보전 ·· 925

제2장 강제집행의 보전 ·· 1027

제 1 장   책임재산의 보전

제 1 절 채권자대위권과 채권자취소권

Ⅰ. 채권자대위권

 1. 의 의

 채권자대위권이란 채권자가 자기의 채권을 보전하기 위하여 필요한 경우에 채무자가 행사를 게을리하고 있는 채무자의 제3자에 대한 권리를 자기의 이름으로 대신하여 행사하는 권리이다. 채무자의 일반재산이 채무자의 전 채무액보다도 부족함에도 불구하고, 채무자가 자기의 대금을 회수하지 않거나 소멸시효를 중단시키지 않을 때, 채권자가 이를 대신하여 수금을 하거나 시효중단을 시키는 경우의 권리인 것이다. 채권의 대외적 효력의 하나이며, 대위소권(action indirecte)이라고도 한다.

 채무불이행이 있으면 채권자는 우선 강제이행을 청구할 수 있으나 불가능하거나 채무자가 이를 원하지 않는 경우에는 금전에 의한 손해배상을 하게 된다. 따라서 모든 채권은 궁극적으로 금전채권으로 변함으로써 그 목적을 달성하게 된다. 그런데 금전채권은 채무자의 일반재산을 환가해서 이로써 그 변제에 충당하므로 채무자의 일반 재산의 다소에 의해 채권의 실질적 가치가 결정된다. 따라서 민법은 채무자가 그의 권리의 실행을 게을리함으로써 그의 재산을 감소하게 하거나 또는 제3자와 공모하여 고의로 재산의 감소를 꾀하는 경우에는 채권자의 이에 간섭할 수 있도록 채권자대위권과 채권자취소권을 인정한다.

 2. 요 건

 (1) 채권자의 채권이 존재할 것

 채권자대위권은 채권자가 자기의 채권을 보전하기 위하여 인정되는 것이므로, 채권자가 채무자에 대해 채권을 가지고 있어야만 한다. 채권의 종류 및 발생원인은 묻지 않으며, 또 채무자의 제3채무자에 대한 권리보다 먼저 성립되어 있을 필요도 없다.

> **【쟁점사항】**
> <채권자대위권을 행사함에 있어 채무자에 대한 채권이 제3채무자에게 대항할 수 있어야 하는지 여부>
> 민법 제404조에서 규정하고 있는 채권자대위권은 채권자가 채무자에 대한 자기의 채권을 보전하기 위하여 필요한 경우에 채무자의 제3자에 대한 권리를 대위행사할 수 있는 권리를 말하는 것으로서, 이 때 보전되는 채권은 보전의 필요성이 인정되고 이행기가 도래한 것이면 족하고, 그 채권의 발생원인이 어떠하든 대위권을 행사함에는 아무런 방해가 되지 아니하여, 또한 채무자에 대한 채권이 제3채무자에게까지 대항할 수 있는 것임을 요하는 것도 아니다(대판 2003. 4. 11. 2003다1250).

(2) 채권보전의 필요성이 있을 것

가. 채권보전의 필요성을 인정하기 위한 판단기준

채권자는 채무자에 대한 채권을 보전하기 위하여 채무자를 대위해서 채무자의 권리를 행사할 수 있는바, 채권자가 보전하려는 권리와 대위하여 행사하려는 채무자의 권리가 밀접하게 관련되어 있고 채권자가 채무자의 권리를 대위하여 행사하지 않으면 자기 채권의 완전한 만족을 얻을 수 없게 될 위험이 있어 채무자의 권리를 대위하여 행사하는 것이 자기 채권의 현실의 이행을 유효·적절하게 확보하기 위하여 필요한 경우에는 채권자대위권의 행사가 채무자의 자유로운 재산관리행위에 대한 부당한 간섭이 된다는 등의 특별한 사정이 없는 한 채권자는 채무자의 권리를 대위하여 행사할 수 있어야 한다(대판 2001. 5. 8. 99다38699).

나. 보전하려고 하는 채권이 금전채권인 경우

보전하려고 하는 채권이 금전채권이거나 또는 금전채권은 아니더라도 그 불이행으로 손해배상채권으로 변함으로써 금전채권으로 되는 것일 때에는, 채무자의 자력이 당해 피보전채권을 변제하기에 충분하지 않은 경우에 한해서 채권자대위권의 행사가 인정된다(대판 1963. 2. 14. 62다884). 즉, 판례는 금전채권을 보전하기 위한 채권자대위권의 행사는 채무자가 '무자력'인 때에 한해 인정한다.

채무자의 무자력은 채무자가 전혀 변제능력이 없다는 것을 의미하는 것이 아니라, 채무자의 일반재산이 대위권을 행사하는 채권자를 비롯한 총채권자의 채권을 변제하기에 부족한 채무초과 상태에 있는 것을 뜻한다.

다. 보전하려고 하는 채권이 비금전채권(특정채권)인 경우 채권자가 그의 채무자의 제3자(제3채무자)에 대한 특정의 채권을 행사함으로써 자기의 특정채권, 즉 금전채권 이외의 특정채권을 보전할 수 있는 경우에는, 채무자의 무자력은 그 요건이 아니다(대판 1992. 10. 27. 91다483).

피보전채권이 특정채권이라 하여 반드시 순차매도 또는 임대차에 있어 소유권이전등기청구권이나 명도청구권 등의 보전을 위한 경우에만 한하여 채권자대위권이 인정되는 것은 아니다(대판 2001. 5. 8. 99다38699).

판례가 '특정의 채권'의 보전을 위하여 대위권의 행사를 허용한 것 중 중요한 것은 다음의 두 가지이다.

1) 등기청구권의 대위행사

예컨대 갑에게서 을로 부동산이 매도되고 을이 그 등기를 하지 않은 채 병에게 부동산을 매도하였는데, 갑·을·병 3자간에 중간생략등기가 없는 경우, 병은 을에 대한 소유권이전등기청구권을 보전하기 위해 을을 대위하여 갑에게 을로의 소유권이전등기를 해줄 것을 청구할 수 있다(대판 1969. 10. 28. 69다240).

2) 임차인의 방해배제청구권의 대위행사

판례는 토지의 임차인은 그 임차토지상의 불법점유자에 대해 토지임차권을 보전하기 위해 토지소유자를 대위하여 토지소유권에 기한 방해배제청구권을 행사할 수 있다고 하였다(대판 1962. 1. 25. 4294민상607).

(3) 채무자가 그의 권리를 행사하지 않을 것

채권자는 채무자가 그의 권리를 행사하지 않을 경우에만 채권자대위권을 행사할 수 있다. 채무자가 스스로 그의 권리를 행사하고 있는데도 불구하고 채권자의 대위를 허용하는 것은 채무자에 대한 부당한 간섭이 되기 때문이다.

(4) 채권자의 채권이 이행기에 있을 것

채권자는 이행기 전에는 채권을 행사할 수 없기 때문에 채권자대위권도 행사할 수 없다. 다만 다음과 같은 예외가 있다.

ⅰ) 채권의 기한이 도래하기 전이라도 법원의 허가가 있으면 대위권을 행사할 수 있다. 이를 재판상의 대위라고 하는데, 이 재판상의 대위의 절차에 관하여는 비송사건절차법이 정하고 있다.

ⅱ) 보존행위(예:미등기 부동산에 대한 보존등기신청·채무자의 권리에 대한 시효중단을 위한 이행청구 등)는 채권자의 채권의 이행기 전이라도 법원의 허가 없이 대위행사할 수 있

다.

> **\<Q & A\>**
> **재산분할청구권의 보전을 위하여 채권자대위권을 행사할 수 있는지**
>
> Q) 甲은 위자료 및 재산분할문제는 거론하지 않고 남편 乙과 협의이혼을 하였다. 그런데 이혼 후 2년이 아직 지나지 않았으므로 乙을 상대로 재산분할청구를 하여 심판이 계류중인데, 乙이 그의 아버지 丙명의로 명의신탁 한 부동산이 있는바, 甲이 재산분할청구권을 보전하기 위하여 丙명의의 위 부동산에 대하여 乙을 대위하여 처분금지가처분을 할 수 있는가?

A)
1. 문제점

「민법」제404조 소정의 채권자대위권은 채권자가 채무자에 대하여 가지는 채권을 보전하기 위해 필요한 경우 채무자의 제3자에 대한 권리를 대위행사 할 수 있는 권리를 말하는 것으로서, 채권자가 이러한 채권자대위권을 행사하기 위해서는 우선 대위에 의해 보전될 채권이 존재하여야 함은 물론, 원칙적으로 그 이행기가 도래하였을 것이 필요하고 나아가 그 같은 채권이 금전채권이라면 보전의 필요성 즉, 채무자가 무자력인 사실 또한 인정되어야 한다. 그런데 이 사안과 같이 이혼으로 인한 재산분할청구권을 보전하기 위하여 채권자대위권을 행사할 수 있는지가 문제된다.

2. 판례의 태도

이에 관하여 판례는, "이혼으로 인한 재산분할청구권은 협의 또는 심판에 의하여 그 구체적 내용이 형성되기까지는 그 범위 및 내용이 불명확·불확정하기 때문에 구체적으로 권리가 발생하였다고 할 수 없으므로 이를 보전하기 위하여 채권자대위권을 행사할 수 없다."라고 하였다(대법원 1999. 4. 9. 선고 98다58016 판결). 즉, 이혼에 의한 재산분할청구권은, 성질상 혼인 당사자인 채권자와 채무자간의 협의 또는 확정심판 등에 의해 그 구체적 내용이 최종 형성되기 전에는 그 범위 및 내용이 불확정·불명확한 상태에 놓여 있어 아직 현실의 구체적 권리로 존재한다고 말하기 어렵고, 그 이행기가 도래하였다고 보기는 더더욱 어려우므로 협의 또는 심판 등을 통해 구체적 내용이 형성되어야만 비로소 대위에 의해 보전될 권리적격을 갖추게 되고, 채권자도 그때 가서야 그 권리에 기해 채무자의 제3채무자에 대한 권리를 대위행사 할 수 있게 된다는 것이다.

3. 결론

따라서 위 사안에서 甲과 乙은 현재 재산분할청구심판이 계류 중이므로 아직은 재산분할청구권의 범위 및 내용이 불확정·불명확한 상태에 놓여 있어 이를 보전하기 위하여 채권자대위권을 행사하여 丙명의의 위 부동산에 대하여 乙을 대위하여 처분금지가처분을 할 수 없을 것이다.

(5) 채무자의 권리가 비전속적인 것일 것

가. 의 의

채무자의 일신에 전속한 권리는 대위권의 목적이 되지 못한다(민법 제404조 단서). 즉, 권리의 행사가 채무자의 자유의사에 맡겨져 있어 제3자가 이를 대신 행사할 수 없는 경우에는 채권자로 이를 대위행사 할 수 없다.

나. 채권자가 대위행사할 수 있는 권리

채무자의 일반재산의 보전과 관련이 있는 재산권은 그 종류를 묻지 않고 채권자대위권의 목적으로 할 수 있다. 청구권에 한하지 않고 형성권, 채권자대위권, 채권자취소권도 대위의 목적이 될 수 있다.

【쟁점사항】
<채권자가 대위행사할 수 있는지 여부가 문제되는 경우>
ㄱ) 채권자취소권

채권자취소권도 채권자가 채무자를 대위하여 행사하는 것이 가능하다(대판 2001. 12. 27. 2000다73049).

ㄴ) 본안제소명령의 신청권

본안제소명령의 신청권은 제소기간의 도과에 의한 가압류·가처분의 취소신청권을 행사하기 위한 전제요건으로 인정된 독립된 권리이므로, 본안제소명령의 신청권이나 제소기간의 도과에 의한 가압류·가처분의 취소신청권은 채권자대위권의 목적이 될 수 있는 권리라고 봄이 상당하다(대판 1993. 12. 27. 93다1655).

다. 채권자가 대위행사할 수 없는 권리

채무자의 일신에 전속하는 권리로서 가족법상의 권리, 예컨대 혼인취소권·이혼청구권·부부계약취소권·친생부인권·부양청구권·상속의 승인과 포기·이혼에 따른 재산분할청구권등은 채권자대위권의 대상이 되지 않는다. 그리고 인격권과 압류가 금지되는 채권도 채권자대위권의 목적으로 되지 않는다.

1) 피후견인 또는 친족회가 후견인의 행위를 취소할 수 있는 권리

후견인의 민법 제950조 제1항 각호의 행위를 하면서 친족회의 동의를 얻지 아니한 경우, 제2항의 규정에 의하여 피후견인 또는 친족회가 그 후견인의 행위를 취소할 수 있는 권리(취소권)는 행사상의 일신전속권이므로 채권자대위권의 목적이 될 수 없다(대판

1996. 5. 31. 94다35985).

2) 대표이사의 업무집행권

대표이사의 업무집행권 등은 대표이사의 개인적인 재산상의 권리가 아니며, 주주권도 어떤 특정된 구체적인 청구권을 내용으로 하는 것이 아니므로, 특별한 사정이 없는 한 대표이사의 업무집행권 등이나 주주의 주주권에 기하여 회사가 제3자에 대하여 가지는 특정물에 대한 물권적 청구권 등의 재산상이 청구권을 대산상의 청구권을 직접 또는 대위 행사할 수 없다(대판 1998. 3. 24. 95다6885).

3. 채권자대위권의 행사

(1) 행사의 방법

채권자대위권의 요건이 갖추어지면 채권자는 자기의 이름으로(즉, 채무자를 대리하여) 채무자의 권리를 행사할 수 있다. 채권자대리권은 채권자취소권과는 달라서 반드시 재판상 행사하여야 할 필요는 없다.

채권자가 채무자에 대위하여 채무자의 권리를 행사한 효과는 직접 채무자에게 발생한다(대판 1971. 4. 30. 71다411·412). 즉, 채무자의 권리를 대위행사한 효과가 직접 채권자에게 발생하지 않는다.

<Q & A>
제3채무자가 채권자대위소송의 채권자에게 바로 이행하도록 할 수 있는지

Q) 甲은 乙에 대한 대여금채권이 있는데, 乙은 채무초과상태에서 그의 유일한 재산인 임야를 그의 처 丙에게 매매를 원인으로 한 소유권이전등기를 하였다. 그러므로 甲은 丙을 상대로 통정허위표시에 의한 위 임야의 소유권이전등기의 말소를 청구하였다. 그런데 위 청구소장의 청구취지에 의하면 '丙은 甲에게 위 소유권이전등기의 말소절차를 직접 이행하라'는 내용으로 기재되어 있다. 이러한 청구가 가능한가?

A)
1. 문제점

채권자대위권(債權者代位權)에 관하여 「민법」 제404조 제1항은 "채권자는 자기의 채권을 보전하기 위하여 채무자의 권리를 행사할 수 있다. 그러나 일신에 전속한 권리는 그러하지 아니하다."라고 규정하고 있습니다. 그리고 같은 법 제108조 제1항은 "상대방과 통정한 허위의 의사표시는 무효로 한다."라고 규정하고 있다. 그러므로 甲은 乙로부터 丙에게 경료된 소유권이전등기가 같은 법 제108조의 통정허위표시에 해당되어 무효이므로 乙이 丙에 대하여 가지는 소유권이전등기말소청구권을 乙의 채권자로서 대위하여 행사하는 것인바, 이 경우 <u>대위채권자인 甲이 제3채무자인 丙에게 직접 위 말소등기의무를 이행하라고 청구할 수 있는지</u> 문제된다.

2. 판례의 태도

그런데 채권자대위소송에서, 법원이 제3채무자에 대하여 직접 대위채권자에게 급부를 이행할 것을 명할 수 있는지에 관하여 판례는 "채권자대위권을 행사함에 있어서 채권자가 제3채무자에 대하여 자기에게 직접 급부를 요구하여도 상관없는 것이고, 자기에게 급부를 요구하여도 어차피 그 효과는 채무자에게 귀속되는 것이므로, <u>채권자대위권을 행사하여 채권자가 제3채무자에게 그 명의의 소유권보존등기나 소유권이전등기의 말소절차를 직접 자기에게 이행할 것을 청구하여 승소하였다고 하여도 그 효과는 원래의 소유자인 채무자에게 귀속되는 것이니, 법원이 채권자대위권을 행사하는 채권자에게 직접 말소등기절차를 이행할 것을 명하였다고 하여 무슨 위법이 있다고 할 수 없다.</u>"라고 하였다(대법원 1995. 4. 14. 선고 94다58148 판결, 1996. 2. 9. 선고 95다27998 판결).

3. 결론

따라서 위 사안의 경우 <u>甲은 丙에게 위 임야의 소유권이전등기말소의무를 乙이 아닌 甲 자신에게 직접 이행하라고 청구하여도 무방할 것이다.</u> 참고로 판례는 "채권자가 채권자대위권을 행사하는 방법으로 제3채무자를 상대로 소송을 제기하여 판결을 받은 경우에 채무자가 채권자대위권에 의한 소송이 제기된 것을 알았다면 그 판결의 효력은 채무자에게 미친다."라고 하였다(민법 제404조, 대법원 1995. 7. 11. 선고 95다9945 판결).

또한, 관련 등기예규를 보면, "채권자대위권에 의한 소송을 제기한 사실을 채무자가 알았다면 그 판결에 기하여 직접 소유권이전등기신청을 할 수 있다."라고 하였으며(1985. 4. 10. 등기예규 제563호), "계약을 원인으로 소유권이전등기를 신청할 때에는 계약서 또는 판결서 등에 시장 등의 검인을 받아야 하는바, 이 경우 검인은 계약을 체결한 당사자 중 1인이나 그 위임을 받은 자 등이 신청할 수 있는데(부동산등기특별조치법에 따른 대법원규칙 제1조 제1항), 원고 甲이 乙을 대위하여 丙에게 매매를 원인으로 한 乙에게로 소유권이전등기이행을 구하고 피고 乙에게 원고 甲에게로의 근저당권설정등기이행을 구하는 소를 제기하여 원고 甲이 승소판결을 받은 경우, 그 판결서에 대한 검인에 관하여는 위 대위소송의 판결의 효력을 받는 乙이 그 매매계약의 당사자로 신청할 수 있으나, 매매계약의 당사자가 아닌 원고 甲도 그 판결을 받은 자로서 검인을 신청할 수 있으며, 이 경우 乙이 먼저 그 판결서에 검인을 받았다 하더라도 甲이 다시 검인신청을 할 수 있으므로 시장 등이 乙에 대한 검인을 하였다 하여 甲의 검인신청을 거부할 수는 없는 것이다."라고 하였다(1992. 12. 10. 등기선례 3-96).

(2) 행사의 범위

채권자대위권의 행사는 채권보전의 필요한 범위에 한정되어야 한다. 따라서 채무자의 재산을 관리하는 행위는 허용되나, 그것을 처분하는 행위는 허용되지 않는다.

그리고 채무자의 권리 중 어느 하나만을 행사함으로써 그 목적물을 달성할 수 있는 때에는 채무자의 다른 권리에 대한 대위행사는 허용되지 않는다. 그러나 채무자의 금전채권을 대위행사하는 경우에는, 그것이 채권자의 채권액보다 많더라도 그 전부에 대해 할 수 있다(통설).

(3) 채권자대위권 행사의 통지

채권자는 자기의 채권을 보존하기 위하여 채무자의 권리를 행사할 수 있는데, 이 경우 보존행위 이외의 권리를 행사한 때에는 채무자에게 통지를 하여야 한다(민법 제405조 1항).

민법 제405조는 채권자대위권이 채권자가 채무자의 권리를 대위행사하는 것이므로, 그 행사의 사실을 채무자에게 통지하여 채무자의 이익을 보호할 필요가 있는 점에서 마련된 것이다.

재판상의 대위의 경우에는 채무자가 대신신청허가의 고지를 받은 때에는 채무자는 향후 그 권리를 스스로 처분할 수 없다는 규정이 있다(비송사건절차법 제49조 2항).

재판외의 대위의 경우에는 채권자가 그의 채권의 이행기가 도래한 후에 채무자의 보존행위 이외의 권리를 행사한 때에는 채무자에게 대위의 통지를 하여야 한다. 채무자가 위 통지를 받은 후에는 그 권리를 처분하여도 이로써 채권자에게 대항하지 못한다. 다만 채무자의 변제수령은 처분행위라고 할 수 없으므로, 통지후에도 제3채무자는 유효하게 채무자에게 변제를 할 수 있고 또 채무자도 이를 수령할 수 있다(대판 1991. 4. 12. 90다9407).

4. 채권자대위권 행사의 효과

(1) 행사효과의 채무자에의 귀속

채권자대위권의 행사는 채무자의 권리를 행사하는 것이므로 그 행사의 효과는 직접 채무자에게 귀속하고, 총채권자를 위하여 공동담보가 된다. 예컨대 변제의 수령을 요하는 채무에서 제3채무자가 채권자에게 변제하더라도 그것은 채무자에게 변제한 것과 같은 효과가 발생한다.

> **[쟁점사항]**
> <채권자대위소송의 판결의 효력이 채무자에게도 미치는지 여부>
> 채권자가 대위권을 재판상 행사한 경우에 그 판결의 효력이 채무자에게도 미치는지에 관해서는 견해가 대립된다. 물론 채무자가 스스로 당사자로서 그 소송에 참가하였거나 또는 채무자에게 소송고지가 있었던 때에는 그 판결의 효력은 채무자에게도 미친다.
> 논란이 되는 것은 채무자가 소송참가도 하지 않았고 또한 소송고지도 받지 않은 경우에 그 판결이 효력이 채무자에게 미치는가이다. 이에 대해 판례는 처음에는 소송의 당사자가 아닌 채무자에게는 그 효력이 미치지 않는다고 보았으나(대판 1967. 3. 28. 67다212). 후에 견해를 바꾸어 소송이 제기된 사실을 어떤 사유에 의해서든 채무자가 알았을 때에는 설사 불리한 판결이 나오더라도 채무자가 그에 적극 대체하지 않고 방치한 잘못이 있다는 점에서 그 판결의 효력이 채무자에게 미치는 것으로 보았다(대판(전원합의체) 1975. 5. 13. 74다1664). 즉, 판례는 채권자가 채권자대위권을 행사하는 방법으로 제3채무자를 상대로 소송을 제기하여 판결을 받은 경우 채무자가 채권자대위권에 의한 소송이 제기된 사실을 알았을 경우에는 그 판결의 효력이 채무자에게 미친다고 한다(대판 1993. 4. 27. 93다4519).

(2) 시효의 중단

채권자대위권을 통해 채무자의 권리를 행사하는 것이므로, 채무자의 제3채무자에 대한 권리에 대해 시효중단의 효과가 발생한다(제168조).

(3) 채권자의 선관주의의무

채권자대위는 채무자의 권리를 행사하는 것이며, 그 한도에서 일종의 법정위임관계라고 할 수 있다. 따라서 채권자는 채무자의 권리를 행사함에 있어 선관주의의무를 지며(제681조 참조), 그 일환으로 채무자에게 그 사실을 통지하여야 한다(민법 제405조 1항).

5. 채권자대위소송과 관련된 문제

ⅰ) 채권자가 채무자의 채권자취소권을 대위행사하는 경우, 제소기간의 준수여부는 채무자를 기준으로 하여 판단하는지 여부

민법 제404조 소정의 채권자대위권은 채권자가 자신의 채권을 보전하기 위하여 채무자의 권리를 자신의 이름으로 행사할 수 있는 권리라 할 것이므로, 채권자가 채무자의 채권자취소권을 대위행사하는 경우, 제소기간은 대위의 목적으로 되는 권리의 채권자인

채무자를 기준으로 하여 그 준수여부를 가려야 할 것이고, 따라서 채권자취소권을 대위행사하는 채권자가 취소원인을 안 지 1년이 지났다 하더라도 채무자가 취소원인을 안 날로부터 1년, 법률행위가 있은 날로부터 5년 내라면 채권자취소의 소를 제기할 수 있다(대판 2001. 12. 27. 2000다73049).

ⅱ) 채권자의 채무자에 대한 패소판결이 확정된 경우 채권자가 채권자대위권을 행사하는 것이 적법한지 여부

채권자가 채무자를 상대로 소유권이전등기절차이행의 소를 제기하여 패소의 확정판결을 받게 되면 채권자를 채무자의 제3자에 대한 권리를 행사하는 채권자대위소송에서 그 확정판결의 기판력으로 말미암아 더 이상 채무자에 대하여 동일한 청구원인으로 소유권이전등기청구를 할 수 없으므로 그러한 권리를 보전하기 위한 채권자대위소송은 그 요건을 갖추지 못하여 부적법하다(대판 2003. 5. 13. 2002다64148).

ⅲ) 채권자가 채무자를 상대로 채권자대위권의 피보전채권에 기한 이행청구의 소를 제기하여 승소판결이 확정된 경우, 제3채무자가 그 청구권의 존재를 다툴 수 있는지 여부

채권자대위권을 재판상 행사하는 경우에 있어서도 채권자인 원고는 그 채권의 존재사실 및 보전의 필요성, 기한의 도래 등을 입증하면 족한 것이지, 채권의 발생원인사실 또는 그 채권이 제3채무자인 피고에게 대항할 수 있는 채권이라는 사실까지 입증할 필요는 없으며, 따라서 채권자가 채무자를 상대로 하여 그 보전되는 청구권에 기한 이행청구의 소를 제기하여 승소판결이 확정되면 제3채무자는 그 청구권의 존재를 다툴 수 없다(대판 2003. 4. 11. 2003다1250).

ⅳ) 채권자대위소송에 있어서 대위에 의하여 보전될 채권이 인정되지 아니할 경우 그 대위소송의 적부

채권자대위소송에 있어서 대위에 의하여 보전될 채권자의 채무자에 대한 권리가 인정되지 아니한 경우에는, 채권자가 스스로 원고가 되어 채무자의 제3채무자에 대한 권리를 행사할 원고로서의 적격이 없게 되는 것이어서 그 대위소송은 부적법하여 각하될 수밖에 없다(대판 1992.7.28. 92다8996 토지소유권이전등기말소등).

ⅴ) 채권자대위소송의 제3채무자는 채무자가 채권자에 대하여 가지는 소멸시효완성 등의 항변으로 채권자에게 대항할 수 있는지 여부

채권자대위권에 기한 청구에서 제3채무자는 채무자가 채권자에 대하여 가지는 항변으로 대항할 수 없을 뿐더러, 채권의 소멸시효가 완성된 경우 이를 원용할 수 있는 자는

시효이익을 직접 받는 자뿐이고 채권자대위소송의 제3채무자는 이를 행사할 수 없다(대판 1993.3.26. 92다25472 소유권이전등기).

vi) 보전의 필요가 인정되지 않는 채권자대위소송의 처리(=소각하) 및 채권자의 채무자에 대한 패소판결이 확정된 경우 채권자가 채권자대위권을 행사할 보전의 필요가 있는지 여부

채무자에 대한 소유권이전등기청구권을 보전하기 위하여 채무자를 대위하여 제3자 명의의 소유권이전등기의 말소를 청구하기 위하여는 우선 채권자의 채무자에 대한 소유권이전등기청구권을 보전할 필요가 인정되어야 할 것이고 그러한 보전의 필요가 인정되지 않는 경우에는 소가 부적법하므로 직권으로 이를 각하하여야 할 것인바, 채권자가 채무자를 상대로 소유권이전등기절차이행의 소를 제기하였으나 패소확정판결을 받았다면 위 판결의 기판력으로 말미암아 채권자로서는 더 이상 소유권이전등기청구를 할 수 없게 되었다 할 것이고, 가사 채권자가 채권자대위소송에서 승소하였다 한들 채권자가 채무자에 대하여 다시 소유권이전등기절차의 이행을 구할 수 있는 것도 아니므로 채권자로서는 채권자대위권을 행사함으로써 위 소유권이전등기청구권을 보전할 필요가 없게 되었다 할 것이다(대판 1993.2.12. 92다25151 토지소유권이전등기말소등기).

vii) 채권자대위 소송에서, 법원이 제3채무자에 대하여 직접 대위 채권자에게 급부를 이행할 것을 명할 수 있는지 여부

채권자대위권을 행사함에 있어서 채권자가 제3채무자에 대하여 자기에게 직접 급부를 요구하여도 상관없는 것이고 자기에게 급부를 요구하여도 어차피 그 효과는 채무자에게 귀속되는 것이므로, 채권자대위권을 행사하여 채권자가 제3채무자에게 그 명의의 소유권보존등기나 소유권이전등기의 말소절차를 직접 자기에게 이행할 것을 청구하여 승소하였다고 하여도 그 효과는 원래의 소유자인 채무자에게 귀속되는 것이니, 법원이 채권자대위권을 행사하는 채권자에게 직접 말소등기 절차를 이행할 것을 명하였다고 하여 무슨 위법이 있다고 할 수 없다(대판 1996. 2. 9. 95다27998 소유권이전등기말소등).

II. 채권자취소권

1. 의 의

채권자취소권이란 채권자가 자기의 채권의 보전을 위하여 필요한 경우에 채무자의 부당한 재산처분행위를 취소하고 그 재산을 채무자의 일반재산으로 원상회복하는 권리이다. 사해행위취소권이라고도 한다. 예를 들면 채무자의 일반재산이 채무자의 전채무보다 부족함에도 불구하고 제3자에게 부동산을 매우 싸게 매도하거나 증여·채무면제 해주는

경우에 채무자가 이런 행위의 취소를 법원에 청구하여 부동산을 되찾거나 채무를 면하지 못하도록 하는 것이다. 채권의 대외적 효력의 하나로서 취소의 목적이 되는 사해행위의 결과 잔존재산만으로는 전채무를 변제하는 것이 부족할 경우에 채권자는 취소권을 행사할 수 있다. 사해행위는 증여·채무부담행위 등이 포함된다. 그러나 신분상의 행위는 포함되지 않는다.

2. 요 건

(1) 채무자가 사해행위를 하였을 것 : 객관적 요건

채권자취소권을 행사하려면 채무자가 채권자를 해하는 재산적 법률행위를 하였어야 한다.

가. 채무자가 법률행위를 하였을 것

채권자 취소의 목적이 되는 것은 오직 '채무자'가 행한 법률행위이다. 따라서 채무자 이외의 자가 '채권자'를 해하는 행위(예 : 채무자를 위하여 자기의 부동산 위에 저당권을 설정할 것을 약정한 자가 그 부동산을 다른 사람에게 양도하는 행위)는 취소하지 못한다.

그러나 보증인은 채무자이기 때문에 위 '채무자'에 포함된다. 판례는 연대보증인이 그의 유일한 재산인 부동산을 매각하여 소비하기 쉬운 금전으로 바꾼 행위를 사해행위로 보았다(대판 1998. 4. 14. 97다54420).

채무자가 행한 법률행위이면 족하고 그 종류는 묻지 않는다.

나. 채무자의 법률행위가 재산권을 목적으로 하는 행위일 것

채무자의 법률행위는 재산권을 목적으로 한 것이어야 한다. 채권자취소권은 채무자의 일반재산의 보전을 목적으로 하는 것이므로, 취소의 객체인 법률행위는 직접 채무자의 일반재산을 구성하는 권리에 관한 것이어야 한다(예 : 매매·증여·대물변제·담보권의 설정 등).

다. 채무자를 해하는 법률행위일 것

1) 의 의

채무자를 해한다 함은, 채무자의 재산행위로 그의 일반재산이 감소하여 채권의 공동담보에 부족이 생기고, 채권자에게 완전한 면제를 할 수 없게 되는 것을 말한다(대판 1962. 1. 15. 61다634). 즉 채무초과 또는 무자력으로 되는 것이 채권자를 해하는 것이다.

채무자가 재산처분행위를 할 당시 그의 적극재산 중 부동산과 채권이 있어 그 재산의 합계가 채무액을 초과한다고 하더라도 그 적극재산을 산정함에 있어서는 다른 특별한 사정이 없는 한 실질적으로 재산적 가치가 없어 채권의 공동담보로서의 역할을 할 수 없는 재산은 이를 제외하여야 할 것이고, 그 재산이 채권인 경우에는 그것이 용이하게 변제를 받을 수 있는 확실성이 있는 것인지 여부를 합리적으로 판정하여 그것이 긍정되는 경우에 한하여 적극재산에 포함시켜야 할 것이며, 압류금지재산은 공동담보가 될 수 없으므로 이를 적극재산에 포함시켜서는 아니된다(대판 2005. 1. 28. 2004다58963).

> **<Q & A>**
> **채무자가 연속하여 수 개의 재산 처분행위를 한 경우 사해행위인지**
>
> Q) 甲은 乙에 대하여 7,000만원의 물품대금채권이 있는데, 乙은 그의 부동산 중 대지와 단독주택(시가 1억원 상당)은 그의 처 丙에게, 아파트(시가 9,000만원 상당)는 그의 아들 丁에게, 임야(시가 6,000만원 상당)는 그의 동생 戊에게 순차적으로 각 증여로 인한 소유권이전등기를 해주었다. 그런데 乙은 甲에 대한 채무 이외에도 금융기관에 4,000만원의 대출금채무가 있다. 이 경우 甲이 위 부동산 중 丙에게 증여된 대지와 단독주택에 대하여 사해행위취소의 소송을 제기할 수 있는가?

A)
1. 문제점

채권자취소권에 관하여「민법」제406조 제1항은 "'채무자가 채권자를 해함을 알고' 재산권을 목적으로 한 법률행위를 한 때에는 채권자는 그 취소 및 원상회복을 법원에 청구할 수 있다. 그러나 그 행위로 인하여 이익을 받은 자나 전득(轉得)한 자가 그 행위 또는 전득 당시에 채권자를 해함을 알지 못하는 경우에는 그러하지 아니하다."라고 규정하고 있다. 그리고 위 규정에 의한 사해행위취소를 할 경우 채무자의 처분행위의 취소의 범위는 취소를 구하는 채권자의 채권의 구제에 필요한 한도 내에서 취소하여야 함이 원칙이다. 그런데 <u>채무자가 연속하여 수 개의 재산처분행위를 한 경우 사해(詐害) 여부의 판단기준</u>이 문제된다.

2. 판례의 태도

이에 관하여 판례는 "채무자의 재산처분행위가 사해행위가 되기 위해서는 그 행위로 말미암아 채무자의 총재산의 감소가 초래되어 채권의 공동담보에 부족이 생기게 되어야 하는 것, 즉 채무자의 소극재산이 적극재산보다 많아져야 하는 것인바, <u>채무자가 연속하여 수 개의 재산처분행위를 한 경우에는, 그 행위들을 하나의 행위로 보아야 할 특별한 사정이 없는 한, 일련의 행위를 일괄하여 그 전체의 사해성 여부를 판단할 것이 아니라, 각 행위마다 그로 인하여 무자력이 초래되었는지 여부에 따라 사해성 여부를 판단하여야 하고</u>, 채무자의 무자력 여부는 <u>사해행위 당시를 기준으로 판단하여야</u> 하는 것이므로 채무자의 적극재산에 포함되는 부동산이 사해행위가 있은 후에 경매절차에서 경락된 경우에 그 부동산의 평가는 경락된 가액을 기준으로 할 것이 아니라 사해행위 당시의 시가를 기준으로 하여야 할 것이며, 부동산에 대하여 정당한 절차에 따라 산출된 감정평가액은 특별한 사정이 없는 한 그 시가를 반영하는 것으로 보아도 좋을 것이다."라고 하였다

(대법원 2001. 4. 27. 선고 2000다69026 판결, 2002. 9. 24. 선고 2002다23857 판결).
3. 결론
따라서 위 사안의 경우 甲이 乙의 丙에 대한 위 대지 및 단독주택의 증여행위가 사해행위라고 하기 위해서는 그 증여 당시 乙의 소극재산이 적극재산을 초과하여 채무초과의 상태가 되어야 하는데, 그 당시에는 채무초과의 상태라고 할 수 없으므로(채무총액 1억 1천만원, 부동산의 평가액 1억 5천만원), 乙의 丁·戊에 대한 부동산처분행위는 별론으로 하고 乙의 丙에 대한 위 대지 및 단독주택의 처분행위는 사해행위라고 하기 어려울 것으로 보인다.

2) 사해성 여부의 판단기준

채무자의 재산처분행위가 사해행위가 되기 위해서는 그 행위로 말미암아 채무자의 총재산의 감소가 초래되어 채권의 공동담보에 부족이 생기게 되어야 하는 것, 즉 채무자의 소극재산이 적극재산보다 많아져야 하는 것인바, 채무자가 연속하여 수개의 재산처분행위를 한 경우에는, 그 행위들을 하나의 행위로 보아야 할 특별한 사정이 없는 한, 일련의 행위를 일괄하여 그 전체의 사해성 여부를 판단할 것이 아니라 각 행위마다 그로 인하여 무자력이 초래되었는지 여부에 따라 사해성 여부를 판단하여야 한다(대판 2002. 9. 24. 2002다23857).

3) 사행행위인지 여부가 문제되는 경우

ⅰ) 채무의 본지에 따른 변제를 하는 경우

채권자가 채무의 변제를 구하는 것은 그의 당연한 권리행사로서 다른 채권자가 존재한다는 이유로 이것이 방해받아서는 아니 되고, 채무자도 채무의 본지에 따라 채무를 이행할 의무를 부담하고 있어 다른 채권자가 있다는 이유로 그 채무이행을 거절하지는 못하므로, 채무자가 채무초과의 상태에서 특정채권자에게 채무의 본지에 따른 변제를 함으로써 다른 채권자의 공동담보가 감소하는 결과가 되는 경우에도 그 변제는 채무자가 특히 일부의 채권자와 통모하여 다른 채권자를 해할 의사를 가지고 변제를 하였는지 여부는 사해행위임을 주장하는 사람이 입증하여야 한다(대판 2005. 3. 25. 2004다10985·10992).

ⅱ) 주택임대차보호법 제8조의 소액보증금 최우선변제권 보호대상이 임차권을 설정해 준 행위

주택임대차보호법 제8조의 소액보증금 최우선변제권은 임차목적 주택에 대하여 저당권에 의하여 담보된 채권, 조세 등에 우선하여 변제받을 수 있는 일종의 법정담보물권을

부여한 것이므로, 채무자가 채무초과상태에서 채무자 소유의 유일한 주택에 대하여 위 법조 소정의 임차권을 설정해 준 행위는 채무초과상태에서의 담보제공행위로서 채무자의 총재산의 감소를 초래하는 행위가 되는 것이고, 다라서 그 임차권설정행위는 사해행위취소의 대상이 된다고 할 것이다(대판 2005. 5. 13. 2003다50771).

iii) 채무초과 상태의 채무자가 자신의 유일한 재산인 부동산을 특정채권자에게 채권담보로 제공하는 행위

이미 채무초과의 상태에 빠져 있는 채무자가 그의 유일한 재산인 부동산을 채권자 중의 어느 한 사람에게 채권담보로 제공하는 행위는 다른 특별한 사정이 없는 한 다른 채권자들에 대한 관계에서 채권자취소권의 대상이 되는 사해행위가 된다고 봄이 상당하고, 이는 이미 채무초과의 상태에 빠져 있는 채무자가 그의 유일한 재산인 채권을 채권자 중의 어느 한 사람에게 채권담보로 제공하는 경우에도 마찬가지이다(대판 2007.2.23. 2006다47301).

iv) 기존채무의 이행으로서 등기를 하는 경우

채권자의 채권을 해한다는 것은 채무자의 재산감소를 목적으로 하는 채무자의 법률행위 자체를 말하는 것으로서, 단지 기존채무의 이행으로서 등기를 하는 경우에 그 채무의 원인이 되는 행위가 취소권을 행사하려는 채권자의 채권보다 앞서 발생한 때에는 특별한 사정이 없는 한 그 등기는 채권자취소권의 대상이 될 수 없는 것이고, 가등기에 기하여 본등기가 경료된 경우 가등기의 원인인 법률행위의 본등기의 원인인 법률행위가 명백히 다른 것이 아닌 한, 사해행위의 요건의 구비 여부는 가등기의 원인된 법률행위 당시를 기준으로 판단하여야 한다(대판 2001. 10. 12. 2001다37095).

v) 이미 채무초과 상태에 있는 채무자가 이혼을 하면서 배우자에게 재산분할로 일정 재산을 양도하는 행위

이혼에 따른 재산분할은 혼인 중 쌍방의 협력으로 형성된 공동재산의 청산이라는 성격에 상대방에 대한 부양적 성격이 가미된 제도임에 비추어, 이미 채무초과 상태에 있는 채무자가 이혼을 하면서 배우자에게 재산분할로 일정한 재산을 양도함으로써 결과적으로 일반 채권자에 대한 공동담보를 감소시키는 결과로 되어도, 그 재산분할이 민법 제839조의2 제2항의 규정 취지에 따른 상당한 정도를 벗어나는 과대한 것이라고 인정할 만한 특별한 사정이 없는 한, 사해행위로서 취소되어야 할 것은 아니고, 다만 상당한 정도를 벗어나는 초과부분에 대하여는 적법한 재산분할이라고 할 수 없기 때문에 이는 사해행위에 해당하여 취소의 대상으로 될 수 있을 것이나, 이 경우에도 취소되는 범위는

그 상당한 정도를 초과하는 부분에 한정하여야 하고, 위와 같이 상당한 정도를 벗어나는 과대한 재산분할이라고 볼 만한 특별한 사정이 있다는 점에 관한 입증책임은 채권자에게 있다(대판 2000. 9. 29. 2000다25569).

vi) 채무초과 상태에 있는 채무자가 상속재산의 분할협의를 하면서 상속재산에 관한 권리를 포기한 경우

채무초과 상태에 있는 채무자가 상속재산의 분할협의를 하면서 상속재산에 관한 권리를 포기함으로써 결과적으로 일반 채권자에 대한 공동담보가 감소되었다 하더라도, 그 재산분할결과가 채무자의 구체적 상속분에 상당하는 정도에 미달하는 과소한 것이라고 인정되지 않는 한 사해행위로서 취소되어야 할 것은 아니고, 구체적 상속분에 상당하는 정도에 미달하는 과소한 경우에도 사해행위로서 취소되는 범위는 그 미달하는 부분에 한정하여야 한다.

또한 채권자와 아무런 채권·채무관계가 없었던 수익자가 채권자취소에 의하여 원상회복의무를 부담하는 것은 형평의 견지에서 법이 특별히 인정한 것이므로, 그 가액배상의 의무는 목적물의 반환이 불가능하거나 현저히 곤란하게 됨으로써 성립하고, 그 외에 그와 같이 불가능하게 된 데에 상대방인 수익자 등의 고의나 과실을 요하는 것은 아니다(대판 2001. 2. 9. 2000다51797).

<Q & A>
공동상속재산의 분할협의가 채권자취소권의 대상이 되는지

Q) 甲은 乙에 대한 5,000만원의 대여금채권을 변제기가 지난 후에도 乙의 집행가능한 재산이 전혀 없어 변제 받지 못하고 있었다. 그런데 최근 乙의 아버지가 사망하여 그 유산이 있는데, 乙은 상속재산분할협의시 乙의 상속지분을 포기하여 공동상속인 丙에게로 위 유산이 모두 상속되었다. 이 경우 甲이 乙의 상속포기행위를 사해행위로서 취소할 수 있는가?

A)

1. 문제점

사해행위취소와 관련하여 「민법」 제406조 제1항은 "채무자가 채권자를 해함을 알고 재산권을 목적으로 한 법률행위를 한 때에는 채권자는 그 취소 및 원상회복을 법원에 청구할 수 있다. 그러나 그 행위로 인하여 이익을 받은 자나 전득(轉得)한 자가 그 행위 또는 전득 당시에 채권자를 해함을 알지 못한 경우에는 그러하지 아니하다."라고 규정하고 있다. 그런데 <u>상속재산의 분할협의가 사해행위취소권행사의 대상이 되는지가 문제</u>된다.

2. 판례의 태도

이에 관하여 판례는 "상속재산의 분할협의는 상속이 개시되어 공동상속인 사이에 잠정적 공유가 된 상속재산에 대하여 그 전부 또는 일부를 각 상속인의 단독소유로 하거나 새로운 공유관계로 이행시킴으로써 상속재산의 귀속을 확정시키는 것으로 그 성질상 재산권을 목적으로 하는 법률행위이므로 사해행위취소권행사의 대상이 될 수 있다."라고 하면서 "공동상속인의 상속분은 그 유류분을 침해하지 않는 한 피상속인이 유언으로 지정한 때에는 그에 의하고 그러한 유언이 없을 때에는 법정상속분에 의하나, 피상속인으로부터 재산의 증여 또는 유증을 받은 자는 그 수증재산이 자기의 상속분에 부족한 한도 내에서만 상속분이 있고(민법 제1008조), 피상속인의 재산의 유지 또는 증가에 특별히 기여하거나 피상속인을 특별히 부양한 공동상속인은 상속 개시 당시의 피상속인의 재산가액에서 그 기여분을 공제한 액을 상속재산으로 보고 지정상속분 또는 법정상속분에 기여분을 가산한 액으로써 그 자의 상속분으로 하므로(민법 제1008조의2 제1항), 지정상속분이나 법정상속분이 곧 공동상속인의 상속분이 되는 것이 아니고 특별수익이나 기여분이 있는 한 그에 의하여 수정된 것이 재산분할의 기준이 되는 구체적 상속분이라 할 수 있다. 따라서 <u>이미 채무초과 상태에 있는 채무자가 상속재산의 분할협의를 하면서 상속재산에 관한 권리를 포기함으로써 결과적으로 일</u>

반 채권자에 대한 공동담보가 감소되었다 하더라도, 그 <u>재산분할결과가 위 구체적 상속분에 상당하는 정도에 미달하는 과소한 것이라고 인정되지 않는 한 사해행위로서 취소되어야 할 것은 아니고, 구체적 상속분에 상당하는 정도에 미달하는 과소한 경우에도 사해행위로서 취소되는 범위는 그 미달하는 부분에 한정하여야 한다.</u> 이때 <u>지정상속분이나 기여분, 특별수익 등의 존부 등 구체적 상속분이 법정상속분과 다르다는 사정은 채무자가 주장·입증</u>하여야 할 것이다."라고 하였다(대법원 2001. 2. 9. 선고 2000다51797 판결).

3. 결론

따라서 위 사안에서도 乙이 상속재산분할협의 시 그의 상속지분을 포기함으로써 그 재산분할의 결과가 그의 구체적 상속분에 미달되는 경우에는 <u>그 미달되는 부분에 한하여</u> 사해행위로서 취소될 수 있을 것이다.

vii) 근저당권이 설정된 부동산을 제3자에게 양도한 경우

근저당권이 설정된 부동산이라 하더라도 그 부동산의 가액에서 근저당권의 피담보채권액을 공제한 잔액의 범위 내에서는 일반채권자들의 공동담보에 공하여져 있으므로, 채무자가 채무가 초과된 상태에서 근저당권이 설정된 자신의 부동산을 제3자에게 양도하고 그 양도대금은 근저당권의 피담보채무를 인수함으로써 그 지급에 갈음하기로 약정한 경우, 채무자로서는 실제로 매매대금을 한푼도 지급받지 아니한 채 일반채권자들의 공동담보에 공하여져 있던 부동산을 부당하게 저렴한 가액으로 제3자에게 양도한 것으로 될 것이어서, 그와 같은 양도행위도 채권자를 해하는 사해행위에 해당된다(대판 1996. 5. 14. 95다50875, 2001. 2. 9. 2000다65536).

(2) 채무자에게 사해의 의사 또는 인식이 있을 것 : 주관적 요건

채권자취소권을 행사하려면 채무자 및 수익자(또는 전득자) 모두에게 사해의 의사 또는 인식이 있어야 한다.

가. 채무자의 사해의사

채무자가 사해행위의 당시에, 그 행위에 의하여 채권자를 해하게 됨을 알고 있어야 한다. 이것을 일반적으로 사해의 의사라고 한다. 이 사해의 의사는 적극적인 의욕이 아니라 소극적인 인식으로써 충분하다.

【쟁점사항】

채무자가 일부의 채권자와 통모하여 다른 채권자를 해할 의사로 변제를 하였는지 여부에 대한 증명책임의 소재 및 그 판단기준

채무자가 특히 일부의 채권자와 통모하여 다른 채권자를 해할 의사를 가지고 변제를 하였는지 여부는 사해행위임을 주장하는 사람이 입증하여야 하며, 이는 수익자의 채무자에 대한 채권이 실제로 존재하는지 여부, 수익자가 채무자로부터 변제를 받은 액수, 채무자와 수익자와의 관계, 채무자의 변제능력 및 이에 대한 수익자의 인식, 변제 전후의 수익자의 행위, 그 당시의 채무자 및 수익자의 사정 및 변제의 경위 등 제반 사정을 종합적으로 참작하여 판단하여야 한다(대판 2005. 3. 25. 선고 2004다10985).

나. 수익자 또는 전득자의 사해의사

채무자의 사해행위에 의하여 이익을 받은 자(수익자) 또는 이 수익자로부터 그 이익을 전득한 자(전득자)도 그 행위 또는 전득 당시에, 채권자를 해하게 됨을 알고 있어야 한다(제406조 1항 단서). 수익자 또는 전득자의 사해의 의사도 사해의 사실에 관한 인식이 있으면 된다. 채무자의 사해의 의사가 증명되면 수익자의 악의는 일응 추정을 받으며, 이에 대한 반증의 입증책임은 수익자에게 있다(대판 1969. 1. 28. 68다2022).

3. 보전될 수 있는 채권자의 채권의 범위

(1) 사해행위 이전에 발생하고 있는 채권

취소채권자의 채권은 사해행위 이전에 발생한 것이어야 한다.

사해행위로 인하여 사해행위 이후에 권리를 취득한 채권자를 해친다고 할 수 없으므로 취소채권자의 채권은 사해행위가 있기 이전에 발생하고 있어야 함은 채권자취소권의 성질상 당연한 요건이다(대판 1995. 2. 10. 94다2534).

채권자가 채권자취소권을 행사할 때에는 원칙적으로 자신의 채권액을 초과하여 취소권을 행사할 수 없고, 이때 채권자의 채권액에는 사해행위 이후 사실심 변론종결시까지 발생한 이자나 지연손해금이 포함된다(대판 2003. 7. 11. 2003다19572).

[쟁점사항]

<사해행위 당시 아직 성립되지 않은 채권은 채권자취소권의 피보전채권이 될 수 없는지 여부>

채권자취소권에 의하여 보호될 수 있는 채권은 원칙적으로 채무자가 채권자를 해함을 알고 재산권을 목적으로 한 법률행위를 하기 전에 발생된 것이어야 하지만, 그 법률행위 당시에 이미 채권 성립의 기초가 되는 법률관계가 성립되어 있고, 가까운 장래에 그 법률관계에 기하여 채권이 발생하리라는 점 대한 고도의 개연성이 있으며, 실제로 가까운 장래에 그 개연성이 현실화되어 채권이 발생한 경우에는, 그 채권도 채권자취소권의 피보전채권이 될 수 있다(대판 2002. 11. 26. 2000다64038).

(2) 금전채권

채권자취소권 행사의 효과는 모든 채권자의 이익을 위하여 그 효력이 있는 것이므로(제407조), 취소채권자의 채권은 금전채권이어야 한다.

(3) 관련문제

ⅰ) 특정물채권을 보전하기 위하여 채권자취소권을 행사할 수 있는지 여부

채권자취소권은 채무자가 채권자를 해함을 알면서 자기의 일반재산을 감소시키는 행위를 한 경우에 그 행위를 취소하여 채무자의 재산을 원상회복시킴으로써 모든 채권자를 위하여 채무자의 책임재산을 보전하는 권리로서, 특정물 채권을 보전하기 위하여 행사하는 것은 허용되지 않는다(대판 1995. 2. 10. 94다2534).

ⅱ) 특정물에 대한 소유권이전등기청구권을 보전하기 위하여 채권자취소권을 위하여 채권자취소권을 행사할 수 있는지 여부

채권자취소권을 특정물에 대한 소유권이전등기청구권을 보전하기 위하여 행사하는 것은 허용되지 않으므로, 부동산의 제1양수인은 자신의 소유권이전등기청구권 보전을 위하여 양도인과 제3자 사이에서 이루어진 이중양도행위에 대하여 채권자취소권을 행사할 수 없다(대판 1999. 4. 27. 98다56690).

4. 채권자취소권의 행사

(1) 행사방법

가. 채권자의 이름으로 행사

채권자취소권은 채권자가 채권자라는 자격에서, 다시 말하면 채권자 자신의 이름으로 재판상 행사하여야 한다. 채권자대위권에서와 같이 채무자에 갈음하여 행사하지 못한다.

그것은 채무자의 사해행위를 취소하고 원상회복을 청구하는 방식으로 한다.

나. 재판상 행사

채권자취소권은 반드시 재판상으로 행사하여야 한다(제406조). 따라서 사해행위취소를 청구하지 않고 다만 항변만으로 주장할 수는 없다(대판 1978. 6. 13. 78다404).

1) 제소기간

소는 채권자가 취소의 원인을 안 날로부터 1년, 법률행위가 있은 날로부터 5년 내에 제기하여야 한다(제406조 2항). 이 기간은 제척기간이다. 이 기간이 경과된 이후에 제기된 채권자취소의 소는 부적법한 것으로 각하하여야 한다(대판 1996. 5. 14. 95다50875).

채권자취소권 행사에 있어서 제척기간의 기산점인 채권자가 '취소원인을 안 날'이라 함은 채권자가 채권자취소권의 요건을 안 날, 즉 채무자가 채권자를 해함을 알면서 사해행위를 하였다는 사실을 알게 된 날을 의미한다고 할 것이므로, 단순히 채무자가 재산의 처분행위를 하였다는 사실을 아는 것만으로는 부족하고, 그 법률행위가 채권자를 해하는 행위라는 것 즉, 그에 의하여 채권의 공동담보에 부족이 생기거나 이미 부족상태에 있는 공동담보가 한층 더 부족하게 되어 채권을 완전하게 만족시킬 수 없게 되었으며 나아가 채무자에게 사해의 의사가 있었다는 사실까지 알 것을 요한다(대판 2003. 12. 12. 2003다40286).

2) 관련문제

ⅰ) 채권자취소권 행사에 있어 채권자가 취소원인을 알았다고 인정하기 위하여는 채무자에게 사해의사가 있었다는 사실도 알아야 하는지 여부(적극) 및 나아가 수익자나 전득자의 악의까지 알아야 하는지 여부

채권자취소권 행사에 있어 채권자가 취소원인을 알았다고 하기 위하여서는 단순히 채무자가 재산의 처분행위를 하였다는 사실을 아는 것만으로는 부족하고 구체적인 사해행위의 존재를 알고 나아가 채무자에게 사해의 의사가 있었다는 사실까지 알 것을 요하나, 나아가 채권자가 수익자나 전득자의 악의까지 알아야 하는 것은 아니다(대판 2005. 6. 9. 2004다17535).

ⅱ) 채권자취소의 소에서 채권자가 취소원인을 안다고 하는 것의 의미 및 채권자가 채무자 소유의 부동산에 대한 가압류신청시 등기부등본에 수익자 명의의 근저당권설정등기가 경료되어 있었다는 사실만으로 채권자가 가압류신청 당시 취소원인을 알았다고 인정할 수 있는지 여부

채권자취소의 소에서 채권자가 취소원인을 안다고 하는 것은 단순히 채무자의 법률행위가 있었다는 사실을 아는 것만으로는 부족하고, 그 법률행위가 채권자를 해하는 행위라는 것까지 알아야 하므로, 채권자가 채무자의 유일한 재산에 대하여 가등기가 경료된 사실을 알고 채무자의 재산상태를 조사한 결과 다른 재산이 없음을 확인한 후 채무자의 재산에 대하여 가압류를 한 경우에는 채권자는 그 가압류 무렵에는 채무자가 채권자를 해함을 알면서 사해행위를 한 사실을 알았다고 봄이 상당하지만, 채권자가 채무자 소유의 부동산에 대한 가압류신청시 첨부한 등기부등본에 수익자 명의의 근저당권설정등기가 경료되어 있었다는 사실만으로는 채권자가 가압류신청 당시 취소원인을 알았다고 인정할 수 없다(대판 2001. 2. 27. 2000다44348).

다. 취소의 상대방

채권자가 채권자취소권을 행사하려면 사해행위로 인하여 이익을 받은 자나 전득한 자를 상대로 그 법률행위의 취소를 청구하는 소송을 제기하여야 되는 것으로서 채무자를 상대로 그 소송을 제기할 수는 없다.

채권자가 전득자를 상대로 하여 사해행위의 취소와 함께 책임재산의 회복을 구하는 사해행위취소의 소를 제기한 경우에 그 취소의 효과는 채권자와 전득자 사이의 상대적인 관계에서만 생기는 것이고 채무자 또는 채무자와 수익자 사이의 법률관계에는 미치지 않는 것이므로, 이 경우 취소의 대상이 되는 사해행위는 채무자와 수익자 사이에서 행하여진 법률행위에 국한되고, 수익자와 전득자 사이의 법률행위는 취소의 대상이 되지 않는다(대판 2004. 8. 30. 2004다21923).

(2) 행사의 범위

가. 취소의 범위

사해행위 취소의 범위는 취소채권자의 채권액을 기준으로 한다. 다만 다른 채권자가 배당요구를 할 것이 명백하거나 목적물이 불가분인 경우에는 그 채권액을 넘어서도 취소를 구할 수 있다(대판 1997. 9. 9. 97다10864).

채권자취소권은 사해행위로 생긴 채무자의 일반재산의 감소를 막고 채권의 만족을 얻는 것을 목적으로 하는 것이므로 그 취소의 범위도 그러한 목적에 필요한 한도를 넘지 못하도록 한 것이다.

나. 반환청구의 목적물

사해행위를 취소하고 목적물의 반환(원상회복)을 청구하여야 하는 것이 원칙이나 가액배상을 청구하여야 하는 경우도 있다.

5. 채권자취소권 행사의 효과

(1) 채권자에 대한 효과

채권자취소권 행사의 효과는 모든 채권자의 이익을 위하여 그 효력이 있다(민법 제407조).

즉 회복된 재산 또는 그에 갈음한 손해배상은 채무자의 일반재산이 되고, 책임재산의 증가라는 결과를 가져오므로 총채권자를 위하여 공동담보가 된다.

총채권자는 이것으로부터 평등한 비율로써 변제를 청구할 수 있게 되고, 취소권을 행사한 채권자가 그것으로부터 우선변제를 받는 권리를 취득하는 것은 아니다.

따라서 취소권자는 취소권에 의하여 회복된 재산권에 대하여 다시 강제집행의 절차를 밟지 않으면 그것을 자기의 채권의 변제에 충당할 수 없는 것이다.

판례는 사해행위의 목적물이 동산이고 그 현물반환이 가능한 경우에는 취소채권자는 직접 자기에게 그 목적물의 반환을 청구할 수 있다고 하였다(대판 1999. 8. 24. 99다23468·23475).

(2) 채무자 등에 대한 효과

취소의 효과는 상대적이다. 즉 취소판결의 기판력은 소송에 참가하지 않은 채무자에게 미치지 않고, 또한 채무자와 수익자, 수익자와 전득자 사이의 법률관계에는 아무런 영향이 없다.

따라서 채권자취소권의 행사에 의하여, 채무자 명의로 회복된 재산은 채권자가 강제집행을 하기 위한 형식상의 수단에 불과하고 그로 인해서 채무자가 권리를 취득하는 것이 아니며, 강제집행을 하고 남은 것이 있는 경우에는 수익자(또는 전득자)에게 반환되어야 한다.

6. 채권자취소권의 소멸

(1) 제척기간

채권자취소권은 '채권자가 취소원인을 안 날로부터 1년, 법률행위가 있은 날부터 5년 내에' 행사하여야 한다(민법 제406조 2항).

채권자취소권은 법률행위의 성립요건에 하자가 있어서가 아니라 일단 유효하게 성립한 법률행위를 공동담보의 보전을 위하여 취소하는 것이므로, 제3자에게 영향을 미치기 때문에, 단기 기간을 두어 법률관계를 빨리 확정하려는 취지이다.

위 1년, 5년의 기간은 시효기간이 아니라, 제척기간(법률에서 획일적으로 정한 권리의 행사기간)이다. 그 기산점이 되는 '채권자가 취소원인을 안 날'이란 채무자 채권자를 해하게 됨을 알면서 법률행위를 한 사실을 채권자가 안 때를 뜻한다(대판 1989. 9. 12. 88다카 26475).

(2) 책임재산 보전필요성의 사정변경 증명

한편, 처분행위 당시에는 채권자를 해하는 것이었다고 하더라도 그 후 채무자가 자력을 회복하여 사해행위취소권을 행사하는 사실심의 변론종결시에는 채권자를 해하지 않게 된 경우에는 책임재산 보전의 필요성이 없어지게 되어 채권자취소권이 소멸하는 것으로 보아야 할 것인바, 그러한 사정변경이 있다는 사실은 채권자취소소송의 상대방이 증명하여야 한다(대판 2007. 11. 29. 2007다54849).

【사해행위 취소 청구의 소(유일한 부동산을 매도하고 소유권이전등기를 경료한 경우)】

소 장

원　　고　○ ○ ○ (주민등록번호 :　　　　　)
　　　　　　○○시 ○○구 ○○동 ○○번지
　　　　　　전화(휴대폰) 번호(02)530-1111, (017)2217-1111
　　　　　　팩스번호(02)3480-1111, e-mail 주소 :
　　　　　　우편번호 : ○○○-○○○
　　　　　　위 원고 소송대리인 변호사 ○ ○ ○
피　　고　○○ 주식회사
　　　　　　위 대표이사 ○ ○ ○
　　　　　　영업소 주소 : ○○시 ○○구 ○○동 ○○번지
　　　　　　전화(휴대폰) 번호(02)530-1111, (017)2217-1111
　　　　　　팩스번호(02)3480-1111, e-mail 주소 :
　　　　　　우편번호 : ○○○-○○○

사해행위 취소, 소유권이전등기 말소등기절차이행 청구의 소
소송물가액 금 ○○○원
첩용인지액 금 ○○○원

청 구 취 지

1. 피고가 20○○.○.○. 매매에 의하여 소외 "병" 주식회사로부터 별지목록 기재의 부동산을 양수한 행위는 이를 취소한다.
2. 피고는 원고에 대하여 위 부동산에 관하여 ○○지방법원 ○○등기소 20○○.○.○. 접수 제○○호로서 경료한 20○○.○.○.자 매매에 의한 소유권이전등기의 말소등기절차를 이행하라.
3. 소송비용은 피고의 부담으로 한다.
라는 판결을 구합니다.

청 구 원 인

1. (원고의 채권)

    원고는 20○○.○.○. 소외 "병" 주식회사에 대하여 그 시설자금으로서 금 ○○만원을 변제일 20○○.○.○. 지연손해금 일변 ○○원으로 정하여 대여하였다. 그런데 위 회사는 같은 해 ○월 ○일 위 대금의 원금 중 일부변제로서 금 ○○만원을 변제하였을 뿐이고, 그 나머지 원금과 지연손해금의 지급을 하지 아니하고 있으므로 위 대금채권은 20○○.○.○. 현재 원금 ○○만원, 원금 ○○만원에 대한 20○○.○.○.부터 동년 ○월 ○일까지의 일변 ○○원의 비율에 의한 지연손해금 ○○○원, 원금 ○○만원에 대한 20○○.○.○.부터 같은 해 ○월 ○일까지의 위와 같은 비율에 의한 지연손해금 ○○○원, 합계 금 ○○○원에 달하였습니다.

2. (피고 등의 사해행위)

    그런데 위 회사는 원고로부터 위 금 ○○만원을 차용한 무렵부터 경영실적이 점차 부진하여서 자산마저 감소하여 같은 해 ○월경에는 별지목록 기재(생략)의 부동산만이 위 회사의 유일한 재산으로 남아 있을 뿐이었다. 따라서 위 부동산을 타에 양도한다면 원고의 위 채권확보를 불가능하게 한다는 사실을 명백히 알고 있음에도 불구하고 위 회사는 같은 해 ○월 ○일 위 부동산을 함부로 피고에게 매도하고, 피고는 이를 같은 달 ○일 ○○지방법원 ○○등기소 접수 제○○호로써 위 매매를 원인으로 한 소유권이전등기를 필하였습니다.

    피고 회사는 "병"주식회사와 동일한 장소에 있고, 또 피고 회사의 대표이사가 위 회사의 대표이사를 겸임하고 있으므로, 피고는 전술한 사정을 알고 있으면서도 원고의 위 채권을 면탈할 목적으로 위 부동산을 양수한 악의의 수익자입니다.

    원고의 "병"주식회사에 대한 위 채권액은 금 ○○만원이고 위 부동산의 현 담보가치는 약 ○○만원 정도로 평가되는데, 위 부동산은 전체가 하나의 공장을 이루고 있으므로 이를 분할하면 그 가치가 현저히 저하될 염려가 있기 때문에 위 채권을 보전하기 위하여는 위 부동산 양도행위 전체를 취소할 필요가 있습니다.

3. 그러므로 사해행위 취소권에 기하여 원·피고간에 있어서, 위 "병"회사와 피고간의 위 매매의 취소 및 피고에 대하여 위 소유권이전등기의 말소를 구하고자 본 소에 이른 것입니다.

입 증 방 법

1. 금전소비대차계약 공정증서 등본
1. 부동산등기부 등본
1. 상업등기부 등본
1. 재산세 납부필증
1. 기타 변론시 수시 제출코자 한다.

첨 부 서 류

1. 위 입증서류   각 1통
1. 위 임 장   1통

20○○. ○. ○.

위 원고 소송대리인
변호사 ○ ○ ○ ㊞

○○ 지방법원 귀중

주 1. 채권자취소권은 재판상 행사만 가능하다.
   2. 채권은 사해행위 전에 발생하여야 한다. 따라서 부동산 이중매매로 인한 손해배상청구권에 기해 이중매매 자체를 취소하지 못한다.
   3. 사해행위 당시와 사실심변론종결시 모두 무자력이어야 한다.
   4. 수익자 또는 전득자만을 상대로 하고 채무자는 피고에 포함시키지 못한다.

【사해행위 취소 청구의 소(가장 매매계약 체결에 기한)】

소　　　장

원　　고　　○○협동조합중앙회
　　　　　　○○시 ○○구 ○○동 ○○번지
　　　　　　대표자 회장 ○ ○ ○
　　　　　　법률상 대리인 ○ ○ ○
　　　　　　전화(휴대폰) 번호(02)530-1111, (017)2217-1111
　　　　　　팩스번호(02)3480-1111, e-mail 주소 :
　　　　　　우편번호 : ○○○-○○○

피　　고　　차 ○ ○ (주민등록번호 :　　　　　　　)
　　　　　　○○도 ○○군 ○○면 ○○리 ○○번지
　　　　　　전화(휴대폰) 번호(02)530-1111, (017)2217-1111
　　　　　　팩스번호(02)3480-1111, e-mail 주소 :
　　　　　　우편번호 : ○○○-○○○

사해행위 취소 청구의 소

청 구 취 지

1. 별지목록 기재 부동산 중 소외 차 ○○ 지분 6분의 1에 관한 20○○.○.○.자 위 차○○과 피고간의 매매계약은 이를 취소한다.
2. 피고는 원고에 대하여 위 부동산 중 위 차○○ 지분 6분의 1에 관하여 ○○지방법원 ○○등기소 20○○.○.○. 접수 제24372호로 경료한 소유권이전등기 청구보전의 가등기 말소 등기절차를 이행하라.
3. 소송비용은 피고의 부담으로 한다.
라는 판결을 구합니다.

청 구 원 인

1. 원고는 소외 차○○에게 20○○.○.○. 금 ○○○원을 이자 및 지연 손해금율은 연 10.5% 및 연 19%로, 상환기일은 20○○.○.○.로 정하여 대여하였는 바, 그런데 위 차○○은 약정상환기일이 경과하였음에도 20○○.○.○.까지의 이자와 원금 중 금 ○○○원만 변제하였을 뿐 나머지 대여원리금의 지급을 연체하므로 원고는 동 나머지 대여원금 및 이에 대한 20○○.○.○.부터의 이자 및 약정지연손해금을 지급받고자 위 차○○을 상대로 ○○지방법원 86차 3478호로 지급명령을 신청하여 위 같은 법원으로부터 가집행선고부 지급명령이 있었고 동 지급명령은 이미 확정되었습니다.
2. 이에 원고는 위 확정지급 명령에 기하여 위 차○○의 유일한 재산인 별지목록 기재 부동산 중 6분의 1 소유지분(이하 이 사건 부동산이라 합니다)에 강제집행을 면탈할 목적으로 채권자인 원고를 해함을 알면서도 피고와 통모하여 이 사건 부동산에 관하여 20○○.○.○. 허위의 가장 매매예약을 체결하고 이를 원인으로 청구취지 제2항 기재와 같은 가등기를 경료하고, 한편 피고는 위와 같은 가장매매예약의 체결 및 가등기 경료가 원고를 비롯한 위 차○○의 채권자들을 해한다는 사정을 잘 알면서도 위 차○○과 통모하여 위와 같이 이 사건 부동산에 채권자를 해하는 원인무효의 가등기를 경료받았습니다.
3. 따라서 원고는 위 차○○의 채권자로서 채권자를 해할 목적으로 위 차○○과 피고간에 통모가장하여 허위로 체결된 20○○.○.○.자 매매계약의 취소를 구하는 한편 피고 앞으로 원인없이 경료되어 있는 위 가등기의 말소를 구하고자 이 사건 소를 제기하기에 이르렀습니다.

입 증 방 법

1. 갑 제1호증   부동산등기부등본
1. 갑 제2호증의 1   지급명령
1. 갑 제2호증의 2   송달증명원
1. 갑 제2호증의 3   확정증명원
1. 갑 제3호증   확인서

첨 부 서 류

1. 위 각 갑호증　　　　　　　　　　　　　　　　　1통
1. 소장부본　　　　　　　　　　　　　　　　　　　1통
1. ○○협동조합중앙회 등기부등본　　　　　　　　1통
1. 대리인 등기부 등본　　　　　　　　　　　　　　1통
1. 임야대장 등본　　　　　　　　　　　　　　　　1통

　　　　　　　　　　　　　　20○○. ○. ○.

　　　　　　　　　　　　　위 원고　　　○○협동조합중앙회
　　　　　　　　　　　　　법률상 대리인　○　○　○　㊞

○○ 지방법원 귀중

주 1. 채권자취소권에 있어서의 채무자 사해행위의 취소는 절대적인 취소가 아니라 악의의 수익자 또는 악의의 전득자에 대한 관계에 있어서만 상대적으로 취소하는 것이므로 위 취소청구권은 악의의 수익자 또는 악의의 전득자에 대하여만 있는 것이고, 채무자에 대하여서는 행사할 수 있다 할 것이므로 채무자를 상대로 취소청구는 할 수 없다.
2. 채무자가 사해행위에 의한 채권자취소권은 채무자가 채권자를 해함을 알고 재산권을 목적으로 한 법률행위를 하였을 때에 채권자가 그 취소 및 원상회복을 법원에 청구함을 말하는 것이므로 채무자가 법률행위를 할 당시에 그 행위로 인하여 해할지도 모르는 채권자의 채권이 이미 존재하고 있어야 함은 채권자 취소권의 성질상 당연한 요건이라 할 것이다.

【사해행위 취소 청구의 소(가장 매매계약 체결에 기한)】

소　　장

원　　고　　주식회사 ○○은행
　　　　　　○○시 ○○구 ○○동 ○○번지
　　　　　　대표이사 ○ ○ ○
　　　　　　소송대리인 변호사 ○ ○ ○
　　　　　　○○시 ○○구 ○○로 ○가 ○○번지
　　　　　　전화(휴대폰) 번호(02)530-1111, (017)2217-1111
　　　　　　팩스번호(02)3480-1111, e-mail 주소 :
　　　　　　우편번호 : ○○○-○○○
피　　고　　백 ○ ○ (주민등록번호 :　　　　　　　)
　　　　　　○○시 ○○구 ○○동 ○○번지 ○○아파트 ○동 ○○호
　　　　　　전화(휴대폰) 번호(02)530-1111, (017)2217-1111
　　　　　　팩스번호(02)3480-1111, e-mail 주소 :
　　　　　　우편번호 : ○○○-○○○

사해행위 취소 청구의 소

청 구 취 지

1. 피고와 소외 백○○사이에 별지목록 기재 부동산에 관하여 20○○.○.○ 체결된 매매계약을 취소한다.
2. 피고는 소외 백○○에게 위 부동산에 관하여 ○○지방법원 ○○등기소 20○○.○.○ 접수 제○○○호로 마친 소유권이전등기의 말소등기절차를 이행하라.
3. 소송비용은 피고의 부담으로 한다.
라는 판결을 구합니다.

청 구 원 인

1. 원고는 20○○.○.○ 소외 ○○모방주식회사(이하 "소외회사"라 합니다)와 지급보증한도 및 여신한도를 미화 ○○○달러로 거래기간을 20○○.○.○까지 정하여 지급보증거래약정, 여신한도거래약정 및 수입거래 약정을 체결하였고 소외 백○○은 20○○.○.○ 위 각 약정에 따라 발생하는 소외회사의 채무에 대하여 연대근보증을 하였습니다.
2. 원고는 20○○.○.○ 위 각 약정에 따라 소외회사가 부담하는 물품수입 대금 미화 ○○○달러를 지급하였고 이에 따라 소외회사와 위 박○○은 원고에게 위 대금지급금의 원화환산액인 금 ○○○원을 상환할 의무를 부담하게 되었으며, 한편 소외회사는 20○○.○.○ 당좌부도가 발생하였습니다.
3. 그런데 위 백○○은 20○○.○.○ 그 소유의 별지목록 기재 부동산을 피고에게 매도하고 이를 원인으로 하여 같은 달 25일 피고 명의의 소유권이전등기 절차를 마쳤습니다.
4. 위 백○○은 위 부동산 이외에는 아무런 재산이 없던 자이고 피고는 위 백○○의 친동생인 자인 바, 위 백○○과 피고는 소외회사에 부도가 발생할 조짐이 보이자 원고를 해함을 알면서 통모하여 허위로 위 부동산의 매매계약을 체결하고 이를 원인으로 하여 피고 명의의 소유권이전등기를 마친 것입니다.
5. 그러므로 원고는 위 백○○의 채권자로서, 원고에 대한 사해행위인 위 매매계약에 의한 수익자인 피고에 대하여, 위 매매계약의 취소와 위 매매계약을 원인으로 마친 피고 명의의 소유권이전등기의 말소등기절차의 이행을 구하기 위하여 이 사건 청구에 이르게 된 것입니다.

입 증 방 법

1. 갑 제1호증　　　　　　　　　　　　　　지급보증거래약정서
1. 갑 제2호증　　　　　　　　　　　　　　여신한도거래약정서
1. 갑 제3호증　　　　　　　　　　　　　　수입거래약정서
1. 갑 제4호증　　　　　　　　　　　　　　근보증서
1. 갑 제5호증　　　　　　　　　　　　　　여신거래기본약관
1. 갑 제6호증　　　　　　　　　　　　　　등기부등본
1. 갑 제7호증　　　　　　　　　　　　　　호적등본
1. 갑 제8호증　　　　　　　　　　　　　　당좌거래정지 통지서
1. 그 밖의 입증방법은 추후 제출하겠습니다.

첨 부 서 류

1. 위 갑호증   각 1통
1. 소장부본   1통
1. 토지대장 등본   1통
1. 건축물 관리대장   1통
1. 법인등기부 등본   1통
1. 위임장, 납부서   각 1통

                        20○○. ○. ○.

                                위 원고   ○○협동조합중앙회
                                법률상 대리인 ○ ○ ○   ㊞

○○ 지방법원 귀중

주 1. 채무자의 재산이 전채권을 변제하기에 부족한 경우, 채무자가 그의 유일한 재산인 부동산을 어느 특정채권자를 선택하여 대물변제한 행위는 다른 채권자들에 대한 관계에서는 사해행위에 해당한다.
2. 채권자취소권의 행사로 수익자로부터 회복된 재산은 채무자의 일반재산으로서 총채권자를 위하여 공동담보가 되는 것에 불과하고 취소채권자가 그것으로부터 우선변제를 받는 것은 아니므로 취소채권자가 회복된 재산으로부터 자기 채권의 변제를 받기 위하여는 채무명의에 기하여 그 재산에 대한 강제집행의 절차를 받아야 하고 이때에 수익자가 채무자에 대하여 채권이 있다면 그 배당에 가입할 수 있을 뿐이어서 이러한 절차에 의하지 아니한 채 수익자가 원상회복에 갈음하여 부담하는 배상책임액에서 채권자에 대한 총채권액 중 수익자의 채권액의 비율에 따른 부분의 공제를 주장할 수 없다.

【사해행위 취소 청구의 소(허위채권을 가장하여 소유권이전등기가 경료된 경우)】

소　　장

원　　고　　주식회사 ○○토건
　　　　　　○○시 ○○구 ○○동 ○○번지
　　　　　　대표이사 ○ ○ ○
　　　　　　소송대리인 변호사 ○ ○ ○
　　　　　　○○시 ○○구 ○○로 ○가 ○○번지
　　　　　　전화(휴대폰) 번호(02)530-1111, (017)2217-1111
　　　　　　팩스번호(02)3480-1111, e-mail 주소 :
　　　　　　우편번호 : ○○○-○○○

피　　고　　○ ○ ○ (주민등록번호 :　　　　　　　　)
　　　　　　○○시 ○○구 ○○동 ○○번지 ○○아파트 ○동 ○○호
　　　　　　전화(휴대폰) 번호(02)530-1111, (017)2217-1111
　　　　　　팩스번호(02)3480-1111, e-mail 주소 :
　　　　　　우편번호 : ○○○-○○○

사해행위 취소 청구의 소

청 구 취 지

1. 피고와 소외 ○○○간의 별지목록 기재 부동산에 관하여 20○○.○.○자 매매예약을 취소한다.
2. 원고에 대하여 피고는 별지목록 기재 부동산에 관하여, ○○지방법원 ○○등기소 20○○.○.○ 접수 제○○호로 경료한 20○○.○.○ 매매예약을 원인으로 한 소유권이전청구권 가등기의 말소등기절차를 이행하라.
3. 소송비용은 피고의 부담으로 한다.
라는 판결을 구합니다.

청 구 원 인

1. 소외 ○○○은 20○○.○.○ 원고로부터 금 ○○○원을 이자는 월 2푼, 변제기는 20○○.○.○로 하여 차용한 자인데, 그 변제기에 위 차용원리금을 변제하지 못하자, 원고에 의한 강제집행을 면하기 위하여 자신의 유일한 자산인 별지목록 기재 부동산에 관하여 사촌인 피고 ○○○과 통모하여, 허위 채권을 가장하여 20○○.○.○자 매매예약을 원인으로 ○○지방법원 ○○등기소 20○○.○.○ 접수 제1317호로서 소유권이전청구권 가등기를 경료하여 주었습니다.
2. 그렇다면 위 매매예약은 허위통모의 법률행위로서 원고에 대한 사해행위임을 면치 못하는 것인 한편, 피고는 그 사해의사로 그에 적극 가공한 것이므로 원고는 위 매매예약의 취소를 구하는 것이고, 나아가 피고는 위 가등기의 말소등기절차를 이행할 의무가 있는 것이므로 원고는 청구취지와 같은 판결을 구하기 위하여 이 사건 제소에 이른 것입니다.

입 증 방 법

1. 갑 제1호증   등기부등본
1. 갑 제2호증   토지대장
1. 갑 제3호증   건축물관리대장
1. 갑 제4호증   차용증

첨 부 서 류

1. 위 각 입증방법   1통
1. 소송위임장   1통
1. 납부서   1통
1. 토지가격확인원   1통

20○○. ○. ○.

위 원고   ○○협동조합중앙회
법률상 대리인 ○ ○ ○ ㊞

○○ 지방법원 귀중

주 채권자취소권에 의하여 보호될 수 있는 채권은 원칙적으로 사해행위라 볼 수 있는 행위가 행하여지기 전에 발생된 것임을 요하지만, 그 사해행위 당시에 이미 채권성립의 기초가 되는 법률관계가 발생되어 있고, 가까운 상태에 그 법률관계에 기하여 채권이 성립되리라는 점에 대한 고도의 개연성이 있으며, 실제로 가까운 장래에 그 개연성이 현실화되어 채권이 성립된 경우에는 그 채권도 채권자취소의 피보전채권이 될 수 있다.

【사해행위 취소 청구의 소(실용실안권, 상표권에 대한)】

소 장

원 고 ○ ○ ○ (주민등록번호 :   )
        ○○시 ○○구 ○○동 ○○번지
        전화(휴대폰) 번호(02)530-1111, (017)2217-1111
        팩스번호(02)3480-1111, e-mail 주소 :
        우편번호 : ○○○-○○○

피 고 ○ ○ ○ (주민등록번호 :   )
        ○○시 ○○구 ○○동 ○○번지
        전화(휴대폰) 번호(02)530-1111, (017)2217-1111
        팩스번호(02)3480-1111, e-mail 주소 :
        우편번호 : ○○○-○○○

피 고 ○○주식회사
        위 대표이사 ○ ○ ○
        ○○시 ○○구 ○○동 ○○번지
        전화(휴대폰) 번호(02)530-1111, (017)2217-1111
        팩스번호(02)3480-1111, e-mail 주소 :
        우편번호 : ○○○-○○○

사해행위 취소 등 청구의 소

청 구 취 지

원고에 대하여
1. 피고 ○○○는 별지 제1목록의 실용신안권에 관하여 사해행위 취소를 원인으로 한 이전등록절차를 이행하라.
2. 피고 ○○주식회사는 별지 제2목록 상표권에 관하여 사해행위 취소를 원인으로 한 이전등록절차를 이행하라.
3. 소송비용은 피고의 부담으로 한다.
라는 판결을 구합니다.

청 구 원 인

1. 원고는 ○○시 ○○구 ○○동 ○○번지 소외 ××주식회사에 대하여 20○○.○.○ 현재 ○억원이 넘는 약속어음금 채권을 가지고 있으며 위 소외회사는 적외선 기기제조 및 수출판매와 가정용 건강기기 제조 및 수출판매 등을 목적으로 20○○.○.○ 설립된 회사이며 별지 제1목록의 실용신안권을 취득하고자 특허청에 20○○.○.○ 출원을 한 후 출원권을 피고 ○○○에게 20○○.○.○ 양도함으로써 같은 날 같은 피고 앞으로 조정케 하여 20○○.○.○자로 같은 피고 명의로 별지 제1목록 실용신안권에 관한 등록을 하여 준 사실이 있으며 또 별지 제2목록 상표권에 관하여 위 소외회사가 20○○.○.○ 1번으로 등록한 바 있었는데, 20○○.○.○ 위 상표권을 피고 ○○주식회사에 양도하여 20○○.○.○ 위 피고회사에 이전등록을 하여 준 사실이 있습니다.
2. 그런데 위 소외 ××주식회사는 적외선 기기제조 및 수출과 가정용기기 제조 및 수출을 함을 목적으로 하는 회사이기는 하나 그가 보유하였던 별지 제1목록 실용신안에 관한 출원권과 별지 제2목록 상표권 외에는 이렇다 할 재산을 소유하고 있지 않고 있어서 소외회사가 별지목록 기재 재산은 위 소외회사의 총재산에 해당되어 원고가 제공담보가 되어 있는 것임에도 불구하고 원고의 채무자인 소외회사는 별지목록 재산을 피고 등에게 각 양도하는 것은 채권자인 원고를 해하는 행위인 것을 잘 알고 있으면서도 차분하였고 위 소외회사는 무자격이 되어 채권자인 원고는 한푼도 변제받지 못하는 상태가 되는 것을 익히 알면서도 위 재산권을 취득한 자이므로 이에 원고는 채권자취소권에 기하여 청구취지와 같은 판결을 구하기 위하여 본 소에 이르렀습니다.

입 증 방 법

변론시 제출하겠음.

첨 부 서 류

1. 등기부등본 (○○주식회사)   1통
2. 등기부등본 (××주식회사)   1통
3. 실용신안등록원부등본   1통
4. 상표등록원부   1통

                        20○○. ○. ○.

                                         위 원고   ○ ○ ○   ㉠

○○ 지방법원 귀중

주 1. 채권자취소권은 재판상 행사만 가능하면 되고 수익자 또는 전득자만을 상대로 하고 채무자는 피고에 포함시키지 못한다.
2. 주의할 것은 파산법 제60조에 의하면 취소소송계속중 채무자가 파산하면 파산재산관리인이 소송을 수계하므로 사해행위를 한 후 채무자가 파산하게 되면 더 이상 채권자취소권을 행사할 수 없다는 점이다.

[사해행위취소 청구의 소]

소 장

원 고 한국주택금융공사
　　　　사장 ○ ○ ○ (000000 - 0000000)
　　　　○○시 ○○구 ○○동 ○○번지
　　　　전화 02-1234-4567　　휴대폰 010-1234-5678
　　　　팩스 02-9876-5432　　이메일 : lawb@lawb.co.kr
　　　　원고 소송대리인 변호사 ○ ○ ○
　　　　○○시 ○○구 ○○동 ○○번지

피 고 　　○ ○ ○ (000000 - 0000000)
　　　　○○시 ○○구 ○○동 ○○번지
　　　　전화 02-1234-4567　　휴대폰 010-1234-5678
　　　　팩스 02-9876-5432　　이메일 : lawb@lawb.co.kr
　　　　피고 소송대리인 변호사 ○ ○ ○
　　　　○○시 ○○구 ○○동 ○○번지

사해행위취소 청구의 소

청 구 취 지

1. 피고는 피고와 소외 1사이에 별지 목록 기재 부동산에 관하여 2005. 9. 12. 체결된 증여계약을 취소하고, 1에게 별지 목록 기재 부동산에 관하여 청주지방법원 2005. 9. 26. 접수 제69209호로 마친 소유권이전등기의 말소등기절차를 이행하라.

2. 소송비용은 피고의 부담으로 한다.

라는 판결을 구합니다.

청 구 원 인

1. 원고는 한국주택금융공사법에 의해 설립된 특수법인으로서 주택금융신용보증기금의 관리기관인 신용보증기금으로부터 주택금융신용보증업무에 관한 모든 법적 지위를 승계받았습니다.

2. 소외 1은 2001. 11. 15. 주식회사 국민은행(이하 '국민은행'이라 한다)에게 충북 청원군 내수읍 풍정리 (지번 생략)대 542㎡에 관하여 채권최고액 2억 1,710만 원인 근저당권설정등기를 마쳐주고, 2001. 11. 19. 신용보증기금과 사이에 보증원금을 6,000만 원(이후 5,950만 원으로 변경되었다)으로 정하여 주택금융신용보증약정을 체결한 다음, 같은 날 위 신용보증약정에 의하여 교부받은 신용보증서와 함께 위 근저당권을 담보로 국민은행으로부터 주택신축자금으로 1억 6,700만 원을 대출받았고, 2002. 3. 22. 국민은행에게 위 대출금채무의 담보로 위 풍정리 (지번 생략)토지 위에 신축한 건물에 관하여 추가로 근저당권설정등기를 마쳤습니다.

3. 소외 1이 2005. 10. 7. 이후 위 대출금채무의 이자를 지급하지 못하여 2005. 11. 8. 기한의 이익을 상실하고 위 대출금채무를 변제하지도 아니하자, 국민은행의 임의경매신청에 따라 2006. 3. 8. 위 풍정리 (지번 생략)토지와 그 지상 건물에 관하여 청주지방법원 2006타경4109호로 경매개시결정이 내려졌고, 위 경매절차에서 위 경매목적물은 2006. 4. 5. 기준으로 289,574,970원으로 평가되었으나 수차례 유찰되어 155,232,500원에 매각됨에 따라 2007. 3. 14. 국민은행에게 당시 기준 대출금채권액 208,198,858원(원금 166,996,410원, 이자 41,202,448원) 중 선순위채권자(소액임차인 3명, 각 1,200만 원)에게 배당되고 남은 116,642,570원만이 배당되었습니다.

4. 이에 국민은행은 2007. 3. 26. 원고에게 위 신용보증잔존원금 59,496,410원, 이자 6,802,736원, 합계 66,299,146원의 신용보증채무의 이행을 청구하였습니다.

5. 한편, 소외 1은 2005. 9. 26. 남편인 피고에게 별지 목록 기재 부동산(이하 '이 사건 부동산'이라 한다)에 관하여 2005. 9. 12. 증여를 원인으로 한 소유권이전등기를, 2005. 10. 18. 피고의 누나인 소외 2에게 청주시 흥덕구 평동 (지번 생략)대 1,121㎡와 그 지상 건물에 관하여 2005. 10. 15. 매매를 원인으로 한 소유권이전등기를 각 마쳐주었는데, 그 무렵 소외 1의 적극재산으로는 ① 위 풍정리 (지번 생략)토지와 그 지상 건물 289,574,970원 상당, ② 위 평동 (지번 생략)토지와 그 지상 건물 1억 500만 원 상당, ③ 이 사건 부동산 1억 550만 원 상당, 합계 500,074,970원 상당이 있었고, 소극재산으로는 국민은행에 대한 위 대출금채무 166,996,410원을 포함하여 360,996,410원이 있었습니다.

6. 소외 1이 피고에게 이 사건 부동산을 증여할 무렵 원고의 소외 1에 대한 구상금채권이 발생하지는 않았으나 이미 채권 성립의 기초가 되는 법률관계는 성립되어 있었고, 가까운 장래에 그 법률관계에 기하여 채권이 성립되리라는 고도의 개연성이 있었으며, 실제로 불과 1개월여 만인 2005. 11. 8. 소외 1의 국민은행에 대한 대출금채무가 기한의 이익을 상실하여 원고의 사전구상권이 발생하였으므로, 원고의 소외 1에 대한 사전구상권은 채권자취소권의 피보전채권이 될 수 있다 할 것이고, 소외 1이 더 이상 국민은행에 대한 대출금채무 원리금을 변제할 수 없음을 예상하고 남편인 피고에게 이 사건 부동산을 증여하고, 곧바로 피고의 누나인 소외 2에게 위 평동 (지번 생략)토지와 그 지상 건물을 매도함으로써 무자력 상태에 빠지게 되었으므로, 피고와 소외 1사이에 이 사건 부동산에 관하여 2005. 9. 12. 체결된 증여계약은 사해행위로서 취소되어야 할 것입니다.

7. 따라서 원고는 피고와 소외 1사이에 별지 목록 기재 부동산에 관하여 2005. 9. 12. 체결된 증여계약을 취소하고, 소외 1에게 별지 목록 기재 부

동산에 관하여 청주지방법원 2005. 9. 26. 접수 제69209호로 마친 소유권이전등기의 말소등기절차를 이행하도록 하는 이 사건 소를 제기하게 된 것입니다.

입 증 방 법

1. 갑제1호증　　　　　　　　　　　　부동산등기부등본
2. 갑제2호증　　　　　　　　　　　　진술서
3. 갑제3호증 ~ 갑 제15호증(생략)

그 밖의 것은 변론에 따라 수시로 제출하겠음.

첨 부 서 류

1. 위 입증방법　　　　　　　　　　　　각1통
2. 소송위임장　　　　　　　　　　　　1통
3. 소장부본　　　　　　　　　　　　　1통
4. 납부서　　　　　　　　　　　　　　1통

20○○. ○. ○.

원고 소송대리인 변호사 ○ ○ ○ (날인 또는 서명)

○○지방법원 귀중

주 <소송 전 확인, 준비사항>
1. 접수 : 일반사건으로 종합민원실에 접수한다.
2. 소가 : 소가는 목적물가액에 의한다.(토지·건물대장에 의한 과세시가 표준액)

3. 관할 : 피고의 주소지 관할법원
4. 인지 : 소가 1천만원미만 → 소가×10,000분의 50
   소가 1천만원이상 1억원미만 → 소가×10,000분의45 + 5,000원
   소가 1억원이상 10억원미만 → 소가×10,000분의40 + 55,000원
   소가 10억원이상 → 소가×10,000분의35 + 555,000원
   (최하 1천원이고 100원미만은 버림)
5. 소장부본 : 소장부본은 법원 1부 + 상대방 숫자만큼 제출한다.
6. 청구취지는 정확하게 기재하여야 한다. 이것이 바로 판결의 주문이 되어 실행이 이루어지는 것이다(간략하고, 투명하고, 정확하게 기재).
7. 청구원인은 권리주장의 근거를 설명식으로 기재한다.(반드시 주장의 핵심적인 요건사실이 들어가야 함)
8. 청구원인의 결론, 부본은 청구취지를 다시 언급하되 보다 자세히 근거법령 및 원인 관련을 기재한다.
9. 날인은 인감이 아니어도 상관없다.

【참조조문】

〔민법 제406조〕

제406조 (채권자취소권)

① 채무자가 채권자를 해함을 알고 재산권을 목적으로 한 법률행위를 한 때에는 채권자는 그 취소 및 원상회부을 법원에 청구할 수 있다. 그러나 그 행위로 인하여 이익을 받은 자나 전득한 자가 그 행위 또는 전득당시에 채권자를 해함을 알지 못한 경우에는 그러하지 아니하다.

② 전항의 소는 채권자가 취소원인을 안 날로부터 1년, 법률행위있은 날로부터 5년내에 제기하여야 한다.

【상기사건의 핵심】

사해행위취소소송에서 채무자의 자력을 판단할 때 우선변제권이 확보된 피담보채무의 보증인에 대하여 채무자가 부담하는 사전구상채무는 조만간 우선변제권이 확보되지 않은 채무의 발생이 예상되고 이에 대한 사전·사후 구상권의 행사가 급박하다는 등의 특별한 사정이 없는 한 우선변제권이 확보되는 범위를 초과하는 구상채무액만 소극재산으로 반영해야 하고, 선변제권이 확보되는 범위에서는 별도로 소극재산으로 평가할 수 없다.

【원고의 주장과 피고의 항변】

【원고의 주장】

소외 1이 피고에게 이 사건 부동산을 증여할 무렵 원고의 소외 1에 대한 구상금채권이 발생하지는 않았으나 이미 채권 성립의 기초가 되는 법률관계는 성립되어 있었고, 가까운 장래에 그 법률관계에 기하여 채권이 성립되리라는 고도의 개연성이 있었으며, 실제로 불과 1개월여 만인 2005. 11. 8. 소외 1의 국민은행에 대한 대출금채무가 기한의 이익을 상실하여 원고의 사전구상권이 발생하였으므로, 원고의 소외 1에 대한 사전구상권은 채권자취소권의 피보전채권이 될 수 있다 할 것이고, 소외 1이 더 이상 국민은행에 대한 대출금채무 원리금을 변제할 수 없음을 예상하고 남편인 피고에게 이 사건 부동산을 증여하고, 곧바로 피고의 누나인 소외 2에게 위 평동 (지번 생략) 토지와 그 지상 건물을 매도함으로써 무자력 상태에 빠지게 되었으므로, 피고와 소외 1사이에 이 사건 부동산에 관하여 2005. 9. 12. 체결된 증여계약은 사해행위로서 취소되어야 한다.

【피고의 항변】

피고는 이 사건 소가 제척기간이 경과한 후에 제기된 것으로서 부적법하다고 항변한다.

【법원판단】

살피건대, 채무자 소유의 부동산에 관하여 채권자 앞으로 근저당권이 설정되어 있고, 그 부동산의 가액 및 채권최고액이 당해 채무액을 초과하여 채무전액에 대하여 채권자에게 우선변제권이 확보되어 있다면, 그 피담보채무는 소극재산에서 공제되는 동시에 그 액수만큼 적극재산에서도 제외되어야 하고, 채무자가 자신의 적극재산을 감소시키는 법률행위를 하더라도 채권자에 대하여 사해행위가 성립하지 않는다고 보아야 하는바(대법원 2000. 12. 8. 선고 2000다21017 판결, 대법원 2001. 7. 27. 선고 2000다73377 판결 등 참조),

이러한 경우 채무자가 우선변제권이 확보된 피담보채무의 보증인에 대하여 부담하는 사전구상채무를 별도로 소극재산으로 평가하여 채권자취소권의 피보전채권으로 삼을 수 있는지 여부가 문제된다.

예컨대, 채무자에게 적극재산으로는 각 1억 원 상당의 제1, 2부동산이 있고, 소극재산으로는 ① 제1부동산을 담보로 한 5,000만 원의 근저당채무(채권최고액은 5,000만 원을 초과한다고 가정함), ② 위 근저당채무의 보증인에 대하여 부담하는 5,000만 원의 사전구상채무, ③ 기타 일반채무 500만 원이 있는 상태에서 채무자가 제2부동산을 처분하였다고 가정해 볼 때, 위 법리에 따라 우선변제권이 확보된 근저당채무 5,000만 원을 소극재산 및 적극재산에서 제외하면 채무자의 적극재산으로는 5,000만 원 상당의 제1부동산만 남게 되므로, 위 5,000만 원의 사전구상채무를 별도로 소극재산으로 평가할 경우 소극재산이 5,500만 원으로서 적극재산을 초과하게 되어 제2부동산의 처분행위가 사해행위에 해당한다고 보게 될 것이나, 위 사례에서 채무자는 여전히 1억 원 상당의 제1부동산을 가지고 있고 실질적인 채무액은 5,500만 원에 불과한 점을 고려하면 법률상 별개의 채무라는 이유만으로 원래 채무의 연장선상에 있는 위 5,000만 원의 사전구상채무를 별도로 소극재산으로 평가하여 위 처분행위가 사해행위에 해당한다고 인정함은 상당히 불합리한 측면이 있고, 보증인으로서는 대위변제를 할 경우에 법정대위에 따라 근저당권을 취득함으로써 우선변제권을 확보할 수 있는 지위에 있다는 점까지 참작하면 더욱 더 그러하다.

따라서 채무자가 우선변제권이 확보된 피담보채무의 보증인에 대하여 부담하는 사전구상채무는 조만간 우선변제권이 확보되지 않은 채무의 발생이 예상되고 이에 대한 사전·사후구상권의 행사가 급박하다는 등의 특별한 사정이 없는 한 일응 우선변제권이 확보되는 범위를 초과하는 구상채무액만 소극재산으로 반영해야 하고, 우선변제권이 확보되는 범위에서는 별도로 소극재산으로 평가할 수는 없다고 할 것이다.

이 사건으로 돌아와 보건대, 위 인정 사실에 의하면, 국민은행에 대한 위 대출금채무의 담보로 소외 1소유의 위 풍정리 (지번 생략)토지와 그 지상 건물에 관하여 국민은행 앞으로 근저당권이 설정되어 있고, 소외 1이 피고에게 이 사건 부동산을 증여할 무렵 위 담보부동산의 가액 및 채권최고액이 위 대출금채무액을 상당히 초과하여 그 채무 전액에 대하여 국민은행에게 우선변제권이 확보되어 있었으므로(원고 스스로도 위 대출금채무에 관하여 충분한 담보가 확보되어 있어서 2006. 4. 7. 국민은행으로부터 신용보증사고 통지를 받을 때에도 소외 1의 재산을 조사할 필요성이 없었다고 한다), 소외 1이 피고에게 이 사건 부동산을 증여한 행위는 국민은행에 대하여 사해행위가 성립하지 않는다고 보아야 하고, 위 피담보채무의 보증인인 원고에 대한 관계에 있어서도 국민은행에 대한 위 피담보채무에 관하여 우선변제권이 확보되어 있는 이상 원고에 대한 사전구상채무를 별도로 소극재산으로 평가할 수는 없고(원고 스스로도 2007. 7. 20.자 준비서면에서 이를 별도의 소극재산으로 계산하고 있지 않다), 이에 원고로서는 이를 채권자취소권의 피보전채권으로 삼아 채권자취소권을 행사할 수도 없다고 할 것이므로, 결국 원고의 위 주장은 나머지 점에 관하여 살필 필요 없이 이유 없다.

그렇다면 원고의 이 사건 청구는 이유 없어 이를 기각할 것인바, 이와 결론을 달리한 제1심판결은 부당하므로 이를 취소하고, 원고의 청구를 기각하기로 하여 주문과 같이 판결한다.

〔별 지〕: 생 략

(청주지법 2008. 11. 25. 선고 2007나4197 판결)

[소유권이전등기말소등기 절차이행 청구의 소(사해행위취소의 원상회복)]

소 장

원 고　○○ 조합
　　　　조합장 ○ ○ ○ (000000 - 0000000)
　　　　○○시 ○○구 ○○동 ○○번지
　　　　전화 02-1234-4567　휴대폰 010-1234-5678
　　　　팩스 02-9876-5432　이메일 : lawb@lawb.co.kr
　　　　원고 소송대리인 변호사 ○ ○ ○
　　　　○○시 ○○구 ○○동 ○○번지
피 고　○ ○ ○ (000000 - 0000000)
　　　　○○시 ○○구 ○○동 ○○번지
　　　　전화 02-1234-4567　휴대폰 010-1234-5678
　　　　팩스 02-9876-5432　이메일 : lawb@lawb.co.kr
　　　　피고 소송대리인 변호사 ○ ○ ○
　　　　○○시 ○○구 ○○동 ○○번지

소유권이전등기말소등기 절차이행 청구의 소

청 구 취 지

1. 피고와 소외 1사이의 충주시 (상세 행정구역 생략)전 1,448㎡(이하 '이 사건 부동산'이라 한다)에 관한 2003. 3. 3.자 매매계약을 취소한다. 피고는 원고에게 이 사건 부동산에 관하여 청주지방법원 충주지원 2003. 4. 3. 접수 제14093호로 마친 소유권이전등기(이하 '이 사건 소유권이전등기'라고 한다)의 말소등기절차를 이행하라. 피고는 원고에게 15,000,000원 및 이에 대하여 이 사건 2005. 1. 24.자

소변경신청서부본 송달 다음날부터 2005. 3. 17.까지는 연 5%, 그 다음날부터 다 갚는 날까지는 연 20%의 각 비율에 의한 금원을 지급하라.
2. 소송비용은 피고의 부담으로 한다.
라는 판결을 구합니다.

청 구 원 인

1. 소외 1은 2003. 3. 3. 피고에게 자신의 소유였던 이 사건 부동산을 매도하고(이하 '이 사건 매매'라고 한다) 같은 해 4. 3. 이를 원인으로 하여 이 사건 소유권이전등기를 마쳐 주었습니다.

2. 이 사건 매매 당시 소외 1은 원고에 대하여 2000. 5. 2.부터 2002. 3. 6.까지 7회에 걸친 대출금채무가 원금의 합계만 100,100,000원(별지 대출금 내역 참조)에 이르고, 물품대금채무가 원금의 합계만 962,200원(= 유류대금 550,800원 + 비료대금 217,500원 + 농기계 부품 대금 193,900원)에 이르렀으며, 2003. 2.경부터는 위 채무의 변제를 지체하여 그 무렵부터 원고로부터 수회에 걸쳐 채무상환을 촉구받고 있던 중이었습니다.

3. 이 사건 매매 당시 소외 1의 적극재산으로는 ① 시가 52,000,000 ~ 53,000,000원 상당의 이 사건 부동산, ② 시가 14,640,000원 상당의 충북 (상세 행정구역 생략)답 1220㎡, ③ 시가 21,267,000원 상당의 (상세 행정구역 생략)전 2363㎡, ④ 2003. 1. 1. 기준의 공시지가 7,273,200원(= 11,400원/㎡ × 638㎡) 상당의 충주시 (상세 행정구역 생략)대 638㎡(소외 1이 2003. 9. 4. 소외 2에게 위 토지를 대금 690여 만 원에 매도한 점 등에 비추어 보면 위 토지의 이 사건 매매 당시 시가는 위 공시지가와 유사한 수준일 것으로 보인다.)이 있었으므로, 그 시가의 합계는 95,180,200 ~ 96,180,200원 상당이었습니다.

4. 소외 3의 처 소외 4, 소외 1의 처 소외 5, 피고의 남편 소외 6은 형제자매

간입니다.
5. 피고는 2003. 5. 2. 소외 7새마을금고(이하 '이 사건 금고'라고 한다)에게 이 사건 부동산 및 충주시 (상세 행정구역 생략)지상 건물 등에 관하여 청주지방법원 충주지원 같은 날 접수 제18771호로 채권최고액 21,000,000원, 채무자 피고의 근저당권(이하 '이 사건 근저당권'이라 한다)설정등기를 마쳐준 다음, 이 사건 금고로부터 약 15,000,000원을 대출받았습니다.
6. 원고는 소외 1이 피고에게 이 사건 부동산을 위와 같이 매도한 후 소유권이전등기를 마쳐준 것은 강제집행을 면할 목적으로 행한 통정허위표시에 해당한다 할 것이므로 이 사건 소를 제기하게 된 것입니다.

입 증 방 법

1. 갑제1호증   매매계약서
2. 갑제2호증   부동산등기부등본
3. 갑제3호증   진술서
4. 갑제4호증 ~ 갑 제26호증(생략)
그 밖의 것은 변론에 따라 수시로 제출하겠음.

첨 부 서 류

1. 위 입증방법   각1통
2. 소송위임장   1통
3. 소장부본   1통
4. 납부서   1통

20○○. ○. ○.

원고 소송대리인 변호사 ○ ○ ○ (날인 또는 서명)

○○지방법원 귀중

주 <소송 전 확인, 준비사항>
1. 접수 : 일반사건으로 종합민원실에 접수한다.
2. 소가 : 소가는 청구금액에 의한다.(손해금등 부대청구는 소가에 해당하지 않는다)
3. 관할 : 피고의 주소지 관할법원
4. 인지 : 소가 1천만원미만 → 소가×10,000분의 50
   소가 1천만원이상 1억원미만 → 소가×10,000분의45 + 5,000원
   소가 1억원이상 10억원미만 → 소가×10,000분의40 + 55,000원
   소가 10억원이상 → 소가×10,000분의35 + 555,000원
   (최하 1천원이고 100원미만은 버림)
5. 소장부본 : 소장부본은 법원 1부 + 상대방 숫자만큼 제출한다.
6. 청구취지는 정확하게 기재하여야 한다. 이것이 바로 판결의 주문이 되어 실행이 이루어지는 것이다(간략하고, 투명하고, 정확하게 기재).
7. 청구원인은 권리주장의 근거를 설명식으로 기재한다.(반드시 주장의 핵심적인 요건사실이 들어가야 함)
8. 청구원인의 결론, 부본은 청구취지를 다시 언급하되 보다 자세히 근거법령 및 원인 관련을 기재한다.
9. 날인은 인감이 아니어도 상관없다.

【참조조문】

〔민법 제406조〕

제406조 (채권자취소권)

① 채무자가 채권자를 해함을 알고 재산권을 목적으로 한 법률행위를 한 때에는 채권자는 그 취소 및 원상회복을 법원에 청구할 수 있다. 그러나 그 행위로 인하여 이익을 받은 자나 전득한 자가 그 행위 또는 전득당시에

채권자를 해함을 알지 못한 경우에는 그러하지 아니하다.
② 전항의 소는 채권자가 취소원인을 안 날로부터 1년, 법률행위있은 날로부터 5년내에 제기하여야 한다.

〔부동산등기법 제171조〕
제171조 (이해관계 있는 제삼자가 있는 때) 등기의 말소를 신청하는 경우에 그 말소에 대하여 등기상이해관계 있는 제삼자가 있는 때에는 신청서에 그 승낙서 또는 이에 대항할 수 있는 재판의 등본을 첨부하여야 한다.

〔부동산등기법 제172조〕
제172조 (말소의 방법)
① 등기를 말소하는 때에는 말소의 등기를 한 후 말소할 등기를 붉은선으로 지워야 한다.〈개정 1991. 12. 14〉
② 제1항의 경우에 말소할 권리를 목적으로 하는 제삼자의 권리에 관한 등기가 있는 때에는 등기용지중 해당구사항란에 그 제삼자의 권리의 표시를 하고 어느 권리의 등기를 말소함으로 인하여 말소한다는 취지를 기재하여야 한다.〈개정 1983. 12. 31〉

【상기사건의 핵심】

부동산매매계약을 사해행위에 해당함을 이유로 취소함에 있어서, 위 매매계약을 원인으로 하여 마쳐진 소유권이전등기에 터 잡아 근저당권을 설정받은 선의의 전득자가 있는 경우, 채권자는 사해행위취소의 원상회복으로 수익자에게 원물반환 즉 소유권이전등기의 말소를 구하는 이상, 추가로 근저당권 피담보채무액 상당의 가액배상을 구하는 것은 이중의 배상을 구하는 결과가 되어 허용될 수 없다고 한 사례.

【원고의 주장과 피고의 항변】

【원고의 주장】
소외1이 피고에게 이 사건 부동산을 위와 같이 매도한 후 소유권이전등기를 마쳐준 것은 강제집행을 면할 목적으로 행한 통정허위표시에 해당한다고 주장한다.

【피고의 항변】
소외 1은 피고에게 이 사건 부동산을 대금 3,100만 원에 매도하여 소외 3, 4부부에 대한 기존 채무 1,000만 원 및 추가 차용금 채무 1,000만 원, 소외 6, 피고 부부에 대한 채무 600만 원을 변제하고 나머지 500만 원을 매매대금으로 지급받은 것이고, 피고가 2002. 10. 24. 소외 1이 충주시로부터 정책자금 1,500만 원의 대출을 받는 것을 연대보증한 점 등에 비추어 보면, 피고는 소외 1이 무자력이었다거나 이 사건 매매대금이 이 사건 부동산의 시가보다 현저히 낮은 것을 알지 못하였다.

【법원판단】
사해행위 후 그 목적물에 관하여 제3자가 저당권을 취득한 경우에는 수익자가 목적물을 저당권의 제한이 없는 상태로 회복하여 이전하여 줄 수 있다는 등의 특별한 사정이 없는 한 채권자는 수익자를 상대로 원물반환 대신 그 가액 상당의 배상을 구할 수도 있다고 할 것이나, 그렇다고 하여 채권자가 스스로 위험이나 불이익을 감수하면서 원물반환을 구하는 것까지 허용되지 아니하는 것으로 볼 것은 아니고, 그 경우 채권자는 원상회복 방법으로 가액배상 대신 수익자 명의의 등기의 말소를 구할 수도 있다고 할 것이다(대법원 2001. 2. 9. 선고 2000다57139 판결).

따라서 이 사건에서 원고가 사해행위취소의 원상회복으로 원물반환 즉 소유권이전등기의 말소를 구하는 이상, 추가적으로 이 사건 근저당권 피담보채무액 상당의 가액배상을 구하는 것은 허용되지 아니한다(피고 명의의 소유권이전등기를 말소하려면 부동산등기법 제171조, 제172조 제2항에 따라 등기상 이해관계 있는 제3자, 즉 이 사건 근저당권자의 승낙서 등을 첨부하여야 하고, 그 근저당권도 함께 말소되어야 하는 것이므로, 이로써 원상회복은 이미 이루어지는 것이고, 여기에 추가로 가액배상을 구하는 것은 이중의 배상을 구하는 결과가 되어 허용될 수 없다).

따라서 이 사건 매매를 취소하고, 피고는 원고에게 이 사건 소유권이전등기의 말소등기절차를 이행할 의무가 있다.

그렇다면 원고의 이 사건 청구는 위 인정범위 내에서 이유 있어 이를 인용하고 나머지 청구는 이유 없어 이를 기각할 것인바, 제1심판결은 이와 결론을 같이 하여 정당하고, 원고 및 피고의 항소는 이유 없으므로 이를 모두 기각하기로 하여 주문과 같이 판결한다(청주지법 2006. 4. 11. 선고 2005나1972 판결).

제 2 절 관련사례

> 갑은 을에게 3천만원을 빌려주었다. 한편 을은 병에게 2천만원의 공사대금채권을 가지고 있으면서도 그 권리를 행사하고 있지 않다. 이 경우 갑은 을에게 어떤 조치를 취할 수 있는가?

갑은 을에게 채권자 대위권을 행사할 수 있다. 즉 갑은 자신의 이름으로 병에 대해 2천만원을 을에게 지급하라고 청구할 수 있다.

【해 설】

채무불이행에 대한 구제방법으로는 우선 강제이행을 청구할 수 있으나 그것이 불가능하거나 또는 채권자가 이를 원하지 않는 경우에는 결국 금전에 의한 배상을 하게 된다. 따라서 모든 채권은 결국에는 금전채권으로 변함으로써 그 목적을 달성하게 된다. 그런데 금전채권은 채무자의 일반재산을 환가해서 그로써 변제에 충당하므로 채무자의 일반재산이 많으냐 혹은 적으냐에 따라 채권의 실질적 가치가 결정된다. 그리고 민법은 채권자평등의 원칙을 채택하고 있으므로, 채권자 상호간에는 우열이 없고, 채권의 발생원인·발생시기 선후·금액의 많고 적음에 불구하고 모두 평등하게 다루어지며, 특히 어떤 채권자만이 우선적으로 변제받을 수 없는 것이 원칙이다. 따라서 채무자의 재산은 개개의 채권에 관하여 그 이행을 담보할 뿐만 아니라 모든 채권자를 위한 공동담보로 되어 있다. 채권자가 자기의 채권을 확실하게 변제받기 위해서는 담보물권제도를 이용하거나 채무자의 재산의 감소를 방지하는 방법이 있다.

채무자의 재산의 감소를 방지하기 위해서 민법은 채권자대위권과 채권자취소권을 인정하고 있다. 전자는 채무자가 그의 권리의 행사를 게을리함으로써 그의 재산을 감소케 하는 경우에 인정되고, 후자는 채무자가 제3자와 공모하여 고의로 재산의 감소를 꾀하는 경우에 인정된다.

위 사례의 경우에 갑은 채권자대위권을 행사할 수 있는데, 그 방법은 갑은 자신의 이름으로 병에 대해 2천만원을 을에게 지급하라고 청구하는 것이다. 이 청구에 따라 병이 을에게 2천만원을 지급하더라도 갑이 우선변제를 받은 것은 아니며, 또 을이 임의로 변제하지 않으면 결국 갑은 소송을 통해 강제집행을 하여 채권을 변제받는 수밖에 없다.

이혼으로 인한 재산분할청구권을 채권자가 대위행사할 수 있는가?

채권자대위권을 행사할 수 없다(대판 1999. 4. 9. 98다58016).

【해 설】

갑은 위자료 재산분할문제는 거론하지 않고 남편 을과 협의이혼을 하였다. 그런데 이혼 후 2년이 아직 지나지 않았으므로 을을 상대로 재산분할청구를 하여 심판이 계류중인데, 을이 그의 아버지 병으로 명의신탁 한 부동산이 있는바, 갑이 재산분할청구권을 보전하기 위하여 병명의의 위 부동산에 대하여 을을 대위하여 처분금지가처분을 할 수 있는가가 문제된다.

채권자대위권(債權者代位權)에 관하여 민법 제404조에 의하면 "① 채권자는 자기의 채권을 보전하기 위하여 채무자의 권리를 행사할 수 있다. 그러나 일신에 전속한 권리는 그러하지 아니하다. ② 채권자는 그 채권의 기한이 도래하기 전에는 법원의 허가 없이 전항의 권리를 행사하지 못한다. 그러나 보존행위는 그러하지 아니하다."라고 규정하고 있다.

민법 제404조 소정의 채권자대위권은 채권자가 채무자에 대한 자기의 채권을 보전하기 위해 필요한 경우 채무자의 제3자에 대한 권리를 대위행사 할 수 있는 권리를 말하는 것이므로, 채권자가 이러한 채권자대위권을 행사하려면 우선 대위에 의해 보전될 채권이 존재하여야 함은 물론, 원칙적으로 그 이행기가 도래하였을 것이 필요하고 나아가 그 같은 채권이 금전채권이라면 보전의 필요성 즉, 채무자가 무자력인 사실 또한 인정되어야 하는데, 만일 채권자가 채권자대위권을 소송의 방법으로 행사하는 이른바 채권자대위소송에 있어 대위에 의해 보전될 채권자의 채무에 대한 권리 자체가 존재하지 아니하거나 존재하더라도 그 보전의 필요성이 인정되지 아니하는 경우 이는 채권자가 스스로 원고가 되어 채무자의 제3채무자에 대한 권리를 행사할 소송수행권능이 없는 셈이 되므로, 결국 그 대위소송은 당사자적격을 결여하여 부적법하다고 말할 수 밖에 없고, 이러한 법리는 채권자대위에 의한 보전처분의 신청에 있어서도 마찬가지라 할 것이다.

그런데 이혼으로 인한 재산분할청구권을 보전하기 위하여 채권자대위권을 행사할 수 있는지에 관하여 판례를 보면, "이혼으로 인한 재산분할청구권은 협의 또는 심판에 의하여 그 구체적 내용이 형성되기까지는 그 범위 및 내용이 불명확·불확정하기 때문에 구체적으로 권리가 발생하였다고 할 수 없으므로 이를 보전하기 위하여 채권자대위권을 행사할 수 없다."라고 하였다(대법원 1999. 4. 9. 선고 98다58016 판결, 서울가법 1993.

11. 11. 선고 93느2877 판결).

즉, 이혼에 의한 재산분할청구권은, 성질상 혼인 당사자인 채권자와 채무자간의 협의 또는 확정심판 등에 의해 구체적 내용이 최종 형성되기 전에는 그 범위 및 내용이 불확정·불명확한 상태에 놓여 있어 아직 현실의 구체적 권리로 존재한다고 말하기 어렵고, 그 이행기가 도래하였다고 보기는 더더욱 어려우므로 협의 또는 심판 등을 통해 구체적 내용이 형성되어야만 비로소 대위에 의해 보전될 권리적격을 갖추게 되고, 채권자도 그 때 가서야 그 권리에 기해 채무자의 제3채무자에 대한 권리를 대위행사 할 수 있게 된다는 것이다.

따라서 위 사안에서 갑과 을은 현재 재산분할청구심판이 계류중이므로 아직은 재산분할청구권의 범위 및 내용이 불확정·불명확한 상태에 놓여 있어 그러한 재산분할청구권을 보전하기 위하여 채권자대위권을 행사하여 병명의의 위 부동산에 대하여 을을 대위하여 처분금지가처분을 할 수 없을 것으로 보인다.

채권자가 상속인을 대위하여 상속등기를 할 수 있는가?

할 수 있다(대판 1964. 4. 3. 63다54).

【해 설】

상속은 피상속인의 사망에 의하여 개시된다(민법 제997조). 그리고 민법 제187조에 의하여 피상속인의 사망과 동시에 부동산을 그 등기 없이도 상속인의 소유도 되고, 다만 등기를 하지 아니하면 이를 처분하지 못한다.

상속의 개시에 의하여 피상속인의 재산상의 모든 권리의무는 일신전속인 것을 제외하고는 상속인의 의사와 관계없이 또 상속인이 알건 모르건 법률상 당연히 포괄적으로 상속인에게 승계된다(민법 제1005조). 그러나 개인의 의사를 무시하고 권리의무의 승계를 강제할 수 없는 것이므로 상속의 승인 또는 포기가 인정된다.

채권자대위권(債權者代位權)에 관하여 민법 제404조에 의하면, "① 채권자는 자기의 채권을 보전하기 위하여 채무자의 권리를 행사할 수 있다. 그러나 일신에 전속한 권리는 그러하지 아니하다. ② 채권자는 그 채권의 기한이 도래하기 전에는 법원의 허가 없이 전항의 권리를 행사하지 못한다. 그러나 보존행위는 그러하지 아니하다."라고 규정하고 있으며, 민법 제1019조 제1항에 의하면 "상속인은 상속개시 있음을 안 날로부터 3월내에 단순승인이나 한정승인 또는 포기를 할 수 있다. 그러나 그 기간은 이해관계인 또는 검사의 청구에 의하여 가정법원이 이를 연장할 수 있다."라고 규정하고 있고, 민법 제1019조 제3항에 의하면, "상속인은 상속채무가 상속재산을 초과하는 사실을 중대한 과실 없이 상속개시일부터 3월의 기간 내에 알지 못하고 단순승인(제1026조 제1호 및 제2호<다음 각 호의 사유가 있는 경우에는 상속인이 단순승인을 한 것으로 본다. 1. 상속인이 상속재산에 대한 처분행위를 한 때, 2. 상속인이 제1019조 제1항의 기간 내에 한정승인 또는 포기를 하지 아니한 때>의 규정에 의하여 단순승인 한 것으로 보는 경우를 포함함)을 한 경우에는 그 사실을 안 날부터 3월내에 한정승인을 할 수 있다."라고 규정하고 있다.

그러므로 채권자는 자기의 채권을 보전하기 위하여 채무자의 일정한 권리를 행사할 수 있고, 상속인은 상속개시 있음을 안 날로부터 3월내에 단순승인이나 한정승인 또는 포기를 할 수 있으며, 또한 상속채무가 상속재산을 초과하는 사실을 중대한 과실 없이 상속개시일로부터 3월의 기간 내에 알지 못하고 단순승인을 한 경우에는 그 사실을 안 날로부터 3월내에 한정승인을 할 수 있다.

그런데 위 사안과 같이 상속인이 상속권을 한정승인 또는 포기를 할 수 있는 기간 내에도 대위상속등기가 가능한지 문제된다.

이에 관하여 판례를 보면, "상속인 자신이 한정승인 또는 포기를 할 수 있는 기간내에 상속등기를 한 때에는 상속의 단순승인으로 인정된 경우가 있을 것이나 상속등기가 상속재산에 대한 처분행위라고 볼 수 없으니 만큼 채권자가 상속인을 대위하여 상속등기를 하였다 하여 단순승인의 효력을 발생시킬 수 없고 상속인의 한정승인 또는 포기할 수 있는 권한에는 아무런 영향도 미치는 것이 아니므로 채권자의 대위권행사에 의한 상속등기를 거부할 수 없다."라고 하였다(민법 제997조, 제1005조, 대법원 1964. 4. 3.자 63마54 결정).

참고로 2002년 1월 14일부터 법률 제6591호로 공포·시행된 개정민법 부칙 제3조 제3항에 의하면 "1998년 5월 27일부터 이법 시행 전까지 상속개시가 있음을 안 자 중 상속채무가 상속재산을 초과하는 사실을 중대한 과실 없이 제1019조 제1항의 기간(상속개시일부터 3월)내에 알지 못하다가 이 법 시행 전에 그 사실을 알고도 한정승인 신고를 하지 아니한 자는 이 법 시행일부터 3월 내에 제1019조 제3항에 의한 한정승인을 할 수 있다. 다만, 당해 기간 내에 한정승인을 하지 아니한 경우에는 단순승인을 한 것으로 본다."라고 규정하고 있다.

제1장 책임재산의 보전

> 채권자대위권을 행사함에 있어 채권자가 채무를 상대로 채권자대위권의 피보전채권에 기한 이행청구의 소를 제기하여 승소판결의 확정된 경우, 제3채무자가 그 청구권의 존재를 다툴 수 있는가?

그 청구권의 존재를 다툴 수 없다(대판 2007. 5. 10. 2006.다82700·82717).

【해 설】

채권자는 채무자에 대한 채권을 보전하기 위하여 채무자를 대위하여 채무자의 권리를 행사할 수 있는바, 채권자가 보전하려는 권리와 대위하여 행사하려는 채무자의 권리가 밀접하게 관련되어 있고 채권자가 채무자의 권리를 대위하여 행사하지 않으면 자기 채권의 완전한 만족을 얻을 수 없게 될 위험이 있어 채무자의 권리를 대위하여 행사하는 것이 자기 채권의 현실적 이행을 유효·적절하게 확보하기 위하여 필요한 경우에는 채권자대위권의 행사가 채무자의 자유로운 재산관리행위에 대한 부당한 간섭이 된다는 등의 특별한 사정이 없는 한 채권자는 채무자의 권리를 대위하여 행사할 수 있어야 한다.

이와 같은 채권자 대위권의 요건이 구비되면 채권자는 그 요건사실을 입증하여(대판 1963. 4. 25. 63다122), 자기의 이름으로 채무자의 권리를 행사할 수 있다. 채권자취소권과는 달리 반드시 재판상으로 행사하여야 하는 것은 아니다.

채권자는 채무자의 권리를 행사하는 것이므로, 제3채무자는 채무자에 대해 가지는 모든 항변사유(무효와 취소, 권리의 소멸, 동시이행의 항변 등)로써 채권자에게 대항할 수 있다. 그러나 채무자가 채권자에 대하여 가지는 항변을 제3채무자가 원용할 수는 없다. 판례도 "채권자가 채권자대위권을 행사하여 제3자에 대하여 하는 청구에 있어서, 제3채무자는 채무자가 채권자에 대하여 가지는 항변으로 대항할 수 없고, 채권의 소멸시효가 완성된 경우 이를 원용할 수 있는 자는 원칙적으로는 시효이익을 직접 받는 자뿐이고, 채권자대위소송의 제3채무자는 이를 행사할 수 없다."고 하였다(대판 2004. 2. 12. 2001다10151).

또한 판례는 "채권자대위권을 행사함에 있어 채권자가 채무자를 상대로 그 보전되는 청구권에 기한 이행청구의 소를 제기하여 승소판결을 선고받고 그 판결이 확정되면 제3채무자는 그 청구권의 존재를 다툴 수 없으므로(대판 1988. 2. 23. 87다카961), 원고가 조치원버스정류장을 상대로 하여 이 사건 채권자대위권 행사의 피보전채권인 철거청구권에 기한 소를 제기하여 승소판결을 선고받았고 그 판결이 이미 확정된 이 사건에서 피고들이 채권자대위권을 행사하는 원고를 상대로 그 피보전채권인 철거청구권의 존재를 다툴 수 없다."고 하였다(대판 2007. 5. 10. 2006다82700, 82717).

> 채권자대위소송의 채무자가 대위사실을 통지받지는 않았으나 알고 있는 경우 그 처분으로써 채권자에게 대항할 수 있는가?

대항할 수 없다(대판 1993. 4. 27. 92다44350).

【해 설】

민법 제405조는 채권자가 채권자대위권에 기하여 채무자의 권리 중 보존행위 이외의 권리를 행사한 때에는 채무자에게 통지하여야 하고, 채무자가 이 통지를 받은 후에는 그 권리를 처분하여도 이로써 채권자에게 대항하지 못한다고 규정하고 있다.

채권자대위권은 채권자가 채무자의 권리를 대위행사하는 것이므로, 그 행사의 사실을 채무자에게 통지하여 채무자의 이익을 보호할 필요가 있기 때문이다. 그러므로 통지를 하지 않더라도 채무자에게 불리하지 않은 경우, 즉 보존행위의 경우에는 통지를 하지 않아도 되는 것으로 규정하였다. 그리고 이행기 이전에 채권자가 법원의 허가를 얻어 채권자대위권을 행사하는 경우에는 법원이 직권으로 이를 채무자에게 고지하므로(비송사건절차법 제49조), 이 때에는 채권자가 따로 통지할 필요가 없다.

채무자가 위 통지를 받은 후에는 그 권리를 처분하여도 채권자에게 대항하지 못한다(민법 제405조 2항). 예컨대 통지 후에 채무자가 제3자채무자에 대한 채권을 포기한 때에도 제3채무자는 이를 채권자에게 주장할 수 없다.

문제는 채무자가 대위사실을 통지받지는 않았으나 알고 있는 경우, 그 처분으로써 채권자에게 대항할 수 있는가이다. 이에 관해 판례는 "민법 제405조에 의하면 채권자가 채권자대위권에 기하여 채무자의 권리를 행사하고 그 사실을 채무자에게 통지한 경우에는 채무자가 그 권리를 처분하여도 이로써 채권자에게 대항하지 못한다고 규정되어 있는데, 이 경우 채권자가 채무자에게 그 사실을 통지하지 아니하였더라도 채무자가 자기의 채권이 채권자에 의하여 대위행사되고 있는 사실을 알고 있었다면 그 처분을 가지고 채권자에게 대항할 수 없다."고 하였다(대판 1993. 4. 27. 선고 92다44350).

> 채권자대위소송의 제3채무자가 채무자의 채권자에 대한 소멸시효의 항변을 원용하여 대항할 수 있는가?

채권의 소멸시효가 완성된 경우 이를 원용할 수 있는 자는 원칙적으로 시효이익을 직접 받는 자뿐이고, 채권자대위소송의 제3채무자가 이를 행사할 수 없다(대판

1998. 12. 8. 97다31472).

【해 설】

갑은 을에 대한 물품채권이 있는데, 을은 병으로부터 부동산을 매수하여 매매잔금까지 모두 지급하고서 소유권이전등기를 하지 않고 있다. 그러므로 갑은 위 물품대금채권을 보전하기 위하여 병을 상대로 을의 소유권이전등기청구권을 대위행사하여 소유권이전등기청구를 하여 을 명의로 등기된 후 그 부동산을 가압류하고 을에 대하여 물품대금청구소송을 제기하려고 하는데, 갑의 을에 대한 위 물품대금채권은 변제일로부터 3년이 경과된 것이므로 이러한 경우에는 병에 대하여 소유권이전등기청구를 할 수 없는가가 문제된다.

채권자대위권(債權者代位權)에 관하여 민법 제404조에 의하면, "① 채권자는 자기의 채권을 보전하기 위하여 채무자의 권리를 행사할 수 있다. 그러나 일신에 전속한 권리는 그러하지 아니하다. ② 채권자는 그 채권의 기한이 도래하기 전에는 법원의 허가 없이 전항의 권리를 행사하지 못한다. 그러나 보존행위는 그러하지 아니하다."라고 규정하고 있으며, 같은 법 제405조에 의하면 "① 채권자가 전조 제1항의 규정에 의하여 보전행위 이외의 권리를 행사한 때에는 채무자에게 통지하여야 한다. ② 채무자가 전항의 통지를 받은 후에는 그 권리를 처분하여도 이로써 채권자에게 대항하지 못한다."라고 규정하고 있다.

그러므로 채권자는 채권을 보전하기 위하여 일신에 전속한 권리를 제외하고는 채무자의 권리를 대위하여 행사할 수 있을 것이다.

그런데 위 사안에서와 같이 채권자대위소송의 제3채무자가 채무자의 채권자에 대한 소멸시효의 항변을 원용할 수 있는지에 관하여 판례를 보면, "채권자가 채권자대위권을 행사하여 제3자에 대하여 하는 청구에 있어서, 제3채무자는 채무자가 채권자에 대하여 가지는 항변으로 대항할 수 없고, 채권의 소멸시효가 완성된 경우 이를 원용할 수 있는 자는 원칙적으로는 시효이익을 직접 받는 자뿐이고, 채권자대위소송의 제3채무자는 이를 행사할 수 없다."라고 하였다(대법원 1998. 12. 8. 선고 97다31472 판결).

따라서 위 사안의 경우 제3채무자 병이 채무자 을이 채권자 갑에 대하여 가지는 항변을 원용하여서 대항할 수 없으므로, 병이 채권자 을에 대하여 위 물품대금채권의 소멸시효항변을 할 수는 없을 것으로 보인다.

> 부동산 양수인의 채권자가 양수인을 대위하여 양도인을 상대로 처분금지가처분결정을 받아 이에 터잡아 다른 등기가 경료된 경우 그 각 등기는 가처분의 효력에 위배되는가?

가처분의 효력에 위배되지 않는다(대판 1998. 2. 13. 97다47897).

【해 설】

갑은 을로부터 을은 병으로부터 매수한 아파트를 매수키로 하고 그 대금을 모두 지급하였다. 그런데 위 아파트는 아직도 병 명의로 있는 상태인바, 갑은 을을 대위하여 병을 상대로 갑의 을에 대한 소유권이전등기청구권을 보전하기 위하여 위 아파트의 처분금지가처분을 하였다. 그런데 병은 을이 사망한 후 을의 상속인에게 위 아파트의 소유권이전등기를 해주었고, 을의 상속인은 위 아파트를 정에게 매도하여 소유권이전등기까지 해주었습니다. 이 경우 갑이 위 아파트의 소유권을 취득할 수 없는가가 문제된다.

채권자대위권(債權者代位權)에 관하여 민법 제404조에 의하면, "① 채권자는 자기의 채권을 보전하기 위하여 채무자의 권리를 행사할 수 있다. 그러나 일신에 전속한 권리는 그러하지 아니하다. ② 채권자는 그 채권의 기한이 도래하기 전에는 법원의 허가 없이 전항의 권리를 행사하지 못한다. 그러나 보존행위는 그러하지 아니하다."라고 규정하고 있으며, 같은 법 제405조에 의하면 "① 채권자가 전조 제1항의 규정에 의하여 보전행위 이외의 권리를 행사한 때에는 채무자에게 통지하여야 한다. ② 채무자가 전항의 통지를 받은 후에는 그 권리를 처분하여도 이로써 채권자에게 대항하지 못한다."라고 규정하고 있다.

그런데 부동산의 전득자(轉得者)가 양수인 겸 전매인에 대한 소유권이전등기청구권을 보전하기 위하여 양수인을 대위하여 양도인을 상대로 한 부동산가처분금지처분의 효력범위에 관한 판례를 보면, "부동산의 전득자(채권자)가 양수인 겸 전매인(채무자)에 대한 소유권이전등기청구권을 보전하기 위하여 양수인을 대위하여 양도인(제3채무자)을 상대로 처분금지가처분결정을 받아 그 등기를 마친 경우 그 가처분은 전득자가 자신의 양수인에 대한 소유권이전등기청구권을 보전하기 위하여 양도인이 양수인 이외의 자에게 그 소유권의 이전 등 처분행위를 못하게 하는 데에 그 목적이 있는 것으로서 그 피보전권리는 양수인의 양도인에 대한 소유권이전등기청구권이고, 전득자의 양수인에 대한 소유권이전등기청구권까지 포함하는 것은 아닐 뿐만 아니라 그 가처분결정에서 제3자에 대한 처분을 금지하였다고 하여도 그 제3자 중에는 양수인은 포함되지 아니하며, 따라서 그 가처분 이후에 양수인이 양도인으로부터 소유권이전등기를 넘겨받았고 이에 터잡아 다른 등기가 경료되었다고 하여도 그 각 등기는 위 가처분의 효력에 위배되는 것은 아니다."라고 하였다(대법원 1998. 2. 13. 선고 97다47897 판결, 1994. 3. 8. 선고 93다42665 판결).

또한 소유권이전등기청구권의 대위행사 후 채무자가 그 명의로 소유권이전등기를 경료하는 것이 민법 제405조 제2항의 소정의 처분에 해당하는지 관하여 판례는 "채권자가 채무자를 대위하여 채무자의 제3채무자에 대한 권리를 행사하고 채무자에게 통지를 하거나 채무자가 채권자의 대위권 행사사실을 안 후에는 채무자는 그 권리에 대한 처분권을 상실하여 그 권리의 양도나 포기 등 처분행위를 할 수 없고 채무자의 처분행위에 기하여 채무자의 변제수령은 처분행위라 할 수 없고 같은 이치에서 채무자가 그 명의로 소유권이전등기를 경료한 것 역시 처분행위라 할 수 없으므로 소유권이전등기청구권의 대위행사 후에도 채무자는 그 명의로 소유권이전등기를 경료하는데 아무런 지장이 없다."라고 하였다(대법원 1998. 2. 13. 선고 97다47897 판결).

이 점이 압류와 다른 점이다.

그러므로 위 사안에서 병으로부터 을의 상속인에게로 행해진 소유권이전등기는 갑의 병에 대하여 행하여진 위 아파트의 처분금지가처분의 효력에 위배되는 것이 아니므로 을의 상속인으로부터 소유권을 이전 받은 정은 유효하게 위 아파트의 소유권을 취득하게 될 것으로 보인다.

> 채권자가 채무자를 대위하여 제3채무자의 부동산에 대하여 처분금지가처분을 받은 경우, 그 후에 성립된 매매계약의 합의해제로 채무자가 채권자에게 대항할 수 있는가?

대항할 수 없다(대판 1996. 4. 12. 95다54167).

【해 설】

갑은 을에 대한 공사대금청구권을 변제 받지 못하고 있는데, 을에게는 재산이 없고 다만, 을이 병으로부터 매수한 대지와 건물이 있으나, 그 소유권이전등기는 하지 않은 상태이다. 그러므로 갑은 을의 위 부동산매매계약에 기한 소유권이전등기청구권을 보전하기 위하여 병을 상대로 위 부동산처분금지가처분신청을 하여 그 결정을 받았다. 그런데 을은 갑이 위와 같이 위 부동산의 처분금지가처분을 해두자 병과 합의하여 위 매매계약을 합의해제 하겠다고 한다. 이 경우 을과 병이 위 매매계약을 합의해제 할 경우 갑이 행한 위 가처분의 효력에 어떠한 영향이 있는지가 문제된다.

채권자대위권(債權者代位權)에 관하여 민법 제404조에 의하면, "① 채권자는 자기의 채권을 보전하기 위하여 채무자의 권리를 행사할 수 있다. 그러나 일신에 전속한 권리는 그러하지 아니하다. ② 채권자는 그 채권의 기한이 도래하기 전에는 법원의 허가 없이 전항의 권리를 행사하지 못한다. 그러나 보존행위는 그러하지 아니하다."라고 규정하고 있으며, 같은 법 제405조에 의하면 "① 채권자가 전조 제1항의 규정에 의하여 보전행위 이외의 권리를 행사한 때에는 채무자에게 통지하여야 한다. ② 채무자가 전항의 통지를 받은 후에는 그 권리를 처분하여도 이로써 채권자에게 대항하지 못한다."라고 규정하고 있다.

그런데 채권자가 채무자를 대위하여 제3채무자의 부동산에 대해 처분금지가처분결정을 받은 경우, 그 후 채무자가 그 부동산매매계약의 합의해제로써 채권자에게 대항할 수 있는지에 관한 판례를 보면, "채권자대위권의 행사에 있어서 채무자가 채권자대위권을 행사한 점을 알게 된 이후에는 채무자가 그 권리를 처분하여도 이로써 채권자에게 대항할 수 없으므로, 채권자가 채무자를 대위하여 제3채무자의 부동산에 대한 처분금지가처분을 신청하여 처분금지가처분 결정을 받은 경우, 이는 그 부동산에 관한 소유권이전등기청구권을 보전하기 위한 것이므로 피보전권리인 소유권이전등기청구권을 행사한 것과 같이 볼 수 있어, 채무자가 그러한 채권자대위권의 행사 사실을 알게 된 이후에 그 부동산에 대한 매매계약을 합의해제함으로써 채권자대위권의 객체인 그 부동산의 소유권이전등기청구권을 소멸시켰다 하더라도 이로써 채권자에게 대항할 수 없다."라고 하였다(대법원 1996. 4. 12. 선고 95다54167 판결).

따라서 위 사안의 경우 을과 병이 위 부동산매매계약을 합의해제 한다고 하여도 그로써 갑에게 대항할 수 없을 것이다.

채권자대위권을 행사시 채권자가 제3채무자에 대하여 자기에게 직접 급부하라고 청구할 수 있는가?

청구할 수 있다(대판 1996. 2. 9. 95다27998).

【해 설】

갑은 을에 대한 대여금채권이 있는데, 을은 채무초과상태에서 그의 유일한 재산인 임야를 그의 처 병에게 매매를 원인으로 한 소유권이전등기를 하였다. 그러므로 갑은 병을 상대로 통정허위표시에 의한 임야의 소유권이전등기의 말소를 청구하였다. 그런데 위 청구소장의 청구취지에 의하면 '병은 갑에게 위 소유권이전등기의 말소절차를 직접 이행하라'는 내용으로 기재되어 있다. 이러한 청구가 가능한가?

채권자대위권(債權者代位權)에 관하여 민법 제404조에 의하면, "채권자는 자기의 채권을 보전하기 위하여 채무자의 권리를 행사할 수 있다. 그러나 일신에 전속한 권리는 그러하지 아니하다."라고 규정하고 있다.

그리고 민법 제108조 제1항에 의하면 "상대방과 통정한 허위의 의사표시는 무효로 한다."라고 규정하고 있다.

그러므로 갑은 을과 병의 위 임야의 소유권이전등기가 민법 제108조의 통정허위표시에 해당되어 무효이므로 을이 병에 대하여 가지는 소유권이전등기말소청구권을 을의 채권자로서 대위하여 행사하는 것인바, 이 경우 대위채권자인 갑이 제3채무자인 병에게 직접 위 말소등기의무를 이행하라고 청구할 수 있는지가 문제된다.

그런데 채권자대위소송에서, 법원이 제3채무자에 대하여 직접 대위채권자에게 급부를 이행할 것을 명할 수 있는지에 관하여 "채권자대위권을 행사함에 있어서 채권자가 제3채무자에 대하여 자기에게 직접 요구하여도 상관없는 것이고, 자기에게 급부를 요구하여도 어차피 그 효과는 채무자에게 귀속되는 것이므로, 채권자대위권을 행사하여 채권자가 제3채무자에게 그 명의의 소유권보존등기나 소유권이전등기의 말소절차를 직접 자기에게 이행할 것을 청구하여 승소하였다고 하여도 그 효과는 원래의 소유자인 채무자에게 귀속되는 것이니, 법원이 채권자대위권을 행사하는 채권자에게 직접 말소등기절차를 이행할 것을 명하였다고 하여 무슨 위법이 있다고 할 수 없다."라고 하였습니다(대법원 1996. 2. 9. 선고 95다27998 판결, 1995. 4. 14. 산거 94다58148 판결).

따라서 위 사안의 경우 병에게 위 임야의 소유권이전등기말소의무를 갑에게 직접 이행하라고 청구하여도 무방할 것으로 보인다.

참고로 판례는 "채권자가 채권자대위권을 행사하는 방법으로 제3채무자를 상대로 소송을 제기하여 판결을 받은 경우에 채무자가 채권자대위권에 의한 소송이 제기하여 판결을 받은 경우에 채무자가 채권자대위권에 의한 소송이 제기된 것을 알았다면 그 판결의 효력은 채무자에게 미친다."라고 하였다(민법 제404조, 대법원 1995. 7. 11. 선고 95다9945 판결).

또한, 관련 등기예규를 보면, "채권자대위권에 의한 소송을 제기한 사실을 채무자가 알았다면 그 판결에 기하여 직접 소유권이전등기신청을 할 수 있다."라고 하였으며(1985. 4. 10. 등기예규 제563호), "계약을 원인으로 소유권이전등기를 신청한 때에는 계약서 또는 판결서 등에 시장 등의 검인을 받아야 하는바, 이 경우 검인은 계약을 체결한 당사자 중 1인이나 그 위임을 받은 자 등이 신청할 수 있는데(부동산등기특별조치법에 따른 대법원규칙 제1조 제1항), 원고 갑이 을을 대위하여 병에게 매매를 원인으로 한 을에게로 소유권이전등기이행을 구하고 피고 을에게 원고 갑에게로의 근저당권설정등기이행을 구하는 소를 제기하여 원고 갑이 승소판결을 받은 경우, 그 판결서에 대한 검인에 관하여는 위 대위소송의 판결의 효력을 받은 을이 그 매매계약의 당사자로 신청할 수 있으나, 매매계약의 당사자가 아닌 원고 갑도 그 판결을 받은 자로서 검인을 신청할 수 있으며, 이 경우 을이 먼저 그 판결서에 검인을 받았다 하더라도 갑이 다시 검인신청을 할 수 있으므로 시장 등이 을에 대한 검인을 하였다 하여 갑의 검인신청을 거부할 수는 없는 것이다."라고 하였다(1992. 12. 10. 등기선례 3-96).

> 가처분결정에 대한 본안제소명령신청을 채무자가 방치해두고 있는 경우 채권자가 대위하여 신청할 수 있는가?

대위하여 신청할 수 있다(대결 1993. 12. 27. 93마1655).

【해 설】

갑은 을 회사에 대한 채권자인데, 병이 을 회사 소유의 부동산에 처분금지가처분을 하고, 본안소송을 제기하지 않은 채로 수개월이 경과되었다. 그런데 을 회사에서는 위 부동산처분금지가처분에 대하여 본안제소명령을 신청하지 않고 방치해두고 있다.

이 경우 갑이 채권자로서 을 회사를 대위하여 위 부동산처분금지가처분에 대한 본안제소명령을 신청할 수 없는가?

채권자대위권(債權者代位權)에 관하여 민법 제404조에 의하면, "① 채권자는 자기의 채권을 보전하기 위하여 채무자의 권리를 행사할 수 있다. 그러나 일신에 전속한 권리는 그러하지 아니하다. ② 채권자는 그 채권의 기한이 도래하기 전에는 법원의 허가 없이 전항의 권리를 행사하지 못한다. 그러나 보존행위는 그러하지 아니하다."라고 규정하고 있으며, 같은 법 제405조에 의하면 "① 채권자가 전조 제1항의 규정에 의하여 보전행위 이외의 권리를 행사한 때에는 채무자에게 통지하여야 한다. ② 채무자가 전항의 통지를 받은 후에는 그 권리를 처분하여도 이로써 채권자에게 대항하지 못한다."라고 규정하고 있다.

그런데 가처분결정에 대한 본안제소명령의 신청권이 채권자대위권의 목적이 될 수 있는지에 관하여 판례를 보면, "민사소송법 제715조에 의하여 가처분절차에도 준용되는 같은 법 제705조 제1항에 따라 가압류·가처분결정에 대한 본안의 제소명령을 신청할 수 있는 권리나 같은 조 제2항에 따라 제소기간의 도과에 의한 가압류·가처분의 취소를 신청할 수 있는 권리는 가압류·가처분신청에 기한 소송을 수행하기 위한 소송절차상의 개개의 권리가 아니라, 제소기간의 도과에 의한 가압류·가처분의 취소신청권은 가압류·가처분신청에 기한 소송절차와는 별개의 독립된 소송절차를 개시하게 하는 권리이고, 본안제소명령의 신청권은 제소기간의 도과에 의한 가압류·가처분의 취소신청권을 행사하기 위한 전제요건으로 인정된 독립된 권리이므로, 본안제소명령의 신청권이나 제소기간의 도과에 의한 가압류·가처분의 취소신청권은 채권자대위권의 목적이 될 수 있는 권리라고 봄이 상당하다."라고 하였다(대법원 1993.12.27. 자 93마1655 결정).

따라서 위 사안의 경우 갑은 을 회사를 대위하여 병의 부동산처분금지가처분에 관한 본안제소명령을 신청할 수 있을 것으로 보인다.

파산채권자가 채권보전을 위하여 파산존재인의 권리를 대위할 수 있는가?

파산채권자가 파산자에 대한 채권을 보전하기 위하여 파산관재인에 속하는 권리를 대위하여 행사하는 것은 법률상 허용되지 않는다(대판 2000. 12. 22. 2000다39780).

【해 설】

갑은 파산절차가 진행중인 을 회사에 대한 파산채권자이다. 그런데 을 회사는 을 회사의 근저당채무자인 병의 부동산경매절차의 배당에서 제외되었음에도 을 회사의 파산관재인 정은 배당이의 등의 조치를 취하지 않아 배당이 확정되었다. 그러므로 파산채권자인 갑은 을 회사의 파산관재인 정을 대위하여 위 경매절차에서 배당을 받아간 병의 채권자를 상대로 부당이득반환청구의 소송을 제기하려고 한다. 이 경우 파산채권자인 갑이 파산자인 을 회사에 대한 그의 채권을 보전하기 위하여 파산관재인 정에게 속하는 권리를 대위하여 위와 같은 소송을 제기할 수 있는가?

민법 제404조 1항에 의하면 채권자대위권(債權者代位權)에 관하여 "채권자는 자기의 채권을 보전하기 위하여 채무자의 권리를 행사할 수 있다. 그러나 일신에 전속한 권리는 그러하지 아니하다."라고 규정하고 있다.

그리고 채무자회생 및 파산에 관한 법률 제384조에 의하면 "파산재단을 관리 및 처분하는 권리는 파산관재인에게 속한다."라고 규정하고 있으며, 채무자회생 및 파산에 관한 법률 제424조에 의하면 "파산채권은 파산절차에 의하지 아니하고는 행사할 수 없다."라고 규정하고 있다. 그리고 파산채권은 파산선고전의 원인으로 생긴 재산상의 청구권을 말한다(동법 제423조).

그러므로 위 사안에서 파산채권자인 갑이 파산채권을 보전하기 위하여 파산관재인 정을 대위하여 파산자인 을 회사의 채무자 병의 부동산경매절차에서 배당을 받아간 병의 다른 채권자를 상대로 부당이득반환청구소송을 할 수 있는지 문제가 된다.

이에 관하여 판례를 보면, "파산법 제7조는 '파산재단을 관리 및 처분할 권리는 파산관재인에게 속한다'고 규정하고 있어 파산자에게는 그 재단의 관리처분권이 인정되지 않고, 그 관리처분권을 파산관재인에게 속하게 하였으며, 같은 법 제15조는 '파산채권은 파산절차에 의하지 아니하고는 이를 행사할 수 없다'고 규정하고 있는바, 이는 파산자의 자유로운 재산정리를 금지하고 파산재단의 관리처분권을 파산관재인의 공정·타당한 정리에 일임하려는 취지임과 동시에 파산재단에 대한 재산의 정리에 관하여는 파산관재인에게만 이를 부여하여 파산절차에 의해서만 행하여지도록 하기 위해 파산채권자가 파산절차에 의하지 않고 이에 개입하는 것도 금지하려는 취지의 규정이라 할 것이므로, 그 취지에 부응하기 위하여는 파산채권자가 파산자에 대한 채권을 보전하기 위하여 파산재단에 관하여 파산관재인에 속하는 권리를 대위하여 행사하는 것은 법률상 허용되지 않는다고 해석해야 한다."라고 하였다(대법원 2000. 12. 22. 선고 2000다39780 판결).

따라서 위 사안의 경우 갑은 을 회사의 파산관재인 정을 대위하여 을 회사의 채무자 병의 부동산경매절차에서 부당하게 배당을 받아간 병의 다른 채권자를 상대로 부당이득반환청구를 할 수 없을 것으로 보인다. 즉, 그와 같은 부당이득반환청구는 파산관재인 정만이 할 수 있다고 할 것이다.

채권자대위권의 행사로 인해 지출한 비용은 어떤 방법으로 회수할 수 있는가?

수임인의 비용상환청구권에 기한 소송 등을 제기하면 된다.

【해 설】

갑은 을에 대한 물품대금채권이 있는데, 을에게는 별달리 집행 가능한 재산이 없고, 다만 을이 병으로부터 매수하였지만 그 등기명의는 이전하지 않은 아파트가 있다. 그러므로 갑은 을을 대위하여 병을 상대로 을에게로의 소유권이전등기청구의 소송을 하여 위 아파트의 소유권을 을에게로 이전시킨 후 그 아파트에 강제경매를 신청하였다. 그런데 이 경우 갑이 위 아파트의 소유권을 을에게로 이전시키기 위하여 소송을 하면서 지출한 비용은 어떠한 방법을 회수하여야 하는지가 문제된다.

채권자대위권을 행사하는 채권자와 채무자 사이에는 일종의 법정위임관계가 성립한다.

따라서 채권자는 채무자의 권리를 행사함에 있어 선관주의의무를 지며(민법 제681조 참조), 그 일환으로 채무자에게 그 사실을 통지하여야 하고(민법 제405조 1항), 이를 위반하여 채무자에게 손해를 준 때에는 배상책임을 지는 것으로 해석하는 것이 통설이다. 한편 채권자가 대위권을 행사하는 과정에서 비용을 지출한 때에는 민법 제688조를 유추적용하여 그 상환을 청구할 수 있는지가 문제된다.

집행비용의 부담에 관하여 민사집행법 제53조 제1항에 의하면 "강제집행에 필요한 비용은 채무자가 부담하고 그 집행에 의하여 우선적으로 변상을 받는다."라고 규정하고 있습니다. 그리고 수임인의 비용상환청구권에 관하여 민법 제688조 제3항에 의하면 "수임인이 위임사무의 처리를 위하여 과실 없이 손해를 받은 때에는 위임인에 대하여 그 배상을 청구할 수 있다."라고 규정하고 있다.

그런데 채권자대위권의 행사로 지출한 비용이 집행비용에 해당하는지 관하여 판례를 보면, "채권자대위권을 행사하는 경우 채권자와 채무자는 일종의 법정위임의 관계에 있으므로 채권자는 민법 제688조를 준용하여 채무자에게 그 비용의 상환을 청구할 수 있고, 그 비용상환청구권은 강제집행을 직접 목적으로 하여 지출된 집행비용이라고는 볼 수 없으므로 지급명령신청에 의하여 지급을 구할 수 있다."라고 하였다(대법원 1996. 8. 21. 자 96그8 결정).

따라서 위 사안에서 갑은 위 아파트의 소유권을 을에게로 이전시키기 위하여 소송을 하면서 지출한 비용을 집행비용으로 변제받을 수는 없을 것이고, 을을 상대로 수임인의 비용상환청구권에 기한 소송 등을 제기하여 그 집행권원을 확보한 후 변제 받아야 할 것이므로, 위 아파트에 대한 가압류를 한 후 배당요구를 하여 배당 받은 후 본안소송의 승소판결 또는 확정된 지급명령 등을 제출하여 배당금을 수령하여야 할 것으로 보인다.

채무자가 채무를 면할 목적으로 자기 소유의 부동산을 처 앞으로 소유권이전등기를 해둔 경우 어떻게 대처하여야 하는가?

채권자취소권을 행사하여 갑·을 사이의 매매계약 취소를 청구하여 을 명의의 소유권이전등기를 말소시키면서 회복된 갑 명의의 부동산에 강제집행을 하면 구제받을 수 있을 것이다.

【해 설】

병은 갑에게 1,000만원을 빌려주었으나 변제기일이 지났는데도 갚지 않아 갑 소유 부동산을 가압류하려고 등기부를 열람해 보았다. 그런데 자기 집이라도 팔아 갚겠다던 갑은 얼마 전 자기의 처(妻)인 정에게 소유권이전등기를 해두었다. 이 경우 채권자인 병으로서는 어떻게 대처해야 하는지가 문제이다.

　민법 제406조 제1항에 의하면 "채무자가 채권자를 해함을 알고 재산권을 목적으로 한 법률행위를 한 때에는 채권자는 그 취소 및 원상회복을 법원에 청구할 수 있다. 그러나 그 행위로 인하여 이익을 받은 자나 전득(傳得)한 자가 그 행위 또는 전득 당시에 채권자를 해함을 알지 못하는 경우에는 그러하지 아니하다."라고 하여, 악의의 채무자에 대항하는 채권자의 보호를 위하여 이른바, '채권자취소권(債權者取消權)'을 규정하고 있다.

　그러므로 채권자취소권을 행사할 수 있는 채권은 원칙적으로 채권자를 해하는 행위라고 볼 수 있는 행위가 행하여지기 전에 발생된 채권임을 요건으로 하며, 또한 채권자취소권은 채무자가 일반재산을 감소시켜 채무자를 변제할 재산능력이 없는 것으로 만들고 채무자, 이익을 받은 자(수익자). 이익을 받은 자로부터 다시 그 재산을 취득한 자(전득자)가 그러한 행위가 채권자를 해하는 것임을 알고 있는 경우에 행사할 수 있는 것이므로, 채무자에게 채권자를 해하는 의사가 있더라도 수익자가 그러한 사실을 알지 못한 때에는 채무자의 행위를 취소할 수 없을 것이다(대법원 2002. 3. 29. 선고 2001다81870 판결).

　다만, 채무자가 채권자를 해하는 것을 알고 있었던 것이 입증된 이상 채권자를 해하는 인하여 이익을 받은 자가 그러한 사실을 알고 있었다는 것이 추정되고, 채권자를 해하는 행위로 인하여 이익을 받은 자가 그 법률행위 당시 채권자를 해하는 것을 알지 못하였다는 것을 입증하지 못하는 한 채권자는 그 취소 및 원상회복을 청구할 수 있을 것이다(대법원 2001. 4. 24. 선고 2001다41875 판결, 1997. 5. 23. 선고 95다51908 판결).

　그런데 채권자취소권의 주관적 요건인 채무자가 채권자를 해함을 안다는 이른바 채무자의 악의, 즉 '사해의사(詐害意思)'는 채무자의 재산처분 행위에 의하여 그 재산이 감소되어 채권의 공동담보에 부족이 생기거나 이미 부족 상태에 있는 공동담보가 한층 더 부족하게 됨으로써 채권자의 채권을 완전하게 만족시킬 수 없게 된다는 사실을 인식하는 것을 의미하고, 채무자의 재산이 채무의 전부를 변제하기에 부족한 경우에 채무자가 그의 유일한 재산인 부동산을 무상 양도하거나 일부 채권자에게 대물변제로 제공하였다면 특별한 사정이 없는 한 이러한 행위는 사해행위가 된다고 하였다(대법원 1999. 11. 12. 선고 99다29916 판결).

　또한, 민법 제108조에 의하면, "상대방과 통정한 허위의 의사표시는 무효로 한다. 이러한 의사표시의 무효는 선의의 제3자에게 대항하지 못한다."라고 규정하고 있으며, 판례는 특별한 사정없이 동거하는 부부간에 토지를 매도하고 소유권이전등기를 경료함은 이례(異例)에 속하는 일로서 가장매매로 추정하는 것이 경험칙에 비추어 타당하며(대법원 1978. 4. 25. 선고 78다226 판결), 채무자의 법률행위가 통정허위표시인 경우에도 채권자취소권의 대상이 되고, 한편 채권자취소권의 대상으로 된 채무자의 법률행위라도 통정허위표시의 요건을 갖춘 경우에는 무효라고 할 것이다라고 한 바 있다(대법원 1998. 2. 27. 선고 97다50985 판결).

따라서 위 사안에서 특별한 사정이 없는 한, 갑이 그의 처(妻) 을에게 매매형식으로 소유권을 이전한 것은 변제회피의 목적으로 한 사해행위(詐害行爲)이거나 통정허위의 무효행위로 보여지므로, 병은 갑과 을을 공동피고로 하여 갑에 대하여는 대여금청구소송을 제기함과 동시에 을에 대하여는 갑·을사이의 위 매매계약취소를 청구하여 을 명의의 소유권이전등기를 말소시키면서, 회복된 갑 명의의 부동산에 대한 강제집행을 하면 구제받을 수 있을 것이다.

다만, 채권자취소권은 취소원인을 안 날로부터 1년, 법률행위가 있은 날로부터 5년 내에 행사하여야 한다(민법 제406조).

그리고 여기에서 '취소원인을 안다.'고 하기 위하여서는 단순히 채무자의 법률행위가 있었다는 사실을 아는 것만으로는 부족하고, 그 법률행위가 채권자를 해하는 행위라는 것 즉, 그에 의하여 채권의 공동담보에 부족이 생기거나 이미 부족상태에 있는 공동담보가 한층 더 부족하게 되어 채권을 안전하게 만족시킬 수 없게 된다는 것까지 알아야 한다고 하였다(대법원 2000. 2. 25. 선고 99다53704 판결).

또한 위 사안의 갑과 을이 통정하여 허위로 위 부동산의 소유권을 이전한 경우라면 그 소유권이전은 무효라고 하여야 할 것이므로, 병은 갑의 채권자로서 채권자대위권을 행사하여 을의 소유권이전등기말소를 청구하여 원상회복 시킨 후 그 부동산에 강제집행할 수도 있을 것으로 보인다.

채무초과 상태에 있는 채무자가 사업자금을 융통하기 위하여 그 소유 부동산을 특정 채권자에게 제공하고 신규자금을 융통받은 것이 사해행위에 해당되는가?

자금을 융통하여 사업을 계속 추진하는 것이 채무의 변제력을 갖게 되는 최선의 방법이라고 생각하고 담보권을 설정했다면 사해행위에 해당하지 않는다(대판 2001. 5. 8. 2000다50015).

【해 설】

채권자취소권은 채무자가 채권자를 해함을 알면서 자기의 일반재산을 감소시키는 행위, 즉 사해행위를 한 경우에 채권자가 소송으로 그 행위를 취소하고 재산을 원상으로 회복하는 권리이다(민법 제406조).

사해행위가 성립하려면 채무자가 어떤 법률행위를 함으로써 채무자의 공동담보, 즉 그의 적극재산에서 소극재산을 공제한 금액이 그 법률행위 이전보다 부족하게 되어야 한다.

채무자가 연대보증채무·연대채무를 부담하는 때에는 이는 소극재산의 증가이므로 취소의 대상이 된다. 일부의 채권자를 위하여 물적 담보를 제공한 경우에 관해서는 견해가 대립되는데, 판례는 그러한 담보제공으로 인해 담보권자에게 우선변제권을 주고 따라서 그 한도에서 다른 채권자와 공동담보를 감소케 하는 것이 되어 사해행위가 된다고 한다(대판 1986. 9. 23. 86다카83).

위 사례의 경우처럼 채무초과 상태에 있는 채무자가 사업자금을 융통하기 위하여 그 소유 부동산을 특정 채권자에게 제공하고 신규자금을 융통받은 경우 이것이 사해행위에 해당되는가가 문제된다. 이에 대해 판례는 "채무초과상태에 있는 채무자가 그 소유의 부동산을 채권자 중의 어느 한 사람에게 채권담보로 제공하는 행위는 특별한 사정이 없는 한 다른 채권자들에 대한 관계에서 사해행위에 해당한다고 할 것이나, 자금난으로 사업을 계속 추진하기 어려운 상황에 처한 채무자가 자금을 융통하여 사업을 계속 추진하는 것이 채무 변제력을 갖게 되는 최선의 방법이라고 생각하고 자금을 융통하기 위하여 부득이 부동산을 특정 채권자에게 담보로 제공하고 그로부터 신규자금을 추가로 융통받았다면 특별한 사정이 없는 한 채무자의 담보권 설정행위는 사해행위에 해당할 여지는 있다."고 하였다(대판 2001. 5. 8. 선고 2000다50015, 2002. 3. 29, 2002다25842).

> 채무자가 이혼하면서 재산분할의 명목으로 처에게 부동산을 증여한 경우 채권자취소권을 행사하여 이를 취소할 수 있는가?

취소할 수 없다(대판 2001. 5. 8. 2000다58804).

【해 설】

갑은 을에 대한 7,000만원의 대여금채권을 가지고 있으나, 변제기가 경과된 후에도 변제를 받지 못하고 있었다. 그런데 을은 가정에 소홀하고 처인 병을 폭행하는 등 가정불화를 일으켜 협의이혼을 하면서 을의 유일한 재산인 아파트를 처인 병에게 이혼에 따른 재산분할 등의 명목으로 증여하였다. 이 경우 갑이 위 증여행위를 사해행위로 보아 취소할 수 있는가가 문제된다.

　민법 제406조 1항에 의하면 "채무자가 채권자를 해함을 알고 재산권을 목적으로 한 법률행위를 한 때에는 채권자는 그 취소 및 원상회복을 법원에 청구할 수 있다. 그러나 그 행위로 인하여 이익을 받은 자나 전득(轉得)한 자가 그 행위 또는 전득 당시에 채권자를 해함을 알지 못한 경우에는 그러하지 아니하다."라고 하여 채권자취소권(債權者取消權)을 규정하고 있다.

　그런데 이혼에 따른 재산분할을 함에 있어 정신적 손해(위자료)를 배상하기 위한 급부로서의 성질까지 포함하여 분할할 수 있는지 및 그 재산분할이 사해행위로서 채권자취소권의 대상이 되기 위한 요건 및 취소의 범위에 관하여 판례를 보면, "이혼에 있어서 재산분할은 부부가 혼인 중에 가지고 있었던 실질상의 공동재산을 청산하여 분배함과 동시에 이혼 후에 상대방의 생활유지에 이바지하는 데 있지만, 분할자의 유책행위에 의하여 이혼함으로 인하여 입게 되는 정신적 손해(위자료)를 배상하기 위한 급부로서의 성질까지 포함하여 분할할 수도 있다고 할 것인바, 재산분할의 액수와 방법을 정함에 있어서는 당사자 쌍방의 협력으로 이룩한 재산의 액수 기타 사정을 참작하여야 하는 것이 민법 제839조의2 제2항의 규정상 명백하므로 재산분할자가 이미 채무초과의 상태에 있다거나 또는 어떤 재산을 분할한다면 무자력이 되는 경우에도 분할자가 부담하는 채무액 및 그것이 공동재산의 형성에 어느 정도 기여하고 있는지 여부를 포함하여 재산분할의 액수와 방법을 정할 수 있다고 할 것이고, 재산분할자가 당해 재산분할에 의하여 무자력이 되어 일반채권자에 대한 공동담보를 감소시키는 결과가 된다고 하더라도 그러한 재산분할이 민법 제839조의2 제2항의 규정 취지에 반하여 상당하다고 할 수 없을 정도로 과대하고, 재산분할을 구실로 이루어진 재산처분이라고 인정할 만한 특별한 사정이 없는 한 사해행위로서 채권자취소권의 대상이 되지 아니하고, 위와 같은 특별한 사정이 있어 사해행위로서 채권자취소권의 대상이 되는 경우에도 취소되는 범위는 그 상당한 부분을 초과하는 부분에 한정된다고 할 것이다"라고 하였다(대법원 2001. 5. 8. 선고 2000다58804 판결, 2000. 7. 28. 선고 99다6180 판결).

　또한 "상당한 정도를 벗어나는 초과부분에 대하여는 적법한 재산분할이라고 할 수 없기 때문에 이는 사해행위에 해당하여 취소의 대상으로 될 수 있을 것이고, 위와 같이 상당한 정도를 벗어나는 과대한 재산분할이라고 볼 만한 특별한 사정이 있다는 점에 관한 입증책임은 채권자에게 있다."라고 하였다(대법원 2001. 2. 9. 선고 2000다63516 판결, 2000. 9. 29. 선고 2000다25569 판결, 2000. 7. 28. 선고 2000다14010 판결).

　따라서 위 사안에서도 갑은 위 판례의 취지에 비추어 재산분할의 상당한 정도를 벗어난 부분에 대하여 병을 상대로 사해행위 취소의 소를 제기하여 그 가액의 배상을 청구해볼 수도 있을 것이지만, 재산분할의 상당한 정도를 벗어나는 과대한 재산분할이라고 볼 만한 특별한 사정이 있다는 점에 관한 입증책임은 갑에게 있습니다. 그리고 이 경우 법원은 을과 병의 혼인에서 이혼에 이르기까지의 경위, 혼인생활 중 을 명의로 아파트를 취득한 사정, 두 사람이 이혼 후 소유하게 되는 재산의 정도와 함께 을이 병에게 위 아파트를 재산분할로 양도함으로써 을에게는 집행가능한 재산이 거의 없게 되는 사정, 갑이 을에 대하여 가지는 채권의 액수 등을 모든 사정을 참작하여 을이 병에게 위 아파트 전체를 재산분할로서 양도하는 것이 그 상당성을 넘는 것으로 보일 경우 협의이혼에 따른 위자료 상당액을 제외한 재산분할의 액수를 확정한 다음 그 초과부분에 한하여 사해행위로서 취소를 명하게 될 것으로 보인다.

공동상속재산의 분할협의가 채권자취소권의 대상이 되는가?

채권자 취소권 행사의 대상이 될 수 있다(대판 2001. 2. 9. 2000다51797).

【해 설】

갑은 을에 대한 5,000만원의 대여금채권을 변제기가 지난 후에도 을의 집행가능한 재산이 전혀 없어 변제 받지 못하고 있었습니다. 그런데 최근 을의 아버지가 사망하여 그 유산이 있는데, 을은 상속재산분할협의시 을의 상속지분을 포기하여 공동상속인 병에게로 위 유산이 모두 상속되었습니다. 이 경우 갑이 을의 상속포기행위를 사해행위로서 취소할 수 있는가가 문제된다.

사해행위취소와 관련된 규정을 보면, 민법 제406조 제1항은 "채무자가 채권을 해함을 알고 재산권을 목적으로 한 법률행위를 한 때에는 채권자는 그 취소 및 원상회복을 법원에 청구할 수 있다. 그러나 그 행위로 인하여 이익을 받은 자나 전득(轉得)한 자가 그 행위 또는 전득 당시에 채권자를 해함을 알지 못한 경우에는 그러하지 아니하다."라고 규정하고 있다.

그런데 상속재산의 분할협의가 사해행위취소권행사의 대상이 되는지에 관하여 판례는 보면, "상속재산의 분할협의는 상속이 개시되어 공동상속인 사이에 잠정적 공유가 된 상속재산에 대하여 그 전부 또는 일부를 각 상속인의 단독소유로 하거나 새로운 공유관계로 이행시킴으로써 상속재산의 귀속을 확정시키는 것으로 그 성질상 재산권을 목적으로 하는 법률행위이므로 사해행위취소권 행사의 대상이 될 수 있다."라고 하면서 "공동상속인의 상속분은 그 유류분을 침해하지 않는 한 피상속인이 유언으로 지정한 때에는 그에 의하고 그러한 유언이 없을 때에는 법정상속분에 의하나, 피상속인으로부터 재산의 증여 또는 유증을 받은 자는 그 수증재산이 자기의 상속분에 부족한 한도 내에서만 상속분이 있고(민법 제1008조), 피상속인의 재산의 유지 또는 증가에 특별히 기여하거나 피상속인을 특별히 부양한 공동상속인은 상속 개시 당시의 피상속인의 재산가액에서 그 기여분을 공제한 액을 상속재산으로 보고 지정상속분 또는 법정상속분에 기여분을 가산한 액으로써 그 자의 상속분으로 하므로(민법 제1008조의2 제1항), 지정상속분이나 법정상속분이 곧 공동상속인의 상속분이 되는 것이 아니고 특별수익이나 기여분이 있는 한 그에 의하여 수정된 것이 재산분할의 기준이 되는 구체적 상속분이라 할 수 있다.

따라서 이미 채무초과 상태에 있는 채무자가 상속재산의 분할협의를 하면서 상속재산에 관한 권리를 포기함으로써 결과적으로 일반 채권자에 대한 공동담보가 감소되었다 하더라도, 그 재산분할결과가 위 구체적 상속분에 상당하는 정도에 미달하는 과소한 것이라고 인정되지 않는 한 사해행위로서 취소되어야 할 것은 아니고, 구체적 상속분에 상당하는 정도에 미달하는 과소한 경우에도 사해행위로서 취소되는 범위는 그 미달하는 부분에 한정하여야 한다. 이때 지정상속분이나 기여분, 특별수익 등의 존부 등 구체적 상속분이 법정상속분과 다르다는 사정은 채무자가 주장·입증하여야 할 것이다."라고 하였다(대법원 2001. 2. 9. 선고 2000다51797 판결).

따라서 위 사안에서도 을이 상속재산분할협의시 그의 상속지분을 포기함으로써 그 재산분할의 결과가 그의 구체적 상속분에 미달되는 경우에는 그 미달되는 부분에 한하여 사해행위로서 취소될 수 있을 것이다.

> 주채무자의 자산상태에 대해 전혀 알지 못하는 연대보증인이 자신의 유일한 부동산을 아들에게 증여한 경우, 사해행위에 해당되는가?

연대보증인에게 사해의사가 있었는지 여부는 연대보증인 자신의 자산상태가 연대보증채무를 담보하는데 부족이 생기게 되리라는 것을 인식하였는가에 의하여 판단하여야 하므로 사해행위가 될 수 있다(대판 2001. 4. 24. 2000다41875).

【해 설】

갑은 을 회사의 병에 대한 대여금채무에 대하여 연대보증을 해주었다. 그런데 갑은 을 회사의 재무상태에 관하여는 전혀 알지 못하고 을 회사의 대표의 부탁에 의하여 연대보증을 해주었을 뿐이다. 그런데 최근 갑이 그의 유일한 부동산을 아들 정에게 증여하자 병이 사해행위취소의 소를 제기하겠다고 한다. 이처럼 연대보증인 갑이 주채무자인 을 회사의 자산상태가 채무를 담보하는데 부족이 생기게 되리라는 것을 알지 못한 경우에도 사해행위가 될 수 있는가가 문제된다.

<채권자취소권의 요건>

1. 채무자 사해행위가 있을 것 : 객관적 요건

채권자취소권을 행사하려는 채무자가 채권을 해하는 재산권을 목적으로 하는 법률행위를 하였어야 한다(민법 제406조 1항 본문).

채권자취소권을 행사할 수 있는 채권은 원칙적으로 채권자를 해하는 행위라고 볼 수 있는 행위가 행하여지기 전에 발생된 채권임을 요한다. 그리고 '채권자를 해한다'는 것은 채무자의 법률행위로 인해 그의 일반재산이 감소하여 채권의 공동담보에 부족이 생겨 채권자에게 완전한 변제를 할 수 없게 되는 것을 말한다. 즉, 채무초과 또는 무자력으로 되는 것이 채권자를 해하는 것이다. 채무자의 무자력은 사해행위 당시에 존재하여야 하며, 채권자 취소소송 중에 계속되어야 한다.

2. 채무자 및 수익자에게 사해의 의사 또는 인식이 있을 것 : 주관적 요건

채권자취소권은 채무자가 일반재산을 감소시켜 채무자를 변제할 재산능력이 없는 것으로 만들고 채무자, 이익을 받은 자(수익자), 이익을 받은 자로부터 다시 그 재산을 취득한 자(전득자)가 그러한 행위가 채권자를 해하는 것임을 알고 있는 경우에 행사할 수 있다.

위 규정의 '채무자가 채권자를 해함을 알고'의 의미, 즉 채권자취소권의 주관적 요건인 이른바 채무자의 악의, 즉 '사해의사(詐害意思)'는 채무자의 재산처분행위에 의하여 그 재산이 감소되어 채권의 공동담보에 부족이 생기거나, 이미 부족상태에 있는 공동담보가 한층 더 부족하게 됨으로써 채권자의 채권을 완전하게 만족시킬 수 없게 된다는 사실을 인식하는 것을 의미한다.

그런데 연대보증채무자의 사해행위에 있어서 사해의 의사가 있었는지 여부의 판단기준에 관한 판례를 보면, "연대보증인에게 부동산의 매도행위 당시 사해의 의사가 있었는지 여부는 연대보증인이 자신의 자산상태가 채권자에 대한 연대보증채무를 담보하는 데 부족이 생기게 되리라는 것을 인식하였는가 하는 점에 의하여 판단하여야 하고, 연대보증인이 주채무자의 자산상태가 채무를 담보하는 데 부족이 생기게 되리라는 것까지 인식하였어야만 사해의 의사를 인정할 수 있는 것은 아니다."라고 하였다(대법원 1998. 4. 14. 선고 97다54420 판결, 2001. 4. 24. 선고 2000다41875 판결).

따라서 위 사안에서 갑의 정에 대한 그의 유일한 부동산의 증여행위가 채권자취소권

의 다른 요건을 모두 갖춘 경우라면, 갑이 을 회사의 재무상태를 알지 못하여 을 회사의 자산상태가 병의 채권을 담보하는데 부족이 생기게 되리라는 것을 알지 못하였다는 사정만으로는 갑의 정에 대한 그의 유일한 부동산의 증여행위가 사해행위가 아니라고는 할 수 없을 것으로 보인다.

> 채무초과 상태의 채무자가 유일한 재산을 우선변제권 있는 채권자에게 대물변제로 제공한 것이 사해행위에 해당하는가?

우선변제권 있는 채권자에 대한 대물변제 제공행위는 다른 특별한 사정이 없는 한 다른 채권자들의 이익을 해한다고 볼 수 없어 사해행위가 되지 않는다(대판 2008. 2. 14. 2006다33357).

【해 설】

사해행위가 성립하려면 채권자를 해하는 법률행위가 있어야 한다. '채권자를 해한다'는 것은 채무자의 법률행위로 인해 그의 일반재산이 감소하여 채권의 공동담보에 부족이 생겨 채권자에게 완전한 변제를 할 수 없게 되는 것을 말한다. 즉 채무초과 또는 무자력으로 되는 것이 채권자를 해하는 것이다.

채권자가 수인 있는 경우에, 어느 채권자에 대한 변제나 정당한 가격에 의한 대물변제는 사해행위가 되지 않는다는 것이 통설·판례이다. 채무자가 기존 채무를 변제하는 것은 채무자의 총재산에 증감을 가져오는 것은 아니며, 채권자평등의 원칙도 채무자의 임의변제까지 제한하는 것은 아니라는 것을 이유로 한다.

채무초과 상태의 채무자가 유일한 재산을 우선변제권 있는 채권자에게 대물변제로 제공한 것이 사해행위에 해당하는가에 관해서 판례는, "채무자의 재산이 채무의 전부를 변제하기에 부족한 경우에 채무자가 그의 유일한 재산을 어느 특정 채권자에게 대물변제로 제공하여 양도하였다면 그 채권자는 다른 채권자에 우선하여 채권의 만족을 얻는 반면 그 범위 내에서 공동담보가 감소됨에 따라 다른 채권자는 종전보다 더 불리한 지위에 놓이게 되므로 이는 곧 다른 채권자의 이익을 해하는 것이라고 보아야 하고, 따라서 채무자가 그의 유일한 재산을 채권자들 가운데 어느 한 사람에게 대물변제로 제공하는 행위는 다른 특별한 사정이 없는 한 다른 채권자들에 대한 관계에서 사해행위가 된다고 할 것이나(대법원 2005. 11. 10. 선고 2004다7873 판결), 채권자들의 공동담보가 되는 채무자의 총재산에 대하여 다른 채권자에 우선하여 변제를 받을 수 있는 권리를 가지는 채권자는 처음부터 채무자의 재산에 대한 환가절차에서 다른 채권자에 우선하여 배당을 받을 수 있는 지위에 있으므로 그와 같은 우선변제권 있는 채권자에 대한 대물변제의 제공행위는 특별한 사정이 없는 한 다른 채권자들의 이익을 해한다고 볼 수 없어 사해행위가 되지 않는다고 할 것이다."라고 하였다(대판 2008. 2. 14. 2006다33357).

> **사해행위 당시 아직 성립하지 않은 채권도 채권자취소권에 의하여 보호를 받을 수 있는가?**

사해행위 당시에 채권성립의 기초가 되는 법률관계가 발생되어 있고, 가까운 장래에 그 법률관계에 기하여 채권이 성립되리라는 고도의 개연성이 있는 경우에는 사해행위 당시 아직 성립하지 않은 채권도 예외적으로 채권자취소권의 피보전채권이 될 수 있다(대판 2007. 6. 29. 2006다66753).

【해 설】

채권자가 채권자취소권을 행사하려는 그의 채권이 사해행위 이전에 발생한 것이어야 한다. 사해행위 당시에 성립하지 않았던 채권은 사해행위에 의해 침해당한다는 일이 있을 수 없고, 채무자에게 채권자를 해한다는 인식도 있을 수 없기 때문이다.

그런데 판례는 사해행위 직전에 채무자가 소유 부동산을 양도한 경우, 양도소득세에 따른 신고불성실 및 납부불성실 가산세 채권도 본세 채권과 함께 채권자취소권의 피보전채권이 될 수 있다고 한 사례에서, "채권자취소권에 의하여 보호될 수 있는 채권은 원칙적으로 사해행위라고 볼 수 있는 행위가 행하여지기 전에 발생된 것임을 요하지만 그 사해행위 당시에 이미 채권 성립의 기초가 되는 법률관계가 발생되어 있고, 가까운 장래에 그 법률관계에 터잡아 채권이 성립되리라는 점에 대한 고도의 개연성이 있으며, 실제로 가까운 장래에 그 개연성이 현실화되어 채권이 성립된 경우에는 그 채권도 채권자취소권의 피보전채권이 될 수 있다(대법원 2001. 3. 23. 선고 2000다37821 판결). 원심이 인정한 사실관계에 따르더라도, 소외 1이 피고에게 이 사건 증여계약을 하기 직전에 자신의 소유였던 이 사건 부동산을 소외 2에게 양도함으로써 이 사건 양도소득세에 따른 소득세법 제115조 소정의 신고불성실 및 납부불성실 가산세 채권(이하 '이 사건 가산세 채권'이라 한다)의 발생의 기초가 되는 법률관계가 이미 성립되어 있다고 볼 수 있고, 이 사건 증여계약 후에 소외 1에게 별다른 재산이 없었던 점, 소외 1이 이 사건 양도소득과세표준 예정신고는 물론 확정신고 및 확정신고 자진납부 절차 등을 전혀 이행하지 아니한 점 등에 비추어, 소외 1이 양도소득세과세표준 확정신고 및 확정신고 자진납부를 하지 아니함으로써 가까운 장래에 이 사건 가산세 채권이 성립되리라는 점에 대한 고도의 개연성이 있었을 뿐만 아니라, 실제로 가까운 장래에 그 개연성이 현실화되어 이 사건 가산세 채권이 성립하였다고 볼 수 있으므로, 이 사건 가산세 채권도 원심이 인정한 이 사건 본세 채권과 함께 채권자취소권의 피보전채권이 될 수 있다 할 것이다."라고 하였다(대판 2007. 6. 29. 2006다66753).

> 구상금채권을 연대보증한 보증인이 그의 유일한 재산을 아들에게 증여한 경우, 위 증여 당시 구상금채권이 아직 성립되지 않았다면 그 증여는 사해행위에 해당하지 않는가?

사해행위에 해당될 수 있다.

【해 설】

갑은 을 주식회사가 금융기관으로부터 대출을 받음에 있어서 보증보험회사가 신용보증을 함에 있어서 보증보험회사와 을 주식회사의 구상금채무에 대한 연대보증을 하였다. 그 후 갑이 그의 유일한 재산인 부동산을 아들에게 증여하였는데, 보증보험회사에서 위 증여계약이 사해행위이라고 아들을 상대로 취소소송을 제기하였다고 한다. 이 경우 위 증여계약 당시에는 보증보험회사에서 아직 을 주식회사의 대출금을 변제하지 않았으므로 구상금채권이 성립되지도 않은 단계였음에도 보증보험회사에 대하여 위 증여계약이 사해행위가 될 수 있는가가 쟁점이다.

민법 제406조 1항은 "채무자가 채권자를 해함을 알고 재산권을 목적으로 한 법률행위를 한 때에는 채권자는 그 취소 및 원상회복을 법원에 청구할 수 있다. 그러나 그 행위로 인하여 이익을 받은 자나 전득(轉得)한 자가 그 행위 또는 전득 당시에 채권자를 해함을 알지 못하는 경우에는 그러하지 아니하다."라고 하여 악의의 채무자에 대항하는 채권자의 보호를 위하여 채권자취소권(債權者取消權)을 규정하고 있다. 그리고 채권자취소권을 행사할 수 있는 채권은 원칙적으로 채권자를 해하는 행위라고 볼 수 있는 행위가 행하여지기 전에 발생된 채권임을 요건으로 한다.

그런데 사해행위 당시 아직 성립되지 아니한 채권이 예외적으로 채권자취소권의 피보전채권이 되기 위한 요건에 관하여 판례를 보면, "채권자취소권에 의하여 보호될 수 있는 채권은 원칙적으로 사해행위라고 볼 수 있는 행위가 행하여지기 전에 발생된 것을 요하지만, 그 사해행위 당시에 이미 채권 성립의 기초가 되는 법률관계가 발생되어 있고, 가까운 장래에 그 법률관계에 터잡아 채권이 성립되리라는 점에 대한 고도의 개연성이 있으며, 실제로 가까운 장래에 그 개연성이 현실화되어 채권이 성립된 경우에는 그 채권도 채권자취소권의 피보전채권이 될 수 있다."라고 하였다(대법원 2002. 3. 29. 선고 2001다81870 판결).

그리고 "채무자가 보증인의 보증하에 은행으로부터 대출을 받음에 있어 채무자의 보증인에 대한 구상채무에 대하여 연대보증한 자가 연대보증 후 소유 부동산을 제3자에게 증여한 사안에서, 증여계약 당시 채무자가 당해 대출금을 당초 변제기까지 변제하지 못하고 변제기를 연장하였을 뿐만 아니라 그 외에도 원금을 변제하지 못하고 있는 대출금이 많이 있었고, 거래처의 부도로 인하여 막대한 손해를 보고 있었던 점 등 증여계약 당시의 채무자의 재정 상태에 비추어 볼 때 채권자취소권의 피보전채권인 구상채권의 성립의 개연성이 있었다."라고 인정한 사례가 있다(대법원 1997. 10. 28. 선고 97다34334 판결, 2001. 2. 9. 선고 2000다63516 판결).

따라서 위 사안에서도 갑이 그의 유일한 재산인 부동산에 대하여 그의 아들에게 증여하는 계약을 체결할 당시 을 주식회사의 대출금채무가 연체되고 재정상태가 악화되어 보증보험회사에서 보증인으로서 위 대출금채무를 변제할 수밖에 없는 상태였다면, 보증보험회사의 을 주식회사에 대한 구상금채권의 성립의 개연성이 있었다고 할 것이고, 또한 그 구상금채무에 대하여 연대보증한 갑에 대하여도 구상금채권이 성립될 개연성이 있었다고 할 것이므로, 단순히 위 증여계약 당시 보증보험회사의 구상금채권이 완전히 성립되지 않았다는 이유만으로 그 증여계약을 사해행위로서 취소할 수 없었다고 할 수는 없을 것으로 보인다.

사해행위 판단에 채무자의 변제노력, 채권자 태도 등을 참작할 수 있는가?

채무자의 변제노력과 채권자의 태도 등도 사해행위의 유무를 판단함에 있어 다른 사정과 더불어 간접사실로 삼을 수도 있다(대판 2001. 5. 8. 2000다50015).

【해 설】

갑은 을 회사에 대한 계속적 거래관계로 인한 물품대금채무를 다액 부담하고 있었는데, 10개월 전 갑의 을 회사에 담보로 제공된 부동산 이외의 부동산을 그의 친척 병에게 매도하였다.

그러나 갑은 위 부동산의 매도 이후에 물품대금채무의 일부를 변제하였으며, 을 회사에서도 위 부동산의 소유권이전사실을 알고서도 물품공급을 계속하였으며, 오히려 공급량을 늘려 주었다. 그런데 최근 갑이 판매부진으로 물품대금을 변제하지 못하자 을 회사에서는 담보로 제공된 부동산의 가액으로는 채권액에 미치지 못한다고 하며, 갑과 병의 부동산매매계약이 사해행위라고 주장하고 있다. 이러한 경우에도 사해행위가 성립되는가가 문제이다.

채권자 취소권을 행사하려면 채무자 및 수익자(또는 전득자) 모두에게 사해의사(인식)가 있어야 한다.

1. 채무자의 사해행위

채무자가 사해행위 당시에 그 행위에 의하여 채권자를 해하게 됨을 알고 있어야 한다(민법 제406조 1항 본문). 이 사해의 의사는 적극적인 의욕이 아니라 소극적인 인식으로써 충분하다. 즉 특정의 채권자를 해한다는 것을 인식할 필요는 없으며, 공동담보에 관하여 부족이 생긴다는 것에 관하여 인식을 하고 있으면 된다(대판 1998. 5. 12. 97다57320).

채무자의 사해의 의사는 사해행위의 성립요건이 되는 점에서 채권자가 이를 입증하여야 한다는 것이 통설의 입장이다.

그런데 채무자의 사해의사의 유무를 판단함에 있어 사해행위라고 주장되는 행위 이후의 채무자의 변제노력과 채권자의 태도 등을 간접사실로 삼을 수 있는지에 관하여 판례를 보면, "채무자의 사해의사를 판단함에 있어 사해행위 당시의 사정을 기준으로 하여야 할 것임은 물론이나, 사해행위라고 주장되는 행위 이후의 채무자의 변제 노력과 채권자의 태도 등도 사해의사의 유무를 판단함에 있어 다른 사정과 더불어 간접사실로 삼을 수도 있다."라고 한 바 있다(대법원 2000. 12. 8. 선고 99다31940 판결).

따라서 위 사안에서도 갑은 위 부동산매도 당시 을 회사에 대한 갑의 물품대금채무가 담보로 제공된 부동산의 가액을 초과하였다고 하여도 그 후 갑이 채무변제에 최대한 노력하였으며, 을 회사에서는 위 부동산의 매도사실을 알고서도 계속 거래하면서 오히려 거래량을 늘려 주었던 사실 등을 들어 사해의 의사가 없었음을 주장해 볼 수 있을 듯하다.

2. 수익자 또는 전득자의 사해행위

사해행위로 인하여 이익을 받은 자(수익자)나 그로부터 전득한 자에게도 그 행위 또는 전득 당시에 그로 인해 채권자를 해하게 됨을 알고 있어야 한다(민법 제406조 1항 단서). 수익자나 전득자 모두에게 사해의사가 있어야 하는 것은 아니고, 그 중 1인에게 있으면 족하다.

> 먼저 가등기가 경료되고 이에 기하여 본등기가 경료된 경우 사해행위가 되는지 여부를 판단하는 기준시는 언제인가?

가등기의 원인인 법률행위와 본등기의 원인인 법률행위가 명백히 다른 것이 아닌 한, 사해행위 요건의 구비여부는 가등기의 원인된 법률행위 당시를 기준으로 판단하여야 한다(대판 2001. 7. 27. 2000다73377).

【해 설】

병은 2년 전 갑에게 3,000만원을 1년 기한으로 빌려주었는데, 갑은 당시 퇴직금 약 1억원과 부동산을 가지고 있었다. 그런데 갑은 얼마 전 이를 모두 주식에 투자하였다가 회수하지 못하고 현재 다른 재산은 전혀 가지고 있지 않은 상태입니다. 그리고 갑 소유의 유일한 부동산도 2년 전 갑의 동생 을 앞으로 가등기 되었다가 최근에 가등기에 기한 본등기를 경료하였다. 병이 부동산을 통해 저의 채권액을 회수할 방법이 있는가가 문제된다.

병과 같은 경우에는 우선 채권자취소권을 행사하여 갑 소유의 부동산을 을로부터 갑에게로 돌려놓은 후 이를 압류하여야 한다. 채권자취소권에 관하여 민법 제406조 제1항은 "채무자가 채권자를 해함을 알고 재산권을 목적으로 한 법률행위를 한 때에는 채권자는 그 취소 및 원상회복을 법원에 청구할 수 있다. 그러나 그 행위로 인하여 이익을 받은 자나 전득한 자가 그 행위 또는 전득 당시에 채권자를 해함을 알지 못한 경우에는 그러하지 아니하다."라고 규정하고 있다.

그러므로 채권자취소권을 행사할 수 있기 위해서는 채무자 갑이 채권자인 귀하를 해함을 알고 을에게 부동산소유권을 이전해 주었다는 사실을 주장·입증할 수 있어야 한다. 위 사안의 경우 갑이 이미 많은 액수의 채무를 부담하고 있음에도 불구하고 자신의 유일한 부동산을 타인에게 양도하려면 일응 이를 사해행위(詐害行爲)로 볼 수 있을 것이다.

판례도 "채무자가 자기의 유일한 재산인 부동산을 매각하여 소비하기 쉬운 금전으로 바꾸는 행위는 특별한 사정이 없는 한 항상 채권자에 대하여 사해행위가 된다고 볼 것이므로 채무자의 사해의 의사는 추정되는 것이고, 이를 매수한 자가 악의가 없었다는 입증책임은 수익자에게 있다."라고 하였다(대법원 1998. 4. 14. 선고 97다54420 판결).

그런데 병의 경우와 같이 먼저 가등기가 경료되고 이에 기하여 다시 본등기가 경료된 경우에는 사해행위가 되는지 여부를 판단하는 기준시를 언제로 볼 것인지가 문제된다.

이에 관한 판례는 "가등기에 기하여 본등기가 경료된 경우 가등기의 원인인 법률행위와 본등기의 원인인 법률행위가 명백히 다른 것이 아닌 한 사해행위 요건의 구비 여부는 가등기의 원인된 법률행위 당시를 기준으로 하여 판단하여야 한다."라고 하였다(대법원 2001. 7. 27. 선고 2000다73377 판결, 2002. 7. 26. 선고 2001다73138, 73145 판결).

그런데 갑이 을에게 위 부동산에 대하여 가등기를 해줄 당시에는 현금을 상당히 가지고 있었으므로 갑이 무자력 상태에 있었다고 는 할 수 없을 것이고, 병은 위 양도행위에 관하여 채권자취소권을 행사할 수 없을 것으로 보인다.

> 채무자가 그의 유일한 부동산을 채권자 중 1인에게 가등기를 경료하였다가 본등기까지 해준 경우 다른 채권자들은 그 등기를 말소시킬 수 있는가?

말소시킬 수 있다.

【해 설】

갑은 가전제품판매상을 경영하던 중 을로부터 1,500만원, 갑의 처남인 병으로부터 3,000만원을 차용한 것을 비롯하여 총 5,000여만원의 채무를 지게 되었는데, 그 소유재산으로는 시가 4,500만원 상당의 가옥 한 채 뿐인데, 갑은 위 가옥 위에 담보목적으로 매매예약을 원인으로 한 병명의의 가등기를 경료하였다가 본등기까지 해주었다. 이 경우 을이 병을 상대로 갑과 병 사이의 위 행위가 채권자를 해하는 행위라고 하여 그 행위의 취소 및 병명의의 등기를 말소시킬 수 있는지가 문제된다.

채무자의 재산이 모든 채권을 변제하기에 부족한 경우에 채무자가 그의 유일한 재산인 부동산을 어느 특정 채권에 대한 채권담보로 제공하여 그 채권자명의로 매매예약에 의한 가등기를 해주거나, 그 가등기에 기한 본등기를 해준 때에는 그 채권자는 다른 채권자보다 우선하여 피담보채권을 변제 받을 수 있게 되어 그 범위내에서 일반채권자의 공동담보가 감소되고 이로 인하여 다른 채권자는 종전보다 더 불리한 지위에 서게 된다.

그러므로 그것은 다른 채권자의 이익을 해하는 것이라 할 것이고, 이러한 점은 피담보채권자가 최고액채권자이고 부동산의 시가 담보채권자의 채권액에 미치지 못하는 경우에도 마찬가지이다. 다만, 부동산에 대한 피담보채권액이 그 부동산가격을 초과하고 있는 경우, 채무자가 이를 양도한 행위가 일반채권자에 대한 관계에서는 사해행위에 해당되지 않는다(대법원 1997. 9. 9. 산거 97다10864 판결).

그런데 판례를 보면 채무초과상태에 있는 채무자가 자기의 부동산을 채권자중에 어느 한 사람에게 채권담보로 제공하는 행위는 특별한 사정이 없는 한 다른 채권자들에 대한 관계에서 사해행위에 해당한다고 하였다(대법원 2002. 4. 12. 선고 2000다43352 판결).

그리고 "어느 특정 채권자에 대한 담보제공행위가 사해행위가 되기 위하여는 채무자가 이미 채무초과 상태에 있을 것과 그 채권자에게만 다른 채권자에 비하여 우선변제를 받을 수 있도록 하여 다른 일반 채권자의 공동담보를 감소시키는 결과를 초래할 것을 그 요건으로 하므로, 채무자의 담보제공행위가 사해행위가 되는지 여부를 판단하기 위하여는 채무자의 재산상태를 심리하여 채무초과 여부를 밝혀보아야 한다."라고 하였다(대법원 2000. 4. 25. 선고 99다55656 판결).

따라서 이미 채무초과의 상태에 빠져있는 채무자 갑이 그의 유일한 재산인 부동산을 채권자 중의 한 사람인 병에게 채권담보로 제공하는 행위는 다른 특별한 사정이 없는 한, 다른 채권자인 을에 대한 관계에서 사해행위가 된다고 할 것이므로, 을은 갑과 병의 위 행위의 취소를 청구하여 원상회복 시킨 후 그 부동산에 강제집행 하여야 할 것이다.

사해행위취소소송에서 원상회복으로 가액배상을 명하는 경우, 수익자가 배상하여야 할 부동산의 가액에서 우선변제권 있는 임차보증금 반환채권 금액을 제공하여야 하는가?

공제하여야 한다(대판 2007. 7. 26. 2007다29119).

【해 설】

채무자의 법률행위가 사해행위에 해당하는 경우, 채권자는 채권자취소권을 행사하여 그 사해행위를 취소하고 목적물의 반환, 즉 원상회복을 청구하는 것이 원칙이다. 그러나 일정한 경우에는 가액배상을 하여야 하는 경우가 있다.

판례도 "어느 부동산에 관한 법률행위가 사해행위에 해당하는 경우에는 원칙적으로 그 사해행위를 취소하고 소유권이전등기의 말소 등 부동산 자체의 회복을 명하여야 하는 것이나, 다만 원물반환이 불가능하거나 현저히 곤란한 경우에는 원상회복의무의 이행으로서 사해행위 목적물의 가액 상당의 배상을 명하여야 하는 것이고, 이러한 가액배상에 있어서는 일반 채권자들의 공동담보로 되어 있어 사해행위가 성립하는 범위 내의 가액의 배상을 명하여야 한다."고 하였다(대법원 2003. 12. 12. 선고 2003다40286 판결).

또 판례는 사해행위취소소송에서 원상회복으로 가액배상을 명하는 경우, 수익자가 배상하여야 할 부동산의 가액에서 우선변제권이 있는 임차보증금 반환채권 금액을 공제하여야 하는가에 관해서, "그 부동산에 관하여 주택임대차보호법 제3조 제1항이 정한 대항력을 갖추고 임대차계약서에 확정일자를 받아 임대차보증금 우선변제권을 가진 임차인 또는 제1항이 정한 대항력을 갖추고 임대차계약서에 확정일자를 받아 임대차보증금 우선변제권을 가진 임차인 또는 같은 법 제8조에 의하여 임대차보증금 중 일정액을 우선하여 변제받을 수 있는 소액임차인이 있는 때에는 수익자가 배상하여야 할 부동산의 가액에서 그 우선변제권 있는 임차보증금 반환채권 금액을 공제하여야 한다(대법원 2001. 6. 12. 선고99다51197, 51203 판결, 2002. 3. 29. 선고 99다58556 판결 등 참조). 그리고 이러한 법리는 주택 소유자의 사망으로 인하여 그 주택에 관한 포괄적 권리의무를 승계한 공동상속인들 사이에 이루어진 상속재산 분할협의가 일부 상속인의 채권자에 대한 사해행위에 해당하는 경우 그 상속인의 상속지분을 취득한 수익자로 하여금 원상회복 의무의 이행으로서 지분 가액 상당의 배상을 명하는 경우에도 그대로 적용된다고 할 것이다."라고 하였다(대판 2007. 7. 26. 2007다29119).

> **사해행위 취소를 청구하는 경우 취소채권자의 채권액을 넘어서도 취소를 청구할 수 있는가?**

다른 채권자가 배당요구를 할 것이 명백하거나 목적물이 불가분인 경우에는 그 채권액을 넘어서도 취소를 청구할 수 있다(대판 2001. 9. 4. 2000다66416).

【해 설】

갑은 을에 대한 3,000만원의 대여금채권을 가지고 있는데, 을은 다른 채권자에 대한 채무도 많아 채무초과의 상태에서 그의 유일한 재산인 주택과 대지를 처 병에게 증여하였다. 갑은 을과 병의 증여계약을 사해행위로 취소하도록 소송을 제기하려고 하는바, 이 경우 대지의 가격만으로도 갑의 채권을 초과하므로 대지의 처분행위만의 취소를 청구하여야 하는지, 아니면 지상건물인 주택의 처분행위도 취소를 청구할 수 있는지가 문제된다.

채권자취소권에 관하여 민법 제406조 제1항은 "'채무자가 채권자를 해함을 알고' 재산권을 목적으로 한 법률행위를 한 때에는 채권자는 그 취소 및 원상회복을 법원에 청구할 수 있다. 그러나 그 행위로 인하여 이익을 받은 자나 전득(轉得)한 자가 그 행위 또는 전득 당시에 채권자를 해함을 알지 못하는 경우에는 그러하지 아니하다."라고 규정하고 있다.

그리고 위 규정에 의한 사해행위취소를 할 경우 채무자의 처분행위의 취소의 범위는 취소를 구하는 채권자의 채권의 구제에 필요한 한도 내에서 취소하여야 함이 원칙이다. 즉, 사해행위 취소의 범위는 취소권자의 채권액을 기준으로 한다.

그런데 채권자취소권에 의하여 취소할 수 있는 범위에 관련된 판례를 보면, "채권자취소권에 의하여 일출한 재산의 처분행위를 취소함에 있어 그 취소의 범위는 채권자의 채권의 구제에 필요한 한도에서 취소하여야 함이 원칙이나, 다른 채권자가 배당요구를 할 것이 명백하거나 목적물이 불가분인 경우와 같이 특별한 사정이 있는 경우에는 취소채권자의 채권액을 넘어서까지도 취소를 구할 수 있다."라고 하였다(대법원 1997. 9. 9. 선고 97다10864 판결, 2001. 9. 4. 선고 2000다66416 판결).

또한, "동일인의 소유인 토지와 건물의 처분행위를 채권자취소권에 의하여 취소하는 경우 그 중 대지의 가격이 채권자의 채권액보다 다액이라 하더라도 대지와 건물 중 일방만을 취소하게 되면 건물의 소유자와 대지의 소유자가 다르게 되어 가격이 호용을 현저히 감소시킬 것이므로 전부를 취소함이 정당하다."라고 하였다(대법원 1975. 2. 25. 선고 74다2114 판결).

따라서 위 사안에 있어서도 대지의 가액만으로 갑의 채권구제에 필요한 한도를 넘는다고 하여도 건물의 처분행위도 취소를 청구할 수 있을 것으로 보인다.

<blockquote>사해행위 이전에 성립되어 있는 채권자의 채권이 양도된 경우, 채권양도의 대항요건을 사해행위 이후에 갖춘 채권양수인이 채권자취소권을 행사할 수 있는가?</blockquote>

채권자의 채권이 사해행위 이전에 성립되어 있는 이상 그 채권이 양도된 경우에도 그 양수인이 채권자취소권을 행사할 수 있다(대판 2006. 6. 29. 2004다5822).

【해 설】

채권자취소권을 행사하려면 취소채권자의 채권은 사해행위 이전에 발생한 것이어야 한다. 사해행위 당시에 성립하지 않았던 채권은 사해행위에 의하여 침해된다는 일이 있을 수 없고, 채무자에게 채권자를 해한다는 인식도 있을 수 없기 때문이다.

그 외에도 판례는 "사해행위 당시에 이미 채권 성립의 기초가 되는 법률관계가 발생되어 있고, 가까운 장래에 그 법률관계에 기하여 채권이 성립되리라는 점에 대한 고도의 개연성이 있는 경우"에는 사해행위 당시에 그 채권이 성립하지 않았다고 하더라도 그 채권은 취소채권자의 채권의 범위에 속하는 것으로 본다(대판 2001. 3. 23. 2000다37821).

한편, 민법 제450조는 '지명채권의 양도는 양도인이 채무자에게 통지하거나 채무자가 승낙하지 아니하면 채무자 기타 제3자에게 대항하지 못한다. 이 통지나 승낙은 확정일자 있는 증서에 의하지 아니하면 채무자 이외의 제3자에게 대항하지 못한다'고 규정하고 있다.

위 사례의 경우, 사해행위 이전에 성립되어 있는 채권자의 채권이 양도된 경우, 채권양도의 대항요건을 사해행위 이전에 갖춘 채권양수인이 채권자취소권을 행사할 수 있는가가 문제된다. 판례는 이 사례에 대해 원고들이 양도받은 대여금채권은 이 사건 사해행위 이전에 성립되어 있었을 뿐만 아니라 원고들에게로의 채권양도 역시 그 이전에 이루어지고, 채권양도의 통지만이 사해행위 이후에 이루어진 사실을 인정할 수 있다고 하면서 "채권자의 채권이 사해행위 이전에 성립되어 있는 이상 그 채권이 양도된 경우에도 그 양수인이 채권자취소권을 행사할 수 있고, 이 경우 채권양도의 대항요건을 사해행위 이후에 갖추었더라도 채권양수인이 채권자취소권을 행사하는 데 아무런 장애사유가 될 수 없다 할 것이다."라고 하였다(대판 2006. 6. 29. 2004다5822).

채권자취소소송에서 채무자와 수익자 중 누구를 피고로 삼아야 하는가?

채권자취소소송에서는 피고는 수익자 또는 전득자이고, 채무자를 피고로 할 수 없다(대판 1991. 8. 13. 91다13717).

【해 설】

채권자취소소송에서 원고는 채권자이고 피고는 수익자(예 : 채무자의 증여행위가 사해행위에 해당하는 경우 그 증여를 받은 자) 또는 전득자이고, 채무자를 피고로 삼을 수 없다는 판례의 확고한 입장이다(대판 1991. 8. 13. 91다13717).

사해행위의 취소는 채권자가 채무자의 법률행위의 취소를 청구하는 것을 전제로 수익자(또는 전득자)를 상대로 하여 그로부터 목적물을 반환받으면 책임재산을 보전한다는 목적은 충분히 달성되는 것이므로, 굳이 채무자까지 피고로 끌어들여 채무자와 수익자 등 간의 법률관계까지 전면적으로 무효로 할 필요는 없다는 것이 그 이유이다.

판례이론에 의하면 수익자와 전득자의 선의 또는 악의 여부에 따라 다음과 같이 사해행위취소소송의 피고를 정할 수 있다.

사해행위로 인하여 이익을 받는 자(수익자)나 그로부터 전득한 자에게도 그 행위 또는 전득 당시에 그로 인해 채권자를 해하게 되는 것을 알고 있어야 사해행위가 성립되고, 수익자나 전득자 모두에게 사해의사가 있어야 하는 것은 아니고, 그 중 어느 1인에게 있으면 충분하기 때문이다.

ⅰ) 수익자가 선의이고 전득자가 악의인 때

전득자를 피고로 하여 재산의 반환을 청구할 수 있다.

ⅱ) 수익자가 악의이고 전득자가 선의인 때

수익자를 피고로 하여 그로부터 가액배상을 청구하거나 또는 전득자에게 영향을 미치지 않는 한도에서 재산의 반환을 청구할 수 있다.

ⅲ) 수익자·전득자 모두 악의인 때

채권자는 임의로 전득자를 피고로 하여 그로부터 재산의 반환을 청구하거나 또는 수익자를 피고로 하여 그로부터 재산의 반환에 갈음하여 가액의 배상을 청구할 수 있다

(대판 1998. 5. 15. 97다58316).

　ⅳ) 선의의 전득자로부터 다시 전득한 자가 악의인 때

　최종 전득자로부터 재산의 반환을 청구할 수 있다(통설).

> 채권자취소소송을 제기할 수 있는 기간은 어떻게 되는가?

채권자가 취소원인을 안 날로부터 1년, 법률행위가 있은 날로부터 5년 내에 제기하여야 한다(민법 제406조 1항).

【해 설】

　병은 2년 전 갑에 대한 채권에 기하여 갑의 유일한 재산인 부동산에 대하여 가압류신청을 하여 가압류집행을 하였고, 병이 가압류를 하기 전에 그 부동산에 갑이 을에게 설정해준 근저당권이 있었는데, 최근에서야 을이 갑의 친척으로서 위 근저당권은 실제로는 채무가 없으면서도 갑과 을이 통모하여 설정한 사실을 알고서 그 근저당권의 말소를 청구하고자 하는데, 채권자취소권의 제소기간이 지난 것은 아닌지가 문제이다.

　채권자취소권에 관하여 민법은 제406조에서 "① 채무자가 채권자를 해함을 알고 재산권을 목적으로 한 법률행위를 한 때에는 채권자는 그 취소 및 원상회복을 법원에 청구할 수 있다. 그러나 그 행위로 인하여 이익을 받은 자나 전득(轉得)한 자가 그 행위 또는 전득당시에 채권자를 해함을 알지 못하는 경우에는 그러하지 아니하다. ② 전항의 소는 채권자가 취소원인을 안 날로부터 1년, 법률행위가 있은 날로부터 5년 내에 제기하여야 한다."라고 규정하고 있다.

　그러므로 채권자취소권에 기한 사해행위취소의 소송은 채권자가 취소원인을 안 날로부터 1년, 법률행위가 있은 날로부터 5년 내에 제기하여야 한다. 그리고 이 기간은 출소(出訴)기간, 이른바 제척기간으로서 그 기간 경과에 의한 권리소멸여부를 법원이 직권으로 판단하여야 한다(대법원 2002. 7. 26. 선고 2001다73138, 73145 판결).

　그런데 판례는 "채권자취소의 소는 채권자가 취소원인을 안 때로부터 1년 이내에 제기하여야 하는 것인바, 여기에서 취소원인을 안다고 하기 위해서는 단순히 채무자의 법률행위가 있었다는 사실을 아는 것만으로는 부족하고, 그 법률행위가 채권자를 해하는 행위라는 것까지 알아야 하므로, 채권자가 채무자의 유일한 재산에 대하여 가등기가 경료된 사실을 알고 채무자의 재산상태를 조사한 결과 다른 재산이 없음을 확인한 후 채무자의 재산에 대하여 가압류를 한 경우에는 채권자는 그 가압류 무렵에는 채무자가 채권자를 해함을 알면서 사해행위를 한 사실을 알았다고 봄이 상당하지만, 채권자가 채무자 소유의 부동산에 대한 가압류신청시 첨부한 등기부등본에 수익자 명의의 근저당권설정등기가 경료되어 있었다는 사실만으로는 채권자가 가압류신청 당시 취소원인을 알았다고 인정할 수 없다."라고 한 바 있다(대법원 2001. 2. 27. 선고 2000다44348 판결).

그리고 '취소원인을 안 날'이라 함은 채권자가 채권자취소권의 요건을 안 날, 즉 채무자가 채권자를 해함을 알면서 사해행위를 하였다는 사실을 알게 된 날을 의미하고, 채권자가 취소원인을 알았다고 하기 위하여서는 단순히 채무자가 재산의 처분행위를 하였다는 사실을 아는 것만으로는 부족하고 구체적인 사해행위의 존재를 알고 나아가 채무자에게 사해의 의사가 있었다는 사실까지 알 것을 요하며, 사해의 객관적 사실을 알았다고 하여 취소의 원인을 알았다고 추정할 수는 없다는 판례도 있다(대법원 2002. 9. 24. 선고 2002다23857 판결).

그러나 "채권자가 채무자의 유일한 재산에 대하여 가등기가 경료된 사실을 알고 채무자의 재산상태를 조사한 결과 다른 재산이 없음을 확인한 후 채무자의 재산에 대하여 가압류를 한 경우, 채권자는 그 가압류 무렵에는 채무자가 채권자를 해함을 알면서 사해행위를 한 사실을 알았다고 봄이 상당하다."라고 한 바 있다(대법원 2001. 2. 27. 선고 2000다44348 판결, 2002. 11. 26. 선고 2001다11239 판결).

따라서 병이 가압류 당시 첨부된 부동산등기부등본상 사해행위로 설정된 근저당권이 등재되어 있었다는 객관적 사실만으로 귀하가 가압류당시 취소원인을 알았다고 할 수는 없을 것이므로 병은 채권자취소의 소를 제기해볼 수 있을 것으로 보인다.

> **사해행위 취소청구가 법정기간 안에 제기되면 원상회복청구의 소는 기간이 지난 뒤에도 제기할 수 있는가?**

기간이 지난 뒤에도 제기할 수 있다(대판 2001. 9. 4. 2001다14108).

【해 설】

갑은 을에 대하여 임차보증금반환채권이 있는데, 채무초과 상태에 빠지게 된 을이 자신 소유의 연립주택에 대하여 동생인 병에게 매매를 원인으로 한 소유권이전등기를 해 주었다. 그런데 갑은 병명의의 소유권이전등기가 된 것을 안 때로부터 거의 1년이 다 되어 병을 상대로 사해행위취소의 소를 제기하면서 원상회복인 병명의의 소유권이전등기를 말소하라는 청구를 누락하였다가 병명의의 소유권이전등기가 된 것을 안 때로부터 1년이 지난 제1차 변론기일에 출석하여 그 사실을 알고서 청구취지변경신청을 하여 병명의의 소유권이전등기를 말소하라는 청구를 추가하였다. 이 경우 갑이 병명의의 소유권이전등기가 된 것을 안 때로부터 1년이 지나서 병명의의 소유권이전등기를 말소하라는 청구를 추가한 것이 제척기간을 경과하여 문제되지는 않는가가 문제이다.

채권자취소권에 관하여 민법 제406조에 의하면 "① 채무자가 채권자를 해함을 알고 재산권을 목적으로 한 법률행위를 한 때에는 채권자는 그 취소 및 원상회복을 법원에 청구할 수 있다. 그러나 그 행위로 인하여 이익을 받은 자나 전득(轉得)한 자가 그 행위 또는 전득당시에 채권자를 해함을 알지 못하는 경우에는 그러하지 아니하다. ② 전항의 소는 채권자가 취소원인을 안 날로부터 1년, 법률행위가 있은 날로부터 5년 내에 제기하여야 한다."라고 규정하고 있다.

그런데 위 사안에서 을과 병의 매매계약을 취소하라는 청구는 사해행위의 취소에 해당하고, 병명의의 소유권이전등기를 말소하라는 청구는 원상회복의 청구에 해당할 것인데, 사해행위취소는 민법 제406조 제1항의 취소원인을 안 날로부터 1년 이내에 소송을 제기하였으나, 원상회복청구인 병명의의 소유권이전등기를 말소하라는 청구는 취소원인을 안 날로부터 1년이 지나서 청구하였으므로 그러한 청구가 가능한지가 문제된다.

이에 관하여 판례를 보면, "채권자가 민법 제406조 제1항에 따라 사해행위의 취소와 원상회복을 청구함에 있어 사해행위의 취소만을 먼저 청구한 다음 원상회복을 나중에 청구할 수 있으며, 이 경우 사해행위 취소 청구가 민법 제406조 제2항에 정하여진 기간 안에 제기되었다면 원상회복의 청구는 그 기간이 지난 뒤에도 할 수 있다."라고 하였다(대법원 2001. 9. 4. 선고 2001다14108 판결).

따라서 위 사안에서도 갑이 원상회복청구인 병명의의 소유권이전등기를 말소하라는 청구를 취소원인을 안 날로부터 1년이 지나서 청구하였다고 하여도 제척기간이 경과된 경우로 볼 수 없을 것이다.

> 채권자가 가등기의 원인행위에 대한 사해행위의 취소의 소를 제척기간 내에 제기한 경우, 본등기의 원인행위에 대한 사해행위의 취소의 소를 제척기간 경과 후에 제기하더라도 적법한가?

가등기의 등기원인인 법률행위와 본등기의 등기원인인 법률행위가 명백히 다른 것이 아닌 한, 채권자가 가등기의 원인행위이가 사해행위임을 안 때로부터 1년 내에 가등기의 원인행위에 대하여 취소의 소를 제기하였다면 본등기의 원인행위에 대한 취소청구는 그 원인행위에 대한 제척기간이 경과한 후 제기하더라도 적법하다(대판 2006. 12. 21. 2004다24960).

【해 설】

사해행위 취소의 소는 채권자가 취소원인을 안 날로부터 1년, 법률행위가 있은 날로부터 5년 내에 제기하여야 한다(민법 제406조 1항). 이 기간은 제척기간이므로, 법원은 그 기간의 준수 여부에 관하여 직권으로 조사하여 그 기간이 경과된 이후에 제기된 채권자취소의 소는 부적법한 것으로 각하하여야 한다(대판 1995. 5. 14. 95다50875).

그런데 채권자가 가등기의 원인행위에 대한 사해행위 취소의 소를 제척기간 내에 제기한 경우, 본등기의 원인행위에 대한 사해행위 취소의 소를 그 원인행위에 대한 제척기간이 경과한 후에 제기하였더라도 본등기의 원인행위에 대한 사해행위 취소의 소가 적법한지 여부가 문제된다.

이에 관해 판례는, "채무자 소유의 부동산에 관하여 수익자 명의로 소유권이전청구권의 보전을 위한 가등기가 경료되었다가 가등기에 기한 소유권이전등기의 본등기가 경료된 경우 가등기의 등기원인인 법률행위와 본등기의 등기원인인 법률행위가 명백히 다른 것이 아닌 한 본등기의 기초가 된 가등기의 등기원인인 법률행위를 제쳐놓고 본등기의 등기원인인 법률행위만이 취소의 대상이 되는 사해행위라고 볼 것은 아니므로, 채권자가 가등기의 등기원인인 법률행위를 안 날이 언제인지와 관계없이 본등기가 경료된 것을 안 날로부터 따로 사해행위의 취소를 청구하는 소의 제척기간이 진행된다고 볼 수 없다(대법원 1991. 11. 8. 선고 91다14079판결, 1993. 1. 26. 선고 92다11008 판결). 따라서 가등기 및 본등기의 원인행위에 대한 사해행위 취소 등 청구의 제척기간의 기산일은 가등기의 원인행위가 사해행위임을 안 때라고 할 것인바, 채권자가 가등기의 원인행위가 사해행위임을 안 때부터 1년 내에 가등기의 원인행위에 대하여 취소의 소를 제기하였다면 본등기의 원인행위에 대한 취소 청구는 그 원인행위에 대한 제척기간이 경과한 후 제기하더라도 적법하다."고 하였다(대판 2006. 12. 21. 2004다24960).

> 채무자가 유일한 재산인 부동산에 그의 처를 채권자로 하여 근저당권을 설정하였는데, 그 부동산은 타인으로부터 등기명의만 이전받은 신탁재산이라고 한다. 이 경우 그 근저당권의 말소를 청구할 수 있는가?

그 부동산은 채무자의 소유가 아니기 때문에 책임재산에 해당되지 않고 따라서 근저당권의 말소를 청구할 수 없다(대판 2000. 3. 10. 99다55069).

【해 설】

A는 갑에게 5,000만원을 빌려주고 변제 받지 못하고 있던 중, 갑의 유일한 재산인 부

동산을 찾아내었으나, 그 부동산에는 최근에 갑의 처 을을 채권자로 하는 근저당권이 설정되어 있었으므로, 그 근저당권의 취소를 청구하려고 하는데, 갑은 친구인 병이 실질적인 소유자이고 자기는 등기명의만 병으로부터 이전 받았을 뿐이라고 하는바, 이러한 경우 A가 위 근저당권의 말소를 청구할 수 있는가가 문제된다.

채권자취소권에 관하여 민법은 제406조에서 "① 채무자가 채권자를 해함을 알고 재산권을 목적으로 한 법률행위를 한 때에는 채권자는 그 취소 및 원상회복을 법원에 청구할 수 있다. 그러나 그 행위로 인하여 이익을 받은 자나 전득(轉得)한 자가 그 행위 또는 전득당시에 채권자를 해함을 알지 못하는 경우에는 그러하지 아니하다. ② 전항의 소는 채권자가 취소원인을 안 날로부터 1년, 법률행위가 있은 날로부터 5년 내에 제기하여야 한다."라고 규정하고 있다.

그런데 부동산실권리자명의등기에관한법률 제4조에 의하면 "① 명의신탁약정은 무효로 한다. ② 명의신탁약정에 따라 행하여진 등기에 의한 부동산에 관한 물권변동은 무효로 한다. 다만, 부동산에 관한 물권을 취득하기 위한 계약에서 명의수탁자가 그 일방당사자가 되고 그 타방당사자는 명의신탁약정이 있다는 사실을 알지 못한 경우에는 그러하지 아니하다. ③ 제1항 및 제2항의 무효는 제3자에게 대항하지 못한다."라고 규정하고 있다.

따라서 갑의 주장이 사실일 경우 위 부동산은 실질적으로 갑의 소유가 아닐 것이므로, 이러한 경우 귀하가 채권자취소권에 기하여 위 근저당권을 말소하라고 청구할 수 있을 것인지 문제된다.

관련 판례를 보면, "부동산에 관하여 부동산실권리자명의등기에관한법률 제4조 제2항 본문이 적용되어 명의수탁자인 채무자 명의의 소유권이전등기가 무효인 경우에는 그 부동산은 채무자의 소유가 아니기 때문에 이를 채무자의 일반 채권자들의 공동담보에 공하여지는 책임재산이라고 볼 수 없고, 채무자가 위 부동산에 관하여 제3자와 근저당권설정계약을 체결하고 나아가 그에게 근저당권설정등기를 마쳐주었다 하더라도 그로써 채무자의 책임재산에 감소를 초래한 것이라고 할 수 없으므로 이를 들어 채무자의 일반 채권자들을 해하는 사해행위라고 할 수 없고, 채무자에게 사해의 의사가 있다고 볼 수도 없다."라고 하였다(대법원 2000. 3. 10. 선고 99다55069 판결).

따라서 위 사안의 경우에도 A는 갑의 처인 을의 근저당권의 말소를 청구할 수 없을 것으로 보인다.

부동산이 이중으로 양도된 경우 제1양수인은 자신의 소유권이전등기청구권 보전을 위하여 이중양도행위에 대하여 채권자취소권을 행사할 수 있는가?

특정물에 대한 소유권이전등기청구권을 보전하기 위하여 채권자취소권을 행사할 수 없다(대판 1999. 4. 27. 98다56690).

【해 설】

병은 갑으로부터 토지를 구입하기로 계약을 체결한 후 잔금까지 지급하였으나 소유권이전등기는 하지 않고 있던 중, 갑은 위 토지를 을에게 이중으로 매도하여 소유권이전등기까지 경료되었으며 갑은 현재 소재불명인데, 이러한 경우 병이 갑에 대한 소유권이전등기청구권에 기하여 을을 상대로 소유권이전등기말소청구를 할 수 있는지 여부가 문제이다.

채권자취소권에 관하여 민법 제406조 제1항은 "채무자가 채권자를 해함을 알고 재산권을 목적으로 한 법률행위를 한 때에는 채권자는 그 취소 및 원상회복을 법원에 청구할 수 있다. 그러나 그 행위로 인하여 이익을 받은 자나 전득(轉得)한 자가 그 행위 또는 전득 당시에 채권자를 해함을 알지 못하는 경우에는 그러하지 아니하다."라고 규정하고 있다.

그런데 위 사안과 같이 채권자취소권을 특정물에 대한 소유권이전등기청구권을 보전하기 위하여 행사할 수 있을 것인지에 관하여 판례는 "부동산을 양도받아 소유권이전등기청구권을 가지고 있는 자가 양도인이 제3자에게 이를 이중으로 양도하여 소유권이전등기를 경료하여 줌으로써 취득하는 부동산 가액 상당의 손해배상채권은 이중양도행위에 대한 사해행위취소권을 행사할 수 있는 피보전채권에 해당한다고 할 수 없다."라고 하면서 "채권자취소권을 특정물에 대한 소유권이전등기청구권을 보전하기 위하여 행사하는 것은 허용되지 않으므로, 부동산의 제1양수인은 자신의 소유권이전등기청구권 보전을 위하여 양도인과 제3자 사이에서 이루어진 이중양도행위에 대하여 채권자취소권을 행사할 수 없다."라고 한 바 있다(대법원 1999. 4. 27. 선고 98다56690 판결).

즉, 채권자대위권의 경우와는 달리 특정채권(소유권이전등기청구권 등)을 보전하기 위하여 채권자취소권을 행사할 수는 없다.

따라서 위 사안의 경우에도 병이 채권자취소권에 기하여 을을 상대로 부동산소유권이전등기말소의 청구를 할 수는 없을 것으로 보인다.

참고로 부동산이중매매의 문제는 '선량한 풍속 기타 사회질서'에 위반한 사항을 내용으로 하는 법률행위는 무효로 한다는 민법 제103조에 해당하는지에 따라서 해결되어야 할 문제이고, 부동산 이중매매가 이러한 '반사회적 법률행위'로서 무효가 되기 위해서는 매도인의 배임행위와 매수인이 매도인의 배임행위에 적극 가담한 행위가 있는 매매로서, 그 적극가담행위의 정도는 매수인이 다른 사람에게 매매목적물이 매도된 것을 안다는 것만으로는 부족하고 적어도 그 매도사실을 알고도 매도를 요청하여 매매계약에 이르는 정도가 되어야 하며(대법원 1994. 3. 11. 선고 93다55289 판결, 1998. 2. 10 선고 97다26524 판결), 부동산이중매매가 반사회적 법률행위로서 무효라 하더라도 등기하지 않은 제1매수인은 아직 소유자는 아니므로, 직접 제2매수인에게 그 명의의 소유권이전등기말소를 청구할 수 없고, 매도인을 대위(代位)하여서만 그러한 청구를 할 수 있다(대법원 1983. 4. 26. 선고 83다카57 판결).

> 사해행위 후 그 목적물에 관하여 선의의 제3자가 저당권을 취득하였음을 이유로 가액배상을 명하는 경우, 가액배상의 범위는 어떻게 되는가?

사해행위 당시 일반채권자들의 공동담보로 되어 있던 부동산 가액 전부의 배상을 명하여야 한다(대판 2003. 12. 12. 2003다40286).

【해 설】

어느 부동산에 관한 법률행위가 사해행위에 해당하는 경우에는 원칙적으로 그 사해행위를 취소하고 소유권이전등기의 말소 등 부동산 자체의 회복을 명하여야 하는 것이나, 다만 원물반환이 불가능하거나 현저히 곤란한 경우에는 원상회복의무의 이행으로서 사해행위 목적물의 가액 상당의 배상을 명하여야 하는 것이고, 이러한 가액배상에 있어서는 일반 채권자들이 공동담보로 되어 있어 사해행위가 성립하는 범위 내의 가액의 배상을 명하여야 하는 것이므로, 사해행위 후 그 목적물에 일반 채권자들의 공동담보로 되어 있었던 부동산 가액 전부의 배상을 명하여야 할 것이고, 그 가액에서 제3자가 취득한 저당권의 피담보채권액을 공제할 것은 아니고, 증여의 형식으로 이루어진 사해행위를 취소하고 원물반환에 갈음하여 그 목적물 가액의 배상을 명함에 있어서는 수익자에게 부과된 증여세액과 취득세액을 공제하여 가액배상을 산정할 것도 아니다(대판 2003. 12. 12. 2003다40286).

> 채무자가 신용카드가입계약을 체결하고 신용카드를 발급받았으나 자신의 유일한 부동산을 매도한 후에 비로소 신용카드를 사용하기 시작하여 신용카드대금을 연체하게 된 경우, 신용카드업자는 채권자취소권을 행사할 수 있는가?

위 신용카드대금채권은 사해행위 이후에 발생한 채권에 불과하므로 채권자취소권을 행사할 수 없다.

【해 설】

취소채권자의 채권은 사해행위 이전에 발생하는 것이어야 한다. 사해행위 당시에 성립하지 않았던 채권은 사해행위에 의해 침해된다는 일이 발생하지 않을 뿐만 아니라, 채무자에게 채권자를 해한다는 인식이 있을 수도 없기 때문이다.

그런데 판례는 '사해행위 당시에 채권성립의 기초가 되는 법률관계가 발생되어 있고, 가까운 장래에 그 법률관계에 기하여 채권이 성립되리라는 고도의 개연성이 있는 경우'에는 사해행위 당시에 그 채권이 성립하지 않았다고 하더라도 그 채권은 채권자취소권에 의하여 보호받을 수 있는 채권에 해당된다고 본다(대판 2001. 3. 23. 2000다37821).

위 사례와 같이 신용카드가입계약의 체결만으로 채권자취소권의 행사를 위한 '채권성립의 기초가 되는 법률관계'가 있다고 할 수 있는지 여부가 문제되는데, 이에 관해 판례는 "채무자가 채권자와 신용카드가입계약을 체결하고 신용카드를 발급받았으나 자신의 유일한 부동산을 매도한 후에 비로소 신용카드를 사용하기 시작하여 신용카드대금을 연체하게 된 경우, 그 신용카드대금채권은 사해행위 이후에 발생한 채권에 불과하여 사해행위의 피보전채권이 될 수 없다."고 하였다(대판 2004. 11. 12. 2004다40955).

> 소유권이전등기청구권 보전을 위한 가등기가 사해행위에 해당되는 경우 어떤 방법으로 사해행위취소의 소를 제기하여야 하는가?

소유권이전등기청구권 보전을 위한 가등기가 사해행위임을 주장하여 그 매매계약을 취소하고 가등기를 말소하라는 청구를 하면 된다.

【해 설】

갑은 을에 대한 대여금 5,000만원의 채권을 가지고 있으나, 변제기가 지난 후 1년이 다 되도록 위 채권을 변제 받지 못하고 있다. 그런데 갑은 6개월 전 동생 을에게 갑의 유일한 부동산인 아파트에 소유권이전등기청구권보전을 위한 가등기를 해주었습니다. 그런데 을의 위 가등기는 담보가등기라고 하며, 위 가등기보다 선순위였던 병의 근저당권이 있었으나 위 가등기 후에 말소되었습니다. 이러한 경우 위 가등기가 사해행위임을 주장하여 사해행위취소의 소를 제기할 때 어떠한 방법으로 청구하여야 하는가가 문제된다.

채권자취소권에 관하여 민법 제406조 제1항은 "채무자가 채권자를 해함을 알고 재산권을 목적으로 한 법률행위를 한 때에는 채권자는 그 취소 및 원상회복을 법원에 청구할 수 있다. 그러나 그 행위로 인하여 이익을 받은 자나 전득(轉得)한 자가 그 행위 또는 전득 당시에 채권자를 해함을 알지 못하는 경우에는 그러하지 아니하다."라고 규정하고 있다.

그런데 채권자취소권의 대상이 되는 사해행위는 채무자의 총재산에 감소를 초래함으로써 채권자를 해하는 채무자의 재산적 법률행위를 말하므로 소유권이전등기청구권보전을 위한 가등기도 사해행위가 될 수 있다.

그런데 소유권이전등기청구권보전을 위한 가등기가 사해행위로서 이루어진 경우 원상회복의 방법에 관한 판례를 보면, "소유권이전등기청구권보전을 위한 가등기가 사해행위로서 이루어진 경우 그 매매예약을 취소하고 원상회복으로서 가등기를 말소하면 족한 것이고, 가등기 후에 저당권이 말소되었다거나 그 피담보채무가 일부 변제된 점 또는 그 가등기가 사실상 담보가등기라는 점 등은 그와 같은 원상회복의 방법에 아무런 영향을 주지 않는다."라고 하였다(대법원 2001. 6. 12. 선고 99다20612 판결, 2002. 4. 12. 선고 2000다63912 판결).

따라서 위 사안에서도 갑은 을을 상대로 위 소유권이전등기청구권보전을 위한 가등기가 사해행위임을 주장하여 그 매매계약을 취소하고 위 가등기를 말소하라는 청구를 하면 될 것이고, 가등기 후에 선순위 근저당권이 말소된 점 및 위 가등기가 사실상 담보가등기라는 점을 고려할 필요는 없을 것으로 보인다.

> 근저당권설정계약이 사해행위로 취소되었으나 당해 부동산이 이미 입찰절차에서 매각되어 대금이 완납된 경우, 어떻게 되는가?

수익자는 경매절차에서 배당받은 배당금 전액을 반환하여야 하고, 그 배당금은 추후 모든 채권자에게 안분배당된다.

【해 설】

갑은 을에 대한 대여금채권이 있으나 변제기가 지난 후에도 그 채권을 지급 받지 못하고 있었다. 그런데 역시 을에 대한 대여금채권인 병은 을로부터 을의 유일한 부동산인 아파트에 근저당권을 설정받았다. 그러므로 갑은 병을 상대로 을과 병의 근저당권계약은 사해행위로서 취소하고 근저당권설정등기의 말소를 청구하는 소송을 제기하여 소송진행 중 을이 위 근저당권에 기하여 신청한 입찰절차에서 위 아파트가 정에게 낙찰되어 낙찰대금까지 완납된 상태입니다. 이 경우 어떻게 되는가?

채권자취소권에 관하여 민법은 제406조에서 "① 채무자가 채권자를 해함을 알고 재산권을 목적으로 한 법률행위를 한 때에는 채권자는 그 취소 및 원상회복을 법원에 청구할 수 있다. 그러나 그 행위로 인하여 이익을 받은 자나 전득(轉得)한 자가 그 행위 또는 전득당시에 채권자를 해함을 알지 못하는 경우에는 그러하지 아니하다. ② 전항의 소는 채권자가 취소원인을 안 날로부터 1년, 법률행위가 있은 날로부터 5년 내에 제기하여야 한다."라고 규정하고 있다.

그런데 판례를 보면, "채권자의 사해행위취소 및 원상회복 청구가 인정되면, 수익자 또는 전득자는 원상회복으로서 사해행위의 목적물을 채무자에게 반환할 의무를 지게 되고, 만일 원물반환이 불가능하거나 현저히 곤란한 경우에는 원상회복의무의 이행으로서 사해행위 목적물의 가액 상당을 배상하여야 하는바, 원래 채권자와 아무런 채권·채무관계가 없었던 수익자가 채권자취소에 의하여 원상회복의무를 부담하는 것은 형평의 견지에서 법이 특별히 인정하는 것이므로, 그 가액배상의 의무는 목적물의 반환이 불가능하거나 현저히 곤란하게 됨으로써 성립하고, 그 외에 그와 같이 불가능하게 된 데에 상대방인 수익자 등의 고의나 과실을 요하는 것은 아니며, 이 경우 채권자는 상대방에 대하여 직접 자기에게 지급할 것을 청구할 수 있다. 여기서 원물반환이 불가능하나 현저히 곤란한 경우라 함은 원물반환이 단순히 절대적·물리적인 불능인 경우가 아니라 사회생활상의 경험칙상 또는 거래상의 관념에 비추어 채권자가 수익자나 전득자로부터 이행의 실현을 기대할 수 없는 경우를 말하고(대법원 1996. 7. 26. 선고 96다14616 판결), 사해행위의 목적물이 수익자로부터 전득자로 이전되어 그 등기까지 경료되었다면 후일 채권자가 전득자를 상대로 소송을 통하여 구제 받을 수 있는지 여부에 관계없이, 수익자가 전득자로부터 목적물의 소유권을 회복하여 이를 다시 채권자에게 이전하여 줄 수 있는 특별한 사정이 있으면 모르되, 그렇지 아니한 일반의 경우에는 그로써 채권자에 대한 목적물의 원상회복의무는 법률상 이행불능의 상태에 있다고 봄이 상당하다."라고 하였다(대법원 1998. 5. 15. 선고 97다58316 판결).

그리고 근저당권설정계약이 사해행위로 취소되었으나, 당해 부동산이 이미 입찰절차에서 낙찰되어 대금이 완납된 경우, 채권자취소권의 행사에 따른 원상회복의 방법에 관하여 판례를 보면, "채무자와 수익자 사이의 저당권설정행위가 사해행위로 인정되어 저당권설정계약이 취소되는 경우에도 당해 부동산이 이미 입찰절차에 의하여 낙찰되어 대금이 완납되었을 때에는 낙찰인의 소유권취득에는 영향을 미칠 수 없으므로, 채권자취소권의 행사에 따르는 원상회복의 방법으로 입찰인의 소유권이전등기를 말소할 수는 없고, 수익자가 받은 배당금을 반환하여야 하고, 채권자취소권은 채권의 공동담보인 채무자의 책임재산을 보전하기 위하여 채무자와 수익자 사이의 사해행위를 취소하고 채무자의 일반재산으로부터 일탈된 재산을 모든 채권자를 위하여 수익자 또는 전득자로부터 환원시키는 제도이므로, 수익자인 채권자로 하여금 안분액의 반환을 거절하도록 하는 것은 자신의 채권에 대하여 변제를 받은 수익자를 보호하고 다른 채권자의 이익을 무시하는 결과가 되어 제도의 취지에 반하게 되므로, 수익자가 채무자의 채권자인 경우 수익자가 가액배상을 할 때에 수익자 자신도 사해행위취소의 효력을 받는 채권자 중의 1인이라는 이유로 취소채권자에 대하여 총채권액 중 자기의 채권에 대한 안분액의 분배를 청구하거나, 수익자가 취소채권자의 원상회복에 대하여 총채권액 중 자기의 채권에 해당하는 안분액의 배당요구권으로써 원상회복청구와의 상계를 주장하여 그 안분액의 지급을 거절할 수는 없다."라고 하였다(대법원 2001. 2. 27. 선고 2000다44348 판결).

따라서 위 사안에서 을과 병의 근저당권설정계약이 사해행위로서 취소된다면 을은 입찰절차에서 배당받은 배당금을 전액 반환하여야 할 것이고, 자신도 사해행위취소의 효력을 받는 채권자 중의 1인이라는 이유로 상계주장은 할 수 없을 것으로 보인다. 그리고 그 반환된 배당금은 모든 채권자를 위하여 반환 받은 것이므로 추후 모든 채권자에게 안분배당 하여야 할 것으로 보인다.

> 채무자와 수익자 사이의 부동산매매계약이 사해행위라는 이유로 취소되어 그 소유권이전등기가 말소된 경우 그 이전에 이루어진 수익자의 채권자가 한 가압류의 효력은 소멸되는가?

사해행위의 취소는 상대적 효력밖에 없으므로 특단의 사정이 없는 한 가압류의 효력이 당연히 소멸되는 것은 아니다(대판 1990. 10. 20. 89다카35421).

【해 설】

사해행위 취소의 효력은 상대적이다. 즉, 취소판결의 기판력은 소송에 참가하지 않은 채무자에게는 마치지 않고, 또한 채무자와 수익자, 수익자와 전득자 사이의 법률관계에는 영향을 주지 않는다(대판 1988. 2. 23. 87다카1989). 따라서 취소의 효과로서의 원상회복도 채권자와 수익자 또는 전득자와의 상대적 관계에서만 발생할 뿐이고, 채무자가 직접 권리를 취득하지는 않는다. 채권자가 변제를 받고 난 나머지는 수익자 또는 전득자에게 반환되어야 한다.

위 사례에 대해서 판례는, "사해행위의 목적부동산에 수익자에 대한 채권자의 가압류등기가 경료된 후 채무자와 수익자 사이의 위 부동산에 관한 매매계약이 사해행위라는 이유로 취소되어 수익자 명의의 소유권이전등기가 말소되었다 하더라도 사해행위의 취소는 상대적 효력밖에 없어 특단의 사정이 없는 한 가압류의 부담이 있는 소유권을 취득하였다 할 것인바, 원심이 위 부동산에 관한 수익자 명의의 소유권이전등기가 원인무효라는 이유만으로 가압류채권자의 위 부동산에 대한 강제집행을 불허한 조치는 사해행위취소의 효력에 관한 법리를 오해한 위법이 있다."고 하였다(1990. 10. 30. 제1부 판결, 89다카35421 제3자이의).

> 강제집행면탈을 목적을 가진 채무자가 제3자와 명의신탁약정을 맺고 채무자 소유의 부동산에 관하여 제3자 앞으로 소유권이전등기를 경료한 경우에, 제3자가 채권자에 대한 관계에서 직접 불법행위책임을 지는가?

그 제3자가 채무자와의 약정으로 당해 명의수탁등기를 마쳤다는 것만으로는 부족하고, 그 명의신탁으로써 채권자의 채권의 실현을 곤란하게 한다는 점을 알면서 채무자의 강제집행면탈행위에 공모 가담하였다는 등의 사정이 입증되어 그 채권침해에 대한 고의·과실 및 위법성이 인정되어야 불법행위책임을 진다(대판 2007. 9. 6. 2005다25021).

【해 설】

<제3자에 의한 채권침해>

1. 의 의

채권은 상대권으로서 채무자에게 일정한 급부를 청구하는 것을 내용으로 하는 권리이다. 따라서 채권은 원칙적으로 채무자에 의해 침해되는 것을 예상하고 있고, 이것이 바로 채무불이행이다.

그렇다면 채권은 채무자 이외의 제3자에 의하여서도 침해될 수 있는가? 다시 말하면 제3자의 채권침해는 채권자에 대하여 불법행위가 되는가가 문제된다. 이에 관해 제3자의 채권침해는 채권자에 대해 불법행위가 성립된다는 것이 통설·판례의 태도이다.

2. 제3자의 채권침해에 의한 불법행위의 성립요건

이에 관하여 판례는 다음과 같이 판시하였다.

"일반적으로 제3자에 의한 채권의 침해가 불법행위를 구성할 수는 있으나, 제3자의 채권침해가 반드시 언제나 불법행위로 되는 것은 아니고 채권침해의 태양에 따라 그 성립여부를 구체적으로 검토하여 정하여야 하는바, 제3자가 채무자의 책임재산을 감소시키는 행위를 함으로써 채권자로 하여금 채권의 실행과 만족을 불가능 내지 곤란하게 하는 경우 채권의 침해에 해당한다고 할 수는 있겠지만, 그 제3자의 행위가 채권자에 대하여 불법행위를 구성한다고 하기 위하여는 단순히 채무자 재산의 감소행위에 관여하였다는 것만으로는 부족하고 제3자가 채무자에 대한 채권자의 존재 및 그 채권의 침해사실을 알면서 채무자와 적극 공모하였다거나 채권행사를 방해할 의도로 사회상규에 반하는 부정한 수단을 사용하였다는 등 채권침해의 고의·과실 및 위법성이 인정되는 경우라야만 할 것이며, 여기에서 채권침해의 위법성은 침해되는 채권의 내용, 침해행위의 태양, 침해자의 고의 내지 해의의 유무 등을 참작하여 구체적, 개별적으로 판단하되, 거래의 자유 보장의 필요성, 경제·사회정책적 요인을 포함한 공공의 이익, 당사자 사이의 이익균형 등을 종합적으로 고려하여 신중히 판단하여야 할 것이다(대법원 1975. 5. 13. 선고 73다1244 판결, 2001. 5. 8. 선고 99다38699 판결, 2003. 3. 14. 선고 2000다32437 판결 등 참조). 그리고 이는 강제집행면탈 목적을 가진 채무자가 제3자와 명의신탁약정을 맺고 채무자 소유의 부동산에 관하여 제3자 앞으로 소유권이전등기를 경료한 경우에, 제3자가 채권자에 대한 관계에서 직접 불법행위책임을 지기 위하여는 단지 그가 채무자와의 약정으로 당해 명의수탁등기를 마쳤다는 것만으로는 부족하고, 그 명의신탁으로써 채권자의 채권의 실현을 곤란하게 한다는 점을 알면서 채무자의 강제집행면탈행위에 공모 가담하였다는 등의 사정이 입증되어 그 채권침해에 대한 고의·과실 및 위법성이 인정되는 경우라야만 할 것이다."(대판 2007. 9. 6. 2005다25021).

제 2 장　　강제집행의 보전

제 1 절　가압류, 가처분

Ⅰ. 보전처분 총설

1. 집행보전절차의 의의

　가압류, 가처분절차는 현상을 방치하여 두면, 장래의 강제집행이 불가능하게 되거나 현저하게 곤란하게 될 우려가 있는 경우에, 채무자의 처분을 금하는 등의 방법으로 현상의 변경을 금하고 강제집행의 보전을 하는 절차이다.

　채권자가 강제집행을 실시하려면 그가 담보권자인 경우를 제외하고는 먼저 집행권원을 구비하여야 하는데, 이 집행권원은(사업상의 급무의무의 존재를 증명하는 것으로서 법률에 의하여 집행력이 주어진 공증의 문서(예 : 이행확정판결))을 구비하는 데에는 상당한 기간이 소요되거나 비록 집행권원을 구비하였다고 하더라도 조건부이거나 기한부인 경우에는 기한이 도래하거나 조건이 성취할때까지 강제집행을 할 수 없다.

　그런데 강제집행 전에 채무자가 재산을 처분·은닉·훼손·소비하여 버리면 채권자의 강제집행은 사실상·법률상으로 불가능하게 되거나 곤란하게 되어 채권실현을 할 수 없게된다. 따라서 강제집행의 목적이 실현되기 위해서는 채무자의 일반재산이나 채권의 목적물을 현상 그대로 유지시켜 둘 필요가 있는데, 채무자의 일반재산을 유지하기 위한 가압류의 다툼의 대상인 목적물을 현상 그대로 유지하는 가처분과 같은 경우를 집행보전절차 또는 보전소송이라고 한다.

2. 보전절차의 종류

(1) 가압류

　전채권 또는 금전으로 환산할 수 있는 채권을 위한 보전처분으로 앞으로 집행의 대상이 될 수 있는 재산을 임시로 압류해 두는 조치이다.

(2) 가처분

　가처분에는 다툼의 대상에 대한 가처분(민사집행법 제정 전에는 계쟁물에 관한 가처분이라고 하였음)과 임시의 지위를 정하기 위한 가처분이 있다.

　다툼의 대상에 관한 가처분은 금전채권 이외의 급여청구권을 장래에 실현하기 위하여 현재의 상태를 변경시키지 못하도록 하는 보전처분이고, 임시의 지위를 정하는 가처분은 다툼이 있는 권리관계에 대하여 다툼이 종결될 때까지 권리자에게 임시의 지위를 주어 현재의 위험을 피하고자 하는 보전처분이다.

3. 보전절차의 구조

보전처분은 보전소송절차와 보전집행절차의 2단계로 진행된다.

(1) 보전소송

보전소송절차란 보전처분을 내려 달라는 신청에 대하여 법원이 그 당부를 판단하여 결정하는 절차이다. 마치 통상의 소송절차와 비슷하다. 따라서 명문의 규정은 없지만 민사집행에 규정이 있는 경우를 제외하고는 통상의 소송절차에 관한 민사소송법의 규정이 준용된다. 법원이 보전처분을 할 필요가 있다고 판단하면 보전명령을 한다. 구체적으로 가압류명령과 가처분명령이다.

보전소송에 있어서 능동적 당사자를 채권자 또는 신청인이라 부르고, 수동적 당사자를 채무자 또는 피신청인이라고 한다.

(2) 보전집행

법원의 보전명령(가압류명령·가처분명령)이 내려지면 이것을 집행권원으로 하여 그 다음 단계로 보전집행절차가 진행된다. 이것은 보전처분을 구체적으로 실현시키는 절차로서 강제집행절차와 유사하다.

따라서 여기에는 원칙적으로 민사집행법의 규정이 준용된다. 보전집행은 강제집행과 달리 보전의 한도에서만 허용된다. 따라서 원칙적으로 압류의 단계까지만 집행이 허용되고,, 이후의 단계는 보전의 필요를 넘어서는 조치이기 때문에 허용되지 않는다. 이 점이 강제집행과 구별되는 보전집행의 특징이다.

Ⅱ. 가압류

1. 의 의

가압류는 금전채권이나 금전으로 환산할 수 있는 채권에 대하여 동산 또는 부동산에 대한 강제집행을 보전하기 위한 절차이다(민사집행법 제276조 1항).

돈을 빌려주었는데도 채무자가 변제하지 않을 경우 법원에서 승소판결을 받았어도 채무자가 지급하지 않을 때에는 채무자의 재산을 압류하여 금전으로 환가처분하여 변제에 충당하여야 한다. 그러기 위해서는 미리 채무자의 재산을 확보해 두어야 하는데, 판결을 받기 전이나 소송을 제기하기 전에 채무자의 재산에 일정한 제한을 가하여 처분하지 못하게 하는 것이 가압류이다.

2. 가압류의 요건

(1) 피보전 채권

가압류에 의해서 보전할 수 있는 채권은 금전채권 또는 금전으로 환산할 수 있는 채권에 한한다(민집 제276조 1항).

금전채권은 일정액의 금전지급을 내용으로 하므로 대출채권, 어음채권, 매매대금채권, 손해배상청구권, 부당이득반환청구권 등이 해당된다.

또한 금전채권 및 금전으로 환산할 수 있는 채권이면 조건부 및 기한부 채권일지라도 무방하다. 판례는 부동산소유권이전등기청구권도 가압류를 할 수 있다고 한다(대판 2000. 4. 11. 99다51685).

그러나 파산절차, 회사정리절차상 채권 및 강제집행하지 않겠다는 특약이 있는 채권은 피보전채권으로서 자격을 갖지 못하므로 그 채권을 가지고 가압류를 할 수 없다.

또한 금전으로 환산할 수 없는 가족법상의 청구권이나 가사소송절차에서 확정된 부양료지급청구권이나 상속재산분할청구권 등도 가압류의 피보전권리가 될 수 없다.

(2) 보전의 필요성이 있을 것

가압류는 채권보전의 필요성이 있는 경우에 한하여 허용된다.

가압류는 이를 하지 아니하면 판결을 집행할 수 없거나 판결을 집행하는 것이 매우 곤란할 염려가 있는 경우에 할 수 있다(민집 제277조).

채무자가 그의 책임재산을 은닉·낭비하는 경우나 빈번하게 이사하거나 도주함으로써 강제집행을 불가능하게 하는 경우 등이 여기에 해당된다고 할 것이다.

단순히 채무자가 피보전권리를 다투거나 부인하는 경우에는 집행 곤란의 염려가 있다고 할 수는 없다.

그러나 채권자가 충분한 담보권을 가지고 있다든지 즉시 강제집행을 할 수 있는 집행권원을 가지고 있는 경우, 또는 별도로 충분한 가압류집행을 하여 놓은 경우 등에도 보전의 필요는 인정되지 않는다. 판례는 선박우선특권 있는 채권자는 선박소유자의 변동에 관계없이 그 선박에 대하여 집행권원 없이도 경매청구권을 행사할 수 있으므로 보전의 필요가 없다고 하였다(대판 1988. 11. 22. 87다카1671).

3. 가압류 소송절차

(1) 관할법원

가압류는 가압류할 물건이 있는 곳을 관할하는 지방법원이나 본안의 관할법원이 관할한다(민집 제278조). 이는 전속관할이다.

채권자는 어느 한 쪽을 선택하여 가압류신청을 하면 된다.

가. 가압류할 목적물이 유체물인 경우

물건이 있는 곳을 어떻게 증명할지가 문제인데, 부동산의 경우에는 등기부에 그 소재지가 분명하게 기재되어 있으므로 문제가 없으나 유채동산의 경우에는 한 개 이상의 물건을 표시하여 그 소재지를 밝히거나, 아니면 채무자의 주소나 거소 또는 영업소 등이 법원의 관할구역 안에 있다는 것을 입증하면 될 것이다.

가압류의 목적물이 여러 지방법원의 관할구역 내에 흩어져 있는 경우에는 그 중 어느 법원에 신청을 하여도 된다. 그리고 관할법원은 가압류를 신청하는 시점을 기준으로 정한다(민집 제23조, 민소 제33조).

나. 본안의 관할법원

본인이란 가압류에 의하여 보전될 채권에 관한 판결절차(재판에 의한 사법상의 권리관계를 확정하는 절차)를 말한다. 반드시 판결절차이어야 할 필요는 없고 독촉절차, 제소전 화해절차, 조정절차 등도 본안에 포함된다.

본안의 소를 제기하기 전에도 가압류신청을 할 수 있으므로(민집 제288조 3항 참조), 본안의 관할법원을 정하기 위해서는 본안의 계속을 전후하여 따로 살펴보아야 한다. '본안의 관할법원'이란 제1심(2심 계속 중이면 그 계속법원)을 말하는 것이다(민집 제311조).

가압류를 신청할 때 아직 본안계속 전이면 채권자가 제기할 본안소송에 관하여 토지 및 사물관할이 있는 지방법원이 본안의 관할법원이 된다. 본안에 관하여 당사자가 합의 관할을 한 때에는 그에 따라 관할법원을 정한다. 그리고 본안의 관할법원이 여럿일 때에는 채권자가 이를 선택할 수 있다.

가압류를 신청할 때에 이미 본안이 제1심 또는 상고심에 계속 중인 때에는 제1심 법원이 관할법원이 된다(제311조 본문). 그러나 본안이 제2심에 계속된 때에는 그 계속된 법원이 본안의 관할법원이 된다(제311조 단서).

신청 당시에 본안이 계속되어 있었으면, 그 뒤 본안소송이 취하되거나 관할위반으로 이송되어도 가압류사건에 관한 관할은 소멸하지 않는다.

상고법원에는 권할법원이 없다.

다. 급박한 경우

급박한 경우에는 재판장이 가압류 신청에 대한 재판을 할 수 있다(민집 제312조).

(2) 가압류의 신청

가압류절차는 채권자의 신청에 의하여 개시된다.

보전처분의 신청에는 그 성질에 반하지 않는 한, 소장에 관한 규정이 준용된다(민집 제23조). 보전처분의 신청은 본안소송의 제기 전에 행함이 보통이나 소송 후에도 집행권원을 얻기 전까지는 할 수 있다. 신청방식은 신청의 취지와 이유를 적은 서면으로 하여야 한다(민사집행규칙 제203조).

가. 신청서의 기재사항

신청서에는 청구표시, 즉 피보전권리의 요지. 신청취지(집규 203조 2항), 가압류이유가 되로 사실 즉 신청이유(집규 203조 2항)를 기재하되, 채권 그 밖의 재산가압류신청에 있어서는 특히 가압류할 채권의 종류·액수, 채권자·채무자·제3채무자 및 대리인, 청구권의 일부에 대하여서만 가압류신청을 하거나, 목적채권의 일부에 대해서만 가압류신청을 하는 경우에는 그 범위 등도 기재하고, 그 밖에 이 신청은 소장에 준하므로 소장의 기재사항도 기재할 수 있다.

1) 당사자 및 법정대리인의 표시(민소법 제249조 1항 준용)

가압류 신청은 소장에 준하므로 소장의 기재사항인 당사자와 법정대리인을 적어야 한다.

당사자의 성명·명칭 또는 상호로 표시하고 주소와 연락처(전화번호·팩시밀리번호·전자우편주소 등)를 기재한다(민소법 274조 1항 1호, 민규 2조). 당사자가 무능력자인 경우에는 그 법정대리인을 기재하고 법인인 경우에는 그 대표자를 기재한다.

2) 소송대리인의 표시

소송대리인의 성명과 주소를 기재한다(민소법 274조 1항 2호).

3) 신청의 취지(민사집행규칙 제203조 3항)

신청에 의하여 구하고자 하는 보전처분의 내용으로서, 소장에 있어서의 청구취지에 상응하는 것이다(민소법 249조). 가압류를 구한다는 취지를 적어야 한다. 당사자의 신청의 목적과 한도를 나타내는 표준이 되므로 명확히 기재하여야 한다.

4) 신청이유의 기재(민사집행규칙 제203조 2항)

가압류를 구하는 근거가 되는 이유를 적어야 한다. 청구채권의 존재와 보전의 필요성을 구체적으로 적어야 한다.

　ⅰ) 청구채권의 표시

　가압류에 있어서 그 피보전권리인 청구채권을 표시하고 그 금액을 기재한다. 그 청구채권이 일정한 금액이 아닌 때에는 금전으로 환산한 금액을 적어야 한다(민집 제279조 1항 1호).

　피보전권리는 경우에 따라 복수일 수 있으며 예비적·선택적으로 기재하여도 된다.

　ⅱ) 가압류의 필요성 기재

　가압류의 이유가 되는 사실을 표시하여야 한다(민집 제279조 1항 2호).

　상세히 표시함으로써 가압류를 하지 아니할 수 없음을 기술한다.

　5) 소명방법의 표시

　민사집행법 제279조 제2항·제301조는 청구채권과 보전처분의 이유가 되는 사실의 소명을 요구하고 있으므로 신청서에 그 소명방법을 기재하고 그 소명방법이 서류일 때에 그 사본 등을 첨부하여야 한다.

　소명은 일응 그럴 것이라고 믿기에 족한 것으로서 즉시 조사할 수 있는 것이면 족하다는 것이 통설이다.

　6) 덧붙인(첨부) 서류의 표시(민소법 제274조 1항 6호)

　7) 연·월·일의 표시(민소법 제274조 1항 7호)

　신청서의 제출일자를 기재한다.

　8) 법원의 표시

　그 신청이 관할권 있는 법원에 제대로 신청되었는지를 심사하기 위하여 법원을 표시한다(민소법 제274조 1항 8호).

　9) 당사자 또는 대리인의 기명날인 또는 서명(민소법 제274조)

　나. 소명자료의 첨부

　가압류신청에 대한 재판은 보통 변론을 열지 않고 하므로(제280조 1항) 채권자는 청구채권과 가압류의 이유를 소명하여야 한다(민집 제279조 2항). 따라서 그 소명자료를 첨부하여야 한다.

　다. 가압류신청진술서 첨부

　가압류 신청에는 가압류신청진술서를 첨부하여야 한다. 이를 첨부하지 아니하거나 고의로 진술사항을 누락하거나 허위진술내용이 발견된 경우에는 특별한 사정이 없는 한 보정명령 없이 신청을 기각할 수 있다(재민 2004-4). 이 진술서는 전산양식 A4705로 다운받아 사용할 수 있다.

라. 인지 첨부 등

가압류신청서는 1통 제출하되, 이에는 2,000원의 인지를 붙이며, 그 외 (신청인 수 + 상대방의 수)×3회분의 송달료를 예납하여야 한다.

그 외에 소장의 경우와 같이 대리인 또는 대표자의 자격을 증명하는 서면(위임장·등기부등본 등)을 첨부하여야 한다.

신청서 부본을 채무자에게 송달할 필요가 없으므로 신청서부본을 제출할 필요는 없다. 다만, 상대방이 출석하는 심문이나 변론을 열어 심리하는 경우에는 신청서부본을 제출하여야 한다.

【부동산가압류신청서(전산양식 A4701)】

부동산가압류신청서

채 권 자   ○ ○ ○ (주민등록번호   -   )
            ○시 ○구 ○동 ○ (우   -   )
채 무 자   ○ ○ ○ (주민등록번호   -   )
            ○시 ○구 ○동 ○ (우   -   )

신 청 취 지

채무자 소유의 별지목록 기재 부동산을 가압류한다는 결정을 구함

청구채권(피보전권리)의 내용
청구금액   금   원

신 청 이 유
(생 략)
소 명 방 법

1. 부동산등기부등본
2.

                 20○○. ○. ○.
                        채권자 ○ ○ ○ (날인 또는 서명)
                             (연락처 :   )

○○지방법원   귀중

◇ 유의사항 ◇

1. 청구채권(피보전권리)의 내용란에는 채권의 발생일자와 발생원인 등을 기재한다(예시 200○. 1. 1.자 대여금).
2. 신청인은 연락처란에 언제든지 연락 가능한 전화번호나 휴대전화번호(팩스번호, 이메일 주소 등도 포함)를 기재하기 바랍니다.
3. 이 신청서를 접수할 때에는 당사자 1인당 3회분의 송달료를 송달료수납은행에 예납하여야 합니다(다만, 송달료수납은행이 지정되지 아니한 시·군법원의 경우에는 우표로 납부).

<별지목록>

가압류할 부동산

1. 서울 종로구 청운동 100
   대 200㎡

2. 위 지상
   시멘트블럭조 기와지붕 단층주택
   50㎡ 끝.

주
1. 신청은 신청의 취지와 이유를 적은 서면으로 하여야 한다(집규 203조).
2. 신청서에는 민사소송등인지법 제9조 제3항에 의한 인지, 즉 2,000원을 첨부(재민 91-1)하여야 한다. 그 외에 소장의 경우와 같이 대리인 또는 대표자의 자격을 증명하는 서면(위임장, 등기부등본 등)을 첨부하여야 한다.
3. 상대방이 출석하는 심문이나 변론을 열어 심리하는 경우에는 신청서부본을 제출하여야 하며, 그 외 (신청인수+상대방의 수)×3회분의 송달료를 예납하여야 한다(송달료처리규칙 1조).
4. 그 밖에 등기·등록을 요하는 보전처분을 신청하는 경우(토지·건물·자동차·건설기계 등에 대한 보전처분)에는, 등기부·등록원부 등본(집규 213조·175조 2항)과 소정의 등록세·지방교육세를 납부하고 그 영수필통지서와 영수필확인서를 첨부하여야 한다.
5. 각급 법원은 보전처분신청에 관하여 위와 같은 신청서의 양식을 작성·비치하고 있으며, "전산양식"은 사법부 전산망의 법원전산시스템에 양식번호를 입력, 편집·출력 사용할 수 있다(재민 2003-4 제2조).
6. 실무상으로는 가압류 또는 가처분의 결정은 정형화된 양식을 사용하고 있기 때문에 가압류 또는 가처분할 목적물의 목록은 따로 작성하여 신청서 말미에 첨부하는 것이 보통인데, 이 때에는 원본 또는 정본작성의 수 만큼(등기 등의 촉탁이 필요하면 그 촉탁서 수 만큼을 더해서)을 더 제출하도록 함이 관례이다(실무제요 민사집행(IV) 60면).
7. 보전처분신청사건의사무처리요령(재민 2003-4) 제3조의 규정에 따라 가압류신청진술서(전산양식 A4705)를 작성, 첨부하여야 한다.

【가압류신청 진술서(전산양식 A4705)】

가압류신청 진술서

  채권자는 가압류 신청과 관련하여 다음 사실을 진술합니다. 다음의 진술과 관련하여 고의로 누락하거나 허위로 진술한 내용이 발견된 경우에는, 그로 인하여 보정명령 없이 신청이 기각되거나 가압류이의절차에서 불이익을 받을 것임을 잘 알고 있습니다.

20○○. ○. ○.

채권자(대리인)   (날인 또는 서명)

◇ 다   음 ◇

1. 피보전권리와 관련하여
   가. 채무자가 신청서에 기재한 청구채권을 인정하고 있습니까?
      □ 예
      □ 아니오 → 채무자의 주장의 요지 :
   나. 채무자가 청구채권과 관련하여 오히려 채권자로부터 받을 채권을 가지고 있다고 주장하고 있습니까?
      □ 예 → 채무자의 주장의 요지 :
      □ 아니오
   다. 채권자가 신청서에 기재한 청구금액은 본안소송에서 승소할 수 있는 금액으로 적정하게 산출된 것입니까? (과도한 가압류로 인해 채무자가 손해를 입으면 배상하여야 함)
      □ 예   □ 아니오
2. 보전의 필요성과 관련하여
   가. 채권자가 채무자의 재산에 대하여 가압류하지 않으면 향후 강제집행이 불가능하거나 매우 곤란해질 사유의 내용은 무엇입니까? (필요하면 소명자료를 첨부할 것)

나. [유채동산가압류 또는 채권가압류사건인 경우] 채무자에게는 가압류할 부동산이 있습니까?
　　□ 예
　　□ 아니오 → 채무자의 주소지 소재 부동산등기부등본을 첨부할 것
다. ["예"라고 대답한 경우] 가압류할 부동산이 있다면, 부동산가압류 이외에 유체동산 및 채권가압류신청을 하는 이유는 무엇입니까?
　　□ 이미 부동산상의 선순위 담보 등이 부동산가액을 초과함
　　　→ 부동산등기부등본 첨부할 것
　　□ 기타사유 → 내용 :

3. 본안소송과 관련하여
　가. 채권자는 신청서에 기재한 청구채권(피보전권리)의 내용과 관련하여 채무자를 상대로 본안소송을 제기한 사실이 있습니까?
　　□ 예　　□ 아니오
　나. ["예"라고 대답한 경우]
　　① 본안소송을 제기한 법원·사건번호·사건명은?
　　② 현재 진행상황(소송이 계속중인 경우)은?
　　③ 소송결과(소송이 종료된 경우)는?
　다. ["아니오"라고 대답한 경우] 채권자는 본안소송을 제기할 예정입니까?
　　□ 예 → 본안소송 제기 예정임 :
　　□ 아니오

4. 중복가압류와 관련하여
　가. 채권자는 이 신청 이전에 채무자를 상대로 동일한 가압류를 신청하여 기각된 적 있습니까?
　　□ 예　　□ 아니오
　나. 채권자는 신청서에 기재한 청구채권을 원인으로, 이 신청과 동시에 또는 이 신청 이전에 채무자의 다른 재산에 대하여 가압류를 신청한 적이 있습니까?
　　□ 예　　□ 아니오

다. [나. 항을 "예"라고 대답한 경우]
　① 동시 또는 이전에 가압류를 신청한 법원·사건번호·사건명은?
　② 현재 진행상황은?
　③ 신청결과(취하/각하/인용/기각 등)는?
◇ 유의사항 ◇

채무자가 여럿인 경우에는 각 사람별로 이 서면을 작성하여야 합니다.

주　1. 보전처분신청사건의사무처리요령(재민 2003-4) 제3조의 규정에 따라 가압류를 신청하는 경우에 법원창구에 비치(또는 사법부전산망에서 전산출력)되어 있는 가압류신청진술서(전산양식 A4705)를 작성하여, 첨부하여야 한다.
　2. 이를 첨부하지 아니하거나 고의로 진술사항을 누락하거나 허위로 진술한 내용이 발견된 경우에는 특별한 사정이 없는 한 보정명령없이 신청이 기각될 수 있다(재민 2003-4 제3조).
　3. 이 진술서는 대법원 홈페이지(scourt.go.kr)에 들어가 종합법률정보의 규칙/예규/선례에서 예규번호(재민 2003-5)입력 후 검색, 예규내용에서 전산양식을 클릭하여 다운출력하거나 법원의 민원창구에 비치되어 있다.

【유채동산 가압류신청서(전산양식 A4701)】

유채동산가압류신청서

채 권 자 ○ ○ ○ (주민등록번호   -   )
　　　　　○시 ○구 ○동 ○ (우   -   )
채 무 자 ○ ○ ○ (주민등록번호   -   )
　　　　　○시 ○구 ○동 ○ (우   -   )

신 청 취 지

채무자 소유의 유채동산을 가압류한다는 결정을 구함

청구채권(피보전권리)의 내용
청구금액 금   원

신 청 이 유

소 명 방 법

1.
2.

20○○. ○. ○.

(연락처 :   )

○○지방법원 귀중

주 1. 신청은 신청의 취지와 이유를 적은 서면으로 하여야 한다(집규 203조).
　 2. 신청서에는 민사소송등인지법 제9조 제3항에 의한 인지, 즉 2,000원을 첨부(재민 91-1)하여야 한다. 그 외에 소장의 경우와 같이 대리인 또는 대표자의 자격을 증명하는 서면

(위임장, 등기부등본 등)을 첨부하여야 한다.
3. 상대방이 출석하는 심문이나 변론을 열어 심리하는 경우에는 신청서부본을 제출하여야 하며, 그 외 (신청인수+상대방의 수)×3회분의 송달료를 예납하여야 한다(송달료처리규칙 1조).
4. 그 밖에 등기·등록을 요하는 보전처분을 신청하는 경우(토지·건물·자동차·건설기계 등에 대한 보전처분)에는, 등기부·등록원부 등본(집규 213조·175조 2항)과 소정의 등록세·지방교육세를 납부하고 그 영수필통지서와 영수필확인서를 첨부하여야 한다.
5. 각급 법원은 보전처분신청에 관하여 위와 같은 신청서의 양식을 작성·비치하고 있으며, "전산양식"은 사법부 전산망의 법원전산시스템에 양식번호를 입력, 편집·출력 사용할 수 있다(재민 2003-4 제2조).
6. 보전처분신청사건의사무처리요령(재민 2003-4) 제3조의 규정에 따라 가압류신청진술서(전산양식 A4705)를 작성, 첨부하여야 한다.

【채권 가압류신청서(전산양식 A4701)】

유채동산가압류신청서

채 권 자   ○ ○ ○
          ○시 ○구 ○동 ○
채 무 자   ○ ○ ○
          ○시 ○구 ○동 ○
제3채무자 ○ ○ ○
          ○시 ○구 ○동 ○

신 청 취 지

채무자 제3채무자에 대한 별지목록 기재의 채권을 가압류한다.
제3채무자는 채무자에게 위 채권에 관한 지급을 하여서는 아니된다.
라는 결정을 구함.

청구채권(피보전권리)의 내용
청구금액 금   원

신 청 이 유

소 명 방 법

1.
2.

                    20○○. ○. ○.
                           신청인 ○ ○ ○ (날인 또는 서명)
                              (연락처 :   )

○○지방법원   귀중

주 1. 신청은 신청의 취지와 이유를 적은 서면으로 하여야 한다(집규 203조).
   2. 신청서에는 민사소송등인지법 제9조 제3항에 의한 인지, 즉 2,000원을 첨부(재민 91-1) 하여야 한다. 그 외에 소장의 경우와 같이 대리인 또는 대표자의 자격을 증명하는 서면

(위임장, 등기부등본 등)을 첨부하여야 한다.
3. 상대방이 출석하는 심문이나 변론을 열어 심리하는 경우에는 신청서부본을 제출하여야 하며, 그 외 (신청인수+상대방의 수)×3회분의 송달료를 예납하여야 한다(송달료처리규칙 1조).
4. 그 밖에 등기·등록을 요하는 보전처분을 신청하는 경우(토지·건물·자동차·건설기계 등에 대한 보전처분)에는, 등기부·등록원부 등본(집규 213조·175조 2항)과 소정의 등록세·지방교육세를 납부하고 그 영수필통지서와 영수필확인서를 첨부하여야 한다.
5. 각급 법원은 보전처분신청에 관하여 위와 같은 신청서의 양식을 작성·비치하고 있으며, "전산양식"은 사법부 전산망의 법원전산시스템에 양식번호를 입력, 편집·출력 사용할 수 있다(재민 2003-4 제2조).
6. 보전처분신청사건의사무처리요령(재민 2003-4) 제3조의 규정에 따라 가압류신청진술서(전산양식 A4705)를 작성, 첨부하여야 한다.

【관행에 따른 일반적인 신청서】

사안에 따라 전산양식과는 별도로 신청서를 작성하는바 실무상 관행적으로 사용하여 표준화 되다시피 한 일반적인 신청서의 기재례는 다음과 같다.

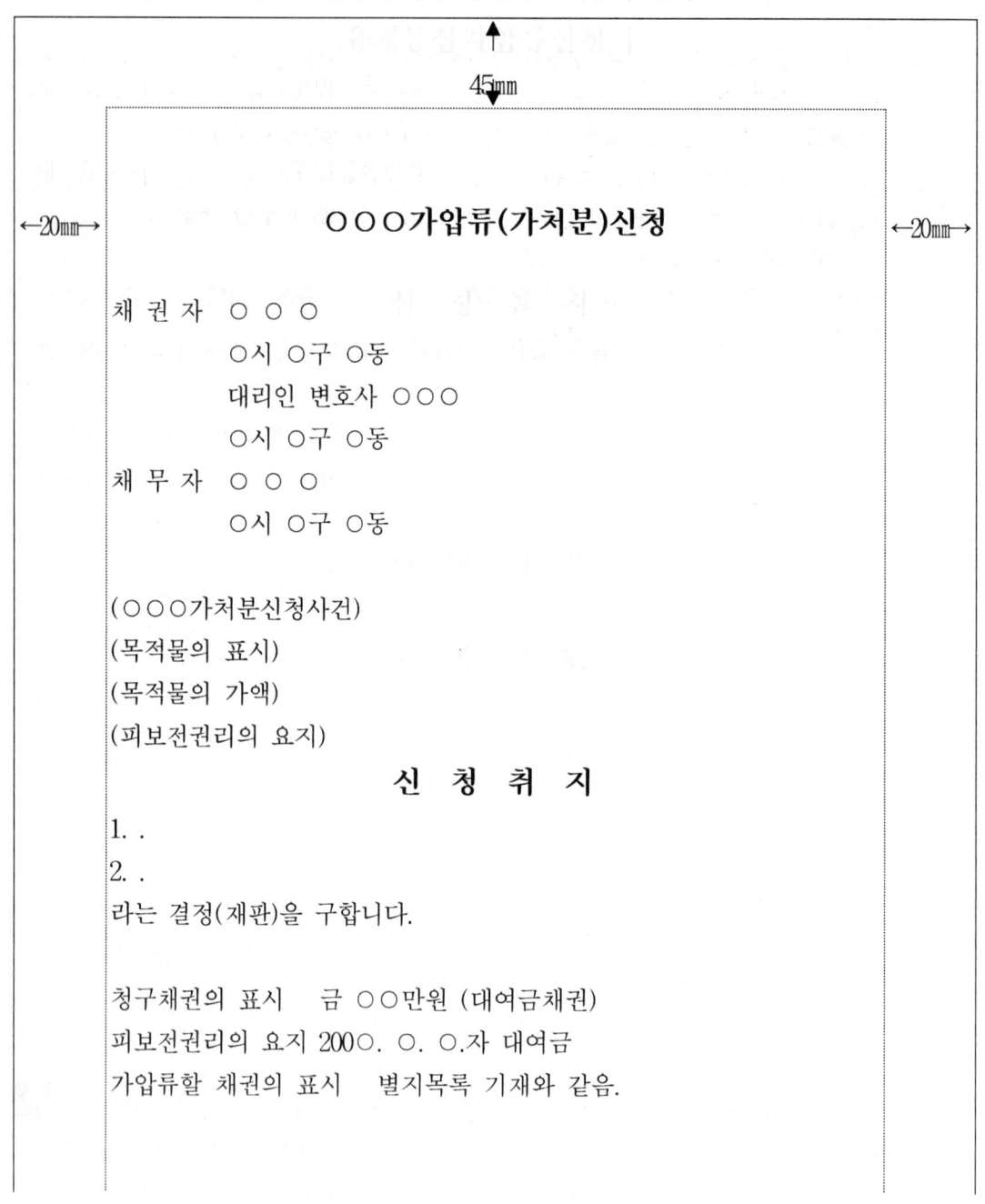

신 청 이 유

1.
2.

                    소 명 방 법

1.
2.

                    첨 부 서 류

1.   통.
1.   통.

                    20○○. ○. ○.

                        채권자 대리인 변호사 ○ ○ ○ ㊞
                                (연락처 :   )

○○지방법원   귀중

주

1. 민사소송규칙 제4조, 법원사무관리규칙 제10조·제12조, 법원재판사무처리규칙 제10조 동시행내규 제4조·제5조·제7조, 제일 2003-12 등에 따른 신청서의 양식례이다.
2. 보전처분의 신청에는 그 성질에 반하지 않는 한, 소장에 관한 규정이 준용된다(민집법 23조). 보전처분의 신청은 본안소송의 제기 전에 행함이 보통이나 소송후에도 집행권원을 얻기 전까지는 할 수 있다. 신청방식은 신청의 취지와 이유를 적은 서면으로 하여야 한다(집규 203조).
3. 신청서에는 청구표시(민집법 279조 1항 1호) 즉 피보전권리의 요지(집규 203조 2항), 신청취지(집규 203조 2항), 가압류이유가 될 사실(민집법 279조 1항 2호) 즉 신청이유(집규 203조 2항)를 기재하되, 채권·그 밖의 재산권 가압류신청에 있어서는 특히 가압류할 채권의 종류·액수(집규 213조 2항·159조 본문, 민집법 225조 1항), 채권자·채무자·제3채무자 및 대리인(집규 213조·159조 1호·174조), 청구권의 일부에 대하여서만 가압류신청을 하거나, 목적채권의 일부에 대해서만 가압류신청을 하는 경우에는 그 범위(집규 213조·159조 3호·174조)

(3) 신청의 효력

가압류신청은 소외 제기에 준하므로 소송계속에 준하는 효력이 발생한다. 제3자의 소송참가도 가능하고, 중복신청금지의 원칙(민소 제259조)이 준용되어 동일한 신청은 금지된다. 그리고 소멸시효중단의 효력도 생긴다(민법 제168조 2호, 제175조, 제176조).

가. 중복신청의 금지

가압류절차가 일단 법원에 계속되면 중복제소의 금지 규정이 준용되어, 동일 당사자, 동일 태양의 중복신청은 금지된다. 다만 피보전권리가 동일하다 하더라도 보전의 필요가 있고 또 보전처분의 내용이 서로 저촉되지 않는 한 5개의 보전처분을 신청할 수 있다. 예컨대 동일한 금전채권 보전을 위해 동산가압류신청을 한 후 다시 부동산가압류신청을 하는 경우가 여기에 해당된다.

나. 신청변경금지

민사소송법 제262조는 보전소송절차에서도 준용되므로, 가압류명령절차에서도 청구의 기초가 바뀌지 않고 소송지연을 초래하지 않는 한 신청취지나 신청이유를 변경할 수 있다.

다. 소멸시효의 중단

가압류를 신청하면 실체법상 소멸시효 중단의 효과가 생긴다(민법 제168조 2호·제176조). 판례는 보전처분에 의한 시효중단의 효력은 보전처분의 집행보전의 효력이 존속하는 동안 계속되고, 피보전권리에 관하여 본안의 승소판결이 확정되었다고 하더라도 보전처분에 의한 시효중단의 효력이 이에 흡수되어 소멸된다고 할 수 없다고 하였다(대판 2000. 4. 25. 2000다11102).

(4) 심 리

가. 심리방식

가압류신청에 대한 재판은 변론 없이 할 수 있다(민집 제280조 1항). 변론을 열 것인지 말 것인지는 법원이 재량으로 정할 문제이고, 당사자의 의사에 법원이 구속되지 않는다. 변론을 열지 않을 때에는 법원은 당사자·이해관계인 그 밖의 참고인을 심문할 수 있다(민소 제134조 2항).

재판의 형식은 변론을 여는 경우에는 판결이고, 서면심리에 의하는 경우에는 결정이 된다(민집 제281조, 제301조).

서면심리에 의할 경우에는 신청서에 첨부된 소명방법인 서면에 의해서만 심리의 당부를 심리하게 된다.

나. 소 명

청구채권과 가압류의 이유는 소명하여야 한다(민집 제301조).

보전소송은 본안에 부수하는 절차로서 신속성이 요구되고, 또 보전처분은 종국적·확정적인 것이 아니라 가정적·감정적 조치에 불과하기 때문에 증명이 아니라 소명으로 족한 것으로 규정하고 있다.

소명사항은 피보전권리의 존재와 보전의 필요성을 인정하기에 족한 구체적 사실을 소명하여야 한다.

소명은 피보전권리의 존부와 보전의 필요성 유무에 관하여 입증하는 것이지만 증명과는 달리 당사자의 주장이 일응 확실할 것이라는 심증을 법관에게 형성시킴으로써 족하다. 관할이나 당사자능력 등 소송요건에 관한 사항은 증명을 요한다.

다. 담보제공

1) 의 의

청구채권이나 가압류의 이유를 소명하지 아니한 때에도 가압류로 생길 수 있는 채무자의 손해에 대하여 법원이 정한 담보를 제공한 때에는 가압류를 명할 수 있다(민집 제280조 2항). 반대로 청구채권과 가압류의 이유를 소명한 때에도 법원은 담보를 제공하게 하고 가압류를 명할 수 있으며(동조 3항), 담보를 제공하게 한 경우에는 그 담보의 제공과 담보제공의 방법을 가압류명령에 적어야 한다(동조 4항).

가압류에 의해 재산처분이 제한되어 채무자가 손해를 입게 되는데 채권자의 소명이 있다고 하더라도 절대적 진실성을 보장할 수 없으므로 채권자의 소명을 보충하고 가압류의 남용에 따른 채무자의 손해를 담보하기 위해 채권자로 하여금 담보를 제공하게 하고 가압류를 명할 수 있도록 하고 있는 것이다. 또한 담보제공 여부는 법원의 재량에 달려 있음을 주의해야 한다.

2) 담보제공의 방식·효과

담보제공방식은 금전 및 법원이 인정하는 유가증권을 공탁하는 방법에 의한다.

채권자가 제공하는 담보는 위법한 보전처분으로 인하여 채무자가 입을 손해를 위한 담보로서, 채무자는 그 담보물에 관하여 질권자와 동일한 권리가 있다(민집 제19조 3항, 민소 제123조). 여기서 질권자와 동일한 권리가 있다 함은, 채무자가 직접 공탁물상에서 담보권을 가지는 자로서, 회수한 공탁금 또는 유가증권을 현금화한 대금에서 우선변제를 받을 수 있다는 것이다.

다만 채무자가 이 담보권을 실행하기 위해서는 손해배상청구권에 관하여 확정판결의 집행권원을 취득해야 한다. 그러나 담보의 사유가 소멸되었거나 채무자의 동기가 있는 경우 권리행사 최고 후 그 행사가 없는 때에는 채권자는 담보금을 회수할 수 있다.

(5) 재 판

가압류신청에 대한 재판은 결정으로 한다(민집 제281조 1항).

가. 가압류신청을 기각 또는 각하하는 경우

신청이 가압류의 요건이나 일반적인 소송요건을 갖추지 못하였으면 기각하거나 각하하는 결정을 하고 이 결정에 대하여는 즉시항고를 할 수 있다(민집 제281조 2항). 이 기각 또는 각하결정은 채권자에게만 고지하고 채무자에게는 고지할 필요가 없다(제281조 3항).

나. 가압류명령을 하는 경우

신청이 적법하고 가압류요건을 구비한 경우에는 가압류명령을 내려준다. 가압류결정은 채권자에게 고지한 때에 효력을 발생한다. 가압류명령은 성립되면 집행력을 가진다. 그러나 그 집행력은 재판을 고지한 날부터 2주일 내에 가압류재판을 집행하지 아니하면 소멸한다(민집 제292조 2항). 물론 가압류재판은 잠정적인 판단일 뿐이므로 본안소송의 법원을 구속하는 기판력이 생기지 않는다. 법원이 담보를 제공하게 한 때에는 그 담보의 제공과 담보제공의 방법을 가압류명령에 적어야 한다(민집 제280조 4항).

담보로 제공할 금액은 법원의 재량으로 결정되며, 소명의 유무·가압류의 내용·채무자가 입게 될 손해예상액·채권자와 채무자의 자력 등을 참작하여 정한다.

(6) 가압류해방금액

가. 의 의

가압류명령에는 가압류의 집행을 정지시키거나 집행한 가압류를 취소시키기 위하여 채무자가 공탁할 금액을 적어야 한다(민집 제282조). 이를 가압류해방금액 또는 공탁금해방금이라 한다. 가압류는 금전채권의 집행보전을 위한 조치이므로 집행목적 재산 대신 상당한 금전을 공탁하면 굳이 가압류집행을 할 필요가 없을 것이다. 따라서 채권자의 채권을 보전하면서 한편 불필요한 집행을 피하도록 하여 채무자도 보호하기 위해서 마련된 제도가 해방금 공탁제도이다. 따라서 가압류명령을 발할 때에는 해방금액을 기재하여야 하고, 그 전액을 공탁하였을 때에는 반드시 집행한 가압류를 취소하여야 한다.

해방금은 가압류목적물에 갈음하는 것으로서, 가령 집행을 정지하거나 취소하는 경우에 채권자가 입을 수 있는 손해를 위하여 채무자가 제공하는 담보와는 그 성질을 달리한다. 따라서 반드시 금전을 공탁하여야 하며 유가증권의 공탁은 인정되지 않는다(대결 1996. 10. 1. 96마162).

나. 가압류해방금액을 결정하는 기준

실무상으로는 가압류해방금액을 피보전채권액, 즉 청구채권액과 동액으로 하고 있다고 한다.

그러나 가압류목적물의 가격이 청구금액에 비하여 현저히 낮거나, 가격이 밝혀져 있는 경우에는 목적물의 가격을 기준으로 정하면 된다.

다. 가압류해방금액 공탁의 효과 : 집행의 취소

해방금액을 공탁한 때에는 법원은 결정으로, 집행한 가압류를 취소하여야 한다(민집 제299조 1항). 가압류'명령'이 아니라 가압류'집행'을 취소하여야 한다. 그리고 여기서 말하는 법원은 집행법원을 말한다. 구체적으로 부동산과 채권에 대한 가압류에 있어서는 가압류재판을 한 법원이며(민집 제293조 2항, 제296조 2항), 유체동산에 대한 가압류에 있어서는 가압류집행을 실시한 법원이다(민집 제296조 1항, 제3조 1항). 유체동산의 경우 집행관이 집행기관이지만 이 경우에도 민사집행법 제299조 1항에 따라 집행법원의 집행취소결정이 있어야 집행한 가압류가 취소된다.

집행취소결정은 즉시 집행력이 발생하고(동조 4항), 이 결정에 대하여는 즉시항고를 할 수 있다(동조 3항).

라. 해방공탁금에 대한 채권자의 권리

채권자는 해방공탁금에 관하여 우선변제권을 가지지 않고, 다만 집행목적물을 대신하여 이를 가압류한 것과 동일한 효력을 가질 뿐이다(대결 1962. 5. 31. 62마5). 따라서 소송비용의 담보에 관한 규정이 준용되지 않고, 채권자는 여기에 대하여 우선변제권이 없다.

즉, 가압류 집행의 목적물에 갈음하여 가압류해방금이 공탁된 경우에 그 가압류의 효력은 공탁금 자체가 아니라 공탁자인 채무자의 공탁금회수청구권에 대하여 미치므로 채무자의 다른 채권자가 해방공탁금 회수청구권에 대하여 압류(가압류) 명령을 받은 경우에는 가압류채권자의 가압류와 다른 채권자의 압류(가압류)는 그 집행대상이 같아 서로 경합하게 된다(대결 1996. 11. 11. 95마252). 따라서 가압류해방금의 공탁금회수청구권에 관하여 압류명령 등이 송달된 때에는 공탁공무원은 지체 없이 집행법원에 그 사유를 신고하여야 하고, 해방공탁금의 회수청구권에 대하여 압류·추심명령을 받은 채권자에게 공탁금을 지급하여서는 안된다(대판 2002. 8. 27. 2001다73107).

판례는 다만, 해방공탁금에 의한 집행취소제도의 취지에 비추어 볼 때, 가압류채무자에게 해방공탁금을 대여하여 가압류집행을 취소할 수 있도록 한 자는 비록 가압류채무자에 대한 채권자라 할지라도 특별한 사정이 없는 한 가압류채권자에 대한 관계에서 가압류해방공탁금회수청구권에 대하여 위 대여금채권에 의한 압류 또는 가압류의 효력을 주장할 수 없다고 한다[대결(전원합의체) 1996. 10. 1. 96마162].

(7) 가압류명령에 대한 불복

가. 즉시항고

채권자는 가압류신청을 기각하거나 각하하는 결정에 대하여 즉시항고를 할 수 있다(민집 제281조 2항). 신청을 인용한 결정에 대하여는 즉시항고가 허용되지 않는다. 가압류의 신청에 대하여 담보부가압류결정을 하였거나, 담보액이 지나치게 많은 경우 등에도 즉시항고를 할 수 있다고 해석하는 견해도 있다.

나. 이의신청

1) 의 의

이의신청은 가압류결정에 대하여 채무자가 그 당부를 다투는 불복방법으로서, 가압류명령 자체에 대한 불복방법일 뿐 그 집행에 대한 불복방법은 아니다.

가압류결정에 대하여는 이의신청이라는 불복절차가 마련되어 있으므로 통상의 불복방법인 항고나 재항고는 허용되지 않는다.

판례도 일관되게 가압류결정이 항고심에서 내려진 경우에도 이의신청으로 불복할 수 있지 재항고를 할 수는 없다고 한다(대결 1999. 4. 20. 99마865).

2) 이의신청권자

이의신청권자는 가압류명령의 채무자와 그의 일반승계인 또는 파산관재인 등이다. 특정승계인은 직접 자기의 이름으로 이의신청을 할 수는 없고 다만 소송참가(민소 제81조)를 통하여 이의신청을 할 수 있다.

가압류결정에 대한 이의신청은 가압류결정에 대한 소송법상의 불복방법에 불과하므로 채무자의 채권자가 대위행사할 수 없다(대판 1967. 5. 2. 67다267).

3) 관 할

가압류명령에 대한 이의신청은 가압류명령을 한 법원에 하여야 한다.

만약 항고법원이 가압류결정을 발한 경우에는 그 항고법원에 이의신청을 하여야 한다. 그리고 법원은 가압류 이의신청사건에 관하여 현저한 손해 또는 지연을 피하기 위한 필요가 있는 때에는 직권으로 또는 당사자의 신청에 따라 결정으로 그 가압류사건의 관할권이 있는 다른 법원에 사건을 이송할 수 있다(민집 제284조).

4) 신청시기

이의신청을 하는데 법률상 특별히 기간의 제한은 없다. 가압류결정이 유효하게 존속하고 취소·변경의 이익이 남아 있는 한 언제든지 이의신청을 할 수 있다. 물론 가압류신청이 취하된 경우에는 이의신청을 할 수 없다. 신청이 소급적으로 실효되어 버렸으므로 이의를 할 대상이 없기 때문이다.

5) 이의신청의 방식

이의신청은 신청의 취지와 이유를 적은 서면으로 하여야 한다(민사집행규칙 제203조).

ⅰ) 신청이유

이의신청을 할 때에는 가압류의 취소나 변경을 신청하는 이유를 밝혀야 한다(민집 제283조 2항).

신청이유로서는 그 가압류명령이 부당하다는 방어방법에 관한 주장과 항변을 적는 것이 보통이다.

가압류를 부당하게 하는 모든 사유를 이의의 이유로 삼을 수 있다. 피보전권리가 존재하지 않는다거나 소멸하였다는 사실, 보전의 필요성이 없다는 사실 등이 이의신청의 이유가 된다. 뿐만 아니라 사정변경 등에 따른 가압류취소(제288조)의 사유도 이의신청의 이유로 삼을 수 있다.

ⅱ) 신청취지

'위 당사자간 ○○법원 2008가단100 부동산가압류 신청사건에 관하여 2008. ○. ○. 이 법원에서 한 가압류결정을 취소한다. 채권자의 가압류신청을 기각한다'는 식으로 기재한다.

ⅲ) 이의사유

이의사유는 채권자의 가압류요건의 주장에 대한 채무자의 방어방법에 지나지 않기 때문에 채무자는 이의사유를 한꺼번에 주장하여야 하고, 이의사유가 여러 개라 할지라도 이를 각별로 신청하는 것은 허용되지 않는다.

[가압류결정에 대한 이의신청서(채권)]

가압류결정에 대한 이의신청서

신청인(채무자) ○ ○ ○ (000000 - 0000000)
             주 소   ○○시 ○○구 ○○동 ○○○
             전화 02-1234-4567   휴대폰 010-1234-5678
             팩스 02-9876-5432   이메일 : lawb@lawb.co.kr
             송달주소 ○○시 ○○구 ○○동 ○○○

피신청인(채권자)   ○ ○ ○ (000000 - 0000000)
             주 소   ○○시 ○○구 ○○동 ○○○
             전화 02-1234-4567   휴대폰 010-1234-5678
             팩스 02-9876-5432   이메일 : lawb@lawb.co.kr

제3채무자   ○○건설주식회사
             대표이사 ○ ○ ○
             주 소   ○○시 ○○구 ○○동 ○○○
             전화 02-1234-4567   휴대폰 010-1234-5678
             팩스 02-9876-5432   이메일 : lawb@lawb.co.kr

위 당사자간 귀원 20○○카단4567호 채권가압류신청사건에 관하여 채무자는 다음과 같이 이의를 신청합니다.

신 청 취 지

1. 이 사건에 관하여 20○○. ○. ○.에 행한 가압류 결정은 이를 취소한다.
2. 채권자의 본건 가압류신청은 이를 기각한다.

3. 소송비용은 채권자의 부담으로 한다.
4. 1항은 가집행할 수 있다.
라는 재판을 구합니다.

신 청 이 유

1. 채권자는 채무자에 대하여 금20,000,000원의 대여금채권을 가지고 있음을 주장하고 그 강제집행보전을 위하여 채무자의 저당권부채권에 대하여 귀원에 가압류명령의 신청을 하고 가압류의 결정이 있었던바, 채권자가 주장하는 위 대여금은 20○○. ○. ○. 채무자에 있어서는 전부 변제하고 현재 하등의 채무가 잔존하지 않는 것입니다.
2. 따라서 이건 결정은 부당하므로 이에 그 취소를 구하기 위하여 본 이의신청을 하는 바입니다.

소 명 방 법

1. 가압류결정   1통
1. 이의신청서 부본   1통
1. 영수증   1통

20○○. ○. ○.

위 채무자(이의신청인) ○ ○ ○ ㊞

○○지방법원 귀중

주 1. 신청서에는 1,000원의 인지를 첩용하고 송달료를 납부한다.
2. 민사집행법
　제283조 (가압류결정에 대한 채무자의 이의신청)
　　① 채무자는 가압류결정에 대하여 이의를 신청할 수 있다.
　　② 제1항의 이의신청에는 가압류의 취소나 변경을 신청하는 이유를 밝혀야 한다.
　　③ 이의신청은 가압류의 집행을 정지하지 아니한다.
　제284조 (가압류이의신청사건의 이송)
　　법원은 가압류이의신청사건에 관하여 현저한 손해 또는 지연을 피하기 위한 필요가 있는 때에는 직권으로 또는 당사자의 신청에 따라 결정으로 그 가압류사건의 관할권이 있는 다른 법원에 사건을 이송할 수 있다. 다만, 그 법원이 심급을 달리하는 경우에는 그러하지 아니하다.
　제285조 (가압류이의신청의 취하)
　　① 채무자는 가압류이의신청에 대한 재판이 있기 전까지 가압류이의신청을 취하할 수 있다. <개정 2005.1.27>
　　② 제1항의 취하에는 채권자의 동의를 필요로 하지 아니한다.
　　③ 가압류이의신청의 취하는 서면으로여야 한다. 다만, 변론기일 또는 심문기일에서는 말로 할 수 있다. <개정 2005.1.27>
　　④ 가압류이의신청서를 송달한 뒤에는 취하의 서면을 채권자에게 송달하여야 한다.
　　⑤ 제3항 단서의 경우에 채권자가 변론기일 또는 심문기일에 출석하지 아니한 때에는 그 기일의 조서등본을 송달하여야 한다. <개정 2005.1.27>
　제286조 (이의신청에 대한 심리와 재판)
　　① 이의신청이 있는 때에는 법원은 변론기일 또는 당사자 쌍방이 참여할 수 있는 심문기일을 정하고 당사자에게 이를 통지하여야 한다.
　　② 법원은 심리를 종결하고자 하는 경우에는 상당한 유예기간을 두고 심리를 종결할 기일을 정하여 이를 당사자에게 고지하여야 한다. 다만, 변론기일 또는 당사자 쌍방이 참여할 수 있는 심문기일에는 즉시 심리를 종결할 수 있다.
　　③ 이의신청에 대한 재판은 결정으로 한다.
　　④ 제3항의 규정에 의한 결정에는 이유를 적어야 한다. 다만, 변론을 거치지 아니한 경우에는 이유의 요지만을 적을 수 있다.
　　⑤ 법원은 제3항의 규정에 의한 결정으로 가압류의 전부나 일부를 인가·변경 또는 취소할 수 있다. 이 경우 법원은 적당한 담보를 제공하도록 명할 수 있다.
　　⑥ 법원은 제3항의 규정에 의하여 가압류를 취소하는 결정을 하는 경우에는 채권자가 그 고지를 받은 날부터 2주를 넘지 아니하는 범위 안에서 상당하다고 인정하는 기간이 경과하여야 그 결정의 효력이 생긴다는 뜻을 선언할 수 있다.

⑦ 제3항의 규정에 의한 결정에 대하여는 즉시항고를 할 수 있다. 이 경우 민사소송법 제447조의 규정을 준용하지 아니한다.[전문개정 2005.1.27]

3. 민사집행규칙

제203조 (신청의 방식)
 ① 다음 각호의 신청은 서면으로 하여야 한다. <개정 2005.7.28>
  1. 보전처분의 신청
  2. 보전처분의 신청을 기각 또는 각하한 결정에 대한 즉시항고
  3. 보전처분에 대한 이의신청
  4. 본안의 제소명령신청
  5. 보전처분의 취소신청
  6. 보전처분의 집행신청
  7. 제3호·제5호의 신청에 관한 결정에 대한 즉시항고
 ② 제1항의 신청서에는 신청의 취지와 이유 및 사실상의 주장을 소명하기 위한 증거 방법을 적어야 한다. <개정 2005.7.28>

제203조의2 (신청취하)
 ① 제203조 제1항 제1호·제2호·제6호·제7호 신청의 취하는 서면으로 하여야 한다. 다만, 변론기일 또는 심문기일에서는 말로 할 수 있다.
 ② 제1항의 취하가 있는 때에는 법원사무관등은 변론기일 또는 심문기일의 통지를 받은 채권자 또는 채무자에게 그 취지를 통지하여야 한다.[본조신설 2005.7.28]

제203조의3 (결정서를 적는 방법)
 ① 제203조 제1항 제2호·제7호의 신청에 대한 결정의 이유를 적을 때에는 제1심 결정을 인용할 수 있다.
 ② 제203조 제1항 제3호·제5호의 신청에 대한 결정의 이유를 적을 때에는 보전처분의 신청에 대한 결정을 인용할 수 있다.[본조신설 2005.7.28]

[가압류결정에 대한 이의신청서(부동산)]

가압류결정에 대한 이의신청서

신청인(채무자) ○ ○ ○ (000000 - 0000000)
　　　　주　소　○○시 ○○구 ○○동 ○○○
　　　　전화 02-1234-4567　　휴대폰 010-1234-5678
　　　　팩스 02-9876-5432　　이메일 : lawb@lawb.co.kr
　　　　　위 대리인 변호사 ○ ○ ○
　　　　○○시 ○○구 ○○동 ○○○
피신청인(채권자)　　○ ○ ○ (000000 - 0000000)
　　　　주　소　○○시 ○○구 ○○동 ○○○
　　　　전화 02-1234-4567　　휴대폰 010-1234-5678
　　　　팩스 02-9876-5432　　이메일 : lawb@lawb.co.kr

신 청 취 지

1. 채권자의 채무자에 대한 ○○지방법원 20○○카합4567호 부동산가압류 신청사건에 관하여, 위 법원이 20○○. ○. ○.에 한 가압류결정을 취소한다.
2. 채권자의 위 가압류신청을 기각한다.
3. 소송비용은 채권자의 부담으로 한다.
4. 제1항은 가집행할 수 있다.
라는 재판을 구합니다.

신 청 이 유

채권자는 채무자에 대하여 공사대금채권이 있음을 이유로 이의 집행보전을 위하여 채무자의 부동산인 ○○시 ○○동 123-4 대지 214.2평방미터 및 위 지상 3층 건물에 대하여 가압류신청을 하여 귀원 20○○가합4567호 부동산가압류결정에 의하여 위 부동산에 가압류집행을 한 사실이 있습니다(소갑 제1호증의 1, 2 각 부동산등기부등본 참조).

소 명 방 법

1. 소을 제1호증의 1, 2   각 부동산등기부등본
1. 소을 제2호증   건축도급계약서
1. 소을 제3호증   건축물관리대장
1. 소을 제4호증의 1 내지 8   각 영수증
1. 소을 제5호증   통고서

첨 부 서 류

1. 위임장   각1통
1. 위 소명자료   각1통

20○○. ○. ○.

위 채무자 대리인 변호사   ○   ○   ○   ㊞

○○지방법원 귀중

주
1. 신청서에는 1,000원의 인지를 첨용하고 송달료를 납부한다.
2. 민사집행법

   제283조 (가압류결정에 대한 채무자의 이의신청)
   ① 채무자는 가압류결정에 대하여 이의를 신청할 수 있다.
   ② 제1항의 이의신청에는 가압류의 취소나 변경을 신청하는 이유를 밝혀야 한다.
   ③ 이의신청은 가압류의 집행을 정지하지 아니한다.

   제284조 (가압류이의신청사건의 이송)
   법원은 가압류이의신청사건에 관하여 현저한 손해 또는 지연을 피하기 위한 필요가 있는 때에는 직권으로 또는 당사자의 신청에 따라 결정으로 그 가압류사건의 관할권이 있는 다른 법원에 사건을 이송할 수 있다. 다만, 그 법원이 심급을 달리하는 경우에는 그러하지 아니하다.

   제285조 (가압류이의신청의 취하)
   ① 채무자는 가압류이의신청에 대한 재판이 있기 전까지 가압류이의신청을 취하할 수 있다. <개정 2005.1.27>
   ② 제1항의 취하에는 채권자의 동의를 필요로 하지 아니한다.
   ③ 가압류이의신청의 취하는 서면으로 하여야 한다. 다만, 변론기일 또는 심문기일에서는 말로 할 수 있다. <개정 2005.1.27>
   ④ 가압류이의신청서를 송달한 뒤에는 취하의 서면을 채권자에게 송달하여야 한다.
   ⑤ 제3항 단서의 경우에 채권자가 변론기일 또는 심문기일에 출석하지 아니한 때에는 그 기일의 조서등본을 송달하여야 한다. <개정 2005.1.27>

   제286조 (이의신청에 대한 심리와 재판)
   ① 이의신청이 있는 때에는 법원은 변론기일 또는 당사자 쌍방이 참여할 수 있는 심문기일을 정하고 당사자에게 이를 통지하여야 한다.
   ② 법원은 심리를 종결하고자 하는 경우에는 상당한 유예기간을 두고 심리를 종결할 기일을 정하여 이를 당사자에게 고지하여야 한다. 다만, 변론기일 또는 당사자 쌍방이 참여할 수 있는 심문기일에는 즉시 심리를 종결할 수 있다.
   ③ 이의신청에 대한 재판은 결정으로 한다.
   ④ 제3항의 규정에 의한 결정에는 이유를 적어야 한다. 다만, 변론을 거치지 아니한 경우는 이유의 요지만을 적을 수 있다.
   ⑤ 법원은 제3항의 규정에 의한 결정으로 가압류의 전부나 일부를 인가·변경 또는 취소할 수 있다. 이 경우 법원은 적당한 담보를 제공하도록 명할 수 있다.
   ⑥ 법원은 제3항의 규정에 의하여 가압류를 취소하는 결정을 하는 경우에는 채권자가 그 고지를 받은 날부터 2주를 넘지 아니하는 범위 안에서 상당하다고 인정하는 기간이 경과하여야 그 결정의 효력이 생긴다는 뜻을 선언할 수 있다.

⑦ 제3항의 규정에 의한 결정에 대하여는 즉시항고를 할 수 있다. 이 경우 민사소송법 제447조의 규정을 준용하지 아니한다.[전문개정 2005.1.27]

3. 민사집행규칙

제203조 (신청의 방식)
① 다음 각호의 신청은 서면으로 하여야 한다. <개정 2005.7.28>
   1. 보전처분의 신청
   2. 보전처분의 신청을 기각 또는 각하한 결정에 대한 즉시항고
   3. 보전처분에 대한 이의신청
   4. 본안의 제소명령신청
   5. 보전처분의 취소신청
   6. 보전처분의 집행신청
   7. 제3호·제5호의 신청에 관한 결정에 대한 즉시항고
② 제1항의 신청서에는 신청의 취지와 이유 및 사실상의 주장을 소명하기 위한 증거 방법을 적어야 한다. <개정 2005.7.28>

제203조의2 (신청취하)
① 제203조제1항 제1호·제2호·제6호·제7호 신청의 취하는 서면으로 하여야 한다. 다만, 변론기일 또는 심문기일에서는 말로 할 수 있다.
② 제1항의 취하가 있는 때에는 법원사무관등은 변론기일 또는 심문기일의 통지를 받은 채권자 또는 채무자에게 그 취지를 통지하여야 한다.[본조신설 2005.7.28]

제203조의3 (결정서를 적는 방법)
① 제203조제1항 제2호·제7호의 신청에 대한 결정의 이유를 적을 때에는 제1심 결정을 인용할 수 있다.
② 제203조제1항 제3호·제5호의 신청에 대한 결정의 이유를 적을 때에는 보전처분의 신청에 대한 결정을 인용할 수 있다.[본조신설 2005.7.28]

[유체동산가압류결정에 대한 이의신청서(채무일부변제 및 잔액유예 경우)]

가압류결정에 대한 이의신청서

신 청 인(채무자)　　　○ ○ ○
　　　　　　○○시 ○○구 ○○동 ○○○
　　　　　　　위 대리인 변호사 ○ ○ ○
　　　　　　○○시 ○○구 ○○동 ○○○
　　　　　　전화 02-1234-4567　　휴대폰 010-1234-5678
　　　　　　팩스 02-9876-5432　　이메일 : lawb@lawb.co.kr
피신청인(채권자) ○ ○ ○
　　　　　　○○시 ○○구 ○○동 ○○○
　　　　　　전화 02-1234-4567　　휴대폰 010-1234-5678
　　　　　　팩스 02-9876-5432　　이메일 : lawb@lawb.co.kr

신 청 취 지

1. 위 당사자간 ○○지방법원 ○○카단○○○ 유체동산 가압류 신청사건에 관하여 20○○.○.○. 동원에서 한 유체동산 가압류결정을 취소한다.
2. 채권자의 본건 가압류신청을 기각한다.
3. 소송비용은 채권자의 부담으로 한다.
라는 재판 및 제1항에 대한 가집행선고를 구합니다.

신 청 이 유

1. 채권자는 신청취지 기재 가압류결정에 의하여 채무자의 유체동산을 가압

류 집행하였습니다.
2. 채권자의 가압류 신청이유에 의하면 채무자가 채권자에게 20○○. ○. ○. 발행한 액면 금 ○○○원짜리 약속어음의 변제기가 도래하여 채무자에게 그 지급제시를 하였음에도 불구하고 이를 지급하지 않고 있으며 채무자는 유체동산 이외에는 달리 재산이 없는데다가 위 채무를 면탈할 목적으로 전거할 우려가 있으므로 위 채권의 집행보전을 위하여 가압류 신청을 한다고 하였습니다.
3. 채무자가 위 일자에 위 약속어음 1매를 채권자에게 발행한 것은 사실이나, 위 약속어음채권은 다음 사유에 의하여 채권자 채무자간에는 그 권리의무가 소멸한 것입니다. 즉, 위 약속어음을 발행한 후인 20○○. ○. ○. 금 ○○○원을 채권자에게 지급하고 나머지 금 ○○○원에 대하여는 20○○. ○. ○.까지 그 지급을 유예하기로 합의가 성립되어, 채무자는 액면금 ○○○원, 지급기일 20○○. ○. ○.로 하는 새로운 약속어음을 발행하여 줌으로서 본건 약속어음은 위 새로 발행한 약속어음에 대체한 것입니다. 채무자가 이 새로 어음을 교부하면서 먼저 발행한 약속어음의 반환을 요구하자 채권자는 그 분실을 이유로 반환치 아니하고 앞으로 동 어음이 발견되는 즉시 반환하거나 소각하겠다고 굳게 약속하므로 이를 믿고 새로운 약속어음을 재발행한 것입니다.
4. 위와 같이 본건 약속어음은 채권자 채무자간에 관한 한 그 권리의무가 소멸한 것이며, 채무자는 채권자가 본건 약속어음을 타에 배서·양도할 것을 우려하여 그 처분금지가처분신청을 준비중에 있던 중 채권자는 앞질러 본건 가압류신청에 이른 것입니다.
5. 채무자는 현재 주거지에서 채무자 소유명의의 주택과 대지 등 많은 재산을 소유하고 지속적인 영업행위를 영위하는 중이므로 전거 우려가 있는 채권자의 이유 또한 부당합니다.
　이상과 같은 이유에 의하여 본건 가압류결정은 부당하므로 그 취소를 구하기 위하여 이의신청을 합니다.

소 명 방 법

1. 유체동산 가압류집행조서 등본   1통
1. 일부 변제영수증   1통
1. 진술서(잔액유예증명)   1통
1. 부동산등기부등본(토지·건물)   1통

첨 부 서 류

1. 위 소명서류   각 1통
1. 위임장   1통

20○○. ○. ○.

위 신청인 대리인 ○ ○ ○ ㊞

○○지방법원   귀중

주 1. 채권가압류에 있어서 채무자가 제3채무자에 대한 채권이 없다면 가압류채무자는 채권가압류결정에 의하여 법률상 아무런 불이익을 받을 지위에 있다할 수 없을 것이므로 가압류에 대한 이의를 신청할 이익이 없다 할 것이다
2. 원래 가압류결정에 대한 이의신청은 가압류결정에 대한 소송법상의 불복방법에 불과하므로 채권자의 지위에 의하여 행사될 수 없는 권리라 할 것이다.
3. 가처분결정에 대한 이의신청을 할 수 있는 자는 채무자와 그 일반승계인 및 민사소송법 제74조에 의하여 참가승계를 한 특정승계인이며 다른 제3자는 가처분에 대하여 사실상의 이해관계가 있다 하더라도 이의를 신청할 적격이 없다.

[가처분결정에 대한 이의신청서(부동산)]

가처분결정에 대한 이의신청서

신청인(채무자) 합자회사 ○○통운
　　　　　　　대표사원 ○ ○ ○
　　　　　　　주 소　○○시 ○○구 ○○동 ○○○
　　　　　　　전화 02-1234-4567　　휴대폰 010-1234-5678
　　　　　　　팩스 02-9876-5432　　이메일 : lawb@lawb.co.kr
　　　　　　　위 대리인 변호사 ○ ○ ○
　　　　　　　○○시 ○○구 ○○동 ○○○
피신청인(채권자)　　　○ ○ ○ (000000 - 0000000)
　　　　　　　주 소　○○시 ○○구 ○○동 ○○○
　　　　　　　전화 02-1234-4567　　휴대폰 010-1234-5678
　　　　　　　팩스 02-9876-5432　　이메일 : lawb@lawb.co.kr
제3채무자　　대한민국
　　　　　　　법률상대표자 법무부장관 ○ ○ ○
　　　　　　　(소관 : 서울지방○○○청 ○○출장소)

신 청 취 지

1. 위 당사자간 귀원 20○○카합4567호 부동산사용권처분금지가처분 신청 사건에 관하여, 동원에서 20○○. ○. ○.에 한 가처분결정은 이를 취소한다.
2. 채권자의 위 가처분신청을 기각한다.
3. 소송비용은 채권자의 부담으로 한다.

4. 위 1항에 한하여 가집행할 수 있다.
라는 재판을 구합니다.

신 청 이 유

1. 채권자는 20○○. ○. ○. 귀원으로부터 채무자의 이 사건 부동산에 대한 사용권의 처분행위를, 제3채무자에 대하여 위 부동산사용권 처분행위의 승인을 각 금지하는 가처분 결정을 받았습니다.
2. 채권자는 위 부동산의 건축을 채무자로부터 금535,000,000원에 도급받아 시공하였는데 채무자가 위 도급공사비중 금200,000,000원을 채권자에게 지급하지 못하여 20○○. ○. ○. 위 돈을 20○○. ○. ○.까지 지급하지 못할 때에는 위 부동산의 사용권을 채권자에게 양도하겠다는 내용의 인증서를 채무자로부터 작성하여 교부받았는데, 그 후 채무자는 위 돈중 금 50,000,000원을 지급하지 않고 위 무상사용권의 양도절차도 이행하지 아니하므로 이 사건 가처분 신청에 이른다고 주장하고 있습니다.

소 명 방 법

1. 소을 제1호증의   법인등기부등본
1. 소을 제2호증   공사대금 지급내역
1. 소을 제3호증의 1 내지 16   영수증
1. 소을 제4호증의 1 내지 5   입금표
1. 기타 추후 변론시에 제출하겠습니다.

첨 부 서 류

1. 위 소명서류   각1통

1. 소송위임장   1통

            20○○. ○. ○.

        위 채무자의 대리인 변호사 ○ ○ ○ ㊞

                                    ○○지방법원 귀중

주 1. 신청서에는 1,000원의 인지를 첩용하고 송달료를 납부한다.
2. 민사집행법
　제301조 (가압류절차의 준용)
　　가처분절차에는 가압류절차에 관한 규정을 준용한다. 다만, 아래의 여러 조문과 같이 차이가 나는 경우에는 그러하지 아니하다.
　제283조 (가압류결정에 대한 채무자의 이의신청)
　　① 채무자는 가압류결정에 대하여 이의를 신청할 수 있다.
　　② 제1항의 이의신청에는 가압류의 취소나 변경을 신청하는 이유를 밝혀야 한다.
　　③ 이의신청은 가압류의 집행을 정지하지 아니한다.
　제284조 (가압류이의신청사건의 이송)
　　법원은 가압류이의신청사건에 관하여 현저한 손해 또는 지연을 피하기 위한 필요가 있는 때에는 직권으로 또는 당사자의 신청에 따라 결정으로 그 가압류사건의 관할권이 있는 다른 법원에 사건을 이송할 수 있다. 다만, 그 법원이 심급을 달리하는 경우에는 그러하지 아니하다.
　제285조 (가압류이의신청의 취하)
　　① 채무자는 가압류이의신청에 대한 재판이 있기 전까지 가압류이의신청을 취하할 수 있다. <개정 2005.1.27>
　　② 제1항의 취하에는 채권자의 동의를 필요로 하지 아니한다.
　　③ 가압류이의신청의 취하는 서면으로 하여야 한다. 다만, 변론기일 또는 심문기일에서는 말로 할 수 있다. <개정 2005.1.27>
　　④ 가압류이의신청서를 송달한 뒤에는 취하의 서면을 채권자에게 송달하여야 한다.
　　⑤ 제3항 단서의 경우에 채권자가 변론기일 또는 심문기일에 출석하지 아니한 때에는 그 기일의 조서등본을 송달하여야 한다. <개정 2005.1.27>
　제286조 (이의신청에 대한 심리와 재판)
　　① 이의신청이 있는 때에는 법원은 변론기일 또는 당사자 쌍방이 참여할 수 있는 심문기일을 정하고 당사자에게 이를 통지하여야 한다.
　　② 법원은 심리를 종결하고자 하는 경우에는 상당한 유예기간을 두고 심리를 종결할 기일을 정하여 이를 당사자에게 고지하여야 한다. 다만, 변론기일 또는 당사자 쌍방이 참여할 수 있는 심문기일에는 즉시 심리를 종결할 수 있다.

③ 이의신청에 대한 재판은 결정으로 한다.
④ 제3항의 규정에 의한 결정에는 이유를 적어야 한다. 다만, 변론을 거치지 아니한 경우에는 이유의 요지만을 적을 수 있다.
⑤ 법원은 제3항의 규정에 의한 결정으로 가압류의 전부나 일부를 인가·변경 또는 취소할 수 있다. 이 경우 법원은 적당한 담보를 제공하도록 명할 수 있다.
⑥ 법원은 제3항의 규정에 의하여 가압류를 취소하는 결정을 하는 경우에는 채권자가 그 고지를 받은 날부터 2주를 넘지 아니하는 범위 안에서 상당하다고 인정하는 기간이 경과하여야 그 결정의 효력이 생긴다는 뜻을 선언할 수 있다.
⑦ 제3항의 규정에 의한 결정에 대하여는 즉시항고를 할 수 있다. 이 경우 민사소송법 제447조의 규정을 준용하지 아니한다.[전문개정 2005.1.27]

3. 민사집행규칙

제203조 (신청의 방식)
① 다음 각호의 신청은 서면으로 하여야 한다. <개정 2005.7.28>
 1. 보전처분의 신청
 2. 보전처분의 신청을 기각 또는 각하한 결정에 대한 즉시항고
 3. 보전처분에 대한 이의신청
 4. 본안의 제소명령신청
 5. 보전처분의 취소신청
 6. 보전처분의 집행신청
 7. 제3호·제5호의 신청에 관한 결정에 대한 즉시항고
② 제1항의 신청서에는 신청의 취지와 이유 및 사실상의 주장을 소명하기 위한 증거 방법을 적어야 한다. <개정 2005.7.28>

제203조의2 (신청취하)
① 제203조제1항 제1호·제2호·제6호·제7호 신청의 취하는 서면으로 하여야 한다. 다만, 변론기일 또는 심문기일에서는 말로 할 수 있다.
② 제1항의 취하가 있는 때에는 법원사무관등은 변론기일 또는 심문기일의 통지를 받은 채권자 또는 채무자에게 그 취지를 통지하여야 한다.[본조신설 2005.7.28]

제203조의3 (결정서를 적는 방법)
① 제203조제1항 제2호·제7호의 신청에 대한 결정의 이유를 적을 때에는 제1심 결정을 인용할 수 있다.
② 제203조제1항 제3호·제5호의 신청에 대한 결정의 이유를 적을 때에는 보전처분의 신청에 대한 결정을 인용할 수 있다.[본조신설 2005.7.28]

6) 이의신청의 효력

이의신청은 집행정지의 효력이 없다(민집 제283조 3항).

7) 이의신청의 취하

보전소송에도 처분권주의가 인정되며 이를 인정하여도 이미 발한 보전명령의 효력은 아무 영향을 받지 않으므로 이의사건 진행 중에도 보전처분신청을 취하할 수 있다.

채무자는 채권자의 동의 없이 이의신청을 취하할 수 있다(민집 제285조 2항).

가압류이의신청의 취하는 서면으로 하여야 하나 변론 또는 심문기일에서는 말로 할 수 있다(동조 3항).

이의신청의 취하는 가압류이의신청에 대한 재판이 있기 전까지 할 수 있다(동조 1항).

8) 심 리

ⅰ) 심리대상

심리대상은 가압류신청 자체에 대한 것이 아니고 이미 존재하는 가압류명령의 당부이므로, 채권자가 적극적 당사자로서 가압류명령의 인가를 구하여야 되고, 채무자는 소극적 당사로서 신청의 기각과 이미 발령한 가압류명령의 취소·변경을 구한다.

ⅱ) 심문기일의 통지

이의신청이 있으면 법원은 변론기일 또는 당사자 쌍방이 참여할 수 있는 심문기일을 정하고 당사자에게 이를 통지하여야 한다(민집 제286조 1항). 이의신청이 있으면 가압류결정을 하기 이전의 상태로 돌려서 절차를 진행하는 것이다.

가처분에 대한 이의신청은 가처분결정의 당부의 심판을 구하는 것이지만 이에 대한 심판은 그 이의에서의 최종변론 당시의 사실을 기준으로 하여야 한다(대판 1978. 2. 14. 77다938).

ⅲ) 심리종결기일제도

법원은 심리를 종결하고자 하는 경우에는 상당한 유예기간을 두고 심리를 종결할 기일을 정하여 이를 당사자에게 고지하여야 한다(동조 2항 본문). 소위 심리종결기일제도로서 2005년 개정법이 채택한 제도이다. 즉, 법원이 심리를 종결하고자 할 때에는 즉시 종결하여 당사자에게 불의의 타격을 줄 것이 아니라, 유예기간을 주어 당사자로 하여금 충분한 공격방어방법을 제출하도록 절차의 보장을 꾀하는 제도이다. 다만, 변론기일 또는 당사자 쌍방이 참여할 수 있는 심문기일에는 즉시 심리를 종결할 수 있다(동조 2항 단서).

9) 재 판

ⅰ) 재판의 형식

이의신청에 대한 재판은 결정으로 한다(동조 3항). 이 결정에는 이유를 적어야 하지만, 변론을 거치지 아니한 경우에는 이유의 요지만을 적을 수 있다(동조 4항). 법원이 결정으로 가압류의 전부나 일부를 인가·변경 또는 취소를 한 경우에는 적당한 담보를 제공하도록 명할 수 있다(동조 5항). 이 경우의 담보를 채무자가 제공하면 사정변경에 따른 가압류명령의 취소사유가 된다(민집 제288조 1항 2호).

ⅱ) 취소결정의 효력발생유예

이의신청을 받아 들여서 가압류를 취소하는 결정을 하는 경우에는, 채권자가 그 고지를 받은 날부터 2주를 넘지 아니하는 범위에서 상당하다고 인정하는 기간이 경과하여야, 그 결정의 효력이 생긴다는 뜻을 선언할 수 있다(민집 제286조 6항). 원래 결정의 효력은 고지함으로써 당장 생기는 것이 원칙이지만(제23조, 민소 제221조), 가압류취소결정의 고지로 즉시 취소의 효력이 생기게 하는 것이 적당하지 않은 경우, 취소결정의 고지로 즉시 취소의 효력이 생기게 하는 것이 적당하지 않은 경우, 취소결정의 효력발생유예를 규정하고 있는 것이다. 이 제도는 2005년 개정법에서 새로이 채택한 제도로서 가압류취소결정의 효력정지결정(제289조)을 받기도 전에 가압류취소결정이 효력을 발생하게 되는 모순을 방지하기 위한 것이다. 이의신청에 대한 재판에 대하여는 즉시항고를 할 수 있는데(제286조 7항), 이 때의 즉시항고는 집행정지의 효력이 없다(민집 제286조 7항 후문).

4. 가압류명령의 취소

(1) 의 의

가압류명령에 잘못이 있으면 이에 대한 불복방법으로 즉시항고와 이의신청이 인정되고, 이에 따라 가압류명령이 취소될 수도 있다.

그런데 가압류가 인가된 뒤에도 일정한 사유가 있으면 가압류명령이 취소되는 경우가 있는데, 민사집행법이 두고 있는 제도로 제소명령제도(제287조)와 사정변경에 따른 취소제도(제288조)가 있다.

가압류명령의 취소절차는 일단 유효하게 발령된 가압류명령을 가압류명령신청절차와는 별개의 절차에 의하여 실효시키는 제도라는 점에서, 당해 가압류명령신청절차 내에서 당해 가압류명령의 당부를 재심사하는 이의신청과 구별된다.

(2) 본안의 제소명령(민집 제287조)

가. 의 의

가압류명령이 내려졌음에도 불구하고 채권자가 본안소송을 제기하지 않는 경우, 채무자가 가압류명령이라는 굴레에서 벗어날 수 있도록 채무자가 채권자에 대하여 제소를 독촉하여 만약 채권자가 이에 불응하면 가압류명령의 취소를 신청할 수 있도록 한 방법이 제소명령제도이다.

나. 제소명령의 신청

가압류법원 소속의 사법보좌관은 채무자의 신청에 따라 변론 없이 채권자에게 상당한 기간 내에 본안의 소를 제기하여 이를 증명하는 서류를 제출하거나 이미 소를 제기하였으면 소송계속사실을 증명하는 서류를 제출하도록 명하여야 한다(민집 제287조 1항). 이 때 상당한 기간은 2주일 이상으로 정하여야 하며(동조 2항), 이러한 명령을 제소명령이라 한다.

가압류명령이 내려져 유효하게 존속함에도 채권자가 본안소송을 제기하지 않는 이상 채무자는 본안의 제소명령을 가압류명령 발령법원에 신청할 수 있다.

제기한 본안소송의 소송물과 가압류명령이 전제한 본안소송의 소송물이 동일하면 물론 같은 본안소송으로서 채무자의 제소명령신청권은 인정될 수 없다.

채권자가 이미 본집행의 집행권원을 가지고 있으면 그 종류에 상관없이 채무자는 제소명령신청을 할 수 없다. 그러나 가압류명령에 대한 이의신청이나 해방금공탁을 하였다고 하더라도 채무자는 제소명령을 신청할 수 있다.

신청은 신청취지와 이유를 적은 서면으로 하여야 한다(민사집행규칙 제203조 1항 4호). 신청서에서 3,000원의 인지를 붙여야 한다.

채무자는 가압류명령이 발하여진 사실을 소명하여야 하지만, 본안의 소가 아직 제소되지 아니한 사실을 주장하면 되고 입증까지 할 필요는 없다.

제소명령의 신청에 대한 재판은 취하할 수 있으며, 이 때에는 이의신청의 취하에 관한 규정이 준용된다.

다. 심리와 재판

1) 제소명령

제소명령은 채권자에게 본안의 소를 제기하여 이를 증명하는 서류를 제출하거나 이미 소를 제기하였으면 소송계속사실을 증명하는 서류를 제출할 것을 명하는 것으로, 변론 없이 결정의 형식으로 한다.

법원은 제소기간을 정하되 제소할 법원이나 본안의 소의 내용까지 정하지는 않는다. 제소기간을 정하지 아니한 제소명령은 아무런 효력이 생기지 않는다.

2) 가압류취소결정

채권자가 사법보좌관이 정해준 기간 안에 제소를 증명하는 서류나 소송계속을 증명하는 서류를 제출하지 아니한 때에는 법원은 채무자의 신청에 따라 결정으로 가압류를 취소하여야 한다(민집 제287조 3항). 채권자가 기간 안에 제소를 하였더라도 소를 취하하거나 소가 각하되었으면 기간을 넘길 것으로 본다. 그리고 서류를 제출한 뒤에 본안의 소가 취하되거나 각하된 경우에는 그 서류를 제출하지 아니한 것으로 본다(동조 4항). 그러나 기간이 지났더라도 취소소송의 사실심 변론종결시까지 제소하여 이를 증명하면 취소할 수 없다9대판 1985. 11. 26. 85다카1668). 취소결정에 대하여는 즉시항고를 할 수 있는데, 이 때 즉시항고는 집행정지의 효력이 없다(동조 5항).

[제소명령신청서]

제소명령신청서

신청인(채무자) ○ ○ ○ (000000 - 0000000)
    주 소 ○○시 ○○구 ○○동 ○○○
    전화 02-1234-4567 휴대폰 010-1234-5678
    팩스 02-9876-5432 이메일 : lawb@lawb.co.kr
피신청인(채권자) ○ ○ ○ (000000 - 0000000)
    주 소 ○○시 ○○구 ○○동 ○○○
    전화 02-1234-4567 휴대폰 010-1234-5678
    팩스 02-9876-5432 이메일 : lawb@lawb.co.kr

위 당사자간의 귀원 20○○카단4567호 부동산가압류(가처분)신청사건에 관하여, 귀원에서 20○○. ○. ○.에 가압류(가처분)결정을 하고 그 집행을 하였으나 채권자는 아직 본안소송을 제소하지 아니하므로 상당한 기간 내에 본안의 소를 제기할 것을 명령하여 주시기 바랍니다.

소 명 자 료

가처분(가압류)결정사본 1부

20○○. ○. ○.

위 신청인(채무자) ○ ○ ○ ㊞

○○지방법원 귀중

주 1. 신청서에는 민사소송 등 인지법 제9조 4항 4호에 의하여 인지를 첩용하고(송민 91-1 참조), 송달료를 납부한다.
2. 민사집행법
   제287조 (본안의 제소명령)
   ① 가압류법원은 채무자의 신청에 따라 변론 없이 채권자에게 상당한 기간 이내에 본안의 소를 제기하여 이를 증명하는 서류를 제출하거나 이미 소를 제기하였으면 소송계속사실을 증명하는 서류를 제출하도록 명하여야 한다.
   ② 제1항의 기간은 2주 이상으로 정하여야 한다.
   ③ 채권자가 제1항의 기간 이내에 제1항의 서류를 제출하지 아니한 때에는 법원은 채무자의 신청에 따라 결정으로 가압류를 취소하여야 한다.
   ④ 제1항의 서류를 제출한 뒤에 본안의 소가 취하되거나 각하된 경우에는 그 서류를 제출하지 아니한 것으로 본다.
   ⑤ 제3항의 신청에 관한 결정에 대하여는 즉시항고를 할 수 있다. 이 경우 민사소송법 제447조의 규정은 준용하지 아니한다.
3. 민사집행규칙
   제206조 (이의신청서 등의 송달 <개정 2005.7.28>)
   ① 법 제287조제1항(법 제301조의 규정에 따라 준용되는 경우를 포함한다)의 규정에 따른 명령은 채권자에게 송달하여야 한다.
   ② 법 제283조제1항, 제288조제1항(법 제301조의 규정에 따라 준용되는 경우를 포함한다)의 규정에 따른 신청이 있는 때에는 그 신청서 부본을 채권자에게 송달하여야 한다. <개정 2005.7.28>

[제소기간도과에 의한 가압류취소신청서]

제소기간도과에 의한 가압류취소신청서

신청인(채무자) ○ ○ ○ (000000 - 0000000)
    주 소 ○○시 ○○구 ○○동 ○○○
    전화 02-1234-4567 휴대폰 010-1234-5678
    팩스 02-9876-5432 이메일 : lawb@lawb.co.kr
피신청인(채권자) ○ ○ ○ (000000 - 0000000)
    주 소 ○○시 ○○구 ○○동 ○○○
    전화 02-1234-4567 휴대폰 010-1234-5678
    팩스 02-9876-5432 이메일 : lawb@lawb.co.kr

신 청 취 지

1. 위 당사자간의 귀원 20○○카합4567호 부동산가압류신청사건에 관하여 귀원이20○○. ○. ○.에 한 별지목록 기재의 부동산에 대한 가압류결정은 이를 취소한다.
2. 소송비용은 피신청인의 부담으로 한다.
3. 1항은 가집행 할 수 있다
라는 재판을 구합니다.

신 청 이 유

1. 피신청인(채권자)의 신청인(채무자)에 대한 귀원 20○○카합4567호 부동산가압류신청사건에 관하여, 피신청인은 신청인의 별지목록 기재의 부동산에 대하여 가압류집행을 하였습니다.

2. 그러나 피신청인은 그 본안소송을 제소하지 아니하므로 신청인은 20○○. ○. ○. 귀원에 제소명령신청을 하여, 법원은 피신청인에 대하여 명령송달일로부터 7일 이내에 본안소송을 제소할 것을 명령하였음에도 불구하고 피신청인이 그 소정기간 내에 본안의 소를 제소하지 아니하였으므로 위 가압류결정의 취소를 구하기 위하여 본 신청에 이르렀습니다.

소 명 방 법

  1. 제소명령정본　　　　　　　　　　　　1통

20○○. ○. ○.

위 신청인(채무자)　○　○　○　㊞

○○지방법원　귀중

주 1. 신청서에는 민사소송 등 인지법 제9조 4항 4호에 의하여 인지를 첩용하고(송민 91-1 참조), 송달료를 납부한다.
2. 민사집행법
  제287조 (본안의 제소명령)
  ① 가압류법원은 채무자의 신청에 따라 변론 없이 채권자에게 상당한 기간 이내에 본안의 소를 제기하여 이를 증명하는 서류를 제출하거나 이미 소를 제기하였으면 소송계속사실을 증명하는 서류를 제출하도록 명하여야 한다.
  ② 제1항의 기간은 2주 이상으로 정하여야 한다.
  ③ 채권자가 제1항의 기간 이내에 제1항의 서류를 제출하지 아니한 때에는 법원은 채무자의 신청에 따라 결정으로 가압류를 취소하여야 한다.
  ④ 제1항의 서류를 제출한 뒤에 본안의 소가 취하되거나 각하된 경우에는 그 서류를 제출하지 아니한 것으로 본다.
  ⑤ 제3항의 신청에 관한 결정에 대하여는 즉시항고를 할 수 있다. 이 경우 민사소송법 제447조의 규정은 준용하지 아니한다.
3. 민사집행규칙
  제206조 (이의신청서 등의 송달 <개정 2005.7.28>)
  ① 법 제287조제1항(법 제301조의 규정에 따라 준용되는 경우를 포함한다)의 규정에 따른 명령은 채권자에게 송달하여야 한다.
  ② 법 제283조제1항, 제288조제1항(법 제301조의 규정에 따라 준용되는 경우를 포함한다)의 규정에 따른 신청이 있는 때에는 그 신청서 부본을 채권자에게 송달하여야 한다. <개정 2005.7.28>

(3) 사정변경에 따른 가압류취소(민집 제288조)

가. 의 의

가압류명령이 발해진 후 가압류의 이유가 소멸되거나 그 밖에 사정이 바뀌어 가압류명령을 유지하는 것이 부당하게 된 때에는 채무자는 가압류명령의 취소를 신청할 수 있다(민집 제288조).

사정변경에 의한 가압류명령의 취소신청은 가압류명령의 성립요건의 흠을 이유로 하는 것이 아니고, 가압류명령이 성립된 뒤에 그 가압류를 존속시키는 것이 적당하지 아니함을 이유로 가압류명령의 취소를 주장하는 방법이다. 그러므로 가압류명령의 요건이 처음부터 존재하지 않았다고 따지는 가압류명령에 대한 이의신청과는 그 성질이 다르다.

또 사정변경에 따른 가압류의 취소신청은 가압류명령 자체의 취소를 구하는 신청이므로 해방금공탁에 의한 가압류의 집행취소(민집 제282조, 제299조)와도 구별된다.

나. 사정변경사유

채무자는 ① 가압류이유가 소멸되거나 그 밖에 사정이 바뀐 때, ② 법원이 정한 담보를 제공한 때, ③ 가압류가 집행된 뒤에 3년간 본안의 소를 제기하지 아니한 때에는 가압류가 인가된 뒤에도 그 취소를 신청할 수 있다(민집 제288조 1항).

1) 피보전권리에 관한 사정변경사유

가압류명령이 내려진 뒤 피보전권리의 전부 또는 일부가 소멸되었다거나 변경이 되었으면 사정변경이 있다고 본다. 판례는 가압류의 피보전권리가 변제로 소멸된 사실은 사정변경에 의한 취소사유가 된다고 한다(대판 1994. 8. 12. 93므259).

피보전권리의 부존재가 분명하게 된 경우도 또한 사정변경에 해당된다. 즉 채무자가 제기한 채무부존재확인의 소에서 원고승소판결을 받은 경우에도 당연히 사정변경에 해당된다. 그러나 가압류의 목적인 채무자의 제3채무자에 대한 채권이 존재하지 않음이 밝혀졌다 하더라도 이는 가압류결정이 결과적으로 채권보전의 실효를 거둘 수 없게 됨에 그칠 뿐 가압류결정을 취소할 사유는 되지 못한다(대판 1999. 3. 23. 98다63100).

2) 보전의 필요성에 관한 사정변경사유

보전의 필요성에 관한 사정변경의 사유는 보전이유의 소멸·변경이다.

가압류이유가 소멸되거나 그 밖에 사정이 바뀐 때(민집 제288조 1항 1호), 가압류취소신청을 할 수 있다. 가압류명령이 내려진 뒤에 피보전권리에 관하여 충분한 담보물권이 설정된 경우, 채권자가 새로운 집행권원을 얻은 경우, 가압류집행기간이 넘은 경우(민집

제292조 2항)에는 사정이 변경되었다고 본다. 그리고 가압류명령에 대한 이의신청을 받아들여서 법원이 담보제공을 조건으로 가압류명령을 인가해준 경우(민집 제286조 5항)에 채권자가 담보를 제공하지 아니하면 이도 또한 가압류취소를 위한 사정의 변경에 해당한다고 본다(대판 2000. 11. 14. 2000다40773).

그 외에도 채권자가 본안소송에서 승소하고 집행권원을 얻어 즉시 본집행을 할 수 있는 요건을 갖추었음에도 불구하고 상당한 기간이 지나도록 그 집행을 하지 않고 있는 경우도 보전의 필요성이 소멸되어 사정변경이 있다고 보는 것이 판례의 입장이다(대판 1990. 11. 23. 90다카25246).

3) 담보제공에 따른 사정변경이유

채무자가 법원이 정한 담보를 제공한 때에는 이 경우도 역시 사정변경의 한 예로 보아서 가압류의 취소를 신청할 수 있다(민집 제288조 1항 2호). 왜냐하면 가압류명령은 금전채권의 집행을 보전하기 위하여 채무자의 일반재산을 확보하는 제도이므로 충분한 담보의 제공이 있으면 가압류명령을 유지할 필요가 없어지기 때문이다. 이 담보는 가압류해방금액과 달라서 직접 피보전권리의 담보가 된다(민집 제19조 3항, 민소 제122조). 따라서 금전 또는 법원이 인정하는 유가증권을 공탁해도 되고 지급보증위탁계약서를 제출하여도 된다(민사집행규칙 제204조).

담보제공으로 인한 가압류의 취소는 가압류의 피보전권리채권을 위하여 적당한 담보가 제공되었음을 이유로 하는 것이므로 사정변경으로 인한 취소의 일종이지만, 그 사정의 변경이 법원의 명령에 의한 담보제공으로 이루어졌다는 점에서 다른 경우와 구별된다.

4) 가압류 집행 후 3년간 본안의 소를 제기하지 아니한 때

채무자는 가압류가 집행된 후 3년간 본안의 소가 제기되지 아니한 때에는 가압류의 취소를 신청할 수 있다(민집 후 제288조 1항 3호). 이 때의 신청은 이해관계인도 할 수 있다(동조 1항 후문).

3년이 경과하면 취소의 요건이 완성되며, 그 후에 본안의 소를 제기하여도 가압류·가처분의 취소를 배제하는 효력이 생기지 아니한다(대판 1999. 10. 26. 99다37887).

다. 가압류취소의 신청

1) 당사자

채무자와 그의 일반승계인이 가압류취소신청을 할 수 있다.

부제소에 따른 취소신청의 경우(민집 제288조 1항 3호)에는 이해관계인도 취소신청을 할 수 있다(제288조 1항 후문). 여기서 이해관계인에는 목적물의 제3취득자뿐만 아니라 그 목적물에 관하여 제한물권을 취득한 사람, 압류·가압류·가처분집행을 한 채권자 등 법률상 이해관계를 가진 모든 자가 포함된다고 본다.

2) 관할법원

가압류를 명한 법원이 한다. 다만, 본안이 이미 계속된 때에는 본안법원이 한다(민집 제288조 2항). 본안이 상고심에 계속되어 있는 경우에는 제1심 법원이다(민집 제311조).

3) 신청시기

가압류명령의 효력이 존속하고 있는 동안은 언제든지 신청할 수 있다. 이의신청(민집 제283조 1항)이나 제소명령에 따른 취소신청(민집 제287조 3항)과 병행하여 신청할 수도 있고, 이의신청에 대한 재판으로 가압류인가결정이 난 뒤에도 신청할 수 있다(민집 제288조 1항). 또 이 신청은 가압류명령 자체의 취소를 구하는 것이기 때문에, 해방공탁금으로 가압류집행이 취소된 뒤에도 신청할 수 있다.

라. 심리 및 재판

사정변경에 따른 취소신청에 대하여 재판을 할 때에는, 신청인이 주장하는 사정변경의 유무에 대해서만 심리하고, 피보전권리나 보전의 필요성의 유무 등에 대하여는 판단하지 않는다(대판 1982. 3. 23. 81다1041).

마. 가압류취소결정에 대한 즉시항고

가압류를 취소하는 결정에 대하여는 즉시항고를 불복할 수 있다.

법원은 그 이유가 법률상 정당한 사유가 있다고 인정되고 사실에 대한 소명이 있으며, 그 가압류를 취소함으로 인하여 회복할 수 없는 손해가 생길 위험이 있다는 사정에 대한 소명이 있는 때에는, 당사자의 신청에 따라 담보를 제공하게 하거나 담보를 제공하지 아니하게 하고 가압류취소결정의 효력을 정지시킬 수 있다(민집 제289조 1항). 이 때의 소명은 보증금을 공탁하거나 주장이 진실함을 선서하는 방법으로 대신할 수 없다(동조 2항).

[사정변경에 의한 가압류취소신청서(유용불가)]

사정변경에 의한 가압류 취소신청서

신청인(채무자)　　○ ○ ○ (000000 - 0000000)
　　　　　　　　　주　소　○○시 ○○구 ○○동 ○○○
　　　　　　　　　전화 02-1234-4567　　휴대폰 010-1234-5678
　　　　　　　　　팩스 02-9876-5432　　이메일 : lawb@lawb.co.kr
신청인의 보조참가인 ○ ○ ○ (000000 - 0000000)
(소유자)　　　　　　주　소　○○시 ○○구 ○○동 ○○○
　　　　　　　　　전화 02-1234-4567　　휴대폰 010-1234-5678
　　　　　　　　　팩스 02-9876-5432　　이메일 : lawb@lawb.co.kr
피신청인(채권자)　　○ ○ ○ (000000 - 0000000)
　　　　　　　　　주　소　○○시 ○○구 ○○동 ○○○
　　　　　　　　　전화 02-1234-4567　　휴대폰 010-1234-5678
　　　　　　　　　팩스 02-9876-5432　　이메일 : lawb@lawb.co.kr

신 청 취 지

1. 위 당사자간 귀원 20○○카합3244호 부동산가압류신청사건에 관하여 귀원이 20○○. ○. ○.에 한 별지목록 기재 부동산에 대한 가압류결정은 이를 취소한다.
2. 소송비용은 피신청인의 부담으로 한다.
3. 위 1항은 가집행 할 수 있다.
라는 재판을 구합니다.

신 청 원 인

1. 피신청인은 신청외 ○○○에게 20○○. ○.부터 20○○. ○.까지 가구용 목재를 외상거래하여 그동안 물품대금 50,000,000원이 체불되어 있는바, 피신청인은 신청외 ○○○이 재력이 없으므로 처인 신청인을 공동채무자로 하여 피신청인과 물품외상거래를 하였다는 이유로 20○○. ○. ○. 당시 신청인 소유의 별지목록 기재 부동산에 대하여 귀원 2002카합3244호로 부동산 가압류 신청을 하여 ○○지방법원 중부등기소 접수 제4321호로 부동산 가압류 집행을 하였습니다.

2. 그러나 위 물품대금은 남편인 신청외 ○○○의 사업관계로 인한 채무이고 처인 신청인은 물품대금의 연대채무를 부담할 하등의 이유가 없으므로 위 가압류 사건에 대한 제소명령신청을 하여 피신청인이 20○○. ○. ○. 귀원에 20○○카합5244호로 물품대금청구의 소를 제기하였으나 신청인에 대하여는 청구권이 없어 재판도중에 일부 취하를 하였으며 신청외 ○○○에 대하여 20○○. ○. ○. 원고 승소판결이 선고되고 확정되었습니다.

첨 부 서 류

1. 부동산 강제경매 개시결정	1통
1. 판결 사본	2통
1. 부동산등기부등본	1통
1. 판례 사본	1부

20○○. ○. ○.

```
                    위 신청인(채무자)    ○  ○  ○  ㊞
                    신청인의 보조참가인(소유자)  ○  ○  ○  ㊞


                                              ○○지방법원 귀중
```

주 1. 신청서에는 민사소송 등 인지법 제9조 4항 4호에 의하여 인지를 붙이고(송민 91-1 참조), 송달료를 납부한다.
2. 민사집행법
   제288조 (사정변경 등에 따른 가압류취소)
   ① 채무자는 다음 각호의 어느 하나에 해당하는 사유가 있는 경우에는 가압류가 인가된 뒤에도 그 취소를 신청할 수 있다. 제3호에 해당하는 경우에는 이해관계인도 신청할 수 있다.
      1. 가압류이유가 소멸되거나 그 밖에 사정이 바뀐 때
      2. 법원이 정한 담보를 제공한 때
      3. 가압류가 집행된 뒤에 3년간 본안의 소를 제기하지 아니한 때
   ② 제1항의 규정에 의한 신청에 대한 재판은 가압류를 명한 법원이 한다. 다만, 본안이 이미 계속된 때에는 본안법원이 한다.
   ③ 제1항의 규정에 의한 신청에 대한 재판에는 제286조제1항 내지 제4항·제6항 및 제7항을 준용한다.[전문개정 2005.1.27]
   제286조 (이의신청에 대한 심리와 재판)
   ① 이의신청이 있는 때에는 법원은 변론기일 또는 당사자 쌍방이 참여할 수 있는 심문기일을 정하고 당사자에게 이를 통지하여야 한다.
   ② 법원은 심리를 종결하고자 하는 경우에는 상당한 유예기간을 두고 심리를 종결할 기일을 정하여 이를 당사자에게 고지하여야 한다. 다만, 변론기일 또는 당사자 쌍방이 참여할 수 있는 심문기일에는 즉시 심리를 종결할 수 있다.
   ③ 이의신청에 대한 재판은 결정으로 한다.
   ④ 제3항의 규정에 의한 결정에는 이유를 적어야 한다. 다만, 변론을 거치지 아니한 경우에는 이유의 요지만을 적을 수 있다.
   ⑤ 법원은 제3항의 규정에 의한 결정으로 가압류의 전부나 일부를 인가·변경 또는 취소할 수 있다. 이 경우 법원은 적당한 담보를 제공하도록 명할 수 있다.
   ⑥ 법원은 제3항의 규정에 의하여 가압류를 취소하는 결정을 하는 경우에는 채권자가 그 고지를 받은 날부터 2주를 넘지 아니하는 범위 안에서 상당하다고 인정하는 기간이 경과하여야 그 결정의 효력이 생긴다는 뜻을 선언할 수 있다.
   ⑦ 제3항의 규정에 의한 결정에 대하여는 즉시항고를 할 수 있다. 이 경우 민사소송법 제447조의 규정을 준용하지 아니한다.[전문개정 2005.1.27]

[사정변경에 의한 가압류취소신청서(귀책사유)]

사정변경에 의한 가압류취소신청서

신청인(채무자)   ○ ○ ○ (000000 - 0000000)
           주 소 ○○시 ○○구 ○○동 ○○○
           전화 02-1234-4567   휴대폰 010-1234-5678
           팩스 02-9876-5432   이메일 : lawb@lawb.co.kr
피신청인(채권자)   ○ ○ ○ (000000 - 0000000)
           주 소 ○○시 ○○구 ○○동 ○○○
           전화 02-1234-4567   휴대폰 010-1234-5678
           팩스 02-9876-5432   이메일 : lawb@lawb.co.kr

신 청 취 지

1. 위 당사자간 귀원 20○○카단3678호 부동산가압류신청사건에 관하여 귀원이 20○○. ○. ○.에 한 가압류 결정은 이를 취소한다.
2. 소송비용은 피신청인의 부담으로 한다.
3. 1항은 가집행 할 수 있다.
라는 재판을 구합니다.

신 청 원 인

1. 피신청인(채권자)은 건축주이고 신청인(채무자)은 피신청인의 주택을 신축한 시공업자입니다.
  피신청인과 신청인은 20○○. ○. ○. 약정에 의하여 신청인 같은 해 ○.

○.까지 피신청인의 신축주택을 마무리 공사를 시공하여 같은 해 ○. ○.까지 준공검사를 받을 수 있도록 공사를 완료하기로 하고 약속 불이행시 금20,000,000원을 배상하기로 공정증서로 이행 각서를 쓴 사실이 있고 이 각서를 증거하여 피신청인은 신청인의 부동산에 가압류 신청을 하여 집행이 되었습니다.
2. 아울러 피신청인이 신청인을 피고로 하여 ○○지방법원에 가압류로 인한 본안으로 손해배상의 청구소송을 제소하였으며 신청인도 피신청인을 반소 피고로 하여 공사대금 10,000,000원에 대하여 반소를 제기하였습니다. 따라서 이 사건은 변론을 거쳐 조정에 회부되어 20○○머456(본소)789(반소)로 20○○. ○. ○. 조정이 성립되어 본안 판결이 확정 되었습니다.

첨 부 서 류

1. 공정조서　　　　　　　　　　　　　　　　　　1부
1. 통고서　　　　　　　　　　　　　　　　　　　1부
1. 준공검사 및 부속서류　　　　　　　　　　　　각 1부

　　　　　　　　　　　　20○○. ○. ○.

　　　　　　위 신청인(채무자)　○　○　○　㊞

　　　　　　　　　　　　　　　　　　　　　○○지방법원　귀중

주 1. 신청서에는 민사소송 등 인지법 제9조 4항 4호에 의하여 인지를 붙이고(송민 91-1 참조), 송달료를 납부한다.
2. 민사집행법
　제288조 (사정변경 등에 따른 가압류취소)
　① 채무자는 다음 각호의 어느 하나에 해당하는 사유가 있는 경우에는 가압류가 인가된 뒤에도 그 취소를 신청할 수 있다. 제3호에 해당하는 경우에는 이해관계인도 신청할 수 있다.
　　1. 가압류이유가 소멸되거나 그 밖에 사정이 바뀐 때
　　2. 법원이 정한 담보를 제공한 때
　　3. 가압류가 집행된 뒤에 3년간 본안의 소를 제기하지 아니한 때
　② 제1항의 규정에 의한 신청에 대한 재판은 가압류를 명한 법원이 한다. 다만, 본안이 이미 계속된 때에는 본안법원이 한다.
　③ 제1항의 규정에 의한 신청에 대한 재판에는 제286조제1항 내지 제4항·제6항 및 제7항을 준용한다.[전문개정 2005.1.27]
　제286조 (이의신청에 대한 심리와 재판)
　① 이의신청이 있는 때에는 법원은 변론기일 또는 당사자 쌍방이 참여할 수 있는 심문기일을 정하고 당사자에게 이를 통지하여야 한다.
　② 법원은 심리를 종결하고자 하는 경우에는 상당한 유예기간을 두고 심리를 종결할 기일을 정하여 이를 당사자에게 고지하여야 한다. 다만, 변론기일 또는 당사자 쌍방이 참여할 수 있는 심문기일에는 즉시 심리를 종결할 수 있다.
　③ 이의신청에 대한 재판은 결정으로 한다.
　④ 제3항의 규정에 의한 결정에는 이유를 적어야 한다. 다만, 변론을 거치지 아니한 경우에는 이유의 요지만을 적을 수 있다.
　⑤ 법원은 제3항의 규정에 의한 결정으로 가압류의 전부나 일부를 인가·변경 또는 취소할 수 있다. 이 경우 법원은 적당한 담보를 제공하도록 명할 수 있다.
　⑥ 법원은 제3항의 규정에 의하여 가압류를 취소하는 결정을 하는 경우에는 채권자가 그 고지를 받은 날부터 2주를 넘지 아니하는 범위 안에서 상당하다고 인정하는 기간이 경과하여야 그 결정의 효력이 생긴다는 뜻을 선언할 수 있다.
　⑦ 제3항의 규정에 의한 결정에 대하여는 즉시항고를 할 수 있다. 이 경우 민사소송법 제447조의 규정을 준용하지 아니한다.[전문개정 2005.1.27]

5. 가압류의 진행

(1) 의 의

가압류소송절차에서 가압류명령을 발해지면 이를 집행권원으로 하여 집행을 하게 되는데, 이것을 가압류의 집행(보전처분의 집행)이라고 한다.

가압류의 집행절차에 대하여는 특별한 규정이 있는 경우를 제외하고는 강제집행에 관한 규정을 준용한다(민집 제291조).

(2) 집행기관

가. 집행법원

부동산·선박·항공기·자동차·건설기계, 채권과 그 밖의 재산권에 대한 가압류는 집행법원이 집행기관이 된다. 다만 이 경우 강제집행과 다른 점은 선박·항공기의 경우 선박국적증서 등을 제출하는 방법에 의하여 집행하는 경우(민집 제295조 2항)를 제외하고는 발령법원이 곧 집행법원이 된다는 점이다(민집 제293조 2항·제296조 2항).

나. 집행관

유체동산의 가압류는 집행관이 된다(민집 제296조 1항·제189조)

(3) 집행개시의 요건

가. 집행문의 요부

보전명령은 그 성립과 동시에 확정을 기다릴 필요가 없이 집행력이 발생하므로 가집행선고를 붙일 여지가 없으며, 보전명령을 발한 법원이 동시에 집행기관인 경우에는 실무상 집행신청을 기다리지 않고 집행에 착수한다. 따라서 일반적으로 집행문의 부여가 필요하지 않는다.

다만 가압류에 대한 재판이 있은 뒤에 채권자나 채무자의 승계가 이루어진 경우에 가압류의 재판을 집행하려면 집행문을 덧붙여야 한다(민집 제292조 1항).

나. 집행기관

집행기관은 보전명령을 집행할 수 있는 기간을 말한다.

가압류에 대한 재판의 집행은 채권자에게 고지한 날부터 2주를 넘긴 때에는 하지 못한다(민집 제292조 2항). 가압류결정이 이의절차에서 인가된 경우에도 이 기간은 갱신되지 않는다.

이 기간 안에 집행에 착수하기만 하면 집행이 완료되지 않더라도 무방하다. 기간이 만료되기 전에 가압류명령의 집행이 정지된 경우에는 그 정지가 해소된 때로부터 다시 2주일의 집행기간이 진행된다.

이 기간을 넘기더라도 가압류명령 자체가 당연히 실효되지는 않고 단지 집행력만 소멸한다. 따라서 채무자는 이의신청(민집 제283조)이나 사정변경으로 인한 취소신청(민집 제288조)에 따라 가압류명령의 취소를 구할 수 있다.

집행기간은 집행이 가능한 때로부터 진행한다. 즉시 집행이 가능한 가압류는 채권자에게 그 재판을 고지하거나 송달한 날부터 집행기관이 진행한다.

가압류명령의 집행은 채무자에게 재판을 송달하기 전에도 할 수 있다(민집 제292조 3항).

(4) 가압류의 집행방법

가. 부동산에 대한 가압류집행

부동산에 대한 가압류명령에는 부동산의 처분을 금하는 가압류와 부동산의 수익을 확보하는 강제관리가 있으나, 일반적으로는 처분을 금지하는 가압류가 행하여진다.

부동산에 대한 가압류집행은 가압류등기를 하는 방법(민집 제293조 1항)과 강제관리방법(민집 제294조)이 있는바, 이 두 가지 모두 병용할 수도 있다.

1) 가압류등기

부동산에 대한 가압류의 집행은 가압류재판에 관한 사항을 등기부에 기입하여야 한다(민집 제293조 1항). 이 때 집행법원은 가압류재판을 한 법원으로 하고(동조 2항), 법원사무관 등이 가압류등기를 촉탁한다(동조 3항). 등기가 된 뒤에 채무자에게도 송달한다(민집 제83조 4항). 그러나 그 송달은 가압류의 효력과는 무관하다. 그리고 가압류등기로 채무자가 부동산에 대하여 가지는 관리이용권에 영향을 미치지는 않는다(민집 제83조 2항).

2) 가압류를 위한 강제관리

가압류를 위해서도 부동산에 대한 강제관리를 할 수 있다. 이 경우 강제집행을 위한 강제관리와 다른 점은 관리인이 추심한 수익에서 조세, 공과금을 제외한 나머지를 채권자에게 배당하는 것이 아니라(민집 제169조), 피보전채권액(청구채권액)에 달한 때까지 공탁하여야 한다(민집 제294조). 이와 같이 공탁한 총액이 피보전채권액에 달하면 법원은 결정으로 강제관리의 취소를 명하고 가압류등기의 말소를 촉탁한다(민집 제291조).

강제관리의 집행법원은 가압류법원이 아니라 일반원칙에 따라 부동산이 있는 곳의 지방법원이다(민집 제79조 1항).

나. 선박에 대한 가압류집행

선박가압류집행은 가압류등기를 하는 방법이나 선박국적증서 등의 제출명령, 두 가지 방법에 따라 한다. 즉, 등기할 수 있는 선박에 대한 가압류를 집행하는 경우에는 가압류등기를 하는 방법과 집행관에게 선박국적증서, 그 밖에 선박운행에 필요한 문서를 선장으로부터 받아 집행법원에 제출하도록 명하는 두 가지 방법이 있다. 그리고 이들 방법은 함께 사용할 수 있다(민집 제295조 1항).

가압류등기를 하는 방법에 의하여 선박가압류를 집행하는 때에는 법원사무관 등은 그 기입등기의 촉탁을 하여야 한다(민집 제295조 3항).

다. 항공기에 대한 가압류집행

항공기에 대한 가압류집행은 선박에 대한 가압류집행의 예에 따라 실시한다(민사집행규칙 제209조).

라. 자동차·건설기계에 대한 가압류집행

자동차 및 건설기계의 가압류집행은 부동산가압류집행 방법 중 등기부기입의 방법에 준하여 한다(민사집행규칙 제210조, 제211조).

즉, 부동산의 경우와 같이 목적물의 등록소관청에 그 가압류의 기입등록을 촉탁함으로써 행한다.

마. 유체동산에 대한 가압류집행

유체동산에 대한 가압류집행은 압류와 같은 원칙에 따라야 한다(민집 제296조 1항). 집행관이 집행기관이며 가압류집행도 집행관이 목적물을 점유함으로써 한다(민집 제189조 1항). 유체동산의 가압류집행이 본압류와 다른 점은 환가할 수 없다는 것이고, 따라서 배당절차도 없다. 본압류의 경우 금전은 바로 채권자에게 인도하여 채권만족에 제공하지만(민집 제201조 1항), 가압류의 경우에는 집행관이 공탁하여야 한다(민집 제296조 4항). 그리고 이 경우에는 집행관이 금전을 추심한 것이 아니기 때문에 변제의 효력은 없다(민집 제201조 2항 참조). 가압류물은 원칙적으로 현금화를 못하지만, 가압류물을 즉시 매각하지 아니하면 값이 크게 떨어질 염려가 있거나 그 보관에 지나치게 많은 비용이 드는 경우에는, 집행관은 그 물건을 매각하여 매각대금을 공탁하여야 한다(민집 제296조 5항). 이 경우 가압류는 공탁금출급청구권 위에 존속한다.

바. 채권과 그 밖의 재산에 대한 가압류집행

채권의 가압류에는 본압류의 경우와 달리 제3채무자에 대하여 채무자에게 지급하여서는 아니 된다는 명령만을 하여야 한다(민집 제296조 3항). 하지만 가압류에도 채무자에게 채권의 처분과 영수를 금지하는 효력이 본압류와 마찬가지로 있다고 보아야 한다(민집 제227조 1항 참조).

가압류의 효력은 제3채무자가 있는 경우에는 제3채무자에게, 제3채무자가 없는 경우에는 채무자에게 가압류명령이 송달된 때에 생긴다(민집 제227조 2항·3항, 제242조, 제251조 2항).

채권자가압류의 집행법원은 채무자나 제3채무자의 보통재판적이 있는 곳의 지방법원이 아니라 가압류명령을 한 법원으로 한다(민집 제296조 2항).

그 밖의 재산권 중에서 등기나 등록을 요하는 권리에 관하여 가압류집행을 할 때에는 등기부나 등록원부에 가압류의 등기나 등록을 하면 된다.

(5) 가압류집행의 효력

본압류와 마찬가지로 가압류집행에 의하여 채무자는 목적재산에 대한 처분권을 상실한다.

(6) 가압류취소결정의 취소와 집행

가압류의 취소결정 또는 취소결정을 상소법원이 취소한 경우로서 법원이 그 가압류의 집행기관이 되는 때에는 그 취소의 재판을 한 상소법원이 직권으로 가압류를 집행한다(민집 제298조 1항). 이 때 그 취소의 재판을 한 상소법원이 대법원인 때에는 채권자의 신청에 따라 제1심 법원이 가압류를 집행한다(동조 2항).

(7) 가압류집행의 취소(민집 제299조)

가. 가압류명령의 취소에 따른 집행취소

채무자는 가압류명령에 대하여 이의상소, 본안제소명령 불준수에 의한 취소, 사정변경의 취소, 담보제공에 의한 취소를 신청하여 가압류명령 자체에 대한 취소결정을 받으면 그 결정서를 집행기관에 제출하여 집행처분의 취소를 구할 수 있다.

나. 가압류해방금의 공탁에 의한 집행취소

가압류명령에 정한 해방금을 공탁한 때에는 법원은 결정으로 가압류를 취소하여야 한다(민집 제299조 1항). 이 취소결정에 대하여는 즉시항고를 할 수 있다.

【가압류집행 취소신청서】

가압류(가처분)집행취소(해제)신청서

신청인(채무자)　○　○　○　(000000 - 0000000)
　　　　　　주　소　○○시 ○○구 ○○동 ○○○
　　　　　　전화 02-1234-4567　　휴대폰 010-1234-5678
　　　　　　팩스 02-9876-5432　　이메일 : lawb@lawb.co.kr
피신청인(채권자)　　○　○　○　(000000 - 0000000)
　　　　　　주　소　○○시 ○○구 ○○동 ○○○
　　　　　　전화 02-1234-4567　　휴대폰 010-1234-5678
　　　　　　팩스 02-9876-5432　　이메일 : lawb@lawb.co.kr

신 청 취 지

　위 당사간의 귀원 20○○카합3742호 부동산가압류(가처분)신청사건에 관하여 귀원이 20○○. ○. ○. 별지목록 기재 부동산에 대하여 한 가압류(가처분)명령은 20○○. ○. ○. 서울고등법원 20○○나7752호 가압류(가처분)취소사건의 항소심판결에서 취소되어 그 판결은 이미 확정되었으므로 (또는 가집행선고가 있으므로) 위 가처분명령의 집행을 취소(해제)하여 주시기 바랍니다.

첨 부 서 류

　　1. 판결정본　　　　　　　　　　　　　　　　1통
　　1. 확정증명원　　　　　　　　　　　　　　　1통

1. 송달증명원					1통

20○○. ○. ○.

위 신청인(채무자) ○ ○ ○ ㊞

○○지방법원 귀중

주 신청서에는 민사소송 등 인지법 제10조 단서에 의하여 인지를 붙이지 아니한다.

[채권가압류(가처분)집행해제신청서]

채권가압류(가처분)집행해제신청서

채 권 자   ○ ○ ○ (000000 - 0000000)
     주 소 ○○시 ○○구 ○○동 ○○○
     전화 02-1234-4567 휴대폰 010-1234-5678
     팩스 02-9876-5432 이메일 : lawb@lawb.co.kr
채 무 자   ○ ○ ○ (000000 - 0000000)
     주 소 ○○시 ○○구 ○○동 ○○○
     전화 02-1234-4567 휴대폰 010-1234-5678
     팩스 02-9876-5432 이메일 : lawb@lawb.co.kr
     송달장소 ○○시 ○○구 ○○동 ○○○
제3채무자 서울특별시 ○○구청
     구 청 장 ○ ○ ○
     (소관 : ○○동사무소)
     주 소 ○○시 ○○구 ○○동 ○○○
     전화 02-1234-4567 휴대폰 010-1234-5678
     팩스 02-9876-5432 이메일 : lawb@lawb.co.kr

 위 당사자간 귀원 20○○카단3227호 채권가압류(가처분)신청사건에 관하여, 채권자는 채무자가 제3채무자에 대하여 가지는 별지목록 기재 채권에 대하여 가압류(가처분)집행을 하였던바, 금번 당사자간 원만한 화해가 이루어 졌으므로 위 가압류(가처분)집행을 해제하여 주시기 바랍니다.

20○○. ○. ○.

위 채권자 ○ ○ ○ ㊞

○○지방법원 귀중

주 1. 신청서에는 민사소송 등 인지법 제10조 단서에 의하여 인지를 붙이지 아니한다.

Ⅲ. 가처분

1. 가처분의 유형

가처분에는 다툼의 대상에 관한 가처분과 임시의 지위를 정하는 가처분의 두 종류가 있다.

(1) 다툼의 대상에 관한 가처분(민집 제300조 1항)

이것은 채권자가 금전 이외의 물건이나 권리를 대상으로 하는 청구권을 가지고 있을 때에 그 청구권을 장래에 실현시키기 위하여 강제집행시까지 다툼의 대상(계쟁물)이 처분·멸실 등의 변동이 생기는 것을 방지하고자 다툼의 대상이 현상을 고정시키는 집행보전제도이다.

예컨대 유체물의 인도청구소송을 제기하여 승소판결을 받아서 집행을 하고자 할 때 이미 채무자가 유체물의 점유를 이전해 버렸다고 하면, 채권자로서는 집행불능에 빠질 위험이 있다. 이러한 경우를 대비하여 현재 채무자가 점유하고 있는 상태를 유지해 둘 필요에서 다툼의 대상, 즉 유체물에 관하여 점유이전금지가처분명령을 받아두는 경우가 있다. 청구권을 보전하기 위하여 현재상태를 유지시키는데 목적이 있다는 점에서 가압류와 공통점이 있으나, 금전채권 이외의 급여청구권을 위한 보전처분이라는 점과 그 대상이 채무자의 일반재산이 아닌 특정의 물건이나 권리라는 점에서 다르다.

다툼의 대상의 현상변경을 금지하는 방법은 여러 가지이므로 가처분의 형식도 일정하지 않다. 일반적으로 처분행위, 점유이전행위 등을 금지하는 부작위명령의 형식으로 발하여지는데, 이를 처분금지가처분, 점유이전금지가처분이라 한다.

(2) 임시의 지위를 정하는 가처분(민집 제304조)

이것은 당사자간에 현재 다툼이 있는 권리관계 또는 법률관계가 존재하고 그에 대한 확정판결이 있기까지 현상의 진행을 방치하면 권리자가 현저한 손해를 입거나 급박한 위험에 처하는 등 장래에 확정판결을 얻더라도 그 실효성을 잃게 될 염려가 있는 경우에 권리자에게 임시의 지위를 주어 그와 같은 손해나 위험을 방지하도록 하는 보전처분이다.

예컨대 근로자가 해고무효확인소송을 제기하면서 본안판결에 따라 권리관계가 확정될 때까지 생계를 위하여, 임시로 임금지급가처분명령을 받아두는 경우가 있다. 임시의 지위를 정하는 가처분은 청구권 보전을 위한 가압류나 다툼의 대상에 관한 가처분과 달라서 보전하고자 하는 권리 또는 법률관계의 종류는 묻지 않는다. 즉, 현재의 위험을 피할 목적에서 한다는 점, 금전의 지급을 목적으로 하는 청구권도 피보전권리로 삼을 수 있다는 점에서, 장래에 집행할 금전채권 이외의 급여청구권을 보전할 목적으로 하는 다툼의 대상에 관한 가처분과 구별된다.

임시의 지위를 정하기 위한 가처분 중 실무상 많이 이용되는 가처분은 ① 특허·실용신안·상표 등 지적재산권침해금지가처분, ② 직무집행정지가처분, ③ 공사금지가처분, ④ 총회·이사회개최금지나 효력정지가처분, ⑤ 유체동산사용금지가처분 등이 있다.

금전채권도 그 장래의 집행보전이 아니고 다툼이 있기 때문에 현재 만족을 얻을 수 없는 관계로 발생할 위험 내지 손해를 방지할 필요가 있는 경우에는 임시의 지위를 정하는 가처분의 대상이 될 수 있다.

(3) 양자의 차이점

가. 법적 성질

다툼의 대상에 관한 가처분이 가압류와 마찬가지로 청구권을 장래에 실현할 목적으로 현재의 권리관계를 유지하고자 하는 보전처분인데 대하여, 임시의 지위를 정하는 가처분은 잠정적인 법률상태를 관념적으로 형성하거나 사실상 실현하는 보전처분으로서 그 성질은 비송사건이다.

나. 가처분에 대응하는 본안소송

가처분에 대응하는 본안소송도 서로 차이가 있다. 즉, 다툼의 대상에 관한 가처분은 본안소송이 이행의 소로 한정된다. 이에 비하여 임시의 지위를 정하는 가처분에 대응하는 본안소송은 이행의 소는 물론 확인의 소나 형성의 소라도 무방하다.

다. 피보전권리

다툼의 대상에 관한 가처분은 피보전권리에 조건이나 기한이 붙어 있어도 장래에 실현할 수만 있으면 무방하다. 하지만 임시의 지위를 정하는 가처분은 피보전권리의 이행기가 반드시 도래하고 있어야 한다는 점에서 서로 차이가 있다.

2. 가처분의 요건

(1) 피보전권리

가. 다툼의 대상에 관한 가처분의 피보전권리

1) 특정물에 관한 이행청구권일 것

다툼의 대상에 관한 가처분도 가압류의 경우처럼 집행보전을 목적으로 하므로, 강제집행을 할 수 있는 채권으로서 그 피보전권리는 금전 이외의 물건이나 권리의 급여를 목적으로 하는 청구권이다. 청구권의 원인은 묻지 않는다. 채권적 청구권이든 물권적 청구권이든 신분법상의 청구권이든 상관없이 피보전권리가 될 수 있다. 여기서 '다툼의 대상'이란 당사자 사이에 다투어지고 있는 물건 또는 권리를 가리킨다(통설). 동산이나 부동산 등의 유체물뿐만 아니라 채권이나 특허권, 저작권 등의 지적 재산권도 등도 포함된다. 급여의 내용은 물건의 인도, 권리의 이전, 목적물에 관한 작위 또는 부작위, 의사의 진술을 요구할 수 있는 권리 등도 다툼의 대상이 될 수 있다. 예를 들면, 동산이나 부동산의 인도, 공작물의 철거, 물건에 대한 권리의 이전이나 설정 또는 이에 관한 등기·등록의 작위의무를 급여의 내용으로 할 수 있다. 뿐만 아니라 토지에 건물을 짓지 않는다거나 물건의 점유를 이전하지 않는다거나 하는 등의 부작위, 토지출입을 허용하는 것과 같은 단순한 수인 등도 급여의 내용이 될 수 있다. 그러나 이 물건을 목적으로 하지 않는다는 단순한 작위청구권(예컨대, 출연이나 저술)이나 부작위청구권(예컨대 상법상의 경영금지, 상법 제41조, 제89조 등)의 경우에는 현재의 물적 상태를 유지함으로써 보전될 수 없는 것이므로 다툼의 대상에 관한 가처분을 신청할 수 없다. 이 경우는 임시의 지위를 정하는 가처분을 신청할 수 있다.

2) 청구권이 성립되어 있을 것

다툼의 대상에 대하여 가처분명령을 발하려면 그 청구권이 이미 성립하였거나 적어도 그 내용, 주체를 특정할 수 있을 정도로 요건이 갖추어져야 한다.

따라서 계쟁부동산에 관하여 실체상 아무런 권리가 없는 사람의 신청에 의하여 처분금지가처분결정이 내려졌다면, 그에 기한 가처분등기가 마쳐졌다 하더라도 그 가처분권리자는 가처분의 효력을 채무자나 제3자에게 주장할 수 없는 것이므로, 그 가처분등기 후에 부동산소유권이전등기를 마친 사람은 가처분권리자에 대하여도 유효하게 소유권을 취득하였음을 주장할 수 있다(대판 1999. 10. 8. 98다38760).

3) 민사소송절차에 의하여 보호받을 수 있는 권리로서 강제집행이 가능할 것

보전처분은 민사소송절차에 의하여 보호받을 수 있는 권리에 한하여 허용된다. 다툼의 대상에 관한 가처분은 실체적 청구권의 장래의 집행을 위한 것이므로 그 피보전권리는 후에 강제집행이 가능한 것이어야 한다.

4) 다툼의 대상의 현상에 관한 것일 것

다툼의 대상에 관한 가처분은 다툼의 대상의 현상이 변경되는 불안을 제거하는 것을 목적으로 한다. 점유권에 기한 소는 본권에 관한 이유로 재판하지 못하므로(민법 제208조), 점유권을 피보전권리로 하는 때에는 본권이 존재하지 않더라도 피보전권리는 존재

한다고 할 것이다. 판례도 목적물의 점유자인 가처분신청인이 그 소유권을 갖지 아니하여 결국 불법점유자가 된다 하더라도 그 목적물을 인도할 때까지는 점유권을 가지므로 가처분으로 그 방해의 예방이나 그 밖의 조치를 청구할 수 있다고 하였다(대결 1966. 12. 9. 66마516).

나. 임시지위를 정하기 위한 가처분의 피보전권리

1) 가처분에 의하여 보전될 권리관계가 존재할 것

가처분은 다툼이 있는 권리관계에 대하여 임시의 지위를 정하기 위하여도 할 수 있다.

임시지위를 정하기 위한 가처분은 가처분에 의하여 보전될 권리관계의 존재를 그 요건으로 한다. 권리관계의 종류에는 제한이 없다. 따라서 다툼이 있는 한 물권관계·채권관계·지적 재산권 등 모두 피보전권리가 될 수 있다. 금전채권도 현재의 위험을 방지할 필요가 있으면 그 대상이 될 수 있다.

급료·부양료의 지급청구권과 같은 계속적·반복적 지급청구권뿐만 아니라, 퇴직금이나 보험지급청구권과 같이 일회의 이행으로 소멸하는 채권을 보전하기 위해서도 임시의 지위를 정하는 가처분을 할 수 있다. 그러니까 금전채권에 대하여 다툼이 있어서 현재 만족을 얻을 수 없는 위험이 있으면 이를 막기 위해서 임시의 지위를 정하는 가처분명령을 받을 수 있다.

2) 권리관계에 다툼이 있을 것

가처분은 다툼이 있는 권리관계에 대하여 임시의 지위를 정하기 위하여도 할 수 있다.

이 경우 가처분은 특히 계속하는 권리관계에 끼칠 현저한 손해를 피하거나 급박한 위험을 막기 위하여, 또는 그 밖의 필요한 이유가 있을 경우에 하여야 한다(민집 제300조 2항). 권리관계에 다툼이 있다는 뜻은 재판에 의하여 권리관계가 확정되지 아니한 상태를 말한다. 재판의 계속에 의하여 현재 다투고 있다는 의미가 아니다. 실제로 현실의 다툼이 없더라도 상대방이 권리를 침해하였다거나 의무를 이행하지 않았음을 주장하면 다툼이 있다고 본다.

그리고 다툼이 있는 권리관계는 당사자 사이의 것이라야 하며 제3자에 대한 가처분은 그 제3자가 판결의 효력을 받는 자가 아니면 이를 할 수 없다.

(2) 보전의 필요성이 있을 것

가. 다툼의 대상에 관한 가처분의 보전의 필요성

다툼의 대상에 관한 가처분은 현상이 바뀌면 당사자가 권리를 실행하지 못하거나 이를 실행하는 것이 매우 곤란할 염려가 있을 경우에 한다(민집 제301조 1항).

현상이 바뀐다는 의미는 청구권의 목적물이 훼손·멸실·은닉·변경·양도되거나 청구권의 실행비용이 증가하는 경우 등을 예로 들 수 있다. 이러한 사정이 생겨서 지금 보전처분을 하지 않으면 안 될 보전의 필요가 있어야 가처분이 허용된다. 이러한 현상변경은 장래에 생길 염려가 있는 경우와 이미 그 염려가 발생한 경우를 포함하는데, 어느 경우와 그러한 위험이 현재 존속하고 있어야 한다. 권리를 실행하지 못하거나 이를 실행하는 것이 매우 곤란할 염려가 있어야 한다는 의미는, 청구권을 강제집행하고자 하나 목적물이 훼손·멸실된 경우와 같이 집행의 목적을 달성할 수 없게 된 경우라든가, 집행불능까지는 아니더라도 권리를 실행하기에 중대한 장애가 있는 경우를 말한다.

그리고 보전의 필요는 다툼의 대상에 관하여 생긴 것이어야 하므로, 채무자의 일반재산상태가 좋지 않다든가, 자력이 감소한다든가, 채무자의 다른 재산상으로부터 만족을 받을 수 있다든가 하는 등의 사유는 실무상 고려하지 않는다. 또 외관상 보전의 필요가 있어 보이는 경우에도 가령, 즉시 강제집행할 수 있는 집행권원이 있거나 같은 목적의 가처분명령이 이미 발령되어 있는 경우에는 보전의 필요성이 인정되지 않는다.

나. 임시지위를 정하기 위한 가처분의 보전의 필요성

임시의 지위를 정하는 가처분은 현저한 손해를 피하거나 급박한 위험을 막기 위하여, 그 밖의 필요한 이유가 있어야 할 수 있다(민집 제300조 2항).

가압류나 다툼의 대상에 관한 가처분과 달리 현재의 위험방지가 주목적이다.

'현저한 손해를 피하거나 급박한 위험을 막기 위한 경우'는 '그 밖의 필요한 이유'의 예시이다.

실무상으로는 가압류나 다툼의 대상에 관한 가처분에서는 채무불이행 그 밖의 필요성에 관한 소명이 있으면 별다른 사정이 없는 한 보전처분의 필요성이 있다고 보는 데 반하여, 임시의 지위를 정하기 위한 가처분에 있어서는 반대로 그 필요성을 인정할 만한 특별한 사정의 소명이 없는 한 가처분신청을 배척하는 예가 많다고 한다(대결 1997. 1. 10. 95마837).

판례는 임시의 지위를 정하기 위한 가처분이 필요한지 여부는 당해 가처분신청의 인용 여부에 따른 당사자 쌍방의 이해득실관계, 본안소송에 있어서의 장래의 승패의 예상, 그 밖의 제반사정을 고려하여 합목적으로 결정하여야 할 것이라고 한다(대판 2003. 11. 28. 2003다30265).

3. 가처분의 소송절차

(1) 관할법원

가처분사건은 본안의 관할법원 또는 다툼의 대상이 있는 곳을 관할하는 지방법원이 전속 관할한다(민집 제303조, 제21조). 본안이란 보전처분에 의하여 피보전권리의 존부를 확정하는 재판절차를 말한다. 본안의 관할법원이라 함은 제1심 법원을 말하며, 단 본안이 제2심에 계속된 때에는 제2심 법원은 본안의 관할법원으로 한다(민집 제311조).

사물관할은 피보전권리의 가액에 의하여 결정된다. 따라서 본안이 단독판사 관할인 경우에는 보전소송도 단독판사의 관할, 본안이 합의부인 경우에는 보전소송도 합의관할에 속한다. 이들은 모두 전속관할에 속한다(민집 제21조).

(2) 가처분의 신청

가처분절차에는 특별한 규정이 있는 경우를 제외하고는 가압류절차에 관한 규정을 준용한다(민집 제301조). 따라서 가처분신청에도 가압류신청에 관한 민사집행법 제279조가 준용된다.

가. 신청서제출

보전처분의 신청에는 그 성질에 반하지 않는 한 소장에 관한 규정이 준용된다(민집 제23조).

가처분의 신청은 신청의 취지와 이유를 적은 서면으로 하여야 한다.

나. 신청서의 기재사항

가처분신청서에는 다음의 사항을 적어야 한다.

1) 당사자 및 법정대리인의 표시

당사자의 성명·명칭 또는 상호로 표시하고 주소와 연락처(전화번호·팩시밀리번호·전자우편주소 등)를 적는다(민소 제274조, 민사집행규칙 제2조).

당사자가 무능력자인 경우에는 그 법정대리인을 적고, 법인인 경우에는 그 대표자를 적는다.

2) 소송대리인의 표시

소송대리인의 성명과 주소를 기재한다(민소 제274조 1항 2호).

3) 가처분을 구하는 신청

어떠한 내용 또는 방법의 가처분을 구하는지를 명시한다.

4) 가처분의 이유가 될 사실의 표시

보전의 필요를 말한다. 구체적으로 명확하게 표시한다.

5) 청구채권의 표시

피보전권리를 적어야 한다. 다툼의 대상에 관한 가처분에서는 그 청구권을 표시하여야 하나 그 금액(가액)은 표시할 필요가 없다. 임시의 지위를 정하는 가처분에서는 본안소송에서 확정될 현재 다툼이 있는 권리 또는 법률관계를 적으면 된다.

6) 연·월·일의 표시

신청서의 제출일자를 기재한다.

7) 다툼의 대상이 있는 곳

다툼의 대상이 있는 곳의 지방법원이 관할권을 가지므로, 다툼의 대상이 있는 곳을 적어야 한다.

8) 법원의 표시

그 신청이 관할권 있는 법원에 제대로 신청되었는지를 심사하기 위하여 법원은 표시한다(민소 제274조 1항 8호).

9) 목적물의 표시

다툼의 대상에 관한 가처분은 그 피보전권리가 특정물에 관한 이행청구권이므로 가처분신청서에 그 목적물을 명확하게 표시하여야 한다(대결 1999. 5. 13. 99마230).

【부동산처분금지가처분신청서 : 매수인의 소유권이전등기청구권보전을 위한】

부동산처분금지가처분신청

채 권 자 ○ ○ ○ (주민등록번호   -   )
　　　　　○시 ○구 ○동 ○
　　　　　대리인 변호사 ○ ○ ○
　　　　　○시 ○구 ○동 ○ (우   -   )
채 무 자 ○ ○ ○ (주민등록번호   -   )
　　　　　○시 ○구 ○동 ○ (우   -   )

목적물의 표시　별지목록 기재와 같음
목적물의 가액　금 80,000,000원
피보전권리의 요지　200○. 4. 1.자 대금 80,000,000원의 매매를 원인으로 하는 소유
　　　　　　　　　권이전등기청구권

신 청 취 지

　채무자는 별지목록 기재 토지 및 건물에 관하여 매매, 증여, 저당권설정, 전세권·임차권의 설정 그 밖에 일체의 처분행위를 하여서는 아니된다.
라는 재판을 구합니다.

신 청 이 유

1. 채권자는 채무자로부터 별지목록 기재의 토지·건물을 200○. 4. 1. 소외 박○○의 중개로 대금 8,000만원에 매수하여 동일 대금 중 금 4,000만원을 지급하고 잔금 4,000만원은 5월 10일 등기절차를 이행함과 상환으로 지급하기로 약정하였습니다.
2. 그런데 채무자는 위 약속의 등기절차를 이행하지 않을 뿐 아니라 잔대금도 수령하지 않는 일방, 위 토지·건물의 매도는 중개인이 임의로 한 행위이고 채무자 자신으로서는 금 8,000만원으로 매도할 의사가 없었다고 주장하고 있습니다.
3. 그래서 채권자로부터 위 매매에 의한 소유권이전등기절차 등 청구의 소를 제기하려고 준비중이나 채무자는 본건 토지·건물을 고가로 매각하려고 업자를 통해 노

력중임을 탐지해 냈습니다. 이와 같이 되어서는 채권자가 본안소송에서 승소하여도 그보다 앞서 채무자가 본건 토지·건물을 처분하면 권리의 실현을 기할 수 없게 될 우려가 있으므로 신청취지와 같은 가처분을 구하기에 이른 것입니다.
4. (민집 제19조 3항, 민소법 제122조에 의한 담보제공 기술은 생략)

소 명 방 법

1. 소 갑 제1호증 : 매매계약서
2. 소 갑 제2호증 : 영수증
3. 소 갑 제3호증 : 진술서
4. 소 갑 제4호증의 1 : 토지등기부등본
             2 : 건물등기부등본

첨 부 서 류

1. 위임장   1통
1. 납부서   1통

2000. 5. 25.

채권자 대리인
변호사 ○ ○ ○ ㊞
(연락처 :   )

○○지방법원 귀중

※ 별지 부동산목록 생략

주

1. 가처분에는 ① 다툼의 대상(계쟁물)에 관한 가처분(민집법 300조 1항)과, ② 임시지위를 정하는 가처분(동조 2항)의 2종이 있는바, 전자는 피보전권리와 보전의 필요성의 존재를, 후자는 권리관계에 관해서 다툼이 있을 것, 임시지위를 정할 필요가 있을 것 등을 그 발령요건으로 한다.
2. 가처분의 토지관할은 본안의 관할법원 또는 다툼의 대상이 있는 곳을 관할하는 지방법원이 관할한다(민집법 303조·311조). 사물관할은 피보전권리의 가액에 의하여 결정된다. 따라서 본안이 단독판사 관할인 경우에는 보전소송도 단독판사의 관할, 본안이 합의부인 경우에는 보전소송도 합의관할에 속한다. 이들은 모두 전속관할에 속한다(민집법 21조).
3. 부동산 처분금지가처분은 등기된 부동산에 한하여 허용되므로 미등기부동산이나 채무자에 관한 권리가 등기되지 아니한 경우라면 그 등기를 병행하거나 선행할 수 있는 경우에 한하여 처분금지가처분이 허용된다.
4. 처분금지가처분에서의 담보액은 목적물의 가액을 기준으로 하여 결정하므로 목적물의 가액을 산출할 수 있는 자료를 첨부하여야 한다.
5. 신청은 신청의 취지와 이유를 적은 서면으로 하여야 한다(집규 203조). 신청서에는, ① 청구표시(피보전권리 표시), ② 그 청구가 일정한 금액이 아닐 때에는 그 가액, ③ 가처분이유가 된 사실표시(보전의 필요성 표시)를 하여야 하며(민집법 301조·279조 1항), 그 밖에 소장에 준해서, ④ 당사자의 성명·주소, 대리인의 성명·주소, 부속서류, 신청연월일, 신청법원 등을 표시한다(민소법 249조·279조 참조).
6. 신청서에는 청구(피보전권리)와 가처분이유(보전의 필요성)를 소명하는 서면을 첨부하여야 하며(민집법 301조·279조 2항), 신청서 부본은 원칙으로 첨부하지 아니한다.
7. 처분금지가처분의 공시방법은 가처분을 등기부에 기재하는 것이므로 등기가 가능하도록 가처분채무자의 실제 주소와 등기부상 주소가 다른 경우에는 결정에 등기부상 주소를 함께 기재하여야 하며, 가처분의 목적물 역시 등기부상의 표시와 일치하여야 한다.
8. 신청서에는 2,000원 상당의 인지를 붙여서(인지법 9조 3항 2호) 1통을 관할법원에 제출하되, 당사자 수 만큼의 가처분결정정본 송달료도 납부한다.
9. 이 가처분은 부동산 매수인이 그 소유권이전등기청구권을 피보전권리로 하여, 다툼의 대상인 부동산의 처분금지를 내용으로 하는 처분이다.

【부동산점유이전금지 가처분신청서 : 건물임대차계약해지로 인한 건물반환청구권보전】

부동산처분금지가처분신청

채 권 자 ○ ○ ○ (주민등록번호   -   )
　　　　　○시 ○구 ○동 ○
　　　　　대리인 변호사 ○ ○ ○
　　　　　○시 ○구 ○동 ○ (우   -   )
채 무 자 ○ ○ ○ (주민등록번호   -   )
　　　　　○시 ○구 ○동 ○ (우   -   )

목적물의 표시 별지목록 기재와 같음
목적물의 가액 금 50,000,000원
피보전권리의 요지 200○. ○. ○.자 건물임대차계약 해지로 인한 건물반환청구권

신 청 취 지

　채무자는 별지목록 기재 건물의 점유를 타인에게 이전하거나 또는 점유명의를 변경하여서는 아니된다.
라는 재판을 구합니다.

신 청 이 유

1. 채권자는 채권자 소유의 별지목록 기재 건물을 채무자에게 200○. 3. 1. 기간 3년, 임대료 월 700,000원을 매월 말일에 지급할 것을 약정하고 임대하였습니다.
2. 그런데 채무자는 처음 2개월간의 임대료만을 지급하였을 뿐 200○년 5월 이후의 임대료를 지급하지 않을 뿐만 아니라 아래층 점포 중 동쪽 방 12㎡를 신청외 장 ○○에게 전대하고 7월경 점포를 개조하여 인도하려고 준비중임을 알게 되었습니다.
3. 따라서 채권자는 채무자에 대하여 그간의 연체 임대료 3개월분 금 2,100,000원을 14일 내에 지급하도록 최고하였으나 이에 응하지 않으므로 200○. 8. 20. 내용증명우편으로 임대차계약의 해지를 통고한 바가 있습니다.

4. 그러므로 채권자는 채무자에 대하여 위 임대차계약 종료로 인한 건물반환의 청구의 소를 준비중에 있으나 채무자는 건물개조를 서둘러 위 신청외 장○○에게 위 동쪽방을 인도할 것을 획책하고 있습니다. 만약 그렇게 되면 후일 채권자가 승소판결을 받는다 하더라도 그 집행곤란에 이를 우려가 있으므로 그 집행보전을 위하여 이 사건 가처분신청에 이른 것입니다.
5. (민집 19조 3항, 민소법 122조에 의한 담보제공 기술은 생략)

소 명 방 법

1. 소 갑 제1호증 : 건물등기부등본
2. 소 갑 제2호증 : 임대차계약서
3. 소 갑 제3호증 : 내용증명우편
4. 소 갑 제4호증 : 전대계약서
5. 소 갑 제5호증 : 점포개조계획증명

첨 부 서 류

1. 위임장   1통
1. 납부서   1통

200○. 8. 25.

채권자 대리인
변호사 ○ ○ ○ ㊞
(연락처 :   )

○○지방법원 귀중

※ 별지 부동산목록 생략

주 1. 가처분에는 ① 다툼의 대상(계쟁물)에 관한 가처분(민집법 300조 1항)과, ② 임시지위를 정하는 가처분(동조 2항)의 2종이 있는바, 전자는 피보전권리와 보전의 필요성의 존재를, 후자는 권리관계에 관해서 다툼이 있을 것, 임시지위를 정할 필요가 있을 것 등을 그 발령요건으로 한다.
2. 가처분의 토지관할은 본안의 관할법원 또는 다툼의 대상이 있는 곳을 관할하는 지방법원이 관할한다(민집법 303조·311조). 사물관할은 피보전권리의 가액에 의하여 결정된다. 따라서 본안이 단독판사 관할인 경우에는 보전소송도 단독판사의 관할, 본안이 합의부인 경우에는 보전소송도 합의관할에 속한다. 이들은 모두 전속관할에 속한다(민집법 21조).
3. 부동산점유이전가처분은 부동산에 대한 인도·명도청구권을 보전하기 위한 다툼의 대상에 관한 가처분의 일종으로서, 목적물의 주관적(인적), 객관적(물적) 현상변경을 금기하고자 함을 목적으로 한다.
4. 가처분신청을 함에는 목적 부동산을 명백히 특정하여야 한다. 가처분의 집행방법으로서 등기를 요하지 아니하므로 미등기부동산이라도 그 목적물이 될 수 있다.
5. 부동산의 일부를 목적물로 삼을 때에는 도면, 사진 등으로 그 계쟁부분을 특정하여야 한다. 그러나 그 특정의 정도는 가처분의 범위를 정할 수 있는 정도면 족하므로 정확한 측량도면을 첨부할 필요는 없다.
6. 점유이전금지가처분의 담보공탁금은 통상 목적물 가액의 1/20로 정하는 것이 실무이므로 목적물 가액을 계산할 수 있는 자료를 첨부하여야 한다.
7. 신청은 신청의 취지와 이유를 적은 서면으로 하여야 한다(집규 203조). 신청서에는, ① 청구표시(피보전권리 표시), ② 그 청구가 일정한 금액이 아닐 때에는 그 가액, ③ 가처분이유가 된 사실표시(보전의 필요성 표시)를 하여야 하며(민집법 301조·279조 1항), 그 밖에 소장에 준해서, ④ 당사자의 성명·주소, 대리인의 성명·주소, 부속서류, 신청연월일, 신청법원 등을 표시한다(민소법 249조·279조 참조).
8. 신청서에는 청구(피보전권리)와 가처분이유(보전의 필요성)를 소명하는 서면을 첨부하여야 하며(민집법 301조·279조 2항), 2,000원 상당의 인지를 붙여서(인지법 9조 3항 2호) 1통을 관할법원에 제출하되, 당사자 수 만큼의 가처분결정정본 송달료도 납부한다.
9. 이 가처분은 부동산 매수인이 그 소유권이전등기청구권을 피보전권리로 하여, 다툼의 대상인 부동산의 처분금지를 내용으로 하는 처분이다.

【건물출입 및 사용방해금지 가처분신청서】

건물출입방해금지 및 가처분신청

채 권 자 ○ ○ ○ (주민등록번호   -   )
　　　　　○시 ○구 ○동 ○ (우   -   )
채 무 자 ○ ○ ○ (주민등록번호   -   )
　　　　　○시 ○구 ○동 ○ (우   -   )

목적물의 표시 별지목록 기재와 같음
목적물의 가액 금 50,000,000원
피보전권리의 요지 200○. ○. ○.자 건물사용차권에 기한 그 사용방해배제청구권

신 청 취 지

　채무자는 별지목록 기재 건물에 대한 채권자의 출입을 방해하거나 위 전기선 및 수도 등을 단절하는 등의 위 건물에 대한 채권자의 사용을 방해하는 일체의 행위를 하여서는 아니된다.
라는 재판을 구합니다.

신 청 이 유

1. 채권자는 채무자가 경영하는 ○○상회 종업원으로 근무하는 자인바 200○. 5. 10. 채권자가 거주하던 건물이 채무자 경영의 점포 누전사고로 인하여 전소되었습니다.
2. 별지목록 기재 건물은 채권자가 경영하는 점포의 일부분으로서 채무자의 실화로 인하여 채권자가 거주할 곳을 잃게 되자 채무자는 채권자로 하여금 별지목록 기재 건물에 거주할 것을 승낙하고 채무자가 위 실화로 인한 손해배상을 할 때까지 임대료의 지급을 하지 않기로 약정하였습니다.
3. 그러나 채무자는 화재로 인하여 채권자가 집을 잃은 채 6개월이 경과한 오늘에 이

르도록 손해배상을 하지 않을 뿐만 아니라 최근에는 이유없이 채무자 경영의 상회 종업원인 채권자를 해고한 후 별지목록 기재 건물에서 퇴거할 것을 통고한 후 정문 출입구를 폐쇄하고 전기와 수도를 절단하는 등 위 건물의 사용을 방해한 사실이 있습니다.
4. 채권자는 당초 입주계약 당시 위 손해배상이 완료시까지 거주키로 약정된 것이므로 채권자가 손해배상을 강력히 요구하자 위 건물의 출입방해와 전기·수도의 사용방해를 일응 채무자 스스로 제거하였으나 최근 쌍방간에 감정이 악화되자 또다시 출입방해 등의 조치를 취할 우려가 있으므로 이 가처분신청에 이르렀습니다.
5. (민집법 19조 3항, 민소법 122조에 의한 담보제공 기술은 생략)

소 명 방 법

1. 소 갑 제1호증 : 건물등기부등본
2. 소 갑 제2호증 : 입주약정서
3. 소 갑 제3호증 : 화재증명

첨 부 서 류

1. 위 소명서류   1통
1. 납부서   1통

200○. 12. 10.

채권자 ○ ○ ○ ㊞
(연락처 :   )

○○지방법원 귀중

※ 별지 부동산목록 생략

주 1. 가처분에는 ① 다툼의 대상(계쟁물)에 관한 가처분(민집법 300조 1항)과, ② 임시지위를 정하는 가처분(동조 2항)의 2종이 있는바, 전자는 피보전권리와 보전의 필요성의 존재를, 후자는 권리관계에 관해서 다툼이 있을 것, 임시지위를 정할 필요가 있을 것 등을

그 발령요건으로 한다.
2. 가처분의 토지관할은 본안의 관할법원 또는 다툼의 대상이 있는 곳을 관할하는 지방법원이 관할한다(민집법 303조·311조). 사물관할은 피보전권리의 가액에 의하여 결정된다. 따라서 본안이 단독판사 관할인 경우에는 보전소송도 단독판사의 관할, 본안이 합의부인 경우에는 보전소송도 합의관할에 속한다. 이들은 모두 전속관할에 속한다(민집법 21조).
3. 채권자가 권원에 기하여 어떤 행위(권리행사)를 하고 있는 것을 채무자가 방해하고 있거나 방해할 우려가 있을 때 그 방해배제청구권 또는 방해예방청구권의 보전을 위하여 행하는 가처분이다.
4. 수인의무를 명하는 가처분 역시 채무자에게 부작위의무를 과할 뿐이므로 채무자에게 가처분을 고지함으로써 족하고 별도의 집행행위는 필요 없다, 동산점유이전금지가처분을 신청함에는 그 대상이 되는 동산을 반드시 특정하여야 하며 현재 그 물건의 소재지를 명시하여야 한다. 또 담보공탁금의 산정 편의를 위하여 그 가액의 산출자료를 첨부하여야 한다.
5. 신청은 신청의 취지와 이유를 적은 서면으로 하여야 한다(집규 203조). 신청서에는, ① 청구표시(피보전권리 표시), ② 그 청구가 일정한 금액이 아닐 때에는 그 가액, ③ 가처분이유가 된 사실표시(보전의 필요성 표시)를 하여야 하며(민집법 301조·279조 1항), 그 밖에 소장에 준해서, ④ 당사자의 성명·주소, 대리인의 성명·주소, 부속서류, 신청연월일, 신청법원 등을 표시한다(민소법 249조·279조 참조).
6. 신청서에는 청구(피보전권리)와 가처분이유(보전의 필요성)를 소명하는 서면을 첨부하여야 하며(민집법 301조·279조 2항), 2,000원 상당의 인지를 붙여서(인지법 9조 3항 2호) 1통을 관할법원에 제출하되, 당사자 수 만큼의 가처분결정정본 송달료도 납부한다.
7. 이 가처분은 부동산 매수인이 그 소유권이전등기청구권을 피보전권리로 하여, 다툼의 대상인 부동산의 처분금지를 내용으로 하는 처분이다.

【자동차 처분금지 가처분신청서】

자동차처분금지가처분신청

채 권 자   ○○ 자동차 주식회사
　　　　　 대표이사 ○ ○ ○
　　　　　 대리인 변호사 ○ ○ ○
　　　　　 ○시 ○구 ○동 ○ (우　　-　　)
채 무 자   ○○ 화물운송 주식회사
　　　　　 ○시 ○구 ○동 ○
　　　　　 대표이사 ○ ○ ○

목적물의 표시   별지목록 기재와 같음
목적물의 가액   금 50,000,000원
피보전권리의 요지   200○. ○. ○.자 매매계약의 해지로 인한 자동차반환청구

신 청 취 지

　채무자는 별지목록 기계 자동차에 대하여 양도, 저당권 설정 그 밖의 일체의 처분행위를 하여서는 아니된다.
라는 재판을 구합니다.

신 청 이 유

1. 채권자는 자동차 생산업자이고 채무자는 화물운송업자인 바,
2. 채권자는 200○. 10. 15. 별지 기재 화물자동차 1대를 금 5,000,000원에 채무자에게 매도하기로 계약하고 매매대금중 금 2,000,000원은 자동차 이전등록 인도와 동시에 지급하고 잔대금 3,000,000원에 대하여는 200○. 11. 15.부터 200○. 4. 15.까지 6개월간 매월 15일에 금 500,000원씩 분할 지급하기로 하되 만일 채무자가 위 월부금을 단 1회라도 지체할 때는 채권자의 계약해제 통고에 의하여 해제되고 채

무자는 즉시 위 자동차를 채권자에게 반환하고 그간 채무자가 운행사용한 수입과 이미 지급한 대금과는 상계된 것으로 하여 대금반환청구권을 상실하는 것으로 약정하고 200○. 10. 16. 금 2,000,000원을 수령과 동시에 위 자동차를 채무자에게 인도하고 이전등록절차도 필하였습니다.
3. 그 후 채무자는 위 자동차를 인수하여 간 후 200○. 11. 15. 1회 월부금 500,000원을 지급하였을 뿐 2회 이후의 월부금 2,500,000원에 대하여는 최종월부금 지급기일인 200○. 4. 15. 경과한 오늘에 이르도록 이를 지급하지 않고 있으므로 수차 그 지급독촉을 하였으나 끝내 이에 불응하므로 불가피 채권자는 200○. 4. 30.자로 계약해제 통고를 하고 자동차의 반환을 요구하였습니다.
4. 채무자의 계약위반 및 채권자의 위 계약해제통고에 의하여 채무자는 의당 위 자동차를 채권자에게 반환하여야 함에도 불구하고 이에 불응하고 있으므로 채권자는 현재 자동차 인도청구의 소를 준비중에 있으나 탐문한 바에 의하면 채무자는 채무자 명의로 점유·등록되어 있음을 기화로 타에 매도처분할 기미마저 엿보이므로 승소판결에 의한 채권자의 인도집행보전을 위하여 이 가처분신청을 합니다.
5. (민집법 19조 3항, 민소법 122조에 의한 담보제공 기술은 생략)

소 명 방 법

1. 소 갑 제1호증 : 자동차등록원부등본
2. 소 갑 제2호증 : 자동차매매계약서
3. 소 갑 제3호증 : 자동차인수증
4. 소 갑 제4호증 : 최고서(월부금 지급독촉)
5. 소 갑 제5호증 : 계약해제통고서

첨 부 서 류

1. 법인등기부등본   1통
1. 위임장   1통

200○. 5. 1.

채권자 ○○자동차 주식회사
　　　대리인 변호사 ○ ○ ○ ㊞
　　　　　（연락처 :　　　　）

서울중앙지방법원　귀중

※ 별지 부동산목록 생략

주 1. 선박·항공기·자동차·건설기계 등은 등기·등록에 의하여 권리가 이전되는 면에서 부동산에 준하면서도 실제로는 이동하므로 동산의 성질을 갖는다. 이들에 대한 가처분으로는 소유권 등 권리이전을 금하는 처분금지가처분과 점유의 이전을 금하는 점유이전금지가처분이 있는바 이와 같은 속성 때문에 두 가지를 겸한 가처분도 많이 쓰인다.
2. 가처분의 토지관할은 본안의 관할법원 또는 다툼의 대상이 있는 곳을 관할하는 지방법원이 관할한다(민집법 303조·311조). 사물관할은 피보전권리의 가액에 의하여 결정된다. 따라서 본안이 단독판사 관할인 경우에는 보전소송도 단독판사의 관할, 본안이 합의부인 경우에는 보전소송도 합의관할에 속한다. 이들은 모두 전속관할에 속한다(민집법 21조).
3. 선박·항공기·자동차·건설기계의 처분금지가처분의 신청에는 그 등기·등록부등본을 첨부하여야 하며 그 외에는 가압류에 준하여 생각하면 된다. 선박에 관하여는 임대차등기에 관한 규정이 있으므로(상법 765조) 그 처분행위의 양태에 '임차권의 설정'을 삽입할 필요가 있다. 선박(등기선박), 항공기(항공기저당법 8조), 자동차(자동차저당법 7조) 등 (상법 873조)은 입질이 금지되어 있으므로 질권의 설정을 금지하는 문구를 삽입할 필요가 없다.
4. 신청은 신청의 취지와 이유를 적은 서면으로 하여야 한다(집규 203조). 신청서에는, ① 청구표시(피보전권리 표시), ② 그 청구가 일정한 금액이 아닐 때에는 그 가액, ③ 가처분이유가 된 사실표시(보전의 필요성 표시)를 하여야 하며(민집법 301조·279조 1항), 그 밖에 소장에 준해서, ④ 당사자의 성명·주소, 대리인의 성명·주소, 부속서류, 신청연월일, 신청법원 등을 표시한다(민소법 249조·279조 참조).
5. 신청서에는 청구(피보전권리)와 가처분이유(보전의 필요성)를 소명하는 서면을 첨부하여야 하며(민집법 301조·279조 2항), 2,000원 상당의 인지를 붙여서(인지법 9조 3항 2호) 1통을 관할법원에 제출하되, 당사자 수 만큼의 가처분결정정본 송달료도 납부한다.
6. 법원은 이 신청서에 사건번호 「카단」 또는 「카합」을 부여하여 민사신청사건에 전산입력하고, 기록은 별도기록으로 편철한다.
7. 집행은 단순한 처분금지가처분은 소관관청에 가처분의 기입등기(등록)을 촉탁함으로써 한다. 그 촉탁방법은 부동산처분금지가처분 촉탁등기에 준한다.
8. 매매계약해제로 인한 자동차반환청구권을 피보전권리로 한 자동차 처분금지가처분이다.

【유채동산의 집행관보관 점유이전금지 가처분신청서】

유체동산가처분신청

채 권 자 ○ ○ ○ (주민등록번호   -   )
          ○시 ○구 ○동 ○ (우   -   )
채 무 자 ○ ○ ○ (주민등록번호   -   )
          ○시 ○구 ○동 ○ (우   -   )

목적물의 표시   별지목록 기재와 같음
목적물의 가액   금 30,000,000원
피보전권리의 요지 200○. 10. 20.자 매매를 원인으로 하는 물건인도청구권

신 청 취 지

  채무자는 별지목록 기재 물건에 대한 점유를 풀고 이를 채권자가 위임하는 집행관에게 인도하여야 한다.
  집행관은 위 취지를 공시하기 위하여 적당한 방법을 취하여야 한다.
  라는 재판을 구합니다.

신 청 이 유

1. 채권자는 200○. 10. 20. 채무자로부터 그 소유이던 ○시 ○구 ○동 ○번지 대지 120㎡와 아울러 동 지상건물인 목저와즙평가건 54㎡를 대금 180,000,000원에 매수하고 그 대금전액을 지급하였고 또 소유권이전등기절차도 완료하여 위 매매계약에 대하여는 미진함이 없이 완결을 보았으나, 다만 채권자가 전부터 거주하고 있는 현재의 건물에 대한 매매계약상의 사정으로 아직 위 건물에 이주치 못하고 앞으로 2주일 후에나 이주할 예정으로 있습니다.
2. 그런데 채무자는 대금을 수령하여 간 후 불법하게도 별지목록 기재 물건이 매매계약에서 제외된 것이라고 통고한 후 이를 제거하여 채무자의 집에 보관중에 있

습니다. 그러나 위 건물들은 어디까지나 건물의 부합으로서 건물에서 분리할 수 없는 성질의 것으로 당연히 위 매매계약에 의하여 채권자의 소유가 분명하므로 채권자는 현재 위물건들에 대한 인도청구의 소를 준비중에 있습니다.
3. 그러나 채무자는 채무자가 거주하는 인근에 그의 딸 박○○의 집을 건축중에 있으며 위 건물을 그 신축건물에 이용 부합시킬 계획임을 탐지하였습니다. 그렇게 되면 새로운 건물의 부합물이 되어 채권자가 뒷날 승소판결을 얻는다 하더라도 그 집행불능상태에 이를 우려가 있으므로 이 가처분신청에 이르렀습니다.
4. (민집법 19조 3항, 민소법 122조에 의한 담보제공 기술은 생략)

소 명 방 법

1. 소 갑 제1호증 : 매매계약서
2. 소 갑 제2호증의 1, 2 : 대금영수증
3. 소 갑 제3호증 : 현장사진

첨 부 서 류

1. 부동산등기부등본   1통
1. 납부서   1통

200○. ○. ○.

채권자 ○ ○ ○ ㊞
(연락처 :   )

○○지방법원   귀중

<별지목록>

목적물의 표시

1. 보일러 1대
   가. ○○주식회사
   나. 200○년식
   다. 소형
2. 차고 출입문 1조(전자개폐식)
3. 창고 이중 다락문 4매   끝.

주 1. 가처분에는 ① 다툼의 대상(계쟁물)에 관한 가처분(민집법 300조 1항)과, ② 임시지위를 정하는 가처분(동조 2항)의 2종이 있는바, 전자는 피보전권리와 보전의 필요성의 존재를, 후자는 권리관계에 관해서 다툼이 있을 것, 임시지위를 정할 필요가 있을 것 등을 그 발령요건으로 한다.
2. 가처분의 토지관할은 본안의 관할법원 또는 다툼의 대상이 있는 곳을 관할하는 지방법원이 관할한다(민집법 303조·311조). 사물관할은 피보전권리의 가액에 의하여 결정된다. 따라서 본안이 단독판사 관할인 경우에는 보전소송도 단독판사의 관할, 본안이 합의부인 경우에는 보전소송도 합의관할에 속한다. 이들은 모두 전속관할에 속한다(민집법 21조).
3. 동산점유이전금지가처분을 신청함에는 그 대상이 되는 동산을 반드시 특정하여야 하며 현재 그 물건의 소재를 명시하여야 한다. 또 담보공탁금의 산정 편의를 위하여 그 가액의 산출자료를 첨부하여야 한다.
4. 신청은 신청의 취지와 이유를 적은 서면으로 하여야 한다(집규 203조). 신청서에는, ① 청구표시(피보전권리 표시), ② 그 청구가 일정한 금액이 아닐 때에는 그 가액, ③ 가처분이유가 된 사실표시(보전의 필요성 표시)를 하여야 하며(민집법 301조·279조 1항), 그 밖에 소장에 준해서, ④ 당사자의 성명·주소, 대리인의 성명·주소, 부속서류, 신청연월일, 신청법원 등을 표시한다(민소법 249조·279조 참조).
5. 신청서에는 청구(피보전권리)와 가처분이유(보전의 필요성)를 소명하는 서면을 첨부하여야 하며(민집법 301조·279조 2항), 2,000원 상당의 인지를 붙여서(인지법 9조 3항 2호) 1통을 관할법원에 제출하되, 당사자 수 만큼의 가처분결정정본 송달료도 납부한다.
6. 법원은 이 신청서에 사건번호「카단」 또는 「카합」을 부여하여 민사신청사건에 전산입력하고, 기록은 별도기록으로 편철한다.
7. 이 신청은 소유건물의 부합물의 소유권(민법 256조)에 기한 그 인도청구권(민법 213조)을 피보전권리로 한다.
8. 이 신청은 위 부합물을 타건물에 부합시킴으로써 후일 집행불능이 될 염려가 있음을 보전의 필요성으로 한다.
9. 이 신청은 다툼의 대상(계쟁물)에 관한 채무자점유의 현상유지를 위한 가처분이다.

【양수채권 양도 및 지급금지 가처분신청서(사해행위취소청구)】

채권가처분신청

채 권 자   ○○ 주식회사
　　　　　○시 ○구 ○동
　　　　　대표이사 ○ ○ ○
채 권 자   ○○ 합자회사
　　　　　○시 ○구 ○동
　　　　　대표사원 ○ ○ ○
제3채무자 주식회사 ○○ 은행
　　　　　○시 ○구 ○동
　　　　　대표이사 ○ ○ ○

목적채권의 표시   별지목록 기재와 같음
피보전권리의 요지 사해행위취소청구권

신 청 취 지

1. 채무자는 신청외 ○○합명회사로부터 양수한 별지목록 기재 채권을 추심하거나 타에 양도, 질권의 설정, 그 밖에 일체의 처분을 하여서는 아니된다.
2. 제3채무자는 채무자에게 위 채권을 지급하여서는 아니된다.
라는 재판을 구합니다.

신 청 이 유

1. 채권자회사는 신청외 ○○합명회사에 대하여 별지 약속어음 사본과 같이 약속어음금 채권 금 10,000,000원의 채권을 가지고 있는바, 위 신청외 ○○합명회사는 제3채무자에 대하여 가지고 있는 물품 매매대금 5,000,000원의 채권을 200○. 10. 5. 채무자에게 양도하고 그 지를 200○. 10. 7. 제3채무자에게 통지하였습니다.

2. 위 채권양도 당시 위 신청외 ○○합명회사는 이미 수표 및 어음의 부도로서 은행거래가 정지되었고 또 200○년 9월 중순경에 그 소유인 기계 등 설비 일체를 신청외 주식회사 ○○공업사에 양도 처분하고 공장은 폐쇄상태에 있으며 이와 같은 사실은 동업자인 채무자가 알고 있었던 사실입니다.
3. 따라서 신청외 ○○합명회사의 채무자에 대한 채권양도 행위는 채권자에 대한 위 약속어음금 채무를 면탈하기 위한 사해행위인 것입니다.
4. 그러므로 채권자는 현재 사해행위 취소의 본안소송을 준비중에 있으나 채무자는 어느때 위 채권을 양도 처분할는지 알 수 없으며 또 제3채무자가 채무자에 대하여 지급을 하여 버리면 후일 채권자가 본안 소송에서 승소한다 하더라도 그 실효를 거둘 수 없게 되겠으므로 이 가처분신청에 이른 것입니다.
5. (민집법 19조 3항, 민소법 122조에 의한 담보제공 기술은 생략)

소 명 방 법

1. 소 갑 제1호증 : 약속어음
2. 소 갑 제2호증 : 은행거래정지증명
3. 소 갑 제3호증 : 채권양도통지서

첨 부 서 류

1. 회사등기부등본　　　　　　　　　　　　　　　3통
1. 납부서　　　　　　　　　　　　　　　　　　　1통

200○. 11. 20.

채권자　○○ 주식회사
대표이사　○ ○ ○　㊞
(연락처 :　　　　　)

○○지방법원　귀중

주 1. 가처분에는 ① 다툼의 대상(계쟁물)에 관한 가처분(민집법 300조 1항)과, ② 임시지위를 정하는 가처분(동조 2항)의 2종이 있는바, 전자는 피보전권리와 보전의 필요성의 존재를, 후자는 권리관계에 관해서 다툼이 있을 것, 임시지위를 정할 필요가 있을 것 등을 그 발령요건으로 한다.

2. 가처분의 토지관할은 본안의 관할법원 또는 다툼의 대상이 있는 곳을 관할하는 지방법원이 관할한다(민집법 303조·311조). 사물관할은 피보전권리의 가액에 의하여 결정된다. 따라서 본안이 단독판사 관할인 경우에는 보전소송도 단독판사의 관할, 본안이 합의부인 경우에는 보전소송도 합의관할에 속한다. 이들은 모두 전속관할에 속한다(민집법 21조).
3. 신청은 신청의 취지와 이유를 적은 서면으로 하여야 한다(집규 203조). 신청서에는, ① 청구표시(피보전권리 표시), ② 그 청구가 일정한 금액이 아닐 때에는 그 가액, ③ 가처분이유가 된 사실표시(보전의 필요성 표시)를 하여야 하며(민집법 301조·279조 1항), 그 밖에 소장에 준해서, ④ 당사자의 성명·주소, 대리인의 성명·주소, 부속서류, 신청연월일, 신청법원 등을 표시한다(민소법 249조·279조 참조).
4. 신청서에는 청구(피보전권리)와 가처분이유(보전의 필요성)를 소명하는 서면을 첨부하여야 하며(민집법 301조·279조 2항), 2,000원 상당의 인지를 붙여서(인지법 9조 3항 2호) 1통을 관할법원에 제출하되, 당사자 수 만큼의 가처분결정정본 송달료도 납부한다.
5. 채권가압류와 마찬가지로 발령법원이 집행법원이 되며 따로 집행신청이 필요 없다.
6. 제3채무자에 대한 채권의 처분금지가처분은 제3채무자에게 명령정본을 송달하여야 하며 가처분의 효력으로 채권자(가처분 채무자)의 추심, 양도 등의 처분행위와 제3채무자의 변제가 금지되고 이에 위반되는 행위는 가처분채권자에 대항할 수 없다(대결 2000. 10. 2. 2000마5221).
7. 이 가처분은 사해행위취소청구권을 보전하기 위하여, 양수채권의 추심·양도·처분금지 및 지급금지가처분을 신청한 것이다.

【예금채권 지급금지 가처분신청서(전부명령무효확인청구)】

채권가처분신청

채 권 자   ○ ○ ○ (주민등록번호   -   )
         ○시 ○구 ○동 ○ (우   -   )
채 무 자   ○ ○ ○ (주민등록번호   -   )
         ○시 ○구 ○동 ○ (우   -   )
제3채무자 주식회사 ○○ 은행
         ○시 ○구 ○동
         대표이사 ○ ○ ○

목적채권의 표시   별지목록 기재와 같음
피보전권리의 요지   ○○법원 200○타기100호 전부명령무효청구권

신 청 취 지

1. 채무자는 별지목록 기재 예금 채권을 양도·추심 등 그 밖에 일체의 처분행위를 하여서는 아니된다.
2. 제3채무자는 채무자에게 위 예금의 지급을 하여서는 아니된다.
라는 재판을 구합니다.

신 청 이 유

1. 채권자회사는 신청외 ○○산업 주식회사의 대표이사로서 작년 6월경부터 개인자격으로 수차에 걸쳐 신청외 ○○종합무역상사 대표자 천○술의 요청에 의하여 동 상사에 대출을 해 주었으나 동 상사로부터 동년 7. 20. 발행받은 약속어음금 3,000,000원이 부도되어 회수불능에 이르렀습니다.
2. 그러던 중 금년 10. 20.경 위 천○술이 채권자를 찾아와서 위 8,000,000원의 부도사실을 사과하고 그 변제방법을 강구중이라고 하면서 그의 친구인 신청외 강○사

를 소개하고 위 강○사는 비닐 가공업을 하는 자인바 재료구입선인 업자로부터 재료를 구입하여야 하는바, 그 재료구입선인 업자는 은행에 당좌구좌를 개설하고 금 20,000,000원 이상의 입금이 신용있는 자라야 거래한다고 하나 위 강○사는 현재 입금할 현금이 없으므로 구좌개설이 불가능하니 신청인이 10일간만 위 강○사 명의의 당좌구좌를 개설하고 금 20,000,000원만 입금하였다가 10일 후에 인출하면 부도된 금 8,000,000원을 강○사가 대위변제하겠다고 하면서 금 8,000,000원의 약속어음 1매(지급기일 10월 25일)를 채권자에게 발행하여 주므로 채권자는 금 8,000,000원을 회수할 욕심으로 이를 응낙하고 금년 10. 21. 제3채무자 은행에 당좌구좌를 개설하고 위 신청외 강○사 명의로 금 20,000,000원을 입금하였습니다. 그리고 예금통장과 통장인감을 채권자가 보관하여 두었습니다.

3. 그 후 약속대로 약속어음 지급기일인 10월 26일 위 강○사에게 약속어음의 지급제시를 한 바 지급거절되었고 다시 위 당좌예금을 인출하려 하였으나 뜻밖에도 채무자가 10월 25일자로 전부명령을 받은 사실을 발견하였습니다.

　이에 당황한 채권자가 조사한 바에 의하면 채무자와 신청외 천○술 등 강○사는 사기한들로서 채권자가 위 부도된 8,000,000원 회수에 부심하고 있음을 기화로 채권자의 돈을 사취할 목적으로 당좌구좌를 위 강○사 명의로 개설케 하고 이에 앞서 채무자와 강○사 간에 허위의 채권채무를 조작하여, 제소전화해로서 집행권원을 받아 두었다가 전부명령을 받은 사실이 판명되었습니다.

4. 따라서 채권자는 채무자를 상대로 위 전부명령 무효확인의 소를 준비중에 있으나 채무자가 전부명령에 의한 위 예금을 인출하게 되면 후일 채권자가 승소판결을 받는다 하더라도 회복할 수 없는 손해를 입게 되겠으므로 이 가처분신청에 이르렀습니다.

5. (민집법 19조 3항, 민소법 122조에 의한 담보제공 기술은 생략)

소 명 방 법

1. 소 갑 제1호증 : 당좌예금통장
2. 소 갑 제2호증 : 약속어음

3. 소 갑 제3호증 : 고소장
4. 소 갑 제4호증 : 조사보고서

첨 부 서 류

1. 납부서   1통

200○. 10. 28.

채권자 ○ ○ ○ ㊞
(연락처 :   )

○○지방법원 귀중

※ 별지 부동산목록 생략

주 1. 전부명령무효확인청구권을 보전하기 위하여, 예금채권의 추심 등 처분금지가처분을 하는 경우이다.
  2. 기타 일반적·공통적 사항은 전게 서식 1.의 주 참조.

【저당권 실행정지 가처분신청】

저당권실행정지가처분신청

채 권 자   ○ ○ ○ (주민등록번호   -   )
　　　　　○시 ○구 ○동 ○
　　　　　대리인 변호사 ○ ○ ○
　　　　　○시 ○구 ○동 ○ (우   -   )
채 무 자   ○ ○ ○ (주민등록번호   -   )
　　　　　○시 ○구 ○동 ○ (우   -   )

목적부동산의 표시   별지목록 기재와 같음
목적저당권의 표시   별지목록 기재와 같음
피보전권리의 요지   소유물 방해배제청구권에 기한 불법저당권등기에 따른 저당권
　　　　　　　　　의 부존재확인청구권

신 청 취 지

　채무자는(채권자와 채무자 사이의 서울중앙지방법원 200○가합4018 채무 및 저당권 부존재확인, 저당권말소등기의 절차이행 청구사건의 확정판결이 있을 때까지) 위 부동산에 대한 저당권의 실행, 양도 그 밖에 일체의 처분을 하여서는 아니된다.
라는 재판을 구합니다.

신 청 이 유

1. 채권자는 신청취지 기재의 토지 건물의 소유자입니다.
2. 채권자는 본건 토지, 건물을 신청외 김○자와 매매계약을 하기 위하여 김○자와 함께 등기부를 열람하러 갔던 바, 채무자를 위하여 신청취지 기재와 같은 저당권설정등기가 되어 있음을 알았습니다.
3. 채권자는 채무자로부터 금전을 차용한 사실도 없을 뿐만 아니라 저당권설정계약

을 한 일도 없는 것입니다. 단지 200○. 4. 28. 채무자가 채권자의 토지·건물에 대한 매각을 중개하겠다고 하며 매수인에게 하자있는 부동산이 아니라는 것을 보여주기 위해 필요하다 하므로 권리증과 인감증명서를 2일간 가져갔다 돌려준 일이 있었는데 그때 이를 이용하여 등기절차를 한 것이라고 생각됩니다.

4. 따라서 채권자는 채무자를 피고로 하여 채무 및 저당권 부존재 확인의 소를 제기하였으나 그 판결이 있기까지 저당권의 실행양도 등 처분의 우려가 있으므로 이 신청에 의한 가처분을 구하기에 이른 것입니다.

5. (민집법 19조 3항, 민소법 122조에 의한 담보제공 기술은 생략)

소 명 방 법

1. 소 갑 제1호증 : 토지등기부등본
2. 소 갑 제2호증 : 건물등기부등본
3. 소 갑 제3호증 : 증명서

첨 부 서 류

1. 위 소명서류　　　　　　　　　　　　　　　　　　각 1통
1. 위임장　　　　　　　　　　　　　　　　　　　　1통

200○. 5. 20.

　　　　　　　　　　　　　　　　채권자　대리인
　　　　　　　　　　　　　　　　변호사　○　○　○　㊞
　　　　　　　　　　　　　　　　(연락처 :　　　　　)

○○지방법원　귀중

<별지목록>

부동산의 표시

○시 ○구 ○동 ○번지
1. 대지 210㎡
2. 위 지상 목조와즙 평가건 주택 1동
   건평 75㎡ 끝.

<별지목록>

저당권의 표시

○○ 지방법원 200○. 4. 30. 등기접수 제12345호
순위 1번 채권최고액 금 50,000,000원의 근저당권

주 1. 저당권채권의 부존재확인청구권 내지 저당권설정등기의 말소등기청구권을 피보전권리로 하여 저당권 자체의 처분금지가처분을 신청할 수 있다.
  2. 가처분에는 ① 다툼의 대상(계쟁물)에 관한 가처분(민집법 300조 1항)과, ② 임시지위를 정하는 가처분(동조 2항)의 2종이 있는바, 전자는 피보전권리와 보전의 필요성의 존재를, 후자는 권리관계에 관해서 다툼이 있을 것, 임시지위를 정할 필요가 있을 것 등을 그 발령요건으로 한다.
  3. 가처분의 토지관할은 본안의 관할법원 또는 다툼의 대상이 있는 곳을 관할하는 지방법원이 관할한다(민집법 303조·311조). 사물관할은 피보전권리의 가액에 의하여 결정된다. 따라서 본안이 단독판사 관할인 경우에는 보전소송도 단독판사의 관할, 본안이 합의부인 경우에는 보전소송도 합의관할에 속한다. 이들은 모두 전속관할에 속한다(민집법 21조).
  4. 신청은 신청의 취지와 이유를 적은 서면으로 하여야 한다(집규 203조). 신청서에는, ① 청구표시(피보전권리 표시), ② 그 청구가 일정한 금액이 아닐 때에는 그 가액, ③ 가처분이유가 된 사실표시(보전의 필요성 표시)를 하여야 하며(민집법 301조·279조 1항), 그 밖에 소장에 준해서, ④ 당사자의 성명·주소, 대리인의 성명·주소, 부속서류, 신청연월일, 신청법원 등을 표시한다(민소법 249조·279조 참조).
  5. 신청서에는 청구(피보전권리)와 가처분이유(보전의 필요성)를 소명하는 서면을 첨부하여야 하며(민집법 301조·279조 2항), 2,000원 상당의 인지를 붙여서(인지법 9조 3항 2호) 1통을 관할법원에 제출하되, 당사자 수 만큼의 가처분결정정본 송달료도 납부한다.
  6. 채무 및 저당권부존재확인 및 저당권말소등기청구권을 피보전권리로 하는 저당권의 실행·처분금지의 가처분이다.

(3) 재 판

다툼의 대상에 관한 가처분의 경우에는 변론을 거치지 않고 서면심리에 의해서만 재판을 할 수도 있고, 변론을 거쳐 재판할 수도 있다(민집 제280조 1항·제301조).

임시의 지위를 정하는 가처분의 경우에 변론을 열지 아니하면 채무자가 참석할 수 있는 심문기일이라도 열어야 한다. 이 경우에도 변론기일을 열거나 심문기일을 열어서 심리하면 가처분의 목적을 달성할 수 없는 사정이 있는 때에는 변론기일은 물론 심문기일도 열지 않고 재판을 할 수도 있다(민집 제304조).

실무상으로는 ① 건물명도·철거를 명하는 가처분, ② 금전지급 및 동산인도를 명하는 단행적 처분, ③ 채무자에게 피해가 큰 공사금지 가처분 등의 경우에 기일을 여는 예가 많다고 한다.

가처분명령의 내용은 가압류명령에 관한 것이 대체로 그대로 적용된다.

4. 가처분명령의 취소

(1) 일반적인 취소사유

가처분명령에 대하여도 가압류명령의 경우처럼 이의신청(민집 제283조), 제소명령에 있어서 기간을 넘긴 경우의 취소신청(민집 제287조 3항), 사정변경 등에 따른 취소신청(민집 제288조) 등으로 취소할 수 있다.

(2) 특별사정에 의한 가처분취소

가. 의 의

가처분은 금전채권의 집행을 목적으로 하는 것이 아니므로 채무자가 담보만 제공한다고 해서 곧 이를 취소하기에는 적당하지 않다. 그러나 가처분으로 인하여 채무자가 큰 손해를 입게 된다든가 또는 채권자의 피보전권리가 금전적 보상으로도 만족을 얻을 수 있다는 등의 특수한 사정이 있을 때에는 채무자의 피해를 덜어주기 위해 담보를 제공하게 하고 가처분을 취소하는 것이 채권자·채무자 양당사자에게 공평하다. 이에 따라 민사집행법 제307조는 특별한 사정이 있는 때에는 담보를 제공하게 하고 가처분을 취소할 수 있다고 규정한다. 이것의 의미는 이의신청, 제소명령에서 기간을 넘긴 경우의 취소신청, 사정변경에 따른 취소신청 등으로 가처분의 취소를 신청하고자 할 때에는 특별한 사정이 있어야 하고, 그 뿐만 아니라 담보를 제공하여야 취소가 가능하다는 것이다.

가압류의 경우 이의신청에 대한 재판이나(제286조 3항) 사정변경에 따른 취소신청에 대한 재판(제288조 1항 후문)을 할 때 담보를 제공하는 것만으로 취소할 수 있지 특별한 사정까지 요하지 않는다는 점과 구별된다.

특별사정에 의한 취소제도는 다툼의 대상에 관한 가처분과 임시의 지위를 정하기 위한 가처분 모두에 적용된다.

나. **특별한 사정**

특별한 사정이란 가처분을 존속시키는 것이 공평의 관념상 부당하다고 생각되는 경우를 말한다. 예를 들어서 ① 가처분에 의하여 보전되는 권리 금전적 보상으로써 그 종국의 목적을 달성할 수 있다는 사정이 있거나, 또는 ② 가처분집행으로 가처분채무자가 통상 입는 손해보다 특히 현저한 손해를 받고 있는 경우를 말한다. 따라서 가처분채무자가 제공하는 담보는 가처분채권자 본안소송에서 승소하였음에도 가처분의 취소로 말미암아 가처분목적물이 존재하지 않게 됨으로써 입는 손해를 담보하기 위한 것이다.

위 두 사정 중 어느 하나의 사정이라도 있으면 특별한 사정에 해당된다고 하는 것이 판례의 확립된 견해이다(대판 1997. 3. 14. 96다21188).

1) 금전보상이 가능한지 여부

금전보상이 가능한가의 여부는 장래 본안소송에서의 청구내용, 당해 가처분의 목적 등 모든 사정을 참작하여 사회통념에 따라 객관적으로 판단하여야 한다(대판 1997. 3. 14. 96다21188).

사해행위 취소에 의한 소유권이전등기말소청구권을 피보전권리로 하여 발령된 처분금지가처분(대판 1998. 5. 15. 97다58310), 금전채권의 처분금지가처분은 금전보상이 가능하다고 해석된다.

2) 채무자의 손해

채무자가 특히 현저한 손해를 입게 될 사정이 있는지 여부는 가처분의 종류, 내용 등 제반사정을 종합적으로 고려하여 채무자가 입을 손해가 가처분 당시 예상된 것보다 훨씬 클 염려가 있어 가처분을 유지하는 것이 채무자에게 가혹하고 공평의 이념에 반하는지 여부에 의하여 결정할 것이다.

다. **심리 및 재판**

특별사정에 따른 가처분취소재판을 할 때에도 소송의 이송이 인정되고 취소신청의 취하도 가능하다(민집 제307조 2항, 제284조, 제285조). 그리고 특별사정에 따른 취소신청에는, 가압류이의신청에 대한 심리와 재판에 관한 제286조의 규정 중에서, 가압류의 전부나 일부를 인가·변경 또는 취소할 수 있는 경우를 제외한, 나머지 규정이 준용된다(민집 제307조 2항). 그리고 사정변경에 따른 가압류취소신청에 관한 제288조의 규정도 준용된다고 보아야 한다.

구체적으로 담보금액을 정할 때에는 가처분명령의 취소로 채권자가 입을 손해액을 기준으로 법원이 재량으로 정하면 된다.

라. 가처분채권자의 권리

가처분채권자는 그 담보에 대하여 질권자와 동일한 권리를 가지고 우선변제를 받을 수 있다(민집 제19조, 민소 제123조).

(3) 가처분의 취소와 원상회복

가처분을 명한 재판에 기초하여 채권자가 물건을 인도받거나, 금전을 지급받거나 또는 물건을 사용·보관하고 있는 경우에는 법원은 가처분을 취소하는 재판에서 채무자의 신청에 따라 채권자에 대하여 그 물건이나 금전을 반환하도록 명할 수 있다(민집 제308조).

임금지급가처분이나 명도단행가처분과 같은 만족적 가처분의 경우에 채무자가 채권자에게 금전이나 물건을 지급 내지 인도한 뒤에 가처분이 취소된 경우, 구법 시행시에는 채무자는 부당이득을 채무자에게 불공평하고 당사자와 법원이 무익한 절차를 반복하는 등의 문제점이 있어 민사집행법은 가처분취소재판과 함께 원상회복을 명하는 제도를 신설한 것이다.

원상회복의 범위는 채권자에게 인도되었던 물건이나 금전에 국한되고, 별도로 손해배상의무의 존부에 관하여 판단할 수는 없다.

[가처분결정에 대한 이의신청서(부동산)(1)]

가처분결정에 대한 이의신청서

　신청인(채무자) 합자회사 ○○통운
　　　　　대표사원 ○　○　○
　　　　　주　소　○○시 ○○구 ○○동 ○○○
　　　　　전화 02-1234-4567　　휴대폰 010-1234-5678
　　　　　팩스 02-9876-5432　　이메일 : lawb@lawb.co.kr
　　　　　위 대리인 변호사 ○　○　○
　　　　　○○시 ○○구 ○○동 ○○○
　피신청인(채권자)　　○　○　○ (000000 - 0000000)
　　　　　주　소　○○시 ○○구 ○○동 ○○○
　　　　　전화 02-1234-4567　　휴대폰 010-1234-5678
　　　　　팩스 02-9876-5432　　이메일 : lawb@lawb.co.kr
　제3채무자　　대한민국
　　　　　법률상대표자 법무부장관 ○　○　○
　　　　　(소관 : 서울지방○○○청 ○○출장소)

신 청 취 지

1. 위 당사자간 귀원 20○○카합4567호 부동산사용권처분금지가처분 신청사건에 관하여, 동원에서 20○○. ○. ○.에 한 가처분결정은 이를 취소한다.
2. 채권자의 위 가처분신청을 기각한다.
3. 소송비용은 채권자의 부담으로 한다.

4. 위 1항에 한하여 가집행할 수 있다.
라는 재판을 구합니다.

신 청 이 유

1. 채권자는 20○○. ○. ○. 귀원으로부터 채무자의 이 사건 부동산에 대한 사용권의 처분행위를, 제3채무자에 대하여 위 부동산사용권 처분행위의 승인을 각 금지하는 가처분 결정을 받았습니다.
2. 채권자는 위 부동산의 건축을 채무자로부터 금535,000,000원에 도급받아 시공하였는데 채무자가 위 도급공사비중 금200,000,000원을 채권자에게 지급하지 못하여 20○○. ○. ○. 위 돈을 20○○. ○. ○.까지 지급하지 못할 때에는 위 부동산의 사용권을 채권자에게 양도하겠다는 내용의 인증서를 채무자로부터 작성하여 교부받았는데, 그 후 채무자는 위 돈중 금 50,000,000원을 지급하지 않고 위 무상사용권의 양도절차도 이행하지 아니하므로 이 사건 가처분 신청에 이른다고 주장하고 있습니다.

소 명 방 법

1. 소을 제1호증의	법인등기부등본
1. 소을 제2호증	공사대금 지급내역
1. 소을 제3호증의 1 내지 16	영수증
1. 소을 제4호증의 1 내지 5	입금표
1. 기타 추후 변론시에 제출하겠습니다.	

첨 부 서 류

1. 위 소명서류　　　　　　　　　　　　　　　　　　각1통

```
            1. 소송위임장                              1통


                     20○○. ○. ○.


            위 채무자의 대리인 변호사  ○  ○  ○  ㊞


                                      ○○지방법원  귀중
```

주 1. 신청서에는 1,000원의 인지를 첩용하고 송달료를 납부한다.
2. 민사집행법
    제301조 (가압류절차의 준용)
      가처분절차에는 가압류절차에 관한 규정을 준용한다. 다만, 아래의 여러 조문과 같이 차이가 나는 경우에는 그러하지 아니하다.
    제283조 (가압류결정에 대한 채무자의 이의신청)
      ① 채무자는 가압류결정에 대하여 이의를 신청할 수 있다.
      ② 제1항의 이의신청에는 가압류의 취소나 변경을 신청하는 이유를 밝혀야 한다.
      ③ 이의신청은 가압류의 집행을 정지하지 아니한다.
    제284조 (가압류이의신청사건의 이송)
      법원은 가압류이의신청사건에 관하여 현저한 손해 또는 지연을 피하기 위한 필요가 있는 때에는 직권으로 또는 당사자의 신청에 따라 결정으로 그 가압류사건의 관할권이 있는 다른 법원에 사건을 이송할 수 있다. 다만, 그 법원이 심급을 달리하는 경우에는 그러하지 아니하다.
    제285조 (가압류이의신청의 취하)
      ① 채무자는 가압류이의신청에 대한 재판이 있기 전까지 가압류이의신청을 취하할 수 있다. <개정 2005.1.27>
      ② 제1항의 취하에는 채권자의 동의를 필요로 하지 아니한다.
      ③ 가압류이의신청의 취하는 서면으로 하여야 한다. 다만, 변론기일 또는 심문기일에서는 말로 할 수 있다. <개정 2005.1.27>
      ④ 가압류이의신청서를 송달한 뒤에는 취하의 서면을 채권자에게 송달하여야 한다.
      ⑤ 제3항 단서의 경우에 채권자가 변론기일 또는 심문기일에 출석하지 아니한 때에는 그 기일의 조서등본을 송달하여야 한다. <개정 2005.1.27>
    제286조 (이의신청에 대한 심리와 재판)
      ① 이의신청이 있는 때에는 법원은 변론기일 또는 당사자 쌍방이 참여할 수 있는 심문기

일을 정하고 당사자에게 이를 통지하여야 한다.
② 법원은 심리를 종결하고자 하는 경우에는 상당한 유예기간을 두고 심리를 종결할 기일을 정하여 이를 당사자에게 고지하여야 한다. 다만, 변론기일 또는 당사자 쌍방이 참여할 수 있는 심문기일에는 즉시 심리를 종결할 수 있다.
③ 이의신청에 대한 재판은 결정으로 한다.
④ 제3항의 규정에 의한 결정에는 이유를 적어야 한다. 다만, 변론을 거치지 아니한 경우에는 이유의 요지만을 적을 수 있다.
⑤ 법원은 제3항의 규정에 의한 결정으로 가압류의 전부나 일부를 인가·변경 또는 취소할 수 있다. 이 경우 법원은 적당한 담보를 제공하도록 명할 수 있다.
⑥ 법원은 제3항의 규정에 의하여 가압류를 취소하는 결정을 하는 경우에는 채권자가 그 고지를 받은 날부터 2주를 넘지 아니하는 범위 안에서 상당하다고 인정하는 기간이 경과하여야 그 결정의 효력이 생긴다는 뜻을 선언할 수 있다.
⑦ 제3항의 규정에 의한 결정에 대하여는 즉시항고를 할 수 있다. 이 경우 민사소송법 제447조의 규정을 준용하지 아니한다.[전문개정 2005.1.27]

3. 민사집행규칙

제203조 (신청의 방식)
① 다음 각호의 신청은 서면으로 하여야 한다. <개정 2005.7.28>
　1. 보전처분의 신청
　2. 보전처분의 신청을 기각 또는 각하한 결정에 대한 즉시항고
　3. 보전처분에 대한 이의신청
　4. 본안의 제소명령신청
　5. 보전처분의 취소신청
　6. 보전처분의 집행신청
　7. 제3호·제5호의 신청에 관한 결정에 대한 즉시항고
② 제1항의 신청서에는 신청의 취지와 이유 및 사실상의 주장을 소명하기 위한 증거 방법을 적어야 한다. <개정 2005.7.28>

제203조의2 (신청취하)
① 제203조제1항 제1호·제2호·제6호·제7호 신청의 취하는 서면으로 하여야 한다. 다만, 변론기일 또는 심문기일에서는 말로 할 수 있다.
② 제1항의 취하가 있는 때에는 법원사무관등은 변론기일 또는 심문기일의 통지를 받은 채권자 또는 채무자에게 그 취지를 통지하여야 한다.[본조신설 2005.7.28]

제203조의3 (결정서를 적는 방법)
① 제203조제1항 제2호·제7호의 신청에 대한 결정의 이유를 적을 때에는 제1심 결정을 인용할 수 있다.
② 제203조제1항 제3호·제5호의 신청에 대한 결정의 이유를 적을 때에는 보전처분의 신청에 대한 결정을 인용할 수 있다.[본조신설 2005.7.28]

[가처분결정에 대한 이의신청서(부동산)(2)]

가처분결정에 대한 이의신청서

신청인(채무자) ○ ○ ○ (000000 - 0000000)
　　　　주　소　○○시 ○○구 ○○동 ○○○
　　　　전화 02-1234-4567　　휴대폰 010-1234-5678
　　　　팩스 02-9876-5432　　이메일 : lawb@lawb.co.kr
피신청인(채권자)　　주식회사 ○○건설
　　　　주　소　○○시 ○○구 ○○동 ○○○
　　　　전화 02-1234-4567　　휴대폰 010-1234-5678
　　　　팩스 02-9876-5432　　이메일 : lawb@lawb.co.kr

신 청 취 지

1. 채권자의 채무자에 대한 귀 법원 20○○카단3246호 부동산 처분금지 가처분 신청 사건에 관하여, 동원에서 20○○. ○. ○.에 한 가처분결정은 이를 취소한다.
2. 채권자의 가처분신청은 기각한다.
3. 소송비용은 채권자의 부담으로 한다.
4. 위 1항은 가집행할 수 있다.
라는 판결을 구합니다.

신 청 원 인

　　별지목록 기재부동산은 채무자 소유인바 채권자는 귀 법원 20○○. ○. ○.자 가처분 결정에 기하여 별지목록 기재의 부동산에 관하여 처분금지 가처분 결정을 받아 집행하였습니다.

소 명 방 법

1. 판결문   6통
1. 공탁서 및 출급사실증명원   각1통

첨 부 서 류

1. 신청서   1통
1. 등기부등본   1통

20○○. ○. ○.

위 채무자   ○ ○ ○   ㊞

○○지방법원 귀중

주 신청서에는 1,000원의 인지를 붙이고 송달료를 납부한다.

[가처분결정에 대한 이의신청서(집행관 보관형 부동산 점유이전금지)]

가처분결정에 대한 이의신청서

신청인(채무자) ○ ○ ○
　　　　　　○○시 ○○구 ○○동 ○번지
　　　　　　전화 02-1234-4567　　휴대폰 010-1234-5678
　　　　　　팩스 02-9876-5432　　이메일 : lawb@lawb.co.kr
피신청인(채권자)　　　○○산업주식회사
　　　　　　○○시 ○○구 ○○동 ○번지
　　　　　　이 대표이사 ○ ○ ○
　　　　　　전화 02-1234-4567　　휴대폰 010-1234-5678
　　　　　　팩스 02-9876-5432　　이메일 : lawb@lawb.co.kr

신 청 취 지

1. 채권자로부터 채무자에 대한 귀 법원 20○○년( ) 제○○호 부동산가처분 사건에 관해서 20○○.○.○.에 발령한 가처분결정은 이를 취소한다.
2. 채권자의 가처분신청은 기각한다.
3. 소송비용은 채권자의 부담으로 한다.
라는 판결을 구합니다.

신 청 이 유

1. 채권자는 20○○.○.○.자 가처분 결정에 기하여 ○○지방법원 집행관에 의하여 20○○.○.○. 별지 물건목록 기재의 부동산에 대하여 점유이전금

지 집행관 보관의 가처분을 집행하였습니다.
2. 채권자는 가처분의 신청이유로서 가처분 부동산이 채권자의 소유라고 주장하고 있으나 이는 허구의 주장이며 위 부동산은 채무자의 소유입니다.
3. 그것은 위 부동산은 신청외 ○○시 ○○구 ○○동 ○○번지 ○○상사 부동산부에 근무하는 ○○○가 제3자에게 주문청부를 주어 건축케 한 것이고, 채무자는 20○○.○.○. ○○○로부터 대금 ○○○원에 매수할 계약을 체결하고 동일 착수금으로써 금 ○○○원을 지급, 건물(위 부동산)의 인도는 20○○.○.○.까지로 하고 동일까지 소유권이전등기절차를 밟고 잔금을 지급하기로 하였습니다.
4. 그러나 신청외 ○○○는 위 건물 인도기일까지에 건축을 완성시키지 않았고, 그 위에 건물이 인도도 하지 아니하였으나 채무자는 20○○.○.○.에 내금 ○○○원을 동년 ○.○.에 내금 ○○○원을 동년 ○.○. 내금 ○○○원을 동년 ○.○. 내금 ○○○원을 각각 지급하여 왔으나 위 건물의 인도를 하지 않으므로 20○○.○.○. 채무자는 건물의 일부증축을 조건으로 하여 매매대금을 금 ○○○원으로 증액변경하여 동년 ○.○.까지 그 건물을 완성, 인도받고 소유권이전과 동시에 잔대금을 완제하기로 하였습니다.
5. 그런데 채무자는 20○○.○.○.의 건물인도기일을 경과하여도 신청외 ○○○는 그 건물을 인도하지 아니하므로 채무자는 ○○○에 대하여 조속히 건물을 인도하도록 독촉하던 중 20○○.○.○.의 태풍으로 인하여 ○○부근 일대가 침수되었으므로 채무자는 위 신청외 ○○○와 교섭하고 그의 승낙을 토대로 동일 위 건물(본건 건물)의 2층에 입주하여 건물전부를 평온 또는 공연하게 점유하여 현재에 이르고 있습니다.

따라서 본건 건물은 채무자가 소유권에 기하여 무과실평온하게 점유를 취득한 것이어서 채권자로부터 가처분을 받을 이유가 없어 가처분결정의 취소를 구하는 본건 신청에 이른 것입니다.

소 명 방 법

1. 매매계약서 2통
1. 영수증 4통

20○○. ○. ○.

위 채무자 ○ ○ ○ ㊞

○○지방법원 귀중

주 1. 신청서의 부본은 상대방의 수만큼 제출한다.
2. 첨용인지는 1,000원이다.
3. 당사자의 소환비용으로서 우표 4조 정도 예납할 것
4. 이의의 이유는 사건의 종류에 따라 천차만별이지만 대체로는 보전명령 신청서에 신청이유로서 기재되어 있는 것에 대한 답변서라고 생각하고 쓰면 된다.
5. 임시의 지위를 정하는 가처분에 대한 이의신청의 이유로서는 현장에 있어서는 채권자에게 현저한 손해가 없는 사실, 또는 급박한 강포가 존재하지 않는다는 사실을 구체적으로 기재하지 않으면 안된다.

[제소명령불응을 이유로 한 가처분결정취소신청서]

가압류처분취소신청서

신 청 인(채무자)   ○ ○ ○
　　　　　　　○○시 ○○구 ○○동 ○번지
　　　　　　　전화 02-1234-4567   휴대폰 010-1234-5678
　　　　　　　팩스 02-9876-5432   이메일 : lawb@lawb.co.kr

피신청인(채권자)   ○ ○ ○
　　　　　　　○○시 ○○구 ○○동 ○번지
　　　　　　　전화 02-1234-4567   휴대폰 010-1234-5678
　　　　　　　팩스 02-9876-5432   이메일 : lawb@lawb.co.kr

제3채무자   ○○전자주식회사
　　　　　　○○시 ○○구 ○○동 ○번지
　　　　　　위 대표이사 ○ ○ ○
　　　　　　전화 02-1234-4567   휴대폰 010-1234-5678
　　　　　　팩스 02-9876-5432   이메일 : lawb@lawb.co.kr

신 청 취 지

1. 당사자간 ○○지방법원 ○○카단○○○호 주식처분금지 가처분신청 사건에 관하여 결정한 별지 목록 기재 가처분결정은 이를 취소한다.
2. 소송비용은 피신청인의 부담으로 한다.
　　라는 재판을 구하고 가집행선고를 구합니다.

신 청 이 유

1. 피신청인의 가처분신청에 의하여 신청인에 대하여 별지 목록 기재 가처분결정을 하고 그 집행을 종료하였습니다.
2. 신청인은 귀원에 제소명령신청을 하고 20○○.○.○. 귀원은 피신청인에게 명령송달일로부터 14일 내에 본안소송을 제기할 것을 명하고 동 명령정본은 20○○.○.○. 피신청인에게 송달되었습니다.
3. 그러나 피신청인은 그 소정기간을 도과하여 현재에 이르기까지 그 본안소송을 제기하지 않고 있으므로 위 가처분결정의 취소를 구하기 위하여 민사소송법 제715조·제705조 제2항에 의하여 이 신청을 합니다.

첨 부 서 류

1. 소 제기없는 증명   1통

20○○. ○. ○.

위 신청인 ○ ○ ○ ㊞

○○지방법원 귀중

[특별사정에 의한 가처분취소 신청서]

특별사정에 의한 가처분취소신청서

신청인(채무자) ○ ○ ○ (000000 - 0000000)
　　　　　주 소 ○○시 ○○구 ○○동 ○○○
　　　　　전화 02-1234-4567　휴대폰 010-1234-5678
　　　　　팩스 02-9876-5432　이메일 : lawb@lawb.co.kr
　　　　　위 신청인대리인 변호사 ○ ○ ○
　　　　　○○시 ○○구 ○○동 ○○○
피신청인(채권자)　○ ○ ○ (000000 - 0000000)
　　　　　주 소 ○○시 ○○구 ○○동 ○○○
　　　　　전화 02-1234-4567　휴대폰 010-1234-5678
　　　　　팩스 02-9876-5432　이메일 : lawb@lawb.co.kr

신 청 취 지

1. 위 당사자간에 귀원 20○○카단7236호 특허권가처분신청사건에 관하여 귀원이 20○○. ○. ○. 한 가처분결정은 귀원 명령의 담보제공을 조건으로 이를 취소한다.
2. 소송비용은 피신청인의 부담으로 한다.
3. 위 1항에 한하여 가집행할 수 있다.
라는 재판을 구합니다.

신 청 이 유

    피신청인은 20○○. ○. ○. 귀원으로부터 피신청인의 이 사건 특허권에 대한침해를 금지하는 가처분결정을 받았습니다.

소 명 방 법

1. 처분결정등본   1통
1. 피신청인과 제3자와의 특허권
   사용에 관한 계약서   1통
1. 피신청인의 영업보고서

                    20○○. ○. ○.

        위 신청인 대리인변호사 ○ ○ ○ ㊞

                                    ○○지방법원 귀중

주 1. 신청서에는 1,000원에 해당하는 인지를 첩용하고 송달료를 납부한다.
2. 민사집행법
    제307조 (가처분의 취소)
      ① 특별한 사정이 있는 때에는 담보를 제공하게 하고 가처분을 취소할 수 있다.
      ② 제1항의 경우에는 제284조, 제285조 및 제286조제1항 내지 제4항·제6항·제7항의 규정을 준용한다. <개정 2005.1.27>
    제284조 (가압류이의신청사건의 이송)
      법원은 가압류이의신청사건에 관하여 현저한 손해 또는 지연을 피하기 위한 필요가 있는 때에는 직권으로 또는 당사자의 신청에 따라 결정으로 그 가압류사건의 관할권이 있는 다른 법원에 사건을 이송할 수 있다. 다만, 그 법원이 심급을 달리하는 경우에는 그러하지 아니하다.
    제285조 (가압류이의신청의 취하)
      ① 채무자는 가압류이의신청에 대한 재판이 있기 전까지 가압류이의신청을 취하할 수 있다. <개정 2005.1.27>

② 제1항의 취하에는 채권자의 동의를 필요로 하지 아니한다.
③ 가압류이의신청의 취하는 서면으로 하여야 한다. 다만, 변론기일 또는 심문기일에서는 말로 할 수 있다. <개정 2005.1.27>
④ 가압류이의신청서를 송달한 뒤에는 취하의 서면을 채권자에게 송달하여야 한다.
⑤ 제3항 단서의 경우에 채권자가 변론기일 또는 심문기일에 출석하지 아니한 때에는 그 기일의 조서등본을 송달하여야 한다. <개정 2005.1.27>

제286조 (이의신청에 대한 심리와 재판)
① 이의신청이 있는 때에는 법원은 변론기일 또는 당사자 쌍방이 참여할 수 있는 심문기일을 정하고 당사자에게 이를 통지하여야 한다.
② 법원은 심리를 종결하고자 하는 경우에는 상당한 유예기간을 두고 심리를 종결할 기일을 정하여 이를 당사자에게 고지하여야 한다. 다만, 변론기일 또는 당사자 쌍방이 참여할 수 있는 심문기일에는 즉시 심리를 종결할 수 있다.
③ 이의신청에 대한 재판은 결정으로 한다.
④ 제3항의 규정에 의한 결정에는 이유를 적어야 한다. 다만, 변론을 거치지 아니한 경우에는 이유의 요지만을 적을 수 있다.
⑤ 법원은 제3항의 규정에 의한 결정으로 가압류의 전부나 일부를 인가·변경 또는 취소할 수 있다. 이 경우 법원은 적당한 담보를 제공하도록 명할 수 있다.
⑥ 법원은 제3항의 규정에 의하여 가압류를 취소하는 결정을 하는 경우에는 채권자가 그 고지를 받은 날부터 2주를 넘지 아니하는 범위 안에서 상당하다고 인정하는 기간이 경과하여야 그 결정의 효력이 생긴다는 뜻을 선언할 수 있다.
⑦ 제3항의 규정에 의한 결정에 대하여는 즉시항고를 할 수 있다. 이 경우 민사소송법 제447조의 규정을 준용하지 아니한다.[전문개정 2005.1.27]

[특별사정에 의한 가처분취소 신청서(부동산)]

특별사정에 의한 가처분명령 취소신청서

신 청 인(채무자)　　　○　○　○
　　　　　○○시 ○○구 ○○동 ○번지
　　　　　전화 02-1234-4567　　휴대폰 010-1234-5678
　　　　　팩스 02-9876-5432　　이메일 : lawb@lawb.co.kr

피신청인(채권자)　　　○　○　○
　　　　　○○시 ○○구 ○○동 ○번지
　　　　　전화 02-1234-4567　　휴대폰 010-1234-5678
　　　　　팩스 02-9876-5432　　이메일 : lawb@lawb.co.kr

특별사정에 의한 가처분 명령취소 신청

신 청 취 지

1. ○○지방법원이 20○○( )제○○호 부동산가처분 신청사건에 관하여 20○○.○.○. 한 가처분 결정은 신청인이 담보를 공탁할 것을 조건으로 하여 이를 취소한다.
2. 소송비용은 피신청인의 부담으로 한다.
라는 재판을 구합니다.

신 청 이 유

1. 피신청인은 ○○시 ○○구 ○○동 ○가 ○○번지 소재의 택지 50평의 소

유권에 기하여 그 토지상에 있는 신청인 소유의 목조와즙평가건 1동 건평 15평에 대하여 불법점거를 이유로 하여 소위 통상의 점유이전금지 및 집행관은 그 건물의 지붕공사의 속행만을 신청인에게 허용할 수 있다고 하는 취지의 가처분을 신청하여 이 신청이 인용되었고 위 가처분 결정이 내려지고 그 집행이 20○○.○.○. 이뤄졌습니다.

2. 그런데 신청인 소유의 위 건물은 오래전 갑자기 지어진 바라크 건물이어서 바닥 및 기둥 등 하부는 일부 썩었고 변소 및 현관 등의 입구의 문은 고장이 나서 일상 그 문을 여닫는데 매우 불편을 주고 있습니다.

이와 같은 노후한 건물이기 때문에 신청인은 수선하기 위하여 재료를 준비하고 목수에게 이를 의뢰하려는 차에 본건 가처분의 집행을 받은 것입니다.

3. 이대로의 상태로 방치하여 두면 풍우에 도궤할 염려가 있고 나아가서는 이 때문에 신청인은 비상한 손해를 입을 염려가 있으며, 더 나아가서는 인근에 손해를 가할 위험이 있기 때문에 민사소송법 제720조에 의하여 위 가처분의 취소를 구하기 위하여 본 신청에 이른 바입니다.

소 명 방 법

1. 가처분결정등본   1통
1. 본건 건물의 현장사진   1통
1. 보고서   1통
1. 목수와의 수리의탁 계약서   1통

20○○. ○. ○.

위 신청인 ○ ○ ○ ㊞

○○지방법원 귀중

주 1. 본 신청에 대한 인용판결의 주문은 「피신청인과 신청인간의 20○○년( )제○○호 부동산 가처분 신청사건에 대하여 당 법원이 20○○.○.○. 발한 가처분결정은 신청인이 금 ○○○원의 담보를 공탁할 것을 조건으로 하여 이를 취소한다. 소송비용은 피신청인의 부담으로 한다. 이 판결은 신청인에 있어서 금 ○○○원의 담보를 공탁할 때에는 제1항에 한하여 가집행할 수 있다」라고 된다.

2. 민사집행법

제307조 (가처분의 취소)
① 특별한 사정이 있는 때에는 담보를 제공하게 하고 가처분을 취소할 수 있다.
② 제1항의 경우에는 제284조, 제285조 및 제286조제1항 내지 제4항·제6항·제7항의 규정을 준용한다. <개정 2005.1.27>

제284조 (가압류이의신청사건의 이송)
법원은 가압류이의신청사건에 관하여 현저한 손해 또는 지연을 피하기 위한 필요가 있는 때에는 직권으로 또는 당사자의 신청에 따라 결정으로 그 가압류사건의 관할권이 있는 다른 법원에 사건을 이송할 수 있다. 다만, 그 법원이 심급을 달리하는 경우에는 그러하지 아니하다.

제285조 (가압류이의신청의 취하)
① 채무자는 가압류이의신청에 대한 재판이 있기 전까지 가압류이의신청을 취하할 수 있다.<개정 2005.1.27>
② 제1항의 취하에는 채권자의 동의를 필요로 하지 아니한다.
③ 가압류이의신청의 취하는 서면으로 하여야 한다. 다만, 변론기일 또는 심문기일에서는 말로 할 수 있다. <개정 2005.1.27>
④ 가압류이의신청서를 송달한 뒤에는 취하의 서면을 채권자에게 송달하여야 한다.
⑤ 제3항 단서의 경우에 채권자가 변론기일 또는 심문기일에 출석하지 아니한 때에는 그 기일의 조서등본을 송달하여야 한다. <개정 2005.1.27>

제286조 (이의신청에 대한 심리와 재판)
① 이의신청이 있는 때에는 법원은 변론기일 또는 당사자 쌍방이 참여할 수 있는 심문기일을 정하고 당사자에게 이를 통지하여야 한다.
② 법원은 심리를 종결하고자 하는 경우에는 상당한 유예기간을 두고 심리를 종결할 기일을 정하여 이를 당사자에게 고지하여야 한다. 다만, 변론기일 또는 당사자 쌍방이 참여할 수 있는 심문기일에는 즉시 심리를 종결할 수 있다.
③ 이의신청에 대한 재판은 결정으로 한다.
④ 제3항의 규정에 의한 결정에는 이유를 적어야 한다. 다만, 변론을 거치지 아니한 경우에는 이유의 요지만을 적을 수 있다.
⑤ 법원은 제3항의 규정에 의한 결정으로 가압류의 전부나 일부를 인가·변경 또는 취소할 수 있다. 이 경우 법원은 적당한 담보를 제공하도록 명할 수 있다.
⑥ 법원은 제3항의 규정에 의하여 가압류를 취소하는 결정을 하는 경우에는 채권자가 그 고지를 받은 날부터 2주를 넘지 아니하는 범위 안에서 상당하다고 인정하는 기간이 경과하여야 그 결정의 효력이 생긴다는 뜻을 선언할 수 있다.
⑦ 제3항의 규정에 의한 결정에 대하여는 즉시항고를 할 수 있다. 이 경우 민사소송법 제447조의 규정을 준용하지 아니한다.[전문개정 2005.1.27]

5. 가처분의 집행

(1) 집행절차의 원칙

가처분의 집행에 관하여는 민사집행법 제292조 이하의 특칙을 우선 적용하고 그 밖의 절차에 관하여는 강제집행에 관한 규정을 준용한다(민집 제291조, 제301조).

다만 임시의 지위를 정하는 가처분에 있어서는 관념적인 법률상태를 형성하는 것만으로 목적을 달성하고 그 이상 집행기관에 의한 집행처분이 필요 없는 경우가 있다. 가령 직무집행정지가처분, 공사금지가처분 등의 경우에는 가처분명령이 있으면 그것으로 족하고 단지 가처분명령을 위반하면 이에 대하여 대체집행이나 간접강제에 따른 집행이 진행된다.

(2) 집행기간

집행기간은 가처분명령을 집행할 수 있는 기간을 말한다.

가처분의 집행기간은 가압류의 집행기간에 관한 규정이 준용된다. 따라서 금전의 지급이나 물건의 인도, 공작물의 철거 등과 같이 즉시 한 번의 집행으로 집행이 완료되는 가처분은 제292조 2항에 따라 재판을 고지한 날로부터 2주일을 넘기면 집행을 할 수 없다.

(3) 가처분의 집행방법

가. 부동산에 대한 가처분집행

1) 처분금지가처분

목적물에 대한 채무자의 소유권이전, 저당권·전세권·임차권 설정, 그 밖에 일체의 처분행위를 금지시키는 가처분이다.

가처분으로 목적물의 처분을 금지해 두면 이후에 채무자로부터 목적물을 양수한 사람은 가처분채권자에게 대항할 수 없게 되므로 피보전권리의 실현이나 집행에 차질이 없게 된다.

피보전권리는 물권적 청구권이든 채권적 청구권이든 상관이 없다.

2) 점유이전금지가처분

채권자가 가처분재판의 정본을 가지고 집행관에게 집행을 위임하는 방법으로 한다. 집행관은 채권자·채무자 또는 그 대리인의 참여하에 목적물이 집행관의 보관하에 있음을 밝히는 공시서를 목적물의 적당한 개소에 붙이고 채무자에게 가처분의 취지를 고지함으로써 집행한다.

점유이전금지가처분을 해 놓으면 그 이후에 점유를 이전 받은 자는 가처분채권자에게 대항할 수 없다.

3) 명도·인도 등 단행가처분

부동산의 명도·인도청구권을 보전하기 위하여 또는 분쟁 있는 부동산의 권리관계에 대하여 임시의 지위를 정하기 위하여 부동산의 점유를 채권자에게 이전할 것을 명하는 만족적 가처분이다.

이 가처분은 부동산의 명도·인도청구권의 강제집행방법에 의한다.

나. 유체동산의 가처분집행

1) 점유이전금지가처분

집행관보관 채무자사용의 기본형 외에 집행관에게 직접 보관하게 하거나 채권자에게 보관케 하는 유형의 가처분이 많이 이용된다.

동산에 대한 가처분은 거의 모두가 점유이전금지가처분이다.

2) 인도단행의 가처분

동산의 경우에도 채권자의 인도청구권 보전을 위하여 또는 채권자에게 임시의 지위를 주기 위하여 인도단행의 가처분을 할 수 있다.

(4) 가처분의 집행정지

가. 요 건

소송물인 권리 또는 법률관계가 이행되는 것과 같은 내용의 가처분, 즉 소위 단행가처분을 명한 재판에 대하여 이의신청이 있는 경우에, 이의신청으로 주장한 사유가 법률상 정당한 이유가 있다고 인정되고 사실에 대한 소명이 있으며, 그 집행에 의하여 회복할 수 없는 손해가 생길 위험이 있다는 사정에 대한 소명이 있는 때에는, 법원은 당사자의 신청에 따라 담보를 제공하게 하거나 담보를 제공하게 하지 아니하고 가처분의 집행을 정지하도록 명할 수 있고, 담보를 제공하게 하고 집행한 처분을 취소하도록 명할 수 있다(민집 제309조 1항).

나. 집행정지의 대상

집행정지는 만족적 가처분 중 부동산철거단행가처분(대결 1995. 3. 6. 95그2), 점포명도단행가처분(대결 1996. 4. 24. 9625), 임금지급가처분 등과 같이 이행소송을 본안으로 하는 '이행적 가처분'에 한하여 허용되고, 경업금지가처분, 이사직무정지가처분 등 '형성적 가처분'에서는 집행정지가 허용되지 않는다.

다. 집행정지의 담보

집행정지시에는 담보제공이 임의적이나 집행취소를 위해서는 담보제공이 필수적이다(민집 제309조 1항).

가처분의 집행으로 인하여 회복할 수 없는 손해가 생길 위험이 있다는 점에 대한 소명과, 이의사유로 주장한 사실에 관한 소명은 가압류취소재판의 정지(민소 제289조 2항)와 마찬가지로 보증금을 공탁하거나 주장이 진실함을 선서하는 방법으로 대신할 수 없다(민집 제309조 2항).

라. 재 판

집행정지나 취소의 재판에 대하여는 재판기록이 원심법원에 있을 때에는 원심법원이 관할하고(민집 제309조 3항), 이의신청에 대한 결정에서 가처분집행정지명령이나 취소명령을 인가·변경 또는 취소하여야 한다(동조 4항). 그리고 가처분명령의 집행정지결정이나 취소결정(제309조 1항), 집행정지명령이나 취소명령을 인가·변경 또는 취소하는 결정(동조 4항) 등에 대하여는 불복을 할 수 없다(동조 6항).

제 2 절 관련사례

> 강제집행을 하기 전에 채무자가 재산을 처분하거나 은닉하는 것을 알려면 어떻게 해야 하는가?

가압류 또는 가처분제도를 이용하면 된다.

【해 설】

1. 집행보전절차의 의의

채무자가 채무변제를 하지 않거나 목적물을 인도하지 않는 경우 채권자로서는 법원에 소를 제기하여 승소판결을 받아 그 판결에 의하여 채무자로부터 변제나 물건의 인도를 받을 수 있다. 그런데 채권자가 이와 같은 소를 제기하여 판결을 받을 때까지는 상당한 기간이 소요되거나 비록 판결을 얻었다고 하더라도 조건부이거나 기한부인 경우에는 조건의 성취나 기한의 도래시까지는 강제집행을 할 수 없다. 그러는 동안에 채무자가 제멋대로 자기재산을 친지 등에 부탁하여 은닉하거나 매매목적물을 타인에게 전매하여 처분하는 일이 많을 것이다. 그러므로 이와 같은 위험을 제거하기 위하여 채권자가 판결을 받을 때까지 채무자가 자기재산을 처분하지 못하도록 하기 위한 것이 가압류와 가처분 제도이다.

2. 집행보전절차의 종류 : 가압류와 가처분

강제집행의 목적이 실현되기 위해서는 채무자의 일반재산이나 채권의 목적물을 현상 그대로 유지시켜 둘 필요가 있는데, 채무자의 일반재산을 유지하기 위한 가압류와 다툼의 대상인 목적물을 현상 그대로 유지하는 가처분 제도를 이용하면 그 목적을 달성할 수 있다.

(1) 가압류

가압류는 금전채권 또는 금전으로 환산할 수 있는 채권을 위한 보전처분으로, 앞으로 집행의 대상이 될 수 있는 재산을 임시로 압류해 두는 조치이다.

예컨대 돈을 빌려 주었는데 변제하지 않을 경우 법원에 승소판결을 받았어도 채무자가 지급하지 않을 때에는 채무자의 재산을 압류하여 금전으로 환가처분하여 변제에 충당하여야 한다. 그러기 위해서는 미리 채무자의 재산을 확보해야 할 필요가 생기게 되는 것이며 판결을 받기 전이나 소송을 제기하기 전에 채무자의 재산에 일정한 제한을 가하여 처분하지 못하게 하는 것이 가압류이다.

(2) 가처분

가처분에는 다툼의 대상(민사집행법 제정 전에는 '계쟁물에 관한 가처분'이라고 하였음)에 대한 가처분과 임시의 지위를 정하기 위한 가처분이 있다.

전자는 권리관계에 관하여 다툼이 있는 경우, 다툼이 해결될 때까지 현재의 권리관계를 유지하면서 지금 당장의 위험을 방지하고자 하는 보전처분이고, 후자는 비금전채권의 집행을 보전하기 위하여 현재의 상태를 유지시키도록 하는 보전처분이다.

> **부양료지급청구권을 보전하기 위하여 가압류를 할 수 있는가?**

가사소송절차에서 확정된 부양료지급청구권은 금전채권이지만 가사소송법에 특칙이 있으므로 가압류의 피보전권리가 될 수 없다.

【해 설】

가압류의 피보전권리란 가압류에 의해 보전되는 권리를 말한다. 민사집행법은 금전채권이나 금전으로 환산할 수 있는 채권을 가압류의 피보전권리로 규정하고 있다(제276조 1항).

금전채권이란 일정액의 금전의 지급을 목적으로 하는 채권을 말한다. 금전채권은 그 채권액의 전부 또는 일부의 보전을 위하여도 가압류를 할 수 있다.

금전으로 환산할 수 있는 채권이란 특정물의 이행 그 밖의 재산상의 청구권이 채무불이행이나 계약해제 등에 의하여 손해배상채권으로 변하거나 강제집행 불능시의 대상청구권과 같이 금전채권으로 변할 수 있는 채권을 말한다.

판례는 부동산소유권이전등기청구권도 가압류를 할 수 있다고 한다(대결 1978. 12. 18. 76마381). 이와 같은 경우에 본래의 청구에 관하여는 가처분신청을 하고, 예비적으로 손해배상청구에 관하여는 가압류신청을 할 수도 있다. 그리고 소의 변경에 준하여 가처분신청을 가압류신청으로 변경할 수도 있다.

피보전권리가 조건이 붙어 있는 것이거나 기한이 차지 아니한 것인 경우에도 가압류를 할 수 있다(민집 제276조 2항). 예를 들어 보증인의 주채무자에 대한 구상권과 같은 장래에 발생할 청구권도 그 기초가 된 법률관계가 존재하면 피보전권리가 될 수 있다.

채무자의 작위나 부작위를 구하는 청구권은 금전채권이 아니므로 그 집행보전을 위하여 가압류신청을 할 수 없다. 또한 금전으로 환산할 수 없는 가족법상의 청구권은 당연히 피보전권리가 될 수 없다. 그리고 가사소송절차에서 확정된 부양료지급청구권이나 상속재산분할청구권 등은 금전채권이지만 가사소송법에 특칙(가소 제63조)이 있으므로 역시 피보전권리가 될 수 없다.

> 이미 시효로 어음채권을 피보전권리로 한 가압류 결정에 의하여 그 원인채권의 소멸시효가 중단되는가?

가압류 결정 이전에 이미 피보전권리인 어음채권의 시효가 완성되어 소멸한 경우에는 그 가압류결정에 의하여 그 원인채권의 소멸시효를 중단시키는 효력을 인정할 수 없다(대판 2007. 9. 20. 2006다6890).

【해 설】

가압류에 의해 보전될 수 있는 채권은 재산상 청구권으로서 금전채권이나 금전으로 환산할 수 있는 채권에 한한다(민법 제276조 1항).

그리고 가압류에 의하여 보전할 청구권은 가압류 신청 당시 성립되어 있을 필요는 없고, 신청에 따른 재판시까지 청구권이 성립하면 된다.

그러나 보전될 청구권은 조건이 붙어 있는 것이거나 기한이 차지 않은 것이라도 상관없다(민집 제276조 2항).

가압류를 신청하면 실체법상 소멸시효 중단의 효과가 생긴다(민법 제168조 2호).

이미 시효로 소멸된 어음채권을 피보전권리로 한 가압류 결정에 의하여 그 원인채권의 소멸시효가 중단되는지가 문제되는데, 판례는 다음과 같이 판단하였다.

즉, "원인채권의 지급을 확보하기 위하여 어음이 수수된 당사자 사이에서 채권자가 어음채권을 피보전권리로 하여 채무자의 재산을 가압류함으로써 그 권리를 행사한 경우에는 그 원인채권의 소멸시효를 중단시키는 효력을 인정하고 있는데, 원래 위 두 채권이 독립된 것임에도 불구하고 이와 같은 효력을 인정하는 이유는, 이러한 어음은 이러한 어음은 경제적으로 동일한 급부를 위하여 원인채권의 지급수단으로 수수된 것으로서 그 어음채권의 행사는 원인채권을 실현하기 위한 것이고 어음수수 당사자 사이에서 원인채권의 시효소멸은 어음금 청구에 대하여 어음채무자가 대항할 수 있는 인적항변 사유에 해당하므로, 채권자가 어음채권의 소멸시효를 중단하여 두어도 원인채권의 시효소멸로 인한 인적항변에 따라 그 권리를 실현할 수 없게 되는 불합리한 결과가 발생하게 되기 때문이다. 그러나 이미 소멸시효가 완성된 후에는 그 채권이 소멸하고 시효 중단을 인정할 여지가 없으므로, 이미 시효로 소멸한 어음채권을 피보전권리로 하여 가압류 결정을 받는다고 하더라도 이를 어음채권 내지는 원인채권을 실현하기 위한 적법한 권리행사로 볼 수 없을 뿐 아니라, 더 이상 원인채권에 관한 시효중단 여부가 어음채권의 권리실현에 영향을 주지 못하여 어떠한 불합리한 결과가 발생하지 아니한다는 점을 함께 참작하여 보면, 가압류 결정 이전에 이미 피보전권리인 어음채권의 시효가 완성되어 소멸한 경우에는 그 가압류 결정에 의하여 그 원인채권의 소멸시효를 중단시키는 효력을 인정할 수 없다."고 하였다(대판 2007. 9. 20. 2006다68902).

가압류명령을 받은 채권자는 어떤 방법으로 불복할 수 있는가?

가압류결정에 대한 이의신청을 하거나 가압류결정의 취소를 청구할 수 있다.

【해 설】

병은 친척 갑이 을 회사의 대리점을 개설하였는데 연대보증을 서주었으나 최근 을 회사로부터 저의 주택을 가압류한다는 결정서를 받았다. 친척 갑은 현재 을 회사와 금전적인 분쟁을 하고 있으며 을사에 대해 앞으로 지급할 것이 없다고 한다. 채권관계가 아직 확실히 밝혀지지도 않았는데도 주택의 처분 등을 사실상 제한하는 가압류를 상대방 마음대로 할 수 있는 것인지, 그리고 가압류는 언제 해제시킬 수 있는지가 논점이다.

가압류란 금전채권 또는 금전으로 환산할 수 있는 채권을 가진자가 확정판결을 받기 전에 훗날 강제집행을 용이하게 하기 위하여 미리 채무자의 재산을 동결시켜 놓는 절차이다.

이러한 가압류의 성격상 가압류절차는 은밀하고 긴급하게 이루어져야 하기 때문에 법원은 채권자의 가압류신청에 대해 채무자의 소환 없이 채권자가 제출한 소명자료에 의한 최소한의 심리를 거쳐 가압류결정을 하게 된다.

그런데 위와 같은 가압류결정이 충분한 심리를 거쳐 이루어지지 않은 관계로 부당한 가압류로 인한 채무자의 피해가 발생할 수도 있기 때문에 이에 대한 구제방법으로 가압류결정에 대한 이의신청과 가압류결정의 취소를 구하는 취소절차를 두고 있다. 가압류명령에 대한 이의신청은 가압류명령을 한 법원에 하여야 한다.

따라서 갑이 을 회사에 지급할 채무가 없다면 가압류에 대한 이의신청을 하여 다투거나 을 회사가 본안소송을 제기하기를 기다려 본안소송에서 다투면 될 것이다.

만약, 을 회사가 본안소송제기를 지체하고 있다면 병은 법원에 본안의 제소명령을 신청할 수 있고, 법원은 변론 없이 상당한 기간 내에 소를 제기할 것을 을 회사에 명(命)하게 되고 이때 을 회사가 그 기간 내에 제소를 하지 않으면 병은 본안 제소기간이 지났음을 이유로 가압류취소신청을 하여 가압류를 말소할 수 있다. 한편, 귀하가 위 주택을 당장 처분하시길 원한다면 가압류결정문에 기재된 해방공탁금을 공탁하고 가압류집행의 취소를 구하는 방법도 있다.

본안이 상고심에 계속 중일 때에는 어떤 법원에 가압류를 신청하여야 하는가?

제1심 법원에 신청하여야 한다(대결 2002. 4. 24. 2002즈합4).

【해 설】

<보전소송의 관할법원>

1. 가압류의 경우

가압류는 가압류할 물건이 있는 곳을 관할하는 지방법원이나 본안의 관할법원이 관할한다(민사집행법 제278조).

(1) 물건이 있는 곳을 관할하는 지방법원

목적물의 소재지에 따른 관할법원은 다음과 같다.

ⅰ) 가압류할 물건이 동산이나 부동산인 경우에는 그 소재지 법원

ⅱ) 채권인 경우에는 제3채무자의 보통재판적이 있는 법원

ⅲ) 물건의 인도를 목적으로 하는 채권의 경우에는 그 물건 소재지 법원

ⅳ) 증권으로 화체된 채권은 그 증권 소재지 법원

ⅴ) 권리이전에 등기·등록이 필요한 그 밖의 재산권의 경우(예 : 특허권·실용신안권·상표권 등) 등기·등록을 하는 곳의 소재지 법원

소재지인 여부를 판단하는 기준시점은 가압류신청시이다. 따라서 적법한 신청 후 소재지가 변경되어도 관할권에는 영향이 없다.

(2) 본안의 관할법원

본안이란 보전처분에 의하여 피보전권리의 존부를 확정하는 재판절차를 말한다.

반드시 판결절차이어야 할 필요는 없고 독촉절차, 제소전 화해절차, 조정절차도 모두 본안에 포함된다.

이미 어떤 법원에 본안이 계속 중인 경우에는 그 법원이 본안의 계속법원으로서 보전

처분의 관할법원이 된다.

본안이 제1심법원에 계속중이면 그 제1심법원에 신청하여야 하고, 본안이 항소심에 계속중이면 항소심에 보전처분을 신청하여야 한다(민사집행법 제311조). 본안사건에 대하여 당해 법원에서 판결이 선고된 후 항소 또는 항고로 인하여 기록이 송부되기 전이면 기록이 있는 당해 법원이 본안법원이 된다(대판 1962. 12. 12. 4293민상824).

그러나 상고로 인하여 기록이 상고심에 송부되고 본안이 상고심에 계속 중일 때에는 상고심은 사실심리를 하기에 적당하지 않고 집행법원으로서도 부적법하기 때문에 제1심법원이 보전처분사건의 관할법원이 된다(대결 2002. 4. 24. 2002즈합4).

2. 가처분의 경우

가처분의 재판은 본안의 관할법원 또는 다툼의 대상이 있는 곳을 관할하는 지방법원이 관할이다(민사집행법 제303조).

여기서 다툼의 대상이란 민사집행법 제300조 제1항의 다툼의 대상에 관한 가처분에서의 다툼의 대상(계쟁물)보다 넓은 의미로서, 동조 제2항의 다툼이 있는 권리관계에 관하여 가처분하여야 할 유체물·무체물 모두를 포함한다.

예컨대 건물의 명도를 구하는 가처분의 경우에는 그 건물이 있는 곳이 다툼의 대상이 있는 곳이다.

> **가압류해방금액으로 유가증권을 공탁할 수 있는가?**

반드시 금전을 공탁하여야 하고 유가증권의 공탁은 인정되지 않는다(대결 1996. 10. 1. 96다162).

【해 설】

〈가압류해방금액〉

1. 의 의

가압류명령에는 가압류의 집행을 정지시키거나 집행한 가압류를 취소시키기 위하여 채무자가 공탁할 금액을 적어야 한다. 이를 가압류해방금액 또는 해당공탁금이라 한다. 가압류는 금전채권의 집행보전을 위한 조치이므로 집행목적 재산 대신 상당한 금전을 공탁하면 굳이 가압류집행을 할 필요가 없을 것이다. 따라서 채권자의 채권을 보전하면서 한편 불필요한 집행을 피하도록 하며 채무자도 보호하기 위하여 마련된 제도가 해방금공탁제도이다.

가압류해방금액은 채무자가 입을 수 있는 손해를 담보하는 취지의 이른바 소송상의 담보와는 달리 가압류의 목적물에 갈음하는 것으로서, 금전에 의한 공탁만이 허용되고 유가증권에 의한 공탁은 그 유가증권이 실질적 통용가치가 있는 것이라고 하더라도 허용되지 않는다(대결 1996. 10. 1. 96마162).

2. 공탁의 효과 : 집행의 취소

해방금액은 공탁한 때에는 법원은 결정으로 집행한 가압류를 취소하여야 한다(민집 제299조 1항). 가압류명령이 아니라 가압류집행은 취소하여야 한다. 집행취소결정은 즉시 집행력이 발생하고(동조 4항), 이 결정에 대하여는 즉시항고를 할 수 있다(동조 3항).

3. 해방공탁금에 대한 채권자의 권리

해방금이 공탁되면 가압류채권자는 채무자가 국가에 대하여 가지고 있는 공탁금회수청구권에 가압류를 한 것으로 보는 것이 통설, 판례이다.

즉, 판례는 '가압류 집행의 목적물에 갈음하여 가압류해방금이 공탁된 경우에 그 가압류의 효력은 공탁금 자체가 아니라 공탁자인 채무자의 공탁금회수청구권에 대하여 미치는 것이다.'라고 하였다(대결 1996. 11. 11. 95마252).

따라서 가압류채권자가 본안소송에서 승소판결을 받아서 강제집행을 할 때에는 공탁금회수청구권에 대한 집행, 즉 채권집해의 방식에 따라 하여야 한다.

> **가압류명령이 내려졌음에도 불구하고 채권자가 본안소송을 제기하지 않는 경우 채무자는 어떤 방법으로 가압류명령에서 벗어날 수 있는가?**

본안의 제소명령을 신청하면 된다.

【해 설】

<본안의 제소명령>

1. 의 의

가압류명령은 본안소송을 확정하기 전에 잠정적으로 하는 보전처분이고 본안소송과 연계되어 있는 부수적인 처분에 불과하다. 그런데 가압류명령이 내려지면 채무자로서는 처분을 제한받는 일종의 구속상태에 빠지게 되므로, 될 수 있으면 빨리 본안의 종국판결을 받을 필요가 있다. 하지만 본안소송이 계속되어 있지 아니하면 채무자가 가압류명령의 구속상태로부터 빠져 나올 방법이 없다. 이와 같은 경우에 이용할 수 있는 채무자의 구제수단이 제소명령제이다.

제소명령이란 채무자가 채권자에 대하여 제소를 독촉하여 만약에 채권자가 이에 불응하면 가압류명령의 취소를 신청할 수 있게 하는 제도를 말한다.

2. 제소명령의 신청

가압류법원 소속의 사법보좌관은 채무자의 신청에 따라 변론 없이 채권자에게 상당한 기간 내에 소를 제기하여 이를 증명하는 서류를 제출하거나 이미 소를 제기하였으면 소송계속사실을 증명하는 서류를 제출하도록 명하여야 한다(민집 제287조 1항). 이러한 명령을 제소명령이라고 한다.

가압류명령이 내려져 유효하게 존속함에도 채권자가 본안소송을 제기하지 않는 이상 채무자는 가압류명령 법원에 본안의 제소명령을 신청할 수 있다.

신청은 신청취지와 이유를 적은 서면으로 하여야 한다(민사집행규칙 제203조 1항 4호).

3. 재 판

채권자가 사법보좌관이 정해준 기간 안에 제소를 증명하는 서류나 소송계속을 증명하는 서류를 제출하지 아니한 때에는 법원은 채무자의 신청에 따라 결정으로 가압류를 취소하여야 한다(민집 제287조 3항).

취소결정에 대하여는 즉시항고를 할 수 있다.

> **전세금반환채권 양도 후 전세권에 대한 가압류결정이 발해진 경우 전세권등기는 어떻게 말소하는가?**

승낙의 의사표시를 구하는 소송을 제기하여 승소한 후 그 재판의 등본을 첨부하여 말소등기를 신청할 수 있다.

【해 설】

갑은 그의 소유인 건물에 대하여 을과 전세금 5,000만원인 전세권설정계약을 체결하고 전세권설정등기를 해주었다. 그런데 을이 경영하던 사업이 도산되어 위 전세계약의 해지를 요청하여 합의해지를 해주었고, 을이 위 전세금전액을 을에게 고용되었던 병 등의 근로자들에게 양도함에 대하여 승낙서를 작성하여 사서인증을 받도록 해주었다. 그러나 그 후 을의 일반채권자 정이 위 전세권에 대한 가압류결정을 받아 가압류부기등기까지 마쳤다. 갑은 위 전세금을 병 등의 근로자들에게 지급하고 위 건물을 을로부터 명도 받았고, 을은 위 전세권설정등기의 말소에 협조적이나, 정이 위 전세권설정등기말소에 승낙을 해주지 않고 있다. 이 경우 갑이 위 전세권설정등기를 말소하려면 어떻게 하여야 하는가가 문제이다.

먼저 전세금반환채권을 전세권과 분리하여 양도할 수 있는지에 관하여 판례를 살펴보면, "전세권이 담보물권적 성격도 가지는 이상 부종성(附從性)과 수반성(隨伴性)이 있는 것이므로 전세권을 그 담보하는 전세금반환채권과 분리하여 양도하는 것은 허용되지 않는다고 할 것이나, 한편 담보물권이 '수반성'이란 피담보채권의 처분이 있으면 언제나 담보물권도 함께 처분된다는 것이 아니라, 채권담보라고 하는 담보물권도 함께 처분된다는 것이 아니라, 채권담보라고 하는 담보물권제도의 존재목적에 비추어 볼 때 특별한 사정이 없는 한 담보물권제도의 존재목적에 비추어 볼 때 특별한 사정이 없는 한 피담보채권의 처분에는 담보물권의 처분도 포함된다고 보는 것이 합리적이라는 것일 뿐이므로, 전세권이 존속기간의 만료로 소멸한 경우이거나 전세계약의 합의해지 또는 당사자간의 특약에 의하여 전세금반환채권의 처분에도 불구하고, 전세권의 처분이 따르지 않는 경우 등의 특별한 사정이 있는 때에는 채권양수인 담보물권이 없는 무담보의 채권을 양수한 것이 되고, 채권의 처분에 따르지 않은 담보물권은 소멸한다."라고 하였다(대법원 1997. 11. 25. 선고 97다29790 판결).

그리고 당사자간의 약정에 의하여 전세권의 처분이 따르지 않는 전세금반환채권만의 분리양도가 이루어진 경우, 그 전세권에 관하여 경료된 가압류부기등기의 효력에 관하여 판례를 보면, "전세권설정계약의 당사자 사이에 그 계약이 합의해지된 경우 전세권설정등기는 전세금반환채권을 담보하는 효력은 있다고 할 것이나, 그 후 당사자 간의 약정에 의하여 전세권의 처분이 따르지 않는 전세금반환채권만의 분리양도가 이루어진 경우에는 양수인은 유효하게 전세금반환채권을 양수하였다고 할 것이고, 그로 인하여 전세금반환채권을 담보하는 물권으로서의 전세권마저 소멸된 이상 그 전세권에 관하여 가압류부기등기가 경료되었다고 하더라도 아무런 효력이 없다."라고 하였다(대법원 1999. 2. 5. 선고 97다33997 판결).

그러므로 위 사안에서 갑과 을이 합의에 의하여 위 건물의 전세권설정계약을 해지한 후 을이 병 등에게 위 전세자금반환채권을 양도한 후 행해진 정의 위 전세권에 대한 가압류부기등기는 아무런 효력이 없다고 할 것이다.

그런데 부동산등기법 제171조에 의하면 "등기의 말소를 신청하는 경우에 그 말소에 대하여 등기상 이해관계 있는 제3자가 있는 때에는 신청서에 그 승낙서 또는 이에 대항할 수 있는 재판의 등본을 첨부하여야 한다."라고 규정하고 있으며, 판례는 "전세권자가 전세권설정자에 대하여 그 전세권설정등기의 말소의무를 부담하고 있는 경우라면, 그 전세권을 가압류하여 부기등기를 경료한 가압류권자는 등기상 이해관계 있는 제3자로서 등기권리자인 전세권설정자의 말소등기절차에 필요한 승낙을 할 실체법상의 의무가 있다."라고 하였다(대법원 1999. 2. 5. 선고 97다33997 판결).

따라서 위 사안에서 갑은 정을 상대로 위 전세권설정등기의 말소등기에 대하여 등기상 이해관계 있는 제3자로서 승낙의 의사표시를 구하는 청구소송을 제기하여 승소 후 그 재판의 등본을 첨부하여 전세권말소등기신청을 할 수 있을 것으로 보인다.

채권가압류결정이 확정된 후 다시 채권가압경정결정이 내려진 경우 그 경정결정의 효력은 언제 발생하는가?

변경된 결정문이 제3채무자에게 다시 송달된 때 발생한다.

【해 설】

민사집행법 제227조 제2항, 제3항에 의하면 압류명령은 제3채무자와 채무자에게 송달하여야 하고, 제3채무자에게 송달되면 압류의 효력이 생긴다고 규정하고 있으며, 민사집행법 제291조 본문에 의하면 가압류의 집행에 대하여는 강제집행에 관한 규정을 준용한다고 규정하고 있다.

그런데 채권가압류결정의 경정결정이 확정된 경우, 그 경정된 내용의 채권가압류결정의 경정결정이 확정되는 경우 당초의 채권가압류결정은 그 경정결정과 일체가 되어 처음부터 경정된 내용의 채권가압류결정이 있었던 것과 같은 효력이 있으므로, 원칙적으로 당초의 채권가압류결정정본이 제3채무자에 송달된 때에 소급하여 경정된 내용의 채권가압류결정의 경정결정이 제3채무자의 입장에서 볼 때 객관적으로 당초 결정의 동일성에 실질적 변경을 가하는 것이라고 인정되는 경우, 그 경정된 내용의 채권가압류결정의 효력 발생시기에 관하여 판례는 "채권가압류결정은 제3채무자를 심문하지 아니한 채 이루어지고, 제3채무자에게 송달함으로써 그 효력이 발생하는바, 직접의 당사자가 아닌 제3채무자는 피보전권리 존재와 내용을 모르고 있다가 채권가압류결정 정본의 송달을 받고 비로소 이를 알게 되는 것이 일반적이기 때문에 당초의 채권가압류결정에 위산, 오기 기타 이에 유사한 오류가 있는 것이 객관적으로는 명백하다 하더라도 제3채무자의 입장에서는 당초의 가압류결정 그 자체만으로 거기에 위산, 오기 기타 이에 유사한 오류가 있다는 것을 알 수 없는 경우가 있을 수 있는데, 그와 같은 경우에까지 일률적으로 채권가압류결정의 경정결정이 확정되면 당초의 채권가압류결정이 송달되었을 때에 소급하여 경정된 내용의 채권가압류결정이 있었던 것과 같은 효력이 있다고 하게 되면 순전히 타의에 의하여 다른 사람들 사이의 분쟁에 편입된 제3채무자 보호의 견지에서 타당하다고 할 수 없으므로, 제3채무자의 입장에서 볼 때에 객관적으로 경정결정이 당초의 채권가압류결정의 동일성에 실질적으로 변경을 가하는 것이라고 인정되는 경우에는 경정결정이 제3채무자에게 송달된 때에 비로소 경정된 내용의 채권가압류결정의 효력이 발생한다고 보아야 한다."라고 하면서 "당초의 채권가압류결정 중 채무자의 상호 '만성기계산업 주식회사'를 경정결정에 의하여 '민성산업기계 주식회사'로 경정한 경우, 당초의 채권가압류결정에 기재된 채무자의 상호 아래 채무자의 주소와 대표이사의 성명이 정확하게 기재되었다 하더라도 제3채무자의 거래상황 등에 비추어 제3채무자의 입장에서 볼 때에 객관적으로 위와 같은 채무자 상호의 경정은 당초의 채권가압류결정의 동일성에 실질적으로 변경을 가하는 것이라고 인정된다는 이유로, '민성산업기계 주식회사'를 채무자로 하는 채권가압류결정의 효력은 경정결정이 제3채무자에게 송달된 때 발생한다."라고 하였다(대법원 1999. 12. 10. 선고 99다42346 판결, 2001. 7. 10. 선고 2000다72589 판결).

따라서 위 사안에서 갑의 경정된 채권가압류결정의 효력은 경정된 결정문이 병에게 다시 송달된 때에 발생한다고 보아야 할 것이고, 그 이전에 효력발생된 정의 채권압류 및 전부명령이 있으므로 갑의 채권가압류는 부존재 한 채권을 가압류한 것이어서 무효가 된 것으로 보인다.

> 가압류채무자가 가압류에 반하는 처분행위를 한 경우, 가압류채권자가 그 처분행위의 효력을 긍정할 수 있는가?

가압류의 처분제한의 효력은 가압류채권자의 이익보호를 위하여 인정되는 것이므로 가압류채권자는 그 처분행위의 효력을 인정할 수도 있다(대판 2007. 1. 11. 2005다47175).

【해 설】

가압류의 집행은 가압류의 목적물에 대하여 채무자가 매매, 증여, 질권 등의 담보권설정, 그 밖에 일체의 처분을 금지하는 효력을 생기게 한다. 그런데 채무자가 처분금지를 어기고 일정한 처분행위를 하였을 경우 그 처분행위가 무조건 무효가 되는 것은 아니다. 왜냐하면 가압류의 목적이 장차 목적물을 현금화하여 그로부터 채권의 만족을 얻자는데 있는 것이므로, 그러한 목적달성에 필요한 범위를 넘어서기까지 채무자의 처분행위를 금지한다면 그것은 채무자의 이익 내지 거래의 안전을 지나치게 해치는 결과가 되기 때문이다. 따라서 위와 같은 경우 처분행위의 당사자, 즉 채무자와 제3취득자(소유권 또는 담보권 등을 취득한 자) 사이의 거래는 유효하고, 단지 그것을 가압류채권자 또는 가압류에 기한 집행절차에 참가하는 다른 채권자에 대하여 주장할 수 없음에 그치는 것이다.

판례도 기존채무에 대하여 채권가압류가 마쳐진 후 채무자와 제3채무자 약정이 체결된 경우에 대하여 '준소비대차 약정은 가압류 된 채권을 소멸하게 하는 것으로서 채권가압류의 효력에 반하므로, 가압류의 처분제한의 효력에 따라 채무자와 제3채무자는 준소비대차의 성립을 가압류채권자에게 주장할 수 없고, 다만 채무자와 제3채무자 사이에서는 준소비대차가 유효하다.'고 하였다. 또 '가압류채무자가 가압류에 반하는 처분행위를 한 경우 그 처분의 유효를 가압류채권자에게 주장할 수 없지만, 이러한 가압류의 처분제한의 효력은 가압류채권자의 이익보호를 위하여 인정되는 것이므로 가압류채권자는 그 처분행위의 효력을 긍정할 수도 있다.'고 하였다(대판 2007. 1. 11. 2005다47175).

소비대차에 의하지 아니하고도 당사자 일방이 금전 기타 대체물을 지급할 의무를 지는 수가 있다. 예컨대 매매계약에 따라 매수인이 매도인에게 대금지급채무를 지는 경우가 이에 해당된다. 이때 매수인이 금전을 지급하는 것은 소비대차에서 차주가 금전을 반환하는 것과 다를 것이 없으므로, 당사자가 이를 소비대차의 목적으로 할 것을 약정한 때에는 그에 따른 효력을 인정하더라도 문제될 것이 없다. 민법 제605조는 이를 준소비대차라 하여 소비대차와 같은 효력을 인정한다.

> 준소비대차가 기존채권에 대한 자신의 가압류에 반하여 무효임을 전제로 기존채권에 대한 추심을 마친 가압류채권자가 이제 다시 준소비대차가 유효함을 전제로 신채권에 대한 추심을 주장할 수 있는가?

금반언 내지 신의칙에 반하여 원칙적으로 허용될 수 없다(대판 2007. 1. 11. 2005다47175).

【해 설】

준소비대차란 소비대차에 의하지 않고 당사자 일방이 금전 기타 대체물의 지급의무를 지는 경우, 당사자가 이를 소비대차의 목적으로 약정한 때에는 소비대차와 같은 효력을 인정하는 것을 말한다(민법 제605조). 예컨대 매매계약에 따라 매수인이 매도인에게 대금지급의무를 지는 경우, 매도인과 매수인이 이를 소비대차의 목적으로 약정하는 것이 여기에 해당된다.

준소비대차는 위 매매의 예에서 매수인으로 하여금 새로 약정한 반환시기까지 금전을 소비·이용할 수 있도록 하고, 또 대금을 원본으로 하여 일정률의 이자를 받고자 할 때, 그리고 그 반환채무의 이행을 확보하기 위해 새로운 담보를 설정하고자 할 때에 이용될 수 있다.

준소비대차는 기존채무를 소멸하게 하고 신채무를 성립시키는 계약인 점에 있어서는 경개와 동일하지만 경개에 있어서는 기존채무와 신채무 사이에 동일성이 없는 반면, 준소비대차에 있어서는 원칙적으로 동일성이 인정되는바, 이때 신채무와 기존채무의 소멸은 서로 조건을 이루어 기존채무가 부존재하거나 무효인 경우에는 신채무는 성립하지 않고 신채무가 무효이거나 취소된 때에는 기존채무는 소멸하지 않았던 것이 되고, 기존채무와 신채무의 동일성이란 기존채무에 동반한 담보권, 항변권 등이 당사자의 의사나 그 계약의 성질에 반하지 않는 한 신채무에도 그대로 존속한다는 의미이다(대판 2007. 1. 11. 2005다47175).

준소비대차가 기존채권에 대한 자신의 가압류에 반하여 무효임을 전제로 기존채권에 대한 추심을 마친 가압류채권자가 이제 다시 준소비대차가 유효함을 전제로 신채권에 대한 추심을 주장할 수 있는가에 관하여 판례는 '준소비대차에 관한 법리에 비추어 신채권의 성립은 기존채권의 소멸을 전제로 하는 것으로서, 두 채권이 법적 평가에서 완전히 동일한 채권이라고 할 수는 없다고 하더라도 적어도 같은 당사자와의 관계에서 두 채권이 동시에 양립할 수는 없는바 가압류채권자가 이미 위 준소비대차가 기존채권에 대한 자신의 가압류의 효력에 반하는 것으로 '가압류채권자에 대한 관계에서는 무효'임을 전제로 하여 신채권이 공제되지 않은 기존채권 전액에 대한 추심을 마친 경우, 가압류채권자가 이번에는 위 준소비대차가 채무자와 제3채무자 사이에서는 유효하므로 '가압류채권자에 대한 관계에서도 유효'함을 전제로 하여 신채권에 대한 추심을 주장하는 것은 금반언 내지 신의칙에 반하여 원칙적으로 허용될 수 없다.'고 하였다(대판 2007. 1. 11. 2005다47175).

> 채권자가 본안소송에서 승소하고 집행권원을 얻었음에도 상당한 기간이 지나도록 그 집행을 하지 않는 경우, 가압류채무자는 어떤 조치를 취할 수 있는가?

가압류취소신청을 할 수 있다(대판 1990. 11. 23. 90다카25246).

【해 설】

<사정변경에 따른 가압류취소>

1. 의 의

가압류명령이 발해진 후 가압류의 이유가 소멸되거나 그 밖에 사정이 바뀌어 가압류명령을 유지하는 것이 부당하게 된 때에는 채무자는 가압류명령의 취소를 신청할 수 있다. 민사집행법 제288조 1항은 채무자는 ① 가압류이유가 소멸되거나 그 밖에 사정이 바뀐 때, ② 법원이 정한 담보를 제공한 때, ③ 가압류가 집행된 뒤에 3년간 본안의 소를 제기하지 아니한 때에는 가압류가 인가된 뒤에도 그 취소를 신청할 수 있다고 규정하고 있다.

2. 사정변경사유

(1) 피보전권리에 관한 사정변경사유

가압류명령이 내려진 뒤 피보전권리의 전부 또는 일부가 소멸되었거나 변경이 되었으면 사정변경이 있다고 본다. 판례는 피보전권리가 변제로 소멸된 사실은 사정변경에 의한 가압류취소사유가 된다고 한다(대판 1994. 8. 12. 93므1259).

피보전권리의 부존재가 분명하게 된 경우(예 : 채무자가 제기한 채무부존재 확인의 소에서 원고승소판결을 받은 경우)도 또한 사정변경에 해당된다.

(2) 보전의 필요성에 관한 사정변경사유

가압류이유가 소멸되거나 그 밖에 사정이 바뀐 때에는 가압류취소신청을 할 수 있다. 가압류명령이 내려진 후 피보전권리에 관하여 충분한 담보물권이 설정된 경우, 가압류집행기간이 넘은 경우에는 사정이 변경되었다고 본다.

판례는 채권자가 본안소송에서 승소하고 집행권원을 얻어 즉시 본집행을 할 수 있는 요건을 갖추었음에도 불구하고 상당한 기간이 지나도록 그 집행을 하지 않고 있는 경우에는 보전의 필요성이 소멸되어 사정변경이 있다고 본다(대판 1990. 11. 23. 90다카25246).

(3) 담보제공에 따른 사정변경사유

채무자가 법원이 정한 담보를 제공한 때에는 이 경우도 사정변경의 한 예로 보아서 가압류의 취소를 신청할 수 있다(민집 제288조 1항 2호).

이 담보는 가압류해방금액과 달라서 직접 피보전권리의 담보가 된다.

(4) 가압류집행 후 3년간 본안의 소를 제기하지 아니한 때

채무자는 가압류가 집행된 후 3년간 본안의 소가 제기되지 아니한 때에는 가압류의 취소를 신청할 수 있다(민집 제288조 1항 3호). 이 때의 신청은 이해관계인도 할 수 있다(동조 후문).

3년이 경과하면 취소의 요건이 완성되며, 그 후에 본안의 소를 제기하여도 가압류·가처분의 취소를 배제하는 효력이 생기지 아니한다(대판 1999. 10. 26. 99다37887).

> 법원으로부터 가압류결정을 받은 채권자는 얼마 동안의 기간 내에 집행을 하여야 하는가?

가압류에 대한 재판의 집행은 채권자에게 고지한 날부터 2주를 넘긴 때에는 하지 못한다(민집 제292조 2항).

【해 설】

1. 가압류의 집행기간

집행기간은 보전명령을 집행할 수 있는 기간을 말한다. 이 집행기간에 대하여 민사집행법 제292조 2항은 '가압류에 대한 재판의 집행은 채권자에게 고지한 날부터 2주를 넘긴 때에는 하지 못한다'고 규정하고 있다. 가압류 명령은 그 명령시를 기준으로 그 상태에 대하여 가압류의 당부, 보증액수 등을 정하는 것이고, 그 긴급성으로 인하여 집행문 부여 없이 집행할 수 있도록 한 것이므로, 발령 후 시일이 지나게 되면 전제된 상황이 변하게 되므로 집행기간을 2주일로 정한 것이다.

이 기간 안에 집행에 착수하기만 하면 집행이 완료되지 않더라도 무방하다.

2. 집행기간의 기산점

집행기간은 집행이 가능한 때로부터 진행한다. 즉시 집행이 가능한 가압류의 경우는 채권자에게 고지한 다음날부터 기산한다.

3. 집행기간 경과의 효과

집행기간을 넘기더라도 가압류명령 자체가 당연히 실효되지는 않고 단지 집행력만이 소멸한다. 따라서 채무자는 이의신청이나 사정변경으로 인한 취소신청에 따라 가압류명령의 취소를 구할 수 있다.

집행기간의 경과에도 불구하고 집행을 행사하면 위법한 집행으로 되어 채무자가 집행이의를 청구하면 그 집행을 할 수 없게 된다. 또 즉시항고도 할 수 있다.

집행기간은 공익적 성질이 있으므로 채무자가 이 기간의 이익을 포기할 수 없고, 법원도 이 기간을 늘이거나 줄일 수 없다.

> 채무자의 토지나 건물을 임대하여 그 차임 등에 의하여 대여금채권을 변제를 받을 수 있는가?

채무자의 토지나 건물의 수익인 차임 등으로 채권자의 금전채권을 만족시키는 방법이 있는데, 이를 강제관리라 한다(민사집행법 제292조).

【해 설】

1. 가압류를 위한 강제관리

강제관리는 부동산, 즉, 토지 또는 건물의 수익인 차임 등으로 채권의 금전채권을 만족시키려는 집행방법이다(민사집행법 제78조 제2항). 가압류를 위해서도 부동사에 대한 강제관리를 할 수 있다.

가압류를 위한 강제관리의 경우에는 가압류의 성질상 채권자에게 만족을 주게 할 수 없으므로 강제집행을 위한 강제관리에 있어서와 같이 관리인이 추심한 수익에서 조세, 공과를 제외한 나머지를 채권자에게 배당하는 것(민사집행법 제169조)이 아니라 관리인이 청구채권에 해당하는 금액을 지급받아 피보전채권액에 달할 때까지 공탁하여야 한다(민집 제294조).

예를 들면, 가압류의 목적물이 빌딩이나 큰 아파트 같은 경우에는 이를 경매하여 돈으로 바꾸는 것은 매우 어려운 일이지만 채무자가 임대료 등을 임차인으로부터 추심하고 있는 때에는 일정기간이 지나면 그 수익으로 채권자에게 만족을 줄 수도 있다.

강제관리의 신청은 이미 가압류한 부동산에 대하여 할 수도 있다. 이 경우에는 그 주문에 다시 "가압류한다"는 문구를 넣을 필요가 없다.

강제관리의 집행법원은 가압류법원이 아니라 일반원칙에 따라 부동산이 있는 곳의 지방법원이다(민집 제79조 1항).

2. 강제관리의 방법

부동산수익권의 가압류의 경우에는 강제관리와 마찬가지의 방법을 사용하여 집행하나 본집행의 경우와는 달리 보전할 채권에 상당하는 금액을 추심하여 공탁하여야 한다(민집 제294조).

관리인은 지급받은 수익 중 그 부동산이 부담하는 조세·공과를 납부한 나머지를 공탁하여야 한다(민사집행법 제294조). 공탁서는 법원에 제출하며 법원은 이를 민사보관물관리에관한 예규에 규정된 보관명령에 따라 보관한다. 공탁한 총액이 피보전채권액에 이르면 법원은 결정으로 강제관리의 취소를 명하고 가압류등기의 말소를 촉탁한다(민사집행법 제171조). 이 공탁회수금청구권에 가압류의 효력이 미치는 것으로 된다.

3. 강제관리의 신청방법

가압류진행으로서 강제관리는 먼저 부동산가압류명령을 신청하여 발령법원으로부터 통상의 소유권가압류의 경우와 같은 가압류명령을 받아. 다시 집행법원(목적부동산 소재지 지방법원)에 대하여 가압류집행으로서의 강제관리신청을 한다. 그 신청방법은 본집행으로서의 강제관리의 경우에 준한다. 그러나 가압류신청과 동시에 강제관리신청을 할 수도 있다.

> 채권가압류결정이 집행된 후 채권자가 가압류신청을 취하하면 언제 가압류집행의 효력이 상실되는가?

가압류신청취하가 제3채무자에게 송달되었을 때 장래에 향하여 소멸된다(대판 2008. 1. 17. 2007다73826).

【해 설】

가압류집행에 의하여 채무자는 목적재산에 대한 처분권을 상실한다.

가압류명령이 이의신청이나 취소신청에 의하여 취소되면 채무자는 민사집행법 제49조 1호 및 제50조에 따라서 집행의 취소를 청구할 수 있다. 채권자가 가압류신청을 취하한 경우 가압류결정의 효력이 언제 소멸되느냐에 관하여 판례는 '채권가압류에 있어서 채권자가 가압류신청을 취하하면 가압류결정은 그로써 효력이 소멸되지만, 채권가압류결정정본이 제3채무자에게 이미 송달되어 가압류결정이 집행되었다면 그 취하통지서가 제3채무자에게 송달되었을 때 비로소 가압류집행의 효력이 장래를 향하여 소멸되는 것인바(대법원 2001. 10. 12. 선고 2000다19373 판결 참조), 이러한 법리는 그 취하통지서가 제3채무자에게 송달되기 전에 제3채무자가 집행법원 법원사무관 등의 통지에 의하지 아니한 다른 방법으로 가압류신청 취하사실을 알게 된 경우에도 마찬가지라고 할 것이다. 채권가압류는 가압류명령이 제3채무자에게 송달되어야 그 효력이 생기고(민사집행법 제291조, 제227조 제3항), 가압류명령의 신청이 취하된 때에는 법원사무관 등은 가압류명령을 송달받은 제3채무자에게 그 사실을 통지하여야 하는데(민사집행규칙 제213조 제2항, 제160조 제1항), 만약 제3채무자의 주관적 인식이나 가압류당사자들의 특수한 사정에 따라 채권가압류집행의 효력 소멸 여부를 달리 판단한다면 이해관계 있는 제3자의 이익을 보호하고 법적 안정성을 도모할 수 없기 때문이다.

이와 같은 취지에서 원심이, 원고의 이 사건 전부명령은 선행 가압류신청의 취하통지서가 제3채무자에게 송달되어 그 가압류집행의 효력이 소멸되기 전에 압류가 경합된 상태에서 발령된 경우에 해당하여 무효이고, 한번 무효로 된 전부명령은 그 후 채권가압류의 집행해제로 압류의 경합 상태에서 벗어났다고 하여 되살아나지 않는다고 판단한 것은 정당하다'라고 하였다(대판 2008. 1. 17. 2007다73826).

> 채권자가 채무자의 재산을 부당하게 가압류한 경우 채무자는 어떤 방법으로 대응할 수 있는가?

가압류결정에 대하여 이의신청을 하거나(민집 제283조 1항), 가압류명령취소절차를 이용할 수 있다.

【해 설】

병은 친척 '갑'의 대리점 개설과 관련하여 '을'전자회사에 대하여 연대보증계약을 체결한 사실이 있다. 그러던 어느날 병 소유의 아파트를 팔려고 하는데 난데없이 '을'전자회사에서 병의 아파트를 가압류한다는 결정서를 받게 되었다. 병은 놀라서 친척 '갑'에 문의하니 친척 '갑'은 현재 '을'전자회사와 금전적인 분쟁을 겪고 있으나 자신은 '을' 전자회사에 대하여 지급할 것이 없다고 주장한다.

이렇듯 채권관계가 아직 확실히 밝혀지지도 않았는데 남의 부동산의 처분 등을 사실상 제한하는 가압류를 상대로 마음대로 할 수 있는 것인지 그리고 가압류는 언제 해제시킬 수 있는지가 문제된다.

가압류란 금전채권 또는 금전으로 환산할 수 있는 채권을 가진 자가 그 채권에 대하여 동산 또는 부동산에 대한 강제집행을 보전하기 위하여 미리 채무자의 재산을 동결시켜 놓는 절차이다.

가압류에 의하여 보전할 채권은 가압류신청 당시 성립되어 있을 필요는 없고 신청에 따른 재판시까지 채권이 성립하면 된다. 신청 당시 그 발생의 기초가 존재하는 한 조건부채권이나 장래에 발생할 채권도 가압류의 피보전권리가 될 수 있다.

가압류 시일경과에 따른 피해방지가 주목적이므로 그 재판절차나 집행절차에 있어서 신속성이 요구된다. 따라서 법원은 채권자의 가압류신청에 대해 채무자의 소환없이 채권자가 제출한 소명자료에 의한 최소한의 심리를 거쳐 가압류결정을 하게 된다.

그런데 위와 같은 가압류 결정이 충분한 심리를 거쳐 이루어지지 않는 관계로 부당한 가압류로 인한 채무자의 피해가 발생할 수도 있으므로 이에 대한 구제방법으로 가압류결정에 대한 이의신청과 가압류결정의 취소를 구하는 취소절차를 마련해 두고 있다.

이의신청(민집 제283조 1항)은 가압류결정에 대하여 채무자가 그 당부를 다투는 불복방법이고, 채무자와 그의 일반승계인이 이의신청을 할 수 있다. 또 가압류가 인가된 뒤에도 일정한 사유가 있으면 가압류명령을 취소할 수 있는 절차가 마련되어 있는데, 제소명령제도(민집 제287조)와 사정변경에 따른 취소제도(민집 제288조)가 그것이다.

위 사례에서 '갑'이 '을'전자회사에 지급할 채무가 없다면 가압류에 대한 이의신청을 하여 다투거나 '을'전자회사가 본안소송을 제기하기를 기다려 본안소송에서 다투면 된다.

만약 '을'전자회사가 본안소송 제기를 지체하고 있다면 병은 법원에 본안의 제소명령을 신청할 수 있고 법원은 변론없이 상당한 기간내에 소를 제기할 것을 '을'전자회사에게 명하게 되고 '을'전자회사가 그 기간내에 제소를 하지 않는 경우 본안제소기간 도과를 이유로 가압류 취소신청을 하면 된다.

만일 병이 자기 소유의 아파트를 당장 처분하길 원한다면 가압류결정문에 기재된 해방공탁금을 공탁하고 가압류 집행의 취소를 구하는 방법도 있다.

가압류명령에는 가압류의 집행을 정지시키거나 집행한 가압류를 취소시키기 위하여 채무자가 공탁할 금액을 적어야 하는데, 이를 가압류해방공탁금이라 한다(민집 제282조).

해방공탁금은 반드시 금전을 공탁하여야 하며, 유가증권의 공탁은 인정되지 않는다(대결 1996. 10. 1. 96마162).

채무자가 담보부동산을 처분하고자 할 때에는 어떤 조치를 취할 수 있는가?

부동산처분금지가처분을 받아 두면 된다.

【해 설】

가처분에는 다툼의 대상에 관한 가처분과 임시의 지위를 정하는 가처분의 두 종류가 있다.

ⅰ) 다툼의 대상에 관한 가처분(민집 제300조 1항).

이것은 채권자가 금전 이외의 물건이나 권리를 대상으로 하는 청구권을 가지고 있을 때에 그 청구권을 장래에 실현시키기 위하여 강제집행시까지 다툼의 대상(계쟁물)이 처분·멸실 등의 변동이 생기는 것을 방지하고자 그 다툼의 대상의 현상을 고정시키는 집행보전제도이다.

예컨대 유체물의 인도청구소송을 제기하여 승소판결을 받아서 집행을 하고자 할 때 이미 채무자가 유체물의 점유를 이전해 버렸다고 하면, 채권자로서는 집행불능에 빠질 위험이 있다. 이러한 경우를 대비하여 현재 채무자가 점유하고 있는 상태를 유지해 둘 필요에서 다툼의 대상, 즉 유체물에 관하여 점유이전금지가처분명령을 받아두는 경우가 있다. 청구권을 보전하기 위하여 현재상태를 유지하는데 목적이 있다는 점에서 가압류와 공통점이 있으나, 금전채권 이외의 급여청구권을 위한 보전처분이라는 점과 그 대상이 채무자의 일반재산이 아닌 특정의 물건이나 권리라는 점에서 다르다

다툼의 대상의 현상변경을 금지하는 방법은 여러 가지이므로 가처분의 형식도 일정하지 않다. 일반적으로 처분행위, 점유이전행위 등을 금지하는 부작위명령의 형식으로 발하여지는데, 이를 처분금지가처분, 점유이전금지가처분이라 한다.

다툼의 대상에 관한 가처분은 다음과 같은 경우에 이용된다.

(ㄱ) 채무자가 양도담보나 대물변제의 목적물을 다시 제3자에게 처분하려고 했을때이다. 이 때에는 채무자를 상대로 하여 목적물에 가처분 절차에 취해 두어야 안전하게 채권자의 권리를 보전할 수 있다.

(ㄴ) 저당권설정자가 저당물건을 훼손하려고 할 때에는 저당권자는 저당물건의 멸실훼손행위의 배제나 예방을 구하고자 가처분 절차를 취할 수 있다.

(ㄷ) 채무자가 그 소유부동산을 제3자에게 양도하거나 제3자를 위하여 매매예약에 의한 소유권이전가등기를 하거나 저당권설정등기를 하거나 하는 경우는 채권자는 가처분 절차를 취할 수 있다.

ii) 임시의 지위를 정하는 가처분(민집 제304조)

이것은 당사자간에 현재 다툼이 있는 권리관계 또는 법률관계가 존재하고 그에 대한 확정판결이 있기까지 현상의 진행을 방치하면 권리자가 현저한 손해를 입거나 급박한 위험에 처하는 등 장래에 확정판결을 얻더라도 그 실효성을 잃게 될 염려가 있는 경우에 권리자에게 임시의 지위를 주어 같은 손해나 위험을 방지하도록 하는 보전처분이다.

예컨대 근로자가 해고무효확인소송을 제기하면서 본안 판결에 따라 권리관계가 확정될 때까지 생계를 위하여, 임시로 임금지급가처분명령을 받아두는 경우가 있다. 임시의 지위를 정하는 가처분은 청구권보전을 위한 가압류나 다툼의 대상에 관한 가처분과 달라서 보전하고자 하는 권리 또는 법률관계의 종류는 묻지 않는다. 즉, 현재의 위험을 피할 목적에서 한다는 점, 금전의 지급을 목적으로 하는 청구권도 피보전권리로 삼을 수 있다는 점에서, 장래에 집행할 금전채권 이외의 급여청구권을 보전할 목적으로 하는 다툼의 대상에 관한 가처분과 구별된다.

> 부동산에 관하여 아무런 권리가 없는 사람의 신청에 의하여 처분금지가처분결정에 내려진 후 그 부동산을 매수한 사람은 권리관계는 어떻게 되는가?

가처분권리자에 대하여도 유효하게 소유권을 취득한다(대판 1999. 10. 8. 98다

38760).

【해 설】

<다툼의 대상에 관한 가처분의 피보전권리>

1. 특정물에 관한 이행청구권일 것

다툼의 대상에 관한 가처분도 가압류의 경우처럼 집행보전을 목적으로 하므로, 강제집행을 할 수 있는 채권으로서 그 피보전권리는 금전 이외의 물건이나 권리의 급여를 목적으로 하는 청구권이다. 청구권의 원인은 묻지 않는다. 채권의 청구권이든 물권적 청구권이든 신분법상의 청구권이든 상관없이 피보전권리가 될 수 있다. 여기서 '다툼의 대상'이란 당사자 사이에 다투어지고 있는 물건 또는 권리를 가리킨다(통설). 동산이나 부동산 등의 유체물뿐만 아니라 채권이나 특허권, 저작권 등의 지적 재산권 등도 포함된다. 급여의 내용은 물건의 인도, 권리의 이전, 목적물에 관한 작위 또는 부작위, 의사의 진술을 요구할 수 있는 권리 등도 다툼의 대상이 될 수 있다. 예를 들면, 동산이나 부동산의 이동, 공작물의 철거, 물건에 대한 권리의 이전이나 설정 또는 이에 관한 등기·등록의 작위의무를 급여의 내용으로 할 수 있다.

뿐만 아니라 토지에 건물을 짓지 않는다거나 물건의 점유를 이전하지 않는다거나 하는 등의 부작위, 토지출입을 허용하는 것과 같은 단순한 수인 등도 급여의 내용이 될 수 있다. 그러나 물건을 목적으로 하지 않는 단순한 수인 등도 급여의 내용이 될 수 있다. 그러나 물건을 목적으로 하지 않는 단순한 작위청구권(예컨대, 출연이나 저술)이나 부작위청구권(예컨대 상법상의 경업금지, 상법 제41조, 제89조 등)의 경우에는 현재의 물적 상태를 유지함으로써 보전될 수 없는 것이므로 다툼의 대상에 관한 가처분을 신청할 수 없다. 이 경우는 임시의 지위를 정하는 가처분을 신청할 수 있다.

2. 청구권이 성립되어 있을 것

다툼의 대상에 대하여 가처분명령을 발하려면 그 청구권이 이미 성립하였거나 적어도 그 내용, 주체를 특정할 수 있을 정도로 요건이 갖추어져야 한다.

따라서 계쟁부동산에 관하여 실체상 아무런 권리가 없는 사람의 신청에 의하여 처분금지가처분결정에 내려졌다면, 그에 기한 가처분등기가 마쳐졌다 하더라도 그 가처분권리자는 가처분의 효력을 채무자나 제3자에게 주장할 수 없는 것이므로, 그 가처분등기 후에 부동산소유권이전등기를 마친 사람은 가처분권리자에 대하여도 유효하게 소유권을 취득하였음을 주장할 수 있다(대판 1999. 10. 8. 98다38760).

3. 민사소송절차에 의하여 보호받을 수 있는 권리로서 강제집행이 가능할 것

보전처분은 민사소송절차에 의하여 보호받을 수 있는 권리에 한하여 허용된다.

다툼의 대상에 관한 가처분은 실체적 청구권의 장래의 집행을 위한 것이므로 그 피보전권리는 후에 강제집행이 가능한 것이어야 한다.

4. 다툼의 대상의 현상에 관한 것일 것

다툼의 대상에 관한 가처분은 다툼의 대상의 현상이 변경되는 불안을 이유로 재판하지 못하므로(민법 제208조), 점유권을 피보전권리로 하는 때에는 본권이 존재하지 않더라도 피보전권리는 존재한다고 할 것이다.

판례도 목적물의 점유자인 가처분신청인이 그 소유권을 갖지 아니하여 결국 불법점유자가 된다 하더라도 그 목적물을 인도할 때까지는 점유권을 가지므로 가처분으로 그 방해의 예방이나 그 밖의 조치를 청구할 수 있다고 하였다(대결 1966. 12. 9. 66마516).

가처분은 어떤 경우에 취소할 수 있는가?

가처분으로 인하여 채무자가 큰 손해를 입게 되거나 채권자의 권리가 금전적 보상으로 만족을 얻을 수 있는 등의 특별한 사정이 있는 때에는 담보를 제공하게 하고 가처분을 취소할 수 있다(민집 제307조 1항).

【해 설】

<가처분의 취소>

1. 일반적인 취소사유

가처분명령에 대하여도 가압류명령의 경우처럼, 제소명령에 있어서 기간을 넘긴 경우의 취소신청(민집 제287조 3항), 사정변경 등에 따른 취소신청(민집 제288조) 등으로 취소할 수 있다.

2. 특별사정에 의한 가처분취소

가처분은 금전채권의 집행을 목적으로 하는 것이 아니므로 채무자가 담보만 제공한다고 해서 곧 이를 취소하기에 적당하지 않다. 그러나 가처분으로 인하여 채무자가 큰 손해를 입게 된다든가 또는 채권자의 피보전권리가 금전적 보상으로도 만족을 얻을 수 있다는 등의 특수한 사정이 있을 때에는 채무자의 피해를 덜어주기 위해 담보를 제공하게 하고 가처분을 취소하는 것이 채권자·채무자 양당사자에게 공평하다. 이에 따라 민사집행법 제307조는 특별한 사정이 있는 때에는 담보를 제공하게 하고 가처분을 취소할 수 있다고 규정한다. 이것의 의미는 이의신청, 제소명령에서 기간을 넘긴 경우의 취소신청, 사정변경에 따른 취소신청 등으로 가처분의 취소를 신청하고자 할 때에는 특별한 사정이 있어야 하고, 그 뿐만 아니라 담보를 제공하여야 취소가 가능하다는 뜻이다.

가압류의 경우에는 담보만 제공하면 취소할 수 있고, 특별한 사정까지 요하지 않는 점과 구별된다.

특별사정에 의한 취소제도는 다툼의 대상에 관한 가처분과 임시의 지위를 정하기 위한 가처분 모두에 적용된다.

제6편 강제집행과 경매

제1장 총론 ··· 1175
제2장 금전채권에 기초한 강제집행 총설 ······························ 1253
제3장 금전채권에 기초한 부동산에 대한 강제집행 ············ 1399
제4장 동산에 대한 강제집행 ·· 1531

제1장 총 론

제 1 절 강제집행 총설

I. 채무불이행에 대한 구제로서의 강제집행

1. 강제이행의 의의

채무자가 임의로 채무를 하지 않은 때, 채권자가 국가권력(소구와 강제집행)의 조력을 빌어 강제적으로 채권내용을 실현하는 것을 강제이행(현실적 이행의 강제)이라고 한다.

현행법이 인정한 강제이행의 방법은 직접강제·대체집행·간접강제의 3종이다. 구체적 사안에서 이 3종의 강제이행의 방법 중 어느 것을 어떻게 적용할 것인가는 채권자의 보호와 채무자의 인격존중과의 조화를 염두에 두면서 정하지 않으면 안된다고 할 수 있다.

2. 강제이행의 방법

(1) 직접강제

동산이나 부동산의 목적으로 하는 채무에 대한 불이행이 있을 때 국가권력으로써 채무자의 점유를 이전하는 것과 같이, 국가권력에 의하여 채무자의 의사에 관계없이 직접 채권의 내용을 실현하는 것이 직접강제이다.

민법 제389조 1항은 '채무자가 임의로 채무를 이행하지 아니할 때에는 채권자는 그 강제집행을 법원에 청구할 수 있다. 그러나 채무의 성질이 강제이행을 하지 못할 것인 때에는 그러하지 아니하다'고 규정하고 있다. 여기에서 말하는 강제이행은 바로 직접강제를 가리키는 것이고, 대체집행이나 간접강제는 포함되지 않는다.

만약 민법 제389조 제1항에서 말하는 강제이행에 대체집행이 포함된다고 하면, 제2항이 대체집행을 법원에 청구할 수 있다고 한 규정은 대체집행을 허용하지 아니하는 경우에 이상한 논리가 되어 그 의미를 알 수 없게 되어 버리고, 간접강제를 포함한다고 하면, 원래 채무자의 심리를 압박하기 위한 최후의 수단이 되어야 할 간접강제가 원칙적으로 허용되는 것이 되어 버리므로 근대법의 경향에 크게 어긋나기 때문이다.

직접강제는「채권의 성질이 그것을 허용하지 아니하는 경우」를 제외하고는 허용된다.

(2) 대체집행

건물을 철거하여야 할 의무를 채무자가 이행하지 않은 때, 채무자의 비용으로 채권자 또는 제3자가 채무자를 갈음하여 채권내용을 실현시키는 강제이행의 방법이 대체집행이다.

대체집행은 직접강제가 허용되지 아니하는 채무 중에서도 제3자가 대신하더라도 채권의 목적을 달성할 수 있는 것에 대하여(그리고 이 종류에 한하여) 허용된다(민법 제389조 2항).

(3) 간접강제

간접강제라 함은 법원이 채무자에 대하여 일정기간 내에 채무를 이행하지 아니할 때에는 손해배상 등의 불이익을 과할 것을 명하여 채무자에게 심리적인 압박을 가함으로써 이행을 간접적으로 강제하여 채권의 실현을 꾀하려고 하는 제도이다.

간접강제에 관해서는 민법에는 아무런 규정도 없다. 민사집행법 제261조는 「채무의 성질이 강제이행을 할 수 있는 경우에 제1심 수소법원은 채권자의 신청에 의하여 결정으로 상당한 기간을 정하고 채무자가 그 기간 내에 이행을 하지 아니한 때에는 그 지연기간을 응하여 일정한 배상을 할 것을 명하거나 또는 즉시 손해의 배상을 할 것을 명할 수 있다」고 간접강제를 규정하고 있다.

(4) 부작위채무의 강제이행

부작위를 목적으로 하는 채무에 관하여는 '채무자의 비용으로써 그 위반한 것을 제각하고 장래에 대한 적당한 처분을 법원에 청구할 수 있다'(민법 제389조 3항). 부작위채무는 일정한 행위를 하지 않는 의무(예컨대, 공작물을 만들지 않을 의무)이든 또는 일정한 행위를 인용하는 의무(예컨대, 일정한 토지에 들어가는 것을 방해하지 않을 의무)이든 그 어느 것임을 묻지 않으며, 모두 이 강제이행이 허용된다. 다만 불이행의 결과로서 유형적인 상태가 생겼어야 한다(예컨대, 공작물을 축조하거나 또는 담을 쌓아서 들어갈 수 없는 경우). 이것은 결국 부작위채무의 불이행으로 생긴 결과의 대체적 제거의무에 대한 강제이행의 방법에 지나지 않는다. 대체집행의 일종이다. 다만, 장래를 위한 적당한 처분을 청구할 수 있다는 것이 부가되어 있을 뿐이다. 장래에 대한 적당한 처분으로서는 장래의 손해에 대한 담보를 제공케 하는 것이 보통이다.

3. 강제이행과 손해배상의 청구

강제이행을 하고 나서도 여전히 이행이 지연됨으로써 손해가 발생한 경우에는 채권자는 손해배상을 청구할 수 있다. 물론 채권자는 강제이행의 수단을 동원하지 않고 손해배상을 청구할 수도 있다(민법 제389조 4항).

Ⅱ. 민사집행의 의의

1. 민사집행법

(1) 연혁

1960. 4. 4. 제정된 민사소송법 7편에서 강제집행을 규정하고 있었는데, 1990. 1. 13자 개정으로 담보권실행 등을 위한 경매를 규정하던 경매법을 폐지하고 강제집행편 내에 "제5장 담보권실행 등을 위한 경매"에 관한 규정이 편입·시행되어 오다가 민사집행법(2002. 1. 26. 법률 제6627호)이라는 단행법률로 분리·제정되어 2002. 7. 1.부터 시행되었다.

이후 민사집행법 2005. 1. 27. 개정되어 ① 채무자의 주소를 알 수 없는 경우에도 재산조회를 신청할 수 있는 방법이 마련되었고, ② 최저 생계비에 대한 압류를 금지하여 저임금근로자들의 생계가 보장되도록 하였다. 이에 따라 민사집행법 시행령도 개정되었는데, 새로운 압류금지의 기준으로 저소득 급여생활자에 대하여는 최저생계비, 고소득 급여생활자에 대하여는 표준적 가구생계비를 추가하고 있다.

(2) 민사집행법의 특징

가. 재산명시 및 채무불이행자명부제도 강화

집행의 실효성 확보를 위해 재산명시제도를 대폭 정비하였다. 재산명시 절차는 일정한 집행권원에 의한 금전채무를 이행하지 않는 경우에 법원이 그 채무자로 하여금 강제집행의 대상이 되는 재산관계를 명시한 재산목록을 제출케 하고 그 재산목록의 진실함을 선서하게 하는 법적 절차이다(민집 제61조). 이와 함께 채무불이행자명부제도도 그 절차를 정비하여, 금융기관에도 채무불이행의 사실을 통보하여 실제거래계에서 채무불이행자를 소위 블랙리스트에 기재하여 실질적인 불이익을 주도록 하였다.

나. 재산조회제도 신설

민사집행법 재산명시절차가 끝난 후 일정한 사유가 있는 경우에 채권자의 신청에 따라 개인의 재산과 신용에 관한 전산망을 관리하는 공공기관·단체 등에 채무자 명의의 재산에 관하여 조회할 수 있는 제도인 재산조회제도를 신설하였다.

재산명시제도가 형사처벌을 규정하였음에도 채무자의 비협조로 은닉재산을 찾아내는 데 미흡했던 점을 고려하여, 채무자의 협조 없이도 채무자의 재산을 찾을 수 있도록 함으로써 재산명시제도의 실효성을 확보하기 위하여 재산조회제도를 새로 도입한 것이다.

다. 입찰 및 경매절차를 활성화하기 위한 제도 도입

배당요구종기제도(민집 제84조)를 도입하여 부동산경매제도의 안전성을 확보하고, 또

1기일 2회 입찰제(민집 제115조 4항) 등을 새로 도입하였다.

2. 민사집행의 의의

민사집행법 제1조는 민사집행을 ① 강제집행, ② 담보권실행을 위한 경매, ③ 민법·상법 그 밖의 법률에 의한 경매로 구분하고 있는바, 이를 '협의의 민사집행'이라고 한다. 이 협의의 민사집행에 보전처분(가압류·가처분)을 합하여 광의의 민사집행이라고 한다.

협의의 민사집행은 강제집행(집행권원이 필요함)과 임의경매(집행권원이 필요치 않음) 구분되고, 임의경매는 다시 담보권실행을 위한 이른바 '실질적 경매'와 민법·상법 기타의 법률에 의한 이른바 '형식적 경매'로 분류된다.

임의경매와 이른바 형식적 경매에 대하여는 특별한 규정이 없으면 강제집행절차가 준용되므로(민집 제268조, 제269조, 제270조 등), 강제집행절차가 민사집행절차에서 가장 기본이 되는 절차이다.

3. 강제집행의 의의

강제집행이란 채권자의 신청에 의하여 국가의 집행기관이 채권자를 위하여 사법(私法)상의 이행청구권을 국가권력에 의하여 강제적으로 실현하는 법적 절차이다. 따라서 국가의 강제력을 사용하지 않고 재판에 기하여 그 내용에 적합한 상태를 실현할 수 있는 경우(예 : 등기절차를 명하는 확정판결에 기한 등기부 기재, 친자관계부존재확인의 확정판결에 기한 가족관계등록부의 정정) 등은 여기에서 말하는 본래의 의미의 강제집행에는 해당되지 않는다.

강제집행의 개념을 좀 더 상세하게 설명하면 다음과 같다.

(1) 사법상의 이행청구권의 실현

강제집행은 국가권력에 의해서 사법상의 이행청구권을 강제적으로 실현하는 절차이다.

사법상의 청구권에는 채권적·물권적 청구권, 신분적·인격권 기타의 권리침해에 기한 회복·예방 등을 구하는 청구권도 포함되며, 그 내용은 작위·부작위를 가리지 않는다.

사법상의 이행청구권의 실현을 목적으로 하기 때문에 공법상의 이행청구권은 여기에 포함되지 않지만, 편의상 공법상의 이행청구권도 민사집행제도를 이용하는 경우가 있다. 예컨대 벌금·과료 등 재산형이나 과태료의 집행에 민사집행법이 적용 또는 준용되나 이는 편의상 강제집행제도를 이용하는데 불과하여 "형식적 강제집행"이라고 한다.

(2) 집행권원에 표시된 이행청구권의 실현

강제집행은 원칙적으로 집행권원에 표시되어 있는 이행청구권의 실현을 목적으로 하는 절차를 말한다. 집행권원이란 일정한 사법상의 이행청구권의 존재와 범위를 표시함과 동시에, 그 청구권에 집행력을 인정한 공정의 문서이다.

강제집행은 이행판결에 한하여 인정되고, 확인판결이나 형성판결은 그 확정에 의하여 기판력이나 형성력이 발생하여 그 판결을 구하는 목적이 달성되므로 강제집행이 필요하지 않다. 다만, 이행판결 중에서 성질상 강제집행에 적합하지 아니한 것(부부의 동거를 명하는 것 등)은 강제집행을 할 수가 없다.

강제집행은 집행권원을 요하는 점에서 임의경매와 다르다.

(3) 채권자의 신청으로 국가권력을 사용하여 이행청구권을 실현하는 절차

강제집행은 채권자의 신청에 의하여 채무자의 의사에 구애받지 않고 강제력을 행사하여 의무내용을 실현하거나 특정의 방법을 사용하여 채무자에게 심리적 압박을 가함으로써 채무자가 부득이 협력하게 하여 의무내용을 실현하게 하는 것이다.

즉, 민사집행은 채권자의 신청에 의하여 개시되고, 국가는 민사집행을 할 때에 강제력을 동원할 수 있다.

4. 강제집행의 종류

(1) 집행대상에 의한 분류

가. 물적 집행과 인적 집행

집행의 대상이 사람이냐 아니면 물건이냐에 따른 분류이다.

물적 집행은 채무자의 재산만을 대상으로 하고, 인적 집행은 재산뿐만 아니라 그 신채나 노동력도 대상으로 한다. 근대법은 일반적으로 사법상의 채무에 대한 인적 집행을 인정하지 않으나, 민사집행법은 예외적으로 재산명시명령에 위반한 경우 20일 이내의 감치에 처하도록 하였다(제68조 1항).

나. 개별집행과 일반집행

개별집행은 채권자의 만족을 위하여 채무자의 개개의 재산에 대하여 개별적으로 실시되는 것으로서 민사집행법이 채용하고 있으며, 일반집행은 채무자의 전재산에 대하여 포괄적으로 실시하는 집행이다. 파산절차는 그 특성상 일반집행을 원칙으로 하고 있다.

다. 동산집행과 부동산집행

재산의 종류에 따른 구별로서, 민사집행법상의 동산은 민법의 그것과 달리 유체동산뿐만 아니라 채권 기타 재산권도 포함한다. 또는 선박·자동차·항공기·건설기계 중 등기나 등록의 대상이 되는 것은 민법상 동산이지만, 민사집행법에서는 부동산에 준하여 취

급한다.

(2) 집행방법에 의한 분류

가. 본래적(원물) 집행과 대상적 집행

의무를 어떠한 형태로 실현시킬 것인가에 따른 구분이다.

본래적 집행(원물집행)은 의무를 본래의 내용대로, 즉 채권자에게 귀속할 급부내용을 그대로 실현하는 집행방법이다. 대상적 집행(금전집행)은 청구권의 종류에 관계없이 반드시 금전부의 형식으로 전환하여 실현하는 집행방법이다.

민사집행절차는 본래적 집행을 원칙으로 하고, 파산절차는 대상적 집행을 원칙으로 한다.

나. 직접강제·간접강제·대체집행

1) 직접강제

의무를 어떠한 형태로 실현시킬 것인가에 따른 구분이다.

직접강제는 집행권원의 내용을 집행기관이 직접적으로 또 채무자의 협력없이 실현하는 집행방법으로서, 금전채권 기타 물적 급부를 목적으로 하는 집행(주는 채무)에 적합한 집행방법이다. 민사집행의 원칙적인 방법이다(민법 제389조).

2) 간접강제

간접강제는 배상금의 지급, 벌금 또는 채무자를 구금하는 등의 방법으로써 채무자에게 심리적 압박을 가함으로써 채무자가 스스로 이행하도록 하는 방법이다. 간접강제는 비대체적 작위채무·부작위채무의 집행에 적합한 방법이다.

3) 대체집행

대체집행은 채무자로부터 비용을 추심하여 이로써 채권자 또는 제3자로 하여금 채무자를 대신하여 의무내용을 실현케 하는 집행방법이다.

이 방법은 대체적 작위채무(예 : 건물철거)나 집행기관이 직접 집행하기에 부적당한 경우에 적합한 방법이다.

(3) 집행의 효력에 의한 분류

가. 본집행과 가집행

본집행은 채권자에게 종국적인 만족을 주는 집행이고, 가집행은 채권자에게 잠정적인 만족을 주는데 불과한 집행으로서 상급심에서 가집행선고 또는 본안판결이 취소·변경되면 그 한도에서 실효된다.

그러나 가집행도 집행절차상으로는 본집행과 다를 바 없다.

또 상소심판결에 의하면 가집행선고의 효력이 소멸되더라도 이미 완료된 집행절차나 이에 기한 매수인의 소유권 취득의 효력에는 아무 영향도 미치지 않는다(대판 1993. 4. 23. 93다3165).

나. 만족집행과 보전집행

만족집행은 채권자에게 종국적 만족을 주는 집행이고, 보전집행은 장래에 할 만족집행을 위하여 현상을 보전하는 것을 목적으로 하는 집행이다.

현행법상 보전집행에는 금전채권의 집행보전을 목적으로 하는 가압류집행과 금전채권 이외의 청구권의 집행보전을 위하여 하는 가처분 집행이 있다.

보전집행에는 장래의 집행을 보전하기 위한 것과 현재의 위험방지를 위한 것이 있는데, 전자로는 가압류와 다툼의 대상에 관한 가처분이 있고, 후자로는 임시의 지위를 정하는 가처분이 있다.

보전집행을 하려면 특별한 집행권원으로서 가압류명령 또는 가처분명령이 있어야 하는데, 가압류 또는 가처분의 당부를 심사하여 명령을 내리는 절차를 보전소송절차라고 한다.

(4) 강제집행으로 실현될 권리에 의한 분류

가. 금전채권집행

실현될 권리가 금전채권인 경우의 집행은 금전채권에 기초한 강제집행(금전채권의 집행 또는 금전집행)이라 한다.

금전집행은 금전채권의 만족에 충당되는 집행대상재산의 종류에 따라 부동산에 대한 집행, 선박 등(자동차, 건설기계, 항공기)에 대한 집행, 동산에 대한 집행으로 구분되며, 동산집행은 다시 유체동산에 대한 금전집행(유체동산집행)과 채권 기타 재산권에 대한 금전집행(채권집행)으로 세분된다.

금전채권집행은 채무자의 책임재산에 속하는 개별재산에 대하여 먼저 채무자의 처분권을 제한하는 압류를 하고, 이들 압류된 재산에 대하여 경매 등의 매각절차를 거친 다음, 매각하여서 얻은 금전을 채권자에게 교부 또는 배당하는 절차로 진행된다.

나. 비금전채권집행

실현될 권리가 비금전채권인 경우의 집행을 금전채권 외의 채권에 기초한 강제집행

(비금전채권의 집행 또는 비금전집행)이라 한다.

비금전집행은 물건의 인도를 구하는 청구권의 집행과 작위(대체적, 비대체적 작위), 부작위, 의사표시를 구하는 청구권의 집행으로 나뉜다.

민사집행법은 강제집행을 금전집행과 비금전집행으로 명백히 구별하여 규정하고 있고, 이 구별을 무시하고 일방의 규정을 타방에 적용하는 것은 허용되지 않는다.

제1장 총 론 **1183**

[금전채권에 기초한 강제집행 도해]

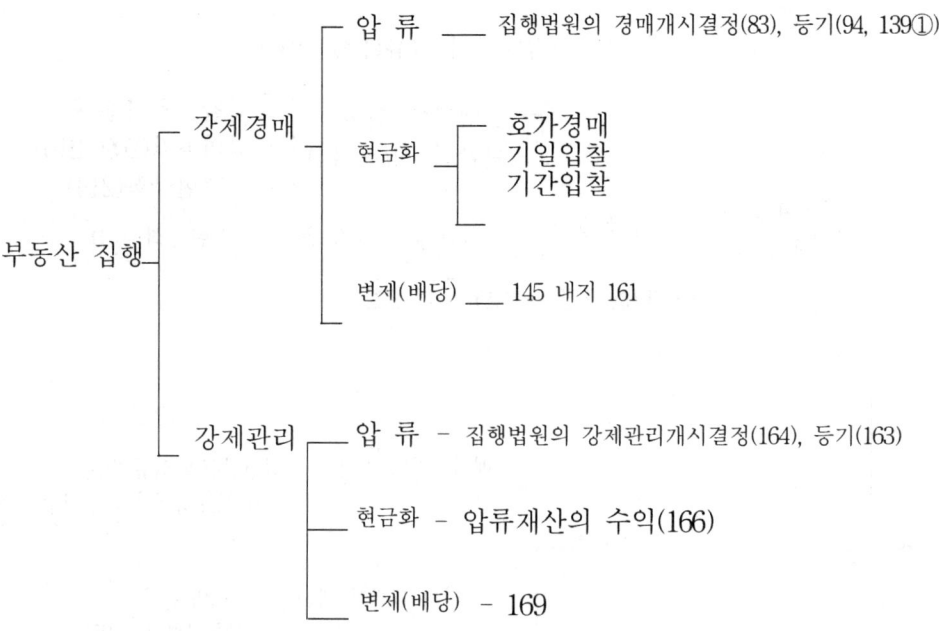

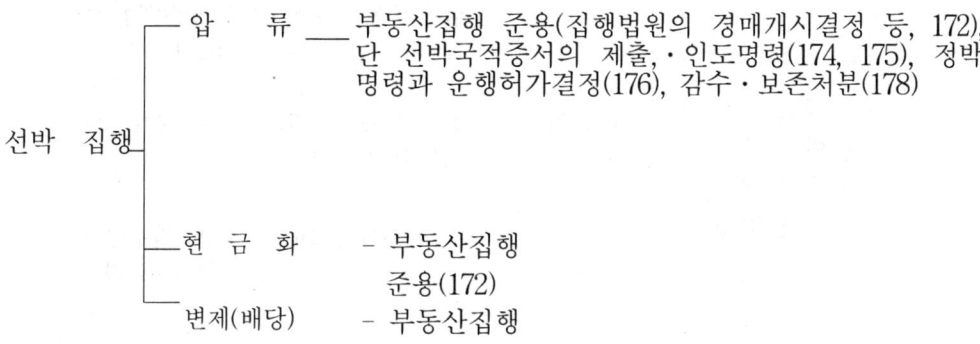

항공기 집행 - 선박집행의 예에 따라 실시(187, 규 106)

자동차, 건설 - 부동산집행의 예에 따라 실시(187, 규 108, 130), 단 인도명령(규 113) 기계집행

1184 제6편 강제집행과 경매

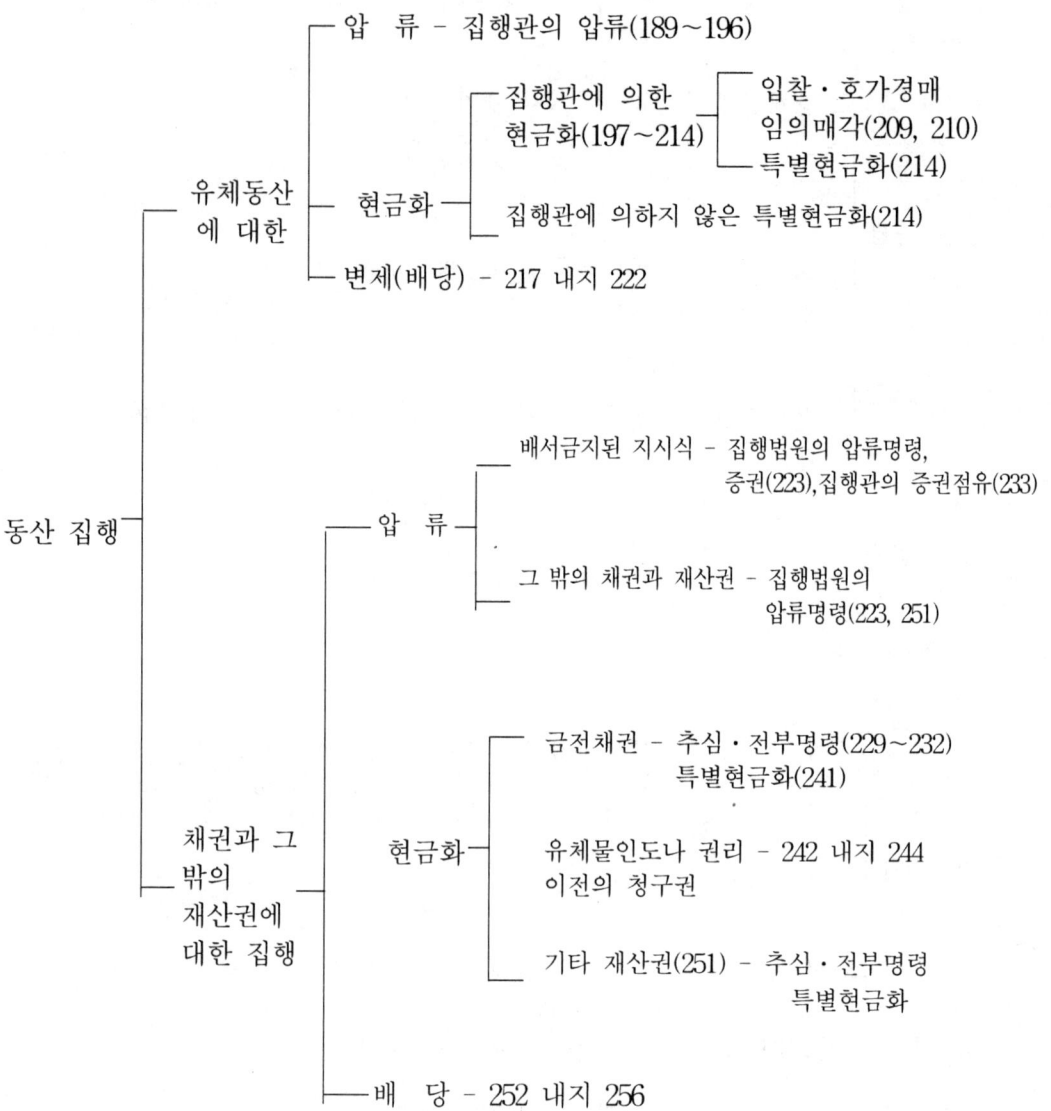

Ⅲ. 민사집행의 주체

1. 집행기관

(1) 의 의

집행기관은 강제집행의 실시를 직무로 하는 국가기관을 말한다. 강제집행절차는 신속을 요하므로, 공정·신중하게 권리관계를 판정하는 재판기관이 담당하는 것이 부적당하기 때문에, 민사집행법은 집행기관을 별도로 규정하고 있다. 등기관이나 가족관계등록공무원이 판결에 따라 공부를 기재하는 것은 광의의 강제집행으로 볼 수는 있지만 국민에게 직접강제를 가하는 행위가 아니므로 이러한 공무원은 집행기관이 아니다.

(2) 종 류

민사집행법원 원칙적으로 집행기관으로 집행관과 집행법원을 두고 예외적으로 수소법원을 집행기관으로 하고 있다.

가. 집행관

1) 의 의

집행관은 법률이 정하는 바에 의하여 재판의 집행, 서류의 송달 기타 법령에 의한 사무에 종사하는 독립적인 단독제 사법기관이다(법원조직법 제55조 2항, 집행관법 제2조).

집행관은 실력행사를 수반하는 사실적 행동을 요하거나, 비교적 간이한 절차를 취하는 유체동산의 집행을 담당한다.

2) 집행관의 제척

집행관은 자기 또는 배우자, 자기 또는 배우자의 4촌 이내의 혈족이나 인척이 당사자 또는 피해자이거나 당사자 또는 피해자와 공동관리자, 공동의무자 또는 상환의무자인 관계가 있을 때 등 집행관법 제13조 소정의 사유가 있을 때에는 직무집행으로부터 제척되므로 사건을 처리할 수 없다. 집행관에게 기피·회피제도는 인정되지 않는다.

제척원인이 있는 집행관이 한 압류 등 집행행위는 당연무효가 아니고 집행이의신청에 의하여 취소될 수 있을 뿐이다.

3) 매수금지

집행관 또는 그 친족은 유체동산 집행에 있어서 그 집행관 또는 다른 집행관이 경매 또는 매각하는 물건을 매수하지 못한다(집행관법 제15조 1항).

또 부동산경매에 있어서 매각절차에 관여한 집행관은 매각부동산의 매수인이 될 수 없다(규칙 제59조 2호).

4) 수수료 지급

집행관은 국가로부터 봉급을 받지 않고 사인의 위임 또는 국가기관의 명령에 의하여 취급한 사건에 관하여 대법원규칙이 정하는 바의 수수료를 받는다.

집행관의 사무소에 누구든지 잘 볼 수 있도록 수수료 등의 금액표를 게시하여야 한다(집행관법 제119조).

집행관이 동일채권자의 위임에 의하여 같은 날 동일하거나 근접한 곳에서 2건 이상의 압류 등 집행행위를 한 경우에 여비는 1건분만을 받아야 하고, 채권자를 달리 하는 2건 이상의 압류 등 집행행위를 같은 날 같은 특별시, 광역시, 시·군 내에서 실시한 경우 그 장소가 근접하지 않은 때에는 사건마다 각각 여비를 받을 수 있으나 그 장소가 동일하거나 근접한 때에는 1건분만의 여비를 받아야 하고 이때 각 사건당사자가 안분하여 그 여비를 부담한다(행정예규 제113호, 제286호).

5) 관 할

ⅰ) 토지관할

집행관의 토지관할은 임명받은 지방법원본원 또는 지원관할구역이고, 특별한 규정이 없는 한 그 관할구역 외에서 직무를 행할 수 없음이 원칙이고(집행관법 8조, 집행관법시행규칙 제4조, 1항), 동시에 집행할 수 개의 물건이 동일 지방법원의 본원과 지원 상호간의 관할에 산재해 있는 경우에는 소속지방법원장의 허가를 얻어 집행할 수 있을 뿐이다(동규칙 제4조 2항).

집행개시 후 법원의 관할구역이 변경된 경우에는 종전법원소속 집행관이 집행을 속행한다(동규칙 제4조 1항 단서).

ⅱ) 직무관할

집행관은 집행행위 중에서 주로 단순한 사실적 처분을 담당한다.

직무관할에 위반한 집행관의 집행행위는 무효이다

① 독립적 집행행위

㈀ 유체동산에 대한 압류집행(제189조)

㈁ 유체동산에 대한 가압류집행(제296조)

㈂ 동산인도청구의 집행(제257조)

㈃ 부동산·선박 등의 인도청구의 집행(제258조)

㈁ 담보권실행 등을 위한 유체동산의 경매(제272조, 제274조)

㈂ 명도단행가처분 등 일정한 내용의 가처분의 집행(제301조, 제296조, 제305조)

② 부수적 집행행위

㈀ 지시증권상의 채권압류에 있어서 증권의 점유(제233조)

㈁ 채권압류에서 채권증서의 취득(제234조 2항)

㈂ 유체동산의 청구권에 대한 집행에서 목적물의 수령 및 현금화(제243조)

㈃ 그 밖의 재산권에 대한 집행에서 그 재산권의 매각 등의 방법에 의한 현금화(제251조 1항)

㈄ 부동산경매에서 미등기건물의 조사(제81조 4항)

㈅ 부동산의 강제경매, 강제관리, 임의경매에서 목적물의 현황조사(제85조, 제163조, 제268조, 제274조)

㈆ 부동산, 선박, 자동차 등의 강제경매·임의경매에서 매각의 실시(제107조, 제112조, 제172조, 제187조, 제268조, 제269조, 제270조, 제274조)

㈇ 부동산강제관리에서 관리인의 부동산 점유시의 원조(제166조 2항)

㈈ 매각부동산 인도명령의 집행(제136조 6항, 제268조, 제274조)

6) 집행관의 권한

ⅰ) 법정권한

채권자가 집행관에게 집행정본을 교부하고 강제집행을 위임한 때에는 집행관은 특별수권이 없더라도 지급이나 그 밖의 이행을 받고 그에 대한 영수증서를 작성·교부할 수 있고, 채무자가 그 의무를 완전히 이행한 때에는 집행정본을 채무자에게 교부하여야 한다(법 제42조 1항).

ⅱ) 특별수권에 따른 권한

집행관이 채권자로부터 특별수권을 받은 때에는 법 제42조에서 규정한 행위 외에 화해, 기한의 유예, 대물변제의 수령 등을 할 수 있다.

ⅲ) 강제력 사용권

① 수색권

집행관은 집행을 하기 위하여 필요한 경우에는 채무자의 주거, 창고 그 밖의 장소를 수색하고, 잠긴 문과 기구를 여는 등 적절한 조치를 할 수 있다(법 제5조 1항).

또 집행관은 제반 사정(통상 주민등록등본·우편함의 우편물 등)을 참작하여 채무자의 주거라고 판단한 경우에는 제3자가 채무자의 주거가 아니라고 주장할 때에도 그것을 확인하기 위하여 그 주거에 들어가 채무자의 소유물건이 있는가의 여부를 조사할 수 있다.

주거·창고·금고 등의 문이 잠겨 있는 경우에는 우선 채무자에게 열도록 하고 이에 불응하면 집행관 스스로 또는 제3자에게 명령하여 실력으로 열어서 수색할 수 있다.

② 저항의 배제

집행관은 집행을 함에 있어 저항을 받으면 경찰 또는 국군의 협조를 요청할 수 있다(법 제5조 2항). 국군의 원조는 법원에 신청하여야 한다(법 제5조 3항, 규칙 제4조).

여기서 저항이란 집행관의 직무집행에 대한 방해를 말하며 적극적 저항뿐만 아니라 소극적 저항도 포함되며, 집행관 또는 집행보조자에 대한 폭행, 협박, 문에 자물쇠를 채워서 폐쇄하는 것, 바리케이트 설치, 연좌농성 등은 모두 저항에 해당된다. 저항은 직무집행중의 방해뿐만 아니라 집행개시 직전 또는 종료 직후의 방해도 저항으로 볼 수 있고, 채무자의 저항은 물론 제3자의 저항도 포함되며, 집행관 자신을 향한 것 뿐만 아니라 집행보조자에 대하여 가해진 것도 포함한다.

7) 집행실시 절차

ⅰ) 집행위임

집행관은 채권자의 집행신청이 있어야 집행을 실시할 수 있다.

채권자의 집행위임은 집행개시를 구하는 신청으로 서면으로 하여야 하며(법 제4조), 신청서에 집행목록을 기재하고 집행정본과 집행개시의 요건을 충족하였음을 증명하는 서면을 첨부하고 집행비용을 예납하여야 한다. 다만, 유체동산의 집행을 구할 때는 집행목적을 지정할 필요는 없고 그 소재장소를 적으면 된다. 채권자는 언제든지 위임을 취하·제한할 수 있으나 집행관은 정당한 사유 없이 거절하거나 수임 후 그만둘 수 없다(집행관법 제14조).

집행관은 집행기관으로서 독립하여 자기의 책임과 판단으로 법규에 따라 그 권한을 행사하여야 하고, 채권자의 지시를 따를 필요는 없다. 집행관은 채무자나 제3자에 대하여 강제집행을 하고, 특별한 권한을 받지 못하였더라도 지급이나 이행을 받을 수 있으며, 채권자는 그에 대하여 위임의 흠이나 제한을 주장할 수 없다(법 제43조 1항·제42조 1항).

채권자가 대물변제의 수령, 화해, 기한의 유예 등의 특별권한을 수여한 경우에는 채권자의 임의대리인이 될 것이다.

집행관이 직무상 불법행위로 타인에게 손해를 입힌 경우에는 그 선임·감독자인 국가가 배상책임을 지게 되고, 집행관에게 고의 또는 중과실이 있는 경우에는 집행관 개인도 배상책임을 면치 못한다(대판 1996. 2. 15. 95다38677).

【강제집행신청서】

강 제 집 행 신 청 서

○ ○ 지방법원 ○ ○ 지원 집행관사무소 집행관 귀하

채권자	성 명		주민등록번호 (사업자등록번호)		전화번호	
					우편번호	□□□-□□□
	주 소	시 구 동(로) 가 번지 호(통 반) 아파트 동 호				
	대리인	성명( ) 주민등록번호( )		전화번호		
채무자	성 명		주민등록번호 (사업자등록번호)		전화번호	
					우편번호	□□□-□□□
	주 소	시 구 동(로) 가 번지 호(통 반) 아파트 동 호				

집행목적물 소재지	채무자의 주소지와 같음 (※다른 경우는 아래에 기재함) 시 구 동(로) 가 번지 호(통 반) 아파트 동 호
집 행 권 원	
집행의 목적물 및 집행방법	동산압류, 동산가압류, 동산가처분, 부동산점유이전금지가처분, 건물 명도, 철거, 부동산인도, 자동차인도, 기타( )
청 구 금 액	원(내역은 뒷면과 같음)

위 집행권원에 기한 집행을 하여 주시기 바랍니다.
※ 첨부서류
1. 집행권원   1통
2. 송달증명서 1통
3. 위임장   1통

20 . . .
채권자   (인)
대리인   (인)

※ 특약사항
1. 본인이 수령할 예납금잔액을 본인의 비용부담하에 오른쪽 표시한 예금계좌에 입금하여 주실 것을 신청합니다.
   채권자   (인)

예금계좌	개설은행
	예금주
	계좌번호

2. 집행관이 계산한 수수료 기타 비용의 예납통지 또는 강제집행 속행의사 유무 확인 촉구를 2회 이상 받고도 채권자가 상당한 기간 내에 그 예납 또는 속행의 의사표시를 하지 아니한 때에는 본건 강제집행 위임을 취하한 것으로 보고 완결처분해도 이의 없음.
   채권자   (인)

주 1. 굵은 선으로 표시된 부분은 반드시 기재하여야 합니다(금전채권의 경우 청구금액 포함).
2. 채권자가 개인인 경우에는 주민등록번호를, 법인인 경우에는 사업자등록번호를 기재합니다.

ii) 집행일시의 지정·통지

집행일시를 받은 집행관은 지체 없이 집행을 개시할 일시를 지정하여 신청인에게 통지하여야 한다. 다만 신청인이 통지를 요하지 아니한다는 취지의 신고를 한 때에는 통지하지 아니하여도 무방하다. 그리고 집행을 개시할 일시는 특별한 사정이 없는 한 신청을 받은 날부터 1주일 이내로 정하여야 한다.

iii) 채무자·집행목적물의 조사

집행관은 집행 전에 집행권원에 표시된 채무자 및 집행목적물의 조사를 하여야 한다. 즉, 채무자가 집행권원에 표시된 자인가 그리고 집행목적물이 채무자의 소유인가 등을 조사하게 되는데, 이는 외관에 표상된 징표로서만 판단할 뿐 실질적 조사권이 없다.

iv) 임의이행의 촉구

집행관은 집행 전에 채무자 및 그 승계인에게 임의이행을 촉구하여 그들이 임의이행을 하면 이를 수령하여야 한다.

v) 신분증 및 집행정본의 휴대 및 제시

집행관이 직무를 집행할 때에는 지방법원장이 교부한 신분증을 휴대하여야 하고(집행관법 제17조), 관계인의 요구가 있으면 언제든지 신분증을 제시하여야 한다(동규칙 제15조).

또 집행관은 집행정본을 휴대하여 관계인의 청구가 있으면 그 자격을 증명하기 위하여 이를 내보내야 한다(법 제43조 2항).

vi) 야간 및 휴일의 집행

야간·휴일의 집행은 집행법원의 허가가 있어야 하고, 이 허가결정은 집행시에 제시하여야 한다(법 제8조 2항). 야간이란 일몰 후부터 일출 전까지이다. 주간에 착수한 집행행위가 속행된 결과 야간 또는 휴일에 이른 때에도 허가가 있어야 한다.

여기서 말하는 집행행위라 함은 압류, 수색과 같은 실력행사의 행위를 말하며, 집행력 있는 정본의 송달 기타 집행에 관한 명령의 송달이나 진술을 구하는 최고 등(법 제39조, 제227조 제1항, 제229조 제4항, 제237조 제2항, 제240조 제2항, 제251조 제2항 등)은 이에 포함되지 않는다.

허가신청은 채권자는 물론 집행관도 할 수 있고, 채권자가 신청하는 경우에는 1,000원의 인지를 붙여야 한다.

vii) 증인의 참여

집행관은 집행하는 데 저항을 받거나 채무자의 주거에서 집행을 실시하려는데 채무자나 변별한 지능이 있는 그 친족·고용인을 만나지 못한 때에는 성년 두 사람이나 특별시·광역시의 구 또는 동직원, 시·읍·면직원(도·농복합형태의 시의 경우 동지역에서는 시직원, 읍·면지역에서는 읍·면직원) 또는 경찰공무원 중 한사람을 증인으로 참석하게 하여야 하며(법 제6조), 위에서 규정된 공무원들은 집행관으로부터 집행실시의 증인으로 참여하도록 요구받은 경우 정당한 이유 없이 그 요구를 거절하여서는 아니된다(규칙 제5조).

viii) 집행조서의 작성 등

집행관은 집행행위에 대해 집행조서를 작성하여야 한다(법 제10조). 이는 집행절차의 법규준수 여부를 판단하는 증거방법이 되기 때문이다.

집행조서나 집행에 관한 서류는 편철하여 집행기록으로 보존하여야 하며, 집행관은 이해관계 있는 사람이 신청하면 집행기록을 볼 수 있도록 허가하고, 기록에 있는 서류의 등본을 교부하여야 한다(법 제9조).

ix) 집행행위에 속한 최고, 그 밖의 통지

집행행위에 속한 최고, 그 밖의 통지는 집행관이 말로 하고 이를 조서에 적어야 한다(법 제9조 1항).

집행행위에 속한 최고란 민사집행법상의 효과를 발생시키는 최고를 말하는데, 대표적인 예가 매수가격신고의 최고(법 제112조)이다.

통지란 일정한 사항을 이해관계인에게 알리는 것을 말하는데, 압류의 통지(법 제189조 3항), 배당요구의 통지(법 제219조) 등이 여기에 해당된다.

8) 집행관의 집행행위에 대한 불복

집행관이 독립기관으로 행하는 집행행위에 대해서는 그 이해관계인은 이의신청으로 그 시정을 구할 수 있다(법 제16조). 즉, 집행관의 집행처분에 대해 불복이 있거나, 집행관이 집행위임을 거부하거나, 또는 집행행위를 지체하거나, 집행수수료 등에 다툼이 있는 경우 등이 이에 해당된다. 하지만 집행관이 집행법원 및 수소법원의 보조기관으로 행하는 부동산매각기일의 실시, 경매부동산의 현황조사 등에 대해서는 직접 이의신청대상이 될 수 없다는 것이 일반적 견해이다.

나. 집행법원

1) 의 의

집행법원은 일정한 집행행위를 담당하고 집행관의 집행행위를 협력 내지 간섭하는 등의 집행기관으로서 집행절차를 관여하는 법원을 말한다.

민사집행은 원칙적으로 집행관에 의해 실시가 되지만 예외적으로 보다 신중한 실체적 판단이 요구되는 집행행위나 명령에 의한 집행처분에 대해서는 민사집행법상 특별히 법원으로 하여금 집행행위를 담당하게 하는데, 이 경우 집행행위에 관한 법원의 처분이나 그 행위에 관한 협력사항을 관할하는 법원을 집행법원이라고 한다.

이러한 집행법원은 원칙적으로 집행절차를 실시한 곳이나 실시한 곳을 관할하는 지방법원이며(법 제3조), 단독판사가 담당한다(법원조직법 제7조 제4항). 하지만 사물관할을 달리하여 합의부에서 집행한 경우라도 위법이라 할 수 없다. 특별히 가압류나 가처분사건에 대해 그 집행의 신속함을 요하기 때문에 가압류·가처분명령을 한 법원이 곧 집행법원이 되는 경우도 있다.

2) 사법보좌관 제도

2005. 7. 1.부터 시행되고 있는 개정 법원조직법에 의하여 사법보좌관이 일부 집행업무를 담당하고 있다.

사법보좌관은 주로 실질적 쟁송사건이 아닌, 집행문부여명령에 관한 법원의 사무, 채무불이행자 명부 등재 및 재산조회절차에서의 법원의 사무, 부동산·자동차·건설기계에 대한 강제경매절차에서의 법원의 사무 등을 법관의 감독을 받아 담당한다(법원조직법 제54조 2항·3항).

3) 관 할

ⅰ) 토지관할

법률에 특별한 규정이 없는 한 집행절차를 실시할 곳이나 실시한 곳을 관할하는 지방법원이 전속관할을 가진다(법 제3조 1항).

토지관할에 위반한 집행행위는 위법하지만 당연무효는 아니다.

ⅱ) 직무관할

집행법원은 다음과 같은 집행행위를 직접 담당하거나 집행관의 집행행위에 대하여 협력한다. 이는 전속관할이다(법 제21조).

① 집행행위에 관한 처분

집행법원이 직접 집행행위를 실시하는 것으로 (ㄱ) 부동산, 선박, 등록된 자동차·건설기계·항공기에 대한 금전집행, (ㄴ) 채권과 그 밖의 재산권에 대한 금전집행, (ㄷ) 동산집행에서의 배당절차, (ㄹ) 물건인도를 목적으로 하는 집행에 있어서 제3자가 목적물을 점유하고 있는 경우의 집행, (ㅁ) 채권 기타 재산권, 부동산, 선박, 등록된 자동차·건설기계·항공기에 대한 가압류·가처분의 집행 등이 있다.

② 집행행위에 대한 협력

집행관의 집행행위를 보조·시정·간섭하는 것으로서, (ㄱ) 국군의 원조요청, (ㄴ) 야간·휴일집행의 허가, (ㄷ) 집행이의신청에 대한 재판, (ㄹ) 급박한 경우에 있어서의 집행정지 또는 속행에 관한 잠정처분, (ㅁ) 집행에 관한 특별대리인의 선임, (ㅂ) 압류금지물을 정하는 재판, (ㅅ) 유체동산의 특별현금화명령, (ㅇ) 부동산인도청구에 관한 집행에서 집행목적물이 아닌 동산의 처분허가 등이 있다.

ⅲ) 시·군법원의 관할에 대한 특례

다음 사건은 시·군법원 소재지를 관할하는 지방법원 또는 지원의 관할로 한다(법 제22조).

① 시·군법원에서 성립된 화해·조정 또는 확정된 지급명령에 관한 집행문부여의 소, 청구이의의 소, 집행문부여에 대한 이의의 소로서 그 집행권원에서 인정된 권리가 소액사건심판법의 적용대상이 아닌 사건, ② 시·군법원에서 한 보전처분의 집행에 대한 제3자 이의의 소 ③ 시·군법원에서 성립된 화해·조정에 기초한 대체집행 또는 간접강제, ④ 소액사건심판법의 적용대상이 아닌 사건을 본안으로 하는 보전처분

ⅳ) 집행법원의 재판

집행법원의 집행행위는 모두 결정의 형식으로 하여, 따라서 재판은 변론 없이 할 수 있다(법 제3조 2항).

ⅴ) 불복방법

집행법원의 재판 중 결정의 형식으로 된 재판은 기판력이 생기지 않는다.

민사집행절차에 관한 집행법원의 재판에 관한 불복방법으로는 즉시항고와 집행에 관한 이의신청이 있다. 전자는 법에 즉시항고를 할 수 있다는 특별한 규정이 있는 경우에 한하여 할 수 있고(법 제15조), 민사집행절차에 관해 그와 같은 규정이 없는 것에 대하여는 집행에 관한 이의신청에 의하여 불복을 신청할 수 있다(법 제16조).

다. 수소법원

수소법원은 집행에 의하여 실현될 청구권의 존부를 확정하고 집행권원을 형성하는 소송절차가 계속되고 있거나 계속되었던 법원을 말한다. 현행법하에서 수소법원이 집행기

관으로 되는 것은 예외이나, 제1심 수소법원이 집행기관 또는 집행공조기관이 되는 경우가 있다.

집행기관으로서 행하는 경우는 대체집행과 간접강제가 있고, 집행공조기관으로서 행하는 경우는 외국에서 강제집행을 할 경우에 필요한 촉탁(법 제55조)이 있다.

라. 기타의 집행기관

부동산에 관한 가압류 집행, 처분금지가처분의 집행에서는 등기관이 집행관이 된다.

2. 집행당사자

(1) 의 의

민사집행절차도 판결절차와 마찬가지로 대립되는 양당사자를 전제로 하고 있다.

민사집행절차에서 민사집행을 요구하는 능동적 당사자를 채권자라고 하고, 집행을 당하는 수동적 당사자를 채무자라고 한다.

집행당사자로서의 채권자 및 채무자라는 개념은 실체법상의 채권자 및 채무자라는 개념과 다르다.

실체법상 물권적 청구권을 가진 자도 집행법상으로는 채권자이며, 실체법상 채권을 가지지 않는 자도 집행권원이 있으면 집행법상으로는 채권자가 될 수 있다.

(2) 집행당사자의 확정

집행에 있어서 누가 채권자이고 채무자이냐, 즉 집행당사자는 집행권원과 집행문의 부여에 의하여 확정된다. 그를 위하여 집행문이 부여되어 있으면 채권자이고, 그에 대하여 집행문이 부여되어 있으면 채무자이다.

집행문의 부여가 없더라도 집행력이 있는 집행권원의 경우에도 그 집행권원에 표시된 당사자가 집행당사자로 된다.

집행당사자적격을 가진 자라도 집행문이 부여되지 않으면 집행당사자가 될 수 없고, 집행당사자적격을 가지지 않은 자라도 집행문이 부여되면 그 집행문이 취소될 때까지는 집행당사자도 된다.

(3) 집행당사자의 능력

가. 당사자능력

당사자능력이란 강제집행절차에서 주체가 될 수 있는 능력을 말한다.

실체법상의 권리능력에 해당하는 개념이다. 강제집행절차에 있어서 당사자는 당사자능력을 구비하고 있어야 한다. 따라서 자연인, 법인은 물론이고 법인 아닌 사단이나 재단도 강제집행의 당사자가 될 수 있다.

당사자능력이 없는 자를 위하여 한 집행행위나 당사자능력이 없는 자에 대한 집행행위는 무효이다.

나. 집행능력

집행능력이란 민사집행법상 집행행위를 할 수 있는 능력을 말한다.

민사집행의 당사자는 집행능력을 갖추고 있어야 하는데, 이는 당사자에 따라 다르다.

1) 채권자의 경우

적극적 당사자인 채권자는 반드시 집행능력자이어야 하고, 집행무능력자인 채권자가 한 집행행위는 무효이다. 집행무능력자의 범위는 판결절차의 그것과 같다. 따라서 미성년자·한정치산자·금치산자는 법정대리인에 의해서만 집행행위를 할 수 있다. 다만 미성년자 한정치산자가 독립하여 법률행위를 할 수 있는 경우에는 단독으로 유효한 집행행위를 할 수 있다.

2) 채무자의 경우

채무자는 원칙적으로 집행능력이 없어도 무방하다. 채무자는 집행절차에 적극적으로 관여하는 것이 아니고 소극적으로 집행을 수인하면 되기 때문이다.

(4) 집행당사자적격

가. 의 의

집행당사자적격이란 집행절차에 있어서 정당한 집행당사자, 즉 정당한 채권자 또는 채무자가 될 수 있는 자격을 말한다.

즉 누구를 위하여 또는 누구에 대하여 집행문을 부여하여야 하는가의 문제이다. 집행당사자는 집행문을 부여할 때 확정되므로 집행기관은 집행문을 부여할 때 집행적격의 유무를 조사하여야 한다.

나. 집행적격자의 범위

채권자의 적격은 집행권원의 집행력이 그를 위하여 존재하는 자이고, 채무자의 적격은 집행권원의 집행력이 그에 대하여 존재하는 것이다.

집행당사자적격의 범위는 집행권원의 집행력이 미치는 주관적 범위와 같다(법 제25조).

즉, 승소한 당사자가 패소한 당사자에게 미치는 것은 물론이고, 그 판결에 표시되니 당사자외의 사람에게 판결의 효력이 미치는 때에는 그 자에 대하여 또는 그 자를 위하여 집행력이 있다.

확정되거나 가집행선고 있는 종국판결의 집행력이 미치는 주관적 범위는 그 판결의 기판력의 주관적 범위와 동일하다(민소 제218조).

1) 판결상의 당사자

당해 판결상의 원·피고를 말한다.

2) 당사자 이외의 자로서 집행적격을 가지는 제3자

변론종결 후의 승계인은 변론 종결 후(변론 없이 판결한 경우에는 판결을 선고한 후)에 소송물인 청구권에 관하여 당사자의 지위를 승계한 자를 말한다(법 제25조 1항, 제31조 1항). 승계의 종류(포괄승계·특정승계)와 원인(매매·증여·면책적 채무인수·경매·전부명령)을 묻지 않는다. 또 승계인의 선의·악의를 묻지 않는다.

승계가 있으면 채권자는 승계집행을 받아 집행할 수 있고, 다시 집행권원을 얻을 필요가 없다.

【쟁점사항】
<채권자대위권에 기한 확정판결의 집행력이 원고와 피대위자 사이에 생기는지 여부>
채권자대위소송에 있어서 채무자가 어떤 사유로든지 소송이 제기된 사실을 알았을 때에는 그 판결의 효력이 채무자에게 미치나, 위 판결의 집행력은 동판결의 원·피고에게만 생기며, 원고와 채무자(피대위자)사이에는 생기지 아니한다(대결 1979. 8. 10. 79마232).

3) 청구목적물을 소지한 사람

소송물인 권리 내지 의무 자체를 승계하지는 않았지만 당사자 또는 승계인을 위하여 청구의 목적물을 소지하고 있는 사람에게도 집행 적격이 인정된다.

소지는 변론종결의 전후를 묻지 아니하나 반드시 당사자나 승계인을 위하여 하여야 하고, 청구목적물은 동산, 부동산을 가리지 않는다.

수치인, 창고업자, 운송인 등과 같이 오로지 본인을 위하여 소지하고 있는 경우를 가리키는 것이고, 임차인이나 질권자와 같이 자기를 위한 점유자는 포함되지 않는다. 법인의 대표자의 소지나 점유보조자(회사직원, 동거가족 등)의 소지는 당사자가 소지한 것과 같으므로 여기에 해당하지 아니한다(대판 2001. 4. 27. 2001다13983).

채권자는 당사자 또는 승계인을 위하여 청구의 목적물을 소지하는 사람에 대하여 집행하기 위해서는 승계집행문을 부여받아야 하고, 승계집행문 신청시에는 본인을 위하여 소지한다는 사실을 증명하는 서면을 제출하여야 한다.

4) 제3자를 위하여 당사자가 된 사람이 받은 판결에 있어서의 제3자

이 경우 판결의 집행력은 제3자에게도 마치므로 그 제3자는 집행당사자적격이 있다. 예컨대 선정당사자·파산관재인·정리회사의 관리인·유언집행자 등이 받은 판결의 집행력은 선정자·파산자·정리회사·상속인 등에게 미친다.

5) 소송탈퇴자

독립당사자참가 또는 소송인수에 있어서, 종래의 당사자 일방이 소송에서 탈퇴하더라도 남아 있는 당사자와 참가인에 대하여 내려진 판결의 기판력 및 집행력은 탈퇴자에게 미친다(민소 제80조 단서, 제82조 구합). 그러나 보조참가의 경우 피참가인이 받은 패소판결의 보조참가인에 대한 효력은 이른바 참가적 효력이고(대판 1965. 4. 27. 65다101), 기판력이 아니므로 이에 대하여는 인정되지 않는다.

다. 집행적격의 변동

1) 집행문 부여 전의 변동

집행권원의 성립 후 집행문 부여 전에 당사자의 사망·승계 등으로 집행권원에 기재된 집행당사자가 변동되면 새로운 당사자를 위하여 또는 그 자에 대하여 승계집행문을 부여받아 이들을 집행권원만으로 강제집행을 할 수 있는 경우에도, 보전처분에 대한 재판이 있은 후 채권자나 채무자의 승계가 있으면, 그 명령에 집행문을 덧붙여야 한다(법 제292조 1항, 제301조).

2) 집행문 부여 후의 변동

ⅰ) 원 칙

집행문이 부여된 후 집행적격에 변동이 있는 경우에는 새로운 적격자를 위하여 또는 그 자에 대하여 승계집행문을 부여받아야만 그 자를 위하여 또는 그 자에 대하여 집행을 착수 또는 속행할 수 있다. 집행절차에서는 법률상의 당연승계나 이에 기한 중단·수계가 없기 때문이다.

다만, 집행개시 후 신청채권자의 승계가 있는 경우 승계인이 자기를 위하여 강제집행의 속행을 신청하는 때에는 승계집행문이 부여된 집행권원의 정본을 제출하여야 하고, 정본의 제출이 있으면 법원사무관등 또는 집행관은 그 취지를 채무자에게 통지하여야 한다(규칙 제23조).

ⅱ) 예 외

㈀ 집행개시 후 채무자가 사망한 경우에는 상속재산에 대하여 강제집행을 속행할 수 있다(법 제32조 1항). 즉 승계집행문이 없어도 된다.

채무자의 관여를 필요로 하는 개개의 행위는 상속인 또는 유언집행자·상속재산관리인 등에 대하여 하여야 한다.

만약 채무자에게 통지 내지 송달하여야 할 집행행위(예 : 채무자에 대한 압류 또는 배당요구에 관한 통지, 채무자에 대한 경매개시결정·압류명령의 송달 등)를 실시할 경우에, 상속인 등이 없거나 소재불명인 때에는 집행법원에 특별대리인 선임신청을 하여야 한다. 이 신청에는 1,000원의 인지를 붙인다.

㈁ 회사나 법인 아닌 사단이 합병에 의하여 소멸한 경우에는 채무자 사망에 준하여 처리한다. 그러나 회사가 채무를 면탈하기 위하여 새로운 회사를 설립한 경우라도 종전 회사에 대한 집행권원으로 새로 설립한 회사에 대하여 강제집행을 할 수 없다(대판 1995. 5. 12. 93마44531).

㈂ 신탁재산에 대한 집행시(신탁법 제4조 1항 단서) 수탁자가 변경되었다고 하더라도, 승계집행문을 부여할 필요없이 새로운 수탁자에 대하여 속행할 수 있다(신탁법 제27조).

㈃ 선박에 대한 집행에서 압류 후 소유자나 선장의 변경이 있는 경우(법 제179조 2항)에는 집행을 속행한다.

Ⅳ. 민사집행에서의 불복방법

1. 즉시항고

(1) 의 의

즉시항고는 집행절차에 관한 집행법원의 재판 중에서 형식적·절차적 흠이 있다는 것을 이유로 불복하는 수단이다.

강제집행절차에서 집행법원의 재판에 대하여는 특별한 규정이 있어야만 즉시항고를 할 수 있다(법 제15조 1항). 그러한 규정이 없거나 집행관의 집행처분에 대하여는 집행이의신청으로 다투어야 한다.

한편, 집행절차에 관한 집행법원의 재판으로 즉시항고가 인정되는 특별한 규정이 있는 것 중 판사의 처분은 바로 즉시항고를 할 수 있으나, 사법보좌관의 처분은 이의신청을 거쳐야 한다.

(2) 즉시항고의 대상

민사집행법은 법원의 집행처분 중 즉시항고를 할 수 있는 경우를 명문으로 규정해 두고 있는데, 주요한 것으로는 다음과 같은 것이 있다.

· 항고이유서 부제출 등을 이유로 한 원심법원의 즉시항고각하결정9법 제15조 제8항).

· 집행절차를 취소하는 결정, 집행절차를 취소한 집행관의 처분에 대한 이의신청을 기각·각하하는 결정 또는 집행관에게 집행절차의 취소를 명하는 결정(법 제17조 제1항)

· 집행비용 미예납으로 인한 강제집행신청각하 또는 집행절차취소결정(법 제18조 3항).

· 재산명시신청을 기각하거나 각하한 결정(법 제62조 제8항)

· 이의신청에 의한 명시명령취소 또는 이의신청기각결정9법 제63조 제5항)

· 명시선서 후에 하는 재산목록정정허가결정(법 제66조 제2항)

· 재산명시절차 중 채무자를 감치에 처하는 결정(법 제68조 제4항)

· 채무불이행자명부등재신청에 관한 등재결정 또는 기각결정(법 제71조 제3항)

· 채무불이행자명부등재말소신청에 의한 말소결정(법 제73조 제2항).

· 재산조회를 받고 허위자료를 제출하거나 자료제출을 거부한 자에 대한 과태료 부과결정(법 제175조 1항)

· 경매신청의 기각·각하결정(법 제83조 5항)

· 경매개시결정에 대한 이의신청에 관한 재판(86조 3항)

· 부동산멸실 등으로 인한 경매취소(96조 2항)

· 남을 가망이 없을 경우의 경매취소(102조 3항)

· 매각허가결정의 취소신청에 대한 재판(127조 2항)

· 매각허부결정(129조 1항)

· 항고보증이 없는 경우의 항고장각하결정(130조)

· 부동산인도명령신청과 관리명령신청에 관한 재판(136조 5항)

· 금전채권의 압류명령신청에 관한 재판(227조 4항)

· 추심명령 또는 전부명령신청에 대한 재판(229조 6항)

· 가압류·가처분신청을 기각하거나 각하하는 결정(법 제281조 제2항, 제301조)

· 제소명령불이행을 이유로 한 가압류·가처분취소신청에 대한 재판(법 제287조 제3항·제5항, 제301조)

· 3년간 본안의 소를 제기하지 않았음을 이유로 한 가압류·가처분취소신청에 대한 재판(법 제288조 제1항, 제301조)

(3) 항고권자

항고권자는 불복을 신청할 재판에 의하여 불이익을 받은 자이다. 채권자, 채무자, 제3자(매각허부결정에서의 매수인·매수신고인, 채권압류에서의 제3채무자)도 즉시항고를 할 수 있다. 다만 항고권자의 채권자는 항고권자를 대위하여 항고할 수는 없다.

항고절차는 편면적 불복절차이므로 항고장에 반드시 상대방의 표시가 있어야 하는 것은 아니고, 항고장을 상대방에게 송달하여야 하는 것도 아니다.

(4) 즉시항고의 절차

가. 항고장의 원심법원에의 제출

항고인은 재판을 고지받은 날부터 1주의 불변기간 내에 항고장을 원심법원에 제출하여야 한다(법 제15조 2항). 항고제기기간은 항고권자가 재판의 고지를 받아야 할 사람이 아닌 때에는 그 재판고지를 받아야 할 사람 모두에게 고지된 날부터 진행한다(규칙 제12조). 반드시 서면으로 제출하여야 하고 구두로는 제기할 수 없다. 면사집행의 신청에서와 같이 절차의 안정성을 위하여 서면주의를 채택하고 있는 결과이다.

그 항고장에 당사자와 법정대리인, 불복을 제기하는 원심법원의 재판의 표시와 그 재판에 대한 항고의 취지를 적어야 한다. 항고장에는 2,000원의 인지를 붙어야 한다.

나. 항고이유서의 제출

항고장에 항고이유를 표시하지만 만일 항고장에 항고이유를 표시하지 않는 경우는 항고장이 제출한 날로부터 10일 이내에 항고이유서를 원심법원에 제출하여야 한다(법 제15조 제3항). 단, 항고이유는 집행법원의 재판에 대하여 형식적·절차적 흠을 이유로 하여야 한다. 원심재판의 취소 또는 변경을 구하는 사유로 구체적으로 표시해야 하고, 법령위반을 그 이유로 한다면 법령위반사항을 구체적으로 적어야 한다.

항고인이 항고이유서를 제출하지 아니하거나 항고 이유가 대법원규칙에서 정한 바에 어긋날 때, 또는 항고가 부적법하고 이를 보정할 수 없음이 분명한 때에는 결정으로 그 즉시항고를 기각하여야 한다(법 제15조 5항). 이 각하결정에 대하여는 즉시항고를 할 수 있다(동조 8항).

[서식] 즉시항고장(집행방법에 관한 이의신청의 기각결정)

즉 시 항 고 장

원 고   ○ ○ ○ (000000 - 0000000)
          ○○시 ○○구 ○○동 ○○번지
          전화 02-1234-4567   휴대폰 010-1234-5678
          팩스 02-9876-5432   이메일 : lawb@lawb.co.kr

위 항고인은 서울중앙지방법원 20○○가합 제○○호 강제집행방법에 관한 이의신청사건에 관하여 동 법원에서 20○○. ○. ○. 기각결정을 하였으나 항고인은 동 결정에 대하여 불복하기에, 다음과 같이 항고를 제기합니다.

원결정의 표시

본건 신청은 이를 각하한다.
(원 결정정본은 20○○. ○. ○. 송달받았음)

항 고 취 지

원 결정을 취소하고 다시 상당한 재판을 구합니다.

항 고 이 유

항고인 ○○○은 ○○지방법원 20○○가단○○○호 손해배상청구사건 가집행선고부 집행력 있는 판결정본에 의하여 집행관 ○○○가 20○○. ○. ○. 실시한 강제집행방법에 관하여 이의신청을 하였으나, ○○지방법원은 이웃집 주민을 참여토록 하였으므로 정당한 집행이 있다는 이유로 20○○. ○. ○. 항고인 ○○○의 이의신청을 기각하였습니다. 그러나 항고인 ○○○은 이웃집 주민 ○○○는 ○○○하므로 위 결정에 불복이므로 다시 상당한 재판을 구하기 위하여 본건 항고제기를 합니다.

첨 부 서 류

1. 결정정본   1통

20○○. ○. ○.

위 항고인   ○ ○ ○ (서명 또는 날인)

○○고등법원 귀중

주 항고장에는 민사소송등 인지법 제11조에 의하여 2,000원의 인지를 붙인다.

다. 원심법원의 조치

항고인이 제출한 항고장이나 항고이유서에 기재된 항고이유의 기재방법이 규정에 위반되거나 기간 내에 이를 제출하지 아니한 때에는 원심법원이 결정으로 즉시항고를 각하한다(법 제15조 5항). 원심법원이 각하하지 않고 사건을 송부한 경우에는 항고법원은 곧바로 이를 각하하여야 한다.

라. 항고법원의 심리

항고법원은 원칙적으로 항고장 또는 항고이유서에 적힌 이유에 대하여서만 조사하되, 다만 원심재판에 영향을 미칠 수 있는 법령위반 또는 사실오인이 있는지에 대하여 직권으로 조사할 수 있다(법 제15조 제7항).

즉시항고에 관하여 민사집행법에 특별한 규정이 없는 경우에만 민사소송법상의 즉시항고에 관한 규정이 준용된다(동조 10항).

항고에 대하여 집행법원이 스스로 이유 있다고 인정하여 그 재판을 경정하면 항고절차가 종료되나(민소 제446조 준용), 이유 없다고 인정된 때에는 집행법원의 법원사무관 등은 항고장 제출일부터 2주 내에 항고사건의 기록에 항고장을 붙여 항고법원에 송부하고(민소 400조 준용), 항고법원이 심리한다.

마. 항고재판에 대한 불복

즉시항고에 대한 항고법원의 재판에 대해서는 헌법·법률·명령 또는 규칙의 위반을 이유로 재항고할 수 있다.

(5) 잠정처분으로서의 집행정지

일반적으로 즉시항고는 집행정지의 효력이 있으나(민소 447조), 강제집행절차에서의 즉시항고는 집행정지의 효력이 없다(법 제15조 6항 본문).

이것은 절차의 신속을 유지하기 위한 것이나 민사집행법은 즉시항고에도 잠정처분을 인정하는 조치를 채택하였다. 즉, 항고법원(재판기록이 원심법원에 남아 있는 때에는 원심법원)은 즉시항고에 대한 결정이 있을 때까지 담보를 제공하게 하거나 제공하게 하지 아니하고 원심재판의 집행을 정지하거나 집행절차의 전부 또는 일부를 정리하도록 명할 수 있고, 담보를 제공하게 하고 그 집행을 계속하도록 명할 수 있다(법 제16조 6항 단서).

이 잠정처분으로서의 집행정지결정에 대하여는 불복신청을 할 수 없다(동조 9항).

2. 집행에 관한 이의신청

(1) 의 의

집행법원의 집행절차에 관한 재판으로서 즉시항고를 할 수 없는 것과 집행관의 집행처분 그 밖에 집행관이 지켜야 할 집행절차에 대해 이의가 있는 경우나, 집행관이 집행위임을 거부하거나, 집행행위를 지체하는 경우나, 또는 집행절차상 이해관계인이 관할 집행법원에 이의에 대한 심리를 요구함으로써 불복하는 방법을 집행에 관한 이의신청이라 한다.

(2) 이의신청의 대상

가. 집행법원의 집행절차에 관한 재판으로서 즉시항고할 수 없는 것

즉시항고가 허용되는 집행법원의 재판에 대하여 집행에 관한 이의를 신청할 수 없다. 따라서 집행에 관한 이의신청대상이 되는 것은 즉시항고할 수 없는 것이다.

재판이란 법원 또는 법관의 판단행위를 가리키고 재판에 해당하는 한 그것이 집행처분의 성질을 가진 것인지 여부를 묻지 않는다. 따라서 야간·휴일집행의 허가에 대하여도 집행에 관한 이의를 할 수 있다.

나. 집행관의 집행처분, 그 밖에 집행관이 지킬 집행절차

집행처분이란 집행관이 집행기관으로서 하는 법률효과를 수반하는 처분을 말한다.

집행이의는 집행관이 독립된 집행기관으로서 실시하는 집행처분에 흠이 있을 때 할 수 있는 수단이기 때문에, 집행관이 단순히 집행법원의 보조기관으로서 직무수행을 하는 경우(예 : 부동산매각기일에 집행관이 취한 위법한 조치 등)에는 집행이의를 할 수 없다.

집행관이 지킬 집행절차란 집행관의 집행처분 외에 집행에서 집행관이 준수하여야 하는 절차를 말한다. 예컨대, 집행관이 당사자의 신청을 각하한 경우, 집행관이 집행기록의 열람을 거부하는 경우, 법원의 허가 없이 야간집행을 한 경우, 토지관할을 위반하여 집행하는 경우 등이 이에 해당한다.

다. 집행관의 집행위임의 거부 또는 집행행위의 지체 및 수수료의 이의

집행관이 집행위임을 거부하거나 집행행위의 지체 또는 수수료에 다툼이 있을 경우는 이의신청을 할 수 있다(법 제16조 3항).

【쟁점사항】

<집행권원 자체에 대한 실체권리관계에 관한 사유를 이유로 집행에 관한 이의신청을 할 수 있는지 여부>

집행에 관한 이의는 집행 또는 집행행위에 있어서의 형식적·절차상의 하자가 있는 경우(예 : 집행권원의 흠·강제집행개시요건의 흠)에 할 수 있는 것이므로 집행의 기본이 되는 집행권원 자체에 대한 실체권리관계에 관한 사유나 그 집행권원의 성립과 소멸에 관한 절차상의 하자는 어느 것이나 집행방법에 관한 이의사유로 삼을 수 있다(대결 1987. 3. 24. 86다카51).

집행권원의 실체상의 하자란 집행권원상의 청구권의 부존재, 소멸 또는 외관상의 명의나 점유가 실체상의 권리와 부합하지 않는 것을 다투는 것으로, 이 경우는 청구의 이의의 소나 제3자 이의의 소로 다투어야 하고 집행에 관한 이의사유가 될 수 없다.

(3) 집행에 관한 이의신청의 절차

가. 관할법원

집행법원이 집행관의 집행행위에 대하여는 그 집행절차를 실시할 곳이나 실시한 곳을 관할하는 지방법원이 집행법원으로 된다(법 제3조 1항). 집행법원 이외의 법원에 이의가 신청된 때에는 관할법원으로 이송하여야 한다(법 제23조 1항).

나. 신청권자

이의신청은 집행기관의 위법한 처분에 대하여 불복의 이익이 있는 집행채권자, 집행채무자 및 제3자가 할 수 있고, 그 상대방에 대하여는 이의절차가 편면적인 것이므로 상대방이 없으나 실무상 이해관계인이 상대방으로 표시되는 예가 있다. 따라서 집행관이 집행위임을 거절한 경우라도 집행관을 상대방으로 하여서는 안된다.

제3자가 채무자로 오인되어 집행을 당하거나 하는 경우에는 제3자도 집행이의를 신청할 수 있다. 다만, 제3자가 집행을 저지할 실체상의 권리를 주장하여 따지고자 할 때에는 제3자이의의 소를 제기하여야 하고 집행이의의 신청을 할 수는 없다.

다. 이의신청의 방법

이의신청은 원칙적으로 서면으로 하여야 하고, 이의의 사유를 명시하여야 한다(규칙, 제15조). 각종 기일에 출석하여 말로 신청할 수도 있다. 기일에 말로 이의신청을 하는 경우에는 법원사무관 등이 기일조서에 신청취지와 이유의 요지를 기재한다. 신청서에는 1,000원의 인지를 붙여야 한다.

[서식] 집행에 관한 이의신청서

집행에 대한 이의신청서

신 청 인 김◇◇
　　　　　○○시 ○○구 ○○동 ○○(우편번호 ○○○-○○○)
　　　　　전화·휴대폰번호: 02-123-4567, 010-123-4567
　　　　　팩스번호, 전자우편(e-mail)주소:

피신청인 이○○
　　　　　○○시 ○○구 ○○동 ○○(우편번호 ○○○-○○○)
　　　　　전화·휴대폰번호: 02-987-6543, 010-987-6543
　　　　　팩스번호, 전자우편(e-mail)주소:

신 청 취 지

　신청인과 피신청인 사이의 ○○지방법원 20○○카단○○○○ 유체동산가압류명령신청사건의 결정정본에 기한 20○○. ○. ○. 피신청인의 위임에 따라 위 법원 집행관이 별첨 물품목록 기재의 물건에 대하여 한 가압류집행은 이를 취소한다.
라는 재판을 구합니다.

신 청 이 유

1. 피신청인은 신청인과의 사이의 ○○지방법원 20○○카단○○○○ 유체동산가압류명령신청사건의 결정정본에 기하여 귀원소속 집행관 박■■에게 위임하여 신청인 소유의 별첨 물품목록 기재 물건에 대하여 가압류집행을 하였습니다.
2. 그러나 이 사건 가압류한 물품은 의복, 침구, 가구 등으로 신청인의 가족으로서는 없어서는 아니 될 물품이고, 또한 민사집행법 제195조 제1호의 규정에 해당하는 압류할 수 없는 압류금지물임에도 불구하고 부당하게 압류집행을 하였으므로 부득이 민사집행법 제16조에 의하여 이의신청을 하는 바입니다.

첨 부 서 류

1. 가압류집행조서등본   1통
1. 물품목록   1통
1. 송달료납부서   1통

20○○. ○. ○.

위 신청인 ○○○ (서명 또는 날인)

○○지방법원 귀중

라. 이의신청의 시기

이의신청의 시기에는 원칙적으로 제한이 없으나 이의의 이익이 존재하는 때에만 허용된다. 따라서 원칙적으로 위법한 집행절차나 집행행위가 성립한 후부터 집행절차가 완료하기 전까지만 이의신청을 할 수 있다.

집행종료 후에는 집행이의신청으로 집행처분의 취소를 구할 수 없다(대결 1996. 7. 16. 95마1505). 다만 집행관의 수수료 계산에 대한 이의신청은 집행종료 후에도 할 수 있다.

마. 심리 및 재판

이의에 대하여는 변론 여부에 관계없이 결정으로 재판한다(법 제3조 2항). 법원은 필요한 경우에 이해관계인 기타 참고인을 심문할 수 있으며(규칙 제2조), 입증의 정도는 소명으로는 부족하고 증명이 있어야 한다.

이의신청이 부적법하고 각하결정을 하고, 이의신청의 이유가 없으면 기각결정을 한다.

이의가 정당하다고 인정된 때에는 집행의 불허 또는 집행관에게 특정집행을 명하는 선언을 하여야 하고, 인용결정은 신청인과 상대방에게 고지하여야 하나 각하·기각결정은 신청인에게만 고지한다.

바. 이의의 재판에 대한 불복

이의의 재판에 대하여는 원칙적으로 불복이 허용되지 아니한다. 다만, ① 집행절차를 취소하는 결정, ② 집행관의 집행절차취소처분에 대한 이의신청을 기각·각하하는 결정, ③ 집행관에게 집행절차취소를 명한 결정에 대하여는 즉시항고를 할 수 있다(법 제17조 1항).

사. 잠정처분

이의신청이 있더라도 원칙적으로 집행은 정지되지 않고 계속 진행된다. 따라서 잠정처분을 할 필요성이 생기므로 법 제16저 2힝은 '법원은 이의신청에 대한 재판에 앞서, 채무자에게 담보를 제공하게 하거나 제공하게 하지 아니하고 집행을 일시 정지하도록 명하거나, 채권자에게 담보를 제공하게 하고 그 집행을 계속하도록 하는 등 잠정처분을 할 수 있다'고 규정하고 있다.

잠정처분은 신청인과 상대방에 고지하여야 하나 이 재판에 대하여는 불복신청을 할 수 없다.

잠정처분은 법원이 직권으로 하는 것이므로, 이의신청은 잠정처분을 구할 신청권이 없고 신청하더라도 이는 직권발동의 촉구하는 의미밖에 효력이 없다.

V. 집행비용

1. 의 의

집행비용이란 민사집행을 하는데 필요한 비용을 말한다. 즉 민사집행의 준비 및 실시를 위하여 필요한 집행기관 및 당사자의 비용을 말한다.

집행비용은 민사집행절차에 직접 드는 비용을 말하므로, 채권자가 채무자를 대위하여 채무자 앞으로 상속등기를 한 경우의 상속등기비용, 소송비용액확정결정의 신청비용은 집행비용에 해당되지 않는다.

집행비용은 그 중 필요한 것만이 집행비용으로 되고(불필요한 18조 1항), 현실적으로 지출한 것이라도 필요가 없는 것은 집행비용이 아니다. 예컨대, 채권자가 불필요한 절차를 행함에 소요된 비용(보정명령의 송달료 등) 등은 집행비용이 아니다.

민사집행이 절차도중에 신청취하·절차취소로 종료된 때에는 그때까지의 절차 및 준비에 소요된 비용은 집행비용으로 되지 않는다.

2. 집행비용의 범위

집행비용은 집행준비비용과 집행실시비용으로 나눌 수 있다.

(1) 집행준비비용

집행준비비용은 집행실시 이전에 집행개시를 위한 집행권원의 송달비용, 강제집행신청을 위한 집행문부여비용 등이 있다.

집행준비비용은 집행기록상 그 지출이 명백하지 아니한 경우에는 채권자가 소명하지 아니하면 집행비용으로서 추심할 수 없다.

(2) 집행실시비용

집행실시비용은 집행신청 이후에 채권자 및 집행기관이 집행절차의 수행을 위하여 필요한 비용이다. 집행관수수료, 체당금, 집행신청인지대, 압류물보존비용(법 제198조 2항), 각종 통지비용 등이 여기에 해당된다.

비용지출은 집행실시에 직접 관련이 있어야 한다. 집행실시와 무관한 다른 독립된 절차를 위해 지출한 비용에 대해서는 집행실시비용이 될 수 없다. 즉, 집행문부여의 소, 청구이의의 소, 제3자 이의의 소 등은 집행절차와 독립된 소송절차이므로 이를 위해 지출한 소송비용은 집행비용이라고 할 수 없다.

3. 집행비용의 부담

집행비용은 원칙적으로 채무자가 부담한다(법 제53조 1항).

채무자가 부담하는 집행비용은 필요한 부분에 한한다. 따라서 채권자의 부주의나 불필요한 집행행위로 인하여 생긴 비용은 채권자가 부담한다.

채권자가 집행신청의 일부를 취하하거나 집행절차를 일부가 취소된 경우 그 일부의 집행에 소요된 비용은 채권자가 부담하게 되며, 집행비용으로 되지 않는다.

집행비용은 집행채무자의 부담이 되고 채권자의 본안의 승소확정판결 집행시에 별도의 집행권원 없이 회수할 수 있는 것이므로 본안소송에서 이를 불법행위로 인한 손해라 하여 별도로 소구할 이익이 없다(대판 1979. 2. 27. 78다1820).

4. 집행비용의 예납

(1) 취 지

민사집행을 신청할 때에는 채권자는 집행에 필요한 비용으로서 법원이 정한 금액을 미리 내야 한다.

집행비용은 채무자의 불이행 등에 의해 지출된 것이므로 종국적으로는 채무자 부담으로 되지만 집행절차에서 전부 회수할 수 있는 것으로 보장할 수 없으므로, 민사집행신청인 또는 가압류·가처분신청인으로 하여금 일정한 소요경비를 미리 내게 하고 배당절차를 통해 우선적으로 변상받게 하고 있다(법 제53조, 제275조).

만약 채권자가 집행비용을 예납하지 아니하면 집행관은 위임을 거부하거나 사무를 행하지 아니할 수 있고, 집행법원은 신청을 각하하거나 집행절차를 취소할 수 있다.

집행비용은 채무자가 부담하는 것이 원칙이지만 집행절차의 원활을 위하여 비용의 예납제도를 두고 있는 것이다.

(2) 예납방법

가. 집행관이 집행기관인 경우

1) 예납의무자

민사집행 및 보전처분의 집행을 신청한 채권자이다. 벌금 등의 재산형이나 과태료의 집행에 있어서도 계산액을 예납시킬 수 있다.

2) 예납하여야 할 비용

위임한 집행사건에 관한 집행관수수료(집행관수수료규칙 3조) 및 그 집행사건을 수행함에 소요되는 비용(같은 규칙 20조)이다. 집행관은 수수료 및 비용의 계산액을 집행관수수료규칙에 따라 결정하되, 그 집행사건이 통상의 절차에 따른 사건종료까지의 계산액을 산출한다.

집행절차중 생기는 특별한 비용(압류물 보존을 위한 특별처분에 필요한 비용 등)은 필요시에 예납시키게 한다(법 제198조).

3) 예납절차

집행관은 집행신청인에게 예납액을 상당한 기간 내에 예납할 것을 고지하고, 신청인은 그 기간 내에 집행관에게 예납하고 영수증을 교부받는다.

4) 예납하지 않은 경우의 효과

채권자가 예납하여야 할 집행비용(추가예납 포함)을 예납하지 아니하는 경우에는 위임을 거부하거나 사무를 행하지 아니할 수 있다(집행관수수료규칙 제25조 2항).

나. 법원이 집행기관인 경우

1) 예납의무자

민사집행 및 보전처분의 집행을 신청한 채권자가 예납하여야 한다.

2) 예납하여야 할 비용

집행법원이 집행절차의 수행에 필요로 하는 재판상의 비용 중 법원이 지급할 비용(송달비용, 공고비용, 현황조사수수료, 평가료, 경매수수료 등)이다. 송달료 이외의 비용은 법원보관금으로서 송달료와 별도로 취급된다.

집행비용은 통상의 절차에 따른 집행종료시까지의 비용의 계산액을 일괄하여 납부시키고, 부동산경매에서 집행관수수료는 경매신청서상 표시 채권액을 기준으로 산정한다.

집행개시 후의 당사자비용, 집행개시 전의 비용, 각종 신청시의 수수료 등은 예납의 대상이 아니다. 부동산강제(임의)경매개시결정의 기입등기, 가처분의 등기 등의 등록세는 현금을 국고수납 대행기관에 납부하고 그 영수증을 법원에 제출하여야 하므로 예납의 대상이 아니다.

송달료는 원칙적으로 당사자수 ×5회분을 기준으로 우표 또는 현금을 예납받으나, 부동산경매사건을 송달료처리의특례에관한규칙이 적용되어 송달료수납은행에 현금을 납부하여야 하고, 그 기준은(신청서상의 이해관계인수 + 3)×10회분으로 산출한 금액이다.

3) 예납절차

채권자가 사건을 법원에 접수하기 전에 비용을 납부한 경우 취급점에서 납부자에게 법원보관금 영수필통지서와 법원보관금 영수증을 교부하고 채권자는 사건을 접수할 때 이를 첨부하면 된다. 반면 비용을 납부하지 않고 사건이 접수된 경우는 납부할 채권자에게 적당한 방법으로 고지하여 납부하게 된다.

 4) 예납하지 아니한 경우의 효과

 채권자가 예납할 비용을 미리 내지 않은 경우에 집행법원은 결정으로 신청을 각하하거나 집행절차를 취소할 수 있다(법 제18조 제2항). 단, 예납기간이 경과되었다고 하더라도 신청을 각하하거나 집행절차를 취소하기 전에 예납을 한 때에는 신청을 각하하거나 절차를 취소할 수 없을 것이다. 만일 신청을 각하하거나 절차를 취소한 경우에는 그 결정에 대하여 즉시항고를 할 수 있다(법 제18조 3항).

 (3) 예납의 유예

 소송상의 구조를 받은 자(민소 제128조)가 민사집행신청을 하는 경우에는 집행비용예납의 유예를 받고 국고에서 체당하여 지급한다. 소송상의 구조는 피구조자에 한하여 효력이 있으므로(민소 130조), 그 승계인이 집행신청을 하려면 새로 구조결정을 받아야 예납이 유예된다. 구조의 재판은 제1심뿐만 아니라 상소심에서도 할 수 있다.

 가. 구조의 범위

 구조의 범위는 민사집행법에 필요한 재판비용 예납유예, 변호사 및 집행관의 보수, 체당금의 지급유예이다(민소 129조). 집행준비를 위한 재판비용도 포함되나, 당사자비용 예컨대 서류작성의 서기료, 제출비용, 등기부등본 교부수수료 등은 구조의 대상이 되지 아니한다.

 법원이 집행기관인 경우 인지, 송달료, 집행관의 수수료·여비, 감정료 등의 예납이 유예되고, 유예비용 중 송달료 등록세, 감정료, 공고료 등은 국고에서 체당 지급되며, 집행관의 보수·체당금은 나중에 채무자로부터 추심되지 아니한 경우에는 국고에서 지급한다. 집행관이 집행기관인 경우에는 수수료 및 비용의 계산액에 관하여 예납이 유예된다.

 나. 피구조자의 비용납입자력이 있음이 판명된 경우의 효과

 집행절차 진행중에 피구조자가 비용납입자력이 있음이 판명되거나 자력이 있게 된 때에는 집행법원은 직권 또는 이해관계인의 신청으로 언제든지 구조를 취소하고 유예비용의 납입을 명할 수 있다(민소 제131조).

 5. 집행비용의 추심

 (1) 의 의

 민사집행에 필요한 비용은 종국적으로 채무자의 부담으로 하고, 집행비용은 별도의 집행권원 없이 본래의 강제집행에 의하여 우선적으로 변제받는다(법 제53조 제1항). 반면,

집행에 불필요한 비용을 지출하였을 경우는 채권자의 부담으로 한다. 특별히 인도집행과 같은 금전채권이 아닌 채권에 관한 강제집행의 경우 당해 집행절차에서 집행비용을 변상받을 방법이 없으므로 그 집행비용을 추심하기 위해서는 별도의 집행비용액 확정결정을 받아 이를 집행권원으로 금전집행을 할 수 있다. 따라서 집행비용은 특별한 경우를 제외하고는 당해 집행절차상 매각금원에서 모든 채권보다 우선해서 추심할 수 있도록 보호하고 있다.

집행비용을 별소로써 청구할 수는 없다(대결 1996. 8. 21. 96그8).

(2) 추심의 방법

가. 부동산에 대한 강제집행

신청채권자가 지출한 집행비용은 어떤 채권보다 우선해서 추심된다. 그러나 이중의 경매신청이 있는 경우 종전의 경매절차가 취소 또는 취하에 의해 실효되지 않는 이상 그 경매신청비용은 우선적으로 배당받을 수 없어 채권자부담이 되고 만다. 한편, 강제관리에 있어서 집행비용은 관리인이 제3자로부터 추심한 수익금으로부터 지급받는다.

단, 집행비용 중 강제관리신청비용, 신청기입등기를 위한 등록세 등 협의의 집행비용은 타 채권에 비해 최우선해서 변제를 받을 수 있으나, 관리인의 보수 등은 조세 및 공과금을 공제한 잔여금에서 지급받게 된다.

나. 선박·자동차·건설기계 등에 대한 강제집행

선박, 자동차, 건설기계, 항공기에 대하여도 강제경매의 경우와 같다.

다. 유체동산에 대한 강제집행

유체동산에 대한 강제집행은 압류물의 매각대금에서 채권자의 청구채권과 함께 집행비용을 추심할 수 있다(법 제188조 제2항, 제207조).

라. 채권과 그 밖의 재산권에 대한 강제집행

1) 금전채권에 대한 강제집행

금전채권에 대한 강제집행에서는 채권압류명령에 집행비용을 표시하여 전부명령 또는 추심명령에 의해 변제충당 또는 추심한다. 압류명령과 전부명령이 다른 시기에 있게 될 대 전부명령신청비용은 신청서에 기재하면 전부명령에 부기하여 변제받을 수 있고, 추심명령인 경우도 같다.

2) 유체동산의 청구권에 대한 강제집행

유체동산의 청구권에 대한 강제집행에서는 집행관이 유체동산을 현금화한 후 집행법원에 인계하므로 그 배당절차에서 추심한다.

　3) 부동산에 관한 청구권에 대한 강제집행

　부동산의 청구권에 대한 강제집행에서는 보관인에의 인도 또는 채무자명의의 등기가 되면 부동산강제경매를 할 수 있으므로 그 절차에서 추심한다.

【서식】 집행비용계산서

○○지방법원
집행비용 계산서

사건 20○○타경 ○○○○ 부동산강제(임의)경매

순 번	내 역	금 액
1	경매신청서 등 첩부 인지대	○○○○원
2	경매신청서 서기료	○○○○원
3	등본수수료	○○○○원
4	경매개시결정등기등록세(지방교육세 포함)	○○○○원
5	등기신청수수료	○○○○원
6	송달료	○○○○원
7	현황조사비용	○○○○원
8	감정평가비용	○○○○원
9	공고비용	○○○○원
10	매각수수료	○○○○원
11	기타	○○○○원
합 계		○○○○원

집행기록에 의하여 위 계산을 하였습니다.

20○○. ○. ○.

법원사무관 ○ ○ ○ ㊞

해설 1. 경매신청서등 첨부 인지대

첩용인지대는 당해서류에 첩용한 인지액에 의하여 산출한다. 다만 과첩된 인지액은 집행비용으로 되지 않으므로 이를 계산해서는 안된다. 집행문부여신청서, 집행권원송달증명서 등의 첩용인지대는 집행기록에 편철되어 있는 증명서의 존재에 의하여 이를 산출하여도 무방하다.

서류의 종류	조 문	인지액	전산입력방법	편철방법
야간(휴일)집행허가신청서	민집 8	1,000원	집행사건입력	가철(항고사건의 기록만을 보내거나 민사집행사건의 기록에 붙여 보낼 때는 별도기록
즉시항고장	민집 15	민소인지법 제11조 소정액	문건입력	별도기록
집행에 관한 이의신청서	민집 16 ①	1,000원	집행사건입력	가 철
집행에 관한 이의신청에 기한 잠정처분 신청서	민집 16 ②	-	문건입력	별도기록
집행관의 집행위임거부 등에 대한 이의신청서	민집 16 ③	1,000원	집행사건입력	별도기록
집행판결을 구하는 소장	민집 26	민소인지법 제2조 소정액	민사사건입력	가철(기록이 보존되었거나 폐기된 경우는 별도기록
집행(승계집행)문 부여신청	민집 28, 31, 58, 292	500원	문건입력	별도기록
집행문부여의 소장	민집 33, 59 ④	민소인지법 제2조 소정액	민사사건입력	별도기록
집행문부여에 대한 이의신청서	민집 34	1,000원	신청사건입력	가 철
집행문부여에 대한 이의신청에 기한 잠정처분신청서	민집 34 ②	-	문건입력	가철(기록이 보존되었거나 폐기된 경우는 별도기록
집행문 수통(또는 제도)부여신청서	민집 35	500원	문건입력	가철(기록이 보존되었거나 폐기된 경우는 별도기록
판결등 집행권원 정본의 송달증명원	민집 39	500원	문건입력	별도기록
청구에 관한 이의의 소장	민집 44	민소인지법 제2조 소정액	민사사건입력	별도기록
집행문부여에 대한 이의의 소장	민집 45	민소인지법 제2조 소정액	민사사건입력	별도기록
잠정처분신청서	민집 46 ②, 48 ③	1,000원	신청사건입력	별도기록
제3자이의 소장	민집 48	민소인지법 제2조 소정액	민사사건입력	별도기록
경매절차정지신청서	민집 49	-	문건입력	가 철
채무자 유산의 강제집행을 위한 특별대리인선임신청서	민집 52	1,000원	집행사건입력	별도기록
집행비용액확정결정신청서	민집 53, 민집규 24 ①	1,000원	집행사건입력	별도기록
군인, 군무원에 대한 집행의 촉탁신청서	민집 54	1,000원	집행사건입력	별도기록
외국에서 할 강제집행에 대한 촉탁신청서	민집 55	1,000원	집행사건입력	별도기록
공증인의 집행문부여에 대한 이의신청서	민집 59 ②	1,000원	신청사건입력	별도기록
재산명시신청서	민집 61	1,000원	신청사건입력	별도기록

서류의 종류	조 문	인지액	전산입력방법	편철방법
명시명령에 대한 이의신청서	민집 63	1,000원	신청사건입력	합 철
재산목록 정정허가 신청서	민집 66	-	문건입력	가 철
재산목록의 열람복사신청서	민집 67	500원	문건입력	(열람 및 복사청구서철에 편철)
감치재판개시결정	민집68 민집규 30②	-	집행사건입력	합 철
명시명령 이행 신청서	민집 68 ⑤	-	문건입력	가 철
채무불이행자명부등재신청서	민집 70	1,000원	신청사건입력	별도기록
채무불이행자명부 열람복사신청서	민집 72 ④	500원	문건입력	(열람 및 복사청구서철에 편철)
명부등재말소신청서	민집 73	1,000원	신청사건입력	합 철
재산조회신청서	민집 74	1,000원	신청사건입력	별도기록
재산조회결과의 열람복사출력신청서	민집 75	500원	문건입력	(재산조회결과열람복사 출력청구서철에편철)
부동산경매신청서	민집 80, 264	5,000원	집행사건입력	별도기록
매각기일연기(변경)신청서		-	문건입력	가 철
미등기 부동산에 대한 집행관조사신청서	민집 81 ③	500원	문건입력	가 철
부동산에 대한 침해행위방지조치신청서	민집 83 ③	-	문건입력	가 철
채권계산서	민집 253, 84	-	문건입력	가 철
경매개시결정에 대한 이의신청서	민집 86, 265	1,000원	집행사건입력	합 철
경매개시결정에 대한 이의신청에 기한 잠정처분신청서	민집 86 ②	-	문건입력	가 철
후행 경매개시결정에 의한 절차속행신청서	민집 87 ③	-	문건입력	가 철
채권자의 배당요구신청서	민집 247, 88	500원	문건입력	가 철
경매신청취하서	민집 93	-	문건입력	가 철
부동산의 멸실 등에 의한 경매취소신청서	민집 96	-	문건입력	가 철
부동산재평가신청서	민집 97	-	문건입력	가 철
부동산일괄매각신청서	민집 98	-	문건입력	가 철
채권자의 매수신청서	민집 102 ②	-	문건입력	가 철
합의에 의한 매각조건변경신청서	민집 110	-	문건입력	가 철
최고가(차순위)매수신고인의 송달영수인 신고서	민집 118	-	문건입력	가 철
매각허가결정에 관한 이의신청서	민집 120	-	문건입력	가 철
매각부동산지정서	민집 124 ②	-	문건입력	가 철
부동산훼손등에 의한 매각불허가신청서	민집 127 ①	1,000원	집행사건입력	합 철
부동산훼손등에 의한 매각허가결정의 취소신청서	민집 127 ①	1,000원	집행사건입력	합 철
매각허가여부에 대한 항고장, 재항고장	민집 129	2,000원	문건입력	가철(항고사건의 기록만을 보내거나 민사집행사건의기록일부 의등본을 항고사건의 기록에 붙여 보낼 때는 별도기록
매각부동산인도명령신청서	민집 136 ①	1,000원	집행사건입력	합 철
매각부동산관리명령신청서	민집 136 ②	1,000원	집행사건입력	합 철

서류의 종류	조 문	인지액	전산입력방법	편철방법
공유자의 우선매수신고서	민집 140	-	문건입력	가 철
매수대금과 배당액의 상계신청서	민집 143 ②	-	문건입력	가 철
매수인의 채무인수신청서	민집 143 ①	-	문건입력	
매수인의 채무인수 또는 차액지급신고에 대한 이의신청서	민집 143 ③	-	문건입력	
배당표에 대한 이의신청서	민집 151 ②	-	문건입력	
배당이의의 소장	민집 154	민소인지액 제2조 소정액	민사사건입력	
집행력있는 정본의 환부신청서	민집 159 ③, 172	-	문건입력	
배당액계좌입금신청서	민집 160 ② 민집규 82 ②	-	문건입력	
부동산강제관리신청서	민집 163	5,000원	집행사건입력	
관리인해임신청서	민집 167 ③	-	문건입력	
강제관리에 대한 제3자 이의의 소장	민집 168	민소인지액 제2조 소정액	민사사건입력	
배당협의불성립사유신고서	민집 169 ③	-	문건입력	
수익처리신고서	민집규 91 ⑥	-	문건입력	
관리인의 계산에 대한 이의신청서	민집 170 ②	500원	문건입력	
선박에 대한 강제집행신청서	민집 172	5,000원	집행사건입력	
선박국적증서인도명령신청서	민집 175	1,000원	집행사건입력	
선박국적증서등 수취불능신고서	민집규 97	-	문건입력	
선박국적증서등의 재수취명령신청서	민집규 101	500원	문건입력	
압류선박의 항행허가신청서	민집 176 ②	500원	문건입력	
선박등기부초본 또는 등본의 송부청구신청서	민집 177 ②	500원	문건입력	
선박감수보전처분	민집 178	1,000원	집행사건입력	
보증의 제공에 의한 선박강제경매절차의 취소신청서	민집 181	1,000원	집행사건입력	
자동차인도명령신청서	민집규 113 ①	1,000원	집행사건입력	
자동차운행허가신청서	민집규 117, 210 ③	500원	문건입력	
선박지분에 대한 강제집행신청서	민집 185	2,000원	집행사건입력	
제3자점유물인도명령신청서	민집 193 ①	1,000원	집행사건입력	
압류금지물의 범위변경신청서	민집 196	1,000원	집행사건입력	
유체동산 특별현금화명령신청서	민집 214	1,000원	집행사건입력	
집행관에 대한 매각실시명령신청서	민집 216	1,000원	집행사건입력	

서류의 종류	조 문	인지액	전산입력방법	편철방법
공유부인의 소장	민집 221 ③	민소인지법 제2조 소정액	민사사건입력	
매각대금의 공탁사유신고서	민집 222 ③	-	집행사건입력	
가압류를 본압류로 전이하는 신청서	민집 225	2,000원	집행사건입력	
채권압류명령신청서	민집 225	2,000원	집행사건입력	
저당권있는 채권압류명령의 등기부기입신청서	민집 228 ①	500원	문건입력	
전부명령신청서	민집 229	2,000원	집행사건입력	
채권압류 및 전부(추심)명령신청서	민집 229	4,000원	집행사건입력	
추심명령신청서	민집 229	2,000원	집행사건입력	
저당권있는 채권전부명령의 등기부기입신청서	민집 230	500원	문건입력	
압류액의 제한(또는 초과액처분) 허가신청서	민집 232	500원	문건입력	
압류채권자의 추심신고서	민집 236 ①	-	문건입력	
추심금공탁사유신고서	민집 236 ②	-	집행사건입력	
제3채무자에 대한 진술최고신청서	민집 237	500원	문건입력	
추심권포기신고서	민집 240	-	문건입력	
채권 기타 재산권 특별현금화명령 신청서	민집 241	2,000원	집행사건입력	
유체동산 인도나 권리이전청구권에 대한 압류명령신청서	민집 242, 243	2,000원	집행사건입력	
유체물인도청구권에 대한 추심명령신청서	민집 243 ②	2,000원	집행사건입력	
부동산 인도나 권리이전청구권에 대한 압류명령신청서	민집 244 ①, ②	2,000원	집행사건입력	
부동산청구권에 대한 추심명령신청서	민집 244 ④	2,000원	집행사건입력	
압류금지채권의 범위변경신청서	민집 246 ②, ③ 291	1,000원	집행사건입력 보전처분에서는 신청사건입력	
제3채무자의 채무액공탁사유신고서	민집 248 ④	-	집행사건입력	
채권가압류를 원인으로 한 제3채무자의 권리공탁신고서	민집규 172조 ①, ②	-	문건입력	
추심의 소장	민집 249 ①	민소인지법 제2조 소정액	민사사건입력	

서류의 종류	조 문	인지액	전산입력방법	편철방법
제3채무자의 배당요구채권자 참가명령신청서	민집 249 ③	500원	문건입력	
배당요구채권자의 압류채권추심허가신청서	민집 250	1,000원	집행사건입력	
그 밖의 재산권의 압류명령신청서	민집 251	2,000원	집행사건입력	
제3자가 점유하는 물건에 대한 인도청구권의 이부명령신청서	민집 259	2,000원	집행사건입력	
대체집행신청서	민집 260 ①	2,000원	집행사건입력	
대체집행비용선지급결정신청서	민집 260 ②	1,000원	집행사건입력	
간접강제신청서	민집 261	2,000원	집행사건입력	
가압류신청서	민집 276	2,000원	신청사건입력	
가압류결정에 대한 이의신청서	민집 283	2,000원	신청사건입력	
가압류이의신청사건의 이송신청서	민집 284	1,000원	신청사건입력	
가압류신청취하서	민집 285	-	문건입력	
가압류이의에 관한 판결에 대한 항소장, 상고장		각 4,000원	문건입력	
제소명령신청서	민집 287 ①	1,000원	신청사건입력	
제소기간도과에 의한 가압류취소신청서	민집 287 ③	2,000원	신청사건입력	
사정변경등에 의한 가압류취소신청서	민집 288 ①	2,000원	신청사건입력	
가압류취소재판의 효력정지신청서	민집 289	1,000원	신청사건입력	
강제관리의 방법에 의한 가압류 집행신청서	민집 294	5,000원	신청사건입력	
채권자의 가압류(가처분) 집행취소(해제)신청서		-	문건입력	
채권자의 가압류(가처분)신청취하를 이유로 하는 채무자의 집행취소신청서		-	문건입력	가 철
가압류취소재판의 취소재판에 의한 가압류집행신청서	민집 298 ②		문건입력	가 철
해방공탁에 의한 가압류집행의 취소신청서	민집 299	1,000원	신청사건입력	합 철
가처분신청서	민집 300	2,000원	신청사건입력	별도기록
가처분신청취하서		-	문건입력	가 철
가처분결정에 대한 이의신청서	민집 301, 283	2,000원	신청사건입력	합 철
가처분이외에 관한 종국판결에 대한 항소장, 상고장		각 4,000원	문건입력	가 철
사정변경등에 의한 가처분취소 신청서	민집 301, 288	2,000원	신청사건입력	첨 철
특별사정에 의한 가처분취소신청서	민집 307	2,000원	신청사건입력	첨 철
가처분원상회복 신청서	민집 308	500원	문건입력	가 철

서류의 종류	조 문	인지액	전산입력방법	편철방법
가처분집행정지 신청서	민집 309	1,000원	신청사건입력	별도기록
변론기일지정신청서	소액사건심판규칙 3조의3	-	문건입력	가 철
이행권고결정에 대한 이의신청서	소액사건심판법 5조의 4	-	문건입력	가 철
민사조정신청서	민사조정법 2	민사조정규칙 제3조① 소정액	민사조정사건입력	별도기록
조정사건이송신청서	민사조정법 4①	-	문건입력	가 철
조정사건이송신청서	민사조정법 4②	1,000원	신청사건입력	별도기록
조정회부신청서	민사조정법 7②	500원	문건입력	가 철
조정위원선정합의서	민사조정법 10조의2	-	문건입력	가 철
피신청인경정신청서	민사조정법 17①	500원	문건입력	가 철
대표당사자선정신고서	민사조정법 18①	-	문건입력	가 철
조정에 갈음하는 결정에 대한 이의신청서	민사조정법 34①	-	문건입력	가 철

해설 2. 경매신청서 서기료(민사소송비용규칙 제2조)
① 소장 기타 소송에 필요한 서류의 서기료는 1면16행 이상 1행20자 이상으로 된 1면마다 250원으로 하고, 1면에 미달한 경우에는 1면으로 본다. 다만, 「소액사건심판법」제4조 및 제5조의 규정에 의하여 구술로써 소를 제기한 경우에는 소장의 서기료를 소송비용으로 하지 못한다.
② 도면의 작성료는 그 정밀도에 따라 1면에 250원 이상 1,000원 이하로 한다.
③ 법무사에게 지급한 또는 지급할 서기료, 도면작성료 및 제출대행수수료는 대한법무사협회의 회칙이 정하는 법무사의 보수에 관한 규정에 정한 금액으로 한다.

해설3. 등기부등·초본 발급수수료는 등기부등·초본에 첨부된 영수필증 또는 등기부등·초본에 부기된 수수료 금액에 의하여 계산한다.
집행기록 기타 서류의 열람·등초본에 관한 수수료는 아래와 같다.(집행관수수료규칙 규칙 제23조)
 1. 열람
   열람을 구하는 사건 1건당 300원
 2. 등·초본
   원본 5장까지 300원, 초과 1장당 30원
 3. 기타의 증명
   증명사항 1건당 300원

해설4. 경매개시결정등기등록세는 등기촉탁서의 사본에 기재되어 있는 액에 의한다.

해설5. 등기신청수수료

[별표 1]

부동산등기신청수수료액

(「등기부등·초본 등 수수료규칙」 제5조의2에 의한 등기신청의 경우)

등 기 의 목 적		수수료	비 고
1. 소유권보존등기		14,000원	
2. 소유권이전등기		14,000원	
3. 소유권 이외의 권리설정 및 이전등기		14,000원	
4. 가등기 및 가등기의 이전등기		14,000원	
5. 변경 및 경정등기 (다만, 착오 또는 유루발견을 원인으로 하는 경정등기신청의 경우는 수수료 없음)	가. 등기명의인 표시	3,000원	행정구역·지번변경, 주민등록번호경정 등의 경우에는 신청수수료 없음
	나. 각종권리	3,000원	
	다. 토지표시	없 음	
	라. 건물표시	3,000원	행정구역·지번·면적 단위변경 등을 원인으로 하는 경우에는 신청수수료 없음
6. 분할·합병등기	가. 토지	없 음	
	나. 건물(구분등기 등)	3,000원	
7. 건물의 멸실등기		3,000원	토지의 멸실등기의 경우에는 신청수수료 없음
8. 예고등기		없 음	
9. 말소등기		3,000원	예고등기의 말소등기 경우에는 신청수수료 없음
10. 말소회복등기		3,000원	
11. 멸실회복등기		없 음	
12. 가압류·가처분등기		3,000원	
13. 압류 (체납처분 등 등기)	가. 지방세	3,000원	
	나. 의료보험 등 공과금	3,000원	
14. 경매기입등기, 강제관리등기		3,000원	
15. 파산·화의·회사정리등기		없 음	
16. 신탁등기	가. 신탁등기	없 음	
	나. 신탁등기의 변경, 말소등기 등 신탁관련 기타 등기	없 음	
17. 환매권등기	가. 환매특약의 등기 및 환매권 이전등기	14,000원	
	나. 환매권 변경, 말소 등 환매권 관련 기타 등기	3,000원	
18. 위에서 열거한 등기 이외의 기타 등기		3,000원	

해설 6. 송달료(개정 2009.01.15 재판예규 제1263호)

적용대상사건 및 당사자 1인당 송달료납부기준

송달료 1회분 3,020원 기준

적용대상사건	송달료 및 수송달자	당사자 1인당 납부기준	수 송 달 자
1. 민사	민사제1심합의사건(가합)	15회(45,300원)	원고, 피고 등
	민사제1심단독사건(가단)	15회(45,300원)	"
	민사소액사건(가소)	10회(30,200원)	"
	민사항소사건(나)	12회(36,240원)	항소인, 피항소인 등
	민사상고사건(다)	8회(24,160원)	상고인, 피상고인
	민사항고사건(라)	5회(15,100원)	항고인, 상대방
	민사재항고사건(마)	5회(15,100원)	재항고인, 상대방
	민사특별항고사건(그)	3회(9,060원)	특별항고인, 상대방
	민사준항고사건(바)	3회(9,060원)	항고인, 상대방
	화해사건(자)	4회(12,080원)	신청인, 상대방
	독촉사건(차)	4회(12,080원)	채권자, 채무자
	가압류, 가처분사건(카합, 카단)	3회(9,060원)	신청인, 상대방
	가압류, 가처분결정에 대한 이의, 취소(집행취소는 제외)사건(카합, 카단)	8회(24,160원)	"
	공시최고사건(카공)	3회(9,060원)	신청인(신문광고 의뢰포함)
	담보취소사건(카담)	2회(6,040원)	신청인, 상대방
	담보제공, 담보물변경, 담보권리행사최고사건(카담)	2회(6,040원 - 단, 담보권리행사최고사건은 3회)	"
	재산명시, 채무불이행자명부등재, 명부등재말소사건(카명)	5회(15,100원)	"
	재산조회(카조)	2회(6,040원 - 단, 우편에 의하여 재산조회를 실시하는 조회대상기관의 수를 가산한다)	신청인
	소송구조사건(카구)	신청인수×2회(6,040원)	신청인 등
	기타 민사신청사건(카기)	2회 (6,040원 - 단, 임차권등기명령사건은 3회, 의사표시의 공시송달, 법관·직원기피신청, 법원사무관등의 처분에 대한 이의사건은 신청인수×1회)	신청인, 상대방

제6편 강제집행과 경매

적용대상사건 (송달료 및 수송달자)	당사자 1인당 납부기준	수송달자
부동산등 경매사건(타경)	(신청서상의 이해관계인+3)×10회(30,200원)	채권자, 채무자, 이해관계인 등
채권등 집행사건(타채), 기타 집행사건(타기)	2회(6,040원 - 단, 송달을 요하지 아니한 경우에는 제외)	채권자, 채무자, 제3채무자
민사조정사건(머)	5회(15,100원)	신청인, 피신청인
비송사건(비합,비단)(과태료 사건은 제외)	2회(6,040원)	신청인, 사건본인 등
회생합의사건(회합)	40회(120,800원)	신청인 등
회생단독사건(회단)	40회(120,800원)	신청인 등
회생채권·회생담보권조사확정사건(회확)	4회(12,080원)	신청인, 상대방 등
회생 손해배상청구권 조사확정사건(회기)	4회(12,080원)	신청인, 상대방 등
회생 부인의 청구사건(회기)	4회(12,080원)	신청인, 상대방 등
파산합의사건(하합)	40회(120,800원)	신청인, 채무자 등
파산단독사건(하단)	10회(30,200원) + (채권자수×3회(9,060원))	신청인, 채무자 등
파산채권조사확정사건(하확)	4회(12,080원)	신청인, 상대방 등
파산 손해배상청구권 조사확정사건(하기)	4회(12,080원)	신청인, 상대방 등
파산 부인의 청구사건(하기)	4회(12,080원)	신청인, 상대방 등
면책사건(하면)	10회(30,200원) + (채권자수×3회(9,060원))	신청인 등
파산 면책취소사건(하기)	4회(12,080원)	신청인, 채무자 등
복권사건(하기)	10회(30,200원) + (채권자수×3회(9,060원))	신청인, 채무자 등
개인회생사건(개회)	10회(30,200원) + (채권자수×3회(9,060원))	신청인, 채권자 등
개인회생채권조사확정사건(개확)	4회(12,080원)	신청인, 상대방 등
개인회생 부인의 청구사건(개기)	4회(12,080원)	신청인, 상대방 등
개인회생 면책취소사건(개기)	4회(12,080원)	신청인, 채무자 등
국제도산사건(국승,국지)	4회(12,080원)	신청인 등
선박,유류등 책임제한사건(책)	10회(30,200원)	신청인 등
민사공조사건(러)	2회(6,040원)	당사자, 증인 등

적용대상사건	송달료 및 수송달자	당사자 1인당 납부기준	수 송 달 자
2. 행정	행정제1심사건(구단,구합)	10회(30,200원)	원고, 피고 등
	행정항소사건(누)	10회(30,200원)	항소인, 피항소인 등
	행정상고사건(두)	8회(24,160원)	상고인, 피상고인
	행정항고사건(루)	3회(9,060원)	항고인, 상대방
	행정재항고사건(무)	5회(15,100원)	재항고인, 상대방
	행정특별항고사건(부)	3회(9,060원)	특별항고인, 상대방
	행정준항고사건(사)	3회(9,060원)	항고인, 상대방
	행정신청사건(아)	2회(6,040원)	신청인, 상대방
3. 선거	선거소송사건(수)	10회(30,200원)	원고, 피고 등
	선거상고사건(우)	8회(24,160원)	상고인, 피상고인
	선거항고(재항고, 준항고, 특별항고)사건(수호)	3회(9,060원)(단, 재항고사건은 5회(15,100원))	항고인, 상대방
	선거신청사건(주)	2회(6,040원)	신청인, 상대방
4. 특수	특수소송사건(추)	8회(24,160원)	원고, 피고 등
	특수신청사건(쿠)	2회(6,040원)	신청인, 상대방
5. 특허	특허제1심사건(허)	10회(30,200원)	원고, 피고 등
	특허상고사건(후)	8회(24,160원)	상고인, 피상고인
	특허재항고사건(흐)	5회(15,100원)	재항고인, 상대방
	특허특별(준)항고사건(히)	3회(9,060원)	특별항고인, 상대방
	특허신청사건(카허)	5회(15,100원)	신청인, 상대방
6. 가사	가사제1심소송사건(드합,드단)	12회(36,240원)	원고, 피고 등
	가사항소사건(르)	10회(30,200원)	항소인, 피항소인 등
	가사상고사건(므)	8회(24,160원)	상고인, 피상고인
	가사항고사건(브)	3회(9,060원)	항고인, 상대방
	가사재항고사건(스)	5회(15,100원)	특별항고인, 상대방
	가사특별항고사건(으)	2회(6,040원)	특별항고인, 상대방
	가사신청사건(즈합,즈단,즈기)	3회 [9,060원 - 단, 가압류·가처분에 대한 이의, 취소(집행취소는 제외)사건은 8회(24,160원)]	신청인, 상대방
	가사조정사건(너)	5회(15,100원)	신청인, 피신청인

적용대상사건		송달료 및 수송달자 당사자 1인당 납부기준	수송달자
	가사비송사건(느합,느단)	라류 4회(12,080원 - 단, 자의 종전의 성과 본의 계속사용허가, 자의 성과 본의 변경허가 및 친양자 입양 허가 청구사건은 각 8회(24,160원)) 마류 12회(36,240원)	청구인
	가사공조사건(츠)	2회(6,040원)	당사자, 증인 등
7. 호적	호적비송사건(호파)(과태료사건은 제외)	6회(18,120원)	신청인
8. 각종사건에 대한 재심, 준재심사건(재심 대상사건의 부호문자 앞에 "재"를 산입)		재심대상사건의 송달료납부기준에 의함	원고, 피고 등
9. 각종 사건에 대한 기일지정신청사건(민사소송법 제268조 제3항, 민사소송규칙 제67조)		기일지정신청대상사건의 송달료납부기준에 의함	원고, 피고 등
10. 인신보호사건	인신보호 제1심사건	5회(15,100원)	구제청구자, 수용자
	인신보호 항고사건	3회(9,060원)	항고인, 상대방
	인신보호 재항고사건	3회(9,060원)	재항고인, 상대방
	임시해제신청사건	3회(9,060원)	신청인, 상대방

주 송달비용은 송달료입출명세서에 의하여 산출한다. 채권자 또는 그 대리인 등에 대한 사무연락비용, 송달료 등의 추가납부통지비용 등은 집행비용으로 계상할 수 없다. 송달비용 중 집행권원이나 승계집행문의 송달비용 등 기록상 확인할 수 없는 것은 채권자의 소명에 의해서만 계산한다. 서류의 송달(집행행위에 속한 것은 제외한다)수수료는 1건에 1,000원으로 한다. 송달사무가 신청에 의하여 휴일 또는 야간에 행하여지는 경우의 수수료는 1건에 1,500원으로 한다. 동일사건에 관하여 동일한 일시, 장소에서 동일인에게 소송에 관한 서류를 송달하는 경우에는 그 통수에 관계없이 1건으로 한다.(집행관수수료규칙 규칙 제2조)

해설7. 현황조사비용

압류·가압류 수수료표

집 행 할 채 권 액	수 수 료
50,000원까지	2,000원
100,000원까지	2,500원
250,000원까지	4,000원
500,000원까지	6,000원
750,000원까지	8,000원
1,000,000원까지	10,000원
3,000,000원까지	20,000원
5,000,000원까지	30,000원
5,000,000원초과	40,000원

해설8. 감정평가비용감정인등 선정과 감정료 산정기준 등에 관한 예규(재판예규 제1211호 2008. 2. 28 개정, 재일 2008 - 1)

1. 시가등의 감정
 시가등의 감정의 감정료는 다음의 기준에 따른 금액 이내로 한다.
 (1) 기본감정료
  감정가액(임료, 사용료 감정의 경우는 시가액)에 따라『감정평가업자의 보수에 관한 기준』(위 기준 중 법원의 소송평가에 대하여는 할증율을 적용하여 산정하기로 하는 제2조제4항제11호는 적용하지 아니한다)이 정한 평가수수료의 금액에 80%[다만「부동산가격 공시 및 감정평가에 관한 법률」제2조에 따른 아파트의 경우에는 70%]를 곱한 금액
 (2) 초과감정료
  다음 물건에 대하여는 기본감정료의 50%를 가산한다. 다만 둘 이상이 중복되는 경우에는 하나만을 적용한다.
  가. 광산, 온천 또는 광업권
  나. 어장 또는 어업권
  다. 특수용도의 건축물(교량, 댐, 선거, 대형공장 그 밖에 이에 준하는 물건)

라. 산림, 입목, 묘포, 관상용 식물 그 밖에 이에 준하는 식물
마. 육로나 공로에 의한 통행이 불가능한 도서지역 또는 비무장 지역에 소재하는 물건
(3) 원격지 감정료
동일한 명령에 따라 감정할 물건 상호간의 거리가 40km 이상인 경우에는, 원격지에 소재하는 물건에 대하여 그 기본감정료의 50%의 범위 내에서 이를 가산할 수 있다.

2. 소급감정료

감정명령년도로부터 1년 이상 연도별로 현시가등 과 동시에 소급감정을 하거나 1년 이상 연도별로 소급감정만 할 때에는 제31조 소정의 감정료에 현시가등의 감정료를 기준으로 다음과 같이 감정료를 가산한다.
(1) 소급감정년수가 2년 이하에 해당될 때에는 50%
(2) 소급감정년수가 2년을 초과하여 4년 이하에 해당될 때에는 100%
(3) 소급감정년수가 4년을 초과하여 6년 이하에 해당될 때에는 200%
(4) 소급감정년수가 6년 초과에 해당될 때에는 300%

3. 여비

여비는 다음과 같은 기준으로 민사소송비용규칙 소정의 여비정액으로 한다.
(1) 감정가액이 2억 원까지는 1인 2회
(2) 감정가액이 2억 원 초과는 2인 2회

4. 감정료의 상하한

동일한 감정명령에 따른 시가등의 총감정료 가 240,000원 미만인 때에는 240,000원으로 하고, 6,000,000원을 초과할 때에는 6,000,000원으로 한다. 다만, 자동차등 동산의 감정가액이 5,000,000원 이하인 경우에는 100,000원으로 한다.

5. 문서의 형태 비교 등에 의한 이동여부의 감정료

필적, 문자, 인영, 지문 등의 비교에 의한 이동 여부의 감정료는 다음의 기준에 따라 정한다.
(1) 기본감정료(기본 1건의 감정) : 300,000원
기본 1건은 감정목적물과 대조자료 1종류를 감정하는 경우
(2) 초과감정료 : 추가 1개당 120,000원
감정목적물이 2개 이상인 경우

6. 문서의 이화학적 분석의 감정료

인영, 지문의 위·변조, 문자의 판독, 필기구 및 인주 등의 색소, 위·변조 문서, 지질 등과 같은 이화학적 분석감정 및 문서작성연도감정의 감정료는 다음의 기준에 따라 정한다.
(1) 문서작성연도의 기본감정료
   가. 용지의 지질분석 : 300,000원
   나. 먹글씨인 경우 : 400,000원
   다. 잉크, 그 밖의 경우 : 300,000원
   라. 인영의 경우 : 300,000원
(2) 그 밖의 이화학적 분석의 기본감정료 : 350,000원
(3) 초과감정료 : 추가 1개당 120,000원
   감정목적물이 2개 이상인 경우
7. 신체감정료와 진료기록감정료
① 신체감정의 감정인등에게 지급할 감정료는 과목당 200,000원으로 한다. 감정과목이 2개 이상인 경우에는 각 과목당 감정료를 합산한다.
② 진료기록감정의 감정인등에게 지급할 감정료는 과목당 300,000원으로 한다. 감정과목이 2개 이상인 경우에는 각 과목당 감정료를 합산한다.
8. 공사비등의 감정료
공사비, 유익비, 건축물의 구조, 공정 그 밖에 이에 준하는 건설감정의 감정료는 감정인의 자격에 따라 『건축사용역의 범위와 대가기준』 중 감정에 관한 업무의 대가규정 또는 『엔지니어링사업대가의 기준』이 정한 실비정액 가산식으로 산출된 금액으로 한다. 다만, 제경비는 직접인건비의 80%, 기술료는 직접인건비와 제경비를 합한 금액의 15% 이내로 한다.
9. 감정료의 결정
① 감정인등은 법원에 감정서를 제출할 때 감정료산정서 및 감정료청구서를 함께 제출하여야 한다.
② 신체감정의 감정인등은 감정서를 제출할 때에 입원비·진찰비·검사비 등 감정과 관련하여 당사자에게 지급받은 금액에 대한 내역서를 첨부하여야 한다.
③ 감정인등은 감정료산정서에 이 예규에 따른 구체적인 산출근거를 상세히 기재하여야 한다.
④ 재판장은 감정서가 제출되고 감정결과에 대한 검토 절차가 모두 마쳐진 다음, 감정서 내용의 충실도, 감정서 제출의 지연 여부, 감정인등의 감정절차 협조 정도, 감

정인등이 제출한 감정료산정서의 근거, 감정료에 대한 당사자의 의견, 제2항에 따라 제출된 내역서의 금액 및 그 밖의 구체적 사정을 참작하여 감정료를 결정한다.
⑤ 재판장은 제4항에 불구하고 감정서가 제출된 직후에 예납액의 2분의 1 범위 내에서 제1차 감정료를 결정하여 지급하고, 감정결과에 대한 검토 절차가 모두 마쳐진 다음 제4항에 따라 결정된 감정료에서 제1차 감정료를 공제한 나머지 감정료를 지급할 수 있다.

해설 9. 공고비용(민사소송비용법 제9조, 제10조)
    16,500원(부동산 1필지당, 아파트는 2필지 계산)
    33,000원(토지, 건물)

해설 10. 매각 수수료

매각금액	매각수수료
10만원에 달하는 때까지	5,000원
1,000만원까지	매10만원마다 2,000원
1,000만원 초과 5,000만원까지	매10만원마다 1,500원
5,000만원 초과 1억원까지	매10만원마다 1,000원
1억원 초과 3억원 까지	매10만원마다 500원
3억원 초과 5억원까지	매10만원마다 300원
5억원 초과 10억원까지	매10만원마다 200원
다만 초과금액이 10만원에 미달하여도 10만원으로 산정하며, 매각금액이 10억원을 초과할 때에는 10억원으로 본다.	

해설 11. 기타 집행비용
1. 배당요구에 관한 사무의 수수료는 1,000원으로
2. 거절증서의 작성에 대한 수수료는 1건에 2,000원으로
3. 당사자의 위임에 의하여 고지 또는 최고를 하는 경우의 수수료는 1건에 1,000원으로
4. 「민사 집행법」이나 동 규칙 또는 「채무자 회생 및 파산에 관한 법률」에 의하여 원조를 하거나 재산에 봉인을 하는 경우의 수수료는 10,000원으로
5. 특정한 동산이나 대체물의 일정한 수량을 채무자로 부터 수취하여 채권자에게 인도할 경우의 수수료는 그 가액이 10만원이하인 때에는 4,000원, 10만원을 초과할 때

에는 6,000원으로 한다. 집무시간이 2시간을 초과할 때에는 그 초과하는 1시간 마다 1,000원을 가산하고 초과시간이 1시간에 미달하여도 1시간으로 산정한다. 이 경우에 집행관이 현장에 임하였으나, 당해동산이나 대체물이 없는 때에는 동항에 정한 수수료의 반액으로 한다.
6. 부동산 또는 선박에 대하여 채무자의 점유를 해제하고 채권자로 하여금 점유하게 할 경우의 수수료는 15,000원으로 한다. 다만, 집무시간이 2시간을 초과할 때에는 그 초과하는 1시간마다 1,500원을 가산하고, 초과사건이 1시간에 미달하여도 1시간으로 산정한다. 이 경우에 집행관이 현장에 임하였으나, 당해 부동산 또는 선박이 없는 때에는 동항에 정한 수수료의 반액으로 한다.
7. 대체집행의 경우 수수료는 15,000원으로 한다. 다만, 집무시간이 2시간을 초과할 때에는 그 초과하는 1시간마다 1,500원을 가산하고, 초과사건이 1시간에 미달하여도 1시간으로 산정한다. 이 경우에 집행관이 현장에 임하였으나, 당해 부동산 또는 선박이 없는 때에는 동항에 정한 수수료의 반액으로 한다.

VI. 집행에 관한 담보 · 보증 · 공탁

1. 의 의

(1) 집행에 관한 담보

집행에 관한 담보제도는 당사자 또는 제3자가 집행의 실시나 정지·취소로 인하여 상대방에게 주는 손해를 담보하기 위하여 제공하는 것을 말한다. 예컨대 채권자는 집행을 하기 위하여(법 제280조 2항 등), 채무자는 집행을 면하기 위하여(법 제288조 1항 등) 담보를 제공하는 경우가 그것이다.

(2) 집행에 관한 보증

집행에 관한 보증제도는 배당재단의 형성을 확보하기 위한 것으로, 집행절차, 특히 금전채권집행절차에 있어서, 매수신청인 등이 대금을 지급하도록 하기 위하여 두고 있는 제도이다.

이것은 매수인 등이 대금을 지급하지 아니하면, 지급한 보증금을 몰취하여 배당재단에 편입하도록 함으로써 집행절차를 유지하기 위한 것이다.

예컨대 부동산에 대한 강제경매의 경우 최저매각가격에 의해서는 남을 가망이 없다고 인정될 경우, 경매절차의 속행을 위해 압류채권자에게 보증을 제공하도록 한 경우, 또는 매각허가결정에 대한 항고를 할 때 항고인이 제공하는 보증 등과 같이 집행절차상 일정한 보증이 요구되는 경우 등이 여기에 해당된다.

(3) 집행에 관한 공탁

채무자, 제3채무자 또는 집행관이 이행의 강제를 면하거나 손해를 면하기 위해서 또는 절차의 완결을 위해서 집행의 목적물이나 이에 갈음하는 금전을 공탁소에 공탁하는 경우가 있는데 이를 집행법상 공탁이라 한다.

집행공탁은 손해의 담보라는 성질이 없는 점에서 집행법상의 담보와 그 성질이 전혀 다르다.

2. 집행에 관한 담보제공의 방법

(1) 금전 또는 유가증권의 공탁 등

담보의 제공은 담보제공자의 보통재판적이 있는 곳의 지방법원이나 집행법원에 대하여 선택적으로 할 수 있다(법 제19조 1항).

담보제공의 방법은 원칙적으로 금전 또는 법원이 인정하는 유가증권을 공탁하거나 대법원규칙이 정하는 바에 따라 지급보증위탁계약을 체결한 문서를 제출하는 방법에 의하고, 예외적으로 당사자 사이에 특별한 약정이 있으면 그에 의한다(법 제19조 3항, 민소 제122조).

즉, 담보제공은 공탁서 또는 보증서를 제공하거나 당사자의 약정(예 : 저당권설정 등) 에 따른 담보계약서와 그 이행증명서류를 제공하여야 한다. 다만, 보증서에 의한 담보제 공은 미리 법원의 허가를 받아야 한다(민사소송규칙 제22조).

(2) 담보제공명령

집행법상의 담보제공은 담보제공명령이 있어야만 할 수 있다.

담보제공명령은 법원이 직권으로 하며, 담보액과 담보제공기간을 정한다. 보증서지출 에 의한 담보제공명령은 담보제공의무자가 사건신청과 동시에 또는 사건신청 후 별도의 신청서로 지급보증위탁계약의 상대방이 될 금융기관·보험회사의 명칭과 취급지점을 특 정하여 법원에 보증서의 제출에 의한 담보제공의 신청을 한 대에 할 수 있다.

(3) 담보제공의 절차

공탁을 할 공탁소에 대하여는 특별한 제한규정이 없으므로, 통상 담보제공명령법원 소 재지의 공탁소에 공탁을 하고 있다.

공탁절차는 공탁법 및 공탁사무처리규칙에 따른다. 공탁을 하고자 하는 사람은 소정의 공탁서 2통을 작성하여 공탁공무원에게 제출하면 공탁공무원이 수리한 후 공탁금(유가 증권)납입서와 공탁서 1통을 반환한다. 공탁자는 그 서류와 함께 공탁물을 납입기한까지 공탁물보관자에게 납입하고 그 취지를 기재한 공탁서를 반환받는다.

증권을 발행하지 아니하는 등록국채를 담보로 공탁하는 경우에는 담보의 등록을 하여 공탁에 갈음할 수 있다(국채법 6조 2항). 담보제공자는 한국은행에 비치된 국채등록부에 담보의 등록을 하고 등록필통지서를 교부받아 이를 공탁서에 갈음하여 직접 법원에 제 출한다.

제3자가 당사자를 대신하여 공탁할 경우 법원의 허가나 담보권자의 동의는 필요 없으 나 공탁서에 이를 기재하여야 한다.

공탁을 한 때에는 법원은 당사자의 신청에 따라 그 증명서를 부여하여야 한다(법 제 19조 2항).

3. 집행에 관한 공탁의 방법

집행공탁의 방법도 담보제공의 경우와 같다. 즉 공탁서를 받아 이를 법원에 제출하여 야 비로소 공탁이 된 것으로 본다.

4. 담보물에 관한 권리

집행의 목적물 또는 이에 갈음한 금전을 담보로서 제공하면 담보권리자는 공탁자에 대한 손해배상청구권을 피담보채권으로 하여, 공탁물에 대하여 질권자와 동일한 권리가 있다(법 제19조 3항, 민소 제123조).

지급보증위탁계약이 체결된 경우에는, 담보권리자가 손해배상청구권에 관한 집행권원을 은행 등에 제출하면 은행 등이 이를 지급한다.

[담보제공명령신청서]

담보제공명령신청서

사 건　　　　20○○가단1234 ○○○○○
신 청 인　　　　（피 고）○ ○ ○
　　　　　　　○○시 ○○구 ○○동 ○○번지
　　　　　　　전화 02-1234-4567　　휴대폰 010-1234-5678
　　　　　　　팩스 02-9876-5432　　이메일 : lawb@lawb.co.kr
피신청인　　　　（원 고）○ ○ ○
　　　　　　　대 리 인 ○ ○ ○
　　　　　　　○○시 ○○구 ○○동 ○○번지
　　　　　　　전화 02-1234-4567　　휴대폰 010-1234-5678
　　　　　　　팩스 02-9876-5432　　이메일 : lawb@lawb.co.kr

　위 사건에 대하여 이 사건의 소장과 기일 소환장의 송달을 받은바 원고는 외국인이므로 대한민국에 주소와 영업소를 두지 않았으므로 후일 소송비용의 보상을 받기 어려울 염려가 있으므로 원고로 하여 금 소송비용의 담보를 제공할 것을 명령하여 주시기 바랍니다.

20○○. ○. ○.

위 신청인 ○○○(서명 또는 날인)

○○지방법원 귀중

[담보제공허가신청서]

담보제공허가신청서

사　　건 20○○가단1234 ○○○○○
채 권 자 ○ ○ ○
　　　　　　○○시 ○○구 ○○동 ○○번지
　　　　　　전화 02-1234-4567　　휴대폰 010-1234-5678
　　　　　　팩스 02-9876-5432 이메일 : lawb@lawb.co.kr
채 무 자 ○ ○ ○
　　　　　　○○시 ○○구 ○○동 ○○번지
　　　　　　전화 02-1234-4567　　휴대폰 010-1234-5678
　　　　　　팩스 02-9876-5432 이메일 : lawb@lawb.co.kr

　　위 사건에 관하여 채권자는 금○○○원의 담보제공을 명령받았는바, 민사집행법 제19조 제3항, 민사소송법 제122조에 의하여 아래 은행과의 지급보증위탁계약을 맺은 문서를 제출하는 방법으로 담보를 제공할 것을 허가하여 주시기 바랍니다.
-주식회사 ○○은행 ○○○지점

첨 부 서 류

　　1. 신청서 부본　　　　　　　　　　　　1통

　　　　　　　　20○○. ○. ○.

　　　　　　위 채권자 ○○○(서명 또는 날인)

　　　　　　　　　　　　　　　　　　○○지방법원 귀중

주 이 방법에 의할 경우에는 채권자로부터 신청서 2통을 제출받아 그 중 판사의 허가결정이 있는 1통은 원본으로 기록에 철하고, 나머지 1통에는 법원사무관등이 등본인을 날인하여 채권자에게 교부하고, 채권자는 그 등본을 지참하여 은행 등과 지급보증위탁계약을 체결한다.

[별도의 허가결정]

○○지방법원
결 정

사　건　　　　20○○카단1234 강제집행정지
채 권 자　　　　○ ○ ○
　　　　　　　　○○시 ○○구 ○○동 ○○번지
　　　　　　　　전화 02-1234-4567　　　휴대폰 010-1234-5678
　　　　　　　　팩스 02-9876-5432　　　이메일 : lawb@lawb.co.kr
채 무 자　　　　○ ○ ○
　　　　　　　　○○시 ○○구 ○○동 ○○번지
　　　　　　　　전화 02-1234-4567　　　휴대폰 010-1234-5678
　　　　　　　　팩스 02-9876-5432　　　이메일 : lawb@lawb.co.kr

　위 사건에 관하여 채권자가 담보로, 보증금액(보험금액)을 금○○○원으로 하는 지급보증위탁계약을 맺은 문서를 제출할 것을 허가한다.

　　　　　　　　　20○○. ○. ○.

　　　　　　　　　　　　　　　판사 ○ ○ ○　㊞

[허가결정을 담보제공명령과 동시에 하는 경우]

○○지방법원
담보제공명령

사　　건　　　　　　20○○카단1234 부동산가압류
채 권 자　　　　　　○　○　○
　　　　　　　○○시 ○○구 ○○동 ○○번지
　　　　　　　전화 02-1234-4567　　휴대폰 010-1234-5678
　　　　　　　팩스 02-9876-5432　　이메일 : lawb@lawb.co.kr
채 무 자　　　　　　○　○　○
　　　　　　　○○시 ○○구 ○○동 ○○번지
　　　　　　　전화 02-1234-4567　　휴대폰 010-1234-5678
　　　　　　　팩스 02-9876-5432　　이메일 : lawb@lawb.co.kr

　　위 사건에 관하여 채권자가 담보로 이 명령을 고지 받은 날부터 ○이이내에 채무자 ○○○을 위하여 금○○○원, 채무자 ○○○을 위하여 금○○○원을 각각 공탁할 것을 명한다.
　　채권자는 위 각 금액을 보증금액(보험금액)으로 하는 지급보증위탁계약을 맺은 문서를 각각 제출할 수 있다.

20○○. ○. ○.

판사 ○ ○ ○ ㊞

[담보제공(공탁)증명원]

담보제공(공탁)증명원

사　　건　　　　20○○가단1234 강제집행정지
신 청 인　　　　○ ○ ○
　　　　　　　　○○시 ○○구 ○○동 ○○번지
　　　　　　　　전화 02-1234-4567　　휴대폰 010-1234-5678
　　　　　　　　팩스 02-9876-5432　　이메일 : lawb@lawb.co.kr
피신청인　　　　○ ○ ○
　　　　　　　　○○시 ○○구 ○○동 ○○번지
　　　　　　　　전화 02-1234-4567　　휴대폰 010-1234-5678
　　　　　　　　팩스 02-9876-5432　　이메일 : lawb@lawb.co.kr

　위 사건에 관하여 20○○. ○. ○. 위 법원이 명한 담보(강제집행정지의 보증공탁)로 금○○○원을 귀원 공탁공무원에게 20○○금○○○○호로 공탁하였음을 증명하여 주시기 바랍니다.

　　　　　　　　　　　20○○. ○. ○.

　　　　　　　　위 신청인(공탁자) ○○○(서명 또는 날인)

　　　　　　　　　　　　　　　　　　　　　　○○지방법원 귀중

위 증명함

　　　　　　　　　　　20○○. ○. ○.

　　　　　　　　　　　　　　　　　　　　　　○○지방법원
　　　　　　　　　　　　　　　　　　　　　　법원주사 ○○○(직인)

제 2 절 관련사례

| 제척원인이 있는 집행관이 압류를 한 경우 그 압류의 효력은 어떻게 되는가? |

제척원인이 있는 집행관이 한 압류 등 집행행위는 당연무효는 아니고 집행이의신청에 의하여 취소할 수 있다.

【해 설】

집행관은 자기 또는 배우자, 자기 또는 배우자의 4촌 이내의 혈족이나 인척이 당사자 또는 피해자이거나 당사자 또는 피해자와 공동관리자, 공동의무자 또는 상환의무자인 관계가 있을 때 등 소정의 사유(집행관법 제13조)가 있을 때에는 직무집행으로부터 제척되므로 사건을 처리할 수 없다.

집행관에게 기피·회피제도는 인정되지 않는다.

제척원인이 있는 집행관이 한 압류 등 집행행위는 당연무효는 아니고 집행이의신청에 의하여 취소될 뿐이다.

집행관 또는 그 친족은 그 집행관 또는 다른 집행관이 경매 또는 매각하는 물건을 매수하지 못한다(집행관법 제15조).

이는 유체동산에 관한 규정이다. 또한 부동산경매에 매각절차에 관여한 집행관은 매각 부동산의 매수인이 될 수 없다(규칙 제59조 2호).

| 집행관이 제3자의 재산을 압류한 경우 채권자도 손해배상책임을 지는가? |

손해배상책임을 진다.

【해 설】

갑은 을에 대한 대여금채권에 기하여 약속어음공정증서를 받았으나, 을은 지급기일이 지났음에도 위 채무를 변제하지 않고 있었다. 그러므로 갑은 을의 공장 내에 있는 기계를 압류하였다. 그런데 을은 내용증명우편으로 위 기계는 을이 병으로부터 임차하여 사용하고 있는 것이라고 통고해왔다. 갑으로서는 위 기계가 누구의 소유인지 확인하기 어려운데 갑이 위 압류를 취하하지 않고 방치할 경우 위 압류된 기계가 실질적으로 병의 소유라면 갑이 병에게 손해배상을 하여야 하는가가 문제이다.

집행관이 채무자 아닌 제3자의 재산을 압류함으로써 받은 제3자의 손해에 대하여 채권자가 불법행위책임을 지기 위한 요건에 관하여 판례를 보면, "집행관이 채무자 아닌 제3자의 재산을 압류함으로써 받은 제3자의 손해를 채권자가 불법행위로서 배상책임을 지기 위하여서는 압류한 사실 이외에 채권자가 압류 당시 그 압류목적물이 제3자의 재산임을 알았거나 알지 못한 데 과실이 있어야 할 것이고, 위와 같은 고의·과실은 압류목적물이 채무자 아닌 제3자의 소유였다는 사실 자체에서 곧바로 추정된다고 할 수는 없다."라고 하였다.

또한 위 판례는 "채권자가 압류 당시에는 고의·과실이 없었다 하더라도 그 후 압류목적물이 제3자의 소유임을 알았거나 용이하게 알 수 있었음에도 불구하고 그 압류상태를 계속 유지한 때에는 압류목적물이 제3자의 소유임을 알았거나 용이하게 알 수 있었던 때로부터 불법집행으로 인한 손해배상책임을 면할 수 없다."라고 하였다(대법원 1999. 4. 9. 선고 98다59767 판결).

따라서 위 사안에서도 갑이 압류한 위 기계가 병의 소유임을 알지 못하고 집달관에게 집행을 위임하였던 것으로 보이므로 병에게 손해배상을 해야된다고 할 수는 없을 것이나, 위 기계가 병의 소유임을 알고서도 계속 압류상태를 유지할 경우에는 손해배상책임이 부과될 것으로 보입니다.

참고로 위와 같은 경우 채권자의 고의·과실은 피해자가 이를 따로 주장·입증하여야 한다(대법원 1988. 3. 8. 선고 87다카1962 판결).

또 집행관이 직무상 불법행위로 타인에게 손해를 끼친 경우에는 그 선임·감독자인 국가가 배상책임을 지게 되고, 그 경우 고의 또는 중과실인 때에는 집행관 개인도 배상책임을 면치 못한다(대판 1996. 2. 15. 95다38677).

확정판결의 변론종결 후 영업을 양수한 사람에게도 그 확정판결의 집행력이 미치는가?

확정판결상의 채무를 면책적으로 인수한 경우에만 집행력이 미친다(대판 1979. 3. 13. 78다2330).

【해 설】

<집행당사자적격>

1. 의 의

집행당사자적격이란 집행절차에 있어서 정당한 당사자, 즉 정당한 채권자 또는 채무자가 될 수 있는 자격을 말한다. 즉, 누구를 위하여 또는 누구에 대하여 집행문을 부여하여야 하는가의 문제를 말한다.

채권자의 적격은 집행권원의 집행력이 그를 위하여 존재하는 자이고, 채무자의 적격은 집행권원의 집행력이 그에 대하여 존재하는 자이다.

2. 집행적격자

집행당사자적격의 범위는 집행권원의 집행력이 미치는 주관적 범위와 같다(법 제25조 1항).

즉 승소한 당사자나 패소한 당사자에게 미치는 것은 물론이고, 그 판결에 표시된 당사자 외의 사람에게 판결의 효력이 미치는 때에는 그 자에 대하여 또는 그 자를 위하여 집행력이 있다.

상속포기로 인하여 집행채무자 적격이 없는 자를 집행채무자로 하여 이루어진 채권압류 및 전부명령의 실체법상의 효력(피전부채권의 전부채권에게의 이전)은 발생하지 않는다(대판 2002. 11. 13. 2002다41602).

(1) 판결상의 당사자

당해 판결상의 원·피고를 말한다.

(2) 당사자 이외의 자로서 집행적격을 가지는 자

ⅰ) 변론종결 후의 승계인

변론종결 후에 소송물인 청구권에 관하여 당사자의 지위를 승계한 자를 말한다(법 제25조 1항).

승계의 종류(포괄승계·특정승계)나 원인(매매·증여·면책적 채무인수 등)을 묻지 않는다. 다만, 채무의 인수의 경우에 대해 판례는 '확정판결의 변론종결 후 동 확정판결상의 채무자로부터 영업을 양수하여 양도인의 상호를 계속 사용하는 영업양수인은 상법 제42조 1항에 의하여 그 양도인의 영업으로 인한 채무를 변제할 책임이 있다 하여도, 그 확정판결상의 채무에 관하여 이를 면책적으로 인수하는 등 특별한 사정이 없는 한, 그 영업양수인을 변론종결 후의 승계인에 해당한다고 할 수 없다.'고 하였다(대판 1979. 3. 13. 78다2330)

ⅱ) 청구목적물을 소지한 사람

소송물인 권리 내지 의무 자체를 승계하지 않았지만 당사자 또는 승계인을 위하여 청구의 목적물을 소지하고 있는 사람에게도 집행적격이 인정된다.

iii) 제3자를 위하여 당사자가 된 사람이 받은 판결에 있어서의 제3자

선정당사자·파산관재인 등이 이에 해당된다.

iv) 소송탈퇴자

독립당사자참가 또는 소송인수에 있어서 종래의 당사자 일방이 소송에서 탈퇴하더라도 남아 있는 당사자와 참가인에 대하여 내려진 판결의 기판력 및 집행력은 탈퇴자에게 미친다(민소 제80조 단서, 제82조).

> 회사가 채무를 면탈하기 위하여 새로운 회사를 설립한 경우 종전 회사에 대한 집행권원으로 새로 설립된 회사에 강제집행을 할 수 있는가?

강제집행을 할 수 없다(대판 1995. 5. 12. 93다44531).

【해 설】

<집행당사자적격의 변동>

1. 집행문 부여 전에 변동된 경우

집행문부여 전에는 아직 집행당사자가 확정되지 않았으므로 집행문부여 전 승계 등의 원인에 의해 집행권원에 기재된 집행적격의 변동이 있으면 반드시 신적격자를 위하여 집행문부여를 신청하여 이들을 당사자로 하여야 한다.

2. 집행문 부여 후에 변동된 경우

(1) 원 칙

집행문부여 후에 있어서도 집행적격에 변동이 있을 때에는 원칙적으로 새로운 집행문 부여를 신청하여 당사자를 변경하지 않으면 변경된 당사자에 대하여 집행을 착수하거나 속행하지 못한다. 집행절차는 언제나 당사자의 관여가 있어야 하는 것은 아니고 또 대개의 집행행위는 집행기관이 직권으로 행하기 때문에 판결절차와는 달리 법률상의 당연승계나 이에 기한 중단·수계가 없기 때문이다.

(2) 예 외

포괄승계나 신탁이 있는 경우에는 위 (1)의 원칙에 대한 다음과 같은 예외가 있다.

가. 집행개시 후 채무자가 사망한 경우

이 경우에는 승계집행문을 받을 필요 없이 상속재산에 대하여 강제집행을 속행할 수 있다. 만약 채무자에게 통지 내지 송달하여야 할 집행행위를 실시할 경우에, 상속인이

없거나 상속인의 소재가 분명하지 아니한 때에는 집행법원은 채권자의 신청에 의하여 상속재산 또는 상속인을 위하여 특별대리인을 선임하여야 한다(법 제52조 2항).

나. 법인이나 법인 아닌 사단이 합병에 의해 소멸한 경우

이 경우에는 채무자가 사망에 준하여 처리한다. 그러나 회사가 채무를 면탈하기 위하여 새로운 회사를 설립한 경우라도 종전 회사에 대한 집행권원도 새로 설립된 회사에 대하여 강제집행을 할 수 없다.

판례는 '갑 회사와 을 회사가 기업의 형태·내용이 실질적으로 동일하고, 갑 회사는 을 회사의 채무를 면탈할 목적으로 설립된 것으로서 갑 회사가 을 회사의 채권자에 대하여 을 회사와는 별개의 법인격을 가지는 회사라는 주장을 하는 것이 신의성실의 원칙에 반하거나 법인격을 남용하는 것으로 인정되는 경우에도, 권리관계의 공권적인 확정 및 그 신속·확실한 실현을 도모하기 위하여 절차의 명확·안정을 중시하는 소송절차 및 강제집행절차에 있어서는 그 절차의 성격상 을 회사에 대한 판결의 기판력 및 집행력의 범위를 갑 회사에까지 확장하는 것은 허용되지 아니한다.'고 하였다(대판 1995. 5. 12. 93다44531).

다. 신탁재산에 대한 집행의 경우

신탁재산에 대해 수탁자가 변경된 경우라도 승계집행문을 부여받지 않고 신수탁자에 대해 속행할 수 있다(신탁법 제27조).

> **강제집행에 필요한 비용은 누가 부담하는가?**

집행비용은 원칙적으로 채무자가 부담한다(법 제53조 1항).

【해 설】

1. 집행비용의 의의

집행비용이란 집행을 하는데 필요한 비용을 말한다.

즉, 강제집행의 준비 및 실시를 위하여 필요한 집행기관 및 당사자의 비용을 말한다.

집행비용은 민사집행절차에 직접 드는 비용을 말하므로, 채권자가 채무자를 위하여 채무자 앞으로 상속등기를 한 경우의 상속등기비용, 소송비용액확정판결의 신청비용은 집행비용에 해당되지 않는다.

집행비용은 그 중 필요한 것만이 집행비용으로 되고(법 제18조 1항), 현실적으로 지출한 것이라도 필요가 없는 것은 진행비용이 아니다.

예컨대 채권자 무의미한 절차를 행함에 소요된 비용(보정명령의 송달료 등) 등은 진행비용이 아니다.

2. 집행비용의 부담

집행비용은 원칙적으로 채무자가 부담한다(법 제53조 1항). 채무자가 부담하는 집행비용은 필요한 부분에 한한다. 따라서 채권자의 부주의나 불필요한 집행행위로 인하여 생긴 비용은 채권자가 부담한다.

3. 집행비용의 추심

집행비용은 별도의 집행권원 없이 본래의 강제집행에 의하여 우선적으로 변제받는다(법 제53조 1항). 즉, 집행비용은 특별한 경우를 제외하고는 당해 집행절차상 매각금원에서 모든 채권보다 우선해서 추심할 수 있다. 그러나 부동산 명도 강제집행의 집행비용에 대한 집행법원의 집행비용액확정결정이 없는 경우, 그 집행비용을 위 부동산 명도 강제집행의 집행권원인 확정판결에 기한 강제경매절차에서 추심할 수 없다(대판 2006. 10. 12. 2004다818).

변제공탁사유와 압류로 인한 집행공탁사유가 동시에 발생한 경우 어떤 방법으로 공탁해야 하는가?

변제공탁과 집행공탁을 함께, 즉 혼합공탁을 할 수 있다.

【해 설】

갑은 을에게 상가를 임대하면서 계약기간이 만료된 후 을이 갑으로부터 받아갈 임차보증금반환채권은 제3자에게 양도하지 못하도록 약정하였는데, 을은 병에게 갑에 대한 위 임차보증금반환채권을 양도하고 그 채권양도를 갑에게 내용증명우편으로 통지하였다. 그런데 을은 다시 위 채권양도를 갑에게 내용증명우편으로 통지하였다. 그런데 을은 다시 위 채권양도를 철회한다는 통지를 보내왔으나 병의 동의여부는 확인되지 않았으며, 또한 정의 가압류와 위의 압류 및 추심명령이 경합되어 있다. 이 경우 채권자가 누구인지 알 수 없는 것을 원인으로 한 변제공탁과 압류로 인한 집행공탁을 함께 할 수 있는지가 문제이다.

채권자가 누구인지 알 수 없는 것을 원인으로 한 변제공탁에 관하여 민법 제487조 후단에 의하면 "변제자가 과실 없이 채권자를 알 수 없는 경우에도 변제의 목적물을 공탁하여 그 채무를 면할 수 있다."라고 규정하고 있다.

그리고 채권이 압류된 경우 제3채무자의 집행공탁에 관하여 구민사소송법(2002. 1. 26.

법률 제6626호로 개정되기 전의 것) 제581조 제1항에 의하면 "금전채권에 관하여 배당요구의 송달을 받은 제3채무자는 채무액을 공탁할 권리가 있다."라고 하여 압류된 금전채권에 대하여 배당요구가 있어 채권자가 경합하게 된 경우에 제3채무자가 그 권리로서 채무액을 공탁할 수 있도록 규정하고 있었다.

이러한 구 민사소송법(2002. 1. 26. 법률 제6626호로 개정되기 전의 것) 아래서 채권자가 누구인지 알 수 없는 것을 원인으로 한 변제공탁과 압류경합을 이유로 하는 집행공탁을 아울러 할 수 있는지에 관하여 판례를 보면, "민법 제487조 후단의 '변제자가 과실없이 채권자를 알 수 없는 경우'라 함은 객관적으로 채권자 또는 변제수령권자가 존재하고 있으나 채무자가 선량한 관리자의 주의를 다하여도 채권자가 누구인지 알 수 없는 경우를 말하므로, 양도금지 또는 제한의 특약이 있는 채권에 관하여 채권양도통지가 있었으나 그 후 양도통지의 철회 내지 무효의 주장이 있는 경우 제3채무자로서는 그 채권양도의 효력에 관하여 의문이 있어 민법 제487조 후단의 채권자 불확지를 원인으로 한 변제공탁사유가 생긴다고 할 것이고, 그 채권양도 후에 그 채권에 관하여 다수의 채권가 압류 또는 압류결정이 순차 내려짐으로써 그 채권양도의 대항력이 발생하지 아니한다면 압류경합으로 인하여 민사소송법 제581조 제1항 소정의 집행공탁의 사유가 생기는 경우에 채무자는 민법 제487조 후단 및 민사소송법 제581조 제1항을 근거로 채권자 불확지를 원인으로 하는 변제공탁과 압류경합 등을 이유로 하는 집행공탁을 아울러 할 수 있고, 이러한 공탁은 변제공탁에 관련된 채권양수인에 대하여는 변제공탁으로서의 효력이 있고 집행공탁에 관련된 압류채권자 등에 대하여는 집행공탁으로서의 효력이 있다고 할 것인바, 이와 같은 경우에 채무자가 선행의 채권양도의 효력에 의문이 있고, 그 후 압류의 경합이 발생하였다는 것을 공탁원인사실로 하여 채무액을 공탁하면서 공탁서에 민사소송법 제581조 제1항만을 근거법령으로 기재하였다 하더라도, 변제공탁으로서의 효력이 발생하지 않음이 확정되지 아니하는 이상 이로써 바로 민사소송법 제581조 제1항에 의한 집행공탁으로서의 효력이 발생한다고 할 수 없으므로, 집행법원은 집행공탁으로서의 공탁사유신고를 각하하거나 채무자로 하여금 민법 제487조 후단을 근거법령으로 추가하도록 공탁서를 정정하게 하고, 채권양도인과 양수인 사이에 채권양도의 효력에 관한 다툼이 확정된 후 공탁금을 출급하도록 하거나 배당절차를 실시할 수 있을 뿐, 바로 배당절차를 실시할 수는 없다."라고 하였다(대법원 2001. 2. 9. 선고 2000다10079 판결. 1996. 4. 26. 선고 96다2583 판결).

그런데 현행 민사집행법 제248조 제1항에 의하면 "제3채무자는 압류에 관련된 금전채권의 전액을 공탁할 수 있다."라고 하여 채권을 압류한 경우에 제3채무자는 채권자가 경합하지 아니하더라도 압류채권액 상당액 또는 전액을 공탁하여 채무를 면할 수 있도록 규정하고 있다.

　따라서 채권자가 누구인지 알 수 없는 것을 원인으로 한 변제공탁사유와 압류로 인한 집행공탁사유가 동시에 발생된 경우에 변제공탁과 집행공탁을 함께 즉, 혼합공탁(混合供託)을 할 수 있을 것으로 보인다.

제 2 장 　 금전채권에 기초한 강제집행 총설

제 1 절 　 총 설

I. 금전채권집행의 단계

　금전채권에 기초한 강제집행이란 채무자가 일정한 금전을 지급하여야 함에도 불구하고 이를 행하지 않는 경우에 국가권력에 의하여 강제적으로 실현하기 위한 강제집행절차를 말한다.

　이에 대하여 물건에 대한 인도청구권이나 작위·부작위 청구권 등을 강제적으로 실현하기 위한 절차를 금전채권 외의 채권에 기초한 강제집행이라고 한다.

　금전채권집행은 크게 압류 → 현금화 → 배당의 단계로 나뉘어서 진행된다. 예컨대 유체동산에 대한 집행의 경우, 채권자가 집행관에게 집행신청(집행위임)을 하면 집행관은 채무자 소유의 유체동산 중 압류금지물건을 제외하고 압류를 실시한 후, 압류물을 입찰 또는 호가경매의 방법으로 현금화한다. 그리고 집행관은 현금화한 대금을 압류채권자에게 인도하거나 압류채권자가 다수이고 현금화한 금액으로 총채권액을 만족시킬 수 없을 때에는 그 금액을 공평하게 나누는 배당절차를 실시하게 된다.

II. 강제집행의 요건

　1. 의 의

　강제집행이란 채권자의 신청에 의하여 국가의 집행기관이 채권자를 위하여 사법(私法)상의 이행청구권을 국가권력에 의하여 강제적으로 실현하는 절차를 말한다.

　집행기관이 강제집행을 위해서는 일정한 요건이 필요하며, 집행기관은 이를 조사하여 그 존재를 확인한 후에 비로소 집행에 착수하여야 한다. 즉, 채권자가 집행을 요구할 수 있는 지위에 있음을 전제로 집행권원, 집행증서 그리고 집행을 청구할 수 있는 권리 등을 확인하여야 집행이 될 것이다.

　만일 집행개시요건을 흠결한 것을 간과하였을 경우 위법이며, 집행방법의 이의, 항고, 취소청구를 통해 다툴 수 있다.

　2. 집행당사자

　(1) 의 의

강제집행절차도 판결절차와 같이 대립되는 양당사자를 전제로 하고 있다.

강제집행절차에 있어서 강제집행을 요구하는 자를 (집행)채권자, 강제집행을 요구받는 자를 (집행)채무자라고 한다.

집행당사자로서의 채권자 및 채무자라는 개념은 실체법상의 채권자 및 채무자라는 개념과 다르다.

실체법상 물권적 청구권을 가진 자도 집행법상으로는 채권자이며, 실체법상 채권을 가지지 않은 자도 집행권원이 있으면 집행법상으로는 채권자로 될 수 있다. 선행하는 소송의 원·피고의 승계가 있는 경우에는 승계인이 채권자 또는 채무자가 된다.

집행당사자, 즉 채권자, 채무자 이외의 자는 실체적 권리·의무 유무에 관계없이 집행에 관하여는 모두 제3자이며, 채무자에 대하여 채무를 부담하는 제3자를 제3채무자라고 한다. 집행당사자와 제3자를 포함하여 이해관계인이라고 하기도 한다.

(2) 집행당사자의 확정

당해 강제집행에 있어서 누가 채권자이고 채무자이냐는 집행권원과 집행문의 기재에 의하여 정하여진다(법 제39조). 강제집행은 집행정본이 있어야 할 수 있으므로(법 제28조), 집행문이 부여되기 전에는 집행당사자는 확정되지 않는다.

즉, 집행당사자는 집행문의 부여에 의하여 확정된다. 그를 위하여 집행문이 부여되어 있으면 채권자이고, 그에 대하여 집행문이 부여되어 있으면 채무자이다. 집행문의 부여 없이도 집행력이 있는 집행권원의 경우에는 그 집행권원에 표시된 당사자가 집행당사자로 된다.

집행당사자적격을 가진 자라도 집행문이 부여되지 않으면 집행당사자가 될 수 없고, 집행당사자적격을 가지지 않은 자라도 집행문이 부여되면 그 집행문이 취소될 때까지는 집행당사자로 된다.

(3) 집행당사자적격

가. 의 의

집행당사자적격이란 집행절차에 있어서 정당한 채권자 또는 채무자가 될 수 있는 자격을 말한다.

즉 누구를 위하여 또는 누구에 대하여 집행문을 부여하여야 하는가의 문제이다. 적격의 유무는 집행문부여에 있어서 조사할 사항이다.

나. **집행적격자의 범위**

채권자의 적격은 집행권원의 집행력이 그를 위하여 존재하는 것이고, 채무자의 적격은 집행권원의 집행력이 그에 대하여 존재하는 것이다.

따라서 집행당사자적격의 범위는 집행권원의 집행력이 미치는 주관적 범위와 같다(법 25조).

즉, 승소한 당사자나 패소한 당사자에게 인정되는 것은 물론이고, 판결에 표시된 당사자 이외의 자에 대하여 효력이 있는 때에는, 그 자에 대하여도 또 그자를 위하여도 집행력이 있다.

확정되거나 가집행선고 있는 종국판결의 집행력이 미치는 주관적 범위는 그 판결의 기판력의 주관적 범위와 동일하다(민소 218조).

당사자 이외의 자로서 집행적격을 가지는 자는 다음과 같은 경우가 있다.

1) 변론 종결 후의 승계인

변론을 종결한 후(변론없이 한 판결의 경우는 판결선고 후)에 소송물인 청구권에 관하여 당사자의 지위를 승계한 자를 말한다(법 제25조 1항, 민소 제218조).

이행판결상의 채권의 양수인, 면책적 채무인수인 등이 이에 해당된다.

승계의 종류(포괄승계·특정승계)와 원인(매매·증여·채권양도·면책적 채무인수·경매·전부명령 등)을 가리지 않고, 승계인의 악의·선의를 묻지 않는다. 채무의 중첩적 인수인은 승계인이 아니다(대법원 1979. 3. 13. 선고 78다2330 판결).

화해조서·조정조서·확정된 지급명령·확정된 이행권고결정·확정된 화해권고결정 등의 집행력도 확정판결의 경우에 준한다. 또 법무법인 등이 작성한 집행증서에 있어서는 증서상의 채권자, 채무자 및 증서작성 후의 포괄 및 특정승계인도 집행당사자적격이 있다.

승계가 있으면 채권자는 승계집행문을 받아 집행할 수 있고, 다시 집행권원을 얻을 필요가 없다.

2) 청구목적물을 소지한 사람

소송물인 권리 내지 의무 자체를 승계하지는 않았지만, 당사자 또는 승계인을 위하여 청구목적물을 소지하고 있는 사람에게도 집행적격이 인정된다. 청구목적물은 동산·부동산을 가리지 않고, 소지는 변론종결 전후를 묻지 않는다.

당사자나 승계인을 위하여 하여야 한다. 당사자 등을 위하여 소지하고 있다는 의미는 수치인, 창고업자, 운송인 등과 같이 오로지 본인을 위하여 소지하고 있는 경우를 가리키는 것이고, 임차인이나 질권자와 같이 자신의 이익을 위한 점유자는 포함되지 않는다. 법인의 대표자의 소지나 점유보조자(회사직원, 동거가족 등)의 소지는 당사자가 소지한 것과 같으므로 여기에 해당되지 아니한다.

채권자는 당사자 또는 승계인을 위하여 청구목적물을 소지하는 사람에 대하여 집행하기 위해서는 승계집행문을 부여받아야 하고, 승계집행문 신청시 본인을 위하여 소지한다는 사실을 증명하는 서면을 제출하여야 한다.

3) 제3자의 소송담당에 있어서 본인

제3자를 위하여 원고나 피고가 된 사람에 대한 확정판결의 기판력은 그 제3자에게 미치고, 따라서 그 판결의 집행력도 제3자에게 미친다.

예컨대 선정당사자, 파산관재인, 정리회사의 관리인, 선장, 대표소송을 수행하는 주주 등이 받은 판결의 집행력은 선정자, 파산자, 정리회사, 채무자, 회사에게 미친다.

선정당사자가 채권자인 경우 단독으로 일괄하여 강제집행을 신청할 수 있으나, 선정자가 강제집행을 신청하거나 선정자에 대하여 강제집행을 신청할 경우에는 승계집행문을 부여받아야 한다.

4) 소송탈퇴자

독립당사자 참가(민소 제79조)와 소송인수(민소 제82조)에 있어서 종래의 당사자 일방이 소송에서 탈퇴하더라도 남아 있는 당사자와 참가인이 받은 판결의 기판력과 집행력은 탈퇴자에게 미친다. 따라서 탈퇴당사자도 집해당사자적격이 있다. 그러나 보조참가의 경우 피참가인이 받은 패소판결의 보조참가인에 대한 효력은 이른바 참가적 효력이고, 기판력이 아니므로 이에 대하여는 집행력이 인정되지 않는다.

다. 집행적격의 변동

1) 집행문이 부여되기 전에 변동된 경우

집행권원의 성립 후 집행문부여 전에 당사자의 사망, 승계 등으로 집행권원에 기재된 당사자가 변동되면 새로 적격을 취득한 자를 위하여 또는 그 자에 대하여 새로운 집행문을 부여받아야 한다.

가압류·가처분명령과 같이 집행문 없이 집행권원만으로 깅제집행을 할 수 있는 경우에도 보전처분에 대한 재판이 있은 뒤에 채권자나 채무자의 승계가 있으면 그 명령에 집행문을 덧붙여야 한다(법 제292조 1항·제301조).

2) 집행문이 부여된 후에 변동된 경우

ⅰ) 원 칙

집행문이 부여된 후에 집행적격이 변동이 있는 경우, 원칙적으로 새로운 집행적격자를 위하여 또는 그 자에 대하여 승계집행문을 부여받아야만 집행을 개시하거나 속행할 수 있다.

집행절차는 언제나 당사자의 관여가 있어야 하는 것은 아니고, 또 대개의 집행행위는 집행기관이 직권으로 행하기 때문에, 판결절차와는 달리 법률상의 당연승계나 이에 기한 중단·수계가 없기 때문이다.

다만, 집행개시 후 신청채권자의 승계가 있는 경우 승계인이 자기를 위하여 강제집행의 속행을 신청하는 때에는 승계집행문이 부여된 집행권원의 정본을 제출하여야 하고, 정본의 제출이 있으면 법원사무관등 또는 집행관은 그 취지를 채무자에게 통지하여야 한다(규칙 제23조).

ⅱ) 예 외

포괄승계나 신탁이 있는 경우에는 ①의 원칙에 대한 다음과 같은 예외가 있다.

㈀ 강제집행이 개시된 후 채무자가 사망한 경우에는 상속재산에 대하여 강제집행을 속행할 수 있다(법 제2조 1항). 즉 승계집행문이 없어도 된다.

채무자의 관여를 필요로 하는 개개의 행위는 상속인 또는 유언집행자·상속재산관리인 등에 대하여 하여야 한다. 예컨대, 채무자에 대한 압류 또는 배당요구에 관한 통지(법 제89조 3항, 219조), 채무자에 대한 경매개시결정·압류명령의 송달(제83조 4항, 227조 2항), 배당기일의 통지(법 제255조) 등은 상속인 등에 하여야 한다. 만약 상속인 등이 없거나 소재불명인 때에는 집행법원에 특별대리인 선임신청을 하여야 한다. 이 신청에는 1,000원의 인지를 붙여야 한다.

㈁ 법인·법인아닌 사단의 합병에 의한 소멸의 경우에는 채무자사망에 준하여 처리한다. 그러나 회사가 채무를 면탈하기 위하여 새로운 회사를 설립한 경우라도 종전회사에 대한 집행권원으로 새로 설립된 회사에 대하여 강제집행을 할 수 없다(대판 1995. 5. 12. 93다44531).

㈂ 신탁재산에 대한 집행(신탁법 제21조 1항 단서)은 수탁자가 변경되었다고 하더라도 승계집행문을 부여할 필요 없이 새로운 수탁자에 대하여 속행할 수 있다(신탁법 제27조).

3. 집행권원

(1) 의 의

집행권원이란 일정한 사법(私法)상의 이행청구권의 존재와 범위를 표시함과 동시에, 그 청구권에 집행력을 인정한 공정의 문서를 말한다. 집행권원을 채권자의 입장에서 보면, 사법상의 이행청구권이 집행권원으로 만들어져야만 집행청구권이 발생하게 되므로, 집행권원은 사법상의 이행청구권의 존재와 범위에 관하여 법원의 객관적 판단을 표시한 것이라고 할 수 있다.

집행권원의 존재의의는 집행절차를 판결절차로부터 분리하여 독립기관에 담당시키는 관계상 집행기관으로서는 실체상의 청구권의 존재 여부를 조사할 필요 없이 집행에만 전념케 하여 신속한 집행을 가능케 하는 데 있다.

(2) 집행권원의 내용

가. 집행당사자

집행권원은 집행당사자적격의 범위를 결정하므로 그러한 자 중 특정인을 위하여 또는 그 자에 대하여 집행문이 부여됨으로써 집행당사자가 확정된다.

나. 급부의 내용

집행권원은 급부여부를 내용으로 하여야 하고, 급부의 내용은 가능·특정·적법하며 강제이행을 할 수 있어야 한다. 따라서 집행권원에는 급부의 목적물의 종류, 범위, 급부의 시기 등이 표시되어야 하고, 급부가 집행당시에 객관적으로 불능이거나(판결주문상의 급부내용이 특정되지 아니한 경우 등), 강제이행에 적합하지 않은 것(부부의 동거의무)은 집행불능으로 된다.

집행권원에 표시된 급부의 내용 자체가 부적법하거나 사회질서에 반하는 것일 때에는 무효이므로 집행할 수 없으나 급부내용 자체가 부적법한 것이 아니면 그 원인이 불법한 것이라도 집행을 할 수 있다.

다. 급부의무의 범위

이행청구권의 범위는 집행권원에 의하여 정하여진다. 즉, 실제상으로는 집행권원에 표시된 액수 이상의 채권을 가지고 있더라도 그 초과부분은 집행할 수 없다. 예컨대 약속어음공정증서상에 이자의 기재가 없으면 실질적으로 이자약정이 있더라도 그 이자부분에 대해서는 집행력이 미치지 않는다.

라. 집행대상물의 범위

금전채권의 집행에서는 집행권원에 별도의 정함이 없는 한 채무자의 전재산이 집행의 대상이 된다. 유한책임의 경우(예컨대, 상속의 한정승인, 유언집행자·파산관재인·신탁재산의 수탁자 등 재산관리인이 집행채무자로 되는 경우)에는 집행의 대상으로 되는 재산의 범위가 집행권원에 명시되어야 한다.

(3) 집행권원의 유형

집행권원에는 관점에 따라 여러 가지 유형으로 구분할 수 있다.

여기에서는 민사집행법의 집행권원에 관하여 설명하기도 한다. 민사집행밥상의 집행권원에는 다음과 같은 것이 있다.

ⅰ) 확정된 종국판결
ⅱ) 가집행선고 있는 종국판결
ⅲ) 외국법원의 판결에 대한 집행판결
ⅳ) 소송상의 화해조사 및 제소 전 화해조서
ⅴ) 청구의 인낙조서
ⅵ) 항고로만 불복을 신청할 수 있는 재판
ⅶ) 확정된 지급명령
ⅷ) 가압류명령, 가처분명령
ⅸ) 공정증서
ⅹ) 과태료의 재판에 대한 검사의 집행명령

가. 확정된 종국판결

1) 의 의

민사집행법은 확정된 종국판결을 첫 번째 집행권원으로 규정하고 있다(법 제24조). 확정된 종국판결은 가장 전형적인 집행권원이다.

확정된 종국판결이란 각 심급에서 소송의 전부 또는 일부를 종결시키는 판결로서, 전부판결·일부판결·추가판결은 해당되나, 중간판결은 집행권원이 되지 못한다.

집행권원이 되는 것은 이행판결뿐이며, 확인판결이나 형성판결은 집행권원이 되지 못한다. 그러나 이행판결이라 하더라도 강제실현이 곤란하거나 불가능한 것(예컨대, 부부의 동거 등을 명한 판결)은 집행권원이 되지 못한다.

제1심판결과 이를 유지한 항소심의 항소기각판결의 관계에서는 제1심판결이 집행권원이 된다.

2) 판결확정의 시기

판결의 확정이란 판결이 통상의 불복방법, 즉 상소에 의하여 취소될 수 없는 상태에 이른 것을 말한다.

종국판결은 당사자 상소기간을 넘긴 경우, 상소를 하지 않기로 합의한 경우, 상소를 제기했다가 취소한 경우, 상소법원이 상소를 각하하거나 기각한 경우, 당사자가 상소권을 포기한 경우 등의 사유가 있으면 확정된다.

3) 판결의 확정증명

판결의 확정은 판결확정증명서에 의하여 증명된다. 확정증명은 당사자의 신청에 의하여 제1심법원의 법원사무관 등이 내어주지만, 소송기록이 상급법원에 있는 때에는 그 상급법원의 법원사무관등이 그 확정부분에 대하여만 내어준다(민소 제499조).

4) 확정판결의 집행력이 소멸하는 경우

판결이 확정되었다고 하더라도 예외적으로 당사자의 재심신청이나 상소의 추후보완에 의하여 취소되면 판결로서의 효력을 상실하여 집행권원으로 되지 않는다. 그러나 취소되기까지는 집행이 정지되지 아니한다. 판례도 '확정된 종국판결이 재심소송에서 취소되기 전에 그 판결에 기한 경매절차에서 매각대금을 완납한 매수인은 소유권을 적법히 취득한다.'고 하였다(대판 1996. 12. 20. 96다42628).

나. 가집행선고 있는 종국판결

1) 가집행선고제도의 취지

이행판결은 확정되면 원칙적으로 집행력을 가진다. 그러나 패소한 당사자가 집행을 지연시킬 목적으로만 부당하게 상소하여 집행이 지연되면 승소당사자의 권리실현이 부당하게 지연되게 된다. 이러한 폐단을 방지하기 위하여 가집행선고제도가 있다.

가집행선고는 확정되지 않은 종국판결에 대하여 그 확정 전에 미리 집행력을 인정하는 형성판결이다.

가집행선고 있는 종국판결에 따른 강제집행은 확정된 종국판결에 따른 강제집행의 경우처럼 본집행이고, 다만 차이점은 가집행에 따른 채무변제의 효력이 확정적이지 않다는 것과 나중에 본안판결이나 가집행선고가 취소 또는 변경되지 않을 것을 해제조건으로 한다는 점이다.

가집행의 선고는 그 선고 또는 본안판결을 변경한 판결의 선고로 인하여 변경의 한도에서 그 효력을 상실하며, 집행력도 소멸한다(민소 제215조 1항).

2) 가집행선고를 하는 경우

가집행선고의 대상은 재산상의 청구에 관한 판결에 의한다.

가집행선고는 재산권의 청구에 관한 판결에 있어서 상당한 이유가 없는 한 당사자의 신청 유·무를 불문하고 직권으로 담보를 조건으로 또는 무담보로, 주문에 붙여야 한다(민소 213조). 특히 어음금·수표금의 청구에 관한 판결에는 담보를 제공하게 하지 아니하고 가집행의 선고를 하여야 한다.

재산상의 소에 대한 판결이라 하더라도 확인판결이나 형성판결은 집행권원이 아니므로 가집행선고를 할 수 없다.

비재산권상의 청구나 의사표시를 하여야 할 의무에 관한 이행판결(법 제263조 1항, 민법 제398조 2항)에 대하여는 가집행선고가 허용되지 않는다.

3) 가집행선고의 효력

가집행이 선고되면 확정되지 않은 종국판결도 그 판결내용에 따라 집행력이 생긴다.

즉, 가집행선고가 있는 종국판결은 즉시 집행력이 발생한다. 가집행선고에 기한 집행은 청구의 만족단계까지 간다는 점에서 확정판결에 기한 집행과 같으나 그 효과는 확정적이 아니고 후일 본안판결 또는 가집행선고가 취소·변경되는 것을 해제조건으로 한다(대판 2000. 7. 6. 2000다560).

담보제공을 조건으로 가집행선고를 한 경우 담보제공은 집행개시요건이므로 즉시 집행문을 부여할 수 있다. 또한 가집행선고 중에 채무자가 담보를 제공한 때에는 가집행을 면제받을 수 있다는 취지의 기재가 있어도 채무자의 담보제공은 집행문부여의 장애가 되지 아니하고, 집행행위의 정지·취소사유에 불과하다.

가집행선고 있는 종국판결에 대하여 채무자가 상소를 제기하더라도 가집행에 기한 강제집행의 개시나 속행에 원칙적으로 영향을 미치지 않는다. 다만 가집행선고 있는 종국판결은 상소심에서 변경될 가능성은 있다.

4) 가집행선고의 실효

가집행선고는 상급심에서 그 선고 또는 본안판결을 변경하는 판결이 선고되면 그 한도에서 확정되거나 가집행선고의 필요 없이 당연히 효력을 잃는다. 따라서 채무자는 그 재판의 정본으로 집행의 정지 또는 취소를 구할 수 있다.

그러나 상소심판결에 의하여 효력이 소멸하기 전에 이미 가집행선고에 기한 집행이 완료된 경우에는 이미 이루어진 집행처분의 효력에 영향을 미치지 않는다. 따라서 매수인은 확정적으로 소유권을 취득한다.

가집행선고의 판결이 항소심에서 취소되면 가집행선고는 실효되지만, 항소심판결의 상고심에서 파기되면 가집행선고는 효력이 회복되므로(대결 1993. 3. 29. 93마246), 다시 집행을 속행할 수 있다

다. 집행판결

집행판결이란 외국판결 또는 중재판정에 관하여 이에 기한 강제집행을 할 수 있음을 선언한 판결을 말한다(법 제26조, 중재법 제37조). 집행판결은 가집행선고가 있거나 확정되어야 집행권원이 되며, 집행문도 필요하다. 이러한 외국판결 또는 중재판정과 집행판결이 결합한 것이 집행권원으로 되므로, 집행문은 외국판결과 그 번역문, 집행판결을 간인하여 합친 다음 그 뒤에 부여한다.

라. 항고로만 불복신청할 수 있는 재판

소송비용상환결정·소송비용액확정결정·부동산의 인도명령 등과 같이, 판결 이외의 재판인 결정·명령으로서 법률에 의하여 항고(즉시항고·통상항고만 포함)로만 불복이 허용되는 재판을 말한다. 이러한 재판도 급부를 명하는 것이고 집행가능한 것이면 집행권원이 된다.

항고할 수 있는 재판은 고지에 의하여 즉시 집행력이 발생한다.

집행절차에서의 즉시항고는 집행정지의 효력이 없다. 따라서 채무자는 집행정지의 잠정처분(법 제5조 6항 단서)을 받아야 한다.

마. 집행증서

1) 의 의

집행증서란 일정한 금액의 지급이나 대체물 또는 유가증권의 일정한 수량의 급부를 목적으로 하는 청구에 관하여, 공증인·법무법인 또는 공증인가합동법률사무소 등이 작성한 공정증서 중에서 집행력이 있는 집행권원인 공정증서를 말한다. 이에는 채무자의 집행수락문언이 있는 증서(법 제56조 4호)와 공증인 등이 어음·수표에 부착하여 집행수락문언을 기재하여 작성한 공정증서(공증인법 제56조의 2)가 있다.

집행증서제도는 일정한 채무를 부담하는 채무자가 자기의 재산에 대하여 채권자가 집행하도록 승낙하고, 채권자는 종국판결에 의하지 않고서도 집행증서로써 강제집행을 할 수 있도록 하는 제도이다.

집행증서가 있으면 채권자는 소송을 제기하지 않고도 바로 강제집행을 실시할 수 있

고, 채무자는 집행증서를 이용하여 보다 쉽게 금융을 얻을 수 있으므로 채권자·채무자 모두에게 유리한 점이 있어서 실무적으로 널리 이용되고 있다고 한다.

2) 집행증서의 대상

집행증서는 금전이나 대체물 또는 유가증권의 일정 수량의 지급을 목적으로 하는 청구에 한하여 작성할 수 있다. 따라서 특정물의 인도에 관하여는 집행증서를 작성할 수 없다.

집행증서가 집행권원이 되기 위해서는 공정증서에 채무자가 강제집행을 승낙하는 취지의 집행수락의사표시가 적혀 있어야 한다(법 제56조 4호, 공증인법 제56조의 2 제1항). 집행수락의사표시는 채무자가 별도의 소송이나 지급명령의 신청 등의 절차를 거치지 않고 강제집행을 받더라도 이에 대하여 이의를 제기하지 않겠다는 의사표시로서, 이 의사표시로 인해 집행증서에 집행력이 생기는 것이다.

집행수락의 의사표시는 소송행위이므로 표현대리가 성립할 여지가 없다.

3) 집행증서의 작성

집행증서는 채권자와 채무자의 공동촉탁에 따라 공증인이 그 권한내에서 지정된 방식으로 작성하여야 한다.

여기서 공증인은 우리나라의 공증인을 말하고, 외국의 공증인은 포함되지 않는다.

공증인은 공무원으로서 지위에서 공증업무를 수행한다. 따라서 공정증서 작성행위는 행정행위로서 기속행위에 해당하고, 공증인은 정당한 이유 없이 촉탁을 거절하지 못하며, 만약 거절할 때에는 촉탁인 또는 그 대리인에게 거절이유를 알려주어야 할 의무(촉탁인수의무)가 있다(공증인법 제4조).

공증인이 공정증서 작성을 거절하는 경우, 촉탁인 또는 이해관계인은 그 소속 지방검찰청검사장에게 이의를 신청할 수 있다(공증인법 제81조).

4) 집행증서의 효력

집행증서가 요건을 갖추려면 집행력을 가지게 된다. 요건에 흠결이 있는 때에는 그 집행증서는 무효가 된다. 집행증서의 집행력은 집행증서 위에 표시되어 있는 청구권에 관하여서만 생긴다.

집행증서에 의한 집행은 확정판결에 의한 집행과 마찬가지로 종국적 집행이다.

집행증서에는 기판력이 인정되지 않으므로 집행증서에 적혀 있는 청구권이 처음부터 존재하지 않았다면 청구이의의 소에 의하여 다툴 수 있다(법 제59조 3항).

무권대리인이 작성한 집행증서로서 추인도 없이 무효인 경우에 채무자는 청구이의의 소뿐만 아니라 집행문부여에 대한 이의(대결 1996. 6. 23. 99□120)로써 다툴 수 있다. 다만, 강제집행이 종료된 뒤에는 청구이의로 다툴 소의 이익이 없다(대판 1997. 4. 25. 96다52489).

무효인 집행증서에 기하여 내려진 채권압류 및 전부명령은 채무자에 대한 관계에서 무효이고(대판 1989. 12. 12. 87다카3125), 무효인 집행증서에 기한 경매절차에서 매수인 앞으로 소유권이전등기를 마친 경우 원소유자는 그 등기의 말소를 구할 수 있다(대판 1991. 4. 26. 90다20473).

바. 확정된 지급명령

채무자가 지급명령을 송달받은 날부터 2주 내에 이의신청을 하지 아니하거나 이의신청을 취하하거나, 각하결정이 있으면 지급명령은 확정된다.

확정된 지급명령은 집행권원이 되고, 이에 기하여 강제집행을 신청함에는 송달증명, 확정증명 및 집행문 모두 필요 없다. 그러나 집행에 조건이 붙어 있거나 당사자 승계가 있는 경우에는 집행문이 필요하고, 집행문은 재판장의 명령이 있어야 내어준다(법 제38조 1항).

사. 확정된 화해권고결정

소송상 화해나 제소전 화해가 조서에 기재되면 확정판결과 동일한 효력을 가진다.

확정된 화해권고결정도 집행권원이 되고, 이에 기하여 강제집행을 신청하려면 집행문의 부여가 필요하다. 화해권고결정은 법원·수명법관·수탁판사가 직권으로 당사자의 이익 등 모든 사정을 참작하여 청구취지에 어긋나지 않는 범위 내에서 할 수 있고, 공평한 해결을 목적으로 새로 도입된 제도로(민소 제225조), 확정된 화해권고결정은 재판상 화해와 같은 효력을 있다(민소 제231조).

아. 가압류·가처분명령

가압류·가처분 명령은 그 자체가 집행정본과 같은 효력이 있으므로 집행문 없이 즉시 집행할 수 있다. 다만, 명령이 있은 뒤에 당사자의 승계가 있으면 승계집행문을 부여받아야 한다(법 제2921조 1항, 제301조).

(4) 집행권원의 경합

집행증서를 취득한 후에 판결을 얻은 경우와 같이 동일한 청구권에 관하여 여러 개의 집행권원이 경합될 때, 집행기관은 두 개 이상의 집행권원이 존재하는 것을 알 수 없기 때문에 모든 집행권원이 유효하다는 것이 실무례이다.

(5) 집행권원의 소멸

집행권원이 소멸하는 경우로는 그 효력을 상실하는 경우와 그 존재가 없어진 경우가 있다. 전자는 가집행선고부 판결이 가집행선고의 취소 또는 본안판결을 변경하는 판결의 선고로 효력이 상실되는 경우 또는 확정판결이 재심판결에 의해 취소되는 경우로, 채무자는 집행문부여에 대한 이의신청으로 다툴 수 있다.

후자는 집행권원의 원본이 멸실된 경우로 새로운 소나 기타의 방법으로 다시 집행권원을 취득하여야 한다. 이 경우에도 채권자가 집행정본을 가지고 있는 경우에는 집행에 장애가 없다. 단순히 집행정본을 분실한 경우에는 다시 교부받을 수 있다.

4. 집행문

(1) 의 의

집행문이란 집행권원에 집행력 있음과 집행당사자를 공증하기 위하여 법원사무관 등이 공증기관으로서 집행권원의 끝에 덧붙여 적는 공증문언을 말한다. 집행문이 있는 집행권원이 정본을 '집행력 있는 정본' 또는 '집행정본'이라 한다(법 제28조 1항).

국가의 강제력에 의하여 실현될 청구권의 존재를 공증하는 집행권원 외에 다시 집행요건으로서 집행문을 요구하는 이유는, 집행을 수소법원 이외의 기관이 실시하도록 한 관계상 소송기록 등의 조사자료를 가지지 아니한 집행기관에 집행권원의 집행력의 존부, 예컨대 판결이 확정되었는가 또는 집행조건이 성취되었는가의 여부를 인정하도록 하는 것은 집행의 신속을 기하는 취지에서 적당하지 않으며, 집달관이 집행기관인 때에는 그 지위와 소질로 보아서도 부적당하기 때문이다.

집행문제도는 판결기관과 집행기관을 연결하는 가교의 역할을 한다.

(2) 집행문의 요부

강제집행은 원칙적으로 집행력 있는 정본이 있어야 가능하다. 따라서 모든 집행권원에 집행문이 요구된다.

가집행선고 있는 판결, 집행판결, 집행증서와 같이 집행권원 자체에 집행할 수 있다고 적혀 있어도 집행문이 필요하다.

다만 예외적으로 집행문 없이 집행권원만으로 강제집행이 가능한 경우가 있다.

그러나 이때에도 집행에 조건이 붙어 있거나 당사자의 승계가 있는 경우에는 집행문을 부여받아야 하고, 이때는 재판장의 명령이 필요하다.

ⅰ) 집행절차의 간이성 및 신속성이 요구되는 경우로서 확정된 지급명령, 확정된 이행권고결정, 가압류·가처분명령의 집행은 집행문이 없어도 가능하다. 다만 소송비용액 확정결정은 그 결정이 확정된 후에 집행문을 부여받아야 집행을 할 수 있고, 집행비용액 확정결정도 같다.

ⅱ) 강제집행 중의 재판에 따라 하는 부수적 집행의 경우, 예컨대 채권가압류명령에 기한 채권증서의 인도집행(법 제234조), 강제관리개시결정에 기한 부동산의 점유집행(법 제166조), 매수인 또는 채권자가 매각허가결정이 있은 후 목적물의 인도시까지의 관리를 위한 인도명령(법 제136조 3항) 등의 경우에는 집행문이 없어도 된다.

(3) 집행문부여기관

가. 소송이 계속되어 있는 경우

원칙적으로 제1심법원의 법원사무관 등이 집행문을 부여하고, 소송기록이 상급심에 있는 경우에는 그 법원의 법원사무관 등이 부여한다.

다만 판결의 집해에 조건을 붙인 경우나 당사자측에 승계가 있는 경우, 여러 통의 집행문을 부여하는 경우 등에는 사법보좌관의 명령이 있어야 집행문을 내어 주도록 하고 있으나, 이 경우에도 법원사무관 등이 집행문부여기관이다.

나. 소송계속을 전제로 하지 않는 경우

상소심에서 재판절차가 완료되어 그 소송기록을 다른 법원에 송부한 경우에는 그 상소심의 법원사무관 등은 집행문을 부여할 수 없다.

판결 이외의 재판, 예컨대 항고로만 불복할 수 있는 재판, 승계가 있을 때의 가처분·가압류 명령 등에 대하여도 그 소송기록이 있는 법원사무관 등이 집행문을 부여한다.

화해조서나 인낙조서가 작성된 경우에는 그 조서작성에 관여한 법원사무관 등이 집행문을 내어준다.

다. 법원 밖의 분쟁조정기관이 작성한 화해조서, 조정조서, 중재조서 등

법원 밖의 각종 조정위원회, 중재위원회 등 분쟁조정기관이 작성한 화해조서, 조정조서, 중재조서 등에 관해서는 위원회 소재지를 관할하는 지방법원 본원의 법원사무관 등이 그 위원회로부터 조서증본을 송부받아 대조·확인 후 집행문을 내어준다.

라. 집행증서

그 증서를 보관하는 공증인, 법무법인 등(법 제59조)이 집행문을 내어준다.

마. 특허법 등에 의한 집행권원

특허법에 의하여 집행권원으로 취급되는 결정과 심판에 대하여 특허청공무원이 집행문을 부여한다.

(4) 집행문 부여의 요건

일반적으로 집행문을 부여받기 위해서는 다음의 요건을 갖추어야 한다.

가. 집행권원이 그 형식적 요건을 갖추고 있을 것

집행문을 부여받으려면 확정판결이나 집행증서 등이 그 형식적 요건을 갖추고 있어야 한다.

나. 집행권원의 집행력이 유효하게 발생하고 있을 것

가집행선고의 취소나 청구이의의 소의 확정판결 등에 의하여 집행력이 배제되어 있지 않아야 한다.

집행권원이 성립 후 소의 취하, 상소·재심에 의한 취소 등으로 실효되면 집행문을 부여할 수 없고, 가집행선고가 취소되거나 청구이의의 소에 대하여 집행력이 소멸된 때에도 집행문을 부여할 수 없다.

즉시항고로써만 불복할 수 있는 재판은 고지되면서 즉시 집행력이 발생하므로(민소 제221조 1항) 집행문을 부여할 수 있으나, 소송비용액 확정판결과 같이 즉시항고가 있으면 집행력이 정지되는 경우에는 즉시항고 기간이 경과한 후에 집행문을 부여하는 것이 타당하고(재민 80-2) 즉시항고 제기 후에는 집행문을 부여할 수 없다.

그러나 확정판결에 대하여 재심의 소가 제기된 가집행선고 있는 판결에 대하여 상소가 제기된 때에는 집행행위를 일시 정지시킬 수 있어도 집행문의 부여를 막지 못한다.

다. 집행권원의 내용이 집행가능한 것일 것

라. 당사자가 특정되어 있을 것

집행권원에 표시된 당사자와 집행문부여를 신청한 당사자는 원칙적으로 일치하여야 한다.

(5) 집행문 부여절차

가. 신 청

1) 신청권자

집행문은 집행권원에 표시되어 있는 채권자 또는 그 승계인이 신청에 따라 내어준다. 화해·조정에 참가한 제3자의 급부의무가 조서에 기재된 경우는 그를 상대로 집행문을 부여받을 수 있다.

　신청을 할 때에는 채권자·채무자 및 대리인, 집행권원 등을 발하여야 한다.

　채권자가 채권적격을 증명할 필요가 있을 때에는 채권양도증서 등 관련 증명서를 제출하여야 한다.

　2) 신청방식

　집행문의 부여신청은 말로도 할 수 있으나(법 제28조 3항), 대부분 서면으로 한다.

　채권자가 여러 개의 집행권원을 가지고 집행문 부여 신청을 하는 때에는 어느 집행권원에 대하여 집행문을 신청하는지를 밝혀야 한다.

　화해조서 상에 여러 개의 급부의무가 기재된 경우에는 어느 항에 대하여 집행문을 신청하는지, 어느 항에 대하여 집행문을 부여하는지를 명백히 하여야 한다.

　3) 인지 첨부·수수료 납부 등

　법원사무관 등에게 집행문부여 신청을 하는 때에는 일정액의 인지를 붙어야 하고, 공증인이나 합동법률사무소 또는 법무법인에 대하여 신청할 때에는 일정액의 수수료를 납부하여야 한다.

　신청서에는 500원의 인지를 붙어야 하고, 수통·재도부여를 신청할 때에도 500원의 인지와 아울러 1통마다 500원의 수입인지를 납부해야 한다. 정본도 함께 교부되는 경우는 따로 원본 5장까지 1,000원, 초과 1장당 50원의 수수료를 수입인지로 납부하여야 한다.

　나. 집행문부여방식

　집행문은 집행권원정본의 끝에 덧붙여 적는다.

　통상 집행문에는 '이 정본은 피고 ○ ○ ○에 대한 강제집행을 실시하기 위하여 원고 ○ ○ ○에게 준다. 2008. 6. 5. ○ ○ 법원 법원사무관 ○ ○ ○ (직인)'이라고 적고, 판결원본에는 '원고 ○ ○ ○에 대하여 집행문을 내어 준다. 2008. 6. 5. ○ ○법원 법원 사무관 ○ ○ ○ (사인)'이라고 적는다.

[집행문의 예]
· 일반적인 경우

> 이 정본은 피고 ○ ○ ○에 대한 강제집행을 실시하기 위하여 원고 ○ ○ ○에게 준다.
>
>   20 . ○.   ○.
>   ○ ○ 법원
>   법원사무관 ○ ○ ○ (직인)

· 판결의 집행에 조건이 있는 경우

> 이 정본은 재판장의 명령에 의하여 피고 ○ ○ ○에 대한 강제집행을 실시하기 위하여 원고 ○ ○ ○에게 준다.

· 원고에게 승계가 있는 경우(괄호는 법원에 명백한 경우)

> 이 정본은 재판장의 명령에 의하여 피고 ○ ○ ○에 대한 강제집행을 실시하기 위하여 (이 법원에 명백한) 원고 ○ ○ ○의 승계인 ○ ○ ○ (○○○○○○ - ○○○○○○○)에게 준다.

다. 특별부여절차

1) 조건성취집행문

판결을 집행하는 데에 조건이 붙어 있어 그 조건이 성취되었음을 채권자가 증명하여야 하는 때에는 이를 증명하는 서류를 제출하여야 하고, 이에 대하여 사법보좌관의 명령이 있어야 집행문을 내어 준다(법 제30조 2항, 제32조 1항).

사법보좌관은 명령을 내리기에 앞서 서면이나 말로 채무자를 심문할 수 있다. 공증인이 집행문을 부여할 때에는 사법보좌관의 명령을 받을 필요가 없다.

확정된 지급명령 또는 확정된 이행권고결정의 경우에는 그 집행에 조건이 붙어 있거나 당사자의 승계가 있으면 재판장의 명령에 의한 집행문의 부여가 필요하다(법 제58조 1항, 소액사건심판법 5조의 8 1항 단서).

집행의 조건에 해당하는 것으로는 불확정기한, 정지조건, 채권자의 선급부, 채권자의 최고, 선택권의 행사, 의사진술이 반대급부에 걸린 경우, 일정한 반대의무의 불이행을 조건으로 일정한 의무의 이행을 약정한 이른바 '실권약관부 화해조서' 등이고, 해당하지 않는 것으로는 확정기한, 해제조건, 대상적 급부, 해태약관 등이다.

2) 승계집행문

집행문은 집행권원에 적혀 있는 채권자를 위하여 또는 채무자에 대하여 부여하는 것이 원칙이다(법 제29조). 그러나 예외적으로 집행권원에 적혀 있는 채권자의 승계인을 위하여 또는 채무자의 승계인에 대하여 내어 주는 경우가 있는데, 이를 승계집행문이라고 한다.

당사자승계가 있는 경우에는 승계가 법원에 명백한 사실이라면 증명할 필요가 없으나, 그렇지 않으면 증명한 때에 한하여 사법보좌관의 명령에 의하여 집행문을 부여할 수 있다.

승계의 원인으로 포괄승계이든 특정승계이든 불문하나 그것이 사실심 변론종결 후임을 요한다.

집행에 조건을 붙인 때나 승계가 있는 때에는 조건성취나 승계사실의 증명서면도 첨부하여야 하고 확정되어야 효력이 있는 재판은 확정증명을 붙여야 한다. 특히 승계집행문을 신청하는 경우 승계인의 주소 또는 주민등록번호(여권번호, 사업자등록번호 등)를 소명하는 자료를 제출받아 집행문에 이를 기재하여야 한다(규칙 제20조 2항).

3) 집행문을 수통 부여하였으나 다시 부여(재도부여)하는 경우

하나의 집행권원에는 하나의 집행문이 부여되는 것이 원칙이지만, 집행재산이 여러 지역에 흩어져 있는 등의 사유가 있는 대에는 여러 통의 집행문이 있어야 집행할 수 있다.

또 이미 내어준 집행문이 멸실·훼손되었을 때에는 전에 내어준 집행문을 반환하지 않고 다시 집행문을 부여받을 필요가 있다.

채권자가 여러 통의 집행문을 신청하거나 전에 내어 준 집행문을 돌려주지 아니하고 다시 집행문을 신청한 때에는 사법보좌관의 명령이 있어야만 이를 내어 준다(법 제35조 1항). 사법보좌관은 그 명령에 앞서 서면이나 말로 채무자를 심문할 수 있다(동조 2항).

다만, 확정된 지급명령정본 또는 확정된 이행권고결정정본의 수통 또는 재도 부여를 신청한 때에는 사법보좌관의 명령 없이 법원사무관등이 이를 부여하고, 이 경우 그 사유를 원본과 정본에 적어야 한다(58조 2항, 소액심판법 5조의 8 2항).

집행문을 다시 부여하여 줄 것을 신청함에 있어서 처 번 교부시에 조건을 이행할 증명서 또는 승계된 사실의 증명이 제출되어 있으면 다시 증명을 요하지 아니한다.

III. 강제집행 개시의 요건

1. 의 의

집행기관이 집행력 있는 정본에 의하여 강제집행을 개시하기 위해서는 일정한 요건을 갖추어야 한다.

강제집행개시요건에 흠이 있음에도 이를 간과하고 집행에 착수하면 위법하다. 이 경우의 위법한 집행행위는 당연무효는 아니고, 나중에 흠이 보정되면 유효한 것으로 처리한다.

집행개시의 요건은 집행을 개시할 때에 존재하여야 하지만 집행절차 진행중에 흠이 발생하면 절차의 속행을 위하여 다시 요건을 구비하여야 한다.

집행요건에는 적극적 요건과 소극적 요건이 있고, 적극적 요건에는 각종 집행에 공통되는 일반적 요건과 특정한 집행에만 필요한 특별요건이 있다.

2. 일반적 요건과 특별요건

(1) 일반적 요건

가. 집행당사자의 표시

강제집행은 이를 신청한 사람과 집행을 받을 사람의 성명이 판결이나 이에 덧붙여 적은 집행문에 표시되어 있어야만 개시할 수 있다(법 제39조 1항).

집행당사자의 표시에 오류가 있거나 부정확한 때에는 판결경정에 준하여 집행권원 또는 집행문의 경정을 구할 수 있다. 집행정본에 표시되어 있지 아니한 자를 위하여 또는 그러한 자에 대한 집행은 무효이다. 다만, 강제집행을 개시한 뒤에 채무자가 사망한 대에는 승계집행문을 받을 필요 없이 상속재산에 대하여 집행이 계속 진행되므로, 이 경우는 예외로 한다.

집행당사자의 표시는 동일성을 인식할 수 있을 정도로 적으면 된다.

나. 집행권원의 송달

강제집행은 집행권원을 이미 송달하였을 때 개시할 수 있고, 또는 집행을 개시하면서 동시에 채무자에게 송달하여야 한다(법 제39조 1항).

판결, 지급명령, 화해조서 등을 법원사무관 등이 미리 직권으로 송달한 때에는 다시 송달할 필요가 없다.

송달하여야 하는 것은 집행권원 그 자체이며 집행정본이 아니다. 집행권원의 등본을 송달해도 무방하나(예컨대, 공정증서의 등본), 판결·화해조서·인낙조서 등은 그 정본을 송달하여야 한다.

집행증서의 송달도 집행개시요건이지만, 공증인법 제46조 또는 제50조의 규정에 의하여 증서의 정본 또는 등본을 교부받은 자에 대하여는 그 증서의 정본 또는 증본의 송달이 있는 것으로 간주되고(공증인법 56조의 4 2항), 실무에서는 공증 시에 집행채무자에게 교부하는 것이 관례이므로 송달증명 없이도 경매개시 결정을 한다.

집행권원의 송달은 채권자가 직접 할 수는 없으며, 일반적인 소송서류송달방법(우편이나 집행관에 의한 송달)에 따른다.

집행권원의 송달 없이 행한 집행행위의 효력에 관해서는 절대적 무효설, 취소설 등의 대립이 있는데, 판례는 무효설의 입장을 취하고 있다(대판 1973. 6. 12. 71다1252).

즉, 판례는 '가집행선고부 판결정본이 허위주소로 송달되었다면 그 송달은 무효이고 그 판결에 기한 채권압류 및 전부명령은 집행개시요건으로서의 집행권원의 송달 없이 이루어진 것으로서 무효이다'라고 하였다(대판 1987. 5. 12. 86다카2070).

(2) 특별요건

가. 집행문과 증명서 등본의 송달

집행문은 원칙적으로 송달할 필요는 없다. 그러나 집행이 조건(채권자의 담보제공제외)에 달린 경우, 또는 승계집행문을 부여한 경우에는 집행권원 외에 이에 덧붙여 적은 집행문을 집행개시 전 또는 그와 동시에 채무자 또는 승계인에게 송달하여야 한다(법 제39조 2항). 방어의 기회를 주기 위해서이다.

집행문 및 증명서는 그 등본을 송달하며, 채권자의 신청으로 법원사무관 등 또는 공증인이 등본을 만들어 송달하거나, 채권자가 집행관에 위임하여 송달할 수도 있다.

나. 일정한 시일과 경과

집행을 받은 사람이 일정한 시일(확정기한)에 이르러야 그 채무를 이행하게 되어 있는 때에는 그 시일이 지난 뒤에 강제집행을 할 수 있다(법 제40조 1항).

이와 달리 불확정기한(예컨대, 사망후 1주일 내 등)의 도래는 조건성취와 마찬가지로 집행문부여의 요건이다. 확정기한의 도래 전에 착수한 집행은 위법하나 집행에 관한 이의 또는 즉시항고 등으로 취소되기 전에 기한이 도래하면 하자는 치유된다(대판 2002. 1. 25. 2000다6388).

다. 담보제공증명서 제출과 그 등본과 송달

집행이 채권자의 담보제공에 매인 때(예 : 담보제공을 조건으로 가집행을 선고한 경우)에는 채권자는 담보를 제공한 증명서(공탁증명서 등)를 제출하여야 한다. 이 경우의 집행은 그 증명서류의 등본을 채무자에게 이미 송달하였거나 이미 송달한 때에만 제시할 수 있다(법 제40조 2항).

그러나 담보제공을 조건으로 한 가집행선고부 판결이 확정된 경우에는 담보제공증명서 대신에 판결확정증명서를 제출하면 족하다.

담보제공은 채권자나 채무자의 보통재판적이 있는 곳의 지방법원 또는 집행법원에 할 수 있으나, 통상 담보제공명령을 한 법원에 한다. 그 후 채권자는 그 법원으로부터 담보제공증명서 및 그 등본을 교부받아 집행기관에 제출한다.

채권자가 집행법원에 집행신청과 동시에 공탁서정본을 제출한 경우에는 별도로 담보제공증명서를 제출할 필요가 없다.

담보제공에 관한 증명서가 없음에도 집행을 실시하면 그 집행은 당연무효지만, 담보를 제공하였으면서도 단순히 담보제공증명서등본의 송달만이 미비된 집행은 당연무효가 아니고, 취소 전에 송달되면 흠은 치유된다(대판 1965. 5. 18. 65다336).

라. 반대의무의 제공

반대의무의 이행과 동시에 집행할 수 있다는 것을 내용으로 하는 집행권원의 집행은 채권자가 반대의무의 이행 또는 이행의 제공을 하였다는 것을 증명해야만 개시할 수 있다(법 제41조 1항).

상환이행판결에서 반대의무의 이행은 집행개시의 요건이다. 반대의무의 이행을 집행문 부여시에 하도록 하는 것은 동시이행의 이익을 박탈하고 선이행을 강제하는 결과가 되기 때문이다.

그러나 반대의무의 이행과 상환으로 의사표시를 명하는 경우(예컨대 금 ○원을 지급받음과 동시에 소유권이전등기절차를 이행하라고 하는 경우)에는 반대의무의 이행이 집행문부여의 요건이다(법 제263조 2항).

채권자가 반대의무를 이행하였다는 증명을 하여 집행문을 부여받았을 때, 의사표시를 한 효력이 발생한다.

채권자는 집행개시시까지 반대의무의 이행을 하여 채무자로 하여금 이행지체에 빠지게 되면 이 요건이 충족되며, 그 증명방법에는 특별한 제한이 없다.

3. 소극적 요건(집행장애사유)

이는 강제집행을 개시하기 위해서 있어서는 안되는 요건을 말한다.

집행법원은 집행장애사유를 집행법원이 직권으로 조사하여야 하고, 집행개시 전부터 그 사유가 있는 경우에는 집행신청을 각하·기각하고, 이를 간과하여 집행개시 후 발견된 때에는 이미 한 집행절차를 취소하여야 한다. 집행개시 후 그 사유가 생긴 경우에는 이미 한 집행절차를 취소하거나 정지하여야 한다.

가. 회생절차의 개시

회생절차개시의 신청이 있는 경우에 개시결정 전 보전처분이나 집행절차 중지명령 또는 금지명령이 없으면 강제집행이 가능하나(채무자 회생 및 파산에 관한 법률 43조, 44조, 45조), 회생절차개시결정이 있으면 강제집행·보전처분·임의경매는 모두 중지된다(같은 법 58조). 회생계획인가결정이 있으면 중지된 절차는 효력을 잃는다(같은 법 256조).

나. 채무자의 파산

채무자가 파산선고를 받으면 파산재단에 속하는 재산에 대한 강제집행·보전처분은 효력을 잃는다(채무자 회생 및 파산에 관한 법률 348조). 그러나 별제권자의 임의경매는 가능하고(같은 법 412조), 채권자의 파산은 집행장애사유가 아니다.

다. 집행정지 또는 취소서면의 제출

민사집행법 제49조(집행의 필수적 정지, 제한) 소정의 서류를 제출하면 집행기관은 집행을 정지하거나 취소하여야 한다.

라. 집행채권의 압류·가압류·가처분

집행채권자의 채권자를 위하여 집행채권에 대한 압류·가압류 또는 처분금지가처분 등이 되어 있으면 압류 등이 해제되지 않는 한 집행을 할 수 없다.

마. 신탁법상의 신탁재산

신탁재산에 대하여는 강제집행 또는 경매를 할 수 없다. 다만, 신탁 전의 원인으로 발생한 권리(예 : 신탁부동산에 저당권·가압류·가처분 등이 되어 있는 권리) 또는 신탁 사무의 처리상 발생한 권리에 기한 경우에는 강제집행·경매가 허용된다(신탁법 제21조 1항). 이에 위반하여 이루어진 강제집행에 대하여는 위탁자, 그 상속인, 수익자 또는 수탁자가 제3자 이외의 소로 다툴 수 있다(신탁법 제21조 2항).

IV. 강제집행의 개시 및 종료

1. 강제집행의 개시

강제집행은 집행기관이 채무자에 대하여 현실적으로 강제적인 행동에 착수한 때에 개시된다.

집행권원의 송달 등 집행개시요건은 그때까지 갖추어야 하고, 집행에 관한 이의는 집행개시 후라야 허용된다.

집행기관의 강제적인 행동은 개별적인 강제집행절차에 따라 그 모습이 다르다.

(1) 집행관이 집행기관인 경우

집행관이 집행기관인 경우에는 유체동산 압류를 위하여 수색을 시작한 때, 동산·부동산의 인도집행을 위하여 채무자의 점유를 푼 때나 집행목적이 아닌 가구 기타 동산을 반출한 때에 집행개시가 있다고 본다. 그러나 채무자의 거주에서 임의변제를 최고한 것은 집행개시가 아니다.

(2) 법원이 집행기관인 경우

집행법원·수소법원이 집행기관인 경우에는 재판이 성립한 때에 집행이 개시된다. 따라서 금전채권에 대한 강제집행의 경우에는 압류명령을 채권자 및 채무자에게 고지한 때에 집행이 개시된다.

2. 강제집행의 종료

(1) 전체로서의 집행종료

집행권원에 표시된 청구권 및 집행비용에 대하여 채권자가 완전한 만족을 얻을 때 또는 만족이 종국적·전면적으로 불능으로 된 때(예: 특정인도청구권에 대한 집행시 집행에 착수한 뒤에 특정물이 멸실된 경우)에 종료된다.

1개의 청구권에 관하여 수종의 집행절차가 병용되는 경우에 그 중 하나의 집행이 종료되어 일부만족을 얻었더라도 전체로서의 집행은 종료되지 아니한다. 청구이의의 소, 집행문부여에 대한 이의신청(소)은 전체로서의 집행이 종료된 때에는 제기할 수 없다.

(2) 개개의 집행절차의 종료

개개의 집행절차는 그 절차의 최후단계의 행위가 완료되었을 때, 집행신청이 취하된 때 또는 집행절차가 취소된 때에 종료된다. 채권자가 완전한 만족을 얻었는가의 여부와는 상관이 없다. 집행에 관한 이의나 제3자 이의의 소, 집행의 정지·취소는 개개의 집행절차가 종료된 후에는 허용되지 않는다.

ⅰ) 유체동산·부동산에 대한 금전집행 : 압류금전·매각대금을 채권자에게 교부·배당한 때(매각한 대금을 매수인이 지급한 때가 아님)

ⅱ) 금전채권에 대한 집행 : 추심신고를 한 때, 전부명령이 확정된 때

ⅲ) 유체동산인도청구권에 대한 금전집행 : 집행관이 목적물을 인도받아 현금화한 매각대금을 집행법원이 채권자에게 교부·배당한 때

ⅳ) 동산·부동산 등의 인도집행 : 목적물을 채권자에게 인도하여 점유하게 한 때

V. 강제집행의 정지·제한·취소

1. 강제집행의 정지와 제한

(1) 의 의

가. 강제집행의 정지

강제집행의 정지란 법률에서 정한 사유에 해당하면 강제집행을 개시·속행하지 못하도록 하는 것을 말한다.

즉, 강제집행의 정지란 집행기관이 법률상 1개의 집행권원에 기한 전체로서의 강제집행 또는 이미 개시된 개개의 집행절차를 속행할 수 없는 상태를 말한다. 통상의 가처분에 의한 집행정지는 허용될 수 없다(대결 1986. 5. 30. 86그76).

나. 강제집행의 제한

강제집행의 정지에는 전체로서의 집행이나 개개의 집행이 전부 정지되는 경우와 그

중 일부만이 정지되는 경우가 있다.

집행절차의 일부가 정지되는 경우를 특히 집행의 제한이라고 한다.

다시 말해서 강제집행의 제한이란 집행정지가 집행의 범위를 감축하는데 불과한 경우, 예컨대 집행채권·집행목적물의 일부, 다수채권자 중의 일부, 또는 어느 집행행위에 대하여서만 집행이 정지되는 경우를 말한다.

(2) 강제집행정지의 사유

가. 법정서류의 제출로 인한 정지

강제집행은 다음 사유 가운데 어느 하나에 해당하는 서류를 제출한 경우에 정지하거나 제한하여야 한다(법 제49호).

ⅰ) 집행할 판결 또는 그 가집행을 취소하는 취지나 강제집행을 허가하지 아니하거나 그 정지를 명하는 취지 또는 집행처분의 취소를 명한 취지를 적은 집행력 있는 재판의 정본(1호)

여기서 '집행력 있는 재판의 정본'이란 집행정본을 의미하는 것이 아니라, 즉 '집행할 수 있는 재판의 정본'을 의미한다.

대금납부 전까지 제출하여야 하고, 제출되면 집행을 취소하여야 한다(취소결정에 즉시항고 불가). 대금납부 후에 제출되면 절차를 속행하되 당해 채권자를 배당에서 제외한다.

(ㄱ) 집행할 판결을 취소하는 취지를 기재한 재판 이란 상소나 재심을 인용하는 재판을 말하는 것으로, 가집행선고부 판결을 취소하는 판결, 확정판결을 취소하는 재심판결, 화해조서를 취소하는 준재심판결 등이 여기에 해당된다.

(ㄴ) 가집행을 취소하는 취지를 기재한 재판이란 본안판결 전에 가집행선고만을 취소하는 판결을 말한다.

(ㄷ) 강제집행을 허가하지 아니하는 재판 : 집행문부여에 대한 이의신청을 인용하여 집행의 종국적 불허를 선언하는 경우 등을 말한다.

(ㄹ) 강제집행의 정지를 명한 취지를 기재한 재판이란 ③의 재판중에서 일시적으로 집행을 허가하지 아니함을 밝힌 재판을 말한다. 변제기한의 일시유예를 이유로 청구이의의 소를 인용한 판결 등이 이에 해당된다.

(ㅁ) 집행처분의 취소를 명한 재판이란 청구이의의 소에서 잠정처분으로 이미 실시한 집행처분의 취소를 명하는 경우 등을 말한다.

ii) 강제집행의 일시정지를 명한 취지를 적은 재판의 정본(2호)

잠정처분 또는 집행정지에 관한 재판 중 집행의 일시정지를 명한 재판을 말한다. 담보제공을 조건으로 정지를 명한 때에는 담보제공증명서도 동시에 제출하여야 한다.

대금납부 전까지 제출하여야 하고, 제출되면 집행을 정지(일시유지)한다. 대금납부 후에 제출되면 절차를 속행하되 당해 채권자에게 배당 후 공탁한다.

iii) 집행을 면하기 위하여 담보를 제공한 증명서류(3호)

가집행선고를 하면서 채무자에 대하여 채권전액을 담보로 제공하고 가집행을 면제받을 수 있다는 것을 선고한 경우 채무자의 담보제공증명서, 가압류해방금액의 공탁증명서(다수설) 등이 이에 해당한다.

매수신고 전에 제출되면 집행을 취소하여야 하고(취소결정에 즉시항고 불가), 매수신고후에 제출한 때는 최고가매수신고인 등의 동의가 필요하다(동의가 있으면 취소). 동의가 없으면 절차를 속행하되 당해 채권자를 배당에서 제외한다.

iv) 집행할 판결이 있은 뒤에 채권자가 변제를 받거나 의무이행을 미루도록 승낙한 취지를 적은 증서(4호)

변제증서 또는 변제유예증서로서는 채권자가 작성한 영수증서·변제증서·대무변제증서·채무변제증서·채권포기증서·상계의 의사표시를 기재한 증서·채권양도통지서 등이고, 사문서라도 무방하다. 변제공탁서는 여기에 해당되지 않는 것으로 본다(통설).

이 변제증서 또는 변제유예증서가 제출되면 집행이 일시 정지된다.

다만, 정지기간은 변제증서인 경우는 2개월, 변제유예증서인 경우는 2회에 한하여 통산 6개월을 넘길 수 없다(법 제51조).

채권자가 변제를 받았거나 의무이행의 유예를 받았음에도 집행행위나 집행처분이 그대로 진행되는 경우 채무자는 청구이의의 소를 제기하여 강제집행을 종국적으로 저지시킬 수 있다.

v) 집행할 판결, 그 밖의 재판의 소의 취하 등의 사유로 효력을 잃었다는 것을 증명하는 조서등본, 법원사무관 등이 작성한 증서(5호)

예컨대, 가집행선고부 판결에 기한 강제집행이 개시된 후에 상소심에서 소의 취하나 청구포기가 있는 경우에는 그 판결은 효력을 잃게 되는데, 이 때 소취하조서등본이나 소취하증명서를 제출하면 집행은 정지된다. 사안이 작성한 문서는 제외된다.

소취하서등본 등은 대금납부 전까지 제출하여야 하고, 제출되면 집행을 취소하여야 한다. 취소결정에 대해서는 즉시항고를 할 수 없다.

vi) 강제집행을 하지 아니한다거나 강제집행의 신청이나 위임을 취하한다는 취지를 적은 화해조서의 정본 또는 공정증서의 정본(6호)

매수진고 전에 제출되면 집행을 취소하여야 하고(취소결정에 즉시항고 불가), 매수신고 후에 제출한 때는 최고가매수신고인 등의 동의가 있어야 한다.

나. 법정사실의 발생

집행장애사유, 예컨대 채무자의 회생 및 파산에 관한 법률상의 파산선고 등 법정사실이 있으면 집행기관은 직권으로 강제집행을 정지하여야 한다.

(3) 집행정지의 방법

가. 채권자·채무자 등의 신청에 의한 정지

강제집행은 원칙적으로 채권자·채무자 또는 제3자의 신청이 있어야 정지된다. 즉, 채권자·채무자 등이 집행기관에 집행정지서류를 제출함으로써 정지를 구한 경우에만 비로소 정지되며, 정지결정 등 정지의 효과가 수반되는 재판이 성립되었다고 하더라도 그 결정의 정본을 집행기관에 제출하지 아니한 이상 집행이 당연히 정지되는 것은 아니다. 판례는 집행정지서류를 제출하기만 하면 되므로 집행정지신청을 할 이익이 없다고 하였다(대결 2006. 4. 14. 2006카기162).

실무상으로는 신청서도 함께 제출하는 것이 보통이고 인지는 붙이지 않는다.

나. 직권에 의한 정지

집행기관이 집행을 당연무효로 할 사유를 발견하면 직권으로 집행을 정지하여야 한다.

다. 집행정지방법

집행관이 집행기관인 경우에는 압류나 경매절차를 사실상 행하지 않으며, 집행법원이 집행기관인 경우에는 사법보좌관이 집행정지를 선언하는 재판을 하거나 이미 착수한 집행행위의 완결을 저지하는 조치를 한다.

(4) 집행정지의 효력

집행이 정지되면 집행기관은 새로운 집행을 할 수 없고 개시된 집행을 속행할 수 없다. 집행정지의 효력은 강제집행을 신청한 채권자와의 사이에서만 미치고 다른 채권자에 대하여는 집행정지의 효력이 미치지 않는다.

(5) 정지된 집행의 속행

강제집행정지사유가 소멸하면 채권자는 집행정지사유의 소멸을 증명하여 집행의 개시 또는 속행을 구할 수 없다. 변제증서나 의무유예증서의 경우에는 소정의 정지기간을 경과하면 집행기관이 직권으로 집행을 속행한다.

집행취소서류(법 제49조 1·3·5·6호 서류)의 제출로 강제집행이 취소된 경우에는 이미 행해진 집행행위나 집행처분은 취소되기 때문에(법 제50조 1항 전단), 사유소멸의 증명이 있더라도 다시 집행을 신청하는 수밖에 없다. 집행기관이 부당하게 집행의 속행을 거부한 때에는 집행에 관한 이의로 다툴 수 있다.

2. 강제집행의 취소

(1) 의 의

강제집행의 취소란 이미 실시한 집행처분의 전부 또는 일부의 효력을 상실시키는 집행기관의 행위이다. 집행취소의 범위가 집행절차의 일부에 한정되는 경우에는 집행정지의 경우와 마찬가지로 집행의 제한이라고 한다.

강제집행의 취소는 이미 이루어진 집행처분에 대해서만 할 수 있기 때문에 집행개시 전에는 집행처분을 취소할 여지가 없다. 그리고 집행이 종료된 후에는 무의미하다.

(2) 취소사유

가. 집행취소서류의 제출

법 제49조 1호·3호·5호 및 6호의 서류가 제출되었을 때에는 이미 실시한 집행처분을 취소하여야 한다(법 제50조 1항). 이러한 서류를 집행취소서류라고 한다. 다만, 3호·6호 서류를 매수신고 후에 제출한 경우에는 최고가매수신고인등이 동의가 없는 한 집행취소를 할 수 없다.

나. 집행취소를 명하는 재판

재심 또는 상소추완신청에 의한 취소명령 등이 있으면, 그 집행력 있는 재판의 정본을 집행기관에 제출함으로써 집행은 취소된다.

다. 기타사유

기타 취소사유로는 집행비용을 예납하지 아니한 때(법 제18조), 부동산멸실 등(법 제96조), 남을 가망이 없는 경우(법 제102조)

(3) 집행취소의 방법

집행취소는 집행정지와 마찬가지로 당사자 또는 제3자의 신청에 의하는 것이 원칙이지만 취소사유가 명백한 경우에는 집행기관이 직권으로도 할 수 있다. 집행취소는 집행개시 후 종료 전까지만 할 수 있다.

집행처분을 취소하는 구체적 방법은 집행처분의 종류에 따라 다르다.

집행관이 유체동산 압류취소를 함에는 채무자 등에게 압류취소의 취지를 통하고 압류표지를 제거하여 압류물을 인도하여야 하며(규칙 제142조), 채권자에게 그 이유를 통지하여야 한다(규칙 제17조).

(4) 취소의 효과

집행이 취소되면 원칙적으로 이미 실시한 집행행위나 집행처분은 효력을 상실한다. 따라서 채무자는 재산의 처분권을 회복하게 된다.

그러나 이미 완결된 집행행위의 효과는 소급하여 소멸되지 아니하고 원상회복을 하여야 하는 것도 아니다. 예컨대, 추심명령이 취소되더라도 제3채무자가 압류채권자에게 한 채무의 변제는 유효하다고, 경매개시결정을 취소한 경우에도, 이미 매각대금을 완납하여 소유권이 이전되었다면 더 이상 경매절차에 대하여 다툴 수 없고 다만 배당절차를 취소할 수 있을 뿐이다.

집행취소에 의하여 그 집행절차 또는 집행처분은 종료하며, 집행정지의 경우와는 달리, 집행의 속행을 구할 수 없다. 다만, 압류의 경합이 있는 경우에는 선행절차가 취소되더라도 집행절차가 속행된다. 집행취소의 재판은 원칙적으로 확정되어야 효력이 발생한다.

Ⅵ. 금전채권의 실효성 확보를 위한 제도

1. 재산명시절차

(1) 의의 및 제도적 취지

가. 재산명시제도의 의의

재산명시제도는 일정한 집행권원에 기한 금전채무를 부담하는 채무자가 그 채무를 이행하지 아니하는 경우에 법원이 그 채무자로 하여금 강제집행의 대상이 되는 재산과 그 재산의 일정한 기간 내의 처분상황을 명시한 재산목록을 작성, 제출하게 하고 그 진실성에 관하여 선서하게 하는 적법절차이다(제61조 1항).

나. 제도적 취지

채권자가 재판에서 승소판결을 받아도 채무자가 자발적으로 그 의무를 이행하지 아니하는 한 채무자의 책임재산에 대한 강제집행을 통하여 채권을 회수할 수밖에 없다. 그러나 채권자는 채무자의 책임재산을 강제로 조사·탐지하거나 수색할 권한이 없기 때문에 이를 발견하기가 쉽지 않다. 한편, 채무자는 집행을 면탈하기 위하여 그 재산을 은닉하거나 가장 양도하여 많은 시간과 비용을 들여 받은 판결이 무용지물이 됨으로써 판결을 한 법원의 권위에 손상을 가하고 물리력에 의한 권리구제를 선호하는 등의 부정적 사회현상이 나타났다.

이러한 문제점을 해소하기 위하여 1990년 민사소송법 개정시 금전채권의 실효성 확보를 목적으로 독일의 개시보증제도를 수정도입하여 금전채무를 이행하지 않는 채무자에 대한 재산탐색수단으로서 신설 운용하다가 2002년 민사집행법이 제정되면서 절차를 대폭 정비하여 재산명시 등을 신청할 수 있는 집행권원의 범위를 확대하고, 재산명시명령 위반자에 대한 감치제도와 재산조회제도를 신설하였다.

(2) 재산명시의 신청

가. 명시신청의 요건

1) 채권자의 신청이 있을 것

강제집행을 개시할 수 있는 채권자가 재산명시를 요구하는 신청을 하여야 한다(법 제61조 1항 본문). 강제집행을 개시할 수 있는 채권자란 강제집행개시의 요건을 구비한 채권자를 말한다. 존재를 소명하기 위하여 채권자는 재산명시신청에 집행력 있는 정본과 함께 강제집행을 개시함에 필요한 문서를 붙여야 한다(법 제61조 2항).

명시신청도 하나의 집행절차이므로 반드시 서면으로 하여야 한다(법 제14조).

2) 금전의 지급을 목적으로 하는 집행권원에 기하여 신청할 것

재산명시신청을 할 때에는 금전의 지급을 목적으로 하는 집행권원에 기하여 신청하여야 한다.

다만, 민사소송법 제213조에 따른 가집행선고가 붙은 판결 또는 같은 조의 준용에 따른 가집행선고가 붙어 집행력을 가지는 집행권원으로는 명시신청을 하지 못한다(법 제61조 1항 단서).

가집행선고가 붙은 판결이나 또는 같은 조의 준용에 따른 가집행의 선고가 붙어 집행력을 가지는 집행권원(가집행의 선고가 붙은 배상명령)과 같은 취소가능성이 있는 것은 채무자에게 회복 불가능한 손해를 입힐 우려가 있기 때문이다.

금전의 지급을 목적으로 하는 확정판결, 화해조서, 인낙조서, 조정조서, 조정에 갈음하는 결정, 확정된 지급명령, 확정된 이행권고결정, 확정된 화해권고결정, 집행판결, 가사소송법에 의한 판결·심판, 채무자 회생 및 파산에 관한 법률상의 채권자표 등은 물론 항고로만 불복할 수 있는 재판 및 집행증서도 포함된다.

3) 명시신청에 정당한 이유가 있을 것

재산명시제도는 채무자의 재산발견이 용이하지 않기 때문에 두고 있는 제도이다.

따라서 채무자의 재산발견이 용이하다고 인정할 만한 명백한 사유(채무자 재산의 소재가 공지의 사실이나 이미 재산이 공개되어 있는 때, 채권자가 약간의 노력만 하면 집행대상 재산을 발견할 수 있는 경우)가 없어야 하고, 그것이 용이한 경우에는 신청을 기각하여야 한다(법 제62조 2항). 국가, 지방자치단체 기타 공공단체, 공기업, 대기업이 채무자인 때에 통상 그 재산발견이 용이하다고 본다.

4) 채무자에게 집행능력이 있을 것

재산명시절차에서 채무자는 재산목록을 작성하는 등의 능동적으로 집행에 관한 행위를 하여야 하므로 집행능력을 갖추어야 한다. 이 점이 일반적인 강제집행절차에서는 수동적으로 집행을 당하기만 하므로 채무자에게 집행능력을 요구하는 경우와 구별되는 점이다.

채무자가 소송무능력자인 경우에는 법정대리인이 있어야 한다. 다만 법정대리인이 없는 경우에 특별대리인을 선임하여 명시절차를 강행하는 것은 허용되지 않는다.

나. 신청절차

1) 관할법원

채무자의 보통재판적(통상 주소지)이 있는 곳을 관할하는 법원이 관할한다(법 제61조 1항). 항소심에서 화해가 성립한 경우에도 재산명시절차는 채무자의 보통재판적이 있는 곳의 지방법원이 관할한다(법 제61조 1항). 항소심에서 화해가 성립한 경우에도 재산명시절차는 채무자의 보통재판적이 있는 곳의 지방법원이 관할한다. 이 관할은 전속관할이다.

2) 신청서 제출

재산명시신청은 서면으로 하여야 하는데, 그 신청서에는 ① 채권자·채무자와 그 대리인의 표시 ② 집행권원의 표시 ③ 채무자가 이행하지 아니하는 금전채무액 ④ 신청취지와 신청사유를 적어야 하고, 집행력 있는 판결정본과 집행개시의 요건이 구비되었음을 증명하는 문서(법 61조 2항)도 함께 붙여야 한다,

3) 인지 첨부·송달료 납부

재산명시신청서 제출시에는 인지(1,000원 첨부)와 송달료(당사자 1인당 5회분)를 납부하여야 한다.

[서식] 재산명시신청서

재산관계명시신청

채권자 ○ ○ ○
　　　○○시 ○○구 ○○동 ○○번지
채무자 ○ ○ ○
　　　○○시 ○○구 ○○동 ○○번지

신 청 취 지

　채무자는 재산관계를 명시한 재산목록을 제출하라.
라는 명령을 구함.

신 청 이 유

1. 채권자는 채무자에 대하여 ○○지방법원 ○○가단○○○호 대여금 청구사건 승소 확정판결에 의한 금 ○○○원 및 그 중 금 ○○○원에 대한 20○○.○.○.부터 완제일까지 연 2할 5푼의 비율에 의한 이자금에 대하여 채무명의를 가지고 있습니다.
2. 그럼에도 불구하고 채무자는 위 채무를 이행하지 아니하고 있습니다.
3. 따라서 채권자는 강제집행을 실행하기 위하여 채무자의 재산을 백방으로 탐색하였으나, 이를 발견하기가 극히 어려워서 강제집행을 할 수 없는 실정으로 이 신청에 이른 것입니다.

첨 부 서 류

1. 집행력 있는 판결정본 사본　　　　　　　　　　　　　통
1. 동 송달, 확정증명원 사본　　　　　　　　　　　　각 1통
1. 영수증　　　　　　　　　　　　　　　　　　　　　 1통

　　　　　　　　　　　　　20○○. ○. ○.

　　　　　　　　　　　　　　　　　위 채권자 ○ ○ ○ ㊞

○○지방법원　귀중

【서식】 재산관계명시신청서

재산관계명시신청서

채 권 자   ○ ○ ○(000000 - 0000000)   수입인지
           ○○시 ○○구 ○○동 ○○○   1,000원
           전화 02-1234-4567   휴대폰 010-1234-5678
           팩스 02-9876-5432   이메일 : lawb@lawb.co.kr

채 무 자   ○ ○ ○(000000 - 0000000)
           ○○시 ○○구 ○○동 ○○○
           전화 02-1234-4567   휴대폰 010-1234-5678
           팩스 02-9876-5432   이메일 : lawb@lawb.co.kr

집행권원의 표시 : ○○지방법원 20○○년 ○월 ○일 선고 가합(단, 소, 머)
           ○○○○호 ○○○○사건의 집행력 있는 판결정본
채무자가 이행하지 아니하는 금전채무액 : 금 ○○○○원

신 청 취 지

채무자는 재산상태를 명시한 재산목록을 제출하라.

신 청 사 유

　채권자는 채무자에 대하여 위 표시 집행권원을 가지고 있고 채무자는 이를 변제하지 아니하고 있으므로 민사집행법 제61조에 의하여 채무자에 대한 재산명시명령을 신청합니다.

첨 부 서 류

1. 집행력있는 판결정본	1통
1. 송달증명원	1통
1. 확정증명원	1통
1. 채무자 주민등록초본(1개월이내 발급)	1통
1. 송달료납부서	1통

20○○. ○. ○.

채권자 ○ ○ ○ (날인 또는 서명)

○○지방법원 귀중

◇ 유 의 사 항 ◇

1. 채권자는 연락처란에 언제든지 연락 가능한 전화번호나 휴대전화번호(팩스번호, 이메일 주소 등도 포함)를 기재하기 바랍니다.
2. 채권자는 수입인지외에 5회분의 송달료를 납부하여야 합니다.
3. 명시신청을 함에는 집행력있는 정본과 강제집행을 개시하는데 필요한 문서를 첨부하여야 합니다.
4. 신청서를 제출할 때 집행력있는 정본외 그 사본을 한 부 제출하면 접수공무원이 사본에 원본대조필을 한 다음 정본은 이를 채권자에게 반환하여 드립니다.

주
1. 본 신청에는 집행력있는 집행문과 민사집행을 개시함에 필요한 문서를 첨부하여야 한다. 채무자의 재산발견이 용이하지 아니하다는 사실을 소명하는 자료를 첨부할 필요는 없다.
2. 본 신청은 채권자가 민사집행을 개시할 수 있는 경우에 채무자의 보통재판적이 있는 곳의 법원에 할 수 있다.
3. 본 신청이 취하, 기각되는 경우라도 이들에는 기판력이 없으므로 재신청할 수 있다. 다만, 전 신청사유를 보완하지 않고 그대로 하는 재신청은 허용되지 않는다.
4. 신청서에는 민사소송 등 인지법 제9조 4항 3호에 의하여 인지(1,000원)을 붙이고(송민 91-4), 송달료를 납부한다.

(3) 재산명시명령

가. 재 판

심리는 원칙적으로 서면조사에 의하고 채무자를 심문하지 아니하고(법 제62조 3항), 법원은 필요하다고 인정하면 채권자를 심문할 수 있다.

법원은 채권자의 재산명시신청에 정당한 이유가 있다고 인정한 때에는 결정의 형식으로 채무자에게 재산상태를 명시한 재산목록의 제출을 명하고(법 제62조 1항), 이 명령을 채권자와 채무자에게 송달한다. 이때 채무자에 대한 송달은 재산명시기일을 실시하기 위한 필수적 요건으로서 발송송달이나 공시송달에 의한 송달은 허용되지 아니하므로(법 제62조 5항), 송달불능된 경우 채권자는 채무자의 주소를 반드시 보정하여야 하며 주소보정이 이루어지지 않으면 재산명시신청은 각하된다(법 제62조 6항, 7항).

나. 명시기일의 실시

1) 채무자의 출석

재산명시명령을 송달받은 채무자의 이의신청이 없거나 이를 기각한 때에는 법원은 재산명시를 위한 기일을 정하여 채무자에게 출석할 것을 요구한다(법 제64조 1항).

채무자는 소송무능력자가 아닌 이상 재산명시기일에 반드시 본인이 직접 출석하여야 하고, 법인의 경우에는 법인의 대표자가 출석하여야 한다.

채무자가 명시기일에 불출석하면 그 기일이 연기되지 않는 한 감치절차로 넘어가지만 감치절차중에 명시명령을 이행하겠다고 하면 바로 명시기일을 열어야 한다.

채권자는 명시기일에 출석하지 않아도 된다(규칙 제27조 3항).

2) 재산목록의 제출

채무자는 재산명시기일에 출석하여 민사집행법이 정한 강제집행의 대상이 되는 재산 즉, 현재 보유하고 있는 재산과 일정한 과거의 재산에 대한 처분을 명시한 목록을 제출하여야 한다(법 제64조 2항, 65조 1항).

과거의 재산에 대한 처분을 기재하도록 한 것은 채무자가 강제집행을 면탈하기 위하여 재산을 은닉하였는지 여부를 판단하기 위해서이다.

재산목록에는 다음 사항을 기재하여야 한다(64조 2항, 규 28조).

ⅰ) 명시명령의 송달 전 1년 이내에 채무자가 한 부동산의 유상양도

ⅱ) 명시명령의 송달 전 1년 이내의 채무자가 배우자, 직계혈족 및 4촌 이내의 방계혈족과 그 배우자, 배우자의 직계혈족과 형제자매에 대하여 한 부동산 이외 재산의 유상양

도 재산목록 제출 당시의 배우자뿐만 아니라 양도처분 당시에 배우자였던 자도 포함한다.

iii) 명시명령의 송달 전 2년 이내에 채무자가 한 재산상의 무상처분(다만 의례적인 선물은 제외) 증여만을 의미하는 것이 아니라 타인의 채무를 무상으로 변제하거나 무상으로 타인의 채무를 인수하거나 보증한 것도 포함된다.

재산목록에 기재할 사항과 범위는 민사집행규칙 제28조에 규정되어 있다.

3) 기일의 진행 및 선서

채무자는 명시기일에 재산목록이 진실함을 선서하여야 한다(65조 1항). 채무자가 소송무능력자인 경우에는 법정대리인이 법인 또는 비법인사단, 재단인 경우에는 대표자 또는 관리인이 선서를 하여야 한다. 선서는 증인선서의 민사소송법규칙(제320, 제321조)을 준용하며, 「양심에 따라 사실대로 재산목록을 작성하여 제출하였으며, 만일 숨긴 것이나 거짓 작성한 것이 있으면 처벌을 받기로 맹세합니다. 채무자 ○○○」라는 문언에 의한다.

채무자가 재산목록의 제출을 거부하거나 선서를 거부한 때에는 불출석한 것과 마찬가지로 재산명시기일의 절차는 종결되고 감치절차로 넘어간다.

4) 명시기일의 연기

채무자는 갑작스런 질병의 발병, 명시명령 이전부터 외국에 체류하여 명시기일에 출석하지 못한 경우, 명시기일 출석요구서가 보충송달되었으나 채무자가 그 사실을 알지 못한 경우 등 부득이한 사유로 명시기일에 출석을 할 수 없을 때에는 기일연기신청을 할 수 있다.

법원은 현저한 사유가 있는 때에 직권 또는 신청에 의하여, 변제가능성이 있는 때에는 신청에 의하여 명시기일을 변경 또는 연기할 수 있다(민소 165조 준용, 법 제64조 4항).

재산명시기일에 출석한 채무자가 3개월 내에 채무를 변제할 수 있음을 소명(단순한 지급의사의 표시 또는 약속만으로는 부족함)하고 연기신청을 한 때에는 법원은 그 기일을 3개월의 범위 안에서 연기할 수 있으며, 또 채무자가 연기한 새 기일에 채무액의 3분의 2 이상을 변제하였음을 증명한 때에는 다시 1개월의 범위 안에서 연기할 수 있다. 다시 3차로 연기할 수는 없다.

채무자의 연기신청에 대하여는 허부의 결정을 하여야 하며, 결정에 대하여 즉시항고할 수 있는 규정이 없어 집행에 관한 이의로서만 불복할 수 있다.

다. 재산목록의 정정·보완

채무자는 명시기일에 제출한 재산목록에 형식적인 틈이 있거나 불명확한 점이 있는 때에는 명시선서를 한 후에라도 법원의 허가를 얻어 정정할 수 있다(법 제66조). 민사집행법이 새로 도입한 것으로서, 정정허가신청은 서면으로 형식적인 흠이나 불명확한 점을 구체적으로 밝혀서 정정허가신청을 하여야 한다.

[서식] 재산명시명령신청서

재산명시명령신청서

| | | 수입인지 1,000원 |

채 권 자 　　　○ ○ ○ (000000 - 0000000)
　　　　　　○○시 ○○구 ○○동 ○○○
　　　　　　전화 02-1234-4567　　휴대폰 010-1234-5678
　　　　　　팩스 02-9876-5432　　이메일 : lawb@lawb.co.kr
　　　　　　송달주소 ○○시 ○○구 ○○동 ○○○

채 무 자 　　　○ ○ ○ (000000 - 0000000)
　　　　　　○○시 ○○구 ○○동 ○○○
　　　　　　전화 02-1234-4567　　휴대폰 010-1234-5678
　　　　　　팩스 02-9876-5432　　이메일 : lawb@lawb.co.kr
　　　　　　송달주소 ○○시 ○○구 ○○동 ○○○

집행권원의 표시 : 서울중앙지방법원 20○○가합4567 임대보증금 반환청구
　　　　　　　　사건의 집행력있는 판결정본
채무자가 이행하지 아니하는 금전채무액 : 금 8,000,000 원 및 동 금원에 대
　　　　　　　　한 20○○. ○. ○.부터 완제일까지 연 2할의 이자금

신 청 취 지

채무자는 재산상태를 명시한 재산목록을 제출하라.
라는 재판을 구합니다.

신 청 이 유

1. 채권자와 채무자간 서울중앙지방법원 20○○가합4567 임대보증금반환청구 사건에서 20○○. ○. ○.에 금8,000,000원의 지급을 명한 판결이 선고확정되어, 채권자는 채무자에 대하여 위와 같은 집행권원 가지고 있는바, 채무자는 위 채무를 이행하지 아니하고 있으며, 달리 압류할 재산이 없고, 20○○. ○. ○.에 서울○○지방법원 소속집행관이 채무자 소유의 유체동산을 압류집행하였으나 압류비용도 나오지 않을 것이라고 하여 취소한 사실이 있습니다.
2. 그런데 채무자는 미국 등지로 출국하여 재산은 타인명의로 해놓고 있으므로, 민사집행법 제61조에 의하여 채무자에 대한 재산명시명령을 신청합니다.

첨 부 서 류

1. 집행력 있는 판결정본　　　　　　　　　1통
1. 확정증명원, 송달증명원　　　　　　　　각1통
1. 압류조서등본　　　　　　　　　　　　　1통
1. 주민등록등본　　　　　　　　　　　　　1통
1. 확인서　　　　　　　　　　　　　　　　1통
1. 송달료납부서　　　　　　　　　　　　　1통

20○○. ○. ○.

위 채권자　　○　○　○　(날인 또는 서명)

서울중앙지방법원　귀중

◇ 유 의 사 항 ◇

1. 채권자는 연락처란에 언제든지 연락 가능한 전화번호나 휴대전화번호(팩스번호, 이메일 주소 등도 포함)를 기재하기 바랍니다.
2. 채권자는 수입인지외에 5회분의 송달료를 납부하여야 합니다.
3. 명시신청을 함에는 집행력있는 정본과 강제집행을 개시하는데 필요한 문서를 첨부하여야 합니다.
4. 신청서를 제출할 때 집행력있는 정본외 그 사본을 한 부 제출하면 접수공무원이 사본에 원본대조필을 한 다음 정본은 이를 채권자에게 반환하여 드립니다.

주
1. 본 신청에는 집행력있는 집행문과 민사집행을 개시함에 필요한 문서를 첨부하여야 한다. 채무자의 재산발견이 용이하지 아니하다는 사실을 소명하는 자료를 첨부할 필요는 없다.
2. 본 신청은 채권자가 민사집행을 개시할 수 있는 경우에 채무자의 보통재판적이 있는 곳의 법원에 할 수 있다.
3. 본 신청이 취하, 기각되는 경우라도 이들에는 기판력이 없으므로 재신청할 수 있다. 다만, 전 신청사유를 보완하지 않고 그대로 하는 재신청은 허용되지 않는다.
4. 신청서에는 민사소송 등 인지법 제9조 4항 3호에 의하여 인지(1,000원)을 붙이고(송민 91-4), 송달료를 납부한다.

【서식】결 정

서울중앙지방법원

결 정

사 건	20○○카기45678 재산명시
채 권 자	○ ○ ○ (000000 - 0000000)
	○○시 ○○구 ○○동 ○○○
	전화 02-1234-4567 휴대폰 010-1234-5678
	팩스 02-9876-5432 이메일 : lawb@lawb.co.kr
	송달주소 ○○시 ○○구 ○○동 ○○○
채 무 자	○ ○ ○ (000000 - 0000000)
	○○시 ○○구 ○○동 ○○○
	전화 02-1234-4567 휴대폰 010-1234-5678
	팩스 02-9876-5432 이메일 : lawb@lawb.co.kr
	송달주소 ○○시 ○○구 ○○동 ○○○
집행권원	당원 20○○가합3456호 임대보증금반환청구사건의 확정판결

주 문

채무자는 재산상태를 명시한 재산목록을 재산명시기일까지 제출하라.

이 유

채권자의 위 집행권원에 기초한 이 사건 신청은 이유있으므로, 민사집행법 제62조 1항에 의하여 주문과 같이 결정한다.

20○○. ○. ○.

판 사 ○ ○ ○ ㊞

[서식] 재산명시명령신청서

재산명시명령신청서

채 권 자   ○ ○ ○ (000000 - 0000000) | 수입인지 1,000원 |
         ○○시 ○○구 ○○동 ○○○
         전화 02-1234-4567   휴대폰 010-1234-5678
         팩스 02-9876-5432   이메일 : lawb@lawb.co.kr
         신청인 대리인 변호사   ○ ○ ○
         ○○시 ○○구 ○○동 ○○○

채 무 자   1. ○ ○ ○ (000000 - 0000000)
         ○○시 ○○구 ○○동 ○○○
         전화 02-1234-4567   휴대폰 010-1234-5678
         팩스 02-9876-5432   이메일 : lawb@lawb.co.kr
         2. ○ ○ ○
         ○○시 ○○구 ○○동 ○○○
         전화 02-1234-4567   휴대폰 010-1234-5678
         팩스 02-9876-5432   이메일 : lawb@lawb.co.kr

집행권원의 표시 : ○○지방법원 20○○가합4567 대여금 청구사건의 집행력 있는 판결정본

채무자가 이행하지 아니하는 금전채무액 : 1. 채무자 ○○○은 금41,500,000원 2. 채무자 ○○○은 ○○○과 연대하여 금26,500,000원 및 채무자 ○○○은 동 금원에 대한 20○○. ○. ○.부터, 채무자 ○○○은 20○○. ○. ○.부터 각 완제일까지 연 2할의 비율에 의한 이자금 및 소송비용

신 청 취 지

　　채무자들은 재산명시를 명시한 재산목록을 20○○. ○. ○.까지 제출하라.
　라는 재판을 바랍니다.

신 청 이 유

　　채권자는 채무자에 대하여 서울중앙지방법원 20○○가합4567 대여금청구사건의 승소판결에 의하여 위와 같이 집행권원을 가지고 있는바, 채무자가 위 채무를 이행하지 아니하고 있어 그 강제집행을 실시하기 위하여 채무자 재산을 백방으로 탐색하여 보았으나 교묘한 방법으로 재산을 감추고 있어 재산 발견이 극히 어려워서 강제집행을 할 수 없기에 민사집행법 제61조에 의하여 이건 신청에 이릅니다.

첨 부 서 류

　　1. 집행력 있는 판결정본　　　　　　　1통
　　1. 송달증명원　　　　　　　　　　　　1통
　　1. 확정증명원　　　　　　　　　　　　1통
　　1. 위임장　　　　　　　　　　　　　　1통

　　　　　　　　　20○○. ○. ○.

　　　　　　　　　　　위 신청인 대리인 변호사　○　○　○　㊞

○○지방법원　귀중

◇ 유 의 사 항 ◇

1. 채권자는 연락처란에 언제든지 연락 가능한 전화번호나 휴대전화번호(팩스번호, 이메일 주소 등도 포함)를 기재하기 바랍니다.
2. 채권자는 수입인지외에 5회분의 송달료를 납부하여야 합니다.
3. 명시신청을 함에는 집행력있는 정본과 강제집행을 개시하는데 필요한 문서를 첨부하여야 합니다.
4. 신청서를 제출할 때 집행력있는 정본외 그 사본을 한 부 제출하면 접수공무원이 사본에 원본대조필을 한 다음 정본은 이를 채권자에게 반환하여 드립니다.

주
1. 본 신청에는 집행력있는 집행문과 민사집행을 개시함에 필요한 문서를 첨부하여야 한다. 채무자의 재산발견이 용이하지 아니하다는 사실을 소명하는 자료를 첨부할 필요는 없다.
2. 본 신청은 채권자가 민사집행을 개시할 수 있는 경우에 채무자의 보통재판적이 있는 곳의 법원에 할 수 있다.
3. 본 신청이 취하, 기각되는 경우라도 이들에는 기판력이 없으므로 재신청할 수 있다. 다만, 전 신청사유를 보완하지 않고 그대로 하는 재신청은 허용되지 않는다.
4. 신청서에는 민사소송 등 인지법 제9조 4항 3호에 의하여 인지(1,000원)을 붙이고(송민 91-4),송달료를 납부한다.

(4) 재산목록의 열람·복사

채무자에 대하여 강제집행을 개시할 수 있는 채권자는 재산목록의 열람 또는 복사를 청구할 수 있다(법 제67조). 명시신청을 한 채권자는 별도의 구비서류 없이 열람, 복사를 할 수 있으나, 그 밖의 채권자는 집행력 있는 정본 및 강제집행의 개시에 필요한 문서를 첨부하여 청구하여야 한다.

재산목록은 10년간 보존하여야 한다.

제6편 강제집행과 경매

【서식】재산목록열람 · 복사청구서

재산목록열람 · 복사청구서

사　건　　　　20○○카기45678 재산명시
채 권 자　　　　○　○　○
　　　　　　　○○시 ○○구 ○○동 ○○○
　　　　　　　전화 02-1234-4567　　　휴대폰 010-1234-5678
　　　　　　　팩스 02-9876-5432　　　이메일 : lawb@lawb.co.kr
채 무 자　　　　○　○　○
　　　　　　　○○시 ○○구 ○○동 ○○○
　　　　　　　전화 02-1234-4567　　　휴대폰 010-1234-5678
　　　　　　　팩스 02-9876-5432　　　이메일 : lawb@lawb.co.kr

　위 사건에 관하여, 채권자는 채무자의 재산목록의 열람 · 복사를 청구합니다.

20○○. ○. ○.

위 채권자　○　○　○　(서명 또는 날인)

○○지방법원　귀중

주 청구서에는 민사소송 등 인지법 제12조, 재판기록의 열람등사와 재판서 등의 정본·등초본 등의 청구에 관한 수수료규칙 제3조에 의하여 인지를 붙인다.

(5) 재산명시명령에 대한 불복

채무자는 채권자가 강재집행개시의 요건을 구비하지 못한 경우, 집행권원이 금전채권에 관한 것으로서 민사집행법 제61조 소정의 것이 아닌 경우, 채무자의 재산발견이 용이하다고 인정할 만한 명백한 사유가 있는 경우 등 재산명시명령의 요건이 구비되지 않았을 경우에는 명령을 송달받은 날로부터 7일 이내에 법원에 서면으로 이의신청을 할 수 있다(법 제63조 1항).

이의신청에 정당한 이유가 있으면 법원은 명시명령을 취소하는 결정을 하고, 이 결정에 대하여는 즉시항고를 할 수 있다(동조 3항·5항).

만일 이의신청에 정당한 사유가 없거나 채무자가 정당한 사유 없이 기일에 출석하지 아니하면 법원은 이의신청을 기각하는 결정을 한다. 이 결정에 대하여도 즉시항고를 할 수 있다(동조 4항·5항).

[서식] 재산명시명령에 대한 이의신청서

재산명시명령에 대한 이의신청

채 권 자 　　　○ ○ ○ (000000 - 0000000)
　　　　　　　○○시 ○○구 ○○동 ○○○
　　　　　　　전화 02-1234-4567　　휴대폰 010-1234-5678
　　　　　　　팩스 02-9876-5432　　이메일 : lawb@lawb.co.kr

채 무 자 　　　○ ○ ○ (000000 - 0000000)
　　　　　　　○○시 ○○구 ○○동 ○○○
　　　　　　　전화 02-1234-4567　　휴대폰 010-1234-5678
　　　　　　　팩스 02-9876-5432　　이메일 : lawb@lawb.co.kr

위 당사자간의 귀원 20○○카기45678 재산명시명령사건에 관하여, 채무자는 귀원이 20○○. ○. ○. 결정한 재산명시결정에 대하여 불복이므로 민사집행법 제63조에 의하여 이의를 신청합니다.

채무자가 명시명령을 송달받은 날 20○○. ○. ○.

신 청 취 지

귀원의 20○○. ○. ○.자 20○○카기34579 재산명시명령은 이를 취소한다.

라는 재판을 구합니다.

신 청 이 유

1. 채권자 서울시 영등포구 여의도동 1000 소재 채무자 소유의 부동산(주택

연건평 96평) 만으로도 채권의 만족을 얻을 수 있다.
2. 따라서 민사집행법 제63조에 의하여 이건 신청을 합니다.

첨 부 서 류

1. 감정서   1통
1. 부동산등기부등본   1통
1. 재산세과세증명서   1통
1. 납부서   1통

20○○. ○. ○.

채무자 ○ ○ ○ ㊞

○○지방법원 귀중

주
1. 이 신청은 채무자가 재산명시명령을 송달받은 날부터 1주일 내에 재산명시명령을 발한 법원에 할 수 있음.
2. 이의신청서에는 민사소송 등 인지법 제9조 4항 4호에 의하여 인지를 붙이고(송민 91-1 참조), 상대방(채권자) 수분의 부본을 첨부한다.
3. 송달료는 5회분을 납부한다.

[서식] 재산명시결정에 대한 이의신청서

재산명시결정에 대한 이의신청

채 권 자 　　　　○○ 주식회사
　　　　　　　　대표이사 ○ ○ ○
　　　　　　　　○○시 ○○구 ○○동 ○○○
　　　　　　　　전화 02-1234-4567　　휴대폰 010-1234-5678
　　　　　　　　팩스 02-9876-5432　　이메일 : lawb@lawb.co.kr

채 무 자 　　　　○ ○ ○ (000000 - 0000000)
　　　　　　　　○○시 ○○구 ○○동 ○○○
　　　　　　　　전화 02-1234-4567　　휴대폰 010-1234-5678
　　　　　　　　팩스 02-9876-5432　　이메일 : lawb@lawb.co.kr

신 청 취 지

　귀원의 20○○. ○. ○.자 20○○카기○○○호 재산명시결정은 이를 취소한다.

신 청 이 유

　신청인이 주장하는 귀원 20○○가합○○○호 공사대금 사건은 확정된 것이 결코 아니고 현재 ○○고등법원에서 20○○나○○○호로서 계속 중입니다.
　나아가 제1심 법원에서는 채무자의 방어가 미흡하였던 바 고등법원에서 채권자 주장의 공사대금이 전부 변제되었음을 입증하고 있는 단계에 있습니다.

따라서 확정판결이 아닌 집행권원에 기한 위 명시결정은 취소되어야 마땅할 것입니다.

첨 부 서 류

소계속증명원   1통

20○○. ○. ○.

위 채무자 ○ ○ ○ (날인 또는 서명)

○○지방법원 귀중

주 1. 이 신청은 채무자가 재산명시명령을 송달받은 날부터 1주일 내에 재산명시명령을 발한 법원에 할 수 있음.
2. 이의신청서에는 민사소송 등 인지법 제9조 4항 4호에 의하여 인지를 붙이고(송민 91-1 참조), 상대방(채권자) 수분의 부본을 첨부한다.
3. 송달료는 5회분을 납부한다.

[서식] 재산명시신청기각결정에 대한 즉시항고장

즉 시 항 고 장

사　　건　　　　20○○카기○○○호 재산명시신청
항 고 인　　　　○ ○ ○ (000000 - 0000000)
　　　　　　　　○○시 ○○구 ○○동 ○○○
　　　　　　　　전화 02-1234-4567　　휴대폰 010-1234-5678
　　　　　　　　팩스 02-9876-5432　　이메일 : lawb@lawb.co.kr
피항고인　　　　○ ○ ○ (000000 - 0000000)
　　　　　　　　○○시 ○○구 ○○동 ○○○
　　　　　　　　전화 02-1234-4567　　휴대폰 010-1234-5678
　　　　　　　　팩스 02-9876-5432　　이메일 : lawb@lawb.co.kr

　위 사건에 관하여 20○○. ○. ○. 동법원이 한 신청기각 결정한 결정정본을 같은 해 ○. ○. 송달받았으나 이에 불복이므로 항고를 제기합니다.

원 결 정 표 시

이 사건 신청을 기각한다.

항 고 취 지

원 판결을 취소하고 다시 상당한 재판을 구합니다.

항 고 이 유

1. 원심법원은 위 재산명시신청사건에 대하여, 채무자의 재산발견이 가능하다고 인정할 만한 명백한 사유가 있다고 하여 동 신청을 기각하였습니다.
2. 그러나 항고인은 피항고인이 주소를 허위로 옮겨다닐 뿐 아니라 옮겨다니는 주소 또한 건물도 존재하지 아니한 것으로 위 채무자의 재산발견이 불가능하므로 본건 항고를 제기합니다.

첨 부 서 류

1. 주민등록초본   1통
1. 부동산등기부등본   1통

20○○. ○. ○.

위 채권자 ○ ○ ○ (날인 또는 서명)

○○고등법원 귀중

주
1. 명시신청 기각결정에 대하여는 즉시항고할 수 있다.
2. 이 항고장은 1통을 작성하여 2,000원의 인지를 첩부한다. 이 항고장은 원심법원의 문서건명부에 올리도록 한다.
3. 송달료를 납부한다. 송달료는 법원내 은행에 납입한 뒤 영수증은 본인이 보관하고 납부서는 기록에 첨부한다.
4. 신청은 재산명시신청의 결정을 한 법원 신청과에 접수한다.

【서식】 재산명시명령 취하신청서

재산명시명령 취하신청서

사　　건　　　　　20○○카기○○○호 재산명시명령
채 권 자　　　　　○　○　○ (000000 - 0000000)
　　　　　　　○○시 ○○구 ○○동 ○○○
　　　　　　　전화 02-1234-4567　　　휴대폰 010-1234-5678
　　　　　　　팩스 02-9876-5432　　　이메일 : lawb@lawb.co.kr
채 무 자　　　　　○　○　○ (000000 - 0000000)
　　　　　　　○○시 ○○구 ○○동 ○○○
　　　　　　　전화 02-1234-4567　　　휴대폰 010-1234-5678
　　　　　　　팩스 02-9876-5432　　　이메일 : lawb@lawb.co.kr

　위 사건에 관하여 채권자와 채무자가 원만한 합의가 되었기에 동 사건을 전부 취하합니다.

첨 부 서 류

　1. 취하서 부본　　　　　　　　　　　　　　　　1통

20○○. ○. ○.

　위 채권자 ○ ○ ○ (날인 또는 서명)

○○지방법원　귀중

주 인지는 없고 일반문건으로 신청과에 접수한다.

(6) 재산명시명령 위반자에 대한 제재

가. 감 치

1) 의 의

재산명시명령을 통하여 채무자의 책임재산을 파악하고., 채무자에 대하여 그 채무이행을 간접강제함으로써 재산명시제도의 실효성을 제고하기 위하여 민사집행법은 재산명시명령을 위반자에 대한 제재 규정을 두고 있다. 그 중 하나가 감치제도이다.

감치제도란 재사명시명령을 받은 채무자가 정당한 사유 없이 명시기일에 출석하지 아니하거나 재산목록의 제출 또는 선서를 거부한 경우에는 법원은 감치재판절차를 개시하여 20일 이내의 감치(감치시설에 가두는 것)에 처할 수 있게 한 제도를 말한다(법 제68조 1항).

구 민사소송법(제524조의 8)은 위 경우 및 허위의 재산목록을 제출한 경우 형사처벌을 하도록 하였으나, 민사집행법은 감치제도를 신설하여 간접강제기능을 강화하고 채무변제와 석방을 연계하여 강제집행의 실효성을 높이도록 하는 한편, 허위의 재산목록을 제출한 경우에만 형사처벌을 하도록 하였다.

2) 내 용

채무자가 정당한 사유 없이 재산명시기일에 출석하지 아니하거나, 재판목록의 제출을 거부하거나 명시신고를 하지 않으면 법원은 결정으로 20일 이내의 감치에 처한다(법 제68조 1항). 이 결정에 대하여 채무자는 즉시항고를 할 수 있다(동조 4항).

채무자가 행위능력자인 경우에는 그 법정대리인을, 법인 또는 비법인사단·재단인 경우에는 대표자 또는 관리인을 감치에 처한다(동조 2항).

법원은 감치사유가 발생하면 20일 이내에 감치재판개시결정을 하여야 한다(규칙 제30조 2항). 감치사유가 발생한 날부터 20일이 지나기 전에 개시결정이 이루어지면 족하고 채무자에게 고지되어야 하는 것은 아니다.

위 개시결정을 한 경우에는 채무자를 소환하여 감치재판기일을 열고 정당한 사유 여부를 심리하여야 한다. 감치재판기일을 원칙적으로 채무자의 출석 없이는 열 수 없지만, 정당한 이유 없이 출석하지 아니하거나 재판장의 허가 없이 퇴정한 때 또는 재판장의 질서유지를 위한 퇴정명령을 받은 때에는 채무자의 출석 없이도 기일을 열 수 있다(규칙 제30조 8항, 법정질서규칙 6조 1항).

정당한 사유가 있거나 감치결정전에 채무자가 재산목록을 제출한 때에는 불처벌결정을 하고(동조 3항), 새 재산명시기일을 열어야 한다. 감치사유가 인정되지만 감치에 처하는 것이 상당하지 아니하다고 인정되는 때에도 법원은 불처벌결정을 하여야 한다.

감치재판개시결정과 불처벌결정에 대하여는 불복을 할 수 없다(동조 4항).

3) 감치결정의 집행

감치결정의 집행은 감치결정을 한 법원의 재판장의 명령으로 하고, 필요한 경우에는 집행장을 발부하여 법원직원·교도관·경찰관으로 하여금 위반자를 구인하게 할 수 있다. 감치결정은 그 고지일부터 3개월이 지나면 집행할 수 없다(규칙 제30조 8항).

4) 감치결정의 취소

감치집행중에 채무자가 재산명시명령을 이행하겠다고 신청한 때에는 바로 재산명시기일을 열어야 하고(법 제5항). 명시기일에 재산목록을 내고 선서하거나 신청채권자에 대한 채무를 변제하고 이를 증명하는 서면을 낸 때에는 법원은 감치결정을 취소하고 채무자를 석방하도록 명한다(동조 6항).

나. 거짓 재산목록을 낸 때의 벌칙

채무자가 거짓의 재산목록을 낸 때에는 3년 이하의 징역 또는 500만원 이하의 벌금에 처한다(68조 9항). 채무자가 법인 또는 법인 아닌 사단·재단인 때에는 그 대표자나 관리인은 3년 이하의 징역이나 500만원 이하의 벌금에 처하고, 채무자는 500만원 이하의 벌금에 처한다(동조 10항). 즉, 양벌규정이다.

【서식】감치재판개시결정

○○지방법원
결 정

사　　　건　20○○정○○○○ 채무자감치
채　무　자　○ ○ ○ (000000 - 0000000)
　　　　　　○○시 ○○구 ○○동 ○○○
　　　　　　전화 02-1234-4567　　휴대폰 010-1234-5678
　　　　　　팩스 02-9876-5432　　이메일 : lawb@lawb.co.kr
　　　　　　소송대리인 변호사 ○ ○ ○
　　　　　　○○시 ○○구 ○○동 ○○○

주　문

채무자에 대한 감치재판절차를 개시한다.

이　유

　채무자는 이 법원 20○○카명 재산명시 신청사건의 재산명시명령에 따라 20○○. ○. ○. ○○:○○ 이 법원 제○○호 법정에서 실시한 명시기일에 출석요구를 받고도 출석하지 아니하였으므로, 민사집행법 제68조 제1항, 민사집행규칙 제30조 제2항에 의하여 주문과 같이 결정한다.

20○○. ○. ○.

판　사　○ ○ ○　㊞

[서식] 불처벌결정

○○지방법원
결 정

사　　　　건　　20○○정○○○○ 채무자감치
채　무　자　　○ ○ ○ (000000 - 0000000)
　　　　　　　　○○시 ○○구 ○○동 ○○○
　　　　　　　　전화 02-1234-4567　　휴대폰 010-1234-5678
　　　　　　　　팩스 02-9876-5432　　이메일 : lawb@lawb.co.kr
　　　　　　　　소송대리인 변호사 ○ ○ ○
　　　　　　　　○○시 ○○구 ○○동 ○○○

주　　　문

채무자를 벌하지 아니한다.

이　　　유

　채무자는 이 법원 20○○카명 재산명시 신청사건의 재산명시명령에 따라 20○○. ○. ○. ○○:○○ 이 법원 제○○호 법정에서 실시한 명시기일에 출석요구를 받고도 출석하지 아니하였다.
　그러나 …의 점에 비추어 보면 채무자를 감치에 처하는 것이 상당하지 아니하고도 인정되므로, 제30조 제3항에 의하여 주문과 같이 결정한다.

20○○. ○. ○.

판 사　○ ○ ○　㊞

【서식】 감치결정

○○지방법원
결 정

사　　　건　　20○○정○○○○ 채무자감치
채　무　자　　○ ○ ○(000000 - 0000000)
　　　　　　　　○○시 ○○구 ○○동 ○○○
　　　　　　　　전화 02-1234-4567　　휴대폰 010-1234-5678
　　　　　　　　팩스 02-9876-5432　　이메일 : lawb@lawb.co.kr
선　고　일　　20○○. ○. ○

주　문

채무자를 감치 ○○일에 처한다.
감치할 장소를 ○○구치소로 정한다.

이　유

　채무자는 이 법원 20○○카명 재산명시 신청사건의 재산명시명령에 따라 20○○. ○. ○. ○○:○○ 이 법원 제○○호 법정에서 실시한 명시기일에 출석요구를 받고도 출석하지 아니하였으므로, 민사집행법 제68조 제1항에 의하여 주문과 같이 결정한다.

　　　　　　　　20○○. ○. ○.

　　　　　　　　　　　　　　　판사 ○ ○ ○ ㊞

주 1. 채무자는 이 결정을 고지받은 날(감치결정 선고시에 **불출석**한 경우에는 결정등본을 송달받은 날)부터 1주 이내에 이 법원에 즉시항고로 불복을 신청할 수 있다.
2. 법정에서 선고되면 바로 그 효력이 발생되고, 즉시항고를 하더라도 집행이 정지되지 않는다.
3. 이 결정에 의하여 채무자가 감치되더라도 그 집행중에 명시기일이 열려 채무자가 재산목록을 제출하고 선서하거나 채권자에 대한 채무를 변제하고 이를 증명하는 서면을 내면 바로 감치결정이 취소되고 채무자는 석방될 수 있다.

【서식】 감치집행명령서

○○지방법원
집행명령

○○구치소장(교도소장, 경찰서장) 귀하

사　　　건　20○○정○○○○ 채무자감치
채　무　자　○ ○ ○(000000 - 0000000)
　　　　　　○○시 ○○구 ○○동 ○○○
　　　　　　전화 02-1234-4567　　휴대폰 010-1234-5678
　　　　　　팩스 02-9876-5432　　이메일 : lawb@lawb.co.kr
재판 선고일　20○○. ○. ○
감 치 기 간　○일

　위와 같이 채무자를 감치에 처하는 재판이 선고되었으므로 감치의 집행을 명함〔첨부 : 감치결정서(감치재판을 기재한 조서) 등본〕

20○○. ○. ○.

판사 ○ ○ ○ ㊞

【서식】감치집행장

○○지방법원
집 행 장

사　　　건　20○○정○○○○ 채무자감치
채　무　자　○ ○ ○(000000 - 0000000)
　　　　　　○○시 ○○구 ○○동 ○○○
　　　　　　전화 02-1234-4567　　휴대폰 010-1234-5678
　　　　　　팩스 02-9876-5432　　이메일 : lawb@lawb.co.kr
재판 선고일　20○○. ○. ○
감 치 기 간　○일
기타 감치의 집행에 필요한 사항

위 채무자에 대한 감치의 집행을 위하여 위 채무자를 ○○구치소로 구인하다.
　이 집행장은 20○○. ○. ○. 까지 유효하며, 이 기간을 경과하면 집행에 착수하지 못한다.

　　　　　　　　　　　　20○○. ○. ○.

　　　　　　　　　　판 사　○　○　○　(서명) ㊞

다음과 같이 처리하였습니다.
집행일시 20○○. ○. ○. ○○:○○
집행장소 ○○시
집행불능사유 ○○○○

20○○. ○. ○.

　　　○○경찰서 사법경찰관(리) ○○○ (서명)

20○○. ○. ○.

인치일시 20○○. ○. ○. ○○:○○
인치장소 ○○시

　　　　　　　　○○구치소 담당직원 ○○○ ㊞

[서식] 감치집행통지서

○○지방법원
감치집행통지

○ ○ ○ 귀하
○○시 ○○구 ○○동 ○○○

사　　　건　　　20○○정○○○○ 채무자감치
채무자(피감치인)　　　○ ○ ○(000000 - 0000000)
　　　　　　　　　○○시 ○○구 ○○동 ○○○
　　　　　전화 02-1234-4567　　휴대폰 010-1234-5678
　　　　　팩스 02-9876-5432　　이메일 : lawb@lawb.co.kr

　채무자(피감치인)는 이 법원 20○○카명1234 재산명시 신청사건의 재산명시명령에 따라 실시된 명시기일에 정당한 사유 없이 출석하지 아니하여 이 법원의 20○○. ○. ○.자 감치결정에 의하여 아래와 같이 감치되었습니다. 채무자(피감치인)는 보조인 또는 변호인을 선임하여 법률적 도움을 받을 수 있습니다.

　감치집행일시 20○○. ○. ○. ○○:○○
　감치기간 ○○일
　감치장소 ○○구치소(○○시 ○○구)

20○○. ○. ○.

판 사　○　○　○　㊞

(7) 재산명시신청의 재신청

재산명시신청이 기각·각하된 경우에는 그 신청채권자는 기각·각하사유를 보완하지 아니하고서는 같은 집행권원으로 다시 재산명시신청을 할 수 없다(법 제69조). 채무자가 명시기일에 불출석하거나 재산목록의 제출 또는 선서를 거부한 경우에는 다시 재산명시신청을 할 수 있다.

2. 채무불이행자명부제도

(1) 의 의

채무불이행자명부제도는 채무자가 금전의 지급을 명한 집행권원이 확정된 후 또는 집행권원 작성 후 6월 이내에 채무를 이행하지 아니하는 때 또는 재산명시절차에서 감치·처벌대상이 되는 행위를 한 경우, 채무자의 인적사항을 법원의 재판에 의하여 채무불이행자명부에 등재한 후 일반인의 열람·복사를 위하여 법원에 그 장부를 비치하는 불성실한 채무자의 인적 사항을 공개함으로서 채무이행을 간접강제하는 효과를 거두고 일반인에게 거래상대방에 대한 신용조사를 용이하게 거래안전을 도모하는데 목적이 있다.

(2) 등재신청

가. 관할방법

채무불이행을 사유로 등재신청을 하는 경우에는 채무자의 보통재판적이 있는 곳의 법원이 관할하고, 재산명시절차에서 감치나 처벌 대상이 되는 행위를 한 것을 사유로 등재신청을 하는 경우에는, 그 재산명시절차를 실시한 법원이 관할한다(법 제70조 3항).

나. 신청방법

1) 신청인·상대방

신청인은 금전의 지급을 명한 모든 집행권원(가집행선고 있는 것은 제외)을 가진 채권자이면 되고, 재산명시신청을 한 채권자에 한정할 이유는 없다. 상대방은 채무자 본인이고, 채무자의 법정대리인, 법인 등의 대표자를 상대방으로 해서는 안된다.

2) 등재신청 요건

ⅰ) 채무자가 금전지급을 명한 집행권원이 확정된 후 또는 집행권원을 작성한 후 6개월 이내에 채무를 이행하지 아니하는 경우, 다만 가집행의 선고가 붙은 판결 또는 가집행의 선고가 붙어 집행력을 가지는 집행권원(예컨대 가집행의 선고가 붙은 배상명령)의 경우를 제외한다(법 제70조 1항 1호).

ⅱ) 채무자가 재산명시절차에서 명시기일에 불출석하거나, 재산목록의 제출 또는 선서를 거부하거나, 거짓의 재산목록을 낸 경우

ⅲ) 강제집행이 용이하다고 인정할 만한 명백한 사유가 없을 것

강제집행이 용이하다는 입증책임은 채무자에게 있고, 위 "6개월 내"란 이행청구가 가능한 시점부터 6개월 내를 말하므로, 집행권원이 조건부·기한부인 경우에는 조건성취·기한도래시부터, 상환이행판결인 경우에는 반대의무이행(제공)시부터 기산한다.

3) 신청서 제출

명부등재신청은 서면으로 하여야 하고9규칙 제31조), 신청서에는 1,000원의 인지를 붙여야 한다.

신청서에는 신청요건을 증명하는 소명자료와 채무자의 주소를 소명하는 자료를 내야 한다. 주소소명자료는 등재명부의 부본을 주소지의 장에게 보내야 하기 때문이다. 명시신청과 달리, 집행문이나 집행개시요건의 소명자료는 제출할 필요가 없다.

소명자료로는 위 2) ①의 경우에는 확정판결 등 집행권원을, 위 2) ②의 경우에, 불출석인 경우에는 명시기일조서 등본을, 거짓의 재산목록 제출인 경우에는 유죄판결, 불기소처분(기소유예), 소사결과통지 등을 제출한다.

【서식】 채무불이행명부 등재신청서

채무불이행자명부등재신청

채 권 자   ○ ○ ○ (000000 - 0000000)
                ○○시 ○○구 ○○동 ○○○
                전화 02-1234-4567   휴대폰 010-1234-5678
                팩스 02-9876-5432   이메일 : lawb@lawb.co.kr

채 무 자   ○ ○ ○ (000000 - 0000000)
                ○○시 ○○구 ○○동 ○○○
                전화 02-1234-4567   휴대폰 010-1234-5678
                팩스 02-9876-5432   이메일 : lawb@lawb.co.kr

집행권원의 표시 및 채무액

서울중앙지방법원 20○○가합45678호 손해배상청구사건의 집행력 있는 판결정본에 기한 금30,000,000원 및 이에 대한 20○○. ○. ○.부터 완제일까지 연 2할의 이자금

신 청 취 지

채무자를 채무불이행자 명부에 등재한다.
라는 재판을 구합니다.

신 청 이 유

1. 채권자는 채무자에 대하여 서울중앙지방법원이 20○○. ○. ○. 선고한 20○○가합 45678 손해배상청구사건의 판결이 확정되어 위와 같은 집행권원을 가지고 있고, 그 후 채무자는 6개월이 지나도록 위 채무를 이행하지 아니하고 있으며 교묘한 방법으로 그 책임재산을 은닉하여 압류집행이 불능된 바 있습니다.
2. 따라서 민사집행법 제70조에 의하여 이건 신청을 하오니 채무불이행자명부에 등재하는 결정을 하여 주시기 바랍니다.

첨 부 서 류

1. 집행력 있는 판결정본	1통
1. 송달증명원	1통
1. 확정증명원	1통
1. 채무이행최고서(내용증명)	1통
1. 집행불능조서	1통
1. 가족관계증명서(채무자의 것)	1통
1. 주민등록표등본	1통
1. 위임장	1통
1. 납부서	1통

20○○. ○. ○.

위 채권자 ○ ○ ○ ㊞

○○지방법원 귀중

주 신청서에는 민사소송등 인지법 제9조 4항 3호에 의하여 인지를 붙인다.

[서식] 결정문

○○ 지방법원

결 정

사 건	20○○카명○○○ 채무불이행자명부등재
채 권 자	○ ○ ○ (000000 - 0000000)
	○○시 ○○구 ○○동 ○○○
	전화 02-1234-4567 휴대폰 010-1234-5678
	팩스 02-9876-5432 이메일 : lawb@lawb.co.kr
채 무 자	○ ○ ○ (000000 - 0000000)
	○○시 ○○구 ○○동 ○○○
	전화 02-1234-4567 휴대폰 010-1234-5678
	팩스 02-9876-5432 이메일 : lawb@lawb.co.kr

주 문

채무자를 채무불이행자명부에 등재한다.

이 유

　채무자가 이 법원 20○○. ○. ○. 선고한 20○○가단○○○호 대여금 사건의 판결이 확정된 후 6개월 내에 돈 ○○○만원의 채무를 이행하지 아니하였으므로 민사집행법 제71조 제1항에 따라 주문과 같이 결정한다.

20○○. ○. ○.

판 사 ○ ○ ○ ㉙

(3) 등재신청에 대한 재판

가. 등재결정

등재신청에 정당한 이유가 있으면 사법보좌관은 채무자를 채무불이행자 명부에 올리는 결정을 하고, 이 등재결정을 채권자 및 채무자에게 고지한다.

나. 기각결정

등재신청에 정당한 이유가 없거나 쉽게 강제집행을 할 수 있다고 인정할 만한 명백한 사유가 있는 때에는 기각결정을 하여야 한다.

신청기각결정은 채권자에게 고지하여야 한다.

다. 즉시항고

등재신청을 인용한 결정이나 기각결정에 대해서는 즉시항고를 할 수 있다(법 제71조). 그러나 즉시항고를 하더라도 집행정지효력은 없고, 따라서 즉시항고를 하더라도 명부등재 및 비치를 한다.

(4) 채무불이행자명부의 비치·열람·복사

채무불이행자명부 등재결정이 있으면 법원사무관등은 바로 채무자별로 채무불이행자명부를 작성하여야 하며 법원이 비치하여야 한다(법 제2조 1항).

이 명부에는 채무자의 이름·주소·주민등록번호 등 및 집행권원과 불이행한 채무액을 표시하고 그 등재사유와 날짜를 적어야 한다(규칙 제32조 2항). 등재사유라 함은 등재원인이 된 사실을 말한다. 즉 6개월 내에 채무를 이행하지 아니한 사실 또는 명시의무위반의 내용을 기재한다. 그러나 채권자의 인적사항을 기재하여서는 아니된다.

법원은 그 이름으로 또는 법원사무관등의 이름으로, 이 명부의 부본을 채무자의 주소지(법인은 주된 사무소의 소재지)의 시(구가 설치되지 아니한 시), 구, 읍, 면의 장에게 보내야 하고, 전국은행연합회의 장에게 그 부본을 보내거나 전자통신매체를 이용하여 통지하여야 한다(규칙 제33조 1, 2항).

이 명부 또는 그 부본은 누구나 열람·복사를 신청할 수 있다(법 제72조 4항). 채무불이행자명부는 카드화된 채무불이행자명부 1개를 열람, 복사의 1건으로 처리한다(재민 91-4). 신청서에는 500원의 인지를 붙이고 복사물 1장마다 50원의 수수료를 추가납부하여야 한다. 인쇄물 등에 의하여 공표할 수는 없다.

【서식】 채무불이행자명부열람·복사청구서

채무불이행자명부열람·복사청구서

  채 권 자   ○ ○ ○
      ○○시 ○○구 ○○동 ○○○
      전화 02-1234-4567   휴대폰 010-1234-5678
      팩스 02-9876-5432   이메일 : lawb@lawb.co.kr

  채 무 자   ○ ○ ○
      ○○시 ○○구 ○○동 ○○○
      전화 02-1234-4567   휴대폰 010-1234-5678
      팩스 02-9876-5432   이메일 : lawb@lawb.co.kr

  위 당사자간의 귀원 20○○카기12345 재산명시사건에 관하여, 채권자는 채무자의 채무불이행자명부의 열람·복사를 청구합니다.

20○○. ○. ○.

위 채권자 ○ ○ ○ ㊞

○○지방법원 귀중

(5) 명부등재의 말소

가. 채무자의 신청에 의한 말소

변제, 그 밖의 사유로 채무가 소멸되었다는 것이 증명된 때에는 법원은 채무자의 신청에 따라 채무불이행자명부에서 그 이름을 말소하는 결정을 하여야 한다(법 제73조 1항).

기한의 유예, 연기, 이행조건의 변경, 채권자가 말소에 동의하였다는 사유는 말소신청사유에 해당되지 않는다. 이 명부는 공공의 이익에 공하기 때문이다.

신청서에는 1,000원의 인지를 붙여야 한다.

말소결정은 채권자와 채무자에게 고지하고, 기각결정은 채무자에게 고지하면 된다. 채권자는 말소결정에 대하여 즉시항고 할 수 있다(법 제73조 2항).

나. 법원의 직권에 의한 말소

채무불이행자명부에 오른 다음 해부터 10년이 지난 때에는 법원은 직권으로 그 명부에 오른 이름을 말소하는 결정을 하여야 한다(법 제73조 3항).

다. 말소절차

채무자의 신청에 의한 말소결정(법 제73조 1항)을 한 때 그리고 법원의 직권에 의한 말소결정(동조 3항)을 한 때에는 법원사무관은 즉시 그 명부를 말소하여야 하고(규칙 제34조 1항), 그 취지를 채무자의 주소지(채무자가 법인인 때에는 주된 사무소가 있는 곳) 시·구·읍·면의 장 및 채무불이행자명부의 부본을 보낸 금융기관 등의 장에게 통지하여야 한다(법 제73조 4항).

이 통지를 받은 시·구·읍·면의 장 및 금융기관 등의 장은 그 명부의 부본에 오른 이름을 말소하여야 한다(동조 4항).

【서식】 채무불이행자명부말소신청서

채무불이행자명부말소신청

채 권 자 　　　○ ○ ○ (000000 - 0000000)
　　　　　　○○시 ○○구 ○○동 ○○○
　　　　　　전화 02-1234-4567　　휴대폰 010-1234-5678
　　　　　　팩스 02-9876-5432　　이메일 : lawb@lawb.co.kr

채 무 자 　　　○ ○ ○ (000000 - 0000000)
　　　　　　○○시 ○○구 ○○동 ○○○
　　　　　　전화 02-1234-4567　　휴대폰 010-1234-5678
　　　　　　팩스 02-9876-5432　　이메일 : lawb@lawb.co.kr

신 청 취 지

　채무자를 채무불이행자명부에서 말소한다.
라는 재판을 구합니다.

신 청 이 유

1. 채권자는 ○○지방법원 20○○가합12345 손해배상청구사건의 판결에 의한 집행권원을 가지고, 채무자에 대하여 그 판결의 확정 후, 채무자가 6개월 이내에 채무를 이행하지 아니하였음을 이유로 귀원에 채무불이행자명부 등재신청을 하여, 귀원은 채무자에 대하여 20○○. ○. ○.자 20○○카기8574로 동결정이 선고됨에 따라 채무자를 채무불이행자명부에 등재하였는바,

2. 채무자는 이미 위 채무를 변제하였으므로 채무불이행자명부등재의 말소를 구하기 위하여 민사집행법 제73조 1항에 의하여 이건 신청을 합니다.

첨 부 서 류

1. 변제증서 사본(또는 변제공탁서 사본)　　　1통
1. 납부서　　　1통

20○○. ○. ○.

위 채무자　○　○　○　(날인 또는 서명)

○○지방법원　귀중

주　1. 신청서에는 1,000원의 인지를 붙이고 송달료는 당사자 1인당 5회분씩 금 15,100원을 예납한다.
　　2. 신청서 부본은 제출할 필요가 없고 제출할 법원은 채무불이행자명부 등재결정한 법원에 제출한다.

3. 재산조회제도

(1) 의 의

재산조회제도란 재산명시절차가 끝난 후 일정한 사유가 있는 경우에 채권자의 신청에 따라 개인의 재산과 신용에 관한 전산망을 관리하는 공공기관·금융기관·단체 등에 채무자명의의 재산에 관하여 조회할 수 있는 제도(법 제74조)를 말한다.

이 제도는 민사집행법이 새로 도입한 것으로, 재산명시제도가 형사처벌을 규정하였음에도 채무자의 비협조로 은닉재산을 찾아내는 데 미흡했던 점을 고려하여, 채무자의 협조 없이도 채무자의 재산을 찾을 수 있도록 함으로써 재산명시제도의 실효성을 확보하기 위하여 재산조회제도를 새로이 도입한 것이다.

종전에는 채무자에 대한 재산조회를 하기 위하여는 채무자에게 재산명시명령이 공시송달이나 우편송달(발송송달) 외의 방법으로 송달되어 재산명시절차가 종료될 것이 요구되었으므로 채무자가 도주하거나 그 밖의 사유로 채무자의 주소를 알 수 없는 경우에는 채권자가 재산조회제도를 이용할 수 없었다. 따라서 2005년 개정민사집행법은 재산조회제도를 더욱 활성화하기 위해 채권자가 채무자의 주소를 알 수 없는 경우에도 재산조회신청을 할 수 있도록 하였다.

(2) 신청인 및 신청사유

재산명시절차의 관할 법원은 다음 각호의 어느 하나에 해당하는 경우에는 그 재산명시를 신청한 채권자의 신청에 따라 채무자 명의의 재산에 대하여 재산조회를 할 수 있다(법 제74조 1항).

ⅰ) 재산명시절차에서 채권자가 법 62조 6항의 송달불능에 따라 주소보정명령을 받고도 민사소송법 194조 1항의 규정에 의한 사유로 인하여 채권자가 이를 이행할 수 없었던 것으로 인정되는 경우. 이 사유는 2005년 민사집행법에서 신설한 내용으로 도주한 채무자의 재산에 대하여도 재산조회를 할 수 있는 길을 열어 놓았다.

ⅱ) 재산명시절차에서 채무자가 제출한 재산목록의 재산만으로는 집행채권이 만족을 얻기에 부족한 경우

ⅲ) 재산명시절차에서 채무자가 재산명시기일에 불출석하거나 출석하더라도 재산목록 제출 또는 선서를 거부한 경우(법 제68조 1항)

ⅳ) 재산명시절차에서 채무자가 거짓의 재산목록을 제출한 경우(법 제68조 9항).

(3) 조회대상기관 및 재산

재산조회를 할 수 있는 기관은 개인의 재산과 신용에 관한 전산망을 관리하는 공공기관·금융기관·단체 등 중에서 민사집행규칙 별표에 기재된 기관이고, 조회대상재산은 각 기관별로 기재된 것에 한한다(규칙 제36조 1항).

별도로 제정된「재산조회규칙」(2003. 9. 13.일부개정 대법원규칙 제1845호, 2003. 10. 1. 시행)은 재산조회비용, 전자통신매체를 사용한 재산조회절차, 재산조회결과의 관리 등에 관하여 규정하고 있다.

조회기관, 조회대상재산 및 조회비용은 다음과 같다.

① 법원행정처 : 토지·건물의 소유권 ; 20,000원

다만, 법원행정처를 상대로 토지·건물에 관한 재산조회의 경우에는 채권자의 신청에 따라 채무자가 조회 당시 보유한 재산뿐만 아니라 재산명시명령이 송달되기 전 2년 안에 채무자가 보유한 재산내역을 조회할 수 있는데(규칙 제36조 2항), 송달 전 2년 내의 과거재산에 대한 조회신청을 함께 하는 경우에는 2배액, 협회 등의 장에게 재산조회를 하는 경우(일괄조회의 경우를 포함)에는 4배액의 조회비용을 예납하여야 한다(재산조회규칙 7조).

② 건설교통부 : 건물의 소유권 ; 10,000원

③ 특허청 : 특허권, 실용신안권, 의장권, 상표권 ; 20,000원

④ 특별시·광역시·도 : 자동차·건설기계의 소유권 ; 기관별 5,000원

⑤ 은행, 종합금융회사, 상호저축은행, 농업협동조합과 중앙회, 수산업협동조합과 그 중앙회, 신용협동조합, 산림조합, 새마을금고, 신탁회사(신탁업법)·위탁회사(증권투자신탁법), 증권회사·증권금융회사·중개회사·명의개서대행기관, 보험사업자, 정보통신부 : 금융자산 중 계좌별 시가합계액이 50만원 이상인 것(단, 보험사업자는 해약환급금이 50만원 이상인 것) ; 기관별 5,000원

(4) 재산조회 신청절차

가. 관할법원

관할법원은 재산명시신청을 실시한 법원이고(법 제74조 1항), 이는 전속관할이다. 여기의 '법원'은 지방법원과 지원만을 의미하고 시·군법원은 제외된다.

나. 신청방식

재산조회신청은 서면으로 하여야 하고(규 31조), 신청서에는 1,000원의 인지를 붙여야 한다.

신청서에는 다음의 사항을 적어야 한다(규칙 제35조 1항).

ⅰ) 채권자·채무자와 그 대리인의 표시, 집행권원의 표시, 채무자가 이행하지 않은 금전채무액, 신청취지와 신청사유

ⅱ) 조회할 공공기관·금융기관 또는 단체

"대상기관"란에 기재된 기관·단체를 특정하면 족하고, 예컨대 ○○은행 지점과 같이 세부적으로 특정할 필요는 없다.

ⅲ) 조회할 재산의 종류

"조회할 재산"란에 기재된 재산권 중 특정하여 적어야 한다. 조회할 재산은 위 별표에 정한 재산에 한정되므로 그 이외의 재산은 조회할 수 없다.

ⅳ) 과거재산의 조회를 신청하는 때에는 그 취지와 조회기간(규칙 제36조 2항)

다. 첨부자료 및 조회비용의 예납

재산조회를 신청하는 때에는 채무자의 주소·주민등록번호 등, 그 밖에 채무자의 인적사항에 관한 자료를 내야하며(규칙 제35조 2항), 재산조회비용도 예납하여야 한다(법 제74조 2항).

【서식】 재산조회신청서

재 산 조 회 신 청 서

신청인	☐ 채권자　　☐ 회생위원　　☐ 기타 이름 :　　　　　　　주민등록번호 : 주소 : 전화번호 :　　　　　　팩스번호: 이메일 주소 : 대리인 :
개인회생사건	지방법원 200　개회　　호
개인채무자	이름 :　　　（한자 :　　　）주민등록번호 : 주소 :
조회대상기관 조회대상재산	별지와 같음
조회대상기간	．．．～．．．
신청취지	위 기관의 장에게 개인채무자 명의의 위 재산에 대하여 조회를 실시한다.
신청사유	
비용환급용 예금계좌	
수입 인지	20　．．． 　　　　　　신청인　　　　　（날인 또는 서명） 　　　　　　　　　　　　　서울중앙지방법원 귀중

① 이해관계인은 별지 조회비용의 합계액과 송달필요기관수에 2를 더한 횟수의 송달료를 예납하여야 합니다.
　참조 : 채무자회생및파산에관한법률 제23조, 민사집행법 74조 ③항, ④항, 개인채무자회생규칙 7조, 8조, 민사집행규칙 35조, 36조, 재산조회규칙 7조, 8조

<별 지>

순번	기관분류	재산종류	조회대상 재산 / 조회대상기관의 구분	개수	기관별/재산별 조회비용	예납액
1	법원행정처	토지.건물의 소유권	☐ 현재조회		20,000원	
			☐ 현재조회와 소급조회 ※ 소급조회는 재산조회서 송달일로부터 2년 내에 채무자가 보유한 재산을 조회합니다		40,000원	
	과거주소 1. 　　　　 2. 　　　　 3. ※ 부동산조회는 채무자의 주소가 반드시 필요하고, 채무자의 과거주소까지 기재하면 보다 정확한 조회를 할 수 있습니다.					
2	건설교통부	건물의 소유권	■건설교통부		10,000원	
3	특허청	특허권,실용신안권,의장권,상표권	☐특허청		20,000원	
4	특별시 광역시 또는 도	자동차.건설기계의 소유권	☐부산광역시　☐울산광역시　☐전라북도 ☐인천광역시　☐강원도　　　☐전라남도 ☐대전광역시　☐충청북도　　☐경상남도 ☐대구광역시　☐충청남도　　☐제주도 ☐광주광역시 ■서울특별시　■경기도　　　■경상북도		기관별 5,000원	
5	은행법에 의한 금융기관	금융자산 중 계좌별로 시가 합계액이 50만원 이상인 것	☐경남은행　　　☐우리은행　　　☐중소기업은행 ☐광주은행　　　☐전북은행　　　☐하나은행 ☐국민은행　　　☐제일은행　　　☐한국산업은행 ☐대구은행　　　☐제주은행　　　☐한국외환은행 ☐부산은행　　　☐조흥은행　　　☐한미은행 ☐신한은행 ☐내쇼날호주은행　☐소시에테제네랄은행 ☐뉴욕은행　　　☐아랍은행 ☐도쿄미쓰비시은행　☐야마구찌은행 ☐메트로은행　　☐제이피모간 체이스은행 ☐멜라트은행　　☐중국은행 ☐미쓰이스미토모은행　☐크레디리요네은행 ☐미즈호코퍼레이트은행　☐크레디아그리콜앵도수에즈은행 ☐뱅크오브아메리카　☐파키스탄국립은행		기관별 5,000원 기관별 5,000원	

☐노바스코셔은행	☐대화은행
☐도이치은행	☐뱅크원
☐비엔피 파리바은행	☐스탠다드차타드은행
☐스테이트스트리트은행	☐싱가폴개발은행
☐씨티은행	☐아메리칸엑스프레스은행
☐아이엔지은행	☐에이비엔 암로은행
☐유바프은행	☐유비에스은행
☐인도해외은행	☐중국공상은행
☐캘리포니아유니온은행	
☐크레디트스위스퍼스트보스톤은행	
☐플릿 내셔널 은행	☐호주뉴질랜드은행
☐홍콩상하이은행	☐UFJ Bank(구상와은행)

기관별 5,000원

순번	기관분류	재산종류	조회대상 재산 / 조회대상기관의 구분	개수	기관별/재산별 조회비용	예납액
6	종합금융회사에 관한 법률에 의한 종합금융회사	금융자산 중 계좌별로 시가 합계액이 50만원 이상인 것	□한불 □금호 □우리		기관별 5,000원	
7	상호저축은행법에 의한 상호저축은행과 그 연합회	금융자산 중 계좌별로 시가 합계액이 50만원 이상인 것	□상호저축은행중앙회 □( ) □( ) ※ 중앙회에 조회신청하면 전국 115개 중 65개 상호저축은행에 대하여만 조회됩니다. ※ 개별상호저축은행에 대한 조회를 원하는 경우에는 그 명칭을 별도로 기재하여야 합니다. ※ ( )속에 조회대상기관 명부에 기재된 순번을 기재합니다.		20,000원 기관별 5,000원	
8	농업협동조합법에 의한 농협중앙회	금융자산 중 계좌별로 시가 합계액이 50만원 이상인 것	□농협중앙회 및 전국단위지역조합 □농협중앙회 □( ) □( ) ※ 개별 단위지역조합에 대한 조회를 원하는 경우에는 그 명칭을 별도로 기재하여야 합니다. ※ ( )속에 조회대상기관 명부에 기재된 순번을 기재합니다.		20,000원 5,000원 기관별 5,000원	
9	수산업협동조합법에 의한 수협중앙회	금융자산 중 계좌별로 시가 합계액이 50만원 이상인 것	□수협중앙회 및 전국단위지역조합 □수협중앙회 □( ) □( ) ※ 개별 단위지역조합에 대한 조회를 원하는 경우에는 그 명칭을 별도로 기재하여야 합니다. ※ ( )속에 조회대상기관 명부에 기재된 순번을 기재합니다.		20,000원 5,000원 기관별 5,000원	
10	신용협동조합법에 의한 신용협동조합과 그 중앙회	금융자산 중 계좌별로 시가 합계액이 50만원 이상인 것	□신용협동조합중앙회 □( ) □( ) ※ 중앙회에 조회신청을 하면 전국 1,183개 신협의 전산화된 보통예탁금, 자립예탁금에 한하여 조회됩니다. ※ 개별 신용협동조합에 대한 조회를 원하는 경우에는 그 명칭을 별도로 기재하여야 합니다. ※ ( )속에 조회대상기관 명부에 기재된 순번을 기재합니다.		20,000원 기관별 5,000원	

순번	기관분류	재산종류	조회대상 재산 / 조회대상기관의 구분	개수	기관별/ 재산별 조회비용	예납액
11	산림조합법에 의한 산림조합중앙회	금융자산 중 계좌별로 시가 합계액이 50만원 이상인 것	☐산림조합중앙회 ☐ (　　　　　　) ☐ (　　　　　　) ※ 중앙회에 조회신청을 하면 전국 모든 산림조합에 대하여 조회됩니다. ※ 개별 산림조합중앙회에 대한 조회를 원하는 경우에는 그 명칭을 별도로 기재하여야 합니다. ※ (　)속에 조회대상기관 명부에 기재된 순번을 기재합니다.		20,000원 기관별 5,000원	
12	새마을금고법에 의한 새마을금고	금융자산 중 계좌별로 시가 합계액이 50만원 이상인 것	☐새마을금고연합회 ☐ ☐ ※ 연합회에 조회신청을 하면 전국 1,716개 중 1,677개 새마을금고에 대하여 조회됩니다. ※ 개별 새마을금고에 대한 조회를 원하는 경우에는 그 명칭을 별도로 기재하여야 합니다. ※ (　)속에 조회대상기관 명부에 기재된 순번을 기재합니다.		20,000원 기관별 5,000원	
13	신탁업법에 의한 신탁회사와 증권투자신탁법에 의한 위탁회사	금융자산 중 계좌별로 시가 합계액이 50만원 이상인 것	☐ ☐ ☐		기관별 5,000원	
14	증권거래법에 의한 증권회사·증권금융회사·중개회사 및 명의개서대행업무를 수행하는 기관	금융자산 중 계좌별로 시가 합계액이 50만원 이상인 것	☐건설증권　　　　☐세종증권 ☐교보증권　　　　☐신영증권 ☐굿모닝증권　　　☐신흥증권 ☐대신증권　　　　☐우리증권 ☐대우증권　　　　☐유화증권 ☐대한투자신탁증권 ☐이트레이드증권 ☐동부증권　　　　☐제일투자증권 ☐동양오리온투자신탁증권 ☐증권예탁원 ☐동양종합금융증권 ☐키움닷컴증권 ☐동원증권　　　　☐피데스증권중개 ☐리딩투자증권　　☐하나증권 ☐리먼브러더스인터내셔널증권 ☐한국투자신탁증권 ☐메리츠증권　　　☐한누리투자증권 ☐모아증권중개　　☐한양증권 ☐미래에셋증권　　☐한화증권 ☐부국증권　　　　☐현대증권 ☐브릿지증권　　　☐현투증권 ☐비엔지증권중개　☐BA Asia ☐살로먼스미스바니증권 ☐KGI증권 ☐삼성증권　　　　☐LG투자증권 ☐서울증권　　　　☐SK증권		기관별 5,000원	

제2장 금전채권에 기초한 강제집행 총설 **1335**

			조회대상 재산 / 조회대상기관의 구분			
			☐겟모어증권중개 ☐코리아RB증권중개 ☐한국ECN증권 ☐ABN AMRO ☐Barclys Capital ☐CLSA ☐Credit Sulsse First Boston ☐Daiwa SMBC ☐Goldman Sachs	☐HSBC ☐ING Barings ☐J.P Morgan ☐Merrill Lynch ☐Morgan Stanley Dean Wittor ☐Nomura ☐SG ☐UBS Warburg		기관별 5,000원

순번	기관분류	재산종류	조회대상 재산 / 조회대상기관의 구분		개수	기관별/재 산별 조회비용	예납 액
15	보험법에 의한 보험사업자	해약환급금이 50만원 이상인 것	☐교보자동차보험(주) ☐그린화재해상보험(주) ☐대한화재해상보험(주) ☐동부화재해상보험(주) ☐동양화재해상보험(주) ☐삼성화재해상보험(주) ☐서울보증보험(주) ☐교보생명보험주식회사 ☐금호생명보험주식회사 ☐뉴욕생명보험주식회사 ☐대신생명보험주식회사 ☐대한생명보험주식회사 ☐동부생명보험주식회사 ☐동양생명보험주식회사 ☐라이나생명보험주식회사 ☐럭키생명보험주식회사 ☐메트라이프생명보험주식회사 ☐삼성생명보험주식회사	☐신동아재해상보험(주) ☐쌍용화재해상보험(주) ☐제일화재해상보험(주) ☐퍼스트어메리칸 권위보험(주) ☐현대해상화재보험(주) ☐FEDERAL ☐LG화재해상보험(주) ☐신한생명보험주식회사 ☐알리안츠생명보험주식회사 ☐카디프생명보험 한국지점 ☐푸르덴셜생명보험주식회사 ☐프랑스생명보험주식회사 ☐한일생명보험주식회사 ☐홍국생명보험주식회사 ☐AIG생명보험주식회사 ☐ING생명보험주식회사 ☐PCA생명보험주식회사 ☐SK생명보험주식회사		기관별 5,000원	
			☐A. H. A ☐ACE AMERICAN	☐Royal & SunAlliance		기관별 5,000원	
16	정보통신부	금융자산중 계좌별로 시가합계액이 50만원 이상인 것	☐정보통신부			5,000원	
				송달필요기관수		합계	

※ 『송달필요기관수』란에는 음영으로 기재된 란에 표시된 조회대상기관 수의 합계를 기재함.

(5) 신청에 대한 재판

가. 심리 및 재판

신청에 정당한 이유가 없으면 신청기각결정을 하여야 하고, 이에 대하여는 집행에 관한 이의로 불복할 수 있다.

신청이 정당하면 별도로 결정서를 작성할 필요 없이 재산조회를 실시하면 된다.

재산명시신청이 정당하면 인용결정 없이 채무자에게 재산명시명령을 하는 것과 같다. 이에 대하여 채무자는 집행에 관한 이의로 다툴 수 있다.

나. 재산조회절차

법원이 재산조회를 할 경우에는 채무자의 인적 사항을 적은 문서에 의하여 해당기관·단체의장에게 채무자의 재산 및 신용에 관하여 그 기관·단체가 보유하고 있는 자료를 한꺼번에 모아 제출하도록 요구할 수 있다(법 제74조 3항).

다. 조회기관의 의무

공공기관·금융기관·단체 등은 정당한 사유 없이 재산조회를 거부하지 못한다(법 제74조).

조회기간의 장이 정당한 사유 없이 거짓자료를 제출하거나 자료제출을 거부한 때에는 500만원 이하의 과태료에 처한다(법 제75조 2항, 규칙 제39조 1항).

(6) 조회결과의 관리 및 열람·복사

법원은 재산조회결과를 채무자의 재산목록에 준하여 관리하여야 한다(법 제75조 1항).

재산조회신청인이나 채무자에 대하여 강제집행을 개시할 수 있는 채권자는 재산목록을 보거나 복사할 것을 신청할 수 있다(법 제67조, 규칙 제38조).

재산조회결과의 열람·출력의 신청은, ① 채권자와 그 대리인의 이름·주소·주민등록번호 등, ② 채무자의 주소 또는 주민등록번호 등, ③ 재산조회 신청사건의 표시(재산조회를 신청한 채권자가 재산조회결과의 열람·출력을 신청한 경우에 한한다) 등의 사항을 적은 서면에 의하여야 한다. 채무자에 대하여 강제집행을 개시할 수 있는 채권자로서 재산조회신청을 하지 아니한 채권자가 재산조회결과의 열람·출력을 신청하는 때에 집행권원의 사본을 제출하여야 한다(재산조회규칙 13조).

(7) 재산조회결과의 남용금지

누구든지 재산조회결과를 강제집행 외의 목적으로 사용하여서는 안되고, 이를 위반할 경우 2년 이하의 징역 또는 500만원 이하의 벌금에 처한다(법 제76조 2항).

Ⅶ. 강제집행절차에서의 구제제도

1. 집행문부여절차와 관련된 구제제도

집행문부여절차와 관련하여 채권자 및 채무자에게는 구제수단이 공평하게 인정되고 있다. 즉, 채권자에게는 집행문부여 거절처분에 대한 이의신청(법 제34조 1항)이 인정되고, 채무자에게는 집행문부여에 대한 이의신청(법 제34조 2항)이 인정된다.

(1) 집행문부여 거절처분에 대한 이의신청

가. 의 의

집행문을 내어 달라는 신청에 대하여 법원사무관 등이 거절하는 처분을 하면, 채권자는 그 거절처분에 대하여 이의신청을 할 수 있다(법 제34조 1항). 재판장의 명령을 얻지 못하여 법원 사무관등이 거절한 경우라도 집행문 부여기관은 법원사무관 등이고 그 거절처분에 대하여 이의를 하여야 하고, 재판장의 명령에 대하여 항고할 수 없다(대결 1967. 10. 13. 67마530).

나. 이의사유

이의사유는 집행문부여의 요건에 흠결이 없음에도 거절하였다는 것이다.

집행문을 부여하여야 한다고 주장하는 모든 경우를 이의사유로 할 수 있다.

다. 이의신청의 절차

1) 관 할

법원사무관 등이 속한 법원에 이의신청을 할 수 있다(법 제34조 1항). 집행문을 내어 주지 않은 법원사무관 등이 전임한 경우라도 위 법원에 신청하여야 한다.

법원사무관 등이 거절처분에 대하여는 그 법원사무관 등이 속한 법원의 단독판사, 공증인 등의 거절처분에 대하여는 그 소재지관할 지방법원의 단독판사가 각 관할한다(법 제59조 2항).

제1심법원 법원사무관등이 집행문부여를 거절한 후 기록이 상급법원에 송부된 후에는 거절처분에 대한 이의신청을 할 것이 아니라 상급법원에 다시 집행문부여신청을 하여야 한다(대결 2000. 3. 13. 99마7096).

2) 신청기간

이의신청 기간에 대한 제한은 없으므로, 이의신청을 할 이익이 없으면 언제든지 이의신청을 할 수 있다.

3) 신청방식

이의신청은 민사집행의 신청이 아니므로 서면 또는 말로 할 수 있고, 1,000원의 인지를 붙여야 한다.

라. 재 판

법원은 임의적 변론을 거쳐 결정으로 재판한다. 이의신청이 이유 있으면 거절처분을 취소하고 부여기관에 대하여 집행문을 내어줄 것을 명하고, 채권자는 다시 집행문부여신청을 하여야 한다.

신청서에는 집행권원과 이의재판의 정본을 첨부하여야 하고, 부여기관은 재판장의 명령이 필요한 경우에도 따로 그 명령이 없이 당연히 집행문을 부여하여야 한다.

[서식] 집행문부여거절처분에 대한 이의신청서

집행문부여거절처분에 대한 이의신청

사　　건　　20○○가합4567 소유권이전등기청구
신 청 인　　　　○　○　○ (000000 - 0000000)
　　　　　　○○시 ○○구 ○○동 ○○○
　　　　　　전화 02-1234-4567　　휴대폰 010-1234-5678
　　　　　　팩스 02-9876-5432　　이메일 : lawb@lawb.co.kr
피신청인　　　　○　○　○ (000000 - 0000000)
　　　　　　○○시 ○○구 ○○동 ○○○
　　　　　　전화 02-1234-4567　　휴대폰 010-1234-5678
　　　　　　팩스 02-9876-5432　　이메일 : lawb@lawb.co.kr

신 청 취 지

　위 사건의 판결에 대하여 동법원 법원사무관 ○○○이 20○○. ○. ○. 한 집행문부여거절처분은 이를 취소한다.
　동법원 법원사무관은 위 판결에 대하여 집행문을 부여하라.
　라는 재판을 구합니다.

신 청 이 유

1. 신청인은 서울중앙지방법원 20○○가합4567 소유권이전등기청구사건의 판결에 대하여, 집행의 조건이 성취되었으므로, 그 사실을 증명하는 증명서를 첨부하여 집행문부여신청을 하였으나, 그 부여에 대한 재판장의 명령

을 얻을 수 없다는 이유로 위 법원 법원사무관으로부터 집행문부여의 거
절처분을 받았습니다.
2. 그러나 위 법원사무관의 거절처분은 부당하므로 그 처분을 취소하고 집행
문을 부여하라는 취지의 재판을 구하기 위하여 이 신청에 이르렀습니다.

첨 부 서 류

1. 화해조서정본   1통
1. 집행문부여신청서 사본   1통

20○○. ○. ○.

위 신청인   ○ ○ ○   (날인 또는 서명)

서울중앙지방법원 귀중

주 신청서에는 민사소송 등 인지법 제10조에 의하여 인지를 붙인다(송민 91-1 참조).

(2) 집행문부여에 대한 이의신청

가. 의 의

채무자는 법원사무관 또는 공증인 등이 집행문을 부여한 것에 대하여 그 부여의 위법함을 주장하여 집행문부여에 대한 이의를 신청할 수 있다(법 제34조 1항, 제59조 2항). 재판장의 명령, 집행문부여 거부처분에 대한 이의를 인용한 법원의 명령에 의하여 부여된 경우에도 이의신청을 할 수 있다.

나. 이의사유

집행문이 부여된 모든 경우에 이의신청을 할 수 있다.

이의사유로는 ⅰ) 집행권원이 형식상 이유에서 무효인 경우(집행중에서의 무효), ⅱ) 집행권원이 성립된 후 실효된 경우(판결후의 소취하 또는 소송상 화해), ⅲ) 집행권원이 집행력을 발생하지 아니한 경우(판결의 미확정, 가집행선고의 부재), ⅳ) 집행력이 소멸한 경우(가집행선고의 실효, 청구이의의 소의 인용판결), ⅴ) 정당한 이유 없이 수통 또는 재도의 집행문을 부여한 경우 ⅵ) 방식에 위반하여 집행문을 부여 ⅶ) 조건불성취 또는 승계사실의 부존재(법 제45조 단서) 등이 있다.

그러나 집행권원에 표시된 청구권에 대한 채권의 소멸, 변경 등 실체상의 사유는 집행문부여기관이 조사권한을 가지고 있지 않으므로, 집행문부여에 대한 이의신청을 할 수 없고, 청구이의의 소로써 주장해야 한다.

이의사유의 존부에 관한 판단의 기준시는 집행문이 부여된 시점이 아니고 이의를 판단하는 시점이다.

다. 이의신청절차

1) 관할법원

관할법원은 집행문을 부여한 법원사무관 등이 속한 법원(제1심법원 또는 상급심법원), 또는 공증인등의 사무소가 있는 곳을 관할하는 지방법원의 단독판사이다(법 제34조 1항, 59조 2항).

제1심법원에서 집행문이 부여된 후 기록이 상급법원에 송부된 후라도 집행문부여에 대한 이의신청은 제1심법원에 할 수 있다.

2) 신청시기

집행문이 부여되어 있으면 집행이 완료되어 있지 않은 이상 언제든지 이의신청을 할 수 있다. 집행이 개시되었는지의 여부는 묻지 않는다.

3) 신청방식

이의신청은 서면 또는 구술로 할 수 있고, 1,000원의 인지를 붙여야 한다.

라. 심리 및 재판

집행문부여에 대한 이의신청은 민소법 제223조의 이의신청(법원사무관 등의 처분에 대한 이의)과 성질이 같으므로, 관할법원은 변론을 열거나 열지 않고 결정의 형식으로 재판한다.

1) 인용결정

이의가 정당하면 집행문을 취소함과 함께 강제집행의 불허를 선언한다. 채무자는 이를 집행법원에 제출하여 집행취소를 구할 수 있다.

2) 기각결정

이의가 이유 없으면 신청기각의 결정을 한다.

마. 불복신청 방법

집행문부여에 대한 이의신청의 재판(인용 또는 기각결정)에 대하여는 불복이 허용되지 않는다.

즉시항고를 할 수 있다는 특별규정이 없기 때문이다. 판례는 집행문 부여에 대한 이의에 관한 재판에 대하여는 집행에 관한 이의도 할 수 없고, 즉시항고도 할 수 없어 결국 불복절차가 없기 때문에, 민사소송법 제449조 소정의 특별항고만 허용될 뿐이라고 하였다(대결 1997. 6. 20. 97마250).

바. 잠정처분

집행문부여에 대한 이의신청이 있는 경우에는, 재판장은 채무자에게 담보를 제공하게 하거나 제공하게 하지 아니하고, 이의에 대한 재판이 확정될 때가지 집행을 일시정지하도록 명할 수 있고, 채권자에게 담보를 제공하게 하고 그 집행을 계속하도록 명할 수 있다(법 제34조 2항, 제16조 2항).

이 잠정처분에 대하여는 불복할 수 없고, 또 이 잠정처분으로 집행취소를 명할 수 없다(16조 2항).

채무자는 이 재판의 정본을 집행기관에 제출하여 집행정지를 구할 수 있다.

【서식】 집행문에 대한 이의신청서

집행문부여에 대한 이의 및 잠정처분신청

신 청 인 주식회사 ○○산업
대표이사 ○ ○ ○
○○시 ○○구 ○○동 ○○○
전화 02-1234-4567 휴대폰 010-1234-5678
팩스 02-9876-5432 이메일 : lawb@lawb.co.kr
신청인 대리인 변호사 ○ ○ ○
○○시 ○○구 ○○동 ○○○
피신청인 ○ ○ ○ (000000 - 0000000)
○○시 ○○구 ○○동 ○○○
전화 02-1234-4567 휴대폰 010-1234-5678
팩스 02-9876-5432 이메일 : lawb@lawb.co.kr

신 청 취 지

1. 신청인과 피신청인간의 서울중앙지방법원 20○○나345 임금청구사건의 판결에 대하여 동 법원 법원사무관 ○○○이 20○○. ○. ○. 피신청인에게 부여한 신청인에 대한 승계집행문을 취소한다.
2. 위 집행력 있는 판결정본에 기한 강제집행을 불허한다.
3. 위 집행력 있는 판결정본에 기한 강제집행은 이건 이의신청사건의 결정고지시까지 이를 정지한다.
라는 재판을 구합니다.

신 청 이 유

1. 피신청인을 원고로 신청외 주식회사 ○○산업을 피고로 한 서울중앙지방법원 20○○나345 임금청구소송에서 원고였던 피고인이 승소판결을 받았고, 피신청인은 위 소송의 피고였던 주식회사 ○○산업의 권리의무를 신청인이 승계하였음을 이유로 20○○. ○. ○. 귀원 사무관 ○○○으로부터 승계집행문을 부여받아 신청인의 동산에 압류를 하였고 같은달 30일이 경매기일로 지정되어 있습니다.

2. 그러나 신청인은 신청외 주식회사 ○○산업의 승계인이 아닙니다. 신청인은 주식회사 ○○산업의 사업에 관한 권리의무를 20○○. ○. ○. 양수하는 계약을 체결한바 있으나(소갑 제2호증, 위 계약은 20○○. ○. ○. 확정일자를 받은바 있음) 위 계약서 제5조(종업원의 인계)를 보면 "갑(주식회사 ○○산업 칭함)에서 근무하는 종업원중 별첨 4에 기재된 종업원은 을(주식회사 태양산업 즉 신청인을 칭함)에게 모두 승계되며 을에서 근무하다가 퇴직한 경우에는 퇴직금을 계산함에 있어서 갑에서 근무한 기간을 통산하여 을에게 지급하기로 한다."라고 되어 있고 별첨 4를 보면 피신청인 ○○○은 인계되는 종업원 명단에 포함되어 있지 않으며 제3조〈자산·부채의 인도인수〉에서 "갑은 본 계약의 효력이 발생하는 날에 자산 부채 일부를 을에게 인도하고 등기, 등록에 필요한 서류를 '을'에게 제출한다. 외상매입금 및 미지급금은 별첨 2. 비품 및 차량운반 구 명세는 별첨 3으로 작성첨부하기로 한다."로 되어 있고 별첨 2의 미지급금 명세서에도 피신청인의 임금이 포함되어 있지 않습니다(별첨 2 제13항 퇴직금 82,098,590원은 별첨 4의 퇴직금 추계액과 일치함).

   따라서 신청인은 주식회사 제일 산업의 임금에 관하여 변론종결 후의 승계인이 아닌 것입니다.

3. 그런데 피신청인이 승계사실을 증명하는 서류로 귀원에 제출한 사업양수도계약서는 계약서 별첨 3, 4가 누락된 채 귀원에 제출되어 승계집행문이

부여된 것으로 보입니다(소갑 제1호증의 2 참조).
4. 따라서 신청인은 주식회사 ○○산업의 승계인이 아니며 더욱이 승계집행문 부여의 전제가 되는 승계사실을 증명하는 서류가 미비되어 있음에도 불구하고 승계집행문이 부여된 것이므로 집행문부여의 취소의 강제집행 불허결정을 구하며, 한편 위 승계집행문에 따라 신청인의 동산이 압류되어 20○○. ○. ○. 매각기일이 지정되어 있으므로 급히 강제집행을 정지하는 잠정처분을 하여 주시기 바랍니다.

소 명 방 법

소갑제1호증의 1	집행문부여통지서
2	사업양수도계약서
소갑제2호증	사업양수도계약서
소갑제3호증	판　결
소갑제4호증	법인등기부등본
소갑제5호증	동산경매기일통지서

첨 부 서 류

1. 위 각 소명방법　　　　　　　　　　각1통
2. 위임장　　　　　　　　　　　　　　1통

20○○. ○. ○.

신청인 소송대리인 변호사 ○ ○ ○ ㊞

서울중앙지방법원　귀중

(3) 집행문부여의 소

가. 의 의

집행문부여에 대한 이의의 소는 채권자가 조건성취사실 또는 승계사실에 관한 증명을 할 수 없는 때에 증명방법의 제한에서 해방되어 집행력이 현존하고 있다는 것을 주장, 입증하여 판결로써 집행문을 부여받기 위한 소이다(법 제33조).

즉, ① 판결을 집행하는데 있어 조건이 붙어 있어 그 조건이 성취되었음을 채권자가 증명하여야 하는 때에는 이를 증명하는 서류를 제출하여야만 집행문을 내어 주고(법 제30조 2항), ② 승계집행문을 부여받기 위해서는 그 승계가 법원에 명백한 사실이거나 증명서로 그 승계를 증명하여야 한다(법 제31조). 제한이 있는데 이러한 제한에서 해방되어 집행력이 현존하고 있다는 것을 주장·입증하여 판결로서 집행문을 부여받는 절차가 집행문부여의 소이다.

집행문부여 신청을 하였으나 집행문이 거부된 때 또는 신청없이 막바로 본 소를 제기할 수 있다. 다만, 통상 수통·재도부여를 신청하였다가 거절당한 경우에 본 소를 제기할 수 없고 거절처분에 대한 이의신청을 할 수 있을 뿐이다.

나. 소 제기절차

1) 관할법원

집행권원이 판결 기타의 재판, 화해조서, 인낙조서인 때에는 제1심 수소법원이 관할법원이다(법 제33조). 집행권원이 확정된 지급명령(조건·승계가 있는 경우), 제소전화해조서, 조정조서인 때에는 소송물가액에 따라 그것이 성립한 지방법원의 단독판사 또는 합의부가 관할하고(법 제58조), 집행증서인 때에는 채무자의 보통재판적이 있는 곳의 법원 또는 그 법원이 없는 때에는 민사소송법 11조에 따라 채무자에 대하여 소를 제기할 수 있는 법원이 관할한다(법 제59조).

시·군법원에서 성립된 화해·조정·확정된 지급명령으로서 집행권원에서 인정된 권리가 소액사건의 범위를 넘는 경우에는 시·군법원 소재지관할 지방법원 또는 지원이 관할법원이다(법 제22조).

2) 당사자

원고는 채권자이고, 채무자를 피고로 하여 소를 제기하여야 한다.

집행문부여기관을 피고로 할 수는 없다.

3) 제기방식

소제기 절차는 통상의 소와 같다.

다. 재 판

1) 심 리

심리는 일반 판결절차의 예에 따른다. 입증도 증명서에 한하지 않고 모든 증거방법을 쓸 수 있다.

2) 집행문부여

청구를 이유 있다고 인정한 때에는 법원은 판결로써 부여기관에 대하여 집행문을 부여할 것을 명한다.

이 명령은 집행권원에 대한 집행문부여청구권의 형성이나 집행력의 현존을 선언하는 것이고, 실체적 청구권의 존부에 대하여는 기판력이 생기지 아니한다.

채권자(원고)는 승소판결(확정판결 또는 가집행선고부 판결) 정본을 부여기관에 제출하여 집행문부여를 구할 수 있다. 법원사무관 등과 공증인 등은 판결에 기하여, 재판집행문을 부여한다.

【서식】 집행문부여 소장

소 장

원 고   ○ ○ ○(소외 ○○○의 승계인)
         ○○시 ○○구 ○○동 ○○○
         전화 02-1234-4567   휴대폰 010-1234-5678
         팩스 02-9876-5432   이메일 : lawb@lawb.co.kr

피 고   ○ ○ ○ (000000 - 0000000)
         ○○시 ○○구 ○○동 ○○○
         전화 02-1234-4567   휴대폰 010-1234-5678
         팩스 02-9876-5432   이메일 : lawb@lawb.co.kr

집행문부여의 소

청 구 취 지

1. 소외 ○○○과 피고간의 서울중앙지방법원 20○○가합4567 대여금청구사건의 확정판결에 서울중앙지방법원 법원사무관 등은 피고에 대한 강제집행을 위하여 소외 ○○○의 승계인 원고에게 집행문을 부여한다.
2. 소송비용은 피고의 부담으로 한다.
라는 판결을 구합니다.

청 구 원 인

1. 소외 ○○○은 피고에 대하여 서울중앙지방법원 20○○가합4567 대여금청

구사건의 확정판결에 의한 채권을 원고는 소외 ○○○으로부터 위 집행권원의 내용인 채권을 위 사건의 변론종결 후인 20○○. ○. ○. 피고의 동의를 얻어 양도받고 위 소외인의 채권을 승계한바, 원고는 승계인(채권양수인)으로서 당연히 위 판결에 승계집행문을 부여받을 자격이 있습니다.
2. 그런데 피고는 위 채무를 이행하지 아니하고 더욱이 승계인의 승계사실을 부인하고 있으므로 강제집행을 하고자 하여도 원고는 그 승계사실을 문서로서 입증하기 곤란한 까닭에 승계집행문부여를 구하지 못함으로 민사집행법 제31조 1항의 승계집행문을 구하기 위하여 동법 제33조에 의한 본소를 제기하기에 이른바입니다.

입 증 방 법

변론시에 입증하겠습니다.

첨 부 서 류

1. 판결문 사본   1통
1. 소장부본   1통
1. 납부서   1통

20○○. ○. ○.

위 원고 ○ ○ ○ (날인 또는 서명)

○○지방법원 귀중

주 1. 신청서에는 민사소송 등 인지법 제10조에 의하여 인지를 붙인다(송민 91-1 참조).
2. 공증인에 대하여 집행문의 부여를 신청하는 때에는 공증인수수료규칙상의 수수료를 납부하여야 한다(공증인수수료규칙 제23조).
3. 금전지급의 조건있는 소유권이전등기절차이행판결에 있어서 원고는 그 판결의 조건을 이행하고 그 이행증명서를 제출하여 집행문을 부여받아야 한다.
4. 집행문부여의 소는 그 승소판결이 확정되거나 가집행선고가 있으면 그 정본을 집행문 부여기관에 제출하여 집행문을 부여받되, 집행력 있는 집행권원 정본에 위 판결정본을 합철할 필요는 없다. 2005년 7월부터는 재판장의 명령이 아닌 사법보좌관의 명령이 있어야 한다.

(4) 집행문부여에 대한 이의의 소

가. 의 의

조건성취집행문(법 제30조 2항)이나 승계집행문(법 제31조)이 부여된 경우에 채무자가 그 조건의 성취 또는 승계 등을 다투어 강제집행을 저지하기 위한 구제수단으로 마련된 소가 집행문부여에 대한 이의의 소이다.

채권자에게 집행문부여의 소가 인정되므로, 형평의 원칙상 채무자에게 주어진 구제제도이다.

나. 이의사유

조건의 불성취 또는 승계사실의 부존재를 이의사유로 하여 소를 제기할 수 있다. 그 외의 사유를 이유로 하여 집행문부여가 위법하다고 주장하려면 이의신청으로써 하여야 한다.

【쟁점사항】

<조건성취나 승계를 다투면서 다른 형식적 요건의 흠도 이의사유로 삼을 수 있는지 여부>

채무자가 집행문부여에 대한 이의의 소를 제기하려면 채권자가 입증책임을 부담하는 조건성취나 승계사실의 존재 등 실체적 요건의 흠을 이의사유로 하여야 한다. 그런데 집행문부여에 대한 이의의 소를 제기하면서 형식적 요건의 흠결을 동시에 주장할 수 있는지에 관해서는 견해가 대립된다.

조건성취나 승계를 다투는 이상 동시에 다른 사유를 주장하는 것도 무방하다는 것이 통설이다. 이에 의하면 조건불성취 등에는 이유가 없는 경우에도 다른 형식적 요건에 흠결이 있으면 이 소를 인용할 것이다(반대설 있음).

다. 소제기 절차

1) 관할법원

청구에 관한 이의의 소의 규정이 준용되므로(법 제45조) 제1심 판결법원이 관할법원이 된다.

2) 당사자 적격

집행문에 표시되어 있는 자가 원고이고, 채권자가 피고이다.

원칙적으로 제3자는 이 소를 제기할 수 없지만 채권자대위권에 의하여 원고로 될 수는 없다.

3) 소제기절차

소제기절차는 통상의 소송절차와 같다.

인지액은 대상인 집행권원에서 인정된 권리가액의 10분의 1을 기준으로 한다.

라. 소송절차

집행문부여에 대한 이의의 소에는 청구이의의 소에 대한 규정이 준용된다(법 제45조).

심리절차는 일반 판결절차에 의하므로 법원은 변론을 열고 이의사유의 존부에 대하여 심리한다.

조건의 성취나 승계사실의 존재에 관한 입금책임은 채권자가 부담한다.

이의사유의 존부는 변론종결시를 표준으로 하여 판단한다. 따라서 조건의 성취 전에 집행문이 부여된 경우에도 변론종결 당시 조건이 성취된 때에는 하자가 치유되어 집행문부여를 취소할 수 없다.

청구가 정당하면 그 집행정본에 기한 강제집행의 불허를 선언하고, 이 판결에는 직권으로 잠정처분을 발하거나, 이미 발한 명령을 취소·변경 또는 인가하여야 하며, 반드시 가집행선고를 하여야 한다(법 제47조 2항).

채무자는 승소확정판결을 집행기관에 제출하여 집행취소를 구할 수 있다.

마. 잠정처분

집행문부여에 대한 이의의 소를 제기하더라도 강제집행의 속행에는 영향이 없으므로, 수소법원은 집행일시정지 등 잠정처분을 할 수 있다. 급박한 경우에는 재판장 또는 집행법원도 이 잠정처분을 할 수 있다(법 제46조). 잠정처분에 대한 구체적인 재판절차 등은 청구이의의 소의 잠정처분과 같다(법 제46조, 47조).

[서식] 집행문부여에 대한 이의의 소장

소 장

원 고   ○ ○ ○ (000000 - 0000000)
　　　　○○시 ○○구 ○○동 ○○○
　　　　전화 02-1234-4567　　휴대폰 010-1234-5678
　　　　팩스 02-9876-5432　　이메일 : lawb@lawb.co.kr

피 고   ○ ○ ○ (000000 - 0000000)
　　　　○○시 ○○구 ○○동 ○○○
　　　　전화 02-1234-4567　　휴대폰 010-1234-5678
　　　　팩스 02-9876-5432　　이메일 : lawb@lawb.co.kr

집행문부여에 대한 이의의 소

청 구 취 지

1. 피고의 원고에 대한 서울중앙지방법원 20○○가합4567 소유권이전등기청구사건의 판결에 대하여 동법원 법원사무관 ○○○이 20○○. ○. ○. 부여한 집행력 있는 판결정본에 기한 강제집행은 이를 불허한다.
2. 소송비용은 피고의 부담으로 한다.

라는 판결을 구합니다.

청 구 원 인

1. 피고는 서울중앙지방법원 20○○가합4567 소유권이전등기청구사건의 판결

에 표시된 채무자의 승계인인 원고에 대하여 승계집행문 부여의 신청을 하고 동법원 법원사무관 ○○○은 이에 집행문을 부여하였습니다.
2. 그러나 집행문을 부여하기 위하여는 위 판결의 집행에 조건이 붙어 있으므로 그 조건의 이행이 있어야 하는데 피고는 금일에 이르러 원고의 변제영수증을 들어 그 조건의 성취사실을 입증 주장하고 있으나 피고는 위 입증사실과는 달리 그 조건의 이행을 한 바가 없고(또는 피고의 청구권을 실행할 조건인 사실이 도래하지 아니하고, 또는 원고는 위 판결에 표시된 채무자의 상속인이 아니므로 채무를 승계할 까닭이 없고) 동법원 법원사무관이 집행문을 부여하였음은 법률에 위배한 것이므로 이에 집행문의 취소를 구하기 위하여 본소에 이르렀습니다.

입 증 방 법

변론시에 제출하겠음

첨 부 서 류

1. 판결문 사본　　　　　　　　　　　　　　　　1통
1. 소장부본　　　　　　　　　　　　　　　　　　1통
1. 납부서　　　　　　　　　　　　　　　　　　　1통

20○○. ○. ○.

위 원고 ○ ○ ○ (날인 또는 서명)

서울중앙지방법원　귀중

주 1. 소장에는 민사소송등인지규칙 제16조 2호에 의하여 그 대상인 집행권원에서 인정된 권리의 가액의 10분의 1을 기준으로 한다.
2. 소장부본 및 소장에 인용한 서면의 등본첨부와 송달료 5회분을 납부한다.

2. 청구에 관한 이의의 소

(1) 의 의

청구에 관한 이의의 소란 채무자가 판결에 따라 확정된 청구(집행권원)에 관하여 이의를 주장(즉, 이행청구권의 소멸이나 이행의 유예를 주장)하면서, 동시에 그 집행권원이 가지는 집행력의 배제를 구하는 소이다(법 제44조).

따라서 집행정본의 전반적인 집행력의 배제를 구하는 것이 아니고, 이미 실시된 개개의 구체적인 집행처분의 불허를 구하는 것은 허용되지 않는다(대판 1971. 12. 28. 71다1008).

(2) 청구이의의 소의 대상이 되는 집행권원

청구이의의 소는 유효한 집행권원의 존재를 전제로 하여 그 집행력을 배제하기 위한 것이고, 집행권원의 존재를 다투거나 그 폐기를 위하여 제기하는 것은 아니다.

청구이의의 소의 대상이 되는 것은 원칙적으로 모든 종류의 집행권원이다.

다음과 같은 경우에는 청구이의의 소의 대상이 되는지 여부가 문제된다.

가. 소송비용액확정결정

소송비용액확정결정을 집행권원으로 하는 강제집행에 대하여는 변제나 면제 등의 실체상의 사유를 들어 청구이의의 소를 제기할 수 있다.

나. 부동산인도명령

부동산경매절차에서 매수인이 대금을 완납하였음에도 불구하고 채무자가 부동산을 인도하지 않으면 매수인은 부동산인도명령을 받아서 부동산의 점유를 확보할 수 있다. 이 부동산인도명령에 대하여도 청구이의의 소를 제기할 수 있다.

다. 청구이의의 소의 대상이 아닌 것

본소의 대상이 아닌 것으로, ① 가집행선고부 판결, ② 가압류·가처분명령, ③ 대체집행(260조 1항)의 수권결정, ④ 검사의 집행명령(형소 477조), ⑤ 의사의 진술을 명하는 재판 등이 있다.

(3) 이의사유

가. 의 의

이의사유는 집행권원의 집행력을 소멸시키거나 제한하는 일체의 사유이다.

즉, 집행권원에 표시된 청구권의 전부 또는 일부를 소멸하게 하거나, 영구적 또는 일시적으로 실효하게 하는 사유가 있으면 청구이의의 소를 제기할 수 있다. 집행권원에 표시된 청구권에 관한 실체적 사유를 이유로 하여야 하고, 집행권원 자체의 형식적 사유(예컨대 집행권원 성립절차의 불비, 집행권원의 부존재, 무효 등)로는 청구이의의 소를 제기할 수 있다.

집행권원에 기판력이 있는 경우에는 청구권의 소멸이나 행사를 저지할 수 있는 원인이 이에 해당하고, 기판력이 없는 경우에는 청구권의 불성립이나 무효(인감을 도용하여 작성한 무권대리인의 집행증서 등)가 이에 해당한다.

1) 청구권의 부존재

대리권에 흠결이 있어 청구권이 불성립한 경우 등이 이에 해당한다.

2) 청구권의 소멸

변제·대물변제·공탁·상계·면제·소멸시효의 완성, 해제조건의 성취, 이행불능 등이 청구권을 소멸시킬 사유는 모두 해당된다.

일부변제로 소멸된 부분에 대하여는 강제집행이 허용되지 않는다.

그리고 집행권원에 표시된 본래의 채무가 변제공탁으로 소멸되었더라도 집행비용을 변상하지 않은 이상 집행력 전부의 배제를 구할 수 없다(대판 1992. 4. 10. 91다41620).

3) 청구권의 귀속변동

청구권의 양도, 전부명령확정, 면책적 채무인수 등

4) 청구권의 효력정지

기한의 유예, 합의연기, 이행조건변경 등

5) 부집행의 합의

부집행의 합의는 실체상의 청구의 실현에 관련하여 이루어지는 사법상의 채권계약이라고 봄이 상당하고, 이것에 위반하는 집행은 실체상 부당한 집행이라고 할 수 있어 민사소송법 제505조(현 민사집행법 44조)가 유추적용 내지 준용되어 청구이의의 사유가 된다(대판 1996. 7. 26. 95다19072).

6) 한정승인

채무자가 한정승인을 하고도 채권자가 제기한 소송의 사실심 변론종결시까지 그 사실을 주장하지 아니하여 책임의 범위에 관한 유보가 없는 판결이 선고되어 확정되었다고 하더라도, 채무자는 그 후 위 한정승인 사실을 내세워 청구에 관한 이의의 소를 제기할 수 있다(대판 2006. 10. 13. 2006다23138).

7) 집행적격의 상실

채권양도나 면책적 채무인수에 의하여 채권자나 채무자의 집행적격이 상실된 경우에는 청구이의의 소를 제기할 수 없다.

나. 이의사유의 시간적 제한

1) 집행권원이 판결인 때

집행권원이 판결인 때에는 변론종결(변론 없이 한 판결은 판결선고) 후의 사유에 한한다(법 제44조 2항). 변론종결 후의 사유라면 채무자가 항소하지 아니하고 판결확정 후에 본소를 제기하여 주장하여도 무방하다.

2) 그 외의 집행권원의 경우

ⅰ) 가집행선고부 판결이 항소심계속중에 한 변제는 그 판결확정시에 비로소 변제효과가 발생하므로 변론종결 후의 변제로 되어 본소를 제기할 수 있다(대판 1995. 6. 30. 95다15827).

ⅱ) 확정판결과 동일한 효력이 있는 화해조서·인낙조서·조정조서 등에 대하여는 조서가 성립한 후에 생긴 사유에 한한다.

ⅲ) 확정된 지급명령·이행권고결정, 집행증서, 배상명령에는 기판력이 없으므로 이의사유의 발생시기에 제한이 없다.

ⅳ) 채권표에 있어서는 확정채권이 회생채권표 또는 회생담보권자표, 파산채권자표 및 개인회생채권자표에 기재된 후에 이의원인이 생긴 때에 한한다(채무자 회생 및 파산에 관한 법률 255조, 535조, 603조).

(4) 소송절차

가. 관할법원

청구이의의 소의 관할은 모두 전속관할이다. 구체적으로는 대상이 되는 집행권원에 따라 다르다.

ⅰ) 확정판결 : 제1심 판결법원(44조 1항). 가사판결(조정조서)이면 가정법원

ⅱ) 항고로만 불복을 신청할 수 있는 재판 : 재판을 한 제1심법원

ⅲ) 확정된 지급명령 : 발령법원(단, 합의사건인 경우 합의부). 단, 시·군법원관할특례의 경우는 지방법원 또는 지원(22조)

ⅳ) 인낙조서, 화해조서, 조정조서 : 제1심 수소법원. 다만 시·군법원관할특례의 경우

(소액사건심판법의 적용대상이 아닌 사건)는 지방법원 또는 지원(22조). 고등법원에서 화해가 성립한 경우에도 제1심법원이 관할법원이다.

ⅴ) 집행증서 : 채무자(본소의 원고)의 보통재판적 소재지의 법원 또는 이 법원이 없는 때에는 채무자에 대하여 소를 제기할 수 있는 법원(59조 4항).

ⅵ) 채권표 : 파산채권표가 성립한 지방법원(채무자 회생 및 파산에 관한 법률 535조), 회생법원(같은 법 255조)

나. 소제기절차

1) 제소시기

청구이의의 소는 집행권원의 집행력을 배제하기 위한 것이므로, 집행권원이 성립되어 집행절차가 진행될 가능성이 있으면 제기할 수 있다.

집행권원이 유효하게 성립한 이후 전체로서의 강제집행이 종료되기까지 제기할 수 있다.

판례는 강제집행이 배당절차에 들어간 경우에도 채무자는 기본채권의 소멸을 이유로 청구이의의 소를 제기할 수 있다고 하였다(대판 1965. 1. 26. 64다886).

2) 당사자적격

원고는 집행권원에 채무자로 표시된 자 또는 그 승계 등으로 그에 대신하여 집행력을 받는 사람(법 제25조)이고, 그의 채권자도 채권자대위권에 의하여 원고가 될 수 있다.

피고는 집행권원에 채권자로 표시된 자 또는 승계 기타 원인에 의하여 집행을 할 수 있는 자이다. 승계집행문이 부여되기 전이라도 집행권원에 표시된 청구권을 승계하여 강제집행을 할 수 있는 자는 피고가 될 수 있다.

대상판결의 소송절차에서 소송대리인이었더라도 새로운 소송대리권의 수여가 필요하다고 본다.

3) 소제기 방식

통상의 소제기와 같이 소장을 제출하여야 한다.

청구취지에는 집행권원에 따른 강제집행의 종국적 또는 일시적인 배제를 선언하는 판결을 구한다고 그 취지를 적어야 한다.

소송물가액은 소로써 주장하는 이익에 의하여 산정하나, 채무소멸 등을 사유로 집행력의 영구적 배제를 구하는 경우에는 집행권원에서 인정된 권리가액에 의한다.

다. 재판절차

일반소송절차와 동일하다. 재판은 변론을 거쳐서 판결로 하여야 한다. 원고(채무자)는 청구원인사실에 관하여 입증책임을 부담한다.

이의사유가 존재하는지에 대해서는 변론종결시를 기준으로 하여 판단한다. 따라서 소제기시에는 이의사유가 존재하지 않았더라도 변론종결시에 존재하면 청구는 인용되고, 소제기시에 이의사유가 존재하였으나 변론종결시에 존재하지 않게 된 경우에는 원고의 청구는 기각된다.

청구의 전부 또는 일부를 인용할 때에는 집행권원에 기한 집행의 일시적·영구적 불허, 집행의 일부·전부의 불허를 선언하는 판결을 한다.

원고승소의 확정판결로 집행력이 소멸되므로, 집행권원에 대한 집행문부여를 막을 수 있고, 그 정본을 집행기관에 제출하여 집행의 개시·속행을 저지할 수 있을 뿐만 아니라, 이미 행해진 집행처분의 취소를 구할 수 있다.

라. 잠정처분

청구이의의 소가 제기되더라도 강제집행을 계속하여 진행하는 데에는 영향을 미치지 아니한다(법 제46조 1항).

따라서 채무자가 이의를 주장한 사유가 법률상 정당한 이유가 있다고 인정되고, 사실에 대한 소명이 있을 때에는 수소법원은 당사자의 신청에 따라 판결이 있을 때까지 담보를 제공하게 하거나 담보를 제공하게 하지 아니하고 강제집행을 정지하도록 명할 수 있으며, 담보를 제공하게 하고 그 집행을 계속하도록 명하거나 실시한 집행처분을 취소하도록 명할 수 있다(동조 2항).

이 잠정처분은 본안소송을 전제로 하는 것이므로 본소의 제기 없이 한 잠정처분의 신청은 부적법하여 각하하여야 하고(대결 1981. 8. 21. 81마292), 잠정처분에 의하지 아니하고 일반가처분의 방법에 의한 강제집행정지는 허용되지 않는다(대결 1986. 5. 30. 86그76).

지급보증위탁계약을 체결한 문서의 제출에 의한 담보제공은 허용되지 아니하고(재민 2003-5 제5조), 판결이 있을 때까지, 즉 통상 판결선고시까지 일시정지를 명하게 되나 판례는 본안판결 확정시까지로 정하여도 위법이 아니라고 한다(대결 1977. 12. 21. 7726). 채무자는 이 재판의 정본을 집행법원에 제출해야 비로소 집행이 정지된다.

【서식】 청구에 관한 이의의 소장

소 장

원 고　　　　　○ ○ ○ (000000 - 0000000)
　　　　　○○시 ○○구 ○○동 ○○○
　　　　　전화 02-1234-4567　　휴대폰 010-1234-5678
　　　　　팩스 02-9876-5432　　이메일 : lawb@lawb.co.kr
피 고　　　　1. ○ ○ ○ (000000 - 0000000)
　　　　　○○시 ○○구 ○○동 ○○○
　　　　　전화 02-1234-4567　　휴대폰 010-1234-5678
　　　　　팩스 02-9876-5432　　이메일 : lawb@lawb.co.kr
　　　　　송달주소　○○시 ○○구 ○○동 ○○○
　　　　　2. ○ ○ ○ (000000 - 0000000)
　　　　　○○시 ○○구 ○○동 ○○○
　　　　　전화 02-1234-4567　　휴대폰 010-1234-5678
　　　　　팩스 02-9876-5432　　이메일 : lawb@lawb.co.kr
　　　　　송달주소　○○시 ○○구 ○○동 ○○○

청구이의의 소

청 구 취 지

1. 피고들의 원고에 대한 ○○지방법원 2001자1432 집행력 있는 화해조서 정본에 기한 강제집행은 이를 불허한다.
2. 소송비용은 피고의 부담으로 한다.

라는 판결을 구합니다.

청 구 원 인

1. 피고들은 원고 소유의 별지목록 기재 부동산에 대하여, ○○지방법원 2001자1432 집행력 있는 화해조서 정본에 기하여, 금10,000,000원의 채권이 있다고 하여 귀원 20○○타경3322로 강제경매 신청을 하였습니다.
2. 원고는 피고들에게 위 화해조서 정본의 화해조항 2항과 같이 화해성립일인 20○○. ○. ○.부터 부동산의 명도시인 20○○. ○. ○.까지 매월말 1,000,000원을 지급하기로 되어있는바, 1년간의 금액 금10,000,000원을 20○○. ○. ○. 피고들 대리인인 ○○○을 통하여 변제하였고 별첨과 같은 영수증을 교부 받았습니다.
3. 피고들이 청구하고 있는 채권은 사실상 소멸된 채권이므로 소멸된 채권을 가지고 강제경매를 신청하는 것은 부당하므로 원고는 청구취지와 같은 판결을 구하고저 본소에 이르렀습니다.

입 증 방 법

    1. 갑제1호증   변제영수증
    1. 갑제2호증   부동산강제경매개시결정정본
    1. 기타는 구두 변론시 입증하겠음

첨 부 서 류

    1. 위 입증방법   각1통
    1. 화해조서 정본   1통

1. 소장부본 3통
1. 납부서 1통

20○○. ○. ○.

위 원고 ○ ○ ○ (날인 또는 서명)

○○지방법원 귀중

주 1. 소송목적의 값은 소로 주장하는 이익을 기준으로 계산하여 정한다(민사소송법 제26조 1항). 따라서 채무의 소멸 등을 이의사유로 하여 영구적인 집행력의 배제를 구하는 경우에는 집행권원에서 인정된 권리의 가액에 의하여 정한 금액의 인지를 붙인다(민인규 16조 3호).
2. 부대의 청구에 관하여 이의가 있다 하더라도 민사소송법 제27조 2항이 적용되므로 그 가액은 산입하지 아니한다. 이에 대하여 기한의 유예 등을 주장하여 일시적 집행의 배제를 구하는 경우에는 원고의 이익은 연기된 기간중 물건 또는 금전을 이용할 수 있는 이익을 금전적으로 평가한 액에 의하여 산정할 것이다.
3. 소장부본 및 소장에 인용한 서면의 등본을 첨부하고 송달료는 5회분을 납부한다.
4. 위 본안소송에서 원고에 대하여 가집행선고부판결 후에는 판결정본에 집행문을 받은 후 송달증명을 첨부하여 경매법원에 강제경매취소신청을 하면 경매법원에서 경매취소 결정을 하게 된다.

3. 제3자의 이의의 소

(1). 의 의

제3자 이의의 소란 실체법상 채무자 이외의 제3자에게 속하는 재산이나 채무자의 책임재산 이외의 재산에 대하여 집행이 실시된 경우에 그 제3자가 집행채권자를 상대로 자신의 권리를 침해하는 강제집행에 대하여 이의를 주장하고 집행의 배제를 구하는 소이다(법 제48조 1항).

현행법은 판결기관과 집행기관을 분리하여 집행기관은 채무자의 책임재산에 대한 실질적 심사권이 없으므로, 외관으로 판단하여 실시한 집행으로 권리침해를 받는 제3자를 구제하기 위한 제도이다.

채무자 이외의 제3자에 속하는 재산에 대하여 집행이 실시되는 경우 부당한 집행이지만 위법집행이라고는 할 수 없으므로 즉시항고(법 제15조)나 집행에 관한 이의신청(법 제16조)으로 불복할 수 없는 것이 보통이다. 왜냐하면 즉시항고는 특별한 규정이 있어야 허용되고 집행에 관한 이의는 집행절차의 위법을 이유로 집행취소를 구하는 것이고 실체적 권리의 침해를 이유로 집행의 배제를 구하는 때에는 집행이의를 할 수 없기 때문이다.

(2) 적용범위

제3자이의의 소는 모든 재산권에 대한 집행에 대하여 적용된다.

금전집행, 비금전집행, 보전집행, 임의경매 등이 적용된다. 부동산, 선박, 동산뿐만 아니라 채권 기타의 재산권에 대한 강제집행의 경우에도 제기될 수 있다.

그러나 제3자이의의 소로써 집행권원 자체의 집행력의 배제를 구할 수는 없다(대판 1982. 9. 14. 81다527).

(3) 이의사유

이의사유는 제3자가 "강제집행물의 목적물에 대하여 소유권이나 목적물의 양도나 인도를 저지하는 권리"를 가지고 있어야 한다(법 제48조 1항). 이러한 권리는 집행채권자에게 대항할 수 있는 것이어야 하고, 압류 당시 이미 제3자에게 귀속되어 있는 동시에 사실심의 최종 변론종결시까지 존재하여야 한다.

가. 제3자가 소유권을 가지고 있는 경우

소유권은 가장 대표적이고 중요한 이의사유가 된다. 따라서 집행의 목적물이 부동산인 경우에는 소유권이전등기청구권을 가진 자나 명의신탁자는 제3자이의의 소를 제기할 수 없다.

　강제집행에 대한 제3자이의의 소는, 이미 개시된 집행목적물에 대하여 소유권 기타 목적물의 양도나 인도를 저지하는 권리를 주장함으로써 그에 대한 배제를 구하는 것이므로, 그 소의 원인이 되는 권리는 집행채권자에 대항할 수 있는 것이어야 한다(대판 1980. 1. 29. 79다1223).

> **【쟁점사항】**
> <제3자이의의 소의 원인이 되는 권리에 해당하는지 여부가 문제되는 경우>
> ㉠ 공유·합유
> 　공유자 중 1인에 대한 집행권원으로 공유물 전부에 대하여 집행하는 경우 다른 공유자(부부공유의 유체동산인 경우는 제외)는 자기의 공유지분에 입각하여 공유물 전부에 대한 집행을 배제하기 위하여 제3자이의의 소를 제기할 수 있다.
> ㉡ 가등기권리자
> 　가등기권리자는 가등기를 원인으로 제3자이의의 소를 제기할 수 없고, 가등기에 기한 본등기를 마친 후에 소유권자로서 본소를 제기할 수 있다.
> ㉢ 압류, 가압류 후에 소유권을 취득한 경우
> 　압류·가압류 후에 소유권을 취득한 제3자는 원칙적으로 집행채권자에게 대항할 수 없으나, 특별히 그 집행이 반사회적 행위 등으로 무효인 때에는 집행채권자에게 대항할 수 있으므로 제3자이의의 소를 제기할 수 있다(대판 1996. 6. 14. 96다카14494).

나. 제3자가 점유권을 가지고 있는 경우

　점유권도 물권이므로 제3자인 물권자는 본권의 유무와 관계없이 제3자이의의 소를 제기할 수 있다.

　점유권자는 채권자에 대하여 집행을 수인할 이유가 없으므로 직접점유·간접점유를 불문하고 점유가 방해되는 한 본소를 제기할 수 있다. 이는 주로 유체동산집행에서 문제가 된다.

다. 점유 등을 내용으로 하는 지상권·유치권 등의 경우

　점유·사용을 내용으로 하는 물권(지상권·전세권·유치권 등)은 인도를 저지하는 권리로서 본소를 제기할 수 있으나, 부동산강제경매에서는 점유사용이 방해받지 아니하므로 이의사유가 되지 않는다. 반면 강제관리에서는 이의사유가 된다.

　채권질권자는 질권의 목적이 되는 채권의 압류명령만으로는 그 추심에 아무런 침해를 받지 않으나, 추심명령이나 전부명령에 의해서는 침해될 수 있으므로 제3자이의의 소를 제기할 수 있다.

라. 양도담보권을 가지고 있는 경우

양도담보권설정자의 채권자가 담보목적물에 대하여 강제집행을 한 경우에 양도담보권자가 제3자이의의 소를 제기할 수 있는가가 문제된다.

동산양도담보권자가 제3자에 대하여 소유권을 주장할 수 있으므로 설정자의 일반채권자가 동산집행을 하는 경우에 제3자이의의 소를 제기할 수 있다(대판 1994. 8. 26. 93다44739).

(4) 소송절차

가. 관할법원

관할법원은 집행법원(단독판사 또는 합의부)이다(48조 2항). 부동산이나 채권에 대한 보전처분은 보전처분을 한 법원이며, 항소심 법원이 본안의 관할법원으로 한 보전처분은 1심 법원의 관할에 속한다. 유체동산의 경우 보전처분은 집행절차를 실시한 곳이나 실시할 곳을 관할하는 법원이 관할한다.

시·군법원에서 한 보전처분에 대한 제3자이의의 소는 그 소속지방법원 또는 지원이 관할한다(법 제22조 2호).

나. 제소시기

제3자이의의 소는 강제집행을 전제로 하므로 강제집행이 개시된 후 종료되기 전에 한하여 제기할 수 있다.

제3자이의의 소가 제기되어 계속 중에 강제집행이 종료되어도 소는 각하한다.

예외적으로, 특정물의 인도·명도청구의 집행(257조, 258조)은 집행개시 후 즉시 종료되므로 집행권원의 성립과 동시에 제기할 수 있고, 가압류·가처분집행을 보전집행일 뿐 본집행이 아니므로 그 효력이 존속하는 한 가능하다. 그리고 본소의 계속중에 집행이 종료되면 부당이득반환이나 손해배상청구로 소변경을 할 수 있다.

다. 당사자 적격

1) 원 고

원고는 강제집행의 목적물에 대하여 양도나 인도를 막을 수 있는 권리를 주장하는 제3자이다. 여기서 제3자란 집행권원 또는 집행문에 채권자, 채무자 또는 그 승계인으로 표시된 자 이외의 자를 말한다.

따라서 승계집행문으로 인하여 피고의 승계인으로 표시된 자가 그 집행권원의 집행력의 배제를 구하는 소는 제3자 이의의 소라 할 수 없다(대판 1992. 10. 27. 선고 92다10883). 그러나 파산관재인이나 한정승인 상속인이 자기의 고유재산에 대한 집행을 받았을 경우에 원고가 될 수 있다. 원고적격이 있는 제3자의 채권자(채권대위권에 기한 경우)도 원고적격이 있다.

2) 피 고

피고는 강제집행을 하는 채권자 및 승계집행문에 의하여 승계인으로 된 자가 있다.

집행기관은 피고가 되지 않는다. 채무자는 그 목적물이 제3자인 재산인 것을 이유로 본소를 제기할 수 없다. 만약 채무자가 이의를 다투는 제3자는 채권자와 채무자를 공동피고로 할 수 있다(법 제48조 1항 단서).

라. 소제기방식

소의제기는 청구이의의 소에 준한다. 소송물가액은 소유권일 때에는 그 물건의 가액, 점유권일 때에는 그 물건가액의 3분의 1, 지상권일 때에는 그 물건가액의 2분의 1이다.

마. 심리 및 재판

심리는 일반 소송의 예에 의한다. 본안의 심리는 제3자가 주장하는 이의의 존부에 한정되며 집행의 적부나 제3자의 소유권의 존부에는 미치지 않는다. 입증책임도 일반원칙에 따른다.

제3자이의의 소가 계속하고 있는 동안에 집행이 목적을 이루어 완결되거나 종국적인 취소로 종료된 때, 취하에 의하여 중지된 때에는 소의 이익이 없다. 이의가 이유 없으면 청구를 기각하고, 이의가 이유 있으면 원고승소판결을 한다.

본소의 판결에 의하여 취소되는 것은 이의의 대상이 된 목적물에 대한 구체적 집행처분만이며 그 구체적 집행처분에 대한 이의권의 존부가 기판력에 의하여 확정되는데 지나지 않는다.

제3자는 승소판결이 확정되면 집행이 당연히 실효되는 것이 아니고 이 재판의 정본을 집행법원에 제출하여 집행취소를 구할 수 있다.

바. 잠정처분

제3자이의의 소가 제기되더라도 집행이 정지되지 않는다(법 제48조 3항, 제46조 1항). 따라서 채무자는 청구이의의 소에 있어서 마찬가지로, 본소의 제기 후에 잠정처분을 신청하여 집행정지나 집행처분취소를 구할 수 있다.

【서식】 제3자 이의의 소장

소　장

원　　고　　　　○ ○ ○ (000000 - 0000000)
　　　　　　　　○○시 ○○구 ○○동 ○○○
　　　　　　　　전화 02-1234-4567　　휴대폰 010-1234-5678
　　　　　　　　팩스 02-9876-5432　　이메일 : lawb@lawb.co.kr
　　　　　　　　송달주소　○○시 ○○구 ○○동 ○○○
피　　고　　　　○ ○ ○ (000000 - 0000000)
　　　　　　　　○○시 ○○구 ○○동 ○○○
　　　　　　　　전화 02-1234-4567　　휴대폰 010-1234-5678
　　　　　　　　팩스 02-9876-5432　　이메일 : lawb@lawb.co.kr

제3자 이의의 소

청 구 취 지

1. 피고가 소외 ○○○에 대한 ○○지방법원 20○○가소3322 대여금사건의 집행력 있는 판결정본에 기하여 20○○. ○. ○. 별지목록 기재 동산에 대하여 한 강제집행은 이를 불허한다.
2. 소송비용은 피고의 부담으로 한다.
라는 재판을 구합니다.

청 구 원 인

1. 원고는 20○○. ○. ○. 소외 ○○○에게 금8,000,000원을 대여하여 주면서 위 금원을 담보할 목적으로 별지목록 기재 물건에 대하여 양도담보부금 전소비대차계약을 체결하였습니다.
   변제기한은 20○○. ○. ○.부터 동년 ○. ○.까지 2회에 걸쳐 매월말일에 금4,000,000원씩 각각 분할 변제하기로 하고 이를 증하기 위하여 공증인가 대동합동법률사무소 20○○년 증서 제1122호로 공정증서를 작성하였습니다.
2. 소외 ○○○은 지금까지 위 금원 8,000,000원을 변제치 아니하였으며 따라서 원고는 위 채무의 이행을 담보할 목적으로 소외인의 별지목록 기재물건의 소유권은 점유개정의 방법으로 원고에게 양도된 것이므로 원고는 적법한 소유자가 되었습니다.
3. 그런데 피고는 소외 ○○○에게 채무가 있다는 이유로 20○○. ○. ○. ○○지방법원 20○○가소3322 집행력 있는 판결정본에 의하여 동 법원 소속 집행관으로 하여금 동산 압류집행을 하였습니다.
4. 원고는 이건 물건에 대하여 정당한 소유자로서 피고로부터 집행을 당할 하등의 이유가 없으므로 청구취지와 같은 판결을 구하고저 이건 청구에 이른 것입니다.

첨 부 서 류

1. 동산압류 집행조서	1통
1. 공정증서 정본	1통
1. 소장부본	1통
1. 납부서	1통

20○○. ○. ○.

원 고 ○ ○ ○ (날인 또는 서명)

○○지방법원 귀중

<별지목록>

목   록

1. 에어컨(대우캐리어)　　　　　　　　1대
1. 좌탁　　　　　　　　　　　　　　　4개
1. 테이블(의자 포함)　　　　　　　　　3조
1. 비디오 TV

【서식】 제3자이의의 소(유체동산의 가압류집행에 대한)

소　장

원　　고　　　1. ○　○　○ (000000 - 0000000)
　　　　　　　○○시 ○○구 ○○동 ○○○
　　　　　　　전화 02-1234-4567　　휴대폰 010-1234-5678
　　　　　　　팩스 02-9876-5432　　이메일 : lawb@lawb.co.kr
　　　　　　　2. ○　○　○ (000000 - 0000000)
　　　　　　　○○시 ○○구 ○○동 ○○○
　　　　　　　전화 02-1234-4567　　휴대폰 010-1234-5678
　　　　　　　팩스 02-9876-5432　　이메일 : lawb@lawb.co.kr
　　　　　　　위 소송대리인 변호사　　○　○　○
　　　　　　　○○시 ○○구 ○○동 ○○○
피　　고　　　　　주식회사 미래상호신용금고
　　　　　　　대표이사　○　○　○
　　　　　　　○○시 ○○구 ○○동 ○○○
　　　　　　　전화 02-1234-4567　　휴대폰 010-1234-5678
　　　　　　　팩스 02-9876-5432　　이메일 : lawb@lawb.co.kr

제3자 이의의 소

청 구 취 지

1. 피고가 소외 ○○○에 대한 ○○지방법원 20○○카합4141 유체동산 가압류 사건의 집행력 있는 가압류결정정본에 기하여 20○○. ○. ○. 별

지목록 기재의 물건에 대하여 한 가압류 집행은 이를 불허한다.
2. 소송비용은 피고의 부담으로 한다.
라는 재판을 구합니다.

청 구 원 인

1. 피고는 소외 ○○○에 대한 ○○지방법원 20○○카합4141 유체동산 가압류사건의 집행력 있는 가압류결정정본에 기하여 20○○. ○. ○. 서울시 서초구 서초동 1000 한국관광호텔에서 별지목록 기재의 물건(이하에서 이 사건 물건이라 함)에 대하여 가압류집행을 하였습니다.
2. 그런데 위 건물은 원고가 위 소외인으로부터 20○○. ○. ○. 대금 150,000,000원에 매수하기로 하고, 당일 계약금으로 금20,000,000원을 지급하였으며, 잔금 130,000,000만원은 이를 3회로 나누어 지급하되 1회 및 2회의 합계금 80,000,000원을 지급하였을 때 소유권 이전등기를 하기로 하고 잔금 50,000,000원은 동년 ○. ○. 피고의 본건 건물의 인도시에 지급하기로 약정하였으며, 그 후 원고는 동년 ○. ○. 1회 및 2회의 합계금 80,000,000원을 지급하고 즉시 소유권 이전 등기를 마친바 있습니다.
3. 그러므로 원고는 동년 ○. ○.에 이르러 소외인에 대하여 위 건물의 인도를 구하였으나 동소외인은 위 가압류의 집행이 되어 있기 때문에 이를 인도하지 못하고 있는 것입니다.
4. 따라서 피고가 한 위 가처분집행은 원고의 소유권을 침해하는 것이므로 이의 배제를 구하기 위하여 본 소에 이른 것입니다.

입 증 방 법

변론시에 제출하겠음

첨 부 서 류

1. 소장부본　　　　　　　　　　　　1통
2. 위임장　　　　　　　　　　　　　1통
3. 납부서　　　　　　　　　　　　　1통

20○○. ○. ○.

위 원고 소송대리인 변호사　○　○　○　㊞

○○지방법원　귀중

제 2 절 관련사례

> 승소판결을 받은 채권을 양도받아 강제집행을 하려면 어떻게 하여야 하는가?

법원에서 승계집행문을 받아야 한다.

【해 설】

병의 형인 갑은 을을 상대로 대여금반환청구의 소를 제기하여 5,000만원에 대한 승소판결을 받아 확정되었다. 그런데 갑이 해외로 이민가게 되어 동생인 병에게 위 채권을 양도하겠다고 하는데, 병이 위 채권을 양도받아 을의 재산을 강제집행 하려면 어떻게 하여야 하는지가 문제이다.

일반적으로 채무자의 재산에 강제집행을 하려면 강제집행의 근거가 되는 이른바 집행권원(확정된 승소판결 등)과 집행권원에 강제집행을 실시하기 위하여 부여한다는 취지가 기재된 집행문 등이 필요하다.

또 집행당사자적격이 있어야 한다. 집행당사자적격이란 집행절차에 있어서 누가 정당한 집행당사자인가의 문제를 말한다.

집행당사자적격의 범위는 집행권원의 집행력이 미치는 주관적 범위와 같다(민사집행법 제25조). 판결상의 원·피고는 집행당사자적격이 있고, 기판력이 미치는 제3자에 해당하는 변론 종결 후의 승계인도 집행당사자적격이 있으므로 갑의 채권을 양도받은 병도 강제집행을 할 수 있다.

위 사례에서 병의 경우에는 이미 갑 명의의 승소판결이 확정되었으므로 판결에 표시된 채권을 양수한 귀하가 집행에 나아가기 위해서는 법원으로부터 이른바 '승계집행문'을 부여받아야 한다.

민사집행법 제31조에 제1항에 의하면 "집행문은 판결에 표시된 채권자의 승계인을 위하여 내어 주거나 판결에 표시된 채무자의 승계인에 대한 집행을 위하여 내어 줄 수 있다. 다만, 그 승계가 법원에 명백한 사실이거나, 증명서로 승계를 증명한 때에 한한다." 라고 규정하고 있다.

그러므로 승소한 원고로부터 판결에 표시된 채권을 양수 받은 귀하가 승계인으로서 집행문부여를 신청하는 경우에는 양도증서라든가 계약서 및 채무자인 을에 대한 대항요건을 증명하는 서면, 즉 채무자인 을의 승낙서 또는 양도인인 갑이 채무자인 을에게 통지한 내용증명우편을 법원에 제출하여야 한다(민법 제450조 제1항).

> 채권적 청구권에 기한 건물명도소송의 변론종결에 피고로부터 건물의 점유를 취득한 자에게도 강제집행을 할 수 있는가?

그 판결의 기판력이나 집행력이 미치지 아니하므로 강제집행을 할 수 없다(대판 1991. 1. 15. 90다9964).

【해 설】

<집행적격이 인정되는 변론 종결 후의 승계인>

집행당사자적격이란 집행절차에 있어서 정당한 채권자 또는 채무자가 될 수 있는 자격을 말한다. 즉, 누구를 위하여 또는 누구에 대하여 집행문을 부여하여야 하는가의 문제이다.

채권자의 적격을 집행권원의 집행력이 그를 위하여 존재하는 자이고, 채무자의 적격은 집행권원의 집행력이 그에 대하여 존재하는 자이다.

집행당사자적격의 범위는 집행권원의 집행력이 미치는 주관적 범위와 같다. 즉, 승소한 당사자나 패소한 당사자에게 인정되는 것은 물론이고, 판결에 표시된 당사자 이외의 자에 대하여 효력이 있을 때에는 그 자에 대하여도 또는 그 자를 위하여도 집행력이 있다.

변론종결 후(변론 없이 한 판결의 경우는 판결선고 후)에 소송물인 청구권에 관하여 당사자의 지위를 승계한 자도 집행적격이 인정된다.

ⅰ) 승계인에 해당하는 경우

청구근거가 물권적 청구권인 소유권이전등기를 명한 판결, 건물명도판결, 건물철거판결이 있은 후 채무자로부터 소유권이전등기, 점유, 건물소유권을 이전받은 제3자에 대하여는 위 확정판결의 기판력이 미친다.

따라서 원인무효임을 이유로 소유권이전등기말소를 확정판결의 변론종결 후에 이로부터 소유권이전등기나 담보권설정등기를 경료한 제3자는 승계인에 해당하고(대판 1972. 7. 25. 92다935), 대지소유권에 기한 건물철거 및 대지인도 청구소송의 패소판결 확정 후 그 패소판결을 받은 자가 대지에 관한 소유권확인의 소송을 제기하여 승소판결을 받아 확정되었다 해도 위 패소판결의 기판력이 변론종결후 10년 뒤의 위 건물의 매수취득자에게 미친다(대판 1991. 3. 27. 91다650, 91다667).

또한 대지소유권에 기한 방해배제청구로써 그 지상건물의 철거를 구하여 승소확정판결을 얻은 경우 그 지상건물 철거청구사건의 확정판결의 기판력이 건물에 관하여 확정판결의 변론종결 전에 이루어진 가등기에 기하여 그 변론종결 후에 본등기를 경료한 자에게 미치고(대판 1992. 10. 27. 92다10883). 재판상 화해에 의하여 소유권이전등기를 말소할 물권적 의무를 부담하는 자로부터 그 화해성립 후에 그 부동산에 관한 근저당권설정을 받은 자는 변론종결 후의 승계인에 해당한다(대판 1976. 6. 8. 72다1842).

ⅱ) 승계인에 해당하지 않는 경우

청구근거가 채권적 청구권인 소유권이전등기를 명한 판결, 건물명도판결, 건물철거판결이 있은 후 채무자로부터 소유권이전등기, 점유, 건물소유권을 이전받은 제3자에 대하여는 위 확정판결의 기판력이 미치지 아니한다.

따라서 매매나 신탁해지 등의 사유로 소유권이전등기를 명한 확정판결의 변론종결 후에 목적물을 매수하여 등기를 한 제3자는 승계인이 아니고(대판 1993. 2. 12. 92다25151, 대판 1980. 11. 25. 80다2217), 매매를 원인으로 한 소유권이전등기 청구사건의 확정판결이 있은 후 그 판결 전에 개시된 강제경매절차에서 그 대지소유권을 청구사건의 확정판결이 있은 후 그 판결 전에 개시된 강제경매절차에서 그 대지소유권을 경락취득한 자를 승계인이라 할 수 없고(대판 1971. 3. 23. 71다234), 채권적 청구권에 기한 건물명도소송의 변론종결 후에 피고로부터 건물의 점유를 취득한 자에게 판결의 기판력이나 집행력이 미치지 아니한다(대판 1991. 1. 15. 90다9964).

또한 소유권에 기한 토지인도 또는 건물명도소송의 사실심 변론종결 후 패소자인 토지소유자 또는 건물소유자로부터 토지 또는 건물을 매수하고 소유권이전등기를 마친 제3자는 변론종결 후의 승계인에 해당하지 아니한다(대판 1999. 10. 22. 98다6855, 대판 1984. 9. 25. 84다카148 판결).

> 가집행선고에 기한 집행이 완료된 후에 가집행선고의 판결이 상고심에 파기되면 집행처분의 효력은 어떻게 되는가?

이미 이루어진 집행처분의 효력에는 영향이 없다.

【해 설】

<집행권원으로서의 가집행선고 있는 종국판결>

1. 의 의

이행판결은 확정되면 원칙적으로 집행력을 가진다. 그러나 패소한 당사자가 집행을 지연시킬 목적으로만 부당하게 상소하여 집행이 지연되면 승소당사자의 권리실현이 부당하게 지연되게 한다. 이러한 폐단을 방지하기 위하여 가집행선고제도가 있다.

가집행선고는 확정되지 않은 종국판결에 대하여 그 확정전에 미리 집행력을 인정하는 형성판결이다.

가집행선고 있는 종국판결에 따른 강제집행은 확정된 종국판결에 따른 강제집행의 경우처럼 본집행이고, 다만 가집행에 따른 채무변제의 효력은 확정적이지 않다.

2. 가집행선고를 하는 경우

가집행선고의 대상은 재산상의 청구에 관한 판결에 한한다.

재산상의 소에 관한 판결이라 하더라도 확인판결이나 형성판결은 집행권원이 아니므로 가집행선고를 할 수 없다.

3. 가집행선고의 실효

가집행선고는 상급심에서 그 선고 또는 본안판결을 바꾸는 판결이 선고되면 그 한도에서 확정되거나 가집행선고의 필요 없이 당연히 효력을 잃는다. 따라서 채무자는 그 재판의 정본으로 집행의 정지·취소를 구할 수 있다.

그러나 상소심판결에 의하여 효력이 소멸하기 전에 이미 가집행선고에 기한 집행이 완료된 경우에는 이미 이루어진 집행처분의 효력에는 영향이 없다. 따라서 매수인은 확정적으로 소유권을 취득한다(대판 1993. 4. 23. 93다3165).

가집행선고의 판결이 항소심에서 취소되면 가집행선고는 실효되지만 항소심판결이 상고심에서 파기되면 가집행선고의 효력이 회복되므로 다시 집행을 속행할 수 있다(대결 1993. 3. 29. 93마246, 247).

강제집행을 하려면 어떤 절차를 밟아야 하는가?

집행권원을 획득한 후 집행문을 부여받아 집행기관이 제출하여야 한다.

【해 설】

강제집행은 확정판결이나 공정증서 등 집행권원을 가지고 있는 채권자가 국가권력에 의하여 집행을 신청하면 국가는 채무자의 의사에 반하여 실력으로 그 청구권을 실현시켜 주는 절차를 말한다.

강제집행은 국가기관이 자발적으로 행하는 것이 아니고 집행을 구하는 채권자의 신청이 있어야만 비로소 개시되는 것이다. 그래서 채권자는 이 신청을 하려면 먼저 판결이나 집행권원이 반드시 있어야만 하는 것이다. 따라서 집행권원의 존재는 강제집행의 근본적인 요건인 것이다.

1. 집행권원

집행권원이란 일정한 사법상의 이행청구권의 존재와 범위를 표시함과 동시에, 그 청구권에 집행력을 인정한 공정의 문서이다.

집행권원에는 확정된 종국판결, 가집행선고 있는 종국판결, 집행판결, 집행증서, 확정된 지급명령, 확정된 화해권고결정, 가압류·가처분명령 등이 있다.

집행권원 가운데 가장 중심이 되는 것은 종국판결이다. 그러나 종국판결이라고 해서 모두가 집행권원이 되는 것은 아니고 그 중에서 판결이 이행의무를 선고하는 이행판결에 한한다. 집행증서란 공증인이 그 권한 내에서 작성한 증서로서 일정 금액의 지급이나 다른 대체물 또는 유가증권의 일정 수량의 지급을 목적으로 하는 청구에 관하여 채무자가 즉시 강제집행을 받는다는 승낙을 기재한 것을 말하는데, 집행증서가 되기 위하여는 첫째로 일정 금액의 지급이나 다른 대체물·유가증권의 일정한 수량의 급부를 목적으로 하는 특정한 청구가 표시되어야 하며, 둘째로 채무자가 즉시 강제집행을 받아도 좋다고 하는 집행수락의 문언이 기재되어 있어야만 한다.

2. 집행문

집행권원의 하나만으로 집행기관에 집행신청을 할 수는 없고, 이외에 집행권원의 정본에 집행문을 부기한 집행권원의 집행력 있는 정본을 얻어야만 한다. 즉, 실제로 집행권원에 의해 강제집행이 되는 것이 아니라 집행력 있는 정본이 강제집행을 하는데 가장 직접적인 요건이 된다는 것이다.

집행문이란 법원사무관이나 공증인 등과 같은 공증공무원이, 집행권원이 존재한다는 사실, 그리고 그것으로서 강제집행을 하기에 적합하다는 취지를 집행권원 정본의 끝에 덧붙여 적은 공증문언을 말한다.

집행문은 집행권원에 표시되어 있는 채권자 또는 그 승계인의 신청에 따라 내어준다. 신청은 말로 할 수 있고(민사집행법 제28조 3항), 신청을 할 때에는 채권자·채무자 및 그 대리인·집행권은 등을 밝혀야 한다.

> 채권자가 소송을 제기하지 않고서도 강제집행을 할 수 있는 방법이 있는가?

집행증서제도를 이용하면 된다.

【해 설】

1. 집행증서의 의의

 집행증서란 일정한 금액의 지급이나 대체물 또는 유가증권의 일정한 수량의 급여를 목적으로 하는 청구에 관하여, 공증인이나 공증인가를 받은 합동법률사무소 또는 법무법인 등이 작성한 공정증서 중에서 집행력이 있는 집행권원 공정증서를 말한다.

 공증인 등이 작성한 공정증서 중 일정한 금액의 지급이나 대체물 또는 유가증권의 일정한 수량의 급부를 목적으로 하는 청구에 관하여 작성한 것으로서 채무자의 집행문수락문언이 있는 증서(법 제36조 4호)와, 공증인 등이 어음·수표에 부착하여 집행문수락문언을 기재하여 작성한 공정증서(공증인법 제56조의 2)는 집행권원이고, 이를 집행증서라고 한다.

 집행증서제도는 일정한 채무를 부담하는 채무자가, 자기의 재산에 대하여 채권자가 집행하도록 승낙하고, 한편 채권자는 집행증서로써 종국판결에 의하지 않고도 강제집행을 할 수 있도록 하는 제도이다. 집행증서가 없으면 채권자의 입장에서는 소송을 제기할 필요 없이, 바로 강제집행을 실시할 수 있으므로, 확정된 종국판결에 집행을 원칙으로 하는 민사집행법의 원칙에서 보면, 집행증서는 예외적인 간이한 집행권원이다.

2. 집행증서를 작성할 수 있는 채권

 집행증서는 일정한 금액의 지급이나 대체물 또는 유가증권의 일정한 수량의 급부를 목적으로 하는 청구에 관하여 작성할 수 있다.

 따라서 가옥의 인도나 특정물의 인도에 관하여는 집행증서를 작성할 수 없다.

 급여청구는 구체적으로 명확하게 표시하여야 한다. 즉, 표시된 청구가 다른 청구와 구별할 수 있을 정도로 특정되어야 한다.

 집행증서는 법원이 관여하지 아니하는 집행권원이므로, 집행기관이 집행증서만으로 청구권의 범위를 신속하고 정확하게 파악할 수 있도록 할 필요가 있다. 따라서 이행할 의무의 금액이나 수량을 일정하게 하도록 요구하고 있다. 여기서 '일정'이라 함은 금액이나 수량이 집행증서의 기재만으로 산출·확정할 수 있어야 한다는 의미이다. 따라서 집행증서 이외의 자료가 있어야만 액수를 확정할 수 있는 경우는, 이 요건을 흠결하여 집행권원이 될 수 없다.

3. 집행증서의 작성

집행증서는 채권자와 채무자의 공동촉탁에 따라 공증인이 그 권한내에서 지정된 방식으로 작성하여야 한다.

채권자와 채무자는 합의된 계약의 내용을 공증인의 면전에서 진술하면서 이를 공정증서에 기재해 줄 것을 촉탁하되, 채무자는 채무를 이행하지 않을 때에는 즉시·강제집행을 받아도 좋다는 집행승낙의 의사표시를 하여야 한다. 이와 같이 당사자가 공증인에게 공정증서의 작성을 촉탁하는 행위를 공증촉탁행위라 한다.

계약을 공증할 때에는 당사자가 공동으로 촉탁하여야 한다(공증인법 제2조).

어음·수표에 부착하여 강제집행을 인낙하는 취지를 기재한 공정증서를 작성할 때에는 어음·수표의 발행인과 수취인, 양도인과 양수인 또는 그 대리인이 공동으로 촉탁하는 때에 한하여 공정증서를 작성할 수 있다(동법 제56조의 2).

공증인은 공무원으로서의 지위에 서서 공증업무를 수행한다. 따라서 공정증서를 작성하는 행위는 행정행위의 일종으로서 기속행위에 속하고, 공증인은 정당한 이유 없이 촉탁을 거절하지 못하며, 만약 거절할 때에는 촉탁인 또는 그 대리인에게 거절이유를 알려야 할 의무가 있다(동법 제4조).

4. 집행증서가 집행권원이 되기 위한 요건

집행증서가 유효한 집행권원이 되기 위해서는 공정증서에 채무자가 강제집행을 승낙하는 취지의 집행승낙의사표시가 적혀 있어야 한다(법 제56조 4호·공증인법 제56조의 2 제1항). 집행승낙의 의사표시는 채무자가 별도의 소송이나 지급명령 신청 등의 절차를 거치지 아니하고 강제집행을 받더라도 이에 대하여 이의를 하지 않겠다는 의사표시이다. 집행승낙의 의사표시는 소송행위이므로 표현대리가 성립할 여지가 없다.

> 집행증서에 지연손해금채권에 대하여는 표시를 하지 않은 경우, 그 지연손해금채권에 대해서도 강제집행을 청구할 수 있는가?

강제집행을 청구할 수 없다(대결 1994. 5. 13. 94마542).

【해 설】

일정한 금액의 지급이나 대체물 또는 유가증권의 일정한 수량의 급여를 목적으로 하는 청구에 대하여는, 집행증서를 작성해 두면 채권자는 채무자의 채무불이행이 있으면, 소송을 제기할 필요 없이 바로 강제집행을 실시할 수 있다.

청구권은 기존의 채무를 승인하는 것이라도 관계없다. 그러나 특정의 구체적 청구권을 표시하여야 한다. 예를 들어, 당사자가 체결한 일정한 매매계약에 따른 대금채권, 혹은 소비대차계약에 따른 반환의무 등을 기재하면 되고, 구체적인 매매계약이나 소비대차계약의 구성요건을 모두 적을 필요는 없다.

청구권의 발생원인에 관한 기재가 실제와 다소 다르더라도, 청구권의 동일성을 인식할 수 있는 정도의 기재면 된다. 그리고 청구권의 성립원인을 일일이 표시할 필요도 없고, 또 쌍무계약의 경우에는 계약전체를 적을 필요도 없다.

집행증서가 유효한 집행권원이 되기 위해서는, 공정증서에 채무자가 강제집행을 승낙하는 취지의 집행승낙의사표시가 적혀 있어야 한다(제56조 4호, 공증인법 제56조의2 1항). 집행승낙의사표시는 채무자가 별도의 소송이나 지급명령신청 등의 절차를 거치지 아니하고 강제집행을 받더라도 이에 대하여 이의를 하지 않겠다는 의사표시이다. 이 의사표시를 근거로 하여 집행증서에 집행력이 생기는 것이다.

집행증서가 요건을 구비하면 다른 집행권원처럼 집행력을 가지게 된다. 이때의 집행력은 집행증서 위에 표시되어 있는 청구권에 관하여만 생긴다. 판례는 '집행력 있는 공정증서정본상 차용원금채권 및 손해금채권에 대하여는 아무런 표시가 되어 있지 않는 한, 그 지연손해금채권에 대하여는 강제집행을 청구할 수 없다'고 하였다(대결 1994. 5. 13. 94마542).

> 채권자가 가집행선고부 판결에 기한 집행문을 부여받아 채무자의 채권에 대해 압류 및 전부명령을 받은 경우, 다시 같은 내용의 집행정본을 부여받을 수 있는가?

강제집행이 종료되었다고 할 것이므로 다시 부여받을 수 없다(대결 1999. 4. 28. 99그21).

【해 설】

하나의 집행권원에는 하나의 집행문을 내어주는 것이 원칙이다. 그러나 집행재산이 여러 지역에 흩어져 있는 등의 사유가 있는 때에는 여러 통의 집행문이 있어야 집행할 수 있다.

또 이미 내어준 집행문이 멸실·훼손되었을 때에는 전에 내어준 집행문을 반환하지 않고 다시 집행문을 부여받을 필요가 있다.

채권자가 여러 통의 집행문을 신청하거나 전에 내어준 집행문을 돌려주지 아니하고 다시 집행문을 신청한 때에는 사법보좌관의 명령이 있어야만 이를 내어준다(법 제35조 1항).

전에 내어준 집행문을 돌려받지 아니하고 다시 부여할 때에는 채무자에 대한 중복집행의 위험이 있으므로, 사법보좌관의 명령이 있는 때에 한하여 집행문을 부여하도록 하고 있는 것이다.

집행문을 다시 부여하여 줄 것을 신청함에 있어서 첫 번 교부시에 조건을 이행한 증명서 또는 승계된 사실의 증명이 제출되어 있으면 다시 증명을 요하지 아니한다.

재도부여에서 주의할 점은 강제집행을 통하여 만족을 얻은 채권자에게 집행정본을 다시 내어줄 수 없다는 것이다. 판례는 채권자가 가집행선고부 판결에 기한 집행문을 부여받아 채무자가 장래에 받게 될 봉급 등의 채권에 대하여 압류 및 전부명령을 받았다면 위 전부명령이 무효가 되지 않는 한 가집행선고부 판결에 기한 강제집행은 종료되었다고 할 것이므로, 채무자의 봉급 등의 장래채권이 발생하지 않는다거나 채권자가 변제받아야 할 채권액의 일부만에 한정하여 압류 및 전부명령을 받았다는 등의 사정이 주장·입증되지 않는 한, 같은 내용의 집행력 있는 판결정본을 채권자에게 재도부여한 것은 위법하다고 하였다(대결 1999. 4. 28. 99그21).

> 채무자가 점유이전금지가처분을 받은 목적물의 점유를 이전하였을 경우, 가처분채권자는 어떻게 대처하여야 하는가?

본안판결의 집행단계에서 승계집행문을 부여받아서 그 제3자의 점유를 배제할 수 있다(대판 1999. 3. 23. 98다59118).

【해 설】

<승계집행문>

집행문은 집행권원에 적혀 있는 채권자를 위하여 또는 채무자에 대하여 부여하는 것이 원칙이다(법 제29조). 그러나 예외적으로 집행권원에 적혀 있는 채권자의 승계인을 위하여 또는 채무자의 승계인에 대하여 내어주는 경우가 있는데, 이를 승계집행문이라고 한다.

당사자의 승계가 있는 경우에 승계가 법원에 명백한 사실이면 증명할 필요가 없으나 그렇지 않으면 사법보좌관이 명령에 의하여 집행문을 부여할 수 있다.

승계의 원인으로 포괄승계이든 특정승계이든 불문하나 그것이 사실심의 변론종결 후임을 요한다.

승계집행문을 신청하는 경우에는 승계인의 주소 또는 주민등록번호(여권번호, 사업자등록번호 등)를 소명하는 자료를 제출하여야 한다(규칙 제20조 2항).

점유이전금지가처분은 그 목적물의 점유이전을 금지하는 것으로서, 그럼에도 불구하고 점유가 이전되었을 때에는 가처분채무자는 가처분채권자에 대한 관계에 있어서 여전히 그 점유자의 지위에 있다는 의미로서의 당사자항정의 효력이 인정될 뿐이므로, 가처분 이후에 매매나 임대차 등에 기하여 가처분채무자로부터 점유를 이전받은 제3자에 대하여 가처분채권자가 가처분 자체의 효력으로 직접 퇴거를 강제할 수 없고, 가처분채권자로서는 본안판결의 집행단계에서 승계집행문을 부여받아서 그 제3자의 점유를 배제할 수 있을 뿐이다(대판 1999. 3. 23. 98다59118).

채무자가 강제집행을 면탈하기 위하여 재산을 은닉하거나 가장양도한 경우 어떤 방법으로 찾아낼 수 있는가?

재산명시제도를 이용하면 된다.

【해 설】

1. 재산명시제도의 의의

재산명시제도란 일정한 집행권원에 의한 금전채무를 이행을 하지 아니하는 경우에 그 법원이 그 채무자로 하여금 강제집행의 대상이 되는 재산관계를 명시한 재산목록을 제출하게 하고 그 재산목록의 진실함을 선서하게 하는 법적 절차를 말한다(민사집행법 제61조).

채권자가 재판에서 승소판결을 받아도 채무자가 자발적으로 그 의무를 이행하지 아니하는 한 채무자의 책임재산에 대한 강제집행을 통하여 채권을 회수할 수밖에 없다. 그러나 채권자는 채무자의 책임재산을 강제로 조사·탐지하거나 수색할 권한이 없기 때문에 이를 발견하기가 쉽지 않다. 한편, 채무자는 집행을 면탈하기 위하여 그 재산을 은닉하거나 가장 양도하여 많은 시간과 비용을 들여 받은 판결이 무용지물이 됨으로써 판결을 한 법원의 권위에 손상을 가하고 물리력에 의한 권리구제를 선호하는 등의 부정적 사회현상이 나타났다. 이러한 문제점을 해소하여 금전채권의 실효성 확보를 목적으로 도입된 것이 재산명시제도이다.

2. 재산명시신청의 요건

(1) 채권자의 신청이 있을 것

강제집행을 개시할 수 있는 채권자가 재산명시를 요구하는 신청을 하여야 한다(법 제61조 1항 본문). 강제집행을 개시할 수 있는 채권자란 강제집행개시의 요건을 구비한 채권자를 말한다.

(2) 금전의 지급을 목적으로 하는 집행권원에 기하여 신청할 것

재산명시신청을 할 때에는 금전의 지급을 목적으로 하는 집행권원에 기한이 신청하여야 한다.

다만, 민사소송법 제213조에 따른 가집행선고가 붙은 판결 또는 같은 조의 준용에 다른 가집행선고가 붙어 집행력을 가지는 집행권원으로는 명시신청을 하지 못한다(법 제61조 1항 단서).

(3) 명시신청에 정당한 이유가 있을 것

재산명시제도는 채무자의 재산발견이 용이하지 않기 때문에 두고 있는 제도이다.

따라서 채무자의 재산발견이 용이하다고 인정할 만한 명백한 사유(채무자 재산의 소재가 공지의 사실이나 이미 재산이 공개되어 있는 때, 채권자가 약간의 노력만 하면 집행대상 재산을 발견할 수 있는 경우)가 없어야 하고, 그것이 용이한 경우에는 신청을 기각하여야 한다(법 제62조 2항). 국가, 지방자치단체 기타 공공단체, 공기업, 대기업이 채무자인 때는 통상 그 재산발견이 용이하다고 본다.

(4) 채무자에게 집행능력이 있을 것

재산명시절차에서 채무자는 재산목록을 작성하는 등의 능동적으로 집행에 관한 행위를 하여야 하므로 집행능력을 갖추어야 한다. 이 점이 일반적인 강제집행절차에서 수동적으로 집행을 당하기만 하므로 채무자에게 집행능력을 요구하는 경우와 구별되는 점이다. 소송무능력자인 경우에는 법정대리인이 있어야 한다. 다만 법정대리인이 없는 경우에 특별대리인을 선임하여 명시절차를 강행하는 것은 허용되지 않는다.

3. 신청절차

채무자의 보통재판적(통상 주소지)이 있는 곳을 관할하는 법원이 관할한다(법 제61조 1항). 항소심에서 화해가 성립한 경우에도 재산명시절차는 채무자의 보통재판적이 있는 곳의 지방법원이 관할한다. 이 관할은 전속관할이다.

재산명시신청은 서면으로 하여야 한다.

신청서에는 ① 채권자·채무자와 그 대리인의 표시, ② 집행권원의 표시, ③ 채무자가 이행하지 아니하는 금전채권액, ④ 신청취지와 신청사유를 적어야 하고, 집행력 있는 판결정본과 집행개시의 요건이 구비되었음을 증명하는 문서(민사집행법 제61조 2항).

> 재산명시명령을 받은 채무자가 정당한 이유 없이 재산목록을 제출하지 아니하거나 거짓재산목록을 낸 경우 어떤 제재를 받는가?

20일 이내의 감치에 처해지거나 3년 이하의 징역, 또는 500만원 이하의 벌금에 처해진다(법 제69조 9항).

【해 설】

재산명시명령을 통하여 채무자의 책임재산을 파악하고, 채무자에 대하여 그 채무이행을 간접강제함으로써 재산명시제도의 실효성을 제공하기 위하여 민사집행법은 재산명시명령 위반자에 대하여 제재규정을 두고 있다.

1. 감 치

(1) 의 의

감치제도란 재산명시명령을 받은 채무자가 정당한 사유 없이 명시기일에 출석하지 아니하거나 재산목록의 제출 또는 선서를 거부한 경우에는 법원은 감치재판절차를 개시하여 20일 이내의 감치(감치시설에 가두는 것)에 처할 수 있게 한 제도를 말한다(법 제68조 1항).

구 민사소송법(제524조의 8)은 위 경우 및 허위의 재산목록을 제출한 경우 형사처벌을 하도록 하였으나, 민사집행법은 감치제도를 신설하여 간접강제기능을 강화하고 채무변제와 석방을 연계하여 강제집행의 실효성을 높이도록 하는 한편, 허위의 재산목록을 제출한 경우에만 형사처벌을 하도록 하였다.

(2) 내 용

채무자가 정당한 사유 없이 재산명시기일에 출석하지 아니하거나, 재산목록의 제출을 거부하거나 명시신서를 하지 않으면 법원은 결정으로 20일 이내의 감치에 처한다(법 제68조 1항). 이 결정에 대하여 채무자는 즉시항고를 할 수 있다(동조 4항).

채무자가 행위무능력자인 경우에는 그 법정대리인을, 법인 또는 비법인사단·재단인 경우에는 대표자 또는 관리인을 감치에 처한다(동조 2항).

정당한 사유가 있거나 감치결정전에 채무자가 재산목록을 제출한 때에는 불처벌결정을 하고(동조 3항), 새 재산명시기일을 열어야 한다. 감치사유가 인정되지만 감치에 처하는 것이 상당하지 아니하다고 인정되는 때에도 법원은 불처벌결정을 하여야 한다.

감치재판개시결정과 불처벌결정에 대하여는 불복을 할 수 없다(동조 4항).

(3) 감치결정의 취소

감치집행중에 채무자가 재산명시명령을 이행하겠다고 신청한 때에는 바로 재산명시기일을 열어야 하고(법 제5항), 명시기일에 재산목록을 내고 선서하거나 신청채권자에 대한 채무를 변제하고 이를 증명하는 서면을 낸 때에는 법원은 감치결정을 취소하고 채무자를 석방하도록 명한다(동조 6항).

(4) 거짓 재산목록을 낸 때의 벌칙

채무자가 거짓의 재산목록을 낸 때에는 3년 이하의 징역 또는 500만원 이하의 벌금에 처한다(68조 9항). 채무자가 법인 또는 법인 아닌 사단·재단인 때에는 그 대표자나 관리인은 3년 이하의 징역이나 500만원 이하의 벌금에 처하고, 채무자는 500만원 이하의 벌금에 처한다(동조 10항). 즉, 양벌규정이다.

> **어떠한 경우에 채무불이행자명부에 등재되는가?**

금전의 지급을 명하는 집행권원이 확정된 후 6월 이내에 채무를 이행하지 아니하는 등 민사집행법 제70조에 규정된 사유에 해당하면 채권자의 신청에 등재된다.

【해 설】

<채무불이행자명부제도>

1. 의 의

채무불이행자명부제도란 채무자가 금전의 지급을 명한 집행권원이 확정된 후 또는 집행권원이 작성 후 6월 이내에 채무를 이행하지 않는 등의 사유가 있는 경우 법원의 재판에 의하여 채무불이행자 명부에 채무자의 인적 사항을 등재한 후 일반인의 열람·복사를 위하여 법원에 그 장부를 비치하는 제도이다. 불성실한 채무자의 인적 사항을 공개함으로써 채무이행을 간접강제하는 효과를 목적으로 하고 있다.

2. 관할법원

채무불이행을 사유로 등재신청을 하는 경우에는 채무자의 보통재판적이 있는 곳의 법원이 관할하고, 재산명시절차에서 감치나 처벌 대상이 되는 행위를 한 것을 사유로 등재신청을 하는 경우에는 그 재산명시절차를 실시한 법원이 관할한다(법 제70조 3항).

3. 신청인·상대방

신청인은 금전의 지급을 명한 모든 집행권원(가집행선고 있는 것은 제외)을 가진 채권자이면 되고, 재산명시신청을 한 채권자에 한정할 이유는 없다. 상대방은 채무자 본인이고, 채무자의 법정대리인, 법인 등의 대표자를 상대방으로 해서는 안된다.

4. 등재신청 요건

ⅰ) 채무자가 금전지급을 명한 집행권원이 확정된 후 또는 집행권원을 작성한 후 6개월 이내에 채무를 이행하지 아니하는 경우, 다만 가집행의 선고가 붙은 판결 또는 가집행의 선고가 붙어 집행력을 가지는 집행권원(예컨대 가집행의 선고가 붙은 배상명령)의 경우를 제외한다(법 제70조 1항 1호).

ⅱ) 채무자가 재산명시절차에서 명시기일에 불출석하거나, 재산목록의 제출 또는 선서를 거부하거나, 거짓의 재산목록을 낸 경우

ⅲ) 강제집행이 용이하다고 인정할 만한 명백한 사유가 없을 것

강제집행이 용이하다는 입증책임은 채무자에게 있고, 위 "6개월 내"란 이행청구가 가능한 시점부터 6개월 내를 말하므로, 집행권원의 조건부·기한부인 경우에는 조건성취·기한도래시부터, 상환이행판결인 경우에는 반대의무이행(제공)시부터 기산한다.

> 재산명시신청을 하였으나 채무자의 주소불명으로 신청이 각하된 경우 채권자는 어떻게 대처하여야 하는가?

법원에 채무자의 재산에 대한 조회신청을 하면 된다.

【해 설】

<재산조회제도>

1. 의 의

재산조회제도란 재산명시절차가 끝난 후 일정한 사유가 있는 경우에 채권자의 신청에 따라 개인의 재산과 신용에 관한 전산망을 관리하는 공공기관·금융기관·단체 등에 채무자명의의 재산에 관하여 조회할 수 있는 제도(법 제74조)를 말한다.

이 제도는 민사집행법이 새로 도입한 것으로, 재산명시제도가 형사처벌을 규정하였음에도 채무자의 비협조로 은닉재산을 찾아내는 데 미흡했던 점을 고려하여, 채무자의 협조 없이도 채무자의 재산을 찾을 수 있도록 함으로써 재산명시제도의 실효성을 확보하기 위하여 재산조회제도를 새로이 도입한 것이다.

2. 신청인 및 신청서류

재산명시절차의 관할 법원은 다음 각호의 어느 하나에 해당하는 경우에는 그 재산명

시를 신청한 채권자의 신청에 따라 채무자 명의의 재산에 대하여 재산조회를 할 수 있다(법 제74조 1항).

ⅰ) 재산명시절차에서 채권자가 법 62조 2항의 송달불능에 따라 주소보정명령을 받고도 민사소송법 194조 1항의 규정에 의한 사유로 인하여 채권자가 이를 이행할 수 없었던 것으로 인정되는 경우.

ⅱ) 재산명시절차에서 채무자가 제출한 재산목록의 재산만으로는 집행채권의 만족을 얻기에 부족한 경우

ⅲ) 재산명시절차에서 채무자가 재산명시기일에 불출석하거나 출석하더라도 재산목록 제출 또는 선서를 거부한 경우(법 제68조 1항)

ⅳ) 재산명시절차에서 채무자가 거짓의 재산목록을 제출한 경우(법 제68조 9항)

3. 조회대상기관

재산조회를 할 수 있는 기관은 개인의 재산과 신용에 관한 전산망을 관리하는 공공기관·금융기관·단체 등 중에서 민사집행규칙 별표에 기재된 기관이고, 조회대상재산은 각 기관별로 기재된 것에 한한다(규칙 제36조 1항).

집행문부여에 대한 이의신청을 하였는데, 법원이 이를 기각한 경우 어떤 방법으로 불복할 수 있는가?

민사소송법 제449조에 의한 특별항고를 할 수 있다.

【해 설】

채무자는 법원사무관 또는 공증인 등이 집행문을 부여한 것에 대하여 그 부여의 위법함을 주장하여 집행문부여에 대한 이의신청을 할 수 있다(법 제34조 1항).

법원은 이의가 정당하면 집행문을 취소함과 함께 강제집행의 불허를 선언한다. 이의가 없으면 신청기각의 결정을 한다.

집행문부여에 대한 이의신청의 재판(인용 또는)에 대하여는 불복이 허용되지 않는다. 즉시항고를 할 수 있다는 특별규정이 없기 때문이다.

판례는 '민사소송법 제517조 1항(민사집행법 제15조 1항에 해당함. 이하 민사집행법 및 새 민사소송법의 규정으로 고쳐서 인용함)은 강제집행절차에 관한 재판에 대하여는 특별한 규정이 있는 경우에 한하여 즉시항고를 할 수 있다라고 규정하고 있고, 또 규정이 없는 경우에는 해석상 그와 동일시되어야 할 경우에 한하여 제15조의 즉시항고를 할

수 있는바, 집행문부여에 대한 이의의 재판에 관하여는 그와 같은 특별규정이 없을 뿐만 아니라 해석상 그와 동일시할 것도 못되어 결국 즉시항고는 할 수 없는 것으로 해석이 되고, 같은 법 제16조 제1항 소정의 집행이의절차는 집행법원의 이의절차인데 반하여 집행문부여에 대한 이의의 재판은 같은 법 제34조 1항에서 집행문을 부여한 법원사무관 등의 소속법인이 재판한다고 규정하고 있고, 그 소속법인은 판결법원 또는 그 상급법원이므로 결국 집행문부여결정은 집행이의의 대상으로 규정한 집행법원의 재판이 아닐뿐더러, 본안법원의 재판을 집행법원이 그 재판의 대상으로 삼는다는 것도 성질상 허용하기 어렵다고 보여지므로 집행이의절차도 알맞은 불복방법이라고 할 수 없는 바, 그렇게 되면 결국 불복절차가 없기 때문에 법 제449조에 의한 특별항고만이 가능하다'고 하였다(대결 1995. 5. 13. 94마2132).

또 판례는 '집행문 부여에 대한 이의에 관한 재판에 대하여는 민사집행법 제16조의 집행에 관한 이의도 할 수 없고 같은 법 제15조의 즉시항고도 할 수 없어 결국 불복절차가 없기 때문에 민사소송법 제449조 소정의 특별항고만 허용될 뿐이라고 해석되며, 이러한 결정에 대한 불복은 당사자가 특별항고라는 표시와 항고법원을 대법원이라고 표시하지 아니하였다 하더라도 그 항고장을 접수한 법원으로서는 이를 특별항고로 취급하여 소송기록을 대법원에 송부함이 마땅하다.'고 하였다(대결 1997. 6. 20. 97마250).

> **임의경매에서 채무자가 경매절차를 정지시키기 위해서 청구이의의 소를 제기할 수 있는가?**

경매개시결정에 대한 이의신청을 하고 집행정지명령을 받는 등의 방법이 있으므로 청구이의의 소를 제기할 수 없다(대판 2002. 9. 24. 2002다43684).

【해 설】

<청구에 대한 이의의 소>

1. 의 의

청구에 관한 이의의 소란 채무자가 판결에 따라 확정된 청구(집행권원)에 관하여, 이행청구권의 소멸이나 이행의 유예를 주장하면서 동시에 그 집행권원이 가지는 집행력의 배제를 구하는 소이다(법 제44조).

청구이의의 소는 유효한 집행권원의 존재를 전제로 하면서 그 집행력을 배제하기 위한 것이고, 집행권원의 존재를 다투거나 그 폐기를 위하여 제기하는 것은 아니다.

2. 청구이의의 소의 대상

청구이의의 소의 대상이 되는 것은 원칙적으로 모든 종류의 집행권자이다.

(1) 소의 대상이 되는 것

ⅰ) 소송비용액확정결정

소송비용액확정결정을 집행권원으로 하는 강제집행에 대하여는 변제나 면제 등의 실체상의 사유를 들어 청구이의의 소를 제기할 수 있다.

ⅱ) 부동산인도명령

부동산경매절차에서 매수인이 대금을 완납하였음에도 불구하고 채무자가 부동산을 인도하지 않으면 매수인은 부동산인도명령을 받아서 부동산의 점유를 확보할 수 있다. 이 부동산인도명령에 대하여도 청구이의의 소를 제기할 수 있다.

ⅲ) 그 외에도 대체집행에서 수거비용지급명령(민사집행법 제260조 2항), 간접강제에서 배상금지급명령(민사집행법 제261조 1항) 등도 청구이의의 소의 대상이 된다.

(2) 청구이의의 소의 대상이 아닌 것

본소의 대상이 아닌 것으로, ⅰ) 가집행선고부 판결, ⅱ) 가압류·가처분명령, ⅲ) 대체집행(260조 1항)의 수권결정, ⅳ) 검사의 집행명령(형소 477조), ⅴ) 의사의 진술을 명하는 재판 등이 있다.

또 판례는 임의경매에서 채무자가 경매절차를 정지시키려면 경매개시결정에 대한 이의신청을 하고 집행정지명령을 받거나 그 담보권의 효력을 다투는 소(채무부존재확인소송, 근저당권말소청구소송 등)를 제기하고 집행정지명령을 받아 그 절차의 진행을 정지시킬 수 있을 뿐이고, 직접 경매의 불허를 구하는 청구이의의 소를 제기할 수는 없다(대판 2002. 9. 24. 2002다43684).

| 확정판결의 집행이 권리남용에 해당하는 경우 청구이의의 소로써 집행을 저지할 수 있는가? |

저지시킬 수 있다(대판 1997. 9. 12. 96다4862).

【해 설】

청구이의의 소는 집행력을 소멸시키거나 제한시키는 일체의 사유가 있으면 제기할 수 있다. 그러나 집행권원의 성립과정에서의 흠이나 집행권원 자체의 흠과 같은 형식적인 흠으로는 청구이의의 소를 제기하지 못한다.

집행권원의 집행력을 소멸시키거나 제한시키는 사유로는 ① 청구권의 소멸(변제·대물변제·공탁·상계·경개·면제·포기·소멸시효의 완성·해제조건의 성취 등), ② 청구권의 부존재(대리권의 흠결에 의한 청구권의 불성립 등), ③ 집행적격의 부존재(채권양도에 의한 채권자의 집행적격의 상실 등) 등이 있다.

청구이의의 소의 이의사유와 관련하여, 확정판결의 취득이나 이에 따른 강제집행이 신의칙에 위반하거나 권리남용에 해당하는 경우, 청구이의의 소를 제기함으로써 이를 저지시킬 수 있는가에 관해서 견해가 대립된다.

판례는 신의칙을 근거로 해서 적극적으로 해석하고 있는데, '확정판결에 의한 권리라 하더라도 신의에 좇아 성실히 행사되어야 하고 그 판결에 기한 집행이 권리남용이 되는 경우에는 허용되지 않으므로 집행채무자는 청구이의의 소에 의하여 그 집행의 배제를 구할 수 있다 할 것인바, 확정판결의 내용이 실체적 권리관계에 배치되는 경우 그 판결에 의하여 집행할 수 있는 것으로 확정된 권리의 성질과 그 내용, 판결의 성립 경위 및 판결 성립 후 집행에 이르기까지의 사정, 그 집행이 당사자에게 미치는 영향 등 제반 사정을 종합하여 볼 때, 그 확정판결에 기한 집행이 현저히 부당하고 상대방으로 하여금 그 집행을 수인하도록 하는 것이 정의에 반함이 명백하여 사회생활상 용인할 수 없다고 인정되는 경우에는 그 집행은 권리남용으로서 허용되지 않는다고 할 것이다.'라고 하였다(대판 1997. 9. 12. 96다4862).

> 대여금청구소송에서 승소확정판결을 받고도 상대방의 재산관계를 알 수 없어 강제집행을 하지 못하고 있는 경우, 어떤 대체방법이 있는가?

채무자재산명시제도를 이용하면 된다.

【해 설】

'채무자재산명시제도'란 채무자의 책임재산을 공개시켜 채권자의 강제집행을 용이하게 하도록 한 제도인바, 이것은 채무자가 확정판결 등 집행권원에 대한 금전채무를 이행하지 않고 또한 그 채무자의 재산발견마저 용이하지 아니할 때 집행을 개시할 수 있는 채권자가 제1심 법원 또는 지급명령이나 조정을 한 법원에 채무자로 하여금 자기의 재산관계를 명시해서 법원에 제출케 하는 명령을 하도록 신청하는 것이다.

이 신청을 받은 법원은 서면으로 신청의 이유를 심사한 후 이유 있다고 인정되면 재산명시기일을 정해서 채무자로 하여금 법원에 출석케 하고 선서 후 진실된 채무자의 재산목록을 제출케 하는데(민사집행법 제64조 제1항, 제65조), 명시기일에 출석한 채무자가 3월 이내에 변제할 수 있음을 소명한 때에는 법원은 그 기일을 3월의 범위 내에서 연기할 수 있으며, 채무자가 새 기일에 채무액의 3분의 2 이상을 변제하였음을 증명하는 서류를 제출한 때에는 다시 1월의 범위 내에서 연기할 수 있다(민사집행법 제63조 제4항).

그리고 채무자에 대하여 강제집행을 개시할 수 있는 채권자는 재산목록을 보거나 복사할 것을 신청할 수 있다(민사집행법 제67조).

채무자가 정당한 사유 없이 ① 명시기일 불출석, ② 재산목록 제출 거부, ③ 선서 거부 가운데 어느 하나에 해당하는 행위를 한 경우에는 법원은 결정으로 20일 이내의 감치(監置)에 처하게 되며, 채무자가 법인 또는 민사소송법 제52조의 사단이나 재단인 때에는 그 대표자 또는 관리인을 감치에 처하게 된다(민사집행법 제68조 제1항, 제2항).

그런데 감치재판절차는 법원의 감치재판개시결정에 따라 개시되고, 감치사유가 발생한 날부터 20일이 지난 때에는 감치재판개시 결정을 할 수 없으며(민사집행규칙 제30조 제2항), 감치재판절차를 개시한 후 감치결정 전에 채무자가 재산목록을 제출하거나 그 밖에 감치에 처하는 것이 상당하지 아니하다고 인정되는 때에는 법원은 불처벌결정을 하여야 하고(민사집행규칙 제30조 제3항), 채무자가 감치의 집행 중에 재산명시명령을 이행하겠다고 신청한 때에는 법원은 바로 명시기일을 열어야 하며, 채무자가 그 명시기일에 출석하여 재산목록을 내고 선서하거나 신청채권자에 대한 채무를 변제하고 이를 증명하는 서면을 낸 때에는 법원은 바로 감치결정을 취소하고 그 채무자를 석방하도록 명하여야 한다(민사집행규칙 제68조 제5항, 제6항).

또한, 채무자가 거짓의 재산목록을 낸 때에는 3년 이하의 징역 또는 500만원 이하의 벌금에 처하게 되고, 이 경우 채무자가 법인 또는 민사소송법 제52조의 사단이나 재단인 때에는 그 대표자 또는 관리인을 위에 따라 처벌하고 채무자는 위 벌금에 처하게 된다(민사집행법 제68조 제9항, 제10항).

한편, 재산조회에 관하여 민사집행법 제74조 제1항에 의하면 "재산명시절차가 끝난 경우에, 제68조 제1항 각 호의 사유 또는 같은 조 제9항의 사유가 있거나 채무자가 제출한 재산목록의 재산만으로는 집행채권의 만족을 얻기에 부족하면, 재산명시절차를 실시한 법원은 그 재산명시를 신청한 채권자의 신청에 따라 개인의 재산 및 신용에 관한 전산망을 관리하는 공공기관·금융기관·단체 등에 채무자 명의의 재산에 관하여 조회할 수 있다."라고 규정하고 있으며, 재산조회의 결과에 관하여 민사집행법 제75조 제1항에 의하면 "법원은 제74조 제1항 및 제3항의 규정에 따라 조회한 결과를 채무자의 재산목록에 준하여 관리하여야 한다."라고 규정하고 있고, 벌칙에 관하여 민사집행법 제76조에 의하면 "① 누구든지 재산조회의 결과를 강제집행 외의 목적으로 사용하여서는 아니된다. ② 제1항의 규정에 위반한 사람은 2년 이하의 징역 또는 500만원 이하의 벌금에 처한다."라고 규정하고 있다.

따라서 재산명시신청제도를 통해 제출된 재산목록의 열람·복사를 통해 집행가능한 재산을 파악할 수 있으며, 채무자에게 변제이행을 간접적으로 강제함으로써 채권자의 채권실현을 위한 제도라 할 것입니다.

참고로 구 민사소송법(2002. 1. 26. 법률 제6626호로 개정되기 전의 것) 아래서는 공정증서에 기초하여서는 재산명시신청을 할 수 없었으나, 현행 민사집행법이 시행된 뒤에는 공정증서에 기초하여서도 재산명시신청이 가능하다.

금전채권에 대한 강제집행의 불허를 구하는 제3자이의의 소를 제기할 수 있는가?

제기할 수 있다.

【해 설】

다음과 같은 사례의 경우 제3자이의의 소를 제기할 수 있는가가 문제된다.

갑·을·병 3인은 공동으로 건축공사를 수주하여 공사를 공동으로 시공하기 위하여 갑 35%, 을 35%, 병이 30%의 각 비율로 출자하여 공동수급체를 구성하여 시공하되, 위 공동수급체의 명칭과 주사무소는 갑의 명칭과 주사무소를 그대로 사용하고 갑이 그 대표자로서 공사대금의 청구, 수령 등 공동수급체의 재산을 관리하며, 손익분배를 위 도급계약을 이행한 후 위 출자비율에 따라 실시하고, 공동수급체에 대한 구성원의 권리, 의무를 제3자에게 양도할 수 없으며, 발주자에 대한 계약상의 의무이행에 관하여는 구성원이 연대책임을 부담하여 구성원 중 일부가 파산 또는 해산되는 경우에는 잔존구성원이 연대하여 계약을 이행하고, 구성원은 발주자와 구성원 전원의 동의가 없으면, 공사계약의 이행을 완료하는 날까지 공동수급체에서 탈퇴할 수 없으며, 중도 탈퇴하는 구성원의 출자금은 위 공사의 이행을 완료한 후 공동수급체의 손실을 공제한 잔액을 출자비율에 따라 반환하도록 하였다. 그런데 병 개인의 채권자 정이 위 공사대금채권에 대하여 채권압류 및 추심명령을 받았다. 이 경우 갑이 정의 채권압류 및 추심명령에 대하여 제3자이의의 소를 제기할 수 있는가가 문제이다.

공동수급체의 법률적 성질에 관하여 판례를 보면, "공동수급체는 기본적으로 민법상의 조합의 성질을 가지는 것이므로 그 구성원의 일방이 공동수급체의 대표자로서 업무집행자의 지위에 있었다고 한다면 그 구성원들 사이에는 민법상의 조합에 있어서 조합의 업무집행자와 조합원의 관계에 있었다고 할 것이다."라고 하였다(대법원 2000. 12. 12. 선고 99다49620 판결).

그런데 민법 제271조 제1항에 의하면 "법률의 규정 또는 계약에 의하여 수인이 조합체로서 물건을 소유하는 때에는 합유(合有)로 한다. 합유자의 권리는 합유물 전부에 미친다."라고 규정하고 있으며, 민법 제272조에 의하면 "합유물을 처분 또는 변경함에는 합유자 전원의 동의가 있어야 한다. 그러나 보존행위는 각자가 할 수 있다."라고 규정하고 있다.

그리고 제3자 이의의 소에 관하여 민사집행법 제47조 제1항에 의하면 "제3자가 강제집행의 목적물에 대하여 소유권이 있다고 주장하거나 목적물의 양도나 인도를 막을 수 있는 권리가 있다고 주장하는 때에는 채권자를 상대로 그 강제집행에 대한 이의의 소를 제기할 수 있다. 다만, 채무자가 그 이의를 다투는 때에는 채무자를 공동피고로 할 수 있다."라고 규정하고 있다.

그러므로 금전채권에 대한 강제집행의 불허를 구하는 제3자 이의의 소가 허용되는지에 관하여 판례를 보면, "제3자이의의 소는 모든 재산권을 대상으로 하는 집행에 대하여 적용되는 것이므로, 금전채권에 대하여 압류 및 추심명령이 있은 경우에 있어서 그 집행채무자 아닌 제3자가 자신이 진정한 채권자로서 자신의 채권의 행사에 있어 위 압류 등으로 인하여 사실상 장애를 받았다면 그 채권이 자기에게 귀속한다고 주장하여 집행채권자에 대하여 제3자이의의 소를 제기할 수 있고, 조합의 채권은 조합원 전원에게 합유적으로 귀속하는 것이어서, 특별한 사정이 없는 한 조합원 중 1인이 임의로 조합의 채무자에 대하여 출자지분의 비율에 따른 급부를 청구할 수 없는 것이므로, 조합원 중 1인의 채권자가 그 조합원 개인을 집행채무자로 하여 조합의 채권에 대하여 강제집행하는 경우, 다른 조합원으로서는 보존행위로서 제3자이의의 소를 제기하여 그 강제집행의 불허를 구할 수 있다."라고 하였다(대법원 1997. 8. 26. 선고 97다4401 판결).

또한, "민법상 조합의 채권은 조합원 전원에게 합유적으로 귀속하는 것이어서 특별한 사정이 없는 한 조합원 중 1인에 대한 채권으로써 그 조합원 개인을 집행채무자로 하여 조합의 채권에 대하여 강제집행을 할 수 없고, 조합 업무를 집행할 권한을 수여받은 업무집행 조합원은 조합재산에 관하여 조합원으로부터 임의적 소송신탁을 받아 자기 이름으로 소송을 수행할 수 있다."라고 하였다(대법원 2001. 2. 23. 선고 2000다68924 판결).

따라서 위 사안에 있어서도 갑이 공동수급체의 대표자로서 공사대금의 청구, 수령 등 공동수급체의 재산을 관리하도록 정하여진 점에서 조합의 업무집행조합원이라고 볼 수 있을 듯하므로, 갑이 을을 상대로 제3자 이의의 소를 제기하여 다투어 볼 수 있을 것이다.

> 채무를 변제하였음에도 말소되지 않은 근저당권등기가 말소되지 않았음을 기화로 채권자가 경매를 신청한 경우 어떻게 대처하여야 하는가?

청구에 관한 이의의 소에 준하는 채무에 관한 이의의 소를 제기하면 된다.

【해 설】

을은 갑으로부터 1,000만원을 빌리면서 을 소유 주택에 채권최고액 1,500만원의 근저당권을 설정하였다. 그 후 을은 여러 차례 나누어 원금과 이자를 모두 지급하였지만 근저당권설정등기를 말소하지 않았다. 그런데 2년이 지난 뒤 갑이 말소되지 않은 근저당권을 근거로 을의 주택에 담보권실행을 위한 경매를 신청하였다. 이 경우 어떻게 대항할 수 있는가가 문제이다.

을의 경우 근저당권으로 담보된 채권을 모두 변제하였음에도 채권자 갑이 근저당권설정등기가 말소되지 않았음을 악용하여 담보권실행을 위한 경매신청을 제기한 것은 부당하다.

그러므로 을은 갑을 상대로 하여 채무변제를 이유로 경매개시 결정에 대한 이의나 채무에 관한 이의의 소를 제기하여야 할 것이다.

민사집행법 제265조에 의하면 경매개시결정에 대한 이의신청사유에 관하여 "경매절차의 개시결정에 대한 이의신청사유로 담보권이 없다는 것 또는 소멸되었다는 것을 주장할 수 있다."라고 규정하고 있으므로 담보권실행을 위한 경매개시결정에 대한 이의는 강제경매개시결정에 대한 이의와는 달리 실체상의 하자도 이의사유로 주장할 수 있다. 그리고 민사집행법 제268조에 의하면 담보권실행 경매절차에 있어서도 특별한 규정이 없는 한 강제집행절차를 준용하고 있으므로, 민사집행법 제44조(청구에 관한 이의의 소)에 준하는 채무에 관한 이의의 소를 제기할 수 있을 것입니다. 그런데 경매개시결정에 대한 이의나 채무에 관한 이의의 소는 집행정지의 효력이 없으므로 경매개시결정에 대한 이의나 청구이의의 소를 제기한다고 하여도 담보권실행을 위한 경매절차는 정지되는 것이 아니다.

즉, 담보권실행을 위한 경매를 신청할 수 있는 권리의 존부를 다투는 자는 개시결정에 대한 이의신청을 하고 민사집행법 제86조 제2항에 의한 경매절차정지명령을 받거나, 청구이의의 소에 준하는 채무에 관한 이의의 소(통상 채무부존재확인이나 저당권부존재확인 또는 저당권설정등기말소청구의 소를 본안으로 함)를 제기하고 민사집행법 제46조에 의한 가처분으로서 경매정지명령을 받아 그 경매절차를 정지시켜야 할 것이다. 그런데 이 경우 담보제공(공탁)을 하여야 할 경우도 있다.

그리고 위와 같은 절차에 의하지 아니하고 민사집행법 제300조에 의한 일반가처분절차에 의하여 담보권실행을 위한 경매절차를 정지시킬 수 있는지에 관하여 판례를 보면, "임의경매를 신청할 수 있는 권리의 존부를 다투는 경우에 그 경매절차를 정지하기 위하여는 민사소송법 제728조(현행 민사집행법 제268조)에 의하여 준용되는 같은 법 제603조의3(현행 민사집행법 제86조)의 규정에 의하여 경매개시결정에 대한 이의신청을 하고 같은 법 제484조(현행 민사집행법 제34조)에 의한 강제집행정지명령을 받거나, 같은 법 제505조(현행 민사집행법 제44조)를 준용하여 채무에 관한 이의의 소를 제기하여 같은 법 제507조(현행 민사집행법 제46조)에 의한 강제집행정지명령을 받아 정지시킬 수 있을 뿐이고, 민사소송법 제714조(현행 민사집행법 제300조)에 의한 일반적인 가처분절차에 의하여 임의경매절차를 정지시킬 수는 없다."라고 하였다(대법원 1993.1.20. 자 92그35 결정).

그러므로 민사집행법 제300조에 의한 일반적인 가처분절차에 의하여 담보권실행을 위한 경매절차를 정지시킬 수는 없을 것으로 보인다.

> **강제집행 후에 집행의 목적물에 관한 권리를 취득한 자도 제3자이의의 소를 제기할 수 있는가?**

권리자가 집행채권자에게 대항할 수 있는 경우라면 그 집행의 배제를 구하기 위하여 제3자이의의 소를 제기할 수 있다.

【해 설】

제3자이의의 소는 실체법상 채무자 이외의 제3자에게 속하는 재산에 대하여 집행이 실시된 경우에, 그 제3자가 집행채권자를 상대로 자신의 권리를 침해하는 강제집행에 대하여 이의를 주장하고 집행의 배제를 구하는 소를 말한다(민사집행법 제48조 1항).

제3자이의의 소는 모든 재산권에 대한 집행에 대하여 적용된다. 이의사유는 제3자가 강제집행의 목적물에 대하여 소유권이나 목적물의 인도나 양도를 저지하는 권리를 가지고 있어야 한다. 이러한 권리는 집행채권자에게 대항할 수 있는 것이어야 하고 압류 당시 이미 제3자에게 귀속되어 있는 동시에 사실심의 변론종결시까지 존재하여야 한다.

판례는 '제3자이의의 소는 이미 개시된 집행의 목적물에 대하여 소유권 기타 목적물의 양도나 인도를 저지하는 권리를 주장함으로써 그에 대한 배제를 구하는 것인 만큼, 그 소의 원인이 되는 권리는 집행채권자에게 대항할 수 있는 것이어야 하고, 그 대항여부는 그 권리의 취득과 집행의 선후에 의하여 결정되는 것이 보통이므로, 그 권리가 집행 당시에 이미 존재해야 하는 것이 일반적이라고 할 것이지만, 집행 후에 취득한 권리자도 특별히 권리자가 이로써 집행채권자에게 대항할 수 있는 경우라면, 그 권리자는 그 집행의 배제를 구하기 위하여 제3자이의의 소를 제기할 수 있다.'고 하였다(대판 1982. 10. 26. 82다카884).

> 채무자를 상대로 승소판결을 받아 부동산을 강제집행하려고 하려는데, 채무자가 그 부동산을 허위로 양도해버린 경우 채무자는 어떤 책임을 지는가?

강제집행면탈죄가 성립되어 3년 이하의 징역 또는 1천만원 이하의 벌금에 처해진다.

【해 설】

병은 갑을 상대로 승소판결을 받아 갑의 부동산을 강제집행을 하려고 하였다. 그러자 갑은 을과 짜고 자신의 부동산을 을 명의의 소유권등기를 이전하였는데, 이 경우 갑은 어떠한 처벌을 받게 되는가?

강제집행면탈죄는 강제집행을 면할 목적으로 재산을 은닉, 손괴, 허위양도 또는 허위의 채무를 부담하여 채권자를 해함으로써 성립되는 죄입니다(형법 제327조). 이 죄는 민사재판의 집행을 확보하고 그 실질적 적정을 기함으로써 채권자의 정당한 권리행사를 보호하는데 있다.

강제집행면탈죄가 성립하기 위해서는 주관적인 강제집행면탈의 의도가 있어야 할 뿐만 아니라, 객관적으로 강제집행을 면탈할 상태에 있어야 합니다(대법원 1974. 10. 8. 선고 74도1974 판결).

강제집행을 당할까봐 가재도구를 다른 장소로 숨겨놓는다든지, 양도할 의사가 없음에도 재산상 소유명의를 제3자에게 이전해놓는 행위가 이에 해당한다.

그러나 채무자가 빚을 갚지 않고 자기재산을 매각처분 한다든지 여러 명의 채권자 중에서 한 사람에게만 채무를 변제하여 재산을 없애는 행위는 강제집행면탈죄가 성립되지 않는다. 즉 진실한 의사에 의한 양도이면 강제집행을 면할 목적으로 이루어지고 채권자를 해치는 결과가 되었다고 하더라도 허위양도에 해당하지 않는다.

판례도 "강제집행면탈죄에 있어서 허위양도라 함은 실제로 양도의 진의가 없음에도 불구하고 표면상 양도의 형식을 취하여 재산의 소유명의를 변경시키는 것이고, 은닉이라 함은 강제집행을 실시하는 자가 채무자의 재산을 발견하는 것을 불능 또는 곤란하게 만드는 것을 말하는바, 진의에 의하여 재산을 양도하였다면 설령 그것이 강제집행을 면탈할 목적으로 이루어진 것으로서 채권자의 불이익을 초래하는 결과가 되었다고 하더라도 강제집행면탈죄의 허위양도 또는 은닉에는 해당하지 아니한다고 보아야 할 것이다."라고 하였다(대법원 1998. 9. 8. 선고 98도1949 판결, 2000. 9. 8. 선고 2000도1447 판결, 2001. 11. 27. 선고 2001도4759 판결).

따라서 위 사안의 경우 병이 갑의 부동산에 압류하려고 한 사실은 강제집행을 할 우려가 있는 객관적 사정이 있다고 할 수 있고, 갑과 을이 서로 짜고 매매한 것처럼 소유권이전등기를 하였다면 허위양도에 해당되므로 갑의 행위는 강제집행면탈죄가 성립하여 3년 이하의 징역 또는 1,000만원 이하의 벌금으로 처벌받게 된다.

강제집행채권자의 채권이 존재하지 않는 경우 강제집행면탈죄가 성립하는가?

강제집행면탈죄가 성립하지 않는다(대판 2007. 7. 12. 2007도3005).

【해 설】

강제집행면탈죄는 강제집행을 면할 목적으로 재산을 은닉·손괴·허위양도 또는 허위의 채무를 부담하여 채권자를 해함으로써 성립하는 범죄이다(형법 제327조).

강제집행면탈죄가 성립하려면 먼저 강제집행을 받을 객관적 상태가 존재하여야 한다. 실질적으로 강제집행을 받을 위험이 있는 상태에 있지 아니한 경우에는 본죄가 성립할 여지가 없다.

강제집행을 받을 위험이 있는 객관적 상태라 함은 민사집행법에 의한 강제집행 또는 가압류·가처분 등의 집행을 당할 구체적 염려가 있는 상태를 말한다.

강제집행면탈죄는 강제집행을 할 우려가 있는 객관적 상태가 있어야 할 뿐만 아니라, 본죄는 채권자의 채권을 보호하는데 그 근본취지가 있는 것이므로 기본이 되는 채권의 존재를 전제로 한다. 따라서 채권이 존재하지 아니할 때에는 본죄는 성립할 여지가 없다. 판례도 '형법 제327조의 강제집행면탈죄는 채권자의 권리보호를 그 주된 보호법익으로 하고 있는 것이므로 강제집행의 기본이 되는 채권자의 권리, 즉 채권의 존재는 강제집행면탈죄의 성립요건이라 할 것이고, 따라서 그 채권의 존재가 인정되지 않을 때에는 강제집행면탈죄가 성립하지 않는다.'고 하였다(대판 2007. 7. 12. 2007도3005).

제 3 장 금전채권에 기초한 부동산에 대한 강제집행

제 1 절 부동산에 대한 강제집행

Ⅰ. 부동산집행 총설

1. 집행방법

민사집행법상 부동산에 대한 강제집행의 방법에는 강제경매와 강제관리의 두 종류가 있다(법 제78조 2항).

채권자는 자기의 선택에 의하여 이 두 가지 강제집행방법 중에서 어느 한 가지 방법으로 집행하게 하거나 두 가지 방법을 함께 사용하여 집행하게 할 수 있다(동조 3항).

(1) 강제경매

강제경매는 부동산의 교환가치를 대상으로 하는 집행방법으로서, 부동산을 매각하여 그 대금으로 채권의 만족을 얻는 방법이다.

강제경매를 하면 결과적으로 채무자가 부동산에 대한 소유권을 잃게 되므로 권리관계가 아직 확정되지 아니한 가압류단계에서는 강제경매가 허용되지 않는다.

(2) 강제관리

강제관리는 부동산의 사용가치를 대상으로 하는 집행방법으로서, 법원이 선임한 관리인이 부동산을 관리하여 생기는 천연과실이나 법정과실 등의 수익을 채권자에게 제공함으로써 채권의 만족을 얻는 방법이다.

강제관리는 소유권의 귀속에 영향을 주지 아니하므로 가압류집행을 할 때에는 강제관리는 허용된다(법 제78조 4항).

실무에서는 강제관리는 거의 이용되지 않고 대부분 강제경매로 집행이 이루어지고 있다고 한다.

2. 집행법원

(1) 그 부동산이 있는 곳의 지방법원

부동산에 대한 강제집행은 그 부동산이 있는 곳의 지방법원이 관할한다(법 제79조 1

항).

법률 또는 민사집행규칙에 따라 부동산으로 보거나 부동산에 관한 규정이 준용되는 것(예컨대 부동산의 공유지분, 지상권과 그 공유지분, 유료도로관리권, 댐사용권 등)에 대한 강제집은 그 등기·등록을 하는 곳의 지방법원이 관할한다(규칙 제41조).

(2) 부동산이 여러 관할구역에 있는 때

부동산이 여러 지방법원의 관할구역에 있는 때에는 각 지방법원에 관할권이 있다. 이 경우 어느 한 법원이 필요하다고 인정하면 사건을 다른 관할 지방법원으로 이송할 수도 있다(법 제79조 2항).

민사집행법상 토지관할은 전속관할이지만 이송을 인정하고 있는 것이다.

3. 집행의 대상

(1) 토 지

토지는 부동산이므로 당연히 부동산집행의 대상이 된다.

토지에 정착된 공작물 중에서 독립된 부동산으로 취급할 수 없는 것(예컨대, 돌담, 다리, 도랑 등)은 토지의 본질적인 구성부분으로서 토지와 일체로 되어 하나의 부동산으로 취급되며 독립하여 경매의 대상으로 되지 아니한다.

토지 위에 생립하고 있는 채무자 소유의 미등기 수목도 토지의 구성부분으로서 토지와 함께 경매가 된다(대결 1998. 10. 28. 98마1817). 다만, 입목에관한법률에 의하여 소유권보존등기가 된 입목(입목법 2조, 3조 1항)이나 명인방법을 갖춘 수목, 토지임차권에 기하여 식재한 수목(대결 1990. 1. 23. 89다카21095)은 토지와는 별개의 부동산이므로 독립하여 경매의 대상으로 된다.

(2) 건 물

건물은 토지로부터 완전히 독립한 별개의 부동산으로 경매의 대상으로 된다.

독립된 부동산으로서의 건물이라고 하기 위해서는 최소한의 기둥과 지붕 그리고 주벽이 이루어지면 된다(대판 2001. 1. 16. 2000다51872). 강제집행과 관련하여 건축중인 건물이 문제가 되는데, 건축 중에 있는 건물로서 사회통념상 아직 독립된 부동산으로 볼 수 없고 분리가 가능하다면 개개의 건축재나 공작물을 유체동산 압류방법에 따라 집행할 수밖에 없을 것이다.

그러나 사회통념상 건물로 볼 수 있을 정도로 공사가 진행된 단계에 있는 구조물에 대해서는 부동산집행의 예에 따라서 집행을 하여야 한다.

판례도 채무자가 강제집행을 무시하고 건축공사를 계속하여 경매할 시점에 이르러 건물이 성립되어 독립된 부동산이 되는 단계에 이르면 집행관은 유체동산집행으로서의 경매등을 더 이상 속행할 수 없다고 하였다(대결 1994. 4. 12. 93마1933).

㈀ 미등기 건물이라도 그 건물이 채무자 소유임을 증명할 서류, 그 건물의 지번·구조·면적을 증명할 서류 및 그 건물에 관한 건축허가 또는 건축신고를 증명할 서류를 첨부하면 강제경매를 신청할 수 있다(민사집행법 제81조 1항).

【쟁점사항】

<강제집행의 대상이 되는지 여부가 문제되는 경우>
㈀ 본건물에 연이어 증설된 건물
  본건물에 연이어 증설된 건물은 특별한 사유 없는 한 본건물에 대한 부합물 또는 종물이라고 볼 것이므로 근저당권 그 증설된 건물부분에도 미치고 경매법원에 그 증설부분의 평가액도 합산하여 최저매각가를 정해야 한다(대결 1981. 6. 15. 81마151).
㈁ 기존건물의 종물
  기존건물의 종물(예 : 건물에 설치된 주유기)로 인정되는 경우에는 기존건물과 함께 경매대상이 되지만, 거래상 독립하여 별개의 소유권의 객체가 되는 건물인 경우에는 설사 경매대상건물의 부합물 또는 종물로 오인하여 경매대상에 포함하여 매각하기를 하였더라도 그 독립된 건물에 대한 매각은 당연무효이고 매수인은 소유권을 취득하지 못한다. 종물이란 주물의 상용에 이바지하는 것으로 주물 그 자체의 경제적 효용을 다하게 하는 것을 말한다. 따라서 비록 주물 소유자의 상용에 공여되고 있더라도 주물 그 자체의 효용과 직접 관계없는 물건은 종물이 아니다.

(3) 기 타

가. 입 목

소유권보존등기된 입목은 부동산으로 취급되므로 경매의 대상이 된다(입목법 제3조 1항).

나. 공장재단, 광업재단

공장저당법에 의한 공장재단, 광업재단저당법에 의한 광업재단은 1개의 부동산으로 취급되어 강제집행의 대상으로 된다(공장저당법 10조, 14조, 광업재단저당법 5조). 즉 공장재단, 광업재단을 구성하는 기계·기구 등은 동산이라 하더라도 유체동산에 대한 집행의 대상이 될 수 없고 그 저당권의 목적물인 토지, 건물, 광업권 등과 함께 부동산에 대한 집행의 방법에 의하여 경매를 할 수 있을 뿐이다.

다. 광업권, 어업권

광업권, 어업권은 법률상 부동산으로 취급되므로(광업권 12조, 수산업법 15조 2항) 이들에 대하여도 강제집행을 할 수 있다. 그러나 공동광업권자의 지분은 다른 공동광업권자의 동의가 없으면 처분할 수 없으므로(광업권 34조 2항) 그 지분은 강제경매를 할 수 없다(재민 63-16).

[부동산경매사건의 진행기간표]

(부동산경매사건의 진행기간 등에 관한 예규)

종 류	기산일	기 간	비 고
경매신청서 접수		접수 당일	법 제80조, 제264조 제3항
미등기건물 조사명령	신청일부터	3일 안 (조사기간은 2주 안)	법 제181조 제3항·제4항
채무자에 대한 개시결정 송달	접수일부터	2일 안	법 제83조, 제94조, 제268조
개시결정 및 등기촉탁	임의경매 : 개시결정일부터 강제경매 : 등기필증 접수일부터	3일 안	법 제83조, 제268조
현황조사명령	임의경매 : 개시결정일부터 강제경매 : 등기필증 접수일부터	3일 안 (조사기간은 2주 안)	법 제85조, 제286조
평가명령	임의경매 : 개시결정일부터 강제경매 : 등기필증 접수일부터	3일 안 (조사기간은 2주 안)	법 제84조 제1항·제3항, 제268조
배당요구종기결정, 배당요구종기 등의 공고·고지	등기필증 접수일부터	3일 안	법 제84조 제1항·제3항, 제268조
배당요구종기	배당요구종기결정일부터	2월 후 3월 안	법 제84조 제1항·제5항, 제87조 제3항, 제268조
채권신고의 최고	배당요구종기결정일부터	3일 안 (최고기간은 배당요구종기까지)	법 제84조 제4항

최초매각기일·매각결정기일의 지정·공고(신문공고의뢰)이해관계인에의 통지	배당요구종기부터	1월 안	법 제104조, 제268조
매각물건명세서 작성, 그 사본 및 현황조사보고서·평가서 사본의 비치		매각기일 (입찰기간개시일) 1주일 전까지	법 제105조, 제2항, 제268조, 규칙 제55조
최초매각기일	공고일부터	2주 후 20일 안	규칙 제56조
매각기일·새매각결정기일 또는 매각기일·재매각결정기일의 지정·공고·이해관계인에의 통지	사유발생일부터	1주 안	법 제119조, 제138조, 제268조
매각 또는 재매각기일	공고일부터	2주 후 20일 안	법 제119조, 제138조, 제268조, 규칙 제56조
배당요구의 통지	배당요구일부터	3일 안	법 제89조, 제268조
매각실시		매각기일	법 제112조, 제268조
매각기일조서 및 보증금 등의 인도	매각기일부터	1일 안	법 제117조, 제268조
매각결정기일	매각기일부터	1주 안	법 제109조 제1항, 제268조
매각허부결정의 선고		매각결정기일	법 제109조 제2항, 제126조 제1항, 제268조
차순위매수신고인에 대한 매각결정의 지정, 이해관계인에의 통지	최초의 대금지급기한 후	3일 안	법 제104조 제1항·제2항, 제137조 제1항 제268조
차순위매수신고인에 대한 매각결정기일	최초의 대금지급기한 후	2주 안	법 제109조 제1항, 제137조 제1항, 제268조

매각부동산 관리명의	신청일로부터	2일 안	법 제136조 제2항, 제268조
대금지급기한의 지급 및 통지	매각허가결정확정일 또는 상소법원으로부터 기록송부를 받은 날부터	3일 안	법 제142조 제1항, 제268조 규칙 제78조, 제194조
대금지급기한	매각허가결정확정일 또는 상소법원으로부터 기록송부를 받은 날부터	1월 안	법 제78조, 제194조
매각부동산 인도명령	신청일부터	3일 안	법 제136조 제1항, 제268조
배당기일의 지정·통지, 계산서 제출의 최고	대금납부 후	3일 안	법 제146조, 제268조, 규칙 제81조
배당기일	대금납부 후	4주 안	법 제146조, 제268조
배당표의 작성 및 비치		배당기일 3일 전까지	법 제149조 제1항, 제268조
배당표의 확정 및 배당실시		배당기일	법 제149조 제2항, 제159조, 제268조
배당조서의 작성	배당기일부터	3일 안	법 제159조 제4항, 제268조
배당액의 공탁 또는 계좌입금	배당기일부터	10일 안	법 제160조, 제268조, 규칙 제82조
매수인 앞으로 소유권이전등기 등 촉탁	서류제출일부터	3일 안	법 제144조, 제268조
기록인계	배당액의 출급, 공탁 또는 계좌입금 완료 후	5일 안	

II. 강제경매

1. 경매절차의 이해관계인

(1) 의 의

다른 재산에 비하여 부동산에 관한 권리관계는 상대적으로 복잡하여 이해관계를 가지는 자가 많다. 그러나 부동산의 강제집행절차는 신속하고 엄정하게 진행되어야 하므로 민사집행법은 부동산에 이해관계를 가지는 자 중에서 일정한 범위에 한정하여, 이들만이 부동산집행절차에 관여할 수 있도록 이해관계인의 범위를 제한하고 있다.

경매절차의 이해관계인은 민사집행법 90조에 열거된 사람에 한하고, 이들에게는 여러 가지 절차상의 권리가 주어진다. 실무상 경매신청인은 신청서 첫 장에 이해관계인표를 작성하여 제출하고 있다.

이 해 관 계 인 표

채 권 자   김○○
         서울시 ○○구 ○○동 ○○번지
채 무 자   함○○
         등기부상주소 : 서울시 ○○구 ○○동 ○○번지
         현 주 소 : 서울시 ○○구 ○○동 ○○번지
근저당권자 ○○은행
         서울시 ○○구 ○○동 ○○번지
         취급지점 : ○○지점

---

(2) 이해관계인의 권리

이해관계인은 경매절차에서 다음과 같은 권리행사를 할 수 있다. 이러한 권리행사는 공익적 절차규정위배 및 자기의 권리에 관한 절차위배에 관하여서만 행사할 수 있으므로, 다른 이해관계인의 권리에 관한 이유를 들어 할 수는 없다(법 제122조). 다만, 채무자에 대한 경매개시결정의 송달은 채무자 아닌 이해관계인도 그 흠을 이유로 매각허가 결정에 대한 항고사유로 할 수 있다(대결 1997. 6. 10. 97마814).

① 집행에 관한 이의신청권(법 제16조)

② 부동산에 대한 침해방지신청권(법 제83조 3항)
③ 경매개시결정에 대한 이의신청권(86조)
④ 배당요구신청 또는 2중경매신청 사실의 통지를 받을 권리(법 제89조)
⑤ 매각기일과 매각결정기일을 통지받을 수 있는 권리(법 제104조 2항)
⑥ 매각기일에 매각기일조서에 서망날인할 수 있는 권리(116조 2항)
⑦ 최저매각가격 외의 매각조건의 변경에 합의할 수 있는 권리(110조)
⑧ 매각결정기일에 매각허가에 관한 의견을 진술할 수 있는 권리(120조)
⑨ 매각허부결정에 대하여 즉시항고를 할 수 있는 권리(129조)
⑩ 배당기일의 통지를 받을 권리(146조)
⑪ 배당기일에 배당표에 관한 의견을 진술할 수 있는 권리(149조)
⑫ 배당기일에 배당에 대한 합의를 할 수 있는 권리(150조 2항)

(3) 이해관계인의 범위(법 제90조)

경매절차의 이해관계인은 다음 각호의 사람으로 한다(법 제90조).

여기에 해당되지 않는 사람은 이해관계가 있어도 경매절차상의 권리를 행사할 수 없다.

가. 압류채권자와 집행정본에 의한 배당요구채권자

① 경매신청을 한 채권자, ② 이중경매에서 뒤의 압류채권자 ③ 조세채권에 의하여 압류등기를 한 압류채권자, ④ 집행정본에 의한 배당요구채권자(집행정본의 원본이 아난 사본으로 배당요구한 자도 포함) 등이 이에 해당한다.

나. 채무자 및 소유자

여기서 채무자란 집행채무자를 의미하고 채무자는 가장 밀접한 이해관계인이다.

소유자는 경매개시결정등기 당시의 소유자를 말한다. 강제경매에서는 가압류 후 소유권이 변동된 경우를 제외하고는 채무자가 소유자이고, 임의경매에서는 채무자와 소유자가 다른 경우가 많다.

여기에 해당하는 자로는, ① 집행채무자, ② 가압류등기 후 본압류 전에 소유권이전등기를 마친 자, ③ 임의경매에서 물상보증인 또는 저당부동산의 제3취득자, ④ 파산선고 후 저당권자가 별제권자로서 파산관재인에 속하는 부동산에 대하여 경매절차를 개시한 때의 파산관재인 (소유자로 취급) 등이다.

다. 등기부에 기입된 부동산 위의 권리자

등기부에 기입된 권리자이어야 하므로, 경매개시결정 시점이 아닌 경매개시결정 등기 시점을 기준으로 이미 등기가 되어 등기부에 나타난 자를 말한다(대결 1999. 11. 10. 99마5901).

① 용익권자(지상권자, 전세권자, 민법상 또는 임차권등기명령에 의하여 임대차등기를 한 자 등), ② 담보권자(저당권자, 저당채권에 대한 질권자 등) ③ 압류등기 전에 등기한 환매권자, ④ 부동산의 공유지분경매에서 다른 공유자(대법원 1998. 3. 4.자 97마962 결정. 다만, 아파트·상가 또는 다세대주택 등 구분소유적 공유의 경우에는 누가 공유자가 되더라도 이해관계가 없으므로 공유통지를 할 필요가 없다) ⑤ 가등기담보권자, 소유권이전에 관한 가등기권리자(가담법 16조 3항). ⑥ 근저당설정의 가등기권자 등이 이에 해당한다.

건물의 소유를 목적으로 하는 토지임대차는 이를 등기하지 아니한 경우에도 임차인이 그 건물을 등기한 때에는 토지임차권이 제3자에 대하여 대항력을 가지게 되는데(민법 제622조 1항), 그러한 토지임차인은 여기서 말하는 권리자가 아니다.

라. 부동산 위의 권리자로서 그 권리를 증명하는 자

여기에 해당하는 자는 경매개시결정등기 전에 등기 없이도 제3자에게 대항할 수 있는 물권·채권을 취득한 자 또는 경매개시결정등기 후에 소유권·용익권·담보권을 취득한 자로서 권리증명을 한 자를 말한다.

유치권자·점유권자·주택임대차보호법상의 우선변제권자(동법 제3조의 2) 등이 여기에 해당된다.

권리증명이란 권리자가 스스로 집행법원에 권리신고 또는 배당요구를 하는 것을 말한다. 권리증명은 자기의 책임으로 스스로 하여야 하므로 현황조사보고서에 임차인으로 기재된 사실, 이중경매의 후행사건기록에 이해관계인으로 표시된 사실, 다른 권리자가 제출한 등기부등본에 등재된 사실만으로써는 이해관계인이 될 수 없다(대결 2002. 9. 5. 2002마2812).

2. 강제경매의 신청

(1) 신청방식

강제경매는 서면으로 신청하여야 한다(법 제4조). 신청서에는 소정사항을 기재하여야 하고(법 제80조), 소정서류를 첨부하여야 한다(법 제81조).

(2) 신청서의 기재사항(법 제80조)

강제경매신청서에는 ① 채권자·채무자와 법원의 표시, ② 부동산의 표시, ③ 경매의 이유가 된 일정한 채권과 집행할 수 있는 일정한 집행권원 등을 적어야 한다(법 제80조).

가. 채권자·채무자와 법원의 표시(1호)

신청서에는 누구에 대해서 강제경매를 신청하는지를 명확히 하기 위해서 집행의 당사자인 채권자와 채무자를 적어야 한다.

채권자·채무자를 특정할 수 있도록 그 이름과 주소를 표시하되, 집행정본의 표시와 일치하여야 한다(승계집행문인 경우에는 집행권원상의 채권자·채무자를 기재할 것이 아니라 그 집행문상의 채권자·채무자를 기재한다)

주소변경이 있는 때는 신고 주소를 병기하며, 등기부등본상의 주소가 다른 때에는 등기부상의 주소도 병기하고 주민등록초본을 첨부한다. 법인인 때는 그 명칭, 주된 사무소 또는 영업소 및 대표자를 표시한다. 법인의 명칭이나 상호변경이 있는 때에는 승계집행문은 필요 없고 단지 동일인임을 증명하는 서면을 첨부하면 된다.

가압류등기 후 채무자로부터 제3자에게 소유권이전등기가 된 경우에 가압류채권자가 본압류를 하는 때에는 그 제3자를 강제경매신청서에 표시할 필요는 없으나, 실무상 소유자를 "제3취득자 ○○○"라고 표시하고 경매개시결정에도 소유자를 제3취득자로 표시하고 그에게 송달도 하고 있다. 다만, 이때에는 집행채권이 가압류채권과 동일하다는 사실을 증명하여야 한다.

또한 강제경매신청서에는 어느 법원에 신청하는지를 밝혀야 한다.

법원의 표시는 집행법원을 표시한다.

나. 부동산의 표시(2호)

어떤 부동산에 대하여 강제경매를 신청하는지 분명하게 하기 위하여 경매신청서에 부동산을 표시하여야 한다.

적을 때에는 부동산의 동일성을 알 수 있을 정도로 적어야 한다.

부동산의 표시가 동일성을 파악하는데 부족한 정도이면 그 신청은 부적법하여 각하된다.

1) 토 지

등기된 토지의 표시는 동일성이 인정되는 한 등기부의 표제부에 기재된 대로 표시하여야 한다. 토지에 대하여 환지예정지가 지정된 경우는 경매대상인 원래 토지와 함께 환지예정지도 표시하여야 한다(대결 1974. 1. 8. 73마683).

2) 건 물

건물의 표시도 등기부상의 표시와 일치하게 표시하여야 한다. 등기부표시와 실제 건물이 동일한지 여부는 지번, 면적, 구조 외에 건축시기, 단독주택·연립주택·아파트 등 건물의 종류, 등기부상의 표시가 상이하게 된 연유, 다른 건물과의 혼동 우려가 있는지 여부 등을 종합하여 사회통념상 동일성이 인정될 정도로 합치되는지 여부를 결정하여야 한다(대판 2002. 5. 14. 2000다54055).

미등기 부속건물이 있거나 건물이 증·개축되어 실제건평이나 구조가 등기부의 표시와 일치하지 아니한 때에는 그 미등기 부속건물 또는 실제건물의 구조와 건평을 아울러 표시하여야 한다.

3) 공유지분의 표시방법

채무자가 가지는 지분의 비율을 특정하여 표시한다(139조). 예컨대 등기부상 "○○○의 지분 1/2 중 1/2"로 되어 있으면 그 공유지분표시는 "○○○의 지분 1/4"로 표시한다.

구분소유적 공유지분의 경우 그 공유자가 구분소유의 목적인 특정부분을 처분(경매 포함)하면서 등기부상의 공유지분을 그 특정부분에 대한 표상으로서 이전하는 때에는 경매대상은 특정 구분소유의 목적물이므로 그 취지를 기재한다.

4) 미등기부동산의 표시방법

강제경매신청서에 부동산의 표시와 함께 미등기라는 취지를 적는다.

구분소유권인 때는 1동의 건물 중 구분소유로 된 부분을 특정할 수 있도록 표시하여야 하며, 도면을 첨부하여도 된다.

등기부에 등재되지 않은 제시외 건물은 소유자가 건축하여 소유하는 것으로 판명되어 경매신청인이 대위에 의한 보존등기를 하여 일괄매각신청을 하거나 경매 대상 부동산의 종물이나 부합물로 인정되는 경우에만 매각대상이 된다(대결 1999. 8. 9. 자 99마504).

다. 경매의 이유가 된 일정한 채권과 집행을 할 수 있는 일정한 집행권원(3호)

1) 경매의 이유가 된 일정한 채권

경매의 이유가 된 일정한 채권(청구금액)은 집행채권을 말하는데, 강제경매로 변제받고자 하는 일정한 채권과 그 청구액을 말한다. 채권자는 어떤 채권에 대하여 어떤 범위에서 채권의 변제를 위하여 경매를 신청하는지를 밝혀야 한다. 채권은 다른 채권과 구별할 수 있을 정도로 특정하여야 하고, 청구액은 집행권원에 표시된 채권액의 범위 내에서 명확히 기재를 하여야 한다. 청구액의 기재는 반드시 정액일 필요는 없으나 계산이 가능하도록 기간이나 이율 등을 적어야 한다. 예컨대, "금○○원 및 위 금원에 대하여 ○년 ○월 ○일부터 완제에 이르기까지 연○할에 의한 지연이자" 또는 "2002. 8. 1.부터 완제일까지 매월 금 ○○원의 비율에 의한 금원"이라고 표시하면 특정되었다고 할 것이다.

채권자가 채권의 일부만을 변제받기 위하여 경매를 신청할 때에는 집행채권액이 집행권원에 나타나 있는 채권액 중의 일부라는 취지를 밝혀야 한다.

수개의 집행권원으로 동시에 경매신청을 하는 때는 각 집행권원의 내용이 된 채권을 모두 특정하여 표시하여야 한다. 일정한 채권의 표시가 없으면 경매신청은 부적법하여 각하된다.

2) 집행할 수 있는 일정한 집행권원

'집행할 수 있는 일정한' 집행권원이란, 예컨대 집행권원에 조건이나 기한이 붙어 있는 경우에는 그 조건이 성취되었다거나 기한이 도래하여서 즉시 집행할 수 있는 집행권원이라야 한다는 뜻이다.

집행권원은 즉시 집행할 수 있는 것이어야 하므로 채권이 기한부 또는 조건부인 때에는 기한이 도래하거나 조건이 성취되어야 한다. 기한 도래 전 또는 조건성취전의 경매신청은 부적법하여 각하한다.

1개의 화해조서 등 집행권원에 수개의 집행채권이 존재하는 경우에 어느 집행채권에 기하여 강제집행을 청구하는 것인가를 명백히 하여야 하므로, "…화해조서 중 화해조항 제…항"과 같이 기재한다.

라. 대리인의 표시

대리인이 있는 경우에는 신청서에 대리인의 성명, 주소를 표시하여야 한다. 채권자·채무자가 소송무능력자인 때는 법정대리인을 표시하며, 법정대리인이 없으면 특별대리인을 선임하여 표시한다(민소 제62조).

변호사가 아니면 임의대리인이 될 수 없지만, 당사자와 친족·고용 기타 특별한 관계에 있는 자는 법원의 허가를 얻어 대리인이 될 수 있다(민소 제88조).

판결절차의 각 심급 소송대리인은 그 판결에 기한 강제집행에 관하여 당연히 대리권을 가지므로(민소 제90조 1항) 별도의 위임을 받지 않고도 강제경매를 신청할 수 있다. 또 대리인의 대리권의 존재가 집행정본상에 나타나 있으므로 다시 위임장을 제출할 필요가 없다.

【서식】 부동산 강제경매신청서

부동산 강제경매신청서

채 권 자 ○○○
　　　　　주 소 ○○시 ○○구 ○○동 ○○번지
채 무 자 ○○○
　　　　　주 소 ○○시 ○○구 ○○동 ○○번지

청구금액의 표시
청구금액 금 ○○○원 및 이에 대한 지연이자
위 금원에 대하여 ○년 ○월 ○일부터 완제에 이르기까지 연 2할 5푼에 의한 지연이자

부경매할 부동산의 표시
별지목록기재와 같음

신 청 취 지

위 청구금액의 변제에 충당하기 위하여 채무자 소유의 별지 기재 부동산에 대하여 강제경매절차를 개시하고 채권자를 위하여 이를 압류한다.
라는 재판을 구합니다.

신 청 원 인

위 청구금액은 ○○지방법원 ○○년 ○○가합 제○호 ○○사건에 관하여 ○○년 ○월 ○일 선고를 받은 집행력 있는 판결(○○결정, 명령, 화해조서)정본에 의하여 채무자가 변제할 것인바, 채무자는 이를 변제하지 않으므로 강제경매개시의 절차를 구하기 위하여 본 신청에 이르렀습니다.

첨 부 서 류

1. 집행력 있는 판결정본					1통
1. 토지 또는 건물등기부등본					1통
1. 송달증명서						1통
1. 경매물건목록						10통

					20○○. ○. ○.

						위 채권자 ○ ○ ○ ㊞

○○지방법원   귀중

(3) 첨부서류(법 제81조)

강제경매신청서에는 집행력 있는 정본 외에 다음 각호의 가운데서 어느 하나에 해당하는 서류를 붙여야 한다(법 제81조).

가. 집행정본

집행법원은 집행정본의 사본을 근거로 하여 강제경매절차를 개시할 수 없다. 집행정본은 집행종료 시까지 이를 반환하여서는 아니된다. 집행권원으로 배당요구를 할 때에는 사본을 제출하여도 되고(규칙 제48조 2항), 재산명시신청의 경우에는 사본을 제출하고 집행정본을 바로 돌려받는다(규칙 제25조 2항).

나. 등기부등본(1호)

채무자의 소유로 등기된 부동산에 대하여는 등기부등본을 첨부하여야 한다. 강제집행은 원칙적으로 권리가 귀속되어 있는 외관을 기준으로 하여 진행하기 때문에 첨부된 등기부등본의 기재내용에 따라 강제집행을 하면 된다.

실무상 될 수 있는 대로 경매신청 전 1개월 내에 발부된 것을 첨부시키도록 하고 있다. 등기부가 방대하여 등기부초본을 제출하는 경우 법무사의 등본열람확인서, 지분이전 내력과 권리관계의 도표, 다른 이해관계인이 있으면 법적 책임을 진다는 채권자의 확인서 등을 받아 경매진행을 하는 경우도 있다.

다. 즉시 채무자명의로 등기할 수 있음을 증명하는 서류(2호)

채무자의 소유로 등기되어 있지 아니한 부동산에 대하여는 즉시 채무자명의로 등기할 수 있다는 것을 증명할 서류를 첨부하여야 한다(법 제81조 1항).

채무자명의로 등기할 수 있다는 것을 증명할 서류는 부동산등기법 제130조와 제131조에서 규정하고 있다.

1) 미등기 토지의 경우

미등기 토지에 대하여는 부동산등기법 제130조에서 정하는 서류(토지·임야대장·소유권을 증명하는 판결, 수용증명서)를 첨부하여야 한다.

대장등본에 의하여 소유권보존등기를 신청할 수 있는 자는 대장에 자기 또는 피상속인이 최초의 소유자로 등록되어 있음을 증명하는 자이어야 한다(대장상 소유자의 성명, 주소 등의 일부 누락 또는 착오가 있어 대장상 소유자 표시를 정정 등록한 경우를 포함한다).

대장 멸실 후 복구된 대장에 최초의 소유자로 기재(복구)된 자는 그 대장등본에 의하여 소유권보존등기를 신청할 수 있다.

대장상 소유권이전등록을 받은 소유명의인 및 그 상속인은 등기부가 멸실되었으나 등기부상의 소유자로서 멸실회복등기 기간 내에 회복등기신청을 하지 못하는 경우나 미등기 토지의 지적공부상 '국'으로부터 소유권이전등록을 받은 경우를 제외하고는 자기 명의로 직접 소유권보존등기를 신청할 수 없고, 대장상 최초의 소유자 명의로 소유권보존등기를 한 다음 자기 명의로 소유권이전등기를 신청하여야 한다(등기예규 1174호).

부동산소유권 이전등기 등에 관한 특별조치법(법률 제7500호)에 의하여 변경등록 또는 복구등록된 대장상의 소유명의인은 직접 자기명의로 소유권보존등기를 신청할 수 있으나, 동법의 유효기간(2007. 12. 31.)이 경과한 후에는 그 대장등본에 의하여 소유권보존등기를 신청할 수 없다. 다만, 위의 유효기간 중에 확인서의 발급을 신청한 부동산에 대하여는 유효기간 경과 후 6월까지는 등기를 신청할 수 있다(등기예규 1174호).

부동산등기법 130조 2호 소정의 판결은 소유권을 증명하는 판결은 보존등기신청인의 소유임을 확정하는 내용의 것이어야 한다. 그러나 그 판결은 소유권확인판결에 한하는 것은 아니며, 형성판결이나 이행판결이라도 그 이유중에서 보존등기신청인의 소유임을 확정하는 내용의 것이면 이에 해당한다(등기예규 1174호).

2) 미등기 건물의 경우

미등기 건물에 대하여 경매를 신청하는 경우에는 건물이 채무자의 소유임을 증명하는 서류로서 부동산등기법 131조에서 정한 서면(건축물대장, 소유권을 증명하는 판결, 시·구·읍·면장의 서면, 수용증명서)을 붙여야 한다.

또, 건물소유권보존등기를 함에 있어서는 건물의 표시를 증명하는 건축물대장등본 또는 그 밖의 서면을 붙여야 하며, 구분건물의 일부에 대하여 소유권보존등기를 신청하는 경우에는 1동의 건물의 소재도, 각 층의 평면도와 구분한 건물의 평면도를, 건물 대지상에 여러 개의 건물이 있는 때에는 신청서에 그 대지상의 건물의 소재를 붙여야 한다(부동산등기법 제132조).

부동산등기법 131조 2호 전단의 판결은 보존등기신청인의 소유임을 확정하는 내용이어야 하며, 국가를 상대로 한 소유권확인판결이나, 건축허가 명의인(또는 건축주)을 상대로 한 소유권확인판결은 해당되지 않는다(등기예규 1174호).

부동산등기법 131조 2호 후단의 "시·구·읍·면장의 서면"에 해당하기 위해서는 건물의 소재와 지번, 건물의 종류, 구조 및 면적 등 건물의 표시와 건물의 소유자의 성명이나 명칭과 주소나 사무소의 소재지 표시가 기재되어야 한다(등기예규 1174호).

시·구·읍·면의 장이 발급한 사실확인서로서, 건물의 소재와 지번, 건물의 종류, 구조, 면적 등 건물의 표시와 소유자의 표시 및 그 건물이 완성되어 존재한다는 사실이 기재되어 있고, 특히 집합건물의 경우에는 1동건물의 표시 및 1동의 건물을 이루는 모든 구분건물의 표시가 구체적으로 기재되어 있다면 위 서면에 해당할 수 있을 것이나, 구체적인 경우에 그 해당여부는 담당 등기관이 판단할 사항이다(등기예규 1174호).

> **【쟁점사항】**
>
> <건축물사용승인서가 건물이 채무자의 소유임을 증명하는 서류에 해당하는지 여부>
> 지방세법 38조 1항의 규정에 의하여 교부받은 지방세법 시행규칙 별지 제11호 서식의 납세증명서, 민원사무에 관한 법률에 의하여 교부받은 세목별과세증명서, 건축법 18조 2항의 규정에 의하여 교부받은 건축법 시행규칙 별지 제18호 서식의 건축물 사용승인서는 위 서면에 해당하지 않는다. 그 밖에 임시사용승인서, 착공신고서, 건물현황사진, 공정확인서, 현장조사서, 건축허가서 등도 위 서면에 해당하지 않는다(등기예규 1174호).

3) 민사집행법 제81조 1항 단서의 '등기되지 않은 건물'의 경우

강제경매를 신청할 건물이 등기되지 아니한 건물인 경우에는 그 건물이 채무자의 소유임을 증명할 서류, 그 건물의 지번·구조·면적을 증명할 서류 및 그 건물에 관한 건축허가 또는 건축신고를 증명할 서류를 첨부하여야 한다(법 제81조 1항 2호 단서).

채권자는 공적 장부를 주관하는 공공기관에 위 사항들을 증명하여 줄 것을 청구할 수 있다(법 제81조 2항).

단서가 사용승인을 받아야 할 건물로서 이를 받지 않은 경우에는 등기부의 표시란에 그 사실을 적도록 하고 있으므로, 사용승인을 받았는지 여부를 확인하는 서면을 붙여야 한다.

라. 기타의 **첨부서류**

대리인 및 대표자의 자격증명서·위임장, 등록세영수필통지서 및 영수확인서, 등기수입증지를 첨부한다. 실무상 부동산목록 10통을 제출하고 있다.

(4) 경매신청비용

가. 내 용

① 등록세 : 채권금액의 2/1,000

② 교육세 : 등록세의 20%

③ 인 지 : 인지(5,000)를 붙여야 하고, 수개의 집행권원에 기하여 신청하는 경우에는 집행권원의 수에 따른 인지를 붙인다.

나. 비용의 예납

신청채권자는 집행비용을 예납하여야 하고(법 제18조), 예납하지 아니하면 경매신청을 각하하거나 집행절차를 취소할 수 있다. 예납대상은 송달료, 감정료, 현황조사수수료, 신문공고료, 매각수수료, 유찰수수료 등으로, 예납표준액은 다음과 같다.

① 송달료 : (신청서상 이해관계인 수 + 3) × 10회분에 해당하는 현금

② 감정료 : 감정료의산정기준등에관한예규(재일 91-3)

    (시가감정의 경우 하한은 20만원, 상한은 500만원)

③ 현황조사수수료 : 집행관수수료규칙 15조, 3조 1항, 22조

④ 신문공고료 : 민사소송비용법 10조, 8조

⑤ 매각수수료 : 집행관수수료규칙 16조, 17조, 재민 79-5

⑥ 유찰수수료 : 집행관수수료규칙 17조

다. 경매수수료

경매금액	수수료
1,000만원까지	0.02
1,000만원 초과~5,000만원까지	차액 × 0.015 + 203,000
5,000만원 초과~1억원까지	차액 × 0.01 + 803,000
1억원 초과~3억원까지	차액 × 0.005 + 1,303,000
3억원 초과~5억원까지	차액 × 0.003 + 2,303,000
5억원 초과~10억원까지	차액 × 0.002 + 2,903,000
10억원 초과	3,903,000

3. 압류절차

(1) 경매개시결정

가. 결정절차

경매신청이 적법하고 첨부서류도 모두 구비되었다면 경매개시결정의 재판을 하여야 한다.

집행법은 신청서의 기재 및 첨부서류에 의하여 강제경매의 요건에 관하여 형식적 심사를 한다. 경매신청서 접수일부터 2일 안(재민 91-5)에 경매개시결정을 한다(83조).

나. 경매개시결정의 효력 : 압류의 효력 발생

1) 발생시기

경매개시결정에 의한 압류의 효력은 그 결정이 채무자(임의경매에서 소유자)에게 송달된 때 또는 경매개시결정의 등기가 된 때에 발생한다(법 83조 4항). 즉 양 시기 중 먼저 된 시기에 경매개시결정의 효력 즉 압류의 효력이 발생한다.

2) 효력이 미치는 범위

미분리 천연과실(과수의 열매, 광물 등)에는 토지에 대한 압류의 효력이 미치는 것이나, 매각허가결정시까지 수확기에 달하여 채무자에 의하여 수취될 것이 예상되거나 채굴이 예상되는 경우에는 압류의 효력이 미치지 않는다(법 제83조 2항).

법정과실(차임, 지료 등)에는 강제·임의경매를 불문하고 압류의 효력이 미치지 않는다.

다. 내 용

압류가 있으면 경매신청시로 소급하여 시효중단의 효과가 생긴다. 시효중단의 효과를 가져오는 송달은 교부송달의 방법으로 송달되어야 하는 것이고 발송송달의 경우에는 시효중단의 효과가 없다(대판 1994. 11. 25. 94다26097).

압류에는 처분금지효가 있다. 따라서 채무자는 압류부동산에 대하여 양도 제한물권설정 등 처분행위를 할 수 없다. 다만, 채무자의 처분행위는 절대적으로 무효인 것이 아니라 당사자 사이에서는 유효하고 경매절차에 있어 무시되고 그 효력을 주장하지 못한다는 의미에서 상대적 효력만 있는 것으로 해석된다. 즉 채무자는 압류 후에도 대금완납시까지 그 부동산을 처분할 수 있고, 이 처분행위는 집행채권자가 행하는 집행절차와의 관계에서만 무효이다(대판 1992. 2. 11. 91누5228). 따라서 집행절차가 취하·취소되면 다른 압류채권자가 없는 한 그 처분행위는 유효하게 된다.

라. 압류효력의 소멸

경매개시결정에 따른 압류의 효력은 매각대금의 교부 또는 배당, 경매신청의 취하, 집행의 취소 등으로 집행이 종료되면 당연히 소멸한다. 또 목적물이 멸실되면 그에 대한 압류의 효력이 소멸한다.

(2) 경매개시결정의 송달

경매개시결정은 경매절차를 진행할 수 있는 기초단계이고, 또 압류의 효력이 발생하는 중요한 결정이기 때문에 반드시 채무자에게 송달하여야 한다. 당사자에게 고지되지 않으면 경매개시결정은 효력이 발생하지 않고 경매절차를 속행할 수 없다(대판 1994. 1. 28. 93다9477).

가. 송달시기

경제경매는 등기필증 접수일부터 3일 안에, 채무자 또는 소유자에게 경매개시결정정본을 송달하여야 한다(83조 4항). 경매개시결정의 송달은 생략할 수 없고, 송달불능이면 공시송달이라도 반드시 하여야 한다.

강제경매에 있어서는 경매개시결정 후 그 등기 전에 채무자에게 송달되면 채무자가 부동산을 타에 처분할 염려가 있기 때문에 실무상 등기관으로부터 등기필증이 접수되거나 등기촉탁 후 상당한 기간(보통 1주)이 지난 후에 개시결정정본을 송달한다.

나. 송달방법

송달불능된 경우에는 먼저 채권자에게 주소보정을 명하고 보정된 주소로도 송달이 안 되고 달리 송달할 정소를 알 수 없는 경우에는 당사자의 신청 또는 직권으로 공시송달에 의하여 송달한다. 채무자가 법인인 경우는 법인등기부상 법인주소지와 대표이사 개인 주소지 2곳으로 모두 송달되지 아니한 경우에만 공시송달하여야 한다.

법원으로부터 서류를 송달받은 사람이 장소를 바꾼 때에는 그 취지를 법원에 신고하여야 한다. 만약 이 신고를 하지 아니한 사람에 대한 송달은 달리 송달할 장소를 알 수 없는 경우에는 법원에 신고된 장소 또는 종전에 송달을 한 장소에 등기우편으로 발송할 수 있다(법 제14조 2항).

다. 송달의 효과

경매개시결정은 비단 압류의 효력을 발생시키는 것일 뿐만 아니라 경매절차의 기초가 되는 재판이어서 그것이 당사자(강제경매에서는 채무자에게 고지되지 않으면 효력이 없다. 따라서 따로 압류의 효력이 발생하였는지 여부와 관계없이 경매개시결정의 고지 없이는 유효하게 경매절차를 속행할 수 없고(대법원 1991. 12. 16. 자 91마239 결정), 채무자 아닌 이해관계인도 채무자에 대한 송달의 홈을 매각허가결정에 대한 항고사유로 삼을 수 있다(대결 1997. 6. 10. 97마814).

라. 압류채권자에 대한 송달

경매개시결정은 압류채권자에게도 고지하여야 한다.

(3) 경매개시결정의 등기(압류의 등기)

집행법원이 경매개시결정을 하면 법원사무관 등은 즉시 그 사유를 등기부에 기입하도록 등기관에게 촉탁하여야 하고, 등기관은 경매개시결정사유를 기입하여야 한다(법 제94조). 이 등기는 압류의 효력을 공시하는 처분제한등기의 일종이다. 미등기부동산에 관하여 경매개시결정을 한 대에도 경매개시결정등기만을 촉탁하며, 등기관이 직권으로 소유권보존등기를 하는 데 필요한 서면을 첨부한다.

(4) 배당요구의 종기결정

경매개시결정에 따른 압류효력이 발생한 때에는 집행법원은 절차에 필요한 기간을 감안하여 배당요구를 할 수 있는 종기를 첫 매각기일 이전으로 정하여 이를 공고하고 채권자에게 고지하여야 한다(법 제84조).

공고는 압류효력이 생긴 때부터 1주일 이내에 하여야 하고 채권자, 공공기관에 대해 채권의 유무와 그 원인 및 액수 등을 배당요구종기까지 법원에 신고하도록 최고하여야 한다. 단, 법원은 특별히 필요하다고 인정되면 배당요구조기를 연기할 수 있다. 연기기간에 대해서는 최초배당요구종기결정일로부터 6월 이후로 정할 수 없다.

(5) 경매개시결정에 대한 이의신청

가. 의 의

경매신청을 기각 또는 각하한 결정에 대하여는 즉시항고로써 불복할 수 있지만, 경매신청을 인용한 결정에 대하여는 경매개시결정에 대한 이의신청으로 불복할 수 있다(법 제86조).

나. 이의신청권자 및 신청시기

이해관계인은 매각대금이 모두 지급될 때까지 법원에 경매개시결정에 대한 이의신청으로 불복할 수 있다(법 제86조).

이의신청은 경매절차의 이해관계인이 할 수 있다. 이해관계인의 범위는 한정적으로 열거하고 있으며(법 제90조), 부동산 위의 권리자(법 제90조 4호)는 그 권리를 증명함과 동시에 개시결정에 대한 이의를 제기할 수 있다. 이의신청권의 대위행사는 허용되지 않는다.

이의신청은 개시결정을 한 집행법원에 매각대금완납시까지 할 수 있다(법 제86조 1항).

그러나 경매개시결정 이후 매각대금이 완납될 때까지 언제나 경매개시결정에 대한 이의신청이 허용되는 것은 아니다. 즉, 이해관계인은 매각결정일로부터 매각허가결정을 할 때까지는 매각허가에 대한 이의를 진술할 수 있고(법 제120조 1항), 매각허가 여부의 결정에 따라 손해를 볼 경우에는 그 결정에 대하여 즉시항고를 할 수 있다(법 제129조 1항).

다. 관할법원

경매개시결정에 대한 이의신청사건은 집행법원이 관할한다.

매각허부결정에 대한 항고로 기록이 항고심에 있는 경우에도 이의신청은 경매개시 결정을 한 집행법원에 제기하여야 한다.

라. 신청방법

이의신청은 서면 또는 말로 할 수 있으며, 1,000원의 인지를 붙여야 한다.

【서식】 부동산강제경매개시결정에 대한 이의신청서(1)

부동산강제경매개시결정에 대한 이의신청

    신청인(채무자) ○ ○ ○ (000000 - 0000000)
        ○○시 ○○구 ○○동 ○○○
        전화 02-1234-4567   휴대폰 010-1234-5678
        팩스 02-9876-5432   이메일 : lawb@lawb.co.kr
    피신청인(채권자)   ○ ○ ○ (000000 - 0000000)
        ○○시 ○○구 ○○동 ○○○
        전화 02-1234-4567   휴대폰 010-1234-5678
        팩스 02-9876-5432   이메일 : lawb@lawb.co.kr

신 청 취 지

  위 당사자간의 귀원 20○○타경4567호 부동산강제경매신청사건에 관하여, 20○○. ○. ○. 별지목록 부동산에 대한 강제경매개시결정은 이를 취소한다. 본건의 경매신청은 이를 기각한다.
    라는 재판을 구합니다.

신 청 이 유

  피신청인은 신청인에 대한 귀원 20○○가합3456호 집행력 있는 판결정본에 의하여 신청인 소유의 별지목록 기재 부동산에 대한 강제경매신청하여 20○○. ○. ○. 부동산강제경매개시결정이 되었으나 이 결정은 집행개시 전에 신청인에 대하여 이건 강제경매의 기초가 된 위 집행권원의 집행에 조건을 채권자가 이행한 사실을 증명하는 증명서의 송달 없이 한 집행행위로 집행개시의 요건을 결하므로써 원래부터 위법임을 면하지 못할 것이므로 본 이의신청을 하는 바입니다.

첨 부 서 류

1. 판결문 사본   1통
1. 납부서   1통

20○○. ○. ○.

위 신청인(채무자)   ○ ○ ○   (날인 또는 서명)

○○지방법원 귀중

주 1. 신청서에는 민사소송 등 인지법 제9조 4항 4호에 의하여 인지를 붙인다(송민 91-1 참조).
    2. 신청서 부본과 당사자마다 송달료 5회분을 납부한다.
    3. 이의에 관한 재판에 대하여는 즉시항고를 할 수 있다.

【서식】부동산강제경매개시결정에 대한 이의신청서(2)

부동산강제경매개시결정에 대한 이의신청

    신청인(채무자) ○ ○ ○ (000000 - 0000000)
               ○○시 ○○구 ○○동 ○○○
                전화 02-1234-4567   휴대폰 010-1234-5678
                팩스 02-9876-5432   이메일 : lawb@lawb.co.kr
    피신청인(채권자)   ○ ○ ○ (000000 - 0000000)
               ○○시 ○○구 ○○동 ○○○
                전화 02-1234-4567   휴대폰 010-1234-5678
                팩스 02-9876-5432   이메일 : lawb@lawb.co.kr

신 청 취 지

  위 당사자간의 귀원 20○○타경4567호 부동산강제경매신청사건에 관하여 20○○. ○. ○.에 별지목록 부동산에 대한 경매개시결정은 이를 취소한다.
  본건의 경매신청은 이를 기각한다.
 라는 재판을 구합니다.

신 청 이 유

  피신청인으로부터 신청인에 대한 부동산강제경매사건에 관하여 20○○. ○. ○. 신청인 소유 별지목록 부동산에 대한 강제경매개시결정이 되었으나, 이건 강제경매의 집행권원인 공증인가 한주합동법률사무소 작성 20○○년 증서제○○호금전소비대차계약공정증서의 별지 기한유예증서 기재와 같이 채권의 변제기한이 아직 도래하지 아니하였다고 할 것이므로, 따라서 이건 강제경매개시결정은 그 기한의 도래 전에 착수한 집행으로서 위법한 것이므로 본 이의신청에 이르렀습니다.

첨 부 사 유

1. 기한유예증서   1통

20○○. ○. ○.

위 신청인(채무자)   ○ ○ ○   (날인 또는 서명)

○○지방법원 귀중

주
1. 신청서에는 민사소송 등 인지법 제9조 4항 4호에 의하여 인지를 붙인다(송민 91-1 참조).
2. 신청서 부본과 당사자마다 송달료 5회분을 납부한다.
3. 이의에 관한 재판에 대하여는 즉시항고를 할 수 있다.

【서식】 강제경매개시결정에 대한 이의신청에 기한 잠정처분신청서

강제경매개시결정에 대한 이의신청에 기한 잠정처분신청

    신청인(채무자)　○　○　○　(000000 - 0000000)
            ○○시 ○○구 ○○동 ○○○
            전화 02-1234-4567　　휴대폰 010-1234-5678
            팩스 02-9876-5432　　이메일 : lawb@lawb.co.kr
    피신청인(채권자)　　○　○　○　(000000 - 0000000)
            ○○시 ○○구 ○○동 ○○○
            전화 02-1234-4567　　휴대폰 010-1234-5678
            팩스 02-9876-5432　　이메일 : lawb@lawb.co.kr

신 청 취 지

  신청인과 피신청인 사이의 귀원 20○○가합4567호 대여금사건의 집행력 있는 판결정본에 기한 강제집행은 같은 법원 20○○카기2345호 강제경매개시 결정에 대한 이의신청사건의 결정시까지 이를 정지한다.
  라는 재판을 구합니다.

신 청 이 유

  피신청인으로부터 신청인에 대한 귀원 20○○가합4567호 집행력 있는 판결정본에 기하여 피신청인은 신청인 소유 별지목록 기재 부동산에 대하여 강제경매의 신청을 하고 20○○. ○. ○. 경매개시결정이 있었으나 동 결정전

에 신청인에게 집행권원의 송달도 하지 않고 개시결정을 한 것은 불법이므로 금일 귀원에 경매개시결정에 대한 이의의 신청을 하였습니다. 그러나 이의로 인하여 집행은 당연히 정지되지 않으므로, 이의에 관한 재판이 있을 때까지 집행을 일시 정지하여 주시기 바랍니다.

첨 부 서 류

1. 경매개시결정에 대한 이의신청서   1통
1. 접수증명   1통
1. 부동산매각기일통지서   1통

20○○. ○. ○.

위 신청인(채무자)   ○ ○ ○   (날인 또는 서명)

○○지방법원 귀중

주 인지는 붙이지 아니한다(송민 91-1 참조).

마. 이의사유

경매개시결정에 대한 이의신청은 경매개시결정에 관한 형식적·절차상의 흠에 대한 불복방법이다.

강제경매에서는 절차적 하지만 이의사유로 삼을 수 있고 실체적 하자(집행채권의 소멸 등)는 이의사유로 할 수 없다.

절차적 하자란 경매신청요건의 흠이나 경매개시요건의 흠을 말하는 것으로, 여기에는 신청인의 적격 여부, 대리권의 존부, 경매신청방식의 적부, 부동산표시의 불일치, 집행정본의 불일치, 집행채권의 기한 미도래 등이 해당된다.

채무자가 실체적 하자로 다투고자 할 때에는 청구이의의 소를 제기한 후 그 재판부로부터 잠정처분으로서의 집행정지결정을 받아 집행법원에 제출하여야 집행을 정지할 수 있다.

이의사유는 원칙적으로 경매개시결정 전의 것이어야 한다. 개시결정 후의 절차상의 위법은 이의사유가 되지 아니한다.

바. 잠정처분

이의신청에는 집행정지의 효력이 없으므로, 집행법원은 이의재판에 앞서 잠정처분으로서 직권으로 채무자에게 담보를 제공하게 하거나 제공하게 하지 아니하고 집행의 일시 정지를 명할 수 있고, 채권자에게 담보를 제공하게 하고 그 집행의 속행을 명할 수 있다(9법 제86조 2항, 16조 2항). 이 결정에 대하여는 불복이 허용되지 아니하고, 이의신청인이 정지신청을 하더라도 이는 직권발동의 촉구에 그치는 것이다. 그 신청에 인지를 붙일 필요는 없다.

사. 불복방법

이의신청에 관한 재판에 대하여 이해관계인은 즉시항고를 할 수 있다(법 제86조 3항).

즉시항고는 집행법원에 항고장을 제출하여야 하고(15조 2항), 항고장에는 2,000원의 인지를 붙여야 한다.

법원이 이의신청을 인용하면 경매개시결정을 취소하는 결정을 하고, 이 결정은 확정되어야 효력을 가진다.

(6) 압류의 경합

ⅰ) 강제경매절차 또는 담보권 실행을 위한 경매절차를 개시하는 결정을 한 부동산에 대하여 다른 경매신청이 있는 때에는 법원은 다시 경매개시결정을 하고 먼저 경매개시

결정을 한 집행절차에 따라 경매한다(법 제87조 1항).

ⅱ) 먼저 경매개시결정을 한 경매신청이 취하되거나 그 절차가 취소된 때에는 법원은 우선채권을 해하지 않는 한도 안에서 뒤의 경매개시결정에 따라 절차를 진행하여야 한다(동조 2항).

ⅲ) 먼저 경매개시결정을 한 경매절차가 정지된 때에는 법원은 신청에 따라 결정으로 뒤의 경매개시결정(배당요구의 종기까지 행하여진 신청에 한함)에 기초하여 절차를 계속하여 진행할 수 있다. 다만, 먼저 경매개시결정을 한 경매절차가 취소되는 경우 법 제105조 1항 3호의 기재사항이 바뀔 때에는 그러하지 아니한다(동조 3항).

(7) 경매신청의 취하 및 경매절차의 취소

가. 경매신청의 취하

1) 의 의

경매신청의 취하란 집행채권자가 경매신청을 철회하는 집행법원에 대한 의사표시로 경매신청의 효력이 소멸되어 경매절차는 종결된다.

압류채권자는 경매절차가 개시된 뒤에도 경매신청을 취하할 수 있다.

2) 취하의 요건

경매신청에 있어서는 매수신고가 있을 때까지는 압류채권자가 신청을 취하하더라도 채무자에게는 아무런 법률상의 불이익이 없으므로 채무자의 동의를 요하지 않는다.

매수신고가 있은 뒤에도 압류채권자는 경매신청을 취하할 수 있지만, 그 취하가 효력을 발생하려면 최고가매수인 또는 매수인의 동의가 있어야 한다. 만약 차순위매수인이 있는 경우에는 그의 동의도 받아야 취하의 효력이 생긴다(법 제92조 2항).

3) 취하시기

① 매각기일 전 취하

채권자가 매각기일 전 단독으로 취하할 수 있고, 경매신청을 취하하게 되면 압류의 효력이 소멸하게 된다. 따라서 법원은 등기소에 경매신청등기말소를 촉탁할 수 있다.

② 매각기일 후 취하

매각기일 후 집행채권자의 경매신청 취하는 최고가매수신고인, 매수인 및 차순위매수신고인의 동의를 받아야 한다. 만일 동의를 받지 못하면 채무자가 변제증명서 및 말소된 등기부등본을 첨부하여 경매개시결정에 대한 이의신청을 할 수 있고, 집행법원이 이유가 있다고 인정하면 경매개시결정을 취소하거나 매각불허결정을 내려야 한다.

4) 취하의 방식

서면 또는 말로써 경매신청을 취하할 수 있다. 실무상으로는 취하서를 제출하도록 하고 있다.

취하의 의사표시는 집행법원에 대해서 해야 한다.

최고가 매수신고인 등의 동의를 요할 때에는 그 동의가 있었다는 것을 증명하여야 한다. 보통은 최고가매수신고인 등이 작성한 동의서를 취하서에 첨부한다.

【서식】 부동산경매취하서

부 동 산 경 매 취 하 서

사 건   ○○타경○○호 부동산경매
채권자   ○○○
채무자   ○○○
소유자   ○○○

　위 당사자간 귀원 ○○타경○○호 부동산경매사건은 위 당사자간에 원만한 합의를 하였기에 별지목록 부동산에 대한 경매신청을 취하합니다.

20   년   월   일

채권자   ○ ○ ○   ㊞

○○지방법원   귀중

[서식] 매각취하동의서

매 각 취 하 동 의 서

사 건　　○○타경○○호 부동산(임의)경매
채권자　　○○○
채무자　　○○○
소유자　　○○○

　위 당사자간 귀원 ○○타경○○호 부동산강제(임의)사건에 관하여 최고가매수신고인은 채권자가 이 경매신청을 취하함에 있어 동의합니다.

첨 부 서 류

1. 최고가매수신고인 인감증명서 1통

20　　년　　월　　일

최고가 매수신고인:　　　　㊞

○○지방법원　　귀중

5) 취하의 효과

경매신청이 적법하게 취하되면 경매절차는 당연히 종료하고 이를 취소하는 결정을 따로 할 필요가 없다.

경매신청이 취하되면 압류의 효력은 소급하여 소멸하고, 채무자가 압류 뒤에 한 처분행위도 유효하게 된다.

경매신청이 취하되면 집행법원이 사무관 등은 채무자에게 그 취지를 알려야 하고, 그 경매개시 결정에 따른 압류등기의 말소를 촉탁하여야 한다.

6) 취하에 대한 불복방법

경매신청의 취하가 부적법·무효임에도 사법보좌관이 이를 유효한 것으로 하여 경매절차를 속행하지 아니하면 최고가매수신고인·매수인·차순위매수신고인은 절차의 속행을 구하는 집행에 관한 이의를 신청할 수 있다.

반면에 경매신청이 적법·유효하게 취하되었음에도 사법보좌관이 절차를 속행한 때에는 취하를 한 압류채권자는 물론 채무자도 절차를 속행한 때에는 취하를 한 압류채권자는 물론 채무자도 경매절차의 속행금지를 구하는 집행에 관한 이의를 신청할 수 있다.

나. 경매절차의 취소

1) 의 의

부동산이 없어지거나 매각 등으로 말미암아 권리를 이전할 수 없는 사정이 명백하게 된 때에는 법원은 강제경매의 절차를 취소하여야 한다(법 제96조 1항). 취소사유의 발생원인이 무엇인지를 묻지 않고 취소사유를 법원이 알게 된 경우도 불문한다. 소유자가 고의로 부동산을 멸실시켰더라도 상관없다.

이해관계인에게 신청권은 없고, 취소신청은 직권발동촉구에 불과하다.

2) 취소사유

① 부동산의 멸실

경매부동산이 멸실되면 경매절차를 진행할 수 없게 된다.

부동산이 경매개시결정 당시에 멸실된 경우는 물론이고, 그때까지는 존재하고 있었지만 매각기일 이전에 멸실하였고 이를 사법보좌관이 알았다면 역시 경매절차를 취소하여야 한다.

경매개시 후 부동산의 현상이 다소 다르더라도(예컨대 구조나 면적 등에 다소 차이가 있는 경우) 절차진행의 장애사유는 아니지만, 부동산의 동일성을 상실할 정도이면 경매절차를 취소한다.

② 채무자의 소유권상실

압류의 효력이 발생한 뒤에도 채무자가 소유권을 처분하더라도 그 처분행위로 압류에 대항할 수 없으므로 경매절차의 속행에 지장은 없다.

즉, 강제경매에서 채무자에게 경매개시결정송달 후 기입등기 전에 소유권을 취득한 제3자가 이미 경매신청 또는 압류의 사실을 알았을 경우에 제3자는 압류채권자에게 대항할 수 없다(법 제92조 1항).

그러나 제3자를 위하여 가등기가 경료된 부동산에 관하여 경매기입등기를 한 후 그 가등기권리자가 본등기를 하면 경매신청등기는 직권말소되므로 그 취지를 통지받으면 경매절차를 취소하여야 한다. 그러나 가등기전에 경료된 담보가등기(명칭여하를 불문한다), 전세권 및 저당권에 기한 임의경매개시결정등기와 가등기전에 경료된 가압류에 기한 강제경매개시결정등기는 가등기에 기한 본등기를 한 경우에도 말소대상이 아니므로 경매절차를 진행할 수 있다(등기예규 제1063호).

③ 법령에 의한 강제집행의 금지

공장재단, 광업재단을 구성하고 있는 부동산에 대한 개별집행이 금지되어 있으므로(공장저당법 18조, 광업재단저당법 5조), 재단의 일부에 속하는 부동산으로 밝혀진 경우에는 경매절차를 취소하여야 하며, 파산선고나 회생절차 또는 개인회생절차의 개시결정이 있었음이 판명된 경우에도 경매절차를 취소하여야 한다.

④ 처분금지가처분등기가 되어 있는 경우

가처분등기가 있다고 하여 그것이 경매절차의 장애사유가 되는 것은 아니나, 개시결정 후 가처분권자의 본안승소판결에 기한 소유권이전등기가 이루어지면 법 제96조에 따라 경매절차를 취소하여야 한다.

4. 매각절차(현금화절차)

(1) 매각조건

가. 의 의

강제경매절차에 있어서 부동산을 압류한 다음에는 이를 매각하는 절차가 진행된다.

경매절차는 그 성질이 국가의 강제력에 의한 매매이기 때문에 사각 자치가 허용되는 사법상의 매매와 달리, 매매대금 지급방법·부동산 위의 부담 등에 대한 처리 등에 관하여 획일적으로 법에서 정하고 있는데, 이를 매각조건이라 한다.

다시 말하면 매각조건은 매수인에게 경매대상 부동산의 소유권을 취득시키는 조건이다.

나. 법정매각조건

법이 모든 경매절차에 있어서 공통적으로 적용되도록 정해 놓은 정형적 매각조건이 법정매각조건이다.

이에 해당하는 것으로는 압류부동산 위의 부담에 대한 잉여주의와 소멸주의 및 인수주의(법 제91조), 최저경매가격의 결정(법 제97조), 일괄매각결정(법 제98조), 매수신청의 보증(법 제113조), 소유권의 취득시기(법 제135조), 부동산의 인도시기와 방법(법 제136조), 소유권이전등기의 시기와 방법(법 제144조), 담보책임(법 제578조) 등이 있다.

1) 잉여주의

잉여주의란 압류채권자의 채권에 우선하는 부동산의 부담 및 집행비용을 변제하는데 부족하지 아니하다는 것이 인정된 경우가 아니면, 그 부동산을 매각하는 것을 허용하지 않는 것을 말한다(법 제91조 1항).

2) 부동산 위의 부담의 인수주의와 소제주의

저당권은 모두 소멸하며(법 제91조 2항 : 소제주의), 지상권·지역권·전세권·등기된 임차권 등 용익권은 대항력이 있는 경우에는 매수인이 인수하고(91조 4항 : 인수주의) 대항력이 없는 경우에는 소멸한다(91조 3항). 다만, 전세권은 대항력이 있는 경우에도 전세권자가 배당요구를 하면 소멸한다(91조 4항 단서).

가등기담보권은 부동산의 매각으로 모두 소멸하고(가담법 제15조 : 소제주의) 주택(상가)임차권은 원칙적으로 임차주택의 매각으로 소멸하고, 다만 보증금이 전액 변제되지 아니한 대항력이 있는 임차권은 매수인이 인수한다(주택임대차보호법 제3조의5, 상가건물임대차보호법 제8조).

3) 최저매각가격 미만의 매각불허

사법보좌관은 감정인에게 부동산을 감정하게 하고, 그 평가액을 참작하여 최저경매가격을 정하여야 한다. 그리고 부동산을 최저매각가격 미만으로는 매각하는 것을 허가할 수 없고, 이 조건은 이해관계인의 합의로도 변경할 수 없다(110조 1항).

4) 매수인의 자격

경매에서는 매수인의 자격에는 원칙적으로는 제한이 없지만 농지를 매각하는 경우에는 자격제한이 있고(농지법 6조, 8조), 집행채무자·매각절차에 관여한 집행관·매각부동산을 평가한 감정인은 매수인자격이 없다(규 59조). 외국인이 경매로 토지를 매수하는데 특별한 제한은 없다(외국인토지법 5조).

5) 매수신청인의 보증제공

매수신청인은 최저매각가격의 10분의 1에 해당하는 현금, 자기앞수표, 지급보증위탁계약체결문서 중의 하나를 즉시 집행관에게 보관하여야 한다(법 제113조, 규 63조, 64조).

매수신청을 한 사람은 더 높은 액의 매수신청이 있을 때까지 신청액에 구속된다(규칙 72조 2항).

6) 담보책임

경매에 있어서 채무자, 즉 부동산의 소유자는 목적물의 흠으로 인한 담보책임은 지지 않지만(민법 제580조), 권리의 흠으로 인한 담보책임은 부담한다.

7) 대금지급과 소유권취득 및 인도명령

매수인은 대금지급기한까지 매각대금을 납부하여야 하며(법 제142조 2항), 대금을 완납한 때에 부동산의 소유권을 취득하고(135조), 대금을 완납한 후 6개월 내에 인도명령을 신청할 수 있다(136조 1항).

8) 말소촉탁과 비용부담

매수인명의로 소유권이전등기 및 인수하지 아니한 부동산부담의 말소는 법원사무관등의 촉탁에 의하여(144조 1항), 그 비용은 매수인이 부담한다(동조 2항).

9) 공유지분매각과 타공유자의 권리

공유지분을 매각하는 경우의 최저매각가격은 원칙적으로 공유물 전부의 평가액을 기본으로 채무자의 지분에 관하여 정하고(139조 2항), 다른 공유자는 우선매수권이 이다(140조).

다. 특별매각조건

법정매각조건 중에서 공공의 이익이나 경매의 본질에 관계되지 않는 조건들은 이해관계인 전원의 합의 또는 법원의 직권으로 변경할 수 있고, 이와 같이 변경된 매각조건을 특별매각조건이라 한다.

1) 합의에 의한 특별매각조건

최저경매가격 이외의 매각조건은 법원이 이해관계인의 합의에 따라 바꿀 수 있다. 이 합의는 배당요구의 종기까지 할 수 있다(법 제110조).

합의할 이해관계인은 민사집행법 90조 각 호 소정의 자 중 당해 매각조건의 변경에 의하여 자기의 권리에 영향을 받는 자이다. 따라서 저당권을 존속하기로 합의하는 경우 그 저당권자만이 이해관계인이고 후순위저당권자는 이해관계인이 아니다.

매각조건변경의 합의는 법원의 매각조건변경결정이 있어야 그 효력을 발생하며, 법원이 직권으로 변경한 것은 합의로 변경하지 못한다. 법원의 매각조건변경결정은 합의에 참가한 이해관계인에게 고지하여야 한다. 이 결정에 대하여는 즉시항고를 할 수 없다(15조 1항).

2) 직권에 의한 변경

법원은 거래의 실상을 반영하거나 경매절차를 효율적으로 진행하기 위하여 필요한 경우에 배당요구의 종기까지 매각조건을 바꾸거나 새로운 매각조건을 설정할 수 있다(법 제111조 1항).

매각조건변경결정에 대하여 이해관계인은 즉시항고를 할 수 있다(동조 2항).

실무상으로는 재매각에서 매수신청보증을 10분의 2 내지 3 정도로 증액하는 조건, 농지경매에서 농지취득자격증명을 얻지 못한 자의 보증금을 몰수하는 조건, 또는 저당권부 별도등기 있는 집합건물경매에서 토지상의 저당권을 인수하는 조건 등의 특별매각조건을 붙이는 수가 많다고 한다.

(2) 매각의 준비

가. 절 차

경매개시결정이 등기되고 채무자(임의경매의 소유자)에 대한 경매개시결정이 송달되면, 부동산에 대한 현황조사를 명하며 감정인에게 부동산의 평가를 명하여 최저매각결정을 위한 준비를 하게 된다. 한편, 첫 매각기일 전의 일정한 시점을 배당요구종기로 정하여 이해관계인들로 하여금 그 때까지 배당요구 또는 채권신고를 하도록 한다.

감정평가서가 제출되면 감정평가액을 참작하여 최저경매가격을 정하여야 하고, 최저경매가격이 결정되면 경매신청서, 등기필증과 함께 송부된 등기부등본, 배당요구서, 채권신고서 등을 조사하여 남을 가망이 있는지를 조사한다. 남을 가망이 없으면 취소절차를 밟고, 그렇지 않으면 매각기일과 매각결정기일을 지정·공고·통지하고 매각물건명세서를 작성·비치하여 매각절차로 나아간다.

최저경매가격이란 그 사건의 매각기일에서 당해 부동산을 그 가격보다 저가로 매각할 수 없고, 그 액 또는 그 이상으로 매각함을 요하는 기준경매가격을 말한다.

최저경매가격을 정하는 이유는 무엇보다도 당해 부동산이 부당하게 낮은 가격으로 매각되는 일을 방지하는데 있다.

최저경매가격 결정방법은 사법보좌관은 등기관으로부터 경매개시결정의 사유가 기재된 등기부등본을 송부받아서(법 제95조), 경매절차의 개시나 속행에 장애사유가 없다는 것을 확인하고 동시에 공공기관 등에 대한 최고나(법 제84조 4항·5항) 현황조사(법 제85조) 등의 절차를 마친 뒤, 감정인에게 부동산을 평가하게 하고 그 평가액을 참작하여 최저경매가격을 결정한다(법 제970조). 이 경우 사법보좌관은 감정인의 평가액에 구속되지 않고 재량을 최저경매가격을 결정한다.

법원은 감정인의 평가가 최저매각가격으로 참작될 수 없다고 판단되는 경우와 당초 평가액이 경제변동으로 현재의 평가액과 현저히 차이가 있는 경우에는 채무자 또는 채권자신청에 의해 재평가명령을 할 수 있다.

【서식】 재평가신청서

재 평 가 신 청

사　건　　○○타경○○호 부동산강제경매
채권자　　주식회사○○은행
채무자　　○○○

　위 당사자간 귀원 ○○타경○○호 부동산강제경매 신청사건은 집행정지상태에서 해제되어 집행처리가 속행되었던 바, 전회 매각기일로 1년 경과되고 평가일로부터 2년이 경과되어 그간 건물가격이 상당히 상승하였으므로 재평가를 하여 주시고 매각기일을 지정하여 주시기를 신청합니다.

　　　　　　　　　　　　20　년　월　일

　　　　　　　　　　　　　　　　　　채권자 : 주식회사 ○○은행

○○지방법원　귀중

나. 매각기일 및 매각결정기일의 지정·공고·통지

매각기일이(종전의 경매기일)이란 매각대상인 부동산에 대하여 매각을 실시하는 기일을 말한다. 매각결정기일(종전의 경락기일)이란 매각이 실시되어 최고가매수신고인이 있을 때, 법원이 출석한 이해관계인의 진술을 듣고 경매절차의 적법 여부를 조사하여 매각허가 또는 불허가의 결정을 신고하는 기일을 말한다.

경매의 준비가 최저매각가격의 결정 등으로 완료되면 남을 가망이 없는 등 특별한 사정이 없는 한 경매법원은 배당요구종기일부터 1월 안에 매각기일 및 그 매각기일부터 1주일 내의 날로 매각결정기일을 지정하여 공고하고 이해관계인에게 이를 통지하여야 한다(법 제104조, 규칙 제11조). 실무상에서는 3~4회의 매각기일을 지정하고 있다.

1) 매각기일 및 매각결정기일의 지정

법원은 최저매각기격으로 법 제102조(남을 가망이 없을 경우의 경매취소) 제1항의 부담과 비용을 변제하고도 남을 것이 있다고 인정하거나 압류채권자가 제102조 제2항의 신청을 하고 충분한 보증을 제공한 때에는 직권으로 매각기일과 매각결정기일을 정하여야 한다(법 제104조 1항). 최초매각기일·매각결정기일의 지정·공고·통지는 배당요구종기부터 1월 안에 하여야 하고(동조 2항), 최초매각기일은 공고일부터 2주 후 20일 안의 날로 정하되, 연월일과 시각을 특정하여야 한다(예컨대 "2002. 8. 1. 10:00").

새매각기일과 재매각기일은 사유발생일부터 1주 안에 정하되, 공고일부터 2주 후 20일 안의 날로 정한다(재민 91-5). 기간입찰의 방법으로 매각하는 경우 입찰기간에 관하여도 매각기일·매각결정기일의 지정·공고·통지에 관한 규정이 그대로 적용되며(104조 4항), 입찰기간은 1주일 이상 1월 이하의 범위 안에서 정하고, 매각기일은 입찰기간이 끝난 후 1주 안의 날로 정하여야 한다(규칙 68조).

2) 매각기일·매각결정기일의 통지

법원은 매각기일과 매각결정기일을 이해관계인에게 통지하여야 한다(법 제104조 2항). 이 통지는 집행기록에 표시된 이해관계인의 주소에 등기우편으로 발송할 수 있다(법 제104조 3항, 규칙 제9조).

3) 매각기일·매각결정기일의 공고

법원은 매각기일과 매각결정기일을 지정한 때에는 이를 공고하여야 한다(법 제104조 1항). 공고는 ① 법원게시판에 게시, ② 관보·공보 또는 신문게재, ③ 전자통신매체를 이용한 공고 중 어느 하나의 방법으로 한다(규칙 제11조 1항).

제3장 금전채권에 기초한 부동산에 대한 강제집행 **1441**

[매각기일의 신문공고 양식]

법원 경매부동산의 매각공고

1. 매각물건의 표시 및 매각조건
<경매 ○계>

사건번호	매각물건				감정평가금액 (단위:원)	비고
	물건번호	소 재 지	용 도	면 적 (㎡)	최저입찰가격 (단위:원)	
[아파트/상가]						
[다세대주택/연립/빌라]						

2. 매각기일
3. 매각결정기일
4. 매각장소
5. 매각방법
6. 매각허가 및 대금납부
7. 소유권이전 및 인도
8. 주의사항
9. 안내
10. 장점

> 이 공고문은 인터넷 법원경매공고란(www.courtauction.go.kr)에서도 열람할 수 있습니다.
> 이 공고문에는 위 매각기일에 진행할 사건 중 첫 매각기일인 사건만을 공고하고, 기일이 속행된 사건에 대하여는 대법원 홈페이지에 공고하였으므로 대법원 홈페이지를 통하여 그 내역을 확인하시기 바랍니다.

> 법원경매를 통하여 부동산을 구입하시면 다음의 점이 유리합니다.
> ① 가격이 보통의 경우 시가보다 저렴합니다.
> ② 등록세 및 교육세를 납부하면 법원이 소유권이전등기를 촉탁하여 주며, 부동산 위에 존재하던 각종 가압류나 저당권을 그 순위나 담보액수에 상관없이 원칙적으로 모두 말소하여 줍니다.

【서식】 매각기일공고 및 공고게시보고서

○○지방법원
매각기일공고 및 공고게시보고서

사　건　타경　부동산강제(임의)경매
채 권 자
채 무 자
소 유 자

　다음 기재와 같이 이 사건(별지 기재) 부동산을 기일입찰의 방법으로 매각합니다. 등기부에 기입을 요하지 아니하는 부동산상에 권리 있는 사람은 그 채권을 신고하고 또 이해관계인은 매각기일에 출석하시기 바랍니다. 매각물건명세서, 현황조사서, 평가서의 사본이 매각기일 1주일 전부터 비치되어 일반인의 열람에 제공됩니다.

20　．　．　．
○○지방법원　(청인)

1. 매각 및 매각결정기일
　가. 제1회
　　　매각기일　　　．　．　．　：
　　　매각결정기일．　．　．　：
　나. 제2회
　　　매각기일　　　．　．　．　：
　　　매각결정기일．　．　．　：
　다. 제3회
　　　매각기일　　　．　．　．　：
　　　매각결정기일．　．　．　：
　라. 제4회
　　　매각기일　　　．　．　．　：
　　　매각결정기일．　．　．　：

공고의 게시	
공고게시기간	20．．．～20．．．
장　소	법원게시판

2. 매각장소 및 매각결정장소 ○○지방법원 ○○법원
3. 매각담당 집행관의 성명
4. 부동산의 점유자, 점유의 권원, 점유 사용할 수 있는 기간, 차임 또는 보증금의 약정 유무와 그 수액 및 최저매각가격 기타 : 민사집행과(신청과)사무실에 비치되어 있는 매각물건명세서와 같음

주의 : 제2회 이후의 매각기일은 선행매각기일에서 허가할 매수가격의 신고가 없이 매각기일이 최종적으로 마감된 때에 실시된다는 사실을 유의하시기 바랍니다.

주 게시판에 게시할 매각기일공고서는 제목 중 " 및 공고게시보고서" 부분을 삭제함

다. 매각물건명세서의 작성·비치

1) 의 의

집행법원은 법정사항을 기재한 매각물건명세서를 작성하고, 매각물건명세서·현황조사보고서 및 평가서 사본을 법원에 비치하여 누구든지 볼 수 있도록 하여야 한다(법 제105조).

이는 경매대상물건을 표시하고 그 현황과 권리관계를 공시하여 매수희망자가 경매대상물건에 필요한 정보를 쉽게 얻을 수 있도록 하여 예측하지 못한 손해를 입는 것을 방지하고자 하는 것이다.

매각물건명세서의 작성에 중대한 하자가 있는 때에는 매각허가에 대한 이의(121조 5호) 및 매각허가결정에 대한 즉시항고(130조 1항)의 사유가 된다.

2) 기재사항

매각물건명세서에는 다음의 사항을 적어야 한다(법 제105조 1항).

① 부동산의 표시

② 부동산의 점유자와 점유의 권원, 점유할 수 있는 기간, 차임 또는 보증금에 관한 관계인의 진술

③ 등기된 부동산에 대한 권리 또는 가처분으로서 매각으로 효력을 잃지 아니하는 것

④ 매각에 따라 설정된 것으로 보게 되는 지상권의 개요

【쟁점사항】

<매각물건명세서 공신적 효력이 인정되는지 여부>

매각물건명세서는 법원의 인식을 기재한 서면에 불과하고 그 작성은 사실행위에 속하고 그에 의하여 매각조건이 결정되거나 실체법상의 권리관계에 영향을 미치는 것이 아니며 공신적 효력도 인정되지 않는다(대결 2000. 2. 16. 자 98마2837).

3) 매각물건명세서 등의 비치

법원은 매각물건명세서·현황조사보고서 및 평가서의 사본을 법원에 비치하여 누구든지 볼 수 있도록 하여야 한다(법 제105조 2항).

법원은 상당하다고 인정하는 때에는 전자통신매체로 공시함으로써 그 사본의 비치에 갈음할 수 있다(규칙 제55조 단서).

매각물건명세서사본은 각 매각기일까지 계속 비치하며, 매각대금이 납부되면 적당한

방법으로 이를 폐기한다.

 비치기간 중에는 누구나 집무시간 내에 언제라도 무료로 자유로이 열람할 수 있으나 등사권은 인정되지 않는다.

 4) 매각물건명세서 작성 위반의 효과

 경매물건명세서의 작성에 중대한 하자가 있는 때에는 매각허가에 대한 이의사유가 되며, 매각불허사유가 된다.

 중대한 하자라 함은 기재해야 할 내용이 흠결되었거나, 물건명세서를 비치하지 않았거나 또는 비치기간을 위반한 경우 등이 있다.

[매각물건명세서]

사 건		매각물건번호		작성일자	20 . . .	담당법관	㊞
부동산의 표시, 감정평가액, 최저매각가격, 매수신청의 보증금액과 보증제공방법		별지기재와 같음		최선순위 설정		20 . . .	
부동산의 점유자와 점유의 권원, 점유할 수 있는 기간, 차임 또는 보증금에 관한 관계인의 진술 및 임차인이 있는 경우 배당요구 여부와 그 일자, 전입신고일자 또는 사업자등록신청일자와 확정일자 유무와 그 일자							
점유자의 성 명	점유 부분	점유의 권 원	임대차기간 (점유기간)	보증금	차임	전입신고일자 ・사업자등록 신청일자	확정일자	배당요구여부 (배당요구일자)
※ 위. 최선순위 설정일보다 대항요건을 먼저 갖춘 주택・상가건물 임차인의 임차보증금은 매수인에게 인수되는 경우가 발생할 수 있고, 대항력과 우선변제권이 있는 주택・상가건물임차인이 배당요구를 하였으나 보증금 전액에 관하여 배당을 받지 아니한 경우에는 배당받지 못한 잔액이 매수인에게 인수되게 됨을 주의하시기 바랍니다.								
등기된 부동산에 관한 권리 또는 가처분으로서 매각으로 그 효력이 소멸되지 아니하는 것								
매각에 따라 설정된 것으로 보는 지상권의 개요								
비고란								

(3) 매각의 실시

가. 입찰의 의의 및 방법

입찰이란 매수신고인이 각각 매수신고가격을 적은 서면을 봉합하여 제출하도록 하고, 이들을 비교하여 최고가매수신고를 정하는 매각방법이다. 호가경매에서는 타인의 매수신고가격을 알면서 이를 감안하여 자기의 매수신고가격을 정하는데 대하여, 입찰의 경우는 입찰자가 타인의 매수신고가격을 모르는 상태에서 매각이 실시된다는 점에서 양자는 구별이 된다.

민사집행법은 입찰방법으로 기일입찰과 기간입찰의 두 가지 방법을 채택하고 있다.

나. 기일입찰

1) 의 의

기일입찰이란 매각기일에 입찰을 한 다음 개찰을 하는 입찰을 말한다.

정해진 기일에 입찰을 실시한다고 해서 기일입찰이라고 한다.

2) 매각기일의 개시

매각절차는 담임 집행관이 주재한다. 집행관은 매각기일에 매각절차를 개시하기 전에 매각실시방법의 개요, 특별매각조건, 일괄매각 등과 주의사항을 고지하여야 하며, 입찰의 개시를 알리는 종을 울린 다음 입찰표의 제출을 최고하고 입찰마감시각과 개찰시각을 고지함으로써 입찰을 시작한다.

3) 매수신청의 최고

① 매수신청의 최고

집행관은 법원이 정한 매각방법에 따라 매수가격을 신고하도록 최고하여야 한다(법 제112조).

집행관은 출석한 매수희망자 전원이 알 수 있는 방법으로 매수신청의 최고를 하여야 한다. 입찰의 경우는 "입찰표제출의 최고"가 매수신청의 최고가 된다. 매수신청은 절차법적으로는 매각허가를 구하는 신청이고 실체법적으로는 매매계약의 청약의 성질을 가지며, 조건이나 기한을 붙일 수 없다.

② 대리인에 의한 매수신청

매수신청은 대리인에 의해서도 할 수 있다(규칙 제62조 2항 3호, 공인중개사의 매수신청대리인 등록 등에 관한 규칙 2조). 매수신청은 재판상의 행위가 아니므로 대리인은 변호사가 아니어도 무방하며 법원의 허가를 받을 필요도 없다. 다만, 대리권을 증명하는 문서(위임장 및 인감증명, 가족관계증명서, 중개업자의 경우 위임장, 인감증명 및 매수신청대리권등록증 사본 등)를 집행관에게 제출하여야 한다(규칙 제62조 4항, 공인중개사의 매수신청대리인 등록 등에 관한 규칙 14조).

대리입찰을 하면서 입찰표에 위임장을 첨부하지 아니한 경우에 현장에서 즉시 제출이 가능하면 유효한 것으로 처리되고, 즉시 제출이 불가능하면 무효로 처리된다. 임의대리의 경우 위임장이 첨부되어 있으나, 첨부된 위임장이 사문서로서 인감증명서가 붙어있지 아니하거나, 위임장과 인감증명서의 인영이 틀린 경우, 최고가 매수신고인 결정전까지 인감증명서를 제출하거나 그 밖의 이에 준하는 확실한 방법으로 위임장의 진정성립을 증명한 때에는 그 입찰자를 최고가매수신고인(차순위매수신고인)으로 결정할 수 있다.

입찰자는 동일물건에 대하여 다른 입찰자의 대리인이 될 수 없고, 동일인이 2인 이상의 다른 입찰자의 대리인이 될 수 없다(다만 동일인이 공동입찰자의 대리인이 되는 경우는 제외).

매각허가결정이 확정된 후에는 대리권흠결을 이유로 매각허가의 효과를 번복할 수 없다.

③ 입찰준비물

㈀ 본인이 직접 입찰하는 경우
- 신분증 : 주민등록증·운전면허증·여권 중 1
- 도장 : 인감도장을 요하지 않는다.
- 매각보증금 : 금융기관발행 자기앞수표 및 현금준비

㈁ 대리인에 의해 입찰하는 경우
- 법정대리인의 경우 : 법정대리인의 신분증(주민등록증·운전면허증·여권 중1), 법정대리인을 증명하는 서면(가족관계증명서, 대리인의 도장, 매각보증금(현금 및 금융기관발행 자기앞수표)
- 임의대리인의 경우 : 대리인의 신분증, 위임장, 본인의 인감증명서, 대리인의 도장, 매각보증금

㈂ 법인이 입찰하는 경우 : 법인등기부등본, 법인인감증명서, 대표이사의 신분증, 법인의 인감도장, 매각보증금

㈃ 공동입찰의 경우 : 신분증, 도장, 매각보증금, 공동입찰신고서

【서식】 위임장 양식

위임장 양식

성   명 :
주민등록번호 :
주   소 :

  상기인에게 귀원 ○○타경○○호 강제경매사건의 경매행위 일체를 본인을 위하여 대리로 실행할 것을 위임합니다.

첨 부 서 류

1. 위임장 1부
2. 인감증명서 1부

20   년   월   일
위 임 인 :
성   명 :
주민등록번호 :
주   소 :

④ 공동입찰

공유 또는 합유를 목적으로 공동으로 입찰하는 때에는 입찰에 각자의 지분을 분명하게 표시하여야 한다(규칙 제62조 5항).

공동입찰자가 각자의 지분표시를 하지 않은 경우에는 실무상 평등한 비율로 취득(민법 262조 2항)하는 것으로 취급하고 있다.

공동입찰인은 일체로서 권리를 취득하고 의무를 부담하는 관계에 있으므로 그 중 일부에 매각불허사유가 있으면 전체에 대하여 매각불허를 하여야 한다(대결 2001. 7. 16. 2001마1226).

【서식】 공동입찰신고서

공 동 입 찰 신 고 서

○○지방법원○○지원 집행관 ○○○ 귀하

사건번호   ○○타경 ○○호
물건번호   ○○
공동입찰자   별지목록과 같음

위 경매사건에 관하여 공동입찰하고자 합니다.

20 년 월 일
신청인 홍○○ 외 2인(별지목록기재와 같음)

1. 공동입찰을 할 때에는 입찰표에 각자의 지분을 분명히 표시해야 합니다.
2. 별지 공동입찰자목록과 공동입찰신고서 사이에 공동입찰자 전원이 간인하십시오.

공 동 입 찰 자 목 록

번 호	성 명	주 소		지 분
		주민등록번호	전화번호	
	㊞			
		-		
	㊞			
		-		
	㊞			
		-		
	㊞			
		-		
	㊞			
		-		

⑤ 매수신청의 방법

기일입찰에서의 매수신청은 매각기일에 입찰표를 집행관에게 제출하는 방법(입찰)으로 한다(규칙 제62조 1항). 물론 매수신청보증도 함께 제출하여야 한다.

입찰의 생명은 입찰표 개봉 전까지 응찰내용의 비밀을 유지하는 데 있으므로, 입찰장소에는 그에 필요한 설비를 갖추어야 하고(규칙 제61조 1항), 같은 매각기일에 경매사건이 2건 이상이거나 매각부동산이 2개인 경우에는 법원이 따로 정하지 아니한 이상 각 부동산에 대한 입찰을 동시에 실시한다.

(ㄱ) 입찰표의 기재사항

입찰표에는 ⅰ) 사건번호와 부동산의 표시, ⅱ) 입찰자의 이름과 주소, ⅲ) 대리인을 통하여 입찰하는 때에는 대리인의 이름과 주소, ⅳ) 입찰가격을 적어야 한다. 입찰가격은 일정한 금액으로 표시하여야 하며, 다른 입찰가격에 대한 비례로 표시하지 못한다(규칙 제62조 2항).

(ㄴ) 입찰표의 제출

구체적 절차는 입찰보증금을 넣은 봉투(흰색)와 입찰표를 함께 넣은 입찰봉투(황색)를 주민등록증과 함께 집행관에게 제출하여 본인확인 등을 받은 후 입찰봉투상에 연결번호 및 간인을 받은 다음 입찰함에 투입한다.

입찰표를 일단 제출하면 취소·변경 또는 교환할 수 없다(규칙 62조 6항). 따라서 입찰표제출 후에도 입찰금액을 변경하는 것이 금지되고, 다시 입찰표를 제출하는 것도 허용되지 않는다.

판례는 '일괄매각결정이 없었던 매각절차에서 1장의 입찰표에 수개부동산의 입찰가액 총액만을 기재하여 제출하였다가 입찰기일종결후 집행관의 보완지시로 각 부동산별로 입찰표를 다시 작성·제출한 경우 그 입찰표는 모두 무효이다.'라고 하였다(대결 1994. 8. 8. 94마1150).

【서식】기일입찰표(흰색)

기 일 입 찰 표

지방법원　집행관　귀하　　　　　　　입찰기일 :　　년　월　일

사건 번호	타　경　　　　　호	물건 번호	

<table>
<tr><td rowspan="6">입
찰
자</td><td rowspan="3">본인</td><td>성　명</td><td></td><td>전화
번호</td><td></td></tr>
<tr><td>주민(사업자)
등록번호</td><td></td><td>법인등록
번　　호</td><td></td></tr>
<tr><td>주　소</td><td colspan="3"></td></tr>
<tr><td rowspan="3">대리인</td><td>성　명</td><td></td><td>본인과의
관　계</td><td></td></tr>
<tr><td>주민등록
번　　호</td><td></td><td>전화번호</td><td>　　　-</td></tr>
<tr><td>주　소</td><td colspan="3"></td></tr>
</table>

입 찰 가 격	천 억	백 억	십 억	억	천 만	백 만	십 만	만	천	백	십	일	원	보 증 금 액	천 억	백 억	십 억	억	천 만	백 만	십 만	만	천	백	십	일	원

보증의 제공방법	☐ 현금·자기앞수표 ☐ 보증서	보증을 반환 받았습니다. 입찰자

주의사항
1. 입찰표는 물건마다 별도의 용지를 사용하십시오. 다만, 일괄입찰시에는 1매의 용지를 사용하십시오.
2. 한 사건에서 입찰물건이 여러개 있고 그 물건들이 개별적으로 입찰에 부쳐진 경우에는 사건번호외에 물건번호를 기재하십시오.
3. 입찰자가 법인인 경우에는 본인의 성명란에 법인의 명칭과 대표자의 지위 및 성명을 주민등록번호란에는 입찰자가 개인인 경우에는 주민등록번호를, 법인인 경우에는 사업자등록번호를 기재하고, 대표자의 자격을 증명하는 서면(법인의 등기부 등·초본)을 제출하여야 합니다.
4. 주소는 주민등록상의 주소를 법인은 등기부상의 본점소재지를 기재하시고, 신분확인상 필요하오니 주민등록증을 꼭 지참하십시오.
5. **입찰가격은 수정할 수 없으므로, 수정을 요할 때에는 새 용지를 사용하십시오.**
6. 대리인이 입찰할 때에는 입찰자란에 본인과 대리인의 인적사항 및 본인과의 관계 등을 모두 기재하는 외에 본인의 위임장(입찰표 뒷면을 사용)과 인감증명을 제출하십시오.
7. 위임장, 인감증명 및 자격증명서는 이 입찰표에 첨부하십시오.
8. 일단 제출된 입찰표는 취소, 변경이나 교환이 불가능합니다.
9. 공동으로 입찰하는 경우에는 공동입찰신고서를 입찰표와 함께 제출하되, 입찰표의 본인란에는 "별첨 공동입찰자목록 기재와 같음"이라고 기재한 다음, 입찰표와 공동입찰신고서 사이에는 공동입찰자 전원이 간인 하십시오.
10. 입찰자 본인 또는 대리인 누구나 보증을 반환 받을 수 있습니다.
11. 보증의 제공방법(현금·자기앞수표 또는 보증서)중 하나를 선택하여 ☑표를 기재하십시오.

[매수신청보증 봉투(흰색 작은 봉투)]

(앞면)

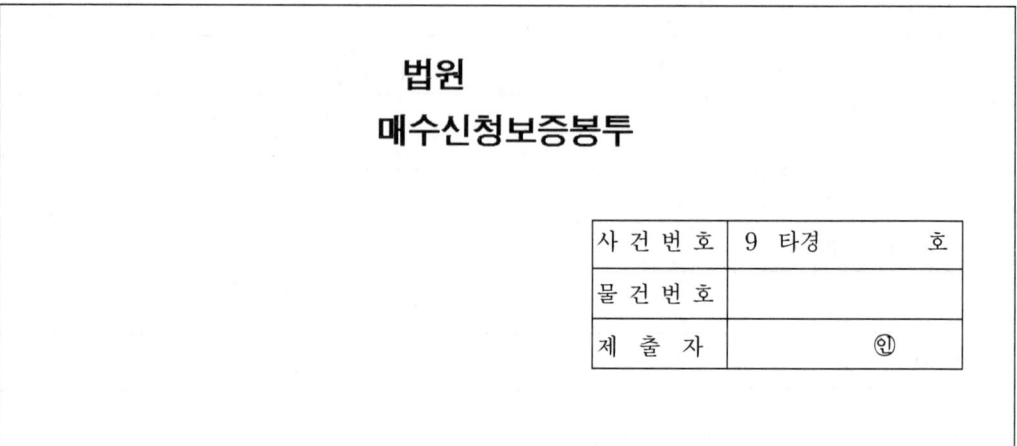

주 : 크기는 통상의 규격봉투와 같다.

(뒷면)

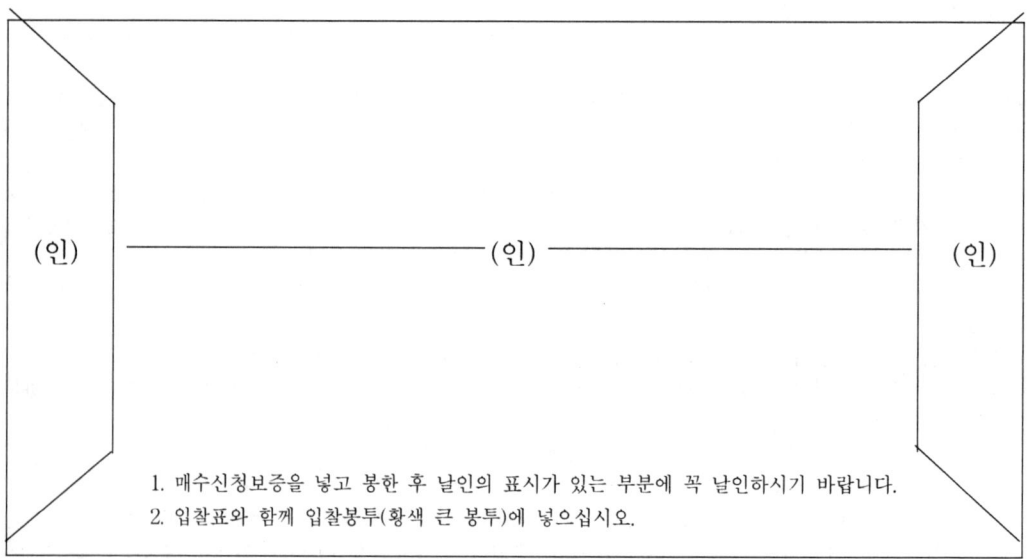

[입찰봉투(황색 큰 봉투)]

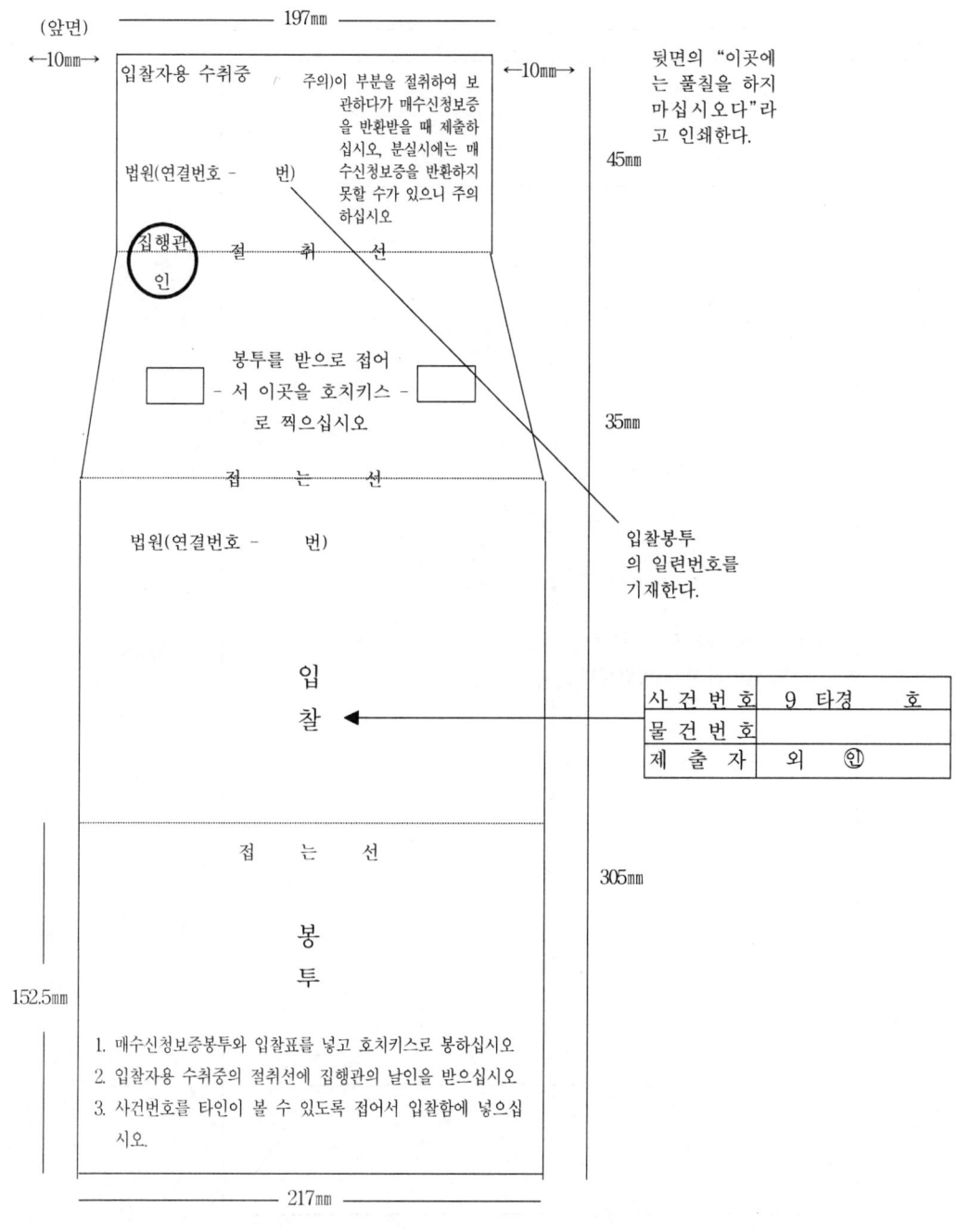

(뒷면)

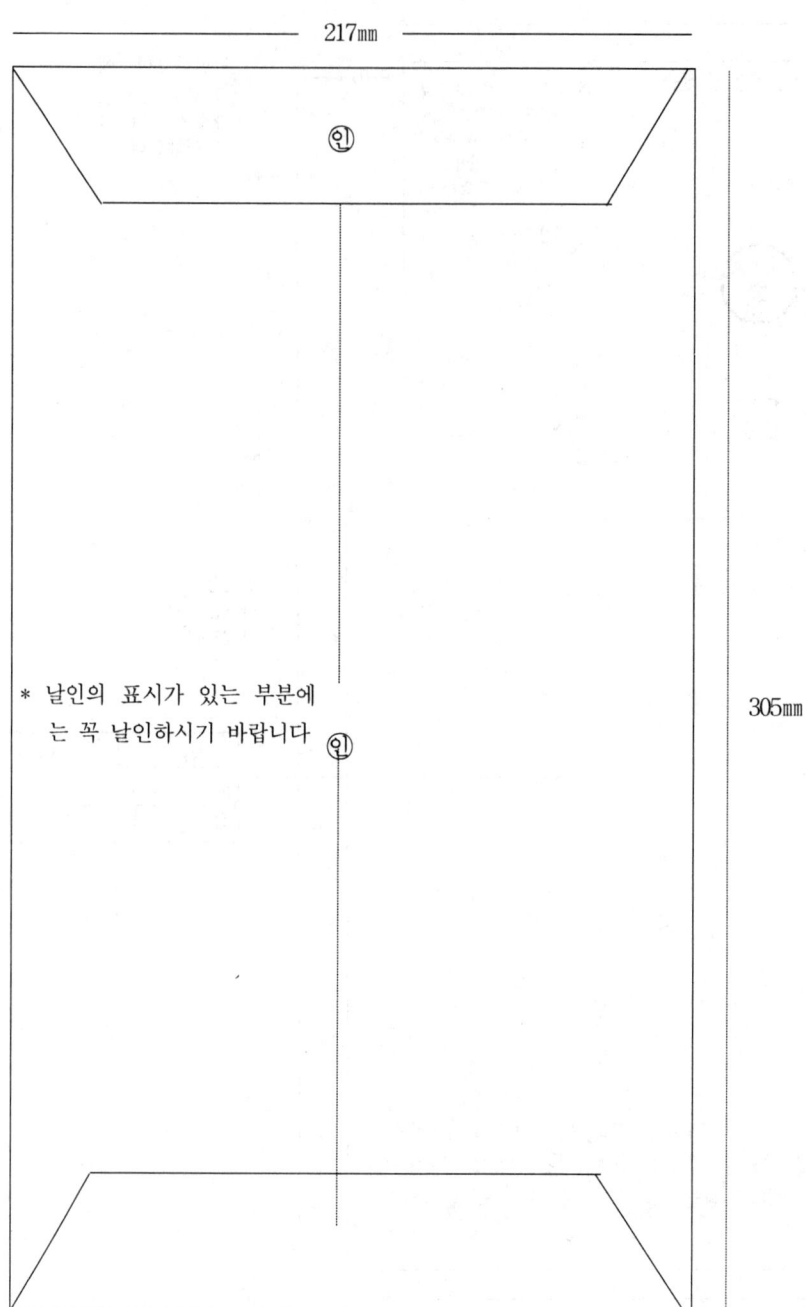

[입찰표의 유·무효 처리기준표]

입찰표의 기재에 불비가 있는 경우의 처리기준

번호	불 비 사 항	처 리 기 준
1	입찰날짜를 적지 아니하거나 잘못 적은 경우	입찰봉투의 기재에 의하여 그 매각기일의 입찰임을 특정할 수 있으면 개찰에 포함시킨다.
2	사건번호를 적지 아니한 경우	입찰봉투, 매수신청봉투, 위임장 등 첨부서류의 기재에 의하여 사건번호를 특정할 수 있으면 개찰에 포함시킨다.
3	물건번호를 적지 아니한 경우	개찰에서 제외한다. 다만, 물건의 지번·건물의 호수 등을 적거나 입찰봉투에 기재가 있어 매수신청 목적물을 특정할 수 있으면 개찰에 포함시킨다.
4	입찰자 본인 또는 대리인의 이름을 적지 아니한 경우	개찰에서 제외한다. 다만, 고무인·인장 등이 선명하여 용이하게 판독할 수 있거나 대리인의 이름만 기재되어 있으나 위임장·인감증명서에 본인의 기재가 있는 경우에는 개찰에 포함시킨다.
5	입찰자 본인과 대리인의 주소·이름이 함께 적혀 있지만(이름 아래 날인이 있는 경우 포함) 위임장이 붙어 있지 아니한 경우	본인의 입찰로서 개찰에 포함시킨다.
6	입찰자 본인의 주소·이름이 적혀 있고 위임장이 붙어 있지만, 대리인의 주소·이름이 적혀 있지 아니한 경우	본인의 입찰로서 개찰에 포함시킨다.
7	위임장이 붙어있고 대리인의 주소·이름이 적혀 있으나 입찰자 본인의 주소·이름이 적혀 있지 아니한 경우	위임장 기재로 보아 본인의 주소·이름을 특정할 수 있으면 개찰에 포함시킨다.

번호	불비사항	처리기준
8	입찰자 본인 또는 대리인의 주소나 이름이 위임장 기재와 다른 경우	이름이 다른 경우에는 개찰에서 제외한다. 이름이 같고 주소만 다른 경우에는 개찰에 포함시킨다.
9	입찰자가 법인인 경우 대표자의 이름이 적지 아니한 경우(날인만 있는 경우도 포함)	개찰에서 제외한다. 다만, 법인등기부등본으로 그 자리에서 자격을 확인할 수 있거나, 고무인·인장 등이 선명하며 용이하게 판독할 수 있는 경우에는 개찰에 포함시킨다.
10	입찰가격의 기재를 정정한 경우	정정인 날인 여부를 불문하고 개찰에서 제외한다.
11	입찰가격의 기재가 불명확한 경우 (예 : 5와 8, 7과 9, 0과 6 등)	개찰에서 제외한다. 다만, 보증금액의 기재가 명확하고 그에 따라 입찰가격을 특정할 수 있을 때에는 개찰에 포함시킨다.
12	매수신청보증을 적지 아니하거나 기재된 매수신청보증이 정하여진 매수신청보증과 다른 경우	보증금봉투에 의하여 정하여진 매수신청보증 이상의 보증 제공이 확인되는 경우에는 개찰에 포함시킨다.
13	보증금액을 정정하고 정정인이 없는 경우	
14	하나의 물건에 대하여 같은 사람이 여러 장의 입찰표를 제출한 경우	입찰표 모두를 개찰에서 제외한다.
15	위임장은 붙어 있으나 위임장이 사문서로서 인감증명서가 붙어 있지 아니하거나, 위임장과 인감증명서의 인영이 틀린 경우	최고가매수신고인 결정전까지 인감증명서를 제출하거나 그 밖에 이에 준하는 확실한 방법으로 위임장이 진정성립을 증명한 때에는 그 입찰자를 최고가매수신고인(차순위매수신고인)으로 결정할 수 있다.

4) 매수신청의 보증

매수신청인은 대법원규칙이 정하는 바에 따라 집행법원이 정하는 금액과 방법에 맞는 보증을 집행관에게 제공하여야 한다(법 제113조).

매수신청보증금은 최저매각가격의 10분의 1로 한다(규칙 제63조 1항).

매수보증금의 제출이 없거나 그 금액에 미달하는 경우에는 그 입찰은 무효이다.

다만, 법원이 상당하다고 인정하는 때에는 매수신청보증금을 달리 정할 수 있다(동조 2항).

5) 매각기일의 절차

① 입찰의 개시와 마감

입찰기일의 시작은 입찰의 개시를 알리는 종을 울린 후 집행관이 입찰표의 제출을 최고하고, 입찰마감시각과 개찰시각을 고지함으로써 시작한다(규 65조 1항 본문).

이 경우 입찰표의 제출을 최고한 후 1시간이 지나지 아니하면 입찰을 마감하지 못한다(같은 조항 단서, 재민 2004-3 32조).

1시간이 경과되기 전에 입찰을 마감한 때에는 매각허가에 대한 이의사유(121조 7호)가 된다.

고지된 입찰마감시각이 지나면 입찰의 마감을 알리는 종을 울린 후 집행관이 이를 선언함으로써 입찰을 마감한다(재민 2004-3 32조).

② 1기일 2회 입찰제

기일입찰 또는 호가경매의 방법에 의한 매각기일에서 매각기일 마감시까지 허가할 매수신고가 없을 때에는 집행관은 즉시 매각기일의 마감을 취소하고 같은 방법으로 매수가격을 신고하도록 최고할 수 있다(법 제115조 4항).

그리고 이 때의 최고에 대하여 매수가격의 신고가 없어 매각기일을 마감하는 때에는 매각기일의 마감을 다시 취소하지 못한다(동조 5항).

③ 개찰과 최고가매수신고인 등의 결정

개찰은 입찰마감시각으로부터 10분 안에 시작하여야 한다(재민 2004-3 33조).

개찰시에는 공정성을 담보하기 위하여 입찰을 한 사람을 참여시켜야 하고, 입찰자가 아무도 참여하지 아니한 때에는 법원사무관 등 상당하다고 인정하는 사람을 참여시켜야 한다(규칙 제65조 2항).

개찰을 함에는 먼저 입찰봉투만 개봉하여 사건번호·입찰목적물·입찰자의 이름·입찰가격을 부른 다음, 최고의 가격으로 입찰한 사람의 매수신청보증봉투만을 개봉하여 확인한다. 만약 정해진 보증금액에 미달하는 때에는 그 입찰을 무효로 하고 차순위입찰자의 매수신청봉투를 개봉한다(재민 2004-3 33조).

집행관은 개찰결과 최고의 가격으로 응찰하고 소정의 매수보증금을 제출한 자를 최고가매수신고인으로 결정하고 그 성명과 가격을 불러야 한다(법 제115조 1항).

④ 차순위매수신고

최고가매수신고인 외의 매수신고인은 매각기일을 마칠 때까지 집행관에게 최고가매수신고인이 대금지급기한까지 그 의무를 이행하지 아니하면 자기의 매수신고에 대하여 매각을 허가하여 달라는 매수신고(차순위매수신고)를 할 수 있다(법 제114조 1항).

차순위매수신고는 그 신고액이 최고가매수신고액에서 그 보증을 뺀 금액을 넘는 때에만 할 수 있다(동조 2항).

차순위매수신고를 최고한 뒤 적법한 차순위매수신고가 있으면 그 사람을 차순위매수신고인으로 정하여 그 성명과 가격을 부른 다음 매각기일을 종결한다고 고지하여야 한다.

⑤ 입찰절차의 종결

집행관은 위와 같이 최고가매수신고인 등을 정한 다음 "이로써 ○호 사건에 관한 입찰절차가 종결되었습니다"라고 고지함으로써 기일입찰절차는 종결된다. 만약 매수신고가 없어 매각기일을 마감하거나 제2회 입찰에서도 매수신고가 없어 매각기일을 최종적으로 마감하는 때에는 사건은 입찰불능으로 처리하고 "○호 사건은 입찰자가 없으므로 입찰절차를 종결합니다"라고 고지함으로써 종결된다.

다. 기간입찰

1) 의 의

기간입찰이란 입찰기간을 정하여 그 기간 안에 입찰을 하게하고, 별도의 개찰기일에 개찰을 하여 매수인을 정하는 매각방식이다.

기일입찰에서는 입찰기일에 출석한 자만이 매각허가를 받을 수 있음에 비하여, 기간입찰에서는 출석기일이 따로 정해져 있지 않으므로 굳이 출석할 필요가 없다.

2) 기간입찰제의 특징

① 직접 출석해서 입찰하는 번거로움이 없다. 기일입찰에서처럼 매각기일에 매수신고

인들이 한꺼번에 몰려 북새통을 이루는 번잡함이 없다.

② 다른 매수신고인의 유무 및 그 신청액의 인식 또는 추측이 허용되지 않는다.

③ 폭력세력들이 매수희망자들을 직접 협박하거나 기망하여 공정경매를 저해하는 폐해를 제거할 수 있다.

④ 원격지에 있는 자의 입찰이 용이하여 매수범위가 확대되었고, 이로 인한 매각액수가 높아져 채권회수가 유리해졌다.

3) 매수의 신청

기간입찰에서의 입찰은 매수신청인이 기간입찰표를 작성하여 입금증명서 또는 보증서, 자격증명서 등과 함께 기간입찰봉투를 넣어 입찰기간 내에 집행관에게 제출하거나 등기우편으로 부치는 방법으로 한다(규칙 제69조, 재민2004-3 16조).

① 기간입찰표는 기일입찰표와 구분하기 위하여 연두색 색지를 사용하고 있으나, 착오로 기일입찰표를 사용하더라도 무효로 간주되지 않는다(재민 2004-3 37조 3항 별지4의 18항).

② 기간입찰봉투(황색)에는 앞면에 매각기일만 기재한다(규칙 제69조).

③ 매수신청의 자격증명은 개인이 입찰하는 경우 주민등록등본, 법인의 대표자 등이 입찰하는 경우 법인등기부등본, 법정대리인이 입찰하는 경우 호적등본, 임의대리인이 입찰하는 경우 대리위임장과 인감증명서, 2인 이상이 공동입찰하는 경우 공동입찰신고서 및 공동입찰자 목록으로 한다(재민 2004-3 19조).

기간입찰봉투가 입찰함에 투입된 후에는 입찰의 철회, 입찰표의 정정·변경 등이 허용되지 않는다.

④ 집행관에 대한 직접제출의 경우에는 입찰기간 중의 평일 09:00부터 12:00까지, 13:00부터 18:00까지 사이에 집행관 사무실에 접수하여야 한다(재민 2004-3 20조 1항).

⑤ 우편 제출의 경우 입찰기간 개시일 00:00시부터 종료일 24:00까지 접수되어야 한다.

4) 매수신청의 보증

기간입찰에서의 매수신청보증의 제공은 입금증명서 또는 보증서를 제출하는 방법에 의하여야 하고 현금 등은 다른 보증제공방법은 인정되지 않는다.

① 입금증명서에 의한 매수신청보증

법원의 예금계좌에 일정액의 금전을 입금하였다는 내용으로 금융기관이 발행한 증명서(규 70조 1호)를 매수신청보증으로 제공할 수 있다.

법원의 예금계좌는 법원보관금계좌를 말하며, 보관금취급점의 본·지점 또는 인터넷으로 이용하여 납부할 수 있고(재일 97-2 3조 3항), 납부할 때에는 기간입찰용 법원보관납부서를 이용하되 매수신청보증금은 예금계좌로만 반환되므로 전액환급계좌번호를 반드시 기재하여야 한다(법원보관금취급규칙21조의2 4항).

② 보증서에 의한 매수신청보증

은행등이 매수신청을 하려는 사람을 위하여 일정액의 금전을 법원의 최고에 따라 지급한다는 취지의 기한이 정함이 없는 지급보증위탁계약이 매수신청을 하려는 사람과 은행 등 사이에 맺어진 사실을 증명하는 문서(규칙 70조 2호)를 매수신청보증으로 제출할 수 있다.

【서식】기간입찰표(연두색)

(앞면)

기 일 입 찰 표

_____ 지방법원 _____ 집행관 귀하　　　　매각(개찰)기일 :　　년　월　일

사건번호	타　경　　　호	물건번호	* 물건번호가 여러개 있는 경우에는 꼭 기재

입찰자	본인	성 명	㊞	전화번호	
		주민(사업자)등록번호		법인등록번호	
		주 소			
	대리인	성 명	㊞	본인과의 관계	
		주민등록번호		전화번호	-
		주 소			

입찰가격	천억	백억	십억	억	천만	백만	십만	만	천	백	십	일	원	보증금액	백억	십억	억	천만	백만	십만	만	천	백	십	일	원

보증의 제공방법	☐ 입금증명서 ☐ 보증서	보증을 반환 받았습니다. 입찰자　　　　　㊞

주의사항
1. 입찰표는 물건마다 별도의 용지를 사용하십시오. 다만, 일괄입찰시에는 1매의 용지를 사용하십시오.
2. 한 사건에서 입찰물건이 여러개 있고 그 물건들이 개별적으로 입찰에 부쳐진 경우에는 사건번호외에 물건번호를 기재하십시오.
3. 입찰자가 법인인 경우에는 본인의 성명란에 법인의 명칭과 대표자의 지위 및 성명을 주민등록번호란에는 입찰자가 개인인 경우에는 주민등록번호를, 법인인 경우에는 사업자등록번호를 기재하고, 대표자의 자격을 증명하는 서면(법인의 등기부 등·초본)을 제출하여야 합니다.
4. 주소는 주민등록상의 주소를 법인은 등기부상의 본점소재지를 기재하시고, 신분확인상 필요하오니 주민등록증을 꼭 지참하십시오.
5. **입찰가격은 수정할 수 없으므로, 수정을 요할 때에는 새 용지를 사용하십시오.**
6. 대리인이 입찰할 때에는 입찰자란에 본인과 대리인의 인적사항 및 본인과의 관계 등을 모두 기재하는 외에 본인의 위임장(입찰표 뒷면을 사용)과 인감증명을 제출하십시오.
7. 위임장, 인감증명 및 자격증명서는 이 입찰표에 첨부하십시오.
8. 일단 제출된 입찰표는 취소, 변경이나 교환이 불가능합니다.
9. 공동으로 입찰하는 경우에는 공동입찰신고서를 입찰표와 함께 제출하되, 입찰표의 본인란에는 "별첨 공동입찰자목록 기재와 같음"이라고 기재한 다음, 입찰표와 공동입찰신고서 사이에는 공동입찰자 전원이 간인 하십시오.
10. 입찰자 본인 또는 대리인 누구나 보증을 반환 받을 수 있습니다.
11. 보증의 제공방법(현금·자기앞수표 또는 보증서)중 하나를 선택하여 ☑표를 기재하십시오.

[매수신청보증 봉투(흰색 작은 봉투)]

(앞면)

인

1. 기간입찰표, 입금증명서 또는 보증서 기타 첨부서류를 이 봉투에 함께 넣고 봉한 후 날인의 표시가 있는 부분에 반드시 날인하시기 바랍니다.
2. 우편으로 접수하는 경우에는 반드시 등기우편으로 부쳐야 합니다.

235㎜ / 135㎜

(뒷면)

기간입찰 봉투

우 표

보내는 사람(제출자)　　　　　　　　　○○지방법원
　　　　　　　　　　　　　　　매각(개찰)기일
　　　　　　　　　　　　　　　20 . . . :
입찰표 재중　　　　　　　　　받는사람

※ 집행관외에는 절대 개봉금지　　　○○지방법원 집행관 귀하
　　　　　　　　　　　　　　　□□□-□□

235㎜ / 135㎜

입금증명서
【입찰자 기재란】

사건번호		매각기일	
성명·날인			(인)

법원보관금 영수필통지서(법원제출용) 첨부 장소

이 곳에 법원보관금 영수필통지서를 붙여 주십시오.

[확인란]

환급금 종류	☐ 집행관 ☐ 사건담임자			출납공무원	
	환급사유	환급통지일	기명·날인	환급지시일	기명·날인
기간입찰 환급금	미낙찰, 취하, 취소, 미입찰 기타(　　)	200 . . .	(인)	200 . . .	(인)

[기간입찰봉투의 처리기준표]

기간입찰봉투에 흠이 있는 경우 처리기준

번호	흠결사항	처리기준	비 고
1	기간입찰봉투(이하, "입찰봉투"라고 한다)가 입찰기간 개시 전 제출된 경우	① 직접제출 : 접수하지 않는다.	입찰기간개시 후에 제출하도록 한다.
		② 우편제출 : 입찰기간 개시일까지 보관하다가 개시일에 접수	입찰봉투 및 기간입찰접수부(이하 "접수부"라고 한다)에 그 취지를 부기한다.
2	입찰봉투가 입찰기간 종료후 제출된 경우	① 직접제출 : 접수하지 않는다.	지체 이유를 불문한다.
		② 우편제출 : 접수는 하나 개찰에 포함시키지 않는다.	지체이유를 불문한다. 입찰봉투 및 접수부에 그 취지를 부기한다.
3	입찰봉투가 봉인되지 아니한 경우	① 직접제출 : 봉인하여 제출하도록 한다.	
		② 우편제출 : 접수는 하나 개찰에 포함시키지 않는다. 다만, 날인만 누락된 경우에는 개찰에 포함시킨다.	입찰봉투 및 접수부에 그 취지를 부기한다.
4	비치된 입찰봉투 이외의 봉투가 사용된 경우	① 직접제출 : 접수하지 않는다.	비치된 입찰봉투를 사용하여 제출하도록 한다.
		② 우편제출 : 개찰에 포함시킨다.	
5	입찰봉투에 매각기일의 기재가 없는 경우	① 직접제출 : 접수하지 않는다.	매각기일을 기재하여 제출하도록 한다.
		② 우편제출 : 접수는 하나 개찰에 포함시키지 않는다.	입찰봉투를 개봉하여 매각기일을 확인하고, 입찰봉투에 매각기일을 빨간색 펜으로 기재하고 접수부에 그 취지를 기재한다.
6	입찰봉투가 등기우편 이외의 방법으로 송부된 경우	접수는 하나, 개찰에는 포함시키지 않는다.	입찰봉투 및 접수부에 그 취지를 부기한다.

7	입찰표가 입찰봉투에 넣어지지 않고 우송된 경우	접수는 하나, 개찰에는 포함시키지 않는다.	접수부에 그 취지를 부기한다.
8	입찰봉투가 집행관 이외의 사람을 수취인으로 하여 우송된 경우	접수하고, 그 중 입찰봉투가 봉인된 채로 집행관에게 회부된 경우에 한하여 개찰에 포함시킨다.	
9	집행관 등 또는 법원직원이 입찰봉투를 착오로 개찰기일 전 개봉한 경우	즉시 개봉한 후 개찰에 포함시킨다.	입찰봉투 및 접수부에 그 취지를 부기한다.
10	집행관 등 이외의 자에게 제출된 경우	접수는 하나, 개찰에는 포함시키지 않는다.	입찰봉투 및 접수부에 그 취지를 부기한다.
11	접수인과 기간입찰접수부 등재없이 입찰함에 투입된 경우	개찰에 포함시키지 않는다.	
12	입찰봉투가 법원에 접수되어 집행관등에게 회부된 경우	① 법원에 접수된 일시기 입찰기간 내인 경우 개찰에 포함시킨다. ② 법원에 접수된 일시가 입찰기간을 지난 경우 접수는 하나, 개찰에는 포함시키지 않는다.	입찰봉투 및 접수부에 그 취지를 부기한다.

[기간입찰표의 처리기준표]

기간입찰표의 유·무효 처리기준

번호	불 비 사 항	처 리 기 준
1	매각기일을 적지 아니하거나 잘못 적은 경우	입찰봉투의 기재에 의하여 그 매각기일의 것임을 특정할 수 있으면 개찰에 포함시킨다.
2	사건번호를 적지 아니한 경우	입찰봉투, 보증서, 입금증명서 등 처분서류의 기재에 의하여 사건번호를 특정할 수 있으면 개찰에 포함시킨다.
3	매각물건이 여러개인데, 물건 번호를 적지 아니한 경우	개찰에서 제외된다. 다만, 물건의 지번·건물의 호수 등을 적거나 보증서, 입금증명서 등 처분서류의 기재에 의하여 특정할 수 있는 경우, 물건이 1개인 경우, 여러개의 물건이 일괄매각되는 경우에는 개찰에 포함시킨다.
4	본인 또는 대리인의 이름을 적지 아니한 경우	개찰에서 제외된다. 다만, 고무인·인장 등이 선명하여 용이하게 판독할 수 있거나, 대리인의 이름만 기재되어 있으나 위임장·인감증명서에 본인의 기재가 있는 경우에는 개찰에 포함시킨다.
5	본인과 대리인의 주소·이름이 함께 적혀 있지만(이름 아래 날인이 있는 경우 포함) 위임장이 붙어 있지 아니한 경우	본인의 입찰로서 개찰에 포함시킨다.
6	본인의 주소·이름이 적혀 있고 위임장이 붙어 있지만, 대리인의 주소·이름이 적혀 있지 아니한 경우	본인의 입찰로서 개찰에 포함시킨다.
7	위임장이 붙어 있고 대리인의 주소·이름이 적혀 있으나 본인의 주소·이름이 적혀 있지 아니한 경우	위임장의 기재로 보아 본인의 주소·이름을 특정할 수 있으면 개찰에 포함시킨다.
8	한 사건에서 동일인이 본인인 동시에 다른 사람의 대리인이거나, 동일인이 2인 이상의 대리인을 겸하는 경우	쌍방의 입찰을 개찰에서 제외한다.
9	입찰자 본인 또는 대리인의 주소나 이름이 위임장 기재와 다른 경우	이름이 다른 경우에는 개찰에서 제외한다. 이름이 같고 주소만 다른 경우에는 개찰에 포함시킨다.

10	입찰자가 법인인 경우 대표자의 이름을 적지 아니한 경우(날인만 있는 경우도 포함)	개찰에서 제외한다. 다만, 법인등기부등본으로 그 자리에서 자격을 확인할 수 있거나, 고무인·인장 등이 선명하며 용이하게 판독할 수 있는 경우에는 개찰에 포함시킨다.
11	본인 또는 대리인의 성명 다음에 날인이 없는 경우	개찰에 포함시킨다.
12	입찰가격의 기재를 정정한 경우	정정인 날인 여부에 불문하고, 개찰에서 제외한다.
13	입찰가격의 기재가 불명확한 경우(예 : 5와 8, 7과 9, 0과 6 등)	개찰에서 제외한다.
14	보증금액의 기재가 없거나 그 기재된 보증금액이 매수신청보증과 다른 경우	보증서 또는 입금증명서에 의해 정하여진 매수신청보증 이상의 보증제공이 확인되는 경우에는 개찰에 포함시킨다.
15	보증금액을 정정하고 정정인이 없는 경우	
16	동일인이 2개 이상의 입찰봉투를 제출한 경우	입찰봉투에 날인된 접수인을 기준으로 먼저 제출된 것을 유효한 것으로 하여 개찰에 포함시킨다.
17	동일인이 하나의 입찰봉투속에 2개 이상의 입찰표를 제출한 경우	하나의 물건에 대하여 여러 장의 입찰표를 제출한 경우에는 개찰에서 제외한다.
18	보증의 제공방법에 관한 기재가 없거나 기일입찰표를 작성·제출한 경우	개찰에 포함시킨다.
19	위임장은 붙어 있으나 위임장이 사문서로서 인감증명서가 붙어 있지 아니한 경우, 위임장과 인감증명서의 인영이 틀린 경우	최고가매수신고인 결정전까지 인감증명서를 제출하거나 그 밖에 이에 준하는 확실한 방법으로 위임장의 진정성립을 증명한 때에는 그 입찰자를 최고가매수신고인(차순위매수신고인)으로 결정할 수 있다,
20	매각물건이 여러 개인데 입찰표에는 물건번호를 특정하여 기재하였으나 보증서에는 물건번호 기재가 누락된 경우	집행법원이 정한 보증금액과 비교하여 당해 매각물건에 관하여 발행된 보증서라는 것이 명백한 경우 개찰에 포함시킨다.
21	입금증명서와 함께 붙어 있는 법원보관금 영수필통지서에 보관금 종류가 기간입찰 매수신청보증금으로 기재되어 있지 않고 경매예납금 등으로 기재된 경우	개찰에 포함시키고, 집행관은 취급점에 정정통지서(전산양식 A1275)를 작성하여 즉시 통지하고 납입여부를 확인한다.

[첨부서류 등의 처리기준표]

첨부서류 등에 흠이 있는 경우 처리기준

번호	흠결사항	처리기준	비 고
1	입금증명서 또는 보증서, 법인등기부등본, 호적등본, 공동입찰자목록이 같은 입찰봉투에 함께 봉함되지 않고 별도로 제출된 경우	① 직접제출 : 접수하지 않는다 ② 우편제출 : 접수하고, 개찰에 포함시킨다.	입찰봉투에 넣어 제출하도록 한다. 클립 등으로 입찰봉투에 편철하고, 입찰봉투와 접수부에 그 취지를 부기한다.
2	입금증명서 또는 보증서, 법인등기부등본, 호적등본, 공동입찰자목록이 누락된 경우	개찰에 포함시키지 않는다.	
3	주민등록등·초본, 대표자나 관리인의 자격 또는 대리인의 권한을 증명하는 서면으로서 관공서에서 작성하는 증명서 및 인감증명서는 발행일이 입찰기간만료일 전 6월을 초과한 경우	개찰에 포함시킨다.	6월 이내에 발행된 것을 다시 제출하도록 한다.
4	주민등록등본, 대리위임장, 인감증명서가 누락된 경우	본인의 입찰로 개찰에 포함시킨다.	

라. 호가경매

호가경매란 매각기일에 매수신고가격을 경쟁적으로 올리는 방식으로 실시하는 매각방법이다.

종전에는 경매라고 불리며 부동산매각의 원칙적인 방법이었지만, 실무상으로는 입찰에 밀려 2차적인 매각방법이 되었다.

방법은 집행관이 매수신청의 최고를 한 후 1시간이 지나면 사건번호순서에 따라 사건번호 등을 부른 후 "매수신청할 사람은 앞으로 나오시오."라고 말한 뒤 매수신청을 하게 한다.

매수신청인이 나아가 집행관에게 구두로 매수신청을 한다. 집행관은 매수신청인의 매수신청이 있을 경우 구두로 신고한 매수가격을 3회 반복하여 부른다.

말로 신고할 수 없는 자는 통역인을 동반하지 아니하면 매수신청을 할 수 없다.

마. 새매각기일

1) 의 의

새매각이란 매각을 실시하였으나 매수인이 결정되지 않았기 때문에 다시 매각기일을 짖어하여 실시하는 경매를 말한다.

새매각은 재매각과 구별되는데, 재매각은 매수인의 대금미납으로 다시 실시하는 매각을 말한다.

허가할 매수가격의 신고가 없이 매각기일이 최종적으로 마감된 때에는 법원은 최저매각가격을 상당히 낮추고 새매각기일을 정하여야 한다.

그 기일에 허가할 매수가격의 신고가 없는 때에도 또한 같다(법 제119조).

최저매각가격을 저감할 때에는 법 제91조 1항의 규정에 반하지 않는 한도에서 저감하여야 하므로, 저감한 최저매각가격은 적어도 압류채권자에 우선하는 채권에 관한 부동산의 부담을 변제하고 잉여가 있는 가격이어야 한다.

2) 새매각 사유

① 허가할 매수가격의 신고가 없는 경우

허가할 매수가격의 신고가 없어 매각기일이 최종적으로 마감된 때에는 잉여주의에 어긋나지 아니하는 한도에서 법원은 최저매각가격을 상당히 낮추고 새매각기일을 정하여야 한다(법 제119조).

적법하게 열린 매각기일이면 매수신고가 전혀 없었던 경우는 물론 최저매각가격에 미달되어 매수신고한 경우 및 소정의 매수보증을 제공하지 아니한 경우에도 가격 저감을 하고 새매각을 할 수 있다.

그러나 공고·통지누락 등 절차상 하자로 매각기일이 변경된 경우는 가격 저감을 할 수 없다. 따라서 착오로 가격 저감을 하고 새매각을 하여 저감 전의 최저매각가격 이상의 매수신고가 있더라도 그 매각절차는 위법하다(대결 1969. 9. 23. 69마544).

② 매각이 불허된 경우

집행법원이 매각결정기일에 매각허가에 대한 이의사유가 있음을 이유로 이해관계인의 이의신청(123조 1항) 또는 직권으로(123조 2항) 매각을 불허한 경우에 그 사유가 경매를 취소·정지하여야 할 사유가 없는 한 직권으로 새매각기일을 정하여야 한다(법 제125조). 이때에는 가격 저감을 할 수 없다.

③ 부동산의 훼손·권리변동으로 매각이 불허된 경우

매수신고 후에 천재지변 기타 자기가 책임질 수 없는 사유로 인하여 부동산이 현저하게 훼손되거나 부동산에 관한 중대한 권리관계가 변동된 경우 최고가매수신고인은 매각허가에 대한 이의신청을, 매수인은 대금납부시기까지 매각허가결정의 취소를 신청할 수 있다(법 제121조 6호).

이 경우 매각불허결정이 있거나 매각허가결정이 취소된 때에는 재평가를 하여 최저경매가격을 다시 정한 다음 새매각을 한다(법 제134조, 제97조).

(4) 매각결정절차

가. 매각결정기일

1) 의 의

매각결정기일이란 집행법원이 매각 허부에 관하여 이해관계인의 진술을 듣고 직권으로 법정의 이의사유가 있는지를 조사한 후 매각의 허부를 결정하는 기일을 말한다.

현실적으로 매각결정기일은 매각기일 5~7일 이내에서 정하여 이해관계인의 매각허부에 대해 서면에 의한 의견진술을 인정하고 있다.

2) 소환장 발부 여부

매각결정기일은 이미 통지 및 공고가 되어 있으므로 이해관계인이나 매수신고인에게 별도 소환장을 발부하지 않는다. 그러나 매각기일 후 매각결정기일을 변경할 경우는 최고가 및 차순위매수신고인, 이해관계인 등에게 반드시 통지하여야 한다.

3) 이해관계인의 의견진술

법원은 매각결정기일에 출석한 이해관계인에게 매각허가에 관한 의견을 진술하게 하여야 한다(법 제119조 1항).

여기에서 이해관계인은 민사집행법 90조의 이해관계인보다 넓은 개념으로, 최고가매수신고인 또는 자기에게 매각을 허가할 것을 구하는 그 외의 매수신고인(매수보증을 반환하지 않은 자에 한함)도 포함된다. 의견진술은 매각허부결정의 선고시까지 하여야 한다(법 제120조 2항).

이해관계인의 범위는 다음과 같다.

① 압류채권자 및 집행력 있는 정본에 의하여 배당을 요구한 채권자
② 채무자 및 소유자
③ 부동산 위의 권리자로 그 권리를 증명한 자
④ 최고가매수신고인
⑤ 자신에게 매각을 허가할 것을 구하는 차순위매수신고인

【서식】 이해관계신고인

이 해 관 계 신 고 서

사 건   ○○타경○○ 부동산임의경매
채권자   ○○은행 ○○지점
채무자   조○○
소유자   조○○

 위 당사자간 귀원 ○○타경○○ 부동산임의경매사건에 관하여 ○○은행은 20○○년 ○월○일 동 부동산에 대하여 가압류를 한 채권자이오니 이후 본 경매절차상의 각종 통지서 등을 ○○은행 ○○지점 앞으로 송부하여 주시기 바라며 이에 이해관계인 신고를 합니다.

1. 가압류청구금액 50,000,000원
2. 송달장소 : 서울시 ○○구 ○○동 ○○번지
              ○○은행 ○○지점

- 붙   임 -

1. 가압류결정문 1부
1. 부동산등기부등본 사본 1부
   (첨부서류 생략)

              20   년   월   일

                  채권자 : ○○은행
                          서울시 ○○구 ○○동 ○○번지
                  지점장 :
                  대리인 :

            ○○지방법원 ○○지원 귀중

나. 매각허가에 대한 이의신청

1) 이의신청시기

매각허가에 대한 이의는 매각허가가 있을 때까지 하여야 한다. 이미 신청한 이의에 대한 진술도 또한 같다(법 제120조).

2) 이의신청사유

매각허가에 관한 이의는 다음 각호의 어느 하나에 해당하는 이유가 있어야 신청할 수 있다(법 제121조).

① 강제집행을 허가할 수 없거나 집행을 속행할 수 없을 때

② 최고가매수신고인이 부동산을 매수할 능력이나 자격이 없을 때

예컨대, 매각기일공고에 중대한 흠이 있는 경우, 매각기일을 이해관계인에게 통지를 하지 않은 경우, 경매개시결정이 채무자에게 송달되지 아니한 경우, 매각허가결정에 대한 항고심 재판중 경매부동산의 일부가 수용된 경우, 집행취소·정지서류가 제출된 경우, 대금지급기한의 통지를 하지 아니한 채 대금미납을 이유로 재매각을 명한 경우 등이 여기에 해당된다.

③ 최고가매수신고인이 부동산을 매수할 능력이나 자격이 없을 때

예컨대, 행위무능력자·재매각에서 전 매수인·채무자·농지매각에서 농지취득자격증을 받지 아니한 자 등이 매수신고한 경우 등이다.

④ 부동산을 매수할 자격이 없는 사람이 최고가매수신고인을 내세워 매수신고를 한 경우

예컨대, 채무자가 다른 사람의 명의를 빌려 매수신고한 경우 등이다.

⑤ 최고가매수신고인, 그 대리인 또는 최고가매수신고인을 내세워 매수신고를 한 사람이 제108조 각호의 어느 하나에 해당되는 때

예컨대, 다른 사람의 매수신청을 방해하거나 부당하게 다른 사람과 담합하거나 그 밖에 매각의 적정한 실시를 방해한 자 또는 위와 같은 행위를 교사(敎唆)한 자, 입찰방해죄 등으로 유죄판결을 받고 그 판결확정일로부터 2년이 지나지 아니한 자가 매수신고한 경우 등이다.

⑥ 최저매각가격의 결정, 일괄매각의 결정 또는 물건명세서의 작성에 중대한 흠이 있는 때

예컨대, 토지경매에서 그 지상수목의 평가액을 누락한 경우, 최선순위근저당권보다 먼

저 전입신고된 임차인의 주민등록의 기재를 매각물건명세서에 누락한 경우, 매각물건명세서를 비치하지 아니한 경우 등이다.

⑦ 천재지변, 그 밖에 자기가 책임질 수 없는 사유로 부동산이 현저하게 훼손된 사실 또는 부동산에 관한 중대한 권리관계가 변동된 사실이 경매절차의 진행중에 밝혀진 때

예컨대, 1순위로 근저당권이, 2순위로 대항력 있는 임차인이 있는 부동산에 대한 경매절차가 진행중 1순위로 근저당권이 말소되어 임차권의 대항력이 존속하는 것으로 변경된 경우(대법원 1998. 8. 24. 자 98마1031 결정) 등이다.

⑧ 경매절차에 그 밖의 중대한 잘못이 있는 때

매각기일에서 집행법원이 정하는 금액과 방법에 맞는 보증을 제공하지 아니한 경우 등이 이에 해당된다.

[서식] 매각허가에 관한 이의신청서

<h2 style="text-align:center;">매각허가에 관한 이의신청서</h2>

사 건   ○○타경○○
채권자   김○○
채무자   최○○
신청인(최고가매수인)   공○○

  위 당사자간 귀원 ○○타경○○ 부동산강제경매사건에 관하여 신청인은 20○○년 ○월 ○일 매각기일에 신청인은 최고가매수인으로 지정되어 매각허가기일이 20○○년 ○월 ○일로 지정되었으나 지난 폭풍우(또는 화제)로 인하여 본건 경매물건이 건물이 현저히 훼손(또는 소실)되어 경매의 목적을 달성할 수 없게 되어 부득이 매각 불허가를 받고자 이 신청을 합니다.

- 첨부서류 -

1. 건물명실대장등본 1통

20 년 월 일

위 신청인(최고가매수인) : 공○○

○○지방법원 경매○계 귀중

다. 매각허가 여부의 결정

1) 매각허가 여부의 결정신고

매각기일에 최고가매수신고인이 정해지면 법원은 매각결정기일을 열어서 그에 대한 매각을 허가할 것인지의 여부를 결정하여야 한다. 이때 매각허가 여부의 결정은 반드시 신고하여야 한다(법 제126조 1항).

【서식】매각불허가에 신청서

매 각 불 허 가 신 청 서

사　건(최고가매수인)　　○○타경○○
채권자　　　　　　　　　김○○
채무자　　　　　　　　　최○○

　위 당사자간 귀원 ○○타경○○ 부동산강제경매사건에 관하여 신청인은 20○○년 ○월 ○일의 매각기일에 신청인은 최고가의 매수신고를 하고, 아직 매각결정기일 전이나 며칠 전 후순위임차인이 대위변제를 하여 임차권의 부담을 인수하여 사용할 수 없을 뿐 아니라, 보증금○○○만원 전액을 부담해야 하므로 결국 목적물의 현저한 훼손으로 보아 매각불허가결정을 하여 주시기를 신청합니다.

　　　　　　　　　　　- 첨부서류 -

1. 대위변제증명서　1통
1. 임차권보증금증명서 1통

　　　　　　　　　　20   년   월 일

　　　　　　　　　　　　　　위 신청인(최고가매수신고인) :
　　　 　　　　　　　　　　　　　㊞

　　　　　　　　　　○○지방법원　귀중

2) 매각불허가 결정

① 이의신청에 따른 매각불허가결정

법원은 이해관계인의 이의신청이 정당하다고 인정한 때에는 매각을 허가하지 아니한다(법 제123조 1항).

② 직권불허가의 결정

집행법원은 이해관계인의 이의가 없더라도 민사집행법 121조의 사유가 있는 때에는 직권을 매각을 허가하지 아니한다(123조 2항). 다만, 동조의 2호와 3호의 경우에는 그 능력 또는 자격의 흠이 제거되지 아니한 경우에 한한다(동조항 단서). 예컨대, 법정대리인의 추인·농지경매에서 농지취득자격증명의 제출 등으로 흠이 없어진 경우에는 매각불허를 할 수 없다.

③ 과잉매각에 의한 매각불허가

수개의 부동산을 매각하는 경우에 1개의 부동산의 매각대금으로 모든 채권자의 채권액과 집행비용을 변제하기에 충분하면 다른 부동산의 매각을 허가하지 아니한다(법 제124조 1항). 여기서 "모든 채권자"란 신청채권자 및 그에 우선하는 채권자와 그와 동순위로 배당받을 채권자, 이중압류채권자 등을 포함한다. 그러나 경매신청채권자보다 후순위의 채권은 포함되지 않는다.

채무자의 지정권 행사가 없으면 법원이 자유재량으로 선택할 수 있고, 과잉매각금지에 위반하여 매각허가결정을 한 경우에는 그로 불이익을 입는 이해관계인은 즉시항고를 할 수 있다(법 제129조 1항, 121조 7호).

3) 매각허가결정

집행법원은 매각허가에 대한 이의가 이유 없고 직권으로 매각불허가할 사유가 없을 경우에는 최고가매수신고인에게 매각을 허가한다는 취지의 결정을 하여야 한다(법 제126조 1항).

① 매각허가결정의 실체법상 효과

매각허가결정이 확정되면 매각절차는 그 목적을 달성하여 종료되고, 매각허가결정이 취소되지 않는 한, 최고가매수신고인(매수인)은 대금지급의무를 부담하게 된다.

매수인이 대금을 납부하면 부동산의 소유권을 취득한다(법 제135조).

경매 목적 부동산의 소유권은 경락대금을 실질적으로 부담한 자가 누가인가와 상관없이 대외적으로는 물론 대내적으로도 매수인이 취득한다(대판 2002. 3. 15. 2000다7011,

7028).

대금을 납부하지 않으면 그에 대한 매각허가결정은 효력을 상실하게 되며, 차순위매수신고인이 있는 때에는 그에 대한 매각허부결정을 하여야 한다(법 제137조 1항).

차순위매수신고인이 없으면 재매각절차를 행하여야 한다(법 제138조). 이 경우 대금을 납부하지 않은 매수신청의 보증을 돌려 줄 것을 요구하지 못한다(법 제137조 2항).

② 매각허가결정의 절차법상의 효과

매각허가결정이 확정되면 지금까지의 절차법상의 흠은 원칙적으로 치유된다.

③ 매각허가결정의 공고

매각허가결정은 선고하는 외에 공고하여야 한다(법 제28조 2항). 그 선고시에 고지의 효력이 발생하므로(규칙 제74조), 선고 없이 공고함 하는 경우에는 불변기간인 항고기간이 진행되지 아니한다.

라. 매각허부결정에 대한 즉시항고

1) 매각허부결정에 대한 불복방법

매각허부결정에 대한 불복방법으로 즉시항고만이 인정되므로, 통상항고나 특별항고(대법원 1990. 3. 31. 자 90그12 결정) 또는 집행에 관한 이의(16조)로 그 시정을 구할 수도 없다.

2) 항고권자

즉시항고를 제기할 수 있는 자는 이해관계인, 매수인, 매수신고인에 한한다. 항고인의 채권자가 채권자대위에 의하여 즉시항고할 수는 없다.

여기서 말하는 이해관계인은 민사집행법 90조의 이해관계인을 의미하고, 이들이 매각허부결정에 따라 손해를 볼 경우에만 즉시항고할 수 있다(129조 1항). "손해"란 재산상의 손해에 한하지 아니하고 법이 보장하는 절차상의 권리(매각기일의 통지를 받지 못한 경우)를 침해당한 손해도 포함한다.

매수인은 매수허가에 정당한 이유가 없거나 결정에 적은 것 외의 매각조건으로 허가할 것을 주장하여 매각허가결정에 대한 항고를 할 수 있다(129조 2항).

매수신고인은 자기에게 매각허가를 하여야 한다고 주장하면서 매각허가결정 또는 매각불허가결정에 대하여 항고할 수 있다. 다만, 매수신고인은 그 매수가격에 구속을 받으므로 그 가격 이하로 매각허가할 것을 주장하지는 못한다(129조 2항, 3항).

3) 항고기간

매각허부결정에 대한 즉시항고는 그 선고일(매각결정기일조서상 통상 "2002 O. O. 14:00"로 기재한다)부터 1주일 내에 제기하여야 한다(규칙 제74조). 위 기간은 선고일부터 일률적으로 진행되며 불변기간이다.

4) 항고제기방법

항고인은 매각허부결정을 선고한 집행법원에 항고장을 제출하여야 한다(법 제15조 2항).

항고장에는 항고인, 원결정의 표시, 즉시항고를 한다는 취지, 항고의 취지기재와 법원의 표시를 한 후, 항고인 또는 그 대리인이 기명날인한다(민소 397조, 398조, 443조). 즉시항고는 편면적 불복절차로서 반드시 상대방을 표시하여야 하는 것도 아니고, 항고장을 상대방에게 송달하여야 하는 것도 아니다(대결 1997. 11. 27. 97스4).

【서식】 매각허가결정에 대한 즉시항고장

매각허가결정에 대한 즉시항고장

사 건 　 ○○타경○○
항고인 　 최○○
　　　　　서울시 ○○구 ○○동 41-11

- 항고취지 -

　○○지방법원이 ○○타경○○ 부동산강제경매사건에 관하여 20○○년 ○월 ○일에 한 매각허가결정을 취소한다. 이 사건 매각을 허가하지 아니한다.
라는 재판을 구합니다.

- 항고이유 -

1. 본건 경매기일 20○○년 ○월 ○일 오전 10시인데 채무자에게 아무런 경매기일 통지도 없이 경매절차를 진행하여 매각허가의 결정을 했으며,
2. 위 경매기일에 있어서의 경매를 실시함에 집행관은 경매신청을 최고한 후 1시간도 되지 않은 30분 만에 경매를 종결해 버린 것은 위법한 처분이다.
　그러므로 본건 매각은 허용될 수 없으므로 이 항고에 이른 것입니다.

20 년 월 일

위 항고인 : 최○○

○○지방법원 　귀중

5) 항고이유

이해관계인은 매각허부결정으로 손해를 입은 경우에만 즉시항고를 할 수 있다(법 제129조 1항). 다만 매각허가결정에 대하여는 법 제121조 각호의 이의신청 사유가 있거나, 그 결정절차에 중대한 잘못이 있다는 것을 이유로 드는 때에 한하여 즉시항고가 허용된다(법 제130조 1항).

6) 항고보증공탁

민사집행법은 무익한 항고로 인한 절차지연을 방지하기 위하여 모든 항고인은 보증금을 공탁하도록 하였다.

즉, 매각허가결정에 대하여 항고를 하고자 하는 사람은 보증인으로 매각대금의 10분의 1에 해당하는 금전 또는 법원이 인정한 유가증권을 공탁하여야 한다(법 제130 3항). 따라서 항고장에는 항고보증의 공탁서를 첨부하여야 한다.

판례는 매각허가결정에 대하여 즉시항고를 제기하는 항고인이 2인 이상인 경우에는, 그들이 경매절차에서의 이해관계의 기초가 되는 권리관계를 공유하는 등의 특별한 사정이 없는 한, 항고인별로 각각 매각대금의 10분의 1에 해당하는 금전 또는 유가증권을 공탁하여야 한다고 봄이 상당하다고 하였다(대판 2003. 11. 23. 2006마513).

항고보증은 지급보증위탁계약체결문서의 제출에 의한 보증의 제공은 허용되지 아니한다(재민 90-3).

7) 항고심의 절차

강제집행편에 규정된 특칙(131조, 132조)을 제외하고는 일반항고에 관한 민사소송법 3편 3장이 그대로 적용되고, 심리를 함에 변론을 열거나 이해관계인을 심문할 것인지 여부는 자유재량에 속한다(대결 2001. 3. 22. 2000마6319).

항고이유의 판단기준시는 항고심의 결정시이고, 심판범위는 항고장 또는 항고이유서에 적힌 이유에 대하여만 조사한다. 다만, 집행법원의 재판에 영향을 미칠 수 있는 법령위반 또는 사실오인이 있는지에 대하여 직권으로 조사할 수 있다(법 제15조 7항).

항고법원이 집행권원의 결정을 취소하는 경우에 그 매각허가 여부의 결정은 집행법원이 한다(법 제132조). 항고인용의 경우 항고법원은 항고인의 상대방을 포함하여 그 결정에 항고권이 있다고 인정되는 이해관계인 전원에게 고지하여야 한다. 항고가 이유 없으면 항고기각결정을 하고 항고인에게만 고지하면 된다.

8) 재항고

항고심의 재판에 불복하거나 손해를 받는 이해관계인은 재항고를 할 수 있다(법 제23조 1항, 민소 442조).

(5) 매각대금의 지급

가. 대금지급기한

매각허가결정이 확정되면 사법보좌관은 대금지급기한을 정하고 이를 매수인과 차순위 매수신고인에게 통지하여야 한다(법 제142조 1항).

대금지급기한은 매각허가확정일 또는 상소법원으로부터 기록송부를 받은 날부터 3일 안에 지정하되, 1월 안의 날로 정하여야 한다(규칙 제78조, 재민 91-5).

나. 대금지급의무

매각허가결정이 확정되면 매수인은 대금지급기한까지 매각대금을 지급할 의무가 발생한다(법 제142조 2항).

매수인의 대금지급의무는 매각허가결정의 확정으로 발생하므로 일방적 의사표시로서 포기할 수 없고(대판 1992. 2. 14. 91다40160).

또 매각허가결정이 일단 확정되어 대금납부가 있었더라도 이해관계인의 추후보완항고가 제기되고 항고법원에서 추후보완신청이 허용되었다면 이는 적법한 대금납부라고 할 수 없다(대결 1998. 3. 4. 97마962).

또 경매개시결정을 채무자에게 송달하지 아니한 채 경매절차를 진행하여 대금납부를 명하고 이에 따라 대금을 납부한 것은 경매절차를 속행할 수 없는 상태에서의 대금납부로서 부적법하여 대금납부의 효력이 인정되지 않는다(대결 1995. 7. 11. 95마147).

다. 대금지급방법

1) 현금 지급의 원칙

대금은 매각허가결정에 표시된 금액을 현금으로 지급하여야 한다. 금융기관발행의 자기앞수표는 현금에 준한다. 다만, 매수보증으로 제공한 금전은 매각대금에 넣도록 되어 있으므로(법 제142조 3항), 실제 납부액은 매각대금에서 이를 공제한 잔액만을 지급하면 된다. 대금지급기한 제도하에서는 그 기한까지는 매각대금의 분할납부도 허용된다.

대금지급절차는, 법원사무관 등은 담임법관으로부터 법원보관금납부명령서를 받아 매수인에게 교부하고, 매수인은 납부명령서를 가지고 법원보관금납부서를 작성하여 법원보관금취급점에 납부한다. 취급점에서는 매수인에게 법원보관금영수증서를 교부한다.

매수보증이 금전이 아닌 경우에는 매각대금 전액을 지급하여야 한다. 즉 매수보증을 유가증권 또는 지급위탁계약서로 제출한 경우(무잉여로 인한 압류채권자의 매수보증, 한국자산관리공사의 지급확약서 포함)에는 매각대금 전액을 현금으로 지급하여야 하고, 전액이 지급되면 보관중이던 유가증권·지급위탁계약서를 반환한다.

2) 특별한 지급방법

① 채무의 인소

매수인은 매각조건에 따라 부동산의 부담을 인수하는 외에 배당표의 실시에 관하여 매각대금의 한도에서 관계채권자의 승낙이 있으면 대금의 지급에 갈음하여 채무를 인수할 수 있다(법 제143조 1항).

이 때 채권자의 승낙은 반드시 전원으로부터 받아야 할 필요는 없고, 일부의 승낙이 있으면 승낙한 채권자의 배당액만큼 채무를 인수하면 된다.

매수인이 차액을 납부하였으나 매수인이 인수할 채무에 대하여 이의가 제기된 때에는 매수인은 배당기일이 끝날 때까지 이에 해당하는 대금을 내야 한다(법 제143조 3항).

전 매수인이 재경매절차의 취소를 구하기 위하여 채무인수신청을 한 경우에 이는 허용되지 않는다(대결 1997. 11. 17. 99마2551).

[서식] 채무인수신청서

채 무 인 수 신 청

채권자 ○○○
채무자 ○○○
소유자 ○○○
매수인 ○○○

 위 당사자간 귀원 ○○타경○○호 부동산임의경매사건에 관하여 채권자 ○○○의 채무인수승낙서를 첨부하여 매입대금납부에 갈음한 채무인수신청을 합니다.

- 첨부서류 -

1. 채권자 ○○○의 채무인수에 관한 승낙서 1통

20 년   월   일

위 신청인(매수인) :   ㊞

○○지방법원   귀중

【서식】 채무인수에 관한 승낙서

채무인수에 관한 승낙서

　채무자 ○○○와 채무자 ○○○ 간 ○○법원 ○○타경○○호 부동산임의경매사건에 관하여, 귀하가 매수인이 되어 납부하게 되는 매각대금 중 금 ○○○원의 한도에서 1번 저당채권자에 대하여 채무자가 부담하고 있는 아래 채무를 인수하여, 매각대금의 일부지급에 갈음하는 것을 승낙합니다.

- 아　　래 -

금 ○○○원, 단, 20○○년 ○월 ○일자에 대여한 대여원금

20 년 월 일

위 승낙인(채권자) : ○○○　㊞

매수인 ○○○ 귀하

② 배당액과 차액지급

채권자가 매수인인 경우에는 매각결정기일이 끝날 때까지 법원에 신고하고 배당받아야 할 금액을 제외한 대금을 배당기일에 낼 수 있다(법 제143조 3항).

차액지급은 매수인이 실제로 배당받을 수 있는 금액이 있어야 하므로, 배당받을 것이 없거나 적법한 배당요구를 하지 못한 경우 또는 배당금을 공탁하여야 하는 경우 즉 민사집행법 160조 1항 각 호 사유가 있거나 매수인의 채권이 압류·가압류된 때에는 차액지급이 허용되지 아니한다.

라. 매각대금 지급의 효과

매수인은 매각대금을 다 낸 때에 매각의 목적인 권리를 취득한다(법 제135조). 따라서 매수인이 대금을 분할하여 지급하거나, 민사집행법 142조 4항에 의하여 다시 대금지급기한을 정하여 매수인으로 하여금 내게 한 경우에는 그 나머지금액을 낸 때에 소유권을 취득한다.

(6) 재매각

가. 의 의

재매각은 매각허가결정이 적법하게 확정되었는데 매수인이 대금을 지급하지 않는 경우에 진행되는 절차이다.

즉, 재매각이란 매수인이 대금지급기한 또는 민사집행법 142조 4항의 다시 정한 기한까지 그 의무를 완전히 이행하지 아니하였고, 차순위매수신고인이 없을 때에 법원이 직권으로 다시 실시하는 매각을 말한다(법 제138조 1항).

일괄매각된 부동산 중 일부의 대금을 납부한 경우 또는 공동매수인이 자기의 부담부분만 납부한 경우에도 재매각을 명할 수 있다.

나. 재매각명령

매각허가결정이 확정되면 사법보좌관은 대금지급기한을 정하고 이를 매수인과 차순위매수신고인에게 통지하여야 하는데, 매수인이 대금지급기한까지 대금을 지급하지 아니하면 사법보좌관은 재매각을 명하여야 한다(법 제138 1항).

재매각절차로 넘어가기 위해서는 매수인이 매각대금을 완납하지 않아야 한다.

그러나 차순위매수신고인이 있으면 그에 대한 매각허부절차를 밟게 되므로 재매각명령을 할 수 없다. 또 매수인은 대금지급기한 후에도 재매각기일 3일 전까지는 대금을 지급할 수 있으므로 재매각명령을 발하기 전이라도 대금완납을 하면 재매각 명령을 할 수 없다. 법원은 대금지급기한을 연기할 수도 있다.

　과잉매각으로 일부 부동산에 대하여 매각불허가를 한 경우 매각허가된 부동산의 매수인이 대금을 납부하지 아니한 때에는 부동산 모두를 함께 매각에 부칠 수 있는데, 이 경우 매각불허된 부동산의 매각은 재매각이 아니므로 전 매수인도 매수신고를 할 수 있다.

　집행법원은 사유발생일로부터 1주 안에 직권으로 재매각을 명하여야 한다(법 제138조 1항, 재민 91-5).

　재매각명령은 이를 전매수인 기타 이해관계인에게 고지할 필요 없고, 집행기록에 가철하여 둔다. 재매각명령이 발령되면 종전의 매각허가결정은 당연히 실효된다. 재매각명령에 대하여 이해관계인은 재매각기일종료시까지 집행이의(법 제16조)로 불복할 수 있다.

(7) 인도명령

가. 의 의

　채무자가 관리인에게 부동산을 임의로 인도하지 아니하는 경우에 법원은 매수인 또는 채권자의 신청에 의하여 담보를 제공하게 하거나 제공하지 아니하고 채무자에 대하여 관리인에게 부동산을 인도할 것을 명하는 인도명령을 발할 수 있다(법 제136조 3항).

　매수인이 대금을 전부 지급하면 목적물에 대한 소유권을 취득하지만, 만일 채무자 등 목적물을 점유하고 있는 사람들이 점유를 이전해 주지 않는 경우, 매수인이 통상적인 방법보다 훨씬 간편하게 점유를 확보할 수 있도록 해 주는 제도이다.

나. 인도명령의 신청인

　대금을 다 낸 매수인, 매수인의 일반승계인, 공동매수인과 공동상속인, 매수인의 특정승계인 등이 인도명령을 신청할 수 있다.

다. 인도명령의 상대방

　채무자 및 소유자 그리고 압류 전후를 불문하고 부동산 점유를 취득한 자가 목적물의 인도를 거절하거나 기피할 경우 별도 소송 없이 법원의 명령으로 점유를 이전하게 하는 것이다. 즉, 경매목적물의 소유자, 채무자 및 매각대금결정 후의 일반승계인, 압류 후의 특정승계인, 또는 불법점유자로 기록상 명백한 자가 인도명령의 상대방이 될 것이다.

라. 인도명령의 절차

1) 인도명령의 신청

　인도명령은 구술 또는 서면으로 신청할 수 있으나, 실무상 주로 서면신청이 행해지고 있다.

매수인은 매각대금을 다 낸 뒤 6월 이내에 인도명령을 신청하여 법원의 인도명령을 받아 인도명령정본(인도명령결정문)과 송달증명서를 첨부하여 집행관에게 그 인도명령집행을 위임한다. 이 경우 집행비용은 신청인이 부담한다.

【서식】 부동산인도명령신청서

부동산 인도명령신청

채권자　○○○
　　　　주소 : ○○시 ○○구 ○○동 ○○번지
채무자　○○○
　　　　주소 : ○○시 ○○구 ○○동 ○○번지
매수인　○○○
　　　　주소 : ○○시 ○○구 ○○동 ○○번지

　위 채권자와 채무자 간 ○○타경○○호 부동산 강제경매사건에 관하여, 매수인은 별지목록기재의 부동산의 매각허가를 얻어 20○○년 ○월 ○일 매각대금의 전부를 지급하였으므로 채무자(소유자)에 대하여 동 부동산의 인도를 거부하오니, 귀원 소속집달관으로 하여금 채무자의 점유를 풀고 이를 매수인에게 인도하도록 인도명령을 발하여 주시기를 이에 신청합니다.

20 년 월 일

위 승낙인(채권자) : ○○○　㊞

매수인 ○○○ 귀하

○○지방법원　귀중

【서식】 인도명령문

○○법원
인 도 명 령

사 건	○○타경○○ 부동산인도명령사건	
신청인	○○○	
(매수인)	주소 :	
피신청인	○○○	
(소유자)	주소 :	

 당원 ○○타경 ○○호 ○○○, 채무자 ○○○간 부동산강제경매사건이 종결되어 매수인으로부터 인도명령의 신청이 있으므로 다음과 같이 명령한다.

- 주 문 -

 집행관은 별지목록기재 부동산에 대한 피신청인이 점유를 풀고 이를 신청인에게 인도한다.

20 년 월 일

판사 :   ㊞

2) 법원의 재판 및 불복방법

인도명령을 함에는 부동산을 채무자나 소유자 이외의 자가 점유하고 있는 경우에는 그 점유자를 심문하여야 하고, 인도명령에 대하여는 즉시항고를 할 수 있다(법 제136조 5항). 이 인도명령은 관리명령의 일종이며, 이에 응하지 아니할 때에는 매수인 또는 채권자는 집행관에게 집행을 위임하여 인도집행을 하도록 한다.

5. 배당절차

(1) 배당절차 총설

법원은 매각대금이 지급되면 배당절차를 밟아야 한다(법 제145조 1항). 경매절차는 목적부동산을 압류한 후 입찰·경매에 의하여 현금화하고 그 대금으로 채권자의 채권변제에 충당하는 절차이다. 채권자가 1인뿐이거나 수인의 경합이 있더라도 매각대금이 집행비용 및 각 채권자의 채권을 만족시키기에 충분한 경우에는 그 채권액을 교부하고 잔액을 채무자·소유자에게 교부하면 되나, 배당에 참가한 모든 채권자를 만족하게 할 수 없는 때에는 법원은 민·상법 기타의 법률에 의한 우선순위에 따라 배당하여야 한다(동조 2항).

배당기일에 배당표에 대한 이의가 없으면 배당표를 확정하고 배당을 실시하고, 이의가 있으면 배당이의의 소로 배당액을 확정한 후 배당을 실시한다. 배당의 실시는 배당금을 지급하고 집행권원·채권증서를 교부받는 방법으로 하고, 필요한 경우에는 배당금을 공탁하거나 추가배당을 실시하게 된다.

(2) 배당요구

가. 의 의

배당요구란 다른 채권자에 의하여 개시된 집행절차에 참가하여 그 매각대금에서 변제를 받으려는 집행법상의 행위이다.

배당요구는 권리신고와 구별되는데, 권리신고는 매각부동산상의 권리자가 집행법원에 자신의 권리를 신고하여 증명하는 것을 말하고, 이로써 경매절차상의 이해관계인이 되지만(법 제90조 1항), 권리신고한 것만으로 당연히 배당을 받게 되는 것은 아니며 별도로 배당요구를 하여야 한다.

판례는 '서면의 제목이 "권리신고"로 되어 있더라도 채권의 액수를 적은 서면과 가압류결정을 첨부하여 제출하였다면 배당요구로 보아야 한다'고 하였다(대판 1999. 2. 9. 98다53547).

나. 배당요구채권자

1) 배당요구를 하여야만 하는 채권자

집행력 있는 정본을 가진 채권자, 경매개시결정이 등기된 뒤에 가압류를 한 채권자, 민법·상법 기타의 법률에 의하여 우선변제청구권이 있는 채권자는 배당요구를 할 수 있다(88조 1항). 집행법원은 이들 권리자의 존재를 배당요구 전까지는 알 수 없기 때문에 반드시 배당요구를 하여야 한다.

2) 배당요구가 있는 것으로 보는 경우

배당요구의 종기까지 경매신청을 한 이중압류채권자, 첫 경매개시결정등기 전에 등기된 가압류채권자, 저당권·전세권·조세채권자 기타의 우선변제청구권으로서 첫 경매개시결정등기 전에 등기되었다고 매각으로 소멸하는 것을 가진 채권자는 배당요구가 없더라도 당연히 배당을 받는다(법 제148조). 따라서 이러한 자들이 배당요구 및 채권자계산서를 제출하지 않았더라도 당연히 배당요구를 한 것과 동일하게 취급되므로 이들을 배당에서 제외하여서는 아니된다(대판 1995. 7. 28. 94다57718 참조).

다. 배당요구의 시기 및 통지

배당요구는 압류의 효력발생시 이후에 하여야 하고, 그 전에 배당요구를 한 경우에는 압류의 효력발생시부터 배당요구의 효력이 생긴다. 배당요구는 첫 매각기일이전으로 정한 배당요구의 종기까지 하여야 한다(법 제84조).

적법한 배당요구가 있는 때에는 배당요구일부터 3일 안에 그 사유를 이해관계인에게 통지하여야 한다(89조, 재민 91-5). 그러나 배당절차와 이해관계가 없는 자(예컨대 매수인이 인수하는 전세권자 등)에게는 통지를 하지 않아도 무방하다.

라. 배당요구의 방식

배당요구는 서면으로 하여야 하고 채권(이자, 비용 기타 부대채권을 포함한다)의 원인과 액수를 적어야 한다(규칙 48조 1항). 또 그 배당요구서에는 집행력 있는 정본 또는 그 사본, 기타 배당요구의 자격을 소명하는 자료를 붙여야 한다(동조 2항). 말로 하는 배당요구는 인정되지 아니한다.

배당요구를 할 수 있는 채권은 집행채무자에 대한 채권이어야 하고 이행기가 도래하여야 한다.

가압류채권자나 우선변제청구권자는 가압류등기가 된 등기부등본이나 우선변제청구권이 있음을 증명하는 서류(임대차계약서와 주민등록등본 등)를 첨부하여야 한다.

【서식】배당요구신청서

배 당 요 구 신 청

채권자　　　　　○○○
　　　　　　　　주소 :
채무자　　　　　○○○
　　　　　　　　주소 :
배당요구채권자　○○○
　　　　　　　　주소 :

- 배당요구채권액 -

1. 금 ○○○원 ○○지방법원○○가 ○○호 ○○청구사건의 집행력 있는 판결정본에 의한 채권액
2. 금 ○○○원 위 원금에 대한 20○○년 ○월 ○일부터 20○○년 ○월 ○일까지 연 ○푼의 이자
3. 금 ○○○원 집행비용

- 내　　　역 -
금 ○○○원
금 ○○○원

1. 합계금 ○○○원

- 신청원인 -

　위 당사자간의 ○○타경○○ 부동산경매사건에 있어 채무자의 소유부동산에 대하여 경매절차를 개시하였으나, 배당요구채권자는 위 집행력 있는 정본에 기하여 채권을 가지고 있으므로 그 경매에 있어서 배당하여 주시기를 신청합니다.

- 첨부서류 -

1. 목록 1통
1. 집행력 있는 판결정본 1통

20　년　월　일
위 승낙인(채권자) : ○○○　㊞

○○지방법원　귀중

(3) 채권계산서의 제출

배당기일이 정하여진 때에는 법원사무관 등은 각 채권자에 대하여 채권의 원금·배당기일까지의 이자 그 밖의 부대채권 및 집행비용을 적은 계산서를 1주일 안에 법원에 제출할 것을 최고하여야 한다(규칙 81조).

법원사무관 등이 채권계산서 제출의 최고를 하여야 할 채권자의 범위는 민사집행법 148조의 배당받을 채권자의 범위와 같다.

채권자는 최고를 받은 때로부터 1주 안에 계산서를 제출하여야 하나, 반드시 채권계산서를 제출하여야 하는 것은 아니다. 1주간은 훈시규정이므로 1주 후에 제출된 계산서도 배당표작성시 참고로 한다.

각 채권자는 채권의 원금, 배당기일까지의 이자, 그 밖의 부대채권 및 집행비용을 기재한 채권계산서를 제출한다. 부대채권이란 지연손해배상채권, 소송비용확정절차에 의하여 확정된 본안소송비용 등을 말한다.

채권계산서를 제출하더라도 이는 배당요구종기 후에 제출된 것이므로 독립된 배당요구의 효력이 생기는 것이 아니고, 다만 채권의 배당기일까지의 변동사항을 조사하여 현존채권액을 확인하는 의미밖에 없다.

[서식] 채권계산서

채 권 계 산 서

채권자　　　　　○○○
채무자　　　　　○○○
배당요구채권자　주식회사 ○○은행

　위 채권자와 채무자 간 귀원 ○○타경○○호 부동산강제(임의)경매사건에 관하여, 채권자 (주)○○은행은 아래와 같이 계산서를 제출합니다.

- 아　래 -

원　금 :
이　자 :
비용기타부대채권 :
―――――――――――――――――――――――
합　계 :

- 명세별첨 -

20　년　월　일

위 배당요구채권자 : ○○ 새마을금고
이사장 ○○○

○○지방법원　귀중

(4) 배당받을 채권자의 범위(법 제148조)

배당받을 채권자는 다음 각 호에 규정된 사람으로 한다.

ⅰ) 배당요구종기까지 경매신청한 채권자(1호)

배당요구종기까지 경매신청을 한 압류채권자 즉 이중경매의 신청채권자는 당연히 배당받을 수 있다. 그러나 배당요구종기 후에 경매신청을 한 압류채권자는 선행사건으로 진행되어 배당을 하는 경우에는 배당을 받을 수 없다. 다만, 선행사건이 취하·취소되어 배당요구종기를 다시 정하고 배당을 하는 경우에는 배당받을 수 있다.

근저당권자의 채권최고액을 넘는 부분을 배당받기 위해서는 그 부분에 대하여 집행권원을 얻어 배당요구를 하는 등 적법한 배당요구를 하였거나 그 밖에 달리 배당받을 수 있는 채권으로서 필요한 요건을 갖추고 있어야 한다(대판 1998. 4. 10. 97다28216).

ⅱ) 배당요구종기까지 배당요구한 채권자(2호)

배당요구종기까지 배당요구를 한 채권자도 당연히 배당을 받을 수 있다. 예컨대 선행 가압류 없이 집행정본으로 배당요구한 채권자, 등기 없는 주택임차인·임금채권자·조세채권자 등은 반드시 배당요구종기까지 배당요구를 한 경우에 한하여 배당받을 수 있다.

ⅲ) 첫 경매개시결정등기 전에 등기된 가압류채권자(3호)

첫 경매개시결정등기 전에 등기된 가압류채권자는 경매절차상의 이해관계인은 아니지만 당연히 배당받을 채권자에 해당한다. 첫 경매개시결정등기 후의 가압류채권자는 배당요구종기까지 그 권리증명을 하고 배당요구를 하여야 배당받을 수 있다.

ⅳ) 저당권·전세권 기타 우선변제청구권으로서 첫 경매개시결정등기 전에 등기되었고 매각으로 소멸하는 것을 가진 채권자(4호)

첫 경매개시결정등기 전의 저당권설정의 가등기권리자는 본등기를 하면 우선변제를 받을 수 있으므로 본등기를 경료하였다고 가정하고 배당할 금액을 정하여 공탁한다.

경매신청채권자 아닌 근저당권자는 배당요구를 하지 않더라도 당연히 채권최고액의 범위 내에서 순위에 따른 배당을 받을 수 있으므로(대법원 1999. 1. 26. 선고 98다21946 판결), 배당표 작성시까지 채권계산서를 제출하는 방법으로 청구금액을 확장할 수 있고, 매각대금 완납시에 피담보채권이 확정된다(대법원 1999. 9. 21. 선고 99다26085).

(5) 배당기일의 지정·통지

가. 배당기일의 지정

매수인이 매각대금을 지급하면 법원은 배당에 관한 진술 및 배당을 실시할 기일을 정하여야 한다(법 제146조). 이 기일을 실무상 배당기일이라고 한다.

배당기일은 대금납부 후 3일 안에 지정되어, 대금납부 후 4주 안의 날로 정하여야 한다(재민 91-5).

나. 배당기일의 통지

법원은 배당기일을 정하고 이해관계인과 배당을 요구한 채권자에게 이를 통지하여야 한다(법 제146조).

(6) 배당표 원안의 작성·비치

법원은 채권자와 채무자에게 보여주기 위하여 배당기일의 3일 전에 배당표 원안을 작성하여 비치하여야 한다(법 제149조 1항). 배당표 원안은 배당계획안에 불과하나 이해관계인은 이를 기초로 배당에 관한 의견을 진술하게 되고, 배당기일에 채권자들 사이에 합의가 성립하거나 이의가 없을 때 비로소 배당표가 확정된다(법 제149조 2항, 152조). 따라서 배당표 원안은 늦어도 배당기일 3일 전까지는 작성·비치하여야 각 채권자와 채무자로 하여금 열람할 기회를 주어야 한다.

(7) 배당할 금액(법 제147조)

배당할 금액은 다음 각호에 규정한 금액으로 한다(법 제147조 1항).

배당할 금액을 실무상 배당재단이라고 한다.

가. 대 금

매수인이 지급한 매각대금을 말한다. 매수신청의 보증으로 제공된 금전이나 그 밖의 것도 매각대금에 포함한다(법 제142조 3항·4항).

나. 지연이자(2호)

재매각의 경우 돌려주지 않은 지연이자(법 제138조 2항), 매수신청의 보증으로 금전 이외의 것을 제공한 경우의 지연이자(법 제142조 4항)도 배당할 금액에 산입한다.

다. 항고보증금

민사집행법 130조 6항, 7항의 보증(130조 8항에 따라 준용되는 경우도 포함한다) : 매각허가결정에 대한 항고가 기각·각하되거나 항고가 취하된 때에는 항고인은 보증을 제공한 금전이나 유가증권의 전부 또는 일부의 반환을 청구할 수 없으므로, 그 항고보증금은 배당할 금액에 산입된다.

라. 전 매수인의 매수보증금

민사집행법 130조 4항의 규정에 의하여 매수인이 돌려줄 것을 요구할 수 없는 보증

(보증이 금전 외의 방법으로 제공되어 있는 경우에는 보증을 현금화하여 그 대금에서 비용을 뺀 금액) : 재매각이 된 경우엔 전 매수인이 제공한 매수보증은 돌려줄 것을 요구하지 못하므로 배당할 금액에 산입된다.

마. 매수인의 매수보증금

민사집행법 137조 2항의 보증 : 차순위매수신고인에 대한 매각허가결정이 있는 경우 매수인이 매수보증으로 제공한 금전·유가증권·지급보증위탁계약체결증서를 현금화한 것도 배당할 금액에 산입된다.

바. 위 각 금액에 대한 배당기일까지의 보관금 이자

이러한 보관금 이자도 이자소득세를 제외한 잔액은 당연히 배당할 금액에 포함되고, 실무상 전산시스템을 이용하여 배당이자조회서를 출력하여 기록에 편철한다. 배당기일의 연기 등 사유가 있을 때에는 새로 정해진 배당기일까지의 이자를 재조회하여 배당할 금액에 포함하여야 한다(재일 97-2).

(8) 배당의 순위

매각대금으로 배당에 참가한 모든 채권자를 만족하게 할 수 없는 때에는 법원은 민법·상법·그 밖의 법률에 의한 우선순위에 따라 배당하여야 한다(법 제145조 2항).

ⅰ) 매각재산에 조세채권의 법정기일 전에 설정된 저당권·전세권에 의하여 담보되는 채권이 있는 경우

㈀ 제 1순위 : 집행비용

㈁ 제 2순위 : 저당물의 제3취득자가 그 부동산의 보존·개량을 위하여 지출한 필요비·유익비(민법 367조).

㈂ 제 3순위 : 주택(상가)의 소액보증금, 최종 3개월분 임금과 최종 3년간의 퇴직금 및 재해보상금

주택(상가)임차인은 보증금 중 일정액을 담보권자 및 조세채권자보다 우선하여 변제받는다(주보법 8조, 상보법 14조, 국세기본법 35조 1항 4호, 지방세법 31조 2항 4호). 다만, 주택임대차보호법 3조 2항에 의하여 대항력이 인정되는 법인에 대해서는 위 법 8조 1항이 적용되지 않으므로 소액보증금의 최우선변제는 받을 수 없다.

㈃ 제 4순위 : 당해세(국세·지방세와 그 가산금)

당해세란 집행목적물에 대하여 부과된 국세, 지방세와 그 가산금을 말하고, 이는 저당권·전세권으로 담보되는 채권보다 우선하여 징수한다(국세기본법 35조 1항 3호, 지방세

법 31조 2항 3호). 현행법상 국세 당해세로는 상속세·증여세·재평가세가 있고, 지방세 당해세로는 재산세·자동차세·도시계획세·공동시설세·종합토지세가 있다.

(ㅁ) 제 5순위 : 국세·지방세의 법정기일 전에 설정된 저당권·전세권에 의하여 담보되는 채권

저당권·전세권이 국세 등의 법정기일 전에 등기되어야 하고, 법정기일은 국세기본법(35조 1항 3호)과 지방세법(31조 2항 3호)에서 정하고 있다.

(ㅂ) 제 6순위 : 제3순위 임금채권을 제외한 임금 기타 근로관계로 인한 채권

위 3순위로 배당받는 임금 등 채권을 제외한 임금 기타 근로관계로 인한 채권은 저당권의 피담보채권보다는 후순위이나, 조세 등 공과금 및 다른 채권보다는 선순위이다. 다만, 조세 등 공과금이 저당권에 우선하는 경우에는 조세 등 공과금, 저당권의 피담보채권, 임금의 순위로 배당받는다.

(ㅅ) 제 7순위 : 국세·지방세 및 그 징수금(체납처분비·가산금 등)

국세와 지방세 간에는 우열이 없으며, 교부청구된 조세상호간에도 교부청구의 선후에 관계없이 동순위이다(국세기본법 35조, 지방세법 31조).

(ㅇ) 제 8순위 : 국세·지방세의 다음으로 징수되는 공과금 중 산업재해보상보험료, 건강보험료, 국민연금보험료, 고용보험료, 의료보험료, 국민의료보험료(단 납부기한과 관련하여 예외 없음)

(ㅈ) 제 9순위 : 일반채권자의 채권, 재산형, 과태료, 국유재산법상의 사용료·대부료·변상금채권

ii) 매각재산에 조세채권의 법정기일 후에 설정된 저당권·전세권에 의하여 담보되는 채권이 있는 경우

(ㄱ) 1, 2, 3순위 : 위 가.의 경우와 같다.

(ㄴ) 4 순위 : 조세 기타 이와 동순위의 징수금(당해세 포함)

(ㄷ) 5 순위 : 조세 다음순위의 공과금 중 납부기한이 저당권·전세권의 설정등기보다 앞서는 고용보험및산업재해보상보험의보험료징수등에관한 법률상의 보험료 그 밖의 징수금, 구 국민의료보험법상의 의료보험료, 국민건강보험법상의 건강보험료 및 국민연금법상의 연금보험료

(ㄹ) 6 순위 : 저당권·전세권에 의하여 담보되는 채권

(ㅁ) 7 순위 : 임금 기타 근로관계로 인한 채권

(ㅂ) 8 순위 : 조세 다음 순위의 공과금 중 산업재해보상보험법상의 산업재해보상보험료 기타 징수금, 구 의료보험법에 의한 의료보험료, 구 국민연금법에 의한 연금보험료 및 납부기한이 저당권·전세권의 설정등기보다 후인 고용보험및산업재해보상보험의보험료징수등에관한 법률상의 보험료 그 밖의 징수금, 구 국민의료보험법상의 의료보험료, 국민건강보험법상의 건강보험료 및 국민연금법상의 연금보험료

(ㅅ) 9 순위 : 일반채권(위와 같음)

ⅲ) 매각재산에 저당권 등에 의하여 담보되는 채권이 없는 경우

(ㄱ) 1, 2, 3순위 : 앞에서 본 바와 같다.

(ㄴ) 4 순위 : 임금 기타 근로관계로 인한 채권

(ㄷ) 5 순위 : 조세 기타 이와 동순위의 징수금(당해세 포함)

(ㄹ) 6 순위 : 조세 다음의 순위와 공과금

(ㅁ) 7 순위 : 일반채권(위와 같음)

(9) 배당기일의 실시

가. 배당표의 확정

법원은 출석한 이해관계인과 배당을 요구한 채권자를 심문하여 배당표를 확정하여야 한다(법 제149조 2항). 배당표에는 매각대금, 채권자의 채권의 원금·이자·비용, 배당의 순위와 배당의 비율을 적어야 한다(법 제150조 1항).

배당기일에 출석한 이해관계인과 배당을 요구한 채권자가 합의한 때에는 이에 따라 배당표를 작성하여야 한다(법 제150조 2항).

배당표는 배당기일에 이해관계인의 이의가 없는 경우에는 배당표 원안대로, 이해관계인의 합의가 있으면 합의한 내용대로 배당표가 확정된다.

배당표에 대하여 이의가 있으면 그 부분에 한하여 확정되지 않으면(법 제152조 4항), 법원이 이의가 정당하다고 인정하거나 다른 방법으로 합의한 때에는 이에 따라 배당표를 경정하고 배당표를 확정하고 배당을 실시한다(동조 2항).

【서식】 배당표

<table>
<tr><td colspan="3" align="center">서 울 지 방 법 원
배 당 표</td><td></td><td></td></tr>
<tr><td colspan="2">20 타경   부동산강제(임의)경매</td><td></td><td></td><td></td></tr>
<tr><td colspan="2">배 당 할 금 액</td><td colspan="3">금   61,619,618</td></tr>
<tr><td rowspan="5">명

세</td><td>매 각 대 금</td><td colspan="3">금   61,500,000</td></tr>
<tr><td>지 연 이 자</td><td colspan="3">금   0</td></tr>
<tr><td>전매수인의
매수보증금</td><td colspan="3">금   0</td></tr>
<tr><td>항고보증금</td><td colspan="3">금   0</td></tr>
<tr><td>보증금이자</td><td colspan="3">금   119,618</td></tr>
<tr><td colspan="2">집 행 비 용</td><td colspan="3">금   1,934,060</td></tr>
<tr><td colspan="2">실제배당할
금   액</td><td colspan="3">금   59,685,558</td></tr>
<tr><td colspan="2">매 각 부 동 산</td><td colspan="3">서울 서초구 서초동 1234 대 150㎡</td></tr>
<tr><td colspan="2">채   권   자</td><td>한 얼 수</td><td>김 응 덕</td><td>주 기 철</td></tr>
<tr><td rowspan="4">채
권
금
액</td><td>원   금</td><td>20,000,000</td><td>30,000,000</td><td>20,000,000</td></tr>
<tr><td>이   자</td><td>0</td><td>4,500,000</td><td>0</td></tr>
<tr><td>비   용</td><td>0</td><td>0</td><td>0</td></tr>
<tr><td>계</td><td>20,000,000</td><td>34,500,000</td><td>20,000,000</td></tr>
<tr><td colspan="2">배 당 순 위</td><td>1</td><td>2</td><td>3</td></tr>
<tr><td colspan="2">이   유</td><td>소액임차인</td><td>근저당권자</td><td>경매신청채권자</td></tr>
<tr><td colspan="2">채 권 최 고 액</td><td>7,000,000</td><td>40,000,000</td><td>20,000,000</td></tr>
<tr><td colspan="2">배   당   액</td><td>20,000,000</td><td>34,500,000</td><td>18,185,558</td></tr>
<tr><td colspan="2">잔   여   액</td><td>52,685,558</td><td>18,185,558</td><td>0</td></tr>
<tr><td colspan="2">배 당 비 율</td><td>100%</td><td>100%</td><td>%</td></tr>
<tr><td colspan="2">공 탁 번 호
(공 탁 일)</td><td>금제   123호
(20 . . .)</td><td>금제   123호
(20 . . .)</td><td>금제   123호
(20 . . .)</td></tr>
</table>

나. 배당표에 대한 이의

기일에 출석한 채무자 및 채권자는 배당표의 작성, 확정, 실시와 다른 채권자의 채권과 순위에 관하여 이의를 진술할 수 있다(법 제151조 1항, 3항). 다만, 채무자는 법원에 배당표 원안에 비치된 이후 배당기일이 끝날 때까지 채권자의 채권 또는 그 채권의 순위에 대하여 서면으로 이의할 수 있다(동조 2항).

1) 절차상의 이의

이해관계 있는 각채권자와 채무자는 배당표의 작성방법이나 배당실시절차에 위법이 있음을 이유로 이의를 진술할 수 있다. 예컨대, 배당표에 기재할 수 없는 채권을 기재하였다거나, 배당할 금액에 산입하여야 할 금액의 탈루, 자기의 채권이 배당표에 기재누락, 배당표상의 위산 등이 이에 해당된다.

법원은 이의가 정당하다고 인정하면 그 절차의 위법을 시정하고, 이의가 이유 없으면 배당표를 확정하여 배당을 실시하며, 이에 대하여는 집행이의(법 제16조)를 할 수 있다. 또 법원은 관계인이 이의를 정당하다고 인정하거나 다른 방법으로 합의한 때에는 이에 따라 배당표를 경정하고 배당을 실시하여야 한다(법 제152조 2항).

2) 실체상의 이익

배당기일에 출석한 채무자는 채권자의 채권 또는 그 순위에 대하여 이의를 신청할 수 있고, 출석한 채권자는 자기의 이해에 관계되는 범위 안에서는 다른 채권자를 상대로 그의 채권 또는 그 채권의 순위에 대하여 이의할 수 있다(151조 3항).

채권자는 이의의 겨로가 자기의 배당액이 증가되는 경우에 한하여 이의를 할 수 있고, 반드시 배당기일에 출석하여 진술하여야 한다. 이의를 신청함에 있어서는 어떻게 배당표의 경정을 구하는가를 구체적으로 명시하여야 하고, 이의의 상대방과 그 범위를 명시하지 아니한 이의는 부적법하다. 반드시 그 이유를 밝히거나 증거를 제출할 필요는 없다.

매각대금으로 모든 채권자를 만족시킬 수 있는 경우 모든 채권자는 이의를 할 수 없고, 채무자는 가압류채권자에 대하여 이의를 할 필요가 없다.

적법한 이의에 대하여는 이의에 관계된 다른 채권자에게 인부의 진술을 하게 하여 그 채권자가 이의를 정당하다고 인정하거나 다른 방법으로 합의한 때에는 이에 따라 배당표를 경정하고 배당을 실시한다(법 제152조 2항). 이의가 완결되지 아니하면 이의가 없는 부분에 한하여 배당을 실시한다(법 제152조 3항).

기일에 출석하지 아니한 채권자는 배당표와 같이 배당을 실시하는 데에 동의한 것으로 보나(법 제153조 1항), 그 채권자가 다른 채권자가 제기한 이의에 관계되는 때에는 이의를 정당하다고 인정하지 아니한 것으로 본다(법 제153조 2항).

(10) 배당이의의 소

가. 의 의

배당이의의 소는 배당표에 대하여 이의를 진술한 채무자나 채권자가 그 이의를 관철하기 위하여 배당표에 기재된 채권의 존부·금액·순위 등을 다투면서 배당표의 변경을 구하는 소이다.

나. 당사자적격

원고는 배당기일에 배당표의 기재에 대하여 이의를 진술한 채무자 및 채권자이다.

피고는 그 이의의 내용으로 배당을 하면 불이익을 입게 되는 채권자로서 이의에 동의하지 않는 사람이다.

배당기일로부터 1주일 안에 그 소제기증명을 집행법원에 제출하여 배당실시를 저지하여야 하고, 그렇지 못하면 이의가 취하된 것으로 간주되어 집행법원은 배당을 실시하여야 한다(법 제154조 3항).

다. 재판절차

1) 심 리

별도의 규정이 있는 경우를 제외하고는 통상의 소송절차와 원칙적으로 다르지 않다. 따라서 변론을 열어야 한다.

2) 재 판

배당이의의 소의 판결에서는 배당액에 대한 다툼이 있는 부분에 관하여 배당을 받을 채권자와 그 액수를 정하여야 한다. 이를 정하는 것이 적당하지 아니하다고 인정한 때에는 판결에서 배당표를 다시 만들고 다른 배당절차를 밟도록 명하여야 한다(법 제157조).

청구가 이유 있는 경우에는 피고에 대한 배당액을 취소하고 그 배당액에 관하여 어느 채권자에게 얼마를 지급할 것인지를 구체적으로 정하며, 그와 같이 정하는 것이 부적당한 때에는 판결에 이의를 인용하는 범위를 정하고 배당법원에 대하여 배당표의 재작성과 그에 따른 새로운 배당절차의 실시를 명하게 된다. 소의 인용판결에는 가집행선고를 붙이지 못한다.

판결의 효력은 누가 소를 제기했느냐에 따라 다르다. 즉 채권자가 제기한 배당이의의 소의 판결의 효력은 원고와 피고 사이에만 미치고 그 밖의 채권자와 채무자에게는 미치지 아니한다. 이에 따라 집행법원이 다시 배당을 하는 것을 실무상 "재배당"이라고 한다.

그러나 채무자가 제기한 배당이의의 소가 인용된 경우에는 이의를 제기하지 아니한 채권자를 위하여도 배당표를 바꾸어야 한다(법 제161조 2항 2호). 채무자승소의 판결의 효력은 그 범위에서 절대효가 인정된다. 이 판결에 따라 집행법원이 이의를 했는지 여부에 관계없이 모든 채권자를 위하여 다시 배당하는 것을 실무상 "추가배당"이라고 한다(법 제161조 2항, 3항).

(11) 배당의 실시

가. 배당액의 지급

배당기일에 출석하지 아니한 채권자가 배당액을 입금할 예금계좌를 신고한 때에는 법원사무관등은 민사집행법 160조 2항의 규정에 따른 공탁에 갈음하여 배당액을 그 예금계좌에 입금할 수 있다(규칙 제82조 2항).

강제집행절차에서 공탁된 배당액에 대하여 배당채권자가 공탁물수령권자임을 증명하는 증명서를 교부할 경우 법원사무관 등은 배당금지급증 3통 외에 공탁물출급청구서 2통을 전산출력하여 함께 교부하여야 한다(재민 2001-4).

나. 집행정본 또는 채권증서의 교부

① 채권 전부를 배당받은 때

채권 전부의 배당을 받을 채권자에게 배당액지급증을 교부하는 동시에 그가 가진 집행정본 또는 채권증서를 받아 채무자에게 교부하여야 한다(법 제159조 2항).

② 채권 일부를 배당받은 때

채권 일부에 배당을 받을 채권자에게 집행정본 또는 채권증서를 제출하게 한 뒤 배당액을 적어서 돌려주고 배당액지급증을 교부하는 동시에 영수증을 받아 채무자에게 교부하여야 한다(법 제159조 3항).

다. 배당액의 공탁

채권에 정지조건이나 불확정기한이 붙어 있어서 배당금을 공탁한 경우에는 그 뒤 공탁사유가 소멸한 때에는 공탁금을 지급하거나 공탁금에 대한 배당을 실시하여야 한다(법 제161조 1항).

제 2 절 관련사례

경매 대상 토지 위에 있는 채무자 소유의 미등기된 잣나무에 대해서도 토지와 함께 경매신청을 할 수 있는가?

토지의 구성부분이므로 토지와 함께 경매된다(대결 1998. 10. 28. 98마1817).

【해 설】

토지는 부동산이므로 당연히 부동산집행의 대상이 된다.

토지에 정착된 공작물 중에서 독립된 부동산으로 취급할 수 없는 것(예 : 돌담·다리·도랑)은 토지와 일체로 되어 하나의 부동산으로 취급되며 독립하여 경매의 대상이 되지 아니한다.

판례는 경매 대상 토지상의 채무자 소유의 미등기수목(잣나무 2,590주와 홍단풍 50주)은 토지의 구성부분으로서 토지와 함께 경매되는 것이므로 수목의 가액도 포함되며 최저경매가격을 정하여야 한다고 하였다(대결 1998. 10. 28. 98마1817).

미분리의 천연과실(과수 열매, 뽕잎 등)은 토지의 구성부분이므로 통상은 그 토지에 대한 압류의 효력이 이에 미친다. 다만 원물로부터 분리하는 때에 이를 수취할 권리자에게 속하게 되고(민법 102조), 토지에서 분리하기 전의 과실로서 1월 이내에 수확할 수 있는 것은 유체동산으로 압류할 수 있으므로(189조 2항 2호) 과실에 관하여는 수확전 1개월 내부터는 과실수취권자를 채무자로 하여 유체동산에 대한 강제집행으로 집행할 수 있다.

다만 입목에 관한 법률에 의하여 소유권보존등기가 된 입목이나 명인방법을 갖춘 수목, 토지임차권에 기하여 식재한 수목 등은 토지에 부합하지 아니하고 토지와는 별개의 부동산이므로 독립하여 경매의 대상이 된다.

아직 등기가 되어 있지 아니한 건물에 대해서도 경매신청을 할 수 있는가?

그 건물이 채무자 소유임을 증명할 서류 등을 제출하여 경매를 신청할 수 있다(민사집행법 제81조 1항 2호).

【해 설】

건축중인 구조물 및 준공미필 등의 사유로 아직 등기가 되어 있지 아니한 건물에 대하여 집행을 할 때에는 이들에 대하여 보존등기가 되어 있지 아니하여 압류등기를 할 수 없다는 문제점이 생기게 된다.

구 민사소송법은 등기부에 채무자의 소유로 등기되지 않은 부동산에 대하여 즉시 채무자의 명의로 등기할 수 있음을 증명할 서류를 첨부하면 그 건물에 대하여도(미등기상태에 있는 것이라 하더라도) 경매를 신청할 수 있도록 규정하였다(구 민사소송법 제602조 제1항, 제2항, 제728조 참조).

그런데 미등기건물의 소유권보존등기는 건축물대장등본에 의하여 자기 또는 피상속인이가옥대장의 소유자로서 등록되어 있는 것을 증명하는 자나 판결 또는 시·그·읍·면의 장의 서면에 의하여 자기의 소유권을 증명하는 자 또는 수용으로 인하여 소유권을 취득하였음을 증명하는 자만이 이를 신청할 수 있다(부동산등기법 제131조 참조). 결국 구 민사소송법하에서는 미등기 건물에 관하여 강제집행을 신청하기 위해서는 위와 같이 부동산등기법 제131조 소정의 서면을 첨부하여야 하는 것이 된다(대법원 1995. 12. 11. 결정 95마1262호 참조).

그러나 집행채권자가 위와 같은 서면을 제출하는 것은 사실상 어려워 미등기 거눕르에 대한 강제집행의 방법에 의한 채권회수는 거의 이루어지지 못하였고 완성된 건물이 준공검사를 받지 아니하여 소유권 보존등기를 경료하지 못한 경우에는 유체동산집행의 대상이 되지 않는다는 판례(대법원 1994. 4. 12. 결정 93마1933호 참조)와 건축 중인 건물 또는 유체동산집행의 대상이 되지 않는다는 판례(대법원 1995. 11. 27. 결정 95마820호 참조)에 따라 유체동산집행의 방법으로도 집행할 수 없는 것이 되어, 결국 미등기 건물은 사실상 강제집행이 불가능한 상태에 있었다.

민사집행법은 이를 입법적으로 해결하여 강제경매를 신청할 건물이 등기되어 있지 아니한 경우에는 그 건물이 채무자의 소유임을 증명할 서류, 그 건물의 지번·구조·면적을 증명할 서류 및 그 건물에 관한 건축허가 또는 건축신고를 증명할 서류를 첨부하여 미등기건물에 대하여 경매신청을 할 수 있도록 하고 있다(민사집행법 제81조 제1항 단서 참조).

즉, 민사집행법은 건축 중인 구조물 중에서도 부동산으로 보아야 할 것과 미등기건물에 대하여도 부동산집행을 하도록 명문으로 규정하였다.

> 경매개시결정을 채무자에게 송달하지 않은 채 경매절차가 진행되어 매수인이 매각대금을 완납한 경우, 매수인은 소유권을 취득할 수 있는가?

그 경매절차는 위법하므로 매수인은 소유권을 취득할 수 없다(대판 1994. 1. 28. 93다9477).

【해 설】

<경매개시결정의 송달>

경매개시결정은 경매절차를 진행할 수 있는 기초단계이고, 또 압류의 효력이 발생하는 중요한 결정이기 때문에 반드시 채무자에게 송달하여야 한다.

강제경매에 있어서는 경매개시결정 후 그 등기 전에 채무자에게 송달되면 채무자가 부동산을 타에 처분할 염려가 많기 때문에 실무상 등기관으로부터 등기필증이 접수되거나 등기촉탁 후 상당한 기간(보통 1주)이 지난 후에 개시결정정본을 송달한다.

판례는 '경매개시결정은 비단 압류의 효력을 발생시키는 것일 뿐만 아니라 경매절차의 기초가 되는 재판이어서 그것이 당사자에게 고지되지 않으면 효력이 있다 할 수 없고, 따로 압류의 효력이 발생하였는지의 여부에 관계없이 경매개시결정의 고지 없이는 유효하게 경매절차를 속행할 수 없는 것이므로, 경매법원이 이중경매신청에 의한 강제경매개시결정을 채무자에게 송달하지 않고 그 기입등기만 경료한 채 후행 경매절차를 진행하여 경락대금을 납부받은 이상, 이는 그 압류의 효력발생여부에 관계없이 경매개시결정의 효력이 발생하지 아니한 상태에서 경매절차를 속행할 경우여서 위법하다 아니할 수 없고, 따라서 경락대금완납에 의한 경락인으로서의 소유권 취득이라는 경락의 효력은 부정될 수밖에 없으며, 경매법원이 경락대금의 완납 후에 사후적으로 이중경매개시결정을 채무자에게 송달하였다고 하여 그 결론이 달라지는 것으로 볼 것도 아니다'라고 하였다(대판 1994. 1. 28. 93다9477).

> 강제경매가 개시된 채무자 소유의 부동산에 대하여 다시 경매신청을 할 수 있는가?

이중경매신청도 허용된다(민사집행법 제87조).

【해 설】

<이중경매>

1. 의 의

강제경매 또는 임의경매신청으로 이미 경매개시결정을 한 채무자 소유의 부동산에 대하여 다른 강제경매 또는 임의경매신청이 있는 경우를 이중경매 또는 압류의 경합이라고 한다.

강제경매 또는 담보권실행경매(임의경매)가 개시된 부동산에 대하여 다른 채권자가 강제경매를 신청한 때에는 사법보좌관은 다시 경매개시결정(이중개시결정)을 하고 먼저 경매개시결정을 한 집행절차에 따라 경매한다(법 제87조 1항).

이중개시결정제도와 배당요구제도는, 이미 진행하고 있는 집행절차에 다른 채권자가 관여하는 제도인 집행참가제도에 해당된다.

집행참가제도는 공동경매와 구별되는데, 공동경매는 동일한 채무자에 대하여 여러 명의 채권자가 각기 집행권원(저당권을 준공유하는 경우)을 가지고 있는 경우에 그 채권자들이 채무자의 동일부동산에 대하여 공동으로 경매를 신청하는 것을 말한다.

2. 이중경매개시결정의 요건

(1) 신청이 있을 것

이중경매개시결정도 경매개시결정이기 때문에 적법한 강제경매의 신청이 있을 것을 전제로 한다.

이중경매신청은 매각대금납부시까지(대결 1978. 11. 15. 78마285), 가능하다. 다만, 배당요구종기 후에 한 이중경매의 압류채권자는 선행사건으로 절차가 진행되는 한 매각대금의 배당에 참가할 수 없다(법 제148조 1항).

(2) 이미 경매개시결정이 되어 있을 것

이중경매신청의 대상인 부동산에 대하여 이미 앞의 경매개시결정이 내려져 있어야 한다.

경매개시결정이 되어 있으면 족하고 그 개시결정이 효력을 발생하고 있을 필요는 없다.

(3) 부동산이 동일한 채무자의 소유일 것

위의 경매신청도 채무자의 책임재산에 대하여 강제집행을 구하는 것이기 때문에 신청 당시에 부동산이 채무자의 소유에 속하지 아니하면 이중개시결정이 아니다. 따라서 경매개시결정이 있은 뒤에 부동산이 제3자에게 이전된 경우에는 이중개시결정을 할 수 없고, 뒤의 경매신청은 기각된다.

3. 이중경매개시결정의 효력

(1) 선행 경매절차가 순조롭게 진행되는 경우

이중개시결정이 있더라도 앞의 경매절차가 순조롭게 진행되면 이중개시결정이 있더라도 앞의 경매절차가 순조롭게 진행되면 뒤의 경매절차를 별도로 진행할 필요가 없다. 따라서 이중개시결정에 관하여는 압류의 등기, 채무자에 대한 송달, 이해관계인에 대한 통지를 하면 족하고, 그 이후의 절차는 원칙적으로 진행할 필요가 없다.

선행사건이 있음에도 후행사건에 의하여 절차를 진행하는 것은 위법하지만 그 절차의 진행을 저지함이 없이 후행사건이 그대로 진행되어 매각허가결정이 확정되고 그 대금까지 완납되었다면 매수인은 소유권을 취득한다(대결 2005. 5. 29. 2000마603).

(2) 선행 경매절차가 취하·취소 등으로 종료되는 경우

먼저 경매개시결정을 한 한 경매신청이 취하되거나 그 절차가 취소된 때에는 우선채권을 해하지 않는 한도 안에서 뒤의 경매개시결정에 따라 절차를 계속 진행하여야 한다(법 제87조 2항).

우선채권을 해하지 않는 한도란 잉여주의를 적용하여도 절차를 속행할 수 있을 때를 말한다. 예컨대, 최초압류 후 저당권이 설정되고 그 후 후행압류가 된 경우에 후행압류에 의한 절차를 진행하는 경우에는 그 저당권이 우선채권으로 되어 남을 가망이 없게 되면 절차를 속행할 수 없고, 민사집행법 102조 소정의 절차(남을 가망이 없을 경우의 경매취소)를 취하여야 한다.

(3) 앞의 경매절차가 정지된 경우

먼저 경매개시결정을 한 경매절차가 정지된 때에는 법원은 신청에 따라 결정으로 뒤의 경매개시 결정(배당요구의 종기까지 행하여진 신청에 한함)에 기초하여 절차를 계속하여 진행할 수 있다. 다만, 먼저 경매개시결정을 한 경매절차가 취소된 경우 법 제105조(매각물건명세서 등) 제1항 제3호의 기재사항이 바뀔 때에는 그러하지 아니하다(법 제87조 4항).

> 경매신청시 첨부한 등기부등본이 후순위 저당권의 설정등기가 미쳐지기 전에 발급받은 것이어서 후순위 저당권자에게 입찰기일을 통지하지 않고 절차를 진행하는 경우, 이의신청사유에 해당되는가?

이의신청사유에 해당되지 않는다(대결 1995. 11. 1. 95마779).

【해 설】

경매개시결정에 대한 이의신청이란 경매개시결정에 형식적·절차상의 흠이 있는 경우,

이를 사유로 하는 불복방법이다.

따라서 형식적·절차적 하지만 이의사유로 삼을 수 없고, 실체적 하자(집행채권의 소멸 등)는 이의사유로 할 수 없다.

절차적 하자란 경매신청요건의 흠이나 경매개시요건의 흠 등을 말하는 것으로, 신청인 적격의 부존재, 대리권의 부존재, 신청방식의 부적합 등이 여기에 해당한다.

이의사유는 원칙적으로 경매개시결정 전의 것이어야 한다. 개시결정후의 절차상의 위법은 이의사유가 되지 아니한다.

예컨대, 경매신청시 첨부한 등기부등본 후순위 저당권의 설정등기가 마쳐지기 전에 발급받은 것이어서 그 근저당권자에 대한 기재가 없음으로써 그에 대한 매각기일의 통지가 누락된 경우에도 그와 같은 사유만으로 경매신청방식이 부적법하다거나 목적부동산의 표시에 불일치가 있는 것이라고 볼 수 없고, 그로 인해 후순위 근저당권자에 대한 입찰기일의 통지 없이 경매절차가 진행되었다 하더라도 그와 같은 사유는 경매개시결정 후에 발생한 경매절차상의 하자로서 이의사유가 되지 못한다(대결 1995. 11. 1. 95마779).

또 가압류등기 후 제3자 명의로 소유권이전등기가 된 부동산에 대하여 가압류채권자의 신청에 의한 강제경매 진행중 채무자의 가압류해방공탁으로 가압류진행이 취소되어 가압류등기가 말소되었더라도 이를 이유로 경매개시결정에 대한 이의를 할 수 없다(대결 2002. 3. 15. 2001마6620 참조).

> **결정된 최저경매가격이 저렴하다는 이유로 재평가신청을 할 수 있는가?**

가격이 저렴하다는 사실은 재평가 사유가 되지 못한다.

【해 설】

1. 최저경매가격의 의의

집행법원은 감정인에게 부동산을 평가하게 하고 그 평가액을 참작하여 최저매각 가격을 정하여야 한다(법 제97조 1항).

최저매각가격이란 그 사건의 매각기일에서 당해 부동산을 그 가격보다 저가로 매각할 수 없고 그 액 또는 그 이상으로 매각함을 요하는 기준경매가격을 말한다.

최저매각가격으로 미달하는 매수신고에 대하여는 매각허가가 되지 않는다(대결 1967. 9. 26. 67마976). 최저경매가격은 법정매각조건이며 이해관계인의 합의로도 바꿀 수 없다

(법 제110조 1항). 이 제도는 부당하게 염가로 매각되는 것을 방지하고 매수희망자에게 기준을 제시함으로써 매각이 공정하게 이루어지게 함이 목적이 있다(대결 1994. 11. 30. 94마1673).

2. 최저경매가격 결정을 위한 부동산의 평가

감정인은 매각부동산의 평가에 고나한 집행법원의 집행보조자이며, 부동산경매에서는 감정평가사를 감정인으로 선정하는 것이 원칙이다.

평가를 함에 있어서 임차권의 존부, 대항력의 유무, 법정지상권의 발생여부 등 법률적 판단을 요하는 사항이 있으면 법원은 감정인에게 이를 전제로 평가할 것을 지시하여야 한다.

매각부동산의 평가는 원칙적으로 평가시를 기준으로 하여 경매부동산의 현지에 임하여 위치·형상·주위환경·건물구조·자재 등 제반사정을 참작하여 그 객관적 교환가치를 공정하고 타당하게 평가를 하여야 한다.

감정인이 평가업자인 경우에는 지가공시 및 토지 등의 평가에 관한 법률과 감정평가에 관한 규칙에 따라야 하고, 만약 감정평가업자의 부실감정으로 손해를 입은 감정평가 의뢰인 또는 선의의 제3자는 위 법상의 손해배상책임과 민법상의 불법행위로 인한 손해배상책임을 함께 물을 수 있다.

판례는 부동산경매에서 법원은 감정인의 평가액을 참작하여 최저매각가격을 정하여야 하지만, 특별한 사정이 없는 한 감정인의 평가액이 최저매각가격이 되므로 감정평가의 잘못과 매수인의 손해 사이에는 상당인과관계가 있다고 하였다(대판 1998. 9. 22. 97다36293).

3. 목적부동산의 재평가

법원은 필요한 경우에는 재평가를 명할 수 있다. 평가에 합리적 근거나 없거나 평가시에 당연히 고려하여야 할 사항을 고려하지 아니하고 평가하여 이를 최저매각 가격으로 삼을 수 없다고 인정되면 재평가를 명한다.

판례는 다음과 같은 경우에 재평가를 하여야 한다고 하였다. 즉, 감정평가액이 미등기건물을 포함한 전체 평가액으로 제출된 경우 미등기건물을 경매목적물에서 제외함으로써 경매목적물인 그 부지의 평가액에 영향이 있는 경우(대법원 1991. 12. 27. 자 91마608 결정), 부동산을 2억 원으로 평가하였으나 평가시점의 3년 전임에도 불구하고 채권최고액의 합계액이 2억 5300만원이고 공시지가는 5억 1,580만원인 경우(대법원 1994. 2. 24. 자 93마1934 결정), 부동산을 53,461,200원으로 평가하였으나 평가시점이 5년 전의 채권최고액의 합계액이 2억 8,650만원이고 2년 전에 무산된 매매계약서상의 매매대금이 5억 7008만원인 경우(대법원 1995. 7. 12. 95마453 결정), 경매대상토지 위에 채무자소유의 미등기 수목이 생립하고 있음에도 그 수목을 평가에서 제외한 채 오직 토지만을 평가한 경우(대법원 1998. 10. 28. 자 98마1817 결정) 등에는 평가보정 또는 재평가를 명해야 할 것이라고 하였다.

그러나 최초 매각가격을 결정한 후 상당한 시일이 경과되고 부동산가격에 변동이 있다고 하더라도 평가의 전제가 되는 중요한 사항이 변경되지 않는 한 재평가를 명할 필요가 없고(대법원 1998. 10. 28. 자98마1817 결정), 단순히 경매절차진행중 상당한 시일이 경과하였다는 사실은 재평가사유가 되지 못하고(대법원 1971. 9. 2. 자 71마533 결정), 또 가격이 저렴하다는 사실 등은 재평가사유가 되지 못한다.

재평가사유가 있음에도 재평가를 하지 않는 경우에는 집행이의, 매각허가에 대한 이의나 매각허가결정에 대한 항고사유가 된다.

> 매각기일 통지를 받지 못한 이해관계인이 그 기일을 알고 스스로 그 절차에 참여한 경우에도 매각허가에 대한 이의사유가 되는가?

이의사유가 되지 않는다(대결 2000. 1. 31. 99마7663).

【해 설】

<매각기일, 매각결정기일의 통지>

1. 의 의

법원은 매각기일과 매각결정기일을 이해관계인에게 통지하여야 한다(법 제104조 2항).

매각기일(종전이 경매기일)이란 매각대상인 부동산에 대하여 매각을 실시하는 기일을 말하고, 매각결정기일(종전의 경락기일)이란 매각이 실시되어 최고가매수신고인이 있을 때 법원이 출석한 이해관계인의 진술을 듣고 경매절차의 적법 여부를 조사하여 매각허가 또는 불허가결정을 선고하는 기일을 말한다.

매각기일 등의 통지는 집행기록에 표시된 이해관계인의 주소에 등기우편으로 발송할 수 있다.

통지의 취지는 부동산이 지나치게 저렴하게 매각되는 것을 방지하기 위한 필요한 조치를 취할 수 있고, 매각에 직접적인 이해관계를 가지므로 그 공고만으로 고지하는 것은 불충분하다는 점을 고려하여 개별적으로 통지를 함으로써 입찰절차에 참여할 기회를 주기 위한 것이다.

2. 통지누락의 효과

이해관계인의 권리신고가 매각기일통지 전에 있었다면 그 자에 대한 통지누락은 매각허가결정에 대한 적법한 항고사유가 되나(대결 1995. 4. 22. 95마320), 그 통지절차완료 후에는 비록 그 신고가 매각기일 전에 있었다 하더라도 그 자에 대한 통지누락은 매각허가에 대한 이의 내지 항고사유로 삼을 수 없다(대결 1998. 3. 12. 98마206).

수회 매각기일·매각결정기일의 일괄지정방식에 의하는 경우에는 이해관계인에 대한 통지도 일괄하여 한다(재민 98-11).

이 경우 일괄지정 후에 이해관계인의 권리신고가 있는 때에는 별도의 통지를 하여야 하나, 최초기일 통지절차완료 후 권리신고가 있는 때에는 그 첫 기일에 관하여 그 자에 대한 통지누락이 있어도 위법하다고 할 수 없고(대법원 2000. 1. 31. 자99마7663 결정), 선행기일 후 그 다음 기일 전에 권리신고가 있는 때에는 선행기일이 유찰됨으로써 다음 기일에 통지절차가 이미 완료된 것이므로 그 다음 기일에 관하여 그 자에 대한 통지누락은 위법하다고 할 수 없다(대결 1999. 11. 15. 99마5256). 그리고 기일통지를 받지 못한 이해관계인이 매각기일을 스스로 알고 그 절차에 참여한 경우에는 그 자에 대한 기일통지누락은 매각허가에 대한 이의사유가 되지 못한다(대결 2000. 1. 31. 99마7663).

공유지분경매에서 다른 공유자에 대한 기일통지누락은 매각허가결정에 대한 항고사유가 되나(대법원 1998. 4. 22. 자 97마962 결정), 매각기일통지를 하면서 최저매각가격을 착오로 잘못 통지한 것은 통지의무사항이 아니므로 항고사유가 아니다(대결 1999. 7. 22. 99마2906).

매각기일통지는 집행기록에 표시된 이해관계인의 주소로 발송송달하면 되고, 이때의 주소는 집행기록상 주소 중 최근의 주소여야 한다.

판례는 '기록상 전세권자의 최근주소가 있음에도 종전주소로 한 송달은 적법한 송달이 아니고 최저매각가격을 순차 저감한 것 또한 부적법하다'고 하였다.

또 매각기일통지는 등기우편으로 발송하는 방법으로 하므로 그 발송시에 효력이 있다(대결 1994. 7. 3. 94마1107). 따라서 등기부에 기재된 근저당권자가 주소변경을 게을리하여 종전의 등기부상 주소에 등기우편으로 발송하면 그 통지의 수령여부와 관계없이 그 발송시에 효력이 발생하고, 등기부에 기재된 권리자가 사망하여 이해관계인의 지위를 승계한 상속인들이 상속등기를 게을리하여 매각기일통지가 이미 사망한 등기부상 주소에 등기우편으로 송달된 경우에도 같다(대결 1995. 9. 6. 95마372, 373).

> 행위무능력자도 경매절차에서 매수신청인이 될 수 있는가?

　매수신청인은 권리능력과 행위능력이 필요하고, 행위무능력자는 법정대리인에 의해서만 매수신청을 할 수 있다.

【해 설】

　강제경매절차에서 매수신청인은 권리능력과 행위능력이 있어야 한다. 최고가 매수신고인이 부동산을 매수할 능력이나 자격이 없는 때에는 매각허가에 대한 이의신청(법 제121조)을 할 수 있다.

　행위무능력자는 법정대리인에 의해서만 매수신청을 할 수 있다. 판례는 '유아로서 의사능력없는 미성년자는 법정대리인에 의하여 매수신청을 하지 않는 한 그에 대한 매각허가는 무효이다'라고 하였다(대결 1967. 7. 12. 67마507).

　법인은 대표자가 그 자격을 증명하는 상업등기부등본 또는 법인등기부등본을 첨부하여 매수신청을 하여야 한다(규칙 62조 3항). 비법인 사단·재단은 대표자나 관리인이 있으면 매수신청을 할 수 있고, 이때 정관 등 규약, 대표자나 관리증명서면, 사원총회결의서(민법 276조 1항), 대표자나 관리인의 주민등록등본 등을 제출하여야 한다.

　법원은 법령에 의하여 그 취득이 제한되는 부동산에 관하여는 매수신청인을 소정의 자격자로 제한하는 결정을 할 수 있다(규칙 제60조). 법원이 이러한 결정을 하면, 법원사무관 등은 매수신고를 할 수 있는 자의 자격제한을 매각기일의 공고 중에 명시하여야 한다(규칙 제56조 2호).

　경매목적물을 취득하는 대에 관청의 증명이나 허가를 필요로 하는 경우(예컨대, 농지의 경우 농지취득자격증명, 어업권의 경우 어업권 이전의 인가) 그 증명이나 허가는 매각허가결정시까지 보완하면 되므로 매수신청시에 그 증명이나 허가가 있음을 증명할 필요는 없는 것이나(재민 97-1 5항), 법원이 제한하는 결정을 한 경우에는 집행관은 매각을 실시함에 있어서 소정의 자격이 있는 자 이외의 자가 매수의 신고를 하게 하여서는 아니 된다.

　채무자, 매각절차에 관여한 집행관, 매각부동산을 평가한 감정인(감정평가법인의 경우는 그 법인과 소속감정평가사) 등은 매수신청이 금지되고(규칙 제59조), 그 외에 집행법원의 법관과 법원직원, 재경매에서 전 매수인도 매수신청을 할 수 없다. 집행관법 15조 2항의 집행관·감정인과 그 친족의 매수금지는 유체동산경매에 한정된다.

> **매각대상 부동산 중 일부에 대한 공유자도 일괄매각된 전체 부동산에 대해 우선매수권을 행사할 수 있는가?**

우선변제권을 행사할 수 없다(대결 2006. 3. 13. 2005마 1078).

【해 설】

<공유자의 우선매수권>

1. 의 의

공유자는 자기의 지분권을 자유롭게 처분할 수 있고(민법 제263조), 언제든지 공유물을 분할하여 단독소유로 할 수 있는 등 공유는 독립성이 강한 공동소유 형태이다. 반면에 공유자 상호간에는 인적인 유대관계를 맺고 있다.

따라서 만약 공유지분이 경매를 통하여 제3자에게 매수된다면 그 제3자와 새로운 인적 관계를 강제로 맺게 하는 결과가 되므로, 공유관계에 남아 있는 다른 공유자에게 공유지분의 우선매수권을 인정하고 있다.

공유물지분경매에서 공유자는 매각기일까지 매수보증을 제공하고 최고매수신고가격과 같은 가격으로 채무자의 지분을 우선매수하겠다는 신고를 할 수 있다(민사집행법 제140조). 이 제도는 우리나라에 특유한 제도로서, 민사집행규칙에서 그 행사절차에 관한 규정을 신설하였다. 이는 호가경매, 기일입찰과 기간입찰 모두에 적용된다(규칙 제71조, 72조 4항).

2. 적용 제외

선박의 공유지분(민사집행법 제185조), 항공기의 공유지분(규칙 제106조), 자동차의 공유지분(규칙 제129조), 건설기계의 공유지분(규 130조)에 대한 강제집행을 기타재산권에 대한 강제집행(민사집행법 제251조)의 에에 따르므로 우선매수권을 행사할 수 없다. 또한, 공유물분할판결에 기한 공유물경매에도 본조가 적용되지 않는다(대법원 1991. 12. 16. 자 91마239 결정).

한편, 매각대상 부동산 중 일부에 대한 공유자는 일괄매각된 전체 부동산에 대하여 공유자의 우선매수권을 행사할 수 없다.

판례는 '집행법원이 여러 개의 부동산을 일괄매각하기로 결정한 경우, 집행법원이 일괄매각결정을 유지하는 이상 매각대상 부동산 중 일부에 대한 공유자는 특별한 사정이 없는 한 매각대상 부동산 전체에 대하여 공유자의 우선매수권을 행사할 수 없다고 봄이 상당하다'고 하였다(대결 2006. 3. 13. 2005마1078).

3. 내 용

공유자에게 우선적으로 매수권을 준다는 것이고 그 이상의 특권을 인정하는 것은 아니다. 즉 공유자는 매각기일까지 일반의 매수신고인과 마찬가지로 법 제113조에 따른 보증을 제공하고, 최고매수신고가격과 같은 가격을 채무자의 지분을 우선매수하겠다는 신고를 할 수 있다(법 제140조 1항).

이 경우 사법보좌관은 최고가매수신고가 있더라도 그 공유자에게 매각을 허가하여야 한다(동조 2항). 즉, 최고가매수신고인이 있더라도 매각기일까지 공유자가 그 가격으로 매수신고하겠다고 신고하고 보증을 제공하고 공유자가 매각허가를 받게 된다.

매각기일에 다른 최고매수신고가격이 있으면 그 가격으로 없으면 최저매각가격을 최고매수신고가격으로 하여 그 공유자에게 매각을 허가하여야 한다(법 제140조 2항, 규칙 제76조 2항).

4. 행사방법

(1) 우선매수권의 행사시한

우선매수신고는 집행관이 매각기일을 종결한다는 고지를 하기 전까지 할 수 있다(규칙 76조 1항). 따라서 공유자는 집행관이 최고가매수신고인의 성명과 가격을 호창하고 매각의 종결을 선언하기까지만 하면 되고 입찰마감시각까지 제한할 것이 아니다(대법원 2000. 1. 28. 자 99마5871 결정). 매각의 종결 후에는 우선매수권을 행사할 수 없다.

(2) 매각기일 전의 행사

공유자는 매각기일 전에 미리 집행관 또는 집행법원에 매수보증을 제공하고 최고매수신고가격과 같은 가격으로 우선매수권을 행사하겠다고 신고할 수 있다. 매수보증의 제공이 없으면 우선매수권 행사의 효력이 생기지 아니한다.

입찰기일 전에 공유자우선매수신고서를 제출한 공유자가 입찰기일에 입찰에 참가하여 입찰표를 제출하였다고 하여 그 사실만으로 우선매수권을 포기한 것으로 볼 수 없다(대법원 2000. 6. 17. 자 2002마234 결정).

(3) 여러 공유자의 우선매수신고

수인의 공유자가 우선매수신고를 하고 그 절차를 마친 때에는 특별한 협의가 없는 한 공유지분의 비율에 따라 채무자의 지분을 매수하게 된다(법 제140조 3항).

수인의 공유자가 각자의 공유지분비율에 따라 매수할 지분과 그 매수가격을 정하여 우선매수신고로서의 공동입찰을 한 경우 수인의 공동입찰인 비록 각자의 매수지분을 정하여 입찰했더라도 일체로서 권리를 취득하고 의무를 부담하므로 그들에 대하여는 일괄하여 그 낙찰 허부를 결정하여야 한다(대결 2001. 7. 16. 2001마1226).

> **매각기일의 공고에 임대차가 없는 것처럼 잘못 기재되어 있는 경우, 매각허가결정에 대해 항고사유로 삼을 수 있는가?**

항고사유로 삼을 수 없다(대결 1991. 2. 27. 90마18).

【해 설】
매각허가결정에 대한 항고는 매각허가에 대한 이의신청사유가 있다거나, 그 결정절차에 중대한 잘못이 있는 것을 이유로 드는 때에만 할 수 있다(법 제130조 1항). 결정절차에 중대한 잘못이 있는 경우란, 예컨대 매각기일 후 집행정지서류(법 제49조)가 제출되었음에도 매각허가결정을 한 경우 등이다.

매각허가결정 후 항고심재판까지의 사이에 생긴 사유도 항고이유로 주장할 수 있다. 판례는 항고심계속중 경매부동산 중 일부가 수용된 경우 그 부분에 대하여는 매각허가결정을 취소하여야 한다고 하였다(대판 1993. 9. 27. 자 93마480).

항고심에도 다른 이해관계인의 권리에 관한 이유를 항고이유로 할 수 없으나 채무자에 대한 경매개시결정의 송달흠결은 항고이유로 삼을 수 있다.

매각기일의 공고에 임대차가 없는 것처럼 잘못 기재되어 있다고 하더라도 채무자는 그와 같은 사유를 들어 매각허가결정에 대한 항고사유로 삼을 수 없고(대법원 1991. 2. 27. 자 90마18 결정), 공과금을 주관하는 공공기관에 대하여 채권신고의 최고를 하지 아니하였더라도 이는 매각허가결정에 대한 항고사유가 될 수 없다(대법원 1979. 10. 30. 자 79마299 결정).

매각불허가결정에 대한 항고는 그 매각불허가결정에 기재된 사유에 대하여 다투면 족하고, 민사집행법이 규정한 모든 불허가원인이 없음을 밝힐 필요가 없다. 따라서 항고법원도 항고인의 주장이 정당하면 항고를 인용하면 족하다.

재심사유(민소 451조 1항)는 그 자체로서 매각허가 또는 매각불허가결정에 대한 항고사유가 된다(130조 2항). 매각허부결정이 확정된 이후에도 재심사유를 들어 준재심을 청구할 수 있다.

임의경매에서는 절차적 하자뿐만 아니라 실체적 하자, 예컨대 담보권의 부존재·소멸, 피담보채권의 부존재·소멸 등도 항고사유로 삼을 수 있으므로, 항고법원은 그 권리의 존부를 심리하여 항고이유 유무를 판단하여야 한다(대결 1991. 1. 21. 90마946).

> 매수인이 대금지급기한 내에 매각대금을 지급하지 아니한 경우 매각허가결정의 효력이 상실되는가?

상실되지 아니한다(대판 1992. 2. 14. 91다40160).

【해 설】

<매각허가결정의 효력>

매각허가결정은 항고기간이 도과된 때, 매각허가결정에 대한 항고에 대한 각하·기각결정이 확정된 때, 항고각하·기각결정에 대한 재항고가 기각된 때에 확정된다. 다만, 추완항고가 제기되어 항고심에서 추후보완신청이 허용된 경우에는 매각허가결정이 확정되지 아니한다.

또 집행법원이 보정명령에의 불응, 항고기간 도과, 항고보증을 제출하지 않음 등을 이유로 항고각하결정 또는 항고장각하결정을 한 경우 그 결정에 대한 즉시항고가 제기된 경우에 그 즉시항고는 집행정지효력이 없으므로 매각허가결정은 확정된다.

1. 매각허가결정의 실체법상 효력

매각허가결정이 확정되면 매수인의 대금지급의무가 현실적으로 발생한다. 따라서 집행법원은 대금지급기한을 지정하여 이를 매수인과 차순위매수신고인에게 통지하여야 한다.

매수인의 대금지급의무는 매각허가결정의 효력으로 발생하는 것이므로 그 확정전에 대금지급기한을 정하더라도 그 기한지정은 아무런 효력이 없고, 따라서 그 기한 내에 매수인이 매각대금을 납부하지 아니하였다 하더라도 매각허가결정이 효력을 상실하는 것이 아니다(대판 1992. 2. 14. 91다40160).

매수인의 권리의무(대금지급의무, 또는 대금미납시 매수보증금의 반환청구권을 잃게 되나 재매각절차에서 재매각기일 3일 전까지 대금을 납부할 수 있는 권리 등)는 사법상의 매매의 효력으로서 발생하는 것이 아니고 매각허가결정의 효력으로서 발생하는 것인만치 이는 일방적 의사표시로서 포기할 수 없다(대결 1971. 5. 10. 자71마283).

2. 매각허가결정의 절차법상의 효력

매각허가결정이 확정되면 경매절차상의 하자가 치유되는 경우가 있다. 예컨대 남을 가망이 없음에도 매각을 실시하여 한 매각허가에 대하여 이의나 즉시항고로 다투지 아니하여 확정된 경우, 매각기일의 공고가 위법함에도 이의나 항고로 다투지 아니하여 확정된 경우, 매각기일의 통지가 없었음에도 채무자가 이의나 항고로 다투지 아니하여 확정된 경우(대판 1992. 2. 14. 91다40160), 매각기일변경 후 착오로 최저매각가격을 저감한 매각기일에 경매불능(유찰)된 후에 다른 기일에서 이루어진 매각허가결정이 확정된 경우(대결 1970. 10. 13. 70마618)에는 그 하자가 치유된다.

경매 대상 토지상의 채무자 소유의 미등기 수목은 매각대금을 납부한 매수인의 소유권취득 대상에 포함되는가?

포함된다(대결 1998. 10. 28. 98마1817).

【해 설】

매수인은 매각대금을 다 낸 때에는 매각의 목적인 권리를 취득한다(민사집행법 제135조).

대금납부에 의한 소유권취득은 성질상 승계취득이다. 따라서 하나의 토지 중 특정부분에 대한 구분소유적 공유관계를 표상하는 공유지분등기에 근저당권이 설정된 후 그 근저당권의 실행으로 위 공유지분을 취득한 매수인은 구분소유적 공유지분을 그대로 취득한다(대판 1991. 8. 27. 91다3703).

매수인이 취득하는 부동산소유권의 범위는 매각허가결정에 적힌 부동산과 동일성이 인정되는 범위 내에서 그 소유권의 효력이 미치는 범위와 같다. 따라서 매각부동산의 구성부분, 부합물 및 종물(종된 권리 포함)도 함께 취득한다.

예컨대, 경매대상토지상의 채무자소유의 미등기 수목은 토지의 구성부분으로서 토지와 함께 경매되는 것이므로 토지의 매수인은 수목도 함께 취득하고(대결 1998. 10. 28. 98마1817), 기존건물에 부합하는 증축부분은 경매목적물로 평가되지 아니하였다 하더라도 기존건물의 매수인은 증축부분의 소유권도 취득한다(대판 1992. 12. 8. 92다26772, 26789).

그러나 매각부동산과 거래상 독립하여 별개의 소유권의 객체가 되는 때에는 매수인은 소유권을 취득하지 못한다. 예컨대, 법원이 매각허가결정을 하면서 착오로 부동산목록에 매각대상이 아닌 부동산을 포함시켰다 하더라도 이는 명백한 오기로서 결정이 경정사유가 될 뿐 매각허가결정의 효력이 그 부동산에 미치지 아니한다.

또 경매신청이 되지도 아니하였고 경매개시결정을 받은 바도 없는 독립된 부동산이 경매신청된 다른 부동산고 함께 평가되어 매각기일에 공고되고 경매된 결과 매수인에게 매각허가되고 그 매각허가결정이 확정되었다고 하더라도 그 독립된 부동산에 대한 매각허가결정은 당연무효이므로 매수인은 그 부동산의 소유권을 취득할 수 없다(대판 1991.

12. 10. 91다20722).

> 사회복지법인의 기본재산이 감독관청의 허가 없이 경매절차에서 매각된 경우 매수인은 소유권을 취득할 수 있는가?

취득할 수 없다(대결 2007. 6. 8. 2005마1193).

【해 설】

<집행권원 등의 하자와 매수인의 소유권 취득>

1. 집행권원에 하자가 있는 경우

무효인 집행증서에 기한 경매절차에서 부동산을 매수한 자는 소유권을 취득할 수 없다. 그러나 채무자가 매수인에 대하여 그 공정증서가 유효하다는 신뢰를 부여한 경우 강제집행의 무효를 주장하는 것은 금반언 및 신의칙에 위반된다. 판례는 경매절차를 방치하고 있다가 변제를 주장하여 매각허가결정에 대한 항고절차를 취하고 매각대금까지 배당받은 경우(대법원 1992. 7. 28. 선고 92다7726 판결), 경매절차를 저지하기 위한 이사비용을 받고 부동산을 임의로 명도해 주기까지 한 경우(대법원 1993. 12. 24. 선고 93다42603 판결)에는 금반언 및 신의칙에 위반된다고 하였다.

가집행선고부판결에 기한 강제경매로 매각대금이 완납된 후에 상소심판결에 의하여 가집행선고의 효력이 소멸되거나 집행채권의 존재가 부정되는 경우(대법원 1993. 4. 23. 선고 93다3165 판결), 경매개시 근거가 된 확정판결이 재심소송으로 취소되기 전에 대금완납된 경우(대법원 1996. 12. 20. 선고 96다42628 판결)에는 매수인의 소유권 취득에 영향이 없다.

2. 경매개시결정송달의 흠이 있는 경우

채무자에 대한 경매개시결정의 송달 없이 경매절차가 진행되어 대금완납이 있더라도 매수인은 소유권을 취득할 수 없다.

3. 감독관청의 허가 등에 관해 흠이 있는 경우

학교법인의 기본재산인 부동산(임야)이 감독청의 허가 없이 강제경매절차에 의하여 매각된 경우(대법원 1994. 1. 25. 선고 93다42993 판결), 전통사찰보존법 6조 1항 2호 소정의 경내지(임야)가 감독청의 허가 없이 강제경매절차에 의하여 처분된 경우(대법원 1999. 10. 22. 선고 97다49817 판결)에는 매수인은 소유권을 취득할 수 없다.

판례는 '사회복지사업법 제23조 제3항 제1호의 규정에 의하면 사회복지법인이 기본재산을 매도하기 위하여는 보건복지부장관의 허가를 받아야 하고, 이는 경매절차에 의한 매각의 경우에도 마찬가지인바, 사회복지법인의 기본재산에 대하여 실시된 부동산경매절차에서 최고가매수신고인이 그 부동산 취득에 관하여 보건복지부장관의 허가를 얻지 못하였다면 민사집행법 제121조 제2호에 정한 '최고가매수신고인이 부동산을 매수할 자격이 없는 때'에 해당하므로 경매법원은 그에 대한 매각을 불허하여야 한다. 그리고 이는 사회복지법인이 보건복지부장관의 허가를 받아 토지 및 건물에 대하여 공동근저당권을 설정하였다가 건물을 철거하고 새 건물을 신축하여, 민법 제365조의 '저당지상 건물에 대한 일괄경매청구권'에 기하여 위 신축건물에 대한 경매가 진행된 경우라도 마찬가지이므로, 위 신축건물의 매각에 관하여 별도로 보건복지부장관의 허가가 없다면 최고가매수신고인에 대한 매각은 허가될 수 없다.'고 하였다(대결 2007. 6. 18. 2005마1193).

배당요구를 하면 어떤 효력이 발생하는가?

배당요구채권자는 매각대금으로부터 배당을 받을 수 있고, 배당요구에 관련된 채권에 관하여 소멸시효를 중단하는 효력이 생긴다(대판 2001. 1. 25. 2001다11055).

【해 설】

배당요구란 다른 채권자에게 의하여 개시된 집행절차에 참가하여 그 매각대금에서 변제를 받으려는 집행법상의 행위이다.

집행정본을 가진 채권자는 배당요구를 함으로써 배당을 받을 수 있다. 유체동산 집행에서는 배당요구가 인정되지 아니하고 반드시 별도의 집행신청을 하여야 한다. 여기에서의 집행정본은 원칙적으로 집행문이 부여된 집행권원을 의미하나 집행문 없이 집행정본이 되는 지급명령·이행권고결정 등에는 집행문을 요하지 아니한다. 또 경매신청시와는 달리 배당요구시에는 그 사본이라도 무방하다(규칙 48조 2항).

경매기입등기 후의 가압류채권자는 배당요구의 종기까지 배당요구를 하여야 배당받을 수 있다. 첫 경매기입등기 전에 가압류를 한 채권자는 배당요구를 하지 않더라도 당연히 배당받을 수 있다(법 제148조 3호).

1. 배당요구의 효과

배당요구는 적법한 배당요구서가 제출되면 즉시 그 효력이 발생하고, 이해관계인에 대한 통지는 효력발생요건이 아니다.

배당요구채권자는 매각대금으로부터 채권순위에 따라 배당을 받을 권리가 있고, 배당기일통지수령권(법 제146조), 배당기일에 출석하여 배당표에 대한 의견을 진술할 수 있는 권리(법 제151조) 등을 가지고, 배당요구를 함으로써 경매절차의 이해관계인이 되는 경우도 있다.

또 집행정본을 가진 채권자가 한 배당요구는 민법 168조 2호의 압류에 준하는 것으로서 배당요구에 관련된 채권에 관하여 소멸시효를 중단하는 효력이 생긴다(대법원 2002. 2. 26.선고 2000다25484 판결).

2. 배당요구가 없는 경우의 효과

배당요구가 필요한 채권자가 배당요구종기까지 배당요구를 하지 아니한 경우에는 배당받을 수 없고, 압류채권자나 배당요구한 채권자가 채권의 일부 금액으로 경매신청 또는 배당요구한 경우 배당요구종기 이후에는 새로운 채권을 추가하거나 확정할 수 없다(대판 2002. 1. 25. 2001다11055).

다만, 이자 등 부대채권의 경우에는 경매신청서에 이자지급을 구하는 취지가 적혀 있기만 하면 배당요구종기까지는 채권계산서를 제출하는 방법으로 이를 확장할 수 있다(대판 2001. 3. 23. 99다11526).

> 가압류집행 후 가압류의 목적물이 제3자에게 이전되어 가압류채권자가 강제집행을 하는 경우 취득자에 대한 채권자는 배당에 참가할 수 있는가?

제3취득자에 대한 채권자는 가압류목적물의 대금 중 가압류의 처분금지적 효력이 미치는 범위의 금액에 대하여는 배당에 참가할 수 없다.

【해 설】

배당받을 채권자의 범위(민사집행법 제148조) 배당금을 배당받을 채권자는 다음 각호에 규정된 사람으로 한다.

① 배당요구의 종기까지 경매신청을 한 압류채권자

② 배당요구의 종기까지 배당요구를 한 채권자

③ 첫 경매개시결정등기 전에 등기된 가압류채권자

④ 저당권·전세권, 그 밖의 우선변제청구권으로서 첫 경매개시결정등기 전에 등기되었고 매각으로 소멸하는 것을 가진 채권자

가압류채권자에 대해서는 배당액이 공탁되므로(법 제160조 1항 3호), 그도 역시 배당

받을 채권자이다. 그러나 이는 첫 경매개시결정등기 전에 등기된 가압류채권자에 한하고, 그 후에 등기된 가압류채권자는 배당받을 채권자에 포함되지 않는다.

　가압류의 처분금지적 효력에 따라 가압류집행 후 가압류채무자의 가압류목적물에 대한 처분행위는 가압류채권자와의 관계에서는 상대적으로 그 효력이 없으므로 가압류집행 후 가압류목적물의 소유권이 제3자에게 이전된 경우 가압류채권자는 집행권원을 얻어 제3취득자가 아닌 가압류채무자를 집행채무자로 하여 그 가압류를 본압류로 전이하는 강제집행을 실행할 수 있고, 이 경우 그 강제집행은 가압류의 처분금지적 효력이 미치는 객관적 범위인 가압류결정 당시의 청구금액의 한도 안에서는 집행채무자인 가압류채무자의 책임재산에 대한 강제집행절차이므로 제3취득자에 대한 채권자는 당해 가압류목적물의 매각대금 중 가압류의 처분금지적 효력이 미치는 범위의 금액에 대하여는 배당에 참가할 수 없다. 또한, 이 경우 그 강제집행은 가압류의 처분금지적 효력이 미치는 객관적 범위인 가압류결정 당시의 청구금액의 한도 안에서만 집행채무자인 가압류채무자의 책임재산에 대한 강제집행절차라 할 것이고, 가압류결정 당시의 청구금액이 채권의 원금만을 기재한 것으로서 가압류채권자가 가압류채무자에 대하여 원금 채권 이외에 이자와 소송비용채권을 가지고 있다 하더라도 가압류결정 당시의 청구금액을 넘어서는 이자와 소송비용채권에 관하여는 가압류의 처분금지적 효력이 미치는 것이 아니므로, 가압류채권자는 가압류목적물의 매각대금에서 가압류결정 당시의 청구금액을 넘어서는 이자와 소송비용채권을 배당받을 수 없다(대판 1998. 11. 10. 선고98다43441).

> **배당기일에서 피담보채권에 해당하는 금액을 받지 못한 근저당권자는 배당이의의 소를 제기하여 구제받을 수 있었던 경우라면 실제로 배당받을 자에 대하여 부당이득반환청구를 할 수 없는가?**

　부당이득반환청구로써 배당받았을 금액의 지급을 청구할 수 있다(대판 2002. 10. 22. 2000다59678).

　【해 설】

　<배당이의의 소와 부당이득반환청구와의 관계>

　이의한 채권자가 배당이의의 소의 출소기간을 지키지 아니한 경우에도 배당표에 따른 배당을 받은 채권자에 대하여 소로 우선권 및 그 밖의 권리를 행사는 데 영향을 미치지 아니한다(법 제155조).

　이와 관련하여 "확정된 배당표에 의하여 배당을 실시하는 것은 실체법상의 권리를 확정하는 것이 아니므로 배당을 받아야 할 자가 배당을 받지 못하고 배당을 받지 못할 자가 배당을 받은 경우에는 배당을 받지 못한 우선채권자는 배당을 받은 자에 대하여 부당이득반환청구권이 있다고 함이 판례의 확립된 견해이다"(대법원 1997. 2. 14. 선고 96다51585 판결)라고 밝히고 있다. 나아가 위와 같은 경우에 배당을 받지 못한 채권자로서 배당에 관하여 이의를 한 여부에 관계없이 배당을 받지 못할 자이면서도 배당을 받았던 자를 상대로 부당이득반환청구권을 갖게 되고(대법원 2001. 3. 13. 선고 99다26948 판결), 또 형식상 배당절차가 확정되었는가의 여부에 관계없이 배당을 받지 못한 우선채권자는 부당이득반환청구권이 있는 것이다(대법원 1994. 2. 22. 선고 93다55241 판결).

또 판례는 등기는 물권의 효력이 발생 요건이고 존속 요건은 아니어서 등기가 원인 없이 말소된 경우에는 그 물권의 효력에 아무런 영향이 없고, 그 회복등기가 마쳐지기 전이라도 말소된 등기의 등기명의인은 적법한 권리자로 추정되므로, 근저당권설정등기가 위법하게 말소되어 아직 회복등기를 경료하지 못한 연유로 그 부동산에 대한 경매절차의 배당기일에서 피담보채권액에 해당하는 금액을 배당받지 못한 근저당권자는 배당기일에 출석하여 이의를 하고 배당이의의 소를 제기하여 구제받을 수 있고, 가사 배당기일에 출석하지 않음으로써 배당표가 확정되었다고 하더라도, 확정된 배당표에 의하여 배당을 실시하는 것은 실체법상의 권리를 확정하는 것이 아니기 때문에 위 경매절차에서 실제로 배당받은 자에 대하여 부당이득반환 청구로서 그 배당금의 한도 내에서 근저당권설정등기가 말소되지 아니하였더라면 배당받았을 금액의 지급을 구할 수 있다고 하였다(대판 2002. 10. 22. 2000다59678).

> 건물 경매절차의 매수인에게 위 건물의 공사대금의 잔금을 청구할 수 있는가?

청구할 수 없다.

【해 설】

갑은 을로부터 건물의 신축공사를 도급 받아 공사를 완성하여 사용검사를 필하고 을 명의로 소유권보존등기까지 마치도록 해주었으나, 을이 공사대금의 잔금의 지급을 이행하지 않으므로 건물의 인도를 거부하고 있었다. 그런데 을의 채권자가 위 건물을 그 대지와 함께 강제경매신청하여 매각되었다. 이 경우 갑이 경매절차의 매수인에게 위 공사대금의 잔금을 청구할 수는 없는지가 문제된다.

먼저 건축공사의 수급인이 공사대금채무의 불이행을 이유로 건물에 대하여 유치권을 행사할 수 있는지에 관하여 판례를 보면, "주택건물의 신축공사를 한 수급인이 그 건물을 점유하고 있고 또 그 건물에 관하여 생긴 공사금 채권이 있다면, 수급인은 그 채권을 변제받을 때까지 건물을 유치할 권리가 있다고 할 것이고, 이러한 유치권은 수급인이 점유를 상실하거나 피담보채무가 변제되는 등 특단의 사정이 없는 한 소멸되지 않는다."라고 하였다(대법원 1995. 9. 15. 선고 95다16202, 95다16219 판결).

그런데 민사집행법 제91조 제5항에 의하면, "매수인은 유치권자에게 그 유치권으로 담보하는 채권을 변제할 책임이 있다."라고 규정하고 있으므로 위 사안에서 갑이 경매절차의 매수인에게 위 건물에 대한 유치권으로 담보하는 채권 즉, 공사대금의 잔금을 청구할 수 있는지 문제가 된다.

이와 관련된 판례를 보면, "공장 신축공사 공사잔대금채권에 기한 공장 건물의 유치권자가 공장 건물의 소유 회사가 부도가 난 다음에 그 공장에 직원을 보내 그 정문 등에 유치권자가 공장을 유치·점유한다는 안내문을 게시하고 경비용역회사와 경비용역계약을 체결하여 용역경비원으로 하여금 주야 교대로 2인씩 그 공장에 대한 경비·수호를 하도록 하는 한편 공장의 건물 등에 자물쇠를 채우고 공장 출입구 정면에 대형 컨테이너로 가로막아 차량은 물론 사람들의 공장 출입을 통제하기 시작하고 그 공장이 경락된 다음에도 유치권자의 직원 10여 명을 보내 그 공장 주변을 경비·수호하게 하고 있었다면, 유치권자가 그 공장을 점유하고 있었다고 볼 여지가 충분하다."는 이유로, 유치권자의 점유를 인정하지 아니한 원심판결을 파기한 사례에서 "민사소송법 제728조에 의하여 담보권의 실행을 위한 경매절차에 준용되는 같은 법 제608조 제3항은 경락인은 유치권자에게 그 유치권으로 담보하는 채권을 변제할 책임이 있다고 규정하고 있는바, 여기에서 '변제할 책임이 있다'는 의미는 부동산상의 부담을 승계한다는 취지로서 인적 채무까지 인수한다는 취지는 아니므로, 유치권자는 경락인에 대하여 그 피담보채권의 변제가 있을 때까지 유치목적물인 부동산의 인도를 거절할 수 있을 뿐이고 그 피담보채권의 변제를 청구할 수는 없다."라고 하였다(대법원 1996. 8. 23. 선고 95다8713 판결).

따라서 위 사안에서도 갑으로서는 위 공사대금의 잔금이 지급될 때까지 위 건물의 인도를 거절할 수 있을 것이지만, 경매절차의 매수인을 상대로 위 공사대감의 잔금지급을 청구할 수는 없을 것으로 보인다.

선박경매과정에서 발생한 정박료 채권이 선박우선특권에 해당하는가?

선박우선특권에 해당한다고 볼 수 없다(대판 1998. 2. 10. 97다 10468).

【해 설】

갑 회사는 갑회사소유의 선박이 을 회사의 선박의 과실로 발생된 선박충돌사고로 선박수리비 등 다액의 손해가 발생되어 을 회사의 선박을 압류하여 경매개시 되었고, 선박감수보존명령을 받아 집행관에 의하여 감수보존처분이 집행되었다. 그런데 위 압류선박의 매각대금 및 이에 대한 배당기일까지의 이자 합계금이 원고가 청구한 감수보존비용에도 미치지 못하여 위 합계금은 갑 회사의 감수보존비용과 관할해운항만청에서 청구한 정박료채권에 안분배당되어 확정되었다. 이 경우 갑이 정박료채권은 선박우선채권에 해당되고 집행비용에는 해당되지 않는다는 이유로 국가에 대하여 부당이득의 반환을 청구할 수 있는지가 문제된다.

선박우선특권있는 채권에 관하여 상법 제861조에 의하면 "① 다음의 채권을 가진 자는 선박, 그 속구, 그 채권이 생긴 항해의 운임 그 선박과 운임에 부수한 채권에 대하여 우선특권이 있다.

1. 채권자의 공동이익을 위한 소송비용, 선박과 속구의 경매에 관한 비용, 항해에 관하여 선박에 과한 제세금, 도선료와 예선료, 최후 입항 후의 선박과 그 속구의 보존비와 검사비

2. 선원 기타의 선박사용인의 고용계약으로 인한 채권

3. 선박의 구조에 대한 보수와 공동해손의 분담에 대한 채권

4. 선박의 충돌로 인한 손해 기타의 항해사고로 인한 행해시설, 항만시설 및 항로에 대한 손해와 선원이나 여객의 생명, 신체에 대한 손해의 배상채권 ② 제1항의 우선특권을 가진 선박채권자는 이 법 기타의 법률의 규정에 따라 제1항의 재산에 대하여 다른 채권자보다 자기채권의 우선변제를 받을 권리가 있다. 이 경우에는 그 성질에 반하지 아니하는 한 민법의 저당권에 관한 규정을 준용한다."라고 규정하고 있으며, 압류선박의 정박에 관하여는 민사집행법 제176조 제1항에서 "법원은 집행절차를 행하는 동안 선박이 압류 당시의 장소에 계속 머무르도록 명하여야 한다."라고 규정하고 있다.

그리고 민사집행법 제53조 제1항에 의하면 "강제집행에 필요한 비용은 채무자가 부담하고 그 집행에 의하여 우선적으로 변상을 받는다."라고 규정하고 있으며, 이 규정은 민사집행법 제275조에 의하여 담보권실행을 위한 경매절차에도 준용된다.

그러므로 위 사안에서 정박료채권이 집행비용에 해당된다면 선박우선특권에 해당되는 것보다 우선적으로 변상을 받게 되는 차이점이 있다.

그런데 선박경매과정에서 발생한 정박료채권이 선박우선특권에 해당하는지에 관하여

판례를 보면, "선박경매에 있어서 선박을 압류항에 정박시켜 두지 아니하면 경매 절차를 속행할 수 없으므로, 선박에 대한 압류의 효력이 발생한 때부터 경락대금 지급시까지의 기간 동안에 선박의 정박을 위하여 발생한 정박료는 선박경매를 수행하기 위한 것으로서 당해 집행사건의 집행비용에 해당한다고 보아야지 상법 제861조 제1항 제1호 소정의 선박우선특권에 해당한다고 볼 수는 없다."라고 하였다(대법원 1998. 2. 10. 선고 97다10468 판결).

따라서 위 사안에서도 국가의 정박료채권은 갑회사의 감수보존비용과 함께 집행비용으로서 안분배당되는 것이 타당할 것이므로, 갑회사가 국가에 대하여 부당이득반환청구를 할 수는 없을 것으로 보인다.

제 4 장 동산에 대한 강제집행

제 1 절 강제집행절차

I. 동산에 대한 강제집행 통칙

1. 총 설

민사집행법은 유체동산, 채권과 그 밖의 재산권에 대한 강제집행을 한 데 묶어 제2편 제2장 제4절에서 동산에 대한 강제집행만을 이름으로 규정하고 있다.

민사집행법에서 말하는 동산은 민법상의 동산과는 달리 부동산 및 이에 준하여 취급되는 것(예컨대 입목에 관한법률에 따라 소유권이전등기된 입목, 공장재단, 광업재단, 광업권, 어업권, 등기할 수 있는 선박, 등록된 항공기, 자동차, 건설기계) 이외의 것을 말하며, 여기에서 유체동산과 채권 그 밖의 재산권이 포함된다.

2. 집행방법

동산에 대한 강제집행은 압류에 의하여 개시한다(법 제188조 1항). 압류란 동산에 대한 집행행위의 첫 관계로서 채무자의 특정재산에 대한 처분권을 빼앗아 국가에 맡기는 집행기관의 권력적 행위를 말한다.

즉, 동산에 대한 강제집행은 집행의 대상인 재산을 압류하고 경매 등의 의하여 현금화한 다음 그 대금을 각 채권자에게 변제하는 방법으로 행하여진다.

유체동산의 경우에는 집행관이 대상물의 점유를 취득하는 사실적 방법에 의하고, 채권 그 밖의 재산권의 경우에는 집행법원이 압류명령을 발령하여 그것의 송달에 의하는 관념적 방법에 의한다.

3. 압류의 범위

압류는 집행력 있는 정본에 적은 청구금액의 변제와 집행비용의 변상에 필요한 한도 안에서 하여야 한다(법 제188조 2항).

이를 초과압류의 금지라고도 한다. 따라서 채권금액과 집행비용을 감안하여 강제집행을 하기에 적당한 재산이 있음에도 불구하고 그보다 훨씬 고가의 재산에 대하여 압류를 신청하면 허용되지 않는다.

II. 유체동산에 대한 강제집행

1. 유체동산의 의의 및 집행절차 개요

(1) 유체동산의 의의

민사집행법이 유체동산이라는 개념을 사용하는 것은 그것이 민법상의 동산의 개념과 차이가 있기 때문이다. 유체동산에 대한 강제집행에서 말하는 유체동산은 민사집행법상의 동산 중에서 채권 그 밖의 재산권을 제외한 물건 및 유가증권으로 화체된 재산권을 말한다. 유체동산에 대한 강제집행은 민사집행법상 금전채권에 기초한 강제집행(제2편 제2장) 중 동산에 대한 강제집행(제4절)의 일종(제2관)으로 분류된다. 유체동산에 대한 금전집행은 집행관이 실시하는 것이 원칙이나, 채권자가 경합하고 배당하여야 할 금전이 각 채권자를 만족시키기에 부족한 경우에 실시할 배당절차는 집행법원이 담당한다.

(2) 유체동산 집행절차의 개요

채권자가 집행관에게 집행신청(집행위임)을 하면 집행관은 채무자 소유의 유체동산 중 압류금지물건(법 제195조)을 제외하고 압류를 실시한 후(법 제188조 내지 192조), 압류물을 입찰 또는 호가경매의 방법으로(법 제199조 이하) 현금화한다.

집행관은 채권자가 한 사람인 경우에는 압류한 금전 또는 압류물을 현금화한 대금을 압류채권자에게 인도하여야 한다(201조 1항). 공동집행(222조 2항), 이중압류(215조) 또는 배당요구의 결과 채권자가 다수인 경우 집행관은 압류금전 또는 매각대금이 모든 채권자의 채권과 집행비용의 전부를 변제할 수 있는 때에는 각 채권자에게 채권액을 교부하고 나머지가 있으면 채무자에게 교부하여야 하지만(규칙 제155조 1항), 그것으로 각 채권자의 채권과 집행비용의 전부를 변제할 수 없는 때에는 채권자 사이에 배당협의가 이루어지면 그 협의에 따라 배당을 실시하고 만약 협의가 이루어지지 아니하면 집행관은 그 매각대금을 공탁하고(222조 1항, 규칙 제155조 2항 내지 4항, 156조) 그 사유를 집행법원에 신고하여야 한다(222조 3항, 규칙 제157조). 위 공탁 및 사유신고가 있으면 집행법원은 배당절차를 실시하게 된다(252조 1항).

2. 압 류

(1) 압류의 신청

유체동산에 대한 강제집행은 압류에 의하여 개시된다(법 제188조 1항).

유체동산에 대한 압류는 유체동산이 있는 곳의 집행관에게 신청하여야 한다. 신청은 반드시 서면으로 하여야 한다. 압류를 신청하는 채권자는 집행장소만 지정하면 되고 압류물까지 특정할 필요는 없다.

【서식】 유체동산강제집행신청서

지 방 법 원			
강 제 집 행 신 청 서 법원 집행관사무소 집행관 귀하			
채권자	성 명		
	주 소		
	대리인		
채무자	성 명		
	주 소		
집행목적물 소재지			
채 무 명 의			
집행의 목적물 및 집 행 방 법			
청 구 금 액			원(내역은 이면과 같음)

위 채무명의에 기한 집행을 하여 주시기 바랍니다.

20○○년 ○월 ○일

채권자 ○○○ ㊞
대리인 ○○○ ㊞

첨 부 서 류

1. 집행력 있는 채무명의 정본   1통
1. 송달증명서   1통
1. 위임장   1통
1. 목적물 소재지 약도   1통

(표면)

청 구 금 액 계 산 서

내 용	금 액
합 계	원

(이면)

(2) 압류할 수 있는 유체동산(법 제189조 2항)

가. 민법상의 동산

민법상의 동산은 원칙적으로 유체동산집행의 대상이 되지만 다른 법령에 특별한 규정이 있는 경우, 예컨대 등기할 수 있는 선박, 등록된 자동차, 건설기계, 항공기는 각각 선박집행, 자동차집행, 건설기계집행, 항공기집행의 대상이 되므로 유체동산의 집행에서 제외된다.

그러나 등기의 대상이 아닌 선박이나 등기가 말소된 선박, 등록되지 아니하였거나 등록이 말소된 항공기, 자동차, 건설기계는 유체동산으로서 압류할 수 있다.

나. 등기할 수 없는 토지의 정착물로서 독립하여 거래의 객체가 될 수 있는 것(법 제189조 2항 1호)

등기되지 아니한 토지의 정착물이라도 그 정착물이 부동산등기법 그 밖의 법령에 의하여 등기할 수 있는 이상 유체동산집행의 대상은 되지 아니한다. 여기서 말하는 "등기할 수 없는 토지의 정착물"은 토지에의 정착성은 있으나 현금화한 후 토지로부터 분리하는 것을 전제로 하여 거래의 대상으로서의 가치를 가지는 것이라고 보아야 한다(대결 1995. 11. 27. 95마820).

미등기건물 중 건축법에 의한 건축신고 또는 건축허가를 마쳤으나 사용승인을 받지 아니하여 보존등기를 미치지 못한 건물의 경우는 유체동산의 집행대상이 되지 못하고(대법원 1994. 4. 12. 자 93마1933 결정), 부동산 집행절차에 따른다(법 제81조 1항 2호 단서).

다. 토지에서 분리하기 전의 과실로서 1월 이내에 수확할 수 있는 것(법 제189조 2항 2호)

압류의 효력은 압류물에서 산출한 천연물에도 미치므로(법 제194조), 과실이 토지에서 분리되기까지는 토지의 정착물로서(민법 98조 1항, 101조 1항, 102조 1항) 독립하여 거래의 대상이 되지 아니하고, 그에 대한 강제집행은 토지에 대한 강제집행에 부수할 수밖에 없으나 근래 미분리과실도 독립하여 거래의 대상이 되어 가는 추세에 있으므로 이를 압류의 대상으로 한 것이다.

여기의 과실은 천연과실을 의미하나 민법상의 천연과실의 범위와 반드시 일치하는 것은 아니다. 즉, 토지에 생육하는 식물로서 수확을 목적으로 하는 것에 한정되는 것으로 해석된다.

라. 유가증권으로서 배서가 금지되지 아니한 것(법 제189조 2항 3호)

어음·수표 등 배서로 이전할 수 있는 유가증권은 여기의 유체동산에 해당하나, 배서가 금지된 것에 대하여는 유체동산에 해당하지 않으므로 채권 집행의 방법에 의하여야 한다(법 제233조).

(3) 압류의 실시

가. 채무자가 점유하고 있는 물건의 압류(법 제189조)

압류는 집행관이 목적물을 점유함으로써 한다(법 제189조 1항). 즉, 채무자의 점유를 실력으로써 박탈하여 집행관이 점유하는 사실행위가 압류이다.

채무자가 점유하고 있는 유체동산의 압류는 집행관이 그 물건을 점유함으로써 한다. 다만, 채권자의 승낙이 있거나 운반이 곤란한 때에는 봉인, 그 밖의 방법으로 압류물임을 명확히 하여 채무자에게 보관시킬 수 있다(법 제189조 1항).

여기서 채무자의 '점유'라 함은 민법상의 점유를 말하는 것이 아니라 물건에 대한 순수한 사실상의 직접 지배상태인 '소지'를 의미하며 자주점유일 필요는 없다. 민법상의 간접점유는 여기서 말하는 점유에 해당하지 아니하며, 수임인, 수탁자, 운송인, 위탁매매인 등 타주점유인 경우에도 사실상의 지배력을 가지므로 집행법상의 점유자이다.

점유보조자란 가사상, 영업상 기타 유사한 관계에 의하여 타인의 지시를 받아 물건에 대한 사실상의 지배 즉 소지하는 자를 말하고(민법 195조), 스스로 점유권을 가지고 있지 아니하므로 점유보호청구권은 인정되지 아니하고 자력구제는 인정된다.

【쟁점사항】
<압류물이 제3자의 소유로 밝혀진 경우의 구제방법>
압류물에 관하여 뒤에 제3자가 그 물건에 대하여 소유권을 가지고 있음이 밝혀지더라도 그 압류는 불법이 되지 않고 다만 이때 제3자는 제3자 이의의 소를 제기하여 구제받을 수 있을 뿐이다.
금지규정을 어겨 압류한 경우에는 집행관은 집행에 관한 이의에 의한 법원이 결정이나 채권자의 신청에 의하지 아니하고는 스스로 압류를 해제할 수 없는 것이다(대판 2003. 9. 26. 2001다52773).

나. 부부공유 유체동산의 압류(법 제190조)

채무자와 그 배우자의 공유로서 채무자가 점유하거나 그 배우자와 공동으로 점유하고 있는 유체동산은 채무자에 대한 집행권원으로 압류할 수 있다.

배우자의 특유재산에 대하여는 배우자에 대한 집행권원으로써 집행할 수 있을 뿐이다. 유체동산이 부부의 공유인가의 여부는 실체법에 따라 정하여진다.

다. 채무자 이외의 사람이 점유하고 있는 물건의 압류(법 제191조)

제3자가 채무자의 소유물을 점유하고 있는 경우에는 그 점유는 보호받아야 하므로 그 제3자가 압류를 승낙하여 제출을 거부하지 아니한 경우에 한하여 압류할 수 있다.

여기서 제3자라 함은 집행권원에 기재된 채권자나 채무자가 아닌 제3자를 말한다.

채무자와 제3자가 공동 점유하고 있는 물건은 그 제3자가 제출을 거부하지 아니한 때에 한하여 압류할 수 있다. 다만 부부가 공동으로 점유하고 있는 부부공유의 유체동산인 경우에는 이를 압류함에 있어서 배우자의 승낙이나 제출불거부 의사표시는 필요 없다(190조).

(4) 압류의 제한

국가에 대한 강제집행은 국고금을 압류함으로써 한다(법 제192조).

즉, 국가에 대한 강제집행의 경우에 국유재산 중 어느 것이나 압류의 대상으로 되는 것이 아니고 국고금만 압류할 수 있다. 국고금이란 세입금, 세출금, 세입·세출외현금 등 국가에 속하는 현금을 말한다. 국가에 대한 집행권원으로 집행하는 이상 정부의 어느 부서에서 보관하는 국고금이든 이를 압류할 수 있다(재민 61-2).

(5) 압류가 금지되는 물건

가. 민사집행법에 의하여 압류가 금지되는 물건(제 195조)

1) 채무자 및 그와 같이 사는 친족(사실상 관계에 따른 친족을 포함)의 생활에 필요한 의복·침구·가구·부엌가구, 그 밖의 생활필수품(1호)

2) 채무자등의 생활에 필요한 2월간의 식료품·연료 및 조명재료(2호)

3) 채무자등의 생활에 필요한 1월간의 생계비로서 대통령령이 정하는 액수의 금전(3호)

2005년 민사집행법 개정이전에는 압류가 금지되는 생계비를 대법원규칙으로 정하도록 하였으나 개정이후에는 경제사정의 변동에 따라 유연하게 대처할 수 있도록 하기 위하여 그 범위를 대통령령으로 정하는 것으로 변경하였다. 따라서 민사집행법 시행령 제2조에서는 "대통령령이 정하는 액수의 금전"을 120만원으로 하였다.

4) 주로 자기 노동력으로 농업을 하는 사람에게 없어서는 아니될 농기구·비료·가축·사료·종자, 그 밖에 이에 준하는 물건(4호)

5) 주로 자기 노동력으로 어업을 하는 사람에게 없어서는 아니될 고기잡이 도구·어망·미끼·새끼고기, 그 밖에 이에 준하는 물건(5호)

6) 전문직 종사자·기술자·노무자, 그 밖에 주로 자기의 정신적 또는 육체적 노동으로 직업 또는 영업에 종사하는 사람에게 없어서는 아니될 제복·도구, 그 밖에 이에 준하는 물건(6호)

7) 채무자의 생활 또는 직무에 없어서는 아니될 도장·문패·간판, 그 밖에 이에 준하는 물건(7호)

8) 채무자의 생활 또는 직업에 없어서는 아니될 일기장·상업장부, 그 밖에 이에 준하는 물건(8호)

9) 공표되지 아니한 저작 또는 발명에 관한 물건(9호)

10) 채무자 또는 그 친족이 받은 훈장·포장·기장, 그 밖에 이에 준하는 명예증표(10호)

11) 위패·영정·묘비, 그 밖에 상례·제사 또는 예배에 필요한 물건(11호)

12) 족보·집안의 역사적인 기록·사진첩, 그 밖에 선조숭배에 필요한 물건(12호)

13) 채무자등이 학교·교회·사찰, 그 밖에 교육기관 또는 종교단체에서 사용하는 교과서·교리서·학습용구, 그 밖에 이에 준하는 물건(13호)

14) 채무자등이 일상생활에 필요한 안경·보청기·의치·의수족·지팡이·장애보조용 바퀴의자, 그 밖에 이에 준하는 신체보조기구(14호)

15) 채무자등의 일상생활에 필요한 자동차로서 자동차관리법이 정하는 바에 따른 장애인용 경형자동차(배기량 800cc 미만)(15호)

16) 재해의 방지 또는 보안을 위하여 법령의 규정에 따라 설비하여야 하는 소방설비·경보기구·피난시설 그 밖에 이에 준하는 물건(16호)

나. 다른 법령에 의하여 압류가 금지된 물건

국민기초생활보장법(35조), 아동복지법(36조), 모자복지법(27조), 장애인복지법(73조), 우편법(7조), 공장저당법(4조, 5조, 10조, 18조), 국가배상법(4조), 건설산업기본법(88조), 자동차손해배상보장법(32조), 신탁법(21조) 등도 압류금지물을 규정하고 있다.

[서식] 압류물의 압류취소신청서

압류물의 압류취소신청

채 권 자 　　　　○ ○ ○ (000000 - 0000000)
　　　　　　　○○시 ○○구 ○○동 ○○○
　　　　　　　전화 02-1234-4567　　휴대폰 010-1234-5678
　　　　　　　팩스 02-9876-5432　　이메일 : lawb@lawb.co.kr
채무자(신청인) ○ ○ ○ (000000 - 0000000)
　　　　　　　○○시 ○○구 ○○동 ○○○
　　　　　　　전화 02-1234-4567　　휴대폰 010-1234-5678
　　　　　　　팩스 02-9876-5432　　이메일 : lawb@lawb.co.kr

신 청 취 지

　위 당사자간의 귀원 20○○가단1234호 대여금청구사건의 집행력 있는 판결정본에 기한 강제집행에 있어서 별지목록 기재의 원동기장치자전거 1대에 대한 압류를 취소한다.
　라는 재판을 구합니다.

신 청 이 유

　채권자는 위 집행권원에 기한 강제집행으로 귀원 소속집행관 ○○○에게 위임하고 동 집행관은 20○○. ○. ○. 채무자소유의 별지목록 기재의 동산에 대하여 압류집행하였는바, 위 압류동산은 식료품 납품업을 하는 채무자의 생활상에 비추어 납품운송수단으로서 채무자에게 꼭 필요한 것이므로, 이를 압류하여 매각할 경우에는 영업을 계속할 수가 없고 채무자의 생활상 회복하기 어려운 곤경에 빠질 우려가 있습니다.

　　더욱이 채무자는 매월 변제가능한 범위내에서 채무이행을 하여왔고 이후에도 조속히 변제하고자 노력을 계속할 것이나, 이에 반하여 채권자는 사채업자로서 위 동산을 경매하여 그 채권의 변제를 받지 아니하여도 경제적 영향에는 어려움이 없을 생활상태이므로 위 압류동산에 대하여 압류 취소를 구하기 위하여 이 신청에 이른 것입니다.

첨 부 서 류

1. 동산압류조서　　　　　　　　　　　1통
1. 변제영수증　　　　　　　　　　　　3통
1. 영업허가증명서　　　　　　　　　　1통
1. 압류목록　　　　　　　　　　　　　1통

20○○. ○. ○.

위 채무자(신청인)　○　○　○　(날인 또는 서명)

○○지방법원　귀중

(6) 압류의 효력

압류에 의하여 채무자는 압류물의 처분권을 상실하고, 국가가 그 처분권을 취득한다. 따라서 압류에 위반하여 채무자가 한 처분행위는 무효이다. 다만 이 때의 무효는 절대적 무효가 아니라 상대적 무효이다. 즉, 압류에 의한 처분금지의 효과는 압류채권자 및 집행참가자채권자와의 관계에서만 생긴다.

압류물을 채무자에게 보관시킨 경우라도 사용권은 상실되는 것이 원칙이나, 압류표시를 훼손하지 않고 압류물의 가치감소를 가져오지 않는 한도에서 통상의 용법에 따라 사용하는 것이 허용된다. 채무자는 압류물의 수익권도 상실하며, 또 압류 후에는 압류물에서 생기는 천연물에도 압류의 효력이 미치므로(194조) 그 수취권도 상실한다.

압류는 시효의 중단사유가 되며(민법 168조 2항), 채권자는 압류금액 또는 매각대금으로부터 만족 또는 배당을 받는다.

(7) 집행의 경합

가. 동시압류(공동압류)

집행관이 여러 개의 채권 또는 여러 명의 채권자를 위하여 동일한 하나의 유체동산을 처음부터 동시에 압류하는 것을 동시압류 또는 공동압류라고 한다. 금전압류의 경우에는 명문의 규정(222조 2항)이 있지만, 그 밖의 경우에도 동시압류가 가능하다. 동시압류의 경우에는 압류에서부터 현금화에 이르기까지 집행절차가 1개로서 진행된다. 따라서 압류의 절차는 단독압류에 준하며, 집행조서는 하나로서 작성되고, 채권 또는 채권자 사이에 집행신청의 선후에 따른 우열은 없으며 실체법상의 우선순위에 따라 매각대금을 배당받는다.

나. 이중압류(압류의 경합)

1) 의 의

유체동산을 압류하거나 가압류한 뒤 매각기일에 이르기 전에 다른 강제집행이 신청된 때에는 집행관은 집행신청서를 먼저 압류한 집행관에게 교부하여야 한다. 이 경우 이미 압류된 물건 외에 더 압류할 물건이 있으면 이를 추가압류하여 집행신청서와 추가압류조서를 먼저 압류한 집행관에게 교부하여야 한다(법 제215조 1항). 이를 이중압류 또는 압류의 경합이라고 한다.

2) 이중압류의 요건

이중압류의 요건으로는 첫째, 동일채무자에 대한 강제집행이어야 한다. 채무자가 다른 경우에는 비록 압류목적물이 동일하더라도 이중압류를 할 수 없다. 어느 채무자의 소유물로서 이미 압류된 물건이 다른 채무자의 소유물임을 내세워 다른 채권자가 압류하기 위하여는, 먼저 그 채무자를 대위하여 제3자 이의의 소를 제기하여 선행압류의 효력을 배제할 수밖에 없다.

둘째, 유체동산을 압류하거나 가압류한 뒤 다시 강제집행을 하는 것이어야 한다. 압류 또는 가압류가 적법하게 이루어진 이상 압류표시가 훼손되었더라도 이를 다시 압류하는 경우에는 이중압류에 해당된다.

셋째, 민사집행법 215조는 담보권실행을 위한 경매에도 준용되므로(271조, 272조) 선행집행 또는 후행집행의 내용이 담보권실행을 위한 경우에도 압류경합에 해당한다.

3) 이중압류의 효과

이중압류는 그 형식과 절차가 보통의 압류와는 다르고 관념적인 것이기는 하나, 독립된 압류이므로 그에 따른 효과, 즉 채무자의 처분권 상실, 시효중단, 일정범위 내에서의 법정질권의 성립 등은 일반의 압류와 동일하게 발생되며, 이중압류채권자는 집행채권자로서 압류물의 매각대금으로부터 자기 채권액에 비례하여 배당받을 지위에 서게 된다.

이중압류가 이루어지면 뒤에 집행신청을 한 채권자의 집행위임은 먼저 압류한 집행관에게 이전된다(법 제215조 2항). 즉, 뒤에 강제집행을 실시한 채권자로부터 실제로 집행위임을 받은 집행관은 강제집행 실시기관으로서 권한과 의무를 면하고, 먼저 압류한 집행관이 그 권한과 의무를 지게 됨을 의미한다. 따라서 후행집행신청을 받은 집행관은 매각 등의 집행행위를 할 수 없다.

이중압류가 이루어지면 각 압류한 물건은 강제집행을 신청한 모든 채권자를 위하여 압류한 것으로 본다(215조 3항). 결국 이미 압류된 물건과 추가압류물을 합하여 집행재단을 형성하고 각 채권자의 압류 또는 가압류의 효력이 그 재단 전체에 미친다.

3. 매각(현금화절차)

(1) 총 설

집행관은 압류를 실시한 뒤 압류물을 매각하여야 한다(법 제199조).

압류물이 금전인 경우에는 별도의 매각절차 없이 그대로 채권자에게 인도하면 되고, 금전 이외의 물건은 이를 매각하여 현금화하는 조치가 필요하다.

매각은 원칙적으로 입찰 또는 호가경매의 방법으로 한다(법 제199조). 다만, 사법보좌관은 필요하다고 인정하면 특별현금화방법에 따라 매각할 수도 있다(법 제214조).

(2) 매각의 실시

가. 금전을 압류한 경우

금전을 압류한 경우에는 현금화할 필요가 없으므로, 집행관은 압류한 금전을 채권자에게 인도하여 집행을 종료한다(법 제201조 1항). 여기서 말하는 압류금전을 현금화할 필요 없이 곧바로 채권을 만족시킬 수 있는 것이어야 하므로 국내에서 강제통용력이 있는 화폐, 즉 한국은행권을 말하고, 내국통화 외의 통화인 외국통화는 포함되지 않는다.

나. 압류물의 호가경매

민사집행법은 유체동산매각의 방법에 관하여 동산의 특성을 고려하여 호가경매를 원칙적인 방법으로서 이에 대하여 먼저 규정하고(규칙 제155조 내지 150조), 입찰에 관하여는 호가경매에 관한 규정 및 부동산의 입찰에 관한 규정을 준용하는 형식을 취하고 있다(규칙 제151조).

1) 호가경매장소

호가경매는 압류한 유체동산이 있는 시·구·읍·면에서 행하는 것이 원칙이고(203조 1항 본문), 집행관이 관할구역 밖의 물건을 압류한 때(규칙 133조)에는 그 압류물이 소재하는 관할구역 밖의 장소에서 호가경매를 할 수 있다. 실무에서는 압류를 행한 채무자의 주소지나 영업소에서 하고 있다.

2) 호가경매의 실시

호가경매는 미리 정한 일시·장소에서 집행관이 매각조건을 정하여 이를 고지하고, 매각할 압류물에 대하여 매수의 신청을 최고하여 개시하고 최고가매수신고인을 매수인으로 고지한 다음, 매각대금을 서로 맞바꾸어 매각물을 매수인에게 인도함으로써 종결한다(법 제205조 2항).

집행관이 호가경매기일을 개시하는 때에는 매각조건을 고지하여야 한다(규칙 제147조 1항).

호가경매는 호가경매기일에 매수신청의 액을 서로 올려 가는 방법으로 한다(규칙 제147조 4항, 72조 1항). 매수신청은 말로 하며, 자기가 압류물을 매수하려는 가액을 신고하여야 한다.

호가경매기일에서 매수가 허가된 때에는 그 기일이 마감되기 전에 매각대금을 지급하여야 한다(규칙 제149조 1항 본문). 다만, 집행관은 압류물의 매각가격이 고액으로 예상되는 때에는 호가경매기일부터 1주 안의 날을 대금지급일로 정할 수 있고(규칙 149조 2

항), 이 경우 집행관은 매수신고의 보증금액과 그 제공방법 및 대금지급일을 공고하여야 한다(규칙 제146조 1항 6호).

유체동산 호가경매에 있어서 매수인의 소유권취득시기에 관하여는, 205조 2항의 규정상 매수인이 대금과 서로 맞바꾸어 매각물을 인도받을 때 소유권을 취득한다고 보아야 한다. 따라서 채무자 등은 매수인이 목적물을 인도받아 그 소유권을 취득하기 전까지만 집행에 관한 이의를 할 수 있다. 또 매수인이 매각물의 소유권을 취득한 뒤에는 집행채권자는 강제집행의 신청을 취하할 수 없다.

다. 압류물의 입찰

동산의 매각방법은 호가경매의 방법을 원칙으로 하고, 특별한 경우 입찰의 방법을 채택하고 있다(법 제119조, 규칙 제145조 내지 151조). 입찰이라 함은 각 매수신청인이 서면(입찰표)으로 매수가격을 신청하여 그 중 최고가격을 신청한 사람을 매수인(낙찰인)으로 정하는 방법을 말한다.

유체동산 집행에서는 유체동산의 성질상 부동산과 달리 기간입찰제도는 채택하지 아니하고, 기일입찰제도만 채택하고 있다. 기일입찰이란 집행관이 실시하는 입찰기일에 입찰을 시킨 후 개찰을 하는 방법으로 한다(규칙 제151조 1항).

라. 특별현금화

사법보좌관은 필요하다고 인정하면 직권으로 또는 압류채권자, 배당을 요구한 채권자 또는 채무자의 신청에 따라 일반 현금화 규정에 의하지 아니하고 다른 방법이나 장소에서 압류물을 매각하게 할 수 있고(법 제214조 1항 전문), 금·은붙이는 그 금·은의 시장가격 이상의 금액으로 일반 현금화의 규정에 따라 매각하여야 한다(법 제209조 전문). 이는 법정매각조건이다. 그 시장가격 이상의 금액으로 매수하는 사람이 없을 때에는 집행관은 그 취지를 매각조서에 적은 후, 그 시장가격에 따라 적당한 방법으로 매각할 수 있다(209조 후문).

집행관이 유가증권을 압류한 때에는 시장가격이 있는 것은 매각하는 날의 시장가격에 따라 적당한 방법으로 매각하고 그 시장가격이 형성되지 아니한 것은 일반 현금화의 규정에 따로 매각하여야 한다(법 제211조).

여기서의 유가증권에는 어음, 수표, 화물상환증, 창고증권, 선하증권 등 지시증권 중 배서가 금지되지 아니한 것과, 무기명식의 수표, 국채, 지방채, 공채, 사채, 무기명주권, 투자신탁의 수익증권 등 무기명채권증권이 포함된다.

【서식】 평가감정촉탁서

<h1 style="text-align:center;">평가감정촉탁서</h1>

감정인 ○ ○ ○ 귀하

20○○본 제260호(7부)

 채 권 자   ○ ○ ○ (000000 - 0000000)
      ○○시 ○○구 ○○동 ○○○
      전화 02-1234-4567   휴대폰 010-1234-5678
      팩스 02-9876-5432   이메일 : lawb@lawb.co.kr

 채 무 자   ○ ○ ○ (000000 - 0000000)
      ○○시 ○○구 ○○동 ○○○
      전화 02-1234-4567   휴대폰 010-1234-5678
      팩스 02-9876-5432   이메일 : lawb@lawb.co.kr

 위 당사자 사이의 유체동산 강제집행사건에 관하여 압류한 아래 물건의 평가감정을 촉탁하오니 평가서를 20○○. ○. ○. 까지 본 집행관에게 제출하시기 바랍니다.

20○○. ○. ○.

○○지방법원 집행관 ○ ○ ○

  아 래
1. 물건의 소재지
2. 물건의 표시

【서식】 감정조서

감 정 조 서

20○○본 제260호(7부)

채 권 자   ○ ○ ○ (000000 - 0000000)
       ○○시 ○○구 ○○동 ○○○
       전화 02-1234-4567   휴대폰 010-1234-5678
       팩스 02-9876-5432   이메일 : lawb@lawb.co.kr

채 무 자   ○ ○ ○ (000000 - 0000000)
       ○○시 ○○구 ○○동 ○○○
       전화 02-1234-4567   휴대폰 010-1234-5678
       팩스 02-9876-5432   이메일 : lawb@lawb.co.kr

 위 당사자 사이의 유체동산 강제집행사건에 관하여 압류한 압류조서 목록 제1234호 물건은 감정인에게 감정평가시킬 필요가 있으므로, 감정인과 함께 ○○○에 도착하여 채무자에게 그 취지를 알리고 감정인에게 그 물건의 평가액을 감정시켜 별지 평가서를 제출케 하였다.

 이 절차는 20○○. ○. ○. 10:00 에 시작하여 같은 날 12:30 에 종료하였다.

 이 조서는 현장에서 작성하여 집행참여자에게 읽어준(보여준) 즉 승인하고, 다음에 서명날인하였다.

        20○○. ○. ○.

             집행관   ○ ○ ○ ㊞
             채무자   ○ ○ ○ ㊞
             감정인   ○ ○ ○ ㊞

【서식】 금·은붙이매각조서

<h2 style="text-align:center">금·은붙이매각조서</h2>

사 건	20○○본 제260호(7부)
채 권 자	○ ○ ○ (000000 - 0000000)
	○○시 ○○구 ○○동 ○○○
	전화 02-1234-4567　　휴대폰 010-1234-5678
	팩스 02-9876-5432　　이메일 : lawb@lawb.co.kr
채 무 자	○ ○ ○ (000000 - 0000000)
	○○시 ○○구 ○○동 ○○○
	전화 02-1234-4567　　휴대폰 010-1234-5678
	팩스 02-9876-5432　　이메일 : lawb@lawb.co.kr
집행권원	○○○○
청구금액	원금 ○○○○원, 이자 ○○○○원
경매기일	20○○. ○. ○.
경매장소	○○

1. 위 청구금액 및 집행비용의 변제에 충당하기 위하여 다음 사항을 고지하고 별지 목록 기재의 압류물건을 다음과 같이 경매하였다.

- 고지사항 -

가. 매각대금은 금·은의 시장가격 이상의 가격이어야 한다.
나. 매각물은 대금과 서로 맞바꾸어 인도한다.
다. 금·은의 시장가격은 별지 목록 기재와 같다.
라. 매수인은 매각기일의 마감 전에 대금을 지급하고 매각물의 인도를 구하여야 한다. 이 조건을 이행하지 아니할 때에는 다시 그 물건을 매각한다.

마. 전항의 조건을 이행하지 아니하는 매수인은 재매각절차에 참가할 수 없으며, 뒤의 매각대금이 처음의 매각대금보다 적은 때에는 그 부족한 액수를 부담한다.
　바. 이건 압류물건은 일괄하여 매각한다.
2. 금·은의 시장가격 이상의 금액으로 매수신청하는 자가 없으므로 위 압류물을 위 시장가격에 따라 매각하였다.
3. 매수신고인 ○○○외 ○명이 별지목록과 같이 매수신고하였다.
4. 최고가매수신고액을 3회 불렀으나 더 높은 가격을 신고하는 사람이 없으므로(있으나 채무자의 배우자로부터 우선매수신고가 있으므로), 그 최고가매수신고인을 매수인으로 정하고, 그 이름과 매수신고액을 고지하였다.
5. 매수인이 매각대금을 지급하였으므로 매각물을 인도하고, 매각대금을 다음과 같이 처리하였다.
　　가. 매각대금 금○○○○원
　　　　　　금○○○○원　　배우자 ○○○에게 교부
　　나. 집행비용 금○○○○원　　내　역　경매수수료 금○○○○원
　　　　　　　　　　　　　　　　　　　　감정수수료 금○○○○원
　　　　　　　　　　　　　　　　　　　　노　무　비 금○○○○원
　　　　　　　　　　　　　　　　　　　　여　　　비 금○○○○원
　　다. 배당할 금액 금○○○○원
　　　　　　금○○○○원　　채권자 ○○○에게 교부
　　　　　　금○○○○원　　배당요구자 ○○○에게 교부
　　라. 잔여금 ○○○○원 채무자에게 교부
6. 위와 같이 이 건 채무액이 전부 변제되었으므로 그 영수증과 집행권원을 채무자에게 교부하였다.
7. 이 절차는 같은 날 ○○:○○ 에 종료하였다.

　이 조서를 현장에서 작성하여 이해관계인에게 읽어준(보여준)즉 승인하

고, 다음에 서명날인하였다.

20○○. ○. ○.

집행관　　○ ○ ○　㊞
매수인　　○ ○ ○　㊞
채권자　　○ ○ ○　㊞
채무자　　○ ○ ○　㊞
집행관　　○ ○ ○　㊞
참여자　　○ ○ ○　㊞ (주민등록번호)
　　　　　○○시 ○○구 ○○동 ○○번지

주
1. 여러 개의 물건이 개별적으로 경매에 부쳐진 경우에는 해당 물건의 압류목록번호를 특정하여 기재한다.
2. 매각대금으로 각 채권자의 채권액과 집행비용의 전부를 변제할 수 없는 경우에는 위 "3항"다음에 "매각대금은 금○○○○원이나 각 채권자의 채권과 집행비용의 전부를 변제할 수 없으므로, 20○○. ○. ○. ○○:○○를 배당협의기일로 정하였다."라고 기재하고, "5"항과 "6"항을 삭제한다.

4. 배당절차

유체동산집행의 배당절차는 두 단계로 나누어져 있다.

(1) 집행관에 의한 배당

가. 전액변제가 가능한 경우

매각대금으로 배당에 참가한 모든 채권자를 만족시킬 수 있으면 집행권은 채권자들에게 변제금을 교부하고 나머지가 있으면 채무자에게 교부함으로써 배당절차는 종료한다(법 제201조 1항).

나. 배당협의가 성립된 경우

매각대금으로 모든 채권자를 만족시킬 수 없더라도 채권자 사이에 매각허가된 날부터 2주일 내에 배당협의가 이루어진 경우에는 협의의 내용에 따라 집행관이 배당금을 교부함으로써 배당절차를 종료한다.

다만, 불확정채권에 해당하는 사유가 있는 때에는 집행관은 그 배당 등의 액에 상당하는 금액을 공탁하고 그 사유를 집행법원에 신고하여야 한다(규칙 제156조 1항).

(2) 집행법원에 의한 배당

집행법원은 사유신고의 내용에 따라 민사집행법 252조에 이하의 규정에 따른 배당을 실시하거나 정지조건이 있는 채권에 대하여는 그 조건성취 여부에 따라서, 불확정기한이 있는 채권에 대하여는 그 기한의 도래에 따라서, 가압류채권에 대하여는 본안소송의 결과에 따라, 배당이의의 소가 제기된 경우에는 그 결과에 따라, 각각 채권자 또는 채무자에게 지급한다.

(3) 변제의 충당

채권자가 한 사람이고 채권도 1개인 때에는 민법 479조 1항에 따라 비용, 이자, 원본의 순서로 변제에 충당하여야 하고 채권이 여러 개인 때에는 채권자의 선택에 따라서 변제에 충당한다.

【서식】 배당요구신청서

배당요구신청서

채 권 자　　　　○ ○ ○ (000000 - 0000000)
　　　　　　　○○시 ○○구 ○○동 ○○○
　　　　　　　전화 02-1234-4567　　휴대폰 010-1234-5678
　　　　　　　팩스 02-9876-5432　　이메일 : lawb@lawb.co.kr
채 무 자　　　　주식회사 ○○인쇄
　　　　　　　대표이사 ○ ○ ○
　　　　　　　○○시 ○○구 ○○동 ○○○
　　　　　　　전화 02-1234-4567　　휴대폰 010-1234-5678
　　　　　　　팩스 02-9876-5432　　이메일 : lawb@lawb.co.kr
배당요구채권자 ○ ○ ○ (000000 - 0000000)
　　　　　　　○○시 ○○구 ○○동 ○○○
　　　　　　　전화 02-1234-4567　　휴대폰 010-1234-5678
　　　　　　　팩스 02-9876-5432　　이메일 : lawb@lawb.co.kr

　위 당사자간의 귀원 집행관실 20○○본제55호 유체동산강제집행사건에 관하여 배당요구채권자는 민사집행법 제217조, 제218조에 의하여 배당을 요구합니다.

배당요구채권의 표시

　금5,800,000원정(20○○. ○. ○.부터 20○○. ○. ○.까지 월 금1,450,000원의 임금채권, 합계금 5,800,000원)

배당요구의 원인

위 배당요구채권자는 채무자와의 사이에 20○○. ○. ○.자 고용계약에 의하여, 채무자에 대하여 전기표시의 급료채권을 가지는바, 위 채권은 근로기준법 제37조에 의하여 우선변제청구권이 있으므로 그 매각대금에 대하여 우선배당을 받기 위하여 이 신청에 이른 것입니다.

첨 부 서 류

1. 재직증명서　　　　　　　　1통
1. 임금대장 사본　　　　　　　1통
1. 급료체불내역서　　　　　　 1통
1. 사실확인서　　　　　　　　 2통
1. 동산압류조서　　　　　　　 1통
1. 배당요구서부본　　　　　　 2통

20○○. ○. ○.

위 배당요구채권자 　○　○　○　 (날인 또는 서명)

○○지방법원 집행관　귀하

주
1. 집행관은 배당요구의 사유를 배당에 참가한 각 채권자와 채무자에게 통지하여야 한다.
2. 신청서에는 집행관 수수료규칙 제9조에 의하여 수수료 600원을 납부한다.
3. 신청서 부본을 이해관계인 수마다 첨부하는 송달료를 납부한다.
4. 배당요구할 때에는 그 원인을 명시한 집행권원의 증서를 제출하여야 한다.
5. 우선변제청구권이 있는 채권자는 매각대금의 배당을 요구할 수 있다. 이 때 우선변제청구권이 있는 자라도 배당요구 없이는 배당에서 제외된다. 배당에서 제외된 경우 부당이득반환청구로 변제받을 수 있을 뿐이다.

[서식] 배당협의서

배당협의서

채 권 자　　　　1. ○　○　○
　　　　　　　　○○시 ○○구 ○○동 ○○○
　　　　　　　　전화 02-1234-4567　　　휴대폰 010-1234-5678
　　　　　　　　팩스 02-9876-5432　　　이메일 : lawb@lawb.co.kr
배당요구채권자 2. ○　○　○
　　　　　　　　○○시 ○○구 ○○동 ○○○
　　　　　　　　전화 02-1234-4567　　　휴대폰 010-1234-5678
　　　　　　　　팩스 02-9876-5432　　　이메일 : lawb@lawb.co.kr
　　　　　　　　3. ○　○　○
　　　　　　　　○○시 ○○구 ○○동 ○○○
　　　　　　　　전화 02-1234-4567　　　휴대폰 010-1234-5678
　　　　　　　　팩스 02-9876-5432　　　이메일 : lawb@lawb.co.kr
채 무 자　　　　○　○　○
　　　　　　　　○○시 ○○구 ○○동 ○○○
　　　　　　　　전화 02-1234-4567　　　휴대폰 010-1234-5678
　　　　　　　　팩스 02-9876-5432　　　이메일 : lawb@lawb.co.kr
제3채무자　　　○　○　○
　　　　　　　　○○시 ○○구 ○○동 ○○○
　　　　　　　　전화 02-1234-4567　　　휴대폰 010-1234-5678
　　　　　　　　팩스 02-9876-5432　　　이메일 : lawb@lawb.co.kr

　○○지방법원 20○○타기1234호 배당절차사건에 관하여, 채권자들은 아래와 같이 채권액의 배당에 협의한다.

채권자	채권액	배당할 금액	배당액
압류채권자 ○○○	5,000,000원	8,000,000원 중	300만원
배당요구채권자 ○○○	4,000,000원		250만원
배당요구채권자 ○○○	3,000,000원		150만원
배당요구채권자 ○○○	2,000,000원		100만원

20○○. ○. ○.

압류채권자 ○ ○ ○ ㊞
배당요구채권자 ○ ○ ○ ㊞
배당요구채권자 ○ ○ ○ ㊞
배당요구채권자 ○ ○ ○ ㊞

【서식】배당협의기일통지서

○○지방법원
배당협의기일통지서

사　　건　　　　　　20○○타기1234 특별현금화(매각명령)

채 권 자　　　　　　○　○　○ (000000 - 0000000)

　　　　　　　　○○시 ○○구 ○○동 ○○○

　　　　　　　　전화 02-1234-4567　　휴대폰 010-1234-5678

　　　　　　　　팩스 02-9876-5432　　이메일 : lawb@lawb.co.kr

채 무 자　　　　　　○　○　○ (000000 - 0000000)

　　　　　　　　○○시 ○○구 ○○동 ○○○

　　　　　　　　전화 02-1234-4567　　휴대폰 010-1234-5678

　　　　　　　　팩스 02-9876-5432　　이메일 : lawb@lawb.co.kr

　위 사건에 관하여 배당협의기일을 20○○. ○. ○. ○○:○○로 지정하였으니 ○○지방법원 집행관사무소로 출석하여 주시기 바랍니다.

첨부 : 배당계산서 1부

20○○. ○. ○.

집행관　○　○　○　㊞

주의 : 1. 이 통지서를 받고도 위 배당협의기일까지 이의하지 않거나, 위 기일에 출석하지 아니한 때에는 별첨 배당계산서 내용대로 배당하는데 동의한 것으로 봅니다.
　　　 2. 출석할 때에는 강제집행신청 또는 배당요구신청 당시 사용하였던 인장과 주민등록증을 지참하여야 합니다.
　　　 3. 대리인이 출석할 때에는 본인의 인감증명을 첨부한 위임장과 대리인의 인장 및 주민등록증을 지참하여야 합니다.

<첨부서류> 배당계산서

배당계산서

사　　　　　　　　건 : 20○○타기1234 특별현금화(매각명령)
매 각 대 금 (압 류 금 전) : 금○○○○원
배우자 우선지급(공유지분) : 금○○○○원
집　　행　　비　　용 : 금○○○○원
배　당　할　금　액 : 금○○○○원

배당순위	채권자	채권의 종류	채권액	배당금	집행비용	지급합계금	수령인

Ⅲ. 채권과 그 밖의 재산권에 대한 강제집행

1. 총 설

(1) 집행의 대상이 되는 권리

집행의 대상이 되는 것은 ① 제3자에 대한 채무자의 금전채권 또는 유가증권, 그 밖의 유체물의 권리이전이나 인도를 목적으로 채권과 ② 그 밖의 재산권이다.

민사집행법은 채권과 그 밖의 재산권을 동산의 일종으로 취급한다.

(2) 집행적격

가. **독립된 재산적 가치가 있고 현금화가 가능할 것**

독립된 재산적 가치가 있는 것으로서 그 자체 독립하여 처분할 수 있는 것이어야 하고, 현금화가 가능한 것이어야 한다. 따라서 다른 권리와 함께 하지 않으면 처분할 수 없는 재산권(예컨대 미발생의 이자채권, 보증채권) 등은 집행의 대상이 될 수 없다. 또한 취소권·해제권과 같은 형성권만을 압류할 수는 없으며, 이러한 권리는 채권자대위권에 기하여 행사하고 그 결과 발생하는 재산권을 압류하여야 한다.

장래 발생한 채권이나 조건부채권을 압류 또는 가압류할 수 있음은 채권과 압류 또는 가압류의 성질상 이론이 있을 수 없으나 다만 현재 그 권리의 특정이 가능하고 그 가까운 장래에 발생할 것임이 상당 정도 기대되어야 한다(대판 1982. 10. 26. 82다카508).

현금화가 불가능한 재산(예컨대 수도, 전기 등 일정한 설비에 의하여 공급받을 권리)은 집행의 대상이 될 수 없다. 현금화가 가능한 것이면, 공법상의 관계로부터 생긴 권리(예컨대 공무원의 급여청구권 등)라도 가능하다.

나. **양도할 수 있는 것일 것**

성질상 양도할 수 없는 채권은 압류할 수 없다.

양도할 수 없는 채권에는 권리의 성질상 양도성이 없는 것과 법률에 의하여 양도가 금지된 것이 있다.

전자에 속하는 것에는, ① 성질상 일신전속적인 권리[국가의 조세징수권, 부양료청구권(민법 979조), 유류분반환청구권(민법 1115조) 등] ② 채권 설정의 취지상 채무자가 특정 채권자에게만 지급할 이익을 가진 채권[위임비용의 선급청구권(민법 687조), 상호계산중의 채권(상법 72조) 등] ③ 당사자간의 개인적 관계에 기초하여 채권자의 변경에 따라 그 권리내용에 현저한 차이가 생기는 채권 : 종신정기금채권(민법 725조 이하), 계약상의 부양청구권 등이 있다.

후자에 속하는 것에는 공무원연금법에 따른 금여청구권(같은 법 32조), 근로기준법에 따른 재해보상청구권(같은 법 89조) 등이 있다.

당사자가 양도할 수 없는 것으로 특약한 채권이라도 특약과 상관없이 압류채권자의 선의·악의를 불문하고 압류할 수 있다(대판 2002. 8. 27. 2001다71699).

당사자의 의사표시로 압류할 수 있는 채권을 창설할 수 있다면 압류금지채권의 규정을 무색하게 할 우려가 있기 때문이다.

다. 압류금지채권이 아닐 것

1) 민사집행법상의 압류금지채권

① 내 용

다음 각호의 채권은 압류하지 못한다(법 제246조 1항).

㈀ 법령에 규정된 부양료 및 유족부조료(遺族扶助料)(1호)

㈁ 채무자가 구호사업이나 제3자의 도움으로 계속 받는 수입(2호)

㈂ 병사의 급료(3호)

㈃ 급료·연금·봉급·상여금·퇴직연금, 그 밖에 이와 비슷한 성질을 가진 급여채권의 2분의 1에 해당하는 금액, 다만, 그 금액이 국민기초생활보장법에 의한 최저생계비를 감안하여 대통령령이 정하는 금액에 미치지 못하는 경우 또는 표준적인 가구의 생계비를 감안하여 대통령령이 정하는 금액을 초과하는 경우에는 각각 당해 대통령령이 정하는 금액으로 한다(4호).

2005년도 민사집행법 제246조의 개정과 동시에 제정된 민사집행법시행령은 저소득 급여생활자에 대하여는 '최저생계비', 고소득 급여생활자에 대하여는 '표준가구생계비'를 새로운 압류금지의 기준으로 추가하였다. 즉, 저소득 급여생활자의 인간다운 생활을 보호하고 사회 안정화에 기여하기 위하여 최저생계비 이하의 급여에 대하여는 전액 압류를 금지하도록 하는 한편, 고소득 급여생활자에 대하여는 표준가구생계비 초과부분에 대하여 압류를 허용함으로써 채권자의 이익을 고려한 것이다.

【서식】 급여압류가능 금액

2005. 7. 28부터 개정 민사집행법의 시행으로 인하여 채무자의 급여 중 1/2 금액을 압류하던 종래의 규정이 변경되었다.

우선, 월급여가 120만원 이하인 경우에는 전액 압류할 수 없다.

월급여가 120만원을 초과하고 240만원까지는 120만원을 제외한 나머지 금액을 압류할 수 있으며, 월급여가 600만원을 넘는 경우에는 "300만원+[{(급여/2) - 300만원}/2]"을 제외한 나머지 금액을 압류할 수 있다.

또한, 채무자가 여러 직장을 다니는 경우에는 모든 급여를 합산한 금액을 기준으로 계산한다.

따라서 A 직장에서 120만원, B직장에서 120만원의 월급여를 받는 경우 합산한 240만원이 기준이 되고, 압류가능금액은 240만원에서 제외한 120만원이 된다.

급여액	100	120	150	200	240	250	300	400	500	600	700	800	900	1000
압류가능금액	0	0	30	80	120	125	150	200	250	300	375	450	525	600
채무자교부액	100	120	120	120	120	125	150	200	250	300	325	350	375	400

· 계산식 ▶ 120만원 미만

　　　　　압류가능금액 : 0원

▶ 120만원 초과~240만원

　　　　　압류가능금액 = 급여 -120만원

▶ 240만원 초과~600만원

　　　　　압류가능금액 = 급여/2

▶ 600만원 초과

　　　　　압류가능금액 = 급여 - ≪300만원+[{(급여/2)-300만원}/2]≫

㈁ 퇴직금 그 밖에 이와 비슷한 성질을 가진 급여채권의 2분의 1에 해당하는 금액(5호),

퇴직위로금이나 명예퇴직수당도 퇴직금 그 밖에 이와 비슷한 성질을 가진 급여채권에 해당한다(대결 2000. 6. 8. 2000마1439).

② 범위의 변경

집행법원은 당사자가 신청하면 채권자와 채무자의 생활형편, 그 밖의 사정을 고려하여 채권압류명령의 전부 또는 일부를 취소하거나 위 압류금지채권에 대하여 압류명령을 할 수 있다(법 제246조 2항).

법원은 이와 같은 압류금지의 범위를 확장 또는 축소하는 재판을 한 뒤에 그 이유가 소멸되거나 사정을 바뀐 때에는 직권으로 또는 당사자의 신청에 따라 그 결정을 취소하거나 바꿀 수 있다(법 제246조 3항, 196조 2항). 법원은 압류금지채권의 범위변경의 재판 또는 그 변경의 재판에 앞서 채무자에게 담보를 제공하게 하거나 담보를 제공하게 하지 아니하고 강제집행을 일시정지하도록 명하거나, 채권자에게 담보를 제공하게 하고 그 집행을 계속하도록 명하는 등의 잠정처분을 할 수 있다(법 제246조 3항, 196조 3항, 16조 2항), 이 잠정처분의 재판에 대하여는 불복할 수 없다(법 제246조 3항, 196조 5항).

2) 특별법에 의한 압류금지채권

공무원연금법(32조), 군인연금법(7조), 사립학교교직원연금법(40조), 국민연금법(54조), 국가유공자등예우및지원에관한법률(19조)상의 각종 급여를 받을 권리, 의료보험법(47조)·군인보호법(14조)상의 보험급여를 받을 권리, 근로기준법(89조)상의 재해보상청구권, 자동차손해배상보장법(32조)상의 피해자의 손해배상청구권, 형사보상법(22조)상의 형사보상청구권, 사립학교법상 별도 계좌로 관리하는 수업료 기타 납부금 수입에 대한 예금채권(28조 3항), 보조금 교부채권(43조), 부동공공건설임대주택 임차인 보호를 위한 특별법 7조에 의해서 보전되는 임대보증금은 압류할 수 없다.

3) 압류금지 효력의 배제 여부

압류가 금지된 채권은 당사자의 합의로 이를 압류가 가능한 것으로 할 수가 없고, 압류후에 채무자의 일방적인 포기 또는 승낙의 의사표시로서 압류금지를 배제할 수 없다. 또한 압류금지채권에 대한 압류명령은 강행법규에 위반되어 무효라 할 것이고, 제3채무자는 압류채권자의 전부금청구에 대하여 위와 같은 실체법상의 무효를 들어 항변할 수 있다(대판 2000. 7. 4. 선고 2000다21048).

라. 제3채무자가 우리나라의 재판권에 복종하는 자일 것

채권도 우리나라의 집행권원이 미치는 것이어야 한다. 즉, 등기·등록할 권리는 한국에서 할 수 있는 권리이어야 하고, 채권은 제3채무자가 한국의 재판권에 복종하는 자이어야 한다. 외교관, 외국인 등 치외법권자에 대한 채권은 이들이 치외법권을 포기하지 않으면 집행적격이 없다.

2. 채권과 그 밖의 재산권에 관한 집행절차 개요

(1) 압 류

채권자의 신청에 따라 집행법원의 결정인 압류명령으로 압류를 한다(법 제223조, 251조).

(2) 현금화

일반 집행절차와 마찬가지로 채권집행에 있어서도 압류절차가 완료되면 그 다음 단계로 압류물을 현금으로 바꾸는 현금화 절차가 진행된다.

압류에 따라 국가가 그 처분권을 취득하나, 채권의 현금화에서는 그 처분권을 채권자에게 주어 이를 행사시키는 것이 원칙이고, 예외적으로 매각이나 그 밖의 특별한 현금화 방법이 인정되며(법 제241조), 그 밖의 재산권의 현금화에서는 그 성질에 따라 적당한 현금화처분의 방법으로 한다(법 제251조).

현금화절차는 채권자의 신청에 따라 집행법원의 결정의 형식인 현금화 명령(추심명령, 전부명령, 매각명령, 양도명령 등)에 따라 실시된다.

(3) 변 제

현금화 후 배당에 참가한 채권자가 없는 경우에는 집행채권자의 채권에 충당되나 배당에 참가한 채권자가 있는 경우에는 배당절차(252조 이하)가 실시된다. 다만 전부명령이 확정된 경우에는 이로써 집행절차가 종료하므로 변제절차가 진행될 여지가 없다.

【서식】채권압류명령신청서(임대차보증금반환채권에 대한)

채권압류명령신청

채 권 자　　　　　○ ○ ○
　　　　　　　　　○○시 ○○구 ○○동 ○○○
　　　　　　　　　전화 02-1234-4567　　휴대폰 010-1234-5678
　　　　　　　　　팩스 02-9876-5432　　이메일 : lawb@lawb.co.kr

채 무 자　　　　　○ ○ ○
　　　　　　　　　○○시 ○○구 ○○동 ○○○
　　　　　　　　　전화 02-1234-4567　　휴대폰 010-1234-5678
　　　　　　　　　팩스 02-9876-5432　　이메일 : lawb@lawb.co.kr

제3채무자　　　　○ ○ ○
　　　　　　　　　○○시 ○○구 ○○동 ○○○
　　　　　　　　　전화 02-1234-4567　　휴대폰 010-1234-5678
　　　　　　　　　팩스 02-9876-5432　　이메일 : lawb@lawb.co.kr

청구금액
1. 금10,000,000원정
　○○지방법원 20○○가단4567호 집행력 있는 판결정본에 의한 금원
2. 금2,500,000원정
위 금원에 대한 20○○. ○. ○.부터 20○○. ○. ○.까지 연 2할 비율에 의한 지연손해금
　합계금 12,500,000원정
　압류할 채권의 표시
　별지목록 기재와 같음

신 청 취 지

채무자의 제3채무자에 대한 별지기재의 채권을 압류한다.
제3채무자는 채무자에게 위 채권에 관한 지급을 하여서는 아니된다.
채무자는 위 채권의 처분과 영수를 하여서는 아니된다.
라는 재판을 구합니다.

신 청 이 유

1. 채권자는 채무자에 대한 귀원 20○○가단4567호 대여금 청구사건의 집행력 있는 판결정본(또는 가집행선고있는 지급명령, 화해조서정본)에 의하여 청구금액기재의 채권을 가지고 있습니다.
2. 압류할 채권은 채무자가 제3채무자에 대하여 가지는 별지목록 기재의 임대차보증금반환청구채권으로 이미 변제기 도래하여 채무자가 지급을 받을 금액인바, 채권자는 위 채권을 압류하고자 본 신청에 이르렀습니다.

첨 부 서 류

1. 집행력 있는 판결정본   1통
1. 송달증명원   1통
1. 납부서   1통

20○○. ○. ○.

위 채권자 ○ ○ ○ (날인 또는 서명)

○○지방법원 귀중

주 1. 신청서에는 민사소송 등 인지법 제9조 3항 1호에 의하여 인지를 붙이고(송민 91-1 참조) 송달료를 납부하며 압류명령원본 및 정본에 첨부할 당사자목록, 집행채권, 피압류채권목록은 원본 및 정본 수만큼 제출하여야 한다.
2. 압류명령신청을 수개의 집행권원에 기하여 1개의 신청서로 신청하는 때에는 수개의 신청이므로 집행권원의 소에 상응하는 인지를 첨부하여야 하고, 다만 전부명령은 압류된 채권 전체가 하나로써 채권자에게 전부되는 것이므로 1개의 신청으로 취급한다(송민 87-9 참조).
4. 압류명령, 추심명령, 전부명령, 특별현금화명령신청을 병합하여 신청할 때에는 기존 인지액의 배액의 인지액을 추가로 붙인다(송민 91-1 참조).

<별지목록>

압류할 채권의 표시

금12,500,000원정
 채무자가 제3채무자에 대하여 가지는
 채무자와 제3채무자 사이에 20○○. ○. ○. ○○시 ○○구 ○○동 ○○
○ 지상건물중 2층 전부에 대한 임대차계약에 의하여 채무자가 제3채무자에
게 지급한 임대차보증금 40,000,000원의 반환채권중 위 청구금액

[서식] 채권압류명령신청서(물품대금청구)

<h3 style="text-align:center;">채권압류명령신청</h3>

채 권 자 　　　　○ ○ ○ (000000 - 0000000)
　　　　　　○○시 ○○구 ○○동 ○○○
　　　　　　전화 02-1234-4567　　휴대폰 010-1234-5678
　　　　　　팩스 02-9876-5432　　이메일 : lawb@lawb.co.kr
　　　　　　위 대리인 변호사　○ ○ ○
　　　　　　○○시 ○○구 ○○동 ○○○

채 무 자 　　　　○ ○ ○ (000000 - 0000000)
　　　　　　○○시 ○○구 ○○동 ○○○
　　　　　　전화 02-1234-4567　　휴대폰 010-1234-5678
　　　　　　팩스 02-9876-5432　　이메일 : lawb@lawb.co.kr

제3채무자　○○○○ 주식회사
　　　　　　대표이사　○ ○ ○
　　　　　　○○시 ○○구 ○○동 ○○○
　　　　　　전화 02-1234-4567　　휴대폰 010-1234-5678
　　　　　　팩스 02-9876-5432　　이메일 : lawb@lawb.co.kr

<h4 style="text-align:center;">청구채권의 표시</h4>

　금 ○○○만원(물품대금원금) 및 이에 대한 20○○. ○. ○.부터 완제할 때까지 연 20%의 비율에 의한 금원

<h4 style="text-align:center;">압류할 채권의 표시</h4>

금 ○○○만원
    단, 채무자가 제3채무자에 대하여 가지고 있는 제3채무자의 ○○내 ○○ 활용관 공사대금

신 청 취 지

1. 채무자가 제3채무자에 대하여 가지고 있는 위 채권을 압류한다.
2. 제3채무자는 채무자에 대하여 위 압류한 채권의 지급을 하여서는 안된다.
3. 채무자는 위 압류한 채권의 처분과 영수를 하여서는 안된다.
라는 재판을 구합니다.

신 청 이 유

1. 채권자는 채무자에 대하여 ○○지방법원 20○○가단○○○호 물품대금 청구의 소의 집행력있는 판결정본에 기하여 위 청구채권표시의 물품대금채권을 가지고 있는 바 채무자는 그 변제를 하지 아니하고 있습니다.
2. 따라서 채권자는 채무자가 제3채무자에 대하여 가지고 있는 공사대금채권을 압류하기 위하여 이 신청에 이른 것입니다.

첨 부 서 류

1. 집행력 있는 판결정본   1통
1. 송달증명   1통

20○○. ○. ○.

　　　　　　　　　　　　　　　　　채권자 대리인
　　　　　　　　　　　　　　　　　변호사 ○ ○ ○ ㊞

○○지방법원 　귀중

주 1. 신청서에는 민사소송 등 인지법 제9조 3항 1호에 의하여 인지를 붙이고(송민 91-1 참조) 송달료를 납부하며 압류명령원본 및 정본에 첨부할 당사자목록, 집행채권, 피압류채권목록은 원본 및 정본 수만큼 제출하여야 한다.
2. 압류명령신청을 수개의 집행권원에 기하여 1개의 신청서로 신청하는 때에는 수개의 신청이므로 집행권원의 소에 상응하는 인지를 첨부하여야 하고, 다만 전부명령은 압류된 채권 전체가 하나로써 채권자에게 전부되는 것이므로 1개의 신청으로 취급한다(송민 87-9 참조).
4. 압류명령, 추심명령, 전부명령, 특별현금화명령신청을 병합하여 신청할 때에는 기존 인지액의 배액의 인지액을 추가로 붙인다(송민 91-1 참조).

【서식】 채권압류명령신청서(급료 등 채권에 대한)

채권압류명령신청

  채 권 자   ○ ○ ○ (000000 - 0000000)
                 ○○시 ○○구 ○○동 ○○○
                 전화 02-1234-4567   휴대폰 010-1234-5678
                 팩스 02-9876-5432   이메일 : lawb@lawb.co.kr

  채 무 자   ○ ○ ○ (000000 - 0000000)
                 ○○시 ○○구 ○○동 ○○○
                 전화 02-1234-4567   휴대폰 010-1234-5678
                 팩스 02-9876-5432   이메일 : lawb@lawb.co.kr

  제3채무자   ○○○○산업개발주식회사
                 대표이사 ○ ○ ○
                 ○○시 ○○구 ○○동 ○○○
                 전화 02-1234-4567   휴대폰 010-1234-5678
                 팩스 02-9876-5432   이메일 : lawb@lawb.co.kr

  청구금액
    금15,000,000원정
    공증인가 ○○종합법무법인 작성 증서 20○○년 제4567호 집행력 있는 공정증서 정본에 의한 금15,000,000원의 약속어음금

  압류할 채권의 표시
  별지목록 기재와 같음

신 청 취 지

　　위 청구금액에 대한 집행을 보전하기 위하여 채무자와 제3채무자에 대한 별지기재의 채권을 압류한다.
　　제3채무자는 채무자에게 위 채권에 관한 지급을 하여서는 아니된다.
　　채무자는 위 채권의 처분과 영수를 하여서는 아니된다.
　라는 재판을 구합니다.

신 청 원 인

　　채권자는 채무자에 대하여 공증인가 ○○종합법무법인 작성증서 20○○년 제4567호 집행력 있는 약속어음 공정증서정본에 의하여 금15,000,000원의 청구채권이 있는바, 채무자가 이를 변제하지 아니하므로 위 금원의 변제에 충당하기 위하여, 채무자가 제3채무자에 대하여 가지고 있는 별지목록 기재의 채권을 압류하고자 본 신청에 이르게 되었습니다.

첨 부 서 류

1. 집행력 있는 공정증서정본　　　　　　1통
1. 법인등기부등본　　　　　　　　　　　1통
1. 납부서　　　　　　　　　　　　　　　1통

　　　　　　　　　　20○○. ○. ○.

　　　　　　　채권자　○　○　○　(날인 또는 서명)

　　　　　　　　　　　　　　　　　○○지방법원　귀중

주 1. 신청서에는 민사소송 등 인지법 제9조 3항 1호에 의하여 인지를 붙이고(송민 91-1 참조) 송달료를 납부하며 압류명령원본 및 정본에 첨부할 당사자목록, 집행채권, 피압류채권목록은 원본 및 정본 수만큼 제출하여야 한다.
2. 압류명령신청을 수개의 집행권원에 기하여 1개의 신청서로 신청하는 때에는 수개의 신청이므로 집행권원의 소에 상응하는 인지를 첨부하여야 하고, 다만 전부명령은 압류된 채권 전체가 하나로써 채권자에게 전부되는 것이므로 1개의 신청으로 취급한다(송민 87-9 참조).
4. 압류명령, 추심명령, 전부명령, 특별현금화명령신청을 병합하여 신청할 때에는 기존 인지액의 배액의 인지액을 추가로 붙인다(송민 91-1 참조).

Ⅳ. 금전채권에 대한 강제집행

1. 의 의

금전채권에 대한 강제집행은 채무자가 제3채무자에 대하여 가지는 금전의 지급을 목적으로 하는 채권에 대하여 하는 채권에 대하여 하는 강제집행을 말한다.

그 발생원인은 사법상의 관계에 기초한 것이건 공법상의 관계에 기초한 것(공무원의 봉급청구권 등)이건 불문한다.

다만, 특정 화폐만을 지급의 목적으로 하는 특정금전채권(특종의 외국화폐 등)은 특정물채권의 성질을 가지고 있으므로 유체물인도청구권 등에 대한 집행(242조, 243조)의 방법으로 한다.

2. 압 류

(1) 압류명령의 신청

가. 관할법원

압류명령을 신청할 집행법원은 채무자의 보통재판적이 있는 곳을 관할하는 지방법원이 집행법원으로 된다(법 제224조 1항).

위의 지방법원이 없을 때(예컨대, 채무자가 외국에 나가 있어 국내에 주소가 없는 경우)에는 제3채무자의 보통재판적이 있는 곳의 지방법원이 집행법원이 되나, 다만 물건의 인도를 목적으로 하는 채권과 물적 담보권이 있는 채권에 대하여는 그 물건이 있는 곳의 지방법원이 집행법원으로 된다(동조 2항).

가압류에서 이전되는 채권압류의 경우 집행법원은 가압류를 명한 법원이 있는 곳을 관할하는 지방법원으로 한다(동조 3항).

나. 신청절차

1) 신청방식

금전채권에 대한 강제집행은 채권자의 압류명령 신청에 따라 개시된다.

압류명령의 신청은 서면으로 하여야 한다(법 제4조). 신청서에는 2,000원의 인지를 붙여야 한다(민사소송등인지법 9조 3항).

신청서에는 압류할 채권의 종류와 액수를 밝혀서 압류를 하고자 하는 채권을 특정하여야 한다(법 제225조).

압류명령의 신청에는 ① 신청의 취지, ② 채권자·채무자·제3채무자와 그 대리인의 표시(규 159조 1항 1호), ③ 집행(청구)채권의 표시, ④ 집행권원의 표시(규 159조 1항 2호), ⑤ 압류할 채권(피압류채권)의 종류와 액수(225조), ⑥ 집행권원에 기초한 청구권의 일부에 관하여서만 압류명령을 신청하거나 목적채권의 일부에 대하여만 압류명령을 신청하는 때에는 그 범위(규 159조 1항 3호), ⑦ 신청의 이유 등을 명시하여야 한다.

공무원 또는 대기업직원의 임금 또는 퇴직금채권에 대한 가압류·압류·전부명령 등을 신청할 때에는 채무자의 성명과 주소 외에 소속부서, 직위, 주민등록번호 등 채무자를 특정할 수 있는 사항을 기재하여야 한다(재민 94-3).

2) 첨부서류

압류명령의 신청에는 강제집행의 요건 및 강제집행 개시의 요건을 갖추어야 하므로, 그 요건을 갖추었음을 증명하는 서류를 첨부서류로 제출하여야 한다. 즉 집행력 있는 정본 외에 집행권원과 집행문 및 증명서등본의 송달, 이행일시의 도래(40조 1항), 담보제공증명서의 제출 및 그 등본의 송달(40조 2항), 반대급부의 제공(41조) 등의 요건을 갖추고 이를 증명하여야 한다. 또 집행당사자 또는 제3채무자가 법인인 때에는 대표자의 자격증명, 대리인이 신청할 때에는 위임장을 붙여야 한다.

【서식】채권압류 및 추심명령 신청서

채권압류 및 추심명령 신청서

채권자　(이름)　　　(주민등록번호　　　-　　　)
　　　　(주소)

채무자　(이름)　　　(주민등록번호　　　-　　　)
　　　　(주소)

제3채무자 (이름)　　(주민등록번호　　　-　　　)
　　　　(주소)

수입인지 4,000원

신 청 취 지

채무자의 제3채무자에 대한 별지 기재의 채권을 압류한다.
제3채무자는 채무자에게 위 채권에 관한 지급을 하여서는 아니 된다.
채무자는 위 채권의 처분과 영수를 하여서는 아니 된다.
위 압류된 채권은 채권자가 추심할 수 있다.
라는 결정을 구함.

청구채권 및 그 금액 : 별지 목록 기재와 같음

신 청 이 유

첨 부 서 류

1. 집행력 있는　　　정본 1통
1. 송달증명원 1통

20 . . .

　　　　　채권자　　　　　(날인 또는 서명)
　　　　　(연락처 :　　　　　　　　　)

지방법원　　　　귀중

◇ 유의사항 ◇

1. 채권자는 연락처란에 언제든지 연락 가능한 전화번호나 휴대전화번호(팩스번호, 이메일 주소 등도 포함)를 기재하기 바랍니다.
2. 집행력 있는 집행권원은 "확정된 종국판결, 가집행선고 있는 종국판결, 화해·인낙·조정조서, 확정된 지급명령, 확정된 이행권고결정, 확정된 화해권고결정, 공정증서, 확정된 배상명령"등이 있습니다.
3. 공무원 또는 대기업직원의 임금 또는 퇴직금채권에 대한 채권압류 및 추심명령을 신청할 때에는 채무자의 이름과 주소 외에 소속부서, 직위, 주민등록번호, 군번/순번(군인/군무원의 경우) 등 채무자의 특정할 수 있는 사항을 기재하시기 바랍니다.
4. 이 신청서를 접수할 때에는 당사자 1인당 2회분의 송달료를 수납은행에 예납하여야 합니다.

(예시)

청구채권

금 원 (대여금)	
금 원 (위 금원에 대한 20 . . .부터 20 . . .까지의 이자 및 지연손해금	
금 원 (집행비용의 내용 : 금 원의 신청서 첨부인지대, 금 원의 송달료)	
합계 금 원	

(예시)

압류할 채권의 종류 및 액수

채무자가 제3채무자로부터 매월 수령하는 급료(본봉 및 제수당) 및 매년 6월과 12월에 수령하는 기말수당(상여금) 중 제세공과금을 뺀 잔액의 1/2씩 위 청구금액에 이를 때까지의 금액[다만, 국민기초생활보장법에 의한 최저생계비를 감안하여 민사집행법 시행령이 정한 금액에 해당하는 경우에는 이를 제외한 나머지 금액, 표준적인 가구의 생계비를 감안하여 민사집행법 시행령이 정한 금액에 해당하는 경우에는 이를 제외한 나머지 금액] 및 위 청구금액에 달하지 아니한 사이에 퇴직한 때에는 퇴직금 중 제세공과금을 뺀 잔액의 1/2씩 위 청구금액에 이를 때까지의 금액

※ 대법원 홈페이지(http://www.scourt.go.kr)에서 민사집행법 시행령이 정하는 금액을 확인할 수 있습니다.

【서식】 압류할 채권의 표시례

압류할 채권의 표시례

1. 대여금
   금 ○○○원
   채무자가 제3채무자에 대하여 19○○년 ○월 ○일 대여한 금 ○○○원의 대여금 반환청구채권

2. 매매대금
   금 ○○○원
   채무자가 제3채무자에 대하여 19○○년 ○월 ○일 매도한 ○○물건에 대한 금 ○○원의 매매대금 채권

3. 급 료
   금 ○○○원
   채무자가 제3채무자로부터 매월 지급받는 급료(본봉 및 제수당) 및 매년 지급받는 기말수당(상여금) 중 제세공과금을 공제한 잔액의 1/2씩 위 청구금액에 이를 때까지의 금액 및 위 청구금액에 달하지 아니한 사이에 퇴직한 때에는 퇴직금 중 제세공과금을 공제한 잔액의 1/2씩 위 청구금액에 이를 때까지의 금액

4. 임대차 보증금
   금 ○○○원
   채무자가 제3채무자에 대하여 19○○년 ○월 ○일 서울 서초구 서초동 100번지 ○○아파트 1동 101호를 임차함에 있어 제3채무자에게 지급한 임대차보증금 금 ○○○원의 반환채권

5. 공탁금출급청구권
   금 ○○○원
   채무자가 제3채무자에 대하여 19○○년 ○월 ○일 공탁자 ○○○가 ○○물건의 매매대금으로서 서울지방법원 98금 제○○호로 공탁한 금○○원의 출급청구권

☞ 유의사항
주) 압류가 금지된 채권은 아래와 같습니다.
    1. 법령상의 부양료 및 유족보호료
    2. 공무원연금법에 의한 급료
    3. 국가유공자예우 등에 관한 법률에 의한 보상금
    4. 사립학교 교원연금법에 의한 급여
    5. 국민연금법에 의한 각종 급여
    6. 각종 보험법에 의한 보험 급여
    7. 형사보상청구권
    8. 생명·신체의 침해로 인한 국가배상금 등

다. 압류명령

1) 심 리

채권압류명령의 신청이 접수되면 집행법원은 신청서와 첨부서류만을 토대로 한 서면심사를 통하여 신청의 적식 여부, 관할권의 존부, 집행력 있는 정본의 존부와 그 송달 여부, 집행개시요건을 갖추었는지 여부, 집행장애의 존부, 목적채권의 압류될 적격의 유무, 무잉여압류 여부(188조 3항) 등에 관하여 조사한 후 흠이 있는 때에는, 보정할 수 없는 것이면 즉시 신청을 기각하고, 보정할 수 있는 것이면 보정을 명하여 이에 불응하면 신청을 기각한다.

2) 내 용

서면심사를 한 결과 신청이 이유 있다고 인정하는 때에는 압류될 채권의 존부나 집행채무자에의 귀속 여부를 심사하거나 제3채무자를 심문함이 없이 압류명령을 한다(법 제226조).

압류명령에는 제3채무자에 대한 채권을 압류한다는 취지 이외에, 제3채무자에 대하여는 채무자에 대한 지급을 금지하고, 채무자에 대하여는 채권의 처분과 영수를 금지하여야 한다(법 제227조 1항). 위 압류선언 가운데 제3채무자에 대하여 하는 지급금지명령은 채권압류의 본질적 효력에 관한 것으로서 그 기재가 없으면 압류명령이 무효이다. 반면 채무자에 대하여 하는 처분 및 영수의 금지명령은 그 기재가 누락되어도 채권압류명령의 효력에 영향이 없다.

3) 송달·통지

압류명령은 직권으로 제3채무자와 채무자에게 송달하여야 한다(법 제227조 3항). 압류명령이 제3채무자에게 송달되면 압류의 효력이 생긴다. 제3채무자에 대한 송달이 이루어지지 않거나 그 송달된 압류명령 정본의 기재 중 중요한 사항에 관하여 오기나 누락이 있으면 압류의 효력이 발생하지 않는다.

제3채무자가 채권자 자신인 경우에도 제3채무자에 대한 송달은 압류의 효력발생요건이므로 반드시 이루어져야 한다.

압류명령은 채무자에게도 반드시 송달하여야 하나, 채무자에게 송달되지 않더라도 제3채무자에게 송달되면 압류명령의 효력에는 영향이 없다.

4) 불복방법

압류신청을 인용하여 내려준 압류명령이나 압류신청을 기각한 재판에 대하여는 이의

신청을 거쳐 즉시항고를 할 수 있다(법 제227조 4항).

(2) 압류의 효력

가. **효력발생시기**

채권압류명령의 효력은 제3채무자에게 송달된 때에 생긴다(법 제227조 3항). 제3채무자가 여럿일 때에는 마지막 제3채무자에게 송달된 때에 압류의 효력이 발생한다. 그러나 어음·수표 등 배서로써만 이전할 수 있는 증권으로서 배서가 금지된 증권채권(지시채권)은 압류명령의 송달만으로는 효력이 발생하지 아니하고, 그 외에 집행관이 증권을 점유하여야 압류의 효력이 생긴다(법 제233조).

나. **압류의 효력이 미치는 범위**

압류의 효력은 압류명령에 특별한 정함이 없으면(즉, 특별히 피압류채권의 액수에 제한을 가하지 않았으면) 압류된 채권의 전부에 미친다(대판 1991. 10. 11. 91다12233).

다만, 채무자는 압류액수를 채권자의 요구액수로 제한하는 명령을 신청할 수 있다(법 제232조 1항 단서).

그러나 압류명령은 압류목적채권이 현실로 존재하는 경우에 그 한도에서 효력을 발생하는 것이고, 그 효력이 발생된 후 새로 생긴 채권에 대하여는 압류의 효력이 미치지 아니한다(대판 2001. 12. 24. 2001다62640).

다. **관계인의 지위**

1) 압류채권자의 지위

압류명령만으로 채권자가 채권에 대한 추심권이나 처분권을 취득하는 것은 아니다. 압류명령과는 별도로 추심명령이나 전부명령이 있어야 추심권이나 처분권을 취득하게 된다.

압류채권자는 채무자가 채권을 처분하거나 제3채무자가 변제를 하더라도 이를 무시하고 집행절차를 계속할 수 있고, 압류명령 발송 전에는 제3채무자에게 목적채권의 존부 등에 대한 진술을 구하는 신청을 할 수 있으며(법 제237조 1항), 채무자에 대하여 채권에 관한 증서의 인도를 청구할 수 있다(법 제234조).

2) 압류채무자의 지위

압류명령이 있으면 채무자는 피압류채권에 관한 추심권과 처분권을 잃게 된다. 따라서 채무자는 압류된 채권의 처분과 영수를 하여서는 아니된다(법 제227조 1항). 처분은 채권 그 자체를 이전하거나(양도 등), 소멸시키는 행위(면제, 상계 등), 채권의 가치를 감소시키는 행위(지급의 유예 등), 조건성취를 방해하는 행위 등을 말하고, 영수는 임의 또는 강제집행에 따른 변제의 수령을 말한다.

그러나 채무자는 압류가 있은 뒤에도 여전히 압류된 채권의 채권자이므로, 추심명령이나 전부명령이 있을 때까지 채권자를 해하지 않는 한도 내에서 채권을 행사할 수 있다. 즉, 제3채무자를 상대로 이행의 소를 제기하여 승소판결을 받을 수도 있고, 채권의 보존을 위한 행위도 가능하다.

또 압류가 있더라도 피압류채권을 발생시킨 기본적 법률관계의 처분까지 금지되는 것은 아니다. 따라서 그 채권의 발생원인인 기본적 법률관계(소비대차계약, 임대차계약, 고용계약 등)를 변경, 소멸시키는 행위(계약의 취소, 해제, 퇴직 등)는 자유롭게 할 수 있다(대판 2006. 1. 26. 2003다29456).

압류명령에 반하는 채무자의 처분행위는 압류채권자에 대하여만 대항하지 못하는 상대적 효력밖에 없다(대판 2000. 4. 11. 96다23888). 따라서 채무자가 압류된 뒤에 압류된 채권을 제3자에게 양도하였다면 다른 채권자가 이를 압류할 수는 없고 배당요구도 할 수 없다.

3) 제3채무자의 지위

① 채무자에 대한 지급 금지

제3채무자는 집행당사자는 아니다. 그러나 압류명령으로 인하여 채무자에 대하여 지급하는 것이 금지된다(법 제227조 1항). 채무자에 대한 지급은 압류채권자를 해치는 한도에서 무효이다. 이는 채권압류의 본질적 효력이다.

이를 위반하여 설사 채무자에게 변제하여도 압류채권자에게는 대항할 수 없으므로 압류채권자가 추심명령을 받아서 청구하면 다시 변제를 하여야 한다.

지급이 아니더라도 채권을 소멸시키는 효과를 가진 행위, 예컨대 압류 뒤에 생긴 채권과의 상계, 경개, 면제 등의 행위도 채권자에 대항할 수 없다. 그러나 제3채무자가 채무자와의 채권관계의 발생원인인 기본적 법률관계를 변경 또는 소멸시키는 행위를 하는 것은 자유이다(대판 1997. 4. 25. 96다10867).

② 제3채무자의 권리공탁

피압류채권의 변제기가 도래하면 제3채무자는 이를 지급하여야 하고, 만약 지급하지 아니하면 이행지체책임을 져야 한다. 그런데 압류채권자가 추심을 하지 않거나 강제집행정지 또는 가압류와 같이 채권자의 추심권이 제한되는 경우에는 제3채무자는 압류채권자에게 변제할 수 없으므로 자기의 채무를 소멸시켜 면책될 수 없을 뿐 아니라 압류된 채권의 이행기가 지나면 지연이자를 물게 되어 불이익을 받게 된다.

따라서 민사집행법은 구 민사소송법에서는 인정되지 않았던 제3채무자의 권리공탁을 인정하고 있다. 즉 금전채권의 전액 또는 일부가 압류된 경우에 제3채무자는 압류에 관련된 금전채권의 전액(압류채권액만이 아니다)을 공탁할 수 있다고 규정하여(248조 1항) 제3채무자에게 압류채권자가 경합하는 경우에 배당받을 채권자로부터 공탁청구가 있는 때(의무공탁)에 한정하지 않고, 압류채권자가 한사람인 경우에도 공탁할 권리를 인정하고 있다.

제3채무자가 채무액을 공탁한 때에는 그 사유를 집행법원에 신고하여야 한다(248조 4항 본문). 제3채무자가 공탁만 하고 상당한 기간 내에 그 사유를 신고하지 아니하는 때에는 절차의 촉진을 위하여 압류채권자, 가압류채권자, 배당에 참가한 채권자, 채무자, 그 밖의 이해관계인이 사유신고를 할 수 있다(같은 조 4항 단서).

(3) 압류에 따르는 조치

가. 채권증서의 인도

채무자는 채권에 관한 증서가 있으면 이를 압류채권자에게 인도하여야 한다(법 제234조 1항). 압류채권자가 압류채권을 행사할 때에 채권증서가 필요하기 때문이다.

채무자가 이들 증서를 인도하지 않으면 채권자는 압류명령을 집행권원으로 하여 강제집행의 방법으로 인도받을 수 있다(법 제257조).

나. 저당권 있는 채권의 압류등기

저당권이 있는 채권이 압류된 경우에는 법원사무관등은 소유자에게 압류명령을 송달한 후 채권자의 신청에 따라 채무자의 승낙 없이 그 채권의 압류를 등기부에 기입(부기등기)할 수 있다(법 제228조).

저당권의 피담보채권이 압류되면 담보권의 수반성에 의하여 종된 권리인 저당권에도 압류의 효력이 미치는데, 이 경우 채권의 압류를 공시하기 위해서는 그 등기에 그 사실이 기입되어야 한다.

3. 현금화

(1) 총 설

일반 집행절차와 마찬가지로 채권집행에 있어서도 압류의 단계가 완료되면 압류물을 현금으로 바꾸는 현금화절차가 뒤따라야 한다.

금전채권의 압류만으로써 압류채권자의 집행채권에 만족을 줄 수 없기 때문이다.

민사집행법 229조는 금전채권의 현금화방법으로서 추심명령과 전부명령을 규정하고 있다. 그 밖에 민사집행법 241조에 정해진 특별현금화방법으로서 양도명령, 매각명령, 관리명령 및 그 밖의 상당한 방법에 의한 현금화방법 등이 있으나, 이는 특별한 경우에만 인정되는 예외적인 현금화방법으로서 원칙적인 현금화방법은 어디까지나 추심명령과 전부명령이다.

(2) 추심명령

가. 의 의

추심명령은 압류채권자에게 피압류채권을 추심할 수 있는 권능을 수여하는 이부명령이다.

즉, 추심명령은 압류채권자(압류채권자의 승계인을 포함한다)가 대위의 절차를 거치지 않고 채무자에 갈음하여 제3채무자에 대하여 압류된 채권의 이행을 청구하고 이를 수령하여 원칙으로 자기의 채권의 변제에 충당할 수 있도록 하는 권한(추심의 권능)을 주는 집행법원의 명령이다.

추심명령에 기한 채권자의 추심은 집행행위는 아니지만 채권자가 추심한 채권액을 사법보좌관에게 신고하기까지는 집행은 종료되지 아니한다. 따라서 그때까지 다른 채권자에 의한 압류의 경합이나 현금화가 가능하고, 집행정지에 의하여 추심전의 행사를 저지할 수도 있다.

추심명령은 채권집행에 있어서 가장 원칙적인 현금화방법이다.

추심명령은 전부명령과는 달리 이중압류된 경우에도 할 수 있고, 또 각각 다른 채권자를 위하여 이중으로 내려도 유효하다.

나. 추심명령의 신청

1) 관할방법

추심명령을 신청하여야 할 관할법원은 압류명령의 집행법원과 동일한 지방법원이다.

2) 신청방식

추심명령은 압류채권자의 신청이 있어야 한다. 추심명령의 신청은 압류명령의 신청과 동시에 할 수도 있다. 실무에서는 대부분 동시에 하는 것이 관례이다. 다만 지시채권의 경우에는 집행관이 증권을 점유하여야 압류의 효력이 발생하므로 압류명령과 동시에 추심명령을 신청할 수는 없고 집행관이 증권을 점유한 뒤에만 신청할 수 있다(법 제233조).

추심명령의 신청은 집행법원에 서면으로 하여야 한다. 추심명령의 신청서에는 당사자의 표시, 압류한 채권의 종류와 액수를 밝히고 압류채권자가 대위절차 없이 압류된 채권의 지급을 받을 수 있음을 명하는 재판을 구하는 취지, 신청날짜, 집행법원을 표시하고 채권자 또는 그 대리인이 기명날인하여야 한다. 추심명령을 별도로 신청하는 경우에는 선행의 압류명령사건을 표시(사건번호 등)하여야 한다.

[서식] 채권압류 및 추심명령 신청서

채권압류 및 추심명령 신청서

채권자 (이름)	(주민등록번호	-	)
(주소)			
채무자 (이름)	(주민등록번호	-	)
(주소)			
제3채무자 (이름)	(주민등록번호	-	)
(주소)			

수입인지 4,000원

신 청 취 지

채무자의 제3채무자에 대한 별지 기재의 채권을 압류한다.
제3채무자는 채무자에게 위 채권에 관한 지급을 하여서는 아니 된다.
채무자는 위 채권의 처분과 영수를 하여서는 아니 된다.
위 압류된 채권은 채권자가 추심할 수 있다.
라는 결정을 구함.

청구채권 및 그 금액 : 별지 목록 기재와 같음

신 청 이 유

첨 부 서 류

1. 집행력 있는   정본 1통
1. 송달증명원 1통

20 . . .
채권자   (날인 또는 서명)
(연락처 :   )

지방법원   귀중

◇ 유의사항 ◇

1. 채권자는 연락처란에 언제든지 연락 가능한 전화번호나 휴대전화번호(팩스번호, 이메일 주소 등도 포함)를 기재하기 바랍니다.
2. 집행력 있는 집행권원은 "확정된 종국판결, 가집행선고 있는 종국판결, 화해·인낙·조정조서, 확정된 지급명령, 확정된 이행권고결정, 확정된 화해권고결정, 공정증서, 확정된 배상명령" 등이 있습니다.
3. 공무원 또는 대기업직원의 임금 또는 퇴직금채권에 대한 채권압류 및 추심명령을 신청할 때에는 채무자의 이름과 주소 외에 소속부서, 직위, 주민등록번호, 군번/순번(군인/군무원의 경우) 등 채무자의 특정할 수 있는 사항을 기재하시기 바랍니다.
4. 이 신청서를 접수할 때에는 당사자 1인당 2회분의 송달료를 수납은행에 예납하여야 합니다.

(예시)

청구채권

금	원 (대여금)
금	원 (위 금원에 대한 20 . . .부터 20 . . .까지의 이자 및 지연손해금
금	원 (집행비용의 내용 : 금 원의 신청서 첨부인지대, 금 원의 송달료)
합계 금	원

(예시)

압류할 채권의 종류 및 액수

채무자가 제3채무자로부터 매월 수령하는 급료(본봉 및 제수당) 및 매년 6월과 12월에 수령하는 기말수당(상여금) 중 제세공과금을 뺀 잔액의 1/2씩 위 청구금액에 이를 때까지의 금액[다만, 국민기초생활보장법에 의한 최저생계비를 감안하여 민사집행법 시행령이 정한 금액에 해당하는 경우에는 이를 제외한 나머지 금액, 표준적인 가구의 생계비를 감안하여 민사집행법 시행령이 정한 금액에 해당하는 경우에는 이를 제외한 나머지 금액] 및 위 청구금액에 달하지 아니한 사이에 퇴직한 때에는 퇴직금 중 제세공과금을 뺀 잔액의 1/2씩 위 청구금액에 이를 때까지의 금액

※ 대법원 홈페이지(http://www.scourt.go.kr)에서 민사집행법 시행령이 정하는 금액을 확인할 수 있습니다.

☞ 유의사항
주) 압류가 금지된 채권은 아래와 같습니다.
    1. 법령상의 부양료 및 유족보호료
    2. 공무원연금법에 의한 급료
    3. 국가유공자예우 등에 관한 법률에 의한 보상금
    4. 사립학교 교원연금법에 의한 급여
    5. 국민연금법에 의한 각종 급여
    6. 각종 보험법에 의한 보험 급여
    7. 형사보상청구권
    8. 생명·신체의 침해로 인한 국가배상금 등

다. 추심명령의 재판

1) 추심명령의 심리 내용

집행법원은 추심명령의 신청을 접수하면 관할권의 유무, 신청의 적식 여부, 강제집행의 요건과 강제집행개시요건을 갖추었는지 여부, 집행장애의 유무, 압류명령의 효력의 존부, 추심명령 발부요건을 갖추었는지 여부 등을 조사하여 허부를 결정한다.

압류명령 발령 뒤에 추심명령의 허부를 심리할 때 채무자나 제3채무자를 심문할 수 있으나, 집행채권이나 압류된 채권의 실체적 존부를 심리할 수 있다(대결 1998. 8. 31. 78마1535·1536).

추심명령에는 사건번호, 당사자, 추심대상인 채권, 채권자에게 추심권능을 주는 선언, 결정날짜, 집행법원의 표시 및 판사의 기명날인이 있어야 한다.

2) 추심명령의 송달

집행법원은 직권으로 추심명령을 제3채무자와 채무자에게 송달하여야 한다(법 제229조 4항, 227조 2항). 추심명령은 제3채무자에게 송달한 때에 효력이 생긴다(229조 4항, 227조 3항). 채무자에 대한 송달은 추심명령의 효력발생요건이 아니다. 또한 채권자에게도 적당한 방법으로 고지하여야 한다.

3) 불복방법

추심명령에 대한 불복은 압류명령의 경우와 마찬가지로 즉시항고의 방법으로 한다(법 제229조 6항). 항고권자는 채무자 및 제3채무자라고 해석된다. 추심명령신청을 기각 또는 각하한 결정에 대하여는 신청채권자가 즉시항고할 수 있다.

라. 추심명령의 효력

1) 효력발생시기

추심명령은 제3채무자에게 송달됨으로써 그 효력이 발생하고(법 제229조 4항, 227조 3항), 추심명령에 대하여 즉시항고가 제기되더라도 이는 추심명령의 효력발생에는 영향을 미치지 아니한다(15조 6항).

2) 추심권의 범위

추심권의 범위는 추심명령에 특별한 제한이 없는 한 압류된 채권의 전액에 미치고(232조 1항 본문) 집행채권액에 한정되는 것이 아니다. 다른 채권자의 배당요구가 있을 수 있기 때문에 이에 대비하는 것이다.

만일 추심권의 범위를 항상 집행채권액과 집행비용을 합산한 액수로 한정한다면 제3

채무자에게 채무의 분할지급을 강요하는 것이 될 뿐만 아니라 다른 채권자가 배당요구를 하는 경우에는 집행채권자가 현실로 변제받을 수 있는 액수가 집행채권보다도 적어질 가능성이 있기 때문이다. 압류채권의 전액을 추심하여 집행채권의 변제에 충당하고 남으면 채무자에게 지급한다.

다만, 채권자 스스로 압류된 채권의 일부에 한하여 추심명령을 신청하는 것은 무방하다. 추심명령의 효력은 압류의 효력이 미치는 종된 권리에도 미친다.

다만, 압류된 채권자의 요구액(집행채권액과 집행비용의 합산액)보다 많은 경우 집행법원은 채무자의 신청에 따라 압류금액을 그 요구액으로 제한하고 채무자에게 그 초과된 액수의 처분과 영수를 허가할 수 있다(232조 1항 단서). 채무자를 필요 이상의 구속으로부터 해방시켜 주기 위한 것으로 반드시 채무자의 신청이 있어야만 할 수 있다.

3) 채권자의 지위

① 채권의 추심

채권자는 채권을 추심하기 위하여 필요한 채무자의 모든 권리를 자기의 이름으로 행사할 수 있다. 예컨대 이행을 최고할 수 있으며, 선택권·해제권·취소권 등의 행사, 담보권의 실행 등을 할 수 있다.

그러나 면제·양도·상계·화해 등 추심의 목적을 벗어난 행위는 할 수 없다.

배서가 금지된 어음, 수표 등 민사집행법 233조 지시채권에 대하여 추심명령을 받은 채권자는 증권을 점유하는 집행관에게 추심명령정본을 제시하여 그 증권의 교부를 받아 그 증권상의 권리를 행사한다.

② 추심의 신고와 공탁

채권자는 추심한 채권액을 집행법원에 신고하여야 한다(법 제236조 1항). 추심신고는 사건의 표시, 채권자·채무자와 제3채무자의 표시, 제3채무자로부터 지급받은 금액과 날짜를 적은 서면으로 한다(규칙 제162조 1항).

채권자가 추심신고를 하기 전에 다른 압류, 가압류 또는 배당요구가 있었을 때에는 추심한 금액을 바로 공탁하고 그 사유를 법원에 신고하여야 한다(법 제236조 2항). 사유신고는 사건과 당사자의 표시, 제3채무자로부터 지급받은 금액과 날짜 외에 공탁 사유 및 공탁한 금액을 적은 서면에 공탁서를 붙여서 하여야 한다(규칙 제162조 2항).

(3) 전부명령

가. 의 의

전부명령은 압류된 금전채권을 집행채권의 변제에 갈음하여 권면액으로 압류채권자에게 이전시키는 집행법원의 명령(결정)이다. 피압류채권을 가지고 대물변제의 형식으로 압류채권을 결제하는 셈이다. 전부명령이 확정되어 제3채무자에게 송달되면 채무를 변제할 것으로 본다(법 제231조).

제3채무자의 자력이 충분한 경우에는 다른 채권자를 배제하고 우선변제를 받을 수 있으므로 평등주의에 대한 예외라고 할 수 있다. 대신 제3채무자에게 변제자력이 없는 경우의 불이익은 전부채권자가 감수하여야 한다.

나. 전부명령의 신청

1) 관할법원

전부명령을 신청하여야 할 관할법원은 압류명령의 집행법원과 동일한 지방법원이다. 전부명령이 압류명령과 별도로 신청되는 경우 압류명령이 송달된 뒤에 채무자나 제3채무자의 주소가 변경되어 그 보통재판적이 달라지더라도 전부명령은 압류명령을 발령한 법원이 관할법원이 된다.

2) 신청방식

전부명령은 채권자의 신청이 있어야 한다. 이 신청은 집행법원에 서면으로 하여야 한다(법 제4조). 압류명령과 동시에 신청할 수도 있고, 사후에 신청할 수도 있으나 동시신청이 관례이다. 다만 민사집행법 233조의 규정에 의한 지시채권의 경우에는 집행관이 증권을 점유한 후가 아니면 신청을 할 수 없으므로 동시신청이 불가능하다.

채권가압류 뒤에 가압류채권자가 집행권원을 취득하더라도 직접 전부명령을 신청할 수는 없고, 가압류에서 본압류로 전이하는 압류명령을 신청하면서 전부명령을 함께 신청하여야 한다.

전부명령의 신청서에는 당사자의 표시, 압류한 채권의 종류와 액수, 그 일부에 대하여 전부(轉付)를 구할 경우에는 전부를 받을 채권액을 명시하고, 압류한 채권을 지급에 갈음하여 압류채권자에게 이전함을 구하는 취지, 신청 날짜, 집행법원을 표시하고 채권자 또는 그 대리인의 기명날인이 있어야 하며 전부명령만을 별도로 신청하는 경우에는 선행의 채권압류명령사건의 표시(사건번호 등)가 있어야 한다.

【서식】 채권압류 및 전부명령 신청서

채권압류 및 전부명령 신청서

수입인지
4,000원

채권자　(이름)　　　(주민등록번호　　　-　　　　)
　　　　(주소)
채무자　(이름)　　　(주민등록번호　　　-　　　　)
　　　　(주소)
제3채무자 (이름)　　(주민등록번호　　　-　　　　)
　　　　(주소)

신 청 취 지

채무자의 제3채무자에 대한 별지 기재의 채권을 압류한다.
제3채무자는 채무자에게 위 채권에 관한 지급을 하여서는 아니 된다.
채무자는 위 채권의 처분과 영수를 하여서는 아니 된다.
위 압류된 채권은 채권자가 추심할 수 있다.
라는 결정을 구함.

청구채권 및 그 금액 : 별지 목록 기재와 같음

신 청 이 유

첨 부 서 류

1. 집행력 있는　　　정본 1통
1. 송달증명원 1통

　　　　　　　　　　　　20 . . .
　　　　　　　채권자　　　　㊞ (서명　　　　)
　　　　　　　(연락처 :　　　　)

　　　　　　　　　　　　　　지방법원　　　　　귀중

◇ 유의사항 ◇

1. 채권자는 연락처란에 언제든지 연락 가능한 전화번호나 휴대전화번호(팩스번호, 이메일 주소 등도 포함)를 기재하기 바랍니다.
2. 집행력 있는 집행권원은 "확정된 종국판결, 가집행선고 있는 종국판결, 화해·인낙·조정조서, 확정된 지급명령, 확정된 이행권고결정, 확정된 화해권고결정, 공정증서, 확정된 배상명령"등이 있습니다.
3. 공무원 또는 대기업직원의 임금 또는 퇴직금채권에 대한 채권압류 및 추심명령을 신청할 때에는 채무자의 이름과 주소 외에 소속부서, 직위, 주민등록번호, 군번/순번(군인/군무원의 경우) 등 채무자의 특정할 수 있는 사항을 기재하시기 바랍니다.
4. 이 신청서를 접수할 때에는 당사자 1인당 2회분의 송달료를 수납은행에 예납하여야 합니다.

(예시)

청구채권

금	원 (대여금)
금	원 (위 금원에 대한 20 . . .부터 20 . . .까지의 이자 및 지연손해금
금	원 (집행비용의 내용 : 금 원의 신청서 첨부인지대, 금 원의 송달료)
합계 금	원

(예시)

압류할 채권의 종류 및 액수

채무자가 제3채무자로부터 매월 수령하는 급료(본봉 및 제수당) 및 매년 6월과 12월에 수령하는 기말수당(상여금) 중 제세공과금을 뺀 잔액의 1/2씩 위 청구금액에 이를 때까지의 금액[다만, 국민기초생활보장법에 의한 최저생계비를 감안하여 민사집행법 시행령이 정한 금액에 해당하는 경우에는 이를 제외한 나머지 금액, 표준적인 가구의 생계비를 감안하여 민사집행법 시행령이 정한 금액에 해당하는 경우에는 이를 제외한 나머지 금액] 및 위 청구금액에 달하지 아니한 사이에 퇴직한 때에는 퇴직금 중 제세공과금을 뺀 잔액의 1/2씩 위 청구금액에 이를 때까지의 금액

※ 대법원 홈페이지(http://www.scourt.go.kr)에서 민사집행법 시행령이 정하는 금액을 확인할 수 있습니다.

주) 압류가 금지된 채권은 아래와 같습니다.
   1. 법령상의 부양료 및 유족부조료
   2. 공무원연금법에 의한 급료
   3. 국가유공자예우 등에 관한 법률에 의한 보상금
   4. 사립학교 교원연금법에 의한 급여
   5. 국민연금법에 의한 각종 급여
   6. 각종 보험법에 의한 보험 급여
   7. 형사보상청구권
   8. 생명·신체의 침해로 인한 국가배상금 등

다. 전부명령의 요건

1) 압류된 채권이 금전채권으로 권면액이 있을 것

전부명령은 압류채권과 피압류채권을 대물변제의 간단하게 결제하는 방식이므로 권면액이 있어야 한다.

권면액이란 채권의 목적으로 표시되어 있는 금전(급부하여야 할 금전)의 일정액을 말한다. 이는 채권의 명목상 값일 뿐 실제 거래되는 값은 아니다.

권면액이 있어야 하므로 이것이 없는 비금전채권에 대하여는 전부명령을 할 수 없다. 따라서 유체물의 인도나 권리이전청구권에 대하여는 전부명령을 하지 못하고, 민사집행법 233조의 지시채권 중 화물상환증 등 인도증권에 표창된 유체물인도청구권에 대한 집행의 경우에도 전부명령이 역시 부적당하다(245조).

판례는 권면액이 있는 이상 장래의 채권, 조건부채권, 반대급부에 걸린 채권(대판 1989. 2. 28. 88다카13394) 등에 대한 전부명령도 가능한 것으로 보고 있다.

2) 압류된 채권이 양도성이 있을 것

양도할 수 없는 채권은 압류의 대상이 되지 아니하므로 이에 대하여는 전부명령도 할 수 없다. 다만 당사자 사이에 양도금지의 특약이 있는 채권이라도 압류채권자의 선의·악의를 불문하고 전부명령이 가능하다(대판 2002. 8. 27. 2001다71699).

3) 압류(가압류 포함)의 경합 또는 배당요구가 없을 것

압류 또는 가압류채권자가 경합하거나 배당요구채권자 또는 공동압류채권자가 있는 경우에는 평등주의의 원칙상 전부명령이 허용되지 아니한다(229조 5항). 그러나 체납처분에 의한 압류는 국세징수법상 압류효력의 확장에 관한 규정이 없으므로 그 후에 강제집행에 의한 압류가 있고 그 압류된 금액의 합계가 피압류채권의 총액을 초과한다고 하더라도 압류경합이 되는 것이 아니다.

위 요건의 존부를 판단하는 기준시기는 전부명령이 제3채무자에게 송달된 시점이다(법 제229조 5항).

라. 전부명령의 내용 및 송달

1) 전부명령의 내용

전부명령에는 사건번호, 당사자의 표시, 압류된 채권, 앞서 발령한 압류명령, 압류된 채권을 지급에 갈음하여 압류채권자에게 이전한다는 취지의 선언, 결정 날짜, 집행법원의 표시 및 판사의 기명날인이 있어야 한다.

2) 전부명령의 송달

전부명령은 채무자와 제3채무자에게 송달하여야 한다(229조 4항, 227조 2항). 또 이를 채권자에게 고지하여야 한다.

전부명령은 확정되어야 효력이 있고(229조 7항), 전부명령에 대하여는 제3채무자뿐만 아니라 채무자도 즉시항고를 제기할 수 있으므로(229조 6항) 제3채무자뿐만 아니라 채무자에게도 송달되지 아니하면 확정될 수 없다. 따라서 채무자에 대한 송달도 전부명령의 효력발생요건으로 보아야 한다.

마. 전부명령의 효력

1) 집행채권의 소멸

전부명령이 발효되면 피전부채권이 존재하는 한 그 권면액 상당의 집행채권은 집행채권자에게 변제된 것으로 보아 전부명령이 제3채무자에게 송달된 때로 소급하여 소멸된다(231조 본문, 대법원 1996. 4. 12. 선고 95다55047 판결). 제3채무자의 무자력 등의 사유로 채권자가 현실적으로 변제받지 못하였다 하더라도 채무자의 채권자에 대한 채무변제의 효과에는 영향이 없고 이러한 위험은 채권자가 부담한다.

전부명령의 확정으로 제3채무자에게 송달된 때에 소급하여 집행채권의 범위 안에서 당연히 피전부채권이 이전하고 동시에 집행채권이 소멸하는 효력은 피압류채권이 그 존부 및 범위를 불확실하게 하는 요소를 내포하고 있는 장래의 채권인 경우에도 마찬가지이다(대법원 2000. 4. 21. 선고 99다70716 판결).

2) 피전부채권의 이전

전부명령에 의하여 피전부채권은 그 동일성을 유지하면서 채무자로부터 채권자에게 이전된다. 이전되는 모습은 지명채권의 양도와 비슷하지만 국가의 집행행위로 인하여 이전되는 것이므로 채권양도에 있어서 요구되는 제3자에 대한 대항요건은 요하지 않는다.

전부명령에 의한 민사집행법 233조의 지시채권의 이전은 지명채권양도의 효력밖에 없으므로 인적 항변의 절단의 효과는 생기지 않는다.

피전부채권이 집행채권과 집행비용의 합산액보다 적으면 피전부채권의 전액이 이전되지만, 피전부채권이 위 합산액보다 많으면 그 합산액을 한도로 이전된다. 전부명령으로 인한 이전의 효력은 피전부채권의 종된 권리, 즉 전부 후의 이자 및 지연손해금, 보증채무, 저당권 등에도 미친다.

3) 집행의 종료

채권집행절차는 전부명령이 확정되어 전부의 실체적 효력이 발생하면 목적을 달성하고 종료한다. 그 뒤에는 집행의 정지, 취소나 신청의 취하, 배당요구, 압류의 경합, 청구이의, 제3자 이의(대법원 1996. 11. 22. 선고 96다37176 판결) 등의 여지가 없다.

그러나 전부명령의 요건을 갖추지 못하여 전부명령이 효력을 가지지 않더라도 압류명령에 무효사유가 없는 경우에는 압류명령의 효력에는 영향이 없으므로 집행절차는 끝나지 않고 다시 후속되는 집행행위(예컨대 추심명령)를 할 수 있다.

바. 전부명령에 대한 불복

전부명령 및 전부명령 신청을 각하하는 결정에 대하여는 즉시항고를 할 수 있다)229조 6항). 전부명령은 확정되어야 그 효력이 있다(법 제229조 7항).

전부명령에 대한 즉시항고권자는 보통 채무자와 제3채무자이나, 채권을 경합하여 압류한 다른 채권자 등 제3자에게도 즉시항고의 이익이 있는 경우가 있다.

즉시항고의 사유는 전부명령을 할 때 집행법원이 스스로 조사하여 준수할 사항에 관한 흠, 즉 채권압류 자체의 무효나 취소 또는 권면액의 흠이나 압류의 경합과 같은 전부명령 고유의 무효나 취소사유 등이다. 집행채권이 변제 등에 의하여 소멸하였다거나(대법원 1999. 8. 13. 자 99마2198, 2199 결정 ; 1996. 11. 25. 자 95마601, 602 결정) 피전부채권이 존재하지 않는다(대법원 1992. 4. 15. 자 92마213 결정)는 등의 실체에 관한 사유는 전부명령에 대한 불복의 사유가 되지 못한다(대법원 1989. 12. 12. 선고 87다카 3125 판결).

(4) 특별한 현금화방법

가. 신 청

압류된 채권이 조건 또는 기한이 있거나, 반대의무의 이행과 관련되어 있거나 그 밖의 이유로 추심하기 곤란한 때에는 압류채권자는 추심에 갈음할 특별한 현금화명령을 집행법원에 신청할 수 있다(241조 1항).

신청은 서면으로 하여야 하고 신청서에는 특별현금화명령이 필요한 이유와 특별현금화를 구하는 취지를 분명하게 하여야 하며, 2,000원의 인지를 붙어야 한다(인지법 9조 3항).

나. 특별한 현금화명령의 내용

1) 양도명령

집행법원이 정한 값으로 압류채권을 집행채권의 지급에 갈음하여 채권자에게 양도하는 명령이다. 즉 감정인에게 압류채권의 값을 평가하게 하여 그 평가액으로 압류채권을 채권자에게 양도하고 그 평가액의 한도에서 집행채권을 소멸시키는 것이다(241조 1항 1호, 규 163조, 164조). 재판에 의하여 대물변제의 효과가 발생한다는 점에서 전부명령과 비슷하다. 이는 압류채권의 추심이 곤란하거나 권면액이 없거나 또는 권면액으로는 전부하는 것이 상당하지 않은 채권의 경우에 적합하다.

제3채무자에게 양도명령의 결정이 송달되어 확정되면 그 재판이 제3채무자에게 송달된 때에 소급하여 평가액(양도가액)의 한도 안에서 집행채권 및 집행비용청구권은 소멸하게 되고 채무자는 채무를 변제한 것으로 본다. 법원이 정한 양도가액이 채권자의 집행채권과 집행비용의 액을 초과하는 때에는 집행법원은 양도명령을 발령하기 전에 채권자에게 그 차액(초과액)을 납부시켜야 하고, 양도명령이 확정된 때에는 그 금액을 채무자에게 교부하여야 한다(규칙 164조, 82조).

2) 매각명령

매각명령이란 압류채권자의 신청에 따라 채권의 추심에 갈음하여 집행법원이 정한 방법으로 압류된 채권을 매각할 것을 집행관에게 명하는 명령이다(법 제241조 1항 2호).

집행관은 매각절차를 마친 때에는 스스로 배당할 수 없고, 바로 매각대금과 매각에 관한 조서를 집행법원에 제출하여야 하고(규 165조 4항), 매각대금이 제출된 때에는 집행법원에 의한 배당절차가 개시된다(252조 3호). 집행관이 압류된 채권을 매각한 때에는 집행관은 채무자를 대신하여 제3채무자에게 서면으로 그 양도의 통지를 하여야 한다(241조 5항).

3) 관리명령

관리명령이란 집행법원이 채권인 관리인을 선임하여 압류된 채권의 관리를 명하고 그 수익으로 집행채권의 만족을 얻도록 하는 것이다(241조 1항 3호). 부동산강제관리의 경우와 유사하다. 압류된 채권자체는 채무자 이외의 자에게 이전하지 아니하면서 이를 관리인에게 관리하게 하여 그 수익으로 추심을 꾀하는 제도이다. 다수의 임료채권을 압류한 경우에 계속하여 이를 추심하려고 하는 때에 이용된다.

신청서에는 수익의 지급의무를 부담하는 제3자가 있는 경우에 그 제3자의 표시와 함께 지급의무의 내용도 적어야 한다.

관리명령에 의한 관리에는 부동산강제관리규정이 준용된다.

4) 그 밖의 방법

그 외에도 법원이 정하는 적당한 방법으로도 현금화를 할 수 있다.

그 예로서는 특정의 제3자에게 압류된 채권을 매각하거나 압류채권자 또는 제3자로 하여금 매각하게 하는 명령, 압류채권자에게 특수한 추심권능(제3채무자와 지급조건 등을 합의하는 등)을 주는 명령 등이 있다.

【서식】 채권특별현금화명령신청서

채권특별현금화명령신청

사　　건　　　　　20○○타기1234호 채권압류명령
채 권 자　　4　　○ ○ ○
　　　　　　　　○○시 ○○구 ○○동 ○○○
　　　　　　　　전화 02-1234-4567　　휴대폰 010-1234-5678
　　　　　　　　팩스 02-9876-5432　　이메일 : lawb@lawb.co.kr
채 무 자　　　　○ ○ ○
　　　　　　　　○○시 ○○구 ○○동 ○○○
　　　　　　　　전화 02-1234-4567　　휴대폰 010-1234-5678
　　　　　　　　팩스 02-9876-5432　　이메일 : lawb@lawb.co.kr
제3채무자　　　○ ○ ○
　　　　　　　　○○시 ○○구 ○○동 ○○○
　　　　　　　　전화 02-1234-4567　　휴대폰 010-1234-5678
　　　　　　　　팩스 02-9876-5432　　이메일 : lawb@lawb.co.kr

신 청 취 지

위 사건에 관하여 귀원이 20○○. ○. ○. 압류한 별지목록 기재의 채권을 지급에 갈음하여 평가액으로 양도하거나 기타 적당한 방법으로 현금화한다.
라는 재판을 구합니다.

신 청 이 유

채권자는 귀원 20○○타기1234호 채권압류명령에 의하여 채무자의 제3채무자에 대한 별지목록 기재의 채권을 압류하였는바(조건부, 기한부 또는 반대이행에 관련되어 있는 채권으로서 추심하기 곤란한 사유를 명시), 동 압류채권을 민사집행법 제241조에 의하여 현금화하여 주시기 바랍니다.

20○○. ○. ○.

위 채권자 ○ ○ ○ (날인 또는 서명)

○○지방법원 귀중

주 신청서에는 민사소송 등 인지법 9조 3항에 의하여 인지를 붙이고(송민 91-1 참조) 송달료를 납부한다.

제 2 절 관련사례

> 배당요구를 하지 않은 임금채권자는 배당받은 채권자들에게 부당이득반환청구를 할 수 있는가?

청구할 수 없다.

【해 설】

을은 상시 고용근로자 수 60명이고 갑이 운영하는 개인회사에서 3년간 근무하고 그만 두었으나 최종 3개월분의 임금 및 퇴직금을 받지 못하였다. 그런데 최근 갑 소유의 유일한 재산인 부동산 경매처분 되었으나 을은 배당요구시기를 놓쳤다. 이 경우 을은 임금 등 채권의 우선변제권을 주장하여 위 부동산의 매각대금에서 배당 받아간 채권자들에게 부당이득반환청구를 할 수 있는가가 문제된다.

근로기준법 제37조 제2항에서 최종 3월분의 임금과 최종 3년간의 퇴직금 및 재해보상금은 질권 또는 저당권에 의하여 담보권 채권, 조세·공과금 및 다른 채권에 우선하여 변제되어야 한다고 규정하고 있으며, 민사집행법 제268조에서 부동산을 목적으로 하는 담보권의 실행을 위한 경매절차에는 민사집행법 제79조 내지 제162조의 규정을 준용한다고 규정하였고, 민사집행법 제88조 제1항에 의하면 "집행력 있는 정본을 가진 채권자, 경매개시결정이 등기된 뒤에 가압류를 한 채권자, 민법·상법 그 밖의 법률에 의하여 우선변제청구권이 있는 채권자는 배당요구를 할 수 있다."라고 규정하고 있다. 그리고 배당요구는 배당요구의 종기까지 하여야 한다.

그러므로 을의 경우에도 위 부동산에 대한 경매절차의 배당요구의 종기까지 배당요구를 하여야 함에도 그 시기를 놓쳤으므로 전혀 배당 받지 못한 것이라 하겠다.

판례도 "민사소송법 제728조(현행 민사집행법 제268조)에 의하여 담보권의 실행을 위한 경매절차에 준용되는 같은 법 제605조 제1항에서 규정하는 배당요구 채권자는 경락기일(현행 민사집행법에 의하면 배당요구의 종기)까지 배당요구를 한 경우에 한하여 비로소 배당을 받을 수 있고, 적법한 배당요구를 하지 아니한 경우에는 실체법상 우선변제청구권이 있는 채권자라 하더라도 배당을 받을 수 없으므로, 이러한 배당요구 채권자가 적법한 배당요구를 하지 아니하여 그를 배당에서 제외하는 것으로 배당표가 작성·확정되고 그 확정된 배당표에 따라 배당이 실시되었다면, 그가 적법한 배당요구를 한 경우에 배당받을 수 있었던 금액 상당의 금원이 후순위 채권자에게 배당되었다 하여 이를 법률상 원인이 없는 것이라고 볼 수 없다."라고 하였다(대법원 1997. 2. 25. 선고 96다10263 판결, 1996. 12. 20. 선고 95다28304 판결).

따라서 을은 위 부동산의 매각대금에서 배당 받아간 채권자들에 대하여 부당이득반환을 청구할 수 없을 것이다. 다만, 귀하는 임금채권의 소멸시효기간인 3년 이내에 갑의 집행 가능한 다른 재산을 파악하여 가압류 등의 보전조치를 취한 후 임금채권에 관한 승소판결을 받아 그 재산을 경매하고 그 경매절차에서 다른 채권자보다 우선변제를 받아야 할 것이다.

제3채무자에 대한 채권을 압류하면 피압류채권의 소멸시효도 중단되는가?

중단되지 않는다.

【해 설】

갑은 을에 대한 대여금청구채권에 관한 집행력 있는 공정증서에 기하여 을이 병에 대하여 갖는 물품대금채권을 압류하고 추심명령을 받았다. 그런데 갑은 병의 집행 가능한 재산이 파악되지 않아 2년 동안 추심금청구 등의 조치를 취하지 않고 있던 중 최근에야 비로소 병을 상대로 추심청구를 하였다. 그러자 병은 을의 자기에 대한 채권(피압류채권)이 변제기로부터 3년의 소멸시효기간이 이미 경과되어 소멸하였으므로, 갑의 추심청구에 응할 수 없다고 한다. 이 경우 갑이 병에 대하여 받은 압류 및 추심명령으로 을의 병에 대한 채권의 소멸시효가 중단되었음을 주장할 수 없는 것인지가 문제된다.

민법 제168조에 의하면 ① 청구, ② 압류 또는 가압류, 가처분, ③ 승인의 사유로 인하여 중단된다고 규정하고 있으며, 중단 후의 소멸시효 진행에 관하여 민법 제178조 제1항에 의하면 "시효가 중단된 때에는 중단까지의 경과한 시효기간은 이를 산입하지 아니하고 중단사유가 종료된 때로부터 새로이 진행된다."라고 규정하고 있다.

그런데 위 사안에서와 같이 을(채무자)의 병(제3채무자)에 대한 채권이 압류되었을 경우 갑(채권자)의 을에 대한 채권(집행채권)이 압류로 인하여 소멸시효가 중단됨은 위 민법 제168조에 의하여 당연할 것이지만, 을의 병에 대한 채권(피압류채권)의 소멸시효도 중단될 수 있을 것인지 문제된다.

그런데 민사집행법 제227조 제3항에 의하면 "압류명령이 제3채무자에게 송달되면 압류의 효력이 생긴다."라고 규정하고 있는데, 채권압류명령이 제3채무자에게 송달되더라도 압류의 효력은 소극적으로 피압류채권의 처분행위를 금지하는 것뿐이므로 그 피압류채권의 소멸시효는 중단되지 아니한다.

그러므로 위 사안에서 갑이 을의 병에 대한 채권에 대하여 채권압류 및 추심명령을 받았으며 그 결정문이 병에게 송달되었다고 하더라도, 을의 병에 대한 채권(피압류채권)의 소멸시효는 중단되지 않을 것이므로 병은 소멸시효항변이 가능할 것으로 보인다.

그리고 민사집행법 제239조에 의하면 "채권자가 추심할 채권의 행사를 게을리 한 때에는 이로서 생긴 채무자의 손해를 부담한다."라고 규정하고 있는 바, 위 사안에서도 갑이 병에 대하여 적당한 시기에 소송을 제기하거나 가압류를 신청하는 등 추심권한을 행사하지 않음으로 인하여 을의 병에 대한 위 채권이 소멸시효에 걸리게 되었으므로 갑은 을에 대하여 손해배상책임을 부담하게 될 것으로 보인다.

압류금지채권이 채무자의 예금계좌에 입금된 경우 압류가 가능한가?

압류할 수 있다(대결 1996. 12. 24. 96마 1302, 1303).

【해 설】

을은 갑에게 4,500만원을 빌려주었으나 갚지 않아 소송을 제기하여 갑의 재산에 대하여 강제집행을 하려고 한다. 현재 갑은 별다른 재산이 없고 재직하던 회사에서 받을 퇴직금이 유일한 재산이고 퇴직금의 2분의 1 범위 내에서만 압류할 수 있다면 을이 받을 돈에 턱없이 부족하다. 갑이 재직하던 회사에 문의한 결과 퇴직금은 갑의 예금구좌에 입금된다고 하는데, 갑의 퇴직금이 예금구좌에 입금된 경우에는 퇴직금전부를 압류할 수 있는가가 문제가 된다.

민사집행법 제246조 제1항 제4호는 채무자의 생계를 고려하여 퇴직금의 2분의 1 상당액은 압류하지 못한다고 규정하고 있으며, 같은 법 제246조 제2항에 의하면 "법원은 당사자가 신청하면 채권자와 채무자의 생활형편, 그 밖의 사정을 고려하여 압류명령의 전부 또는 일부를 취소하거나, 제1항의 압류금지채권에 대하여 압류명령을 할 수 있다."라고 규정하고 있다.

그런데 이러한 퇴직금이 퇴직자의 예금구좌에 입금된 경우에도 퇴직금의 성격이 유지되어 2분의 1 상당액은 압류가 금지되는지 등이 문제된다.

관련 판례를 보면 "압류금지채권의 목적물이 채무자의 예금계좌에 입금된 경우에는 그 채권은 채무자의 당해 금융기관에 대한 예금채권으로 변하여 종전의 채권과의 동일성을 상실하고, 압류명령은 채무자와 제3채무자의 심문 없이 하도록 되어 있어 압류명령 발령 당시 당해 예금으로 입금된 금원의 성격이 압류금지채권의 목적물인지 혹은 그에 해당하지 아니하는 금원인지, 두 가지 금원이 혼입되어 있다면 예금액 중 압류금지채권 액이 얼마인지를 가려낼 수 없는 것인바, 신속한 채권집행을 실현하기 위해서는 압류 단계에서는 피압류채권을 형식적·획일적으로 판단하여야 하므로 압류금지채권의 목적물이 채무자의 예금계좌에 입금된 경우, 채무자의 제3채무자 금융기관에 대한 예금채권에 대하여는 압류금지의 효력이 미치지 아니하고, 압류금지채권의 목적물이 채무자의 예금계좌에 입금되어 그 예금채권에 대하여 더 이상 압류금지의 효력이 미치지 아니하게 되었다 하더라도 원래의 압류금지의 취지는 참작되어야 할 것인바, 그 경우 채무자의 보호는 민사소송법 제579조의2를 적용하여 법원이 채무자의 신청에 의하여 채무자와 채권자의 생활상황 기타의 사정을 고려하여 압류명령의 전부 또는 일부를 취소하는 방법에 의하여야 한다."라고 하였다(대법원 1996. 12. 24. 자 96마1302, 1303 결정, 1999. 10. 6. 자 99마4857 결정).

따라서 을의 경우에도 퇴직금이 갑의 예금구좌에 입금된 경우에는 압류가 가능하지만, 갑이 민사집행법 제246조 제2항에 의하여 압류명령의 일부취소를 신청할 경우에는 압류되었던 부분에 대한 취소명령이 내려질 수 있을 것이다.

> 수동채권과 동시이행관계인 자동채권이 압류 후 발생하여도 제3채무자는 상계로 압류채권자에게 대항할 수 있는가?

대항할 수 있다(대판 2005. 11. 10. 2004다37676).

【해 설】

갑은 을로부터 부동산을 매수하였는데, 을의 채권자 병이 위 부동산에 가압류를 하였으므로 갑은 매매대금잔금을 지급하지 않았다. 그 후 병이 본안소송에서 승소확정판결을 받아 위 부동산에 대한 강제경매를 신청하였으므로 갑은 병에게 강제경매의 집행채권액과 집행비용을 변제공탁 하였다. 그런데 을의 갑에 대한 매매대금잔금 전액에 대하여 정의 채권가압류가 있은 후 가압류로부터 본압류로 전이하는 채권압류 및 추심명령을 받았다. 이 경우 제3채무자인 갑이 병에게 공탁함으로써 대위변제한 금액을 정의 추심채권과 상계할 수 있는가가 문제된다.

지급금지채권을 수동채권으로 하는 상계의 금지에 관하여 민법 제498조에 의하면 "지급을 금지하는 명령을 받은 제3채무자는 그 후에 취득한 채권에 의한 상계로 그 명령을 신청한 채권자에게 대항하지 못한다."라고 규정하고 있다.

그러나 관련 판례를 보면, "금전채권에 대한 가압류로부터 본압류로 전이하는 압류 및 추심명령이 있는 때에는 제3채무자는 채권이 가압류되기 전에 압류채무자에게 대항할 수 있는 사유로써 압류채권자에게 대항할 수 있으므로, 제3채무자의 압류채무자에 대한 자동채권이 수동채권인 피압류채권과 동시이행의 관계에 있는 경우에는, 그 가압류명령이 제3채무자에게 송달되어 가압류의 효력이 생긴 후에 자동채권이 발생하였다고 하더라도 제3채무자는 동시이행의 항변권을 주장할 수 있고, 따라서 그 상계로써 압류채권자에게 대항할 수 있다. 이 경우에 자동채권 발생의 기초가 되는 원인은 수동채권이 가압류되기 전에 이미 성립하여 존재하고 있었으므로, 그 자동채권은 민법 제498조 소정의 "지급을 금지하는 명령을 받은 제3채무자가 그 후에 취득한 채권"에 해당하지 아니한다." 라고 하면서. "부동산 매수인의 매매잔대금 지급의무와 매도인의 가압류기입등기말소의무가 동시이행관계에 있었는데 위 가압류에 기한 강제경매절차가 진행되자 매수인이 강제경매의 집행채권액과 집행비용을 변제공탁한 경우 매도인은 매수인에 대해 대위변제로 인한 구상채무를 부담하게 되고, 그 구상채무는 가압류기입등기말소의무의 변형으로서 매수인의 매매잔대금 지급의무와 여전히 대가적인 의미가 있어 서로 동시이행관계에 있으므로, 매수인은 매도인의 매매잔대금채권에 대해 가압류로부터 본압류로 전이하는 압류 및 추심명령을 받은 채권자에게 가압류 이후에 발생한 위 구상금채권에 의한 상계로 대항할 수 있다."라고 하였다(대법원 2001. 3. 27. 선고 2000다43819 판결).

따라서 위 사안에 있어서도 갑으로서는 병에게 공탁함으로써 대위변제한 금액을 정의 추심채권과 상계 할 수 있다고 할 것이다.

참고로 압류경합의 경우에는, 추심명령을 받아 채권을 추심하는 채권자는 집행법원의 수권에 따라 일종의 추심기관으로서 압류나 배당에 참가한 모든 채권자를 위하여 제3채무자로부터 추심을 하는 것이므로 제3채무자로서도 정당한 추심권자에게 변제하면 그 효력은 압류경합 관계에 있는 모든 채권자에게 미치고, 또한 제3채무자가 집행공탁을 하거나 상계 기타의 사유로 압류채권을 소멸시키면 그 효력도 압류경합 관계에 있는 모든 채권자에게 미친다(대법원 2003. 5. 30. 선고 2001다10748 판결).

> 제3자가 채권의 압류로 인하여 권리를 침해당할 우려가 있는 경우에는 어떤 조치를 취할 수 있는가?

제3자이의의 소를 제기하여 구제받을 수 있다(대판 1997. 8. 26. 97다4401).

【해 설】

<채권압류의 제3자에 대한 효력>

압류의 효력발생 전에 권리를 취득한 자는 압류에 의하여 영향을 받지 않는다. 예컨대 압류된 채권의 질권자는 압류에도 불구하고 여전히 자기의 질권을 행사할 수 있다. 제3자가 채권의 압류로 인하여 권리를 침해당할 우려가 있을 때에는 제3자 이의의 소(48조)에 의하여 구제를 받을 수 있다(대판 1997. 8. 26. 97다4401).

반면 압류 후에 압류된 채권에 관하여 권리를 취득한 자는 압류채권자에게 대항하지 못한다. 그러나 이는 압류채권자에 대한 관계에서만 효력을 주장할 수 없는 것이므로(상대적 무효) 나중에라도 압류의 효력이 소멸하면 완전한 권리를 주장할 수 있다.

압류된 채권에 관하여 채권양도가 있는 경우에는 채권양도와 압류의 효력발생의 선후가 문제된다. 즉 압류명령 송달 전에 채권이 양도되거나 전부되었다면 채권압류명령은 존재하지 않는 채권을 압류한 것이 되어 효력을 발생할 수 없다. 그러나 압류명령 송달 전에 채권이 양도된 경우라도 그것이 확정일자 있는 증서에 의한 것이 아니라면 압류채권자가 채권양수인보다 우선하므로 채권양수인은 압류채권자에 대하여 채권양도를 주장할 수 없고 제3채무자로서도 채권양도사실을 가지고 압류채권자에게 대항하지 못한다.

> 병은 건축업자 갑을 상대로 물품대금청구소송을 제기하여 승소판결을 받았으나 갑이 변제하지 않아 재산을 조사해보니 집행가능한 부동산 등은 없고, 다만 갑이 을의 건물을 지어주고 받지 못한 공사대금 잔액이 있음을 확인하였다. 이 경우 어떻게 하여야 하는가?

추심명령 및 전부명령을 신청하면 된다.

【해 설】

병의 경우 갑이 을에 대하여 가지는 공사대금청구채권을 압류하여 변제 받을 수 밖에 없는데, 그 방법은 귀하의 선택에 따라 관할법원에 채권압류 및 추심명령(推尋命令) 또는 전부명령(轉付命令)을 신청하여 그 결정을 받아 제3채무자인 을로부터 변제 받을 수 있다.

채권에 대한 추심명령이란 채무자가 제3채무자에 대하여 가지는 채권을 대위절차를 요하지 않고 채권자가 직접 이를 청구하는 권리를 채권자에게 부여하는 집행법원의 명령을 말한다. 따라서 이에 의하여 압류채권자는 형식상으로는 자기명의로 추심권을 갖는 것이지만, 실체상의 관계에 있어서는 그 추심권에 의하여 추심하려는 채권자체는 여전히 채무자의 권리에 속하는 것이므로 만약, 제3채무자의 무자력으로 추심불능이 된 경우 채무자의 다른 재산을 압류하여 변제 받을 수도 있게 되는 것이다.

추심명령은 그 명령이 제3채무자에게 송달한 때에 효력이 생기며 채권자가 추심을 완료하였다는 뜻을 집행법원에 신고한 때에 완료하는 것입니다. 따라서 그때까지는 다른 채권자는 원칙적으로 그 채권에 대하여 압류나 배당요구를 할 수 있다.

채권에 대한 전부명령이란 채무자가 제3채무자에 대하여 가지는 채권을 지급에 갈음하여 압류채권자에게 이전하게 하는 재판으로 전부명령에 의한 채권의 이전은 채권양도와 유사하나 채권자가 제3채무자에게 통지하거나 또는 제3채무자의 승낙을 요하지 않고 전부명령이 확정된 경우에는 집행법원의 전부명령이 제3채무자에게 송달된 때 효력이 발생하는 것이다. 전부명령이 제3채무자에게 송달되면 그 채권이 존재하는 한 채무자의 제3채무자에 대한 채권은 소멸하는 것으로 압류채권자는 이후 피전부채권에 대하여 일체의 처분을 할 수 없으며, 제3채무자가 그 이행을 하지 않는 피전부채권이 존재하지 않는 경우 채권자는 채무자에 대하여 다시 변제청구를 할 수 있으나(다만, 이 경우 피전부채권의 부존재를 입증하는 방법으로 실무상 전부금청구소송에서 전부채권자가 패소한 패소판결을 제출하도록 하고 있으며, 이 경우 집행정본을 되돌려 받는 것은 아니고 집행정본이 전부명령에 사용되었다는 내용의 '사용증명'을 받아 이를 근거로 다시 집행정본을 받아 채무자의 다른 재산에 강제집행 하여야 함), 전부채권이 확정되면 비록 제3채무자가 재산이 없어 변제를 받을 수가 없는 경우에도 채무자에 대하여 다시 청구를 할 수 없게 된다.

그리고 전부명령이 제3채무자에게 송달된 후에는 다른 채권자의 배당요구가 허용되지 않는다. 즉, 전부명령의 경우에는 전부채권자가 후순위 다른 채권자들에 비하여 독점적으로 피전부채권을 취득하게 되는 것입니다. 그러나 유의할 점은 전부명령이 제3채무자에게 송달될 때까지 그 채권에 대하여 다른 채권자가 압류·가압류 또는 배당요구를 한 때에는 그 전부명령은 효력이 없고 다만 압류의 효력만 있게 된다(민사집행법 제229조 제5항).

전부명령과 추심명령은 위와 같이 여러가지 면에서 차이점이 있고 그 효력이나 집행방법도 다르므로 어느 방법이 좋을 것인지 단정적으로 말하기는 어렵고, 제3채무자의 재산상태, 채무자와의 관계 등 구체적인 사안에 따라 어느 방법을 택할 것인지를 판단하여 결정해야 하는 것이다.

그런데 위 사안에 있어서 병으로서는 우선 갑이 을에 대하여 가지고 있는 공사대금잔액을 확인하여 압류하면서 을의 변제능력이 충분한 경우는 법원에 전부명령을 신청하고 이를 을에게 송달시키게 되면 귀하의 채권의 만족을 얻게 될 것이다.

그러나 그 공사대금잔액채권에 대해 갑의 다른 채권자가 가압류나 압류 등을 했을 때에는 전부명령을 하여서는 아니 되고 추심명령을 받아야 효과적일 것이며, 추심명령이 있게 되면 귀하는 갑의 을에 대한 채권을 대위절차 없이 직접 을로부터 추심할 수 있는 권리가 생기게 되는 것이다. 그리고 귀하가 전부명령이나 추심명령을 받았음에도 을이 변제하지 않을 경우에는 전부금청구소송 또는 추심금청구소송을 제기할 수 있다.

참고로 압류명령과 전부명령 또는 추심명령은 실무상 동시에 신청할 수 있으며, 그 명령도 압류 및 전부명령 또는 압류 및 추심명령의 형식이 된다.

<blockquote>채권압류 및 추심명령에 기한 추심권능을 압류하여 배당절차에서 직접 배당을 받을 수 있는가?</blockquote>

배당받을 수 있다.

【해 설】

갑은 을에 대하여 물품대금청구소송의 승소확정판결을 받았는데, 을은 별달리 집행할 만한 재산이 파악되지 않고, 다만 을이 병의 정에 대한 채권에 대하여 채권압류 및 추심명령을 받아 압류경합으로 정이 공탁한 금원에 대한 배당절차가 진행 중에 있다. 이 경우 갑이 을의 위 채권압류 및 추심명령에 기한 추심권능(推尋權能)을 압류하여 배당절차에서 직접 배당을 받을 수 없는가가 문제된다.

금전채권에 대하여 압류 및 추심명령이 발하여진 경우, 그 집행채권자의 채권자가 추심명령이 발하여진 당해 채권에 대한 추심권능을 압류할 수 있는지에 관하여 판례를 보면, "금전채권에 대한 압류 및 추심명령이 있는 경우, 이는 강제집행절차에서 추심채권자에게 채무자의 제3채무자에 대한 채권을 추심할 권능만을 부여하는 것이므로, 이로 인하여 채무자가 제3채무자에 대하여 가지는 채권이 추심채권자에게 이전되거나 귀속되는 것은 아니므로, 추심채무자로서는 제3채무자에 대하여 피압류채권에 기하여 그 동시이행을 구하는 항변권을 상실하지 않는다."라고 하였다(대법원 2001. 3. 9. 선고 2000다73490 판결).

또한 "금전채권에 대하여 압류 및 추심명령이 있었다고 하더라도 이는 강제집행절차에서 압류채권자에게 채무자의 제3채무자에 대한 채권을 추심할 권능만을 부여하는 것으로서 강제집행절차상의 환가처분의 실현행위에 지나지 아니한 것이며, 이로 인하여 채무자가 제3채무자에 대하여 가지는 채권이 압류채권자에게 이전되거나 귀속되는 것이 아니므로, 이와 같은 추심권능은 그 자체로서 독립적으로 처분하여 환가할 수 있는 것이 아니어서 압류할 수 없는 성질의 것이고, 따라서 이러한 추심권능에 대한 가압류결정은 무효이며, 추심권능을 소송상 행사하여 승소확정판결을 받았다 하더라도 그 판결에 기하여 금원을 지급받는 것 역시 추심권능에 속하는 것이므로, 이러한 판결에 기하여 지급받을 채권에 대한 가압류결정도 무효라고 보아야 한다."라고 하였다(대법원 1997. 3. 14. 선고 96다54300 판결).

따라서 위 사안에서도 갑이 을의 병에 대한 채권압류 및 추심명령의 추심권능을 압류할 수는 없을 것이다.

> **제3채무자가 피압류채권의 내용 등을 알려 주지 않는 경우 어떤 대처방법이 있는가?**

채권자는 제3채무자에 대하여 피압류채권의 존재 여부 등에 대한 진술을 할 것을 법원에 신청할 수 있다.

【해 설】

을은 갑에 대한 공사대금 1,000만원의 채권으로 소송을 제기하여 승소판결문을 가지고 있으나 변제를 독촉할 때마다 갑은 돈이 없으니 자기가 살고 있는 주택의 임차보증금을 반환 받으면 채무를 변제하겠다고 한다. 그러나 지금까지 갑이 취한 태도를 볼 때 갑이 임차보증금을 반환 받아도 저에 대한 채무를 변제할지 의문이다. 그래서 을은 갑의 임차보증금반환청구권을 압류하고자 하는데, 전세계약서명의가 갑으로 되어 있는지 임차보증금액은 얼마인지 등 자세한 전세계약관계 또는 현재 갑이 빚에 시달리고 있는 상태이기 때문에 이미 다른 채권자가 전부명령까지 받은 것은 아닌지 알 수가 없어 압류명령신청을 못하고 있다. 임대인도 이와 같은 내용을 확인해주지 않고 있는데 어떻게 해야 을의 채권을 받을 수 있는가?

압류라 함은 채권자의 금전적 청구권의 내용을 실현하고 그 만족을 얻기 위하여 채무자의 재산을 확보하는 국가집행기관의 강제적 행위로서 임차보증금반환청구권과 같은 채권도 압류의 대상이 된다.

채권압류에 있어서 압류되는 채권(피압류채권)의 존재와 그것이 채무자에게 속하는지의 여부는 신청인인 채권자의 주장에 의해 인정되면 족하고 집행법원이 특히 조사할 필요는 없으며, 따라서 제3채무자와 채무자의 심문 없이 한다(민사집행법 제226조).

왜냐하면 채권은 무형인 것이므로 압류를 미리 알려주면 재빨리 처분하여 압류를 소용없게 할 염려가 있기 때문이다. 물론 압류 명령이 송달될 당시에 압류되는 채권이 채무자에게 귀속하고 있지 않으면 압류효력이 발생할 수 없지만, 압류되는 채권의 존재는 압류채권자가 나중에 이것을 추심할 때 또는 제3자가 이의의 소를 제기할 때 비로소 실질적인 심사를 받게 된다.

채권자는 압류명령신청에 압류할 채권의 종류와 액수를 명시하여야 하나(민사집행법 제225조), 그 표시는 제3채무자로 하여금 채무자의 다른 채권과 구별할 수 있을 정도로 기재되어 그 동일성의 인식을 저해할 정도에 이르지 아니한 이상 그 압류명령은 유효하게 된다(대법원 1965. 10. 26. 선고 65다1699 판결).

하지만 채권압류를 한다하더라도 제3채무자가 피압류채권의 존재여부를 채권자에게 알려 줄 의무는 없으므로 이런 경우 채권자는 민사집행법 제237조의 규정에 의해 제3채무자에 대하여 피압류채권의 존재여부 등에 대한 진술을 할 것을 법원에 신청할 수 있으며 법원에서는 채권자의 이 신청에 기하여 제3채무자에게 진술을 명할 수 있고 제3채무자는 진술명령에 대하여 소정사항의 진술의무를 지게 되어 있다.

즉, 압류채권자는 제3채무자로 하여금 압류명령을 송달 받은 날부터 1주 이내에 서면으로 ① 채권을 인정하는지의 여부 및 인정한다면 그 한도, ② 채권에 대하여 지급할 의사가 있는지의 여부 및 의사가 있다면 그 한도, ③ 채권에 대하여 다른 사람으로부터 청구가 있는지의 여부 및 청구가 있다면 그 종류, ④ 다른 채권자에게 채권을 압류 당한 사실이 있는지의 여부 및 그 사실이 있다면 그 청구의 종류를 진술하게 할 것을 법원에 신청할 수 있으며, 이에 따라 법원은 진술을 명하는 서면을 제3채무자에게 송달하여야 하고, 이 최고에 의하여 진술의무를 지는 제3채무자가 진술의무를 게을리 한 때에는 법원은 제3채무자에게 위 진술사항을 심문할 수 있다.

주의할 것은 압류채권자의 위 신청의 시기는 압류명령의 신청과 동시이거나 적어도 압류명령의 발송전이라야 하며 압류명령송달후의 최고신청은 부적법하므로 각하된다.

압류채권자는 제3채무자의 진술에 의하여 압류 후에 취할 적절한 행동(현금화 방법으로서 전부명령이나 추심명령과 이에 따르는 절차)을 판단하여 제3채무자에 대하여 무익한 소제기를 피할 수 있고, 또 배당요구나 제3자 이의의 소를 미리 알 수 있는 것이다.

따라서 을의 경우 현재의 정황으로 볼 때 전세계약서명의가 갑으로 되어 있을 가능성이 많다면 압류 및 추심명령 또는 압류 및 전부명령을 신청해 볼 수 있을 것이며, 위에서 설명한 것처럼 압류명령의 신청과 동시에 제3채무자인 임대인으로 하여금 소정사항을 진술할 것을 신청하면 을이 갑의 전세금으로부터 채권만족을 얻는데 도움이 될 수 있을 것이다.

참고로 위 최고신청권자는 압류채권자에 한하여 배당요구채권자는 포함되지 않지만, 가압류채권자도 다른 재산에 대한 보전의 필요를 판단하기 위하여 최고를 신청할 수 있다고 봄이 통설이고 실무인 것으로 보인다(민사집행법 제291조).

> 압류가 경합된 상태에서 발령된 압류 및 추심명령의 추심채권자가 제3채무자의 금전채권에 대하여 다시 압류 및 추심명령을 받아 추심금을 지급받은 경우, 추심채권자는 어떤 조치를 취하여야 하는가?

추심금을 공탁하고 그 사유를 신고하여야 한다(대판 2007. 11. 15. 2007다62963).

【해 설】

추심명령은 압류채권자에게 피압류채권을 추심할 수 있는 권능을 수여하는 명령이다. 압류명령에 따라 국가가 수취한 피압류채권의 처분권을 국가가 스스로 행사하지 않고 압류채권자에게 맡기는 조치이다.

원래 채무자의 권리를 채권자대위권에 따라 채권자가 행사할 수 있지만(민법 제404조), 추심명령은 그러한 대위절차에 따르지 않고 채권자가 피압류채권의 지급을 받을 수 있는 방법이다.

판례는 '추심명령을 얻은 추심채권자는 집행법원의 수권에 기하여 일종의 추심기관으로서 채무자를 대신하여 추심의 목적에 맞도록 채권을 행사하여야 하고, 특히 압류 등의 경합이 있는 경우에는 압류 또는 배당에 참가한 모든 채권자를 위하여 제3채무자로부터 채권을 추심하여야 하므로, 추심채권자는 피압류채권의 행사에 제약을 받게 되는 채무자를 위하여 선량한 관리자의 주의의무를 가지고 채권을 행사하고, 나아가 제3채무자로부터 추심금을 지급받으면 지체없이 공탁 및 사유신고를 함으로써 압류 또는 배당에 참가한 모든 채권자들이 배당절차에 의한 채권의 만족을 얻도록 하여야 할 의무를 부담한다. 이러한 법리는 제3채무자가 추심명령에 기한 추심에 임의로 응하지 아니하여 추심채권자가 제3채무자를 상대로 추심의 소를 제기한 후 얻어낸 집행권원에 기하여 제3채무자의 재산에 대하여 강제집행을 한 결과 취득한 추심금의 경우에도 마찬가지이다. 따라서 압류가 경합된 상태에서 발령된 압류 및 추심명령의 추심채권자가 제3채무자의 금전채권에 대하여 다시 압류 및 추심명령을 받아 추심금을 지급받은 경우에는 지체 없이 압류가 경합된 상태에서의 압류 및 추심명령의 발령법원에 추심금을 공탁하고 그 사유를 신고하여야 한다.'고 하였다(대판 2007. 11. 15. 2007다62963).

> 전부명령이 확정된 후 그 집행권원상의 집행채권이 소멸한 것으로 판명된 경우, 그 소멸 부분에 관해 집행채무자는 어떤 방법으로 반환을 청구할 수 있는가?

집행채무자는 집행채권자에 대하여 그가 전부명령에 따라 전부받은 채권 중 실제로 추심한 금전에 대하여는 그 상당액을, 추심하지 아니한 부분에 대하여는 그 채권 자체를 양도하는 방법에 부당이득의 반환을 구할 수 있다(대판 1996. 6. 28. 95다45460).

【해 설】

전부명령은 압류된 금전채권을 집행채권의 변제에 갈음하여 권면액으로 압류채권자에게 이전하는 사법보좌관의 명령이다.

피압류채권을 가지고 대물변제의 형식으로 압류채권을 결제하는 셈이다. 전부명령이 확정되어 제3채무자에게 송달되면 채무자가 채무를 변제한 것으로 본다(민사집행법 제231조).

전부명령의 기본적 효력은 피전부채권의 전부채권자에게의 이전(권리이전효)과 그로 말미암은 집행채권의 소멸(변제효)이다.

이러한 효력은 전부명령의 확정시, 즉 즉시항고가 제기되지 않은 경우에는 1주의 즉시항고기간이 지난 때, 즉시항고가 제기된 경우에는 그 기각 또는 각하결정이 확정된 때에 발생하지만(229조 7항, 대법원 1992. 4. 15. 자 92마213 결정), 그 확정에 따라 발생하는 효력은 전부명령이 제3채무자에게 송달된 때로 소급한다(대법원 2001. 7. 10. 선고 2000다72589 판결 ; 1998. 8. 21. 선고 98다15439 판결).

즉 전부명령이 제3채무자에게 송달된 때에 채무자는 채무를 변제한 것으로 간주되고(231조, 대법원 1998. 4. 24. 선고 97다56679 판결), 전부명령이 제3채무자에게 송달될 때까지 압류 등이 경합되면 전부명령은 무효지만, 압류 등의 경합이 전부명령의 송달 뒤에 발생하였다면 비록 전부명령이 확정되기 전이었다 하더라도 이는 전부명령의 효력에 영향을 미치지 아니한다(229조 5항, 대법원 2000. 10. 6. 선고 2000다31526 판결 ; 1995. 9. 26. 선고 95다4681 판결).

민사집행법 233조의 지시채권에 대한 전부명령의 효력발생시기도 다른 전부명령과 마찬가지이고 증권의 채권자에의 인도는 채권을 행사하는 자격의 문제에 불과하다고 보아야 한다.

전부명령의 요건에 흠이 있는 경우에는 전부명령은 무효로 되므로 이전의 효과가 발생하지 아니한다[예컨대, 압류가 경합된 경우의 전부명령, 채무자의 상속인이 상속포기를 하였음에도 동인에 대한 승계집행문을 부여받아 동인의 채권에 대하여 한 전부명령(대법원 2002. 11. 13. 선고 2002다41602 판결)]. 그러나 집행채권의 부존재·소멸은 전부명령의 효력에 영향이 없다(대법원 1997. 10. 24. 선고 97다20410 판결 ; 1996. 6. 28. 선고 95다45460 판결). 따라서 전부채권자의 전부금청구소송에서 제3채무자는 전부채권자의 집행채권의 부존재·소멸을 주장할 수 없다(대법원 1976. 5. 25. 선고 76다626 판결).

판례는 '집행권원에 기한 금전채권에 대한 강제집행절차에서, 그 집행권원에 표시된 집행채권이 소멸하였다고 하더라도 그 강제집행절차가 청구이의의 소 등을 통하여 적법하게 취소·정지되지 아니한 채 계속 진행되어 채권압류 및 전부명령이 적법하게 확정되었다면, 특별한 사정이 없는 한, 단지 집행채권의 소멸을 이유만으로 확정된 전부명령에 따라 전부채권자에게 피전부채권이 이전되는 효력 자체를 부정할 수는 없는 것이고(대법원 1996. 6. 28. 선고 95다45460 판결, 2005. 4. 15. 선고 2004다70024 판결 등 참조), 비록 위와 같이 전부명령이 확정된 후 그 집행권원상의 집행채권이 소멸한 것으로 판명된 경우에는 그 소멸된 부분에 관하여는 집행채권자가 집행채무자에 대한 관계에서 부당이득을 한 셈이 되므로, 그 집행채무자는 집행채권자에 대하여 그가 위 전부명령에 따라 전부받은 채권 중 실제로 추심한 금전 부분에 관하여는 그 상당액을, 추심하지 아니한 부분에 관하여는 그 채권 자체를 양도하는 방법에 의하여 부당이득의 반환을 구할 수 있지만(대법원 1996. 6. 28. 선고 95다45460 판결, 2005. 4. 15. 선고 2004다70024 판결 등 참조), 부당이득의 반환조로 피전부채권의 채권양도가 이루어지기 이전이라면 전부채권자로서는 피전부채권의 채무자에 대한 관계에서 정당한 채권자로서 적법하게 피전부채권을 행사할 수 있다고 할 것이고, 그러한 권한행사가 신의성실의 원칙에 반한다고 할 수도 없다.'고 하였다(대판 2007. 8. 23. 2005다43081, 43098).

장래채권에 대한 압류 및 전부명령 후 판결정본을 재도부여받을 수 있는가?

재도부여 받을 수 없다.

【해 설】

갑은 을에 대한 보증채무금청구의 소송을 제기하여 승소하여 판결이 확정되었으며, 그 판결에 기한 집행문을 부여받아 을의 병 회사에 대한 급료채권에 채권압류 및 전부명령을 받았다. 그런데 을은 위와 같은 급료채권이 압류되자 병 회사에서 퇴직하려고 하는 바, 이 경우 갑이 을의 다른 재산에 강제집행을 위하여 집행문의 재도부여를 받을 수 없는지가 문제된다.

전부명령의 효과에 관하여 민사집행법 제231조에 의하면 "전부명령이 확정된 경우에는 전부명령이 제3채무자에게 송달도니 때에 채무자가 채무를 변제한 것으로 본다. 다만, 이전된 채권이 존재하지 아니한 때에는 그러하지 아니하다."라고 규정하고 있다.

그런데 피압류채권이 그 존부 및 범위가 불확실한 장래의 채권인 경우에도 전부명령이 확정되면 제3채무자에 대한 송달시에 소급하여 집행채권이 소멸하는지에 관하여 판례는 "전부명령이 확정되면 피압류채권은 제3채무자에게 송달된 때에 소급하여 집행채권의 범위 안에서 당연히 전부채권자에게 이전하고, 동시에 집행채권 소멸의 효력이 발생하는 것으로, 이 점은 피압류채권이 그 존부 및 범위를 불확실하게 하는 요소를 내포하고 있는 장래의 채권인 경우에도 마찬가지라고 할 것이다."라고 하였다(대법원 2000. 4. 21. 선고 99다70716 판결, 2001. 9. 25. 선고 99다15177 판결, 2002. 11. 8. 선고 2002다7527 판결).

또한 "집행력 있는 채무명의에 터잡아 채권의 압류 및 전부명령이 적법하게 이루어진 이상 피압류채권은 집행채권의 범위 안에서 지급에 갈음하여 당연히 압류(전부)채권자에게 이전하고 채무자는 채무를 변제한 것으로 간주되어 그 후 그 압류 및 전부를 받은 채권자가 그 채권을 추심하는 과정과는 관계없이 그 강제집행은 이미 종료되었다고 할 것이므로 그 집행채권이 장래의 조건부 채권이거나 소멸할 가능성이 있는 것이라 하여도 그 채권의 압류 및 전부명령의 효력에는 아무런 영향이 없다."라고 하였다.

그리고 집행력 있는 판결정본에 터 잡아 장래 채권에 대한 압류 및 전부명령이 적법하게 이루어진 경우, 집행력 있는 판결정본을 재도부여할 수 있는지에 관하여 "채권자가 가집행선고부 판결에 기한 집행문을 부여받아 채무자가 장래에 받게 될 봉급 등의 채권에 대하여 압류 및 전부명령을 받았다면 위 전부명령이 무효가 되지 않는 한 가집행선고부 판결에 기한 강제집행은 이미 종료되었다고 할 것이므로, 채무자의 봉급 등의 장래 채권이 발생하지 않는다거나 채권자가 변제받아야 할 채권액의 일부만에 한정하여 압류 및 전부명령을 받았다는 등의 사정이 주장·입증되지 않는 한, 같은 내용의 집행력 있는 판결정본을 채권자에게 재도부여한 것은 위법하다."라고 하였다(대법원 1999. 4. 28. 자 99그21 결정).

따라서 위 사안에 있어서도 갑으로서는 을이 퇴직할 가능성이 있다는 사유로 집행력 있는 판결정본의 재도부여를 받기는 어려울 것으로 보인다.

그러나 장래의 불확정채권에 대한 전부명령의 효력이 발생한 후 그 채권의 전부 또는 일부가 부존재하는 것으로 확정된 경우, 그 부존재 하는 부분에 대한 전부명령의 효력에 대하여 "전부명령이 확정되면 피압류채권은 제3채무자에게 송달된 때에 소급하여 집행채권의 범위 안에서 당연히 전부채권자에게 이전하고 동시에 집행채권 소멸의 효력이 발생하는 것으로, 이 점은 피압류채권이 그 존부 및 범위를 불확실하게 하는 요소를 내포하고 있는 장래의 채권인 경우에도 마찬가지라고 할 것이나 장래의 채권에 대한 전부명령이 확정된 후에 그 피압류채권의 전부 또는 일부가 존재하지 아니한 것으로 밝혀졌다면 민사소송법 제564조 단서에 의하여 그 부분에 대한 전부명령의 실체적 효력은 소급하여 실효된다"라고 함으로써 을이 채무를 변제하지 못한 상태에서 퇴직하는 등의 경우에는 전부 또는 잔여부분에 대한 전부명령의 효력은 소급하여 실효가 된다고 하고 있으므로(대법원 2001. 9. 25. 선고 99다15177 판결, 2002. 7. 12. 선고 99다68652 판결), 이에 해당되면 판결정본의 재도부여가 가능하다할 것이다.

집행채권이 가압류된 경우 집행채권자는 그 채무자를 상대로 채권압류 및 전부명령을 받을 수 있는가?

받을 수 있다.

【해 설】

갑은 을에 대한 금전청구소송의 승소판결에 기하여 을의 병에 대한 금전채권에 대하여 압류 및 전부명령을 신청하려고 하는데 갑의 채권자 정이 갑의 을에 대한 위 채권에 대하여 채권가압류결정을 받아 그 결정문이 을에게 송달된 상태이다. 이러한 경우에 갑은 을의 병에 대한 채권에 대하여 채권압류 및 전부명령을 받을 수 있는지가 문제된다.

집행법원이 집행장애사유에 대하여 취해야 할 조치에 관한 판례를 보면, "집행법원은 강제집행의 개시나 속행에 있어서 집행장애사유에 대하여 직권으로 그 존부를 조사하여야 하고, 집행개시 전부터 그 사유가 있는 경우에는 집행의 신청을 각하 또는 기각하여야 하며, 만일 집행장애사유가 존재함에도 간과하고 강제집행을 개시한 다음 이를 발견한 때에는 이미 한 집행절차를 직권으로 취소하여야 한다."라고 하였으며, 집행채권자의 채권자가 집행채권에 대하여 한 압류 또는 가압류, 처분금지가처분이 집행장애사유에 해당하는지에 관하여는 "집행채권자의 채권자가 채무명의에 표시된 집행채권을 압류 또는 가압류, 처분금지가처분을 한 경우에는 압류 등의 효력으로 집행채권자의 추심, 양도 등의 처분행위와 채무자의 변제가 금지되고 이에 위반되는 행위는 집행채권자의 채권자에게 대항할 수 없게 되므로 집행기관은 압류 등이 해제되지 않는 한 집행할 수 없는 것이니 이는 집행장애사유에 해당한다고 할 것이다."라고 하였다.

또한, 채권압류명령과 전부명령을 동시에 신청한 경우, 그 적법여부를 별개로 판단하여야 하는지 및 집행채권이 집행채권자의 채권자에 의하여 압류된 경우, 집행채권자가 그 채무자를 상대로 채권압류명령을 신청할 수 있는지와 관하여 판례를 보면, "채권압류명령과 전부명령을 동시에 신청하더라도 압류명령과 전부명령은 별개로서 그 적부는 각각 판단하여야 하는 것이고, 집행채권의 압류가 집행장애사유가 되는 것은 집행법원이 압류 등의 효력에 반하여 집행채권자의 채권자를 해하는 일체의 처분을 할 수 없기 때문이며, 집행채권이 압류된 경우에도 그 후 추심명령이나 전부명령이 행하여지지 않은 이상 집행채권의 채권자는 여전히 집행채권을 압류한 채권자를 해하지 않는 한도 내에서 그 채권을 행사할 수 있다고 할 것인데, 채권압류명령은 비록 강제집행절차에 나간 것이기는 하나 채권전부명령과는 달리 집행채권의 환가나 만족적 단계에 이르지 아니하는 보전적 처분으로서 집행채권을 압류한 채권자를 해하는 것이 아니기 때문에 집행채권에 대한 압류의 효력에 반하는 것은 아니라고 할 것이므로 집행채권에 대한 압류는 집행채권자가 그 채무자를 상대로 한 채권압류명령에는 집행장애사유가 될 수 없다."라고 하였다(대법원 2000. 10. 2. 자 2000마5221 결정).

따라서 위 사안에서 채권압류 및 전부명령 이전에 가압류된 사실에 기하여 집행장애사유가 존재한다고 보아야 할 것이므로 전부명령을 신청한다면 재판부에서 가압류사실을 알게 될 경우에는 전부명령이 기각될 것이고, 그것을 간과하여 전부명령이 발해진다고 하여도 그 전부명령은 효력이 없는 것이 될 것이지만, 채권압류명령은 정의 가압류의 효력에 반하는 것이 아니므로 갑이 신청하여 채권압류결정을 받을 수 있을 것으로 보이고 그것은 유효하게 될 것으로 보인다.

무효인 전부명령권자에 대해 제3채무자가 변제한 경우, 그 변제는 효력이 있는가?

효력이 없다.

【해 설】

A는 갑에게 전세보증금 3,000만원을 지급 받고 주택을 임대하였는데, 갑의 채권자 을

이 갑에 대한 3,000만원의 채권에 기하여 위 전세보증금반환청구권에 대하여 가압류를 하였으며, 그 이후 갑의 다른 채권자 병도 역시 갑에 대한 3,000만원의 채권에 기하여 위 전세보증금반환청구채권에 대하여 채권압류 및 전부명령을 받았다. 그런데 갑의 주택 임대차 계약기간이 만료되었으므로 A로서는 갑으로부터 위 주택을 명도 받고 위 전세보증금을 병에게 지급하면 되는지가 문제된다.

일반적으로 금전채권의 압류에 관하여 특히 피압류채권의 수액에 특별한 제한을 둔 바 없다면 압류의 효력은 채권전액에 미치는 것이며, 압류가 경합된 채권에 대한 전부명령은 그 효력이 없다(대법원 1991. 10. 11. 선고 91다12233 판결).

그러므로 위 사안에 있어서도 병이 받은 전부명령은 효력이 없는 것이 되고, 다만 압류의 효력만 인정될 뿐이다.

압류가 경합된 후에 전부명령을 받은 자에 대한 제3채무자의 변제의 효과에 관하여 판례는 "채권가압류나 압류가 경합된 경우에 있어서는 그 압류채권자의 한 사람이 전부명령을 얻더라도 그 전부명령은 무효가 되지만, 이 경우에도 그 전부채권자는 채권의 준점유자에 해당한다고 보아야 할 것이므로, 제3채무자가 그 전부채권자에게 전부금을 변제하였다면 제3채무자가 선의·무과실인 때에는 민법 제470조에 의하여 그 변제는 유효하고 제3채무자는 다른 압류채권자에 대하여 이중변제의 의무를 부담하지 아니하는 반면에, 제3채무자가 위 전부금을 변제함에 있어서 선의·무과실이 아니었다면 제3채무자가 전부채권자에게 한 전부금의 변제는 효력이 없는 것이다."라고 하면서 "갑의 전부명령을 송달 받기 이 명령이 무효인데 제3채무자가 고문변호사에게 전화로 법률관계를 문의하면서 그 압류의 경합상태 등에 관하여 제대로 설명하지 못한 채 제3채권자들의 압류금액 등을 제외하고도 지급할 채권액이 있다는 취지로 질의를 하고 이를 기초로 한 고문변호사의 답변을 들은 후 전부채권자에게 전부금을 변제한 경우, 그 법률관계 문의 과정에서 사실관계에 대한 설명과 자료의 재공을 제대로 하지 못한 제3채무자 때문에 고문변호사도 충분한 자료검토와 신중한 판단을 하지 못하게 되어 잘못된 답변을 함으로써 이를 참고로 제3채무자가 전부금을 지급하기로 결정한 것이어서 재3채무자에게 과실이 있다."라고 하면서 그 변제의 효력을 부인한 사례가 있다(대법원 2000. 10. 27. 선고 2000다23006 판결).

따라서 위 사안의 경우에도 갑의 정에 대한 변제가 채권의 준점유자에 대한 변제로서 유효하다고 할 수는 없을 것으로 보인다.

채권압류의 경합으로 무효인 전부명령이 압류경합의 해제로 되살아나는가?

되살아나지 않는다.

【해 설】

갑은 을에 대한 대여금채권(1,000만원)에 기초하여 을의 병에 대한 물품대금채권(1,000만원)에 대한 채권압류 및 전부명령을 받았다. 그런데 정은 갑의 채권압류 및 전부명령이 발하여지기 이전에 이미 을에 대한 대여금채권(1,000만원)을 보전하기 위하여 을의 병에 대한 위 물품대금채권에 대하여 채권가압류를 하였다. 그 후 정의 아버지 무의 부동산을 담보로 제공받고 위 채권가압류신청을 취하하여 가압류집행이 해제되었다. 이 경우 갑의 전부명령의 효력이 되살아날 수 있는가가 문제된다.

채권에 대한 전부명령(轉付命令)이란 채무자가 제3채무자에 대하여 가지는 채권을 지급에 갈음하여 압류채권자에게 이전하게 하는 재판으로 전부명령에 의한 채권의 이전은 채권양도와 유사하나 채권자가 제3채무자에게 통지하거나 또는 제3채무자의 승낙을 요하지 않고 전부명령이 확정된 경우에는 집행법원의 전부명령이 제3채무자에게 송달된 때 효력이 발생하는 것이다.

그리고 전부명령이 제3채무자에게 송달된 후에는 다른 채권자의 배당요구가 허용되지 않는다. 즉, 전부명령의 경우에는 전부채권자가 후순위 다른 채권자들에 비하여 독점적으로 피전부채권을 취득하게 되는 것이다.

그러나 전부명령이 제3채무자에게 송달될 때까지 그 채권에 대하여 다른 채권자가 압류·가압류 또는 배당요구를 한 때에는 그 전부명령은 효력이 없고 다만 압류의 효력만 있게 된다(민사집행법 제229조 제5항).

그런데 위 사안에서 전부명령이 채권가압류와 채권압류가 경합된 상태에서 발령되어 무효인 경우, 그 후 채권가압류의 집행해제로 경합상태를 벗어나면 전부명령의 효력이 되살아나는지 문제가 된다.

이에 관하여 판례를 보면, "채권가압류와 채권압류의 집행이 경합된 상태에서 발령된 전부명령은 무효이고, 한 번 무효로 된 전부명령은 일단 경합된 가압류 및 압류가 그 후 채권가압류의 집행해제로 경합상태를 벗어났다고 하여 되살아나는 것은 아니다."라고 하였다(대법원 2001. 10. 12. 선고 2000다19373 판결).

따라서 위 사안에서 갑의 전부명령은 무효이고 그 효력이 부활되지 않을 것이다.

경합된 추심명령권자 중 한 채권자에 대해 제3채무자가 변제하면 채무를 면하게 되는가?

채무를 면하게 된다.

【해 설】

갑은 을에 대하여 임차보증금반환채무가 있는데, 을의 채권자 병·정은 위 임차보증금반환채권에 대하여 각각 임차보증금과 같은 금액인 채권압류 및 추심명령을 받았다. 이 경우 갑이 병과 정 중에서 1인에게 임차보증금을 지급하면 그 효력은 어떻게 되는가가 문제된다.

추심명령이 경합된 경우 그 중의 한 채권자에 대한 제3채무자의 변제의 효력이 관하여 판례를 보면, "같은 채권에 관하여 추심명령이 여러 번 발부되더라도 그 사이에는 순위의 우열이 없고, 추심명령을 받아 채권을 추심하는 채권자는 자기채권의 만족을 위하여서 뿐만 아니라 압류가 경합되거나 배당요구가 있는 경우에는 집행법원의 수권에 따라 일종의 추심기관으로서 압류나 배당에 참가한 모든 채권자를 위하여 제3채무자로부터 추심을 하는 것이므로 그 추심권능은 압류된 채권 전액에 미치며, 제3채무자로서도 정당한 추심권자에게 변제하면 그 효력은 위 모든 채권자에게 미치므로 압류된 채권을 경합된 압류채권자 및 또 다른 추심권자의 집행채권액에 안분하여 변제하여야 하는 것도 아니다."라고 하였다(대법원 2001. 3. 27. 선고 2000다43819 판결).

따라서 위 사안의 경우 갑은 추심채권자 병과 을 누구에게든지 임차보증금전액을 지급하여도 제3채무자로서의 채무를 면하게 될 것으로 보인다.

다만, 민사집행법 제248조 제1항에 의하면 "제3채무자는 압류에 관련된 금전채권의 전액을 공탁할 수 있다."라고 규정하여 제3채무자의 공탁할 수 있는 권리를 규정하고 있으며, 민사집행법 제248조 제2항, 제3항에 의하면 "금전채권에 관하여 배당요구서를 송달받은 제3채무자는 배당에 참가한 채권자의 청구가 있으면 압류된 부분에 해당하는 금액을 공탁하여야 한다. 금전채권 중 압류되지 아니한 부분을 초과하여 거듭 압류명령 또는 가압류명령이 내려진 경우에 그 명령을 송달 받은 제3채무자는 압류 또는 가압류채권자의 청구가 있으면 그 채권의 전액에 해당하는 금액을 공탁하여야 한다."라고 규정하여 제3채무자의 공탁의무를 규정하고 있으므로, 민사집행법 제248조 제2항, 제3항에 해당하는 경우에는 추심채권자에게 직접 지급하지 말고 법원에 공탁을 하여야 할 것이다.

채권압류 후 새로이 발생한 채권에도 압류의 효력이 미치는가?

압류의 효력이 미치지 않는다.

【해 설】

병은 건축공사업자 갑에 대한 4억원의 채권을 원인으로 갑이 가지고 있는 을에 대한 도급공사대금 3억원의 채권액에 대해 채권압류 및 전부명령을 받았다. 그 후 갑과 을이 추가공사를 3천만원에 계약하였기에 저의 채권압류신청액 4억원을 원인으로 하여 발한 전부명령의 효력이 추가공사금액에까지 미쳐야 하는데도 을은 당초 도금공사대금 3억원만 지급하겠다고 한다. 이 경우 을을 상대로 추가도급공사액에 대한 전부금청구소송이 가능한지가 문제된다.

채권에 대한 압류명령은 압류목적채권이 현실로 존재하는 경우에 그 한도에서 효력을 발생하는 것이므로, 그 효력이 발생된 후 새로이 발생한 채권에 대하여는 압류의 효력이 미치지 아니한다(대법원 2001. 12. 24. 선고 2001다62640 판결).

또한 전부명령은 압류된 금전채권을 집행채권(귀하가 갑에 대하여 가지고 있는 4억원의 채권)의 변제에 갈음하여 권면액(갑이 가지고 있는 을에 대한 도급공사대금 3억원)으로 압류채권자에게 이전됨으로써 전부의 효력 및 집행채권변제의 효력이 발생하는 것이므로, 위 사안의 공사대금채권에 관하여 발부된 전부명령의 효력은 그 전부명령송달 후 체결된 추가공사계약으로 인한 공사대금 채권에는 미치지 못한다.

따라서 병이 을을 상대로 위 전부명령에 기하여 추가도급공사액에 대한 전부금청구의 소를 제기하여서는 안될 것으로 보인다.

참고로 채권일부에 대하여 전부명령 하여 그 절차를 완료한 신청채권자가 나머지 채권을 집행하기 위하여 집행법원에 그 집행권원의 반환을 구하였을 경우 민사집행법 제42조 제2항, 민사집행법 제159조 제3항을 유추하여 전부된 금액을 집행권원에 기입하여 채권자에게 반환하고, 그 사본을 기록에 편철하게 될 것이다(송민 81-11, 개정 2002. 6. 26. 송무예규 제866-4호).

그러므로 위 사안과 같은 경우에도 병이 집행채권 중 3억원에 관하여만 압류 및 전부명령을 받았다면 잔액 1억원에 대하여는 집행정본을 환부 받을 수 있었을 것이며, 그에 기하여 갑의 을에 대한 추가공사대금채권에 대하여 추가로 압류 및 전부명령을 받은 후 을에게 전부채권을 청구할 수 있었을 것이다.

임금채권에 대한 압류가 경합한 경우 먼저 압류한 사람에게 우선적 효력이 인정되는가?

우선적 효력이 인정되지 않는다.

【해 설】

병은 친구 갑에게 200만원을 대여하면서 2개월 후 변제받기로 약정하였으나 5개월이 지나도 변제하지 않아 소액심판을 청구하고 갑의 급료에 대해 가압류도 하였다. 그 후 병의 신청에 의하여 갑이 근무하는 회사를 제3채무자로 하는 가압류에서 본압류로 전이하는 압류 및 전부명령이 송달되었다. 그러나 병이 가압류하고 가압류에서 본압류로 전이하는 압류 및 전부명령을 받기 전에 또 다른 채권자 을이 갑에 대하여 가지고 있는 250만원의 채권에 의한 채권압류 및 추심명령이 송달되었다. 병은 갑의 급료에 대해서 먼저 가압류하였는데 우선변제를 받을 수 없는지가 문제된다.

채권보전수단인 가압류에 관하여는 현행 민사집행법상 우선적 효력 내지 순위보전적 효력이 인정되지 아니합니다. 그러므로 귀하가 가압류를 먼저 했다고 하더라도 가압류된 채권에 대해서 추심명령이 발하여 질 수 있고, 가압류채권자는 배당요구 할 권리를 가진다 할 것이다(민사집행법 제247조 제1항, 제148조).

그리고 전부명령은 지급에 갈음하여 압류된 채권을 압류채권자에게 이전시켜 우선변제적 효과를 주는 것이지만 현행법상 동일한 금전채권에 관하여 압류명령과 가압류명령 등이 경합된 상태에서 전부명령이 발부되면 그 전부명령은 효력이 없으며, 다만 압류의 효력만 유효하다고 하겠다(민사집행법 제229조 제5항, 대법원 1976. 9. 28. 선고 76다1145, 1146 판결).

그러므로 각 채권에 중복압류가 있는 때에는 배당요구의 효력이 있으므로 우열의 순위가 없다고 하겠다,

따라서 제3채무자는 채권액의 전체를 합산한 금액에서 각 채권자의 채권액에 비례하여 안분배당을 하거나, 채권자들에게 직접 지급하는 대신 그 채무액을 공탁할 수 있고, 공탁을 하였을 경우에는 집행법원에 신고를 하여야 한다.

그렇다면 위 사안에서 병은 귀하의 가압류에서 본압류로 전이하는 압류 및 전부명령이 송달되기 전에 을의 채권압류 및 추심명령이 송달되었으므로, 비록 병이 가압류를 먼저 하였다고 하여도 귀하의 채권을 우선적으로 변제 받을 수 없으며, 갑의 급료의 1/2 범위 내에서 귀하와 을의 채권액전체를 합산한 금액에 대한 귀하의 채권액의 비율로 안

분 비례한 금액을 지급 받게 될 것으로 보인다.

> 체납처분대금배분시까지 배분요구 안한 임금채권자가 매각대금을 배분받은 후순위 채권자를 상대로 부당이득반환청구를 할 수 있는가?

할 수 있다.

【해 설】

갑은 을로부터 우선변제권 있는 임금을 지급 받지 못한 임금채권자이다. 그런데 사용자인 을의 부동산에 대하여 국세의 체납으로 인한 체납처분의 청산절차인 공매절차가 진행된다는 사실을 알지 못하여 압류재산의 매각대금배분시까지 배분요구를 하지 못하였다. 이 경우 우선변제권 있는 임금채권자인 갑에게 배분되어야 할 금액 상당의 금원을 배분받은 후순위 채권자를 상대로 부당이득반환청구를 할 수 있는지가 문제된다.

체납처분절차의 청산(배분)절차에 민사집행법상 배당요구에 관한 규정이 준용되는지에 관하여 판례를 보면, "민사소송법(현행민사집행법)상 부동산에 대한 강제경매의 배당절차와 국세징수법상 체납처분에서의 청산(배분)절차의 차이는, 강제집행절차가 경합하는 일반채권에 대한 할당변제에 의한 사법적 해결을 그 본지로 함에 반하여 체납처분절차는 행정기관에 의한 조세채권의 신속한 만족을 위한 절차라는 점에서 비롯된 것이므로, 채권계산서 미제출에 의한 채권액 보충의 실기에 관한 규정인 민사소송법 제587조(현행 민사집행법 제254조) 제2항이나 배당요구 및 그 시기에 관한 규정인 민사소송법 제605조(현행 민사집행법 제88조, 제84조)는 체납처분에서의 청산(배분)절차에 관하여 이를 준용할 수 없고, 따라서 세무서장으로서는 국세징수법 제81조 제1항에 규정된 채권자에게 배분할 금액을 직권으로 확정하여 배분계산서를 작성하여야 한다."라고 하였다(대법원 1998. 12. 11. 선고 98두10578 판결).

그리고 근로기준법 제37조 소정의 임금채권이 체납처분의 청산절차에서 압류재산의 매각대금을 배분 받을 채권에 포함되는지에 관하여 판례를 보면, "국세징수법 제81조 제1항 제3호의 규정은 압류재산의 매각대금을 배분 받을 수 있는 우선권 있는 채권을 예시한 것에 불과할 뿐 이를 한정적으로 열거한 것은 아니라고 할 것이므로, 근로기준법 제37조 소정의 임금채권도 국세기본법 제35조 제1항 제5호가 규정한 바와 같이 그것이 일반채권에 우선하는 채권인 이상 체납처분의 청산절차에서 압류재산의 매각대금을 배분 받을 채권에 당연히 포함된다고 할 것이고, 이와 같이 임금채권이 압류재산 매각대금의 분배대상에 포함되는 이상 체납처분절차를 주관하는 기관은 그에 대하여 배분할 금액을 직권으로 확정하여 배분계산서를 작성하여야 한다."라고 하였다.

또한, 체납처분의 청산절차에서 압류재산 매각대금 배분시까지 배분요구를 하지 않은 우선변제권 있는 임금채권자가 그에게 배분되어야 할 금액 상당의 금원을 배분 받은 후순위 채권자를 상대로 부당이득반환청구를 할 수 있는지에 관하여 판례를 보면, "임금채권자가 체납처분의 청산절차에서 압류재산의 매각대금을 배분할 때까지 배분요구를 하지 아니하여 그에게 배분되어야 할 돈이 후순위 채권자에게 배분되었다면, 임금채권자는 후순위 권리자를 상대로 부당이득의 반환청구를 할 수 있다"라고 하였다(대법원 1999. 4. 27. 선고 97다43253 판결).

따라서 위 사안의 경우 갑은 비록 체납처분의 청산절차에서 압류재산 매각대금 배분시까지 배분요구를 하지 않았다고 하여도 자신의 우선변제권을 주장하여 후순위 채권자를 상대로 그 금원의 반환을 구하는 부당이득반환청구를 할 수 있다고 할 것이다.

> 임금채권과 국세체납채권에 의한 압류 경합시 제3채무자는 집행공탁을 하여 책임을 면할 수 있는가?

집행공탁을 할 수 없다.

【해 설】

갑은 을에 대한 건물임차보증금반환채무가 있다. 그런데 을에 대하여 우선변제권 있는 임금채권자 병이 위 임차보증금반환청구권에 가압류를 하였으며, 또한 관할세무서장이 역시 국세징수법에 의하여 위 임차보증금반환청구채권에 압류를 하였다. 그리고 위 임차보증금반환청구채권액은 병의 임금채권과 국세채권을 모두 충족시키기에 절대적으로 부족한 경우이다. 이 경우 갑은 제3채무자로서 민사집행법 제248조에 의한 집행공탁을 하여 책임을 면할 수 있는지가 문제된다.

국세징수법 제41조에 의하면 "① 세무서장은 채권을 압류할 때에는 그 뜻을 채무자에게 통지하여야 한다. ② 세무서장은 제1항의 통지를 한 때에는 국세·가산금과 체납처분비를 한도로 하여 채권자에게 대위한다. ③ 세무서장은 제1항의 압류를 한 때에는 그 뜻을 체납자에게 통지하여야 한다."라고 규정하고 있으며, 국세징수법 제42조에 의하면, "채권압류의 효력은 채권압류통지서가 채무자에게 송달된 때에 발생한다."라고 규정하고 있다.

그런데 채권이 압류된 경우 제3채무자의 집행공탁에 관하여 민사집행법 제248조에 의하면 "① 제3채무자는 압류에 관련된 금전채권의 전액을 공탁할 수 있다. ② 금전채권에 관하여 배당요구서를 송달 받은 제3채무자는 배당에 참가한 채권자의 청구가 있으면 압류된 부분에 해당하는 금액을 공탁하여야 한다. ③ 금전채권 중 압류되지 아니한 부분을 초과하여 거듭 압류명령 또는 가압류 명령이 내려진 경우에 그 명령을 송달 받은 제3채무자는 압류 또는 가압류채권자의 청구가 있으면 그 채권의 전액에 해당하는 금액을 공탁하여야 한다. ④ 제3채무자가 채무액을 공탁한 때에는 그 사유를 법원에 신고하여야 한다. 다만, 상당한 기간 이내에 신고가 없는 때에는 압류채권자, 가압류채권자, 배당에 참가한 채권자, 채무자, 그 밖의 이해관계인이 그 사유를 법원에 신고할 수 있다."라고 규정하고 있다.

그러므로 동일채권에 관하여 국세체납절차와 민사집행절차의 양 절차에서 각각 별도로 압류하여 서로 경합하는 경우, 제3채무자가 민사집행법 제248조에 따른 집행공탁을 하여 책임을 면할 수 있는지가 문제가 된다.

이에 관련된 판례를 보면, "현행법상 국세체납 절차와 민사집행 절차는 별개의 절차로서 양 절차 상호간의 관계를 조정하는 법률의 규정이 없으므로 한 쪽의 절차가 다른 쪽의 절차에 간섭할 수 없는 반면, 쌍방 절차에서 각 채권자는 서로 다른 절차에 정한 방법으로 그 다른 절차에 참여할 수밖에 없고, 동일 채권에 관하여 양 절차에서 각각 별도로 압류하여 서로 경합하는 경우에도 공탁 후의 배분(배당)절차를 어느 쪽이 행하는가에 관한 법률의 정함이 없어 제3채무자의 공탁을 인정할 여지가 없다."라고 하였다(대법원 1999. 5. 14. 선고 99다3686 판결).

또한, "국세징수법 제41조에 의한 채권압류의 효력은 피압류채권의 채권자와 채무자에 대하여 그 채권에 관한 변제, 추심 등 일체의 처분행위를 금지하고, 체납자에 대신하여 추심할 수 있게 하는 것이므로, 제3채무자는 피압류채권에 관하여 체납자에게는 변제할 수 없고, 추심권자인 국에게만 이행할 수 있을 뿐이며, 그 피압류채권에 대하여 근로기준법에 의한 우선변제권을 가지는 임금 등의 채권에 기한 가압류집행이 되어 있다 하더라도, 그 우선변제권은 채무자의 재산에 대한 강제집행의 경우 그에 의한 환가금에서 일반채권에 우선하여 변제받을 수 있음에 그치는 것이고, 이미 다른 채권자에 의하여 이루어진 압류처분의 효력까지 배제하여 그보다 우선적으로 직접 지급을 구할 수 있는 권한을 부여한 것으로는 볼 수 없으므로, 제3채무자로서는 체납처분에 의한 채권압류 후에 행해진 피압류채권에 대한 가압류가 그러한 임금 등의 채권에 기한 것임을 내세워 체납처분에 의한 압류채권자의 추심청구를 거절할 수는 없다."라고 하였다(대법원 1999. 5. 14. 선고 99다3686 판결, 2002. 12. 24. 선고 2000다26036 판결, 1997. 4. 22. 선고 95다41611 판결, 1989. 1. 31. 선고 88다카42 판결, 1988. 4. 12. 선고 86다카2476 판결).

따라서 위 사안에서 갑은 민사집행법 제248조에 의한 집행공탁을 할 수 없을 것으로 보이고, 비록 병의 채권가압류가 있었다고 하여도 체납처분에 의한 압류채권자의 추심청구를 거절할 수는 없을 것으로 보인다.

부 록

- 신용정보의 이용 및 보호에 관한 법률 ·················· 1627
- 이자제한법 ··· 1653
- 대부업 등의 등록 및 금융이용자보호에 관한 법률 ··· 1654
- 금융실명거래 및 비밀보장에 관한 법률 ················· 1673
- 여신전문금융업법 ·· 1681
- 채권의 공정한 추심에 관한 법률 ·························· 1722
- 독촉절차에서의 전자문서 이용 등에 관한 법률 ········ 1728

목 차

신용정보의 이용 및 보호에 관한 법률

[시행 2009.10. 2] [법률 제9617호, 2009. 4. 1, 전부개정]

제1장 총칙

제1조【목적】 이 법은 신용정보업을 건전하게 육성하고 신용정보의 효율적 이용과 체계적 관리를 도모하며 신용정보의 오용·남용으로부터 사생활의 비밀 등을 적절히 보호함으로써 건전한 신용질서의 확립에 이바지함을 목적으로 한다.

제2조【정의】 이 법에서 사용하는 용어의 뜻은 다음과 같다.

1. "신용정보"란 금융거래 등 상거래에 있어서 거래 상대방의 신용도와 신용거래능력 등을 판단할 때 필요한 정보로서 대통령령으로 정하는 정보를 말한다.

2. "개인신용정보"란 신용정보 중 개인의 신용도와 신용거래능력 등을 판단할 때 필요한 정보로서 대통령령으로 정하는 정보를 말한다.

3. "신용정보주체"란 처리된 신용정보로 식별되는 자로서 그 신용정보의 주체가 되는 자를 말한다.

4. "신용정보업"이란 제4조제1항 각 호에 따른 업무의 전부 또는 일부를 업으로 하는 것을 말한다.

5. "신용정보회사"란 신용정보업을 할 목적으로 제4조에 따라 금융위원회의 허가를 받은 자를 말한다.

6. "신용정보집중기관"이란 신용정보를 집중하여 관리·활용하는 자로서 제25조제1항에 따라 금융위원회에 등록한 자를 말한다.

7. "신용정보제공·이용자"란 고객과의 금융거래 등 상거래를 위하여 본인의 영업과 관련하여 얻거나 만들어 낸 신용정보를 타인에게 제공하거나 타인으로부터 신용정보를 제공받아 본인의 영업에 이용하는 자와 그 밖에 이에 준하는 자로서 대통령령으로 정하는 자를 말한다.

8. "신용조회업무"란 신용정보를 수집·처리하는 행위, 신용정보주체의 신용도·신용거래능력 등을 나타내는 신용정보를 만들어 내는 행위 및 의뢰인의 조회에 따라 신용정보를 제공하는 행위를 말한다.

9. "신용조사업무"란 타인의 의뢰를 받아 신용정보를 조사하고, 그 신용정보를 그 의뢰인에게 제공하는 행위를 말한다.

10. "채권추심업무"란 채권자의 위임을 받아 변제하기로 약정한 날까지 채무를 변

제하지 아니한 자에 대한 재산조사, 변제의 촉구 또는 채무자로부터의 변제금 수령을 통하여 채권자를 대신하여 추심채권을 행사하는 행위를 말한다.

11. 채권추심의 대상이 되는 "채권"이란 「상법」에 따른 상행위로 생긴 금전채권, 판결 등에 따라 권원이 인정된 민사채권으로서 대통령령으로 정하는 채권, 특별법에 따라 설립된 조합·공제조합·금고 및 그 중앙회·연합회 등의 조합원·회원 등에 대한 대출·보증, 그 밖의 여신 및 보험 업무에 따른 금전채권 및 다른 법률에서 신용정보회사에 대한 채권추심의 위탁을 허용한 채권을 말한다.

12. "신용평가업무"란 투자자를 보호하기 위하여 금융상품 및 신용공여 등에 대하여 그 원리금이 상환될 가능성과 기업·법인 및 간접투자기구 등의 신용도를 평가하는 행위를 말한다.

13. "처리"란 다음 각 목의 어느 하나에 해당하는 행위를 말한다.

가. 컴퓨터를 이용하여 신용정보를 입력·저장·가공·편집·검색·삭제 또는 출력하는 행위

나. 신용정보를 배달·우송 또는 전송 등의 방법으로 타인에게 제공하는 행위

다. 그 밖에 가목 또는 나목과 비슷한 행위

제3조【신용정보업의 육성】 ① 금융위원회는 신용정보회사의 신용정보 제공능력의 향상과 신용정보의 원활한 이용에 필요하다고 인정하면 신용정보업의 육성에 관한 계획을 세울 수 있다.

② 금융위원회는 제1항에 따른 계획을 원활하게 추진하기 위하여 필요하면 관계 행정기관의 장에게 협조를 요청할 수 있으며, 그 요청을 받은 관계 행정기관의 장은 정당한 사유가 없으면 그 요청에 따라야 한다.

제2장 신용정보업의 허가 등

제4조【신용정보업의 종류 및 영업의 허가】 ① 신용정보업의 종류 및 그 업무는 다음 각 호와 같다. 이 경우 다음 각 호의 딸린 업무는 대통령령으로 정한다.

1. 신용조회업: 신용조회업무 및 그에 딸린 업무

2. 신용조사업: 신용조사업무 및 그에 딸린 업무

3. 채권추심업: 채권추심업무 및 그에 딸린 업무

4. 신용평가업: 신용평가업무 및 그에 딸린 업무

② 신용정보업을 하려는 자는 제1항 각 호

에 따른 업무의 종류별로 금융위원회의 허가를 받아야 한다.

③ 제2항에 따른 허가를 받으려는 자는 대통령령으로 정하는 바에 따라 금융위원회에 신청서를 제출하여야 한다.

④ 금융위원회는 제2항에 따른 허가에 조건을 붙일 수 있다.

⑤ 제2항에 따른 허가와 관련된 허가신청서의 작성 방법 등 허가신청에 관한 사항, 허가심사의 절차 및 기준에 관한 사항, 그 밖에 필요한 사항은 총리령으로 정한다.

제5조【신용정보업별 허가 대상】 ① 신용조회업, 신용조사업 및 채권추심업 허가를 받을 수 있는 자는 다음 각 호의 자로 제한한다.

1. 대통령령으로 정하는 금융기관 등이 100분의 50 이상을 출자한 법인

2. 「신용보증기금법」에 따른 신용보증기금

3. 「기술신용보증기금법」에 따른 기술신용보증기금

4. 「지역신용보증재단법」에 따라 설립된 신용보증재단

5. 「수출보험법」에 따라 설립된 한국수출보험공사

6. 제4조제1항제1호부터 제3호까지의 규정에 따른 업무의 전부 또는 일부를 허가받은 자가 100분의 50 이상을 출자한 법인. 다만, 출자자가 출자를 받은 법인과 같은 종류의 업무를 하는 경우는 제외한다.

② 다음 각 호의 어느 하나에 해당하는 자 및 법인이 아닌 자는 신용평가업 허가를 받을 수 없다.

1. 「독점규제 및 공정거래에 관한 법률」 제9조제1항에 따른 상호출자제한기업집단에 속하는 회사(같은 법 제7조제1항에 따른 특수관계인을 포함한다. 이하 "상호출자제한기업집단소속회사"라 한다)가 100분의 10 이상을 출자한 법인

2. 대통령령으로 정하는 금융기관 등(「독점규제 및 공정거래에 관한 법률」 제7조제1항에 따른 특수관계인을 포함한다. 이하 "출자금융기관등"이라 한다)이 100분의 10 이상을 출자한 법인

3. 다음 각 목의 법인이 최다출자자인 법인

가. 상호출자제한기업집단소속회사가 100분의 10 이상을 출자한 법인

나. 출자금융기관등이 100분의 10 이상을 출자한 법인

제6조【허가의 요건】 ① 제4조제2항에 따른 신용정보업의 허가를 받으려는 자는 다음 각 호의 요건을 갖추어야 한다.

1. 신용정보업을 하기에 충분한 인력과 전산설비 등 물적 시설을 갖출 것

2. 사업계획이 타당하고 건전할 것

3. 대통령령으로 정하는 주요출자자가 충분한 출자능력, 건전한 재무상태 및 사회적 신용을 갖출 것

4. 신용정보업을 하기에 충분한 전문성을 갖출 것

② 신용정보업의 허가를 받으려는 자는 다음 각 호의 구분에 따른 자본금 또는 기본재산을 갖추어야 한다.

1. 신용조회업 및 신용평가업을 각각 또는 함께 하려는 경우에는 50억원 이상

2. 신용조사업 및 채권추심업을 각각 또는 함께 하려는 경우에는 50억원 이내에서 대통령령으로 정하는 금액 이상

③ 제1항에 따른 허가의 세부요건에 관하여 필요한 사항은 대통령령으로 정한다.

④ 신용정보회사는 신용정보업을 하는 동안에는 제1항제1호에 따른 요건을 계속 유지하여야 한다.

제7조【허가 등의 공고】 금융위원회는 제4조제2항에 따른 허가를 하거나 제14조제1항에 따라 허가 또는 인가를 취소한 경우에는 지체 없이 그 내용을 관보에 공고하고 인터넷 홈페이지 등을 이용하여 일반인에게 알려야 한다.

제8조【신고 및 보고 사항】 신용정보회사가 제4조제2항에 따라 허가받은 사항 중 대통령령으로 정하는 사항을 변경하려면 미리 금융위원회에 신고하여야 한다. 다만, 대통령령으로 정하는 경미한 사항을 변경하려면 그 사유가 발생한 날부터 7일 이내에 그 사실을 금융위원회에 보고하여야 한다.

제9조【지배주주의 변경승인 등】 ① 신용정보회사의 주식(출자지분을 포함한다. 이하 이 조에서 같다)을 취득하여 대통령령으로 정하는 지배주주가 되려는 자는 제6조제1항제3호에 따른 주요출자자 요건 중 건전한 경영을 위하여 대통령령으로 정하는 요건을 갖추어 미리 금융위원회의 승인을 받아야 한다.

② 금융위원회는 6개월 이내의 기간을 정하여 제1항에 따른 승인 없이 취득한 주식을 처분할 것을 명할 수 있다.

③ 제1항에 따른 승인 없이 주식을 취득한 자는 그 취득분에 대하여 의결권을 행사할 수 없다.

④ 제1항에 따른 승인 및 제2항에 따른 처분명령의 세부요건에 관하여 필요한 사항은 대통령령으로 정한다.

제10조【신용정보업의 양도·양수 등의 인가 등】 ① 신용정보회사가 그 사업의 전부 또는 일부를 양도·양수 또는 분할하거나, 다른 법인과 합병(「상법」 제530조의2에 따른 분할합병을 포함한다. 이하 같다)하려는 경우에는 대통령령으로 정하는 바에 따라 금융위원회의 인가를 받아야 한다.

② 신용정보회사가 제1항에 따라 인가를 받아 그 사업을 양도 또는 분할하거나 다른 법인과 합병한 경우에는 양수인, 분할 후 설립되는 법인 또는 합병 후 존속하는 법인(신용정보회사인 법인이 신용정보회사가 아닌 법인을 흡수합병하는 경우는 제외한다)이나 합병에 따라 설립되는 법인은 양도인, 분할 전의 법인 또는 합병 전의 법인의 신용정보회사로서의 지위를 승계한다. 이 경우 종전의 신용정보회사에 대한 허가는 그 효력(제1항에 따른 일부 양도 또는 분할의 경우에는 그 양도 또는 분할한 사업의 범위로 제한한다)을 잃는다.

③ 제1항 및 제2항에 따른 양수인, 합병 후 존속하는 법인 및 분할 또는 합병에 따라 설립되는 법인에 대하여는 제5조, 제6조, 제22조제1항, 제27조제1항부터 제7항까지 및 제28조를 준용한다.

④ 신용정보회사가 영업의 전부 또는 일부를 일시적으로 중단하거나 폐업하려면 총리령으로 정하는 바에 따라 미리 금융위원회에 신고하여야 한다.

제11조【겸업】 신용정보회사는 다음 각 호의 업무 외에는 총리령으로 정하는 바에 따라 금융위원회에 미리 신고하고 허가받은 업무와 관련된 업무를 겸업할 수 있다. 이 경우 개별 법률에 따라 행정관청의 인가·허가·등록 및 승인 등의 조치가 필요한 업무는 해당 개별 법률에 따라 인가·허가·등록 및 승인 등을 미리 받아야 할 수 있다.

1. 개인에 대하여 타인의 신용정보 및 신용정보를 가공한 신용정보를 제공하는 업무

2. 다른 회사 채권에 대한 부채증명서 발급 대행 업무(대통령령으로 정하는 경우를 제외한다)

3. 부실채권 매입, 채권추심 등 타인의 권리 실행을 위한 소송사건 등의 대리업무, 신용평가회사의 개인신용등급 산정업무 등 신용정보회사의 업무 범위를 벗어난 업무

4. 그 밖에 신용정보주체 또는 사회에 명백하게 해악을 끼칠 수 있는 업무로서 대통령령으로 정하는 업무

제12조【유사명칭의 사용 금지】 이 법에 따라 허가받은 신용정보회사가 아닌 자는 상호 중에 신용정보·신용조사·신용평가 또는 이와 비슷한 명칭을 사용하지 못한다.

제13조【임원의 겸직 금지】 신용정보회사의 상임 임원은 금융위원회의 승인 없이 다른 영리법인의 상무에 종사할 수 없다.

제14조【허가 등의 취소와 업무의 정지】
① 금융위원회는 신용정보회사가 다음 각 호의 어느 하나에 해당하는 경우에는 허가 또는 인가를 취소할 수 있다. 다만, 금융위원회는 신용정보회사가 다음 각 호의 어느 하나에 해당하더라도 대통령령으로 정하는 사유에 해당하면 6개월 이내의 기간을 정하여 허가 또는 인가를 취소하기 전에 시정명령을 할 수 있다.

1. 거짓이나 그 밖의 부정한 방법으로 제4조제2항에 따른 허가를 받거나 제10조제1항에 따른 인가를 받은 경우

2. 제5조제1항제1호에 따른 금융기관 등의 출자요건을 위반한 경우. 다만, 신용정보회사의 주식이 「자본시장과 금융투자업에 관한 법률」 제9조제13항에 따른 증권시장에 상장되어 있는 경우는 제외한다.

3. 제5조제2항을 위반한 경우(신용평가업만 해당한다)

4. 신용정보회사[허가를 받은 날부터 3개 사업연도(신용조회업 또는 신용평가업이 포함된 경우에는 5개 사업연도)가 지나지 아니한 경우는 제외한다]의 자기자본(최근 사업연도 말 현재 대차대조표상 자산총액에서 부채총액을 뺀 금액을 말한다. 이하 같다)이 제6조제2항에 따른 자본금 또는 기본재산의 요건에 미치지 못한 경우

5. 업무정지명령을 위반하거나 업무정지에 해당하는 행위를 한 자가 그 사유발생일 전 1년 이내에 업무정지처분을 받은 사실이 있는 경우

6. 제40조제1호부터 제4호까지의 어느 하나를 위반한 경우(신용평가업은 제외한다)

7. 제40조제1호·제4호 또는 제6호를 위반한 경우(신용평가업만 해당한다)

8. 「채권의 공정한 추심에 관한 법률」 제9조 각 호의 어느 하나를 위반하여 채권추심행위를 한 경우(채권추심업만 해당한다)

9. 허가 또는 인가의 내용이나 조건을 위반한 경우

10. 정당한 사유 없이 1년 이상 계속하여 허가받은 영업을 하지 아니한 경우

11. 제41조제1항을 위반하여 채권추심행위를 한 경우(채권추심업만 해당한다)

② 금융위원회는 신용정보회사가 다음 각 호의 어느 하나에 해당하는 경우에는 6개월의 범위에서 기간을 정하여 그 업무의 전부 또는 일부의 정지를 명할 수 있다.

1. 제6조제4항을 위반한 경우

2. 제11조를 위반한 경우

3. 제16조에 따른 수집·조사 등의 제한 사항을 위반한 경우(신용평가업은 제외한다)

4. 제22조제1항, 제27조제1항 및 제28조를 위반한 경우

5. 제40조제5호를 위반한 경우

6. 「채권의 공정한 추심에 관한 법률」 제12조제2호·제5호를 위반하여 채권추심행위를 한 경우(채권추심업만 해당한다)

7. 별표에 규정된 처분 사유에 해당하는 경우

8. 그 밖에 법령 또는 정관을 위반하거나 경영상태가 건전하지 못하여 공익을 심각하게 해치거나 해칠 우려가 있는 경우

제3장 신용정보의 수집·조사 및 처리

제15조 【수집·조사의 원칙】 신용정보회사, 신용정보집중기관 및 신용정보제공·이용자(이하 "신용정보회사등"이라 한다)는 신용정보를 수집·조사하는 경우에는 이 법 또는 정관으로 정한 업무 범위에서 수집·조사의 목적을 명확하게 하고 그 목적 달성에 필요한 범위에서 합리적이고 공정한 수단을 사용하여야 한다.

제16조 【수집·조사 및 처리의 제한】 ① 신용정보회사등은 다음 각 호의 정보를 수집·조사하여서는 아니 된다.

1. 국가의 안보 및 기밀에 관한 정보

2. 기업의 영업비밀 또는 독창적인 연구개발 정보

3. 개인의 정치적 사상, 종교적 신념, 그 밖에 신용정보와 관계없는 사생활에 관한 정보

4. 확실하지 아니한 개인신용정보

5. 다른 법률에 따라 수집이 금지된 정보

6. 그 밖에 대통령령으로 정하는 정보

② 신용정보회사등이 개인의 질병에 관한 정보를 수집·조사하거나 타인에게 제공하려면 미리 제32조제1항에 따른 해당 개인의 동의를 받아야 하며 대통령령으로 정하는 목적으로만 그 정보를 이용하여야 한다.

제17조 【수집·조사 및 처리의 위탁】 ① 신용정보회사등은 그 업무 범위에서 의뢰인의 동의를 받아 다른 신용정보회사등에 신용정보의 수집·조사를 위탁할 수 있다.

② 신용정보회사등은 수집된 신용정보의 처

리를 일정한 금액 이상의 자본금 등 대통령령으로 정하는 일정한 요건을 갖춘 자에게 위탁할 수 있으며 위탁받은 업무의 처리에 관하여는 제19조부터 제21조까지, 제40조, 제43조 및 제45조(해당 조문에 대한 벌칙 및 과태료규정을 포함한다)를 적용한다.

③ 제2항에 따라 신용정보의 처리를 위탁하려는 신용정보회사등으로서 대통령령으로 정하는 자는 제공하는 신용정보의 범위 등을 대통령령으로 정하는 바에 따라 금융위원회에 알려야 한다.

제4장 신용정보의 유통·이용 및 관리

제18조【신용정보의 정확성 및 최신성의 유지】 ① 신용정보회사등은 신용정보의 정확성과 최신성이 유지될 수 있도록 대통령령으로 정하는 바에 따라 신용정보의 등록·변경 및 관리 등을 하여야 한다.

② 신용정보회사등은 대통령령으로 정하는 바에 따라 신용정보주체에게 불이익을 줄 수 있는 오래된 신용정보를 삭제하여야 한다.

제19조【신용정보전산시스템의 안전보호】 ① 신용정보회사등은 신용정보전산시스템(제25조제6항에 따른 신용정보공동전산망을 포함한다. 이하 같다)에 대한 제3자의 불법적인 접근, 입력된 정보의 변경·훼손 및 파괴, 그 밖의 위험에 대하여 대통령령으로 정하는 바에 따라 기술적·물리적·관리적 보안대책을 세워야 한다.

② 신용정보제공·이용자가 다른 신용정보제공·이용자 또는 신용조회회사와 서로 이 법에 따라 신용정보를 제공하는 경우에는 금융위원회가 정하여 고시하는 바에 따라 신용정보 보안관리 대책을 포함한 계약을 체결하여야 한다.

제20조【신용정보 관리책임의 명확화 및 업무처리기록의 보존】 ① 신용정보회사등은 신용정보의 수집·처리 및 이용 등에 대하여 금융위원회가 정하는 바에 따라 내부관리규정을 마련하여야 한다.

② 신용정보회사등은 다음 각 호의 사항에 대한 기록을 3년간 보존하여야 한다.

1. 의뢰인의 주소와 성명 또는 정보제공·교환기관의 주소와 이름

2. 의뢰받은 업무 내용 및 의뢰받은 날짜

3. 의뢰받은 업무의 처리 내용 또는 제공한 신용정보의 내용과 제공한 날짜

4. 그 밖에 대통령령으로 정하는 사항

③ 신용정보회사, 신용정보집중기관 및 대통령령으로 정하는 신용정보제공·이용자는 신용정보를 보호하고 신용정보와 관련된 신용정보주체의 고충을 처리하는 등 대통령령

으로 정하는 업무를 하는 신용정보관리·보호인을 1명 이상 지정하여야 한다.

④ 제3항에 따른 신용정보관리·보호인의 자격요건과 그 밖에 지정에 필요한 사항은 대통령령으로 정한다.

⑤ 「금융지주회사법」 제48조의2제4항에 따라 선임된 신용정보관리인이 제4항의 자격요건에 해당하면 제3항에 따라 지정된 신용정보관리·보호인으로 본다.

제21조【폐업 시 보유정보의 처리】 신용정보회사나 신용정보집중기관이 폐업하려는 경우에는 금융위원회가 정하여 고시하는 바에 따라 보유정보를 처분하거나 폐기하여야 한다.

제5장 신용정보업

제1절 신용조회업 등

제22조【신용조회업 종사자】 ① 신용조회회사(신용조회업 허가를 받은 자를 말한다. 이하 같다)는 다음 각 호의 어느 하나에 해당하는 자를 임원으로 채용하거나 고용하여서는 아니 된다.

1. 미성년자

2. 한정치산자 또는 금치산자

3. 파산선고를 받고 복권되지 아니한 자

4. 금고 이상의 실형을 선고받고 그 집행이 끝나거나(집행이 끝난 것으로 보는 경우를 포함한다) 집행이 면제된 날부터 3년이 지나지 아니한 자

5. 금고 이상의 형의 집행유예를 선고받고 그 유예기간 중에 있는 자

6. 이 법 또는 그 밖의 법령에 따라 해임되거나 면직된 후 5년이 지나지 아니한 자

7. 이 법 또는 그 밖의 법령에 따라 영업의 허가·인가 등이 취소된 법인이나 회사의 임직원이었던 자(그 취소사유의 발생에 직접 또는 이에 상응하는 책임이 있는 자로서 대통령령으로 정하는 자만 해당한다)로서 그 법인이나 회사에 대한 취소가 있었던 날부터 5년이 지나지 아니한 자

② 신용조회업에 종사하는 임직원이 신용정보를 수집하려는 경우에는 신용조회업에 종사하고 있음을 나타내는 증표를 지니고 이를 관계인에게 내보여야 한다.

제23조【공공기관에 대한 신용정보의 열람 및 제공 요청 등】 ① 신용조회회사나 신용정보집중기관은 국가·지방자치단체 또는 대통령령으로 정하는 공공단체(이하 "공공기관"이라 한다)에 해당 공공기관이 보유하고 있는 신용정보 중 관계 법령에 따라 공개할 수 있는 신용정보의 열람 또는 제공을 요청할 수 있다. 이 경우 요청을 받

은 공공기관은 특별한 사유가 없으면 그 요청에 따라야 한다.

② 신용조회회사 또는 신용정보집중기관이 공공기관의 장에게 신용정보주체의 신용도·신용거래능력 등의 판단에 필요한 신용정보로서 대통령령으로 정하는 신용정보의 제공을 요청하면 그 요청을 받은 공공기관의 장은 다음 각 호의 법률에도 불구하고 해당 신용조회회사 또는 신용정보집중기관에 정보를 제공할 수 있다. 공공기관의 장이 신용조회회사 또는 신용정보집중기관에 정보를 제공하는 기준과 절차 등은 대통령령으로 정한다.

1. 「공공기관의 정보공개에 관한 법률」

2. 「공공기관의 개인정보보호에 관한 법률」

3. 「국민건강보험법」

4. 「국민연금법」

5. 「한국전력공사법」

6. 「주민등록법」

③ 신용조회회사 또는 신용정보집중기관은 제2항에 따라 공공기관으로부터 제공받은 신용정보를 대통령령으로 정하는 신용정보제공·이용자에게 제공할 수 있다.

④ 신용조회회사 또는 신용정보집중기관은 제2항 및 제3항에 따라 신용정보제공·이용자에게 개인신용정보를 제공하는 경우에는 제32조제3항에서 정하는 바에 따라 신용정보제공·이용자가 해당 개인으로부터 신용정보 제공·이용에 대한 동의를 받았는지를 확인하여야 한다.

⑤ 제3항에 따라 신용정보를 제공받은 신용정보제공·이용자는 그 정보를 타인에게 제공하여서는 아니 된다.

⑥ 제1항에 따라 신용정보의 열람 또는 제공을 요청하는 자는 관계 법령에 따라 열람료 또는 수수료 등을 내야 한다.

⑦ 신용정보회사등은 공공기관의 장이 관계 법령에서 정하는 공무상 목적으로 이용하기 위하여 신용정보의 제공을 문서로 요청한 경우에는 그 신용정보를 제공할 수 있다.

제24조【주민등록전산정보자료의 이용】
① 신용정보집중기관 및 대통령령으로 정하는 신용정보제공·이용자는 다음 각 호의 어느 하나에 해당하는 경우에는 행정안전부장관에게 「주민등록법」 제30조제1항에 따른 주민등록전산정보자료의 제공을 요청할 수 있다. 이 경우 요청을 받은 행정안전부장관은 특별한 사유가 없으면 그 요청에 따라야 한다.

1. 「상법」 제64조 등 다른 법률에 따라 소멸시효가 완성된 예금 및 보험금 등의 지

급을 위한 경우로서 해당 예금 및 보험금 등의 원권리자에게 관련 사항을 알리기 위한 경우

2. 금융거래계약의 만기 도래, 실효, 해지 등 계약의 변경사유 발생 등 거래 상대방의 권리·의무에 영향을 미치는 사항을 알리기 위한 경우

② 제1항에 따라 주민등록전산정보자료를 요청하는 경우에는 금융위원회위원장의 심사를 받아야 한다.

③ 제2항에 따라 금융위원회위원장의 심사를 받은 경우에는 「주민등록법」 제30조제1항에 따른 관계 중앙행정기관의 장의 심사를 거친 것으로 본다. 처리절차, 사용료 또는 수수료 등에 관한 사항은 「주민등록법」에 따른다.

제25조【신용정보집중기관】 ① 신용정보를 집중하여 수집·보관함으로써 체계적·종합적으로 관리하고, 신용정보회사등 상호간에 신용정보를 교환·활용(이하 "집중관리·활용"이라 한다)하려는 자는 금융위원회에 신용정보집중기관으로 등록하여야 한다.

② 제1항에 따른 신용정보집중기관은 다음 각 호의 구분에 따라 등록할 수 있다.

1. 종합신용정보집중기관: 대통령령으로 정하는 금융기관 전체로부터의 신용정보를 집중관리·활용하는 신용정보집중기관

2. 개별신용정보집중기관: 제1호에 따른 금융기관 중 같은 종류의 금융기관으로부터의 신용정보를 집중관리·활용하거나 금융기관 외의 같은 종류의 사업자가 설립한 협회 등의 협약 등에 따라 신용정보를 집중관리·활용하는 신용정보집중기관

③ 제1항에 따른 신용정보집중기관으로 등록하려는 자는 다음 각 호의 요건을 갖추어야 한다.

1. 영리를 목적으로 하지 아니할 것

2. 대통령령으로 정하는 시설·설비 및 인력을 갖출 것

④ 제1항 및 제2항에 따른 등록 및 그 취소 등에 필요한 사항과 집중관리·활용되는 신용정보의 범위 및 교환 대상자는 대통령령으로 정한다.

⑤ 제2항제1호에 따른 종합신용정보집중기관은 집중되는 신용정보의 정확성·신속성을 확보하기 위하여 제26조에 따른 신용정보협의회가 정하는 바에 따라 신용정보를 제공하는 금융기관의 신용정보 제공의무 이행 실태를 조사할 수 있다.

⑥ 신용정보집중기관은 대통령령으로 정하는 바에 따라 신용정보공동전산망(이하 "공동전산망"이라 한다)을 구축할 수 있

으며, 공동전산망에 참여하는 자는 그 유지·관리 등에 필요한 협조를 하여야 한다. 이 경우 신용정보집중기관은 「전기통신사업법」 제2조제1항제1호에 따른 전기통신사업자이어야 한다.

제26조 【신용정보협의회】 ① 다음 각 호의 사항을 협의·결정하기 위하여 제25조제2항제1호에 따른 종합신용정보집중기관에 신용정보협의회를 둔다.

1. 신용정보의 집중관리·활용에 드는 경상경비, 신규사업의 투자비 등의 분담에 관한 사항

2. 제25조제2항제1호에 따른 금융기관의 신용정보제공의무 이행 실태에 관한 조사 및 대통령령으로 정하는 바에 따른 제재를 부과하는 사항

3. 신용정보의 업무목적 외 누설 또는 이용의 방지대책에 관한 사항

4. 그 밖에 신용정보의 집중관리·활용에 필요한 사항

② 제1항에 따른 신용정보협의회의 구성 및 운영 등에 관한 사항은 대통령령으로 정하는 바에 따라 종합신용정보집중기관의 장이 정한다.

③ 신용정보협의회는 제1항제2호부터 제4호까지에 관한 사항을 협의·결정한 경우에는 금융위원회에 보고하여야 한다.

제2절 신용조사업 및 채권추심업

제27조 【종사자 및 위임직채권추심인 등】 ① 신용조사회사(신용조사업 허가를 받은 자를 말한다. 이하 같다) 또는 채권추심회사(채권추심업 허가를 받은 자를 말한다. 이하 같다)는 다음 각 호의 어느 하나에 해당하는 자를 임직원으로 채용하거나 고용하여서는 아니 되며, 위임 또는 그에 준하는 방법으로 채권추심업무를 하여서는 아니 된다.

1. 미성년자. 다만, 금융위원회가 정하여 고시하는 업무에 채용하거나 고용하는 경우는 제외한다.

2. 한정치산자 또는 금치산자

3. 파산선고를 받고 복권되지 아니한 자

4. 금고 이상의 실형을 선고받고 그 집행이 끝나거나(집행이 끝난 것으로 보는 경우를 포함한다) 집행이 면제된 날부터 3년이 지나지 아니한 자

5. 금고 이상의 형의 집행유예를 선고받고 그 유예기간 중에 있는 자

6. 이 법 또는 그 밖의 법령에 따라 해임되거나 면직된 후 5년이 지나지 아니한 자

7. 이 법 또는 그 밖의 법령에 따라 영업의 허가·인가 등이 취소된 법인이나 회사의 임직원이었던 자(그 취소사유의 발생에 직접 또는 이에 상응하는 책임이 있는 자로서 대통령령으로 정하는 자만 해당한다)로서 그 법인 또는 회사에 대한 취소가 있은 날부터 5년이 지나지 아니한 자

8. 제2항제2호에 따른 위임직채권추심인이었던 자로서 등록이 취소된 지 5년이 지나지 아니한 자

② 채권추심회사는 다음 각 호의 어느 하나에 해당하는 자를 통하여 추심업무를 하여야 한다.

1. 채권추심회사의 임직원

2. 채권추심회사가 위임 또는 그에 준하는 방법으로 채권추심업무를 하도록 한 자(이하 "위임직채권추심인"이라 한다)

③ 채권추심회사는 그 소속 위임직채권추심인이 되려는 자를 금융위원회에 등록하여야 한다.

④ 위임직채권추심인은 소속 채권추심회사 외의 자를 위하여 채권추심업무를 할 수 없다.

⑤ 채권추심회사는 추심채권이 아닌 채권을 추심할 수 없으며 다음 각 호의 어느 하나에 해당하는 위임직채권추심인을 통하여 채권추심업무를 하여서는 아니 된다.

1. 제3항에 따라 등록되지 아니한 위임직채권추심인

2. 다른 채권추심회사의 소속으로 등록된 위임직채권추심인

3. 제7항에 따라 업무정지 중에 있는 위임직채권추심인

⑥ 금융위원회는 위임직채권추심인이 다음 각 호의 어느 하나에 해당하면 그 등록을 취소할 수 있다.

1. 거짓이나 그 밖의 부정한 방법으로 제3항에 따른 등록을 한 경우

2. 제7항에 따른 업무정지명령을 위반하거나 업무정지에 해당하는 행위를 한 자가 그 사유발생일 전 1년 이내에 업무정지처분을 받은 사실이 있는 경우

3. 제40조제1호부터 제4호까지의 어느 하나를 위반한 경우

4. 「채권의 공정한 추심에 관한 법률」 제9조 각 호의 어느 하나를 위반하여 채권추심행위를 한 경우

5. 등록의 내용이나 조건을 위반한 경우

6. 정당한 사유 없이 1년 이상 계속하여 등

록한 영업을 하지 아니한 경우

⑦ 금융위원회는 위임직채권추심인이 다음 각 호의 어느 하나에 해당하면 6개월의 범위에서 기간을 정하여 그 업무의 전부 또는 일부의 정지를 명할 수 있다.

1. 제4항을 위반한 경우

2. 제16조에 따른 수집·조사 등의 제한 사항을 위반한 경우

3. 제40조제5호의 행위를 한 경우

4. 「채권의 공정한 추심에 관한 법률」 제12조제2호·제5호를 위반한 경우

5. 그 밖에 법령 또는 소속 채권추심회사의 정관을 위반하여 공익을 심각하게 해치거나 해칠 우려가 있는 경우

⑧ 신용조사업 또는 채권추심업에 종사하는 임직원이나 위임직채권추심인이 신용정보의 수집·조사 또는 채권추심업무를 하려는 경우에는 신용조사업 또는 채권추심업에 종사함을 나타내는 증표를 지니고 이를 관계인에게 내보여야 한다.

⑨ 위임직채권추심인의 자격요건 및 등록절차는 대통령령으로 정한다.

⑩ 위임직채권추심인이 되고자 하는 자가 등록을 신청한 때에는 총리령으로 정하는 바에 따라 수수료를 내야 한다.

제3절 신용평가업

제28조【신용평가업 종사자】 신용평가회사(신용평가업 허가를 받은 자를 말한다. 이하 같다)는 다음 각 호의 어느 하나에 해당하는 자를 임원으로 채용하거나 고용할 수 없다.

1. 미성년자

2. 한정치산자 또는 금치산자

3. 파산선고를 받고 복권되지 아니한 자

4. 금고 이상의 실형을 선고받고 그 집행이 끝나거나(집행이 끝난 것으로 보는 경우를 포함한다) 집행이 면제된 날부터 3년이 지나지 아니한 자

5. 금고 이상의 형의 집행유예를 선고받고 그 유예기간 중에 있는 자

6. 이 법 또는 그 밖의 법령에 따라 해임되거나 면직된 후 5년이 지나지 아니한 자

7. 이 법 또는 그 밖의 법령에 따라 영업의 허가·인가 등이 취소된 법인이나 회사의 임직원이었던 자(그 취소사유의 발생에 직접 또는 이에 상응하는 책임이 있는 자로서 대통령령으로 정하는 자만 해당한다)로서 그 법인 또는 회사에 대한 취소가 있은 날

부터 5년이 지나지 아니한 자

제29조【신용평가회사의 준수사항】 ① 신용평가회사는 신용평가를 의뢰한 자에 대한 신용평가를 하는 경우에는 재무상태·사업실적 등 현재의 상황과 사업위험·경영위험 및 재무위험 등 미래의 전망을 종합적으로 고려하여야 한다.

② 신용평가회사는 해당 신용평가회사와 일정한 비율 이상의 출자관계에 있는 등 특수한 관계에 있는 자로서 대통령령으로 정하는 자와 관련된 경우에는 신용평가를 할 수 없다.

③ 신용평가회사는 제2항에 따라 대통령령으로 정하는 자가 아닌 자로서 해당 신용평가회사와 출자관계에 있는 자와 관련한 신용평가를 하는 경우에는 신용평가서에 그 출자관계에 관한 사항을 적어야 한다.

④ 신용평가회사는 신용평가를 의뢰한 자에게 신용평가서를 내어주는 경우에는 신용평가실적서(신용평가회사가 한 신용평가의 등급별로 유가증권의 원리금 상환이행률을 적은 것을 말한다) 등 해당 신용평가회사의 평가능력의 파악에 필요하다고 인정되어 금융위원회가 정하여 고시하는 사항이 적힌 서류(이하 "신용평가실적서등"이라 한다)를 첨부하여야 한다.

⑤ 신용평가회사는 신용평가실적서등 해당 신용평가업자의 평가능력을 파악하는데 필요하다고 인정되어 금융위원회가 정하는 사항이 기재된 서류를 금융위원회에 제출하고, 「자본시장과 금융투자업에 관한 법률」에 따른 한국거래소와 한국금융투자협회에 비치·공시하여야 한다.

⑥ 신용평가회사는 신용평가과정에서 자사나 계열사의 상품이나 서비스를 구매하거나 이용하도록 강요하여서는 아니 된다.

⑦ 신용평가회사는 임직원이 준수하여야 할 적절한 기준 및 절차(이하 "내부통제기준"이라 한다)를 정하고 이의 준수 여부를 확인하여야 한다.

⑧ 내부통제기준에는 다음 각 호의 사항이 포함되어야 한다.

1. 평가조직과 영업조직의 분리에 관한 사항

2. 이해상충의 금지에 관한 사항

3. 불공정행위의 금지에 관한 사항

4. 신용평가 대상의 특성에 적합한 신용평가기준 도입에 관한 사항

5. 그 밖에 내부통제기준에 관하여 필요한 사항으로서 대통령령으로 정하는 사항

⑨ 신용평가회사의 임직원이나 임직원이었던 자는 업무상 알게 된 의뢰인의 영업기밀

을 누설하여서는 아니 된다. 다만, 다음 각 호의 어느 하나에 해당하는 경우에는 그러하지 아니하다.

1. 의뢰인이 제공·이용에 동의한 목적으로 사용하는 경우

2. 법원의 제출명령 또는 법관이 발부한 영장에 따라 제공되는 경우

3. 그 밖에 다른 법률에 따라 제공되는 경우

제30조【의결권의 제한】 ① 상호출자제한기업집단소속회사 또는 출자금융기관등이 제5조제2항 각 호에 따른 출자한도를 넘겨 신용평가회사의 주식(출자지분을 포함한다. 이하 이 조에서 같다)을 소유하는 경우에는 해당 주식의 의결권 행사의 범위는 같은 항 각 호에 따른 한도로 제한하며, 지체 없이 그 한도에 적합하도록 하여야 한다.

② 금융위원회는 상호출자제한기업집단소속회사 또는 출자금융기관등이 제5조제2항 각 호에 따른 출자한도를 넘겨 보유하고 있는 신용평가회사의 주식을 처분할 것을 6개월 이내의 기간을 정하여 명할 수 있다.

제6장 신용정보주체의 보호

제31조【신용정보활용체제의 공시】 신용정보회사, 신용정보집중기관 및 대통령령으로 정하는 신용정보제공·이용자는 관리하는 신용정보의 종류, 이용 목적, 제공 대상 및 신용정보주체의 권리 등에 관한 사항을 대통령령으로 정하는 바에 따라 공시하여야 한다.

제32조【개인신용정보의 제공·활용에 대한 동의】 ① 신용정보제공·이용자가 대출, 보증에 관한 정보 등 대통령령으로 정하는 개인신용정보를 타인에게 제공하려는 경우에는 대통령령으로 정하는 바에 따라 해당 개인으로부터 다음 각 호의 어느 하나에 해당하는 방식으로 미리 동의를 받아야 한다.

1. 서면

2. 「전자서명법」 제2조제3호에 따른 공인전자서명이 있는 전자문서(「전자거래기본법」 제2조제1호에 따른 전자문서를 말한다)

3. 개인신용정보의 제공 내용 및 제공 목적 등을 고려하여 정보 제공 동의의 안정성과 신뢰성이 확보될 수 있는 유무선 통신으로 개인비밀번호를 입력하는 방식

4. 유무선 통신으로 동의 내용을 해당 개인에게 알리고 동의를 받는 방법. 이 경우 본인 여부 및 동의 내용, 그에 대한 해당 개인의 답변을 음성녹음하는 등 증거자료를 확보·유지하여야 하며, 대통령령으로 정하는 바에 따른 사후 고지절차를 거친다.

5. 그 밖에 대통령령으로 정하는 방식

② 신용조회회사 또는 신용정보집중기관으로부터 대통령령으로 정하는 개인신용정보를 제공받으려는 자는 대통령령으로 정하는 바에 따라 해당 개인으로부터 제1항 각 호의 어느 하나에 해당하는 방식으로 동의를 받아야 한다. 이 때 개인신용정보를 제공받으려는 자는 해당 개인에게 개인신용정보의 조회 시 신용등급이 하락할 수 있음을 고지하여야 한다.

③ 신용조회회사 또는 신용정보집중기관이 개인신용정보를 제2항에 따라 제공하는 경우에는 해당 개인신용정보를 제공받으려는 자가 제2항에 따른 동의를 받았는지를 대통령령으로 정하는 바에 따라 확인하여야 한다.

④ 신용정보회사등이 개인신용정보를 제공하는 경우로서 다음 각 호의 어느 하나에 해당하는 경우에는 제1항부터 제3항까지를 적용하지 아니한다.

1. 신용정보회사가 다른 신용정보회사 또는 신용정보집중기관과 서로 집중관리·활용하기 위하여 제공하는 경우

2. 계약의 이행에 필요한 경우로서 제17조제2항에 따라 신용정보의 처리를 위탁하기 위하여 제공하는 경우

3. 영업양도·분할·합병 등의 이유로 권리·의무의 전부 또는 일부를 이전하면서 그와 관련된 개인신용정보를 제공하는 경우

4. 채권추심(추심채권을 추심하는 경우만 해당한다), 인가·허가의 목적, 기업의 신용도 판단, 유가증권의 양수 등 대통령령으로 정하는 목적으로 사용하는 자에게 제공하는 경우

5. 법원의 제출명령 또는 법관이 발부한 영장에 따라 제공하는 경우

6. 범죄 때문에 피해자의 생명이나 신체에 심각한 위험 발생이 예상되는 등 긴급한 상황에서 제5호에 따른 법관의 영장을 발부받을 시간적 여유가 없는 경우로서 검사 또는 사법경찰관의 요구에 따라 제공하는 경우. 이 경우 개인신용정보를 제공받은 검사는 지체 없이 법관에게 영장을 청구하여야 하고, 사법경찰관은 검사에게 신청하여 검사의 청구로 영장을 청구하여야 하며, 개인신용정보를 제공받은 때부터 36시간 이내에 영장을 발부받지 못하면 지체 없이 제공받은 개인신용정보를 폐기하여야 한다.

7. 조세에 관한 법률에 따른 질문·검사 또는 조사를 위하여 관할 관서의 장이 서면으로 요구하거나 조세에 관한 법률에 따라 제출의무가 있는 과세자료의 제공을 요구함에 따라 제공하는 경우

8. 국제협약 등에 따라 외국의 금융감독기구에 금융회사가 가지고 있는 개인신용정보를 제공하는 경우

9. 그 밖에 다른 법률에 따라 제공하는 경우

⑤ 제4항 각 호에 따라 개인신용정보를 타인에게 제공하려는 자 및 제공받은 자는 대통령령으로 정하는 바에 따라 개인신용정보의 제공 사실 및 이유 등을 해당 신용정보주체에게 알리거나 공시하여야 한다.

⑥ 제4항제3호에 따라 개인신용정보를 타인에게 제공하는 신용정보제공·이용자로서 대통령령으로 정하는 자는 제공하는 신용정보의 범위 등 대통령령으로 정하는 사항에 관하여 금융위원회의 승인을 받아야 한다.

⑦ 신용정보회사등이 개인신용정보를 제공하는 경우에는 금융위원회가 정하여 고시하는 바에 따라 개인신용정보를 제공받는 자의 신원과 이용 목적을 확인하여야 한다.

⑧ 개인신용정보를 제공한 신용정보제공·이용자는 제1항에 따라 미리 동의를 받았는지 여부 등에 대한 다툼이 있는 경우 이를 증명하여야 한다.

제33조 【개인신용정보의 이용】 개인신용정보는 해당 신용정보주체가 신청한 금융거래 등 상거래관계(고용관계는 제외한다. 이하 같다)의 설정 및 유지 여부 등을 판단하기 위한 목적으로만 이용하여야 한다. 다만, 다음 각 호의 어느 하나에 해당하는 경우에는 그러하지 아니하다.

1. 개인이 제32조제1항 각 호의 방식으로 이 조 각 호 외의 부분 본문에서 정한 목적 외의 다른 목적에의 이용에 동의한 경우

2. 개인이 직접 제공한 개인신용정보(그 개인과의 상거래에서 생긴 신용정보를 포함한다)를 제공받은 목적으로 이용하는 경우(상품과 서비스를 소개하거나 그 구매를 권유할 목적으로 이용하는 경우는 제외한다)

3. 제32조제4항 각 호의 경우

4. 그 밖에 제1호부터 제3호까지의 규정에 준하는 경우로서 대통령령으로 정하는 경우

제34조 【개인식별정보의 제공·이용】 ① 신용정보제공·이용자가 개인을 식별하기 위하여 필요로 하는 정보로서 대통령령으로 정하는 정보(이하 "개인식별정보"라 한다)를 신용정보회사등에 제공하려는 경우에는 해당 개인의 동의를 받아야 한다.

② 개인식별정보는 해당 개인이 동의한 목적 또는 해당 개인으로부터 직접 제공받은 경우에는 그 제공받은 목적의 범위에서만 이용되어야 한다.

③ 개인식별정보가 이 법에 따라 개인신용정보를 제공받기 위하여 신용정보주체를 특정할 목적으로 제공·이용되는 경우에는 제1항 및 제2항을 적용하지 아니한다. 이 경우 개인식별정보를 제공받은 자는 제공 요

구에 따르기 위한 목적 외의 용도로 그 정보를 이용하거나 제3자에게 제공하여서는 아니 된다.

④ 개인식별정보가 제32조제4항제4호부터 제9호까지의 규정에 따라 제공·이용되는 경우에는 제1항 및 제2항을 적용하지 아니한다.

제35조【신용정보 제공사실의 통보요구】 신용정보주체는 신용정보회사등이 본인에 관한 신용정보(이하 "본인정보"라 한다)를 제공하는 경우에는 대통령령으로 정하는 바에 따라 제공받은 자, 그 이용 목적, 제공한 날짜, 제공한 본인정보의 주요 내용 등을 알리도록 요구하거나 인터넷 홈페이지를 통하여 조회할 수 있도록 하여 줄 것을 요구할 수 있다. 이 경우 신용정보회사등은 특별한 사유가 없으면 그 요구에 따라야 한다.

제36조【상거래 거절 근거 신용정보의 고지 등】 ① 신용정보제공·이용자가 신용조회회사 및 신용정보집중기관으로부터 제공받은 개인신용정보로서 대통령령으로 정하는 정보에 근거하여 상대방과의 상거래관계 설정을 거절하거나 중지한 경우에는 해당 신용정보주체의 요구가 있으면 그 거절 또는 중지의 근거가 된 정보 등 대통령령으로 정하는 사항을 본인에게 고지하여야 한다.

② 신용정보주체는 제1항에 따라 고지받은 본인정보의 내용에 이의가 있으면 제1항에 따른 고지를 받은 날부터 60일 이내에 해당 신용정보를 수집·제공한 신용조회회사 및 신용정보집중기관에게 그 신용정보의 정확성을 확인하도록 요청할 수 있다.

③ 제2항에 따른 확인절차 등에 관하여는 제38조를 준용한다.

제37조【개인신용정보 제공·이용 동의 철회권 등】 ① 개인인 신용정보주체는 제32조제1항 각 호의 방식으로 동의를 받은 신용정보제공·이용자에게 신용조회회사 또는 신용정보집중기관에 제공하여 개인의 신용도 등을 평가하기 위한 목적 외의 목적으로 행한 개인신용정보 제공 동의를 대통령령으로 정하는 바에 따라 철회할 수 있다. 다만, 동의를 받은 신용정보제공·이용자 외의 신용정보제공·이용자에게 해당 개인신용정보를 제공하지 아니하면 해당 신용정보주체와 약정한 용역의 제공을 하지 못하게 되는 등 계약 이행이 어려워지거나 제33조 각 호 외의 부분 본문에 따른 목적을 달성할 수 없는 경우에는 고객이 동의를 철회하려면 그 용역의 제공을 받지 아니할 의사를 명확하게 밝혀야 한다.

② 개인인 신용정보주체는 대통령령으로 정하는 바에 따라 신용정보제공·이용자에 대하여 상품이나 용역을 소개하거나 구매를 권유할 목적으로 본인에게 연락하는 것을 중지하도록 청구할 수 있다.

③ 신용정보제공·이용자는 서면, 전자문서

또는 구두에 의한 방법으로 제1항 및 제2항에 따른 권리의 내용, 행사방법 등을 거래 상대방인 개인에게 고지하고, 거래 상대방이 제1항 및 제2항의 요구를 하면 즉시 이에 따라야 한다. 이 때 구두에 의한 방법으로 이를 고지한 경우 대통령령으로 정하는 바에 따른 추가적인 사후 고지절차를 거쳐야 한다.

④ 신용정보제공·이용자는 대통령령으로 정하는 바에 따라 제3항에 따른 의무를 이행하기 위한 절차를 갖추어야 한다.

⑤ 신용정보제공·이용자는 제2항에 따른 청구에 따라 발생하는 전화요금 등 금전적 비용을 개인인 신용정보주체가 부담하지 아니하도록 대통령령으로 정하는 바에 따라 필요한 조치를 하여야 한다.

제38조【신용정보의 열람 및 정정청구 등】 ① 신용정보주체는 신용정보회사등에 본인의 신분을 나타내는 증표를 내보이거나 전화, 인터넷 홈페이지의 이용 등 대통령령으로 정하는 방법으로 본인임을 확인받아 신용정보회사등이 가지고 있는 본인정보의 제공 또는 열람을 청구할 수 있으며, 본인정보가 사실과 다른 경우에는 금융위원회가 정하여 고시하는 바에 따라 정정을 청구할 수 있다.

② 제1항에 따라 정정청구를 받은 신용정보회사등은 정정청구에 정당한 사유가 있다고 인정하면 즉시 문제가 된 신용정보에 대하여 정정청구 중 또는 사실조회 중임을 기입하고, 지체 없이 해당 신용정보의 제공·이용을 중단한 후 사실인지를 조사하여 사실과 다르거나 확인할 수 없는 신용정보는 삭제하거나 정정하여야 한다.

③ 제2항에 따라 신용정보를 삭제하거나 정정한 신용정보회사등은 해당 신용정보를 최근 6개월 이내에 제공받은 자와 해당 신용정보주체가 요구하는 자에게 해당 신용정보에서 삭제하거나 정정한 내용을 알려야 한다.

④ 신용정보회사등은 제2항과 제3항에 따른 처리결과를 7일 이내에 해당 신용정보주체에게 알려야 하며, 해당 신용정보주체는 처리결과에 이의가 있으면 대통령령으로 정하는 바에 따라 금융위원회에 그 시정을 요청할 수 있다.

⑤ 금융위원회는 제4항에 따른 시정을 요청받으면 「금융위원회의 설치 등에 관한 법률」 제24조에 따라 설립된 금융감독원의 원장(이하 "금융감독원장"이라 한다)으로 하여금 그 사실 여부를 조사하게 하고, 조사결과에 따라 신용정보회사등에 대하여 시정을 명하거나 그 밖에 필요한 조치를 할 수 있다.

⑥ 제5항에 따라 조사를 하는 자는 그 권한을 표시하는 증표를 지니고 이를 관계인에게 내보여야 한다.

⑦ 신용정보회사등이 제5항에 따른 금융위원회의 시정명령에 따라 시정조치를 한 경우에는 그 결과를 금융위원회에 보고하여야 한다.

제39조【무료 열람권】 신용조회회사는 1년 이내로서 대통령령으로 정하는 일정한 기간마다 개인인 신용정보주체가 본인정보를 1회 이상 무료로 제공받거나 열람할 수 있도록 하여야 한다.

제40조【신용정보회사등의 금지사항】 신용정보회사등은 다음 각 호의 행위를 하여서는 아니 되며, 신용정보회사등이 아니면 제4호 본문의 행위를 업으로 하거나 제5호의 행위를 하여서는 아니 된다.

1. 의뢰인에게 허위 사실을 알리는 일

2. 신용정보에 관한 조사 의뢰를 강요하는 일

3. 신용정보 조사 대상자에게 조사자료 제공과 답변을 강요하는 일

4. 특정인의 소재 및 연락처(이하 "소재등"이라 한다)를 알아내거나 금융거래 등 상거래관계 외의 사생활 등을 조사하는 일. 다만, 채권추심업을 허가받은 신용정보회사가 그 업무를 하기 위하여 특정인의 소재등을 알아내는 경우 또는 다른 법령에 따라 특정인의 소재등을 알아내는 것이 허용되는 경우에는 그러하지 아니하다.

5. 정보원, 탐정, 그 밖에 이와 비슷한 명칭을 사용하는 일

6. 신용평가업무를 하면서 고의 또는 중대한 과실로 해당 금융투자상품, 법인 및 간접투자기구에 대한 투자자 및 신용공여자 등에게 중대한 손실을 끼치는 일

제41조【채권추심회사의 금지 사항】 ① 채권추심회사는 자기의 명의를 빌려주어 타인으로 하여금 채권추심업을 하게 하여서는 아니 된다.

② 채권추심회사는 다른 법령에서 허용된 경우 외에는 상호 중에 "신용정보"라는 표현이 포함된 명칭 이외의 명칭을 사용하여서는 아니 된다. 다만, 채권추심회사가 신용조회업 또는 신용평가업을 함께하는 경우에는 그러하지 아니하다.

제42조【업무 목적 외 누설금지 등】 ① 신용정보회사등과 제17조제2항에 따라 신용정보의 처리를 위탁받은 자의 임직원이거나 임직원이었던 자(이하 "신용정보업관련자"라 한다)는 업무상 알게 된 타인의 신용정보 및 사생활 등 개인적 비밀(이하 "개인비밀"이라 한다)을 업무 목적 외에 누설하거나 이용하여서는 아니 된다.

② 신용정보회사등과 신용정보업관련자가 이 법에 따라 신용정보회사등에 신용정보를 제공하는 행위는 제1항에 따른 업무 목적

외의 누설이나 이용으로 보지 아니한다.

③ 제1항을 위반하여 누설된 개인비밀을 취득한 자(그로부터 누설된 개인비밀을 다시 취득한 자를 포함한다)는 그 개인비밀이 제1항을 위반하여 누설된 것임을 알게 된 경우 그 개인비밀을 타인에게 제공하거나 이용하여서는 아니 된다.

④ 신용정보회사등과 신용정보업관련자로부터 개인신용정보를 제공받은 자는 그 개인신용정보를 타인에게 제공하여서는 아니 된다. 다만, 이 법 또는 다른 법률에 따라 제공이 허용되는 경우에는 그러하지 아니하다.

제43조【손해배상의 책임】 ① 신용정보회사등과 그 밖의 신용정보 이용자가 이 법을 위반하여 신용정보주체에게 피해를 입힌 경우에는 해당 신용정보주체에 대하여 손해배상의 책임을 진다. 다만, 신용정보회사등과 그 밖의 신용정보 이용자가 고의 또는 과실이 없음을 증명한 경우에는 그러하지 아니하다.

② 채권추심회사 또는 위임직채권추심인이 이 법을 위반하여 채무자 및 그 관계인에게 손해를 입힌 경우에는 그 손해를 배상하여야 한다. 다만, 채권추심회사 또는 위임직채권추심인이 자신에게 고의 또는 과실이 없음을 증명한 경우에는 그러하지 아니하다.

③ 제4조제1항의 업무를 의뢰받은 신용정보회사가 자신에게 책임 있는 사유로 의뢰인에게 손해를 입힌 경우에는 그 손해를 배상하여야 한다.

④ 제17조제2항에 따라 신용정보의 처리를 위탁받은 자가 이 법을 위반하여 신용정보주체에게 피해를 입힌 경우에는 위탁자는 수탁자와 연대하여 손해배상책임을 진다.

⑤ 위임직채권추심인이 이 법 또는 「채권의 공정한 추심에 관한 법률」을 위반하여 채무자나 채무자의 관계인에게 손해를 입힌 경우 채권추심회사는 위임직채권추심인과 연대하여 손해배상책임을 진다. 다만, 채권추심회사가 자신에게 고의 또는 과실이 없음을 증명한 경우에는 그러하지 아니하다.

제44조【신용정보협회】 ① 신용정보회사는 신용정보업의 건전한 발전을 도모하고 신용정보회사들 사이의 업무질서를 유지하기 위하여 신용정보협회를 설립할 수 있다.

② 신용정보협회는 법인으로 한다.

③ 신용정보협회는 정관으로 정하는 바에 따라 다음 각 호의 업무를 한다.

1. 신용정보회사 간의 건전한 업무질서를 유지하기 위한 업무

2. 신용정보업의 발전을 위한 조사·연구 업무

3. 신용정보업 이용자 민원의 상담·처리

4. 그 밖에 대통령령으로 정하는 업무

④ 신용정보협회에 대하여 이 법에서 정한 것을 제외하고는 「민법」 중 사단법인에 관한 규정을 준용한다.

제7장 보칙

제45조【감독·검사 등】 ① 금융위원회는 신용정보회사등에 대하여 이 법 또는 이 법에 따른 명령의 준수 여부를 감독한다.

② 금융위원회는 제1항에 따른 감독에 필요하면 신용정보회사등에 대하여 그 업무 및 재산상황에 관한 보고 등 필요한 명령을 할 수 있다.

③ 금융감독원장은 그 소속 직원으로 하여금 이 법에 따른 신용정보회사등의 업무와 재산상황을 검사하도록 할 수 있다.

④ 금융감독원장은 제3항에 따른 검사에 필요하다고 인정하면 자료의 제출, 관계자의 출석 및 의견의 진술을 신용정보회사등에 요구할 수 있다.

⑤ 제3항에 따라 검사를 하는 자는 그 권한을 표시하는 증표를 지니고 이를 관계인에게 내보여야 한다.

⑥ 금융감독원장은 제3항에 따른 검사를 마치면 그 결과를 금융위원회가 정하는 바에 따라 금융위원회에 보고하여야 한다.

⑦ 금융위원회는 신용정보회사등이 이 법 또는 이 법에 따른 명령을 위반하여 신용정보업의 건전한 경영과 신용정보주체의 권익을 해칠 우려가 있다고 인정하면 다음 각 호의 어느 하나에 해당하는 조치를 하거나, 금융감독원장으로 하여금 제1호부터 제3호까지의 규정에 해당하는 조치를 하게 할 수 있다.

1. 신용정보회사등에 대한 주의 또는 경고

2. 임원에 대한 주의 또는 경고

3. 직원에 대한 주의 및 정직, 감봉, 견책 등의 문책 요구

4. 임원에 대한 해임권고, 직무정지 요구 또는 직원에 대한 면직 요구

5. 위반행위에 대한 시정명령

6. 신용정보제공의 중지

제46조【신용평가회사에 대한 적용 특례】 신용평가회사에 대하여는 제20조제1항·제3항, 제31조, 제38조 및 제42조를 적용하지 아니한다.

제47조【업무보고서의 제출】 ① 신용정보회사 및 신용정보집중기관은 매 분기의

업무보고서를 매 분기 마지막 달의 다음 달 말일까지 금융감독원장이 정하는 서식에 따라 작성하여 금융감독원장에게 제출하여야 한다.

② 제1항에 따른 보고서에는 대표자, 담당책임자 또는 그 대리인이 서명·날인하여야 한다.

③ 제1항에 따른 업무보고서를 작성하기 위한 세부 사항과 그 밖에 필요한 사항은 금융감독원장이 정한다.

제48조【청문】 금융위원회는 제14조제1항에 따라 신용정보회사의 허가 또는 인가를 취소하거나 제27조제6항에 따라 위임직채권추심인의 등록을 취소하려면 청문을 하여야 한다.

제49조【권한의 위임·위탁】 이 법에 따른 금융위원회의 권한 중 대통령령으로 정하는 권한은 대통령령으로 정하는 바에 따라 특별시장·광역시장·도지사·특별자치도지사, 금융감독원장, 신용정보협회, 그 밖에 대통령령으로 정하는 자에게 위임하거나 위탁할 수 있다.

제50조【벌칙】 ① 다음 각 호의 어느 하나에 해당하는 자는 5년 이하의 징역 또는 5천만원 이하의 벌금에 처한다.

1. 제4조제2항 또는 제10조제1항을 위반하여 허가 또는 인가를 받지 아니하고 제4조제1항 각 호에 따른 업무를 한 자

2. 거짓이나 그 밖의 부정한 방법으로 제4조제2항 또는 제10조제1항에 따른 허가 또는 인가를 받은 자

3. 제29조제9항을 위반한 자

4. 제32조제1항 또는 제2항을 위반한 자

5. 제33조를 위반한 자

6. 제42조제1항·제3항 또는 제4항을 위반한 자

② 다음 각 호의 어느 하나에 해당하는 자는 3년 이하의 징역 또는 3천만원 이하의 벌금에 처한다.

1. 제14조제2항에 따른 업무정지 기간에 업무를 한 자

2. 제16조를 위반한 자

3. 권한 없이 제19조제1항에 따른 신용정보전산시스템의 정보를 변경·삭제하거나 그 밖의 방법으로 이용할 수 없게 한 자 또는 권한 없이 신용정보를 검색·복제하거나 그 밖의 방법으로 이용한 자

4. 신용정보집중기관이 아니면서 제25조제6항에 따른 공동전산망을 구축한 자

5. 제29조제2항을 위반한 자

6. 제34조제1항·제2항 또는 제3항 후단을 위반한 자

7. 제40조 각 호를 위반한 자

8. 제41조제1항을 위반한 자

③ 다음 각 호의 어느 하나에 해당하는 자는 1년 이하의 징역 또는 1천만원 이하의 벌금에 처한다.

1. 제9조제1항을 위반하여 승인 없이 주식을 취득한 자

2. 제9조제2항에 따른 명령을 위반하여 승인 없이 취득한 주식을 처분하지 아니한 자

3. 제17조제2항을 위반하여 일정한 요건을 갖추지 아니한 자에게 신용정보의 처리를 위탁한 자 및 그 위탁을 받은 자

4. 제18조제2항을 위반한 자

5. 제20조제2항을 위반한 자

6. 제21조를 위반한 자

7. 제27조제3항을 위반하여 위임직채권추심인으로 금융위원회에 등록하지 아니하고 채권추심업무를 한 자

8. 제27조제4항을 위반한 자

9. 제27조제5항을 위반하여 추심채권이 아닌 채권을 추심하거나 등록되지 아니한 위임직채권추심인, 다른 채권추심회사의 소속으로 등록된 위임직채권추심인 또는 업무정지 중인 위임직채권추심인을 통하여 채권추심업무를 한 자

10. 제27조제7항에 따른 업무정지 중에 채권추심업무를 한 자

11. 제29조제6항을 위반한 자

12. 제30조제2항에 따른 금융위원회의 주식처분명령을 이행하지 아니한 자

제51조 【양벌규정】 법인의 대표자나 법인 또는 개인의 대리인, 사용인, 그 밖의 종업원이 그 법인 또는 개인의 업무에 관하여 제50조의 위반행위를 하면 그 행위자를 벌하는 외에 그 법인 또는 개인에게도 해당 조문의 벌금형을 과한다. 다만, 법인 또는 개인이 그 위반행위를 방지하기 위하여 해당 업무에 관하여 상당한 주의와 감독을 게을리하지 아니한 경우에는 그러하지 아니하다.

제52조 【과태료】 ① 제32조제7항을 위반하여 개인신용정보를 제공받는 자의 신원과 이용 목적을 확인하지 아니한 자에게는 3천만원 이하의 과태료를 부과한다.

② 제10조제4항을 위반한 자에게는 2천만원 이하의 과태료를 부과한다.

③ 다음 각 호의 어느 하나에 해당하는 자에게는 1천만원 이하의 과태료를 부과한다.

1. 제8조를 위반한 자

2. 제11조부터 제13조까지의 어느 하나를 위반한 자

3. 제17조제1항을 위반하여 의뢰인의 동의 없이 신용정보의 수집·조사를 위탁한 자

4. 제18조제1항을 위반한 자

5. 제19조를 위반한 자

6. 제20조제3항을 위반한 자

7. 제23조제5항을 위반한 자

8. 제29조제3항부터 제5항까지, 제7항 또는 제8항을 위반한 자

9. 제31조를 위반한 자

10. 제32조제3항·제5항 또는 제6항을 위반한 자

11. 제35조 후단을 위반한 자

12. 제36조제1항 또는 제3항을 위반한 자

13. 제37조제3항을 위반한 자

14. 제38조제2항부터 제5항까지 또는 제7항을 위반한 자

15. 제45조제2항부터 제4항까지의 규정에 따른 명령에 따르지 아니하거나 검사 및 요구를 거부·방해 또는 기피한 자

16. 제47조를 위반하여 보고서를 제출하지 아니하거나 사실과 다른 내용의 보고서를 제출한 자

④ 다음 각 호의 어느 하나에 해당하는 자에게는 500만원 이하의 과태료를 부과한다.

1. 제20조제1항을 위반한 자

2. 제27조제8항을 위반하여 채권추심업무를 할 때 증표를 내보이지 아니한 자

3. 제39조를 위반한 자

⑤ 제1항부터 제4항까지의 규정에 따른 과태료는 대통령령으로 정하는 바에 따라 금융위원회가 부과·징수한다.

이자제한법

[시행 2009. 4.22] [법률 제9344호, 2009. 1.21, 타법개정]

제1조 【목적】 이 법은 이자의 적정한 최고한도를 정함으로써 국민경제생활의 안정과 경제정의의 실현을 목적으로 한다.

제2조 【이자의 최고한도】 ①금전대차에 관한 계약상의 최고이자율은 연 40퍼센트를 초과하지 아니하는 범위 안에서 대통령령으로 정한다.

②제1항에 따른 최고이자율은 약정한 때의 이자율을 말한다.

③계약상의 이자로서 제1항에서 정한 최고이자율을 초과하는 부분은 무효로 한다.

④채무자가 최고이자율을 초과하는 이자를 임의로 지급한 경우에는 초과 지급된 이자 상당금액은 원본에 충당되고, 원본이 소멸한 때에는 그 반환을 청구할 수 있다.

⑤대차원금이 10만원 미만인 대차의 이자에 관하여는 제1항을 적용하지 아니한다.

제3조 【이자의 사전공제】 선이자를 사전공제한 경우에는 그 공제액이 채무자가 실제 수령한 금액을 원본으로 하여 제2조제1항에서 정한 최고이자율에 따라 계산한 금액을 초과하는 때에는 그 초과부분은 원본에 충당한 것으로 본다.

제4조 【간주이자】 예금(禮金), 할인금, 수수료, 공제금, 체당금(替當金), 그 밖의 명칭에도 불구하고 금전의 대차와 관련하여 채권자가 받은 것은 이를 이자로 본다.

제5조 【복리약정제한】 이자에 대하여 다시 이자를 지급하기로 하는 복리약정은 제2조제1항에서 정한 최고이자율을 초과하는 부분에 해당하는 금액에 대하여는 무효로 한다.

제6조 【배상액의 감액】 법원은 당사자가 금전을 목적으로 한 채무의 불이행에 관하여 예정한 배상액을 부당하다고 인정한 때에는 상당한 액까지 이를 감액할 수 있다.

제7조 【적용범위】 다른 법률에 따라 인가·허가·등록을 마친 금융업 및 대부업과 「대부업 등의 등록 및 금융이용자 보호에 관한 법률」 제9조의4에 따른 미등록대부업자에 대하여는 이 법을 적용하지 아니한다. <개정 2009.1.21>

대부업 등의 등록 및 금융이용자 보호에 관한 법률

[시행 2010. 4.26] [법률 제9970호, 2010.1.25, 일부개정]

제1조【목적】 이 법은 대부업·대부중개업의 등록 및 감독에 필요한 사항을 정하고 대부업자와 여신금융기관의 불법적 채권추심행위 및 이자율 등을 규제함으로써 대부업의 건전한 발전을 도모하는 한편, 금융이용자를 보호하고 국민의 경제생활 안정에 이바지함을 목적으로 한다.

[전문개정 2009.1.21]

제2조【정의】 이 법에서 사용하는 용어의 뜻은 다음과 같다.

1. "대부업"이란 금전의 대부(어음할인·양도담보, 그 밖에 이와 비슷한 방법을 통한 금전의 교부를 포함한다. 이하 "대부"라 한다)를 업(業)으로 하거나 다음 각 목의 어느 하나에 해당하는 자로부터 대부계약에 따른 채권을 양도받아 이를 추심하는 것을 업으로 하는 것을 말한다. 다만, 대부의 성격 등을 고려하여 대통령령으로 정하는 경우는 제외한다.

가. 제3조에 따라 대부업의 등록을 한 자(이하 "대부업자"라 한다)

나. 여신금융기관

2. "대부중개업"이란 대부중개를 업으로 하는 것을 말한다.

3. "대부중개업자"란 제3조에 따라 대부중개업의 등록을 한 자를 말한다.

4. "여신금융기관"이란 다른 법령에 따라 인가 또는 허가 등을 받아 대부업을 하는 금융기관을 말한다.

[전문개정 2009.1.21]

제3조【등록 등】 ① 대부업 또는 대부중개업(이하 "대부업등" 이라 한다)을 하려는 자(여신금융기관은 제외한다)는 영업소별로 해당 영업소를 관할하는 특별시장·광역시장·도지사 또는 특별자치도지사(이하 "시·도지사"라 한다)에게 등록하여야 한다.

② 제1항에 따른 등록을 하려는 자는 다음 각 호의 사항을 적은 신청서와 증명 서류를 시·도지사에게 제출하여야 한다. <개정 2010.1.25>

1. 명칭 또는 성명과 주소

2. 등록신청인이 법인인 경우에는 출자자(대통령령으로 정하는 기준 이하의 주식 또는 출자지분을 소유하는 자는 제외한다)의 명칭 또는 성명, 주소와 그 지분율 및 임원의 성명과 주소

3. 등록신청인이 개인인 경우로서 업무를 총괄하는 사용인이 있는 경우에는 사용인의 성명과 주소

4. 영업소의 명칭 및 소재지(둘 이상의 영업소를 설치하는 경우 영업소 각각의 명칭 및 소재지를 포함한다)

4의2. 영업소의 소재지 증명 서류(등기부등본 또는 임대차 등의 계약서 사본에 한정한다)

5. 경영하려는 대부업등의 구체적 내용 및 방법

6. 제9조제2항 또는 제3항에 따른 표시 또는 광고에 사용되는 전화번호(홈페이지가 있으면 그 주소를 포함한다)

③ 제2항에 따라 등록신청을 받은 시·도지사는 신청인이 제4조 각 호의 등록 제한 사유 중 어느 하나에 해당하는 경우 외에는 다음 각 호의 사항을 확인한 후 등록부에 제2항 각 호에 규정된 사항과 등록일자·등록번호를 적고 지체 없이 신청인에게 등록증을 교부하여야 한다.

1. 신청서에 적힌 사항이 사실과 부합하는지 여부. 이 경우 신청서에 적힌 사항이 사실과 다르면 30일 이내의 기한을 정하여 등록증 교부 전에 신청인에게 신청서의 수정·보완을 요청할 수 있으며, 그 수정·보완 기간은 처리기간에 산입하지 아니한다.

2. 사용하려는 상호가 해당 특별시·광역시·도 및 특별자치도(이하 "시·도"라 한다)에서 이미 등록된 상호인지 여부. 이 경우 이미 등록된 상호이면 다른 상호를 사용할 것을 요청할 수 있다.

3. 제3조의4제1항에 따른 교육의 이수 여부. 이 경우 제3조의4제1항 단서에 따라 등록 후 교육을 받는 경우에는 등록 후 그 이수 여부를 확인할 수 있다.

④ 시·도지사는 제3항에 따른 등록부를 일반인이 열람할 수 있도록 하여야 한다. 다만, 등록부 중 개인에 관한 사항으로서 공개될 경우 개인의 사생활을 침해할 우려가 있는 것으로 대통령령으로 정하는 사항은 제외한다.

⑤ 제1항에 따른 등록의 유효기간은 등록일부터 3년으로 한다.

⑥ 대부업자 또는 대부중개업자(이하 "대부업자등"이라 한다)가 제3항 및 제3조의2에 따라 교부받은 등록증을 분실한 경우에는 시·도지사에게 분실신고를 하고 등록증을 다시 교부받아야 한다.

⑦ 제1항 및 제6항에 따른 등록 등의 구체적 절차는 대통령령으로 정한다.

[전문개정 2009.1.21]

제3조의2 【등록갱신】 ① 대부업자등이 제3조제5항에 따른 등록유효기간 이후에도 계속하여 대부업등을 하려는 경우에는 시·도지사에게 유효기간 만료일 3개월 전부터 1개월 전까지 등록갱신을 신청하여야 한다.

② 제1항에 따른 등록갱신신청을 받은 시·도지사는 신청인이 제4조 각 호의 등록 제한 사유 중 어느 하나에 해당하는 경우 외에는 제3조제3항제1호 및 제3호의 사항을 확인한 후 등록부에 제3조제2항 각 호에 규정된 사항과 등록갱신일자·등록번호를 적고 지체 없이 신청인에게 등록증을 교부하여야 한다.

③ 제1항에 따른 등록갱신과 관련하여 시·도지사는 유효기간 만료일 3개월 전까지 해당 대부업자등에게 갱신절차와 기간 내에 갱신을 신청하지 아니하면 유효기간이 만료된다는 사실을 알려야 한다.

④ 제1항에 따른 등록갱신의 구체적 절차는 대통령령으로 정한다.

[본조신설 2009.1.21]

제3조의3 【등록증의 반납 등】 ① 제5조제2항에 따라 폐업하거나 제13조제2항에 따라 등록이 취소된 대부업자등은 지체 없이 시·도지사에게 등록증을 반납하여야 한다.

② 제13조제1항에 따라 영업정지 명령을 받은 대부업자등은 등록증을 반납하여야 하고, 시·도지사는 그 영업정지기간 동안 이를 보관하여야 한다.

③ 제1항 및 제2항에 따라 등록증을 반납하여야 하는 대부업자등은 등록증을 분실한 경우 제3조제6항에 따라 분실신고를 하여야 한다.

[본조신설 2009.1.21]

제3조의4 【대부업등의 교육】 ① 제3조제1항에 따라 대부업등의 등록을 하려는 자 및 제3조의2제1항에 따라 대부업등의 등록갱신을 신청하려는 자는 미리 대부업등의 준수사항 등에 관한 교육을 받아야 한다. 다만, 대통령령으로 정하는 부득이한 사유로 미리 교육을 받을 수 없는 경우에는 대부업등의 등록 또는 등록갱신 후 대통령령으로 정하는 기간 내에 교육을 받을 수 있다.

② 제1항에 따른 교육의 실시기관, 대상, 내용, 방법 및 절차 등에 관하여 필요한 사항은 대통령령으로 정한다.

[본조신설 2009.1.21]

제4조 【등록의 제한】 다음 각 호의 어느 하나에 해당하는 자(등록신청인이 법인인 경우에는 그 임원이 다음 각 호의 어느 하나에 해당하는 자)는 대부업등의 등록을 할 수 없다. <개정 2009.4.1, 2010.1.25>

1. 미성년자·금치산자 또는 한정치산자

2. 파산선고를 받고 복권되지 아니한 자

3. 금고 이상의 실형을 선고받고 그 집행이 끝나거나(집행이 끝난 것으로 보는 경우를 포함한다) 면제된 날부터 5년이 지나지 아니한 자

4. 금고 이상의 형의 집행유예를 선고받고 그 유예기간 중에 있는 자

5. 금고 이상의 형의 선고유예를 받고 그 유예기간 중에 있는 자

6. 다음 각 목의 어느 하나에 해당하는 규정을 위반하여 벌금형을 선고받고 2년이 지나지 아니한 자

가. 이 법의 규정

나. 「형법」 제257조제1항, 제260조제1항, 제276조제1항, 제283조제1항, 제319조, 제350조 또는 제366조(각각 채권추심과 관련된 경우만 해당한다)

다. 「폭력행위 등 처벌에 관한 법률」의 규정(채권추심과 관련된 경우만 해당한다)

라. 「신용정보의 이용 및 보호에 관한 법률」 제50조제1항제1호 또는 같은 조 제2항제7호

7. 제13조제2항에 따라 등록취소 처분을 받은 후 5년이 지나지 아니한 자 또는 제5조제2항에 따라 폐업하지 아니하였다면 등록취소 처분을 받았을 상당한 사유가 있는 경우에는 폐업 후 5년이 지나지 아니한 자(등록취소 처분을 받은 자 또는 등록취소 처분을 받았을 상당한 사유가 있는 자가 법인인 경우에는 그 취소 사유 또는 등록취소 처분을 받았을 상당한 사유의 발생에 직접 책임이 있는 임원을 포함한다)

8. 대부업등을 위하여 대통령령으로 정하는 고정사업장을 보유하고 있지 아니한 자(등록신청인이 법인인 경우에는 법인이 고정사업장을 보유하고 있지 아니한 것을 말한다)

[전문개정 2009.1.21]

제5조【변경등록 등】 ① 대부업자등은 제3조제2항 각 호의 기재사항이 변경된 경우에는 그 사유가 발생한 날부터 15일 이내에 대통령령으로 정하는 바에 따라 변경된 내용을 시·도지사에게 변경등록하여야 한다. 다만, 대통령령으로 정하는 경미한 사항이 변경된 경우는 제외한다.

② 대부업자등이 폐업할 때에는 대통령령으로 정하는 바에 따라 시·도지사에게 신고하여야 한다.

[전문개정 2009.1.21]

제5조의2【상호 등】 ① 대부업자(대부중

개업을 겸영하는 대부업자를 포함한다)는 그 상호 중에 "대부"라는 문자를 사용하여야 한다.

② 대부중개업만을 하는 대부중개업자는 그 상호 중에 "대부중개"라는 문자를 사용하여야 한다.

③ 대부업등 외의 다른 영업을 겸영하는 대부업자등으로서 총영업수익 중 대부업등에서 생기는 영업수익의 비율 등을 고려하여 대통령령으로 정하는 기준에 해당하는 자는 제1항 및 제2항에도 불구하고 그 상호 중에 "대부" 및 "대부중개"라는 문자를 사용하지 아니할 수 있다.

④ 대부업자등은 타인에게 자기의 명의로 대부업등을 하게 하거나 그 등록증을 대여하여서는 아니 된다.

[전문개정 2009.1.21]

제6조【대부계약의 체결 등】 ① 대부업자가 그의 거래상대방과 대부계약을 체결하는 경우에는 거래상대방이 본인임을 확인하고 다음 각 호의 사항이 적힌 대부계약서를 거래상대방에게 교부하여야 한다. <개정 2010.1.25>

1. 대부업자(그 영업소를 포함한다) 및 거래상대방의 명칭 또는 성명 및 주소 또는 소재지

2. 계약일자

3. 대부금액

4. 대부이자율(제8조제2항에 따른 이자율의 세부내역 및 연 이자율로 환산한 것을 포함한다)

5. 변제기간 및 변제방법

6. 제5호의 변제방법이 계좌이체 방식인 경우에는 변제를 받기 위한 대부업자 명의의 계좌번호

7. 해당 거래에 관한 모든 부대비용

8. 손해배상액 또는 강제집행에 관한 약정이 있는 경우에는 그 내용

9. 보증계약을 체결한 경우에는 그 내용

10. 채무의 조기상환 조건

11. 연체이자율

12. 그 밖에 대부업자의 거래상대방을 보호하기 위하여 필요한 사항으로서 대통령령으로 정하는 사항

② 대부업자는 제1항에 따라 대부계약을 체결하는 경우에는 거래상대방에게 제1항 각 호의 사항을 모두 설명하여야 한다.

③ 대부업자가 대부계약과 관련하여 보증계약을 체결하는 경우에는 다음 각 호의 사항이 적힌 보증계약서 및 제1항에 따른 대부계약서 사본을 보증인에게 교부하여야 한다.

1. 대부업자(그 영업소를 포함한다)·주채무자 및 보증인의 명칭 또는 성명 및 주소 또는 소재지

2. 계약일자

3. 보증기간

4. 피보증채무의 금액

5. 보증의 범위

6. 보증인이 주채무자와 연대하여 채무를 부담하는 경우에는 그 내용

7. 그 밖에 보증인을 보호하기 위하여 필요한 사항으로서 대통령령으로 정하는 사항

④ 대부업자는 대부계약과 관련하여 보증계약을 체결하는 경우에는 보증인에게 제3항 각 호의 사항을 모두 설명하여야 한다.

⑤ 대부업자는 제1항에 따른 대부계약을 체결하거나 제3항에 따른 보증계약을 체결한 경우에는 그 계약서와 대통령령으로 정하는 계약관계서류(대부업자의 거래상대방 또는 보증인이 채무를 변제하고 계약서 및 계약관계서류의 반환을 서면으로 요구함에 따라 이를 반환한 경우에는 그 사본 및 반환요구서를 말한다. 이하 같다)를 대부계약 또는 보증계약을 체결한 날부터 채무변제일 이후 2년이 되는 날까지 보관하여야 한다.

⑥ 대부계약 또는 그와 관련된 보증계약을 체결한 자는 대부업자에게 그 계약서와 대통령령으로 정하는 계약관계서류의 열람을 요구하거나 채무 및 보증채무와 관련된 증명서의 발급을 요구할 수 있다. 이 경우 대부업자는 정당한 사유 없이 이를 거부하여서는 아니 된다.

[전문개정 2009.1.21]

제6조의2【중요 사항의 자필 기재】 ① 대부업자는 그의 거래상대방과 대부계약을 체결하는 경우에는 다음 각 호의 사항을 그 거래상대방이 자필로 기재하게 하여야 한다.

1. 제6조제1항제3호의 대부금액

2. 제6조제1항제4호의 대부이자율

3. 제6조제1항제5호의 변제기간

4. 그 밖에 대부업자의 거래상대방을 보호하기 위하여 필요한 사항으로서 대통령령으로 정하는 사항

② 대부업자는 대부계약과 관련하여 보증계

약을 체결하는 경우에는 다음 각 호의 사항을 그 보증인이 자필로 기재하게 하여야 한다.

1. 제6조제3항제3호의 보증기간

2. 제6조제3항제4호의 피보증채무의 금액

3. 제6조제3항제5호의 보증의 범위

4. 그 밖에 보증인을 보호하기 위하여 필요한 사항으로서 대통령령으로 정하는 사항

③ 대부계약 또는 이와 관련된 보증계약을 체결할 때 다음 각 호의 어느 하나에 해당하는 경우에는 대부업자는 제1항 각 호의 사항 또는 제2항 각 호의 사항을 거래상대방 또는 보증인이 자필로 기재하게 한 것으로 본다.

1. 「전자서명법」 제2조제8호에 따른 공인인증서를 이용하여 거래상대방 또는 보증인이 본인인지 여부를 확인하고, 인터넷을 이용하여 제1항 각 호의 사항 또는 제2항 각 호의 사항을 거래상대방 또는 보증인이 직접 입력하게 하는 경우

2. 그 밖에 거래상대방 또는 보증인이 본인인지 여부 및 제1항 각 호의 사항 또는 제2항 각 호의 사항에 대한 거래상대방 또는 보증인의 동의 의사를 음성 녹음 등 대통령령으로 정하는 방법으로 확인하는 경우

[본조신설 2009.1.21]

제7조【과잉 대부의 금지】 ① 대부업자는 대부계약을 체결하려는 경우에는 미리 거래상대방으로부터 그 소득·재산 및 부채상황에 관한 것으로서 대통령령으로 정하는 증명서류를 제출받아 그 거래상대방의 소득·재산 및 부채상황을 파악하여야 한다. 다만, 대부금액이 대통령령으로 정하는 금액 이하인 경우에는 그러하지 아니하다.

② 대부업자는 거래상대방의 소득·재산·부채상황·신용 및 변제계획 등을 고려하여 객관적인 변제능력을 초과하는 대부계약을 체결하여서는 아니 된다.

③ 대부업자는 제1항에 따른 서류를 거래상대방의 소득·재산 및 부채상황을 파악하기 위한 용도 외의 목적으로 사용하여서는 아니 된다.

[전문개정 2009.1.21]

제7조의2【담보제공 확인의무】 대부업자는 대부계약을 체결하고자 하는 자가 제3자의 명의로 된 담보를 제공하는 경우 그 제3자에게 담보제공 여부를 확인하여야 한다.

[본조신설 2010.1.25]

제8조【대부업자의 이자율의 제한】 ① 대부업자가 개인이나 대통령령으로 정하는 소규모 법인에 대부를 하는 경우 그 이자율

은 연 100분의 50의 범위에서 대통령령으로 정하는 율을 초과할 수 없다. <개정 2010.1.25>

② 제1항에 따른 이자율을 산정할 때 사례금, 할인금, 수수료, 공제금, 연체이자, 체당금 등 그 명칭이 무엇이든 대부와 관련하여 대부업자가 받는 것은 모두 이자로 본다. 다만, 해당 거래의 체결과 변제에 관한 부대비용으로서 대통령령으로 정한 사항은 그러하지 아니하다.

③ 대부업자가 제1항을 위반하여 대부계약을 체결한 경우 제1항에 따른 이자율을 초과하는 부분에 대한 이자계약은 무효로 한다.

④ 채무자가 대부업자에게 제1항에 따른 이자율을 초과하는 이자를 지급한 경우 그 초과 지급된 이자 상당금액은 원본(元本)에 충당되고, 원본에 충당되고 남은 금액이 있으면 그 반환을 청구할 수 있다.

⑤ 대부업자가 선이자를 사전에 공제하는 경우에는 그 공제액을 제외하고 채무자가 실제로 받은 금액을 원본으로 하여 제1항에 따른 이자율을 산정한다.

[전문개정 2009.1.21]

제9조 【대부조건의 게시와 광고】 ① 대부업자는 대부이자율, 이자계산방법, 변제방법, 연체이자율, 그 밖에 대통령령으로 정하는 중요 사항을 일반인이 알 수 있도록 영업소마다 게시하여야 한다. <개정 2010.1.25>

② 대부업자가 대부조건 등에 관하여 표시 또는 광고(「표시·광고의 공정화에 관한 법률」에 따른 표시 또는 광고를 말한다. 이하 "광고"라 한다)를 하는 경우에는 다음 각 호의 사항을 포함하여야 한다.

1. 명칭 또는 대표자 성명

2. 대부업 등록번호

3. 대부이자율(연 이자율로 환산한 것을 포함한다) 및 연체이자율

4. 이자 외에 추가비용이 있는 경우 그 내용

5. 그 밖에 대부업자의 거래상대방을 보호하기 위하여 필요한 사항으로서 대통령령으로 정하는 사항

③ 대부중개업자가 대부조건 등에 관하여 광고를 하는 경우에는 다음 각 호의 사항을 포함하여야 한다.

1. 명칭 또는 대표자 성명

2. 대부중개업 등록번호

3. 중개를 통하여 대부를 받을 경우 그 대

부이자율(연 이자율로 환산한 것을 포함한다) 및 연체이자율

4. 이자 외에 추가비용이 있는 경우 그 내용

5. 그 밖에 대부중개업자의 거래상대방을 보호하기 위하여 필요한 사항으로서 대통령령으로 정하는 사항

④ 대부업자등은 제2항 또는 제3항에 따라 광고를 하는 경우에는 일반인이 제2항 각 호의 사항 또는 제3항 각 호의 사항을 쉽게 알 수 있도록 대통령령으로 정하는 방식에 따라 광고의 문안과 표기를 하여야 한다.

[전문개정 2009.1.21]

제9조의2 【대부업등에 관한 광고 금지】
① 대부업자 또는 여신금융기관이 아니면 대부업에 관한 광고를 하여서는 아니 된다.

② 대부중개업자가 아니면 대부중개업에 관한 광고를 하여서는 아니 된다.

[전문개정 2009.1.21]

제9조의3 【허위·과장 광고의 금지 등】
① 대부업자등은 다음 각 호의 행위를 하여서는 아니 된다.

1. 대부이자율, 대부 또는 대부중개를 받을 수 있는 거래상대방, 대부중개를 통하여 대부할 대부업자, 그 밖에 대부 또는 대부중개의 내용에 관하여 다음 각 목의 방법으로 광고하는 행위

가. 사실과 다르게 광고하거나 사실을 지나치게 부풀리는 방법

나. 사실을 숨기거나 축소하는 방법

다. 비교의 대상 및 기준을 명시하지 아니하거나, 객관적인 근거 없이 자기의 대부 또는 대부중개가 다른 대부업자등의 대부 또는 대부중개보다 유리하다고 주장하는 방법

2. 대부 또는 대부중개를 받을 수 있는 것으로 오인하게 하거나 유인하여 다음 각 목의 방법으로 광고하는 행위

가. 이 법 또는 다른 법률을 위반하는 방법

나. 타인의 재산권을 침해하는 방법

3. 그 밖에 대부업자등의 거래상대방을 보호하거나 불법 거래를 방지하기 위하여 필요한 경우로서 대통령령으로 정하는 광고 행위

② 시·도지사는 제1항을 위반한 대부업자등에게 제21조에 따라 과태료를 부과한 경우에는 지체 없이 그 내용을 공정거래위원회에 알려야 한다.

[본조신설 2009.1.21]

제9조의4 【미등록대부업자로부터의 채권 양수·추심 금지】 대부업자는 제3조에 따른 대부업의 등록 또는 제3조의2에 따른 등록갱신을 하지 아니하고 사실상 대부업을 하는 자(이하 "미등록대부업자"라 한다)로부터 대부계약에 따른 채권을 양도받아 이를 추심하는 행위를 하여서는 아니 된다.

[본조신설 2009.1.21]

제9조의5 【고용 제한 등】 ① 대부업자등은 다음 각 호의 어느 하나에 해당하는 사람을 고용하여서는 아니 된다.

1. 「폭력행위 등 처벌에 관한 법률」 제4조에 따라 금고 이상의 형을 선고받고 그 집행이 끝나거나(집행이 끝난 것으로 보는 경우를 포함한다) 면제된 날부터 5년이 지나지 아니한 사람

2. 제4조제6호 각 목의 어느 하나에 해당하는 규정을 위반하여 다음 각 목의 어느 하나에 해당하는 사람

가. 금고 이상의 실형을 선고받고 그 집행이 끝나거나(집행이 끝난 것으로 보는 경우를 포함한다) 면제된 날부터 2년이 지나지 아니한 사람

나. 금고 이상의 형의 집행유예 또는 선고유예를 선고받고 그 유예기간 중에 있는 사람

다. 벌금형을 선고받고 2년이 지나지 아니한 사람

② 대부업자등은 제1항 각 호의 어느 하나에 해당하는 사람에게 대부업등의 업무를 위임하거나 대리하게 하여서는 아니 된다.

[본조신설 2010.1.25]

제10조 삭제 <2009.2.6>

제10조의2 【채권추심자의 소속·성명 명시 의무】 대부계약에 따른 채권의 추심을 하는 자는 채무자 또는 그의 관계인에게 그 소속과 성명을 밝혀야 한다.

[본조신설 2009.1.21]

제11조 【미등록대부업자의 이자율 제한 등】 ① 미등록대부업자가 대부를 하는 경우의 이자율에 관하여는 「이자제한법」 제2조제1항 및 이 법 제8조제2항부터 제5항까지의 규정을 준용한다.

② 미등록대부업자의 불법적 채권추심행위 금지 등에 관하여는 제10조를 준용한다.

[전문개정 2009.1.21]

제11조의2 【중개의 제한 등】 ① 대부중개업자는 미등록대부업자에게 대부중개를

하여서는 아니 된다.

② 대부중개업자는 중개의 대가(이하 "중개수수료"라 한다)를 대부를 받는 거래상대방으로부터 받아서는 아니 된다.

[전문개정 2009.1.21]

제12조 【검사 등】 ① 시·도지사는 대부업자등에게 그 업무 및 업무와 관련된 재산에 관하여 보고하게 하거나 자료의 제출, 그 밖에 필요한 명령을 할 수 있으며, 소속 공무원에게 그 영업소에 출입하여 그 업무 및 업무와 관련된 재산에 관하여 검사하게 할 수 있다.

② 시·도지사는 둘 이상의 시·도에 영업소를 설치한 대부업자등의 영업소에 대하여 검사하는 경우로서 대부업자등의 거래상대방을 보호하기 위하여 필요하다고 인정되는 경우에는 그 대부업자등의 다른 영업소를 관할하는 시·도지사에게 그가 관할하는 영업소에 대한 검사(공동검사를 포함한다)를 요청할 수 있다.

③ 시·도지사는 대부업자등에 대한 전문적인 검사가 필요한 경우로서 대통령령으로 정하는 경우에는 「금융위원회의 설치 등에 관한 법률」에 따른 금융감독원의 원장(이하 "금융감독원장"이라 한다)에게 대부업자등에 대한 검사를 요청할 수 있다.

④ 금융감독원장은 대부업자등의 자산규모 등을 고려하여 대부업자등에 대한 전문적인 검사가 필요한 경우로서 대통령령으로 정하는 경우에는 대부업자등의 업무 및 업무와 관련된 재산에 관하여 검사하고 그 결과를 시·도지사에게 알려야 한다.

⑤ 금융감독원장은 제3항 및 제4항에 따른 검사에 필요하다고 인정하면 대부업자등에 대하여 업무 및 업무와 관련된 재산에 관한 보고, 자료의 제출, 관계자의 출석 및 의견의 진술을 요구할 수 있다.

⑥ 제1항부터 제4항까지의 규정에 따라 출입·검사를 하는 자는 그 권한을 표시하는 증표를 지니고 이를 관계인에게 내보여야 한다.

⑦ 시·도지사는 제1항부터 제4항까지의 규정에 따른 보고 또는 검사 결과에 따라 필요하면 대부업자등에게 감독상 필요한 명령을 할 수 있다. 이 경우 시·도지사는 다른 시·도에 그 대부업자등의 영업소가 있으면 그 명령의 내용을 다른 영업소를 관할하는 시·도지사에게 알려야 한다.

⑧ 금융감독원장은 제4항에 따른 검사 결과 필요하다고 인정하면 시·도지사에게 해당 대부업자에 대하여 필요한 조치를 하도록 요구할 수 있다. 이 경우 시·도지사는 특별한 사유가 없으면 이에 따라야 한다.

⑨ 대부업자등은 영업소별로 다음 각 호의 구분에 따른 사항을 적은 보고서를 대통령

령으로 정하는 기간마다 대통령령으로 정하는 절차와 방법에 따라 관할 시·도지사에게 제출하여야 한다. 이 경우 주된 영업소에서는 해당 대부업자등이 운영하는 모든 영업소의 보고서를 함께 제출하여야 한다.

1. 대부업자의 경우

가. 대부금액

나. 대부를 받은 거래상대방의 수

다. 그 밖에 영업소의 업무현황을 파악하기 위하여 필요한 사항으로서 대통령령으로 정하는 사항

2. 대부중개업자의 경우

가. 대부를 중개한 금액

나. 대부를 중개한 거래상대방의 수

다. 그 밖에 영업소의 업무현황을 파악하기 위하여 필요한 사항으로서 대통령령으로 정하는 사항

[전문개정 2009.1.21]

제13조【영업정지 및 등록취소】① 시·도지사는 대부업자등이 다음 각 호의 어느 하나에 해당하면 그 대부업자등에게 대통령령으로 정하는 기준에 따라 1년 이내의 기간을 정하여 그 영업의 전부 또는 일부의 정지를 명할 수 있다. <개정 2009.2.6>

1. 별표 각 호의 어느 하나에 해당하는 경우, 「채권의 공정한 추심에 관한 법률」 제5조제1항, 제7조부터 제9조까지, 제10조제1항 및 제11조부터 제13조까지를 위반한 경우

2. 해당 대부업자등의 영업소 중 같은 시·도지사에게 등록한 다른 영업소 또는 다른 시·도지사에게 등록한 영업소가 영업정지 처분을 받은 경우

② 시·도지사는 대부업자등이 다음 각 호의 어느 하나에 해당하면 그 대부업자등의 등록을 취소할 수 있다. 다만, 제1호에 해당하면 등록을 취소하여야 한다. <개정 2010.1.25>

1. 속임수나 그 밖의 부정한 방법으로 제3조 또는 제3조의2에 따른 등록 또는 등록갱신을 한 경우

2. 대부업자등이 제4조제1호부터 제6호까지 또는 제8호에 해당하게 된 경우

3. 6개월 이상 계속하여 영업실적이 없는 경우

4. 제1항에 따른 영업정지 명령을 위반한 경우

5. 제1항에 따라 영업정지 명령을 받고도

그 영업정지 기간 이내에 영업정지 처분 사유를 시정하지 아니하여 동일한 사유로 제1항에 따른 영업정지 처분을 대통령령으로 정하는 횟수 이상 받은 경우

6. 대부업자등의 소재를 확인할 수 없는 경우로서 시·도지사가 대통령령으로 정하는 바에 따라 소재 확인을 위한 공고를 하고 그 공고일부터 30일이 지날 때까지 그 대부업자등으로부터 통지가 없는 경우

7. 대부업자등이 제1항제1호에 해당하는 경우로서 대부업자등의 거래상대방의 이익을 크게 해칠 우려가 있는 경우

8. 해당 대부업자등의 영업소 중 같은 시·도지사에게 등록한 다른 영업소 또는 다른 시·도지사에게 등록한 영업소가 등록취소 처분을 받은 경우

③ 시·도지사는 제2항에 따른 등록취소를 하려면 다음 각 호의 방법에 따른 의견청취 절차를 거쳐야 한다. 다만, 제2항제6호의 경우에는 그러하지 아니하다.

1. 제2항제1호·제3호·제4호·제5호·제7호 및 제8호의 경우: 청문

2. 제2항제2호의 경우: 의견제출 기회 부여

④ 제3항에도 불구하고 다음 각 호의 경우에는 의견청취 절차를 거치지 아니할 수 있다.

1. 제2항제2호에 해당함이 재판 등에 따라 객관적으로 증명된 경우

2. 의견청취가 매우 어렵거나 명백히 불필요하다고 인정되는 상당한 이유가 있는 경우

3. 대부업자등이 의견청취 절차를 거치지 아니하여도 좋다는 의사를 명백히 표시하는 경우

⑤ 시·도지사는 둘 이상의 시·도에 영업소를 설치하고 있는 대부업자등에게 제1항 또는 제2항에 따른 영업정지 또는 등록취소 처분을 하는 경우에는 다른 영업소를 관할하는 시·도지사에게 그 사실을 미리 알려야 한다.

[전문개정 2009.1.21]

제14조【등록취소 등에 따른 거래의 종결】 다음 각 호의 어느 하나에 해당하는 대부업자등(대부업자등이 개인인 경우에는 그 상속인을 포함한다)은 그 대부업자등이 체결한 대부계약에 따른 거래를 종결하는 범위에서 대부업자등으로 본다.

1. 제3조제5항에 따른 등록의 유효기간이 만료된 경우

2. 제5조제2항에 따라 폐업신고를 한 경우

3. 제13조제2항에 따라 등록취소 처분을 받은 경우

[전문개정 2009.1.21]

제15조【여신금융기관의 이자율 등의 제한】 ① 여신금융기관은 연 100분의 50의 범위에서 대통령령으로 정하는 율을 초과하여 대부금에 대한 이자를 받을 수 없다. <개정 2010.1.25>

② 제1항에 따른 이자율을 산정할 때에는 제8조제2항을 준용한다.

③ 여신금융기관은 대부자금의 조달비용, 연체금의 관리비용, 연체금액, 연체기간, 금융업의 특성 등을 고려하여 대통령령으로 정하는 율을 초과하여 대부금에 대한 연체이자를 받을 수 없다.

④ 금융위원회는 제1항 및 제3항을 위반하여 이자 및 연체이자를 받는 여신금융기관에 대하여 그 시정을 명할 수 있다.

⑤ 여신금융기관이 제1항 및 제3항에 따른 기준을 초과하여 이자 또는 연체이자를 받은 경우 그 이자계약의 효력 등에 관하여는 제8조제3항부터 제5항까지의 규정을 준용한다.

[전문개정 2009.1.21]

제15조의2【대부업정책협의회 등의 설치】 ① 대부업등 관련 정책을 종합적인 관점에서 일관성 있게 수립·추진하고, 관계 행정기관 간의 협의가 필요한 사항을 효율적으로 협의·조정하기 위하여 금융위원회에 대부업정책협의회를 둔다.

② 대부업정책협의회는 회의의 효율적 운영을 위하여 대부업정책실무협의회를 둘 수 있다.

③ 대부업등 관련 업무의 효율적 수행과 위법행위의 효과적 예방·단속에 관한 사항을 협의하기 위하여 시·도에 대부업관계기관협의회를 둔다.

④ 제1항에 따른 대부업정책협의회, 제2항에 따른 대부업정책실무협의회 및 제3항에 따른 대부업관계기관협의회의 구성·운영, 그 밖에 필요한 사항은 대통령령으로 정한다.

[본조신설 2009.1.21]

제16조【대부업자의 실태조사 등】 ① 시·도지사는 수시로 대부업자등의 영업실태를 조사하여야 하며 그 결과를 매년 행정안전부장관 및 금융위원회에 제출하여야 한다.

② 행정안전부장관과 금융위원회는 시·도지사, 관계 행정기관 또는 공공단체의 장에게 대부업자등의 현황 파악과 제도 조사를 위하여 필요한 자료의 제공을 요청할 수 있

다.

[전문개정 2009.1.21]

제17조【등록수수료 등】 ① 제3조에 따른 등록을 하려는 자는 대통령령으로 정하는 바에 따라 수수료를 내야 한다.

② 제12조제1항부터 제4항까지의 규정에 따라 검사를 받는 대부업자등은 대통령령으로 정하는 검사수수료를 시·도지사나 금융감독원장에게 내야 한다.

[전문개정 2009.1.21]

제18조【분쟁 조정】 ① 대부업자등과 거래상대방 간의 분쟁을 해결하기 위하여 해당 영업소를 관할하는 시·도지사 소속으로 분쟁조정위원회를 둔다.

② 대부업자등과 거래상대방은 제1항에 따른 분쟁조정위원회에서 분쟁이 해결되지 아니하는 경우에는 「소비자기본법」 제60조에 따른 소비자분쟁조정위원회에 분쟁 조정을 신청할 수 있다.

③ 제1항에 따른 분쟁조정위원회의 구성·운영과 분쟁 조정의 절차·방법 등 분쟁 조정에 관하여 필요한 사항은 대통령령으로 정한다.

[전문개정 2009.1.21]

제18조의2【대부업 및 대부중개업 협회 설립 등】 ① 대부업등의 업무질서를 유지하고, 대부업등의 건전한 발전과 이용자 보호를 위하여 대부업 및 대부중개업 협회(이하 "협회"라 한다)를 설립한다.

② 협회는 법인으로 한다.

③ 협회는 그 주된 사무소를 서울특별시에 두되, 각 시·도에 지회(支會)를 둘 수 있다.

④ 협회는 대통령령으로 정하는 바에 따라 주된 사무소의 소재지에서 설립등기를 함으로써 성립한다.

⑤ 이 법에 따른 협회가 아닌 자는 대부업 및 대부중개업 협회 또는 이와 비슷한 명칭을 사용하지 못한다.

[본조신설 2009.1.21]

제18조의3【업무】 협회는 다음 각 호의 업무를 한다.

1. 이 법 또는 관계 법령을 준수하도록 하기 위한 회원에 대한 지도와 권고

2. 대부업등의 이용자 보호를 위한 회원에 대한 업무방식 개선·권고

3. 대부업등의 이용자 민원의 상담·처리

4. 그 밖에 협회의 목적을 달성하기 위하여

대통령령으로 정하는 업무

[본조신설 2009.1.21]

제18조의4 【정관】 ① 협회의 정관은 창립총회에서 작성한 후 금융위원회의 인가를 받아야 한다. 이를 변경하려는 경우에도 또한 같다.

② 협회의 정관에는 다음 각 호의 사항이 포함되어야 한다.

1. 목적, 명칭 및 주된 사무소의 소재지

2. 임직원에 관한 사항

3. 임원의 선출에 관한 사항

4. 회원의 권리와 의무에 관한 사항

5. 업무와 그 집행에 관한 사항

6. 회비의 분담과 예산 및 회계에 관한 사항

7. 회의에 관한 사항

8. 그 밖에 협회의 운영에 관한 사항

[본조신설 2009.1.21]

제18조의5 【가입 등】 ① 대부업자등은 협회에 가입할 수 있다. 다만, 제12조제4항에 따라 금융감독원장의 검사대상이 되는 대부업자등은 검사대상에 해당되는 즉시 협회에 가입하여야 한다.

② 협회는 대부업자등이 협회에 가입하려는 경우 정당한 사유 없이 그 가입을 거부하거나 가입에 부당한 조건을 부과하여서는 아니 된다.

③ 협회는 회원에게 정관으로 정하는 바에 따라 회비를 징수할 수 있다.

[본조신설 2009.1.21]

제18조의6 【「민법」의 준용】 협회에 대하여 이 법에 특별한 규정이 없으면 「민법」 중 사단법인에 관한 규정을 준용한다.

[본조신설 2009.1.21]

제18조의7 【업무의 위탁】 ① 이 법에 따른 시·도지사의 업무의 일부는 대통령령으로 정하는 바에 따라 협회에 위탁할 수 있다.

② 협회는 제1항에 따라 위탁받은 업무의 처리 결과를 매 분기별로 시·도지사에게 보고하여야 한다.

[본조신설 2009.1.21]

제18조의8 【관계 기관에의 협조 요청】 시·도지사는 대부업자등의 관리·감독 등

을 위하여 관계 기관의 사실 확인이 필요하면 해당 기관에 그 확인을 요청할 수 있다. 이 경우 해당 기관은 특별한 사유가 없으면 사실을 확인하여 통보하여야 한다.

[본조신설 2009.1.21]

제19조【벌칙】 ① 다음 각 호의 어느 하나에 해당하는 자는 5년 이하의 징역 또는 5천만원 이하의 벌금에 처한다.

1. 제3조 또는 제3조의2를 위반하여 등록 또는 등록갱신을 하지 아니하고 대부업등을 한 자

2. 속임수나 그 밖의 부정한 방법으로 제3조 또는 제3조의2에 따른 등록 또는 등록갱신을 한 자

3. 제9조의2제1항 또는 제2항을 위반하여 대부업 또는 대부중개업 광고를 한 자

4. 삭제 <2009.2.6>

② 다음 각 호의 어느 하나에 해당하는 자는 3년 이하의 징역 또는 3천만원 이하의 벌금에 처한다.

1. 제5조의2제4항을 위반하여 타인에게 자기의 명의로 대부업등을 하게 하거나 등록증을 대여한 자

2. 제7조제3항을 위반하여 서류를 해당 용도 외의 목적으로 사용한 자

3. 제8조 또는 제11조제1항에 따른 이자율을 초과하여 이자를 받은 자

4. 제9조의4를 위반하여 미등록대부업자로부터 대부계약에 따른 채권을 양도받아 이를 추심하는 행위를 한 자

5. 삭제 <2009.2.6>

6. 제11조의2제1항 또는 제2항을 위반하여 대부중개를 하거나 중개수수료를 받은 자

7. 제15조제4항에 따른 시정명령을 이행하지 아니한 자

③ 제1항 및 제2항의 징역형과 벌금형은 병과(倂科)할 수 있다.

[전문개정 2009.1.21]

제20조【양벌규정】 법인의 대표자나 법인 또는 개인의 대리인, 사용인, 그 밖의 종업원이 그 법인 또는 개인의 업무에 관하여 제19조의 위반행위를 하면 그 행위자를 벌하는 외에 그 법인 또는 개인에게도 해당 조문의 벌금형을 과(科)한다. 다만, 법인 또는 개인이 그 위반행위를 방지하기 위하여 해당 업무에 관하여 상당한 주의와 감독을 게을리하지 아니한 경우에는 그러하지 아니하다.

[전문개정 2009.1.21]

제21조 【과태료】 ① 다음 각 호의 어느 하나에 해당하는 자에게는 2천만원 이하의 과태료를 부과한다. <개정 2010.1.25>

1. 제5조제1항 또는 제2항을 위반하여 변경등록 또는 폐업신고를 하지 아니한 자

2. 제5조의2제1항 또는 제2항을 위반하여 상호 중에 "대부" 또는 "대부중개"라는 문자를 사용하지 아니한 자

3. 제6조제1항 또는 제3항을 위반하여 계약서를 교부하지 아니한 자 또는 같은 조 제1항 각 호 또는 같은 조 제3항 각 호에서 정한 내용 중 전부 또는 일부가 적혀 있지 아니한 계약서를 교부하거나 같은 조 제1항 각 호 또는 같은 조 제3항 각 호에서 정한 내용 중 전부 또는 일부를 거짓으로 적어 계약서를 교부한 자

4. 제6조제2항 또는 제4항을 위반하여 설명을 하지 아니한 자

5. 제6조의2를 위반하여 거래상대방 또는 보증인이 같은 조 제1항 각 호의 사항 또는 같은 조 제2항 각 호의 사항을 자필로 기재하게 하지 아니한 자

6. 제7조제1항을 위반하여 거래상대방으로부터 소득·재산 및 부채상황에 관한 증명서류를 제출받지 아니한 자

6의2. 제7조의2를 위반하여 제3자에게 담보제공 여부를 확인하지 아니한 자

7. 제9조제1항을 위반하여 중요 사항을 게시하지 아니한 자

8. 제9조제2항 또는 제3항을 위반하여 광고를 한 자

9. 제9조의3제1항 각 호의 행위를 한 자

10. 제9조의5제1항 또는 제2항을 위반하여 종업원을 고용하거나 업무를 위임하거나 대리하게 한 자

11. 제12조제1항부터 제4항까지의 규정에 따른 검사에 불응하거나 검사를 방해한 자

12. 제12조제9항을 위반하여 보고서를 제출하지 아니하거나, 거짓으로 작성하거나, 기재하여야 할 사항의 전부 또는 일부를 기재하지 아니하고 제출한 자

② 다음 각 호의 어느 하나에 해당하는 자에게는 500만원 이하의 과태료를 부과한다.

1. 제3조제6항을 위반하여 분실신고를 하지 아니한 자

2. 제3조의3제1항 또는 제2항을 위반하여 등록증을 반납하지 아니한 자

3. 제3조의4제1항을 위반하여 교육을 받지 아니한 자

4. 제6조제5항을 위반하여 계약서와 계약관계서류의 보관의무를 이행하지 아니한 자

5. 제6조제6항을 위반하여 정당한 사유 없이 계약서 및 계약관계서류의 열람을 거부하거나 관련 증명서의 발급을 거부한 자

6. 제9조제4항을 위반하여 광고의 문안과 표기에 관한 의무를 이행하지 아니한 자

7. 삭제 <2009.2.6>

8. 제10조의2를 위반하여 소속과 성명을 밝히지 아니한 자

9. 제12조제1항 또는 제5항에 따른 보고 또는 자료의 제출을 거부하거나 거짓으로 보고 또는 자료를 제출한 자

10. 제18조의2제5항에 따른 대부업 및 대부중개업 협회 또는 이와 비슷한 명칭을 사용한 자

③ 제1항이나 제2항에 따른 과태료는 대통령령으로 정하는 바에 따라 시·도지사가 부과·징수한다.

[전문개정 2009.1.21]

금융실명거래 및 비밀보장에 관한 법률

[시행 2009. 2. 4] [법률 제8635호, 2007. 8. 3, 타법개정]

제1조 【목적】 이 법은 실지명의에 의한 금융거래를 실시하고 그 비밀을 보장하여 금융거래의 정상화를 기함으로써 경제정의를 실현하고 국민경제의 건전한 발전을 도모함을 목적으로 한다.

제2조 【정의】 이 법에서 사용하는 용어의 정의는 다음과 같다. <개정 1999.12.28, 2001.3.28, 2002.3.30, 2007.8.3>

1. "금융기관"이라 함은 다음 각목에 정하는 것을 말한다.

가. 한국은행·한국산업은행·한국수출입은행·중소기업은행 및 은행법에 의한 금융기관

나. 장기신용은행법에 의한 장기신용은행

다. 「자본시장과 금융투자업에 관한 법률」에 따른 투자매매업자·투자중개업자·집합투자업자·신탁업자·증권금융회사·종합금융회사 및 명의개서대행회사

라. 삭제 <2007.8.3>

마. 상호저축은행법에 의한 상호저축은행과 그 중앙회

바. 농업협동조합법에 의한 농업협동조합과 그 중앙회

사. 수산업협동조합법에 의한 수산업협동조합과 그 중앙회

아. 축산업협동조합법에 의한 축산업협동조합과 그 중앙회

자. 인삼협동조합법에 의한 인삼협동조합과 그 중앙회

차. 신용협동조합법에 의한 신용협동조합과 그 중앙회

카. 새마을금고법에 의한 금고와 그 연합회

타. 삭제 <2007.8.3>

파. 삭제 <2007.8.3>

하. 보험업법에 의한 보험사업자

거. 우체국예금·보험에관한법률에 의한 체신관서

너. 기타 대통령령이 정하는 기관

2. "금융자산"이라 함은 금융기관이 취급하는 예금·적금·부금·계금·예탁금·출자금·신탁재산·주식·채권·수익증권·출자

지분·어음·수표·채무증서 등 금전 및 유가증권 기타 이와 유사한 것으로서 재정경제부령이 정하는 것을 말한다.

3. "금융거래"라 함은 금융기관이 금융자산을 수입·매매·환매·중개·할인·발행·상환·환급·수탁·등록·교환하거나 그 이자·할인액 또는 배당을 지급하는 것과 이를 대행하는 것 기타 금융자산을 대상으로 하는 거래로서 재정경제부령이 정하는 것을 말한다.

4. "실지명의"라 함은 주민등록표상의 명의, 사업자등록증상의 명의 기타 대통령령이 정하는 명의를 말한다.

제3조 【금융실명거래】 ①금융기관은 거래자의 실지명의(이하 "실명"이라 한다)에 의하여 금융거래를 하여야 한다.

②금융기관은 제1항의 규정에 불구하고 다음 각호의 1에 해당하는 경우에는 실명의 확인을 하지 아니할 수 있다. <개정 2002.3.30, 2007.8.3>

1. 실명이 확인된 계좌에 의한 계속거래와 공과금수납·100만원 이하의 송금등의 거래로서 대통령령이 정하는 거래

2. 외국통화의 매입, 외국통화로 표시된 예금의 수입 또는 외국통화로 표시된 채권의 매도등의 거래로서 대통령령이 정하는 기간 동안의 거래

3. 다음 각목의 1에 해당하는 채권(이하 "특정채권"이라 한다)으로서 이 법 시행일 이후 1998년 12월 31일 사이에 재정경제부장관이 정하는 발행기간·이자율 및 만기등의 발행조건으로 발행된 채권의 거래

가. 고용안정과 근로자의 직업능력향상 및 생활안정등을 위하여 발행되는 대통령령이 정하는 채권

나. 외국환관리법 제14조의 규정에 의한 외국환평형기금채권으로서 외국통화로 표시된 채권

다. 중소기업의 구조조정지원등을 위하여 발행되는 대통령령이 정하는 채권

라. 「자본시장과 금융투자업에 관한 법률」 제329조에 따라 증권금융회사가 발행한 사채

마. 기타 국민생활안정과 국민경제의 건전한 발전을 위하여 발행되는 대통령령이 정하는 채권

③실명거래의 확인방법 및 절차 기타 필요한 사항은 재정경제부령으로 정한다. <개정 2002.3.30>

제4조 【금융거래의 비밀보장】 ①금융기관에 종사하는 자는 명의인(신탁의 경우에는 위탁자 또는 수익자를 말한다)의 서면상

의 요구나 동의를 받지 아니하고는 그 금융거래의 내용에 대한 정보 또는 자료(이하 "거래정보등"이라 한다)를 타인에게 제공하거나 누설하여서는 아니되며, 누구든지 금융기관에 종사하는 자에게 거래정보등의 제공을 요구하여서는 아니된다. 다만, 다음 각호의 1에 해당하는 경우로서 그 사용목적에 필요한 최소한의 범위안에서 거래정보등을 제공하거나 그 제공을 요구하는 경우에는 그러하지 아니하다. <개정 2002.3.30, 2006.3.24, 2007.8.3>

1. 법원의 제출명령 또는 법관이 발부한 영장에 의한 거래정보등의 제공

2. 조세에 관한 법률에 의하여 제출의무가 있는 과세자료등의 제공과 소관관서의 장이 상속·증여재산의 확인, 조세탈루의 혐의를 인정할 만한 명백한 자료의 확인, 체납자의 재산조회, 국세징수법 제14조제1항 각호의 1에 해당하는 사유로 조세에 관한 법률에 의한 질문·조사를 위하여 필요로 하는 거래정보등의 제공

3. 국정감사및조사에 관한법률에 의한 국정조사에 필요한 자료로서 해당 조사위원회의 의결에 의한 금융감독원장 및 예금보험공사 사장의 거래정보등의 제공

4. 재정경제부장관, 금융감독위원회(증권시장·파생상품시장의 불공정거래조사의 경우에는 증권선물위원회를 말한다. 이하 이 조에서 같다), 금융감독원장 및 예금보험공사 사장이 금융기관에 대한 감독·검사를 위하여 필요로 하는 거래정보등의 제공으로서 다음 각목의 1에 해당하는 경우와 제3호의 규정에 의하여 해당 조사위원회에 제공하기 위한 경우

가. 내부자거래 및 불공정거래행위등의 조사에 필요한 경우

나. 고객예금횡령·무자원입금기표후 현금인출등 금융사고의 적출에 필요한 경우

다. 구속성예금 수입·자기앞수표선발행등 불건전금융거래행위의 조사에 필요한 경우

라. 금융실명거래 위반과 부외거래·출자자대출·동일인 한도 초과등 법령 위반행위의 조사에 필요한 경우

마. 예금자보호법에 의한 예금보험업무 및 금융산업의구조개선에관한법률에 의해 예금보험공사사장이 예금자표의 작성업무를 수행하기 위하여 필요한 경우

5. 동일한 금융기관의 내부 또는 금융기관 상호간에 업무상 필요한 거래정보등의 제공

6. 금융감독위원회 및 금융감독원장이 그에 상당하는 업무를 수행하는 외국금융감독기관(국제금융감독기구를 포함한다. 이하 같다)과 다음 각 목의 사항에 대한 업무협조를 위하여 필요로 하는 거래정보 등의 제공

가. 금융기관 및 금융기관의 해외지점·현지법인 등에 대한 감독·검사

나. 「자본시장과 금융투자업에 관한 법률」 제437조에 따른 정보 등의 교환 및 조사 등의 협조

7. 「자본시장과 금융투자업에 관한 법률」에 따라 설립된 한국거래소(이하 "한국거래소"라 한다)가 다음 각 목의 경우에 필요로 하는 투자매매업자·투자중개업자가 보유한 거래정보 등의 제공

가. 「자본시장과 금융투자업에 관한 법률」 제404조에 따른 이상거래에 대한 심리 또는 감리를 수행하는 경우

나. 이상거래에 대한 심리 또는 감리와 관련하여 한국거래소에 상당하는 업무를 수행하는 외국거래소 등과 협조하기 위한 경우. 다만, 금융감독위원회의 사전 승인을 얻은 경우에 한한다.

8. 기타 법률에 의하여 불특정다수인에게 의무적으로 공개하여야 하는 것으로서 당해 법률에 의한 거래정보등의 제공

②제1항제1호 내지 제4호 또는 제6호 내지 제8호의 규정에 의하여 거래정보등의 제공을 요구하는 자는 다음 각호의 사항이 포함된 재정경제부장관이 정하는 표준양식에 의하여 금융기관의 특정점포에 이를 요구하여야 한다. 다만, 제1항제1호의 규정에 의하여 거래정보등의 제공을 요구하거나 동항제2호의 규정에 의하여 거래정보등의 제공을 요구하는 경우로서 부동산(부동산에 관한 권리를 포함한다. 이하 이 항에서 같다)의 보유기간·보유수·거래규모 및 거래방법 등 명백한 자료에 의하여 대통령령이 정하는 부동산거래와 관련한 소득세 또는 법인세의 탈루혐의가 인정되어 그 탈루사실의 확인이 필요한 자(당해 부동산 거래를 알선·중개한 자를 포함한다)에 대한 거래정보등의 제공을 요구하는 경우 또는 체납액 1천만원 이상인 체납자의 재산조회를 위하여 필요로 하는 거래정보등의 제공을 대통령령이 정하는 바에 따라 요구하는 경우에는 거래정보등을 보관 또는 관리하는 부서에 이를 요구할 수 있다. <개정 2002.3.30, 2004.1.29, 2006.3.24>

1. 명의인의 인적사항

2. 요구대상 거래기간

3. 요구의 법적근거

4. 사용목적

5. 요구하는 거래정보등의 내용

6. 요구하는 기관의 담당자 및 책임자의 성명과 직책 등 인적사항

③금융기관에 종사하는 자는 제1항 또는 제2항의 규정에 위반하여 거래정보등의 제공

을 요구받은 경우에는 이를 거부하여야 한다.

④제1항 각호의 규정(종전의 금융실명거래에관한법률 제5조제1항제1호 내지 제4호의 규정 및 금융실명거래및비밀보장에관한긴급재정경제명령 제4조제1항 각호의 규정을 포함한다)에 의하여 거래정보등을 알게 된 자는 그 알게 된 거래정보등을 타인에게 제공 또는 누설하거나 그 목적외의 용도로 이를 이용하여서는 아니되며, 누구든지 거래정보등을 알게 된 자에게 그 거래정보등의 제공을 요구하여서는 아니된다. 다만, 금융감독위원회 또는 금융감독원장이 제1항제4호 및 제6호의 규정에 의하여 알게 된 거래정보등을 외국금융감독기관에 제공하거나 한국거래소가 제1항제7호의 규정에 의하여 외국거래소 등에 거래정보를 제공하는 경우에는 그러하지 아니하다. <개정 2006.3.24, 2007.8.3>

⑤제1항 또는 제4항의 규정에 위반하여 제공 또는 누설된 거래정보등을 취득한 자(그로부터 거래정보등을 다시 취득한 자를 포함한다)는 그 위반사실을 알게 된 경우 이를 타인에게 제공 또는 누설하여서는 아니된다.

⑥다음 각호의 법률의 규정에 의하여 거래정보등의 제공을 요구하는 경우에는 당해 법률의 규정에 불구하고 제2항의 규정에 의한 재정경제부장관이 정한 표준양식에 의하여야 한다. <신설 2002.3.30, 2004.1.29, 2004.3.12>

1. 감사원법 제27조제2항

2. 공직선거및선거부정방지법 제134조제2항

3. 공직자윤리법 제8조제5항

4. 독점규제및공정거래에관한법률 제50조제5항

5. 상속세및증여세법 제83조제1항 및 제2항

6. 특정금융거래정보의보고및이용등에관한법률 제10조제3항

7. 과세자료의제출및관리에관한법률 제6조제1항

제4조의2 【거래정보등의 제공사실의 통보】 ①금융기관은 명의인의 서면상의 동의에 따라 거래정보등을 제공하거나 제4조제1항제1호·제2호(조세에 관한 법률에 의하여 제출의무가 있는 과세자료등의 경우를 제외한다)·제3호 및 제8호의 규정에 의하여 거래정보등을 제공한 경우에는 제공한 날(제2항 또는 제3항의 규정에 의하여 통보를 유예한 경우에는 통보유예기간이 종료한 날)부터 10일 이내에 제공한 거래정보 등의 주요내용·사용목적·제공받은 자 및 제공일자 등을 명의인에게 서면으로 통보하여야 한다. <개정 2006.3.24>

②금융기관은 통보대상 거래정보등의 요구자로부터 다음 각호의 1에 해당하는 사유에 의한 통보의 유예를 서면으로 요청받은 때에는 제1항의 규정에 불구하고 유예요청기간(제2호 또는 제3호의 사유에 의한 요청을 받은 경우로서 그 유예요청기간이 6월 이상인 경우에는 6월)동안 통보를 유예하여야 한다.

1. 당해 통보가 사람의 생명이나 신체의 안전을 위협할 우려가 있는 경우

2. 당해 통보가 증거인멸·증인위협 등 공정한 사법절차의 진행을 방해할 우려가 명백한 경우

3. 당해 통보가 질문·조사 등의 행정절차의 진행을 방해하거나 과도하게 지연시킬 우려가 명백한 경우

③금융기관은 거래정보등의 요구자가 제2항 각호의 1에 해당하는 사유가 지속되고 있음을 제시하고 통보의 유예를 서면으로 반복하여 요청하는 경우에는 요청받은 날부터 2회에 한하여(제2항제1호의 경우를 제외한다) 매 1회 3월의 범위내에서 유예요청 기간동안 통보를 유예하여야 한다. 다만, 제4조제1항제2호(조세에 관한 법률에 의하여 제출의무가 있는 과세자료등의 경우를 제외한다)의 규정에 의한 거래정보등의 제공을 요구하는 자가 통보의 유예를 요청하는 경우에는 요청을 받은 때마다 그 날부터 6월의 범위내에서 유예요청 기간동안 통보를 유예하여야 한다.

④제1항의 규정에 의하여 금융기관이 거래정보등의 제공사실을 명의인에게 통보하는 경우에 소요되는 비용은 대통령령이 정하는 바에 따라 제4조제1항의 규정에 의하여 거래정보등의 제공을 요구하는 자가 이를 부담한다. <신설 2004.1.29>

⑤다음 각호의 법률의 규정에 의하여 거래정보등의 제공을 요구하는 경우에는 제1항 내지 제4항의 규정을 적용한다. <개정 2004.1.29, 2004.3.12>

1. 감사원법 제27조제2항

2. 공직선거및선거부정방지법 제134조제2항

3. 공직자윤리법 제8조제5항

4. 독점규제및공정거래에관한법률 제50조제5항

5. 상속세및증여세법 제83조제1항 및 제2항

6. 과세자료의제출및관리에관한법률 제6조제1항

[본조신설 2002.3.30]

제4조의3 【거래정보등의 제공내용의 기록·관리】 ①금융기관은 명의인의 서면상의 동의에 따라 명의인외의 자에게 거래정

보등을 제공하거나 제4조제1항제1호·제2호(조세에 관한 법률에 의하여 제출의무가 있는 과세자료등의 경우를 제외한다)·제3호·제4호·제6호·제7호 또는 제8호의 규정에 의하여 명의인외의 자로부터 거래정보등의 제공을 요구받거나 명의인외의 자에게 거래정보등을 제공한 경우에는 다음 각호의 사항이 포함된 재정경제부장관이 정하는 표준양식에 의하여 기록·관리하여야 한다. <개정 2006.3.24>

1. 요구자(담당자 및 책임자)의 인적사항, 요구하는 내용 및 요구일자

2. 제공자(담당자 및 책임자)의 인적사항 및 제공일자

3. 제공된 거래정보등의 내용

4. 제공의 법적근거

5. 명의인에게 통보한 날

②제1항의 규정에 의한 기록은 거래정보등을 제공한 날(제공을 거부한 경우에는 그 제공을 요구받은 날)부터 5년간 이를 보관하여야 한다.

③다음 각호의 법률의 규정에 의하여 거래정보등의 제공을 요구하는 경우에는 제1항 및 제2항의 규정을 적용한다. <개정 2004.1.29, 2004.3.12>

1. 감사원법 제27조제2항

2. 공직선거및선거부정방지법 제134조제2항

3. 공직자윤리법 제8조제5항

4. 독점규제및공정거래에관한법률 제50조제5항

5. 상속세및증여세법 제83조제1항 및 제2항

6. 특정금융거래정보의보고및이용등에관한법률 제10조제3항

7. 과세자료의제출및관리에관한법률 제6조제1항

[본조신설 2002.3.30]

제4조의4 【재정경제부장관의 업무】 재정경제부장관은 이 법 또는 다른 법률에 의한 거래정보등의 요구 및 제공현황에 관한 통계자료를 파악하여야 하며, 국회의 요구가 있을 때에는 국회에 이를 보고하여야 한다.

[본조신설 2002.3.30]

제5조 【비실명자산소득에 대한 차등과세】 실명에 의하지 아니하고 거래한 금융자산에서 발생하는 이자 및 배당소득에 대하여는 소득세의 원천징수세율을 100분의 90(특정채권에서 발생하는 이자소득의 경우

에는 100분의 20(2001년 1월 1일 이후부터는 100분의 15))으로 하며, 소득세법 제14조제2항의 규정에 의한 종합소득과세표준의 계산에 있어서 이를 합산하지 아니한다. <개정 1998.9.16, 1999.12.28>

제6조 【벌칙】 ①제4조제1항 또는 제3항 내지 제5항의 규정을 위반한 자는 5년 이하의 징역 또는 3천만원 이하의 벌금에 처한다.

②제1항의 징역형과 벌금형은 이를 병과할 수 있다.

제7조 【과태료】 ①제3조·제4조의2제1항 및 제5항(제4조의2제1항의 규정을 적용하는 경우에 한한다)·제4조의3의 규정을 위반한 금융기관의 임원 또는 직원은 500만원 이하의 과태료에 처한다. <개정 2002.3.30, 2004.1.29>

②제1항의 규정에 의한 과태료는 대통령령이 정하는 바에 의하여 재정경제부장관이 부과·징수한다. <개정 2002.3.30>

③제2항의 규정에 의한 과태료처분에 불복이 있는 자는 그 처분의 고지를 받은 날부터 30일 이내에 재정경제부장관에게 이의를 제기할 수 있다. <개정 2002.3.30>

④제2항의 규정에 의한 과태료처분을 받은 자가 제3항의 규정에 의하여 이의를 제기한 때에는 재정경제부장관은 지체없이 관할법원에 그 사실을 통보하여야 하며, 그 통보를 받은 관할법원은 비송사건절차법에 의한 과태료의 재판을 한다. <개정 2002.3.30>

⑤제3항의 규정에 의한 기간내에 이의를 제기하지 아니하고 과태료를 납부하지 아니한 때에는 국세체납처분의 예에 의하여 이를 징수한다.

제8조 【양벌규정】 법인의 대표자, 법인 또는 개인의 대리인·사용인 기타 종업원이 그 법인 또는 개인의 업무에 관하여 제6조 또는 제7조의 위반행위를 한 때에는 행위자를 벌하는 외에 그 법인 또는 개인에 대하여도 각 해당 조의 벌금 또는 과태료를 과한다.

제9조 【다른 법률과의 관계】 ①이 법과 다른 법률이 서로 저촉되는 경우에는 이 법에 의한다.

②금융실명거래및비밀보장에관한긴급재정경제명령 시행당시 동 긴급재정경제명령보다 우선하여 적용하였던 법률은 제1항의 규정에 불구하고 이 법에 우선하여 적용한다.

여신전문금융업법

[시행 2010. 6.13] [법률 제10062호, 2010. 3.12, 일부개정]

제1장 총칙 <개정 2009.2.6>

제1조 【목적】 이 법은 신용카드업, 시설대여업(施設貸與業), 할부금융업(割賦金融業) 및 신기술사업금융업(新技術事業金融業)을 하는 자의 건전하고 창의적인 발전을 지원함으로써 국민의 금융편의를 도모하고 국민경제의 발전에 이바지함을 목적으로 한다.

[전문개정 2009.2.6]

제2조 【정의】 이 법에서 사용하는 용어의 뜻은 다음과 같다. <개정 2010.3.12>

1. "여신전문금융업(與信專門金融業)"이란 신용카드업, 시설대여업, 할부금융업 또는 신기술사업금융업을 말한다.

2. "신용카드업"이란 다음 각 목의 업무 중 나목의 업무를 포함한 둘 이상의 업무를 업(業)으로 하는 것을 말한다.

가. 신용카드의 발행 및 관리

나. 신용카드 이용과 관련된 대금의 결제

다. 신용카드가맹점의 모집 및 관리

2의2. "신용카드업자"란 제3조제1항에 따라 신용카드업의 허가를 받거나 등록을 한 자를 말한다. 다만, 제3조제3항제1호의 요건에 해당하는 자가 제13조제1항제2호 및 제3호의 업무를 하는 경우에는 그 업무에 관하여만 신용카드업자로 본다.

3. "신용카드"란 이를 제시함으로써 반복하여 신용카드가맹점에서 다음 각 목을 제외한 사항을 결제할 수 있는 증표(證票)로서 신용카드업자(외국에서 신용카드업에 상당하는 영업을 영위하는 자를 포함한다)가 발행한 것을 말한다.

가. 금전채무의 상환

나. 「자본시장과 금융투자업에 관한 법률」 제3조제1항에 따른 금융투자상품 등 대통령령으로 정하는 금융상품

다. 「게임산업진흥에 관한 법률」 제2조제1호의2에 따른 사행성게임물의 이용 대가 및 이용에 따른 금전의 지급. 다만, 외국인(「해외이주법」 제2조에 따른 해외이주자를 포함한다)이 「관광진흥법」에 따라 허가받은 카지노영업소에서 외국에서 신용카드업에 상당하는 영업을 영위하는 자가 발행한 신용카드로 결제하는 것은 제외한다.

라. 그 밖에 사행행위 등 건전한 국민생활을 저해하고 선량한 풍속을 해치는 행위로 대통령령으로 정하는 사항의 이용 대가 및

이용에 따른 금전의 지급

4. "신용카드회원"이란 신용카드업자와의 계약에 따라 그로부터 신용카드를 발급받은 자를 말한다.

5. "신용카드가맹점"이란 다음 각 목의 자를 말한다.

가. 신용카드업자와의 계약에 따라 신용카드회원·직불카드회원 또는 선불카드소지자(이하 "신용카드회원등"이라 한다)에게 신용카드·직불(直拂)카드 또는 선불(先拂)카드(이하 "신용카드등"이라 한다)를 사용한 거래에 의하여 물품의 판매 또는 용역의 제공 등을 하는 자

나. 신용카드업자와의 계약에 따라 신용카드회원등에게 물품의 판매 또는 용역의 제공 등을 하는 자를 위하여 신용카드등에 의한 거래를 대행(代行)하는 자(이하 "결제대행업체"라 한다)

5의2. "수납대행가맹점"이란 신용카드업자와의 별도의 계약에 따라 다른 신용카드가맹점을 위하여 신용카드등에 의한 거래에 필요한 행위로서 대통령령으로 정하는 사항을 대행하는 신용카드가맹점을 말한다.

6. "직불카드"란 직불카드회원과 신용카드가맹점 간에 전자적(電子的) 또는 자기적(磁氣的) 방법으로 금융거래계좌에 이체(移替)하는 등의 방법으로 결제가 이루어질 수 있도록 신용카드업자가 발행한 증표(자금)을 융통받을 수 있는 증표는 제외한다)를 말한다.

7. "직불카드회원"이란 신용카드업자와의 계약에 따라 그로부터 직불카드를 발급받은 자를 말한다.

8. "선불카드"란 신용카드업자가 대금을 미리 받고 이에 해당하는 금액을 기록(전자적 또는 자기적 방법에 따른 기록을 말한다)하여 발행한 증표로서 선불카드소지자가 신용카드가맹점에 제시하여 그 카드에 기록된 금액의 범위에서 결제할 수 있게 한 증표를 말한다.

9. "시설대여업"이란 시설대여를 업으로 하는 것을 말한다.

10. "시설대여"란 대통령령으로 정하는 물건(이하 "특정물건"이라 한다)을 새로 취득하거나 대여받아 거래상대방에게 대통령령으로 정하는 일정 기간 이상 사용하게 하고, 그 사용 기간 동안 일정한 대가를 정기적으로 나누어 지급받으며, 그 사용 기간이 끝난 후의 물건의 처분에 관하여는 당사자 간의 약정(約定)으로 정하는 방식의 금융을 말한다.

11. "연불판매(延拂販賣)"란 특정물건을 새로 취득하여 거래상대방에게 넘겨주고, 그 물건의 대금·이자 등을 대통령령으로 정하는 일정한 기간 이상 동안 정기적으로 나누어 지급받으며, 그 물건의 소유권 이전 시

기와 그 밖의 조건에 관하여는 당사자 간의 약정으로 정하는 방식의 금융을 말한다.

12. "할부금융업"이란 할부금융을 업으로 하는 것을 말한다.

13. "할부금융"이란 재화(財貨)와 용역의 매매계약(賣買契約)에 대하여 매도인(賣渡人) 및 매수인(買受人)과 각각 약정을 체결하여 매수인에게 융자한 재화와 용역의 구매자금을 매도인에게 지급하고 매수인으로부터 그 원리금을 나누어 상환(償還)받는 방식의 금융을 말한다.

14. "신기술사업금융업"이란 제41조제1항 각 호에 따른 업무를 종합적으로 업으로서 하는 것을 말한다.

15. "여신전문금융회사"란 여신전문금융업에 대하여 제3조제1항 또는 제2항에 따라 금융위원회의 허가를 받거나 금융위원회에 등록을 한 자로서 제46조제1항 각 호에 따른 업무를 전업(專業)으로 하는 자를 말한다.

16. "겸영여신업자(兼營與信業者)"란 여신전문금융업에 대하여 제3조제3항 단서에 따라 금융위원회의 허가를 받거나 금융위원회에 등록을 한 자로서 여신전문금융회사가 아닌 자를 말한다.

17. "대주주"란 다음 각 목의 어느 하나에 해당하는 주주를 말한다.

가. 최대주주: 여신전문금융회사의 의결권 있는 발행주식 총수를 기준으로 본인 및 그와 대통령령으로 정하는 특수한 관계에 있는 자(이하 "특수관계인"이라 한다)가 누구의 명의로 하든지 자기의 계산으로 소유하는 주식을 합하여 그 수가 가장 많은 경우의 그 본인

나. 주요주주: 누구의 명의로 하든지 자기의 계산으로 여신전문금융회사의 의결권 있는 발행주식 총수의 100분의 10 이상의 주식을 소유하는 자 또는 임원의 임면 등의 방법으로 그 여신전문금융회사의 주요 경영사항에 대하여 사실상의 영향력을 행사하는 주주로서 대통령령으로 정하는 자

18. "신용공여"란 대출, 지급보증 또는 자금지원적 성격의 유가증권의 매입, 그 밖에 금융거래상의 신용위험이 따르는 여신전문금융회사의 직접적·간접적 거래로서 대통령령으로 정하는 것을 말한다.

19. "자기자본"이란 납입자본금·자본잉여금 및 이익잉여금 등의 합계액으로서 대통령령으로 정하는 것을 말한다.

[전문개정 2009.2.6]

제2장 허가 또는 등록 <개정 2009.2.6>

제3조【영업의 허가·등록】 ① 신용카드업을 하려는 자는 금융위원회의 허가를 받

아야 한다. 다만, 제3항제2호에 해당하는 자는 금융위원회에 등록하면 신용카드업을 할 수 있다.

② 시설대여업·할부금융업 또는 신기술사업금융업을 하고 있거나 하려는 자로서 이 법을 적용받으려는 자는 업별(業別)로 금융위원회에 등록하여야 한다.

③ 제1항이나 제2항에 따라 허가를 받거나 등록을 할 수 있는 자는 여신전문금융회사이거나 여신전문금융회사가 되려는 자로 제한한다. 다만, 다음 각 호의 어느 하나에 해당하는 자는 그러하지 아니하다.

1. 다른 법률에 따라 설립되거나 금융위원회의 인가(認可) 또는 허가를 받은 금융기관으로서 대통령령으로 정하는 자

2. 경영하고 있는 사업의 성격상 신용카드업을 겸하여 경영하는 것이 바람직하다고 인정되는 자로서 대통령령으로 정하는 자

④ 금융위원회는 제1항에 따른 허가에 조건을 붙일 수 있다.

[전문개정 2009.2.6]

제4조 【허가·등록의 신청】 제3조제1항 또는 제2항에 따라 허가를 받거나 등록을 하려는 자는 다음 각 호의 사항을 적은 허가신청서나 등록신청서에 대통령령으로 정하는 서류를 첨부하여 금융위원회에 제출하여야 한다.

1. 상호(商號) 및 주된 사무소의 소재지

2. 자본금 및 출자자(총리령으로 정하는 소액출자자는 제외한다)의 성명 또는 명칭과 그 지분율(持分率)

3. 임원의 성명

4. 경영하려는 여신전문금융업

5. 여신전문금융회사가 되려는 자는 그 취지

6. 겸영여신업자가 되려는 자는 경영하고 있는 사업의 내용

[전문개정 2009.2.6]

제5조 【자본금】 ① 여신전문금융업의 허가를 받거나 등록을 하여 여신전문금융회사가 될 수 있는 자는 주식회사로서 자본금이 다음 각 호의 어느 하나에 따른 금액 이상인 자로 제한한다.

1. 2개 이하의 여신전문금융업을 하려는 경우: 200억원

2. 3개 이상의 여신전문금융업을 하려는 경우: 400억원

② 제3조제3항제2호에 따른 겸영여신업자로

서 신용카드업의 등록을 할 수 있는 자는 주식회사로서 자본금과 자기자본이 20억원 이상인 자로 제한한다.

[전문개정 2009.2.6]

제6조【허가·등록의 요건】 ① 다음 각 호의 어느 하나에 해당하는 자는 제3조에 따른 허가를 받거나 등록을 할 수 없다.

1. 제10조 또는 제57조제2항·제3항에 따라 등록·허가가 말소(抹消)되거나 취소된 날부터 3년이 지나지 아니한 법인 및 그 말소 또는 취소 당시 그 법인의 대통령령으로 정하는 출자자이었던 자로서 말소되거나 취소된 날부터 3년이 지나지 아니한 자

2. 「채무자 회생 및 파산에 관한 법률」에 따른 회생절차 중에 있는 회사 및 그 회사의 출자자 중 대통령령으로 정하는 출자자

3. 금융거래 등 상거래에서 약정한 날까지 채무(債務)를 변제(辨濟)하지 아니한 자로서 대통령령으로 정하는 자

4. 허가신청일 및 등록신청일을 기준으로 최근 3년 동안 대통령령으로 정하는 금융관계 법령(이하 "금융관계법령"이라 한다)을 위반하여 벌금형 이상의 처벌을 받은 사실이 있는 자

5. 대통령령으로 정하는 재무건전성기준에 미치지 못하는 자(허가의 경우만 해당한다)

6. 제1호부터 제5호까지의 어느 하나에 해당하는 자가 출자자인 법인으로서 대통령령으로 정하는 법인

7. 신기술사업금융업자와 투자자 간, 특정투자자와 다른 투자자 간의 이해관계의 충돌을 방지하기 위한 체계를 갖추지 아니한 자(제44조의2에 따른 공모신기술투자조합을 결성하려는 신기술사업금융업자만 해당한다)

② 제3조제1항 본문에 따라 신용카드업의 허가를 받으려는 자는 다음 각 호의 요건을 갖추어야 한다.

1. 제5조에 따른 자본금을 보유할 것

2. 거래자를 보호하고 취급하려는 업무를 하기에 충분한 전문인력과 전산설비 등 물적(物的) 시설을 갖추고 있을 것

3. 사업계획이 타당하고 건전할 것

4. 대주주(최대주주의 특수관계인인 주주를 포함하며, 최대주주가 법인인 경우에는 그 법인의 주요 경영사항에 대하여 사실상의 영향력을 행사하고 있는 주주로서 대통령령으로 정하는 자를 포함한다)가 충분한 출자능력, 건전한 재무상태 및 사회적 신용을 갖추고 있을 것

③ 여신전문금융회사(제3조제1항 본문에 따

라 허가를 받아 신용카드업을 하고 있는 회사만 해당한다)의 주식을 취득하여 대주주가 되려는 자는 제2항제4호 및 제6항에 따른 대주주의 요건 중 건전한 경영을 위하여 대통령령으로 정하는 요건을 갖추어 미리 금융위원회의 승인을 받아야 한다.

④ 금융위원회는 제3항에 따른 승인 없이 취득된 주식에 대하여는 6개월 안의 기간을 정하여 처분할 것을 명할 수 있다.

⑤ 제3항에 따른 승인 없이 주식을 취득한 자는 그 취득분에 대하여 의결권을 행사할 수 없다.

⑥ 제2항부터 제4항까지의 규정에 따른 허가·승인 또는 처분명령의 세부 요건은 대통령령으로 정한다.

[전문개정 2009.2.6]

　제6조의2 【허가요건의 유지】 제3조제1항 본문에 따라 허가를 받아 신용카드업을 하고 있는 자는 제6조제2항제2호에서 정한 요건을 신용카드업의 허가를 받은 이후에도 계속 유지하여야 한다. 다만, 해당 회사의 경영건전성 확보, 거래자 등의 이익 보호를 위하여 대통령령으로 정하는 경우로서 금융위원회의 승인을 받는 경우에는 제6조제2항제2호에서 정한 요건을 유지하지 아니할 수 있다.

[본조신설 2010.3.12]

　제7조 【허가·등록의 실시】 ① 금융위원회는 제4조에 따른 허가신청서를 제출받은 날부터 3개월 안에 허가 여부를 결정하여 신청인에게 통보하여야 한다.

② 금융위원회는 제4조에 따른 등록신청서를 제출한 자가 제5조와 제6조의 요건에 맞는 경우에는 지체 없이 등록을 하고 그 사실을 신청인에게 통보하여야 한다.

③ 금융위원회는 제4조에 따라 제출받은 서류에 잘못되거나 부족한 부분이 있으면 서류를 제출받은 날부터 10일 안에 보완을 요청할 수 있다. 이 경우 보완에 걸린 기간은 제1항에 따른 기간에 넣어 계산하지 아니한다.

[전문개정 2009.2.6]

　제8조 삭제 <1999.2.1>

　제9조 삭제 <1999.2.1>

　제10조 【신청에 의한 등록의 말소】 ① 제3조제1항 단서 또는 제2항에 따라 등록을 한 자는 대통령령으로 정하는 바에 따라 그 등록의 말소를 신청할 수 있다.

② 금융위원회는 제1항에 따른 신청을 받으면 지체 없이 그 등록을 말소한다.

[전문개정 2009.2.6]

제11조【허가 등의 공고】 금융위원회는 다음 각 호의 어느 하나에 해당하면 지체 없이 그 내용을 관보(官報)에 공고(公告)하고 인터넷 홈페이지 등을 이용하여 일반인에게 알려야 한다.

1. 제3조제1항 또는 제2항에 따라 허가를 하거나 등록을 한 경우

2. 제10조제2항에 따라 등록을 말소한 경우

3. 제57조제1항부터 제3항까지의 규정에 따라 업무정지를 명하거나 허가 또는 등록을 취소한 경우

[전문개정 2009.2.6]

제3장 여신전문금융업 <개정 2009.2.6>

제1절 신용카드업 <개정 2009.2.6>

제12조【적용 범위】 이 절(節)은 신용카드업자가 하는 신용카드업과 제13조에 따른 부대업무(附帶業務)에 대하여 적용한다.

[전문개정 2009.2.6]

제13조【신용카드업자의 부대업무】 ① 신용카드업자는 대통령령으로 정하는 기준에 따라 다음 각 호에 따른 부대업무를 할 수 있다.

1. 신용카드회원에 대한 자금의 융통(融通)

2. 직불카드의 발행 및 대금의 결제

3. 선불카드의 발행·판매 및 대금의 결제

② 신용카드업자는 제1항에 따른 업무를 대통령령으로 정하는 바에 따라 제3자가 대행하도록 할 수 있다.

[전문개정 2009.2.6]

제14조【신용카드·직불카드의 발급】 ① 신용카드업자는 발급신청을 받아야만 신용카드나 직불카드를 발급할 수 있다. 다만, 이미 발급한 신용카드나 직불카드를 갱신하거나 대체 발급하는 것에 대하여 대통령령으로 정하는 바에 따라 신용카드회원이나 직불카드회원의 동의를 받은 경우에는 그러하지 아니하다.

② 신용카드업자는 제1항에 따른 발급신청이 다음 각 호의 요건을 갖추고 있는지를 확인하여야 한다. 다만, 제2호는 신용카드 발급신청인 경우에만 적용한다.

1. 본인이 신청할 것

2. 신용카드 한도액이 신용카드업자가 정하는 신용한도 산정(算定) 기준(다음 각 목의 사항이 포함되어야 한다)에 따른 개인신용

한도를 넘지 아니할 것

가. 소득과 재산에 관한 사항

나. 타인에 대한 지급 보증(保證)에 관한 사항

다. 신용카드이용대금을 결제할 수 있는 능력에 관한 사항

라. 신청인이 신용카드 발급 당시 다른 금융기관으로부터 받은 신용공여액(信用供與額)에 관한 사항

마. 그 밖에 신용한도 산정에 중요한 사항으로서 대통령령으로 정하는 사항

③ 신용카드업자는 다음 각 호의 요건을 갖춘 자에게 신용카드를 발급할 수 있다.

1. 제2항 각 호의 요건을 갖춘 자

2. 신용카드의 발급신청일 현재 대통령령으로 정하는 연령 이상인 자

3. 그 밖에 신용카드 발급에 중요한 요건으로서 대통령령으로 정하는 요건을 갖춘 자

④ 신용카드업자는 다음 각 호의 방법으로 신용카드회원을 모집하여서는 아니 된다.

1. 「방문판매 등에 관한 법률」 제2조제5호에 따른 다단계판매를 통한 모집

2. 인터넷을 통한 모집방법으로서 대통령령으로 정하는 모집

3. 그 밖에 대통령령으로 정하는 모집

⑤ 신용카드업자는 신용카드나 직불카드를 발급하는 경우 그 약관(約款)과 함께 신용카드회원이나 직불카드회원의 권익(權益)을 보호하기 위하여 필요한 사항으로서 대통령령으로 정하는 사항을 신청자에게 서면(書面)으로 내주어야 한다. 다만, 신청자가 동의하면 팩스나 전자문서(「전자거래기본법」 제2조제1호에 따른 전자문서를 말한다)로 보낼 수 있다.

[전문개정 2009.2.6]

제14조의2【신용카드회원의 모집】 ① 신용카드회원을 모집할 수 있는 자는 다음 각 호의 어느 하나에 해당하는 자이어야 한다.

1. 해당 신용카드업자의 임직원

2. 신용카드업자를 위하여 신용카드 발급계약의 체결을 중개(仲介)하는 자(이하 "모집인"이라 한다)

3. 신용카드업자와 신용카드회원의 모집에 관하여 업무 제휴(提携) 계약을 체결한 자(신용카드회원의 모집을 주된 업으로 하는 자는 제외한다) 및 그 임직원

② 신용카드회원을 모집하는 자가 모집할 때 지켜야 할 사항과 모집방법에 관하여 필요한 사항은 대통령령으로 정한다.

[전문개정 2009.2.6]

제14조의3 【모집인의 등록】 ① 신용카드업자는 소속 모집인이 되고자 하는 자를 금융위원회에 등록하여야 한다. <개정 2010.3.12>

② 다음 각 호의 어느 하나에 해당하는 자는 모집인이 될 수 없다.

1. 금치산자 또는 한정치산자

2. 파산선고를 받고 복권되지 아니한 자

3. 이 법에 따라 벌금 이상의 실형(實刑)을 선고받고 그 집행이 끝나거나(집행이 끝난 것으로 보는 경우를 포함한다) 집행이 면제된 날부터 2년이 지나지 아니한 자

4. 이 법에 따라 모집인의 등록이 취소된 후 2년이 지나지 아니한 자

5. 영업에 관하여 성년자(成年者)와 같은 능력을 가지지 아니한 미성년자(未成年者)로서 그 법정대리인(法定代理人)이 제1호부터 제4호까지의 어느 하나에 해당하는 자

6. 법인 또는 법인이 아닌 사단(社團)이나 재단(財團)으로서 그 임원이나 관리인 가운데 제1호부터 제4호까지의 어느 하나에 해당하는 자가 있는 자

③ 금융위원회는 제1항에 따른 모집인의 등록에 관한 업무를 제62조제1항에 따른 여신전문금융업협회의 장에게 위탁한다.

④ 제62조에 따라 설립된 여신전문금융업협회는 모집인의 등록·관리, 건전한 모집질서 유지 및 신용카드회원등의 보호 등을 위하여 모집인운영협의회를 둘 수 있다. <신설 2010.3.12>

[전문개정 2009.2.6]

제14조의4 【등록의 취소 등】 ① 금융위원회는 모집인이 다음 각 호의 어느 하나에 해당하면 6개월 안의 기간을 정하여 그 업무의 정지를 명하거나 그 등록을 취소할 수 있다.

1. 이 법에 따른 명령이나 처분을 위반한 경우

2. 모집에 관한 이 법의 규정을 위반한 경우

② 금융위원회는 모집인이 다음 각 호의 어느 하나에 해당하면 그 등록을 취소하여야 한다. <개정 2010.3.12>

1. 제14조의3제2항 각 호의 어느 하나에 해당하게 된 경우

2. 등록 당시 제14조의3제2항 각 호의 어느 하나에 해당하는 자이었음이 밝혀진 경우

3. 거짓이나 그 밖의 부정한 방법으로 제14조의3제1항에 따른 등록을 한 경우

4. 정당한 사유 없이 제14조의5제4항에 따른 조사를 거부하는 경우

③ 금융위원회는 제1항이나 제2항에 따라 업무의 정지를 명하거나 등록을 취소하려면 모집인에게 해명(解明)을 위한 의견제출의 기회를 주어야 한다.

④ 금융위원회는 모집인의 업무의 정지를 명하거나 등록을 취소한 경우에는 지체 없이 이유를 적은 문서로 그 뜻을 모집인에게 알려야 한다.

[전문개정 2009.2.6]

제14조의5 【모집질서 유지】 ① 신용카드업자는 제14조의2제1항 각 호의 어느 하나에 해당하는 자 외의 자에게 신용카드회원의 모집을 하게 하거나 모집에 관하여 수수료·보수, 그 밖의 대가를 지급하지 못한다.

② 모집인은 다음 각 호의 어느 하나의 행위를 하지 못한다.

1. 자신이 소속된 신용카드업자 외의 자를 위하여 신용카드회원을 모집하는 행위

2. 타인에게 신용카드회원의 모집을 하게 하거나 그 위탁을 하는 행위

3. 모집에 관하여 수수료·보수, 그 밖의 대가를 지급하는 행위

③ 신용카드회원을 모집하는 자는 제14조제4항 각 호의 행위 및 제24조의2(신용카드회원 모집행위와 관련된 행위에 한한다)에 따른 금지행위를 하여서는 아니 된다.

④ 금융위원회는 건전한 모집질서의 확립을 위하여 필요하다고 인정되는 경우에는 신용카드회원을 모집하는 자에 대하여 대통령령으로 정하는 바에 따라 조사를 할 수 있다.

⑤ 신용카드업자는 모집인의 행위가 이 법 또는 이 법에 따른 명령이나 조치에 위반된 사실을 알게 된 경우에는 이를 금융위원회에 신고하여야 한다.

⑥ 신용카드업자는 모집인에게 모집인이 신용카드회원을 모집할 때 지켜야 하는 사항을 교육하여야 한다.

⑦ 제6항에 따른 교육 내용 및 방법에 관하여 필요한 사항은 금융위원회가 정하여 고시한다.

[본조신설 2010.3.12]

제15조 【신용카드의 양도 등의 금지】 신

용카드는 양도(讓渡)·양수(讓受)하거나 질권(質權)을 설정(設定)할 수 없다.

[전문개정 2009.2.6]

제16조 【신용카드회원등에 대한 책임】
① 신용카드업자는 신용카드회원이나 직불카드회원으로부터 그 카드의 분실·도난 등의 통지를 받은 때부터 그 회원에 대하여 그 카드의 사용에 따른 책임을 진다.

② 신용카드업자는 제1항에 따른 통지 전에 생긴 신용카드의 사용에 대하여 대통령령으로 정하는 기간의 범위에서 책임을 진다.

③ 제2항에도 불구하고 신용카드업자는 신용카드의 분실·도난 등에 대하여 그 책임의 전부 또는 일부를 신용카드회원이 지도록 할 수 있다는 취지의 계약을 체결한 경우에는 그 신용카드회원에 대하여 그 계약내용에 따른 책임을 지도록 할 수 있다. 다만, 저항할 수 없는 폭력이나 자기 또는 친족의 생명·신체에 대한 위해(危害) 때문에 비밀번호를 누설(漏泄)한 경우 등 신용카드회원의 고의(故意) 또는 과실(過失)이 없는 경우에는 그러하지 아니하다.

④ 신용카드업자는 제1항에 따른 통지를 받은 경우에는 즉시 통지의 접수자, 접수번호, 그 밖에 접수사실을 확인할 수 있는 사항을 그 통지인에게 알려야 한다.

⑤ 신용카드업자는 신용카드회원등에 대하여 다음 각 호에 따른 신용카드등의 사용으로 생기는 책임을 진다.

1. 위조(僞造)되거나 변조(變造)된 신용카드등의 사용

2. 해킹, 전산장애, 내부자정보유출 등 부정한 방법으로 얻은 신용카드등의 정보를 이용한 신용카드등의 사용

3. 다른 사람의 명의를 도용(盜用)하여 발급받은 신용카드등의 사용(신용카드회원등의 고의 또는 중대한 과실이 있는 경우는 제외한다)

⑥ 제5항에도 불구하고 신용카드업자가 제5항제1호 및 제2호에 따른 신용카드등의 사용에 대하여 그 신용카드회원등의 고의 또는 중대한 과실을 증명하면 그 책임의 전부 또는 일부를 신용카드회원등이 지도록 할 수 있다는 취지의 계약을 신용카드회원등과 체결한 경우에는 그 신용카드회원등이 그 계약내용에 따른 책임을 지도록 할 수 있다.

⑦ 제3항 및 제6항에 따른 계약은 서면으로 한 경우에만 효력이 있으며, 신용카드회원등의 중대한 과실은 계약서에 적혀 있는 것만 해당한다.

⑧ 신용카드업자는 제1항·제2항·제5항 및 제17조에 따른 책임을 이행하기 위하여 보험이나 공제(共濟)에 가입하거나 준비금을 적립하는 등 필요한 조치를 하여야 한다.

⑨ 제5항제3호, 제6항 및 제7항에 따른 신용카드회원등의 고의 또는 중대한 과실의 범위는 대통령령으로 정한다.

⑩ 신용카드회원이 서면으로 신용카드의 이용금액에 대하여 이의를 제기할 경우 신용카드업자는 이에 대한 조사를 마칠 때까지 그 신용카드회원으로부터 그 금액을 받을 수 없다.

[전문개정 2009.2.6]

제16조의2 【가맹점의 모집】 신용카드업자는 신용카드가맹점을 모집하는 경우에는 신용카드가맹점을 경영하려는 자의 사업장을 방문하여 영업 여부 등을 확인하여야 한다.

[전문개정 2009.2.6]

제17조 【가맹점에 대한 책임】 ① 신용카드업자는 다음 각 호의 어느 하나에 해당하는 거래에 따른 손실을 신용카드가맹점이 부담하도록 할 수 없다. 다만, 신용카드업자가 그 거래에 대한 그 신용카드가맹점의 고의 또는 중대한 과실을 증명하면 그 손실의 전부 또는 일부를 신용카드가맹점이 부담하도록 할 수 있다는 취지의 계약을 신용카드가맹점과 체결한 경우에는 그러하지 아니하다.

1. 잃어버리거나 도난당한 신용카드를 사용한 거래

2. 위조되거나 변조된 신용카드를 사용한 거래

3. 해킹, 전산장애, 내부자정보유출 등 부정한 방법으로 얻은 신용카드등의 정보를 이용하여 신용카드등을 사용한 거래

4. 다른 사람의 명의를 도용하여 발급받은 신용카드등을 사용한 거래

② 제1항 각 호 외의 부분 단서에 따른 계약은 서면으로 한 경우에만 효력이 있으며, 신용카드가맹점의 중대한 과실은 계약서에 적혀 있는 사항만 해당한다.

[전문개정 2009.2.6]

제18조 【거래조건의 주지의무】 신용카드업자는 다음 각 호의 사항을 총리령으로 정하는 방법에 따라 신용카드회원등과 신용카드가맹점에 알려야 한다.

1. 신용카드업자가 정하는 이자율·할인율·연체료율 등 각종 요율(料率)

2. 신용카드·직불카드 이용금액의 결제방법

3. 제16조에 따른 신용카드회원등에 대한 책임

4. 제17조와 제19조에 따른 신용카드가맹점에 대한 책임과 신용카드가맹점의 준수 사항

5. 그 밖에 총리령으로 정하는 사항

[전문개정 2009.2.6]

제18조의2【가맹점 단체 설립 등】 ① 연간 매출규모 등 대통령령으로 정하는 기준에 해당하는 신용카드가맹점은 신용카드업자와 가맹점수수료 등 거래조건(이하 이 조에서 "거래조건"이라 한다)과 관련하여 합리적으로 계약을 체결·유지하기 위하여 단체를 설립할 수 있다.

② 금융위원회는 신용카드업자가 신용카드가맹점과의 거래조건과 관련하여 합리적으로 계약을 체결·유지하고 있는지 여부를 확인하기 위하여 신용카드업자에게 필요한 자료의 제출을 요구할 수 있다.

③ 금융위원회는 제2항에 따라 신용카드업자가 신용카드가맹점과의 거래조건과 관련하여 합리적으로 계약을 체결·유지하고 있는지 여부를 확인함에 있어서 신용카드가맹점 매출규모 조사 등 업무상 필요하다고 인정하는 경우에는 국가기관·지방자치단체에 대하여 필요한 자료의 제공을 요청할 수 있다. 이 경우 자료의 제공을 요청받은 국가기관·지방자치단체는 정당한 사유 없이 이를 거부하여서는 아니 된다.

[본조신설 2010.3.12]

제19조【가맹점의 준수사항】 ① 신용카드가맹점은 신용카드로 거래한다는 이유로 신용카드 결제를 거절하거나 신용카드회원을 불리하게 대우하지 못한다. <개정 2010.3.12>

② 신용카드가맹점은 신용카드로 거래를 할 때마다 그 신용카드를 본인이 정당하게 사용하고 있는지를 확인하여야 한다.

③ 신용카드가맹점은 가맹점수수료를 신용카드회원이 부담하게 하여서는 아니 된다.

④ 신용카드가맹점은 다음 각 호의 어느 하나에 해당하는 행위를 하여서는 아니 된다. 다만, 결제대행업체의 경우에는 제1호·제4호 및 제5호를 적용하지 아니하고, 수납대행가맹점의 경우에는 제3호·제5호(제2조제5호의2에 따라 대행하는 행위에 한한다)를 적용하지 아니한다. <개정 2010.3.12>

1. 물품의 판매 또는 용역의 제공 등이 없이 신용카드로 거래한 것처럼 꾸미는 행위

2. 신용카드로 실제 매출금액 이상의 거래를 하는 행위

3. 다른 신용카드가맹점의 명의(名義)를 사용하여 신용카드로 거래하는 행위

4. 신용카드가맹점의 명의를 타인에게 빌려

주는 행위

5. 신용카드에 의한 거래를 대행하는 행위

⑤ 결제대행업체는 물품의 판매 또는 용역의 제공 등을 하는 자의 신용정보 및 신용카드에 의한 거래를 대행한 내용을 신용카드업자에게 제공하는 등 대통령령으로 정하는 사항을 지켜야 한다.

[전문개정 2009.2.6]

제19조의2 【수납대행가맹점의 준수사항】 수납대행가맹점은 다음 각 호의 사항을 준수하여야 한다.

1. 신용카드회원등의 신용정보 등이 업무 외의 목적에 사용되거나 외부에 유출되게 하지 아니할 것

2. 신용카드를 본인이 정당하게 사용하고 있는지를 확인할 것

3. 그 밖에 신용카드회원등의 신용정보보호 및 건전한 신용카드거래를 위하여 대통령령으로 정하는 사항

[본조신설 2010.3.12]

제20조 【매출채권의 양도금지 등】 ① 신용카드가맹점은 신용카드에 따른 거래로 생긴 채권(신용카드업자에게 가지는 매출채권을 포함한다. 이하 이 항에서 같다)을 신용카드업자 외의 자에게 양도하여서는 아니 되고, 신용카드업자 외의 자는 이를 양수하여서는 아니 된다. 다만, 신용카드가맹점이 신용카드업자에게 가지는 매출채권을 「자산유동화에 관한 법률」 제2조제1호에 따른 자산유동화를 위하여 양도하는 경우에는 신용카드가맹점은 신용카드에 따른 거래로 생긴 채권을 신용카드업자 외의 자에게 양도할 수 있고, 신용카드업자 외의 자도 이를 양수할 수 있다. <개정 2010.3.12>

② 신용카드가맹점이 아닌 자는 신용카드가맹점의 명의로 신용카드등에 의한 거래를 하여서는 아니 된다.

[전문개정 2009.2.6]

제21조 【가맹점의 해지의무 신용카드업자는 신용카드가맹점이 제19조 또는 제20조제1항을 위반하여 형을 선고받거나 관계 행정기관으로부터 같은 규정의 위반사실에 대하여 서면통보를 받는 등 대통령령으로 정하는 사유에 해당하는 경우에는 특별한 사유가 없으면 지체 없이 가맹점계약을 해지(解止)하여야 한다.

[전문개정 2009.2.6]

제22조 삭제 <2006.4.28>

제23조 【가맹점 모집·이용방식의 제한】 ① 제3조제1항 단서에 따라 신용카드업의 등록을 한 겸영여신업자가 모집할 수 있는

신용카드가맹점의 범위는 대통령령으로 정한다.

② 금융위원회는 신용카드 이용의 편의와 신용카드업자의 업무 효율화를 위하여 신용카드업자(제1항에 따른 겸영여신업자는 제외한다. 이하 이 항에서 같다)에 대하여 다른 신용카드업자의 매출전표(賣出錢票)를 상호 매입하거나 접수 및 대금지급을 대행하는 등의 방법으로 신용카드가맹점을 공동으로 이용할 것을 명할 수 있다.

③ 금융위원회는 제2항에 따라 신용카드가맹점을 공동으로 이용하도록 명하는 경우에는 가맹점수수료율이 각 신용카드업자에 의하여 자율적으로 결정되고 신용카드업자 간에 지급되는 대가가 적정한 수준으로 결정되도록 하는 등 신용카드업자 간의 공정한 경쟁이 제한되지 아니하도록 하여야 한다.

[전문개정 2009.2.6]

제24조 【신용카드등의 이용한도 제한 등】 금융위원회는 신용질서를 유지하고 소비자를 보호하기 위하여 신용카드업자가 지켜야 할 사항으로 다음 각 호에 대한 기준을 정하는 등 필요한 조치를 할 수 있다.

1. 신용카드에 의한 현금융통의 최고한도

2. 직불카드의 1회 또는 1일 이용한도

3. 선불카드의 총발행한도와 발행권면금액(發行券面金額)의 최고한도

4. 제14조제2항제2호에 따라 신용카드업자가 정하는 신용한도 산정 기준에 관한 사항

5. 신용카드 이용한도를 정할 때 지켜야 할 사항

6. 신용카드업자가 정하는 약관의 내용에 관한 사항

7. 가맹점 관리에 관한 사항

8. 채권을 추심할 때 지켜야 할 사항

9. 수수료율을 적용하기 위하여 회원을 분류할 때 지켜야 할 사항

10. 그 밖에 대통령령으로 정하는 사항

[전문개정 2009.2.6]

제24조의2 【신용카드업자의 금지행위】
① 신용카드업자는 소비자 보호 목적과 건전한 영업질서를 해칠 우려가 있는 다음 각 호의 행위(이하 "금지행위"라 한다)를 하여서는 아니 된다.

1. 신용카드 상품에 관한 충분한 정보를 제공하지 아니하거나, 과장되거나 거짓된 설명 등으로 신용카드회원등의 권익을 부당하게 침해하는 행위

2. 신용카드업자의 경영상태를 부실하게 할 수 있는 모집행위 또는 서비스 제공 등으로 신용카드등의 건전한 영업질서를 해치는 행위

② 금지행위의 세부적인 유형과 기준은 대통령령으로 정한다.

[본조신설 2009.2.6]

제25조【공탁】 ① 금융위원회는 선불카드를 발행한 신용카드업자에게 선불카드 발행총액의 100분의 10의 범위에서 대통령령으로 정하는 금액을 공탁할 것을 명할 수 있다.

② 제1항에 따른 공탁은 선불카드를 발행한 신용카드업자의 본점 또는 주된 사무소의 소재지에서 하여야 한다.

③ 제1항에 따른 공탁명령을 받은 자가 이를 이행한 때에는 지체 없이 그 사실을 금융위원회에 신고하여야 한다.

④ 제1항에 따라 공탁을 한 신용카드업자는 금융위원회의 승인을 받아 공탁물을 반환받을 수 있다.

⑤ 제1항에 따른 공탁물의 종류, 공탁의 시기, 그 밖에 공탁에 관하여 필요한 사항은 총리령으로 정한다.

[전문개정 2009.2.6]

제26조【공탁물의 배당 등】 ① 금융위원회는 제25조에 따라 공탁을 한 신용카드업자가 선불카드에 의하여 물품을 판매하거나 용역을 제공한 신용카드가맹점에 지급하여야 할 선불카드대금 및 미상환선불카드의 잔액을 상환할 수 없게 된 때에는 해당 신용카드업자가 공탁한 공탁물을 출급하여 해당 신용카드가맹점 및 미상환선불카드의 소지자(이하 "미상환채권자"라 한다)에게 배당을 실행할 자(이하 "권리실행자"라 한다)를 지정하고 총리령으로 정하는 바에 따라 이를 공고하여야 한다.

② 권리실행자가 될 수 있는 자는 대통령령으로 정한다.

③ 미상환채권자는 권리실행자에게 상환받지 못한 금액을 신고하여 배당을 받을 수 있다.

④ 권리실행자는 총리령으로 정하는 바에 따라 제3항에 따른 신고의 기간·방법 및 장소를 공고하여야 한다.

⑤ 권리실행자는 다른 채권에 우선하여 제3항에 따라 신고된 금액의 합계액과 소요비용을 합산한 총액의 범위에서 금융위원회의 승인을 받아 공탁물을 출급할 수 있다.

⑥ 권리실행자는 출급한 공탁물을 금융위원회가 정하는 방법 및 절차에 따라 미상환채권자에게 배당하여야 한다.

⑦ 제25조에 따라 공탁을 한 신용카드업자는 제1항부터 제6항까지의 규정에 따른 배당절차가 완료되기 전에는 해당 공탁물을 반환받을 수 없다.

[전문개정 2009.2.6]

제27조【유사명칭의 사용금지】 이 법에 따른 신용카드업자가 아니면 그 상호에 신용카드 또는 이와 비슷한 명칭을 사용하지 못한다.

[전문개정 2009.2.6]

   제2절   시설대여업   <개정 2009.2.6>

제28조【적용 범위】 이 절은 제3조제2항에 따라 시설대여업의 등록을 한 자(이하 "시설대여업자"라 한다)가 하는 시설대여업과 연불판매업무에 적용한다.

[전문개정 2009.2.6]

제29조【각종 자금의 이용】 시설대여업자와 시설대여 또는 연불판매 계약을 체결한 자(이하 "대여시설이용자"라 한다)가 기업의 설비투자를 지원하기 위하여 운용(運用)되는 자금의 융자대상자인 경우에는 시설대여업자가 그 대여시설이용자를 위하여 그 자금을 융자받아 특정물건을 취득하거나 대여받아 시설대여 또는 연불판매(이하 "시설대여등"이라 한다)를 할 수 있다.

[전문개정 2009.2.6]

제30조【「대외무역법」상의 특례】 시설대여업자가 시설대여등을 한 특정물건이 외화획득용 시설기재(施設機材)인 경우에는 대여시설이용자가 「대외무역법」 제16조제3항 본문에 따른 "그 수입에 대응하는 외화획득"을 하여야 한다.

[전문개정 2009.2.6]

제31조【「의료기기법」상의 특례】 ① 시설대여업자는 시설대여등의 목적으로 수입(輸入)하는 특정물건인 의료기기에 대하여 보건복지부장관이 지정하는 자의 시설과 기구를 이용하여 시험검사를 하는 경우에는 「의료기기법」 제14조제4항에도 불구하고 그 의료기기를 수입할 수 있다. <개정 2010.1.18>

② 시설대여업자는 제1항에 따라 수입한 특정물건인 의료기기를 「의료기기법」 제16조제1항에도 불구하고 신고하지 아니하고 양도할 수 있다.

[전문개정 2009.2.6]

제32조【행정처분상의 특례】 시설대여업자가 시설대여등의 목적으로 특정물건을 취득·수입하거나 대여받으려는 경우에 제30조와 제31조에 규정된 사항 외에 법령에 따

라 받아야 할 허가·승인·추천, 그 밖에 행정처분에 필요한 요건을 대여시설이용자가 갖춘 경우에는 시설대여업자가 해당 요건을 갖춘 것으로 본다.

[전문개정 2009.2.6]

제33조【등기·등록상의 특례】① 시설대여업자가 건설기계나 차량(車輛)의 시설대여등을 하는 경우에는 「건설기계관리법」 또는 「자동차관리법」에도 불구하고 대여시설이용자(연불판매의 경우 특정물건의 소유권을 취득한 자는 제외한다. 이하 같다)의 명의로 등록할 수 있다.

② 시설대여업자가 시설대여등의 목적으로 그 소유의 선박이나 항공기를 등기·등록하려는 경우 대여시설이용자가 「선박법」 제2조 또는 「항공법」 제6조에 따라 등기·등록에 필요한 요건을 갖추고 있는 경우에는 그 이용 기간 동안 시설대여업자가 그 요건을 갖추고 있는 것으로 본다.

[전문개정 2009.2.6]

제34조【의무이행상의 특례】① 대여시설이용자가 특정물건의 시설대여등을 받아 사용하는 경우에는 다른 법령에 따라 특정물건의 소유자에게 부과되는 검사 등 그 물건의 유지·관리에 관한 각종 의무를 대여시설이용자가 당사자로서 이행하여야 한다.

② 제1항에 따른 의무를 지게 된 시설대여업자는 지체 없이 이를 대여시설이용자에게 알려야 한다.

[전문개정 2009.2.6]

제35조【자동차 등의 손해배상책임】대여시설이용자가 이 법에 따라 건설기계나 차량의 시설대여등을 받아 운행하면서 위법행위로 다른 사람에게 손해를 입힌 경우에는 「자동차손해배상 보장법」 제3조를 적용할 때 시설대여업자를 자기를 위하여 자동차를 운행하는 자로 보지 아니한다.

[전문개정 2009.2.6]

제36조【시설대여등의 표시】① 시설대여업자는 시설대여등(연불판매에서 특정물건의 소유권을 이전한 경우는 제외한다)을 하는 특정물건에 총리령으로 정하는 바에 따라 시설대여등을 나타내는 표지(標識)를 붙여야 한다.

② 해당 특정물건의 시설대여등을 한 시설대여업자 외의 자는 제1항의 표지를 손괴 또는 제거하거나 그 내용 또는 붙인 위치를 변경하여서는 아니 된다.

[전문개정 2009.2.6]

제37조【중소기업에 대한 지원】① 금융위원회는 대통령령으로 정하는 바에 따라 시설대여업자에게 시설대여등의 연간 실행액의 일정 비율 이상을 중소기업(「중소기

업기본법」 제2조에 따른 중소기업을 말한다)에 대하여 운용하도록 명할 수 있다.

② 제1항에 따른 일정 비율은 100분의 50을 넘을 수 없다.

[전문개정 2009.2.6]

제3절 할부금융업 <개정 2009.2.6>

제38조【적용 범위】 이 절은 제3조제2항에 따라 할부금융업의 등록을 한 자(이하 "할부금융업자"라 한다)가 하는 할부금융업에 적용한다.

[전문개정 2009.2.6]

제39조【거래조건의 주지 의무】 할부금융업자는 할부금융계약을 체결한 재화와 용역의 매수인(이하 "할부금융이용자"라 한다)에게 다음 각 호의 사항이 적힌 서면을 내주어야 한다. 다만, 할부금융이용자의 동의가 있으면 팩스나 전자문서(「전자거래기본법」 제2조제1호에 따른 전자문서를 말한다)로 보낼 수 있다.

1. 할부금융업자가 정하는 이자율, 연체이자율 및 각종 요율. 이 경우 각종 요율은 취급수수료 등 그 명칭이 무엇이든 할부금융이용자가 할부금융업자에게 지급하는 금액이 포함되도록 산정하여야 한다.

2. 할부금융에 의한 대출액(이하 "할부금융자금"이라 한다)의 변제방법

3. 그 밖에 총리령으로 정하는 사항

[전문개정 2009.2.6]

제40조【할부금융업자의 준수사항】 ① 할부금융업자는 할부금융이용자에게 할부금융의 대상이 되는 재화 및 용역의 구매액(그 구매에 필요한 부대비용을 포함한다) 이상으로 할부금융자금을 대출할 수 없다.

② 할부금융업자는 할부금융자금을 할부금융의 대상이 되는 재화 및 용역의 매도인에게 직접 지급하여야 한다.

[전문개정 2009.2.6]

제4절 신기술사업금융업 <개정 2009.2.6>

제41조【적용 범위】 ① 이 절은 제3조제2항에 따라 신기술사업금융업의 등록을 한 자(이하 "신기술사업금융업자"라 한다)가 하는 다음 각 호의 업무에 적용한다.

1. 신기술사업자에 대한 투자

2. 신기술사업자에 대한 융자

3. 신기술사업자에 대한 경영 및 기술의 지도

4. 신기술사업투자조합의 설립

5. 신기술사업투자조합 자금의 관리·운용

② 제1항에서 "신기술사업자"란 「기술신용보증기금법」 제2조제1호에 따른 신기술사업자를 말한다.

③ 제1항제4호에서 "신기술사업투자조합"이란 신기술사업자에게 투자하기 위하여 설립된 조합으로서 다음 각 호의 어느 하나에 해당하는 조합을 말한다.

1. 신기술사업금융업자가 신기술사업금융업자 외의 자와 공동으로 출자하여 설립한 조합

2. 신기술사업금융업자가 조합자금을 관리·운용하는 조합

[전문개정 2009.2.6]

제42조【자금의 차입】 신기술사업금융업자는 제47조제1항에도 불구하고 정부 또는 대통령령으로 정하는 기금으로부터 신기술사업자에 대한 투자(投資)·융자(融資)에 필요한 자금을 차입(借入)할 수 있다.

[전문개정 2009.2.6]

제43조【세제상의 지원】 정부는 신기술사업금융업의 발전을 위하여 신기술사업금융업자, 신기술사업금융업자에게 투자한 자, 신기술사업투자조합 및 그 조합원에 대하여 「조세특례제한법」으로 정하는 바에 따라 세제(稅制)상의 지원을 할 수 있다.

[전문개정 2009.2.6]

제44조【신기술사업투자조합】 ① 신기술사업투자조합(이하 이 조에서 "조합"이라 한다)의 규약(規約)에는 다음 각 호의 내용이 포함되어야 한다.

1. 신기술사업금융업자가 그 조합의 자금을 관리·운용한다는 내용. 이 경우 신기술사업금융업자는 조합과의 계약에 따라 조합자금 운용업무의 전부 또는 일부를 신기술사업금융업자 외의 자에게 위탁할 수 있다.

2. 조합의 자금은 신기술사업자에게 투자한다는 내용

② 조합은 그 자금을 관리·운용함에 따라 생긴 투자수익(投資收益)의 100분의 20을 넘지 아니하는 범위에서 규약으로 정하는 바에 따라 조합의 업무를 집행하는 신기술사업금융업자에게 그 업무집행에 대한 대가로서 투자수익의 일부를 배분할 수 있다.

③ 조합은 그 자금을 관리·운용함에 따라 투자손실이 생긴 경우에는 규약으로 정하는 바에 따라 신기술사업금융업자 외의 자에게 유리하도록 손실의 분배비율을 정할 수 있다.

[전문개정 2009.2.6]

제44조의2 【공모신기술투자조합에 관한 특례】 「자본시장과 금융투자업에 관한 법률」 제11조부터 제16조까지, 제22조부터 제27조까지, 제29조부터 제32조까지, 제34조부터 제43조까지, 제48조, 제50조부터 제53조까지, 제56조, 제58조, 제60조부터 제65조까지, 제80조부터 제83조까지, 제85조제2호·제3호 및 제6호부터 제8호까지, 제86조부터 제95조까지, 제181조, 제183조, 제184조제1항·제2항·제5항부터 제7항까지, 제185조부터 제187조까지, 제218조부터 제223조까지, 제229조부터 제251조까지 및 제415조부터 제425조까지는 공모신기술투자조합(「자본시장과 금융투자업에 관한 법률」 제9조제19항에 따른 사모집합투자기구에 해당하지 아니하는 신기술투자조합을 말한다) 및 신기술사업금융업자(공모신기술투자조합이 아닌 신기술투자조합만을 설립하여 그 자금을 관리·운용하는 신기술사업금융업자를 제외한다)에 대하여는 적용하지 아니한다.

[본조신설 2007.8.3]

제45조 【신기술사업금융업자의 준수사항】 신기술사업금융업자는 제41조제1항제2호에 따른 융자업무를 하는 경우에 총리령으로 정하는 융자한도를 넘겨서는 아니 된다.

[전문개정 2009.2.6]

제4장 여신전문금융회사 <개정 2009.2.6>

제46조 【업무】 ① 여신전문금융회사가 할 수 있는 업무는 다음 각 호의 업무로 제한한다.

1. 제3조에 따라 허가를 받거나 등록을 한 여신전문금융업(시설대여업의 등록을 한 경우에는 연불판매업무를 포함한다)

2. 기업이 물품과 용역을 제공함으로써 취득한 매출채권(어음을 포함한다)의 양수·관리·회수(回收)업무

3. 대출(어음할인을 포함한다. 이하 이 조에서 같다)업무

4. 제13조제1항제2호 및 제3호에 따른 신용카드업자의 부대업무(신용카드업의 허가를 받은 경우만 해당한다)

5. 그 밖에 제1호부터 제4호까지의 규정과 관련된 업무로서 대통령령으로 정하는 업무

6. 제1호부터 제4호까지의 규정에 따른 업무와 관련된 신용조사 및 그에 따르는 업무

7. 소유하고 있는 인력·자산 또는 설비를 활용하는 업무로서 금융위원회가 정하는 업무

② 제1항제3호에 따른 대출업무는 대통령령으로 정하는 기준에 따라 하여야 한다.

[전문개정 2009.2.6]

제47조【자금조달방법】 ① 여신전문금융회사는 다음 각 호에서 정한 방법으로만 자금을 조달할 수 있다.

1. 다른 법률에 따라 설립되거나, 금융위원회의 인가 또는 허가를 받거나, 금융위원회에 등록한 금융기관으로부터의 차입

2. 사채(社債)나 어음의 발행

3. 보유하고 있는 유가증권의 매출

4. 보유하고 있는 대출채권(貸出債權)의 양도

5. 그 밖에 대통령령으로 정하는 방법

② 제1항제2호에 따른 사채나 어음의 발행 및 같은 항 제3호에 따른 유가증권의 매출에 대하여는 대통령령으로 정하는 바에 따라 그 방법이나 대상을 제한할 수 있다.

[전문개정 2009.2.6]

제48조【사채발행의 특례】 ① 여신전문금융회사는 「상법」 제470조에도 불구하고 자기자본의 10배에 해당하는 금액을 한도로 하여 사채를 발행할 수 있다. <개정 2009.2.6>

② 여신전문금융회사는 제1항에 따라 발행한 사채를 상환하기 위하여 일시적으로 그 한도를 넘겨 사채를 발행할 수 있다. 이 경우에는 발행 후 1개월 안에 이미 발행한 사채를 상환하여야 한다. <개정 2009.2.6>

③ 삭제 <2007.8.3>

④ 제1항 및 제2항에서 정한 것 외에 사채의 발행에 관하여 필요한 사항은 대통령령으로 정한다. <개정 2009.2.6>

[제목개정 2009.2.6]

제49조【부동산의 취득제한】 ① 여신전문금융회사가 취득할 수 있는 업무용 부동산은 다음 각 호의 어느 하나에 해당하는 것으로 제한한다.

1. 본점(本店)·지점(支店), 그 밖의 사무소

2. 임직원용 사택(社宅), 합숙소 및 직원 연수원

3. 그 밖에 업무에 직접 필요한 부동산으로서 총리령으로 정하는 것

② 금융위원회는 여신전문금융회사가 너무 많은 부동산을 보유하는 것을 제한할 필요가 있다고 인정하면 여신전문금융회사가 제1항에 따라 취득할 수 있는 업무용 부동산

의 총액을 자기자본의 100분의 100 이상 일정 비율 이내로 제한할 수 있다.

③ 제2항에 따른 업무용 부동산의 총액은 장부가액(帳簿價額)을 기준으로 산출(算出)한다.

④ 여신전문금융회사는 다음 각 호의 어느 하나에 해당하는 경우에만 업무용 부동산 외의 부동산을 취득할 수 있다.

1. 해당 부동산이 시설대여나 연불판매의 목적물인 경우

2. 담보권(擔保權)을 실행하여 부동산을 취득하는 경우

[전문개정 2009.2.6]

제50조 【대주주와의 거래 등의 제한】 ① 여신전문금융회사가 그의 대주주(대통령령으로 정하는 대주주의 특수관계인을 포함한다. 이하 이 조에서 같다)에게 제공할 수 있는 신용공여의 합계액은 그 여신전문금융회사의 자기자본의 100분의 100을 넘을 수 없으며, 대주주는 그 여신전문금융회사로부터 그 한도를 넘겨 신용공여를 받아서는 아니 된다.

② 여신전문금융회사는 그의 대주주에게 제1항의 범위에서 대통령령으로 정하는 금액 이상의 신용공여(대통령령으로 정하는 거래를 포함한다. 이하 이 조에서 같다)를 하거나 그의 대주주가 발행한 주식을 대통령령으로 정하는 금액 이상으로 취득하려는 경우에는 미리 이사회의 결의를 거쳐야 한다. 이 경우 이사회는 재적이사 전원의 찬성으로 의결한다.

③ 여신전문금융회사는 그의 대주주에게 제2항에 따라 대통령령으로 정하는 금액 이상의 신용공여를 하거나 대주주가 발행한 주식을 대통령령으로 정하는 금액 이상으로 취득한 경우에는 그 사실을 금융위원회에 지체 없이 보고하고, 인터넷 홈페이지 등을 이용하여 공시하여야 한다.

④ 여신전문금융회사는 제3항에 따른 보고 사항 중 대통령령으로 정하는 사항을 종합하여 분기별로 금융위원회에 보고하고, 인터넷 홈페이지 등을 이용하여 공시하여야 한다.

⑤ 여신전문금융회사는 추가적인 신용공여를 하지 아니하였음에도 불구하고 자기자본의 변동, 대주주의 변경 등으로 제1항에 따른 한도를 넘게 되는 경우에는 대통령령으로 정하는 기간 내에 제1항에 따른 한도에 적합하도록 하여야 한다.

⑥ 제5항에도 불구하고 여신전문금융회사는 신용공여의 기한 및 규모 등에 따른 부득이한 사유가 있으면 금융위원회의 승인을 받아 그 기간을 연장할 수 있다.

⑦ 제6항에 따른 승인을 받으려는 여신전문

금융회사는 제5항에 따른 기간이 만료되기 3개월 전까지 제1항에 따른 한도에 적합하도록 하기 위한 세부계획서를 금융위원회에 제출하여야 하고, 금융위원회는 세부계획서를 제출받은 날부터 1개월 내에 승인 여부를 결정·통보하여야 한다.

[전문개정 2009.2.6]

제50조의2【자금지원 관련 금지행위 등】
① 여신전문금융회사는 다른 금융기관(「금융산업의 구조개선에 관한 법률」 제2조제1호에 따른 금융기관을 말한다. 이하 이 조에서 같다) 또는 다른 회사와 다음 각 호의 행위를 하여서는 아니 된다.

1. 제50조에 따른 여신한도의 제한을 피하기 위하여 의결권(議決權) 있는 주식을 서로 교차(交叉)하여 보유하거나 여신을 하는 행위

2. 「상법」 제341조 또는 「자본시장과 금융투자업에 관한 법률」 제165조의2에 따른 자기주식(自己株式) 취득의 제한을 피하기 위하여 주식을 서로 교차하여 취득하는 행위

3. 그 밖에 거래자의 이익을 크게 해칠 우려가 있는 행위로서 대통령령으로 정하는 행위

② 제1항을 위반하여 취득한 주식에 대하여는 의결권을 행사할 수 없다.

③ 여신전문금융회사는 해당 여신전문금융회사의 주식을 매입하도록 하기 위한 여신이나 제50조에 따른 여신한도의 제한을 피하기 위한 자금중개 등의 행위를 하여서는 아니 된다.

④ 금융위원회는 제1항이나 제3항을 위반하여 주식을 취득하거나 여신을 한 여신전문금융회사에 대하여 그 주식의 처분 또는 여신액의 회수를 명하는 등 필요한 조치를 할 수 있다.

⑤ 여신전문금융회사의 대주주(그의 특수관계인을 포함한다. 이하 이 항에서 같다)는 회사의 이익에 반하여 대주주 자신의 이익을 목적으로 다음 각 호의 어느 하나에 해당하는 행위를 하여서는 아니 된다.

1. 부당한 영향력을 행사하기 위하여 여신전문금융회사에 대하여 외부에 공개되지 아니한 자료나 정보의 제공을 요구하는 행위. 다만, 제50조의7제3항에 따라 주주의 권리를 행사하는 경우는 제외한다.

2. 경제적 이익 등 반대급부의 제공을 조건으로 다른 주주와 담합하여 여신전문금융회사의 인사 또는 경영에 부당한 영향력을 행사하는 행위

3. 그 밖에 제1호 및 제2호에 준하는 행위로서 대통령령으로 정하는 행위

[전문개정 2009.2.6]

제50조의3 【임원의 자격요건】 다음 각 호의 어느 하나에 해당하는 자는 여신전문금융회사의 임원(이사(理事)·감사(監事) 또는 사실상 이와 동등한 지위에 있는 자로서 대통령령으로 정하는 자를 말한다. 이하 이 조에서 같다) 이 될 수 없으며, 임원이 된 후에 이에 해당하게 된 경우에는 그 직(職)을 잃는다.

1. 미성년자·한정치산자 또는 금치산자

2. 파산선고를 받고 복권되지 아니한 자

3. 금고 이상의 실형을 선고받고 그 집행이 끝나거나(집행이 끝난 것으로 보는 경우를 포함한다) 집행이 면제된 날부터 5년이 지나지 아니한 자

4. 이 법 또는 금융관계법령을 위반하여 벌금 이상의 형을 선고받고 그 집행이 끝나거나(집행이 끝난 것으로 보는 경우를 포함한다) 집행이 면제된 날부터 5년이 지나지 아니한 자

5. 금고 이상의 형의 집행유예를 선고받고 그 유예기간 중에 있는 자

6. 이 법 또는 금융관계법령에 따라 해임되거나 징계면직(懲戒免職)된 날부터 5년이 지나지 아니한 자

7. 이 법 또는 금융관계법령에 따라 영업의 허가·인가 또는 등록이 취소된 법인이나 회사의 임직원이었던 자(그 취소사유의 발생에 직접적인 책임이 있거나 이에 상응(상응)하는 책임이 있는 자로서 대통령령으로 정하는 자만 해당한다)로서 그 법인이나 회사에 대한 취소처분이 있었던 날부터 5년이 지나지 아니한 자

8. 「금융산업의 구조개선에 관한 법률」 제10조제1항에 따라 금융위원회로부터 적기시정조치(適期是正措置)를 받거나 같은 법 제14조제2항에 따라 계약이전의 결정 등 행정처분(이하 "적기시정조치등"이라 한다)을 받은 금융기관(같은 법 제2조제1호에 따른 금융기관을 말한다. 이하 이 호에서 같다)의 임원이나 직원으로 재임(在任)하거나 재직(在職)하였던 자(그 적기시정조치등을 받게 된 원인에 직접적인 책임이 있거나 이에 상응하는 책임이 있는 자로서 대통령령으로 정하는 자만 해당한다)로서 그 적기시정조치등을 받은 날부터 2년이 지나지 아니한 자

9. 이 법 또는 금융관계법령에 따라 재임 중이었거나 재직 중이었더라면 해임이나 징계면직의 조치를 받았을 것으로 통보된 퇴임한 임원 또는 퇴직한 직원으로서 그 통보된 날부터 5년(통보된 날부터 5년이 되는 날이 퇴임하거나 퇴직한 날부터 7년을 넘긴 경우에는 퇴임하거나 퇴직한 날부터 7년으로 한다)이 지나지 아니한 자

10. 이 법 또는 금융관계법령에 따라 대통령령으로 정하는 정직·업무집행정지 이상의 제재조치를 받은 자로서 대통령령으로 정하는 기간이 지나지 아니한 자

11. 이 법 또는 금융관계법령에 따라 재임 중이었거나 재직 중이었더라면 제10호에 따른 정직·업무집행정지 이상의 제재조치 요구를 받았을 것으로 통보된 퇴임한 임원 또는 퇴직한 직원으로서 그 통보된 날부터 대통령령으로 정하는 기간(그 기간이 퇴임하거나 퇴직한 날부터 6년을 넘긴 경우에는 퇴임하거나 퇴직한 날부터 6년으로 한다)이 지나지 아니한 자

[전문개정 2009.2.6]

제50조의4 【사외이사의 선임】 ① 여신전문금융회사(자산·취급업무 등을 고려하여 대통령령으로 정하는 기준에 해당하는 여신전문금융회사만 해당한다. 이하 이 조에서 같다)는 이사회의 상무(常務)를 하지 아니하는 이사로서 제4항 각 호의 어느 하나에 해당하지 아니하는 자(이하 "사외이사"라 한다)를 3명 이상 두어야 한다. 이 경우 사외이사의 수는 이사 총수의 2분의 1 이상이 되어야 한다.

② 여신전문금융회사는 사외이사후보를 추천하기 위하여 「상법」 제393조의2에 따른 위원회(이하 "사외이사후보추천위원회"라 한다)를 설치하여야 한다. 이 경우 사외이사후보추천위원회는 사외이사의 수가 총 위원의 2분의 1 이상이 되도록 구성되어야 한다.

③ 사외이사는 제2항에 따른 사외이사후보추천위원회의 추천을 받은 자 중에서 주주총회에서 선임한다.

④ 다음 각 호의 어느 하나에 해당하는 자는 사외이사가 될 수 없으며, 사외이사가 된 후 이에 해당하게 된 경우에는 그 직을 잃는다.

1. 미성년자·한정치산자 또는 금치산자

2. 파산선고를 받고 복권되지 아니한 자

3. 금고 이상의 실형을 선고받고 그 집행이 끝나거나(집행이 끝난 것으로 보는 경우를 포함한다) 집행이 면제된 날부터 2년이 지나지 아니한 자

4. 이 법에 따라 해임되거나 면직된 후 2년이 지나지 아니한 자

5. 최대주주

6. 최대주주의 특수관계인

7. 주요주주 및 그의 배우자와 직계 존속·비속

8. 그 여신전문금융회사 또는 계열회사(「독점규제 및 공정거래에 관한 법률」에 따른 계열회사를 말한다. 이하 같다)의 상근

임직원이나 최근 2년 내에 상근 임직원이었던 자

9. 그 여신전문금융회사의 상근 임원의 배우자 및 직계 존속·비속

10. 그 여신전문금융회사와 대통령령으로 정하는 중요한 거래관계가 있거나 사업상 경쟁관계 또는 협력관계에 있는 법인의 상근 임직원이거나 최근 2년 내에 상근 임직원이었던 자

11. 그 여신전문금융회사의 상근 임직원이 비상임이사로 있는 회사의 상근 임직원

12. 그 밖에 사외이사로서 직무를 충실하게 이행하기 어렵거나 그 여신전문금융회사의 경영에 영향을 미칠 수 있는 자로서 대통령령으로 정하는 자

⑤ 여신전문금융회사는 사외이사의 사임(辭任)이나 사망 등의 사유로 이사회의 구성이 제1항의 요건에 맞지 아니하게 되면 그 사유가 생긴 날 이후에 최초로 소집되는 주주총회에서 이사회의 구성이 제1항의 요건에 맞도록 하여야 한다.

⑥ 최초로 제1항의 요건에 해당하게 되어 사외이사를 두어야 하는 여신전문금융회사에 대하여는 제2항 후단을 적용하지 아니한다.

[전문개정 2009.2.6]

제50조의5【감사위원회】 ① 여신전문금융회사(자산·취급업무 등을 고려하여 대통령령으로 정하는 기준에 해당하는 여신전문금융회사만 해당한다. 이하 이 조에서 같다)는 감사위원회(「상법」 제415조의2에 따른 감사위원회를 말한다. 이하 같다)를 설치하여야 한다.

② 감사위원회의 구성은 다음 각 호의 요건 모두에 적합하여야 한다.

1. 총위원의 3분의 2 이상이 사외이사일 것

2. 위원 중 1명 이상은 대통령령으로 정하는 회계 또는 재무 전문가일 것

③ 제50조의4제4항제1호부터 제4호까지 및 제7호부터 제9호까지의 어느 하나에 해당하는 자는 감사위원회의 사외이사가 아닌 위원이 될 수 없으며, 위원이 된 후 이에 해당하게 된 경우에는 그 직을 잃는다. 다만, 상근감사 또는 감사위원회의 사외이사가 아닌 위원으로 재임 중인 자는 제50조의4제4항제8호에 해당하더라도 감사위원회의 사외이사가 아닌 위원이 될 수 있다.

④ 여신전문금융회사는 감사위원회위원의 사임이나 사망 등의 사유로 감사위원회의 구성이 제2항의 요건에 맞지 아니하게 되면 그 사유가 생긴 날 이후에 최초로 소집되는 주주총회에서 감사위원회의 구성이 제2항의 요건에 맞도록 하여야 한다.

⑤ 제1항에 따른 감사위원회의 구성에 관하여는 「상법」 제415조의2제2항 단서를 적용하지 아니한다.

[전문개정 2009.2.6]

제50조의6【내부통제기준】 ① 여신전문금융회사는 법령을 지키고 재산운용을 건전하게 하며 고객을 보호하기 위하여 임직원이 그 직무를 수행할 때 따라야 할 기본적인 절차와 기준(이하 "내부통제기준"이라 한다)을 정하여야 한다.

② 여신전문금융회사는 내부통제기준을 지키는지를 점검하고, 내부통제기준을 위반하는 경우 이를 조사하여 감사(監査)하거나 감사위원회에 보고하는 자(이하 "준법감시인"이라 한다)를 1명 이상 두어야 한다.

③ 여신전문금융회사는 준법감시인을 임명하거나 면직하려면 이사회의 결의를 거쳐야 한다.

④ 준법감시인은 다음 각 호의 요건에 적합한 자이어야 한다.

1. 다음 각 목의 어느 하나에 해당할 것

가. 한국은행 또는 「금융위원회의 설치 등에 관한 법률」 제38조에 따른 검사대상기관(이에 준하는 외국금융기관을 포함한다)에서 10년 이상 근무한 경력이 있는 자

나. 금융관계 분야의 석사학위 이상의 학위 소지자로서 연구기관이나 대학에서 연구원이나 전임강사 이상의 직에 5년 이상 근무한 경력이 있는 자

다. 변호사나 공인회계사의 자격을 가진 자로서 그 자격과 관련된 업무에 5년 이상 종사한 경력이 있는 자

라. 기획재정부·금융위원회·증권선물위원회 또는 금융감독원에서 5년 이상 근무한 경력이 있는 자로서 그 기관에서 퇴임하거나 퇴직한 후 5년이 지난 자

2. 제50조의3 각 호의 어느 하나에 해당하지 아니할 것

3. 최근 5년 동안 금융관계법령을 위반하여 금융위원회나 금융감독원장으로부터 주의·경고의 요구 등에 해당하는 조치를 받은 사실이 없을 것

⑤ 제1항에 따른 내부통제기준 및 제2항에 따른 준법감시인에 관하여 필요한 사항은 대통령령으로 정한다.

[전문개정 2009.2.6]

제50조의7【소수주주권의 행사】 ① 6개월 이상 계속하여 여신전문금융회사(자산·취급업무 등을 고려하여 대통령령으로 정하는 기준에 해당하는 여신전문금융회사만 해

당한다. 이하 이 조에서 같다)의 발행주식 총수의 10만분의 5 이상에 해당하는 주식을 대통령령으로 정하는 바에 따라 보유한 자는 「상법」 제403조(「상법」 제324조, 제415조, 제424조의2, 제467조의2 및 제542조에서 준용하는 경우를 포함한다)에 따른 주주(株主)의 권리를 행사할 수 있다.

② 6개월 이상 계속하여 여신전문금융회사의 발행주식 총수의 100만분의 250 이상(대통령령으로 정하는 기준에 해당하는 여신전문금융회사인 경우에는 100만분의 125 이상)에 해당하는 주식을 대통령령으로 정하는 바에 따라 보유한 자는 「상법」 제402조에 따른 주주의 권리를 행사할 수 있다.

③ 6개월 이상 계속하여 여신전문금융회사의 발행주식 총수의 10만분의 50 이상(대통령령으로 정하는 기준에 해당하는 여신전문금융회사인 경우에는 10만분의 25 이상)에 해당하는 주식을 대통령령으로 정하는 바에 따라 보유한 자는 「상법」 제466조에 따른 주주의 권리를 행사할 수 있다.

④ 6개월 이상 계속하여 여신전문금융회사의 발행주식 총수의 10만분의 250 이상(대통령령으로 정하는 기준에 해당하는 여신전문금융회사인 경우에는 10만분의 125 이상)에 해당하는 주식을 대통령령으로 정하는 바에 따라 보유한 자는 「상법」 제385조(「상법」 제415조에서 준용하는 경우를 포함한다) 및 제539조에 따른 주주의 권리를 행사할 수 있다.

⑤ 6개월 이상 계속하여 여신전문금융회사의 발행주식 총수의 1만분의 50 이상(대통령령으로 정하는 기준에 해당하는 여신전문금융회사인 경우에는 1만분의 25 이상)에 해당하는 주식을 대통령령으로 정하는 바에 따라 보유한 자는 「상법」 제363조의2에 따른 주주의 권리를 행사할 수 있다. 이 경우 같은 조에 따른 주주의 권리를 행사할 경우에는 의결권 있는 주식을 기준으로 한다.

⑥ 6개월 이상 계속하여 여신전문금융회사의 발행주식 총수의 1만분의 150 이상(대통령령으로 정하는 기준에 해당하는 여신전문금융회사인 경우에는 1만분의 75 이상)에 해당하는 주식을 대통령령으로 정하는 바에 따라 보유한 자는 「상법」 제366조와 제467조에 따른 주주의 권리를 행사할 수 있다. 이 경우 같은 법 제366조에 따른 주주의 권리를 행사할 경우에는 의결권 있는 주식을 기준으로 한다.

⑦ 제1항에 따른 주주가 「상법」 제403조(같은 법 제324조, 제415조, 제424조의2, 제467조의2 및 제542조에서 준용하는 경우를 포함한다)에 따른 소송을 제기하여 승소(勝訴)한 경우에는 여신전문금융회사에 소송비용과 그 밖에 소송으로 인한 모든 비용의 지급을 청구할 수 있다.

[전문개정 2009.2.6]

제50조의8 【여신전문금융회사 등에 대한 자료제출의 요구 등】 ① 금융위원회는 여신전문금융회사 또는 그의 대주주가 제50조제1항부터 제5항까지 및 제50조의2제1항부터 제3항까지와 제5항을 위반한 혐의가 있다고 인정되면 여신전문금융회사 또는 그의 대주주에게 필요한 자료의 제출을 요구할 수 있다.

② 금융위원회는 여신전문금융회사의 대주주(회사만 해당한다)의 부채가 자산을 넘는 등 재무구조의 부실로 그 여신전문금융회사의 경영 건전성을 뚜렷이 해칠 우려가 있는 경우로서 대통령령으로 정하는 경우에는 그 여신전문금융회사에 대하여 다음 각 호의 조치를 할 수 있다.

1. 그 대주주에 대한 신규 신용공여의 금지

2. 그 대주주가 발행한 유가증권의 신규 취득 금지

3. 그 밖에 그 대주주에 대한 자금지원 성격의 거래제한 등 대통령령으로 정하는 조치

[전문개정 2009.2.6]

제51조 【유사상호의 사용금지】 이 법에 따른 여신전문금융회사가 아닌 자는 그 상호에 여신·신용카드·시설대여·리스·할부금융 또는 신기술금융과 같거나 비슷한 표시를 하여서는 아니 된다.

[전문개정 2009.2.6]

제52조 【다른 법률과의 관계】 ① 여신전문금융회사와 제3조제3항제2호에 따른 겸영여신업자에 대하여는 「한국은행법」 및 「은행법」을 적용하지 아니한다.

② 여신전문금융회사에 대하여 「금융산업의 구조개선에 관한 법률」을 적용하는 경우에는 같은 법 제3조부터 제10조까지, 제11조제1항·제4항 및 제5항, 제13조의2, 제14조, 제14조의2부터 제14조의4까지, 제14조의7, 제15조부터 제19조까지, 제24조, 제24조의2, 제24조의3 및 제26조부터 제28조까지의 규정만 적용한다. 다만, 신기술사업금융업자가 신기술사업자에게 투자하는 경우에는 같은 법 제24조를 적용하지 아니한다.

[전문개정 2009.2.6]

제5장 감독 <개정 2009.2.6>

제53조 【감독】 ① 금융위원회는 여신전문금융회사와 겸영여신업자(이하 "여신전문금융회사등"이라 한다)가 이 법 또는 이 법에 따른 명령을 지키는지를 감독한다. <개정 2009.2.6>

② 금융위원회는 제1항에 따른 감독을 위하여 필요한 경우에는 여신전문금융회사등에 대하여 그 업무 및 재무상태에 관한 보고를 하게 할 수 있다. <개정 2009.2.6>

③ 삭제 <2001.3.28>

④ 금융위원회는 여신전문금융회사등이 별표 각 호의 어느 하나에 해당하는 경우에는 금융감독원장의 건의에 따라 다음 각 호의 어느 하나에 해당하는 조치를 하거나 금융감독원장으로 하여금 제1호에 해당하는 조치를 하게 할 수 있다. <개정 2009.2.6>

1. 여신전문금융회사등에 대한 주의·경고 또는 그 임직원에 대한 주의·경고·문책(問責)의 요구

2. 해당 위반행위에 대한 시정명령

3. 임원의 해임권고·직무정지의 요구

⑤ 금융위원회는 퇴직한 여신전문금융회사등의 임원이나 직원이 재직 중이었더라면 제4항제1호 또는 제3호에 해당하는 조치를 받았을 것으로 인정되는 경우에는 그 조치의 내용을 금융감독원장으로 하여금 그 여신전문금융회사등의 장에게 통보하도록 할 수 있다. <개정 2009.2.6>

⑥ 제5항에 따른 통보를 받은 여신전문금융회사등의 장은 퇴직한 그 임원이나 직원에게 그 내용을 통보하고, 인사기록부에 기록·유지하여야 한다. <개정 2009.2.6>

[제목개정 2009.2.6]

제53조의2【검사】 ① 금융감독원장은 그 소속 직원으로 하여금 여신전문금융회사등의 업무와 재산상황을 검사하게 할 수 있다.

② 제1항에 따라 검사를 하는 자는 그 권한을 표시하는 증표를 지니고 이를 관계자에게 내보여야 한다.

③ 금융감독원장은 여신전문금융회사등에 대하여 검사에 필요한 장부·기록문서와 그 밖의 자료의 제출 또는 관계인의 출석 및 의견의 진술을 요구할 수 있다.

④ 금융감독원장은 「주식회사의 외부감사에 관한 법률」에 따라 여신전문금융회사등이 선임한 외부 감사인에게 그 여신전문금융회사등을 감사한 결과 알게 된 경영의 건전성과 관련되는 정보 및 자료의 제출을 요구할 수 있다.

[전문개정 2009.2.6]

제53조의3【건전경영의 지도】 ① 금융위원회는 여신전문금융회사의 건전한 경영을 지도하고 금융사고를 예방하기 위하여 대통령령으로 정하는 바에 따라 다음 각 호의 어느 하나에 해당하는 경영지도의 기준을 정할 수 있다.

1. 자본의 적정성에 관한 사항

2. 자산의 건전성에 관한 사항

3. 유동성(流動性)에 관한 사항

4. 그 밖에 경영의 건전성 확보를 위하여 필요한 사항

② 금융위원회는 여신전문금융회사가 제1항에 따른 경영지도의 기준에 미치지 못하는 등 경영의 건전성을 크게 해칠 우려가 있다고 인정되면 자본금의 증액(增額), 이익배당의 제한 등 경영을 개선하기 위하여 필요한 조치를 요구할 수 있다.

[전문개정 2009.2.6]

제54조【업무보고서 등의 제출】 ① 여신전문금융회사등은 금융위원회가 정하는 바에 따라 업무 및 경영실적에 관한 보고서를 작성하여 금융위원회에 제출하여야 한다.

② 여신전문금융회사는 다음 각 호의 어느 하나에 해당하는 경우에는 대통령령으로 정하는 바에 따라 그 사실을 금융위원회에 보고하여야 한다.

1. 상호 또는 명칭을 변경한 경우

2. 임원을 선임하거나 해임한 경우

3. 최대주주가 변경된 경우

4. 대주주 또는 그의 특수관계인의 소유주식이 의결권 있는 발행주식 총수의 100분의 1 이상 변동된 경우

[전문개정 2009.2.6]

제54조의2【경영의 공시】 ① 금융위원회는 여신전문금융회사에 대하여 경영상황에 관한 주요 정보와 자료를 공시(公示)하게 할 수 있다.

② 제1항에 따른 공시의 종류·범위 및 방법에 관하여 필요한 사항은 금융위원회가 정한다.

[전문개정 2009.2.6]

제54조의3【약관의 개정 등】 ① 여신전문금융회사등은 금융이용자의 권익을 보호하여야 하며, 금융거래와 관련된 약관(이하 "금융약관"이라 한다)을 제정하거나 개정하려는 경우에는 미리 금융위원회에 신고하여야 한다. 다만, 다음 각 호의 어느 하나에 해당하는 경우에는 금융약관을 제정하거나 개정한 후 10일 안에 금융위원회에 보고하여야 한다. <개정 2010.3.12>

1. 금융약관의 내용 중 금융이용자의 권리·의무와 관련이 없는 사항을 개정하는 경우

2. 제3항에 따른 표준약관을 그대로 사용하는 경우

3. 제정하거나 개정하려는 금융약관의 내용이 다른 여신전문금융회사등이 금융위원회

에 신고한 금융약관의 내용과 같은 경우

4. 제7항의 변경명령에 따라 금융약관 또는 표준약관을 변경한 경우

② 여신전문금융회사등은 금융약관을 제정하거나 개정한 경우에는 인터넷 홈페이지 등을 이용하여 공시하여야 한다. <개정 2010.3.12>

③ 제62조제1항에 따른 여신전문금융업협회는 건전한 거래질서를 확립하고 불공정한 내용의 금융약관이 통용되는 것을 막기 위하여 여신전문금융업 금융거래와 관련하여 표준이 되는 약관(이하 "표준약관"이라 한다)을 제정하거나 개정할 수 있다.

④ 여신전문금융업협회는 표준약관을 제정하거나 개정하려는 경우에는 금융위원회에 미리 신고하여야 한다.

⑤ 제1항에 따라 금융약관의 신고 또는 보고를 받거나 제4항에 따라 표준약관을 신고받은 금융위원회는 그 금융약관 또는 표준약관의 내용을 공정거래위원회에 통보하여야 한다.

⑥ 공정거래위원회는 제5항에 따라 통보받은 금융약관 또는 표준약관의 내용이 「약관의 규제에 관한 법률」 제6조부터 제14조까지의 규정에 위반된다고 인정하면 금융위원회에 그 사실을 통보하고 그 시정에 필요한 조치를 하도록 요청할 수 있으며, 금융위원회는 특별한 사유가 없으면 이에 따라야 한다.

⑦ 금융위원회는 금융약관 또는 표준약관이 이 법 또는 금융 관련 법령에 위반되거나 그 밖에 금융이용자의 이익을 해칠 우려가 있다고 인정하면 여신전문금융회사등 또는 여신전문금융업협회에 그 내용을 구체적으로 적은 서면으로 금융약관 또는 표준약관을 변경할 것을 명령할 수 있다. 금융위원회는 이 변경명령을 하기 전에 공정거래위원회와 협의하여야 한다. <개정 2010.3.12>

[본조신설 2009.2.6]

제55조【회계처리】 여신전문금융회사등은 자금운용과 업무성과를 분석할 수 있도록 허가를 받거나 등록을 한 여신전문금융업을 업종별로 다른 업무와 구분하여 회계처리를 하여야 한다.

[전문개정 2009.2.6]

제56조【감사인의 지정】 금융위원회는 여신전문금융회사가 이 법을 위반한 사실이 있는 등 대통령령으로 정하는 사유에 해당하면 증권선물위원회의 심의를 거쳐 그 여신전문금융회사의 감사인을 지정할 수 있다.

[전문개정 2009.2.6]

제57조【허가·등록의 취소 등】 ① 금융

위원회는 신용카드업자가 다음 각 호의 어느 하나에 해당하는 경우에는 6개월의 범위에서 기간을 정하여 신용카드업무 또는 제13조에 따른 부대업무의 전부 또는 일부의 정지를 명할 수 있다.

1. 제13조제1항에 따른 기준을 위반하여 같은 항 각 호에 따른 부대업무를 한 경우

2. 제14조, 제14조의2, 제16조, 제17조, 제18조, 제21조, 제23조제1항, 제24조의2·제25조제4항 또는 제46조를 위반한 경우

3. 제23조제2항, 제24조·제25조제1항, 제53조제4항, 제53조의3제2항에 따른 금융위원회의 명령이나 조치를 위반한 경우

② 금융위원회는 신용카드업자가 다음 각 호의 어느 하나에 해당하는 경우에는 그 허가 또는 등록을 취소할 수 있다. <개정 2010.3.12>

1. 거짓이나 그 밖의 부정한 방법으로 제3조제1항에 따른 허가를 받거나 등록을 한 경우

2. 제6조제1항제2호부터 제4호까지의 어느 하나에 해당하는 자인 경우(여신전문금융회사인 경우만 해당한다)

3. 제1항에 따른 업무의 정지명령을 위반한 경우

3의2. 제6조의2에 따른 허가요건 유지의무를 위반한 경우

4. 정당한 사유 없이 1년 이상 계속하여 영업을 하지 아니한 경우

5. 법인의 합병·파산·폐업 등으로 사실상 영업을 끝낸 경우

③ 금융위원회는 시설대여업자, 할부금융업자 또는 신기술사업금융업자가 다음 각 호의 어느 하나에 해당하는 경우에는 그 등록을 취소할 수 있다.

1. 거짓이나 그 밖의 부정한 방법으로 제3조제2항에 따른 등록을 한 경우

2. 제6조제1항제2호부터 제4호까지의 어느 하나에 해당하는 자인 경우(여신전문금융회사인 경우만 해당한다)

3. 제53조제4항 또는 제53조의3제2항에 따른 금융위원회의 명령이나 조치를 위반한 경우

4. 정당한 사유 없이 1년 이상 계속하여 영업을 하지 아니한 경우

5. 법인의 합병·파산·폐업 등으로 사실상 영업을 끝낸 경우

[전문개정 2009.2.6]

제58조 【과징금】 ① 금융위원회는 여신전문금융회사가 제46조, 제47조, 제48조 또는 제49조제1항·제4항을 위반하거나 제49조제2항에 따른 금융위원회의 명령을 위반한 경우에는 대통령령으로 정하는 바에 따라 1억원 이하의 과징금을 부과할 수 있다.

② 금융위원회는 신용카드업자가 제57조제1항 각 호의 어느 하나에 해당하는 경우에는 대통령령으로 정하는 바에 따라 업무정지처분 대신에 1억원 이하의 과징금을 부과할 수 있다.

③ 금융위원회는 다음 각 호의 어느 하나에 해당하는 경우에는 대통령령으로 정하는 바에 따라 5천만원 이하의 과징금을 부과할 수 있다.

1. 시설대여업자가 제37조에 따른 금융위원회의 명령을 위반한 경우

2. 할부금융업자가 제39조나 제40조를 위반한 경우

3. 신기술사업금융업자가 제45조를 위반한 경우

④ 금융위원회는 여신전문금융회사가 제50조제1항을 위반하여 신용공여를 한 경우에는 초과한 신용공여액의 100분의 20의 범위에서 과징금을 부과할 수 있다.

⑤ 제1항부터 제4항까지의 규정에 따른 과징금을 부과하는 위반행위의 종류와 위반정도 등에 따른 과징금의 금액과 그 밖에 필요한 사항은 대통령령으로 정한다.

⑥ 금융위원회는 제1항부터 제4항까지의 규정에 따른 과징금을 부과받은 자가 그 기한까지 납부하지 아니하면 국세 체납처분의 예에 따라 이를 징수한다.

⑦ 금융위원회는 대통령령으로 정하는 바에 따라 과징금의 징수 및 체납처분에 관한 업무를 국세청장에게 위탁할 수 있다.

[전문개정 2009.2.6]

제58조의2 【이의신청】 ① 제58조에 따른 과징금 부과처분에 대하여 불복하는 자는 그 처분의 고지를 받은 날부터 30일 이내에 그 사유를 갖추어 금융위원회에 이의를 신청할 수 있다.

② 금융위원회는 제1항에 따른 이의신청에 대하여 60일 이내에 결정을 하여야 한다. 다만, 부득이한 사정으로 그 기간 이내에 결정을 할 수 없을 경우에는 30일의 범위에서 그 기간을 연장할 수 있다.

③ 금융위원회는 제2항 단서에 따라 결정기간을 연장하는 경우에는 지체 없이 제1항에 따라 이의를 신청한 자에게 결정기간이 연장되었음을 통보하여야 한다.

[본조신설 2010.3.12]

제58조의3 【과오납금의 환급】 금융위원회는 과징금 납부의무자가 이의신청의 재결 또는 법원의 판결 등의 사유로 과징금 과오납금의 환급을 청구하는 경우에는 지체 없이 환급하여야 하며, 과징금 납부의무자의 청구가 없어도 금융위원회가 확인한 과오납금은 환급하여야 한다.

[본조신설 2010.3.12]

제58조의4 【환급가산금】 금융위원회는 제58조의3에 따라 과징금을 환급하는 경우에는 과징금을 납부한 날부터 환급한 날까지의 기간에 대하여 대통령령으로 정하는 가산금 이율을 적용하여 환급가산금을 환급받을 자에게 지급하여야 한다.

[본조신설 2010.3.12]

제59조 삭제 <2001.3.28>

제60조 【신용카드업의 허가 또는 등록 취소에 따른 조치】 신용카드업자는 제57조제2항에 따라 허가 또는 등록이 취소된 경우에도 그 처분전에 행하여진 신용카드에 의한 거래대금의 결제를 위한 업무를 계속 할 수 있다.

[전문개정 2009.2.6]

제61조 【청문】 금융위원회는 제57조제2항 또는 제3항에 따라 허가 또는 등록을 취소하려면 청문을 하여야 한다.

[전문개정 2009.2.6]

제6장 여신전문금융업협회 <개정 2009.2.6>

제62조 【설립】 ① 여신전문금융회사등은 여신전문금융업의 건전한 발전을 도모하기 위하여 여신전문금융업협회(이하 "협회"라 한다)를 설립할 수 있다. <개정 2009.2.6>

② 협회는 법인으로 한다. <개정 2009.2.6>

③ 여신전문금융회사등이 협회를 설립하려면 창립총회에서 정관을 작성한 후 금융위원회의 허가를 받아야 한다. <개정 2009.2.6>

④ 협회는 정관으로 정하는 바에 따라 회장·이사·감사, 그 밖의 임원을 둔다. <개정 2009.2.6>

⑤ 삭제 <1999.2.1>

⑥ 협회에 대하여 이 법에 특별한 규정이 없으면 「민법」 중 사단법인에 관한 규정을 준용한다. <개정 2009.2.6>

[제목개정 2009.2.6]

제63조 【가입】 협회는 여신전문금융회사등이 협회에 가입하려는 경우에 정당한 이

유 없이 그 가입을 거부하거나 가입에 부당한 조건을 부과하여서는 아니 된다.

[전문개정 2009.2.6]

제64조【업무】 협회는 다음 각 호의 업무를 한다.

1. 이 법 또는 그 밖의 법령을 지키도록 하기 위한 회원에 대한 지도와 권고

2. 회원에 대한 건전한 영업질서의 유지 및 이용자 보호를 위한 업무방식의 개선권고

3. 회원의 재무상태에 대한 분석

4. 이용자 민원의 상담·처리

5. 회원 간의 신용정보의 교환

6. 신용카드가맹점에 대한 정보 관리

7. 여신전문금융업과 여신전문금융회사의 발전을 위한 조사·연구

8. 표준약관의 제정 및 개정

9. 그 밖에 협회의 목적을 달성하기 위하여 필요한 업무

[전문개정 2009.2.6]

제65조【정관】 협회의 정관에는 다음 각 호의 사항이 포함되어야 한다.

1. 목적, 명칭 및 사무소의 소재지

2. 회원의 자격

3. 임원의 선출에 관한 사항

4. 업무 범위

5. 회비의 분담과 예산 및 회계에 관한 사항

6. 회의에 관한 사항과 그 밖에 협회의 운영에 필요한 사항

[전문개정 2009.2.6]

제66조 삭제 <1999.2.1>

제67조 삭제 <1999.2.1>

제68조 삭제 <1999.2.1>

제7장 보칙 <개정 2009.2.6>

제69조 삭제 <2009.2.6>

제69조의2【권한의 위탁】 ① 금융위원회는 여신전문금융회사에 대한 감독의 효율성을 높이기 위하여 필요한 경우에는 이 법에 따른 권한의 일부를 대통령령으로 정하는 바에 따라 금융감독원장에게 위탁할 수 있

다.

② 금융위원회는 거래자를 보호하기 위하여 필요하다고 인정하면 제1항에 따른 권한 외의 권한의 일부를 대통령령으로 정하는 바에 따라 협회 회장에게 위탁할 수 있다.

[전문개정 2009.2.6]

제8장 벌칙 <개정 2009.2.6>

제70조【벌칙】 ① 다음 각 호의 어느 하나에 해당하는 자는 7년 이하의 징역 또는 5천만원 이하의 벌금에 처한다.

1. 신용카드등을 위조하거나 변조한 자

2. 위조되거나 변조된 신용카드등을 판매하거나 사용한 자

3. 분실하거나 도난당한 신용카드나 직불카드를 판매하거나 사용한 자

4. 강취(强取)·횡령하거나, 사람을 기망(欺罔)하거나 공갈(恐喝)하여 취득한 신용카드나 직불카드를 판매하거나 사용한 자

5. 행사할 목적으로 위조되거나 변조된 신용카드등을 취득한 자

6. 거짓이나 그 밖의 부정한 방법으로 알아낸 타인의 신용카드 정보를 보유하거나 이를 이용하여 신용카드로 거래한 자

7. 제3조제1항에 따른 허가를 받지 아니하거나 등록을 하지 아니하고 신용카드업을 한 자

8. 거짓이나 그 밖의 부정한 방법으로 제3조제1항에 따른 허가를 받거나 등록을 한 자

9. 제50조제1항을 위반하여 대주주에게 신용공여를 한 여신전문금융회사와 그로부터 신용공여를 받은 대주주 또는 대주주의 특수관계인

10. 제50조의2제5항을 위반하여 같은 항 각 호의 어느 하나에 해당하는 행위를 한 대주주 또는 대주주의 특수관계인

② 다음 각 호의 어느 하나에 해당하는 자는 3년 이하의 징역 또는 2천만원 이하의 벌금에 처한다.

1. 거짓이나 그 밖의 부정한 방법으로 제3조제2항에 따른 등록을 한 자

2. 다음 각 목의 어느 하나에 해당하는 행위를 통하여 자금을 융통하여 준 자 또는 이를 중개·알선한 자

가. 물품의 판매 또는 용역의 제공 등을 가장하거나 실제 매출금액을 넘겨 신용카드로 거래하거나 이를 대행하게 하는 행위

나. 신용카드회원으로 하여금 신용카드로 구매하도록 한 물품·용역 등을 할인하여 매입하는 행위

다. 제15조를 위반하여 신용카드에 질권을 설정하는 행위

3. 제19조제4항제3호를 위반하여 다른 신용카드가맹점의 명의를 사용하여 신용카드로 거래한 자

4. 제19조제4항제5호를 위반하여 신용카드에 의한 거래를 대행한 자

5. 제20조제1항을 위반하여 매출채권을 양도한 자 및 양수한 자

6. 제20조제2항을 위반하여 신용카드가맹점의 명의로 신용카드등에 의한 거래를 한 자

③ 다음 각 호의 어느 하나에 해당하는 자는 1년 이하의 징역 또는 1천만원 이하의 벌금에 처한다. <개정 2010.3.12>

1. 제6조제3항을 위반하여 승인을 받지 아니하고 주식을 취득한 자

2. 제6조제4항에 따른 처분명령을 위반하여 그 주식을 처분하지 아니한 자

2의2. 제14조의2제1항 각 호의 어느 하나에 해당하지 아니한 자로서 신용카드회원을 모집한 자

3. 제15조를 위반하여 신용카드를 양도·양수한 자

4. 제19조제1항을 위반하여 신용카드로 거래한다는 이유로 물품의 판매 또는 용역의 제공 등을 거절하거나 신용카드회원을 불리하게 대우한 자

5. 제19조제3항을 위반하여 가맹점수수료를 신용카드회원이 부담하게 한 자

6. 제19조제4항제4호를 위반하여 신용카드가맹점의 명의를 타인에게 빌려준 자

7. 제27조, 제50조의2제1항·제3항 또는 제51조를 위반한 자

④ 제36조제2항을 위반한 자는 500만원 이하의 벌금에 처한다.

⑤ 제1항제1호 및 제2호의 미수범은 처벌한다.

⑥ 제1항제1호의 죄를 범할 목적으로 예비(豫備)하거나 음모(陰謀)한 자는 3년 이하의 징역 또는 2천만원 이하의 벌금에 처한다. 다만, 그 목적한 죄를 실행하기 전에 자수한 자에 대하여는 그 형(刑)을 감경(減輕)하거나 면제한다.

⑦ 제1항부터 제3항까지의 규정에 따른 징역형과 벌금형은 병과(倂科)할 수 있다.

[전문개정 2009.2.6]

제71조【양벌규정】 법인의 대표자나 법인 또는 개인의 대리인, 사용인, 그 밖의 종업원이 그 법인 또는 개인의 업무에 관하여 제70조의 위반행위를 하면 그 행위자를 벌하는 외에 그 법인 또는 개인에게도 해당 조문의 벌금형을 과(科)한다. 다만, 법인 또는 개인이 그 위반행위를 방지하기 위하여 해당 업무에 관하여 상당한 주의와 감독을 게을리하지 아니한 경우에는 그러하지 아니하다.

[전문개정 2009.2.6]

제72조【과태료】 ① 다음 각 호의 어느 하나에 해당하는 자에게는 500만원 이하의 과태료를 부과한다. <개정 2010.3.12>

1. 제14조의5제1항부터 제3항까지의 규정을 위반한 자

2. 제14조의5제4항에 따른 조사를 거부한 자

3. 제14조의5제5항을 위반하여 모집인의 불법행위 신고를 하지 아니한 자

4. 제14조의5제6항을 위반하여 모집인에 대한 교육을 하지 아니한 자

5. 제19조의2를 위반한 자

6. 제50조제2항을 위반하여 이사회의 결의를 거치지 아니한 자

7. 제50조제3항·제4항을 위반하여 보고 또는 공시를 하지 아니한 자

8. 제50조의4제1항을 위반하여 사외이사를 선임하거나 같은 조 제2항을 위반하여 사외이사후보추천위원회를 구성한 자

9. 제50조의5제1항을 위반하여 감사위원회를 설치하지 아니하거나 같은 조 제2항을 위반하여 감사위원회를 구성한 자

10. 제50조의8제1항에 따른 자료제출 요구에 따르지 아니한 자

11. 제54조를 위반하여 보고서를 제출하지 아니하거나 보고를 하지 아니한 자(거짓의 보고서를 제출하거나 거짓으로 보고한 자를 포함한다)

12. 제54조의2에 따른 공시를 하지 아니하거나 거짓으로 공시한 자

13. 제54조의3을 위반하여 금융위원회에 신고하거나 보고하지 아니하고 금융약관 또는 표준약관을 제정하거나 개정한 자

14. 제55조를 위반하여 다른 업무와 구분하여 회계처리를 하지 아니한 자

② 제1항에 따른 과태료는 대통령령으로 정하는 바에 따라 금융위원회가 부과·징수한다.

[전문개정 2009.2.6]

채권의 공정한 추심에 관한 법률
[시행 2009. 8. 7] [법률 제9418호, 2009. 2. 6, 제정]

제1조 【목적】 이 법은 채권추심자가 권리를 남용하거나 불법적인 방법으로 채권추심을 하는 것을 방지하여 공정한 채권추심 풍토를 조성하고 채권자의 정당한 권리행사를 보장하면서 채무자의 인간다운 삶과 평온한 생활을 보호함을 목적으로 한다.

제2조 【정의】 이 법에서 사용하는 용어의 뜻은 다음과 같다.

1. "채권추심자"란 다음 각 목의 어느 하나에 해당하는 자를 말한다.

가. 「대부업 등의 등록 및 금융이용자 보호에 관한 법률」에 따른 대부업자, 대부중개업자, 대부업의 등록을 하지 아니하고 사실상 대부업을 영위하는 자, 여신금융기관 및 이들로부터 대부계약에 따른 채권을 양도받거나 재양도 받은 자

나. 가목에 규정된 자 외의 금전대여 채권자 및 그로부터 채권을 양도받거나 재양도 받은 자

다. 금전이나 그 밖의 경제적 이익을 대가로 받거나 받기로 약속하고 타인의 채권을 추심하는 자(채권추심을 목적으로 채권의 양수를 가장한 자를 포함한다)

라. 가목부터 다목까지에 규정된 자들을 위하여 고용, 도급, 위임 등 원인을 불문하고 채권추심을 하는 자

2. "채무자"란 채무를 변제할 의무가 있거나 채권추심자로부터 채무를 변제할 의무가 있는 것으로 주장되는 자연인(보증인을 포함한다)을 말한다.

3. "관계인"이란 채무자와 동거하거나 생계를 같이 하는 자, 채무자의 친족, 채무자가 근무하는 장소에 함께 근무하는 자를 말한다.

4. "채권추심"이란 채무자에 대한 소재파악 및 재산조사, 채권에 대한 변제 요구, 채무자로부터 변제 수령 등 채권의 만족을 얻기 위한 일체의 행위를 말한다.

5. "개인정보"란 「공공기관의 개인정보보호에 관한 법률」 제2조제2호의 개인정보를 말한다.

6. "신용정보"란 「신용정보의 이용 및 보호에 관한 법률」 제2조제1호의 신용정보를 말한다.

제3조 【국가와 지방자치단체의 책무】
① 국가와 지방자치단체는 공정한 채권추심 풍토가 정착되도록 제도와 여건을 마련하고 이를 위한 시책을 추진하여야 한다.

② 국가와 지방자치단체는 권리를 남용하거

나 불법적인 채권추심행위를 하는 채권추심자로부터 채무자 또는 관계인을 보호하기 위하여 노력하여야 한다.

제4조 【다른 법률과의 관계】 채권추심에 관하여 다른 법률에 특별한 규정이 있는 경우를 제외하고는 이 법에서 정하는 바에 따른다.

제5조 【채무확인서의 교부】 ① 채권추심자(제2조제1호가목에 규정된 자에 한한다. 이하 이 조에서 같다)는 채무자로부터 원금, 이자, 비용, 변제기 등 채무를 증명할 수 있는 서류(이하 "채무확인서"라 한다)의 교부를 요청받은 때에는 정당한 사유가 없는 한 이에 응하여야 한다.

② 채권추심자는 채무확인서 교부에 직접 사용되는 범위에서 채무자에게 그 비용을 청구할 수 있다.

제6조 【수임사실 통보】 ① 채권추심자(제2조제1호다목에 규정된 자 및 그 자를 위하여 고용, 도급, 위임 등 원인을 불문하고 채권추심을 하는 자를 말한다. 이하 이 조에서 같다)가 채권자로부터 채권추심을 위임받은 경우에는 채권추심에 착수하기 전까지 다음 각 호에 해당하는 사항을 채무자에게 서면(「전자거래기본법」 제2조제1호의 전자문서를 포함한다)으로 통지하여야 한다. 다만, 채무자가 통지가 필요 없다고 동의한 경우에는 그러하지 아니하다.

1. 채권추심자의 성명·명칭 또는 연락처(채권추심자가 법인인 경우에는 채권추심담당자의 성명, 연락처를 포함한다)

2. 채권자의 성명·명칭, 채무금액, 채무불이행 기간 등 채무에 관한 사항

3. 입금계좌번호, 계좌명 등 입금계좌 관련 사항

② 제1항에도 불구하고 채무발생의 원인이 된 계약에 기한의 이익에 관한 규정이 있는 경우에는 채무자가 기한의 이익을 상실한 후 즉시 통지하여야 한다.

③ 제1항에도 불구하고 채무발생의 원인이 된 계약이 계속적인 서비스 공급 계약인 경우에는 서비스 이용료 납부지체 등 채무불이행으로 인하여 계약이 해지된 즉시 통지하여야 한다.

제7조 【동일 채권에 관한 복수 채권추심 위임 금지】 채권추심자는 동일한 채권에 대하여 동시에 2인 이상의 자에게 채권추심을 위임하여서는 아니 된다.

제8조 【채무불이행정보 등록 금지】 채권추심자(제2조제1호가목 및 다목에 규정된 자 및 그 자를 위하여 고용, 도급, 위임 등 원인을 불문하고 채권추심을 하는 자를 말한다. 이하 이 조에서 같다)는 채무자가 채무의 존재를 다투는 소를 제기하여 그 소송이 진행 중인 경우에 「신용정보의 보호 및

이용에 관한 법률」에 따른 신용정보집중기관이나 신용정보업자의 신용정보전산시스템에 해당 채무자를 채무불이행자로 등록하여서는 아니 된다. 이 경우 채무불이행자로 이미 등록된 때에는 채권추심자는 채무의 존재를 다투는 소가 제기되어 소송이 진행 중임을 안 날부터 30일 이내에 채무불이행자 등록을 삭제하여야 한다.

제9조 【폭행·협박 등의 금지】 채권추심자는 채권추심과 관련하여 다음 각 호의 어느 하나에 해당하는 행위를 하여서는 아니 된다.

1. 채무자 또는 관계인을 폭행·협박·체포 또는 감금하거나 그에게 위계나 위력을 사용하는 행위

2. 정당한 사유 없이 반복적으로 또는 야간(오후 9시 이후부터 다음 날 오전 8시까지를 말한다. 이하 같다)에 채무자나 관계인을 방문함으로써 공포심이나 불안감을 유발하여 사생활 또는 업무의 평온을 심하게 해치는 행위

3. 정당한 사유 없이 반복적으로 또는 야간에 전화하는 등 말·글·음향·영상 또는 물건을 채무자나 관계인에게 도달하게 함으로써 공포심이나 불안감을 유발하여 사생활 또는 업무의 평온을 심하게 해치는 행위

4. 채무자 외의 사람(제2조제2호에도 불구하고 보증인을 포함한다)에게 채무에 관한 거짓 사실을 알리는 행위

5. 채무자 또는 관계인에게 금전의 차용이나 그 밖의 이와 유사한 방법으로 채무의 변제자금을 마련할 것을 강요함으로써 공포심이나 불안감을 유발하여 사생활 또는 업무의 평온을 심하게 해치는 행위

6. 채무를 변제할 법률상 의무가 없는 채무자 외의 사람에게 채무자를 대신하여 채무를 변제할 것을 반복적으로 요구함으로써 공포심이나 불안감을 유발하여 사생활 또는 업무의 평온을 심하게 해치는 행위

제10조 【개인정보의 누설 금지 등】 ① 채권추심자는 채권발생이나 채권추심과 관련하여 알게 된 채무자 또는 관계인의 신용정보나 개인정보를 누설하거나 채권추심의 목적 외로 이용하여서는 아니 된다.

② 채권추심자가 다른 법률에 따라 신용정보나 개인정보를 제공하는 경우는 제1항에 따른 누설 또는 이용으로 보지 아니한다.

제11조 【거짓 표시의 금지 등】 채권추심자는 채권추심과 관련하여 채무자 또는 관계인에게 다음 각 호의 어느 하나에 해당하는 행위를 하여서는 아니 된다.

1. 무효이거나 존재하지 아니한 채권을 추심하는 의사를 표시하는 행위

2. 법원, 검찰청, 그 밖의 국가기관에 의한

행위로 오인할 수 있는 말·글·음향·영상·물건, 그 밖의 표지를 사용하는 행위

3. 채권추심에 관한 법률적 권한이나 지위를 거짓으로 표시하는 행위

4. 채권추심에 관한 민사상 또는 형사상 법적인 절차가 진행되고 있지 아니함에도 그러한 절차가 진행되고 있다고 거짓으로 표시하는 행위

5. 채권추심을 위하여 다른 사람이나 단체의 명칭을 무단으로 사용하는 행위

제12조【불공정한 행위의 금지】 채권추심자는 채권추심과 관련하여 다음 각 호의 어느 하나에 해당하는 행위를 하여서는 아니 된다.

1. 혼인, 장례 등 채무자가 채권추심에 응하기 곤란한 사정을 이용하여 채무자 또는 관계인에게 채권추심의 의사를 공개적으로 표시하는 행위

2. 채무자의 연락두절 등 소재파악이 곤란한 경우가 아님에도 채무자의 관계인에게 채무자의 소재, 연락처 또는 소재를 알 수 있는 방법 등을 문의하는 행위

3. 정당한 사유 없이 수화자부담전화료 등 통신비용을 채무자에게 발생하게 하는 행위

4. 「채무자 회생 및 파산에 관한 법률」에 따른 회생절차, 파산절차 또는 개인회생절차에 따라 전부 또는 일부 면책되었음을 알면서 법령으로 정한 절차 외에서 반복적으로 채무변제를 요구하는 행위

5. 엽서에 의한 채무변제 요구 등 채무자 외의 자가 채무사실을 알 수 있게 하는 행위

제13조【부당한 비용 청구 금지】 ① 채권추심자는 채무자 또는 관계인에게 지급할 의무가 없거나 실제로 사용된 금액을 초과한 채권추심비용을 청구하여서는 아니 된다.

② 제1항과 관련하여 필요한 사항은 대통령령으로 정한다.

제14조【손해배상책임】 채권추심자가 이 법을 위반하여 채무자 또는 관계인에게 손해를 입힌 경우에는 그 손해를 배상하여야 한다. 다만, 채권추심자가 사업자(제2조제1호가목 및 다목에 규정된 자 및 그 자를 위하여 고용, 도급, 위임 등에 따라 채권추심을 하는 자를 말한다. 이하 같다)인 경우에는 사업자가 자신에게 고의 또는 과실이 없음을 입증한 때에는 그러하지 아니하다.

제15조【벌칙】 ① 제9조제1호를 위반하여 채무자 또는 관계인을 폭행·협박·체포 또는 감금하거나 그에게 위계나 위력을 사용하여 채권추심행위를 한 자는 5년 이하의 징역 또는 5천만원 이하의 벌금에 처한다.

② 다음 각 호의 어느 하나에 해당하는 자는 3년 이하의 징역 또는 3천만원 이하의 벌금에 처한다.

1. 제9조제2호부터 제6호까지를 위반한 자

2. 제10조제1항을 위반하여 채무자 또는 관계인의 신용정보나 개인정보를 누설하거나 채권추심의 목적 외로 이용한 자

3. 제11조제1호를 위반하여 채권을 추심하는 의사를 표시한 자

③ 제11조제2호를 위반하여 말·글·음향·영상·물건, 그 밖의 표지를 사용한 자는 1년 이하의 징역 또는 1천만원 이하의 벌금에 처한다.

제16조 【양벌규정】 법인의 대표자나 법인 또는 개인의 대리인, 사용인, 그 밖의 종업원이 그 법인 또는 개인의 업무에 관하여 제15조의 위반행위를 하면 그 행위자를 벌하는 외에 그 법인 또는 개인에게도 해당 조문의 벌금형을 과(科)한다. 다만, 법인 또는 개인이 그 위반행위를 방지하기 위하여 해당 업무에 관하여 상당한 주의와 감독을 게을리하지 아니한 경우에는 그러하지 아니하다.

제17조 【과태료】 ① 다음 각 호의 어느 하나에 해당하는 자에게는 2천만원 이하의 과태료를 부과한다.

1. 제5조제1항을 위반하여 채무확인서의 교부요청에 응하지 아니한 자

2. 제12조제1호 및 제2호를 위반한 자

② 다음 각 호의 어느 하나에 해당하는 자에게는 1천만원 이하의 과태료를 부과한다.

1. 제6조를 위반하여 채권자로부터 채권추심을 위임받은 사실을 서면(「전자거래기본법」 제2조제1호의 전자문서를 포함한다)으로 통지하지 아니한 자

2. 제7조를 위반하여 동일 채권에 대하여 2인 이상의 자에게 채권추심을 위임한 자

3. 제8조를 위반하여 채무의 존재를 다투는 소송이 진행 중임에도 채무불이행자로 등록하거나 소송이 진행 중임을 알면서도 30일 이내에 채무불이행자 등록을 삭제하지 아니한 자

4. 제11조제3호부터 제5호까지를 위반한 자

5. 제13조를 위반하여 채권추심비용을 청구한 자

③ 제12조제3호부터 제5호까지를 위반한 자에게는 500만원 이하의 과태료를 부과한다.

④ 제1항제2호, 제2항제2호·제4호 및 제5호, 제3항에 해당하는 자가 사업자가 아닌

경우에는 해당 규정이 정하는 과태료를 그 다액의 2분의 1로 감경한다.

제18조 【과태료의 부과·징수 및 권한의 위임】 ① 이 법에 따른 과태료는 대통령령으로 정하는 바에 따라 과태료 대상자에 대하여 다른 법률에 따른 인가·허가·등록 등을 한 감독기관이 있는 경우에는 그 감독기관이, 그 외의 경우에는 특별시장·광역시장·도지사 또는 특별자치도지사가 부과·징수한다.

② 제1항의 감독기관은 과태료의 부과·징수에 관한 권한의 일부를 대통령령으로 정하는 바에 따라 시장·군수 또는 구청장에게 위임할 수 있다.

독촉절차에서의 전자문서 이용 등에 관한 법률

[시행 2010. 5. 5] [법률 제10012호, 2010. 2. 4, 타법개정]

제1조【목적】 이 법은 「민사소송법」 제5편의 규정에 따른 독촉절차에서의 전자문서의 이용·관리에 관한 기본 원칙 및 절차를 규정함으로써 사법절차의 정보화를 촉진하고 신속성 및 투명성을 높여 국민의 권리 신장에 이바지함을 목적으로 한다.

제2조【정의】 이 법에서 사용하는 용어의 정의는 다음과 같다.

1. "전자문서"라 함은 컴퓨터 등 정보처리능력을 갖춘 장치에 의하여 전자적인 형태로 작성되어 송·수신 또는 저장되는 정보를 말한다.

2. "전산정보처리조직"이라 함은 독촉절차에 필요한 전자문서를 작성·제출·송달하는 데에 이용되는 정보처리능력을 갖춘 전자적 장치 또는 체계로서 법원행정처장이 지정하는 것을 말한다.

3. "전자서명"이라 함은 「전자서명법」 제2조제3호의 공인전자서명을 말한다.

제3조【전자문서에 의한 독촉절차의 수행】 ①「민사소송법」 제462조의 규정에 따른 지급명령을 신청하고자 하는 자는 법원에 제출하는 서류를 대법원규칙이 정하는 바에 따라 전산정보처리조직을 이용하여 전자문서로 작성하여 제출할 수 있다.

②제1항의 규정에 따라 제출된 전자문서는 「민사소송법」에 따라 제출된 서류와 같은 효력을 가진다.

③제1항의 규정에 따라 전자문서로 제출할 수 있는 서류의 종류 및 제출방법에 관하여 필요한 사항은 대법원규칙으로 정한다.

제4조【사용자등록】 ①전산정보처리조직을 이용하여 지급명령을 신청하고자 하는 자는 대법원규칙이 정하는 바에 따라 사용자등록을 하여야 한다.

②제1항의 규정에 따라 사용자등록을 한 자(이하 "신청인"이라 한다)는 대법원규칙이 정하는 절차 및 방법에 따라 사용자등록을 철회할 수 있다.

제5조【전자문서의 접수】 ①전산정보처리조직을 이용하여 제출된 전자문서는 전산정보처리조직에 전자적으로 기록된 때에 접수된 것으로 본다.

②제1항의 규정에 따라 전자문서가 접수된 경우에 법원은 대법원규칙이 정하는 바에 따라 신청인에게 전자적 방식으로 그 접수사실을 즉시 고지하여야 한다.

제6조【소송기록의 전자문서화】 법원은

전산정보처리조직이 이용되는 절차에서 지급명령서 등의 서류를 전자문서로 작성할 수 있다.

제7조【전자서명】 ①신청인은 법원에 제출하는 전자문서에 전자서명을 하여야 한다. 다만, 대법원규칙이 달리 정하는 경우에는 그러하지 아니하다.

②법관·사법보좌관 또는 법원서기관·법원사무관·법원주사·법원주사보(이하 "법원사무관등"이라 한다)는 지급명령서 등의 서류를 전자문서로 작성하는 경우에 대법원규칙이 정하는 바에 따라 「전자정부법」제2조제9호의 규정에 따른 행정전자서명을 하여야 한다. <개정 2010.2.4>

③제1항의 전자서명과 제2항의 행정전자서명은 「민사소송법」이 정하는 서명, 서명날인 또는 기명날인으로 본다.

제8조【전자적 송달】 ①법원사무관등은 신청인에게 전산정보처리조직을 이용하여 전자적으로 지급명령서 등의 서류를 송달할 수 있다. 다만, 신청인이 동의하지 아니하는 경우에는 그러하지 아니하다.

②법원사무관등은 신청인에게 송달하여야 할 지급명령서 등의 서류를 전산정보처리조직에 입력하여 등재한 다음 그 등재사실을 전자적으로 통지하여야 한다.

③제2항의 경우 송달받을 자가 등재된 전자문서를 확인한 때에 송달된 것으로 본다. 다만, 그 등재사실을 통지한 날부터 2주 이내에 확인하지 아니하는 때에는 등재사실을 통지한 날부터 2주가 경과한 날에 송달된 것으로 본다.

④제1항의 규정에 불구하고 전산정보처리조직의 장애로 인하여 전자적 송달이 불가능하거나 그 밖에 대법원규칙이 정하는 사유가 있는 경우에는 「민사소송법」에 따라 송달할 수 있다.

제9조【소송비용 등의 납부】 ①법원은 신청인으로 하여금 인지액 등 소송행위에 필요한 비용과 전산정보처리조직 이용수수료를 대법원규칙이 정하는 방식에 따라 납부하게 할 수 있다.

②전산정보처리조직 이용수수료의 범위와 액수는 대법원규칙으로 정한다.

제10조【전산정보처리조직의 운영】 법원행정처장은 이 법에 따른 독촉 절차에서의 전자문서의 이용·관리에 필요한 전산정보처리조직을 설치하여 운영한다.

제11조【위임규정】 이 법에서 규정한 것 외에 독촉절차에서의 전자문서의 이용·관리 및 전산정보처리조직의 운영에 관하여 필요한 사항은 대법원규칙으로 정한다.

색 인

ㄱ

가압류 소송절차 ·················· 1029
가압류 ······················ 1027, 1028
가압류명령에 대한 불복 ········ 1051
가압류명령을 하는 경우 ········ 1049
가압류명령의 취소 ················ 1070
가압류명령의 취소에 따른 집행취소
·· 1089
가압류신청을 기각 또는 각하하는 경우
·· 1049
가압류의 신청 ························ 1031
가압류의 요건 ························ 1029
가압류의 진행 ························ 1086
가압류의 집행방법 ·················· 1087
가압류집행의 취소(민집 제299조)·1089
가압류집행의 효력 ·················· 1089
가압류취소결정에 대한 즉시항고 ··· 1079
가압류취소결정의 취소와 집행 ······ 1089
가압류취소의 신청 ·················· 1078
가압류할 목적물이 유체물인 경우·1030
가압류해방금액 공탁의 효과 : 집행의
취소 ······································ 1050
가압류해방금액 ······················ 1049
가압류해방금액을 결정하는 기준 ··· 1050
가압류해방금의 공탁에 의한 집행취소
·· 1089

가액반환 ·································· 376
가처분 ···························· 1027, 1094
가처분명령의 취소 ·················· 1126
가처분에 대응하는 본안소송 ········ 1095
가처분의 소송절차 ·················· 1098
가처분의 요건 ························ 1095
가처분의 유형 ························ 1094
가처분의 집행 ························ 1146
가처분의 집행방법 ·················· 1146
가처분의 집행정지 ·················· 1147
가처분의 취소와 원상회복 ········ 1128
가처분채권자의 권리 ·············· 1128
간이한 소송절차 ······················ 864
간접강제 ································ 1176
간주이자 ···································· 21
감 치 ······································ 1307
강제경매 ······················ 1399, 1406
강제경매의 신청 ···················· 1408
강제관리 ································ 1399
강제이행과 손해배상의 청구 ······ 1176
강제이행의 방법 ···················· 1175
강제이행의 의의 ···················· 1175
강제집행 개시의 요건 ············ 1271
강제집행의 개시 ···················· 1275
강제집행의 요건 ···················· 1253
강제집행의 의의 ···················· 1178
강제집행의 정지 ···················· 1276
강제집행의 제한 ···················· 1276

강제집행의 종료 ················· 1275
강제집행의 종류 ················· 1179
강제집행의 취소 ················· 1280
강제집행절차 ······················ 1531
강제집행절차에서의 구제제도 ······· 1337
강제집행정지의 사유 ············ 1277
개별집행과 일반집행 ············ 1179
거짓 재산목록을 낸 때의 벌칙 ······ 1308
경 개(更改) ························· 177
경매개시결정 ······················ 1417
경매개시결정에 대한 이의신청 ······ 1420
경매개시결정의 등기(압류의 등기) 1420
경매개시결정의 송달 ············ 1418
경매개시결정의 효력 : 압류의 효력 발생 ························ 1418
경매수수료 ························· 1417
경매신청비용 ······················ 1416
경매신청의 취하 ················· 1429
경매절차의 이해관계인 ········· 1406
경매절차의 취소 ················· 1433
계 약 ····································· 3
계약의 해제 ························ 238
계약의 해지 ························ 256
계약인수 ······························ 116
계약체결상의 과실책임 ········· 211
계약해제권 ··················· 525, 530
고 용 ································· 325
공 탁 ································· 164
공동보증 ······························ 76
공동불법행위 ······················· 396
공작물 책임의 의의 ············· 393
공작물책임의 요건 ··············· 393
공탁물의 회수 ····················· 170
공탁소 ································· 166

공탁자 ································· 166
과실상계 ······················· 407, 581
과실상계사유의 유무의 판단기준 ····· 583
과실상계와 손익상계의 순서 ········· 585
과실상계의 요건 및 적용범위 ········ 582
과실상계의 의의 ·················· 582
과실상계의 효과 ·················· 584
관 할 ································· 627
관할권의 조사 ····················· 639
관할의 종류 ························ 627
교 환 ································· 290
구술제소 ···························· 864
근보증(신용보증) ··················· 82
근저당권 ···························· 420
근저당권설정계약 ················· 423
근저당권의 성립 ·················· 423
금액채권 ······························ 13
금전채권 ······························ 12
금전채권에 대한 강제집행 ······· 1571
금전채권의 실효성 확보를 위한 제도 ····
······································· 1281
금전채권집행 ······················ 1181
금전채무불이행에 대한 특칙 ·········· 585
금종채권 ······························ 13
기간입찰 ···························· 1460
기일입찰 ···························· 1447

ㄷ

다른 법령에 의하여 압류가 금지된 물건
······································· 1537
다툼의 대상에 관한 가처분(민집 제300조 1항) ····························· 1094

다툼의 대상에 관한 가처분의 보전의 필요성 ······ 1097
다툼의 대상에 관한 가처분의 피보전권리 ······ 1095
담보물에 관한 권리 ······ 1238
담보제공 ······ 1048
담보제공명령 ······ 1237
담보제공의 절차 ······ 1237
담보제공증명서 제출과 그 등본과 송달 ······ 1273
대물변제 ······ 161
대상(代償)청구권 ······ 531
대체집행 ······ 1175
도 급 ······ 326
도급인의 책임 ······ 391
독촉절차 ······ 873
동물점유자의 책임 ······ 395
동산에 대한 강제집행 통칙 ······ 1531
동산집행과 부동산집행 ······ 1179
동시압류(공동압류) ······ 1540
동시이행의 항변권 ······ 219

매각물건명세서의 작성·비치 ······ 1444
매각의 실시 ······ 1542
매각절차(현금화절차) ······ 1434
매각허가 여부의 결정 ······ 1478
매각허가에 대한 이의신청 ······ 1475
매각허부결정에 대한 즉시항고 ······ 1481
면 제 ······ 180
면책적 채무인수 ······ 233
물상대위 ······ 417
물적 집행과 인적 집행 ······ 1179
민사소송의 의의 ······ 625
민사조정 ······ 834
민사조정제도의 의의 ······ 834
민사집행법 ······ 1177
민사집행법에 의하여 압류가 금지되는 물건(제 195조) ······ 1536
민사집행법의 특징 ······ 1177
민사집행에서의 불복방법 ······ 1200
민사집행의 의의 ······ 1176
민사집행의 주체 ······ 1185

ㅁ

만족집행과 보전집행 ······ 1181
매 매 ······ 268
매각(현금화절차) ······ 1541
매각결정기일 ······ 1472
매각결정절차 ······ 1472
매각기일 및 매각결정기일의 지정·공고·통지 ······ 1440
매각대금 지급의 효과 ······ 1489
매각대금의 지급 ······ 1485

ㅂ

방해배제청구권 ······ 28
배당기일의 실시 ······ 1503
배당기일의 지정 ······ 1499
배당기일의 통지 ······ 1500
배당받을 채권자의 범위(법 제148조) ······ 1499
배당액의 지급 ······ 1507
배당요구의 방식 ······ 1495
배당요구의 시기 및 통지 ······ 1495
배당요구의 종기결정 ······ 1420

배당요구채권자	1495	보증인의 최고·검색의 항변권	67, 462
배당의 순위	1501	보증인의 통지의무	75
배당의 실시	1507	보증채무	53
배당이의의 소	1506	보증채무의 범위	461
배당절차	1494, 1549	보증채무의 설정	458
배당표 원안의 작성·비치	1500	보증채무의 효력	461
배당표에 대한 이의	1505	보충성	54
배당표의 확정	1503	본래적(원물) 집행과 대상적 집행	1180
배당할 금액(법 제147조)	1500	본안의 제소명령(민집 제287조)	1070
법정관할	628	본집행과 가집행	1180
법정매각조건	1435	부당이득	6, 373
법정변제충당	153	부동산에 대한 가압류집행	1087
법정이율	18	부동산에 대한 가처분집행	1146
법정해지권	257	부동산에 대한 강제집행	1215, 1399
변제	130, 1560	부동산인도명령	1355
변론관할	638	부작위채무의 강제이행	1176
변제비용의 부담	146	부종성	54
변제수령자	139	부진정연대채무	49
변제의 시기	145	부탁 없는 보증인의 구상권	75
변제의 제공	131	분할청구의 금지	864
변제의 증거	146	불가분채권	37
변제의 충당	148, 1549	불가분채무	38
변제자	137	불법원인급여	379
변제자대위	154	불법행위	6, 27
병존적 채무인수	113, 233	불법행위로 인한 손해배상청구권	400
보전소송	1028	불법행위의 개념	383
보전절차의 구조	1028	불완전이행의 유형	531
보전집행	1028	불완전이행의 의의	531
보증계약	458	불완전이행의 효과	532
보증을 부탁받고 보증인이 될 때 주의할 점	459	비금전채권집행	1181
		비채변제	379
보증인 보호를 위한 특별법	464		
보증인을 세울 때 유의할 점	458		
보증인의 구상권	73		

ㅅ

사무관리 5, 367
사물관할 629
사용대차 300
사용자의 통지의무 86
사용자책임 386
사정변경사유 1077
사정변경에 따른 가압류취소 1077
상 계 171
상고 및 재항고의 제한 865
새매각기일 1471
서면심리에 의한 청구기각 865
선박·자동차·건설기계 등에 대한 강제집행 1215
선박에 대한 가압류집행 1088
선택채권 21
소 명 1048
소가 제기된 것으로 간주되는 경우 · 642
소멸시효의 중단 1047
소비대차 295
소송대리에 관한 특칙 865
소송비용 887
소송비용부담의 원칙 887
소송비용부담의 재판 887
소송비용액확정결정 1355
소송비용의 구분 887
소송비용의 범위와 액수 889
소송비용의 부담 887
소송비용의 의의 887
소송비용의 확정결정 889
소송에 갈음하는 분쟁해결제도 828
소송요건 639

소액사건 심판절차상의 특칙 864
소액사건심판법의 적용 864
소액사건심판절차 864
소액사건의 의의 864
소유자의 책임 395
소의 제기 641
소의 제기방식 641
소장 제출주의 641
소장의 재기사항 642
소장의 첨부서류 661
손익상계 585
손해담보계약 81
손해배상 251
손해배상액의 산정 402, 581
손해배상액의 예정 587
손해배상액의 예정의 요건 588
손해배상액의 예정의 효과 588
손해배상의 대위의 효과 592
손해배상의 방법 581
손해배상자의 대위 591
손해배상자의 대위의 요건 592
손해배상자의 대위의 의의 591
송달·통지 등 837
수반성 54
수익자 또는 전득자의 사해의사 945
수탁보증인의 구상권 73
승 낙 203
시·군법원의 관할 631
신원보증 85
신원보증계약의 종료 88
신원보증인의 책임 범위 87
신청변경금지 1047
심 리 1047
심리방식 1047

1736 색인

ㅇ

압 류	1560
압류가 금지되는 물건	1536
압류물의 입찰	1543
압류물의 호가경매	1542
압류에 따르는 조치	1581
압류의 효력	1540, 1579
압류의 효력이 미치는 범위	1579
압류절차	1417
압류할 수 있는 유체동산	1534
약관에 의한 계약의 성립	210
약정이율	20
약정해지권	257
연대보증	78
연대의 면제	48
연대채무	41
영수증청구권	146
예납방법	1212
예납의 유예	1214
오신사무관리	372
외화채권	14
원물반환	376
원상회복의무	250
위 임	341
유체동산 집행절차의 개요	1532
유체동산에 대한 가압류집행	1088
유체동산에 대한 강제집행	1215, 1531
유체동산의 가처분집행	1147
유체동산의 의의	1532
이 율	17
이의신청	1051
이의의 재판에 대한 불복	1210
이자채권	15
이중압류(압류의 경합)	1540
이행권고 결정등본의 송달	868
이행권고결정에 기한 강제집행의 특례	873
이행권고결정에 대한 이의신청	870
이행권고결정을 할 수 없는 경우	867
이행권고결정의 확정	873
이행권고결정의 효력 상실	873
이행권고결정의 효력	873
이행권고결정절차	867
이행대행자	527
이행보조자의 고의·과실에 대한 책임	527
이행보조자의 고의·과실	526
이행보조자의 의의	526
이행보조자의 종류	526
이행보조자의 책임	528
이행불능	528
이행불능의 효과	530
이행의 소	626
이행이익의 손해와 신뢰이익의 손해	576
이행인수	114, 233
이행지체	521
이행최고결정	867
인도명령	1490
인도명령의 상대방	1490
인도명령의 신청인	1490
인도명령의 절차	1490
일실이익의 산정기준	404
1회 심리의 원칙	864
임 치	348
임대차	302

임시의 지위를 정하는 가처분(민집 제304조) ·················· 1094
임시지위를 정하기 위한 가처분의 보전의 필요성 ·················· 1098
임시지위를 정하기 위한 가처분의 피보전권리 ·················· 1097
입찰 및 경매절차를 활성화하기 위한 제도 도입 ·················· 1177

ㅈ

자동차·건설기계에 대한 가압류집행 ·················· 1088
자연채무 ·················· 23
자조매각 ·················· 166
잠정처분 ·················· 1210, 1342
잠정처분으로서의 집행정지 ·················· 1205
재매각 ·················· 1489
재매각명령 ·················· 1489
재산명시 및 채무불이행자명부제도 강화 ·················· 1177
재산명시명령 위반자에 대한 제재 · 1307
재산명시명령 ·················· 1287
재산명시명령에 대한 불복 ·················· 1299
재산명시신청의 재신청 ·················· 1317
재산명시의 신청 ·················· 1282
재산명시절차 ·················· 1281
재산명시제도의 의의 ·················· 1281
재산목록의 열람·복사 ·················· 1297
재산목록의 정정·보완 ·················· 1289
재산적 손해·비재산적 손해 ·················· 575
재산적 손해 ·················· 402
재산조회 신청절차 ·················· 1328

재산조회결과의 남용금지 ·················· 1336
재산조회제도 신설 ·················· 1177
재산조회제도 ·················· 1327
재판 외의 화해 ·················· 828
재판상 화해 ·················· 829
저당권 있는 채권의 압류등기 ·················· 1581
저당권설정등기 ·················· 412
저당권의 객체 ·················· 413
저당권의 성립 ·················· 412
저당권의 의의 ·················· 411
저당권의 피담보채권 ·················· 413
저당권의 피담보채권의 범위 ·················· 417
저당권의 효력 ·················· 415
저당권자의 우선순위 ·················· 419
적극적 손해·소극적 손해 ·················· 576
적극적 손해 ·················· 404
적분관할 ·················· 628
적용범위 ·················· 21
전보배상 ·················· 525
전부명령 ·················· 1588
전부명령에 대한 불복 ·················· 1595
전부명령의 내용 및 송달 ·················· 1593
전부명령의 신청 ·················· 1589
전부명령의 요건 ·················· 1593
전부명령의 효력 ·················· 1594
점유자·소유자의 구상권 ·················· 395
점유자의 책임 ·················· 394
정신적 손해 ·················· 402
제3자를 위한 계약 ·················· 232
제3자에 의한 채권침해 : 채권의 대외적 효력 ·················· 26
제3자의 이의의 소 ·················· 1363
제3자의 채권침해에 대한 구제 ·················· 27
제소 전 화해의 관할법원 ·················· 829

제소 전 화해의 신청 ················ 829
제소명령의 신청 ····················· 1071
제소전 화해 ·························· 828
제한종류채권 ························· 10
조 합 ·································· 355
조정기관 ······························ 834
조정기일과 당사자 출석 ··········· 838
조정기일의 통지 ····················· 837
조정담당판사 ························· 834
조정신청에 의한 개시 ·············· 835
조정실시담당자 ······················ 837
조정위원회 ···························· 835
조정의 실시 ·························· 837
조정의 종결 ·························· 838
조정장소 ······························ 838
조정절차의 개시 ····················· 835
조정종결의 유형 ····················· 838
조정회부에 의한 개시 ·············· 836
종류채권 ······························ 10
종류채권의 특정 ····················· 11
종신정기금계약 ······················ 358
주채무자의 상계권의 행사 ········ 461
주채무자의 통지의무 ··············· 76
주채무자의 항변권의 행사 ········ 461
준사무관리 ···························· 372
준소비대차 ···························· 295
중복신청의 금지 ····················· 1047
즉시항고 ······················ 1051, 1200
즉시항고의 대상 ····················· 1200
즉시항고의 절차 ····················· 1202
증 여 ·································· 261
지급명령신청에 대한 재판 ········ 878
지급명령에 대한 이의신청 ········ 879
지급명령에 대한 청구이의 소 ···· 881

지급명령의 신청 ····················· 874
지급명령의 효력 ····················· 880
지명채권의 양도 ····················· 91
지정관할(재정관할) ·················· 635
지정변제충당 ························· 151
직접강제·간접강제·대체집행 ······ 1180
직접강제 ······························ 1175
집행관에 의한 배당 ················ 1549
집행관의 집행위임의 거부 또는 집행행
위의 지체 및 수수료의 이의 ······ 1206
집행관의 집행처분, 그 밖에 집행관이
지킬 집행절차 ······················· 1206
집행권원 ······························ 1257
집행권원의 경합 ····················· 1264
집행권원의 소멸 ····················· 1265
집행권원의 송달 ····················· 1272
집행권원의 유형 ····················· 1259
집행능력 ······························ 1197
집행당사자 ···························· 1196
집행당사자 ···················· 1253, 1258
집행당사자의 능력 ·················· 1196
집행당사자의 표시 ·················· 1271
집행당사자의 확정 ·········· 1196, 1254
집행당사자적격 ··············· 1197, 1254
집행대상물의 범위 ·················· 1258
집행문 부여의 요건 ················ 1267
집행문 부여절차 ····················· 1267
집행문 ································· 1265
집행문과 증명서 등본의 송달 ···· 1272
집행문부여 거절처분에 대한 이의신청
······································· 1337
집행문부여기관 ······················ 1266
집행문부여방식 ······················ 1268
집행문부여에 대한 이의의 소 ···· 1351

집행문부여의 소 ······ 1346	채권과 그 밖의 재산권에 대한 강제집행
집행문부여절차와 관련된 구제제도 1337	······ 1215
집행문의 요부 ······ 1265	채권과 그 밖의 재산에 대한 가압류집행
집행법원에 의한 배당 ······ 1549	······ 1088
집행법원의 집행절차에 관한 재판으로서	채권양도 ······ 91
즉시항고할 수 없는 것 ······ 1206	채권의 목적 ······ 7
집행보전절차의 의의 ······ 1027	채권의 발생원인 ······ 3
집행비용 ······ 1211	채권의 양도 ······ 129
집행비용의 범위 ······ 1211	채권의 효력 ······ 22
집행비용의 부담 ······ 1211	채권자대위권 행사의 통지 ······ 932
집행비용의 예납 ······ 1212	채권자대위권 행사의 효과 ······ 933
집행비용의 추심 ······ 1214	채권자대위권 ······ 925
집행실시비용 ······ 1211	채권자대위권의 행사 ······ 930
집행에 관한 공탁 ······ 1236	채권자대위소송과 관련된 문제 ······ 934
집행에 관한 공탁의 방법 ······ 1237	채권자의 공탁물출급청구권 ······ 169
집행에 관한 담보 ······ 1236	채권자지체 ······ 45
집행에 관한 담보제공의 방법 ······ 1236	채권자지체의 요건 ······ 594
집행에 관한 보증 ······ 1236	채권자지체의 의의 ······ 593
집행에 관한 이의신청 ······ 1205	채권자지체의 종료 ······ 598
집행에 관한 이의신청의 절차 ······ 1207	채권자지체의 효과 ······ 595
집행의 경합 ······ 1540	채권자취소권 행사의 효과 ······ 949
집행적격의 변동 ······ 1199, 1256	채권자취소권 ······ 936
집행적격자의 범위 ······ 1197, 1254	채권자취소권의 소멸 ······ 949
집행정지의 담보 ······ 1147	채권자취소권의 행사 ······ 946
집행정지의 대상 ······ 1147	채권증서의 반환청구권 ······ 147
집행준비비용 ······ 1211	채무불이행에 대한 구제로서의 강제집행
집행증서 ······ 1266	······ 1175
	채무불이행의 유형 ······ 521
	채무불이행의 의의 ······ 521
	채무불이행자명부의 비치·열람·복사 1322

ㅊ

채권 양도·승낙의 효과 ······ 107	채무불이행자명부제도 ······ 1317
채권계산서의 제출 ······ 1497	채무와 책임 ······ 24
	채무의 인수 ······ 110
	채무이행의 거절 ······ 461

채무자에 대한 통지 ············· 97
채무자위험부담주의 원칙(제537조)
·· 230
채무자의 사해의사 ············· 944
채무자의 승낙 ······················· 99
책임가중 ······························ 525
책임재산 보전필요성의 사정변경 증명
·· 950
청 약 ···································· 200
청구에 관한 이의의 소 ······ 1355
청구원인 ······························ 659
청구이의의 소의 대상이 되는 집행권원
·· 1355
청구이의의 소의 대상이 아닌 것 ··· 1355
청구취지 ······························ 647
추심명령 ····························· 1582
추심명령의 신청 ················ 1582
추심명령의 재판 ················ 1587
추심명령의 효력 ················ 1587
출재채무자의 구상권 : 연대채무의 대내적 효력 ······························ 46
취 소 ···································· 239

ㅌ

토지관할 ······························ 631
통상손해 ···················· 400, 577
특별매각조건 ····················· 1436
특별손해 ···················· 400, 578
특별한 현금화명령의 내용 ··· 1595
특별한 현금화방법 ············ 1595
특별현금화 ························· 1543
특정금전채권 ························ 13

특정물의 인도채무 ············· 145
특정물인도채무자의 선관주의의무 ······· 9
특정물채권 ······························ 9
특정의 방법 ··························· 11
특정의 효과 : 종류채권이 특정물채권으로 전환 ······························· 12
특허법 등에 의한 집행권원 ············ 1266

ㅍ

판결에 의한 관례 ··············· 865

ㅎ

합의관할 ······························ 635
항고권자 ····························· 1202
항고법원의 심리 ················ 1205
항고보증금 ························· 1500
항고이유서의 제출 ············ 1202
항고장의 원심법원에의 제출 ········ 1202
항고재판에 대한 불복 ······· 1205
항공기에 대한 가압류집행 ············ 1088
해 지 ···································· 239
해방공탁금에 대한 채권자의 권리 · 1050
해제계약 ······························ 238
해제와 제3자 보호 ············· 253
현금화 ······················ 1560, 1581
현상광고 ······························ 340
협의의 이행보조자 ············· 526
형성의 소 ···························· 627
호가경매 ····························· 1471
혼 동 ···································· 180

화 해 ·· 359
화해의 불성립 ································· 833
확인의 소 ·· 626
확정일자 있는 증서에 의한 통지·승낙
··· 101
후발적 불능 ···································· 529

◼ 편 저 ◼

이 종 옥 (前 서기관)

◆ 전 각급 법원 민사가사형사 참여사무관
◆ 전 서울고등법원 종합민원접수실장
◆ 전 서울중앙지방법원 민사신청과장(법원서기관)
◆ 전 서울가정법원 가사과장
◆ 전 인천가정법원 본원 집행관
◆ 전 서울지방법원 민사조정위원

구체적인 사실관계에 대한 법원의 견해를 수록한

채권자와 채무자의 법률적 이해관계 연구	정가 85,000원

2012年 4月 15日 1版 印刷
2012年 4月 20日 1版 發行

편 저 : 이 종 욱
발 행 인 : 김 현 호
발 행 처 : 법 문 북 스
공 급 처 : 법률 미디어

152-050
서울 구로구 구로동 636-62
대표전화 : 2636-2911   FAX : 2636~3012
등록 : 제5-22호
Home : www.lawb.co.kr

● ISBN 978-89-7535-234-8 93360
● 파본은 교환해 드립니다.
● 본서의 무단 전재·복제행위는 저작권법에 의거, 3년 이하의 징역 또는 3,000만원 이하의 벌금에 처해집니다.